사회·문화 필수 개념 

자연 현상과 사회·문화 현상의 특징 비교

자연 현상

- 몰가치성
- 존재 법칙
- 필연성
- 확실성의 원리
- 보편성

자연 현상과 사회·문화 현상은
모두 경험적인 자료로 연구가 가능

자연 현상과 사회·문화 현상은 모두 인과 관계가 발생
(단, 사회·문화 현상은 자연 현상에 비해 인과 관계가 불분명)

사회·문화 현상

- 가치 함축성
- 당위 법칙
- 개연성
- 확률의 원리
- 보편성과 특수성이 공존

사회·문화 현상을 보는 관점

기능론	갈등론	상징적 상호 작용론
거시적 관점		미시적 관점
사회는 유기체처럼 다양한 부분(개인)들이 상호 의존적으로 맞물려 하나의 체계를 형성하고 있음	사회적 희소가치의 배분에 관하여 지배 계급과 피지배 계급이 서로 갈등·대립하고 있음	인간은 자신이 처한 상황에 대한 정의(상황 정의)에 기초하여 각자의 주관적인 가치와 신념에 따라 행동함
사회 불평등 현상은 **보편적**이다: 기능론, 갈등론 / 사회 불평등 현상은 **불가피**하다: 기능론		

자료 수집 방법

양적 자료 수집 방법 질문지법, 실험법 **질적 자료 수집 방법** 면접법, 참여 관찰법
문헌 연구법 양적 연구와 질적 연구에서 공통적으로 활용될 수 있는 자료 수집 방법

사회 실재론, 사회 명목론

사회 실재론 (사회 > 개인)	사회 명목론 (사회 < 개인)
• 사회는 개인들 외부에 실제로 존재하며, 독자적인 특징을 가짐 • 사회는 개인들의 총합 그 이상이며, 개인은 사회의 구성 요소에 불과함	• 사회는 개인들의 집합체에 붙여진 이름이고, 실제로 존재하지 않음 • 사회는 개인의 이익을 실현시켜 주는 수단에 불과함

사회화 기관

설립 목적에 따라		사회화 내용에 따라	
공식적 사회화 기관	비공식적 사회화 기관	1차적 사회화 기관	2차적 사회화 기관

사회 집단

구성원 간의 접촉 방식에 따른 분류		결합 의지에 따른 분류	
1차 집단	2차 집단	공동 사회	이익 사회

사회 조직

관료제와 탈관료제

관료제	탈관료제
업무의 전문화, 세분화를 강조, 위계의 서열화, 연공서열에 따른 보상 체계 중시, 하향식 의사 결정 방식 중시	수평적 조직 체계, 유연한 조직 구조, 성과에 따른 보상 중시, 구성원의 창의력 증진, 상향식 의사 결정 방식 중시

문화의 속성

공유성　학습성　축적성　전체성(총체성)　변동성

문화 이해 태도

문화 상대주의	문화 절대주의	
	자문화 중심주의	문화 사대주의

Ⅰ. 사회·문화 현상의 탐구
01. 사회·문화 현상의 이해
문제편 p.067 해설편 p.002

번호	답	번호	답	번호	답	번호	답	번호	답
1	②	2	③	3	④	4	④	5	③
6	⑤	7	②	8	⑤	9	②	10	⑤
11	④	12	④	13	③	14	④	15	③
16	④	17	①	18	②	19	①	20	③
21	③	22	③	23	②	24	③	25	①
26	④	27	⑤	28	⑤	29	②	30	①
31	②	32	②	33	⑤	34	①	35	①
36	④	37	④	38	③	39	①	40	②
41	④	42	④	43	④	44	④	45	⑤
46	④	47	④	48	④	49	②	50	①
51	②	52	②	53	⑤	54	②	55	①
56	①	57	⑤	58	⑤	59	⑤	60	⑤
61	②	62	②	63	④	64	②	65	⑤
66	④	67	⑤	68	⑤	69	⑤	70	④
71	②	72	③	73	①	74	⑤	75	②
76	①	77	④	78	③	79	④	80	②
81	②	82	③	83	④	84	⑤	85	④
86	⑤	87	②						

02. 사회·문화 현상의 연구 방법
문제편 p.092 해설편 p.047

번호	답	번호	답	번호	답	번호	답	번호	답
1	②	2	②	3	⑤	4	⑤	5	②
6	③	7	①	8	⑤	9	⑤	10	④
11	④	12	④	13	⑤	14	①	15	③
16	②	17	②	18	⑤	19	⑤	20	③
21	②	22	①	23	④	24	④	25	④
26	③	27	⑤	28	⑤	29	③	30	④
31	②	32	④	33	⑤	34	④	35	②
36	④	37	③	38	⑤	39	③	40	②
41	③	42	①	43	④	44	③	45	①
46	⑤	47	④	48	②	49	①	50	②
51	③	52	①	53	⑤	54	⑤	55	⑤
56	②	57	②	58	⑤	59	①	60	①
61	③	62	②	63	①	64	④	65	④
66	②	67	②	68	①	69	⑤	70	①
71	⑤	72	④	73	③	74	④	75	②
76	⑤	77	④	78	⑤	79	⑤	80	①
81	②	82	⑤	83	③	84	④	85	①
86	②	87	①	88	③	89	④		

03. 사회·문화 현상을 탐구하는 태도와 연구 윤리
문제편 p.121 해설편 p.101

번호	답	번호	답	번호	답	번호	답	번호	답
1	②	2	④	3	④	4	⑤	5	④
6	①	7	②	8	④	9	③	10	③
11	②	12	①	13	④	14	④	15	②

Ⅱ. 개인과 사회 구조
01. 개인과 사회의 관계를 바라보는 관점
문제편 p.126 해설편 p.109

번호	답	번호	답	번호	답	번호	답	번호	답
1	②	2	④	3	④	4	②	5	①
6	①	7	③	8	①	9	④	10	①
11	⑤	12	①	13	①	14	①	15	①
16	②	17	②	18	⑤	19	⑤	20	③
21	④	22	①	23	④	24	②	25	②
26	⑤	27	①	28	⑤	29	③	30	②
31	④	32	②	33	④	34	②	35	②
36	④	37	②	38	①	39	②		

02. 인간의 사회화
문제편 p.137 해설편 p.129

번호	답	번호	답	번호	답	번호	답	번호	답
1	②	2	①	3	②	4	④	5	①
6	②	7	④	8	④	9	⑤	10	②
11	②	12	①	13	①	14	②	15	②
16	⑤	17	②	18	②	19	②	20	④
21	⑤	22	③	23	⑤	24	①	25	②
26	⑤	27	⑤	28	④	29	②	30	④
31	②	32	①	33	②	34	④	35	②
36	④	37	④	38	②	39	④	40	⑤

03. 사회 집단과 사회 조직
① 사회 집단과 사회 조직
문제편 p.149 해설편 p.149

번호	답	번호	답	번호	답	번호	답	번호	답
1	①	2	③	3	②	4	④	5	③
6	③	7	⑤	8	②	9	④	10	①
11	①	12	③	13	④	14	②	15	④
16	⑤	17	⑤	18	⑤	19	③	20	③
21	②	22	②	23	④	24	④	25	④
26	⑤	27	④	28	⑤	29	⑤	30	③

② 관료제와 탈관료제
문제편 p.159 해설편 p.164

번호	답	번호	답	번호	답	번호	답	번호	답
1	①	2	①	3	①	4	⑤	5	③
6	①	7	⑤	8	②	9	⑤	10	②
11	④	12	①	13	③	14	①	15	④
16	③	17	④	18	④	19	③	20	①
21	③	22	①	23	④	24	②		

04. 일탈 행동
문제편 p.166 해설편 p.176

번호	답	번호	답	번호	답	번호	답	번호	답
1	③	2	④	3	④	4	③	5	③
6	③	7	①	8	④	9	①	10	③
11	⑤	12	④	13	③	14	③	15	④
16	②	17	①	18	⑤	19	①	20	②
21	②	22	⑤	23	⑤	24	①	25	②
26	①	27	③	28	②	29	③	30	①
31	①	32	①	33	①	34	③	35	①
36	③	37	①	38	⑤	39	⑤	40	①
41	④	42	③	43	④				

Ⅲ. 문화와 일상생활
01. 문화의 이해
① 문화의 의미와 속성
문제편 p.179 해설편 p.201

번호	답	번호	답	번호	답	번호	답	번호	답
1	④	2	③	3	①	4	④	5	④
6	⑤	7	④	8	①	9	①	10	②
11	⑤	12	⑤	13	②	14	②	15	⑤
16	①	17	③	18	③	19	②	20	④
21	②	22	⑤	23	③	24	①	25	③
26	④	27	④	28	③	29	②	30	③
31	②	32	④	33	⑤	34	⑤	35	③
36	③	37	④						

② 문화를 바라보는 관점과 문화 이해 태도
문제편 p.190 해설편 p.220

번호	답	번호	답	번호	답	번호	답	번호	답
1	⑤	2	①	3	①	4	①	5	①
6	⑤	7	①	8	⑤	9	①	10	④
11	④	12	②	13	②	14	③	15	⑤
16	③	17	④	18	③	19	③	20	①
21	①	22	④	23	②	24	⑤	25	⑤
26	⑤	27	④	28	④	29	①	30	④
31	④	32	②	33	③	34	②	35	③
36	⑤	37	④	38	④	39	⑤	40	④
41	①								

02. 하위문화와 대중문화
문제편 p.202 해설편 p.241

번호	답	번호	답	번호	답	번호	답	번호	답
1	③	2	②	3	④	4	⑤	5	④
6	④	7	①	8	③	9	①	10	③
11	④	12	③	13	①	14	③	15	③
16	④	17	①	18	⑤	19	④	20	③
21	④	22	①	23	③	24	⑤	25	④
26	⑤	27	②	28	①	29	④	30	⑤
31	①	32	③	33	④	34	⑤	35	①
36	②	37	①	38	①	39	②	40	①
41	③	42	④	43	④	44	④	45	⑤
46	①	47	④	48	④	49	⑤	50	③
51	⑤	52	②	53	①				

03. 문화의 변동
문제편 p.218 해설편 p.268

번호	답	번호	답	번호	답	번호	답	번호	답
1	②	2	②	3	⑤	4	①	5	③
6	③	7	⑤	8	④	9	③	10	②
11	④	12	⑤	13	③	14	②	15	⑤
16	④	17	②	18	③	19	②	20	⑤
21	③	22	②	23	②	24	⑤	25	③
26	①	27	④	28	⑤	29	③	30	⑤
31	②	32	④	33	①	34	④	35	①
36	④	37	③	38	⑤	39	⑤	40	③
41	⑤	42	②	43	⑤	44	①	45	③
46	②								

Ⅳ. 사회 계층과 불평등
01. 사회 불평등 현상과 계층
① 사회 불평등 현상의 이해
문제편 p.232 해설편 p.291

번호	답	번호	답	번호	답	번호	답	번호	답
1	②	2	①	3	⑤	4	②	5	②
6	④	7	④	8	④	9	⑤	10	③
11	④	12	①	13	②	14	④	15	⑤
16	①	17	②	18	②	19	①	20	④
21	②	22	⑤	23	③	24	①	25	③

② 사회 계층 구조와 사회 이동
문제편 p.240 해설편 p.304

번호	답	번호	답	번호	답	번호	답	번호	답
1	④	2	④	3	②	4	③	5	⑤
6	⑤	7	③	8	⑤	9	③	10	②
11	②	12	⑤	13	④	14	②	15	④
16	⑤	17	⑤	18	③	19	③	20	③
21	④	22	③	23	④	24	④	25	④
26	①	27	⑤	28	⑤	29	⑤	30	④
31	④	32	⑤	33	⑤	34	②	35	④
36	③	37	⑤	38	①	39	④	40	②
41	③								

02. 사회 불평등 양상
문제편 p.253 해설편 p.331

번호	답	번호	답	번호	답	번호	답	번호	답
1	⑤	2	③	3	③	4	③	5	⑤
6	③	7	③	8	②	9	①	10	⑤
11	①	12	③	13	⑤	14	⑤	15	④
16	①	17	②	18	③	19	①	20	③
21	④	22	②	23	④	24	③	25	⑤
26	④	27	⑤	28	⑤	29	④	30	④
31	④	32	③	33	④	34	②	35	④
36	⑤	37	②	38	①	39	③	40	③
41	①	42	①	43	②	44	⑤	45	⑤
46	②	47	①	48	⑤	49	⑤	50	①
51	②	52	⑤	53	④	54	②	55	②
56	⑤	57	①	58	④	59	③	60	③
61	③	62	②	63	③	64	⑤	65	⑤
66	①	67	⑤	68	④				

03. 사회 복지와 복지 제도
문제편 p.273 해설편 p.372

번호	답	번호	답	번호	답	번호	답	번호	답
1	②	2	⑤	3	⑤	4	④	5	⑤
6	④	7	②	8	④	9	⑤	10	②
11	③	12	③	13	③	14	④	15	⑤
16	④	17	③	18	④	19	⑤	20	③
21	②	22	④	23	①	24	⑤	25	②
26	②	27	③	28	④	29	④	30	⑤
31	⑤	32	⑤	33	③	34	④	35	①
36	②	37	⑤	38	②	39	②	40	⑤
41	③	42	⑤	43	③	44	⑤		

Ⅴ. 현대의 사회 변동
01. 사회 변동과 사회 운동
문제편 p.293 해설편 p.409

번호	답	번호	답	번호	답	번호	답	번호	답
1	②	2	④	3	③	4	③	5	①
6	②	7	②	8	④	9	①	10	①
11	④	12	②	13	⑤	14	①	15	③
16	③	17	④	18	②	19	⑤	20	④
21	①	22	②	23	⑤	24	④	25	①
26	①	27	②	28	②	29	①	30	④
31	⑤	32	④	33	①	34	①	35	②
36	⑤	37	⑤	38	⑤	39	④	40	②
41	⑤	42	③	43	②	44	②	45	⑤
46	②	47	⑤	48	⑤	49	②	50	③
51	④	52	⑤	53	⑤	54	②	55	④
56	①	57	③	58	④	59	①	60	②
61	④	62	③	63	①				

02. 현대 사회의 변동과 대응
문제편 p.311 해설편 p.441

번호	답	번호	답	번호	답	번호	답	번호	답
1	②	2	①	3	③	4	⑤	5	③
6	④	7	③	8	②	9	②	10	①
11	⑤	12	④	13	①	14	②	15	②
16	①	17	②	18	②	19	⑤	20	⑤
21	③	22	①	23	②	24	①	25	④
26	②	27	④	28	⑤	29	③	30	④
31	④	32	②	33	③	34	④	35	④
36	③	37	③	38	①	39	④	40	②
41	⑤	42	①	43	②	44	①	45	④
46	④	47	①	48	②	49	④	50	①
51	④	52	②	53	④	54	③	55	①
56	④	57	④	58	⑤	59	④	60	①
61	⑤	62	③	63	④	64	①	65	④
66	④	67	③	68	③				

03. 전 지구적 수준의 문제와 지속 가능한 사회
문제편 p.331 해설편 p.486

번호	답	번호	답	번호	답	번호	답	번호	답
1	④	2	④	3	④	4	④	5	④
6	②	7	④						

연도별
2024학년도 6월 모의평가
문제편 p.361 해설편 p.490

번호	답	번호	답	번호	답	번호	답	번호	답
1	④	2	④	3	②	4	①	5	②
6	⑤	7	④	8	③	9	①	10	③
11	④	12	⑤	13	④	14	①	15	④
16	⑤	17	⑤	18	①	19	④	20	②

2024학년도 9월 모의평가
문제편 p.365 해설편 p.494

번호	답	번호	답	번호	답	번호	답	번호	답
1	⑤	2	⑤	3	④	4	①	5	⑤
6	⑤	7	②	8	①	9	④	10	③
11	⑤	12	②	13	⑤	14	①	15	③
16	④	17	④	18	①	19	⑤	20	⑤

2024학년도 대학수학능력시험
문제편 p.369 해설편 p.498

번호	답	번호	답	번호	답	번호	답	번호	답
1	④	2	①	3	②	4	④	5	⑤
6	②	7	④	8	⑤	9	③	10	⑤
11	①	12	⑤	13	①	14	①	15	②
16	④	17	⑤	18	②	19	①	20	④

2025학년도 6월 모의평가
문제편 p.373 해설편 p.502

번호	답	번호	답	번호	답	번호	답	번호	답
1	④	2	②	3	④	4	①	5	④
6	②	7	③	8	①	9	⑤	10	④
11	⑤	12	⑤	13	④	14	①	15	④
16	①	17	③	18	⑤	19	④	20	④

2025학년도 9월 모의평가
문제편 p.377 해설편 p.506

번호	답	번호	답	번호	답	번호	답	번호	답
1	⑤	2	④	3	④	4	①	5	①
6	②	7	③	8	⑤	9	①	10	③
11	⑤	12	④	13	④	14	①	15	⑤
16	①	17	③	18	⑤	19	③	20	④

2025학년도 대학수학능력시험
문제편 p.381 해설편 p.510

번호	답	번호	답	번호	답	번호	답	번호	답
1	②	2	⑤	3	④	4	①	5	⑤
6	⑤	7	②	8	⑤	9	③	10	⑤
11	④	12	①	13	④	14	①	15	⑤
16	④	17	③	18	④	19	③	20	③

2026학년도 6월 모의평가
문제편 p.385 해설편 p.514

번호	답	번호	답	번호	답	번호	답	번호	답
1	②	2	⑤	3	④	4	⑤	5	④
6	⑤	7	⑤	8	②	9	②	10	⑤
11	④	12	④	13	①	14	②	15	⑤
16	①	17	⑤	18	①	19	④	20	③

2026학년도 9월 모의평가
문제편 p.389 해설편 p.518

번호	답	번호	답	번호	답	번호	답	번호	답
1	③	2	④	3	①	4	③	5	④
6	⑤	7	②	8	①	9	④	10	②
11	②	12	⑤	13	①	14	①	15	⑤
16	①	17	④	18	①	19	⑤	20	②

2026학년도 대학수학능력시험
문제편 p.393 해설편 p.522

번호	답	번호	답	번호	답	번호	답	번호	답
1	⑤	2	②	3	④	4	④	5	①
6	①	7	⑤	8	⑤	9	④	10	③
11	④	12	①	13	②	14	④	15	⑤
16	④	17	④	18	②	19	④	20	③

빠른 정답표 QR

QR 코드를 스캔하시면 정답표 PDF를 다운로드하실 수 있습니다.

문항구성표

2027 마더텅 수능기출문제집 사회·문화는
총 860문항을 5개의 단원으로 나누어 수록하였습니다.

- 2021~2025년 시행된 수능·모의평가·학력평가 기출문제 전 문항 수록(700문항)
- 2013~2020년 시행된 수능·모의평가·학력평가 기출문제 중 우수 문항 선별 수록(160문항)
- 현직 교사의 감수를 통해 15 개정 교육과정에 최적화된 문항 선별
- 수능에 꼭 나오는 단원별, 소주제별 필수 개념 및 암기사항 정리
  사회·문화 개념을 쉽게 외울 수 있는 암기팁 수록!
- 단원별, 소주제별 기출문제 수록으로 취약 단원·소주제 파악하여 집중 학습 가능!
- 대한민국 최초! 전 문항, 모든 선지에 100% 첨삭해설, 풀이해설 수록
  정답 근거뿐만 아니라 오답 근거까지 철저한 분석!
- 2024~2026학년도 3개년 수능·모의평가 9회분 연도별 추가 수록

2026학년도 수능 분석 동영상 강의 QR

특급 부록
- 사회·문화 도표 분석 특강 문제편 p.004
- 사회·문화 기출 OX 607제 문제편 p.335
- 실전 연습이 가능한 DAY별 OMR 카드 문제편 p.353

연도별 문항구성표

고3							
시행 년도	3월 학평	4월 학평	6월 모평	7월 학평	9월 모평	10월 학평	11월 수능	연도별 문항 수
	서울시	경기도	평가원	인천시	평가원	서울시	평가원	
2025	20	20	20	20	20	20	20	140
2024	20	20	20	20	20	20	20	140
2023	20	20	20	20	20	20	20	140
2022	20	20	20	20	20	20	20	140
2021	20	20	20	20	20	20	20	140
2020	7	12	14	9	10	7	10	69
2019	4	8	9	5	8	7	11	52
2018	2	1	4	4	3	3	5	22
2017	1	2	2	1	1	-	-	7
2016	1	1	-	-	-	-	1	4
2015	-	-	-	-	-	-	-	0
2014	-	-	-	1	-	-	-	1
2013	-	-	-	-	-	-	1	1
합계								856

고1 통합사회					
시행년도	3월 학평	6월 학평	9월 학평	11월 학평	연도별 문항 수
	서울시	부산시	인천시	경기도	
2019	1	1	-	-	2
2018	-	1	1	-	2
합계					4

2026학년도 6월/9월 모의평가 및 대학수학능력시험
사회탐구 영역 사회·문화 문항 배치표

문항 번호	6월 모의평가	9월 모의평가	수능
1	p.070 **008**	p.089 **082**	p.090 **086**
2	p.128 **005**	p.090 **085**	p.136 **039**
3	p.227 **032**	p.165 **022**	p.217 **053**
4	p.083 **057**	p.189 **036**	p.189 **037**
5	p.206 **011**	p.119 **084**	p.114 **068**
6	p.200 **036**	p.216 **051**	p.201 **041**
7	p.236 **015**	p.136 **037**	p.231 **046**
8	p.146 **029**	p.309 **059**	p.145 **027**
9	p.098 **016**	p.178 **041**	p.178 **043**
10	p.117 **078**	p.251 **040**	p.252 **041**
11	p.333 **002**	p.309 **060**	p.329 **066**
12	p.245 **020**	p.230 **043**	p.310 **063**
13	p.308 **054**	p.148 **039**	p.165 **024**
14	p.174 **030**	p.119 **085**	p.120 **089**
15	p.285 **030**	p.291 **042**	p.292 **044**
16	p.296 **005**	p.271 **066**	p.271 **067**
17	p.269 **057**	p.201 **040**	p.272 **068**
18	p.163 **014**	p.328 **060**	p.091 **087**
19	p.186 **026**	p.271 **065**	p.239 **025**
20	p.328 **062**	p.330 **067**	p.330 **068**

단원별 문항구성표				
Ⅰ단원	Ⅱ단원	Ⅲ단원	Ⅳ단원	Ⅴ단원
191	176	177	178	138
총 수록 문항 수		860		

4주 28일 완성 학습계획표

- 마더텅 수능기출문제집을 100% 활용할 수 있도록 도와주는 학습계획표입니다. 계획표를 활용하여 학습 일정을 계획하고 자신의 성적을 체크해 보세요.
  꼭 4주 완성을 목표로 하지 않더라도, 스스로 학습 현황을 체크하면서 공부하는 습관은 문제집을 끝까지 푸는 데 도움을 줍니다.
- 날짜별로 정해진 분량에 맞춰 공부하고 학습 결과를 기록합니다.
- 계획은 도중에 틀어질 수 있습니다. 하지만 계획을 세우고 지키는 과정은 그 자체로 효율적인 학습에 큰 도움이 됩니다.
  학습 중 계획이 변경될 경우에 대비해 마더텅 홈페이지에서 학습계획표 PDF 파일을 제공하고 있습니다.

주차	Day	학습 내용		성취도				
				100%	99~75%	74~50%	49~25%	24~0%
1 주 차	1일차	Ⅰ. 사회·문화 현상의 탐구	p.67~p.77					
	2일차		p.78~p.87					
	3일차		p.88~p.101					
	4일차		p.102~p.113					
	5일차		p.114~p.125					
	6일차	Ⅱ. 개인과 사회 구조	p.126~p.135					
	7일차		p.136~p.146					
2 주 차	8일차		p.147~p.158					
	9일차		p.159~p.168					
	10일차		p.169~p.178					
	11일차	Ⅲ. 문화와 일상생활	p.179~p.188					
	12일차		p.189~p.198					
	13일차		p.199~p.210					
	14일차		p.211~p.221					
3 주 차	15일차		p.222~p.231					
	16일차	Ⅳ. 사회 계층과 불평등	p.232~p.241					
	17일차		p.242~p.246					
	18일차		p.247~p.252					
	19일차		p.253~p.259					
	20일차		p.260~p.264					
	21일차		p.265~p.270					
4 주 차	22일차		p.271~p.280					
	23일차		p.281~p.292					
	24일차	Ⅴ. 현대의 사회 변동	p.293~p.302					
	25일차		p.303~p.310					
	26일차		p.311~p.320					
	27일차		p.321~p.325					
	28일차		p.326~p.334					

목차

특급 부록

단원별

특급 부록

연도별

사회·문화 도표 분석 특강

성 불평등, 복지, 인구, 계층, 빈곤 5개 유형
45특강으로 사회·문화 1등급 완성!

목차

유형 1. 성 불평등 표 분석

유형 파헤치기

성 불평등과 관련하여 남성과 여성의 임금 격차, 남성과 여성의 근로자 수 차이, 정규직 근로자와 비정규직 근로자의 임금 차이, 정규직 근로자와 비정규직 근로자의 수 차이 등을 분석하는 문제가 출제되고 있습니다. 연도별·국가별 성 불평등 관련 지표를 분석하는 문제가 고난도로 출제되고 있습니다. 자료 하단에 성 불평등과 관련된 지수를 계산하는 별도의 방법을 정의하여 제시하고 있으므로 제시된 계산 방법이 의미하는 바를 파악하는 것이 가장 중요합니다. 남성이나 여성, 정규직과 비정규직 중 하나를 기준으로 하여 남성과 여성의 비, 정규직과 비정규직의 비를 통해 수치를 정리해 놓으면 문제 해결이 용이해질 수 있습니다. 일반적으로 성비는 1 : 1로 제시되지만, 성비가 1 : 1이 아닌 경우도 출제될 수 있으므로 유의하도록 합니다. 또한 각 지수 값이 높아질수록 차별 정도가 심해지는 것인지 약해지는 것인지 혼동하지 않도록 합니다.

특강 1 갑~병국의 여성 근로자 임금 차별 지수 집중 분석

20

다음 자료에 대한 분석으로 옳은 것은? 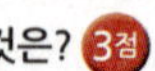 3점

표는 갑 ~ 병국의 여성 근로자 임금 차별 지수를 알아보기 위한 것이다.

구분	갑국	을국	병국
남성 근로자 임금 총액 대비 여성 근로자 임금 총액	3/5	5/4	3/5
남성 근로자 수 대비 여성 근로자 수	3/4	5/3	2/3

* 여성 근로자 임금 차별 지수 = 전체 근로자 임금 총액 중 여성 근로자 임금 총액의 비율 / 전체 근로자 중 여성 근로자의 비율
* 여성 근로자 임금 차별 지수가 1보다 작은 경우 여성 근로자에 대한 임금 차별이 존재하고, 그 값이 0에 가까울수록 차별 정도가 심함.

① 여성 근로자 임금 차별 지수는 갑국이 을국보다 크다.
② 남성 근로자 평균 임금 대비 여성 근로자 평균 임금은 을국이 병국보다 크다.
③ 갑국과 병국 모두에서 여성 근로자 평균 임금은 남성 근로자 평균 임금의 60% 수준이다.
④ 여성 근로자 임금 차별 지수에 따르면 여성 근로자에 대한 임금 차별은 을국이 병국보다 심하다.
⑤ 갑 ~ 병국 모두에서 전체 근로자 중 여성 근로자 비율이 전체 근로자 임금 총액 중 여성 근로자 임금 총액 비율보다 낮다.

 자료 파헤치기

STEP 1 표에는 갑국~병국의 남성 근로자 임금 총액 대비 여성 근로자 임금 총액의 비와 남성 근로자 수 대비 여성 근로자 수의 비가 각각 제시되어 있습니다. 제시된 숫자를 그대로 재배열하면 다음과 같습니다.

구분	갑국	을국	병국
여성 근로자 임금 총액	3	5	3
남성 근로자 임금 총액	5	4	5
여성 근로자 수	3	5	2
남성 근로자 수	4	3	3

STEP 2 여성 근로자 임금 차별 지수를 구해 보도록 하겠습니다. 남성 근로자 임금 총액을 100으로 가정하고 이에 따른 여성 근로자 임금 총액을 계산하거나, 남성 근로자 수를 100으로 가정하고 이에 따른 여성 근로자 수를 계산하는 것이 일반적이지만, 이 경우 숫자가 커져 계산하기가 복잡해질 수 있습니다. 문제에 제시된 비(比)에 맞게 숫자 그대로를 이용하여 구해 보도록 하겠습니다. 여성 근로자 임금 차별 지수는 전체 근로자 임금 총액 중 여성 근로자 임금 총액의 비율/전체 근로자 중 여성 근로자의 비율로 구할 수 있는데, 이는 {(여성 근로자 임금 총액/전체 근로자 임금 총액)×100}÷{(여성 근로자 수/전체 근로자 수)×100}으로, (여성 근로자 임금 총액/전체 근로자 임금 총액)÷(여성 근로자 수/전체 근로자 수)로 나타낼 수 있습니다. 여성 근로자 임금 차별 지수는 갑국의 경우 (3/8)÷(3/7)=7/8, 을국의 경우 (5/9)÷(5/8)=8/9, 병국의 경우 (3/8)÷(2/5)=15/16입니다. 이를 정리해 보면 다음과 같습니다.

구분	갑국	을국	병국
여성 근로자 임금 총액	3	5	3
남성 근로자 임금 총액	5	4	5
전체 근로자 임금 총액	8	9	8
여성 근로자 수	3	5	2
남성 근로자 수	4	3	3
전체 근로자 수	7	8	5
여성 근로자 임금 차별 지수	7/8	8/9	15/16

STEP 3 여성 근로자 평균 임금과 남성 근로자 평균 임금을 구해 보도록 하겠습니다. 여성 근로자 평균 임금은 '여성 근로자 임금 총액/여성 근로자 수'로 구할 수 있고, 남성 근로자 평균 임금은 '남성 근로자 임금 총액/남성 근로자 수'로 구할 수 있습니다. 여성 근로자 평균 임금은 갑국의 경우 1(3/3), 을국의 경우 1(5/5), 병국의 경우 3/2입니다. 남성 근로자 평균 임금은 갑국의 경우 5/4, 을국의 경우 4/3, 병국의 경우 5/3입니다. 이를 정리해 보면 다음과 같습니다.

구분	갑국	을국	병국
여성 근로자 임금 총액	3	5	3
남성 근로자 임금 총액	5	4	5
여성 근로자 수	3	5	2
남성 근로자 수	4	3	3
여성 근로자 평균 임금	1	1	3/2
남성 근로자 평균 임금	5/4	4/3	5/3

 정답은 나의 것!

자료 파헤치기에서 구한 다음의 표를 이용하면 쉽게 정답을 찾을 수 있습니다.

구분	갑국	을국	병국
여성 근로자 임금 총액	3	5	3
남성 근로자 임금 총액	5	4	5
전체 근로자 임금 총액	8	9	8
여성 근로자 수	3	5	2
남성 근로자 수	4	3	3
전체 근로자 수	7	8	5
여성 근로자 평균 임금	1	1	3/2
남성 근로자 평균 임금	5/4	4/3	5/3
여성 근로자 임금 차별 지수	7/8	8/9	15/16

선택지 ①
여성 근로자 임금 차별 지수는 갑국의 경우 7/8{(3/8)÷(3/7)}이고, 을국의 경우 8/9{(5/9)÷(5/8)}입니다. 즉, 여성 근로자 임금 차별 지수는 갑국이 을국보다 작습니다. 따라서 선지 ①번은 오답입니다.

선택지 ②
남성 근로자 평균 임금 대비 여성 근로자 평균 임금은 '여성 근로자 평균 임금÷남성 근로자 평균 임금'을 나타냅니다. 을국의 경우 여성 근로자 평균 임금은 1, 남성 근로자 평균 임금은 4/3이므로 남성 근로자 평균 임금 대비 여성 근로자 평균 임금은 3/4{1÷(4/3)}입니다. 병국의 경우 여성 근로자 평균 임금은 3/2, 남성 근로자 평균 임금은 5/3이므로 남성 근로자 평균 임금 대비 여성 근로자 평균 임금은 9/10{(3/2)÷(5/3)}입니다. 즉, 남성 근로자 평균 임금 대비 여성 근로자 평균 임금은 을국이 병국보다 작습니다. 따라서 선지 ②번은 오답입니다.

선택지 ③
갑국의 경우 여성 근로자 평균 임금은 1이고, 남성 근로자 평균 임금은 5/4로, 여성 근로자 평균 임금이 남성 근로자 평균 임금의 80%{(4/5)×100}입니다. 병국의 경우 여성 근로자 평균 임금은 3/2이고, 남성 근로자 평균 임금은 5/3으로, 여성 근로자 평균 임금이 남성 근로자 평균 임금의 90%{(9/10)×100}입니다. 즉, 갑국의 경우 여성 근로자 평균 임금이 남성 근로자 평균 임금의 80% 수준이고, 병국의 경우 여성 근로자 평균 임금이 남성 근로자 평균 임금의 90% 수준입니다. 따라서 선지 ③번은 오답입니다.

선택지 ④ ✔
여성 근로자 임금 차별 지수는 을국의 경우 8/9{(5/9)÷(5/8)}이고, 병국의 경우 15/16{(3/8)÷(2/5)}입니다. 즉, 여성 근로자 임금 차별 지수는 을국이 병국보다 작습니다. 여성 근로자 임금 차별 지수가 0에 가까울수록 여성 근로자에 대한 임금 차별 정도가 심하므로 여성 근로자에 대한 임금 차별은 을국이 병국보다 심합니다. 따라서 선지 ④번은 정답입니다.

선택지 ⑤
갑국의 경우 전체 근로자 중 여성 근로자 비율은 (3/7)×100이고, 전체 근로자 임금 총액 중 여성 근로자 임금 총액 비율은 (3/8)×100입니다. 즉, 갑국의 경우 전체 근로자 중 여성 근로자 비율이 전체 근로자 임금 총액 중 여성 근로자 임금 총액 비율보다 높습니다. 을국의 경우 전체 근로자 중 여성 근로자 비율은 (5/8)×100이고, 전체 근로자 임금 총액 중 여성 근로자 임금 총액 비율은 (5/9)×100입니다. 즉, 을국의 경우 전체 근로자 중 여성 근로자 비율이 전체 근로자 임금 총액 중 여성 근로자 임금 총액 비율보다 높습니다. 병국의 경우 전체 근로자 중 여성 근로자 비율은 (2/5)×100이고, 전체 근로자 임금 총액 중 여성 근로자 임금 총액 비율은 (3/8)×100입니다. 즉, 병국의 경우 전체 근로자 중 여성 근로자 비율이 전체 근로자 임금 총액 중 여성 근로자 임금 총액 비율보다 높습니다. 따라서 선지 ⑤번은 오답입니다.

정답 : ④

특강 2 갑국의 성별 근로자 평균 임금 상승률 집중 분석

13

[2022년 3월 학평 13번]

다음 자료에 대한 분석으로 옳은 것은? 3점

> 표는 갑국의 5년 전 대비 성별 근로자 평균 임금 상승률을 나타낸 것이다. 갑국에서 남성 근로자 수와 여성 근로자 수는 항상 같고, 2005년에 남성 근로자 평균 임금은 여성 근로자 평균 임금의 2배이다.

(단위 : %)

구분	2010년	2015년	2020년
남성 근로자 평균 임금 상승률	5	7	13
여성 근로자 평균 임금 상승률	7	9	11

① 2005년 대비 2010년에 전체 근로자 평균 임금 상승률은 12%이다.

② 5년 전 대비 전체 근로자 평균 임금 상승률은 2010년이 2015년보다 크다.

③ 남성 근로자와 여성 근로자 간의 평균 임금 차이는 2005년이 2010년보다 크다.

④ 전체 근로자 평균 임금 대비 여성 근로자 평균 임금은 2015년이 2020년보다 크다.

⑤ 2010년 대비 2020년에 남성 근로자와 여성 근로자 모두 평균 임금이 20% 상승하였다.

자료 파헤치기

STEP 1 제시된 자료에서는 2005년 남성 근로자 평균 임금이 여성 근로자 평균 임금의 2배라고 전제하고 있습니다. 즉, 2005년 여성 근로자 평균 임금을 100만 원이라고 가정하면 2005년 남성 근로자 평균 임금은 200만 원이 됩니다. 2005년 여성 근로자 평균 임금을 100만 원이라고 가정하여 2005년 남성 근로자 평균 임금을 나타내면 다음과 같습니다.

(단위 : 만 원)

구분	2005년
남성 근로자 평균 임금	200
여성 근로자 평균 임금	100

STEP 2 제시된 자료에서 표는 5년 전 대비 남성 근로자 평균 임금 상승률과 여성 근로자 평균 임금 상승률을 나타내고 있습니다. 5년 전 대비 남성 근로자 평균 임금 상승률은 2010년의 경우 5%, 2015년의 경우 7%, 2020년의 경우 13%입니다. 2005년 남성 근로자 평균 임금이 200만 원이라면, 2010년 남성 근로자 평균 임금은 210만 원{=200만 원+(200만 원×5%)}이 되고, 2015년 남성 근로자 평균 임금은 224.7만 원{=210만 원+(210만 원×7%)}이 되며, 2020년 남성 근로자 평균 임금은 약 253.9만 원{=224.7만 원+(224.7만 원×13%)}이 됩니다. 한편, 5년 전 대비 여성 근로자 평균 임금 상승률은 2010년의 경우 7%, 2015년의 경우 9%, 2020년의 경우 11%입니다. 2005년 여성 근로자 평균 임금이 100만 원이라면 2010년 여성 근로자 평균 임금은 107만 원{=100만 원+(100만 원×7%)}이 되고, 2015년 여성 근로자 평균 임금은 116.63만 원{=107만 원+(107만 원×9%)}이 되며, 2020년 여성 근로자 평균 임금은 약 129.5만 원{=116.63만 원+(116.63만 원×11%)}이 됩니다. 2005년 여성 근로자 평균 임금을 100만 원이라고 가정하여 연도별 남성 근로자 평균 임금과 여성 근로자 평균 임금을 나타내면 다음과 같습니다.

(단위 : 만 원)

구분	2005년	2010년	2015년	2020년
남성 근로자 평균 임금	200	210	224.7	약 253.9
여성 근로자 평균 임금	100	107	116.63	약 129.5

STEP 3 제시된 자료에서 갑국의 남성 근로자 수와 여성 근로자 수는 항상 같다고 전제하고 있습니다. 이를 통해 전체 근로자 평균 임금은 남성 근로자 평균 임금과 여성 근로자 평균 임금을 더한 값을 2로 나눈 것임을 알 수 있습니다. 즉, 전체 근로자 평균 임금=(남성 근로자 평균 임금+여성 근로자 평균 임금)÷2입니다. 2005년 여성 근로자 평균 임금을 100만 원이라고 가정하면 2005년 남성 근로자 평균 임금은 200만 원이므로 2005년 전체 근로자 평균 임금은 150만 원{=(200만 원+100만 원)÷2}이 됩니다. 2010년의 경우 남성 근로자 평균 임금은 210만 원이고 여성 근로자 평균 임금은 107만 원이므로 전체 근로자 평균 임금은 158.5만 원{=(210만 원+107만 원)÷2}이 됩니다. 2015년의 경우 남성 근로자 평균 임금은 224.7만 원이고, 여성 근로자 평균 임금은 116.63만 원이므로 전체 근로자 평균 임금은 약 170.7만 원{=(224.7만 원+116.63만 원)÷2}이 됩니다. 2020년의 경우 남성 근로자 평균 임금은 약 253.9만 원이고, 여성 근로자 평균 임금은 약 129.5만 원이므로 전체 근로자 평균 임금은 약 191.7만 원{=(약 253.9만 원+약 129.5만 원)÷2}이 됩니다. 2005년 여성 근로자 평균 임금을 100만 원이라고 가정하여 연도별 남성 근로자 평균 임금과 전체 근로자 평균 임금을 나타내면 다음과 같습니다.

(단위 : 만 원)

구분	2005년	2010년	2015년	2020년
남성 근로자 평균 임금	200	210	224.7	약 253.9
여성 근로자 평균 임금	100	107	116.63	약 129.5
전체 근로자 평균 임금	150	158.5	약 170.7	약 191.7

정답은 나의 것!

자료 파헤치기에서 구한 다음의 표를 이용하면 쉽게 정답을 찾을 수 있습니다.

(단위 : 만 원)

구분	2005년	2010년	2015년	2020년
남성 근로자 평균 임금	200	210	224.7	약 253.9
여성 근로자 평균 임금	100	107	116.63	약 129.5
전체 근로자 평균 임금	150	158.5	약 170.7	약 191.7

선택지 ①

2005년 여성 근로자 평균 임금을 100만 원이라고 가정하면, 2005년의 전체 근로자 평균 임금은 150만 원이고, 2010년의 전체 근로자 평균 임금은 158.5만 원입니다. 2005년 대비 2010년 전체 근로자 평균 임금 상승률은 약 5.7%[={(158.5만 원-150만 원)÷150만 원}×100]입니다. 따라서 선지 ①번은 오답입니다.

선택지 ②

2005년 여성 근로자 평균 임금을 100만 원이라고 가정하면, 2005년 전체 근로자 평균 임금은 150만 원이고, 2010년 전체 근로자 평균 임금은 158.5만 원이며, 2015년 전체 근로자 평균 임금은 약 170.7만 원입니다. 5년 전 대비 전체 근로자 평균 임금 상승률은 2010년의 경우 약 5.7%[={(158.5만 원-150만 원)÷150만 원}×100]이고, 2015년의 경우 약 7.7%[={(약 170.7만 원-158.5만 원)÷158.5만 원}×100]입니다. 즉, 5년 전 대비 전체 근로자 평균 임금 상승률은 2010년이 2015년보다 작습니다. 따라서 선지 ②번은 오답입니다.

선택지 ③

2005년 여성 근로자 평균 임금을 100만 원이라고 가정하면, 2005년

남성 근로자 평균 임금은 200만 원이고, 2010년 여성 근로자 평균 임금은
107만 원이며, 2010년 남성 근로자 평균 임금은 210만 원입니다. 남성
근로자와 여성 근로자 간의 평균 임금 차이는 2005년의 경우
100만 원(=200만 원-100만 원)이고, 2010년의 경우
103만 원(=210만 원-107만 원)입니다. 즉, 남성 근로자와 여성 근로자
간의 평균 임금 차이는 2005년이 2010년보다 작습니다. 따라서 선지
③번은 오답입니다.

선택지 ④ ✔

2005년 여성 근로자 평균 임금을 100만 원이라고 가정하면, 2015년
여성 근로자 평균 임금은 116.63만 원이고, 2015년 전체 근로자 평균
임금은 약 170.7만 원이며, 2020년 여성 근로자 평균 임금은
약 129.5만 원이고, 2020년 전체 근로자 평균 임금은 약 191.7만 원입니다.
전체 근로자 평균 임금 대비 여성 근로자 평균 임금은 2015년의 경우
약 0.683(=116.63만 원/약 170.7만 원)이고, 2020년의 경우
약 0.676(=약 129.5만 원/약 191.7만 원)입니다. 즉, 전체 근로자 평균
임금 대비 여성 근로자 평균 임금은 2015년이 2020년보다 큽니다.
따라서 선지 ④번은 정답입니다.

선택지 ⑤

2005년 여성 근로자 평균 임금을 100만 원이라고 가정하면, 2010년
남성 근로자 평균 임금은 210만 원이고, 2010년 여성 근로자 평균 임금은
107만 원이며, 2020년 남성 근로자 평균 임금은 약 253.9만 원이고,
2020년 여성 근로자 평균 임금은 약 129.5만 원입니다. 2010년 대비
2020년에 남성 근로자 평균 임금 상승률은
약 20.9%[={(약 253.9만 원-210만 원)÷210만 원}×100]이고,
2010년 대비 2020년에 여성 근로자 평균 임금 상승률은
약 21%[={(약 129.5만 원-107만 원)÷107만 원}×100]입니다. 즉,
2010년 대비 2020년에 남성 근로자와 여성 근로자 모두 평균 임금이
20%보다 크게 상승하였습니다. 따라서 선지 ⑤번은 오답입니다.

🎓 정답 : ④

특강 3 갑국의 연령대별 상대적 평균 임금 집중 분석

10 2024 평가원   [2024학년도 6월 모평 10번]

다음 자료에 대한 분석으로 옳은 것은? 3점

표는 갑국의 t년 연령대별 '상대적 평균 임금'을 혼인 상태별·
성별로 구분하여 제시한 것이다. 연령대별 상대적 평균 임금은
20대 기혼(미혼) 남성(여성) 평균 임금을 100이라고 할 때 다른
연령대의 기혼(미혼) 남성(여성) 평균 임금의 크기를 나타낸다.

갑국에서 t년에 기혼 20대의 성별 임금 격차 지수는 20이고,
미혼 20대의 성별 임금 격차 지수는 10이다. 20대 기혼 여성의
평균 임금과 20대 미혼 남성의 평균 임금은 같다. 따라서 20대
기혼 남성의 평균 임금이 100달러라면 20대 미혼 여성의 평균
임금은 □ ⑤ 달러이다.

〈연령대별 상대적 평균 임금〉

구분	기혼		미혼	
	남성	여성	남성	여성
20대	100	100	100	100
30대	142	130	140	140
40대	165	120	145	155
50대	170	90	130	150
60대 이상	110	70	90	60

* 성별 임금 격차 지수 = $\dfrac{(\text{남성 평균 임금} - \text{여성 평균 임금})}{\text{남성 평균 임금}} \times 100$

① ⑤은 '100'이다.
② 40대에서 성별 임금 격차 지수는 기혼이 미혼보다 작다.
③ 50대 기혼 여성과 20대 미혼 여성의 평균 임금은 같다.
④ 기혼 남성 40대와 50대의 평균 임금 차이와 미혼 남성 30대와
   40대의 평균 임금 차이는 같다.
⑤ 미혼의 경우, 모든 연령대에서 남성 평균 임금이 여성 평균
   임금보다 높다.

🔍 **자 료 파 헤 치 기**

STEP 1 제시된 표는 20대 기혼(미혼) 남성(여성)의 평균 임금을 100이라고
할 때 다른 연령대의 기혼(미혼) 남성(여성)의 평균 임금을 나타냅니다. 즉,
20대 기혼 남성의 평균 임금이 100이라면, 30대 기혼 남성의 평균 임금은
142, 40대 기혼 남성의 평균 임금은 165, 50대 기혼 남성의 평균 임금은
170, 60대 이상 기혼 남성의 평균 임금은 110임을 의미하며, 20대 기혼
여성의 평균 임금이 100이라면, 30대 기혼 여성의 평균 임금은 130, 40대
기혼 여성의 평균 임금은 120, 50대 기혼 여성의 평균 임금은 90, 60대 이상
기혼 여성의 평균 임금은 70임을 의미합니다. 제시된 표는 20대의 평균
임금을 기준으로 한 다른 연령대의 상대적 평균 임금을 나타낸다고 볼 수
있습니다. t년에 기혼 20대의 성별 임금 격차가 20이므로 20대 기혼 남성의
평균 임금을 100이라고 가정하면, 20대 기혼 여성의 평균 임금은 80이
됩니다. 20대 기혼 남성의 평균 임금을 100이라고 가정하였으므로 제시된
표에서 30대~60대 이상 기혼 남성의 상대적 평균 임금은 변동이 없습니다.
20대 기혼 남성의 평균 임금이 100이라면, 20대 기혼 여성의 평균 임금은
80이 되므로 이를 기준으로 30대~60대 이상 기혼 여성의 상대적 평균
임금을 바꿔 주어야 합니다. 20대 기혼 여성의 평균 임금이 80이라면, 30대
기혼 여성의 평균 임금은 104(=130×80÷100)가 되고, 40대 기혼 여성의
평균 임금은 96(=120×80÷100)이 되며, 50대 기혼 여성의 평균 임금은
72(=90×80÷100)가 되고, 60대 이상 기혼 여성의 평균 임금은
56(=70×80÷100)이 됩니다. 이를 나타내면 다음과 같습니다.

구분	기혼	
	남성	여성
20대	100	80
30대	142	104
40대	165	96
50대	170	72
60대 이상	110	56

STEP 2 〈STEP 1〉에서 구한 20대 기혼 남성의 평균 임금을 100으로 가정하였을 때 연령대별 기혼 여성의 상대적 평균 임금을 바탕으로, 연령대별 미혼 남성의 상대적 평균 임금을 구해 보도록 하겠습니다. 20대 기혼 여성의 평균 임금과 20대 미혼 남성의 평균 임금이 같으므로 20대 기혼 남성의 평균 임금을 100이라고 가정하면, 20대 기혼 여성의 평균 임금은 80이 되어 20대 미혼 남성의 평균 임금도 80이 됩니다. 이에 따라 30대~60대 이상 미혼 남성의 상대적 평균 임금을 바꿔 주어야 합니다. 20대 미혼 남성의 평균 임금이 80이라면, 30대 미혼 남성의 평균 임금은 112(=140×80÷100)가 되고, 40대 미혼 남성의 평균 임금은 116(=145×80÷100)이 되며, 50대 미혼 남성의 평균 임금은 104(=130×80÷100)가 되고, 60대 이상 미혼 남성의 평균 임금은 72(=90×80÷100)가 됩니다. 이를 나타내면 다음과 같습니다.

구분	기혼		미혼	
	남성	여성	남성	여성
20대	100	80	80	
30대	142	104	112	
40대	165	96	116	
50대	170	72	104	
60대 이상	110	56	72	

STEP 3 〈STEP 2〉에서 구한 자료를 바탕으로 연령대별 미혼 여성의 상대적 평균 임금을 구해 보도록 하겠습니다. 미혼 20대의 성별 임금 격차 지수가 10이므로 20대 기혼 남성의 평균 임금이 100이라고 가정하면, 20대 미혼 남성의 평균 임금은 80이 되므로 20대 미혼 여성의 평균 임금은 72가 됩니다. 이를 기준으로 30대~60대 이상 미혼 여성의 상대적 평균 임금을 바꿔 주어야 합니다. 20대 미혼 여성의 평균 임금이 72라면, 30대 미혼 여성의 평균 임금은 100.8(=140×72÷100)이 되고, 40대 미혼 여성의 평균 임금은 111.6(=155×72÷100)이 되며, 50대

정답은 나의 것!

자료 파헤치기에서 구한 다음의 표를 이용하면 쉽게 정답을 찾을 수 있습니다.

〈20대 기혼 남성 평균 임금이 100일 때 상대적 평균 임금〉

구분	기혼		미혼	
	남성	여성	남성	여성
20대	100	80	80	72
30대	142	104	112	100.8
40대	165	96	116	111.6
50대	170	72	104	108
60대 이상	110	56	72	43.2

선택지 ①

20대 기혼 남성의 평균 임금이 100이라면, 20대 미혼 여성의 평균 임금은 72가 됩니다. 즉, 20대 기혼 남성의 평균 임금이 100달러라면, 20대 미혼 여성의 평균 임금은 72달러가 되어 ㉠은 '72'가 됩니다. 따라서 선지 ①번은 오답입니다.

선택지 ②

20대 기혼 남성의 평균 임금이 100이라면, 40대에서 성별 임금 격차 지수는 기혼의 경우 약 41.8[={(165-96)/165}×100]이고, 미혼의 경우 약 3.8[={(116-111.6)/116}×100]입니다. 즉, 40대에서 성별 임금 격차 지수는 기혼이 미혼보다 큽니다. 따라서 선지 ②번은 오답입니다.

선택지 ③ 

20대 기혼 남성의 평균 임금이 100이라면, 50대 기혼 여성의 평균 임금은 72이고, 20대 미혼 여성의 평균 임금은 72입니다. 즉, 50대 기혼 여성의 평균 임금과 20대 미혼 여성의 평균 임금은 같습니다. 따라서 선지 ③번은 정답입니다.

선택지 ④

20대 기혼 남성의 평균 임금이 100이라면, 기혼 남성 40대와 50대의 평균 임금 차이는 5(=170-165)이고, 미혼 남성 30대와 40대의 평균 임금 차이는 4(=116-112)입니다. 즉, 기혼 남성 40대와 50대의 평균 임금 차이가 미혼 남성 30대와 40대의 평균 임금 차이보다 큽니다. 따라서 선지 ④번은 오답입니다.

선택지 ⑤

미혼의 경우 20대, 30대, 40대, 60대 이상에서는 남성 평균 임금이 여성 평균 임금보다 높지만, 50대에서는 남성 평균 임금이 여성 평균 임금보다 낮습니다. 즉, 미혼의 경우 50대를 제외한 연령대에서 남성 평균 임금이 여성 평균 임금보다 높게 나타납니다. 따라서 선지 ⑤번은 오답입니다.

정답 : ③

10
[2023학년도 수능 10번]

다음 자료에 대한 분석으로 옳은 것은? 3점

표는 갑국의 t년 연령대별 남녀 임금을 조사하여 구성한 것이다.

연령대	여성 임금비	20대 기준 연령대별 상대적 평균 임금	
		남성	여성
10대	88	40	39
20대	90	100	100
30대	75	㉠	145
40대	61	200	㉡
50대	50	190	105
60대	47	114	60

* 여성 임금비 = $\dfrac{\text{여성 평균 임금}}{\text{남성 평균 임금}} \times 100$

** 여성 임금비는 소수점 첫째 자리에서 반올림한 수치임.

*** 20대 기준 연령대별 상대적 평균 임금은 20대 남성(여성) 평균 임금을 100이라고 할 때 연령대별 남성(여성)의 상대적 평균 임금임.

① ㉠은 180보다 작고, ㉡은 130보다 크다.
② 평균 임금은 남성과 여성에서 모두 40대가 가장 높다.
③ 40대 여성 평균 임금은 40대 전체 평균 임금의 60%보다 작다.
④ 연령대별 남녀 평균 임금 차이는 20대부터 60대까지 지속적으로 증가한다.
⑤ 50대 남성 취업자 수가 50대 여성 취업자 수의 1.5배라면, 50대 여성 임금 총액은 50대 남성 임금 총액의 40%보다 크다.

자료 파헤치기

STEP 1 제시된 표의 왼쪽에는 연령대별 여성 임금비가 나타나 있습니다. 여성 임금비가 의미하는 바가 무엇인지를 파악하는 것이 중요합니다. 여성 임금비는 (여성 평균 임금/남성 평균 임금)×100으로 구할 수 있습니다. 10대의 경우 여성 임금비가 88이라는 것은 남성 평균 임금이 100이라면 여성 평균 임금은 88임을 의미하고, 20대의 경우 여성 임금비가 90이라는 것은 남성 평균 임금이 100이라면 여성 평균 임금은 90임을 의미합니다. 30대의 경우 여성 임금비가 75라는 것은 남성 평균 임금이 100이라면 여성 평균 임금은 75임을 의미하고, 40대의 경우 여성 임금비가 61이라는 것은 남성 평균 임금이 100이라면 여성 평균 임금은 61임을 의미합니다. 50대의 경우 여성 임금비가 50이라는 것은 남성 평균 임금이 100이라면 여성 평균 임금은 50임을 의미하고, 60대의 경우 여성 임금비가 47이라는 것은 남성 평균 임금이 100이라면 여성 평균 임금은 47임을 의미합니다. 이를 나타내면 다음과 같습니다.

구분	남성 평균 임금	여성 평균 임금
10대	100	88
20대	100	90
30대	100	75
40대	100	61
50대	100	50
60대	100	47

제시된 표의 오른쪽에는 20대 기준 연령대별 상대적 평균 임금이 나타나 있습니다. 이는 20대 남성 평균 임금을 기준으로 한 각 연령대 남성 평균 임금의 크기와 20대 여성 평균 임금을 기준으로 한 각 연령대 여성 평균 임금의 크기를 나타낸 것입니다. 즉, 20대 남성 평균 임금이 100이라면 10대 남성 평균 임금은 40, 40대 남성 평균 임금은 200, 50대 남성 평균

임금은 190, 60대 남성 평균 임금은 114임을 의미합니다. 또한 20대 여성 평균 임금이 100이라면 10대 여성 평균 임금은 39, 30대 여성 평균 임금은 145, 50대 여성 평균 임금은 105, 60대 여성 평균 임금은 60임을 의미합니다. 제시된 자료에서는 20대를 기준으로 하였으므로 20대 여성 임금비를 통해 20대 남성 평균 임금과 20대 여성 평균 임금을 파악하는 것이 효율적입니다. 20대의 경우 여성 임금비가 90이므로 남성 평균 임금이 100이라면 여성 평균 임금은 90이 됩니다. 20대 남성 평균 임금이 100일 때 10대 남성 평균 임금은 40, 40대 남성 평균 임금은 200, 50대 남성 평균 임금은 190, 60대 남성 평균 임금은 114가 되므로 제시된 표에서 20대 남성 평균 임금을 기준으로 한 연령대별 상대적 평균 임금은 20대 남성 평균 임금이 100일 때 연령대별 평균 임금을 나타낸다고 볼 수 있습니다. 이를 나타내면 다음과 같습니다.

구분	남성 평균 임금
10대	40
20대	100
30대	㉠
40대	200
50대	190
60대	114

STEP 2 20대의 경우 여성 임금비가 90이므로 남성 평균 임금이 100이라면 여성 평균 임금은 90이 됩니다. 그런데 제시된 표에서는 20대 여성 평균 임금이 100일 때 각 연령대별 상대적 평균 임금이 나타나 있습니다. 즉, 표에 제시된 평균 임금은 20대 여성 평균 임금이 100일 때를 전제로 하고 있습니다. 따라서 이를 20대 여성 평균 임금이 90일 때를 전제로 한 각 연령대별 여성 평균 임금으로 바꿔주어야 합니다. 20대 여성 평균 임금이 100일 때 10대 여성 평균 임금이 39이므로 20대 여성 평균 임금이 90일 때 10대 여성 평균 임금은 35.1(=39×90/100)이 됩니다. 20대 여성 평균 임금이 100일 때 30대 여성 평균 임금이 145이므로 20대 여성 평균 임금이 90일 때 30대 여성 평균 임금은 130.5(=145×90/100)가 됩니다. 20대 여성 평균 임금이 100일 때 50대 여성 평균 임금이 105이므로 20대 여성 평균 임금이 90일 때 50대 여성 평균 임금은 94.5(=105×90/100)가 됩니다. 20대 여성 평균 임금이 100일 때 60대 여성 평균 임금이 60이므로 20대 여성 평균 임금이 90일 때 60대 여성 평균 임금은 54(=60×90/100)가 됩니다. 이를 나타내면 다음과 같습니다.

〈20대 남성 평균 임금이 100이고, 20대 여성 평균 임금이 90일 때 각 연령대별 평균 임금〉

구분	남성 평균 임금	여성 평균 임금
10대	40	35.1
20대	100	90
30대	㉠	130.5
40대	200	㉡×90/100
50대	190	94.5
60대	114	54

STEP 3 이제 ㉠과 ㉡을 구해 보도록 하겠습니다. 20대 남성 평균 임금을 100, 20대 여성 평균 임금을 90이라고 가정하면, 30대의 경우 여성 임금비가 75이고, 30대 여성 평균 임금이 약 130.5이므로 30대 남성 평균 임금은 174{=(130.5/75)×100}가 됩니다. 즉, ㉠은 174가 됩니다. 20대 남성 평균 임금을 100, 20대 여성 평균 임금을 90이라고 가정하면, 40대의 경우 여성 임금비가 61이고, 40대 남성 평균 임금이 200이므로 40대 여성 평균 임금은 122(=61×200/100)가 됩니다. 즉, 20대 여성 평균 임금이 90이라면 40대 여성 평균 임금이 122가 됩니다. 따라서 20대 여성 평균 임금이 100일 때 40대 여성 평균 임금은 약 136(=122×100/90)입니다. 즉, ㉡은 약 136입니다. 20대 남성 평균 임금이 100이고, 20대 여성 평균 임금이 90일 때 각 연령대별 상대적 평균 임금을 나타내면 다음과 같습니다.

〈20대 남성 평균 임금이 100이고, 20대 여성 평균 임금이 90일 때
각 연령대별 평균 임금〉

구분	남성 평균 임금	여성 평균 임금
10대	40	35.1
20대	100	90
30대	174	130.5
40대	200	122
50대	190	94.5
60대	114	54

정답은 나의 것!

자료 파헤치기에서 구한 다음의 표를 이용하면 쉽게 정답을 찾을 수 있습니다.

〈갑국 t년 연령대별 남녀 임금 조사 현황〉

구분	여성 임금비	20대 기준 연령대별 상대적 평균 임금	
		남성	여성
10대	88	40	39
20대	90	100	100
30대	75	174	145
40대	61	200	약 136
50대	50	190	105
60대	47	114	60

〈20대 남성 평균 임금이 100이고, 20대 여성 평균 임금이 90일 때
각 연령대별 평균 임금〉

구분	남성 평균 임금	여성 평균 임금
10대	40	35.1
20대	100	90
30대	174	130.5
40대	200	122
50대	190	94.5
60대	114	54

선택지 ① ✔

20대 남성 평균 임금을 100, 20대 여성 평균 임금을 90이라고 가정하면,
30대의 경우 여성 임금비가 75이고, 30대 여성 평균 임금이
130.5이므로 30대 남성 평균 임금은 174{=(130.5/75)×100}가
됩니다. 따라서 ⊙은 174입니다. 20대 남성 평균 임금을 100, 20대 여성
평균 임금을 90이라고 가정하면, 40대의 경우 여성 임금비가 61이고,
40대 남성 평균 임금이 200이므로 40대 여성 평균 임금은
122(=61×200/100)가 됩니다. 즉, 20대 여성 평균 임금이 100일 때
40대 여성 평균 임금은 약 136(=122×100/90)이 됩니다. 따라서 ⓒ은
약 136입니다. 즉, ⊙은 180보다 작고, ⓒ은 130보다 큽니다. 따라서
선지 ①번은 정답입니다!

선택지 ②

20대 남성 평균 임금을 100, 20대 여성 평균 임금을 90이라고 가정하면,
평균 임금은 남성의 경우 40대가 200으로 가장 높고, 여성의 경우
30대가 130.5로 가장 높습니다. 따라서 선지 ②번은 오답입니다.

선택지 ③

40대의 경우 여성 임금비가 61이므로 40대 남성 평균 임금이 100이라면
40대 여성 평균 임금은 61이 됩니다. 이때 40대 전체 평균 임금은 61과
100 사이에서 형성됩니다. 예를 들어 남성과 여성의 수가 같다면, 남성

평균 임금이 100, 여성 평균 임금이 61이라면 전체 평균 임금은 80.5가
됩니다. 만약 남성의 수가 여성의 수보다 많다면 전체 평균 임금은
80.5보다 크고, 여성의 수가 남성의 수보다 많다면 전체 평균 임금은
80.5보다 작습니다. 즉, 40대 남성 평균 임금이 100, 40대 여성 평균
임금이 61이라면, 40대 여성 평균 임금은 40대 전체 평균 임금의
60%보다 큽니다. 따라서 선지 ③번은 오답입니다.

선택지 ④

20대 남성 평균 임금을 100, 20대 여성 평균 임금을 90이라고 가정하면,
연령대별 남녀 평균 임금 차이는 10대의 경우 4.9, 20대의 경우 10,
30대의 경우 43.5, 40대의 경우 78, 50대의 경우 95.5, 60대의 경우
60이 됩니다. 즉, 연령대별 남녀 평균 임금 차이는 20대에서 50대까지
증가하다가 60대에서 감소합니다. 따라서 선지 ④번은 오답입니다.

선택지 ⑤

50대 남성 취업자 수가 50대 여성 취업자 수의 1.5배라면, 50대 여성
취업자 수가 a일 경우 50대 남성 취업자 수는 1.5a가 됩니다. 20대 남성
평균 임금을 100, 20대 여성 평균 임금을 90이라고 가정하면, 50대 남성
평균 임금은 190, 50대 여성 평균 임금은 94.5이므로 50대 남성 임금
총액은 285a(=190×1.5a), 50대 여성 임금 총액은 94.5a(=94.5×a)가
됩니다. 즉, 50대 여성 임금 총액은 50대 남성 임금 총액의
약 33%{(94.5a/285a)×100}가 됩니다. 따라서 선지 ⑤번은 오답입니다.

정답 : ①

 **특강 5** 갑국의 성별 및 근로 형태별 근로자 구성 집중 분석

15

[2024년 4월 학평 15번]

다음 자료에 대한 옳은 분석만을 〈보기〉에서 고른 것은? **3점**

〈표 1〉, 〈표 2〉는 각각 갑국 근로자의 근로 형태별 근로자 성비와 성별 비정규직 비율을 나타낸 것이다. 단, 근로 형태는 정규직과 비정규직으로만 구분된다.

〈표 1〉 근로 형태별 근로자 성비

구분	정규직	비정규직
근로자 성비	400	150

〈표 2〉 성별 비정규직 비율

구분	남성	여성
비정규직 비율(%)	60	80

* 근로자 성비 : 여성 근로자 100명당 남성 근로자 수

** 성별 비정규직 비율(%) = $\dfrac{\text{성별 비정규직 근로자 수}}{\text{성별 정규직과 비정규직 근로자 수의 합}} \times 100$

보기

ㄱ. 전체 근로자 중 남성 근로자가 차지하는 비율은 50%이다.
ㄴ. 남성 정규직 근로자 수는 여성 비정규직 근로자 수보다 많다.
ㄷ. 정규직 근로자 중 여성 근로자가 차지하는 비율은 비정규직 근로자 중 여성 근로자가 차지하는 비율보다 낮다.
ㄹ. 전체 근로자 중 비정규직 근로자가 차지하는 비율은 전체 근로자 중 정규직 근로자가 차지하는 비율의 2배이다.

① ㄱ, ㄴ ② ㄱ, ㄷ ③ ㄴ, ㄷ ④ ㄴ, ㄹ ⑤ ㄷ, ㄹ

자료 파헤치기

STEP 1 먼저, 남성 근로자의 경우를 살펴보도록 하겠습니다. 〈표 1〉에서 정규직의 경우 근로자 성비가 400이므로 여성 정규직 근로자 수가 100명이라면, 남성 정규직 근로자 수는 400명입니다. 〈표 2〉에서 남성의 경우 비정규직 비율이 60%이므로 정규직 비율은 40%(=100%-60%)가 됩니다. 여성 정규직 근로자 수가 100명이라면, 남성 정규직 근로자 수는 400명이고, 남성 근로자 중 정규직 비율은 40%이므로 남성 근로자 수는 1,000명(=400명×100/40)이 됩니다. 이를 나타내면 다음과 같습니다.

(단위 : 명)

구분	남성	여성
정규직	400	100
비정규직	600	
전체	1,000	

STEP 2 이제, 여성 근로자의 경우를 살펴보도록 하겠습니다. 〈STEP 1〉에서 여성 정규직 근로자 수를 100명이라고 가정하였습니다. 〈표 2〉에서 여성의 경우 비정규직 비율이 80%이므로 정규직 비율은 20%(=100%-80%)가 됩니다. 여성 정규직 근로자 수가 100명이고, 여성 근로자 중 정규직 비율이 20%이므로 여성 근로자 수는 500명(=100명×100/20)이 됩니다. 즉, 여성 근로자 수는 500명이므로 여성 정규직 근로자 수는 100명이고, 여성 비정규직 근로자 수는 400명이 됩니다. 이를 나타내면 다음과 같습니다.

(단위 : 명)

구분	여성
정규직	100
비정규직	400
전체	500

STEP 3 〈STEP 1〉과 〈STEP 2〉에서 여성 정규직 근로자 수를 100명이라고 가정하여 갑국의 근로 형태별 남성 근로자 수와 여성 근로자 수를 구해 보았습니다. 여성 정규직 근로자 수를 100명이라고 가정하면, 남성의 경우 정규직 근로자 수는 400명, 비정규직 근로자 수는 600명이므로

남성 근로자 수는 1,000명이 되고, 여성의 경우 정규직 근로자 수는 100명, 비정규직 근로자 수는 400명이므로 여성 근로자 수는 500명이 됩니다. 또한 남성 정규직 근로자 수는 400명, 여성 정규직 근로자 수는 100명이므로 갑국의 정규직 근로자 수는 500명이 되고, 남성 비정규직 근로자 수는 600명, 여성 비정규직 근로자 수는 400명이므로 갑국의 비정규직 근로자 수는 1,000명이 됩니다. 이를 나타내면 다음과 같습니다.

(단위 : 명)

구분	남성	여성	전체
정규직	400	100	500
비정규직	600	400	1,000
전체	1,000	500	1,500

 정답은 나의 것!

자료 파헤치기에서 구한 표를 이용하면 쉽게 정답을 찾을 수 있습니다.

보기 ㄱ
여성 정규직 근로자 수를 100명이라고 가정하면, 전체 근로자 수는 1,500명이 되고, 남성 근로자 수는 1,000명이 되므로 전체 근로자 수 중 남성 근로자가 차지하는 비율은 약 66.7%{=(1,000명/1,500명)×100}이 됩니다. 따라서 보기 ㄱ은 오답입니다.

보기 ㄴ
여성 정규직 근로자 수를 100명이라고 가정하면, 남성 정규직 근로자 수는 400명이 되고, 여성 비정규직 근로자 수는 400명이 됩니다. 즉, 남성 정규직 근로자 수와 여성 비정규직 근로자 수는 같습니다. 따라서 보기 ㄴ은 오답입니다.

보기 ㄷ ✔
여성 정규직 근로자 수를 100명이라고 가정하면, 정규직 근로자 수는 500명이므로 정규직 근로자 중 여성 근로자가 차지하는 비율은 20%{=(100/500명)×100}가 됩니다. 여성 정규직 근로자 수를 100명이라고 가정하면, 비정규직 근로자 수는 1,000명이 되고, 여성 비정규직 근로자 수는 400명이 되므로 비정규직 근로자 중 여성 근로자가 차지하는 비율은 40%{=(400/1,000명)×100}가 됩니다. 즉, 정규직 근로자 중 여성 근로자가 차지하는 비율은 비정규직 근로자 중 여성 근로자가 차지하는 비율보다 낮습니다. 따라서 보기 ㄷ은 정답입니다.

보기 ㄹ ✔
여성 정규직 근로자 수를 100명이라고 가정하면, 전체 근로자 수는 1,500명이 되고, 비정규직 근로자 수는 1,000명이 되므로 전체 근로자 중 비정규직 근로자가 차지하는 비율은 (1,000명/1,500명)×100이 됩니다. 여성 정규직 근로자 수를 100명이라고 가정하면, 전체 근로자 수는 1,500명이 되고, 정규직 근로자 수는 500명이 되므로 전체 근로자 중 정규직 근로자가 차지하는 비율은 (500/1,500명)×100이 됩니다. 즉, 전체 근로자 중 비정규직 근로자가 차지하는 비율은 전체 근로자 중 정규직 근로자가 차지하는 비율의 2배가 됩니다. 따라서 보기 ㄹ은 정답입니다.

정답 : ⑤

유형 2. 복지 제도 표 분석

 **유형 파헤치기**

복지 제도와 관련된 문항은 모평과 수능에 빠지지 않고 출제되고 있습니다. 최근에는 복지 제도와 관련된 표 분석 문항이 자주 출제되고 있습니다. 또한 빈곤과 복지 제도를 복합적으로 출제하기도 합니다. 따라서 우리나라의 사회 보장 제도와 관련된 개념을 완벽하게 이해하고, 난이도가 높은 복지 제도와 관련된 표 분석 문항을 완벽하게 정복할 필요가 있습니다. 위와 같은 '공공 부조' 또는 '맞춤형 급여 제도'와 관련된 표 분석 문항이 최근에 자주 출제되고 있습니다. 수능에서 1등급(만점)을 받기 위해서는 반드시 정복해야 할 주제입니다. 그럼 시작해볼까요?

특강 6 갑국의 사회 보장 제도 집중 분석

15
[2023학년도 6월 모평 15번]

다음 자료에 대한 분석으로 옳은 것은? (단, 갑국의 사회 보장 제도는 우리나라의 사회 보장 제도와 동일함.)

〈자료 1〉 갑국의 사회 보장 제도 A~C의 사례
- A의 사례 : 생활이 어려운 사람의 질병, 부상 등에 대해 급여 제공
- B의 사례 : 노령, 장애, 사망 시 본인 및 가족에게 연금 급여 실시
- C의 사례 : 일상생활과 사회 활동이 어려운 저소득층의 생활 안정을 위해 가사·간병 서비스 지원

〈자료 2〉 갑국의 사회 보장 제도 A~C의 시기별 수혜자 현황

제도	A		B		C	
시기	2015년	2020년	2015년	2020년	2015년	2020년
전체 인구 중 수혜자 비율(%)	12	18	48	48	24	36
수혜자 중	여	남	여	남	여	남	여	남	여	남	여	남
성별 비율(%)	60	40	65	35	30	70	30	70	50	50	60	40

① 최저 생활 보장을 목적으로 하는 제도의 경우, 2015년 전체 인구 중 수혜자 비율은 24%이다.
② 비금전적 지원을 원칙으로 하는 제도의 경우, 2015년 남성 수혜자 수는 갑국 인구의 12%이다.
③ 상호 부조의 원리를 바탕으로 하는 제도의 경우, 2015년 여성 수혜자 수와 2020년 여성 수혜자 수는 같다.
④ 2015년의 경우, 소득 재분배 효과가 가장 큰 제도의 수혜자 수는 의무 가입이 원칙인 제도의 수혜자 수의 4배이다.
⑤ 2020년의 경우, 공공 부조에 해당하는 제도의 남성 수혜자 수는 사회 보험에 해당하는 제도의 남성 수혜자 수의 절반이다.

 **자료 파헤치기**

STEP 1 〈자료 1〉에는 갑국의 사회 보장 제도 A~C의 사례가 제시되어 있습니다. 생활이 어려운 사람의 질병, 부상 등에 대해 급여를 제공하는 제도는 의료 급여 제도로, 이는 공공 부조에 해당합니다. 노령, 장애, 사망 시 본인 및 가족에게 연금 급여를 실시하는 제도는 국민 연금 제도로, 이는 사회 보험에 해당합니다. 일상생활과 사회 활동이 어려운 저소득층의 생활 안정을 위해 가사·간병 서비스를 지원하는 제도는 가사·간병 방문 지원 사업으로, 이는 사회 서비스에 해당합니다. 즉, A는 의료 급여 제도로 공공 부조에 해당하고, B는 국민 연금 제도로 사회 보험에 해당하며, C는 가사·간병 방문 지원 사업으로 사회 서비스에 해당합니다.

STEP 2 〈자료 2〉에는 갑국의 사회 보장 제도 A~C의 시기별 수혜자 현황이 제시되어 있습니다. 전체 인구 중 각 사회 보장 제도의 수혜자 비율이 제시되어 있는데, 2015년과 2020년 각각 갑국의 전체 인구를 1,000X와 1,000Y라고 가정하면, 각 제도의 수혜자 수를 파악할 수 있습니다. A 제도의 경우 전체 인구 중 수혜자 비율이 2015년에 12%, 2020년에 18%이므로 A 제도의 수혜자 수는 2015년에 120X, 2020년에 180Y가 됩니다. B 제도의 경우 전체 인구 중 수혜자 비율이 2015년에 48%, 2020년에 48%이므로 B 제도의 수혜자 수는 2015년에 480X, 2020년에 480Y가 됩니다. C 제도의 경우 전체 인구 중 수혜자 비율이 2015년에 24%, 2020년에 36%이므로 C 제도의 수혜자 수는 2015년에 240X, 2020년에 360Y가 됩니다. 이를 나타내면 다음과 같습니다.

〈A~C 제도의 시기별 수혜자 수〉

구분	A		B		C	
시기	2015년	2020년	2015년	2020년	2015년	2020년
수혜자 수	120X	180Y	480X	480Y	240X	360Y

STEP 3 〈자료 2〉에는 전체 인구 중 각 사회 보장 제도의 수혜자 비율뿐만 아니라 각 사회 보장 제도의 수혜자 중 성별 비율이 제시되어 있습니다. 〈STEP 2〉에서 구할 각 사회 보장 제도의 수혜자 수를 통해 각 사회 보장 제도의 남성 수혜자 수와 여성 수혜자 수를 구할 수 있습니다. A 제도의 경우 2015년 전체 수혜자 수는 120X이고, 수혜자 중 여성의 비율은 60%이며, 수혜자 중 남성의 비율은 40%이므로 여성 수혜자 수는 72X(=120X×60%)이고, 남성 수혜자 수는 48X(=120X×40%)가 됩니다. A 제도의 경우 2020년 전체 수혜자 수는 180Y이고, 수혜자 중 여성의 비율은 65%이며, 수혜자 중 남성의 비율은 35%이므로 여성 수혜자 수는 117Y(=180Y×65%)이고, 남성 수혜자 수는 63Y(=180Y×35%)가 됩니다. B 제도의 경우 2015년과 2020년 각각 전체 수혜자 수는 480X, 480Y이고, 수혜자 중 여성의 비율은 각각 30%이며, 수혜자 중 남성의 비율은 각각 70%이므로 여성 수혜자 수는 각각 144X(=480X×30%), 144Y(=480Y×30%)이고, 남성 수혜자 수는 각각 336X(=480X×70%), 336Y(=480Y×70%)가 됩니다. C 제도의 경우 2015년 전체 수혜자 수는 240X이고, 수혜자 중 여성의 비율은 50%이며, 수혜자 중 남성의 비율은 50%이므로 여성 수혜자 수와 남성 수혜자 수는 각각 120X(=240X×50%)가 됩니다. C 제도의 경우 2020년 전체 수혜자 수는 360Y이고, 수혜자 중 여성의 비율은 60%이며, 수혜자 중 남성의 비율은 40%이므로 여성 수혜자 수는 216Y(=360Y×60%)이고, 남성 수혜자 수는 144Y(=360Y×40%)이 됩니다. 이를 나타내면 다음과 같습니다.

〈A~C 제도의 시기별 및 성별 수혜자 수 상황〉

구분		A		B		C	
시기		2015년	2020년	2015년	2020년	2015년	2020년
수혜자 수	전체	120X	180Y	480X	480Y	240X	360Y
	여성	72X	117Y	144X	144Y	120X	216Y
	남성	48X	63Y	336X	336Y	120X	144Y

 **정답은 나의 것!**

자료 파헤치기에서 구한 다음의 표를 이용하면 쉽게 정답을 찾을 수 있습니다.

〈A~C 제도의 시기별 및 성별 수혜자 수 상황〉

구분		A		B		C	
시기		2015년	2020년	2015년	2020년	2015년	2020년
수혜자 수	전체	120X	180Y	480X	480Y	240X	360Y
	여성	72X	117Y	144X	144Y	120X	216Y
	남성	48X	63Y	336X	336Y	120X	144Y

선택지 ①

최저 생활 보장을 목적으로 하는 제도는 공공 부조입니다. 제시된 자료에서 공공 부조에 해당하는 사회 보장 제도는 의료 급여 제도인 A입니다. A 제도의 경우 2015년 전체 인구 중 수혜자 비율은 12%입니다. 즉, 최저 생활 보장을 목적으로 하는 제도의 경우, 2015년 전체 인구 중 수혜자 비율은 12%입니다. 따라서 선지 ①번은 오답입니다.

선택지 ② ✔

비금전적 지원을 원칙으로 하는 제도는 사회 서비스입니다. 제시된 자료에서 사회 서비스에 해당하는 사회 보장 제도는 가사 · 간병 방문 지원 사업인 C입니다. C 제도의 경우 2015년 전체 인구 중 수혜자 비율은 24%이고, 이 중 남성의 비율은 50%입니다. 즉, C 제도의 경우 2015년 남성 수혜자 수는 갑국 인구의 12%(=24%×0.5)입니다. 따라서 선지 ②번은 정답입니다.

선택지 ③

상호 부조의 원리를 바탕으로 하는 제도는 사회 보험입니다. 제시된 자료에서 사회 보험에 해당하는 사회 보장 제도는 국민 연금 제도인 B입니다. 2015년과 2020년 각각 갑국의 전체 인구가 1,000X와 1,000Y라면, B 제도의 경우 2015년과 2020년 여성 수혜자 수는 각각 144X, 144Y가 됩니다. 그러나 제시된 자료를 통해서는 2015년과 2020년 각각의 전체 인구를 알 수 없으므로 즉, X와 Y가 같은지 알 수 없기 때문에 2015년 여성 수혜자 수와 2020년 여성 수혜자 수가 같다고 단정할 수 없습니다. 따라서 선지 ③번은 오답입니다.

선택지 ④

소득 재분배 효과가 가장 큰 제도는 공공 부조이고, 의무 가입이 원칙인 제도는 사회 보험입니다. 제시된 자료에서 공공 부조에 해당하는 사회 보장 제도는 의료 급여 제도인 A이고, 사회 보험에 해당하는 사회 보장 제도는 국민 연금 제도인 B입니다. 2015년에 갑국의 전체 인구가 1,000X라면, A 제도의 수혜자 수는 120X이고, B 제도의 수혜자 수는 480X이므로 A 제도의 수혜자 수는 B 제도의 수혜자 수의 1/4배가 됩니다. 즉, 2015년의 경우 소득 재분배 효과가 가장 큰 제도의 수혜자 수는 의무 가입이 원칙인 제도의 수혜자 수의 1/4배입니다. 따라서 선지 ④번은 오답입니다.

선택지 ⑤

제시된 자료에서 공공 부조에 해당하는 제도는 A이고, 사회 보험에 해당하는 제도는 B입니다. 2020년의 경우 갑국 전체 인구가 1,000Y라면, A 제도의 남성 수혜자 수는 63Y고, B 제도의 남성 수혜자 수는 336Y이므로 A 제도의 남성 수혜자 수는 B 제도의 남성 수혜자 수의 절반인 168Y(=336Y/2)보다 적습니다. 즉, 2020년의 경우, 공공 부조에 해당하는 제도의 남성 수혜자 수는 사회 보험에 해당하는 제도의 남성 수혜자 수의 절반보다 적습니다. 따라서 선지 ⑤번은 오답입니다.

🎓 **정답 : ②**

특강 7 갑국의 사회 보장 제도 수급자 집중 분석

15 [2023학년도 9월 모평 15번]

다음 자료에 대한 분석으로 옳은 것은? (단, 갑국의 사회 보장 제도는 우리나라의 사회 보장 제도와 동일함.) **3점**

〈자료 1〉 갑국의 사회 보장 제도

(가) 고령이나 노인성 질병 등의 사유로 일상생활을 혼자서 수행하기 어려운 노인 등에게 장기 요양 급여를 지급하는 제도

(나) 소득 인정액이 일정 수준 이하인 노인에게 기초 연금을 지급하여 안정적 소득 기반을 제공하는 제도

〈자료 2〉 갑국의 지역별 65세 이상 인구 중 (가), (나) 수급자 비율

(단위 : %)

구분	A 지역	B 지역	전체 지역
(가) 수급자	26	㉠	㉡
(나) 수급자	76	68	70
(가)와 (나) 중복 수급자	㉢	6	10

* 갑국은 A, B 지역으로만 구성됨.
** 갑국 전체 지역 65세 이상 인구 중 (가)와 (나) 중복 수급자를 제외한 (나) 수급자 비율이 (가)와 (나) 중복 수급자를 제외한 (가) 수급자 비율의 6배임.

① ㉢은 ㉠보다 크고 ㉡보다 작다.

② 금전적 지원을 원칙으로 하는 제도의 수급자에 해당하는 65세 이상 인구는 A 지역이 B 지역의 3배이다.

③ 사전 예방적 성격보다 사후 처방적 성격이 강한 제도의 수급자에만 해당하는 65세 이상 인구는 A 지역이 B 지역보다 많다.

④ 상호 부조의 원리가 적용되는 제도의 수급자에만 해당하는 65세 이상 인구는 B 지역이 A 지역의 3배이다.

⑤ 갑국 전체 지역에서 (가)와 (나) 중복 수급자에 해당하는 65세 이상 인구는 강제 가입을 원칙으로 하는 제도의 수급자에만 해당하는 65세 이상 인구와 동일하다.

🔍 **자료 파헤치기**

STEP 1 먼저 사회 보장 제도 중 (가)와 (나)에 해당하는 제도를 알아보도록 하겠습니다. 갑국의 사회 보장 제도는 우리나라의 사회 보장 제도와 동일하므로 갑국의 사회 보장 제도인 (가)와 (나)가 각각 우리나라의 사회 보장 제도 중 어떠한 제도에 해당하는지를 파악해야 합니다. 고령이나 노인성 질병 등의 사유로 일상생활을 혼자서 수행하기 어려운 노인 등에게 장기 요양 급여를 지급하는 제도는 노인 장기 요양 보험 제도로, 이는 사회 보험에 해당합니다. 한편 소득 인정액이 일정 수준 이하인 노인에게 기초 연금을 지급하여 안정적인 소득 기반을 제공하는 제도는 기초 연금 제도로, 이는 공공 부조에 해당합니다. 즉, (가)는 사회 보험에 해당하는 노인 장기 요양 보험 제도이고, (나)는 공공 부조에 해당하는 기초 연금 제도입니다.

STEP 2 갑국은 A 지역과 B 지역으로 구성되어 있고 〈자료 2〉에는 갑국의 지역별 65세 이상 인구 중 (나)의 수급자 비율이 모두 제시되어 있으므로 이를 통해 A 지역 65세 이상 인구와 B 지역 65세 이상 인구를 구할 수 있습니다. A 지역 65세 이상 인구를 a라고 하고, B 지역 65세 이상 인구를 b라고 한다면 갑국 전체 65세 이상 인구는 a+b가 됩니다. 65세 이상 인구 중 (나)의 수급자 비율이 A 지역의 경우 76%, B 지역의 경우 68%, 갑국 전체의 경우 70%이므로 (0.76×a)+(0.68×b)=0.7×(a+b)의 식이 성립합니다. 이를 풀면 b=3a가 됩니다. 따라서 A 지역 65세 이상 인구 : B 지역 65세 이상 인구=1 : 3이 성립합니다. 즉, A 지역 65세 이상 인구를 100명이라고 가정하면,

B 지역 65세 이상 인구는 300명이 되고, 갑국 전체 65세 이상 인구는 400명이 됩니다. 한편, 65세 이상 인구 중 각 사회 보장 제도의 수급자 수는 '각 지역의 65세 이상 인구×각 사회 보장 제도의 수급자 비율'을 통해 구할 수 있습니다. A 지역 65세 이상 인구를 100명이라고 가정하면, A 지역의 (가) 수급자 비율이 26%이므로 A 지역의 (가) 수급자 수는 26명(=0.26×100명)이 되고, A 지역의 (나) 수급자 비율이 76%이므로 (나) 수급자 수는 76명(=0.76×100명)이 됩니다. A 지역 65세 이상 인구를 100명이라고 가정하면 B 지역 65세 이상 인구는 300명이 됩니다. B 지역의 (나) 수급자 비율이 68%이므로 B 지역의 (나) 수급자 수는 204명(=0.68×300명)이 되고, B 지역의 (가)와 (나) 중복 수급자 비율이 6%이므로 B 지역의 (가)와 (나) 중복 수급자 수는 18명(=0.06×300명)이 됩니다. A 지역 65세 이상 인구를 100명이라고 가정하면 B 지역 65세 이상 인구는 300명이 되므로 갑국 전체 65세 이상 인구는 400명이 됩니다. 갑국 전체 (나) 수급자 비율이 70%이므로 갑국 전체 (나) 수급자 수는 280명(=0.7×400명)이 되고, 갑국 전체 (가)와 (나) 중복 수급자 비율이 10%이므로 갑국 전체 (가)와 (나) 중복 수급자 수는 40명(=0.1×400명)이 됩니다. 이를 나타내면 다음과 같습니다.

(단위 : 명)

구분	A 지역	B 지역	전체 지역
(가) 수급자 수	26	㉠%×300	㉡%×400
(나) 수급자 수	76	204	280
(가)와 (나) 중복 수급자 수	㉢%×100	18	40
65세 이상 인구	100	300	400

STEP 3 표 하단에 제시된 조건에서 갑국 전체 지역 65세 이상 인구 중 (가)와 (나) 중복 수급자를 제외한 (나) 수급자 비율이 (가)와 (나) 중복 수급자를 제외한 (가) 수급자 비율의 6배라고 명시되어 있습니다. 갑국 전체 지역 65세 인구 중 (가)와 (나) 중복 수급자 비율은 10%이고, (가) 수급자 비율은 ㉡%이며, (나) 수급자 비율은 70%이므로 갑국 전체 지역 65세 이상 인구 중 (가)와 (나) 중복 수급자를 제외한 (가) 수급자 비율은 ㉡%-10%이고, (가)와 (나) 중복 수급자를 제외한 (나) 수급자 비율은 60%(=70%-10%)입니다. 갑국 전체 지역 65세 이상 인구 중 (가)와 (나) 중복 수급자를 제외한 (나) 수급자 비율인 60%가 (가)와 (나) 중복 수급자를 제외한 (가) 수급자 비율인 (㉡%-10%)의 6배가 됩니다. 즉, ㉡%-10%=10%가 됩니다. 따라서 ㉡은 20이 됩니다. 한편 B 지역 65세 이상 인구는 A 지역 65세 이상 인구의 3배이므로 A 지역 65세 이상 인구를 a라고 하면 B 지역 65세 이상 인구는 3a가 되며, 갑국 전체 65세 이상 인구는 4a가 됩니다. 65세 이상 인구 중 (가) 수급자 비율은 A 지역의 경우 26%, B 지역의 경우 ㉠%, 갑국 전체의 경우 20%이므로 (0.26×a)+{(㉠/100)×3a}=0.2×4a가 성립합니다. 이를 풀면 ㉠은 18이 됩니다. 마찬가지로 65세 이상 인구 중 (가)와 (나) 중복 수급자 비율은 A 지역의 경우 ㉢%, B 지역의 경우 6%, 갑국 전체의 경우 10%이므로 {(㉢/100)×a} + (0.06×3a)=0.1×4a가 성립합니다. 이를 풀면 ㉢은 22가 됩니다. <자료 2>에서 ㉠~㉢을 넣고 표를 완성하면 다음과 같습니다.

(단위 : %)

구분	A 지역	B 지역	전체 지역
(가) 수급자	26	18	20
(나) 수급자	76	68	70
(가)와 (나) 중복 수급자	22	6	10

A 지역 65세 이상 인구를 100명이라고 가정하면 B 지역 65세 이상 인구는 300명, 갑국 전체 65세 이상 인구는 400명이 되므로 <자료 2>의 65세 이상 인구 중 (가)와 (나) 수급자 비율을 통해 지역별 65세 이상 인구 중 (가)와 (나)의 수급자 수를 나타내면 다음과 같습니다.

(단위 : 명)

구분	A 지역	B 지역	전체 지역
(가) 수급자 수	26	54	80
(나) 수급자 수	76	204	280
(가)와 (나) 중복 수급자 수	22	18	40
65세 이상 인구	100	300	400

정답은 나의 것!

자료 파헤치기에서 구한 표를 이용하면 쉽게 정답을 찾을 수 있습니다.

선택지 ①

㉠은 18, ㉡은 20, ㉢은 22입니다. 즉, ㉢은 ㉠과 ㉡보다 큽니다. 따라서 선지 ①번은 오답입니다.

선택지 ②

금전적 지원을 원칙으로 하는 제도는 사회 보험과 공공 부조입니다. 즉, (가)와 (나) 모두가 금전적 지원을 원칙으로 하는 제도입니다. (가)와 (나)의 수급자에 해당하는 65세 이상 인구는 '(가) 수급자 수 + (나) 수급자 수 - (가)와 (나) 중복 수급자 수'로 구할 수 있습니다. A 지역 65세 이상 인구를 100명이라고 가정하면 (가)와 (나) 수급자에 해당하는 65세 이상 인구는 A 지역의 경우 80명(=26+76명-22명)이고, B 지역의 경우 240명(=54+204명-18명)입니다. 즉, 금전적 지원을 원칙으로 하는 제도의 수급자에 해당하는 65세 이상 인구는 A 지역이 B 지역의 1/3배입니다. 따라서 선지 ②번은 오답입니다.

선택지 ③

사전 예방적 성격이 강한 제도는 사회 보험이고, 사후 처방적 성격이 강한 제도는 공공 부조입니다. 즉, 사전 예방적 성격보다 사후 처방적 성격이 강한 제도는 (나)입니다. (나) 수급자에만 해당하는 65세 이상 인구는 '(나) 수급자 수 - (가)와 (나) 중복 수급자 수'로 구할 수 있습니다. A 지역 65세 이상 인구를 100명이라고 가정하면 (나) 수급자에만 해당하는 65세 이상 인구는 A 지역의 경우 54명(=76명-22명)이고, B 지역의 경우 186명(=204명-18명)입니다. 즉, 사전 예방적 성격보다 사후 처방적 성격이 강한 제도의 수급자에만 해당하는 65세 이상 인구는 A 지역이 B 지역보다 적습니다. 따라서 선지 ③번은 오답입니다.

선택지 ④

상호 부조의 원리가 적용되는 제도는 사회 보험입니다. 즉, 상호 부조의 원리가 적용되는 제도는 (가)입니다. (가) 수급자에만 해당하는 65세 이상 인구는 '(가) 수급자 수 - (가)와 (나) 중복 수급자 수'로 구할 수 있습니다. A 지역 65세 이상 인구를 100명이라고 가정하면 (가) 수급자에만 해당하는 65세 이상 인구는 A 지역의 경우 4명(=26명-22명)이고, B 지역의 경우 36명(=54명-18명)입니다. 즉, 상호 부조의 원리가 적용되는 제도의 수급자에만 해당하는 65세 이상 인구는 B 지역이 A 지역의 9배입니다. 따라서 선지 ④번은 오답입니다.

선택지 ⑤ ✔

강제 가입을 원칙으로 하는 제도는 사회 보험입니다. 즉, 강제 가입을 원칙으로 하는 제도는 (가)입니다. A 지역 65세 이상 인구를 100명이라고 가정하면 갑국 전체 지역에서 (가)와 (나) 중복 수급자에 해당하는 65세 이상 인구는 40명이고, (가) 수급자에만 해당하는 65세 이상 인구는 40명(=80명-40명)입니다. 즉, 갑국 전체 지역에서 (가)와 (나) 중복 수급자에 해당하는 65세 이상 인구는 강제 가입을 원칙으로 하는 제도의 수급자에만 해당하는 65세 이상 인구와 같습니다. 따라서 선지 ⑤번은 정답입니다.

 정답 : ⑤

15

[2023년 3월 학평 15번]

다음 자료에 대한 분석으로 옳은 것은? (단, 갑국의 사회 보장 제도는 우리나라의 사회 보장 제도와 동일함.) 3점

<자료 1> 갑국의 사회 보장 제도 A~C에 대한 정보

> A, B, C는 각각 공공 부조, 사회 보험, 사회 서비스 중 하나이다. '금전적 지원을 원칙으로 하는가?'는 B를 A, C와 구분할 수 있는 질문이며, C는 A와 달리 정부 재정으로 비용을 전액 충당하는 것을 원칙으로 한다.

<자료 2> 갑국의 (가), (나) 지역 A~C 제도 수혜자 비율

(단위 : %)

구분	(가) 지역			(나) 지역		
	남성	여성	전체	남성	여성	전체
A	80	60	75	80	60	70
B	47	51	48	48	50	49
C	10	14	11	10	8	9

* (가) 지역과 (나) 지역의 총인구는 동일함.

* 해당 지역 남성(여성) 수혜자 비율(%) = $\dfrac{\text{해당 지역 남성(여성) 수혜자 수}}{\text{해당 지역 남성(여성) 인구}} \times 100$

① 비금전적 지원을 원칙으로 하는 제도의 남성 수혜자 수는 (나) 지역이 (가) 지역보다 많다.
② 상호 부조의 원리가 적용되는 제도의 수혜자 수는 (가) 지역이 (나) 지역보다 적다.
③ 여성의 경우 사회 보험의 수혜자 비율 대비 공공 부조의 수혜자 비율은 (나) 지역이 (가) 지역보다 크다.
④ 강제 가입의 원칙이 적용되는 제도의 경우 여성 수혜자 수 대비 남성 수혜자 수는 (나) 지역이 (가) 지역보다 작다.
⑤ 금전적 지원을 원칙으로 하며 사후 처방적 성격이 강한 제도의 경우 성별 수혜자 수 차이는 (가), (나) 지역이 같다.

자료 파헤치기

STEP 1 <자료 1>을 통해 A~C에 해당하는 사회 보장 제도를 알아보도록 하겠습니다. '금전적 지원을 원칙으로 하는가?'는 B를 A, C와 구분할 수 있는 질문입니다. 공공 부조, 사회 보험, 사회 서비스 중 금전적 지원을 원칙으로 하는 사회 보장 제도는 공공 부조와 사회 보험입니다. 따라서 B는 사회 서비스이고, A와 C는 각각 공공 부조와 사회 보험 중 하나입니다. 한편, C는 A와 달리 정부 재정으로 비용을 전액 충당하는 것을 원칙으로 합니다. 공공 부조와 사회 보험 중 정부 재정으로 비용을 전액 충당하는 것을 원칙으로 하는 사회 보장 제도는 공공 부조입니다. 따라서 A는 사회 보험, B는 사회 서비스, C는 공공 부조입니다.

STEP 2 <자료 2>의 (가), (나) 지역 A~C 제도 수혜자 비율을 통해 (가) 지역과 (나) 지역의 A~C 제도 수혜자 수를 알아보도록 하겠습니다. 먼저 (가) 지역의 남성 인구와 여성 인구의 비를 알아보도록 하겠습니다. (가) 지역의 남성 인구를 X, 여성 인구를 Y라고 하면, A(사회 보험)의 경우 0.8X+0.6Y=0.75(X+Y)가 성립합니다. 이를 풀면 X=3Y가 됩니다. 즉, (가) 지역의 경우 남성 인구는 여성 인구의 3배가 됩니다. (가) 지역의 전체 인구를 400명이라면 한다면, (가) 지역의 남성 인구는 300명이 되고 (가) 지역의 여성 인구는 100명이 됩니다. (가) 지역의 인구가 400명이라면, <자료 2>에서 (가) 지역의 경우 각 사회 보장 제도의 남성 수혜자 비율, 여성 수혜자 비율, 전체 수혜자 비율을 바탕으로 (가) 지역의 각 사회 보장 제도의 수혜자 수를 나타내면 다음과 같습니다.

(단위 : 명)

구분	(가) 지역		
	남성	여성	전체
인구	300	100	400
사회 보험(A) 수혜자	240	60	300
사회 서비스(B) 수혜자	141	51	192
공공 부조(C) 수혜자	30	14	44

STEP 3 (나) 지역의 남성 인구와 여성 인구의 비를 알아보도록 하겠습니다. (나) 지역의 경우 남성 인구를 x, 여성 인구를 y라고 하면, A(사회 보험)의 경우 0.8x+0.6y=0.7(x+y)가 성립합니다. 이를 풀면, x=y가 됩니다. 즉, (나) 지역의 경우 남성 인구와 여성 인구가 같습니다. (가) 지역과 (나) 지역의 총인구가 동일하므로 (나) 지역의 전체 인구를 (가) 지역의 전체 인구와 같이 400명이라고 가정한다면, (나) 지역의 남성 인구는 200명이 되고 (나) 지역의 여성 인구는 200명이 됩니다. (나) 지역의 인구가 400명이라면, <자료 2>에서 (나) 지역의 경우 각 사회 보장 제도의 남성 수혜자 비율, 여성 수혜자 비율, 전체 수혜자 비율을 바탕으로 (나) 지역의 각 사회 보장 제도의 수혜자 수를 나타내면 다음과 같습니다.

(단위 : 명)

구분	(나) 지역		
	남성	여성	전체
인구	200	200	400
사회 보험(A) 수혜자	160	120	280
사회 서비스(B) 수혜자	96	100	196
공공 부조(C) 수혜자	20	16	36

<STEP 2>와 <STEP 3>에서 구한 (가) 지역과 (나) 지역의 각 사회 보장 제도의 수혜자 수를 나타내면 다음과 같습니다.

(단위 : 명)

구분	(가) 지역			(나) 지역		
	남성	여성	전체	남성	여성	전체
인구	300	100	400	200	200	400
사회 보험(A) 수혜자	240	60	300	160	120	280
사회 서비스(B) 수혜자	141	51	192	96	100	196
공공 부조(C) 수혜자	30	14	44	20	16	36

정답은 나의 것!

자료 파헤치기에서 구한 다음의 표를 이용하면 쉽게 정답을 찾을 수 있습니다.

(단위 : 명)

구분	(가) 지역			(나) 지역		
	남성	여성	전체	남성	여성	전체
인구	300	100	400	200	200	400
사회 보험(A) 수혜자	240	60	300	160	120	280
사회 서비스(B) 수혜자	141	51	192	96	100	196
공공 부조(C) 수혜자	30	14	44	20	16	36

선택지 ①

비금전적 지원을 원칙으로 하는 제도는 사회 서비스(B)입니다. (가) 지역과 (나) 지역의 인구를 각각 400명이라고 한다면, 사회 서비스의 남성 수혜자 수는 (가) 지역의 경우 141명이고, (나) 지역의 경우 96명입니다. 즉, 사회 서비스의 남성 수혜자 수는 (나) 지역이 (가) 지역보다 적습니다. 따라서 선지 ①번은 오답입니다.

선택지 ②

상호 부조의 원리가 적용되는 제도는 사회 보험(A)입니다. (가) 지역과 (나) 지역의 인구를 각각 400명이라고 한다면, 사회 보험의 수혜자 수는 (가) 지역의 경우 300명이고, (나) 지역의 경우 280명입니다. 즉, 사회 보험의 수혜자 수는 (가) 지역이 (나) 지역보다 많습니다. 따라서 선지 ②번은 오답입니다.

선택지 ③

(가) 지역 여성의 경우 사회 보험 수혜자 비율은 60%이고, 공공 부조의 수혜자 비율은 14%입니다. 따라서 (가) 지역 여성의 경우 사회 보험의 수혜자 비율 대비 공공 부조의 수혜자 비율은 14/60입니다. (나) 지역 여성의 경우 사회 보험 수혜자 비율은 60%이고, 공공 부조의 수혜자 비율은 8%입니다. 따라서 (나) 지역 여성의 경우 사회 보험의 수혜자 비율 대비 공공 부조의 수혜자 비율은 8/60입니다. 즉, 여성의 경우 사회 보험의 수혜자 비율 대비 공공 부조의 수혜자 비율은 (나) 지역이 (가) 지역보다 작습니다. 따라서 선지 ③번은 오답입니다.

선택지 ④ ✔

강제 가입의 원칙이 적용되는 제도는 사회 보험(A)입니다. (가) 지역의 인구를 400명이라고 한다면, (가) 지역 사회 보험 수혜자 수는 여성의 경우 60명이고, 남성의 경우 240명입니다. 따라서 (가) 지역 사회 보험의 경우 여성 수혜자 수 대비 남성 수혜자 수는 240명/60명입니다. (나) 지역의 인구를 400명이라고 한다면, (나) 지역 사회 보험 수혜자 수는 여성의 경우 120명이고, 남성의 경우 160명입니다. 따라서 (나) 지역 사회 보험의 경우 여성 수혜자 수 대비 남성 수혜자 수는 160명/120명입니다. 즉, 사회 보험의 경우 여성 수혜자 수 대비 남성 수혜자 수는 (나) 지역이 (가) 지역보다 작습니다. 따라서 선지 ④번은 정답입니다.

선택지 ⑤

금전적 지원을 원칙으로 하며 사후 처방적 성격이 강한 제도는 공공 부조(C)입니다. (가) 지역의 인구를 400명이라고 한다면, (가) 지역 공공 부조 수혜자 수는 남성의 경우 30명이고, 여성의 경우 14명입니다. 따라서 (가) 지역 공공 부조의 경우 성별 수혜자 수 차이는 16명(=30명-14명)입니다. (나) 지역의 인구를 400명이라고 한다면, (나) 지역 공공 부조 수혜자 수는 남성의 경우 20명이고, 여성의 경우 16명입니다. 따라서 (나) 지역 공공 부조의 경우 성별 수혜자 수 차이는 4명(=20명-16명)입니다. 즉, 공공 부조의 경우 성별 수혜자 수 차이는 (가) 지역이 (나) 지역보다 큽니다. 따라서 선지 ⑤번은 오답입니다.

🎓 정답 : ④

특강 9 갑국의 사회 보장 제도 집중 분석

20   [2023년 7월 학평 20번]

다음 자료에 대한 분석으로 옳은 것은? (단, 갑국의 사회 보장 제도는 우리나라의 사회 보장 제도와 동일하며, 제시된 기간 동안 인구 변동은 없음.) 3점

<자료 1> 갑국의 사회 보장 제도

A : 소득 인정액이 일정 수준 이하인 65세 이상 노인에게 연금을 지급하여 안정적인 생계 유지를 지원함.

B : 노동자와 사업주가 공동으로 부담하는 기금에서 실업자의 생계 보장 및 고용 안정을 위해 급여를 제공함.

<자료 2> 갑국의 A, B 제도의 수급 지속 비율과 수급 진입 비율

구분	A		B	
	2021년	2022년	2021년	2022년
수급 지속 비율(%)	20	23	60	32
수급 진입 비율(%)	20	8	10	24

* 2020년 갑국의 전체 인구 중 A 제도의 수급자 비율은 10%, B 제도의 수급자 비율은 25%이다.

** 수급 지속 비율(%) = $\dfrac{\text{직전 연도에 이어 혜택을 받는 A(B) 제도 수급자 수}}{\text{직전 연도 A(B) 제도 수급자 수}} \times 100$

*** 수급 진입 비율(%) = $\dfrac{\text{직전 연도와 달리 혜택을 받게 된 A(B) 제도 수급자 수}}{\text{직전 연도 A(B)제도 비(非)수급자 수}} \times 100$

① B 제도는 A 제도와 달리 소득 재분배 효과가 발생한다.

② 선별적 복지의 성격이 강한 제도의 2021년 수급자 비율은 40%이다.

③ 상호 부조의 원리가 적용되는 제도의 수급자 비율은 2020년부터 2022년까지 매년 상승하였다.

④ 수혜자 비용 부담을 원칙으로 하는 제도의 2021년 수급자 수는 정부 재정으로 비용을 전부 충당하는 것을 원칙으로 하는 제도의 2022년 수급자 수의 2배이다.

⑤ 직전 연도와 달리 해당 연도에 A 제도의 수급자가 된 사람 수는 2021년이 2022년보다 많다.

🔍 **자료 파헤치기**

STEP 1 A와 B에 해당하는 사회 보장 제도를 파악해 보도록 하겠습니다. 소득 인정액이 일정 수준 이하인 65세 이상 노인에게 연금을 지급하여 안정적인 생계 유지를 지원하는 사회 보장 제도는 기초 연금이고, 노동자와 사업주가 공동으로 부담하는 기금에서 실업자의 생계 보장 및 고용 안정을 위해 급여를 제공하는 사회 보장 제도는 고용 보험입니다. 즉, A는 공공 부조에 해당하는 기초 연금이고, B는 사회 보험에 해당하는 고용 보험입니다.

STEP 2 제시된 기간 동안 인구 변동이 없으므로 전체 인구를 1,000명이라고 가정해 보도록 하겠습니다. 먼저 A 제도의 수급자 상황을 살펴보도록 하겠습니다. 2020년에 전체 인구 중 A 제도의 수급자 비율은 10%이므로 2020년에 A 제도의 전체 수급자 수는 100명이고, 2020년에 A 제도의 전체 비수급자 수는 900명이 됩니다. 2020년에 A 제도의 전체 수급자 수는 100명이고, 2021년에 A 제도의 수급 지속 비율은 20%이므로 2020년에 이어 2021년에 혜택을 받는 수급자 수는 20명(=100명×20%)이 됩니다. 2020년에 A 제도의 전체 비수급자 수는 900명이고, 2021년에 A 제도의 수급 진입 비율은 20%이므로 2020년과 달리 2021년에 혜택을 받게 된 수급자 수는 180명(=900명×20%)이 됩니다. 따라서 2021년에 A 제도의 전체 수급자 수는 200명(=20명+180명)이고, 2021년에 A 제도의 전체 비수급자 수는 800명(=1,000명-200명)이 됩니다. 2021년에 A 제도의 전체 수급자 수는 200명이고, 2022년에 A 제도의 수급 지속 비율은 23%이므로 2021년에 이어 2022년에 혜택을 받는 수급자 수는

46명(=200명×23%)이 됩니다. 2021년에 A 제도의 전체 비수급자 수는 800명이고, 2022년에 A 제도의 수급 진입 비율은 8%이므로 2021년과 달리 2022년에 혜택을 받게 된 수급자 수는 64명(=800명×8%)이 됩니다. 따라서 2022년에 A 제도의 전체 수급자 수는 110명(=46명+64명)이고, 2022년에 A 제도의 전체 비수급자 수는 890명(=1,000명-110명)이 됩니다. 이를 나타내면 다음과 같습니다.

(단위 : 명)

구분	A(기초 연금)		
	2020년	2021년	2022년
직전 연도에 이어 혜택을 받는 수급자 수		20	46
직전 연도와 달리 혜택을 받게 된 수급자 수		180	64
전체 수급자 수	100	200	110
전체 비수급자 수	900	800	890
전체 인구	1,000	1,000	1,000

STEP 3 B 제도의 수급자 상황을 살펴보도록 하겠습니다. 2020년에 전체 인구 중 B 제도의 수급자 비율은 25%이므로 2020년에 B 제도의 전체 수급자 수는 250명이고, 2020년에 B 제도의 전체 비수급자 수는 750명이 됩니다. 2020년에 B 제도의 전체 수급자 수는 250명이고, 2021년에 B 제도의 수급 지속 비율은 60%이므로 2020년에 이어 2021년에 혜택을 받는 수급자 수는 150명(=250명×60%)이 됩니다. 2020년에 B 제도의 전체 비수급자 수는 750명이고, 2021년에 B 제도의 수급 진입 비율은 10%이므로 2020년과 달리 2021년에 혜택을 받게 된 수급자 수는 75명(=750명×10%)이 됩니다. 따라서 2021년에 B 제도의 전체 수급자 수는 225명(=150명+75명)이고, 2021년에 B 제도의 전체 비수급자 수는 775명(=1,000명-225명)이 됩니다. 2021년에 B 제도의 전체 수급자 수는 225명이고, 2022년에 B 제도의 수급 지속 비율은 32%이므로 2021년에 이어 2022년에 혜택을 받는 수급자 수는 72명(=225명×32%)이 됩니다. 2021년에 B 제도의 전체 비수급자 수는 775명이고, 2022년에 B 제도의 수급 진입 비율은 24%이므로 2021년과 달리 2022년에 혜택을 받게 된 수급자 수는 186명(=775명×24%)이 됩니다. 따라서 2022년에 B 제도의 전체 수급자 수는 258명(=72명+186명)이고, 2022년에 B 제도의 전체 비수급자 수는 742명(=1,000명-258명)이 됩니다. 이를 나타내면 다음과 같습니다.

(단위 : 명)

구분	B(고용 보험)		
	2020년	2021년	2022년
직전 연도에 이어 혜택을 받는 수급자 수		150	72
직전 연도와 달리 혜택을 받게 된 수급자 수		75	186
전체 수급자 수	250	225	258
전체 비수급자 수	750	775	742
전체 인구	1,000	1,000	1,000

 **정답은 나의 것!**

자료 파헤치기에서 구한 다음의 표를 이용하면 쉽게 정답을 찾을 수 있습니다.

(단위 : 명)

구분	A(기초 연금)			B(고용 보험)		
	2020년	2021년	2022년	2020년	2021년	2022년
직전 연도에 이어 혜택을 받는 수급자 수		20	46		150	72
직전 연도와 달리 혜택을 받게 된 수급자 수		180	64		75	186
전체 수급자 수	100	200	110	250	225	258
전체 비수급자 수	900	800	890	750	775	742
전체 인구	1,000	1,000	1,000	1,000	1,000	1,000

선택지 ①

공공 부조에 해당하는 기초 연금(A)과 사회 보험에 해당하는 고용 보험(B)은 모두 소득 재분배 효과가 발생합니다. 따라서 선지 ①번은 오답입니다.

선택지 ②

선별적 복지의 성격이 강한 제도는 공공 부조에 해당하는 기초 연금(A)입니다. 갑국의 전체 인구를 1,000명이라고 가정하면, 2021년에 기초 연금(A)의 수급자 수는 200명이므로 2021년에 기초 연금(A)의 수급자 비율은 20%{=(200명/1,000명)×100}입니다. 따라서 선지 ②번은 오답입니다.

선택지 ③

상호 부조의 원리가 적용되는 제도는 사회 보험에 해당하는 고용 보험(B)입니다. 갑국의 전체 인구를 1,000명이라고 가정하면, 고용 보험(B)의 수급자 수는 2020년의 경우 250명, 2021년의 경우 225명, 2022년의 경우 258명입니다. 즉, 고용 보험(B)의 수급자 비율은 2021년에 하락하였다가 2022년에 상승하였습니다. 따라서 선지 ③번은 오답입니다.

선택지 ④

수혜자 비용 부담을 원칙으로 하는 제도는 사회 보험에 해당하는 고용 보험(B)이고, 정부 재정으로 비용을 전부 충당하는 것을 원칙으로 하는 제도는 공공 부조에 해당하는 기초 연금(A)입니다. 갑국의 전체 인구를 1,000명이라고 가정하면, 2021년에 고용 보험(B)의 수급자 수는 225명이고, 2022년에 기초 연금(A)의 수급자 수는 110명입니다. 즉, 고용 보험(B)의 2021년 수급자 수는 기초 연금(A)의 2022년 수급자 수의 2배가 넘습니다. 따라서 선지 ④번은 오답입니다.

선택지 ⑤ ✔

갑국의 전체 인구를 1,000명이라고 가정하면, 직전 연도와 달리 해당 연도에 기초 연금(A)의 수급자가 된 사람 수는 2021년의 경우 180명이고, 2022년의 경우 64명입니다. 즉, 직전 연도와 달리 해당 연도에 기초 연금(A)의 수급자가 된 사람 수는 2021년이 2022년보다 많습니다. 따라서 선지 ⑤번은 정답입니다.

🎓 **정답 : ⑤**

 **특강 10** 갑국의 사회 보장 제도 수급자 집중 분석

15 2024 수능 [2024학년도 수능 15번]

다음 자료에 대한 분석으로 옳은 것은? 3점

갑국의 사회 보장 제도는 우리나라의 사회 보장 제도와 동일하다. A는 상호 부조의 원리가 적용되는 제도이고, B는 정부 재정으로 비용을 전액 충당하는 것을 원칙으로 하는 제도이다. 표는 갑국의 전체 인구 중 A, B 수급자 비율과 시기에 따른 비율 차이를 나타낸 것이다. t년 대비 t+30년에 갑국의 전체 인구는 50% 증가하였다.

<표 1> t년의 수급자 비율

(단위 : %)

A 수급자	B 수급자	A와 B의 중복 수급자
40	15	8

<표 2> t년 대비 t+30년의 수급자 비율 차이*

A에만 해당하는 수급자	B에만 해당하는 수급자	A와 B의 중복 수급자
2	-3	8

* 수급자 비율 차이 = t+30년의 수급자 비율 − t년의 수급자 비율

① t년에 전체 인구 중 부정적 낙인이 발생할 수 있는 제도에만 해당하는 수급자 비율은 A와 B의 중복 수급자 비율보다 크다.
② t+30년에 수혜자 비용 부담 원칙이 적용되는 제도의 수급자 수는 t년에 A나 B 어느 것도 받지 않는 비(非)수급자 수보다 많다.
③ t+30년에 강제 가입의 원칙이 적용되는 제도에만 해당하는 수급자 수는 A와 B의 중복 수급자 수보다 적다.
④ t년에 사전 예방적 성격이 강한 제도의 수급자 수는 t+30년에 사후 처방적 성격이 강한 제도의 수급자 수의 2배이다.
⑤ t년 대비 t+30년에 A 수급자 수의 증가율은 B 수급자 수의 증가율보다 크다.

🔍 자료 파헤치기

STEP 1 A와 B에 해당하는 사회 보장 제도를 알아보도록 하겠습니다. A는 상호 부조의 원리가 적용되는 제도이고, B는 정부 재정으로 비용을 전액 충당하는 것을 원칙으로 하는 제도입니다. 갑국의 사회 보장 제도는 우리나라의 사회 보장 제도와 동일하므로 우리나라의 사회 보장 제도 중 상호 부조의 원리가 적용되는 제도는 사회 보험이고, 정부 재정으로 비용을 전액 충당하는 것을 원칙으로 하는 제도는 공공 부조입니다. 따라서 A는 사회 보험, B는 공공 부조입니다. <표 1>에는 t년에 갑국의 전체 인구 중 A 수급자 비율, B 수급자 비율, A와 B의 중복 수급자 비율이 제시되어 있습니다. 이를 정리해 보면 다음과 같습니다. 이를 통해 t년의 경우 A에만 해당하는 수급자 비율은 32%(=40%-8%)이고, B에만 해당하는 수급자 비율은 7%(=15%-8%)임을 알 수 있습니다.

(단위 : %)

구분	t년	t+30년
A 수급자 비율	40	
B 수급자 비율	15	
A와 B 중복 수급자 비율	8	

STEP 2 <표 2>에는 t년 대비 t+30년의 수급자 비율 차이가 제시되어 있습니다. t년 대비 t+30년의 수급자 비율 차이는 t+30년의 수급자 비율에서 t년의 수급자 비율을 뺀 것을 의미합니다. t년의 수급자 비율과 t년 대비 t+30년의 수급자 비율 차이를 통해 t+30년의 수급자 비율을 구할 수 있습니다. A에만 해당하는 수급자의 경우 t년의 수급자 비율은 32%(=40%-8%)이고, t년 대비 t+30년의 수급자 비율 차이가 2이므로 t+30년의 수급자 비율은 34%(=32%+2%)가 됩니다. B에만 해당하는

수급자의 경우 t년의 수급자 비율은 7%(=15%-8%)이고, t년 대비 t+30년의 수급자 비율 차이가 -3이므로 t+30년의 수급자 비율은 4%(=7%-3%)가 됩니다. A와 B의 중복 수급자의 경우 t년의 수급자 비율은 8이고, t년 대비 t+30년의 수급자 비율 차이가 8이므로 t+30년의 수급자 비율은 16%(=8%+8%)가 됩니다. 즉, t+30년의 경우 A에만 해당하는 수급자 비율은 34%, B에만 해당하는 수급자 비율은 4%, A와 B의 중복 수급자 비율은 16%입니다. 따라서 t+30년의 경우 A 수급자 비율은 50%(=34%+16%)이고, B 수급자 비율은 20%(=4%+16%)이며, A와 B의 중복 수급자 비율은 16%입니다. 이를 나타내면 다음과 같습니다.

(단위 : %)

구분	t년	t+30년
A 수급자 비율	40	50
B 수급자 비율	15	20
A와 B 중복 수급자 비율	8	16

STEP 3 제시된 자료에서는 t년과 t+30년의 갑국 전체 인구가 언급되어 있습니다. t년과 t+30년에 갑국 전체 인구와 <STEP 2>에서 구한 t년과 t+30년의 A 수급자 비율, B 수급자 비율, A와 B의 중복 수급자 비율을 통해 t년과 t+30년의 A 수급자 수, B 수급자 수, A와 B의 중복 수급자 수를 구할 수 있습니다. t년 대비 t+30년에 갑국의 전체 인구가 50% 증가하였다고 제시되어 있습니다. t년에 갑국의 전체 인구를 100명이라고 가정하면, t+30년에 갑국 전체 친구는 150명이 됩니다. t년에 갑국의 전체 인구가 100명이라면, t년에 A 수급자 수는 40명, B 수급자 수는 15명, A와 B의 중복 수급자 수는 8명이 됩니다. t년에 갑국의 전체 인구가 100명이라면, t+30년에 갑국의 전체 인구는 150명이 되므로 t+30년에 A 수급자 수는 75명(=150명×50%), B 수급자 수는 30명(=150명×20%), A와 B의 중복 수급자 수는 24명(=150명×16%)이 됩니다. 이를 나타내면 다음과 같습니다.

(단위 : %)

구분	t년	t+30년
A 수급자 비율	40	50
B 수급자 비율	15	20
A와 B 중복 수급자 비율	8	16

<t년의 전체 인구를 100명이라고 가정했을 경우>

(단위 : 명)

구분	t년	t+30년
A 수급자 수	40	75
B 수급자 수	15	30
A와 B 중복 수급자 수	8	24
전체 인구	100	150

🎓 정답은 나의 것! 

자료 파헤치기에서 구한 다음의 표를 이용하면 쉽게 정답을 찾을 수 있습니다.

(단위 : %)

구분	t년	t+30년
A 수급자 비율	40	50
B 수급자 비율	15	20
A와 B 중복 수급자 비율	8	16

<t년의 전체 인구를 100명이라고 가정했을 경우>

(단위 : 명)

구분	t년	t+30년
A 수급자 수	40	75
B 수급자 수	15	30
A와 B 중복 수급자 수	8	24
전체 인구	100	150

선택지 ①

부정적 낙인이 발생할 수 있는 제도는 공공 부조(B)입니다. t년에 B에만 해당하는 수급자 비율은 7%(=15%-8%)이고, A와 B의 중복 수급자 비율은 8%입니다. 즉, t년에 전체 인구 중 B에만 해당하는 수급자 비율은 A와 B의 중복 수급자 비율보다 작습니다. 따라서 선지 ①번은 오답입니다.

선택지 ② ✔

수혜자 비용 부담 원칙이 적용되는 제도는 사회 보험(A)입니다. t년의 전체 인구를 100명이라고 가정하면, t+30년에 A 수급자 수는 75명이고, t년에 A나 B 어느 것도 받지 않는 비수급자 수는 53명(=100명-40명-15명+8명)입니다. 즉, t+30년에 A 수급자 수는 t년에 A나 B 어느 것도 받지 않는 비수급자 수보다 많습니다. 따라서 선지 ②번은 정답입니다.

선택지 ③

강제 가입의 원칙이 적용되는 제도는 사회 보험(A)입니다. t년의 전체 인구를 100명이라고 가정하면, t+30년에 A에만 해당하는 수급자 수는 51명(=75명-24명)이고, A와 B의 중복 수급자 수는 24명입니다. 즉, t+30년에 A에만 해당하는 수급자 수는 A와 B의 중복 수급자 수보다 많습니다. 따라서 선지 ③번은 오답입니다.

선택지 ④

사전 예방적 성격이 강한 제도는 사회 보험(A)이고, 사후 처방적 성격이 강한 제도는 공공 부조(B)이다. t년의 전체 인구를 100명이라고 가정하면, t년에 A 수급자 수는 40명이고, t+30년에 B 수급자 수는 30명입니다. 즉, t년에 A 수급자 수는 t+30년에 B 수급자 수의 약 1.3배(=40/30)입니다. 따라서 선지 ④번은 오답입니다.

선택지 ⑤

t년의 전체 인구를 100명이라고 가정하면, A 수급자의 수는 t년에 40명에서 t+30년에 75명으로 87.5%[={(75명-40명)/40명}×100] 증가하였고, B 수급자 수는 t년에 15명에서 t+30년에 30명으로 100%[={(30명-15명)/15명}×100] 증가하였습니다. 즉, t년 대비 t+30년에 A 수급자 수의 증가율은 B 수급자 수의 증가율보다 작습니다. 따라서 선지 ⑤번은 오답입니다.

 **정답 : ②**

15   [2024년 3월 학평 15번]

다음 자료에 대한 분석으로 옳은 것은? (3점)

갑국, 을국의 사회 보장 제도는 우리나라의 사회 보장 제도와 동일하다. A와 B 모두 금전적 지원을 원칙으로 하며, A는 사전 예방적 성격이 강한 제도이고, B는 사후 처방적 성격이 강한 제도이다. 표는 갑국과 을국의 전체 인구 중 A, B 수급자의 비율을 나타낸 것이다. 전체 인구는 갑국이 을국의 2배이다.

(단위 : %)

구분	갑국	을국
A 수급자	5	10
B 수급자	7	6
A와 B의 중복 수급자	3	4

① A는 공공 부조에 해당하는 제도이고, B는 사회 보험에 해당하는 제도이다.
② A와 B 중 하나 이상의 혜택을 받는 수급자 수는 갑국이 을국의 1.5배이다.
③ 갑국에서 강제 가입 원칙이 적용되는 제도의 혜택만 받는 수급자 수는 A와 B의 중복 수급자 수보다 많다.
④ 을국에서 수혜자 비용 부담 원칙이 적용되는 제도의 수급자 수는 A와 B의 중복 수급자 수의 1.5배이다.
⑤ 갑국은 을국과 달리 상호 부조의 원리를 바탕으로 하는 제도의 수급자 수가 정부 재정으로 비용을 전액 충당하는 것을 원칙으로 하는 제도의 수급자 수보다 많다.

자료 파헤치기

STEP 1 먼저, A와 B가 어떤 사회 보장 제도에 해당하는지를 알아보겠습니다. 갑국과 을국의 사회 보장 제도는 우리나라의 사회 보장 제도와 동일하다고 하였습니다. 우리나라의 사회 보장 제도 중 금전적 지원을 원칙으로 하는 제도는 사회 보험과 공공 부조입니다. 즉, A와 B는 각각 사회 보험과 공공 부조 중 하나에 해당합니다. 사회 보험과 공공 부조 중 사전 예방적 성격이 강한 제도는 사회 보험이고, 사후 처방적 성격이 강한 제도는 공공 부조입니다. 따라서 A는 사회 보험에 해당하는 제도이고, B는 공공 부조에 해당하는 제도입니다.

STEP 2 문제에 제시된 표는 갑국과 을국의 전체 인구 중 A, B 수급자 비율을 나타낸 것입니다. 먼저, 갑국의 경우를 살펴보겠습니다. 갑국의 경우 전체 인구 중 A 수급자 비율은 5%, B 수급자 비율은 7%, A와 B의 중복 수급자 비율은 3%입니다. A 수급자 비율은 'A에만 해당하는 수급자 비율'과 'A와 B의 중복 수급자 비율'을 합한 비율을 의미하고, B 수급자 비율은 'B에만 해당하는 수급자 비율'과 'A와 B의 중복 수급자 비율'을 합한 비율을 의미합니다. A의 경우 A 수급자 비율은 5%이고, A와 B의 중복 수급자 비율은 3%이므로 A에만 해당하는 수급자 비율은 2%가 됩니다. B의 경우 B 수급자 비율은 7%이고, A와 B의 중복 수급자 비율은 3%이므로 B에만 해당하는 수급자 비율은 4%가 됩니다. 이를 나타내면 다음과 같습니다.

(단위 : %)

구분	갑국
A에만 해당하는 수급자 비율	2
B에만 해당하는 수급자 비율	4
A와 B의 중복 수급자 비율	3

을국의 경우를 살펴보겠습니다. 을국의 경우 전체 인구 중 A 수급자 비율은 10%, B 수급자 비율은 6%, A와 B의 중복 수급자 비율은

4%입니다. A 수급자 비율은 'A에만 해당하는 수급자 비율'과 'A와 B의 중복 수급자 비율'을 합한 비율을 의미하고, B 수급자 비율은 'B에만 해당하는 수급자 비율'과 'A와 B의 중복 수급자 비율'을 합한 비율을 의미합니다. A의 경우 A 수급자 비율은 10%이고, A와 B의 중복 수급자 비율은 4%이므로 A에만 해당하는 수급자 비율은 6%가 됩니다. B의 경우 B 수급자 비율은 6%이고, A와 B의 중복 수급자 비율은 4%이므로 B에만 해당하는 수급자 비율은 2%가 됩니다. 이를 나타내면 다음과 같습니다.

(단위 : %)

구분	을국
A에만 해당하는 수급자 비율	6
B에만 해당하는 수급자 비율	2
A와 B의 중복 수급자 비율	4

갑국과 을국의 전체 인구 중 A, B에만 해당하는 수급자 비율 및 A와 B의 중복 수급자 비율을 나타내면 다음과 같습니다.

(단위 : %)

구분	갑국	을국
A에만 해당하는 수급자 비율	2	6
B에만 해당하는 수급자 비율	4	2
A와 B의 중복 수급자 비율	3	4

위의 표를 그림으로 나타내면 다음과 같습니다.

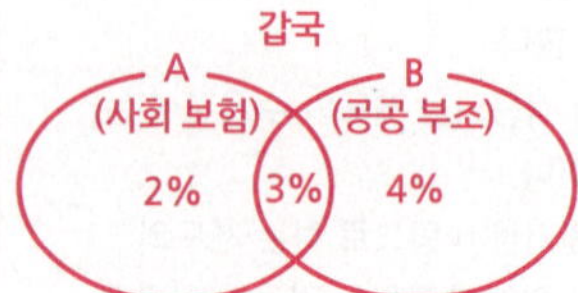

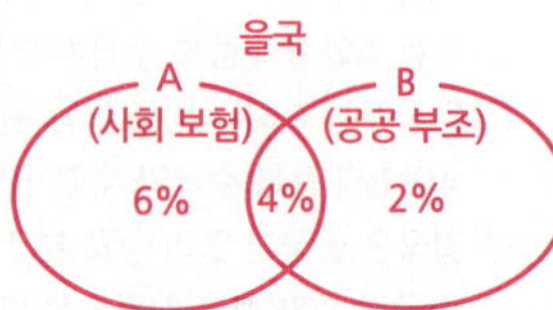

STEP 3 갑국과 을국의 A, B 수급자 수를 파악해 보겠습니다. 갑국 전체 인구는 을국 전체 인구의 2배이므로 을국 전체 인구를 100명이라고 하면, 갑국 전체 인구는 200명이 됩니다. 갑국의 경우 전체 인구가 200명이라면, A에만 해당하는 수급자 비율이 2%이므로 A에만 해당하는 수급자 수는 4명이 되고, B에만 해당하는 수급자 비율이 4%이므로 B에만 해당하는 수급자 수는 8명이 되며, A와 B의 중복 수급자 비율이 3%이므로 A와 B의 중복 수급자 수는 6명이 됩니다. 을국의 경우 전체 인구가 100명이라면, A에만 해당하는 수급자 비율이 6%이므로 A에만 해당하는 수급자 수는 6명이 되고, B에만 해당하는 수급자 비율이 2%이므로 B에만 해당하는 수급자 수는 2명이 되며, A와 B의 중복 수급자 비율이 4%이므로 A와 B의 중복 수급자 수는 4명이 됩니다. 이를 나타내면 다음과 같습니다.

(단위 : 명)

구분	갑국	을국
A에만 해당하는 수급자 수	4	6
B에만 해당하는 수급자 수	8	2
A와 B의 중복 수급자 수	6	4
전체 인구	200	100

정답은 나의 것!

자료 파헤치기에서 구한 다음의 표를 이용하면 쉽게 정답을 찾을 수 있습니다.

(단위 : %)

구분	갑국	을국
A에만 해당하는 수급자 비율	2	6
B에만 해당하는 수급자 비율	4	2
A와 B의 중복 수급자 비율	3	4

선택지 ①
A는 사회 보험에 해당하는 제도이고, B는 공공 부조에 해당하는 제도입니다. 따라서 선지 ①번은 오답입니다.

선택지 ② ✔
A와 B 중 하나 이상의 혜택을 받는 수급자 비율은 'A에만 해당하는 수급자 비율', 'B에만 해당하는 수급자 비율', 'A와 B의 중복 수급자 비율' 모두를 더한 비율을 의미합니다. A와 B 중 하나 이상의 혜택을 받는 수급자 비율은 갑국이 9%(=2%+4%+3%), 을국이 12%(=6%+2%+4%)입니다. 갑국 전체 인구가 을국 전체 인구의 2배이므로 갑국 전체 인구가 200명, 을국 전체 인구가 100명이라면, A와 B 중 하나 이상의 혜택을 받는 수급자 수는 갑국이 18명(=4명+8명+6명), 을국이 12명(=6명+2명+4명)입니다. 즉, A와 B 중 하나 이상의 혜택을 받는 수급자 수는 갑국이 을국의 1.5배(=18명/12명)입니다. 따라서 선지 ②번은 정답입니다.

선택지 ③
강제 가입 원칙이 적용되는 제도는 사회 보험에 해당하는 A입니다. 갑국에서 A의 혜택만 받는 수급자 비율은 2%, A와 B의 중복 수급자 비율은 3%입니다. 즉, 갑국에서 A의 혜택만 받는 수급자 수는 A와 B의 중복 수급자 수보다 적습니다. 따라서 선지 ③번은 오답입니다.

선택지 ④
수혜자 비용 부담 원칙이 적용되는 제도는 사회 보험에 해당하는 A입니다. 을국에서 A 수급자 비율은 10%, A와 B의 중복 수급자 비율은 4%입니다. 즉, 을국에서 A 수급자 수는 A와 B의 중복 수급자 수의 2.5배(=10%/4%)입니다. 따라서 선지 ④번은 오답입니다.

선택지 ⑤
상호 부조의 원리를 바탕으로 하는 제도는 사회 보험에 해당하는 A이고, 정부 재정으로 비용을 전액 충당하는 것을 원칙으로 하는 제도는 공공 부조에 해당하는 B입니다. 갑국의 경우 A 수급자 비율은 5%, B 수급자 비율은 7%이므로 A 수급자 수가 B 수급자 수보다 적습니다. 을국의 경우 A 수급자 비율은 10%, B 수급자 비율은 6%이므로 A 수급자 수가 B 수급자 수보다 많습니다. 즉, 갑국은 을국과 달리 A 수급자 수가 B 수급자 수보다 적습니다. 따라서 선지 ⑤번은 오답입니다.

 **정답 : ②**

특강 12 갑국의 사회 보장 제도 집중 분석

15 [2025 평가원]   [2025학년도 6월 모평 15번]

다음 자료에 대한 분석으로 옳은 것은?

〈자료 1〉 갑국의 사회 보장 제도

> (가) 국민에게 발생하는 사회적 위험을 보험의 방식으로
> 대처함으로써 국민의 안전한 생활에 필요한 건강과
> 소득을 보장하는 제도
> (나) 생활 유지 능력이 없거나 생활이 어려운 국민의 최저
> 생활을 보장하고 자립을 지원하는 제도
> (다) 상담, 재활, 돌봄, 정보의 제공, 관련 시설의 이용, 역량
> 개발, 사회 참여 지원 등을 통하여 국민의 삶의 질이
> 향상되도록 지원하는 제도

〈자료 2〉 갑국의 (가) ~ (다) 제도의 지역별 수혜자 비율

(단위 : %)

제도＼지역	A	B	전체
(가)	㉠	8	10
(나)	3	6	4
(다)	10	7	㉡

* 갑국은 A, B 지역으로만 이루어져 있고, 갑국의 사회 보장 제도는 우리나라의
사회 보장 제도와 동일함.
** 해당 지역 수혜자 비율(%) = (해당 지역 수혜자 수/해당 지역 인구) × 100

---

① ㉠은 11, ㉡은 8이다.
② (가)와 (나) 중 선별적 복지의 성격이 강한 제도의 수혜자 수는
A 지역이 B 지역보다 적다.
③ 갑국에서 우리나라의 사회 서비스에 해당하는 제도의 수혜자
수는 A 지역이 B 지역의 3배이다.
④ 금전적 지원을 원칙으로 하며 사전 예방적 성격이 강한 제도의
수혜자 수는 A 지역이 B 지역의 2배보다 많다.
⑤ 갑국 전체에서 상호 부조의 원리가 적용되는 제도의 수혜자 수는
소득 재분배 효과가 가장 큰 제도의 수혜자 수의 2배보다 적다.

🔍 자료 파헤치기

STEP 1 〈자료 1〉에 나타나 있는 갑국의 사회 보장 제도를 알아보도록
하겠습니다. 갑국의 사회 보장 제도는 우리나라의 사회 보장 제도와
같으므로 우리나라의 사회 보장 제도 중 (가) ~ (다)에 해당하는 사회 보장
제도를 파악하면 됩니다. (가)는 국민에게 발생하는 사회적 위험을 보험의
방식으로 대처함으로써 국민의 안전한 생활에 필요한 건강과 소득을
보장하는 제도입니다. 즉, (가)는 사회 보험입니다. (나)는 생활 유지
능력이 없거나 생활이 어려운 국민의 최저 생활을 보장하고 자립을
지원하는 제도입니다. 즉, (나)는 공공 부조입니다. (다)는 상담, 재활, 돌봄,
정보의 제공, 관련 시설의 이용, 역량 개발, 사회 참여 지원 등을 통하여
국민의 삶의 질이 향상되도록 지원하는 제도입니다. 즉, (다)는 사회
서비스입니다.

STEP 2 〈자료 2〉에 나타난 갑국의 (가) ~ (다) 제도의 지역별 수혜자
비율을 통해 A 지역 인구와 B 지역 인구, 그리고 갑국 전체 인구를 구해
보도록 하겠습니다. 해당 지역 수혜자 비율은 해당 지역 인구 중 해당 지역
수혜자 수가 차지하는 비율을 의미하므로 해당 지역 인구를 알아야 해당
지역 수혜자 수를 알 수 있습니다. (가), (다)와 달리 (나)의 경우 A 지역의
수혜자 비율, B 지역의 수혜자 비율, 갑국 전체 수혜자 비율이 제시되어
있습니다. 이를 통해 A 지역 인구, B 지역 인구, 갑국 전체 인구를 구할 수
있습니다. A 지역 인구를 a, B 지역 인구를 b라고 가정하면, (나)의 경우
0.03a+0.06b=0.04(a+b)가 성립합니다. 이를 풀면, a=2b가 됩니다.
즉, A 지역 인구는 B 지역 인구의 2배가 됩니다. B 지역 인구를

100명이라고 가정하면, A 지역 인구는 200명이 되고, 갑국 전체 인구는
300명이 됩니다. (나)의 경우 A 지역 인구가 200명, A 지역 수혜자
비율이 3%이므로 A 지역 수혜자 수는 6명(=200명×3%)이 되고,
B 지역 인구가 100명, B 지역 수혜자 비율이 6%이므로 B 지역 수혜자
수는 6명(=100명×6%)이 되며, 갑국 전체 인구가 300명, 갑국 전체
수혜자 비율이 4%이므로 갑국 전체 수혜자 수는 12명(=300명×4%)이
됩니다. 이를 나타내면 다음과 같습니다.

(단위 : 명)

구분	A 지역	B 지역	갑국 전체
(가)			
(나)	6	6	12
(다)			
인구	200	100	300

STEP 3 (가)의 지역별 수혜자 수와 (다)의 지역별 수혜자 수 및 (가)의
A 지역 수혜자 비율(㉠)과 (다)의 갑국 전체 수혜자 비율(㉡)을 구해
보도록 하겠습니다. 먼저 (가)의 지역별 수혜자 수와 (다)의 지역별 수혜자
수를 구해 보도록 하겠습니다. (가)의 경우 B 지역 인구가 100명, B 지역
수혜자 비율이 8%이므로 B 지역 수혜자 수는 8명(=100명×8%)이
되며, 갑국 전체 인구가 300명, 갑국 전체 수혜자 비율이 10%이므로
갑국 전체 수혜자 수는 30명(=300명×10%)이 됩니다. 따라서 (가)의
경우 A 지역의 수혜자 수는 22명(=30명-8명)이 됩니다. 이를 나타내면
다음과 같습니다.

(단위 : 명)

구분	A 지역	B 지역	갑국 전체
(가)	22	8	30
(나)	6	6	12
(다)			
인구	200	100	300

(다)의 경우 A 지역 인구가 200명, A 지역 수혜자 비율이 10%이므로
A 지역 수혜자 수는 20명(=200명×10%)이 되며, B 지역 인구가 100명,
B 지역 수혜자 비율이 7%이므로 B 지역 수혜자 수는 7명(=100명×7%)이
됩니다. 따라서 (다)의 갑국 전체 수혜자 수는 27명(=20명+7명)이 됩니다.
이를 나타내면 다음과 같습니다.

(단위 : 명)

구분	A 지역	B 지역	갑국 전체
(가)	22	8	30
(나)	6	6	12
(다)	20	7	27
인구	200	100	300

(가)의 A 지역 수혜자 비율(㉠)과 (다)의 갑국 전체 수혜자 비율(㉡)을
구해 보도록 하겠습니다. A 지역 인구가 200명이므로 (가)의 경우 A 지역
수혜자 비율은 11%{=(22명/200명)×100}가 됩니다. 즉, ㉠은 '11'입니다.
갑국 전체 인구가 300명이므로 (다)의 경우 갑국 전체 수혜자 비율은
9%{=(27명/300명)×100}이 됩니다. 즉, ㉡은 '9'입니다. 갑국의 지역별
인구와 (가) ~ (다) 제도의 지역별 수혜자 수를 바탕으로 (가) ~ (다) 제도의
지역별 수혜자 비율을 구하여 〈자료 2〉의 표를 완성하면 다음과 같습니다.

(단위 : %)

구분	A 지역	B 지역	갑국 전체
(가)	11	8	10
(나)	3	6	4
(다)	10	7	9

정답은 나의 것!

자료 파헤치기에서 구한 다음의 표를 이용하면 쉽게 정답을 찾을 수 있습니다.

(단위 : 명)

구분	A 지역	B 지역	갑국 전체
(가)	22	8	30
(나)	6	6	12
(다)	20	7	27
인구	200	100	300

선택지 ①

B 지역 인구가 100명이라면, A 지역 인구는 200명이고, 갑국 전체 인구는 300명이 됩니다. A 지역 인구가 200명이므로 (가)의 경우 A 지역 수혜자 비율은 11%{=(22명/200명)×100}가 됩니다. 즉, ㉠은 '11'입니다. 갑국 전체 인구가 300명이므로 (다)의 경우 갑국 전체 수혜자 비율은 9%{=(27명/300명)×100}이 됩니다. 즉, ㉡은 '9'입니다. 따라서 선지 ①번은 오답입니다.

선택지 ②

선별적 복지의 성격이 강한 제도는 공공 부조인 (나)입니다. B 지역 인구가 100명이라면, (나)의 경우 A 지역 수혜자 수는 6명이고, B 지역 수혜자 수는 6명입니다. 즉, 선별적 복지의 성격이 강한 제도의 수혜자 수는 A 지역과 B 지역이 같습니다. 따라서 선지 ②번은 오답입니다.

선택지 ③

갑국에서 우리나라의 사회 서비스에 해당하는 제도는 (다)입니다. B 지역 인구가 100명이라면, (다)의 경우 A 지역 수혜자 수는 20명이고, B 지역 수혜자 수는 7명입니다. 즉, 사회 서비스에 해당하는 제도의 수혜자 수는 A 지역이 B 지역의 3배가 되지 않습니다. 따라서 선지 ③번은 오답입니다.

선택지 ④ ✔

금전적 지원을 원칙으로 하면서 사전 예방적 성격이 강한 제도는 사회 보험인 (가)입니다. B 지역 인구가 100명이라면, (가)의 경우 A 지역 수혜자 수는 22명이고, B 지역 수혜자 수는 8명입니다. 즉, 금전적 지원을 원칙으로 하면서 사전 예방적 성격이 강한 제도의 수혜자 수는 A 지역이 B 지역의 2배보다 많습니다. 따라서 선지 ④번은 정답입니다.

선택지 ⑤

상호 부조의 원리가 적용되는 제도는 사회 보험인 (가)이고, 소득 재분배 효과가 가장 큰 제도는 공공 부조인 (나)입니다. B 지역 인구가 100명이라면, (가)의 갑국 전체 수혜자 수는 30명이고, (나)의 갑국 전체 수혜자 수는 12명입니다. 즉, 갑국 전체에서 상호 부조의 원리가 적용되는 제도의 수혜자 수는 소득 재분배 효과가 가장 큰 제도의 수혜자 수의 2배보다 많습니다. 따라서 선지 ⑤번은 오답입니다.

 정답 : ④

15

[2024년 7월 학평 15번]

다음 자료에 대한 옳은 분석만을 〈보기〉에서 고른 것은? 3점

갑국의 사회 보장 제도는 A, B로만 구성되며, A, B는 우리나라의 사회 보장 제도와 동일하다. A는 사전 예방적 성격이 강한 제도이고, B는 사후 처방적 성격이 강한 제도이다. 갑국은 인구가 동일한 (가), (나) 지역으로만 구성되어 있다. (가) 지역은 지역 전체 인구의 90%, (나) 지역은 지역 전체 인구의 80%가 사회 보장 제도 수급자이다. 표는 갑국의 지역별 사회 보장 제도 수급자 비율을 분석한 것이다.

(단위 : %)

구분	해당 지역 전체 수급자 대비 A만 수급받는 인구 비율	해당 지역 전체 수급자 대비 B만 수급받는 인구 비율
(가) 지역	65	25
(나) 지역	71	14

보기

ㄱ. 갑국의 전체 인구 중 A, B 중복 수급자 비율은 (가) 지역의 전체 인구 중 A, B 중복 수급자 비율보다 크다.

ㄴ. (나) 지역에서 A, B 중복 수급자 수는 (나) 지역에서 A나 B 어느 것도 받지 않는 비(非)수급자 수보다 많다.

ㄷ. 강제 가입의 원칙이 적용되는 제도의 수급자 수는 (나) 지역이 (가) 지역보다 많다.

ㄹ. (나) 지역에서 수혜자 비용 부담 원칙이 적용되는 제도의 수급자 수는 (가) 지역에서 최저 생활의 보장을 목적으로 하는 제도의 수급자 수보다 적다.

① ㄱ, ㄴ ② ㄱ, ㄷ ③ ㄴ, ㄷ ④ ㄴ, ㄹ ⑤ ㄷ, ㄹ

 자료 파헤치기

STEP 1 먼저, A와 B에 해당하는 사회 보장 제도를 알아보도록 하겠습니다. 갑국의 사회 보장 제도는 A, B로만 구성되어 있으며, 우리나라의 사회 보장 제도와 같습니다. 우리나라 사회 보장 제도 중 사전 예방적 성격이 강한 제도는 사회 보험이고, 사후 처방적 성격이 강한 제도는 공공 부조입니다. 따라서 A는 사회 보험이고, B는 공공 부조입니다. 제시된 표에는 (가)와 (나) 지역 전체 수급자 대비 A, B만 수급받는 인구 비율이 나타나 있습니다. 즉, (가)와 (나) 지역의 전체 수급자를 파악해야 합니다. (가) 지역의 사회 보장 제도 수급자는 (가) 지역 전체 인구의 90%이고, (나) 지역의 사회 보장 제도 수급자는 (나) 지역 전체 인구의 80%입니다. 갑국은 인구가 동일한 (가) 지역과 (나) 지역으로만 구성되어 있으므로, (가) 지역과 (나) 지역의 전체 인구를 각각 1,000명이라고 가정하면, (가) 지역의 사회 보장 제도 수급자 수는 900명(=1,000명×90%)이고, (나) 지역의 사회 보장 제도 수급자 수는 800명(=1,000명×80%)이 됩니다.

STEP 2 이제, (가) 지역의 경우를 살펴보도록 하겠습니다. (가) 지역의 경우 해당 지역 전체 수급자 대비 사회 보험(A)만 수급받는 인구 비율은 65%이고, 해당 지역 전체 수급자 대비 공공 부조(B)만 수급받는 인구 비율은 25%이므로 사회 보험(A)과 공공 부조(B)를 중복 수급받는 비율은 10%(=100%-65%-25%)가 됩니다. (가) 지역의 전체 인구가 1,000명이라면, (가) 지역의 사회 보장 제도 수급자 수는 900명이고, (가) 지역 전체 수급자 대비 사회 보험(A)만 수급받는 인구 비율이 65%이므로 (가) 지역의 경우 사회 보험(A)만 수급받는 인구는 585명(=900명×65%)이 됩니다. (가) 지역의 전체 인구가 1,000명이라면,

(가) 지역의 사회 보장 제도 수급자 수는 900명이고, (가) 지역 전체 수급자 대비 공공 부조(B)만 수급받는 비율이 25%이므로 (가) 지역의 경우 공공 부조(B)만 수급받는 인구는 225명(=900명×25%)이 됩니다. (가) 지역의 전체 인구가 1,000명이라면, (가) 지역의 사회 보장 제도 수급자 수는 900명이고, (가) 지역의 사회 보험(A)과 공공 부조(B)를 중복 수급받는 비율이 10%이므로 (가) 지역의 경우 사회 보험(A)과 공공 부조(B)를 중복 수급받는 인구는 90명(=900명×10%)이 됩니다. 이를 나타내면 다음과 같습니다.

구분	(가) 지역	
	비율(%)	수(명)
사회 보험(A)만 수급받는 인구	65	585
공공 부조(B)만 수급받는 인구	25	225
중복 수급받는 인구	10	90
계	100	900

STEP 3 (나) 지역의 경우를 살펴보도록 하겠습니다. (나) 지역의 경우 해당 지역 전체 수급자 대비 사회 보험(A)만 수급받는 인구 비율은 71%이고, 해당 지역 전체 수급자 대비 공공 부조(B)만 수급받는 인구 비율은 14%이므로 사회 보험(A)과 공공 부조(B)를 중복 수급받는 비율은 15%(=100%-71%-14%)가 됩니다. (나) 지역의 전체 인구가 1,000명이라면, (나) 지역의 사회 보장 제도 수급자 수는 800명이고, (나) 지역 전체 수급자 대비 사회 보험(A)만 수급받는 인구 비율이 71%이므로 (나) 지역의 경우 사회 보험(A)만 수급받는 인구는 568명(=800명×71%)이 됩니다. (나) 지역의 전체 인구가 1,000명이라면, (나) 지역의 사회 보장 제도 수급자 수는 800명이고, (나) 지역 전체 수급자 대비 공공 부조(B)만 수급받는 비율이 14%이므로 (나) 지역의 경우 공공 부조(B)만 수급받는 인구는 112명(=800명×14%)이 됩니다. (나) 지역의 전체 인구가 1,000명이라면, (나) 지역의 사회 보장 제도 수급자 수는 800명이고, (나) 지역의 사회 보험(A)과 공공 부조(B)를 중복 수급받는 비율이 15%이므로 (나) 지역의 경우 사회 보험(A)과 공공 부조(B)를 중복 수급받는 인구는 120명(=800명×15%)이 됩니다. 이를 나타내면 다음과 같습니다.

구분	(가) 지역		(나) 지역	
	비율(%)	수(명)	비율(%)	수(명)
사회 보험(A)만 수급받는 인구	65	585	71	568
공공 부조(B)만 수급받는 인구	25	225	14	112
중복 수급받는 인구	10	90	15	120
계	100	900	100	800

 **정답은 나의 것!**

자료 파헤치기에서 구한 다음의 표를 이용하면 쉽게 정답을 찾을 수 있습니다.

〈(가) 지역과 (나) 지역의 전체 인구를 1,000명이라고 가정할 경우〉

구분	(가) 지역		(나) 지역	
	비율(%)	수(명)	비율(%)	수(명)
사회 보험(A)만 수급받는 인구	65	585	71	568
공공 부조(B)만 수급받는 인구	25	225	14	112
중복 수급받는 인구	10	90	15	120
계	100	900	100	800

보기 ㄱ ✔
(가) 지역과 (나) 지역의 전체 인구를 각각 1,000명이라고 가정하면, 갑국의 전체 인구는 2,000명이 되고, A, B 중복 수급자 수는 (가) 지역이 90명, (나) 지역이 120명이 됩니다. 따라서 갑국의 전체 인구 중 A, B 중복 수급자 비율은 10.5%[={(90명+120명)/2,000명}×100]이고, (가) 지역의 전체 인구 중 A, B 중복 수급자 비율은 9%{=(90명/1,000명)×100}입니다. 즉, 갑국의 전체 인구 중 A, B 중복 수급자 비율은 (가) 지역의 전체 인구 중 A, B 중복 수급자 비율보다 큽니다. 따라서 보기 ㄱ은 정답입니다.

보기 ㄴ
(나) 지역의 전체 인구를 1,000명이라고 가정하면, (나) 지역의 A, B 중복 수급자 수는 120명이고, (나) 지역에서 A나 B 어느 것도 받지 않는 비수급자 수는 200명(=1,000명-800명)입니다. 즉, (나) 지역에서 A, B 중복 수급자 수는 (나) 지역에서 A나 B 어느 것도 받지 않는 비수급자 수보다 적습니다. 따라서 보기 ㄴ은 오답입니다.

보기 ㄷ ✔
강제 가입의 원칙이 적용되는 제도는 사회 보험(A)입니다. (가) 지역과 (나) 지역의 전체 인구를 각각 1,000명이라고 가정하면, A 수급자 수는 (가) 지역이 675명(=585명+90명), (나) 지역이 688명(=568명+120명)입니다. 즉, 강제 가입의 원칙이 적용되는 제도의 수급자 수는 (나) 지역이 (가) 지역보다 많습니다. 따라서 보기 ㄷ은 정답입니다.

보기 ㄹ
수혜자 비용 부담 원칙이 적용되는 제도는 사회 보험(A)이고, 최저 생활의 보장을 목적으로 하는 제도는 공공 부조(B)입니다. (가) 지역과 (나) 지역의 전체 인구를 각각 1,000명이라고 가정하면, (나) 지역 A 수급자 수는 688명(=568명+120명)이고, (가) 지역 B 수급자 수는 315명(=225명+90명)입니다. 즉, (나) 지역의 A 수급자 수는 (가) 지역의 B 수급자 수보다 많습니다. 따라서 보기 ㄹ은 오답입니다.

🎓 **정답 : ②**

특강 14 갑국의 사회 보장 제도 수급자 집중 분석

15 [2025 평가원] [2025학년도 9월 모평 15번]

다음 자료에 대한 분석으로 옳은 것은?

> 갑국의 사회 보장 제도 A와 B는 우리나라의 사회 보장 제도와 동일하다. A는 사전 예방적 성격이 강한 제도이고, B는 사후 처방적 성격이 강한 제도이다. 중복 수급자 비율은 t+30년이 t년에 비해 50% 감소하였고, 중복 수급자 수는 t년과 t+30년이 동일하다.

〈갑국의 A, B 수급자와 비(非)수급자의 비율〉

(단위 : %)

구분	t년	t+30년
A 수급자	70	77
B 수급자	26	㉠
비(非)수급자	14	15

* 비(非)수급자 : A나 B 어느 것도 받지 않는 사람
** 중복 수급자 : A 수급자이면서 동시에 B 수급자인 사람

① ㉠은 t년의 중복 수급자 비율보다 작고 t+30년의 중복 수급자 비율보다 크다.
② 선별적 복지의 성격이 강한 제도에만 해당하는 수급자 비율은 t+30년이 t년에 비해 8% 감소하였다.
③ 소득 재분배 효과가 있는 제도의 수급자 수는 t년과 t+30년이 동일하다.
④ 정부 재정으로 비용을 전액 충당하는 것을 원칙으로 하는 제도에만 해당하는 수급자 수는 t+30년이 t년의 2배이다.
⑤ t년에 상호 부조의 원리가 적용되는 제도에만 해당하는 수급자 수는 t+30년 비(非)수급자 수의 2배이다.

🔍 자료 파헤치기

STEP 1 먼저 A와 B에 해당하는 사회 보장 제도의 유형을 파악해 보도록 하겠습니다. 갑국의 사회 보장 제도 A와 B는 우리나라의 사회 보장 제도와 동일하므로 사전 예방적 성격이 강한 제도는 사회 보험이고, 사후 처방적 성격이 강한 제도는 공공 부조입니다. 따라서 A는 사회 보험이고 B는 공공 부조입니다. 자료에 제시된 연도별 비수급자 비율을 통해 연도별 수급자 비율을 구할 수 있습니다. A나 B 어느 것도 받지 않는 사람인 비수급자 비율은 t년에 14%이고, t+30년에 15%입니다. 따라서 수급자 비율은 t년에 86%(=100%-14%), t+30년에 85%(=100%-15%)가 됩니다.

STEP 2 t년의 경우를 살펴보도록 하겠습니다. t년에 A나 B 어느 것도 받지 않는 사람인 비수급자 비율은 14%이므로 t년에 수급자 비율은 86%(=100%-14%)가 됩니다. t년에 A 수급자 비율은 70%, B 수급자 비율은 26%이고, A와 B의 수급자 비율은 86%입니다. 따라서 t년에 A와 B 중복 수급자 비율은 10%(=70%+26%-86%)가 됩니다. t+30년의 경우를 살펴보도록 하겠습니다. t+30년에 A나 B 어느 것도 받지 않는 사람인 비수급자 비율은 15%이므로 t+30년에 수급자 비율은 85%(=100%-15%)가 됩니다. t년에 A와 B 중복 수급자 비율은 10%이고, t년 대비 t+30년에 A와 B 중복 수급자 비율은 50% 감소하였으므로 t+30년에 A와 B 중복 수급자 비율은 5%가 됩니다. t+30년에 A 수급자 비율은 77%, B 수급자 비율은 ㉠%이고, A와 B 중복 수급자 비율은 5%이며, A와 B의 수급자 비율은 85%입니다. 따라서 t+30년에 B 수급자 비율은 13%(=85%+5%-77%)가 됩니다. 즉, ㉠은 '13'입니다. 이를 나타내면 다음과 같습니다.

(단위 : %)

구분	t년	t+30년
A 수급자	70	77
B 수급자	26	13
A와 B 중복 수급자	10	5
비수급자	14	15

STEP 3 이제 연도별 수급자 수를 파악해 보도록 하겠습니다. A와 B 중복 수급자 비율은 t년이 10%, t+30년이 5%이지만, A와 B 중복 수급자 수는 t년과 t+30년이 동일합니다. 따라서 t년에 갑국의 전체 인구가 100명이라면, t+30년에 갑국의 전체 인구는 200명이 됩니다. 이에 따라 t년과 t+30년에 갑국의 A 수급자 수, B 수급자 수, A와 B 중복 수급자 수 및 비수급자 수를 나타내면 다음과 같습니다.

구분	t년		t+30년	
	비율(%)	수(명)	비율(%)	수(명)
A 수급자	70	70	77	154
B 수급자	26	26	13	26
A와 B 중복 수급자	10	10	5	10
비수급자	14	14	15	30
전체	100	100	100	200

 정답은 나의 것!

자료 파헤치기에서 구한 표를 이용하면 쉽게 정답을 찾을 수 있습니다.

선택지 ①
t+30년에 B 수급자 비율은 13%이므로 ㉠은 13이고, A와 B 중복 수급자 비율은 t년이 10%, t+30년이 5%입니다. 즉, ㉠은 t년의 A와 B 중복 수급자 비율과 t+30년의 A와 B 중복 수급자 비율보다 큽니다. 따라서 선지 ①번은 오답입니다.

선택지 ②
선별적 복지의 성격이 강한 제도는 공공 부조(B)입니다. B에만 해당하는 수급자 비율은 t년이 16%(=26%-10%), t+30년이 8%(=13%-5%)입니다. 즉, B에만 해당하는 수급자 비율은 t+30년이 t년에 비해 50% 감소하였습니다. 따라서 선지 ②번은 오답입니다.

선택지 ③
사회 보험(A)과 공공 부조(B)는 모두 소득 재분배 효과가 있습니다. t년에 갑국의 전체 인구가 100명이라면, A와 B의 수급자 수는 t년이 86명(=100명-14명)이고, t+30년이 170명(=200명-30명)입니다. 즉, A와 B의 수급자 수는 t년보다 t+30년이 많습니다. 따라서 선지 ③번은 오답입니다.

선택지 ④
정부 재정으로 비용을 전액 충당하는 것을 원칙으로 하는 제도는 공공 부조(B)입니다. t년에 갑국의 전체 인구가 100명이라면, B에만 해당하는 수급자 수는 t년이 16명(=26명-10명)이고, t+30년이 16명(=26명-10명)입니다. 즉, B에만 해당하는 수급자 수는 t년과 t+30년이 같습니다. 따라서 선지 ④번은 오답입니다.

선택지 ⑤ ✔
상호 부조의 원리가 적용되는 제도는 사회 보험(A)입니다. t년에 갑국의 전체 인구가 100명이라면, t년에 A에만 해당하는 수급자 수는 60명(=70명-10명)이고, t+30년에 비수급자 수는 30명입니다. 즉, t년에 A에만 해당하는 수급자 수는 t+30년 비수급자 수의 2배가 됩니다. 따라서 선지 ⑤번은 정답입니다.

 **정답 : ⑤**

15 2025 수능 [2025학년도 수능 15번]

다음 자료에 대한 분석으로 옳은 것은? (단, A, B는 각각 공공 부조와 사회 보험 중 하나임.)

갑국에는 사회 보장 제도 A, B만 존재하며, A, B는 우리나라의 사회 보장 제도와 동일하다. A는 사전 예방적 성격이 강한 제도이고, B는 사후 처방적 성격이 강한 제도이다.

표는 갑국의 (가)~(다) 지역별 전체 인구 중 A, B 수급자 비율 및 비(非)수급자 비율을 나타낸 것이다. 비(非)수급자는 A나 B 중 어느 것도 받지 않는 사람으로서, A나 B의 복지 혜택이 필요하지만 수급 자격 조건에 미달하여 받지 못하는 사람(탈락자)과 비(非)수급자에서 탈락자를 제외한 사람(비(非)탈락자)으로 구성된다. 단, (가)~(다) 지역의 중복 수급자 수는 동일하다.

(단위 : %)

구분	A 수급자	B 수급자	중복 수급자	비(非)수급자	
				탈락자	비(非)탈락자
(가) 지역	73	20	㉠	12	10
(나) 지역	72	28	15	5	㉡
(다) 지역	50	㉢	10	8	32

* 중복 수급자 : A 수급자이면서 동시에 B 수급자인 사람

① ㉠은 (나) 지역의 선별적 복지의 성격이 강한 제도에만 해당하는 수급자 비율보다 작다.

② ㉡은 (가) 지역의 부정적 낙인이 발생할 수 있는 제도에만 해당하는 수급자 비율과 같다.

③ ㉢은 (다) 지역의 상호 부조의 원리가 적용되는 제도에만 해당하는 수급자 비율의 2배이다.

④ (가) 지역의 탈락자 수보다 (나) 지역의 비(非)탈락자 수가 많다.

⑤ 금전적 지원을 원칙으로 하는 제도의 수급자 수는 (다) 지역이 가장 많다.

 ## 자료 파헤치기

STEP 1 우리나라의 사회 보장 제도 중 사전 예방적 성격이 강한 제도는 사회 보험이고, 사후 처방적 성격이 강한 제도는 공공 부조입니다. 따라서 A는 사회 보험, B는 공공 부조입니다.

STEP 2 제시된 자료에서 비수급자는 A나 B 중 어느 것도 받지 않는 사람을 의미합니다. 즉, '각 지역의 전체 인구=A, B 수급자+비수급자'입니다. 먼저 (가) 지역의 경우 비수급자 비율이 22%(=12%+10%)이므로 A, B 수급자 비율은 78%(=100%-22%)가 됩니다. (가) 지역의 A, B 수급자 비율이 78%이고, A 수급자 비율이 73%, B 수급자 비율이 20%이므로 A와 B 중복 수급자 비율은 15%(=73%+20%-78%)가 됩니다. (나) 지역의 경우 A 수급자 비율이 72%, B 수급자 비율이 28%, A와 B 중복 수급자 비율이 15%이므로 A, B 수급자 비율은 85%(=72%+28%-15%)가 됩니다. (나) 지역의 A, B 수급자 비율이 85%이므로 비수급자 비율은 15%(=100%-85%)가 됩니다. (나) 지역의 비수급자 비율은 15%이고, 비수급자 중 탈락자 비율이 5%이므로 비수급자 중 비탈락자 비율은 10%(=15%-5%)가 됩니다. (다) 지역의 경우 비수급자 중 탈락자 비율이 8%, 비탈락자 비율이 32%이므로 비수급자 비율은 40%(=8%+32%)가 됩니다. (다) 지역의 비수급자 비율이 40%이므로 A, B 수급자 비율은 60%(=100%-40%)가 됩니다. (다) 지역의 A, B 수급자 비율이 60%이고, A 수급자 비율이 50%, A와 B 중복 수급자 비율이 10%이므로 B 수급자 비율은 20%(=60%-50%+10%)가 됩니다.

STEP 3 이제 지역별 수급자 수를 파악해 보도록 하겠습니다. A와 B 중복 수급자 비율의 경우 (가) 지역이 15%, (나) 지역이 15%, (다) 지역이 10%이고, 제시된 조건에서 (가)~(다) 지역의 중복 수급자 수가 동일하다고 하였습니다. A 지역 전체 인구를 a, B 지역 전체 인구를 b, C 지역 전체 인구를 c라고 가정하면, 0.15a=0.15b=0.1c가 성립합니다. 3a=3b=2c이므로 a : b : c = 2 : 2 : 3이 됩니다. 즉, A 지역 전체 인구 : B 지역 전체 인구 : C 지역 전체 인구 = 2 : 2 : 3이 됩니다. A 지역 전체 인구와 B 지역 전체 인구를 각각 200명, C 지역 전체 인구를 300명이라고 가정하여 각 지역별 A, B 수급자 수 및 비수급자 수를 나타내면 다음과 같습니다.

구분	(가) 지역		(나) 지역		(다) 지역	
	비율(%)	수(명)	비율(%)	수(명)	비율(%)	수(명)
사회 보험(A) 수급자	73	146	72	144	50	150
공공 부조(B) 수급자	20	40	28	56	㉢ 20	60
A와 B 중복 수급자	㉠ 15	30	15	30	10	30
수급자	78	156	85	170	60	180
탈락자	12	24	5	10	8	24
비탈락자	10	20	㉡ 10	20	32	96
비수급자	22	44	15	30	40	120
전체	100	200	100	200	100	300

 ## 정답은 나의 것!

자료 파헤치기에서 구한 표를 이용하면 쉽게 정답을 찾을 수 있습니다.

선택지 ①
선별적 복지의 성격이 강한 제도는 공공 부조(B)입니다. (가) 지역의 경우 A와 B 중복 수급자 비율은 15%이고, (나) 지역의 경우 B에만 해당하는 수급자 비율은 13%(=28%-15%)입니다. 즉, ㉠은 (나) 지역의 B에만 해당하는 수급자 비율보다 큽니다. 따라서 선지 ①번은 오답입니다.

선택지 ②
부정적 낙인이 발생할 수 있는 제도는 공공 부조(B)입니다. (나) 지역의 경우 비탈락자 비율은 10%이고, (가) 지역의 경우 B에만 해당하는 수급자 비율은 5%(=20%-15%)입니다. 즉, ㉡은 (가) 지역의 B에만 해당하는 수급자 비율보다 큽니다. 따라서 선지 ②번은 오답입니다.

선택지 ③
상호 부조의 원리가 적용되는 제도는 사회 보험(A)입니다. (다) 지역의 경우 B 수급자 비율은 20%이고, A에만 해당하는 수급자 비율은 40%(=50%-10%)입니다. 즉, ㉢은 (다) 지역의 A에만 해당하는 수급자 비율의 1/2배입니다. 따라서 선지 ③번은 오답입니다.

선택지 ④
(가) 지역 전체 인구와 (나) 지역 전체 인구가 각각 200명이라면, (가) 지역의 탈락자 수는 24명, (나) 지역의 비탈락자 수는 20명입니다. 즉, (가) 지역의 탈락자 수보다 (나) 지역의 비탈락자 수가 적습니다. 따라서 선지 ④번은 오답입니다.

선택지 ⑤ ✔
금전적 지원을 원칙으로 하는 제도는 사회 보험(A)과 공공 부조(B)입니다. (가) 지역 전체 인구와 (나) 지역 전체 인구가 각각 200명, (다) 지역 전체 인구가 300명이라면, A, B 수급자 수는 (가) 지역이 156명, (나) 지역이 170명, (다) 지역이 180명입니다. 즉, A, B 수급자 수는 (다) 지역이 가장 많습니다. 따라서 선지 ⑤번은 정답입니다.

 **정답 : ⑤**

특강 16 갑국의 사회 보장 제도 집중 분석

12   [2025년 3월 학평 12번]

다음 자료에 대한 분석으로 옳은 것은?  3점

갑국의 사회 보장 제도는 A, B만 존재하며, A, B는 우리나라의 사회 보장 제도와 동일하다. A, B 모두 금전적 지원을 원칙으로 하며, A와 달리 B는 상호 부조의 원리가 적용되는 제도이다. 표는 갑국의 (가), (나) 지역별 전체 인구 중 A, B 수급자의 비율과 비(非)수급자의 비율을 나타낸 것이다. 갑국은 (가), (나) 지역으로만 구성되며, (나) 지역의 인구는 (가) 지역의 인구의 3배이다. 비(非)수급자는 A나 B 중 어느 것의 수급자도 아닌 사람이다.

(단위 : %)

구분	(가) 지역	(나) 지역	전체
A 수급자	20	28	㉠
B 수급자	76	72	73
A와 B 중복 수급자	㉡	13	14
비(非)수급자	21	㉢	15

① ㉠은 ㉡보다 작다.
② (가) 지역의 비(非)수급자 수는 갑국 전체의 A와 B 중복 수급자 수보다 많다.
③ (나) 지역에서 사후 처방적 성격이 강한 제도의 수급자 비율은 ㉢의 2배보다 크다.
④ 보편적 복지 이념을 바탕으로 하는 제도에만 해당하는 수급자 비율은 (가) 지역이 (나) 지역보다 크다.
⑤ 정부 재정으로 비용을 전액 충당하는 것을 원칙으로 하는 제도에만 해당하는 수급자 수는 (나) 지역이 (가) 지역의 5배이다.

🔍 자료 파헤치기

STEP 1 먼저 A와 B에 해당하는 사회 보장 제도의 유형을 파악해 보도록 하겠습니다. 갑국의 사회 보장 제도는 우리나라의 사회 보장 제도와 동일하며 우리나라의 사회 보장 제도 중에서 금전적 지원을 원칙으로 하는 제도는 사회 보험과 공공 부조입니다. 따라서 A와 B는 각각 사회 보험과 공공 부조 중 하나에 해당합니다. 사회 보험과 공공 부조 중에서 상호 부조의 원리가 적용되는 제도는 사회 보험입니다. 따라서 A는 공공 부조, B는 사회 보험입니다.

STEP 2 이제 지역별 수급자 수를 파악해 보도록 하겠습니다. (가) 지역 인구를 100명이라고 가정하면, (가) 지역의 경우 A 수급자 비율이 20%, B 수급자 비율이 76%, 비(非)수급자 비율이 21%이므로 (가) 지역의 경우 A 수급자 수는 20명(=100명×20%), B 수급자 수는 76명(=100명×76%), 비(非)수급자 수는 21명(=100명×21%)이 됩니다. (나) 지역 인구가 (가) 지역 인구의 3배라고 제시되어 있으므로 (가) 지역 인구를 100명이라고 가정하면, (나) 지역 인구는 300명이 됩니다. (나) 지역 인구가 300명이라면, (나) 지역의 경우 A 수급자 비율이 28%, B 수급자 비율이 72%, A와 B 중복 수급자 비율이 13%이므로 (나) 지역의 경우 A 수급자 수는 84명(=300명×28%), B 수급자 수는 216명(=300명×72%), A와 B 중복 수급자 수는 39명(=300명×13%)이 됩니다. 이를 나타내면 다음과 같습니다.

(단위 : 명)

구분	(가) 지역	(나) 지역
A 수급자 수	20	84
B 수급자 수	76	216
A와 B 중복 수급자 수		39
비(非)수급자 수	21	
인구	100	300

STEP 3 이제 (가) 지역의 A와 B 중복 수급자 수, (나) 지역의 비(非)수급자 수 및 갑국 전체의 A 수급자 수, B 수급자 수, A와 B 중복 수급자 수 및 비(非)수급자 수를 파악해 보도록 하겠습니다. 각 지역 인구는 'A 수급자 수+B 수급자 수-A와 B 중복 수급자 수+비(非)수급자 수'입니다. (가) 지역 인구를 100명이라고 가정하면, (가) 지역의 경우 A 수급자 수는 20명, B 수급자 수는 76명, 비(非)수급자 수는 21명이므로 (가) 지역의 A와 B 중복 수급자 수는 17명(=20명+76명+21명-100명)이 됩니다. (나) 지역 인구가 300명이라면, (나) 지역의 경우 A 수급자 수는 84명, B 수급자 수는 216명, A와 B 중복 수급자 수는 39명이므로 (나) 지역의 비(非)수급자 수는 39명(=300명-84명-216명+39명)이 됩니다. 이를 나타내면 다음과 같습니다.

(단위 : 명)

구분	(가) 지역	(나) 지역
A 수급자 수	20	84
B 수급자 수	76	216
A와 B 중복 수급자 수	17	39
비(非)수급자 수	21	39
인구	100	300

갑국은 (가), (나) 지역으로만 구성되어 있으므로 (가) 지역과 (나) 지역의 수급자 수를 더하면 갑국 전체의 수급자 수가 됩니다. (가) 지역 인구를 100명이라고 가정하면, (나) 지역 인구는 300명이므로 갑국 전체 인구는 400명이 됩니다. 이때 A 수급자 수의 경우 (가) 지역이 20명, (나) 지역이 84명이므로 갑국 전체의 A 수급자 수는 104명(=20명+84명)이 되며, B 수급자 수의 경우 (가) 지역이 76명, (나) 지역이 216명이므로 갑국 전체의 B 수급자 수는 292명(=76명+216명)이 됩니다. 또한 A와 B 중복 수급자 수의 경우 (가) 지역이 17명, (나) 지역이 39명이므로 갑국 전체의 A와 B 중복 수급자 수는 56명(=17명+39명)이 되며, 비(非)수급자 수의 경우 (가) 지역이 21명, (나) 지역이 39명이므로 갑국 전체의 비(非) 수급자 수는 60명(=21명+39명)이 됩니다. 이를 나타내면 다음과 같습니다.

(단위 : 명)

구분	(가) 지역	(나) 지역	갑국 전체
A 수급자 수	20	84	104
B 수급자 수	76	216	292
A와 B 중복 수급자 수	17	39	56
비(非)수급자 수	21	39	60
인구	100	300	400

🎓 정답은 나의 것! 

자료 파헤치기에서 구한 표를 이용하면 쉽게 정답을 찾을 수 있습니다.

(단위 : 명)

구분	(가) 지역	(나) 지역	갑국 전체
A 수급자 수	20	84	104
B 수급자 수	76	216	292
A와 B 중복 수급자 수	17	39	56
비(非)수급자 수	21	39	60
인구	100	300	400

선택지 ①
(가) 지역 인구를 100명이라고 가정하면, 갑국 전체 인구는 400명이 되고, 이때 갑국 전체의 A 수급자 수는 104명이므로 갑국 전체의 A 수급자 비율은 26%{=(104명/400명)×100}이고, (가) 지역의 A와 B 중복 수급자 수는 17명이므로 (가) 지역의 A와 B 중복 수급자 비율은 17%{=(17명/100명)×100}입니다. 즉, ㉠은 26, ㉡은 17이 되므로 ㉠은 ㉡보다 큽니다. 따라서 선지 ①번은 오답입니다.

선택지 ②
(가) 지역 인구를 100명이라고 가정하면, (가) 지역의 비(非)수급자 수는 21명입니다. 이때 (가) 지역의 A와 B 중복 수급자 수는 17명이고, (나) 지역 인구가 300명이라면, (나) 지역의 A와 B 중복 수급자 수는

39명이므로 갑국 전체의 A와 B 중복 수급자 수는 56명입니다. 즉, (가) 지역의 비(非)수급자 수는 갑국 전체의 A와 B 중복 수급자 수보다 적습니다. 따라서 선지 ②번은 오답입니다.

선택지 ③ ✔

사후 처방적 성격이 강한 제도는 공공 부조인 A입니다. (가) 지역 인구를 100명이라고 가정하면, (나) 지역 인구는 300명이 되고, 이때 (나) 지역의 비(非)수급자 수는 39명이므로 (나) 지역의 비(非)수급자 비율은 13%{=(39명/300명)×100}입니다. (나) 지역에서 A 수급자 비율은 28%이고, 비수급자 비율인 ⓒ은 13%이므로 (나) 지역에서 A 수급자 비율은 ⓒ의 2배보다 큽니다. 따라서 선지 ③번은 정답입니다.

선택지 ④

보편적 복지 이념을 바탕으로 하는 제도는 사회 보험인 B입니다. B에만 해당하는 수급자 비율은 (가) 지역이 59%(=76%-17%)이고, (나) 지역이 59%(=72%-13%)입니다. 즉, B에만 해당하는 수급자 비율은 (가) 지역과 (나) 지역이 같습니다. 따라서 선지 ④번은 오답입니다.

선택지 ⑤

정부 재정으로 비용을 전액 충당하는 것을 목적으로 하는 제도는 공공 부조인 A입니다. (가) 지역 인구를 100명이라고 가정하면, A에만 해당하는 수급자 수는 (가) 지역이 3명(=20명-17명)이고, (나) 지역이 45명(=84명-39명)입니다. 즉, A에만 해당하는 수급자 수는 (나) 지역이 (가) 지역의 15(=45명/3명)배입니다. 따라서 선지 ⑤번은 오답입니다.

정답 : ③

 **특강 17** 갑국의 사회 보장 제도 수급자 집중 분석

15   [2025년 5월 학평 15번]

다음 자료에 대한 옳은 분석만을 〈보기〉에서 고른 것은? 3점

〈갑국의 사회 보장 제도〉

(가) 65세 이상 노인 중 소득 인정액이 일정 수준 이하인 사람에게 생활 안정에 필요한 연금을 지급하는 제도
(나) 노령, 사망, 장애 등으로 인한 소득 상실을 보전하고 기본 생활을 지원하기 위해 가입자와 고용주 등이 분담해서 마련한 기금을 통해 연금 급여를 지급하는 제도

〈갑국의 지역별 수급자 비율〉

(단위 : %)

구분	A 지역	B 지역	전체
해당 지역 인구 대비 (가) 수급자	⊙	20	18
해당 지역 인구 대비 (나) 수급자	60	40	48
해당 지역 (나) 수급자 대비 중복 수급자	15	25	ⓒ

* 갑국은 A, B 지역으로만 이루어져 있음.
** 갑국의 사회 보장 제도는 (가), (나)만 존재하며, 갑국의 사회 보장 제도는 우리나라의 사회 보장 제도와 동일함.
*** 중복 수급자는 (가) 수급자이면서 동시에 (나) 수급자임.

보기

ㄱ. ⊙은 15, ⓒ은 20이다.
ㄴ. 금전적 지원을 원칙으로 하는 제도에 해당하는 수급자 수는 B 지역이 A 지역보다 많다.
ㄷ. 상호 부조의 원리가 적용되는 제도에 해당하는 수급자 수는 A 지역이 B 지역보다 많다.
ㄹ. 선별적 복지 성격이 강한 제도에만 해당하는 수급자 수는 B 지역이 A 지역의 2배이다.

① ㄱ, ㄴ   ② ㄱ, ㄷ   ③ ㄴ, ㄷ   ④ ㄴ, ㄹ   ⑤ ㄷ, ㄹ

 자료 파헤치기

STEP 1 먼저 A와 B에 해당하는 사회 보장 제도의 유형을 파악해 보도록 하겠습니다. (가)는 65세 이상 노인 중 소득 인정액이 일정 수준 이하인 사람에게 생활 안정에 필요한 연금을 지급하는 제도인 기초 연금제도에 해당합니다. (나)는 노령, 사망, 장애 등으로 인한 소득 상실을 보전하고 기본 생활을 지원하기 위해 가입자와 고용주 등이 분담해서 마련한 기금을 통해 연금 급여를 지급하는 제도인 국민 연금 제도에 해당합니다. 즉, (가)는 공공 부조에 해당하는 기초 연금 제도이고, (나)는 사회 보험에 해당하는 국민 연금 제도입니다.

STEP 2 이제 A 지역 인구와 B 지역 인구를 파악해 보도록 하겠습니다. 〈갑국의 지역별 수급자 비율〉에서 해당 지역 인구 대비 (나) 수급자 비율의 경우 A 지역, B 지역 및 갑국 전체가 제시되어 있으므로 이를 통해 A 지역 인구와 B 지역 인구를 비교할 수 있습니다. 갑국은 A, B 지역으로만 이루어져 있으므로 A 지역 인구를 a, B 지역 인구를 b라고 하면, 해당 지역 인구 대비 (나) 수급자 비율의 경우 0.6a+0.4b=0.48(a+b)가 성립합니다. 이를 풀면 3a=2b가 됩니다. 즉, A 지역 인구 : B 지역 인구 = 2 : 3이 됩니다. A 지역 인구를 200명이라고 가정하면, A 지역의 (나) 수급자 수는 120명(=200명×60%)입니다. B 지역 인구를 300명이라고 가정하면, B 지역의 경우 (가) 수급자 수는 60명(=300명×20%), (나) 수급자 수는 120명(=300명×40%)입니다. 갑국 전체 인구가 500명이라면, 갑국 전체의 경우 (가) 수급자 수는 90명(=500명×18%), (나) 수급자 수는 240명(=500명×48%)입니다. 이를 나타내면 다음과 같습니다.

(단위 : 명)

구분	A 지역	B 지역	전체
(가) 수급자 수		60	90
(나) 수급자 수	120	120	240
인구	200	300	500

STEP 3 해당 지역 (나) 수급자 대비 중복 수급자 비율을 통해 (가)와 (나) 중복 수급자 수를 구해 보도록 하겠습니다. A 지역 인구를 200명, B 지역 인구를 300명이라고 가정하면, A 지역의 (나) 수급자 수가 120명이고, 해당 지역 (나) 수급자 대비 중복 수급자 비율이 15%이므로 A 지역의 (가)와 (나) 중복 수급자 수는 18명(=120명×15%)이고, B 지역의 (나) 수급자 수가 120명이고, 해당 지역 (나) 수급자 대비 중복 수급자 비율이 25%이므로 B 지역의 (가)와 (나) 중복 수급자 수는 30명(=120명×25%)입니다. (가) 수급자 수의 경우 B 지역이 60명, 갑국 전체가 90명이므로 A 지역의 (가) 수급자 수는 30명(=90명-60명)이 되고, (가)와 (나) 중복 수급자 수의 경우 A 지역이 18명, B 지역이 30명이므로 갑국 전체의 (가)와 (나) 중복 수급자 수는 48명(=18명+30명)이 됩니다. 이를 나타내면 다음과 같습니다.

(단위 : 명)

구분	A 지역	B 지역	전체
(가) 수급자 수	30	60	90
(나) 수급자 수	120	120	240
(가)와 (나) 중복 수급자 수	18	30	48
인구	200	300	500

정답은 나의 것!

자료 파헤치기에서 구한 표를 이용하면 쉽게 정답을 찾을 수 있습니다.

(단위 : 명)

구분	A 지역	B 지역	전체
(가) 수급자 수	30	60	90
(나) 수급자 수	120	120	240
(가)와 (나) 중복 수급자 수	18	30	48
인구	200	300	500

보기 ㄱ ✔

A 지역 인구를 200명이라고 가정하면, A 지역 (가) 수급자 수는 30명이므로 A 지역 인구 대비 (가) 수급자 비율은 15%{=(30명/200명)×100}입니다. 즉, ⑦은 15입니다. A 지역 인구를 200명, B 지역 인구를 300명이라고 가정하면, 갑국 전체 (나) 수급자 수는 240명이고, 갑국 전체 (가)와 (나) 중복 수급자 수는 48명이므로 갑국 전체 (나) 수급자 대비 중복 수급자 비율은 20%{=(48명/240명)×100}입니다. 즉, ⑪은 20입니다. 따라서 보기 ㄱ은 정답입니다.

보기 ㄴ ✔

금전적 지원을 원칙으로 하는 제도는 공공 부조와 사회 보험으로, (가)와 (나) 모두가 해당합니다. A 지역 인구를 200명, B 지역 인구를 300명이라고 가정하면, (가) 또는 (나)에 해당하는 수급자 수는 A 지역이 132명(=30명+120명-18명)이고, B 지역이 150명(=60명+120명-30명)입니다. 즉, 금전적 지원을 원칙으로 하는 제도에 해당하는 수급자 수는 B 지역이 A 지역보다 많습니다. 따라서 보기 ㄴ은 정답입니다.

보기 ㄷ

상호 부조의 원리가 적용되는 제도는 사회 보험으로, (나)가 해당합니다. A 지역 인구를 200명, B 지역 인구를 300명이라고 가정하면, (나)에 해당하는 수급자 수는 A 지역이 120명이고, B 지역이 120명입니다. 즉, 상호 부조의 원리가 적용되는 제도에 해당하는 수급자 수는 A 지역과 B 지역이 같습니다. 따라서 보기 ㄷ은 오답입니다.

보기 ㄹ

선별적 복지 성격이 강한 제도는 공공 부조로, (가)가 해당합니다. A 지역 인구를 200명, B 지역 인구를 300명이라고 가정하면, (가)에만 해당하는 수급자 수는 A 지역이 12명(=30명-18명)이고, B 지역이 30명(=60명-30명)입니다. 즉, 선별적 복지 성격이 강한 제도에만 해당하는 수급자 수는 B 지역이 A 지역의 2배보다 큽니다. 따라서 보기 ㄹ은 오답입니다.

🎓 정답 : ①

특강 18 갑국의 사회 보장 제도 집중 분석

15 2026 평가원 [2026학년도 6월 모평 15번]

다음 자료에 대한 분석으로 옳은 것은? (단, A, B는 각각 공공 부조, 사회 보험 중 하나임.) 3점

갑국에는 사회 보장 제도 A, B만 존재하며, A, B는 우리나라의 사회 보장 제도와 동일하다. 갑국은 (가), (나) 지역으로만 구성되며, (가) 지역 인구는 (나) 지역 인구의 2배이다. 〈자료 1〉은 두 가지 질문을 통해 A, B를 구분한 것이고, 〈자료 2〉는 갑국의 지역별 수급자 현황의 일부이다. 단, A 수급자 수 대비 중복 수급자 수의 비율은 (가) 지역이 10%, (나) 지역이 20%이다.

〈자료 1〉

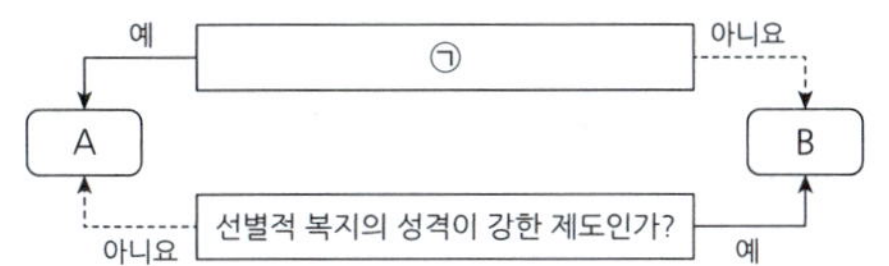

〈자료 2〉

(단위 : %)

구분	(가) 지역	(나) 지역
비(非)수급자 비율	18	20
중복 수급자 비율	8	15

* 비(非)수급자 : A나 B 어느 것도 받지 않는 사람
** 중복 수급자 : A 수급자이면서 동시에 B 수급자인 사람
*** 비수급자(중복 수급자) 비율(%) = $\dfrac{\text{해당 지역 비수급자(중복 수급자) 수}}{\text{해당 지역 인구}} \times 100$

① ㉠에는 '소득 재분배 효과가 있는가?'가 들어갈 수 있다.
② A와 달리 B는 상호 부조의 원리가 적용된다.
③ B 수급자 수는 (나) 지역이 (가) 지역보다 많다.
④ 강제 가입의 원칙이 적용되는 제도의 수급자 비율은 (가) 지역이 (나) 지역보다 낮다.
⑤ 사후 처방적 성격이 강한 제도의 수급자 비율은 (나) 지역이 (가) 지역의 2배이다.

자료 파헤치기

STEP 1 먼저 〈자료 1〉에서 A와 B에 해당하는 사회 보장 제도의 유형을 파악해 보도록 하겠습니다. 선별적 복지의 성격이 강한 제도는 공공 부조입니다. 갑국의 사회 보장 제도는 우리나라의 사회 보장 제도와 동일하므로 A는 사회 보험이고, B는 공공 부조입니다.

STEP 2 〈자료 2〉에서 (가) 지역을 살펴보도록 하겠습니다. (가) 지역의 경우 A 수급자 수 대비 중복 수급자 수의 비율이 10%이고 A와 B 중복 수급자 비율이 8%이므로, (가) 지역의 A 수급자 비율은 80%가 됩니다. (가) 지역의 경우 A 수급자 비율이 80%, A와 B 중복 수급자 비율이 8%, 비(非)수급자 비율이 18%이므로 (가) 지역의 B 수급자 비율은 10%(=100%-80%+8%-18%)가 됩니다.
(나) 지역을 살펴보도록 하겠습니다. (나) 지역의 경우 A 수급자 수 대비 중복 수급자 수의 비율이 20%이고 A와 B 중복 수급자 비율이 15%이므로, (나) 지역의 A 수급자 비율은 75%가 됩니다. (나) 지역의 경우 A 수급자 비율이 75%, A와 B 중복 수급자 비율이 15%, 비(非)수급자 비율이 20%이므로 (나) 지역의 B 수급자 비율은 20%(=100%-75%+15%-20%)가 됩니다. 이를 나타내면 다음과 같습니다.

(단위 : %)

구분	(가) 지역	(나) 지역
A 수급자 비율	80	75
B 수급자 비율	10	20
A와 B 중복 수급자 비율	8	15
비(非)수급자 비율	18	20
전체	100	100

STEP 3 이제 지역별 수급자 수를 파악해 보도록 하겠습니다. (나) 지역 인구를 100명이라고 가정하면, (나) 지역의 경우 A 수급자 수는 75명(=100명×75%), B 수급자 수는 20명(=100명×20%), A와 B 중복 수급자 수는 15명(=100명×15%), 비(非)수급자 수는 20명(=100명×20%)이 됩니다. (가) 지역 인구는 (나) 지역 인구의 2배이므로, (나) 지역 인구를 100명이라고 가정하면 (가) 지역 인구는 200명이 됩니다. (가) 지역 인구가 200명이라면, (가) 지역의 경우 A 수급자 수는 160명(=200명×80%), B 수급자 수는 20명(=200명×10%), A와 B 중복 수급자 수는 16명(=200명×8%), 비(非)수급자 수는 36명(=200명×18%)이 됩니다. 이를 나타내면 다음과 같습니다.

구분	(가) 지역 비율(%)	(가) 지역 인구(명)	(나) 지역 비율(%)	(나) 지역 인구(명)
A 수급자	80	160	75	75
B 수급자	10	20	20	20
A와 B 중복 수급자	8	16	15	15
비(非)수급자	18	36	20	20
전체	100	200	100	100

정답은 나의 것!

자료 파헤치기에서 구한 표를 이용하면 쉽게 정답을 찾을 수 있습니다.

선택지 ①
사회 보험과 공공 부조는 모두 소득 재분배 효과가 있습니다. 즉, A와 B는 모두 소득 재분배 효과가 있으므로 해당 질문은 ㉠에 들어갈 수 없습니다. 따라서 선지 ①번은 오답입니다.

선택지 ②
사회 보험은 공공 부조와 달리 상호 부조의 원리가 적용됩니다. 즉, B와 달리 A는 상호 부조의 원리가 적용됩니다. 따라서 선지 ②번은 오답입니다.

선택지 ③
(나) 지역 인구를 100명이라고 가정하면, B 수급자 수는 (가) 지역이 20명이고, (나) 지역이 20명입니다. 따라서 B 수급자 수는 (가) 지역과 (나) 지역이 같습니다. 따라서 선지 ③번은 오답입니다.

선택지 ④
강제 가입의 원칙이 적용되는 제도는 사회 보험인 A입니다. A 수급자 비율은 (가) 지역이 80%이고, (나) 지역이 75%입니다. 즉, 강제 가입의 원칙이 적용되는 제도의 수급자 비율은 (가) 지역이 (나) 지역보다 높습니다. 따라서 선지 ④번은 오답입니다.

선택지 ⑤ ✔
사후 처방적 성격이 강한 제도는 공공 부조인 B입니다. B 수급자 비율은 (가) 지역이 10%이고, (나) 지역이 20%입니다. 즉, 사후 처방적 성격이 강한 제도의 수급자 비율은 (나) 지역이 (가) 지역의 2배입니다. 따라서 선지 ⑤번은 정답입니다.

정답 : ⑤

 **특강 19** 갑국의 사회 보장 제도 집중 분석

15

[2025년 7월 학평 15번]

다음 자료에 대한 분석으로 옳은 것은? 3점

갑국의 사회 보장 제도는 A, B로만 구성되며, A, B는 우리나라의 사회 보장 제도와 동일하다. A, B는 모두 금전적 지원을 원칙으로 하며, 소득 재분배 효과는 B가 A보다 크다. 표는 갑국의 전체 인구 중 A, B 수급자 및 비(非)수급자 비율과 시기에 따른 비율 차이를 나타낸 것이다. t년 대비 t+30년과 t+30년 대비 t+60년에 갑국의 전체 인구는 각각 10%씩 감소하였으며, 비(非)수급자의 비율은 모든 시기에 동일하다.

〈표 1〉 t년의 A, B 수급자 비율과 비(非)수급자* 비율

(단위 : %)

A 수급자	B 수급자	비(非)수급자
60	35	10

〈표 2〉 시기에 따른 A, B 수급자 비율 차이**

구분	A 수급자	B 수급자
t+30년	0	15
t+60년	-10	0

* 비(非)수급자는 A, B 중 어느 것도 수급하지 않는 사람을 의미함.
** 수급자 비율 차이 = 해당 연도의 수급자 비율 - 30년 전의 수급자 비율

① 제시된 연도 중 선별적 복지 이념에 기초한 제도에만 해당하는 수급자 수는 t년이 가장 많다.
② t년에 상호 부조의 원리가 적용되는 제도에만 해당하는 수급자 수는 A와 B의 중복 수급자 수의 5배이다.
③ t+30년에 A와 B의 중복 수급자 수는 t년의 비(非)수급자 수의 2배이다.
④ t+30년에 사후 처방적 성격보다 사전 예방적 성격이 강한 제도에만 해당하는 수급자 수는 A와 B의 중복 수급자 수의 2배이다.
⑤ t+60년에 비(非)수급자 수는 정부 재정으로 비용을 전액 충당하는 것을 원칙으로 하는 제도에만 해당하는 수급자 수의 20%이다.

자료 파헤치기

STEP 1 먼저 A와 B에 해당하는 사회 보장 제도의 유형을 파악해 보도록 하겠습니다. 우리나라의 사회 보장 제도 중 금전적 지원을 원칙으로 하는 제도는 사회 보험과 공공 부조입니다. 사회 보험과 공공 부조 중 소득 재분배 효과가 더 큰 사회 보장 제도는 공공 부조입니다. 따라서 A는 사회 보험이고, B는 공공 부조입니다.

STEP 2 〈표 1〉과 〈표 2〉를 통해 시기별 수급자 비율을 파악해 보도록 하겠습니다. 먼저 A 수급자 비율을 살펴보도록 하겠습니다. t년에 A 수급자 비율이 60%이고, t+30년에 A 수급자 비율 차이가 0이므로 t+30년에 A 수급자 비율은 60%입니다. t+30년에 A 수급자 비율이 60%이고, t+60년에 A 수급자 비율 차이가 -10이므로 t+60년에 A 수급자 비율은 50%입니다. B 수급자 비율을 살펴보도록 하겠습니다. t년에 B 수급자 비율이 35%이고, t+30년에 B 수급자 비율 차이가 15이므로 t+30년에 B 수급자 비율은 50%입니다. t+30년에 B 수급자 비율이 50%이고, t+60년에 B 수급자 비율 차이가 0이므로 t+60년에 B 수급자 비율은 50%입니다. 비(非)수급자 비율을 살펴보도록 하겠습니다. t년에 비(非)수급자 비율은 10%이고, 모든 시기에 비(非)수급자 비율이 동일하므로 t+30년에 비(非)수급자 비율과 t+60년에 비(非)수급자 비율은 각각 10%입니다. A 수급자 비율+B 수급자 비율-A와 B 중복 수급자 비율+비((非)수급자 비율=100%이므로 A와 B 중복 수급자 비율의 경우 t년이 5%(=60%+35%+10%-100%),

t+30년이 20%(=60%+50%+10%-100%), t+60년이 10%(=50%+50%+10%-100%)입니다. 이를 나타내면 다음과 같습니다.

(단위 : %)

구분	t년	t+30년	t+60년
A 수급자 비율	60	60	50
B 수급자 비율	35	50	50
A와 B 중복 수급자 비율	5	20	10
비(非)수급자 비율	10	10	10

STEP 3 이제 시기별 수급자 수를 파악해 보도록 하겠습니다. t년 대비 t+30년과 t+30년 대비 t+60년에 갑국의 전체 인구는 각각 10%씩 감소하였습니다. 따라서 t년에 갑국의 전체 인구를 1,000명이라고 가정하면, t+30년에 갑국의 전체 인구는 900명, t+60년에 갑국의 전체 인구는 810명이 됩니다. 〈STEP 2〉에서 파악한 시기별 수급자 비율을 바탕으로 t년에 갑국의 전체 인구를 1,000명이라고 가정하여 시기별 A 수급자 수, B 수급자 수, A와 B 중복 수급자 수 및 비(非)수급자 수를 나타내면 다음과 같습니다.

(단위 : 명)

구분	t년	t+30년	t+60년
A 수급자 수	600	540	405
B 수급자 수	350	450	405
A와 B 중복 수급자 수	50	180	81
비(非)수급자 수	100	90	81
전체 인구	1,000	900	810

 정답은 나의 것!

자료 파헤치기에서 구한 표를 이용하면 쉽게 정답을 찾을 수 있습니다.

(단위 : 명)

구분	t년	t+30년	t+60년
A 수급자 수	600	540	405
B 수급자 수	350	450	405
A와 B 중복 수급자 수	50	180	81
비(非)수급자 수	100	90	81
전체 인구	1,000	900	810

선택지 ①
선별적 복지 이념에 기초한 제도는 공공 부조인 B입니다. t년에 갑국의 전체 인구를 1,000명이라고 가정하면, B에만 해당하는 수급자 수는 t년이 300명(=350명-50명), t+30년이 270명(=450명-180명), t+60년이 324명(=405명-81명)입니다. 즉, 제시된 연도 중 공공 부조에만 해당하는 수급자 수는 t+60년이 가장 많습니다. 따라서 선지 ①번은 오답입니다.

선택지 ②
상호 부조의 원리가 적용되는 제도는 사회 보험인 A입니다. t년에 갑국의 전체 인구를 1,000명이라고 가정하면, t년에 A에만 해당하는 수급자 수는 550명(=600명-50명), A와 B의 중복 수급자 수는 50명입니다. 즉, t년에 A에만 해당하는 수급자 수는 A와 B의 중복 수급자 수의 11(=550명/50명)배입니다. 따라서 선지 ②번은 오답입니다.

선택지 ③
t년에 갑국의 전체 인구를 1,000명이라고 가정하면, t년에 비(非)수급자 수는 100명, t+30년에 A와 B의 중복 수급자 수는 180명입니다. 즉, t+30년에 A와 B의 중복 수급자 수는 t년의 비수급자 수의 1.8(=180명/100명)배입니다. 따라서 선지 ③번은 오답입니다.

선택지 ④ ✔
사후 처방적 성격보다 사전 예방적 성격이 강한 제도는 사회 보험인 A입니다. t년에 갑국의 전체 인구를 1,000명이라고 가정하면, t+30년에 A에만 해당하는 수급자 수는 360명(=540명-180명), A와 B의 중복 수급자 수는 180명입니다. 즉, t+30년에 A에만 해당하는 수급자 수는 A와

선택지 ⑤

정부 재정으로 비용을 전액 충당하는 것을 원칙으로 하는 제도는 공공 부조인 B입니다. t년에 갑국의 전체 인구를 1,000명이라고 가정하면, t+60년에 비(非)수급자 수는 81명, B에만 해당하는 수급자 수는 324명(=405명-81명)입니다. 즉, t+60년에 비(非)수급자 수는 B에만 해당하는 수급자 수의 25%{=(81명/324명)×100}입니다. 따라서 선지 ⑤번은 오답입니다.

🎓 **정답 : ④**

✏️ **특강 20 갑국의 사회 보장 제도 수급자 집중 분석**

15 2026 평가원   [2026학년도 9월 모평 15번]

다음 자료에 대한 분석으로 옳은 것은? (단, A~C는 각각 사회 보험, 공공 부조, 사회 서비스 중 하나임.)

> 우리나라와 동일한 사회 보장 제도 A~C를 운영하고 있는 갑국에서는 청년을 지원하기 위해 노력하고 있다. 우선, A에 해당하는 제도로 고용 보험 기금을 통해 실직을 한 청년에게 실업 급여를 지급하고 있다. 또한 B에 해당하는 제도로 청년 기초 수급자들이 최소한의 생활을 유지할 수 있도록 생계비와 주거비를 지급하고 있다. 최근에는 민간 기업과 협력하여 C에 해당하는 심리 상담 프로그램을 통해 고립·은둔 청년을 지원하고 있다.
>
> 표는 갑국 20대 청년 실업자 중 A~C 수혜자와 비(非)수혜자의 비율을 나타낸 것이다. 단, 중복 수혜자 중 A, C의 혜택을 모두 받는 사람 수와 B, C의 혜택을 모두 받는 사람 수는 각각 A, B, C의 혜택을 모두 받는 사람 수의 2배이다.
>
> (단위 : %)
>
> | A 수혜자 | B 수혜자 | C 수혜자 | 3중 수혜자 | 비(非)수혜자 |
> |---|---|---|---|---|
> | 70 | 19 | 12 | 2 | 8 |
>
> * 중복 수혜자 : A, B, C 중 2개 이상의 혜택을 받는 사람
> ** 3중 수혜자 : A, B, C의 혜택을 모두 받는 사람
> *** 비(非)수혜자 : A, B, C 어느 것의 혜택도 받지 않는 사람

① 중복 수혜자 수는 비(非)수혜자 수보다 많다.

② 사회 보험의 혜택만을 받는 사람 수는 공공 부조의 혜택만을 받는 사람 수의 4배이다.

③ 중복 수혜자가 아닌 사람 수는 금전적 지원을 원칙으로 하는 제도의 혜택을 받는 사람 수보다 적다.

④ 비(非)수혜자 수는 중복 수혜자 중 강제 가입을 원칙으로 하는 제도의 혜택을 받는 사람 수의 2배이다.

⑤ 사회 서비스의 혜택만을 받는 사람 수는 중복 수혜자 중 소득 재분배 효과가 가장 큰 제도의 혜택을 받는 사람 수보다 많다.

🔍 **자료 파헤치기**

STEP 1 먼저 A~C에 해당하는 사회 보장 제도를 파악해 보도록 하겠습니다. 고용 보험 기금을 통해 실직을 한 청년에게 실업 급여를 지급하는 것은 사회 보험에 해당하는 제도입니다. 청년 기초 수급자들이 최소한의 생활을 유지할 수 있도록 생계비와 주거비를 지급하는 것은 공공 부조에 해당하는 제도입니다. 민간 기업과 협력하여 심리 상담 프로그램을 통해 고립·은둔 청년을 지원하는 것은 사회 서비스에 해당하는 제도입니다. 따라서 A는 사회 보험, B는 공공 부조, C는 사회 서비스에 해당합니다.

STEP 2 갑국 20대 청년 실업자 중 A~C 수혜자 비율과 비(非)수혜자 비율을 나타낸 표를 통해 갑국 20대 청년 실업자 중 A~C 수혜자 수와 비(非)수혜자 수를 알아보도록 하겠습니다. 갑국 20대 청년 실업자 중 3중 수혜자 비율, 즉 A, B, C의 혜택을 모두 받는 수혜자 비율은 2%이므로 갑국 20대 청년 실업자 수를 100명이라고 가정하면, 중복 수혜자 중 A, B, C의 혜택을 모두 받는 사람 수는 2명(=100명×2%)이 됩니다. 중복 수혜자 중 A, C의 혜택을 모두 받는 사람 수는 중복 수혜자 중 A, B, C의 혜택을 모두 받는 사람 수의 2배이고, 갑국 20대 청년 실업자 수를 100명이라고 가정하면, 중복 수혜자 중 A, B, C의 혜택을 모두 받는 사람 수가 2명이므로 중복 수혜자 중 A, C의 혜택을 모두 받는 사람 수는 4명이 됩니다. 여기서 중복 수혜자 중 A, C의 혜택을 모두 받는 사람 수에는 중복 수혜자 중 A, C의 혜택만을 받는 사람 수와 중복 수혜자 중 A, B, C의 혜택을 모두 받는 사람 수가 포함되어 있습니다. 즉, 갑국

20대 청년 실업자 수를 100명이라고 가정하면, 중복 수혜자 중 A, C의 혜택을 모두 받는 사람 수는 4명, 중복 수혜자 중 A, B, C의 혜택을 모두 받는 사람 수는 2명이므로 중복 수혜자 중 A, C의 혜택만을 받는 사람 수는 2명(=4명-2명)이 됩니다. 이를 나타내면 다음과 같습니다.

(단위 : 명)

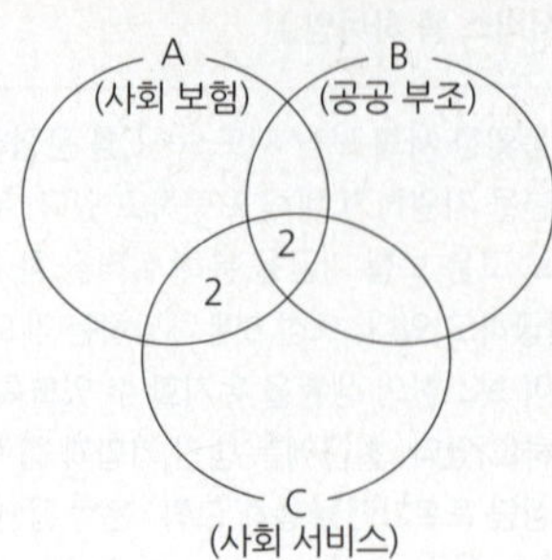

중복 수혜자 중 B, C의 혜택을 모두 받는 사람 수는 중복 수혜자 중 A, B, C의 혜택을 모두 받는 사람 수의 2배이고, 갑국 20대 청년 실업자 수를 100명이라고 가정하면, 중복 수혜자 중 A, B, C의 혜택을 모두 받는 사람 수가 2명이므로 중복 수혜자 중 B, C의 혜택을 모두 받는 사람 수는 4명이 됩니다. 여기서 중복 수혜자 중 B, C의 혜택을 모두 받는 사람 수에는 중복 수혜자 중 B, C의 혜택만을 받는 사람 수와 중복 수혜자 중 A, B, C의 혜택을 모두 받는 사람 수가 포함되어 있습니다. 즉, 갑국 20대 청년 실업자 수를 100명이라고 가정하면, 중복 수혜자 중 B, C의 혜택을 모두 받는 사람 수는 4명, 중복 수혜자 중 A, B, C의 혜택을 모두 받는 사람 수는 2명이므로 중복 수혜자 중 B, C의 혜택만을 받는 사람 수는 2명(=4명-2명)이 됩니다. 이를 나타내면 다음과 같습니다.

(단위 : 명)

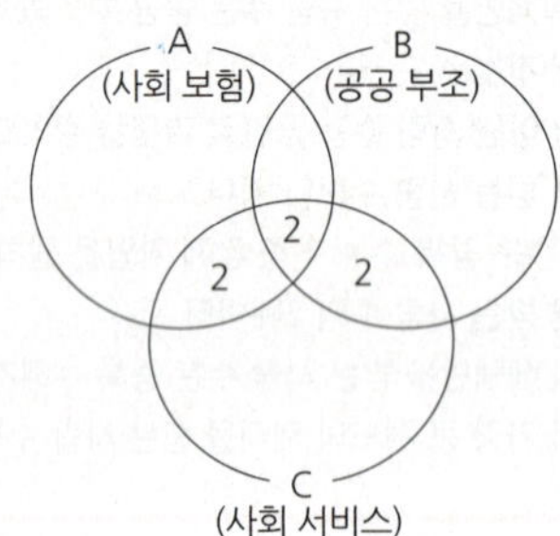

갑국 20대 청년 실업자 중 C 수혜자 비율은 12%이므로 갑국 20대 청년 실업자 수를 100명이라고 가정하면, C 수혜자 수는 12명(=100명×12%)이 됩니다. 여기서 C 수혜자 수에는 중복 수혜자 중 A, C의 혜택만을 받는 사람 수(2명)와 중복 수혜자 중 B, C의 혜택만을 받는 사람 수(2명), 그리고 중복 수혜자 중 A, B, C의 혜택을 모두 받는 사람 수(2명)가 포함되어 있습니다. 즉, 갑국 20대 청년 실업자 수를 100명이라고 가정하면, C의 혜택만을 받는 사람 수는 6명(=12명-2명-2명-2명)이 됩니다. 이를 나타내면 다음과 같습니다.

(단위 : 명)

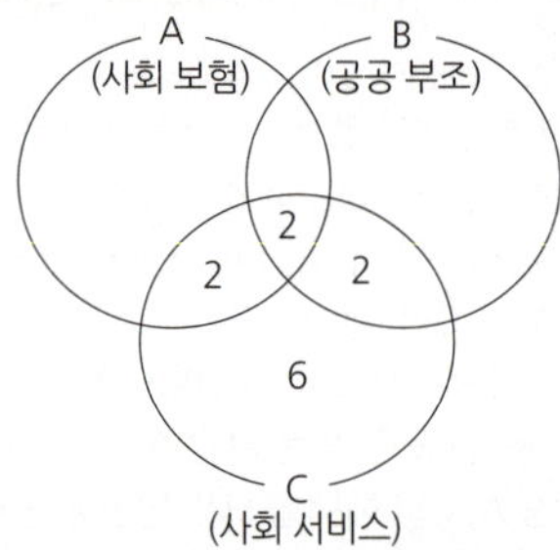

STEP 3 이제 A 수혜자 수와 B 수혜자 수를 파악해 보도록 하겠습니다. 갑국 20대 청년 실업자 중 비(非)수혜자 비율이 8%이므로 갑국 20대 청년 실업자 수를 100명이라고 가정하면, 비(非)수혜자 수는 8명(=100명×8%)이 됩니다. 따라서 갑국 20대 청년 실업자 중 A~C 수혜자 수는 92명(=100명-8명)이 됩니다. 갑국 20대 청년 실업자

중 A 수혜자 비율은 70%이므로 갑국 20대 청년 실업자 수를 100명이라고 가정하면, A 수혜자 수는 70명(=100명×70%)이 되고, 갑국 20대 청년 실업자 중 B 수혜자 비율은 19%이므로 갑국 20대 청년 실업자 수를 100명이라고 가정하면, B 수혜자 수는 19명(=100명×19%)이 됩니다. 갑국 20대 청년 실업자 수를 100명이라고 가정하면, 갑국 20대 청년 실업자 중 A~C 수혜자 수는 92명이고, A 수혜자 수는 70명, B 수혜자 수는 19명, C 수혜자 수는 12명이므로 12명+a+d+b=92명이 성립합니다. 즉, a+d+b=80입니다. 이 때, 갑국 20대 청년 실업자 수를 100명이라고 가정하면, A 수혜자 수는 70명이므로 a+d+2명+2명=70명이 성립하고, B 수혜자 수는 19명이므로 d+b+2명+2명=19명이 성립합니다. 따라서 a=65, b=14, d=1이 됩니다.

(단위 : 명)

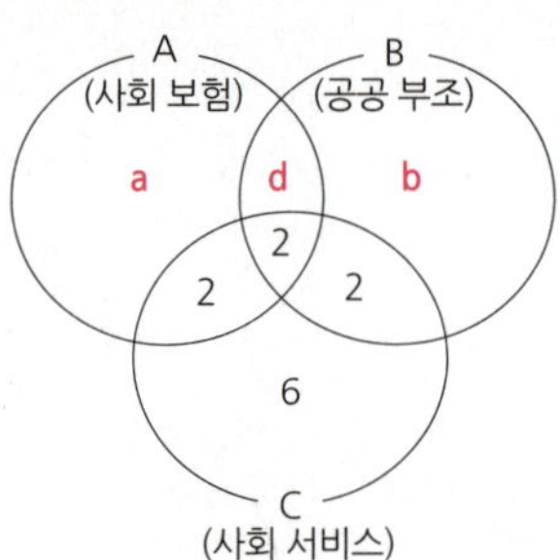

즉, 갑국 20대 청년 실업자 수를 100명이라고 가정하면, A의 혜택만을 받는 사람 수는 65명, B의 혜택만을 받는 사람 수는 14명, 중복 수혜자 중 A, B의 혜택만을 받는 사람 수는 1명입니다. 이를 나타내면 다음과 같습니다.

(단위 : 명)

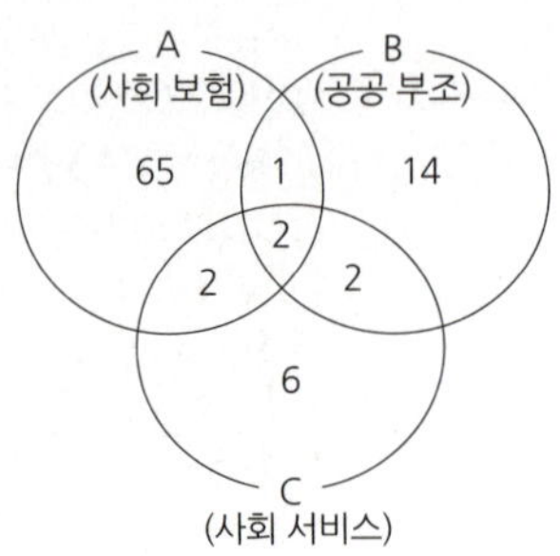

🎓 정답은 나의 것!

자료 파헤치기에서 구한 표를 이용하면 쉽게 정답을 찾을 수 있습니다.

(단위 : 명)

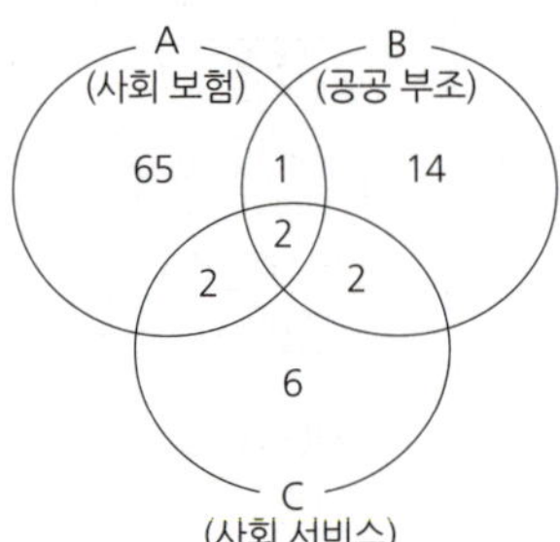

선택지 ①

갑국 20대 청년 실업자 수를 100명이라고 가정하면, 중복 수혜자 수는 7명(=2명+1명+2명+2명)이고, 비(非)수혜자 수는 8명(=100명×8%)입니다. 즉, 중복 수혜자 수는 비(非)수혜자 수보다 적습니다. 따라서 선지 ①번은 오답입니다.

선택지 ②

갑국 20대 청년 실업자 수를 100명이라고 가정하면, 사회 보험인 A의 혜택만을 받는 사람 수는 65명(=70명-2명-1명-2명)이고, 공공 부조인 B의 혜택만을 받는 사람의 수는 14명(=19명-2명-1명-2명)입니다.

따라서 사회 보험의 혜택만을 받는 사람 수는 공공 부조의 혜택만을 받는 사람 수의 약 4.6(=65명/14명)배입니다. 즉, 사회 보험의 혜택만을 받는 사람 수는 공공 부조의 혜택만을 받는 사람 수의 4배보다 큽니다. 따라서 선지 ②번은 오답입니다.

선택지 ③

금전적 지원을 원칙으로 하는 제도는 사회 보험(A)과 공공 부조(B)입니다. 갑국 20대 청년 실업자 수를 100명이라고 가정하면, 중복 수혜자가 아닌 사람 수는 93명(=A의 혜택만을 받는 사람 수 65명+B의 혜택만을 받는 사람 수 14명+C의 혜택만을 받는 사람 수 6명+비(非)수혜자 수 8명)이고, A 또는 B의 혜택을 받는 사람 수는 86명(=65명+14명+1명+2명+2명+2명)입니다. 즉, 중복 수혜자가 아닌 사람 수는 금전적 지원을 원칙으로 하는 제도의 혜택을 받는 사람 수보다 많습니다. 따라서 선지 ③번은 오답입니다.

선택지 ④

강제 가입을 원칙으로 하는 제도는 사회 보험(A)입니다. 갑국 20대 청년 실업자 수를 100명이라고 가정하면, 비(非)수혜자 수는 8명(=100명×8%)이고, 중복 수혜자 중 사회 보험인 A의 혜택을 받는 사람 수는 5명(=2명+1명+2명)입니다. 따라서 비(非)수혜자 수는 중복 수혜자 중 강제 가입을 원칙으로 하는 제도의 혜택을 받는 사람 수의 1.6(=8명/5명)배입니다. 즉, 비(非)수혜자 수는 중복 수혜자 중 강제 가입을 원칙으로 하는 제도의 혜택을 받는 사람 수의 2배보다 작습니다. 따라서 선지 ④번은 오답입니다.

선택지 ⑤ ✔

소득 재분배 효과가 가장 큰 제도는 공공 부조(B)입니다. 갑국 20대 청년 실업자 수를 100명이라고 가정하면, 사회 서비스인 C의 혜택만을 받는 사람 수는 6명(=12명-2명-2명-2명)이고, 중복 수혜자 중 공공 부조인 B의 혜택을 받는 사람 수는 5명(=2명+1명+2명)입니다. 즉, 사회 서비스의 혜택만을 받는 사람 수는 중복 수혜자 중 소득 재분배 효과가 가장 큰 제도의 혜택을 받는 사람 수보다 많습니다. 따라서 선지 ⑤번은 정답입니다.

정답 : ⑤

특강 21 (가) 지역의 사회 보장 제도 집중 분석

15

다음 자료에 대한 옳은 설명만을 <보기>에서 고른 것은? 3점

A~C는 각각 우리나라 복지 제도의 유형인 공공 부조, 사회 보험, 사회 서비스 중 하나이다.

질문	A	B	C
비금전적 지원을 원칙으로 하는가?	아니요	예	아니요
강제 가입을 원칙으로 하는가?	아니요	아니요	예

(가) 지역의 인구는 100만 명이고, 아래에서 왼쪽 그림은 (가) 지역의 전체 인구 중 A~C의 수혜자 및 비(非)수혜자 수를 벤 다이어그램으로 구분한 것이며, 오른쪽 표는 (가) 지역에서 A~C의 수혜자 및 비수혜자 수를 왼쪽 그림의 기호로 나타낸 것이다.

전체 인구

(단위 : 만 명)

㉠ + ㉡ + ㉢ + ㉣	25
㉡ + ㉣ + ㉤ + ㉥	60
㉢ + ㉣ + ㉥ + ㉦	65
㉡ + ㉣	10
㉢ + ㉣	15
㉣ + ㉥	35
◎	5

보기

ㄱ. A는 보편적 복지 이념을 바탕으로 한다.

ㄴ. A~C의 혜택을 모두 받는 (가) 지역의 인구는 5만 명이다.

ㄷ. 공공 부조와 사회 서비스의 혜택을 모두 받는 (가) 지역의 인구는 10만 명이다.

ㄹ. 상호 부조의 원리가 적용되는 제도의 혜택만을 받는 (가) 지역의 인구는 15만 명이다.

① ㄱ, ㄴ   ② ㄱ, ㄷ   ③ ㄴ, ㄷ   ④ ㄴ, ㄹ   ⑤ ㄷ, ㄹ

🔍 자료 파헤치기

STEP 1 먼저 A~C에 해당하는 사회 보장 제도의 유형을 파악해 보도록 하겠습니다. 우리나라의 사회 보장 제도 중 비금전적 지원을 원칙으로 하는 제도는 사회 서비스입니다. 우리나라의 사회 보장 제도 중 강제 가입을 원칙으로 하는 제도는 사회 보험입니다. 따라서 A는 공공 부조, B는 사회 서비스, C는 사회 보험입니다.

STEP 2 A~C의 혜택을 모두 받는 수혜자 수를 구해 보도록 하겠습니다. (가) 지역의 인구가 100만 명이고, 제시된 벤 다이어그램에서 ◎이 5만 명이므로 ㉠+㉡+㉢+㉣+㉤+㉥+㉦=95만 명(=100만 명-5만 명)이 됩니다. ㉠+㉡+㉢+㉣=25만 명, ㉡+㉣+㉤+㉥=60만 명, ㉢+㉣+㉥+㉦=65만 명, ㉡+㉣=10만 명, ㉢+㉣=15만 명, ㉣+㉥=35만 명이므로 {(㉠+㉡+㉢+㉣)-(㉡+㉣)}+{(㉡+㉣+㉤+㉥)-(㉣+㉥)}+{(㉢+㉣+㉥+㉦)-(㉢+㉣)}+㉣=95만 명이 성립합니다. 이를 풀면 ㉣=5만 명이 됩니다. 이를 나타내면 그림과 같습니다.

(단위 : 명)

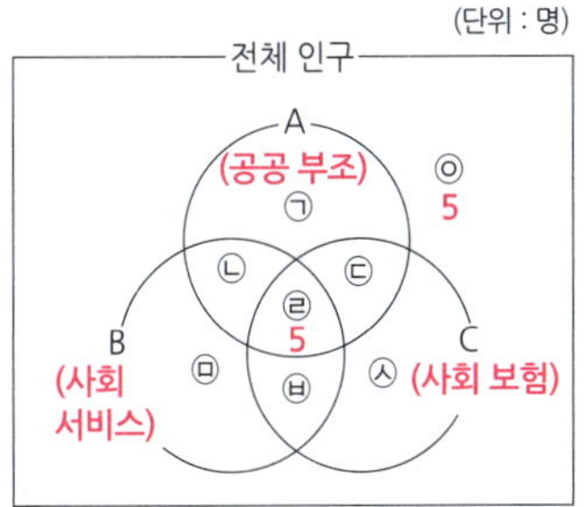

STEP 3 이제 ㉢, ㉤, ㉪에 들어갈 수혜자 수를 구해 보도록 하겠습니다. ㉣=5만 명, ㉤+㉣=10만 명이므로 ㉤=5만 명(=10만 명-5만 명)이 됩니다. ㉣=5만 명, ㉢+㉣=15만 명이므로 ㉢=10만 명(=15만 명-5만 명)이 됩니다. ㉣=5만 명, ㉣+㉪=35만 명이므로 ㉪=30만 명(=35만 명-5만 명)이 됩니다. 즉, ㉤은 5만 명, ㉢은 10만 명, ㉪은 30만 명입니다. 이를 나타내면 다음과 같습니다.

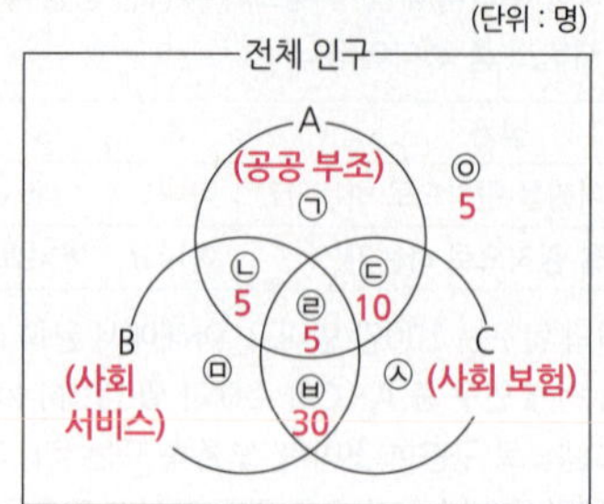

이제 ㉠, ㉥, ㉦에 들어갈 수혜자 수를 구해 보도록 하겠습니다. ㉠+㉤+㉢+㉣=25만 명, ㉤+㉢+㉣=20만 명이므로 ㉠=5만 명(=25만 명-20만 명)이 됩니다. ㉤+㉣+㉥+㉪=60만 명, ㉤+㉣+㉪=40만 명이므로 ㉥=20만 명(=60만 명-40만 명)이 됩니다. ㉢+㉣+㉪+㉦=65만 명, ㉢+㉣+㉪=45만 명이므로 ㉦=20만 명(=65만 명-45만 명)이 됩니다. 즉, ㉠은 5만 명, ㉥은 20만 명, ㉦은 20만 명입니다. 이를 나타내면 다음과 같습니다.

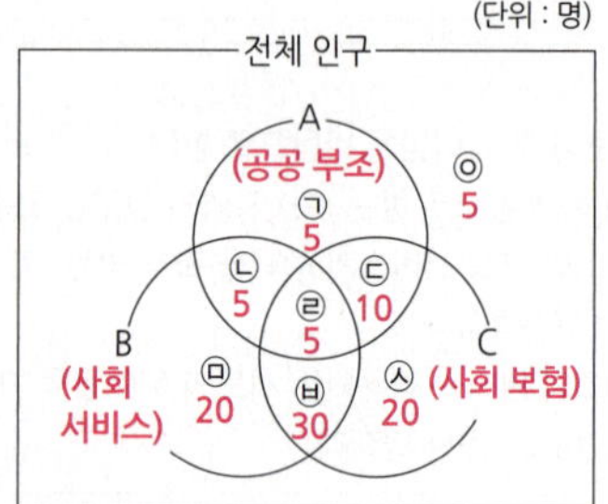

정답은 나의 것!

자료 파헤치기에서 구한 벤 다이어그램을 이용하면 쉽게 정답을 찾을 수 있습니다.

보기 ㄱ
공공 부조는 모든 국민이 아닌 생활 유지 능력이 없거나 생활이 어려운 국민을 대상으로 합니다. 즉, 공공 부조는 선별적 복지 이념을 바탕으로 합니다. 따라서 보기 ㄱ은 오답입니다.

보기 ㄴ ✔
제시된 그림에서 A~C의 혜택을 모두 받는 (가) 지역의 인구는 ㉣에 해당합니다. ㉣은 5만 명입니다. 즉, A~C의 혜택을 모두 받는 (가) 지역의 인구는 5만 명입니다. 따라서 보기 ㄴ은 정답입니다.

보기 ㄷ ✔
제시된 그림에서 공공 부조와 사회 서비스의 혜택을 모두 받는 (가) 지역의 인구는 ㉤+㉣에 해당합니다. ㉤+㉣은 10만 명(=5만 명+5만 명)입니다. 즉, 공공 부조와 사회 서비스의 혜택을 모두 받는 (가) 지역의 인구는 10만 명입니다. 따라서 보기 ㄷ은 정답입니다.

보기 ㄹ
상호 부조의 원리가 적용되는 제도는 사회 보험입니다. 제시된 그림에서 사회 보험의 혜택만을 받는 (가) 지역의 인구는 ㉦에 해당합니다. ㉦은 20만 명입니다. 즉, 상호 부조의 원리가 적용되는 제도의 혜택만을 받는 (가) 지역의 인구는 20만 명입니다. 따라서 보기 ㄹ은 오답입니다.

 정답 : ③

---

15 [2026 수능]   [2026학년도 수능 15번]

다음 자료에 대한 분석으로 옳은 것은? (단, A~C는 각각 사회 보험, 공공 부조, 사회 서비스 중 하나임.) 3점

> 갑국에는 사회 보장 제도 A~C만 존재하고, 모두 우리나라의 사회 보장 제도와 동일하다. A는 선별적 복지의 이념을, B는 상호 부조의 원리를 기반으로 하는 제도이다. C는 국민의 인간다운 생활을 보장하고 삶의 질이 향상되도록 상담이나 돌봄 등 여러 방법을 활용하여 지원하는 제도이다.
>
> t년에 중복 수혜자 중 B의 혜택을 받는 사람 수와 t+30년에 중복 수혜자 중 A의 혜택을 받는 사람 수는 각각 전체 인구의 10%이다. 금전적 지원이 원칙인 두 제도의 혜택을 동시에 받는 사람 수는 t년이 전체 인구의 5%이고, t+30년은 전체 인구의 2%이다. 단, 갑국의 t년과 t+30년 전체 인구는 동일하다.
>
> 〈전체 인구 중 A~C 수혜자의 비율〉
> (단위 : %)
>
> | 구분 | A 수혜자 | B 수혜자 | C 수혜자 | 3중 수혜자 | 전체 수혜자 |
> |---|---|---|---|---|---|
> | t년 | 20 | 60 | 15 | 0 | 82 |
> | t+30년 | 15 | 75 | 20 | 2 | 95 |
>
> * 중복 수혜자 : A, B, C 중 2개 이상의 혜택을 받는 사람
> ** 3중 수혜자 : A, B, C의 혜택을 모두 받는 사람
> *** 전체 수혜자 : A, B, C 중 1개 이상의 혜택을 받는 사람

① t년에 공공 부조의 혜택만을 받는 사람 수는 사회 서비스의 혜택만을 받는 사람 수보다 적다.

② t+30년에 사회 보험의 혜택만을 받는 사람 수가 전체 수혜자 수의 70%이다.

③ 전체 인구 중 중복 수혜자가 아닌 사람 수는 t+30년이 t년보다 많다.

④ 중복 수혜자 중 정부 재정으로 비용을 전액 충당하는 것을 원칙으로 하는 제도의 혜택을 받는 사람 수는 t년이 t+30년보다 많다.

⑤ 강제 가입 원칙이 적용되는 제도와 비금전적 지원을 원칙으로 하는 제도의 혜택을 동시에 받는 사람 수는 t년과 t+30년이 동일하다.

자료 파헤치기

STEP 1 먼저 A~C에 해당하는 사회 보장 제도를 파악해 보도록 하겠습니다. 선별적 복지의 이념을 기반으로 하는 제도는 공공 부조이고, 상호 부조의 원리를 기반으로 하는 제도는 사회 보험이며, 국민의 인간다운 생활을 보장하고 삶의 질이 향상되도록 상담이나 돌봄 등 여러 방법을 활용하여 지원하는 제도는 사회 서비스입니다. 따라서 A는 공공 부조, B는 사회 보험, C는 사회 서비스입니다.

STEP 2 t년에 갑국의 수혜자 비율을 살펴 보도록 하겠습니다. t년에 중복 수혜자 중 B의 혜택을 받는 사람 수가 전체 인구의 10%이고, 금전적 지원이 원칙인 제도인 공공 부조와 사회 보험의 혜택을 동시에 받는 사람 수는 전체 인구의 5%이므로 그림에서 ㉠+㉡+㉢=10%, ㉠+㉡=5%가 성립하고, t년에 3중 수혜자 비율이 0%이므로 ㉡=0이 됩니다. 따라서 ㉠=5%, ㉢=5%가 됩니다.

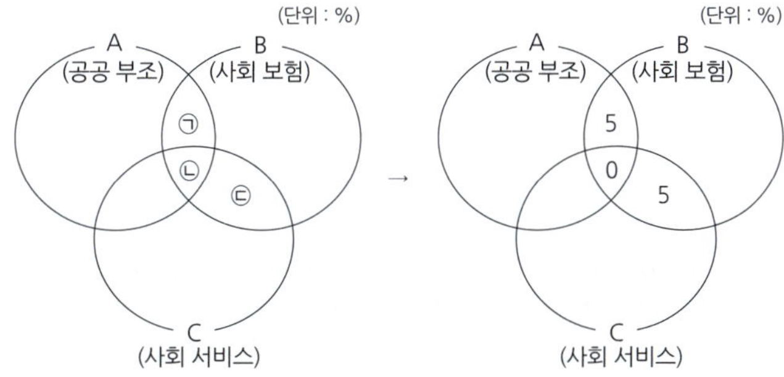

t년에 전체 인구 중 B 수혜자 비율은 60%이고, ㉠+㉡+㉢=10%이므로 **B의 혜택만을 받는 수혜자 비율은 50%가 됩니다.** t년에 전체 인구 중 A~C 전체 수혜자 비율은 82%이므로 ㉣+㉤+㉥+5%+50%+5%=82%가 성립합니다. 즉, ㉣+㉤+㉥=22%입니다. t년에 전체 인구 중 A 수혜자 비율은 20%이므로 ㉣+㉤+5%=20%이고, 전체 인구 중 C 수혜자 비율은 15%이므로 ㉤+㉥+5%=15%입니다. 따라서 **㉣=12%, ㉤=3%, ㉥=7%가 됩니다.** 이를 나타내면 다음과 같습니다.

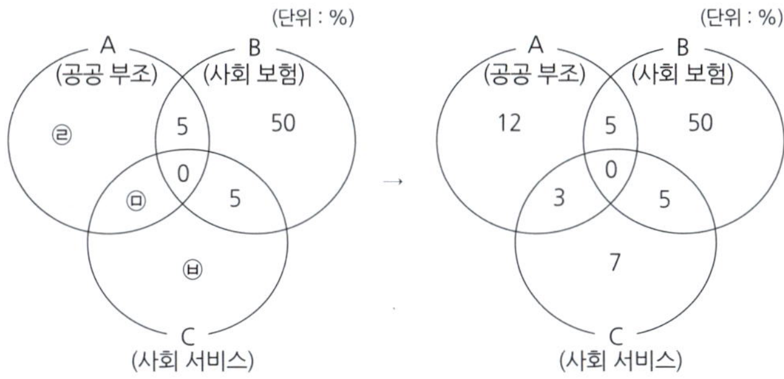

STEP 3 t+30년에 갑국의 수혜자 비율을 살펴 보도록 하겠습니다. t+30년에 중복 수혜자 중 A의 혜택을 받는 사람 수가 전체 인구의 10%이고, 금전적 지원이 원칙인 제도인 공공 부조와 사회 보험의 혜택을 동시에 받는 사람 수는 전체 인구의 2%이므로 그림에서 a+b+c=10%, a+b=2%가 성립하고, t+30년에 3중 수혜자 비율이 2%이므로 b=0이 됩니다. 따라서 **a=0%, c=8%가 됩니다.**

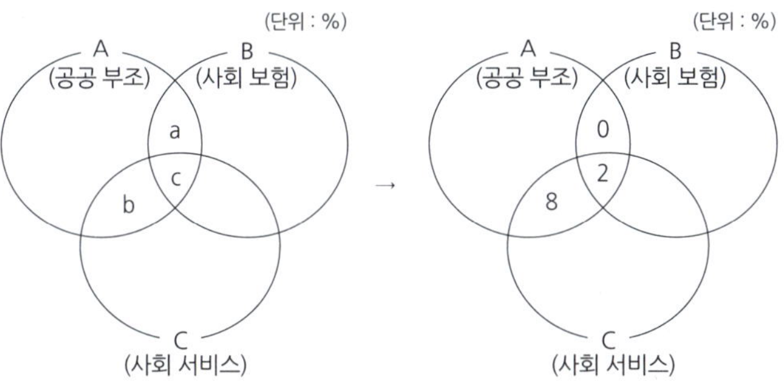

t+30년에 전체 인구 중 A 수혜자 비율은 15%이고, a+b+c=10%이므로 **A의 혜택만을 받는 수혜자 비율은 5%가 됩니다.** t+30년에 전체 인구 중 A~C 전체 수혜자 비율은 95%이므로 d+e+f+5%+8%+2%=95%가 성립합니다. 즉, d+e+f=80%입니다. t+30년에 전체 인구 중 B 수혜자 비율은 75%이므로 d+e+2%=75%이고, 전체 인구 중 C 수혜자 비율은 20%이므로 e+f+2%+8%=20%입니다. 따라서 **d=70%, e=3%, f=7%가 됩니다.** 이를 나타내면 다음과 같습니다.

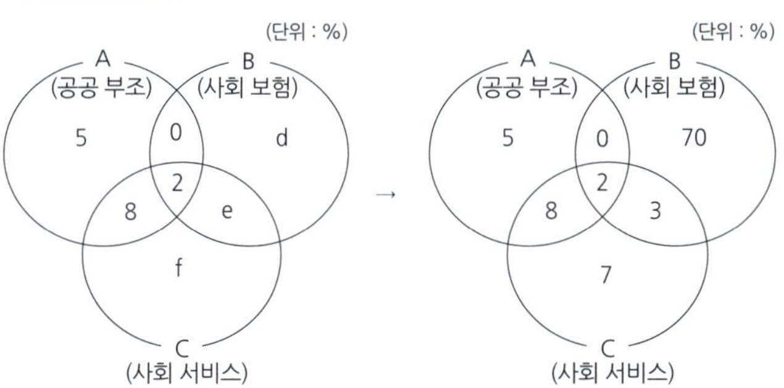

자료 파헤치기에서 구한 다음의 표를 이용하면 쉽게 정답을 찾을 수 있습니다.

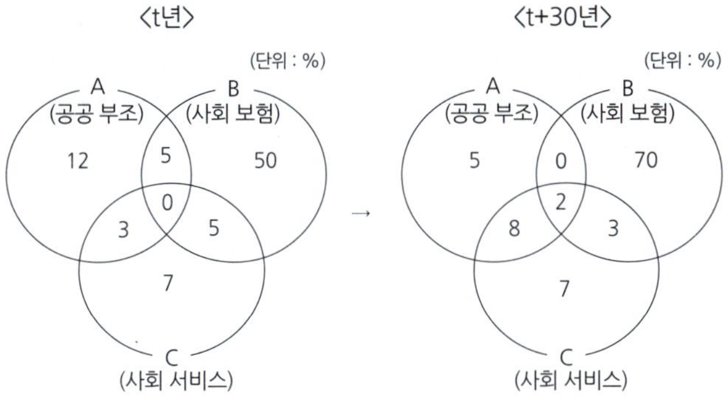

선택지 ①
t년에 공공 부조(A)의 혜택만을 받는 수혜자 비율은 전체 인구의 12%이고, 사회 서비스(C)의 혜택만을 받는 수혜자 비율은 전체 인구의 7%입니다. 즉, **t년에 공공 부조의 혜택만을 받는 사람 수는 사회 서비스의 혜택만을 받는 사람 수보다 많습니다.** 따라서 선지 ①번은 오답입니다.

선택지 ②
t+30년에 사회 보험(B)의 혜택만을 받는 수혜자 비율은 전체 인구의 70%이고, 전체 수혜자 비율은 전체 인구의 95%입니다. 따라서 t+30년에 사회 보험의 혜택만을 받는 사람 수는 전체 수혜자 수의 약 73.7%{=(70/95)×100}입니다. 즉, **t+30년에 사회 보험(B)의 혜택만을 받는 사람 수는 전체 수혜자 수의 70%보다 많습니다.** 따라서 선지 ②번은 오답입니다.

선택지 ③
전체 인구 중 중복 수혜자가 아닌 비율에는 공공 부조(A), 사회 보험(B), 사회 서비스(C)의 혜택만을 받는 수혜자 비율뿐만 아니라 전체 비수혜자 비율도 포함됩니다. 전체 인구 중 중복 수혜자가 아닌 비율은 t년이 87%(=12%+50%+7%+18%)이고, t+30년이 87%(=5%+70%+7%+5%)입니다. 즉, **전체 인구 중 중복 수혜자가 아닌 사람 수는 t년과 t+30년이 같습니다.** 따라서 선지 ③번은 오답입니다.

선택지 ④
정부 재정으로 비용을 전액 충당하는 것을 원칙으로 하는 제도는 공공 부조(A)입니다. 중복 수혜자 중 공공 부조(A)의 혜택을 받는 수혜자 비율은 t년이 전체 인구의 8%(=5%+3%)이고, t+30년이 전체 인구의 10%(=8%+2%)입니다. 즉, **중복 수혜자 중 공공 부조(A)의 혜택을 받는 사람 수는 t년이 t+30년보다 적습니다.** 따라서 선지 ④번은 오답입니다.

선택지 ⑤ ✔
강제 가입 원칙이 적용되는 제도는 사회 보험(B)이고, 비금전적 지원을 원칙으로 하는 제도는 사회 서비스(C)입니다. 사회 보험(B)과 사회 서비스(C)의 혜택을 동시에 받는 수혜자 비율은 t년이 전체 인구의 5%이고, t+30년이 전체 인구의 5%(=2%+3%)입니다. 즉, **사회 보험(B)과 사회 서비스(C)의 혜택을 동시에 받는 사람 수는 t년과 t+30년이 같습니다.** 따라서 선지 ⑤번은 정답입니다.

🎓 **정답 : ⑤**

유형 3. 현대 사회 변동 표 분석

유형 파헤치기

저출산·고령화는 최근 고난도 도표 분석 문항으로 출제되고 있는 중요한 주제이므로 기출 문제를 중심으로 완벽하게 정리해 둘 필요가 있습니다. 저출산은 양육 부담 등으로 인해 출산율이 감소하여 유소년 인구(0~14세)의 비중이 감소하는 것을 의미합니다. 고령화는 의료 기술의 발달 등으로 인해 평균 수명이 늘어나 노인 인구(65세 이상)의 비중이 증가하는 것을 의미합니다. 저출산·고령화와 관련된 표 분석 문항에는 '인구 부양비', '노령화 지수', '고령화 단계'가 출제될 수 있습니다. 인구 부양비는 부양 인구(15~64세 인구)를 100명으로 보았을 때 유소년 인구(0~14세 인구)와 노인 인구(65세 이상 인구)가 몇 명인지를 나타내는 지표입니다. 노령화 지수는 유소년 인구(0~14세 인구)를 100명으로 보았을 때 노인 인구(65세 이상 인구)가 몇 명인지를 나타내는 지표입니다. 고령화 단계는 전체 인구에서 노인 인구(65세 이상 인구)가 차지하는 비율에 따라 고령화 사회(7% 이상), 고령 사회(14% 이상), 초고령 사회(20% 이상)로 구분합니다. 따라서 인구 부양비, 노령화 지수, 고령화 단계를 구하는 공식과 분석 방법을 완벽하게 숙지할 필요가 있습니다.

특강 23 갑국의 인구 통계 집중 분석

19 [2022년 3월 학평 19번]

다음 자료에 대한 분석으로 옳은 것은? [3점]

표는 갑국의 시기별 유소년 부양비와 노년 부양비를 나타낸 것이다. 단, 갑국의 총인구는 지속적으로 증가하였다.

구분	t년	t+20년	t+40년
유소년 부양비	30	20	10
노년 부양비	20	30	40

* 유소년 부양비 = $\dfrac{\text{유소년 인구(0~14세 인구)}}{\text{부양 인구(15~64세 인구)}} \times 100$

* 노년 부양비 = $\dfrac{\text{노년 인구(65세 이상 인구)}}{\text{부양 인구(15~64세 인구)}} \times 100$

① 노년 인구는 t+40년이 t년의 2배보다 많다.
② t년의 유소년 인구와 t+20년의 노년 인구는 그 수가 같다.
③ 유소년 인구에 대한 노년 인구의 비는 t년이 t+20년보다 크다.
④ 노년 인구 100명당 부양 인구는 t+40년이 t+20년보다 많다.
⑤ 총인구에서 유소년 인구와 노년 인구의 합이 차지하는 비율은 t년이 t+40년보다 높다.

자료 파헤치기

STEP 1 제시된 자료에서는 유소년 부양비와 노년 부양비가 제시되어 있습니다. 유소년 부양비는 부양 인구(15~64세 인구)를 100명이라고 가정할 때 유소년 인구(0~14세 인구)가 몇 명인지를 나타내는 지표이고, 노년 부양비는 부양 인구(15~64세 인구)를 100명이라고 가정할 때 노년 인구(65세 이상 인구)가 몇 명인지를 나타내는 지표입니다. 유소년 부양비와 노년 부양비를 계산하는 식을 통해 부양 인구를 특정 값으로 가정하면 이에 따른 유소년 인구와 노년 인구를 구할 수 있습니다. t년의 부양 인구를 100A라고 가정하면, t년의 유소년 부양비가 30이고, t년의 노년 부양비가 20이므로 유소년 인구는 30A이고, 노년 인구는 20A가 됩니다. 따라서 t년의 총인구는 150A가 됩니다. 이를 나타내면 다음과 같습니다.

구분	t년
유소년 인구	30A
부양 인구	100A
노년 인구	20A
총인구	150A

STEP 2 t+20년의 부양 인구를 100B라고 가정하면, t+20년의 유소년 부양비가 20이고, t+20년의 노년 부양비가 30이므로 유소년 인구는 20B이고, 노년 인구는 30B가 됩니다. 따라서 t+20년의 총인구는 150B가 됩니다. 이를 나타내면 다음과 같습니다.

구분	t+20년
유소년 인구	20B
부양 인구	100B
노년 인구	30B
총인구	150B

STEP 3 t+40년의 부양 인구를 100C라고 가정하면, t+40년의 유소년 부양비가 10이고, t+20년의 노년 부양비가 40이므로 유소년 인구는 10C이고, 노년 인구는 40C가 됩니다. 따라서 t+40년의 총인구는 150C가 됩니다. 이를 나타내면 다음과 같습니다. 이 때, 갑국의 총인구는 지속적으로 증가하였으므로 150A<150B<150C가 됩니다.

구분	t+40년
유소년 인구	10C
부양 인구	100C
노년 인구	40C
총인구	150C

정답은 나의 것!

자료 파헤치기에서 구한 다음의 표를 이용하면 쉽게 정답을 찾을 수 있습니다.

구분	t년	t+20년	t+40년
유소년 인구	30A	20B	10C
부양 인구	100A	100B	100C
노년 인구	20A	30B	40C
총인구	150A	150B	150C

선택지 ① ✔
t년의 부양 인구를 100A, t+40년의 부양 인구를 100C라고 가정하면, t년의 노년 인구는 20A가 되고, t+40년의 노년 인구는 40C가 됩니다. 갑국의 총인구는 지속적으로 증가하였으므로 A<C가 됩니다. 즉, t+40년의 노년 인구는 t년의 노년 인구의 2배보다 많습니다. 따라서 선지 ①번은 정답입니다.

선택지 ②
t년의 부양 인구를 100A, t+20년의 부양 인구를 100B라고 가정하면, t년의 유소년 인구는 30A가 되고, t+20년의 노년 인구는 30B가 됩니다. 갑국의 총인구는 지속적으로 증가하였으므로 A<B가 됩니다. 즉, t년의 유소년 인구는 t+20년의 노년 인구보다 적습니다. 따라서 선지 ②번은 오답입니다.

선택지 ③
t년의 부양 인구를 100A라고 가정하면, 유소년 인구는 30A, 노년 인구는 20A가 됩니다. t+20년의 부양 인구를 100B라고 가정하면, 유소년 인구는 20B, 노년 인구는 30B가 됩니다. 유소년 인구에 대한 노년 인구의 비는 t년의 경우 20A/30A=2/3이고, t+20년의 경우 30B/20B=3/2입니다. 즉, 유소년 인구에 대한 노년 인구의 비는 t년이 t+20년보다 작습니다. 따라서 선지 ③번은 오답입니다.

선택지 ④

t+20년의 부양 인구를 100B라고 가정하면, 노년 인구는 30B가 됩니다.
t+40년의 부양 인구를 100C라고 가정하면, 노년 인구는 40C가 됩니다.
노년 인구에 대한 부양 인구의 비는 t+20년의 경우 100B/30B=10/3이고,
t+40년의 경우 100C/40C=10/4입니다. 노년 인구 100명당 부양 인구는
t+20년의 경우 약 333.3명(=1,000/3)이고, t+40년의 경우
250명(=1,000/4)입니다. 즉, 노년 인구 100명당 부양 인구는 t+40년이
t+20년보다 적습니다. 따라서 선지 ④번은 오답입니다.

선택지 ⑤

t년의 부양 인구를 100A라고 가정하면, 유소년 인구는 30A, 노년 인구는
20A가 되므로 총인구는 150A가 됩니다. t+40년의 부양 인구를
100C라고 가정하면, 유소년 인구는 10C, 노년 인구는 40C가 되므로
총인구는 150C가 됩니다. 총인구에서 유소년 인구와 노년 인구의 합이
차지하는 비율은 t년의 경우
약 33.3%[={(30A+20A)/150A}×100]이고, t+40년의 경우
약 33.3%[={(10C+40C)/150C}×100]입니다. 즉, 총인구에서 유소년
인구와 노년 인구의 합이 차지하는 비율은 t년과 t+40년이 같습니다.
따라서 선지 ⑤번은 오답입니다.

 **정답 : ①**

특강 24 갑국의 인구 통계 집중 분석

20   [2023학년도 수능 20번]

다음 자료에 대한 분석 및 추론으로 옳은 것은?

> 갑국에서 t년의 전체 인구 중 노년 인구 비율은 20%이고
> t+50년의 전체 인구 중 유소년 인구 비율은 28%이다. t년
> 대비 t+50년에 전체 인구는 25% 증가하였고 유소년 인구는
> 12.5% 감소하였다. t년 대비 t+50년에 노년 부양비는 150%
> 증가하였다.
>
> * 유소년 부양비 = $\dfrac{\text{유소년 인구(0~14세 인구)}}{\text{부양 인구(15~64세 인구)}} \times 100$
>
> ** 노년 부양비 = $\dfrac{\text{노년 인구(65세 이상 인구)}}{\text{부양 인구(15~64세 인구)}} \times 100$
>
> *** 피부양 인구 = 유소년 인구(0~14세 인구) + 노년 인구(65세 이상 인구)

① t년의 유소년 인구와 t+50년의 노년 인구는 동일하다.

② t년 대비 t+50년에 전체 인구 증가율은 피부양 인구 증가율보다
   크다.

③ t년 대비 t+50년에 유소년 인구 감소율과 유소년 부양비
   감소율은 동일하다.

④ t년보다 t+50년에 전체 인구에서 부양 인구가 차지하는 비율이
   크다.

⑤ t년보다 t+50년에 부양 인구 감소로 인해 경제 성장 동력이
   약화될 가능성이 높다.

자료 파헤치기

STEP 1 갑국에서는 t년의 전체 인구 중 노년 인구 비율이 20%이고,
t+50년의 전체 인구 중 유소년 인구 비율이 28%입니다. 또한 t년 대비
t+50년에 전체 인구가 25% 증가하였으므로 t년에 전체 인구를
100명이라고 가정하면, t+50년에 전체 인구는 125명이 됩니다. 따라서
t년에 전체 인구가 100명이라면 t년의 노년 인구는 20명, t+50년의 유소년
인구는 35명(=125명×28%)이 됩니다. 이를 나타내면 다음과 같습니다.

구분	t년		t+50년	
	비율	인구수	비율	인구수
유소년 인구			28%	35명
부양 인구				
노년 인구	20%	20명		
전체	100%	100명	100%	125명

STEP 2 t년 대비 t+50년에 유소년 인구는 12.5% 감소하였습니다.
t+50년의 유소년 인구는 35명이므로 t년의 유소년 인구를 x라고 한다면
{(x-35명)/x}×100=12.5가 성립됩니다. 즉, x는 40명입니다. t년의 유소년
인구가 40명이므로 부양 인구는 40명(=100명-20명-40명)이 됩니다.
이를 나타내면 다음과 같습니다.

구분	t년		t+50년	
	비율	인구수	비율	인구수
유소년 인구	40%	40명	28%	35명
부양 인구	40%	40명		
노년 인구	20%	20명		
전체	100%	100명	100%	125명

STEP 3 t년 대비 t+50년에 노년 부양비가 150% 증가하였습니다. t년의
노년 부양비를 구해 보도록 하겠습니다. 노년 부양비는 (노년 인구/부양
인구)×100으로 구할 수 있습니다. t년의 노년 부양비는
50{=(20명/40명)×100}입니다. t년 대비 t+50년에 노년 부양비가 150%
증가하였으므로 t+50년에 노년 부양비는 50+(50×1.5)=125가 됩니다.

t+50년 노년 부양비가 125이고 (부양 인구+노년 인구)=90명이므로
{(90명-부양 인구)/부양 인구}×100=125가 성립합니다. 이를 풀면
t+50년에 부양 인구는 40명, 노년 인구는 50명이 됩니다. 이를 나타내면
다음과 같습니다.

<t년의 전체 인구를 100이라고 가정할 때 갑국의 인구 구성 상황>

구분	t년		t+50년	
	비율	인구수	비율	인구수
유소년 인구	40%	40명	28%	35명
부양 인구	40%	40명	32%	40명
노년 인구	20%	20명	40%	50명
전체	100%	100명	100%	125명

정답은 나의 것!

자료 파헤치기에서 구한 다음의 표를 이용하면 쉽게 정답을 찾을 수 있습니다.

<t년의 전체 인구를 100명이라고 가정할 때 갑국의 인구 구성 상황>

구분	t년		t+50년	
	비율	인구수	비율	인구수
유소년 인구	40%	40명	28%	35명
부양 인구	40%	40명	32%	40명
노년 인구	20%	20명	40%	50명
전체	100%	100명	100%	125명

선택지 ①

t년의 전체 인구를 100명이라고 가정하면, t년의 유소년 인구는 40명이고,
t+50년의 노년 인구는 50명입니다. 즉, t년의 유소년 인구보다 t+50년의
노년 인구가 많습니다. 따라서 선지 ①번은 오답입니다.

선택지 ②

t년의 전체 인구를 100명이라고 가정하면, t년의 전체 인구는 100명이고,
t+50년의 전체 인구는 125명입니다. 따라서 t년 대비 t+50년에 전체
인구 증가율은 25%{=(25명/100명)×100}입니다. 피부양 인구는
'전체 인구-부양 인구'이므로 t년의 피부양 인구는 60명, t+50년의
피부양 인구는 85명입니다. 따라서 t년 대비 t+50년에 피부양 인구
증가율은 약 41.7%{=(25명/60명)×100}입니다. 즉, t년 대비 t+50년에
전체 인구 증가율은 피부양 인구 증가율보다 작습니다. 따라서 선지
②번은 오답입니다.

선택지 ③ ✔

t년의 전체 인구를 100명이라고 가정하면 t년의 유소년 인구는 40명,
t+50년의 유소년 인구는 35명입니다. 따라서 t년 대비 t+50년에 유소년
인구 감소율은 12.5%{=(5명/40명)×100}입니다. 유소년 부양비는
t년의 경우 100{=(40명/40명)×100}, t+50년의 경우
87.5{=(35명/40명)×100}입니다. 따라서 t년 대비 t+50년에 유소년
부양비 감소율은 12.5%{=(12.5/100)×100}입니다. 즉, t년 대비
t+50년에 유소년 인구 감소율과 유소년 부양비 감소율이 같습니다.
따라서 선지 ③번은 정답입니다.

선택지 ④

전체 인구에서 부양 인구가 차지하는 비율은 t년의 경우 40%, t+50년의
경우 32%입니다. 즉, 전체 인구에서 부양 인구가 차지하는 비율은
t+50년이 t년보다 작습니다. 따라서 선지 ④번은 오답입니다.

선택지 ⑤

t년의 전체 인구를 100명이라고 가정하면, 부양 인구는 t년의 경우 40명,
t+50년의 경우 40명입니다. 즉, t년 대비 t+50년에 부양 인구는 감소하지
않았습니다. 따라서 선지 ⑤번은 오답입니다.

정답 : ③

---

20 2024 평가원   [2024학년도 6월 모평 20번]

다음 자료에 대한 분석으로 옳은 것은?

> 갑국의 t+50년의 총인구는 t년의 2배이고, t+100년의
> 총인구는 t년의 1.5배이다. 갑국 총인구 중 부양 인구 비율은
> t년과 t+50년이 각각 40%, t+100년이 30%이다. t+50년의
> 노년 부양비는 75로 t년의 3배이고, t+100년의 노령화 지수는
> 250이다.
>
> $*$ 노령화 지수 $= \dfrac{\text{노년 인구(65세 이상 인구)}}{\text{유소년 인구(0~14세 인구)}} \times 100$
>
> $**$ 유소년 부양비 $= \dfrac{\text{유소년 인구(0~14세 인구)}}{\text{부양 인구(15~64세 인구)}} \times 100$
>
> $***$ 노년 부양비 $= \dfrac{\text{노년 인구(65세 이상 인구)}}{\text{부양 인구(15~64세 인구)}} \times 100$
>
> $****$ 총부양비 $=$ 유소년 부양비 $+$ 노년 부양비

① t+50년의 총부양비는 t년보다 크다.
② t+50년의 노령화 지수는 t년의 5배이다.
③ t+50년의 부양 인구는 t년에 비해 200% 증가하였다.
④ t+100년의 유소년 인구는 t년보다 많고 t+50년보다 적다.
⑤ t년, t+50년, t+100년 중 유소년 부양비는 t+50년이 가장
　크고, t+100년이 가장 작다.

자료 파헤치기

STEP 1 제시된 조건을 통해 연도별 총인구를 파악해 보도록 하겠습니다.
t+50년의 총인구가 t년의 2배이고, t+100년의 총인구가 t년의 1.5배라고
제시되어 있습니다. 이를 통해 t년의 총인구를 기준으로 t+50년과
t+100년의 총인구를 계산하는 것이 효율적임을 파악할 수 있습니다. t년의
총인구를 100명이라고 가정하면, t+50년의 총인구는 t년의 2배이므로
t+50년의 총인구는 200명이 되고, t+100년의 총인구는 t년의 1.5배이므로
t+100년의 총인구는 150명이 됩니다. 이를 나타내면 다음과 같습니다.

(단위 : 명)

구분	t년	t+50년	t+100년
유소년 인구			
부양 인구			
노년 인구			
총인구	100	200	150

STEP 2 <STEP 1>에서 구한 연도별 총인구와 제시된 조건을 통해 부양
인구를 구해 보도록 하겠습니다. 총인구 중 부양 인구 비율이 t년의 경우
40%, t+50년의 경우 40%, t+100년의 경우 30%입니다. t년의
총인구가 100명이라면, t년에 총인구 중 부양 인구 비율이 40%이므로
t년의 부양 인구는 40명(=100명×40%)이 됩니다. t년의 총인구가
100명이라면, t+50년의 총인구는 200명이 되며, t+50년에 총인구 중
부양 인구 비율이 40%이므로 t+50년의 부양 인구는
80명(=200명×40%)이 됩니다. t년의 총인구가 100명이라면,
t+100년의 총인구는 150명이 되며, t+100년에 총인구 중 부양 인구
비율이 30%이므로 t+100년의 부양 인구는 45명(=150명×30%)이
됩니다. 이를 나타내면 다음과 같습니다.

(단위 : 명)

구분	t년	t+50년	t+100년
유소년 인구			
부양 인구	40	80	45
노년 인구			
총인구	100	200	150

STEP 3 〈STEP 2〉에서 구한 연도별 총인구 및 부양 인구와 제시된 조건을 통해 유소년 인구 및 노년 인구를 구해 보도록 하겠습니다. t+50년의 노년 부양비는 75이고, 이는 t년의 3배이므로 t년의 노년 부양비는 25가 됩니다. t년의 총인구가 100명이라면, t년의 부양 인구는 40명이며, t년의 노년 부양비가 25이므로 t년의 노년 인구는 10명(=25×40명÷100)이 됩니다. t년에 총인구가 100명이라면, 부양 인구는 40명이고, 노년 인구는 10명이므로 유소년 인구는 50명이 됩니다. t년의 총인구가 100명이라면 t+50년의 총인구는 200명이 되고, t+50년의 부양 인구는 80명이 되며, t+50년의 노년 부양비가 75이므로 t+50년의 노년 인구는 60명(=75×80명÷100)이 됩니다. t년의 총인구가 100명이라면, t+50년에 총인구는 200명이 되고, 부양 인구는 80명이며, 노년 인구는 60명이므로 유소년 인구는 60명이 됩니다. t년의 총인구가 100명이라면, t+100년에 총인구는 150명이 되고, 부양 인구는 45명이므로 유소년 인구와 노년 인구의 합은 105명이 됩니다. t+100년의 노령화 지수가 250이므로 {노년 인구/(105명-노년 인구)}×100=250이 됩니다. 이를 풀면 노년 인구는 75명이 되므로 유소년 인구는 30명이 됩니다. 따라서 t년의 총인구가 100명이라면, t+100년에 총인구는 150명이 되고, 부양 인구는 45명이며, 노년 인구는 75명이므로 유소년 인구는 30명이 됩니다.

 **정답은 나의 것!**

자료 파헤치기에서 구한 다음의 표를 이용하면 쉽게 정답을 찾을 수 있습니다.

〈t년의 총인구를 100명이라고 가정했을 경우 연도별 인구 구성〉

(단위 : 명)

구분	t년	t+50년	t+100년
유소년 인구	50	60	30
부양 인구	40	80	45
노년 인구	10	60	75
총인구	100	200	150

선택지 ①
t년의 총부양비는 150[={(50명+10명)/40명}×100]이고, t+50년의 총부양비는 150[={(60명+60명)/80명}×100]입니다. 즉, t년의 총부양비와 t+50년의 총부양비가 150으로 같습니다. 따라서 선지 ①번은 오답입니다. ✔

선택지 ② ✔
t년의 노령화 지수는 20{=(10명/50명)×100}이고, t+50년의 노령화 지수는 100{=(60명/60명)×100}이다. 즉, t+50년의 노령화 지수는 t년의 노령화 지수의 5배입니다. 따라서 선지 ②번은 정답입니다.

선택지 ③
t년의 총인구가 100명이라면, t년의 부양 인구는 40명이고, t+50년의 부양 인구는 80명입니다. 부양 인구는 t년에 40명에서 t+50년에 80명으로 증가하였습니다. 즉, t년 대비 t+50년에 부양 인구는 100%[={(80명-40명)/40명}×100] 증가하였습니다. 따라서 선지 ③번은 오답입니다.

선택지 ④
t년의 총인구가 100명이라면, t년의 유소년 인구는 50명이고, t+50년의 유소년 인구는 60명이며, t+100년의 유소년 인구는 30명입니다. 즉, t+100년의 유소년 인구는 t년의 유소년 인구와 t+50년의 유소년 인구보다 적습니다. 따라서 선지 ④번은 오답입니다.

선택지 ⑤
t년의 유소년 부양비는 125{=(50명/40명)×100}이고, t+50년의 유소년 부양비는 75{=(60명/80명)×100}이며, t+100년의 유소년 부양비는 약 66.7{=(30명/45명)×100}입니다. 즉, t년의 유소년 부양비가 가장 크고, t+100년의 유소년 부양비가 가장 작습니다. 따라서 선지 ⑤번은 오답입니다.

 **정답 : ②**

---

15 [2023년 7월 학평 15번]

다음 자료에 대한 옳은 분석만을 〈보기〉에서 고른 것은? 

> 갑국에서 t년의 노령화 지수는 75이고, 유소년 부양비는 40이다. t년 대비 t+50년에 갑국 전체 인구의 변동은 없으나 노령화 지수는 60% 증가하였고, 't년 유소년 인구 : t+50년 유소년 인구'는 4 : 3이 되었다.
>
> * 노령화 지수 = $\dfrac{\text{노년 인구(65세 이상)}}{\text{유소년 인구(0~14세)}} \times 100$
>
> ** 유소년 부양비 = $\dfrac{\text{유소년 인구(0~14세)}}{\text{부양 인구(15~64세)}} \times 100$
>
> *** 노년 부양비 = $\dfrac{\text{노년 인구(65세 이상)}}{\text{부양 인구(15~64세)}} \times 100$

보기

ㄱ. t+50년의 유소년 인구는 전체 인구의 15%이다.
ㄴ. t년의 노년 인구와 t+50년의 유소년 인구는 동일하다.
ㄷ. t년 대비 t+50년에 노년 인구는 20% 증가하였다.
ㄹ. t년 대비 t+50년에 노년 부양비는 10% 증가하였다.

① ㄱ, ㄴ　　② ㄱ, ㄷ　　③ ㄴ, ㄷ　　④ ㄴ, ㄹ　　⑤ ㄷ, ㄹ

 **자료 파헤치기**

STEP 1 t년에 갑국의 인구 구성을 구해 보도록 하겠습니다. t년에 노령화 지수는 75이고, 유소년 부양비는 40이라고 제시되어 있습니다. 유소년 부양비를 구하는 식에서 분모는 부양 인구이고, 분자는 유소년 인구입니다. 따라서 부양 인구를 100명이라고 가정하면 유소년 인구를 구할 수 있습니다. 즉, t년에 부양 인구를 100명이라고 가정하면, t년에 유소년 부양비가 40이므로 t년에 유소년 인구는 40명이 됩니다. 유소년 인구와 노령화 지수를 통해 노년 인구를 구할 수 있습니다. t년에 유소년 인구가 40명이고 t년에 노령화 지수가 75이므로 노년 인구는 30명(=40명×75÷100)이 됩니다. 이를 나타내면 다음과 같습니다.

(단위 : 명)

구분	t년
유소년 인구	40
부양 인구	100
노년 인구	30
전체 인구	170

STEP 2 t+50년에 갑국의 인구 구성을 구해 보도록 하겠습니다. t년 대비 t+50년에 갑국 전체 인구의 변동이 없으므로 t년에 부양 인구를 100명이라고 가정하면, t+50년에 전체 인구는 170명이 됩니다. 't년 유소년 인구 : t+50년 유소년 인구' = 4 : 3이므로 t년에 부양 인구가 100명이라면 t년에 유소년 인구는 40명이 되므로 t+50년에 유소년 인구는 30명이 됩니다. 이를 나타내면 다음과 같습니다.

(단위 : 명)

구분	t년	t+50년
유소년 인구	40	30
부양 인구	100	
노년 인구	30	
전체 인구	170	170

STEP 3 t년에 노령화 지수는 75인데, t년 대비 t+50년에 노령화 지수가 60% 증가하였습니다. 따라서 t+50년에 노령화 지수는 120{=75+(75×60%)}이 됩니다. t년에 부양 인구가 100명이라면 t+50년에 유소년 인구는 30명이고, t+50년에 노령화 지수가 120이므로 t+50년에 노년 인구는 36명(=30명×120÷100)이 됩니다. 따라서

t+50년에 부양 인구는 104명(=170명-30명-36명)이 됩니다. 이를 나타내면 다음과 같습니다.

(단위 : 명)

구분	t년	t+50년
유소년 인구	40	30
부양 인구	100	104
노년 인구	30	36
전체 인구	170	170

 **정답은 나의 것!**

자료 파헤치기에서 구한 다음의 표를 이용하면 쉽게 정답을 찾을 수 있습니다.

(단위 : 명)

구분	t년	t+50년
유소년 인구	40	30
부양 인구	100	104
노년 인구	30	36
전체 인구	170	170

보기 ㄱ

t년에 부양 인구가 100명이라면, t+50년에 유소년 인구는 30명이고 t+50년에 전체 인구는 170명이므로 t+50년에 유소년 인구는 전체 인구의 약 17.6%{=(30명/170명)×100}입니다. 따라서 보기 ㄱ은 오답입니다.

보기 ㄴ ✔

t년에 부양 인구가 100명이라면, t년에 노년 인구는 30명이고, t+50년에 유소년 인구는 30명입니다. 즉, t년의 노년 인구와 t+50년의 유소년 인구는 같습니다. 따라서 보기 ㄴ은 정답입니다.

보기 ㄷ ✔

t년에 부양 인구가 100명이라면, t년에 노년 인구는 30명이고, t+50년에 노년 인구는 36명이므로 t년 대비 t+50년에 노년 인구는 20%{=(6명/30명)×100} 증가하였습니다. 따라서 보기 ㄷ은 정답입니다.

보기 ㄹ

t년에 부양 인구가 100명이라면, t년에 노년 인구는 30명이고, t+50년에 부양 인구는 104명이며, t+50년에 노년 인구는 36명입니다. t년에 노년 부양비는 30{=(30명/100명)×100}이고, t+50년에 노년 부양비는 약 34.6{=(36명/104명)×100}입니다. 즉, t년 대비 t+50년에 노년 부양비는 약 15.3%{=(4.6/30)×100} 증가하였습니다. 따라서 보기 ㄹ은 오답입니다.

🎓 **정답 : ③**

---

20 [2024 평가원] **[2024학년도 9월 모평 20번]**

다음 자료에 대한 분석으로 옳은 것은? **3점**

> 표는 갑국과 을국의 인구 구성 변화를 나타낸 것이다. A~C는 각각 전체 인구에서 유소년 인구, 부양 인구, 노년 인구가 차지하는 비율 중 하나이다. 갑국에서 t년의 유소년 부양비는 50이다. t년 대비 t+50년에 갑국의 유소년 인구는 10% 감소하였고, 을국의 유소년 인구는 20% 감소하였다. 단, t년에 갑국과 을국의 전체 인구는 동일하다.

구분	갑국		을국	
	t년	t+50년	t년	t+50년
$\dfrac{B+C}{A}$	$\dfrac{2}{3}$	1	$\dfrac{7}{13}$	1
$\dfrac{B}{C}$	$\dfrac{1}{3}$	$\dfrac{2}{3}$	$\dfrac{1}{6}$	$\dfrac{2}{3}$

> * 유소년 부양비 = $\dfrac{\text{유소년 인구(0\~14세 인구)}}{\text{부양 인구(15\~64세 인구)}}$ × 100
>
> ** 노년 부양비 = $\dfrac{\text{노년 인구(65세 이상 인구)}}{\text{부양 인구(15\~64세 인구)}}$ × 100
>
> *** 전체 인구 중 65세 이상 인구가 차지하는 비율이 20% 이상인 사회를 초고령 사회라고 함.

① t년에 노년 부양비는 갑국이 을국의 2배이다.
② t+50년에 유소년 인구는 갑국과 을국이 동일하다.
③ t+50년에 을국은 갑국과 달리 초고령 사회이다.
④ t년에서 t+50년 사이에 을국에서는 갑국과 달리 저출산·고령화 현상이 나타났다.
⑤ t년에 부양 인구는 을국이 갑국보다 많고, t+50년에 부양 인구는 갑국이 을국보다 많다.

🔍 **자료 파헤치기**

STEP 1 제시된 표를 통해 갑국과 을국의 A~C 비율을 파악해 보도록 하겠습니다. 갑국의 경우 t년에 (B+C)/A=2/3이고, B/C=1/3이므로 A : B : C = 6 : 1 : 3이 됩니다. 전체는 100%이므로 A는 60%, B는 10%, C는 30%가 됩니다. 갑국의 경우 t+50년에 (B+C)/A=1이고, B/C=2/3이므로 A : B : C = 5 : 2 : 3이 됩니다. 전체는 100%이므로 A는 50%, B는 20%, C 30%가 됩니다. 을국의 경우 t년에 (B+C)/A=7/13이고, B/C=1/6이므로 A : B : C = 13 : 1 : 6이 됩니다. 전체는 100%이므로 A는 65%, B는 5%, C는 30%가 됩니다. 을국의 경우 t+50년에 (B+C)/A=1이고, B/C=2/3이므로 A : B : C = 5 : 2 : 3이 됩니다. 전체는 100%이므로 A는 50%, B는 20%, C는 30%가 됩니다.

(단위 : %)

구분	갑국		을국	
	t년	t+50년	t년	t+50년
A	60	50	65	50
B	10	20	5	20
C	30	30	30	30

t년에 갑국의 유소년 부양비는 50입니다. 유소년 부양비는 (유소년 인구/부양 인구)×100으로 구할 수 있습니다. 갑국의 경우 t년에 유소년 부양비가 50이 되는 경우는 (C/A)×100=(30/60)×100=50인 경우입니다. 즉, A는 전체 인구에서 부양 인구가 차지하는 비율이 되고, C는 전체 인구에서 유소년 인구가 차지하는 비율이 됩니다. 따라서 B는 전체 인구에서 노년 인구가 차지하는 비율이 됩니다. 이를 나타내면 다음과 같습니다.

(단위 : %)

구분	갑국		을국	
	t년	t+50년	t년	t+50년
부양 인구 비율	60	50	65	50
노년 인구 비율	10	20	5	20
유소년 인구 비율	30	30	30	30

STEP 2 〈STEP 1〉에서 구한 갑국의 인구 구성 비율을 바탕으로 갑국의 각 해당 인구수를 구해 보도록 하겠습니다. 갑국의 경우 t년과 t+50년에 전체 인구에서 유소년 인구가 차지하는 비율은 각각 30%로 같은데, t년 대비 t+50년에 유소년 인구는 10% 감소하였습니다. t년에 갑국의 전체 인구를 100명이라고 가정하면, t년에 갑국의 유소년 인구는 30명이고, t년 대비 t+50년에 갑국의 유소년 인구가 10% 감소하였으므로 t+50년에 갑국의 유소년 인구는 27명(=30명×90%)이 됩니다. 갑국의 경우 t+50년에 전체 인구에서 유소년 인구가 차지하는 비율은 30%인데, 유소년 인구는 27명이므로 t+50년에 갑국의 전체 인구는 90명이 됩니다. 즉, 갑국의 경우 t년의 전체 인구가 100명이라면, t+50년의 전체 인구는 90명이 됩니다. 갑국의 경우 t년의 전체 인구가 100명이라면 t년에 유소년 인구는 30명, 부양 인구는 60명, 노년 인구는 10명이 되고, t년의 전체 인구가 100명이라면 t+50년의 전체 인구는 90명이 되므로 t+50년에 유소년 인구는 27명, 부양 인구는 45명, 노년 인구는 18명이 됩니다. 이를 나타내면 다음과 같습니다.

(단위 : 명)

구분	갑국	
	t년	t+50년
유소년 인구	30	27
부양 인구	60	45
노년 인구	10	18
전체 인구	100	90

STEP 3 〈STEP 1〉에서 구한 을국의 인구 구성 비율을 바탕으로 을국의 각 해당 인구수를 구해 보도록 하겠습니다. 을국의 경우 t년과 t+50년에 전체 인구에서 유소년 인구가 차지하는 비율은 각각 30%로 같은데, t년 대비 t+50년에 유소년 인구는 20% 감소하였습니다. t년에 갑국과 을국의 전체 인구는 동일하므로 t년에 을국의 전체 인구를 100명이라고 가정하면, t년에 을국의 유소년 인구는 30명이고, t년 대비 t+50년에 을국의 유소년 인구가 20% 감소하였으므로 t+50년에 을국의 유소년 인구는 24명(=30명×80%)이 됩니다. 을국의 경우 t+50년에 전체 인구에서 유소년 인구가 차지하는 비율은 30%인데, 유소년 인구는 24명이므로 t+50년에 을국의 전체 인구는 80명이 됩니다. 즉, 을국의 경우 t년의 전체 인구가 100명이라면, t+50년의 전체 인구는 80명이 됩니다. 을국의 경우 t년의 전체 인구가 100명이라면 t년에 유소년 인구는 30명, 부양 인구는 65명, 노년 인구는 5명이 되고, t년의 전체 인구가 100명이라면 t+50년의 전체 인구는 80명이 되므로 t+50년에 유소년 인구는 24명, 부양 인구는 40명, 노년 인구는 16명이 됩니다. 이를 나타내면 다음과 같습니다.

(단위 : 명)

구분	을국	
	t년	t+50년
유소년 인구	30	24
부양 인구	65	40
노년 인구	5	16
전체 인구	100	80

정답은 나의 것!

자료 파헤치기에서 구한 다음의 표를 이용하면 쉽게 정답을 찾을 수 있습니다.

〈t년의 갑국과 을국의 전체 인구를 각각 100명이라고
가정했을 경우 연도별 인구 구성〉

(단위 : 명)

구분	갑국		을국	
	t년	t+50년	t년	t+50년
유소년 인구	30	27	30	24
부양 인구	60	45	65	40
노년 인구	10	18	5	16
전체 인구	100	90	100	80

선택지 ①

t년에 노년 부양비는 갑국의 경우 약 16.7{=(10명/60명)×100}, 을국의 경우 약 7.7{=(5명/65명)×100}입니다. 즉, t년에 노년 부양비는 갑국이 을국의 2배를 넘습니다. 따라서 선지 ①번은 오답입니다.

선택지 ②

t년에 갑국과 을국의 전체 인구를 각각 100명이라고 가정하면, t+50년에 유소년 인구는 갑국의 경우 27, 을국의 경우 24명입니다. 즉, t+50년에 유소년 인구는 갑국이 을국보다 많습니다. 따라서 선지 ②번은 오답입니다.

선택지 ③

t+50년에 전체 인구 중 노년 인구가 차지하는 비율은 갑국의 경우 20%{=(18명/90명)×100}, 을국의 경우 20%{=(16명/80명)×100}입니다. 즉, t+50년에 갑국과 을국 모두 초고령 사회입니다. 따라서 선지 ③번은 오답입니다.

선택지 ④

t년에 갑국의 전체 인구를 100명이라고 가정하면, t년에서 t+50년 사이에 갑국의 경우 유소년 인구는 30명에서 27명으로 감소하였고, 노년 인구는 10명에서 18명으로 증가하였습니다. t년에 을국의 전체 인구를 100명이라고 가정하면, t년에서 t+50년 사이에 을국의 경우 유소년 인구는 30명에서 24명으로 감소하였고, 노년 인구는 5명에서 16명으로 증가하였습니다. 따라서 갑국과 을국 모두에서 유소년 인구는 감소하였고 노년 인구는 증가하였습니다. 즉, t년에서 t+50년 사이에 갑국과 을국 모두에서 저출산 · 고령화 현상이 나타났습니다. 따라서 선지 ④번은 오답입니다.

선택지 ⑤ ✔

t년에 갑국과 을국의 전체 인구를 각각 100명이라고 가정하면, t년에 부양 인구는 갑국의 경우 60명, 을국의 경우 65명이고, t+50년에 부양 인구는 갑국의 경우 45명, 을국의 경우 40명입니다. 즉, t년에 부양 인구는 을국이 갑국보다 많고, t+50년에 부양 인구는 갑국이 을국보다 많습니다. 따라서 선지 ⑤번은 정답입니다.

 **정답 : ⑤**

특강 28 갑국의 시기별 인구 통계 집중 분석

20

[2023년 10월 학평 20번]

다음 자료에 대한 분석으로 옳은 것은? 3점

표는 갑국의 인구 관련 지표를 나타낸 것이다. t년 대비 t+50년에 총인구 증가율은 200%이다.

구분	총부양비	노령화 지수
t년	100	25
t+50년	50	100

* 총부양비 = 유소년 부양비 + 노년 부양비
* 유소년 부양비 = $\dfrac{\text{유소년 인구(0~14세 인구)}}{\text{부양 인구(15~64세 인구)}} \times 100$
* 노년 부양비 = $\dfrac{\text{노년 인구(65세 이상 인구)}}{\text{부양 인구(15~64세 인구)}} \times 100$
* 노령화 지수 = $\dfrac{\text{노년 인구(65세 이상 인구)}}{\text{유소년 인구(0~14세 인구)}} \times 100$

① 부양 인구는 t+50년이 t년의 4배이다.
② 유소년 인구는 t+50년이 t년보다 적다.
③ 유소년 부양비는 t년이 t+50년보다 작다.
④ 노년 인구 대비 부양 인구는 t+50년이 t년보다 크다.
⑤ t+50년에는 t년과 달리 총인구 중 노년 인구의 비율이 20%보다 높다.

자료 파헤치기

STEP 1 t년의 인구 구성을 파악해 보도록 하겠습니다. t년의 경우 총부양비는 100이므로 '부양 인구=유소년 인구+노년 인구'가 성립하며, 노령화 지수가 25이므로 유소년 인구는 노년 인구의 4배가 됩니다. 즉, t년의 경우 부양 인구를 100명이라고 가정하면, 유소년 인구는 80명, 노년 인구는 20명이 되어 총부양비는 100, 노령화 지수는 25가 됩니다. t년의 부양 인구를 100명이라고 가정하여 t년의 갑국의 인구 구성을 나타내면 다음과 같습니다.

(단위 : 명)

구분	t년
유소년 인구	80
부양 인구	100
노년 인구	20
총인구	200

STEP 2 제시된 자료에 t년 대비 t+50년의 총인구 증가율이 제시되어 있으므로 먼저 t+50년의 총인구를 구해 보도록 하겠습니다. t년 대비 t+50년에 총인구 증가율이 200%입니다. t년의 부양 인구를 100명이라고 가정하면, t년의 총인구는 200명이 되며, t년 대비 t+50년에 총인구가 200% 증가하였으므로 t+50년의 총인구는 600명이 됩니다. 이를 나타내면 다음과 같습니다.

(단위 : 명)

구분	t년	t+50년
유소년 인구	80	
부양 인구	100	
노년 인구	20	
총인구	200	600

STEP 3 t+50년의 인구 구성을 파악해 보도록 하겠습니다. t+50년의 경우 노령화 지수가 100이므로 유소년 인구와 노년 인구가 같고, 총부양비가 50이므로 부양 인구는 유소년 인구와 노년 인구의 합의 2배가 됩니다. t년의 부양 인구를 100명이라고 가정하면, t+50년의 총인구는 600명이므로 t+50년에 유소년 인구는 100명, 부양 인구는

400명, 노년 인구는 100명이 됩니다. 즉, t년의 부양 인구를 100명이라고 가정하면, t+50년의 경우 유소년 인구는 100명, 부양 인구는 400명, 노년 인구는 100명이 되어 총부양비는 50, 노령화 지수는 100이 됩니다. 이를 나타내면 다음과 같습니다.

(단위 : 명)

구분	t년	t+50년
유소년 인구	80	100
부양 인구	100	400
노년 인구	20	100
총인구	200	600

정답은 나의 것!

자료 파헤치기에서 구한 다음의 표를 이용하면 쉽게 정답을 찾을 수 있습니다.

<t년의 부양 인구를 100명이라고 가정할 경우>

(단위 : 명)

구분	t년	t+50년
유소년 인구	80	100
부양 인구	100	400
노년 인구	20	100
총인구	200	600

선택지 ① ✔

t년의 부양 인구가 100명이라면, t+50년의 부양 인구는 400명이 됩니다. 즉, t+50년 부양 인구는 t년 부양 인구의 4배가 됩니다. 따라서 선지 ①번은 정답입니다.

선택지 ②

t년의 부양 인구가 100명이라면, 유소년 인구는 t년의 경우 80명, t+50년의 경우 100명이 됩니다. 즉, 유소년 인구는 t+50년이 t년보다 많습니다. 따라서 선지 ②번은 오답입니다.

선택지 ③

t년의 부양 인구가 100명이라면, 유소년 부양비는 t년의 경우 80(=80명÷100명×100), t+50년의 경우 25(=100명÷400명×100)가 됩니다. 즉, 유소년 부양비는 t년이 t+50년보다 큽니다. 따라서 선지 ③번은 오답입니다.

선택지 ④

t년의 부양 인구가 100명이라면, 노년 인구 대비 부양 인구는 t년의 경우 5(=100명/20명)이고, t+50년의 경우 4(=400명/100명)가 됩니다. 즉, 노년 인구 대비 부양 인구는 t+50년이 t년보다 작습니다. 따라서 선지 ④번은 오답입니다.

선택지 ⑤

t년의 부양 인구가 100명이라면, 총인구 중 노년 인구의 비율은 t년의 경우 10%(=20명÷200명×100), t+50년의 경우 약 16.7%(=100명÷600명×100)가 됩니다. 즉, t년과 t+50년 모두 총인구 중 노년 인구의 비율은 20%보다 낮습니다. 따라서 선지 ⑤번은 오답입니다.

 **정답 : ①**

특강 29 갑국과 을국의 시기별 인구 통계 집중 분석

20 [2024 수능] [2024학년도 수능 20번]

다음 자료에 대한 분석으로 옳은 것은? (3점)

> 표는 갑국과 을국의 인구 구조 변화를 비교한 것이다. t년 대비 t+50년에 갑국의 전체 인구는 10% 감소하였고, 을국의 전체 인구는 20% 감소하였다. 단, t년에 갑국과 을국의 전체 인구는 동일하다.

구분	갑국		을국	
	t년	t+50년	t년	t+50년
합계 출산율(명)	4.2	1.8	1.5	0.9
전체 인구 대비 15~64세 인구 비율(%)	50	60	50	55
노령화 지수	25	100	150	200

> * 합계 출산율 : 여성 1명이 가임 기간(15~49세) 동안 낳을 것으로 예상되는 평균 출생아 수
>
> ** 노령화 지수 = $\dfrac{\text{노년 인구 (65세 이상 인구)}}{\text{유소년 인구 (0~14세 인구)}} \times 100$
>
> *** 전체 인구 중 65세 이상 인구가 차지하는 비율이 20% 이상인 사회를 초고령 사회라고 함.

① t년과 t+50년 모두 갑국은 을국에 비해 저출산 현상이 강하게 나타난다.

② t년과 t+50년에 갑국과 을국은 모두 초고령 사회이다.

③ t년 대비 t+50년의 노령화 지수 증가율은 을국이 갑국보다 크다.

④ t년에 을국의 유소년 인구는 t+50년에 갑국의 유소년 인구보다 많다.

⑤ t년에 노년 인구는 을국이 갑국의 3배이고, t+50년에 노년 인구는 을국이 갑국의 1.5배이다.

자료 파헤치기

STEP 1 제시된 자료에는 전체 인구 대비 15~64세 인구 비율이 제시되어 있습니다. 전체 인구 대비 15~64세 인구 비율은 전체 인구에서 15~64세 인구가 차지하는 비율을 의미하는 것으로, 이는 부양 인구 비율을 나타냅니다.
갑국의 경우를 먼저 살펴보도록 하겠습니다. t년에 부양 인구 비율은 50%이고, 노령화 지수는 25입니다. 부양 인구 비율이 50%이므로 유소년 인구 비율+노년 인구 비율은 50%가 되며, 노령화 지수가 25이므로 유소년 인구 비율은 노년 인구 비율의 4배가 됩니다. 따라서 갑국의 경우 t년에 유소년 인구 비율은 40%, 부양 인구 비율은 50%, 노년 인구 비율은 10%가 됩니다. t+50년에 부양 인구 비율은 60%이고, 노령화 지수는 100입니다. 부양 인구 비율이 60%이므로 유소년 인구 비율+노년 인구 비율은 40%가 되며, 노령화 지수가 100이므로 유소년 인구 비율과 노년 인구 비율이 같습니다. 따라서 갑국의 경우 t+50년에 유소년 인구 비율은 20%, 부양 인구 비율은 60%, 노년 인구 비율은 20%가 됩니다.
이제 을국의 경우를 살펴보도록 하겠습니다. t년에 부양 인구 비율은 50%이고, 노령화 지수는 150입니다. 부양 인구 비율이 50%이므로 유소년 인구 비율+노년 인구 비율은 50%가 되며, 노령화 지수가 150이므로 노년 인구 비율은 유소년 인구 비율의 1.5배가 됩니다. 따라서 을국의 경우 t년에 유소년 인구 비율은 20%, 부양 인구 비율은 50%, 노년 인구 비율은 30%가 됩니다. t+50년에 부양 인구 비율은 55%이고, 노령화 지수는 200입니다. 부양 인구 비율이 55%이므로 유소년 인구 비율+노년 인구 비율은 45%가 되며, 노령화 지수가 200이므로 노년 인구 비율은 유소년 인구 비율의 2배가 됩니다. 따라서 을국의 경우 t+50년에 유소년 인구 비율은 15%, 부양 인구 비율은 55%, 노년 인구 비율은 30%가 됩니다. 이를 나타내면 다음과 같습니다.

〈갑국〉

구분	t년		t+50년	
	비율(%)	인구(명)	비율(%)	인구(명)
유소년 인구	40		20	
부양 인구	50		60	
노년 인구	10		20	
전체 인구	100		100	

〈을국〉

구분	t년		t+50년	
	비율(%)	인구(명)	비율(%)	인구(명)
유소년 인구	20		15	
부양 인구	50		55	
노년 인구	30		30	
전체 인구	100		100	

STEP 2 제시된 자료에서는 t년 대비 t+50년에 갑국과 을국의 전체 인구 변화가 제시되어 있습니다. 먼저 갑국의 경우를 살펴보도록 하겠습니다. t년 대비 t+50년에 갑국의 전체 인구가 10% 감소하였으므로 t년에 갑국의 전체 인구를 100명이라고 가정하면, t+50년에 갑국의 전체 인구는 90명이 됩니다. t년에 갑국의 전체 인구를 100명이라고 가정하면, t년에 유소년 인구는 40명, 부양 인구는 50명, 노년 인구는 10명이 됩니다. t년에 갑국의 전체 인구를 100명이라고 가정하면, t+50년에 갑국의 전체 인구는 90명이 되므로 t+30년에 유소년 인구는 18명(=90명×20%), 부양 인구는 54명(=90명×60%), 노년 인구는 18명(=90명×20%)이 됩니다. 이를 나타내면 다음과 같습니다.

〈갑국〉

구분	t년		t+50년	
	비율(%)	인구(명)	비율(%)	인구(명)
유소년 인구	40	40	20	18
부양 인구	50	50	60	54
노년 인구	10	10	20	18
전체 인구	100	100	100	90

STEP 3 을국의 경우를 살펴보도록 하겠습니다. t년에 갑국과 을국의 전체 인구가 동일하고, t년 대비 t+50년에 을국의 전체 인구가 20% 감소하였으므로 t년에 갑국의 전체 인구를 100명이라고 가정하면, t년에 을국의 전체 인구는 100명이 되고, t+50년에 을국의 전체 인구는 80명이 됩니다. t년에 을국의 전체 인구가 100명이라면, t년에 유소년 인구는 20명, 부양 인구는 50명, 노년 인구는 30명이 됩니다. t년에 을국의 전체 인구가 100명이라면, t+50년에 을국의 전체 인구는 80명이 되므로 t+30년에 유소년 인구는 12명(=80명×15%), 부양 인구는 44명(=80명×55%), 노년 인구는 24명(=80명×30%)이 됩니다. 이를 나타내면 다음과 같습니다.

〈을국〉

구분	t년		t+50년	
	비율(%)	인구(명)	비율(%)	인구(명)
유소년 인구	20	20	15	12
부양 인구	50	50	55	44
노년 인구	30	30	30	24
전체 인구	100	100	100	80

정답은 나의 것!

자료 파헤치기에서 구한 다음의 표를 이용하면 쉽게 정답을 찾을 수 있습니다.

〈갑국〉

구분	t년		t+50년	
	비율(%)	인구(명)	비율(%)	인구(명)
유소년 인구	40	40	20	18
부양 인구	50	50	60	54
노년 인구	10	10	20	18
전체 인구	100	100	100	90

〈을국〉

구분	t년		t+50년	
	비율(%)	인구(명)	비율(%)	인구(명)
유소년 인구	20	20	15	12
부양 인구	50	50	55	44
노년 인구	30	30	30	24
전체 인구	100	100	100	80

선택지 ①

저출산 현상은 합계 출산율을 통해 파악할 수 있습니다. t년에 합계 출산율은 을국이 갑국보다 낮고, t+50년에 합계 출산율 또한 을국이 갑국보다 낮습니다. 즉, t년과 t+50년 모두 을국이 갑국에 비해 저출산 현상이 강하게 나타났습니다. 따라서 선지 ①번은 오답입니다.

선택지 ②

갑국의 경우 전체 인구에서 노년 인구가 차지하는 비율은 t년이 10%, t+50년이 20%입니다. 즉, t년과 달리 t+50년에 갑국은 초고령 사회입니다. 을국의 경우 전체 인구에서 노년 인구가 차지하는 비율은 t년과 t+50년이 각각 30%입니다. 즉, t년과 t+50년에 을국은 초고령 사회입니다. 따라서 선지 ②번은 오답입니다.

선택지 ③

갑국의 경우 노령화 지수는 t년에 25에서 t+50년에 100으로 300%{=(75/25)×100} 증가하였습니다. 을국의 경우 노령화 지수는 t년에 150에서 t+50년에 200으로 약 33.3%{=(50/150)×100} 증가하였습니다. 즉, t년 대비 t+50년의 노령화 지수 증가율은 을국이 갑국보다 작습니다. 따라서 선지 ③번은 오답입니다.

선택지 ④ ✔

t년에 갑국과 을국의 전체 인구를 각각 100명이라고 가정하면, t년에 을국의 유소년 인구는 20명이고, t+50년에 갑국의 유소년 인구는 18명입니다. 즉, t년에 을국의 유소년 인구는 t+50년에 갑국의 유소년 인구보다 많습니다. 따라서 선지 ④번은 정답입니다.

선택지 ⑤

t년에 갑국과 을국의 전체 인구를 각각 100명이라고 가정하면, t년에 노인 인구는 갑국이 10명, 을국이 30명입니다. 즉, t년에 노년 인구는 을국이 갑국의 3배입니다. t년에 갑국과 을국의 전체 인구를 각각 100명이라고 가정하면, t+50년에 노년 인구는 갑국이 18명, 을국이 24명입니다. 즉, t+50년에 노년 인구는 을국이 갑국의 약 1.3배(=24/18)입니다. 따라서 선지 ⑤번은 오답입니다.

 **정답 : ④**

특강 30 갑국의 시기별 인구 통계 집중 분석

20

[2024년 3월 학평 20번]

다음 자료에 대한 분석으로 옳은 것은? 3점

표는 갑국의 노년 부양비와 노령화 지수를 나타낸 것이다. 갑국의 부양 인구는 t년에 A 지역과 B 지역이 같고, t+50년에 B 지역이 A 지역의 3배이다. 갑국은 A, B 지역으로만 구성되며, 갑국의 전체 인구는 t년과 t+50년이 동일하다.

구분	t년		t+50년	
	A 지역	B 지역	A 지역	B 지역
노년 부양비	75	25	250	50
노령화 지수	100	20	500	100

* 유소년 부양비 $= \dfrac{\text{유소년 인구 (0~14세 인구)}}{\text{부양 인구 (15~64세 인구)}} \times 100$

* 노년 부양비 $= \dfrac{\text{노년 인구 (65세 이상 인구)}}{\text{부양 인구 (15~64세 인구)}} \times 100$

* 노령화 지수 $= \dfrac{\text{노년 인구 (65세 이상 인구)}}{\text{유소년 인구 (0~14세 인구)}} \times 100$

① t년에 갑국의 노령화 지수는 60이다.
② t+50년에 갑국의 노년 부양비는 100이다.
③ 갑국의 유소년 부양비는 t+50년이 t년보다 크다.
④ A 지역의 부양 인구는 t년과 t+50년이 동일하다.
⑤ B 지역의 유소년 인구는 t+50년이 t년보다 많다.

자료 파헤치기

STEP 1 제시된 표에서 t년에 A 지역과 B 지역의 인구 구성을 파악해 보겠습니다. 먼저 t년에 A 지역의 경우를 살펴보겠습니다. t년에 A 지역의 경우 유소년 인구 비율을 a, 부양 인구 비율을 b, 노년 인구 비율을 c라고 하면, 노년 부양비가 75이므로 $(c/b)\times100=75$, 노령화 지수가 100이므로 $(c/a)\times100=100$이 성립합니다. 이를 풀면, $a=c$, $4c=3b$가 됩니다. $a+b+c=100$이므로 이에 대입해 보면 $a=30$, $b=40$, $c=30$이 됩니다. 즉, t년에 A 지역의 경우 유소년 인구 비율은 30%, 부양 인구 비율은 40%, 노년 인구 비율은 30%입니다.

t년에 B 지역의 경우를 살펴보겠습니다. t년에 B 지역의 경우 유소년 인구 비율을 a', 부양 인구 비율을 b', 노년 인구 비율을 c'라고 하면, 노년 부양비가 25이므로 $(c'/b')\times100=25$, 노령화 지수가 20이므로 $(c'/a')\times100=20$이 성립합니다. 이를 풀면, $4c'=b'$, $5c'=a'$가 됩니다. $a'+b'+c'=100$이므로 이에 대입해 보면 $a'=50$, $b'=40$, $c'=10$이 됩니다. 즉, t년에 B 지역의 경우 유소년 인구 비율은 50%, 부양 인구 비율은 40%, 노년 인구 비율은 10%입니다.

t년에 A 지역과 B 지역의 인구 구성을 나타내면 다음과 같습니다.

〈t년〉
(단위 : %)

구분	A 지역	B 지역
유소년 인구	30	50
부양 인구	40	40
노년 인구	30	10
전체	100	100

STEP 2 이제 t+50년에 A 지역과 B 지역의 인구 구성을 파악해 보겠습니다. t+50년에 A 지역의 경우를 살펴보도록 하겠습니다. t+50년에 A 지역의 경우 유소년 인구 비율을 x, 부양 인구 비율을 y, 노년 인구 비율을 z라고 하면, 노년 부양비가 250이므로 $(z/y)\times100=250$, 노령화 지수가 500이므로 $(z/x)\times100=500$이 성립합니다. 이를 풀면, $2z=5y$, $z=5x$가 됩니다. $x+y+z=100$이므로 이에 대입해 보면 $x=12.5$, $y=25$, $z=62.5$가 됩니다. 즉, t+50년에 A 지역의 경우 유소년 인구 비율은 12.5%, 부양 인구 비율은 25%, 노년 인구 비율은 62.5%입니다.

t+50년에 B 지역의 경우를 살펴보겠습니다. t+50년에 B 지역의 경우 유소년 인구 비율을 x', 부양 인구 비율을 y', 노년 인구 비율을 z'라고 하면, 노년 부양비가 50이므로 $(z'/y')\times100=50$, 노령화 지수가 100이므로 $(z'/x')\times100=100$이 성립합니다. 이를 풀면, $2z'=y'$, $z'=x'$가 됩니다. $x'+y'+z'=100$이므로 이에 대입해 보면 $x'=25$, $y'=50$, $z'=25$가 됩니다. 즉, t+50년에 B 지역의 경우 유소년 인구 비율은 25%, 부양 인구 비율은 50%, 노년 인구 비율은 25%입니다.

t+50년에 A 지역과 B 지역의 인구 구성을 나타내면 다음과 같습니다.

〈t+50년〉

(단위 : %)

구분	A 지역	B 지역
유소년 인구	12.5	25
부양 인구	25	50
노년 인구	62.5	25
전체	100	100

STEP 3 〈STEP 1〉과 〈STEP 2〉에서 구한 t년과 t+50년에 A 지역과 B 지역의 인구 구성 비율을 바탕으로 A 지역, B 지역, 그리고 갑국 전체의 해당 인구수를 파악해 보겠습니다. 먼저, t년에 A 지역, B 지역 그리고 갑국 전체의 해당 인구수를 구해 보겠습니다. 〈STEP 1〉에서 구한 t년에 A 지역과 B 지역의 인구 구성 비율을 보면, t년에 A 지역 부양 인구 비율과 B 지역 부양 인구 비율은 각각 40%로 같습니다. t년에 갑국의 부양 인구는 A 지역과 B 지역이 같으므로 〈STEP 1〉에서 구한 t년에 A 지역과 B 지역의 인구 구성 비율을 인구수로 전환하면 어렵지 않게 A 지역과 B 지역의 해당 인구수를 구할 수 있습니다. 즉, t년에 A 지역 부양 인구와 B 지역 부양 인구가 각각 40명으로 같다면, A 지역의 경우 유소년 인구는 30명, 노년 인구는 30명이 되고, B 지역의 경우 유소년 인구는 50명, 노년 인구는 10명이 됩니다. 이때, t년에 A 지역 인구와 B 지역 인구는 각각 100명으로 같습니다. t년에 A 지역과 B 지역의 해당 인구수를 통해 갑국 전체의 해당 인구수를 구할 수 있습니다. t년에 유소년 인구의 경우 A 지역이 30명, B 지역이 50명이므로 갑국 전체는 80명이 됩니다. t년에 부양 인구의 경우 A 지역과 B 지역이 각각 40명이므로 갑국 전체는 80명이 됩니다. t년에 노년 인구의 경우 A 지역이 30명, B 지역이 10명이므로 갑국 전체는 40명이 됩니다. 이를 나타내면 다음과 같습니다.

〈t년〉

(단위 : 명)

구분	A 지역	B 지역	갑국
유소년 인구	30	50	80
부양 인구	40	40	80
노년 인구	30	10	40
전체	100	100	200

t+50년에 A 지역, B 지역 그리고 갑국 전체의 해당 인구수를 구해 보겠습니다. 〈STEP 2〉에서 구한 t+50년에 A 지역과 B 지역의 인구 구성 비율을 바탕으로 t+50년에 A 지역과 B 지역의 해당 인구수를 구할 수 있습니다. 〈STEP 2〉에서 구한 t+50년에 A 지역과 B 지역의 인구 구성 비율을 보면, t+50년에 A 지역 부양 인구 비율은 25%, B 지역 부양 인구 비율은 50%입니다. t+50년에 B 지역 부양 인구가 A 지역 부양 인구의 3배이므로 A 지역 인구를 A', B 지역 인구를 B'라고 한다면, $0.5\times B'=3\times0.25\times A'$이 성립합니다. 이를 풀면, $2B'=3A'$가 됩니다. 즉, A 지역 인구 : B 지역 인구 = 2 : 3이 됩니다. t년과 t+50년에 갑국 전체 인구가 같으므로 t년에 갑국 전체 인구를 200명이라고 한다면, t+50년에 갑국 전체 인구는 200명이 됩니다. 따라서 t+50년에 A 지역 인구는 80명(=200명×2/5), B 지역 인구는 120명(=200명×3/5)이 됩니다. t+50년에 A 지역 인구와 B 지역 인구를 〈STEP 2〉에서 구한 t+50년에 A 지역과 B 지역의 인구 구성 비율에 적용해 보면, t+50년에 A 지역의 경우 유소년 인구는 10명(=80명×12.5%), 부양 인구는 20명(=80명×25%), 노년 인구는 50명(=80명×62.5%)이 되고, B 지역의 경우 유소년 인구는 30명(=120명×25%), 부양 인구는 60명(=120명×50%), 노년 인구는 30명(=120명×25%)이 됩니다. t+50년에 A 지역과 B 지역의 해당 인구수를 통해 갑국 전체의 해당 인구수를 구할 수 있습니다. t+50년에 유소년 인구의 경우 A 지역이 10명, B 지역이 30명이므로 갑국 전체는 40명이 됩니다. t+50년에 부양 인구의 경우 A 지역이 20명, B 지역이 60명이므로 갑국 전체는 80명이 됩니다. t+50년에 노년 인구의 경우 A 지역이 50명, B 지역이 30명이므로 갑국 전체는 80명이 됩니다. 이를 나타내면 다음과 같습니다.

〈t+50년〉

(단위 : 명)

구분	A 지역	B 지역	갑국
유소년 인구	10	30	40
부양 인구	20	60	80
노년 인구	50	30	80
전체	80	120	200

정답은 나의 것!

자료 파헤치기에서 구한 다음의 표를 이용하면 쉽게 정답을 찾을 수 있습니다.

(단위 : 명)

구분	t년			t+50년		
	A 지역	B 지역	갑국	A 지역	B 지역	갑국
유소년 인구	30	50	80	10	30	40
부양 인구	40	40	80	20	60	80
노년 인구	30	10	40	50	30	80
전체 인구	100	100	200	80	120	200

선택지 ①

t년에 갑국 전체 인구가 200명이라면, t년에 갑국의 유소년 인구는 80명, t년에 갑국의 노년 인구는 40명입니다. 즉, t년에 갑국의 노령화 지수는 50{=(40명/80명)×100}입니다. 따라서 선지 ①번은 오답입니다.

선택지 ② ✔

t+50년에 갑국 전체 인구가 200명이라면, t+50년에 갑국의 부양 인구는 80명, 갑국의 노년 인구는 80명입니다. 즉, t+50년에 갑국의 노년 부양비는 100{=(80명/80명)×100}입니다. 따라서 선지 ②번은 정답입니다.

선택지 ③

t년과 t+50년에 갑국 전체 인구가 각각 200명이라면, t년에 갑국의 유소년 인구는 80명, t년에 갑국의 부양 인구는 80명이며, t+50년에 갑국의 유소년 인구는 40명, t+50년에 갑국의 부양 인구는 80명입니다. 갑국의 유소년 부양비는 t년이 100{=(80명/80명)×100}, t+50년이 50{=(40명/80명)×100}입니다. 즉, 갑국의 유소년 부양비는 t+50년이 t년보다 작습니다. 따라서 선지 ③번은 오답입니다.

선택지 ④

t년과 t+50년에 갑국 전체 인구가 각각 200명이라면, A 지역의 부양 인구는 t년이 40명, t+50년이 20명입니다. 즉, A 지역의 부양 인구는 t년이 t+50년보다 많습니다. 따라서 선지 ④번은 오답입니다.

선택지 ⑤

t년과 t+50년에 갑국 전체 인구가 각각 200명이라면, B 지역의 유소년 인구는 t년이 50명, t+50년이 30명입니다. 즉, 유소년 인구는 t+50년이 t년보다 적습니다. 따라서 선지 ⑤번은 오답입니다.

🎓 정답 : ②

특강 31 갑국의 시기별 인구 통계 집중 분석

20
[2024년 4월 학평 20번]

다음 자료에 대한 옳은 분석만을 〈보기〉에서 고른 것은?

표는 갑국 t년과 t+50년의 인구 관련 통계를 나타낸 것이다.
t년 대비 t+50년의 갑국 전체 인구는 25% 감소하였다.

구분	t년	t+50년
노령화 지수	25	400
총부양비	100	150

* 노령화 지수 = $\dfrac{\text{노년 인구 (65세 이상 인구)}}{\text{유소년 인구 (0~14세 인구)}}$ × 100

** 유소년 부양비 = $\dfrac{\text{유소년 인구 (0~14세 인구)}}{\text{부양 인구 (15~64세 인구)}}$ × 100

*** 노년 부양비 = $\dfrac{\text{노년 인구 (65세 이상 인구)}}{\text{부양 인구 (15~64세 인구)}}$ × 100

**** 총부양비 = 유소년 부양비 + 노년 부양비

보기

ㄱ. 노년 부양비는 t년이 t+50년보다 작다.
ㄴ. 유소년 부양비는 t년이 t+50년의 3배보다 작다.
ㄷ. t의 노년 인구는 t+50년의 유소년 인구보다 적다.
ㄹ. 전체 인구에서 유소년 인구가 차지하는 비율은 t년이
    t+50년의 2배이다.

① ㄱ, ㄴ　　② ㄱ, ㄷ　　③ ㄴ, ㄷ　　④ ㄴ, ㄹ　　⑤ ㄷ, ㄹ

자료 파헤치기

STEP 1 먼저, t년의 인구 구성을 살펴보도록 하겠습니다. t년의 경우 유소년 인구를 a, 부양 인구를 b, 노년 인구를 c라고 가정하면, 노령화 지수가 25이므로 (c/a)×100=25가 성립하고, 총부양비가 100이므로 {(a+c)/b}×100=100이 성립합니다. 이를 풀면, a=4c, a+c=b가 됩니다. 즉, a : b : c = 4 : 5 : 1이 됩니다. t년에 갑국 전체 인구를 100명이라고 가정하면, t년에 유소년 인구는 40명, 부양 인구는 50명, 노년 인구는 10명이 됩니다. 이를 나타내면 다음과 같습니다.

〈t년〉

구분	수(명)	비율(%)
유소년 인구	40	40
부양 인구	50	50
노년 인구	10	10
전체	100	100

STEP 2 이제, t+50년의 인구 구성을 살펴보도록 하겠습니다. t년 대비 t+50년에 갑국 전체 인구는 25% 감소하였습니다. 즉, t년에 갑국 전체 인구가 100명이라면, t+50년에 갑국 전체 인구는 75명이 됩니다. t+50년의 경우 유소년 인구를 d, 부양 인구를 e, 노년 인구를 f라고 가정하면, 노령화 지수가 400이므로 (f/d)×100=400이 성립하고, 총부양비가 150이므로 {(d+f)/e}×100=150이 성립합니다. 이를 풀면, f=4d, d+f=(3/2)e가 됩니다. 즉, d : e : f = 3 : 10 : 12가 됩니다. t+50년에 갑국 전체 인구가 75명이므로 t+50년에 유소년 인구는 9명{=(3/25)×75명}, 부양 인구는 30명{=(10/25)×75명}, 노년 인구는 36명{=(12/25)×75명}이 됩니다. 이를 나타내면 다음과 같습니다.

〈t+50년〉

구분	수(명)
유소년 인구	9
부양 인구	30
노년 인구	36
전체	75

STEP 3 〈STEP 2〉에서 구한 t+50년의 인구 구성을 바탕으로 t+50년에 갑국 전체 인구에서 유소년 인구가 차지하는 비율, 부양 인구가 차지하는 비율, 노년 인구가 차지하는 비율을 구해 보도록 하겠습니다. t+50년에 갑국 전체 인구가 75명이고 유소년 인구가 9명이므로 갑국 전체 인구에서 유소년 인구가 차지하는 비율은 12%{=(9/75)×100}가 됩니다. t+50년에 갑국 전체 인구가 75명이고 부양 인구가 30명이므로 갑국 전체 인구에서 부양 인구가 차지하는 비율은 40%{=(30명/75명)×100}가 됩니다. t+50년에 갑국 전체 인구가 75명이고 노년 인구가 36명이므로 갑국 전체 인구에서 노년 인구가 차지하는 비율은 48%{=(36명/75명)×100}가 됩니다. 즉, t+50년에 유소년 인구 비율은 12%, 부양 인구 비율은 40%, 노년 인구 비율은 48%가 됩니다. 이를 나타내면 다음과 같습니다.

〈t+50년〉

구분	수(명)	비율(%)
유소년 인구	9	12
부양 인구	30	40
노년 인구	36	48
전체	75	100

 정답은 나의 것!

자료 파헤치기에서 구한 다음의 표를 이용하면 쉽게 정답을 찾을 수 있습니다.

구분	t년		t+50년	
	수(명)	비율(%)	수(명)	비율(%)
유소년 인구	40	40	9	12
부양 인구	50	50	30	40
노년 인구	10	10	36	48
전체	100	100	75	100

보기 ㄱ ✔

t년에 갑국 전체 인구가 100명이라면, t년에 부양 인구는 50명, 노년 인구는 10명이 되므로 노년 부양비는 20{=(10명/50명)×100}이 됩니다. t년에 갑국 전체 인구가 100명이라면, t+50년에 갑국 전체 인구는 75명이 되므로 t+50년에 부양 인구는 30명, 노년 인구는 36명이 되어 노년 부양비는 120{=(36명/30명)×100}이 됩니다. 즉, 노년 부양비는 t년이 t+50년보다 작습니다. 보기 ㄱ은 정답입니다.

보기 ㄴ ✔

t년에 갑국 전체 인구가 100명이라면, t년에 부양 인구는 50명, 유소년 인구는 40명이 되므로 유소년 부양비는 80{=(40명/50명)×100}이 됩니다. t년에 갑국 전체 인구가 100명이라면, t+50년에 갑국 전체 인구는 75명이 되므로 t+50년에 부양 인구는 30명, 유소년 인구는 9명이 되어 유소년 부양비는 30{=(9명/30명)×100}이 됩니다. 즉, 유소년 부양비는 t년이 t+50년의 3배보다 작습니다. 따라서 보기 ㄴ은 정답입니다.

보기 ㄷ

t년에 갑국 전체 인구가 100명이라면, t년에 노년 인구는 10명이 되고, t+50년에 유소년 인구는 9명이 됩니다. 즉, t의 노년 인구는 t+50년의 유소년 인구보다 많습니다. 따라서 보기 ㄷ은 오답입니다.

보기 ㄹ

전체 인구에서 유소년 인구가 차지하는 비율은 t년이 40%이고, t+50년이 12%입니다. 즉, 전체 인구에서 유소년 인구가 차지하는 비율은 t년이 t+50년의 약 3.3배가 됩니다. 따라서 보기 ㄹ은 오답입니다.

정답 : ①

특강 32 갑국과 을국의 시기별 인구 통계 집중 분석

20 [2025 평가원]　[2025학년도 6월 모평 20번]

다음 자료에 대한 옳은 분석만을 〈보기〉에서 고른 것은? [3점]

t년 갑국과 을국의 전체 인구는 같다. 갑국에서 t+50년의 인구는 t년의 2배이고, 을국에서 t+50년의 인구는 t년의 3배이다. 단, 복지 지출의 필요성은 복지 정책의 적용 대상이 되는 인구에 비례한다.

구분	갑국		을국	
	t년	t+50년	t년	t+50년
전체 인구 대비 노년 인구 비율(%)	10	35	10	㉠
노령화 지수	20	140	㉡	100
총부양비	㉢	㉣	100	100

* 노령화 지수 = $\dfrac{\text{노년 인구 (65세 이상 인구)}}{\text{유소년 인구 (0~14세 인구)}} \times 100$

** 유소년 부양비 = $\dfrac{\text{유소년 인구 (0~14세 인구)}}{\text{부양 인구 (15~64세 인구)}} \times 100$

*** 노년 부양비 = $\dfrac{\text{노년 인구 (65세 이상 인구)}}{\text{부양 인구 (15~64세 인구)}} \times 100$

**** 총부양비 = 유소년 부양비 + 노년 부양비

보기

ㄱ. ㉠과 ㉡은 같고, ㉣은 ㉢보다 크다.
ㄴ. 을국의 t+50년 부양 인구는 갑국의 t년 유소년 인구의 3배이다.
ㄷ. t년 노년 부양비의 경우 갑국이 을국보다 크고, t+50년 유소년 부양비의 경우 을국이 갑국보다 크다.
ㄹ. 갑국과 을국 모두 t년 대비 t+50년에 노년 인구를 대상으로 한 복지 지출의 필요성이 커졌다.

① ㄱ, ㄴ　② ㄱ, ㄷ　③ ㄴ, ㄷ　④ ㄴ, ㄹ　⑤ ㄷ, ㄹ

🔍 자료 파헤치기

STEP 1 갑국의 인구 구성을 파악해 보도록 하겠습니다. t년에 전체 인구 대비 노년 인구 비율이 10%이고, 노령화 지수가 20이므로 전체 인구 대비 유소년 인구 비율은 (10%/20)×100=50%가 됩니다. t년에 노년 인구 비율이 10%, 유소년 인구 비율이 50%이므로 부양 인구 비율은 40%(=100%-10%-50%)가 됩니다. t+50년에 전체 인구 대비 노년 인구 비율이 35%이고, 노령화 지수가 140이므로 전체 인구 대비 유소년 인구 비율은 (35%/140)×100=25%가 됩니다. t+50년에 노년 인구 비율이 35%, 유소년 인구 비율이 25%이므로 부양 인구 비율은 40%(=100%-35%-25%)가 됩니다. 이를 나타내면 다음과 같습니다.

(단위 : %)

구분	갑국	
	t년	t+50년
유소년 인구	50	25
부양 인구	40	40
노년 인구	10	35
전체	100	100

STEP 2 을국의 인구 구성을 파악해 보도록 하겠습니다. t년에 전체 인구 대비 노년 인구 비율이 10%이고, 총부양비가 100이므로 '노년 인구+유소년 인구=부양 인구'가 성립합니다. 따라서 t년에 노년 인구 비율이 10%이므로 유소년 인구 비율은 40%가 되고, 부양 인구 비율은 50%가 됩니다. t+50년에 노령화 지수가 100이고, 총부양비가

100이므로 '노년 인구=유소년 인구', '노년 인구+유소년 인구=부양 인구'가 성립합니다. 따라서 t+50년에 노년 인구 비율과 유소년 인구 비율은 각각 25%가 되고, 부양 인구 비율은 50%가 됩니다. 이를 나타내면 다음과 같습니다.

(단위 : %)

구분	을국	
	t년	t+50년
유소년 인구	40	25
부양 인구	50	50
노년 인구	10	25
전체	100	100

STEP 3 〈STEP 1〉과 〈STEP 2〉에서 구한 갑국과 을국의 인구 구성 비율을 바탕으로 갑국과 을국의 인구수를 구해 보도록 하겠습니다. t년에 갑국과 을국의 전체 인구가 같고, t+50년에 갑국의 인구는 t년의 2배이고, t+50년에 을국의 인구는 t년의 3배입니다. 따라서 t년에 갑국과 을국의 전체 인구를 각각 100명이라고 하면, t+50년에 갑국의 전체 인구는 200명이 되고, t+50년에 을국의 전체 인구는 300명이 됩니다. 갑국의 경우 t+50년에 유소년 인구 비율은 25%, 부양 인구 비율은 40%, 노년 인구 비율은 35%이므로 t+50년에 전체 인구가 200명이라면, 유소년 인구는 50명, 부양 인구는 80명, 노년 인구는 70명이 됩니다. 을국의 경우 t+50년에 유소년 인구 비율은 25%, 부양 인구 비율은 50%, 노년 인구 비율은 25%이므로 t+50년에 전체 인구가 300명이라면, 유소년 인구는 75명, 부양 인구는 150명, 노년 인구는 75명이 됩니다. 이를 나타내면 다음과 같습니다.

(단위 : 명)

구분	갑국		을국	
	t년	t+50년	t년	t+50년
유소년 인구	50	50	40	75
부양 인구	40	80	50	150
노년 인구	10	70	10	75
전체	100	200	100	300

💡 정답은 나의 것!

자료 파헤치기에서 구한 다음의 표를 이용하면 쉽게 정답을 찾을 수 있습니다.

(단위 : %)

구분	갑국		을국	
	t년	t+50년	t년	t+50년
유소년 인구	50	25	40	25
부양 인구	40	40	50	50
노년 인구	10	35	10	25
전체	100	100	100	100

(단위 : 명)

구분	갑국		을국	
	t년	t+50년	t년	t+50년
유소년 인구	50	50	40	75
부양 인구	40	80	50	150
노년 인구	10	70	10	75
전체	100	200	100	300

보기 ㄱ

을국의 경우 t+50년에 전체 인구 대비 노년 인구 비율은 25%입니다. 따라서 ㉠은 '25'입니다. 을국의 경우 t년에 노령화 지수는

(10/40)×100=25입니다. 따라서 ⓒ은 '25'입니다. 갑국의 경우 t년에 총부양비는 {(50+10)/40}×100=150입니다. 따라서 ⓒ은 '150'입니다. 갑국의 경우 t+50년에 총부양비는 {(25+35)/40}×100=150입니다. 따라서 ⓔ은 '150'입니다. 즉, ⑤과 ⓒ은 각각 25로 같고, ⓒ과 ⓔ은 각각 150으로 같습니다. 따라서 보기 ㄱ은 오답입니다.

보기 ㄴ ✔

t년에 갑국과 을국의 전체 인구를 각각 100명이라고 하면, t+50년에 을국의 부양 인구는 150명이 되고, t년에 갑국의 유소년 인구는 50명이 됩니다. 즉, 을국의 t+50년 부양 인구는 갑국의 t년 유소년 인구의 3배가 됩니다. 따라서 보기 ㄴ은 정답입니다.

보기 ㄷ

t년에 노년 부양비는 갑국이 25{=(10/40)×100}이고, 을국이 20{=(10/50)×100}으로, 갑국이 을국보다 큽니다. t+50년에 유소년 부양비는 갑국이 62.5{=(25/40)×100}이고, 을국이 50{=(25/50)×100}으로, 을국이 갑국보다 작습니다. 즉, t년 노년 부양비의 경우 갑국이 을국보다 크고, t+50년 유소년 부양비의 경우 을국이 갑국보다 작습니다. 따라서 보기 ㄷ은 오답입니다.

보기 ㄹ ✔

t년에 갑국과 을국의 전체 인구를 각각 100명이라고 하면, 갑국의 경우 t년 대비 t+50년에 노년 인구는 10명에서 70명으로 증가하고, 을국의 경우 t년 대비 t+50년에 10명에서 75명으로 증가합니다. 즉, t년 대비 t+50년에 갑국과 을국은 모두 노년 인구가 증가하였으므로 노년 인구를 대상으로 한 복지 지출의 필요성이 커졌다고 볼 수 있습니다. 따라서 보기 ㄹ은 정답입니다.

🎓 **정답 : ④**

특강 33 갑국과 을국의 시기별 인구 통계 집중 분석

20 [2024년 7월 학평 20번]

다음 자료에 대한 분석으로 옳은 것은? 3점

> 표는 갑국과 을국의 인구 구조 변화를 비교한 것이다. t년에 갑국과 을국 모두 부양 인구는 전체 인구의 50%이다. t년에 비해 t+30년에 부양 인구는 갑국이 10%, 을국이 20% 감소하였고, 을국의 노년 인구는 100% 증가하였다. 단, 동일 시기에 갑국과 을국의 전체 인구는 같다.

구분	갑국		을국	
	t년	t+30년	t년	t+30년
합계 출산율(명)	1.76	0.78	2.06	1.18
유소년 부양비 : 노년 부양비	2 : 3	3 : 10	1 : 1	2 : 5

> * 합계 출산율 : 여성 1명이 가임 기간(15~49세) 동안 낳을 것으로 예상되는 평균 출생아 수
> ** 유소년 부양비 = {유소년 인구(0~14세 인구) / 부양 인구(15~64세 인구)} × 100
> *** 노년 부양비 = {노년 인구(65세 이상 인구) / 부양 인구(15~64세 인구)} × 100
> **** 전체 인구 중 65세 이상 인구가 차지하는 비율이 14% 이상 ~ 20% 미만인 사회를 고령 사회, 20% 이상인 사회를 초고령 사회라고 함.

① t년에 갑국은 고령 사회, 을국은 초고령 사회이다.
② t+30년에 갑국과 을국의 노년 부양비는 같다.
③ t+30년에 갑국과 달리 을국은 저출산 현상이 강하게 나타난다.
④ t년 갑국의 유소년 인구와 t+30년 을국의 유소년 인구는 같다.
⑤ t년에 노년 인구는 을국보다 갑국이 많았으나 t+30년에 노년 인구는 갑국보다 을국이 많다.

🔍 **자료 파헤치기**

STEP 1 먼저, 부양 인구를 살펴보도록 하겠습니다. t년에 갑국과 을국의 부양 인구는 각각 갑국과 을국 전체 인구의 50%이므로 t년에 갑국과 을국의 전체 인구가 각각 100명이라면, t년에 갑국의 부양 인구는 50명, t년에 을국의 부양 인구는 50명이 됩니다. t년에 비해 t+30년에 갑국의 부양 인구가 10% 감소하였으므로 t+30년에 갑국의 부양 인구는 45명이 되고, t년 대비 t+30년에 을국의 부양 인구가 20% 감소하였으므로 t+30년에 을국의 부양 인구는 40명이 됩니다. 이를 나타내면 다음과 같습니다.

(단위 : 명)

구분	갑국		을국	
	t년	t+30년	t년	t+30년
유소년 인구				
부양 인구	50	45	50	40
노년 인구				
전체	100		100	

STEP 2 t년의 경우를 살펴보도록 하겠습니다. t년에 갑국의 전체 인구가 100명이라면, t년에 갑국의 부양 인구는 50명이고, t년에 갑국의 유소년 부양비 : 노년 부양비가 2 : 3이므로 t년에 갑국의 유소년 인구는 20명이고, t년에 갑국의 노년 인구는 30명이 됩니다. t년에 을국의 전체 인구가 100명이라면, t년에 을국의 부양 인구는 50명이고, t년에 을국의 유소년 부양비 : 노년 부양비가 1 : 1이므로 t년에 을국의 유소년 인구는 25명이고, t년에 을국의 노년 인구는 25명이 됩니다. 이를 나타내면 다음과 같습니다.

(단위 : 명)

구분	갑국		을국	
	t년	t+30년	t년	t+30년
유소년 인구	20		25	
부양 인구	50	45	50	40
노년 인구	30		25	
전체	100		100	

STEP 3 t+30년의 경우를 살펴보도록 하겠습니다. t년에 을국의 전체 인구가 100명이라면, t년에 을국의 노년 인구는 25명이고, t년 대비 t+30년에 을국의 노년 인구가 100% 증가하였으므로 t+30년에 을국의 노년 인구는 50명이 됩니다. t+30년에 을국의 유소년 부양비 : 노년 부양비가 2 : 5이고 t+30년에 을국의 노년 인구가 50명이므로 t+30년에 을국의 유소년 인구는 20명이 됩니다. 따라서 t+30년에 을국의 전체 인구는 110명(=20명+40명+50명)이 됩니다. 동일 시기에 갑국과 을국의 전체 인구가 같으므로 t+30년에 갑국의 전체 인구는 110명이 됩니다. t+30년에 갑국의 전체 인구가 110명, t+30년에 갑국의 부양 인구가 45명이고, t+30년에 갑국의 유소년 부양비 : 노년 부양비가 3 : 10이므로 t+30년에 갑국의 유소년 인구는 15명(=65명×3/13)이고, t+30년에 갑국의 노년 인구는 50명(=65명×10/13)이 됩니다. 이를 나타내면 다음과 같습니다.

(단위 : 명)

구분	갑국		을국	
	t년	t+30년	t년	t+30년
유소년 인구	20	15	25	20
부양 인구	50	45	50	40
노년 인구	30	50	25	50
전체	100	110	100	110

정답은 나의 것!

자료 파헤치기에서 구한 다음의 표를 이용하면 쉽게 정답을 찾을 수 있습니다.

(단위 : 명)

구분	갑국		을국	
	t년	t+30년	t년	t+30년
유소년 인구	20	15	25	20
부양 인구	50	45	50	40
노년 인구	30	50	25	50
전체	100	110	100	110

선택지 ①
t년에 전체 인구 중 노년 인구가 차지하는 비율은 갑국이 30%, 을국이 25%입니다. 즉, t년에 갑국과 을국은 모두 초고령 사회입니다. 따라서 선지 ①번은 오답입니다.

선택지 ②
t+30년에 노년 부양비는 갑국이 약 111{=(50명/45명)×100}, 을국이 125{=(50명/40명)×100}입니다. 즉, t+30년에 노년 부양비는 을국이 갑국보다 큽니다. 따라서 선지 ②번은 오답입니다.

선택지 ③
t+30년에 합계 출산율은 갑국이 0.78, 을국이 1.18입니다. 즉, t+30년에 갑국은 을국과 달리 저출산 현상이 강하게 나타나고 있습니다. 따라서 선지 ③번은 오답입니다.

선택지 ④ ✔
t년에 갑국과 을국의 전체 인구를 각각 100명이라고 가정하면, t년에 갑국의 유소년 인구는 20명, t+30년에 을국의 유소년 인구는 20명입니다. 즉, t년 갑국의 유소년 인구와 t+30년 을국의 유소년 인구가 같습니다. 따라서 선지 ④번은 정답입니다.

선택지 ⑤
t년에 갑국과 을국의 전체 인구를 각각 100명이라고 가정하면, t년에 노년 인구는 갑국이 30명, 을국이 25명입니다. 즉, t년에 노년 인구는 갑국이 을국보다 많습니다. t년에 갑국과 을국의 전체 인구를 각각 100명이라고 가정하면, t+30년에 노년 인구는 갑국이 50명, 을국이 50명입니다. 즉, t+30년에 노년 인구는 갑국과 을국이 같습니다. 따라서 선지 ⑤번은 오답입니다.

 **정답 : ④**

특강 34 갑국의 시기별 인구 구성 변화 예측

20 [2025 평가원] [2025학년도 9월 모평 20번]

다음 자료에 대한 분석으로 옳은 것은? 3점

〈조건〉
1. 갑국 t년의 유소년 인구(0~14세 인구)는 부양 인구(15~64세 인구)의 50%이고 노년 인구(65세 이상 인구)의 3배이다.
2. A 시기는 t년 대비 t+30년으로, B 시기는 t+30년 대비 t+50년으로 인구 변화 양상을 예측하여 나타낸다.
3. A 시기와 B 시기 동안 전체 인구의 변화는 없다.
4. 세대 간 갈등의 정도는 노년 부양비에 비례하고, 경제 성장 동력은 부양 인구에 비례한다.

〈A 시기와 B 시기의 인구 변화 양상 예측〉

구분	A 시기	B 시기
전체 인구 중 유소년 인구 비율	감소	감소
전체 인구 중 부양 인구 비율	변화 없음	감소
유소년 부양비	감소	증가

* 유소년(노년) 부양비 = $\dfrac{\text{유소년(노년) 인구}}{\text{부양 인구}} \times 100$

** 총부양비 = 유소년 부양비 + 노년 부양비

*** 피부양 인구 = 유소년 인구 + 노년 인구

① A 시기에는 피부양 인구의 증가로 경제 성장 동력이 저하될 것이다.
② B 시기에는 유소년 인구보다 부양 인구가 더 많이 감소할 것이다.
③ 세대 간 갈등은 B 시기보다 A 시기에 더 심각할 것이다.
④ t년의 총부양비는 100보다 작고, t+30년의 총부양비는 100이다.
⑤ t+50년의 노년 인구는 t년보다 많고 t+30년보다 적을 것이다.

자료 파헤치기

STEP 1 먼저 t년의 인구 구성을 파악해 보도록 하겠습니다. t년에 유소년 인구는 부양 인구의 50%이고 노년 인구의 3배이므로 t년에 노년 인구를 a라고 하면, 유소년 인구는 3a, 부양 인구는 6a가 됩니다. 따라서 t년에 유소년 인구 비율은 30%, 부양 인구 비율은 60%, 노년 인구 비율은 10%가 됩니다. 이를 나타내면 다음과 같습니다.

(단위 : %)

구분	t년	t+30년	t+50년
유소년 인구	30		
부양 인구	60		
노년 인구	10		
전체	100		

STEP 2 t+30년의 인구 구성을 파악해 보도록 하겠습니다. t년 대비 t+30년에 유소년 인구 비율은 감소하였고, 부양 인구 비율은 변화가 없으므로 노년 인구 비율은 증가하였습니다. 이를 나타내면 다음과 같습니다.

(단위 : %)

구분	t년	t+30년	t+50년
유소년 인구	30	t년 대비 감소	
부양 인구	60	60	
노년 인구	10	t년 대비 증가	
전체	100	100	

STEP 3 t+50년의 인구 구성을 파악해 보도록 하겠습니다. t+30년 대비 t+50년에 유소년 인구 비율과 부양 인구 비율이 모두 감소하였으므로

노년 인구 비율은 증가하였습니다. 그런데 t+30년 대비 t+50년에 유소년 부양비가 증가하였습니다. 유소년 부양비는 (유소년 인구/부양 인구)×100 으로 구할 수 있습니다. 유소년 부양비 공식에서 분자와 분모가 모두 감소하였는데 그 전체 값은 증가하였습니다. 이를 통해 분자의 감소율보다 분모의 감소율이 더 큼을 파악할 수 있습니다. 즉, 유소년 인구 감소율보다 부양 인구 감소율이 더 큼을 알 수 있습니다. t+50년의 인구 구성을 나타내면 다음과 같습니다.

(단위 : %)

구분	t년	t+30년	t+50년
유소년 인구	30	t년 대비 감소	t+30년 대비 감소
부양 인구	60	60	t+30년 대비 감소
노년 인구	10	t년 대비 증가	t+30년 대비 증가
전체	100	100	100

정답은 나의 것!

자료 파헤치기에서 구한 다음의 표를 이용하면 쉽게 정답을 찾을 수 있습니다.

(단위 : %)

구분	t년	t+30년	t+50년
유소년 인구	30	t년 대비 감소	t+30년 대비 감소
부양 인구	60	60	t+30년 대비 감소
노년 인구	10	t년 대비 증가	t+30년 대비 증가
전체	100	100	100

선택지 ①

피부양 인구는 유소년 인구와 노년 인구를 의미합니다. t년~t+50년 동안 전체 인구에 변화가 없고, t년 대비 t+30년에 부양 인구의 비율은 60%로 변함이 없습니다. 따라서 피부양 인구 비율도 40%로 변함이 없습니다. 즉, A 시기에 피부양 인구는 변함이 없습니다. 따라서 선지 ①번은 오답입니다.

선택지 ② ✔

t+30년 대비 t+50년에 유소년 인구 비율과 부양 인구 비율은 모두 감소하였으나 유소년 부양비는 증가하였습니다. 이는 부양 인구 감소율이 유소년 인구 감소율보다 큼을 의미합니다. t+30년에 유소년 인구보다 부양 인구가 많고, 유소년 인구 감소율보다 부양 인구 감소율이 크므로 t+30년 대비 t+50년에 유소년 인구보다 부양 인구가 더 많이 감소할 것입니다. 따라서 선지 ②번은 정답입니다.

선택지 ③

노년 부양비는 t년 대비 t+30년에 증가하였고, t+30년 대비 t+50년에 증가하였습니다. 세대 간 갈등의 정도는 노년 부양비에 비례하므로 세대 간 갈등은 A 시기보다 B 시기에 더 심각할 것입니다. 따라서 선지 ③번은 오답입니다.

선택지 ④

t년에 부양 인구 비율은 60%, 유소년 인구 비율+노년 인구 비율은 40%이고, t+30년에 부양 인구 비율은 60%, 유소년 인구 비율+노년 인구 비율은 40%입니다. 즉, t년과 t+30년에 총부양비는 각각 (40/60)×100이므로 100보다 작습니다. 따라서 선지 ④번은 오답입니다.

선택지 ⑤

t년 대비 t+30년에 노년 인구 비율은 증가하였고, t+30년 대비 t+50년에 노년 인구 비율 또한 증가하였습니다. 즉, t년~t+50년 동안 전체 인구에 변화가 없으므로 t+50년의 노년 인구는 t년과 t+30년보다 많을 것입니다. 따라서 선지 ⑤번은 오답입니다.

 **정답 : ②**

특강 35 갑국의 시기별 인구 통계 집중 분석

20 [2025 수능] [2025학년도 수능 20번]

다음 자료에 대한 설명으로 옳은 것은? 3점

갑국 t년의 부양 인구(15~64세 인구)는 노년 인구의 7배이며, 노령화 지수는 50이다. 표는 기간별 인구 변화 양상을 나타낸 것으로 A 기간은 t년 대비 t+30년으로, B 기간은 t+30년 대비 t+50년으로 하여 분석하였다. 단, A 기간과 B 기간 동안 전체 인구의 변화는 없다.

구분	A 기간	B 기간
노령화 지수 증가율(%)	60	50
노년 인구 증가율(%)	100	50

* 노령화 지수 = $\dfrac{노년 인구(65세 이상 인구)}{유소년 인구(0 \sim 14세 인구)} \times 100$

〈조건〉

○ 노동력 부족 정도, 세대 간 갈등 정도, 양육에 대한 사회적 부담 정도는 아래의 조건으로만 각각 판단한다.
　1. 노동력 부족 정도는 부양 인구와 부(−)의 관계에 있다.
　2. 세대 간 갈등 정도는 노년 부양비와 정(+)의 관계에 있다.
　3. 양육에 대한 사회적 부담 정도는 유소년 부양비와 정(+)의 관계에 있다.

* 노년(유소년) 부양비 = $\dfrac{노년(유소년) 인구}{부양 인구} \times 100$

① A 기간에 유소년 인구는 감소하고 노년 인구는 증가하였다.
② B 기간에 부양 인구와 노년 인구는 모두 증가하였다.
③ A 기간과 B 기간에 증가한 노년 인구는 동일하다.
④ 양육에 대한 사회적 부담 정도는 t+50년보다 t+30년이 크다.
⑤ 노동력 부족 정도는 t+50년보다 t+30년이, 세대 간 갈등 정도는 t+30년보다 t+50년이 크다.

자료 파헤치기

STEP 1 먼저 t년의 인구 구성을 파악해 보도록 하겠습니다. t년에 부양 인구가 노년 인구의 7배이므로 t년에 노년 인구를 a라고 하면, 부양 인구는 7a가 됩니다. 노령화 지수는 (노년 인구/유소년 인구)×100으로 구할 수 있고, t년에 노령화 지수가 50이므로 (a/유소년 인구)×100=50이 성립합니다. 즉, 유소년 인구는 2a가 됩니다. 따라서 유소년 인구 : 부양 인구 : 노년 인구 = 2a : 7a : a = 2 : 7 : 1이 되어 t년에 유소년 인구 비율은 20%, 부양 인구 비율은 70%, 노년 인구 비율은 10%가 됩니다.

STEP 2 t+30년의 인구 구성을 파악해 보도록 하겠습니다. t년 대비 t+30년에 전체 인구의 변화가 없고, t년에 노년 인구 비율이 10%, t년 대비 t+30년에 노년 인구 증가율이 100%이므로 t+30년에 노년 인구 비율은 20%가 됩니다. t년에 노령화 지수는 50이고, t년 대비 t+30년에 노령화 지수 증가율이 60%이므로 t+30년에 노령화 지수는 80이 됩니다. t+30년에 노년 인구 비율은 20%이고, 노령화 지수는 80이므로 유소년 인구 비율은 25%{=(20/80)×100}가 됩니다. t+30년에 노년 인구 비율이 20%, 유소년 인구 비율이 25%이므로 부양 인구 비율은 55%가 됩니다.

STEP 3 t+50년의 인구 구성을 파악해 보도록 하겠습니다. t+30년 대비 t+50년에 전체 인구의 변화가 없고, t+30년에 노년 인구 비율이 20%, t+30년 대비 t+50년에 노년 인구 증가율이 50%이므로 t+50년에 노년 인구 비율은 30%가 됩니다. t+30년에 노령화 지수는 80이고, t+30년 대비 t+50년에 노령화 지수 증가율이 50%이므로 t+50년에 노령화 지수는 120이 됩니다. t+50년에 노년 인구 비율은 30%이고, 노령화 지수는 120이므로 유소년 인구 비율은 25%{=(30/120)×100}가 됩니다. **t+50년에 노년 인구 비율이 30%, 유소년 인구 비율이 25%이므로 부양 인구 비율은 45%가 됩니다.** STEP1~STEP3에서 구한 값을 표로 정리하면 다음과 같습니다.

(단위 : %)

구분	t년	t+30년	t+50년
유소년 인구	20	25	25
부양 인구	70	55	45
노년 인구	10	20	30
전체	100	100	100

정답은 나의 것!

자료 파헤치기에서 구한 표를 이용하면 쉽게 정답을 찾을 수 있습니다.

선택지 ①
t년 대비 t+30년에 유소년 인구 비율은 20%에서 25%로 증가하였고, t년 대비 t+30년에 노년 인구 비율은 10%에서 20%로 증가하였습니다. **A 기간 동안 전체 인구의 변화가 없으므로 A 기간에 유소년 인구와 노년 인구는 모두 증가하였습니다.** 따라서 선지 ①번은 오답입니다.

선택지 ②
t+30년 대비 t+50년에 부양 인구 비율은 55%에서 45%로 감소하였고, t+30년 대비 t+50년에 노년 인구 비율은 20%에서 30%로 증가합니다. **B 기간 동안 전체 인구의 변화가 없으므로 B 기간에 부양 인구는 감소하였고, 노년 인구는 증가하였습니다.** 따라서 선지 ②번은 오답입니다.

선택지 ③ ✔
노년 인구 비율은 t년이 10%, t+30년이 20%, t+50년이 30%이고, A 기간과 B 기간 동안 전체 인구는 변화가 없으므로 t년~t+30년에 갑국의 전체 인구가 각각 100명이라면, 노년 인구는 t년이 10명, t+30년이 20명, t+50년이 30명이 됩니다. t년 대비 t+30년에 증가한 노년 인구는 10명(=20명-10명)이고, t+30년 대비 t+50년에 증가한 노년 인구는 10명(=30명-20명)입니다. 즉, **A 기간과 B 기간에 증가한 노년 인구는 각각 10명으로 같습니다.** 따라서 선지 ③번은 정답입니다.

선택지 ④
양육에 대한 사회적 부담 정도는 유소년 부양비와 정(+)의 관계에 있습니다. 유소년 부양비는 t+30년이 약 45.5{=(25/55)×100}, t+50년이 약 55.6{=(25/45)×100}으로, t+30년이 t+50년보다 작습니다. 즉, **양육에 대한 사회적 부담 정도는 t+30년이 t+50년보다 작습니다.** 따라서 선지 ④번은 오답입니다.

선택지 ⑤
노동력 부족 정도는 부양 인구와 부(-)의 관계에 있습니다. 부양 인구 비율은 t+30년이 55%, t+50년이 45%로, t+30년이 t+50년보다 큽니다. 즉, **노동력 부족 정도는 t+50년이 t+30년보다 큽니다.** 세대 간 갈등 정도는 노년 부양비와 정(+)의 관계에 있습니다. 노년 부양비는 t+30년이 약 36.4{=(20/55)×100}, t+50년이 약 66.7{=(30/45)×100}으로, t+50년이 t+30년보다 큽니다. 즉, **세대 간 갈등 정도는 t+50년이 t+30년보다 큽니다.** 따라서 선지 ⑤번은 오답입니다.

 **정답 : ③**

 **특강 36** 갑국의 시기별 인구 통계 집중 분석

20
[2025년 3월 학평 20번]

다음 자료에 대한 분석으로 옳은 것은? 3점

> ○ t년 갑국의 총인구 중 유소년 인구(0~14세 인구)의 비율은 25%, 노년 인구(65세 이상 인구)의 비율은 20%이다.
> ○ t년 대비 t+20년 갑국의 총인구는 20% 증가하였고, 유소년 인구(0~14세 인구)는 20% 감소하였으며, 노년 인구(65세 이상 인구)는 50% 증가하였다.
>
> * 유소년 부양비 = (0~14세 인구/ 15~64세 인구) × 100
> * 노년 부양비 = (65세 이상 인구/ 15~64세 인구) × 100
> * 노령화 지수 = (65세 이상 인구/ 0~14세 인구) × 100

① 유소년 부양비는 t년이 t+20년보다 낮다.
② 총인구 중 노년 인구의 비율은 t년이 t+20년보다 높다.
③ t년 대비 t+20년의 15세 ~ 64세 인구는 15% 증가하였다.
④ 노년 부양비는 t년에 비해 t+20년에 증가하였다.
⑤ 노령화 지수는 t년에 비해 t+20년에 감소하였다.

자료 파헤치기

STEP 1 먼저 t년에 갑국의 인구 구성을 파악해 보도록 하겠습니다. 총인구는 유소년 인구+부양 인구+노년 인구로 구성됩니다. t년에 갑국의 총인구 중 유소년 인구의 비율이 25%이고, 노년 인구의 비율이 20%이므로 **부양 인구의 비율은 55%(=100%-25%-20%)입니다.** 이를 나타내면 다음과 같습니다.

(단위 : %)

구분	t년
유소년 인구	25
부양 인구	55
노년 인구	20
총인구	100

STEP 2 이제 t+20년에 갑국의 인구 구성을 파악해 보도록 하겠습니다. **t년에 갑국의 총인구를 100명이라고 가정하면, t년에 유소년 인구는 25명, 부양 인구는 55명, 노년 인구는 20명이 됩니다.** t년 대비 t+20년에 유소년 인구가 20% 감소하였으므로 **t+20년에 유소년 인구는 20명(=25명×80%)이 되고,** t년 대비 t+20년에 노년 인구가 50% 증가하였으므로 **t+20년에 노년 인구는 30명(=20명×150%)이 됩니다.** t년 대비 t+20년에 갑국의 총인구가 20% 증가하였으므로, t년에 갑국의 총인구가 100명이라면, **t+20년에 갑국의 총인구는 120명이며** 유소년 인구는 20명, 노년 인구는 30명이므로 **t+20년에 부양 인구는 70명(=120명-20명-30명)이 됩니다.** 이를 나타내면 다음과 같습니다.

(단위 : 명)

구분	t+20년
유소년 인구	20
부양 인구	70
노년 인구	30
총인구	120

STEP 3 t년에 갑국의 총인구를 100명이라고 가정하여 〈STEP 1〉과 〈STEP 2〉에서 파악한 t년과 t+20년에 갑국의 인구 구성을 나타내면 다음과 같습니다.

(단위 : 명)

구분	t년	t+20년
유소년 인구	25	20
부양 인구	55	70
노년 인구	20	30
총인구	100	120

 **정답은 나의 것!**

자료 파헤치기에서 구한 표를 이용하면 쉽게 정답을 찾을 수 있습니다.

(단위 : 명)

구분	t년	t+20년
유소년 인구	25	20
부양 인구	55	70
노년 인구	20	30
총인구	100	120

선택지 ①

t년에 갑국의 총인구를 100명이라고 가정하면, 유소년 부양비는 t년이 약 45.5{=(25명/55명)×100}이고, t+20년이 약 28.6{=(20명/70명)×100}입니다. 즉, 유소년 부양비는 t년이 t+20년보다 높습니다. 따라서 선지 ①번은 오답입니다.

선택지 ②

t년에 갑국의 총인구를 100명이라고 가정하면, 총인구 중 노년 인구의 비율은 t년이 20%{=(20명/100명)×100}이고, t+20년이 25%{=(30명/120명)×100}입니다. 즉, 총인구 중 노년 인구의 비율은 t년이 t+20년보다 낮습니다. 따라서 선지 ②번은 오답입니다.

선택지 ③

t년에 갑국의 총인구를 100명이라고 가정하면, 15세~64세 인구, 즉 부양 인구는 t년이 55명이고, t+20년이 70명입니다. 즉, t년 대비 t+20년에 15세~64세 인구는 약 27.3%{=(15명/55명)×100} 증가하였습니다. 따라서 선지 ③번은 오답입니다.

선택지 ④ ✔

t년에 갑국의 총인구를 100명이라고 가정하면, 노년 부양비는 t년이 약 36.4{=(20명/55명)×100}이고, t+20년이 약 42.9{=(30명/70명)×100}입니다. 즉, 노년 부양비는 t년에 비해 t+20년에 증가하였습니다. 따라서 선지 ④번은 정답입니다.

선택지 ⑤

t년에 갑국의 총인구를 100명이라고 가정하면, 노령화 지수는 t년이 80{=(20명/25명)×100}이고, t+20년이 150{=(30명/20명)×100}입니다. 즉, 노령화 지수는 t년에 비해 t+20년에 증가하였습니다. 따라서 선지 ⑤번은 오답입니다.

정답 : ④

20

[2025년 5월 학평 20번]

다음 자료에 대한 분석으로 옳은 것은?

다음은 갑국과 을국의 시기별 인구 관련 자료이다. t년 대비 t+100년에 갑국의 전체 인구는 20% 감소하였고, 을국의 전체 인구는 20% 증가하였다. 단, 경제 성장 동력은 부양 인구(15~64세 인구)에 비례하고, t년에 갑국과 을국의 전체 인구는 동일하다.

〈노년 인구 100명당 부양 인구〉

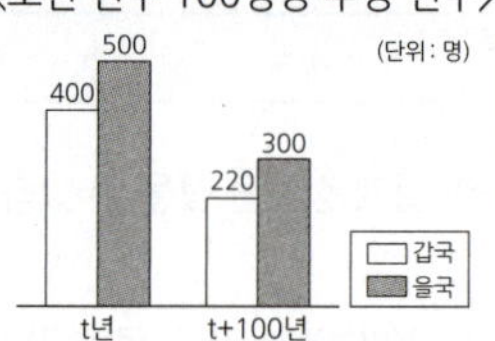

〈노령화 지수〉

구분	갑국	을국
t년	20	25
t+100년	125	100

* 노령화 지수 = $\dfrac{\text{노년 인구(65세 이상 인구)}}{\text{유소년 인구(0~14세 인구)}} \times 100$

** 전체 인구에서 노년 인구가 차지하는 비율이 7% 이상이면 고령화 사회, 14% 이상이면 고령 사회, 20% 이상이면 초고령 사회임.

① t+100년에 노년 인구는 갑국이 을국보다 많다.
② t년 대비 t+100년의 노령화 지수 증가율은 갑국이 을국보다 작다.
③ 갑국은 t년보다 t+100년에 경제 성장 동력이 약화될 것이다.
④ 을국은 t년보다 t+100년에 유소년 인구와 노년 인구의 합이 전체 인구에서 차지하는 비율이 낮다.
⑤ t년과 t+100년을 비교했을 때 갑국과 달리 을국은 고령화 사회에서 초고령 사회로 변화하였다.

🔍 **자료 파헤치기**

STEP 1 먼저 갑국의 경우를 살펴보도록 하겠습니다. 〈노년 인구 100명당 부양 인구〉에서 갑국의 경우 t년에 노년 인구 100명당 부양 인구가 400명이므로 부양 인구 : 노년 인구 = 4 : 1임을 알 수 있습니다. 〈노령화 지수〉에서 갑국의 경우 t년에 노령화 지수가 20이므로 노년 인구 : 유소년 인구 = 1 : 5임을 알 수 있습니다. 따라서 갑국의 경우 t년에 유소년 인구 : 부양 인구 : 노년 인구 = 5 : 4 : 1이 됩니다. 즉, 갑국의 경우 t년에 유소년 인구 비율은 50%, 부양 인구 비율은 40%, 노년 인구 비율은 10%가 됩니다. 〈노년 인구 100명당 부양 인구〉에서 갑국의 경우 t+100년에 노년 인구 100명당 부양 인구가 220명이므로 부양 인구 : 노년 인구 = 11 : 5임을 알 수 있습니다. 〈노령화 지수〉에서 갑국의 경우 t+100년에 노령화 지수가 125이므로 노년 인구 : 유소년 인구 = 5 : 4임을 알 수 있습니다. 따라서 갑국의 경우 t+100년에 유소년 인구 : 부양 인구 : 노년 인구 = 4 : 11 : 5가 됩니다. 즉, 갑국의 경우 t+100년에 유소년 인구 비율은 20%, 부양 인구 비율은 55%, 노년 인구 비율은 25%가 됩니다. 이를 나타내면 다음과 같습니다.

(단위 : %)

구분	갑국	
	t년	t+100년
유소년 인구	50	20
부양 인구	40	55
노년 인구	10	25
전체	100	100

STEP 2 을국의 경우를 살펴보도록 하겠습니다. 〈노년 인구 100명당 부양 인구〉에서 을국의 경우 t년에 노년 인구 100명당 부양 인구가 500명이므로 부양 인구 : 노년 인구 = 5 : 1임을 알 수 있습니다.

<노령화 지수>에서 을국의 경우 t년에 노령화 지수가 25이므로 노년 인구 : 유소년 인구 = 1 : 4임을 알 수 있습니다. 따라서 을국의 경우 t년에 유소년 인구 : 부양 인구 : 노년 인구 = 4 : 5 : 1이 됩니다. 즉, 을국의 경우 t년에 유소년 인구 비율은 40%, 부양 인구 비율은 50%, 노년 인구 비율은 10%가 됩니다. <노년 인구 100명당 부양 인구>에서 을국의 경우 t+100년에 노년 인구 100명당 부양 인구가 300명이므로 부양 인구 : 노년 인구 = 3 : 1임을 알 수 있습니다. <노령화 지수>에서 을국의 경우 t+100년에 노령화 지수가 100이므로 노년 인구 : 유소년 인구 = 1 : 1임을 알 수 있습니다. 따라서 을국의 경우 t+100년에 유소년 인구 : 부양 인구 : 노년 인구 = 1 : 3 : 1이 됩니다. 즉, 을국의 경우 t+100년에 유소년 인구 비율은 20%, 부양 인구 비율은 60%, 노년 인구 비율은 20%가 됩니다. 이를 나타내면 다음과 같습니다.

(단위 : %)

구분	을국	
	t년	t+100년
유소년 인구	40	20
부양 인구	50	60
노년 인구	10	20
전체	100	100

STEP 3 이제 갑국과 을국의 인구수를 파악해 보도록 하겠습니다. t년에 갑국 전체 인구를 100명이라고 가정하면, 갑국의 경우 t년에 유소년 인구는 50명(=100명×50%), 부양 인구는 40명(=100명×40%), 노년 인구는 10명(=100명×10%)이 됩니다.
t년에 갑국의 전체 인구를 100명이라고 가정하면 t 대비 t+10년에 갑국의 전체 인구가 20% 감소하였으므로 t+100년에 갑국의 전체 인구는 80명이 됩니다. 따라서 갑국의 경우 t+100년에 유소년 인구는 16명(=80명×20%), 부양 인구는 44명(=80명×55%), 노년 인구는 20명(=80명×25%)이 됩니다. 이를 나타내면 다음과 같습니다.

구분	갑국			
	t년		t+100년	
	비율(%)	인구(명)	비율(%)	인구(명)
유소년 인구	50	50	20	16
부양 인구	40	40	55	44
노년 인구	10	10	25	20
전체	100	100	100	80

t년에 갑국과 을국의 전체 인구가 동일하므로, t년에 을국 전체 인구를 100명이라고 가정하면, 을국의 경우 t년에 유소년 인구는 40명(=100명×40%), 부양 인구는 50명(=100명×50%), 노년 인구는 10명(=100명×10%)이 됩니다. t 대비 t+100년에 을국의 전체 인구가 20% 증가하였으므로, t년에 을국의 전체 인구를 100명이라고 가정하면, t+100년에 을국의 전체 인구는 120명이 됩니다. 따라서 을국의 경우 t+100년에 유소년 인구는 24명(=120명×20%), 부양 인구는 72명(=120명×60%), 노년 인구는 24명(=120명×20%)이 됩니다. 이를 나타내면 다음과 같습니다.

구분	을국			
	t년		t+100년	
	비율(%)	인구(명)	비율(%)	인구(명)
유소년 인구	40	40	20	24
부양 인구	50	50	60	72
노년 인구	10	10	20	24
전체	100	100	100	120

정답은 나의 것!

자료 파헤치기에서 구한 표를 이용하면 쉽게 정답을 찾을 수 있습니다.

구분	갑국				을국			
	t년		t+100년		t년		t+100년	
	비율(%)	인구(명)	비율(%)	인구(명)	비율(%)	인구(명)	비율(%)	인구(명)
유소년 인구	50	50	20	16	40	40	20	24
부양 인구	40	40	55	44	50	50	60	72
노년 인구	10	10	25	20	10	10	20	24
전체	100	100	100	80	100	100	100	120

선택지 ①
t년에 갑국과 을국의 전체 인구를 각각 100명이라고 가정하면, t+100년에 노년 인구는 갑국이 20명, 을국이 24명입니다. 즉, t+100년에 노년 인구는 갑국이 을국보다 적습니다. 따라서 선지 ①번은 오답입니다.

선택지 ②
t년 대비 t+100년에 노령화 지수는 갑국이 20에서 125로, 을국이 25에서 100으로 증가하였습니다. 따라서 t년 대비 t+100년에 노령화 지수 증가율은 갑국이 525%{=(105/20)×100}, 을국이 300%{=(75/25)×100}입니다. 즉, t년 대비 t+100년에 노령화 지수 증가율은 갑국이 을국보다 큽니다. 따라서 선지 ②번은 오답입니다.

선택지 ③
t년에 갑국의 전체 인구를 100명이라고 가정하면, 부양 인구는 t년이 40명이고 t+100년이 44명입니다. 즉, 갑국은 t년 대비 t+100년에 부양 인구가 증가하였으므로 갑국은 t년보다 t+100년에 경제 성장 동력이 강화될 것입니다. 따라서 선지 ③번은 오답입니다.

선택지 ④ ✔
을국의 경우 유소년 인구와 노년 인구의 합이 전체 인구에서 차지하는 비율은 t년이 50%(=40%+10%)이고, t+100년이 40%(=20%+20%)입니다. 즉, 을국은 t년보다 t+100년에 유소년 인구와 노년 인구의 합이 전체 인구에서 차지하는 비율이 낮습니다. 따라서 선지 ④번은 정답입니다.

선택지 ⑤
t년 대비 t+100년에 전체 인구에서 노년 인구가 차지하는 비율은 갑국이 10%에서 25%로 변화하였고, 을국은 10%에서 20%로 변화하였습니다. 즉, t년 대비 t+100년에 갑국과 을국은 모두 고령화 사회에서 초고령 사회로 변화하였습니다. 따라서 선지 ⑤번은 오답입니다.

 **정답 : ④**

특강 38 갑국과 을국의 시기별 인구 통계 집중 분석

20 [2026 평가원] [2026학년도 6월 모평 20번]

다음 자료에 대한 옳은 분석만을 〈보기〉에서 고른 것은?

인구 구조의 변화는 경제 성장과 세대 간 갈등에 영향을 미칠 수 있다. ⊙ 연구 결과에 따르면 부양 인구(15~64세 인구)가 감소할수록 경제 성장 동력은 약화되며, 노년 부양비가 커질수록 세대 간 갈등이 심해진다.

갑국의 t+100년 전체 인구와 을국의 t년 전체 인구는 동일하다. 을국에서 t+100년의 전체 인구는 t년의 2배이다. 갑국에서 t년의 유소년 인구는 t+100년의 4배이다.

구분	t년		t+100년	
	갑국	을국	갑국	을국
노령화 지수	50	50	150	25
유소년 부양비	100	100	40	80

* 노령화 지수 = $\dfrac{\text{노년 인구(65세 이상 인구)}}{\text{유소년 인구(0~14세 인구)}} \times 100$

** 유소년(노년) 부양비 = $\dfrac{\text{유소년(노년) 인구}}{\text{부양 인구}} \times 100$

보기

ㄱ. t년 대비 t+100년에 을국의 유소년 인구 증가율은 40%이다.
ㄴ. t년에 노년 인구는 갑국이 을국의 2배이고, t+100년에 노년 인구는 갑국이 을국의 1.5배이다.
ㄷ. ⊙에 따르면, 갑국은 t년에 비해 t+100년에 세대 간 갈등이 심해진다.
ㄹ. ⊙에 따르면, 을국은 t년에 비해 t+100년에 경제 성장 동력이 약화된다.

① ㄱ, ㄴ   ② ㄱ, ㄷ   ③ ㄴ, ㄷ   ④ ㄴ, ㄹ   ⑤ ㄷ, ㄹ

🔍 자료 파헤치기

STEP 1 갑국의 t+100년 전체 인구와 을국의 t년 전체 인구가 동일하므로 먼저 을국의 t년 전체 인구를 기준으로 t년에 을국의 인구 구성을 살펴보도록 하겠습니다. 을국의 경우 t년에 노령화 지수가 50이므로 이를 통해 유소년 인구 : 노년 인구 = 2 : 1임을 파악할 수 있습니다. 또한 을국의 경우 t년에 유소년 부양비가 100이므로 이를 통해 유소년 인구 : 부양 인구 = 1 : 1임을 파악할 수 있습니다. 따라서 을국의 경우 t년에 유소년 인구 : 부양 인구 : 노년 인구 = 2 : 2 : 1이 됩니다. 즉, t년에 을국의 전체 인구를 100명이라고 가정하면, 을국의 경우 t년에 유소년 인구는 40명, 부양 인구는 40명, 노년 인구는 20명이 됩니다. 이를 나타내면 다음과 같습니다.

(단위 : 명)

구분	t년	
	갑국	을국
유소년 인구		40
부양 인구		40
노년 인구		20
전체		100

STEP 2 t+100년에 갑국의 인구 구성을 살펴보도록 하겠습니다. 갑국의 경우 t+100년에 노령화 지수가 150이므로 이를 통해 유소년 인구 : 노년 인구 = 2 : 3임을 파악할 수 있습니다. 또한 갑국의 경우 t+100년에 유소년 부양비가 40이므로 이를 통해 유소년 인구 : 부양 인구 = 2 : 5임을 파악할 수 있습니다. 따라서 갑국의 경우 t+100년에 유소년 인구 : 부양 인구 : 노년 인구 = 2 : 5 : 3이 됩니다. 갑국의 t+100년 전체 인구와 을국의 t년 전체 인구가 동일하므로 t년에 을국의 전체 인구를

100명이라고 가정하면, t+100년에 갑국의 전체 인구는 100명이 됩니다. 따라서 t+100년에 갑국의 전체 인구가 100명이라면, 갑국의 경우 t+100년에 유소년 인구는 20명, 부양 인구는 50명, 노년 인구는 30명이 됩니다. 이를 나타내면 다음과 같습니다.

(단위 : 명)

구분	t년		t+100년	
	갑국	을국	갑국	을국
유소년 인구		40	20	
부양 인구		40	50	
노년 인구		20	30	
전체		100	100	

STEP 3 이제 t+100년에 을국의 인구 구성을 살펴보도록 하겠습니다. 을국의 경우 t+100년에 노령화 지수가 25이므로 이를 통해 유소년 인구 : 노년 인구 = 4 : 1임을 파악할 수 있습니다. 또한 을국의 경우 t+100년에 유소년 부양비가 80이므로 이를 통해 유소년 인구 : 부양 인구 = 4 : 5임을 파악할 수 있습니다. 따라서 을국의 경우 t+100년에 유소년 인구 : 부양 인구 : 노년 인구 = 4 : 5 : 1이 됩니다. 을국의 경우 t+100년의 전체 인구가 t년의 2배이므로 t년에 을국의 전체 인구가 100명이라면, t+100년에 을국의 전체 인구는 200명이 됩니다. 따라서 t+100년에 을국의 전체 인구가 200명이라면, 을국의 경우 t+100년에 유소년 인구는 80명, 부양 인구는 100명, 노년 인구는 20명이 됩니다. 이를 나타내면 다음과 같습니다.

(단위 : 명)

구분	t년		t+100년	
	갑국	을국	갑국	을국
유소년 인구		40	20	80
부양 인구		40	50	100
노년 인구		20	30	20
전체		100	100	200

STEP 4 t년에 갑국의 인구 구성을 살펴보도록 하겠습니다. 갑국의 경우 t년에 노령화 지수가 50이므로 이를 통해 유소년 인구 : 노년 인구 = 2 : 1임을 파악할 수 있습니다. 또한 갑국의 경우 t년에 유소년 부양비가 100이므로 이를 통해 유소년 인구 : 부양 인구 = 1 : 1임을 파악할 수 있습니다. 따라서 갑국의 경우 t년에 유소년 인구 : 부양 인구 : 노년 인구 = 2 : 2 : 1이 됩니다. 갑국에서 t년의 유소년 인구는 t+100년의 4배이므로 t+100년에 갑국의 전체 인구가 100명이라면, t+100년에 갑국의 유소년 인구는 20명이므로 t년에 갑국의 유소년 인구는 80명(=20명×4)이 됩니다. 이때 갑국의 경우 t년에 유소년 인구 : 부양 인구 : 노년 인구 = 2 : 2 : 1이므로 t년에 갑국의 부양 인구는 80명, t년에 갑국의 노년 인구는 40명이 되어 t년에 갑국의 전체 인구는 200명(=80명+80명+40명)이 됩니다. 이를 나타내면 다음과 같습니다.

(단위 : 명)

구분	t년		t+100년	
	갑국	을국	갑국	을국
유소년 인구	80	40	20	80
부양 인구	80	40	50	100
노년 인구	40	20	30	20
전체	200	100	100	200

 **정답은 나의 것!**

자료 파헤치기에서 구한 표를 이용하면 쉽게 정답을 찾을 수 있습니다.

(단위 : 명)

구분	t년		t+100년	
	갑국	을국	갑국	을국
유소년 인구	80	40	20	80
부양 인구	80	40	50	100
노년 인구	40	20	30	20
전체	200	100	100	200

보기 ㄱ

t년에 을국의 전체 인구를 100명이라고 가정하면, 을국의 경우 유소년 인구는 t년이 40명, t+100년이 80명이 됩니다. 즉, t년 대비 t+100년에 을국의 유소년 인구 증가율은 100%{=(40명/40명)×100}입니다. 따라서 보기 ㄱ은 오답입니다.

보기 ㄴ ✔

t년에 을국의 전체 인구를 100명이라고 가정하면, t년에 노년 인구는 갑국이 40명, 을국이 20명이므로 갑국이 을국의 2배입니다. t년에 을국의 전체 인구가 100명이라면, t+100년에 노년 인구는 갑국이 30명, 을국이 20명이므로 갑국이 을국의 1.5배입니다. 즉, t년에 노년 인구는 갑국이 을국의 2배이고, t+100년에 노년 인구는 갑국이 을국의 1.5배입니다. 따라서 보기 ㄴ은 정답입니다.

보기 ㄷ ✔

t년에 을국의 전체 인구를 100명이라고 가정하면, 갑국의 경우 노년 부양비는 t년이 50{=(40명/80명)×100}이고, t+100년이 60{=(30명/50명)×100}입니다. 즉, 갑국의 경우 t년 대비 t+100년에 노년 부양비는 증가하였습니다. ㉠에 따르면 노년 부양비가 커질수록 세대 간 갈등이 심해지므로 갑국은 t년에 비해 t+100년에 세대 간 갈등이 심해진다고 볼 수 있습니다. 따라서 보기 ㄷ은 정답입니다.

보기 ㄹ

t년에 을국의 전체 인구를 100명이라고 가정하면, 을국의 경우 부양 인구는 t년이 40명이고, t+100년이 100명입니다. 즉, 을국의 경우 t년 대비 t+100년에 부양 인구가 증가하였습니다. ㉠에 따르면 부양 인구가 감소할수록 경제 성장 동력이 약화되므로 을국은 t년에 비해 t+100년에 경제 성장 동력이 약화된다고 볼 수 없습니다. 따라서 보기 ㄹ은 오답입니다.

정답 : ③

 **특강 39** 갑국과 을국의 시기별 인구 통계 집중 분석

20 [2025년 7월 학평 20번]

다음 자료에 대한 분석으로 옳은 것은? 3점

표는 갑국과 을국의 시기별 인구 부양비를 나타낸다. t년에 갑국과 을국의 전체 인구비는 1 : 2이며, 두 국가 모두 t년 대비 t+50년에 전체 인구가 20% 증가하였다. 단, 두 국가 모두 부양 인구는 t년과 t+50년이 같다.

〈갑국과 을국의 인구 부양비〉

구분	갑국		을국	
	t년	t+50년	t년	t+50년
유소년 부양비	20	㉠	25	20
노년 부양비	30	50	㉡	60

* 유소년 부양비 = $\dfrac{\text{유소년 인구(0~14세 인구)}}{\text{부양 인구(15~64세 인구)}} \times 100$

** 노년 부양비 = $\dfrac{\text{노년 인구(65세 이상 인구)}}{\text{부양 인구(15~64세 인구)}} \times 100$

*** 노령화 지수 = $\dfrac{\text{노년 인구(65세 이상 인구)}}{\text{유소년 인구(0~14세 인구)}} \times 100$

**** 전체 인구 중 65세 이상 인구가 차지하는 비율이 20% 이상인 사회를 초고령 사회라고 함.

① ㉠은 '25', ㉡은 '30'이다.
② t년에 갑국과 을국은 모두 초고령 사회에 해당한다.
③ t+50년에 갑국 전체 인구에서 유소년 인구가 차지하는 비율은 15%이다.
④ t+50년에 을국의 노령화 지수는 t년에 갑국의 노령화 지수의 2배이다.
⑤ t년 대비 t+50년에 노년 인구 증가율은 을국이 갑국의 3배 이상이다.

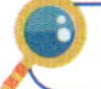 **자료 파헤치기**

STEP 1 먼저 갑국의 경우를 살펴보도록 하겠습니다. 갑국의 경우 t년에 부양 인구를 100명이라고 가정하면, t년에 유소년 부양비가 20이므로 t년에 유소년 인구는 20명이 되고, t년에 노년 부양비가 30이므로 t년에 노년 인구는 30명이 됩니다. 따라서 t년에 갑국의 전체 인구는 150명(=20명+100명+30명)이 됩니다. 이를 나타내면 다음과 같습니다.

(단위 : 명)

구분	갑국	
	t년	t+50년
유소년 인구	20	
부양 인구	100	
노년 인구	30	
전체	150	

갑국의 경우 t년과 t+50년에 부양 인구가 같으므로 t년에 부양 인구를 100명이라고 가정하면, t+50년에 갑국의 부양 인구도 100명이 됩니다. 갑국의 경우 t+50년에 부양 인구가 100명이라면, t+50년에 노년 부양비가 50이므로 t+50년에 갑국의 노년 인구는 50명이 됩니다. 갑국의 경우 t년에 부양 인구를 100명이라고 가정하면, t년에 갑국의 전체 인구는 150명이 되고, t년 대비 t+50년에 전체 인구가 20% 증가하였으므로 t+50년에 갑국의 전체 인구는 180명(=150명×1.2)이 됩니다. 갑국의 경우 t년에 부양 인구를 100명이라고 가정하면 t+50년에 전체 인구가 180명, 부양 인구가 100명, 노년 인구가 50명이므로 t+50년에 갑국의 유소년 인구는 30명(=180명-100명-50명)이 됩니다. 이를 나타내면 다음과 같습니다.

(단위 : 명)

구분	갑국	
	t년	t+50년
유소년 인구	20	30
부양 인구	100	100
노년 인구	30	50
전체	150	180

STEP 2 을국의 경우를 살펴보도록 하겠습니다. t년에 갑국과 을국의 전체 인구비가 1 : 2이므로 t년에 갑국의 전체 인구가 150명이라면, t년에 을국의 전체 인구는 300명이 되고, 을국의 경우 t년 대비 t+50년에 전체 인구가 20% 증가하였으므로 t+50년에 을국의 전체 인구는 360명이 됩니다. 을국의 경우 t+50년에 유소년 부양비가 20이므로 이를 통해 유소년 인구 : 부양 인구 = 1 : 5임을 파악할 수 있고, t+50년에 노년 부양비가 60이므로 이를 통해 노년 인구 : 부양 인구 = 3 : 5임을 파악할 수 있습니다. 즉, 을국의 경우 t+50년에 유소년 인구 : 부양 인구 : 노년 인구 = 1 : 5 : 3이 됩니다. t+50년에 을국의 전체 인구가 360명이라면, t+50년에 을국의 유소년 인구는 40명, t+50년에 을국의 부양 인구는 200명, t+50년에 을국의 노년 인구는 120명이 됩니다. 이를 나타내면 다음과 같습니다.

(단위 : 명)

구분	을국	
	t년	t+50년
유소년 인구		40
부양 인구		200
노년 인구		120
전체	300	360

을국의 경우 t년과 t+50년에 부양 인구가 같으므로 t년에 을국의 부양 인구는 200명이 됩니다. 을국의 경우 t년에 유소년 부양비가 25이고, 부양 인구가 200명이므로 t년에 을국의 유소년 인구는 50명이 됩니다. 을국의 경우 t년에 전체 인구가 300명, 유소년 인구가 50명, 부양 인구가 200명이므로 t년에 을국의 노년 인구는 50명(=300명-50명-200명)이 됩니다. 이를 나타내면 다음과 같습니다.

(단위 : 명)

구분	을국	
	t년	t+50년
유소년 인구	50	40
부양 인구	200	200
노년 인구	50	120
전체	300	360

STEP 3 t년에 갑국의 부양 인구를 100명이라고 가정하여 〈STEP 1〉에서 파악한 갑국의 인구 구성과 〈STEP 2〉에서 파악한 을국의 인구 구성을 나타내면 다음과 같습니다.

(단위 : 명)

구분	갑국		을국	
	t년	t+50년	t년	t+50년
유소년 인구	20	30	50	40
부양 인구	100	100	200	200
노년 인구	30	50	50	120
전체	150	180	300	360

정답은 나의 것!

자료 파헤치기에서 구한 표를 이용하면 쉽게 정답을 찾을 수 있습니다.

(단위 : 명)

구분	갑국		을국	
	t년	t+50년	t년	t+50년
유소년 인구	20	30	50	40
부양 인구	100	100	200	200
노년 인구	30	50	50	120
전체	150	180	300	360

선택지 ①
갑국의 경우 t년에 부양 인구를 100명이라고 가정하면, t+50년에 유소년 인구는 30명, 부양 인구는 100명이므로 유소년 부양비는 30{=(30명/100명)×100}입니다. 즉, ⊙은 '30'입니다. 을국의 경우 t년에 전체 인구가 300명이라면, t년에 부양 인구는 200명, 노년 인구는 50명이므로 노년 부양비는 25{=(50명/200명)×100}입니다. 즉, ⊙은 '25'입니다. 따라서 선지 ①번은 오답입니다.

선택지 ②
갑국의 경우 t년에 전체 인구에서 노년 인구가 차지하는 비율은 20%{=(30명/150명)×100}이고, 을국의 경우 t년에 전체 인구에서 노년 인구가 차지하는 비율은 약 16.7%{=(50명/300명)×100}입니다. 즉, t년에 갑국은 을국과 달리 초고령 사회에 해당합니다. 따라서 선지 ②번은 오답입니다.

선택지 ③
t+50년에 갑국 전체 인구에서 유소년 인구가 차지하는 비율은 약 16.7%{=(30명/180명)×100}입니다. 따라서 선지 ③번은 오답입니다.

선택지 ④ ✔
t년에 갑국의 노령화 지수는 150{=(30명/20명)×100}이고, t+50년에 을국의 노령화 지수는 300{=(120명/40명)×100}입니다. 즉, t+50년에 을국의 노령화 지수는 t년에 갑국의 노령화 지수의 2(=300/150)배입니다. 따라서 선지 ④번은 정답입니다.

선택지 ⑤
t년에 갑국의 부양 인구를 100명이라고 가정하면, t년 대비 t+50년에 갑국의 노년 인구는 30명에서 50명으로 증가하였고, t년 대비 t+50년에 을국의 노년 인구는 50명에서 120명으로 증가하였습니다. 따라서 t년 대비 t+50년에 노년 인구 증가율은 갑국이 약 66.7%{=(20명/30명)×100}이고, 을국이 140%{=(70명/50명)×100}입니다. 즉, t년 대비 t+50년에 노년 인구 증가율은 을국이 갑국의 3배보다 작습니다. 따라서 선지 ⑤번은 오답입니다.

 **정답 : ④**

특강 40 갑국과 을국의 시기별 인구 통계 집중 분석

20 [2026 평가원] [2026학년도 9월 모평 20번]

다음 자료에 대한 분석 및 추론으로 옳은 것은? 3점

> 표는 갑국과 을국에서 t년 대비 t+30년의 인구 구조 변화 양상을 예측하여 나타낸 것이다. t년에 전체 인구 중 부양 인구(15~64세 인구)의 비율은 을국이 45%로 갑국의 0.75배이고, 을국의 노령화 지수와 노년 부양비는 같으며, 유소년 부양비는 갑국이 을국의 0.25배이다. 단, 갑국과 을국 모두 전체 인구는 변함없다고 가정한다. 양육에 대한 사회적 비용과 노인 일자리 창출의 필요성 정도는 아래의 〈조건〉으로만 판단한다.
>
> | 구분 | 갑국 | 을국 |
> |---|---|---|
> | 유소년 부양비 | 증가 | 불변 |
> | 전체 인구 중 부양 인구 비율 | 불변 | 감소 |
>
> * 노령화 지수 = $\dfrac{\text{노년 인구(65세 이상 인구)}}{\text{유소년 인구(0~14세 인구)}} \times 100$
>
> ** 유소년(노년) 부양비 = $\dfrac{\text{유소년(노년) 인구}}{\text{부양 인구}} \times 100$
>
> *** 총부양비 = 유소년 부양비 + 노년 부양비
>
> 〈조건〉
> ○ 양육에 대한 사회적 비용은 유소년 인구와 정(+)의 관계에 있다.
> ○ 노인 일자리 창출의 필요성 정도는 노년 인구와 정(+)의 관계에 있다.

① t년에 노령화 지수는 갑국보다 을국이 크다.
② t+30년에 갑국의 노년 부양비는 50보다 클 것이다.
③ t+30년에 을국의 총부양비는 120보다 클 것이다.
④ t년 대비 t+30년에 양육에 대한 사회적 비용이 갑국에서는 늘어날 것이고 을국에서는 변함없을 것이다.
⑤ t년 대비 t+30년에 노인 일자리 창출의 필요성 정도가 갑국에서는 낮아질 것이고 을국에서는 변함없을 것이다.

🔍 자료 파헤치기

STEP 1 먼저 t년에 을국의 인구 구성을 파악해 보도록 하겠습니다. t년에 을국의 경우 부양 인구 비율이 45%이고, 노령화 지수와 노년 부양비가 같습니다. t년에 을국의 경우 유소년 인구 비율을 a, 노년 인구 비율을 b라고 하면, (b/a)×100=(b/45)×100이 성립합니다. 이를 풀면 a=45가 됩니다. 즉, t년에 을국의 경우 유소년 인구 비율은 45%입니다. 따라서 t년에 을국의 경우 노년 인구 비율은 10%(=100%-45%-45%)입니다. 이를 나타내면 다음과 같습니다.

(단위 : %)

구분	t년	
	갑국	을국
유소년 인구		45
부양 인구		45
노년 인구		10
계		100

STEP 2 t년에 갑국의 인구 구성을 파악해 보도록 하겠습니다. t년에 을국의 부양 인구 비율은 45%인데, 이는 갑국의 부양 인구 비율의 0.75배이므로 t년에 갑국의 부양 인구 비율은 60%(=45÷0.75)가 됩니다. t년에 갑국의 유소년 부양비가 을국의 유소년 부양비의 0.25배이고, t년에 을국의 유소년 부양비는 100{=(45/45)×100}이므로 t년에 갑국의 유소년 부양비는 25(=100×0.25)입니다. t년에 갑국의 경우 부양 인구 비율이 60%이고, 유소년 부양비가 25이므로 t년에 갑국의 유소년 인구 비율은 15%{=25×60÷100}가 됩니다. 따라서 t년에 갑국의 경우 노년 인구 비율은 25%(=100%-15%-60%)입니다. 이를 나타내면 다음과 같습니다.

(단위 : %)

구분	t년	
	갑국	을국
유소년 인구	15	45
부양 인구	60	45
노년 인구	25	10
계	100	100

STEP 3 t+30년에 갑국과 을국의 인구 구성을 파악해 보도록 하겠습니다. 갑국의 경우 t년 대비 t+30년에 부양 인구 비율은 변함이 없으므로 t년과 t+30년에 부양 인구 비율이 같습니다. 즉, t+30년에 갑국의 부양 인구 비율은 60%입니다. 갑국의 경우 t년 대비 t+30년에 부양 인구 비율은 변함이 없고, 유소년 부양비는 증가하였으므로 t+30년에 갑국의 유소년 인구 비율은 15%보다 높습니다. 따라서 갑국의 경우 t년 대비 t+30년에 유소년 인구 비율은 증가하였고 부양 인구 비율은 변함이 없으므로 노년 인구 비율은 감소하였습니다. 즉, t+30년에 갑국의 노년 인구 비율은 25%보다 낮습니다. 이를 나타내면 다음과 같습니다.

(단위 : %)

구분	t년		t+30년	
	갑국	을국	갑국	을국
유소년 인구	15	45	15보다 높음	
부양 인구	60	45	60	
노년 인구	25	10	25보다 낮음	
계	100	100	100	

을국의 경우 t년 대비 t+30년에 부양 인구 비율은 감소하였으므로 t+30년에 부양 인구 비율은 45%보다 낮습니다. 을국의 경우 t년 대비 t+30년에 부양 인구 비율은 감소하였으나 유소년 부양비는 변함이 없으므로 t년 대비 t+30년에 을국의 유소년 인구 비율은 부양 인구 비율과 동일한 수준으로 감소하였습니다. 즉, t+30년에 을국의 유소년 인구 비율은 45%보다 낮습니다. 따라서 을국의 경우 t년 대비 t+30년에 유소년 인구 비율과 부양 인구 비율이 모두 감소하였으므로 노년 인구 비율은 증가하였습니다. 즉, t+30년에 을국의 노년 인구 비율은 10%보다 높습니다. 이를 나타내면 다음과 같습니다.

(단위 : %)

구분	t년		t+30년	
	갑국	을국	갑국	을국
유소년 인구	15	45	15보다 높음	45보다 낮음
부양 인구	60	45	60	45보다 낮음
노년 인구	25	10	25보다 낮음	10보다 높음
계	100	100	100	100

🎓 정답은 나의 것!

자료 파헤치기에서 구한 표를 이용하면 쉽게 정답을 찾을 수 있습니다.

(단위 : %)

구분	t년		t+30년	
	갑국	을국	갑국	을국
유소년 인구	15	45	15보다 높음	45보다 낮음
부양 인구	60	45	60	45보다 낮음
노년 인구	25	10	25보다 낮음	10보다 높음
계	100	100	100	100

선택지 ①

t년에 노령화 지수는 갑국이 약 166.7{=(25/15)×100}이고, 을국이 약 22.2{=(10/45)×100}입니다. 즉, t년에 노령화 지수는 갑국보다 을국이 작습니다. 따라서 선지 ①번은 오답입니다.

선택지 ②

t+30년에 갑국의 경우 부양 인구 비율은 60%이고, 노년 인구 비율은 25%보다 낮습니다. 따라서 t+30년에 갑국의 노년 부양비는 약 41.7{=(25/60)×100}보다 작습니다. 즉, t+30년에 갑국의 노년 부양비는 50보다 작을 것입니다. 따라서 선지 ②번은 오답입니다.

선택지 ③ ✔

t년에 을국의 유소년 부양비는 100{=(45/45)×100}이고, t년 대비 t+30년에 을국의 유소년 부양비는 변동이 없으므로 t+30년에 을국의 유소년 부양비는 100입니다. 을국의 경우 t년 대비 t+30년에 부양 인구 비율은 감소하였고, 노년 인구 비율은 증가하였으므로 t+30년에 을국의 노년 부양비는 약 22.2{=(10/45)×100}보다 큽니다. 따라서 t+30년에 을국의 경우 유소년 부양비는 100이고, 노년 부양비는 20보다 큽니다. 즉, t+30년에 을국의 총부양비는 120보다 클 것입니다. 따라서 선지 ③번은 정답입니다.

선택지 ④

t년 대비 t+30년에 갑국의 유소년 인구는 증가할 것이고, 을국의 유소년 인구는 감소할 것입니다. 양육에 대한 사회적 비용은 유소년 인구와 정(+)의 관계에 있으므로 양육에 대한 사회적 비용은 갑국의 경우 늘어날 것이고, 을국의 경우 줄어들 것입니다. 따라서 선지 ④번은 오답입니다.

선택지 ⑤

t년 대비 t+30년에 갑국의 노년 인구는 감소할 것이고, 을국의 노년 인구는 증가할 것입니다. 노인 일자리 창출의 필요성 정도는 노년 인구와 정(+)의 관계에 있으므로 노인 일자리 창출의 필요성 정도는 갑국의 경우 낮아질 것이고, 을국의 경우 높아질 것입니다. 따라서 선지 ⑤번은 오답입니다.

🎓 **정답 : ③**

특강 41 갑국의 시기별 인구 통계 집중 분석

20　　　　　　　　　　　[2025년 10월 학평 20번]

다음 자료에 대한 분석으로 옳은 것은? ③점

> 표는 갑국의 연령대별 인구를 30년 전 조사 결과 대비 변화율로 나타낸 것이다. t년의 유소년 부양비는 100으로 t년 노령화 지수의 2배이다. 모든 조사 연도의 전체 인구는 동일하다.

구분	t+30년	t+60년	t+90년
유소년 인구의 변화율(%)	-25	-20	-75
노년 인구의 변화율(%)	50	20	50

* 유소년 부양비 = $\dfrac{\text{유소년 인구(0~14세 인구)}}{\text{부양 인구(15~64세 인구)}} \times 100$

** 노령화 지수 = $\dfrac{\text{노년 인구(65세 이상 인구)}}{\text{유소년 인구(0~14세 인구)}} \times 100$

① t+30년에는 유소년 인구보다 노년 인구가 많다.
② t+90년의 노령화 지수는 90이다.
③ 부양 인구는 t+30년이 t+60년보다 많다.
④ 유소년 인구는 t+30년이 t년의 1/4이다.
⑤ 유소년 부양비는 t+60년이 t+90년의 4배이다.

🔍 **자료 파헤치기**

STEP 1 먼저 t년의 경우를 살펴보도록 하겠습니다. t년에 유소년 부양비가 100이므로 유소년 인구와 부양 인구가 같습니다. 즉, t년에 부양 인구가 100명이라면, 유소년 인구 또한 100명이 됩니다. t년에 유소년 부양비가 노령화 지수의 2배이므로 노령화 지수는 50이 됩니다. 즉, t년에 부양 인구가 100명이라면, 유소년 인구는 100명이 되므로 노년 인구는 50명(=50×100명/100)이 됩니다. 따라서 t년에 갑국의 전체 인구는 250명이 됩니다. 이를 나타내면 다음과 같습니다.

(단위 : 명)

구분	t년	t+30년	t+60년	t+90년
유소년 인구	100			
부양 인구	100			
노년 인구	50			
전체	250			

STEP 2 연도별 유소년 인구를 구해 보도록 하겠습니다. t년에 부양 인구를 100명이라고 가정해 보겠습니다. t년에 유소년 인구가 100명이고, t년 대비 t+30년에 유소년 인구의 변화율이 -25%이므로 t+30년에 유소년 인구는 75명(=100명×75%)이 됩니다. t+30년에 유소년 인구가 75명이고, t+30년 대비 t+60년에 유소년 인구의 변화율이 -20%이므로 t+60년에 유소년 인구는 60명(=75명×80%)이 됩니다. t+60년에 유소년 인구가 60명이고, t+60년 대비 t+90년에 유소년 인구의 변화율이 -75%이므로 t+90년에 유소년 인구는 15명(=60명×25%)이 됩니다. 이를 나타내면 다음과 같습니다.

(단위 : 명)

구분	t년	t+30년	t+60년	t+90년
유소년 인구	100	75	60	15
부양 인구	100			
노년 인구	50			
전체	250			

연도별 노년 인구를 구해 보도록 하겠습니다. t년에 부양 인구를 100명이라고 가정해 보겠습니다. t년에 노년 인구가 50명이고, t년 대비 t+30년에 노년 인구의 변화율이 50%이므로 t+30년에 노년 인구는 75명(=50명×150%)이 됩니다. t+30년에 노년 인구가 75명이고, t+30년 대비 t+60년에 노년 인구의 변화율이 20%이므로 t+60년에 노년 인구는 90명(=75명×120%)이 됩니다. t+60년에 노년 인구가

90명이고, t+60년 대비 t+90년에 노년 인구의 변화율이 50%이므로
t+90년에 노년 인구는 135명(=90명×150%)이 됩니다. 이를 나타내면
다음과 같습니다.

(단위 : 명)

구분	t년	t+30년	t+60년	t+90년
유소년 인구	100	75	60	15
부양 인구	100			
노년 인구	50	75	90	135
전체	250			

STEP 3 연도별 부양 인구를 구해 보도록 하겠습니다. t년에 부양 인구를
100명이라고 가정해 보겠습니다. t년에 갑국의 전체 인구는 250명이고,
모든 조사 연도의 전체 인구가 동일하므로 **t+30년, t+60년, t+90년에
갑국의 전체 인구는 250명이 됩니다.** t+30년의 경우 유소년 인구가 75명,
노년 인구가 75명, 갑국의 전체 인구가 250명이므로 **부양 인구는
100명(=250명-75명-75명)이 됩니다.** t+60년의 경우 유소년 인구가
60명, 노년 인구가 90명, 갑국의 전체 인구가 250명이므로 **부양 인구는
100명(=250명-60명-90명)이 됩니다.** t+90년의 경우 유소년 인구가
15명, 노년 인구가 135명, 갑국의 전체 인구가 250명이므로 **부양 인구는
100명(=250명-15명-135명)이 됩니다.** 이를 나타내면 다음과 같습니다.

(단위 : 명)

구분	t년	t+30년	t+60년	t+90년
유소년 인구	100	75	60	15
부양 인구	100	100	100	100
노년 인구	50	75	90	135
전체	250	250	250	250

정답은 나의 것!

자료 파헤치기에서 구한 다음의 표를 이용하면 쉽게 정답을 찾을 수 있습니다.

(단위 : 명)

구분	t년	t+30년	t+60년	t+90년
유소년 인구	100	75	60	15
부양 인구	100	100	100	100
노년 인구	50	75	90	135
전체	250	250	250	250

선택지 ①
t년에 부양 인구가 100명이라면, t+30년에 유소년 인구는 75명, 노년
인구는 75명입니다. 즉, t+30년에 유소년 인구와 노년 인구는 같습니다.
따라서 선지 ①번은 오답입니다.

선택지 ②
t년에 부양 인구가 100명이라면, t+90년에 유소년 인구는 15명, 노년
인구는 135명입니다. t+90년에 노령화 지수는 900{=(135명/15명)×100}이
됩니다. 따라서 선지 ②번은 오답입니다.

선택지 ③
t년에 부양 인구가 100명이라면, t+30년에 부양 인구는 100명, t+60년에
부양 인구는 100명입니다. 즉, 부양 인구는 t+30년과 t+60년이 같습니다.
따라서 선지 ③번은 오답입니다.

선택지 ④
t년에 부양 인구가 100명이라면, t년에 유소년 인구는 100명, t+30년에
유소년 인구는 75명입니다. 즉, 유소년 인구는 t+30년이 t년의
3/4(=75명/100명)입니다. 따라서 선지 ④번은 오답입니다.

선택지 ⑤ ✔
t년에 부양 인구가 100명이라면, t+60년에 유소년 부양비는
60{=(60명/100명)×100}, t+90년에 유소년 부양비는
15{=(15명/100명)×100}입니다. 즉, 유소년 부양비는 t+60년이
t+90년의 4배입니다. 따라서 선지 ⑤번은 정답입니다.

 **정답 : ⑤**

특강 42 갑국과 을국의 시기별 인구 통계 집중 분석

20 `2026 수능` [2026학년도 수능 20번]

**다음 자료는 갑국과 을국의 인구 변화 양상에 관한 예측 내용을
요약한 것이다. 이에 대한 분석 및 추론으로 옳은 것은?**

> **요 약**
>
> ○ t년 대비 t+50년 전체 인구는 갑국의 경우 0.5배, 을국의
>   경우 2배가 되어 t+50년에 갑국과 을국의 전체 인구는
>   동일한 것으로 나타남.
> ○ 표는 갑국과 을국의 t년 총부양비와 노령화 지수, t년 대비
>   t+50년의 인구 변화를 나타낸 것임.

구분	t년		t년 대비 t+50년	
	총부양비	노령화 지수	유소년 인구/전체 인구	부양 인구/전체 인구
갑국	150	200	감소	변화 없음
을국	25	100	변화 없음	감소

> ○ 노령화 지수, 유소년(노년) 부양비, 총부양비의 산출식은
>   다음과 같음.

$$\text{노령화 지수} = \frac{\text{노년 인구(65세 이상 인구)}}{\text{유소년 인구(0~14세 인구)}} \times 100$$

$$\text{유소년(노년) 부양비} = \frac{\text{유소년(노년) 인구}}{\text{부양 인구(15~64세 인구)}} \times 100$$

$$\text{총부양비} = \text{유소년 부양비} + \text{노년 부양비}$$

> ○ 다음 조건을 기준으로 사회 문제의 가능성을 판단함.
>   • 전체 인구 중 부양 인구의 비율과 경제 성장 동력은 정(+)의 관계임.
>   • 노령화 지수와 세대 간 갈등 정도는 정(+)의 관계임.

① t년 갑국의 유소년 부양비는 노년 부양비보다 크다.
② t년 갑국의 노년 인구는 t년 을국의 노년 인구의 8배이다.
③ t년 갑국의 부양 인구는 t+50년 을국의 유소년 인구의 8배이다.
④ t년 대비 t+50년에 경제 성장 동력은 갑국과 을국 모두 약화될
   것이다.
⑤ t년 대비 t+50년에 세대 간 갈등 정도는 갑국이 커지고, 을국은
   변함이 없을 것이다.

자료 파헤치기

STEP 1 먼저 t년에 갑국과 을국의 인구 구성을 파악해 보도록 하겠습니다.
t년에 갑국의 경우 총부양비가 150이므로 '유소년 인구+노년 인구'는
부양 인구의 1.5배이고, 노령화 지수가 200이므로 노년 인구는 유소년
인구의 2배입니다. 즉, t년에 갑국의 경우 유소년 인구 : 부양 인구 : 노년
인구 = 1 : 2 : 2가 됩니다. 따라서 t년에 갑국의 경우 유소년 인구 비율은
20%, 부양 인구 비율은 40%, 노년 인구 비율은 40%가 됩니다.
t년에 을국의 경우 총부양비가 25이므로 부양 인구는 '유소년 인구+노년
인구'의 4배이고, 노령화 지수가 100이므로 유소년 인구와 노년 인구가
같습니다. 즉, t년에 을국의 경우 유소년 인구 : 부양 인구 : 노년 인구 =
1 : 8 : 1이 됩니다. 따라서 t년에 을국의 경우 유소년 인구 비율은 10%,
부양 인구 비율은 80%, 노년 인구 비율은 10%가 됩니다. 이를 나타내면
다음과 같습니다.

(단위 : %)

구분	갑국	을국
유소년 인구	20	10
부양 인구	40	80
노년 인구	40	10
전체	100	100

STEP 2 t+50년에 갑국과 을국의 인구 구성을 파악해 보도록 하겠습니다. 먼저 갑국의 경우를 살펴보도록 하겠습니다. 갑국의 경우 t년 대비 t+50년에 '유소년 인구/전체 인구'가 감소하였으므로 전체 인구 중 유소년 인구 비율은 감소하였고, '부양 인구/전체 인구'는 변함이 없으므로 전체 인구 중 부양 인구 비율은 변함이 없습니다. 따라서 갑국의 경우 t+50년에 유소년 인구 비율은 20%보다 낮고, 부양 인구 비율은 40%이므로 노년 인구 비율은 40%보다 높습니다. 이를 나타내면 다음과 같습니다.

〈갑국〉

(단위 : %)

구분	t년	t+50년
유소년 인구	20	20보다 낮음
부양 인구	40	40
노년 인구	40	40보다 높음
전체	100	100

을국의 경우를 살펴보도록 하겠습니다. 을국의 경우 t년 대비 t+50년에 '유소년 인구/전체 인구'가 변함이 없으므로 전체 인구 중 유소년 인구 비율은 변함이 없고, '부양 인구/전체 인구'는 감소하였으므로 전체 인구 중 부양 인구 비율은 감소하였습니다. 따라서 을국의 경우 t+50년에 유소년 인구 비율은 10%이고, 부양 인구 비율은 80%보다 낮으므로 노년 인구 비율은 10%보다 높습니다. 이를 나타내면 다음과 같습니다.

〈을국〉

(단위 : %)

구분	t년	t+50년
유소년 인구	10	10
부양 인구	80	80보다 낮음
노년 인구	10	10보다 높음
전체	100	100

STEP 3 이제 t년과 t+30년에 갑국과 을국의 인구수를 파악해 보도록 하겠습니다. 먼저 t년과 t+30년에 갑국과 을국의 전체 인구를 살펴보도록 하겠습니다. 갑국의 경우 전체 인구는 t+50년이 t년의 0.5배가 되었고, 을국의 경우 전체 인구는 t+50년이 t년의 2배가 되어 t+50년에 갑국과 을국의 전체 인구가 같아졌습니다. t+50년에 갑국과 을국의 전체 인구를 각각 200명으로 가정한다면, t년에 갑국의 전체 인구는 400명이 되고, t년에 을국의 전체 인구는 100명이 됩니다.
t년에 갑국의 전체 인구가 400명이라면 t년에 갑국의 경우 유소년 인구는 80명(=400명×20%), 부양 인구는 160명(=400명×40%), 노년 인구는 160명(=400명×40%)이 됩니다. t+50년에 갑국의 전체 인구가 200명이라면, t+50년에 갑국의 경우 유소년 인구는 40명(=200명×20%)보다 적고, 부양 인구는 80명(=200명×40%)이며, 노년 인구는 80명(=200명×40%)보다 많습니다. 이를 나타내면 다음과 같습니다.

〈갑국〉

구분	t년 비율(%)	t년 수(명)	t+50년 비율(%)	t+50년 수(명)
유소년 인구	20	80	20보다 낮음	40보다 적음
부양 인구	40	160	40	80
노년 인구	40	160	40보다 높음	80보다 많음
전체	100	400	100	200

t년에 을국의 전체 인구가 100명이라면 t년에 을국의 경우 유소년 인구는 10명(=100명×10%), 부양 인구는 80명(=100명×80%), 노년 인구는 10명(=100명×10%)이 됩니다. t+50년에 을국의 전체 인구가 200명이라면, t+50년에 을국의 경우 유소년 인구는 20명(=200명×10%)이고, 부양 인구는 160명(=200명×80%)보다 적으며, 노년 인구는 20명(=200명×10%)보다 많습니다. 이를 나타내면 다음과 같습니다.

〈을국〉

구분	t년 비율(%)	t년 수(명)	t+50년 비율(%)	t+50년 수(명)
유소년 인구	10	10	10	20
부양 인구	80	80	80보다 낮음	160보다 적음
노년 인구	10	10	10보다 높음	20보다 많음
전체	100	100	100	200

정답은 나의 것!

자료 파헤치기에서 구한 다음의 표를 이용하면 쉽게 정답을 찾을 수 있습니다.

구분	갑국 t년 비율(%)	갑국 t년 수(명)	갑국 t+50년 비율(%)	갑국 t+50년 수(명)	을국 t년 비율(%)	을국 t년 수(명)	을국 t+50년 비율(%)	을국 t+50년 수(명)
유소년 인구	20	80	20보다 낮음	40보다 적음	10	10	10	20
부양 인구	40	160	40	80	80	80	80보다 낮음	160보다 적음
노년 인구	40	160	40보다 높음	80보다 많음	10	10	10보다 높음	20보다 많음
전체	100	400	100	200	100	100	100	200

선택지 ①
갑국의 경우 t년에 유소년 부양비는 50{=(20/40)×100}이고, 노년 부양비는 100{=(40/40)×100}입니다. 즉, t년에 갑국의 유소년 부양비는 노년 부양비보다 작습니다. 따라서 선지 ①번은 오답입니다.

선택지 ②
t+50년에 갑국과 을국의 전체 인구가 각각 200명이라면, t년에 갑국의 노년 인구는 160명이고, t년에 을국의 노년 인구는 10명입니다. 즉, t년 갑국의 노년 인구는 t년 을국의 노년 인구의 16배(=160명/10명)입니다. 따라서 선지 ②번은 오답입니다.

선택지 ③
t+50년에 갑국과 을국의 전체 인구가 각각 200명이라면, t년에 갑국의 부양 인구는 160명이고, t+50년에 을국의 유소년 인구는 20명입니다. 즉, t년 갑국의 부양 인구는 t+50년 을국의 유소년 인구의 8배(=160명/20명)입니다. 따라서 선지 ③번은 오답입니다.

선택지 ④
갑국의 경우 전체 인구 중 부양 인구 비율은 t년과 t+50년이 각각 40%로 같습니다. 즉, 갑국의 경우 t년 대비 t+50년에 전체 인구 중 부양 인구 비율은 변함이 없으므로 t년 대비 t+50년에 경제 성장 동력이 약화될 것이라고 볼 수 없습니다. 을국의 경우 전체 인구 중 부양 인구 비율은 t년이 80%, t+50년이 80%보다 낮습니다. 즉, 을국의 경우 t년 대비 t+50년에 전체 인구 중 부양 인구 비율은 감소하였으므로 t년 대비 t+50년에 경제 성장 동력이 약화될 것입니다. 따라서 선지 ④번은 오답입니다.

선택지 ⑤ ✔
갑국의 경우 t년 대비 t+50년에 유소년 인구 비율은 감소하였고 노년 인구 비율은 증가하였습니다. 즉, 갑국의 경우 t년 대비 t+50년에 노령화 지수가 증가하였으므로 세대 간 갈등 정도가 커질 것입니다. 을국의 경우 t년 대비 t+50년에 유소년 인구 비율은 변함이 없고 노년 인구 비율은 증가하였습니다. 즉, 을국의 경우 t년 대비 t+50년에 노령화 지수가 증가하였으므로 세대 간 갈등 정도가 커질 것입니다. 따라서 선지 ⑤번은 정답입니다.

 정답 : ⑤

유형 4. 계층 표 분석

 **유형 파헤치기**

계층 관련 문제를 만나면 '세대 간 이동'인지 '세대 내 이동'인지 먼저 확인하셔야 합니다. 부모 세대와 자녀 세대가 함께 나오면 '세대 간 이동'이고 본인 세대의 과거와 현재가 나오면 '세대 내 이동'입니다. 그리고 **계층 기본 표**를 작성하면 문제풀이가 훨씬 쉬워집니다.

(단위 : %)

구분		부모 세대			
		상층	중층	하층	계
자녀 세대	상층				
	중층				
	하층				
	계				100

계층 표 분석 문제를 만나면 위의 기본 표를 어떻게 채워 넣을지 고민하고 실행에 옮겨야 합니다.

특강 43 갑국의 세대 간 계층 이동 집중 분석

20

[2020학년도 6월 모평 20번]

다음 자료에 대한 옳은 분석만을 〈보기〉에서 있는 대로 고른 것은?

`3점`

갑국의 계층은 상층, 중층, 하층으로만 구분되며, A~C는 각각 상층, 중층, 하층 중 하나이다. 부모 세대의 계층 구성비는 A : B : C = 3 : 6 : 1이고, 모든 부모의 자녀는 1명씩이다.

〈부모 세대와 자녀 세대 간 계층 이동 현황〉

(단위 : %)

구분	A	B	C
부모 세대 계층 대비 부모 세대와 자녀 세대의 계층 일치 비율	50	25	50
자녀 세대 계층 대비 부모 세대와 자녀 세대의 계층 불일치 비율	25	50	90

* 자녀 세대 A는 부모 세대보다 계층이 낮을 수 없다.
** B는 다이아몬드형 계층 구조에서 가장 비율이 높은 계층이다.

보기

ㄱ. 세대 간 상승 이동 비율이 세대 간 하강 이동 비율보다 낮다.
ㄴ. 자녀 세대의 계층 구조는 부모 세대의 계층 구조보다 사회 통합에 유리하다.
ㄷ. 중층 부모를 둔 하층 자녀 인구는 상층 부모를 둔 중층 자녀 인구의 최대 3배이다.
ㄹ. 중층 대물림 인구 대비 상층 대물림 인구의 비는 하층 대물림 인구 대비 중층 대물림 인구의 비보다 낮다.

① ㄱ, ㄴ   ② ㄱ, ㄹ   ③ ㄴ, ㄷ
④ ㄱ, ㄷ, ㄹ   ⑤ ㄴ, ㄷ, ㄹ

 **자료 파헤치기**

STEP 1 주어진 조건과 표를 통해 계층 기본 표를 완성해 보도록 하겠습니다. 우선 A ~ C가 각각 어느 계층에 해당하는지 파악해야 문제를 해결할 수 있습니다. 문제의 첫 번째 조건(*)을 보면 자녀 세대 A는 부모 세대보다 계층이 낮을 수 없다고 했습니다. 자녀 세대 A가 상층일 경우에만 부모 세대보다 계층이 낮은 경우가 발생하지 않으므로 A는 상층에 해당합니다. 다음으로 두 번째 조건(**)을 보면 B는 다이아몬드형 계층 구조에서 가장 비율이 높은 계층이라고 했습니다. 다이아몬드형 계층 구조에서는 중층 비율이 가장 높으므로 B는 중층에 해당합니다. 마지막으로 C는 하층입니다. 제시문에서 부모 세대의 계층 구성비가 'A : B : C = 3 : 6 : 1'이라고 하였으므로 '상층 : 중층 : 하층 = 30 : 60 : 10'입니다. 부모 세대의 계층 구성비를 계층 기본 표에 넣으면 다음과 같습니다.

(단위 : %)

구분		부모의 계층			계
		상층	중층	하층	
자녀의 계층	상층				
	중층				
	하층				
계		30	60	10	100

STEP 2 〈부모 세대와 자녀 세대 간 계층 이동 현황〉에서 '부모 세대 계층 대비 부모 세대와 자녀 세대의 계층 일치 비율'을 통해 계층 기본 표의 대각선 부분을 구할 수 있습니다. 부모 세대와 자녀 세대의 계층 일치 비율은 계층 대물림 비율 또는 계층 세습 비율을 의미하며, 이는 계층 기본 표에서 대각선 부분에 해당합니다. 상층(A)의 경우 '부모 세대 계층 대비 부모 세대와 자녀 세대의 계층 일치 비율'이 50%로, 이는 부모 세대의 상층 30% 중에서 50%가 자녀 세대에서도 상층임을 의미합니다. 따라서 그 값은 15%(= 30% × 0.5)입니다.

이제 같은 방식으로 중층의 경우를 구해 보겠습니다. 중층(B)의 경우 '부모 세대 계층 대비 부모 세대와 자녀 세대의 계층 일치 비율'이 25%로, 이는 부모 세대의 중층 60% 중에서 25%가 자녀 세대에서도 중층임을 의미합니다. 따라서 그 값은 15%(= 60% × 0.25)입니다. 마지막으로 하층의 경우를 구해 보겠습니다. 하층(C)의 경우 '부모 세대 계층 대비 부모 세대와 자녀 세대의 계층 일치 비율'이 50%로, 이는 부모 세대의 하층 10% 중에서 50%가 자녀 세대에서도 하층임을 의미합니다. 따라서 그 값은 5%(= 10% × 0.5)입니다. 이를 계층 기본 표에 넣으면 다음과 같습니다.

(단위 : %)

구분		부모의 계층			계
		상층	중층	하층	
자녀의 계층	상층	15			
	중층		15		
	하층			5	
계		30	60	10	100

STEP 3 〈부모 세대와 자녀 세대 간 계층 이동 현황〉에서 '자녀 세대 계층 대비 부모 세대와 자녀 세대의 계층 불일치 비율'을 통해 자녀 세대의 계층 구성비를 구할 수 있습니다. 우선 계층 '일치 비율'이 아니라 '불일치 비율'이라는 점을 주의해야 합니다. 계층 기본 표에서 대각선 부분을 구했기 때문에 '불일치 비율'이 아닌 '일치 비율'이 중요합니다. '일치 비율'은 100%에서 '불일치 비율'을 빼면 됩니다. '자녀 세대 계층 대비 부모 세대와 자녀 세대의 계층 불일치 비율' 표에서 상층(A)의 경우 25%이므로 부모 세대와 자녀 세대의 계층 일치 비율은 75%(= 100% − 25%)입니다. 같은 방법으로 중층과 하층의 경우도 구할 수 있습니다. '자녀 세대 계층 대비 부모 세대와 자녀 세대의 계층 불일치 비율' 표에서 중층(B)의 경우 50%이므로 부모 세대와 자녀 세대의 계층 일치 비율은

50%(= 100%−50%)입니다. '자녀 세대 계층 대비 부모 세대와 자녀 세대의 계층 불일치 비율' 표에서 하층(C)의 경우 90%이므로 부모 세대와 자녀 세대의 계층 일치 비율은 10%(= 100%−90%)입니다. 따라서 '자녀 세대 계층 대비 부모 세대와 자녀 세대의 계층 일치 비율'은 상층 75%, 중층 50%, 하층 10%입니다. 지금까지 구한 내용을 바탕으로 자녀 세대의 계층 구성비를 구해보겠습니다.

(단위 : %)

구분		부모의 계층			계
		상층	중층	하층	
자녀의 계층	상층	15			(가)
	중층		15		(나)
	하층			5	(다)
계		30	60	10	100

계층 기본 표에서 자녀 세대의 계층 구성 비율을 '상층 : 중층 : 하층 = (가) : (나) : (다)'로 놓고 풀어보겠습니다. 상층의 경우 '자녀 세대 계층 대비 부모 세대와 자녀 세대의 계층 일치 비율'은 75%이므로 자녀 세대 상층인 (가)의 75%가 15%라는 것을 알 수 있습니다. 이를 식으로 나타내면 '(가)×0.75=15'가 됩니다. 따라서 '(가)=15/0.75'가 되어 (가)는 20%입니다. 같은 방식으로 (나)를 구해 보겠습니다. 중층의 경우 '자녀 세대 계층 대비 부모 세대와 자녀 세대의 계층 일치 비율'은 50%이므로 자녀 세대 중층인 (나)의 50%가 15%라는 것을 알 수 있습니다. 이를 식으로 나타내면 '(나)×0.5=15'가 됩니다. 따라서 '(나)=15/0.5'가 되어 (나)는 30%입니다. 마지막으로 (다)를 구해 보겠습니다. 하층의 경우 '자녀 세대 계층 대비 부모 세대와 자녀 세대의 계층 일치 비율'은 10%이므로 자녀 세대 하층인 (다)의 10%가 5%라는 것을 알 수 있습니다. 이를 식으로 나타내면 '(다)×0.1=5'가 됩니다. 따라서 '(다)=5/0.1'가 되어 (다)는 50%입니다. 자녀 세대의 계층 구성비는 '상층 : 중층 : 하층 = 20 : 30 : 50'이 되므로 지금까지 구한 값을 계층 기본 표에 넣으면 다음과 같습니다.

(단위 : %)

구분		부모의 계층			계
		상층	중층	하층	
자녀의 계층	상층	15			20
	중층		15		30
	하층			5	50
계		30	60	10	100

정답은 나의 것!

자료 파헤치기 내용을 바탕으로 정답을 찾아보도록 하겠습니다.

보기 ㄱ ✔

세대 간 상승 이동 비율과 세대 간 하강 이동 비율의 크기 비교는 최댓값과 최솟값을 통해 비교할 수 있습니다.

(단위 : %)

구분		부모의 계층			계
		상층	중층	하층	
자녀의 계층	상층	15	①	②	20
	중층	④	15	③	30
	하층	⑤	⑥	5	50
계		30	60	10	100

계층 기본 표에서 '①+②+③'은 세대 간 상승 이동이고, '④+⑤+⑥'은 세대 간 하강 이동입니다. 정확한 값을 구할 수 없더라도 세대 간 상승 이동 비율이 세대 간 하강 이동 비율보다 낮기 위해서는 세대 간 상승 이동 비율의 최댓값이 세대 간 하강 이동 비율의 최솟값보다 작아야 합니다.

'①+②'는 5%이고, '②+③'도 5%입니다. 따라서 세대 간 상승 이동인 '①+②+③'의 최댓값은 10%(= 5%+5%)임을 알 수 있습니다. '④+⑤'는 15%이고, '⑤+⑥'은 45%입니다. 단순히 15%, 45%만 보아도 세대 간 하강 이동이 세대 간 상승 이동보다 크다는 것을 알 수 있습니다. '④+⑤+⑥'의 최솟값을 계산해 본다면 ④의 값이 10%, ⑤의 값이 5%, ⑥의 값이 40%인 경우로 세대 간 하강 이동의 최솟값은 55%(= 10%+5%+40%)입니다. 따라서 세대 간 상승 이동 비율은 최대 10%(= 5%+5%)이고, 세대 간 하강 이동 비율은 최소 55%(= 10%+5%+40%)이므로 세대 간 상승 이동 비율(최대 10%)은 세대 간 하강 이동 비율(최소 55%)보다 낮습니다. 보기 ㄱ은 정답입니다!

보기 ㄴ

부모 세대의 계층 구성비는 '상층 : 중층 : 하층 = 30 : 60 : 10'이므로 부모 세대의 계층 구조는 중층 비율이 가장 높은 다이아몬드형 계층 구조입니다. 자녀 세대의 계층 구성비는 '상층 : 중층 : 하층 = 20 : 30 : 50'이므로 자녀 세대의 계층 구조는 상층 비율이 가장 낮고 하층 비율이 가장 높은 피라미드형 계층 구조입니다. 중층 비율이 높은 사회일수록 사회가 안정적이며 사회 통합에 유리합니다. 따라서 자녀 세대의 계층 구조(피라미드형)는 부모 세대의 계층 구조(다이아몬드형)보다 사회 통합에 불리합니다. 보기 ㄴ은 오답입니다!

보기 ㄷ

중층 부모를 둔 하층 자녀 인구는 계층 기본 표에서 ⑥에 해당합니다. '⑤+⑥'은 45%가 되어야 하는데 ⑥에 들어갈 수 있는 값은 ⑤의 값에 따라 결정됩니다. ⑤의 값은 최소 0%에서 최대 5%의 값을 가지므로 ⑥은 최소 40%에서 최대 45%의 값을 가지게 됩니다. 상층 부모를 둔 중층 자녀 인구는 계층 기본 표에서 ④에 해당합니다. '④+⑤'는 15%가 되어야 하는데 ④에 들어갈 수 있는 값은 ⑤의 값에 따라 결정됩니다. ⑤의 값은 최소 0%에서 최대 5%의 값을 가지므로 ④는 최소 10%에서 최대 15%의 값을 가지게 됩니다. 만약 ④의 값이 15%이고, ⑥의 값이 45%이면 ⑥은 ④의 3배가 됩니다. 다른 경우 ④의 값이 10%이고, ⑥의 값이 40%이면 ⑥은 ④의 4배가 됩니다. 따라서 중층 부모를 둔 하층 자녀 인구(⑥)는 상층 부모를 둔 중층 자녀 인구(④)의 최소 3배, 최대 4배가 될 수 있습니다. 보기 ㄷ은 오답입니다!

보기 ㄹ ✔

보기 ㄹ은 계층 기본 표를 보면 바로 해결할 수 있습니다.

(단위 : %)

구분		부모의 계층			계
		상층	중층	하층	
자녀의 계층	상층	15			20
	중층		15		30
	하층			5	50
계		30	60	10	100

계층 기본 표에서 대각선은 계층 대물림(세습)을 의미합니다. 대물림 인구 비율은 상층의 경우 15%, 중층의 경우 15%, 하층의 경우 5%입니다. '중층 대물림 인구 대비 상층 대물림 인구의 비'는 중층 대물림 인구인 15%를 기준으로 했을 때 상층 대물림 인구인 15%가 얼마를 차지하는가를 의미합니다. 따라서 '중층 대물림 인구 대비 상층 대물림 인구의 비'는 '상층/중층'으로 구할 수 있으며 이는 '15/15'입니다. '하층 대물림 인구 대비 중층 대물림 인구의 비'는 하층 대물림 인구인 5%를 기준으로 했을 때 중층 대물림 인구인 15%가 얼마를 차지하는가를 의미합니다. 따라서 '하층 대물림 인구 대비 중층 대물림 인구의 비'는 '중층/하층'으로 구할 수 있으며 이는 '15/5'입니다. 따라서 중층 대물림 인구 대비 상층 대물림 인구의 비(15/15)는 하층 대물림 인구 대비 중층 대물림 인구의 비(15/5)보다 낮습니다. 보기 ㄹ은 정답입니다!

정답 : ②

20

[2020학년도 수능 20번]

다음 자료에 대한 분석으로 옳은 것은?

> (가), (나) 사회의 계층은 A~C로만 구성되며, A~C는 각각 상층, 중층, 하층 중 하나이다. 모든 부모의 자녀는 1명씩이다.

〈부모 세대와 자녀 세대 계층 구성의 상대적 비〉

구분	(가) 사회		(나) 사회	
	부모 세대	자녀 세대	부모 세대	자녀 세대
$\dfrac{A+C}{A+B}$	$\dfrac{7}{9}$	$\dfrac{5}{8}$	$\dfrac{5}{9}$	$\dfrac{5}{7}$
$\dfrac{A+C}{B+C}$	$\dfrac{7}{4}$	$\dfrac{5}{7}$	$\dfrac{5}{6}$	$\dfrac{5}{8}$

〈자녀 세대 계층 대비 부모 세대와 자녀 세대의 계층 불일치 비율〉

(단위 : %)

구분	(가) 사회	(나) 사회
A	0	20
B	52	10
C	55	80

* 자녀 세대 B는 부모 세대보다 계층이 높을 수 없으며, C는 A보다 높은 계층임.

① (가) 사회에서 세대 간 상승 이동을 한 사람의 수는 하층 부모를 둔 자녀보다 중층 부모를 둔 자녀가 많다.

② (나) 사회는 중층 부모를 둔 자녀 중에서 세대 간 상승 이동 비율이 세대 간 하강 이동 비율보다 높다.

③ (가) 사회와 달리 (나) 사회에서는 세대 간 이동 비율이 계층 대물림 비율보다 낮다.

④ (가) 사회와 달리 (나) 사회에서 부모 세대에는 피라미드형 계층 구조가, 자녀 세대에는 다이아몬드형 계층 구조가 나타난다.

⑤ (가) 사회는 부모 세대 상층에서 자녀 세대 중층으로의 이동이, (나) 사회는 부모 세대 하층에서 자녀 세대 상층으로의 이동이 나타나지 않았다.

자료 파헤치기

STEP 1 우선 A~C가 각각 어느 계층에 해당하는지를 찾아야 합니다. 문제의 조건(*)을 보면 자녀 세대 B는 부모 세대보다 계층이 높을 수 없으므로 B는 하층임을 알 수 있습니다. 만약 자녀 세대 B가 상층이나 중층일 경우 부모 세대보다 계층이 높은 상황이 발생할 수 있습니다. 따라서 B는 하층이 될 수밖에 없습니다. B(하층)를 찾았으니 이제 A와 C도 어느 계층에 해당하는지를 찾아보겠습니다. A와 C는 각각 상층과 중층 중 하나입니다. 문제의 조건(*)에서 C가 A보다 높은 계층이라고 했으므로 C는 상층, A는 중층이 됩니다. 따라서 A는 중층, B는 하층, C는 상층입니다.

STEP 2 부모 세대와 자녀 세대의 계층 비율을 찾아야 합니다. 제시된 첫 번째 표인 〈부모 세대와 자녀 세대 계층 구성의 상대적 비〉를 통해 (가), (나) 사회의 부모 세대와 자녀 세대의 계층 비율을 구할 수 있습니다. 이번 문제에서는 (가) 사회와 (나) 사회를 구분하여 2개의 계층 기본 표를 완성해야 합니다. (가) 사회부터 부모 세대와 자녀 세대의 계층 비율을 구해 보도록 하겠습니다. 〈부모 세대와 자녀 세대 계층 구성의 상대적 비〉에서 (가) 사회의 경우 부모 세대에서 '(A+C)/(A+B)'는 7/9이고, '(A+C)/(B+C)'는 7/4입니다. A는 중층, B는 하층, C는 상층이므로 '(중층+상층)/(중층+하층)'은 7/9이고, '(중층+상층)/(하층+상층)'은 7/4로 나타낼 수 있습니다. '(중층+상층)/(중층+하층)'이 7/9라는

것은 '(중층+상층)'이 7일 때 '(중층+하층)'이 9라는 것을 의미합니다. '상층+중층+하층'=100%이므로 '(중층+상층)'=70%라면 하층은 30%이고, '(중층+하층)'이 90%라면 상층은 10%가 되어 중층은 60%가 됩니다. (가) 사회의 경우 부모 세대의 계층 비율은 '상층 : 중층 : 하층 = 10 : 60 : 30'이 됩니다.

같은 방식으로 (가) 사회의 경우 자녀 세대에서 '(중층+상층)/(중층+하층)'은 5/8이고, '(중층+상층)/(하층+상층)'은 5/7입니다. 이는 '(중층+상층)'=5일 때 '(중층+하층)'=8이라는 것을 의미합니다. '상층+중층+하층'=100%이므로 '(중층+상층)'=50%이면 하층은 50%이고, '(중층+하층)'=80%이면 상층은 20%가 되어 중층은 30%가 됩니다. 따라서 (가) 사회의 경우 자녀 세대의 계층 비율은 '상층 : 중층 : 하층 = 20 : 30 : 50'이 됩니다. 지금까지 구한 값을 계층 기본 표에 넣으면 다음과 같습니다.

〈(가) 사회〉

(단위 : %)

구분		부모 세대 계층			계
		상층	중층	하층	
자녀 세대 계층	상층				20
	중층				30
	하층				50
계		10	60	30	100

(나) 사회에서 부모 세대와 자녀 세대의 계층 비율을 구해 보도록 하겠습니다. (나) 사회의 경우 부모 세대에서 '(중층+상층)/(중층+하층)'은 5/9이고, '(중층+상층)/(하층+상층)'은 5/6입니다. 이는 '(중층+상층)'=5일 때 '(중층+하층)'=9라는 것을 의미합니다. '상층+중층+하층'=100%이므로 '(중층+상층)'=50%이면 하층은 50%이고, '(중층+하층)'=90%이면 상층은 10%가 되어 중층은 40%가 됩니다. 따라서 (나) 사회의 경우 부모 세대의 계층 비율은 '상층 : 중층 : 하층 = 10 : 40 : 50'이 됩니다.

같은 방식으로 (나) 사회의 경우 자녀 세대에서 '(중층+상층)/(중층+하층)'은 5/7이고, '(중층+상층)/(하층+상층)'은 5/8입니다. 이는 '(중층+상층)'=5일 때 '(중층+하층)'=7이라는 것을 의미합니다. '상층+중층+하층'=100%이므로 '(중층+상층)'=50%이면 하층은 50%이고, '(중층+하층)'=70%이면 상층은 30%가 되어 중층은 20%가 됩니다. 따라서 (나) 사회의 경우 자녀 세대의 계층 비율은 '상층 : 중층 : 하층 = 30 : 20 : 50'이 됩니다. 지금까지 구한 값을 계층 기본 표에 넣으면 다음과 같습니다.

〈(나) 사회〉

(단위 : %)

구분		부모 세대 계층			계
		상층	중층	하층	
자녀 세대 계층	상층				30
	중층				20
	하층				50
계		10	40	50	100

STEP 3 〈자녀 세대 계층 대비 부모 세대와 자녀 세대의 계층 불일치 비율〉을 통해 계층 기본 표를 완성시킬 수 있습니다. '자녀 세대 계층 대비'이므로 '자녀 세대 계층'이 기준이 되고, 부모 세대와 자녀 세대의 계층 일치 비율이 아니라 '불일치' 비율이므로 부모 세대와 자녀 세대의 계층 일치 비율은 100%에서 불일치 비율을 빼면 구할 수 있습니다. (가) 사회의 경우 상층(C)의 계층 불일치 비율이 55%이므로 계층 일치 비율은 45%(=100%−55%)입니다. 자녀 세대 상층(20%) 대비 계층 일치 비율이 45%이므로 상층의 계층 대물림(대각선) 비율은 9%(=20%×0.45)입니다. 중층(A)의 계층 불일치 비율이 0%이므로 계층 일치 비율은 100%입니다. 따라서 중층의 계층 대물림(대각선)

비율은 30%(=30%×1)가 됩니다. 하층(B)의 계층 불일치 비율이 52%이므로 계층 일치 비율은 48%(=100%−52%)가 됩니다. 따라서 하층의 계층 대물림(대각선) 비율은 24%(=50%×0.48)가 됩니다. 지금까지 구한 자료를 계층 기본 표에 넣으면 다음과 같습니다.

<(가) 사회>

(단위 : %)

구분		부모 세대 계층			계
		상층	중층	하층	
자녀 세대 계층	상층	9	㉠	㉡	20
	중층	㉢	30	㉣	30
	하층	㉤	㉥	24	50
계		10	60	30	100

자녀 세대 중층의 경우 계층 일치 비율이 100%이므로 계층 불일치 비율이 0%입니다. ㉢+30+㉣=30이므로 ㉢과 ㉣은 0%입니다. ㉢과 ㉣이 0%이므로 ㉡은 6%(=30%−24%)이고, ㉤은 1%(=10%−9%)입니다. '9+㉠+6=20'이고, '1+㉥+24=50'이므로 ㉠은 5%(=20%−15%)이고, ㉥은 25%(=50%−25%)입니다. 지금까지 구한 값을 계층 기본 표에 넣으면 다음과 같습니다.

<(가) 사회>

(단위 : %)

구분		부모 세대 계층			계
		상층	중층	하층	
자녀 세대 계층	상층	9	㉠ 5	㉡ 6	20
	중층	㉢ 0	30	㉣ 0	30
	하층	㉤ 1	㉥ 25	24	50
계		10	60	30	100

(나) 사회의 경우 상층(C)의 계층 불일치 비율이 80%이므로 계층 일치 비율은 20%(=100%−80%)입니다. 자녀 세대 상층(30%) 대비 계층 일치 비율이 20%이므로 상층의 계층 대물림(대각선) 비율은 6%(=30%×0.2)가 됩니다. 중층(A)의 계층 불일치 비율이 20%이므로 계층 일치 비율은 80%(=100%−20%)가 됩니다. 따라서 중층의 계층 대물림(대각선) 비율은 16%(=20%×0.8)가 됩니다. 하층(B)의 계층 불일치 비율이 10%이므로 계층 일치 비율은 90%(=100%−10%)가 됩니다. 따라서 하층의 계층 대물림(대각선) 비율은 45%(=50%×0.9)가 됩니다. 지금까지 구한 자료를 계층 기본 표에 넣으면 다음과 같습니다.

<(나) 사회>

(단위 : %)

구분		부모 세대 계층			계
		상층	중층	하층	
자녀 세대 계층	상층	6	㉦	㉧	30
	중층	㉨	16	㉩	20
	하층	㉪	㉫	45	50
계		10	40	50	100

(나) 사회의 경우 위의 계층 기본 표와 같이 계층 대물림(대각선) 비율만 구할 수 있습니다. ㉦~㉫의 값은 정확하게 구할 수는 없지만 '㉦+㉧=24%'와 같이 2개 조합의 값으로 구할 수 있습니다.

정답은 나의 것!

자료 파헤치기 내용을 바탕으로 정답을 찾아보도록 하겠습니다. 지금까지 구한 (가) 사회와 (나) 사회의 계층 기본 표를 나타내면 다음과 같습니다.

<(가) 사회>

(단위 : %)

구분		부모 세대 계층			계
		상층	중층	하층	
자녀 세대 계층	상층	9	㉠ 5	㉡ 6	20
	중층	㉢ 0	30	㉣ 0	30
	하층	㉤ 1	㉥ 25	24	50
계		10	60	30	100

<(나) 사회>

(단위 : %)

구분		부모 세대 계층			계
		상층	중층	하층	
자녀 세대 계층	상층	6	㉦	㉧	30
	중층	㉨	16	㉩	20
	하층	㉪	㉫	45	50
계		10	40	50	100

선택지 ①

위의 계층 기본 표에서 대각선 위쪽 부분(노란색 음영)은 세대 간 상승 이동, 대각선 아래 부분(하늘색 음영)은 세대 간 하강 이동을 의미합니다. 따라서 ㉠, ㉡, ㉣이 세대 간 상승 이동한 경우입니다. 하층 부모를 둔 자녀의 세대 간 상승 이동은 '㉡+㉣'이므로 6%(=6%+0%)입니다. 중층 부모를 둔 자녀의 세대 간 상승 이동은 ㉠이므로 5%입니다. 따라서 (가) 사회에서 세대 간 상승 이동을 한 사람의 수는 하층 부모를 둔 자녀(6%)보다 중층 부모를 둔 자녀(5%)가 적습니다. 그러므로 선택지 ①번은 오답이군요!

선택지 ② ✔

(나) 사회의 계층 기본 표를 보면 중층 부모를 둔 자녀 중에서 세대 간 상승 이동 비율은 ㉦이고, 세대 간 하강 이동 비율은 ㉫입니다. 정확한 ㉦과 ㉫의 값은 구할 수 없지만 ㉦과 ㉫의 최댓값과 최솟값을 통해 크기를 비교해 볼 수 있습니다. 중층 부모를 둔 자녀 중에서 세대 간 상승 이동 비율(㉦)이 세대 간 하강 이동 비율(㉫)보다 항상 높기 위해서는 ㉦의 최솟값이 ㉫의 최댓값보다 커야 합니다. ㉦의 최솟값은 ㉧이 최댓값을 갖는 경우입니다. '㉧+㉩+45=50'이므로 ㉧의 최댓값은 5%입니다. ㉧이 5%이면 '6+㉦+5=30'이므로 ㉦은 19%가 됩니다. 따라서 ㉦의 최솟값은 19%가 됩니다. '㉪+㉫+45=50'에서 ㉫의 최댓값은 ㉪이 0%인 경우입니다. 따라서 ㉫의 최댓값은 5%가 됩니다. ㉦의 최솟값(19%)이 ㉫의 최댓값(5%)보다 크기 때문에 중층 부모를 둔 자녀 중에서 세대 간 상승 이동 비율(최소 19%)이 세대 간 하강 이동 비율(최대 5%)보다 높음을 알 수 있습니다. 따라서 선택지 ②번은 정답입니다!

선택지 ③

계층 기본 표에서 계층 대물림 비율은 대각선 부분을 의미하고, 세대 간 이동 비율은 100%에서 계층 대물림 비율을 빼거나, 세대 간 상승 이동과 세대 간 하강 이동을 더하면 됩니다. (가) 사회의 경우 계층 대물림 비율은 대각선 부분을 모두 더한 63%(=9%+30%+24%)입니다. 세대 간 이동 비율은 100%에서 63%를 뺀 37%입니다. (나) 사회의 경우 계층 대물림 비율은 대각선 부분을 모두 더한 67%(=6%+16%+45%)입니다. 세대 간 이동 비율은 100%에서 67%를 뺀 33%입니다. (가) 사회와 (나) 사회 모두 세대 간 이동 비율이 계층 대물림 비율보다 낮습니다. 따라서 선택지 ③번은 오답입니다.

선택지 ④

(가) 사회의 경우 부모 세대의 계층 비율은 '상층 : 중층 : 하층 = 10 : 60 : 30'이므로, 중층의 비율이 가장 높은 다이아몬드형 계층 구조이고, 자녀 세대의 계층 비율은 '상층 : 중층 : 하층 = 20 : 30 : 50'이므로, 상층의 비율이 가장 낮고, 하층의 비율이 가장 높은 피라미드형 계층 구조입니다. (나) 사회의 경우 부모 세대의 계층 비율은 '상층 : 중층 : 하층 = 10 : 40 : 50'이므로, 상층의 비율이 가장 낮고, 하층의 비율이 가장 높은 피라미드형 계층 구조입니다. 자녀 세대의 계층 구성 비율은 '상층 : 중층 : 하층 = 30 : 20 : 50'이므로, 중층의 비율이 가장 낮은 모래시계형 계층 구조입니다. (나) 사회에서 자녀 세대에는 다이아몬드형 계층 구조가 아닌 모래시계형 계층 구조가 나타나기 때문에 선택지 ④번은 오답입니다.

선택지 ⑤

(가) 사회의 경우 부모 세대 상층에서 자녀 세대 중층으로의 이동은 위의 계층 기본 표에서 ©을 의미합니다. ©은 0%이므로 (가) 사회는 부모 세대 상층에서 자녀 세대 중층으로의 이동이 나타나지 않았습니다. (나) 사회의 경우 부모 세대 하층에서 자녀 세대 상층으로의 이동은 위의 계층 기본 표에서 ◎을 의미합니다. 하지만 ◎의 경우는 0%가 될 수 없습니다. 왜냐하면 ◎이 0%일 경우 ㉭은 5%가 되어 '㉭+16+㉭'의 값이 21%가 되기 때문에 ◎은 최소 1% 이상의 값을 가지게 됩니다. 따라서 (나) 사회는 부모 세대 하층에서 자녀 세대 상층으로의 이동이 0%가 될 수 없기 때문에 선택지 ⑤번은 오답입니다.

 **정답 : ②**

특강 45 ○○국의 세대 간 계층 이동 집중 분석

10 **2026 평가원**   [2026학년도 9월 모평 10번]

다음 자료에 대한 분석으로 옳은 것은? (단, 계층은 상층, 중층, 하층으로만 구분되고, A~C는 각각 상층, 중층, 하층 중 하나임.)

3점

다음은 ○○국의 세대별 계층 구성 현황과 세대 간 이동 현황의 일부를 나타낸 것이다. 자녀 세대 전체 인구 중 부모와 계층이 일치하는 비율은 30%이며, 세대 간 이동에서 갑은 A에서 B로, 을은 C에서 B로 하강 이동을 하였고, 병은 A에서 C로 상승 이동을 하였다. 단, 모든 부모의 자녀는 1명씩이다.

<자료 1> 세대별 계층 구성 현황

(단위 : %)

구분	A	B	C
부모 세대	30	50	20
자녀 세대	50	30	20

<자료 2> 자녀 세대 전체 인구 중 세대 간 이동 현황

세대 간 이동 양상	세대 간 이동 비율(%)
A → B	10
C → B	5
A → C	10

* 세대 간 이동은 부모 세대와 자녀 세대의 계층을 비교하여 판단함.

---

① 갑의 부모 계층보다 을의 부모 계층이 낮다.
② 부모와 계층이 일치하는 자녀의 수는 상층보다 중층이 많다.
③ 세대 간 하강 이동한 자녀의 수보다 세대 간 상승 이동한 자녀의 수가 적다.
④ 부모 세대 계층 구조와 달리 자녀 세대 계층 구조는 모래시계형이다.
⑤ 자녀 세대 계층 구조에 비해 부모 세대 계층 구조가 사회 통합 실현에 유리하다.

🔍 자료 파헤치기

STEP 1 먼저 A~C에 해당하는 계층을 파악해 보도록 하겠습니다. 세대 간 이동에서 갑은 A에서 B로, 을은 C에서 B로 하강 이동을 하였습니다. 즉, A에서 B로의 이동과 C에서 B로의 이동은 모두 세대 간 하강 이동에 해당합니다. A, C에서 B로의 이동이 모두 세대 간 하강 이동이므로 B는 하층에 해당합니다. 한편 세대 간 이동에서 병은 A에서 C로 상승 이동을 하였습니다. 즉, C는 A보다 높은 계층이므로 A는 중층, C는 상층에 해당합니다. 따라서 A는 중층, B는 하층, C는 상층입니다.

STEP 2 〈자료 1〉을 통해 부모 세대와 자녀 세대의 계층 구성 비율을 파악해 보도록 하겠습니다. 부모 세대의 경우 상층(C) 비율은 20%, 중층(A) 비율은 30%, 하층(B) 비율은 50%이고, 자녀 세대의 경우 상층(C) 비율은 20%, 중층(A) 비율은 50%, 하층(B) 비율은 30%입니다. 이를 나타내면 다음과 같습니다.

(단위 : %)

구분		부모 세대			계
		상층(C)	중층(A)	하층(B)	
자녀 세대	상층(C)				20
	중층(A)				50
	하층(B)				30
계		20	30	50	100

STEP 3 <자료 2>를 통해 부모 세대와 자녀 세대의 계층 이동 상황을 파악해 보도록 하겠습니다. 자녀 세대 전체 인구 중 중층(A)에서 하층(B)으로의 세대 간 이동 비율이 10%, 자녀 세대 전체 인구 중 상층(C)에서 하층(B)으로의 세대 간 이동 비율은 5%, 자녀 세대 전체 인구 중 중층(A)에서 상층(C)으로의 세대 간 이동 비율은 10%이므로 이를 나타내면 다음과 같습니다.

(단위 : %)

구분		부모 세대			계
		상층(C)	중층(A)	하층(B)	
자녀 세대	상층(C)		10		20
	중층(A)				50
	하층(B)	5	10		30
계		20	30	50	100

부모 세대의 중층 비율은 30%이고, 자녀 세대 전체 인구 중 중층(A)에서 상층(C)으로의 세대 간 이동 비율이 10%, 자녀 세대 전체 인구 중 중층(A)에서 하층(B)으로의 세대 간 이동 비율이 10%이므로 자녀 세대 전체 인구 중 중층(A)의 경우 자녀 세대 전체 인구 중 계층 일치 비율은 10%(=30%-10%-10%)가 됩니다. 또한 자녀 세대의 하층 비율은 30%이고, 자녀 세대 전체 인구 중 상층(C)에서 하층(B)으로의 세대 간 이동 비율이 5%, 자녀 세대 전체 인구 중 중층(A)에서 하층(B)으로의 세대 간 이동 비율이 10%이므로 자녀 세대 전체 인구 중 하층(B)의 경우 자녀 세대 전체 인구 중 계층 일치 비율은 15%(=30%-5%-10%)가 됩니다. 이를 나타내면 다음과 같습니다.

(단위 : %)

구분		부모 세대			계
		상층(C)	중층(A)	하층(B)	
자녀 세대	상층(C)		10		20
	중층(A)		10		50
	하층(B)	5	10	15	30
계		20	30	50	100

자녀 세대 전체 인구 중 부모와 계층이 일치하는 비율이 30%이고, 자녀 세대 중층의 경우 자녀 세대 전체 인구 중 부모 세대와 계층이 일치하는 비율이 10%이며, 자녀 세대 하층의 경우 자녀 세대 전체 인구 중 부모 세대와 계층이 일치하는 비율이 15%이므로 자녀 세대 상층의 경우 자녀 세대 전체 인구 중 부모 세대와 계층이 일치하는 비율은 5%(=30%-10%-15%)가 됩니다. 이를 나타내면 다음과 같습니다.

(단위 : %)

구분		부모 세대			계
		상층(C)	중층(A)	하층(B)	
자녀 세대	상층(C)	5	10		20
	중층(A)		10		50
	하층(B)	5	10	15	30
계		20	30	50	100

자녀 세대의 계층 비율과 부모 세대의 계층 비율을 통해 나머지 빈칸을 채우면 다음과 같습니다.

(단위 : %)

구분		부모 세대			계
		상층(C)	중층(A)	하층(B)	
자녀 세대	상층(C)	5	10	5	20
	중층(A)	10	10	30	50
	하층(B)	5	10	15	30
계		20	30	50	100

정답은 나의 것!

자료 파헤치기에서 구한 표를 이용하면 쉽게 정답을 찾을 수 있습니다.

(단위 : %)

구분		부모 세대			계
		상층(C)	중층(A)	하층(B)	
자녀 세대	상층(C)	5	10	5	20
	중층(A)	10	10	30	50
	하층(B)	5	10	15	30
계		20	30	50	100

선택지 ①
갑의 부모 계층은 중층이고, 을의 부모 계층은 상층입니다. 즉, 갑의 부모 계층보다 을의 부모 계층이 높습니다. 따라서 선지 ①번은 오답입니다.

선택지 ② ✔
부모와 계층이 일치하는 자녀의 비율은 상층이 전체의 5%, 중층이 전체의 10%입니다. 즉, 부모와 계층이 일치하는 자녀의 수는 상층보다 중층이 많습니다. 따라서 선지 ②번은 정답입니다.

선택지 ③
세대 간 하강 이동한 자녀의 비율은 전체의 25%(=10%+5%+10%)이고, 세대 간 상승 이동한 자녀의 비율은 전체의 45%(=10%+5%+30%)입니다. 즉, 세대 간 하강 이동한 자녀의 수보다 세대 간 상승 이동한 자녀의 수가 많습니다. 따라서 선지 ③번은 오답입니다.

선택지 ④
부모 세대 계층 구조는 피라미드형이고, 자녀 세대 계층 구조는 다이아몬드형입니다. 따라서 선지 ④번은 오답입니다.

선택지 ⑤
부모 세대 계층 구조는 피라미드형이고, 자녀 세대 계층 구조는 다이아몬드형이므로 자녀 세대 계층 구조가 부모 세대 계층 구조에 비해 사회 통합 실현에 유리합니다. 따라서 선지 ⑤번은 오답입니다.

🎓 정답 : ②

Ⅰ. 사회 · 문화 현상의 탐구

1. 사회 · 문화 현상의 이해

★수능에 나오는 **필수 개념 2가지** + **필수 암기사항 2개**

필수개념 1 자연 현상 vs 사회 · 문화 현상

• 자연 현상과 사회 · 문화 현상의 특징 비교 **암기** → 키워드를 중심으로 자연 현상과 사회·문화 현상의 특징을 암기하기!

자연 현상	사회 · 문화 현상
인간 의지 · 의도 ×, **몰가치성**	인간 의지 · 의도 ○, **가치 함축성**
존재 법칙 (사실은 ~이다.)	**당위 법칙** (마땅히 ~해야 한다.)
인과 법칙	**목적 법칙**
필연성 ⇒ 예외 없음	**개연성** ⇒ 예외 존재
확실성의 원리	**확률**의 원리
보편성	**보편성 + 특수성**
법칙 발견 · 예측 용이	법칙 발견 · 예측 어려움
통제된 실험 용이(반복 · 재현 쉬움)	통제된 실험 어려움(반복 · 재현 어려움)

• 자연 현상과 사회 · 문화 현상의 관계

   – 자연 현상은 사회 · 문화 현상의 발생에 영향을 미칠 수 있음

   – 인간의 삶은 자연계의 한 부분이므로 자연 현상과 사회 · 문화 현상은 별개로 존재하는 것이 아니라 서로 연관되어 영향을 주고받음

필수개념 2 사회 · 문화 현상을 보는 관점

• 거시적 관점과 미시적 관점 **암기** → 사회·문화 현상을 보는 관점(기능론, 갈등론, 상징적 상호 작용론)을 이해하고 암기하기!

1. **거시적 관점** : 사회 · 문화 현상을 사회 구조나 제도 등 사회 전체와의 연관성 속에서 폭넓게 연구하려는 관점(기능론, 갈등론)

구분	기능론	갈등론
전제	사회는 살아있는 생명체(유기체)와 매우 유사한 특성을 가지고 있음 ⇒ 사회 유기체설	사회적 희소가치의 배분에 관하여 지배 계급과 피지배 계급이 서로 갈등 · 대립하고 있음
기본 입장	• 사회는 유기체처럼 다양한 부분(개인)들이 **상호 의존**적으로 맞물려 하나의 체계를 형성하고 있음 • 각 개인(부분)들은 **사회 전체의 존속과 통합을** 위해 맡은 기능을 수행함 • 사회의 각 부분들이 제 기능을 수행할 때 **사회는 조화와 균형**을 이루며, 이를 통해 **안정과 질서를 유지**할 수 있음 • 사회 규범이나 제도는 사회 전체의 합의가 반영된 것으로, 사회 전체의 존속과 통합에 기여함	• 사회는 사회적 희소가치를 둘러싼 사회 구성원들 간 갈등과 대립이 상존함 • 지배 계급과 피지배 계급의 이익은 양립할 수 없으므로 **갈등과 대립은 필연적**인 현상임 • 사회 구조나 제도는 **지배 집단의 기득권 유지**를 위해 **강제와 억압으로 규정**한 것에 불과함
비판	• 혁명과 같은 급격한 사회 변동을 설명하기 어려움 • 사회 질서와 안정을 강조하여 사회 갈등을 간과하며, 기득권층의 이익을 대변하는 논리로 악용될 우려가 있음	• 사회 집단 간 조화와 균형을 통한 사회 발전을 설명하기 어려움 • 사회 각 부분 간 복잡한 관계를 지배와 피지배로 단순화하고, 사회적 합의를 경시함 • 사회 질서와 안정의 중요성을 경시함

기본자료

▶ **몰가치성**
인간의 주관적 가치가 함축되어 있지 않다는 뜻이다.

▶ **가치 함축성**
좋고 나쁨, 옳고 그름 등과 같은 인간의 주관적 가치 판단이 개입되어 있다는 뜻이다.

▶ **필연성**
특정 원인에 따라 특정 결과가 반드시 발생하는 성질을 의미한다.

▶ **개연성**
원인과 결과가 어느 정도 관련되어 있으나 필연적인 관계는 아닌 것을 의미한다.

▶ **사회 유기체설**
여러 기관들이 각각의 기능을 수행하며 하나의 생명체를 유지하는 것처럼 사회도 생명체와 같이 여러 사회 구성 요소들이 각각의 기능을 수행하며 하나의 사회를 유지한다고 보는 이론이다.

▶ **사회적 희소가치**
부, 명예, 권력처럼 누구나 갖고 싶어하지만 모두를 충족시켜줄 만큼 존재량이 많지 않은 자원을 말한다.

2. 미시적 관점 : 개인 간의 상호 작용이나 개개인의 주관적인 세계에 초점을 맞춰 연구하려는
관점(상징적 상호 작용론)

구분	상징적 상호 작용론
전제	• 인간은 자율성을 지닌 능동적인 존재임 • 상징을 활용하여 사물이나 행위에 복잡한 의미를 부여할 수 있음
기본 입장	• 인간은 자신이 처한 상황에 대한 정의(상황 정의)에 기초하여 각자의 주관적인 가치와 신념에 따라 행동함 • 사물이나 행위의 의미는 그것이 존재하는 상황에 따라, 행위 주체인 인간이 부여하는 의미에 따라 달라질 수 있음 • 인간은 상징을 활용하여 타인과 상호 작용을 하며, 일상 생활은 이러한 상호 작용이 연속적으로 나타나는 과정임
비판	사회 구조나 제도가 개인에게 미칠 수 있는 영향력을 간과함

• **사회 규범에 대한 관점 비교**

기능론	• 사회는 질서 유지를 위한 수단으로 구성원들의 행동을 통제할 규범을 필요로 함 • 사회 규범은 사회 전체의 합의를 바탕으로 성립됨 • 사회 규범은 사회 구성원 모두의 이익과 사회 전체의 원활한 작동에 기여함 • 사회 규범은 사회화를 통해 세대 간에 전승되어 사회의 존속을 가능하게 함
갈등론	• 지배 계급은 기득권을 보호하고, 피지배 계급을 통제하기 위한 수단으로서 사회 규범을 필요로 함 • 사회 규범은 지배 계급의 의지를 반영하여 형성됨 • 사회 규범은 사회 전체의 합의인 것처럼 피지배 계급에게 강요됨으로써 지배와 피지배의 관계를 유지하고 재생산함
상징적 상호 작용론	• 타인과의 상호 작용에 있어 불편을 피하기 위해 사람들은 사회 규범을 필요로 함 • 사회 규범은 사람들이 일정한 행위에 규범이라는 의미를 부여하는 데 동의함으로써 형성됨 • 사회 규범에 대하여 사람들이 다른 의미를 부여하거나 따르기를 거부하면 기존 사회 규범은 약속으로서의 의미를 상실하고 새로운 사회 규범이 정립될 수 있음

기본자료

▶ 상징
언어, 문자와 같은 사회 구성원 간 의미 전달의 수단으로, 추상적인 의미를 구체적으로 나타내기 위해 사용되는 매개물이나 기호 등을 의미한다.

▶ 상황 정의
개인이 특정 상황에 대하여 의미를 부여하는 것으로, 상호 작용의 바탕이 된다.

1

밑줄 친 ㉠~㉢과 같은 현상의 일반적인 특징에 대한 설명으로 옳은 것은?

> 오로라는 태양으로부터 날아오는 ㉠ 고에너지 입자가 대기의 공기 분자와 충돌하여 나타나는 현상이다. 최근 태양 표면에서 강력한 폭발이 일어나 ㉡ 세계 곳곳의 하늘에서 오로라가 나타났다. 이 시기에는 항공기가 방사선에 더 많이 노출되어 통신용 전파가 교란될 가능성이 높아진다. 이에 정부는 태양 표면의 강력한 에너지 분출로 인해 발생할 수 있는 ㉢ 문제 상황에 대처하기 위한 시스템을 마련하기로 하였다.

① ㉠과 같은 현상은 가치 함축적이다.
② ㉡과 같은 현상은 확실성의 원리가 적용된다.
③ ㉠과 같은 현상에 비해 ㉢과 같은 현상은 인과 관계가 분명하다.
④ ㉢과 같은 현상과 달리 ㉡과 같은 현상은 보편성과 특수성이 공존한다.
⑤ ㉢과 같은 현상과 달리 ㉠, ㉡과 같은 현상은 경험적 자료로 연구할 수 있다.

2

밑줄 친 ㉠~㉣과 같은 현상의 일반적인 특징에 대한 설명으로 옳은 것은?

> 이산화탄소의 과도한 발생으로 ㉠ 지구의 평균 기온이 상승하면서 다양한 환경 문제가 나타났다. 이에 대응하여 일부 국가에서는 ㉡ 환경 친화적 소비를 유도하고 이산화탄소의 발생량을 감소시키고자 탄소 발자국을 표시하기 시작하였다. 탄소 발자국이란 제품의 생산, 소비, 폐기 등의 과정에서 발생하는 이산화탄소의 총량을 말한다. 탄소 발자국은 이산화탄소의 배출량을 무게 단위(kg)로 표시하거나, ㉢ 식물의 광합성을 통해 감소될 수 있는 이산화탄소 배출량을 ㉣ 나무의 수로 환산하여 표시한다.

① ㉠과 같은 현상은 ㉡과 같은 현상과 달리 경험적 자료를 통해 연구할 수 있다.
② ㉡과 같은 현상은 ㉢과 같은 현상에 비해 보편성이 강하게 나타난다.
③ ㉢과 같은 현상은 ㉣과 같은 현상에 비해 인과관계가 분명하다.
④ ㉣과 같은 현상은 ㉠과 같은 현상과 달리 확실성의 원리가 적용된다.
⑤ ㉠, ㉢과 같은 현상은 ㉡, ㉣과 같은 현상과 달리 가치 함축적이다.

3

밑줄 친 ㉠~㉣과 같은 현상의 일반적인 특징에 대한 설명으로 옳은 것은?

> 식물의 뿌리는 ㉠ 광합성으로 만든 산물의 약 30%를 분비한다. 이에 착안하여 국내 연구팀은 병충해가 발생한 식물이 휘발성유기화합물을 만들어 ㉡ 이웃한 식물에게 해충의 공격을 알린다는 사실을 찾아냈다. 또한 이어진 연구에서 식물이 공기 중으로 냄새를 전달하고 이를 통해 ㉢ 생장에 유리한 유익균을 선별한다는 것을 발견하였다. 연구 결과는 ㉣ 세계 생태학 분야 학술지에 게재될 예정이다.

① ㉠과 같은 현상은 ㉡과 같은 현상과 달리 개연성으로 설명된다.
② ㉡과 같은 현상은 ㉢과 같은 현상과 달리 당위 법칙의 지배를 받는다.
③ ㉢과 같은 현상은 ㉣과 같은 현상과 달리 보편성과 특수성이 공존한다.
④ ㉣과 같은 현상은 ㉠과 같은 현상과 달리 가치 함축적이다.
⑤ ㉠, ㉡과 같은 현상은 ㉢, ㉣과 같은 현상과 달리 경험적 자료를 통한 연구가 가능하다.

4

밑줄 친 ㉠~㉢과 같은 현상의 일반적인 특징에 대한 설명으로 옳은 것은?

> 온실가스 감축이 요구됨에 따라 산림의 역할이 더욱 주목받고 있다. ㉠ 나무가 광합성 작용을 통해 대기 중 이산화 탄소를 흡수하기 때문이다. 그런데 오래된 나무는 이산화 탄소 흡수 능력이 떨어진다는 연구 결과가 있어 일부 전문가들은 ㉡ 일정 주기로 벌목을 하고 나무를 새로 심는 정책을 주장한다. 그러나 ㉢ 숲은 토양, 미생물, 동식물로 연결된 복잡한 생태계를 이루고 있는데 벌목이 이러한 생태계를 해칠 수 있다며 반대하는 입장도 있다.

① ㉠과 같은 현상은 개연성의 원리가 작용한다.
② ㉡과 같은 현상은 몰가치적이다.
③ ㉢과 같은 현상은 당위 규범을 따른다.
④ ㉠과 같은 현상은 ㉡과 같은 현상에 비해 인과 관계가 명확하다.
⑤ ㉡과 같은 현상은 ㉢과 같은 현상과 달리 보편성을 지닌다.

밑줄 친 ㉠~㉤과 같은 현상의 일반적인 특징에 대한 설명으로 옳은 것은?

> '람사르 데이'는 ㉠ 습지의 중요성을 널리 홍보하기 위해 마련한 행사이다. 참가자들은 ㉡ 습지에 버려진 비닐과 플라스틱을 재활용해 만든 옷을 입고 행사에 참여한다. 습지 보존이 중요한 이유는 ㉢ 습지가 생태계를 보호하는 역할을 하기 때문이다. 플랑크톤과 유기 물질이 풍부한 ㉣ 습지는 각종 오염 물질을 정화한다. 그뿐만 아니라 ㉤ 습지는 기후 위기의 요인 중 하나인 탄소 증가를 억제하는 역할도 한다.

① ㉠과 같은 현상은 몰가치적이다.
② ㉡과 같은 현상은 존재 법칙이 적용된다.
③ ㉢과 같은 현상은 확실성의 원리가 적용된다.
④ ㉣과 같은 현상은 인과 관계가 불분명하다.
⑤ ㉤과 같은 현상은 보편성과 특수성이 공존한다.

---

6   [2022년 7월 학평 1번]

밑줄 친 ㉠~㉣과 같은 현상의 일반적인 특징에 대한 설명으로 옳은 것은?

> 배달 음식의 주문 증가로 플라스틱으로 만든 포장 용기의 소비가 많아지면서, ㉠ 플라스틱 포장 용기의 처리가 새로운 문제로 부상하고 있다. 재활용되지 않고 버려진 ㉡ 플라스틱은 100년이 넘는 시간에 걸쳐 분해되어 환경 오염을 유발한다. 또한 ㉢ 동물들이 먹이로 착각하고 삼킨 플라스틱은 소화되지 않고 동물들의 몸속에 쌓여 생명을 위협할 수 있다. 이에 최근 ㉣ 플라스틱 포장 용기를 재생하여 활용함으로써 버려지는 플라스틱의 양을 줄이고자 하는 움직임이 늘어나고 있다.

① ㉠과 같은 현상은 ㉡과 같은 현상과 달리 몰가치적이다.
② ㉡과 같은 현상은 ㉢과 같은 현상과 달리 개연성으로 설명된다.
③ ㉢과 같은 현상은 ㉣과 같은 현상과 달리 경험적 자료로 연구할 수 있다.
④ ㉣과 같은 현상은 ㉠과 같은 현상과 달리 존재 법칙의 지배를 받는다.
⑤ ㉡, ㉢과 같은 현상은 ㉠, ㉣과 같은 현상에 비해 인과 관계가 분명하다.

밑줄 친 ㉠~㉣과 같은 현상의 일반적인 특징에 대한 설명으로 옳은 것은?

> 우리 몸에 있는 대부분의 미생물은 면역계 유지에 필요하다. ㉠ 미생물은 적당한 습기와 충분한 먹이가 있는 환경을 선호하여 대장에 많이 서식한다. 대장 내 미생물 중 유익균은 식이 섬유에서 영양분을 얻고, 이를 분해할 때 면역 세포를 안정시키는 물질을 만든다. 그런데 식생활에서 가공 식품과 ㉡ 정제된 탄수화물 섭취 비중이 증가하고 유익균이 줄게 되면서 대장 내 미생물 분포가 달라졌다. 뇌와 장은 내분비계, 신경계 등을 통해 신호를 주고받는데, 미생물 분포 변화로 장내 면역 체계에 이상이 생기면 뇌 질환 발생 가능성이 높아진다. 뇌 질환자 상당수가 장 질환을 앓고 있으며, 일상에서 ㉢ 과도한 스트레스를 받으면 장에 탈이 나는 것을 볼 수 있다. 따라서 장 건강을 위해서는 채식 위주의 식단을 유지하고, ㉣ 장내 미생물을 무차별적으로 죽이는 항생제를 남용하지 않아야 한다.

① ㉠과 같은 현상은 ㉡과 같은 현상과 달리 인과 관계가 나타난다.
② ㉡과 같은 현상은 ㉢과 같은 현상과 달리 가치 함축적이다.
③ ㉢과 같은 현상은 ㉣과 같은 현상과 달리 개연성의 원리가 적용된다.
④ ㉣과 같은 현상은 ㉠과 같은 현상과 달리 보편성이 나타난다.
⑤ ㉠, ㉡과 같은 현상은 ㉢, ㉣과 같은 현상과 달리 존재 법칙의 지배를 받는다.

밑줄 친 ㉠~㉣과 같은 현상의 일반적인 특징에 대한 설명으로 옳은 것은?

> 산타의 썰매를 끄는 ㉠ 루돌프 이야기는 순록의 붉은 코를 재미있게 표현한 상상력의 산물이다. ㉡ 순록의 코에는 모세혈관이 촘촘하게 분포되어 있어 혈액 순환을 활발하게 하고 ㉢ 먹이를 찾는 감각과 체온을 유지하는 데 도움을 준다. 순록을 유목하는 사람들은 순록의 붉은 코가 ㉣ 짝짓기 시기에 상대를 유인하는 신호로 쓰인다고 추측하기도 한다.

① ㉠과 같은 현상은 몰가치적이다.
② ㉡과 같은 현상은 개연성의 원리가 적용된다.
③ ㉠과 같은 현상에 비해 ㉢과 같은 현상은 특수성이 강하다.
④ ㉣과 같은 현상에 비해 ㉡과 같은 현상은 인과 관계가 불분명하다.
⑤ ㉢과 같은 현상과 ㉣과 같은 현상은 모두 경험적 자료로 연구할 수 있다.

---

9 [2023년 10월 학평 1번]

밑줄 친 ㉠~㉢과 같은 현상의 일반적인 특징에 대한 설명으로 옳은 것은?

> 지구 온난화로 ㉠ 개화 시기가 빨라지고 있다는 연구 결과가 발표되었다. 연구 팀은 농작물의 개화 시기와 꿀벌의 활동 시기가 맞지 않아 ㉡ 농작물의 꽃가루받이가 위협받고 있다고 지적하였다. 사람이 꿀벌 대신 꽃가루받이를 하는 경우가 많아지면서 ㉢ 농작물의 생산 비용이 증가하고 있다.

① ㉠과 같은 현상은 ㉡과 같은 현상과 달리 가치 함축적이다.
② ㉠과 같은 현상은 ㉢과 같은 현상에 비해 인과 관계가 명확하다.
③ ㉡과 같은 현상은 ㉢과 같은 현상과 달리 보편성과 특수성이 공존한다.
④ ㉢과 같은 현상은 ㉠과 같은 현상과 달리 경험적 자료로 연구할 수 있다.
⑤ ㉠과 같은 현상은 ㉡, ㉢과 같은 현상과 달리 확률의 원리가 작용한다.

10 [2021학년도 6월 모평 1번]

밑줄 친 ㉠ ~ ㉣과 같은 현상의 일반적 특징에 대한 설명으로 옳은 것은?

> **『자연 다큐멘터리 '생명의 땅 ○○습지 1년의 기록'』**
>
> ㉠ 지형적 특성으로 물이 잘 빠지지 않고 오랜 시간 정체되면서 형성된 습지, 그곳의 독특한 생태계를 특수 촬영으로 생동감 있게 그려냈습니다. ㉡ 계절마다 빛깔을 달리하는 수풀의 환상적인 풍경, ㉢ 삵, 고니 등 평소 보기 힘든 동물을 담아낸 영상을 감상할 수 있습니다. 각종 수생 식물이 습지를 빼곡하게 메워 펼쳐지는 연둣빛 군락은 물론이고 ㉣ 개화가 잘 되지 않아 '백년 만에 피는 꽃'이라고 불리는 가시연꽃의 모습은 특히 기대해도 좋습니다.

① ㉠과 같은 현상은 ㉡과 같은 현상과 달리 몰가치적이다.
② ㉡과 같은 현상은 ㉢과 같은 현상과 달리 인과 관계가 나타난다.
③ ㉢과 같은 현상은 ㉠과 같은 현상과 달리 경험적 자료를 통해 연구할 수 있다.
④ ㉣과 같은 현상은 ㉡과 같은 현상에 비해 보편성이 강하게 나타난다.
⑤ ㉢, ㉣과 같은 현상은 ㉠, ㉡과 같은 현상과 달리 개연성의 원리가 적용된다.

11 2024 평가원 [2024학년도 6월 모평 1번]

밑줄 친 ㉠~㉣과 같은 현상의 일반적인 특징에 대한 설명으로 옳은 것은?

> 기체가 초고온의 에너지를 받으면 기체와는 전혀 다른 성질을 띠는 상태가 되는데, 이를 플라스마라고 합니다. 태양에서는 ㉠ 플라스마 상태에서 핵융합 반응이 일어나고 막대한 양의 에너지가 방출됩니다. 핵융합 발전은 여기서 아이디어를 얻어 고효율의 에너지를 얻으려는 것입니다. 우리 과학자들이 인공 태양을 구현하려고 노력한 결과, 지난 ○○월 ○○일 ㉡ 초고온의 플라스마 상태를 최장 시간 유지시키는 데 성공하였습니다. ㉢ 기체가 일정한 조건에 이르면 플라스마로 변화하는데, 플라스마가 실험로 진공 용기에 닿는 순간 핵융합 반응이 끝납니다. 핵융합 기술의 상용화를 위해서는 플라스마를 실험로에 닿지 않도록 하는 것이 관건입니다. 연구자들은 ㉣ 플라스마를 안정적으로 제어할 수 있도록 실험을 계속할 예정이라고 합니다.
>
> **NEWS** **한국산 '핵융합' 인공 태양, 실험 성공**

① ㉠과 같은 현상은 ㉡과 같은 현상과 달리 가치 함축적이다.
② ㉡과 같은 현상은 ㉢과 같은 현상에 비해 인과 관계가 명확하다.
③ ㉢과 같은 현상은 ㉣과 같은 현상과 달리 보편성이 나타난다.
④ ㉣과 같은 현상은 ㉠과 같은 현상과 달리 개연성의 원리가 적용된다.
⑤ ㉠, ㉢과 같은 현상은 ㉡, ㉣과 같은 현상과 달리 경험적 자료로 연구할 수 있다.

12 2024 수능 [2024학년도 수능 1번]

밑줄 친 ㉠~㉥과 같은 현상의 일반적인 특징에 대한 설명으로 옳은 것은?

> 지구 온난화로 인한 ㉠ 강물 속 용존 산소 감소가 수생 생물의 다양성을 위협한다는 보고서가 발표됐다. 물속 용존 산소는 물속 생물의 호흡 과정에서 소비된다. 그런데 ㉡ 지구 온난화에 의해 수온이 상승하면 물속 생물의 호흡량이 증가하여 ㉢ 용존 산소가 더 빠르게 고갈된다. 보고서에서는 ㉣ 탄소 배출량 감축 정책이 실패할 경우 얕은 강에서 특정 어종이 사라질 정도로 수(水) 생태계의 ㉥ 생물 다양성이 훼손될 것으로 예측했다.

① ㉠과 같은 현상은 가치 함축적이다.
② ㉡과 같은 현상은 당위 법칙을 따른다.
③ ㉢과 같은 현상은 보편성보다 특수성이 강하게 나타난다.
④ ㉣과 같은 현상은 개연성의 원리가 적용된다.
⑤ ㉥과 같은 현상은 확실성의 원리가 적용된다.

밑줄 친 ㉠~㉢과 같은 현상의 일반적인 특징에 대한 설명으로 옳은 것은?

> 인도양의 섬에 사는 세이셸 울새는 ㉠ 여러 세대가 함께 무리 생활을 하며, 곤경에 처한 구성원을 돕는 동물로 알려져 있다. 세이셸 울새가 사는 지역에는 ㉡ 끈적거리는 씨앗을 맺는 일명 '새잡이 나무'가 있어, 새가 이 끈끈한 씨앗 뭉치에 얽혀 죽음을 맞기도 한다. 그런데 세이셸 울새는 구성원이 이 나무에 얽히면 자신의 위험을 무릅쓰고 구조에 나서서 깃털에 달라붙은 끈끈한 씨앗을 함께 떼어 준다고 한다. ㉢ 새들의 생태를 관찰한 연구자들은 이러한 이타적 행동이 집단과 개체 모두의 생존에 기여할 수 있다고 설명한다.

① ㉠과 같은 현상은 당위 규범을 따른다.
② ㉡과 같은 현상은 확률의 원리가 작용한다.
③ ㉢과 같은 현상은 가치 함축적이다.
④ ㉡과 같은 현상은 ㉢과 같은 현상과 달리 경험적 자료를 통해 연구할 수 있다.
⑤ ㉢과 같은 현상은 ㉠과 같은 현상에 비해 인과 관계가 명확하다.

밑줄 친 ㉠~㉣과 같은 현상의 일반적인 특징에 대한 설명으로 옳은 것은?

> 제주도 서귀포 앞바다에서는 ㉠ 돌고래들이 무리 지어 헤엄치는 모습이 자주 목격된다. 이 무리 중에는 ㉡ 놀이 공원에서 운영하는 돌고래 쇼에 시달리다가 ㉢ 대법원 판결에 의해 제주도 바다로 방생된 남방큰돌고래도 있다. ㉣ 남방큰돌고래의 평균 수명은 40년이다. 그러나 냉동 생선만 먹으며 휴일도 없이 일 년 내내 쇼를 해야 하는 수족관에서는 겨우 4년밖에 살지 못한다.

① ㉠과 같은 현상은 ㉢과 같은 현상과 달리 가치 함축적이다.
② ㉡과 같은 현상은 ㉣과 같은 현상에 비해 인과 관계가 분명하다.
③ ㉢과 같은 현상은 ㉠과 같은 현상과 달리 확률의 원리가 적용된다.
④ ㉠, ㉣과 같은 현상은 ㉡과 같은 현상과 달리 보편성과 특수성이 공존한다.
⑤ ㉣과 같은 현상은 ㉠, ㉡, ㉢과 같은 현상과 달리 존재 법칙의 지배를 받는다.

밑줄 친 ㉠~㉣과 같은 현상의 일반적인 특징에 대한 설명으로 옳은 것은?

> 최근 ㉠ 일부 약제의 부작용이 남성에 비해 여성에게 더 많이 발생한다는 연구가 보고되었다. 이 연구에 따르면, ㉡ 약의 효능에 영향을 주는 특정 단백질이 여성에게 부족한 것이 원인이라고 한다. 이에 대해 관련 분야의 일부 전문가들은 신약 개발 과정에서 ㉢ 남녀 신체의 생물학적 차이를 무시하고, 관행적으로 ㉣ 남성의 신체를 연구의 표준으로 간주하여 임상 실험을 해 온 것이 문제라고 지적하고 있다.

① ㉠과 같은 현상은 ㉡과 같은 현상과 달리 몰가치적이다.
② ㉡과 같은 현상은 ㉢과 같은 현상과 달리 특수성이 나타난다.
③ ㉢과 같은 현상은 ㉣과 같은 현상과 달리 인과 관계가 명확하다.
④ ㉠, ㉡과 같은 현상은 ㉢, ㉣과 같은 현상과 달리 확실성의 원리가 적용된다.
⑤ ㉡, ㉢과 같은 현상은 ㉠, ㉣과 같은 현상과 달리 존재 법칙의 지배를 받는다.

밑줄 친 ㉠, ㉡과 같은 현상의 일반적인 특징을 구분하기 위해 (가), (나)에 들어갈 수 있는 질문으로 옳은 것은?

> 최근 갯벌의 경제적·환경적 가치가 재조명되면서 ㉠ 기존의 생태 환경으로 되돌리는 역(逆)간척 사업이 시행되고 있다. 역간척 사업 이후 자정 능력을 갖추게 된 ㉡ 갯벌 생태계는 원래대로 회복되어 안정적으로 작동할 수 있게 된다.

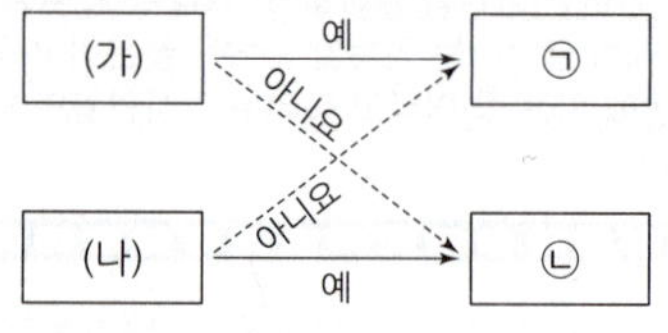

① (가) - 존재 법칙의 지배를 받는가?
② (가) - 경험적 자료를 통해 탐구할 수 있는가?
③ (가) - 인간의 가치와 의지가 배제되어 나타나는가?
④ (나) - 확실성의 원리가 적용되는가?
⑤ (나) - 개연성을 통해 설명할 수 있는가?

17　　[2024년 3월 학평 1번]

밑줄 친 ㉠ ~ ㉢과 같은 현상의 일반적인 특징에 대한 설명으로 옳은 것은?

> 기후 위기가 심화되면서 ㉠ 바람이 가지는 운동 에너지를 이용하여 전력을 생산하는 풍력 발전이 다시 주목받고 있다. 바람은 고기압 지역에서 저기압 지역으로 부는데 ㉡ 기압 차가 클수록 바람의 세기는 강해진다. 바람이 강하게 부는 곳에서는 풍력 발전이 매우 효과적인 전력 생산 방법이다. 풍력 발전은 온실 가스 발생을 줄이고, 줄지어 늘어선 풍력 발전기는 ㉢ 관광 자원으로 활용되기도 한다.

① ㉠과 같은 현상은 ㉡과 같은 현상과 달리 가치 함축적이다.
② ㉡과 같은 현상은 ㉢과 같은 현상과 달리 확률의 원리가 적용된다.
③ ㉢과 같은 현상은 ㉠과 같은 현상과 달리 인과 관계가 불분명하다.
④ ㉢과 같은 현상은 ㉡과 같은 현상과 달리 존재 법칙의 지배를 받는다.
⑤ ㉠, ㉢과 같은 현상은 ㉡과 같은 현상과 달리 보편성이 나타난다.

18　　[2024년 4월 학평 1번]

밑줄 친 ㉠ ~ ㉣과 같은 현상의 일반적인 특징에 대한 설명으로 옳은 것은?

> 도심 속 가로수는 그늘을 만들고 ㉠ 주변의 온도를 낮추어 도심 환경을 쾌적하게 만든다. 또한 가로수 나뭇잎은 오염된 공기를 깨끗하게 만들고, ㉡ 도심의 습도를 조절한다. ㉢ 도심의 발달로 인해 도심의 온도가 주변보다 높아지는 열섬 현상이 심화되고 있는데, 일부 전문가들은 ㉣ 가로수를 더 많이 심어 열섬 현상을 완화해야 한다고 주장하고 있다.

① ㉠과 같은 현상은 당위 규범을 따른다.
② ㉢과 같은 현상은 가치 함축적이다.
③ ㉣과 같은 현상은 확실성의 원리가 적용된다.
④ ㉡과 같은 현상은 ㉣과 같은 현상에 비해 특수성이 강하다.
⑤ ㉢과 같은 현상은 ㉠과 같은 현상에 비해 인과 관계가 명확하다.

19　2025 수능　　[2025학년도 수능 1번]

밑줄 친 ㉠ ~ ㉲과 같은 현상의 일반적인 특징에 대한 설명으로 옳은 것은?

> ○○신문　　○○○○년 ○○월 ○○일
>
> **뜨거워진 한반도, 과일 재배 지도가 바뀐다!**
>
> 우리나라 사람들이 좋아하는 ㉠ 나주 배, 대구 사과와 같이 지역 특산물로 생산되고 있는 과일들이 더 이상 그 지역을 대표할 수 없을지도 모른다. 기후 변화로 ㉡ 연평균 기온이 올라갈수록 특정 과일이 자랄 수 있는 지역이 북상하기 때문이다. 이에 따라 ㉢ 사과 재배 가능 지역이 변할 것으로 예측된다. 대표적인 사과 재배지가 경북 지역에서 강원 지역으로 바뀌고 2090년경에는 ㉣ 국내에서 고품질의 사과 생산이 불가능할 것이라는 분석도 나온다. 폭염, 한파 등 ㉲ 기상 이변이 자주 발생하는 것은 뜨겁게 달아오른 지구가 인류에게 주는 마지막 경고일지도 모른다.

① ㉠과 같은 현상은 확률의 원리가 적용된다.
② ㉡과 같은 현상은 인과 관계가 불분명하다.
③ ㉢과 같은 현상은 필연성의 원리가 적용된다.
④ ㉢과 같은 현상과 달리 ㉣과 같은 현상은 몰가치적이다.
⑤ ㉣과 같은 현상에 비해 ㉲과 같은 현상은 특수성이 강하다.

20　　[2021년 3월 학평 1번]

밑줄 친 ㉠ ~ ㉢과 같은 현상의 일반적인 특징에 대한 설명으로 옳은 것은?

> 역대 최대 규모의 ㉠ 허리케인이 발생하자 ㉡ 정부는 피해 예상 지역에 재난 경보를 발령했다. 이에 ㉢ 원유 생산 기업들이 시설 가동을 중단하면서 국제 원유 가격이 급상승하였다.

① ㉠과 같은 현상은 가치 함축적이다.
② ㉡과 같은 현상은 확실성으로 설명된다.
③ ㉢과 같은 현상은 보편성과 특수성이 공존한다.
④ ㉠과 같은 현상은 ㉡과 같은 현상과 달리 당위 규범이 적용된다.
⑤ ㉡과 같은 현상은 ㉢과 같은 현상과 달리 개연성으로 설명된다.

21

밑줄 친 ㉠~㉢과 같은 현상의 일반적인 특징에 대한 설명으로 옳은
것은?

> 사람들은 ㉠ 황사 및 미세 먼지에 관한 기상 예보에는 민감하게
> 대응하는 반면, 실내 공간에서의 공기 오염은 인식하지 못하곤
> 한다. 일상생활에서 발생하는 먼지 외에도 ㉡ 벽지나 가구 등에
> 함유된 화학 물질의 방출로 인하여 밀폐된 실내 공간에서
> 오염 물질의 농도는 점차 짙어진다. 이에 전문가들은 날씨와
> 상관없이 ㉢ 환기를 통해 실내 공기의 질을 관리할 것을 권장하고
> 있다.

① ㉠과 같은 현상은 몰가치적이다.
② ㉡과 같은 현상은 개연성의 원리가 작용한다.
③ ㉢과 같은 현상은 보편성과 특수성이 공존한다.
④ ㉠과 같은 현상은 ㉡과 같은 현상에 비해 인과 관계가 명확하다.
⑤ ㉡과 같은 현상은 ㉢과 같은 현상과 달리 경험적 자료로 연구할
　 수 있다.

22

밑줄 친 ㉠~㉣과 같은 현상의 일반적인 특징에 대한 설명으로 옳은
것은?

> 칠레 연안 로빈슨 크루소 섬에 서식하고 있던 염소는 에스파냐
> 무역선을 괴롭히던 해적의 식량원이었다. 이에 ㉠ 에스파냐
> 해군은 한 쌍의 개를 섬에 상륙시켰다. 그 후 개체 수가 늘어난
> 개가 염소를 잡아먹으면서 염소의 수가 줄어들었다. 염소의 수가
> 줄자 개의 개체 수도 줄어들어, ㉡ 개와 염소 간에 수의 균형이
> 형성되었다. 이를 통해 19세기 서양 지식인은 ㉢ 정부, 법률,
> 도덕의 개입 없이도 사회 질서를 형성할 수 있다는 영감을
> 얻었다. ㉣ 생명체는 배고프면 먹이를 찾기 마련이며 먹이의
> 양에 따라 개체 수가 조절된다는 점은 새로운 사회 질서를
> 만들어내는 합리적 원리였다. 이로부터 인간이 지닌 정치적 면모
> 대신 생물학적 면모가 주목받기 시작했다.

① ㉠과 같은 현상은 ㉡과 같은 현상과 달리 확실성의 원리를
　 따른다.
② ㉡과 같은 현상은 ㉢과 같은 현상과 달리 가치 함축적이다.
③ ㉢과 같은 현상은 ㉣과 같은 현상과 달리 개연성의 원리를
　 따른다.
④ ㉣과 같은 현상은 ㉠과 같은 현상과 달리 보편성과 특수성이
　 공존한다.
⑤ ㉠, ㉢과 같은 현상은 ㉡, ㉣과 같은 현상에 비해 인과관계가
　 분명하다.

23

밑줄 친 ㉠~㉣과 같은 현상의 일반적인 특징에 대한 설명으로 옳은
것은?

> 지구 온난화에 대응하여 전 세계는 ㉠ 탄소 중립을 달성하기
> 위해 노력하고 있다. 그러나 탄소 중립을 달성한 이후에도
> 당분간 기후 변화가 이어질 것이라는 연구 결과가 나왔다.
> 지구 온난화로 인해 ㉡ 바다가 흡수한 열에너지가 방출되면서
> 고위도 지역의 온도 상승 등 ㉢ 기후 변화가 지속될 수 있음이
> ㉣ 슈퍼컴퓨터를 활용한 시뮬레이션으로 확인되었다.

① ㉠과 같은 현상은 몰가치적이다.
② ㉡과 같은 현상은 개연성의 원리가 적용된다.
③ ㉡과 같은 현상과 달리 ㉣과 같은 현상은 특수성이 나타난다.
④ ㉢과 같은 현상에 비해 ㉠과 같은 현상은 법칙 발견이 용이하다.
⑤ ㉣과 같은 현상과 달리 ㉢과 같은 현상은 인과 관계가 불분명하다.

24

밑줄 친 ㉠~㉣과 같은 현상의 일반적인 특징에 대한 설명으로 옳은
것은?

> 비가 오지 않는 지역으로 유명한 ㉠ 아라비아반도 남부 지역에
> 열대성 저기압이 상륙해 하루 만에 300 mm가 넘는 비를
> 뿌렸다. 세계 기상 기구(WMO)는 이처럼 ㉡ 유례없는 강수량이
> 집중되는 현상은 앞으로 더 빈번해질 것이라고 경고했다. 문제는
> 지구 온난화로 인한 이상 기후 현상을 대비할 수 있는 국가
> 차원의 ㉢ 기상 데이터와 예보 시스템을 보유하지 못한 나라들이
> 너무 많다는 것이다. 이러한 나라들은 ㉣ 강수 패턴과 농업이
> 가능한 계절의 변화 때문에 앞으로 식량 안보 위기에 처할
> 것이다.

① ㉠과 같은 현상은 ㉡과 같은 현상에 비해 특수성이 강하다.
② ㉡과 같은 현상은 ㉢과 같은 현상과 달리 보편성이 나타난다.
③ ㉢과 같은 현상은 ㉣과 같은 현상과 달리 가치 함축적이다.
④ ㉣과 같은 현상은 ㉠과 같은 현상과 달리 인과 관계가 분명하다.
⑤ ㉠, ㉢과 같은 현상은 필연성의 원리가, ㉡, ㉣과 같은 현상은
　 개연성의 원리가 적용된다.

25 [2020학년도 수능 1번]

밑줄 친 ㉠ ~ ㉢과 같은 현상의 일반적 특징에 대한 설명으로 옳은 것은?

① ㉠과 같은 현상은 ㉡과 같은 현상과 달리 당위 법칙을 따른다.
② ㉡과 같은 현상은 ㉢과 같은 현상과 달리 확률의 원리가 적용된다.
③ ㉢과 같은 현상은 ㉠, ㉡과 같은 현상과 달리 가치 함축적이다.
④ ㉠과 같은 현상은 보편성이, ㉡, ㉢과 같은 현상은 보편성과 특수성이 나타난다.
⑤ ㉠, ㉢과 같은 현상은 ㉡과 같은 현상에 비해 인과 관계가 분명하다.

26 2025 평가원 [2025학년도 6월 모평 1번]

밑줄 친 ㉠ ~ ㉣과 같은 현상의 일반적인 특징에 대한 설명으로 옳은 것은?

㉠ 사과에는 폴리페놀 화합물과 이를 산화시키는 효소가 포함되어 있다. 그래서 ㉡ 사과의 껍질을 깎아 공기 중에 노출시키면 산화가 일어나 퀴논이라는 물질이 만들어진다. 퀴논은 반응성이 높아 퀴논 간에 서로 화학 작용을 일으켜 ㉢ 갈색을 띠는 멜라닌 성분을 생성한다. 사과의 갈변을 막기 위해 ㉣ 깎은 사과 표면을 설탕 용액으로 코팅하여 산소와의 접촉을 줄이는 방법을 사용할 수 있다.

① ㉠과 같은 현상은 당위 법칙을 따른다.
② ㉡과 같은 현상은 확실성의 원리가 적용된다.
③ ㉢과 같은 현상과 달리 ㉡과 같은 현상은 몰가치적이다.
④ ㉣과 같은 현상에 비해 ㉠과 같은 현상은 인과 관계가 분명하다.
⑤ ㉣과 같은 현상과 달리 ㉢과 같은 현상은 경험적 자료로 연구할 수 있다.

27 2025 평가원 [2025학년도 9월 모평 1번]

밑줄 친 ㉠ ~ ㉣과 같은 현상의 일반적인 특징에 대한 설명으로 옳은 것은?

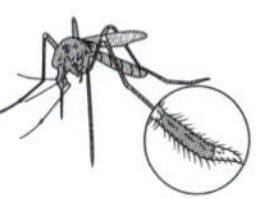

㉠ 모기에 물리지 않게 해주는 특수 오일이 개발되었다. 전자 현미경으로 모기를 확대해보면 다리에 미세한 털이 있다. ㉡ 사람의 젖은 피부에도 모기가 앉을 수 있는 것은 이 미세한 털이 물을 튕겨내기 때문이다. 하지만 특수 오일은 그러한 행동을 못 하게 하여 모기가 사람의 ㉢ 피부에 앉는 것을 차단하는 역할을 한다. 연구진은 "사람에 비유하면 늪에 발이 빠지는 것 같아 무서워서 달아나는 것으로 보인다."라고 설명했다. 앞으로 이 오일은 ㉣ 뎅기열과 말라리아 등 전염병이 발생하는 지역에 큰 도움이 될 것이라고 연구진은 전했다.

① ㉠과 같은 현상은 필연성의 원리가 적용된다.
② ㉡과 같은 현상은 확률의 원리가 적용된다.
③ ㉡과 같은 현상과 달리 ㉢과 같은 현상은 가치 함축적이다.
④ ㉢과 같은 현상과 달리 ㉣과 같은 현상은 보편성과 특수성이 공존한다.
⑤ ㉣과 같은 현상과 달리 ㉠과 같은 현상은 인과 관계가 불분명하다.

28 [2023년 7월 학평 1번]

밑줄 친 ㉠ ~ ㉣과 같은 현상의 일반적인 특징에 대한 설명으로 옳은 것은?

과거에 겪은 두려운 기억은 뇌에 어떻게 저장되는가? 이 질문에 대한 답을 얻기 위해 한 연구진은 ㉠ 실험쥐에게 트라우마를 경험하게 하는 실험에서 대뇌피질의 한 부분인 '전전두피질'을 관찰했다. 실험 결과, 오래된 공포의 기억이 ㉡ 기억 세포 사이의 연결을 강화하면서 뇌에 영구적으로 저장된다는 것을 발견했다. 더불어 이 기억 세포 사이의 연결이 ㉢ 트라우마를 겪으며 서서히 강화되는 것도 확인했다. 이어진 연구에서 기억 세포의 활동이 억제된 실험쥐는 오래된 공포 기억을 회상하는 데 어려움을 겪었다. 연구진은 이러한 발견이 ㉣ 외상후스트레스장애 환자를 치료하는 것에 도움을 줄 수 있을 것으로 기대하고 있다.

① ㉠과 같은 현상은 ㉡과 같은 현상과 달리 몰가치적이다.
② ㉡과 같은 현상은 ㉢과 같은 현상과 달리 당위적 규범의 지배를 받는다.
③ ㉢과 같은 현상은 ㉣과 같은 현상과 달리 보편성과 특수성이 공존한다.
④ ㉣과 같은 현상은 ㉠과 같은 현상과 달리 확실성의 원리가 적용된다.
⑤ ㉡, ㉢과 같은 현상은 ㉠, ㉣과 같은 현상에 비해 인과 관계가 분명하다.

29

밑줄 친 ㉠~㉣과 같은 현상의 일반적인 특징에 대한 설명으로 옳은 것은?

> 최근 갑국에서 발생한 산불은 500만 헥타르(ha)가 넘는 ㉠ 숲을 태웠다. 전문가들은 이 산불이 ㉡ 기후 변화의 산물이라고 분석하고 있다. 기후 변화로 인한 기록적인 고온 현상과 유례없는 가뭄이 ㉢ 건조한 땅을 만들었고, 대형 산불로 이어졌다는 분석이다. ○○ 연구팀은 ㉣ 온실가스에 대한 과학적인 감시 강화가 필요하다고 강조하였다.

① ㉠과 같은 현상은 ㉡과 같은 현상과 달리 가치 함축적이다.
② ㉡과 같은 현상은 ㉢과 같은 현상과 달리 당위적인 규범이 반영되어 나타난다.
③ ㉢과 같은 현상은 ㉣과 같은 현상과 달리 인과 관계가 불분명하다.
④ ㉣과 같은 현상은 ㉠과 같은 현상과 달리 보편성이 나타난다.
⑤ ㉠, ㉢과 같은 현상은 ㉡, ㉣과 같은 현상과 달리 경험적 자료를 통해 연구할 수 있다.

31

밑줄 친 ㉠ ~ ㉣과 같은 현상의 일반적인 특징에 대한 설명으로 옳은 것은?

> 미국 북서부에서는 열돔 현상으로 인해 역대 최고 수준의 ㉠ 폭염이 발생하여 ㉡ 온열 질환으로 수많은 사람들이 응급실로 후송되었다. 한편, 서유럽에서는 ㉢ 저기압이 한 지역에 정체되어 기록적인 폭우가 쏟아지는 바람에 많은 인명 피해가 발생했다. ㉣ 기상학자들은 지구 온난화로 인한 이상 기후 현상이 앞으로도 자주 발생할 것이라고 경고하고 있다.

① ㉠과 같은 현상은 가치 함축성을 지닌다.
② ㉡과 같은 현상은 개연성을 갖는다.
③ ㉢과 같은 현상은 보편성과 특수성이 공존한다.
④ ㉣과 같은 현상은 존재 법칙으로 설명된다.
⑤ ㉠, ㉢과 같은 현상은 ㉡, ㉣과 같은 현상과 달리 경험적 자료를 통해 연구할 수 있다.

30

밑줄 친 ㉠~㉢과 같은 현상의 일반적 특징에 대한 설명으로 옳은 것은?

> 1947년 최초로 발견된 지카 바이러스는 주로 ㉠ 숲 모기에 의해 피부 세포에 침투하여 감염을 유발하고, 혈액을 통해 다른 부위로 이동한다. 2016년 2월 세계 보건 기구는 지카 바이러스가 ㉡ 태아의 뇌 기능을 저하시켜 소두증 같은 선천성 기형을 유발하고, 신경계 이상과도 연관이 있음을 발표하였다. 세계 보건 기구는 더 이상의 피해가 확산되는 것을 방지하기 위해 ㉢ 국제 공중 보건 긴급 사태를 선언하였다.

① ㉠과 같은 현상은 ㉢과 같은 현상과 달리 존재 법칙을 따른다.
② ㉡과 같은 현상은 ㉠과 같은 현상과 달리 가치 함축적이다.
③ ㉠과 같은 현상은 확률의 원리, ㉡, ㉢과 같은 현상은 확실성의 원리가 작용한다.
④ ㉡과 같은 현상은 ㉠, ㉢과 같은 현상에 비해 인과 관계가 분명하다.
⑤ ㉠, ㉡과 같은 현상은 ㉢과 같은 현상과 달리 경험적인 자료로 연구가 가능하다.

32

밑줄 친 ㉠~㉣과 같은 현상의 일반적인 특징에 대한 설명으로 옳은 것은?

>  인상파 화가인 모네(C. Monet)는 빛에 의해 끊임없이 변화하는 나무와 꽃의 색깔, ㉠ 햇빛과 물빛의 조화를 담은 작품을 창작했다. 모네의 작품에 나타난 ㉡ 색채와 표현 방식의 변화는 그가 백내장에 걸렸음을 알 수 있는 실마리가 된다. 백내장에 걸리면 ㉢ 눈에서 렌즈 역할을 하는 수정체가 혼탁해져 사물이 흐리게 보이고, 더 진행되면 수정체가 노랗게 변한다. 이 경우 수정체에서 노란색의 보색인 남색 등은 차단되고, ㉣ 상대적으로 파장이 긴 노란색과 붉은색은 통과한다. 실제로 모네의 작품은 후기로 갈수록 노란색과 붉은색 계통이 주를 이루고 사물의 선과 면의 경계가 불분명한 특징이 나타난다.

① ㉠과 같은 현상은 ㉡과 같은 현상과 달리 개연성의 원리가 적용된다.
② ㉡과 같은 현상은 ㉢과 같은 현상과 달리 가치 함축적이다.
③ ㉢과 같은 현상은 ㉣과 같은 현상과 달리 인과 관계가 나타난다.
④ ㉣과 같은 현상은 ㉠과 같은 현상과 달리 보편성이 나타난다.
⑤ ㉢, ㉣과 같은 현상은 ㉠, ㉡과 같은 현상과 달리 경험적 자료로 연구할 수 있다.

33   [2021학년도 수능 1번]

밑줄 친 ⊙ ~ ⓒ과 같은 현상의 일반적인 특징에 대한 설명으로 옳은 것은?

> 예로부터 ⊙ 옹기는 음식의 발효와 저장을 위해 사용된 생활필수품이었다. 열이 가해지면 ⓛ 흙 알갱이의 크기 차이로 인해 표면에 미세한 기공이 형성되어 숨 쉬는 옹기가 만들어졌다. 조상들은 김장 김치를 옹기에 담아 겨울 동안 땅속에 보관하여 가장 맛있는 상태로 유지하였다. 최근 연구에서는 땅속 옹기의 음식 보관 온도인 ⓒ -1℃ 상태에서 김치의 유산균 개체 수가 적정하게 유지된다는 것을 발견하였다.

① ⊙과 같은 현상은 ⓒ과 같은 현상에 비해 인과 관계가 명확하다.
② ⓛ과 같은 현상은 ⊙과 같은 현상에 비해 특수성이 강하게
   나타난다.
③ ⓛ과 같은 현상은 ⓒ과 같은 현상과 달리 경험적 자료를 통해
   연구할 수 있다.
④ ⊙과 같은 현상은 ⓛ, ⓒ과 같은 현상과 달리 가치 함축적이다.
⑤ ⊙, ⓒ과 같은 현상은 ⓛ과 같은 현상과 달리 개연성의 원리가
   적용된다.

34   [2024년 7월 학평 1번]

밑줄 친 ⊙~ⓜ과 같은 현상의 일반적인 특징에 대한 설명으로 옳은 것은?

> 알츠하이머병은 '알츠하이머 플라크'라고 불리는 단백질 덩어리가 ⊙ 뉴런을 파괴하여 기억 상실을 초래한다. 현재 이 질병에 대한 치료법이 없는 이유는 우리 뇌의 혈액뇌장벽이 ⓛ 대부분의 약물 전달을 억제하기 때문이다. 혈액뇌장벽은 뇌의 뉴런을 보호하기 위한 국경 통제소와 같은 역할을 하며, ⓒ 독소와 병원균이 들어오는 것을 차단한다. 최근 과학자들은 혈액뇌장벽을 일시적으로 열어 뇌에 ⓔ 약물을 주입하는 치료 방법을 발표하였다. 또한 이 치료 방법이 ⓜ 노화 지연의 단초가 될 것으로 예측하였다.

① ⊙과 같은 현상은 존재 법칙을 따른다.
② ⓛ과 같은 현상은 개연성의 원리가 적용된다.
③ ⓒ과 같은 현상은 보편성보다 특수성이 강하게 나타난다.
④ ⊙과 같은 현상과 달리 ⓔ과 같은 현상은 몰가치적이다.
⑤ ⓒ과 같은 현상에 비해 ⓜ과 같은 현상은 인과 관계가 분명하다.

35   [2022년 3월 학평 1번]

밑줄 친 ⊙~ⓒ과 같은 현상의 일반적인 특징에 대한 설명으로 옳은 것은?

> ⊙ 지구 온난화에 대한 관심이 고조되고 있는 가운데 한 연구소가 호주 인근 ⓛ 바다의 수온이 상승하여 괴사 직전에 놓인 산호초를 구하기 위해 ⓒ 성층권에 바닷물을 분사하는 실험을 진행하였다. 이 실험은 바닷물의 소금 결정을 이용해 태양열을 막는 구름 양산을 만드는 것을 목표로 하였다.

① ⊙과 같은 현상은 개연성으로 설명된다.
② ⓛ과 같은 현상은 가치 함축적이다.
③ ⓒ과 같은 현상은 확실성으로 설명된다.
④ ⊙과 같은 현상은 ⓛ과 같은 현상과 달리 인과 관계가 명확하다.
⑤ ⓛ과 같은 현상은 ⓒ과 같은 현상과 달리 보편성과 특수성이
   공존한다.

36   [2025년 5월 학평 1번]

밑줄 친 ⊙~ⓔ과 같은 현상의 일반적인 특징에 대한 설명으로 옳은 것은?

> 파인애플은 ⊙ 몸 안의 독성 성분을 없애거나 완화하는 작용을 하는 비타민C가 많이 들어 있어 건강에 좋은 음식으로 알려져 있다. 그런데 파인애플을 먹으면 입안이 아픈 경우가 있다. 파인애플에는 단백질을 분해하는 효소인 브로멜린이 포함되어 있기 때문이다. 그래서 파인애플은 ⓛ 고기에 갈아 넣어 육질을 연하게 하는 데 활용되기도 한다. 파인애플을 먹을 때 입안에 통증이 발생하는 이유 역시 브로멜린이 입안에 ⓒ 혀와 점막에 있는 피부 단백질을 분해하기 때문이다. 반면 파인애플 통조림을 먹을 때는 입안에 통증이 거의 나타나지 않는다. 왜냐하면 파인애플 통조림을 ⓔ 제조할 때 높은 온도와 압력으로 살균 처리를 하는데, 이 과정에서 열에 약한 브로멜린이 파괴되기 때문이다.

① ⊙과 같은 현상은 당위 법칙을 따른다.
② ⓛ과 같은 현상은 필연성의 원리가 적용된다.
③ ⊙과 같은 현상과 달리 ⓔ과 같은 현상은 몰가치적이다.
④ ⓒ과 같은 현상과 달리 ⓛ과 같은 현상은 인과 관계가 불분명하다.
⑤ ⓔ과 같은 현상과 달리 ⓒ과 같은 현상은 보편성과 특수성이
   공존한다.

밑줄 친 ⊙, ⓒ과 같은 현상을 일반적인 특징에 따라 구분하기 위해 (가), (나)에 들어갈 수 있는 질문으로 옳은 것은?

> 갈수록 심각해지고 있는 미세먼지에 인체가 노출되면 다양한 질환이 생길 수 있다. 특히 입자가 매우 작은 ⊙ 초미세먼지는 사람의 폐포까지 깊숙이 침투해 각종 호흡기 질환을 일으킬 수 있다. 전문가들은 미세먼지 배출에 도움이 되도록 물을 수시로 마시고, 미세먼지 농도가 높은 날에는 외출 시 ⓒ 분진용 특수 마스크를 착용하라고 조언한다.

질문＼답변	예	아니요
(가)	⊙	ⓒ
(나)	ⓒ	⊙

① (가) : 가치 함축적인 현상인가?
② (가) : 확률의 원리가 적용되는가?
③ (가) : 보편성과 특수성이 공존하는가?
④ (나) : 당위 법칙이 적용되는가?
⑤ (나) : 동일 조건하에서 항상 동일한 결과가 발생하는가?

밑줄 친 ⊙~⑩과 같은 현상의 일반적인 특징에 대한 설명으로 옳은 것은?

> 마다가스카르섬에서 흔히 발견되는 바오밥나무는 그동안 ⊙ 여러 예술작품에 단골 소재로 등장해 왔다. 바오밥나무의 열매는 ⓒ 많은 영양소를 함유하고 있으며, 줄기는 ⓒ 섬유를 만드는 데 사용되기도 한다. 최근 기후 변화와 광범위한 개발로 바오밥나무는 사라지고 있다. 특히 몇몇 종은 유전적 다양성이 낮아 ⓔ 기후 변화에 생존할 수 있는 능력이 부족하여 바오밥
>
>  나무가 사라지는 현상은 심해지고 있다. 이에 연구자들은 ⑩ 바오밥나무가 멸종 위기에 처해있음을 경고하며 보존에 노력을 기울일 것을 주장하고 있다.

① ⊙과 같은 현상과 달리 ⓒ과 같은 현상은 당위법칙을 따른다.
② ⓒ과 같은 현상과 달리 ⓒ과 같은 현상은 인과 관계가 분명하다.
③ ⓒ과 같은 현상과 달리 ⓔ과 같은 현상은 확실성의 원리가 적용된다.
④ ⓔ과 같은 현상과 달리 ⑩과 같은 현상은 경험적 자료로 연구할 수 있다.
⑤ ⑩과 같은 현상과 달리 ⊙과 같은 현상은 가치 함축적이다.

사회·문화 현상을 바라보는 갑~병의 관점에 대한 설명으로 옳은 것은? (단, 갑~병의 관점은 각각 갈등론, 기능론, 상징적 상호 작용론 중 하나임.)

> 갑 : 친환경 경영은 우리 사회 전체의 필요에 의해 나타나는 현상으로서 우리 사회의 지속 가능한 발전에 기여합니다.
>
> 을 : 소비자들이 친환경 경영에 큰 가치를 부여하고, 기업 경영자들이 이에 부응하면서 친환경 경영이 퍼지고 있습니다.
>
> 병 : 친환경 경영은 모두에게 도움이 되는 것처럼 보이지만 실제로는 지배 집단의 기득권 유지 수단일 뿐입니다.

① 갑의 관점은 사회 각 부분 간의 상호 의존 관계를 강조한다.
② 을의 관점은 대립과 갈등을 사회의 본질적 속성으로 본다.
③ 병의 관점은 개인이 사회 구조에 대해 자율성을 가진 존재라고 본다.
④ 을의 관점은 갑의 관점과 달리 사회 구조적 측면에서 사회·문화 현상을 바라본다.
⑤ 병의 관점은 을의 관점과 달리 사회를 유기체로 간주한다.

사회·문화 현상을 바라보는 갑~병의 관점에 대한 설명으로 옳은 것은?

① 갑의 관점은 을의 관점과 달리 개인의 행위가 상황에 대한 주관적 해석에 기초하여 이루어진다고 본다.
② 갑의 관점은 병의 관점과 달리 기득권층의 이익을 대변하는 논리로 활용될 수 있다는 비판을 받는다.
③ 을의 관점은 병의 관점과 달리 집단 간 갈등을 사회 변동의 원동력으로 본다.
④ 병의 관점은 갑의 관점과 달리 지배 계급과 피지배 계급의 이익이 조화를 이루고 있다고 본다.
⑤ 병의 관점은 을의 관점과 달리 사회 구조가 개인에게 미치는 영향력을 간과한다는 비판을 받는다.

41

사회·문화 현상을 바라보는 관점 A, B에 대한 설명으로 옳은 것은?

> A는 사회 규범이 사회 전체의 필요를 반영하고 있다고 본다. 이와 달리 B는 사회 규범이 지배 계급만의 이익을 반영하고 있다고 본다.

① A는 사회가 본질적으로 변동을 지향한다고 본다.
② A는 사회의 균형 회복 능력을 강조하여 사회 문제의 발생 가능성을 부정한다.
③ B는 집단 간 갈등을 필연적인 현상으로 본다.
④ B는 개인에 대한 사회 구조의 영향력을 경시한다.
⑤ B는 A와 달리 사회를 유기체로 간주한다.

43

다음 글에 나타난 사회·문화 현상을 바라보는 관점에 대한 설명으로 옳은 것은?

> 만성 질환을 지니게 되면 자아 관념 및 사회적 상호 작용에 큰 변화가 일어날 수 있다. 이러한 변화는 만성 질환자에게 타인이 보이는 반응과 타인이 보일 것으로 상상되는 반응에 기초하여 나타난다. 따라서 만성 질환자의 일상적 삶을 이해하려면 만성 질환자와 그 주변 사람들이 질병과 환자에 대해 부여하는 의미를 파악하고, 이것이 상호 작용 과정에서 어떻게 발현되는지에 주목해야 한다.

① 개인들의 주관적 상황 정의에 대한 이해를 중시한다.
② 사회 규범은 기득권층에 의해 강제된 것이라고 본다.
③ 지배와 피지배 관계를 중심으로 사회 구조를 설명한다.
④ 사회가 스스로 균형을 유지하려는 속성을 지닌다고 본다.
⑤ 사회의 구조적 모순에 따른 계급 간 갈등이 불가피하다고 본다.

42

사회·문화 현상을 바라보는 갑~병의 관점에 대한 설명으로 옳은 것은? (단, 갑~병의 관점은 각각 갈등론, 기능론, 상징적 상호 작용론 중 하나이다.) 3점

① 갑의 관점은 개인의 행동이 상황에 대한 주관적 해석에 기초하여 이루어진다고 본다.
② 을의 관점은 기득권층의 이익을 대변하는 논리로 사용된다는 비판을 받는다.
③ 병의 관점은 집단 간 갈등이 필연적이며 사회 변동의 원동력이라고 본다.
④ 을의 관점은 갑의 관점과 달리 사회 문제를 설명하는 데 사회 구조적 요인을 중시한다.
⑤ 을, 병의 관점은 모두 사회 구성 요소의 기능과 역할이 사회적으로 합의된 것으로 본다.

44

다음 자료에 대한 설명으로 옳은 것은? (단, A~C는 각각 기능론, 갈등론, 상징적 상호 작용론 중 하나임.) 3점

> [과제] 사회·문화 현상을 바라보는 관점 A~C에 대한 옳은 설명을 2개씩 서술하시오.
>
> | 학생 | 설명 |
> | --- | --- |
> | 갑 | • (가)
• (나) |
> | 을 | • A와 달리 B는 사회 각 부분의 기능과 역할은 사회 전체의 합의를 통해 정해진다고 본다.
• (다) |
> | 병 | • C는 사회·문화 현상을 사회 구조적 측면에서 설명한다.
• (라) |
>
> * 교사는 학생별로 각각 채점하고, 옳은 설명은 1개당 1점, 틀린 설명은 1개당 0점을 부여함.
>
> [평가 결과] 세 학생의 평균 점수는 1점입니다. 갑은 을에 비해 낮은 점수를, 병에 비해 높은 점수를 기록했습니다.

① C는 다양한 사회 제도들의 상호 의존적 관계에 주목한다.
② A와 달리 B는 집단 간 갈등을 사회 변동의 원동력으로 본다.
③ (다)에는 'A는 사회가 본질적으로 균형을 추구한다고 본다.'가 들어갈 수 있다.
④ (가)가 'C는 기득권층의 이익을 대변하는 논리로 사용된다는 비판을 받는다.'이면, (나)에는 'C와 달리 B는 사회를 유기체에 비유하여 설명한다.'가 들어갈 수 있다.
⑤ (다)와 달리 (라)에는 'B와 달리 C는 인간이 상황 정의에 기초하여 행동한다고 본다.'가 들어갈 수 있다.

45

다음 글에서 사회·문화 현상을 바라보는 필자의 관점에 대한 설명으로 옳은 것은?

> 인구 증가는 사람들 간 접촉과 상호 작용을 증가시킨다. 이때 경쟁이 치열해지면, 그 치열한 경쟁이 갈등을 유발하고 사회 질서를 위협한다. 자원을 둘러싼 경쟁은 생존 가능한 자리를 찾으려는 개인들의 노력을 낳고 이는 업무 전문화로 이어진다. 전문화는 개인들로 하여금 상호 의존을 하도록 압박하고 상호 의무를 수용하려는 의지를 강화한다. 전문화로 인한 업무 분화는 무한 경쟁이 파괴할 수 있는 질서를 유지하는 데 필수적이다.

① 사회의 안정보다는 변동을 중시한다.
② 상황 정의에 기초한 개인 간 상호 작용을 중시한다.
③ 사회에는 어느 시점에나 구조적 모순이 내재되어 있다고 본다.
④ 사회 제도를 지배와 피지배 관계의 재생산을 위한 수단으로 본다.
⑤ 지배 집단의 이익을 대변하는 논리로 활용될 수 있다는 비판을 받는다.

46

다음은 사회·문화 현상을 바라보는 관점에 대한 학습 활동지의 일부이다. 이에 대한 설명으로 옳은 것은? 3점

> ○ 수행 과제 : 사회·문화 현상을 바라보는 관점인 기능론, 갈등론, 상징적 상호 작용론 중 하나를 선택한 후, 해당 관점에서 모든 질문에 일관되게 답변하세요.
>
> | 질문＼학생 | 갑 | 을 | 병 | 정 |
> |---|---|---|---|---|
> | 지배 집단의 이익을 대변한다는 비판을 받는가? | 예 | 예 | 아니요 | 아니요 |
> | 집단 간 갈등과 대립을 사회의 본질적 속성으로 이해하는가? | 아니요 | 예 | 아니요 | 아니요 |
> | 거시적 측면에서 사회·문화 현상을 바라보는가? | 예 | 예 | 아니요 | 예 |
> | (가) | 아니요 | 아니요 | 예 | 아니요 |
> | (나) | 예 | 아니요 | 아니요 | 아니요 |
>
> ※ 교사 평가 : 본인이 선택한 하나의 관점에서 옳은 답변만을 한 학생은 2명뿐입니다.

① 질문에 모두 옳은 답변만을 한 학생 중 사회 각 부분을 상호 의존적 관계로 보는 관점을 선택한 학생은 없다.
② 질문에 모두 옳은 답변만을 한 학생 중 사회 제도를 계급 재생산의 수단으로 보는 관점을 선택한 학생이 있다.
③ 갑은 병과 달리 질문에 모두 옳은 답변만을 하였다.
④ (가)에는 '개인 행위의 능동성을 중시하는가?'가 들어갈 수 있다.
⑤ (나)에는 '사회가 스스로 균형을 유지하려는 속성을 지닌다고 보는가?'가 들어갈 수 없다.

47

사회·문화 현상을 바라보는 (가)~(다)의 관점에 대한 설명으로 옳은 것은? 3점

> (가) 환경 문제는 사람들이 환경 오염을 사회 문제로 규정하면서 주요 관심사가 되었다. 오늘날 많은 환경 운동가, 학자, 언론인, 시민들이 환경 오염의 심각성을 지적하며 그에 대한 문제 의식과 대응 방안을 공유하고 있다. 이들은 '그린(Green)', '에코(Eco)', '재생'과 같은 표현을 친환경의 대명사처럼 인식하면서 환경 문제 해결을 위한 실천을 서로 독려하고 있다.
>
> (나) 환경 문제는 산업화를 위해 자연을 이용하는 과정에서 나타나는 일시적인 병리 현상이다. 산업화가 진행되면서 대기와 수질이 오염되면, 이로 인한 사회적 비용과 피해가 증가한다. 하지만 이러한 문제를 해결할 수 있는 환경 정화 기술이 개발됨으로써 결국 전체 사회는 다시 조화와 균형을 회복한다.
>
> (다) 환경 문제는 자본가 계급이 자신만의 이익을 극대화하는 과정에서 발생한다. 자본가 계급이 환경보다 경제적 이익을 우선하며 자신의 이윤 추구에만 몰두한 결과가 환경 오염으로 나타난다. 그로 인한 피해는 오롯이 노동자 계급의 몫이다. 이윤 추구에서 배제된 노동자 계급은 환경 문제에 대응할 마땅한 수단이 없기 때문이다.

① (가)의 관점은 사회의 각 부분이 상호 의존적 관계를 맺는다고 본다.
② (나)의 관점은 상황에 대한 주관적인 해석 과정을 중시한다.
③ (다)의 관점은 지배 집단과 피지배 집단 간 대립과 투쟁을 사회 변동의 원동력으로 본다.
④ (나)의 관점은 (다)의 관점과 달리 사회 질서와 안정의 중요성을 경시한다는 비판을 받는다.
⑤ (다)의 관점은 (가)의 관점과 달리 지배 집단의 이익을 대변하는 논리로 활용될 수 있다는 비판을 받는다.

48

다음 글의 사회·문화 현상을 바라보는 관점에 대한 설명으로 옳은 것은?

> 집단 간의 갈등은 사회 전체의 일시적인 불균형과 혼란을 초래하지만 사회는 이를 극복하여 균형과 질서를 회복할 수 있는 힘을 지니고 있다.

① 인간의 능동성을 강조한다.
② 사회의 안정보다 변동을 중시한다.
③ 사회 각 부분 간의 상호 의존성을 강조한다.
④ 집단 간 갈등이 필연적이고 불가피한 현상이라고 본다.
⑤ 사회·문화 현상의 의미가 행위 주체에 따라 달라질 수 있음을 강조한다.

49 2025 평가원 [2025학년도 6월 모평 2번]

다음 글에서 도출할 수 있는 사회·문화 현상을 바라보는 필자의 관점에 대한 옳은 설명만을 〈보기〉에서 있는 대로 고른 것은? 3점

> 개별 구성원의 이익과 집합체의 이익 간 불일치는 사회적 갈등으로 나타날 수 있다. 이때 중요한 것은 서로 다른 개인들의 이익이 사회적 관계 내에서 작용한다는 점이다. 개인은 자신의 이익을 온전히 추구하기 위해 사회 내 구조화된 관계에 의해 규정된 역할 속에서 다른 구성원들의 이익 추구 과정을 고려해야만 한다. 이러한 과정을 통해 집합체는 안정적인 상태에 도달한다.

보기

ㄱ. 대립과 갈등을 사회의 본질적 속성으로 본다.
ㄴ. 질서와 안정에 기반한 점진적 사회 변동을 설명하기 어렵다.
ㄷ. 사회적 갈등을 균형 회복을 위한 일시적인 과정으로 이해한다.

① ㄴ　　② ㄷ　　③ ㄱ, ㄴ　　④ ㄱ, ㄷ　　⑤ ㄱ, ㄴ, ㄷ

50 [2021년 4월 학평 4번]

사회·문화 현상을 보는 갑, 을의 관점에 대한 설명으로 옳은 것은? 3점

① 갑의 관점은 사회가 유기체와 유사한 특성을 지니고 있다고 본다.
② 갑의 관점은 개인들의 주관적 상황 정의에 대한 이해를 중시한다.
③ 을의 관점은 집단 간 갈등이 사회 변동의 원동력이라고 본다.
④ 을의 관점은 갑의 관점과 달리 지배 집단의 이익을 대변하는 논리로 활용될 수 있다는 비판을 받는다.
⑤ 갑, 을의 관점은 모두 사회·문화 현상을 사회 구조적 측면에서 설명한다.

51 2024 평가원 [2024학년도 6월 모평 3번]

사회·문화 현상을 바라보는 관점 A, B에 대한 설명으로 옳은 것은?

> A : 지배 집단과 피지배 집단은 재화나 권위 또는 권력과 같은 희소 자원을 차지하기 위해 서로 끊임없이 투쟁한다. 두 집단의 이익은 양립할 수 없으므로 갈등은 필연적이고 자연스러운 현상이다.
>
> B : 사회 체계는 기본적으로 균형 상태를 유지하기 때문에 적대, 긴장, 모순, 투쟁과 같은 갈등은 일시적인 현상이다. 따라서 갈등은 균형을 유지하려는 사회 체계의 속성으로 인하여 머지않아 조화롭게 조정된다.

① A는 상황 정의에 기초한 개인 간 상호 작용을 중시한다.
② B는 사회적 희소가치의 불균등한 분배가 불가피하다고 본다.
③ A는 B와 달리 기득권층의 이익을 대변하는 논리로 사용된다는 비판을 받는다.
④ B는 A와 달리 질서와 안정성을 바탕으로 한 점진적인 사회 변동을 설명하기 어렵다.
⑤ A와 B는 모두 개인에 대한 사회 구조의 영향력을 간과한다는 비판을 받는다.

52 [2020년 4월 학평 4번]

사회·문화 현상을 바라보는 갑, 을의 관점에 대한 설명으로 옳은 것은? 3점

> **사회자** : 최근 도심 근처의 낙후 지역이 고급 상업 지역이나 고급 주거 지역으로 변화하면서 중산층 이상의 계층이 유입되어 기존의 거주민들을 대체하는 젠트리피케이션 현상이 발생하고 있습니다. 이에 대해 어떻게 생각하십니까?
>
> **갑** : 사회적, 경제적으로 우위를 차지하고 있는 계층이 자신들에게 유리한 지배구조를 이용하여 저소득층의 터전을 빼앗는 현상입니다.
>
> **을** : 도시의 안정적 유지에 필요한 상업 및 주거 기능을 충족시키기 위해 도시 공간이 재구조화되는 자연스러운 과정입니다.

① 갑의 관점은 지배 계급과 피지배 계급의 이익이 양립할 수 있음을 강조한다.
② 을의 관점은 사회 유지에 필요한 각 부분이 상호 의존적으로 작용한다고 본다.
③ 갑의 관점은 을의 관점과 달리 거시적 관점에서 사회·문화 현상을 설명한다.
④ 을의 관점은 갑의 관점과 달리 집단 간 갈등이 사회를 변동시키는 원동력이라고 본다.
⑤ 갑, 을의 관점은 모두 기득권층의 이익을 대변하는 논리로 이용된다는 비판을 받는다.

53

표는 학교 교육을 바라보는 관점 A와 B를 비교한 것이다. 이에 대한 설명으로 옳은 것은? (단, A와 B는 각각 기능론과 갈등론 중 하나이다.)

질문 \ 관점	A	B
학교 교육을 통한 사회 이동의 가능성을 과소평가한다는 비판을 받는가?	예	아니요
(가)	아니요	예

① A는 사회 통합을 위한 학교 교육의 순기능을 강조한다.
② B는 학교 교육이 사회 불평등 구조를 재생산한다고 본다.
③ B와 달리 A는 학업 성취가 개인의 노력에 비례한다고 본다.
④ (가)에 '학교 교육을 통해 사회화가 이루어진다고 보는가?'가 들어갈 수 있다.
⑤ (가)에 '학교의 교육 내용이 사회 전체의 합의를 반영하고 있다고 보는가?'가 들어갈 수 있다.

54

사회·문화 현상을 바라보는 갑~병의 관점에 대한 설명으로 옳은 것은? (단, 갑~병의 관점은 각각 기능론, 갈등론, 상징적 상호 작용론 중 하나임.)

① 갑의 관점은 개인의 행동이 상황 정의에 기초하여 이루어진다고 본다.
② 을의 관점은 지배 집단과 피지배 집단 간 갈등이 사회 발전의 원동력이라고 본다.
③ 병의 관점은 사회의 각 부분이 상호 의존적 관계를 맺는다고 본다.
④ 을의 관점은 갑의 관점과 달리 기득권층의 이익을 옹호한다는 비판을 받는다.
⑤ 병의 관점은 갑의 관점과 달리 사회 구조가 개인에게 미치는 영향을 중시한다.

55

표는 사회·문화 현상을 바라보는 관점 A~C를 구분한 것이다. 이에 대한 옳은 설명만을 〈보기〉에서 고른 것은? (단, A~C는 각각 기능론, 갈등론, 상징적 상호 작용론 중 하나이다.)

구분	해당 관점
사회 구성 요소의 상호 의존 관계에 주목하는 관점	A
개인의 주관적 상황 정의에 주목하는 관점	B
(가)	A, C

보기

ㄱ. (가)에 '사회 구조에 초점을 두어 사회·문화 현상을 이해하는 관점'이 들어갈 수 있다.
ㄴ. A는 사회가 본질적으로 조화와 균형을 이루고 있다고 본다.
ㄷ. B는 집단 간 갈등을 사회 변동의 원동력으로 본다.
ㄹ. C는 A와 달리 사회를 유기체와 유사하다고 본다.

① ㄱ, ㄴ　　② ㄱ, ㄷ　　③ ㄴ, ㄷ　　④ ㄴ, ㄹ　　⑤ ㄷ, ㄹ

56

사회·문화 현상을 바라보는 (가)~(다)의 관점에 대한 설명으로 옳은 것은? **3점**

(가) 질병은 구성원 각자가 부여하는 의미나 가치에 의해 사회적으로 규정될 수 있다. 예컨대 19세기 유럽에서는 폐결핵에 걸린 지식인과 예술인의 마른 자태를 열정과 낭만의 징표로 인식하기도 하였다.

(나) 질병은 사회 체계 유지라는 측면에서 볼 때 사회 통합에 긍정적으로 작용하지 못하기 때문에 사회 문제로 규정된다. 따라서 질병 치료는 일종의 사회 통제라고 볼 수 있다.

(다) 질병으로부터 자신을 보호할 자원이 부족한 이들에게는 사회 구조적 모순이 고스란히 전달되어 질병으로 나타난다. 질병에 걸릴 위험은 사회 계급에 따라 차등적으로 분포되어 있기 때문이다.

① (가)의 관점은 사회 구조가 개인에게 미치는 영향을 간과한다는 비판을 받는다.
② (나)의 관점은 사회 제도를 통해 기존의 불평등한 사회 구조가 재생산된다고 본다.
③ (가)의 관점은 (나)의 관점과 달리 사회 각 부분이 상호 보완적 역할을 수행한다고 본다.
④ (나)의 관점은 (다)의 관점과 달리 대립과 갈등을 사회 구조의 필연적 속성으로 본다.
⑤ '사회·문화 현상의 의미가 발생 상황과 행위 주체에 따라 달라진다고 보는가?'라는 질문으로는 (가)와 (다)의 관점을 구분할 수 없다.

57 [2026 평가원] [2026학년도 6월 모평 4번]

사회·문화 현상을 바라보는 갑~병의 관점에 대한 설명으로 옳은 것은? 3점

① 갑의 관점은 기득권층의 이익을 옹호하는 논리로 이용된다는 비판을 받는다.
② 을의 관점은 개인의 행동이 상황에 대한 주관적 해석에 기초하여 이루어진다고 본다.
③ 갑의 관점과 달리 을의 관점은 행위자의 능동성을 강조한다.
④ 을의 관점과 달리 병의 관점은 사회적 갈등을 균형 회복을 위한 일시적 과정으로 본다.
⑤ 병의 관점과 달리 갑의 관점은 개인에 대한 사회 구조의 영향력을 간과한다는 비판을 받는다.

58 [2024년 4월 학평 10번]

다음 자료에 대한 옳은 설명만을 〈보기〉에서 고른 것은? 3점

형 성 평 가

3학년 ○반 ○○○

○ 기능론, 갈등론, 상징적 상호 작용론 중 다음 각 진술에 해당하는 사회·문화 현상을 바라보는 관점을 답란에 한 가지만 쓰시오.

(각 진술당 옳은 답을 쓰면 1점, 틀린 답을 쓰면 0점)

진술	답란	점수
사회·문화 현상을 미시적 관점에서 바라본다.	㉠	1점
주관적 상황 정의에 기초한 개인 간 상호 작용을 중시한다.	㉡	㉢
사회 제도를 지배와 피지배 관계의 재생산을 위한 수단으로 본다.	㉣	1점
(가)	기능론	1점

보기

ㄱ. ㉠은 사회를 유기체에 비유하여 설명한다.
ㄴ. ㉡이 '상징적 상호 작용론'이라면 ㉢은 '0점'이다.
ㄷ. ㉣은 갈등을 사회 발전의 원동력으로 본다.
ㄹ. (가)에는 '사회 각 부분이 상호 의존적 관계를 맺는다고 본다.'가 들어갈 수 있다.

① ㄱ, ㄴ   ② ㄱ, ㄷ   ③ ㄴ, ㄷ   ④ ㄴ, ㄹ   ⑤ ㄷ, ㄹ

59 [2022학년도 수능 3번]

표는 사회·문화 현상을 바라보는 관점 A~C를 구분한 것이다. 이에 대한 옳은 설명만을 〈보기〉에서 고른 것은? (단, A~C는 각각 기능론, 갈등론, 상징적 상호 작용론 중 하나이다.)

구분	A	B	C
(가)	예	아니요	아니요
기득권층의 이익을 대변하는 논리로 사용된다는 비판을 받는가?	아니요	아니요	예
사회·문화 현상을 사회 구조적 측면에서 설명하는가?	아니요	예	예

보기

ㄱ. A는 B와 달리 집단 간 갈등을 사회 변동의 원동력으로 본다.
ㄴ. B는 C와 달리 사회 각 부분의 통합과 균형을 강조한다.
ㄷ. C는 A와 달리 다양한 사회 제도들의 상호 의존 관계에 주목한다.
ㄹ. (가)에는 '인간이 상황 정의에 기초하여 행동한다고 보는가?'가 들어갈 수 있다.

① ㄱ, ㄴ   ② ㄱ, ㄷ   ③ ㄴ, ㄷ   ④ ㄴ, ㄹ   ⑤ ㄷ, ㄹ

60 [2024 평가원] [2024학년도 9월 모평 19번]

다음은 사회·문화 현상을 바라보는 관점 A~C를 구분하는 질문에 대한 학생의 답변과 교사의 채점 결과이다. 이에 대한 설명으로 옳은 것은? (단, A~C는 각각 기능론, 갈등론, 상징적 상호 작용론 중 하나임.) 3점

질문	답변		
	갑	을	병
A는 B와 달리 지배 집단과 피지배 집단 간 갈등이 사회 발전의 원동력이라고 보는가?	아니요	아니요	예
A, C는 B와 달리 개인의 행위를 강제하는 사회 구조를 중시하는가?	예	아니요	예
(가)	예	아니요	아니요
(나)	예	아니요	예
채점 결과	3점	2점	3점

* 교사는 질문별로 채점하고, 질문당 옳은 답변을 쓴 경우는 1점, 틀린 답변을 쓴 경우는 0점을 부여함.

① A는 C와 달리 사회가 본질적으로 변동을 지향한다고 본다.
② B는 A와 달리 다양한 사회 제도의 상호 의존 관계에 주목한다.
③ C는 B와 달리 인간이 상황 정의에 기초하여 행동한다고 본다.
④ (가)에는 'B는 A와 달리 행위자의 능동성을 중시하는가?'가 들어갈 수 있다.
⑤ (나)에는 'A는 C와 달리 기득권층의 이익을 대변한다는 비판을 받는가?'가 들어갈 수 있다.

그림은 사회·문화 현상을 바라보는 관점 A~C를 구분한 것이다. 이에 대한 설명으로 옳은 것은? (단, A~C는 각각 갈등론, 기능론, 상징적 상호 작용론 중 하나이다.) 3점

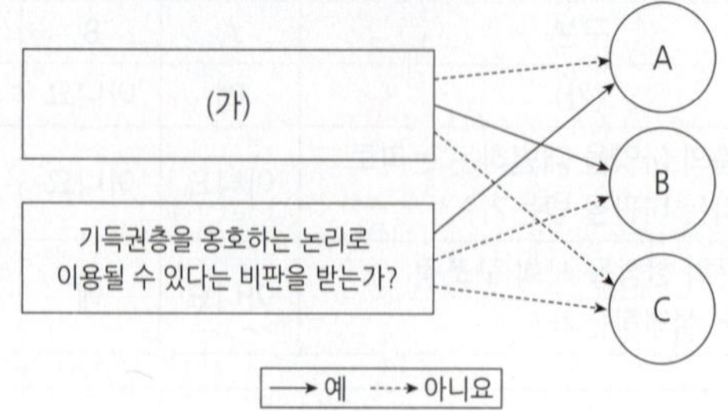

① A는 사회 규범이 특정 집단만의 합의를 반영한다고 본다.
② C가 상징적 상호 작용론이면, B는 사회 불평등 현상이 불가피하다고 본다.
③ (가)에 '사회 유기체설을 바탕으로 하는가?'가 들어갈 수 있다.
④ B가 상징적 상호 작용론이면, (가)에 '인간의 자율성을 간과하는가?'가 들어갈 수 있다.
⑤ (가)에 '개인의 상황 정의를 중시하는가?'가 들어가면, C는 교육 제도가 계급 재생산을 위한 수단이라고 본다.

---

62   [2021년 7월 학평 2번]

다음은 사회·문화 현상을 바라보는 관점 A~C에 대한 수행 평가이다. 이에 대한 설명으로 옳은 것은? (단, A~C는 각각 갈등론, 기능론, 상징적 상호 작용론 중 하나이다.) 3점

○ 수행 평가 과제 : N잡러(여러 직업을 가진 사람) 증가 현상을 바라보는 관점 구분하기		
진술 학생	갑	을
N잡러 증가 현상은 고용 유연화를 통해 노동 시장 지배력을 견고히 하려는 기득권층의 의도가 반영된 것이다.	C	B
N잡러 증가 현상은 부업과 여가 활동을 즐기며 살아가는 삶에 대한 긍정적 인식이 사회 구성원들에게 확산되면서 나타나는 것이다.	A	C
N잡러 증가 현상은 사회의 고용 충원 요구에 부응하는 것으로써 사회의 안정을 도모하고 사회 발전에 기여하는 것이다.	B	A

○ 교사 평가 : 갑은 사회 유기체설에 입각한 관점만 옳게 구분하였고, 을은 거시적 관점에 해당하는 진술을 서로 반대로 구분함.

① A는 인간 행위의 자율성과 능동성을 강조한다.
② B는 사회 유지에 필요한 기능의 상호 의존성에 관심을 둔다.
③ C는 대립과 갈등이 사회 구조의 필연적 속성이라고 본다.
④ A는 B와 달리 사회가 스스로 균형을 유지하려는 속성을 지닌다고 본다.
⑤ B는 C와 달리 개인의 행위에 미치는 사회 구조의 영향력을 간과한다는 비판을 받는다.

---

63  2024 수능   [2024학년도 수능 4번]

사회·문화 현상을 바라보는 관점 A~C에 대한 설명으로 옳은 것은? (단, A~C는 각각 기능론, 갈등론, 상징적 상호 작용론 중 하나임.) 3점

> 교사 : A, B, C 중 하나를 선택한 후 해당 관점에 대해 설명해 보세요.
> 갑 : A는 사회가 생물 유기체처럼 균형을 유지한다고 전제합니다. 조화와 균형은 정상적 상태로, 부조화와 불균형은 병리적 상태로 봅니다.
> 을 : B는 사회를 구성하는 하위 요소가 사회 전체의 존속과 통합을 위한 역할을 수행한다고 봅니다. 또한 B는 사회 각 부분에 존재하는 복잡한 관계를 지배와 피지배의 관계로 단순화합니다.
> 교사 : 갑은 옳게, 을은 틀리게 설명했습니다. 을의 설명에는 정작 B의 내용은 없고, A와 C의 내용만 있네요.

① A는 B와 달리 개인의 상황 정의와 의미 해석을 강조한다.
② B는 C와 달리 사회에 내재한 구조적 모순을 중심으로 사회 현상을 설명한다.
③ C는 A와 달리 기득권층의 이익을 옹호한다는 비판을 받는다.
④ '대립과 갈등을 사회의 본질적 속성으로 보는가?'라는 질문으로 A와 B를 구분할 수 없다.
⑤ '사회 각 제도의 상호 의존적 관계에 주목하는가?'라는 질문으로 B와 C를 구분할 수 있다.

---

64   [2020학년도 수능 16번]

표는 가족 문제를 바라보는 이론적 관점을 파악하기 위한 질문과 답변이다. 기능론, 갈등론, 상징적 상호 작용론 중 하나의 관점에서 일관되게 응답한 학생은? 3점

질문 학생	갑	을	병	정	무
가족 문제는 가족 구성원 중 일부에게 일방적 희생을 강요한 결과라고 보는가?	×	○	×	○	×
가족 문제의 원인이 가족 구성원 간의 유대 약화에 있다고 보는가?	○	×	○	×	○
가족 문제는 가족 내 가부장제적 구조를 해체하여 해결할 수 있다고 보는가?	×	○	○	×	×
가족 문제는 사회적으로 합의된 가족 규범의 사회화를 통해 해결할 수 있다고 보는가?	○	×	×	○	×
가족 문제가 발생하는 상황적 맥락에 대한 이해에 초점을 두는가?	○	×	×	×	○

(○ : 예, × : 아니요)

① 갑   ② 을   ③ 병   ④ 정   ⑤ 무

65 [2025 수능] [2025학년도 수능 2번]

다음 글에서 사회·문화 현상을 바라보는 필자의 관점에 대한 옳은 설명만을 <보기>에서 고른 것은? **3점**

> 사회 체계 안에서 인간의 상호 작용이 작동하는 이유는 행위자들에게 할당되는, 분화된 역할 구조가 있기 때문이다. 개인은 역할 구조 속에서 사회가 기대하는 행동을 수행하게 된다. 이렇게 개인이 사회의 한 부분으로서 공유된 기대에 부응하여 다른 부분과 유기적으로 상호 작용을 함에 따라 사회라는 완전체가 형성된다.

보기

ㄱ. 상황 정의에 기초한 개인 간 상호 작용을 중시한다.
ㄴ. 개인 행위자의 능동적이고 자율적인 측면을 중시한다.
ㄷ. 사회의 각 부분이 상호 의존적 관계를 맺는다고 본다.
ㄹ. 사회는 스스로 균형을 유지하려는 속성을 지닌다고 본다.

① ㄱ, ㄴ   ② ㄱ, ㄷ   ③ ㄴ, ㄷ   ④ ㄴ, ㄹ   ⑤ ㄷ, ㄹ

66 [2020학년도 수능 4번]

그림은 질문에 따라 사회·문화 현상을 보는 관점 A ~ C를 구분한 것이다. 이에 대한 설명으로 옳은 것은? (단, A ~ C는 각각 기능론, 갈등론, 상징적 상호 작용론 중 하나이다.) **3점**

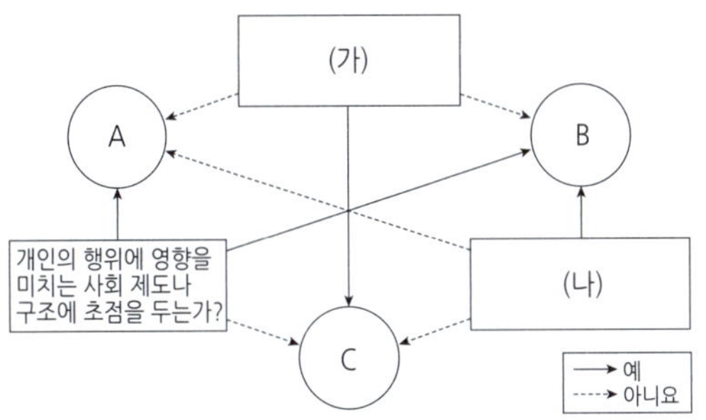

① (가)에는 '인간을 사물이나 행위에 주관적인 의미를 부여하는 주체로 보는가?'가 들어갈 수 없다.
② A가 갈등론이라면, (가)에는 '사회는 스스로 균형을 유지하는 속성을 지닌다고 보는가?'가 들어갈 수 있다.
③ B가 기능론이라면, (나)에는 '사회적 희소가치를 둘러싼 집단 간 대립 관계에 주목하는가?'가 들어갈 수 있다.
④ C는 A, B와 달리 행위자의 능동적, 자율적 측면을 간과한다.
⑤ (나)가 '사회에는 어느 시점에나 구조적 모순이 내재되어 있다고 보는가?'라면, A는 기득권층의 이익을 대변하는 논리로 이용될 우려가 있다는 비판을 받는다.

67 [2022년 7월 학평 9번]

사회·문화 현상을 바라보는 갑 ~ 병의 관점에 대한 설명으로 옳은 것은? (단, 갑 ~ 병의 관점은 각각 기능론, 갈등론, 상징적 상호 작용론 중 하나이다.)

* 유연근무제 : 개인의 선택에 따라 근무 시간, 근무 환경을 조절할 수 있는 제도

① 갑의 관점은 다양한 사회 제도들의 상호 의존 관계에 주목한다.
② 을의 관점은 개인의 행동이 상황에 대한 주관적 해석에 기초하여 이루어진다고 본다.
③ 병의 관점은 지배 집단의 이익을 대변하는 논리로 활용될 수 있다는 비판을 받는다.
④ 을의 관점은 갑의 관점과 달리 행위자의 능동성을 중시한다.
⑤ 을과 병의 관점은 모두 사회·문화 현상을 사회 구조적 측면에서 설명한다.

68 [2022년 4월 학평 4번]

(가), (나)에 나타난 사회·문화 현상을 보는 관점에 대한 설명으로 옳은 것은? **3점**

> (가) 대중 매체는 대중에게 오락을 제공하여 스트레스를 낮추고 사회적 긴장을 약화시킴으로써 사회 집단 간 갈등을 방지하는 안전장치로 작용한다. 또한 대중 매체는 사회 전반적으로 합의된 규범과 가치를 내면화시킴으로써 사회 유지 및 통합에 긍정적으로 기여한다.
> (나) 대중 매체는 정치적·경제적으로 우위에 있는 집단의 입장을 대변하고, 그렇지 못한 집단에 대한 부정적 편견을 강화한다. 이처럼 대중 매체는 편향된 사고를 내면화시켜 사람들이 기존의 질서를 무비판적으로 따르게 함으로써 사회 불평등을 정당화하는 도구로 기능한다.

① (가)의 관점은 개인들의 주관적 상황 정의에 초점을 맞춘다.
② (나)의 관점은 사회를 유기체에 비유하여 설명한다.
③ (가)의 관점은 (나)의 관점과 달리 거시적 관점에서 사회·문화 현상을 설명한다.
④ (가)의 관점은 (나)의 관점과 달리 사회 제도가 기득권층에 유리하게 작용한다고 본다.
⑤ (나)의 관점은 (가)의 관점과 달리 대립과 갈등을 사회의 본질적 속성으로 본다.

다음 글에서 사회·문화 현상을 바라보는 필자의 관점에 대한 설명으로 옳은 것은?

> 대화가 시작될 때 사람들은 인사말, 표정, 몸짓과 같은 신호를 서로 교환하는 과정을 통해 서로를 대화 상대로 인정한다는 의미를 부여한다. 사람들은 이렇게 시작된 대화의 과정에서 상대방의 표정이나 말투를 보며 대화의 분위기를 파악하고 그에 맞춰 자신의 태도를 바꿔 나간다. 이러한 과정을 통해 대화의 맥락이 형성되고 대화가 이어진다.

① 사회가 유기체와 유사한 특성을 지니고 있다고 본다.
② 사회가 스스로 균형을 유지하려는 속성을 지닌다고 본다.
③ 기득권층의 이익을 옹호하는 논리로 활용된다는 비판을 받는다.
④ 사회 현상을 갈등과 대립의 측면에서만 파악한다는 비판을 받는다.
⑤ 사회 구조가 개인에게 미치는 영향력을 간과한다는 비판을 받는다.

사회·문화 현상을 바라보는 갑~병의 관점에 대한 설명으로 옳은 것은? (단, 갑~병의 관점은 각각 기능론, 갈등론, 상징적 상호 작용론 중 하나임.) 3점

① 갑의 관점은 집단 간 갈등을 사회 변동의 원동력으로 본다.
② 병의 관점은 사회 문제를 설명하는 데 사회 구조적 요인을 간과한다는 비판을 받는다.
③ 을의 관점과 달리 갑의 관점은 사회의 각 부분이 상호 의존적으로 연관되어 있다고 본다.
④ 병의 관점과 달리 을의 관점은 사회적 갈등을 균형 회복을 위한 일시적인 과정으로 본다.
⑤ '상황 정의에 기초한 개인 간 상호 작용을 중시하는가?'라는 질문으로 을과 병의 관점을 구분할 수 있다.

사회·문화 현상을 바라보는 관점을 활용한 다음 게임에 대한 설명으로 옳은 것은? 3점

게임의 규칙
- A 상자 안에 총 7장의 카드가 있다. 카드마다 점수를 부여하는데, 각 카드의 내용이 기능론, 갈등론, 상징적 상호 작용론 중 하나에만 해당하면 1점, 두 개에만 해당하면 2점, 세 개 모두에 해당하면 3점을 부여한다.
- A 상자에서 갑과 을은 카드를 3장씩 뽑는다. 단, 한 번 뽑은 카드는 A 상자에 다시 넣지 않는다.
- 3장의 카드로 획득한 총점이 높은 사람이 이긴다.

A 상자

카드 1 사회 문제의 발생 원인을 설명할 수 있다.
카드 2 대립과 갈등을 사회 구조의 필연적 속성으로 본다.
카드 3 거시적인 측면에서 사회 변동을 설명한다.
카드 4 사회의 각 부분이 상호 유기적인 관계에 있다고 본다.
카드 5 개인들이 구성해 내는 주관적 생활 세계를 중시한다.
카드 6 개인의 행위를 구속하는 사회 체계에 초점을 맞춘다.
카드 7 사회 규범이 지배 집단의 합의에 의해 구성된다고 본다.

① 카드 3장의 조합으로 얻을 수 있는 최소 점수는 4점이다.
② 카드 3장의 조합으로 얻을 수 있는 최대 점수는 8점이다.
③ 기능론에 해당하는 내용이 있는 3장의 카드로 얻을 수 있는 최대 점수는 6점이다.
④ 상징적 상호 작용론에 해당하는 내용이 없는 3장의 카드로 얻을 수 있는 최대 점수는 5점이다.
⑤ 갑이 카드 1, 카드 5, 카드 6을 뽑았다면 을이 이길 수 있는 카드의 조합은 1가지이다.

다음 자료에 대한 설명으로 옳은 것은? (단, A~C는 각각 기능론, 갈등론, 상징적 상호 작용론 중 하나이다.) 3점

> ○ '개인의 행동은 특정 집단의 가치가 반영된 사회 규범에 의해 강제되는 것이라고 보는가?'라는 질문으로 A와 B를 구분할 수 있다.
> ○ '개인의 행동이 개인 외부에서 독립적으로 작동하는 강제력에 의해 규제된다고 보는가?'라는 질문으로는 A와 C를 구분할 수 없다.

① A는 사회의 각 부분이 상호 의존적인 관계라고 본다.
② B는 사회의 안정보다 변동을 중시한다.
③ C는 사회가 유기체와 유사한 특성을 지니고 있다고 본다.
④ A, B는 C와 달리 사회 제도의 영향력을 중시한다.
⑤ A는 B, C와 달리 개인의 행동은 상황에 대한 주관적 해석에 기초하여 이루어진다고 본다.

73

사회·문화 현상을 바라보는 갑, 을의 관점에 대한 설명으로 옳은 것은?

① 갑의 관점은 집단 간 갈등이 사회 변동의 원동력이라고 본다.
② 갑의 관점은 사회가 본질적으로 조화와 균형을 이루고 있다고 본다.
③ 을의 관점은 사회 제도가 계급 재생산을 위한 수단이라고 본다.
④ 을의 관점은 사회 통합이 이루어지는 과정을 설명할 수 없다는 비판을 받는다.
⑤ 을의 관점은 갑의 관점과 달리 거시적 관점에서 사회·문화 현상을 바라본다.

74

사회·문화 현상을 바라보는 서로 다른 관점 (가)~(다)에 대한 설명으로 옳은 것은?

> (가) '사회성'은 기존 체제에 순응한 사람들에게 부여되는 일종의 인증이다. 기존 체제에서 부와 권력을 차지한 집단은 그렇지 못한 집단이 자신들에게 저항하지 못하도록 구조적 압력을 행사한다. 이들은 억압에 저항하는 사람들을 '반(反)사회적 집단'으로 분류하고 갖은 불이익을 준다.
> (나) 사회 전체의 합의로 결정된 기준과 법칙을 따르는 사람들은 공동체의 구성원으로서 역할을 잘 수행해 사회 안정에 기여한다. 이러한 사람들에게 부여되는 속성이 '사회성'이며, '사회성'은 사회 구성원으로서 역할 수행 정도에 대한 척도이자 지표가 된다.
> (다) 개인마다 사회와 그 사회에 적응하는 방식에 부여하는 의미는 서로 다르다. 각 개인이 나름대로 부여한 의미에 따라 행동하는 과정에서 타인의 호의적 반응을 지속해서 인식하면 '사회성이 있는 사람'으로서의 정체성이 형성된다.

① (가)와 달리 (나)는 서로 다른 집단 간 갈등과 대립을 필연적 현상으로 본다.
② (나)와 달리 (다)는 사회가 유기체와 같은 성질을 지녔다고 전제한다.
③ (다)와 달리 (가)는 개인이 상황 정의에 기초하여 행동한다고 본다.
④ (나)와 달리 (가), (다)는 사회 불평등을 보편적이고 불가피한 현상으로 본다.
⑤ (가), (나)와 달리 (다)는 사회 구조가 개인 행위에 미치는 영향력을 간과한다는 비판을 받는다.

75

다음의 게임 상황에 대한 옳은 분석만을 <보기>에서 고른 것은? 3점

> 간단한 컴퓨터 게임으로 '사회·문화 현상을 바라보는 관점'에 대해 복습하고자 한다.
>
> **[게임 방법]** 두 사람이 흰색 돌과 검은색 돌 중 하나를 자기 돌로 선택하고 그 돌을 가로, 세로, 대각선의 방향 중 하나로 4개를 이어 붙여 놓으면 승리한다. 두 사람이 교대로 한 번씩 자기 돌을 놓을 기회가 있는데, 원하는 위치의 번호를 클릭 후 팝업창에 올라오는 진술이 기능론에 해당하면 ㉐, 갈등론에 해당하면 ㉑, 상징적 상호작용론에 해당하면 ㉒ 버튼을 눌러야만 그 번호에 자기 돌이 놓인다.
>
> **[현재 게임 상황]** 갑은 검은색 돌, 을은 흰색 돌을 선택하였으며 각각 돌을 놓을 세 차례의 기회를 가졌었고, 현재 게임판에서 돌의 배치 상황은 오른쪽과 같다. 이번 차례에서 팝업창은 아래 A~C 중 하나가 나타난다.

1	2	3	4	5	6
7	8	9	10	●	12
13	14			17	18
19	20	●	22	23	24
25	26	27	28	29	30

A
집단 간 대립 구조는 사회 변동의 원동력이다.
㉐ ㉑ ㉒

B
인간은 상황 정의에 기초하여 능동적으로 행동한다.
㉐ ㉑ ㉒

C
사회 규범은 사회 전체의 합의에 따라 형성된다.
㉐ ㉑ ㉒

> **보기**
>
> ㄱ. 팝업창이 A일 경우 ㉒ 버튼을 누르면 돌을 놓을 수 없다.
> ㄴ. 팝업창이 B일 경우 ㉑ 버튼을 눌러야만 돌을 놓을 수 있다.
> ㄷ. 이번이 갑의 차례이고 6번 위치를 클릭 후 팝업창 B가 나타나 ㉒ 버튼을 누르면 갑은 승리한다.
> ㄹ. 이번이 을의 차례이고 26번 위치를 클릭 후 팝업창 C가 나타나 ㉐ 버튼을 누르면 을은 갑이 바로 다음번 차례에서 승리할 기회를 차단한다.

① ㄱ, ㄴ   ② ㄱ, ㄷ   ③ ㄴ, ㄷ   ④ ㄴ, ㄹ   ⑤ ㄷ, ㄹ

76

표는 사회·문화 현상을 바라보는 관점에 대한 질문과 응답이다. 기능론, 갈등론, 상징적 상호 작용론 중 하나의 관점에서 일관되게 옳은 응답을 한 학생은? **3점**

질문	갑	을	병	정	무
사회 구조가 개인에게 미치는 영향을 중시하는가?	○	○	×	○	×
사회의 각 부분이 상호 의존적 관계에 있다고 보는가?	○	×	×	×	○
기존의 질서나 권력관계의 유지에 기여하는 보수적 관점이라는 평가를 받는가?	○	×	○	○	×
사회·문화 현상의 의미가 그것이 발생하는 상황과 행위 주체에 따라 달라진다고 보는가?	×	○	○	×	×

(○ : 예, × : 아니요)

① 갑 ② 을 ③ 병 ④ 정 ⑤ 무

77

표는 교육을 바라보는 이론적 관점을 파악하기 위한 질문과 답변이다. 기능론, 갈등론, 상징적 상호 작용론 중 하나의 관점에서 일관되게 응답한 학생은? **3점**

질문 \ 학생	갑	을	병	정	무
사회적으로 필요한 인재를 적재적소에 배치하는 기능을 수행하고 있다고 보는가?	×	×	○	○	○
기존의 사회적 불평등 구조를 재생산하는 기능을 수행하고 있다고 보는가?	○	○	×	×	×
학교 교육을 통해 지배 집단의 가치를 주입하고 있다고 보는가?	○	×	×	×	○
교육 제도보다 학습 과정에서 나타나는 상호 작용과 그 효과를 중시하는가?	×	○	○	×	×
사회 결속력을 제고하고 문화를 전승하는 기능을 수행하고 있다고 보는가?	○	×	×	○	○
학교 교육에 대한 교사와 학생의 의미 부여와 능동적 행위에 주목하는가?	○	×	×	×	○

(○ : 예, × : 아니요)

① 갑 ② 을 ③ 병 ④ 정 ⑤ 무

78

다음은 〈서술형 평가 문제〉에 대한 학생 갑~병의 답안과 교사의 채점 결과이다. 이에 대한 설명으로 옳은 것은? (단, A~C는 각각 기능론, 갈등론, 상징적 상호 작용론 중 하나이다.) **3점**

〈서술형 평가 문제〉

번호	문제
1	A와 C의 공통점을 1가지만 서술하시오.
2	C와 구별되는 B의 특징을 1가지만 서술하시오.
3	A에서 바라보는 C에 대한 비판을 1가지만 서술하시오.

〈학생 답안 및 채점 결과〉

학생	답안	점수
갑	1. 거시적 관점에 해당한다. 2. 행위자의 능동성과 자율성을 중시한다. 3. 사회의 질서 유지 및 안정 회복 능력을 간과한다.	2점
을	1. 개인의 행위에 영향을 미치는 사회 구조를 중시한다. 2. ________(가)________ 3. 기득권층의 이익을 옹호하는 논리로 악용될 수 있다.	㉠
병	1. 개인을 행위와 상황에 주관적인 의미를 부여하는 주체라고 본다. 2. 사회는 스스로 균형을 유지하려는 속성을 지닌다. 3. 사회 구조를 지배와 피지배 관계로 단순화한다.	0점

* 각 문제별로 채점하며, 문제별 답안 내용이 맞을 때마다 1점씩 부여함.

① A는 B와 달리 사회·문화 현상에 대한 상황의 맥락적 이해를 중시한다.
② B는 C와 달리 사회 문제를 병리적 현상으로 본다.
③ C는 A와 달리 사회 각 요소 간의 기능적 의존 관계를 중시한다.
④ B, C는 A와 달리 갈등과 대립이 사회 변동의 원동력임을 강조한다.
⑤ (가)가 '사회 구성원 전체의 합의에 따라 사회 규범이 정해진다.'라면, ㉠에는 '3점'이 적절하다.

79 [2020학년도 9월 모평 12번]

그림은 사회·문화 현상을 바라보는 관점 A~C를 구분한 것이다. 이에 대한 설명으로 옳은 것은? (단, A~C는 각각 기능론, 갈등론, 상징적 상호 작용론 중 하나이다.) **3점**

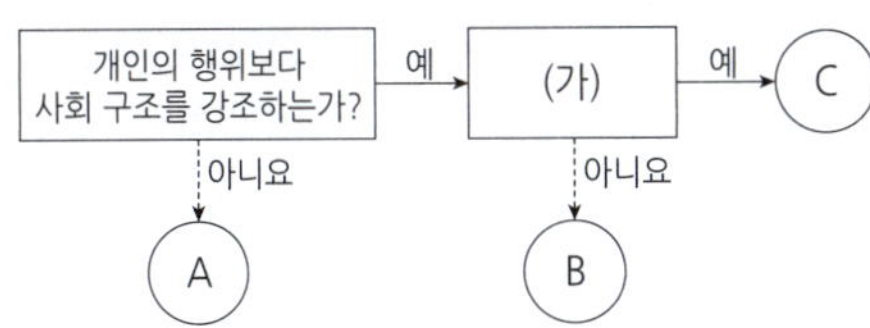

① A는 사회의 각 부분이 상호 의존적으로 연관되어 있다고 본다.
② (가)가 '사회적으로 공유된 가치와 합의를 중요시하는가?'라면, B는 C와 달리 인간을 자율성을 지닌 능동적 존재로 본다.
③ (가)가 '사회 구조를 지배와 피지배의 관계로 설명하는가?'라면, C는 B와 달리 집단 간의 대립을 균형 회복을 위한 일시적 과정으로 본다.
④ B가 사회 제도를 지배 집단의 이익을 위한 것으로 보는 관점이라면, (가)에는 '사회를 유기체와 같은 존재로 인식하는가?'가 들어갈 수 있다.
⑤ C가 사회는 스스로 균형을 유지하려는 속성을 지닌다고 보는 관점이라면, (가)에는 '사회적 갈등을 필연적 현상으로 이해하는가?'가 들어갈 수 있다.

80 [2019년 7월 학평 2번]

표는 질문 (가)~(다)를 활용하여 사회·문화 현상을 바라보는 관점 A~C를 구분한 것이다. 이에 대한 옳은 설명만을 〈보기〉에서 있는 대로 고른 것은? (단, A~C는 각각 기능론, 갈등론, 상징적 상호 작용론 중 하나이다.) **3점**

관점＼질문	(가)	(나)	(다)
A	예	아니요	아니요
B	아니요	예	아니요
C	아니요	아니요	예

보기

ㄱ. A가 기능론이라면, (가)에는 '거시적 관점에 해당하는가?'가 적절하다.
ㄴ. B가 갈등론이라면, (나)에는 '기득권층의 이익을 대변하는 논리로 사용된다는 비판을 받는가?'가 적절하다.
ㄷ. (가)가 '집단 간 갈등을 사회 발전의 원동력으로 보는가?'이고, (다)가 '사회적 상황에 대한 개인의 주관적 의미 부여를 강조하는가?'라면, B는 기능론이다.
ㄹ. (나)가 '사회는 스스로 안정을 유지하려는 성향이 있는가?'이고, (다)가 '사회적 합의는 특정 집단의 강요로 이루어지는가?'라면, A는 상징적 상호 작용론, C는 갈등론이다.

① ㄱ, ㄴ　　　② ㄱ, ㄹ　　　③ ㄷ, ㄹ
④ ㄱ, ㄴ, ㄷ　　　⑤ ㄴ, ㄷ, ㄹ

81 **2025 평가원** [2025학년도 9월 모평 6번]

사회·문화 현상을 바라보는 갑~병의 관점에 대한 설명으로 옳은 것은? **3점**

> 갑 : 계층적 지위가 개인의 능력과 노력에 따라 결정된다고 하지만 불공정한 사회 구조가 사회적 희소가치의 분배를 일방적으로 결정하는 것이 현실입니다.
> 을 : 아닙니다. 계층적 지위는 개인이 자신의 능력과 노력을 통해 정당하게 얻은 결과이며, 우리 사회 대다수 구성원은 이를 당연한 것으로 받아들이고 있습니다.
> 병 : 계층적 지위는 개인의 출신이나 능력으로 결정되는 것이 아닙니다. 평소 타인의 시선을 의식하고 말투와 옷차림에 신경 쓰면서 자신의 계층을 인식하는 것처럼 계층적 지위는 사람들과 교류하는 과정 속에서 형성됩니다.

① 갑의 관점은 사회 불평등 현상이 불가피하다고 본다.
② 을의 관점은 개인의 행위에 미치는 사회 구조의 영향력을 중시한다.
③ 병의 관점은 사회 현상을 갈등과 대립의 측면에서만 파악한다는 비판을 받는다.
④ 갑, 병의 관점과 달리 을의 관점은 지배 집단과 피지배 집단의 이익이 조화를 이루기 어렵다고 본다.
⑤ 을, 병의 관점과 달리 갑의 관점은 기득권층의 이익을 옹호하는 논리로 활용된다는 비판을 받는다.

82 **2026 평가원** [2026학년도 9월 모평 1번]

밑줄 친 ㉠~㉤과 같은 현상의 일반적인 특징에 대한 설명으로 옳은 것은?

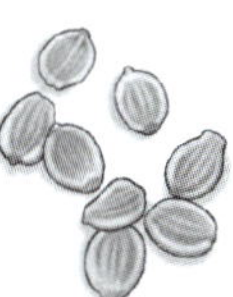

> 전 세계에서 노르웨이와 우리나라 두 곳뿐인 시드 볼트(Seed Vault)는 ㉠ 식물 자원 고갈에 대비해 종자를 보관하는 금고이다. 종자는 적절한 온도와 습도가 갖춰지면 자신이 갖고 있는 ㉡ 양분을 이용해 발아를 시작한다. 우리나라는 ㉢ 종자를 건조한 후 영하 20℃의 온도에 저장하는 방식으로 시드 볼트를 운영하고 있다. 이러한 환경에서는 ㉣ 종자가 노화되는 속도가 느려지고 안정적인 상태를 유지하게 된다. 시드 볼트는 인류가 미래의 위기로부터 ㉤ 유전 자원을 보존하는 데 중요한 역할을 할 것이다.

① ㉠과 같은 현상은 몰가치적이다.
② ㉡과 같은 현상은 인과 관계가 불분명하다.
③ ㉢과 같은 현상은 개연성의 원리가 적용된다.
④ ㉣과 같은 현상은 보편성과 특수성이 공존한다.
⑤ ㉤과 같은 현상은 확실성의 원리가 적용된다.

정답과 해설　79　p.42　80　p.42　81　p.43　82　p.43

83

밑줄 친 ㉠~㉢과 같은 현상의 일반적인 특징에 대한 설명으로 옳은 것은?

> ○○시에서는 최근 러브 버그와 같은 ㉠유행성 생활 불쾌 곤충이 대량 발생하여 민원이 잇따르고 있다. 그러나 ㉡러브 버그는 익충으로 분류되고, 무분별한 살충제 사용은 생태계를 교란시킬 우려가 있다. 이에 ○○시는 러브 버그가 물에 약하다는 점을 활용한 ㉢친환경 방제 활동으로 대응하고 있다.

① ㉠과 같은 현상은 인과 관계가 불분명하다.
② ㉡과 같은 현상은 개연성의 원리가 적용된다.
③ ㉠과 같은 현상과 달리 ㉡과 같은 현상은 몰가치적이다.
④ ㉢과 같은 현상과 달리 ㉠과 같은 현상은 특수성이 나타난다.
⑤ ㉡, ㉢과 같은 현상은 모두 인간의 의지와 무관하게 발생한다.

84

다음 자료에 대한 옳은 설명만을 <보기>에서 있는 대로 고른 것은? (단, A~C는 각각 기능론, 갈등론, 상징적 상호 작용론 중 하나임.) 3점

<형성 평가>

○ 제시된 '대답'에 맞게 빈칸을 채워 질문을 완성하시오.

대답	대답에 맞는 질문	채점 결과
예	B는 상황 정의에 기초한 개인 간 상호 작용을 중시하는가?	1점
예	B와 달리 C는 (가) 보는가?	0점
아니요	C와 달리 A는 (나) 비판을 받는가?	1점

* 교사는 질문별로 채점하고, 제시된 대답에 맞게 질문을 완성한 경우는 1점, 틀리게 완성한 경우는 0점을 부여함.

보기

ㄱ. A, C와 달리 B는 사회 구조가 개인에게 미치는 영향력을 간과한다는 비판을 받는다.
ㄴ. A가 사회적 갈등을 균형 회복을 위한 일시적인 과정으로 본다면, (가)에는 '사회의 각 부분이 상호 의존적 관계를 맺는다고'가 들어갈 수 있다.
ㄷ. (나)에 '지배 집단의 이익을 대변하는 논리로 활용될 수 있다는'이 들어가면, (가)에는 '대립과 갈등을 사회의 본질적 속성으로'가 들어갈 수 있다.

① ㄱ   ② ㄷ   ③ ㄱ, ㄴ   ④ ㄴ, ㄷ   ⑤ ㄱ, ㄴ, ㄷ

85
2026 평가원

다음 글에서 사회·문화 현상을 바라보는 필자의 관점에 대한 설명으로 옳은 것은? 3점

> 사람들은 부와 권력이 아닌 자신들이 습득한 사회의 도덕적 가치에 따라 타인의 사회적 지위를 평가한다. 이러한 도덕적 가치는 사회 체계가 요구하는 지위 획득에 필요한 노력과 그에 따른 역할 수행의 성과로 구성된다. 정당한 노력에 따라 지위를 획득하고 자신의 역할에 따른 성과를 달성한 개인은 도덕적 가치를 실현한 것으로 여겨지고, 이를 통해 사회는 작동한다.

① 대립과 갈등을 사회의 본질적 속성으로 본다.
② 인간이 상황 정의에 기초하여 행동한다고 본다.
③ 사회적 지위는 기득권층에 의해 강제된 것이라고 본다.
④ 사회 각 부분의 역할이 사회적으로 합의된 것이라고 본다.
⑤ 사회 제도를 통해 지배와 피지배 관계가 재생산된다고 본다.

86
2026 수능

밑줄 친 ㉠~㉤과 같은 현상의 일반적인 특징에 대한 설명으로 옳은 것은?

> 길이 약 1 mm의 투명한 예쁜꼬마선충(Caenorhabditis elegans)은 유전적 특징이 인간의 DNA와 유사한 것으로 밝혀졌다. 이 선충은 ㉠짧은 수명과 빠른 세대 교체 덕분에 ㉡세포 발달과 노화 과정을 규명하는 데 적합하다. 특히 이 선충은 신경 세포와 신경망 구조가 밝혀져 있어 ㉢신경계의 기능과 발달 원리를 파악하는 데 큰 기여를 했다. ㉣예쁜꼬마선충의 변이에 따른 진화와 적응의 과정은 ㉤인간 질병의 유전적 기반을 이해하는 데도 중요한 단서를 제공한다.

① ㉠과 같은 현상은 인과 관계가 불분명하다.
② ㉡과 같은 현상은 몰가치적이다.
③ ㉢과 같은 현상은 확실성의 원리가 적용된다.
④ ㉣과 같은 현상은 보편성과 특수성이 공존한다.
⑤ ㉤과 같은 현상은 개연성의 원리가 적용된다.

다음 글에서 사회·문화 현상을 바라보는 필자의 관점에 대한 옳은 설명만을 〈보기〉에서 고른 것은?

> 사회 체계는 물리적 환경과 사회적 조건 속에서 상호 작용하는 개인들의 집합체로 이루어져 있으며, 개인들은 근본적으로 최고의 만족을 추구하는 경향이 강하다. 이러한 개인들이 구축한 관계는 사회적으로 합의된 문화적 가치와 규범에 의해 매개되어 사회 체계의 효율적인 작동을 가능하게 한다.

보기

ㄱ. 사회가 스스로 균형을 유지하려는 속성을 지닌다고 본다.
ㄴ. 개인이 현상에 의미를 부여하는 자율적 주체라는 점을 강조한다.
ㄷ. 지배 집단의 이익을 대변하는 논리로 활용될 수 있다는 비판을 받는다.
ㄹ. 개별 구성원에 대한 사회 구조의 영향력을 간과한다는 비판을 받는다.

① ㄱ, ㄴ   ② ㄱ, ㄷ   ③ ㄴ, ㄷ   ④ ㄴ, ㄹ   ⑤ ㄷ, ㄹ

2. 사회·문화 현상의 연구 방법

★ 수능에 나오는 **필수 개념 3가지 + 필수 암기사항 3개**

필수개념 1 양적 연구 방법 vs 질적 연구 방법

• 사회·문화 현상의 연구 방법 **암기** → 키워드를 중심으로 양적 연구 방법과 질적 연구 방법을 구분해서 암기하기!

구분	양적 연구 방법	질적 연구 방법
전제	방법론적 일원론 (자연 현상 = 사회·문화 현상)	방법론적 이원론 (자연 현상 ≠ 사회·문화 현상)
연구 목적	사회·문화 현상의 법칙 발견	사회·문화 현상의 의미 이해
연구 방법	계량화, 수치화, 통계화	직관적 통찰, 감정 이입
자료 수집 방법	주로 질문지법, 실험법	주로 면접법, 참여 관찰법
유용성	일반화 및 법칙 발견 용이, 정밀성·정확성↑, 비교·분석 용이	인간 행동의 동기·의도·의미를 심층적으로 이해하는 데 유리
한계	연구 대상자의 가치·동기 파악 어려움, 계량화하여 분석하기 곤란한 주관적 영역 탐구 어려움	일반화 및 법칙 발견 어려움, 연구자의 주관 개입 우려↑, 자료의 객관성 떨어짐
연구 과정	주로 연역적 연구 과정	주로 귀납적 연구 과정

기본자료

▶ 계량화
어떤 현상의 특성이나 경향을 수량으로 표시하는 것을 말하고, 계량화의 결과는 통계 표나 그래프 등으로 나타낸다.

▶ 감정 이입
행위자의 입장에서 가질 수 있는 의도나 느낌 등에 대해 공감하는 것을 말한다.

▶ 연역적 연구
일반적인 법칙이나 이론을 먼저 정하고 구체적인 사실을 확인하는 과정을 말한다.
圓 사람은 죽는다. → 실제 사람이 죽는지 확인해 봄

▶ 귀납적 연구
구체적인 사실을 확인하여 일반적인 법칙이나 이론을 정립하는 과정을 말한다.
圓 여러 사람이 죽는 것을 확인함 → 사람은 죽는다는 결론을 내림

필수개념 2 사회·문화 현상의 연구 과정

• 양적 연구 과정 vs 질적 연구 과정 **암기** → 양적 연구 과정과 질적 연구 과정의 절차를 완벽하게 이해하고 암기하기!

양적 연구 과정		질적 연구 과정	
문제 제기	연구 주제 선정	문제 제기	연구 주제 선정
가설 설정	잠정적 결론 도출	연구 설계	조사 대상과 방법 결정
연구 설계	개념의 조작적 정의, 조사 대상과 방법 선정	자료 수집	주로 면접법, 참여 관찰법 사용
자료 수집	주로 질문지법, 실험법 사용	자료 처리 및 해석	연구자의 직관적 통찰을 통해 자료에 담긴 의미 해석
자료 분석	수집된 자료를 정리, 통계 처리 분석	결론 도출	연구 주제에 맞게 해석하고 결론을 내리는 과정
가설 검증	가설의 수용 또는 기각 여부 결정	※ 양적 연구 과정과 질적 연구 과정의 가장 큰 차이점은 양적 연구 과정에만 가설을 설정하고 검증하는 절차가 있다는 점이다.	
결론 도출 (일반화)	가설을 법칙으로 일반화		

⟶ 💡 문제 제기, 가설 설정, 연구 설계, 자료 수집, 자료 분석, 가설 검증, 결론 도출은 수분크림 바르고 검도한다.

▶ 개념의 조작적 정의
추상적인 개념을 검증 가능하도록 구체화시키는 것을 의미한다.
圓 소득을 월수입 또는 연봉으로, 학업 성취도를 중간고사와 기말고사 성적의 평균으로 바꾸는 것 등

▶ 직관적 통찰
객관적 자료를 통한 통계적 분석이나 논리적 계산 등에 의지하지 않고 사물의 본질을 꿰뚫는 것을 말한다.

필수개념 3 자료 수집 방법

• **자료 수집 방법의 유형과 특징** ★**암기** → 5가지 자료 수집 방법(질문지법, 실험법, 면접법, 참여 관찰법, 문헌 연구법)을 정확하게 구분하고 암기하기!

  1. **질문지법** : 사전에 작성된 질문지에 조사 대상자가 직접 응답하는 방법
     – 장점 : 시간과 비용↓, 대규모 조사 가능, 통계 처리가 용이하여 비교 분석이 쉬움
     – 단점 : 문맹자 대상 실시 난해, 불성실한 응답(신뢰도↓), 낮은 회수율, 표본 조사 시 표본의 대표성 문제
     – 특징 : 주로 양적 연구에 활용, 표본 조사 시 모집단을 잘 대표할 수 있는 표본 선정 필요
     – 종류 : 종이 설문, 전화 설문, 우편 설문, 인터넷 설문, 면접 설문 등

  2. **실험법** : 연구 대상자에게 독립 변수를 처치하고 나타나는 종속 변수를 분석(인위적으로 통제된 상황에서 변수의 효과를 관찰하는 방법, 인간 행위에 일정한 자극을 주고 그 반응을 분석하는 방법)
     – 장점 : 인과 관계 파악 용이, 정확성·객관성↑, 집단 간 비교 분석 용이, 법칙 발견 유리
     – 단점 : 윤리적 문제 발생 우려, 완전한 통제 하 실험 난해, 실험 결과의 실제 적용상 한계
     – 특징 : 주로 양적 연구에 활용, 가장 엄격한 통제가 이루어짐, 윤리적 문제의 우려로 인한 제한적 사용

  3. **면접법** : 조사 대상자와의 대화(질문, 답변)를 통한 자료 수집 방법
     – 장점 : 문맹자 상대 가능, 소수의 응답자로부터 깊이 있는(심층적) 자료 수집 용이, 조사 대상자와의 신뢰 형성을 통한 불성실한 응답 문제 방지, 연구자의 유연한 대처가 용이
     – 단점 : 시간과 비용↑, 연구 주제에 부합하는 조사 대상자 선정 어려움, 연구자의 주관 개입 우려↑
     – 특징 : 주로 질적 연구에 활용, 신뢰 관계(rapport)의 형성이 조사 목적 달성에 중요, 비구조화·비표준화 된 자료 수집 방법

  4. **참여 관찰법** : 조사 대상 집단에 직접 참여하여 자료를 수집하는 방법
     – 장점 : 의사소통이 어려운 집단(이민족, 유아 등) 연구 가능, 자료의 실제성 확보
     – 단점 : 시간과 비용↑, 예상치 못한 상황 발생 시 대처 곤란, 연구자의 주관 개입 우려↑, 조사 대상이 연구 의도를 알게 될 경우 자료 왜곡 우려
     – 특징 : 주로 질적 연구에 활용, 비구조화·비표준화 정도가 가장 큰 자료 수집 방법

  5. **문헌 연구법** : 이미 존재하는 기록이나 역사적 자료를 활용하여 필요한 자료를 수집하는 방법
     – 장점 : 시간과 비용↓, 기존의 연구 동향 파악 가능, 시·공간 제약↓
     – 단점 : 문헌의 신뢰성 확보 문제, 연구자의 주관 개입 우려
     – 특징 : 양적 연구와 질적 연구 모두에 활용 가능, 문헌은 주로 2차 자료에 해당함

• **자료 수집 방법의 추가 Tip**
  – 언어적 상호 작용을 중시하는 자료 수집 방법 : 질문지법(문자), 면접법(말)
  – 연구자의 주관이 개입될 우려가 큰 자료 수집 방법 : 면접법, 참여 관찰법
  – 일반화(법칙 발견)를 목적으로 하는 양적 자료 수집에 주로 활용되는 방법 : 질문지법, 실험법
  – 심층적 자료를 통해 의미 해석을 목적으로 하는 질적 자료 수집에 주로 활용되는 방법 : 면접법, 참여 관찰법
  – 양적 연구와 질적 연구에서 공통적으로 활용될 수 있는 자료 수집 방법 : 문헌 연구법

• **올바른 가설의 요건**
  1. **형식적 요건**
     – 독립 변수(원인)와 종속 변수(결과)를 갖추어야 함
     – 독립 변수와 종속 변수 간 관계의 방향이 명확해야 함
      → 두 변수 간에 정(+)의 관계, 부(−)의 관계 또는 아무런 관련이 없음이라고 설정
  2. **내용적 요건**
     – 검증이 필요한 경우만 인정(명확한 사실은 인정 ×)
     – 검증이 가능한 경우만 인정

• **질문지 작성 시 유의 사항**
  – 특정 응답을 유도하면 안 됨
  – 선택지가 상호 배타적이어야 함
  – 선택지가 포괄성을 갖춰야 함
  – 두 가지 내용을 동시에 물으면 안 됨
  – 질문은 모호하지 않아야 함(간결·명료해야 함)

기본자료

▶ **모집단**
조사 대상이 되는 전체 집단을 의미한다.

▶ **표본 집단**
모집단 중 실제 조사를 위해 선택된 집단을 의미한다.

▶ **독립 변수(원인이 되는 변인)**
어떤 현상이나 결과에 영향을 주는 변수를 말한다.

▶ **종속 변수(결과가 되는 변인)**
다른 변수(변인)가 변함에 따라 함께 변하는 변수를 말한다.

▶ **실험 집단**
원인에 해당하는 독립 변수를 처치한 집단을 말한다.

▶ **통제 집단(비교 집단)**
실험 집단과 비교하기 위해 독립 변수를 처치하지 않은 집단을 말한다.

▶ **문헌의 종류**
문서, 신문 기사, 사진, 논문, 도서, 그림, 동영상, 인터넷 문서 등 다양하다.

▶ **1차 자료와 2차 자료**
1차 자료는 연구자가 사회 조사 과정에서 직접 수집한 자료를 말하고, 2차 자료는 다른 연구에서 이미 수집되고 분석한 자료를 말한다.

▶ **자료 수집 방법의 일반적인 특징**

구분	경제성	조작화 정도	계량화 가능성	주관 개입 정도
질문 지법	+	+	+	−
실험법	−	++	++	−
면접법	−	−	−	+
참여 관찰법	−	−−	−	+

(+는 강함 내지 높음을, −는 약함 내지 낮음을 나타내며, +와 −의 개수가 많을수록 정도가 큼)

갑, 을이 활용한 사회 · 문화 현상의 연구 방법의 일반적인 특징에 대한 설명으로 옳은 것은?

① 갑의 방법은 연구 대상자에 대한 감정 이입적 이해를 중시한다.
② 을의 방법은 변수들 간 관계에 대한 법칙 발견을 목적으로 한다.
③ 갑의 방법은 을의 방법과 달리 경험적 자료를 토대로 사회 · 문화 현상을 연구한다.
④ 을의 방법은 갑의 방법과 달리 개념의 조작적 정의를 필요로 한다.
⑤ 갑의 방법은 방법론적 일원론을, 을의 방법은 방법론적 이원론을 전제로 한다.

다음 자료의 (가)에 들어갈 내용으로 옳은 것은? 

| 교사 : 표는 사회 · 문화 현상의 연구 방법 A와 B를 비교한 것입니다. 이를 보고 A, B에 대하여 설명해 보세요. |

구분	A	B
의미	계량화된 자료의 수집과 통계 분석을 통해 결론을 도출하는 방법	연구 대상자의 주관적 생활 세계에 대한 자료를 수집하여 연구자의 해석을 통해 결론을 도출하는 방법
전제	방법론적 일원론	방법론적 이원론

갑 : A를 적용하는 연구에서는 주로 참여 관찰법이 활용됩니다.
을 : B는 사회 · 문화 현상이 자연 현상과 본질적으로 다른 특성을 지니고 있다고 봅니다.
병 : (가)
교사 : 두 학생만 옳은 설명을 하였습니다.

① A는 사회 · 문화 현상에 규칙성이 존재하지 않음을 강조합니다.
② B는 연구자의 직관적 통찰을 통한 자료 수집을 중시합니다.
③ A는 B와 달리 사회 · 문화 현상에 대한 심층적인 이해를 목적으로 합니다.
④ B는 A와 달리 비공식적 자료의 수집을 배제합니다.
⑤ 소득과 행복 간의 상관관계를 파악하려는 연구에는 A보다 B가 적합합니다.

다음 자료에 대한 설명으로 옳은 것은? 

사회 · 문화 현상의 연구 방법 중 A는 연구 대상이 되는 현상을 관찰하여 규칙성을 찾는 데 목적이 있다. 반면 B는 사회 · 문화 현상에 담긴 의미를 이해하고 해석하는 데 목적이 있다. 그림은 A, B의 일반적인 특징을 연결한 것이다.

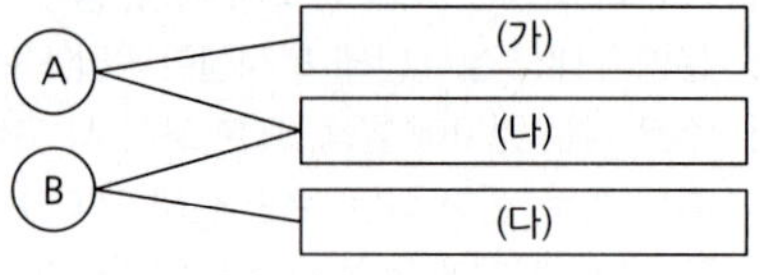

① A는 행위 자체보다 행위의 동기를 주된 분석 대상으로 삼는다.
② B는 계량화된 자료의 통계 분석을 중시한다.
③ (가)에는 '연구자와 연구 대상을 분리할 수 없다고 본다.'가 들어갈 수 있다.
④ (나)에는 '직관적 통찰을 통해 사회 · 문화 현상의 의미를 해석한다.'가 들어갈 수 있다.
⑤ (다)에는 '사회 · 문화 현상과 자연 현상은 본질적으로 다르다고 전제한다.'가 들어갈 수 있다.

사회 · 문화 현상의 연구 방법 A, B에 대한 옳은 설명을 <보기>에서 고른 것은?

자연 현상과 마찬가지로 사회 · 문화 현상에도 규칙성이 존재한다고 보는 사람들은 A를 통해 사회 · 문화 현상을 연구해야 한다고 주장한다. 이와 달리 사회 · 문화 현상은 행위 주체에 의해 의미가 부여되기 때문에 규칙성을 갖지 않는다고 보는 사람들은 B를 통해 사회 · 문화 현상을 연구해야 한다고 주장한다.

보기
ㄱ. A는 연구자의 감정 이입적 이해를 중시한다.
ㄴ. B는 통계 분석을 위해 계량화된 자료를 선호한다.
ㄷ. A와 달리 B는 연구 대상자의 의도 및 행위 동기를 심층적으로 이해하는 데 적합하다.
ㄹ. B와 달리 A는 변인 간의 관계 규명을 통한 법칙 발견을 목적으로 한다.

① ㄱ, ㄴ ② ㄱ, ㄷ ③ ㄴ, ㄷ ④ ㄴ, ㄹ ⑤ ㄷ, ㄹ

5

다음은 학생들이 제출한 수행 평가 과제에 대해 교사가 평가한 내용이다. 이에 대한 설명으로 옳은 것은?

A 조 과제에 대한 평가	B 조 과제에 대한 평가
A 조는 '에고서핑(ego-surfing)'의 의미를 찾아 ㉠ '인터넷으로 자신에 대한 정보나 댓글을 검색하는 것'이라고 소개한 후 '에고서핑을 많이 하는 사람일수록 자존감이 낮을 것이다.'라는 가설을 세워 검증하였습니다. A 조가 제출한 과제는 일반인을 대상으로 가설과 관련한 일반적인 경향성을 적절히 규명한 연구입니다.	B 조는 '에고서핑(ego-surfing)'을 하는 사람들의 심리를 알기 위해 심층 인터뷰를 실시하였습니다. B 조가 제출한 과제는 인터넷상에 나타난 자신에 대한 정보나 댓글에 매우 민감한 연예인, 유명 인터넷 1인 방송인 등을 대상으로 그들이 왜 불편한 감정을 감수하고 에고서핑을 하는지에 대해 적절히 조사한 연구입니다.

① ㉠은 A 조가 연구 과정에서 실시한 개념의 조작적 정의이다.

② B 조가 사용한 연구 방법은 법칙 발견을 목적으로 한다.

③ A 조가 사용한 연구 방법은 B 조가 사용한 연구 방법에 비해 계량화가 어려운 인간의 주관적 영역에 대해 탐구하기 곤란하다.

④ B 조가 사용한 연구 방법은 A 조가 사용한 연구 방법과 달리 자료 수집 과정에서 연구자의 가치 중립이 요구된다.

⑤ A 조가 사용한 연구 방법은 방법론적 이원론을, B 조가 사용한 연구 방법은 방법론적 일원론을 전제로 한다.

6

(가), (나)에 들어갈 사회·문화 현상의 연구 방법에 대한 질문으로 옳지 <u>않은</u> 것은? **3점**

연구 방법	전제
A	사회·문화 현상에는 자연 현상과 달리 인간의 의도나 동기가 담겨 있으므로 자연 과학과는 다른 방법으로 연구해야 한다.
B	사회·문화 현상에는 법칙이 내재되어 있으므로 이를 밝혀내기 위해 자연 과학에서 사용하는 방법과 동일하게 연구해야 한다.

(가) ―예→ A, ―아니요→ B
(나) ―아니요→ A, ―예→ B

① (가) - 연구 대상자의 주관적 상황 인식을 중시하는가?

② (가) - 직관적 통찰과 감정 이입적 이해를 강조하는가?

③ (나) - 경험적 자료를 바탕으로 연구를 진행하는가?

④ (나) - 변수와 변수 간의 관계 파악을 목적으로 하는가?

⑤ (나) - 사회·문화 현상을 행위자의 동기나 가치와 엄격히 분리하는가?

7

다음 글에 나타난 사회·문화 현상 연구 방법의 일반적인 특징에 대한 옳은 설명을 〈보기〉에서 고른 것은? **3점**

> 사회·문화 현상의 행위 주체인 사람은 자신에게 가해지는 사회의 영향을 나름대로 해석하고 의미를 부여해 행동한다. 그러므로 사회·문화 현상의 연구는 행위자의 의식에 내재되어 있는 지식, 가치관, 문화 그리고 행위자가 자신의 행위에 부여하는 주관적인 의미를 밝혀내야 한다. 이러한 것들은 행위에의 참여, 행위자에 대한 관찰 및 이들과의 대화 등을 통해 알아낼 수 있다.

보기

ㄱ. 인간 행위의 이면에 담긴 의미 파악을 중시한다.

ㄴ. 연구자의 직관적 통찰과 감정 이입적 이해를 중시한다.

ㄷ. 경험적 자료의 분석을 통한 법칙 발견을 목적으로 한다.

ㄹ. 방법론적 일원론에 기초하여 사회·문화 현상을 탐구한다.

① ㄱ, ㄴ ② ㄱ, ㄷ ③ ㄴ, ㄷ ④ ㄴ, ㄹ ⑤ ㄷ, ㄹ

8

표는 질문에 대한 답변을 통해 사회·문화 현상의 연구 방법 A와 B를 비교한 것이다. 이에 대한 옳은 설명을 〈보기〉에서 고른 것은? **3점**

질문	연구 방법	
	A	B
방법론적 이원론을 바탕으로 하는가?	예	아니요
(가)	아니요	예
(나)	예	아니요
(다)	㉠	㉡

보기

ㄱ. A는 B와 달리 사실과 가치가 분리될 수 있음을 전제로 한다.

ㄴ. (가)에 '일반화나 법칙 정립을 목적으로 하는가?'가 들어갈 수 없다.

ㄷ. (나)에 '비공식적 자료와 감정 이입적 이해를 중시하는가?'가 들어갈 수 있다.

ㄹ. (다)에 '경험적 관찰을 통해 자료를 수집하는가?'가 들어가면, ㉠과 ㉡은 모두 '예'이다.

① ㄱ, ㄴ ② ㄱ, ㄷ ③ ㄴ, ㄷ ④ ㄴ, ㄹ ⑤ ㄷ, ㄹ

9

[2025년 3월 학평 2번]

(가), (나)는 고등학생의 도박 게임 중독에 대한 서로 다른 연구이다. 이에 대한 설명으로 옳은 것은?

> (가) 도박 게임에 중독된 고등학생 10명을 대상으로 심층적인 대화를 통해 도박 게임을 하게 된 동기와 일상생활에서 도박 게임이 가지는 의미를 파악하였다.
> (나) 도박 게임 중독이 교우 관계에 미치는 영향을 파악하기 위해 고등학생 1,000명을 대상으로 설문 조사를 실시하여 그 결과를 통계적으로 분석하였다.

① (가)는 변인 간의 인과 관계를 파악하고자 하는 연구이다.
② (나)는 직관적 통찰과 감정 이입적 이해를 중시하는 연구이다.
③ (가)와 달리 (나)에서는 경험적 자료를 통해 결론을 도출한다.
④ (나)와 달리 (가)에서는 연구 대상자의 주관적 인식을 파악할 수 있는 자료 수집 방법을 사용하였다.
⑤ (가), (나)에서는 모두 언어적 상호 작용이 필수적인 자료 수집 방법을 사용하였다.

10

[2021년 4월 학평 12번]

다음 자료는 한 연구를 요약한 것이다. 이에 대한 옳은 설명만을 <보기>에서 고른 것은? 3점

〈연구 주제 선정〉
고등학생의 우울감 및 ⊙ 학업 성취도에 집단 상담 프로그램이 미치는 영향을 연구하고자 함.

〈연구 가설 수립〉
다음과 같이 가설을 세움.
－가설1 : ____(가)____
－가설2 : 집단 상담 프로그램은 고등학생의 학업 성취도를 향상시킬 것이다.

〈연구 설계〉
○○ 고등학교 2학년 A, B반을 연구 대상으로 선정하여 2개월 동안 A반은 평소와 같이 생활하도록 하고, B반에는 십난 상남 프로그램을 진행하기로 함.

〈ⓒ 자료 수집〉
집단 상담 프로그램 시행 전·후에 각각 우울감 지수와 지필 고사 점수를 조사함.

〈자료 분석 및 가설 검증〉
A반, B반의 우울감 지수 및 지필 고사 점수의 평균값은 표와 같고, 자료 분석 결과 가설과 가설2 중 하나만 수용됨.

(단위 : 점)

구분		A반	B반
우울감 지수	사전	6.6	6.7
	사후	6.8	4.8
지필 고사 점수	사전	61.8	61.7
	사후	63.3	60.7

* 우울감 지수는 10점이 최고점이며, 수치가 높을수록 우울감 정도가 높음.

보기
ㄱ. 방법론적 이원론에 기초한 연구 방법을 적용하였다.
ㄴ. ⊙에 대한 조작적 정의는 ⓒ 단계 이전에 이루어진다.
ㄷ. A반에서는 B반과 달리 독립 변인 처리로 인한 영향이 나타났다.
ㄹ. (가)에는 '집단 상담 프로그램은 고등학생의 우울감을 낮출 것이다.'가 들어갈 수 있다.

① ㄱ, ㄴ　　② ㄱ, ㄷ　　③ ㄴ, ㄷ　　④ ㄴ, ㄹ　　⑤ ㄷ, ㄹ

[2022년 10월 학평 4번]

다음 연구에 대한 옳은 설명만을 <보기>에서 있는 대로 고른 것은?
3점

> 갑은 고등학교에서 ⊙ 수업 중 스마트 기기 활용 여부가 ⓒ 학업 성취도에 미치는 영향을 알아보고자 하였다. 이를 위해 △△고등학교에서 ⓒ □□ 과목을 수강하는 학생 40명, ② ○○ 과목을 수강하는 학생 40명을 무작위로 선정하였다. 이후 과목별로 A 집단(20명)과 B 집단(20명)으로 나누어 한 학기 동안 A 집단은 ⑩ 개인별로 지급된 스마트 기기를 활용하는 수업을 실시하고, B 집단은 평소대로 개인별 스마트 기기 활용 없이 수업을 실시하였다. 스마트 기기 활용 수업 이전과 이후의 학업 성취도 측정 결과는 아래 표와 같았고, 두 과목 중 ⑭ 한 과목에서만 수업 중 스마트 기기 활용이 학업 성취도에 유의미한 영향을 미치는 것으로 나타났다.

(단위 : 점)

구분		□□ 과목		○○ 과목	
		A 집단	B 집단	A 집단	B 집단
학업 성취도	사전 검사	63	61	72	71
	사후 검사	63	62	85	73

* 학업 성취도는 100점 만점이며, 제시된 숫자는 각 집단 학생들의 학업 성취도 수준을 대표할 수 있도록 통계적으로 산출한 점수임.

보기
ㄱ. ⊙은 독립 변인, ⓒ은 종속 변인이다.
ㄴ. ⓒ은 실험 집단, ②은 통제 집단이다.
ㄷ. ⑩은 독립 변인의 효과를 측정하기 위한 실험 처치이다.
ㄹ. ⑭은 '○○ 과목'이다.

① ㄱ, ㄴ　　　　② ㄱ, ㄷ　　　　③ ㄴ, ㄹ
④ ㄱ, ㄷ, ㄹ　　　⑤ ㄴ, ㄷ, ㄹ

12

밑줄 친 ⊙~◎에 대한 설명으로 옳은 것은? ❸점

갑은 걱정의 감정과 시험 상황에 대한 감정이 시험 불안에 미치는 영향을 파악하고자 하였다. 갑은 ⊙ '걱정의 감정'을 시험 실패에 대한 두려움과 자기 능력에 대한 자신감 부족으로, ⓒ '시험 상황에 대한 감정'을 시험 상황에서 나타나는 긴장감과 압박감으로 세분화하였다. 이를 바탕으로 □□지역 고등학생 300명을 대상으로 시험 불안 지수를 측정하는 검사를 하였다. 그 결과, ⓒ 걱정의 감정과 시험 상황에 대한 감정은 모두 시험 불안과 정(+)의 상관관계를 가지고 있음을 알게 되었다.

한편, 을은 △△상담 프로그램이 고등학생의 시험 불안을 감소시킬 것이라는 가설을 증명하고자 하였다. 을은 갑의 연구를 검토한 후, 갑이 활용한 방법으로 ⓔ 시험 불안 지수가 높은 고등학생 20명을 선정한 다음 ⓜ A 집단과 B 집단에 무작위로 각각 10명씩 배치하였다. 이후 을은 ⓑ B 집단에게만 △△상담 프로그램을 진행한 뒤, 두 집단 모두에게 시험 불안 지수를 ⓐ 검사하였다. 검사 결과 ◎ 시험 불안 지수는 두 집단 모두 감소하였고 A 집단보다 B 집단의 감소 폭이 더 컸으며, 이 값은 통계적으로 유의미한 수준이었다.

① 갑의 연구에서 ⊙은 독립 변인, ⓒ은 종속 변인이다.
② ⓒ으로 보아 갑의 가설은 수용되었으나 ◎으로 보아 을의 가설은 기각되었다.
③ 을의 연구에서 ⓔ은 모집단, ⓜ은 표본이다.
④ 을의 연구에서 ⓑ은 실험 처치에 해당한다.
⑤ 을의 연구에서 ⓐ은 사전 검사에 해당한다.

13

다음 자료에 대한 설명으로 옳은 것은? ❸점

갑은 ⊙ 청소년의 비속어 사용이 증가하고 있고, 특히 고등학생이 가장 심각하다는 기사를 접하였다. 이에 갑은 비속어 사용 예방 프로그램인 ⓒ ○○ 프로그램의 수강 기간이 고등학생의 비속어에 대한 인식과 비속어 사용 정도에 미치는 영향을 연구하기로 하였다. 갑이 세운 가설은 다음과 같다.

〈가설 1〉 ○○ 프로그램을 장기간 수강한 고등학생이 단기간 수강한 고등학생에 비해 비속어에 대한 부정적 인식이 더 강해질 것이다.

〈가설 2〉 ○○ 프로그램을 장기간 수강한 고등학생이 단기간 수강한 고등학생에 비해 비속어를 덜 사용하게 될 것이다.

갑은 ⓒ 고등학생 100명을 모집한 후 50명씩 A, B 집단에 배정하였다. 두 집단의 비속어에 대한 인식과 비속어 사용 정도가 동일함을 확인한 후, A 집단은 1개월 동안 ○○ 프로그램을 수강하게 하고, B 집단은 6개월 동안 ○○ 프로그램을 수강하게 하였다. 이후 ⓔ 검사지를 사용하여 비속어에 대한 인식과 비속어 사용 정도를 측정하였다. 오른쪽 그림은 자료 분석 결과를 나타낸 것이고, 분석 결과는 통계적으로 유의미하다.

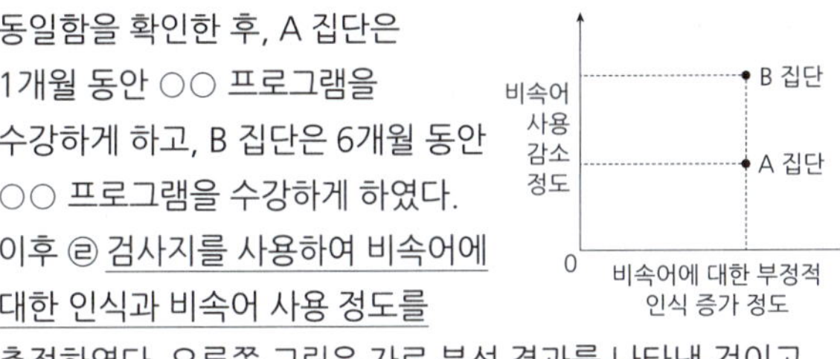

① ⊙은 모집단, ⓒ은 표본이다.
② ⓒ은 ⓔ과 달리 연구자의 가치 중립이 요구되는 단계이다.
③ A 집단은 통제 집단, B 집단은 실험 집단이다.
④ 독립 변인은 ○○ 프로그램 수강 여부이다.
⑤ 〈가설 1〉은 기각되고, 〈가설 2〉는 수용된다.

14

밑줄 친 ⊙~◎에 대한 옳은 설명을 〈보기〉에서 고른 것은?

갑은 ⊙ 초등학생의 ⓒ 자아 존중감에 ⓒ 놀이 프로그램이 미치는 영향에 대해 연구하였다. 갑은 ⓔ A 초등학교 학생 중 3학년 ⓜ 1반 학생들과 ⓑ 2반 학생들을 연구 대상으로 선정하여 ⓐ 사전 검사를 하였다. 이후 3학년 2반에 대해서만 놀이 프로그램을 실시하고 두 반 모두 ◎ 사후 검사를 하였다.

보기

ㄱ. ⊙은 모집단, ⓔ은 표본이다.
ㄴ. ⓒ은 종속 변인, ⓒ은 독립 변인이다.
ㄷ. ⓜ은 통제 집단, ⓑ은 실험 집단이다.
ㄹ. ⓐ과 ◎은 독립 변인에서 나타나는 변화를 파악하기 위한 검사이다.

① ㄱ, ㄴ   ② ㄱ, ㄷ   ③ ㄴ, ㄷ   ④ ㄴ, ㄹ   ⑤ ㄷ, ㄹ

다음 연구에 대한 옳은 설명만을 〈보기〉에서 있는 대로 고른 것은?  3점

○ 연구 개요
 – 야외 체험 프로그램이 청소년의 ㉠ 문제 해결력과
   ㉡ 추상적 사고력 발달에 미치는 영향을 알아보기 위해
   가설을 설정하고 이를 검증함.
○ 연구 가설
 〈가설 1〉 야외 체험 프로그램에 참여한 청소년은 그렇지
      않은 청소년보다 문제 해결력이 높을 것이다.
 〈가설 2〉 야외 체험 프로그램에 참여한 청소년은 그렇지
      않은 청소년보다 추상적 사고력이 높을 것이다.
○ 연구 설계 및 자료 수집
 – 고등학생 100명을 무작위로 선정하여 A, B 집단에 각각
   50명씩 임의로 배정함.
 – ㉢ A 집단은 야외 체험 프로그램에 주 1회씩 2주간
   참여하게 하고, 같은 기간 ㉣ B 집단은 참여하지 않음.
 – 문제 해결력과 추상적 사고력을 측정할 수 있는 평가지를
   체험 전과 체험 종료마다 제공하여 변화 정도를 측정함.
○ 자료 분석 결과

(단위 : 점)

구분	문제 해결력			추상적 사고력		
	사전	사후1	사후2	사전	사후1	사후2
A 집단	68.0	71.4	74.2	71.0	70.5	69.5
B 집단	68.0	68.0	68.3	71.0	71.0	71.1

* 분석 결과는 통계적으로 유의미함.
** 측정 항목은 모두 100점 척도이며, 점수가 높을수록 그 정도가 높음.

보기

ㄱ. ㉠은 독립 변수, ㉡은 종속 변수이다.
ㄴ. ㉢은 실험 집단, ㉣은 통제 집단이다.
ㄷ. ㉣에서 ㉠이 ㉡보다 야외 체험 프로그램의 영향을 크게
   받았다.
ㄹ. 자료 분석 결과에 따르면 〈가설 1〉만 수용된다.

① ㄱ, ㄴ   ② ㄱ, ㄷ   ③ ㄴ, ㄹ
④ ㄱ, ㄷ, ㄹ   ⑤ ㄴ, ㄷ, ㄹ

다음 자료를 읽고 물음에 답하시오.

 연구자 갑은 고령층의 인간 관계와 디지털 기기 활용 교육을
연구 주제로 선정하고 관련 연구를 검토하였다. 갑은 디지털
기기 활용 교육이 고령층의 온라인 공간에서의 인간 관계에
긍정적인 영향을 미칠 것이라는 가설을 설정하였다. 갑은
㉠ 65세 이상 고령층 남녀 1,000명을 연구 대상자로 무작위
선정하여 설문 조사를 실시하였다. 조사 문항에는 디지털 기기
활용 교육 이수 여부 및 이수 시간, ㉡ 가족, 친척, 친구 등 이미
알고 있는 사람과의 온라인 공간에서의 친밀도(5점 척도),
㉢ 온라인을 통해서 새롭게 알게 된 사람과의 온라인 공간에서의
친밀도(5점 척도) 등이 포함되었다. 갑은 ㉣ 수집한 자료를
분석하여 연구 결과를 발표하였다.
 연구자 을은 디지털 기기 활용 교육과 온라인 공간에서의
인간 관계에 대한 선행 연구를 검토한 후, 고령층을 대상으로
연구를 진행하였다. 을은 노인 복지관을 방문하여 디지털 기기
㉤ 활용 교육을 받은 경험이 있는 10명, ㉥ 활용 교육을 받은
경험이 없는 10명을 연구 대상자로 선정하였다. 을은 두 달에
걸쳐서 1인당 2회 이상 이들을 만나 깊이 있는 대화를 나누고
이 과정을 녹음하였다. 조사 내용에는 온라인 공간에서 인간
관계의 의미, 인간 관계 형성의 양상, 디지털 기기 활용 교육에
따른 온라인 공간에서의 인간 관계의 변화 등이 포함되었다.
을은 ㉦ 녹취한 자료를 해석하여 연구 결과를 도출하였다.

위 연구에 대한 설명으로 옳은 것은?  3점

① 갑의 연구에서 모집단은 ㉠이다.
② 갑의 연구에서 ㉡, ㉢은 모두 종속 변수의 조작적 정의에
  해당한다.
③ 을의 연구에서 ㉤은 실험 집단, ㉥은 통제 집단이다.
④ 갑의 연구에서 ㉣ 단계, 을의 연구에서 ㉦ 단계는 모두 연구자의
  가치 개입이 허용된다.
⑤ 갑의 연구와 달리 을의 연구는 방법론적 일원론을 전제로 하여
  수행되었다.

---

17 2025 수능 [2025학년도 수능 5번]

다음 자료에 대한 설명으로 옳은 것은? **3점**

갑은 고등학생의 학업 성취도와 문해력 간의 관계를 파악하고자 하였다. 이를 위해 □□ 지역 고등학생 200명을 대상으로 질문지를 통해 학업 성취도와 ㉠ 문해력 수준을 측정하였다. 이 자료에서 문해력을 기준으로, 상위 100명(A 집단)과 하위 100명(B 집단)으로 구분하여 학업 성취도를 분석하였다. 그 결과 ㉡ B 집단의 학업 성취도가 A 집단의 학업 성취도보다 유의미하게 낮았다.

을은 ㉢ ○○ 독서 프로그램이 고등학생의 문해력 증진에 효과가 있을 것이라 생각하고 이를 알아보기 위해 다음과 같이 연구를 진행하였다. 그는 갑과 연구 대상자의 동의를 받아, 갑의 연구에서 문해력이 낮은 것으로 판명된 B 집단을 무작위로 50명씩 C 집단과 D 집단으로 나눈 후 C 집단에게만 4주간 ○○ 독서 프로그램을 적용하였다. 독서 프로그램 종료 시점에 갑이 활용한 측정 도구로 ㉣ 문해력 수준을 측정한 결과, C 집단의 문해력 수준은 유의미하게 높아졌으나 D 집단의 문해력 수준은 이전과 차이가 없었다. 이후 을은 D 집단에게만 ○○ 독서 프로그램을 4주간 적용하였다. 그 결과 D 집단의 문해력 수준이 높아져 최종적으로 ㉤ C 집단과 D 집단 간에는 문해력 수준이 유의미한 차이를 보이지 않았다.

① 갑의 연구에서 모집단은 □□ 지역 고등학생이다.
② ㉠은 을의 연구에서 사전 검사로 활용되었다.
③ ㉡은 문해력과 학업 성취도 간의 부(−)의 관계를 보여 준다.
④ ㉣은 을의 연구에서 실험 처치에 해당한다.
⑤ ㉤은 ㉢을 지지하는 근거로 사용할 수 없다.

18 [2020년 3월 학평 8번]

다음 연구에 대한 옳은 설명만을 〈보기〉에서 고른 것은?

갑은 우리나라에서 형제자매가 있는 고등학생이 그렇지 않은 고등학생보다 결혼 의지가 강할 것이라는 가설을 검증하기 위한 연구를 하였다. 갑은 자료 수집을 위해 ○○시 고등학생 1,000명에게 설문 조사를 하였다. 자료 분석 결과 형제자매가 있는 고등학생의 경우 결혼 의지가 평균 4.2점, 형제자매가 없는 고등학생의 경우 결혼 의지가 평균 2.3점이었으며, 분석 결과는 통계적으로 유의미하였다. 결혼 의지는 5점 만점이며, 점수가 클수록 결혼 의지가 강함을 의미한다.

보기

ㄱ. 자료 분석 결과 가설이 기각되었다.
ㄴ. 모집단에 대하여 대표성을 갖춘 표본을 선정하였다.
ㄷ. 방법론적 일원론에 기초한 연구 방법을 활용하였다.
ㄹ. 가설에서 형제자매의 유무를 독립 변인으로 설정하였다.

① ㄱ, ㄴ ② ㄱ, ㄷ ③ ㄴ, ㄷ ④ ㄴ, ㄹ ⑤ ㄷ, ㄹ

19 2024 수능 [2024학년도 수능 5번]

다음 자료에 대한 설명으로 옳은 것은?

연구자 갑은 정부 정책 도입에 대한 여론 조사 연구에서 '정보 제공이 응답자의 ㉠ 응답 반응에 영향을 미칠 것이다.'라는 가설을 설정하였다. 이를 검증하기 위해 질문 방식을 정부 정책에 대한 정보 제시 없이 정부 정책 도입에 대한 동의 여부를 묻는 것(유형 A), 정부 정책에 대한 중립적인 정보를 제시한 후 정부 정책 도입에 대한 동의 여부를 묻는 것(유형 B), ㉡ 정부 정책에 대한 긍정적인 정보를 제시한 후 정부 정책 도입에 대한 동의 여부를 묻는 것(유형 C)으로 구분한 후, 다음과 같이 두 단계에 걸쳐 연구를 진행하였다.

○ 1단계 : 동일한 정부 정책 도입에 대해 비슷한 시기에 수행된 여론 조사 결과를 수집하였다. 자료 분석을 통해 여론 조사에서 ㉢ 정보 제공 여부가 응답자의 의사 결정에 영향을 미칠 수 있음을 확인하였다.

○ 2단계 : 1단계에서 확인한 결과를 경험적으로 검증하기 위해 성인 200명을 무작위로 선정한 후 실험을 실시하였다. 유형 A를 배부하여 ㉣ 정부 정책 도입에 대한 찬반 여부를 측정한 결과 응답자의 60%가 제안된 정책에 반대하였다. 반대한 사람을 40명씩 무작위로 세 집단으로 나눈 뒤, 첫째 집단에는 유형 A에, 둘째 집단에는 유형 B에, 셋째 집단에는 유형 C에 각각 응답하도록 하였다. 세 집단의 응답을 분석한 결과, 첫째 집단과 둘째 집단 간, 첫째 집단과 셋째 집단 간에는 제안된 정책에 반대하는 비율이 유의미하게 차이가 났지만, 둘째 집단과 셋째 집단 간에는 유의미한 차이가 없었다.

① 2단계에서 갑은 사전 검사를 실시하지 않았다.
② 유형 B에 응답한 사람들은 통제 집단, 유형 C에 응답한 사람들은 실험 집단이다.
③ ㉠은 ㉣에 대한 조작적 정의이다.
④ ㉡은 질문지 작성 시 특정 응답을 유도한 것이므로 갑의 연구 결과를 일반화할 수 없다.
⑤ 2단계에서 도출한 분석 결과는 ㉢을 지지한다.

다음 자료에 대한 설명으로 옳은 것은? 3점

> 갑은 개인의 행동에 미치는 ㉠ 집단의 영향력을 파악하기
> 위하여 다음과 같은 연구들을 진행하였다.
> [연구 1]
> 갑은 실험 참가자들을 다수의 모둠으로 구분한 후 모둠별
> 구성원에게 각각 1번부터 6번까지 번호를 부여하였다. 이후
> 일정한 길이의 표준선을 참가자들에게 보여준 후, 별도로
> 제시된 서로 다른 선들 중 표준선과 길이가 같은 선을 고르도록
> 하였다. 그 결과 참가자들은 모두 표준선과 길이가 같은 선을
> 선택하였다. 이후 갑은 모둠별로 ㉡ 1번 참가자를 제외한
> ㉢ 나머지 번호 참가자들에게 사전에 표준선과 길이가 다른
> 선을 고르게 지시하고, 참가자들에게 표준선과 길이가 같은
> 선을 다시 골라 보도록 하였다. 반복 실험 결과, 1번 참가자의
> 43%가 다른 참가자의 선택에 ㉣ 동조 반응을 보였다.
> [연구 2]
> 갑은 표준선과 길이가 다른 선을 고르는 실험 참가자 수를
> 조정하여 모둠별 총인원만 변화시키고, 그 외 다른 실험 상황은
> [연구 1]과 동일한 연구를 실시하였다. 그 결과 1번 참가자의
> 동조율은 모둠 인원이 2명일 때는 0.3%, 3명일 때는 13.6%,
> 4명일 때는 31.8%로 나타났으며, 이는 통계적으로 유의미하다는
> 것을 확인하였다.
> [연구 3]
> 갑은 실험 참가자 4명은 표준선과 길이가 다른 선을, 1명은
> 표준선과 길이가 같은 선을 고르도록 하고, 그 외 다른 실험
> 상황은 [연구 1]과 동일한 연구를 실시하였다. 그 결과 1번
> 참가자의 34%가 다수의 의견에 동조한다는 통계적으로
> 유의미한 값을 얻었다.

① ㉡은 실험 집단, ㉢은 통제 집단이다.
② ㉣은 ㉠의 조작적 정의에 해당한다.
③ [연구 1]에서 갑은 사전 검사를 실시하였다.
④ [연구 2]는 '집단 구성원의 수가 많아질수록 다수 의견에 대한
　 동조율이 증가할 것이다.'를, [연구 3]은 '소수 의견이 존재하는
　 경우 그렇지 않은 경우에 비해 다수 의견에 대한 동조율이 클
　 것이다.'를 지지한다.
⑤ 갑은 [연구 1], [연구 2], [연구 3]에서 모두 방법론적 이원론에
　 기초한 연구 방법을 사용하였다.

밑줄 친 ㉠~㉤에 대한 옳은 설명을 〈보기〉에서 고른 것은? 3점

> 갑은 ㉠ 청소년의 스마트폰 사용 시간이 행복감에 미치는
> 영향에 대해 연구하고자 하였다. 이를 위해 청소년의 스마트폰
> 사용 시간이 적을수록 행복감이 높을 것이라는 가설을 세우고
> 전국의 ㉡ 고등학생 중에서 ㉢ 남녀 학생 2만 명을 대상으로
> 설문 조사를 실시하여 스마트폰 사용 시간과 행복감에 관한
> 자료를 수집하였다. 갑은 수집한 자료를 통계 분석하여
> 청소년의 스마트폰 사용 시간과 ㉣ 행복감 지수 간에 부(−)의
> 상관관계가 있다는 ㉤ 결론을 내렸다. 이에 대해 갑은 스마트폰
> 사용 시간이 적은 학생들은 스마트폰 사용 대신 스포츠를
> 즐기거나 친구를 만나는 등 사회적 활동을 하기 때문에
> 행복감이 높은 것이라고 보았다.

보기

ㄱ. ㉠ 단계에서는 연구자의 가치 개입이 이루어진다.
ㄴ. ㉡은 모집단, ㉢은 표본에 해당한다.
ㄷ. ㉣은 종속 변수에 대한 조작적 정의가 반영된 것이다.
ㄹ. ㉤을 통해 가설이 기각되었음을 알 수 있다.

① ㄱ, ㄴ　② ㄱ, ㄷ　③ ㄴ, ㄷ　④ ㄴ, ㄹ　⑤ ㄷ, ㄹ

**밑줄 친 ㉠~㉣에 대한 옳은 설명만을 〈보기〉에서 있는 대로 고른
것은?** 3점

> 갑은 A국 65세 이상 노인의 ㉠ 사회 관계망이 문화 소비에
> 미치는 영향을 파악하기 위해 문화 소비에 대한 ㉡ 가족 관계망,
> 지인 관계망, 단체 관계망의 영향을 연구하였다. 갑은 전국에서
> ㉢ 65세 이상 노인 남녀 1,000명을 추출하여 설문 조사를
> 실시하였다. 문화 소비는 지난 1년간 공연과 전시를 관람한
> 횟수로, 가족 관계망은 평소 교류하는 가족과 친척의 수로, 지인
> 관계망은 가족과 친척 이외에 평소 교류하는 사람의 수로, 단체
> 관계망은 참여하는 단체의 수로 파악하였다. … (중략) …
> ㉣ 성별에 따른 분석 결과를 보면, 여성의 경우 문화 소비와
> 사회 관계망 사이에 모두 유의미한 정(+)의 관계가 나타났다.
> 남성의 경우 문화 소비와 단체 관계망 사이에 유의미한 정(+)의
> 관계가 나타났으나, 문화 소비와 가족 관계망, 문화 소비와
> 지인 관계망 사이에는 각각 유의미한 관계가 나타나지 않았다.

보기

ㄱ. ㉡은 ㉠의 조작적 정의에 해당한다.
ㄴ. ㉢은 갑이 선정한 표본이다.
ㄷ. ㉣로 65세 이상 남성의 경우 평소 교류하는 가족과 친척의
　　수가 많을수록 공연과 전시를 관람한 횟수는 감소한다는
　　것을 확인할 수 있다.

① ㄴ　② ㄷ　③ ㄱ, ㄴ　④ ㄱ, ㄷ　⑤ ㄱ, ㄴ, ㄷ

23

다음 자료에 대한 설명 및 추론으로 옳은 것은? 3점

연구자 갑은 청소년들의 소비지향 태도와 과시소비 행동에 ㉠ 대중매체와 ㉡ 또래 집단이 미치는 영향에 대한 연구를 진행하였다. 갑은 ㉢ 가설을 설정한 후 ○○시 고등학생 500명에게 ㉣ 대중매체가 소비를 선호하는 태도에 미치는 정도, ㉤ 또래 집단이 명품 브랜드를 지향하는 행동에 미치는 정도 등을 측정하는 설문 조사를 실시했다. 이후 갑은 자료를 분석하여 소비지향 태도의 경우 대중매체의 영향력이, 과시소비 행동의 경우 또래 집단의 영향력이 상대적으로 크게 작용함을 확인하였다.

한편, 연구자 을은 갑의 연구를 참고로 하여 새로운 소비자 교육 프로그램을 개발하고 그 효과를 입증하는 연구를 진행하였다. 을은 기존의 소비자 교육 프로그램을 받고 있던 고등학생 100명을 선정하여 각각 50명씩 A 집단, B 집단으로 나누었다. 그리고 3개월 동안 A 집단에게는 이전과 달리 ㉥ 자신이 개발한 소비자 교육 프로그램을 실시하고, B 집단에게는 ㉦ 기존에 실시하던 소비자 교육 프로그램을 지속적으로 실시하였다. 을은 사전·사후 검사를 통해 A 집단에서 B 집단에 비해 소비지향 태도 지수와 과시소비 행동 지수 모두 더 큰 변화가 나타남을 확인하였다.

① 갑의 연구에서 ㉢은 수용되었을 것이다.
② 갑의 연구에서 ㉣은 ㉠의 조작적 정의에, ㉤은 ㉡의 조작적 정의에 해당한다.
③ 을의 연구에서 ㉥은 ㉦과 달리 소비지향 태도와 과시소비 행동에 영향을 주었다.
④ 을의 연구에서 A 집단은 B 집단과 달리 실험 집단에 해당한다.
⑤ 갑, 을이 사용한 자료 수집 방법은 모두 일반적으로 연구 대상자와의 언어적 상호 작용이 필수적이다.

24 2024 평가원

다음 연구에 대한 설명으로 옳은 것은? 3점

연구자 갑은 집단 간 경쟁이 자신이 속한 집단 구성원에 대한 긍정적 평가를 증가시킬 것이라고 예상하며 연구를 진행하였다. 갑은 서로 모르는 사이의 청소년을 연구 참여자로 모집한 후 무작위로 네 모둠으로 구분하였다. 모둠 A와 모둠 B는 숲 체험 활동을 하였고, 모둠 C는 모둠 A의, 모둠 D는 모둠 B의 활동을 관리하였다. 1일 차에 모둠 A와 모둠 B는 서로의 존재를 알지 못하는 상태에서 주어진 과업을 독립적으로 수행하였다. 갑은 2일 차에 모둠 A와 모둠 B에게 경쟁 모둠의 존재를 알리고, 과업을 먼저 해결하는 모둠에게만 별도의 상품을 제공한다고 공지하였다. 한편 모둠 C와 모둠 D는 자신이 관리하는 모둠 A와 모둠 B가 과업 수행 중 나눈 대화에 나타난 칭찬과 비난의 횟수를 관찰하여 일자별로 기록하였다. 갑이 ㉠ 모둠 C와 모둠 D가 관찰하며 기록한 자료를 분석한 결과, 모둠 A와 모둠 B 모두에서 1일 차 대비 2일 차에 소속 모둠원에 대한 ㉡ 칭찬 횟수는 증가하였고, ㉢ 비난 횟수는 감소하였다.

① 갑은 양적 연구 방법과 질적 연구 방법을 모두 활용하였다.
② 모둠 A와 B는 실험 집단이고, 모둠 C와 D는 통제 집단이다.
③ 1일 차와 2일 차 모두 독립 변수에 대한 처치가 이루어졌다.
④ ㉠은 갑의 연구에서 1차 자료에 해당한다.
⑤ ㉢은 ㉡과 달리 종속 변수에 대한 조작적 정의이다.

25 2025 평가원

밑줄 친 ㉠ ~ ㉨에 대한 설명으로 옳은 것은? 3점

연구자 갑은 ㉠ '온라인 게임 내 이용자들의 사회적 관계 형성에 대한 이해'를 연구 주제로 설정하였다. 우선 선행 연구를 통해 온라인 게임에서는 ㉡ 게임 캐릭터 레벨을 기준으로 게임 이용자들 간 서열이 형성된다는 것을 확인하였다. 이어 서열 형성 과정을 파악하기 위한 ㉢ 연구를 수행하였다. 갑은 온라인 게임에 접속하여 10개월 동안 게임 이용자로 활동하며 선행 연구 결과를 재확인하였지만, 게임 이용자들의 대면 모임에 함께 참여하면서 그들의 ㉣ 연령, 학력, 소득 등이 드러난 이후에는 기존에 형성되었던 온라인 게임 내 이용자들 간 서열이 변화하는 모습을 관찰하였다. 이에 갑은 이 결과를 일반화하기 위해 ㉤ 추가 연구를 실시하였다. ㉥ 온라인 게임 이용자 1,000명을 무작위로 추출하여 ㉦ 설문 조사를 실시하고 분석한 결과 갑은 ㉧ 온라인 게임에만 참여한 사람들은 게임 캐릭터 레벨에 의존해서 서열을 형성한 반면, ㉨ 대면 모임에 참여한 사람들은 연령, 학력, 소득 등을 중심으로 서열이 형성되는 것을 확인하였다.

① ㉠ 단계와 ㉦ 단계 모두 연구자의 가치 중립이 요구된다.
② ㉤에서 ㉥은 표본 집단, ◎은 모집단에 해당한다.
③ ㉤에서 ㉣은 독립 변수, ㉡은 종속 변수에 해당한다.
④ ㉨은 ㉢의 결과 중 대면 모임 이후 발견한 연구 결과를 지지한다.
⑤ ㉢과 ㉤은 모두 양적 연구이다.

다음 연구에 대한 설명으로 옳은 것은?  3점

> ○ 연구 주제 : 고등학생의 일기 쓰기와 언어 능력 간의 관계
> ○ 연구 가설 : ㉠ 지속적으로 일기를 쓰는 고등학생이 ㉡ 그렇지
>   않은 고등학생보다 언어 능력이 높을 가능성이
>   클 것이다.
> ○ 자료 수집 : 고등학생 1,000명을 대상으로 ㉢ 지속적으로
>   일기를 쓰는지 여부를 조사하고 표준화된
>   검사지를 통해 ㉣ 언어 능력을 측정함.
> ○ 자료 분석 결과
>
> (단위 : 명)
>
> | 구분 | 언어 능력 | |
> |---|---|---|
> | | 높음 | 낮음 |
> | 지속적으로 일기를 쓰는 고등학생 | 310 | 80 |
> | 지속적으로 일기를 쓰지 않는 고등학생 | 320 | 290 |
>
> * 자료 분석 결과는 통계적으로 유의미함.

① ㉠은 실험 집단, ㉡은 통제 집단이다.
② ㉢은 종속 변인, ㉣은 독립 변인이다.
③ 자료 분석 결과에 따르면 가설은 수용된다.
④ 방법론적 이원론에 기초한 연구 방법을 활용하였다.
⑤ 연구 대상자의 주관적 세계에 대한 심층적 이해를 목적으로
  하였다.

밑줄 친 ㉠~◎에 대한 설명으로 옳은 것은?  3점

> **연구 주제 : 다문화 교육이 고등학생의 다문화 수용성에 미치는 영향**
>
> • 가설 설정
>   − ㉠ 가설 : 다문화 교육을 받은 고등학생이 받지 않은 고등학생에
>   비해 다문화 수용성이 높을 것이다.
>
> • ㉡ 자료 수집
>   − 연구 참여에 동의한 ○○고등학교 학생 60명을 무작위로 각각
>   30명씩 A, B 두 집단으로 나누고, 두 집단 모두를 대상으로
>   다문화 수용성 지수를 측정하는 ㉢ 설문 조사를 실시함.
>   − ㉣ A 집단에는 다문화 교육을 3개월간 실시하고, ㉤ B 집단에는
>   다문화 교육을 실시하지 않음.
>   − 이후 A, B 두 집단 모두를 대상으로 다문화 수용성 지수를
>   측정하는 ㉥ 설문 조사를 실시함.
>
> • ㉦ 자료 분석
>   − 수집한 자료를 분석한 결과, 가설을 채택함.
>
> • ◎ 결론
>   − 고등학생의 다문화 수용성 제고를 위해서는 다문화 교육을
>   실시해야 한다.

① ㉠에서 독립 변인은 '다문화 교육의 효과'이다.
② ㉢에서 1차 자료를, ㉥에서 2차 자료를 수집하였다.
③ ㉣은 실험 집단, ㉤은 통제 집단이다.
④ ㉦에 따르면, ㉤은 ㉣과 달리 다문화 수용성이 낮아졌다.
⑤ ㉡ → ㉦ → ◎으로 가는 과정은 연역적이다.

다음 자료에 대한 설명으로 옳은 것은?  3점

> 갑은 신입 사원의 목표 지향성이 직무 만족도에 미치는 영향을
> 파악하기 위해 연구를 진행하였다. 갑은 ㉠ 목표 지향성에 대한
> 다른 연구자들의 선행 연구를 검토한 후, 목표 지향성을 자신의
> 업무 능력 향상에 중점을 두는 ㉡ 학습 목표 지향성과 과업
> 달성에 중점을 두는 ㉢ 수행 목표 지향성으로 나누고 다음과
> 같은 가설을 설정하였다.
>
> <가설 1> 학습 목표 지향성이 높을수록 직무 만족도가 높을
>   것이다.
> <가설 2> 수행 목표 지향성이 높을수록 직무 만족도가 높을
>   것이다.
>
> 갑은 무작위로 선정한 ㉣ 신입 사원 1,000명을 대상으로
> 학습 목표 지향성, 수행 목표 지향성, 직무 만족도를 지수화하여
> 측정하였다. 수집한 자료를 분석한 결과 학습 목표 지향성이
> 높을수록 직무 만족도가 통계적으로 유의미하게 높았고, 수행
> 목표 지향성은 직무 만족도에 통계적으로 유의미한 영향을
> 미치지 않았다.

① 갑의 연구는 방법론적 이원론을 전제로 한다.
② ㉠은 갑의 연구에서 1차 자료에 해당한다.
③ ㉡은 독립 변인, ㉢은 종속 변인이다.
④ ㉣은 모집단이다.
⑤ <가설 1>은 <가설 2>와 달리 수용되었다.

밑줄 친 ㉠~⒜에 대한 설명으로 옳은 것은?  3점

> 연구자 갑은 ㉠ 행복감에 소득 수준과 물질주의 가치관이 미
> 치는 영향을 연구하고자, 전국의 ㉡ 30세 이상 성인 중 1,000
> 명을 대상으로 설문 조사를 하였다. 분석 결과 삶에 대한 만족
> 도는 ㉢ 월평균 수입 정도와 정(+)의 관계이지만, ㉣ 삶에서 돈
> 이 중요하다고 생각하는 정도와는 ㉤ 부(−)의 관계를 보였다. 연
> 구자 을은 중학교에서 학생들의 생활에 대해 참여 관찰을 실시
> 한 결과 ㉥ 행복감이 높은 학생이 학교 활동에 더 열심히 참여
> 하는 것을 발견하였다. 두 연구 결과를 종합하여, 병은 ⒜ 학생
> 의 가계 소득 수준이 높을수록 학교 활동도 열심히 한다고 결론
> 지었다.

① ㉠은 갑의 연구에서, ㉥은 을의 연구에서 종속 변수에 해당한다.
② ㉡은 갑의 연구에서 표본이다.
③ ㉢, ㉣은 갑의 연구에서 독립 변수에 대한 조작적 정의이다.
④ ㉤으로 보아 갑은 가설 검증에 실패하였다.
⑤ ⒜은 병이 연역적 연구 과정을 통해 도출한 타당한 결론이다.

30  2024 평가원

다음 자료에 대한 옳은 설명만을 <보기>에서 고른 것은? 3점

갑은 '소비 활동으로 느끼는 행복'이라는 ㉠ 연구 주제를 설정하였다. ㉡ 관련 연구를 검토한 뒤, 소득 수준에 따라 소비 활동으로 느끼는 행복감이 소비 활동 유형별로 어떻게 다른지 파악하기 위해 가설을 설정하였다. 아래는 가설 중 하나이다.

<가설> 소득 수준이 높은 집단이 소득 수준이 낮은 집단보다 　　A　　 활동으로 느끼는 행복감이 높을 것이다.

갑은 ㉢ 가설 검증을 위해 성인 2,000명을 대상으로 ㉣ 설문 조사를 실시하였다. 소득 수준은 응답자의 월평균 소득을 기준으로 상위 50%를 ㉤ 소득 수준이 높은 집단, 나머지를 ㉥ 소득 수준이 낮은 집단으로 구분하였다. 소비 활동의 유형은 일상적 소비(생활용품 구입 등)와 문화적 소비(여가 활동비 지출 등)로 구분하였고, 각 유형별 소비 활동으로 느끼는 행복감은 5점 척도(점수가 클수록 행복감이 높음)로 측정하였다.

자료 분석 결과, 일상적 소비 활동으로 느끼는 행복감은 소득 수준이 높은 집단에서 2.6점, 소득 수준이 낮은 집단에서 3.6점으로 나타났다. 문화적 소비 활동으로 느끼는 행복감은 소득 수준이 높은 집단에서 3.6점, 소득 수준이 낮은 집단에서 2.0점으로 나타났다. 분석 결과는 통계적으로 유의미하였다.

보기

ㄱ. ㉠ 단계는 ㉢ 단계와 달리 연구자의 가치 중립이 요구된다.

ㄴ. ㉡은 2차 자료를, ㉣은 1차 자료를 수집하기 위한 것이다.

ㄷ. ㉤은 실험 집단, ㉥은 통제 집단이다.

ㄹ. <가설>은 A가 '일상적 소비'이면 기각되고, '문화적 소비'이면 수용된다.

① ㄱ, ㄴ　　② ㄱ, ㄷ　　③ ㄴ, ㄷ　　④ ㄴ, ㄹ　　⑤ ㄷ, ㄹ

31

다음 연구에 대한 설명으로 옳은 것은? 3점

갑은 고등학생의 ㉠ 시민성에 ㉡ 참여형 정치 수업이 미치는 효과를 연구하기 위해 정치 토론 수업 경험이 고등학생의 ㉢ 정치 관심도를 높일 것이라는 가설을 세우고, ㉣ ○○ 지역 고등학생 1,000명을 대상으로 설문 조사하였다. 정치 토론 수업 경험 빈도를 조사하여 빈도수가 높은 집단과 낮은 집단으로 구분한 후, 두 집단을 대상으로 ㉤ 정치 관련 기사 검색 횟수와 학급 회의 안건에 대한 관심 정도 등을 5점 척도로 조사하였다. 자료 분석 결과, 정치 토론 수업 경험 빈도수가 ㉥ 높은 집단과 ㉦ 낮은 집단의 정치 관심도는 통계적으로 유의미한 차이가 나지 않았다.

① ㉠은 독립 변인, ㉡은 종속 변인이다.

② ㉣은 모집단이다.

③ ㉤은 ㉢에 대한 조작적 정의에 해당한다.

④ ㉥은 실험 집단, ㉦은 통제 집단이다.

⑤ 연구 결과 가설은 수용되었다.

32

밑줄 친 ㉠~㉦에 대한 설명으로 옳은 것은? 3점

연구자 갑은 ㉠ 집단 구성원 간 친밀감에 ㉡ 의사소통 시 소셜 미디어 사용 여부가 미치는 영향을 파악하고자 가설을 설정하고 ㉢ 연구를 진행하였다. 이를 위해 서로 전혀 모르는 사이였던 성인 20명을 모집하여 각각 10명씩 A, B 두 집단으로 나눈 후 2주간 각 집단끼리 함께 생활하게 하였다. 그 기간 동안 ㉣ A 집단은 대면 소통과 소셜 미디어를 사용한 소통을 병행하게 하고, 처치를 하지 않는 집단인 ㉤ B 집단은 대면 소통만을 하게 하였다. 2주 후 전체 참가자를 대상으로 ㉥ 정서적 지지의 정도, 개인적 정보의 공유 정도 등을 측정하였다. 그 결과 B 집단에 비해 A 집단의 구성원 간 친밀감이 유의미하게 높은 것으로 나타나 ㉦ 가설이 수용되었다.

① ㉠은 독립 변인, ㉡은 종속 변인이다.

② ㉢은 방법론적 이원론에 기초한 연구이다.

③ ㉣은 통제 집단, ㉤은 실험 집단이다.

④ ㉥은 ㉠에 대한 조작적 정의에 해당한다.

⑤ ㉦은 '의사소통 시 소셜 미디어 사용이 집단 구성원 간 친밀감에 부(-)의 영향을 미칠 것이다.'이다.

33

다음 자료에 대한 설명으로 옳은 것은? 3점

연구자 갑은 ㉠ "학업 성취도에 자기 통제력이 정(+)의 영향을 미칠 것이다."라는 가설을 검증하기 위해 아동 90명을 대상으로 연구하였다. 갑은 아동에게 "초콜릿 1개를 받고 바로 먹어도 되지만 15분 동안 먹지 않고 기다리면 1개를 더 먹을 수 있다."는 조건에서 자신의 ㉡ 기다림 행동 정도(바로 먹음, 기다리다 중간에 먹음, 끝까지 기다림)를 예측하여 기입하게 하였다. 해당 아동의 ㉢ 학업 성적을 구하여 통계 분석한 결과, '끝까지 기다림' 집단이 나머지 집단보다 학업 성적이 높았다.

연구자 을은 갑의 가설을 재검증하기 위해 아동 900명을 대상으로 아동의 기다림 행동 정도와 학업 성적을 갑의 연구와 동일하게 수집하였다. 추가적으로 아동에 대한 가정의 경제적 배경을 조사하여 연구 대상자를 ㉣ 두 집단으로 구분한 후 자료를 분석하였다. 갑의 가설과 자신이 추가한 가설을 모두 검증하기 위해 분석한 결과, 기다림 행동 정도에 따른 학업 성적의 차이는 통계적으로 유의미하지 않았고, ㉤ 가정의 경제적 배경에 따른 학업 성적의 차이는 통계적으로 유의미한 것으로 나타났다.

① 갑은 실험법, 을은 질문지법을 사용하였다.

② ㉠은 갑, 을의 연구 모두에서 수용되었다.

③ ㉡은 갑, 을의 연구 모두에서 독립 변수의 조작적 정의이다.

④ ㉢은 갑의 연구에서, ㉤은 을의 연구에서 종속 변수이다.

⑤ ㉣은 을의 연구에서 실험 집단과 통제 집단을 구분하기 위한 과정이다.

다음 자료를 읽고 물음에 답하시오.

갑은 ㉠ 아이돌 팬덤의 심리적 특성이 아이돌 관련 상품에 대한 구매 의지에 미치는 영향을 파악하고자 하였다. 이에 갑은 아이돌 팬덤 활동 경험이 있는 4명과 대화하며 팬덤 활동을 통해 느꼈던 심리 상태에 관한 심층적인 자료를 수집하였다. 이후 갑은 자료 수집 및 분석 결과를 바탕으로 아이돌 팬덤의 심리적 특성을 ㉡ 행복감, 모방 욕구 두 가지로 분류하고, 아이돌 팬덤 활동 경험이 있는 200명을 연구 대상자로 모집하였다. 갑은 구조화된 문항을 통해 행복감을 지난 일주일간 자신이 좋아하는 아이돌의 영상을 시청한 시간으로, 모방 욕구는 지난 일주일간 아이돌의 패션 스타일을 따라 했던 횟수로 측정하였다. ㉢ 자료 분석 결과 두 가지 심리적 특성 중 ㉣ 한 가지 심리적 특성만 아이돌 관련 상품에 대한 구매 의지와 유의미한 정(+)의 관계가 나타났으며, 다른 한 가지 심리적 특성은 유의미한 정(+)의 관계가 나타나지 않았다.

이에 을은 갑의 연구에서 다른 한 가지 심리적 특성이 유의미한 정(+)의 관계가 왜 나타나지 않았는지를 밝히는 것을 ㉤ 연구 목적으로 설정하였다. 그리고 미디어 관련 연구 기관이 발행한 아이돌 팬덤의 유형에 관한 보고서를 분석한 결과 갑의 연구에서 팬덤의 유형을 구체화할 필요성이 있음을 파악하였다. 을은 아이돌 팬덤의 유형을 활동 기간과 활동 참여도를 기준으로 지속형과 활동형으로 분류하였다. 을은 갑의 연구에 참여했던 대상자들의 동의를 구한 후 갑의 연구에서 행복감 정도가 높게 나타난 것으로 판명된 100명을 대상으로 ㉥ 아이돌 관련 상품에 대한 구매 의지와 ㉦ 아이돌 팬덤의 유형에 대한 설문 조사를 실시하였다. 자료 분석 결과 아이돌 팬덤의 유형 중 지속형보다 활동형이 아이돌 관련 상품에 대한 구매 의지가 유의미하게 높게 나타나 가설을 수용하였다. 을은 연구 결과를 바탕으로 아이돌 팬덤 활동을 하며 느끼는 행복감이 높더라도 팬덤의 유형에 따라 아이돌 관련 상품에 대한 구매 의지에는 차이가 있다는 결론을 도출하였다.

위 연구에 대한 설명 및 추론으로 옳은 것은?  3점

① 갑의 연구에서 모집단은 아이돌 팬덤 활동 경험이 있는 200명이다.
② ㉡은 ㉠의 조작적 정의에 해당한다.
③ ㉢ 단계, ㉥ 단계 모두 연구자의 가치 중립이 요구된다.
④ ㉣은 모방 욕구이다.
⑤ 을의 연구에서 ㉥은 독립 변수, ㉦은 종속 변수이다.

다음 자료에 대한 설명 및 추론으로 옳은 것은?  3점

연구자 갑은 타인의 존재와 개인의 과업 수행 간의 관계에 대해 연구하고자 하였다. 그는 자신의 연구에 사용할 변수들을 선정하기 위해 두 개의 선행 연구 A, B를 검토하였다.

A에서는 타인의 존재가 과업 수행에 긍정적 영향을 미칠 것이라는 가설을 검증하기 위해, 사이클 선수들을 무작위로 두 집단으로 구분하여, ㉠ 한 집단은 각자 따로 출발하게 하고 ㉡ 다른 집단은 여러 명이 함께 출발하게 하였다. 그 결과 함께 달린 집단이 따로 달린 집단보다 더 좋은 기록을 냈다. B에서는 과업과 관련한 개인의 기본 역량이 높은 집단에서는 타인의 존재가 과업 수행에 긍정적 영향을 미치고, 과업과 관련한 개인의 기본 역량이 낮은 집단에서는 타인의 존재가 과업 수행에 부정적 영향을 미칠 것이라는 가설을 검증하였다. 이 연구에서는 무작위로 선발한 당구 동호인을 당구 실력이 높은 집단과 낮은 집단으로 구분한 뒤, 각자 당구 게임을 수행하게 하고 그 점수를 측정하였다. 다음으로 각 집단을 관찰자들이 보는 앞에서 이전과 같은 방식으로 동일한 당구 게임을 수행하도록 하고, 그 점수를 측정하였다. 측정 결과 ㉢ 실력이 높은 집단의 게임 수행 점수는 높아진 반면, ㉣ 실력이 낮은 집단의 게임 수행 점수는 낮아졌다.

갑은 A, B를 통해 타인의 존재가 개인의 과업 수행에 유의미한 영향을 미친다는 사실을 확인하였다. 갑은 A에서는 타인을 경쟁자로, B에서는 관찰자로 설정한 점, 그리고 B에서 개인의 기본 역량이 과업 수행에 영향을 미친다는 점에 주목하였다. 이를 통해 타인의 존재가 ㉤ 개인의 과업 수행에 미치는 영향을 다각적으로 설명하려면 ㉥ 타인의 역할과 과업 수행을 위한 행위자의 기본 역량을 변수로 활용하는 ㉦ 연구가 필요하다는 결론에 이르렀다.

① 갑은 실험법을 사용하여 자료를 수집하였다.
② 갑이 검토한 연구는 방법론적 일원론을 전제로 하여 수행되었다.
③ A에서 ㉠은 실험 집단, ㉡은 통제 집단이다.
④ ㉢과 ㉣ 간의 차이로 인해 B의 가설은 수용되었을 것이다.
⑤ ㉦에서 ㉤은 독립 변수, ㉥은 종속 변수이다.

---

36   [2022학년도 6월 모평 2번]

다음 연구에 대한 설명으로 옳은 것은?  3점

갑은 '재난 상황에서 인간의 행동에 미치는 주변인의 영향'이라는 주제를 연구하기 위해 자료를 수집하였다. 갑은 대학생활에 관한 ㉠ 설문 조사를 한다는 명목으로 조사에 참여할 ㉡ 대학생 100명을 모집하여 무작위로 A 집단에 60명, B 집단에 20명, C 집단에 20명을 배정하였다. 갑은 A 집단에게 설문 조사는 연구의 목적과 아무 관련이 없다는 점을 설명하고, 방에 연기가 들어오더라도 무해하니 설문지를 작성하는 척하면서 나오지 말라고 하였다. 반면 B 집단, C 집단에게는 연기에 대한 언급 없이 설문 조사에 성실하게 임해 달라고만 하였다. 이후 갑은 격리된 방 40개를 마련하여 20개 방 각각에는 A 집단 학생 3명과 B 집단 학생 1명이, 또 다른 20개 방 각각에는 A 집단 학생 없이 C 집단 학생 1명만 들어가서 설문지를 작성하게 하였다. 갑은 설문 조사 시작 1분 후 각 방에 연기를 들여보내고, 폐쇄회로 텔레비전(CCTV)을 통해 ㉢ B 집단과 C 집단 학생들의 행동을 관찰하였다. 연기가 들어오자 B 집단 중 5명은 ㉣ A 집단 학생들의 행동을 의식하지 않고 곧바로 방을 나갔고 15명은 다른 학생들을 살피면서 설문지를 계속 작성하였다. C 집단의 경우, 연기가 들어오자 15명은 방에서 곧바로 나갔고 5명은 설문지를 계속 작성하였다. 갑은 이러한 관찰 결과를 바탕으로 논문을 발표하였다.

① ㉠은 사전 검사에 해당한다.
② ㉡은 모집단, A 집단은 표본 집단이다.
③ ㉢은 독립 변인, ㉣은 종속 변인이다.
④ B 집단은 실험 집단, C 집단은 통제 집단이다.
⑤ 갑은 의도한 결과를 얻기 위해 자료를 자의적으로 조작하였다.

37   [2023년 3월 학평 9번]

다음 자료에 대한 옳은 설명만을 〈보기〉에서 있는 대로 고른 것은?  3점

갑은 청소년의 ㉠ 자존감에 ㉡ 부모 지지 및 ㉢ 또래 지지가 미치는 영향을 파악하고자 청소년 1,000명을 대상으로 연구하였다. 자존감의 정도, 부모 지지의 정도, 또래 지지의 정도는 각각 관련 질문들로 구성된 설문지를 통해 지수화하여 측정하였다. 자존감의 정도에 따라 자존감이 ㉣ 높은 집단과 ㉤ 낮은 집단으로 구분하고, 부모 지지와 또래 지지는 그 정도를 '강함'과 '약함'으로 분류하여 아래 표와 같은 정보를 얻었다. 갑은 이를 토대로 청소년의 자존감을 높이기 위해서는 ________(가)________라는 판단을 내렸다.

(단위 : 명)

구분		부모 지지의 정도		또래 지지의 정도	
		강함	약함	강함	약함
자존감의 정도	높음	400	100	250	250
	낮음	0	500	150	350

보기

ㄱ. ㉠은 종속 변인, ㉡과 ㉢은 독립 변인에 해당한다.
ㄴ. ㉠~㉢에 대해 모두 조작적 정의가 이루어졌다.
ㄷ. ㉣은 실험 집단, ㉤은 통제 집단이다.
ㄹ. (가)에는 '부모 지지보다 또래 지지를 강화하는 것이 더 효과적이다.'가 들어갈 수 있다.

① ㄱ, ㄴ   ② ㄱ, ㄷ   ③ ㄷ, ㄹ
④ ㄱ, ㄴ, ㄹ   ⑤ ㄴ, ㄷ, ㄹ

38   [2021년 10월 학평 3번]

밑줄 친 ㉠ ~ ㉥에 대한 설명으로 옳은 것은? 3점

연구자 갑은 '고등학생의 ㉠ 학업 성취도에 ㉡ 꾸준한 운동이 미치는 영향'을 ㉢ 연구 주제로 설정하고, 고등학생의 학업 성취도에 꾸준한 운동이 긍정적인 효과가 있을 것이라는 가설을 세웠다. 그리고 평소 운동을 꾸준히 하지 않는 고등학생 100명을 모집하여 50명씩 ㉣ A 집단과 ㉤ B 집단으로 나누었다. 갑은 ㉥ 사전 검사를 실시한 후 6개월 동안 한 집단은 ㉦ 매일 20분씩 달리기를 하도록 하였고, 다른 한 집단은 평소처럼 생활하도록 하였다. 6개월 후 사후 검사를 실시하여 사전 검사 결과와 비교해 보니 A 집단과 달리 B 집단의 경우 학업 성취도가 유의미하게 향상되어 갑은 가설이 타당하다는 결론을 내렸다.

① ㉠은 독립 변인, ㉡은 종속 변인이다.
② ㉢에서 연구자의 가치 중립이 필수적이다.
③ ㉣은 통제 집단, ㉤은 실험 집단이다.
④ ㉥은 실험 처치 전 독립 변인을 측정하기 위한 검사이다.
⑤ ㉦은 종속 변인에 대한 조작적 정의를 바탕으로 한 실험 처치이다.

다음 자료에 대한 옳은 설명만을 〈보기〉에서 있는 대로 고른 것은?  3점

연구자 갑은 ㉠ 환경 요인이 유전 요인보다 범죄성에 더 큰 영향을 미칠 것이라는 가설을 검증하기 위해 입양아의 기록을 연구하였다. 그는 1930년에서 1950년 사이에 ○○시에서 출생 직후 비혈연 관계에 있는 사람에게 입양된 아이의 입양 기록을 조사하였다. 갑은 공식 기록을 통해 ㉡ 입양아(양자)의 범죄 경력 유무, ㉢ 입양한 아버지(양부)와 ㉣ 생물학적 아버지(생부)의 범죄 경력 유무를 파악하였다. 분석 결과는 표와 같으며, 그 결과는 통계적으로 유의미하였다.

〈양부와 생부의 범죄 경력 유무에 따른 양자의 범죄 경력 유무〉

(단위 : 명)

양부의 범죄 경력	생부의 범죄 경력	양자의 범죄 경력	
		없음	있음
없음	없음	380	20
	있음	240	80
있음	없음	135	15
	있음	130	70

보기

ㄱ. ㉠이 수용되었다.

ㄴ. ㉡은 종속 변수에 대한 조작적 정의이다.

ㄷ. ㉢은 실험 집단, ㉣은 통제 집단이다.

ㄹ. 양적 연구와 질적 연구 모두에서 활용되는 자료 수집 방법이 사용되었다.

① ㄱ, ㄷ   ② ㄴ, ㄷ   ③ ㄴ, ㄹ
④ ㄱ, ㄴ, ㄹ   ⑤ ㄱ, ㄷ, ㄹ

다음 연구에 대한 옳은 설명만을 〈보기〉에서 있는 대로 고른 것은?  3점

갑은 20~30대 직장인의 이직 희망 정도에 현 직장에서의 ㉠ 물질적 보상 수준 및 ㉡ 자신의 업무에 대한 주관적 인식이 미치는 영향을 연구하기로 하고 다음과 같은 가설을 세웠다.

〈가설 1〉 현 직장에서의 성과급이 많을수록 이직 희망 정도가 낮을 것이다.

〈가설 2〉 현 직장에서의 업무 만족도가 높을수록 이직 희망 정도가 낮을 것이다.

이후 갑은 ㉢ A 기업 사원 중 연구 참여에 동의한 20~30대 사원 ㉣ 200명을 대상으로 설문 조사를 실시하여 ㉤ 자료를 수집하였다. 그림 (가), (나)는 자료 분석 결과를 나타낸다.

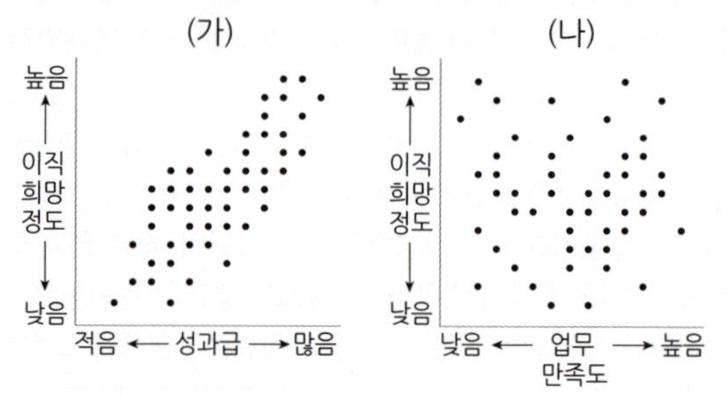

* 각 점에 해당하는 설문 응답자 수는 모두 동일함.

보기

ㄱ. ㉠, ㉡은 모두 독립 변수이다.

ㄴ. ㉢은 모집단, ㉣은 표본이다.

ㄷ. ㉤은 1차 자료이다.

ㄹ. (가)는 〈가설 1〉을 수용하는 근거가, (나)는 〈가설 2〉를 기각하는 근거가 된다.

① ㄱ, ㄴ   ② ㄱ, ㄷ   ③ ㄴ, ㄹ
④ ㄱ, ㄷ, ㄹ   ⑤ ㄴ, ㄷ, ㄹ

---

41  [2023학년도 9월 모평 2번]

밑줄 친 ㉠~㉑에 대한 옳은 설명만을 〈보기〉에서 고른 것은? 3점

갑은 반려견 양육 경험이 반려견을 양육하는 사람의 주관적 행복감에 미치는 영향을 파악하기 위해 ㉠ 가설을 설정하고 연구를 진행하였다. 갑은 반려견을 양육하고 있는 성인 500명을 대상으로 구조화된 질문지를 활용해 반려견을 키운 기간, 반려견과 같이 보내는 시간을 조사하고, ㉡ 우울감 정도, 생활 만족도는 5점 척도로 조사하였다. 갑은 수집한 ㉢ 자료를 통계 프로그램으로 분석하여 결론을 도출하였다.

한편, 을은 현대인이 반려견 양육에 부여하는 의미를 심층적으로 파악하고자 하였다. 이를 위해 을은 반려견 양육 경험이 없는 사람들을 ㉣ A 집단, 반려견 양육 경험이 있는 사람들을 ㉤ B 집단으로 각각 10명씩 구분하였다. A 집단에는 반려견을 키우지 않는 이유, 반려견 양육 의향 등에 대해, B 집단에는 ㉥ 반려견 양육 동기, 반려견에게 느끼는 감정 등에 대해 직접 물어보면서 연구 대상자의 답변을 녹취하였다. 을은 수집한 ㉦ 자료를 해석하여 결론을 도출하였다.

보기

ㄱ. ㉠에서 독립 변수는 '반려견 양육 경험의 유무'이다.
ㄴ. ㉡은 ㉥과 달리 해당 연구에서 종속 변수에 대한 조작적 정의에 해당한다.
ㄷ. ㉢과 ㉦은 모두 해당 연구자가 언어적 상호 작용이 필수적인 자료 수집 방법을 활용해 얻은 1차 자료이다.
ㄹ. ㉣은 통제 집단, ㉤은 실험 집단이다.

① ㄱ, ㄴ ② ㄱ, ㄷ ③ ㄴ, ㄷ ④ ㄴ, ㄹ ⑤ ㄷ, ㄹ

42 [2022학년도 9월 모평 4번]

다음 연구에 대한 옳은 설명만을 〈보기〉에서 고른 것은? 3점

연구자 갑은 고등학생 자녀의 학업 성취와 부모의 민주적 양육 태도 간의 관계를 파악하고자 가설을 설정하고 연구를 진행하였다. 갑은 구조화된 설문지로 자녀의 학업이나 진로를 결정하는 과정에서 부모의 개입 지수, 부모의 통제 지수, 자녀의 의사 반영 지수를 측정하고, 부모와 자녀의 동의를 얻어 자녀의 모의평가 성적을 학교로부터 제공받았다. 수집한 자료의 분석을 통해 갑은 자녀의 학업 성취에 대하여 부모의 민주적 양육 태도가 정(+)의 영향력을 가지며, 이는 통계적으로 유의미하다는 것을 확인하였다.

보기

ㄱ. 자료 분석에 1차 자료와 2차 자료가 모두 활용되었다.
ㄴ. 독립 변수와 종속 변수에 대한 조작적 정의가 이루어졌다.
ㄷ. 자녀의 학업 성취는 양적 자료로, 부모의 민주적 양육 태도는 질적 자료로 수집되었다.
ㄹ. 분석을 통해 수용된 가설은 '자녀의 학업 성취가 높을수록 부모의 민주적 양육 태도가 높을 것이다.'이다.

① ㄱ, ㄴ ② ㄱ, ㄷ ③ ㄴ, ㄷ ④ ㄴ, ㄹ ⑤ ㄷ, ㄹ

43  [2022년 7월 학평 2번]

다음 자료에 대한 설명으로 옳은 것은? 3점

연구자 갑은 '㉠ 먹방(먹는 방송) 시청과 ㉡ 다이어트 실시 여부가 식욕에 미치는 영향'이라는 주제를 연구하기 위해 가설을 설정하고 남녀 대학생 48명을 대상으로 연구를 진행하였다. 갑은 다이어트를 하고 있는 24명과 다이어트를 하고 있지 않은 24명을 선정하여 아래 표와 같이 분류하고, 각 집단에 12명씩 연구 대상자를 배정하였다. 갑은 연구 대상자 모두에게 실험 실시 전 5시간 동안 공복을 유지하게 한 후, ㉢ 식욕을 측정하였다. 식욕은 10점 척도를 활용하여 점수가 높을수록 식욕이 많은 것으로 해석하였다. A, B 집단에는 먹방을 20분 동안 시청하게 하고, C, D 집단에는 자연 풍경을 촬영한 영상을 20분 동안 시청하게 한 이후 ㉣ 식욕을 다시 측정하였다. 갑은 수집한 자료를 분석한 결과 ㉤ 가설이 모두 기각되었음을 확인하였다.

〈연구 대상자의 분류〉

구분		다이어트	
		하고 있음	하고 있지 않음
시청 예정 영상	먹는 방송	A 집단	B 집단
	자연 풍경 영상	C 집단	D 집단

① C 집단은 통제 집단, D 집단은 실험 집단이다.
② ㉠은 독립 변수, ㉡은 종속 변수이다.
③ ㉢은 ㉠의 영향을 측정하기 위한 사전 검사, ㉣은 ㉡의 영향을 측정하기 위한 사후 검사이다.
④ 종속 변수에 미치는 ㉠의 영향을 확인하기 위한 실험 처치가 적용된 것은 A 집단, B 집단이다.
⑤ B 집단의 ㉢값과 D 집단의 ㉣값의 차이가 없었기 때문에 ㉤이 되었다.

다음 자료에 대한 설명 및 추론으로 옳은 것은? 

갑은 직장인의 업무 과부하와 직무 스트레스 간의 관계를 파악하기 위해 연구를 진행하였다. 갑은 ○○ 기업 직원 전체를 대상으로 ⊙ 업무량, ⓒ 업무 이해도, 직무 스트레스를 각각 5점 척도 문항으로 측정한 후, 이 자료를 분석하여 업무 과부하가 직무 스트레스를 높인다는 결론을 얻었다. 한편, 을은 직장인의 직무 스트레스와 상사의 정서적 지원 간의 관계를 알아보기 위해 다음과 같이 연구를 수행하였다. 우선 을은 갑의 연구를 통해 직무 스트레스가 업무량과 업무 이해도로부터 영향을 받는다는 사실을 확인하고, 과도한 업무량에서 비롯된 업무 과부하를 ⓒ 양적 과부하로, 낮은 업무 이해도에서 비롯된 업무 과부하를 ⓔ 질적 과부하로 구분하였다. 다음으로 △△ 기업 고충 상담실의 도움을 받아 △△ 기업 직원 중 양적 과부하로 인해 직무 스트레스를 경험하고 있는 직원 40명을 무작위로 뽑아 A 집단에 배치하고, 질적 과부하로 인해 직무 스트레스를 경험하고 있는 직원 40명을 무작위로 뽑아 B 집단에 배치하였다. 이어 A 집단을 무작위로 20명씩 A_1, A_2로 나누고, 같은 방식으로 B 집단을 B_1, B_2로 나눈 뒤, A_1과 B_1에만 직속 상사가 일정 기간 동안 격려와 신뢰를 표현하도록 했다. 이러한 연구 절차에 따라 수집된 사전 · 사후 검사 자료를 분석한 결과, 상사의 정서적 지원은 B 집단이 겪는 유형의 직무 스트레스를 낮추는 데는 효과가 있었지만, A 집단이 겪는 유형의 직무 스트레스를 낮추지는 못하는 것으로 나타났다.

① 갑의 연구에서 표본은 ○○ 기업 직원 전체이고, 을의 연구에서 모집단은 △△ 기업 직원 전체이다.

② 을의 연구에서 ⓒ은 ⊙의 조작적 정의에, ⓔ은 ⓒ의 조작적 정의에 해당한다.

③ 을의 연구에서 직속 상사가 일정 기간 동안 격려와 신뢰를 표현한 것은 실험 처치에 해당한다.

④ 을의 사후 검사 결과에 따르면, B_1의 직무 스트레스 수치는 A_1의 직무 스트레스 수치보다 낮을 것이다.

⑤ 을의 연구 결과는 업무 과부하가 직무 스트레스에 영향을 준다는 갑의 연구 결과를 반박한다.

다음 연구에 대한 설명으로 옳은 것은? 3점

갑은 ⊙ '여성이 남성보다 일 · 가정 양립 중시 정도가 높을 것'이라는 가설을 검증하기 위해, 직장인 1,200명을 대상으로 응답자의 사회 · 인구학적 특성(성별, 연령 등)과 함께 직장 회식 참여 중시 정도, ⓒ 가족 행사 참여 중시 정도 등 ⓒ 일 · 가정 양립 중시 정도에 대한 설문 조사를 실시하였다. 갑은 응답자의 일 · 가정 양립 중시 정도를 '높음'과 '낮음'으로 나눈 뒤, 성별과 일 · 가정 양립 중시 정도 간의 관계를 분석하였다.

한편 을은 갑의 분석 결과가 응답자의 세대에 따라 달라지는지 확인하고자 하였다. 이에 을은 갑이 조사한 ⓔ 자료로 '일 · 가정 양립 중시 정도'를 갑과 동일하게 조작화한 뒤, 성별과 일 · 가정 양립 중시 정도 간의 관계를 세대별로 나누어 분석하였다. 다음은 을이 갑의 분석에 세대를 변인으로 추가하여 재구성한 표이다. 분석 결과는 통계적으로 유의미하였다.

〈성별 및 세대별 일 · 가정 양립 중시 정도〉

(단위 : 명)

일 · 가정 양립 중시 정도 \ 성별 / 세대	여성		남성	
	청년층	중장년층	청년층	중장년층
높음	150	30	120	420
낮음	90	30	180	180

① 갑의 분석 결과 ⊙은 기각되었다.

② 을의 분석 결과 중장년층인 경우에 ⊙이 수용되었다.

③ ⓒ은 ⓒ의 조작적 정의에 해당한다.

④ ⓔ은 을의 1차 자료이다.

⑤ 을은 갑과 달리 연역적 연구를 수행하였다.

46

다음 연구에 대한 옳은 설명만을 〈보기〉에서 있는 대로 고른 것은?  3점

- ○ 연구 주제 : ㉠ 청소년의 SNS 이용과 ㉡ 생활 방식의 관계
- ○ 연구 가설
  〈가설 1〉 SNS 이용 정도가 많은 청소년은 그렇지 않은
  청소년보다 비속어 사용이 많을 것이다.
  〈가설 2〉 　　　　　　　(가)　　　　　　
- ○ 자료 수집
  - 조사 방법 : ㉢ 중·고등학생 1,000명을 무작위로 선정하여
    설문 조사 실시
  - 조사 내용 : SNS 이용 정도, ㉣ 비속어 사용 정도, 친구와
    함께하는 스포츠 활동 정도
- ○ 자료 분석 결과
  - 자료 분석 결과는 아래 표와 같았으며, 통계적으로 유의미
    하였다.

(단위 : 명)

生활 방식 SNS 이용 정도	친구와 함께하는 스포츠 활동이 많음		친구와 함께하는 스포츠 활동이 적음	
	비속어 사용 많음	비속어 사용 적음	비속어 사용 많음	비속어 사용 적음
많음	160	120	135	85
적음	90	125	120	165

〈보기〉

ㄱ. 비속어 사용이 많다고 응답한 사람이 친구와 함께하는
　 스포츠 활동이 많다고 응답한 사람보다 적다.
ㄴ. ㉠은 모집단, ㉢은 표본 집단이다.
ㄷ. ㉣은 ㉡을 조작적으로 정의한 것이다.
ㄹ. (가)가 '친구와 함께하는 스포츠 활동이 많은 청소년은
　 그렇지 않은 청소년보다 SNS 이용 정도가 많을 것이다.'라면,
　 〈가설 2〉는 수용된다.

① ㄱ, ㄴ ② ㄱ, ㄹ ③ ㄴ, ㄷ
④ ㄱ, ㄷ, ㄹ ⑤ ㄴ, ㄷ, ㄹ

47

다음 자료에 대한 질문에 모두 옳게 응답한 학생은?  3점

　연구자 A는 본인의 정치적 견해와 가짜 뉴스 내용의 일치
여부에 따라 가짜 뉴스에 대한 태도가 다른지 연구해 보기로
하였다. A는 특정한 가짜 뉴스를 접한 적이 있는 300명을 연구
대상자로 확보하고, 이들의 ㉠ 해당 가짜 뉴스에 대한 신뢰 정도
및 전파 의도를 5점 척도 문항을 통해 측정했다. 또한 ㉡ 해당
가짜 뉴스 내용이 평소 본인의 정치 성향에 부합하는지 여부도
조사해 양자가 부합하는 〈집단 1〉과 부합하지 않는 〈집단 2〉로
㉢ 연구 대상자를 구분하고 두 집단을 비교해 보았다. 비교해
본 결과 〈집단 1〉이 〈집단 2〉보다 가짜 뉴스 신뢰 정도 및 전파
의도가 모두 높은 것으로 나타났다.

　한편 연구자 B는 현재의 사회적 상황을 불안하게 느낄수록
가짜 뉴스를 믿는 정도가 높을 것이라는 가설을 검증해 보기로
하였다. 이를 위해 B는 500명을 대상으로 온라인 설문 조사를
실시하여 ㉣ 자료를 수집했으며, 이를 분석한 결과 ㉤ 사회적
상황에 대한 불안감과 가짜 뉴스 신뢰 정도 간에 통계적으로
유의미한 정(+)의 관계가 나타났다.

질문	갑	을	병	정	무
A의 연구에서 ㉠은 독립 변수에, ㉡은 종속 변수에 해당하는가?	○	×	×	○	×
A의 연구에서 ㉢은 실험 집단과 통제 집단을 구분한 것인가?	○	×	○	×	×
㉣은 B가 수집한 1차 자료인가?	×	○	○	×	○
㉤에 의해 B의 가설은 기각되는가?	○	×	×	○	○

(○ : 예, × : 아니요)

① 갑　② 을　③ 병　④ 정　⑤ 무

48　2024 수능

자료 수집 방법 A ~ C의 일반적인 특징에 대한 설명으로 옳은 것은?  3점

- ○ 갑은 진로 집중 학기제의 효과를 연구하기 위해 ○○고등학교
  1학년 학생들의 학습 활동을 한 학기 동안 참관하며 관찰
  일지를 작성하였다. 이후 해당 학교 학생과 교사를 대상으로
  진로 집중 학기제의 효과에 대해 어떻게 인식하고 있는지
  알아보기 위한 설문 조사를 진행하였다.
- ○ 을은 학생들의 교우 관계와 학교생활 만족도 간의 관계를
  파악하기 위해 청소년 관련 연구 기관이 발행한 심층 면접
  조사 결과를 분석하였다. 이후 □□지역 고등학생들을
  대상으로 구조화된 문항에 응답하도록 하였다.

① A는 B와 달리 변인 간의 관계를 파악하는 연구에 주로 사용된다.
② B는 C와 달리 연구 대상자와의 언어적 상호 작용이 필수적이다.
③ C는 A에 비해 연구 대상자와의 정서적 교감 형성을 중시한다.
④ A는 B, C에 비해 다수를 대상으로 한 자료 수집에 유리하다.
⑤ C는 A, B와 달리 질적 자료의 수집에 주로 활용된다.

갑의 연구에 대한 옳은 설명만을 <보기>에서 고른 것은? **3점**

갑은 ⊙ 타인을 돕는 행동을 할 가능성이 함께 있는 사람의
수에 따라 달라지는지 알아보고자 하였다. 이를 위해 갑은 대학
생활 경험 공유 프로그램이 학교생활 적응에 미치는 효과를
연구한다는 명목으로 ⓒ 대학생 120명을 연구 참여자로 모집한
후 무작위로 A ~ C 집단으로 나누었다. A 집단은 2명으로
이루어진 모둠 10개, B 집단은 4명으로 이루어진 모둠 10개,
C 집단은 6명으로 이루어진 모둠 10개로 나눈 다음 모둠별로
서로 다른 방에서 대학 생활의 경험을 이야기하게 하였고, 그
도중에 밖에서 도움을 청하는 비명을 듣게 하였다. 이 비명을 듣고
A 집단 학생 중 80%는 도움을 주기 위해 밖으로 뛰어나갔으나
B 집단에서는 그 비율이 50%로 줄어들었고, C 집단에서는
20%만이 밖으로 뛰어나갔다. 갑은 이러한 ⓒ 관찰 결과를
바탕으로 논문을 발표하였다.

보기

ㄱ. 방법론적 일원론을 전제로 한 연구이다.
ㄴ. ⊙은 종속 변인이다.
ㄷ. ⓒ은 모집단이다.
ㄹ. ⓒ은 독립 변인과 종속 변인 간의 정(+)의 관계를 보여
   준다.

① ㄱ, ㄴ   ② ㄱ, ㄷ   ③ ㄴ, ㄷ   ④ ㄴ, ㄹ   ⑤ ㄷ, ㄹ

자료 수집 방법 A ~ D의 일반적인 특징에 대한 설명으로 옳은 것은?
(단, A ~ D는 각각 면접법, 실험법, 질문지법, 참여 관찰법 중
하나이다.)

○ A와 B는 주로 양적 연구에서 활용된다.
○ A와 D는 자료 수집 과정에서 언어적 상호 작용이 필수적이다.
○ C와 D는 ________________ (가)

① A는 자료 수집 과정에서 조사자의 유연한 대처가 용이하다.
② C는 B에 비해 실제성이 높은 생생한 자료를 확보하기 용이하다.
③ D는 B에 비해 자료 수집 상황에 대한 통제 수준이 높다.
④ A는 C, D에 비해 조사 대상자와의 정서적 교감을 중시한다.
⑤ (가)에는 '표준화 및 구조화된 도구를 활용하여 대량의 자료를
   수집한다.'가 들어갈 수 있다.

자료 수집 방법 A, B의 일반적인 특징에 대한 설명으로 옳은 것은?
3점

<조사 계획서>
○○ 모둠

○ 조사 주제 : 우리나라의 연령대별 고용 현황
○ 자료 수집 및 분석 계획
  고용 여부, 고용 형태 등을 묻는 구조화된 질문지를 제작하여 조사
  대상자 200명에게 응답을 기입하게 한 후, 이 응답 자료를
  연령대별로 비교할 계획임.

<교사의 조언>
위와 같은 주제에 대한 표본 조사의 경우 연령, 성별, 지역 등 다양한
요인을 고려하여 모집단의 특성을 대표할 수 있게 표본을 추출하는
것이 중요합니다. 따라서 ○○ 모둠이 자료 수집 방법으로 선택한
A보다는 B를 활용하여 통계청 자료 등 이미 발표된 공식적 자료를
수집하는 게 효율적이겠네요.

① A는 조사 대상자의 일상생활을 직접 관찰하여 자료를 수집한다.
② A는 자료 수집 시 조사 대상자의 반응에 따라 질문 내용과 형식을
   유연하게 제시하기 용이하다.
③ B는 기존의 연구 동향이나 성과를 파악하는 데 유용하다.
④ A는 B에 비해 시ㆍ공간적 제약을 적게 받는다.
⑤ B는 A와 달리 조사 대상자의 주관적 인식에 관한 자료를 수집할
   수 있다.

자료 수집 방법 A ~ C의 일반적 특징에 대한 설명으로 옳은 것은?
(단, A ~ C는 각각 질문지법, 실험법, 참여 관찰법 중 하나이다.)

○ 갑은 유아기 아동의 자기중심적 행동을 연구하기 위해 A를
  활용하였다. △△유치원에서 5개월간 머무르며 원생들이
  상호 작용하는 상황을 상세하게 기록하였다.
○ 을은 ○○공장에서 조명의 밝기가 작업 생산성에 미치는
  효과를 연구하기 위해 B를 활용하였다. 한 집단은 기존보다
  밝은 조명에서, 다른 집단은 기존과 동일한 조명에서
  작업하게 하였다.
○ 병은 □□시에 방문한 관광객들을 대상으로 재방문에 영향을
  미치는 요인을 조사하기 위해 C를 활용하였다. 관광객
  중 1,500명을 무작위로 선정하여 사전에 설계된 문항에
  응답하게 하였다.

① A는 B에 비해 실제성이 높은 생생한 자료를 확보하기 용이하다.
② B는 C에 비해 자료 수집 상황에 대한 통제 정도가 약하다.
③ C는 A에 비해 구조화된 자료를 수집하기 어렵다.
④ B는 A, C와 달리 연구 대상자와의 정서적 교감을 중시한다.
⑤ A, B는 C와 달리 방법론적 이원론에 기초한 연구에 주로
   사용된다.

53   [2022학년도 수능 8번]

자료 수집 방법 A ~ C의 일반적인 특징에 대한 설명으로 옳은 것은?
(단, A ~ C는 각각 문헌 연구법, 질문지법, 면접법 중 하나이다.) **3점**

연구자의 수행 내용	사용한 자료 수집 방법
○ 연구 대상자의 협조를 얻기 위해 연구 대상자와 친밀한 관계를 형성하였다. ○ 연구 대상자의 언어적 응답뿐만 아니라 표정 등의 비언어적 단서에도 주목하였다.	A
○ 동일한 연구 문제를 다룬 연구가 있는지 확인하였다. ○ 연구자 자신의 주장을 지지할 수 있는 기존 연구를 검토하였다.	B
○ 하나의 문항에서 하나의 내용만 묻고 있는지 점검하였다. ○ 수집한 양적 자료 중에서 무응답이나 불성실한 응답이 있는지 확인하였다.	C

① A는 B에 비해 자료 수집 과정에서 시·공간적 제약이 작다.
② B는 C와 달리 연구 대상자와의 언어적 상호 작용이 필수적이다.
③ C는 A에 비해 연구자의 주관적 가치가 개입될 가능성이 낮다.
④ A는 B, C와 달리 수집된 자료의 통계 처리가 가능하다.
⑤ C는 A, B에 비해 대규모 집단을 대상으로 자료를 수집하기에 불리하다.

54   [2023학년도 6월 모평 3번]

다음은 고등학생이 작성한 질문지 초안이다. 각 문항에 대한 검토 질문에 모두 옳게 응답한 학생은? **3점**

> **〈배달 음식 이용 관련 설문 조사〉**
>
> ※ 배달 음식 이용 경험이 있는 사람만 응답해 주세요.
>
> 1 예전에 비해 배달 음식 주문 횟수는 어떻게 변했습니까?
>   ① 증가했다   ② 감소했다   ③ 변함없다
>
> 2 지난 한 달 동안 배달 음식 주문 시 주로 사용한 방법은 무엇입니까?
>   ① 모바일 배달 앱   ② 업체 홈페이지
>
> 3 지난 한 달 동안 배달 음식을 주문한 횟수는 총 몇 회입니까?
>   ① 5회 이하   ② 10회 이하   ③ 15회 이하   ④ 15회 초과
>
> 4 일회용품 사용 급증으로 인한 생활 쓰레기 문제가 심각합니다. 배달 음식 포장에 사용되는 일회용품 사용 제한에 찬성하십니까?
>   ① 찬성   ② 반대

각 문항에 대한 검토 질문	갑	을	병	정	무
1 에서 질문의 의미가 명확한가?	×	○	×	○	×
2 에서 응답 가능한 선택지가 모두 제시되었는가?	×	×	×	○	×
3 에서 응답 선택지에 중복된 내용이 있는가?	×	×	○	○	○
4 에서 질문이 특정한 응답을 유도하고 있는가?	○	×	×	×	○

(○ : 예, × : 아니요)

① 갑   ② 을   ③ 병   ④ 정   ⑤ 무

55   [2023년 10월 학평 16번]

자료 수집 방법 A ~ C의 일반적인 특징에 대한 설명으로 옳은 것은?
(단, A ~ C는 각각 면접법, 질문지법, 참여 관찰법 중 하나임.)

> 우리나라의 노인 문제에 관하여 갑은 A, 을은 B, 병은 C를 사용해 자료를 수집했다. 갑, 을은 병과 달리 연구 대상자와의 언어적 상호 작용이 필수적인 방법을 사용했고, 을은 갑, 병과 달리 통계 분석에 적합한 자료를 수집했다.

① A는 C와 달리 문맹자를 대상으로 한 자료 수집이 용이하다.
② B는 A와 달리 연구자와 연구 대상자 간의 정서적 유대 관계의 형성이 중요하다.
③ C는 B와 달리 실제성이 높은 자료를 수집하는 데 적합하다.
④ B는 A, C와 달리 방법론적 이원론에 기초한 연구에서 주로 사용된다.
⑤ A, B는 C에 비해 자료 해석 시 연구자의 편견이 개입될 우려가 크다.

56   [2023학년도 수능 6번]

다음 자료의 (가) ~ (다)에 들어갈 내용으로 옳은 것은? **3점**

> 〈자료 1〉은 갑, 을의 연구 사례이고, 〈자료 2〉는 갑이 사용한 자료 수집 방법 A와 을이 사용한 자료 수집 방법 B의 일반적인 특징을 연결하여 A, B의 공통점 및 차이점을 나타낸 것이다.
>
> 〈자료 1〉
> ○ 갑은 도심 재생 사업이 지역 공동체 복원에 미치는 영향을 파악하기 위해 최근에 도심 재생 사업을 추진한 ○○ 지역의 도심 재생 사업 위원회가 지역 주민 300명을 대상으로 실시한 설문 조사 자료집을 분석하였다. 설문 조사에 사용된 질문지에는 도심 재생 사업 효과의 평가 및 주민 만족도, 사업 후 이웃 간 협력과 신뢰 정도 등을 묻는 문항이 포함되어 있다.
> ○ 을은 토론 학습 방식이 문화권에 따라 차이가 있는지 파악하기 위해 한국과 미국에서 학급당 학생 수가 동일한 중학교 학급을 각각 1개씩 선정하였다. 그리고 각 교실에서 나타나는 학생 간 토론과 관련한 다양한 대화 상황을 직접 관찰하고 토론 학습이 어떻게 이루어지는지를 자세히 기록하였다.
>
> 〈자료 2〉
>
> 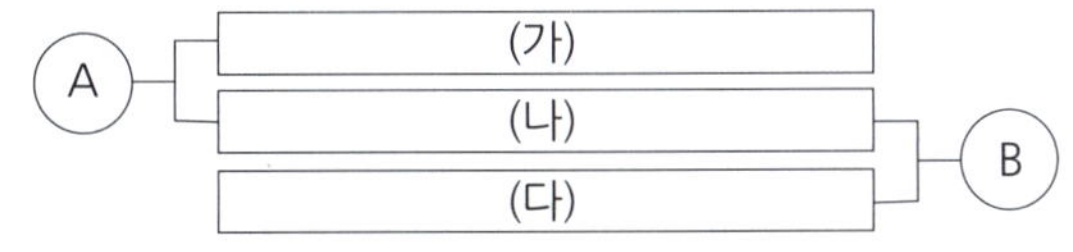
>

① (가) - 다수의 응답자를 대상으로 실시하는 데 적합하다.
② (가) - 기존 연구 동향이나 성과를 파악하는 데 적합하다.
③ (나) - 인과 관계 파악을 통한 법칙 발견에 유리하다.
④ (나) - 연구자와 연구 대상자 간 언어적 상호 작용이 필수적이다.
⑤ (다) - 인위적으로 통제된 상황에서 변수의 효과를 관찰하기 용이하다.

다음은 자료 수집 방법의 일반적인 특징을 활용한 수업이다. 이에 대한 설명으로 옳은 것은? 3점

교사 : 자료 수집 방법 중에서 질문지법, 참여 관찰법, 면접법의 공통점을 알아보기 위해 카드 게임을 해봅시다. 학생 갑, 을, 병에게 각각 나눠 준 6장의 카드에는 자료 수집 방법의 일반적인 특징이 적혀 있습니다. 3가지 자료 수집 방법의 특징 모두에 해당하는 카드는 3점, 2가지에만 해당하는 카드는 2점, 1가지에만 해당하는 카드는 1점을 받습니다. 6장의 카드 중에서 가장 높은 점수를 받을 수 있도록 3장을 뽑으세요.

〈학생이 받은 카드〉

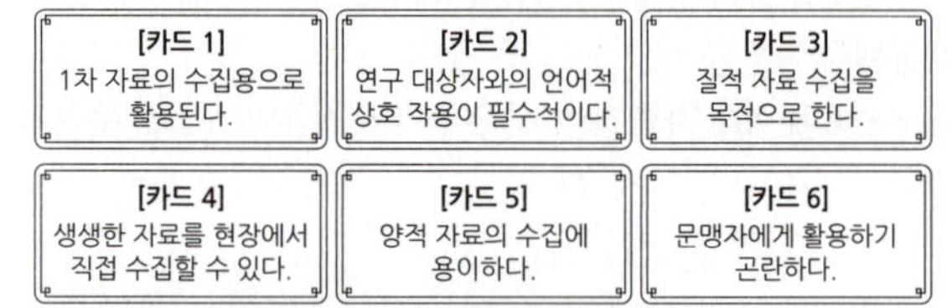

갑 : 저는 [카드 1], [카드 2], [카드 3]을 뽑았습니다.
을 : 저는 [카드 3], [카드 4], [카드 6]을 뽑았습니다.
병 : 저는 [카드 1], [카드 2], [카드 5]를 뽑았습니다.

① 높은 점수를 받을 학생부터 순서대로 나열하면 병, 갑, 을 순이다.
② 갑이 뽑은 카드 중에는 3가지 자료 수집 방법 모두에 해당하는 특징이 적힌 카드가 1장 있다.
③ 을이 뽑은 카드 중에는 질문지법에 해당하는 특징이 적힌 카드가 없다.
④ 병이 뽑은 모든 카드에는 참여 관찰법에 해당하는 특징이 적혀 있다.
⑤ 갑, 을, 병은 모두 면접법에 해당하는 특징이 적힌 카드를 2장 이상씩 뽑았다.

---

58 [2022년 10월 학평 16번]

그림은 자료 수집 방법 A~C의 특징을 비교한 것이다. 이에 대한 설명으로 옳은 것은? (단, A~C는 각각 면접법, 질문지법, 참여 관찰법 중 하나이다.) 3점

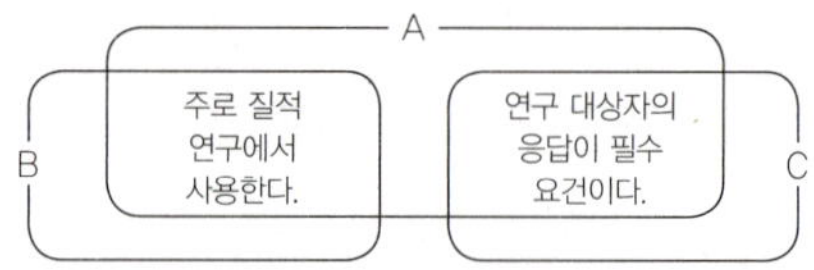

① A는 문맹자에게 실시할 수 없다.
② B는 인위적으로 통제된 상황에서 변수의 효과를 관찰한다.
③ C는 비표준화·비구조화된 자료 수집 방법이다.
④ A는 C에 비해 연구자의 편견이 개입될 가능성이 작다.
⑤ B는 C에 비해 실제성이 높은 생생한 자료의 수집에 용이하다.

---

59 [2024년 3월 학평 5번]

자료 수집 방법 A~C의 일반적인 특징에 대한 설명으로 옳은 것은? (단, A~C는 각각 면접법, 실험법, 질문지법 중 하나임.)

고등학생 갑~병은 SNS 중독에 관한 서로 다른 연구에 연구 대상자로 참여하였다. 갑은 A만을 사용한 연구에서 학업 스트레스와 SNS 이용 빈도 등에 관한 구조화된 문항에 응답하였다. 을은 B만을 사용한 연구에서 연구자와 직접 만나 대화하며 SNS를 하면서 얻는 위안, SNS를 하지 못할 때 느끼는 감정 등에 대해 솔직하게 이야기하였다. 병은 C만을 사용한 연구에서 연구자가 진행한 집단 상담 프로그램에 참여하였으며 집단 상담 프로그램 참여 전과 후에 각각 SNS 중독 지수를 측정하는 검사를 받았다.

① A는 B에 비해 다수를 대상으로 한 자료 수집에 유리하다.
② B는 A와 달리 변인 간의 관계를 파악하는 연구에 주로 사용된다.
③ B는 C에 비해 자료 수집 상황에 대한 통제 수준이 높다.
④ C는 A와 달리 양적 자료 수집에 주로 사용된다.
⑤ C는 B에 비해 연구자의 주관적 가치가 개입될 가능성이 높다.

---

60 [2024년 4월 학평 6번]

자료 수집 방법 A~C의 일반적인 특징에 대한 설명으로 옳은 것은? (단, A~C는 각각 질문지법, 면접법, 참여 관찰법 중 하나임.)

구분		해당 자료 수집 방법이 활용된 사례
자료 수집 방법	A, B	갑은 에듀테크 수업이 가지는 의미를 알아보고자 디지털 교과서를 사용하는 ○○중학교 1학년 학생들의 수업을 한 학기 동안 참관하여 상세하게 기록하였다. 이후 해당 수업에 참여한 학생들을 대상으로 미리 작성한 문항지를 배포하여 에듀테크 수업 만족도를 조사하였다.
	B, C	을은 에듀테크 수업의 교육적 효과에 대해 알아보고자 에듀테크 수업을 실시한 경험이 있는 교사 200명에게 구조화된 문항을 제시하여 응답을 구하였다. 이후 일부 응답자들과 에듀테크 수업의 의미에 대해 깊이 있는 대화를 나누고 기록하였다.

* 에듀테크(edutech) : 빅 데이터, 인공 지능 등 정보 통신 기술을 활용한 교육.

① A는 실제성이 높은 생생한 자료를 확보하기 용이하다.
② B는 양적 자료보다 질적 자료의 수집에 적합하다.
③ C는 대량의 구조화된 자료를 수집하기 용이하다.
④ A는 B에 비해 수집된 자료를 통계적으로 처리하기에 용이하다.
⑤ B는 C에 비해 연구자와 연구 대상자 간의 정서적 교감을 중시한다.

61 [2025년 7월 학평 19번]

자료 수집 방법 A~C의 일반적인 특징에 대한 설명으로 옳은 것은? (단, A~C는 각각 질문지법, 면접법, 실험법 중 하나임.) **3점**

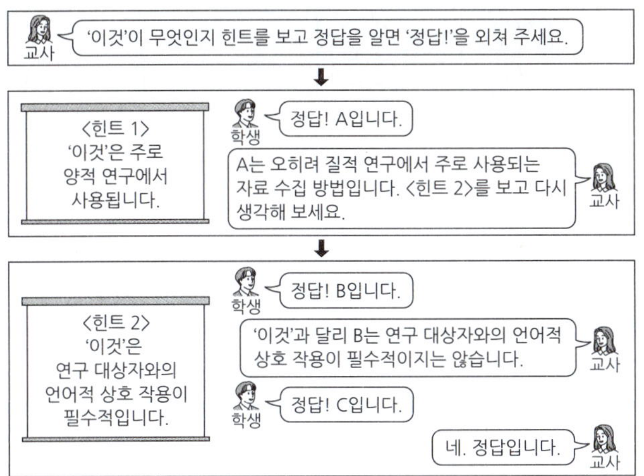

① A와 달리 B는 비구조화·비표준화된 자료 수집 방법이다.
② A에 비해 C는 수집된 자료의 통계 처리가 어렵다.
③ B에 비해 A는 연구 대상자와의 정서적 교감 형성을 중시한다.
④ C와 달리 B는 방법론적 일원론에 기초한 연구에서 주로 사용된다.
⑤ B, C와 달리 A는 연구 대상자의 주관적 인식을 파악할 수 있다.

62 [2022년 4월 학평 19번]

그림은 질문을 통해 자료 수집 방법 A~C를 구분한 것이다. 이에 대한 옳은 설명만을 〈보기〉에서 고른 것은? (단, A~C는 각각 실험법, 질문지법, 참여 관찰법 중 하나이다.) **3점**

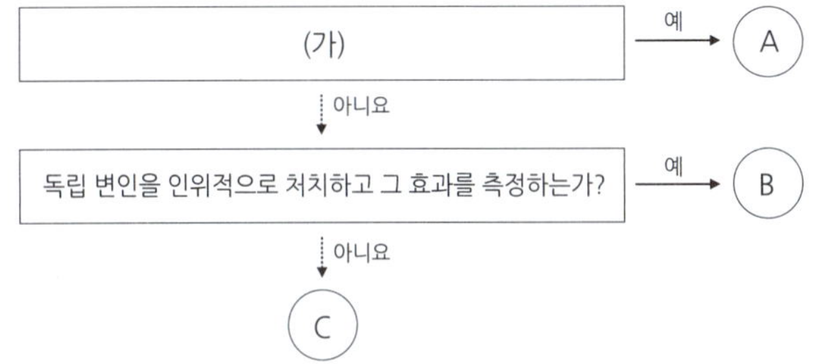

보기

ㄱ. A가 질문지법이라면, C는 자료의 실제성 확보에 유리하다.
ㄴ. B는 A, C와 달리 계량화된 자료를 수집하는 데 활용된다.
ㄷ. (가)에 '자료를 수집하는 데 조사 대상자의 언어적 응답이 필수적인가?'가 들어갈 수 있다.
ㄹ. (가)가 '조사 대상자의 일상생활에 직접 참여하여 자료를 수집하는가?'라면, C는 B와 달리 문맹자에게 활용할 수 있다.

① ㄱ, ㄴ ② ㄱ, ㄷ ③ ㄴ, ㄷ ④ ㄴ, ㄹ ⑤ ㄷ, ㄹ

63 [2023년 3월 학평 2번]

자료 수집 방법 A, B에 대한 설명으로 옳은 것은?

A의 활용 사례	B의 활용 사례
갑은 대학생의 비대면 수업 적응 과정을 연구하기 위해 대학생 10명을 만나 관련 경험에 대해 심층적인 대화를 나누었다.	을은 비대면 수업 기간 중 대학생의 식습관 변화를 연구하기 위해 대학생 500명을 대상으로 구조화된 설문지에 응답하게 하였다.

① A는 B와 달리 연구 대상자와의 정서적 교감을 중시한다.
② A는 B와 달리 연구 대상자의 주관적 인식을 파악할 수 있다.
③ B는 A에 비해 연구자의 주관적 가치가 개입될 가능성이 크다.
④ B는 A와 달리 연구 대상자와의 언어적 상호작용이 필수적이다.
⑤ A와 B는 모두 일반화를 목표로 하는 연구에 주로 사용된다.

64 [2019학년도 6월 모평 6번]

표는 자료 수집 방법 A~C의 일반적인 특징을 나타낸 것이다. 이에 대한 옳은 설명을 〈보기〉에서 고른 것은? (단, A~C는 각각 실험법, 질문지법, 면접법 중 하나이다.) **3점**

자료 수집 방법	A	B	C
일반적인 특징	(가)		(나)
	(다)	(라)	

보기

ㄱ. A가 질문지법이고, (가)가 '독립 변수와 종속 변수의 관계를 검증하는 연구에 적합하다.'라면, (나)는 '자료 수집 과정에서 연구자가 유연성이나 융통성을 발휘하기 어렵다.'가 적절하다.
ㄴ. C가 면접법이고, (다)가 '인위적으로 상황을 통제함으로써 변수의 효과를 관찰하기에 용이하다.'라면, (라)는 '대규모 집단을 대상으로 한 자료 수집에 용이하다.'가 적절하다.
ㄷ. (가)가 '연구 대상자와 언어를 매개로 한 상호 작용이 필수적이다.'라면, (나)는 '실제성이 높은 생생한 자료를 수집하기에 용이하다.'가 적절하다.
ㄹ. (나)가 '소수의 응답자로부터 깊이 있는 정보를 수집하기에 용이하다.'라면, (가)는 '수집된 자료를 통계적으로 처리하기에 용이하다.'가 적절하다.

① ㄱ, ㄴ ② ㄱ, ㄷ ③ ㄴ, ㄷ ④ ㄴ, ㄹ ⑤ ㄷ, ㄹ

다음 자료에 대한 설명으로 옳은 것은? (단, A~C는 각각 면접법, 질문지법, 참여 관찰법 중 하나이다.)

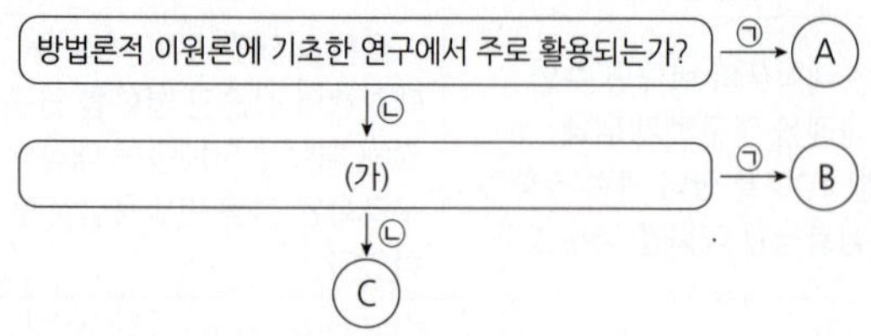

* ㉠과 ㉡은 각각 '예'와 '아니요' 중 하나임.

① ㉠은 '예', ㉡은 '아니요'이다.
② (가)에 '표준화를 중시하는 자료 수집 방법인가?'가 들어갈 수 있다.
③ A는 주로 질적 자료 수집을 위해 활용된다.
④ B가 면접법이라면, (가)에 '의사소통이 곤란한 집단을 조사하는 데 적합한가?'가 들어갈 수 있다.
⑤ C가 면접법이라면, (가)에 '연구자와 연구 대상자 간 언어적 상호 작용이 필수적인가?'가 들어갈 수 없다.

자료 수집 방법 A~D의 일반적인 특징에 대한 설명으로 옳은 것은? (단, A~D는 각각 면접법, 실험법, 질문지법, 참여 관찰법 중 하나임.)

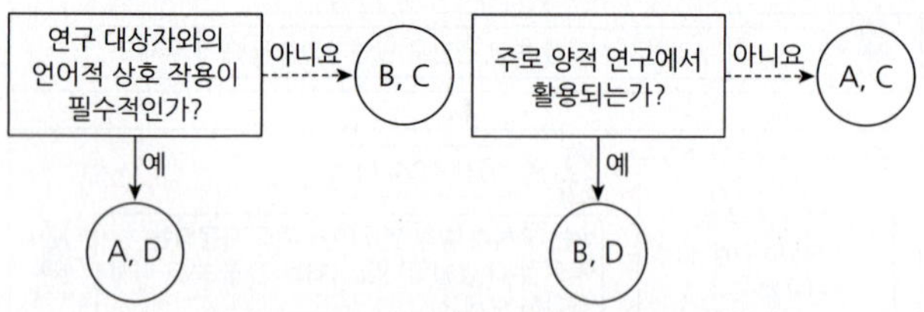

① A와 달리 B는 연구 대상자와의 정서적 교감을 중시한다.
② B에 비해 C는 실제성 높은 생생한 자료를 수집하기에 용이하다.
③ D에 비해 A는 구조화된 자료를 수집하기에 용이하다.
④ A, C에 비해 D는 연구자의 주관이 개입될 가능성이 높다.
⑤ B, D에 비해 C는 자료 수집 상황에 대한 통제 정도가 높다.

교사가 제시한 과제에 대해 옳게 검토한 학생을 고른 것은? **3점**

학생	문항	검토 내용
갑	1	특정 응답을 유도하고 있어요.
을	2	응답에 필요한 정보가 빠져 있어요.
병	3	선택지가 상호 배타적이에요.
정	1, 4	한 질문에서 두 가지 사항을 묻고 있어요.
무	2, 3	선택지가 포괄적이지 않아요.

① 갑   ② 을   ③ 병   ④ 정   ⑤ 무

다음 자료에 대한 옳은 설명만을 〈보기〉에서 있는 대로 고른것은? **3점**

연구자 갑은 요즘 청소년들이 게임을 하지 않으면 친구 관계를 유지하기 어렵다는 기사를 접했다. 이후 갑은 친구와의 관계에 대한 인식이 청소년의 게임 의존에 미치는 영향을 파악하고자 　(가)　를 가설로 설정하고 연구를 진행하였다. 이를 위해 갑은 A 기관이 공개한 청소년 대상 설문 조사 자료에서 ㉠ 친구와의 관계에 대한 인식을 측정하는 문항과 게임 의존 정도를 측정하는 문항의 응답 결과에 대해 청소년 1,000명을 무작위로 추출하여 분석하였다. 자료 분석 결과, 친구와의 관계에 대한 긍정적 인식 정도가 청소년 게임 의존 정도에 미치는 영향은 통계적으로 유의미한 부(-)의 관계인 것으로 나타났다. 분석 결과를 토대로 갑은 　(나)　라고 제언하였다.

보기

ㄱ. ㉠은 갑의 연구에서 1차 자료 수집을 위한 조사 도구이다.
ㄴ. (가)에는 '친구와의 관계에 대한 인식이 긍정적일수록 청소년의 게임 의존도가 높을 것이다.'가 들어갈 수 있다.
ㄷ. (나)에는 '청소년의 게임 과의존을 예방하기 위해서는 친구와의 관계를 긍정적으로 형성해 가는 것이 필요하다.'가 들어갈 수 없다.

① ㄴ   ② ㄷ   ③ ㄱ, ㄴ   ④ ㄱ, ㄷ   ⑤ ㄱ, ㄴ, ㄷ

69　[2025년 5월 학평 5번]

다음 자료를 읽고 물음에 답하시오.

> 갑은 ㉠ 아이돌 팬덤의 심리적 특성이 아이돌 관련 상품에 대한 구매 의지에 미치는 영향을 파악하고자 하였다. 이에 갑은 아이돌 팬덤 활동 경험이 있는 4명과 대화하며 팬덤 활동을 통해 느꼈던 심리 상태에 관한 심층적인 자료를 수집하였다. 이후 갑은 자료 수집 및 분석 결과를 바탕으로 아이돌 팬덤의 심리적 특성을 ㉡ 행복감, 모방 욕구 두 가지로 분류하고, 아이돌 팬덤 활동 경험이 있는 200명을 연구 대상자로 모집하였다. 갑은 구조화된 문항을 통해 행복감을 지난 일주일간 자신이 좋아하는 아이돌의 영상을 시청한 시간으로, 모방 욕구는 지난 일주일간 아이돌의 패션 스타일을 따라 했던 횟수로 측정하였다. ㉢ 자료 분석 결과 두 가지 심리적 특성 중 ㉣ 한 가지 심리적 특성만 아이돌 관련 상품에 대한 구매 의지와 유의미한 정(+)의 관계가 나타났으며, 다른 한 가지 심리적 특성은 유의미한 정(+)의 관계가 나타나지 않았다.
>
> 이에 을은 갑의 연구에서 다른 한 가지 심리적 특성이 유의미한 정(+)의 관계가 왜 나타나지 않았는지를 밝히는 것을 ㉤ 연구 목적으로 설정하였다. 그리고 미디어 관련 연구 기관이 발행한 아이돌 팬덤의 유형에 관한 보고서를 분석한 결과 갑의 연구에서 팬덤의 유형을 구체화할 필요성이 있음을 파악하였다. 을은 아이돌 팬덤의 유형을 활동 기간과 활동 참여도를 기준으로 지속형과 활동형으로 분류하였다. 을은 갑의 연구에 참여했던 대상자들의 동의를 구한 후 갑의 연구에서 행복감 정도가 높게 나타난 것으로 판명된 100명을 대상으로 ㉥ 아이돌 관련 상품에 대한 구매 의지와 ㉦ 아이돌 팬덤의 유형에 대한 설문 조사를 실시하였다. 자료 분석 결과 아이돌 팬덤의 유형 중 지속형보다 활동형이 아이돌 관련 상품에 대한 구매 의지가 유의미하게 높게 나타나 가설을 수용하였다. 을은 연구 결과를 바탕으로 아이돌 팬덤 활동을 하며 느끼는 행복감이 높더라도 팬덤의 유형에 따라 아이돌 관련 상품에 대한 구매 의지에는 차이가 있다는 결론을 도출하였다.

갑, 을이 사용한 자료 수집 방법에 대한 설명으로 옳은 것은?

① 갑이 사용한 자료 수집 방법들은 모두 질적 자료를 수집할 때 주로 활용된다.
② 을이 사용한 자료 수집 방법들은 모두 연구자와 연구 대상자 간의 언어적 상호 작용이 필수적이다.
③ 갑과 달리 을은 연구자와 연구 대상자 간의 정서적 교감 형성을 중시하는 자료 수집 방법을 사용하였다.
④ 을과 달리 갑은 기존의 연구 동향이나 성과를 파악하는 데 적합한 자료 수집 방법을 사용하였다.
⑤ 갑, 을은 모두 표준화된 도구로 대량의 자료를 획득하기 용이한 자료 수집 방법을 사용하였다.

70　2025 평가원　[2025학년도 9월 모평 4번]

자료 수집 방법 A~D에 대한 설명으로 옳은 것은? (단, A~D는 각각 질문지법, 면접법, 참여 관찰법, 문헌 연구법 중 하나임.)

① A와 달리 B는 자료 수집 과정에서 구조화된 도구의 사용이 필수적이다.
② C에 비해 A는 자료 수집 과정에서 시·공간적 제약이 적다.
③ D와 달리 B는 연구자와 연구 대상자 간의 신뢰 관계 형성이 중요하다.
④ B와 C는 '연구 대상자의 주관적 인식을 파악할 수 있는가?'라는 질문으로 구분할 수 있다.
⑤ C와 D는 '연구자와 연구 대상자 간의 언어적 상호 작용이 필수적인가?'라는 질문으로 구분할 수 없다.

71　2024 평가원　[2024학년도 6월 모평 6번]

자료 수집 방법 A, B의 일반적인 특징에 대한 설명으로 옳은 것은?

> 빈민 지역인 □□마을에서 '가난의 문화'가 만들어지는 과정을 고찰하기 위해 갑은 자료 수집 방법 A를, 을은 자료 수집 방법 B를 사용하여 공동 연구를 수행하였다.
>
> 갑은 전체 주민을 대상으로 계량화된 자료 수집을 위한 설문 조사를 실시하여 주민들의 생활과 삶에 대한 만족도 등을 파악하였다. 고령자가 많아 주민을 직접 만나는 방식으로 설문 조사를 진행하였다.
>
> 을은 □□마을 복지관을 4주 동안 매주 2회씩 방문하여 주민들과 신뢰 관계를 형성한 후, 마을에 오래 거주한 주민 10명을 복지관에서 따로 만나 그들의 삶을 듣고 기록하는 조사를 진행하였다.

① A는 B에 비해 자료 수집 과정에서 조사자가 융통성을 발휘하기 용이하다.
② A는 B와 달리 조사 대상자와의 언어적 상호 작용이 필수적이다.
③ B는 A에 비해 구조화된 자료를 수집하기 용이하다.
④ B는 A에 비해 수집된 자료의 통계 처리가 용이하다.
⑤ A와 B는 모두 조사 대상자의 주관적 인식을 파악할 수 있다.

　　　　[2022년 3월 학평 6번]

다음 자료에 대한 설명으로 옳은 것은? (단, A ~ C는 각각 면접법, 실험법, 질문지법 중 하나이다.) **3점**

질문	응답		
	A	B	C
주로 양적 연구에서 활용되는가?	㉠	㉡	예
인위적인 처치를 가하고 그로 인해 나타나는 변화를 파악하는가?	예	아니요	아니요

① ㉠은 '아니요', ㉡은 '예'이다.
② A는 B와 달리 연구자와 연구 대상자 간의 정서적 교감이 중시된다.
③ B는 C와 달리 연구자와 연구 대상자 간의 언어적 상호 작용이 필수적이다.
④ C는 B와 달리 표준화 및 구조화가 중시되는 방법이다.
⑤ A, C는 B에 비해 자료 분석 과정에서 연구자의 주관적 가치가 개입될 우려가 크다.

73　　　　[2020학년도 수능 6번]

A ~ D의 일반적 특징에 대한 설명으로 옳은 것은? (단, A ~ D는 각각 면접법, 문헌 연구법, 질문지법, 참여 관찰법 중 하나이다.)

연구 사례	자료 수집 방법
갑은 소방관 스트레스 완화 방안에 대한 연구를 위해 상담 사례집 내용을 분석하여 스트레스 유형을 분류하고, 비구조화된 질문으로 소방관들과 심층 면담을 하여 그들의 스트레스 경험을 조사하였다.	A, C
을은 소방관 근무 만족도 연구에 필요한 설문 문항 개발을 위해 선행 연구를 검토하여 질문 내용을 구성하고, 30개의 구조화된 문항을 통해 소방관 500명을 대상으로 근무 만족도에 대해 조사하였다.	B, C
병은 소방관 안전 실태 연구를 위해 6개월간 소방관들과 함께 생활하며 그들이 겪는 위험 상황을 관찰하고, 정서적 교감이 형성된 소방관 15명과 깊은 대화를 통해 현장에서 느끼는 위험 요인에 대해 조사하였다.	A, D

① C는 A에 비해 시간과 장소의 제약이 크다.
② D는 B에 비해 수집된 자료를 통계적으로 처리하기가 용이하다.
③ A, D는 B에 비해 연구자의 가치가 개입될 가능성이 높다.
④ C는 B, D와 달리 조사 대상자와의 언어적 상호 작용이 필수적이다.
⑤ C, D는 A, B와 달리 질적 연구에만 사용 가능하다.

74　 2025 수능 　　　[2025학년도 수능 13번]

갑 ~ 병이 사용한 자료 수집 방법에 대한 설명으로 옳은 것은? **3점**

> ○ 갑은 청소년이 휴대 전화에 부여하는 의미를 파악하기 위해 ○○ 고등학교 학생의 일상생활을 관찰한 연구 기관의 보고서를 분석함. 이후 휴대 전화 의존도가 높은 학생들에게 질문하여 사용 용도와 중독 증상 등에 대한 이야기를 깊이 있게 나누고 이 과정을 녹음함.
> ○ 을은 팬덤 문화 연구를 위해 ☆☆ 야구단의 팬클럽에 가입하여 6개월간 회원들과 경기를 관람하며 그들의 대화와 응원 모습을 기록함. 이후 아이돌 팬클럽의 열성팬을 대상으로 그들만의 친밀한 관계를 형성한 경험을 직접 듣고 심층적인 자료를 얻음.
> ○ 병은 대학생의 정치 성향과 정치 참여 연구를 위해 대학생 500명을 대상으로 구조화된 문항에 응답하도록 함. 또한 선거 관련 기관이 발간한 대학생 정치 성향 면접 조사 자료집을 분석하여 대학생의 정치 참여 과정을 연구함.

① 갑과 달리 을은 표준화된 도구로 대량의 자료를 획득하기 용이한 자료 수집 방법을 사용하였다.
② 병과 달리 갑은 인위적으로 통제된 상황에서 변수의 효과를 관찰하는 자료 수집 방법을 사용하였다.
③ 갑과 을 모두 현지에서 연구 대상자와 함께 생활하며 관심을 갖는 연구 현상을 관찰하는 자료 수집 방법을 사용하였다.
④ 갑과 병 모두 기존의 연구 결과물을 자신의 연구에 활용하는 자료 수집 방법을 사용하였다.
⑤ 을과 병 모두 연구 대상자와의 정서적 교감 형성을 중시하는 자료 수집 방법을 사용하였다.

75　　　　[2020년 7월 학평 3번]

자료 수집 방법 A ~ C의 일반적 특징으로 옳은 것은? (단, A ~ C는 각각 면접법, 질문지법, 참여 관찰법 중 하나이다.)

구분	A	B	C
공통점과 차이점	연구자의 주관적 가치가 개입될 우려가 큼		(가)
	(나)	자료 수집 시 언어적 상호 작용이 필수적임	

① A는 B와 달리 주로 1차 자료 수집에 사용된다.
② B는 C에 비해 조사 대상자와의 정서적 교감을 중시한다.
③ C는 B와 달리 비구조화된 도구를 사용하여 자료를 수집한다.
④ (가)에는 '문맹자로부터의 자료 수집이 용이함'이 적절하다.
⑤ (나)에는 '주로 양적 연구에서 활용됨'이 적절하다.

다음은 자료 수집 방법 A~C를 구분하는 질문에 대한 학생의 답변과 교사의 채점 결과이다. 이에 대한 설명으로 옳은 것은? (단, A~C는 각각 질문지법, 실험법, 면접법 중 하나임.) **3점**

질문	답변		
	갑	을	병
A는 인위적으로 통제된 상황에서 변수의 효과를 관찰하는 방법인가?	예	아니요	아니요
A에 비해 B는 자료 수집 과정에서 연구자가 유연성이나 융통성을 발휘하기 용이한 방법인가?	아니요	아니요	㉠
B에 비해 C는 주로 양적 연구에서 활용하는 자료 수집 방법인가?	예	아니요	예
(가)	아니요	아니요	예
채점 결과	3점	1점	2점

* 교사는 질문별로 각각 채점하고, 옳은 답변은 1점, 틀린 답변은 0점을 부여함.

① ㉠은 '아니요'이다.
② A에 비해 B는 독립 변수와 종속 변수의 관계를 검증하는 연구에 적합하다.
③ B와 달리 C는 조사 대상자와의 언어적 상호 작용이 필수적이다.
④ C와 달리 A는 조사 대상자의 주관적 인식을 파악할 수 있다.
⑤ (가)에는 'B에 비해 C는 소수의 응답자로부터 깊이 있는 정보를 수집하기에 용이한 방법인가?'가 들어갈 수 있다.

77 [2021년 3월 학평 5번]

갑, 을의 자료 수집 활동에 대한 옳은 설명만을 〈보기〉에서 고른 것은? **3점**

> 국민들이 선호하는 정치인의 리더십 유형을 알아보기 위해 갑과 을은 서로 다른 자료 수집 방법을 활용하였다. 갑은 구조화된 설문 문항을 제작하여 국민 1,000명을 대상으로 자료를 수집하였다. 을은 10대부터 60대까지 연령대별로 1명씩 총 6명을 대상으로 심층적인 대화를 통해 선호하는 정치인의 리더십 유형과 그 이유에 대해 자료를 수집하였다.

보기
ㄱ. 갑은 질적 자료 수집에 적합한 자료 수집 방법을 활용하였다.
ㄴ. 을은 자료 수집 상황에서 연구자의 융통성 발휘가 중요한 자료 수집 방법을 활용하였다.
ㄷ. 갑은 2차 자료, 을은 1차 자료를 수집하였다.
ㄹ. 갑과 을은 모두 언어를 통한 상호 작용이 필수적인 자료 수집 방법을 활용하였다.

① ㄱ, ㄴ ② ㄱ, ㄷ ③ ㄴ, ㄷ ④ ㄴ, ㄹ ⑤ ㄷ, ㄹ

78 2026 평가원 [2026학년도 6월 모평 10번]

다음 자료를 읽고 물음에 답하시오.

> 연구자 갑은 고령층의 인간 관계와 디지털 기기 활용 교육을 연구 주제로 선정하고 관련 연구를 검토하였다. 갑은 디지털 기기 활용 교육이 고령층의 온라인 공간에서의 인간 관계에 긍정적인 영향을 미칠 것이라는 가설을 설정하였다. 갑은 ㉠ 65세 이상 고령층 남녀 1,000명을 연구 대상자로 무작위 선정하여 설문 조사를 실시하였다. 조사 문항에는 디지털 기기 활용 교육 이수 여부 및 이수 시간, ㉡ 가족, 친척, 친구 등 이미 알고 있는 사람과의 온라인 공간에서의 친밀도(5점 척도), ㉢ 온라인을 통해서 새롭게 알게 된 사람과의 온라인 공간에서의 친밀도(5점 척도) 등이 포함되었다. 갑은 ㉣ 수집한 자료를 분석하여 연구 결과를 발표하였다.
>
> 연구자 을은 디지털 기기 활용 교육과 온라인 공간에서의 인간 관계에 대한 선행 연구를 검토한 후, 고령층을 대상으로 연구를 진행하였다. 을은 노인 복지관을 방문하여 디지털 기기 ㉤ 활용 교육을 받은 경험이 있는 10명, ㉥ 활용 교육을 받은 경험이 없는 10명을 연구 대상자로 선정하였다. 을은 두 달에 걸쳐서 1인당 2회 이상 이들을 만나 깊이 있는 대화를 나누고 이 과정을 녹음하였다. 조사 내용에는 온라인 공간에서 인간 관계의 의미, 인간 관계 형성의 양상, 디지털 기기 활용 교육에 따른 온라인 공간에서의 인간 관계의 변화 등이 포함되었다. 을은 ⓐ 녹취한 자료를 해석하여 연구 결과를 도출하였다.

위 연구에서 갑, 을이 사용한 자료 수집 방법의 일반적인 특징에 대한 설명으로 옳은 것은?

① 갑과 달리 을은 기존 연구 동향 파악에 유리한 자료 수집 방법을 사용하였다.
② 갑과 달리 을은 표준화된 도구의 사용이 필수적인 자료 수집 방법을 사용하였다.
③ 을에 비해 갑은 연구 대상자의 반응에 유연한 대처가 용이한 자료 수집 방법을 사용하였다.
④ 을과 달리 갑은 실제성이 높은 생생한 자료를 확보하기에 용이한 자료 수집 방법을 사용하였다.
⑤ 갑과 을은 모두 연구 대상자의 주관적 인식을 파악할 수 있는 자료 수집 방법을 사용하였다.

다음은 자료 수집 방법 A~D를 일반적인 특징에 따라 구분한 것이다. 이에 대한 설명으로 옳은 것은? (단, A~D는 각각 면접법, 실험법, 질문지법, 참여 관찰법 중 하나이다.) **3점**

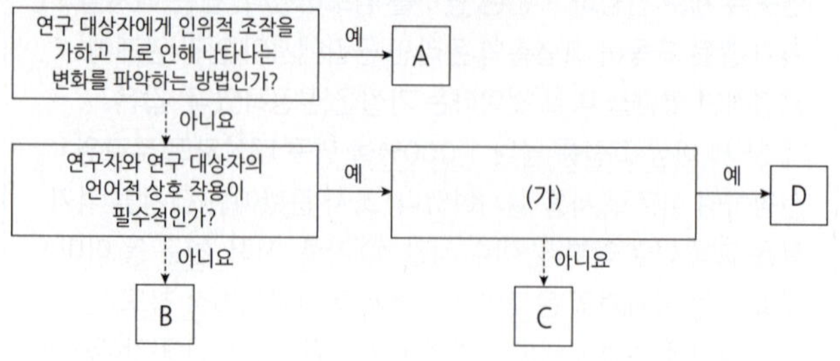

① A는 B에 비해 실제성이 높은 자료를 확보하기에 유리하다.
② B는 A에 비해 대규모 집단을 대상으로 계량화된 자료를 수집하기에 용이하다.
③ C, D는 모두 비구조화·비표준화된 자료 수집 방법이다.
④ (가)에는 '경험적 자료의 수집에 적합한가?'가 들어갈 수 있다.
⑤ (가)가 '연구 대상자와의 정서적 교감을 중시하는가?'라면, C는 D에 비해 시간과 비용의 효율성이 높다.

다음은 질문에 따라 자료 수집 방법 A ~ C를 구분한 것이다. 이에 대한 설명으로 옳은 것은? (단, A ~ C는 각각 면접법, 질문지법, 참여 관찰법 중 하나이다.) **3점**

> ○ A와 B는 '언어적 응답을 통한 자료 수집이 필수적인가?'라는 질문으로는 구분할 수 없지만, [(가)   ]라는 질문으로 구분할 수 있다.
> ○ A와 C는 [(나)   ]라는 질문으로는 구분할 수 없지만, '질적 연구에서 주로 활용되는가?'라는 질문으로 구분할 수 있다.

① A는 B에 비해 시간과 비용 측면에서 효율성이 높다.
② B는 C와 달리 문맹자에게 사용할 수 있다.
③ C는 A에 비해 자료 수집 상황에 대한 통제 수준이 높다.
④ (가)에는 '조사 대상자의 주관적 인식에 관한 자료를 수집할 수 있는가?'가 들어갈 수 있다.
⑤ (나)에는 '변수 간의 관계를 파악하는 데 주로 활용되는가?'가 들어갈 수 있다.

다음은 질문에 따라 자료 수집 방법 A ~ C를 구분한 것이다. 이에 대한 설명으로 옳은 것은? (단, A ~ C는 각각 면접법, 실험법, 질문지법 중 하나이다.) **3점**

> ○ '인위적인 통제 상황에서 변수를 의도적으로 조작하여 나타난 변화를 측정하는가?'라는 질문으로 A와 B를 구분할 수 있다.
> ○ '주로 양적 연구에서 활용하는 자료 수집 방법인가?'라는 질문으로 B와 C를 구분할 수 없다.
> ○ [(가)   ]라는 질문으로 A와 C를 구분할 수 있다.

① A는 B에 비해 연구자의 주관이 개입될 가능성이 낮다.
② A는 C에 비해 시간과 비용 측면에서 효율성이 높다.
③ B는 C와 달리 표준화·구조화된 자료 수집 방법이다.
④ C는 A에 비해 대규모 집단을 대상으로 자료를 수집하기 용이하다.
⑤ (가)에는 '언어적 응답을 통한 자료 수집이 필수적인가?'가 들어갈 수 있다.

다음 자료에 대한 설명으로 옳은 것은? (단, A ~ C는 각각 면접법, 질문지법, 참여 관찰법 중 하나이다.)

연구 사례	자료 수집 방법
토론 수업 방식에 대한 고등학생의 선호도를 연구하기 위해 □□ 지역 고등학생 500명에게 구조화된 문항을 제시하고 응답을 구하였다.	A
정부의 저출산 대책과 그 효과에 대한 젊은 층의 인식을 연구하기 위해 20~30대 신혼부부 10쌍을 선정하여 깊이 있는 대화를 나누고 기록하였다.	B
코로나19로 인한 마스크 착용이 유아들의 언어 발달에 미치는 영향을 연구하기 위해 ○○ 어린이집에 6개월간 머무르며 유아들의 행동과 대화 내용 등 전반적인 상황을 모두 기록하였다.	C

구분	자료 수집 방법		
	A	B	C
(가)	예	아니요	아니요
(나)	아니요	아니요	예
(다)	예	예	아니요

① C는 A, B에 비해 시간과 비용이 적게 든다는 장점이 있다.
② B, C는 A와 달리 연구 대상자의 주관적 인식을 파악할 수 있다.
③ (가)에는 '경험적 자료의 수집에 적합한가?'가 들어갈 수 있다.
④ (나)에는 '연구자가 인위적으로 통제한 상황에서 연구 대상자를 관찰하는가?'가 들어갈 수 있다.
⑤ (다)에는 '연구자와 연구 대상자의 언어적 상호 작용이 필수적인가?'가 들어갈 수 있다.

---

83 [2024년 10월 학평 4번]

다음 자료에 대한 설명으로 옳은 것은? (단, A~C는 각각 면접법, 질문지법, 참여 관찰법 중 하나임.) 3점

표는 자료 수집 방법 A~C의 일반적인 특징을 묻는 질문과 학생의 응답 및 교사의 채점 결과를 나타낸 것이다.

질문	응답
C와 달리 A, B는 조사 대상자와의 언어적 상호 작용이 필수적인가?	예
A와 달리 B, C는 조사 대상자의 주관적 인식을 파악할 수 있는가?	예
(가)	아니요
채점 결과	2점

* 각 질문에 대한 응답이 옳으면 1점, 옳지 않으면 0점을 부여함.

① A, B에 비해 C는 구조화 · 표준화 정도가 높다.

② A, B 모두 조사 대상자와의 정서적 교감 형성을 중시한다.

③ A가 수집된 자료의 통계 처리가 용이한 방법이라면, (가)에는 'C와 달리 B는 인위적으로 통제된 상황에서 변인의 효과를 관찰하는 방법인가?'가 들어갈 수 있다.

④ B가 다수를 대상으로 한 자료 수집에 유리한 방법이라면, (가)에는 'C에 비해 A는 실제성이 높은 생생한 자료를 확보하기 용이한가?'가 들어갈 수 없다.

⑤ (가)에 'B와 달리 A는 주로 질적 연구에서 사용하는 방법인가?'가 들어간다면, A에 비해 B는 조사자의 주관적 가치가 개입될 가능성이 낮다.

84 2026 평가원 [2026학년도 9월 모평 5번]

다음 자료에 대한 옳은 설명만을 <보기>에서 있는 대로 고른것은? 3점

지방 자치 단체 A는 지역 내 대학생들의 학업 중단 문제를 해결하기 위해 등록금 일부를 지원하는 시범 사업을 시행하였다. A는 ⊙ 시범 사업을 적용한 학교의 학생과 그렇지 않은 학교의 학생을 대상으로 시범 사업 전과 후에 학교생활 전반에 관한 설문 조사를 대규모로 실시하였다. 이후 학생 개개인을 식별할 수 있는 정보를 삭제한 후 누구나 사용할 수 있도록 데이터베이스를 구축하였다. 시범 사업의 효과에 의문을 가지고 있던 연구자 갑은 가설을 설정하고 연구를 진행하였다. 갑은 A가 구축한 데이터베이스에서 등록금 지원을 받은 학생과 그렇지 않은 학생 각각 1,000명을 추출하여 자료를 분석하였다. 그 결과, 등록금 지원을 받은 집단이 그렇지 않은 집단보다 학업 지속 의사의 증가 정도가 통계적으로 유의미하게 큰 것으로 나타났다.

보기

ㄱ. 갑의 연구에서 ⊙은 표본이다.

ㄴ. 갑은 2차 자료를 연구에 활용하였다.

ㄷ. 갑의 연구 결과는 A의 시범 사업이 확대 시행되는 것을 지지하는 근거가 된다.

① ㄱ ② ㄴ ③ ㄱ, ㄷ ④ ㄴ, ㄷ ⑤ ㄱ, ㄴ, ㄷ

85 2026 평가원 [2026학년도 9월 모평 14번]

다음은 자료 수집 방법 A~D를 구분하는 질문에 대한 학생의 분류와 교사의 채점 결과이다. 이에 대한 설명으로 옳은 것은? (단, A~D는 각각 질문지법, 면접법, 실험법, 참여 관찰법 중 하나임.)

※ 질문에 따라 A, B, C, D를 '예', '아니요'로 분류하여 해당하는 칸에 적으시오.

질문	예	아니요	채점 결과
현지에서 연구 대상자와 생활하며 자연스러운 일상을 살펴보는가?	A, C	B, D	⊙
인위적 통제 상황에서 처치로 인한 변화를 관찰하는가?	A, B, C	D	2점
연구자와 연구 대상자 간의 언어적 상호 작용이 필수적인가?	A, C, D	B	3점
방법론적 일원론을 기초로 한 연구에서 주로 활용하는가?	C, D	A, B	4점

* 교사는 질문별로 채점하며, 맞게 적은 자료 수집 방법에는 각 1점을, 틀리게 적은 자료 수집 방법에는 각 0점을 부여함. 질문별 만점은 4점임.

① ⊙은 '1점'이다.

② A와 달리 B는 연구 대상자의 응답이 필수적이다.

③ B와 달리 C는 연구 대상자와의 정서적 교감을 중시한다.

④ C에 비해 D는 다수를 대상으로 자료를 수집하기 어렵다.

⑤ D에 비해 A는 문맹자를 대상으로 한 연구에 활용하기 어렵다.

86
[2025년 10월 학평 17번]

자료 수집 방법 A, B에 대한 설명으로 옳은 것은?

> 갑은 학교 부적응 학생 문제를 연구하고자 자료 수집 방법 A, B를 활용하였다. A로는 교육청이 발표한 통계 자료를 분석하고, B로는 학교 부적응 학생 5명을 선정해 몇 개의 질문을 중심으로 심도 있는 대화를 나눈 뒤 그 내용을 기록하였다.

① A는 질적 연구에서는 활용할 수 없다.
② B는 연구자와 연구 대상자 간의 정서적 교감을 중시한다.
③ A와 달리 B는 엄격한 변인 통제를 필요로 한다.
④ A와 달리 B는 기존 연구의 동향 파악에 유리하다.
⑤ B와 달리 A는 연구 대상자의 주관적 인식을 파악할 수 없다.

87
[2025년 10월 학평 5번]

다음 자료에 대한 옳은 설명만을 <보기>에서 있는 대로 고른 것은? 3점

> 연구자 갑은 중학생들의 ㉠ 문제 해결 능력에 ㉡ 수업 태도와 자기 주도 학습 능력이 어떤 영향을 미치는지 알아보고자 <가설 1>과 <가설 2>를 설정하였다. 수업 태도는 수업에 대한 집중도로, 자기 주도 학습 능력은 학습 계획의 실천 정도로, 문제 해결 능력은 다양한 방법을 적용하여 과제를 해결하는 정도로 정의하고, 5점 척도의 문항들을 구성하여 지수화하였다.
> 중학생 1,000명을 대상으로 조사를 실시하여 분석한 결과, 수업에 대한 집중도와는 달리 학습 계획의 실천 정도는 다양한 방법을 적용하여 과제를 해결하는 정도와 통계적으로 유의미한 정(+)의 관계가 나타났다. 이에 따라 <가설 1>은 기각하고 <가설 2>는 채택하였다.

보기

ㄱ. ㉠은 종속 변인, ㉡은 독립 변인이다.
ㄴ. 변인에 대한 개념의 조작적 정의가 나타나 있다.
ㄷ. <가설 1>은 '자기 주도 학습 능력이 높을수록 문제 해결 능력이 높을 것이다.'가 될 수 있다.
ㄹ. 갑이 활용한 연구 방법은 법칙 발견보다는 행위자의 주관적 생활 세계에 대한 심층적 이해를 목표로 한다.

① ㄱ, ㄴ   ② ㄱ, ㄹ   ③ ㄷ, ㄹ
④ ㄱ, ㄴ, ㄷ   ⑤ ㄴ, ㄷ, ㄹ

88
2024 평가원
[2024학년도 9월 모평 10번]

다음 자료에 대한 설명으로 옳은 것은? 3점

> ＿(가)＿는 자료 수집 방법 A, B, C의 공통점과 차이점을 알아보기 위한 질문이다. ＿(가)＿에 대한 '예', '아니요'의 응답을 통해 A와 B를 구분할 수 있지만, B와 C를 구분할 수 없다. 단, A~C는 각각 질문지법, 면접법, 참여 관찰법 중 하나이다.

① A가 질문지법이라면, (가)에는 '주로 질적 자료를 수집할 때 활용합니까?'가 들어갈 수 없다.
② A가 면접법이라면, (가)에는 '언어나 문자로 의사소통할 수 없는 대상으로부터 자료 수집이 가능합니까?'가 들어갈 수 있다.
③ C가 참여 관찰법이라면, (가)에는 '자료 수집 과정에서 연구 대상자의 응답이 필수적입니까?'가 들어갈 수 없다.
④ C가 질문지법이라면, (가)에는 '자료 수집 과정에서 표준화·구조화된 도구의 사용이 필수적입니까?'가 들어갈 수 있다.
⑤ (가)에 '문맹자에게 사용하기 어렵습니까?'가 들어간다면, B는 주로 방법론적 일원론을 전제로 한 연구에 활용된다.

89
2026 수능
[2026학년도 수능 14번]

다음은 학생의 응답에 대한 교사의 채점 결과이다. 이에 대한 설명으로 옳은 것은? (단, A~D는 각각 질문지법, 면접법, 실험법, 문헌 연구법 중 하나임.) 3점

> ※ 제시된 진술이 자료 수집 방법 A, B, C, D의 특징으로 맞으면 'O', 틀리면 'x'를 쓰시오.

진술	자료 수집 방법				채점 결과
	A	B	C	D	
연구자와 연구 대상자 간의 언어적 상호 작용이 필수적이다.	x	x	O	O	2점
기존의 연구 동향이나 성과를 파악하는 데 주로 활용된다.	O	O	x	x	1점
연구자가 직접 수집한 자료를 계량화하여 양석 연구에 수로 활봉한다.	O	x	x	O	0점
(가)	O	x	O	x	㉠

* 교사는 각 진술에 대한 학생 응답을 채점하며, 옳은 응답에는 1점, 틀린 응답에는 0점을 부여함. 각 진술별 만점은 4점임.

① B는 연구 대상자와의 정서적 교감을 중시한다.
② D는 연구 대상자로부터의 반응을 통해 자료를 수집한다.
③ C와 달리 A는 다수를 대상으로 자료를 수집하기 적합하다.
④ (가)에 '인위적 통제 상황에서 처치로 인한 변화를 관찰한다.'가 들어간다면 ㉠은 '1점'이다.
⑤ ㉠이 '2점'이면 (가)에 '현지에서 연구 대상자와 함께 생활하며 관심을 갖는 연구 현상을 관찰한다.'가 들어갈 수 없다.

3. 사회·문화 현상을 탐구하는 태도와 연구 윤리

★수능에 나오는 **필수 개념 3가지 + 필수 암기사항 1개**

필수개념 1　사회·문화 현상을 탐구하는 태도

• 사회·문화 현상을 탐구하는 태도

개방적 태도	• 사회·문화 현상의 탐구 방법이나 결과에 대해 여러 가지 가능성이 공존할 수 있음을 인정하는 태도 • 자신의 주장에 대한 비판을 허용하고, 새로운 사실이나 주장을 편견 없이 받아들이는 태도
상대주의적 태도	다양한 사회·문화 현상이 지닌 고유한 의미, 가치, 그것에 담긴 이유나 맥락 등을 그 사회의 기준에서 이해하는 태도
객관적 태도	연구자가 제3자적 입장에서 자신의 주관적인 가치나 이해관계에서 벗어나 사회·문화 현상을 탐구하는 태도
성찰적 태도	사회·문화 현상을 있는 그대로 수동적으로 받아들이는 것이 아니라 사회적 맥락 속에서 그 적합성을 따져 보고, 현상의 내면에 담긴 인과 관계나 의미를 능동적으로 탐구하는 태도

필수개념 2　가치 중립과 가치 개입

• 가치 중립
 − 연구자가 특정 가치에 치우치지 않고 사실에만 근거하여 연구하려는 자세

• 과학적 탐구 과정에서의 가치 중립과 가치 개입

• 연구 문제 인식 • 가설 설정 • 연구 설계	• 연구자의 연구 의도가 반영(가치 개입) 될 수 밖에 없는 과정 • 가치 중립적 자료 수집 및 분석 과정이 필요
• 자료 수집 및 분석 • 가설 검증 • 결론 도출	연구자의 가치 개입 시 연구하고자 하는 사회·문화 현상이 왜곡될 수 있으므로 엄격한 가치 중립이 필요
연구 결과 활용	연구 결과의 활용은 사회 전체에 영향을 미칠 수 있으므로 사회적 가치, 보편적 가치 존중 필요

필수개념 3　연구자가 지켜야 할 연구 윤리

• 사회·문화 현상 탐구에서 연구 윤리의 필요성
 − 사회·문화 현상의 탐구는 인간을 대상으로 하기 때문에 엄격한 윤리 요구
 − 연구 결과가 연구 과정을 정당화 할 수 없으므로 비윤리적이거나 인간 생활에 해를 끼치지 않아야 함

• 연구 윤리　*암기* → 연구자 윤리 원칙에 비추어 사례를 평가하는 문제가 출제되므로 연구 윤리 원칙을 잘 이해하고 기억해 두어야 한다.

• 연구자가 지켜야 할 연구 윤리 원칙

연구 대상자와 관련된 윤리 원칙	• 연구 대상자의 명예 훼손이나 인권 침해가 발생하지 않도록 해야 함 • 연구의 성격과 목적, 내용 등에 대한 사전 정보를 제공하고 연구 대상자의 동의를 얻어 자발적으로 참여하도록 해야 함 • 조사 과정에서 사생활을 존중하고 연구 결과의 분석과 보고 과정에서 비밀을 보장해야 함
연구 과정과 관련된 윤리 원칙	• 편파적인 자료 수집이나 수집된 자료의 조작이 없어야 함 • 수집한 자료의 왜곡된 해석이 없어야 함
연구 결과와 관련된 윤리 원칙	• 연구 결과의 확대 해석이나 왜곡, 타인의 연구 결과에 대한 표절 등이 없어야 함 • 연구 결과를 옳지 않은 목적으로 사용하지 않아야 함

기본자료

DAY 05
I
3. 사회·문화 현상을 탐구하는 태도와 연구 윤리

▶ 개방적 태도와 객관적 태도의 관계
개방적 태도는 다른 연구자를 대할 때 연구자가 갖춰야 할 태도이고, 객관적 태도는 연구 대상을 대할 때 연구자가 갖춰야 할 태도이다. 개방적 태도는 상호 비판을 허용함으로써 연구의 객관성을 확보하는 데 기여할 수 있다.

다음에서 공통적으로 나타나는 사회·문화 현상의 탐구 태도에 대한 진술로 가장 적절한 것은? 3점

> ○ 사회학자의 임무는 어떤 사회·문화 현상에 대해 정확하게 보고하는 것이다. 사회학자의 보고에는 그의 취향이나 선호가 반영되지 않아야 한다.
> ○ 사회학의 연구 대상은 경험한 것이나 경험할 수 있는 것에 한정되어야 한다. 또한 사회학자는 인간의 삶과 행위의 관찰 과정에서 제3자의 관점을 취해야 한다.

① 사회·문화 현상을 보는 관점이 다양할 수 있음을 인정해야 한다.
② 사회·문화 현상의 탐구 시 주관적 가치와 이해관계를 배제해야 한다.
③ 사회·문화 현상의 탐구 시 해당 사회의 문화적 맥락을 고려해야 한다.
④ 사회·문화 현상의 복잡성을 인정하고 이면의 원인 파악을 위해 노력해야 한다.
⑤ 사회·문화 현상에 대한 연구 결과가 사회에 미칠 수 있는 영향을 고려해야 한다.

2　　　　　　　　　　　　　　　　　[2014학년도 수능 10번]

(가), (나)에서 강조하고 있는 사회·문화 현상의 탐구 태도에 대한 설명으로 가장 적절한 것은?

> (가) 연구자는 사회·문화 현상 연구에서 얻은 결과를 확정하려고 고집하기보다는 잠정적 결론으로 보고 다른 연구자의 의견을 고려함으로써 좀 더 타당한 주장이나 결론으로 대체할 수 있음을 인정해야 한다.
> (나) 동일한 사회·문화 현상이라도 시대와 사회에 따라 그 현상이 가지는 의미가 달라질 수 있으므로 연구자는 사회·문화 현상 연구에서 역사적 전통과 사회적 맥락을 충분히 고려해야 한다.

① (가)는 현상을 사실 그 자체에 초점을 두어 파악하는 태도이다.
② (나)는 타인의 비판을 편견 없이 받아들이는 태도이다.
③ (가)는 (나)와 달리 현상에 대한 깊이 있는 성찰을 중시한다.
④ (나)는 (가)와 달리 현상이 지닌 고유한 가치에 대한 인정을 중시한다.
⑤ (가)는 연구 대상자의 관점, (나)는 제3자의 관점을 중시한다.

3　　　　　　　　　　　　　　　　　[2023년 4월 학평 19번]

갑, 을의 연구 사례를 연구 윤리 측면에서 평가한 진술로 가장 적절한 것은?

> ○ 연구자 갑은 논문 작성 과정에서 자신의 연구 주제와 관련 있는 다른 연구자의 저서를 살펴보았다. 그중 신뢰할 만한 내용들을 추려서 자신의 논문에 인용했는데, 출처를 명시하지 않았으며 다른 사람의 연구 내용임을 밝히지 않았다.
> ○ 연구자 을은 정부 기관으로부터 정부의 정책에 관한 국민 인식 조사 의뢰를 받고 설문 조사를 진행하였다. 그런데 해당 기관에 유리한 결과가 나오지 않아 정부 정책에 대해 부정적인 응답을 한 자료를 제외한 후 다시 분석을 실시하였다. 그러자 원했던 결과가 나와 이를 토대로 연구 보고서를 작성해서 제출하였다.

① 갑은 연구 대상자에게 미칠 불이익을 고려하지 않았다.
② 갑은 자신의 연구 결과를 연구 외의 목적으로 사용하였다.
③ 을은 자료를 자의적으로 선별하여 결과를 왜곡하였다.
④ 을은 연구 대상자의 자발적인 참여를 보장하지 않았다.
⑤ 갑, 을은 모두 다른 연구자의 연구 성과를 도용하였다.

4　　　　　　　　　　　　　　　　　[2021학년도 6월 모평 2번]

다음 사례에 나타난 갑의 연구 태도 및 연구 윤리 측면에 대한 평가로 가장 적절한 것은?

> 연구자 갑은 다문화 가정의 어려움을 이해하기 위해 심층 면접을 수행하였다. 갑은 연구에 협조하지 않던 다문화 가정 구성원들에게 연구의 취지를 설명하고, 개인 정보를 공개하지 않겠다는 확약을 한 후 면접을 허락받을 수 있었다. 갑은 사회적 약자의 권리 신장에 도움이 되지 않는다고 판단되는 답변은 제외하면서 면접 내용을 기록하였다. 갑은 이 자료를 통해 다문화 가정이 경험하는 어려움을 가족 내 요인과 가족 외 요인으로 구분하여 유형화하는 새로운 연구 결과를 제시하였다. 갑은 자신의 연구 대상이 일부 지역에 한정된다는 점에서 다른 맥락에서는 결론이 달라질 수 있다고 밝혔다.

① 연구 대상자의 익명성을 보장하지 않았다.
② 연구 대상자에게 연구 목적을 알리지 않았다.
③ 연구 자료 수집 과정에 주관적 가치를 개입시켰다.
④ 연구 결과에 대한 반증 가능성을 수용하지 않았다.
⑤ 연구 대상자에게 연구 참여에 대한 동의를 구하지 않았다.

5
[2020년 3월 학평 3번]

다음 연구에 나타난 문제점으로 가장 적절한 것은?

갑은 자신이 개발한 건강 증진 프로그램의 효과를 확인하기 위해 연구 관련 정보를 모두 알린 후 성인 실험 참여자를 공개 모집하였다. 갑은 실험 참여자를 두 집단으로 나누어 한 집단에게만 해당 프로그램을 적용하였다. 자료 분석 결과 두 집단 간에 전혀 차이가 없었다. 그래서 일부 참여자들의 자료를 제외하고 다시 두 집단을 비교하였더니 프로그램이 효과가 있는 것으로 나타나 이를 학술지에 게재하였다.

① 연구 대상자의 개인 정보를 유출하였다.
② 사회적으로 유해한 연구 주제를 선정하였다.
③ 연구 대상자의 자발적 참여를 보장하지 않았다.
④ 의도한 결과를 얻기 위해 자료를 조작하여 분석하였다.
⑤ 연구 목적 달성을 위해 존재하지 않는 자료를 위조하였다.

6 2024 평가원
[2024학년도 9월 모평 4번]

밑줄 친 ㉠~㉣을 연구 윤리 측면에서 적절하게 평가한 것만을 <보기>에서 고른 것은?

연구자 갑은 설문 조사 참여에 동의한 노인들을 대상으로 노인 문제에 관한 연구를 진행하였다. 갑은 조사에 앞서 ㉠ 연구 대상자가 응답 중단을 요청할 경우 즉각 조사가 중단된다고 설명하였다. 갑은 실제로 조사 진행 중 응답 중단을 요청하는 노인들에 대해 조사를 중단하고 ㉡ 해당 답변 자료를 폐기하였다. 노인들이 연구 목적을 알게 되면 연구에 영향을 미친다고 판단한 갑은 ㉢ 연구 결과를 발표한 후에도 연구 대상자에게 연구 목적을 알리지 않았다. 갑은 자신이 발표한 연구 논문에 관심을 가진 □□ 기업이 연구 자료를 요청하자, 연구비 지원을 받는 대가로 ㉣ 연구 대상자의 개인 정보를 삭제하고 나머지 모든 연구 자료를 제공하였다.

보기

ㄱ. ㉠은 연구 대상자의 자발적 참여를 보장한 것이므로 연구 윤리에 위배되지 않는다.
ㄴ. ㉡은 연구 자료 조작이라고 볼 수 없으므로 연구 윤리에 위배되지 않는다.
ㄷ. ㉢은 연구 자료의 객관성을 보장하기 위한 것이므로 연구 윤리에 위배되지 않는다.
ㄹ. ㉣은 연구 대상자의 익명성을 보장한 것이므로 연구 윤리에 위배되지 않는다.

① ㄱ, ㄴ　　② ㄱ, ㄷ　　③ ㄴ, ㄷ　　④ ㄴ, ㄹ　　⑤ ㄷ, ㄹ

7
[2021년 7월 학평 4번]

다음 사례를 연구 윤리 측면에서 평가한 진술로 가장 적절한 것은?

갑은 노동자의 권리 이해 정도가 노동권 침해 상황 대처에 미치는 영향을 연구하고자 하였다. 이를 위해 공개적으로 모집한 노동자들에게 연구 목적과 방법을 설명한 후, 참여 의사를 밝힌 노동자에게 설문 자료를 수집하였다. 자료 분석 결과, 변수 간의 상관관계가 명확하지 않아 연구 대상 범위를 근로 경력이 1년 이상인 참가자만으로 조정하고 수집된 자료를 재분석하였다. 이후 정부 연구 기관의 요청이 있어 연구 내용의 신뢰도 제고를 위해 연구 참가자 명단과 주소를 포함한 연구 결과를 제공하였다.

① 비윤리적인 연구 주제를 선정하였다.
② 연구 과정에서 수집된 개인 정보를 유출하였다.
③ 연구 대상에게 연구 관련 정보를 사전에 제공하지 않았다.
④ 사회에 미칠 부정적인 영향을 고려하여 자료를 조작하였다.
⑤ 연구 목적 달성을 위해 연구 대상자의 자발적 참여를 제한하였다.

8
[2025년 3월 학평 14번]

다음 자료에 나타난 연구 윤리상의 문제점을 지적한 내용으로 가장 적절한 것은?

갑은 인간의 공포심이 후천적으로 형성되는지를 연구하기 위해 생후 10개월 된 아기 A를 대상으로 공포 조성 실험을 하였다. 갑은 A에게 강아지와 같은 털 달린 동물을 차례대로 보여 주면서 동시에 쇠막대를 망치로 두들겨 A를 깜짝 놀라게 하는 과정을 반복하였다. 그 결과 A는 털 달린 다른 동물뿐만 아니라 비슷하게 생긴 물건만 보아도 울음을 터트리는 등 공포를 느끼는 반응을 보였다.

① 연구 목적이 비윤리적이다.
② 연구 대상자의 익명성을 보장하지 않았다.
③ 의도한 결론을 얻기 위해 자료를 조작하였다.
④ 연구 대상자의 인권과 안전을 고려하지 않았다.
⑤ 수집한 자료를 연구 목적 이외의 용도로 활용하였다.

9　　[2021학년도 9월 모평 4번]

(가), (나)를 연구 윤리 측면에서 평가한 진술로 가장 적절한 것은? 

> (가) 연구자 갑은 폭력물 시청이 정서에 미치는 영향을 알아보고자
> 하였다. 모집 공고를 읽고 지원한 실험 대상자를 두 집단으로
> 나누어 한 집단에는 자극적인 폭력물, 다른 집단에는 가족
> 드라마를 보여 주었다. 이 과정에서 폭력물을 시청하던
> 일부가 스트레스를 호소하며 실험 중단을 요청하였으나,
> 갑은 이를 허락하지 않고 실험을 계속 진행하였다.
>
> (나) 연구자 을은 공공시설 낙서 행위에 대한 연구를 위해
> 몰래카메라를 활용하여 낙서 행위자의 행동을 기록·
> 분석하였다. 추가 정보를 얻기 위해 낙서 행위자의 차량
> 번호를 기록하고 관계 기관을 통해 그들의 이름과 거주지
> 등을 추적하여 개인 정보를 수집하였다.

① (가)에서는 연구 과정에서 수집된 개인 정보를 동의 없이 연구에
　활용하였다.
② (가)에서는 연구 과정에서 알게 된 연구 대상자의 비밀을
　보호해야 하는 의무를 준수하지 않았다.
③ (나)에서는 연구 대상자에게 자발적 참여 기회가 주어지지 않았다.
④ (나)에서는 연구 결과의 공표가 연구자에게 미칠 악영향을
　고려하여 연구 내용을 왜곡하였다.
⑤ (가), (나) 모두에서 연구자가 예측하지 못한 해로운 영향이 연구
　과정에서 발생함을 인지하고도 연구를 즉시 중단하지 않았다.

10　　[2021학년도 수능 13번]

다음 사례를 연구 윤리 측면에서 평가한 진술로 가장 적절한 것은?

> 청소년의 팬덤 활동에 부정적이었던 갑은 중학생의 팬덤
> 활동이 소비 행태에 미치는 영향을 연구하였다. 갑은 연구 대상
> 중학생과 그 보호자의 동의를 받고 질문지 조사를 실시하였다.
> 그 후 추가 조사에 대한 설명 없이 연구 대상 중 특정 학생들에게
> 심층 면접을 실시하여 자료를 수집하였다. 갑은 가설 검증을
> 위해 무성의하게 응답한 일부 자료를 제외하고 분석하였으며,
> 그 결과 가설이 수용되었다. 이후 갑은 방송에 출연하여 연구
> 결과를 설명하였다.

① 개인적 이해관계를 반영하여 자료를 선별하였다.
② 면접 과정에서 연구 대상의 익명성을 보장하지 않았다.
③ 자료 수집에 대한 충분한 정보를 연구 대상에게 제공하지 않았다.
④ 연구 대상에게 미칠 불이익을 고려하지 않고 연구 결과를
　공표하였다.
⑤ 자료 분석 과정에서 사회에 미칠 부정적 영향을 고려하여 자료를
　조작하였다.

11　　[2018년 7월 학평 6번]

다음 사례를 연구 윤리 측면에서 평가한 것으로 가장 적절한 것은?

> 갑은 빅데이터 활용 수업에 대한 교사들의 인식을 연구하기로
> 하였다. 이를 위해 교사들에게 연구와 관련된 정보를 제공한
> 후, 희망자를 대상으로 설문 조사를 실시하였다. 그중에서
> 자신의 가설에 부합하는 자료만을 선별하여 분석하였고, 연구
> 대상자 명단과 함께 그 결과를 발표하였다.

① 연구 결과를 연구 외의 목적으로 유출하였다.
② 자료 분석 단계에서 자의적으로 자료를 선별하였다.
③ 연구 대상자의 자발적 동의 없이 연구가 진행되었다.
④ 결과 발표 단계에서 연구 대상자의 익명성을 보장하였다.
⑤ 다른 연구자의 연구를 활용하면서 출처를 밝히지 않았다.

12　　[2018학년도 6월 모평 2번]

**다음 사례를 연구 윤리 측면에서 적절하게 평가한 것만을 〈보기〉에
서 있는 대로 고른 것은?** 3점

> ○ 독신세 부과를 주장하던 갑은 독신세 도입에 대한 미혼자의
> 인식을 연구하였다. 결혼에 호의적인 미혼자를 대상으로 조
> 사하여, 해당 자료를 엄격하게 분석한 후 75%가 독신세 부
> 과에 찬성한다는 결과를 발표하고 독신세 도입을 촉구하였
> 다. 이후 결혼 정보 회사를 운영하는 친구의 요청으로 연구
> 결과와 함께 연구 대상의 개인 정보를 제공하였다.
>
> ○ 특정 기업의 주식을 소유한 을은 해당 기업의 주가 변동 예
> 측 연구를 진행하였다. 해당 기업의 주식 관련 자료를 모두
> 수집한 후 주가 상승을 예측한 자료만 분석하여, 그중에 주
> 가 상승 폭이 최대치로 예측된 분석 내용을 근거 자료로 제
> 시하면서 해당 기업의 주가가 단기간에 대폭 상승할 것이라
> 고 결과를 발표하였다.

> **보기**
>
> ㄱ. 자료 수집 단계에서 갑은 을과 달리 의도적으로 왜곡된 자
> 　료 수집을 하였다.
> ㄴ. 자료 분석 단계에서 을은 갑과 달리 고의로 자료를 선별하
> 　여 분석하였다.
> ㄷ. 결과 발표 단계에서 갑, 을 모두 자신의 이익을 추구하기 위
> 　해 분석 결과의 일부를 은폐하여 발표하였다.
> ㄹ. 을은 갑과 달리 수집한 자료를 연구 외의 목적으로 유출하
> 　였다.

① ㄱ, ㄴ　　　　② ㄱ, ㄹ　　　　③ ㄷ, ㄹ
④ ㄱ, ㄴ, ㄷ　　　⑤ ㄴ, ㄷ, ㄹ

13

다음 사례에 나타난 연구 윤리상의 문제점으로 가장 적절한 것은?

> 연구자 갑은 15세 이용가로 분류된 특정 게임들이 청소년에게 해로울 수 있다는 여러 전문가들의 의견을 접하고, 이 게임들의 선정성·폭력성·사행성 정도를 확인하기로 하였다. 이에 갑은 모집 공고를 보고 자원한 청소년 50명과 성인 50명에게 2주간 매일 8시간씩 해당 게임들을 일정에 따라 실행하도록 한 후, 이 게임들에 대한 30개 평가 항목에 응답하게 하였다. 갑은 무성의하게 응답한 일부 자료를 제외하고 분석한 연구 결과를 게임 관련 학회에서 발표하였다.

① 연구 결과를 연구 외의 목적으로 사용하였다.
② 개인적 이해관계를 반영하여 자료를 선별하였다.
③ 출처를 밝히지 않고 다른 사람의 연구 결과를 인용하였다.
④ 결과 발표 단계에서 연구 대상자의 익명성을 보장하지 않았다.
⑤ 연구 대상자에게 부정적 영향을 끼칠 수 있는 연구를 시행하였다.

14

다음 사례를 연구 윤리 측면에서 평가한 진술로 가장 적절한 것은?

> 연구자 갑은 ○○ 장르 음악 청취와 암기력 간의 상관관계를 연구하기 위해 연구 목적 등 연구 관련 정보를 모두 공지하고 성인 연구 대상자 80명을 모집하였다. 갑은 자원한 80명에게 일주일 동안 매일 1시간씩 정해진 장소에서 ○○ 장르 음악을 들으며 무작위로 조합된 단어를 암기하도록 하였다. 이 과정에서 일부 연구 대상자들이 음악 청취로 인해 두통을 호소하며 실험 참여 중단을 요구하자 갑은 그들을 즉각 실험 참여에서 제외하였다. 갑은 자료 분석 과정에서 가설에 부합하지 않는 결과가 나오자 암기력 점수가 높게 나타난 데이터만 골라 보고서를 작성하면서 연구 대상자들의 이름을 포함한 개인 정보를 제외하고 연구 결과를 발표하였다. 이후 음악 관련 기업이 금전적 보상을 제안하며 갑이 수집한 자료를 요청하였으나 갑은 이를 거절하였다.

① 다른 연구자의 연구 성과를 도용하였다.
② 연구 대상자의 익명성을 보장하지 않았다.
③ 수집한 자료를 연구 외의 목적으로 유출하였다.
④ 자료를 자의적으로 선별하여 결과를 왜곡하였다.
⑤ 연구 대상자의 자발적인 참여를 보장하지 않았다.

15

갑, 을의 연구에 대한 설명으로 가장 적절한 것은?

> 갑은 '온라인 수업에 나타난 교사와 학생 간 상호 작용'을 주제로 연구를 수행하기 위해 수도권 소재 3개 초등학교의 교사와 학생들을 연구 대상자로 선정하였다. 갑은 수업 담당 교사의 동의를 얻어, 학생들이 눈치채지 못하도록 온라인 수업에 접속하여 수업 장면을 관찰하였다.
>
> 을은 '고등학생의 학생 자치활동 참여 경험과 시민 의식 간의 관계'를 주제로 연구를 수행하기 위해 ○○ 고등학교장의 추천을 받은 남녀 학생 300명을 대상으로 설문 조사를 하였다. 이후 을은 연구 대상자의 실명이 포함된 응답 자료를 유사 연구에 착수한 동료 학자에게 제공하였다.

① 갑은 수집된 자료를 임의로 조작하였다.
② 을은 연구 대상자의 개인 정보를 유출하였다.
③ 갑은 을과 달리 연구 자료를 연구 이외의 목적으로 사용하였다.
④ 을은 갑과 달리 연구 대상자의 사전 동의를 얻지 않고 자료를 수집하였다.
⑤ 갑과 을의 연구는 모두 표본의 대표성을 확보하였다.

II. 개인과 사회 구조

1. 개인과 사회의 관계를 바라보는 관점

★수능에 나오는 필수 개념 2가지 + 필수 암기사항 2개

필수개념 1 사회 실재론

• 사회 실재론 **암기** → 사회 실재론의 각 내용과 특징은 제시문과 선지로 자주 출제된다. 핵심 키워드를 중심으로 반드시 암기해 두도록 한다.

기본 전제	• 사회는 개인들 외부에 실제로 존재하며, 독자적인 특징을 가짐 • 사회는 개인들의 총합 그 이상이며, 개인은 사회의 구성 요소에 불과함
주요 내용	• 사회는 개인의 사고와 행동을 구속하는 실체로, 개인보다 우월 • 사회 전체(집단)의 이익을 개인의 이익보다 우선시함 • 사회 문제가 개인의 잘못된 행동을 일으키므로, 사회 문제 해결에 개인의 의식보다 사회 구조 개선이 선행되어야 함
장점	• 사회가 개인의 사고와 행동에 영향을 끼친다는 것을 설명할 수 있음 • 사회 통합에 기여할 수 있음
한계	• 인간의 주체적이고 능동적인 사고와 행위의 측면을 간과함 • 전체를 위해 개인의 희생을 강요하거나 정당화함
관련 이론	사회 유기체설, 전체주의 등

필수개념 2 사회 명목론

• 사회 명목론 **암기** → 사회 명목론 역시 사회 실재론과 마찬가지로 수능과 모의고사에 자주 출제되므로 핵심 키워드를 중심으로 반드시 암기하여야 한다.

기본 전제	• 사회는 개인들의 집합체에 붙여진 이름이고, 실제로 존재하지 않음 • 사회는 개인의 이익을 실현시켜 주는 수단에 불과함
주요 내용	• 개인의 행동은 사회와 관계없이 자신의 의지에 따라 결정됨 • 사회 전체(집단)의 이익보다 개인의 이익을 우선시함 • 개인의 잘못된 행동이 사회 문제를 일으키므로, 사회 문제 해결에 사회 구조보다 개인의 의식 개선이 선행되어야 함
장점	개인을 사회를 구성하는 능동적이고 자율적인 존재로 인정함
한계	• 극단적 개인주의로 빠질 수 있음 • 사회 제도 또는 사회 구조가 개인 행위에 끼치는 영향력을 간과함
관련 이론	사회 계약설, 개인주의, 자유주의 등

기본자료

▶ 사회 유기체설
사회를 생물 유기체에 비유하여 체계적으로 설명하는 견해이다. 즉, 사회를 생물 유기체에, 개인을 생물 유기체의 각 기관에 비유하면서, 사회 구성원으로서의 개인은 저마다의 역할을 수행하지만 사회를 떠나서는 존재할 수 없다고 본다.

▶ 사회 계약설
사회는 개인들이 계약을 맺어 만들어 낸 것으로 계약을 맺은 개인의 자유 의지에 따라 국가를 비롯한 정치적 제도는 그 존재가 좌우된다는 이론이다.

그림은 질문을 통해 개인과 사회의 관계를 바라보는 관점 A, B를 구분한 것이다. 이에 대한 설명으로 옳은 것은?

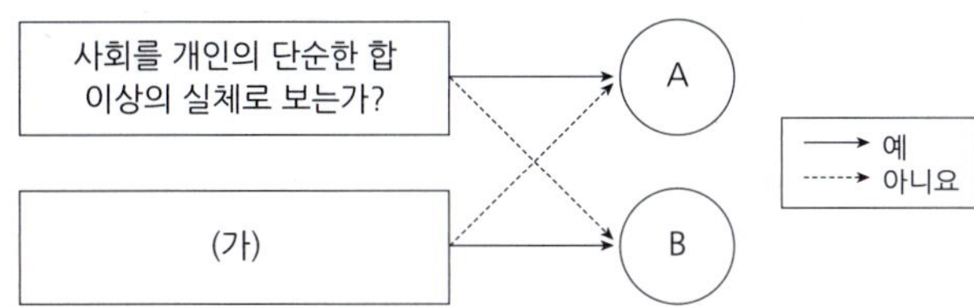

① A는 사회 문제의 해결 방안으로 제도 개선보다 의식 개선을 중시한다.
② B는 사회가 개인에 대하여 외재성을 갖는다고 본다.
③ A는 B와 달리 사회의 특성이 구성원들의 특성으로 환원될 수 있다고 본다.
④ B는 A와 달리 사회 전체의 이익이 개인별 이익의 총합에 불과하다고 본다.
⑤ (가)에 '사회가 개인의 자유와 권리를 보장하기 위한 수단이라고 보는가?'가 들어갈 수 없다.

개인과 사회의 관계를 바라보는 갑, 을의 관점에 대한 옳은 설명만을 〈보기〉에서 고른 것은?

보기
ㄱ. 갑의 관점은 개인이 사회 속에서만 존재 의미를 가진다고 본다.
ㄴ. 갑의 관점은 개인이 옳다고 믿기에 사회 규범이 존재한다고 본다.
ㄷ. 을의 관점은 사회가 구성원들에게 외재성을 갖는다고 본다.
ㄹ. 을의 관점은 사회가 개인의 이익 실현을 위한 수단에 불과하다고 본다.

① ㄱ, ㄴ　　② ㄱ, ㄷ　　③ ㄴ, ㄷ　　④ ㄴ, ㄹ　　⑤ ㄷ, ㄹ

다음 글에 나타난 개인과 사회의 관계를 바라보는 관점에 대한 옳은 설명만을 〈보기〉에서 고른 것은?

사회학은 사회적 사실을 연구하는 과학이다. 법, 규범, 문화, 종교 등과 같은 사회적 사실은 개인의 사고와 행동을 구속하는 실체로서 개인의 외부에 지속적으로 존재한다.

보기
ㄱ. 개인이 주체적이고 능동적인 존재임을 강조한다.
ㄴ. 사회의 속성은 개인의 속성으로 환원할 수 없다고 본다.
ㄷ. 사회는 개인의 이익 실현을 위한 수단에 불과하다고 본다.
ㄹ. 사회 문제 해결책으로 의식 개선보다 제도 개혁을 중시한다.

① ㄱ, ㄴ　　② ㄱ, ㄷ　　③ ㄴ, ㄷ　　④ ㄴ, ㄹ　　⑤ ㄷ, ㄹ

다음 글에 나타난 개인과 사회의 관계를 바라보는 관점에 대한 옳은 설명만을 〈보기〉에서 고른 것은?

사회학의 지적 관심은 사회적 사실에 있다. 사회적 사실은 단순히 개인적 사실을 모아 놓은 것과는 근본적으로 다른 성격을 지닌 고유한 대상이다. 법, 관습, 종교 생활, 화폐 체계와 같은 사회적 사실은 개인적 사실만을 통해서는 발견될 수 없다.

보기
ㄱ. 사회를 개인의 외부에 존재하는 독자적인 실체로 본다.
ㄴ. 사회는 개인의 이익을 실현하기 위한 수단이라고 본다.
ㄷ. 사회의 특성이 개인의 특성으로 환원될 수 없다고 본다.
ㄹ. 사회는 개인의 자율적인 의지에 의해 만들어진다고 본다.

① ㄱ, ㄴ　　② ㄱ, ㄷ　　③ ㄴ, ㄷ　　④ ㄴ, ㄹ　　⑤ ㄷ, ㄹ

다음 글에서 개인과 사회의 관계를 바라보는 필자의 관점에 대한 옳은 설명만을 〈보기〉에서 고른 것은? **3점**

> 의례는 삶에서 일어나는 중요한 변화에 대응해야 할 때 구성원의 결속을 재확인시켜 준다. 예컨대 장례는 사회 구성원이 애도를 표현하고, 유족이 변화된 환경에 적응할 수 있게 도와주는 의미를 지닌다. 애도 행위는 단순히 개인의 마음에서 우러나는 자발적 행위가 아니라 구성원으로서 마땅히 따라야 할 사회적 규범에 의한 행위이다.

보기

ㄱ. 사회가 개인의 외부에 존재하는 실체라고 본다.
ㄴ. 개인은 사회에 의해 구조화된 행동을 한다고 본다.
ㄷ. 사회 규범은 개인들이 옳다고 믿기에 존재한다고 본다.
ㄹ. 사회의 속성을 개인의 속성으로 환원할 수 있다고 본다.

① ㄱ, ㄴ　　② ㄱ, ㄷ　　③ ㄴ, ㄷ　　④ ㄴ, ㄹ　　⑤ ㄷ, ㄹ

다음 자료에 나타난 개인과 사회의 관계를 바라보는 관점에 부합하는 진술만을 〈보기〉에서 고른 것은?

> 불평등한 사회 구조 속에서 개인은 자신에 대한 통제력을 상실한다. A국은 모든 주(州)에서 개인의 총기 소유를 허용하지만 총기로 인한 범죄 발생률이나 자살률은 큰 차이가 있다. 계층 간 빈부 격차가 심한 주(州)일수록 두 지표 모두가 상승하는 경향이 나타난 것이다. 이는 개인이 사회를 벗어날 수 없음을 의미한다.

보기

ㄱ. 개인의 발전은 곧 사회의 발전이다.
ㄴ. 개인의 속성은 사회의 속성이 반영된 결과이다.
ㄷ. 사회는 개인의 외부에 존재하는 독립적인 실체이다.
ㄹ. 사회 규범의 구속성보다 개인의 자율성이 우선된다.

① ㄱ, ㄴ　　② ㄱ, ㄷ　　③ ㄴ, ㄷ　　④ ㄴ, ㄹ　　⑤ ㄷ, ㄹ

다음 글에서 개인과 사회의 관계를 바라보는 필자의 관점에 대한 옳은 설명만을 〈보기〉에서 고른 것은?

> 개인은 그 자신이 목적이며 다른 어떤 것도 그에게는 아무 의미가 없다. 다만 개인은 자신의 욕구 충족을 위해 타인을 필요로 한다. 타인도 같은 이유로 다른 이가 필요하다. 이처럼 이기적인 개인 간 상호 작용의 결과로 사회가 형성되지만, 개인의 욕구가 충족되지 않을 때 그 사회는 해체된다.

보기

ㄱ. 사회의 속성은 개인의 속성에 의해 결정된다고 본다.
ㄴ. 사회 규범은 개인들이 옳다고 믿기에 존재한다고 본다.
ㄷ. 사회가 개인의 외부에 존재하는 독립적인 실체라고 본다.
ㄹ. 사회 규범의 구속력이 개인의 자율성보다 우선한다고 본다.

① ㄱ, ㄴ　　② ㄱ, ㄷ　　③ ㄴ, ㄷ　　④ ㄴ, ㄹ　　⑤ ㄷ, ㄹ

다음 글에서 개인과 사회의 관계를 바라보는 필자의 관점에 대한 옳은 설명만을 〈보기〉에서 고른 것은?

> 돈 자체가 가치를 지닌다는 믿음과 돈이 삶의 궁극적 목표라는 인식이 있다. 하지만 돈의 가치는 인간의 욕구에서 기인하는 심리적 사실에 불과하다. 돈은 인간이 그것을 갈망할 때 비로소 가치를 부여받는다. 또한 돈은 사회적 결사의 매개체일 뿐이다. 사람은 돈을 매개로 아름다운 사회를 만들 수도, 차별과 위선이 만연한 사회를 만들 수도 있다. 결국 돈의 가치는 상대적, 수단적인 것이다. 돈은 '더 나은 삶'에 도달하기 위한 다리에 불과하며, 인간은 다리에서 살아갈 수 없다.

보기

ㄱ. 사회의 속성을 개인의 속성으로 환원할 수 있다고 본다.
ㄴ. 사회는 개인의 이익을 실현해 주는 도구에 불과하다고 본다.
ㄷ. 사회는 개인의 외부에 존재하는 독자적인 실체라고 본다.
ㄹ. 사회의 구속력이 개인의 자유 의지보다 우위에 있다고 본다.

① ㄱ, ㄴ　　② ㄱ, ㄷ　　③ ㄴ, ㄷ　　④ ㄴ, ㄹ　　⑤ ㄷ, ㄹ

9

다음 글의 개인과 사회의 관계를 바라보는 관점에 대한 옳은 설명만을 <보기>에서 고른 것은?

> 축구팀의 성적에는 선수 개개인의 능력보다 팀워크가 중요하다. 비록 선수 개개인의 능력이 부족하더라도 팀은 얼마든지 좋은 성적을 낼 수 있다. 하나의 팀은 선수들의 총합 그 이상의 존재이기 때문이다. 개인과 사회의 관계도 이와 같다.

보기

ㄱ. 공익보다 개인의 이익을 중시한다.
ㄴ. 사회가 개인의 외부에 실제로 존재한다고 본다.
ㄷ. 개인이 자율성과 능동성을 지닌 존재임을 강조한다.
ㄹ. 사회의 특성은 구성원들의 특성으로 환원될 수 없다고 본다.

① ㄱ, ㄴ ② ㄱ, ㄷ ③ ㄴ, ㄷ ④ ㄴ, ㄹ ⑤ ㄷ, ㄹ

10

다음 글에 나타난 개인과 사회의 관계를 바라보는 관점에 대한 옳은 설명만을 <보기>에서 고른 것은? **3점**

> 한 사회의 개인들은 활발하게 상호 작용을 한다. 상호 작용의 상당 부분은 언어적 상징을 기반으로 이루어진다. 언어적 상징을 통한 상호 작용은 이미 부여된 규칙에 따라 이루어지며, 이러한 규칙은 일종의 무의식적 문화 체계로 작동한다. 결국 인간은 언어적 상징이라는 감옥에 갇힌 죄수인 셈이다.

보기

ㄱ. 개인은 사회에 의해 구조화된 행동을 한다고 본다.
ㄴ. 사회는 개인의 외부에서 독자적으로 작동한다고 본다.
ㄷ. 개인의 자율적 의지에 의해 사회 현상이 형성된다고 본다.
ㄹ. 사회는 개인의 이익 실현을 위한 수단에 불과하다고 본다.

① ㄱ, ㄴ ② ㄱ, ㄷ ③ ㄴ, ㄷ ④ ㄴ, ㄹ ⑤ ㄷ, ㄹ

11

자료는 개인과 사회의 관계를 바라보는 관점 A, B를 구분한 것이다. 이에 대한 설명으로 옳은 것은?

질문＼관점	A	B
사회가 개인의 외부에 독립적으로 실재한다고 보는가?	㉠	㉡
(가)	아니요	예

> A는 사회가 개인의 행동을 통제하기 때문에 사회 현상을 이해하기 위해서는 개별 행위자들의 특성을 파악하기보다 사회 자체가 갖고 있는 원리와 법칙을 찾아야 한다고 본다.

① ㉠은 '아니요', ㉡은 '예'가 적절하다.
② A는 B와 달리 사회 규범은 개인이 옳다고 믿기에 존재한다고 본다.
③ B는 A와 달리 전체를 위한 개인의 희생을 정당화할 우려가 있다.
④ 사회 문제의 해결책으로 A는 의식 개혁, B는 제도 개선을 강조한다.
⑤ (가)에는 "사회를 개인으로 환원하여 설명할 수 있다고 보는가?"가 적절하다.

12

다음 글의 개인과 사회의 관계를 바라보는 관점에 대한 옳은 설명만을 <보기>에서 고른 것은?

> 건물의 벽과 문이 사람이 드나드는 경로를 결정하듯이 개인의 외부에 존재하는 사회 구조가 개인의 행동 범위를 제약하고 그 한계를 설정한다.

보기

ㄱ. 사회가 개인에 비하여 우월한 존재라고 본다.
ㄴ. 사회가 고유한 특성을 지니며 실재한다고 본다.
ㄷ. 사적 이익의 총합이 곧 사회 전체의 이익이라고 본다.
ㄹ. 사회 문제 해결을 위해 제도 개선보다 의식 개선이 중요하다고 본다.

① ㄱ, ㄴ ② ㄱ, ㄷ ③ ㄴ, ㄷ ④ ㄴ, ㄹ ⑤ ㄷ, ㄹ

표는 개인과 사회의 관계를 바라보는 관점을 파악하기 위한 질문과 답변이다. 사회 명목론과 사회 실재론 중 하나의 입장에서 일관되게 응답한 학생은?

질문 \ 학생	갑	을	병	정	무
사회가 개인의 외부에 실제로 존재한다고 보는가?	×	×	○	×	○
사회의 특성이 개인의 특성으로 환원된다고 보는가?	○	×	×	○	○
개인이 사회에 의해 구조화된 행동을 한다고 보는가?	×	○	○	○	×
개인의 자유 의지가 사회의 구속력보다 우위에 있다고 보는가?	○	×	○	×	×

(○ : 예, × : 아니요)

① 갑　　② 을　　③ 병　　④ 정　　⑤ 무

개인과 사회의 관계를 바라보는 필자의 관점에 대한 옳은 설명만을 〈보기〉에서 고른 것은?

> 분업의 원인이 경제적 효용을 추구하는 인간의 선택이라고 주장하는 이들이 있다. 그러나 분업이라는 제도를 통해 얻게 되는 개인의 효용은 제도가 형성된 다음에야 비로소 존재하므로 제도 형성의 원인이 될 수 없다. 분업은 인구 규모와 인구 밀도의 증대에서 기인한다. 인구 증가와 집중으로 인해 경쟁이 격화되면 개인의 생존은 위협받게 된다. 분업은 사회 구성원 간 상호 의존성을 강화해 개인에게 가해지는 생존 압력을 평화적으로 해결하여 무질서와 사회 해체를 방지하는 사회 진화의 산물이다.

보기

ㄱ. 사회는 개인에 외재하며 독자적으로 작동한다고 본다.
ㄴ. 사회의 구속력이 개인의 자유 의지보다 우위에 있다고 본다.
ㄷ. 사회는 개인의 이익을 실현해 주는 수단에 불과하다고 본다.
ㄹ. 사회는 개인의 행위 지향과 그에 따른 결과를 통해서만 발전할 수 있다고 본다.

① ㄱ, ㄴ　　② ㄱ, ㄷ　　③ ㄴ, ㄷ　　④ ㄴ, ㄹ　　⑤ ㄷ, ㄹ

교사가 제시하고 있는 개인과 사회의 관계를 바라보는 관점에 대한 옳은 설명만을 〈보기〉에서 고른 것은?

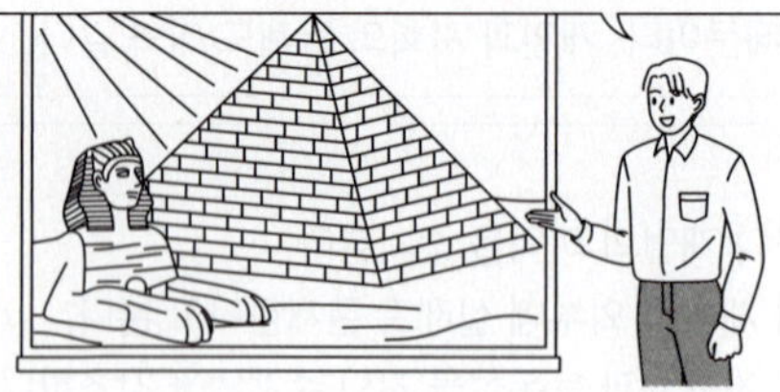

보기

ㄱ. 사회는 구성원들에게 외재성을 갖는다고 본다.
ㄴ. 개인은 사회에 의해 구조화된 행동을 한다고 본다.
ㄷ. 사회 규범의 구속성보다 개인의 능동성을 중시한다.
ㄹ. 사회의 속성은 개인의 속성으로 환원할 수 있다고 본다.

① ㄱ, ㄴ　　② ㄱ, ㄷ　　③ ㄴ, ㄷ　　④ ㄴ, ㄹ　　⑤ ㄷ, ㄹ

개인과 사회의 관계를 보는 갑, 을의 관점에 대한 옳은 설명만을 〈보기〉에서 고른 것은? **3점**

> **사회자** : 유권자들이 투표를 할 때 무엇을 고려해야 할까요?
> **갑** : 정당은 당원들이 모인 집합체에 불과하므로 후보자 개인의 자질을 고려해야 합니다.
> **을** : 정당은 고유한 특성이 있고, 후보자는 소속 정당의 영향을 받기 마련이므로 소속 정당을 보고 투표해야 합니다.

보기

ㄱ. 갑의 관점은 개인의 행동이 사회에 의해 구속된다고 본다.
ㄴ. 을의 관점은 사회를 개인의 외부에 실재하는 것으로 본다.
ㄷ. 갑의 관점은 을의 관점과 달리 공익이 개인적 이익의 총합을 가리키는 말에 불과하다고 본다.
ㄹ. 을의 관점은 갑의 관점과 달리 사회 문제 해결 시 제도 개혁보다 의식 개혁을 중시한다.

① ㄱ, ㄴ　　② ㄱ, ㄷ　　③ ㄴ, ㄷ　　④ ㄴ, ㄹ　　⑤ ㄷ, ㄹ

17

다음 글에서 강조하는 개인과 사회의 관계를 바라보는 관점에 대한 옳은 설명만을 <보기>에서 고른 것은? **3점**

> 많은 사람들이 정책 수립의 기준으로 '공동체의 이익'을 내세우며 공동체를 독립적 실체로 여긴다. 하지만 공동체란 허구적 개념으로, 이를 구성하는 개인들의 집합체에 불과하다. 따라서 '공동체의 이익'이라는 것도 결국 개개인의 이익을 모두 합한 것일 뿐이다.

보기

ㄱ. 사회의 구속성보다 개인의 능동성을 강조한다.
ㄴ. 개인은 사회 속에서만 존재 의미를 지닌다고 본다.
ㄷ. 사회 규범은 개인들이 옳다고 믿기에 존재한다고 본다.
ㄹ. 사회는 개인의 속성으로 환원할 수 없는 고유한 성격을 지닌다고 본다.

① ㄱ, ㄴ ② ㄱ, ㄷ ③ ㄴ, ㄷ ④ ㄴ, ㄹ ⑤ ㄷ, ㄹ

19

다음 글에 나타난 개인과 사회의 관계를 바라보는 관점에 대한 설명으로 옳은 것은?

> 내가 사용하는 기호 체계, 화폐 제도, 신용 도구는 모두 나와는 독립적으로 사회적 기능을 수행한다. 또한 내가 학생 또는 시민으로서 행하는 의무는 나의 행위에 외재하는 법과 관습으로 규정된 것을 수행하는 것이다. 이렇듯 사회는 나의 지각 범위 밖에 존재하며 나의 삶을 구조화한다.

① 개인의 발전은 곧 사회의 발전이라고 본다.
② 사회 규범의 구속성보다 개인의 자율성이 우선된다고 본다.
③ 사회 문제의 원인을 사회 제도보다 개인의 의식에서 찾는다.
④ 사회는 개인의 이익을 실현하기 위한 수단에 불과하다고 본다.
⑤ 개인은 사회 구조와의 관련 속에서만 존재 의미를 지닌다고 본다.

18

다음 글에 나타난 개인과 사회의 관계를 바라보는 관점에 대한 옳은 설명만을 <보기>에서 고른 것은?

> 우리가 사회라고 부르는 것이 개인과는 별개인 독립적 실체로서 존재하는가? 개방적인 개인들로 구성된 사회는 개방적인 사회가, 폐쇄적인 개인들로 구성된 사회는 폐쇄적인 사회가 될 뿐이다. 그렇기에 사회 현상에 대한 진정한 이해는 개인들의 속성에 대한 탐구를 통해서만 가능하다.

보기

ㄱ. 사회가 개인들의 총합에 불과하다고 본다.
ㄴ. 개인이 사회에 의해 구조화된 행동을 한다고 본다.
ㄷ. 개인이 자율성과 능동성을 지닌 존재임을 강조한다.
ㄹ. 사회가 개인의 외부에서 독자적으로 작동한다고 본다.

① ㄱ, ㄴ ② ㄱ, ㄷ ③ ㄴ, ㄷ ④ ㄴ, ㄹ ⑤ ㄷ, ㄹ

20 `2025 평가원`

다음 글에서 도출할 수 있는 개인과 사회의 관계를 바라보는 필자의 관점에 대한 옳은 설명만을 <보기>에서 고른 것은? **3점**

> 개인들은 한데 모이고 공동으로 행동한다. 하지만 사회는 공동 행동만으로 실현되지 않는다. 사회가 스스로를 실현하는 방법 중 하나는 종교적 상징을 세우는 것이다. 종교적 상징은 구성원들의 집합적 감정을 이끌어 내고, 이러한 감정은 개인들로 하여금 사회를 유지하게 하는 행동에 참여하게 만든다.

보기

ㄱ. 사회가 개인의 총합에 불과하다고 본다.
ㄴ. 사회가 개인의 외부에 존재하는 실체라고 본다.
ㄷ. 개인이 사회에 의해 구조화된 행동을 한다고 본다.
ㄹ. 사회 규범은 개인들이 옳다고 믿기에 존재한다고 본다.

① ㄱ, ㄴ ② ㄱ, ㄷ ③ ㄴ, ㄷ ④ ㄴ, ㄹ ⑤ ㄷ, ㄹ

21

개인과 사회의 관계를 바라보는 갑, 을의 관점에 대한 설명으로 옳은 것은?

① 갑의 관점은 개인이 사회 속에서만 존재의 의미를 갖는다고 본다.
② 을의 관점은 사회 문제의 해결책으로 제도의 개혁보다 개인의 의식 개선을 강조한다.
③ 갑의 관점은 을의 관점과 달리 사회의 특성이 개인의 특성으로 환원될 수 없다고 본다.
④ 을의 관점은 갑의 관점과 달리 사회가 개인의 외부에 실재한다고 본다.
⑤ 갑의 관점은 개인에 대한 사회의 구속성을, 을의 관점은 사회에 대한 개인의 자율성을 강조한다.

22

다음 글에 나타난 개인과 사회의 관계를 바라보는 관점에 부합하는 진술만을 〈보기〉에서 고른 것은?

> 나는 누군가의 자식이거나 사촌 또는 이모이다. 나는 어떤 단체의 구성원이자 도시의 시민이며 이 나라의 국민이다. 나는 내 가족, 내 도시, 내 나라의 역사로부터 적절한 기대와 의무를 물려받는다. 우리는 누구나 특정한 사회적 정체성을 지닌 사람으로서 자신을 둘러싼 환경을 이해한다.

보기
ㄱ. 개인은 사회에 의해 구조화된 행동을 한다.
ㄴ. 개인의 속성은 사회의 속성이 반영된 결과이다.
ㄷ. 개인의 자율적인 의지에 의해 사회가 형성된다.
ㄹ. 사회 현상은 개인의 행위나 심리 상태로 환원된다.

① ㄱ, ㄴ   ② ㄱ, ㄷ   ③ ㄴ, ㄷ   ④ ㄴ, ㄹ   ⑤ ㄷ, ㄹ

23

개인과 사회의 관계를 바라보는 관점 (가), (나)에 대한 옳은 설명만을 〈보기〉에서 고른 것은?

> (가) 경제 활동 방식과 같은 개인의 행위는 그가 속한 사회에 이미 존재하는 사회 체제에 의해 결정된다.
> (나) 경제 체제와 같은 사회 체제는 개인들의 협상에 의해 만들어진 약속 체계에 붙여진 이름에 불과하다.

보기
ㄱ. (가)는 사회를 떠난 개인이 존재 의미를 가질 수 없다고 본다.
ㄴ. (나)는 공익이 개개인의 이익의 총합과 같다고 본다.
ㄷ. (가)는 (나)와 달리 사회의 특성이 개개인의 특성으로 환원될 수 있다고 본다.
ㄹ. (가)는 개인의 의식에서, (나)는 사회 구조에서 사회 문제의 원인을 찾는다.

① ㄱ, ㄴ   ② ㄱ, ㄷ   ③ ㄴ, ㄷ   ④ ㄴ, ㄹ   ⑤ ㄷ, ㄹ

24

다음 글에서 개인과 사회의 관계를 바라보는 필자의 관점에 대한 옳은 설명만을 〈보기〉에서 고른 것은?

> 우리 사회에서 디지털 기기의 활용이 확대되는 것은 개인이 편리함을 추구하기 때문이라는 주장이 있다. 하지만 이러한 주장은 개인의 사고와 행동이 개인의 외부에 존재하는 실체인 사회에 의해 구속된다는 점을 간과한 것이다. 개인이 디지털 기기에 의존하게 만드는 사회 구조에 주목해야 한다.

보기
ㄱ. 개인은 사회 속에서만 존재의 의미를 갖는다고 본다.
ㄴ. 사회 규범은 개인들이 옳다고 믿기에 존재한다고 본다.
ㄷ. 사회의 특성을 개인의 특성으로 환원할 수 없다고 본다.
ㄹ. 사회는 개인의 이익을 실현하는 도구에 불과하다고 본다.

① ㄱ, ㄴ   ② ㄱ, ㄷ   ③ ㄴ, ㄷ   ④ ㄴ, ㄹ   ⑤ ㄷ, ㄹ

25 2025 수능 [2025학년도 수능 12번]

다음 글에서 개인과 사회의 관계를 바라보는 필자의 관점에 대한 옳은 설명만을 〈보기〉에서 고른 것은?

> 계산적 심성은 개인들이 일상에서 결과를 예측하고 최선의 수단을 선택하여 합목적적으로 행동하도록 한다. 국가 관료제에 기반을 둔 행정과 로마법에 기초한 법률은 서구인들로 하여금 합목적적으로 행동하도록 하였다. 이렇게 서구 사회의 행정과 법률에 의해 만들어진 계산적 심성은 근대적 경제 성장을 이끌었다.

보기

ㄱ. 사회에 의해 개인은 구조화된 행동을 한다고 본다.
ㄴ. 사회의 속성은 개인의 속성에 의해 결정된다고 본다.
ㄷ. 사회는 개인 외부에 존재하는 독립적인 실체라고 본다.
ㄹ. 사회는 개인 이익을 실현해 주는 도구일 뿐이라고 본다.

① ㄱ, ㄴ ② ㄱ, ㄷ ③ ㄴ, ㄷ ④ ㄴ, ㄹ ⑤ ㄷ, ㄹ

26 [2022학년도 9월 모평 14번]

다음 글에서 도출할 수 있는 개인과 사회의 관계를 바라보는 관점에 대한 옳은 설명만을 〈보기〉에서 고른 것은?

> 비밀결사는 비밀을 공유하는 사람들이 다른 집단으로부터 자신들을 보호하기 위해 만드는 사회 형태이다. 비밀결사는 구성원 각각이 비밀을 발설하고 싶은 욕구에 대한 자기 통제와 상대방 역시 비밀을 발설하지 않을 것이라는 믿음을 기반으로 유지된다. 비밀은 언제든 외부로 새어 나갈 가능성이 높기에 비밀 공유를 조건으로 유지되는 상호 작용은 불안정하다. 이 때문에 비밀결사 구성원들은 비밀이 더 잘 지켜질 수 있도록 조직 구성원 간의 행위 지침을 만들며, 비밀을 다루는 권한의 정도에 따라 체계적인 위계를 세우기도 한다. 하지만 비밀 폭로 행위가 이루어지면 비밀결사는 급격히 해체된다.

보기

ㄱ. 개인은 사회 속에서만 존재 의미를 가진다고 본다.
ㄴ. 사회는 개인의 외부에서 독자적으로 작동한다고 본다.
ㄷ. 사회의 속성을 개인의 속성으로 환원할 수 있다고 본다.
ㄹ. 사회 문제의 원인을 사회 제도나 구조보다는 개인의 의식이나 행동에서 찾는다.

① ㄱ, ㄴ ② ㄱ, ㄷ ③ ㄴ, ㄷ ④ ㄴ, ㄹ ⑤ ㄷ, ㄹ

27 [2023년 3월 학평 3번]

다음 글에 나타난 개인과 사회의 관계를 바라보는 관점에 부합하는 진술만을 〈보기〉에서 고른 것은? **3점**

> 사회는 잘 비벼진 비빔밥, 개개인은 그 비빔밥의 재료들에 비유할 수 있다. 잘 비벼진 비빔밥은 개별 재료의 맛과 향을 넘어서는 특별한 풍미를 가지고 있다. 이와 마찬가지로 사회는 개개인의 특성을 초월한 고유의 특성을 지닌다.

보기

ㄱ. 사회는 개인의 외부에 실재한다.
ㄴ. 사회의 속성은 개개인의 속성으로 환원될 수 없다.
ㄷ. 개인의 자율성이 사회 규범의 구속성보다 우선한다.
ㄹ. 사회는 개인의 이익을 실현하기 위한 수단에 불과하다.

① ㄱ, ㄴ ② ㄱ, ㄷ ③ ㄴ, ㄷ ④ ㄴ, ㄹ ⑤ ㄷ, ㄹ

28 [2025년 3월 학평 5번]

다음은 수행평가에서 학생의 답안과 교사의 채점 결과이다. 이에 대한 옳은 설명만을 〈보기〉에서 고른 것은? (단, A, B는 각각 사회 명목론, 사회 실재론 중 하나임.) **3점**

〈수행평가〉

3학년 ○반 ○○○

○ A, B의 주장을 각각 2가지만 서술하시오.

구분	답안	점수
A	1. 사회는 개인의 외부에 실재한다. 2. 사회는 개인의 이익을 실현하는 도구에 불과하다.	㉠
B	1. 개인은 사회에 대하여 자율성을 갖는다. 2. ＿＿＿ (가) ＿＿＿	㉡

* 옳은 주장은 1개당 1점, 틀린 주장은 1개당 0점을 부여함.

보기

ㄱ. A가 사회 실재론이라면 ㉠은 2점이다.
ㄴ. B가 사회 명목론이라면 ㉡은 2점이 될 수 없다.
ㄷ. ㉡이 0점이라면 (가)에는 '사회는 구성원들의 합 이상의 존재이다.'가 들어갈 수 없다.
ㄹ. (가)가 '사회의 속성은 개인의 속성으로 환원될 수 있다.'이고 ㉡이 2점이라면 A는 사회 실재론이다.

① ㄱ, ㄴ ② ㄱ, ㄷ ③ ㄴ, ㄷ ④ ㄴ, ㄹ ⑤ ㄷ, ㄹ

다음에 나타난 개인과 사회의 관계를 바라보는 관점에 부합하는
진술만을 〈보기〉에서 고른 것은? 3점

> 　　개인의 성격 및 행동 양상은 그가 어떤 집단 속에 있는가에
> 따라 달라진다. 학교나 직장에서는 온건하게 행동하던 사람도
> 운동 경기 응원단이나 시위대의 일원이 되면 자신도 모르게
> 목청껏 구호를 외치거나 과격한 행동까지도 서슴지 않는다.
> 이와 같이 개인의 고유한 심성이라는 것은 존재하지 않으며,
> 사회 집단에 의하여 개인의 태도나 행동이 결정된다.

보기

ㄱ. 개인의 능동성이 사회의 구속성보다 우선한다.
ㄴ. 사회는 개인 외부에 존재하는 독립적 실체이다.
ㄷ. 사회의 속성은 개인의 속성으로 환원될 수 없다.
ㄹ. 사회 문제는 제도 개혁보다 의식 개선으로 해결할 수 있다.

① ㄱ, ㄴ　　② ㄱ, ㄷ　　③ ㄴ, ㄷ　　④ ㄴ, ㄹ　　⑤ ㄷ, ㄹ

다음 글에서 개인과 사회의 관계를 바라보는 필자의 관점에 대한
옳은 설명만을 〈보기〉에서 있는 대로 고른 것은?

> 　　우리 사회를 구성하는 개인은 공평한 관망자로 볼 수 있다.
> 공평한 관망자는 공감력과 상상력을 갖춘 이상적 존재로서
> 다른 사람들의 욕구를 자신의 욕구인 것처럼 경험하고 동일화할
> 수 있는 완전히 합리적인 개인이다. 사회는 개인으로 구성된 또
> 다른 거대한 개인에 불과하며, 개인 내의 각 부분이 갈등하지
> 않는 것처럼 거대한 개인의 부분도 갈등하지 않는다.

보기

ㄱ. 사회에 의해 개인은 구조화된 행동을 한다고 본다.
ㄴ. 사회의 속성을 개인의 속성으로 환원할 수 있다고 본다.
ㄷ. 사회는 개인의 외부에 존재하는 독자적인 실체라고 본다.

① ㄱ　　② ㄴ　　③ ㄱ, ㄷ　　④ ㄴ, ㄷ　　⑤ ㄱ, ㄴ, ㄷ

개인과 사회의 관계를 바라보는 관점 (가), (나)에 대한 옳은 설명만을
〈보기〉에서 고른 것은?

> (가) 사회는 그 자체로 고유한 성격을 가진다. 개인은 사회가
> 　　　요구하는 행동 방식에 순응하면서 사회적 존재가 된다.
> (나) 개인은 자율적 존재이다. 사회는 다양한 개인의 행동 방식이
> 　　　반영된 결과물일 뿐이다.

보기

ㄱ. (가)는 사회는 개인의 총합에 불과하다고 본다.
ㄴ. (가)는 사회는 구성원들에게 외재성을 갖는다고 본다.
ㄷ. (나)는 개인의 속성은 사회의 속성이 반영된 결과라고 본다.
ㄹ. (나)는 사회 규범은 개인들이 옳다고 믿기에 존재한다고
　　본다.

① ㄱ, ㄴ　　② ㄱ, ㄷ　　③ ㄴ, ㄷ　　④ ㄴ, ㄹ　　⑤ ㄷ, ㄹ

다음 자료의 A, B에 대한 옳은 설명만을 〈보기〉에서 고른 것은? (단,
A와 B는 각각 사회 명목론과 사회 실재론 중 하나이다.)

> ○ 서술형 문항 : A와 다른 B의 주장을 3개 서술하시오. (옳은
> 　　주장 1개당 1점이고, 틀린 주장은 0점임.)
> ○ 학생 갑의 서술 내용과 채점 결과

답란	점수
개인은 사회에 대하여 자율성을 갖는다.	
사회는 개인의 외부에 실재한다.	2점
사회의 특성이 구성원들의 특성으로 환원될 수 있다.	

보기

ㄱ. A는 사회가 개인보다 우월한 가치를 지닌다고 본다.
ㄴ. B는 사회를 떠난 개인은 존재 의미를 갖기 어렵다고 본다.
ㄷ. A는 B와 달리 사회 문제 해결책으로 제도 개선을 강조한다.
ㄹ. B는 A와 달리 극단적일 경우 전체주의로 이어질 수 있다.

① ㄱ, ㄴ　　② ㄱ, ㄷ　　③ ㄴ, ㄷ　　④ ㄴ, ㄹ　　⑤ ㄷ, ㄹ

---

33 2024 평가원 [2024학년도 6월 모평 7번]

다음 글에 나타난 개인과 사회의 관계를 바라보는 관점에 대한 옳은 설명만을 〈보기〉에서 고른 것은? 3점

사회는 개인의 주관적인 의식 세계를 초월하여 개인의 외부에 객관적으로 존재한다. 또한 사회는 그 자체 논리에 따른 질서와 구조를 가지며 이를 통하여 개인의 행동에 영향을 미친다.

보기
ㄱ. 개인이 주체적이고 능동적인 존재임을 강조한다.
ㄴ. 사회 구조에 대한 개인의 불가항력성을 강조한다.
ㄷ. 사회의 속성은 개인의 속성에 의해 결정된다고 본다.
ㄹ. 사회 문제의 발생 원인을 개인의 의식보다 사회 제도와
　구조에서 찾는다.

① ㄱ, ㄴ　　② ㄱ, ㄷ　　③ ㄴ, ㄷ　　④ ㄴ, ㄹ　　⑤ ㄷ, ㄹ

35 [2022년 10월 학평 17번]

다음 글에 나타난 개인과 사회의 관계를 바라보는 관점에 부합하는 진술만을 〈보기〉에서 고른 것은?

아무리 내성적이고 과묵한 사람이라 할지라도 적극적이고 활동적인 태도를 요구하는 집단의 구성원이 되면 차츰 외향적으로 변해가기 마련이다. 이처럼 개개인의 성향도 그가 속한 사회의 영향을 받아 결정된다.

보기
ㄱ. 개인의 사고와 행동은 사회에 의해 구속된다.
ㄴ. 개인은 자율적으로 행동하는 능동적 존재이다.
ㄷ. 사회는 개인의 외부에서 독자적으로 작동한다.
ㄹ. 사회의 속성은 개개인의 속성으로 환원될 수 있다.

① ㄱ, ㄴ　　② ㄱ, ㄷ　　③ ㄴ, ㄷ　　④ ㄴ, ㄹ　　⑤ ㄷ, ㄹ

34 [2024년 7월 학평 6번]

다음 글에서 개인과 사회의 관계를 바라보는 필자의 관점에 대한 옳은 설명만을 〈보기〉에서 고른 것은?

시대와 나라에 따라 강도는 다르지만 어떤 때는 결혼에, 또 다른 경우에는 자살에 영향을 미치며, 출생률을 높이기도 하고 악화시키기도 하는 몇몇 여론의 흐름들이 존재한다. 만일 인구가 시골에 분산되는 것이 아니라 도시로 몰려온다면 그것은 개인으로 하여금 이러한 집중에 참여하도록 만드는 집합적인 충동이 있기 때문이다. 결국 개인은 이러한 사회적 압력으로부터 자유로울 수 없다.

보기
ㄱ. 사회 구조에 대한 개인의 불가항력성을 강조한다.
ㄴ. 사회 규범은 개인들이 옳다고 믿기에 존재한다고 본다.
ㄷ. 사회의 특성이 개인의 특성으로 환원될 수 없다고 본다.
ㄹ. 사회는 개인의 이익 실현을 위한 수단에 불과하다고 본다.

① ㄱ, ㄴ　　② ㄱ, ㄷ　　③ ㄴ, ㄷ　　④ ㄴ, ㄹ　　⑤ ㄷ, ㄹ

36 2025 평가원 [2025학년도 9월 모평 2번]

다음 글에서 개인과 사회의 관계를 바라보는 필자의 관점에 대한 옳은 설명만을 〈보기〉에서 고른 것은?

어떤 사람이 자신의 자연적 자유를 포기하고 사회의 구속을 받아들일 유일한 방도는 공동체에 속하지 않는 자들로부터 재산을 지키고 좀 더 많은 안전과 평화를 확보하기 위해 공동체를 결성하기로 합의하는 것뿐입니다.

보기
ㄱ. 개인은 사회 속에서만 존재의 의미를 가진다고 본다.
ㄴ. 개인이 옳다고 믿기에 사회 규범이 존재한다고 본다.
ㄷ. 사회는 개인의 외부에서 독자적으로 작동한다고 본다.
ㄹ. 사회의 속성을 개인의 속성으로 환원할 수 있다고 본다.

① ㄱ, ㄴ　　② ㄱ, ㄷ　　③ ㄴ, ㄷ　　④ ㄴ, ㄹ　　⑤ ㄷ, ㄹ

다음 글에서 개인과 사회의 관계를 바라보는 필자의 관점에 대한 옳은 설명만을 <보기>에서 고른 것은?

> 인간은 왜 제도의 명령에 복종하는가? 이것은 '자기기만'으로 설명할 수 있다. 자기기만은 실제로는 자발적인 것을 필연인 것처럼 스스로 가장하는 것이다. 인간은 사회적 역할들의 복합체 속에서 선택의 여지가 없다고 자기기만을 하며 제도의 명령을 맹목적으로 수행하는 경향이 있다. 우리는 자기기만을 의식함으로써 사회적 존재로서 인간의 무한한 불안정성과 함께 선택의 가능성을 발견하게 된다.

보기

ㄱ. 사회가 개인의 속성으로 환원될 수 있다고 본다.
ㄴ. 개인이 사회에 의해 구조화된 행동을 한다고 본다.
ㄷ. 사회는 개인이 옳다고 믿는 규범 속에서 작동한다고 본다.
ㄹ. 개인이 사회 체계 내에서만 존재의 의미를 가진다고 본다.

① ㄱ, ㄴ   ② ㄱ, ㄷ   ③ ㄴ, ㄷ   ④ ㄴ, ㄹ   ⑤ ㄷ, ㄹ

개인과 사회의 관계를 바라보는 갑, 을의 관점에 대한 설명으로 옳은 것은?

> 갑 : 사회에 대한 참다운 이론은 그 구성원인 개인들의 본성을 탐구하는 것 이외의 방법으로 얻어질 수 없다. 단위들의 속성이 전체 모임의 속성을 결정하는 것이다.
>
> 을 : 개인적인 생활 규칙들을 모아 놓은 것이 사회적 규칙이 될 수 없다. 법, 관습 등과 같은 사회적 사실들은 개인의 심리로부터 발견될 수 없는 개인 외부의 실재이다.

① 갑의 관점은 사회의 특성이 개인의 특성으로 환원될 수 있다고 본다.
② 갑의 관점은 사회 전체의 이익을 명분으로 개인의 희생을 강요할 우려가 있다.
③ 을의 관점은 개인이 자율적이고 능동적인 존재임을 강조한다.
④ 을의 관점은 사회 문제의 해결책으로 제도 개혁보다 개인의 의식 개선을 강조한다.
⑤ 을의 관점과 달리 갑의 관점은 개인이 사회에 의해 구조화된 행동을 한다고 본다.

다음 글에서 개인과 사회의 관계를 바라보는 필자의 관점에 대한 옳은 설명만을 <보기>에서 고른 것은? **3점**

> 개인은 많은 활동을 한다. 그것도 자신이 원해서 그러한 일을 시작한다. 그리고 많은 시간 동안 자신이 하도록 되어 있는 일들도 한다. 원하는 일과 주어진 일이 일치할 때는 사회에 얽매여 있다는 것을 개인은 알지 못한다. 그런데 주어진 일에서 벗어나고 싶다고 느끼는 순간, 개인은 비로소 자신이 사회에 얽매여 있다는 것을 깨닫게 된다. 이는 개인이 인식하는 경계 너머에는 늘 개인의 활동에 사회가 깊숙이 자리하고 있음을 시사한다.

보기

ㄱ. 개인에게 사회 구조는 불가항력적이라고 본다.
ㄴ. 집합적 속성은 개인의 속성에 의해 결정된다고 본다.
ㄷ. 개인은 사회 속에서만 존재의 의미를 갖는다고 본다.
ㄹ. 사회 규범은 개인이 옳다고 믿기 때문에 존재한다고 본다.

① ㄱ, ㄴ   ② ㄱ, ㄷ   ③ ㄴ, ㄷ   ④ ㄴ, ㄹ   ⑤ ㄷ, ㄹ

---

2. 인간의 사회화

★**수능에 나오는** 필수 개념 5가지 **+** 필수 암기사항 4개

필수개념 1 사회화

기본자료

• **사회화** 암기 → 사회화의 의미와 재사회화, 예기 사회화의 의미를 비교하여 기억하기.

의미		사회에 적응하며 살아가기 위해 사회 구성원들과의 상호 작용을 통해 사회생활에 필요한 가치 · 기술 · 지식 · 규범 등을 학습하는 것
유형	재사회화	기존에 습득한 지식과 가치관이 변화하는 사회에 부적합하여, 원활한 적응을 위해 새로운 정보와 가치관을 습득하는 것
	예기 사회화	미래에 자신이 속하게 될 집단에 순조롭게 적응하기 위하여 미리 그 집단에서 필요로 하는 지식이나 기능, 가치 등을 습득하는 것
기능	개인적 차원	• 개인의 사회 생활에 대한 적응 • 개인의 자아 정체성 및 사회적 소속감 형성
	사회적 차원	• 문화 공유 및 세대간 전승 • 사회의 유지와 통합, 존속

필수개념 2 사회화를 보는 관점

• **사회화를 보는 관점**

거시적 관점	기능론	• 사회화는 사회 구조의 안정과 질서를 유지하는 데 필요한 과정임 • 사회화의 내용이나 방법 등은 개인과 사회의 필요에 의해 합의된 것임 • 사회화를 통해 사회는 존속 · 유지되고 동시에 개인은 사회적으로 바람직한 방법으로 욕구 충족을 하며 자아실현을 할 수 있음
	갈등론	• 사회화를 통해 불평등 구조가 유지됨 • 기득권을 가진 집단이 자신들의 지배 체제를 유지하기 위하여 그들에게 유리한 내용을 학습시킴 • 사회화를 통해 특정 집단에 유리한 가치 체계를 학습시키고, 피지배 집단으로 하여금 자신들이 지배받는 것을 수용하게 하여 현재의 불평등 구조를 정당화하려고 함
미시적 관점	상징적 상호 작용론	• 사회 구성원 간의 상호 작용을 통해 사회화가 이루어지는 과정에 초점을 둠 • 자신과 접하는 타인의 반응에 따라 어떻게 생각하고 행동하는 것이 바람직한지 내면화하게 되며, 이 과정이 곧 사회화임

▶ 상징적 상호 작용론에서 바라보는 사회화
상징적 상호 작용론은 사회화를 개인이 상징을 매개로 한 다른 사람과의 상호 작용을 통해 자아를 형성하는 과정으로 인식한다.

필수개념 3 사회화 기관

• **사회화 기관**

가족	• 원초적, 기본적 사회화 담당 • 인격의 기초를 형성
또래집단	• 집단 구성원이 준수해야 할 규칙, 역할 습득 • 청소년기 개인의 자아 형성에 큰 영향
학교	대표적인 공식적 사회화 기관
회사	• 대부분의 성인기의 사회화 담당 • 특정 업무과 관련된 기술, 지식 습득
대중매체	• 다양한 정보 습득을 가능하게 함 • 최근 사회화에 미치는 영향력이 확대

▶ 원초적 사회화(=1차적 사회화)
인생의 초기 단계에서 가족 등 1차 집단과의 상호작용을 통해 이루어지는, 사회 생활의 기초 규범과 가치, 행동양식을 내면화하는 과정

• 사회화 기관의 유형 `암기` → 사회화와 사회화 기관은 관련 문제의 선지에 꼭 등장한다. 예시를 통해 사회화 기관의 분류 기준과 특징을 비교하여 기억해 두어야 한다.

설립 목적에 따라	공식적 사회화 기관	사회화를 주요한 목적으로 설립하여 계획적으로 사회화를 수행하는 기관 예 학교, 직업 훈련 기관 등
	비공식적 사회화 기관	사회화 이외의 목적으로 설립되었으나 일상생활에서 사회화를 수행하는 기관 예 가족, 회사, 대중 매체 등
사회화 내용에 따라	1차적 사회화 기관	기초적인 사회화가 이루어지는 기관 예 가족, 친족, 또래 집단 등
	2차적 사회화 기관	전문적인 지식이나 기능의 사회화를 담당하는 기관 예 학교, 회사, 대중 매체 등

필수개념 4   지위

• 지위 `암기` → 귀속 지위와 성취 지위의 의미와 예를 비교하여 기억하기.

지위	개인이 사회에서 차지하고 있는 위치	
	귀속 지위	자연적·선천적으로 갖게 되는 지위 예 아들, 딸, 청소년, 노인 등
	성취 지위	의지나 노력에 의해 후천적으로 얻게 되는 지위 예 아버지, 어머니, 학생, 교사, 남편, 아내 등

▶ 귀속 지위
귀속 지위에는 태어나면서 갖게 되는 선천적인 지위뿐만 아니라 시간의 흐름에 따라 일정한 연령에 도달하게 되면 자연스럽게 얻게 되는 지위도 있다.

필수개념 5   역할

• 역할과 역할 갈등 `암기` → 역할과 역할 행동은 학생들이 많이 혼동하는 개념으로, 수능과 모의고사에서도 이 두 개념을 구별하고 있는지를 묻는 문제가 자주 출제된다. 또한 역할 갈등의 사례도 자주 출제되므로 사례와 함께 의미를 기억해야 한다.

역할	지위에 따라 기대되는 임무나 행동 양식		
역할 행동 (=수행)	• 개인마다 역할을 수행하는 구체적인 방식 • 동일한 지위에 대해서도 개인에 따라 역할 행동은 다양하게 나타날 수 있음 • 역할 행동이 사회적 기대에 부합되면 보상을, 어긋나면 제재를 받음		
역할 갈등	의미	개인에게 요구되는 서로 다른 역할들 간에 충돌이 발생하는 것	
	종류	역할 모순	한 개인이 동시에 두 가지 이상의 지위를 가지고 있으면서 각각의 지위에 따른 역할이 충돌할 때 나타나는 갈등 예 아픈 자녀를 둔 직장인 부모
		역할 긴장	한 개인이 동일한 지위에 대하여 부과된 여러 가지 역할들을 수행해야 하는 데서 오는 갈등 예 자상한 교사와 엄한 교사의 역할이 동시에 요구되는 경우
	해결 방안	개인적 차원	• 갈등하는 역할 중 하나를 포기하거나 역할의 우선순위를 정하여 중요한 것부터 먼저 처리함 • 갈등이 발생하는 역할들을 통합하거나 하나를 취소하여 갈등 요인을 제거함
		사회적 차원	구성원 다수가 겪고 있는 역할 갈등을 해결할 수 있는 제도적 방안을 사회적 차원에서 마련함

▶ 보상과 제재
모든 보상과 제재는 역할 자체가 아닌 역할 행동(수행)에 대해 주어진다.

1

사회화를 바라보는 갑, 을의 관점에 대한 옳은 설명을 <보기>에서 고른 것은?

보기

ㄱ. 갑은 사회화 과정에서 개인의 능동성을 강조한다.
ㄴ. 갑은 사회화가 기존의 권력 구조를 재생산한다고 본다.
ㄷ. 을은 사회화의 내용이 사회적으로 합의되었다고 본다.
ㄹ. 갑과 달리 을은 미시적 관점에서 사회화를 바라보고 있다.

① ㄱ, ㄴ   ② ㄱ, ㄷ   ③ ㄴ, ㄷ   ④ ㄴ, ㄹ   ⑤ ㄷ, ㄹ

2

사회화를 바라보는 갑, 을의 관점에 대한 옳은 설명을 <보기>에서 고른 것은? 3점

보기

ㄱ. 갑의 관점은 사회화의 내용이 사회 전체적으로 합의된 것이라고 본다.
ㄴ. 을의 관점은 사회화를 통해 기존의 계층 구조가 재생산된다고 본다.
ㄷ. 갑의 관점은 을의 관점과 달리 사회 구조가 개인의 사회화에 미치는 영향력을 간과한다.
ㄹ. 을의 관점은 갑의 관점과 달리 사회화가 타인과의 상호 작용을 통해 자아를 형성하는 과정이라고 본다.

① ㄱ, ㄴ   ② ㄱ, ㄷ   ③ ㄴ, ㄷ   ④ ㄴ, ㄹ   ⑤ ㄷ, ㄹ

3

<자료 1>의 밑줄 친 ㉠~㉣을 <자료 2>의 (가)~(다)로 옳게 분류한 것은? 3점

〈자료 1〉

　　A국에서 ㉠대학을 다니던 갑은 난민 신청 절차를 거쳐 B국으로 입국하였다. B국에서 갑은 경제 및 의료 지원 프로그램을 운영하는 ㉡'○○ 난민 지원 센터'로부터 정착을 위한 서비스를 제공받고 있다. ㉢신문에서 A국과 관련된 기사를 볼 때마다 갑은 고향에 두고 온 ㉣가족이 떠올라 잠을 이루지 못한다. 하지만 갑은 낯선 B국에 정착하기 위하여 노력하고 있다.

〈자료 2〉

질문 ＼ 사회화 기관	(가)	(나)	(다)
사회화를 목적으로 설립되었는가?	예	아니요	아니요
기초적 수준의 사회화를 담당하는가?	아니요	아니요	예

	(가)	(나)	(다)
①	㉠	㉡	㉢, ㉣
②	㉠	㉡, ㉢	㉣
③	㉡	㉢	㉠, ㉣
④	㉢	㉡, ㉣	㉠
⑤	㉠, ㉡	㉣	㉢

4

밑줄 친 ㉠~㉤에 대한 설명으로 옳은 것은? 3점

　　㉠고등학교 재학 중 공부에 관심이 없었던 갑은 아버지가 운영하던 ㉡전기회사에서 아르바이트를 했으나 회사 일에도 흥미를 느끼지 못했다. 고등학교 졸업 후 우연히 ㉢어릴 적 동네 친구들 중 하나인 을을 만나, 그가 입은 경찰 제복에 매료되어 경찰이 되기로 하였다. 경찰 공무원 시험에 합격한 갑은 경찰 양성을 목적으로 하는 ㉣경찰학교의 기본 교육 및 훈련 과정을 수료한 후 ㉤경찰청에 발령받아 근무하면서 행복하게 살아가고 있다.

① ㉠은 기초적인 사회화가 이루어지는 1차적 사회화 기관이다.
② ㉡은 체계적이고 전문적인 내용을 전수하기 위한 공식적 사회화 기관이다.
③ ㉢은 비공식적 사회화 기관이자 2차적 사회화 기관이다.
④ ㉣은 예기 사회화를 담당하는 사회화 기관이다.
⑤ ㉣과 ㉤은 사회화를 목적으로 설립되지는 않았으나 사회화 기능을 하는 기관이다.

밑줄 친 ㉠~㉥에 대한 설명으로 옳은 것은?

> ㉠ 맏이로 태어나 어린 시절 ㉡ 또래 집단에서부터 리더십을 발휘하였던 갑은 ㉢ 회사에 취직한 후 능력을 인정받아 남들보다 일찍 ㉣ 팀장으로 ㉤ 승진하였다. 어느 날 갑은 어린이집에 자녀를 데리러 가려고 하던 중 회사의 긴급한 회의에 참석하라는 연락을 받고 어떻게 할지 ㉥ 고민하게 되었다.

① ㉡은 2차적 사회화 기관이다.
② ㉢은 공식적 사회화 기관이다.
③ ㉤은 갑의 역할에 대한 보상이다.
④ ㉥은 갑의 역할 갈등에 해당한다.
⑤ ㉠은 성취 지위, ㉣은 귀속 지위이다.

다음 사례에 대한 분석으로 옳은 것은? 

> ○ 영상 크리에이터인 대학생 갑은 취업 준비 브이로그를 제작하여 동영상 공유 서비스에 올렸다. 이 영상이 많은 조회 수를 기록하여 연말 크리에이터 시상식에서 인기상을 수상하였다. 이후 수상 사실을 알게 된 광고 회사 홍보팀에서 입사 제의가 오자 갑은 영상 크리에이터 일을 계속해야 할지 고민에 빠졌다.
> ○ 고등학교 학생 회장인 을은 평소 학생 자치회를 잘 이끌어 선생님들로부터 칭찬을 받았다. 최근에는 모교 선배들을 초청하여 대학 생활을 미리 배워 보는 행사를 계획 중이다. 그런데 세부 운영 방식을 두고 선생님과 의견이 달라 고민하고 있다.

① 광고 회사는 갑의 준거 집단이다.
② 갑은 을과 달리 성취 지위에 따른 역할 갈등을 경험하였다.
③ 을은 갑과 달리 예기 사회화를 경험하였다.
④ 갑, 을은 모두 역할 행동에 대한 보상을 받았다.
⑤ 갑은 비공식적 사회화 기관, 을은 공식적 사회화 기관에 소속되어 있다.

밑줄 친 ㉠~㉥에 대한 설명으로 옳은 것은?

> 어린 시절 ㉠ 프로 농구 선수가 되고 싶었던 갑은 ㉡ 초등학교에 다니던 때부터 학교 농구부에서 훈련을 해 왔다. 그러다 우연히 ㉢ 대중 매체에서 접한 발레 영상에 빠져들어 진로를 발레로 바꾸기로 하였다. 갑은 갑작스러운 진로 변경을 반대하는 ㉣ 어머니와 ㉤ 갈등을 빚기도 하였으나 뛰어난 신체 조건을 바탕으로 발레를 배우기 시작한 지 몇 달 만에 유망주로 주목받게 되었고, 이후 유명 ㉥ 발레단에서 활약하는 ㉧ 무용수가 되었다.

① ㉠, ㉧은 모두 갑의 성취 지위에 해당한다.
② ㉡은 공식적 사회화 기관, ㉢은 비공식적 사회화 기관이다.
③ ㉣은 선천적으로 주어지는 지위에 해당한다.
④ ㉤은 갑이 겪은 역할 갈등이다.
⑤ ㉥에서 갑은 예기 사회화를 경험하였다.

밑줄 친 ㉠~㉧에 대한 설명으로 옳은 것은? 

> 어렵게 공무원이 된 갑은 ㉠ 악성 민원인과 낮은 보수 때문에 이직해야 할지, 안정적인 직장 생활을 계속할지 ㉡ 고민하였다. 그러던 중 취미생활을 담은 갑의 개인 방송 채널이 유명해지자 지자체 홍보팀으로 ㉢ 발령받았다. 갑은 더 나은 방송 제작을 위해 ㉣ 촬영과 편집 방법을 새롭게 공부하고 있다. 갑의 배우자인 한식 요리사 을은 ㉤ 전통 음식의 보존과 현대화가 중요하다는 신념으로 퓨전 한식당을 운영하고 있다. 1년 전부터 전통 음식을 알리는 방송에서 고정 출연자로 활동하고 있어 매주 ㉥ 요리 프로그램에 출연하기 위한 준비로 바쁘다. 갑이 육아에 지쳐 방송 출연을 반대하자 을은 방송을 계속해야 할지, 육아에 전념해야 할지 ㉧ 고민하고 있다.

① ㉠은 성취 지위이다.
② ㉢은 공무원으로서 갑의 역할 행동에 대한 보상이다.
③ ㉤은 한식 요리사로서 을의 역할 행동에 해당한다.
④ ㉡과 달리 ㉧은 역할 갈등이다.
⑤ ㉣은 갑의 재사회화, ㉥은 을의 예기 사회화에 해당한다.

9

밑줄 친 ㉠ ~ ㉋에 대한 설명으로 옳은 것은?

< 3학년 ○반 역할 분담표 >

명칭	역할
도서 도우미	도서 및 ㉠작가 소개하기
미디어 도우미	학급 인터넷 신문 제작하기
에너지 도우미	이동 수업 시 에어컨 전원 끄기
생일 축하 도우미	생일인 ㉡학생 축하해 주기

교사 : 1년 동안 자신이 맡고 싶은 도우미를 이야기해 봅시다.

갑 : 도서 도우미와 생일 축하 도우미 중 무엇을 선택할지 ㉢고민돼요.

을 : ㉣중학교 때 교내 에너지 절약 캠페인에 적극적으로 참여해서 ㉤모범상을 받았어요. 그래서 에너지 도우미를 하고 싶어요.

병 : ㉋방송국에서 근무하고 싶어서, 미디어 도우미를 하고 싶어요.

① ㉠은 성취 지위이고, ㉡은 귀속 지위이다.
② ㉢은 갑이 겪는 역할 갈등이다.
③ ㉣은 비공식적 사회화 기관이다.
④ ㉤은 을의 역할에 대한 보상이다.
⑤ ㉋은 2차적 사회화 기관이다.

10

밑줄 친 ㉠ ~ ㉋에 대한 옳은 설명만을 <보기>에서 고른 것은?

㉠프로 축구팀에서 선수로 활동했던 갑은 은퇴 직후 취미로 축구와 관련된 ㉡인터넷 개인 방송 운영자로 활동하였다. 구수한 입담과 직설 화법으로 ㉢큰 인기를 얻어 구독자 수가 100만 명을 돌파한 갑에게 여러 ㉣방송사로부터 예능 프로그램의 ㉤고정 출연자로 출연해 달라는 요청이 쇄도하였다. 이에 갑은 자신의 꿈이었던 축구 감독이 되기 위해 해외로 지도자 연수를 떠날지, 방송사의 제안을 받아들여 본격적으로 방송인의 길을 갈지 ㉋고민 중이다.

보기

ㄱ. ㉠, ㉣은 모두 비공식적 사회화 기관이다.
ㄴ. ㉡은 ㉤과 달리 성취 지위이다.
ㄷ. ㉢은 ㉡으로서 갑의 역할 행동에 대한 보상이다.
ㄹ. ㉋은 갑의 역할 갈등에 해당한다.

① ㄱ, ㄴ　　② ㄱ, ㄷ　　③ ㄴ, ㄷ　　④ ㄴ, ㄹ　　⑤ ㄷ, ㄹ

11

밑줄 친 ㉠ ~ ㉋에 대한 설명으로 옳은 것은?

갑은 환경 문제에 관심이 많아 중학교 때부터 ㉠○○ 환경 운동 단체에 가입하여 적극적으로 활동하고 있다. ㉡고등학교 진학 후 모범적으로 학교생활을 해 온 갑은 2학년 때 ㉢학생회장으로 당선되었다. 하지만 갑은 학생회장으로서 교내 문제 해결보다 환경 운동에 치중하여 ㉣학생회 임원들과 ㉤갈등을 빚고 있다. 이런 상황에서 ○○ 환경 운동 단체가 주최하는 캠페인과 학생회 대의원 회의 시간이 겹쳐 갑은 어떻게 할지 ㉋고민 중이다.

① ㉠은 갑의 내집단이지만 준거 집단은 아니다.
② ㉡은 1차적 사회화 기관이자 공식적 사회화 기관이다.
③ ㉢은 고등학생으로서 갑의 역할에 대한 보상이다.
④ ㉣은 아버지와 달리 성취 지위이다.
⑤ ㉋은 ㉤과 달리 갑의 역할 갈등에 해당한다.

12

밑줄 친 ㉠ ~ ㉇에 대한 설명으로 옳은 것은?

○○대학교 ㉠연극영화과에 재학 중인 갑은 배우 오디션에 계속 탈락하면서 미래에 대해 깊이 ㉡고민하게 되었다. 하지만 ㉢대학 연극 동아리 선배의 조언에 용기를 얻어 독립영화 출연에 도전하였다. 갑은 첫 영화임에도 사회적 재난으로 ㉣가족을 잃은 자의 아픔을 현실감 있게 연기하여 주목을 받고 있다. 한편, 을은 습작 경험을 바탕으로 다양한 창작 연극을 정식 공연으로 발표해왔다. 을은 이러한 작품 활동을 인정받아 대학생임에도 ㉤극작가협회 정회원이 되었다. 최근에는 영화계의 ㉥신예로 불리고 있는 ○○대학교 같은 과 후배인 갑을 자신의 대학 졸업 작품에 출연시킬지 ㉇고민하고 있다.

① ㉠은 을이 속한 공식적 사회화 기관이다.
② ㉤은 을의 역할에 대한 보상이다.
③ ㉥은 갑의 성취 지위이다.
④ ㉡은 ㉇과 달리 역할 갈등에 해당한다.
⑤ ㉢은 ㉣과 달리 1차적 사회화 기관이다.

13

밑줄 친 ㉠~㉺에 대한 옳은 설명만을 〈보기〉에서 고른 것은?

〈 소설 『○○○』 줄거리 〉

평범한 가문의 ㉠ 둘째 아들로 태어난 갑은 ㉡ 법과 대학 졸업 후에 ㉢ 지방 법원의 판사가 되었다. 그는 신분 상승을 원하는 현실주의자로서 부유한 사업가의 딸인 을과 결혼했지만, 생활 방식의 차이로 인해 ㉣ 아내와 자주 ㉤ 말다툼을 하였다. 이후 갑은 권력층과 인맥을 쌓아 결국 ㉥ 고위직으로 승진을 하지만 갑작스러운 죽음을 맞는다. 갑의 장례식에서 을은 유족 연금을 더 많이 받을 방법만 궁리하며 소설이 끝난다.

보기

ㄱ. ㉠은 귀속 지위, ㉣은 성취 지위이다.
ㄴ. ㉡은 ㉢과 달리 공식적 사회화 기관이다.
ㄷ. ㉤은 갑이 경험한 역할 갈등이다.
ㄹ. ㉥은 갑의 역할에 대한 보상이다.

① ㄱ, ㄴ ② ㄱ, ㄷ ③ ㄴ, ㄷ ④ ㄴ, ㄹ ⑤ ㄷ, ㄹ

14

밑줄 친 ㉠~㉺에 대한 옳은 설명만을 〈보기〉에서 고른 것은?

음향기기를 제작하여 판매하는 ㉠ △△ 회사의 ㉡ 본부장인 갑은 ㉢ 음악대학을 졸업하였지만, 성악가의 꿈을 이루지 못해 아쉬워하였다. 이에 갑은 ㉣ 어머니가 된 후, ㉤ 성악을 전공하고 있는 학생인 자녀 을을 아낌없이 지원하였고, 을 또한 연습에 매진하여 ○○ 예술제에서 ㉥ 대상을 받게 되었다. 그러나 을은 대상 수상에도 불구하고 성악 공부를 포기하고 싶었고, 이를 알게 된 갑과 ㉺ 갈등을 빚고 있다.

보기

ㄱ. ㉡, ㉣은 모두 성취 지위에 해당한다.
ㄴ. ㉢은 ㉠과 달리 2차적 사회화 기관이다.
ㄷ. ㉥은 ㉣으로서의 역할 행동에 대한 보상이다.
ㄹ. ㉺은 을의 역할 갈등에 해당한다.

① ㄱ, ㄴ ② ㄱ, ㄷ ③ ㄴ, ㄷ ④ ㄴ, ㄹ ⑤ ㄷ, ㄹ

15

밑줄 친 ㉠~㉺에 대한 설명으로 옳은 것은? 3점

㉠ 영화배우 갑은 극중 인물과의 동일시를 위해 극중 인물의 삶을 직접 체험하는 것으로 유명하다. 몸이 불편한 화가 역할을 위해 촬영 전부터 휠체어에서 생활하거나 북미 지역의 원주민 역할을 위해 ㉡ 직접 사냥한 고기만으로 식사를 하기도 하였다. 한번은 영화 속 원수인 상대 배우에게 실제로 적대감을 드러내 동료에게 ㉢ 비난을 받기도 하였다. ㉣ 배역에 대한 지나친 몰입으로 촬영이 끝난 후에 극심한 ㉤ 정체성의 혼란을 겪은 갑은 돌연 은퇴를 선언하였다. 그는 ㉥ 영화 제작사 임원 자리 제안을 거절하고 화가가 되겠다며 ㉺ 예술 대학원에 입학하였다.

① ㉠, ㉣은 모두 갑의 성취 지위이다.
② ㉡은 ㉠으로서 갑의 역할 행동이다.
③ ㉢은 갑의 역할에 대한 제재이다.
④ ㉤은 갑이 경험한 역할 갈등이다.
⑤ ㉥, ㉺은 모두 공식적 사회화 기관이다.

16

밑줄 친 ㉠~㉥에 대한 옳은 설명만을 〈보기〉에서 고른 것은?

㉠ 전 재산을 사회에 환원하여 존경을 받아 온 ㉡ 기업가 갑의 과거가 새롭게 알려져 화제가 되고 있다. 젊은 시절 그는 평범한 ㉢ 가장으로 살아가며 남몰래 ㉣ 독립운동 단체에서 활동하였다. 그러던 중 갑은 이 단체에서 비밀 작전을 지시받고, 작전을 수행하는 것과 가장으로서 책임을 다하는 것 사이에서 ㉤ 고민 하였으나 결국 임무 수행을 위해 가족의 곁을 떠났다. 갑의 자녀들은 어린 시절 갑자기 떠난 ㉥ 아버지를 원망하였지만, 그동안 몰랐던 갑의 과거를 알게 되어 아버지를 이해하게 되었다.

보기

ㄱ. ㉠은 ㉡으로서의 역할이다.
ㄴ. ㉢은 ㉥과 달리 성취 지위이다.
ㄷ. ㉣은 2차적 사회화 기관이다.
ㄹ. ㉤은 갑의 역할 갈등에 해당한다.

① ㄱ, ㄴ ② ㄱ, ㄷ ③ ㄴ, ㄷ ④ ㄴ, ㄹ ⑤ ㄷ, ㄹ

17  [2023학년도 6월 모평 8번]

밑줄 친 ㉠~㉱에 대한 설명으로 옳은 것은? 3점

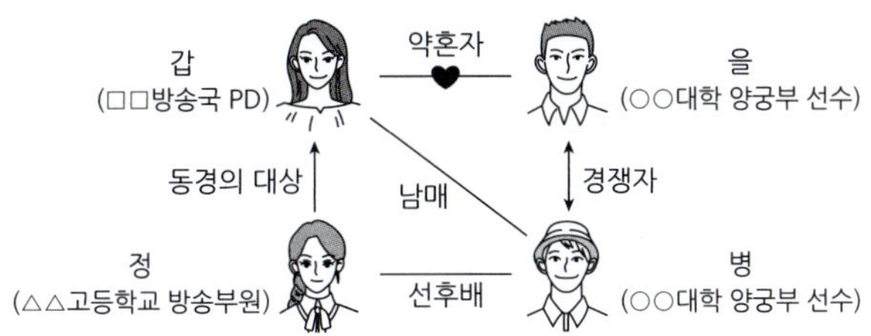

〈6화 줄거리〉 과연 갑의 선택은?

　〈5화〉에서 갑이 만드는 방송 프로그램을 참관하게 해 달라고 떼쓰는 정을 말리느라 고생했던 갑. 오늘은 또 어떤 고민을 하게 될까? 국가대표 최종 선발전에서 병을 이긴 을은 ㉠ 국가대표팀 선발 일정 때문에 미뤄두었던 웨딩 촬영을 하자고 하고, 병은 선발에서 ㉡ 탈락한 자신을 위로해 달라며 함께 가족 여행을 가자고 하는데, "하필이면 왜 같은 날 같은 시간인 거야!" 어떻게 해야 할지 ㉢ 고민에 빠진 갑!

　한편 스포츠 프로그램을 기획하고 있는 ㉣ □□방송국에서는 갑에게 을이 프로그램에 ㉤ 출연할 수 있도록 섭외하라고 한다. 자신과 가까운 사람들이 방송에 노출되는 것을 꺼리는 갑은 고민에 빠지는데…

① ㉠은 공식적 사회화 기관이다.
② ㉢은 갑의 역할 갈등이다.
③ ㉣은 공식 조직이자 자발적 결사체이다.
④ ㉡은 병의 역할에 대한 제재, ㉤은 을의 역할에 대한 보상이다.
⑤ 정의 방송부 활동은 ㉣ 입사를 위한 재사회화이다.

18 [2023년 3월 학평 11번]

밑줄 친 ㉠~㉱에 대한 옳은 설명만을 〈보기〉에서 고른 것은?

　A국 국왕의 ㉠ 장남으로 태어난 갑은 ㉡ 아버지가 사망함에 따라 A국의 왕위에 올라 정치적 영향력을 행사하였다. 한편, 중산층 가정에서 태어나 ㉢ 대학교에서 정치학을 전공하면서 정치인의 꿈을 가지게 된 을은 ㉣ 정당에 가입하여 활동하다가 A국 최초의 여성 총리가 되었다. 을은 몇 가지 정치적 사안을 두고 갑과 ㉤ 갈등을 빚기도 하였지만 국민들로부터 ㉱ 훌륭한 여성 정치인으로 인정받고 있다.

보기
ㄱ. ㉠은 ㉡과 달리 귀속 지위이다.
ㄴ. ㉣은 ㉢과 달리 비공식적 사회화 기관이다.
ㄷ. ㉤은 을의 역할 갈등에 해당한다.
ㄹ. ㉱은 을의 역할에 대한 보상이다.

① ㄱ, ㄴ　　② ㄱ, ㄷ　　③ ㄴ, ㄷ　　④ ㄴ, ㄹ　　⑤ ㄷ, ㄹ

19 [2022년 3월 학평 11번]

밑줄 친 ㉠~㉱에 대한 설명으로 옳은 것은?

　갑은 배구 선수였던 ㉠ 언니를 따라 초등학교 때 배구를 시작하였고 ㉡ 고등학교 졸업 후 바로 ㉢ 프로 배구팀에 입단하였다. 이후 소속 팀의 우승을 이끌어 ㉣ 최우수 선수상을 수상하였다. 갑은 해외 진출을 놓고 소속 팀과 ㉤ 갈등을 겪었으나 결국 해외 팀으로 이적하여 맹활약하였다.

① ㉠은 성취 지위이다.
② ㉡은 공식적 사회화 기관이다.
③ ㉢은 1차적 사회화 기관이다.
④ ㉣은 갑의 역할에 대한 보상이다.
⑤ ㉤은 갑의 역할 갈등이다.

20 [2021학년도 수능 12번]

다음 사례에 대한 옳은 분석만을 〈보기〉에서 고른 것은?  3점

○ 갑은 대형 유통 업체에 취업하기 위해 회사를 알아보던 중, 영세한 식품 회사를 운영 중인 부모님이 함께 일하자고 간곡하게 요청하여 고민에 빠졌다. 결국 부모님의 회사에 입사하여 신입 사원 연수를 받았다. 그 후 회사 매출이 늘어나자 자신의 선택에 뿌듯해 하였다.
○ 을은 자신이 원하던 연구소에 취업하여 만족감을 느끼고 있었다. 동물 보호 단체 회원이기도 한 을은 연구소로부터 동물 대상 실험을 시행하라는 요구를 받자 고민에 빠졌다. 결국 을은 실험을 거부하고 동물 실험 반대 운동을 주도하여 동물 보호 단체로부터 감사장을 받았다.

보기
ㄱ. 갑은 귀속 지위와 성취 지위에 따른 역할 갈등을 경험하였다.
ㄴ. 을은 서로 다른 2차적 사회화 기관에서의 각 지위에 따른 역할 갈등을 경험하였다.
ㄷ. 갑은 을과 달리 공식적 사회화 기관에서 예기 사회화를 경험하였다.
ㄹ. 을은 갑과 달리 역할 행동에 대한 보상을 받았다.

① ㄱ, ㄴ　　② ㄱ, ㄷ　　③ ㄴ, ㄷ　　④ ㄴ, ㄹ　　⑤ ㄷ, ㄹ

밑줄 친 ㉠ ~ ㊀에 대한 설명으로 옳은 것은?

> 갑은 ㉠ 아버지의 뜻에 따라 의예과에 진학하기 위해 열심히 공부했지만 낙방했다. 그 후 ㉡ 생물학과에 입학했으나 본인이 원하던 학과가 아니었기에 대학 생활은 뒷전으로 하고 ㉢ 지역 사진 동호회에 가입하여 활동하였다. 사진작가, 아나운서, ㉣ 외교관 등 다양한 진로에 대해 ㉤ 고민이 많던 갑은 어느 날 과학 철학서를 읽은 후 생물학 공부에 매진하게 되었다. 현재 ㉥ 세계적 권위의 생물학자로 존경받고 있는 갑은 평소의 신념에 따라 생태주의 운동을 표방하는 ㊀ ○○ 환경 단체에 가입하여 열정적으로 활동하고 있다.

① ㉠은 귀속 지위, ㉣은 성취 지위이다.
② ㉡은 2차적 사회화 기관, ㉢은 공식적 사회화 기관이다.
③ ㉤은 갑의 역할 갈등에 해당한다.
④ ㉥은 갑의 역할에 대한 보상에 해당한다.
⑤ ㊀은 갑의 내집단이자 준거 집단이다.

밑줄 친 ㉠ ~ ㉤에 대한 설명으로 옳은 것은?

> 피아노 연주를 좋아했던 갑은 예술 고등학교에 가고 싶었지만 부모님의 반대로 일반 고등학교에 진학하였다. ㉠ 의사가 되길 바라는 부모님의 기대에 따라 갑은 학업에 열심히 임하면서도 ㉡ 피아노 동호회 활동에도 꾸준히 참여하였다. ㉢ 대학 입시를 앞두고 어떤 계열로 진학할지 ㉣ 고민하던 갑은 부모님을 설득해 결국 음대에 진학하였고 이후 ㉤ 세계적인 콩쿠르에서 입상하며 피아니스트로서 자신의 이름을 널리 알렸다.

① ㉠은 귀속 지위에 해당한다.
② ㉡은 공식적 사회화 기관에 해당한다.
③ ㉢은 2차적 사회화 기관에 해당한다.
④ ㉣은 갑의 역할 갈등에 해당한다.
⑤ ㉤은 갑의 역할에 대한 보상에 해당한다.

다음 자료에 대한 설명으로 옳은 것은?

> 갑은 ㉠ ○○대학교 외식조리학과를 졸업하고 열심히 노력한 끝에 국내 최고 ㉡ 호텔의 수석 요리사이자 ㉢ 요리사 협회의 임원으로 활동하고 있다. 그가 만드는 고가의 코스 요리는 음식의 예술화를 표방하고 엄격한 식사 예절을 요구하여 시간에 여유가 있는 ㉣ 상류층을 대상으로 한다. 이 식당에는 저명인사들의 사교 모임으로 알려진 ㉤ △△클럽 구성원들이 종종 방문한다. 어릴 때부터 상류층의 문화를 동경했던 갑은 자신이 속한 조직에서 좋은 대우를 받음에도 자신이 원하는 △△클럽에 들어갈 수 없다는 점에서 현재 상태에 대한 불만을 가지고 있다. 이에 갑은 △△클럽 회원들이 많이 거주하는 지역으로 이사할 것인지 ㉥ 고민하고 있다. 하지만 현실적인 어려움에 좌절감을 느낀 갑은 △△클럽 회원들이 좋아하는 코스 요리를 조리하여 맛보며 자신의 마음을 달래곤 한다.

① ㉠, ㉡은 모두 비공식적 사회화 기관이다.
② ㉢과 달리 ㉤은 자발적 결사체에 해당한다.
③ ㉣은 갑의 외집단이다.
④ ㉥은 갑의 역할 갈등에 해당한다.
⑤ 갑은 소속 집단과 준거 집단의 불일치를 경험하고 있다.

밑줄 친 ㉠ ~ ㊀에 대한 설명으로 옳은 것은? 3점

> 미국으로 건너간 이주자 갑은 준비했던 사업에 실패한 후 가족의 생계 유지를 위해 무슨 일을 해야 할지 ㉠ 고민하다 과일 농장에 취업하였다. 갑의 ㉡ 남편인 을 역시 가계에 보탬이 되고자 ㉢ 대형 할인점에서 ㉣ 직원으로 일하기 시작하였다. 한편, 아들 병은 ㉤ 미국 고등학교에 ㉥ 적응하지 못한 채 방황을 계속하였다. 결국 병은 다니던 학교를 그만두고 홈스쿨링(homeschooling)을 하고 싶다고 하였다. 이런 모습을 지켜보던 갑과 을은 미국 학교에 병이 적응할 때까지 기다릴지, 홈스쿨링을 시킬지를 두고 ㊀ 갈등을 빚었다.

① ㉢은 2차적 사회화 기관이자 비공식적 사회화 기관이다.
② ㉤은 병의 내집단이자 준거 집단이다.
③ ㉥은 병의 역할 행동에 대한 제재이다.
④ ㉡은 ㉣과 달리 개인의 노력을 통해 후천적으로 획득한 지위이다.
⑤ ㊀은 ㉠과 달리 갑의 역할 갈등에 해당하지 않는다.

25 [2025년 7월 학평 7번]

다음 자료에 대한 설명으로 옳은 것은? 3점

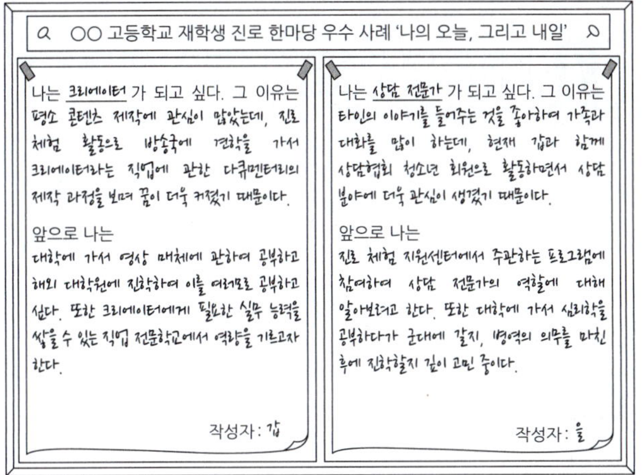

① 갑이 작성한 내용에 나타난 1차 집단이자 공동 사회에 해당하는 사회 집단은 1개이다.

② 갑과 달리 을은 성취 지위에 따른 역할 갈등을 경험하였다.

③ 을과 달리 갑은 비공식 조직에 속해 있다.

④ 갑이 속한 이익 사회의 개수는 을이 속한 2차적 사회화 기관의 개수와 같다.

⑤ 갑이 작성한 내용에 나타난 공식적 사회화 기관의 개수는 을이 작성한 내용에 나타난 이익 사회의 개수와 같다.

26 2024 평가원 [2024학년도 6월 모평 12번]

밑줄 친 ㉠~㉟에 대한 설명으로 옳은 것은? 3점

㉠ 청소년 시절, K-pop에 매료되었던 외국인 갑은 한국으로 유학을 결심하고 ㉡ ○○대학교 ㉢ 조선공학과에 입학하였다. 졸업 후 대기업인 ㉣ △△조선에 취직했지만, 어릴 적부터 동경하던 ㉤ 항공기 정비사가 되기 위해 ㉥ 2년 만에 자진 퇴사를 하였다. 이후 항공사에 입사한 갑은 ㉟ 항공기 정비 업무에 필요한 사내 교육 과정을 수료하고 항공기 정비 업무와 기술 교육을 맡고 있다.

① ㉢은 2차 집단이자 비공식 조직이다.

② ㉥은 갑의 역할 행동에 대한 제재이다.

③ ㉟은 1차적 사회화 기관을 통해 이루어진 사회화이다.

④ ㉠과 ㉤은 모두 성취 지위이다.

⑤ ㉡은 ㉣과 달리 공식적 사회화 기관이다.

27 2026 수능 [2026학년도 수능 8번]

다음 자료에 대한 설명으로 옳은 것은? 3점

① ㉠과 달리 ㉡은 성취 지위이다.

② 자료에서 역할 갈등과 예기 사회화의 사례를 확인할 수 있다.

③ 갑의 메모지에 적혀 있는 비공식 조직의 개수가 을의 메모지에 적혀 있는 1차 집단의 개수보다 1개 많다.

④ 을의 메모지에 적혀 있는 공식적 사회화 기관의 개수와 자발적 결사체의 개수는 같다.

⑤ 병의 메모지에 적혀 있는 이익 사회의 개수는 갑의 메모지에 적혀 있는 비공식적 사회화 기관의 개수와 같다.

28 [2023학년도 9월 모평 4번]

다음 자료에 대한 옳은 설명만을 〈보기〉에서 고른 것은? 3점

보기

ㄱ. 갑의 역할 갈등과 을의 역할 갈등이 나타나 있다.

ㄴ. 갑과 을이 모두 소속된 자발적 결사체 1개가 나타나 있다.

ㄷ. 갑과 을이 모두 소속된 공식적 사회화 기관이 나타나 있다.

ㄹ. 갑이 소속된 공식 조직과 을이 소속된 비공식 조직이 나타나 있다.

① ㄱ, ㄴ　　② ㄱ, ㄷ　　③ ㄴ, ㄷ　　④ ㄴ, ㄹ　　⑤ ㄷ, ㄹ

29 [2026 평가원] [2026학년도 6월 모평 8번]

밑줄 친 ㉠~◎에 대한 설명으로 옳은 것은? 3점

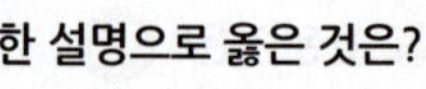

① ㉠은 갑의 역할에 대한 보상이다.

② ㉡, ㉣은 모두 성취 지위에 해당한다.

③ ㉢, ㉤은 모두 공식적 사회화 기관에 해당한다.

④ ㉤은 비공식 조직, ㉥은 공식 조직에 해당한다.

⑤ ㉥은 2차 집단, ◎은 1차 집단에 해당한다.

30 [2024 수능] [2024학년도 수능 7번]

다음 자료에 대한 설명으로 옳은 것은?

예능 프로그램 〈인연 만들기〉 대본

[장면 1] (내레이션) : 이번 회는 연하남, 연상녀와 결혼하고 싶은 사람들의 특집입니다. 먼저 자기소개를 들어볼까요?

[장면 2] 갑 : □□기업에서 프로그래머로 근무 중입니다. 대학교 때는 경영학을 공부했으나, 진로에 대한 고민 끝에 선택한 현재 직업에 매우 만족하고 있습니다. 바다낚시 동호회에서 함께 활동하고 있는 을과 낚시를 자주 다닙니다.

[장면 3] 을 : 여행을 좋아하여 △△은행 사내 여행 동아리에서 활동한 적이 있습니다. 해외 여행 관련 회사 창업을 고민하던 중에 고등학교 총동창회에서 함께 활동하고 있는 병의 조언에 따라 은행을 그만두고, 대학원에 진학하여 관광 경영에 관한 공부를 다시 하고 있습니다.

[장면 4] 병 : ○○방송국의 프로듀서로 일하면서 영화감독이 되기 위해 시나리오를 구상 중입니다. 대학교를 졸업한 후 을과 함께 △△은행에서 주최한 모의 주식 투자 대회에서 입상한 적이 있습니다. 주말에는 동물 보호 단체 회원으로 봉사 활동을 합니다.

① [장면 1]에 적혀 있는 내용에는 성취 지위가, [장면 3]에 적혀 있는 내용에는 비공식 조직이 있다.

② [장면 2]에 적혀 있는 이익 사회의 개수는 [장면 4]에 적혀 있는 비공식적 사회화 기관의 개수보다 적다.

③ 갑은 을과 달리 역할 갈등이 해소되어 준거 집단과 소속 집단이 일치한다.

④ 을이 속해 있는 자발적 결사체의 개수는 병이 속해 있는 2차 집단의 개수보다 적다.

⑤ 대본에는 갑의 재사회화와 을, 병의 예기 사회화 내용이 적혀 있다.

31 [2025년 5월 학평 19번]

다음 자료에 대한 옳은 설명만을 〈보기〉에서 있는 대로 고른 것은? 3점

보기

ㄱ. 갑과 을이 함께 속한 이익 사회의 개수는 2개이다.

ㄴ. 갑과 을이 함께 속한 비공식 조직의 개수는 1개이다.

ㄷ. 갑과 을이 속한 비공식적 사회화 기관의 개수는 각각 2개이다.

ㄹ. 갑과 을이 대답한 내용에 나타난 2차적 사회화 기관이면서 자발적 결사체인 것의 개수는 4개이다.

① ㄱ, ㄷ   ② ㄴ, ㄹ   ③ ㄷ, ㄹ

④ ㄱ, ㄴ, ㄷ   ⑤ ㄱ, ㄴ, ㄹ

32 [2024년 10월 학평 8번]

다음 자료에 대한 설명으로 옳은 것은?

㉠ 중학교 때 갑은 ㉡ 어머니를 따라 ㉢ 환경 단체에 가입해 지금까지 함께 활동하고 있다. ㉣ 회사의 ㉤ 사장인 어머니가 고등학교에 입학한 갑에게 학업을 위해 환경 단체 활동을 그만두라고 하여, 갑은 어머니와 ㉥ 갈등하고 있다.

① 갑과 갑의 어머니가 각각 속해 있는 이익 사회의 개수는 같다.

② ㉠과 달리 ㉢은 자발적 결사체이다.

③ ㉢은 공식 조직이자 공식적 사회화 기관이다.

④ ㉤과 달리 ㉡은 귀속 지위이다.

⑤ ㉥은 갑의 역할 갈등이다.

33

밑줄 친 ㉠~㉑에 대한 설명으로 옳은 것은? 

> 농부의 ㉠아들로 태어난 갑은 ㉡○○대학교의 ㉢문예창작과를 졸업한 후 기자와 소설가 중 진로를 ㉣고민하다가 ㉤소설가로 등단하였다. 이후 10여 년간 꾸준히 작품 활동을 해오던 갑은 ㉥△△ 문학 협회로부터 ㉦△△문학상을 수상하며 한국 문학의 차세대 유망주로 주목받았다.

① ㉣은 갑의 역할 갈등이다.
② ㉥은 이익 사회이자 비공식적 사회화 기관이다.
③ ㉦은 갑의 역할에 대한 보상이다.
④ ㉠은 성취 지위, ㉥은 귀속 지위이다.
⑤ ㉡은 공식 조직, ㉢은 비공식 조직이다.

34

밑줄 친 ㉠ ~ ㉥에 대한 설명으로 옳은 것은? 

> 대학 시절 창업을 꿈꾸었던 갑은 ㉠어머니의 권유에 따라 ㉡A 회사에 입사하였다. 갑은 업무 능력을 인정받아 작년에 ㉢'올해의 우수 사원상'을 수상하고 ㉣과장으로 승진하였다. 하지만 사업을 하는 ㉤대학교 동창을 만날 때마다 ㉥회사를 그만두고 창업할지에 대한 고민을 털어놓곤 한다.

① ㉡은 2차 집단이자 자발적 결사체이다.
② ㉢은 갑의 역할에 대한 보상이다.
③ ㉣은 ㉠과 달리 성취 지위이다.
④ ㉤은 이익 사회이자 2차적 사회화 기관이다.
⑤ ㉥은 갑의 역할 갈등이다.

35

밑줄 친 ㉠ ~ ㉥에 대한 설명으로 옳은 것은?

> 급진적 ㉠이상주의자였던 아버지의 영향으로 사회 개혁에 관심이 컸던 갑은 경제적 이유로 소설가의 꿈을 접고 회사원이 된다. ㉡납품 업체가 제공하는 금품과 향응을 매번 거절한 그는 '혼자만 깨끗한 척한다.'며 ㉢빈정대는 동료와 갈등을 빚는다. 그는 고민 끝에 회사를 그만두고 신춘문예를 통해 ㉣소설가로 등단한다. 하지만 순수 문학의 힘에 한계를 느낀 그는 영화계에 입문하여, ㉤시나리오 작가와 조연출을 거쳐 늦은 나이에 영화감독으로 데뷔한다. ㉥분단의 아픔, 도시화와 산업화의 그늘, 소시민의 삶을 다룬 작품들로 평단의 호평과 권위주의 정권의 감시를 동시에 받은 그는 리얼리즘 계열 영화의 거장으로 존경받고 있다.

① ㉠은 갑의 아버지가 획득한 성취 지위이다.
② ㉡은 회사원으로서 갑의 역할 행동이다.
③ ㉢은 갑이 경험한 역할 갈등이다.
④ ㉣은 ㉤이 되기 위한 갑의 예기 사회화이다.
⑤ ㉥은 영화감독으로서 갑의 역할 행동에 따른 보상이다.

36

밑줄 친 ㉠~㉥에 대한 옳은 설명만을 <보기>에서 고른 것은?

> 갑은 환경 문제를 접한 후 8세에 ㉠채식주의자가 되었고, 15세에 ㉡환경 운동가가 되었다. 갑은 ㉢비행기 대신 태양광 요트를 타고 대서양을 건너 UN 기후 행동 정상 회의에 참석하여 환경 문제 해결에 미온적인 세계 정상들을 비판하였다. 갑은 세계 정상들과 설전을 주고받을 만큼 ㉣갈등을 겪었지만, 지지자들로부터 '어른의 ㉤선생님', '지구의 가장 위대한 변호인'이라는 극찬을 받기도 했다. 이후 그는 학생 신분으로 2019년 ㉥노벨 평화상 후보에 올랐고, 타임지의 올해의 인물로 선정되었다.

보기

ㄱ. ㉠, ㉥은 갑이 획득한 성취 지위이다.
ㄴ. ㉢은 ㉡으로서 갑의 역할 행동이다.
ㄷ. ㉣은 학생과 환경 운동가 사이에서 발생한 갑의 역할 갈등이다.
ㄹ. ㉥은 ㉡으로서 갑의 역할 행동에 대한 보상이다.

① ㄱ, ㄴ ② ㄱ, ㄷ ③ ㄴ, ㄷ ④ ㄴ, ㄹ ⑤ ㄷ, ㄹ

37 2025 수능 [2025학년도 수능 4번]

다음 자료에 대한 옳은 설명만을 <보기>에서 있는 대로 고른 것은?

기자: ○○ 신문사 탐사 보도 공모전에서 입상한 □□ 동아리를 만나 보겠습니다. 세 분이 어떻게 함께하게 되었나요?

갑: ☆☆ 대학교 내 영화제작동아리 회원으로 저와 함께 활동하고 있는 병이 취업 준비를 위해 □□ 동아리를 만들었습니다. 인권 단체 회원으로 함께 활동 중인 을에게 제가 제안하여 합류하게 되었습니다.

기자: 공모전에 참여하면서 느낀 점이나 공모전 준비에 도움이 되었던 경험이 있다면 말씀해 주세요.

을: 저는 사회복지대학원에 재학 중입니다. 취재를 하면서 가족과 함께하지 못하는 청소년들의 안타까운 사연을 접하고 청소년 복지의 필요성을 더 알리고 싶어졌습니다.

병: 저는 갑과 함께 ☆☆ 대학교에 재학 중입니다. 갑과 함께 들었던 PD 초청 특강이 큰 도움이 되었습니다. 입상을 계기로 셋이 □□ 동아리 활동을 더 열심히 하려고 합니다.

> **보기**
> ㄱ. 갑과 병 모두 비공식 조직에 속해 있다.
> ㄴ. 을과 병이 속한 2차적 사회화 기관은 각각 1개이다.
> ㄷ. 자료 전체에 적혀 있는 사회 집단에서 자발적 결사체가 아니면서 비공식적 사회화 기관인 것은 2개이다.

① ㄱ ② ㄴ ③ ㄱ, ㄷ ④ ㄴ, ㄷ ⑤ ㄱ, ㄴ, ㄷ

38 [2025년 10월 학평 2번]

밑줄 친 ㉠~㉥에 대한 설명으로 옳은 것은?

> ㉠ ○○ 회사에 근무하는 갑은 불면증으로 ㉡ △△병원에서 치료 받고 있다. ㉢ 아내로부터 운동을 해 보라는 권유를 받은 갑은 지역 주민들로 구성된 ㉣ 축구 클럽에서 활동하다가 ㉤ 주장을 맡게 되었다. 최근 이 클럽이 생활 체육 대회 결승전에 진출하였으나, 결승전 시간과 회사에서 자신이 맡은 홍보 행사의 시간이 겹쳐 갑은 어떻게 할지 ㉥ 고민하고 있다.

① ㉠은 이익 사회이자 자발적 결사체이다.
② ㉥은 갑의 역할 갈등에 해당한다.
③ ㉠은 공식 조직, ㉣은 비공식 조직이다.
④ ㉢은 귀속 지위, ㉤은 성취 지위이다.
⑤ ㉣과 달리 ㉡은 비공식적 사회화 기관이다.

39 2026 평가원 [2026학년도 9월 모평 13번]

다음 자료에 대한 옳은 설명만을 <보기>에서 있는 대로 고른 것은? 3점

> 청년 목수 갑, 펜을 들다!
> 고등학교 졸업 후 갑은 △△ 건설 회사에서 일하던 중 사내 혼성 합창단에서 친해진 ㉠ 외국인 노동자 을의 산업 재해를 목격하였다. 당시 노동조합이 결성되어 있지 않아 을은 제대로 된 보상을 받기 어려웠다. 이에 갑은 마라톤 동호회에서 알게 된 ㉡ 인권 변호사를 찾아가 도움을 받았다. 갑은 노동자가 처한 현실을 사회에 알리고자 노동 인권 단체에 가입하여 활동하였다. 이 과정에서 갑이 투고한 글이 신문에 실려 화제가 되었고, 갑은 작가로서의 길을 걷게 되었다. 갑은 평범한 이들의 노동과 삶이 오롯이 대우받기를 바라며 오늘도 펜을 든다.

> **보기**
> ㄱ. ㉠과 ㉡은 모두 성취 지위이다.
> ㄴ. 자료에는 결합 자체가 목적인 사회 집단이 적혀 있다.
> ㄷ. 자료에 적혀 있는 공식적 사회화 기관의 개수는 비공식 조직의 개수와 동일하다.
> ㄹ. 자료에 적혀 있는 자발적 결사체의 개수보다 비공식적 사회화 기관의 개수가 2개 많다.

① ㄱ, ㄴ ② ㄱ, ㄷ ③ ㄴ, ㄹ
④ ㄱ, ㄷ, ㄹ ⑤ ㄴ, ㄷ, ㄹ

40 [2023년 10월 학평 3번]

밑줄 친 ㉠~㉤에 대한 설명으로 옳은 것은?

> 판소리의 매력에 빠진 외국인 갑은 다니던 회사에서 ㉠ 한국 전통 음악 동호회를 만들었고, 한국 유학을 ㉡ 고민하게 되었다. 결국 갑은 ㉢ 회사를 그만두고 한국으로 와 ㉣ ○○대학교에서 판소리를 공부하였다. △△대학원 진학 후에는 판소리를 주제로 훌륭한 논문을 써 ㉤ 우수 논문상을 받았다.

① ㉡은 갑의 역할 갈등이다.
② ㉠은 ㉢과 달리 결합 자체를 목적으로 하는 사회 집단이다.
③ ㉢과 ㉣은 모두 공식적 사회화 기관이다.
④ ㉤은 ㉣의 구성원으로서 갑의 역할 행동에 대한 보상이다.
⑤ ㉢, ㉣은 ㉠과 달리 공식적 규범을 통한 구성원 통제가 일반적이다.

정답과 해설 37 p.147 38 p.147 39 p.148 40 p.148

3. 사회 집단과 사회 조직

❶ 사회 집단과 사회 조직   ★수능에 나오는 필수 개념 2가지 + 필수 암기사항 4개

필수개념 1   사회 집단

- 사회 집단 *암기* → 사회 집단과 사회 조직의 각 내용과 특징이 동시에 출제될 수 있다. 각각의 개념과 특징을 정리하고, 차이점을 정확하게 구분할 수 있어야 한다.

  - 의미 : 둘 이상의 사람들이 소속감이나 공동체 의식을 가지고 지속적으로 상호 작용을 하는 공동체

  - 기능 : 사회적 관계 형성, 소속감 부여, 사회적 욕구 충족, 자아실현의 기회 제공, 사회화 기능

- 사회 집단의 종류

구성원 간의 접촉 방식에 따른 분류 (쿨리)	1차 집단 (= 원초 집단)	• 직접적인 대면적 접촉과 전인격적 관계가 형성되는 집단 예 가족, 또래 집단 등 • 자아 형성과 사회 유지 기능, 일반적으로 도덕·관습 등 비공식적 수단에 의한 통제
	2차 집단	• 간접적·형식적·수단적 접촉을 하는 집단 예 회사, 정당, 학교 등 • 간접 접촉과 수단적 만남, 일반적으로 규칙·법률 등 공식적 수단에 의한 통제, 과업과 같은 특정 목적 달성을 목표
결합 의지에 따른 분류 (퇴니에스)	공동 사회 (=공동체)	• 구성원의 본질 의지에 따라 자연 발생적으로 결합한 집단 예 가족, 친족 등 • 인간관계, 집단의 결합 자체가 목적
	이익 사회 (=결사체)	• 구성원의 선택 의지에 따라 인위적으로 결성된 집단 예 회사, 정당, 학교 등 • 이해관계를 중심으로 인간관계가 형성
소속감에 따른 분류 (섬너)	내집단 (= 우리 집단)	• 실제 소속되어 있으면서 강한 소속감과 공동체 의식을 가진 집단 예 우리 집, 우리 학교 등 • 자아 정체감 형성에 기여, 가치 판단 및 행동의 기준 제공
	외집단 (= 그들 집단)	• 실제 소속되어 있지 않으며 이질감이나 적대감 등을 가질 수 있는 집단 예 상대 팀, 타 종교 집단 등 • 내집단의 성격 파악과 내집단 결속의 필요성을 인식시킴

- 준거 집단

의미	개인이 자신의 신념, 가치, 태도 등을 규정하는 기준으로 삼는 집단
특징	• 소속 집단과 준거 집단이 일치 → 소속 집단에 대한 만족감이 높음 • 소속 집단과 준거 집단이 불일치 → 상대적 박탈감이나 소속 집단에 대한 불만이 생김

기본자료

DAY 08

Ⅱ

3. 사회 집단과 사회 조직

▶ 전인격적 관계
인간의 특정 측면에 관심을 갖는 수단적인 관계가 아니라 모든 측면에서 관심을 가지며 형성하는 인간적인 관계를 말한다.

▶ 본질 의지
구성원들의 의도가 개입된 의지가 아닌, 자연적이고 본성적인 욕구에 따른 의지를 의미한다.

▶ 준거 집단과 내집단
일반적으로 준거 집단과 내집단이 동일한 경향이 존재하나, 반드시 동일하지는 않음

필수개념 2 **사회 조직**

기본자료

• 사회 조직 **암기** → 사회 집단과 함께 통합되어 자주 출제되는 개념이다. 반드시 정확한 개념 숙지가 필요하다.

의미	사회 집단 중 목표와 경계가 뚜렷하고, 구성원의 지위와 역할이 명확하게 구별되어 있으며, 규범이 엄격하게 규정되어 있는 집단
특징	• 공식적 목표의 효율적 달성이 1차적 관심 사항임 • 효율적인 목표 달성을 위해 절차와 규범을 통해 조직 구성원의 행동을 조정하고 통제함 • 구성원 간 형식적 · 비인격적 관계, 서열에 따른 명령과 복종 체계 등으로 비인간화 현상이 우려됨

• 공식 조직과 비공식 조직 **암기**

공식 조직	의미	목적 달성을 위해 합리적인 기준에 따라 의도적으로 만들어진 사회 조직 예 회사, 군대, 학교 등
	특징	뚜렷한 조직 목표, 구성원 간의 명확한 지위 구분, 공식적인 규범 갖춤
비공식 조직	의미	공식 조직 내에서 공통의 관심사나 취미, 개인적 친밀감에 따라 형성된 조직 예 회사 내 동호회, 사내 봉사 모임 등
	순기능	구성원의 만족감과 소속감 증진, 정서적 안정 제공 → 공식 조직의 과업 능률 향상
	역기능	• 공식 조직의 목표나 이익과 부조화를 이룰 경우 → 공식 조직의 효율성 저해 • 연고주의나 개인적 친분 관계가 공식 조직에 개입 → 공식적 절차나 규칙을 깨뜨림

▶ **사회 조직과 공식 조직**
일반적으로 사회 조직은 공식 조직을 의미하며, 비공식 조직과 대비시킬 때 공식 조직이라는 표현이 주로 사용된다.

• 자발적 결사체 **암기**

의미	공동의 목표나 이해관계를 같이하는 사람들이 자발적으로 만든 집단
특징	• 공동의 목표에 관심 • 가입과 탈퇴가 비교적 자유로움 • 구성원의 자발성과 열정 • 조직의 형태 · 규정 · 운영의 융통성
유형	• 친목 집단 : 친교를 목적으로 조직된 집단 예 동호회 • 이익 집단 : 특수한 이익을 추구하기 위해 결성된 집단 예 노동조합 • 시민 단체 : 공익을 실현하기 위해 결성된 집단 예 환경 단체
기능	• 순기능 : 시민 사회의 다원화에 기여, 국민의 다양한 이익 대변, 사회 문제에 대한 관심 유발 • 역기능 : 이익 집단화되어 공익과 충돌할 우려가 있음

– 친목 집단은 1차 집단의 성격이 강함

– 이익 집단, 시민 단체는 2차 집단의 성격이 강함

▶ **자발적 결사체와 비공식 조직**
자발적 결사체는 비공식 조직의 개념을 포함하지만, 비공식 조직은 아니지만 자발적 결사체인 것도 있다.

▶ **이익 사회와 이익 집단**
이익 사회 중 구성원의 특수한 이익을 추구하는 집단이 이익 집단에 해당한다. 따라서 모든 이익 사회가 이익 집단에 해당하지는 않으나, 모든 이익 집단은 이익 사회에 포함된다.

1 [2016년 4월 학평 9번]

그림에 나타난 사회 집단 A~F에 대한 설명으로 옳지 않은 것은? 3점

① 자신이 소속된 집단은 모두 A이다.
② A와 B 간의 갈등은 A 안에서의 결속을 강화시킬 수 있다.
③ C는 공동 사회, D는 이익 사회이다.
④ F에 해당하는 집단은 모두 D에 해당한다.
⑤ F에서는 E와 달리 구성원에 대한 공식적 통제가 일반적이다.

2 2025 평가원 [2025학년도 9월 모평 7번]

밑줄 친 ㉠~㉤에 대한 설명으로 옳은 것은? 3점

> 낯선 국가를 여행하다가 차별을 당하면, 그곳에서 만난 같은 언어를 사용하는 사람은 다 내 편 같다는 생각이 듭니다. 평소 느끼지 못했던 이러한 ㉠ 집단의식이 형성되면 집단 내부 결속이 강화되면서 ㉡ 특정 집단을 적대시하거나 차별하기도 합니다. 한편, 집단의식은 구성원의 결합 의지에 따라 영향을 받기도 하지만 개인들이 ㉢ 사회적 관계를 만들어 가는 방식으로 부터도 영향을 받습니다. 일반적으로 친밀한 접촉을 통해 유지되는 ㉣ 집단의 구성원은 서로의 삶에 깊이 관여하고 사회적 관계가 지속적인 편입니다. 하지만 수단적 접촉을 통해 유지되는 ㉤ 집단의 구성원은 사회적 관계가 형식적이고 일시적인 편입니다.

① ㉠은 소속 집단과 준거 집단이 불일치할 때 강화된다.
② ㉡이 발생하는 원인은 외집단에 대한 동질감 때문이다.
③ ㉢은 1차 집단과 2차 집단을 구분하는 기준이다.
④ ㉣의 사례로 이익 집단, 시민 단체를 들 수 있다.
⑤ ㉤은 주로 인간관계 자체를 목적으로 한다.

3 [2017학년도 9월 모평 3번]

사회 조직의 유형 A~C에 대한 설명으로 옳은 것은?

> ○ A, B는 각각 과업 달성을 위한 조직이며, 조직의 효율성을 제고하기 위한 운영 원리가 적용된다.
> ○ A에서는 의사 결정의 권한이 분산되어 있으며, 외부 환경 변화에 대한 유연한 대처와 신속한 의사 결정이 가능하다. B에서는 조직 내 지위가 경력에 따라 서열화되어 있으며, 규약과 절차에 따른 구성원들의 업무 수행을 강조한다.
> ○ A 또는 B의 구성원들이 조직 내에서 친밀한 인간관계에 바탕을 두고 자발적으로 결성한 것이 C이다.

① 기업의 노동조합은 C에 해당한다.
② A, B는 공식적 제재를 통해 구성원을 통제한다.
③ B는 A에 비해 상향식 의사 결정 방식을 강조한다.
④ A, C는 B와 달리 구성원들의 가입과 탈퇴가 자유롭다.
⑤ C에서는 A, B와 달리 구성원 간 수단적 만남과 간접적 접촉이 이루어진다.

4 [2021년 10월 학평 7번]

다음 자료에 대한 설명으로 옳은 것은? (단, A~C는 각각 공식 조직, 비공식 조직, 자발적 결사체 중 하나이다.) 3점

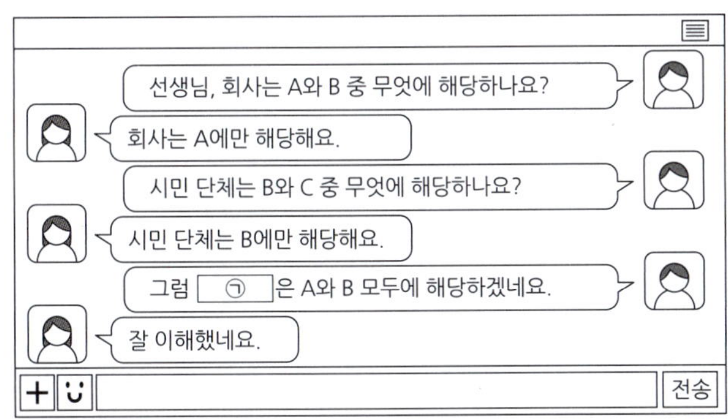

① ㉠에 '사내 노동조합'이 들어갈 수 있다.
② A는 C와 달리 비공식적 통제가 일반적이다.
③ B는 A와 달리 가입과 탈퇴가 자유롭지 않다.
④ C에 해당하지 않는 사회 집단은 A에 해당한다.
⑤ C는 A와 달리 구성원 간 형식적 관계가 지배적이다.

그림은 사회 집단 및 사회 조직의 사례 A~D를 성격에 따라 구분한 것이다. 이에 대한 설명으로 옳은 것은? 3점

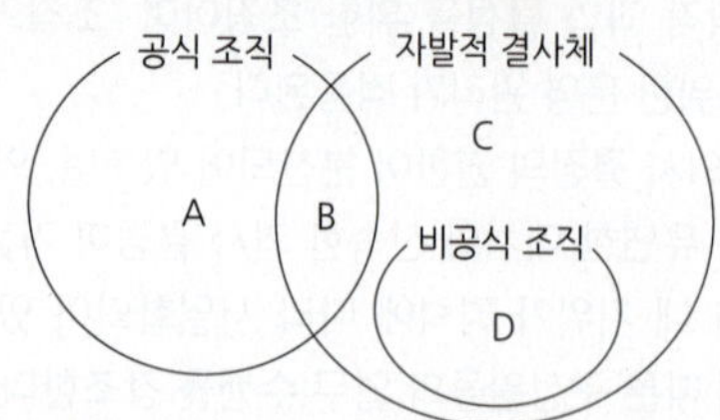

① 노동조합은 A, 동네 조기 축구회는 C에 해당한다.
② 시민 단체는 B, 회사 내 등산 동호회는 D에 해당한다.
③ A는 B와 달리 공식적 규범과 절차가 체계화된 집단이다.
④ B는 C와 달리 가입과 탈퇴가 자유로운 집단이다.
⑤ D는 A와 달리 형식적이고 수단적인 인간관계가 지배적인 집단이다.

사회 집단 A~C에 대한 설명으로 옳은 것은? (단, A~C는 각각 가족, 시민 단체, 회사 중 하나이다.) 3점

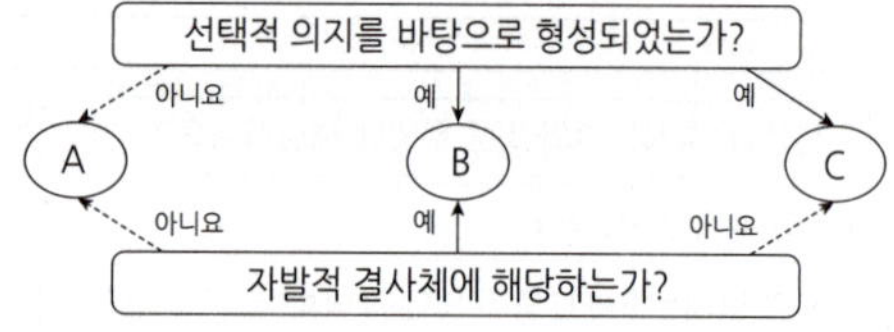

① A는 가족, B는 회사이다.
② C는 결합 자체를 목적으로 하는 사회 집단이다.
③ A는 C와 달리 1차 집단에 해당한다.
④ B는 A와 달리 구성원에 대한 비공식적 통제가 일반적이다.
⑤ C는 B와 달리 공식 조직에 해당한다.

밑줄 친 ㉠~㉣에 대한 설명으로 옳은 것은?

○○고등학교 '동문의 밤' 행사는 ㉠ □□기업 부사장이자 총동문회장인 갑의 축사로 시작하였다. ㉡ 가족과 함께 행사에 참여한 졸업생 을은 "㉢ 회사 내 동문 산악회를 만들어 모임을 가져온 것이 전부였는데, 그동안 못했던 총동문회를 이제 할 수 있게 되어 기쁘다."라고 소감을 밝혔다. 한편, 이번 '동문의 밤'에서 진행된 바자회의 수익금은 ㉣ △△ 환경 단체에 기부하기로 하였다.

① ㉠은 ㉡과 달리 1차 집단이다.
② ㉢은 ㉣과 달리 자발적 결사체이다.
③ ㉣은 ㉢과 달리 을의 내집단이다.
④ ㉢과 ㉣은 모두 비공식 조직이다.
⑤ ㉠, ㉢, ㉣은 모두 이익 사회이다.

다음 자료에 대한 설명으로 옳은 것은? 3점

게시판

취업 특강 개설을 위한 재학생 대상 사전 조사
(A 대학교 취업 상담 센터)

└갑 : 취업 상담 센터가 주관하는 취업 특강을 교내 독서 모임에서 함께 활동하고 있는 을과 들었음. 이번에는 총동창회의 주최로 ○○ 기업에서 진행하는 취업 특강에 참여할 예정임. □□ 시민 단체에서 활동하고 있는 병이 추천해 준 자격증 취득을 위한 특강 개설 여부가 궁금함.

└을 : □□ 시민 단체에서 함께 활동하고 있는 후배와 여름 방학에 △△ 방송사가 주관하는 직업 체험 활동에 참가할 예정이라 취업 특강 참석이 어려움. 언론인이 되고 싶어 하는 학생들을 위해 방송인 협회의 특강 개최를 취업 상담 센터에 건의하고 싶음.

└병 : 고등학교 선배가 운영하는 대안 학교에서 수업 보조 강사로 함께 활동하고 있는 갑이 ○○ 기업에서 진행하는 취업 특강에 같이 가자고 함. 졸업 후 대학원 진학도 고민 중이라 참석 여부를 고심하고 있음.

① 갑이 작성한 내용에 나타난 공식 조직의 개수는 을이 작성한 내용에 나타난 2차적 사회화 기관의 개수보다 많다.
② 을이 작성한 내용에 나타난 자발적 결사체의 개수는 을이 속해 있는 자발적 결사체의 개수와 같다.
③ 병이 속해 있는 공식적 사회화 기관의 개수는 갑이 속해 있는 공식적 사회화 기관의 개수보다 많다.
④ 갑과 병이 함께 속해 있는 2차 집단의 개수는 병이 속해 있는 비공식적 사회화 기관의 개수보다 적다.
⑤ 갑과 을이 함께 속해 있는 비공식 조직은 없지만 을과 병이 함께 속해 있는 이익 사회는 있다.

정답과 해설 5 p.151 6 p.151 7 p.152 8 p.152

9

다음 게임에서 임무를 완수하기 위한 카드를 옳게 선택한 것은?  3점

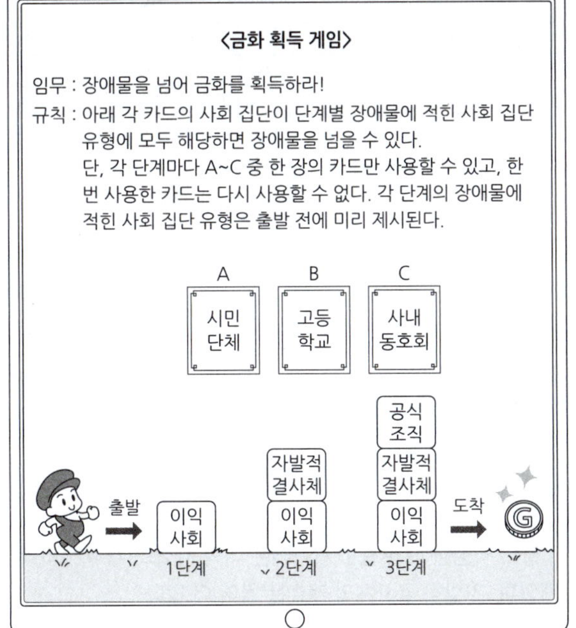

	1단계	2단계	3단계		1단계	2단계	3단계
①	A	B	C	②	A	C	B
③	B	A	C	④	B	C	A
⑤	C	B	A				

11

그림은 질문을 통해 사회 집단 A, B를 구분한 것이다. 이에 대한 설명으로 옳은 것은? (단, A와 B는 각각 공동 사회, 이익 사회 중 하나이다.) 3점

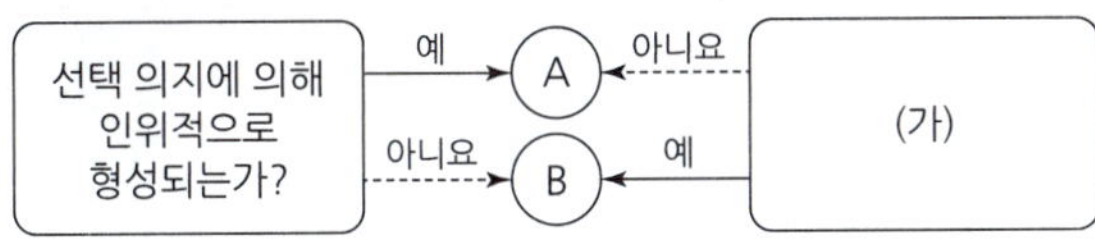

① 비공식 조직은 A에 해당한다.
② B는 가입과 탈퇴가 자유롭다.
③ A는 B와 달리 결합 자체를 목적으로 한다.
④ A의 사례로 친족을, B의 사례로 학교를 들 수 있다.
⑤ (가)에는 '형식적 인간관계가 지배적인가?'가 들어갈 수 있다.

10

밑줄 친 ㉠~㉣에 대한 옳은 설명만을 〈보기〉에서 있는 대로 고른 것은? 3점

> 갑은 평소 원하던 ㉠ A 회사에 입사하여 애사심을 가지고 열심히 회사 생활을 하고 있다. 그러던 중 갑은 ㉡ 사내 등산 동호회에서 만난 ㉢ 대학교 선배의 권유로 환경 보호를 위한 ㉣ 시민 단체에 가입하였다.

보기

ㄱ. ㉠은 갑의 내집단이다.
ㄴ. ㉡은 ㉣과 달리 비공식 조직이다.
ㄷ. ㉢은 ㉡과 달리 선택 의지에 따라 결합된 사회 집단이다.
ㄹ. ㉡은 ㉢, ㉣과 달리 자발적 결사체이다.

① ㄱ, ㄴ   ② ㄱ, ㄹ   ③ ㄴ, ㄷ
④ ㄱ, ㄷ, ㄹ   ⑤ ㄴ, ㄷ, ㄹ

12

다음 자료에 대한 옳은 설명만을 〈보기〉에서 고른 것은?  3점

> 교사 : 각자 20대에 하고 싶은 일에 대해서 발표해 볼까요?
> 갑 : 대학교에서 마케팅을 전공한 후, 가족과 함께 식품 회사를 경영하며 사내 등산 동호회도 만들어 활동하고 싶습니다.
> 을 : 환경 관련 시민 단체에 가입하여 활동하고 싶습니다. 그리고 인터넷 게임 취미 활동으로 만난 사람들과 게임 동호회를 만들고 싶습니다.

보기

ㄱ. 갑이 발표한 내용에 있는 공식 조직의 개수는 3개이다.
ㄴ. 을이 발표한 내용에 있는 이익 사회의 개수는 2개이다.
ㄷ. 갑이 발표한 내용에 있는 자발적 결사체의 개수는 을이 발표한 내용에 있는 자발적 결사체의 개수보다 적다.
ㄹ. 갑과 을이 발표한 내용에 있는 비공식 조직의 개수는 2개이다.

① ㄱ, ㄴ   ② ㄱ, ㄷ   ③ ㄴ, ㄷ   ④ ㄴ, ㄹ   ⑤ ㄷ, ㄹ

13

밑줄 친 ㉠~㉤에 대한 설명으로 옳은 것은? 3점

요일	주요 일정
월	㉠ 회사 노동조합 조합원 회의
화	㉡ 시민 단체 정기 모임
수	출장
목	㉢ 사내 바둑 동호회 모임
금	㉣ 회사 동료 결혼식

① ㉡은 ㉠과 달리 자발적 결사체에 해당한다.
② ㉣은 ㉤과 달리 전인격적 인간관계를 기초로 한다.
③ ㉠, ㉢은 모두 비공식 조직에 해당한다.
④ ㉡, ㉣은 모두 공식적 규범에 의한 통제가 일반적이다.
⑤ ㉢, ㉤은 모두 공동 사회에 해당한다.

14

다음은 질문에 따라 사회 집단 A~C를 사회 집단 및 사회 조직의 특징을 고려하여 분류한 것이다. 이에 대한 옳은 설명만을 〈보기〉에서 고른 것은? (단, A~C는 각각 가족, 시민단체, 사내 동호회 중 하나임.) 3점

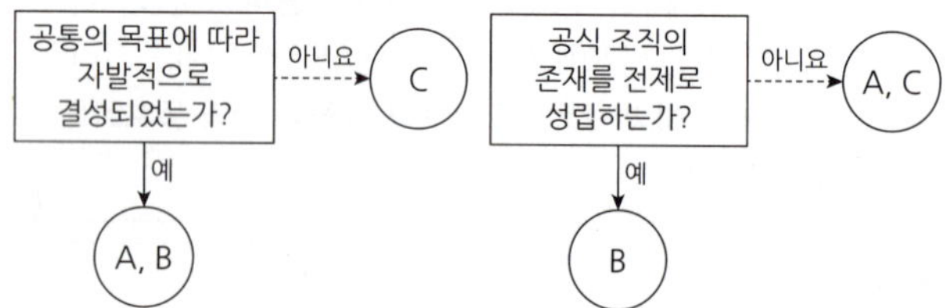

보기

ㄱ. A는 공식적 제재가 지배적인 집단에 해당한다.
ㄴ. B는 본질 의지에 의해 형성된 집단에 해당한다.
ㄷ. C는 전인격적 인간관계가 주로 나타나는 집단에 해당한다.
ㄹ. A, C 모두 공식 조직이면서 2차 집단에 해당한다.

① ㄱ, ㄴ　② ㄱ, ㄷ　③ ㄴ, ㄷ　④ ㄴ, ㄹ　⑤ ㄷ, ㄹ

15

다음은 갑, 을이 자신이 속해 있던 사회 집단을 시기별로 각각 2개씩 작성한 것이다. 이에 대한 분석으로 옳은 것은? 3점

이름 : 갑	
시기	소속 집단
A	㉠ 가족, ㉡ 유치원
B	학교, 게임 동호회
C	동창회, 대학교 학과 내 독서 소모임
D	회사, 출판인 협회

이름 : 을	
시기	소속 집단
A	가족, ㉢ 같은 아파트 내 또래 집단
B	미술 학원, 지역 청소년 봉사 단체
C	㉣ 정당, 대학교 총학생회장단
D	종친회, 환경 운동 단체

① ㉠은 ㉣과 달리 구성원 간 간접적 접촉과 수단적 만남이 지배적인 집단이다.
② ㉡, ㉢은 모두 개인의 선택적 의지와 무관하게 자연 발생적으로 형성된 집단이다.
③ 갑이 작성한 내용 중 공식 조직의 개수는 B 시기가 D 시기보다 많다.
④ 갑, 을이 작성한 내용 중 C 시기에는 각각 1개의 비공식 조직이 들어 있다.
⑤ 갑, 을이 작성한 내용 중 D 시기에는 이익 사회의 개수가 각각 2개이며, 자발적 결사체의 개수는 을이 더 많다.

16

다음 자료에 대한 설명으로 옳은 것은?

제○○호　　□□ 시립 도서관 소식지(○○월)

지난주 토요일 우리 도서관에서는 여러 분야의 외부 강사를 초빙하여 청소년 진로 직업 체험 캠프를 실시하였다.

A 고등학교 학생 갑의 소감문

환경 보호를 위해 같은 시민 단체에 함께 가입하여 활동하고 있는 같은 학교 친구 을과 만나, 광고 회사 직원 병의 강의에 참여하였다. 평소 나의 관심 분야는 아니었지만 광고 영상을 직접 편집해 보니 생각보다 흥미로웠다.

B 고등학교 학생 정의 소감문

같은 테니스 동호회 회원인 을의 추천으로 캠프에 참여했다. 지역 드론 조종사 협회 회장을 맡고 있는 무의 강의를 들으며 드론을 작동해 보니 재미있었다. 이 분야에 관심이 생겨 관련 직업을 더 찾아봐야겠다고 생각했다.

① 을이 속해 있는 비공식적 사회화 기관은 3개이다.
② 갑과 을이 함께 속해 있는 공식 조직은 1개이다.
③ 갑과 달리 병은 2차적 사회화 기관에 속해 있다.
④ 을과 정이 함께 속해 있는 비공식 조직이 나타나 있다.
⑤ 갑~무 중 병을 제외한 4명은 자발적 결사체에 속해 있다.

17

그림은 사회 집단 및 사회 조직의 유형 A, B와 자발적 결사체의 포함 관계를 나타낸 것이다. 이에 대한 설명으로 옳은 것은? (단, A와 B는 각각 비공식 조직, 이익 사회 중 하나이다.)

① A는 비공식적 제재가 지배적이다.
② B는 형식적, 수단적 인간관계가 지배적이다.
③ A는 자발적 결사체와 달리 가입과 탈퇴가 자유롭다.
④ A는 B와 달리 선택 의지에 의해 인위적으로 형성된 집단이다.
⑤ A의 사례로는 학교를, B의 사례로는 사내 동호회를 들 수 있다.

18

밑줄 친 ㉠~㉫과 같은 사회 집단과 사회 조직의 일반적 특징에 대한 설명으로 옳은 것은? **3점**

> 갑은 ㉠ 법학 전문 대학원 학생이다. 평소 환경 문제에 관심이 많아서 ㉡ ○○ 시민 연대에서 활동하고 있다. 또한 주말마다 ○○ 시민 연대의 ㉢ 야구 동호회를 통해 친목을 다지고 있다. 한편 갑의 남편 을은 자동차 회사에 재직하면서 ㉣ 노동조합 활동도 열심히 하고 있다. 주말에는 ㉤ 음악 학원에서 드럼을 배우며 스트레스를 해소하고 있다. 두 사람은 너무 바쁘지만 ㉥ 가족과 좀 더 많은 시간을 보낼 방법에 대해 고민 중이다.

① ㉠은 공동의 목표나 관심사를 가진 사람들의 자발적 참여로 결성된 집단이다.
② ㉥은 선택 의지에 의해 형성된 집단이다.
③ ㉠은 ㉣과 달리 특정 목적 달성을 위한 지위와 역할이 명확한 조직이다.
④ ㉡은 ㉣, ㉥과 달리 구성원 간 직접적 접촉을 통한 전인격적 관계에 기초한 집단이다.
⑤ ㉢은 ㉠, ㉥과 달리 공식 조직 내에서 구성원 간의 친밀한 인간관계에 바탕을 두고 형성된 조직이다.

19

밑줄 친 ㉠~㉤에 관한 진술을 모두 옳게 평가한 학생은? **3점**

> A는 회사 ㉠ 노동조합 단체교섭단 회의를 주관하고 점심시간에 ㉡ 사내 요가 동호회에서 시간을 보냈다. 저녁에는 ㉢ 대학교 총동문회 사은 행사에 참석 후 귀가하여 ㉣ 가족과 하루를 마쳤다. 다음 날 아침에는 아파트 주민들로 구성된 ㉤ ○○ 산악회 회원들과 등산을 하였다.

진술	갑	을	병	정	무
㉡은 ㉣과 달리 비공식적 통제가 일반적이다.	○	×	×	×	×
㉢은 ㉡과 달리 공식 조직을 전제로 한다.	○	○	×	×	×
㉤은 ㉣과 달리 본질 의지에 의해 형성된다.	×	×	×	○	×
㉠, ㉡은 ㉢과 달리 비공식 조직이다.	○	×	×	○	×
㉠~㉤ 중 자발적 결사체의 개수와 이익 사회의 개수는 같다.	○	×	○	×	×

(○ : 그렇다, × : 그렇지 않다)

① 갑　　② 을　　③ 병　　④ 정　　⑤ 무

20

표의 (가), (나)에 각각 들어갈 수 있는 질문만을 <보기>에서 고른 것은? **3점**

구분		(가)	
		예	아니요
(나)	예	사내 동호회	가족
	아니요	시민 단체	회사

보기

ㄱ. 구성원들의 선택 의지와 무관하게 형성된 사회 집단인가?
ㄴ. 구성원들 간 수단적 관계보다 전인격적 관계가 중시되는 사회 집단인가?
ㄷ. 공통의 관심사나 목표를 가진 사람들이 자발적으로 결성한 사회 집단인가?
ㄹ. 공식 조직 내에서 구성원들이 긴장감이나 소외감을 완화하기 위해 만든 사회 집단인가?

	(가)	(나)		(가)	(나)
①	ㄱ	ㄹ	②	ㄴ	ㄷ
③	ㄷ	ㄴ	④	ㄷ	ㄹ
⑤	ㄹ	ㄱ			

21

표는 사회 집단 A ~ C를 구분한 것이다. 이에 대한 옳은 설명만을 <보기>에서 고른 것은? (단, A ~ C는 각각 공동 사회, 비공식 조직, 자발적 결사체 중 하나이다.) 3점

사회 집단＼질문	(가)	(나)	(다)
A	예	예	아니요
B	아니요	아니요	예
C	아니요	예	아니요

보기

ㄱ. A가 비공식 조직, B가 공동 사회라면 (다)에 '결합 자체가 목적인가?'가 들어갈 수 있다.

ㄴ. B가 자발적 결사체라면 (다)에 '주로 비공식적 통제에 의해서 집단이 운영되는가?'가 들어갈 수 있다.

ㄷ. (나)에 '가입과 탈퇴가 자유로운가?'가 들어가고 C가 비공식 조직이라면 (가)에 '시민 단체가 해당하는가?'가 들어갈 수 있다.

ㄹ. (가)에 '본질 의지에 따라 구성되는가?'가 들어가고 (다)에 '병원 내 노동조합이 해당하는가?'가 들어가면 '학교 내 학생회'는 C에 해당한다.

① ㄱ, ㄴ　② ㄱ, ㄷ　③ ㄴ, ㄷ　④ ㄴ, ㄹ　⑤ ㄷ, ㄹ

22

그림에서 갑 ~ 병이 속해 있는 사회 집단 및 사회 조직에 대한 진술로 옳은 것은? 3점

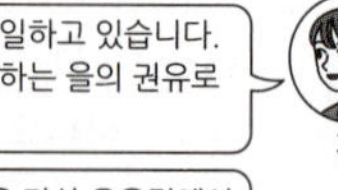

① 갑은 공동 사회와 이익 사회 모두에 속해 있다.

② 을은 공식 조직과 비공식 조직 모두에 속해 있다.

③ 병은 1차 집단과 비공식 조직 모두에 속해 있다.

④ 갑은 을과 달리 자발적 결사체에 속해 있다.

⑤ 을은 갑, 병과 달리 2차 집단에 속해 있다.

23

사회 집단 및 사회 조직 A ~ D에 대한 설명으로 옳은 것은? (단, A ~ D는 각각 가족, 사내 동호회, 시민 단체, 학교 중 하나이다.)

○ '공통의 관심과 목표에 따라 자발적으로 결성하였는가?'라는 질문에 따라 B, D는 A, C와 구분된다.

○ '선택 의지에 따라 형성하였는가?'라는 질문으로는 A, C, D를 구분할 수 없다.

○ '명시적 규약과 체계화된 업무 수행 방식을 갖추었는가?'라는 질문에 따라 A, D는 B, C와 구분된다.

① C는 공식적 사회화 기관이다.

② A는 2차 집단, B는 1차 집단이다.

③ D는 A에 비해 가입과 탈퇴가 자유롭다.

④ D는 B, C와 달리 구성원에 대한 비공식적 통제가 일반적이다.

⑤ A, D는 이익 사회, B, C는 공동 사회이다.

24

다음 자료에 대한 분석으로 옳은 것은? 3점

<직장 생활 고충에 대한 설문 조사>

소속사 : □□기업　성명 : 갑

1. 당신의 과거 직장 생활 경력은?
 - ○○건설 재무팀 5년, △△전자 회계팀 3년

2. 직장 생활에서의 어려움 또는 문제점은?
 - 젊은 사원들의 중도 퇴사율이 높아 업무 피로도가 누적되어 이직을 고민 중임.
 - 노동조합 간부로서 사용자와의 단체 협약 사항 조율이 어려움.
 - 환경 관련 시민 단체의 지속적인 민원이 발생함.

3. 회사에 요구하는 점은?
 - 업무 피로도가 높은 임직원을 대상으로 기업교육 전문업체의 치유 및 회복 프로그램을 제공하였으면 함.
 - 독서 동호회, 산악회, 배드민턴 클럽과 같이 사내 구성원 간 친밀감을 증대시키는 활동을 지원하였으면 함.

① 갑이 속한 공식 조직은 2개이다.

② 갑은 역할 갈등을 경험하고 있다.

③ 갑이 진술한 자발적 결사체는 3개이다.

④ 갑은 결합 자체가 목적인 집단을 활용한 지원을 요구하였다.

⑤ 갑은 2차적 사회화 기관이자 공식적 사회화 기관에 속해 있다.

25 [2023년 7월 학평 3번]

그림에서 갑~병이 속해 있는 사회 집단 및 사회 조직에 대한 진술로 옳은 것은? 3점

① 갑이 속해 있는 이익사회는 2개이다.
② 을은 갑과 달리 비공식 조직에 속해 있다.
③ 을은 병과 달리 본질 의지에 의해 형성된 집단에 속해 있다.
④ 갑과 병이 함께 속해 있는 공식 조직은 2개이다.
⑤ 갑, 을, 병 모두 가입과 탈퇴가 자유로운 집단에 속해 있다.

26 [2022년 7월 학평 14번]

다음 자료에 대한 설명으로 옳은 것은? 3점

[게임 규칙]
○ [카드 1] ~ [카드 5]에는 사회 집단 및 사회 조직의 일반적인 특징이 적혀 있다. 카드별로 점수를 부여하는데, 각 카드에 적힌 내용이 '공동 사회', '공식 조직', '비공식 조직' 중 하나의 특징에만 해당하면 1점, 두 개의 특징에만 해당하면 2점, 세 개 모두의 특징에 해당하면 3점을 부여한다.
○ 다음 5장의 카드를 학생 갑, 을에게 각각 나눠주고, 자신이 판단하여 가장 높은 점수를 받을 수 있도록 3장을 뽑게 한다. 둘 중에서 점수의 합계가 더 높은 사람이 승리한다.

[카드 1]	[카드 2]	[카드 3]	[카드 4]	[카드 5]
명시적 규약과 체계화된 업무 수행 방식이 존재한다.	결합 자체가 집단 형성의 목적이다.	소속감을 가진 구성원들 간 지속적인 상호작용이 이루어진다.	선택 의지에 의해 인위적으로 형성된다.	공식 조직 내에서 자발적으로 형성된 집단이다.

① 카드 3장의 조합으로 얻을 수 있는 최대 점수는 총 5점이다.
② 공식 조직의 일반적인 특징이 적힌 카드를 모두 뽑았을 때, 얻을 수 있는 점수는 총 3점이다.
③ [카드 2]에는 공동 사회와 비공식 조직 모두의 일반적인 특징이 적혀 있다.
④ [카드 4]와 [카드 5]에 부여되는 점수는 같다.
⑤ 갑이 [카드 1], [카드 2], [카드 3]을 뽑고, 을이 [카드 3], [카드 4], [카드 5]를 뽑는다면 을이 승리한다.

27 [2022년 4월 학평 5번]

다음 자료에 대한 설명으로 옳은 것은? (단, A~D는 각각 공동 사회, 이익 사회, 공식 조직, 자발적 결사체 중 하나이다.) 3점

○ 학생 갑의 활동지

[문제] 그림은 사회 집단 및 사회 조직의 유형을 나타낸다. 밑줄 친 5가지 사례를 (가)~(라)에 맞게 기입하시오.

저는 △△ 고등학교 졸업 후 □□ 기업에서 일하고 있습니다. 어렸을 때부터 여가 시간에 영화 보는 것을 좋아해 직장에서도 사내 영화 동호회에서 활동하고 있습니다. 또한 가족과 함께 시민 단체에서 꾸준히 자원 봉사를 하고 있습니다.

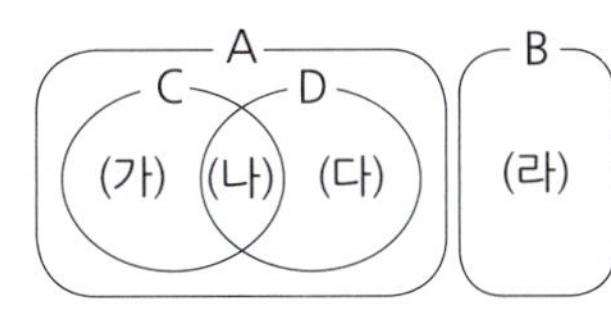

구분	답안
(가)	㉠
(나)	㉡
(다)	사내 영화 동호회
(라)	가족

○ 갑의 답안에 대한 교사의 평가 : 5가지 사례 모두 맞게 기입함.

① A는 공동 사회, C는 이익 사회이다.
② A는 B와 달리 구성원 간 전인격적 관계가 지배적이다.
③ B는 C에 비해 공식적 규범에 의한 통제가 중시된다.
④ C와 D 모두에 해당하는 사례로 노동조합을 들 수 있다.
⑤ ㉠은 '□□ 기업, 시민 단체', ㉡은 '△△ 고등학교'이다.

28 [2022년 3월 학평 14번]

다음 자료는 수행평가에 대한 학생의 응답과 교사의 채점 결과를 나타낸 것이다. (가)~(다)에 들어갈 응답으로 옳은 것은? 3점

수행 평가

3학년 1반 홍길동

표의 각 사회 집단이 제시된 3개의 특성 중 1개만 가지면 ○, 2개만 가지면 ◐, 3개 모두를 가지면 ● 로 표시하시오. (옳은 응답 하나당 1점이고, 틀린 응답은 0점임.)

특성	시민 단체	대학교	사내 동호회
선택 의지에 따라 형성된다.			
공식적인 지위 체계와 규범을 가진다.	(가)	(나)	(다)
공통의 목표 달성을 위해 자발적으로 결성된다.			
채점 결과		3점	

	(가)	(나)	(다)		(가)	(나)	(다)
①	○	●	◐	②	◐	○	○
③	◐	○	●	④	●	◐	○
⑤	●	◐	◐				

(가)에 들어갈 내용으로 옳은 것은? (단, A~D는 각각 가족, 노동조합, 사내 동호회, 회사 중 하나이다.)

교사 : A와 C는 자발적 결사체에, A와 D는 공식 조직에
　　　해당합니다. A, B, C, D를 사회 집단 및 사회 조직의
　　　특징을 고려하여 분류하거나 설명해 보세요.
학생 : 　　　　　　　　　　　(가)

① A는 전인격적 인간관계가 주로 이루어지는 집단에 해당합니다.

② B는 가입과 탈퇴가 비교적 자유로운 집단에 해당합니다.

③ B는 C와 달리 공식 규범을 통해 구성원을 통제하는 집단에
　해당합니다.

④ C, D는 모두 뚜렷한 목적을 가진 과업지향적인 집단에
　해당합니다.

⑤ A, C, D는 이익 사회에, B는 공동 사회에 해당합니다.

그림은 사회 집단 또는 사회 조직 A, B를 질문 (가), (나)에 따라 구분한 것이다. 이에 대한 설명으로 옳은 것은? **3점**

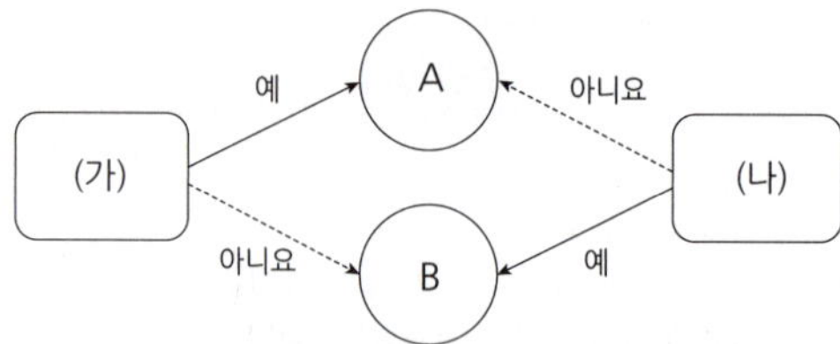

① (가)가 '구성원의 선택적 의지에 따라 형성된 집단인가?'라면,
　A에는 가족이, B에는 종친회가 들어갈 수 있다.

② (나)가 '형식적·수단적 인간 관계가 지배적으로 나타나는가?'라면,
　A에는 회사가, B에는 또래 집단이 들어갈 수 있다.

③ A가 시민 단체라면, (가)에는 '구성원의 지위와 책임이 명확하게
　규정되어 있는 집단인가?', (나)에는 '구성원의 의지와 무관하게
　자연 발생적으로 형성된 집단인가?'가 들어갈 수 있다.

④ B가 회사 내 동호회라면, (가)에는 '공통의 이해관계와 관심을
　가진 사람들이 자발적으로 만든 집단인가?', (나)에는 '공식 조직
　내에서 구성원 간의 친밀한 관계를 바탕으로 형성된 조직인가?'가
　들어갈 수 있다.

⑤ A가 기업의 노동 조합이고 B가 대학 총동창회라면, (가)에는
　'주로 공식적 규범을 통해 구성원을 통제하는가?', (나)에는
　'구성원들의 직접적인 접촉을 통한 전인격적 관계에 기초한
　집단인가?'가 들어갈 수 있다.

❷ 관료제와 탈관료제 ★수능에 나오는 필수 개념 1가지 + 필수 암기사항 2개

필수개념 1 관료제와 탈관료제

기본자료

• 관료제 `암기` → 수능에서 자주 출제되는 개념으로 관료제의 발달 역사를 중심으로 관련 내용을 정리한다면 훨씬 더 이해하는 데 도움이 될 것이다.

의미		명시적 규범과 절차에 따라 대규모 조직을 관리·운영하는 조직 체계
등장 배경		산업화에 따른 조직의 대규모화 → 거대 조직의 효율적 관리 및 신속하고 정확한 업무 관리의 필요성
특징	과업의 전문화와 분업화	복잡한 업무의 효율적 처리를 위해 각 구성원은 분담된 일만 처리함 → 대규모 과업의 효율적 처리
	위계의 서열화	조직 내의 여러 지위가 권한과 책임의 정도에 따라 서열화되어 있음
	규약과 절차에 따른 업무 수행	문서화된 규약과 절차에 따라 업무 수행, 개인적인 판단이나 의사의 개입 배제 → 과업수행 절차의 높은 예측 가능성, 업무의 표준화
	경력에 따른 보상	업무 수행의 경험과 훈련 및 연공서열에 따른 보상과 승진
역기능	목적 전치 현상	본래의 조직 목표보다 그것을 달성하기 위한 수단이나 절차에 얽매이는 현상
	비능률성	• 연공서열에 따른 승진으로 인해 복지부동, 무사안일주의 심화 • 조직의 비대화와 업무 수행 범위의 제한
	인간 소외 현상	• 인간이 과업 수행의 주체가 되지 못하고 객체로 전락 • 정해진 규정에 따른 업무 처리로 개개인의 창의성과 자율성 억압
	환경 비대응성	경직된 규칙, 절차로 인해 외부 환경 변화에 적극적 대응이 힘듦

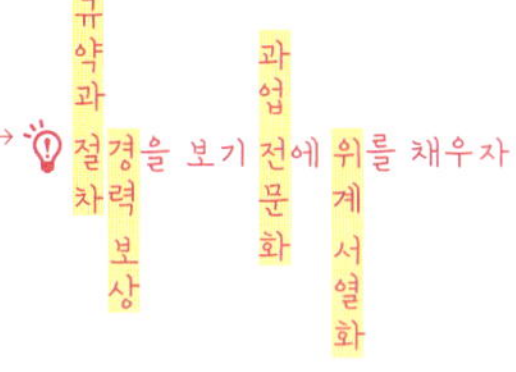

▶ 연공서열
근무 연한이 오래됨에 따라 급료가 오르고 지위도 상승하는 체계를 말한다.

▶ 복지부동
땅에 엎드려 움직이지 아니한다는 뜻으로, 주어진 일이나 업무를 처리하는 데 몸을 사림을 비유적으로 이르는 말이다.

• 탈관료제 조직 `암기`

의미		관료제에서 벗어나 구성원의 자율성을 보장하는 새로운 조직 체계
등장 배경		관료제의 역기능 심화, 정보화와 탈산업 사회의 등장
특징	창의적 과업 수행	구성원의 창의력, 아이디어 중시
	수평적 조직 체계	상향식 의사 결정 방식 강조, 중간 관리자의 역할 감소, 업무 결정권 분산
	재량권이 높은 업무 수행	사회 환경 변화에 대해 유연한 대처 가능
	능력과 업적에 따른 보상	개인의 능력과 업무 수행의 결과에 따른 보상과 승진
조직 형태	팀제 조직	특정한 업무 목표 달성을 위해 신속하게 구성·해체되는 조직 → 조직의 효율성과 유연성 제고, 신속한 현장 적응 능력
	네트워크형 조직	독립성과 자율성을 지닌 여러개의 조직이 유기적으로 연계되어, 공동의 목표를 달성하는 협력적 조직
	아메바형 조직	아메바들이 분열·증식하는 모습처럼 자율성과 유연성을 기본으로 하여 조직 편성의 변경·분할·증식이 수시로 일어나는 조직
	오케스트라형 조직	구성원이 협동하고, 동등한 지위와 책임을 지는 조직

▶ 관료제와 탈관료제의 공통점
관료제와 탈관료제는 모두 효율적인 과업 수행을 지향하며 공식적인 통제 방식을 활용, 2차적 관계가 지배적이라는 공통점을 지닌다.

A, B의 일반적인 특징에 대한 설명으로 옳은 것은? (단, A, B는 각각 관료제와 탈관료제 중 하나임.)

> 도서 출판 과정에는 편집, 디자인, 인쇄 등 여러 공정이 있다. ○○ 출판 회사는 수평적으로 분권화된 조직을 통해 구성원들이 함께 결정을 내려 출판 공정을 관리하고 도서를 출간한다. □□ 출판 회사는 세부적으로 분업화된 조직을 통해 해당 분야의 담당자들이 정해진 서열과 절차에 따라 각 공정을 진행하여 도서를 출간한다. ○○ 출판 회사는 A의 운영 원리가, □□ 출판 회사는 B의 운영 원리가 강조된다.

① A에 비해 B는 조직 구성원의 업무 재량권 및 자율성이 낮다.
② A에 비해 B는 외부 환경 변화에 대한 유연한 대처가 용이하다.
③ B에 비해 A는 업무의 표준화와 세분화가 강조된다.
④ B에 비해 A는 목적 전치 현상이 나타날 가능성이 높다.
⑤ A는 경력에 따른 보상을, B는 성과에 따른 보상을 중시한다.

---

2   [2023학년도 수능 14번]

A, B의 일반적인 특징에 대한 설명으로 옳은 것은? (단, A, B는 각각 관료제, 탈관료제 중 하나임.) 3점

> A에서 조직이 최고의 목적을 위한 최적의 수단을 취할 때, 개인은 그 목적을 향해 객관적으로, 적확하게, 영혼 없이 업무를 수행한다. 그 과정에서 개인은 조직이라는 기계의 작은 톱니가 되어 경직된 업무 시스템에 파묻히고 창의성과 자율성을 발휘하기 어려워진다. 이에 따라 조직이 환경 변화에 유연하게 대응하지 못하게 되고 결국 효율성이 떨어지는 문제가 나타나, 이를 개선하기 위해 B가 등장하였다.

① A는 B에 비해 과업 수행 절차의 예측 가능성이 높다.
② A는 B에 비해 업무 담당자에게 주어진 재량권이 크다.
③ B는 A에 비해 연공서열에 따른 보상 체계를 중시한다.
④ B는 A에 비해 업무 체계의 전문화와 세분화 정도가 높다.
⑤ A는 상향식 의사 결정 방식이, B는 하향식 의사 결정 방식이 지배적이다.

---

3 2024 평가원   [2024학년도 6월 모평 4번]

A, B의 일반적인 특징에 대한 설명으로 옳은 것은? (단, A, B는 각각 관료제, 탈관료제 중 하나임.)

> □□기업은 의사 결정 권한이 분산되어 있고 업무의 범위와 분담 체계를 개별 담당 부서에서 자율적으로 결정한다. □□기업의 조직 운영 방식은 A의 사례이다. ○○기업의 의사 결정은 관리자 중심으로 이루어지며 모든 부서는 표준화된 규약과 절차에 따라 업무를 수행한다. ○○기업의 조직 운영 방식은 B의 사례이다.

① A는 B에 비해 외부 환경 변화에 유연하게 대처하기 용이하다.
② A는 B와 달리 공식적 규범에 의한 통제가 이루어진다.
③ B는 A에 비해 구성원이 창의성을 발휘하기 용이하다.
④ B는 A와 달리 업무 수행의 효율성을 추구한다.
⑤ A는 연공서열에 따른 보상을, B는 성과에 따른 보상을 중시한다.

---

4   [2019년 4월 학평 12번]

그림은 A 기업의 조직 운영 평가 보고서의 일부이다. 이에 나타난 A 기업의 변화에 대한 옳은 추론을 〈보기〉에서 고른 것은?

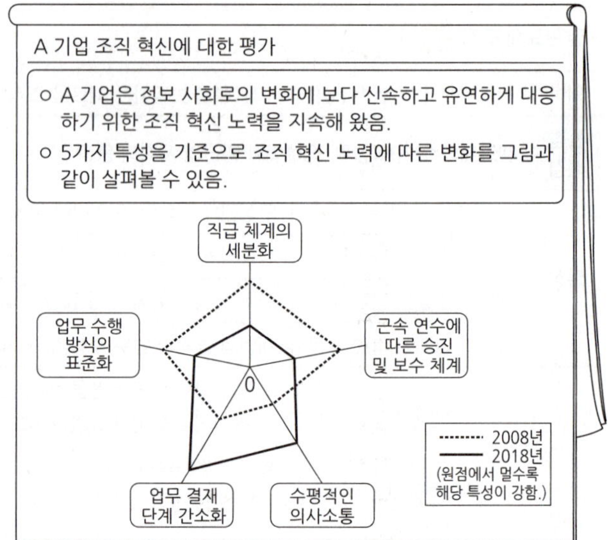

보기

ㄱ. 중간 관리층의 비중이 높아졌을 것이다.
ㄴ. 구성원 간 위계의 서열화가 강화되었을 것이다.
ㄷ. 업무 처리 방식에 있어 담당자의 재량권이 커졌을 것이다.
ㄹ. 연공서열을 기준으로 하는 보상 체계가 약화되었을 것이다.

① ㄱ, ㄴ   ② ㄱ, ㄷ   ③ ㄴ, ㄷ   ④ ㄴ, ㄹ   ⑤ ㄷ, ㄹ

5

A, B의 일반적인 특징에 대한 설명으로 옳은 것은? (단, A, B는 각각 관료제와 탈관료제 중 하나임.)

> '그린 테이프'는 A에 적용되는 규칙과 절차의 순기능을 강조한 개념으로 규칙과 절차의 지나친 강조로 인한 역기능을 지칭하는 '레드 테이프'의 상대적 개념이다. 이처럼 규칙과 절차의 적용으로 양면성을 지닌다고 평가받는 A와 달리 B는 규칙과 절차의 유연한 적용과 구성원의 재량권을 강조한다.

① A와 달리 B는 구성원의 권한과 책임이 분명하다.
② A에 비해 B는 과업 수행의 예측 가능성이 높다.
③ B와 달리 A는 하향식 의사 결정 방식이 지배적이다.
④ B에 비해 A는 업무 체계의 표준화와 세분화 정도가 낮다.
⑤ A는 능력에 따른 보상을, B는 경력에 따른 보상을 중시한다.

6

2024 수능

A, B의 일반적인 특징에 대한 설명으로 옳은 것은? (단, A, B는 각각 관료제, 탈관료제 중 하나임.) 3점

> ○○ 버거 회사는 명확한 위계 구조 속에서 직급별 권한과 책임을 세분화하고 메뉴, 조리법 등을 표준화하여 관리하는 A로 운영하였다. 최근 이윤이 급감하자 ○○ 버거 회사는 어떤 직원의 제안이든 창의적인 메뉴라면 수용하고 수평적인 의사 결정 구조를 채택하는 등 B를 도입하여 회사의 이윤 증대를 꾀하고 있다.

① A는 B에 비해 업무 수행 과정의 예측 가능성이 높다.
② A는 B와 달리 외부 환경 변화에 대한 유연한 대처가 용이하다.
③ B는 A에 비해 목적 전치 현상이 나타날 가능성이 높다.
④ B는 A와 달리 효율적인 목표 달성이 조직 운영의 핵심이다.
⑤ A는 능력에 따른 보상을, B는 경력에 따른 보상을 중시한다.

7

A, B의 일반적인 특징에 대한 설명으로 옳은 것은? (단, A, B는 각각 관료제, 탈관료제 중 하나임.) 3점

> 태스크 포스(Task force)란 특정 프로젝트를 위해 임시로 구성되는 유연한 조직으로 구성원의 자율성과 창의성을 중시하는 A의 특성을 지닌 조직 형태 중 하나이다. A는 정보와 지식의 중요성이 증대되고 사회 환경이 급속히 변화하는 상황에서, B가 가진 한계를 극복하기 위해 등장하였다. 실제로 현대 사회의 조직들은 정해진 규칙에 따라 업무를 처리하고 조직 내의 지위가 권한과 책임에 따라 위계 서열화되어 있는 B를 기반하되 태스크 포스를 부분적으로 활용함으로써, 조직의 효율성과 혁신성을 동시에 높이기도 한다.

① A에 비해 B는 중간 관리층의 역할 비중이 낮다.
② A에 비해 B는 상향식 의사 결정 방식이 지배적이다.
③ B에 비해 A는 목적 전치 현상이 나타날 가능성이 높다.
④ B에 비해 A는 업무 체계의 표준화와 세분화 정도가 높다.
⑤ A는 성과에 따른 보상을, B는 연공서열에 따른 보상을 중시한다.

8

A, B의 일반적인 특징에 대한 옳은 설명만을 <보기>에서 고른 것은? (단, A, B는 각각 관료제, 탈관료제 중 하나임.)

> 조직 운영의 유연성에 대한 요구가 높아지면서 많은 기업들이 기존의 A를 B로 대체하고 있다. 외부 환경이나 과업에 따라 자유롭게 구성되고 해체되는 조직은 B에 해당한다.

보기

ㄱ. A는 B와 달리 조직 운영의 효율성을 추구한다.
ㄴ. A는 B에 비해 연공서열에 따른 보상을 중시한다.
ㄷ. B는 A에 비해 의사 결정 권한의 분산 정도가 크다.
ㄹ. B는 A와 달리 하향식 의사 결정 방식이 지배적이다.

① ㄱ, ㄴ ② ㄱ, ㄷ ③ ㄴ, ㄷ ④ ㄴ, ㄹ ⑤ ㄷ, ㄹ

9

그림은 사회 조직의 운영 원리 A, B를 구분한 것이다. 이에 대한 설명으로 옳은 것은? (단, A, B는 각각 관료제, 탈관료제 중 하나임.)

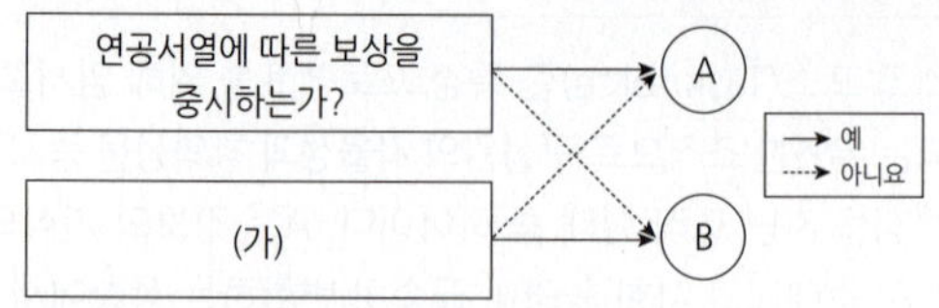

① A는 조직 구성원의 재량권 보장을 중시한다.
② A에 비해 B는 업무의 전문화·세분화 정도가 높다.
③ B에 비해 A는 환경 변화에 유연한 대처가 용이하다.
④ (가)에는 '효율적인 조직 운영을 추구하는가?'가 들어갈 수 있다.
⑤ (가)에는 '하향식 의사 결정 방식을 중시하는가?'가 들어갈 수 없다.

10

다음 자료에 대한 옳은 설명만을 〈보기〉에서 있는 대로 고른 것은? (단, A와 B는 각각 관료제와 탈관료제 중 하나임.) **3점**

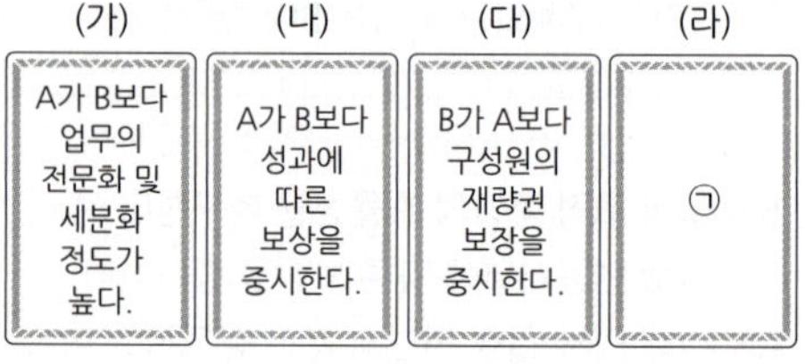

보기

ㄱ. (가)가 옳은 진술이면, A가 B보다 환경 변화에 대한 신속한 대응에 유리하다.
ㄴ. (나)가 옳은 진술이면, ㉠에 'B가 A보다 업무 수행 과정에 대한 예측 가능성이 높다.'가 들어갈 수 있다.
ㄷ. B가 하향식 의사 결정 방식이 지배적이면, (다)와 (라)는 모두 옳은 진술이다.

① ㄱ   ② ㄴ   ③ ㄱ, ㄷ   ④ ㄴ, ㄷ   ⑤ ㄱ, ㄴ, ㄷ

11

다음 자료에 대한 설명으로 옳은 것은? (단, A, B는 각각 관료제, 탈관료제 중 하나임.) **3점**

수평적 의사 결정 방식의 확대, 탄력적인 조직 운영 등을 특징으로 하는 A는 환경 변화에 더 유연하게 대응할 수 있다는 점에서 B와 구분된다. B는 구성원의 권한과 책임을 분명히 하고 세분화된 업무 수행을 강조함으로써 대규모 조직을 효율적으로 운영할 수 있다는 평가를 받는다. 반면, 예상 밖의 문제가 발생했을 때에도 기존 조직의 틀 내에서 새로운 부서를 추가하는 식으로 문제를 해결하려 한다는 비판을 받는다. 한 사회학자는 B의 이러한 특징을 ㉠ 카멜리펀트(Camelephant)라고 표현하였는데, 이는 낙타와 코끼리를 합친 것처럼 느리고 둔하여 변화에 적절히 대응하지 못한다는 점을 지적한 것이다.

① A는 인간 소외 문제를 해결하기 위해 산업화 초기에 등장하였다.
② B는 목적 전치 현상을 해결하기에 용이하다.
③ A는 B에 비해 조직 구성원의 재량권 및 자율성이 낮다.
④ B는 A에 비해 연공서열에 따른 보상 체계를 중시한다.
⑤ ㉠의 문제는 조직 구성원의 위계적 서열을 강화함으로써 해결된다.

12

A, B의 일반적인 특징에 대한 설명으로 옳은 것은? (단, A, B는 각각 관료제, 탈관료제 중 하나임.)

A는 모든 행위의 연속이 조직체의 목표에 기능적으로 연관되도록 명백하게 규정된 활동 유형을 지닌 사회 조직 운영 원리이다. 근대 산업 사회는 A를 통해 합리적이고 효율적으로 사회 발전을 이룰 수 있었으나, 현대 사회에서 A는 전반적인 효율성의 부산물로 나타나는 비효율성이라는 한계를 드러냈다. 이러한 '합리성의 비합리성'이라는 자기 오류에 빠진 A의 대안으로 제안된 새로운 사회 조직 운영 원리가 B이다.

① A는 B에 비해 중간 관리층의 역할 비중이 낮다.
② A는 B와 달리 상향식 의사 결정 방식이 지배적이다.
③ B는 A에 비해 구성원이 가진 업무 재량권이 크다.
④ B는 A에 비해 연공서열에 따른 보상을 중시한다.
⑤ A, B 모두 목적 전치 현상을 해결하기에 용이하다.

13

A, B의 일반적인 특징에 대한 설명으로 옳은 것은? (단, A, B는 각각 관료제, 탈관료제 중 하나임.)

> ○ A는 단순 반복적 업무 수행으로 인해 저하되는 구성원의 자율성을 높이기 위한 방안으로 제시되었다. 급변하는 사회에 대응하기 위해 경직된 조직을 유연하게 운영하는 원리를 적용한 것이다.
> ○ B는 정부의 행정 조직 운영에서 자의성을 줄일 수 있는 방안으로 제시되었다. 공동의 문제를 해결하기 위해 대규모의 조직을 합리적으로 운영하는 원리를 적용한 것이다.

① A는 B에 비해 과업 수행 절차의 예측 가능성이 높다.
② A는 B와 달리 공식적 규약과 절차에 의해 구성원을 통제한다.
③ B는 A에 비해 업무의 표준화와 세분화를 중시한다.
④ B는 A와 달리 상향식 의사 결정 방식이 지배적이다.
⑤ A는 연공서열에 따른 보상을, B는 성과에 따른 보상을 중시한다.

14 2026 평가원

A, B의 일반적인 특징에 대한 설명으로 옳은 것은? (단, A, B는 각각 관료제, 탈관료제 중 하나임.)

> ○○기업은 설립 초기 A의 운영 원리를 도입하여 고정된 부서나 직책 없이 유동적인 프로젝트 팀 중심으로 조직을 운영하였다. 이를 통해 구성원의 자율성이 보장되고 환경 변화에 유연한 대처가 가능하였다. 그러나 회사의 규모가 확대되면서 책임과 권한의 소재가 불분명하여 프로젝트 우선순위를 결정하는 데 어려움을 겪었다. 이러한 문제를 극복하기 위해 ○○기업은 B의 운영 원리를 도입하였다. B의 운영 원리는 역할과 책임을 명확히 규정하고 구성원 간 협력도 일정한 틀 안에서 이루어지도록 하여 보다 안정적으로 조직을 운영하는 것이다.

① A와 달리 B는 공식적 규범에 의해 구성원을 통제한다.
② A와 달리 B는 효율적인 목표 달성이 조직 운영의 핵심이다.
③ B에 비해 A는 능력과 업적에 따른 보상 체계를 중시한다.
④ B에 비해 A는 목적과 수단의 전치 현상이 나타날 가능성이 높다.
⑤ A, B는 모두 상향식 의사 결정 방식이 지배적이다.

15

그림은 사회 조직의 운영 원리 A, B의 특징을 파악하기 위한 것이다. 이에 대한 설명으로 옳은 것은? (단, A와 B는 각각 관료제, 탈관료제 중 하나이다.)

① A는 B에 비해 연공서열에 따른 보상 체계를 중시한다.
② A는 B에 비해 조직 구성원의 재량권 및 자율성이 낮다.
③ B는 A와 달리 상향식 의사 결정 방식을 중시한다.
④ B는 A에 비해 권한과 책임에 따른 위계 서열을 중시한다.
⑤ (가)에 '업무 수행의 효율성을 추구하는가?'가 들어갈 수 있다.

16 2025 평가원

다음 자료에 대한 설명으로 옳은 것은? (단, A, B는 각각 관료제, 탈관료제 중 하나임.) 3점

> ㉠ □□ 기업은 조직 운영 방식 A가 ㉡ 기존 부서의 업무를 지나치게 분화하고 부서 간 벽을 공고히 한다고 보았다. 정해진 업무만 수행하여 자신이 마치 기계 부속과 같다고 느낀 구성원들은 더욱 수동적으로 업무에 임했다. 이에 □□ 기업은 조직 운영 방식 B를 적용하여 부서 간 벽을 허물고 사원이 협업하는 과정에서 창의성을 발휘할 수 있도록 과제 해결에 특화된 ㉢ 새로운 부서를 한시적으로 조직했다. 동시에 □□ 기업은 사원들의 소외감과 스트레스를 해소하는 데 도움이 될 수 있도록 ㉣ 사내 친목 소모임 활성화를 지원하려 한다.

① ㉠은 과업 지향적인 사회 집단이고, ㉣은 결합 자체가 목적인 사회 집단이다.
② ㉡, ㉢과 달리 ㉣은 비공식적 사회화 기관에 해당한다.
③ A는 규칙과 절차에 따른 업무 처리로 자의적 의사 결정을 방지할 수 있다.
④ B는 전문성을 기준으로 구성원을 선발하고 연공서열에 따른 보상 체계를 중시한다.
⑤ A는 상향식 의사 결정 방식이, B는 하향식 의사 결정 방식이 지배적이다.

17 [2025년 3월 학평 3번]

다음 자료에 대한 옳은 설명만을 〈보기〉에서 고른 것은? (단, A, B는 각각 관료제, 탈관료제 중 하나임.)

- B에 비해 A는 권한과 책임에 따른 위계 서열을 중시한다.
- [(가)]는 A와 B를 구분할 수 있는 기준이다.
- [(나)]는 A와 B를 구분할 수 없는 기준이다.

보기

ㄱ. A와 달리 B는 공식적 규범에 의한 통제가 나타난다.
ㄴ. B에 비해 A는 경력에 따른 보상 체계를 중시한다.
ㄷ. '업무 수행 방식의 표준화 정도'는 (가)에 들어갈 수 없다.
ㄹ. '조직 운영의 효율성 추구'는 (나)에 들어갈 수 있다.

① ㄱ, ㄴ ② ㄱ, ㄷ ③ ㄴ, ㄷ ④ ㄴ, ㄹ ⑤ ㄷ, ㄹ

19 2025 평가원 [2025학년도 6월 모평 3번]

A, B의 일반적인 특징에 대한 설명으로 옳은 것은? (단, A, B는 각각 관료제, 탈관료제 중 하나임.)

○○기업이 세계적인 기업으로 성장한 배경에는 기존과 다른 조직 운영 원리인 A가 큰 영향을 미쳤다. 특히 A에 따른 생산 관리 시스템은 전체 공정을 수많은 미세한 단위로 구분하여 각 부분들의 전문성을 확보하는 데 기여하였다. 이러한 개별 부분들은 상층 부서로 그리고 다시 최상층 부서로 통합 관리되면서 조직의 효율성을 극대화하였다. 이것은 의사 결정 권한의 분산, 유연한 조직 운영 등을 특징으로 하는 B의 모습과는 차이가 있다.

① A에 비해 B는 목적 전치 현상이 나타날 가능성이 높다.
② A와 달리 B는 목표의 효율적 달성이 조직 운영의 핵심이다.
③ B에 비해 A는 업무 수행 과정의 예측 가능성이 높다.
④ B와 달리 A는 공식적 규약과 절차에 의해 구성원을 통제한다.
⑤ A, B 모두 연공서열에 따른 보상보다 성과에 따른 보상을 중시한다.

18 2024 평가원 [2024학년도 9월 모평 17번]

A, B의 일반적인 특징에 대한 옳은 설명만을 〈보기〉에서 고른 것은? (단, A, B는 각각 관료제, 탈관료제 중 하나임.)

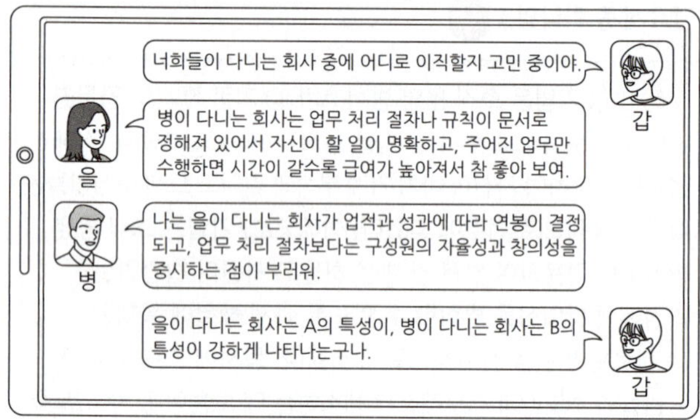

보기

ㄱ. A는 B에 비해 업무 수행의 안정성을 확보하기가 용이하다.
ㄴ. A는 B에 비해 외부 환경 변화에 대한 유연한 대처가 용이하다.
ㄷ. B는 A에 비해 목적 전치 현상이 나타날 가능성이 낮다.
ㄹ. A는 의사 결정의 분권화, B는 업무 수행의 분업화가 강조된다.

① ㄱ, ㄴ ② ㄱ, ㄷ ③ ㄴ, ㄷ ④ ㄴ, ㄹ ⑤ ㄷ, ㄹ

20 [2024년 7월 학평 17번]

A, B의 일반적인 특징에 대한 설명으로 옳은 것은? (단, A, B는 각각 관료제, 탈관료제 중 하나임.)

A는 "분노도 편견도 없이"라는 원칙하에 객관적인 관점에서 업무를 처리할 수 있는 최적의 조건을 제공한다. 이 경우 객관적인 처리란 계산할 수 없는 모든 비합리적인 감정 요소를 직무 처리에서 배제하는 것을 의미한다. 한 사회학자는 A 조직에 의해 개인의 자유가 발휘되기 힘들어진 꽉 막힌 사회를 '강철 새장'이라 비유하였다. 한편 B는 조직을 개인들의 수평적 협력을 통해 자발성과 창의성을 이끌어내는 기구로 파악한다는 점에서 A와 구분된다.

① A에 비해 B는 업무 체계의 표준화와 세분화 정도가 낮다.
② A와 달리 B는 조직의 공식적 규범에 의한 통제가 이루어진다.
③ B에 비해 A는 목적 전치 현상이 나타날 가능성이 낮다.
④ B와 달리 A는 효율적인 업무 수행이 조직 운영의 목표이다.
⑤ A는 상향식 의사 결정 방식이, B는 하향식 의사 결정 방식이 지배적이다.

21 [2020년 4월 학평 18번]

표는 사회 조직 운영 원리 A, B를 비교한 것이다. 이에 대한 설명으로 옳은 것은? (단, A와 B는 각각 관료제, 탈관료제 중 하나이다.)

질문	A	B
상향식 의사결정 방식을 강조하는가?	예	㉠
효율적인 과업 수행을 지향하는가?	㉡	예
(가)	예	아니요

① ㉠, ㉡은 모두 '아니요'이다.
② A는 B에 비해 중간 관리층의 비중이 높다.
③ B는 A에 비해 연공서열에 따른 보상을 중시한다.
④ B는 A에 비해 업무 담당자에게 주어진 재량권이 크다.
⑤ (가)에는 '비공식적 규범을 통한 구성원의 통제가 지배적인가?'가 들어갈 수 있다.

22 **2026 평가원** [2026학년도 9월 모평 3번]

다음 자료에 대한 설명으로 옳은 것은? (단, A, B는 각각 관료제, 탈관료제 중 하나임.)

최근 여러 회사에서 뛰어난 능력을 가진 사람이 의사 결정 과정에서 마치 자신이 조직의 영웅이라고 착각하며 권한을 남용하는 문제가 나타나고 있다. 학자들은 이러한 현상이 조직 운영 원리 A와 B 모두에서 나타날 수 있다고 본다. A의 경우 규칙과 절차에 얽매이지 않는 조직 문화에서 개인이 과도하게 재량권을 행사하여 권한 남용이 발생할 수 있다. 따라서 업무에 대한 권한과 책임의 한계를 분명히 하는 것이 해결책이 될 수 있다. 한편, B의 경우 위계가 강조되는 경직된 조직 문화에서 개인이 자신의 높은 직급을 내세우며 의사 결정을 독점하여 권한 남용이 발생할 수 있다. 따라서 　(가)　 가 해결책이 될 수 있다.

① A에 비해 B는 구성원의 창의성이 발휘되기 어렵다.
② A와 달리 B는 업무 수행의 안정성이 낮다는 비판을 받는다.
③ B에 비해 A는 조직 내 무사안일주의가 생겨날 가능성이 높다.
④ B와 달리 A는 외부 환경 변화에 대한 유연한 대처가 어렵다는 비판을 받는다.
⑤ (가)에는 '수평적 의사 결정 구조의 강화'가 들어갈 수 없다.

23 [2025년 10월 학평 13번]

다음 자료에 대한 설명으로 옳은 것은? (단, A, B는 각각 관료제, 탈관료제 중 하나임.)

교사 : A, B의 특징을 비교하여 발표해 보세요.
갑 : A에 비해 B는 표준화된 업무 처리 방식을 통해 대규모 조직을 안정적으로 운영하는 데 유리합니다.
을 : B에 비해 A는 의사 결정의 분권화가 강조됩니다.
병 : 　(가)　
교사: 두 명만 옳게 발표했습니다.

① A에 비해 B는 목적 전치 현상이 나타날 가능성이 낮다.
② A와 달리 B는 구성원 통제 수단으로 공식적 규범이 활용된다.
③ B에 비해 A는 외부 환경 변화에 대한 유연한 대처가 어렵다.
④ (가)에는 'B에 비해 A는 연공서열에 따른 보상 체계를 중시합니다.'가 들어갈 수 있다.
⑤ (가)에는 'A는 상향식 의사 결정 방식이, B는 하향식 의사 결정 방식이 지배적입니다.'가 들어갈 수 있다.

24 **2026 수능** [2026학년도 수능 13번]

다음 자료에 대한 설명으로 옳은 것은? (단, A, B는 각각 관료제, 탈관료제 중 하나임.)

사회학자 갑은 근대 사회의 핵심 가치인 합리성이 A를 통해 사회의 모든 영역으로 확장될 경우 인간 정신이 말살될 수 있다는 점을 우려했다. 합리성을 구현하는 방식이 지나치게 강조되면 A 그 자체가 조직의 목적이 될 수 있다고 보았기 때문이다. 최근 이러한 문제에 대처하기 위해 여러 조직들은 다양한 방식으로 ㉠ 경직된 절차보다 탄력적인 대응을 강조하는 B의 요소를 도입하고 있다. 그런데 B의 요소가 성공적으로 조직에 도입되려면 ㉡ 절차와 규약을 준수하는 것에 대한 구성원 상호 간의 신뢰가 선행되어야 한다는 연구들이 발표되고 있다.

① ㉠은 목적 전치 현상에 해당한다.
② ㉡은 업무 수행 과정의 예측성을 높이는 데 기여한다.
③ A와 달리 B는 연공서열에 따른 보상을 중시한다.
④ A에 비해 B는 업무 수행의 전문화와 세분화 정도가 높다.
⑤ B에 비해 A는 구성원이 창의성을 발휘하기에 용이하다.

4. 일탈 행동

★수능에 나오는 **필수 개념 2가지** + **필수 암기사항 1개**

필수개념 1 일탈 행동의 의미와 기능

• **일탈 행동** → 일탈의 기본적인 내용을 정확히 숙지하면, 일탈 이론을 이해하는 데 많은 도움이 된다.

의미	사회에서 규정한 제도나 규칙에 벗어난 행위
일탈 행동의 상대성	일탈 행동은 시대, 지역, 상황 등에 따라 다르게 규정됨
순기능	일탈을 통해 사회 문제를 드러나게 함으로써 해결 방안을 모색함 → 사회 발전의 기반이 됨
역기능	개인과 사회에 혼란과 긴장을 주고, 사회 질서가 무너질 수 있음

필수개념 2 일탈 행동에 대한 이론

• **일탈 이론** 암기 → 일탈 행동과 관련된 이론은 다양하다. 각각의 내용을 정확히 숙지하여 반드시 암기하도록 한다.

아노미 이론	뒤르켐의 아노미 이론	• 급속한 사회 변동으로 인한 아노미 상태에서 가치관의 혼란으로 일탈 행동이 발생 • 아노미 상태란 그 사회의 지배적인 규범이 붕괴되었으나 대안적 규범이 마련되지 못한 상태를 의미 • 일탈의 대책 : 사회 규범의 통제력 회복, 새로운 가치관의 확립
	머튼의 아노미 이론	• 사회적 목표와 그 목표를 달성하기 위한 합법적 수단 간의 괴리(불일치)로 아노미 상태가 발생하는 경우 일탈 행동이 발생 • 일탈의 대책 : 사회적 목표 달성을 위한 적합한 수단 마련 및 제도화 된 기회 확대
낙인 이론		• 1차적 일탈 행위로 인해 일탈자로 사회적 낙인이 찍힌 사람은 스스로 일탈자로서 부정적 자아 정체성을 형성하고 2차적 일탈 행위를 반복할 가능성이 높음 • 일탈 행위 자체가 아닌 그에 대한 사회적 반응을 중요시 • 일탈의 대책 : 사회적 낙인에 대한 신중한 접근
차별 교제 이론		• 일탈적인 사회적 환경 속에서 일탈자들과 상호 작용하면서 그들의 일탈적 문화를 학습한 결과로 일탈 행동이 발생 • 일탈의 대책 : 일탈자와의 접촉 차단, 정상적인 사회 집단 과의 교류 촉진

▶ **일탈 이론과 사회·문화 현상을 보는 관점**
아노미 이론은 기능론적 관점으로 사회 구조적 측면에 초점을 두므로 거시적 관점에 해당한다. 낙인 이론과 차별 교제 이론은 개인의 내면 또는 행동에 초점을 둔 미시적 관점(상징적 상호 작용론)에 해당한다.

▶ **1차적 일탈과 2차적 일탈**
실수 등으로 저지른 최초의 일탈을 1차적 일탈이라 하고, 사회 구성원에 의한 낙인에 따라 발생하는 반복적인 일탈을 2차적 일탈이라 한다.

1

그림은 일탈 이론 (가), (나)를 적용하여 청소년을 특성별로 분류한 것이다. 이에 대한 설명으로 옳은 것은? **3점**

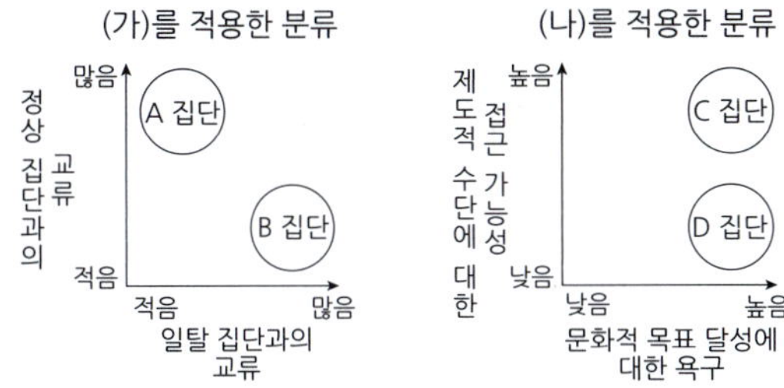

① (가)에 따르면, B 집단보다 A 집단에 속한 청소년이 일탈 행동을 할 가능성이 높다.

② (나)에 따르면, C 집단보다 D 집단에 속한 청소년이 일탈 행동을 할 가능성이 높다.

③ (가)는 (나)와 달리 일탈 행동의 대책으로 사회 규범의 통제력 강화를 중시한다.

④ (나)는 (가)와 달리 일탈 행동을 규정하는 객관적인 기준이 없다고 본다.

⑤ (가), (나)는 모두 일탈 행동의 원인으로 타인과의 상호 작용을 중시한다.

2

다음 자료에 대한 옳은 설명만을 〈보기〉에서 고른 것은? **3점**

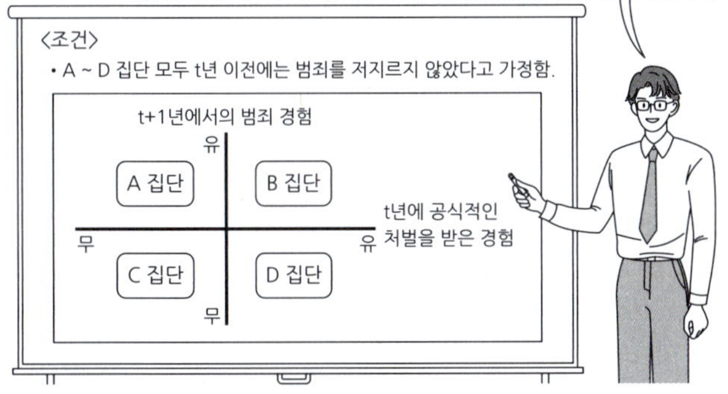

보기

ㄱ. (가) 이론에 따르면 B 집단은 2차적 일탈자로 볼 수 있다.

ㄴ. D 집단은 (가) 이론을 반박하는 사례이다.

ㄷ. (가) 이론에 따르면 A 집단은 B 집단과 달리 일탈자의 역할을 내면화한 집단이다.

ㄹ. (가) 이론은 일탈자와 C 집단과의 접촉 빈도를 늘리는 것을 일탈 문제의 해결 방안으로 본다.

① ㄱ, ㄴ   ② ㄱ, ㄷ   ③ ㄴ, ㄷ   ④ ㄴ, ㄹ   ⑤ ㄷ, ㄹ

3

다음 자료에 대한 설명으로 옳은 것은? (단, A~C는 각각 낙인 이론, 차별 교제 이론, 머튼의 아노미 이론 중 하나임.) **3점**

교사 : 일탈 이론 A~C에 대해 설명해 보세요.
갑 : B는 일탈 행동이 학습의 결과임을 강조합니다.
을 : A와 B는 모두 사회 구조적 측면에서 일탈 행동의 원인을 설명합니다.
병 : C는 A와 달리 일탈 행동을 규정하는 객관적인 기준이 있다고 봅니다.
정 : ________________(가)________________
교사 : ⊙한 사람만 제외하고 모두 옳게 설명했습니다.

① ⊙은 갑이다.

② A는 일탈 행동이 그 행동에 대한 사회적 반응이 아니라 그 행동의 속성에 의해 규정된다고 본다.

③ B는 일탈 행동의 기술과 달리 일탈 행동에 대한 우호적인 가치관은 학습되지 않는다고 본다.

④ C는 문화적 목표와 제도적 수단 간의 괴리를 일탈 행동의 원인으로 본다.

⑤ (가)에 'A, C는 B와 달리 개인이 타인과의 상호 작용을 통해 일탈자가 되어가는 과정에 주목합니다.'가 들어갈 수 있다.

4

A ~ C에 대한 설명으로 옳은 것은? (단, A ~ C는 각각 뒤르켐의 아노미 이론, 차별 교제 이론, 낙인 이론 중 하나임.) **3점**

표는 일탈 이론 A ~ C의 관점에서 청소년들의 온라인 도박이 증가하는 원인을 설명한 것이다.

이론	설명
A	온라인 도박을 하는 사람들과 접촉하면서 온라인 도박을 정당화하는 가치관을 학습하기 때문이다.
B	정보 사회로 급속하게 변화하는 과정에서 온라인 도박을 통제하는 사회 규범이 정립되지 않았기 때문이다.
C	온라인 도박을 한 청소년이 주변 사람들로부터 비난받은 결과, 부정적 자아가 형성되어 온라인 도박을 반복하기 때문이다.

① A는 차별적인 사회적 제재를 일탈 행동의 원인으로 본다.

② B는 일탈 행동에 대한 대책으로 문화적 목표를 달성할 수 있는 제도화된 기회의 확대를 중시한다.

③ C는 1차적 일탈이 2차적 일탈로 이어지는 과정에 주목한다.

④ A는 C와 달리 타인과의 상호 작용이 일탈 행동에 미치는 영향에 주목한다.

⑤ B는 C와 달리 일탈 행동을 규정하는 객관적 기준이 없다고 본다.

일탈 이론 A에 대한 설명으로 옳은 것은?

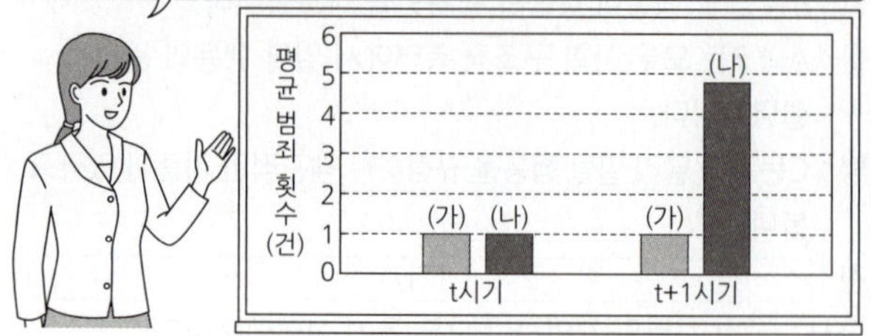

① 일탈이 개인의 타고난 특성에 의해 발생한다고 본다.
② 사회 규범의 통제력 강화를 일탈의 해결 방안으로 본다.
③ 일탈자에 대한 낙인이 후속 일탈의 핵심적인 요인이라고 본다.
④ 문화적 목표와 제도적 수단 간 괴리로 인해 일탈이 발생한다고 본다.
⑤ 상호 작용을 통해 범죄에 대한 우호적 가치관을 학습하여 일탈이 발생한다고 본다.

다음 자료에 대한 설명으로 옳은 것은?

사회자 : 뒤르켐의 아노미 이론, 머튼의 아노미 이론, 차별 교제 이론, 낙인 이론 중 하나를 선택하여 최근 우리 사회에서 나타나는 범죄 현상을 설명해 주십시오.

갑 : 급속한 사회 변동으로 경제적 성취와 개인주의라는 새로운 가치가 나타나고 있습니다. 이로 인해 과거에 작동했던 전통적 규범과 새롭게 등장한 가치가 혼재되면서 삶의 기준을 상실한 사람들의 범죄가 늘어나고 있습니다.

을 : 성공에 필요한 합법적 기회가 있는 사람들마저도 범죄를 저지릅니다. 이들은 비합법적 수단으로 큰돈을 번 사람들과 빈번하게 교류하며 그들의 방식과 태도를 습득함으로써 범죄를 저지르고 있습니다.

병 : 청소년 시기에 전과자가 된 사람들은 충분한 교육을 받지 못합니다. 이로 인해 경제적 성공을 위한 경쟁이 치열한 사회에서 물질적 성공에 필요한 기회가 제한되어 범죄를 저지르고 있습니다.

① 갑의 관점은 을의 관점과 달리 정상 집단과의 교류를 일탈 행동의 해결 방안으로 제시한다.
② 을의 관점은 병의 관점과 달리 차별적인 사회적 제재를 일탈 행동의 원인으로 본다.
③ 병의 관점은 갑의 관점과 달리 문화적 목표와 제도화된 수단의 괴리를 일탈 행동의 원인으로 본다.
④ 갑, 을의 관점은 병의 관점과 달리 사회 구조적 관점에서 일탈 행동을 설명한다.
⑤ 을, 병의 관점은 갑의 관점과 달리 개인이 타인과의 상호 작용을 통해 일탈자가 되어가는 과정에 주목한다.

일탈 이론 A, B에 대한 설명으로 옳은 것은? (단, A, B는 각각 낙인 이론, 차별 교제 이론 중 하나이다.) 3점

<수행 평가>

※ 문제 : 청소년 범죄에 대한 형사 처벌을 강화하자는 주장에 대해 일탈 이론 A, B에 근거하여 의견을 서술하시오.

A	B
어렸을 때에는 누구나 잘못을 할 수 있습니다. 청소년기에 형사 처벌을 받으면 주변 사람들로부터 따가운 시선을 받게 될 것입니다. 그로 인해 범죄자로서의 부정적 자아 정체성을 갖게 되어 다시 범죄를 저지를 가능성이 높습니다. 그러므로 반대합니다.	어린 나이에 일탈 행동을 일삼는 또래와 어울리면 범죄를 저지를 수 있습니다. 이로 인해 청소년기에 형사 처벌을 받아 교정 시설로 가게 되면, 그곳에서 만난 사람들로부터 범죄에 대한 우호적 태도를 강화하여 다시 범죄를 저지를 가능성이 높습니다. 그러므로 반대합니다.

① A는 일탈이 행위의 속성에 의해서가 아니라 그에 대한 사회적 반응에 의해 규정된다고 본다.
② B는 일탈 행동의 원인을 차별적인 제재에서 찾는다.
③ A는 B와 달리 타인과의 상호 작용을 통해 일탈 행동이 학습된다고 본다.
④ B는 A와 달리 2차적 일탈 행동의 발생 과정에 초점을 맞춘다.
⑤ A는 정상 집단과의 교류 촉진을, B는 일탈 행동에 대한 신중한 규정을 일탈 행동에 대한 대책으로 강조한다.

다음은 일탈 이론 A ~ C를 구분하는 질문에 대한 학생의 답변과 교사의 채점 결과이다. 이에 대한 설명으로 옳은 것은? (단, A ~ C는 각각 낙인 이론, 차별 교제 이론, 머튼의 아노미 이론 중 하나임.)

질문	답변 갑	답변 을	답변 병
A, B와 달리 C는 일탈을 규정하는 객관적인 기준이 없다고 보는가?	아니요	예	예
A, C와 달리 B는 타인과의 상호 작용을 통해 일탈 행동이 학습된다고 보는가?	예	아니요	예
B, C와 달리 A는 차별적 제재를 일탈 행동의 원인으로 보는가?	아니요	아니요	예
(가)	아니요	㉠	㉡
채점 결과	2점	3점	3점

* 교사는 질문별로 각각 채점하고, 옳은 답변은 1점, 틀린 답변은 0점을 부여함.

① A와 달리 C는 거시적 관점에서 일탈 행동을 설명한다.
② B와 달리 A는 일탈자가 부정적 자아를 내면화하는 과정에 주목한다.
③ C와 달리 B는 최초의 일탈보다 일탈 행동을 반복하는 현상에 주목한다.
④ B, C와 달리 A는 문화적 목표와 제도화된 수단 간의 괴리를 일탈 행동의 원인으로 본다.
⑤ ㉠, ㉡은 모두 '예'이고, (가)에는 'A, B와 달리 C는 정상 집단과의 교류를 일탈의 해결 방안으로 보는가?'가 들어갈 수 있다.

9　[2023학년도 6월 모평 4번]

일탈 이론 A~C에 대한 설명으로 옳은 것은? (단, A~C는 각각
머튼의 아노미 이론, 차별 교제 이론, 낙인 이론 중 하나임.)

> A : 청소년이 그와 친밀한 비행 청소년 집단과 자주, 오래
> 　　어울리다 보면 그들로부터 범행 기술은 물론 법 위반에 대한
> 　　호의적인 가치나 태도 등을 비판 없이 받아들이고 결국에는
> 　　범죄를 저지르게 된다.
> B : 청소년이 사소한 비행을 저질렀을 때 주위 사람들이 그에게
> 　　비행 청소년이라는 꼬리표를 붙이기도 한다. 이 경우
> 　　그 청소년은 스스로 부정적 정체성을 형성하게 되고
> 　　본격적으로 비행 활동에 가담하게 된다.
> C : 경제적으로 열악한 청소년도 커다란 포부를 갖도록
> 　　사회화되지만 그와 같은 열망을 충족할 수 있는 교육과
> 　　취업의 기회는 상대적으로 적다. 이로 인해, 물질적 성공을
> 　　이룰 수만 있다면 그들은 불법적인 수단이라도 사용하게
> 　　된다.

① A는 사람들이 일탈 성향을 타고나는 것이 아니라 일탈 행동을
　　사회적으로 학습하여 일탈자가 되는 것이라고 본다.
② B는 일탈 행동을 예방하기 위해서는 일탈자와의 접촉을 차단하는
　　방법이 최선이라고 본다.
③ C는 하층 계층보다 중상층 계층의 범죄를 설명하기에 용이하다.
④ A는 B와 달리 일탈 행동에 따른 부정적 평판이 개인에 따라서
　　차별적으로 부여된다고 본다.
⑤ C는 B와 달리 일탈자에 대한 사회적 제재가 오히려 일탈 행동을
　　유발한다고 본다.

10　[2021년 3월 학평 9번]

일탈 이론 A, B에 대한 설명으로 옳은 것은? 3점

일탈 이론	각 일탈 이론으로 설명하기에 적합한 사례
A	갑은 실직 상황에서 점점 더 많은 자녀 양육비가 필요하게 되었다. 그 상황에서 은행 대출도 받을 수 없게 되자 갑은 도둑질을 저지르게 되었다.
B	을은 친구 집에서 장난삼아 장난감을 가지고 왔는데, 친구들이 을을 '도둑놈'이라면서 멀리하였다. 이후 정상적인 생활이 힘들어진 을은 부정적인 정체성을 갖게 되었고 도둑질을 반복하였다.

① A는 일탈 행동이 학습의 결과임을 강조한다.
② A는 일탈 행동을 규정하는 객관적인 기준이 존재하지 않는다고
　　본다.
③ B는 1차적 일탈이 2차적 일탈로 이어지는 과정에 주목한다.
④ B는 문화적 목표와 제도적 수단 간의 괴리로 인해 일탈 행동이
　　발생한다고 본다.
⑤ A와 B는 모두 일탈 행동이 발생하는 상호 작용 과정에 주목한다.

11　[2021학년도 6월 모평 9번]

(가) ~ (다)에 들어갈 내용으로 옳은 것은? 3점

> 〈수업용 읽기 자료〉
>
> **- 드라마 등장인물 A 소개 -**
>
> A는 선배들과 두루 잘 지내는 편이었다. 중학생 때는 비행을 저지르는
> 선배들과도 친하게 지내며 다른 학생들에게 짓궂게 장난치기도 했다.
> 하지만 A는 어느 순간 친구들이 자신을 그런 선배들과 동일시하고 자신의
> 행동 하나하나를 비행과 연결하여 생각한다는 것을 알게 되었다. 이런
> 친구들의 생각을 바꿀 수 없었던 A는 평범한 학교 생활에서 벗어나 나쁜
> 행동을 하는 것을 자연스럽게 여기게 되는데….

교사 : 이 자료에 나타난 A의 사례를 일탈 이론을 활용하여
　　　　설명해 보세요.
갑 : A의 일탈은 차별 교제 이론으로 설명할 수 있습니다.
　　　선배들과의 관계에서 알 수 있듯이 A의 일탈은 (가) 에서
　　　비롯되었기 때문입니다.
을 : 저는 갑과 다른 이론을 적용하여 A의 일탈을 설명해
　　　보겠습니다. 친구들이 A에게 어떻게 영향을 주었는지
　　　살펴보세요. 그렇다면 A의 일탈 요인이 (나) 라는 것을
　　　알 수 있습니다.
교사 : 갑, 을 모두 잘 설명했어요. A의 일탈이 (다) 에서
　　　　비롯되었다고 생각하는 점은 두 학생 모두 동일하군요.

① (가) - A의 행동에 대한 차별적 제재
② (나) - 문화적 목표와 제도적 수단의 괴리
③ (나) - 급격한 사회 변동으로 인한 규범의 부재
④ (다) - 일탈에 우호적인 가치관의 학습
⑤ (다) - 타인들과의 지속적인 상호 작용

12　[2025년 3월 학평 16번]

일탈 이론 A, B에 대한 설명으로 옳은 것은? (단, A, B는 각각 낙인
이론, 차별 교제 이론 중 하나임.)

> A는 일탈 행동이란 사람들이 반사회적 행위에 이르게 하는
> 규범과 행동을 학습한 결과라고 본다. B는 누구나 일시적이거나
> 경미한 '1차적 일탈'을 할 수 있지만 누구나 일탈자가 되는 것은
> 아니며, 1차적 일탈이 사회적으로 공개되고 지탄을 받게 된
> 경우에 한해서만 일탈자로 간주되어 '2차적 일탈'이 발생한다고
> 본다.

① A는 차별적 제재가 일탈 행동의 원인이라고 본다.
② B는 일탈 행동을 규정하는 객관적인 기준이 없다고 본다.
③ A와 달리 B는 일탈 행동에 대한 참여 여부가 일탈자와의 교제
　　여부에 의해 결정된다고 본다.
④ B와 달리 A는 문화적 목표와 제도적 수단 간의 괴리를 일탈
　　행동의 원인으로 본다.
⑤ A, B는 모두 일탈 행동의 원인으로 개인 간의 상호 작용보다 사회
　　구조의 영향을 중시한다.

표는 일탈 이론 A~C를 비교한 것이다. 이에 대한 설명으로 옳은 것은?

구분	A	B	C
원인	급격한 사회 변동과 전통적 규범의 통제력 약화	(가)	(나)
대책	(다)	일탈에 대해 우호적인 집단과의 교류 차단	일탈자로 규정하는 것에 대한 신중한 접근

① (가)에는 '문화적 목표를 달성하기 위한 합법적 수단의 부족'이 적절하다.
② (나)에는 '일탈자로부터 일탈 행동의 모방'이 적절하다.
③ (다)에는 '대립하는 집단 간 갈등의 해소'가 적절하다.
④ A는 C와 달리 일탈 행동을 규정하는 객관적 기준이 없다고 본다.
⑤ B는 A와 달리 타인과의 상호 작용이 일탈 행동에 미치는 영향을 중시한다.

14 [2023년 7월 학평 12번]

일탈 이론 (가) ~ (다)에 대한 설명으로 옳은 것은? (단, (가) ~ (다)는 각각 머튼의 아노미 이론, 차별 교제 이론, 낙인 이론 중 하나임.)

일탈 이론 (가) ~ (다)는 전과자의 재범률이 높은 것에 대해 다음과 같이 설명한다.

일탈 이론	내용
(가)	범죄의 경중과 상관없이 유죄가 인정되면 주변으로부터 범죄자 취급을 받아 사회적으로 고립되기 쉽다. 그 결과 스스로에 대한 부정적인 인식이 형성되어 또다시 범죄를 저지르게 된다.
(나)	우리 사회는 사회 구성원들에게 하나의 지향점을 제시한다. 전과자는 전과가 없는 사람보다 이러한 문화적 목표와 이를 달성하기 위한 합법적 수단 간 불일치에서 오는 긴장 정도가 크므로 다시 범죄를 저지르게 된다.
(다)	우리는 범죄자들에게 교도소 수감 기간 중 반성과 교화를 기대한다. 하지만 오히려 수감자들은 다른 수감자와의 교류로 범죄 수법과 범죄에 대한 우호적 가치관을 학습하여 출소 후 다시 범죄를 저지르게 된다.

① (가)는 일탈 행동을 규정하는 객관적 기준이 있다고 본다.
② (나)는 일탈 행동에 대한 대책으로 정상 집단과의 교류 촉진을 제시한다.
③ (가)는 (나)와 달리 타인과의 상호 작용 과정을 중심으로 일탈 행동을 설명한다.
④ (다)는 (나)와 달리 차별적 제재를 일탈 행동의 원인으로 본다.
⑤ (가), (다)는 (나)와 달리 사회 구조적 측면에서 일탈 행동을 설명한다.

15 2024 평가원 [2024학년도 9월 모평 9번]

일탈 이론 A ~ C에 대한 설명으로 옳은 것은? (단, A ~ C는 각각 머튼의 아노미 이론, 차별 교제 이론, 낙인 이론 중 하나임.)

일탈 이론 A, B, C의 사례로 일탈을 저지른 갑, 을, 병의 진술을 살펴 보았다. 각각의 진술에 나타난 가장 두드러진 특징은 다음과 같다. 갑은 문화적 목표를 이루기 위한 합법적 수단이 부족했던 적이 한번도 없었다. 을은 일탈자들과 어울리거나 그들의 행동을 따라 하려고 했던 적이 한번도 없었다. 병은 여러 사회 규범을 위반했음에도 비난이나 제재를 받았던 적이 한번도 없었다. 이러한 특징을 바탕으로 갑, 을, 병에게 서로 다른 일탈 이론을 적용해 보면 갑의 일탈은 A나 B, 을의 일탈은 B나 C, 병의 일탈은 A나 C로 설명하는 것이 타당하다.

① A는 일탈에 대한 대책으로 제도화된 기회의 확대를 중시한다.
② B는 타인과의 상호 작용을 통한 일탈의 학습 과정에 주목한다.
③ C는 정상 집단과의 교류를 일탈의 해결 방안으로 제시한다.
④ B는 A, C와 달리 일탈을 규정하는 객관적 기준이 없다고 본다.
⑤ C는 A, B와 달리 일탈에 대한 대책으로 사회 규범의 통제력 강화를 강조한다.

16 [2022학년도 9월 모평 12번]

다음은 일탈 이론 A, B를 구분하는 질문에 대한 학생의 답변과 교사의 채점 결과이다. 이에 대한 옳은 설명만을 <보기>에서 고른 것은? (단, A, B는 각각 낙인 이론, 차별 교제 이론 중 하나이다.) 3점

질문	답변	
	갑	을
A는 일탈자의 부정적 자아 형성 과정에 주목하는가?	예	아니요
A는 일탈 행동이 상호 작용을 통해 일탈 문화를 학습한 결과임을 강조하는가?	㉠	㉡
(가)	아니요	예
B는 일탈 행동을 규정하는 객관적 기준이 있다고 보는가?	예	아니요
점수	4점	1점

* 교사는 질문별로 각각 채점하고, 각 질문당 옳은 답을 쓴 경우는 1점, 틀린 답을 쓴 경우는 0점을 부여함.

보기
ㄱ. A는 최초의 일탈보다는 일탈 행동을 반복하는 현상에 주목한다.
ㄴ. B는 일탈자로 규정하는 것에 대해 신중한 접근을 해결 방안으로 제시한다.
ㄷ. (가)에는 'B는 차별적 제재를 일탈 행동의 원인으로 보는가?'가 들어갈 수 있다.
ㄹ. ㉠, ㉡은 모두 '예'이다.

① ㄱ, ㄴ　② ㄱ, ㄷ　③ ㄴ, ㄷ　④ ㄴ, ㄹ　⑤ ㄷ, ㄹ

일탈 이론 A~C에 대한 설명으로 옳은 것은? (단, A~C는 각각 머튼의 아노미 이론, 차별 교제 이론, 낙인 이론 중 하나임.)

> A : 폐가의 유리창을 깨고 지붕을 오르는 행위는 아이들에게 일종의 놀이에 불과하나, 지역 주민들은 그런 행위를 하는 아이들을 점차 구제 불능이라고 규정하게 된다. 이런 사회적 평가를 내면화하여 아이들은 점점 더 심각한 비행으로 나아가게 된다.
> B : 법을 어기는 사람과 지키는 사람의 차이는 타고난 소질보다는 그들이 배워 온 내용에 있다. 범죄가 적은 지역에서 성장하는 사람은 법 위반에 대한 비우호적 태도를, 범죄가 많은 슬럼 지역에서 성장하는 사람은 법 위반에 대한 우호적 태도를 더 많이 배울 것이다.
> C : 물질적 성공에 대한 문화적 강조는 '가능하다면 정당한 방법으로, 필요하다면 잘못된 방법으로라도' 그 목표를 추구하라는 압력으로 작용한다. 따라서 성공 목표에 대한 지나친 강조는 규칙에 대한 감정적 지지를 훼손하고 제도적 규제의 효과적인 작용을 방해한다.

① A는 일탈에 대한 대책으로 낙인의 신중한 적용을 강조한다.
② B는 차별적인 사회적 제재를 일탈 행동의 원인으로 본다.
③ C는 일탈 행동을 규정하는 객관적 기준이 존재하지 않는다고 본다.
④ A는 B와 달리 개인이 타인과의 상호 작용을 통해 일탈자가 되어 가는 과정에 주목한다.
⑤ B는 C와 달리 범죄 예방을 위해 소외 계층에게 더 나은 취업 기회를 제공하는 정책을 뒷받침한다.

18   [2020년 7월 학평 12번]

표는 일탈 이론 A~C를 질문에 따라 구분한 것이다. 이에 대한 설명으로 옳은 것은? (단, A~C는 각각 낙인 이론, 머튼의 아노미 이론, 차별 교제 이론 중 하나이다.) **3점**

구분	A	B	C
문화적 목표와 제도적 수단 간의 괴리로 인해 일탈 행동이 발생한다고 보는가?	예	아니요	아니요
일탈 행동이 차별적 제재에서 비롯된다고 보는가?	아니요	예	아니요
(가)	아니요	예	예

① A는 사회 불평등 구조의 근본적 개혁을 일탈에 대한 대책으로 제시한다.
② B는 일탈에 대한 우호적 가치를 내면화하여 일탈 행동이 발생한다고 본다.
③ C는 부정적 자아 형성을 통한 2차적 일탈의 발생에 주목한다.
④ C는 A, B와 달리 규범의 해체로 인한 가치관의 혼란이 일탈 행동을 유발한다고 본다.
⑤ (가)에는 '타인과의 상호 작용을 통한 일탈 행동의 발생을 강조하는가?'가 들어갈 수 있다.

19   [2022년 7월 학평 19번]

일탈 이론 A~C에 대한 설명으로 옳은 것은? (단, A~C는 각각 낙인 이론, 차별 교제 이론, 머튼의 아노미 이론 중 하나이다.)

> 표는 사이버 범죄를 저지른 갑의 행동 원인을 분석하기 위해 서로 다른 일탈 이론에 근거하여 조사할 내용을 나열한 것이다.

연구자의 조사 내용	근거한 일탈 이론
○ 갑이 사이버 범죄를 통해서 달성하고자 한 목표 ○ 갑이 자신이 세운 목표를 달성하기 위해 실행한 사이버 범죄 이외의 행동	A
○ 갑이 일탈 행동을 저지른 후 주위로부터 받은 평판 ○ 갑이 사이버 범죄 이전에 저지른 일탈 행동의 종류와 제재 유무	B
○ 갑이 온라인에서 일탈 성향의 사람들과 교류한 내용 ○ 갑이 사이버 범죄를 저지르기 전에 만난 친구들의 성향	C

① A는 B와 달리 문화적 목표와 제도적 수단 간의 괴리를 일탈 행동의 원인으로 본다.
② B는 C와 달리 일탈을 규정하는 객관적 기준이 있다고 본다.
③ C는 A와 달리 사회적 규범의 부재로 인한 구성원들의 혼란이 일탈을 발생시킨다고 본다.
④ A는 B, C와 달리 정상 집단과의 교류 촉진을 일탈 행동에 대한 대책으로 강조한다.
⑤ C는 A, B와 달리 최초의 일탈이 반복적 일탈로 이어지는 과정에 주목한다.

20   [2022년 4월 학평 8번]

일탈 행동을 보는 갑, 을의 이론적 관점에 대한 설명으로 옳은 것은?

> 사회자 : 일부 청소년들이 비행을 저지르는 이유는 무엇일까요?
> 갑 : 비행을 일삼는 친구들과 어울리면서 각종 비행 방법을 습득하고 비행을 정당화하는 가치관을 학습하기 때문입니다.
> 을 : 사소한 잘못을 한 청소년을 주변 사람들이 포용하지 못하고 문제아로 단정지음으로써 청소년 스스로도 자신을 일탈자로 인식하기 때문에 비행을 반복해서 저지르게 됩니다.

① 갑의 관점은 차별적인 제재가 일탈 행동의 원인이라고 본다.
② 을의 관점은 2차적 일탈의 발생 과정을 설명하는 데 초점을 둔다.
③ 갑의 관점은 을의 관점과 달리 일탈 행동을 타인과의 상호 작용의 결과로 본다.
④ 을의 관점은 갑의 관점과 달리 문화적 목표와 제도적 수단 간의 괴리를 일탈 행동의 원인으로 본다.
⑤ 갑, 을의 관점은 모두 일탈을 규정하는 객관적 기준이 없다고 본다.

다음은 일탈 이론 A ~ C에 대한 수행 평가지이다. 이에 대한 설명으로 옳은 것은? (단, A ~ C는 각각 낙인 이론, 머튼의 아노미 이론, 차별 교제 이론 중 하나이다.) **3점**

일탈 이론의 특징 서술하기

이름 : ○○○

1. A와 구분되는 B의 특징을 2가지 서술하시오.

연번	답안	점수
1	타인과의 상호 작용 과정을 중심으로 일탈을 설명한다.	0
2	2차적 일탈 과정에 주목한다.	1

2. B와 구분되는 C의 특징을 2가지 서술하시오.

연번	답안	점수
1	일탈이 차별적 제재에서 비롯된다고 본다.	㉠
2	(가)	1

○채점 기준 : 맞으면 1점, 틀리면 0점 부여

---

① ㉠은 1이다.
② A는 정상적인 집단과의 교류 확대를 일탈의 해결책으로 본다.
③ B는 문화적 목표와 제도적 수단 간 괴리를 일탈의 원인으로 본다.
④ C는 일탈을 규정하는 객관적 기준이 없다고 본다.
⑤ (가)에는 '일탈이 일탈자와의 교류를 통한 학습의 결과임을 강조한다.'가 들어갈 수 있다.

그림의 일탈 이론 A ~ C에 대한 설명으로 옳은 것은? (단, A ~ C는 각각 낙인 이론, 머튼의 아노미 이론, 차별 교제 이론 중 하나이다.) **3점**

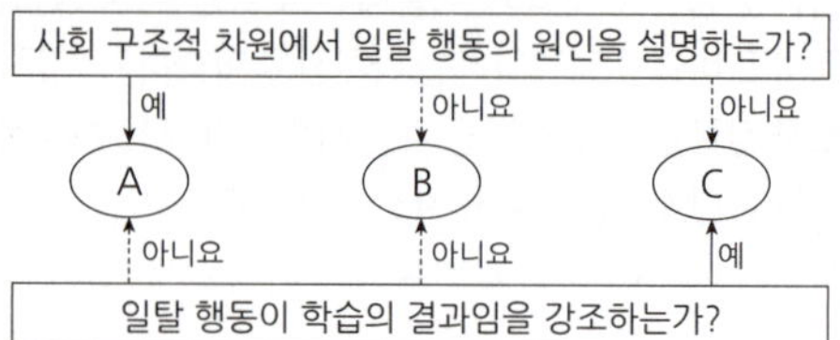

① A는 일탈 행동을 정당화하는 가치관의 내면화 과정에 주목한다.
② B는 문화적 목표와 제도적 수단 간의 괴리를 일탈 행동의 원인으로 본다.
③ C는 급격한 사회 변동으로 인한 무규범 상태에 주목한다.
④ A는 B와 달리 일탈 행동을 규정하는 객관적 기준이 없다고 본다.
⑤ B는 A, C와 달리 특정인에 대한 부정적 평가가 일탈 행동을 반복하게 하는 요인임을 강조한다.

다음 자료에 대한 옳은 설명만을 〈보기〉에서 고른 것은? (단, A ~ C는 각각 낙인 이론, 머튼의 아노미 이론, 차별 교제 이론 중 하나이다.) **3점**

○ 게임 규칙 : 갑 ~ 병은 각각 A ~ C 중 서로 다른 하나의 이론을 선택한다. 그러고 나서 아래 4장의 카드 중 자신이 선택한 일탈 이론에 부합하는 설명이 적힌 카드 2장을 고르면 우승자가 된다.

〈카드 1〉	〈카드 2〉
2차적 일탈의 발생 과정에 주목한다.	일탈 행동이 일탈자와의 교류를 통한 학습의 결과라고 본다.
〈카드 3〉	〈카드 4〉
문화적 목표와 제도적 수단 간의 괴리를 일탈 행동의 원인으로 본다.	일탈 행위자가 발생하는 상호 작용 과정을 중시한다.

○ 선택한 이론 및 카드와 우승자

구분	갑(우승자)	을	병
선택한 이론	A	B	C
선택한 카드	2, 4	1, 4	3, 4

보기

ㄱ. A는 일탈 행동에 대한 대책으로 사회 규범의 통제력 강화를 강조한다.
ㄴ. B는 일탈 행동을 규정하는 객관적인 기준이 존재하지 않는다고 본다.
ㄷ. C는 차별적 제재가 일탈 행동의 발생에 미치는 영향을 강조한다.
ㄹ. B는 A, C와 달리 사회 구조적 차원에서 일탈 행동의 원인을 설명한다.

① ㄱ, ㄴ   ② ㄱ, ㄷ   ③ ㄴ, ㄷ   ④ ㄴ, ㄹ   ⑤ ㄷ, ㄹ

다음 글에 나타난 일탈 이론에 대한 설명으로 옳은 것은? **3점**

사람들은 일상 속에서 사소한 일탈을 종종 행하지만 스스로를 일탈자라고 생각하지 않는다. 그러나 어떤 일탈 행동이 알려져 일탈자로서의 사회적 지위가 부여된 개인은 학교나 가정, 직장 등에서 지속적으로 부정적인 상호 작용을 경험하게 된다. 이에 따라 자신에 대한 일탈자라는 평가에 순응한 개인은 일탈자로서의 정체성을 형성하고, 이것이 또 다른 일탈로 이어진다.

---

① 부정적 자아가 형성되어 일탈 행동이 반복된다고 본다.
② 일탈 행동에 대한 대책으로 사회 규범 확립을 강조한다.
③ 급격한 사회 변동으로 인해 일탈 행동이 발생한다고 본다.
④ 타인과의 상호 작용을 통한 일탈 행동의 학습 과정에 주목한다.
⑤ 문화적 목표와 제도적 수단의 괴리를 일탈 행동의 원인으로 본다.

25

일탈 이론 A~C에 대한 설명으로 옳은 것은? (단, A~C는 각각 낙인 이론, 머튼의 아노미 이론, 차별 교제 이론 중 하나이다.)

> ○ 갑은 일탈 행동이 주변 일탈자와의 상호 작용 속에서 학습되는 것이라고 보는 A에 근거하여, 비행 청소년의 교우 관계와 비행 간의 관계를 분석하였다.
> ○ 을은 일탈자에 대한 사회적 반응에 주목하여 일탈 행동의 반복 현상을 설명하는 B에 근거하여, 비행 청소년이 일탈 행동 이후 경험한 주변 사람의 반응을 조사하였다.
> ○ 병은 일탈 행동이 문화적 목표와 적법한 수단 사이에 괴리가 존재할 때 발생한다고 보는 C에 근거하여, 사회적 긴장으로 인해 청소년이 느끼는 좌절감이 비행으로 연결되는 과정을 관찰하였다.

① A는 일탈 행동을 계급 갈등의 산물로 본다.
② B는 규범을 위반한 행동이 모두 일탈로 규정되는 것은 아니라고 본다.
③ C는 일탈자의 부정적 자아 형성 과정에 초점을 맞춘다.
④ B는 C와 달리 일탈 행동을 사회적 병리 현상으로 인식한다.
⑤ C는 A와 달리 일탈 행동이 사회화되는 과정에 주목한다.

26

일탈 이론 (가) ~ (다)에 대한 설명으로 옳은 것은? (단, (가) ~ (다)는 각각 머튼의 아노미 이론, 차별 교제 이론, 낙인 이론 중 하나임.) 3점

> (가) 어떤 청소년이 실수로 사소한 일탈 행동을 한 후, 이러한 일탈 행동이 누리 소통망 서비스를 통해 알려지고 비난받아 그가 속한 집단에서 일탈자로 규정되어 버리는 경우가 종종 있다. 이렇게 일탈자로 규정된 청소년은 부정적 자아 정체성을 갖게 되어 반복적으로 일탈 행동을 저지를 가능성이 높다.
> (나) 어떤 부자들은 인터넷상에 자신이 가진 부를 다양한 방식으로 보여 주며 이를 과시한다. 사회 구성원 대다수는 이러한 부자들의 물질적으로 풍요로운 삶을 추구하지만, 일부 사람들은 부를 획득하기 위한 합법적 수단을 갖고 있지 않아 물질적인 풍요로움을 얻고자 일탈 행동을 저지르게 된다.
> (다) 인터넷 커뮤니티에 가입하여 활동하고 있는 청소년들이 증가하고 있는데 이들 중 일부는 범죄를 일삼는 커뮤니티 회원과 교류하게 되는 경우가 있다. 이후 그들과의 상호 작용이 빈번해진 청소년들은 범죄 기술과 법 위반에 대한 우호적 태도를 습득함으로써 범죄를 저지르게 된다.

① (가)는 차별적인 제재를 일탈 행동의 원인으로 본다.
② (나)는 일탈 행동을 규정하는 객관적인 기준이 없다고 본다.
③ (다)는 일탈 행동 자체보다 그에 대한 사회적 반응을 중시한다.
④ (가)는 (다)와 달리 정상 집단과의 교류를 일탈 행동의 해결 방안으로 제시한다.
⑤ (나)와 (다)는 모두 타인과의 상호 작용을 통해 일탈 행동을 학습하는 과정을 중시한다.

27

일탈 이론 A~C에 대한 설명으로 옳은 것은? (단, A~C는 각각 낙인 이론, 머튼의 아노미 이론, 차별 교제 이론 중 하나임.) 3점

이론	이론을 적용하여 설명한 사례
A	갑은 동네 가게에서 물건을 훔치던 선배들과 어울려 지내면서 그들의 가치관과 태도를 내면화한 결과 상습 절도범이 되었다.
B	물질적 풍요가 중시되는 사회에서 부자가 되고 싶었지만 가난으로부터 벗어날 방법이 없었던 을은 현금 인출기를 부수고 고액의 현금을 훔쳤다.
C	동네 가게에서 호기심에 물건을 가져온 병은 주변으로부터 도둑이라는 비난을 받으면서 부정적인 자아가 형성되어 이후 절도를 일삼게 되었다.

① A는 차별적인 제재를 일탈 행동의 원인으로 본다.
② B는 일탈 행동에 대한 대책으로 정상 집단과의 교류 촉진을 강조한다.
③ C는 1차적 일탈이 2차적 일탈로 이어지는 과정에 주목한다.
④ A와 달리 C는 상호 작용을 통한 일탈 행동의 학습 과정에 주목한다.
⑤ C와 달리 A, B는 일탈 행동을 규정하는 객관적 기준이 없다고 본다.

28

일탈 이론 A~C에 대한 옳은 설명만을 〈보기〉에서 고른 것은? (단, A~C는 각각 낙인 이론, 머튼의 아노미 이론, 차별 교제 이론 중 하나이다.) 3점

> **범죄자 갑에 대한 인물 조사 결과**
>
> 갑은 고등학교 재학 시 학력을 중요시 여기는 사회적 분위기 속에서 일류 대학 진학을 위해 공부에 매진함. 그런데 좋은 성적을 받기 위해 부정행위를 하다가 적발되어 진학 기회가 박탈됨. 이후 비행 청소년들과 어울리며 절도를 자연스럽게 여기게 되었고 결국 범죄를 저지름. 고등학교 졸업 후 갑은 마음을 다잡고 취업하였으나 동료들이 문제아였다고 홀대함. 이에 갑은 자신이 범죄자라는 생각에 퇴사를 결정하고 범죄 행위를 일삼음.

> 고등학교 재학 중 갑의 일탈 행동은 A와 B로 설명되고, 고등학교 졸업 후 갑의 일탈 행동은 C로 설명됩니다.

보기

ㄱ. C는 2차적 일탈 행동의 발생 과정에 주목한다.
ㄴ. A, B 모두 일탈 행동을 규정하는 객관적 기준이 존재하지 않는다고 본다.
ㄷ. A가 문화적 목표와 제도적 수단의 괴리를 일탈 행동의 원인으로 보는 이론이라면, B, C는 타인과의 상호 작용 과정을 중심으로 일탈 행동을 설명한다.
ㄹ. C는 A, B와 달리 일탈에 대한 우호적 가치관의 학습을 일탈 행동의 주요 원인으로 본다.

① ㄱ, ㄴ　　② ㄱ, ㄷ　　③ ㄴ, ㄷ　　④ ㄴ, ㄹ　　⑤ ㄷ, ㄹ

29　[2023학년도 9월 모평 6번]

일탈 이론 (가)~(다)에 대한 설명으로 옳은 것은? (단, (가)~(다)는 각각 뒤르켐의 아노미 이론, 차별 교제 이론, 낙인 이론 중 하나임.)  3점

> (가) 사람마다 사회 규범을 내면화하는 과정은 일률적이지 않아 일탈에 대한 반응도 상이하다. 특히 일탈을 정당화하는 태도를 가진 사람들과 지속적으로 어울리면, 일탈에 대한 우호적 태도를 내면화하여 일탈자가 될 수 있다.
>
> (나) 사회 변동이 빠르게 진행되면서 전통 규범은 붕괴된다. 이를 대체할 수 있는 규범이 없는 상황에서 사람들은 삶의 목적과 방향을 상실하여 일탈을 할 가능성이 높아진다.
>
> (다) 일탈이 사회적 통제를 야기하는 것이 아니라 사회적 통제가 일탈을 야기한다. 일탈은 행위 자체가 아닌 행위자를 둘러싼 사회적 반응과 인식에 의해 결정된다.

① (가)는 타인과의 상호 작용을 통해 일탈이 학습된다고 본다.
② (나)는 일탈자의 부정적 자아가 형성되는 과정에 주목한다.
③ (다)는 일탈에 대한 대책으로 새로운 사회 규범의 정립을 제시한다.
④ (가)는 (나)와 달리 차별적 제재를 일탈의 원인으로 본다.
⑤ (다)는 (가)와 달리 일탈에 대한 대책으로 정상 집단과의 교류 촉진을 제시한다.

30　2026 평가원　[2026학년도 6월 모평 14번]

일탈 이론 A~C에 대한 설명으로 옳은 것은? (단, A~C는 각각 뒤르켐의 아노미 이론, 차별 교제 이론, 낙인 이론 중 하나임.) 3점

> [서술형 문항]　　　　　　　　　　　　이름 : ○○○
>
> 최근 급증하고 있는 온라인 공간에서의 일탈 행동 원인을 A~C의 입장에서 설명하시오.
>
> | 구분 | 일탈 행동의 원인 |
> | --- | --- |
> | A | 새로운 기술의 등장으로 사회 변화가 매우 빠르게 진행되어, 온라인 공간에서의 활동에 대한 규범이 미처 정립되지 않았기 때문이다. |
> | B | 온라인 공간에서는 경미한 일탈조차 수많은 사람들의 비난의 대상이 되고, 이러한 부정적 평가를 내면화하였기 때문이다. |
> | C | 온라인 범죄를 반복적으로 저지르고 있는 친구들과 자주 어울리면서 온라인 공간에서의 일탈을 정당화하는 태도를 학습하였기 때문이다. |
>
> [교사의 평가] A~C 입장에서 모두 옳게 설명하였음.

① A는 문화적 목표를 달성할 수 있는 합법적 수단의 확대를 강조한다.
② B는 2차적 일탈이 발생하는 과정에 주목한다.
③ C는 차별적인 사회적 제재를 최소화하면 일탈 행동을 줄일 수 있다고 본다.
④ A와 달리 B는 객관적 기준에 의해 일탈 행동을 규정할 수 있다고 본다.
⑤ C와 달리 A는 타인과의 상호 작용을 통해 일탈자가 되어 가는 과정에 주목한다.

31　[2019년 7월 학평 14번]

일탈 이론 (가)~(다)에 대한 설명으로 옳은 것은? (단, (가)~(다)는 각각 낙인 이론, 아노미 이론, 차별 교제 이론 중 하나이다.)

> (가) 다른 사람들에게 일탈 행위자로 규정 받게 되면 자신을 대하는 다른 사람들의 일반적인 태도와 기대에 맞추어 자아 정체성을 형성하게 된다.
>
> (나) 일탈은 사회화의 결과이다. 일탈자나 일탈 집단과 어울리면서 일탈 행동뿐만 아니라 그 행동을 정당화하는 가치까지 내면화하여 자신의 행위규범을 형성하게 된다.
>
> (다) 일탈은 사회 구성원들이 추구하는 문화적 목표를 달성하기 위한 제도적 수단이 제대로 갖추어지지 않았을 때 발생한다.

① (가)는 최초 일탈이 반복적 일탈로 이어지는 과정에 주목한다.
② (나)는 일탈 행동에 대한 대책으로 사회 규범의 통제력 회복을 강조한다.
③ (다)는 지배 집단의 이익을 위해 만들어진 사회 제도가 일탈 행동의 근본 원인이라고 본다.
④ (다)는 (나)와 달리 타인과의 상호 작용이 일탈 발생 과정에 미치는 영향력을 중시한다.
⑤ (가), (다)는 (나)와 달리 사회의 지배적 가치를 사회화하지 못한 사람이 일탈 행동을 저지른다고 본다.

32　[2022년 10월 학평 18번]

다음 자료에 대한 설명으로 옳은 것은? (단, A와 B는 각각 낙인 이론, 뒤르켐의 아노미 이론 중 하나이다.) 3점

> 표는 각 질문에 대해 A와 B의 입장을 '예' 또는 '아니요'로 표시한 후, 답변 중 일부만 보이도록 하고 나머지 답변은 가린 것이다.
>
> | 질문 | 답변 A | 답변 B |
> | --- | --- | --- |
> | 일탈을 규정하는 객관적인 기준이 있다고 보는가? | | |
> | (가) | | 아니요 |
> | (나) | 아니요 | |
> | '예'인 답변의 개수 | 1개 | 2개 |

① (가)에 '1차적 일탈이 2차적 일탈로 이어지는 과정에 주목하는가?'가 들어갈 수 있다.
② (나)에 '문화적 목표와 제도적 수단 간의 괴리를 일탈 행동의 원인으로 보는가?'가 들어갈 수 있다.
③ B는 일탈 집단과의 교류로 일탈 행동이 학습된다고 본다.
④ A는 B와 달리 사회 구조적 차원에서 일탈 행동의 원인을 설명한다.
⑤ 일탈 행동에 대한 대책으로 A는 사회 규범의 통제력 회복을, B는 낙인에 대한 신중한 접근을 강조한다.

33 [2025 평가원] [2025학년도 9월 모평 9번]

다음은 일탈 이론 A~D를 구분하는 질문에 대한 학생의 답변과 교사의 채점 결과이다. 이에 대한 설명으로 옳은 것은? (단, A~D는 각각 뒤르켐의 아노미 이론, 머튼의 아노미 이론, 낙인 이론, 차별 교제 이론 중 하나임.)

질문	답변		
	갑	을	병
A는 일탈이 주변 사람으로부터 학습되는 과정에 주목하는가?	예	아니요	예
B와 달리 C는 일탈자가 부정적 자아를 내면화하는 과정에 주목하는가?	아니요	아니요	예
B와 달리 D는 문화적 목표와 제도적 수단 간의 괴리가 일탈의 원인이라고 보는가?	아니요	예	예
B, D와 달리 A, C는 모두 타인과의 상호 작용이 일탈에 미치는 영향을 강조하는가?	아니요	예	예
채점 결과	2점	㉠	3점

* 교사는 질문별로 각각 채점하고, 옳은 답변은 1점, 틀린 답변은 0점을 부여함.

① ㉠은 '1점'이다.
② A의 사례로 비행 청소년이라는 부정적인 평판으로 인해 범죄를 다시 저지르는 경우를 들 수 있다.
③ B의 사례로 경찰의 치안과 공권력이 무너진 국가에서 각종 범죄가 늘어나는 경우를 들 수 있다.
④ C의 사례로 프로 야구 만년 후보 선수가 주전 선수가 되고 싶어 금지 약물을 복용한 경우를 들 수 있다.
⑤ D의 사례로 상습적으로 불법 도박을 하는 친구에게 배워 불법 스포츠 도박에 빠진 청소년의 경우를 들 수 있다.

34 [2023년 4월 학평 13번]

다음 대화의 A~C에 대한 설명으로 옳은 것은? (단, A~C는 각각 낙인 이론, 차별 교제 이론, 뒤르켐의 아노미 이론 중 하나임.) 3점

교사 : 일탈 이론 A~C에 대해 설명해 보세요.
갑 : A는 일탈 행동을 규정하는 객관적 기준이 있다고 봅니다.
을 : B는 타인과의 상호 작용을 중심으로 일탈 행동이 발생하는 원인을 파악하고자 합니다.
병 : C는 사회 규범의 통제력 회복을 일탈 행동의 해결 방안으로 봅니다.
교사 : 세 사람 모두 옳게 설명했네요.

① A는 차별적 제재가 일탈 행동의 원인이라고 본다.
② B는 일탈자와의 상호 작용을 통한 학습의 과정에 주목한다.
③ B는 A와 달리 2차적 일탈 행동의 발생 과정에 초점을 맞춘다.
④ B는 C와 달리 급속한 사회 변동에 따른 아노미로 인해 일탈 행동이 발생한다고 본다.
⑤ C는 A와 달리 일탈자와의 접촉 차단을 일탈 행동의 해결 방안으로 본다.

35 [2024년 7월 학평 9번]

일탈 이론 A~D에 대한 설명으로 옳은 것은? (단, A~D는 각각 뒤르켐의 아노미 이론, 머튼의 아노미 이론, 차별 교제 이론, 낙인 이론 중 하나임.) 3점

사회학자 : 자신이 일탈 행동을 하게 된 사연에 대해 말씀해 주세요.
갑 : 우리 사회는 경제적 성공을 강요하지만 저는 합법적인 방법으로는 부자가 될 수 없어 범죄를 저지르게 되었습니다. 이후 주변 사람들이 저를 사회의 낙오자로 취급하였고 결국 자포자기의 심정으로 다시 범죄를 저지르게 되었습니다.
을 : 저는 범죄자인 친구와 함께 살면서 범죄에 대한 호의적 태도를 갖게 되었고 결국 범죄 행위에 가담하여 수감생활을 하게 되었습니다. 출소 이후 급격하게 변화한 사회 규범과 전통적 가치관의 충돌로 인한 혼란으로 방황하다가 저는 다시 범죄자가 되었습니다.
병 : 저는 한 번의 실수를 하였지만 사람들은 저를 범죄자로 취급했습니다. 저 또한 제 자신을 범죄자라고 생각하게 되니 진짜 범죄자가 되는 것이 어렵지 않았습니다. 이후 교도소에서 반성하며 지내보려 했지만 다른 재소자에게 새로운 범죄 기술을 배워 재범을 저질렀습니다.
사회학자 : 갑의 일탈 행동은 A와 B, 을의 일탈 행동은 C와 D, 병의 일탈 행동은 B와 D로 설명할 수 있습니다.

① A와 달리 B는 문화적 목표와 제도화된 수단의 괴리를 일탈 행동의 원인으로 본다.
② B와 달리 C는 일탈자의 부정적 자아가 형성되는 과정에 주목한다.
③ C와 달리 D는 사회 구성원 간 상호 작용을 통한 일탈 행동의 발생에 관심을 둔다.
④ A, B와 달리 C는 사회 구조적 관점에서 일탈을 설명한다.
⑤ B, D와 달리 A는 일탈을 규정하는 객관적 기준이 없다고 본다.

다음은 일탈 이론 A ~ C에 대한 수행 평가 및 교사의 채점 결과이다. 이에 대한 옳은 설명만을 <보기>에서 있는 대로 고른 것은? (단, A ~ C는 각각 낙인 이론, 머튼의 아노미 이론, 차별 교제 이론 중 하나이다.) 3점

<수행 평가 과제>

학생	과제 내용
갑	A와 구분되는 B의 특징 3가지 서술하기
을	B와 구분되는 C의 특징 3가지 서술하기
병	C와 구분되는 A의 특징 3가지 서술하기

<각 학생의 서술 및 교사의 채점 결과>

학생	서술 내용	점수
갑	1. 차별적인 제재가 일탈 행동의 원인이라고 본다. 2. 일탈 행동이 발생하는 과정에서 나타나는 상호 작용에 주목한다. 3. 일탈자로 규정하는 것에 대한 신중한 접근이 필요하다고 본다.	2점
을	1. 사회 규범의 통제력 회복을 일탈 행동의 근본적인 해결 방안으로 본다. 2. 일탈 행동의 원인을 부정적 자아 정체성 형성에서 찾는다. 3. 일탈 행동을 규정하는 객관적 기준이 존재한다고 본다.	㉠
병	1. 정상적인 사회 집단과의 교류가 일탈 행동을 억제한다고 본다. 2. 일탈 행동에 대한 사회적 반응이 지속적인 일탈 행동의 원인이라고 본다. 3. ____(가)____	1점

* 교사는 각 서술별로 채점하고, 서술 하나가 맞을 때마다 1점씩 부여함.

보기

ㄱ. ㉠은 2점이다.
ㄴ. (가)에는 '일탈 행동은 비행 집단과의 접촉을 통해 학습된다고 본다.'가 들어갈 수 있다.
ㄷ. B는 최초의 일탈 행동보다 반복적 일탈 행동에 초점을 맞춘다.
ㄹ. C는 일탈 행동 예방 방안으로 소외 계층에 대한 교육 지원, 직업 훈련 프로그램 제공을 지지할 것이다.

① ㄱ, ㄴ ② ㄱ, ㄹ ③ ㄷ, ㄹ
④ ㄱ, ㄴ, ㄷ ⑤ ㄴ, ㄷ, ㄹ

다음 자료에 대한 설명으로 옳은 것은? (단, A ~ C는 각각 머튼의 아노미 이론, 차별 교제 이론, 낙인 이론 중 하나임.) 3점

<일탈 행동 사례>

경제적으로 성공하기 위해 좋은 대학을 가고자 했던 갑은 집안 사정으로 고등학교를 중퇴하였다. 자신의 꿈을 이루기 어려워지자 좌절감에 빠진 갑은 학교를 중퇴한 친구들을 모아 일확천금을 노리며 온라인 불법 도박으로 청소년기를 보냈다. 성인이 된 갑은 중범죄를 저질러 교도소에 수감되었고, 출소 후 교도소 직업 훈련 과정에서 취득한 기술로 취업하려 했으나 범죄 이력 때문에 번번이 거절당했다. 이에 갑은 자신이 어차피 범죄자이고, 범죄라는 굴레에 얽매인 삶으로부터 벗어날 수 없다고 여겨 범죄 조직에 가담하였다.

물질적 성공에 대한 욕구가 컸던 을은 대학에서 좋은 학점을 얻기 위해 부정한 방법도 서슴지 않았다. 이렇게 대학을 졸업한 후, 한 회사에 취업한 을은 승진을 통해 더 많은 돈을 벌고자 했다. 그러나 업무 능력 부족을 이유로 매번 승진 인사에서 탈락하자, 을은 더 이상 이 회사에서는 승진 기회가 없음을 알고 체념하였다. 그러던 중 회사 기밀을 넘기면 거액을 주겠다는 경쟁 회사 측의 제의에 응해 회사 기밀을 훔쳤다.

<교사의 해설>

제시된 사례에서 청소년 시기 갑의 일탈 행동은 A를 통해 설명할 수 있습니다. 교도소 출소 후 갑의 일탈 행동은 C가 아니라 B를 통해 설명할 수 있습니다. 을의 취업 후 일탈 행동을 설명하는 데는 A, B, C 중 ____㉠____ 이 적합합니다.

① ㉠은 A이다.
② B는 일탈 행동을 학습하지 않은 사람은 일탈 행동을 할 수 없다고 본다.
③ C는 일탈 행동에 대한 대책으로 문화적 목표를 달성할 수 있는 제도화된 기회의 확대를 중시한다.
④ A는 B와 달리 타인과의 상호 작용이 일탈 행동에 미치는 영향에 주목한다.
⑤ A는 B, C와 달리 1차적 일탈에 대한 원인 규명보다 1차적 일탈이 2차적 일탈로 이어지는 과정에 주목한다.

38

일탈 이론 (가)~(다)에 대한 설명으로 옳은 것은? (단, (가)~(다)는 각각 낙인 이론, 뒤르켐의 아노미 이론, 차별 교제 이론 중 하나임.) **3점**

> (가) 공개 채팅방을 통해 교류하는 청소년들이 증가하고 있다. 그중 일부 청소년들은 자신도 모르게 일탈자들과 긴밀하게 교류하게 되면서 그들의 사이버 범죄 방식과 법 위반에 대한 우호적 태도를 습득하여 사이버 범죄에 가담하게 된다.
>
> (나) 처음에는 단순히 주변의 관심을 받고자 인터넷 게시판에 과장된 글을 올리거나 온라인 게임 내에서의 규칙 위반 등의 경미한 일탈을 저질렀던 청소년들은 주변인들에게 문제아라고 비난받기도 한다. 이런 사회적 평가를 내면화한 청소년들은 지속해서 사이버 범죄에 가담하게 된다.
>
> (다) 정보 통신 기술의 급속한 발전으로 기존 사회 규범은 약화되는 반면, 새로운 규범은 미처 확립되지 않은 상태가 나타나고 있다. 사이버 공간에서 청소년 범죄에 대한 명확한 제도적 규제가 부재한 상황은 일부 청소년에게 도덕적 판단 기준의 혼란을 일으키고, 결과적으로 이러한 청소년들은 사이버 범죄에 가담하게 된다.

① (가)는 차별적인 제재를 일탈의 원인으로 본다.
② (나)는 정상 집단과의 교류를 일탈의 해결 방안으로 제시한다.
③ (다)는 1차적 일탈이 2차적 일탈로 이어지는 과정에 주목한다.
④ (나)와 달리 (가), (다)는 일탈을 규정하는 객관적인 기준이 존재하지 않는다고 본다.
⑤ (다)와 달리 (가), (나)는 개인이 타인과의 상호 작용을 통해 일탈자가 되어 가는 과정에 주목한다.

39

다음은 일탈 행동을 설명하는 특정 이론에 근거하여 A국의 상황을 분석한 것이다. 이 이론에 대한 설명으로 옳은 것은?

> A국에서 물질적 성공은 대부분의 사람들이 추구하는 목표이다. 그런데 A국에는 그러한 목표를 달성할 수 있는 합법적 기회가 제한된 사람들도 있다. 이들은 물질적 성공을 위해 불법적 방법이라도 시도해야 한다는 압력을 느끼게 되어 절도, 사기 등의 범죄까지 저지르게 된다.

① 일탈 행동을 규정하는 객관적 기준이 없다고 본다.
② 1차적 일탈이 2차적 일탈로 이어지는 과정에 주목한다.
③ 일탈에 대한 대책으로 정상 집단과의 교류 촉진을 제시한다.
④ 일탈 행동이 타인과의 상호 작용 과정에서 학습된다고 본다.
⑤ 문화적 목표와 제도적 수단 사이의 괴리로 인해 일탈 행동이 발생한다고 본다.

40 

다음은 일탈 이론 A~D를 구분하는 질문에 대한 학생의 분류와 교사의 채점 결과이다. 이에 대한 설명으로 옳은 것은? (단, A~D는 각각 뒤르켐의 아노미 이론, 머튼의 아노미 이론, 차별 교제 이론, 낙인 이론 중 하나임.) **3점**

> ※ 질문에 따라 A, B, C, D를 '예', '아니요'로 분류하여 해당하는 칸에 적으시오.
>
> | 질문 | 예 | 아니요 | 채점 결과 |
> |---|---|---|---|
> | 일탈자가 부정적 자아를 내면화하는 과정에 주목하는가? | B, C | A, D | 3점 |
> | 타인과의 상호 작용이 일탈에 미치는 영향을 강조하는가? | B, D | A, C | 2점 |
> | 일탈을 규정하는 객관적인 기준이 존재한다고 보는가? | B, D | A, C | 1점 |
> | 문화적 목표와 제도적 수단 간의 괴리가 일탈의 원인이라고 보는가? | B, C | A, D | 3점 |
>
> * 질문별로 채점하며, 맞게 적은 이론에는 각 1점을, 틀리게 적은 이론에는 각 0점을 부여함. 질문별 만점은 4점임.

① A의 사례로 신입 사원이 비리를 저지르는 회사 선배들과 어울리면서 죄의식이 사라져 부정행위를 같이 하는 경우를 들 수 있다.
② B의 사례로 한탕주의로 쉽게 돈을 버는 사람을 보고 부자가 되고 싶은 실업자가 불법 도박에 빠지는 경우를 들 수 있다.
③ C의 사례로 학교 폭력 가해 사실로 징계를 받은 학생이 스스로를 문제아로 인식하고 범죄를 저지르는 경우를 들 수 있다.
④ B와 달리 D는 정상 집단과의 교류를 일탈의 해결책으로 본다.
⑤ D와 달리 A는 사회 규범의 통제력 강화를 일탈의 해결책으로 본다.

다음 자료는 학생이 작성한 질문과 교사의 평가 결과이다. 이에 대한 설명으로 옳은 것은? (단, A~D는 각각 뒤르켐의 아노미 이론, 머튼의 아노미 이론, 차별 교제 이론, 낙인 이론 중 하나임.) 3점

<단원 확인 평가>

※ 제시된 2가지 일탈 이론에 대해 하나는 '예', 다른 하나는 '아니요'로 응답이 나뉘는 질문을 작성하시오.

일탈 이론	질문	평가 결과
A, B	일탈을 규정하는 객관적인 기준이 있다고 보는가?	맞음
A, D	사회 규범의 통제력 강화를 일탈의 해결책으로 보는가?	맞음
B, C	일탈자가 부정적 자아를 내면화하는 과정에 주목하는가?	맞음
C, D	타인과의 상호 작용이 일탈에 미치는 영향을 강조하는가?	틀림

① A는 차별적 제재를 일탈의 원인으로 본다.
② B는 일탈의 대책으로 제도화된 기회의 확대를 강조한다.
③ C는 정상 집단과의 교류를 일탈의 해결책으로 본다.
④ D는 급격한 사회 변동에 의한 무규범 상태에 주목한다.
⑤ C, D와 달리 A, B는 사회 구조적 관점에서 일탈을 설명한다.

42   [2025년 10월 학평 16번]

일탈 이론 A~D에 대한 설명으로 옳은 것은? (단, A~D는 각각 뒤르켐의 아노미 이론, 머튼의 아노미 이론, 차별 교제 이론, 낙인 이론 중 하나임.) 3점

○ '일탈을 규정하는 객관적 기준이 있다고 보는가?'라는 질문을 통해 A를 B와 구분할 수 있지만, A를 C, D와 구분할 수는 없다.
○ '문화적 목표와 제도적 수단 간 괴리를 일탈 행동의 원인으로 보는가?'라는 질문을 통해 D를 A와 구분할 수 있지만, D를 B, C와 구분할 수는 없다.
○ '일탈 행동이 발생하는 상호 작용 과정에 주목하는가?'라는 질문을 통해 A를 B, C와 구분할 수 있지만, A를 D와 구분할 수는 없다.

① A는 차별적인 제재를 일탈 행동의 원인으로 본다.
② B는 일탈의 대책으로 사회 규범의 통제력 강화를 강조한다.
③ C는 정상 집단과의 교류 촉진을 일탈 행동의 해결 방안으로 제시한다.
④ D는 일탈자로 규정하는 것에 대한 신중한 접근을 일탈 행동의 해결 방안으로 제시한다.
⑤ D와 달리 B는 사회 구조적 측면에서 일탈 행동을 설명한다.

다음 자료에 대한 설명으로 옳은 것은? (단, A~D는 각각 뒤르켐의 아노미 이론, 머튼의 아노미 이론, 차별 교제 이론, 낙인 이론 중 하나임.) 3점

교사 : A, B, C, D 중 각자에게 배정된 2가지 일탈 이론의 공통된 특징을 제시하고, 각 일탈 이론의 사례를 발표해 보세요.
갑 : A와 B는 모두 문화적 목표와 제도적 수단 간의 괴리가 일탈의 원인이라고 봅니다. A의 사례로 부유한 생활을 원하는 장기 실업자가 쉽게 돈을 벌고자 사이버 사기를 저지른 것, B의 사례로 돈을 빌리고 갚지 않아 친구들에게 사기꾼이라는 비난을 받은 후 이를 내면화하여 사이버 사기를 저지른 것을 들 수 있습니다.
을 : C와 D는 모두 일탈 행동 자체보다 일탈 행동에 대한 사회적 반응에 주목합니다. C의 사례로 사이버 사기가 빠르게 확산되는 상황에서 법 규정의 미비로 손쉽게 사이버 사기를 저지르게 된 것, D의 사례로 사기 전과자들과 어울려 그들의 태도와 수법을 배워 사이버 사기에 가담하게 된 것을 들 수 있습니다.
교사 : 갑과 을은 모두 각자에게 배정된 2가지 일탈 이론 중에서 하나에만 해당하는 특징을 제시했습니다. 그리고 발표한 사례 4가지 중에는 D의 사례만 맞습니다.

① A와 달리 C는 급격한 사회 변동으로 인한 규범의 부재를 일탈 행동의 원인으로 본다.
② B와 달리 A는 일탈 행동의 대책으로 정상 집단과의 교류 촉진을 강조한다.
③ C와 달리 D는 차별적인 사회적 제재를 일탈 행동의 원인으로 본다.
④ D와 달리 B는 일탈 행동의 대책으로 제도화된 기회의 확대를 강조한다.
⑤ A, B, C와 달리 D는 1차적 일탈이 2차적 일탈로 이어지는 과정에 초점을 둔다.

Ⅲ. 문화와 일상생활

1. 문화의 이해

❶ 문화의 의미와 속성

★**수능에 나오는** 필수 개념 3가지 **+ 필수 암기사항 3개**

필수개념 1 문화의 의미

• 좁은 의미의 문화와 넓은 의미의 문화 **암기** → 일상생활에서 쓰는 단어를 중심으로 기억하기!

구분	좁은 의미의 문화	넓은 의미의 문화
의미	좋은 것, 편리한 것, 세련된 것, 예술적인 것, 개화된 것, 발전된 것 등 특정한 의미를 지닌 생활 양식	한 사회 구성원들의 행동 및 사고방식의 총체인 생활 양식
예	문화인, 문화생활, 문화 행사 등	한국 문화, 서양 문화, 대중문화, 청소년 문화 등

필수개념 2 물질문화와 비물질문화

• 물질문화 vs 비물질문화 **암기** → 물질문화와 비물질문화에 해당하는 것들 구분하기.

물질문화		인간의 욕구를 충족시키기 위해 만드는 각종 도구 및 기술 例 의식주, 기계 등
비물질 문화	제도 문화	사회 질서를 유지하는 제도와 각종 규범 例 도덕, 법, 교육 · 정치 · 경제 제도 등
	관념 문화	추상적 이념이나 사고방식 및 가치 체계 例 철학, 예술, 종교, 언어 등

공학 축제의 변화
유습 적체 전 동
성성 성성 성

필수개념 3 문화의 속성

• 문화의 속성 **암기** → 문화의 속성을 개념 및 사례를 중심으로 정확하게 이해하고 암기하기.

구분	의미	특징
공유성	한 사회의 구성원 대다수가 공통으로 가지는 생활 양식	• 상대방의 행동을 예측할 수 있게 함 • 원활한 사회생활을 위한 상호 작용의 토대가 됨
학습성	문화적 특성은 선천적인 것이 아니라 사회 구성원 간 상호 작용을 통해 후천적으로 학습됨	개인의 사회적 행동이 문화 속에서 형성되고 변화됨
축적성	새로운 문화 요소가 추가되어 점점 더 풍부해짐	언어나 문자 등 상징 체계를 통해 문화를 전승 · 발전시킴
전체성 (총체성)	각 문화 요소들은 유기적으로 상호 연결되어 전체적으로 하나의 체계를 이룸	한 부분의 문화 요소가 변동하면 다른 부분의 연쇄적인 변동이 나타남
변동성	한 사회의 문화는 시간의 흐름과 함께 그 형태나 내용, 의미가 변화함	문화는 지속적으로 변화하여 이전과 다른 모습을 가짐

기본자료

▶ 문화 요소의 종류
문화 요소에는 물질문화인 기술과 비물질문화인 언어, 상징, 예술, 가치, 규범 등이 있다.

DAY
11

Ⅲ

1.
문화의 이해

그림은 문화의 의미에 관한 갑, 을의 대화이다. 이에 대한 옳은 설명을 〈보기〉에서 고른 것은? **3점**

보기

ㄱ. 갑은 문화를 평가의 대상이 아닌 이해의 대상으로 본다.
ㄴ. 갑은 문화를 정신적, 예술적으로 높은 수준에 도달한 것으로 인식한다.
ㄷ. 인간의 모든 행동은 을이 말하는 문화에 포함된다.
ㄹ. 을이 말하는 문화는 '청소년 문화'에서의 문화와 같이 넓은 의미의 문화에 해당한다.

① ㄱ, ㄴ   ② ㄱ, ㄷ   ③ ㄴ, ㄷ   ④ ㄴ, ㄹ   ⑤ ㄷ, ㄹ

(가)와 달리 (나)에만 부각된 문화의 속성에 대한 진술로 옳은 것은?

(가) 갑국에서는 자기보다 나이가 많은 사람에게 존칭을 사용하는 문화가 존재하는데, 이웃 나라 사람들은 이러한 모습을 의아해한다.
(나) 최근 을국의 대학에서는 예전과 달리 선배를 '선배님' 대신 이름 뒤에 '씨', '님' 등을 붙여 부르는 문화가 형성되었다. 을국의 기성세대는 이러한 문화를 낯설어한다.

① 문화는 상징을 통해 후천적으로 학습된다.
② 문화는 세대 간 전승을 통해 점차 풍부해진다.
③ 문화는 시간이 흐름에 따라 그 내용과 형태가 변화한다.
④ 문화는 타인의 행동을 예측하고 이해할 수 있게 해 준다.
⑤ 문화 요소들은 서로 관련을 맺으며 하나의 체계를 형성한다.

표는 문화의 속성 A ~ C가 부각된 사례를 나타낸 것이다. 이에 대한 설명으로 가장 적절한 것은? (단, A ~ C는 각각 공유성, 전체성, 축적성 중 하나이다.)

속성	사례
A	세탁기 발명으로 가사 노동 부담이 줄어들자 여성의 사회 진출이 증가하였고 사회적 지위도 향상되었다.
B	북아메리카에서 유럽계 여성에게 단발은 자유의 상징으로 여겨졌지만, 원주민 여성에게 단발은 상중(喪中)임을 의미했다.
C	(가)

① 문화를 구성하는 요소들이 유기적으로 연결되어 있음을 의미하는 것은 A이다.
② 문화가 다음 세대로 계승되면서 점점 새로운 요소가 늘어남을 의미하는 것은 B이다.
③ 문화가 구성원의 사고와 행동을 구속함을 의미하는 것은 C이다.
④ 기성 세대가 청소년들이 만들어 사용하는 줄임말의 의미를 알지 못하는 것은 B가 아닌 A에 해당하는 사례이다.
⑤ 재외 동포 2세가 한국을 방문하였으나 한국어를 몰라 의사소통의 불편함을 경험하는 사례는 (가)에 들어갈 수 있다.

다음 글에 부각되어 있는 문화의 속성만을 〈보기〉에서 고른 것은?

이앙기 등 농기계를 이용한 농법이 기존 농법을 대체하면서 갑국 농촌도 크게 변화하였다. 요즘 갑국 농촌에서는 주민들이 함께 새참을 먹고 모를 심는 문화가 사라졌다. 주민들 간에 서로 도울 일이 없어지면서 공동체 의식도 약해졌다.

보기

ㄱ. 문화는 세대 간 전승을 통해 더욱 풍부해진다.
ㄴ. 문화는 그 형태나 의미가 고정된 생활 양식이 아니다.
ㄷ. 문화는 후천적인 학습에 의해 향유되는 생활 양식이다.
ㄹ. 한 사회의 문화를 구성하는 요소들은 상호 유기적으로 결합되어 있다.

① ㄱ, ㄴ   ② ㄱ, ㄷ   ③ ㄴ, ㄷ   ④ ㄴ, ㄹ   ⑤ ㄷ, ㄹ

5

밑줄 친 ㉠, ㉡에 부각되어 있는 문화의 속성에 대한 옳은 진술만을
〈보기〉에서 고른 것은? **3점**

> ㉠ 바둑은 우리나라 사람들에게 익숙한 오락 거리이다. 바둑은
> 서양의 체스와 마찬가지로 두 사람이 판을 놓고 마주 앉아
> 게임을 하는 것이지만, 바둑돌과 체스 말에 적용되는 규칙은
> 다르다. 체스 말은 왕, 여왕, 기사 등으로 계급이 나눠져 있고,
> 계급별로 정해진 이동 규칙에 의해서만 움직인다. 반면 바둑돌은
> 별도의 위계가 없고 바둑판의 빈 점 어디에든 놓을 수 있으며,
> 다른 돌들과의 상대적 위치가 중요하게 작용한다. 한 연구자는
> ㉡ 바둑과 체스의 이와 같은 특징이 동서양 각각의 세계관과
> 연관되어 있다고 본다. 세상을 절대자가 만든 '기하학적 규칙의
> 조합'으로 보는 서양과 '관계의 집합'으로 보는 동양의 세계관이
> 게임에도 반영되어 있다는 것이다.

보기

ㄱ. ㉠ : 문화는 세대를 거치면서 점차 복잡하고 풍부해진다.
ㄴ. ㉠ : 문화는 구성원 간 사고와 행동의 동질성을 형성한다.
ㄷ. ㉡ : 문화는 고정되어 있지 않고 끊임없이 변화한다.
ㄹ. ㉡ : 문화는 여러 요소가 유기적으로 결합한 하나의
　　　총체이다.

① ㄱ, ㄴ　② ㄱ, ㄷ　③ ㄴ, ㄷ　④ ㄴ, ㄹ　⑤ ㄷ, ㄹ

6

다음 사례에 부각되어 있는 문화의 속성에 대한 옳은 진술만을
〈보기〉에서 고른 것은?

> 갑국 사람들은 아이가 버릇없이 행동하는 것은 몸속에 벌레가
> 있기 때문이라고 생각해 몸에 뜸을 뜨는 벌을 준다. 이방인들은
> 이해하기 힘든 풍습이지만, 이러한 풍습은 정신 수련을 위해
> 몸의 정화를 중시하는 갑국의 종교와 밀접하게 관련되어 있는
> 문화로서 갑국 사람들에게는 매우 자연스러운 풍습이다.

보기

ㄱ. 문화는 세대 간 전승을 통해 점차 풍부해진다.
ㄴ. 문화는 시간이 흐르면서 지속적으로 변동한다.
ㄷ. 문화의 각 요소들은 상호 유기적으로 결합되어 있다.
ㄹ. 문화는 한 사회의 구성원들 간 원활한 상호 작용의 토대가
　　된다.

① ㄱ, ㄴ　② ㄱ, ㄷ　③ ㄴ, ㄷ　④ ㄴ, ㄹ　⑤ ㄷ, ㄹ

7

(가)와 달리 (나)에만 부각되어 있는 문화의 속성에 대한 진술로
옳은 것은?

> (가) 우리나라에서 소나 말이 과거에는 짐을 실어 나르거나
> 　　사람을 태우고 이동하는 교통수단으로 이용되었지만
> 　　현재는 교통수단으로 거의 이용되지 않는다.
> (나) 우리나라에 새롭게 도입된 교통수단인 전차는 사람들의
> 　　의식과 태도에 변화를 초래하였다. 승객들이 신분이나
> 　　성별이 아닌 지불한 요금에 따라 상ㆍ하등 칸으로 나눠 타게
> 　　되면서 양반과 상민의 엄격한 구분, 남녀칠세부동석과
> 　　같은 사회적 금기가 점차 약화하였다.

① 문화는 상징을 통해 후천적으로 학습된다.
② 문화는 세대 간 전승을 통해 더욱 풍부해진다.
③ 문화는 시간이 흐르면서 그 형태나 내용이 변화한다.
④ 문화는 여러 요소들이 상호 유기적으로 결합되어 있다.
⑤ 문화는 구성원 간에 사고와 행동의 동질성을 갖게 한다.

8 　2025 평가원

다음 자료에 대한 설명으로 옳은 것은? (단, A~D는 각각 공유성,
변동성, 축적성, 학습성 중 하나임.) **3점**

> 교사 : 지난 시간에는 문화의 속성 A, B에 대한 발표가
> 　　　있었습니다. 이번 시간에는 문화의 속성 중 나머지
> 　　　3가지를 학생별로 서로 다르게 한 가지씩 선택하여 해당
> 　　　속성이 부각된 사례를 발표해 봅시다.
> 갑 : 과거에는 공중전화가 길거리에 많았지만 요즘은 찾아보기
> 　　어렵게 된 것은 전체성으로 설명할 수 있습니다.
> 을 : 과거와 현재의 국어사전을 비교했을 때 원래 단어에 새로운
> 　　의미가 추가되어 더욱 풍부해진 것을 보면 C를 확인할 수
> 　　있습니다. 특정 세대가 원래 단어에 새로운 의미를 부여하여
> 　　그들끼리 사용하는 것은 지난 시간 무가 발표한 B로도
> 　　설명이 가능합니다.
> 병 : 일본인의 감정 절제는 어린 시절부터 이루어지는 지속적인
> 　　훈육의 결과라는 점은 D를 통해 설명할 수 있는 사례입니다.
> 교사 : 을과 병은 해당 속성에 대한 사례 조사를 잘 했습니다.
> 　　　갑이 발표한 사례는 정이 발표했던 A가 부각된
> 　　　사례이므로, 다음 시간에 자신이 선택한 속성이 잘
> 　　　부각되는 사례로 다시 발표해 봅시다.

① 문화가 한 사회 구성원이 공통적으로 가지고 있는 생활 양식임을
　의미하는 속성은 A가 아닌 B이다.
② 문화가 경험과 상징을 통해 후천적으로 학습됨을 의미하는
　속성은 D가 아닌 C이다.
③ 갑이 선택한 문화의 속성은 시간의 흐름에 따라 기존 문화 요소가
　사라지거나 변화함을 의미한다.
④ 정이 발표한 문화의 속성은 문화가 세대를 전승하며 더욱
　풍부해짐을 의미한다.
⑤ 무가 발표한 문화의 속성은 문화의 각 요소들이 상호 유기적으로
　연결되어 있음을 의미한다.

9

밑줄 친 ㉠~㉣에 부각된 문화의 속성에 대한 옳은 설명만을
〈보기〉에서 있는 대로 고른 것은?

> 적에 맞서 전투를 수행하는 기사들의 삶이 찬미되었던 중세
> 사회에서 ㉠ 강탈, 격투, 사냥 등은 친숙한 일상 문화였다.
> 공격성과 가학성을 즐기는 기사들의 욕구는 자유롭게 발산되었다.
> ㉡ 폭력성을 발산하는 기사들의 문화를 아이들이 일상적으로
> 접하면서 따라 했다. 반대로 후대의 사회, 특히 궁정에서는
> ㉢ 자신의 감정을 감추지 못하는 사람을 문명화되지 않은
> 패배자로 취급하는 문화가 나타났다. ㉣ 물리적 폭력 수단이
> 중앙 권력에 집중되자, 일상에서는 폭력을 삼가고 예의와 교양을
> 중시하는 문화가 확산되었다.

보기

ㄱ. ㉠은 문화가 사회 구성원의 행동을 예측 가능하게 하는
　것임을 보여 준다.
ㄴ. ㉣은 문화가 여러 요소들이 상호 유기적으로 연관되어
　나타나는 현상임을 보여 준다.
ㄷ. ㉡은 ㉢과 달리 문화가 시간이 흐르면서 형태나 내용이
　변화함을 보여 준다.
ㄹ. ㉢은 ㉣과 달리 문화가 상징체계를 통해 전승되면서 보다
　풍부하게 축적됨을 보여 준다.

① ㄱ, ㄴ　　　② ㄱ, ㄷ　　　③ ㄷ, ㄹ
④ ㄱ, ㄴ, ㄹ　　⑤ ㄴ, ㄷ, ㄹ

11
2024 평가원

다음 자료에 대한 설명으로 옳은 것은?

> ○ 학생별로 서로 다르게 한 가지씩 배정받은 각 문화의
> 속성이 부각되는 사례를 작성하세요.

학생	문화의 속성	해당 속성이 부각된 사례
갑	㉠	외국인 유학생이 한국의 젓가락 사용법을 익혀 일상생활에서 사용하고 있다.
을	㉡	A 지역의 모든 사람들은 특정 기간에 신들이 임무를 교대한다고 믿기 때문에 그 기간을 신성하게 여기는 마음을 가지고 있다.
병	변동성	(가)
정	축적성	(나)
무	전체성	(다)

① ㉠은 문화가 세대 간 전승을 통해 더욱 복잡하고 풍부해지는
　것임을 의미한다.
② ㉡은 문화가 여러 요소들이 상호 유기적으로 연관되어 나타나는
　것임을 의미한다.
③ (가)에는 '내비게이션 등장 이후 운전할 때 종이 지도로 길을 찾는
　사람들은 거의 사라졌다.'가 들어갈 수 있다.
④ (나)에는 '예전에는 혈액형으로 성향을 파악했지만, 요즘은 성격
　검사 결과를 통해 성향을 파악하는 것을 즐긴다.'가 들어갈 수
　있다.
⑤ (다)에는 '팬클럽마다 좋아하는 연예인을 상징하는 색깔을 정하고
　그 색깔을 응원에 활용한다.'가 들어갈 수 있다.

10

(가)와 달리 (나)에만 부각되는 문화의 속성에 대한 진술로 옳은
것은? **3점**

> (가) 사람의 몸과 정신이 연결되어 있다는 믿음을 가졌던 전통
> 　사회에서는 질병의 원인을 누군가의 원한이나 주술이라고
> 　생각했기 때문에 아픈 사람을 굿으로 치료하려고 하였다.
> 　반면, 질병의 원인을 과학에 근거하여 바이러스나 세균에서
> 　찾는 오늘날에는 누구나 아픈 경우에 병원에 가서
> 　치료하려고 한다.
> (나) 판소리는 북장단에 맞춰 소리, 아니리, 발림을 섞은 전통
> 　민속악이다. 최근에 판소리는 소리꾼의 소리에 베이스,
> 　드럼, 댄스를 더해 남녀노소가 쉽게 즐기는 퓨전 음악으로
> 　재탄생했다. 판소리의 이야기가 갖는 서사성은 유지하면서도
> 　중독성 강한 리듬과 흥겨운 춤이 더해져 판소리와 랩의
> 　경계를 넘나드는 새로운 장르로 발전하고 있다.

① 문화는 상징을 통해 후천적으로 학습된다.
② 문화는 세대를 전승하며 더욱 풍부해진다.
③ 문화는 유기적으로 연결된 총체로서 존재한다.
④ 문화는 시간이 흐르면서 그 형태나 내용이 변화된다.
⑤ 문화는 구성원들의 사고와 행동에 동질성을 갖게 한다.

12

다음 두 사례에 공통적으로 부각되어 있는 문화의 속성에 대한 옳은
진술만을 〈보기〉에서 고른 것은?

> ○ 갑국 사람들은 □□빵을 번영과 풍요의 상징으로 여겨 이 빵을
> 　만드는 방법을 대대로 전수하고 있다. 갑국에서는 □□빵을
> 　칼로 자르는 행위가 불운을 가져온다고 믿으며, 이 빵을
> 　버리거나 던지는 행위도 금기시된다.
> ○ 을국 사람들은 평소 절제를 중시하여 식사조차도 즐거운
> 　행위가 아닌 생명 유지를 위한 행위 정도로 여긴다. 그래서
> 　을국에서는 먹고 싶은 것을 참거나 때때로 단식하는 것을
> 　자랑스럽게 생각한다.

보기

ㄱ. 문화는 시간이 흐르면서 지속적으로 변화한다.
ㄴ. 문화는 세대 간 전승을 통해 점차 복잡하고 풍부해진다.
ㄷ. 문화는 한 사회 구성원 간 원활한 상호 작용의 토대가 된다.
ㄹ. 문화는 특정 상황에서 상대방의 행동 방식을 예측하게 한다.

① ㄱ, ㄴ　　② ㄱ, ㄷ　　③ ㄴ, ㄷ　　④ ㄴ, ㄹ　　⑤ ㄷ, ㄹ

13

다음 두 사례에 공통으로 부각되어 있는 문화의 속성에 대한 진술로 가장 적절한 것은?

○ A 사회 사람들은 다른 사회 사람들과 달리 9를 길한 숫자로 여겨 결혼식 날짜를 9가 들어간 날짜로 잡으려고 한다.
○ B 사회에서는 아기가 태어나면 축하의 의미로 산모가 손님들에게 선물을 주는 것을 당연하게 받아들인다.

① 문화의 형태와 내용은 끊임없이 변화한다.
② 문화는 구성원 간 원활한 상호 작용의 토대가 된다.
③ 문화는 세대 간 전승되면서 점차 풍부해지는 생활양식이다.
④ 문화의 한 부분이 변동하면 다른 부분도 연쇄적으로 변동한다.
⑤ 문화는 여러 요소들이 유기적으로 연결되어 있는 하나로서의 전체이다.

14

2024 수능

다음 자료에 대한 설명으로 옳은 것은? **3점**

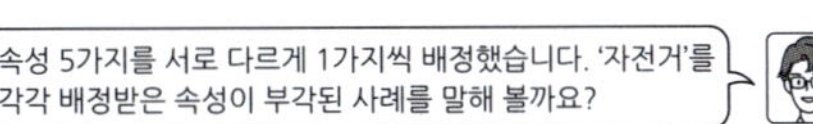

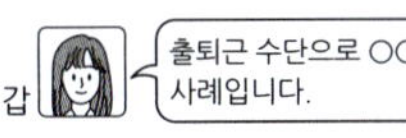

① A는 문화가 시간이 지남에 따라 변화하는 것을 의미한다.
② B는 사회 구성원이 문화를 후천적으로 습득하는 것을 의미한다.
③ (가)에는 '어릴 적 자전거 타는 방법을 부모에게 배워 능숙하게 자전거를 탈 수 있게 된 것'이 들어갈 수 없다.
④ (나)에는 '기존의 자전거에 변속기가 추가되고 충격 흡수 장치가 더해지는 것'이 들어갈 수 있다.
⑤ (다)에는 '자전거 이용자가 늘어나자 기업이 자전거를 이용하는 공유 경제 상품을 개발하고, 정부가 전용 도로를 건설하는 것'이 들어갈 수 있다.

15

다음 두 사례에서 공통적으로 부각된 문화의 속성에 대한 옳은 진술만을 〈보기〉에서 고른 것은?

○ 갑국에서는 주 1회 열리는 종교 의례 직후, 생필품 거래가 이루어진다. 이 때문에 갑국 사람들은 교환할 생필품을 가지고 종교 의례에 참석한다.
○ 을국에서는 매년 7월이 되면 성인이 된 사람들을 위해 마을 입구에 꽃길을 만든다. 7월에 꽃길을 걸으면 그 해에 성인이 되었다는 것을 을국 사람들이라면 누구나 알 수 있다.

보기

ㄱ. 문화는 고정된 것이 아니라 지속적으로 변화한다.
ㄴ. 문화는 부분들이 모여 전체로서 하나의 체계를 이룬다.
ㄷ. 문화는 사회 구성원 간 원활한 상호 작용의 토대가 된다.
ㄹ. 문화는 특정 상황에서 타인의 행동을 예측 가능하게 한다.

① ㄱ, ㄴ　　② ㄱ, ㄷ　　③ ㄴ, ㄷ　　④ ㄴ, ㄹ　　⑤ ㄷ, ㄹ

16

2025 평가원

다음 자료에 대한 설명으로 옳은 것은?

교사 : 문화의 속성 A의 사례에 대해 조사한 내용을 발표해 보세요.
갑 : ○○국에서는 자신의 공간을 자아의 연장이라고 생각하여 개인 사무실의 문을 닫거나 공용 사무실에 가림막을 세워 자신의 공간을 확보하려고 합니다. 이런 것들이 ○○국 사람들 간에는 전혀 이상하게 여겨지지 않는다는 점에서 A가 부각되어 있습니다.
을 : △△국 사람들이 같은 종교 사상을 통해 원활하게 상호 작용하고 있다는 점 역시 A를 잘 보여줍니다. 이 종교 사상은 고대 토템 신앙에 근대 이후 절대적 신의 관념 및 구원의 개념 등이 결합하여 오늘날의 모습을 갖추게 되었습니다. △△국 사람들은 이러한 과정을 함께 겪어 오면서 서로를 이해할 수 있는 공동의 감정을 갖게 되었습니다.
교사 : 갑, 을 모두 잘 발표했습니다. 확실히 두 국가의 사례 모두 문화는 　　(가)　　을 보여준다는 점에서 A를 확인할 수 있습니다. 그리고 여기에 더해 을이 발표한 △△국 사례는 문화가 세대 간 전승을 통해 누적된다는 B도 잘 보여 줍니다.

① A는 공유성이다.
② A는 문화가 후천적으로 학습됨을 의미한다.
③ B는 문화가 구성원들의 사고와 행동에 동질성을 갖게 한다는 것을 의미한다.
④ (가)에는 '각 부분이 유기적으로 결합된 하나의 전체임'이 들어갈 수 있다.
⑤ (가)에는 '시간이 흐르면서 그 형태나 내용이 변화됨'이 들어갈 수 있다.

다음 자료에 대한 설명으로 옳은 것은? (단, A~E는 각각 공유성, 변동성, 전체성, 축적성, 학습성 중 하나임.) 3점

> 교사 : 문화의 속성 5가지를 모둠별로 서로 다르게 한 가지씩 배정하였습니다. 각 모둠은 배정받은 속성이 부각된 사례를 웹툰 문화에서 찾아 발표해 봅시다.
> 〈1모둠〉 부모가 자녀에게 스마트폰을 활용하여 웹툰 앱을 이용하는 방법을 배우는 것은 A가 부각된 사례입니다.
> 〈2모둠〉 부모 세대에서 웹툰을 만화라고 부르고 만화가 보고 싶을 때 만화방을 떠올리는 것은 B가 부각된 사례입니다.
> 〈3모둠〉 만화책을 보는 사람이 줄어들고 태블릿 PC로 웹툰을 보는 사람이 늘어난 것은 C가 부각된 사례입니다.
> 〈4모둠〉 부모 세대에서 눈으로만 즐기던 만화에 음성 지원, 배경 음악 재생 기능 등이 추가된 현재의 웹툰은 D가 부각된 사례입니다.
> 학생 : 선생님, 〈2모둠〉의 발표 사례는 D가 부각된 것이 아닐까요?
> 교사 : 〈2모둠〉의 사례는 D로도 설명이 가능하지만, 부모 세대에서 만화방을 떠올린다고 했기 때문에 B가 부각된 것이 맞습니다. 〈3모둠〉과 〈4모둠〉은 발표한 사례가 서로 바뀌어야 각 모둠에 배정된 속성이 부각됩니다. 〈1모둠〉은 〈5모둠〉에 배정된 속성이 부각된 사례를 발표했어요. A를 배정받은 〈1모둠〉과 E를 배정받은 〈5모둠〉은 다음 시간에 발표합시다.

① 문화가 한 사회 구성원의 공통된 생활 양식이라는 것을 의미하는 속성은 B가 아니라 A이다.

② 문화가 세대 간 전승되며 더욱 발전되고 풍부해지는 것을 의미하는 속성은 C가 아니라 D이다.

③ 〈1모둠〉에 배정된 속성은 문화의 각 요소들이 상호 유기적으로 연결되어 영향을 주고받는 것을 의미한다.

④ 〈2모둠〉에 배정된 속성은 공유성, 〈5모둠〉에 배정된 속성은 전체성이다.

⑤ 문화가 상징을 통해 후천적으로 학습된다는 것을 의미하는 속성은 〈3모둠〉이 아니라 〈4모둠〉에 배정되었다.

다음 자료에 대한 옳은 설명만을 〈보기〉에서 고른 것은?

> (가) 북알래스카의 이누피아크족(族)은 과거에는 카약을 타고 바다 포유류를 사냥하며 이동 생활을 하였으나 지금은 ㉠ 눈자동차(snowmobile), 전기 설비 등 현대적 거주 환경을 갖춘 마을에서 정착하여 생활하고 있다.
> (나) 시베리아의 축치족(族)은 형이 죽은 경우 동생이 계승자가 되어 형수와 결혼하고 조카들을 돌보는 ㉡ 형제연혼의 관습을 갖고 있다. 이는 유목과 어로를 통해 생계를 유지해야 하는 환경적 조건과 밀접하게 관련되어 있다.

보기

ㄱ. ㉠은 비물질문화, ㉡은 물질문화에 해당한다.

ㄴ. (가)는 시간의 흐름에 따라 문화가 변화함을 보여 준다.

ㄷ. (나)는 문화 구성 요소들이 상호 유기적으로 결합되어 있음을 보여 준다.

ㄹ. (가), (나)에서 공통적으로 부각되는 문화의 속성은 축적성이다.

① ㄱ, ㄴ　　② ㄱ, ㄷ　　③ ㄴ, ㄷ　　④ ㄴ, ㄹ　　⑤ ㄷ, ㄹ

밑줄 친 ㉠~㉣에 대한 옳은 설명만을 〈보기〉에서 있는 대로 고른 것은?

> 우리나라에는 돌잡이라는 ㉠ 생일 문화가 있다. 아이의 첫 생일을 축하하는 자리에 여러 가지 물건을 놓고 아이가 무엇을 잡는지에 따라 아이의 장래를 짐작해 보는 것이다. 예를 들어 ㉡ 우리나라 사람들은 아이가 명주실을 잡으면 건강하게 오래 살 것이라고 여긴다. 한편 ㉢ 시대에 따라 돌잡이 물품의 구성이 달라진다. ㉣ 돌잡이 물품의 구성은 경제 발전 수준, 성공에 대한 사회적 인식 등의 영향을 받는다.

보기

ㄱ. ㉠의 '문화'는 좁은 의미로 사용되었다.

ㄴ. ㉡은 문화가 한 사회의 구성원 다수가 공통적으로 가지고 있는 생활 양식임을 보여 준다.

ㄷ. ㉢은 문화가 고정된 것이 아니라 시간이 흐르면서 변화하는 것임을 보여 준다.

ㄹ. ㉣은 문화가 여러 요소들이 유기적으로 연결된 하나로서의 총체임을 보여 준다.

① ㄱ, ㄴ　　　② ㄱ, ㄷ　　　③ ㄷ, ㄹ
④ ㄱ, ㄴ, ㄹ　　⑤ ㄴ, ㄷ, ㄹ

밑줄 친 ㉠ ~ ㉤에 대한 옳은 설명만을 <보기>에서 있는 대로 고른 것은? **3점**

갑국에서는 쉬지 않고 열심히 일하는 것을 중요시하던 시절이 있었다. ㉠ 직장에 회식이 있으면 집에 늦게 들어가는 것을 누구나 당연하게 여기곤 했다. 그러나 최근에는 ㉡ 평생 직장 개념이 사라지면서 직장 내 인간관계 양상과 ㉢ 조직 문화가 달라지고 있다. 일과 삶의 균형을 중시하고 개인의 행복을 추구하는 사람들이 늘어나게 되었다. ㉣ 이러한 사회적 분위기가 여행, 레저 등 다양한 영역에 영향을 미쳐 관련 산업이 성장하고 ㉤ 여가 문화가 활성화되고 있다.

보기

ㄱ. ㉠은 문화를 통해 구성원의 행동 양식을 예측할 수 있음을 보여 준다.

ㄴ. ㉡은 문화가 고정된 것이 아니라 변화하는 것임을 보여 준다.

ㄷ. ㉣은 문화의 각 부분이 독립적으로 존재하지 않음을 보여 준다.

ㄹ. ㉢의 '문화'는 ㉤의 '문화'와 달리 좁은 의미의 문화이다.

① ㄱ, ㄴ   ② ㄱ, ㄹ   ③ ㄷ, ㄹ
④ ㄱ, ㄴ, ㄷ   ⑤ ㄴ, ㄷ, ㄹ

밑줄 친 ㉠ ~ ㉣에 대한 옳은 설명만을 <보기>에서 고른 것은?

자신의 노력과 능력의 대가에 대한 인정 욕구 표현으로 고가 제품을 소비하는 ㉠ '플렉스 문화'는 힙합 음악가들로부터 시작되었고, ㉡ 대중의 인기를 받으며 다양한 음악 장르의 소재로 활용되고 있다. 이러한 플렉스 문화는 ㉢ 음악을 뛰어넘어 생산 및 소비 활동 등 다양한 분야의 변화를 가져왔다. 그 결과 용돈을 모으거나 아르바이트를 통해 번 돈으로 구입한 ㉣ 고가 브랜드 상품을 정체성 표현 수단으로 활용하는 것은 1020 세대에게 일반적인 현상이 되었다.

보기

ㄱ. ㉠에서 '문화'는 좁은 의미로 사용되었다.

ㄴ. ㉡은 문화가 세대 간 계승되고 발전하는 현상임을 보여준다.

ㄷ. ㉢은 문화의 각 요소가 상호 유기적으로 연결되어 있음을 보여준다.

ㄹ. ㉣은 문화를 통해 구성원의 행동 양식을 예측할 수 있음을 보여준다.

① ㄱ, ㄴ   ② ㄱ, ㄷ   ③ ㄴ, ㄷ   ④ ㄴ, ㄹ   ⑤ ㄷ, ㄹ

밑줄 친 ㉠ ~ ㉣에 대한 옳은 설명만을 <보기>에서 있는 대로 고른 것은? **3점**

17세기 유럽에서는 차를 마시며 대화를 나누는 ㉠ 여가 문화가 형성되기 시작했다. 당시 유럽인들의 차 모임에서는 ㉡ 차 마시는 소리를 크게 내며 호들갑을 떠는 행위가 차를 대접한 안주인에게 감사를 표현하는 의미로 여겨졌다. 한편 차가 유입된 초기에는 유럽인들 사이에서 ㉢ 찻잔의 차를 잔 받침에 옮겨 마시는 방식이 통용되었다. 이후 손잡이가 달린 찻잔이 등장하면서 ㉣ 잔 받침의 용도는 차를 옮겨 마시는 것에서 차 수저를 놓는 것으로 바뀌었다.

보기

ㄱ. ㉠에서 '문화'는 넓은 의미로 사용되었다.

ㄴ. ㉡은 문화를 통해 구성원의 행동 양식이 예측 가능함을 보여준다.

ㄷ. ㉢은 문화가 세대 간 전승을 통해 더욱 풍부해짐을 보여 준다.

ㄹ. ㉣은 문화가 고정된 것이 아니라 변화하는 것임을 보여 준다.

① ㄱ, ㄴ   ② ㄱ, ㄷ   ③ ㄷ, ㄹ
④ ㄱ, ㄴ, ㄹ   ⑤ ㄴ, ㄷ, ㄹ

밑줄 친 ㉠ ~ ㉣에 대한 옳은 설명만을 <보기>에서 고른 것은? **3점**

곤충의 유충을 즐겨 먹는 ㉠ 음식 문화를 가진 부족을 방문했을 때 ㉡ 부족 사람들은 남녀노소 가릴 것 없이 자연스럽게 벌의 유충을 먹고 있었다. 나는 그 모습에 거부감이 느껴졌지만 ㉢ 그들의 음식 문화가 짐승 고기를 금기시하는 종교 문화와 관련되어 있음을 알게 되면서 그들을 이해할 수 있게 되었다. ㉣ 곤충의 유충을 먹는 것을 혐오하는 사람이 이곳에 와서 현지 부족민들처럼 곤충 유충을 즐겨 먹게 되는 것을 보면, 음식에 대한 평가 기준은 상대적임을 알 수 있다.

보기

ㄱ. ㉠에서 '문화'는 넓은 의미로 사용되었다.

ㄴ. ㉡에 부각되어 있는 문화의 속성은 한 사회 구성원 간 원활한 소통을 가능하게 한다.

ㄷ. ㉣에는 문화의 변동성이 부각되어 있다.

ㄹ. 문화 요소들의 연쇄적인 변동을 설명하는 데에는 ㉢이 아닌 ㉡에 부각되어 있는 문화의 속성이 적합하다.

① ㄱ, ㄴ   ② ㄱ, ㄷ   ③ ㄴ, ㄷ   ④ ㄴ, ㄹ   ⑤ ㄷ, ㄹ

밑줄 친 ㉠~㉤에 대한 옳은 설명만을 〈보기〉에서 고른 것은?

> 1980년대 초반에서 2000년대 초반 사이에 태어난 Z세대의 사회 진출로 갑국의 ㉠ 직장 문화가 변화하였다. Z세대의 다수는 술을 즐기지 않으며, 삶에서 일과 여가의 구분과 균형을 추구한다. 이러한 경향은 ㉡ 갑국에서 회사원이라면 누구나 업무 이외의 모임 참여를 당연하게 여겼던 인식을 바꾸었다. 또한 Z세대는 발전된 ㉢ 통신 기술과 SNS 플랫폼을 기반으로 ㉣ 공유 경제 문화를 확산시켰다. 그러나 일부 사람들은 ㉤ 이러한 문화가 오랜기간 확립해 온 노동 환경의 근간을 뒤흔들 것이라는 우려를 제기하기도 한다.

보기

ㄱ. ㉡에는 문화의 공유성이 부각되어 있다.
ㄴ. ㉢은 물질문화에 해당한다.
ㄷ. ㉤은 문화 지체에 해당한다.
ㄹ. ㉣에서의 '문화'는 ㉠에서의 '문화'와 달리 좁은 의미로 사용되었다.

① ㄱ, ㄴ   ② ㄱ, ㄷ   ③ ㄴ, ㄷ   ④ ㄴ, ㄹ   ⑤ ㄷ, ㄹ

밑줄 친 ㉠~㉥에 대한 설명으로 옳은 것은? **3점**

우리의 문화유산 ×　+

제주 해녀 문화

해녀는 ㉠ 상군*이나 동료 해녀를 관찰하고, 그들에게 경험을 들으면서 물질**을 익힌다. 이러한 과정을 통해 물질에 필요한 지식뿐만 아니라 ㉡ 해녀 문화를 공유하고 공동체에 대한 책임감도 배운다.

해녀는 테왁, 망사리, 빗창 등과 같은 ㉢ 도구를 사용하고, 자연 친화적인 방법으로 해산물을 채취한다. 이들은 매년 물질에 들어가기 전에 잠수굿을 하여 풍요와 안전을 기원한다. ㉣ 잠수굿은 지역 주민에게 자연스럽고 익숙한 풍습이며, 지역 특유의 ㉤ 민간 신앙이다. 해녀들이 바다에서 위험을 감수하며 이어온 ㉥ 물질은 지역 사회의 공동체 의식, 경제 활동 등 생활 영역 전반에 영향을 미쳤다.

* 상군 : 물질 경험이 풍부하여 노련하고 기량이 뛰어난 해녀
** 물질 : 해녀가 바다에 잠수하여 해산물을 채취하는 행위

① ㉠에는 문화가 고정된 것이 아니라 변화한다는 속성이 부각되어 있다.
② ㉡에서 '문화'는 좁은 의미로 사용되었다.
③ ㉢, ㉣은 모두 비물질문화에 해당한다.
④ ㉣에는 문화가 구성원들의 사고와 행동에 동질성을 갖게 한다는 속성이 부각되어 있다.
⑤ ㉥에는 문화가 후천적으로 학습된다는 속성이 부각되어 있다.

밑줄 친 ㉠~㉤에 대한 설명으로 옳은 것은? **3점**

> 갑국에는 특별한 날에 누구나 고기 요리를 이웃과 나누어 먹는 ㉠ 문화가 존재하였다. 갑국 사람들의 이러한 풍습에도 불구하고 갑국 정부는 육류 생산 과정에서 초래되는 생태계 파괴와 동물 복지 문제를 이유로 ㉡ 대체육 소비를 권장하였다. 하지만 ㉢ 갑국 사람들은 대체육의 식감과 맛 때문에 실제 고기를 고수하였다. 갑국 정부의 대체육 개발 연구 지원 사업에 선정된 ㉣ A 기업은 실제 고기의 맛, 식감을 완벽히 구현한 새로운 대체육을 개발하였다. 이는 ㉤ 갑국에서 외식 산업, 의류 산업 등 다양한 분야에 변화를 가져왔다.
>
> * 대체육 : 동물 세포와 식물 성분을 활용하여 실제 고기처럼 만든 인공 고기

① ㉠은 좁은 의미의 문화에 해당한다.
② ㉡은 비물질문화에 해당한다.
③ ㉢은 문화 지체 현상에 해당한다.
④ ㉣에는 문화의 공유성이 부각되어 있다.
⑤ ㉤에는 문화의 전체성이 부각되어 있다.

밑줄 친 ㉠~㉣에 대한 옳은 설명만을 〈보기〉에서 고른 것은?

> 팬데믹으로 인한 비대면 생활의 장기화와 ㉠ 확장 현실 기술의 발전 등이 ㉡ 대중문화에 영향을 미치고 있다. 예전에 사람들은 ㉢ 공연을 보기 위해 직접 공연장에 가는 것을 당연시하였지만, 최근에는 비대면 라이브 공연을 즐기는 경우가 많아지고 있다. 또한 광고나 쇼핑, 기업의 회의, 학교 수업 등도 가상 공간에서 이루어지는 사례가 늘고 있다. 이처럼 ㉣ 신기술의 확산은 여가 생활, 경제 활동, 교육 등 다양한 분야에 변화를 일으키고 있다.
>
> * 확장 현실 기술 : 현실과 비슷한 가상 공간에서 시공간의 제약 없이 소통하고 생활할 수 있게 하는 기술로, 실감 기술이라고도 함.

보기

ㄱ. ㉠은 비물질문화에 해당한다.
ㄴ. ㉡에서의 '문화'는 넓은 의미의 문화이다.
ㄷ. ㉢에는 문화의 축적성이 부각되어 있다.
ㄹ. ㉣에는 문화의 전체성이 부각되어 있다.

① ㄱ, ㄴ   ② ㄱ, ㄷ   ③ ㄴ, ㄷ   ④ ㄴ, ㄹ   ⑤ ㄷ, ㄹ

---

28 [2022학년도 6월 모평 8번]

밑줄 친 ⊙ ~ ⊎에 대한 설명으로 옳은 것은?

> 코로나 19의 확산으로 ⊙ 사회적 거리 두기가 장기화되면서
> ⓒ '홈코노미(homeconomy)' 문화가 빠른 속도로 확산되고
> 있다. 이제 집은 단순한 주거 공간이 아니라 재택 근무, 온라인
> 쇼핑을 비롯한 각종 경제 활동을 하고 ⓒ 문화생활을 즐기는
> 공간으로 인식되고 있다. 이와 같이 ② 집을 중심으로 다양한
> 활동이 이루어지면서 관련 산업들이 급성장하고 있다. 특히
> ⑩ 동영상 전송 기술의 발달과 콘텐츠의 다양화로 인해 콘텐츠
> 서비스 이용자 수도 폭발적으로 증가하고 있다. 그 결과 ⑭ 많은
> 이용자가 한꺼번에 접속하면서 서비스 이용에 장애가 발생하기도
> 한다.
>
> * 홈코노미 : 집(home)과 경제(economy)가 합쳐져서 만들어진 신조어
>   이다.

① ⊙에는 문화의 축적성이 부각되어 있다.
② ⓒ과 ⓒ에서의 '문화'는 모두 좁은 의미로 사용되었다.
③ ②은 문화의 총체성으로 설명할 수 있다.
④ ⑩은 비물질문화에 해당한다.
⑤ ⑭은 문화 지체 현상에 해당한다.

29 **2024 평가원** [2024학년도 6월 모평 5번]

밑줄 친 ⊙ ~ ⑩에 대한 설명으로 옳은 것은? **3점**

> 갑국에서는 ⊙ 종교가 계층별 생활 양식을 비롯한 사회생활
> 전반에 영향을 크게 미친다. 예컨대 사회적으로 높은 위치에
> 있는 사람들은 종교 교리의 영향을 받아 육식을 멀리한다.
> 그래서 갑국 사람들은 이들처럼 고상하게 보이려고 ⓒ 직장
> 등에서 여러 사람과 함께 식사할 때는 채식을 당연시한다.
> 그런데 최근 갑국에서 ⓒ 스마트폰과 배달 애플리케이션 사용이
> 일상화되면서, 고기가 들어간 도시락 판매가 크게 증가하였다.
> 이는 ② 육식 문화에 대한 부정적인 시각이 여전한 상황에서
> ⑩ 타인의 눈치를 보지 않고 육류를 먹으려고 도시락을 주문하는
> 사람들이 증가하여 나타난 현상이다.

① ⊙에는 문화의 변동성이 부각되어 있다.
② ⓒ에는 문화의 공유성이 부각되어 있다.
③ ⓒ은 비물질문화에 해당한다.
④ ②에서 '문화'는 좁은 의미의 문화이다.
⑤ ⑩은 문화 지체의 사례로 볼 수 있다.

30 [2023학년도 수능 16번]

밑줄 친 ⊙ ~ ⑩에 대한 설명으로 옳은 것은?

> 
> 배트 플립(bat flip)은 야구 경기에서
> 타자가 홈런을 친 후 ⊙ 야구 방망이를
> 던지는 동작으로 자신의 타격을 과시하거나
> 기쁨을 표현하는 것이다. ⓒ 배트 플립이
> 한국 야구에서는 일종의 볼거리로
> 여겨지지만, 미국 야구에서는 홈런 맞은 투수를 자극하는 행위로
> 간주되어 금기시된다. 몇 년 전 미국 언론을 통해 한국의 다양한
> 배트 플립 영상이 소개되어 ⓒ 한국의 독특한 야구 문화가 화제가
> 되었다. ② 미국 야구에 익숙한 사람이라면 한국의 배트 플립
> 문화가 놀랍고 신기할 수밖에 없었다. 그런데 요즘 미국에서도
> 배트 플립을 하는 선수가 늘어나면서 이에 대한 여러 반응이
> 나오고 있다. ⑩ 배트 플립을 부정적으로 보는 사람이 여전히
> 많지만, 자기 표현에 익숙한 젊은 세대 중 일부는 우호적인
> 반응을 보이기도 한다.

① ⊙은 비물질문화에 해당한다.
② ⓒ에는 문화의 총체성이 부각되어 있다.
③ ⓒ에서 '문화'는 넓은 의미로 사용되었다.
④ ②에는 문화의 변동성이 부각되어 있다.
⑤ ⑩은 문화 지체의 사례에 해당한다.

31 [2025년 5월 학평 17번]

밑줄 친 ⊙ ~ ②에 대한 옳은 설명만을 〈보기〉에서 고른 것은?

> 겨울이 추운 갑국에서는 온돌을 갖춘 ⊙ 가옥이 일반적이다.
> 바닥은 따뜻하지만 공기는 차가운 환경이 조성되는 온돌의
> 특성으로 인해 갑국에서는 ⓒ 좌식 문화가 보편적이었다.
> 그래서 갑국 사람들은 ⓒ 바닥에 앉아 상을 펴고 식사하는 것을
> 누구나 당연하게 여겼다. 그러다 서양식 주거 형태의 도입으로
> 입식 문화가 확산되면서 ② 바닥에 앉아 상을 펴고 식사를 하는
> 방식에서 의자에 앉아 식탁에서 식사를 하는 방식으로 생활
> 패턴이 바뀌고 있다.

보기

ㄱ. ⊙은 물질문화이다.
ㄴ. ⓒ에서 '문화'는 좁은 의미로 사용되었다.
ㄷ. ⓒ에는 문화의 공유성이 부각되어 있다.
ㄹ. ②에는 문화의 학습성이 부각되어 있다.

① ㄱ, ㄴ ② ㄱ, ㄷ ③ ㄴ, ㄷ ④ ㄴ, ㄹ ⑤ ㄷ, ㄹ

32 [2024년 4월 학평 18번]

밑줄 친 ㉠ ~ ㉣에 대한 옳은 설명만을 〈보기〉에서 있는 대로 고른 것은? **3점**

> 갑국에서는 공동체 의식을 기반으로 지인이나 지인의 가족이 ㉠ 결혼을 할 때 ㉡ 축의금을 주는 문화가 이어져 왔다. 그래서 ㉢ 갑국에서는 주변 사람들의 결혼 소식을 접하면 축의금을 준비하는 것을 당연하게 여긴다. 그런데, 최근 결혼 소식을 접하고도 자신은 축의금을 내지 않겠다는 사람의 수가 늘고 있다. ㉣ 이는 개인주의의 확산, 비혼 인구 증가, 경기 침체로 인해 경제적 부담이 커진 상황 등과 관련이 깊다.

> **보기**
> ㄱ. ㉠은 비물질문화에 해당한다.
> ㄴ. ㉡의 '문화'는 좁은 의미로 사용되었다.
> ㄷ. ㉢은 문화가 사회 구성원 간 원활한 상호 작용의 토대가 됨을 보여 준다.
> ㄹ. ㉣은 각각의 문화 요소들이 서로 연결되어 하나의 전체로서 존재함을 보여 준다.

① ㄱ, ㄴ ② ㄱ, ㄷ ③ ㄴ, ㄹ
④ ㄱ, ㄷ, ㄹ ⑤ ㄴ, ㄷ, ㄹ

34 [2025년 7월 학평 8번]

밑줄 친 ㉠ ~ ㉀에 대한 설명으로 옳은 것은? **3점**

> 배트와 공을 사용하는 경기인 ㉠ '크리켓(Cricket)'은 ○○국 사람 대다수가 즐기는 여가 ㉡ 문화이다. ㉢ ○○국에서 크리켓의 인기가 많은 이유는 ○○국의 정치, 문화와 관련이 깊다. 우선 크리켓은 사회 통합을 달성하는 도구가 되기도 한다. 특히 ○○국과 ㉣ 정치적 갈등이 있는 국가와 경기가 열리면 ○○국 국민은 평소보다 단결하여 자국팀을 응원한다. 또한 ○○국 에서는 예전에 있었던 ㉤ 신분제의 영향이 남아있어 ㉥ ○○국 국민은 서로 다른 신분 간 신체 접촉을 피하는 것을 당연하게 여긴다.  이 때문에 경기 중 선수 간에 신체 접촉이 거의 없는 크리켓은 ○○국의 ㉦ 문화와도 잘 맞는다.

① ㉠과 달리 ㉤은 물질문화이다.
② ㉡, ㉦은 모두 좁은 의미의 문화에 해당한다.
③ ㉢은 문화가 고정된 것이 아니라 지속적으로 변화하는 것임을 보여준다.
④ ㉣은 문화 지체의 사례에 해당한다.
⑤ ㉥에는 문화의 공유성이 부각되어 있다.

33 [2023학년도 9월 모평 16번]

밑줄 친 ㉠ ~ ㉂에 대한 설명으로 옳은 것은? **3점**

> 최근 젊은 세대를 중심으로 ㉠ 짠테크 문화가 유행처럼 번지고 있다. 이는 ㉡ 과시적 소비를 추구했던 지난 몇 년 전과는 반대의 현상이다. 짠테크 열풍으로 물건을 빌리거나 나누는 사람들이 늘어나면서, ㉢ 온라인 중개 플랫폼 기술을 활용해 관련 서비스를 제공하는 기업이 급성장하고 있다. 한편 ㉣ SNS를 통해 짠테크 방법에 대한 ㉤ 부정확한 정보가 무차별적으로 유포되어 피해를 입는 경우가 간혹 발생하고 있어, 피해 방지를 위해 관련 ㉂ 법률의 정비가 필요하다.
>
> * 짠테크 : 인색하다는 뜻의 '짜다'와 자산 관리의 기법을 일컫는 '재테크'의 합성어로 적은 돈까지 알뜰하게 관리하는 것을 의미함.

① ㉠에서 '문화'는 좁은 의미로 사용되었다.
② ㉡에는 문화의 축적성이 부각되어 있다.
③ ㉣은 정보 생산자와 정보 소비자 간 구분이 명확한 매체이다.
④ ㉤은 대중문화의 확산으로 문화의 획일화가 심화되었음을 보여주는 사례이다.
⑤ ㉂은 ㉢과 달리 비물질문화에 해당한다.

35 [2019년 10월 학평 12번]

밑줄 친 ㉠ ~ ㉣에 대한 옳은 설명만을 〈보기〉에서 고른 것은?

> 자신을 적극적으로 표현하는 ㉠ '미닝 아웃(meaning out) 문화'가 새로운 문화로 등장했다. 자신의 신념을 새긴 ㉡ 옷을 사고 인증 사진을 올리는 것이 이러한 문화의 사례이다. ㉢ 미닝 아웃 문화의 등장은 개인주의의 확산, SNS와 같은 새로운 매체의 증가 등과 밀접하게 관련되어 있다. 처음에는 이러한 문화가 젊은이들을 중심으로 향유되었지만 ㉣ 최근에는 그들에게 자극 받은 노년층에게까지 확산되고 있다.

> **보기**
> ㄱ. ㉠에서 '문화'는 좁은 의미로 사용되었다.
> ㄴ. ㉡은 문화 요소 중 기술에 해당한다.
> ㄷ. ㉢에는 문화의 전체성이 부각되어 있다.
> ㄹ. ㉣은 자극 전파의 사례이다.

① ㄱ, ㄴ ② ㄱ, ㄷ ③ ㄴ, ㄷ ④ ㄴ, ㄹ ⑤ ㄷ, ㄹ

자료에 제시된 A, B에 대한 옳은 설명만을 〈보기〉에서 고른 것은?

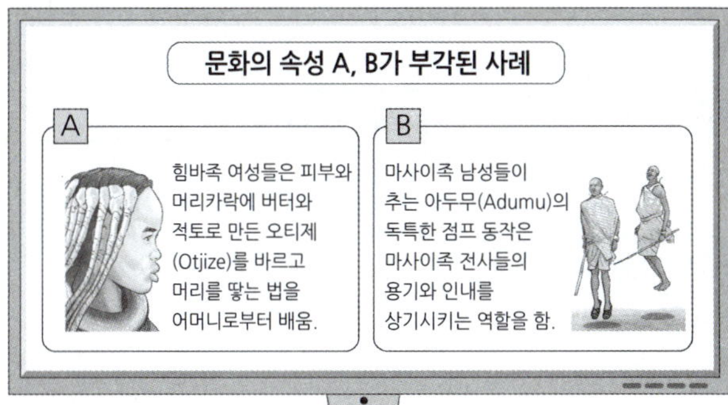

보기

ㄱ. A는 문화가 세대 간 전승을 통해 더욱 풍부하고 다양해진다는 것을 의미한다.

ㄴ. A의 사례로 야구장에서 주변 사람들의 응원 동작을 보고 따라하며 익히는 것을 들 수 있다.

ㄷ. B는 문화가 사회 구성원들이 공유하는 의미와 맥락 속에서 존재한다는 것을 의미한다.

ㄹ. B의 사례로 휴대폰으로 결제하는 기술이 등장하면서 현금 거래가 감소하는 것을 들 수 있다.

① ㄱ, ㄴ   ② ㄱ, ㄷ   ③ ㄴ, ㄷ   ④ ㄴ, ㄹ   ⑤ ㄷ, ㄹ

표는 문화의 속성 A~D가 부각된 사례를 나타낸 것이다. 이에 대한 옳은 설명만을 〈보기〉에서 고른 것은? (단, A~D는 각각 공유성, 변동성, 전체성, 축적성 중 하나임.)

문화의 속성	부각된 사례
A, B	갑국에서는 집에서 전통 음식을 만들어 먹는 것이 일상적이었다. 최근에는 이러한 모습은 찾아볼 수 없고 식품 회사가 만든 전통 음식을 사 먹는 것을 당연하게 여긴다.
A, D	을국에서는 일반 자동차만 운행되고 있었는데, 몇 년 전 자율 주행 기능이 장착된 자동차가 등장하였다. 최근에는 일반 자동차가 자율 주행 자동차로 대체되고 있다.
B, C	병국에서는 집에서 목욕을 할 때, 사우나를 즐기는 것이 보편적이다. 이는 실내 중심의 여가 생활, 개인주의적 성향 등과 관련이 있다.

보기

ㄱ. 문화를 구성하는 요소들이 유기적으로 연결되어 있는 것은 A에 해당한다.

ㄴ. 문화를 통해 구성원들이 사고와 행동의 동질성을 갖게 되는 것은 B에 해당한다.

ㄷ. 문화 요소가 시간의 흐름에 따라 등장하고 사라지는 것은 C에 해당한다.

ㄹ. 문화 요소들이 세대 간 전승되면서 다양해지고 풍부해지는 것은 D에 해당한다.

① ㄱ, ㄴ   ② ㄱ, ㄷ   ③ ㄴ, ㄷ   ④ ㄴ, ㄹ   ⑤ ㄷ, ㄹ

---

❷ 문화를 바라보는 관점과 문화 이해 태도

★수능에 나오는 **필수 개념 2가지** + **필수 암기사항 2개**

필수개념 1 문화를 바라보는 관점

- 총체론적 관점 vs 상대론적 관점 vs 비교론적 관점 **암기** → 세 가지 관점에서만 생각해 봅시다.

구분	총체론적 관점	상대론적 관점	비교론적 관점
전제	문화의 각 구성 요소는 상호 유기적인 관계를 맺으면서 하나로서의 전체를 이루고 있음	문화는 그것이 발생한 사회의 역사적·환경적·사회적 맥락 속에서 의미와 가치를 지님	문화는 보편성과 특수성을 동시에 지니고 있음
연구 방법	문화의 한 부분은 독립적으로 의미를 갖지 못하므로 다른 문화 요소나 전체와의 관련 속에서 문화의 의미를 이해하고자 함	해당 문화를 향유하는 사회 구성원들의 입장에서 문화의 고유한 의미를 파악함	문화를 객관적으로 이해하기 위해 여러 사회의 문화를 비교하여 보편성(공통점)과 특수성(차이점)을 파악함

필수개념 2 문화 이해 태도

- 문화 상대주의 vs 문화 절대주의 **암기** → 문화 상대주의와 문화 절대주의를 구분하여 기억하기.

문화 상대주의	문화 절대주의	
	자문화 중심주의	문화 사대주의
• 각 사회의 문화 간에 우열을 따질 수 없다고 보며, 특정 문화를 그 사회의 맥락에서 이해하려는 태도 • 각 문화의 특수성과 다양성을 인정함으로써 문화적 다양성 보존에 기여하며, 다문화 사회 이해에 적합함 • 극단적 문화 상대주의가 나타날 수 있음	• 자기 문화를 우월하다고 믿고 타 문화를 부정적으로 평가하는 태도 • 자기 문화에 대한 일반화 경향이 강함 • 문화의 주체성·정체성을 확립하고 사회 통합에 기여함 • 국수주의나 문화 제국주의적 태도로 문화적 마찰을 초래할 수 있음	• 타 문화를 우월하다고 믿고 자기 문화를 부정적으로 평가하는 태도 • 새로운 문화 수용에 적극적임 • 자문화의 정체성을 상실할 수 있으며, 외래 문화에 종속 가능

기본자료

▶ **문화의 보편성**
모든 문화에 공통적으로 존재하는 특성이 있음을 의미한다.

▶ **문화의 특수성**
각 사회의 독특한 자연환경과 역사적 배경이 다르므로 다양하고 독특한 문화 현상이 나타남을 의미한다.

▶ **국수주의**
자기 나라의 전통문화만 우수하다고 믿고 다른 나라의 문화를 지나치게 배척하는 보수적인 태도를 말한다.

▶ **문화 제국주의**
경제적으로 우위에 있는 선진국 문화가 개발 도상국 문화에 지배적인 영향을 미쳐 문화 식민지를 확대하고자 하는 사고나 행동 양식을 말한다.

▶ **극단적 문화 상대주의**
인류의 보편적 가치를 무시하는 문화도 모두 인정하는 태도를 말한다.

▶ **문화 절대주의의 특징**
문화 간 우열이 존재함을 전제로 문화를 평가 대상으로 간주한다.

1

다음 글에 나타난 문화 이해의 관점에 대한 설명으로 가장 적절한 것은?

A국에는 마스크 착용을 기피하는 문화가 나타난다. 이러한 문화에는 마스크를 쓴 사람을 전염병 환자나 수상한 사람으로 여기는 구성원들의 인식, 그리고 무더운 기후 때문에 마스크 착용이 불편하다는 환경적 요인이 반영되어 있다. 또한 마스크를 파는 곳이 적어 마스크를 구하기가 어렵다는 사회적 요인과도 관련이 깊다.

① 타 문화와 문화적 마찰을 초래할 우려가 있다.
② 자문화를 기준으로 타 문화를 평가하고자 한다.
③ 서로 다른 문화 간의 공통점과 차이점을 파악하고자 한다.
④ 타 문화를 우월한 것으로 여겨 자문화를 열등하다고 본다.
⑤ 문화 요소를 다른 요소나 전체와 관련지어 파악하고자 한다.

2

(가), (나)에 나타난 문화 이해의 관점에 대한 옳은 설명만을 〈보기〉에서 고른 것은? 3점

(가) 쌀을 많이 먹는다는 점에서 스페인과 우리나라의 음식 문화에는 유사성이 있다. 하지만 우리나라에서는 생쌀을 물에 불려서 밥을 짓는 반면, 스페인에서는 생쌀을 볶아서 익힌다는 점에서 조리 방식의 차이가 있다.
(나) 늦은 시간에 저녁을 먹는 스페인의 식사 문화는 '시에스타'라는 낮잠 문화와 관련이 있다. 스페인에는 태양의 열기가 뜨거운 한낮에 잠을 자며 쉬는 풍습이 있어, 많은 상점이나 관공서가 오후에 긴 휴게 시간을 가진 후 업무를 재개한다. 이러한 근무 방식이 식사 문화에도 영향을 미친 것이다.

보기
ㄱ. (가)의 관점은 자문화를 객관적으로 이해하는 데 기여한다.
ㄴ. (나)의 관점은 문화 요소 간의 유기적 연관성을 강조한다.
ㄷ. (가)의 관점은 (나)의 관점과 달리 문화 간의 우열을 평가할 수 있다고 본다.
ㄹ. (나)의 관점은 (가)의 관점과 달리 문화의 보편성과 특수성을 파악하고자 한다.

① ㄱ, ㄴ   ② ㄱ, ㄷ   ③ ㄴ, ㄷ   ④ ㄴ, ㄹ   ⑤ ㄷ, ㄹ

3

갑과 을이 가진 문화 이해의 관점에 대한 옳은 설명만을 〈보기〉에서 고른 것은?

ㅇ 갑은 멕시코와 미국의 유령 관련 축제를 연구하며 멕시코에서는 유령을 가족이 돌아온 것이라고 믿어 이들을 환영의 대상으로 여기는 반면, 미국에서는 유령이 산 자를 괴롭힌다고 믿어 유령을 피해야 할 대상으로 여기는 인식 차이에 주목하였다.
ㅇ 을은 영국의 차(茶) 문화를 연구하며 물에 석회 성분이 많아서 식수로 적합하지 않은 환경적 요인, 영국의 식민지에서 저렴한 가격으로 차를 들여올 수 있었던 경제적 요인 등이 차 문화와 어떤 관련을 맺고 있는지에 주목하였다.

보기
ㄱ. 갑의 관점은 문화 간의 보편성과 특수성을 파악하고자 한다.
ㄴ. 을의 관점은 특정 문화 현상을 다른 문화 요소와의 관계 속에서 이해하고자 한다.
ㄷ. 을의 관점은 갑의 관점과 달리 자문화의 객관적인 이해에 기여한다.
ㄹ. 갑의 관점은 총체론적 관점에, 을의 관점은 비교론적 관점에 해당한다.

① ㄱ, ㄴ   ② ㄱ, ㄷ   ③ ㄴ, ㄷ   ④ ㄴ, ㄹ   ⑤ ㄷ, ㄹ

4

(가), (나)에 나타난 문화 이해의 관점에 대한 옳은 설명만을 〈보기〉에서 있는 대로 고른 것은? 3점

(가) 벌레를 섭취하는 ○○족의 음식 문화가 그들의 자연 환경, 관습, 정치 제도 등 다양한 문화 요소들과 어떤 관련을 맺고 있는지 전체적으로 연구하였다.
(나) 벌레를 섭취하는 ○○족의 음식 문화를 해당 사회의 문화적 전통과 사회적 맥락 속에서 연구하여 부족한 단백질 보충이라는 그 사회 나름의 합리적 근거를 찾아내었다.

보기
ㄱ. (가)의 관점은 문화에 대한 편협하고 왜곡된 이해를 방지하는 데 기여한다.
ㄴ. (나)의 관점은 해당 문화를 향유하는 사회 구성원의 입장에서 문화의 의미를 파악하는 데 초점을 둔다.
ㄷ. (나)의 관점은 (가)의 관점과 달리 문화를 평가의 대상으로 인식한다.
ㄹ. (가), (나)의 관점은 모두 문화 간 비교를 통해 자기 문화를 객관적으로 이해하는 데 유용하다.

① ㄱ, ㄴ   ② ㄱ, ㄷ   ③ ㄷ, ㄹ
④ ㄱ, ㄴ, ㄹ   ⑤ ㄴ, ㄷ, ㄹ

5 [2025년 3월 학평 10번]

다음의 게임 상황에 대한 옳은 분석만을 <보기>에서 있는 대로 고른 것은? 3점

- 게임 방법 : 한 명은 회색 칩(⬭), 다른 한 명은 검은색 칩(⬬)을 배분받고, 자기 차례에서 문화 관련 진술이 적힌 카드를 하나 선택한 후 그 진술의 참, 거짓을 말하여 맞히면 자기의 칩 1개를 투입구 A ~ E 중 하나에 넣어 아래에서부터 쌓을 기회가 주어진다. 이런 방식으로 갑, 을이 번갈아 진행하여 가로, 세로, 대각선 중 하나의 방향으로 자기의 칩 3개를 연속해서 먼저 쌓는 사람이 승리한다.
- 게임 상황 : 갑은 회색 칩, 을은 검은색 칩을 배분받았고, 칩의 배치가 아래 그림과 같은 상태에서 이번에는 [㉠] 차례이며 선택한 카드 [㉡]에 대해 [㉢]이라고 말하였다.

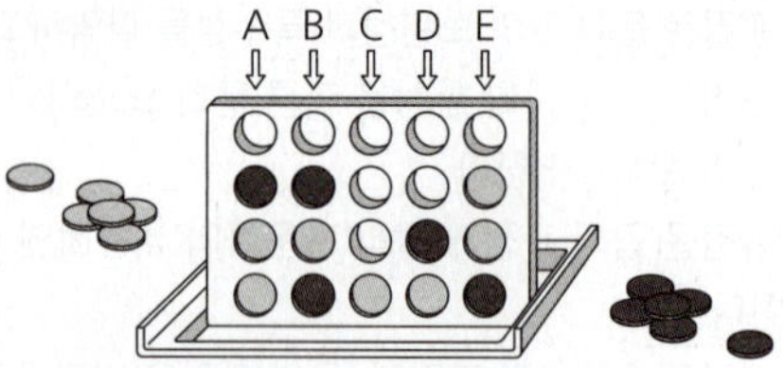

<이번 차례에서 선택할 수 있는 카드>

(가)	(나)	(다)
비교론적 관점은 각 사회의 문화가 가지는 보편성과 특수성에 주목한다.	축적성이란 문화가 여러 요소들이 상호 유기적으로 결합된 전체임을 의미한다.	공유성은 타인의 행동을 예측하고 이해할 수 있게 하여 원활한 상호 작용에 기여한다.

보기

ㄱ. ㉠이 갑, ㉡이 (가), ㉢이 '참'이라면 갑은 E에 칩을 넣어 이번 차례에서 승리할 수 있다.

ㄴ. ㉠이 을, ㉡이 (나), ㉢이 '거짓'이라면 을은 C에 칩을 넣어 이번 차례에서 승리할 수 있다.

ㄷ. ㉡이 (다), ㉢이 '참'이라면 ㉠이 누구든지 이번 차례에서는 승리할 수 없다.

① ㄱ ② ㄷ ③ ㄱ, ㄴ ④ ㄴ, ㄷ ⑤ ㄱ, ㄴ, ㄷ

6 [2021년 4월 학평 3번]

다음 글에서 강조하는 문화 이해 태도에 대한 설명으로 옳은 것은?

> 남미 원주민 중 하나인 아체족은 아이가 다섯 살 정도 되어도 어른이 목말을 태우거나 안고 다니는 경우가 많다. 이러한 아체족의 양육법을 보고 어떤 서구인들은 아이의 독립심을 저해하는 방식이라며 평가 절하하기도 한다. 그러나 아체족이 수렵·채집 생활을 하는 열대 우림에는 독충과 뱀, 맹수가 득실거린다. 이들의 양육법은 위험한 환경 속에서 아이의 생존율을 높이기 위한 생활 방식으로서 나름의 가치가 있는 것으로 보아야 한다.

① 타문화가 우월하다고 믿고 자문화를 폄하한다.
② 서로 다른 문화 간에 우열이 존재함을 전제한다.
③ 국수주의로 변질될 우려가 있다는 비판을 받는다.
④ 문화의 다양성 보존을 저해한다는 비판을 받는다.
⑤ 문화를 해당 사회의 맥락에서 이해해야 한다고 본다.

7 2024 평가원 [2024학년도 6월 모평 9번]

밑줄 친 ㉠과 같은 문화 이해 태도에 부합하는 진술만을 <보기>에서 있는 대로 고른 것은? 3점

> ○○족 문화를 연구하러 현지 조사를 떠난 A는 우연히 마을 장로들과 셰익스피어의 「햄릿」에 대하여 대화를 나누게 된다. 「햄릿」은 아버지의 갑작스러운 죽음 이후, 아버지 대신 왕이 된 삼촌과 어머니의 결혼에 괴로워하던 햄릿이 아버지를 죽인 삼촌에게 복수하는 이야기이다. 그런데 형이 죽으면 동생이 형수와 결혼하는 것을 당연시하고, 아버지의 복수를 아들이 직접 하는 것도 금지하는 ○○족 사회에서 햄릿의 행동은 전혀 다르게 해석되었다. 그들과의 대화를 통해 A는 보편적으로 통용될 것이라 믿었던 「햄릿」에 대한 해석도 특정 문화의 관점에서 만들어진 것에 불과하다는 것을 알게 되었다. 이를 통해 타 문화를 이해하기 위해서는 그 사회의 문화가 형성되는 상황이나 맥락을 고려하는 ㉠ <u>문화 이해 태도</u>가 중요하다는 사실을 깨닫게 되었다.

보기

ㄱ. 이웃 나라에서 체면을 중시하는 문화가 왜 지배적인지 그 사회 내부의 논리와 체계 속에서 이해할 필요가 있어.

ㄴ. 음식을 손으로 집어 먹는 우리 문화는 열등해. 서구 사회처럼 포크와 나이프를 사용하는 세련된 문화를 받아들여야 해.

ㄷ. 시신을 화장하는 우리의 장례 문화와 비교할 때, 시신을 새나 다른 동물의 먹이로 들판에 방치하는 △△부족의 관습은 너무 야만적이야.

① ㄱ ② ㄴ ③ ㄱ, ㄷ ④ ㄴ, ㄷ ⑤ ㄱ, ㄴ, ㄷ

정답과 해설 5 p.222 6 p.223 7 p.223

8 **2025 평가원**　　　　　[2025학년도 9월 모평 11번]

(가)에 들어갈 수 있는 내용으로 가장 적절한 것은?

갑 : A국의 식사 문화는 손님에 대한 예의가 없는 것 같아.

을 : A국에서는 자기 가족끼리만 식사를 하는 것이 오랜 전통이야. 이런 문화가 우리와 달라서 이상하게 보일 수 있지만 틀렸다고 생각하면 안 돼. 서로 다른 문화를 제대로 이해하려면 각 사회 문화를 ______(가)______

① 비교하며 평가하는 대상으로 여겨야 해.

② 인류의 보편적 가치를 기준으로 평가해야 해.

③ 동경심을 가지고 받아들이려는 태도를 취해야 해.

④ 타문화보다 자문화가 우수하다는 태도로 판단해야 해.

⑤ 그 사회의 특수한 환경과 사회적 맥락에서 바라봐야 해.

9　　　　　[2025년 5월 학평 8번]

갑, 을의 문화 이해 태도에 대한 설명으로 옳은 것은?

갑 : ○○국에서는 생선을 익히지 않고 흰 쌀밥 위에 올려 먹는 음식을 즐긴다던데, 음식을 익혀 먹는 우리 나라의 조리 방식에 비하면 너무 미개하다고 느껴져.

을 : ○○국에서 그렇게 음식을 먹는 것은 가공되지 않은 재료 본연의 맛을 중시하는 가치관과 신선한 생선을 공급받을 수 있는 환경적 조건이 반영된 결과야. 이런 배경을 바탕으로 ○○국의 문화를 이해해야 한다고 생각해.

① 갑의 태도는 국수주의로 변질될 수 있다는 비판을 받는다.

② 을의 태도는 문화의 다양성을 저해할 수 있다는 비판을 받는다.

③ 갑의 태도와 달리 을의 태도는 타 문화와 마찰을 일으킬 수 있다는 비판을 받는다.

④ 을의 태도와 달리 갑의 태도는 자문화의 정체성을 상실할 우려가 있다는 비판을 받는다.

⑤ 갑, 을의 태도는 모두 특정 문화를 기준으로 타 문화를 평가한다는 비판을 받는다.

10　　　　　[2023학년도 수능 11번]

다음은 문화 이해의 태도 A~C를 구분하는 질문에 대한 학생의 답변과 교사의 채점 결과이다. 이에 대한 설명으로 옳은 것은? (단, A ~ C는 각각 자문화 중심주의, 문화 사대주의, 문화 상대주의 중 하나임.) **3점**

질문	답변	
	갑	을
A는 B, C와 달리 특정 사회의 문화를 기준으로 자문화를 낮게 평가하는가?	예	예
C는 A, B와 달리 국수주의로 변질될 수 있다는 비판을 받는가?	예	아니요
(가)	㉠	아니요
(나)	㉡	예
점수	4점	2점

* 교사는 질문별로 각각 채점하고, 각 질문당 옳은 답변을 쓴 경우는 1점, 틀린 답변을 쓴 경우는 0점을 부여함.

① ㉠이 '예'라면, (나)에는 'C는 B와 달리 문화 간 우열을 평가할 수 없다고 보는가?'가 들어갈 수 있다.

② ㉡이 '아니요'라면, (가)에는 'A는 C와 달리 타문화와의 마찰을 초래할 가능성이 큰가?'가 들어갈 수 없다.

③ (가)가 'B는 A와 달리 문화의 다양성을 보존하는 데 기여하는가?'라면, ㉡은 '아니요'이다.

④ (나)가 'B는 C와 달리 자기 문화의 가치만을 중시하는가?'라면, ㉠은 '아니요'이다.

⑤ (가)가 'A는 B와 달리 자문화의 정체성을 상실할 수 있다는 비판을 받는가?'라면, (나)에는 'C는 A와 달리 타문화를 무비판적으로 수용할 가능성이 높은가?'가 들어갈 수 있다.

11 **2024 수능**　　　　　[2024학년도 수능 16번]

갑 ~ 병의 문화 이해 태도에 대한 설명으로 옳은 것은?

① 갑의 태도는 선진 문물 수용에 적극적이지 않다는 비판을 받는다.

② 을의 태도는 자국의 문화 정체성을 약화한다는 비판을 받는다.

③ 병의 태도는 문화 제국주의로 나아갈 수 있다는 비판을 받는다.

④ 갑, 을의 태도는 모두 문화의 다양성을 저해할 수 있다는 비판을 받는다.

⑤ 을, 병의 태도는 모두 특정 문화를 기준으로 문화 간 우열을 가린다는 비판을 받는다.

다음 자료에 대한 옳은 설명만을 〈보기〉에서 고른 것은? (단, A~C는 각각 문화 사대주의, 문화 상대주의, 자문화 중심주의 중 하나임.) **3점**

- ○ '서로 다른 사회의 문화에 대해 우열을 판단할 수 있다고 보는가?'라는 질문으로 A와 B를 구분할 수 없다.
- ○ '   (가)   '라는 질문으로 A와 B를 구분할 수 있다.

보기

ㄱ. A, B와 달리 C는 문화의 다양성 보존에 기여한다.
ㄴ. A가 타 문화를 맹목적으로 추종하는 태도라면, B는 자문화의 정체성을 약화시킬 수 있다는 비판을 받는다.
ㄷ. (가)에는 '문화 제국주의로 변질될 수 있다는 비판을 받는가?'가 들어갈 수 있다.
ㄹ. (가)에는 '해당 사회의 상황과 맥락을 고려하여 문화를 이해하는가?'가 들어갈 수 있다.

① ㄱ, ㄴ   ② ㄱ, ㄷ   ③ ㄴ, ㄷ
④ ㄴ, ㄹ   ⑤ ㄷ, ㄹ

갑~병의 문화 이해 태도에 대한 설명으로 옳은 것은?

① 갑의 태도는 선진 문물 수용에 소극적이라는 비판을 받는다.
② 을의 태도는 문화 제국주의로 변질될 수 있다는 비판을 받는다.
③ 병의 태도는 특정 문화를 기준으로 타 문화를 평가한다는 비판을 받는다.
④ 갑의 태도는 을의 태도와 달리 타 문화와의 마찰을 일으킬 수 있다는 비판을 받는다.
⑤ 을의 태도는 병의 태도와 달리 자기 문화의 정체성을 상실할 수 있다는 비판을 받는다.

다음 자료의 갑~병이 지닌 문화 이해 태도에 대한 옳은 설명만을 〈보기〉에서 고른 것은? **3점**

A국 가옥 숙박 후기

A국의 가옥에서 숙박을 했는데 옆방과 종이 문 하나로 경계를 두고 있어서 자는 내내 너무 불편했습니다.

└ 갑 : 역시 세계 어디를 가더라도 우리나라만큼 우수한 가옥 문화를 가진 나라는 없군요.

└ 을 : A국 사람들의 입장에서 보면 다 이유가 있는 문화이므로 외부인의 입장에서 해석해서는 안 돼요.

└ 병 : 저는 우리나라 가옥과 달리 세련된 A국의 가옥에서 살고 싶어요. 우리나라의 가옥은 너무 촌스럽지 않나요?

보기

ㄱ. 갑의 태도는 자기 문화의 정체성을 상실하게 할 가능성이 크다.
ㄴ. 을의 태도는 문화 다양성의 보존에 기여한다.
ㄷ. 병의 태도는 외부 문화의 수용에 적극적이다.
ㄹ. 을의 태도는 갑, 병의 태도와 달리 문화를 우열 평가의 대상으로 본다.

① ㄱ, ㄴ   ② ㄱ, ㄷ   ③ ㄴ, ㄷ   ④ ㄴ, ㄹ   ⑤ ㄷ, ㄹ

문화 이해의 태도 A~C에 대한 설명으로 옳은 것은? (단, A~C는 각각 문화 사대주의, 문화 상대주의, 자문화 중심주의 중 하나이다.) **3점**

교사 : 문화의 우열을 평가할 수 있는지에 대해 B, C는 A와 다른 입장을 갖는다는 공통점이 있는데, B와 C 간에도 차이점이 있습니다. 그러면 B와 다른 C의 특징을 설명해 볼까요?
갑 : 자기 문화의 정체성을 유지하는 데 유리합니다.
을 : 외부 문화의 수용에 적극적입니다.
교사 : 을만 옳은 설명을 했습니다.

① A는 다른 사회와 문화적 마찰을 초래할 가능성이 크다.
② B는 문화적 다양성 증진에 기여한다.
③ C는 모든 문화의 고유한 가치를 존중한다.
④ A는 B와 달리 문화 제국주의로 변질될 가능성이 크다.
⑤ C는 B와 달리 자기 문화의 가치를 폄하한다.

16

다음의 수행평가에서 2점을 얻을 수 있는 학생만을 있는 대로 고른 것은?

> **§ 수행평가 §**
>
> ☞ ㉠과 ㉡을 비교하여 한 문장으로 서술하시오. (단, 문장 안에 ㉠, ㉡ 중 하나라도 사용되지 않았을 경우 1점을 감점함.) [2점]
>
> > 과거 갑국 사람들은 주변국들을 모두 야만족으로 취급하였고, 자국을 세상의 중심으로 보며 자기 문화를 최고로 여겼다. 이러한 문화 이해 태도는 ㉠ 에 해당한다. 그러나 오늘날 갑국 사람들은 과거와 달리 다른 나라의 문화와 그 가치도 존중하는 태도를 가지고 있다. 이러한 문화 이해의 태도는 ㉡ 에 해당한다.
>
> ----------------------- 학생 답안 -----------------------
>
> 갑 : ㉡은 인류의 문화 다양성 보존에 기여한다.
>
> 을 : ㉠은 ㉡과 달리 타문화에 대한 차별적 편견을 가진다.
>
> 병 : ㉡은 ㉠과 달리 문화를 우열 평가가 아닌 이해의 대상으로 본다.
>
> 정 : ㉠과 ㉡은 모두 국수주의에 빠질 우려가 크다.

① 갑, 을 ② 갑, 정 ③ 을, 병
④ 갑, 병, 정 ⑤ 을, 병, 정

17

갑~병의 문화 이해 태도에 대한 설명으로 옳은 것은?

① 갑의 태도는 타문화에 대한 긍정적 인식에서 비롯된다.
② 을의 태도는 자문화를 독자적으로 계승하는 데 기여한다.
③ 병의 태도는 문화 간 우열을 평가할 수 있다고 본다.
④ 병의 태도와 달리 갑의 태도는 타문화와의 마찰을 일으킬 수 있다는 비판을 받는다.
⑤ 병의 태도와 달리 을의 태도는 문화 제국주의로 나아갈 수 있다는 비판을 받는다.

18

그림은 문화 이해 태도 A~C를 구분한 것이다. 이에 대한 설명으로 옳은 것은? (단, A~C는 각각 자문화 중심주의, 문화 사대주의, 문화 상대주의 중 하나임.) **3점**

① A는 모든 문화가 동등한 가치를 가지고 있다고 본다.
② B가 문화를 평가가 아닌 이해의 대상으로 보는 태도라면, (가)에는 '문화 다양성 보존에 기여하는가?'가 들어갈 수 있다.
③ C가 자문화를 타문화보다 우월하다고 보는 태도라면, (가)에는 '국수주의로 나아갈 우려가 있는가?'가 들어갈 수 있다.
④ (가)에는 '문화 간 우열을 평가할 수 있다고 보는가?'가 들어갈 수 없다.
⑤ (가)에 '각 사회의 문화를 해당 사회의 맥락에서 바라보는가?'가 들어간다면, C는 B에 비해 타문화와의 마찰을 초래할 가능성이 높다.

19

그림의 A~C에 대한 설명으로 옳은 것은? (단, A~C는 각각 자문화 중심주의, 문화 사대주의, 문화 상대주의 중 하나임.)

① A는 타문화를 수용하는 데 적극적이다.
② B는 국수주의로 변질될 수 있다는 비판을 받는다.
③ A는 C와 달리 특정 문화를 기준으로 타문화를 평가한다.
④ A는 B, C와 달리 타문화에 대한 긍정적 인식에서 비롯된다.
⑤ C는 A, B에 비해 타문화와 문화적 마찰을 일으킬 가능성이 높다.

문화 이해의 태도 A~C에 대한 설명으로 옳은 것은? (단, A~C는 각각 자문화 중심주의, 문화 사대주의, 문화 상대주의 중 하나임.)

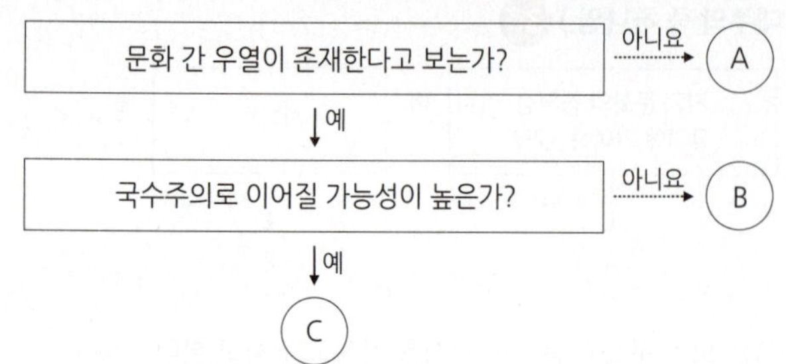

① A는 각 사회의 문화를 해당 사회의 맥락에서 바라본다.
② B는 자문화를 다른 사회에 이식하는 것을 당연시한다.
③ C는 모든 문화가 동등한 가치를 지닌다고 본다.
④ A는 B와 달리 특정 사회의 문화를 기준으로 타문화를 평가할 수 있다고 본다.
⑤ ‘문화 다양성 보존에 기여하는가?’라는 질문으로 A와 C를 구분할 수 없다.

문화 이해 태도 A~C에 대한 설명으로 옳은 것은? (단, A~C는 각각 문화 사대주의, 문화 상대주의, 자문화 중심주의 중 하나임.) 3점

그림은 〈질문 1〉, 〈질문 2〉에 대해 ‘예’, ‘아니요’ 중 같은 답을 할 수 있는 것끼리 점선으로 묶은 것이다.

〈질문 1〉
문화를 이해의 대상이 아닌 평가의 대상으로 보는가?

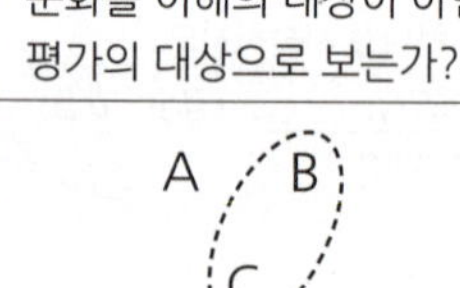

〈질문 2〉
자기 문화의 정체성을 상실할 우려가 크다는 비판을 받는가?

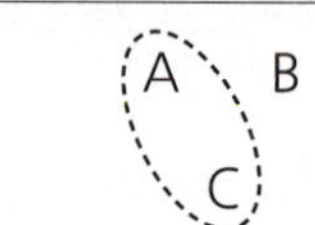

① A에 비해 C는 타문화와의 마찰을 초래할 가능성이 높다.
② B와 달리 A는 문화 다양성 보존을 저해한다는 비판을 받는다.
③ B에 비해 C는 선진 문물 수용에 적극적이다.
④ C와 달리 A는 자기 문화만의 가치를 중시한다.
⑤ A, C와 달리 B는 국수주의로 변질될 가능성이 높다.

표는 질문을 통해 문화 이해의 태도 A~C를 구분한 것이다. 이에 대한 설명으로 옳은 것은? (단, A~C는 각각 문화 사대주의, 문화 상대주의, 자문화 중심주의 중 하나이다.) 3점

구분	문화 이해의 태도		
	A	B	C
문화를 평가가 아닌 이해의 대상으로 보는가?	예	아니요	아니요
(가)	아니요	예	아니요
(나)	아니요	아니요	예

① A는 국수주의를 초래할 수 있다는 비판을 받는다.
② B, C는 A와 달리 문화의 다양성 확보에 유리하다.
③ B가 자문화 중심주의라면, (가)에는 ‘자문화의 정체성을 상실할 우려가 있는가?’가 들어갈 수 있다.
④ C가 문화 사대주의라면, (나)에는 ‘자신의 문화가 상대적으로 열등하다고 보는가?’가 들어갈 수 있다.
⑤ (가)가 ‘문화 제국주의로 변질될 우려가 있는가?’라면, (나)에는 ‘자기 문화의 가치만을 중시하는가?’가 들어갈 수 있다.

문화 이해 태도 A~C에 대한 설명으로 옳은 것은? (단, A~C는 각각 문화 사대주의, 문화 상대주의, 자문화 중심주의 중 하나이다.)

- ○ ______A______ 는 자기 문화의 우수성을 지나치게 강조하여 다른 문화를 부정적으로 여기고 낮게 평가하는 태도이다.
- ○ ______B______ 는 다른 문화의 우수성을 내세워 자기 문화의 가치를 부정적으로 여기고 낮게 평가하는 태도이다.
- ○ ______C______ 는 해당 사회의 맥락에서 각 문화가 가지는 고유한 의미를 이해하고 존중하려는 태도이다.

① A는 국수주의로, B는 문화 제국주의로 나아갈 수 있다는 비판을 받는다.
② 타문화와의 공존에 대해 A는 부정적인 태도를, C는 긍정적인 태도를 보인다.
③ A, B는 자기 문화의 정체성 유지에, C는 문화 간 갈등 예방에 기여한다는 평가를 받는다.
④ ‘문화 다양성 보존에 기여하는가?’라는 질문으로 A, B를 C와 구분할 수 없다.
⑤ ‘문화 간에 우열이 존재한다고 보는가?’라는 질문으로 A를 B, C와 구분할 수 있다.

24

갑, 을이 가진 문화 이해 태도에 대한 설명으로 옳은 것은?

① 갑의 태도는 문화를 평가가 아닌 이해의 대상으로 바라본다.
② 을의 태도는 문화 제국주의로 변질될 수 있다는 비판을 받는다.
③ 갑의 태도는 을의 태도와 달리 타문화에 대한 긍정적 인식에서 비롯된다.
④ 을의 태도는 갑의 태도에 비해 타문화와의 접촉 과정에서 문화적 마찰을 일으킬 가능성이 크다.
⑤ 을의 태도는 갑의 태도와 달리 각 사회의 문화가 동등한 가치를 지닌다고 본다.

25

표는 문화 이해의 태도 A ~ C를 질문 (가) ~ (다)에 따라 구분한 것이다. 이에 대한 옳은 설명만을 〈보기〉에서 고른 것은? (단, A ~ C는 각각 문화 사대주의, 문화 상대주의, 자문화 중심주의 중 하나이다.) **3점**

태도 \ 질문	(가)	(나)	(다)
A	예	아니요	예
B	예	아니요	아니요
C	아니요	예	아니요

보기

ㄱ. A가 자문화 중심주의라면, (가)에는 '국수주의적 태도로 인해 문화 다양성을 거부하는가?'가 들어갈 수 있다.
ㄴ. B가 자문화 중심주의, C가 문화 사대주의라면, (다)에는 '타문화를 일방적으로 추종하는가?'가 들어갈 수 있다.
ㄷ. (가)가 '문화 간 우열을 평가할 수 있다고 보는가?'라면, (나)에는 '개별 사회가 향유하고 있는 문화의 고유한 가치를 존중하는가?'가 들어갈 수 있다.
ㄹ. (나)가 '자기 문화의 정체성을 상실할 우려가 있다는 비판을 받는가?'이고, (다)가 '자기 문화의 가치만을 중시하는가?'라면, B는 문화 상대주의이다.

① ㄱ, ㄴ　　② ㄱ, ㄷ　　③ ㄴ, ㄷ　　④ ㄴ, ㄹ　　⑤ ㄷ, ㄹ

26

다음 자료의 A ~ C에 대한 설명으로 옳은 것은? (단, A ~ C는 각각 문화 사대주의, 문화 상대주의, 자문화 중심주의 중 하나임.) **3점**

표는 문화 이해의 태도 A ~ C에 대한 질문과 갑, 을의 응답 및 교사의 채점 결과를 나타낸 것이다. 교사는 질문별로 채점하고, 각 질문에 대해 '예'로 답할 수 있는 태도만을 모두 적은 경우 1점, 그렇지 않은 경우 0점을 부여한다.

질문	응답	
	갑	을
문화의 다양성 보존에 기여하는가?	A	B
문화를 우열 평가의 대상으로 보는가?	A, C	A, C
자기 문화가 가장 우수하다고 믿는가?	C	B, C
교사의 채점 결과	2점	2점

① A는 문화 상대주의이다.
② B는 제3자의 입장에서 문화를 이해하고자 한다.
③ A는 C와 달리 자기 문화의 정체성 보존에 유리하다.
④ B는 A와 달리 선진 문물의 수용에 적극적이다.
⑤ C는 B와 달리 문화 제국주의로 이어질 수 있다.

27

다음 자료에 대한 설명으로 옳은 것은? (단, A ~ C는 각각 자문화 중심주의, 문화 사대주의, 문화 상대주의 중 하나임.) **3점**

표는 질문에 따라 A ~ C를 구분한 후 답변만 보이지 않게 가린 것이다. 답변은 '예'와 '아니요' 중 하나이다.

질문	답변		
	A	B	C
특정 사회의 문화를 기준으로 타문화를 평가할 수 있다고 보는가?			
국수주의로 변질될 수 있다는 비판을 받는가?			
(가)			
'예'의 개수	2	3	㉠

① ㉠은 '2'이다.
② A는 C와 달리 문화의 다양성 확보에 유리하다.
③ B는 C와 달리 자문화의 정체성을 상실할 수 있다는 비판을 받는다.
④ C는 A, B와 달리 각 사회의 문화를 해당 사회의 맥락에서 바라본다.
⑤ (가)에는 '인류 보편 가치를 기준으로 문화를 평가하는가?'가 들어갈 수 있다.

28

갑, 을의 문화 이해 태도에 대한 설명으로 옳은 것은?

> ○ 갑은 외국에서 유학을 온 일부 학생들이 종교 의례에 참석하기 위해 특정 요일의 수업에 결석하는 모습을 보고, 자국의 생활 양식에 비해 뒤떨어진 문화라고 생각하였다.
> ○ 이주민인 신입 사원이 자신이 속한 문화권에서는 술을 마시거나 접촉하는 것을 금기시한다며 술 판매 업무를 할 수 없다고 하자, 관리자 을은 그 금기가 해당 문화권에서 매우 중요한 것임을 인정하여 다른 업무를 배정하였다.

① 갑의 태도는 자문화 정체성을 상실할 우려가 있다는 비판을 받는다.
② 을의 태도는 국수주의로 변질될 수 있다는 비판을 받는다.
③ 갑의 태도는 을의 태도와 달리 각 사회의 문화가 동등한 가치를 지닌다고 본다.
④ 을의 태도는 갑의 태도와 달리 문화의 다양성 확보에 유리하다.
⑤ 갑, 을의 태도는 모두 특정 사회의 문화를 기준으로 타문화를 평가할 수 있다고 본다.

29

다음 자료에 대한 옳은 설명만을 〈보기〉에서 있는 대로 고른 것은? (단, A ~ C는 각각 문화 사대주의, 문화 상대주의, 자문화 중심주의 중 하나이다.) 3점

> 〈자료 1〉은 문화 이해의 태도 A ~ C를 비교한 것이고, 〈자료 2〉는 갑 ~ 병이 제시된 각 진술에 해당하는 문화 이해의 태도를 적은 것이다.
>
> 〈자료 1〉
>
> > ○ B보다 A가 외부 문화의 수용에 적극적이다.
> > ○ A, B와 달리 C는 문화를 우열 평가의 대상으로 간주하지 않는다.
>
> 〈자료 2〉
>
> | 구분 | 갑 | 을 | 병 |
> |---|---|---|---|
> | 모든 문화의 고유한 가치를 존중한다. | C | C | A |
> | 자기 문화의 정체성을 상실할 가능성이 높다. | A | B | C |
> | 자기 문화를 다른 사회로 이식하는 것을 정당화할 우려가 크다. | B | A | B |

보기

ㄱ. 모든 진술에 대하여 옳은 답을 적은 사람은 갑이다.
ㄴ. 내집단 의식이 지나칠 경우 A보다 B가 나타나기 쉽다.
ㄷ. B와 달리 C는 제3자의 관점에서 문화를 이해하고자 한다.
ㄹ. C와 달리 B는 자기 문화의 고유한 가치를 인정한다.

① ㄱ, ㄴ ② ㄱ, ㄷ ③ ㄴ, ㄹ
④ ㄱ, ㄷ, ㄹ ⑤ ㄴ, ㄷ, ㄹ

30

다음 자료에 대한 옳은 설명만을 〈보기〉에서 고른 것은? (단, A ~ C는 각각 문화 사대주의, 문화 상대주의, 자문화 중심주의 중 하나이다.) 

> 표는 각 질문에 대한 응답 및 옳은 응답 수를 나타낸 것이다.
>
> | 질문 | 응답 갑 | 응답 을 | 응답 병 | 옳은 응답 수 |
> |---|---|---|---|---|
> | A는 문화 간 우열을 평가할 수 있다고 보는가? | 아니요 | ㉠ | 예 | 2개 |
> | B는 자기 문화의 정체성을 상실하게 할 우려가 큰가? | 예 | 예 | 아니요 | ㉡ |
> | C는 모든 문화가 고유한 가치를 지니고 있다고 보는가? | 아니요 | 아니요 | 예 | 1개 |
> | (가) | 아니요 | 예 | 아니요 | 2개 |

보기

ㄱ. ㉠은 '아니요'이다.
ㄴ. ㉡이 '1개'이면, A는 B와 달리 타문화 수용에 적극적이다.
ㄷ. B는 C와 달리 문화의 다양성 보존에 유리하다.
ㄹ. (가)에 'B는 A와 달리 국수주의로 이어질 가능성이 큰가?'가 들어가면, ㉡은 '2개'이다.

① ㄱ, ㄴ ② ㄱ, ㄷ ③ ㄴ, ㄷ ④ ㄴ, ㄹ ⑤ ㄷ, ㄹ

31

다음 자료에 대한 설명으로 옳은 것은? 3점

> **[학습 자료]**
>
> 문화 이해 태도 A~C는 각각 문화 사대주의, 문화 상대주의, 자문화 중심주의 중 하나이다. "문화를 평가의 대상으로 보는가?"라는 질문으로 A, B는 C와 구분되고, "자문화의 정체성을 상실할 우려가 있는가?"라는 질문으로 B, C는 A와 구분된다.
>
> > **소몰이 축제 소개** _ ⊡ ☓
> >
> > 800년의 전통을 이어온, 일명 '거리의 투우'라고 불리는 이 축제에서는 날카로운 뿔을 가진 거구의 황소와 빨간 스카프를 두른 수천 명의 사람들이 함께 달리는 모습을 볼 수 있습니다. … (중략) …
> >
> > ┗ 갑 : 역시 우리나라 소몰이 축제는 세계인이 봐야 할 최고의 문화예요. 역사가 짧은 다른 나라에서는 감히 흉내도 못 낼걸요.
> > ┗ 을 : 맞아요. 매년 외국 여행 때 이 축제를 경험했는데 웅장한 규모와 분위기가 진짜 최고예요. 반면 우리나라 축제는 정말 부끄러워요.
> > ┗ 병 : 하지만 황소가 처참하게 죽잖아요. 이게 무슨 축제입니까? 동물의 생명을 보호하기 위해서는 폐지해야 해요.

① 갑의 문화 이해 태도는 A에 해당한다.
② 을의 문화 이해 태도는 B에 해당한다.
③ 병의 문화 이해 태도는 C에 해당한다.
④ B는 A, C와 달리 국수주의로 나아갈 수 있다는 비판을 받는다.
⑤ C는 해당 사회의 맥락에서 문화를 존중하고, A, B는 인류 보편 가치를 기준으로 문화를 평가한다.

갑과 을의 문화 이해 태도에 대한 설명으로 옳은 것은?

> 갑 : ○○국은 한 번 받은 목욕물에 가족들이 순서대로 몸을
> 담그며 목욕을 한다고 해요. 아무리 가족이어도 이미 사용한
> 물로 목욕하는 것은 너무 비위생적이에요. 한 번 사용한
> 목욕물을 다시 사용하지 않는 우리 나라의 위생적인 목욕
> 문화를 ○○국에서도 본받아야 해요.
>
> 을 : 우리 나라와 달리 ○○국에서는 몸을 먼저 깨끗하게 씻은
> 후 물에 들어가요. 덥고 습한 기후 때문에 목욕을 자주 해야
> 하지만 뜨거운 물을 얻기 힘들던 시절부터 가족 모두가
> 매일 목욕을 하기 위한 나름의 지혜가 반영된 것이죠.
> 이처럼 각 사회의 문화는 그 나라의 고유한 환경과 가치
> 등을 반영한 것으로 그 사회의 맥락에서 이해해야 해요.

① 갑의 태도는 문화의 다양성 보존에 기여한다.
② 갑의 태도는 국수주의로 변질될 수 있다는 비판을 받는다.
③ 을의 태도는 자문화의 정체성을 상실할 우려가 있다.
④ 을의 태도는 서로 다른 문화 간에 우열이 존재함을 전제한다.
⑤ 갑과 을의 태도는 모두 문화를 이해가 아닌 평가의 대상으로
    본다.

갑, 을의 문화 이해 태도에 대한 설명으로 옳은 것은?

> 교사 : 툰드라 지역의 ○○족은 방목하여 키우던 순록을 죽인
> 뒤 가죽을 벗기고 그 자리에서 생고기를 섭취하는 풍습이
> 있습니다. 이에 대한 의견을 말해 봅시다.
>
> 갑 : 미개하고 잔인한 풍습입니다. 우리 민족의 발전된 음식
> 문화를 배우면 그런 풍습은 사라질 겁니다.
>
> 을 : 그러한 풍습은 ○○족이 처한 척박한 환경 속에서
> 정기적으로 영양을 섭취하기 위해 형성된 문화이므로 그
> 의미와 가치를 존중해야 합니다.

① 갑의 태도는 문화 사대주의이다.
② 을의 태도는 문화 제국주의로 변질될 우려가 있다.
③ 갑의 태도와 달리 을의 태도는 문화를 우열 평가가 아닌 이해의
    대상으로 본다.
④ 을의 태도에 비해 갑의 태도는 다른 문화와의 접촉 과정에서
    문화적 마찰을 일으킬 가능성이 작다.
⑤ 갑, 을의 태도는 모두 문화의 다양성 보존에 기여한다.

다음은 문화 이해의 태도를 구분하기 위한 질문과 답변이다. 자문화 중심주의, 문화 사대주의, 문화 상대주의 중 하나의 태도에서 일관되게 응답한 학생은?

질문＼학생	갑	을	병	정	무
문화 간에 우열이 존재한다고 보는가?	×	○	○	○	×
문화 제국주의로 변질될 가능성이 있다는 비판을 받는가?	○	○	×	×	○
문화를 평가가 아닌 이해의 대상으로 보는가?	×	×	○	○	×
자신의 문화가 상대적으로 열등하다고 보는가?	○	×	○	×	×

(○ : 예, × : 아니요)

① 갑   ② 을   ③ 병   ④ 정   ⑤ 무

다음은 문화 이해의 태도를 활용한 게임이다. 이에 대한 옳은 설명만을 〈보기〉에서 고른 것은? **3점**

> ○ **게임 방법** : 갑 ~ 병은 각자 카드 A ~ D가 1장씩 들어있는
> 꾸러미를 배부받는다. 갑은 자문화 중심주의, 을은 문화
> 사대주의, 병은 문화 상대주의의 특징에 해당하는 카드를
> 2장씩 골라야 한다. 두 장 모두 옳게 고르면 2점, 한 장만
> 옳게 고르면 1점, 두 장 모두 잘못 고르면 0점을 받는다.
>
> | A | B | C | D |
> |---|---|---|---|
> | 문화의 다양성을 보존하는 데 기여한다. | 타 문화를 추종하여 자문화의 가치를 폄훼한다. | 특정 문화를 기준으로 문화의 우열을 판단한다. | 자기 문화의 정체성을 보존할 수 있다. |
>
> ○ **게임 결과** : 갑은 카드 A와 ⃞ ㉠ 을, 을은 카드 B와
> ⃞ ㉡ 을, 병은 카드 C와 ⃞ ㉢ 을 골랐다.

보기

ㄱ. ㉠이 B라면 갑은 2점을 획득한다.
ㄴ. ㉡이 C, ㉢이 B라면 을은 2점, 병은 0점을 획득한다.
ㄷ. ㉢이 A이든 D이든 병이 획득하는 점수는 1점이다.
ㄹ. ㉠이 B, ㉡이 C, ㉢이 D라면 최고 득점자는 갑이다.

① ㄱ, ㄴ   ② ㄱ, ㄷ   ③ ㄴ, ㄷ   ④ ㄴ, ㄹ   ⑤ ㄷ, ㄹ

다음 자료에 대한 옳은 설명만을 〈보기〉에서 고른 것은? (단, A~C는 각각 자문화 중심주의, 문화 사대주의, 문화 상대주의 중 하나임.)

3점

구분		문화 이해 태도의 특징
갑	A	1. 문화의 다양성을 보존하는 데 기여한다. 2. 문화 간 우열의 차이가 존재한다고 본다.
을	B	1. 각 사회의 문화를 해당 사회의 맥락에서 바라본다. 2. (가)
병	C	1. 문화를 이해가 아닌 평가의 대상으로 본다. 2. 국수주의로 변질될 수 있다는 비판을 받는다.

○ 각자 배정받은 문화 이해 태도의 특징을 두 가지씩 작성하시오.

보기

ㄱ. ㉠은 '을'이다.
ㄴ. B와 달리 A는 자문화의 정체성을 상실할 가능성이 크다는 비판을 받는다.
ㄷ. C에 비해 B는 타문화를 무비판적으로 수용할 가능성이 크다.
ㄹ. (가)에는 '문화 제국주의로 변질될 수 있다는 비판을 받는다.'가 들어갈 수 있다.

① ㄱ, ㄴ ② ㄱ, ㄷ ③ ㄴ, ㄷ ④ ㄴ, ㄹ ⑤ ㄷ, ㄹ

다음 글에 대한 설명으로 가장 적절한 것은?

A국에는 사냥 후 감사의 마음으로 동물의 피를 나누어 마시는 오랜 ㉠ 풍습이 있다. B국에서 온 갑, 을, 병은 여행 중 이러한 낯선 광경을 함께 목격하게 되었다. 갑은 불쾌감을 느끼며 혐오스럽고 미개한 풍습이라고 주장했다. 반면 을은 A국의 고유한 ㉡ 문화는 나름의 사회적 맥락이 반영된 것이기에 존중해야 된다고 보았다. 이에 대해 병은 고유한 문화의 존중보다는 생명체 존중이라는 보편적 가치가 우선시되어야 한다고 말했다.

① ㉠은 물질문화에 해당한다.
② ㉡에서의 '문화'는 좁은 의미의 문화이다.
③ 갑의 문화 이해 태도는 문화의 우열을 가릴 수 없다고 본다.
④ 을의 문화 이해 태도는 문화의 다양성 확보에 유리하다.
⑤ 병의 주장은 극단적 문화 상대주의를 옹호하는 근거가 될 수 있다.

다음 자료에 대한 설명으로 옳은 것은?

㉠ 대부분의 사회에는 고인(故人)을 떠나보낼 때 치르는 의례가 존재하며, 세계 각지에는 다양한 ㉡ 장례 문화가 있다. ○○족은 깊은 산이나 들녘에 서 있는 ㉢ 나무 위에 시신을 두는 방식으로 장례를 치른다. 어떤 사람들은 이런 방식을 ㉣ 자신의 문화를 기준으로 비인간적이고 기이한 관습이라 폄하한다. 하지만 ○○족의 장례 문화는, 조상의 정령이 후손을 외부의 위험으로부터 보호해 준다는 ㉤ 종교적 믿음의 결과물이다. 이처럼 해당 사회의 맥락에서 각 문화가 갖는 고유한 의미를 파악하려면 ⎡ (가) ⎤ 하는 태도를 지녀야 한다.

① ㉠은 문화의 특수성을 나타낸다.
② ㉡에서 '문화'는 좁은 의미의 문화이다.
③ ㉢은 비물질문화에, ㉤은 물질문화에 해당한다.
④ ㉣과 같은 태도는 국수주의로 변질될 수 있다는 비판을 받는다.
⑤ (가)에는 '자기 문화를 낮추고 타 문화의 우수성을 동경'이 적절하다.

갑~병의 문화 이해 태도에 대한 설명으로 옳은 것은?

갑 : 공포스럽게 신랑이 칼을 차고 입장하다니 미개해 보여. 역시 우리나라의 전통 결혼식 문화가 훌륭해.
을 : ○○국은 우리나라 전통 결혼식 문화보다 세련된 서양의 선진국 결혼식 문화를 본받아야 해.
병 : ○○국의 결혼식에서 전투용 칼은 신랑의 위용을 상징하기 때문에 그들은 공포를 느끼지 않아. 그들의 사회적 맥락을 고려해 볼 때 충분히 이해할 수 있는 문화야.

① 갑의 태도는 자기 문화의 정체성을 상실하게 할 우려가 크다.
② 을의 태도는 문화 간에 우열이 존재하지 않는다고 본다.
③ 갑의 태도와 달리 을의 태도는 국수주의에 빠질 우려가 있다.
④ 을의 태도와 달리 병의 태도는 문화의 다양성을 발전 수준의 차이로 본다.
⑤ 병의 태도와 달리 을의 태도는 문화를 평가의 대상으로 본다.

다음 자료의 A~C에 대한 설명으로 옳은 것은? (단, A~C는 각각 자문화 중심주의, 문화 사대주의, 문화 상대주의 중 하나임.)

> **〈장면 #2〉**
> 갑 : (반가워하며) 오는 길에 아는 사람을 만나 이야기하느라 늦었어.
> 을 : (화를 내며) 널 기다리느라 1시간이나 버렸잖아!
> 갑 : 시간을 버렸다고? 우리 지금 만났잖아. 우리 문화에서는 기다리는 시간을 버렸다고 생각하지 않아. 시간보다는 인간관계를 더 중요시하거든.
> 을 : 너희 나라는 시간 개념이라는 게 없네. 그러니까 우리 나라와 달리 너희 나라는 후진국인 거야.
>
> 교사 : 지난 시간 〈장면 #1〉에서는 자기 나라 문화를 비하하며 다른 나라 문화를 동경했던 병의 사례로 A를 설명했습니다. 이번 시간 〈장면 #2〉에 나타난 을의 태도인 B는 갑에게 상처가 될 수 있습니다. 문화의 다름은 틀림이 아니기에 C를 통해 갑을 이해할 필요가 있습니다.

① A는 자문화의 고유한 가치를 존중한다.
② B는 자국의 문화적 정체성을 약화시킨다.
③ C는 국수주의로 변질될 수 있다는 비판을 받는다.
④ A, B와 달리 C는 문화의 다양성 보존에 기여한다.
⑤ B, C와 달리 A는 문화를 이해가 아닌 평가의 대상으로 본다.

다음 자료의 A~C에 대한 설명으로 옳은 것은?

① A는 서로 다른 문화를 객관적으로 이해하는 데 기여한다.
② A는 문화 요소 간의 관계를 전체적 맥락에서 살펴보는 관점이다.
③ B는 자문화의 정체성을 약화시킨다는 비판을 받는다.
④ C는 문화의 다양성을 저해할 수 있다는 비판을 받는다.
⑤ B와 달리 C는 문화를 이해가 아닌 평가의 대상으로 본다.

2. 하위문화와 대중문화

★ 수능에 나오는 **필수 개념 4가지** + **필수 암기사항 2개**

필수개념 1 하위문화

• 하위문화 ★암기 → 다양한 하위문화 살펴보기!

의미	한 사회 내의 특정 집단에서만 공유하는 독특한 문화
특징	• 하위문화의 범주는 기준에 따라 **상대적임** • **사회가 복잡해질수록 하위문화는 다양해짐** • 반문화적 성격을 가질 수도 있음 • 주류 문화의 문화 요소가 존재
순기능	• 주류 문화에서 누릴 수 없는 하위 집단 나름의 욕구를 해결하게 함 • 하위 집단의 정체성을 형성함으로써 구성원의 소속감 고취에 기여함 • 주류 문화에 역동성, 다양성을 제공함으로써 문화의 질적 발전 및 사회 변화에 기여함
역기능	상이한 하위문화를 지닌 집단 간 갈등을 초래하여 사회 통합을 저해할 우려가 있음
유형	지역 문화, 세대 문화, 청소년 문화, 반문화 등

• 지역문화

의미	전체 사회를 구성하는 다양한 지역 내에서 나타나는 고유한 생활 양식
특징	• 하위문화의 유형 • 각 지역의 주민들이 지역의 고유한 경험을 공유하는 과정에서 형성
순기능	• 지역 주민의 소속감, 연대의식 형성　　• 지역 축제, 지역 경제 활성화 • 문화적 다양성을 확보함으로 문화적 획일화 방지
역기능	지역문화의 과도한 상품과 우려

• 세대문화

의미	공통의 경험을 바탕으로 형성된 일정한 범위의 연령층이 공유하는 문화
특징	• 생물학적 성장과 시대적 배경이 동시에 영향　　• 청소년 문화를 포함
순기능	동일한 세대 내 일체감, 이해 형성
역기능	상이한 세대 간 갈등의 가능성

• 청소년 문화

의미	한 사회의 청소년에 해당하는 연령대 인구가 독자적으로 공유하는 문화
특징	• 또래 집단을 준거 집단으로 설정하는 경향이 있어 동질성이 강한 문화를 향유함 • **기성세대 문화에 비해 미래 지향적인 성격이 강함** • 기성세대가 형성해 놓은 문화에 대하여 저항하거나 도전하는 반문화적 성격을 띠기도 함 • 소비적 성격이 강함

• 반문화 ★암기

의미	한 사회의 구성원 전체가 따르고 누리는 지배적인 문화에 대해 저항하거나 대립하는 문화
특징	• **하위문화의 유형으로 볼 수 있음**　　• 시대와 사회에 따라 규정이 달라짐
순기능	• 기존 주류 문화를 대체하면서 사회 변동을 가져오기도 함 • 사회 문제를 고발함으로 사회 발전에 기여
역기능	집단 간 갈등을 조장함으로써 사회 혼란을 초래하기도 함

기본자료

▶ 주류 문화
한 사회의 구성원 대다수가 공유하는 문화를 말한다. (=전체 문화)

▶ 주류 문화의 공유성과 하위문화의 공유성
주류 문화의 공유성은 전체 사회의 범위에서 나타나므로 하위문화를 갖는 집단의 구성원들 역시 주류 문화의 요소를 갖는다. 그러나 하위문화의 공유성은 해당 문화를 향유하는 특정 집단의 범위로 한정된다.

필수개념 2　대중문화

• 대중문화

의미	한 사회 내에 존재하는 다양한 집단을 초월하여 불특정 다수가 공유하면서 향유하는 문화
특징	• 사회 구성원 다수에 영향 • 사회 구성원의 생활 양식을 획일화 • 대중 매체를 통한 확산
순기능	• 오락 및 여가 문화로서의 기능을 제공하여 삶의 활력소가 됨 • 고급문화의 대중화에 기여함 • 시민 의식을 성장시켜 민주주의의 정착에 기여함
역기능	• 문화의 상업화와 획일화(몰개성) 우려 • 문화의 질적 저하를 초래할 우려가 있음 • 지배층의 대중 조작 수단으로 악용될 수 있음

▶ 대중사회
대중이 중심적인 역할을 하거나 대중 의식이 큰 영향을 미치는 사회를 말한다.

필수개념 3　대중 매체의 유형

• 대중 매체의 유형 비교 → 대중 매체의 유형과 그 특징을 구분할 수 있어야 한다.

구분	특징	사례
인쇄 매체	• 심층적인 정보 전달이 가능함 • 정보 전달의 속도가 다른 매체에 비해 느림	신문, 잡지, 책 등
음성 매체	• 청각에 의존하여 정보 전달 • 시각 장애인이나 문맹자의 정보 접근 가능성이 높음 • 시각 정보의 처리가 어려움	라디오, 음반 등
영상 매체	• 빠른 속도로 시청각 정보 전달이 가능 • 생동감 있는 정보 제공이 가능함 • 인쇄 매체에 비해 자세한 정보 전달이 어려움	공중파 TV, 유선 방송, 영화 등
뉴 미디어	• 정보 통신 기술을 바탕으로 시청각적인 정보를 전달함 • 쌍방향(양방향) 정보 전달이 가능함 • 대중이 정보 생산자로서 참여 가능	인터넷, 스마트폰, SNS 등

▶ 쌍방향 정보 전달과 일방향 정보 전달
쌍방향 정보 전달이란 정보 생산자와 소비자의 구분이 불분명하고, 정보 소비자가 주체적으로 정보 전달 과정에 참여하는 것을 말한다. 일방향 정보 전달이란 정보 생산자와 소비자의 구분이 분명하고 정보 소비자가 수동적으로 정보를 전달받는 것을 말한다.

필수개념 4　대중 매체의 기능

• 대중 매체의 기능

순기능	역기능
• 신속한 정보 전달 • 여론의 형성과 반영 • 사회 부조리에 대한 감시와 견제 • 사회화 및 사회 통합 • 다양한 대중문화 양산 • 오락 및 휴식 제공 • 고급문화의 대중화	• 정보의 왜곡 및 은폐를 통한 여론 조작 • 정치적 무관심 조장 • 획일화된 문화 전달을 통한 개성 상실(몰개성)과 창의성 저하 • 상업적이고 선정적인 문화 확산

▶ 대중 조작
정치권력을 가진 자들이 대중 매체 등을 이용하여 자신들의 의도대로 대중이 동조하도록 교묘하게 유도하는 행위를 말한다.

▶ 상업주의
모든 것을 돈벌이의 대상으로 보는 경향이 강한 사고방식을 말한다.

[2023학년도 6월 모평 11번]

하위문화의 사례 (가), (나)에 대한 설명으로 옳은 것은? **3점**

> (가) 갑국의 A 집단은 현대 문명에 대한 저항의 표시로 자동차 대신 마차를 이용하거나 걸어 다닌다. 이들은 주류 사회의 가치를 전수하는 학교에 자녀를 보내지 않으며 자신들만의 신념에 따른 전통을 고수한다.
>
> (나) 을국의 젊은층에서는 중고 거래 플랫폼이 상용화되었다. 이들에게 플랫폼을 통한 중고 거래는 단순히 물건을 사고파는 것을 넘어 환경, 지역 사회와의 유대감 등 다양한 가치를 추구하는 행위로, 기성세대와 구별되는 새로운 행동 양식으로 자리 잡았다.

① (가)에서는 문화가 지나치게 상품화되는 경향이 나타난다.
② (가)에서는 하위문화가 기존의 주류 문화로 대체되는 과정이 나타난다.
③ (나)에서는 세대 문화가 전체 사회의 문화를 다양하게 하는 양상이 나타난다.
④ (나)에서는 주류 문화를 거부하며 새로운 가치를 추구하는 양상이 나타난다.
⑤ (가), (나)에서는 모두 비물질 문화의 변동 속도를 물질 문화의 변동 속도가 따라가지 못하는 현상이 나타난다.

---

3  **2024 평가원**

[2024학년도 6월 모평 13번]

다음 자료에 대한 옳은 설명만을 〈보기〉에서 고른 것은?

> 1945년 이후 침략국이자 패전국인 독일이 취한 태도는 망각이었다. 독일 사회는 전쟁 희생자를 애도하기 위한 공적 의례를 하지 않았다. 전쟁의 상처가 생생하게 남아있는 사회에서 사람들은 과거에 대해 침묵으로 일관했다. 1950년대에도 지속된 ㉠'침묵의 연합'이라는 사회 전반적인 풍토에 균열이 생긴 결정적 계기는 전후 세대의 등장이었다. 특히 1960년대 후반부터 일어난 학생 봉기는 전쟁 희생자로 자신들을 포장해 온 부모 세대를 맹렬히 비난하면서 전쟁에 대한 죄의식의 부재를 공적 논쟁의 장으로 끌어냈다. 전쟁의 기억과 책임 문제를 둘러싼 세대 간 갈등은 투쟁의 양상을 띠며 심화되었다. 당시 젊은 세대가 공유했던 ㉡'집합적 죄의식'은 1970년대에 접어들면서 공적 의례의 중심 서사가 되고 대중문화의 소재로 빈번히 사용되는 등 독일 사회의 지배적인 기억 문화가 되어 갔다.

> **보기**
> ㄱ. 1950년대 독일 사회에서 ㉠은 하위문화이다.
> ㄴ. 1960년대 후반 독일 사회에서 ㉡은 반문화의 성격을 띤다.
> ㄷ. ㉡은 ㉠과 달리 독일 사회의 지역 문화이다.
> ㄹ. 지배적인 가치에 도전하는 문화가 주류 문화로 변화한 사례가 나타난다.

① ㄱ, ㄴ ② ㄱ, ㄷ ③ ㄴ, ㄷ ④ ㄴ, ㄹ ⑤ ㄷ, ㄹ

2

[2022년 3월 학평 3번]

다음 글의 A~C에 대한 설명으로 옳은 것은? (단, A~C는 각각 반문화, 주류 문화, 하위문화 중 하나이다.)

> 1960년대에 갑국에서 A에 해당했던 ○○ 문화는 1980년대에 청년들만 향유하는 문화로 변화함으로써 갑국의 B가 되었다. 이후 2000년대에 갑국에서 B에 해당하는 ○○ 문화는 일탈 문화로 규정됨으로써 C에도 해당하게 되었다.

① 우리나라에서 특정 지역의 사투리 문화는 A에 해당한다.
② C는 사회 변화에 따라 상대적으로 규정된다.
③ A는 B와 달리 한 사회에서 문화 다양성이 나타나는 데 기여한다.
④ 모든 B의 총합은 A이다.
⑤ 모든 B는 C에 해당한다.

[2022학년도 6월 모평 3번]

다음 대화에 대한 설명으로 옳은 것은? (단, A~C는 각각 주류 문화, 하위문화, 반문화 중 하나이다.)

> 교사 : 지난 시간에 배운 A, B, C에 대해 발표해 볼까요?
> 갑 : 1960년대 미국의 히피 문화는 A이자 C의 사례에 해당합니다.
> 을 : 모든 A는 C에 해당하지만 모든 C가 A에 해당하는 것은 아닙니다.
> 병 : ____________(가)____________
> 교사 : 갑, 을, 병 모두 옳게 발표하였습니다.

① 타 지역에서도 즐기는 특정 지역의 음식은 A의 사례에 해당한다.
② A는 B와 달리 한 사회 구성원 대부분이 공유하는 문화이다.
③ B는 C와 달리 전체 사회의 문화적 다양성 증진에 기여한다.
④ B는 A와 C의 총합으로 구성된다.
⑤ (가)에는 'C는 사회 변화에 따라 B가 되기도 합니다.'가 들어갈 수 있다.

---

5 [2022학년도 수능 10번]

하위문화의 사례 (가), (나)에 대한 설명으로 옳은 것은?

> (가) 한국의 아이돌 가수에 열광하여 K-팝을 즐기던 갑국의 많은 청소년이 한국 문화를 일상에서도 즐기고 있다. 이들은 한국어를 사용하며 한국 드라마도 시청하고 한국 음식을 직접 요리하는 등 한국 문화를 자신들만의 문화 코드로 공유하면서 남들과 구별되는 삶을 추구하고 있다.
>
> (나) 자본주의 소비문화에 저항하면서 생태 거주지를 만들어 사는 이들이 있다. 이들은 친환경적으로 농작물을 길러 자족 생활을 하며, 폐기물을 양산하는 공산품을 소비하지 않고 쓰레기를 만들지 않는 삶을 실천한다. 이러한 삶의 방식은 현대인의 소비문화에 성찰적 질문을 던지고 있다.

① (가)에서는 하위문화가 주류 문화로 대체되는 양상이 나타난다.
② (나)에서는 세대 문화와 지역 문화의 양상이 함께 나타난다.
③ (가)에서는 (나)와 달리 하위문화가 문화 다양성에 기여하는 양상이 나타난다.
④ (나)에서는 (가)와 달리 해당 문화를 향유하는 구성원들이 기존 질서나 가치를 거부하는 양상이 나타난다.
⑤ (가), (나) 모두에서는 물질 문화의 변동 속도를 비물질 문화의 변동 속도가 따라가지 못하는 양상이 나타난다.

6 [2022학년도 9월 모평 19번]

하위문화 유형 (가), (나)의 일반적인 특징에 대한 옳은 설명만을 〈보기〉에서 고른 것은? 3점

유형	사례
(가)	갑국의 음식 문화는 주식인 밥에 다양한 반찬을 곁들여 먹는 것을 기본 형태로 한다. 하지만 기후와 지형 등에 따라 산물이 다르기 때문에 지역별로 즐겨 먹는 반찬이 다르다. 북쪽 지역은 간이 약하고 담백한 반찬이, 남쪽 지역은 간이 강하고 자극적인 반찬이 주를 이룬다.
(나)	을국에서는 종교적 전통을 중시하여 경찰이 일상의 풍속까지 세세하게 단속할 정도로 사람들의 자유를 제한하였다. 이러한 정부의 강력한 통제에 불만을 가진 일부 집단에서는 저항의 표시로 남성들은 관습적으로 길러 온 수염을 짧게 잘랐고, 여성들은 긴 치마 대신 짧은 반바지를 입고 다녔다.

ㄱ. (가)는 주류 집단에 의해 일탈로 규정된다.
ㄴ. (나)는 사회 혼란을 초래하는 역기능도 있지만 기존 주류 문화가 지닌 문제를 드러내 주는 순기능도 있다.
ㄷ. (가)를 규정하는 기준은 (나)와 달리 시대와 장소에 따라 달라진다.
ㄹ. (가)와 (나)는 모두 문화적 다양성을 높이는 데 기여한다.

① ㄱ, ㄴ ② ㄱ, ㄷ ③ ㄴ, ㄷ ④ ㄴ, ㄹ ⑤ ㄷ, ㄹ

7 [2024년 10월 학평 17번]

다음 두 사례에서 공통적으로 도출할 수 있는 내용으로 가장 적절한 것은?

> ○ 갑국에서는 과거에 지배층으로부터 배척당했던 갑국 내 A 집단의 정치사상이 시민 혁명 이후 갑국의 지배적인 통치 원리로 자리 잡았다.
> ○ 을국에서는 미풍양속을 저해한다는 이유로 한때 단속 대상이었던 젊은 세대의 복장이 오늘날 모든 세대가 함께 즐겨 입는 옷차림이 되었다.

① 하위문화는 사회 변화에 따라 주류 문화가 되기도 한다.
② 주류 문화의 영향으로 인해 하위문화가 사라지기도 한다.
③ 물질문화의 변동은 새로운 하위문화가 나타나는 데 기여한다.
④ 사회적 분화 수준이 높아질수록 더 많은 하위문화가 나타난다.
⑤ 하위문화는 그 문화를 향유하는 구성원들의 정체성 형성에 기여한다.

8 [2022년 4월 학평 17번]

다음 자료에 대한 분석으로 옳은 것은? 3점

> 표는 갑국 A, B, C 지역 각각에서 대다수 사람들이 전반적으로 향유하는 의복 문화 요소를 시기별로 나타낸 것이다. 단, 갑국은 A, B, C 지역으로만 구성되어 있다.

시기	지역	의복 문화 요소		시기	지역	의복 문화 요소
t 시기	A 지역	○, ☆	⇒	t+1 시기	A 지역	○, △
	B 지역	○, □			B 지역	△, □
	C 지역	○, △			C 지역	△, □

① t시기에 □를 향유하는 사람은 갑국의 주류 문화 요소를 공유하지 않는다.
② t시기에 ☆, △는 ○와 달리 해당 문화 요소를 공유하는 사람들의 정체성 형성에 기여한다.
③ t+1시기에 △는 갑국의 주류 문화 요소이다.
④ t+1시기에 ○는 갑국의 지배적 문화를 거부하는 문화 요소이다.
⑤ t+1시기에는 t시기에 비해 갑국의 의복 문화 다양성이 높아졌다.

 [2022년 7월 학평 4번]

다음은 문화 유형에 대한 수업 장면의 일부이다. 교사의 질문에 옳게 응답한 학생은?

구분	의미	사례
A	(가)	지역 문화
B	한 사회의 지배적 가치와 규범에 저항하거나 대립하는 문화	미국의 히피 문화
C	구성원 다수가 누리며 한 사회에서 지배적인 문화	(나)

① 갑 : 모든 B는 A에 해당합니다.
② 을 : A는 B와 달리 C를 대체하기도 합니다.
③ 병 : A는 주류 문화, B는 하위문화, C는 반문화입니다.
④ 정 : (가)에는 '전체 사회 구성원이 누리는 문화'가 적절합니다.
⑤ 무 : (나)에는 '조선 후기 천주교 문화'가 들어갈 수 있습니다.

 [2021년 10월 학평 17번]

다음 자료에 대한 설명으로 옳은 것은? (단, (가) ~ (다)는 각각 반문화, 주류 문화, 하위문화 중 하나이다.) 3점

표는 갑국에 존재하는 문화 A ~ C가 T 시기와 T+1 시기에 (가) ~ (다) 중 각각 무엇에 해당하는지를 나타낸 것이다.

구분	T 시기			T+1 시기		
	(가)	(나)	(다)	(가)	(나)	(다)
A	○	×	×	×	○	×
B	×	○	×	○	×	×
C	×	○	○	×	○	×

* ○ : 해당함. × : 해당하지 않음.

① T 시기에 A는 갑국의 하위문화에 해당한다.
② T 시기에 갑국에서 C를 향유하는 사람은 A를 향유하지 않는다.
③ T 시기와 달리 T+1 시기에 B는 갑국 전체 구성원 간 문화적 동질성을 드러내는 문화이다.
④ A ~ C 중 T 시기와 T+1 시기에 모두 갑국의 지배적인 문화에 저항하거나 대립하는 성격을 지닌 문화가 있다.
⑤ (나)는 (다)와 달리 시간이 흐르면서 (가)로 변화하기도 한다.

 2026 평가원 [2026학년도 6월 모평 5번]

다음 글에 나타난 갑국의 '스케이트보드 문화'에 대한 옳은 설명만을 <보기>에서 고른 것은?

갑국의 스케이트보드 문화는 파도타기를 즐기는 사람들이 바다에서 서핑을 할 수 없을 때 육지에서도 즐길 수 있도록 바퀴 달린 보드를 고안한 것에서 비롯되었으며, 1950년대 일부 젊은이들 사이에서 유행하였다. 1970년대에는 공격적인 스케이트보딩을 선보이는 팀이 등장하고, 펑크 록 음악과 결합하여 기성세대에 대한 저항을 상징하는 스케이트보드 문화가 형성되었다. 스케이트보더들은 공공장소에서 스케이트보딩을 금지하는 정부의 규제와 위험하고 난폭하다는 기성세대의 비판에도 불구하고 스케이트보딩을 지속하였다. 1990년대 이후 스케이트보드는 대중 매체에 의해 소개되며 주목을 받기 시작하였다. 스케이트보드 문화는 스케이트보드 패션의 유행, 스케이트보드 관련 TV 프로그램의 선풍적인 인기, 올림픽 정식 종목 채택 등으로 인하여 모든 세대가 즐기는 문화가 되었다.

보기

ㄱ. 1950년대에 반문화였다.
ㄴ. 1970년대에 하위문화였다.
ㄷ. 1990년대 이후 대중문화의 상업성을 비판하는 상징으로 여겨졌다.
ㄹ. 하위문화가 주류 문화로 변화한 사례이다.

① ㄱ, ㄴ ② ㄱ, ㄷ ③ ㄴ, ㄷ ④ ㄴ, ㄹ ⑤ ㄷ, ㄹ

 2024 수능 [2024학년도 수능 9번]

다음 두 사례에서 공통적으로 도출할 수 있는 내용으로 가장 적절한 것은?

○ 갑국의 빈민가 출신 젊은이들은 주류 사회의 가치관에 상충하는 요소들을 의식적으로 드러내는 새로운 장르의 음악을 만들어 냈다. 그런데 해당 장르가 음악 산업의 주류로 자리 잡으면서 본연의 색채를 잃었다는 평가를 받고 있다.

○ 을국의 일부 젊은이들은 사회 전반에 퍼진 삶의 방식이 지나치게 경쟁적이고, 이기적이며, 물질 중심적이라고 비판하며 그들만의 새로운 삶의 양식을 만들어 나갔다. 이들은 물질 소유를 최소화하고 인간으로서 정신적 성장을 중시하는 삶의 양식을 추구하였다.

① 반문화는 전체 사회에서 주류 문화가 된다.
② 하위문화와 반문화는 모두 세대 간 갈등의 원인이 된다.
③ 주류 문화에 대항하는 구성원에 의해 반문화가 형성된다.
④ 주류 문화와 하위문화는 모두 사회의 안정과 통합에 기여한다.
⑤ 반문화는 주류 문화로 변화하는 과정에서 정체성이 상실된다.

정답과 해설   9 p.245   10 p.245   11 p.246   12 p.246

A~C에 대한 설명으로 옳은 것은? (단, A~C는 각각 주류 문화, 하위문화, 반문화 중 하나임.)

> ‘A는 한 사회의 구성원 대다수가 공유하는 문화이다.’라는 진술은 거짓이다. ‘한 사회에서 특정 지역의 문화는 C에 해당한다.’라는 진술은 참이다. ‘A와 C의 총합으로 B를 설명할 수 없다.’라는 진술은 참이다.

① 모든 A는 C에 해당한다.
② B는 한 사회 내에서 A와 양립할 수 없다.
③ C는 A와 달리 주류 집단에게 일탈로 규정되기도 한다.
④ B는 C와 달리 사회 변화에 따라 A가 되기도 한다.
⑤ A는 B, C와 달리 사회 전체의 동질성을 높이는 데 기여한다.

다음 A~C에 대한 설명으로 옳은 것은? (단, A~C는 각각 반문화, 주류 문화, 하위문화 중 하나이다.)

> 우리 사회에서 김치를 반찬으로 먹는 문화는 A에 해당하고, 특정 지역에서만 나타나는 풍어제 문화는 B에 해당한다. 조직폭력배의 범죄 문화는 B와 C 모두에 해당한다.

① A는 B와 C의 총합이다.
② B는 C와 달리 사회 변화에 따라 A가 되기도 한다.
③ 한 사회 내에서 세대 문화는 A가 아닌 B에 해당한다.
④ B는 A보다 사회 전체의 문화 동질성을 높이는 데 기여한다.
⑤ C는 A와 달리 해당 문화를 공유하는 구성원들의 소속감을 강화시킨다.

사례 (가), (나)에 대한 설명으로 옳은 것은? 

> (가) 갑국에서는 노동자 계급 출신의 청소년들을 중심으로 기성세대에 도전하는 문화가 생겨났다. 이들은 보수적인 계급 문화가 지배하는 기존 질서를 거부하는 의미로, 조용한 카페에서 시끄러운 록 음악을 틀거나 화려하게 치장한 스쿠터를 무리 지어 몰고 다니는 등 그들만의 문화를 향유했다.
>
> (나) 을국에서는 청년 세대의 문화적 정체성을 대변하는 ‘청년 문화’가 유행했다. 통기타와 청바지로 표상되는 이 문화에 청년들이 열광했던 것은 기성세대와 구별되는 감성과 의식, 소비 성향으로 자신들의 정체성을 표현하고자 했기 때문이다.

① (가)는 사회가 복잡해질수록 일부 구성원이 공유하는 문화가 주류 문화에 수렴되는 경향을 보여 준다.
② (나)는 특정 집단의 문화가 기존의 주류 문화를 대체하는 현상을 보여 준다.
③ (가)는 (나)와 달리 주류 문화에 대항하는 성격을 가진 문화를 보여 준다.
④ (나)는 (가)와 달리 일부 구성원이 공유하는 생활 양식이 문화 다양성을 증진시키고 있음을 보여 준다.
⑤ (가), (나)는 모두 특정 집단의 문화가 전체 사회의 통합에 기여함을 보여 준다.

(가), (나)에 대한 설명으로 옳은 것은? 

> (가) 갑국에서 검은 가죽 재킷은 노동 계급 출신의 젊은이들 사이에 새로운 패션이다. 검은 가죽 재킷은 기성 세대와 구분되는 개념으로서의 젊은 세대, 아울러 중산층과는 다른 개념으로서의 노동 계급이라는 이중의 소속감을 상징한다.
>
> (나) 을국의 청년들은 주류 사회에 반기를 들며 사랑, 평화, 인간성 회복 등을 주장하였다. 이들의 주장은 을국 사회에 등장한 새로운 자본주의의 핵심이 되었으며, 이 사상은 을국의 일부 기업을 시작으로 을국 사회 곳곳으로 확산되었다.

① (가)에서는 세대 간 문화의 동질성이 강화되는 양상이 나타난다.
② (나)에서는 한 사회의 문화적 다양성이 훼손되는 양상이 나타난다.
③ (가)에서는 (나)와 달리 하위문화가 주류 문화를 대체한 양상이 나타난다.
④ (나)에서는 (가)와 달리 하위문화를 향유하는 구성원들이 기존 질서나 가치에 대해 저항하는 모습이 나타난다.
⑤ (가), (나) 모두에서는 고급 문화가 대중화되어 문화의 질적 수준이 향상되는 모습이 나타난다.

자료에 대한 설명으로 옳은 것은? (단, A~C는 각각 반문화, 주류문화, 하위문화 중 하나이다.) 3점

표는 갑국에 존재하는 세 가지 문화가 갑국에서 A~C 중 무엇에 해당하는지 나타낸 것이다.

구분	A	B	C
◇◇ 문화	×	○	×
□□ 문화	○	×	○
☆☆ 문화	×	×	○

* ○ : 해당함, × : 해당하지 않음.

① '☆☆ 문화'는 갑국에서 반문화가 아닌 하위문화이다.
② '□□ 문화'를 향유하는 사람은 '◇◇ 문화'를 향유하지 않는다.
③ 모든 A의 총합은 C이다.
④ B는 A와 달리 사회 발전의 계기를 제공할 수 있다.
⑤ C는 B와 달리 사회 통합을 강화하는 데 기여한다.

A, B에 대한 옳은 설명만을 〈보기〉에서 고른 것은? (단, A, B는 각각 반문화, 하위문화 중 하나임.)

그런지 룩(Grunge look)은 찢어지거나 낡은 듯한 옷을 조합하여 입는 패션이다. 이 패션은 20세기 경제가 급성장함에 따라 인간의 가치를 물질적으로만 측정하려고 하는 자본주의에 대한 반항으로 나타났다. 당시 이 패션은 특정 집단에서 기존 주류 문화에 저항하는 자신들의 정체성을 표현하는 수단으로 사용되며, A로서의 성격을 보였다. 그러나 최근에는 A로서의 성격은 약해지고 낡아 보이는 것을 새로운 감성으로 여기며, 이를 통해 개성을 자유롭게 표현하려는 젊은 세대에게 새로운 패션 장르 중 하나로 자리 잡아 B로서의 성격을 보이며 소비되고 있다.

보기

ㄱ. A는 하위문화, B는 반문화이다.
ㄴ. 주류 문화는 A와 B의 총합으로 구성된다.
ㄷ. A, B는 모두 전체 사회에 문화 다양성을 제공한다.
ㄹ. 우리나라에서 지역별로 쓰는 사투리는 B의 사례이다.

① ㄱ, ㄴ   ② ㄱ, ㄷ   ③ ㄴ, ㄷ   ④ ㄴ, ㄹ   ⑤ ㄷ, ㄹ

다음 자료의 A, B에 대한 옳은 설명만을 〈보기〉에서 고른 것은? (단, A, B는 각각 하위문화, 반문화 중 하나이다.)

주간 ◇◇ 문화   ○○○○년 ○○월 ○○일

노래하는 음유 시인, 노벨 문학상까지

1960~70년대 미국의 대중음악계에서 로큰롤, 재즈, 블루스 등은 세대, 인종, 계층에 따라 각기 향유하는 A의 성격을 띠었다. 이때 포크 기타를 들고 등장한 밥 딜런(Bob Dylan)은 반전 및 인권 운동에 앞장서며 당시 사회 체제에 저항하는 음악을 만들었고, 이는 B의 성격을 보였다. 특히 사회 비판적 메시지를 시적으로 표현한 그의 노랫말은 문학적 가치를 인정받았으며, 마침내 그는 노벨 문학상 수상자로 선정되는 영예를 얻었다.

보기

ㄱ. 주류 문화는 모든 A의 총합으로 구성된다.
ㄴ. 특정 지역 주민이 공유하는 사투리는 A의 사례에 해당한다.
ㄷ. A는 B와 달리 전체 사회에 문화 다양성을 제공한다.
ㄹ. 모든 B는 A에 해당한다.

① ㄱ, ㄴ   ② ㄱ, ㄷ   ③ ㄴ, ㄷ   ④ ㄴ, ㄹ   ⑤ ㄷ, ㄹ

다음 자료에 대한 설명으로 옳은 것은? (단, A ~ C는 각각 주류 문화, 하위문화, 반문화 중 하나임.) 3점

A와 B를 구분할 수 있는 질문	○ 한 사회 내에서 특정 집단의 구성원들만 공유하는 문화인가? ○ 한 사회의 지배적 가치와 규범에 저항하거나 대립하는 문화인가?
B와 C를 구분할 수 있는 질문	○ 한 사회 내에서 구성원들이 전반적으로 공유하는 문화인가? ○ (가)

① A를 향유하는 사람은 B를 향유하지 않는다.
② B는 C와 달리 전체 사회의 문화 다양성 증가에 기여한다.
③ C가 아닌 A는 존재하지 않는다.
④ B는 A와 C의 총합으로 구성된다.
⑤ (가)에는 '시대와 사회에 따라 상대적으로 규정되는가?'가 들어갈 수 있다.

21　[2023년 3월 학평 17번]

다음 자료에 대한 설명으로 옳은 것은? **3점**

표는 갑국에서 △△문화가 t 시기~t+2 시기에 A~C 중 무엇에 해당하는지를 나타낸 것이다. A~C는 각각 반문화, 주류 문화, 하위문화 중 하나이다.

구분	t 시기	t+1 시기	t+2 시기
A	○	○	×
B	○	×	×
C	×	×	○

* ○ : 해당함, × : 해당하지 않음.

① 모든 A는 B에 해당한다.
② C는 A와 B의 총합으로 구성된다.
③ t 시기에 △△문화를 향유하는 사람은 C를 향유하지 않는다.
④ t+1 시기에 △△문화는 반문화에 해당하지 않는 하위문화이다.
⑤ t+2 시기에 △△문화는 갑국의 지배적 문화에 저항하는 성격을 가진다.

22　[2018년 3월 학평 18번]

표에 대한 옳은 분석을 〈보기〉에서 고른 것은? (단, A국에는 갑~병 지역만 존재하며, 세 지역의 인구는 비슷하다.) **3점**

〈A국에 존재하는 음식 문화 요소〉

구분	갑 지역	을 지역	병 지역
T 시기	a, b	a, c	a, d
T+1 시기	a, b, c	a, c	a, c, d

보기

ㄱ. T 시기에 a는 A국의 전체 문화 요소이다.
ㄴ. T+1 시기에 b는 A국의 하위문화 요소이다.
ㄷ. T 시기보다 T+1 시기에 A국의 음식 문화 요소가 많다.
ㄹ. T+1 시기보다 T 시기에 A국의 세 지역 간 음식 문화의 동질성이 강하다.

① ㄱ, ㄴ　② ㄱ, ㄷ　③ ㄴ, ㄷ　④ ㄴ, ㄹ　⑤ ㄷ, ㄹ

23　[2021년 7월 학평 15번]

다음은 학생이 작성한 하위문화에 대한 학습 활동지의 일부이다. 이에 대한 설명으로 옳은 것은? (단, A, B는 각각 반문화, 지역 문화 중 하나이다.)

〈과제 1〉 하위문화의 유형과 의미 작성하기

유형	의미
A	지역 내에서 나타나는 고유한 생활 양식
세대 문화	(가)
B	한 사회의 지배적인 문화에 저항하는 문화

〈과제 2〉 하위문화의 특징 서술하기

○ 한 사회 내에는 수많은 하위문화가 존재할 수 있음.
○ ________________(나)________________.
○ 하위문화의 범주는 시대나 사회에 따라 변화할 수 있음.

* 교사 평가 : 〈과제 1〉은 모두 옳게 작성하였고, 〈과제 2〉는 두 가지만 옳게 작성하였음.

① A는 사회가 다원화될수록 주류 문화에 수렴되는 경향이 있다.
② A와 B는 한 사회 내에서 공존할 수 없다.
③ A, B는 모두 전체 사회에 문화적 다양성을 제공한다.
④ (가)에는 '한 사회의 구성원 대부분이 공유하는 문화'가 들어갈 수 있다.
⑤ (나)에는 '사회가 복잡해질수록 다양한 하위문화가 나타남'이 들어갈 수 있다.

24　[2023학년도 수능 13번]

다음 글에서 파악할 수 있는 내용으로 가장 적절한 것은?

요즘 한글 자모를 모양이 비슷해 보이는 다른 자모로 바꾸어 표현하는 언어유희를 볼 수 있다. 'ㄸ'과 'ㅣ'를 합쳐 '며'를 만들어 '명작'을 '띵작'으로 표기하는 것이 그 예다. 온라인에서 이러한 신조어를 만들거나 사용하는 것이 젊은 세대 사이에서 하나의 놀이 문화로 자리 잡았고, 그들의 소통을 위한 매개로 활용되면서 서로 간의 친밀감을 높이고 있다. 하지만 신조어를 잘 모르는 대다수의 기성세대는 말의 의미를 이해하지 못해 혼란스러워 하기도 한다. 이로 인해 세대 간 소통 단절을 불러올 수 있다는 우려가 제기된다.

① 하위문화가 주류 문화를 대체한다.
② 세대 간 문화의 이질성이 약화된다.
③ 대중 매체가 고급문화의 대중화를 견인한다.
④ 특정 세대가 새로운 가치를 추구하며 주류 문화에 저항한다.
⑤ 특정 하위문화가 해당 문화를 향유하는 구성원들의 유대감 형성에 기여한다.

25 [2021년 4월 학평 7번]

A ~ C에 대한 설명으로 옳은 것은? (단, A ~ C는 각각 주류 문화, 하위문화, 반문화 중 하나이다.)

교사 : 지난 시간에 배운 A, B, C에 대해 설명해 볼까요?
갑 : A는 한 사회의 구성원 대부분이 공유하는 문화입니다.
을 : 천주교는 조선 시대에 B의 성격을 띠고 있었지만, 현재 우리나라에서는 그렇지 않습니다.
병 : C의 사례로 우리나라 안에서 지역별로 다른 사투리를 쓰는 것을 들 수 있습니다.
교사 : 세 학생 모두 옳게 설명했네요.

① A는 하위문화, B는 반문화이다.
② A는 그 사회의 모든 C의 총합으로 설명할 수 있다.
③ B는 A와 달리 사회에 따라 상대적으로 규정된다.
④ B에 해당하는 사례는 C에도 해당한다.
⑤ C는 B와 달리 사회 변화에 따라 A가 되기도 한다.

27 [2024년 4월 학평 12번]

A ~ C에 대한 설명으로 옳은 것은? (단, A ~ C는 각각 반문화, 주류 문화, 하위문화 중 하나임.)

교사 : 지난 시간에 배운 A, B, C에 대해 발표해 볼까요?
갑 : A는 한 사회의 지배적인 문화에 저항하는 문화입니다.
을 : B는 한 사회 구성원 대다수가 공유하고 있는 문화입니다.
병 : 제주 지역 방언은 우리나라에서 C에 해당하는 사례입니다.
교사 : 병은 옳게 발표했어요. 갑이 발표한 내용은 B에 해당하고 을이 발표한 내용은 A에 해당하네요.

① A는 반문화, B는 주류 문화, C는 하위문화이다.
② B는 집단 간 갈등을 초래하여 사회 통합을 저해할 수 있다.
③ 모든 C는 B에 해당한다.
④ 한 사회에서 B는 A와 공존이 불가능하다.
⑤ 사회가 변화함에 따라 C는 A가 될 수 있지만, B가 될 수는 없다.

26 2024 평가원 [2024학년도 9월 모평 2번]

A ~ C에 대한 설명으로 옳은 것은? (단, A ~ C는 각각 주류 문화, 하위문화, 반문화 중 하나임.)

유일신을 숭배하는 □□교를 오랜 기간 국교(國敎)로 유지하고 있는 갑국에 조상신을 숭배하는 ○○교가 유입되었다. 갑국에서 ○○교는 처음에는 일부 집단만이 공유한 A였다. 그런데 ○○교 신자들이 갑국의 B인 □□교가 숭배하는 유일신을 부정하면서 ○○교는 C의 성격을 가지게 되었다.

① A는 B와 달리 시대에 따라 상대적으로 규정된다.
② B는 C와 달리 문화 다양성 증가에 기여한다.
③ C는 A, B와 한 사회에서 공존할 수 없다.
④ A, B는 C와 달리 해당 문화를 향유하는 구성원의 정체성 강화에 기여한다.
⑤ C는 A에 해당하지만, A가 B에 해당하는 것은 아니다.

28 2025 평가원 [2025학년도 6월 모평 8번]

다음 자료에 대한 설명으로 옳은 것은? (단, A ~ C는 각각 주류 문화, 하위문화, 반문화 중 하나임.)

이번 시간에는 A, B, C에 대해 배워 봅시다. 아래 자료에서 ㉠은 A, ㉡은 B에 해당합니다. C는 아래 자료상으로는 확인할 수 없습니다.

19세기 중반부터 20세기 중반까지 다수의 유럽계 이민자들이 갑국의 ○○지역으로 이주해 왔다. 이들은 주로 ○○지역의 부두 주변에 정착하여 빈민촌을 이루고 살았다. 당시 이민자들이 고된 노동을 잊고 고향을 그리워하며 뒷골목에서 추던 ㉠ 춤은 시간이 흐르면서 대중화되었고 이것은 오늘날 갑국 국민들 누구나 즐기는 ㉡ 춤으로 발전하였다.

① A는 전체 사회의 문화적 다양성을 높이는 데 기여한다.
② B는 A와 C의 총합으로 구성된다.
③ A와 달리 B는 해당 문화를 향유하는 구성원들의 유대감 형성에 기여한다.
④ B와 달리 A는 한 사회의 지배적인 문화에 저항하거나 대립하는 문화이다.
⑤ ㉠에서 ㉡으로의 변화는 주류 문화가 하위문화로 변한 사례이다.

29 [2024년 7월 학평 12번]

다음 두 사례에서 공통적으로 도출할 수 있는 내용으로 가장 적절한 것은?

> ○ 갑국에서 컴퓨터 게임은 시대 변화에 빠르게 반응하는 일부 청소년들이 즐기는 것이라 여겨졌었다. 하지만 전자 기기와 정보통신 기술이 발전하고 기존에 컴퓨터 게임을 즐기던 청소년들이 기성세대가 되면서 갑국에서 컴퓨터 게임은 보편 문화가 되었다.
> ○ 을국에서 컴퓨터 세대라 불리는 젊은이들은 과학적 상상력을 바탕으로 주류 계층에 저항하는 내용의 문학을 탄생시켰다. 이후 이들의 사회 비판 의식을 담은 문학은 대중의 지지를 얻어 을국에서 대다수가 즐기는 하나의 문학 장르로 자리잡게 되었다.

① 반문화는 문화의 다양성을 저하시킨다.
② 하위문화는 세대 갈등 해소에 기여한다.
③ 반문화는 사회문제에 대한 해결책을 제시한다.
④ 하위문화는 전체 사회에서 주류 문화가 되기도 한다.
⑤ 주류 문화에 대항하는 구성원들이 반문화를 형성한다.

30  2025 수능 [2025학년도 수능 6번]

밑줄 친 ⊙~⑩에 대한 설명으로 옳은 것은? 3점

> 갑국에서는 손을 씻으면 영혼이 오염되어 목숨이 위험해진다는 ⊙ 전통적 믿음 때문에 손을 잘 씻지 않는 관습이 있었다. 이로 인해 많은 사람이 감염병으로 목숨을 잃었다. 한 의사가 손 씻기로 건강을 유지하고 생명을 지킬 수 있다는 사실을 알리면서 갑국의 A 지역에서는 ⓒ 손을 잘 씻는 문화가 형성되었다. ⓒ 이러한 문화가 조금씩 퍼져 나가자 대다수 갑국 사람들은 자신들의 믿음을 해친다는 이유로 A 지역 사람을 비난하며 ② 자신들의 문화를 지키기 위해 저항하였다. 갑국에서 감염병이 유행했을 때, A 지역 사망률은 다른 지역에 비해 현저히 낮았다. 손 씻는 간단한 행위로 질병을 예방할 수 있다는 사실을 깨닫자 갑국에서는 ⑩ 손을 잘 씻어 위생 관리를 철저히 하는 생활 습관이 보편화되었다.

① ⊙은 지배 세력에 반발하여 사회 통합이 이루어진 사례이다.
② ⓒ은 주류 문화가 하위문화로 변한 사례이다.
③ ⓒ은 문화 변동이 빠르게 진행되어 나타난 문화 지체 사례이다.
④ ②은 지역 문화가 주류 문화에 대항한 반문화 사례이다.
⑤ ⑩은 하위문화가 주류 문화로 변한 사례이다.

31 [2025년 7월 학평 4번]

A~C에 대한 설명으로 옳은 것은? (단, A~C는 각각 주류 문화, 하위문화, 반문화 중 하나임.)

> 소셜 미디어를 활용하여 소통하는 문화는 처음에 일부 사람들만이 향유하는 A였으나, 지금은 거의 모든 사람의 필수적 소통 방식이 되어 B가 되었다. 한편 소셜 미디어를 활용한 소통의 문제점을 지적하는 사람들을 중심으로 소셜 미디어를 탈퇴하기 시작하였다. 이 현상은 소셜 미디어에서 해방되기 위해 소셜 미디어를 사용하지 말자는 캠페인으로 확대되었는데, 이는 C의 성격을 지니는 문화로 볼 수 있다.

① 모든 C는 A에 해당한다.
② C와 달리 A는 문화 다양성 증가에 기여한다.
③ C는 B와 한 사회 내에서 공존할 수 없다.
④ B는 A와 C의 총합으로 구성된다.
⑤ A, B와 달리 C는 해당 문화를 향유하는 구성원의 정체성 강화에 기여한다.

32 [2023년 10월 학평 7번]

밑줄 친 ⊙~⑭에 대한 설명으로 옳은 것은?

> 갑국에는 ⊙ 지역 문화, 세대 문화 등 다양한 ⓒ 하위문화가 존재한다. 최근 갑국에서는 ⓒ 주류 문화와 성격이 다른 ② 청년 세대 문화가 주목받고 있다. 갑국의 청년 세대는 기성세대와 달리 어릴 때부터 ⑩ 디지털 기술을 접하여 소셜 미디어 활용 능력이 뛰어나고, ⑭ 개성을 중시하는 가치관이 강하다.

① ⊙에서 '문화'는 좁은 의미로 사용되었다.
② ⓒ은 ⓒ의 총합이다.
③ ②은 갑국의 문화 다양성 증진에 기여한다.
④ ②을 향유하는 사람은 ⓒ을 향유하지 않는다.
⑤ ⑩과 ⑭은 모두 비물질문화이다.

밑줄 친 ㉠ ~ ㉆에 대한 설명으로 옳은 것은?

A국 귀족 출신인 갑은 ㉠종교적 신념이 강했다. 갑은 왕위 교체의 틈을 노려 ㉡□□교가 기존의 ㉢△△교 대신 A국의 국교가 되기를 원했다. 그는 ㉣□□교를 믿는 귀족들을 규합하여 △△교 세력을 제거하려 했지만, 사전에 발각되어 처형 당했다. 오랜 시간이 지나 ㉤갑의 얼굴을 형상화한 가면을 쓴 주인공이 사회 질서를 바로 잡는 내용의 영화가 흥행하게 되었다. 이후 ㉥일부 시민들이 지배 집단에 대해 투쟁할 때, 갑의 얼굴을 형상화한 가면을 쓰는 ㉆문화가 나타나게 되었다.

① ㉠은 물질문화, ㉤은 비물질문화에 해당한다.
② ㉢은 ㉡과 달리 A국에서 하위 문화에 해당한다.
③ ㉣은 문화적 다양성의 강화를 추구하였다.
④ ㉥에서 주류 문화에 저항하는 반문화적 성격을 찾을 수 있다.
⑤ ㉆은 '음식 문화'에서의 문화와 달리 좁은 의미로 사용되었다.

밑줄 친 ㉠ ~ ㉣에 대한 옳은 설명만을 <보기>에서 있는 대로 고른 것은?

네오비트족은 패션이나 ㉠음식, 여가 생활 등 다방면에서 직접 체험을 중시하는 소비 집단을 뜻한다. 이들은 새로운 기술 습득 능력과 SNS 활용 능력이 뛰어나며 역동적인 여가 활동을 즐긴다. 이 용어는 1950년대 미국의 저항적인 ㉡청년 문화를 형성했던 비트족에서 유래했다. 비트족은 당시 기성세대가 중시했던 출세, 교육 등의 가치를 거부하는 태도를 보였다. ㉢네오비트족의 문화는 창의성과 도전 정신으로 새로운 트렌드를 만들어내는 것을 특징으로 하지만 사회 참여나 소통도 중시한다는 점에서 무조건적으로 사회에 반항했던 ㉣비트족의 문화와는 차이가 있다.

보기

ㄱ. ㉠은 비물질문화에 해당한다.
ㄴ. ㉡에서 '문화'는 넓은 의미로 사용되었다.
ㄷ. ㉢은 한 사회의 문화적 다양성을 높이는 데 기여할 수 있다.
ㄹ. ㉣은 주류 문화를 거부하는 반문화적 성격을 지닌다.

① ㄱ, ㄴ   ② ㄱ, ㄹ   ③ ㄷ, ㄹ
④ ㄱ, ㄴ, ㄷ   ⑤ ㄴ, ㄷ, ㄹ

밑줄 친 ㉠ ~ ㉢에 대해 옳게 이해한 학생만을 <보기>에서 고른 것은?

1990년대에 갑국에서는 기존의 지배적인 ㉠대중문화에 저항하고 대립하는 성격을 지닌 ㉡음악 장르 A가 등장하였고, 갑국 정부는 A를 규제하여 확산을 막으려고 하였다. 그로 인해 ㉢A를 누리려는 사람들과 정부 간의 갈등이 발생하였다. 그러나 오늘날 A는 그 자체의 예술적 가치를 인정받아 갑국 내 일부 세대에서 자유롭게 즐기는 문화가 되었다.

보기

갑 : ㉠에서 '문화'는 넓은 의미로 사용되었어.
을 : ㉡이 갑국에서 반문화였던 시기가 있었네.
병 : ㉡은 오늘날 갑국의 주류 문화가 되었군.
정 : ㉢은 물질문화와 비물질문화 간 변동 속도의 차이로 인해 발생한 거야.

① 갑, 을   ② 갑, 병   ③ 을, 병   ④ 을, 정   ⑤ 병, 정

(가)에 들어갈 수 있는 내용으로 가장 적절한 것은?

① 계층 간 문화적 차이를 줄이기
② 지나치게 상업적인 성격을 띠기
③ 개인의 독창성과 개성을 약화시키기
④ 선정적이고 폭력적인 내용을 담고 있기
⑤ 사회 문제에 대한 대중의 관심을 다른 곳으로 돌리기

37 [2025년 5월 학평 18번]

다음 사례에서 도출할 수 있는 시사점으로 가장 적절한 것은?

> 최근 일부 콘텐츠 제작자들은 수익 창출을 목적으로 온라인 동영상 플랫폼에 선정적이고 쾌락적인 내용을 담은 자극적인 콘텐츠를 다량으로 유포하고 있다. 이러한 콘텐츠에 자주 노출된 일부 시청자들에게는 사고력이 저하되는 브레인 롯(Brain rot) 현상이 나타나 사회 문제로 대두되고 있다. 그러나 여전히 일부 콘텐츠 제작자들은 동영상 조회수를 높여 더 큰 수익을 얻기 위해 자극적인 콘텐츠를 양산하고 있다.

① 대중문화의 지나친 상업화를 경계해야 한다.
② 세대 간의 문화적 차이를 해소하기 위해 노력해야 한다.
③ 정보 생산자와 정보 소비자 간의 경계를 명확하게 해야 한다.
④ 대중의 대중매체에 대한 정보 접근성을 높여 정보 격차를 줄여야 한다.
⑤ 콘텐츠 제작자들은 대중의 취향에 부합하는 지식과 정보만을 제공해야 한다.

38 [2025년 7월 학평 3번]

다음 글에서 필자가 강조하고 있는 대중문화의 기능으로 가장 적절한 것은?

> 대중문화는 몇 가지의 정해진 원칙을 따른다. 예컨대 대중음악의 곡조는 보통 32마디로 구성되며, 음역은 9도 내로 제한되고, 곡은 기본 화성을 중심으로 전개된다. 이러한 원칙으로 인해 우리는 인기 가요의 처음 몇 마디만 들어도 노래의 진행을 짐작할 수 있으며 그 추측이 맞아떨어질수록 해당 음악은 인기를 얻게 된다. 마찬가지로 드라마나 광고 역시 일정한 원칙에 따라 유사한 형태로 재생산되며, 이렇게 만들어진 문화일수록 대중에게 쉽게 전파된다.

① 문화의 획일화 · 표준화를 조장한다.
② 계층 간 문화적 차이를 더욱 확대한다.
③ 고급문화에 대한 대중의 접근성을 높인다.
④ 성숙한 시민 의식을 제고하여 사회의 다원화에 기여한다.
⑤ 대중을 수동적 문화 소비자에서 주체적 문화 생산자로 변화시킨다.

39 2025 평가원 [2025학년도 9월 모평 16번]

다음 두 사례에서 공통적으로 도출할 수 있는 대중문화의 기능으로 가장 적절한 것은?

> ○ 의료 지식, 법률 지식과 같이 오랜 기간 숙련을 통해 얻는 전문 지식은 소수의 특권이었다. 하지만 의무 교육의 확산과 TV, 인터넷을 통한 정보 공유로 대다수 사람이 응급 상황이나 법적 분쟁에 어느 정도 대처할 수 있게 되었다.
> ○ 과거에 골프는 상류층이 즐기는 스포츠라는 인식이 강했다. 하지만 산업화로 인해 대중의 경제적 수준이 높아지고, 스포츠 미디어의 활성화로 인해 골프가 대중에게 친숙해지면서 예전보다 많은 사람이 골프를 즐기게 되었다.

① 오락 및 여가의 기회를 제공하여 삶의 질을 높인다.
② 고급문화를 대중화하여 평균적인 문화 수준을 높인다.
③ 성숙한 시민 의식을 제고하여 사회의 다원화에 기여한다.
④ 소수에게 집중된 권력을 견제하여 민주주의를 발전시킨다.
⑤ 대중을 수동적인 문화 소비자에서 주체적 생산자로 만든다.

40 [2019년 3월 학평 12번]

다음 자료의 (가), (나)에 대한 옳은 설명을 <보기>에서 고른 것은? 

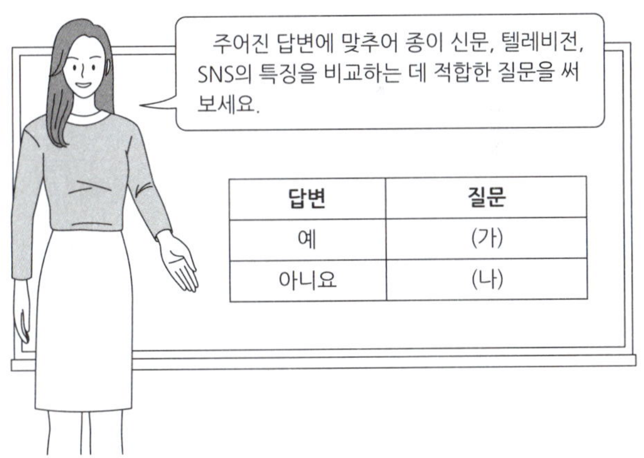

답변	질문
예	(가)
아니요	(나)

보기

ㄱ. (가)에 'SNS가 텔레비전보다 정보 전달의 쌍방향성이 강한가?'가 들어갈 수 있다.
ㄴ. (가)에 '텔레비전이 종이 신문보다 시청각적 정보의 전달에 유리한가?'가 들어갈 수 있다.
ㄷ. (나)에 '종이 신문이 SNS보다 심층적 정보 전달에 유리한가?'가 들어갈 수 있다.
ㄹ. (나)에 'SNS가 종이 신문보다 정보 전달의 신속성이 강한가?'가 들어갈 수 있다.

① ㄱ, ㄴ　　② ㄱ, ㄷ　　③ ㄴ, ㄷ　　④ ㄴ, ㄹ　　⑤ ㄷ, ㄹ

41 [2019년 7월 학평 13번]

자료는 대중 매체 A~C의 일반적인 특징을 비교한 것이다. 이에 대한 설명으로 옳은 것은? (단, A~C는 각각 종이 신문, SNS, 텔레비전 중 하나이다.) **3점**

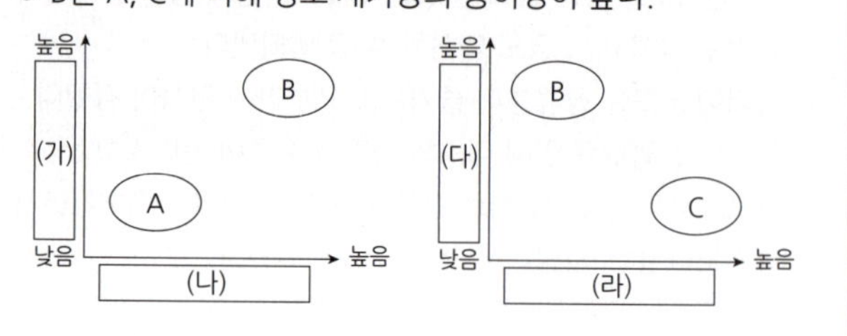

① (가)에는 '정보 생산자의 전문성'이 적절하다.
② (나)에는 '정보 소비자의 수동성'이 적절하다.
③ (다)에는 '정보 확산 경로의 다양성'이 적절하다.
④ (라)에는 '정보 전달자와 수용자 간 상호 작용성'이 적절하다.
⑤ A는 B, C와 달리 복합 감각의 정보를 전달할 수 있다.

42 [2019학년도 6월 모평 11번]

그림의 (가)~(다)에 들어갈 내용으로 옳은 것은? (단, A~C는 각각 인쇄 매체, 영상 매체, 뉴 미디어 중 하나이다.) **3점**

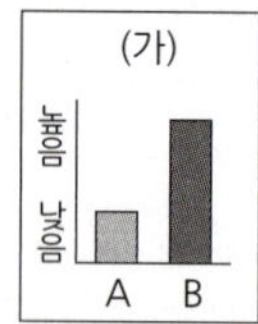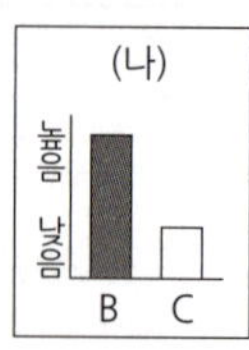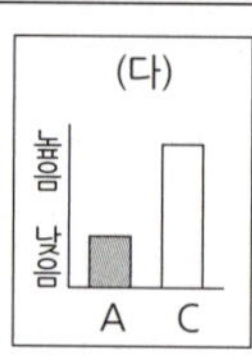

① (가) - 정보 유통의 신속성
② (나) - 정보 전달의 양방향성
③ (나) - 정보 확산 경로의 다양성
④ (다) - 정보 생산자의 익명성
⑤ (다) - 정보 생산자와 소비자 간 경계의 명확성

43 [2020학년도 수능 17번]

대중 매체의 특징을 활용한 다음 게임에 대한 설명으로 옳은 것은?

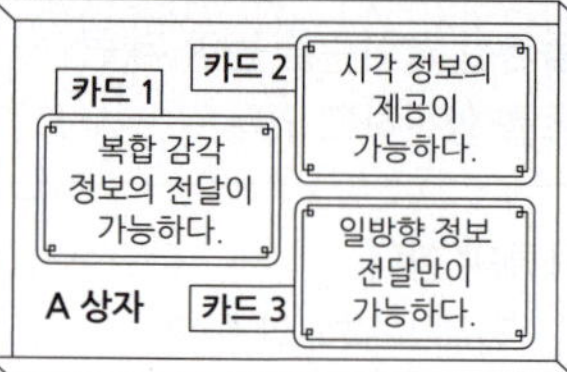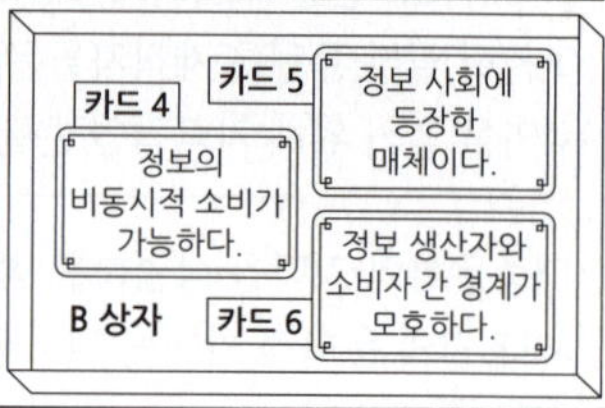

① A 상자에 담긴 카드의 총점은 6점이다.
② 한 사람이 1회 게임에서 얻을 수 있는 최소 점수는 2점이다.
③ 한 사람이 1회 게임에서 얻을 수 있는 최대 점수는 6점이다.
④ 한 사람이 1회 게임에서 종이 신문에 해당하는 내용이 있는 카드로 얻을 수 있는 최대 점수는 5점이다.
⑤ 갑이 카드 2와 카드 4를 뽑았다면, 을이 이길 수 있는 카드의 조합은 1가지이다.

44 [2020년 7월 학평 8번]

다음 교사가 제시한 비교 기준에 따라 옳게 답변한 학생만을 고른 것은? (단, A~C는 각각 TV, 종이 신문, SNS 중 하나이다.) **3점**

학생	비교 기준	답변
갑	정보 재가공의 용이성	A>B
을	시청각 정보 제공의 용이성	A>C
병	정보 전달과 확산의 신속성	A<C
정	정보 생산자와 소비자 간 경계의 명확성	B<C

① 갑, 을　　② 갑, 병　　③ 을, 병　　④ 을, 정　　⑤ 병, 정

45

다음 자료에 대한 설명으로 옳은 것은? (단, A ~ C는 각각 종이 신문, 텔레비전, SNS 중 하나이다.) **3점**

교사 : 대중 매체 A ~ C의 특징을 비교하여 설명해 보세요.
갑 : ㉠ A와 달리 B는 영상 자료를 제공할 수 없고, ㉡ A에 비해 C가 정보 전달의 일방향성이 강합니다.
을 : ㉢ B와 달리 A는 음성 정보를 제공할 수 있고, ㉣ C에 비해 A가 정보 전달의 신속성이 약합니다.
교사 : ㉤ 두 학생 중 한 사람만 모두 옳은 설명을 하였습니다.

① ㉤이 갑이라면 ㉢과 ㉣은 모두 틀린 설명이다.
② ㉤이 갑이라면 B에 비해 A가 심층적인 정보 제공에 적합하다.
③ ㉤이 을이라면 ㉠은 틀린 설명, ㉡은 옳은 설명이다.
④ ㉤이 을이라면 C에 비해 A가 정보의 비동시적 수용 가능성이 높다.
⑤ ㉤이 갑과 을 중 누구라 하더라도 ㉠, ㉢은 모두 옳은 설명이다.

47

대중 매체 A ~ C의 일반적인 특징에 대한 설명으로 옳은 것은? (단, A ~ C는 각각 인터넷, 종이 신문, TV 중 하나이다.)

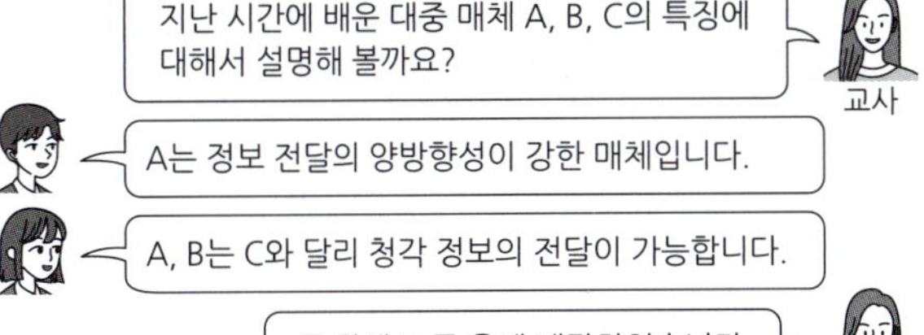

① A는 C에 비해 정보 확산 속도가 느리다.
② B는 A와 달리 정보 생산자와 소비자의 경계가 불분명하다.
③ C는 B에 비해 문맹자의 정보 획득 가능성이 높다.
④ A는 B, C에 비해 정보의 복제 및 재가공이 용이하다.
⑤ A ~ C 중 A가 가장 먼저, C가 가장 나중에 등장하였다.

46

그림은 대중 매체 A ~ C의 일반적인 특징을 비교한 것이다. 이에 대한 설명으로 옳은 것은? (단, A ~ C는 각각 종이 신문, 라디오, SNS 중 하나이다.) **3점**

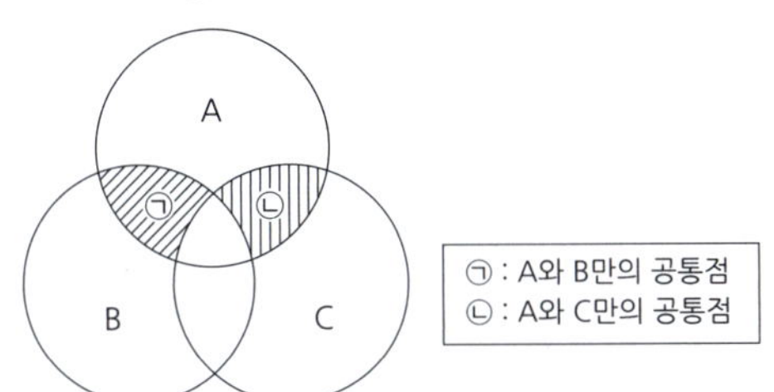

① A가 종이 신문이라면, B는 C에 비해 정보 복제 및 재가공이 용이하다.
② C는 A, B에 비해 정보 확산 경로가 다양하다.
③ B가 SNS라면, ㉡에는 '정보 전달과 수용이 동시에 이루어진다.'가 적절하다.
④ ㉠에는 '쌍방향적 정보 전달이 가능하다.'가 적절하다.
⑤ ㉡이 '정보 생산자와 소비자 간의 경계가 뚜렷하다.'라면, C는 A와 달리 복합 감각 정보의 전달이 가능하다.

48

다음 자료에 대한 설명으로 옳은 것은? (단, A~C는 각각 영상 매체, 인쇄 매체, 뉴 미디어 중 하나이다.) **3점**

ㅇ A는 B, C에 비해 정보 전달의 양방향성이 높다.
ㅇ A, C는 B와 달리 시청각 정보를 제공할 수 있다.

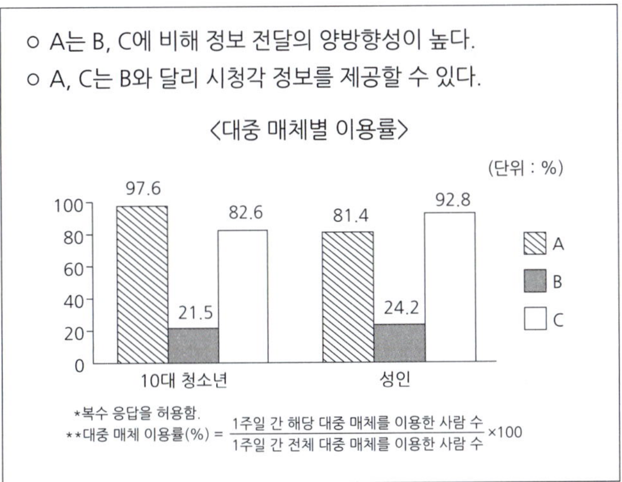

① A는 B보다 정보 확산의 시 · 공간적 제약이 크다.
② B는 C보다 정보 전달의 속도가 빠르다.
③ C는 A보다 정보 재가공이 용이하다.
④ 가장 먼저 등장한 대중 매체의 이용률은 성인이 10대 청소년보다 높다.
⑤ 정보 수용자의 즉각적 반응을 확인할 수 있는 대중 매체를 이용한 사람 수는 10대 청소년이 성인보다 많다.

49

다음 두 사례의 공통적인 시사점으로 가장 적절한 것은?

> ○ 사람들이 즐겨 보는 동영상 플랫폼에서는 흥미와 관심을
> 끌기 위한 다양한 콘텐츠가 생산되고 있다. 그런데 이 중에는
> 특정 집단을 비하하거나 조롱하는 내용이 포함된 경우가
> 있어 그들에 대한 편견을 조장할 우려를 낳고 있다.
> ○ SNS는 오늘날 사람들이 일상적으로 다양한 콘텐츠를 접하며
> 소통하는 창구이다. 그런데 선거철이 되면 입후보한 사람들을
> 근거 없이 비방하는 콘텐츠가 SNS상에 등장하곤 한다.
> 그리고 이를 접한 SNS 사용자 일부는 사실 여부를 확인하지
> 않은 채 해당 콘텐츠를 다른 곳에 유포하기도 한다.

① 대중문화의 지나친 상업화를 경계해야 한다.
② 고급문화에 대한 대중의 접근성을 높여야 한다.
③ 하위문화를 통해 문화의 역동성을 증진시켜야 한다.
④ 세대 간의 문화적 차이를 해소하기 위해 노력해야 한다.
⑤ 대중 매체를 통해 전파되는 콘텐츠를 비판적으로 수용해야 한다.

50

다음에서 도출할 수 있는 대중 매체의 기능으로 가장 적절한 것은?

> '우리 사회에서 가장 시급하게 해결되어야 하는 문제는?'이라
> 는 설문 항목에 대해 '마약 중독'을 꼽은 응답자의 비율이 6개월
> 전 실시된 조사에서는 15%에 불과했지만, 최근 실시된 조사에
> 서는 64%에 달했다. 이는 마약 중독자의 모습을 생생하게 담
> 은 다큐멘터리가 방영된 후 각종 뉴스에서 마약 관련 보도를 다
> 루는 비중이 이전보다 크게 증가한 것과 관련이 깊다.

① 정치권력의 집중을 감시하고 견제한다.
② 대중에게 여가와 오락의 기회를 제공한다.
③ 사회 문제에 대한 대중의 관심을 환기시킨다.
④ 대중이 손쉽게 고급문화를 향유하는 데 기여한다.
⑤ 대중의 정보 접근성을 높여 사회의 민주화에 기여한다.

51 2026 평가원

그림에서 작가가 강조하는 대중문화의 문제점으로 가장 적절한 것은? 3점

① 개인의 독창성과 개성을 약화시킨다.
② 유행에 따라 빠르게 소비되고 사라진다.
③ 정부에 의한 문화 통제를 가능하게 한다.
④ 상류층의 문화적 취향을 일반 대중에게 강요한다.
⑤ 객관적인 사실을 외면하고 자극적인 문화를 양산한다.

52

다음 자료에 대한 옳은 설명만을 〈보기〉에서 고른 것은?

> 테니스는 과거 갑국의 상류층만이 즐기던 스포츠였다. 당시
> 상류층은 넓은 정원을 가지고 있었고, 그곳에서 테니스를
> 즐기면서 잔디 코트가 자연스럽게 테니스 코트의 표준이 되었다.
> 오늘날 테니스는 갑국에서 남녀노소 누구나 즐기는 생활
> 스포츠로 자리 잡았고, 잔디 코트 외에도 하드 코트, 클레이
> 코트 등 다양한 코트가 사용되고 있다. 을국의 경우 테니스는
> 을국에 들어온 갑국 선교사에 의해 소개되었고, 오늘날
> 을국에서 테니스는 상류층에서 유행하는 스포츠가 되었다.

> **보기**
>
> ㄱ. 갑국에서 테니스는 하위문화에서 주류 문화로 변동하였다.
> ㄴ. 을국에서는 문화 동화 현상이 나타났다.
> ㄷ. 을국에서는 직접 전파를 통한 문화 변동이 나타났다.
> ㄹ. 오늘날 갑국과 을국에서 모두 테니스는 주류 문화에
>   해당한다.

① ㄱ, ㄴ ② ㄱ, ㄷ ③ ㄴ, ㄷ ④ ㄴ, ㄹ ⑤ ㄷ, ㄹ

밑줄 친 ㉠~㉤에 대한 설명으로 옳은 것은? 3점

○○신문   ◇◇◇◇년 ◇◇월 ◇◇일

토착어의 숨결을 이어가다.

갑국은 다양한 ㉠ 토착어 사용으로 인한 행정의 비효율성을 개선하기 위해 ㉡ 국가 공용어를 지정하였다. 이후 갑국 토착민들의 다양한 언어는 급속도로 사라지고 있다. 이에 일부 지역의 토착민들은 국가 공용어를 사용하면서도 지역의 고유한 토착어를 계승하기 위해 ㉢ 후손들에게 토착어를 교육하고 있다. 한편 토착어 소멸을 우려한 국제기구 A는 갑국 토착어를 포함한 ㉣ 토착어 보존 10년 프로젝트를 전 세계에 공표하였다. 갑국 정부는 소수 언어 사전을 발간하는 등 ㉤ 토착어 문화 보존을 위해 노력하겠다며 프로젝트 참여를 약속했다.

---

① ㉠은 비물질 문화이자 갑국의 지역 문화이다.

② ㉡은 갑국이 문화 지체 현상을 해결하기 위한 것이다.

③ ㉢은 지배 집단에 저항하는 반문화에 해당한다.

④ ㉣로 인해 갑국에서는 문화의 획일화가 나타날 우려가 있다.

⑤ ㉤은 갑국이 하위문화를 주류 문화로 바꾸려고 하는 것이다.

3. 문화의 변동

★수능에 나오는 **필수 개념 3가지** +**필수 암기사항 2개**

필수개념 1 문화 변동의 요인

• 내재적 요인 vs 외재적 요인 **암기** → 문화 변동의 내재적 요인과 외재적 요인을 파악하도록 한다.

내재적 요인	발견	이미 존재하고 있었으나 알려지지 않았던 사물이나 원리 등을 찾아내는 행위나 그 결과물 예 만유인력의 발견, 불의 발견, 전기의 발견 등
	발명	• 존재하지 않았던 기술이나 사물 등을 만들어 내는 행위나 그 결과물 • 기술이나 물질적인 것뿐만 아니라 관념 문화도 발명이 가능함 예 활의 발명, 활의 원리를 이용한 현악기의 발명 등
외재적 요인 (문화 전파)	직접 전파	• 문화 요소를 제공하는 사회와 그것을 수용하는 사회 구성원들 간의 **직접적인 접촉** 과정에서 문화 요소가 전달되는 현상 • 교역, 전쟁, 정복 등에 의해 나타나는 문화 요소의 전파
	간접 전파	• 문화 요소를 제공하는 사회와 그것을 수용하는 사회 간에 나타나는 구성원들 간의 직접적인 접촉이 아닌 **매개체를 통해 문화 요소가 전달**되는 현상 • 책, 영화, 텔레비전 등에 의해 나타나는 문화 요소의 전파
	자극 전파 (전파+발명)	서로 다른 문화 체계 간에 문화 요소의 구체적인 내용이 아니라 문화 요소와 관련된 추상적인 **개념이나 아이디어만 전파**되어 **새로운 문화 요소의 등장을 자극하는 현상** 예 한자에 착안하여 이두를 만든 것

필수개념 2 문화 변동의 양상

• 문화 변동 요인에 따른 구분

내재적 변동	한 사회 내부에서 새롭게 등장한 문화 요소가 확산되면서 나타나는 문화 변동
외재적 변동 (문화 접변)	다른 사회와의 접촉으로 새로운 문화 요소가 전해지면서 나타나는 문화 변동

• 문화 접변의 양상 **암기** → 문화 접변의 유형을 명확하게 비교하여 알아두기.

1. 강제성 유무에 따른 구분

강제적 문화 접변	• **정복, 식민 지배** 등과 같은 **강제력에 기초**하여 자기 사회의 문화 요소를 다른 사회의 문화 체계 속에 이식함으로써 나타나는 문화 변동 예 일제 강점기에 단발령 • 문화 요소 제공자의 필요와 의지로부터 시작
자발적 문화 접변	• 바람직하거나 필요하다고 느껴 **스스로 다른 사회의 문화 요소를 자기 사회의 문화 체계 속으로 받아들임**으로써 나타나는 문화 변동 예 이민 후 그 나라의 문화 수용 • 문화 요소 수용자의 필요와 의지로부터 시작

기본자료

▶ 내재적 요인과 외재적 요인
내재적 요인은 한 사회 내부에서 새롭게 등장하여 그 사회의 문화 체계에 변동을 초래하는 요인을 말하고, 외재적 요인은 한 사회 외부에서 제공되어 문화 요소를 수용한 사회의 문화 체계에 변동을 초래하는 요인을 말한다.

▶ 1차 발명과 2차 발명
1차 발명은 순수한 의미의 발명으로, 존재하지 않았던 문화 요소를 처음으로 만들어 내는 것을 말하고, 2차 발명은 이미 존재했던 문화 요소를 조합하거나 응용하여 새로운 문화 요소를 만들어 내는 것을 말한다.

2. 변동 결과에 따른 구분

문화 공존 (병존)	외래문화가 유입되어 기존의 문화와 뒤섞이거나 흡수되지 않고 한 사회의 문화 체계 속에서 나란히 존재하는 현상 (A + B = A, B) 예 불교 문화와 기독교 문화의 공존 등
문화 동화	외래문화의 유입 결과, 기존의 문화가 외래문화에 완전히 흡수되어 해체되거나 소멸되어 정체성을 상실하는 현상 (A + B = A) 예 아프리카 원주민들이 유럽인들의 문화와 접촉하면서 자기 문화를 상실한 것 등
문화 융합	서로 다른 문화 요소들이 결합하여 기존 문화 요소들의 성격을 지니면서도 기존 문화 요소들과 다른 성격을 지닌 제3의 문화를 형성하는 현상 (A + B = C) 예 아프리카의 흑인 음악과 유럽식 악기의 결합으로 생겨난 재즈 등

– 문화 공존 · 문화 융합은 문화 동화와 달리 자기 문화의 정체성을 유지하고 있음
– 문화 융합은 문화 공존 · 문화 동화와 달리 한 사회에 존재하지 않았던 새로운 문화 요소가 만들어짐

필수개념 3　문화 변동의 문제점

• 문화 변동에 대한 대응

수용	외부 사회로부터 전파되거나 새롭게 등장한 문화 요소를 긍정적으로 평가하거나 필요하다고 인식하여 자기 사회의 문화 체계 속에 정착시킴
거부	외부 사회로부터 전파되거나 새롭게 등장한 문화 요소가 위협이 된다고 평가하거나 자기 문화의 정체성을 훼손한다고 인식하는 경우 그것을 거부함으로써 전통문화를 유지하려 함

• 문화 변동에 따른 문제

문화 지체 현상	물질문화와 비물질문화 간의 변동 속도 차이로 인해 나타나는 부조화 현상으로, 물질문화의 변동 속도를 비물질문화의 변동 속도가 따라가지 못하는 경우 발생함 예 휴대폰은 널리 보급되었지만 휴대폰 사용 예절은 정착되지 못함
아노미 현상	급격한 문화 변동으로 기존 사회 규범이 무너지고 이를 대신할 새로운 규범이 확립되지 않은 규범의 부재 상태 (무규범 상태)
문화 정체성의 혼란	외래문화를 급격하게 받아들이는 과정에서 주체성이 뚜렷하지 않으면 고유의 문화를 상실할 우려가 큼

기본자료

▶ 자극 전파와 문화 융합
자극 전파는 문화 변동의 원인으로, 다른 문화로부터 전파된 개념 또는 아이디어가 새로운 문화 요소의 등장을 자극하는 것이다. 문화 융합은 문화 변동의 결과로, 다른 문화로부터 전파된 새로운 요소와 기존 문화 요소가 결합하여 새로운 문화가 만들어지는 것을 말한다.

DAY 14

Ⅲ
3. 문화의 변동

▶ 기술 지체 현상
의식이나 제도 등 비물질문화는 앞서 가는데 기술 등 물질문화가 이를 뒷받침하지 못하여 발생하는 문제를 말한다.

1

그림은 문화 변동 요인 ㉠~㉣을 구분한 것이다. 이에 대한 설명으로 옳은 것은? (단, ㉠~㉣은 각각 발견, 발명, 직접 전파, 자극 전파, 간접 전파 중 하나이다.)

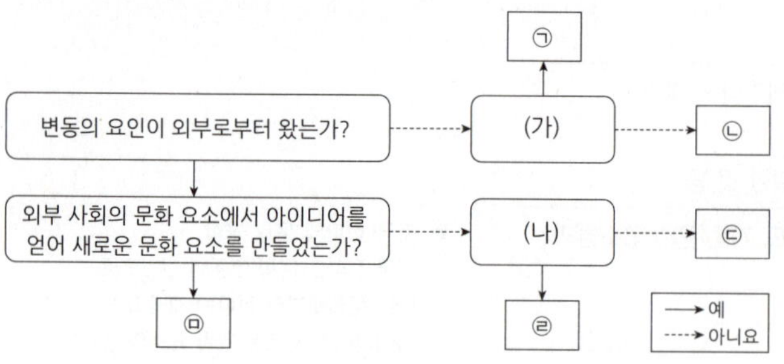

① (가)가 '존재하지 않던 문화 요소를 새롭게 만들어냈는가?'라면, 인쇄술은 ㉡의 사례에 해당한다.

② (나)가 '문화 요소가 매체에 의해 전달되었는가?'라면, 통신기술이 발달할수록 ㉣을 통한 문화 변동이 더 용이하게 나타날 수 있다.

③ ㉠의 사례로 활을 들 수 있다면, (가)는 '존재하고 있었으나 알려지지 않았던 문화 요소를 찾아냈는가?'가 적절하다.

④ ㉢의 사례로 전쟁을 통해 유럽에 전파된 설탕을 들 수 있다면, (나)는 '문화 요소의 전달이 직접 이루어졌는가?'가 적절하다.

⑤ ㉣의 사례로 외국인 선교사에 의해 외래 종교가 전래된 것을 들 수 있다.

2

다음 〈자료 1〉의 A~D에 해당하는 문화 변동의 요인을 〈자료 2〉의 (가)~(라)에 옳게 연결한 것은? (단, A~D는 각각 발견, 발명, 직접 전파, 자극 전파 중 하나이다.)

〈자료 1〉
○ B, D를 통해 기존에 없었던 문화 요소가 창조된다.
○ B, C는 A, D와 달리 타 문화와의 접촉으로 발생한다.

〈자료 2〉
갑국의 선조들은 자연에서 광물을 [(가)]하였고, 이를 활용하여 금속 그릇을 [(나)]하였다. 이 금속 그릇은 갑국의 상인들에 의해 을국에 [(다)]되었다. 이 과정에서 을국 사람들은 갑국의 금속 그릇에서 아이디어를 얻어 새로운 금관 악기를 만들게 되었는데, 이는 [(라)]의 사례로 볼 수 있다.

	(가)	(나)	(다)	(라)
①	A	B	C	D
②	A	D	C	B
③	B	C	A	D
④	B	D	C	A
⑤	D	A	C	B

3

그림은 문화 변동의 요인을 분류한 것이다. A~D에 대한 설명으로 옳은 것은? (단, A~D는 각각 발명, 발견, 직접 전파, 자극 전파 중 하나임.) **3점**

① 난민으로 유입된 타국 사람들의 고유한 놀이를 자국 국민들이 배워 즐기게 된 사례는 A에 해당한다.

② 자국의 전통 음료에 전통 식재료를 가미하여 새로운 음료를 만든 사례는 B에 해당한다.

③ 외국에서 유행하는 새로운 춤이 인터넷을 통해 자국으로 확산된 사례는 C에 해당한다.

④ D로 나타난 문화 요소가 C로 인해 타국에서 B를 발생시키면, 이는 A에 해당한다.

⑤ A~D는 모두 한 사회에 새로운 문화 요소를 추가하는 요인으로 작용한다.

4

A~C국에 나타난 문화 변동에 대한 설명으로 옳은 것은?

A국은 전쟁에 필요한 군량을 보관하기 위해 조리한 음식을 뜨거운 물로 살균한 유리병에 넣은 병조림을 만들었다. 전쟁 중에 B국은 A국의 병조림에서 아이디어를 얻어 철제 통조림을 개발하였다. 한편 B국에서 유학하고 돌아온 C국의 한 발명가가 철제 통조림 뚜껑을 안전하게 분리하는 따개를 개발하였다. 훗날 C국의 기업이 통조림 뚜껑을 쉽게 열 수 있는 원터치 캔을 개발하고 A국과 B국 현지 공장에서 상품을 생산하여 판매하였다. 이후, 세 나라 모두 원터치 캔을 일상적으로 사용하였다.

① A국에서는 직접 전파에 의한 문화 변동이 나타났다.

② B국에서는 강제적 문화 접변이 나타났다.

③ C국에서는 간접 전파에 의한 문화 변동이 나타났다.

④ A국에서는 B, C국과 달리 내재적 요인에 의한 문화 변동이 나타났다.

⑤ A, B국에서는 C국과 달리 자극 전파가 나타났다.

다음 사례에 나타난 문화 변동에 대한 설명으로 옳은 것은? 3점

> ○ 갑국 사람들은 A 국의 요리사 이야기를 다룬 영화를 보고, 영화에서 그 요리사가 만든 방법 그대로 A 국의 전통 옥수수빵을 따라 만들어 일상에서 즐기게 되었다.
> ○ 을국 사람들은 무역을 하면서 만난 B 국 사람들이 B 국의 전통에 따라 음식을 만들 때 앞치마를 두르는 것에 아이디어를 얻어, 냅킨 등 청결 유지를 위한 다양한 용품을 만들어 사용하면서 독특한 식사 문화를 갖게 되었다.
> ○ 병국 사람들은 이웃 주민인 C 국 이민자들이 C 국의 전통적 농기구인 호미를 들여와 사용하는 것을 보고, 온라인 유통망을 통해 호미를 구매하여 정원을 가꾸는 데 적극적으로 사용하게 되었다.

① 갑국에서는 발명으로 인한 문화 변동이 발생하였다.
② 을국에서는 매개체를 통해 타문화의 문화 요소가 전파되었다.
③ 병국에서는 서로 다른 문화의 구성원 간 접촉을 통해 문화 요소가 전파되었다.
④ 갑국에서는 내재적 요인, 을국과 병국에서는 외재적 요인에 의한 문화 변동이 발생하였다.
⑤ 갑국에서는 직접 전파, 을국에서는 자극 전파, 병국에서는 간접 전파가 나타났다.

밑줄 친 ㉠~㉤에 대한 옳은 설명만을 〈보기〉에서 고른 것은?

> ㉠ A국과 B국은 서로 다른 음식 문화를 향유하고 있다. 이는 ㉡ 각국의 음식 문화가 그들만의 경제 문화, 종교 문화 등과 밀접하게 관련을 맺고 있고, 오랜 역사 속에서 각국이 고유한 ㉢ 음식 문화를 발전시켜왔기 때문이다. 한편, 최근에는 ㉣ 대중 매체를 통해 A국 음식이 B국으로 전파되어 B국에서 A국 음식을 즐기는 것이 ㉤ 문화생활로 각광받고 있다.

보기

ㄱ. ㉠에는 문화의 변동성이 부각되어 있다.
ㄴ. ㉡은 문화의 전체성으로 설명될 수 있다.
ㄷ. ㉣은 간접 전파에 해당한다.
ㄹ. ㉤에서의 '문화'는 ㉢에서의 '문화'와 달리 넓은 의미로 사용되었다.

① ㄱ, ㄴ ② ㄱ, ㄷ ③ ㄴ, ㄷ ④ ㄴ, ㄹ ⑤ ㄷ, ㄹ

다음 자료에 대한 설명으로 옳은 것은? (단, A~C는 각각 문화 동화, 문화 병존, 문화 융합 중 하나임.) 3점

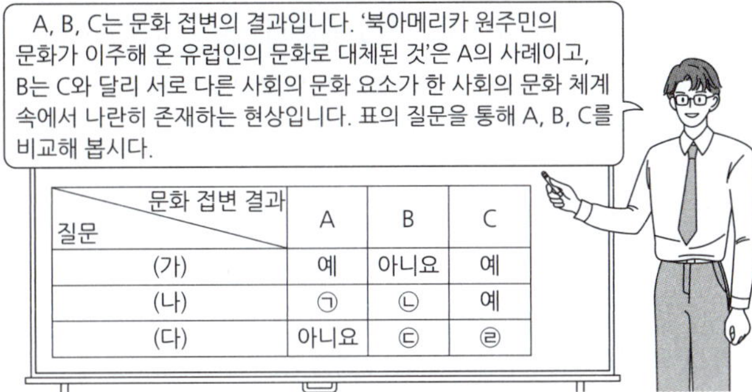

질문 \ 문화 접변 결과	A	B	C
(가)	예	아니요	예
(나)	㉠	㉡	예
(다)	아니요	㉢	㉣

① C의 사례로는 '우리나라에서 양력설과 음력설을 모두 지내는 것'을 들 수 있다.
② A는 B, C와 달리 강제적 문화 접변에 의해 나타난다.
③ (가)에는 '자문화의 정체성 상실을 야기하는가?'가 들어갈 수 있다.
④ (나)에 '외재적 요인에 의해 나타난 문화 변동인가?'가 들어간다면, ㉠은 '예', ㉡은 '아니요'이다.
⑤ (다)에 '새로운 문화 요소가 만들어졌는가?'가 들어간다면, ㉢은 '아니요', ㉣은 '예'이다.

그림은 문화 접변 결과 A ~ C를 구분한 것이다. 이에 대한 설명으로 옳은 것은? (단, A ~ C는 각각 문화 동화, 문화 병존, 문화 융합 중 하나이다.) 3점

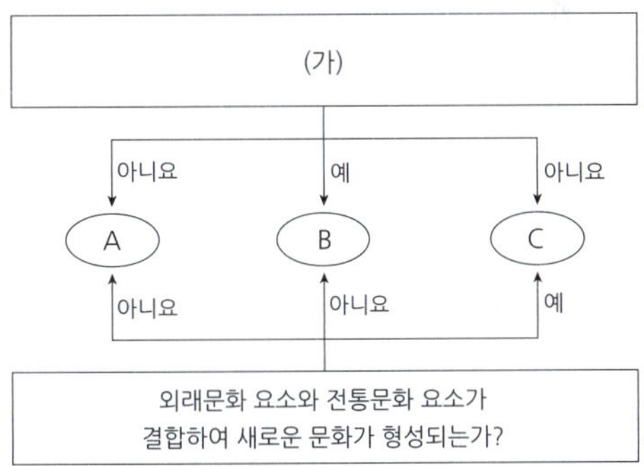

① 우리나라에서 서양식 나이도 사용하는 현상은 C의 사례이다.
② A, B와 달리 C는 자기 문화에 대한 자부심이 약할 때 나타나기 쉽다.
③ A가 문화 동화라면 C와 달리 B는 구성원의 자발성에 기초한 문화 접변의 결과이다.
④ A가 문화 병존이라면 (가)에 '전통문화의 정체성이 사라지는가?'가 들어갈 수 있다.
⑤ (가)에 '전통문화 요소와 외래문화 요소가 나란히 존재하는가?'가 들어가면, A는 외래문화 요소가 전통문화 체계 속으로 흡수되어 나타난 결과이다.

9

다음 자료에 대한 옳은 설명만을 <보기>에서 고른 것은? (단, A~C는 각각 문화 동화, 문화 병존, 문화 융합 중 하나임.) 3점

> 교사 : 문화 접변의 결과 A~C의 사례를 발표해 보세요.
> 갑 : A의 사례로 '외국으로부터 들어온 단발의 유행으로 ○○국에서 전통 헤어스타일이 사라진 경우'를 들 수 있습니다.
> 을 : B의 사례로 '전쟁 시 나무로 만든 배를 운용하던 △△국에서 철갑을 두른 배가 개발되어 목선과 철갑선이 함께 운용된 경우'를 들 수 있습니다.
> 병 : C의 사례로 '□□국 사람들이 전통 음식에 자국 식민지의 조리법을 결합하여 만든 새로운 음식을 즐겨 먹게 된 경우'를 들 수 있습니다.
> 교사 : 세 명 중 ㉠ 두 명만 옳게 발표했습니다.

보기

ㄱ. ㉠은 갑, 을이다.
ㄴ. A와 달리 C는 자문화의 정체성이 상실되지 않는다.
ㄷ. A, B 모두 외부 사회 문화 요소의 수용이 나타난다.
ㄹ. 갑과 달리 병은 강제적 문화 접변의 사례를 발표하였다.

① ㄱ, ㄴ ② ㄱ, ㄷ ③ ㄴ, ㄷ ④ ㄴ, ㄹ ⑤ ㄷ, ㄹ

10

다음의 수업 상황에서 (가)에 들어갈 교사의 진술로 적절하지 **않은** 것은?

> 교사 : 문화 동화, 문화 병존, 문화 융합에 해당하는 사례 중에서 각자 2개씩 조사하여 제시해 볼까요?

학생	제시한 사례
갑	○ 전통 복식이 사라지고 서양에서 들어온 복식이 보편화된 경우 ○ 고유의 가옥 형태가 사라지고 외국에서 유입된 아파트 문화가 보편화된 경우
을	○ 과거 식민 통치 시절에 사용된 외국어를 현재에도 고유한 언어와 함께 공용어로 사용하는 경우 ○ 유럽에서 넘어온 팝 음악이 유행이지만 전통적인 민속 음악을 즐기는 사람들도 여전히 많은 경우
병	○ 전통 종교와 외래 종교가 나란히 존재하는 경우 ○ 전통 음식 문화와 외국에서 들어온 음식 문화가 접목되어 제3의 새로운 음식 문화가 나타난 경우

> 교사 : 모두 옳게 제시했군요. _______________ (가)

① 갑은 자문화의 요소가 사라진 사례를 제시했네요.
② 을은 문화 병존과 문화 융합에 해당하는 사례를 제시했네요.
③ 병이 제시한 사례에는 기존 문화와 외래문화가 만나 새로운 문화 요소를 창조한 사례가 있네요.
④ 갑은 을, 병과 달리 문화 동화의 사례만을 제시했네요.
⑤ 여러분이 제시한 사례 중 문화 병존의 사례가 가장 많네요.

11

다음 자료에 대한 설명으로 옳은 것은?  3점

> 표는 질문에 대한 답변을 통해 문화 접변의 양상 A~C를 구분한 것이다. A~C는 각각 문화 동화, 문화 병존, 문화 융합 중 하나이다.
>
> | 질문 | 답변 |
> |---|---|
> | A는 B와 달리 자기 문화의 정체성이 상실되는가? | 예 |
> | B는 C와 달리 자기 문화와 외래문화가 결합하여 새로운 문화가 형성되는가? | 아니요 |
> | (가) | 예 |

① A는 문화 병존이다.
② B는 A와 달리 자기 문화가 외래문화로 대체되는 현상이다.
③ C는 B와 달리 외재적 요인에 의한 문화 변동이다.
④ (가)에 'B는 C와 달리 자기 문화와 외래문화가 나란히 존재하는가?'가 들어갈 수 있다.
⑤ (가)에 'C는 B와 달리 기존 사회의 구성원이 새로운 문화를 향유하는가?'가 들어갈 수 있다.

12

갑국과 을국의 문화 변동에 대한 옳은 설명만을 <보기>에서 고른 것은?

> ○ A국은 갑국을 점령한 후 갑국의 일부다처제를 법으로 금지하고, 이를 어기면 처벌하였다. 이로 인해 갑국에서는 일부다처제가 사라지고 A국의 일부일처제가 정착하였다.
> ○ B국으로부터 을국으로 이민 온 사람들로 인해 을국 사람들은 B국의 전통 춤도 즐기게 되었다. 이렇게 수십 년이 흐른 후 을국에서는 을국의 전통 춤에 B국의 전통 춤이 접목된 ☆☆춤이 만들어졌다.

보기

ㄱ. 갑국에서는 직접 전파와 자발적 문화 접변이 나타났다.
ㄴ. 을국에서는 문화 병존을 거쳐 문화 동화가 나타났다.
ㄷ. 을국에서는 갑국과 달리 자기 문화의 정체성이 보존되었다.
ㄹ. 갑국과 을국은 모두 외부 사회와의 접촉으로 새로운 문화를 갖게 되었다.

① ㄱ, ㄴ ② ㄱ, ㄷ ③ ㄴ, ㄷ ④ ㄴ, ㄹ ⑤ ㄷ, ㄹ

13

표는 질문에 따라 문화 접변의 결과 A~C를 구분한 것이다. 이에 대한 설명으로 옳은 것은? (단, A~C는 각각 문화 동화, 문화 병존, 문화 융합 중 하나임.) **3점**

구분	A	B	C
자문화의 정체성이 보존되었는가?	㉠	㉡	예
(가)	예	아니요	아니요
외래문화 요소가 자문화 요소와 결합되지 않은 상태로 정착되었는가?	예	아니요	㉢

① ㉠은 '아니요', ㉡은 '예', ㉢은 '아니요'이다.
② (가)에는 '기존에 없었던 새로운 문화 요소가 창조되었는가?'가 들어갈 수 있다.
③ C의 사례로 우리나라에서 전통 다과와 서양식 다과가 함께 존재하는 것을 들 수 있다.
④ A는 C에 비해 문화의 다양성 보존에 유리하다.
⑤ B는 A와 달리 구성원의 자발성에 기초한 문화 접변의 결과이다.

14

다음은 문화 접변의 양상 A~C를 구분하는 질문에 대한 학생의 분류와 교사의 채점 결과이다. 이에 대한 설명으로 옳은 것은? (단, A~C는 각각 문화 동화, 문화 병존, 문화 융합 중 하나임.) **3점**

○ 질문에 따라 A~C를 '예', '아니요'로 분류하여 해당하는 칸에 적으시오.

질문	예	아니요	점수
자기 문화의 정체성이 상실되는가?	A	B, C	1점
외래문화가 변형되지 않은 상태로 정착되는가?	A	B, C	2점
자기 문화와 외래문화가 결합하여 새로운 문화가 형성되는가?	A, B	C	2점

* 질문별 만점은 3점이며, 각 질문에 맞게 분류된 A~C는 각각 1점씩, 틀리게 분류된 A~C는 각각 0점씩 부여함.

① 자국의 전통 의상이 외국의 전통 의상으로 대체된 사례는 A에 해당한다.
② 자국의 전통 음식에 외국의 식재료를 가미하여 새로운 음식 문화가 나타난 사례는 B에 해당한다.
③ 자국의 전통 음악과 외국의 음악을 모두 즐기게 된 사례는 C에 해당한다.
④ A와 달리 B는 자기 문화와 외래문화가 나란히 존재한다.
⑤ B와 달리 C는 외재적 요인에 의해 나타난 문화 변동이다.

15

2025 평가원

밑줄 친 ㉠ ~ ㉣에 대한 설명으로 옳은 것은? **3점**

> 마테차는 세계인이 즐겨 마시는 음료이다. 과거 남미의 과라니족은 인근 밀림에서 자생하는 ㉠ 마테잎을 채집하여 ㉡ 즙 형태의 차로 마시는 방법을 개발하였다. 식민 시기 이래 남미 남부 지역에 ㉢ 새로운 종교를 들여온 선교사를 비롯한 유럽인들은 ㉣ 과라니족의 종교와 문화가 유럽에 비해 뒤떨어진 것이라는 생각에 마테잎을 '악마의 풀'이라고 부르며 천시하였다. 하지만 이후 ㉤ 마테잎의 효능이 알려지자 마테차를 안 마시던 유럽인들도 마시기 시작하면서 남미 남부 지역을 중심으로 재배지가 확산되었다. 오늘날 일부 학자는 이 지역 ㉥ 여러 나라의 마테차 문화에 나타나는 유사성과 차이점을 분석하여 문화의 보편성과 특수성을 이해하는 연구를 수행하고 있다.

① ㉠은 발명, ㉡은 발견에 해당한다.
② ㉢은 간접 전파에 해당한다.
③ ㉣은 유럽인들의 문화 상대주의적 태도를 보여 준다.
④ ㉤은 강제적 문화 접변에 해당한다.
⑤ ㉥에는 문화를 바라보는 비교론적 관점이 나타난다.

16

(가), (나)에 나타난 문화 변동에 대한 설명으로 옳은 것은?

> (가) 미국 알래스카주 남부 해안 원주민들의 언어였던 에야크어는 소멸되었다. 원주민들이 백인들의 지배하에 놓인 이후로 수 세대에 걸쳐 학교와 사회에서 영어를 배우고 사용하면서 에야크어를 할 줄 아는 사람이 없어졌기 때문이다.
> (나) 우리 음악계에서 국악과 서양 음악을 접목하는 시도가 이어지면서 이목을 끌고 있다. 전통 민요나 판소리 등이 재즈, 록, 댄스 음악 등과 결합해 새로운 정체성을 보이는 이른바 퓨전 국악은 젊은 세대에게도 큰 호응을 얻고 있다.

① (가)에서는 간접 전파에 의한 문화 변동이 나타난다.
② (나)에서는 발견에 의한 문화 변동이 나타난다.
③ (가), (나)에서는 모두 강제적 문화 접변이 나타난다.
④ (가)에서는 문화 동화가, (나)에서는 문화 융합이 나타난다.
⑤ (가)에서는 (나)와 달리 문화 접변 이후에도 자문화의 정체성이 남아 있다.

다음 사례에 나타난 문화 변동에 대한 설명으로 옳은 것은? 

> ○ 갑국에서 전기담요는 면역력이 떨어진 환자들의 몸을
>   따뜻하게 하기 위한 의료 목적으로 만들어졌다. 이후
>   갑국과 을국 간의 무역 과정에서 갑국 상인들을 통해 을국에
>   전기담요가 전해졌고, 전기담요는 을국에서 대중적으로
>   사용하는 난방 기구가 되었다.
> ○ 병국에서는 정국의 식민 지배를 받는 과정에서 전해진 정국의
>   ○○ 종교와 병국의 토착 신화가 결합하여 ◇◇ 종교라는
>   새로운 종교가 만들어졌다. 이후 ◇◇ 종교는 병국에 거주했던
>   정국 사람들을 통해 정국에 전해져 정국의 종교 중 하나로
>   자리 잡게 되었다.

① 갑국에서는 발견에 의한 문화 변동이 나타났다.
② 을국에서는 직접 전파에 의한 문화 변동이 나타났다.
③ 병국에서는 간접 전파에 의한 문화 변동이 나타났다.
④ 병국에서는 문화 병존이, 정국에서는 문화 융합이 나타났다.
⑤ 정국에서와 달리 병국에서는 문화 변동 과정에서 자문화 정체성이
　 상실되었다.

갑국, 을국에 대한 옳은 설명만을 〈보기〉에서 고른 것은? 

> 　갑국 사람들은 얇은 빵에 볶은 채소를 싸서 먹는 음식인 A를
> 즐겼는데, 이것이 을국의 대표 음식인 B의 유래이다. 갑국을
> 정복한 을국은 갑국에 을국의 문화를 이식하려 하였으나
> 실패하였다. 오히려 을국 사람들이 갑국에서 살게 되면서 갑국
> 문화의 영향을 받았다. 을국 사람들이 갑국 사람들로부터 A의
> 조리법을 배워 본국으로 돌아온 후, 을국 음식 문화에
> 적용함으로써 을국에서 B가 등장한 것이 그 예이다.

> **보기**
> ㄱ. 갑국에서 발견으로 인한 문화 변동이 나타났다.
> ㄴ. 을국에서 직접 전파로 인한 문화 변동이 나타났다.
> ㄷ. 을국에서 문화 융합을 통해 새로운 음식 문화가 나타났다.
> ㄹ. 갑국에서는 을국과 달리 강제적 문화 접변이 나타났다.

① ㄱ, ㄴ　　② ㄱ, ㄷ　　③ ㄴ, ㄷ　　④ ㄴ, ㄹ　　⑤ ㄷ, ㄹ

다음 사례에 나타난 문화 변동에 대한 설명으로 옳은 것은? 

> 　갑국의 전통 무예 A가 인터넷을 통해 알려지게 되면서
> 을국에서는 인터넷 동영상을 보며 A를 수련하는 사람들이
> 늘어났다. 이후 A는 을국의 전통 무예 B와 함께 을국에서
> 보편적으로 수련하는 무예 중 하나가 되었다. 한편, 병국으로
> 이민을 간 갑국 사람들은 A를 가르치는 도장을 운영하며 병국
> 사람들에게 A를 전수하였다. 이후 병국에서는 병국 고유의
> 무예 C에 A가 접목된 새로운 무예 D가 만들어졌다.

① 을국에서는 강제적 문화 접변이 나타났다.
② 을국에서는 간접 전파에 의한 문화 변동이 나타났다.
③ 병국에서는 자문화의 정체성이 상실되었다.
④ 병국에서는 발견으로 인한 문화 변동이 나타났다.
⑤ 을국에서는 문화 동화, 병국에서는 문화 융합이 나타났다.

(가), (나)에 대한 설명으로 옳은 것은?

> (가) 갑국에는 400여 종의 지역 전통주가 있었다. 갑국을
> 　　 지배하게 된 을국은 막대한 이익을 창출하고자 갑국의
> 　　 전통주 제조를 금지하는 법을 제정하고 자국의 재료를
> 　　 들여와 직접 술을 제조하여 판매하였다. 을국으로부터
> 　　 독립한 현재까지도 갑국의 전통주는 문헌에만 존재하고
> 　　 있다.
> (나) 병국 근로자들은 추운 날씨에 밖에서 일할 때 몸을 따뜻하게
> 　　 해주는 용도로 전통주를 즐겨 마셨다. 병국으로 대거 귀화한
> 　　 정국의 근로자들이 최근 이 전통주에 자신들이 정국에서
> 　　 들여온 약재를 섞어 마시기 시작했고, 효능이 알려지자
> 　　 병국의 주류 회사가 이 술을 '○○ 약주'라는 이름으로
> 　　 특허를 내 상품을 판매했다.

① (가)에서는 강제적 문화 접변의 결과로 문화 융합이 나타났다.
② (나)에서는 발명에 의한 문화 변동이 나타났다.
③ (가)와 달리 (나)에서는 자극 전파에 의한 문화 변동이 나타났다.
④ (나)와 달리 (가)에서는 문화의 정체성이 상실되는 문화 변동이
　 나타나지 않았다.
⑤ (가)와 (나)에서는 모두 직접 전파에 의한 문화 변동이 나타났다.

21 [2022학년도 6월 모평 6번]

다음 자료에 대한 분석으로 옳은 것은?  3점

표는 갑국과 을국에서 발생한 문화 변동을 나타낸 것이다. 1차 문화 변동 시기에는 내재적 변동만, 2차 문화 변동 시기에는 갑국과 을국 간 문화 접변만 있었다. (가) ~ (라)는 각각 발견, 발명, 직접 전파, 자극 전파 중 하나이며, (가)와 (다)는 각각 새로운 문화 요소를 창조하는 요인이다.

〈갑국과 을국의 문화 변동〉

구분	변동 전 문화 요소	1차 문화 변동		2차 문화 변동	
		변동 요인	추가된 문화 요소	변동 요인	추가된 문화 요소
갑국	a	(가)	c	(다)	e
을국	b	(나)	d	(라)	a, c

* a~e는 서로 다른 문화 요소를 의미하며, 이외에 다른 문화 요소는 존재하지 않는다.
** 제시된 문화 변동 이외에 다른 문화 변동은 없었으며, 문화 요소의 소멸도 없었다.

① (가)는 발견, (다)는 자극 전파이다.
② (나)는 (라)와 달리 을국의 문화 요소를 다양하게 하는 요인이다.
③ 2차 문화 변동 결과, 을국에서는 문화 병존이 나타났다.
④ 을국은 매개체를 통해 갑국의 문화 요소를 전달받았다.
⑤ 2차 문화 변동 결과, 갑국과 을국에 공통으로 존재하는 문화 요소는 3개이다.

22 [2022년 7월 학평 13번]

다음 자료에 대한 분석으로 옳은 것은?  3점

갑국과 을국은 (가) ~ (라)로 인한 문화 변동을 겪었으며, 이외에 다른 문화 변동은 없었다. 양국은 상호 교류 이외에 제3국과의 문화 교류는 없었으며, 전파된 문화 요소 중에서 소멸된 것도 없었다. 단, (가) ~ (라)는 각각 발견, 발명, 간접 전파, 직접 전파 중 하나이며, 제시된 문화 요소 이외에 다른 문화 요소는 없다.

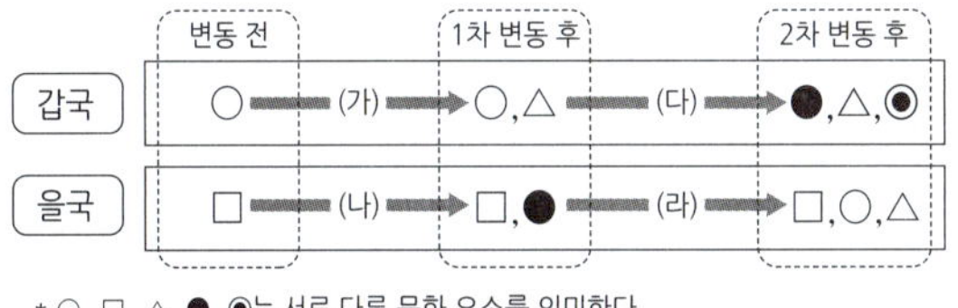

* ○, □, △, ●, ◉는 서로 다른 문화 요소를 의미한다.
** ◉는 ○와 ●가 결합하여 생성된 제3의 문화 요소이다.

① (가)는 (나)와 달리 내재적 요인이다.
② (다)로 인해 갑국에 전파된 문화 요소의 개수보다 (라)로 인해 을국에 전파된 문화 요소의 개수가 많다.
③ 1차 변동 후 을국은 갑국과 달리 새로운 문화 요소가 나타났다.
④ 2차 변동 후 갑국은 을국과 달리 기존 자기 문화의 요소가 남아 있다.
⑤ 갑국에서 문화 병존, 을국에서 문화 융합의 사례를 확인할 수 있다.

23 [2021년 10월 학평 9번]

A ~ C국에서 나타난 문화 변동에 대한 설명으로 옳은 것은?

○ A국은 갑국의 식민 통치로부터 독립한 후 강력한 자국어 사용 정책을 펼쳐 일상생활에서 자국어를 사용하고 있다. 하지만 학문 분야에서는 갑국 언어도 함께 사용하고 있다.
○ B국에서는 서적을 통해 소개된 갑국 종교를 믿는 사람들이 증가하면서 외관은 B국의 가옥 형태이고 내부 구조는 갑국 종교 양식을 따른 새로운 종교 건축물이 만들어졌다.
○ C국에서는 돌 화폐를 거래 수단으로 사용하다가 C국에 들어온 갑국 상인들에 의해 갑국 주화가 유입되면서 모든 거래에서 돌 화폐 대신 갑국 주화를 사용하게 되었다.

① A국에서는 독립 이후 강제적 문화 접변이 나타났다.
② B국에서는 A국, C국과 달리 문화 융합이 나타났다.
③ A국, B국은 C국과 달리 외부 사회와의 접촉으로 새로운 문화 요소를 갖게 되었다.
④ B국, C국에서는 A국과 달리 문화 변동 이후 자기 문화의 정체성이 유지되었다.
⑤ A ~ C국에서는 모두 직접 전파에 의한 문화 변동이 나타났다.

24 [2023년 7월 학평 13번]

다음 A ~ D국에 나타난 문화 변동에 대한 옳은 설명만을 〈보기〉에서 고른 것은? 3점

○ 무역상들은 A국과 B국에 아라비아 숫자를 전파했다. A국 지도자는 아라비아 숫자 사용 금지령을 내렸으나 국민들은 이에 저항하였고, 결국 아라비아 숫자는 A국의 기존 숫자를 대체하였다. 한편, B국 정부는 A국을 따라 숫자 체계의 변화를 시도하였으나 B국의 일부 계층만 기존 숫자와 아라비아 숫자를 혼용하였다.
○ C국에는 최근에 지진 피해를 최소화하는 새로운 내진 설계 방식이 개발되어 널리 보급되었다. D국의 한 건축가는 C국을 여행하던 중 발견한 내진 설계 건축물에서 아이디어를 얻어 최초로 수해로부터 안전한 건축 방식을 고안하였다. 이 건축 방식은 D국에서 새로 짓는 건축물에 널리 활용되었다.

보기

ㄱ. A국에서는 강제적 문화 접변이 나타났다.
ㄴ. B국에서는 D국에서와 달리 자극 전파가 나타났다.
ㄷ. C국, D국 모두에서 새로운 문화 요소가 나타났다.
ㄹ. A국에서는 B국, C국에서와 달리 문화 동화가 나타났다.

① ㄱ, ㄴ   ② ㄱ, ㄷ   ③ ㄴ, ㄷ   ④ ㄴ, ㄹ   ⑤ ㄷ, ㄹ

(가), (나)에 나타난 문화 변동에 대한 설명으로 옳은 것은?

> (가) A국은 자석이 철을 끌어 당기는 원리를 이용하여 최초로 나침반을 만들었다. 태양과 별의 위치를 기준으로 항해를 하던 B국 사람들은 A국 상인들을 통해 나침반을 접하고 이를 원거리 항해에 활용하게 되었다.
>
> (나) 고유한 토착 신앙을 지니고 있던 C국 사람들은 D국의 식민 지배를 받으면서 D국의 종교로 개종할 것을 강요당했다. 그러자 C국 사람들은 D국의 종교 교리와 의식에 자신들의 토착 신앙 요소를 결합시킨 새로운 신앙 체계를 만들었다.

① A국에서는 외재적 요인에 의한 문화 변동이 나타났다.
② B국에서는 자극 전파에 의한 문화 변동이 나타났다.
③ C국에서는 문화 융합이 나타났다.
④ (가)에서는 (나)에서와 달리 강제적 문화 접변이 나타났다.
⑤ (나)에서는 (가)에서와 달리 직접 전파가 나타났다.

(가), (나)에 나타난 문화 변동에 대한 설명으로 옳은 것은?  3점

> (가) 대중교통 요금 지불 시 현금만 이용하던 갑국은 을국이 개발한 전자 교통 카드 시스템을 배우고자 을국의 기술자들을 초빙하였다. 갑국은 이들을 통해 을국의 시스템을 도입하였다. 이후 갑국에서는 전자 교통 카드도 대중교통 요금 지불 수단으로 널리 사용되고 있다.
>
> (나) 병국이 정국을 지배하게 되면서 정국에서는 병국 언어 대신 정국 언어를 쓰자는 민족주의 운동이 일어났다. 이에 병국은 공권력을 동원하여 관공서는 물론 일상에서도 병국 언어만 쓰도록 강제하였고, 그 결과 정국에서 정국 사람들은 병국 언어만 쓰게 되었다.

① (가)에서는 직접 전파에 의한 문화 병존이 나타났다.
② (나)에서는 강제적 문화 접변에 따른 문화 융합이 나타났다.
③ (가)에서는 (나)에서와 달리 외재적 요인에 의한 문화 변동이 나타났다.
④ (나)에서는 (가)에서와 달리 사회 구성원이 새로운 문화를 공유하게 되었다.
⑤ (가)와 (나)에서는 모두 자문화의 정체성이 상실되었다.

다음 갑국, 을국의 문화 변동에 대한 설명으로 옳은 것은?

> ○ 갑국은 A국과 전쟁을 하던 중 A국의 튼튼한 성을 보고 아이디어를 얻어 독특한 축성 기술을 개발하였다. 이후 이 기술은 갑국에서 성을 쌓는 데 널리 활용되었다.
>
> ○ 을국에서는 서적을 통해 B국의 면 제조 기술이 전해진 후 B국의 면 제조 기술에 을국의 발효 기술이 더해진 새로운 면 요리가 개발되어 을국의 음식 문화로 자리 잡았다.

① 갑국에서는 직접 전파에 의한 문화 변동이 나타났다.
② 을국에서는 자극 전파로 인한 문화 변동이 나타났다.
③ 갑국에서는 을국과 달리 강제적 문화 접변이 나타났다.
④ 을국에서는 갑국과 달리 문화 융합이 나타났다.
⑤ 갑국에서는 내재적 변동, 을국에서는 외재적 변동이 나타났다.

(가), (나)에 나타난 문화 변동에 대한 분석으로 가장 적절한 것은?

> (가) 일본에서 '완탕'으로 불리는, 만둣국의 일종인 '완당'은 일본에서 조리법을 배운 요리사에 의해 우리나라에 전해져 인기를 얻고 있다. 일본식 완탕은 닭고기를 사용하여 육수를 내지만, 완당은 우리나라 사람들의 입맛에 맞게 국수처럼 멸치와 다시마로 육수를 내고 피가 일본식보다 훨씬 얇은 것이 특징이다.
>
> (나) 영국에서 일본으로 전래된 카레 가루는 인도의 '카리'가 기원이다. 식민지 인도를 통치했던 총독 일행이 영국으로 가져간 카리가 영국인의 입맛에 맞게 변형되어 일본에 전래되었다. 카레가 일본에서 인기를 얻으면서 카레 우동, 가츠 카레(카레 돈가스) 등 다양한 음식이 등장하였고, 기존의 우동, 돈가스와 함께 큰 사랑을 받고 있다.

① (가)에는 간접 전파로 인한 문화 변동의 사례가 나타나 있다.
② (나)에는 강제적 문화 접변의 사례가 나타나 있다.
③ (가)에는 (나)와 달리 문화 공존의 사례가 나타나 있다.
④ (나)에는 (가)와 달리 문화 동화의 사례가 나타나 있다.
⑤ (가), (나)에는 모두 문화 융합의 사례가 나타나 있다.

29 2025 수능   [2025학년도 수능 19번]

다음 자료에 대한 설명으로 옳은 것은?

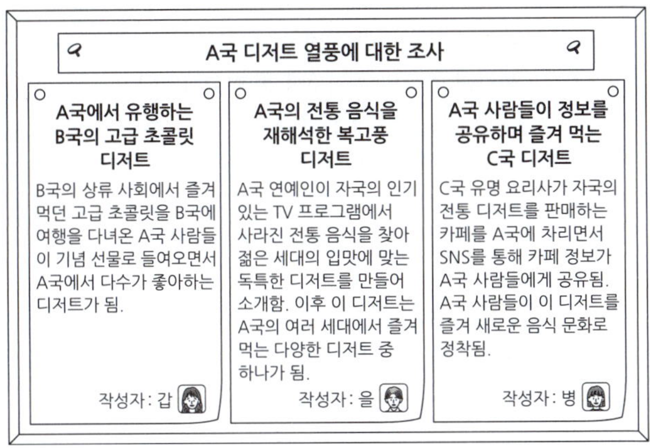

① 갑이 작성한 내용에는 문화 동화가 나타난다.

② 을이 작성한 내용에는 자발적 문화 접변이 나타난다.

③ 병이 작성한 내용에는 직접 전파가 나타난다.

④ 갑과 달리 을, 병이 작성한 내용에는 문화 공존이 나타난다.

⑤ 갑, 을과 달리 병이 작성한 내용에는 문화 융합이 나타난다.

30   [2021학년도 수능 16번]

A ~ C 국에서 나타난 문화 변동에 대한 설명으로 옳은 것은? 3점

> ○ 식사 도구로 수저를 사용하던 A 국에서는 나이프와 포크를 사용하는 이웃 나라 사람들과 교류하면서 나이프와 포크도 식사 도구로 사용하였다.
> ○ B 국의 군인들은 야외 훈련 중 철제 투구를 이용하여 음식을 끓여 먹었던 경험에서 아이디어를 얻어 새로운 형태의 냄비를 만들어 조리 도구로 사용하였다.
> ○ C 국 사람들은 자신들을 식민 통치하였던 외국인들이 즐겨 먹던 통조림 고기를 자국의 전통 요리에 접목하여 만든 새로운 음식을 즐기게 되었다.

① A 국에서는 문화 병존이, B, C 국에서는 문화 융합이 나타났다.

② A, C 국에서는 직접 전파가, B 국에서는 자극 전파가 나타났다.

③ A, B 국에서는 자발적 문화 접변이, C 국에서는 강제적 문화 접변이 나타났다.

④ A, B 국은 C 국과 달리 문화 변동 과정에서 자기 문화의 정체성을 유지하였다.

⑤ A, C 국에서는 B 국과 달리 외래 문화와의 접촉으로 새로운 문화 요소가 나타났다.

31   [2024년 3월 학평 16번]

다음 사례에 나타난 문화 변동에 대한 설명으로 옳은 것은?

> 갑국에서는 갑국의 ○○ 회사가 최초로 고안한 소매점 운영 방식인 A가 널리 활용되고 있다. 을국의 □□ 회사는 갑국에 직원을 파견하여 배워 온 A를 을국의 기존 소매점 운영 방식에 접목하여 새로운 소매점 운영 방식 B를 개발하였다. 을국에서는 B가 적용된 소매점을 흔히 볼 수 있다. 을국의 □□ 회사는 병국에 진출하였는데, B가 적용된 □□ 회사의 소매점은 병국의 전통 방식으로 운영되는 소매점과 함께 병국 사람들이 선호하는 소매점 중 하나로 자리 잡았다.

① 갑국에서는 발견으로 인한 문화 변동이 나타났다.

② 을국에서는 직접 전파로 인한 문화 변동이 나타났다.

③ 을국에서는 병국에서와 달리 문화 변동 이후 자기 문화의 정체성이 상실되었다.

④ 병국에서는 을국에서와 달리 자발적 문화 접변이 나타났다.

⑤ 갑국과 을국에서는 문화 융합, 병국에서는 문화 병존이 나타났다.

32 2026 평가원   [2026학년도 6월 모평 3번]

(가), (나)에 나타난 문화 변동에 대한 설명으로 옳은 것은?

> (가) 갑국은 을국을 식민 지배하며 갑국의 종교와 의복을 을국 국민에게 강제하였다. 그 결과 을국 전통 의복은 갑국의 것으로 대체되었고, 현재는 박물관에서만 접할 수 있게 되었다. 한편 종교의 경우, 을국의 문화 복고 운동의 영향으로 을국 전통 종교가 갑국 종교와 결합하여 새로운 종교가 나타났다.
> (나) 병국을 침략한 정국은 포로로 잡아온 도공에게 도자기 제작을 강요하여 획득한 병국 도자기 기술을 널리 활용하게 되었다. 정국은 무국에 도자기를 수출하였는데, 도자기 포장지에는 정국 고유의 독특한 화풍이 담긴 그림이 그려져 있었다. 이에 영향을 받은 무국 화가들은 자신들의 화풍에 이를 접목하여 새로운 미술 사조를 탄생시켰다.

① (가)에서는 내재적 요인으로 인해 문화 변동이 나타났다.

② (나)에서는 자극 전파로 인해 문화 변동이 나타났다.

③ (가)에서와 달리 (나)에서는 문화 융합이 나타났다.

④ (나)에서와 달리 (가)에서는 문화 동화가 나타났다.

⑤ (가)와 (나)에서는 모두 강제적 문화 접변이 나타났다.

다음 자료에 대한 설명으로 옳은 것은? **3점**

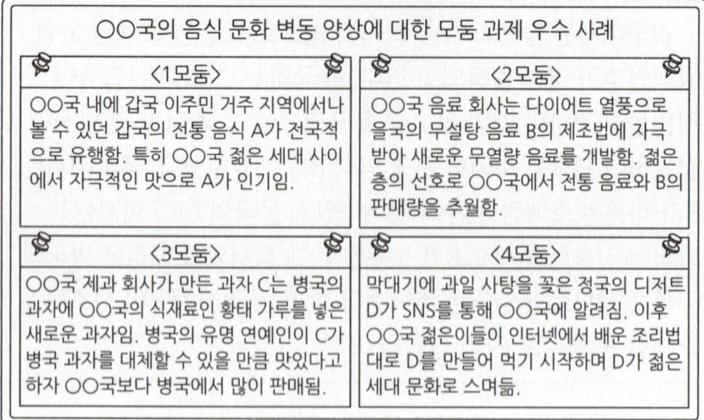

○○국의 음식 문화 변동 양상에 대한 모둠 과제 우수 사례

〈1모둠〉
○○국 내에 갑국 이주민 거주 지역에서나 볼 수 있던 갑국의 전통 음식 A가 전국적으로 유행함. 특히 ○○국 젊은 세대 사이에서 자극적인 맛으로 A가 인기임.

〈2모둠〉
○○국 음료 회사는 다이어트 열풍으로 을국의 무설탕 음료 B의 제조법에 자극받아 새로운 무열량 음료를 개발함. 젊은 층의 선호로 ○○국에서 전통 음료와 B의 판매량을 추월함.

〈3모둠〉
○○국 제과 회사가 만든 과자 C는 병국의 과자에 ○○국의 식재료인 황태 가루를 넣은 새로운 과자임. 병국의 유명 연예인이 C가 병국 과자를 대체할 수 있을 만큼 맛있다고 하자 ○○국보다 병국에서 많이 판매됨.

〈4모둠〉
막대기에 과일 사탕을 꽂은 정국의 디저트 D가 SNS를 통해 ○○국에 알려짐. 이후 ○○국 젊은이들이 인터넷에서 배운 조리법대로 D를 만들어 먹기 시작하며 D가 젊은 세대 문화로 스며듦.

① 1모둠과 2모둠이 작성한 내용에 모두 문화 공존이 나타난다.

② 3모둠과 4모둠이 작성한 내용에 모두 문화 융합이 나타난다.

③ 1모둠이 작성한 내용에 발명이, 2모둠이 작성한 내용에 직접 전파가 나타난다.

④ 3모둠이 작성한 내용에 문화 동화가, 4모둠이 작성한 내용에 간접 전파가 나타난다.

⑤ 1모둠과 2모둠이 작성한 내용에 모두 자극 전파가, 3모둠과 4모둠이 작성한 내용에 모두 자발적 문화 접변이 나타난다.

---

34 | [2024년 7월 학평 13번]

다음 사례에 나타난 문화 변동에 대한 옳은 설명만을 〈보기〉에서 있는 대로 고른 것은? **3점**

갑국으로 유입된 난민들은 정착 초기부터 마셔오던 자국의 전통 음료에 착안하여 새로운 A 음료를 개발하였다. 이 A 음료는 상인들을 통해 을국과 병국으로 전해졌고, 을국에서는 갑국에서와 같이 대중적인 음료 중 하나가 되었다. 이후 을국의 한 학자가 A 음료의 제조 과정에서 아이디어를 얻어 진행한 연구 중 부패를 일으키는 미생물을 찾아냈다. 한편, 병국에서는 정국으로부터 서적을 통해 전달된 정국의 전통적인 면 요리에 병국 사람들도 즐기는 A 음료를 첨가하여 새로운 맛을 내는 면 요리가 탄생되었다. 이 새로운 요리는 병국과 갑국의 전쟁 중에 병국 취사병에 의해 갑국에 알려졌지만 갑국 사람들의 식탁에는 오르지 못하였다.

보기

ㄱ. 을국에서는 자극 전파로 인한 문화 변동이 나타났다.

ㄴ. 병국에서는 직접 전파로 인한 문화 변동이 나타났다.

ㄷ. 갑국, 을국 모두 문화 공존이 나타났다.

① ㄱ   ② ㄴ   ③ ㄷ   ④ ㄴ, ㄷ   ⑤ ㄱ, ㄴ, ㄷ

A ~ C국에 나타난 문화 변동에 대한 설명으로 옳은 것은? **3점**

○ A국은 전통적인 온돌 문화와 이웃 나라의 공동 주거 문화를 결합하여 새로운 양식의 주거 문화를 형성하였다.

○ B국에서는 과거 자신들을 식민 지배하였던 국가의 선교사들이 들여온 신흥 종교를 받아들여 토착 종교와 함께 존재하고 있다.

○ C국은 이웃 나라의 방역 시스템에서 아이디어를 얻어 새로운 방역 제도를 구축하고 감염병 확산을 효과적으로 억제하였다.

① A, B국 모두 자기 문화의 정체성을 유지하였다.

② A국은 문화 융합이, C국은 문화 동화가 나타났다.

③ B국은 비물질문화에서, C국은 물질문화에서 문화 변동이 나타났다.

④ B국은 A, C국과 달리 강제적 문화 접변이 나타났다.

⑤ A, B국은 간접 전파, C국은 자극 전파가 나타났다.

---

36 | 2024 평가원 | [2024학년도 6월 모평 19번]

다음 자료에 대한 설명으로 옳은 것은? **3점**

〈문화 변동 사례〉

(가) A국을 대표하는 ○○음악은 전통적으로 내려오던 멜로디와 악기에서 출발하였다. 이후 이민자에 의해 들어 온 다양한 음악과 악기를 받아들여 고유한 요소와 외래적 요소가 함께 어우러진 독특한 음악으로 재탄생한 것이 오늘날의 ○○음악이다.

(나) □□족은 B국의 지배를 받게 되면서 거주지가 재배치되었고, 심지어 아이들은 B국 사람들의 가정에 입양되어 B국의 언어와 복식을 따라야만 했다. 이로 인해 □□족의 고유한 문화는 소멸되었다.

교사 : 문화 변동 사례를 읽고 탐구한 내용을 발표해 보세요.

갑 : (가)와 (나)는 모두 외재적 요인에 의한 문화 변동의 사례로 볼 수 있습니다.

을 : (나)에서는 (가)와 달리 기존의 문화와 외래문화가 결합하여 새로운 문화가 나타났습니다.

병 : ⊙

교사 : 세 사람 중 두 사람만 옳게 발표했네요.

① (가)의 문화 변동 요인은 자극 전파이다.

② (가)에서는 (나)와 달리 자문화의 정체성이 상실되었다.

③ (나)에서는 (가)와 달리 문화 다양성이 증대되었다.

④ (나)에서는 (가)와 달리 강제적 문화 접변이 나타났다.

⑤ ⊙에는 '(나)의 문화 변동 요인은 간접 전파입니다.'가 들어갈 수 있다.

---

37 [2021학년도 6월 모평 12번]

A ~ C 국에 나타난 문화 변동에 대한 옳은 설명만을 <보기>에서 고른 것은? 3점

> ○ A국에서는 전통 신앙에 외래 종교가 결합된 새로운 성격의 종교가 나타났다.
> ○ B국은 자신들을 정복한 이민족의 강요에 의해 그들의 문자를 사용하게 되면서 고유의 문자를 상실하였다.
> ○ C국은 나무를 이용해 이전에 없던 활을 만들어 사용하였다. 그리고 활의 원리에서 아이디어를 얻어 현악기를 만들었다.

> **보기**
> ㄱ. A국에서는 문화 동화가 나타났다.
> ㄴ. B국에서는 강제적 문화 접변이 나타났다.
> ㄷ. C국에서는 내재적 요인에 의한 문화 변동이 나타났다.
> ㄹ. B, C국에서는 A국과 달리 문화 융합이 나타났다.

① ㄱ, ㄴ　② ㄱ, ㄷ　③ ㄴ, ㄷ　④ ㄴ, ㄹ　⑤ ㄷ, ㄹ

38 [2025년 7월 학평 16번]

다음 자료에 대한 설명으로 옳은 것은? 3점

> 갑국의 유명한 국수 요리는 갑국의 동맹국이었던 을국의 전골 요리에서 유래되었다. 을국의 한 요리사가 갑국에서 자국 전골 요리를 판매하여 인기를 얻었고, 이후 갑국의 식품회사가 을국 전골 요리에 면을 첨가한 국수 요리를 개발하여 유행하게 되었다. 이 국수 요리는 갑국으로 유학을 다녀온 을국 사람들에 의해 을국 전체에 퍼졌고, 갑국에서 제작한 요리 동영상 콘텐츠가 온라인을 통해 확산하면서 병국 사람들에게도 전해져 병국의 대중 요리가 되었다.

① 갑국과 달리 을국에서는 자발적 문화 접변이 나타났다.
② 을국과 달리 병국에서는 문화 융합이 나타났다.
③ 을국과 달리 병국에서는 발견으로 인한 문화 변동이 나타났다.
④ 병국과 달리 을국은 자기 문화의 정체성을 상실하였다.
⑤ 갑국에서는 직접 전파, 병국에서는 간접 전파가 나타났다.

39  2024 평가원 [2024학년도 9월 모평 13번]

다음 사례에 나타난 문화 변동에 대한 설명으로 옳은 것은? 3점

> A국 영화인들은 영화 산업이 발달한 B국 영화인에게 영화 제작 기법 및 특수 효과 기술을 배워 왔다. 그 후 A국에서 자국의 전통적 정서와 B국의 특수 효과 기술이 섞인 새로운 영화 장르가 탄생했다. 한편, B국 어업인들이 조업 활동 중 C국 어업인이 끓여 준 라면을 먹게 되면서 B국에 C국 라면이 처음 전해졌다. 이후 B국 요리사가 C국 라면에 자국의 전통 소스를 가미해 국물이 없는 비빔 라면을 개발하였다. B국의 비빔 라면 조리 방식은 인터넷을 통해 C국 젊은이들에게까지 확산되었다.

① A국에서는 B국과 달리 문화 융합이 나타났다.
② B국에서는 A국과 달리 문화 접변이 나타났다.
③ B국에서는 C국과 달리 문화 공존이 나타났다.
④ A국에서는 직접 전파, B국에서는 간접 전파가 나타났다.
⑤ A국 ~ C국에서는 모두 물질 문화의 전파가 나타났다.

40 [2020학년도 6월 모평 4번]

다음 두 사례에 대한 공통적인 설명으로 가장 적절한 것은?

> ○ 요즘 스마트 기기에 저장된 생체 정보, 신용 카드 정보 등을 통해 온·오프라인 상거래에서 간편 결제 서비스를 이용하는 사람들이 증가하고 있다. 그런데 간소화된 지불 절차를 악용하여 불필요한 결제를 유도하는 등 다른 사람에게 금전적 피해를 입히는 신종 범죄도 발생하고 있다.
> ○ 최근 '먹방', '신제품 리뷰' 등 다양하고 유용한 정보를 제공하여 수익을 창출하는 1인 방송이 늘어나고 있다. 그런데 누구나 쉽게 제작하여 경제적 이익을 얻을 수 있다는 점을 악용하여 선정적이고 폭력적인 콘텐츠가 그대로 방송되는 부작용도 발생하고 있다.

① 물질문화의 발명으로 인해 세대 간 갈등이 증가하였음을 보여준다.
② 지배적인 문화의 질적 저하로 인해 반문화가 확산되었음을 보여준다.
③ 문화 요소 간 변동 속도의 차이로 인해 병리적인 현상이 나타났음을 보여준다.
④ 대중문화의 확산으로 인해 문화의 상업화와 획일화가 심화되었음을 보여준다.
⑤ 정보 통신 기술의 발달로 인해 하위문화가 전체 문화로 변화되었음을 보여준다.

41

다음 갑국, 을국의 문화 변동에 대한 설명으로 옳은 것은?

> ○ 갑국에서는 대중 매체를 통해 A국의 음악이 확산되면서
> 갑국의 음악과 더불어 A국의 음악도 향유하게 되었다.
> ○ 을국에서는 B국에서 이민 온 사람들로 인해 을국의 의복
> 문화와 B국의 의복 문화가 결합하여 새로운 양식의 의복
> 문화가 형성되었다.

① 갑국의 문화 변동 요인은 자극 전파이다.
② 을국의 문화 변동은 강제적 문화 접변에 해당한다.
③ 을국에서는 간접 전파로 인한 문화 변동이 나타났다.
④ 을국과 달리 갑국은 자기 문화의 정체성을 상실하였다.
⑤ 갑국에서는 문화 병존, 을국에서는 문화 융합이 나타났다.

42

밑줄 친 ㉠~㉣에 대한 옳은 설명을 <보기>에서 고른 것은? 3점

> 쿠바를 정복한 스페인은 원주민의 토착 종교 활동을
> 금지하고 ㉠ 그들을 가톨릭으로 개종시켰으며 이후
> 아프리카에서 쿠바로 끌려온 ㉡ 노예들에게도 개종을
> 강요했다. 노예의 대다수였던 요루바족은 자신들의 부족 신을
> 가톨릭 성인의 모습에 투영하며 신앙을 지키려 했는데, 이
> 과정에서 요루바족의 신앙과 가톨릭이 결합된 ㉢ 산테리아라는
> 독특한 종교가 탄생했다. 산테리아는 한때 ㉣ 가톨릭
> 교회로부터 탄압받기도 했지만 현재까지도 쿠바에서 민간
> 신앙으로 전해지고 있다.

> **보기**
> ㄱ. ㉠은 강제적 문화 접변에 해당한다.
> ㄴ. ㉡은 간접 전파에 해당한다.
> ㄷ. ㉢은 문화 융합에 해당한다.
> ㄹ. ㉣은 문화 지체에 해당한다.

① ㄱ, ㄴ　　② ㄱ, ㄷ　　③ ㄴ, ㄷ　　④ ㄴ, ㄹ　　⑤ ㄷ, ㄹ

43 `2026 평가원`

다음 자료에 대한 설명으로 옳은 것은? 3점

> 갑국에 향수를 보급한 인물로 알려져 있는 A는 갑국의 전통
> 의례 중 약초즙을 뿌려서 향을 내는 방식에 착안하여 뿌리는
> 형태의 새로운 향수를 개발했다. 이 향수는 갑국의 귀족층에게
> 큰 인기를 얻었다. 이 소식을 들은 을국 향수업자들이 을국의
> 바르는 향수를 갑국에 가져가 판매했다. 이로 인해 갑국의
> 서민층도 바르는 향수를 사용하게 되어 갑국에서 향수의
> 대중화가 이루어졌다. 그런데 갑국에서 혁명이 일어나 갑국
> 정부가 기업들을 국유화하면서 A는 자신의 회사를 강제로
> 빼앗겼다. 이에 A는 자신만의 향수 제조 비법을 들고 을국으로
> 망명한 후 갑국 귀족들에게 유행했던 향수를 다시 제조하였다.
> A의 향수는 향수의 본국인 을국에서 높은 시장 점유율을 갖게
> 되었다.

① 갑국에서 강제적 문화 접변이 나타났다.
② 을국에서 비물질문화의 전파가 나타났다.
③ 갑국에서 자극 전파가, 을국에서 직접 전파가 나타났다.
④ 갑국에서 문화 융합이, 을국에서 문화 동화가 나타났다.
⑤ 갑국과 을국 모두에서 문화 병존이 나타났다.

44

다음 자료에 대한 설명으로 옳은 것은? 3점

> 교사 : A~C는 각각 발명, 직접 전파, 자극 전파 중 하나입니다.
> 각 질문에 대해 '예', '아니요' 중 같은 답을 할 수 있는
> 것끼리 묶고, 그렇게 묶은 이유를 말해 보세요.
>
> <학생이 묶은 그림과 이유 설명>

질문	문화 변동의 내재적 요인인가?	존재하지 않았던 문화 요소가 창조되는가?
그림	A B C	A B C
이유 설명	A, B는 이 질문에 대해 ㉠ 라고 답할 수 있어요.	B, C는 이 질문에 대해 ㉡ 라고 답할 수 있어요.

> 교사 : 훌륭하네요. 모두 잘 묶었고, 설명도 적절합니다.

① ㉠은 '아니요', ㉡은 '예'이다.
② A는 문화 요소 자체가 아니라 추상적인 아이디어만 전파되는
　 것이다.
③ 인류 역사에서 나침반을 만들어 낸 것은 B의 사례이다.
④ A와 달리 B는 매개체를 통해 문화 요소가 전파되는 것이다.
⑤ B와 달리 C는 서로 다른 사회의 구성원 간 직접적인 접촉을 통해
　 이루어지는 것이다.

45

다음 사례에 대한 설명으로 옳은 것은? 3점

> ○ 에스파냐의 식민 지배를 받은 멕시코는 현재 지역마다 언어
>   사용 상황이 다르다. A 지역에서는 주민들이 원주민어와
>   에스파냐어를 모두 사용하지만, 주류 사회의 영향으로
>   원주민어가 사라진 B 지역에서는 에스파냐어만 사용한다.
> ○ 4~5세기경 중국 C 지역에서는 기존 형식과 다른 독특한
>   소형 불탑들이 나타났다. 둥근 기둥형인 탑신부에는 불교의
>   내용이, 그 아래 기단부에는 도교의 내용이 새겨져 있다.
>   이는 당시 C 지역의 원시 도교 문화와 새롭게 전해진 불교
>   문화가 결합된 형태라고 할 수 있다.

① A 지역에서는 새로운 제3의 문화 요소가 발생하였다.
② B 지역의 문화 변동은 한 사회의 문화 다양성을 높이는 데
   기여한다.
③ C 지역에는 문화 변동 이후에도 자기 문화의 정체성이 남아있다.
④ A 지역과 달리 B 지역에서는 외래문화 요소가 변형되지 않은
   상태로 정착되었다.
⑤ C 지역과 달리 A 지역의 문화 변동은 자기 문화가 외래문화로
   대체되는 현상이다.

46 　2026 수능

다음 자료에 대한 설명으로 옳은 것은?

> 　최근 주목받고 있는 애니메이션 ○○는 갑국의 일부
> 젊은이들이 즐겨온 을국의 아이돌 음악에 갑국 대중음악의
> 색깔을 입혀 갑국에서 창작된 작품이다. ○○에는 갑국 대중음악
> 요소를 을국 아이돌 가수의 노래에 녹여낸 새로운 음악 형식이
> 나타난다. 갑국은 온라인 동영상 플랫폼을 통해 ○○를 수출하였고,
> ○○는 갑국뿐만 아니라 을국에서 선풍적인 인기를 얻은 후
> 병국을 포함하여 세계적인 흥행을 일으키고 있다. 이후, 을국의
> 아이돌 음악은 병국의 음원 시장을 장악하며 젊은이들이
> 열광하는 음악 장르 중 하나로 자리 잡았다.

① 갑국에서는 자극 전파에 의한 문화 변동이 나타난다.
② 갑국과 병국 모두에서 문화 공존이 나타난다.
③ 을국과 병국 모두에서 문화 융합이 나타난다.
④ 을국과 병국 모두에서 직접 전파에 의한 문화 변동이 나타난다.
⑤ 갑국, 을국과 달리 병국에서는 문화 동화가 나타난다.

Ⅳ. 사회 계층과 불평등

1. 사회 불평등 현상과 계층

❶ 사회 불평등 현상의 이해

★수능에 나오는 필수 개념 2가지 + 필수 암기사항 2개

필수개념 1　계급 이론과 계층 이론

• 계급 이론과 계층 이론　암기 → 계급 이론과 계층 이론의 의미와 특징 반드시 외우기!

구분	계급 이론(마르크스)	계층 이론(베버)
구조		
기준	생산 수단(자본, 토지 등)의 소유 여부에 따라 지배 계급과 피지배 계급으로 구분	경제적 계급, 사회적 위신, 정치적 권력 등 다양한 요인에 따라 개인과 집단의 위치를 구분
특징	• 경제적 요인이 다른 모든 사회 불평등을 결정함(일원론) • 생산 수단을 둘러싼 자본가(지배 계급)와 노동자(피지배 계급)의 대립 및 갈등이 사회 변혁의 원동력임 • 구성원들의 계급 의식과 소속감이 강함 • 상대 계급에 대한 적대감이 큼 • 사회 이동(수직 이동)의 제한 • 불연속적·이분법적으로 계급을 구분	• 경제적 요인, 사회적 요인, 정치적 요인 등 다양한 요인에 의해 사회 불평등이 발생함(다원론) • 사회적 희소가치의 불평등한 분배 상태를 상층, 중층, 하층으로 범주화하여 이해 • 계층을 수직적 연속선상에 배열 • 자유로운 사회 이동 가능 • 지위 불일치 현상과 다양한 계층 분화를 설명하기에 적절함

필수개념 2　사회 불평등 현상을 보는 관점

• 사회 불평등 현상을 보는 관점　암기 → 사회 불평등 현상을 보는 관점인 기능론과 갈등론의 내용을 확실히 외우기!

구분	기능론	갈등론
사회 불평등의 원인	사회 불평등은 사회적 희소가치의 차등 분배 결과 더 중요한 위치에 더 능력 있는 사람을 충원하기 위해 불가피하게 존재함	사회 불평등은 지배 집단이 현재의 기득권과 지배적 위치를 유지하려는 결과임
가치 배분 과정	사회 구성원의 합의된 가치 반영	지배 집단의 기득권 유지를 위한 가치 반영
가치 배분 기준	개인의 자질과 노력, 능력에 따라 합법적 절차에 의해 정당하게 배분	권력이나 가정 배경 등 지배 집단의 합의에 의해 강제적으로 불공정하게 배분
사회적 기능	• 사회 구성원들에게 성취 동기를 유발하여 경쟁을 통한 각자의 자질과 능력 발휘 가능 • 개인을 적재적소에 배치함으로 사회가 최선의 기능을 하도록 하는 사회적 장치 • 사회의 유지와 발전에 기여	• 지배 집단에 유리하게 가치가 배분됨에 따라 계급이 재생산 • 개인과 사회가 최선의 기능을 하는 데 장애 • 사회적 박탈감, 집단 간 대립과 갈등을 유발하고 양극화 초래 • 직업의 기능적 중요도에는 차이가 없음
비판점	가정 배경과 같은 현실적인 영향력을 간과함	개인의 능력이나 노력이 지위 변동에 미치는 영향력을 간과함

기본자료

▶ 계급과 계급 의식
마르크스는 계급으로 분할된 사회 구성원들이 상대 계급에 대한 적대 의식과 내부적인 동류 의식을 갖게 된다고 보았다.

▶ 지위 불일치
개인의 계급, 위신, 권력의 각 측면에서 나타나는 계층 서열이 일치하지 않는 현상을 말한다.

▶ 사회 불평등 현상에 대한 입장
기능론은 사회 불평등을 보편적이고 불가피한 현상으로 간주하고, 사회 유지와 발전에 기여하는 한 불평등이 존재해야 한다고 보는 반면, 갈등론은 사회 불평등이 보편적인 현상일지는 몰라도 불가피하지 않으며 제거해야 할 현상이므로 불평등이 존재하지 않는 사회를 만들기 위해 사회 구조를 변혁해야 한다고 본다.

자료에 대한 설명으로 옳은 것은? (단, A와 B는 각각 계급론과 계층론 중 하나이다.) 3점

> 갑은 사회 계층화 현상에 대한 이론으로서 A와 달리 B가 지닌 특징을 다음과 같이 정리했는데, 세 가지 특징 중 하나는 틀린 내용이다.
>
> > ○ 지위 불일치 현상을 설명하는 데 적합하다.
> > ○ ___(가)___
> > ○ 다원론의 입장에서 사회 계층화 현상을 설명한다.

① A는 사회 계층화 현상을 사회 구성원들 간의 연속적인 서열화 현상이라고 본다.
② B는 사회적 위신이 사회 계층화를 초래하는 여러 요인 중 하나라고 본다.
③ A는 B와 달리 경제적 요인이 사회 계층화 현상에 미치는 영향을 인정한다.
④ B는 A와 달리 동일한 계급에 속한 사람들 간에 강한 연대 의식이 형성될 가능성이 높다고 본다.
⑤ (가)에 '계급 간 대립으로 인해 필연적으로 사회 변동이 발생한다고 본다.'가 들어갈 수 없다.

다음 자료는 사회 계층화 현상에 대한 두 이론 A, B의 공통점과 차이점을 나타낸 것이다. (가)~(다)에 들어갈 수 있는 내용으로 옳은 것은?

> ○ A : 불연속적 · 이분법적 관계로 계층화 현상을 설명한다.
> ○ B : 연속적 · 서열적 관계로 계층화 현상을 설명한다.
>
> A ─┬─ (가) ─┐
>   ├─ (나) ─┼─ B
>   └─ (다) ─┘

① (가) - 동일 계층 집단 구성원 간의 연대 의식을 강조한다.
② (가) - 현대 사회의 다양한 계층 분화를 설명하기에 용이하다.
③ (나) - 경제적 불평등이 정치적 불평등을 결정한다고 본다.
④ (다) - 사회 계층화 현상의 원인을 단일 요인으로 설명한다.
⑤ (다) - 사회 계층화 현상에서 귀속적 요인의 영향력을 중시한다.

사회 불평등 현상을 설명하는 이론 A, B에 대한 옳은 설명을 <보기>에서 고른 것은?

> 사회 불평등에 접근하는 사회학적 이론은 크게 A, B로 나눌 수 있다. A는 사회 계층을 재산, 권력, 위신 등 다양한 요인에 따라 구분한다. 이에 비해 B는 생산 수단의 소유 여부만을 기준으로 사회 계층을 구분한다.

보기
ㄱ. A는 동일 집단 구성원 간의 강한 귀속 의식을 강조한다.
ㄴ. B는 지위 불일치 현상을 설명하는 데 적합하다.
ㄷ. B는 A와 달리 사회 계층을 불연속적으로 구분되어 있는 상태로 파악한다.
ㄹ. A, B 모두 사회 불평등 현상에 경제적 요인을 적용하여 설명한다.

① ㄱ, ㄴ ② ㄱ, ㄷ ③ ㄴ, ㄷ ④ ㄴ, ㄹ ⑤ ㄷ, ㄹ

사회 불평등 현상을 설명하는 갑, 을의 이론에 대한 설명으로 옳은 것은? (단, 갑과 을의 이론은 각각 계급론, 계층론 중 하나이다.)

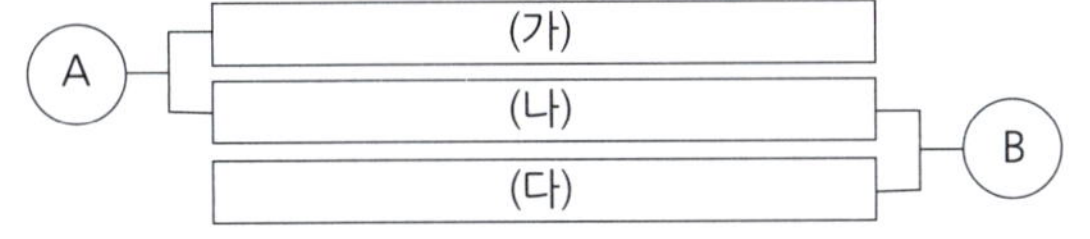

① 갑의 이론은 지위 불일치 현상을 설명하기에 적합하다.
② 을의 이론은 사회 불평등 현상을 연속적인 서열화 상태로 본다.
③ 갑의 이론은 을의 이론과 달리 다차원적인 기준으로 불평등한 분배 상태를 설명한다.
④ 을의 이론은 갑의 이론과 달리 동일한 경제적 위치에 속한 구성원 간의 강한 귀속 의식을 강조한다.
⑤ 갑, 을의 이론은 모두 정치적 불평등이 경제적 불평등에 종속된다고 본다.

---

5   [2019년 7월 학평 6번]

표는 사회 불평등 현상을 설명하는 이론 A, B를 구분한 것이다. 이에 대한 옳은 설명을 〈보기〉에서 고른 것은? (단, A, B는 각각 계급론과 계층론 중 하나이다.)

질문＼이론	A	B
사회 불평등 현상을 연속적인 서열화로 파악하는가?	아니요	예
(가)	예	예
(나)	예	아니요

ㄱ. A는 B와 달리 사회 불평등 현상을 이분법적으로 파악한다.
ㄴ. B는 A와 달리 동일 위계에 속한 구성원들 사이의 연대 의식을 중시한다.
ㄷ. (가)에는 '위계를 구분할 때 경제적 요인을 고려하는가?'가 적절하다.
ㄹ. (나)에는 '현대 사회에서 나타나는 지위 불일치 현상을 설명하기에 용이한가?'가 적절하다.

① ㄱ, ㄴ   ② ㄱ, ㄷ   ③ ㄴ, ㄷ   ④ ㄴ, ㄹ   ⑤ ㄷ, ㄹ

6   [2019년 4월 학평 6번]

A, B는 사회 계층화 현상을 설명하는 이론이다. 이에 대한 옳은 설명을 〈보기〉에서 고른 것은? (단, A와 B는 각각 계급론과 계층론 중 하나이다.) **3점**

A, B는 모두 사회 계층화 현상에 경제적 요인이 작용한다고 본다. 그런데 A는 생산 수단의 소유 여부만을, B는 생산 수단뿐만 아니라 기술이나 자격의 유무 등을 경제적 요인으로 제시한다. 또한 B는 경제적 요인 외에 사회적·정치적 요인도 사회 계층화 현상에 작용한다고 본다.

ㄱ. A는 지위 불일치 현상을 설명하는 데 적합하다.
ㄴ. A는 동일한 경제적 위계에 속한 구성원 간의 연대 의식을 강조한다.
ㄷ. B는 정치적 불평등이 경제적 불평등에 종속된다고 본다.
ㄹ. B는 사회 계층화 현상을 연속적으로 서열화된 상태로 본다.

① ㄱ, ㄴ   ② ㄱ, ㄷ   ③ ㄴ, ㄷ   ④ ㄴ, ㄹ   ⑤ ㄷ, ㄹ

7   [2020년 7월 학평 14번]

다음은 사회 불평등 현상을 설명하는 이론 A, B에 따라 갑~정의 계층적 위치를 판단한 진술이다. 이에 대한 설명으로 옳은 것은?

○ A는 생산 수단의 소유 여부에 따라 계층적 위치를 구분하는데, 이에 따르면 갑, 정 두 사람만 생산 수단을 소유하지 못하였다.
○ B는 재산, 권력, 위신의 세 가지 측면에 따라 상층, 중층, 하층으로 계층적 위치를 구분한다.
○ A에 따라 생산 수단을 소유한 것으로 판단된 사람은 B에 따른 재산 측면에서 하층에 속하지 않았다.
○ B에 따른 세 가지 측면에서 모두 상층에 속하는 사람은 을뿐이며, 세 가지 측면에서 모두 하층에 속하는 사람은 정뿐이다. 또한 세 가지 측면에서 모두 중층인 사람은 없다.
○ A에 따라 자본가로 분류된 사람 중에서 B에 따른 권력과 위신 측면이 중층에 속하는 사람은 병이다.

① A는 B와 달리 다차원적으로 사회 불평등 현상을 설명한다.
② B는 A와 달리 사회 불평등 현상의 원인으로 경제적 요인을 고려한다.
③ A에 따라 생산 수단을 소유한 사람은 1명이다.
④ B에 따라 경제적 측면에서 중층에 속하는 사람이 존재한다면, 갑일 것이다.
⑤ B에 따라 병은 을, 정과 달리 지위 불일치 현상에 해당하지 않는다.

8   [2019년 3월 학평 11번]

다음 (가), (나)에 대한 설명으로 옳은 것은? (단, (가)와 (나)는 각각 마르크스의 계급 이론과 베버의 계층 이론 중 하나이다.)

(가) 사회 계층화는 생산 수단의 소유 여부에 의해 결정된다. 사회 구성원들이 가진 정치권력이나 사회적 지위는 결국 그들의 경제적 위치를 그대로 반영할 뿐이다.
(나) 생산 수단의 소유 여부가 사회 계층화에 영향을 미치는 것을 부정할 수 없다. 하지만 사회 구성원들이 가진 정치권력이나 사회적 위신도 사회 계층 구조 내에서 그들이 갖는 위치에 영향을 미친다.

① (가)는 사회 계층 구조 내에서 개인의 수직 이동이 자유롭다고 본다.
② (나)는 경제적 측면의 계층이 사회적·정치적 측면의 계층을 결정한다고 본다.
③ (나)는 동일한 계층에 속한 사람들 간에 강한 연대 의식이 형성되기 쉽다고 본다.
④ (가)와 달리 (나)는 다원론에 기초하여 사회 계층화를 인식한다.
⑤ (나)와 달리 (가)는 지위 불일치 현상을 설명하는 데 적합하다.

다음 자료에 대한 옳은 설명만을 〈보기〉에서 있는 대로 고른 것은?

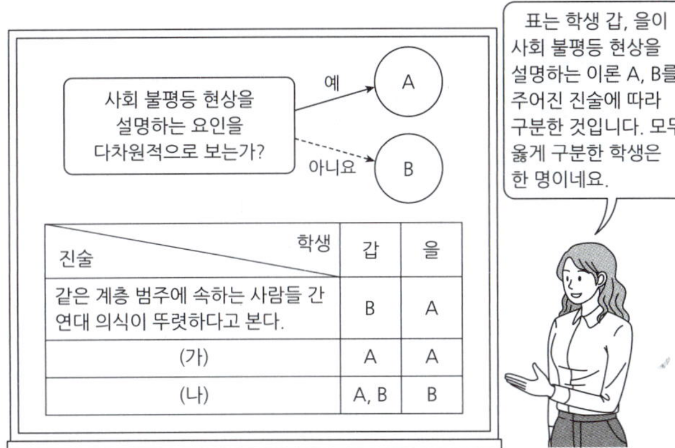

진술 \ 학생	갑	을
같은 계층 범주에 속하는 사람들 간 연대 의식이 뚜렷하다고 본다.	B	A
(가)	A	A
(나)	A, B	B

보기

ㄱ. 진술에 따라 A, B를 모두 옳게 구분한 학생은 을이다.
ㄴ. A는 B와 달리 지위 불일치 현상을 설명하기에 용이하다.
ㄷ. (가)에는 '계층을 연속적인 위계 관계로 파악한다.'가 들어갈 수 있다.
ㄹ. (나)에는 '경제적 요인을 사회 불평등 현상의 원인으로 고려한다.'가 들어갈 수 있다.

① ㄱ, ㄴ ② ㄱ, ㄹ ③ ㄴ, ㄷ
④ ㄱ, ㄷ, ㄹ ⑤ ㄴ, ㄷ, ㄹ

자료에 대한 설명으로 옳은 것은? 3점

갑과 을은 아래 표의 주장 (가)~(다)가 마르크스의 계급론과 베버의 계층론 중 어느 이론에 부합하는지 평가하여 ○표를 하였다. 그런데 한 사람은 모두 정확하게 표시하였고, 다른 한 사람은 한 가지 주장에 대해서는 틀리게 표시하였다.

주장	갑 계급론	갑 계층론	을 계급론	을 계층론
(가)	○		○	
(나)	○		○	○
(다)		○		○

① (가)에 '사회 구성원 간에는 연속적인 서열 관계가 나타난다.'가 들어갈 수 있다.
② (나)에 '경제적 요인이 사회 계층화에 영향을 미친다.'가 들어갈 수 없다.
③ (나)에 '사회 계층화를 설명하는 데에는 다원론이 적합하다.'가 들어갈 수 없다.
④ (다)에 '경제적 측면과 정치적 측면에서 개인의 계층 위치는 일치할 수밖에 없다.'가 들어갈 수 있다.
⑤ (가)~(다) 중 마르크스의 계급론에 부합하는 주장은 1개뿐이다.

사회 불평등 현상을 바라보는 갑, 을의 관점에 대한 설명으로 옳은 것은? 3점

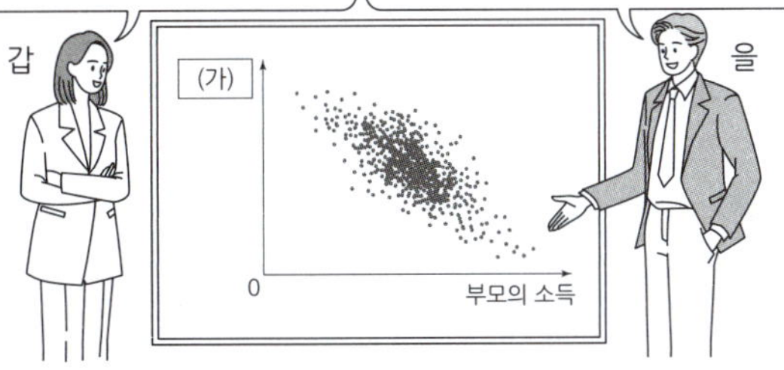

① 갑의 관점은 사회 불평등 현상을 타파해야 할 문제라고 본다.
② 을의 관점은 차등 보상이 개인의 성취동기를 자극한다고 본다.
③ 을의 관점에서는 (가)에 '자녀의 소득'이 들어갈 수 있다고 본다.
④ 갑의 관점은 을의 관점과 달리 사회 불평등 현상이 인재를 적재적소에 배치하는 데 기여한다고 본다.
⑤ 을의 관점은 갑의 관점과 달리 사회 불평등 현상을 보편적이고 불가피한 현상으로 본다.

다음 글에 나타난 사회 불평등 현상을 보는 관점에 대한 옳은 설명만을 〈보기〉에서 고른 것은?

자본주의 사회의 불평등은 자본가가 노동자를 착취하는 관계에서 기인한다. 노동자와 자본가의 이익은 상충하기에 이들은 상대를 희생시켜야 이익을 얻을 수 있는 관계에 있다. 자본가가 자신의 이득을 최대한 늘리려고 한 결과, 노동자는 노동에 대한 정당한 대가를 받지 못하여 자신이 생산한 상품을 구매할 만한 재력을 갖추지 못하게 된다. 이와 같은 구조적 모순은 자본가와 노동자 간 불평등을 심화시킨다.

보기

ㄱ. 사회 불평등 현상을 극복해야 할 대상으로 본다.
ㄴ. 사회적 희소가치의 배분 기준이 지배 집단에게 유리하다고 본다.
ㄷ. 사회적 희소가치의 차등 분배가 개인의 성취동기에 긍정적으로 작용한다고 본다.
ㄹ. 개인의 귀속적 요인이 사회 불평등 현상에 미치는 영향을 간과한다는 비판을 받는다.

① ㄱ, ㄴ ② ㄱ, ㄷ ③ ㄴ, ㄷ ④ ㄴ, ㄹ ⑤ ㄷ, ㄹ

13

다음 글의 사회 불평등 현상을 바라보는 관점에 부합하는 주장만을 <보기>에서 고른 것은?

> 사회가 평온할 때에는 직업 간의 중요도 차이가 명확하게 드러나지 않을 수도 있다. 하지만 사회에 위기가 닥치면 직업별 중요도가 보다 명확하게 드러나고, 차등 분배의 정당성에 대한 의구심이 사라지게 된다. 이는 직업 간 차등 보상이 왜 정당한지를 분명하게 보여 준다.

보기

ㄱ. 사회적 희소가치의 차등 분배는 불가피한 현상이다.
ㄴ. 차등 분배 체계는 지배 집단의 이익을 보장하기 위한 수단이다.
ㄷ. 사회 불평등 현상은 개인의 성취동기를 유발하여 사회 발전에 기여한다.
ㄹ. 사회적 희소가치의 소유 정도는 개인의 노력이 아니라 가정 배경에 비례한다.

① ㄱ, ㄴ ② ㄱ, ㄷ ③ ㄴ, ㄷ ④ ㄴ, ㄹ ⑤ ㄷ, ㄹ

14

사회 불평등 현상을 바라보는 갑, 을의 관점에 대한 설명으로 옳은 것은?

> 갑 : 임금 격차의 원인은 자본가가 만든 불합리한 노동력 평가 기준에 있다. 자본가는 그들만이 정당하다고 판단하는 기준으로 불평등한 임금 체계를 만들어 이윤을 극대화한다.
> 을 : 노동 시장에서 임금 격차가 나타나는 것은 노동 생산성과 관련이 있다. 노동 생산성에 따른 임금의 차등적 지급은 사회 전체의 효율을 증대시킨다.

① 갑의 관점은 사회 불평등 현상을 보편적이면서도 불가피한 현상으로 본다.
② 을의 관점은 직업 간 사회적 중요도의 우위를 객관적으로 평가하기 어렵다고 본다.
③ 갑의 관점은 을의 관점에 비해 개인의 귀속적 요인이 사회 불평등에 미치는 영향력을 경시한다.
④ 을의 관점은 갑의 관점과 달리 사회적 희소 가치의 배분 기준은 사회적으로 합의된 것이라고 본다.
⑤ 갑, 을의 관점은 모두 균등 분배가 개인의 성취동기를 자극한다고 본다.

15

사회 불평등 현상을 바라보는 갑, 을의 관점에 대한 설명으로 옳은 것은?

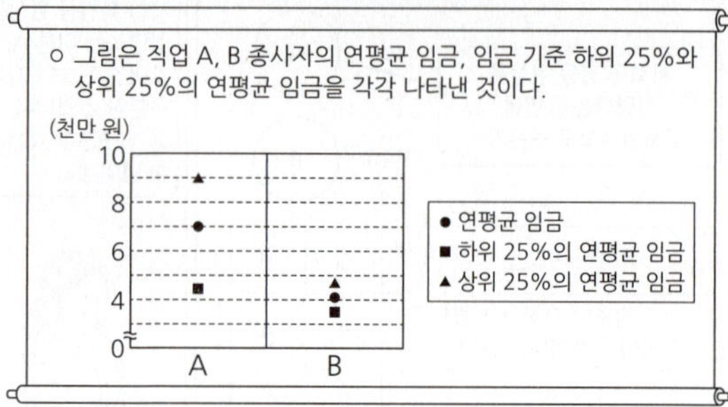

① 갑의 관점은 사회적 희소 자원의 차등 분배로 기존의 사회 불평등 구조가 재생산된다고 본다.
② 을의 관점은 사회적 희소 자원의 균등 분배가 인재를 적재적소에 배치하는 데 어려움을 초래한다고 본다.
③ 갑의 관점과 달리 을의 관점은 사회 불평등이 불가피한 현상이라고 본다.
④ 을의 관점과 달리 갑의 관점은 개인의 귀속적 요인이 사회 불평등에 미치는 영향을 중시한다.
⑤ 을의 관점과 달리 갑의 관점은 사회적 희소 자원의 분배 기준을 사회 전체가 합의한 것이라고 본다.

16

사회 불평등 현상을 바라보는 관점 A, B에 대한 설명으로 옳은 것은?

> A는 직업 간 사회적 기여도에 차이가 있으므로 차등 분배가 필요하다고 보는 B의 주장이 지배 집단의 기득권을 정당화하는 논리에 불과하다고 본다.

① A는 차등 분배 체계가 기존 불평등 구조를 재생산하기 위한 수단이라고 본다.
② A는 개인의 능력이나 노력 수준에 비례하여 사회적 성공 정도가 결정된다고 본다.
③ B는 원칙적으로 사회 불평등 현상을 사회 문제로 본다.
④ B는 사회 발전을 위해 사회 불평등 현상이 제거되어야 한다고 본다.
⑤ A는 B와 달리 사회 불평등 현상이 보편적인 현상이라고 본다.

17
[2024년 4월 학평 19번]

사회 불평등 현상을 바라보는 관점 (가), (나)에 대한 설명으로 옳은 것은? 3점

> (가) 사회에는 기능적으로 중요한 직업과 덜 중요한 직업이 존재하므로, 우수한 능력을 갖춘 사람이 더 중요한 직업에 배치될 때 사회가 원활하게 유지되고 발전할 수 있다. 그리고 사회에서 중요한 직업을 담당할 수 있는 자격 여부는 개인의 능력이나 노력 여하에 따라 결정된다.
>
> (나) 사회에서 직업의 기능적 중요도를 나누는 기준은 지배 집단이 자의적으로 정한 것이며, 능력을 평가하는 기준 역시 지배 집단의 가치와 특성을 반영한다. 그리고 그 사회가 중요하다고 여기는 직업을 갖기 위한 기회는 개인의 사회적 · 경제적 · 문화적 배경 등에 따라 제한된다.

① (가)는 사회 불평등 현상을 극복해야 할 문제라고 본다.
② (가)는 사회적 희소가치를 배분하는 기준이 사회 전체의 합의에 기초한다고 본다.
③ (나)는 기득권층의 이익을 대변하는 논리로 이용될 우려가 있다는 비판을 받는다.
④ (나)는 사회 불평등 현상이 개인의 성취동기를 감소시킬 수 있음을 간과한다는 비판을 받는다.
⑤ (나)는 (가)와 달리 사회 불평등 현상이 인재를 적재적소에 배치하는 데 기여한다고 본다.

18 2025 평가원
[2025학년도 6월 모평 18번]

다음 글에서 도출할 수 있는 사회 불평등 현상을 바라보는 필자의 관점에 대한 옳은 설명만을 〈보기〉에서 고른 것은? 3점

> 임금 노동자들은 많이 일하면서도 최소한의 임금을 받는다. 하지만 이것은 최저 임금이 아닌 평균 임금이라고 규정되고, 부당한 임금 구조는 은폐된다. 이러한 구조를 유지하기 위해 자본가들은 국가를 통해 법을 제정하고 교육을 관리한다. 이 과정에서 사람들은 사회가 질서 정연하게 유지되고, 각자의 기능과 역할에 따라 부가 공정하게 분배된다고 믿게 된다.

보기

ㄱ. 사회 불평등을 부당하고 해결해야 할 현상으로 본다.
ㄴ. 균등 분배가 인재의 적재적소 배치에 어려움을 야기한다고 본다.
ㄷ. 사회 제도를 지배와 피지배 관계의 재생산을 위한 수단으로 본다.
ㄹ. 사회적 희소가치의 배분 기준이 사회적으로 합의된 것이라고 본다.

① ㄱ, ㄴ   ② ㄱ, ㄷ   ③ ㄴ, ㄷ   ④ ㄴ, ㄹ   ⑤ ㄷ, ㄹ

19
[2024년 10월 학평 6번]

사회 불평등 현상을 바라보는 관점 A에 부합하는 진술만을 〈보기〉에서 고른 것은?

> A를 반박하는 학자들은 여러 직업의 기능적 중요성을 정확히 판단하기 어려울 뿐만 아니라 한 사회가 원활히 돌아가는 데 중요하지 않은 직업은 없다고 주장한다.

보기

ㄱ. 사회 불평등 현상은 개인의 성취동기 유발에 기여한다.
ㄴ. 사회적 희소가치 배분 기준은 사회적으로 합의된 것이다.
ㄷ. 사회의 발전을 위해 사회 불평등 현상은 제거되어야 한다.
ㄹ. 사회의 차등 분배 체계는 기존의 불평등 구조를 재생산하는 수단이다.

① ㄱ, ㄴ   ② ㄱ, ㄷ   ③ ㄴ, ㄷ   ④ ㄴ, ㄹ   ⑤ ㄷ, ㄹ

20 2025 수능
[2025학년도 수능 16번]

다음 자료에 대한 옳은 설명만을 〈보기〉에서 고른 것은? (단, A, B는 각각 기능론과 갈등론 중 하나임.) 3점

> 〈확인 평가〉
>
> ○ 제시된 '진위 판단'에 부합하도록 빈칸을 채워 진술을 완성하시오.

진위 판단	진위 판단에 부합하는 진술	채점 결과
참	A와 달리 B는 희소 자원의 차등 분배가 개인의 성취동기에 긍정적으로 작용한다고 본다.	0점
거짓	B와 달리 A는 (가)	㉠

* 교사는 완성한 진술별로 채점하고, 제시된 '진위 판단'에 부합하도록 진술을 완성한 경우에는 1점을, 그렇지 않은 경우에는 0점을 부여함.

보기

ㄱ. A는 직업 유형 간 사회적 중요도의 차이가 없다고 본다.
ㄴ. B는 사회 불평등 현상을 제거해야 하는 대상이라고 본다.
ㄷ. (가)에 '개인의 귀속적 요인이 사회 불평등에 미치는 영향력을 중시한다.'가 들어간다면, ㉠은 '0점'이다.
ㄹ. ㉠이 '1점'이라면, (가)에 '사회적 희소가치의 분배 기준은 사회 전체가 합의한 것이라고 본다.'가 들어갈 수 없다.

① ㄱ, ㄴ   ② ㄱ, ㄷ   ③ ㄴ, ㄷ   ④ ㄴ, ㄹ   ⑤ ㄷ, ㄹ

21

다음 자료에 대한 옳은 설명만을 〈보기〉에서 있는 대로 고른 것은?
(단, A, B는 각각 기능론, 갈등론 중 하나이다.)

질문	답변	
	갑	을
A는 직업 유형 간 사회적 중요도에서 차이가 있다고 보는가?	아니요	㉠
(가)	예	예
A는 차등 분배가 갖는 사회적 순기능을 강조하는가?	아니요	예
B는 사회 불평등을 불가피한 현상으로 보는가?	아니요	예
점수	2점	1점

* 교사는 각 질문별로 채점하고, 답변 하나가 맞을 때마다 1점씩 부여함.

보기

ㄱ. (가)에는 'A는 B와 달리 개인의 귀속적 요인이 사회 불평등에 미치는 영향을 간과하는가?'가 들어갈 수 있다.

ㄴ. ㉠은 '아니요'이다.

ㄷ. A는 균등 분배가 인재의 적재적소 배치에 어려움을 야기한다고 본다.

ㄹ. B는 희소가치의 분배 기준은 대다수 사회 구성원이 합의한 것이라고 본다.

① ㄱ, ㄷ ② ㄱ, ㄹ ③ ㄴ, ㄷ
④ ㄱ, ㄴ, ㄹ ⑤ ㄴ, ㄷ, ㄹ

22

다음 자료에 대한 설명으로 옳은 것은? (단, A와 B는 각각 갈등론과 기능론 중 하나이다.)

'㉠ 사회적 희소가치의 차등 분배는 정당한가?', '㉡ 사회 불평등 현상은 보편적인 현상인가?'라는 두 질문에 대한 A의 응답은 일치하고, B의 응답은 불일치한다.

① A는 직업 간에 사회적 기여도의 차이가 없음을 강조한다.
② B는 개인의 노력과 업적에 따라 계층이 결정된다고 본다.
③ A는 B와 달리 사회 불평등 현상을 병리적인 현상으로 본다.
④ B는 A와 달리 사회적 희소가치의 배분 기준이 사회적 합의를 반영하고 있다고 본다.
⑤ ㉠에 대한 A의 응답과 ㉡에 대한 B의 응답은 모두 '예'이다.

23

다음 글에 나타난 사회 불평등 현상을 보는 관점에 대한 옳은 설명만을 〈보기〉에서 고른 것은?

개인의 소득은 개인의 생산성에 의해 결정되고 그 생산성은 기술의 숙련 여부에 의해 결정된다. 기술의 숙련은 교육이나 훈련과 같이 사람들이 자신의 인적 자본에 얼마나 많은 투자를 하였는지에 따라 결정된다. 기술의 숙련과 같이 사회가 요구하는 능력을 갖추는 데 게을리한 사람들이나, 구성원들에게 이러한 능력을 갖추도록 동기를 부여하지 못하는 사회는 실업 및 빈곤 문제에 직면하게 될 것이다.

보기

ㄱ. 개인의 가정 배경이 사회 불평등에 미치는 영향력을 중시한다.

ㄴ. 직업 유형 간 사회적 중요도의 우위를 객관적으로 평가하기 어렵다는 지적을 받는다.

ㄷ. 사회 불평등 현상이 개인의 성취동기를 감소시킬 수 있음을 간과한다는 비판을 받는다.

ㄹ. 사회적으로 사용 가능한 자원이 제한되어 있기 때문에 사회 불평등 현상이 존재한다는 사실을 간과한다.

① ㄱ, ㄴ ② ㄱ, ㄷ ③ ㄴ, ㄷ ④ ㄴ, ㄹ ⑤ ㄷ, ㄹ

24

다음 글의 사회 불평등 현상을 바라보는 관점에 부합하는 주장만을 〈보기〉에서 고른 것은? **3점**

현대 사회에서 분업 체계의 발달은 분배 결과의 측면에서 시민들 사이에 불평등을 가져올 수 있다. 하지만 우리가 필요로 하는 평등은 경쟁 조건의 평등이지 분배 결과의 평등이 아니다. 경쟁 조건의 평등이 전제된다면 분배 결과의 불평등은 분업 체계의 효율성을 높이는 작용을 하기 때문이다.

보기

ㄱ. 사회 불평등 현상은 보편적이고 불가피한 현상이다.

ㄴ. 사회 불평등 현상은 개인의 성취동기를 자극하여 사회 발전에 기여한다.

ㄷ. 사회적 희소가치의 배분 정도는 개인의 노력이 아니라 가정 배경에 의해 결정된다.

ㄹ. 사회적 희소가치의 배분 기준은 사회적 합의에 따른 것이 아니라 지배 집단에 의해 강제된 것이다.

① ㄱ, ㄴ ② ㄱ, ㄷ ③ ㄴ, ㄷ ④ ㄴ, ㄹ ⑤ ㄷ, ㄹ

다음 자료에 대한 설명으로 옳은 것은? **3점**

> 최근 ○○자원 채굴 과정에서 약소국 국민들은 노동에 대한 정당한 대가를 받지 못하고, 채굴할 때 발생하는 환경 오염의 피해를 고스란히 받고 있다. (가) 단체와 (나) 단체는 모두 이러한 현상이 약소국이 강대국에 경제적으로 종속된 국가 간 불평등에 기인한다고 주장한다. 이에 (가) 단체는 자원 채굴로 인한 생태계 파괴를 지적하고 각국 정부에 국제기구가 마련하고 있는 협약에 동참할 것을 촉구하며, 물리력을 활용한 ㉠ 시위를 지속적으로 전개하였다. (나) 단체는 미래 세대의 삶을 이어가기 위해, 지구 환경을 파괴하는 기업의 제품에 대한 ㉡ 불매 운동을 전개하며 지구촌 문제에 관심을 가질 것을 꾸준히 호소하였다.

> (가) 단체와 (나) 단체의 국가 간 불평등의 원인에 대한 주장에서 사회 불평등을 바라보는 A 관점을 확인할 수 있습니다.
>
> 교사

① A 관점은 사회 불평등을 피할 수 없는 필연적인 현상으로 본다.

② ㉠은 한정된 자원으로 인해 발생한 국가 간 물리적 충돌을 해결하려는 사회 운동이다.

③ ㉡은 세계 시민 의식을 바탕으로 지속 가능한 사회를 만들어 가려는 사회 운동이다.

④ (가) 단체는 전 지구적 문제를 국가들의 개별적인 활동으로 해결하려고 한다.

⑤ (나) 단체는 국제기구의 제재를 통해 지구 환경 문제를 해결하려고 한다.

❷ 사회 계층 구조와 사회 이동

★수능에 나오는 필수 개념 2가지 + 필수 암기사항 2개

필수개념 1 계층 구조의 유형과 특징

• 계층 구조의 유형과 특징 **암기** → 계층 구조의 유형과 특징을 분명히 이해하기!

계층 이동의 가능성에 따라	폐쇄적 계층 구조	• 수직 이동 불가능, 수평 이동 가능 • 세대 간 계층이 고착화(세습)됨 • 세대 내 이동 중 수직 이동이 제한됨 • 귀속 지위가 중시됨 • 상이한 계층 간 교류가 제한
	개방적 계층 구조	• 수직 이동, 수평 이동 모두 가능 • 세대 간 이동 및 세대 내 이동 허용 • 주로 성취 지위가 중시됨 • 상이한 계층 간 교류가 자유로움
계층 구성원의 비율에 따라	피라미드형 계층 구조	• 하층의 비율이 가장 높고, 상층의 비율이 가장 낮음 • 봉건적 신분 사회에서 주로 나타남 • 사회 불평등의 수준이 비교적 커서 사회 통합 및 안정 가능성 낮음
	다이아몬드형 계층 구조	• 상층과 하층에 비해 중층의 비율이 높음 • 안정적 계층 구조 • 현대 산업 사회에서 주로 나타남 • 사회 불평등의 수준이 비교적 낮아서 사회 통합 및 안정 가능성 높음
	모래시계형 계층 구조	• 상층과 하층에 비해 중층의 비율이 낮음 • 정보 사회에 대한 비관적인 입장으로, 정보 격차로 인해 상층과 하층 간 불평등이 심화되고, 중층 비율이 현저히 감소한다고 봄 • 양극화로 사회 갈등의 가능성이 매우 높음
	타원형 계층 구조	• 중층의 비율이 가장 높음 • 정보 사회에 대한 낙관적인 입장으로, 계층 간 소득 격차가 감소하여 중층 비율이 높아진다고 봄 • 사회 통합 및 안정 가능성 매우 높음

필수개념 2 사회 이동의 유형

• 사회 이동의 유형 **암기** → 사회 이동의 유형과 내용을 반드시 이해하고 외우기!

이동 방향에 따라	수직 이동	계층적 위치가 위·아래로 변하는 사회 이동 → 하위 계층에서 상위 계층으로 올라가는 상승 이동과 그 반대인 하강 이동으로 구분됨 예 사원으로 입사하여 사장의 자리에까지 오른 경우
	수평 이동	동일한 계층 내에서의 위치 변화로 계층적 위치의 높낮이가 바뀌지 않은 상태에서 비슷한 위치의 다른 직업이나 소속으로 옮겨 가는 사회 이동 예 영업부장에서 관리부장으로 이동한 경우
이동 범위에 따라	세대 내 이동	개인이나 집단의 사회적 위치가 한 사람의 생애 내에서 바뀌는 사회 이동 예 영업부 사원 → 영업부 이사(수직), 인사 팀장 → 구매 팀장(수평)
	세대 간 이동	두 세대 이상에 걸쳐 계층적 위치가 바뀌는 사회 이동 예 광부인 아버지와 총리가 된 딸(상승), 사장인 아버지와 실업자가 된 아들(하강)
이동 원인에 따라	개인적 이동	주어진 계층 체계 내에서 개인의 능력과 노력으로 계층적 위치가 바뀌는 사회 이동 예 빈민가에서 태어난 소녀가 노력을 통해 유명 TV 토크쇼 진행자가 된 경우
	구조적 이동	전쟁, 혁명, 산업화 등의 급격한 변동으로 인해 기존의 계층 구조 자체가 변하여 계층적 위치가 변화되거나, 새로운 계층이 생겨남에 따라 기존의 계층적 위치가 변하는 사회 이동 예 시민 혁명 이후 봉건 귀족의 몰락(하강)과 부르주아 계급의 등장(상승)

기본자료

▶ **계층 재생산**
부모 세대의 계층이 자녀 세대로 대물림되면서 계층이 고착화되는 현상으로, 상층의 세습과 하층의 세습은 계층 재생산의 대표적 사례에 해당한다.

▶ **계층 구조와 사회 통합**
중층 비율이 높을수록 사회 통합에 유리하다.

▶ **사회 이동**
개인이나 집단이 사회적 위계상 다른 위치로 옮겨가는 것을 말한다.

1 [2023학년도 수능 12번]

다음 자료에 대한 분석으로 옳은 것은?

<자료 1>은 현재 갑국의 계층 구조와 계층 구성 비율에 대한 정보이고, <자료 2>는 t년 후 갑국의 계층 구성 비율에 대한 두 가지 예측 결과이다. 단, A~C는 각각 상층, 중층, 하층 중 하나이다.

<자료 1>

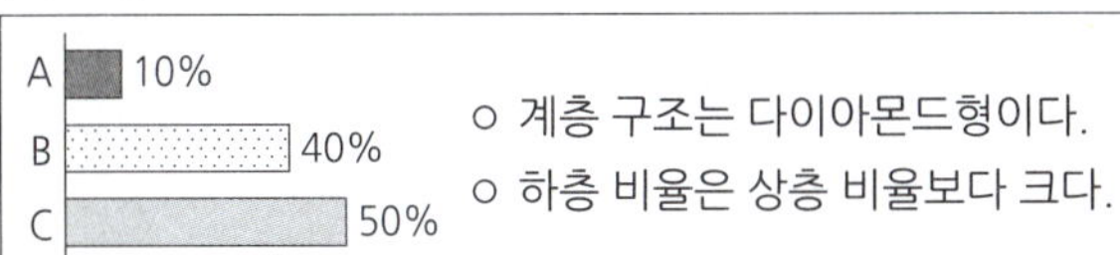

○ 계층 구조는 다이아몬드형이다.
○ 하층 비율은 상층 비율보다 크다.

<자료 2>

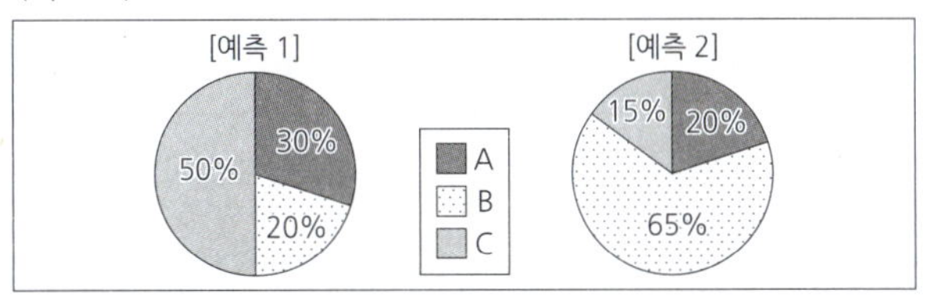

① [예측 1]대로 된 경우의 중층 비율은 현재의 중층 비율보다 크다.
② [예측 1]대로 된 경우의 상층 비율은 현재의 상층 비율의 2배이다.
③ [예측 2]대로 된 경우의 계층 구조는 피라미드형이다.
④ [예측 2]대로 된 경우의 하층 비율은 [예측 2]대로 된 경우의 중층 비율의 4배보다 크다.
⑤ [예측 2]대로 된 경우의 중층 비율은 [예측 1]대로 된 경우의 상층 비율의 2배보다 크다.

2 **2024 평가원** [2024학년도 6월 모평 11번]

그림은 갑국의 세대별 계층 구성 비율을 나타낸 것이다. 이에 대한 옳은 분석만을 <보기>에서 고른 것은?

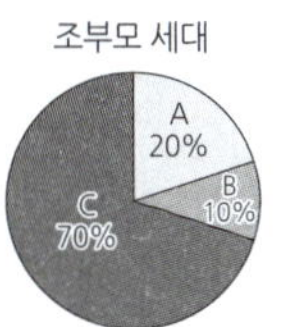

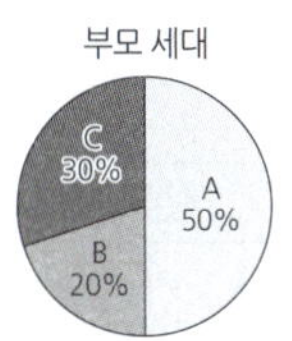

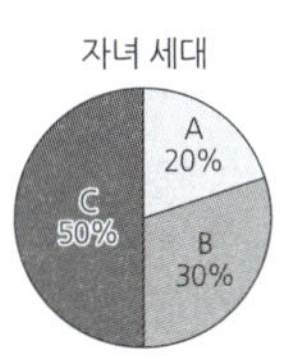

* 계층은 A, B, C로 구분되며, A~C는 각각 상층, 중층, 하층 중 하나임.
** 조부모 세대의 계층 구조는 피라미드형이고, 각 세대의 인구는 동일함.

보기

ㄱ. 조부모 세대에서 하층 인구는 상층 인구의 2배이다.
ㄴ. 상층 인구는 조부모, 부모, 자녀 세대로 갈수록 증가한다.
ㄷ. 부모 세대의 계층 구조는 조부모 세대의 계층 구조에 비해 사회 통합에 불리하다.
ㄹ. 부모 세대의 계층 구조는 다이아몬드형, 자녀 세대의 계층 구조는 모래시계형이다.

① ㄱ, ㄴ ② ㄱ, ㄷ ③ ㄴ, ㄷ ④ ㄴ, ㄹ ⑤ ㄷ, ㄹ

3 [2023학년도 9월 모평 18번]

다음 자료에 대한 설명으로 옳은 것은? 3점

그림은 갑국~병국의 계층 구성 비율을 나타낸 것이다. 갑국~병국은 모두 계층을 상층, 중층, 하층으로만 구분하며, A~C는 각각 상층, 중층, 하층 중 하나이다.

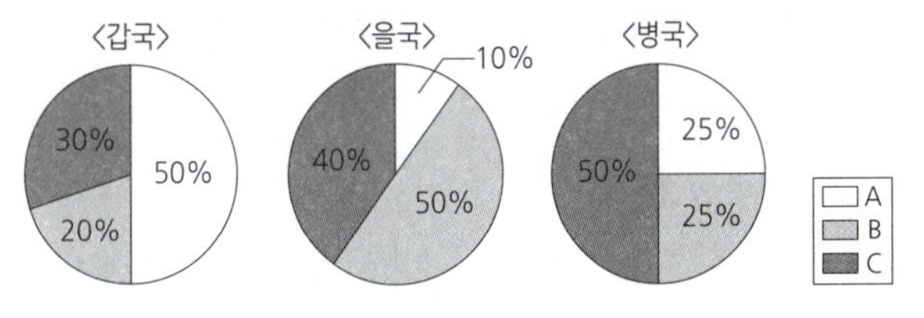

① A가 상층이고 B가 중층이라면, 병국의 계층 구조는 을국의 계층 구조보다 사회 통합에 유리하다.
② B가 하층이고 C가 상층이라면, 을국의 계층 구조는 갑국의 계층 구조보다 계층 양극화로 인한 문제가 발생할 가능성이 높다.
③ 갑국의 계층 구조가 모래시계형이라면, 을국과 병국은 모두 중층 비율이 가장 작다.
④ 을국의 계층 구조가 피라미드형이라면, 병국에서 상층 비율과 중층 비율은 동일하다.
⑤ 병국의 계층 구조가 다이아몬드형이고 B가 하층이라면, 을국의 중층 비율은 갑국의 상층 비율보다 크다.

4 **2024 평가원** [2024학년도 9월 모평 11번]

다음 자료에 대한 옳은 분석만을 <보기>에서 고른 것은? 3점

표는 갑국~병국의 계층 구성 비율을 나타낸 것이다. 모래시계형 계층 구조에서는 A의 비율이 가장 낮다. 단, 갑국~병국의 계층 구조는 각각 피라미드형, 다이아몬드형, 모래시계형 중 하나이다.

(단위 : %)

구분	갑국	을국	병국
A	30	20	50
B	20	30	20
C	50	50	30

* 계층은 A, B, C로만 구분되며, A~C는 각각 상층, 중층, 하층 중 하나임.

보기

ㄱ. 갑국은 병국과 달리 폐쇄적 계층 구조가 나타난다.
ㄴ. 병국의 계층 구조는 을국의 계층 구조에 비해 사회 안정성이 높다.
ㄷ. 갑국과 병국은 모두 해당 국가에서 상층 인구가 가장 적다.
ㄹ. 을국의 계층 구조는 갑국, 병국의 계층 구조와 달리 주로 근대 이후의 산업 사회에서 나타난다.

① ㄱ, ㄴ ② ㄱ, ㄷ ③ ㄴ, ㄷ ④ ㄴ, ㄹ ⑤ ㄷ, ㄹ

다음 자료에 대한 분석으로 옳은 것은?  3점

표는 갑국의 계층 구성 중 세대별 가장 높은 비율을 차지하는 계층과 가장 낮은 비율을 차지하는 계층의 구성 비율을 나타낸 것이다. 조부모 세대의 계층 구조는 피라미드형이고, 부모 세대와 자녀 세대의 계층 구조는 각각 다이아몬드형, 모래시계형 중 하나이다. 단, 계층은 상층, 중층, 하층으로만 구분되며, 조부모 세대의 하층 비율과 자녀 세대의 하층 비율은 같다.

(단위 : %)

구분	조부모 세대	부모 세대	자녀 세대
가장 높은 비율을 차지하는 계층의 구성 비율	60	50	60
가장 낮은 비율을 차지하는 계층의 구성 비율	10	25	10

① 부모 세대의 계층 구조는 조부모 세대의 계층 구조에 비해 사회 통합에 불리하다.

② 부모 세대의 계층 구조는 자녀 세대의 계층 구조보다 계층 양극화로 인한 문제가 발생할 가능성이 높다.

③ 자녀 세대에서 상층의 비율은 부모 세대에서 중층의 비율보다 크다.

④ 중층의 비율은 조부모, 부모, 자녀 세대 순으로 갈수록 증가한다.

⑤ 자녀 세대에서 중층 대비 하층의 비율은 조부모 세대에서 상층 대비 하층의 비율과 같다.

다음은 갑국과 을국 구성원의 주관적 계층 인식과 실제 계층을 조사한 것이다. 이에 대한 분석으로 옳은 것은? (단, 계층은 상층, 중층, 하층으로만 구분되며, 계층 구조는 실제 계층을 기준으로 판단함.) 3점

〈갑국〉 (단위 : %)

구분		실제 계층			계
		상층	중층	하층	
계층인식	상층	10	10	0	20
	중층	10	0	20	30
	하층	5	5	40	50
계		25	15	60	100

〈을국〉 (단위 : %)

구분		실제 계층			계
		상층	중층	하층	
계층인식	상층	10	10	0	20
	중층	10	35	5	50
	하층	0	15	15	30
계		20	60	20	100

① 갑국에 비해 을국은 사회 통합에 불리한 계층 구조이다.

② 갑국은 피라미드형, 을국은 다이아몬드형 계층 구조이다.

③ 실제 계층과 주관적 계층 인식이 불일치하는 사람의 비율은 갑국보다 을국이 크다.

④ 갑국에서 자신을 상층으로 인식한 사람과 을국에서 실제 상층에 속한 사람의 수는 같다.

⑤ 갑국, 을국 모두 실제 계층 대비 실제 계층과 주관적 계층 인식이 일치하는 사람의 비율은 하층이 가장 크다.

다음 자료에 대한 분석으로 옳은 것은?  3점

그림은 갑국과 을국의 세대별 계층 구성 현황을 나타낸다. 갑국과 을국의 계층은 A~C로만 구분하며, A~C는 각각 상층, 중층, 하층 중 하나이다. A에서는 상승 이동이 불가능하고, B에서는 하강 이동이 불가능하다.

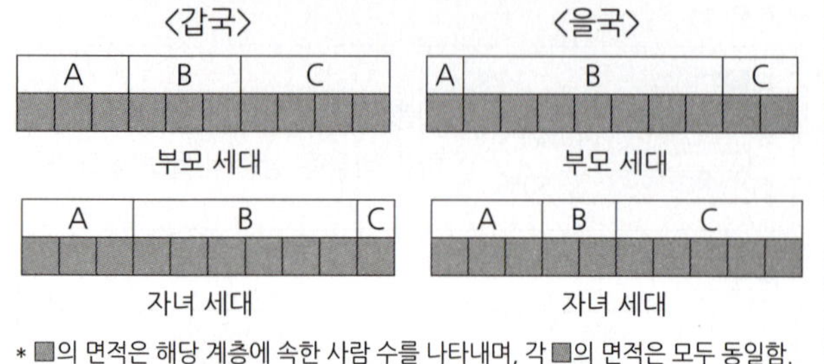

* ■의 면적은 해당 계층에 속한 사람 수를 나타내며, 각 ■의 면적은 모두 동일함.

① 부모 세대 계층 구조의 경우, 갑국은 다이아몬드형이고 을국은 모래시계형이다.

② 자녀 세대 계층 구조의 경우, 을국에 비해 갑국이 사회 통합에 유리하다.

③ 갑국의 부모 세대 상층 인구는 자녀 세대 상층 인구와 같다.

④ 을국의 자녀 세대 하층 인구는 자녀 세대 중층 인구의 2.5배이다.

⑤ 갑국의 부모 세대 하층 인구는 을국의 부모 세대 하층 인구보다 많다.

다음 자료에 대한 옳은 분석만을 〈보기〉에서 고른 것은? 3점

표는 갑국의 객관적, 주관적 차원의 계층 구성을 나타낸 것이다. ㉠ 객관적 차원의 계층은 소득과 자산을 기준으로 파악한 것이고, ㉡ 주관적 차원의 계층은 자신이 어느 계층에 속한다고 생각하는지를 응답하게 하여 파악한 것이다. 계층은 A, B, C로 구분되며, A~C는 각각 상층, 중층, 하층 중 하나이다. 객관적 차원에서 A에서 B로의 이동은 상승 이동, A에서 C로의 이동은 하강 이동에 해당한다.

(단위 : %)

구분		객관적 차원의 계층			합계
		A	B	C	
주관적 차원의 계층	A	25	15	20	60
	B	5	4	0	9
	C	5	1	25	31
합계		35	20	45	100

보기

ㄱ. ㉠의 계층 구조는 다이아몬드형이다.

ㄴ. ㉠보다 ㉡이 높은 사람은 ㉡보다 ㉠이 높은 사람보다 적다.

ㄷ. ㉠이 하층인 사람 중에서 ㉡이 상층인 사람은 없다.

ㄹ. ㉠의 계층별 인구 중 ㉠과 ㉡이 일치하지 않는 인구의 비율은 상층이 가장 높다.

① ㄱ, ㄴ   ② ㄱ, ㄷ   ③ ㄴ, ㄷ   ④ ㄴ, ㄹ   ⑤ ㄷ, ㄹ

표에 대한 분석으로 옳은 것은?  3점

〈 갑국 국민 A ~ H의 현재 계층과 부모 계층 〉

구분	상층	중층	하층
현재 계층	A, G	C, E, F, H	B, D
부모 계층	A, B, F	C, E, G	D, H

① 세대 간 이동한 사람보다 이동하지 않은 사람이 많다.
② 세대 간 하강 이동한 사람보다 상승 이동한 사람이 많다.
③ 세대 간 이동한 사람 중 부모 계층이 중층인 사람보다 상층인
   사람이 많다.
④ 세대 간 이동한 사람 중 현재 계층이 상층인 사람보다 하층인
   사람이 많다.
⑤ 상층에서 하층으로 세대 간 이동한 사람보다 중층에서 하층으로
   세대 간 이동한 사람이 많다.

10

[2021년 3월 학평 14번]

자료에 대한 옳은 설명만을 〈보기〉에서 있는 대로 고른 것은? (단, A국의 계층은 상층, 중층, 하층으로 구분되며, 조사 대상자의 부모는 모두 다르다.) 3점

〈 A국의 사회 이동 조사 〉

대상	A국의 50대 인구 1,000명
내용	조사 대상자의 현재 계층과 20년 전 계층, 부모의 계층, ㉠ 사회 이동 요인
결과	1. ㉡ 조사 대상자의 현재 계층과 20년 전 계층을 비교한 결과 ㉢ 상승 이동한 사람이 ㉣ 하강 이동한 사람보다 많았음. 2. ㉤ 조사 대상자의 현재 계층과 부모의 계층을 비교한 결과 하강 이동한 사람이 상승 이동한 사람보다 많았음. 3. 사회 이동한 사람 중 자신의 노력과 성취를 통해 사회 이동한 사람이 과반수였음.

보기

ㄱ. ㉠을 기준으로 사회 이동은 개인적 이동과 구조적 이동으로
    구분된다.
ㄴ. ㉡은 세대 간 이동 여부를, ㉤은 세대 내 이동 여부를 파악하기
    위한 비교이다.
ㄷ. ㉢의 20년 전 계층은 하층일 수 없고, ㉣의 20년 전 계층은
    상층일 수 없다.
ㄹ. 부모의 계층이 조사 대상자의 현재 계층보다 높은 경우가
    낮은 경우보다 많다.

① ㄱ, ㄴ　　　　② ㄱ, ㄹ　　　　③ ㄴ, ㄷ
④ ㄱ, ㄷ, ㄹ　　　　⑤ ㄴ, ㄷ, ㄹ

11

[2023년 10월 학평 8번]

다음 자료에 대한 분석으로 옳은 것은?  3점

갑국의 계층은 각각 상층, 중층, 하층 중 하나인 A~C로만
구분된다. 자녀 세대에서 A와 B에는 모두 세대 간 하강 이동한
자녀가 존재하고, A와 C에는 모두 세대 간 상승 이동한 자녀가
존재한다. 표는 갑국의 세대별 계층 구성 비율을 나타낸 것이다.

(단위 : %)

구분	A	B	C
부모 세대	50	30	20
자녀 세대	15	60	25

① 하층 비율은 부모 세대가 자녀 세대보다 높다.
② 중층 비율 대비 상층 비율은 자녀 세대가 부모 세대보다 크다.
③ A에 속한 부모의 자녀가 세대 간 상승 이동하면 B에 속하게 된다.
④ B에 속한 부모의 자녀가 C에 속하게 되는 것은 세대 간 하강
   이동의 결과이다.
⑤ 자녀 세대의 계층 구조가 부모 세대의 계층 구조보다 사회 통합의
   실현에 유리하다.

---

12 2025 수능

[2025학년도 수능 10번]

다음 자료에 대한 분석으로 옳은 것은?

다음은 □□국 시기별 계층 구성 비율과 연령이 50대인
갑~무의 사회 이동 결과를 세대 간 이동과 세대 내 이동으로
구분하여 나타낸 것이다. 단, 세대 간 이동은 부모 계층과
본인의 현재 계층 비교로, 세대 내 이동은 본인의 24년 전
계층과 현재 계층 비교로 판단한다. A~C는 각각 상층, 중층,
하층 중 하나이다.

〈자료 1〉 시기별 계층 구성 비율(%)

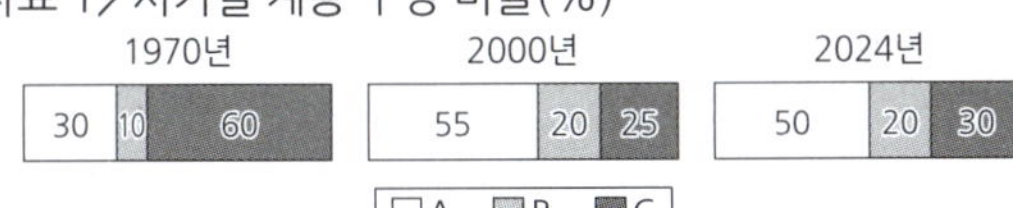

〈자료 2〉 갑~무의 사회 이동 결과

구분		부모 계층 (1970년)			구분		본인의 24년 전 계층(2000년)		
		A	B	C			A	B	C
본인의 현재 계층 (2024년)	A		정		본인의 현재 계층 (2024년)	A		정	
	B	을		무		B		을	무
	C	병	갑			C	갑		병

* 갑의 부모 계층(1970년)은 상층이며, 갑의 세대 간 이동과 세대 내 이동은 모두
  하강 이동임.

① 1970년 계층 구조는 2000년 계층 구조보다 사회 안정성이 높다.
② 2000년은 다이아몬드형, 2024년은 모래시계형 계층 구조이다.
③ 을은 세대 간 상승 이동과 세대 내 하강 이동을 하였다.
④ 정은 세대 간 이동과 세대 내 이동 모두 상승 이동을 하였다.
⑤ 병은 세대 간 하강 이동을 하였고, 무는 세대 내 상승 이동을
   하였다.

 [2023학년도 6월 모평 12번]

그림은 갑국과 을국의 시기별 계층 구성 비율을 나타낸다. 이에 대한 분석으로 옳은 것은?

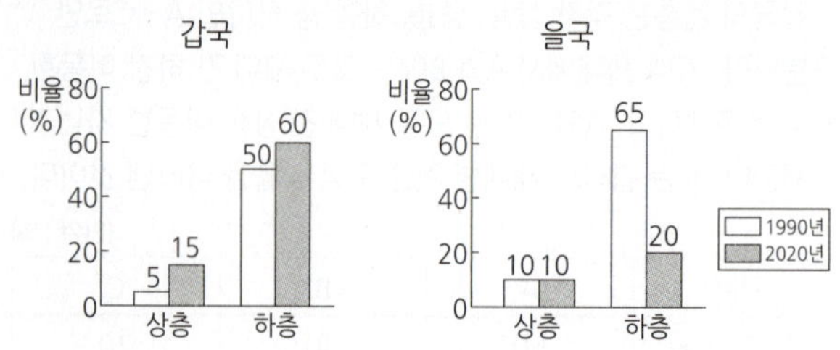

* 갑국과 을국의 계층은 상층, 중층, 하층으로만 구성된다.

① 갑국의 계층 구조는 피라미드형에서 모래시계형으로 변화하였다.
② 갑국은 을국과 달리 폐쇄적 계층 구조이다.
③ 갑국은 을국에 비해 상승 이동이 더 많이 나타났다.
④ 을국은 갑국과 달리 사회 안정성이 높은 계층 구조로 변화하였다.
⑤ 1990년 중층 대비 상층의 비는 갑국이 을국보다 크다.

특강 43 p.61

14 **[2020학년도 6월 모평 20번]**

다음 자료에 대한 옳은 분석만을 〈보기〉에서 있는 대로 고른 것은? 3점

갑국의 계층은 상층, 중층, 하층으로만 구분되며, A~C는 각각
상층, 중층, 하층 중 하나이다. 부모 세대의 계층 구성비는
A : B : C = 3 : 6 : 1이고, 모든 부모의 자녀는 1명씩이다.

〈부모 세대와 자녀 세대 간 계층 이동 현황〉

(단위 : %)

구분	A	B	C
부모 세대 계층 대비 부모 세대와 자녀 세대의 계층 일치 비율	50	25	50
자녀 세대 계층 대비 부모 세대와 자녀 세대의 계층 불일치 비율	25	50	90

* 자녀 세대 A는 부모 세대보다 계층이 낮을 수 없다.
** B는 다이아몬드형 계층 구조에서 가장 비율이 높은 계층이다.

보기

ㄱ. 세대 간 상승 이동 비율이 세대 간 하강 이동 비율보다 낮다.
ㄴ. 자녀 세대의 계층 구조는 부모 세대의 계층 구조보다 사회
   통합에 유리하다.
ㄷ. 중층 부모를 둔 하층 자녀 인구는 상층 부모를 둔 중층 자녀
   인구의 최대 3배이다.
ㄹ. 중층 대물림 인구 대비 상층 대물림 인구의 비는 하층
   대물림 인구 대비 중층 대물림 인구의 비보다 낮다.

① ㄱ, ㄴ   ② ㄱ, ㄹ   ③ ㄴ, ㄷ
④ ㄱ, ㄷ, ㄹ   ⑤ ㄴ, ㄷ, ㄹ

15 **[2020년 4월 학평 20번]**

다음 자료에 대한 분석으로 옳은 것은? 3점

다음은 갑국의 부모 세대와 자녀 세대의 계층을 조사하여
분석한 결과이다. 단, 계층은 상층, 중층, 하층으로만 구분하며,
모든 부모의 자녀는 1명씩이다.

〈 전체 자녀 중 부모와 계층이 일치하는 자녀의 비율 〉

부모와 자녀가 모두 상층인 경우	5%
부모와 자녀가 모두 중층인 경우	40%
부모와 자녀가 모두 하층인 경우	25%

〈 부모 세대 계층 대비 부모 세대와 자녀 세대의 계층 불일치 비율 〉

상층	50%
중층	0%
하층	50%

* 자녀 세대 중층에서 부모 세대와의 계층 일치 비율은 100%이다.

① 상층의 비율은 부모 세대가 자녀 세대보다 높다.
② 부모 세대와 자녀 세대 모두 피라미드형 계층 구조이다.
③ 세대 간 상승 이동 비율이 세대 간 하강 이동 비율보다 낮다.
④ 하층 부모를 둔 상층 자녀 수는 상층 부모를 둔 하층 자녀 수의
   5배이다.
⑤ 자녀 세대 계층 대비 부모 세대와 자녀 세대의 계층 일치 비율은
   상층이 하층보다 높다.

16 **2024 수능** **[2024학년도 수능 10번]**

다음 자료에 대한 분석으로 옳은 것은? 3점

표는 갑국과 을국의 세대 간 계층 이동 현황을 나타낸 것이다.
C에서 A로의 이동은 하강 이동이고, C에서 B로의 이동은 상승
이동이다. 단, 계층은 A, B, C로만 구분되고, A~C는 각각
상층, 중층, 하층 중 하나이다.

〈갑국〉

구분		부모 세대		
		A	B	C
자녀 세대	A	●●	●	●●●
	B	●●●●	●●	
	C	●●●	●	●●

〈을국〉

구분		부모 세대		
		A	B	C
자녀 세대	A	●●●	●	●●●●●
	B	●	●●	●●●●
	C	●●	●	●

* ●는 해당 계층 사람의 수를 나타낸 것이며, 각 ●가 나타내는 사람의 수는 동일함.

① 갑국은 자녀 세대에서 완전 평등한 계층 구조를 이루었다.
② 을국의 자녀 세대에서 중층인 사람의 수는 갑국의 부모 세대에서
   상층인 사람의 수보다 많다.
③ 갑국은 을국과 달리 부모 세대 중층에서 세대 간 하강 이동이
   발생하지 않았다.
④ 갑국은 개방적 계층 구조, 을국은 폐쇄적 계층 구조이다.
⑤ 갑국의 부모 세대 계층 구조는 피라미드형, 을국의 자녀 세대
   계층 구조는 모래시계형이다.

정답과 해설 13 p.310 14 p.311 15 p.312 16 p.313

다음 자료에 대한 분석 및 추론으로 옳은 것은? 3점

그림은 갑국의 t년과 t+30년의 계층 구성 비율을 나타낸다. 단, A~C는 각각 상층, 중층, 하층 중 하나이고, A에서 B로의 이동은 상승 이동, A에서 C로의 이동은 하강 이동에 해당한다.

(단위 : %)

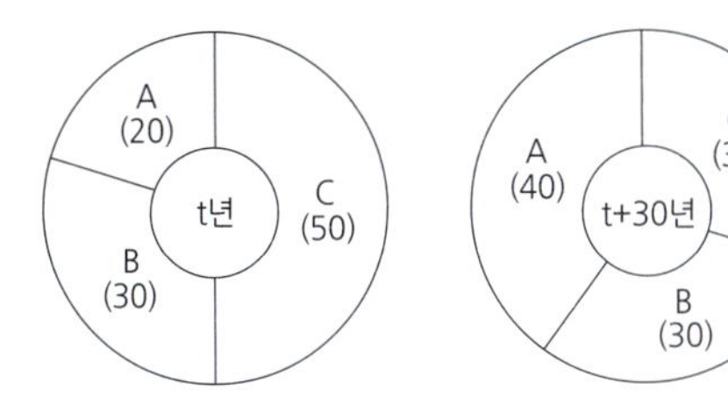

① t년에 상층 비율은 중층 비율의 2.5배이다.
② 하층 비율 대비 중층 비율은 t년이 t+30년보다 크다.
③ t년의 상층 중에서 t+30년에 하강 이동을 한 경우는 없다.
④ t년에는 t+30년과 달리 폐쇄적 계층 구조가 나타난다.
⑤ t+30년의 계층 구조가 t년의 계층 구조보다 사회 통합에 유리하다.

다음 자료에 대한 분석으로 옳은 것은? 3점

자료는 연령이 50세인 갑~병의 사회 이동과 그들이 속한 국가의 현재 계층 비율을 조사한 결과이다. 단, A~C는 각각 상층, 중층, 하층 중 하나이며, 다른 계층은 존재하지 않는다. 세대 간 이동은 (가)와 (다), 세대 내 이동은 (나)와 (다)를 통해 판단한다.

〈 갑~병의 사회 이동 양상 〉

구분	갑	을	병
(가) 부모의 계층	상층	중층	하층
(나) 20년 전 본인 계층	A	B	C
(다) 현재 본인 계층	B	C	A

〈 갑~병이 속한 국가의 현재 계층 비율 〉

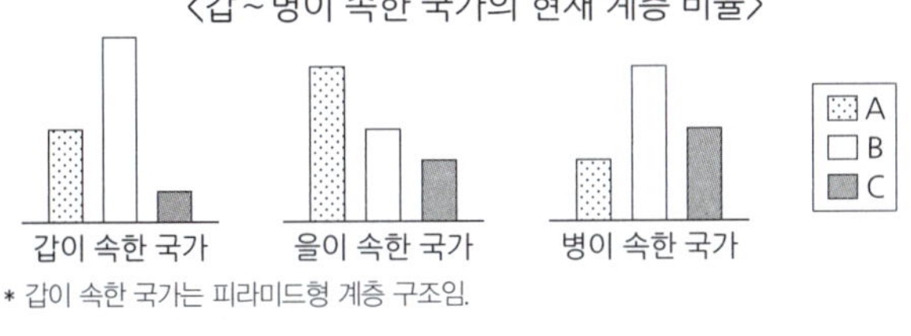

* 갑이 속한 국가는 피라미드형 계층 구조임.

① 갑과 달리 을은 세대 간 하강 이동을 하였다.
② 을과 병에게는 모두 계층 대물림이 이루어졌다.
③ 갑과 을은 모두 세대 간 이동과 세대 내 이동을 하였다.
④ 을이 속한 국가는 갑이 속한 국가에 비해 계층 양극화로 인한 문제가 발생할 가능성이 높다.
⑤ 병이 속한 국가는 을이 속한 국가에 비해 사회 통합에 유리한 계층 구조가 나타난다.

표에 대한 분석으로 옳은 것은? (단, 갑국에서 모든 부모의 자녀는 1명씩이다.)

〈 갑국의 부모와 자녀 간 계층 비교 〉

(단위 : %)

구분		부모 계층			계
		상층	중층	하층	
자녀 계층	상층	14	4	2	20
	중층	5	24	31	60
	하층	1	2	17	20
계		20	30	50	100

① 세대 간 이동한 자녀가 부모와 계층이 일치하는 자녀보다 많다.
② 세대 간 하강 이동한 자녀가 세대 간 상승 이동한 자녀보다 많다.
③ 계층 구조 측면에서 자녀 세대가 부모 세대보다 사회 통합에 유리하다.
④ 자녀 세대 각 계층 인구 중 부모와 계층이 일치하는 자녀의 비율은 중층이 가장 높다.
⑤ 부모가 중층인 자녀 중 세대 간 하강 이동한 자녀가 세대 간 상승 이동한 자녀보다 많다.

다음 자료에 대한 분석으로 옳은 것은? 3점

갑국의 계층은 A, B, C로 구분되며, A~C는 각각 상층, 중층, 하층 중 하나이다. A에서 B로의 수직 이동과 A에서 C로의 수직 이동의 방향은 같다. 상승 이동을 통해 B에 진입하는 사람은 존재할 수 없다. t년에 갑국의 A, B, C 계층의 인구 구성비는 1 : 6 : 3이다. 그림은 t+50년과 t+100년 갑국 계층의 인구 구성 비율을 나타낸 것이다.

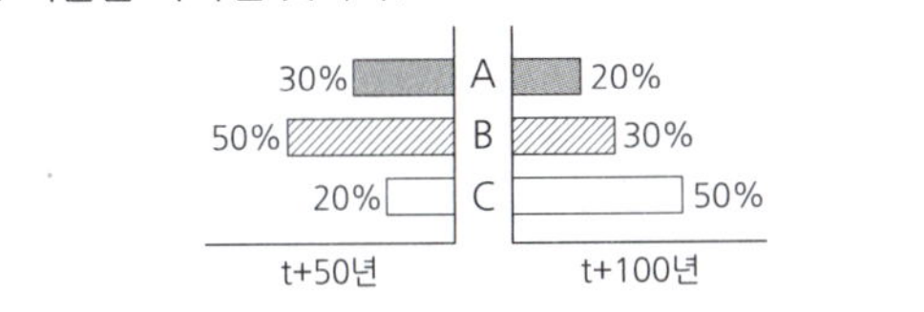

① t년에 중층 인구 비율은 하층 인구 비율의 2배이다.
② t+50년의 계층 구조는 피라미드형이다.
③ 상층 인구 대비 하층 인구의 비는 t년보다 t+100년이 작다.
④ t년은 폐쇄적 계층 구조, t+100년은 개방적 계층 구조이다.
⑤ t+100년에 비해 t+50년의 계층 구조가 사회 안정에 유리하다.

다음 자료에 대한 옳은 분석만을 〈보기〉에서 있는 대로 고른 것은? 

자료는 갑국과 을국에서 자녀 세대 인구의 세대 간 이동 지수를 파악하기 위한 것이다. 단, 자녀 세대 모든 인구의 세대 간 이동 가능 횟수는 1번씩이다.

〈 갑국 〉
(단위 : %)

구분		부모 계층			계
		상층	중층	하층	
자녀 계층	상층	12	7	2	21
	중층	8	14	21	43
	하층	3	10	23	36
계		23	31	46	100

〈 을국 〉
(단위 : %)

구분		부모 계층			계
		상층	중층	하층	
자녀 계층	상층	10	5	4	19
	중층	6	30	10	46
	하층	5	17	13	35
계		21	52	27	100

* 세대 간 이동 지수 = (자녀 세대 인구의 실제 세대 간 이동 거리의 합 / 자녀 세대 인구에서 나타날 수 있었던 세대 간 이동 가능한 최대 거리의 합) × 100
* 세대 간 이동 거리는 상층과 중층, 중층과 하층 간에는 1이고 상층과 하층 간에는 2임.
* 부모가 상층 또는 하층인 자녀의 세대 간 이동 가능한 최대 거리는 20이고, 부모가 중층인 자녀의 세대 간 이동 가능한 최대 거리는 1임.

보기

ㄱ. 갑국은 을국과 달리 세대 간 상승 이동한 자녀가 세대 간 하강 이동한 자녀보다 많다.
ㄴ. 을국이 갑국보다 세대 간 이동 지수가 크다.
ㄷ. 을국은 갑국과 달리 부모와 계층이 일치하는 자녀가 자녀 세대 인구의 과반수이다.
ㄹ. 자녀 세대 계층별 인구 중 부모와 계층이 일치하는 자녀의 비율은 갑국, 을국 모두 중층이 가장 낮다.

① ㄱ, ㄷ   ② ㄱ, ㄹ   ③ ㄴ, ㄹ
④ ㄱ, ㄴ, ㄷ   ⑤ ㄴ, ㄷ, ㄹ

다음 자료에 대한 분석으로 옳은 것은?

그림은 갑국에서 발생한 계층 간 이동 인구의 상대적 크기를 상층에서 하층으로 이동한 인구를 기준으로 나타낸 것이다.
ㅇ 갑국은 계층을 상층, 중층, 하층으로만 구분한다.
ㅇ 상층에서 하층으로 이동한 인구는 계층 이동 전의 상층 인구 대비 25%이다.
ㅇ 계층 간 이동이 일어나기 이전에 갑국은 상층과 중층 비율의 합이 하층 비율과 같았고, 중층 비율은 상층 비율의 1.5배였다.

〈갑국의 계층 간 이동 인구의 상대적 크기〉

구 분	계층 간 이동 인구의 상대적 크기			
상층 → 하층				
상층 → 중층				
중층 → 하층				
중층 → 상층				
하층 → 중층				
하층 → 상층				

* ▨의 면적은 해당 계층 간 이동 인구를 나타내며, 각 ▨의 면적은 동일하다.
** 자료는 계층 이동 전후로 갑국 전체 인구로부터 얻은 결과이며, 조사 기간 갑국 전체 구성원의 변화는 없었다.

① 계층이 유지된 비율이 상승 이동한 비율보다 높다.
② 상층 인구는 계층 이동 전에 비해 계층 이동 후 50% 감소하였다.
③ 계층 이동 전과 이동 후에 모두 중층인 인구는 전체 인구 대비 5%이다.
④ 갑국의 계층 구조는 이동 전 다이아몬드형, 이동 후 피라미드형으로 나타난다.
⑤ 계층 이동 전에는 하층이었고 계층 이동 후에 중층인 인구는 전체 인구 대비 40%이다.

다음 자료에 대한 분석으로 옳은 것은?

그림은 갑국의 세대별 계층 구성 비율을 나타낸 것이다. A~C는 각각 상층, 중층, 하층 중 하나이며, 갑국의 계층은 이들로만 구성된다. 부모 세대의 계층 구조는 피라미드형이며, 부모 세대의 각 계층에서 50%씩은 자녀 세대로 계층이 대물림되었다.

(단위 : %)
〈부모 세대〉 A 10, B 30
〈자녀 세대〉 A 20, C 30

① A는 하층이고, C는 상층이다.
② 자녀 세대의 계층 구조는 피라미드형이다.
③ 세대 간 상승 이동을 한 중층 자녀는 없다.
④ 세대 간 상승 이동이 세대 간 하강 이동보다 많다.
⑤ 자녀 세대는 부모 세대와 달리 개방적 계층 구조가 나타난다.

다음 자료에 대한 분석으로 옳은 것은? 3점

그림은 갑국과 을국의 자녀 세대를 대상으로 본인의 계층과 본인의 어머니 또는 아버지의 계층을 전수 조사한 것이다. 계층은 상층, 중층, 하층으로만 구성된다. 부모 세대에서 부부의 계층은 동일하며, 모든 부모의 자녀는 1명씩이다.

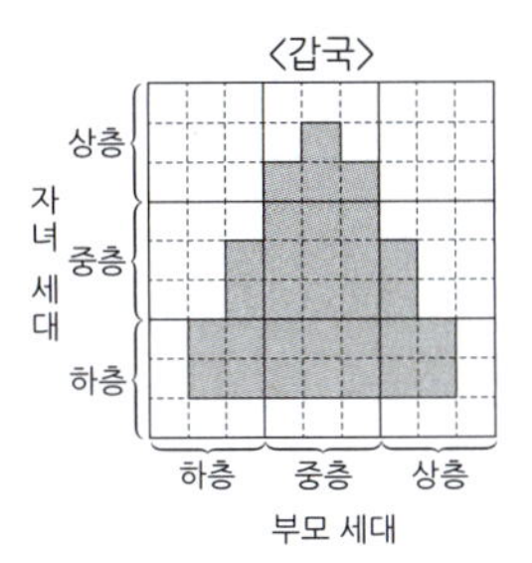

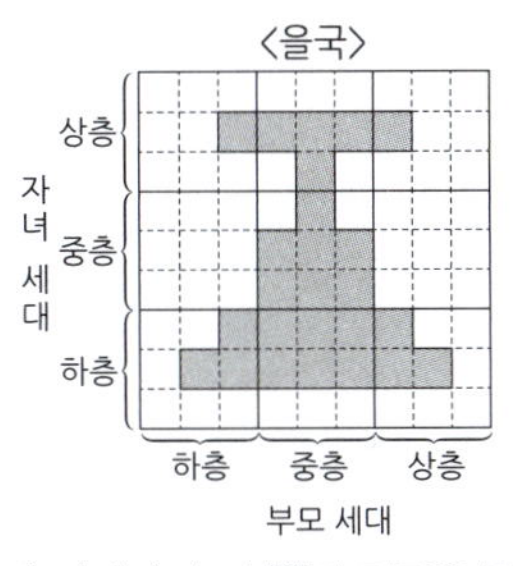

* 음영 부분 면적의 크기는 사람 수에 비례하며, 각 ▨의 면적은 동일하다.

① 갑국은 을국과 달리 세대 간 상승 이동이 나타났다.

② 을국은 갑국과 달리 세대 간 하강 이동이 나타났다.

③ 갑국의 자녀 세대에서는 피라미드형 계층 구조가 나타나고, 을국의 자녀 세대에서는 모래시계형 계층 구조가 나타난다.

④ 갑국과 을국 모두 부모 세대에서는 다이아몬드형 계층 구조가 나타난다.

⑤ 갑국과 을국 모두 부모의 계층을 대물림 받은 자녀는 하층에서 가장 많다.

다음 자료는 갑국과 을국의 세대 간 계층 이동 현황을 나타낸 것이다. 이에 대한 분석으로 옳은 것은? (단, 계층은 상층, 중층, 하층으로만 구분된다.) 3점

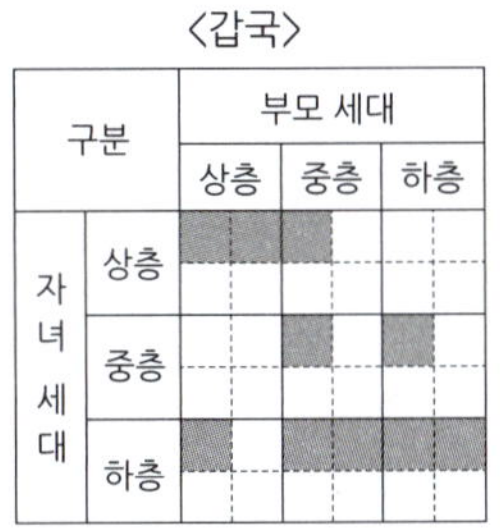
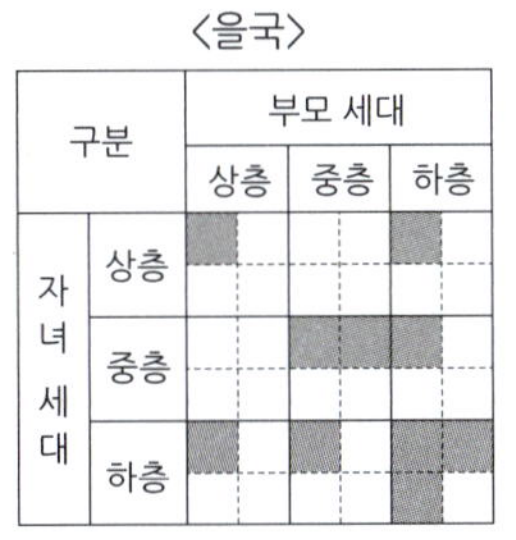

*▨의 면적은 해당 계층에 속한 사람 수를 나타낸 것이며, 각 ▨의 면적은 동일함.

① 갑국에서는 세대 간 상승 이동이 세대 간 하강 이동보다 많다.

② 을국에서는 세대 간 이동이 계층 대물림보다 많다.

③ 부모 세대의 경우, 을국의 계층 구조가 갑국에 비해 사회 통합에 유리하다.

④ 자녀 세대의 경우, 갑국의 계층 구조는 모래시계형이고 을국의 계층 구조는 피라미드형이다.

⑤ 갑국에서는 개방적 계층 구조가, 을국에서는 폐쇄적 계층 구조가 나타난다.

그림은 갑국의 시기별 계층 구성 비율을 나타낸 것이다. 이에 대한 분석으로 옳은 것은? (단, 갑국의 계층은 상층, 중층, 하층으로만 구성되며, 각 시기별 조사 대상은 동일하다.)

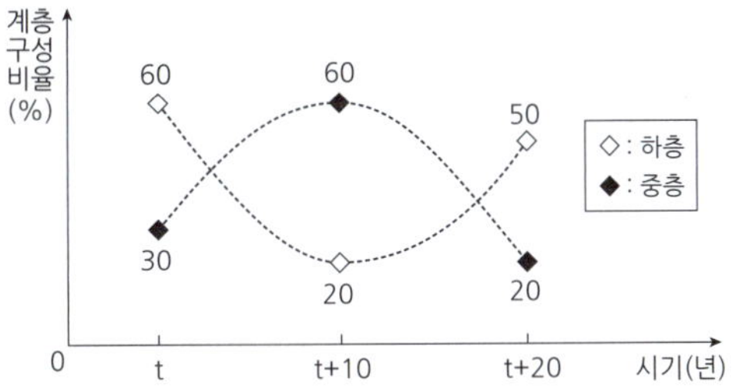

① t년 대비 t+20년에 상층의 비율은 3배가 되었다.

② 상층과 하층의 비율 차이는 t년보다 t+10년이 크다.

③ t년은 폐쇄적 계층 구조, t+10년과 t+20년은 개방적 계층 구조이다.

④ t+10년보다 t+20년이 사회 통합에 더 유리한 계층 구조이다.

⑤ t년 대비 t+20년의 변화는 세대 간 이동, t+10년 대비 t+20년의 변화는 세대 내 이동의 결과이다.

다음 자료에 대한 분석으로 옳은 것은? 3점

자료는 갑국의 시기별 계층구성 비율의 변화를 나타낸다. t기~t+2기에 갑국 전체 인구의 변화는 없으며, 해당 시기의 수치는 직전 시기의 계층별 인원을 기준으로 증감한 정도를 나타낸다. t기에 갑국 전체 인구의 상층 : 중층 : 하층의 비(比)는 1 : 2 : 1로 나타났다. 갑국은 계층을 상층, 중층, 하층으로만 구분하며 A ~ C는 각각 상층, 중층, 하층 중 하나이다. 단, A는 상승 이동으로, C는 하강 이동으로는 도달할 수 없는 계층이다.

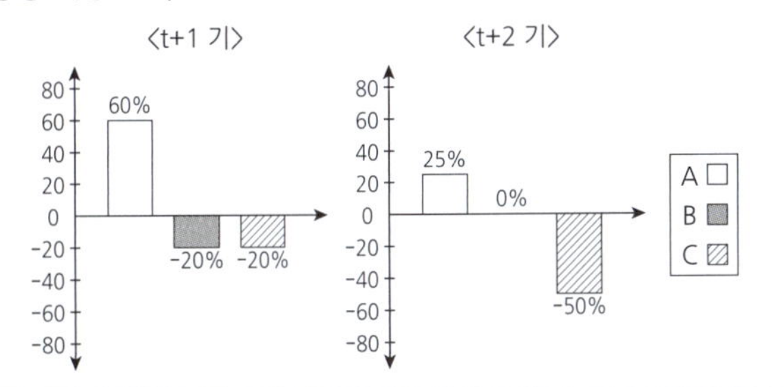

① t기에 비해 t+2기는 계층 양극화로 인한 사회 문제가 발생할 가능성이 작다.

② t+1기와 달리 t기는 중층의 비율이 상층의 비율의 2배이다.

③ t+1기에 중층의 비율은 t+2기에 상층의 비율의 절반이다.

④ t+2기와 달리 t+1기는 피라미드형 계층 구조가 나타난다.

⑤ t기~t+2기 중 하층의 비율이 가장 높은 시기는 t+2기이다.

DAY 18
Ⅳ
1. 사회 불평등 현상과 계층

28

그림은 갑국과 을국의 세대별 계층 구성 비율을 나타낸 것이다. 이에 대한 분석으로 옳은 것은? 3점

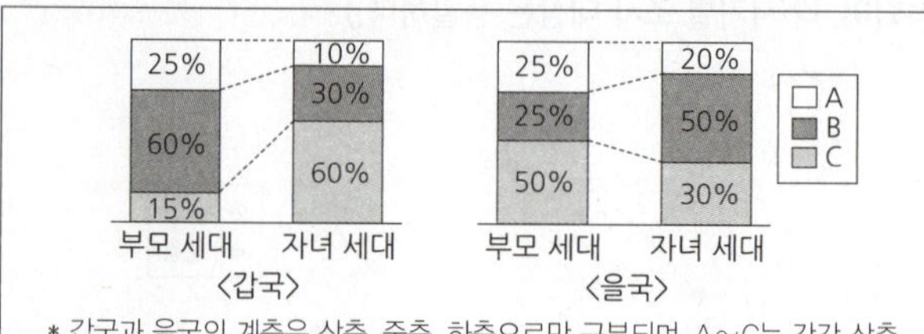

* 갑국과 을국의 계층은 상층, 중층, 하층으로만 구분되며, A~C는 각각 상층, 중층, 하층 중 하나이다.
** 갑국의 부모 세대는 상층 비율이 하층 비율보다 작으며, 갑국의 부모 세대 계층 구조는 모래시계형이다.

① 갑국에서 부모 세대가 하층인 자녀는 모두 중층으로 이동하였다.
② 을국의 부모 세대 계층 구조는 봉건적 신분 사회에서 주로 나타난다.
③ 갑국과 을국의 부모 세대 하층 비율은 동일하다.
④ 갑국에서는 을국에서와 달리 개방적 계층 구조가 나타난다.
⑤ 갑국의 자녀 세대 계층 구조는 을국의 자녀 세대 계층 구조보다 사회 통합에 유리하다.

29

다음 자료에 대한 옳은 분석을 〈보기〉에서 고른 것은? 3점

다음은 성인 자녀 1명을 둔 가구주 100명을 대상으로 계층 구성 및 계층 이동의 현황을 조사한 결과이다. 사회 계층은 상층, 중층, 하층으로만 구분하며, A~C는 각각 상층, 중층, 하층 중 하나이다.

〈부모 세대와 자녀 세대의 계층 구성〉

계층	부모 세대 해당 계층 대비 자녀 세대 해당 계층의 상대적 비(比)
A	1.5
B	1
C	0.8

〈부모 세대와 자녀 세대 간 계층 이동 현황〉

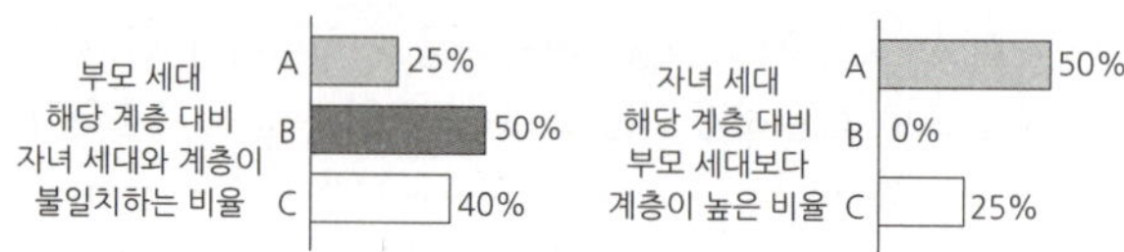

* A는 C보다 높은 계층이며, 자녀 세대의 상층과 하층 비율은 동일하다.

보기

ㄱ. 부모 세대는 다이아몬드형, 자녀 세대는 피라미드형 계층 구조이다.
ㄴ. 세대 간 계층을 대물림한 사람보다 세대 간 계층 이동한 사람이 많다.
ㄷ. 자녀 세대 계층 대비 부모 세대와 계층이 일치하는 비율은 중층이 가장 높다.
ㄹ. 세대 간 상승 이동한 사람은 세대 간 하강 이동한 사람의 2배를 넘지 않는다.

① ㄱ, ㄴ ② ㄱ, ㄷ ③ ㄴ, ㄷ ④ ㄴ, ㄹ ⑤ ㄷ, ㄹ

30

다음 자료에 나타난 갑국의 상황에 대한 분석으로 옳은 것은? 3점

표는 갑국에서 부모 세대와 자녀 세대 간 계층 이동의 결과로 형성된 자녀 세대의 계층 구조를 나타낸 것이다. 부모 세대에서 부부의 계층은 동일하고, 모든 부모의 자녀는 1명씩이다. 계층은 A, B, C로만 구분되고, A ~ C는 각각 상층, 중층, 하층 중 하나이다.

A	B	C
○○○◐◐◐	○○●●●●●	○○◐◐◐◐◐●●

* 동그라미(○, ◐, ●)는 사람의 수를 나타낸 것이며, 동그라미 한 개가 나타내는 사람의 수는 동일함.
* ○는 계층 대물림을 받은 사람, ◐는 세대 간 상승 이동을 한 사람, ●는 세대 간 하강 이동을 한 사람을 나타냄.

① 폐쇄적 계층 구조를 가지고 있다.
② 자녀 세대의 계층 구조는 피라미드형이다.
③ 부모 세대에서 하층 인구의 비율은 50% 이상이다.
④ 자녀 세대의 계층에서 계층 대물림을 받은 사람의 수는 상층이 가장 많다.
⑤ 부모 세대의 계층 구조가 자녀 세대의 계층 구조보다 사회 통합에 유리하다.

31

다음 자료에 대한 분석으로 옳은 것은? 3점

표는 갑국의 부모 세대와 자녀 세대의 계층별 비율을 비교한 결과를 나타낸다. 단, 계층은 상층, 중층, 하층으로만 구분되며, 부모 세대에서 중층 비율은 30%, 자녀 세대에서 상층 비율은 10%이다. 또한 모든 부모의 자녀는 1명씩이다.

구분	부모 세대에서 해당 계층 비율/자녀 세대에서 해당 계층 비율
상층	㉠
중층	5/9
하층	5/3

① ㉠은 '1/2'이다.
② 자녀 세대에서 중층 비율은 하층 비율의 3배이다.
③ 부모 세대에서 상층 비율은 자녀 세대에서 하층 비율보다 높다.
④ 자녀 세대 중층에서는 세대 간 상승 이동을 한 사람이 세대 간 하강 이동을 한 사람보다 많다.
⑤ 부모 세대의 계층 구조는 모래시계형, 자녀 세대의 계층 구조는 다이아몬드형이다.

정답과 해설 28 p.320 29 p.321 30 p.322 31 p.322

32

다음 자료에 대한 분석으로 옳은 것은? (단, 제시된 자료 이외의 다른 조건은 고려하지 않는다.) **3점**

갑국 정부는 세대 간 계층 이동 가능성을 높이기 위한 분배 정책의 효과를 알아보기 위해 갑국 내 모든 부모의 자녀가 1명씩인 (가), (나) 지역에 정책을 적용해 보았다. 갑국은 사회 계층을 상층, 중층, 하층으로만 구분하며, A~C는 상층, 중층, 하층 중 하나이다.

〈자녀 세대 계층 인구 대비 부모 세대 계층 인구의 상대적 비〉

계층	상대적 비	
	(가) 지역	(나) 지역
A	0.8	1.6
B	0.4	0.4
C	2.0	1.0

〈각 계층의 대물림 인구의 비율〉

구분	비율	
	(가) 지역	(나) 지역
부모와 자녀가 모두 A인 인구 비율 + 부모와 자녀가 모두 B인 인구 비율	40%	30%
부모와 자녀가 모두 B인 인구 비율 + 부모와 자녀가 모두 C인 인구 비율	30%	40%
부모와 자녀가 모두 C인 인구 비율 + 부모와 자녀가 모두 A인 인구 비율	50%	50%

* (가), (나) 지역의 부모 세대 인구는 동일하며, (가), (나) 지역의 자녀 세대 인구도 동일하다. 두 지역 모두 부모 세대의 계층 구조는 피라미드형이다.

** (가), (나) 지역 각각 부모 세대의 각 계층 간 인구의 상대적 비는 A : B+C = 2 : 3, B : A+C = 1 : 9로 동일하다.

① 세대 간 상승 이동을 통해 상층이 된 자녀의 비율은 (가) 지역이 (나) 지역보다 높다.

② '분배 정책으로 부모 세대보다 자녀 세대에서 계층 양극화가 완화되었다.'라는 주장의 근거로 (가) 지역보다 (나) 지역의 계층 이동 결과가 적절하다.

③ 세대 간 하강 이동한 사람 수는 (나) 지역이 (가) 지역의 5배이다.

④ '분배 정책으로 계층 대물림이 강화되었다.'라는 주장의 근거로 (나) 지역보다 (가) 지역의 계층 이동 결과가 적절하다.

⑤ (가), (나) 지역 모두에서 중층 부모를 둔 자녀보다 하층 부모를 둔 자녀의 상승 이동 비율이 높다.

33

다음 자료에 대한 분석으로 옳은 것은?

(가), (나) 사회의 계층은 A ~ C로만 구성되며, A ~ C는 각각 상층, 중층, 하층 중 하나이다. 모든 부모의 자녀는 1명씩이다.

〈부모 세대와 자녀 세대 계층 구성의 상대적 비〉

구분	(가) 사회		(나) 사회	
	부모 세대	자녀 세대	부모 세대	자녀 세대
$\frac{A+C}{A+B}$	$\frac{7}{9}$	$\frac{5}{8}$	$\frac{5}{9}$	$\frac{5}{7}$
$\frac{A+C}{B+C}$	$\frac{7}{4}$	$\frac{5}{7}$	$\frac{5}{6}$	$\frac{5}{8}$

〈자녀 세대 계층 대비 부모 세대와 자녀 세대의 계층 불일치 비율〉

(단위 : %)

구분	(가) 사회	(나) 사회
A	0	20
B	52	10
C	55	80

* 자녀 세대 B는 부모 세대보다 계층이 높을 수 없으며, C는 A보다 높은 계층임.

① (가) 사회에서 세대 간 상승 이동을 한 사람의 수는 하층 부모를 둔 자녀보다 중층 부모를 둔 자녀가 많다.

② (나) 사회는 중층 부모를 둔 자녀 중에서 세대 간 상승 이동 비율이 세대 간 하강 이동 비율보다 높다.

③ (가) 사회와 달리 (나) 사회에서는 세대 간 이동 비율이 계층 대물림 비율보다 낮다.

④ (가) 사회와 달리 (나) 사회에서 부모 세대에는 피라미드형 계층 구조가, 자녀 세대에는 다이아몬드형 계층 구조가 나타난다.

⑤ (가) 사회는 부모 세대 상층에서 자녀 세대 중층으로의 이동이, (나) 사회는 부모 세대 하층에서 자녀 세대 상층으로의 이동이 나타나지 않았다.

34

다음 자료에 대한 분석으로 옳은 것은? (단, 갑국에서 모든 부모의 자녀는 1명씩이다.) **3점**

표는 갑국의 부모와 자녀의 계층을 비교한 것이다. A ~ C는 각각 상층, 중층, 하층 중 하나인데, C에 속해 있는 자녀 중 부모의 계층이 A인 자녀는 세대 간 하강 이동한 사람이고, 부모의 계층이 B인 자녀는 세대 간 상승 이동한 사람이다.

(단위 : %)

구분		부모의 계층			계
		A	B	C	
자녀의 계층	A	10	6	4	20
	B	2	10	14	26
	C	6	18	30	54
계		18	34	48	100

① 부모와 계층이 일치하는 자녀보다 불일치하는 자녀가 많다.
② 세대 간 하강 이동한 자녀보다 세대 간 상승 이동한 자녀가 많다.
③ 부모 세대의 계층 구조와 자녀 세대의 계층 구조는 모두 피라미드형이다.
④ 자녀 세대에서 상층 인구 중 부모와 계층이 일치하는 인구가 50%를 넘는다.
⑤ 부모의 계층이 중층인 자녀 중 세대 간 하강 이동한 자녀보다 세대 간 상승 이동한 자녀가 많다.

35 **2025 평가원**

다음 자료에 대한 분석으로 옳은 것은? **3점**

그림은 갑국 ~ 병국의 계층 구성 비율을 나타낸 것이다. 계층은 A, B, C로 구분되며, A ~ C는 각각 상층, 중층, 하층 중 하나이다. 한 국가 내에서 C에서 A로의 이동은 상승 이동, C에서 B로의 이동은 하강 이동에 해당한다. 갑국 ~ 병국의 인구는 동일하다.

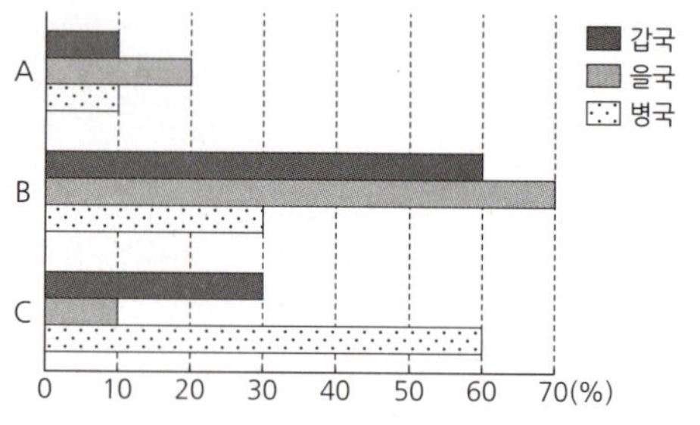

① 을국의 계층 구조는 피라미드형이다.
② 갑국의 상층 인구는 을국의 상층 인구보다 많다.
③ 중층 인구 대비 하층 인구의 비율은 갑국이 병국보다 낮다.
④ 갑국 ~ 병국 중 병국의 계층 구조가 사회 안정성이 가장 높다.
⑤ 갑국의 계층 구조는 세대 내 이동이, 을국과 병국의 계층 구조는 세대 간 이동이 활발하게 일어난다.

36

다음 자료에 대한 옳은 분석만을 〈보기〉에서 고른 것은? **3점**

(가)는 t년, (나)는 t+100년에 갑국의 자녀 세대를 전수 조사하여 세대 간 계층 이동 현황을 나타낸 것이다. 계층은 상층, 중층, 하층으로만 구분된다.

(가)

(나)

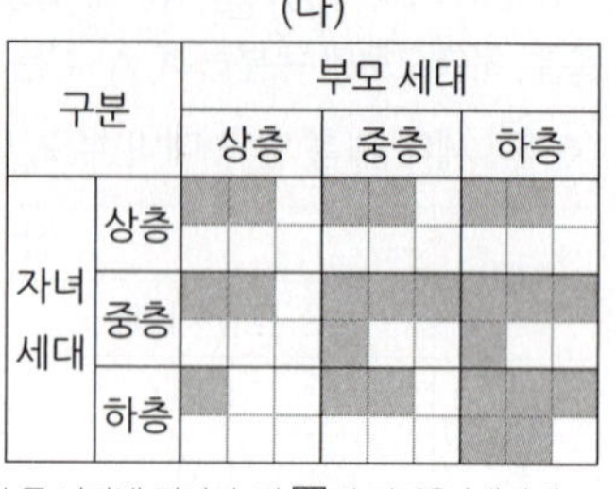

* ▨의 면적은 해당 계층에 속한 사람 수를 나타낸 것이며, 각 ▨의 면적은 (가), (나) 모두에서 동일함.

보기

ㄱ. (가)는 세대 간 이동이 계층 대물림보다 많다.
ㄴ. (나)는 세대 간 하강 이동이 세대 간 상승 이동보다 적다.
ㄷ. (나)에서 자녀 세대의 인구는 (가)의 2배이다.
ㄹ. (가)와 (나) 모두 자녀 세대에서는 다이아몬드형 계층 구조가 나타난다.

① ㄱ, ㄴ   ② ㄱ, ㄷ   ③ ㄴ, ㄷ   ④ ㄴ, ㄹ   ⑤ ㄷ, ㄹ

37

다음 자료에 대한 분석으로 옳은 것은? **3점**

표는 갑국의 세대별 계층 구조와 계층 이동의 현황을 나타낸 것이다. 세대 간 이동은 부모 세대의 계층과 자녀 세대의 현재 계층을 비교하고, 세대 내 이동은 자녀 세대의 20년 전 계층과 현재 계층을 비교하여 판단한다. A~C는 각각 상층, 중층, 하층 중 하나이고, 갑국의 계층은 이 세 가지로만 구성된다. 부모 세대의 계층 구조는 피라미드형이다.

구분		부모 세대		
		A	B	C
현재 자녀 세대	A	●		●
	B	●	●	●●●
	C		●●	●

구분		20년 전 자녀 세대		
		A	B	C
현재 자녀 세대	A	●	●	
	B	●	●	●●●
	C	●		●●

* ●는 해당 계층의 사람 수를 나타내며, 각 ●가 나타내는 사람 수는 동일함.

① 세대 간 하강 이동을 경험한 중층 자녀는 없다.
② 세대 간 상승 이동이 세대 간 하강 이동보다 적다.
③ 현재 상층인 자녀는 모두 세대 내 상승 이동을 경험하였다.
④ 부모 세대와 달리 자녀 세대에서는 폐쇄적 계층 구조가 나타난다.
⑤ 현재 자녀 세대의 계층 구조는 20년 전 자녀 세대의 계층 구조보다 사회 통합에 유리하다.

38

[2019학년도 수능 20번]

다음 자료에 대한 분석으로 옳은 것은?

다음은 갑국에서 가구주 1,000명을 대상으로 ㉠ 부모의 계층과 본인의 현재 계층 간 이동 및 ㉡ 부모로부터 독립 후 본인의 최초 계층과 현재 계층 간 이동을 조사한 결과이다. (단, 계층은 상층, 중층, 하층으로만 구성된다.)

〈계층의 상대적 비(比)〉

〈계층 일치 비율〉

구분	A	B
상층	80	100
중층	50	52
하층	80	90

* A : 부모 계층 대비 부모 계층과 본인 현재 계층의 일치 비율(%)
** B : 본인 최초 계층 대비 본인 최초 계층과 현재 계층의 일치 비율(%)

① ㉠과 ㉡을 모두 경험한 가구주가 ㉠과 ㉡ 중 어느 하나도 경험하지 않은 가구주보다 적다.
② ㉠을 경험하고 ㉡은 경험하지 않은 가구주가 ㉠은 경험하지 않고 ㉡을 경험한 가구주보다 적다.
③ 세대 내 하강 이동보다 세대 내 상승 이동이 많다.
④ 현재 계층이 중층인 가구주의 최초 계층은 모두 중층이었다.
⑤ 가구주의 현재 계층 구조가 부모의 계층 구조보다 사회 통합에 유리한 계층 구조이다.

39

[2025년 10월 학평 14번]

다음 자료에 대한 분석으로 옳은 것은? 3점

표는 갑국의 부모 세대와 자녀 세대의 계층 구조를 나타낸 것이다. 단, 갑국에서 모든 부모의 자녀는 1명씩이며, 계층은 상층, 중층, 하층으로만 나뉜다.

(단위 : %)

구분		부모 세대			계
		상층	중층	하층	
자녀 세대	상층	5	5	10	20
	중층 이상	20	20	40	80
	하층 이상	20	30	50	100

* '○층 이상'은 ○층의 인구와 ○층보다 높은 계층에 속하는 인구의 합이 자녀 세대의 전체 인구에서 차지하는 비율을 의미함.

① 부모 세대와 자녀 세대의 계층 구조는 모두 피라미드형이다.
② 부모와 계층이 일치하는 자녀가 일치하지 않는 자녀보다 많다.
③ 세대 간 하강 이동한 자녀가 세대 간 상승 이동한 자녀보다 많다.
④ 자녀 세대 계층 대비 세대 간 계층 일치 비율은 상층과 중층이 동일하다.
⑤ 부모가 중층인 자녀 중 하층으로 세대 간 이동한 자녀는 상층으로 세대 간 이동한 자녀의 6배이다.

40

2026 평가원

[2026학년도 9월 모평 10번]

다음 자료에 대한 분석으로 옳은 것은? (단, 계층은 상층, 중층, 하층으로만 구분되고, A~C는 각각 상층, 중층, 하층 중 하나임.) 3점

다음은 ○○국의 세대별 계층 구성 현황과 세대 간 이동 현황의 일부를 나타낸 것이다. 자녀 세대 전체 인구 중 부모와 계층이 일치하는 비율은 30%이며, 세대 간 이동에서 갑은 A에서 B로, 을은 C에서 B로 하강 이동을 하였고, 병은 A에서 C로 상승 이동을 하였다. 단, 모든 부모의 자녀는 1명씩이다.

〈자료 1〉 세대별 계층 구성 현황

(단위 : %)

구분	A	B	C
부모 세대	30	50	20
자녀 세대	50	30	20

〈자료 2〉 자녀 세대 전체 인구 중 세대 간 이동 현황

세대 간 이동 양상	세대 간 이동 비율(%)
A → B	10
C → B	5
A → C	10

* 세대 간 이동은 부모 세대와 자녀 세대의 계층을 비교하여 판단함.

① 갑의 부모 계층보다 을의 부모 계층이 낮다.
② 부모와 계층이 일치하는 자녀의 수는 상층보다 중층이 많다.
③ 세대 간 하강 이동한 자녀의 수보다 세대 간 상승 이동한 자녀의 수가 적다.
④ 부모 세대 계층 구조와 달리 자녀 세대 계층 구조는 모래시계형이다.
⑤ 자녀 세대 계층 구조에 비해 부모 세대 계층 구조가 사회 통합 실현에 유리하다.

다음 자료에 대한 옳은 분석만을 〈보기〉에서 고른 것은?

다음은 갑국과 을국의 세대별 계층 구성 현황과 사회 이동 현황을 나타낸 것이다. 단, ▨와 ⬚는 해당 칸에 들어갈 값을 표기하지 않은 것이다.

〈갑국〉

(단위 : %)

구분	부모 세대			계
	A	B	C	
자녀세대 A	10	▨	15	45
자녀세대 B	5	20	5	30
자녀세대 C	▨	▨	10	25
계	20	50	30	100

〈을국〉

(단위 : %)

구분	부모 세대			계
	D	E	F	
자녀세대 D	5	5	0	10
자녀세대 E	⬚	35	⬚	60
자녀세대 F	⬚	20	10	30
계	10	60	30	100

* ▨는 세대 간 상승 이동, ⬚는 세대 간 하강 이동에 해당함.
** 갑국에서 A~C, 을국에서 D~F는 각각 상층, 중층, 하층 중 하나임.
*** 세대 간 이동은 부모 세대와 자녀 세대의 계층을 비교하여 판단함.

보기

ㄱ. 갑국에서는 계층 대물림 비율이 세대 간 이동 비율보다 높다.

ㄴ. 을국에서는 세대 간 상승 이동 비율과 세대 간 하강 이동 비율이 동일하다.

ㄷ. 부모 세대 중층의 경우, 세대 간 이동 비율은 갑국이 을국보다 낮다.

ㄹ. 부모 세대의 계층 구조는 갑국은 모래시계형, 을국은 다이아몬드형이다.

① ㄱ, ㄴ   ② ㄱ, ㄷ   ③ ㄴ, ㄷ   ④ ㄴ, ㄹ   ⑤ ㄷ, ㄹ

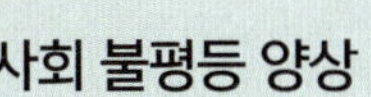

2. 사회 불평등 양상

★수능에 나오는 **필수 개념 3가지 + 필수 암기사항 3개**

필수개념 1 　사회적 소수자

• 사회적 소수자 **암기** → 사회적 소수자의 개념 이해해 두기.

의미	신체적 또는 문화적 특징으로 인해 사회의 다른 성원들로부터 불평등한 처우를 받는 집단 또는 그러한 집단에 속해 있다는 의식을 가진 사람
집단의 성립 요건	• 식별 가능성 : 신체적 또는 문화적으로 다른 집단과 뚜렷한 차이가 있거나 그럴 것이라 여겨짐 • 권력의 열세 : 정치, 경제, 사회적 측면의 권력에서 열세(영향력↓)에 있음 • 차별적 대우 : 소수자 집단의 구성원이라는 이유만으로 사회적 차별의 대상이 됨 • 집단 의식 및 소속 의식 : 소수자 집단의 성원이라는 소속감을 느낌

필수개념 2 　성 불평등

• 성 불평등 **암기**

의미	생물학적 성과 사회적 성에 근거하여 특정한 성에 대한 차별이 행해지는 현상
원인	• 가부장제적 사회 구조 : 남성 중심의 지배 구조가 사회 전반으로 확산됨 • 차별적 사회화 : 성별에 따라 서로 다른 정체성과 역할을 학습하면서 성장함
양상	• 경제적 측면 : 성별에 따른 취업 및 승진 기회의 제한, 성별 임금 격차 등 • 정치적 측면 : 고위 공직자나 국회의원의 성비 불균형, 정치 참여 기회의 차별 등 • 사회·문화적 측면 : 성차별적 관념과 언행, 대중 매체에 의해 왜곡된 여성상과 남성상 등

필수개념 3 　절대적 빈곤과 상대적 빈곤

• 절대적 빈곤과 상대적 빈곤 **암기** → 빈곤의 유형 및 실태를 분석하는 문제가 자주 출제되므로 빈곤의 유형을 반드시 외우도록 한다.

구분	절대적 빈곤	상대적 빈곤
의미	인간이 최소한의 생활 수준을 유지하는 데 필요한 자원이나 소득이 부족한 상태	사회 구성원 대다수가 누리는 생활 수준을 영위하지 못하는 상태
특징	• 주로 저개발국에서 두드러지게 나타남 • 선진국에서도 나타날 수 있음	• 급속한 경제 성장 과정에서 소득 격차가 심화된 국가에서 부각됨 • 전체 사회 구성원의 소득 분포 상태를 고려한 개념 • 선진국에서도 나타날 수 있음
우리나라의 기준	소득 수준이 정부가 정한 최저 생계비에 미치지 못하는 상태	소득 수준이 중위 소득의 50% 미만인 상태

기본자료

▶ 사회적 소수자
시대, 장소, 소속 집단의 범주 등에 따라 사회적 소수자에 해당하는지 여부가 달라진다. 다만, 사회적 소수자가 반드시 수적으로 소수에 해당하는 것은 아니다.

▶ 유리벽 현상과 유리 천장 현상
유리벽 현상이란 조직 내에서 특정 성에 대한 차별이 구조적으로 나타나는 현상으로, 최근 특정 성이 특정한 직종에만 편중되는 성별 직무 분리 현상을 의미한다. 유리 천장 현상이란 특정 성의 고위직 진출을 구조적으로 막는 현상을 의미한다.

▶ 중위 소득
전체 가구를 소득순으로 나열했을 때 한가운데 위치한 가구의 소득을 말한다. 예를 들어 중위 소득이 300만 원, 최저 생계비가 150만 원이라면 상대적 빈곤율과 절대적 빈곤율이 일치한다. 최저 생계비가 150만 원 이상이라면 상대적 빈곤율≤절대적 빈곤율, 최저 생계비가 150만 원 이하라면 상대적 빈곤율≥절대적 빈곤율이다.

DAY 19
IV
2. 사회 불평등 양상

다음 자료의 갑, 을에 대한 설명으로 옳은 것은?

> ○ 갑은 국민 대다수가 ○○ 종교를 믿는 A국에서 △△ 종교를
> 믿는다는 이유로 차별을 받고 있다. 갑은 △△ 종교 신도들과
> 함께 차별 철폐를 위한 SNS 활동을 하고 있다.
> ○ 을은 소수의 백인들이 지배하는 B국에서 흑인이라는 이유로
> 차별을 받고 있다. 을은 B국의 인종 차별적인 제도를 폐지하기
> 위해 시민 단체 활동을 하고 있다.

① 갑은 을과 달리 사회적 소수자에 해당한다.
② 갑은 을과 달리 주류 집단에 의한 차별을 경험하고 있다.
③ 을은 갑과 달리 역차별 문제를 제기할 것이다.
④ 을은 갑과 달리 후천적 요인에 의해 차별을 받고 있다.
⑤ 갑과 을은 모두 차별을 해소하고자 노력하고 있다.

2   **[2022학년도 수능 19번]**

다음 자료는 교사의 질문에 대한 학생 갑, 을의 답변과 교사의 채점 결과이다. ㉠ ~ ㉢에 해당하는 답변으로 옳은 것은?

> ○ 교사 : A는 신체·문화적 특성이 다르다는 이유로 주류
> 집단으로부터 불평등한 처우를 받으며, 자신이 차별받는
> 집단에 속해 있다는 의식을 지닌 사람들을 의미하는
> 개념입니다. A의 특징에 대한 질문에 답변해 보세요.

질문	답변	
	갑	을
A는 해당 집단 구성원의 수로 결정되는가?	예	아니요
특정 집단이 A에 해당하는지 여부는 시대와 장소에 따라 달라지는가?	㉠	㉡
A는 주류 집단에 비해 사회적 희소 자원을 획득하는 데 불리한 위치에 있는가?	아니요	예
A를 위한 적극적 우대 정책은 주류 집단에 대한 역차별이라는 비판을 받기도 하는가?	예	㉢
점수	2점	2점

* 교사는 질문별로 각각 채점하고 옳은 답변은 1점, 틀린 답변은 0점을 부여함.

	㉠	㉡	㉢
①	예	예	아니요
②	예	아니요	예
③	예	아니요	아니요
④	아니요	예	예
⑤	아니요	아니요	아니요

3   **[2023학년도 6월 모평 7번]**

사회적 소수자와 관련한 현상 A ~ E에 대한 설명으로 옳은 것은?

> A : 갑국에서 인구 비중이 90%를 넘는 흑인은 경제, 사회,
> 정치 등 대부분의 영역에서 종속적인 위치에 처해 있다.
> B : 노인은 일반적으로 노동 생산성이 낮을 것이라는 편견으로
> 인해 고용상의 차별을 받기도 한다.
> C : 소수 민족 구성원이기만 한 사람보다 소수 민족 구성원이면서
> 장애가 있는 사람이 사회적 차별을 더 많이 받기도 한다.
> D : 최근에는 비정규직 노동자, 이주 노동자, 북한 이탈 주민 등
> 다양한 유형의 사회적 소수자가 등장하고 있다.
> E : 을국에서 을국 국교를 믿는 사람이 병국에서는 그 종교를
> 믿는다는 이유로 사회적 소수자가 되기도 한다.

① A는 사회적 소수자가 권력의 열세가 아닌 수적 열세라는 특성에 의해 규정된다는 점을 보여준다.
② B는 사회적 소수자에 대한 우대 정책이 역차별을 낳을 수 있음을 보여준다.
③ C는 한 개인이 여러 사회적 소수자 집단에 중첩되어 속할 수 있음을 보여준다.
④ D는 사회적 소수자가 후천적인 요인보다 생득적인 요인으로 결정됨을 보여준다.
⑤ E는 사회적 소수자에 대한 규정이 가변적이지 않고 고정적임을 보여준다.

4   **[2023학년도 9월 모평 13번]**

사회적 소수자 A ~ E에 대한 설명으로 옳은 것은?

> ▷ 공지 사항   ▷ 게시 판   ▷ 등장인물
>
> **∥ 주말 드라마 등장인물 소개**
>
> Ⓐ 일본으로 이주한 한국인 여성. 한국인이라는 이유로 차별받으며 살았지만 끝까지 귀화하지 않고 B를 키워 냄.
> Ⓑ A의 아들이며, 재일 교포 2세라는 이유로 차별을 겪음. 일본에서 탄광 노동자로 일하면서 광부들의 열악한 노동 환경 개선을 위해 활동함.
> Ⓒ 일본 국적의 혼혈인으로 B와 함께 탄광에서 일하고 있음. 피부색이 다르다는 이유로 차별받았으며 B에게 동질감을 느껴 친구가 됨.
> Ⓓ 어린 시절 사고로 장애를 갖게 되어 학창 시절 차별을 겪음. 장애에 대한 사회적 차별에 힘들어하였지만 B, E를 만나 위안을 얻음.
> Ⓔ 일본 권력가의 딸로 B와 사랑에 빠졌으나, 집안의 반대로 헤어질 결심을 하고 미국으로 유학을 떠남. 언어가 다른 낯선 땅에서 동양인이자 여성 이라는 이유로 이중의 차별에 시달림.

① A는 B와 달리 역차별을 받았다.
② B는 C와 달리 수적인 열세로 인해 차별을 받았다.
③ C는 D와 달리 선천적 요인으로 인해 차별을 받았다.
④ D는 E와 달리 주류 집단과 구별되는 문화적 차이로 인해 차별을 받았다.
⑤ E는 A와 달리 국적이 주류 집단과 다르다는 이유로 차별을 받았다.

정답과 해설   1   p.331   2   p.331   3   p.332   4   p.332

5　[2025년 3월 학평 6번]

사회적 소수자 A, B에 대한 설명으로 옳은 것은?

> ○ A는 갑국에서 국교가 아닌 종교를 믿는다는 이유로 박해를
>   받다가 을국으로 피신하였으나 을국에서도 피부색이
>   다르다는 이유로 차별을 받고 있다.
> ○ B는 병국에서 다수 민족에 속했지만 주류 집단인 소수
>   민족과 다른 민족이라는 이유로 차별을 받다가 정국으로
>   이주하였다. 그러나 정국에서도 외국인 노동자라는 이유로
>   차별을 받고 있다.

① A는 갑국에서 선천적 요인에 따른 차별을 받았다.
② A는 을국에서 후천적 요인에 따른 차별을 받고 있다.
③ B는 병국에서 수적인 열세로 인해 차별을 받았다.
④ B는 정국에서 적극적 우대 정책에 따른 역차별을 받고 있다.
⑤ A, B의 사례는 모두 사회적 소수자를 규정하는 기준이 사회에
　따라 다를 수 있음을 보여 준다.

6　2025 수능　[2025학년도 수능 17번]

다음 자료에 대한 설명으로 옳은 것은? 3점

> □□국은 소수이지만 지배층을 이루는 A족과 다수이지만
> 지배를 받는 B족으로 구성되어 있었다. A족 출신 직업 군인인
> 갑은 ⊙ 자신에게 주어진 업무 처리를 위해 철저히 준비하여
> 조직에서 우수한 성과를 내었다. 빠른 진급을 하며 승승장구하던
> 갑은 훈련 도중 불의의 사고로 장애 판정을 받아 더 이상 군
> 생활을 할 수 없었다. 이후 다른 직종에 취업하려 했으나
> 장애인에 대한 사회적 편견으로 인해 늘 거절당했다. 갑이
> 생활의 어려움을 겪던 중 □□국에서 대다수를 이루는 B족이
> 권력을 장악하게 되었다. B족은 권력의 정통성을 확보하기
> 위해 A족에게 인종 차별 정책을 시행하였다. 인종 차별까지
> 겪은 갑은 ⓒ □□국에서 생활을 계속해야 할지 차별이 없는
> 다른 나라로 이주해야 할지 고민하였다.

① ⊙은 갑의 예기 사회화이다.
② ⓒ은 갑의 역할 갈등이다.
③ 갑은 생득적 요인과 후천적 요인에 따른 차별을 모두 경험하였다.
④ A족과 달리 B족은 수적인 열세로 인해 차별을 받았다.
⑤ B족과 달리 A족은 사회적 소수자 우대 정책으로 역차별을
　받았다.

7　2025 평가원　[2025학년도 9월 모평 19번]

다음 자료에 대한 옳은 설명만을 〈보기〉에서 고른 것은? 3점

> 　A국으로 이주한 갑은 □□ 보건소 주임으로 근무하면서
> 여성이라는 이유로 근로 조건에서 차별을 당하자 승진을 통해
> 이를 극복하려고 지방 관리직 시험에 응시하려 했다. 보건소
> 부소장은 규정상 A국 국적이 없으면 관리직이 될 수 없다는
> 이유로 접수를 거부했다. 이에 갑은 □□시를 상대로 수험
> 자격이 있음을 확인해 달라는 소송을 제기했다. 1심 법원은
> A국 국적을 가진 사람이 공권력을 행사하는 관리직이 되는 게
> 원칙이므로 외국인의 관리직 취임이 불가능하다고 판단했다.
> 하지만 2심 법원은 □□시의 처분이 헌법이 보장한 직업 선택의
> 자유를 제한하고 차별 금지를 위반했다는 점에서 위법이라고
> 판단했다. □□시는 2심 판결에 불복하여 현재 상고심을 준비
> 중이다. 이에 A국 ⊙ 시민 사회를 중심으로 2심 판결을 지지하며
> □□시의 판결 불복을 규탄하는 집회가 전국 각지에서 일어났다.

> **보기**
>
> ㄱ. 갑은 적극적 우대 조치로 인해 역차별을 받는 집단에 속해
> 　 있다.
> ㄴ. 갑은 여러 사회적 소수자 집단에 속해 다양한 차별을 받았다.
> ㄷ. 2심 판결은 사회적 소수자의 불리한 위치를 제도적으로
> 　 개선하자는 주장의 근거가 될 수 있다.
> ㄹ. ⊙은 사회적 소수자에게 A국 국민과 동등한 권리를
> 　 부여해서는 안 된다고 인식하고 있다.

① ㄱ, ㄴ　　② ㄱ, ㄷ　　③ ㄴ, ㄷ　　④ ㄴ, ㄹ　　⑤ ㄷ, ㄹ

8　[2024년 7월 학평 5번]

사회적 소수자 A ~ C에 대한 설명으로 옳은 것은? 3점

> 　A는 갑국에서 소수 민족의 자녀로 태어나 갖은 차별을 받았다.
> 결국 A는 갑국을 떠나 을국으로 이주했지만 갑국의 소수
> 민족은 게으르다는 편견 때문에 취업에 계속 실패했다. 을국에서
> 생활에 어려움을 겪던 A는 취업에 대한 조언을 얻기 위해
> 지인의 소개로 대기업 사원 B를 만났다. 하지만 B도 여성이라는
> 이유로 회사 내에서 주요 직책은 맡지 못하고 있다는 사실을
> 알게 되었다. 이러한 경험을 토대로 A와 B는 흔치 않은 피부색을
> 가졌다는 이유로 B의 회사에서 차별받던 C와 함께 사회적
> 소수자 차별을 금지하는 내용의 입법 청원을 제기하였다.

① A는 신체적 특징을 이유로 역차별을 받았다.
② B는 선천적 요인으로 인해 차별을 받았다.
③ B와 달리 A는 한 사회 내에서 여러 사회적 소수자 집단에
　중첩되어 속해 있다.
④ B와 달리 C는 문화적 특징으로 인해 차별을 받았다.
⑤ A, B, C 모두 사회적 소수자에 대한 차별을 개인적 차원에서
　해결하고자 하였다.

9

다음은 수행 평가에서 갑이 작성한 답과 채점 결과를 나타낸 것이다. 이에 대한 옳은 설명만을 <보기>에서 고른 것은? **3점**

Q: 주어진 응답에 맞는 사회적 소수자 관련 질문 (가) ~ (라)를 작성하시오.

응답		답란(질문)	채점
예	(가)	㉠	1점
	(나)	사회적 소수자 규정 기준은 시대와 사회에 상관없이 동일한가?	㉢
아니요	(다)	수적으로 반드시 소수(少數)를 의미하는가?	㉣
	(라)	㉡	0점
		점수 합계	2점

* 옳은 답을 쓴 경우 1점, 틀린 답을 쓴 경우 0점을 부여한다.

보기

ㄱ. ㉠에는 '사회적 소수자를 위한 적극적 우대 조치는 주류 집단에 대한 역차별이라는 비판을 받기도 하는가?'가 들어갈 수 있다.

ㄴ. ㉡에는 '스스로 사회적 소수자로서의 정체성을 인식하고 있는 것이 사회적 소수자의 조건이 되는가?'가 들어갈 수 있다.

ㄷ. ㉢은 ㉣과 달리 '1점'으로 채점된다.

ㄹ. (나)에 작성한 질문과 (다)에 작성한 질문의 위치를 서로 바꿔 썼다면, 갑의 점수 합계는 1점이 된다.

① ㄱ, ㄴ ② ㄱ, ㄷ ③ ㄴ, ㄷ ④ ㄴ, ㄹ ⑤ ㄷ, ㄹ

10

사회적 소수자와 관련한 다음 두 사례를 종합하여 도출할 수 있는 결론으로 가장 적절한 것은?

○ 갑국에서는 민속 음악인들이 과거에는 직업을 이유로 차별받았으나 오늘날에는 대중의 사랑과 존경을 받고 있다.
○ 을국에서는 병족 출신 유학생들이 병국 국교를 믿는다는 이유로 병국에서와 달리 차별을 받고 있다.

① 사회적 소수자는 신체적 특징에 의해 규정된다.
② 사회적 소수자 우대 정책은 역차별을 초래할 수 있다.
③ 개인은 여러 사회적 소수자 집단에 중첩되어 속할 수 있다.
④ 사회적 소수자에 대한 차별을 없애려면 제도적 노력이 필요하다.
⑤ 사회적 소수자를 규정하는 기준은 시대와 장소에 따라 달라질 수 있다.

11

사회적 소수자 A ~ E에 대한 설명으로 옳은 것은?

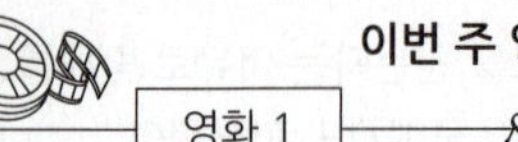

여성이라는 이유로 취업에 실패하던 A는 지인의 소개로 대형 마트에 비정규직으로 취업한다. 그러던 어느 날 A는 정규직이 아니라는 이유로 불합리한 처우를 받게 되어 고통을 겪는다. 이에 북한 이탈 주민인 자신에 대한 주변의 차별적 태도에 고통받던 B와 이주 노동자라는 출신 배경 때문에 부당한 대우를 받던 C가 다가와 손을 내민다. 결국, 손을 맞잡은 그들은 사회적 소수자의 차별 철폐를 위한 투쟁을 시작하는데….

D는 공장에서 야간 작업을 하던 중 불의의 사고로 다리를 잃게 되어 장애인이 된다. 이후 D는 주변 사람들로부터 장애로 인한 차별적 대우를 받게 되지만 현실에 순응한 채 살아간다. D의 자녀 E는 자폐 스펙트럼 장애를 가지고 태어났지만 사회적 차별을 극복해가며 로스쿨에 진학한다. 우수한 성적으로 졸업한 E는 장애인 노동자들의 노동 환경 및 처우 개선을 위한 법 개정에 앞장서는 법률 전문가로 활동하게 되는데….

① A는 한 개인이 여러 사회적 소수자 집단에 중첩되어 속할 수 있음을 보여주는 사례이다.
② A는 D와 달리 수적인 열세로 인해 차별을 받았다.
③ B는 C와 달리 주류 집단과 구별되는 신체적 특징을 이유로 차별을 받았다.
④ D는 E와 달리 선천적 요인으로 인해 차별을 받았다.
⑤ E는 A와 달리 사회적 소수자의 불리한 위치를 개선하기 위해 노력하였다.

12 **2024 평가원**

다음 두 사례에서 공통적으로 도출할 수 있는 결론으로 가장 적절한 것은?

○ 갑국에서 외국인 근로자는 전체 인구의 약 10%에 해당한다. 이들을 대상으로 일상생활에서 차별받은 경험 여부를 조사했더니 대다수가 갑국 사회에서 차별받은 경험이 있다고 응답했다. 또한 내국인의 경우처럼 남성보다 여성이 더 심한 차별을 받는 것으로 나타났다.
○ 을국은 A 민족과 B 민족으로 구성되어 있는데, B 민족이 전체 인구의 70% 정도임에도 정치·경제의 대부분을 장악한 A 민족으로부터 차별을 받는다. 한편 을국에서는 종교에 따른 차별도 존재하는데, B 민족의 경우 국교가 아닌 타 종교를 믿는 사람들은 더 심한 차별을 받고 있다.

① 수적으로 열세이기 때문에 사회적 소수자가 된다.
② 사회적 소수자에 대한 우대 정책이 역차별을 낳을 수 있다.
③ 한 개인이 여러 사회적 소수자 집단에 중첩되어 속할 수 있다.
④ 사회적 소수자를 규정하는 기준은 가변적이지 않고 고정적이다.
⑤ 사회적 소수자는 선천적 요인이 아닌 후천적 요인에 의해 결정된다.

13　[2023학년도 수능 19번]

다음 자료의 A ~ E에 대한 설명으로 옳은 것은? 3점

A는 전쟁을 피해 홀로 이주해 온 어머니 B와 어린 시절 사고로 시각 장애인이 된 아버지 C 사이에서 태어났다. B는 여성이라는 이유로 취업이 힘들었고 C도 장애인이라는 이유로 차별을 받았다. 그런데 시각 장애인만 안마사가 될 수 있도록 한 제도가 도입되어 C는 안마사로 일하게 되었다. 같은 시기 안마사가 되고 싶어 했던 비장애인 D가 이 제도에 대해 국가 기관에 문제를 제기하면서 시각 장애인에 대한 사회적 관심이 높아졌다. 이를 지켜보던 A는 시각 장애인을 대변하는 법조인이 되어야겠다고 다짐했다. 이후 A는 법을 공부하러 갑국에 유학을 갔고 그곳에서 외국인이자 여성이라는 이유로 부당한 대우를 받게 되자, 난민 여성으로 차별받았던 B의 아픔을 이해하게 되었다. A는 유학 생활을 마치고 귀국하여 법률 회사에 입사하였다. 그리고 장애인 의무 고용 제도의 요건을 충족하여 입사한 E와 함께 사회적 소수자 인권 보호를 위한 법 개정을 위해 노력하고 있다.

① A는 B와 달리 한 개인이 여러 사회적 소수자 집단에 중첩되어 속할 수 있음을 보여 주는 사례이다.
② B는 C와 달리 후천적 요인으로 인해 차별을 받았다.
③ D는 E와 달리 주류 집단이 아니라는 이유로 차별을 받았다.
④ A와 D는 사회적 소수자에 대한 차별을 제도적으로 해결하고자 하였다.
⑤ C와 E는 사회적 소수자의 불리한 위치를 개선하기 위한 정책의 적용을 받았다.

14　2024 수능　[2024학년도 수능 8번]

사회적 소수자 A, B에 대한 설명으로 옳은 것은? 3점

○ 갑국에 사는 노인 A는 취업 시장에서 불이익을 받거나 카페 등 특정한 장소에서 입장에 제한을 받는 등 나이가 많다는 이유로 차별받았다.
○ 강제 이주로 3대째 을국에서 살고 있는 이주민의 3세 B는 을국 사람들과 구분되는 민족적, 인종적 특성으로 인해 을국에서 차별받았다.

① A는 B와 달리 권력의 열세로 인해 차별받았다.
② A는 B와 달리 여러 사회적 소수자 집단에 중첩되어 속해 있다.
③ B는 A와 달리 고정 관념으로 인해 차별의 대상이 되었다.
④ B는 A와 달리 식별 가능성으로 인해 차별의 대상이 되었다.
⑤ A와 B는 모두 귀속적 특성으로 인해 차별받았다.

15　[2025년 5월 학평 16번]

다음 자료에 대한 설명으로 옳은 것은? 3점

A 민족과 B 민족으로만 구성된 갑국에서는 ㉠ A 민족 구성원이 전체 인구의 30% 정도임에도 불구하고 사회의 기득권을 갖고 있어 ㉡ B 민족 구성원은 오랫동안 사회적·정치적·경제적으로 불이익을 받아 왔다. 이에 갑국 정부는 B 민족 구성원에 대한 차별 문제를 개선하고자 고등 교육 진학 기회에 있어서 그들에게 혜택을 주는 대입 정책을 실시하였다. 그 결과 B 민족 구성원의 대학 진학률이 꾸준히 상승하여 그들의 학력 수준이 향상되었고, 갑국의 전문직 종사자 중 B 민족 구성원이 차지하는 비율이 지속해서 증가하였다.

① ㉠은 수적 열세로 인해 차별을 받았다.
② ㉡은 사회적 소수자 우대 정책으로 역차별을 받았다.
③ ㉡에 비해 ㉠은 경제적 자원을 획득하는 데 불리한 위치에 있다.
④ 제도적 차원의 노력을 통해 사회적 차별이 개선될 수 있음을 보여 준다.
⑤ 사회적 소수자가 선천적 요인이 아닌 후천적 요인에 의해서만 결정됨을 보여 준다.

16　[2022학년도 6월 모평 19번]

다음 자료의 A ~ D에 대한 설명으로 옳은 것은?

인권 다큐멘터리 영화제 주요 작품 소개

A : 갑국에서 대다수의 어린 여자 아이들이 단지 여자라는 이유만으로 취학을 하지 못하는 실상을 추적한 작품
B : 을국 정부에게 고용 안정과 처우 개선을 요구하는 비정규직 노동자들의 목소리를 담은 작품
C : 병국의 지배 세력에게 억압과 착취를 당하는 병국 내 소수 민족의 아픔을 표현한 작품
D : 정국에서 새로운 정보 기기를 잘 다루지 못하는 노인들이 겪고 있는 여러 가지 어려움을 취재한 작품

① A는 B와 달리 인간의 선천적 요인으로 인한 차별을 다룬 작품이다.
② B는 C와 달리 구성원 수의 많고 적음에 따라 규정되는 사회적 소수자를 다룬 작품이다.
③ C는 D와 달리 연령대에 따라 처우가 달라지는 차별을 다룬 작품이다.
④ D는 A와 달리 적극적 우대 조치로 인해 역차별을 받는 집단을 다룬 작품이다.
⑤ A와 C는 사회적 소수자에 대한 차별 사례를, B와 D는 해당 사회 주류 집단에 대한 우대 사례를 다룬 작품이다.

17

다음 자료에 대한 설명으로 옳은 것은?

▣ 이달의 책 ○○○ ▣

다수의 □□족이 통치하던 국가에서 소수 민족이라는 이유로 차별받던 갑의 경험이 많은 이들에게 공감과 위로를 준다. 시민혁명 이후 투표권을 얻었지만, 자신이 믿는 종교가 아닌 다른 종교가 국교로 선포되자, 또 다른 사회적 박해를 경험하게 되었던 갑의 이야기는 사회적 편견이 만연한 우리 사회에 경종을 울린다.
—문화 평론가 △△△—

소설 속 을과 병의 이야기는 지금 우리 사회에도 많은 의미가 있다. 후천적 장애로 인한 사회적 차별로 결국 학업을 포기한 을, 남성 중심 사회에서 여성이라는 이유만으로 유리천장에 부딪혀 승진하지 못했던 병의 이야기는 우리 사회의 모습과 닮아있다. 지금도 투쟁하고 있는 우리 사회의 많은 을과 병에게 응원을 보낸다.
—사회학자 ▲▲▲—

---

① 갑과 달리 을은 수적인 열세로 인해 차별받았다.

② 을과 달리 병은 귀속적 특성으로 인해 차별받았다.

③ 병과 달리 갑은 권력의 열세로 인해 차별받았다.

④ 갑의 사례는 사회적 소수자에 대한 우대 정책이 역차별을 낳을 수 있음을 보여준다.

⑤ 을, 병의 사례는 모두 한 개인이 여러 사회적 소수자 집단에 중첩되어 속할 수 있음을 보여준다.

18

다음 글의 필자가 강조하는 사회적 소수자에 대한 차별의 발생 원인으로 가장 적절한 것은? 3점

사람들 중에는 종교, 문화, 관습, 외양 등에서 주류 집단과 차이를 보이는 이들이 있다. 이들에 대해 다름을 인정하지 않으면서, 이들을 사회 질서를 위협하는 존재로 여겨 배척하고 사회적으로 차별하기도 한다. 하지만 다른 것은 틀린 것이 아니며, 차이는 차별의 근거가 될 수 없다. 다름의 경계를 만들어 경계 안의 '우리'가 경계 바깥의 '그들'을 배척하고 차별한다면, 사회적 갈등만 발생시켜 사회 발전에는 전혀 도움이 되지 않는다.

---

① 사회적 소수자가 수적으로 열세이기 때문이다.

② 사회적 소수자를 규정하는 기준이 시대와 장소에 따라 달라지기 때문이다.

③ 주류 집단이 사회적 소수자를 문제가 있는 집단이라고 규정하는 태도 때문이다.

④ 사회적 소수자는 주류 집단에 비해 경제적 자원 획득에 불리한 위치에 있기 때문이다.

⑤ 사회적 소수자 스스로가 주류 집단과 구별되는 신체적 또는 문화적 특징을 가졌다고 인식하기 때문이다.

19

2025 평가원

다음 자료에 대한 설명으로 옳은 것은? 3점

□□신문 　　　　　　　　○○○○년 ○○월 ○○일

갑국의 '이민자 통합 프로그램' 이대로 좋은가?

며칠 전 갑국에서는 야외 공연장을 가득 메운 사람들 사이에서 이민자들의 외모와 음식 문화를 비하하는 노래가 울려 퍼졌다. 갑국 내 극소수에 불과해 오랜 기간 취업과 임금 등에서 차별받아 온 ㉠ 이민자들은 이에 강하게 반발했고 양측의 충돌로 인해 유혈 사태가 발생하게 되었다. 특히 이를 해결하는 과정에서 경찰이 ㉡ 이민자가 아닌 갑국 사람들은 조사하지 않고 이민자들에 대해서만 강압 수사를 벌이면서 문제는 더욱 심각해졌다. 이러한 일련의 사건들로 인해 그동안 갑국 정부가 추진해 왔던 '이민자 통합 프로그램'의 효과가 의문시되고 있다.

---

① ㉠은 사회적 소수자로서의 정체성을 갖고 있다.

② ㉠에 비해 ㉡은 정치권력의 열세에 놓여 있다.

③ ㉡에 비해 ㉠은 경제적 자원 획득에서 유리한 위치에 있다.

④ 제도적 차원의 노력을 통해 차별을 해소한 사례를 보여 준다.

⑤ 한 사회 내에서 수적으로 우세하더라도 사회적 소수자가 될 수 있음을 보여 준다.

20

표에 대한 분석으로 옳은 것은? 3점

〈 갑국 근로자의 평균 임금 〉

(단위 : 달러)

구분	2000년		2010년	
	남자	여자	남자	여자
내국인	2,000	1,600	2,500	2,100
외국인	1,400	1,000	1,700	1,500
전체	1,900	1,500	2,400	2,000

① 2000년에 내국인 남자 근로자 임금 총액에 대한 외국인 여자 근로자 임금 총액의 비는 1/2이다.

② 2010년에 내국인 근로자 평균 임금에 대한 외국인 근로자 평균 임금의 비는 3/5보다 작다.

③ 2010년에 남자 근로자와 여자 근로자 간 평균 임금 차이보다 내국인 근로자와 외국인 근로자 간 평균 임금 차이가 크다.

④ 남자 근로자 평균 임금에 대한 여자 근로자 평균 임금의 비는 2000년보다 2010년이 작다.

⑤ 2000년 대비 2010년에 내국인 여자 근로자 평균 임금 증가율보다 내국인 남자 근로자 평균 임금 증가율이 크다.

21   [2023학년도 9월 모평 10번]

다음 자료에 대한 분석 및 추론으로 옳은 것은? 3점

그림은 갑국의 성 불평등 양상을 파악하기 위해 수집한 자료이다. (가)는 맞벌이 부부의 1일 평균 가사 노동 시간을, (나)는 정규직 월평균 임금을, (다)는 고위 공직자 수를 성별에 따라 나타낸 것이다.

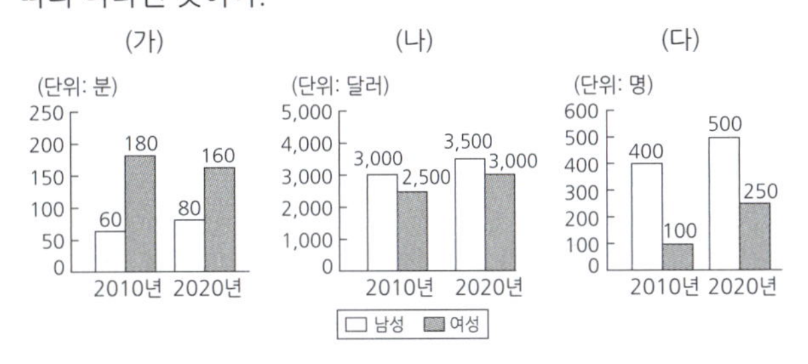

① (가)는 갑국에서 성별 가사 분담의 격차가 심화되었다는 주장의 근거로 활용될 수 있다.
② (가)에서 맞벌이 부부 중 여성의 1일 평균 가사 노동 시간 대비 맞벌이 부부 중 남성의 1일 평균 가사 노동 시간은 2010년이 2020년의 1.5배이다.
③ (나)에서 2010년 대비 2020년에 남성 정규직 월평균 임금 상승률과 여성 정규직 월평균 임금 상승률은 동일하다.
④ (다)에서 2010년 대비 2020년에 전체 고위 공직자 수 증가율은 남성 고위 공직자 수 증가율의 2배이다.
⑤ (다)는 (나)와 달리 경제적 측면의 성 불평등 양상을 파악하기 위한 자료이다.

22   [2022학년도 수능 7번]

다음 자료에 대한 옳은 분석만을 <보기>에서 고른 것은? 3점

그림은 갑국의 정보 분야 남성과 여성의 임금 지수를 비교한 것이다. 정보 분야 남성(여성)의 임금 지수는 정보 분야 남성의 평균 임금과 여성의 평균 임금을 합한 값을 100으로 하여 남성(여성)의 평균 임금을 나타낸 것이다.

〈정보 분야 남성과 여성의 임금 지수〉

	남성	여성
t년	65	35
t+10년	60	40
t+20년	55	45

보기

ㄱ. t년, t+10년, t+20년 모두에서 정보 분야 남성의 평균 임금이 정보 분야 여성의 평균 임금보다 많다.
ㄴ. t년 대비 t+10년에 정보 분야 남성의 임금 지수와 정보 분야 여성의 임금 지수 간 격차는 10% 감소하였다.
ㄷ. 정보 분야 여성의 임금 지수의 경우, t년 대비 t+10년의 증가율은 t+10년 대비 t+20년의 증가율보다 크다.
ㄹ. t년 대비 t+20년에 정보 분야 남성의 임금 지수 감소율과 정보 분야 여성의 임금 지수 증가율 크기는 동일하다.

① ㄱ, ㄴ   ② ㄱ, ㄷ   ③ ㄴ, ㄷ   ④ ㄴ, ㄹ   ⑤ ㄷ, ㄹ

23   [2021년 7월 학평 12번]

다음 자료에 대한 옳은 분석만을 <보기>에서 고른 것은? 3점

다음은 연구자 갑이 A국의 성 불평등 정도와 그 변화를 분석하기 위해 지수를 개발하여 측정한 결과이다. 모든 시기의 전체 근로자 성비는 1:1이며, t년 대비 t+10년에 정규직 근로자 수는 증가하였다.

구분	t년	t+10년	t+20년
성별 임금 격차 지수	40	20	80
성별 채용 안정성 지수	40	40	50

* 성별 임금 격차 지수 $= \dfrac{\text{남성 근로자 평균 임금} - \text{여성 근로자 평균 임금}}{\text{근로자 전체 평균 임금}} \times 100$

** 성별 채용 안정성 지수 $= \dfrac{\text{남성 정규직 근로자 수} - \text{여성 정규직 근로자 수}}{\text{정규직 전체 근로자 수}} \times 100$

보기

ㄱ. t년에 남성 근로자 평균 임금은 여성 근로자 평균 임금의 2배이다.
ㄴ. t+10년에 남성 정규직 근로자 수는 여성 정규직 근로자 수보다 많다.
ㄷ. 여성 정규직 근로자 수는 t년과 t+10년이 같다.
ㄹ. 남성 근로자 평균 임금 대비 여성 근로자 평균 임금의 비율은 t+10년이 t+20년보다 크다.

① ㄱ, ㄴ   ② ㄱ, ㄷ   ③ ㄴ, ㄷ   ④ ㄴ, ㄹ   ⑤ ㄷ, ㄹ

24   [2022학년도 9월 모평 10번]

다음 자료에 대한 분석으로 옳은 것은? 3점

한 연구자가 노동자 성비와 성별 임금 격차를 기준으로 노동 시장에서의 성 불평등 정도를 측정하였다. 표는 갑국의 시기별 노동자 성비와 성별 임금 격차를 나타낸다. 단, 갑국에서 t년에 비해 t+10년에 남성 노동자의 수는 20% 증가하였고, 남성 노동자의 평균 임금도 20% 증가하였다.

〈갑국의 시기별 노동자 성비와 성별 임금 격차〉

구분	t년	t+10년
노동자 성비	60	100
노동자 성별 임금 격차	30	40

* 노동자 성비 : 여성 노동자 100명당 남성 노동자의 수

** 노동자 성별 임금 격차 $= \left(1 - \dfrac{\text{여성 노동자 평균 임금}}{\text{남성 노동자 평균 임금}}\right) \times 100$

① t년에 여성 노동자 평균 임금은 남성 노동자 평균 임금의 30%이다.
② t+10년에 여성 노동자 평균 임금은 전체 노동자 평균 임금의 60% 이하이다.
③ t년에 비해 t+10년에 여성 노동자 수는 감소하였다.
④ t년에 비해 t+10년에 여성 노동자 평균 임금은 감소하였다.
⑤ t년에 비해 t+10년에 노동자 성비 불균형과 성별 임금 격차는 모두 완화되었다.

다음 자료에 대한 옳은 분석만을 〈보기〉에서 있는 대로 고른 것은?  `3점`

표는 갑국의 직종별, 시기별 임금 성비를 나타낸 것이다. 임금 성비는 '(여성 평균 임금/남성 평균 임금) × 100'으로 계산한다. 갑국은 A, B 직종 외에도 다양한 직종이 존재한다.

구분	t년	t+10년	t+20년
전체 직종	60	70	80
A 직종	50	50	50
B 직종	50	70	100

보기

ㄱ. 전체 직종에서 여성 평균 임금은 10년마다 10%씩 상승하였다.

ㄴ. t년에 A 직종에서 여성 평균 임금이 400만 원이라면 남성 평균 임금은 200만 원이다.

ㄷ. t+10년에 A, B 직종의 여성 평균 임금이 같다면 남성 평균 임금은 B 직종보다 A 직종에서 높다.

ㄹ. t+20년에 B 직종에서 남성과 여성의 평균 임금은 같다.

① ㄱ, ㄴ   ② ㄱ, ㄷ   ③ ㄷ, ㄹ
④ ㄱ, ㄴ, ㄹ   ⑤ ㄴ, ㄷ, ㄹ

그래프에 대한 옳은 분석만을 〈보기〉에서 고른 것은? `3점`

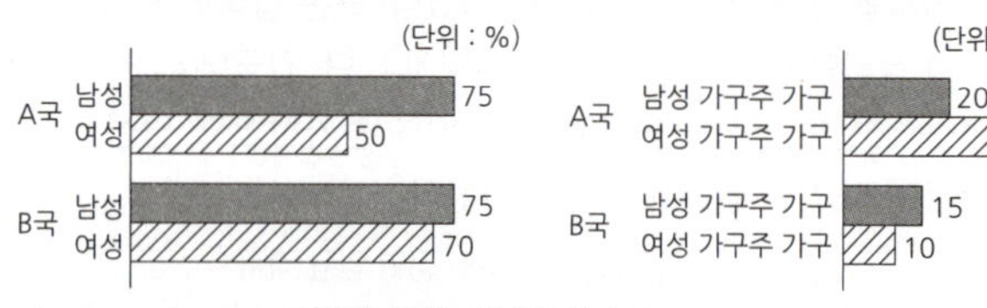

* 성별 고용률(%) = $\dfrac{\text{성별 15세 이상 취업자 수}}{\text{성별 15세 이상 인구}} \times 100$

** 가구주 성별 빈곤율(%) = $\dfrac{\text{가구주 성별 빈곤 가구 수}}{\text{가구주 성별 가구 수}} \times 100$

*** A국과 B국 모두 남성 가구주 가구 수가 여성 가구주 가구 수보다 많음.

보기

ㄱ. A국의 15세 이상 취업자 중, 남성 취업자 수는 여성 취업자 수의 1.5배이다.

ㄴ. B국의 15세 이상 남성 중, 취업자 수는 취업자가 아닌 사람 수의 3배이다.

ㄷ. A국은 전체 가구의 50%가 빈곤 가구에 해당한다.

ㄹ. B국의 빈곤 가구 중, 남성 가구주 가구 수가 여성 가구주 가구 수보다 많다.

① ㄱ, ㄴ   ② ㄱ, ㄷ   ③ ㄴ, ㄷ   ④ ㄴ, ㄹ   ⑤ ㄷ, ㄹ

다음 자료에 대한 분석으로 옳은 것은? `3점`

성별에 따른 임금 수준의 차이는 '임금 성비'라는 지표를 통해 파악해 볼 수 있다. 임금 성비는 '(여성의 평균 임금/남성의 평균 임금) × 100'으로 계산한다. 표는 갑국의 성별에 따른 월 평균 임금의 변화 추이를 전체 업종과 ○○ 업종으로 구분하여 나타낸 것이다.

(단위 : 달러)

구분		t년	t+1년	t+2년
전체 업종	남성	1,000	1,500	2,000
	여성	600	900	1,500
○○ 업종	남성	800	1,300	1,800
	여성	700	1,200	1,800

① 전체 업종에서 t년과 t+2년의 임금 성비는 같다.

② 임금 성비는 모든 시기에서 ○○ 업종이 전체 업종보다 낮다.

③ ○○ 업종과 달리 전체 업종에서는 성별 임금 수준의 불평등이 심화되고 있다.

④ 전체 업종에서 월 평균 임금의 전년 대비 상승률은 남성의 경우 t+1년과 t+2년이 동일하다.

⑤ ○○ 업종에서 월 평균 임금의 전년 대비 상승률은 t+1년과 t+2년 모두 여성이 남성보다 높다.

다음 자료에 대한 옳은 분석만을 〈보기〉에서 고른 것은? `3점`

〈표 1〉, 〈표 2〉는 각각 갑국 근로자의 근로 형태별 근로자 성비와 성별 비정규직 비율을 나타낸 것이다. 단, 근로 형태는 정규직과 비정규직으로만 구분된다.

〈표 1〉 근로 형태별 근로자 성비

구분	정규직	비정규직
근로자 성비	400	150

〈표 2〉 성별 비정규직 비율

구분	남성	여성
비정규직 비율(%)	60	80

* 근로자 성비 : 여성 근로자 100명당 남성 근로자 수

** 성별 비정규직 비율(%) = $\dfrac{\text{성별 비정규직 근로자 수}}{\text{성별 정규직과 비정규직 근로자 수의 합}} \times 100$

보기

ㄱ. 전체 근로자 중 남성 근로자가 차지하는 비율은 50%이다.

ㄴ. 남성 정규직 근로자 수는 여성 비정규직 근로자 수보다 많다.

ㄷ. 정규직 근로자 중 여성 근로자가 차지하는 비율은 비정규직 근로자 중 여성 근로자가 차지하는 비율보다 낮다.

ㄹ. 전체 근로자 중 비정규직 근로자가 차지하는 비율은 전체 근로자 중 정규직 근로자가 차지하는 비율의 2배이다.

① ㄱ, ㄴ   ② ㄱ, ㄷ   ③ ㄴ, ㄷ   ④ ㄴ, ㄹ   ⑤ ㄷ, ㄹ

다음 자료에 대한 옳은 분석만을 <보기>에서 있는 대로 고른 것은?  **3점**

다음은 연구자 갑이 A국의 노동 관련 성 불평등을 연구하기 위해 수집한 자료이다. A국에서 남성 노동자의 평균 임금은 t년에 비해 t+10년에는 10%, t년에 비해 t+20년에는 25% 증가하였다. 또한 남성 노동자 수는 제시된 연도에서 모두 같다.

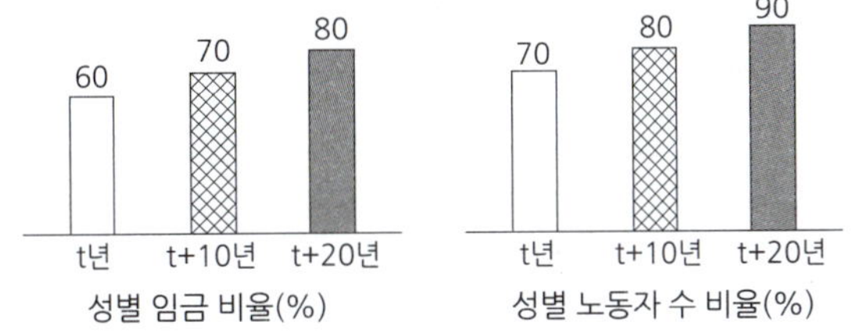

* 성별 임금 비율(%) = (여성 노동자 평균 임금/남성 노동자 평균 임금) × 100
** 성별 노동자 수 비율(%) = (여성 노동자 수/남성 노동자 수) × 100

보기

ㄱ. t년에 비해 t+10년에 여성 노동자 평균 임금은 20% 이상 증가하였다.

ㄴ. t년에 비해 t+20년에 평균 임금액의 성별 격차는 증가하였지만 노동자 수의 성별 격차는 감소하였다.

ㄷ. t+10년에 비해 t+20년에 남성 노동자 수와 여성 노동자 수의 격차는 50% 감소하였다.

ㄹ. 제시된 연도 중에 전체 남성 노동자의 총임금과 전체 여성 노동자의 총임금 간 격차는 t+20년이 가장 작다.

① ㄱ, ㄴ   ② ㄱ, ㄷ   ③ ㄴ, ㄹ
④ ㄱ, ㄷ, ㄹ   ⑤ ㄴ, ㄷ, ㄹ

---

30 [2022년 4월 학평 20번]

다음 자료에 대한 옳은 분석 및 추론만을 <보기>에서 있는 대로 고른 것은?

표는 갑국의 임금 불평등을 파악하기 위해 t년과 t+20년의 성별 및 고용 형태별 근로자의 시간당 평균 임금을 조사한 후, 이를 토대로 분석한 자료이다. 단, 남성 정규직 근로자 시간당 평균 임금은 t+20년이 t년의 2배이다.

(단위 : %)

구분		t년	t+20년
남성 정규직 근로자 시간당 평균 임금 대비 여성 정규직 근로자 시간당 평균 임금		40	80
정규직 근로자 시간당 평균 임금 대비 비정규직 근로자 시간당 평균 임금	전체	35	84
	남	62	90
	여	65	87

보기

ㄱ. 여성 정규직 근로자 시간당 평균 임금은 t+20년이 t년의 4배이다.

ㄴ. 남성 정규직 근로자와 여성 정규직 근로자 간 임금 불평등은 t+20년이 t년에 비해 심화되었다.

ㄷ. t년 대비 t+20년 시간당 평균 임금의 증가율은 전체 정규직 근로자가 전체 비정규직 근로자보다 낮다.

ㄹ. t년과 t+20년 모두 남성 비정규직 근로자 시간당 평균 임금이 여성 비정규직 근로자 시간당 평균 임금보다 높다.

① ㄱ, ㄴ   ② ㄱ, ㄹ   ③ ㄴ, ㄷ
④ ㄱ, ㄷ, ㄹ   ⑤ ㄴ, ㄷ, ㄹ

31

표에 대한 분석으로 옳은 것은? (단, 각 국가 내에서 남성 근로자 수와 여성 근로자 수는 같다.) 3점

〈 성별 근로자 월 평균 임금 〉

(단위 : 달러)

구분	갑국	을국	병국
남성 근로자	3,400	3,800	4,000
여성 근로자	2,600	2,800	2,800

① 갑국에서 여성 근로자 월 평균 임금은 전체 근로자 월 평균 임금의 90% 수준을 넘는다.
② 을국에서 성별 근로자 월 평균 임금 격차는 남성 근로자 월 평균 임금의 1/3 수준을 넘는다.
③ 병국에서 남성 근로자 월 평균 임금은 전체 근로자 월 평균 임금보다 800달러 많다.
④ 남성 근로자 월 평균 임금에 대한 여성 근로자 월 평균 임금의 비는 을국이 병국보다 크다.
⑤ 갑국~병국 중 성별 근로자 월 평균 임금 격차는 갑국이 가장 크다.

33

다음 자료에 대한 분석으로 옳은 것은? 3점

표는 갑~병국의 여성 근로자 임금 차별 지수를 알아보기 위한 것이다.

구분	갑국	을국	병국
남성 근로자 임금 총액 대비 여성 근로자 임금 총액	3/5	5/4	3/5
남성 근로자 수 대비 여성 근로자 수	3/4	5/3	2/3

* 여성 근로자 임금 차별 지수 = 전체 근로자 임금 총액 중 여성 근로자 임금 총액의 비율/전체 근로자 중 여성 근로자의 비율
* 여성 근로자 임금 차별 지수가 1보다 작은 경우 여성 근로자에 대한 임금 차별이 존재하고, 그 값이 0에 가까울수록 차별 정도가 심함.

① 여성 근로자 임금 차별 지수는 갑국이 을국보다 크다.
② 남성 근로자 평균 임금 대비 여성 근로자 평균 임금은 을국이 병국보다 크다.
③ 갑국과 병국 모두에서 여성 근로자 평균 임금은 남성 근로자 평균 임금의 60% 수준이다.
④ 여성 근로자 임금 차별 지수에 따르면 여성 근로자에 대한 임금 차별은 을국이 병국보다 심하다.
⑤ 갑~병국 모두에서 전체 근로자 중 여성 근로자 비율이 전체 근로자 임금 총액 중 여성 근로자 임금 총액 비율보다 낮다.

32

다음 자료에 대한 옳은 설명만을 〈보기〉에서 고른 것은? 3점

구분	조치 시행 전		조치 시행 후	
	남성	여성	남성	여성
신입 사원 월 평균 임금(달러)	3,000	2,500	3,300	3,000
신입 사원 중 남녀 비율(%)	60	40	40	60
임원 중 남녀 비율(%)	75	25	60	40

보기

ㄱ. 성차별 개선 조치 시행 후 남녀 신입 사원의 월 평균 임금 격차는 60% 감소하였다.
ㄴ. 성차별 개선 조치 시행 전후 신입 사원 수가 같다면, 여성 신입 사원 수는 조치 시행 후 50% 증가하였다.
ㄷ. 남성 임원 대 여성 임원의 비는 성차별 개선 조치 시행 전 3 : 1에서 조치 시행 후 3 : 2로 변화하였다.
ㄹ. (가)에는 '남성 신입 사원의 월 평균 임금이 여성 신입 사원의 월 평균 임금보다 30% 높다.'가 들어갈 수 있다.

① ㄱ, ㄴ ② ㄱ, ㄷ ③ ㄴ, ㄷ ④ ㄴ, ㄹ ⑤ ㄷ, ㄹ

34

다음 자료에 대한 옳은 분석만을 〈보기〉에서 있는 대로 고른 것은?

표는 갑국의 해당 연도 남성 정규직 근로자 평균 임금을 100이라고 할 때 다른 근로자 평균 임금의 상대적 수치를 나타낸다. 단, 남성 정규직 근로자 평균 임금은 매년 상승하였다.

구분	1992년	2002년	2012년	2022년
남성 비정규직	80	83	87	83
여성 정규직	66	78	82	88
여성 비정규직	44	50	54	69

보기

ㄱ. 여성 비정규직 근로자 평균 임금 대비 여성 정규직 근로자 평균 임금의 비(比)는 2002년이 1992년보다 크다.
ㄴ. 남성 정규직 근로자와 남성 비정규직 근로자 간 평균 임금의 차는 2012년이 2002년보다 작다.
ㄷ. 2012년 대비 2022년 평균 임금 상승률은 여성 정규직 근로자가 남성 정규직 근로자보다 높다.
ㄹ. 2022년에는 1992년과 달리 여성 비정규직 근로자 평균 임금은 전체 비정규직 근로자 평균 임금의 50%를 넘는다.

① ㄱ, ㄴ ② ㄱ, ㄷ ③ ㄴ, ㄹ
④ ㄱ, ㄷ, ㄹ ⑤ ㄴ, ㄷ, ㄹ

정답과 해설 | 31 p.348 | 32 p.348 | 33 p.349 | 34 p.350

35

다음 자료에 대한 분석으로 옳은 것은? 3점

표는 갑국의 5년 전 대비 성별 근로자 평균 임금 상승률을 나타낸 것이다. 갑국에서 남성 근로자 수와 여성 근로자 수는 항상 같고, 2005년에 남성 근로자 평균 임금은 여성 근로자 평균 임금의 2배이다.

(단위 : %)

구분	2010년	2015년	2020년
남성 근로자 평균 임금 상승률	5	7	13
여성 근로자 평균 임금 상승률	7	9	11

① 2005년 대비 2010년에 전체 근로자 평균 임금 상승률은 12%이다.
② 5년 전 대비 전체 근로자 평균 임금 상승률은 2010년이 2015년보다 크다.
③ 남성 근로자와 여성 근로자 간의 평균 임금 차이는 2005년이 2010년보다 크다.
④ 전체 근로자 평균 임금 대비 여성 근로자 평균 임금은 2015년이 2020년보다 크다.
⑤ 2010년 대비 2020년에 남성 근로자와 여성 근로자 모두 평균 임금이 20% 상승하였다.

36

다음 자료에 대한 분석으로 옳은 것은?

표는 연구자 갑이 A국 ○○기업 직원의 연봉 구간에 따른 성별 분포와 여성비를 조사한 것이다. 단, ○○기업의 연봉은 1구간에서 시작하며 근무 기간에 비례한다.

연봉 구간		구성 비율(%)		여성비
		여성	남성	
1구간	2만 달러 미만	13	5	1.61
2구간	2만 달러 이상 4만 달러 미만	57	32	1.10
3구간	4만 달러 이상 6만 달러 미만	18	29	0.38
4구간	6만 달러 이상 8만 달러 미만	7	15	0.29
5구간	8만 달러 이상	5	19	0.16
전체		100	100	0.62

* 여성비 = $\dfrac{여성\ 수}{남성\ 수}$

** 여성비는 소수점 셋째 자리에서 반올림한 수치임.

① 전체 여성 직원 수는 전체 직원 수의 62%이다.
② 1구간에 해당하는 남성 직원 수는 5구간에 해당하는 여성 직원 수보다 적다.
③ 4구간에 해당하는 남성 직원 수는 4구간에 해당하는 여성 직원 수보다 8% 많다.
④ 1구간에서 5구간으로 갈수록 각 구간의 여성 직원 수는 지속적으로 감소한다.
⑤ 1구간에서 5구간으로 갈수록 각 구간의 전체 직원 중 남성 직원이 차지하는 비율은 지속적으로 증가한다.

37

다음 자료에 대한 옳은 분석만을 〈보기〉에서 고른 것은? 3점

A 지수는 (가), (나), (라) 지표만을, B 지수는 (가), (다), (라) 지표만을 활용하여 작성한 성 불평등 지수이다.

(가)	성별 임금 격차 = [(남성 취업자의 평균 임금 - 여성 취업자의 평균 임금) / 남성 취업자의 평균 임금] ×100
(나)	성별 고용률(%) : 15세 이상 남성(여성) 중 취업자의 비중
(다)	성별 의원 비율(%) : 전체 의회 의원 중 남성(여성)의 비중
(라)	성별 대학교 졸업률(%) : 성인 남성(여성) 중 대학교를 졸업한 사람의 비중

(가)는 제시된 공식에 따라 계산된 값을 그대로 사용하며, (나)~(라)는 남성의 값에서 여성의 값을 뺀 수치를 사용한다. 예를 들어 (가)는 20, (나)는 남성 70, 여성 50, (다)는 남성 50, 여성 50, (라)는 남성 50, 여성 60이라면 A 지수는 '20+(70-50)+(50-60)=30'이 되고, B 지수는 '20+(50-50)+(50-60)=10'이 된다.

〈갑국과 을국의 (가)~(라) 지표의 현황〉

구분	(가)	(나)		(다)		(라)	
		남성	여성	남성	여성	남성	여성
갑국	30	70	60	60	40	30	20
을국	10	80	10	60	40	80	90

보기

ㄱ. 갑국의 A 지수는 50, B 지수는 60이다.
ㄴ. 여성 취업자의 평균 임금은 갑국이 을국의 3배이다.
ㄷ. A 지수에 따르면 갑국보다 을국이, B 지수에 따르면 을국보다 갑국이 성 불평등 정도가 심하다.
ㄹ. A 지수보다 B 지수로 평가했을 때 갑국과 을국 간의 성 불평등 지수의 격차가 작다.

① ㄱ, ㄴ   ② ㄱ, ㄷ   ③ ㄴ, ㄷ   ④ ㄴ, ㄹ   ⑤ ㄷ, ㄹ

38 [2021학년도 수능 20번]

다음 자료에 대한 분석으로 옳은 것은? 3점

사회학자 A는 성별 임금 격차 지수와 성별 교육 격차 지수를 개발하여 갑~병국의 성 불평등 현상을 분석하였다. 그림의 성별 임금 격차 지수는 경제적 측면에서, 성별 교육 격차 지수는 사회적 측면에서 성 불평등 정도를 나타낸다. 단, 갑 ~ 병국의 지수별 분석 대상 성비는 모두 1:1이다.

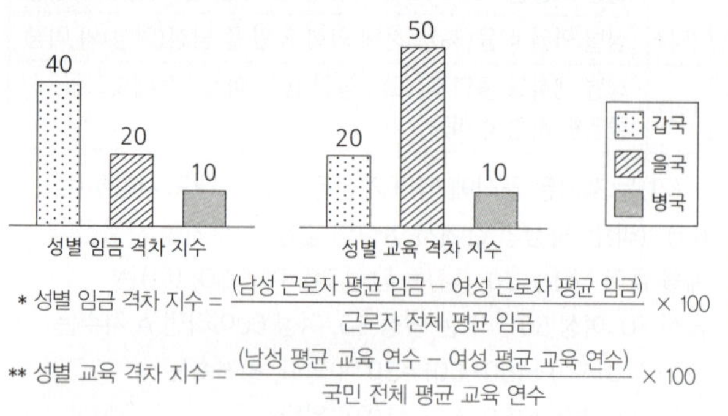

* 성별 임금 격차 지수 = $\dfrac{\text{남성 근로자 평균 임금} - \text{여성 근로자 평균 임금}}{\text{근로자 전체 평균 임금}} \times 100$

** 성별 교육 격차 지수 = $\dfrac{\text{남성 평균 교육 연수} - \text{여성 평균 교육 연수}}{\text{국민 전체 평균 교육 연수}} \times 100$

① 갑국의 남성 근로자 평균 임금은 여성 근로자 평균 임금의 1.5배이다.

② 을국의 남성 평균 교육 연수는 여성 평균 교육 연수의 3배이다.

③ 병국의 남성 근로자 평균 임금 대비 여성 근로자 평균 임금의 비는 갑국의 남성 평균 교육 연수 대비 여성 평균 교육 연수의 비보다 작다.

④ 남성 근로자 평균 임금 대비 여성 근로자 평균 임금의 비는 을국이 갑국보다는 작지만 병국보다는 크다.

⑤ 갑 ~ 병국 중 경제적 측면에서 성 불평등이 가장 심한 국가와 사회적 측면에서 성 불평등이 가장 심한 국가는 동일하다.

39 [2023년 7월 학평 10번]

다음 자료에 대한 분석으로 옳은 것은? 3점

표는 갑국의 시기별 남성 노동자와 여성 노동자의 임금 격차 지수 및 여성 임금 비율을 나타낸 것이다. 갑국의 남성 노동자 평균 임금은 t년 이후 지속적으로 상승하였다.

구분	t년	t+10년	t+20년	t+30년
임금 격차 지수	40	30	50	60
여성 임금 비율(%)	75	87.5	62.5	50

* 임금 격차 지수 = $\dfrac{\text{남성 노동자 평균 임금} - \text{여성 노동자 평균 임금}}{\text{남성 노동자 평균 임금}} \times 100$

** 여성 임금 비율(%) = $\dfrac{\text{여성 노동자 평균 임금}}{\text{전체 노동자 평균 임금}} \times 100$

① t년에 여성 노동자 평균 임금은 남성 노동자 평균 임금의 40%이다.

② t년은 t+10년에 비해 여성 노동자 평균 임금이 많다.

③ t+20년은 t+10년과 달리 여성 노동자 수가 남성 노동자 수보다 적다.

④ t+30년은 t+20년에 비해 남성 노동자 수가 감소하였다.

⑤ 갑국의 시기별 전체 노동자의 평균 임금은 모두 동일하다.

40 2024 평가원 [2024학년도 6월 모평 10번]

다음 자료에 대한 분석으로 옳은 것은? 3점

표는 갑국의 t년 연령대별 '상대적 평균 임금'을 혼인 상태별 · 성별로 구분하여 제시한 것이다. 연령대별 상대적 평균 임금은 20대 기혼(미혼) 남성(여성) 평균 임금을 100이라고 할 때 다른 연령대의 기혼(미혼) 남성(여성) 평균 임금의 크기를 나타낸다.

갑국에서 t년에 기혼 20대의 성별 임금 격차 지수는 20이고, 미혼 20대의 성별 임금 격차 지수는 10이다. 20대 기혼 여성의 평균 임금과 20대 미혼 남성의 평균 임금은 같다. 따라서 20대 기혼 남성의 평균 임금이 100달러라면 20대 미혼 여성의 평균 임금은 ⊙ 달러이다.

〈연령대별 상대적 평균 임금〉

구분	기혼		미혼	
	남성	여성	남성	여성
20대	100	100	100	100
30대	142	130	140	140
40대	165	120	145	155
50대	170	90	130	150
60대 이상	110	70	90	60

* 성별 임금 격차 지수 = $\dfrac{\text{남성 평균 임금} - \text{여성 평균 임금}}{\text{남성 평균 임금}} \times 100$

① ⊙은 '100'이다.

② 40대에서 성별 임금 격차 지수는 기혼이 미혼보다 작다.

③ 50대 기혼 여성과 20대 미혼 여성의 평균 임금은 같다.

④ 기혼 남성 40대와 50대의 평균 임금 차이와 미혼 남성 30대와 40대의 평균 임금 차이는 같다.

⑤ 미혼의 경우, 모든 연령대에서 남성 평균 임금이 여성 평균 임금보다 높다.

41

다음 자료에 대한 분석으로 옳은 것은? 3점

갑국 전체 근로자 월평균 임금은 2000년에 3,800달러이고, 2020년에 4,800달러이다. 표는 갑국 근로자 집단별 월평균 임금 갭을 나타낸 것이다. 단, 각 연도에 연령대별 남성 근로자 수가 모두 같고, 연령대별 여성 근로자 수도 모두 같다.

(단위 : 달러)

연령대	2000년		2020년	
	남성	여성	남성	여성
20대 이하	−800	−1,300	−800	−800
30대	−300	−500	−300	−600
40대	700	−100	700	200
50대 이상	1,200	700	1,200	400
전체	200	−300	200	−200

* 갑국 근로자 집단별 월평균 임금 갭(달러) = 해당 근로자 집단 월평균 임금 − 갑국 전체 근로자 월평균 임금

① 2000년에 월 임금 총액은 20대 이하 남성 근로자와 50대 이상 여성 근로자가 같다.
② 2020년에 월평균 임금은 30대 남성 근로자가 40대 여성 근로자보다 크다.
③ 30대 근로자의 성별 월평균 임금의 차이는 2000년이 2020년보다 크다.
④ 2000년 대비 2020년에 40대 근로자의 월평균 임금 증가율은 남성이 여성보다 크다.
⑤ 연령대별 근로자의 성별 월평균 임금의 차이는 2000년과 2020년 모두 50대 이상이 가장 크다.

42

다음 자료에 대한 분석으로 옳은 것은? 3점

표는 갑국의 t년 연령대별 남녀 임금을 조사하여 구성한 것이다.

연령대	여성 임금비	20대 기준 연령대별 상대적 평균 임금	
		남성	여성
10대	88	40	39
20대	90	100	100
30대	75	㉠	145
40대	61	200	㉡
50대	50	190	105
60대	47	114	60

* 여성 임금비 = $\dfrac{\text{여성 평균 임금}}{\text{남성 평균 임금}} \times 100$

** 여성 임금비는 소수점 첫째 자리에서 반올림한 수치임.

*** 20대 기준 연령대별 상대적 평균 임금은 20대 남성(여성) 평균 임금을 100이라고 할 때 연령대별 남성(여성)의 상대적 평균 임금임.

① ㉠은 180보다 작고, ㉡은 130보다 크다.
② 평균 임금은 남성과 여성에서 모두 40대가 가장 높다.
③ 40대 여성 평균 임금은 40대 전체 평균 임금의 60%보다 작다.
④ 연령대별 남녀 평균 임금 차이는 20대부터 60대까지 지속적으로 증가한다.
⑤ 50대 남성 취업자 수가 50대 여성 취업자 수의 1.5배라면, 50대 여성 임금 총액은 50대 남성 임금 총액의 40%보다 크다.

43

그림은 빈곤의 유형 A, B를 구분한 것이다. 이에 대한 설명으로 옳은 것은? (단, A, B는 각각 상대적 빈곤, 절대적 빈곤 중 하나이다.) 3점

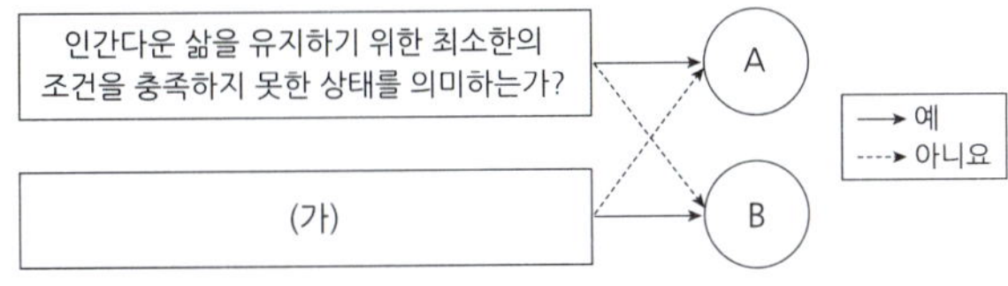

① A를 판단하는 기준선은 시대와 사회에 상관없이 동일하다.
② B는 해당 사회 전체 가구의 소득 분포를 고려하여 결정된다.
③ A는 B와 달리 사회 구성원 간 상대적 박탈감을 유발한다.
④ B에 해당하는 가구는 모두 A에도 해당한다.
⑤ (가)에는 '소득 수준이 높은 국가에서는 나타나지 않는가?'가 들어갈 수 있다.

빈곤의 유형 A, B에 대한 설명으로 옳은 것은? (단, A, B는 각각 절대적 빈곤, 상대적 빈곤 중 하나임.)

> 소설 ○○○는 1970년대를 배경으로 하여 최소한의 생계 유지를 하지 못하는 A 가구의 삶을 그리고 있다. 소설의 주인공은 생필품조차 구매할 수 없는 저임금을 받고 고된 노동을 한다. 2020년대를 배경으로 한 드라마 □□□는 A에서는 벗어났지만 사회 구성원 다수가 누리는 생활 수준을 충족하지 못하는 B 가구의 삶을 그리고 있다. 드라마 속 주인공은 부자들의 모습에 상대적 박탈감을 느낀다.

① A는 상대적 박탈감이라는 사회 문제를 유발하지 않는다.
② 우리나라에서 가구 소득이 중위 소득에 미치지 못하는 가구는 모두 B 가구이다.
③ A는 B와 달리 사회 구성원의 소득 분포에 따라 상대적으로 규정된다.
④ B는 A와 달리 경제 성장을 통해 해결할 수 있다.
⑤ 상대적 빈곤선이 절대적 빈곤선보다 높으면 A에 해당하는 모든 가구는 B에 해당한다.

빈곤 유형 A, B에 대한 설명으로 옳은 것은? (단, A, B는 각각 절대적 빈곤, 상대적 빈곤 중 하나이다.)

> A는 인간으로서 신체적인 능률을 유지하기 위해 필요한 최소한의 필수품을 획득하기에는 소득이 불충분한 상태를 의미한다. 그러나 이것은 사회 구성원 다수가 누리는 인간으로서의 욕구를 고려하지 못하는 한계가 있다. 이에 사회 구성원의 전반적인 생활 수준을 고려한 B가 도입되었다.

① A는 B와 달리 상대적 박탈감을 유발한다.
② B는 A와 달리 중위 소득이 높은 국가에서는 나타나지 않는다.
③ A에 따른 빈곤율과 B에 따른 빈곤율을 더하면 전체 빈곤율이 된다.
④ 우리나라에서는 B와 달리 A를 파악할 때, 사회 구성원의 소득 분포 상태를 고려한다.
⑤ 우리나라에서는 A, B에 해당하는 가구를 선정할 때, 모두 객관화된 기준을 적용한다.

다음 자료에 대한 설명으로 옳은 것은?

> 갑국에서 소득이 최저 생계비 미만인 가구는 ㉠ 절대적 빈곤 가구로, 소득이 중위 소득의 50% 미만인 가구는 ㉡ 상대적 빈곤 가구로 분류된다. 2022년에 갑국에서 소득이 중위 소득의 50% 이상인 가구의 수는 전체 가구 중 80%이고, 소득이 최저 생계비 미만인 가구 수의 10배이다. 단, 갑국에서 모든 가구의 구성원 수는 같다.

① ㉠은 ㉡과 달리 객관적인 기준에 의해 규정된다.
② ㉡은 ㉠과 달리 한 사회의 소득 분포를 고려하여 규정된다.
③ ㉠과 ㉡은 모두 소득 불평등이 전혀 없는 사회에서는 나타나지 않는다.
④ 2022년에 갑국에서 전체 가구 중 상대적 빈곤 가구의 비율은 8%이다.
⑤ 2022년에 갑국에서 전체 빈곤 가구 중 절대적 빈곤 가구의 비율은 50%보다 높다.

빈곤의 유형 A, B에 대한 설명으로 옳은 것은? (단, A, B는 각각 절대적 빈곤, 상대적 빈곤 중 하나임.)

> 1995년 세계 정상회의 결과 발표된 유엔 선언은 A에 대해 "기본적인 인간 욕구의 심각한 박탈 상태를 의미하며, 이러한 욕구에는 음식, 안전한 식수, 위생 시설, 건강, 주택, 교육, 정보 등을 포함한다."고 정의하였다. 한편 B도 A와 마찬가지로 물질적인 측면의 결핍뿐만 아니라 비물질적인 측면에서의 결핍까지 포함한다. 가령 특정 지역 사회에서 대다수를 차지하는 백인 가정 자녀들이 대학 교육까지 이수하는 데 비해 흑인 가정 자녀들은 교육 수준이 낮다면 비록 물질적으로는 생계에 큰 지장이 없다 하더라도 흑인 가정 자녀들은 B에 해당한다고 할 수 있다.

① A는 사회 구성원의 소득 분포 상태를 고려하지 않는 개념이라는 평가를 받는다.
② B는 개인이 스스로 빈곤하다고 인식하는 상태를 의미한다.
③ B를 판단하는 기준선과 달리 A를 판단하는 기준선은 시간과 장소에 관계없이 보편적으로 적용된다.
④ 소득 수준이 높은 국가에서는 A가, 저개발 국가에서는 B가 나타나지 않는다.
⑤ 상대적 빈곤선이 절대적 빈곤선보다 높으면 B에 해당하는 모든 가구는 A에 해당한다.

정답과 해설   44 p.359   45 p.360   46 p.360   47 p.361

48

빈곤의 유형 A, B에 대한 설명으로 옳은 것은? (단, A, B는 각각 절대적 빈곤, 상대적 빈곤 중 하나임.) **3점**

> A는 다른 사람들보다 자원이나 소득이 적어 한 사회의 평균적인 생활 수준에 미치지 못하는 상태를, B는 사람들의 최저 생활에 필요한 최소한의 자원이나 소득이 결핍된 상태를 의미한다.

① A는 실제 소득과 상관없이 개인이 체감하는 빈곤 상태를 말한다.
② B에 따른 빈곤선은 최저 생계 유지에 필요한 자원의 수준이 시대와 장소에 상관없이 동일하다는 전제하에 결정된다.
③ B는 A와 달리 소득 수준이 낮은 사회에서 나타난다.
④ A에 따른 빈곤선은 B에 따른 빈곤선과 달리 객관적 기준에 따라 정한다.
⑤ A에 따른 빈곤선을 적용하면 B에 해당하지 않는 가구도 빈곤 가구에 포함될 수 있다.

49

다음 자료에 대한 설명으로 옳은 것은? (단, 갑국에서 모든 가구의 구성원 수는 같다.) **3점**

> 갑국에서는 소득이 최저 생계비에 미치지 못하는 가구를 ㉠ 절대적 빈곤 가구, 중위 소득의 50%에 미치지 못하는 가구를 ㉡ 상대적 빈곤 가구로 규정한다. 2019년에 갑국에서 가구 소득을 조사한 결과 상대적 빈곤 가구에는 해당하지만 절대적 빈곤 가구에는 해당하지 않는 가구가 전체 가구 중 15%, 상대적 빈곤 가구 중 50%로 나타났다.

① ㉠은 ㉡과 달리 판단 기준이 국가에 따라 다를 수 있다.
② ㉡은 ㉠과 달리 주관적으로 느끼는 빈곤이다.
③ 2019년 갑국에서 최저 생계비보다 중위 소득의 50% 금액이 작다.
④ 2019년 갑국에서 전체 가구 중 상대적 빈곤 가구의 비율은 35%이다.
⑤ 2019년 갑국에서 두 유형의 빈곤 가구 중 절대적 빈곤 가구에만 해당하는 가구는 없다.

50

표는 질문에 따라 빈곤의 유형 A, B를 구분한 것이다. 이에 대한 설명으로 옳은 것은? (단, A, B는 각각 절대적 빈곤, 상대적 빈곤 중 하나이다.) **3점**

질문＼유형	A	B
인간의 기본적 욕구 충족 및 최소한의 생활 유지에 필요한 자원이 결핍된 상태라고 정의되는가?	아니요	예
(가)	예	아니요

① 우리나라에서는 A에 해당하는 가구를 객관화된 기준에 따라 규정한다.
② B 가구는 소득 수준이 높은 국가에서는 나타나지 않는다.
③ B에 해당하는 모든 가구는 항상 A 가구에 포함된다.
④ 전체 빈곤율은 A에 따른 빈곤율과 B에 따른 빈곤율을 합한 것이다.
⑤ (가)에는 '상대적 박탈감 발생의 원인이 되는가?'가 들어갈 수 있다.

51

빈곤 유형 A, B에 대한 설명으로 옳은 것은? (단, A, B는 각각 상대적 빈곤과 절대적 빈곤 중 하나이다.)

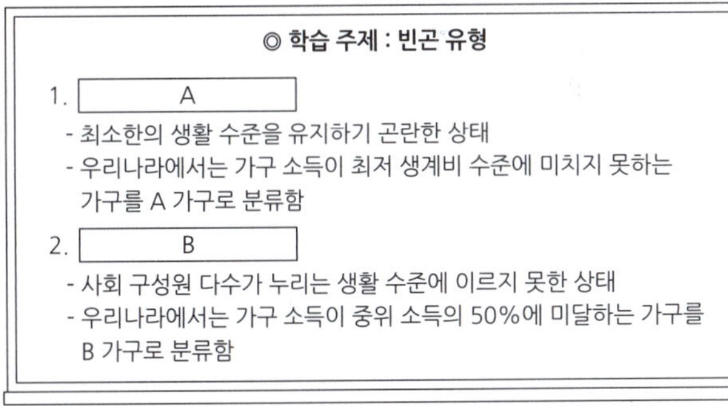

① B는 상대적 박탈감과 동일한 의미로 사용된다.
② A, B에 해당하는 가구는 모두 객관화된 기준에 의해 분류된다.
③ B에 해당하는 가구는 A 가구에는 해당하지 않는다.
④ A에 따른 빈곤율과 B에 따른 빈곤율을 더하면 전체 빈곤율이 된다.
⑤ 우리나라에서 최저 생계비가 중위 소득의 50%에 미치지 못할 경우 B에 해당하는 가구는 모두 A 가구에 포함된다.

다음에 대한 설명으로 옳은 것은? (단, A와 B는 각각 절대적 빈곤, 상대적 빈곤 중 하나이다.) 3점

> A는 최소한의 생활 유지에 필요한 자원이나 소득이 부족한 상태를, B는 사회 구성원 대다수가 누리는 일반적 생활 수준을 영위하는 데 필요한 자원이나 소득이 부족한 상태를 의미한다. 갑국에서는 가구 소득이 최저 생계비 미만이면 A 가구로, 중위 소득의 50% 미만이면 B 가구로 분류하며 모든 가구의 구성원 수는 동일하다. t년에 갑국의 전체 가구 중 B 가구에만 해당하는 가구의 비율은 5%이고, A 가구나 B 가구 어디에도 해당하지 않는 가구의 비율은 85%이다.

① A는 소득 수준이 높은 국가에서는 나타나지 않는다.
② A는 B와 달리 상대적 박탈감의 발생 원인이 될 수 있다.
③ 갑국에서 B는 A와 달리 객관화된 기준에 의해 규정된다.
④ t년에 갑국에서는 최저 생계비의 2배가 중위 소득보다 크다.
⑤ t년에 갑국의 전체 가구 중 A 가구와 B 가구 모두에 해당하는 가구의 비율은 10%이다.

---

53 [2023학년도 9월 모평 9번]

다음 자료에 대한 설명으로 옳은 것은? (단, A, B는 각각 절대적 빈곤, 상대적 빈곤 중 하나임.)

> 자료는 빈곤의 유형 A, B를 구분한 것이다. 〈자료 1〉은 A, B의 의미를 나타낸 것이고, 〈자료 2〉는 A, B의 특징을 연결하여 공통점과 차이점을 나타낸 것이다.
>
> 〈자료 1〉
> ○ A : ___________㉠___________
> ○ B : 한 사회에서 구성원들이 일반적으로 누리는 생활 수준에 필요한 소득이 부족한 상태
>
> 〈자료 2〉

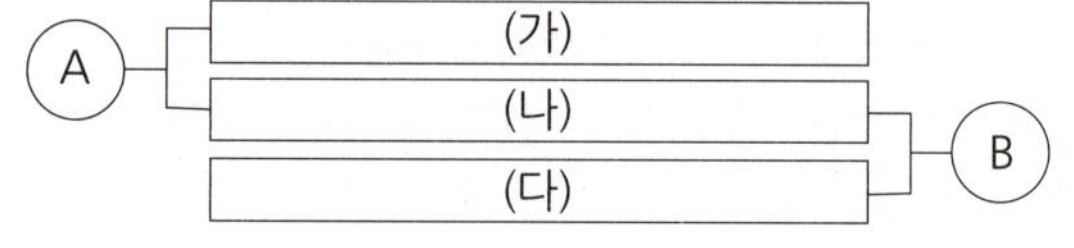

① A에 속하지 않는 가구는 B에 속할 수 없다.
② ㉠에는 '개인이 주관적으로 빈곤하다고 인식하는 상태'가 들어갈 수 있다.
③ (가)에는 '소득 수준이 높은 국가에서도 나타날 수 있다.'가 들어갈 수 있다.
④ (나)에는 '우리나라에서는 객관화된 기준에 의해 규정된다.'가 들어갈 수 있다.
⑤ (다)에는 '상대적 박탈감을 유발할 수 있다.'가 들어갈 수 있다.

---

54 [2023년 7월 학평 5번]

다음은 질문의 답변에 따라 빈곤의 유형 A, B를 구분한 것이다. 이에 대한 설명으로 옳은 것은? (단, A, B는 각각 절대적 빈곤, 상대적 빈곤 중 하나임.)

질문 \ 답변	예	아니요
인간 생존에 필요한 최소한의 자원이나 소득이 결핍된 상태를 의미하는가?	A	B
(가)	B	A

① A는 사회 구성원의 평판에 따른 빈곤 상태를 말한다.
② B는 사회 구성원들의 소득 분포를 고려하여 파악한다.
③ A에 해당하는 모든 가구는 항상 B 가구에 포함된다.
④ B는 A와 달리 상대적 박탈감을 유발한다.
⑤ (가)에는 '우리나라에서는 객관화된 기준을 적용하여 파악하는가?'가 들어갈 수 있다.

---

55 2024 평가원 [2024학년도 9월 모평 5번]

다음 자료에 대한 옳은 설명만을 〈보기〉에서 있는 대로 고른 것은? 3점

> [서술형 평가] 다음 글에 제시된 빈곤의 유형 A에 대한 옳은 설명을 4가지 쓰시오.
>
> > 일반적으로 빈곤은 인간의 기본적 욕구와 관련된 물질적 결핍이 만성적으로 지속되는 경제적 상태를 의미한다. 설령 인간으로서 최소 생활 유지에 필요한 자원이나 소득이 확보된 상태라 해도 사회의 전반적 소득 수준과 비교하여 소득 수준이 낮은 상태 역시 빈곤으로 분류된다. 이런 유형의 빈곤을 A라 한다.

[학생의 답안과 교사의 채점 결과]

답안	채점 결과
우리나라에서는 객관화된 기준을 적용하여 파악한다.	㉠
(가)	○
(나)	×
소득 수준이 높은 국가에서는 나타나지 않는다.	㉡

(○ : 맞음, × : 틀림)

보기
ㄱ. ㉠과 ㉡에 해당하는 채점 결과는 동일하다.
ㄴ. (가)에는 '우리나라에서는 최저 생계비를 기준으로 빈곤선이 결정된다.'가 들어갈 수 있다.
ㄷ. (나)에는 '개인이 주관적으로 빈곤하다고 인식하는 상태를 의미한다.'가 들어갈 수 있다.

① ㄱ ② ㄷ ③ ㄱ, ㄴ ④ ㄴ, ㄷ ⑤ ㄱ, ㄴ, ㄷ

56

빈곤의 유형 A, B에 대한 설명으로 옳은 것은? (단, A, B는 각각 절대적 빈곤, 상대적 빈곤 중 하나임.) **3점**

> A는 최소한의 생활을 유지하는 데 필요한 소득을 기준으로 빈곤 여부를 판단한다. 그러나 최소한의 생활 수준을 정하기가 어렵다는 비판이 제기되면서, 전체 국민의 소득 분포를 고려하여 빈곤 여부를 판단하는 B가 등장하였다.

① A를 판단하는 소득 기준은 모든 사회에서 동일하다.
② A에 해당하는 사람은 모두 B에 해당한다.
③ A는 B와 달리 소득 수준이 높은 국가에서는 나타나지 않는다.
④ B는 A와 달리 상대적 박탈감의 원인이 된다.
⑤ A와 B 모두 우리나라에서는 객관화된 기준을 적용하여 파악한다.

57 2026 평가원

다음 글에서 강조하는 빈곤의 유형에 대한 옳은 설명만을 〈보기〉에서 있는 대로 고른 것은? **3점**

> 인간은 무인도에 고립되어 사는 로빈슨 크루소가 아니다. 인간은 사회적 관계 속에서 영향을 받으며 존재하고 생활하는 사회적 동물이다. 빈곤은 개인적 생존의 문제일 뿐 아니라 개인들이 생활하는 사회의 차원에서 발생하는 문제이다. 즉 개인의 일상생활은 물론 생명과 건강 유지에 필요한 재화나 서비스조차도 사회 속에서 영향을 받는다. 따라서 빈곤을 인간다운 삶을 유지하기 위한 최소한의 조건을 충족하지 못한 상태로 규정하기보다는, 사회 구성원이 보편적으로 누리는 생활 수준을 유지하는 데 필요한 자원이 부족한 상태로 보아야 한다.

보기

ㄱ. 소득 수준이 높은 국가에서도 나타날 수 있다.
ㄴ. 경제가 성장할수록 빈곤을 판단하는 기준 금액이 적어지는 경향이 있다.
ㄷ. 사회 구성원들의 소득 분포를 고려하지 않는 개념이라는 평가를 받는다.

① ㄱ　　② ㄴ　　③ ㄱ, ㄷ　　④ ㄴ, ㄷ　　⑤ ㄱ, ㄴ, ㄷ

58

빈곤 유형 (가), (나)에 대한 옳은 설명만을 〈보기〉에서 고른 것은? (단, (가)와 (나)는 각각 절대적 빈곤, 상대적 빈곤 중 하나이다.)

> (가) 생존 및 생계 유지에 필수적인 자원이나 자원을 확보하는 데 필요한 소득이 부족한 상태
> (나) 한 사회에서 구성원들이 일반적으로 누리는 생활 수준에 필요한 소득이 부족한 상태

보기

ㄱ. (가)를 판단하기 위해 우리나라에서는 최저 임금액을 기준선으로 활용한다.
ㄴ. (가)에 속하지 않는 가구도 (나)에 속할 수 있다.
ㄷ. (나)는 (가)와 달리 상대적 박탈감의 원인이 된다.
ㄹ. (가)와 (나) 모두 우리나라에서는 객관화된 기준에 의해 분류된다.

① ㄱ, ㄴ　　② ㄱ, ㄷ　　③ ㄴ, ㄷ　　④ ㄴ, ㄹ　　⑤ ㄷ, ㄹ

59

다음 자료에 대한 설명으로 옳은 것은? (단, 갑국의 모든 가구는 그 구성원 수가 동일함.) **3점**

> 갑국에서는 가구 소득이 ㉠ 최저 생계비에 미치지 못하는 가구를 ㉡ 절대적 빈곤 가구로 파악하고, 가구 소득이 ㉢ 중위 소득의 50%에 미치지 못하는 가구를 ㉣ 상대적 빈곤 가구로 파악한다. 2022년에 갑국에서 가구 소득을 조사한 결과 절대적 빈곤 가구에는 해당하지 않지만 상대적 빈곤 가구에는 해당하는 가구가 전체 가구 중에서는 10%, 상대적 빈곤 가구 중에서는 20%로 나타났다.

① 2022년에 ㉠은 ㉢보다 높다.
② ㉡은 ㉣과 달리 객관적인 기준에 의해 파악된다.
③ 2022년에 ㉣의 80%는 ㉡에도 해당한다.
④ 저개발 국가에서는 ㉣이, 선진국에서는 ㉡이 나타나지 않는다.
⑤ 2022년에 ㉡, ㉣ 중 어디에도 해당하지 않는 가구 수가 ㉣에 해당하는 가구 수보다 많다.

그림은 빈곤의 유형 A와 B를 구분한 것이다. 이에 대한 설명으로 옳은 것은? (단, A와 B는 각각 상대적 빈곤, 절대적 빈곤 중 하나이다.)

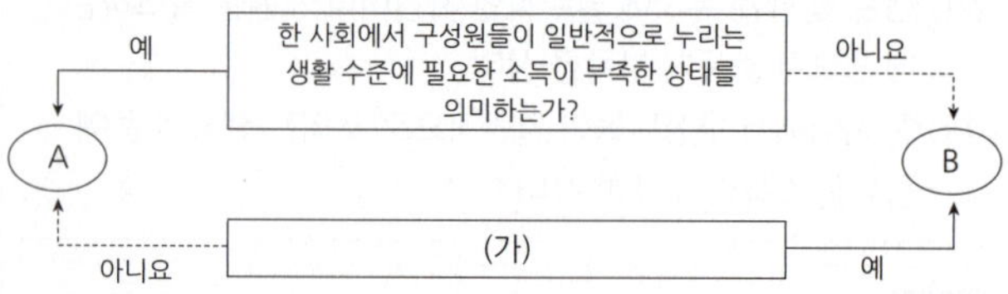

① A는 B와 달리 상대적 박탈감의 원인이 된다.

② A는 B와 달리 소득 수준이 높은 국가에서는 나타나지 않는다.

③ B에 속하지 않는 가구도 A에 속할 수 있다.

④ 우리나라에서는 가구 소득이 중위 소득의 50% 미만인 상태를 B로 분류한다.

⑤ (가)에는 '우리나라에서는 객관화된 기준에 의해 분류되는가?'가 들어갈 수 있다.

다음 자료에 대한 옳은 분석만을 〈보기〉에서 고른 것은? **3점**

> A는 최소한의 생활을 유지하기 어려운 상태를, B는 사회 구성원들이 누리는 일반적인 생활 수준에 미치지 못하는 상태를 의미한다. 갑국에서는 가구 소득이 최저 생계비 미만인 경우를 A로, 중위 소득의 40% 미만인 경우를 B로 분류한다. 그림은 갑국의 전체 가구 중 ⊙ A에 해당하는 가구의 비율(%), ⓒ B에 해당하는 가구의 비율(%)을 나타낸 것이다. 단, 갑국에서 모든 가구의 구성원 수는 같다.

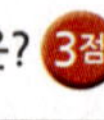
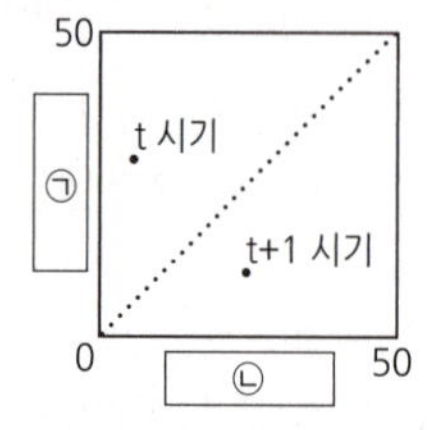

보기

ㄱ. ⊙과 ⓒ을 더하면 갑국의 전체 빈곤율이 된다.

ㄴ. ⊙과 ⓒ은 모두 객관화된 기준에 의해 측정된다.

ㄷ. t 시기에는 A이지만 B는 아닌 가구가 있다.

ㄹ. t+1 시기에는 중위 소득의 40%가 최저 생계비보다 낮다.

① ㄱ, ㄴ   ② ㄱ, ㄷ   ③ ㄴ, ㄷ   ④ ㄴ, ㄹ   ⑤ ㄷ, ㄹ

빈곤의 유형 A, B에 대한 설명으로 옳은 것은? (단, A, B는 각각 절대적 빈곤, 상대적 빈곤 중 하나임.)

> ○ 우리나라에서 1인 가구의 중위 소득은 월 약 194만 4천 원(2022년 기준)이고, 우리나라에서는 이 금액의 50%인 월 약 97만 2천 원을 기준으로 1인 가구의 A 여부를 판단한다.
>
> ○ 세계은행은 세계에서 경제적으로 가장 낙후된 지역을 기준으로 생존에 필요한 최소한의 식량 구입비를 1인당 하루 2.15달러로 정하고 있다(2022년 9월 기준). 이는 B를 판단하는 기준선으로 활용된다.

① A는 각자의 소득 수준이 다른 사람에 비해 충분하지 않다고 느끼는 상태를 의미한다.

② B는 사회 구성원의 소득 분포 상태를 고려하지 않는 개념이라는 평가를 받는다.

③ B를 판단하는 기준선은 A를 판단하는 기준선과 달리 시간과 장소에 관계없이 보편적으로 적용된다.

④ 저개발 국가에서는 A가, 선진국에서는 B가 나타나지 않는다.

⑤ 한 국가에서 A에 따른 빈곤율과 B에 따른 빈곤율을 더하면 전체 빈곤율이 된다.

다음 자료에 대한 옳은 설명만을 〈보기〉에서 있는 대로 고른 것은?

> 교사 : 사회에는 다양한 사회 불평등이 존재합니다. 이에 대한 해결 방안을 발표해 보세요.
>
> 갑 : 인종이 다르다는 이유로 차별받는 사람들을 위해 인식 개선 캠페인이 진행되어야 합니다.
>
> 을 : 최소한의 생활 수준 유지가 어려운 상태에 있는 사람을 돕기 위해 생계비 지원 정책을 마련해야 합니다.
>
> 병 : 고위직 공무원 임명 시 특정 성별이 오랫동안 배제되어 왔습니다. 이러한 차별을 해소하기 위해 해당 성별을 일정 비율 이상 임명하도록 하는 법을 마련해야 합니다.

보기

ㄱ. 갑은 귀속적 요인으로 인한 차별의 해결 방안을 발표하였다.

ㄴ. 을은 절대적 빈곤의 해결 방안을 발표하였다.

ㄷ. 병은 역차별의 해결 방안을 발표하였다.

① ㄱ   ② ㄷ   ③ ㄱ, ㄴ   ④ ㄴ, ㄷ   ⑤ ㄱ, ㄴ, ㄷ

64 [2025년 10월 학평 10번]

다음 자료에 대한 옳은 설명만을 〈보기〉에서 있는 대로 고른 것은?  **3점**

그림은 갑국의 가구 소득 분포를 나타낸 것이다. 예를 들어 월 소득이 100달러인 가구의 수는 10가구이다. 갑국은 구성원 수가 동일한 99가구로 이루어져 있고, 갑국 가구의 최저 생계비는 월 소득 기준 250달러이다.

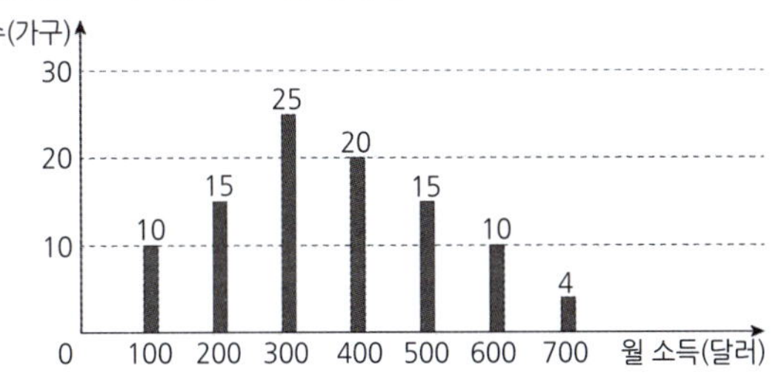

* 절대적 빈곤 가구 : 가구 소득이 최저 생계비 미만인 가구
* 상대적 빈곤 가구 : 가구 소득이 중위 소득의 50% 미만인 가구
* 중위 소득 : 전체 가구를 소득순으로 일렬로 배열했을 때 한가운데 위치한 가구의 소득

보기

ㄱ. 중위 소득은 400달러이다.
ㄴ. 절대적 빈곤 가구는 25가구이다.
ㄷ. 상대적 빈곤 가구는 10가구이다.
ㄹ. 상대적 빈곤 가구에 해당하는 가구는 모두 절대적 빈곤 가구에 해당한다.

① ㄱ, ㄴ   ② ㄱ, ㄹ   ③ ㄴ, ㄷ
④ ㄱ, ㄷ, ㄹ   ⑤ ㄴ, ㄷ, ㄹ

65 2026 평가원 [2026학년도 9월 모평 19번]

밑줄 친 ㉠~㉢에 해당하는 빈곤 유형에 대한 설명으로 옳은 것은?

① ㉠과 달리 ㉡은 소득 분배의 형평성을 높임으로써 해소할 수 있다.
② ㉢과 달리 ㉠은 객관화된 기준에 의해 규정된다.
③ ㉢과 달리 ㉡은 각자의 소득 수준이 다른 사람에 비해 충분하지 않다고 느끼는 상태를 말한다.
④ ㉡에 비해 ㉠, ㉢은 경제 성장 이전의 저개발 국가에서 두드러지게 나타난다는 평가를 받는다.
⑤ ㉠, ㉡과 달리 ㉢은 전체 사회 구성원의 소득 분포 상태를 고려하는 개념이라는 평가를 받는다.

66 2026 평가원 [2026학년도 9월 모평 16번]

다음 자료에 대한 설명으로 옳은 것은?  **3점**

○ 갑국에서 일하는 외국인 노동자 A는 행인과 다툼을 겪고 경찰서에 가게 되었다. A는 갑국의 언어에 익숙하지 않아 모국어로 진술서를 작성할 수 있게 해 달라고 요청하였다. 이에 경찰은 갑국 언어로 진술서를 작성해야 한다고 되어 있는 업무 지침에 따라 A의 요구를 거부하였고, 갑국 국민과 달리 A는 정당한 법적 조력을 받을 수 없었다.

○ 을국 국민인 B는 어린 시절 교통사고로 다리를 다쳐 휠체어를 사용해 왔다. B는 학교에 입학하려 하였으나 관할 관청은 화재 규정을 근거로 휠체어가 대피에 방해가 된다며 입학을 허가하지 않았다. B의 부모는 지속적으로 청원을 냈고 그 결과 을국에서는 장애를 이유로 차별해서는 안 된다는 법이 제정되어 B는 공교육을 받을 수 있게 되었다.

① A는 주류 집단의 제도적 배제로 인해 차별을 받았다.
② B는 사회적 소수자에 대한 우대 정책의 혜택을 받았다.
③ B와 달리 A는 신체적 특성을 이유로 차별을 받았다.
④ 갑국의 사례에는 역차별의 문제가 나타난다.
⑤ 을국의 사례에는 수적 우세에도 불구하고 차별을 받는 사회적 소수자가 나타난다.

67 2026 수능 [2026학년도 수능 16번]

다음 자료에 대한 설명으로 옳은 것은? (단, A, B는 각각 절대적 빈곤과 상대적 빈곤 중 하나임.)

최근 갑국은 5년 만에 최저 임금 인상을 단행하였다. 그 결과 사회 구성원 대다수가 누리는 일반적인 생활 수준에 미치지 못하는 A에 해당하는 가구의 수는 변화가 없었다. 이와 달리 최소한의 생활을 유지하기 어려운 상태인 B에 해당하는 가구 중 10%는 최저 임금 상승의 혜택으로 B의 상태에서 벗어날 수 있었지만 여전히 A의 상태인 것으로 나타났다.

① A는 소득 수준이 높은 국가에서는 나타나지 않는다.
② 갑국은 B를 판단하는 기준 금액을 최저 임금으로 결정한다.
③ A와 달리 B는 사회 구성원의 소득 분포를 고려하여 결정된다.
④ B와 달리 A는 자신의 소득이 평균적인 생활 수준에 미치지 못한다고 스스로 생각하는 상태를 의미한다.
⑤ 갑국은 최저 임금 인상 이후 A에 해당하지만 B에 해당하지 않는 가구가 존재한다.

다음 자료에 대한 설명으로 가장 적절한 것은?  **3점**

> 갑국의 A 종교 신자들이 종교 탄압에서 벗어나기 위해 국교가 A 종교인 을국으로 이주하는 일이 빈번해졌다. 이에 갑국은 사회 통합 실현을 목적으로 종교의 자유를 보장하는 ㉠ 정책을 실시하였다. 이로 인해 갑국 국민들은 누구나 자신들의 신념에 따라 종교 활동을 자유롭게 할 수 있게 되었다. 한편, B 인종에게는 주거 환경이 우수한 지역에 위치한 주택의 일정 비율을 우선 배정하는 ㉡ 정책을 실시하였다. B 인종은 갑국에서 가장 높은 인구 비중을 차지함에도 불구하고 지배 세력과 인종이 다르다는 이유로 낙후된 주거 지역에서 모여 살아야 했기 때문이다. 이후 주거 여건은 일부 개선되었지만, A 종교 신자와 달리 B 인종은 여전히 사회의 다양한 영역에서 차별받으며 살고 있다.

① ㉠은 선천적 요인에 의한 사회적 차별을 시정하려는 것이다.
② ㉡은 수적 열세로 인한 사회적 차별을 시정하려는 것이다.
③ ㉠은 사회적 차별을, ㉡은 역차별을 시정하려는 것이다.
④ 사회적 소수자로 규정되는지의 여부가 사회적 상황에 따라 달라지는 것을 A 종교 신자의 사례에서 확인할 수 있다.
⑤ 의식적 차원의 노력만으로는 사회적 차별 해소에 근본적인 한계가 있음을 B 인종의 사례에서 확인할 수 있다.

3. 사회 복지와 복지 제도

★수능에 나오는 **필수 개념 2가지** + **필수 암기사항 1개**

필수개념 1 사회 보장 제도의 특징

• 사회 보장 제도 **암기** → 사회 보장 제도의 특징을 비교하여 기억하기.

구분	사회 보험	공공 부조	사회 서비스
목적	사회적 위험으로 인한 미래 생활의 불안에 대처(**사전 예방적 목적**)	최저 생활의 보장(**사후 처방적 목적**)	**자활 능력 확대 및 삶의 질 향상**
대상	모든 국민	저소득층 등 생활 보장이 필요한 국민(생활 무능력자)	지원이 필요한 모든 국민
비용 부담	국가, 기업, 국민이 분담	국가 및 지방 자치 단체가 전액 부담	부담 능력이 있는 국민, 국가, 지방 자치 단체
종류	국민 건강 보험 제도, 고용 보험 제도, 국민 연금 제도, 산업 재해 보상 보험 제도, 노인 장기 요양 보험 제도 등	국민 기초 생활 보장 제도, 의료 급여 제도, 기초 연금 제도, 장애인 연금 제도 등	산모 · 신생아 건강 관리 지원 사업, 가사 · 간병 방문 지원 사업, 발달 장애인 부모 심리 상담 지원 사업 등
특징	• **강제(의무) 가입 원칙** • **상호 부조의 원리** • 수혜 정도와 관련 없이 능력에 따른 비용 부담 • **소득 재분배 효과 작음** • 금전적 지원을 원칙으로 함 • 보편적 복지 이념에 바탕 • 수익자(수혜자) 부담을 원칙으로 함	• 임의 가입 원칙에 따른 **대상자 자격 심사 필요** • 근로 의욕 상실 가능성 • 국민의 조세 부담 증가 • 사회 보험보다 **소득 재분배 효과가 큼** • 금전적 지원을 원칙으로 함 • 선별적 복지 이념에 바탕 • 부정적 낙인에 대한 우려	• 수혜자에게 재활 직업 훈련, 직업 알선, 사회 복지 시설 활용 등의 서비스 제공 • 수혜자가 비용의 일부를 분담하기도 함 • 공공 부문만이 아니라 민간 부문도 참여 가능 • **비금전적 지원을 원칙으로 함**

기본자료

▶ 노인 장기 요양 보험
고령, 노인성 질병 등의 사유로 일상생활을 혼자서 수행하기 어려운 노인에게 목욕, 취사, 청소, 상담 등을 지원하는 장기 요양 급여를 제공하는 제도이다.

필수개념 2 생산적 복지

• 생산적 복지 → 생산적 복지는 사회 보장 제도와 관련된 주요 개념이므로 기억해 두도록 한다.

의미	복지와 노동을 연계함으로 복지와 경제 성장을 함께 실현하려는 복지 이념 (= 근로 연계 복지)
등장 배경	과도한 복지비 지출에 따른 재정 적자, 복지병 발생, 생산성과 효율성의 저하
특징	• 복지 정책의 축소 지향 • 복지 수급자들의 자립 지원 • 복지와 효율성을 동시에 추구
한계	노동 능력이 전혀 없는 사람을 복지에서 소외시킬 가능성이 큼
사례	근로 장려 세제, 실직자 직업 교육 및 직업 알선 등

▶ 복지병(영국병)
'요람에서 무덤까지'의 복지를 주창했던 영국에서는 1960년대 이후부터 일하지 않고 정부의 복지 정책과 사회 보장에 기대려는 사람들이 늘어나고 사회 전체적인 효율성이 떨어지는 문제가 발생하였는데, 이를 '복지병' 혹은 '영국병'이라고 불렀다.

(가) ~ (다)의 일반적인 특징에 대한 설명으로 옳은 것은? (단, (가) ~ (다)는 각각 공공 부조, 사회 보험, 사회 서비스 중 하나이다.)

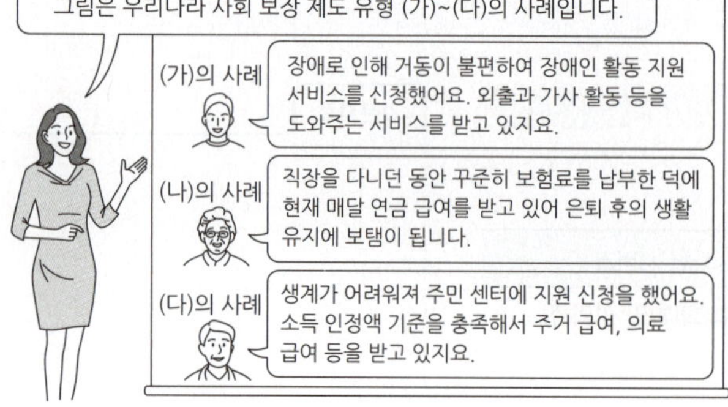

① (가)는 강제 가입 원칙이 적용된다.
② (나)는 미래의 위험에 대한 사전 예방적 성격을 지닌다.
③ (다)는 수혜 정도에 따른 비용 부담을 원칙으로 한다.
④ (다)는 (나)와 달리 소득 재분배 효과가 있다.
⑤ (가), (나)는 모두 국가나 지방 자치 단체가 비용을 전액 부담하는 것을 원칙으로 한다.

자료에 대한 분석으로 옳은 것은? **3점**

| | | (단위 : %) |

표는 우리나라 갑 권역의 65세 이상 인구 중 국민 연금 제도와 기초 연금 제도의 수급자 비율을 나타낸 것이다. 갑 권역은 A 지역과 B 지역으로만 구분되고, 65세 이상 인구는 A 지역이 4만 명, B 지역이 2만 명이다.

(단위 : %)

구분	A 지역	B 지역
국민 연금 수급자	60	80
기초 연금 수급자	40	30

① 65세 이상 인구 중 국민 연금 수급자 수는 B 지역이 A 지역보다 많다.
② 65세 이상 인구 중 기초 연금 수급자 수는 A 지역이 B 지역의 2배 미만이다.
③ 65세 이상 인구 중 사회 보험에 해당하는 제도의 수급자 비율은 A 지역이 B 지역보다 높다.
④ 갑 권역에서 65세 이상 인구 중 선별적 복지 이념에 기초한 제도의 수급자 비율은 70%이다.
⑤ 갑 권역에서 65세 이상 인구 중 의무 가입의 원칙이 적용되는 제도의 수급자 비율은 70% 미만이다.

다음 자료에 대한 설명으로 옳은 것은? (단, A ~ C는 각각 우리나라의 공공 부조, 사회 보험, 사회 서비스 중 하나이다.) **3점**

○ 문제 : 제시된 응답을 할 수 있도록 답란 (가), (나)에 A ~ C를 비교하는 질문을 쓰시오.

3학년 2반 15번 ○○○

응답		답란(질문)	교사 채점
예	(가)	A와 달리 B는 복지 제공에 민간 부문이 참여하는가?	○
아니요	(나)	B와 C는 수익자 부담 원칙이 존재한다는 공통점을 갖는가?	×

① A와 달리 B는 선별적 복지 이념을 바탕으로 한다.
② B와 달리 C는 비금전적 지원을 원칙으로 한다.
③ C와 달리 A는 상호 부조의 원리를 구현하고자 한다.
④ (가)에서 A 대신에 C를 썼다면 채점 결과는 달라진다.
⑤ (나)에서 C 대신에 A를 썼다면 채점 결과는 달라진다.

우리나라 사회 보장 제도 A ~ C의 일반적인 특징에 대한 설명으로 옳은 것은? (단, A ~ C는 각각 사회 보험, 공공 부조, 사회 서비스 중 하나임.)

복지 Q&A

질문
최근 회사에서 해고를 당해서 생계가 막막합니다. 출산 후 몸도 좋지 않아 아이를 돌보는 데 어려움이 있습니다. 도움받을 수 있는 제도를 안내해 주세요.

답변
도움받을 수 있는 첫 번째 제도는 A의 하나로, 이 제도는 생활이 어려운 사람에게 필요한 급여를 지급하여 최저 생활을 보장하고 자활을 지원해 주고 있습니다. 두 번째 제도는 B의 하나로, 이 제도는 실직자에게 일정 기간 실업 급여를 지급해 생활 안정에 도움을 주어 재취업의 기회를 제공해 주고 있습니다. 세 번째 제도는 C의 하나로, 이 제도는 산모·신생아 건강 관리사가 일정 기간 출산 가정을 방문해 산모·신생아 돌봄 서비스를 제공해 주고 있습니다. 이 세 가지 제도 중 본인이 지원 대상에 해당하는 것이 있는지 확인해 보십시오.

① A는 상호 부조의 원리를 바탕으로 한다.
② B는 선별적 복지의 이념을 바탕으로 한다.
③ C는 강제 가입을 원칙으로 한다.
④ A는 B에 비해 사후 처방적 성격이 강하다.
⑤ B와 C는 모두 금전적 지원을 원칙으로 한다.

5

다음 자료에 대한 분석으로 옳은 것은? (단, A ~ C는 각각 사회 보험, 공공 부조, 사회 서비스 중 하나이다.) **3점**

> 우리나라 사회 보장 제도 유형 A ~ C 중 A는 B와 달리 금전적 지원을 원칙으로 한다. 또한, C는 A와 달리 상호 부조의 원리가 적용된다. 우리나라 (가), (나) 지역의 모든 가구는 A ~ C 중 한 가지 이상의 혜택을 받고 있으며, 지역별 중복 수혜 가구 비율은 다음과 같다.

(단위 : %)

구분	(가) 지역	(나) 지역
A와 B의 중복 수혜 가구	10	20
A와 C의 중복 수혜 가구	6	9
B와 C의 중복 수혜 가구	50	45

* (가) 지역의 각 수치에는 A, B, C 중복 수혜 가구 비율(2%)이, (나) 지역의 각 수치에는 A, B, C 중복 수혜 가구 비율(5%)이 포함되어 있다.

① A는 B, C와 달리 사전 예방적 목적을 가진다.
② B는 A, C와 달리 보편적 복지의 이념을 바탕으로 한다.
③ C는 A, B와 달리 비용 부담자와 수혜자가 일치하지 않는다.
④ 사회 보험과 사회 서비스의 혜택은 모두 받지만, 공공 부조의 혜택은 받지 않는 가구의 비율은 (나) 지역이 (가) 지역보다 높다.
⑤ 사회 보험과 공공 부조의 혜택은 모두 받지만, 사회 서비스의 혜택은 받지 않는 가구의 비율은 (가), (나) 지역이 같다.

6

다음 (가)~(다)의 일반적인 특징에 대한 옳은 설명만을 〈보기〉에서 고른 것은? (단, (가) ~ (다)는 각각 공공 부조, 사회 보험, 사회 서비스 중 하나이다.) **3점**

> 1~3번 사례를 우리나라 사회 보장 제도 유형에 적용하면, 1번 사례는 [(가)]에, 2번 사례는 [(나)]에, 3번 사례는 [(다)]에 해당합니다.

번호	사례
1	소득 인정액이 선정 기준액 이하인 65세 이상 노인은 생활 안정을 위하여 매월 일정 금액을 받을 수 있음.
2	거동이 불편해 혼자 힘으로 일상생활이 어려운 노인은 바우처 지원액을 사용해 식사 도움, 목욕 보조, 청소, 세탁 등에 대한 방문 돌봄을 받을 수 있음.
3	고령이나 노인성 질병 등으로 인해 일상생활을 수행하기 어려운 노인은 신체 활동 또는 가사 활동 지원 등의 장기 요양 급여를 받을 수 있음.

보기

ㄱ. (가)는 사전 예방적 성격이 강하다.
ㄴ. (가)는 (다)보다 소득 재분배 효과가 크다.
ㄷ. (다)는 (가)와 달리 정부가 비용 전액을 부담한다.
ㄹ. (다)는 (나)와 달리 금전적 지원을 원칙으로 한다.

① ㄱ, ㄴ ② ㄱ, ㄷ ③ ㄴ, ㄷ ④ ㄴ, ㄹ ⑤ ㄷ, ㄹ

7

교사의 질문에 대한 학생의 답변으로 옳은 것은? (단, A, B는 각각 공공 부조, 사회 보험 중 하나임.) **3점**

> 갑이 혜택을 받고 있는 제도는 A에, 을이 혜택을 받고 있는 제도는 B에 해당합니다. A, B의 일반적인 특징에 대해 말해 보세요.

> 〈갑의 사례〉
> 입원 치료가 필요한 질병에 걸린 갑은 가구 소득이 기준 금액 이하에 해당하여 의료 급여를 받고 있다.
>
> 〈을의 사례〉
> 노인성 질병으로 혼자 일상생활을 하기 어려운 을은 신체·가사 활동 지원이 필요하여 장기 요양 급여를 받고 있다.

① A는 강제 가입을 원칙으로 합니다.
② B는 상호 부조의 원리를 바탕으로 합니다.
③ A는 B와 달리 보편적 복지의 이념을 바탕으로 합니다.
④ B는 A와 달리 소득 재분배 효과가 있습니다.
⑤ B는 A에 비해 사후 처방적 성격이 강합니다.

8

다음 자료에 대한 분석으로 옳은 것은? (단, A와 B는 각각 공공 부조와 사회 보험 중 하나이다.) **3점**

〈표 1〉 갑국 사회 보장 제도의 일반적인 특징 비교

구분	A	B
공통점	⊙	
차이점	ⓒ	상호 부조의 원리가 적용됨

〈표 2〉 갑국의 A, B 제도 수급자 비율

(단위 : %)

구분	(가)	(나)	(다)	(라)	전체
A	20	15	5	8	10
B	10	ⓒ	40	36	32

* 갑국의 사회 보장 제도는 우리나라의 사회 보장 제도와 동일하다.
** 갑국은 (가) ~ (라) 지역으로만 구성되고, (나)와 (다) 지역 인구는 각각 (가) 지역 인구의 2배이다.
*** 지역별 수급자 비율(%) = (해당 지역 수급자 수/해당 지역 인구) × 100

① ⊙에는 '금전적 지원의 원칙이 적용됨', ⓒ에는 '사전 예방적 성격이 강함'이 적절하다.
② ⓒ은 (가) 지역의 A 제도 수급자 비율보다 낮다.
③ 강제 가입을 원칙으로 하는 제도의 수급자 수는 (나) 지역이 가장 많다.
④ 수혜자 부담 원칙이 적용되는 제도의 전체 수급자 수에서 (다) 지역의 수급자 수가 차지하는 비율은 25%이다.
⑤ (가)~(라) 지역 중 선별적 복지 이념을 바탕으로 하는 제도의 수급자 수는 (라) 지역이 가장 적다.

DAY 22 / Ⅳ / 3. 사회 복지와 복지 제도

9

다음 자료에 대한 분석으로 옳은 것은? **3점**

갑국은 우리나라와 동일한 사회 보장 제도 A, B만을 시행하고 있다. A, B 모두 금전적 지원을 원칙으로 하며, A는 정부 재정으로 비용을 전액 충당하는 것을 원칙으로 하는 제도이고, B는 수혜자 비용 부담 원칙을 적용하는 제도이다. 표는 갑국의 (가), (나) 지역 인구 중 A, B 수급자 비율을 나타낸 것이다. 갑국은 (가), (나) 지역만으로 구성되며, 인구는 (나) 지역이 (가) 지역의 2배이다.

(단위 : %)

구분	(가) 지역	(나) 지역
A 수급자	11	12
B 수급자	8	13
A와 B 중복 수급자	4	6

① (가) 지역에서 강제 가입 원칙이 적용되는 제도의 수급자 수는 A와 B 중복 수급자 수의 2배보다 많다.

② (나) 지역에서 상호 부조의 원리가 적용되는 제도의 혜택만 받는 수급자 수는 A와 B 중복 수급자 수와 같다.

③ A와 B 중 하나 이상의 혜택을 받는 수급자 수는 (나) 지역이 (가) 지역의 2배보다 적다.

④ (나) 지역과 달리 (가) 지역은 보편적 복지 이념에 기초한 제도의 수급자 수가 선별적 복지 이념에 기초한 제도의 수급자 수보다 많다.

⑤ 갑국은 사후 처방적 성격이 강한 제도의 수급자 수가 사전 예방적 성격이 강한 제도의 수급자 수보다 많다.

10

다음 자료에 대한 분석으로 옳은 것은? (단, 갑국의 사회 보장 제도는 우리나라의 사회 보장 제도와 동일함.)

〈자료 1〉 갑국의 사회 보장 제도 A~C의 사례
- A의 사례 : 생활이 어려운 사람의 질병, 부상 등에 대해 급여 제공
- B의 사례 : 노령, 장애, 사망 시 본인 및 가족에게 연금 급여 실시
- C의 사례 : 일상생활과 사회 활동이 어려운 저소득층의 생활 안정을 위해 가사·간병 서비스 지원

〈자료 2〉 갑국의 사회 보장 제도 A~C의 시기별 수혜자 현황

제도	A		B		C	
시기	2015년	2020년	2015년	2020년	2015년	2020년
전체 인구 중 수혜자 비율(%)	12	18	48	48	24	36
수혜자 중 성별 비율(%) 여/남	여 60 / 남 40	여 65 / 남 35	여 30 / 남 70	여 30 / 남 70	여 50 / 남 50	여 60 / 남 40

① 최저 생활 보장을 목적으로 하는 제도의 경우, 2015년 전체 인구 중 수혜자 비율은 24%이다.

② 비금전적 지원을 원칙으로 하는 제도의 경우, 2015년 남성 수혜자 수는 갑국 인구의 12%이다.

③ 상호 부조의 원리를 바탕으로 하는 제도의 경우, 2015년 여성 수혜자 수와 2020년 여성 수혜자 수는 같다.

④ 2015년의 경우, 소득 재분배 효과가 가장 큰 제도의 수혜자 수는 의무 가입이 원칙인 제도의 수혜자 수의 4배이다.

⑤ 2020년의 경우, 공공 부조에 해당하는 제도의 남성 수혜자 수는 사회 보험에 해당하는 제도의 남성 수혜자 수의 절반이다.

11

표는 질문에 따라 우리나라 사회 보장 제도의 유형을 구분한 것이다. 이에 대한 설명으로 옳은 것은? (단, A~C는 각각 사회 보험, 공공 부조, 사회 서비스 중 하나이다.)

구분	A	B	C
강제 가입의 원칙이 적용되는가?	㉠	㉠	㉡
(가)	㉡	㉠	㉡

* ㉠과 ㉡은 각각 '예'와 '아니요' 중 하나임.

① ㉠은 '예', ㉡은 '아니요'이다.

② C는 선별적 복지의 이념을 바탕으로 한다.

③ 기초 연금 제도가 A에 해당한다면, B는 사회 서비스이다.

④ B가 공공 부조라면, A는 금전적 지원을 원칙으로 한다.

⑤ (가)에 '국가와 지방 자치 단체가 비용을 전액 부담하는가?'가 들어갈 수 있다.

12　[2020년 7월 학평 4번]

우리나라의 사회 복지 제도 유형 A ~ C의 일반적 특징에 대한 설명으로 옳은 것은? (단, A ~ C는 각각 공공 부조, 사회 보험, 사회 서비스 중 하나이다.) 3점

> A에 필요한 비용은 사업주, 근로자 또는 자영업자가 부담하는 것을 원칙으로 하되, 국가도 비용의 일부를 부담할 수 있다. 반면, B는 비용의 전부를 국가와 지방 자치 단체가 부담하는 것을 원칙으로 한다. C는 수익자 부담을 원칙으로 하되, 일정 소득 수준 이하의 국민에 대한 비용의 전부 또는 일부는 국가와 지방 자치 단체가 부담한다.

① A는 사후 처방적 성격을 가진다.
② B는 상호 부조의 원리를 바탕으로 한다.
③ A는 B에 비해 수혜 대상자의 범위가 넓다.
④ C는 B와 달리 금전적 지원을 원칙으로 한다.
⑤ A, C는 모두 강제 가입을 원칙으로 한다.

13　2024 평가원　[2024학년도 6월 모평 15번]

다음 자료에 대한 옳은 설명만을 〈보기〉에서 고른 것은? 3점

> 갑국은 정부 예산만을 재원으로 경제적 형편이 어려운 노인에게 급여를 지급하는 우리나라의 연금 제도와 같은 ㉠ ○○연금 제도를 도입하고자 한다. 연금 지급액을 놓고 A안과 B안을 검토 중인데, 다음은 ○○연금 제도 시행 전의 상대적 빈곤율과 A안 또는 B안을 시행할 경우 예상되는 상대적 빈곤율을 제시한 표의 일부이다. 제도 시행 전후의 상대적 빈곤율은 현재 시점의 노인 가구를 기준으로 계산한 것이다.

가구 형태	가구 수 (만 가구)	상대적 빈곤율(%)		
		제도 시행 전	제도 시행 후	
			A안	B안
1인 가구	100	50	25	20
부부 가구	200	40	20	15
기타 가구				

* 갑국의 노인 가구는 1인 가구(65세 이상 노인 1명), 부부 가구(65세 이상 노인 2명) 및 기타 가구로 구분됨.
** 상대적 빈곤율은 가구 소득이 정부가 가구 형태별로 결정한 일정 금액 미만인 가구의 비율임.

보기

ㄱ. ㉠은 상호 부조의 원리를 바탕으로 한다.
ㄴ. ㉠은 사전 예방적 성격보다 사후 처방적 성격이 강하다.
ㄷ. A안 시행 전후의 상대적 빈곤 가구 수 차이는 1인 가구가 부부 가구보다 작다.
ㄹ. 상대적 빈곤에 해당하는 부부 가구 인구는 A안을 시행할 경우가 B안을 시행할 경우보다 10만 명 많다.

① ㄱ, ㄴ　② ㄱ, ㄷ　③ ㄴ, ㄷ　④ ㄴ, ㄹ　⑤ ㄷ, ㄹ

14　[2025년 7월 학평 15번]

다음 자료에 대한 분석으로 옳은 것은? 3점

> 갑국의 사회 보장 제도는 A, B로만 구성되며, A, B는 우리나라의 사회 보장 제도와 동일하다. A, B는 모두 금전적 지원을 원칙으로 하며, 소득 재분배 효과는 B가 A보다 크다. 표는 갑국의 전체 인구 중 A, B 수급자 및 비(非)수급자 비율과 시기에 따른 비율 차이를 나타낸 것이다. t년 대비 t+30년과 t+30년 대비 t+60년에 갑국의 전체 인구는 각각 10%씩 감소하였으며, 비(非)수급자의 비율은 모든 시기에 동일하다.

〈표 1〉 t년의 A, B 수급자 비율과 비(非)수급자* 비율

(단위 : %)

A 수급자	B 수급자	비(非)수급자
60	35	10

〈표 2〉 시기에 따른 A, B 수급자 비율 차이**

구분	A 수급자	B 수급자
t+30년	0	15
t+60년	-10	0

* 비(非)수급자는 A, B 중 어느 것도 수급하지 않는 사람을 의미함.
** 수급자 비율 차이 = 해당 연도의 수급자 비율 - 30년 전의 수급자 비율

① 제시된 연도 중 선별적 복지 이념에 기초한 제도에만 해당하는 수급자 수는 t년이 가장 많다.
② t년에 상호 부조의 원리가 적용되는 제도에만 해당하는 수급자 수는 A와 B의 중복 수급자 수의 5배이다.
③ t+30년에 A와 B의 중복 수급자 수는 t년의 비(非)수급자 수의 2배이다.
④ t+30년에 사후 처방적 성격보다 사전 예방적 성격이 강한 제도에만 해당하는 수급자 수는 A와 B의 중복 수급자 수의 2배이다.
⑤ t+60년에 비(非)수급자 수는 정부 재정으로 비용을 전액 충당하는 것을 원칙으로 하는 제도에만 해당하는 수급자 수의 20%이다.

다음 자료에 대한 분석으로 옳은 것은? 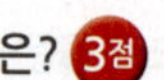 3점

〈자료 1〉 우리나라 사회 보장 제도

(가) 가구 소득 인정액이 기준액 이하인 가구의 최저 생활을 보장하고 자활을 지원하기 위해 국가나 지방 자치 단체가 생계, 의료 등 급여를 지급하는 제도

(나) 노령, 사망, 장애 등으로 인한 소득 상실을 보전하고 기본 생활을 지원하기 위해 가입자와 고용주 등이 분담해서 마련한 기금을 통해 연금 급여를 지급하는 제도

〈자료 2〉 A~C 지역별 전체 인구 중 (가), (나) 수급자 비율

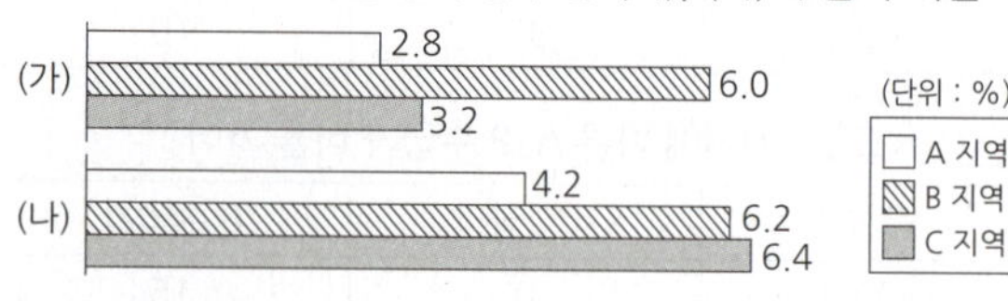

---

① 상호 부조의 원리가 적용되는 제도의 경우, A 지역 수급자 비율은 2.8%이다.

② 선별적 복지의 성격이 강한 제도의 경우, A~C 지역 중에서 B 지역 수급자 수가 가장 많다.

③ 소득 재분배 효과가 더 큰 제도의 경우, A~C 지역 중에서 수급자 비율이 가장 높은 지역의 수급자 비율은 6.0%를 초과한다.

④ 수혜자 부담 원칙이 적용되지 않는 제도의 경우, B 지역 수급자 수가 A 지역 수급자 수의 2배보다 많다.

⑤ 강제 가입 원칙이 적용되는 제도의 수급자 수 대비 사후 처방적 성격이 강한 제도의 수급자 수의 비는 A 지역이 C 지역보다 높다.

다음 자료의 갑 지역에 대한 분석으로 옳은 것은? 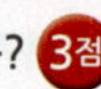 3점

---

o 우리나라의 사회 보장 제도

  A : 노령, 장애, 사망 시 본인 또는 유족에게 노령 연금, 장애 연금, 유족 연금 등을 지급하여 생활 안정을 보장하는 제도

  B : 65세 이상 노인 중 소득이 일정 수준 이하인 노인에게 연금을 지급하여 생활 안정을 지원하는 제도

o 우리나라 갑 지역의 A, B 수급자 비율 분석

(단위 : %)

구분	2020년	2021년
A의 수급자 중 B의 수급자 비율	20	35
B의 수급자 중 A의 수급자 비율	25	28

* 갑 지역 인구는 100만 명으로 일정하고, 갑 지역 인구 중 상호 부조의 원리에 기초한 제도의 수급자 비율은 2020년과 2021년이 20%로 같음.

---

① 2020년에 수익자 부담의 원칙을 적용하는 제도의 수급자가 그렇지 않은 제도의 수급자보다 적다.

② 2021년에 의무 가입의 원칙을 적용하는 제도의 수급자가 그렇지 않은 제도의 수급자보다 많다.

③ 2020년에 사후 처방적 성격이 강한 제도의 수급자가 사전 예방적 성격이 강한 제도의 수급자보다 4만 명 많다.

④ 2020년 대비 2021년에 선별적 복지 이념에 기초한 제도의 수급자에만 해당하는 사람의 증가율은 50%이다.

⑤ 2020년 대비 2021년에 공공 부조에 해당하는 제도의 수급자에만 해당하는 사람과 달리 사회 보험에 해당하는 제도의 수급자에만 해당하는 사람은 증가하였다.

17

다음 자료에 대한 옳은 분석만을 <보기>에서 있는 대로 고른 것은? **3점**

<자료 1> 갑국의 사회 보장 제도

(가)는 실직하여 재취업 활동을 하는 근로자에게 일정 기간 동안 소정의 급여를 지급하는 제도이다. (나)는 국가와 지방 자치 단체의 책임하에 생활 유지 능력이 없거나 생활이 어려운 국민의 최저 생활을 보장하고 자립을 지원하는 제도이다.

<자료 2> 갑국의 (가), (나) 제도 수급자 비율

(단위 : %)

구분	A 지역	B 지역	C 지역	D 지역
(가)	10	4	6	6
(나)	30	40	20	30

* 갑국의 사회 보장 제도는 우리나라의 사회 보장 제도와 동일함.
** 갑국은 A ~ D 네 지역으로만 구성되고, B와 C 지역 인구는 각각 A 지역 인구의 2배, C 지역 인구는 D 지역 인구의 1.5배임.

*** 해당 지역 수급자 비율(%) = $\dfrac{\text{해당 지역 수급자 수}}{\text{해당 지역 인구}} \times 100$

보기

ㄱ. 갑국 전체 국민의 5%가 (가) 제도의 수급자이다.

ㄴ. 상호 부조의 원리를 원칙으로 하는 제도의 경우, A 지역 수급자 수는 D 지역 수급자 수보다 많다.

ㄷ. 사후 처방적 성격이 강한 제도의 경우, B 지역 수급자 수는 C 지역과 D 지역 수급자 수의 합과 같다.

ㄹ. 정부 재정으로 비용을 전액 충당하는 것을 원칙으로 하는 제도의 전체 수급자 수는 강제 가입의 원칙이 적용되는 제도의 전체 수급자 수의 6배이다.

① ㄱ, ㄴ ② ㄱ, ㄹ ③ ㄴ, ㄷ
④ ㄱ, ㄷ, ㄹ ⑤ ㄴ, ㄷ, ㄹ

18

다음 자료에 대한 분석으로 옳은 것은? **3점**

갑국의 사회 보장 제도는 A, B만 존재하며, A, B는 우리나라의 사회 보장 제도와 동일하다. A, B 모두 금전적 지원을 원칙으로 하며, A와 달리 B는 상호 부조의 원리가 적용되는 제도이다. 표는 갑국의 (가), (나) 지역별 전체 인구 중 A, B 수급자의 비율과 비(非)수급자의 비율을 나타낸 것이다. 갑국은 (가), (나) 지역으로만 구성되며, (나) 지역의 인구는 (가) 지역의 인구의 3배이다. 비(非)수급자는 A나 B 중 어느 것의 수급자도 아닌 사람이다.

(단위 : %)

구분	(가) 지역	(나) 지역	전체
A 수급자	20	28	㉠
B 수급자	76	72	73
A와 B 중복 수급자	㉡	13	14
비(非)수급자	21	㉢	15

① ㉠은 ㉡보다 작다.

② (가) 지역의 비(非)수급자 수는 갑국 전체의 A와 B 중복 수급자 수보다 많다.

③ (나) 지역에서 사후 처방적 성격이 강한 제도의 수급자 비율은 ㉢의 2배보다 크다.

④ 보편적 복지 이념을 바탕으로 하는 제도에만 해당하는 수급자 비율은 (가) 지역이 (나) 지역보다 크다.

⑤ 정부 재정으로 비용을 전액 충당하는 것을 원칙으로 하는 제도에만 해당하는 수급자 수는 (나) 지역이 (가) 지역의 5배이다.

DAY 22 Ⅳ 3. 사회 복지와 복지 제도

19

다음 자료에 대한 분석으로 옳은 것은? **3점**

> 표는 우리나라 A 권역에 속하는 갑 지역과 을 지역의 지역별 주민 중 국민 연금 제도의 수급자 비율과 국민 기초 생활 보장 제도의 수급자 비율을 나타낸 것이다. 단, A 권역은 주민이 100만 명인 갑 지역과 주민이 200만 명인 을 지역으로만 구분된다.
>
> (단위 : %)
>
> | 구분 | 갑 지역 | 을 지역 | A 권역 |
> |---|---|---|---|
> | 국민 연금 제도의 수급자 | 15 | 6 | 9 |
> | 국민 기초 생활 보장 제도의 수급자 | 10 | 13 | 12 |

① 공공 부조에 해당하는 제도의 수급자는 갑 지역이 을 지역보다 많다.

② A 권역에서 의무 가입 원칙을 적용하는 제도의 수급자가 그렇지 않은 제도의 수급자보다 많다.

③ 지역별 주민 중 상호 부조의 원리에 기초한 제도의 수급자 비율은 을 지역이 갑 지역보다 높다.

④ 지역별 주민 중 생활이 어려운 자의 최저 생활을 보장하고자 하는 제도의 수급자 비율은 갑 지역이 을 지역보다 높다.

⑤ 을 지역에서 선별적 복지 이념에 기초한 제도의 수급자가 보편적 복지 이념에 기초한 제도의 수급자보다 14만 명 많다.

20

다음 자료에 대한 옳은 분석만을 〈보기〉에서 고른 것은?

> 〈자료 1〉 갑국의 사회 보장 제도
>
> | (가) 65세 이상 노인 중 소득 인정액이 일정 수준 이하인 사람에게 생활 안정에 필요한 연금을 지급하는 제도 |
> |---|
> | (나) 노령, 사망, 장애 등으로 인한 소득 상실을 보전하고 기본적인 생활을 지원하기 위해 가입자와 고용주 등이 분담해서 마련한 기금을 통해 연금 급여를 지급하는 제도 |
>
> 〈자료 2〉 갑국의 성별·시기별 (가), (나) 제도의 수급자 수
>
> (단위 : 만 명)

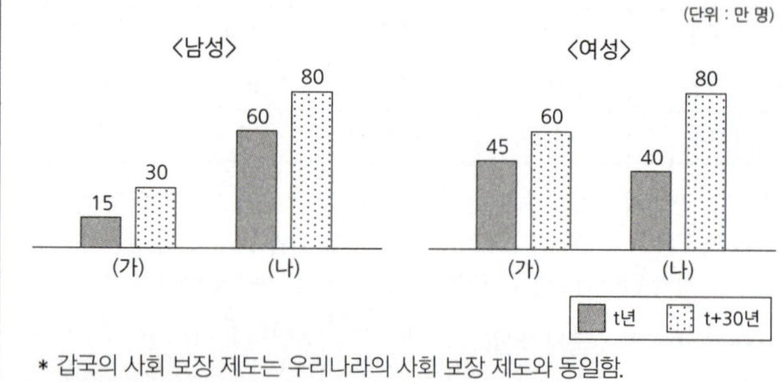

> * 갑국의 사회 보장 제도는 우리나라의 사회 보장 제도와 동일함.
> ** t년과 t+30년 모두 갑국의 남녀 인구는 각각 1,000만 명임.

보기

ㄱ. t년에 수급자에 대한 부정적 낙인이 발생할 수 있는 제도의 남성 수급자 수는 여성 수급자 수의 3배이다.

ㄴ. t년에 비해 t+30년에 수혜자 비용 부담 원칙이 적용되는 제도의 수급자 수는 60만 명 증가하였다.

ㄷ. t년에 상호 부조의 원리가 적용되는 제도의 수급자 중 남성 수급자 비율은 t+30년에 강제 가입의 원칙이 적용되는 제도의 수급자 중 여성 수급자 비율보다 높다.

ㄹ. t년에 갑국 인구 중 사전 예방적 성격이 강한 제도의 수급자 비율은 t+30년에 갑국 인구 중 사후 처방적 성격이 강한 제도의 수급자 비율보다 낮다.

① ㄱ, ㄴ   ② ㄱ, ㄷ   ③ ㄴ, ㄷ   ④ ㄴ, ㄹ   ⑤ ㄷ, ㄹ

21 [2024 수능]   [2024학년도 수능 15번]

다음 자료에 대한 분석으로 옳은 것은? (3점)

> 갑국의 사회 보장 제도는 우리나라의 사회 보장 제도와 동일하다. A는 상호 부조의 원리가 적용되는 제도이고, B는 정부 재정으로 비용을 전액 충당하는 것을 원칙으로 하는 제도이다. 표는 갑국의 전체 인구 중 A, B 수급자 비율과 시기에 따른 비율 차이를 나타낸 것이다. t년 대비 t+30년에 갑국의 전체 인구는 50% 증가하였다.

〈표 1〉 t년의 수급자 비율

(단위 : %)

A 수급자	B 수급자	A와 B의 중복 수급자
40	15	8

〈표 2〉 t년 대비 t+30년의 수급자 비율 차이*

A에만 해당하는 수급자	B에만 해당하는 수급자	A와 B의 중복 수급자
2	-3	8

* 수급자 비율 차이 = t+30년의 수급자 비율 − t년의 수급자 비율

① t년에 전체 인구 중 부정적 낙인이 발생할 수 있는 제도에만 해당하는 수급자 비율은 A와 B의 중복 수급자 비율보다 크다.

② t+30년에 수혜자 비용 부담 원칙이 적용되는 제도의 수급자 수는 t년에 A나 B 어느 것도 받지 않는 비(非)수급자 수보다 많다.

③ t+30년에 강제 가입의 원칙이 적용되는 제도에만 해당하는 수급자 수는 A와 B의 중복 수급자 수보다 적다.

④ t년에 사전 예방적 성격이 강한 제도의 수급자 수는 t+30년에 사후 처방적 성격이 강한 제도의 수급자 수의 2배이다.

⑤ t년 대비 t+30년에 A 수급자 수의 증가율은 B 수급자 수의 증가율보다 크다.

22 [2025 평가원]   [2025학년도 6월 모평 15번]

다음 자료에 대한 분석으로 옳은 것은?

〈자료 1〉 갑국의 사회 보장 제도

> (가) 국민에게 발생하는 사회적 위험을 보험의 방식으로 대처함으로써 국민의 안전한 생활에 필요한 건강과 소득을 보장하는 제도
>
> (나) 생활 유지 능력이 없거나 생활이 어려운 국민의 최저 생활을 보장하고 자립을 지원하는 제도
>
> (다) 상담, 재활, 돌봄, 정보의 제공, 관련 시설의 이용, 역량 개발, 사회 참여 지원 등을 통하여 국민의 삶의 질이 향상되도록 지원하는 제도

〈자료 2〉 갑국의 (가) ~ (다) 제도의 지역별 수혜자 비율

(단위 : %)

제도 ＼ 지역	A	B	전체
(가)	㉠	8	10
(나)	3	6	4
(다)	10	7	㉡

* 갑국은 A, B 지역으로만 이루어져 있고, 갑국의 사회 보장 제도는 우리나라의 사회 보장 제도와 동일함.
** 해당 지역 수혜자 비율(%) = (해당 지역 수혜자 수/해당 지역 인구) × 100

① ㉠은 11, ㉡은 8이다.

② (가)와 (나) 중 선별적 복지의 성격이 강한 제도의 수혜자 수는 A 지역이 B 지역보다 적다.

③ 갑국에서 우리나라의 사회 서비스에 해당하는 제도의 수혜자 수는 A 지역이 B 지역의 3배이다.

④ 금전적 지원을 원칙으로 하며 사전 예방적 성격이 강한 제도의 수혜자 수는 A 지역이 B 지역의 2배보다 많다.

⑤ 갑국 전체에서 상호 부조의 원리가 적용되는 제도의 수혜자 수는 소득 재분배 효과가 가장 큰 제도의 수혜자 수의 2배보다 적다.

23
[2021년 10월 학평 12번]

다음 자료에 대한 옳은 분석만을 <보기>에서 있는 대로 고른 것은?
(단, A와 B는 각각 국민 연금 제도와 기초 연금 제도 중 하나이다.)
3점

표는 우리나라 (가), (나) 각 지역 인구 중 A, B 수급자 비율을 나타낸 것이다. 표에 따르면 (가) 지역에서 사회 보험에 해당하는 제도의 수급자 중 공공 부조에 해당하는 제도의 수급자가 3/4을 차지한다. 단, (나) 지역의 인구는 (가) 지역 인구의 2배이다.

(단위 : %)

구분	(가) 지역	(나) 지역
A의 수급자	16	10
B의 수급자	12	15
A와 B 모두의 수급자	9	9

보기

ㄱ. 사후 처방보다 사전 예방 성격이 강한 제도의 수급자는 (나) 지역이 (가) 지역의 2배보다 많다.

ㄴ. 각 지역 인구 중 상호 부조의 원리에 기초한 제도의 수급자 비율은 (가) 지역이 (나) 지역보다 높다.

ㄷ. A와 B 중 수익자 부담 원칙을 적용하는 제도의 수급자에만 해당하는 사람 수는 (나) 지역이 (가) 지역의 4배이다.

ㄹ. (가)와 (나) 지역 전체에서 선별적 복지 이념에 기초한 제도의 수급자가 보편적 복지 이념에 기초한 제도의 수급자보다 많다.

① ㄱ, ㄷ   ② ㄱ, ㄹ   ③ ㄴ, ㄹ
④ ㄱ, ㄴ, ㄷ   ⑤ ㄴ, ㄷ, ㄹ

24
[2023년 7월 학평 20번]

다음 자료에 대한 분석으로 옳은 것은? (단, 갑국의 사회 보장 제도는 우리나라의 사회 보장 제도와 동일하며, 제시된 기간 동안 인구 변동은 없음.) **3점**

<자료 1> 갑국의 사회 보장 제도
A : 소득 인정액이 일정 수준 이하인 65세 이상 노인에게 연금을 지급하여 안정적인 생계 유지를 지원함.
B : 노동자와 사업주가 공동으로 부담하는 기금에서 실업자의 생계 보장 및 고용 안정을 위해 급여를 제공함.

<자료 2> 갑국의 A, B 제도의 수급 지속 비율과 수급 진입 비율

구분	A		B	
	2021년	2022년	2021년	2022년
수급 지속 비율(%)	20	23	60	32
수급 진입 비율(%)	20	8	10	24

* 2020년 갑국의 전체 인구 중 A 제도의 수급자 비율은 10%, B 제도의 수급자 비율은 25%이다.

** 수급 지속 비율(%) = $\dfrac{\text{직전 연도에 이어 혜택을 받는 A(B) 제도 수급자 수}}{\text{직전 연도 A(B) 제도 수급자 수}} \times 100$

*** 수급 진입 비율(%) = $\dfrac{\text{직전 연도와 달리 혜택을 받게 된 A(B) 제도 수급자 수}}{\text{직전 연도 A(B)제도 비(非)수급자 수}} \times 100$

① B 제도는 A 제도와 달리 소득 재분배 효과가 발생한다.

② 선별적 복지의 성격이 강한 제도의 2021년 수급자 비율은 40%이다.

③ 상호 부조의 원리가 적용되는 제도의 수급자 비율은 2020년부터 2022년까지 매년 상승하였다.

④ 수혜자 비용 부담을 원칙으로 하는 제도의 2021년 수급자 수는 정부 재정으로 비용을 전부 충당하는 것을 원칙으로 하는 제도의 2022년 수급자 수의 2배이다.

⑤ 직전 연도와 달리 해당 연도에 A 제도의 수급자가 된 사람 수는 2021년이 2022년보다 많다.

25

다음 자료에 대한 분석으로 옳은 것은? 3점

갑국, 을국의 사회 보장 제도는 우리나라의 사회 보장 제도와 동일하다. A와 B 모두 금전적 지원을 원칙으로 하며, A는 사전 예방적 성격이 강한 제도이고, B는 사후 처방적 성격이 강한 제도이다. 표는 갑국과 을국의 전체 인구 중 A, B 수급자의 비율을 나타낸 것이다. 전체 인구는 갑국이 을국의 2배이다.

(단위 : %)

구분	갑국	을국
A 수급자	5	10
B 수급자	7	6
A와 B의 중복 수급자	3	4

① A는 공공 부조에 해당하는 제도이고, B는 사회 보험에 해당하는 제도이다.
② A와 B 중 하나 이상의 혜택을 받는 수급자 수는 갑국이 을국의 1.5배이다.
③ 갑국에서 강제 가입 원칙이 적용되는 제도의 혜택만 받는 수급자 수는 A와 B의 중복 수급자 수보다 많다.
④ 을국에서 수혜자 비용 부담 원칙이 적용되는 제도의 수급자 수는 A와 B의 중복 수급자 수의 1.5배이다.
⑤ 갑국은 을국과 달리 상호 부조의 원리를 바탕으로 하는 제도의 수급자 수가 정부 재정으로 비용을 전액 충당하는 것을 원칙으로 하는 제도의 수급자 수보다 많다.

26

다음 자료에 대한 옳은 분석만을 〈보기〉에서 고른 것은? 3점

갑국의 사회 보장 제도는 A, B로만 구성되며, A, B는 우리나라의 사회 보장 제도와 동일하다. A는 사전 예방적 성격이 강한 제도이고, B는 사후 처방적 성격이 강한 제도이다. 갑국은 인구가 동일한 (가), (나) 지역으로만 구성되어 있다. (가) 지역은 지역 전체 인구의 90%, (나) 지역은 지역 전체 인구의 80%가 사회 보장 제도 수급자이다. 표는 갑국의 지역별 사회 보장 제도 수급자 비율을 분석한 것이다.

(단위 : %)

구분	해당 지역 전체 수급자 대비 A만 수급받는 인구 비율	해당 지역 전체 수급자 대비 B만 수급받는 인구 비율
(가) 지역	65	25
(나) 지역	71	14

보기

ㄱ. 갑국의 전체 인구 중 A, B 중복 수급자 비율은 (가) 지역의 전체 인구 중 A, B 중복 수급자 비율보다 크다.
ㄴ. (나) 지역에서 A, B 중복 수급자 수는 (나) 지역에서 A나 B 어느 것도 받지 않는 비(非)수급자 수보다 많다.
ㄷ. 강제 가입의 원칙이 적용되는 제도의 수급자 수는 (나) 지역이 (가) 지역보다 많다.
ㄹ. (나) 지역에서 수혜자 비용 부담 원칙이 적용되는 제도의 수급자 수는 (가) 지역에서 최저 생활의 보장을 목적으로 하는 제도의 수급자 수보다 적다.

① ㄱ, ㄴ   ② ㄱ, ㄷ   ③ ㄴ, ㄷ   ④ ㄴ, ㄹ   ⑤ ㄷ, ㄹ

다음 자료에 대한 옳은 분석만을 〈보기〉에서 있는 대로 고른 것은?
(단, (가) ~ (다) 이외의 제도는 고려하지 않는다.)

〈자료 1〉 우리나라 사회 보장 제도

(가) 노인 세대의 안정된 노후 생활을 지원하기 위해 65세 이상인 노인 중 가구의 소득 인정액이 선정 기준액 이하인 노인에게 매월 연금을 지급하는 제도

(나) 고령이나 노인성 질병 등의 사유로 일상생활을 혼자서 수행하기 어려운 노인 등에게 신체 활동 또는 가사 활동 지원 등의 장기 요양 급여를 제공하는 제도

(다) 안정적인 노후 생활 보장, 노인의 기능·건강 유지 및 악화 예방을 위해 일상생활 영역이 어려운 취약 노인에게 적절한 돌봄 서비스를 제공하는 제도

〈자료 2〉 우리나라 A, B 지역 (가) ~ (다) 제도 수혜자 비율

(단위 : %)

구분	A 지역			B 지역		
	남성	여성	전체	남성	여성	전체
(가)	10.0	9.6	9.8	10.2	9.4	9.6
(나)	1.6	2.0	1.8	2.8	2.0	2.2
(다)	1.2	1.6	1.4	1.2	1.6	1.5

* A 지역과 B 지역의 총인구는 동일함.

** 해당 지역 남성(여성) 수혜자 비율(%) = $\frac{\text{해당 지역 남성(여성) 수혜자 수}}{\text{해당 지역 남성(여성) 인구}} \times 100$

보기

ㄱ. 비금전적 지원을 원칙으로 하는 제도의 경우, 성별 수혜자 수 차이는 A, B 지역이 같다.

ㄴ. 강제 가입의 원칙이 적용되는 제도의 경우, 여성 수혜자 수 대비 남성 수혜자 수의 비는 A 지역이 B 지역보다 작다.

ㄷ. 금전적 지원을 원칙으로 하며 사후 처방적 성격을 가진 제도의 경우, 남성 수혜자 수는 A 지역이 B 지역보다 많다.

ㄹ. 여성의 경우, 공공 부조에 해당하는 제도의 수혜자 비율 대비 사회 서비스에 해당하는 제도의 수혜자 비율은 A 지역이 B 지역보다 작다.

① ㄱ, ㄴ   ② ㄱ, ㄷ   ③ ㄷ, ㄹ
④ ㄱ, ㄴ, ㄹ   ⑤ ㄴ, ㄷ, ㄹ

특강 8 p.15

다음 자료에 대한 분석으로 옳은 것은? (단, 갑국의 사회 보장 제도는 우리나라의 사회 보장 제도와 동일함.) **3점**

〈자료 1〉 갑국의 사회 보장 제도 A~C에 대한 정보

A, B, C는 각각 공공 부조, 사회 보험, 사회 서비스 중 하나이다. '금전적 지원을 원칙으로 하는가?'는 B를 A, C와 구분할 수 있는 질문이며, C는 A와 달리 정부 재정으로 비용을 전액 충당하는 것을 원칙으로 한다.

〈자료 2〉 갑국의 (가), (나) 지역 A~C 제도 수혜자 비율

(단위 : %)

구분	(가) 지역			(나) 지역		
	남성	여성	전체	남성	여성	전체
A	80	60	75	80	60	70
B	47	51	48	48	50	49
C	10	14	11	10	8	9

* (가) 지역과 (나) 지역의 총인구는 동일함.

* 해당 지역 남성(여성) 수혜자 비율(%) = $\frac{\text{해당 지역 남성(여성) 수혜자 수}}{\text{해당 지역 남성(여성) 인구}} \times 100$

① 비금전적 지원을 원칙으로 하는 제도의 남성 수혜자 수는 (나) 지역이 (가) 지역보다 많다.

② 상호 부조의 원리가 적용되는 제도의 수혜자 수는 (가) 지역이 (나) 지역보다 적다.

③ 여성의 경우 사회 보험의 수혜자 비율 대비 공공 부조의 수혜자 비율은 (나) 지역이 (가) 지역보다 크다.

④ 강제 가입의 원칙이 적용되는 제도의 경우 여성 수혜자 수 대비 남성 수혜자 수는 (나) 지역이 (가) 지역보다 작다.

⑤ 금전적 지원을 원칙으로 하며 사후 처방적 성격이 강한 제도의 경우 성별 수혜자 수 차이는 (가), (나) 지역이 같다.

29

[2023학년도 수능 15번]

다음 자료에 대한 분석으로 옳은 것은? (단, A, B는 각각 공공 부조, 사회 보험 중 하나임.) **3점**

> 갑국의 사회 보장 제도는 우리나라의 사회 보장 제도와 동일하다. A는 보편적 복지의 성격이 강하고, B는 선별적 복지의 성격이 강하다. 표는 갑국의 시기별 (가), (나) 지역 인구 중 A, B 수급자 비율을 나타낸 것이다. 갑국은 (가), (나) 지역으로만 구성되며, 전체 인구는 t년에 비해 t+20년이 20% 많다.

(단위 : %)

구분	t년			t+20년		
	(가) 지역	(나) 지역	전체	(가) 지역	(나) 지역	전체
A 수급자	46	36	40	46	52	50
B 수급자	30	20	24	30	42	38
A와 B 중복 수급자	15	10	12	6	18	14

① 상호 부조의 원리가 적용되는 제도의 수급자 수는 t+20년의 (가) 지역이 t년의 (가) 지역보다 20% 많다.

② 수혜자 비용 부담 원칙이 적용되는 제도의 수급자 수는 t+20년의 (가) 지역이 t년의 (나) 지역보다 많다.

③ t년의 (가) 지역에서 정부 재정으로 비용을 전액 충당하는 것을 원칙으로 하는 제도에만 해당하는 수급자 수는 A와 B 중복 수급자 수의 2배이다.

④ t+20년에 사전 예방적 성격보다 사후 처방적 성격이 강한 제도에만 해당하는 수급자 수는 (나) 지역이 (가) 지역의 2배이다.

⑤ t+20년에 A와 B 중복 수급자 수는 (나) 지역이 (가) 지역의 3배이다.

30

2026 평가원

[2026학년도 6월 모평 15번]

다음 자료에 대한 분석으로 옳은 것은? (단, A, B는 각각 공공 부조, 사회 보험 중 하나임.) **3점**

> 갑국에는 사회 보장 제도 A, B만 존재하며, A, B는 우리나라의 사회 보장 제도와 동일하다. 갑국은 (가), (나) 지역으로만 구성되며, (가) 지역 인구는 (나) 지역 인구의 2배이다. 〈자료 1〉은 두 가지 질문을 통해 A, B를 구분한 것이고, 〈자료 2〉는 갑국의 지역별 수급자 현황의 일부이다. 단, A 수급자 수 대비 중복 수급자 수의 비율은 (가) 지역이 10%, (나) 지역이 20%이다.

〈자료 1〉

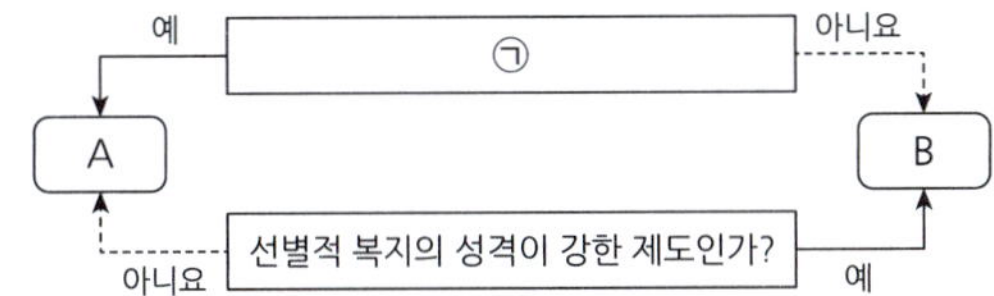

〈자료 2〉

(단위 : %)

구분	(가) 지역	(나) 지역
비(非)수급자 비율	18	20
중복 수급자 비율	8	15

* 비(非)수급자 : A나 B 어느 것도 받지 않는 사람

** 중복 수급자 : A 수급자이면서 동시에 B 수급자인 사람

*** 비수급자(중복 수급자) 비율(%) = (해당 지역 비수급자(중복 수급자) 수 / 해당 지역 인구) × 100

① ㉠에는 '소득 재분배 효과가 있는가?'가 들어갈 수 있다.

② A와 달리 B는 상호 부조의 원리가 적용된다.

③ B 수급자 수는 (나) 지역이 (가) 지역보다 많다.

④ 강제 가입의 원칙이 적용되는 제도의 수급자 비율은 (가) 지역이 (나) 지역보다 낮다.

⑤ 사후 처방적 성격이 강한 제도의 수급자 비율은 (나) 지역이 (가) 지역의 2배이다.

31

다음 자료에 대한 분석으로 옳은 것은? (단, 갑국의 사회 보장 제도는 우리나라와 동일하다.) **3점**

○ 갑국 보건복지부 누리집의 한 장면

> Q : ○○ 연금을 받고 있으면 △△ 연금을 받지 못하나요?
>
> A : 결론부터 말씀드리면 받을 수 있습니다. △△ 연금의 기본적인 수급자 선정 기준은 연령과 소득 인정액입니다. 만 65세 이상이면서 소득 인정액이 기준 금액 이하이면 △△ 연금을 받을 수 있습니다.

* ○○ 연금 : 가입자, 고용주 등이 분담해서 마련한 기금을 통해 노령, 장애 등에 대한 연금 급여를 지급하여 생활 안정을 도모하는 제도

○ 갑국의 지역별 인구 대비 ○○ 연금, △△ 연금 수급자 비율(%)

구분	A 지역	B 지역	C 지역	전체
○○ 연금 수급자	20	20	㉠	25
△△ 연금 수급자	10	15	15	㉡
○○ 연금과 △△ 연금의 중복 수급자	5	10	10	9

* 갑국은 A~C 지역만으로 구성되며, ○○ 연금과 △△ 연금의 중복 수급자의 수는 B 지역이 A 지역의 3배이다.

① ㉠은 14, ㉡은 30이다.
② 갑국의 ○○ 연금 수급자는 △△ 연금 수급자보다 적다.
③ 사후 처방적 성격이 강한 제도의 수급자는 A 지역이 B 지역보다 많다.
④ 강제 가입의 원칙이 적용되는 제도의 수급자는 B 지역이 C 지역보다 많다.
⑤ ○○ 연금과 △△ 연금 중 어느 하나의 수급자도 아닌 사람은 C 지역이 A 지역보다 많다.

32

다음 자료에 대한 분석으로 옳은 것은? (단, 갑국의 사회 보장 제도는 우리나라의 사회 보장 제도와 동일함.) **3점**

<자료 1> 갑국의 사회 보장 제도
(가) 고령이나 노인성 질병 등의 사유로 일상생활을 혼자서 수행하기 어려운 노인 등에게 장기 요양 급여를 지급하는 제도
(나) 소득 인정액이 일정 수준 이하인 노인에게 기초 연금을 지급하여 안정적 소득 기반을 제공하는 제도

<자료 2> 갑국의 지역별 65세 이상 인구 중 (가), (나) 수급자 비율

(단위 : %)

구분	A 지역	B 지역	전체 지역
(가) 수급자	26	㉠	㉡
(나) 수급자	76	68	70
(가)와 (나) 중복 수급자	㉢	6	10

* 갑국은 A, B 지역으로만 구성됨.
** 갑국 전체 지역 65세 이상 인구 중 (가)와 (나) 중복 수급자를 제외한 (나) 수급자 비율이 (가)와 (나) 중복 수급자를 제외한 (가) 수급자 비율의 6배임.

① ㉢은 ㉠보다 크고 ㉡보다 작다.
② 금전적 지원을 원칙으로 하는 제도의 수급자에 해당하는 65세 이상 인구는 A 지역이 B 지역의 3배이다.
③ 사전 예방적 성격보다 사후 처방적 성격이 강한 제도의 수급자에만 해당하는 65세 이상 인구는 A 지역이 B 지역보다 많다.
④ 상호 부조의 원리가 적용되는 제도의 수급자에만 해당하는 65세 이상 인구는 B 지역이 A 지역의 3배이다.
⑤ 갑국 전체 지역에서 (가)와 (나) 중복 수급자에 해당하는 65세 이상 인구는 강제 가입을 원칙으로 하는 제도의 수급자에만 해당하는 65세 이상 인구와 동일하다.

다음 자료에 대한 분석으로 옳은 것은?

표는 우리나라 사회 보장 제도와 동일한 갑국의 사회 보장 제도 (가), (나)의 수급자 비율을 나타낸 것이다. (가)는 노인의 생활 안정과 복지 증진을 위해 소득 인정액이 일정 수준 이하인 65세 이상 노인에게 연금을 지급하는 제도이다. 반면 (나)는 고령이나 노인성 질병 등의 사유로 일상생활을 혼자 수행하기 어려운 노인 등에게 신체 활동 및 가사 활동 지원 등에 필요한 장기 요양 급여를 제공하는 제도이다.

(단위 : %)

구분	t년		t+30년	
	(가)	(나)	(가)	(나)
남성	4.3	4.5	4.2	4.5
여성	6.4	6.9	2.6	3.5
전체	5.0	5.3	3.4	4.0

* t년과 t+30년의 갑국 전체 인구는 동일함.

** 해당 집단의 수급자 비율(%) = $\dfrac{\text{해당 집단의 수급자 수}}{\text{해당 집단의 인구}} \times 100$

① t년과 t+30년 모두 남성 인구가 여성 인구보다 많다.
② t년에 (나)의 수급자 수는 여성이 남성보다 많다.
③ (가), (나) 중 강제 가입 원칙이 적용되는 제도의 여성 수급자 수는 t년이 t+30년보다 많다.
④ (가), (나) 중 상호 부조의 원리가 적용되는 제도의 남성 수급자 수는 t년과 t+30년에 동일하다.
⑤ (가), (나) 중 사후 처방적 성격이 강한 제도의 남성 수급자 비율과 여성 수급자 비율의 차이는 t+30년이 t년보다 크다.

다음 자료에 대한 분석으로 옳은 것은? 3점

〈자료 1〉 갑국의 사회 보장 제도

(가) 노인 세대의 안정된 노후 생활을 지원하기 위해 65세 이상인 노인 중 가구의 소득 인정액이 선정 기준액 이하인 노인에게 매월 연금을 지급하는 제도
(나) 노령, 사망, 장애 등으로 인한 소득 상실을 보전하고 기본 생활을 지원하기 위해 가입자와 고용주 등이 분담해서 마련한 기금을 통해 연금 급여를 지급하는 제도

〈자료 2〉 갑국의 (가), (나) 제도 수급자 비율

(단위 : %)

구분	A 지역	B 지역	C 지역	D 지역	전체
(가)	4	3	7	7	5
(나)	20	10	30	40	24

* 갑국의 사회 보장 제도는 우리나라의 사회 보장 제도와 동일함.
** 갑국은 A~D 네 지역으로만 구성되고, B와 D 지역 인구는 각각 A 지역 인구의 0.5배임.
*** 해당 지역 수급자 비율(%) = $\dfrac{\text{해당 지역 수급자 수}}{\text{해당 지역 인구}} \times 100$

① 사후 처방적 성격이 강한 제도의 경우, D 지역 수급자 수는 A 지역 수급자 수보다 많다.
② 강제 가입의 원칙이 적용되는 제도의 경우, A 지역 수급자 수는 C 지역 수급자 수의 1.5배이다.
③ 상호 부조의 원리가 적용되는 제도의 경우, A와 B 지역 간 수급자 수 차이는 C와 D 지역 간 수급자 수 차이와 동일하다.
④ 선별적 복지 성격이 강한 제도의 갑국 전체 수급자 수는 보편적 복지 성격이 강한 제도의 B 지역 수급자 수의 2.5배이다.
⑤ 공공 부조에 해당하는 제도의 수급자 수 대비 사회 보험에 해당하는 제도의 수급자 수의 비는 C 지역이 B 지역보다 작다.

35

다음 자료에 대한 옳은 분석만을 <보기>에서 고른 것은? 3점

〈갑국의 사회 보장 제도〉

(가) 65세 이상 노인 중 소득 인정액이 일정 수준 이하인
　　사람에게 생활 안정에 필요한 연금을 지급하는 제도

(나) 노령, 사망, 장애 등으로 인한 소득 상실을 보전하고 기본
　　생활을 지원하기 위해 가입자와 고용주 등이 분담해서
　　마련한 기금을 통해 연금 급여를 지급하는 제도

〈갑국의 지역별 수급자 비율〉

(단위 : %)

구분	A 지역	B 지역	전체
해당 지역 인구 대비 (가) 수급자	㉠	20	18
해당 지역 인구 대비 (나) 수급자	60	40	48
해당 지역 (나) 수급자 대비 중복 수급자	15	25	㉡

* 갑국은 A, B 지역으로만 이루어져 있음.
** 갑국의 사회 보장 제도는 (가), (나)만 존재하며, 갑국의 사회 보장 제도는
　우리나라의 사회 보장 제도와 동일함.
*** 중복 수급자는 (가) 수급자이면서 동시에 (나) 수급자임.

보기

ㄱ. ㉠은 15, ㉡은 20이다.

ㄴ. 금전적 지원을 원칙으로 하는 제도에 해당하는 수급자 수는
　 B 지역이 A 지역보다 많다.

ㄷ. 상호 부조의 원리가 적용되는 제도에 해당하는 수급자 수는
　 A 지역이 B 지역보다 많다.

ㄹ. 선별적 복지 성격이 강한 제도에만 해당하는 수급자 수는
　 B 지역이 A 지역의 2배이다.

① ㄱ, ㄴ　　② ㄱ, ㄷ　　③ ㄴ, ㄷ　　④ ㄴ, ㄹ　　⑤ ㄷ, ㄹ

36

다음 자료에 대한 분석으로 옳은 것은? (단, 갑국의 사회 보장
제도는 우리나라의 사회 보장 제도와 동일하다.) 3점

〈자료 1〉 갑국의 사회 보장 제도

(가) 수급자에게 건강한 생활을 유지하는 데 필요한 각종
　　검사 및 치료 등의 급여를 제공하는 제도로, 소득
　　인정액이 일정 수준 이하인 사람 등을 대상으로 한다.

(나) 실직자에 대한 생계 지원은 물론 재취업 촉진, 실업
　　예방 및 고용 안정을 위해 근로자와 사업주가 공동
　　부담하는 기금에서 급여를 지급하는 제도로, 사업장 및
　　근로자가 대상이 된다.

〈자료 2〉 갑국의 (가), (나) 제도의 지역별 수급자 비율

(단위 : %)

구분	A 지역	B 지역	C 지역	전체
(가)	㉠	7	11	8
(나)	14	13	20	14

* 지역별 수급자 비율(%) = $\dfrac{\text{해당 지역 수급자 수}}{\text{해당 지역 인구}} \times 100$

** 갑국은 A~C 지역으로만 구성되고, B 지역 인구는 A 지역 인구의
　2배임.

---

① A 지역에서는 선별적 복지의 성격이 강한 제도의 수급자 수가
　보편적 복지의 성격이 강한 제도의 수급자 수보다 많다.

② 대상자 선정에 따른 부정적 낙인이 발생할 수 있는 제도의 경우,
　지역별 수급자 수는 C 지역이 가장 적다.

③ 강제 가입의 원칙이 적용되는 제도의 경우, A 지역과 C 지역
　수급자 수의 합은 B 지역 수급자 수보다 많다.

④ 정부 재정으로 비용을 전액 충당하는 것을 원칙으로 하는 제도의
　경우, A 지역 수급자 비율이 C 지역 수급자 비율보다 높다.

⑤ 사후 처방적 성격이 강한 제도의 B 지역 수급자 수는 상호 부조의
　원리가 적용되는 제도의 C 지역 수급자 수보다 적다.

37 2025 수능   [2025학년도 수능 15번]

다음 자료에 대한 분석으로 옳은 것은? (단, A, B는 각각 공공 부조와 사회 보험 중 하나임.)

갑국에는 사회 보장 제도 A, B만 존재하며, A, B는 우리나라의 사회 보장 제도와 동일하다. A는 사전 예방적 성격이 강한 제도이고, B는 사후 처방적 성격이 강한 제도이다.

표는 갑국의 (가)~(다) 지역별 전체 인구 중 A, B 수급자 비율 및 비(非)수급자 비율을 나타낸 것이다. 비(非)수급자는 A나 B 중 어느 것도 받지 않는 사람으로서, A나 B의 복지 혜택이 필요하지만 수급 자격 조건에 미달하여 받지 못하는 사람(탈락자)과 비(非)수급자에서 탈락자를 제외한 사람(비(非)탈락자)으로 구성된다. 단, (가)~(다) 지역의 중복 수급자 수는 동일하다.

(단위 : %)

구분	A 수급자	B 수급자	중복 수급자	비(非)수급자	
				탈락자	비(非)탈락자
(가) 지역	73	20	㉠	12	10
(나) 지역	72	28	15	5	㉡
(다) 지역	50	㉢	10	8	32

* 중복 수급자 : A 수급자이면서 동시에 B 수급자인 사람

① ㉠은 (나) 지역의 선별적 복지의 성격이 강한 제도에만 해당하는 수급자 비율보다 작다.
② ㉡은 (가) 지역의 부정적 낙인이 발생할 수 있는 제도에만 해당하는 수급자 비율과 같다.
③ ㉢은 (다) 지역의 상호 부조의 원리가 적용되는 제도에만 해당하는 수급자 비율의 2배이다.
④ (가) 지역의 탈락자 수보다 (나) 지역의 비(非)탈락자 수가 많다.
⑤ 금전적 지원을 원칙으로 하는 제도의 수급자 수는 (다) 지역이 가장 많다.

38   [2022학년도 수능 15번]

다음 자료에 대한 분석으로 옳은 것은? (단, 갑국의 사회 보장 제도는 우리나라의 사회 보장 제도와 동일하다.) 3점

〈자료 1〉 갑국의 사회 보장 제도

(가) 소득 수준이 일정 수준 이하인 노인에게 기초 연금을 지급하여 안정적인 소득 기반을 제공함으로써 노인의 생활 안정을 지원하고 복지를 증진함을 목적으로 하는 제도
(나) 고령이나 노인성 질병 등의 사유로 일상생활을 혼자서 수행하기 어려운 노인 등에게 장기 요양 급여를 제공하여 노후의 건강 증진 및 생활 안정 도모를 목적으로 하는 제도

〈자료 2〉 갑국의 지역별 65세 이상 인구 중 (가), (나) 수급자 비율

(단위 : %)

구분	A 지역	B 지역	C 지역	전체
(가) 수급자	45	㉠	60	60
(나) 수급자	㉡	19	19	20
(가)와 (나) 중복 수급자	6	10	4	6

* 갑국은 A~C 지역으로만 구성되며, 65세 이상 인구는 B 지역이 A 지역의 3배임.

① ㉠은 65, ㉡은 23이다.
② 금전적 지원을 원칙으로 하는 제도의 수급자 비율은 C 지역이 B 지역보다 높다.
③ 강제 가입 원칙이 적용되는 제도의 수급자 수는 B 지역이 A 지역의 3배이다.
④ 사전 예방적 성격이 강한 제도의 A 지역 수급자 수는 사후 처방적 성격이 강한 제도의 C 지역 수급자 수보다 많다.
⑤ 선별적 복지 성격이 강한 제도의 수급자 비율은 B 지역이, 보편적 복지 성격이 강한 제도의 수급자 비율은 C 지역이 가장 높다.

39 [2021학년도 9월 모평 20번]

다음 자료에 대한 분석으로 옳은 것은? 3점

갑국의 사회 보장 제도는 우리나라의 사회 보장 제도와 동일하다. 금전적 지원을 원칙으로 하는 (가), (나) 제도 중에서, (가)는 현재 직면한 사회적 위험에 대응하는 사후 처방적 성격이 강한 반면, (나)는 미래에 직면할 사회적 위험에 대처하는 사전 예방적 성격이 강하다. 표는 갑국의 (가), (나) 제도 수급자 비율이다. 갑국은 A, B, C 세 지역으로만 구성되며, B 지역 전체 인구는 A 지역 전체 인구의 2배이다.

〈갑국의 (가), (나) 제도 수급자 비율〉

(단위 : %)

구분	A 지역	B 지역	C 지역	전체
(가)	3	4	7	4
(나)	25	55	75	48

* 해당 지역 수급자 비율(%) = $\dfrac{\text{해당 지역 수급자 수}}{\text{해당 지역 인구}} \times 100$

① 상호 부조의 원리를 원칙으로 하는 제도의 경우, A 지역 수급자 수는 B 지역 수급자 수보다 많다.

② 대상자 선정에 따른 부정적 낙인이 발생할 수 있는 제도의 경우, B 지역 수급자 수는 C 지역 수급자 수의 3배 이상이다.

③ 강제 가입의 원칙이 적용되는 제도의 경우, C 지역 수급자 수는 A 지역 수급자 수보다 많다.

④ 정부 재정으로 비용을 전액 충당하는 것을 원칙으로 하는 제도의 경우, A 지역과 C 지역 수급자 수의 합이 B 지역 수급자 수보다 많다.

⑤ 선별적 복지의 성격이 강한 제도의 갑국 전체 수급자 수는 보편적 복지의 성격이 강한 제도의 A 지역 수급자 수보다 많다.

40 2025 평가원 [2025학년도 9월 모평 15번]

다음 자료에 대한 분석으로 옳은 것은?

갑국의 사회 보장 제도 A와 B는 우리나라의 사회 보장 제도와 동일하다. A는 사전 예방적 성격이 강한 제도이고, B는 사후 처방적 성격이 강한 제도이다. 중복 수급자 비율은 t+30년이 t년에 비해 50% 감소하였고, 중복 수급자 수는 t년과 t+30년이 동일하다.

〈갑국의 A, B 수급자와 비(非)수급자의 비율〉

(단위 : %)

구분	t년	t+30년
A 수급자	70	77
B 수급자	26	㉠
비(非)수급자	14	15

* 비(非)수급자 : A나 B 어느 것도 받지 않는 사람

** 중복 수급자 : A 수급자이면서 동시에 B 수급자인 사람

① ㉠은 t년의 중복 수급자 비율보다 작고 t+30년의 중복 수급자 비율보다 크다.

② 선별적 복지의 성격이 강한 제도에만 해당하는 수급자 비율은 t+30년이 t년에 비해 8% 감소하였다.

③ 소득 재분배 효과가 있는 제도의 수급자 수는 t년과 t+30년이 동일하다.

④ 정부 재정으로 비용을 전액 충당하는 것을 원칙으로 하는 제도에만 해당하는 수급자 수는 t+30년이 t년의 2배이다.

⑤ t년에 상호 부조의 원리가 적용되는 제도에만 해당하는 수급자 수는 t+30년 비(非)수급자 수의 2배이다.

41 [2014년 7월 학평 17번]

다음 자료에 나타난 복지 정책에 대한 설명으로 옳은 것은?

△△시 「○○통장」 사업 안내

○ 사업 목적 및 내용 : 자립 의지가 확고한 저소득 근로 가구를 대상으로 목돈 마련의 기회와 경제적 자립을 돕기 위해 3년간 매월 근로 소득으로 저축하는 금액과 동일한 금액을 적립 지원함.

○ 신청 자격 : 다음 자격 요건에 모두 해당하는 자

  1. 사업 공고일 기준 만 18세 이상 △△시 거주자로, 국민기초생활보장수급자 또는 차상위복지급여자, 자산과 소득이 기준에 해당하는 자(최저생계비의 150% 이하)

  2. 사업 공고일 기준 최근 1년간 6개월 이상 근로 소득이 있고 현재 재직 중인 자

① 지원금 중 절반은 수혜자가 부담한다.

② 수혜자 간 상호 부조의 성격이 강하다.

③ 복지와 노동을 연계하여 자활 능력을 강조한다.

④ 사회 보장 제도 중 수혜 대상자의 범위가 가장 넓다.

⑤ 부담자와 수혜자가 일치하고 강제 가입 원칙이 적용된다.

다음 자료에 대한 분석으로 옳은 것은? (단, A~C는 각각 사회 보험, 공공 부조, 사회 서비스 중 하나임.)

우리나라와 동일한 사회 보장 제도 A~C를 운영하고 있는 갑국에서는 청년을 지원하기 위해 노력하고 있다. 우선, A에 해당하는 제도로 고용 보험 기금을 통해 실직을 한 청년에게 실업 급여를 지급하고 있다. 또한 B에 해당하는 제도로 청년 기초 수급자들이 최소한의 생활을 유지할 수 있도록 생계비와 주거비를 지급하고 있다. 최근에는 민간 기업과 협력하여 C에 해당하는 심리 상담 프로그램을 통해 고립·은둔 청년을 지원하고 있다.

표는 갑국 20대 청년 실업자 중 A~C 수혜자와 비(非)수혜자의 비율을 나타낸 것이다. 단, 중복 수혜자 중 A, C의 혜택을 모두 받는 사람 수와 B, C의 혜택을 모두 받는 사람 수는 각각 A, B, C의 혜택을 모두 받는 사람 수의 2배이다.

(단위 : %)

A 수혜자	B 수혜자	C 수혜자	3중 수혜자	비(非)수혜자
70	19	12	2	8

* 중복 수혜자 : A, B, C 중 2개 이상의 혜택을 받는 사람
** 3중 수혜자 : A, B, C의 혜택을 모두 받는 사람
*** 비(非)수혜자 : A, B, C 어느 것의 혜택도 받지 않는 사람

① 중복 수혜자 수는 비(非)수혜자 수보다 많다.
② 사회 보험의 혜택만을 받는 사람 수는 공공 부조의 혜택만을 받는 사람 수의 4배이다.
③ 중복 수혜자가 아닌 사람 수는 금전적 지원을 원칙으로 하는 제도의 혜택을 받는 사람 수보다 적다.
④ 비(非)수혜자 수는 중복 수혜자 중 강제 가입을 원칙으로 하는 제도의 혜택을 받는 사람 수의 2배이다.
⑤ 사회 서비스의 혜택만을 받는 사람 수는 중복 수혜자 중 소득 재분배 효과가 가장 큰 제도의 혜택을 받는 사람 수보다 많다.

다음 자료에 대한 옳은 설명만을 <보기>에서 고른 것은? 3점

A~C는 각각 우리나라 복지 제도의 유형인 공공 부조, 사회 보험, 사회 서비스 중 하나이다.

질문	A	B	C
비금전적 지원을 원칙으로 하는가?	아니요	예	아니요
강제 가입을 원칙으로 하는가?	아니요	아니요	예

(가) 지역의 인구는 100만 명이고, 아래에서 왼쪽 그림은 (가) 지역의 전체 인구 중 A~C의 수혜자 및 비(非)수혜자 수를 벤 다이어그램으로 구분한 것이며, 오른쪽 표는 (가) 지역에서 A~C의 수혜자 및 비수혜자 수를 왼쪽 그림의 기호로 나타낸 것이다.

전체 인구

(단위 : 만 명)

㉠ + ㉡ + ㉢ + ㉣	25
㉡ + ㉣ + ㉤ + ㉥	60
㉢ + ㉣ + ㉦ + ㊀	65
㉡ + ㉣	10
㉢ + ㉣	15
㉣ + ㉥	35
㉤	5

보기

ㄱ. A는 보편적 복지 이념을 바탕으로 한다.
ㄴ. A~C의 혜택을 모두 받는 (가) 지역의 인구는 5만 명이다.
ㄷ. 공공 부조와 사회 서비스의 혜택을 모두 받는 (가) 지역의 인구는 10만 명이다.
ㄹ. 상호 부조의 원리가 적용되는 제도의 혜택만을 받는 (가) 지역의 인구는 15만 명이다.

① ㄱ, ㄴ ② ㄱ, ㄷ ③ ㄴ, ㄷ ④ ㄴ, ㄹ ⑤ ㄷ, ㄹ

다음 자료에 대한 분석으로 옳은 것은? (단, A~C는 각각 사회 보험, 공공 부조, 사회 서비스 중 하나임.) 3점

갑국에는 사회 보장 제도 A~C만 존재하고, 모두 우리나라의 사회 보장 제도와 동일하다. A는 선별적 복지의 이념을, B는 상호 부조의 원리를 기반으로 하는 제도이다. C는 국민의 인간다운 생활을 보장하고 삶의 질이 향상되도록 상담이나 돌봄 등 여러 방법을 활용하여 지원하는 제도이다.

t년에 중복 수혜자 중 B의 혜택을 받는 사람 수와 t+30년에 중복 수혜자 중 A의 혜택을 받는 사람 수는 각각 전체 인구의 10%이다. 금전적 지원이 원칙인 두 제도의 혜택을 동시에 받는 사람 수는 t년이 전체 인구의 5%이고, t+30년은 전체 인구의 2%이다. 단, 갑국의 t년과 t+30년 전체 인구는 동일하다.

〈전체 인구 중 A~C 수혜자의 비율〉

(단위 : %)

구분	A 수혜자	B 수혜자	C 수혜자	3중 수혜자	전체 수혜자
t년	20	60	15	0	82
t+30년	15	75	20	2	95

* 중복 수혜자 : A, B, C 중 2개 이상의 혜택을 받는 사람
** 3중 수혜자 : A, B, C의 혜택을 모두 받는 사람
*** 전체 수혜자 : A, B, C 중 1개 이상의 혜택을 받는 사람

① t년에 공공 부조의 혜택만을 받는 사람 수는 사회 서비스의 혜택만을 받는 사람 수보다 적다.

② t+30년에 사회 보험의 혜택만을 받는 사람 수가 전체 수혜자 수의 70%이다.

③ 전체 인구 중 중복 수혜자가 아닌 사람 수는 t+30년이 t년보다 많다.

④ 중복 수혜자 중 정부 재정으로 비용을 전액 충당하는 것을 원칙으로 하는 제도의 혜택을 받는 사람 수는 t년이 t+30년보다 많다.

⑤ 강제 가입 원칙이 적용되는 제도와 비금전적 지원을 원칙으로 하는 제도의 혜택을 동시에 받는 사람 수는 t년과 t+30년이 동일하다.

V. 현대의 사회 변동

1. 사회 변동과 사회 운동

★**수능에 나오는** 필수 개념 3가지 + 필수 암기사항 2개

필수개념 1 **사회 변동 이론**

• **사회 변동 이론** *암기* → 사회 변동의 방향을 설명하는 진화론과 순환론의 내용을 분명히 구분하여 알고 있어야 한다.

구분	진화론	순환론
주장	• 사회 변동은 **일정한 방향**을 가지고 있으며, 사회 변동은 **발전과 진보**를 의미함 • 단순한 유기체가 복잡한 유기체로 진화한다는 생물학적 진화론을 사회 변동에 적용함	• 사회 변동은 유기체와 유사하게, 시간의 흐름에 따라 사회가 **생성, 성장, 쇠퇴, 소멸의 과정을 반복**하는 것을 의미함 • 사회는 쇠퇴, 소멸하는 운명을 지님
유용성	• 사회의 발전 양상을 설명하는 데 유용함 • 근대화를 통한 선진국으로의 발전 사례를 설명하는데 유용함	• 발전과 퇴보가 반복되는 사회 변동 과정을 설명하는 데 유용함 • 장기적인 사회 변동 과정을 설명하기에 유용함
한계	• **서구 사회가 진보된 사회임을 전제**하므로 서구 국가들의 제국주의 역사를 정당화시키는 우려가 있음 • 모든 사회가 같은 방향으로 변동하지는 않으며, 사회 변동이 항상 발전을 의미하지는 않음	• 사회 변동을 장기간에 걸쳐 발생하는 것으로 보아, 단기적 변동을 예측하여 대응하는 데 한계가 있음 • 앞으로의 변동 방향을 예측하여 대응하기에는 적합하지 않음 • 개인이 사회 변동에 미치는 영향을 간과

기본자료

▶ 생물학적 진화론
생물체가 환경과 상호 작용하면서 적응하고 진화해 나간다는 이론이다. 여기에서의 진화는 자연 선택의 결과이며 생물종의 다양화를 의미하는 데 비해, 사회 변동을 설명하는 진화론은 진화를 발전으로 본다는 점에서 차이가 있다.

DAY 24
V
1. 사회 변동과 사회 운동

필수개념 2 **사회 변동에 대한 구조적 관점**

• **기능론과 갈등론** → 기능론과 갈등론은 사회 변동에 대한 구조적 관점일 뿐만 아니라 사회·문화 현상을 바라보는 관점 등에서 자주 출제되므로 꼭 기억해 두어야 한다.

구분	기능론	갈등론
주장	사회 변동은 사회가 전체적인 균형을 유지하기 위해 각 부분들이 조정되는 과정에서 나타나는 변화임	사회 변동은 사회적 희소가치를 둘러싼 집단 간 갈등 과정에서 나타나는 사회적 변화임
장점 및 비판	• 사회의 질서와 안정을 바탕으로 **점진적인 사회 변동**을 설명하기에 유용함 • 변혁과 같은 급진적 사회 변동을 설명하기가 곤란함	• 사회 질서의 이면에 숨겨진 모순과 갈등을 통해 **급격한 사회 변동**을 설명하기에 유용함 • 사회 변동을 갈등과 대립의 측면에서만 파악한다는 비판을 받음

필수개념 3   사회 운동

• 사회 운동의 의미   **암기** → 사회 운동의 특징을 완벽하게 이해하고 암기하기!

의미	다수의 사람이 사회 변동을 달성 또는 저지하려는 의도를 갖고 지속적이고 조직적으로 움직이는 집단 행동
사례	노동 운동, 환경 운동, 민주화 운동, 독립 운동, 소비자 운동, 인권 운동 등
특징	• 각 사회가 처한 특수한 상황에 따라 다양한 모습으로 나타남 • 일반적으로 사회 운동은 사회 변동을 유발하지만, 급격한 사회 변화에 대항하기 위한 사회 운동은 사회 변동 속도를 늦추기도 함

▶ 군중 행동과 사회 운동
둘 이상의 사람들이 집합적으로 하는 행동을 군집 행동이라 하며, 이는 군중 행동과 사회 운동으로 나뉜다. 군중 행동은 우발적·일시적·비조직적· 감정적이고, 사회 운동은 지속적· 반복적·조직적이며, 행동의 목표가 뚜렷하다.

• 신사회 운동

의미	과거에 존재했던 사회 운동과 다른 성격을 보이는 20세기 후반에 등장한 사회 운동
특징	• 특정한 사회 집단의 이익 추구보다 사회의 모든 구성원에게 적용되는 공공선을 추구함 • 관료주의적 조직을 바탕으로 하는 전통적인 사회 운동과 달리 탈관료주의적임 • 기존의 정치 제도 밖에서 여론을 통해 국가나 사회에 영향력을 행사하고자 함

• 전통적 사회 운동 vs 신사회 운동

구분	전통적 사회 운동	신사회 운동
특징	계층 및 집단 간 이해관계, 가치관의 대립 관계 등으로 인해 상대방을 배척하고 특정 이익이나 가치 실현을 추구함	사회의 다원화로 인해 상대방을 배척하기보다는 다양한 가치를 인정하면서 보편적 가치의 실현을 추구함
사례	노동 운동, 민주화 운동, 여성 운동, 빈민 운동 등	환경 운동, 인권 운동, 교육 운동, 반핵 운동 등

1 2025 수능

[2025학년도 수능 18번]

다음 글에서 사회 변동의 방향을 바라보는 필자의 관점에 대한 옳은 설명만을 〈보기〉에서 고른 것은?

> 인간이 찾아낸 과학적 지식은 자연이 가하는 제약으로 만들어진 원시적인 미신과 선입견, 오류를 극복하는 과정에서 축적되고 정해진 하나의 방향을 향해 진전하며 확장한다. 문명의 전개도 근대 과학의 이러한 과정과 유사하다.

보기
ㄱ. 서구 중심적 사고라는 비판을 피하기 어렵다.
ㄴ. 사회 변동 방향을 예측하여 대응하기 어렵다.
ㄷ. 지속적으로 발전하는 사회를 설명하기 용이하다.
ㄹ. 인류 문명의 흥망성쇠 역사를 설명하기 용이하다.

① ㄱ, ㄴ   ② ㄱ, ㄷ   ③ ㄴ, ㄷ   ④ ㄴ, ㄹ   ⑤ ㄷ, ㄹ

2

[2023학년도 수능 17번]

다음 글에서 사회 변동의 방향을 보는 필자의 관점에 대한 옳은 설명만을 〈보기〉에서 고른 것은? **3점**

> 인간은 자신이 획득한 지식을 다른 사람에게 전달하고 후손에게 유산으로 물려준다. 한 세대에서 축적된 지식이 다음 세대로 이어지면서 기존 지식을 기초로 여러 갈래의 신생 분야가 등장한다. 이처럼 사회에서는 과거로부터 전해진 지식과 새로 탄생한 지식이 연속적으로 결합한다. 이러한 양상은 정치, 경제, 예술 등 사회 모든 분야에서 나타난다. 인류의 미약한 첫 발걸음부터 문명의 이상에 이르기까지 인간의 역사는 지식의 생산, 전달, 결합 과정을 통해 끊임없이 나아가며 확장한다.

보기
ㄱ. 사회 변동을 동일한 과정의 주기적 반복으로 설명한다.
ㄴ. 제국주의를 정당화하는 수단이 될 수 있다는 비판을 받는다.
ㄷ. 사회 변동이 언제나 진보를 의미하는 것은 아니라고 본다.
ㄹ. 사회가 미분화된 상태에서 분화된 상태로 변동한다고 본다.

① ㄱ, ㄴ   ② ㄱ, ㄷ   ③ ㄴ, ㄷ   ④ ㄴ, ㄹ   ⑤ ㄷ, ㄹ

3

[2022년 7월 학평 18번]

사회 변동 방향에 대한 서로 다른 관점 (가), (나)에 대한 설명으로 옳은 것은?

> (가) 유기체는 발생하여 성장하다가 이후 퇴화가 진행되고 소멸하게 된다. 사회도 유기체의 일생과 같은 경로로 변화한다.
> (나) 각 사회는 발전 속도가 다르기 때문에 발전 수준에서 차이가 발생한다. 모든 사회는 단순·미분화된 상태에서 복잡·분화된 상태로 변동한다.

① (가)는 사회 변동과 사회 발전을 동일시한다.
② (나)는 사회 변동의 방향이 사회마다 다르다고 본다.
③ (가)는 (나)와 달리 사회가 주기적으로 동일한 과정을 반복하며 변동한다고 본다.
④ (나)는 (가)와 달리 숙명론적 시각으로 사회 변동을 바라본다.
⑤ (가), (나)는 모두 서구 중심적 사고라는 비판을 받는다.

4

[2024년 4월 학평 11번]

다음 글에서 사회 변동의 방향을 보는 필자의 관점에 대한 옳은 설명만을 〈보기〉에서 고른 것은? **3점**

> 어떤 학자들은 문명이 고대, 중세, 근대로 일정한 방향성을 가지고 나아간다고 본다. 이는 서구의 역사를 기준에 놓고 보는 시각이므로 우리는 이와 같은 시각에서 벗어날 필요가 있다. 문명은 나무에 잎이 나고 꽃이 핀 후, 열매를 맺고 시들어 가는 과정이 반복되듯 일련의 과정이 되풀이된다. 따라서 문명은 유기체적 순환 과정을 통해 이해되어야 한다.

보기
ㄱ. 사회 변동이 곧 사회 발전이라고 본다.
ㄴ. 운명론적 관점에서 사회 변동을 설명한다.
ㄷ. 사회 변동이 일정한 양상을 반복하며 진행된다고 본다.
ㄹ. 사회 변동 과정에서 나타나는 사회의 쇠락을 설명하기 어렵다.

① ㄱ, ㄴ   ② ㄱ, ㄷ   ③ ㄴ, ㄷ   ④ ㄴ, ㄹ   ⑤ ㄷ, ㄹ

사회 변동 이론 A, B 중 하나의 입장에서 일관되게 응답한 학생은?
(단, A, B는 각각 진화론, 순환론 중 하나임.)

> A : 사회는 지속적으로 진보하는 것이 아니라, 주기적으로
>   동일한 과정을 반복한다고 본다.
> B : 사회가 단계적으로 변동하며, 모든 단계는 이전 단계보다
>   복잡하고 분화된 것이라고 본다.

질문 \ 학생	갑	을	병	정	무
서구 중심적인 사고라는 비판을 받는가?	○	○	×	×	○
운명론적 시각에서 사회 변동을 설명하는가?	×	○	○	○	×
사회가 일정한 방향으로 변동한다고 보는가?	○	×	○	×	○
흥망성쇠를 거듭한 국가의 사례를 설명하기에 적합한가?	×	○	×	×	○

(○: 예, × : 아니요)

① 갑   ② 을   ③ 병   ④ 정   ⑤ 무

다음 글에 나타난 사회 변동의 방향에 대한 이론적 관점에 부합하는
진술만을 <보기>에서 고른 것은?

> 사회는 일반적으로 '군사형 사회'에서 '산업형 사회'로 발전해
> 간다. '군사형 사회'는 강제적인 협동을 바탕으로 조직된 사회로,
> 전제적인 중앙 집권적 사회이다. 반면 '산업형 사회'는 자발적인
> 협동을 기반으로 조직된 사회로, 개인 행위에 대한 정치적
> 통제가 한정된 민주적 정부를 가지며 '군사형 사회'에 비해 더
> 분화되고 다원화된 사회이다.

보기

ㄱ. 사회는 일정한 방향으로 진보한다.
ㄴ. 사회는 쇠퇴와 멸망의 과정을 거치기 마련이다.
ㄷ. 사회는 단순한 형태에서 복잡한 형태로 변동한다.
ㄹ. 사회 변동은 동일한 과정이 주기적으로 반복되는 것이다.

① ㄱ, ㄴ   ② ㄱ, ㄷ   ③ ㄴ, ㄷ   ④ ㄴ, ㄹ   ⑤ ㄷ, ㄹ

다음 자료에 대한 옳은 설명만을 <보기>에서 고른 것은? (단, A, B는
각각 순환론, 진화론 중 하나임.) 3점

> ○ 게임 규칙 : 갑, 을은 A, B 중 하나에 대한 설명이 적힌
>   [카드 1] ~ [카드 5]가 각각 1장씩 모두 5장이 들어 있는
>   카드 꾸러미를 각자 배부받는다. 갑, 을은 각각 자신의
>   꾸러미에서 카드를 2장씩 뽑고, 획득한 총점이 큰 사람이
>   승리한다. 카드 1장당, 카드 내용이 A에 대한 설명이면 2점,
>   B에 대한 설명이면 1점을 받는다.

[카드 1] 사회 변동을 사회 발전으로 인식한다.	[카드 2] 서구 중심적 사고라는 비판을 받는다.	[카드 3] 사회 변동은 일정한 방향성을 가진다고 본다.	[카드 4] 사회 변동을 운명론적 관점에서 설명한다.	[카드 5] (가)

> ○ 게임 결과 : 갑은 [카드 1]과 [카드 2]를, 을은 [카드 3]과
>   □ ㉠ □ 을/를 뽑아 갑이 승리하였다.

보기

ㄱ. ㉠은 [카드 4]가 될 수 있다.
ㄴ. A는 사회마다 사회 변동의 방향이 다르다고 본다.
ㄷ. B는 사회 변동에 대응하는 인간의 노력을 과소평가한다는
   비판을 받는다.
ㄹ. (가)에 '사회가 미분화된 상태에서 분화된 상태로 변동한다고
   본다.'가 들어간다면, ㉠은 [카드 5]가 될 수 있다.

① ㄱ, ㄴ   ② ㄱ, ㄷ   ③ ㄴ, ㄷ   ④ ㄴ, ㄹ   ⑤ ㄷ, ㄹ

다음 글에 나타난 사회 변동 이론에 대한 옳은 설명만을 <보기>에서
고른 것은?

> 개인과 마찬가지로 제국도 자연적 수명을 가지는데, 그것은
> 일반적으로 약 네 세대에 불과하다. 제1세대는 토지를 정복하려고
> 공격하는 사람들로, 그들은 일단 도시에 자리를 잡고 살더라도
> 유목 생활의 습성을 보유한다. 그러나 정주 생활의 영향이
> 제2세대에서 나타나기 시작하여 이때에는 사치와 왕의 권위가
> 지배한다. 제3세대는 사막 생활의 특징들을 망각하고, 정주
> 생활은 그 대가를 지불하게 되어 제국은 노쇠해지고 제4세대로
> 넘어가면서 파괴된다.

보기

ㄱ. 서구 중심적 사고라는 비판을 받는다.
ㄴ. 숙명론적 관점에서 사회 변동을 설명한다.
ㄷ. 사회 변동이 일정한 방향을 갖는다고 본다.
ㄹ. 사회가 생성, 성장, 쇠퇴, 소멸을 반복한다고 본다.

① ㄱ, ㄴ   ② ㄱ, ㄷ   ③ ㄴ, ㄷ   ④ ㄴ, ㄹ   ⑤ ㄷ, ㄹ

9

사회 변동 이론 (가), (나)에 대한 옳은 설명만을 <보기>에서 고른 것은? (단, (가), (나)는 각각 진화론, 순환론 중 하나임.)

> (가) 인류의 역사는 발생, 성장, 정체, 해체의 과정을 거친다. 인류 문명의 발전에서 엘리트가 주도하는 혁신은 중요한 의미를 가지며, 대중이 이를 따르지 않을 경우 사회는 분열하고 문명은 쇠퇴한다. 역사는 문명의 흥망성쇠를 거듭하며 전개된다.
>
> (나) 인류의 역사는 생산 방식의 발전을 통해 사회의 궁극적 이상에 다가가는 과정이다. 낡은 생산 방식은 새로운 생산 방식으로 대체되고, 이러한 전환은 점진적인 시대 발전을 이끌며 역사를 구성한다. 역사는 생산 방식의 진보와 문명의 발전이 누적된 결과이다.

보기

ㄱ. (가)는 미래의 사회 변동에 대한 역동적 대응이 곤란하다는 비판을 받는다.
ㄴ. (나)는 사회가 미분화된 상태에서 분화된 상태로 변동한다고 본다.
ㄷ. (가)는 (나)와 달리 사회 변동이 일정한 방향을 갖는다고 본다.
ㄹ. (나)는 (가)와 달리 사회 변동이 동일한 과정을 주기적으로 반복한다고 본다.

① ㄱ, ㄴ   ② ㄱ, ㄷ   ③ ㄴ, ㄷ   ④ ㄴ, ㄹ   ⑤ ㄷ, ㄹ

11

다음 자료는 서술형 평가에 대한 학생의 답변과 교사의 채점 결과이다. 이에 대한 설명으로 옳은 것은? (단, A, B는 각각 순환론, 진화론 중 하나이다.)

〈서술형 평가〉

성명 : ○○○

※ 사회 변동 이론 A, B에 대한 설명을 각각 3가지씩 제시하시오. (단, 옳은 답을 쓴 경우 하나당 1점, 틀린 답을 쓴 경우 하나당 0점을 부여함.)

이론	A	B
답변	○ 흥망성쇠를 거듭한 사회의 사례를 설명하기에 용이하다. ○ 미래 사회 변동을 예측하여 대응하는 데 적합하지 않다. ○ (가)	○ 서구 중심적 사고라는 비판을 받는다. ○ 사회 변동은 일정한 방향성을 가지고 있다고 본다. ○ (나)
점수	3점	2점

① A는 사회 변동이 곧 사회 발전이라고 본다.
② B는 사회 변동에 대응하는 인간의 노력을 과소평가한다는 비판을 받는다.
③ A는 B와 달리 사회 변동을 문명 사회로 이행하는 과정으로 본다.
④ B는 A와 달리 사회가 단순한 형태에서 복잡한 형태로 변동한다고 본다.
⑤ '운명론적 관점에서 사회 변동을 설명한다.'는 (가)가 아닌 (나)에 들어갈 수 있다.

10

다음 사회 변동 방향을 바라보는 이론에 대한 옳은 설명만을 <보기>에서 고른 것은?

> 사회가 겪을 수 있는 위기는 지속적으로 이어지는 발전 과정에서 나타나는 일시적인 현상일 뿐이다. 이러한 위기를 극복하면서 사회는 보다 발전되고 분화된 사회로 나아간다.

보기

ㄱ. 서구 사회가 가장 진보한 사회임을 전제로 한다.
ㄴ. 사회 변동이 일정한 방향성을 가지고 있다고 본다.
ㄷ. 사회가 주기적으로 동일한 과정을 반복하며 변동한다고 본다.
ㄹ. 사회 변동에 작용하는 인간의 영향력을 과소평가한다는 비판을 받는다.

① ㄱ, ㄴ   ② ㄱ, ㄷ   ③ ㄴ, ㄷ   ④ ㄴ, ㄹ   ⑤ ㄷ, ㄹ

12

다음 자료에 대한 옳은 설명만을 <보기>에서 고른 것은? (단, A와 B는 각각 순환론과 진화론 중 하나이다.)

> 교사 : A와 구분되는 B의 의의와 한계를 설명해 보세요.
> 갑 : B의 의의는 흥망성쇠가 반복되는 사회 변동을 설명하는 데 적합하다는 점이고, 한계는 ______(가)______
> 교사 : B의 의의와 달리 한계는 잘못 설명했습니다.

보기

ㄱ. A는 모든 사회의 변동 방향이 동일하다고 본다.
ㄴ. B는 과거보다 미래의 사회 변동을 설명하는 데 적합하다.
ㄷ. A는 B와 달리 사회 변동이 곧 사회 발전이라고 본다.
ㄹ. (가)에 '서구 중심적인 이론이라는 점입니다.'가 들어갈 수 없다.

① ㄱ, ㄴ   ② ㄱ, ㄷ   ③ ㄴ, ㄷ   ④ ㄴ, ㄹ   ⑤ ㄷ, ㄹ

13 [2022년 3월 학평 15번]

다음 자료에 대한 설명으로 옳은 것은? (단, A와 B는 각각 순환론과 진화론 중 하나이다.) **3점**

표는 갑과 을이 사회 변동을 설명하는 이론 A와 B 중 제시된 진술에 부합하는 이론에 ○ 표시를 한 것인데, 갑은 두 진술에 대해서만 옳게 표시하였다.

질문	갑		을	
	A	B	A	B
모든 사회가 동일한 방향으로 변동해 간다.	○			○
모든 사회는 생성·성장·쇠퇴·소멸의 과정을 반복한다.		○		○
(가)		○	○	

① 을은 세 진술에 대하여 모두 옳게 표시하였다.

② A는 사회 변동이 곧 발전을 의미하는 것은 아니라고 본다.

③ B는 서구 사회가 가장 진보한 사회임을 전제로 한다는 비판을 받는다.

④ A는 B와 달리 흥망성쇠를 거듭한 국가의 사례를 설명하기에 적합하다.

⑤ (가)에 '모든 사회가 단순한 형태에서 복잡한 형태로 변동해 간다.'가 들어갈 수 없다.

14 [2024년 3월 학평 4번]

다음 글에 나타난 사회 변동의 방향을 바라보는 관점에 대한 옳은 설명만을 〈보기〉에서 고른 것은?

사회는 각 부분이 명료하게 구분되지 않는 초기 생명체와 같은 '단순 사회'에서 각 부분의 기능이 서로 대체될 수 없게 분화된 생명체와 같은 '복잡 사회'로 발전한다.

보기

ㄱ. 사회 변동을 사회 발전과 동일시한다.

ㄴ. 서구 중심적 사고라는 비판을 받는다.

ㄷ. 운명론적 관점에서 사회 변동을 설명한다.

ㄹ. 사회 변동을 동일한 과정의 주기적 반복으로 설명한다.

① ㄱ, ㄴ   ② ㄱ, ㄷ   ③ ㄴ, ㄷ   ④ ㄴ, ㄹ   ⑤ ㄷ, ㄹ

15 [2021년 4월 학평 18번]

다음 글에 나타난 사회 변동 이론에 대한 옳은 설명만을 〈보기〉에서 고른 것은?

모든 문화는 장기간에 걸쳐 생성·소멸의 과정을 되풀이한다. 문화는 거칠고 원시적인 모습에서 시작하여 정치·예술·과학 등이 발달함에 따라 점차 세련되고 정교해진다. 하지만 문화가 정점을 지난 후에는 상업주의와 결합하여 세속화되는 몰락의 길을 걷게 되면서 결국 사멸한다.

보기

ㄱ. 사회 변동이 곧 진보와 발전의 과정이라고 본다.

ㄴ. 사회 변동이 일정한 양상을 반복하며 진행된다고 본다.

ㄷ. 사회 변동에 대응하는 인간의 노력을 과소평가한다는 비판을 받는다.

ㄹ. 서구 제국주의 역사를 정당화하는 수단으로 악용될 수 있다는 비판을 받는다.

① ㄱ, ㄴ   ② ㄱ, ㄷ   ③ ㄴ, ㄷ   ④ ㄴ, ㄹ   ⑤ ㄷ, ㄹ

16 2024 수능 [2024학년도 수능 13번]

사회 변동 이론 (가), (나)에 대한 설명으로 옳은 것은? (단, (가), (나)는 각각 진화론, 순환론 중 하나임.)

(가) 자연 현상에 빗대어 사회 변동을 설명하면 그 방향을 쉽게 이해할 수 있다. 태양 주위로 지구와 달이 돌면서 낮과 밤, 밀물과 썰물, 계절이 번갈아 가며 나타나듯 사회는 변동한다.

(나) 자연 현상에 빗대어 사회 변동을 설명하면 그 방향을 쉽게 이해할 수 있다. 모든 생명체가 적자생존의 상황에서 살아남기 위한 경쟁을 통해 더 나은 방향으로 변화하듯 사회는 변동한다.

① (가)는 장기적인 사회 변동의 과정을 설명하기 어렵다.

② (나)는 단선적인 사회 변동의 과정을 설명하기 어렵다.

③ (가)는 (나)에 비해 사회 변동 방향을 예측하여 대응하기 어렵다.

④ (나)는 (가)와 달리 과거에 비해 진보한 사회를 설명하기 어렵다.

⑤ (가)는 서구 중심적 사고라는, (나)는 숙명론적 사고라는 비판을 피하기 어렵다.

17　[2022학년도 수능 13번]

사회 변동 이론 (가), (나)에 대한 설명으로 옳은 것은? (단, (가), (나)는 각각 진화론, 순환론 중 하나이다.) **3점**

> (가) 문명은 인간처럼 생애 주기가 있어서 발생과 성장 단계를 거쳐 쇠락하고 몰락하는 일련의 과정을 겪게 된다. 문명의 생애 주기에서 나타나는 몰락 징후로는 전쟁과 변란, 가치 갈등 등이 있다.
>
> (나) 사회는 항상 미분화 상태에서 분화된 상태로, 단순한 단계에서 복잡한 단계로 변동한다. 사회는 살아 있는 유기체처럼 구조적으로든 기능적으로든 늘 분화되면서 그 복잡성이 증대된다.

① (가)는 모든 사회가 같은 방향으로 변동한다고 본다.
② (나)는 사회가 주기적으로 동일한 과정을 반복하며 변동한다고 본다.
③ (가)는 (나)와 달리 사회 변동에 작용하는 인간의 자율성을 강조한다.
④ (나)는 (가)와 달리 서구 중심적인 사고라는 비판을 받는다.
⑤ (가)는 단기적인 사회 변동을, (나)는 장기적인 사회 변동을 설명하는 데 유용하다.

18　[2022년 4월 학평 18번]

다음에 나타난 사회 변동 이론에 대한 옳은 설명만을 <보기>에서 고른 것은?

> 경제 성장은 비행기의 운항에 비유할 수 있다. 전통적 농업 사회는 이륙 전 단계에, 산업이 본격적으로 발전하는 과정은 비행기가 활주로를 달려 이륙하는 과정에 비유된다. 이후 비행기가 고도를 높여 자동 조종 장치로 운항하는 단계에 도달하는 것처럼, 사회는 기술 발달 수준이 높아지고 새로운 산업에 부를 재투자하는 과정을 거쳐 경제 성장의 최종 단계인 고도의 대중 소비 단계로 이행한다. 이와 같이 사회는 일정한 단계를 밟으며 발전해 간다.

> **보기**
> ㄱ. 서구 중심적 사고라는 비판을 받는다.
> ㄴ. 사회마다 사회 변동의 방향이 다르다고 본다.
> ㄷ. 사회 변동에 의해 사회가 더 복잡하게 분화한다고 본다.
> ㄹ. 사회 변동을 동일한 과정의 주기적인 반복으로 설명한다.

① ㄱ, ㄴ　② ㄱ, ㄷ　③ ㄴ, ㄷ　④ ㄴ, ㄹ　⑤ ㄷ, ㄹ

19　2024 평가원　[2024학년도 6월 모평 16번]

다음 글에 나타난 사회 변동의 방향을 보는 필자의 관점에 대한 옳은 설명만을 <보기>에서 고른 것은? **3점**

> 야만 시대에서 문명 시대로의 전개 과정은 다음과 같다. 초기 야만 시대에는 별다른 지식이나 기술이 없었다. 중기 야만 시대는 불의 발견, 후기 야만 시대는 활과 창의 발명 및 수렵 경제를 특징으로 한다. 야만과 미개 시대의 경계선은 토기의 발명이다. 초기 미개 시대에는 토기 사용으로 식량 저장과 재산 축적이 이루어졌다. 중기 미개 시대에는 가축 사육 및 관개 농업이 나타났다. 후기 미개 시대는 철광석의 제련을 특징으로 하며, 문자의 발명과 더불어 마침내 문명 시대로 나아갔다.

> **보기**
> ㄱ. 운명론적 시각에서 사회 변동을 설명한다.
> ㄴ. 사회 변동을 동일한 과정의 주기적 반복으로 설명한다.
> ㄷ. 사회는 미분화된 상태에서 분화된 상태로 변동한다고 본다.
> ㄹ. 사회의 변동이 항상 진보와 발전을 의미하는 것은 아니라는 비판을 받는다.

① ㄱ, ㄴ　② ㄱ, ㄷ　③ ㄴ, ㄷ　④ ㄴ, ㄹ　⑤ ㄷ, ㄹ

20　[2022년 10월 학평 13번]

다음 글에 나타난 사회 변동의 방향을 바라보는 관점에 대한 옳은 설명만을 <보기>에서 고른 것은?

> 문명의 변동은 3단계로 이루어진다. 1단계는 모든 현상이 초자연적인 존재들에 의해 산출된다고 보는 신학적 단계이며, 2단계는 자연적·추상적 법칙들이 현상의 설명 도구가 되는 형이상학적 단계이다. 마지막 단계는 추론과 관찰을 통한 과학적 탐구가 강조되는 실증적 단계이다. 이 단계에 도달한 사회는 합리성을 토대로 산업과 과학의 발전을 이룩하게 된다.

> **보기**
> ㄱ. 운명론적 사고라는 비판을 받는다.
> ㄴ. 사회 변동은 곧 진보를 의미한다고 본다.
> ㄷ. 사회는 생성, 성장, 쇠퇴, 소멸을 반복한다고 본다.
> ㄹ. 사회는 단순한 형태에서 복잡한 형태로 발전한다고 본다.

① ㄱ, ㄴ　② ㄱ, ㄷ　③ ㄴ, ㄷ　④ ㄴ, ㄹ　⑤ ㄷ, ㄹ

21

다음 글에 나타난 사회 변동 이론에 대한 옳은 설명만을 <보기>에서 고른 것은?

> 생물 유기체와 마찬가지로 사회도 이를 구성하는 부분들이 서로 동질적이고 미분화된 상태에서 서로 이질적이고 분화된 상태로 성장해 나간다. 또한 사회가 단순한 사회에서 복잡한 사회로 진전됨에 따라 부분들 간의 상호 의존성이 높아지면서 유기적 통합이 증진된다.

보기

ㄱ. 사회 변동이 일정한 방향성을 가진다고 본다.
ㄴ. 서구 제국주의를 정당화할 수 있다는 비판을 받는다.
ㄷ. 사회 변동이 항상 진보를 의미하는 것은 아니라고 본다.
ㄹ. 사회 변동에 대응하는 인간의 노력을 과소평가한다는 비판을 받는다.

① ㄱ, ㄴ　　② ㄱ, ㄷ　　③ ㄴ, ㄷ　　④ ㄴ, ㄹ　　⑤ ㄷ, ㄹ

22

사회 변동 이론 (가), (나)에 대한 설명으로 옳은 것은? (단, (가), (나)는 각각 진화론, 순환론 중 하나임.)

> (가) 거대한 재난으로 사회 전반이 파멸되면 인구가 급감하지만, 살아남은 이들이 아이를 낳으며 사회적 재생이 시작된다. 그러나 또다시 일어나는 재난은 또 다른 파국을 야기한다.
> (나) 생태계에서 개체들이 생존을 위해 환경에 적응하듯, 인간 사회도 생존을 위해 보다 고도화된 방향으로 나아간다. 결국 사회는 단계적 성장을 통해 이전보다 나은 형태로 변화한다.

① (가)는 서구 중심의 사고라는 비판을 받는다.
② (나)는 사회 변동을 사회 발전과 동일시한다.
③ (가)는 (나)와 달리 미래의 사회 변동에 대한 역동적 대응이 용이하다.
④ (나)는 (가)와 달리 운명론적 관점에서 사회 변동을 설명한다.
⑤ (가)는 단기적 사회 변동을, (나)는 장기적 사회 변동을 설명하기에 유용하다.

23

다음 글에서 사회 변동의 방향을 바라보는 필자의 관점에 대한 옳은 설명만을 <보기>에서 고른 것은?

> 국제 체제의 변화는 네 단계로 설명할 수 있다. 첫 번째는 강대국 간의 패권 전쟁으로 새로운 패권국이 등장하는 단계이다. 두 번째는 새로운 패권국이 국제 체제를 주도하는 단계이다. 그러나 시간이 흐르며 패권국의 지배력은 약화하고, 갈등이 증가하며 체제가 쇠퇴하는 단계로 이어진다. 마지막으로, 패권국의 지배력이 완전히 상실되고 체제가 붕괴함에 따라 또 다른 패권 전쟁으로 이어지는 단계가 나타나며 이는 새로운 패권국이 등장하는 단계로 연결된다.

보기

ㄱ. 사회 변동을 사회 발전과 동일시한다.
ㄴ. 제국주의를 정당화하는 수단으로 악용될 수 있다.
ㄷ. 미래의 사회 변동에 대한 역동적인 대응이 어렵다.
ㄹ. 인류 문명의 흥망성쇠 역사를 설명하기에 용이하다.

① ㄱ, ㄴ　　② ㄱ, ㄷ　　③ ㄴ, ㄷ　　④ ㄴ, ㄹ　　⑤ ㄷ, ㄹ

24

다음 자료에 대한 설명으로 옳은 것은? (단, A, B는 각각 순환론과 진화론 중 하나이다.)

> 표는 사회 변동 이론 A, B를 학생 갑, 을이 구분한 것이다. 두 학생 모두 두 개의 진술만을 옳게 구분하였다.

진술	갑	을
사회 변동을 사회 발전으로 인식한다.	A	A
운명론적 관점에서 사회 변동을 설명한다.	A	B
(가)	B	A

① A는 흥망성쇠를 거듭한 국가의 사례를 설명하기에 적합하다.
② B는 서구 중심적인 사회 변동 이론이라는 비판을 받는다.
③ B는 A와 달리 사회 변동에 일정한 방향이 있다고 본다.
④ (가)의 진술을 옳게 구분한 학생은 '갑'이다.
⑤ (가)에 '사회 변동에 대한 역동적 대응이 용이하다.'가 들어갈 수 있다.

25 [2021년 3월 학평 6번]

표는 질문을 통해 사회 변동 이론 A, B를 구분한 것이다. 이에 대한 설명으로 옳은 것은? (단, A와 B는 각각 순환론과 진화론 중 하나이다.) **3점**

질문	응답	
	A	B
사회 변동이 곧 발전이라고 보는가?	아니요	예
(가)	㉠	㉡

① A는 운명론적 입장에서 사회 변동의 방향을 이해한다.
② B는 사회가 주기적으로 동일한 과정을 반복하며 변동한다고 본다.
③ A는 B와 달리 서구 제국주의를 정당화하는 근거가 되었다.
④ B는 A와 달리 사회의 쇠퇴와 소멸을 설명하는 데 적합하다.
⑤ (가)에 '서구 사회가 가장 발전한 사회라고 보는가?'가 들어가면 ㉠은 '예', ㉡은 '아니요'이다.

26 [2022학년도 6월 모평 14번]

표는 질문을 통해 사회 변동 이론 A, B를 구분한 것이다. 이에 대한 설명으로 옳은 것은? (단, A와 B는 각각 진화론, 순환론 중 하나이다.)

질문	A	B
사회가 퇴보할 수 있다고 보는가?	예	아니요
(가)	예	예
(나)	아니요	예

① A는 단기적 사회 변동보다는 장기적 사회 변동을 설명하는 데 유용하다.
② B는 사회 변동의 방향이 사회마다 다르다고 본다.
③ A는 B와 달리 사회가 단순한 형태에서 복잡한 형태로 변화한다고 본다.
④ (가)에는 '사회 변동에 작용하는 인간의 자율성을 강조하는가?'가 들어갈 수 있다.
⑤ (나)에는 '사회가 주기적으로 동일한 과정을 반복하며 변동한다고 보는가?'가 들어갈 수 있다.

27 [2025년 5월 학평 11번]

사회 변동의 방향을 바라보는 갑, 을의 관점에 대한 설명으로 옳은 것은? **3점**

> 갑은 문명이 일정한 방향을 가지고 지속적으로 발전한다고 보는 을의 관점에 반론을 제기한다. 갑은 유기체가 발생하고 성장하며 사라지는 과정을 거치는 것처럼 개별 문명도 태동하여 성장하고 쇠락하며 몰락하는 과정의 일정한 주기를 겪는다고 설명한다. 특히 갑은 가장 발전된 사회가 서구라고 믿는 을의 관점을 비판하며 결국에는 서구도 쇠락의 길을 걷게 될 것이라고 본다.

① 갑의 관점은 서구 제국주의 역사를 정당화하는 수단으로 악용될 수 있다는 비판을 받는다.
② 을의 관점은 사회가 미분화된 상태에서 분화된 상태로 변동한다고 본다.
③ 갑의 관점과 달리 을의 관점은 운명론적 관점에서 사회 변동을 설명한다.
④ 을의 관점과 달리 갑의 관점은 사회 변동이 곧 발전이라고 본다.
⑤ 갑의 관점에 비해 을의 관점은 사회 변동 방향을 예측하여 대응하기 어렵다고 본다.

28 [2023년 7월 학평 16번]

그림은 질문을 통해 사회 변동 이론 A, B를 구분한 것이다. 이에 대한 설명으로 옳은 것은? (단, A, B는 각각 진화론, 순환론 중 하나임.)

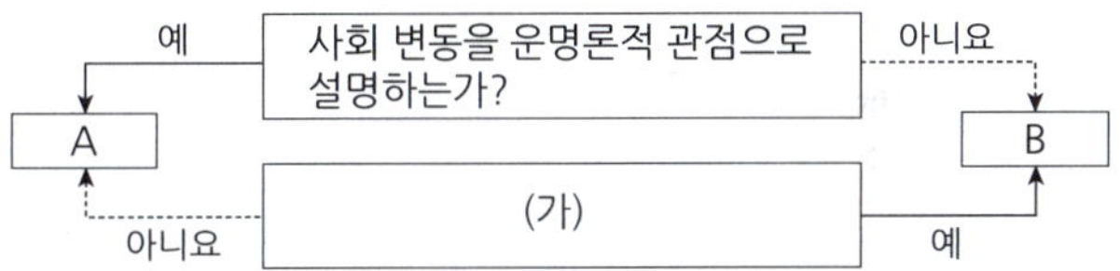

① A는 사회 변동에 대한 역동적 대응이 용이하다는 평가를 받는다.
② B는 제국주의를 정당화하는 수단이 될 수 있다는 비판을 받는다.
③ A는 B와 달리 사회 변동에 일정한 방향이 있다고 본다.
④ B는 A에 비해 장기적 사회 변동을 설명하는 데 유용하다.
⑤ (가)에는 '사회 변동이 곧 발전이라고 보는가?'가 들어갈 수 없다.

사회 변동 이론 (가), (나)에 대한 설명으로 옳은 것은? (단, (가), (나)는 각각 순환론, 진화론 중 하나임.) ③점

> (가) 인간의 성장처럼 사회도 성장해 나간다. 하지만 인간이 성장을 멈추고 노화가 진행되듯, 사회도 일정한 한계점을 지나면 성장의 그래프는 꺾이기 마련이다. 다만 이미 사라져 버린 사회들의 경험을 참고하여 해체에 이르기까지의 생존 기간을 늘릴 수 있을 뿐이다.
>
> (나) 사회는 본질적으로 과거의 유산을 토대로 하여 더 나은 상태로 나아간다. 인간은 기존의 지식을 바탕으로 새로운 아이디어와 기술을 창출해 혁신을 이어 가고 있기 때문이다. 이러한 과정에서 사회는 항상 성장의 발걸음을 이어 왔으며 앞으로도 그럴 것이다.

① (가)는 미래의 사회 변동에 대한 역동적 대응이 곤란하다는 비판을 받는다.
② (나)는 사회 변동이 항상 발전을 의미하는 것은 아니라고 본다.
③ (가)는 (나)와 달리 서구 사회가 가장 진보한 사회임을 전제한다.
④ (나)는 (가)와 달리 사회가 주기적으로 동일한 과정을 반복하며 변동한다고 본다.
⑤ (가)는 단기적 사회 변동을, (나)는 장기적 사회 변동을 설명하기에 적합하다.

---

30   [2021학년도 6월 모평 18번]

사회 변동을 설명하는 이론 A, B에 대한 옳은 설명만을 〈보기〉에서 고른 것은? (단, A, B는 각각 진화론, 순환론 중 하나이다.)

> A를 지지하는 학자들은 "선진국의 오늘의 모습은 개발도상국의 내일의 모습이다."라며 사회 변동을 하나의 목표로 향하는 진보와 발전으로 설명한다. 이에 대해 B를 지지하는 학자들은 사회 변동이 늘 발전을 의미하는 것은 아니며, 모든 사회 변동이 반드시 같은 방향으로 진행되는 것은 아니라는 점을 지적한다.

> **보기**
> ㄱ. A는 사회 변동이 주기적으로 동일한 과정을 반복한다고 본다.
> ㄴ. A는 사회가 이전보다 복잡하고 분화된 모습으로 변동한다고 본다.
> ㄷ. B는 사회 변동을 서구 중심적 사고에 바탕을 두어 설명한다.
> ㄹ. B는 미래 사회의 변동 방향을 예측하기 어려워 역동적 대응이 곤란하다는 비판을 받는다.

① ㄱ, ㄴ   ② ㄱ, ㄷ   ③ ㄴ, ㄷ   ④ ㄴ, ㄹ   ⑤ ㄷ, ㄹ

---

31   [2025년 3월 학평 18번]

사회 변동 이론 A, B에 대한 설명으로 옳은 것은? (단, A, B는 각각 순환론, 진화론 중 하나임.)

> A, B는 모두 사회 변동의 방향을 설명하는 이론이며, A와 달리 B는 사회 변동이 곧 진보와 발전을 의미한다고 본다.

① A는 단기적 사회 변동 과정을 설명하기에 용이하다.
② A는 서구 사회가 진보된 사회임을 전제한다는 비판을 받는다.
③ B는 사회가 생성, 성장, 쇠퇴, 소멸의 과정을 반복한다고 본다.
④ A와 달리 B는 사회 변동의 일정한 방향이 없다고 본다.
⑤ B와 달리 A는 운명론적 관점에서 사회 변동을 설명한다.

---

32 **2025 평가원**   [2025학년도 9월 모평 12번]

다음 글에서 사회 변동의 방향을 바라보는 필자의 관점에 대한 옳은 설명만을 〈보기〉에서 고른 것은?

> 명(明)조의 시작은 고요한 겨울날 같았다. 왕조의 전반기는 질서와 안정 그 자체였다. 왕조의 겨울은 얼마 후 시끌벅적한 봄에 자리를 내주고 말았다. 소박한 농경 사회의 안정성은 투기적 상업에 자리를 빼앗겼다. 여름에 접어들면서 빈부 격차가 심해지고 농경 사회의 토대는 무너져 내렸다. 가을에는 은의 유입과 상품 경제의 발달로 부자 대 빈자, 상인 대 농민, 이윤 대 도덕이 대립하면서 참혹함이 더욱 심해졌다. 하지만 새로운 왕조는 질서를 회복하며 안정을 향해 나아갔다.

> **보기**
> ㄱ. 사회의 퇴보나 멸망을 설명하기 어렵다.
> ㄴ. 단기적 사회 변동 과정을 설명하기 힘들다.
> ㄷ. 제국주의를 정당화하는 수단으로 악용될 수 있다.
> ㄹ. 미래의 사회 변동에 대한 역동적인 대응이 어렵다.

① ㄱ, ㄴ   ② ㄱ, ㄷ   ③ ㄴ, ㄷ   ④ ㄴ, ㄹ   ⑤ ㄷ, ㄹ

33 [2025년 3월 학평 9번]

밑줄 친 ㉠, ㉡에 대한 설명으로 옳은 것은?

○ 갑국에서 A 집단은 ㉠ 아동에 대한 복지 지원을 강화하기 위해 관련법을 개정하려는 운동을 전개하고 있다.
○ 을국에서 B 집단은 신분제 폐지 움직임에 저항하며 ㉡ 기존의 신분 질서를 유지하기 위한 운동을 전개하고 있다.

① ㉠은 사회 체제 내에서 특정 분야의 개선을 요구하는 사회 운동이다.
② ㉡은 사회 구조를 근본적으로 바꾸고자 하는 사회 운동이다.
③ ㉠과 달리 ㉡은 사회적 약자의 권리 보장을 목적으로 하는 사회 운동이다.
④ ㉡과 달리 ㉠은 활동을 정당화하는 신념을 바탕으로 한다.
⑤ ㉠, ㉡은 모두 일부 집단이 주도한다는 점에서 사회 운동이라고 볼 수 없다.

34 [2024 평가원] [2024학년도 9월 모평 14번]

(가) ~ (라)에 대한 옳은 설명만을 〈보기〉에서 고른 것은?

(가) □□ 환경 단체는 탄소 중립 실현을 위해 대중교통 이용하기, 플라스틱 사용 줄이기, 불필요한 이메일 삭제하기 등 다양한 캠페인 활동을 꾸준히 하고 있다.
(나) 국민 가수로 칭송받던 인기 연예인이 음주 운전 차량에 치여 사망하자, 추모를 위해 사고 현장에 모인 사람들이 헌화와 함께 음주 운전 처벌 강화를 요구하는 메모를 남겼다.
(다) 오랜 전통에 따라 여성 운전 금지법이 시행되고 있던 △△국에서 시민 운동가 출신의 대통령 후보가 여성 권리 신장을 위해 이 법을 폐지하겠다는 선거 공약을 내세웠다.
(라) ○○ 노동조합은 정부의 연금 개시 연령 상향 정책에 대해 퇴직 후 연금 수령 시작 시기가 늦어져 경제적 어려움을 겪을 수 있다며 반대하는 서명을 받고 있다.

보기

ㄱ. (가)는 뚜렷한 목표와 방법을 제시하고 지속적으로 활동을 수행하였다는 점에서 사회 운동이라 볼 수 있다.
ㄴ. (나)는 조직적이지 않은 군중이 일시적으로 모인 것이라는 점에서 사회 운동이라 볼 수 없다.
ㄷ. (다)는 기존 사회의 부조리를 해소하고 개혁을 추구하였다는 점에서 사회 운동이라 볼 수 있다.
ㄹ. (라)는 특정 집단의 이익만을 추구한다는 점에서 사회 운동이라 볼 수 없다.

① ㄱ, ㄴ ② ㄱ, ㄷ ③ ㄴ, ㄷ ④ ㄴ, ㄹ ⑤ ㄷ, ㄹ

35 [2024 평가원] [2024학년도 6월 모평 17번]

밑줄 친 ㉠, ㉡에 대한 설명으로 가장 적절한 것은? 3점

○ 1920년대의 ㉠ 계몽 운동은 서울의 학생과 청년 지식인, 문화 단체 및 동경 유학생들에 의해서 시작되었다. 학생들은 야학을 개설하여 문맹 퇴치 운동을 벌였고, 농촌 발전을 위한 여러 활동을 전개하였다. 이러한 민중 계몽 운동은 이후 민족 독립운동에 기여하였다.
○ 1960년대 후반 생태 보호 운동에서 출발한 미국의 '환경 수호단'은 환경보호법 제정 및 친환경 정책 촉구 등 일련의 ㉡ 환경 운동을 추진해 왔다. 2000년대 초에 정부가 이산화탄소 배출 및 디젤에 대한 규제를 완화하려 하자 환경 수호단의 수많은 회원은 엄청난 양의 항의 이메일과 팩스를 백악관과 환경청에 보내 정부 정책을 강하게 비판하였다.

① ㉠은 일반 시민이 아닌 국가가 주도한 사회 운동이다.
② ㉡은 산업화 과정에서 나타난 문제를 개선하기 위한 사회 운동이다.
③ ㉠은 ㉡과 달리 사회 변화에 저항하고 과거 질서로 회귀하려는 사회 운동이다.
④ ㉡은 ㉠과 달리 특정 집단 구성원의 삶의 질 향상을 목표로 하는 사회 운동이다.
⑤ ㉠과 ㉡은 모두 사회 체제의 전면적인 변혁을 추구하는 사회 운동이다.

36 [2024년 3월 학평 12번]

밑줄 친 ㉠, ㉡에 대한 설명으로 가장 적절한 것은?

○ 갑국에서는 일상 속 외래어 사용을 줄이기 위해 시민 단체를 중심으로 ㉠ 고유어 되살리기 운동이 활발히 전개되고 있다.
○ 을국에서는 글자를 읽지 못하여 어려움을 겪는 사람들을 돕기 위해 대학생 봉사 단체를 중심으로 ㉡ 문맹 퇴치 운동이 꾸준히 전개되고 있다.

① ㉠은 사회 체제의 근본적 변혁을 목적으로 한다.
② ㉡은 과거의 사회 질서로 되돌아가려는 사회 운동이다.
③ ㉠은 ㉡과 달리 사회적 약자를 보호하려는 사회 운동이다.
④ ㉡은 ㉠과 달리 활동을 정당화하는 신념을 바탕으로 한다.
⑤ ㉠과 ㉡ 모두 사회의 변화를 목적으로 하는 사회 운동이다.

37

밑줄 친 ㉠, ㉡에 대한 설명으로 가장 적절한 것은?

> ○ 1970년대부터 본격화된 도로 중심의 사회 기반 시설 구축과 개인 차량 증가로 인해 다양한 교통 문제가 발생하고 보행자를 위한 공간이 잠식되었다. 이에 시민들은 보행권 확보와 보행 환경 개선을 목표로 ㉠ 사회 운동을 전개하기 시작했다. 시민 단체들은 보행권 신장을 위한 걷기 대회 개최, 어린이 통학로 안전 상태 조사 등을 실시하였고, 그 노력의 결실로서 스쿨존이 법제화되고 보행자를 위한 조례가 제정되었다.
> ○ 대중 소비가 시작되던 20세기 초, 조잡한 제품들이 양산되어 피해를 입는 소비자가 많아지자 선진국을 중심으로 좋은 물건 고르는 방법을 안내하는 캠페인이 나타났다. 이러한 움직임은 이후 대중 소비가 본격화된 시기에 독점 기업의 횡포로부터 소비자를 보호하고 소비자 주권을 실현하기 위한 ㉡ 사회 운동으로 발전하였다. 세계적으로 대중 소비가 확산한 1960년대 이후 이 운동은 세계 여러 나라로 널리 퍼졌다.

① ㉠은 사회 구조 전체를 근본적으로 바꾸고자 하는 사회 운동이다.
② ㉡은 지배 집단이 기존 사회 질서를 유지하고자 하는 사회 운동이다.
③ ㉠은 ㉡과 달리 경제적 평등을 추구하는 사회 운동이다.
④ ㉡은 ㉠과 달리 산업화로 인한 문제에 대응하는 사회 운동이다.
⑤ ㉠과 ㉡은 시민의 권리 보장을 목표로 하는 사회 운동이다.

38

(가), (나)에 대한 설명으로 가장 적절한 것은?

> (가) 부정부패를 일삼아 온 기존 정치인들이 선거에 입후보하자 이들이 당선되면 안 된다고 주장하는 시민들이 낙선 운동을 조직적으로 전개하고 있다.
> (나) 소비자의 윤리적 행동을 통해 사회 문제를 해결해야 한다고 여기는 시민들이 단체를 결성해 친환경 상품 및 공정 무역 상품을 구매하자는 캠페인을 펼치고 있다.

① (가)에는 사회 구조 전체를 근본적으로 변화시키고자 하는 다수의 행동이 나타난다.
② (나)에는 현상 유지를 고수하고 변화에 저항하는 다수의 행동이 나타난다.
③ (가)에는 (나)와 달리 체계적인 조직을 바탕으로 한 다수의 행동이 나타난다.
④ (나)에는 (가)와 달리 일시적, 우발적인 다수의 행동이 나타난다.
⑤ (가), (나)에는 모두 특정 목표나 이념을 바탕으로 한 다수의 행동이 나타난다.

39

(가) ~ (다)에 대한 설명으로 가장 적절한 것은? 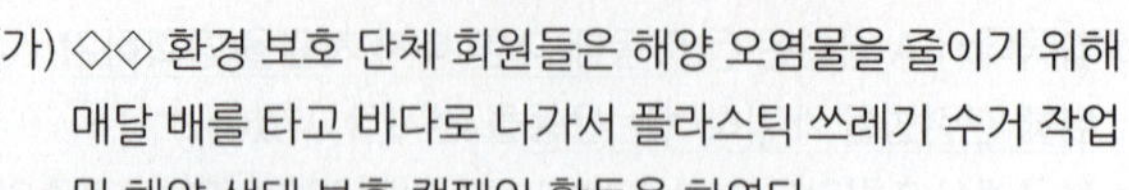 3점

> (가) ◇◇ 환경 보호 단체 회원들은 해양 오염물을 줄이기 위해 매달 배를 타고 바다로 나가서 플라스틱 쓰레기 수거 작업 및 해양 생태 보호 캠페인 활동을 하였다.
> (나) △△ 프로 구단이 감독 인사를 단행했다는 소식을 경기 중에 들은 일부 열혈 관중들이 불합리한 인사 결정 방식에 항의하며 경기 직후에 돌발적으로 시위를 벌였다.
> (다) ○○ 단체는 왕정과 신분 제도를 폐지하고 선거를 통해 민주 정부를 수립하고자 대다수 국민의 지지를 바탕으로 지속적으로 시위를 전개하였다.

① (가)에는 사회 구조 전체를 근본적으로 바꾸고자 하는 사회 운동이 나타난다.
② (나)에는 일부 집단의 이익을 추구하는 사회 운동이 나타난다.
③ (다)에는 급격한 사회 변화에 대항하기 위한 사회 운동이 나타난다.
④ (가), (다)에는 (나)와 달리 체계적인 조직을 바탕으로 집단의 이념을 실현하려는 사회 운동이 나타난다.
⑤ (나), (다)에는 (가)와 달리 사회의 불합리한 제도를 개선하고자 하는 사회 운동이 나타난다.

40

2024 수능

밑줄 친 ㉠, ㉡에 대한 설명으로 가장 적절한 것은?  3점

> ○ A국에서는 이전 세대의 경제 성장 과정에서 배출된 온실가스로 인해 기후 위기의 피해가 심각하다. 이에 기후 위기 해결을 위해 청년 중심의 시민 단체가 환경 정책 마련을 요구하고 온라인 캠페인 활동을 하는 등 ㉠ 사회 운동을 전개하고 있다.
> ○ B국의 한 노숙인은 행색이 초라하다는 이유로 건강권 관련 정책 토론회 출입을 제지당했다. 이 사건으로 노숙인 인권 보장을 요구하는 인권 단체의 시위가 벌어졌다. 이후 노숙인의 생계 지원법 마련을 요구하는 ㉡ 사회 운동이 지속적으로 확산되었다.

① ㉠은 세대 간 통합을 추구하는 체계적인 사회 운동이다.
② ㉡은 사회 체제 내에서 특정 사회 문제의 개선을 요구하는 사회 운동이다.
③ ㉠은 ㉡과 달리 사회적 약자의 권리 보장을 목적으로 하는 사회 운동이다.
④ ㉡은 ㉠과 달리 비대면 방식을 활용하는 사회 운동이다.
⑤ ㉠과 ㉡은 모두 변화를 거부하고 과거 질서로 되돌아가려는 사회 운동이다.

41

밑줄 친 ㉠, ㉡에 대한 설명으로 옳은 것은?

> ○ 갑국의 시민 단체들은 3년 전부터 ㉠ 오랜 기간 이어져 온
> 조혼 풍습을 금지하는 법의 제정을 요구하는 활동을 하고
> 있다.
> ○ 을국에서는 20년 전 농산물 수입을 허용한 이후 농촌이
> 몰락하자 3년 전부터 농민 단체들이 농촌 경제 활성화를
> 위해 ㉡ 농산물 수입 금지를 요구하는 활동을 하고 있다.

① ㉠은 ㉡과 달리 체계적인 조직을 바탕으로 한다.
② ㉠은 ㉡과 달리 활동을 정당화하는 신념을 바탕으로 한다.
③ ㉡은 ㉠과 달리 집단 간 갈등을 초래할 우려가 있다.
④ ㉡은 ㉠과 달리 특정 집단만의 이익을 추구하므로 사회 운동이
아니다.
⑤ ㉠과 ㉡은 모두 사회의 변화를 목적으로 한다.

43

밑줄 친 ㉠, ㉡에 대한 설명으로 옳은 것은?

> ○ 갑국 시민들은 이번 월드컵 기간에 대형 스크린이 설치된
> 광장에 모여 ㉠ 자국 팀을 응원하였다.
> ○ 을국 시민들은 자국의 남성 중심 문화를 타파하기 위해 시민
> 단체를 조직하여 ㉡ 여성 권리 향상 운동을 전개하였다.

① ㉠은 자발적 집단 행동이 아니다.
② ㉡은 활동을 정당화하는 신념을 바탕으로 한다.
③ ㉠은 ㉡과 달리 사회 구조의 변화를 목표로 한다.
④ ㉡은 ㉠과 달리 기존 사회 질서의 유지를 목표로 한다.
⑤ ㉠과 ㉡은 모두 체계적인 조직을 바탕으로 한 사회 운동이다.

42

(가) ~ (라)에 대한 옳은 설명만을 〈보기〉에서 고른 것은?

> (가) 정부는 시민들을 대상으로 최근 변화한 개인 정보 보호
> 정책을 알리기 위해 관계 부처가 협동하여 온라인 홍보
> 활동을 지속적으로 해오고 있다.
> (나) □□ 전쟁의 실상이 미디어를 통해 세상에 알려지자마자
> 분노한 시민들이 즉흥적으로 거리로 나와 자국 군대의
> 철수와 전쟁 반대를 외치며 행진을 벌였다.
> (다) 부조리한 사회를 비판하는 전국 대학생 연합은 기성세대가
> 만들어 놓은 기존 사회 질서로부터 근본적인 해방을
> 주장하는 변혁 운동을 이어오고 있다.
> (라) 1990년대의 패션을 재해석하는 것에 관심이 있는
> 젊은이들을 중심으로 자신만의 복고 스타일을 SNS를 통해
> 뽐내는 것이 유행처럼 번지고 있다.

> ㄱ. (가)는 사회 구성원의 자발성을 바탕으로 한 사회 운동이라고
> 볼 수 있다.
> ㄴ. (나)는 일시적이고 비조직적인 행동이라는 점에서 사회
> 운동이라고 볼 수 없다.
> ㄷ. (다)는 전체 사회 구조를 전면적으로 바꾸고자 하는 사회
> 운동이라고 볼 수 있다.
> ㄹ. (라)는 과거로의 회귀를 추구하는 사회 운동이라고 볼 수
> 있다.

① ㄱ, ㄴ   ② ㄱ, ㄷ   ③ ㄴ, ㄷ   ④ ㄴ, ㄹ   ⑤ ㄷ, ㄹ

44

(가) ~ (다)에 대한 설명으로 가장 적절한 것은? 

> (가) 비행기 결함으로 항공기 운항이 지연되어 여행 일정에
> 차질이 생긴 승객 중 보상을 받지 못한 일부 승객들은
> 공평한 보상을 요구하는 과정에서 우발적으로 항공사를
> 점거하였다.
> (나) ○○ 단체는 이민자 증가로 인해 사회의 인종 구성이
> 다양화되는 것에 반대하며 민족 정체성 유지를 주장하였다.
> 회원들은 전국에 걸쳐 일제히 캠페인, 퍼레이드 등을
> 지속적으로 벌였다.
> (다) 빈곤국 아동에 대한 노동 착취 문제를 해결하기 위해 결성된
> △△ 단체는 세계적인 조직망을 가지고 있다. 이들은 감염병
> 팬데믹 상황에서도 끊임없이 아동 인권 보호에 대한 홍보
> 활동, 온라인 서명 활동 등을 펼치고 있다.

① (가)에는 사회 평등을 추구하는 사회 운동이 나타난다.
② (나)에는 사회 변화에 대항하기 위한 사회 운동이 나타난다.
③ (다)에는 사회 구조를 근본적으로 바꾸고자 하는 혁명적 사회
운동이 나타난다.
④ (가)에는 (다)와 달리 일부 집단의 이익을 추구하는 사회 운동이
나타난다.
⑤ (나)에는 (다)와 달리 인류의 보편적 가치를 실현하고자 하는
사회 운동이 나타난다.

45　　　　　　　　　　　　　　　[2024년 10월 학평 16번]

(가), (나)에 대한 설명으로 가장 적절한 것은?

> (가) 갑국의 ○○ 단체는 갑국으로 피난 온 난민의 인권 보장을
> 위해 난민법 개정 운동을 지속적으로 전개하고 있다.
> (나) 을국에서는 △△ 단체를 중심으로 을국의 군사 독재 체제에
> 반대하며 민주화를 요구하는 시위가 지속되고 있다.

① (가)에는 과거의 질서로 돌아가려는 사회 운동이 나타난다.
② (나)에는 현재의 질서를 유지하려는 사회 운동이 나타난다.
③ (가)와 달리 (나)에는 사회적 소수자의 권리 보장을 위한 사회
　운동이 나타난다.
④ (나)와 달리 (가)에는 사회 구조의 근본적 변혁을 목적으로 하는
　사회 운동이 나타난다.
⑤ (가), (나)에는 모두 사회의 변화를 목적으로 하는 사회 운동이
　나타난다.

46　　　　　　　　　　　　　　　[2025년 5월 학평 14번]

(가), (나)에 대한 설명으로 가장 적절한 것은? 3점

> (가) 19세기 후반 급격한 산업화가 진행되었던 미국에서는
> 노동자들이 열악한 노동 조건의 개선을 요구하며 노동자
> 단체를 만들어 꾸준히 목소리를 내었다. 그러던 중 1886년
> 5월 1일 노동자 단체는 1일 8시간 근무제를 요구하는
> 전국적인 시위를 벌였다. 그 후 노동자 단체는 매년
> 5월 1일을 기하여 지속적으로 노동 운동을 펼쳤고, 이것이
> 5월 1일 세계 노동절의 기원이 되었다.
> (나) 1894년 갑오개혁 이후 신분제는 제도적으로 철폐되었지만
> 백정들에 대한 사회적 차별은 남아 있었다. 당시 사람들은
> 여전히 백정들을 천하다고 여겼고 백정들과 어울리는 것을
> 꺼려했다. 이에 백정들은 백정들에 대한 차별과 편견을
> 없애고자 하는 사람들과 함께 형평사라는 단체를 만들어
> 형평 운동을 벌였다.

① (가)에는 지배 집단이 기존 사회 질서를 유지하고자 하는 사회
　운동이 나타난다.
② (나)에는 일부 사회 구성원들에 대한 인식 개선을 요구하는 사회
　운동이 나타난다.
③ (가)와 달리 (나)에는 산업화로 인한 문제에 대응하는 사회 운동이
　나타난다.
④ (나)와 달리 (가)에는 다수의 사람이 아닌 국가가 주도하는 사회
　운동이 나타난다.
⑤ (가), (나)에는 모두 사회 변화에 저항하고 과거 질서로
　회귀하려는 사회 운동이 나타난다.

47　　　　　　　　　　　　　　　[2023학년도 9월 모평 19번]

**교사가 제시한 사례 A~D에 대한 학생들의 옳은 설명만을 <보기>에서
고른 것은? 3점**

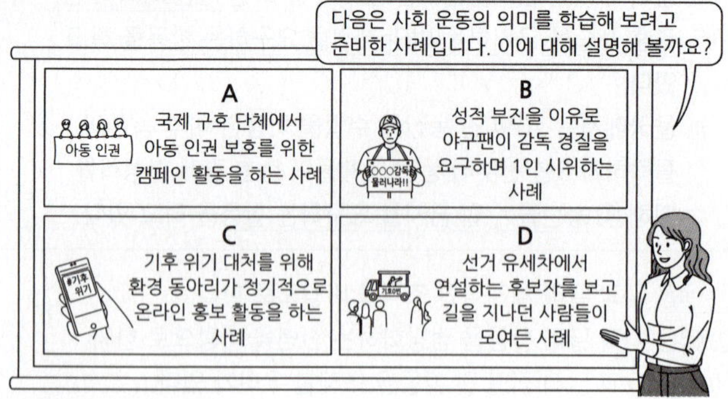

보기

ㄱ. A는 특정 집단의 이익만을 추구하였다는 점에서 사회
　　운동으로 볼 수 없습니다.
ㄴ. B는 사회 변화를 위해 계획적으로 진행하였다는 점에서
　　사회 운동으로 볼 수 있습니다.
ㄷ. C는 뚜렷한 목표를 가지고 구체적인 활동을 지속적으로
　　수행하였다는 점에서 사회 운동으로 볼 수 있습니다.
ㄹ. D는 조직적이지 않은 군중이 일시적으로 모였다는 점에서
　　사회 운동으로 볼 수 없습니다.

① ㄱ, ㄴ　　② ㄱ, ㄷ　　③ ㄴ, ㄷ　　④ ㄴ, ㄹ　　⑤ ㄷ, ㄹ

48　　　　　　　　　　　　　　　[2022년 10월 학평 9번]

밑줄 친 ㉠, ㉡에 대한 설명으로 옳은 것은?

> ○ 갑국의 시민 단체는 최근에 심각해지고 있는 국내 생태계
> 파괴 문제를 해결하기 위해 ㉠ 유해 외래종 퇴치 운동을
> 전개하고 있다.
> ○ 을국의 ○○ 단체는 소수 특권층에 의한 자국의 봉건적
> 체제에 반대하여 ㉡ 신분제를 철폐하고 민주주의 국가를
> 건설하기 위한 운동을 전개하고 있다.

① ㉠은 사회 구조 전체의 근본적 변화를 목적으로 한다.
② ㉡은 과거 사회 구조로 돌아가려는 복고적 성격을 띤다.
③ ㉠은 ㉡과 달리 사회 운동에 해당하지 않는다.
④ ㉡은 ㉠과 달리 점진적 변화를 추구하고 있다.
⑤ ㉠과 ㉡ 모두 자신의 활동을 정당화하는 신념을 바탕으로 한다.

49

다음 대화에 대한 옳은 설명만을 〈보기〉에서 고른 것은?

교사 : 사회 운동이라 생각한 사례를 한 가지씩 말해 볼까요?
갑 : 해양 생태계 보호를 위해 환경 보호 단체가 온라인에서 캠페인 활동을 해오고 있습니다.
을 : 국가대표 선수 중 일부가 수해를 복구하는 현장에 일일 봉사자로 참여한 일이 있습니다.
병 : 대형 광고판에 인접 국가의 전쟁 소식이 속보로 나오자 거리의 행인들이 반전을 주제로 한 노래를 함께 부른 일이 있습니다.
정 : ○○공장에서 부당하게 해고된 노동자가 노동조합의 지원을 받아 1인 시위를 했습니다.

보기

ㄱ. 갑이 제시한 사례는 체계적인 조직을 바탕으로 뚜렷한 목표 실현을 위해 진행된 사회 운동으로 볼 수 있다.
ㄴ. 을이 제시한 사례는 사회 구조 전체를 근본적으로 바꾸고자 하는 사회 운동으로 볼 수 있다.
ㄷ. 병이 제시한 사례는 조직적이지 않은 군중이 일시적으로 모였다는 점에서 사회 운동으로 볼 수 없다.
ㄹ. 정이 제시한 사례는 급격한 사회 변화에 대항하기 위한 사회 운동으로 볼 수 있다.

① ㄱ, ㄴ ② ㄱ, ㄷ ③ ㄴ, ㄷ ④ ㄴ, ㄹ ⑤ ㄷ, ㄹ

51

밑줄 친 ㉠, ㉡에 대한 설명으로 옳은 것은?

20년 전 인종 차별 제도가 폐지된 갑국에서 최근 ㉠ 백인이 지배하던 시대로의 복귀를 추구하는 사회 운동과 ㉡ 흑인의 교육 기회 확대를 추구하는 사회 운동이 나타나고 있다.

① ㉠은 ㉡과 달리 사회 구성원 간 갈등을 초래할 수 있다.
② ㉡은 ㉠과 달리 사회 구조의 전면적인 변화를 추구한다.
③ ㉡은 ㉠과 달리 일부 집단만의 이익을 실현하고자 한다.
④ ㉠과 ㉡은 모두 사회 유지가 아닌 사회 변화를 목표로 한다.
⑤ ㉠과 ㉡은 모두 사회 구성원 전체가 참여해야 목표를 달성할 수 있다.

50

밑줄 친 ㉠, ㉡에 대한 옳은 설명만을 〈보기〉에서 고른 것은?

○갑국에서 대표팀의 월드컵 예선 탈락에 분노한 시민들이 ㉠ 국가 대표팀 감독의 교체를 요구하는 시위를 하였다.
○을국에서 ○○ 단체는 전국의 저임금 근로자들과 함께 5년째 ㉡ 최저 임금법의 제정을 요구하는 시위를 하고 있다.

보기

ㄱ. ㉠은 조직적인 역할 분담 체계를 바탕으로 한다.
ㄴ. ㉡은 사회 변화를 목적으로 한다.
ㄷ. ㉡은 ㉠과 달리 사회 운동에 해당한다.
ㄹ. ㉠과 ㉡은 모두 뚜렷한 사상과 신념에 기초한 지속적인 활동이다.

① ㄱ, ㄴ ② ㄱ, ㄷ ③ ㄴ, ㄷ ④ ㄴ, ㄹ ⑤ ㄷ, ㄹ

52

밑줄 친 ㉠, ㉡에 대한 설명으로 가장 적절한 것은? 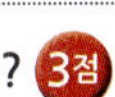

○20세기 초 영국에서는 자신이 선거에 참여할 수 없다는 현실에 부당함을 느낀 여성들이 뜻을 함께하는 사람들과 조합을 구성해 ㉠ 여성 참정권 운동을 진행하였다. 이들이 끊임없이 투쟁한 결과 21세 이상의 모든 여성이 남성과 동등한 투표권을 갖게 되었다.
○지구 온난화로 북극의 동물들이 위기에 처한 가운데 거대한 굴착기와 송유관의 무리한 설치로 인해 환경 파괴가 더욱 심해지고 있다. 이에 한 환경 단체는 북극을 보호 구역으로 지정하기 위해 전세계 많은 사람들의 동참을 이끌어 내며 수년간 ㉡ 환경 운동을 지속해 오고 있다.

① ㉠은 자본주의 체제를 근본적으로 바꾸려는 다수의 행동이다.
② ㉡은 일시적이고 즉흥적인 감정에 따른 다수의 행동이다.
③ ㉠은 ㉡과 달리 과거의 사회 질서로 돌아가려는 다수의 행동이다.
④ ㉡은 ㉠과 달리 자신의 신념과 가치를 실현하기 위한 다수의 행동이다.
⑤ ㉠, ㉡은 모두 뚜렷한 목표와 이를 달성하기 위한 체계적 조직을 바탕으로 한 다수의 행동이다.

밑줄 친 ㉠~㉤에 대한 설명으로 옳은 것은? 3점

> 1970년대에 □□ 국제 시민 단체는 분유를 만드는 ○○ 다국적 기업에 대한 ㉠ 불매 운동을 전개하였다. ㉡ 저개발국에 분유를 무료로 나누어 주는 ○○ 다국적 기업의 공격적 마케팅으로 저개발국의 영아 사망률이 급격히 증가하였기 때문이다. 위생적인 환경이 갖추어지지 않은 저개발국에서 세균에 오염된 물과 젖병으로 인해 설사와 열병이 발생해 많은 아기가 사망하였다. ○○ 다국적 기업에 선의의 의도가 있었을지라도, 무분별한 시장 확대가 ㉢ 저개발국의 영아 건강을 심각하게 위협하는 결과를 초래한 것이다. 이로 인해 ○○ 다국적 기업이 영아 사망에 대해 책임을 져야 한다며 □□ 국제 시민 단체가 전 세계의 소비자들과 ㉣ 집단행동을 시작했다. 이를 계기로 여러 국제 시민 단체는 다국적 기업의 윤리적 책임을 요구하고, 나아가 환경 문제, 자원 문제와 같은 ㉤ 전 지구적 수준의 문제를 해결하기 위한 활동을 지속적으로 전개하고 있다.

① ㉠은 급격한 사회 변동에 저항하기 위해 펼치는 사회 운동이다.
② ㉡은 식량 자원 확보를 위한 국가 간 경쟁이 초래한 문제이다.
③ ㉢은 ○○ 다국적 기업의 이윤 추구를 정당화하는 근거가 된다.
④ ㉣은 사회 체제의 전면적인 변혁을 추구하는 사회 운동이다.
⑤ ㉤은 세계 시민 의식을 바탕으로 하는 조직적인 사회 운동이다.

다음 글의 필자가 강조하는 사회 운동의 특징으로 가장 적절한 것은?

> 사회 운동은 문제의 원인과 해결 방안에 대한 일반화된 믿음 없이 산발적으로 나타나는 집단행동에서 비롯한다. 참여자 사이에서 이슈에 대한 공통된 인식이 형성되면, 행동의 조직화가 요구된다. 중요한 역할을 하고 있거나 참여자들이 인정하는 사람들을 중심으로 조직이 결성되고, 참여자는 더욱 증가한다. 따라서 집단적인 행동과 의사 표현이 일관되고 지속되도록, 조직은 필요한 자원을 동원하고 참여자에게 구체적인 역할을 부여한다. 필요한 경우에는 다른 사회 운동 단체와의 사회적 연결망을 구축하기도 한다. 이러한 과정은 사회 운동의 성패를 좌우할 만큼 중요하다.

① 다수의 자발적인 행동에 기반하여 유지된다.
② 목표 달성을 위해 체계적인 조직이 필요하다.
③ 목표와 활동 방향을 정당화하는 이념을 가지고 있다.
④ 특정 집단의 이익을 추구하는 반사회적 집단행동이다.
⑤ 현재의 사회 체제를 근본적으로 바꾸는 것을 지향한다.

밑줄 친 ㉠, ㉡에 대한 설명으로 옳은 것은?

> ○ 갑국의 한 시민 단체는 장애인의 이동권을 보장하기 위해 ㉠ 관련 법 개정 운동을 하고 있다.
> ○ 을국의 한 단체는 절대 군주 체제에 불만을 품고 ㉡ 민주 국가 체제를 수립하기 위한 운동을 하고 있다.

① ㉠은 사회 제도가 아닌 의식의 변화를 목적으로 한다.
② ㉡은 보수적인 사회 운동에 해당한다.
③ ㉠은 ㉡과 달리 사회적 갈등을 초래할 수 있다.
④ ㉡은 ㉠과 달리 사회 구조의 근본적인 변화를 추구한다.
⑤ ㉠과 ㉡은 모두 즉흥적인 감정에 따른 집합 행동이다.

(가), (나)에 대한 옳은 설명만을 〈보기〉에서 고른 것은?

> (가) ○○시민단체는 전통음식을 소멸시키고 음식의 맛을 획일화하는 패스트푸드에 저항하는 슬로우푸드 운동을 전개하고 있다. 전 세계 곳곳에 지역별 협회를 구성하여 벌이는 이 운동은 문화의 다양성과 지속성을 목표로 삼고 지속 가능한 발전, 공정 무역 활성화로 활동 범위를 넓히고 있다.
> (나) △△웹툰 회사는 공모전에서 특정 집단에 대한 혐오가 담긴 작품을 당선시켜 독자들로부터 거센 비판을 받고 있다. □□인권 단체는 해당 회사의 모든 작품에 대한 불매 운동과 함께 해당 작품의 공모전 탈락 및 게시 삭제를 요구하는 집회를 매주 개최하고 있다.

보기

ㄱ. (가)에는 체계적 조직을 바탕으로 한 사회 운동이 나타난다.
ㄴ. (나)에는 특정 목표를 바탕으로 한 다수의 행동이 나타난다.
ㄷ. (나)와 달리 (가)에는 일시적이고 즉흥적인 다수의 행동이 나타난다.
ㄹ. (가), (나)에는 모두 사회 체제의 전면적인 변혁을 추구하는 운동이 나타난다.

① ㄱ, ㄴ　　② ㄱ, ㄷ　　③ ㄴ, ㄷ　　④ ㄴ, ㄹ　　⑤ ㄷ, ㄹ

그림에 대한 설명으로 옳은 것은? (단, A, B는 각각 진화론, 순환론 중 하나임.)

㉠ 시민권의 역사는 인간의 주체적 노력을 통한 사회 변동이라는 점에서 A로 설명하기 어렵습니다. 과거 부르주아들은 왕과 귀족 중심의 봉건적이고 비합리적인 체제에 저항하며 자유적 시민권을 확보하였고, 노동자들은 이를 근거로 ㉡ 참정권 확대 운동을 전개하여 정치적 시민권을 획득하였습니다. 그리고 이것은 사회적 시민권의 제도화로 나아가는 데 있어서 필수적인 토대였습니다. 이러한 시민권의 발전 과정은 어느 사회에나 보편적으로 적용됩니다. 즉, 시민권의 역사는 인류 사회 모든 구성원의 보호라는 궁극적인 목적을 향한 다양한 지위와 권리의 분화 과정이라는 점에서 ___(가)___ 는 B의 특징을 잘 보여 줍니다.

① ㉡은 사회 변화에 저항하고 과거 질서로 회귀하려는 사회 운동이다.
② B는 사회 변동이 주기적으로 동일한 과정을 반복한다고 본다.
③ 갑은 사회적 시민권이 자유적 시민권의 획득 단계를 거쳐야만 보장될 수 있다고 본다.
④ 갑은 A의 관점에서 ㉠을, B의 관점에서 ㉡을 해석하고 있다.
⑤ (가)에는 '모든 사회 변동이 항상 진보를 의미하지는 않는다'가 들어갈 수 있다.

밑줄 친 ㉠~㉣에 대한 옳은 설명만을 <보기>에서 고른 것은? **3점**

1960년대 미국 사회에서 베트남 전쟁 반대에 가장 적극적인 목소리를 낸 단체는 ○○ 연합이었다. 그들의 운동을 이끈 감정은 주류 사회에 대한 반감과 도덕적 분노였다. 전쟁을 반대하는 ㉠ 평화 운동 집회에서는 형제애와 연대의 언어가 넘쳐흘렀다. 하지만 동료 여성들을 대하는 남성들의 차별적 태도는 미국 사회의 전반적인 분위기와 다르지 않았다. 회의에서 이들은 여성의 발언권을 제약했고 여성이 논의를 주도하려 할 때면 종종 야유를 퍼부었다. 남성들은 주류 사회에 반기를 들었지만, ㉡ 남성 우위 문화에는 놀라울 만큼 순응했다. 여성들 역시 초기에는 이러한 차별을 그다지 의식하지 않았지만 시간이 흐르자 소수 여성을 중심으로 차별에 대한 문제 제기가 이루어졌다. 이 목소리는 결국 거대한 물결로 이어져, ㉢ 반전 운동을 넘어 미국 사회에 심오한 영향을 미친 ㉣ 여성 운동으로 발전했다.

보기
ㄱ. ㉠은 반문화가 아닌 하위문화이다.
ㄴ. ㉡은 다수의 사회 구성원이 전반적으로 공유하는 문화이다.
ㄷ. ㉢은 현재의 사회 질서를 유지하고자 하는 사회 운동이다.
ㄹ. ㉣은 불평등한 사회 구조를 개혁하기 위한 사회 운동이다.

① ㄱ, ㄴ   ② ㄱ, ㄷ   ③ ㄴ, ㄷ   ④ ㄴ, ㄹ   ⑤ ㄷ, ㄹ

밑줄 친 ㉠, ㉡에 대한 설명으로 옳은 것은?

갑국의 다양한 이주민들은 오랜 기간 주류 사회로부터 차별을 받아 왔다. A 이주민들은 다른 이주민들과 달리 차별에서 벗어나기 위해 그들만의 ㉠ 사회 운동을 전개하였다. 이들이 펼친 운동에는 자신들의 민족적 정체성을 유지하면서 주류 사회 구성원조차 꺼리는 어려운 일도 마다하지 않고 적극적으로 사회에 참여하여 갑국의 가치를 실현하려는 그들 나름의 철학이 담겨 있었다. 하지만 이러한 노력에도 불구하고 A 이주민들에 대한 차별은 지속되었고, 이는 새로운 ㉡ 사회 운동이 나타나는 원인이 되었다. 당시 A 이주민들은 스스로를 '이방인'으로 칭하고 자신들을 주변화했던 갑국 사회의 제도와 가치를 부정하며 민족적 정체성을 강화하는 운동을 전개하였다.

① ㉠에는 반문화가 아닌 하위문화의 특성이 나타난다.
② ㉡에는 반문화를 주류 문화로 변화시키려는 시도가 나타난다.
③ ㉠과 달리 ㉡은 급격한 사회 변화에 저항하는 사회 운동이다.
④ ㉡과 달리 ㉠은 사회 구조 전체를 근본적으로 변화시키려는 사회 운동이다.
⑤ ㉠과 ㉡은 모두 주류 사회의 문화적 정체성을 강화하기 위한 사회 운동이다.

다음 글에서 사회 변동의 방향을 바라보는 필자의 관점에 대한 옳은 설명만을 <보기>에서 고른 것은?

상이한 민족 간의 적대주의는 문명을 이끌어 온 원동력이다. 힘이 강한 민족은 자신들의 활력을 바탕으로 정교한 사회적 네트워크를 발전시킨다. 이들은 힘이 약한 민족을 정복하면서 위대한 문명의 꽃을 피운다. 이 과정에서 지배자들은 결혼을 통해 피지배자들과 섞이고, 이와 함께 자라나는 혐오감은 전체 문명의 활력을 소진시킨다. 이때 적대감으로 무장한 또 다른 강한 민족이 정복의 열쇠를 들고 새로운 문명의 문을 연다.

보기
ㄱ. 운명론적 시각에서 사회 변동을 설명한다.
ㄴ. 사회 변동이 진보와 발전을 의미한다고 본다.
ㄷ. 사회 변동을 동일한 과정의 주기적 반복으로 설명한다.
ㄹ. 사회는 미분화된 상태에서 분화된 상태로 변동한다고 본다.

① ㄱ, ㄴ   ② ㄱ, ㄷ   ③ ㄴ, ㄷ   ④ ㄴ, ㄹ   ⑤ ㄷ, ㄹ

61
[2025년 10월 학평 11번]

밑줄 친 ㉠, ㉡에 대한 설명으로 가장 적절한 것은?

> ○ 갑국에서 오랜 인종 차별 관행에 저항하기 위해 흑인들은 백인 전용 식당에서 음식을 주문하고 폐점 시간까지 그 자리에 앉아 비폭력 저항을 하였다. ㉠ 연좌 농성이라고 불린 이 운동에 많은 사람들이 조직적으로 동참하였다.
> ○ 을국의 ○○ 지역에 있는 한 공장에서 몰래 폐수를 방류해 주변 농작물에 피해가 발생하였다. 이에 피해 농민들은 농작물 피해 보상을 받고자 ㉡ 공장에 항의 방문을 하였다.

① ㉠은 복고적 성격을 띤 사회 운동이다.
② ㉡은 기존 사회 질서의 유지를 목표로 하는 사회 운동이다.
③ ㉠과 달리 ㉡은 활동을 정당화하는 이념을 바탕으로 한다.
④ ㉡과 달리 ㉠은 사회 변화를 목적으로 하는 사회 운동이다.
⑤ ㉠, ㉡은 모두 일시적이고 비체계적인 특성을 갖는다.

62
[2025년 10월 학평 18번]

다음 자료에 대한 옳은 설명만을 <보기>에서 고른 것은? (단, A, B는 각각 진화론, 순환론 중 하나임.)

> B와 달리 A는 사회가 주기적으로 동일한 과정을 반복하며 변동한다고 본다. 표는 질문을 통해 A, B를 구분한 것이다.
>
> | 질문 | A | B |
> |------|---|---|
> | (가) | 예 | 아니요 |
> | (나) | ㉠ | ㉡ |

보기

ㄱ. A와 달리 B는 사회 변동에 일정한 방향이 없다고 본다.
ㄴ. B와 달리 A는 사회가 퇴보할 수 있다고 본다.
ㄷ. (가)에는 '서구 중심적 사고라는 비판을 받는가?'가 들어갈 수 없다.
ㄹ. (나)에 '운명론적 관점에서 사회 변동을 설명하는가?'가 들어가면, ㉠은 '아니요', ㉡은 '예'이다.

① ㄱ, ㄴ　　② ㄱ, ㄷ　　③ ㄴ, ㄷ　　④ ㄴ, ㄹ　　⑤ ㄷ, ㄹ

63
2026 수능
[2026학년도 수능 12번]

다음 글에서 사회 변동의 방향을 바라보는 필자의 관점에 대한 옳은 설명만을 <보기>에서 고른 것은? **3점**

> 갑국은 종교에 기반한 강력한 왕권을 바탕으로 지역 패권을 장악해 나갔다. 이 과정에서 발생한 강압적인 통치와 급격한 제도 변화로 인해 자국민들의 불만은 누적되어 갔다. 갑국은 이 경험을 교훈 삼아 종교를 토대로 한 왕권 체제를 버리고 안정적이고 효율적인 행정 체계를 수립하여 국가의 영향력을 다시 확대해 갔다. 이러한 통치 체제의 소멸과 탄생의 과정 속에서 사회의 요구에 대응하며 체계적으로 분화된 사회로 나아가는 양상은 갑국뿐 아니라 대부분의 국가들에서 나타난다.

보기

ㄱ. 사회 변동을 지속적인 진보의 과정으로 본다.
ㄴ. 서구 제국주의를 정당화하는 논리로 이용될 수 있다.
ㄷ. 사회 변동 방향을 예측하여 대응하는 데 적합하지 않다.
ㄹ. 운명론적 입장에서 사회의 소멸을 필연적 결과로 간주한다.

① ㄱ, ㄴ　　② ㄱ, ㄷ　　③ ㄴ, ㄷ　　④ ㄴ, ㄹ　　⑤ ㄷ, ㄹ

2. 현대 사회의 변동과 대응

★수능에 나오는 필수 개념 4가지 + 필수 암기사항 2개

필수개념 1　농업 사회 vs 산업 사회 vs 정보 사회

• 농업 사회, 산업 사회, 정보 사회 [암기] → 농업 사회, 산업 사회, 정보 사회의 특징을 비교하여 구분할 수 있어야 한다.

구분	농업 사회	산업 사회	정보 사회
산업의 중심	1차 산업	2차 산업	3차 산업
부가 가치의 원천	노동과 토지	노동과 자본	정보와 지식
생산 방식	소품종 소량 생산	소품종 대량 생산	다품종 소량 생산
사회 조직	1차적 관계	관료제(수직적 인간관계)	탈관료제(수평적 인간관계)

필수개념 2　정보 사회의 문제점

• 정보 사회의 문제점 → 정보 사회에서 나타나는 문제점을 파악한다.

인간 소외	피상적 인간관계의 확산으로 나타남
정보 격차	정보에 대한 접근·소유·활용에 있어 경제력과 권력, 세대 간에 불평등하게 분배되어 있음
사이버 범죄	컴퓨터 기술을 악용한 해킹으로 인해 범죄 증가, 익명성을 이용한 욕설 등의 사이버 언어 폭력이 증대됨
사생활 침해	정보의 유출과 잘못된 사용으로 개인의 사생활이 침해됨

필수개념 3　세계화와 정보화

• 세계화

의미	국가 간 교류가 활발해지면서 상호 의존성이 심화되고 개인의 생활 영역이 국가의 경계를 넘어서 확장되는 현상
배경	교통 수단의 발달, 정보 통신 기술의 고도화
긍정적 영향	• 인간의 존엄성, 자유, 평등 등과 같은 인류의 보편적 가치가 전 세계로 확산됨 • 문화 교류가 활발해지면서 문화 전파가 빈번해지고 이 과정에서 더욱 창의적이고 새로운 문화가 창조될 수 있음 • 생산자는 전 세계로 시장을 확대할 수 있고 소비자는 다양한 상품을 제공받을 수 있음
부정적 영향	• 개인, 기업, 국가 간 경쟁이 심화되며 이에 따라 빈부 격차가 심화될 수 있음 • 문화의 획일화라는 부작용이 발생할 수 있음 • 강대국, 다국적 기업, 국제기구, 국제적인 거대 자본 등의 영향력이 커지면서 개별 국가의 자율성이 침해될 수 있음

• 정보화

의미	정보와 지식이 중요한 자원으로 인식되고, 정보 통신 기술을 적극적으로 활용하는 정보 사회로 사회가 이행하는 현상
배경	정보 통신 기술의 발달, 사물인터넷(IOT) 발달, 인공지능(AI) 발달 등
문제점	정보 과잉과 정보 오류 문제, 타인과의 직접적 접촉 감소로 인한 인간 소외 현상, 저작권 침해, 개인 정보 유출, 사이버 명예 훼손, 정보 격차로 인한 불평등 심화, 디지털 약자 발생
해결방안	정보 선별 능력 함양, 권리 의식 함양, 정보 취약 계층에 대한 지원 활성화, 정보 인프라 구축

기본자료

▶ 정보와 지식
정보는 인간의 지적 활동의 결과로 얻어지는 무형의 생산물을 말하며, 지식은 어떤 대상에 대하여 알고 있는 명확한 인식이나 이해를 말한다.

DAY
26
V
2. 현대 사회의 변동과 대응

필수개념 4　**저출산 · 고령화와 다문화화**

• 저출산 · 고령화와 인구 통계　**암기**　→ 저출산·고령화의 원인, 문제점, 해결 방안을 이해하고 암기해야 한다.

1. 저출산

의미	여자 1명이 가임 기간(15 ~ 49세) 동안 낳을 것으로 예상되는 평균 출생아 수(=합계 출산율)가 하락하는 현상
배경	초혼 연령 상승, 독신 증가, 자녀 양육비 및 교육비 증가, 혼인과 출산에 대한 가치관 변화 등
문제점	생산 가능 인구 감소로 국민 경제 활력 저하, 사회 유지 및 인구 부양에 심각한 위협 초래 등
해결 방안	출산과 육아에 대한 사회적 지원 강화, 자녀 양육비 및 교육비 부담 경감 정책 마련, 출산과 육아에 대한 친화적인 사회적 풍토 조성, 일 · 가정 양립 정책 등

▶ 일 · 가정 양립 정책 활성화
근로자가 직장 생활과 임신, 육아 등 가정 생활을 병행할 수 있도록 돕는 정책

2. 고령화

의미	전체 인구에서 노년 인구(65세 이상 인구)가 차지하는 비율이 증가하는 현상
배경	의료 기술 발달 및 생활 수준 향상에 따른 평균 수명 증가, 출산율 저하 등
문제점	노년 부양비 증가, 세대 간 갈등 심화, 노인 빈곤 문제 및 복지 재정 부담 증가, 경제 활동 인구 비율 감소, 독거 노인 증가 등
해결 방안	노인 복지 지원, 고령자에게 적합한 업무 개발, 노인 재취업 기회 확대, 정년 연장에 대한 사회적 합의 마련, 개인적 차원의 노후 대비, 연금 제도 개선 등

▶ 경제 활동 인구
생산 가능 인구(15 ~ 64세) 중 취업자와 실업자를 포함하여 노동 능력과 노동 의사를 가지고 있는 모든 인구를 말한다.

3. 고령화 단계 및 인구 부양비

고령화 단계	• 고령화 사회 : 전체 인구에서 65세 이상 인구가 차지하는 비율이 7% 이상 ~ 14% 미만인 사회 • 고령 사회 : 전체 인구에서 65세 이상 인구가 차지하는 비율이 14% 이상 ~ 20% 미만인 사회 • 초고령 사회 : 전체 인구에서 65세 이상 인구가 차지하는 비율이 20% 이상인 사회
인구 부양비	• 총 부양비 $= \dfrac{0 \sim 14세\ 인구 + 65세\ 이상\ 인구}{15 \sim 64세\ 인구} \times 100$ • 유소년 부양비 $= \dfrac{0 \sim 14세\ 인구}{15 \sim 64세\ 인구} \times 100$ • 노년 부양비 $= \dfrac{65세\ 이상\ 인구}{15 \sim 64세\ 인구} \times 100$

• 다문화화

의미	문화적 배경이 다른 다양한 민족이나 인종 등으로 구성된 사회로 변화하는 현상
긍정적 영향	• 문화 다양성 증가로 인한 문화 창조 능력이 향상됨 • 문화 선택의 폭이 넓어짐 • 저출산 · 고령화로 인한 노동력 문제의 새로운 대안
부정적 영향	• 이질적인 집단 간 갈등이 발생할 가능성이 높아짐 • 외부 문화의 유입으로 전통문화의 정체성이 약화될 수 있음 • 이주민, 다문화 가정 자녀의 사회 적응 문제 발생

▶ 다문화 정책
용광로 정책(melting-pot)이란 다양한 문화가 하나의 주류 문화에 녹아들어 동화 되도록 하는 정책을 말한다. 샐러드볼 정책(salad-bowl)이란 다양한 문화가 고유의 정체성을 유지하면서 조화롭게 공존하도록 유도하는 정책을 말한다.

다음 자료에 대한 옳은 설명만을 〈보기〉에서 고른 것은? (단, A, B는 각각 산업 사회, 정보 사회 중 하나이다.)

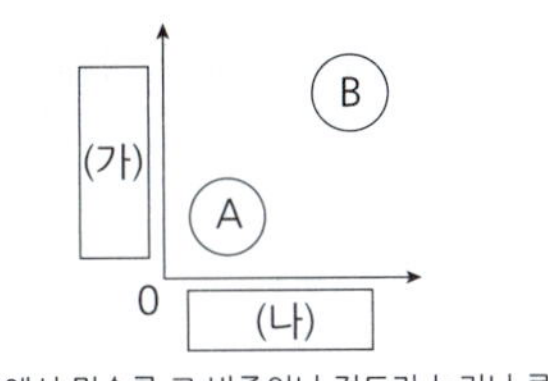

보기

ㄱ. A는 B에 비해 물리적 거리가 사회적 관계 형성을 제약하는 정도가 크다.
ㄴ. B는 A에 비해 쌍방향 매체의 정보 전달 비중이 낮다.
ㄷ. (가)에는 '의사 결정의 분권화 정도'가, (나)에는 '비대면 접촉의 비중'이 들어갈 수 있다.
ㄹ. (가)에는 '정보 생산자와 소비자 간 구분의 명확성 정도'가, (나)에는 '가정과 일터의 분리 정도'가 들어갈 수 있다.

① ㄱ, ㄴ   ② ㄱ, ㄷ   ③ ㄴ, ㄷ   ④ ㄴ, ㄹ   ⑤ ㄷ, ㄹ

---

2   **2024 평가원**   **[2024학년도 6월 모평 18번]**

그림은 A, B의 일반적인 특징을 비교한 것이다. 이에 대한 설명으로 옳은 것은? (단, A, B는 각각 산업 사회, 정보 사회 중 하나임.)

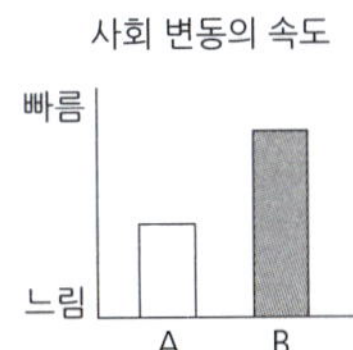

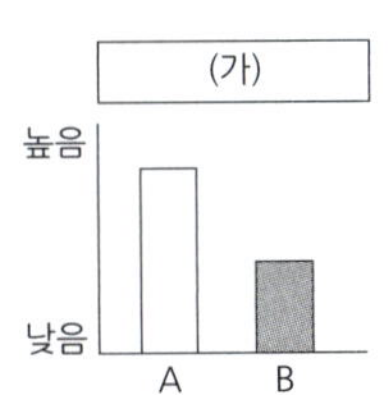

① A는 B에 비해 전자 상거래의 비중이 작다.
② B는 A에 비해 의사 결정의 분권화 정도가 낮다.
③ A는 다품종 소량 생산, B는 소품종 대량 생산이 지배적이다.
④ A는 지식과 정보, B는 자본과 노동이 부가 가치의 주요 원천이다.
⑤ (가)에는 '정보의 생산자와 소비자 간 구분의 명확성 정도'가 들어갈 수 없다.

다음 자료에 대한 설명으로 옳은 것은? (단, A와 B는 각각 산업 사회와 정보 사회 중 하나임.) **3점**

○ 과제 : 제시된 비교 기준에 따라 A와 B를 비교할 때, 상대적으로 '강함(높음)'으로 평가되는 사회의 스티커를 떼어 답란에 붙이시오.

—— 스티커 ——
A : ◯ ◯ ◯ ◯   B : ☆ ☆ ☆ ☆

○ 학생 갑이 붙인 스티커와 교사의 평가

비교 기준	답란	교사의 평가
가정과 일터의 결합 정도	◯	오답
(가)	☆	오답
쌍방향 매체의 활용 비중	㉠	정답
(나)	◯	정답

① ㉠은 '◯'이다.
② (가)에 '지식 서비스 산업 종사자의 비중'이 들어갈 수 있다.
③ (나)에 '소품종 대량 생산 방식의 비중'이 들어갈 수 있다.
④ A는 B에 비해 사회 변동의 속도가 빠르다.
⑤ B는 A에 비해 정보 제공자와 수용자 간의 구분이 명확하다.

A, B에 대한 설명으로 옳은 것은? (단, A, B는 각각 산업 사회, 정보 사회 중 하나임.)

A는 주로 노동과 자본을 집약하여 부가 가치를 창출한다. B는 일반적으로 지식과 정보가 부가 가치 창출의 원천으로 활용되며, A에 비해 ⎡ (가) ⎤ 이/가 낮은 특징이 나타난다.

① A에 비해 B는 의사 결정의 분권화 정도가 낮다.
② B에 비해 A는 직업의 이질성이 높다.
③ A는 다품종 소량 생산이, B는 소품종 대량 생산이 지배적이다.
④ (가)에는 '비대면 접촉의 비중'이 들어갈 수 있다.
⑤ (가)에는 '가정과 일터의 결합 정도'가 들어갈 수 없다.

그림은 기준 (가), (나)에 따라 A, B의 일반적인 특징을 비교한 것이다. 이에 대한 설명으로 옳은 것은? (단, A와 B는 각각 산업 사회, 정보 사회 중 하나이다.)

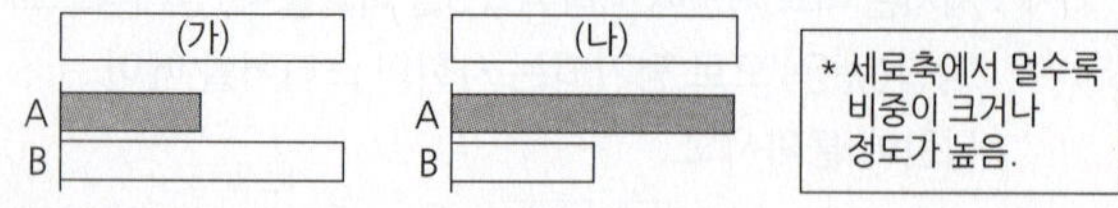

① A가 정보 사회라면, (가)에는 '전자 상거래의 비중'이 들어갈 수 있다.
② B가 산업 사회라면, (나)에는 '사회적 관계를 맺는 공간적 제약의 정도'가 들어갈 수 있다.
③ (가)가 '사회의 다원화 정도'라면, A는 B에 비해 정보 생산자와 소비자 간 구분이 명확하다.
④ (나)가 '다품종 소량 생산 방식의 비중'이라면, B는 A에 비해 사회 변동 속도가 빠르다.
⑤ (가)가 '2차 산업의 비중'이라면, (나)에는 '가정과 일터의 분리 정도'가 들어갈 수 있다.

다음 자료에 대한 설명으로 옳은 것은? (단, A, B는 각각 산업 사회, 정보 사회 중 하나임.) 3점

표는 A, B를 비교하는 질문과 그에 대한 갑, 을의 응답을 나타낸 것이다. 옳은 응답의 개수는 을이 갑보다 많다.

질문	응답	
	갑	을
A는 B에 비해 가정과 일터의 결합 정도가 높은가?	예	아니요
B는 A에 비해 소품종 대량 생산의 비중이 높은가?	아니요	㉠
(가)	예	예

① ㉠은 '예'이다.
② A는 B에 비해 사회의 다원화 정도가 높다.
③ B는 A에 비해 전자 상거래의 비중이 낮다.
④ (가)에 'A는 B에 비해 사회 구성원 간 비대면 접촉 비중이 높은가?'가 들어간다면, 갑의 응답 중 옳은 것은 1개이다.
⑤ (가)에 'B는 A에 비해 정보의 생산자와 소비자 간 구분이 명확한가?'가 들어간다면, 을의 응답 중 옳은 것은 3개이다.

교사가 제시한 과제에 대해 옳게 응답한 학생만을 고른 것은? (단, A ~ C는 각각 농업 사회, 산업 사회, 정보 사회 중 하나이다.)

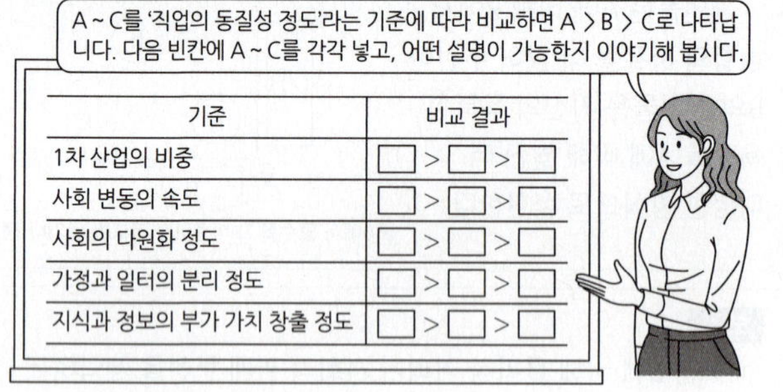

기준	비교 결과		
1차 산업의 비중	□	> □	> □
사회 변동의 속도	□	> □	> □
사회의 다원화 정도	□	> □	> □
가정과 일터의 분리 정도	□	> □	> □
지식과 정보의 부가 가치 창출 정도	□	> □	> □

갑 : A는 C에 비해 구성원 간의 익명성 정도가 큽니다.
을 : C는 B에 비해 다품종 소량 생산 방식의 비중이 높습니다.
병 : 기준이 '구성원의 비대면 접촉 정도'일 때와 비교 결과가 동일한 것은 3개입니다.
정 : 기준이 '사회적 관계를 맺는 공간적 제약의 정도'일 때와 비교 결과가 동일한 것은 2개입니다.

① 갑, 을　② 갑, 병　③ 을, 병　④ 을, 정　⑤ 병, 정

다음 자료에 대한 설명으로 옳은 것은? (단, A와 B는 각각 산업 사회, 정보 사회 중 하나이다.) 3점

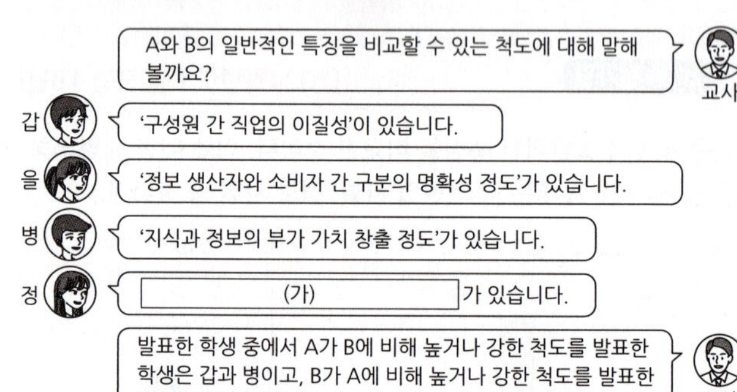

① A는 B에 비해 정보 이용의 시·공간적 제약 정도가 높다.
② B는 A에 비해 가정과 일터의 분리 정도가 높다.
③ (가)에는 '다품종 소량 생산 방식의 비중'이 적절하다.
④ '면대면 접촉의 비중'은 갑과 병이 발표한 척도를 대체할 수 있다.
⑤ '사회의 다원화 정도'는 을과 정이 발표한 척도를 대체할 수 있다.

9
[2022학년도 6월 모평 5번]

다음은 A, B의 일반적인 특징을 비교한 것이다. 이에 대한 설명으로 옳은 것은? (단, A와 B는 각각 산업 사회, 정보 사회 중 하나이다.)

> ○ A는 B에 비해 의사 결정의 분권화 정도가 높다.
> ○ A는 B에 비해   (가)   이/가 크다.
> ○ B는 A에 비해   (나)   이/가 빠르다.

① A는 B에 비해 비대면 접촉의 비중이 낮다.
② B는 A에 비해 쌍방향 매체의 정보 전달 비중이 낮다.
③ A는 소품종 대량 생산 체제, B는 다품종 소량 생산 체제가 지배적이다.
④ (가)에는 '물리적 거리가 사회적 관계 형성에 미치는 제약'이 들어갈 수 있다.
⑤ (나)에는 '정보의 확산 속도'가 들어갈 수 있다.

10
[2022년 10월 학평 19번]

밑줄 친 ㉠~㉣에 대한 옳은 설명만을 <보기>에서 고른 것은?

> ㉠ 정보 사회의 도래로 대면 접촉이 줄어들면서 파편화된 인간관계에 대한 우려도 있지만, ㉡ SNS(사회 관계망 서비스) 등 뉴 미디어의 발달이 타인과의 교류와 연대를 확장시켜 사회적 결속을 강화할 수 있다는 예측도 있다. 예를 들어 ㉢ 산업 사회에서는 고립되어 있던 개인들이 ㉣ SNS를 통해 관심사가 비슷한 사람들과 거주 지역에 관계없이 폭넓게 교류하며 결속을 다지고 적극적인 사회 구성원으로 활동할 수 있다.

보기
ㄱ. ㉡은 쌍방향 매체의 정보 전달 비중을 확대시킨다.
ㄴ. ㉣은 사회적 관계 형성의 공간적 제약을 극복하는 모습을 보여 준다.
ㄷ. ㉠은 ㉢에 비해 가정과 일터의 분리 정도가 높다.
ㄹ. ㉢은 ㉠과 달리 다품종 소량 생산 방식이 지배적이다.

① ㄱ, ㄴ   ② ㄱ, ㄷ   ③ ㄴ, ㄷ   ④ ㄴ, ㄹ   ⑤ ㄷ, ㄹ

11
[2021년 10월 학평 2번]

표는 A와 B의 일반적인 특징을 비교한 것이다. 이에 대한 설명으로 옳은 것은? (단, A와 B는 각각 산업 사회와 정보 사회 중 하나이다.)

비교 기준	강함(높음)	약함(낮음)
가정과 일터의 분리 정도	B	A
(가)	A	B

① A는 B에 비해 구성원 간 대면 접촉 비중이 높다.
② A는 B에 비해 정보 제공자와 수용자 간 구분이 명확하다.
③ B는 A에 비해 지식 정보 산업의 비중이 높다.
④ B는 A에 비해 다품종 소량 생산 방식의 비중이 높다.
⑤ (가)에 '탈관료제 조직의 비중'이 들어갈 수 있다.

12
[2022년 3월 학평 10번]

다음 자료에 대한 옳은 설명만을 <보기>에서 고른 것은? **3점**

> ○ **게임 규칙** : 두 사람이 6장의 카드 중 각각 2장의 카드를 선택하는데, 각 카드를 통해 획득하는 점수의 합이 큰 사람이 승자가 된다. 단, 한 사람이 선택한 카드는 다른 사람이 선택할 수 없다.
> ○ **각 카드에 부여된 점수** : 정보 사회가 산업 사회보다 '강함(높음)'으로 평가되는 비교 기준이 적혀 있는 카드는 각각 2점씩이고, 나머지 카드는 각각 0점씩이다.
> ○ **각 카드에 적혀 있는 비교 기준**

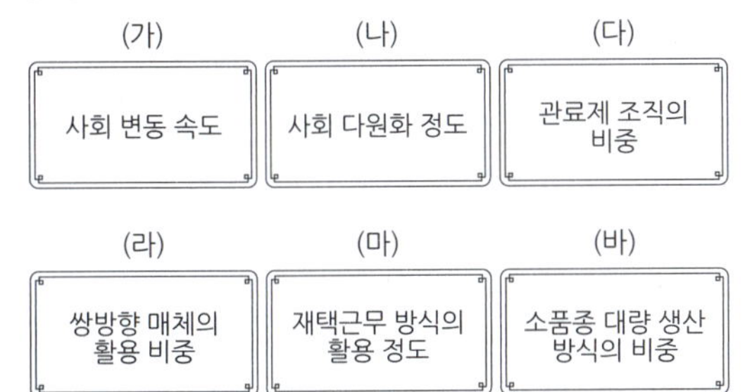

보기
ㄱ. (가)와 (다)를 통해 획득하는 점수의 합은 0점이다.
ㄴ. (나)와 (라)를 통해 획득하는 점수의 합은 4점이다.
ㄷ. (가)와 (라)를 선택한 사람의 점수 합과 (마)와 (바)를 선택한 사람의 점수 합은 같다.
ㄹ. 두 사람이 각각 2장씩 카드를 선택한 후 (다)와 (바)가 남았다면 두 사람 중 승자는 없다.

① ㄱ, ㄴ   ② ㄱ, ㄷ   ③ ㄴ, ㄷ   ④ ㄴ, ㄹ   ⑤ ㄷ, ㄹ

13

그림은 질문을 통해 A, B를 구분한 것이다. 이에 대한 설명으로 옳은 것은? (단, A, B는 각각 산업 사회, 정보 사회 중 하나이다.)

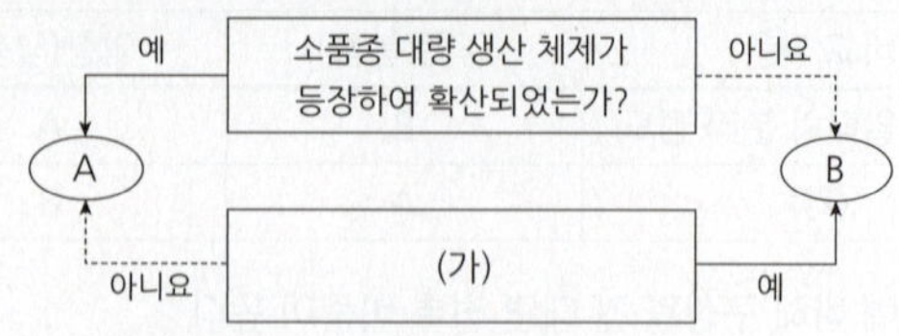

① A는 B보다 사회의 다원화 정도가 낮다.
② A는 B보다 가정과 일터의 분리 정도가 낮다.
③ B는 A보다 비대면 접촉 정도가 낮다.
④ B는 A보다 의사 결정의 분권화 정도가 낮다.
⑤ (가)에는 '정보 생산자와 소비자의 경계가 명확한가?'가 들어갈 수 있다.

14

표는 A와 B의 특징을 정리한 것이다. 이에 대한 설명으로 옳은 것은? (단, A와 B는 각각 산업 사회와 정보 사회 중 하나이다.)

구분	A	B
특징	○정보와 지식이 부가 가치 창출의 주요 원천이다. ○ ______(가)______	○생산 방식 측면에서 공장제 기계 공업이 일반화된다. ○관료제 조직이 지배적으로 나타난다.

① A는 B에 비해 가정과 일터의 분리 정도가 높다.
② A는 B에 비해 쌍방향 통신 매체의 발전 정도가 높다.
③ B는 A에 비해 비대면 접촉의 비중이 높다.
④ B는 A에 비해 다품종 소량 생산 방식의 비중이 높다.
⑤ (가)에 '중간 관리층의 규모와 역할이 확대된다.'가 들어갈 수 있다.

15

A, B의 일반적인 특징에 대한 설명으로 옳은 것은? (단, A, B는 각각 산업 사회, 정보 사회 중 하나임.) **3점**

> 지식이 부가 가치를 창출하는 중요한 원천인 A에서는 가정에서도 고도화된 통신 기술이 널리 활용된다. 이를 통해 재택근무가 활성화되면서 가정은 생산과 노동의 중심이 되기도 한다. 반면, 주로 자본과 노동을 통해 부가 가치를 창출하는 B에서 가정은 직장과 공간적으로 분리된다. 직장은 생산과 노동의 공간, 가정은 휴식 공간으로 기능한다.

① A는 B에 비해 직업의 동질성 정도가 높다.
② A는 B에 비해 정보 확산의 시공간적 제약이 적다.
③ A는 B에 비해 사이버 범죄가 발생할 가능성이 낮다.
④ B는 A에 비해 다품종 소량 생산 방식의 비중이 높다.
⑤ B는 A에 비해 쌍방향 매체를 통한 정보 전달의 비중이 높다.

16
2024 수능

다음 자료에 대한 옳은 설명만을 〈보기〉에서 있는 대로 고른 것은? (단, A, B는 각각 산업 사회, 정보 사회 중 하나임.)

〈형성 평가〉

○제시된 '대답'에 맞게 빈칸을 채워 질문을 완성하시오.

대답	대답에 맞는 질문	채점 결과
예	A는 B에 비해 ______(가)______ 이/가 높은가?	㉠
아니요	B는 A에 비해 정보 제공자와 수용자 간 구분 이/가 명확한가?	1점

* 교사는 완성한 질문별로 채점하고 제시된 대답에 맞게 질문을 완성한 경우는 1점, 틀린 경우는 0점임.

보기

ㄱ. A는 B에 비해 물리적 거리가 사회적 관계 형성에 미치는 제약 정도가 크다.
ㄴ. (가)에 '사회의 다원화 정도'가 들어간다면, ㉠은 '1점'이다.
ㄷ. ㉠이 '0점'이라면, (가)에는 '가정과 일터의 결합 정도'가 들어갈 수 없다.

① ㄱ　　② ㄴ　　③ ㄱ, ㄷ　　④ ㄴ, ㄷ　　⑤ ㄱ, ㄴ, ㄷ

다음 글에서 필자가 강조하는 현대 사회의 대중이 가져야 할 자세로 가장 적절한 것은?

> 급변하는 세상에서 사람들은 무한히 제공되는 정보를 모두 살펴볼 여유가 없다. 그로 인해 사회 이슈를 직관적으로 이해할 수 있게 가공한 콘텐츠들이 인기를 얻는다. 사람들은 가공된 콘텐츠를 소비할 때 자신이 정보를 찾고 스스로 생각해 판단한다고 느낀다. 하지만 해당 콘텐츠에는 제작자의 편향된 시각이 반영되어 있어 정보를 받아들이는 대중은 제작자의 시각에 동화된다. 이처럼 사유를 외주화하는 사람들이 많아지면 비슷한 생각을 가진 사람들이 폐쇄적 집단에 머물며 다른 생각을 가진 사람들을 배척하는 상황이 발생한다. 이는 다원화된 민주 사회의 형성을 어렵게 만든다. 디지털 기술이 정보의 소비 선택성과 생산 주체성을 높여 줄 수는 있지만 그 자체가 지성적인 대중을 만드는 것은 아니다. 개인은 지성적 사유의 주체가 되어야 한다.

① 정보 기기에 대한 과도한 의존을 경계한다.
② 정보를 비판적으로 분석하고 평가하는 능력을 함양한다.
③ 문화의 질적 저하 방지를 위해 지나친 상업성을 경계한다.
④ 문화의 다양성 제고를 위해 콘텐츠 생산에 적극적으로 참여한다.
⑤ 표현의 자유를 이유로 타인의 권리를 침해하지 않도록 유의한다.

18 [2021학년도 수능 2번]

(가), (나) 사례에 나타난 정보 사회의 문제에 대한 설명으로 가장 적절한 것은?

> (가) 갑은 유명인의 1인 방송 채널에서 과장된 사용 후기를 우연히 보고 해당 제품을 구매하였으나, 품질이 방송 내용과 달라서 당황하였다.
> (나) 을은 절찬리에 상영 중인 영화가 불법으로 유통되는 것을 알고, 이를 다운로드하여 친구들과 공유하였다.

① (가)는 정보 기기에 대한 과도한 의존 양상에 해당한다.
② (가)는 비판적 정보 수집·분석 능력 함양의 필요성을 보여 준다.
③ (나)는 타인의 개인 정보를 유출한 양상에 해당한다.
④ (나)는 정보 격차 해소를 위한 환경 구축의 필요성을 보여 준다.
⑤ (가), (나)는 모두 익명성을 바탕으로 한 거짓 정보의 유포로 인해 발생한 것이다.

19 `2025 평가원` [2025학년도 6월 모평 13번]

(가), (나)에 들어갈 수 있는 내용으로 가장 적절한 것은? 

> 갑 : 정보화 시대에는 사회 불평등이 줄어들 것입니다. 오늘날 더 많은 사람들이 컴퓨터와 네트워크를 통해 지식과 정보에 손쉽게 접근하고 있습니다. 이처럼 정보에 대한 보편적 접근권이 확대되면 교육이나 문화에서의 격차는 더욱 줄어들게 될 것입니다. 즉, 정보 기술은
> ┌─────────────┐
> │   (가)   │
> └─────────────┘
> 을 : 지식과 정보가 중시되는 사회에서 사회 불평등은 심화될 것입니다. 정보 부국과 정보 빈국이라는 말이 존재하듯이 오늘날 국제적 상황에서 정보 격차는 더욱 심해졌습니다. 이는 국내적 상황에서도 다르지 않습니다. 즉, 보편적 접근권이 강조되고 있음에도 정보 기술은
> ┌─────────────┐
> │   (나)   │ 왜냐하면 한 국가
> └─────────────┘
> 내에서 정보를 실질적으로 활용하여 부를 재생산할 수 있는 능력은 서열화된 사회 구조적 위치에 따라 다르게 분포되어 있기 때문입니다.

① (가) : 저작권 침해 문제를 야기할 수 있습니다.
② (가) : 검증되지 않은 정보를 확산시킬 수 있습니다.
③ (나) : 상대적 빈곤을 줄이는 데 도움을 줄 수 있습니다.
④ (나) : 정보 부국 중심의 국제 질서를 강화할 수 있습니다.
⑤ (나) : 계층에 따른 기존의 소득 격차를 늘릴 수 있습니다.

20 [2024년 10월 학평 9번]

(가)에 들어갈 내용으로 가장 적절한 것은?

> 필터 버블이란 인터넷 정보 제공자가 이용자에게 맞춤형 정보를 제공함으로써 이용자가 걸러진 정보만을 접하게 되는 현상을 말한다. 필터 버블에 갇힌 사람들은 자신의 의견과 일치하는 정보만을 접하게 되고 자신이 가진 견해가 더 널리 퍼져 있거나 더 옳다고 믿게 되는 확증 편향에 빠지기 쉽다. 이러한 문제를 해결하기 위해 (가)

① 저작권 침해 예방 교육이 필요하다.
② 정보 취약 계층에 정보 기기를 지원해야 한다.
③ 거짓 정보 유포에 대한 법적 규제를 강화해야 한다.
④ 정보 기기 사용 시간에 대한 자기 조절 능력을 배양해야 한다.
⑤ 온라인상에서 접하는 정보에 대한 비판적 수용 태도가 필요하다.

그림에 나타난 정책들을 통해 공통적으로 기대할 수 있는 효과로 가장 적절한 것은?

① 정보 기기에 대한 과도한 의존 문제가 감소할 것이다.
② 개인 정보 유출로 인한 사생활 침해 문제가 감소할 것이다.
③ 사회 구성원 간 정보 접근 및 활용의 격차가 감소할 것이다.
④ 사이버 공간 속 익명성으로 인한 명예 훼손 문제가 감소할 것이다.
⑤ 검증되지 않은 정보 확산으로 인한 정보 오남용 문제가 감소할 것이다.

그림 (가), (나)를 통해 공통적으로 추론할 수 있는 정보 사회의 문제점으로 가장 적절한 것은?

① 정보의 접근 및 이용에서의 격차가 발생하고 있다.
② 디지털 기술이 세대 간 문화 격차를 확대시키고 있다.
③ 정보 기기 중독에 따른 사회적 부작용이 증가하고 있다.
④ 자동화 기기 도입의 증가에 따라 일자리가 줄어들고 있다.
⑤ 비대면적 사회관계가 확산되면서 인간 소외가 심화되고 있다.

다음 글에 부각되어 있는 정보 사회의 문제점에 대한 설명으로 가장 적절한 것은?

> 소셜 미디어의 발전으로 누구나 자신의 정보와 의견을 쉽게 전달할 수 있게 되었다. 이는 정치적 영역에서 시민들의 참여를 활성화하는 긍정적인 측면이 있다. 하지만 소셜 미디어를 통해 접하는 정보가 항상 검증된 사실만을 담고 있는 것은 아니다. 특히 일부 개인이나 집단은 의도적으로 가짜 뉴스를 제작하고 유포하여 사람들의 올바른 판단을 방해하고 사회 갈등을 조장한다.

① 특정 집단이 정보를 독점하여 나타나는 현상이다.
② 정보를 비판적으로 분석하는 능력의 필요성을 보여 준다.
③ 기업의 과도한 개인 정보 수집으로 인해 나타나는 현상이다.
④ 정보 취약 계층에 대한 정보 기기 지원의 필요성을 보여 준다.
⑤ 지식 재산권 침해를 예방하기 위한 제도의 필요성을 보여 준다.

다음은 정보 사회에 대한 어느 학자의 주장이다. (가)에 들어갈 내용으로 가장 적절한 것은?

> 정보 사회는 네트워크 사회이다. 이는 무형적으로 끊임없이 변화를 거듭하는 새로운 '리좀(rhizome)형 사회'가 도래했음을 시사한다. 이전 사회 속 개인은 권력에 포획됨으로써 사회의 지배적 질서를 내면화하고 그것에 포섭되는 '정착민'적 존재로 남는다. 반면 리좀 네트워크 속 개인은 기존의 사회 질서 틀에 얽매이지 않고 끊임없이 변화하는 '유목민'적 존재가 된다. 그러므로 정보 사회에서는   (가)
>
> * 리좀(rhizome) : 뿌리가 없이 무정형적으로 뻗어나가는 넝쿨 식물

① 사회 내 능동적 존재로서 개인의 자율성이 중시된다.
② 사이버 공간 내에서 개인의 익명성 보장이 강조된다.
③ 부가 가치 창출 수단으로써 지식의 중요성이 증가한다.
④ 재택 근무가 확산되어 가정과 일터의 결합 정도가 커진다.
⑤ 전자 민주주의의 발달로 직접 민주 정치의 실현이 가능해진다.

25 [2024 평가원] [2024학년도 9월 모평 16번]

다음 글에서 도출할 수 있는 정보 사회의 문제점으로 가장 적절한 것은? 3점

> 인터넷에 대한 의존도가 높아지면서 일상의 변화가 일어나고 있다. 온라인을 통해 금융 업무나 음식 주문과 같은 일을 비대면으로 간편하게 처리하는 사람이 늘고 있는 반면, 온라인을 활용한 삶의 편의성으로부터 소외된 사람도 있다. 정보 사회에서 사회 구성원은 정보 통신 기기의 구매 능력 정도, 유용하고 신뢰할 수 있는 고급 정보에 대한 비용 지불 능력 정도, 소프트웨어 기술 습득 능력 정도, 정보 서비스의 활용 능력 정도 등에 따라 디지털 환경에 빠르게 적응하는 사람과 뒤처지는 사람으로 구분된다. 정보가 부가 가치 창출의 원천인 정보 사회에서 이러한 현상은 심각한 사회 문제로 대두되고 있다.

① 정보 생산자의 신뢰성 문제가 나타나고 있다.
② 정보화 과정에서 문화 지체 현상이 나타나고 있다.
③ 비대면 관계의 증가로 인한 인간 소외 현상이 나타나고 있다.
④ 정보 격차로 인한 새로운 사회 불평등 현상이 나타나고 있다.
⑤ 정보 통신 기기의 과다 사용으로 인한 병리 현상이 나타나고 있다.

26 [2019년 4월 학평 15번]

표에 대한 분석으로 옳은 것은? 3점

〈갑국의 다문화 가정 학생 현황〉

(단위 : %)

구분		2016년	2017년	2018년
전년 대비 다문화 가정 학생 수 변화율		0	−2.0	2.0
전체 학생 중 다문화 가정 학생 비율		1.7	1.8	1.9
다문화 가정 학생의 학교급별 구성비	초등학교	78.3	79.1	81.5
	중학교	16.8	15.9	13.3
	고등학교	4.9	5.0	5.2
	계	100	100	100

* 갑국의 초 · 중 · 고교 재학생을 전수 조사한 결과임.

① 2016년과 2018년의 다문화 가정 학생 수는 같다.
② 2017년의 전체 학생 수는 2016년에 비해 감소하였다.
③ 고등학교에 재학 중인 다문화 가정 학생 수는 지속적으로 증가하였다.
④ 2017년 초등학교에 재학 중인 다문화 가정 학생 수는 전체 초등학생 수의 과반이다.
⑤ 2016년 중학교에 재학 중인 다문화 가정 학생 수는 고등학교에 재학 중인 다문화 가정 학생 수의 4배 이상이다.

27 [2017년 3월 학평 7번]

표는 우리나라의 다문화 사회와 관련된 통계이다. 이에 대한 옳은 분석을 〈보기〉에서 고른 것은? 3점

구분	전체 혼인 (천 건)	외국인과의 혼인이 전체 혼인에서 차지하는 비중(%)		
			한국 남성 +외국 여성 (%)	한국 여성 +외국 남성 (%)
2005년	314.3	13.5	9.8	3.7
2010년	326.1	10.5	8.0	2.5
2015년	302.8	7.0	4.9	2.1

보기

ㄱ. 다문화 가구의 수는 지속적으로 감소하고 있다.
ㄴ. 2010년에 외국인과의 혼인 건수는 3만 건을 넘는다.
ㄷ. 한국 남성과 외국 여성의 혼인 건수는 2005년이 2015년의 2배이다.
ㄹ. 제시된 모든 연도에서 남성이 외국인인 혼인 건수보다 여성이 외국인인 혼인 건수가 더 많다.

① ㄱ, ㄴ   ② ㄱ, ㄷ   ③ ㄴ, ㄷ   ④ ㄴ, ㄹ   ⑤ ㄷ, ㄹ

28 [2025 평가원] [2025학년도 9월 모평 8번]

다음 글에서 필자가 강조하는 세계화의 문제점으로 가장 적절한 것은?

> 아프리카에 바이러스 감염이 빈발하게 된 것은 병원체나 숙주의 문제가 아니었다. 다국적 기업들의 플랜테이션 농장 건설이 더욱 확대되어 완충지 역할을 하던 산림이 파괴되면서 야생 동물의 바이러스가 곧장 인간을 숙주로 삼게 되었다는 것이 핵심이다. 하지만 더 심각한 것은 바이러스 감염이 국지적 현상에 그치지 않고 전 지구적 비상사태를 초래했다는 점이다. 바이러스를 더 멀리 신속하게 실어 나르는 데 결정적인 기여를 한 것은 늘어난 대륙 간 항공망과 이로 인한 국가 간 교류의 증대였다. 바이러스의 이슬비는 그런 식으로 떨어져 내린다.

① 국제 분업으로 국가 간 빈부 격차가 심화된다.
② 무분별한 개발로 인해 생물종의 다양성이 감소한다.
③ 국가 간 교류 증대로 개별 국가의 자율성이 약화된다.
④ 자원 확보를 위한 경쟁으로 인해 국가 간 갈등이 심화된다.
⑤ 자본의 이윤 추구로 인한 지역 문제가 전 세계로 확산된다.

29

(가)에 들어갈 수 있는 내용으로 가장 적절한 것은?

> 최근 특정한 주제로 노래나 율동에 맞춰 일정하게 행동하는 모습을 짧은 영상으로 공유하는 놀이가 전 세계적으로 유행하고 있다. 이 놀이는 각국의 고유한 문화적 특징이 반영되어 여러 나라로 확산되고 있는데, 이를 즐기는 과정에서 사람들은 서로의 문화를 이해하고 존중하는 기회를 가진다. 이와 같은 문화 간 교류로 인해 ______(가)______

① 개별 국가 간 문화적 장벽이 강화될 수 있다.
② 자원 확보를 위한 국가 간 협력이 강화될 수 있다.
③ 다양한 문화를 접할 수 있는 기회가 확대될 수 있다.
④ 정보 기기에 대한 과도한 의존 문제가 감소할 수 있다.
⑤ 개인 정보 유출로 인한 사생활 침해 문제가 감소할 수 있다.

30

다음 자료에 대한 분석으로 옳은 것은? 3점

> ○ t년 갑국의 총인구 중 유소년 인구(0~14세 인구)의 비율은 25%, 노년 인구(65세 이상 인구)의 비율은 20%이다.
> ○ t년 대비 t+20년 갑국의 총인구는 20% 증가하였고, 유소년 인구(0~14세 인구)는 20% 감소하였으며, 노년 인구(65세 이상 인구)는 50% 증가하였다.
>
> * 유소년 부양비 = (0~14세 인구/ 15~64세 인구) × 100
> * 노년 부양비 = (65세 이상 인구/ 15~64세 인구) × 100
> * 노령화 지수 = (65세 이상 인구/ 0~14세 인구) × 100

① 유소년 부양비는 t년이 t+20년보다 낮다.
② 총인구 중 노년 인구의 비율은 t년이 t+20년보다 높다.
③ t년 대비 t+20년의 15세~64세 인구는 15% 증가하였다.
④ 노년 부양비는 t년에 비해 t+20년에 증가하였다.
⑤ 노령화 지수는 t년에 비해 t+20년에 감소하였다.

31

다음 자료에 대한 분석으로 옳은 것은? 3점

> 표는 갑국과 을국의 시기별 인구 부양비를 나타낸다. t년에 갑국과 을국의 전체 인구비는 1 : 2이며, 두 국가 모두 t년 대비 t+50년에 전체 인구가 20% 증가하였다. 단, 두 국가 모두 부양 인구는 t년과 t+50년이 같다.
>
> <갑국과 을국의 인구 부양비>
>
> | 구분 | 갑국 | | 을국 | |
> |---|---|---|---|---|
> | | t년 | t+50년 | t년 | t+50년 |
> | 유소년 부양비 | 20 | ㉠ | 25 | 20 |
> | 노년 부양비 | 30 | 50 | ㉡ | 60 |
>
> * 유소년 부양비 = $\dfrac{\text{유소년 인구(0\~14세 인구)}}{\text{부양 인구(15\~64세 인구)}} \times 100$
> ** 노년 부양비 = $\dfrac{\text{노년 인구(65세 이상 인구)}}{\text{부양 인구(15\~64세 인구)}} \times 100$
> *** 노령화 지수 = $\dfrac{\text{노년 인구(65세 이상 인구)}}{\text{유소년 인구(0\~14세 인구)}} \times 100$
> **** 전체 인구 중 65세 이상 인구가 차지하는 비율이 20% 이상인 사회를 초고령 사회라고 함.

① ㉠은 '25', ㉡은 '30'이다.
② t년에 갑국과 을국은 모두 초고령 사회에 해당한다.
③ t+50년에 갑국 전체 인구에서 유소년 인구가 차지하는 비율은 15%이다.
④ t+50년에 을국의 노령화 지수는 t년에 갑국의 노령화 지수의 2배이다.
⑤ t년 대비 t+50년에 노년 인구 증가율은 을국이 갑국의 3배 이상이다.

다음 자료에 대한 분석으로 옳은 것은? **3점**

> 그림은 갑국의 시기별 인구 구성을 나타낸 것이다. A~C는 각각 전체 인구에서 유소년 인구(0~14세 인구), 부양 인구(15~64세 인구), 노년 인구(65세 이상 인구)가 차지하는 비율 중 하나이다. t년 대비 t+50년에 갑국의 전체 인구에서 부양 인구가 차지하는 비율은 높아졌고, 노년 부양비와 달리 유소년 부양비는 감소하였다. 단, 갑국의 전체 인구는 t+50년이 t년의 1.5배이다.
>
> 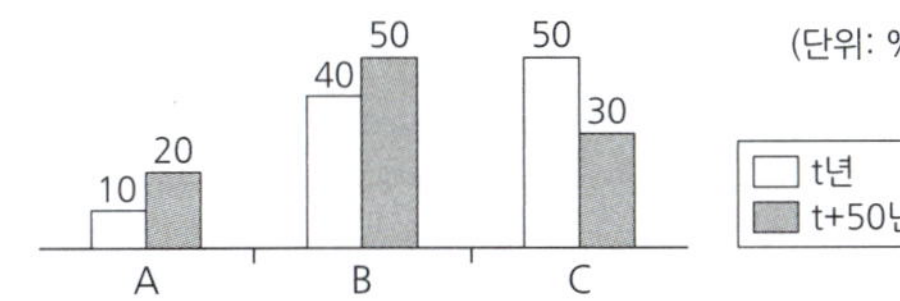
>
>
> * 유소년 부양비 = (유소년 인구 / 부양 인구) × 100
> * 노년 부양비 = (노년 인구 / 부양 인구) × 100
> * 총부양비 = 유소년 부양비 + 노년 부양비
> * 노령화 지수 = (노년 인구 / 유소년 인구) × 100

① t년의 노년 인구는 부양 인구의 4배이다.
② t년의 유소년 부양비는 t+50년의 총부양비보다 크다.
③ t+50년의 부양 인구는 t년의 유소년 인구와 동일하다.
④ t년에 비해 t+50년의 노령화 지수는 감소하였다.
⑤ t년에 비해 t+50년의 유소년 인구와 노년 인구는 모두 증가하였다.

특강 26
p.39

33   [2023년 7월 학평 15번]

다음 자료에 대한 옳은 분석만을 〈보기〉에서 고른 것은? **3점**

> 갑국에서 t년의 노령화 지수는 75이고, 유소년 부양비는 40이다. t년 대비 t+50년에 갑국 전체 인구의 변동은 없으나 노령화 지수는 60% 증가하였고, 't년 유소년 인구 : t+50년 유소년 인구'는 4 : 3이 되었다.
>
> 
> $$* \text{노령화 지수} = \frac{\text{노년 인구(65세 이상)}}{\text{유소년 인구(0~14세)}} \times 100$$
> $$** \text{유소년 부양비} = \frac{\text{유소년 인구(0~14세)}}{\text{부양 인구(15~64세)}} \times 100$$
> $$*** \text{노년 부양비} = \frac{\text{노년 인구(65세 이상)}}{\text{부양 인구(15~64세)}} \times 100$$

보기

ㄱ. t+50년의 유소년 인구는 전체 인구의 15%이다.
ㄴ. t년의 노년 인구와 t+50년의 유소년 인구는 동일하다.
ㄷ. t년 대비 t+50년에 노년 인구는 20% 증가하였다.
ㄹ. t년 대비 t+50년에 노년 부양비는 10% 증가하였다.

① ㄱ, ㄴ   ② ㄱ, ㄷ   ③ ㄴ, ㄷ   ④ ㄴ, ㄹ   ⑤ ㄷ, ㄹ

34   [2022년 4월 학평 15번]

다음 자료에 대한 분석으로 옳은 것은? **3점**

> 표는 갑국의 인구 관련 통계를 나타낸다. 갑국 전체 인구는 t+30년이 t년의 2배이다. 또한 t+30년에 전체 인구 중 0~14세 인구가 차지하는 비율은 t년에 전체 인구 중 15~64세 인구가 차지하는 비율의 1/2이다.
>
> | 구분 | t년 | t+30년 |
> |---|---|---|
> | 총부양비 | 100 | ㉠ |
> | 노령화 지수 | 25 | 140 |
>
> * 총부양비 = [(0~14세 인구 + 65세 이상 인구)/15~64세 인구] × 100
> ** 유소년 부양비 = (0~14세 인구/15~64세 인구) × 100
> *** 노년 부양비 = (65세 이상 인구/15~64세 인구) × 100
> **** 노령화 지수 = (65세 이상 인구/0~14세 인구) × 100

① ㉠은 '125'이다.
② 전체 인구 중 15~64세 인구의 비율은 t년이 t+30년보다 작다.
③ 유소년 부양비는 t+30년이 t년보다 크다.
④ 노년 부양비는 t+30년이 t년의 4배 이상이다.
⑤ t년 대비 t+30년의 0~14세 인구 증가율은 음(−)의 값이다.

35   [2018년 3월 학평 12번]

다음 글의 저출산 문제를 보는 입장에 대한 옳은 설명을 〈보기〉에서 고른 것은?

> 우리 사회의 저출산 문제는 사회 전체에 큰 혼란을 초래할 것이다. 가족 제도의 비정상적인 작동이 교육 제도, 정치 제도 등 다른 사회 제도에 영향을 미칠 수밖에 없기 때문이다. 따라서 저출산 문제의 해결은 우리 사회 전체를 위해 매우 중요하다. 저출산 문제는 청년 취업난, 가족의 자녀 양육비 및 교육비 부담에 기인하고 있으므로 경기 회복과 이를 통한 가계 소득 증가가 바탕이 될 때 자연스럽게 해결될 수 있다.

보기

ㄱ. 갈등론의 관점에서 저출산 문제를 이해하고 있다.
ㄴ. 저출산 문제가 경제적 요인에 의해 발생했다고 본다.
ㄷ. 저출산 문제에 대한 의식 차원의 해결 방안을 제시하고 있다.
ㄹ. 사회 제도 간 유기적 관련성을 전제로 저출산 문제의 영향을 예측하고 있다.

① ㄱ, ㄴ   ② ㄱ, ㄷ   ③ ㄴ, ㄷ   ④ ㄴ, ㄹ   ⑤ ㄷ, ㄹ

36

다음 자료에 대한 분석으로 옳은 것은? (단, 1960년 대비 2020년에 부양 인구는 10% 감소하였다.) **3점**

〈갑국의 유소년 부양비와 노령화 지수〉

구분	1960년	1990년	2020년
유소년 부양비	40	30	20
노령화 지수	30	50	100

* 유소년 부양비 = $\dfrac{\text{유소년 인구(0~14세 인구)}}{\text{부양 인구(15~64세 인구)}} \times 100$

* 노령화 지수 = $\dfrac{\text{노년 인구(65세 이상 인구)}}{\text{유소년 인구(0~14세 인구)}} \times 100$

① 1960년에 유소년 인구는 전체 인구의 30%를 넘는다.

② 2020년에 부양 인구는 노년 인구의 4배이다.

③ 1960년 대비 2020년에 노년 인구는 50% 증가하였다.

④ 부양 인구에 대한 노년 인구의 비는 2020년이 1960년의 2배보다 크다.

⑤ 전체 인구 중 유소년 인구와 노년 인구의 합이 차지하는 비율은 2020년이 1990년보다 높다.

37

다음 자료에 대한 옳은 분석만을 〈보기〉에서 고른 것은? **3점**

다음은 (가), (나) 두 지역으로만 구성된 갑국의 인구 관련 지표이다. (가) 지역의 생산 연령 인구는 (나) 지역의 생산 연령 인구의 2배이다.

구분	(가) 지역	(나) 지역
고령화 지수	㉠	㉡
유소년 부양비	20	20
노년 부양비	30	80

* 고령화 지수 = {노년(65세 이상) 인구/유소년(0 ~ 14세) 인구} × 100
** 유소년 부양비 = {유소년(0 ~ 14세) 인구/생산 연령(15 ~ 64세) 인구} × 100
*** 노년 부양비 = {노년(65세 이상) 인구/생산 연령(15 ~ 64세) 인구} × 100

보기

ㄱ. ㉡은 ㉠의 3배 이상이다.

ㄴ. 갑국 노년 부양비는 갑국 유소년 부양비의 2배 이상이다.

ㄷ. (나) 지역의 유소년 인구는 (가) 지역의 유소년 인구의 절반이다.

ㄹ. 다른 이동 없이 (가) 지역의 노년 인구 50%가 (나) 지역으로 이동하면, (나) 지역의 노년 부양비는 100이 된다.

① ㄱ, ㄴ ② ㄱ, ㄷ ③ ㄴ, ㄷ ④ ㄴ, ㄹ ⑤ ㄷ, ㄹ

38

표에 대한 분석으로 옳은 것은? (단, t년에 갑국과 을국의 부양 인구는 동일하며, t+50년에 각각 2배로 증가하였다.) **3점**

구분	갑국		을국	
	t년	t+50년	t년	t+50년
총부양비	50	75	25	100
유소년 부양비	30	20	10	50

* 총부양비 = $\dfrac{\text{유소년 인구(0~14세 인구) + 노인 인구(65세 이상 인구)}}{\text{부양 인구(15~64세 인구)}} \times 100$

** 유소년 부양비 = $\dfrac{\text{유소년 인구(0~14세 인구)}}{\text{부양 인구(15~64세 인구)}} \times 100$

*** 전체 인구에서 노인 인구가 차지하는 비율이 7% 이상이면 고령화 사회, 14% 이상이면 고령 사회, 20% 이상이면 초고령 사회임.

① t년에 갑국과 을국은 모두 고령화 사회에 해당한다.

② t년에 갑국에서 부양 인구 100명당 노인 인구는 50명이다.

③ t+50년의 전체 인구는 갑국이 을국보다 많다.

④ t+50년에 부양 인구가 노인 인구와 유소년 인구를 부양하는 데 지출한 총비용은 을국이 갑국보다 많다.

⑤ 을국에서 유소년 인구 대비 노인 인구의 비는 t+50년이 t년보다 크다.

39 2024 수능

다음 자료에 대한 분석으로 옳은 것은? **3점**

표는 갑국과 을국의 인구 구조 변화를 비교한 것이다. t년 대비 t+50년에 갑국의 전체 인구는 10% 감소하였고, 을국의 전체 인구는 20% 감소하였다. 단, t년에 갑국과 을국의 전체 인구는 동일하다.

구분	갑국		을국	
	t년	t+50년	t년	t+50년
합계 출산율(명)	4.2	1.8	1.5	0.9
전체 인구 대비 15~64세 인구 비율(%)	50	60	50	55
노령화 지수	25	100	150	200

* 합계 출산율 : 여성 1명이 가임 기간(15~49세) 동안 낳을 것으로 예상되는 평균 출생아 수

** 노령화 지수 = $\dfrac{\text{노년 인구(65세 이상 인구)}}{\text{유소년 인구(0~14세 인구)}} \times 100$

*** 전체 인구 중 65세 이상 인구가 차지하는 비율이 20% 이상인 사회를 초고령 사회라고 함.

① t년과 t+50년 모두 갑국은 을국에 비해 저출산 현상이 강하게 나타난다.

② t년과 t+50년에 갑국과 을국은 모두 초고령 사회이다.

③ t년 대비 t+50년의 노령화 지수 증가율은 을국이 갑국보다 크다.

④ t년에 을국의 유소년 인구는 t+50년에 갑국의 유소년 인구보다 많다.

⑤ t년에 노년 인구는 을국이 갑국의 3배이고, t+50년에 노년 인구는 을국이 갑국의 1.5배이다.

40 2024 평가원　　　　　　　　　[2024학년도 6월 모평 20번]

다음 자료에 대한 분석으로 옳은 것은?

> 갑국의 t+50년의 총인구는 t년의 2배이고, t+100년의 총인구는 t년의 1.5배이다. 갑국 총인구 중 부양 인구 비율은 t년과 t+50년이 각각 40%, t+100년이 30%이다. t+50년의 노년 부양비는 75로 t년의 3배이고, t+100년의 노령화 지수는 250이다.
>
> * 노령화 지수 = $\dfrac{\text{노년 인구(65세 이상 인구)}}{\text{유소년 인구(0~14세 인구)}} \times 100$
>
> ** 유소년 부양비 = $\dfrac{\text{유소년 인구(0~14세 인구)}}{\text{부양 인구(15~64세 인구)}} \times 100$
>
> *** 노년 부양비 = $\dfrac{\text{노년 인구(65세 이상 인구)}}{\text{부양 인구(15~64세 인구)}} \times 100$
>
> **** 총부양비 = 유소년 부양비 + 노년 부양비

① t+50년의 총부양비는 t년보다 크다.
② t+50년의 노령화 지수는 t년의 5배이다.
③ t+50년의 부양 인구는 t년에 비해 200% 증가하였다.
④ t+100년의 유소년 인구는 t년보다 많고 t+50년보다 적다.
⑤ t년, t+50년, t+100년 중 유소년 부양비는 t+50년이 가장 크고, t+100년이 가장 작다.

41　　　　　　　　　　　　[2022학년도 6월 모평 20번]

다음 자료에 대한 분석으로 옳은 것은? 3점

> 표는 A 지역의 인구 구성 비율을 나타낸 것이다. 2000년에 비해 2020년 A 지역의 총인구는 20% 증가하였다. A 지역의 노령화 지수는 2000년에 60, 2020년에 125였다. 단, 음영 처리된 부분은 주어진 자료와 단서를 통해 알 수 있다.
>
> (단위 : %)

구분	2000년	2020년
0~14세 인구(유소년 인구)		20
15~64세 인구(부양 인구)		
65세 이상 인구(노인 인구)	15	

> * 노령화 지수 = (65세 이상 인구/0~14세 인구) × 100
> ** 유소년 부양비 = (0~14세 인구/15~64세 인구) × 100
> *** 노인 부양비 = (65세 이상 인구/15~64세 인구) × 100
> **** 총부양비 = {(0~14세 인구 + 65세 이상 인구)/15~64세 인구} × 100

① 2020년에 노인 인구는 유소년 인구의 2배 이상이다.
② 2000년에 비해 2020년의 부양 인구는 감소하였다.
③ 2000년 유소년 부양비와 2020년 노인 부양비는 동일하다.
④ 2000년에 비해 2020년의 노인 인구는 10% 증가하였고, 유소년 인구는 5% 감소하였다.
⑤ 2000년에 비해 2020년의 유소년 부양비는 감소하였고, 노인 부양비와 총부양비는 모두 증가하였다.

42　　　　　　　　　　　　[2023년 10월 학평 20번]

다음 자료에 대한 분석으로 옳은 것은? 3점

> 표는 갑국의 인구 관련 지표를 나타낸 것이다. t년 대비 t+50년에 총인구 증가율은 200%이다.

구분	총부양비	노령화 지수
t년	100	25
t+50년	50	100

> * 총부양비 = 유소년 부양비 + 노년 부양비
> * 유소년 부양비 = $\dfrac{\text{유소년 인구(0~14세 인구)}}{\text{부양 인구(15~64세 인구)}} \times 100$
> * 노년 부양비 = $\dfrac{\text{노년 인구(65세 이상 인구)}}{\text{부양 인구(15~64세 인구)}} \times 100$
> * 노령화 지수 = $\dfrac{\text{노년 인구(65세 이상 인구)}}{\text{유소년 인구(0~14세 인구)}} \times 100$

① 부양 인구는 t+50년이 t년의 4배이다.
② 유소년 인구는 t+50년이 t년보다 적다.
③ 유소년 부양비는 t년이 t+50년보다 작다.
④ 노년 인구 대비 부양 인구는 t+50년이 t년보다 크다.
⑤ t+50년에는 t년과 달리 총인구 중 노년 인구의 비율이 20%보다 높다.

43　　　　　　　　　　　　[2021년 3월 학평 18번]

자료에 대한 분석으로 옳은 것은? 3점

> 표는 갑국의 15~64세 인구(부양 인구) 100명당 각 연령대별 인구를 나타낸 것이다. 단, 15~64세 인구는 2020년이 1970년의 2배이다.
>
> (단위 : 명)

구분	1970년	2020년
0~14세 인구	20	20
65세 이상 인구	20	40

> * 유소년 부양비 = (0~14세 인구/15~64세 인구) × 100
> * 노년 부양비 = (65세 이상 인구/15~64세 인구) × 100
> * 노령화 지수 = (65세 이상 인구/0~14세 인구) × 100

① 노령화 지수는 1970년이 2020년보다 크다.
② 65세 이상 인구는 2020년이 1970년의 4배이다.
③ 노년 부양비는 2020년이 1970년의 2배보다 크다.
④ 총인구 중 15~64세 인구의 비율은 2020년이 1970년보다 높다.
⑤ 2020년에 부양 인구가 부담하는 노년 인구 부양 비용은 유소년 인구 부양 비용의 2배이다.

다음 자료에 대한 분석으로 옳은 것은? (단, 유소년 인구의 비는 A국 : B국 : C국 = 3 : 1 : 1이다.) **3점**

구분	A국	B국	C국
전체 인구 대비 노인 인구 비율(%)	10	15	40
총부양비	25	25	100

$$* \text{총부양비} = \frac{\text{유소년 인구(0~14세 인구) + 노인 인구(65세 이상 인구)}}{\text{부양 인구(15~64세 인구)}} \times 100$$

$$** \text{노령화 지수} = \frac{\text{노인 인구(65세 이상 인구)}}{\text{유소년 인구(0~14세 인구)}} \times 100$$

① 노인 인구는 A국과 B국이 같다.
② 노령화 지수는 C국이 A국의 3배이다.
③ 전체 인구는 A국이 가장 많고 B국이 가장 적다.
④ 전체 인구에서 유소년 인구가 차지하는 비율은 B국이 C국보다 높다.
⑤ B국의 부양 인구 대비 노인 인구의 비는 C국의 부양 인구 대비 유소년 인구의 비보다 크다.

45 2025 평가원 [2025학년도 6월 모평 20번]

다음 자료에 대한 옳은 분석만을 〈보기〉에서 고른 것은? **3점**

t년 갑국과 을국의 전체 인구는 같다. 갑국에서 t+50년의 인구는 t년의 2배이고, 을국에서 t+50년의 인구는 t년의 3배이다. 단, 복지 지출의 필요성은 복지 정책의 적용 대상이 되는 인구에 비례한다.

구분	갑국		을국	
	t년	t+50년	t년	t+50년
전체 인구 대비 노년 인구 비율(%)	10	35	10	㉠
노령화 지수	20	140	㉡	100
총부양비	㉢	㉣	100	100

$$* \text{노령화 지수} = \frac{\text{노년 인구 (65세 이상 인구)}}{\text{유소년 인구 (0~14세 인구)}} \times 100$$

$$** \text{유소년 부양비} = \frac{\text{유소년 인구 (0~14세 인구)}}{\text{부양 인구 (15~64세 인구)}} \times 100$$

$$*** \text{노년 부양비} = \frac{\text{노년 인구 (65세 이상 인구)}}{\text{부양 인구 (15~64세 인구)}} \times 100$$

$$**** \text{총부양비} = \text{유소년 부양비 + 노년 부양비}$$

보기

ㄱ. ㉠과 ㉡은 같고, ㉣은 ㉢보다 크다.
ㄴ. 을국의 t+50년 부양 인구는 갑국의 t년 유소년 인구의 3배이다.
ㄷ. t년 노년 부양비의 경우 갑국이 을국보다 크고, t+50년 유소년 부양비의 경우 을국이 갑국보다 크다.
ㄹ. 갑국과 을국 모두 t년 대비 t+50년에 노년 인구를 대상으로 한 복지 지출의 필요성이 커졌다.

① ㄱ, ㄴ   ② ㄱ, ㄷ   ③ ㄴ, ㄷ   ④ ㄴ, ㄹ   ⑤ ㄷ, ㄹ

46 [2022학년도 9월 모평 15번]

다음 자료에 대한 분석으로 옳은 것은? (단, 갑국 전체 인구와 을국 전체 인구는 각각 t년 대비 t+60년에 10% 증가하였다.)

구분	갑국		을국	
	t년	t+60년	t년	t+60년
전체 인구 중 65세 이상 인구의 비율(%)	10	20	10	30
0~14세 인구 100명당 65세 이상 인구	50	200	40	300

$$* \text{유소년 부양비} = \frac{\text{0~14세 인구}}{\text{15~64세 인구}} \times 100$$

$$** \text{노년 부양비} = \frac{\text{65세 이상 인구}}{\text{15~64세 인구}} \times 100$$

① t년의 노년 부양비는 갑국이 을국보다 크다.
② t+60년의 유소년 부양비는 갑국이 을국보다 크다.
③ t년 대비 t+60년에 갑국의 65세 이상 인구는 2배 증가하였다.
④ t년 대비 t+60년에 갑국과 을국 모두 15~64세 인구는 증가하였다.
⑤ t년 대비 t+60년에 갑국의 0~14세 인구는 증가하였고 을국의 0~14세 인구는 감소하였다.

47 [2024년 4월 학평 20번]

다음 자료에 대한 옳은 분석만을 〈보기〉에서 고른 것은?

표는 갑국 t년과 t+50년의 인구 관련 통계를 나타낸 것이다. t년 대비 t+50년의 갑국 전체 인구는 25% 감소하였다.

구분	t년	t+50년
노령화 지수	25	400
총부양비	100	150

$$* \text{노령화 지수} = \frac{\text{노년 인구 (65세 이상 인구)}}{\text{유소년 인구 (0~14세 인구)}} \times 100$$

$$** \text{유소년 부양비} = \frac{\text{유소년 인구 (0~14세 인구)}}{\text{부양 인구 (15~64세 인구)}} \times 100$$

$$*** \text{노년 부양비} = \frac{\text{노년 인구 (65세 이상 인구)}}{\text{부양 인구 (15~64세 인구)}} \times 100$$

$$**** \text{총부양비} = \text{유소년 부양비 + 노년 부양비}$$

보기

ㄱ. 노년 부양비는 t년이 t+50년보다 작다.
ㄴ. 유소년 부양비는 t년이 t+50년의 3배보다 작다.
ㄷ. t년의 노년 인구는 t+50년의 유소년 인구보다 적다.
ㄹ. 전체 인구에서 유소년 인구가 차지하는 비율은 t년이 t+50년의 2배이다.

① ㄱ, ㄴ   ② ㄱ, ㄷ   ③ ㄴ, ㄷ   ④ ㄴ, ㄹ   ⑤ ㄷ, ㄹ

48 [2025 평가원] [2025학년도 9월 모평 20번]

다음 자료에 대한 분석으로 옳은 것은? 3점

〈조건〉

1. 갑국 t년의 유소년 인구(0~14세 인구)는 부양 인구(15~
   64세 인구)의 50%이고 노년 인구(65세 이상 인구)의
   3배이다.
2. A 시기는 t년 대비 t+30년으로, B 시기는 t+30년 대비
   t+50년으로 인구 변화 양상을 예측하여 나타낸다.
3. A 시기와 B 시기 동안 전체 인구의 변화는 없다.
4. 세대 간 갈등의 정도는 노년 부양비에 비례하고, 경제 성장
   동력은 부양 인구에 비례한다.

〈A 시기와 B 시기의 인구 변화 양상 예측〉

구분	A 시기	B 시기
전체 인구 중 유소년 인구 비율	감소	감소
전체 인구 중 부양 인구 비율	변화 없음	감소
유소년 부양비	감소	증가

* 유소년(노년) 부양비 = $\dfrac{\text{유소년(노년) 인구}}{\text{부양 인구}} \times 100$

** 총부양비 = 유소년 부양비 + 노년 부양비

*** 피부양 인구 = 유소년 인구 + 노년 인구

① A 시기에는 피부양 인구의 증가로 경제 성장 동력이 저하될
   것이다.
② B 시기에는 유소년 인구보다 부양 인구가 더 많이 감소할 것이다.
③ 세대 간 갈등은 B 시기보다 A 시기에 더 심각할 것이다.
④ t년의 총부양비는 100보다 작고, t+30년의 총부양비는 100이다.
⑤ t+50년의 노년 인구는 t년보다 많고 t+30년보다 적을 것이다.

49 [2023년 3월 학평 20번]

다음 자료에 대한 분석으로 옳은 것은? 3점

표는 갑국의 유소년 인구 비율과 유소년 부양비를 나타낸
것이다. 갑국의 총인구는 t+30년은 t년에 비해 20% 증가하였고,
t+60년은 t년에 비해 20% 감소하였다.

구분	t년	t+30년	t+60년
유소년 인구 비율(%)	30	20	10
유소년 부양비	50	40	25

* 유소년 인구 비율(%) = $\dfrac{\text{유소년 인구(0~14세 인구)}}{\text{총인구}} \times 100$

* 유소년 부양비 = $\dfrac{\text{유소년 인구(0~14세 인구)}}{\text{부양 인구(15~64세 인구)}} \times 100$

* 노년 부양비 = $\dfrac{\text{노년 인구(65세 이상 인구)}}{\text{부양 인구(15~64세 인구)}} \times 100$

① 부양 인구는 t년이 t+30년보다 많다.
② 노년 인구는 t+60년이 t년의 5배이다.
③ 노년 부양비는 t+60년이 t+30년보다 작다.
④ t+30년 총인구 중 부양 인구의 비율은 t+60년 총인구 중 노년
   인구의 비율과 같다.
⑤ t년 대비 t+30년에 증가한 노년 인구는 t+30년 대비 t+60년에
   감소한 유소년 인구보다 작다.

50 [2022년 3월 학평 19번]

다음 자료에 대한 분석으로 옳은 것은? 3점

표는 갑국의 시기별 유소년 부양비와 노년 부양비를 나타낸
것이다. 단, 갑국의 총인구는 지속적으로 증가하였다.

구분	t년	t+20년	t+40년
유소년 부양비	30	20	10
노년 부양비	20	30	40

* 유소년 부양비 = $\dfrac{\text{유소년 인구(0~14세 인구)}}{\text{부양 인구(15~64세 인구)}} \times 100$

* 노년 부양비 = $\dfrac{\text{노년 인구(65세 이상 인구)}}{\text{부양 인구(15~64세 인구)}} \times 100$

① 노년 인구는 t+40년이 t년의 2배보다 많다.
② t년의 유소년 인구와 t+20년의 노년 인구는 그 수가 같다.
③ 유소년 인구에 대한 노년 인구의 비는 t년이 t+20년보다 크다.
④ 노년 인구 100명당 부양 인구는 t+40년이 t+20년보다 많다.
⑤ 총인구에서 유소년 인구와 노년 인구의 합이 차지하는 비율은
   t년이 t+40년보다 높다.

정답과 해설 48 p.468 49 p.469 50 p.469

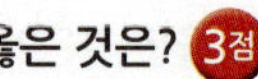

51

다음 자료에 대한 분석으로 옳은 것은? `3점`

표는 갑국과 을국의 인구 구조 변화를 비교한 것이다. t년에 갑국과 을국 모두 부양 인구는 전체 인구의 50%이다. t년에 비해 t+30년에 부양 인구는 갑국이 10%, 을국이 20% 감소하였고, 을국의 노년 인구는 100% 증가하였다. 단, 동일 시기에 갑국과 을국의 전체 인구는 같다.

구분	갑국		을국	
	t년	t+30년	t년	t+30년
합계 출산율(명)	1.76	0.78	2.06	1.18
유소년 부양비 : 노년 부양비	2 : 3	3 : 10	1 : 1	2 : 5

* 합계 출산율 : 여성 1명이 가임 기간(15~49세) 동안 낳을 것으로 예상되는 평균 출생아 수
** 유소년 부양비 = {유소년 인구(0~14세 인구) / 부양 인구(15~64세 인구)} × 100
*** 노년 부양비 = {노년 인구(65세 이상 인구) / 부양 인구(15~64세 인구)} × 100
**** 전체 인구 중 65세 이상 인구가 차지하는 비율이 14% 이상~20% 미만인 사회를 고령 사회, 20% 이상인 사회를 초고령 사회라고 함.

① t년에 갑국은 고령 사회, 을국은 초고령 사회이다.
② t+30년에 갑국과 을국의 노년 부양비는 같다.
③ t+30년에 갑국과 달리 을국은 저출산 현상이 강하게 나타난다.
④ t년 갑국의 유소년 인구와 t+30년 을국의 유소년 인구는 같다.
⑤ t년에 노년 인구는 을국보다 갑국이 많았으나 t+30년에 노년 인구는 갑국보다 을국이 많다.

52

다음 자료에 대한 분석으로 옳은 것은? `3점`

표는 갑국의 노년 부양비와 노령화 지수를 나타낸 것이다. 갑국의 부양 인구는 t년에 A 지역과 B 지역이 같고, t+50년에 B 지역이 A 지역의 3배이다. 갑국은 A, B 지역으로만 구성되며, 갑국의 전체 인구는 t년과 t+50년이 동일하다.

구분	t년		t+50년	
	A 지역	B 지역	A 지역	B 지역
노년 부양비	75	25	250	50
노령화 지수	100	20	500	100

* 유소년 부양비 = $\dfrac{\text{유소년 인구(0~14세 인구)}}{\text{부양 인구(15~64세 인구)}}$ × 100

* 노년 부양비 = $\dfrac{\text{노년 인구(65세 이상 인구)}}{\text{부양 인구(15~64세 인구)}}$ × 100

* 노령화 지수 = $\dfrac{\text{노년 인구(65세 이상 인구)}}{\text{유소년 인구(0~14세 인구)}}$ × 100

① t년에 갑국의 노령화 지수는 60이다.
② t+50년에 갑국의 노년 부양비는 100이다.
③ 갑국의 유소년 부양비는 t+50년이 t년보다 크다.
④ A 지역의 부양 인구는 t년과 t+50년이 동일하다.
⑤ B 지역의 유소년 인구는 t+50년이 t년보다 많다.

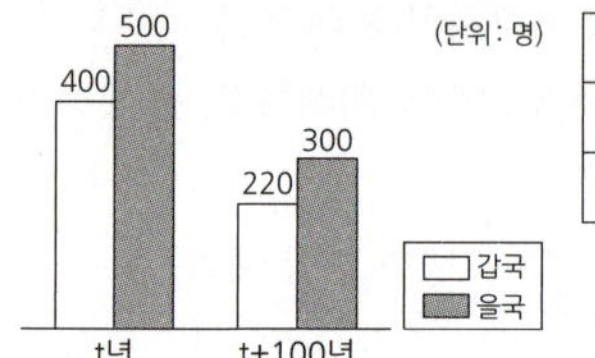

53

다음 자료에 대한 분석으로 옳은 것은?

다음은 갑국과 을국의 시기별 인구 관련 자료이다. t년 대비 t+100년에 갑국의 전체 인구는 20% 감소하였고, 을국의 전체 인구는 20% 증가하였다. 단, 경제 성장 동력은 부양 인구(15~64세 인구)에 비례하고, t년에 갑국과 을국의 전체 인구는 동일하다.

〈노령화 지수〉

구분	갑국	을국
t년	20	25
t+100년	125	100

* 노령화 지수 = $\dfrac{\text{노년 인구(65세 이상 인구)}}{\text{유소년 인구(0~14세 인구)}}$ × 100

** 전체 인구에서 노년 인구가 차지하는 비율이 7% 이상이면 고령화 사회, 14% 이상이면 고령 사회, 20% 이상이면 초고령 사회임.

① t+100년에 노년 인구는 갑국이 을국보다 많다.
② t년 대비 t+100년의 노령화 지수 증가율은 갑국이 을국보다 작다.
③ 갑국은 t년보다 t+100년에 경제 성장 동력이 약화될 것이다.
④ 을국은 t년보다 t+100년에 유소년 인구와 노년 인구의 합이 전체 인구에서 차지하는 비율이 낮다.
⑤ t년과 t+100년을 비교했을 때 갑국과 달리 을국은 고령화 사회에서 초고령 사회로 변화하였다.

54

다음 자료에 대한 분석으로 옳은 것은?

갑국에서 t+100년에 전체 인구 중 유소년 인구(0세~14세 인구)가 차지하는 비율은 t년에 전체 인구 중 유소년 인구가 차지하는 비율의 1/2이고, t년에 전체 인구 중 노인 인구(65세 이상 인구)가 차지하는 비율의 2배이다. 단, t년과 t+100년의 부양 인구(15세~64세 인구)는 동일하다. 표는 갑국의 연도별 총부양비를 나타낸 것이다.

구분	t년	t+100년
총부양비	100	150

* 노령화 지수 = (노인 인구/유소년 인구) × 100
** 유소년 부양비 = (유소년 인구/부양 인구) × 100
*** 노년 부양비 = (노인 인구/부양 인구) × 100
**** 총부양비 = [(유소년 인구 + 노인 인구)/부양 인구] × 100

① t년 대비 t+100년에 전체 인구는 50% 증가하였다.
② t년 대비 t+100년에 유소년 부양비는 50% 감소하였다.
③ t+100년 노령화 지수는 t년 노령화 지수의 8배이다.
④ t+100년 노년 부양비는 t년 노년 부양비의 4배이다.
⑤ t년의 유소년 인구와 t+100년의 노인 인구는 동일하다.

55 2024 평가원

[2024학년도 9월 모평 20번]

다음 자료에 대한 분석으로 옳은 것은? 3점

> 표는 갑국과 을국의 인구 구성 변화를 나타낸 것이다.
> A~C는 각각 전체 인구에서 유소년 인구, 부양 인구, 노년 인구가
> 차지하는 비율 중 하나이다. 갑국에서 t년의 유소년 부양비는
> 50이다. t년 대비 t+50년에 갑국의 유소년 인구는 10% 감소
> 하였고, 을국의 유소년 인구는 20% 감소하였다. 단, t년에
> 갑국과 을국의 전체 인구는 동일하다.

구분	갑국		을국	
	t년	t+50년	t년	t+50년
$\dfrac{B+C}{A}$	$\dfrac{2}{3}$	1	$\dfrac{7}{13}$	1
$\dfrac{B}{C}$	$\dfrac{1}{3}$	$\dfrac{2}{3}$	$\dfrac{1}{6}$	$\dfrac{2}{3}$

> * 유소년 부양비 $= \dfrac{\text{유소년 인구(0~14세 인구)}}{\text{부양 인구(15~64세 인구)}} \times 100$
>
> ** 노년 부양비 $= \dfrac{\text{노년 인구(65세 이상 인구)}}{\text{부양 인구(15~64세 인구)}} \times 100$
>
> *** 전체 인구 중 65세 이상 인구가 차지하는 비율이 20% 이상인 사회를 초고령
> 사회라고 함.

① t년에 노년 부양비는 갑국이 을국의 2배이다.

② t+50년에 유소년 인구는 갑국과 을국이 동일하다.

③ t+50년에 을국은 갑국과 달리 초고령 사회이다.

④ t년에서 t+50년 사이에 을국에서는 갑국과 달리 저출산·고령화
현상이 나타났다.

⑤ t년에 부양 인구는 을국이 갑국보다 많고, t+50년에 부양 인구는
갑국이 을국보다 많다.

56

[2022년 10월 학평 10번]

**표는 갑국의 지역별 총부양비와 노년 부양비를 나타낸 것이다. 이에
대한 설명으로 옳은 것은? (단, 갑국은 A~C 지역만으로 구성되며,
A 지역의 인구는 B 지역의 2배이고 B 지역의 인구는 C 지역의
2배이다.) 3점**

구분	A 지역	B 지역	C 지역
총부양비	400	150	150
노년 부양비	50	100	75

* 총부양비={(0~14세 인구+65세 이상 인구)/15~64세 인구}×100

* 유소년 부양비=(0~14세 인구/15~64세 인구)×100

* 노년 부양비=(65세 이상 인구/15~64세 인구)×100

① 갑국의 총부양비는 300이다.

② 15~64세 인구는 B 지역이 C 지역보다 적다.

③ 유소년 부양비가 가장 낮은 지역은 C 지역이다.

④ 지역별 인구 중 65세 이상 인구가 차지하는 비율은 B 지역이 가장
높다.

⑤ A~C 지역 모두 지역별 인구 중 15~64세 인구가 차지하는
비율이 50%를 넘는다.

57

[2023학년도 6월 모평 20번]

다음 자료에 대한 옳은 분석만을 〈보기〉에서 고른 것은? 3점

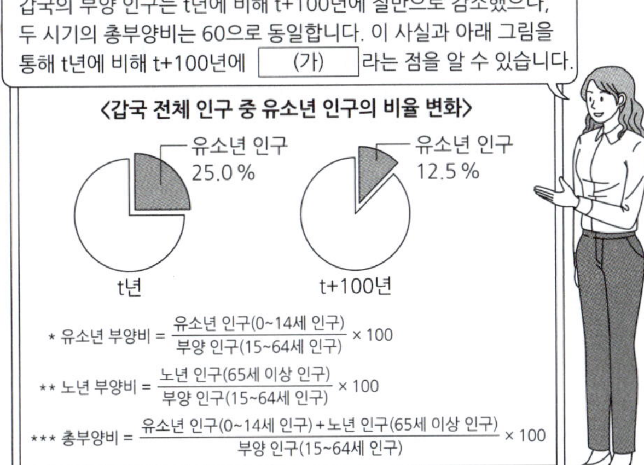

> * 유소년 부양비 $= \dfrac{\text{유소년 인구(0~14세 인구)}}{\text{부양 인구(15~64세 인구)}} \times 100$
>
> ** 노년 부양비 $= \dfrac{\text{노년 인구(65세 이상 인구)}}{\text{부양 인구(15~64세 인구)}} \times 100$
>
> *** 총부양비 $= \dfrac{\text{유소년 인구(0~14세 인구)} + \text{노년 인구(65세 이상 인구)}}{\text{부양 인구(15~64세 인구)}} \times 100$

보기

ㄱ. t년 대비 t+100년에 유소년 인구는 30% 감소하였다.

ㄴ. t년의 노년 인구와 t+100년의 노년 인구는 동일하다.

ㄷ. 유소년 인구와 노년 인구의 합이 전체 인구에서 차지하는
비율은 t년에 비해 t+100년이 높다.

ㄹ. (가)에는 '유소년 부양비는 절반으로 감소하고, 노년 부양비는
2배가 되었다'가 들어갈 수 있다.

① ㄱ, ㄴ　　② ㄱ, ㄷ　　③ ㄴ, ㄷ　　④ ㄴ, ㄹ　　⑤ ㄷ, ㄹ

특강 24
p.37

58

[2023학년도 수능 20번]

다음 자료에 대한 분석 및 추론으로 옳은 것은?

> 갑국에서 t년의 전체 인구 중 노년 인구 비율은 20%이고
> t+50년의 전체 인구 중 유소년 인구 비율은 28%이다. t년
> 대비 t+50년에 전체 인구는 25% 증가하였고 유소년 인구는
> 12.5% 감소하였다. t년 대비 t+50년에 노년 부양비는 150%
> 증가하였다.

> * 유소년 부양비 $= \dfrac{\text{유소년 인구(0~14세 인구)}}{\text{부양 인구(15~64세 인구)}} \times 100$
>
> ** 노년 부양비 $= \dfrac{\text{노년 인구(65세 이상 인구)}}{\text{부양 인구(15~64세 인구)}} \times 100$
>
> *** 피부양 인구 = 유소년 인구(0~14세 인구) + 노년 인구(65세 이상 인구)

① t년의 유소년 인구와 t+50년의 노년 인구는 동일하다.

② t년 대비 t+50년에 전체 인구 증가율은 피부양 인구 증가율보다
크다.

③ t년 대비 t+50년에 유소년 인구 감소율과 유소년 부양비
감소율은 동일하다.

④ t년보다 t+50년에 전체 인구에서 부양 인구가 차지하는 비율이
크다.

⑤ t년보다 t+50년에 부양 인구 감소로 인해 경제 성장 동력이
약화될 가능성이 높다.

59

[2023년 4월 학평 20번]

다음 자료에 대한 분석으로 옳은 것은? (단, A ~ C는 각각 유소년 인구, 부양 인구, 노년 인구 중 하나임.) 3점

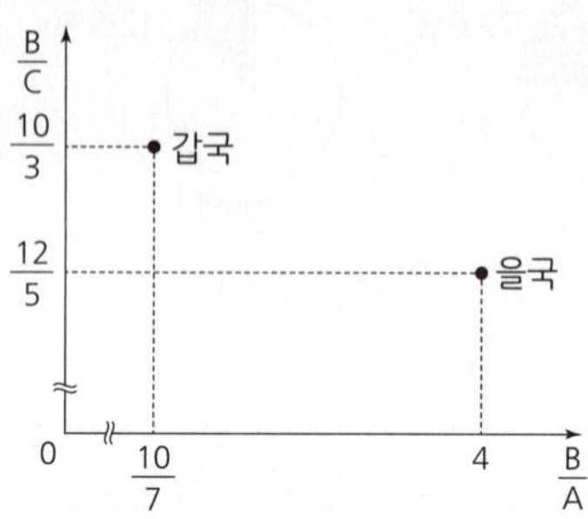

* 노령화 지수 = $\frac{노년 인구(65세 이상 인구)}{유소년 인구(0\sim14세 인구)} \times 100$

** 총부양비 = $\frac{유소년 인구+노년 인구}{부양 인구(15\sim64세 인구)} \times 100$

*** 전체 인구 중에서 노년 인구의 비율이 7% 이상이면 고령화 사회, 14% 이상이면 고령 사회, 20% 이상이면 초고령 사회임.

① A는 유소년 인구, B는 노년 인구, C는 부양 인구이다.
② 갑국은 을국과 달리 부양 인구가 노년 인구보다 많다.
③ 총부양비는 갑국이 을국에 비해 작다.
④ 노령화 지수는 을국이 갑국에 비해 낮다.
⑤ 갑국은 초고령 사회, 을국은 고령화 사회이다.

60　2026 평가원

[2026학년도 9월 모평 18번]

다음 글에서 (가)에 들어갈 수 있는 내용으로 가장 적절한 것은? 3점

세계화의 영향은 이중적이다. 우선, 세계화는 선진국과 개발 도상국이 서로 다른 경로를 택하게 했다. 무역 자유화는 선진국을 고부가 가치 산업에, 개발 도상국을 저부가 가치 산업에 집중하게 만들었다. 이로 인해 개발 도상국이 선진국에 종속되는 경제 구조가 형성되었다. 한편, 세계화는 　(가)　. 선진국의 경우 자본가들은 생산 비용이 낮은 국가로 생산 기지를 이전하며 이익을 얻었지만 이로 인해 노동자들은 일자리 감소와 임금 하락을 겪었다. 개발 도상국의 경우 소득 증가의 혜택은 자산가 및 고숙련 노동자에게 집중되었고 저숙련 노동자에게는 충분히 주어지지 않았다.

① 국가 내 불평등을 증가시켰다
② 노동자의 임금 하락을 유발하였다
③ 개발 도상국의 경제 성장을 가로막았다
④ 선진국과 개발 도상국 간 경제적 갈등을 심화시켰다
⑤ 선진국과 개발 도상국 간 위계적인 분업 체계를 형성하였다

61

[2025년 10월 학평 20번]

다음 자료에 대한 분석으로 옳은 것은? 3점

표는 갑국의 연령대별 인구를 30년 전 조사 결과 대비 변화율로 나타낸 것이다. t년의 유소년 부양비는 100으로 t년 노령화 지수의 2배이다. 모든 조사 연도의 전체 인구는 동일하다.

구분	t+30년	t+60년	t+90년
유소년 인구의 변화율(%)	-25	-20	-75
노년 인구의 변화율(%)	50	20	50

* 유소년 부양비 = $\frac{유소년 인구(0\sim14세 인구)}{부양 인구(15\sim64세 인구)} \times 100$

** 노령화 지수 = $\frac{노년 인구(65세 이상 인구)}{유소년 인구(0\sim14세 인구)} \times 100$

① t+30년에는 유소년 인구보다 노년 인구가 많다.
② t+90년의 노령화 지수는 90이다.
③ 부양 인구는 t+30년이 t+60년보다 많다.
④ 유소년 인구는 t+30년이 t년의 1/4이다.
⑤ 유소년 부양비는 t+60년이 t+90년의 4배이다.

62　2026 평가원

[2026학년도 6월 모평 20번]

다음 자료에 대한 옳은 분석만을 〈보기〉에서 고른 것은?

인구 구조의 변화는 경제 성장과 세대 간 갈등에 영향을 미칠 수 있다. ㉠ 연구 결과에 따르면 부양 인구(15 ~ 64세 인구)가 감소할수록 경제 성장 동력은 약화되며, 노년 부양비가 커질수록 세대 간 갈등이 심해진다.

갑국의 t+100년 전체 인구와 을국의 t년 전체 인구는 동일하다. 을국에서 t+100년의 전체 인구는 t년의 2배이다. 갑국에서 t년의 유소년 인구는 t+100년의 4배이다.

구분	t년		t+100년	
	갑국	을국	갑국	을국
노령화 지수	50	50	150	25
유소년 부양비	100	100	40	80

* 노령화 지수 = $\frac{노년 인구(65세 이상 인구)}{유소년 인구(0\sim14세 인구)} \times 100$

** 유소년(노년) 부양비 = $\frac{유소년(노년) 인구}{부양 인구} \times 100$

보기

ㄱ. t년 대비 t+100년에 을국의 유소년 인구 증가율은 40%이다.
ㄴ. t년에 노년 인구는 갑국이 을국의 2배이고, t+100년에 노년 인구는 갑국이 을국의 1.5배이다.
ㄷ. ㉠에 따르면, 갑국은 t년에 비해 t+100년에 세대 간 갈등이 심해진다.
ㄹ. ㉠에 따르면, 을국은 t년에 비해 t+100년에 경제 성장 동력이 약화된다.

① ㄱ, ㄴ　② ㄱ, ㄷ　③ ㄴ, ㄷ　④ ㄴ, ㄹ　⑤ ㄷ, ㄹ

63 · 2025 수능 · [2025학년도 수능 20번]

다음 자료에 대한 설명으로 옳은 것은? 3점

갑국 t년의 부양 인구(15~64세 인구)는 노년 인구의 7배이며, 노령화 지수는 50이다. 표는 기간별 인구 변화 양상을 나타낸 것으로 A 기간은 t년 대비 t+30년으로, B 기간은 t+30년 대비 t+50년으로 하여 분석하였다. 단, A 기간과 B 기간 동안 전체 인구의 변화는 없다.

구분	A 기간	B 기간
노령화 지수 증가율(%)	60	50
노년 인구 증가율(%)	100	50

* 노령화 지수 = $\dfrac{\text{노년 인구(65세 이상 인구)}}{\text{유소년 인구(0~14세 인구)}} \times 100$

<조건>
○ 노동력 부족 정도, 세대 간 갈등 정도, 양육에 대한 사회적 부담 정도는 아래의 조건으로만 각각 판단한다.
  1. 노동력 부족 정도는 부양 인구와 부(−)의 관계에 있다.
  2. 세대 간 갈등 정도는 노년 부양비와 정(+)의 관계에 있다.
  3. 양육에 대한 사회적 부담 정도는 유소년 부양비와 정(+)의 관계에 있다.

* 노년(유소년) 부양비 = $\dfrac{\text{노년(유소년) 인구}}{\text{부양 인구}} \times 100$

① A 기간에 유소년 인구는 감소하고 노년 인구는 증가하였다.
② B 기간에 부양 인구와 노년 인구는 모두 증가하였다.
③ A 기간과 B 기간에 증가한 노년 인구는 동일하다.
④ 양육에 대한 사회적 부담 정도는 t+50년보다 t+30년이 크다.
⑤ 노동력 부족 정도는 t+50년보다 t+30년이, 세대 간 갈등 정도는 t+30년보다 t+50년이 크다.

64 · [2025년 10월 학평 7번]

밑줄 친 ㉠에 해당하는 학생만을 고른 것은?

<학생들의 탐구 수행 결과>

학생	독립 변인	종속 변인	상관관계
갑	재택근무 실시 비율	업무 효율성	양(+)
을	CCTV 설치율	범죄 발생 건수	음(−)
병	인터넷 보급률	개인 정보 침해 건수	양(+)
정	SNS 이용 시간	우울증 발생률	양(+)

교사 : 정보 사회와 관련한 탐구를 모두 잘 수행하였습니다. ㉠ 두 학생의 탐구 수행 결과는 정보 사회의 긍정적 측면을 뒷받침하는 근거로 활용될 수도 있겠네요.

① 갑, 을　　② 갑, 병　　③ 을, 병　　④ 을, 정　　⑤ 병, 정

65 · [2023학년도 9월 모평 20번]

다음 자료에 대한 분석 및 추론으로 옳은 것은?

현재(t년) 갑국은 표와 같은 인구 구성을 가지고 있다. 갑국 정부는 향후(t+100년) 발생할 인구 변화를 서로 다른 시나리오로 예측하여 A, B의 결과를 얻었다. t년에 부양 인구(15~64세 인구)는 전체 인구의 절반이며, t+100년에도 부양 인구는 전체 인구의 절반이라고 가정한다.

구분	현재(t년)	t+100년의 시나리오 예측 결과 A	B
유소년 인구 (0~14세 인구)	750만 명	t년 대비 20% 증가	t년 대비 20% 감소
노년 인구 (65세 이상 인구)	250만 명	t년 대비 20% 증가	t년 대비 140% 증가

* 유소년 부양비 = $\dfrac{\text{유소년 인구}}{\text{부양 인구}} \times 100$

** 노년 부양비 = $\dfrac{\text{노년 인구}}{\text{부양 인구}} \times 100$

*** 총부양비 = $\dfrac{\text{유소년 인구+노년 인구}}{\text{부양 인구}} \times 100$

① 노년 부양비는 A가 현재보다 크다.
② 총부양비는 B가 현재보다 크다.
③ 유소년 부양비는 A가 B의 2배이다.
④ 전체 인구에서 노년 인구가 차지하는 비율은 B가 A의 2배이다.
⑤ 저출산·고령화 문제는 B보다 A에서 더 부각된다.

66 · 2026 수능 · [2026학년도 수능 11번]

(가), (나)는 정보화로 인한 문제점을 다룬 만평이다. 이에 대한 설명으로 가장 적절한 것은?

① (가)는 정보 격차로 인한 계층 양극화 문제를 보여준다.
② (가)는 정보 생산자의 정확한 정보 제공이 필요함을 보여준다.
③ (나)는 감시로 인한 개인의 자유와 권리 침해 문제를 보여준다.
④ (나)는 주체적으로 정보를 분석하고 평가하는 태도가 필요함을 보여준다.
⑤ (가)와 (나)는 모두 대면 접촉 감소로 피상적 인간관계가 확산되는 양상을 보여준다.

다음 자료에 대한 분석 및 추론으로 옳은 것은? 3점

표는 갑국과 을국에서 t년 대비 t+30년의 인구 구조 변화 양상을 예측하여 나타낸 것이다. t년에 전체 인구 중 부양 인구(15~64세 인구)의 비율은 을국이 45%로 갑국의 0.75배이고, 을국의 노령화 지수와 노년 부양비는 같으며, 유소년 부양비는 갑국이 을국의 0.25배이다. 단, 갑국과 을국 모두 전체 인구는 변함없다고 가정한다. 양육에 대한 사회적 비용과 노인 일자리 창출의 필요성 정도는 아래의 〈조건〉으로만 판단한다.

구분	갑국	을국
유소년 부양비	증가	불변
전체 인구 중 부양 인구 비율	불변	감소

* 노령화 지수 = $\dfrac{\text{노년 인구(65세 이상 인구)}}{\text{유소년 인구(0~14세 인구)}} \times 100$

** 유소년(노년) 부양비 = $\dfrac{\text{유소년(노년) 인구}}{\text{부양 인구}} \times 100$

*** 총부양비 = 유소년 부양비 + 노년 부양비

〈조건〉
○ 양육에 대한 사회적 비용은 유소년 인구와 정(+)의 관계에 있다.
○ 노인 일자리 창출의 필요성 정도는 노년 인구와 정(+)의 관계에 있다.

① t년에 노령화 지수는 갑국보다 을국이 크다.
② t+30년에 갑국의 노년 부양비는 50보다 클 것이다.
③ t+30년에 을국의 총부양비는 120보다 클 것이다.
④ t년 대비 t+30년에 양육에 대한 사회적 비용이 갑국에서는 늘어날 것이고 을국에서는 변함없을 것이다.
⑤ t년 대비 t+30년에 노인 일자리 창출의 필요성 정도가 갑국에서는 낮아질 것이고 을국에서는 변함없을 것이다.

다음 자료는 갑국과 을국의 인구 변화 양상에 관한 예측 내용을 요약한 것이다. 이에 대한 분석 및 추론으로 옳은 것은?

요 약

○ t년 대비 t+50년 전체 인구는 갑국의 경우 0.5배, 을국의 경우 2배가 되어 t+50년에 갑국과 을국의 전체 인구는 동일한 것으로 나타남.
○ 표는 갑국과 을국의 t년 총부양비와 노령화 지수, t년 대비 t+50년의 인구 변화를 나타낸 것임.

구분	t년		t년 대비 t+50년	
	총부양비	노령화 지수	$\dfrac{\text{유소년 인구}}{\text{전체 인구}}$	$\dfrac{\text{부양 인구}}{\text{전체 인구}}$
갑국	150	200	감소	변화 없음
을국	25	100	변화 없음	감소

○ 노령화 지수, 유소년(노년) 부양비, 총부양비의 산출식은 다음과 같음.
• 노령화 지수 = $\dfrac{\text{노년 인구(65세 이상 인구)}}{\text{유소년 인구(0~14세 인구)}} \times 100$
• 유소년(노년) 부양비 = $\dfrac{\text{유소년(노년) 인구}}{\text{부양 인구(15~64세 인구)}} \times 100$
• 총부양비 = 유소년 부양비 + 노년 부양비

○ 다음 조건을 기준으로 사회 문제의 가능성을 판단함.
• 전체 인구 중 부양 인구의 비율과 경제 성장 동력은 정(+)의 관계임.
• 노령화 지수와 세대 간 갈등 정도는 정(+)의 관계임.

① t년 갑국의 유소년 부양비는 노년 부양비보다 크다.
② t년 갑국의 노년 인구는 t년 을국의 노년 인구의 8배이다.
③ t년 갑국의 부양 인구는 t+50년 을국의 유소년 인구의 8배이다.
④ t년 대비 t+50년에 경제 성장 동력은 갑국과 을국 모두 약화될 것이다.
⑤ t년 대비 t+50년에 세대 간 갈등 정도는 갑국이 커지고, 을국은 변함이 없을 것이다.

3. 전 지구적 수준의 문제와 지속 가능한 사회

★수능에 나오는 **필수 개념 2가지** + **필수 암기사항 1개**

필수개념 1 전 지구적 수준의 문제

• 전 지구적 수준의 문제 **암기** → 전 지구적 수준의 문제 양상과 해결 방안을 파악한다.

1. 환경 문제

구분	지구 온난화	사막화	열대 우림 파괴
의미	대기 중의 온실가스가 증가하여 지구의 연평균 기온이 상승하는 현상	초원과 삼림이 황폐해지고 점차 사막 환경으로 변해 가는 현상	아마존 밀림 등의 큰 숲이 파괴되는 현상
원인	• 산업화와 인구 증가 • 무분별한 산림 파괴와 화석 연료 사용	• 강수량 부족 • 과도한 벌목 • 농경지 및 목축지의 과잉 개발	• 무분별한 벌목 • 불법적인 방화
영향	• 해수면 상승으로 인한 생태계 교란 • 가뭄, 집중호우 등 기상 이변의 발생으로 인한 인명 피해와 재산 손실	• 토양 침식과 물 부족으로 인해 작물 재배가 어려워 식량난 발생 • 생물 종 다양성 감소 및 생태계 파괴	• 생물 종 다양성 감소 • 홍수 등 기상 이변 증가 • 지구의 이산화탄소 흡수 능력 약화로 지구 온난화 가속화
해결 방안	• 자연을 인간의 목적을 달성하기 위한 수단이 아닌 더불어 살아가는 존재로 재인식 • 개인적 · 사회적 관심과 실천 • 지속 가능한 개발 • 환경 친화적인 상품 개발 및 관련 산업 육성 • 환경 문제에 대한 국제 사회의 유기적인 협력		

2. 자원 문제

구분	내용
원인	자원의 무분별한 개발과 사용
실태	• 자원 고갈 : 세계 인구 증가와 산업 발달로 재생 불가능한 에너지 자원을 대량으로 소비하여 자원이 부족함 • 식량 부족 : 식량의 생산 및 분배의 지역적 편중으로 인해 식량 부족 위기에 처함 • 물 부족 : 물 수요가 증가하지만, 지구 온난화로 인한 가뭄 등으로 물 공급이 어려워지면서 물 부족으로 어려움을 겪게 됨
해결 방안	• 자원을 절약하고 재활용하려는 노력 실천 • 친환경적 대체 자원 개발 • 수력, 풍력, 태양광 등 청정에너지의 개발 및 보급 확대 • 자원 이용과 개발에 대한 국제적 협약 체결

기본자료

▶ 전 지구적 수준의 문제
한 국가의 문제가 주변 국가 또는 전 세계에 영향을 주는 문제로, 개별 국가의 경계를 넘어 인류가 공동으로 해결해야 하며 현재 세대 뿐 아니라 미래 세대에도 큰 영향을 주는 문제를 말한다.

DAY 28
Ⅴ
3.
전지구적 수준의 문제와 지속 가능한 사회

3. 전쟁과 테러

구분	전쟁	테러
의미	서로 대립하는 국가 또는 이에 준하는 집단 간에 군사력을 비롯한 무력을 써서 자신의 의지를 상대에게 강제하는 행위	개인 혹은 특정 조직이 자신들의 목적을 위해 무차별적으로 상대에게 위해를 가하는 행위
원인	종교·민족·인종·문화적 갈등, 경제적 이해관계의 대립, 영토 분쟁	
해결 방안	• 분쟁의 원인에 대한 객관적 파악 • 국제 사회의 행위 주체들 간 상호 존중과 이해 및 협력하는 태도 • 분쟁 발생 시 국제기구들의 적극적 개입과 분쟁 중재	
차이점	• 전쟁은 상대방 군인을 대상으로 살상을 인정하고 있지만 민간인에 대한 무차별적 살상은 전쟁 범죄로 취급하여 금지 함 • 테러는 그 대상에 전투원뿐만 아니라 민간인까지 포함함	

기본자료

▶ **전쟁과 테러의 심각성**
전쟁과 테러는 인명 피해와 각종 시설 및 자연 환경 파괴라는 문제 이외에도 인류가 오랜 시간에 걸쳐 확보한 인권이 유린되고 부정될 수 있다는 점에서 문제가 더욱 심각하다.

필수개념 2 **지속 가능한 사회와 세계 시민 의식**

• **지속 가능한 사회**
 – 의미 : 현재 세대가 필요로 하는 다양한 욕구를 충족시킴에 있어 미래 세대가 자신들의 필요를 충족시키기 위해 갖춰야 할 여건을 저해하지 않는 범위를 고려하여 발전을 추구하는 사회
 – 지속 가능한 개발 : 경제 발전과 환경 보전의 양립을 위하여 새롭게 등장한 개발 방식

• **세계 시민**

의미	국가나 지역을 초월하여 세계 공동체 의식을 바탕으로 다양한 지구촌의 문제에 관심을 가지고 그 문제를 해결하기 위해서 적극적으로 행동하는 시민
자세	• 다른 사람들과 더불어 살아가려는 태도 • 다양한 문화를 이해하고 수용하는 개방적인 자세 • 인권, 평화 등 인류 보편적 가치 지향 • 전 지구적 수준의 문제에 지속적인 관심을 가짐

1 　　　　　　[2025학년도 6월 모평 19번]

(가)에 들어갈 수 있는 내용으로 가장 적절한 것은?

> 『 수행 평가 보고서 내용 요약 』
> ○○모둠
>
> ○ 조사 자료
> 　1) 전쟁터에서 방치된 채 죽어가는 부상자를 구호하고
> 　　희생자를 최소화하기 위한 국제 조약의 필요성을 주장하며
> 　　유럽 각국 지도자들을 설득하여 국제기구를 설립한 A
> 　2) 알래스카 지역의 회색 고래 등 지구적 차원의 멸종 위기
> 　　동물 보호를 위해 여러 국가와 기업, 지역 주민들의 합의를
> 　　이끌어 내고 환경 보존과 생명 존중을 실천한 환경 단체 B
> ○ 조사 자료 1)과 2)를 통해 공통적으로 도출한 결론 : 전 지구적
> 　수준의 문제를 해결하기 위해서는 　　(가)　　이
> 　중요하다.
> --
> [교사 평가란]
> 적절한 사례를 조사하여 결론을 잘 도출했습니다.

① 자원을 둘러싼 국가 간 분쟁을 줄이는 것
② 전쟁으로 인한 인명과 재산 피해를 막는 것
③ 과학 기술 발전의 성과를 전 세계와 공유하는 것
④ 세계 시민 의식을 함양하여 환경 문제에 관심을 갖는 것
⑤ 특정 지역이나 국가를 초월하여 국제 협력을 강화하는 것

2 　　　　　　[2026학년도 6월 모평 11번]

(가)에 들어갈 수 있는 내용으로 가장 적절한 것은?

> 교사: 〈자료 1〉에서 〈자료 3〉은 전 지구적 수준의 문제를 해결하기 위하여
> 　　　　(가)　　이/가 필요하다는 것을 공통적으로
> 보여줍니다.
>
> 〈자료 1〉 정치적·사회적 불안정으로 인하여 세계 곳곳에서 벌어지는
> 　　　　　 전쟁과 테러의 위협을 후손에게 고스란히 넘겨주어야 하는
> 　　　　　 비극적 상황에 처해 있다.
> 〈자료 2〉 무한할 것 같았던 에너지 자원은 미래에도 우리 사회가 현재의
> 　　　　　 경제 성장 수준을 유지할 수 있을지 걱정스러울 정도로 얼마
> 　　　　　 남지 않았다.
> 〈자료 3〉 대량 생산과 대량 소비로 인해 발생한 환경 문제와 기후 위기는
> 　　　　　 다음 세대도 살아가야 할 터전의 소실을 걱정해야 할 만큼 심각
> 　　　　　 한 상태이다.

① 개별 국가의 자율성 강화
② 신기술 개발을 위한 초국가적 대응
③ 미래 세대의 삶에 대한 관심과 배려
④ 문화 다양성을 바탕으로 한 공존의 문화 구축
⑤ 인간과 자연이 더불어 살아가야 한다는 인식의 강화

3 　　　　　　(통사)[고1 2019년 3월 학평 11번]

(가)에 들어갈 내용으로 적절하지 <u>않은</u> 것은?

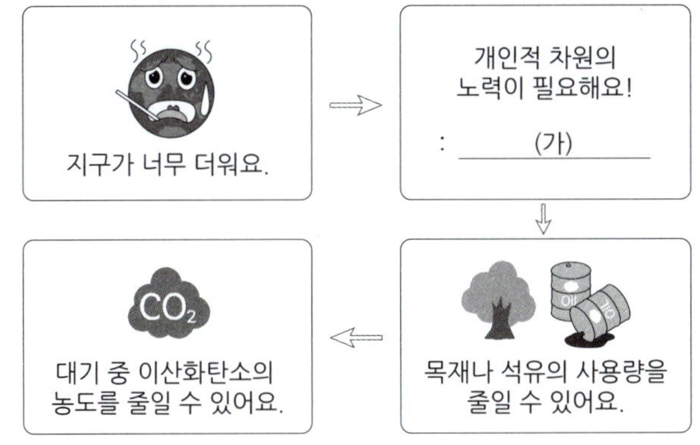

① 외출 시 전등을 끈다.
② 육류를 더 많이 섭취한다.
③ 일회용 컵을 사용하지 않는다.
④ 비닐 봉투보다 장바구니를 사용한다.
⑤ 가까운 거리는 걷거나 자전거를 이용한다.

4 　　　　　　(통사)[고1 2018년 6월 학평 16번]

**다음 국제 협약과 관련된 환경 문제를 해결하기 위한 노력으로
적절한 것을 〈보기〉에서 고른 것은?**

> 　UN 기후 변화 협약 195개 참가국은 '교토 의정서'를
> 대신해 '파리 기후 협약'을 만장일치로 채택하였다. 이 협약의
> 당사국들은 2050년 이후에는 인간의 온실 가스 배출량과
> 지구가 흡수하는 능력이 균형을 이루어야 한다고 촉구했다.
> 또한 이 협약에는 선진국 뿐만 아니라 개발 도상국에도
> 온실가스 감축 의무를 부여하고 기후 변화로 피해를 입는
> 국가를 돕는 내용도 포함되었다.

〈보기〉
ㄱ. 화석 연료의 가격을 인하한다.
ㄴ. 탄소 배출량이 적은 제품을 사용한다.
ㄷ. 대기 오염 물질의 배출 규제를 완화한다.
ㄹ. 시민 단체에 가입하여 환경 감시 활동을 한다.

① ㄱ, ㄴ　　② ㄱ, ㄷ　　③ ㄴ, ㄷ　　④ ㄴ, ㄹ　　⑤ ㄷ, ㄹ

다음은 주요 환경 문제를 정리한 노트의 일부이다. (가)~(라)에 들어갈 내용으로 옳은 것만을 <보기>에서 있는 대로 고른 것은? **3점**

환경 문제	원인	영향	국제 협약
오존층 파괴	염화 플루오린화 탄소의 증가	(가)	몬트리올 의정서
사막화	(나)	토양의 황폐화	사막화 방지 협약
지구 온난화	온실가스 배출량 증가	(다)	(라)

보기

ㄱ. (가) - 피부암, 백내장 등의 질병 유발
ㄴ. (나) - 과도한 경작과 방목
ㄷ. (다) - 북극해 일대의 해수 염도 상승
ㄹ. (라) - 파리 기후 협약

① ㄱ, ㄴ   ② ㄴ, ㄷ   ③ ㄷ, ㄹ
④ ㄱ, ㄴ, ㄹ   ⑤ ㄱ, ㄷ, ㄹ

다음 글에 부합되는 주장을 하고 있는 학생을 고른 것은?

맹그로브는 주로 열대 지역의 강물과 바닷물이 만나는 곳에서 서식하는 식물군을 말한다. 맹그로브는 이산화탄소를 흡수하고 해안의 수질을 유지해준다. 또한 해안의 침식과 홍수를 막는 기능을 하며, 각종 어류·갑각류·조류의 서식지를 이룬다. 그러나 최근 맹그로브 숲이 개발되면서 그 면적은 줄어들고 있다. 특히 새우 양식장이나 인공 어장 조성 등은 맹그로브 숲의 주요 파괴 원인이다. 또한 지구 온난화로 인해 해수면이 상승하게 되면 맹그로브 숲의 면적은 더 줄어들 것이다.

① 갑, 을   ② 갑, 병   ③ 을, 병   ④ 을, 정   ⑤ 병, 정

다음 자료에 대한 분석으로 옳은 것은?  **3점**

다음은 갑국과 을국의 난민 신청 및 난민 인정 비율이다. 두 국가의 국민이 난민 인정을 신청한 사례는 없으며, 난민 인정은 난민 인정을 신청한 사람에 한정한다. 또한 입국한 난민 수는 을국이 갑국의 2배이다.

(단위 : %)

구분	갑국	을국
난민 신청 비율	40	50
난민 인정 비율	10	20

* 난민 신청 비율 = $\dfrac{\text{갑(을)국에 난민 인정을 신청한 사람 수}}{\text{갑(을)국으로 입국한 난민 수}} \times 100$

** 난민 인정 비율 = $\dfrac{\text{갑(을)국 정부가 난민으로 인정한 사람 수}}{\text{갑(을)국에 난민 인정을 신청한 사람 수}} \times 100$

① 갑국으로 입국한 난민 수 대비 갑국이 난민으로 인정한 사람 수의 비율은 10%이다.
② 을국으로 입국한 난민 수 대비 난민 인정을 신청했으나 난민으로 인정받지 못한 사람 수의 비율은 30%이다.
③ 갑국으로 입국한 난민 수보다 을국에 난민 인정을 신청한 사람 수가 많다.
④ 난민으로 인정한 사람 수는 을국이 갑국의 5배이다.
⑤ 다른 조건이 동일하다면, 난민으로 인정받기 위해서는 을국보다 갑국에 난민 신청을 하는 것이 유리하다.

기출 ○X 607제

풀자! 외우자! 만점받자! 

I 사회 · 문화 현상의 탐구

1 사회 · 문화 현상의 이해

[001~008] 다음 표는 자연 현상과 사회 · 문화 현상의 특징을 비교한 것이다. 괄호 안에 알맞은 것을 모두 고르시오.

	자연 현상	사회 · 문화 현상
001	인간 의지 · 의도 (○ / ×)	인간 의지 · 의도 (○ / ×)
002	(존재 / 당위) 법칙	(존재 / 당위) 법칙
003	(목적 / 인과) 법칙	(목적 / 인과) 법칙
004	예외 (존재 / 없음) → (개연성 / 필연성)	예외 (존재 / 없음) → (개연성 / 필연성)
005	(확실성 / 확률)의 원리	(확실성 / 확률)의 원리
006	(보편성 / 특수성)	(보편성 / 특수성)
007	법칙 발견 · 예측 (어려움 / 용이)	법칙 발견 · 예측 (어려움 / 용이)
008	통제된 실험 (어려움 / 용이)	통제된 실험 (어려움 / 용이)

[009~011] 다음 내용에 해당하는 사회 · 문화 현상을 바라보는 관점을 적으시오.

009 사회를 하나의 살아 있는 유기체로 보고, 사회의 통합과 안정을 중시한다. ( )

010 사회 문제나 갈등은 자연스러운 현상이고 사회 발전의 원동력이 된다고 본다. ( )

011 인간이 자율성을 갖고 사회 · 문화 현상에 의미를 부여하는 주체라는 점을 강조한다. ( )

괄호 안에 알맞은 것을 고르시오.

012 자연 현상과 사회 · 문화 현상은 (별개로 존재한다 / 서로 연관되어 있다).

[013~053] 다음 내용이 옳으면 ○, 옳지 않으면 × 하시오.

013 자연 현상은 인간의 가치와 의지가 배제되어 나타난다. ( )

014 자연 현상은 사회 · 문화 현상과 달리 경험적 자료를 통한 과학적 연구가 가능하다. ( )

015 자연 현상은 보편성과 특수성이 공존한다. ( )

016 자연 현상은 몰가치적인 반면, 사회 · 문화 현상은 가치 함축적이다. ( )

017 자연 현상은 개연성과 확률성의 원리를 따른다. ( )

018 자연 현상은 사회 · 문화 현상과 달리 인과 관계가 나타난다. ( )

019 자연 현상은 사회 · 문화 현상에 비해 인과 관계가 명확하다. ( )

020 자연 현상은 사회 · 문화 현상에 비해 미래에 나타날 결과에 대한 예측이 용이하다. ( )

021 사회 · 문화 현상은 자연 현상과 달리 개연성으로 설명된다. ( )

022 사회 · 문화 현상은 동일 조건하에서 항상 동일한 결과가 발생한다. ( )

023 사회 · 문화 현상은 법칙 발견이 용이하다. ( )

024 기능론, 갈등론, 상징적 상호 작용론은 모두 사회 문제의 발생 원인을 설명할 수 있다. ( )

025 거시적 관점은 상황 정의에 따라 구성원들의 반응이 달라진다고 본다. ( )

026 거시적 관점은 사회 구조에 대한 분석을 통해 사회 현상을 설명하고자 한다. ( )

027 기능론은 사회 각 부분이 상호 보완적 역할을 수행한다고 본다. ( )

028 기능론은 사회 불평등 현상을 보편적이고 불가피한 것으로 본다. ( )

029 기능론은 사회가 스스로 균형을 유지하려는 속성을 지닌다고 본다. ( )

030 기능론은 기득권층의 이익을 대변하는 논리로 사용된다는 비판을 받는다. ( )

031 기능론은 사회가 유기체와 유사한 특성을 지니고 있다고 본다. ( )

032 기능론은 갈등론과 달리 희소가치를 둘러싼 집단 간 이해관계의 대립을 강조한다. ( )

033 기능론은 갈등론과 달리 사회 구성 요소 간의 상호 의존적 관계를 통한 질서와 안정을 중시한다. ( )

정답 및 풀이

001 ×, ○   002 존재, 당위   003 인과, 목적   004 없음, 필연성 / 존재, 개연성   005 확실성, 확률   006 보편성 / 보편성, 특수성   007 용이, 어려움   008 용이, 어려움   009 기능론
010 갈등론   011 상징적 상호 작용론   012 서로 연관되어 있다   013 ○   014 ×(자연 현상과 사회 · 문화 현상 모두 가능함)   015 ×(사회 · 문화 현상)   016 ○   017 ×(사회 · 문화 현상)
018 ×(자연 현상과 사회 · 문화 현상 모두 해당함)   019 ○   020 ○   021 ○   022 ×(자연 현상)   023 ×(자연 현상)   024 ○   025 ×(미시적 관점)   026 ○   027 ○   028 ○   029 ○
030 ○   031 ○   032 ×(갈등론)   033 ○

034 기능론은 교육을 통해 사회적 자원이 효율적으로 배분된다고 본다. ( )

035 갈등론은 대립과 갈등을 사회 구조의 필연적 속성으로 본다. ( )

036 갈등론은 능력에 따른 차등 보상의 필요성을 강조한다. ( )

037 갈등론은 사회 문제를 일시적인 병리 현상으로 바라본다. ( )

038 갈등론은 사회 문제의 불평등 관계를 근본적으로 개선해야 한다고 본다. ( )

039 갈등론은 사회 규범이 기득권 유지를 위한 지배 집단의 합의를 통해 형성된다고 본다. ( )

040 갈등론은 사회 갈등과 투쟁이 사회 발전의 원동력이라고 본다. ( )

041 갈등론은 사회의 안정보다 변동을 중시한다. ( )

042 갈등론은 학교 교육이 계층 이동의 사다리 역할을 한다고 본다. ( )

043 갈등론은 개인의 사회 및 경제적 배경이 사회적 성공의 요인이라고 본다. ( )

044 기능론과 달리 갈등론은 사회 구성원들 사이의 사회적 합의를 중시한다. ( )

045 상징적 상호 작용론은 인간의 자율성과 능동성을 강조한다. ( )

046 상징적 상호 작용론은 사회·문화 현상에 대한 상황의 맥락적 이해를 중시한다. ( )

047 상징적 상호 작용론은 상징을 매개로 한 타인과의 상호 작용을 통해 개인의 자아가 형성된다고 본다. ( )

048 상징적 상호 작용론은 개인의 행동이 상황에 대한 주관적 해석에 기초하여 이루어진다고 본다. ( )

049 상징적 상호 작용론은 개인들이 구성해 내는 주관적 생활 세계를 중시한다. ( )

050 갈등론은 지배 계급과 피지배 계급의 이익이 양립할 수 있다고 본다. ( )

051 상징적 상호 작용론은 개인의 행위를 강제하는 사회 체계를 중시한다. ( )

052 기능론은 갈등론과 달리 집단 간의 대립을 균형 회복을 위한 일시적 과정으로 본다. ( )

053 갈등론은 사회에는 어느 시점에나 구조적 모순이 내재되어 있다고 본다. ( )

2 사회·문화 현상의 연구 방법

[054~058] 다음 표는 양적 연구 방법과 질적 연구 방법을 비교한 것이다. 괄호 안에 알맞은 것을 고르시오.

	구분	양적 연구 방법	질적 연구 방법
054	전제	방법론적 (일원론 / 이원론)	방법론적 (일원론 / 이원론)
055	연구 목적	사회·문화 현상의 (법칙 발견 / 의미 이해)	사회·문화 현상의 (법칙 발견 / 의미 이해)
056	유용성 및 한계	일반화 및 법칙 발견 (어려움 / 용이)	일반화 및 법칙 발견 (어려움 / 용이)
057		연구 대상자의 가치· 동기를 심층적으로 이해하는 데 (어려움 / 유리함)	연구 대상자의 가치· 동기를 심층적으로 이해하는 데 (어려움 / 유리함)
058	연구 과정	주로 (귀납적 / 연역적) 연구 과정	주로 (귀납적 / 연역적) 연구 과정

[059~063] 5가지 자료 수집 방법(질문지법, 실험법, 면접법, 참여 관찰법, 문헌 연구법) 중 다음 내용에 해당하는 것을 적으시오.

059 언어적 상호 작용을 중시하는 자료 수집 방법 :
(,)

060 연구자의 주관이 개입될 우려가 큰 자료 수집 방법 :
(,)

061 일반화(법칙 발견)에 주로 활용되는 자료 수집 방법 :
(,)

062 심층적 자료를 통한 의미 해석에 주로 활용되는 자료 수집 방법 :
(,)

063 양적 연구와 질적 연구 모두에서 활용될 수 있는 자료 수집 방법 :
( )

[064~096] 다음 내용이 옳으면 ○, 옳지 않으면 × 하시오.

064 양적 연구 방법은 변수를 계량화하여 비교·연구하고, 변수 간의 상관관계를 밝히는 것을 목적으로 한다. ( )

065 양적 연구 방법은 질적 연구 방법과 달리 경험적 자료를 중시한다. ( )

066 양적 연구 방법은 사실과 가치가 분리될 수 있음을 전제로 한다. ( )

067 질적 연구 방법은 직관적 통찰을 통해 사회·문화 현상을 이해하고자 한다. ( )

068 양적 연구 방법은 사회·문화 현상이 자연 현상과 본질적으로 다르다고 전제한다. ( )

069 질적 연구 방법은 행위 자체보다 행위의 동기나 의도를 주된 분석 대상으로 삼는다. ( )

070 양적 연구 방법은 주로 계량화가 어려운 주제의 연구에 적합하다. ( )

071 양적 연구 방법은 질적 연구 방법에 비해 결론의 재생 가능성이 높다. ( )

072 양적 연구 방법은 일반화나 법칙 정립을 목적으로 한다. ( )

073 질적 연구 방법은 인간의 행위를 내적 동기와 분리하여 연구한다. ( )

074 질적 연구 방법은 양적 연구 방법에 비해 연구자와 연구 대상자 간의 정서적 교감을 중시한다. ( )

075 질문지법은 대규모 집단을 대상으로 계량화된 자료를 수집한다. ( )

076 질문지법은 표본의 대표성이 낮을 경우 조사 결과를 일반화하기 어렵다. ( )

077 실험법은 통제된 상황에서 도출한 실험 결과를 실제 사회에 그대로 적용할 수 있다는 장점이 있다. ( )

078 실험법에서 통제 집단은 원인에 해당하는 독립 변수를 처치한 집단을 의미한다. ( )

079 실험법은 인위적 상황을 조성하여 종속 변인을 처치하는 과정이 필요하다. ( )

080 실험법은 면접법에 비해 자료 수집 상황에 대한 연구자의 인위적인 통제 정도가 강하다. ( )

081 질문지법과 실험법은 주로 양적 연구에 활용된다. ( )

082 질문지법과 실험법은 주로 언어적 상호 작용을 중시하는 자료 수집 방법이다. ( )

083 면접법은 주로 면대면 대화를 통해 깊이 있는 정보를 수집한다. ( )

084 면접법은 응답자와 연구자 간의 정서적 교감을 중시한다. ( )

085 면접법과 참여 관찰법은 모두 비구조화·비표준화된 자료 수집 방법이다. ( )

086 면접법은 실험법에 비해 자료 수집 과정에서 연구자의 유연성과 융통성이 높다. ( )

087 면접법은 실험법과 달리 연구자와 연구 대상자 간의 대면을 통한 언어적 상호 작용을 중시한다. ( )

088 참여 관찰법은 방법론적 이원론에 기초한 연구에 주로 사용된다. ( )

089 참여 관찰법은 예상치 못한 상황에 대한 통제가 어렵다. ( )

090 참여 관찰법은 자료의 실제성을 확보하는 데 유리하다. ( )

091 참여 관찰법은 의사소통이 어려운 경우 사용이 불가능하다. ( )

092 참여 관찰법과 면접법은 모두 질적 자료를 수집하는 데 적합하다. ( )

093 참여 관찰법과 면접법은 모두 자료 해석 시 연구자의 편견이 개입될 우려가 크다. ( )

094 문헌 연구법을 통해 수집한 자료는 주로 1차 자료에 해당한다. ( )

095 문헌 연구법은 면접법보다 자료 수집 과정에서 시공간적 제약이 적다. ( )

096 문헌 연구법은 기존 연구의 경향성 파악에 용이하다. ( )

③ 사회·문화 현상을 탐구하는 태도와 연구 윤리

[097~101] 다음 사회·문화 현상의 연구 과정에서 요구되는 태도를 고르시오.

	연구 단계	가치 중립	가치 개입
097	연구 문제 인식		
098	연구 설계		
099	자료 수집 및 분석		
100	결론 도출		
101	연구 결과의 활용		

[102~105] 다음 내용에 해당하는 사회·문화 현상을 탐구하는 태도를 적으시오.

> 개방적 태도, 상대주의적 태도, 객관적 태도, 성찰적 태도

102 연구자가 제3자적 입장에서 자신의 주관적인 가치나 이해관계에서 벗어나 사회·문화 현상을 탐구하는 태도 ( )

✎ **정답 및 풀이**

068 ×(질적 연구 방법)   069 ○   070 ×(질적 연구 방법)   071 ○   072 ○   073 ×(양적 연구 방법)   074 ○   075 ○   076 ○   077 ×(실제 사회에 그대로 적용하기 어려움)
078 ×(실험 집단)   079 ×(독립 변인)   080 ○   081 ○   082 ×(질문지법과 면접법)   083 ○   084 ○   085 ○   086 ○   087 ○   088 ○   089 ○   090 ○   091 ×(사용 가능)
092 ○   093 ○   094 ×(2차 자료)   095 ○   096 ○   097 가치 개입   098 가치 개입   099 가치 중립   100 가치 중립   101 가치 개입   102 객관적 태도

103 사회·문화 현상의 탐구 방법이나 결과에 대해 여러 가지
가능성이 공존할 수 있음을 인정하는 태도
　　　　　　　　　　　　　　　　（　　　　　）

104 사회·문화 현상을 사회적 맥락 속에서 적합성을 따져 보고,
현상의 내면에 담긴 인과 관계나 의미를 능동적으로 탐구하는
태도 ──────────────（　　　　　）

105 다양한 사회·문화 현상이 지닌 고유한 의미, 가치, 이유나
맥락 등을 그 사회의 기준에서 이해하는 태도
　　　　　　　　　　　　　　　　（　　　　　）

[106~121] 다음 내용이 옳으면 ○, 옳지 않으면 × 하시오.

106 양적 연구 방법은 추상적인 개념을 측정 가능한 개념으로
바꿔주는 개념의 조작적 정의 과정을 거친다. ──（　　）

107 가설을 설정하고 이를 검증하기 위해 구체적인 자료를
수집하는 것은 연역적 연구 과정에 해당한다. ──（　　）

108 일반적으로 연구 주제 선정 단계에서는 연구자의 의도와
가치가 개입된다. ──────────（　　）

109 가설의 진위 여부를 확인할 때에는 연구자의 가치 개입이
필수적이다. ──────────（　　）

110 자료 분석 단계와 가설 설정 단계에서는 가치 개입이
필요하다. ──────────（　　）

111 가설 검증 및 결론 도출 단계에서 연구자의 가치가 개입되는
경우, 연구의 절차적 투명성이나 내용적 객관성이 훼손될 수
있다. ──────────（　　）

112 사회·문화 현상 탐구 시 연구 대상자의 관점을 중시하는
태도는 상대주의적 태도이다. ──────（　　）

113 사회·문화 현상을 탐구하는 관점이 다양할 수 있음을
인정하고, 자신의 주장에 대한 비판을 편견 없이 허용하는
태도는 상대주의적 태도이다. ──────（　　）

114 역사적 배경이나 맥락에서 사회·문화 현상을 이해하려는
태도는 상대주의적 태도이다. ──────（　　）

115 탐구 과정에서 연구자가 자신의 주관적 가치를 배제하고,
철저히 자료에 의해 검증될 수 있는 것만을 탐구하는 태도는
객관적 태도이다. ──────────（　　）

116 사회·문화 현상 탐구 시 주관적 가치와 이해관계를 배제해야
한다는 태도는 객관적 태도이다. ──────（　　）

117 과학적인 연구 결과일지라도 반증에 의한 새로운 주장의
가능성을 인정하는 태도는 객관적 태도이다. ──（　　）

118 사회·문화 현상을 표면 그대로 받아들이기보다, 이면에 담긴
인과 관계나 의미를 파악하는 태도는 객관적 태도이다.
　　　　　　　　　　　　　　　　（　　　　　）

119 연구자가 연구 절차나 방법이 제대로 수행되었는지 살펴보는
것을 강조하는 태도는 성찰적 태도이다. ──（　　）

120 사회·문화 현상 탐구 시 해당 사회의 문화적 맥락을 고려해야
한다는 태도는 성찰적 태도이다. ──（　　）

121 사회·문화 현상을 보는 관점이 다양할 수 있음을 인정하는
태도는 개방적 태도이다. ──（　　）

Ⅱ 개인과 사회 구조

1 개인과 사회의 관계를 바라보는 관점

[122~123] 빈칸에 알맞은 말을 써넣으시오.

122 사회를 개인들의 총합 이상으로 보는 관점은
（　　　　　　　　　　）이다.

123 사회는 개인들의 집합체에 붙여진 이름이라고 보는 관점은
（　　　　　　　　　　）이다.

[124~128] 다음 표는 사회 실재론과 사회 명목론의 특징을 비교한
것이다. 괄호 안에 알맞은 것을 고르시오.

	사회 실재론	사회 명목론
124	사회 （ ＜ / ＞ ） 개인	사회 （ ＜ / ＞ ） 개인
125	사회 제도 또는 사회 구조가 개인의 사고와 행동에 끼치는 영향력 （ 중시 / 간과 ）	사회 제도 또는 사회 구조가 개인의 사고와 행동에 끼치는 영향력 （ 중시 / 간과 ）
126	인간의 주체적이고 능동적인 사고와 행위의 측면 （ 중시 / 간과 ）	인간의 주체적이고 능동적인 사고와 행위의 측면 （ 중시 / 간과 ）
127	（ 사회 유기체설 / 사회 계약설 ）	（ 사회 유기체설 / 사회 계약설 ）
128	（ 개인주의 / 전체주의 ）	（ 개인주의 / 전체주의 ）

[129~157] 다음 내용이 옳으면 ○, 옳지 않으면 × 하시오.

129 사회는 이름만 존재할 뿐 실체가 없다고 보는 관점은 사회
명목론이다. ──────────（　　）

130 사회의 이익보다 개인의 이익을 우선시하는 관점은 사회
명목론이다. ──────────（　　）

131 사회 현상이 개인의 자율적 의지에 의해 형성된다고 보는
관점은 사회 명목론이다. ──────（　　）

✎ **정답 및 풀이**

103 개방적 태도　**104** 성찰적 태도　**105** 상대주의적 태도　**106** ○　**107** ○　**108** ○　**109** ×(가치 중립이 필수적임)　**110** ×(자료 분석 단계에서는 가치 중립이 요구됨)
111 ○　**112** ○　**113** ×(개방적 태도)　**114** ○　**115** ○　**116** ○　**117** ×(개방적 태도)　**118** ×(성찰적 태도)　**119** ○　**120** ×(상대주의적 태도)　**121** ○　**122** 사회 실재론
123 사회 명목론　**124** ＞, ＜　**125** 중시, 간과　**126** 간과, 중시　**127** 사회 유기체설, 사회 계약설　**128** 전체주의, 개인주의　**129** ○　**130** ○　**131** ○

132 사회에 대한 개인의 불가항력성을 강조하는 관점은 사회 명목론이다. —————————————— (　　　)

133 개인의 성공이 전체 사회의 성공으로 이어진다고 보는 관점은 사회 명목론이다. ————————————— (　　　)

134 사회 명목론은 극단적일 경우 전체주의로 이어질 수 있다. —————————————————————— (　　　)

135 사회를 실체가 없는 허구적 개념에 불과한 것으로 간주하는 관점은 사회 명목론이다. ———————————— (　　　)

136 사회를 떠난 개인은 존재 의미를 갖기 어렵다고 보는 관점은 사회 실재론이다. ————————————— (　　　)

137 개인은 사회 속에서만 존재 의미를 갖는다고 보는 관점은 사회 명목론이다. —————————————— (　　　)

138 사회 문제의 해결을 위해서는 의식 개혁보다 제도 개혁이 중요하다고 보는 관점은 사회 실재론이다. ———— (　　　)

139 사회가 개인의 외부에 실제로 존재한다고 보는 관점은 사회 실재론이다. ——————————————— (　　　)

140 사회는 개인의 목표를 실현시켜 주는 수단에 불과하다고 보는 관점은 사회 실재론이다. ———————— (　　　)

141 사회의 구속력이 개인의 자유 의지보다 우위에 있다고 보는 관점은 사회 실재론이다. ————————— (　　　)

142 사회는 개인의 행위 지향과 그에 따른 결과를 통해서만 발전할 수 있다고 보는 관점은 사회 명목론이다. —— (　　　)

143 사회 문제의 발생 원인을 제도적 측면에서 찾는 관점은 사회 실재론이다. ——————————————— (　　　)

144 사회 규범은 개인들이 그것을 옳다고 믿기에 존재한다고 보는 관점은 사회 실재론이다. ———————— (　　　)

145 집단 행동은 개인이 갖고 있는 자유 의지의 총합으로 표출된다고 보는 관점은 사회 실재론이다. ————— (　　　)

146 사회가 개인의 외부에서 독자적으로 작동한다고 보는 관점은 사회 실재론이다. —————————————— (　　　)

147 개인의 행위로는 설명되지 않는 사회적 실체가 존재한다고 보는 관점은 사회 실재론이다. ——————— (　　　)

148 사회가 구성원들의 합 이상의 독자적인 요소를 갖는다고 보는 관점은 사회 실재론이다. ———————— (　　　)

149 개인은 집단 전체와의 관련 속에서만 존재 의미를 지닌다고 보는 관점은 사회 실재론이다. ——————— (　　　)

150 개인의 능동성이 사회의 구속성보다 우선한다고 보는 관점은 사회 실재론이다. —————————————— (　　　)

151 사회 현상의 분석 단위로서 개인의 의식, 심리 상태 등을 간과하는 관점은 사회 실재론이다. —————— (　　　)

152 사회의 역량은 개개인이 가진 역량의 총합보다 크다고 보는 관점은 사회 실재론이다. ————————— (　　　)

153 사회 발전은 개개인의 발전을 가리키는 개념에 불과하다고 보는 관점은 사회 실재론이다. ——————— (　　　)

154 조직의 역량은 구성원들의 능력을 합한 것과 같다고 보는 관점은 사회 명목론이다. ————————————— (　　　)

155 사회는 개인과 달리 영속성을 가진 존재라고 보는 관점은 사회 실재론이다. —————————————— (　　　)

156 개인은 사회에 의해 구조화된 행동을 한다고 보는 관점은 사회 실재론이다. —————————————— (　　　)

157 사회가 개인의 행동을 강제한다고 보는 관점은 사회 실재론이다. —————————————————— (　　　)

2 인간의 사회화

[158~163] 다음 사회화 기관을 설립 목적(공식적/비공식적)과 사회화 내용(1차적/2차적)에 따라 분류하시오.

158 가족　　　　　　　　　（　　　　　，　　　　　）

159 또래 집단　　　　　　　（　　　　　，　　　　　）

160 학교　　　　　　　　　（　　　　　，　　　　　）

161 회사　　　　　　　　　（　　　　　，　　　　　）

162 대중 매체　　　　　　　（　　　　　，　　　　　）

163 직업 훈련소　　　　　　（　　　　　，　　　　　）

[164~168] 빈칸에 알맞은 말을 적으시오.

164 사회화를 사회 구조의 안정과 질서를 유지하는 데 필요한 과정으로 파악하는 관점은 (　　　　　　)이다.

165 사회화를 통해 불평등 구조가 유지된다고 보는 관점은 (　　　　　)이다.

166 (　　　　　　)은/는 한 개인이 집단이나 사회 속에서 차지하는 위치이다.

167 (　　　　　　)은/는 일정한 지위에 대해 사회적으로 기대되는 행동 방식이다.

168 (　　　　　　)은/는 서로 다른 역할 간에 충돌이 발생하여 나타나는 심리적 갈등이다.

[169~171] 괄호 안에 알맞은 것을 고르시오.

169 청소년, 노인 등 시간의 흐름에 따라 일정한 연령에 도달하게
되면 얻는 지위는 (귀속 지위 / 성취 지위)에 해당한다.

170 한 개인이 동일한 지위에 대하여 부과된 여러 가지 역할들을
수행해야 하는 데서 오는 갈등은 (역할 모순 / 역할 긴장)이다.

171 한 개인이 동시에 두 가지 이상의 지위를 가지고 있으면서
각각의 지위에 따른 역할이 충돌할 때 나타나는 갈등은
(역할 모순 / 역할 긴장)이다.

[172~196] 다음 내용이 옳으면 ○, 옳지 않으면 × 하시오.

172 기능론은 사회화 과정에서 개인의 능동성을 강조한다.
(   )

173 기능론은 사회화의 내용이 사회 전체적으로 합의된 것이라고
본다. (   )

174 갈등론은 사회화가 기존의 권력 구조를 재생산한다고 본다.
(   )

175 갈등론은 사회 구조가 개인의 사회화에 미치는 영향력을
간과한다. (   )

176 갈등론은 사회화가 지배 집단의 이익에 부합하는 방식으로
이루어진다고 본다. (   )

177 상징적 상호 작용론은 사회화가 타인과의 상호 작용을 통해
자아를 형성하는 과정이라고 본다. (   )

178 어릴 적 동네 친구들은 비공식적 사회화 기관이자 2차적
사회화 기관이다. (   )

179 가족은 비공식적 사회화 기관에 해당한다. (   )

180 또래 집단과 대중 매체는 비공식적 사회화 기관에 해당한다.
(   )

181 성인기의 재사회화는 공식적, 비공식적 사회화 기관 모두에서
이루어질 수 있다. (   )

182 1차적 사회화 기관은 전문적 사회화를 담당한다. (   )

183 직업 훈련소는 2차적 사회화 기관이자 공식적 사회화 기관에
해당한다. (   )

184 첫 출산을 앞둔 부모가 예비 부모 교실에 참석하는 것은 예기
사회화에 해당한다. (   )

185 대학교에 입학하여 신입생 오리엔테이션에 참가하는 것은
예기 사회화에 해당한다. (   )

186 방송사는 사회화를 목적으로 설립된 기관에 해당한다.
(   )

187 회사에 합격하여 신입 사원 연수를 받는 것은 예기 사회화에
해당한다. (   )

188 아버지는 성취 지위에 해당한다. (   )

189 장남은 후천적인 노력으로 획득되는 지위이다. (   )

190 고등학교 학생회장과 △△동아리 회장직은 모두 성취 지위에
해당한다. (   )

191 연기자가 대중의 인기를 얻는 것은 연기자로서의 역할에 대한
보상에 해당한다. (   )

192 영업 실적을 높게 평가받아 승진을 하는 경우, 이는 역할
행동에 대한 보상에 해당한다. (   )

193 결혼 후 생활 방식의 차이로 인해 아내와 자주 말다툼을 하는
경우, 이는 역할 갈등에 해당한다. (   )

194 다양한 진로에 대해 고민하는 경우, 이는 역할 갈등에
해당한다. (   )

195 부부 소방관인 갑과 갑의 남편이 큰 화재를 진압한 공로가
인정되어 정부로부터 표창을 받은 경우, 표창은 남편으로서의
역할 행동에 대한 보상이다. (   )

196 철학자 갑이 왕성한 저술과 강연 활동으로 청년 세대의 지지와
존경을 받으면서 학문 발전을 위해 크게 힘쓴 경우, 갑의 역할
행동은 '저술과 강연 활동'이고, 역할 행동에 대한 보상은 '학문
발전을 위해 크게 힘쓴 것'이다. (   )

3 사회 집단과 사회 조직

[197~199] 다음의 기준에 따라 사회 집단을 분류하시오.

197 구성원 간의 접촉 방식 : (,   )

198 소속감 : (,   )

199 결합 의지 : (,   )

[200~201] 빈칸에 알맞은 말을 적으시오.

200 둘 이상의 사람들이 소속감이나 공동체 의식을 가지고
지속적으로 상호 작용을 하는 공동체를
(   )(이)라고 한다.

201 한 개인이 자신의 신념, 태도, 가치 등을 규정하고 행동의
지침으로 삼는 집단을 (   )(이)라고 한다.

✎ **정답 및 풀이**

169 귀속 지위   **170** 역할 긴장   **171** 역할 모순   **172** ×(상징적 상호 작용론)   **173** ○   **174** ○   **175** ×(상징적 상호 작용론)   **176** ○   **177** ○   **178** ×(1차적 사회화 기관임)
179 ○   **180** ○   **181** ○   **182** ×(기초적인 사회화를 담당함)   **183** ○   **184** ○   **185** ○   **186** ×(부수적으로 사회화를 담당함)   **187** ○   **188** ○   **189** ×(선천적으로 주어지는 귀속 지위)
190 ○   **191** ×(역할 행동에 대한 보상임)   **192** ○   **193** ×(서로 다른 역할 간의 충돌이 아님)   **194** ×(서로 다른 역할 간의 충돌이 아님)   **195** ×(소방관으로서의 역할 행동에 대한 보상임)
196 ×('청년 세대의 지지와 존경'이 보상임)   **197** 1차 집단, 2차 집단   **198** 내집단, 외집단   **199** 공동 사회, 이익 사회   **200** 사회 집단   **201** 준거 집단

[202~208] 다음 사회 조직이 해당하는 것을 모두 고르시오.

구분	공식 조직	비공식 조직	자발적 결사체
202 학교			
203 이익 집단			
204 시민 단체			
205 친목 집단			
206 직장 내 동호회			
207 마을 조기 축구회			
208 노동조합			

[209~214] 다음은 관료제와 탈관료제의 문제점을 나타낸 것이다. 각 문제점과 관련 있는 조직 형태를 적으시오.

209 조직의 안정성 저하에 따른 조직원의 심리적 불안감 증가

( )

210 무사안일주의 ( )

211 조직의 경직성 ( )

212 목적 전치 현상 ( )

213 권한과 책임의 불명확성에 따른 갈등 발생 ( )

214 인간 소외 현상 ( )

[215~266] 다음 내용이 옳으면 ○, 옳지 않으면 × 하시오.

215 직장 생활에 만족하지 못하는 회사원 A가 요리사의 꿈을 실현하고자 매일 퇴근 후 요리 학원에 다니는 경우, A의 소속 집단과 준거 집단은 일치하지 않는다. ( )

216 빈곤층은 사회 집단에 해당한다. ( )

217 가족은 회사와 달리 결합 자체를 목적으로 하는 사회 집단이다. ( )

218 회사와 해외 지사는 모두 공동 사회에 해당한다. ( )

219 집단의 결합 자체가 집단 형성의 목적이 되는 것은 공동 사회이다. ( )

220 공통의 신념 및 관습이 집단 구성의 바탕이 되는 것은 공동 사회이다. ( )

221 조기 축구회는 이익 사회이면서 자발적 결사체에 해당한다. ( )

222 대학교는 선택 의지에 따라 결합된 사회 집단이다. ( )

223 친목 집단은 본질 의지에 의해 자연 발생적으로 형성된 집단이다. ( )

224 기업의 노동조합은 주로 공식적 규범을 통해 구성원을 통제한다. ( )

225 친족은 구성원 간의 전인격적인 접촉이 중심이 된다. ( )

226 회사는 구성원 간 전인격적 관계가 중심이 되는 사회 집단이다. ( )

227 유치원은 개인의 선택적 의지와 무관하게 자연 발생적으로 형성된 집단이다. ( )

228 공식 조직은 공식적 제재를 통해 구성원을 통제한다. ( )

229 과업 지향적인 사회 집단은 공식 조직에 해당한다. ( )

230 이익 집단과 시민 단체는 모두 공식 조직에 해당한다. ( )

231 기업의 노동조합은 비공식 조직에 해당한다. ( )

232 시민 단체는 공식 조직이면서 자발적 결사체에 해당한다. ( )

233 사내 동호회는 동네 조기 축구회와 달리 비공식 조직에 해당한다. ( )

234 비공식 조직은 공식 조직을 전제로 한다. ( )

235 비공식 조직의 활성화로 인해 공식 조직에서의 업무 공정성이 저해되기도 한다. ( )

236 고등학교는 구성원들의 선택 의지에 따라 형성된 1차 집단이다. ( )

237 1차 집단에서는 형식적이고 수단적인 인간관계가 지배적으로 나타난다. ( )

238 2차 집단은 주로 비공식적인 통제가 이루어진다. ( )

239 자발적 결사체는 가입과 탈퇴가 비교적 자유롭다. ( )

240 자발적 결사체는 선택적 의지와 무관하게 자연 발생적으로 형성된다. ( )

241 모든 자발적 결사체는 비공식 조직에 해당한다. ( )

242 비공식 조직은 모두 자발적 결사체에 해당한다. ( )

243 시민 단체와 사내 동호회는 모두 자발적 결사체에 해당한다. ( )

✏️ **정답 및 풀이**

202 공식 조직 **203** 공식 조직, 자발적 결사체 **204** 공식 조직, 자발적 결사체 **205** 자발적 결사체 **206** 비공식 조직, 자발적 결사체 **207** 자발적 결사체 **208** 공식 조직, 자발적 결사체
209 탈관료제 **210** 관료제 **211** 관료제 **212** 관료제 **213** 탈관료제 **214** 관료제 **215** ○ **216** ×(빈곤층은 사회적 집단이 아닌 사회적 범주에 해당함) **217** ○ **218** ×(이익 사회)
219 ○ **220** ○ **221** ○ **222** ○ **223** ×(친목 집단은 이익 사회에 해당함) **224** ○ **225** ○ **226** ×(회사는 2차 집단에 해당함) **227** ×(유치원은 이익 사회에 해당함)
228 ○ **229** ○ **230** ○ **231** ×(공식 조직) **232** ○ **233** ○ **234** ○ **235** ○ **236** ×(이익 사회) **237** ×(2차 집단) **238** ×(1차 집단) **239** ○ **240** ×(선택 의지에 의해 결성됨)
241 ×(예외로 시민 단체는 자발적 결사체이면서 공식 조직임) **242** ○ **243** ○

244 자발적 결사체는 공통의 관심사나 목표를 가지고 결성한 집단이다. ( )

245 자발적 결사체는 사회 다원화에 기여한다. ( )

246 관료제 조직은 탈관료제 조직에 비해 업무의 표준화 정도가 강하다. ( )

247 관료제 조직은 탈관료제 조직에 비해 환경 변화에 유연하게 대처할 수 있다. ( )

248 관료제 조직은 탈관료제 조직에 비해 중간 관리층의 역할과 비중이 크다. ( )

249 관료제는 목적 전치 현상을 해결하기에 용이하다. ( )

250 관료제 조직의 구성원들은 전문성을 갖추고 있고 분업화된 체계 속에서 분담된 업무를 수행한다. ( )

251 관료제 조직은 권한의 수직적인 위계 서열이 뚜렷하다. ( )

252 관료제 조직의 분업 현상은 복잡하고 방대한 업무를 효율적으로 처리할 수 있다는 특징을 갖는다. ( )

253 관료제 조직은 탈관료제 조직에 비해 경력에 따른 보상을 더욱 강조한다. ( )

254 관료제 조직에서는 연공서열에 의해 무사안일주의가 나타날 수 있다. ( )

255 관료제 조직은 탈관료제 조직과 달리 효율적인 과업 수행을 지향한다. ( )

256 산업 사회로의 이행 과정에서 확산된 조직은 탈관료제 조직이다. ( )

257 관료제 조직은 탈관료제 조직에 비해 업적에 따른 보상을 더 중시한다. ( )

258 탈관료제 조직은 관료제 조직에 비해 상향식 의사 결정 방식을 강조한다. ( )

259 탈관료제 조직은 관료제 조직과 달리 규약과 절차에 따른 과업 수행을 중시한다. ( )

260 탈관료제 조직은 1차적 관계가, 관료제 조직은 2차적 관계가 지배적이다. ( )

261 탈관료제 조직에서는 관료제 조직과 달리 공식적 통제 방식으로 갈등을 해결한다. ( )

262 탈관료제 조직은 관료제 조직에 비해 규약에 따른 과업 수행보다 창의적 과업 수행을 중시한다. ( )

263 탈관료제 조직은 관료제 조직에 비해 업무 결정권이 분산되며 구성원의 창의성이 발휘되기가 더 용이하다. ( )

264 탈관료제 조직은 관료제 조직보다 업무 담당자의 재량권 보장 정도가 높다. ( )

265 탈관료제 조직은 관료제 조직보다 과업 수행 절차의 예측 가능성이 높다. ( )

266 관료제 조직은 대규모의 반복적인 업무에, 탈관료제 조직은 환경 변화에 대한 신속한 대응이 요구되는 업무에 효율적이다. ( )

4 일탈 행동

[267~270] 빈칸에 알맞은 말을 적으시오.

267 사회적 목표와 이를 달성하기 위한 제도화된 수단 간의 괴리로 인해 일탈 행동이 발생한다고 보는 이론은 ( )이다.

268 급격한 사회 변동으로 그 사회의 지배적인 규범이 붕괴되고, 이에 대한 대안적인 규범이 마련되지 않았을 때, 가치관의 혼란으로 일탈 행동이 발생한다고 보는 이론은 ( )이다.

269 타인과의 상호 작용을 통한 일탈의 학습 과정에 주목하는 이론은 ( )이다.

270 일탈 행동 자체보다는 그에 대한 사회적 반응을 중시하며 부정적 자아가 형성되어 일탈 행동이 반복된다고 보는 이론은 ( )이다.

[271~297] 다음 내용이 옳으면 ○, 옳지 않으면 × 하시오.

271 아노미 이론은 일탈자가 되어가는 내면적 과정보다 일탈 행동의 구조적 원인에 초점을 맞춘다. ( )

272 뒤르켐의 아노미 이론은 문화적 목표와 제도적 수단 간의 괴리를 일탈 행동의 원인으로 파악한다. ( )

273 뒤르켐의 아노미 이론은 일탈 행동에 대한 대책으로 사회 통제와 규제 강화 방안의 마련을 강조한다. ( )

274 뒤르켐의 아노미 이론은 일탈 행동이 급격한 사회 변동으로 인해 촉발된다고 본다. ( )

275 뒤르켐의 아노미 이론은 무규범의 상태에서 가치관의 혼란에 의해 일탈 행동을 저지른다고 본다. ( )

276 머튼의 아노미 이론은 사회 규범의 통제력 회복을 일탈 행동의 해결 방안으로 본다. ( )

277 올림픽에 참가한 선수가 금메달을 따기 위해 금지 약물을 복용한 것은 머튼의 아노미 이론으로 설명할 수 있다. ( )

278 일탈 행동을 일탈자와의 상호 작용을 통한 학습의 결과로 보는 이론은 차별 교제 이론이다. ( )

279 차별 교제 이론에 따르면 일탈 행동은 정상적인 사회 집단과의 교류 확대를 통해 해결할 수 있다고 본다. ( )

280 차별 교제 이론은 일탈에 대한 규정을 신중하게 하는 것을 해결 방안으로 제시한다. ( )

281 차별 교제 이론과 아노미 이론은 모두 일탈 행동의 원인을 개인적 차원에서 파악한다. ( )

282 차별 교제 이론은 부정적 자아의 형성 과정에 주목한다. ( )

283 모범생이었던 학생의 가출을 불량 학생들과 어울렸기 때문이라고 설명하는 것은 차별 교제 이론에 해당한다. ( )

284 차별 교제 이론과 낙인 이론은 모두 타인과의 상호 작용이 일탈 행동의 발생 과정에 미치는 영향을 중시한다. ( )

285 낙인 이론은 일탈을 규정하는 객관적인 규범이 존재한다고 본다. ( )

286 낙인 이론은 일탈 행동 자체보다 일탈 행동에 대한 사회적 반응을 중시한다. ( )

287 낙인 이론은 일탈 행동의 해결 방법으로 일탈 규정에 대한 신중한 접근을 강조한다. ( )

288 낙인 이론은 차별적인 제재에 의한 사회적 낙인이 2차적 일탈 행동의 원인이라고 본다. ( )

289 낙인 이론은 최초 일탈보다 일탈 행동의 반복에 초점을 맞춘다. ( )

290 낙인 이론은 일탈 행동의 원인을 일탈 행동에 대한 우호적인 가치관 습득이라고 본다. ( )

291 낙인 이론은 일탈에 대한 대책으로 사회적 합의를 통한 규범의 정립을 강조한다. ( )

292 낙인 이론은 2차적 일탈 행동의 발생 과정에 초점을 둔다. ( )

293 일탈 행동에 대한 대책으로 문화적 목표를 달성할 수 있는 제도화된 기회의 확대를 중시하는 이론은 차별적 교제 이론이다. ( )

294 자신의 행위에 대한 타인의 부정적 시선을 내면화한 결과 일탈을 반복한다고 보는 이론은 낙인 이론이다. ( )

295 청소년 문제를 청소년이 자신의 행위에 대한 타인의 부정적 시선을 내재화한 결과라고 보는 이론은 낙인 이론이다. ( )

296 청소년 문제는 합법적인 방법으로 사회적 목표를 이룰 수 없는 청소년이 불법적인 방법을 활용한 결과에 해당한다고 보는 이론은 머튼의 아노미 이론이다. ( )

297 청소년 문제를 일탈 행동의 학습 과정에 주목하여 파악하는 이론은 차별 교제 이론이다. ( )

Ⅲ 문화와 일상생활

1 문화의 이해

[298~300] 괄호 안에 알맞은 것을 고르시오.

298 문화를 특정한 의미를 지닌 생활 양식으로 파악하는 것은 (좁은 의미 / 넓은 의미)의 문화에 해당한다.

299 문화를 한 사회 구성원들의 총체적 생활 양식으로 파악하는 것은 (좁은 의미 / 넓은 의미)의 문화에 해당한다.

300 '한국 문화', '여가 문화'에서의 문화는 (좁은 의미 / 넓은 의미)의 문화이다.

[301~303] 빈칸에 알맞은 말을 적으시오.

301 문화 간에 우열이 존재하지 않으며, 모든 문화가 나름의 고유한 가치가 있다고 보는 태도는 ( )이다.

302 다른 문화를 우월한 것으로 여기고, 자기 문화를 열등하게 평가하는 태도는 ( )이다.

303 자기 문화만을 우월한 것으로 여기고, 다른 문화를 낮게 평가하는 태도는 ( )이다.

[304~374] 다음 내용이 옳으면 ○, 옳지 않으면 × 하시오.

304 문화를 발전, 세련, 교양, 예술 등으로 보는 것은 좁은 의미의 문화이다. ( )

305 문화를 생활 양식의 총체로 보는 것은 넓은 의미의 문화이다. ( )

---

306 인간이 후천적으로 학습한 모든 것을 의미하는 것은 좁은 의미의 문화이다. ────────── (　　)

307 문화를 평가할 수 있다고 보는 것은 넓은 의미의 문화이다. ────────── (　　)

308 '건축 문화'에서의 문화는 '문화 시설'에서의 문화와 다른 의미이다. ────────── (　　)

309 '조직 문화'에서의 문화는 '청소년 문화'에서의 문화와 다른 의미이다. ────────── (　　)

310 A국과 B국이 서로 다른 음식 문화를 향유하고 있는 사례에는 문화의 변동성이 나타나 있다. ────────── (　　)

311 종교는 물질문화에 해당한다. ────────── (　　)

312 형제연혼의 관습은 물질문화에 해당한다. ────────── (　　)

313 문화가 사회 구성원 간 원활한 상호 작용의 토대가 된다고 보는 것은 문화의 공유성과 관련 있다. ────────── (　　)

314 문화가 사회 구성원들의 행동에 대한 예측 가능성을 높여준다고 보는 것은 문화의 공유성과 관련 있다. ─ (　　)

315 레게 음악이 미국으로 퍼지면서 레게 정신, 레게 패션 등도 함께 퍼지는 사례는 문화의 전체성을 통해 설명할 수 있다. ────────── (　　)

316 문화는 타고나는 것이 아니라 습득되는 것이라고 보는 것은 문화의 학습성과 관련 있다. ────────── (　　)

317 문화가 정적인 상태로 머물지 않고 발전하거나 퇴보한다고 보는 것은 문화의 변동성과 관련 있다. ────────── (　　)

318 새로운 문화 요소가 추가되어 문화가 점점 더 풍부해진다고 보는 것은 문화의 축적성과 관련 있다. ────────── (　　)

319 어느 사회에서나 보편적인 형태로 나타나는 문화 요소가 있다고 보는 것은 문화의 보편성과 관련 있다. ──── (　　)

320 대부분의 사회에 한 해를 보내고 새해를 맞이하는 풍습이 존재한다는 것은 문화의 특수성과 관련 있다. ──── (　　)

321 문화의 부분들이 모여 전체로서 하나의 체계를 이룬다고 보는 것은 문화의 축적성과 관련 있다. ────────── (　　)

322 문화가 경험과 상징을 통해 세대 간에 전승되며 축적된다고 보는 것은 문화의 전체성과 관련 있다. ──── (　　)

323 문화가 구성원 간에 사고와 행동의 동질성을 형성하게 해 준다고 보는 것은 문화의 공유성과 관련 있다. ──── (　　)

324 기존 요소가 사라지거나 새로운 요소가 만들어지며 문화가 변화한다고 보는 것은 문화의 변동성과 관련 있다. ─ (　　)

325 문화가 상징 체계를 통해 다음 세대에 전승된다고 보는 것은 문화의 축적성과 관련 있다. ────────── (　　)

326 특정 집단만이 공유하는 생활 양식을 바탕으로, 문화가 한 사회와 다른 사회를 구별하는 기준이 된다고 보는 것은 문화의 전체성과 관련 있다. ────────── (　　)

327 문화의 한 부분의 변동이 다른 부분에 영향을 주어 변동을 일으킨다고 보는 것은 문화의 전체성과 관련 있다. ─ (　　)

328 문화의 새로운 요소가 추가되거나 기존 요소가 소멸되기도 한다고 보는 것은 문화의 변동성과 관련 있다. ─ (　　)

329 문화의 각 부분은 독립적으로 존재하지 않는다고 보는 것은 문화의 변동성과 관련 있다. ────────── (　　)

330 과거 대다수 사람들이 저속하다고 여기던 재즈와 블루스가 주류 음악과 융합하여 변형되면서 대중음악으로 자리 잡은 경우, 이는 문화의 변동성을 보여 준다. ──── (　　)

331 우리나라 사람들 대부분이 12월 31일에 태어난 아이가 다음 날 두 살이 되는 것을 당연하게 받아들이는 현상은 문화의 공유성과 관련 있다. ────────── (　　)

332 매년 2월에 꽃다발을 들고 다니는 사람들을 보면서 자연스럽게 졸업식을 떠올리는 경우, 이는 문화의 공유성을 보여 준다. ────────── (　　)

333 문화가 부분이 아닌 전체로서의 의미를 갖는다고 보는 문화 이해의 관점은 총체론적 관점이다. ────────── (　　)

334 문화 요소 간의 유기적 관계에 초점을 두는 문화 이해의 관점은 총체론적 관점이다. ────────── (　　)

335 한국 고등학생들의 학습 시간, 심리 상태, 친구 관계 등을 종합하여 한국의 대학 입시 문화를 살펴보는 경우, 이는 총체론적 관점에 해당한다. ────────── (　　)

336 자문화를 객관적으로 파악하는 데 도움이 되는 문화 이해의 관점은 총체론적 관점이다. ────────── (　　)

337 서로 다른 문화 간에도 공통적인 특성이 있다고 보는 문화 이해의 관점은 총체론적 관점이다. ────────── (　　)

338 문화의 보편성을 찾는 것에 초점을 두는 문화 이해의 관점은 총체론적 관점이다. ────────── (　　)

339 문화 간 비교를 통해 자기 문화를 객관적으로 이해하는 데 유용한 문화 이해의 관점은 상대론적 관점이다. ── (　　)

340 보편적 문화 현상을 바탕으로 특정 문화 현상의 객관적 의미를 파악하는 문화 이해의 관점은 상대론적 관점이다. ─ (　　)

✎ **정답 및 풀이**

306 ×(후천적으로 학습한 생활 양식의 총체를 의미하는 것은 넓은 의미의 문화. 후천적 학습에 의한 개인적 습관이나 취향은 해당하지 않음)　307 ×(좁은 의미)　308 ○
309 ×(모두 넓은 의미의 문화에 해당함)　310 ×(공유성)　311 ×(비물질문화)　312 ×(비물질문화)　313 ○　314 ○　315 ○　316 ○　317 ○　318 ○　319 ○　320 ×(문화의 보편성)
321 ×(전체성)　322 ×(축적성)　323 ○　324 ○　325 ○　326 ×(공유성)　327 ○　328 ○　329 ×(전체성)　330 ○　331 ○　332 ○　333 ○　334 ○　335 ○
336 ×(비교론적 관점)　337 ×(비교론적 관점)　338 ×(비교론적 관점)　339 ×(비교론적 관점)　340 ×(비교론적 관점)

341 문화를 이해할 때 사회적 맥락을 고려해야 한다는 문화 이해의 관점은 상대론적 관점이다. ( )

342 모든 문화는 고유한 가치를 지닌다고 보는 문화 이해의 관점은 상대론적 관점이다. ( )

343 각각의 사회에서 나타나는 상이한 관습은 그 사회의 문화적 전통 속에서 이해해야 한다고 보는 문화 이해의 관점은 상대론적 관점이다. ( )

344 여러 문화를 비교하면서 공유되는 보편성을 파악하는 문화 이해의 관점은 비교론적 관점이다. ( )

345 자문화 중심주의는 자문화를 다른 사회에 이식하는 것을 당연시한다. ( )

346 자문화 중심주의는 자기 문화의 정체성을 유지하는 데 유리하다. ( )

347 자문화 중심주의는 사회 구성원들의 결속력을 약화시킨다. ( )

348 자문화 중심주의는 타 문화와의 접촉 과정에서 문화적 마찰을 일으킬 가능성이 크다. ( )

349 자문화 중심주의는 자기 문화를 일반화하려는 경향이 강하다. ( )

350 자문화 중심주의는 지나친 내집단 의식으로 인해 나타날 수 있다. ( )

351 자문화 중심주의는 다른 사회의 문화에 대해 배타적 태도를 취할 가능성이 높다. ( )

352 문화 상대주의는 문화 제국주의를 정당화하는 근거가 될 수 있다. ( )

353 문화 상대주의는 우월한 문화와 열등한 문화를 구분할 수 있다고 본다. ( )

354 문화 상대주의는 문화 사대주의에 비해 타 문화를 맹목적으로 수용할 가능성이 높다. ( )

355 문화 절대주의는 특정 문화를 기준으로 다른 사회의 문화를 평가하고자 한다. ( )

356 극단적 문화 상대주의는 인류의 보편적 가치에 대한 존중을 경시할 가능성이 높다. ( )

357 문화 절대주의는 문화 간에 우열이 있다고 본다. ( )

358 문화 절대주의는 문화를 평가의 대상으로 간주한다. ( )

359 문화 상대주의는 자기 문화의 주체성을 상실할 우려가 있다. ( )

360 문화 상대주의는 문화의 다양성 보존에 기여한다. ( )

361 문화 상대주의는 타 문화를 그 사회 내부자의 시각으로 이해하고자 한다. ( )

362 문화 상대주의는 선진 문물의 수용 측면에서는 용이하지만, 문화의 정체성을 상실할 우려가 있다. ( )

363 '문화 간에 우열이 존재한다고 보는가?'는 문화 사대주의와 자문화 중심주의를 구분할 수 없는 질문이다. ( )

364 문화 사대주의는 자문화 중심주의에 비해 국수주의로 흐를 가능성이 높다. ( )

365 문화 사대주의는 맹목적으로 자기 문화의 가치를 낮게 평가하는 경향이 있다. ( )

366 이웃 나라에서 체면을 중시하는 문화가 왜 지배적인지를 그 사회 내부의 논리와 체계 속에서 이해하려는 것은 문화 상대주의의 사례이다. ( )

367 타문화를 추종하여 자문화의 가치를 폄훼하는 것은 문화 사대주의의 사례이다. ( )

368 한국인이 서구인을 자신들보다 예의바르다고 믿는 것은 자문화 중심주의의 사례이다. ( )

369 인도네시아인이 자신의 음식 문화를 네덜란드인의 음식 문화보다 우월하다고 믿는 것은 자문화 중심주의의 사례이다. ( )

370 미국인이 소고기를 먹지 않는 인도인을 인도 문화의 맥락에서 이해하는 것은 문화 상대주의의 사례이다. ( )

371 외국의 특정 음식에 대해 거부감은 있지만 그들의 생활 양식으로 이해하는 것은 문화 사대주의의 사례이다. ( )

372 품질과 상관없이 국산 가전제품을 하찮게 여기고 수입 가전제품을 동경하는 것은 문화 사대주의의 사례이다. ( )

373 아시아인이 유럽을 세계 문화와 역사의 중심으로 보는 것은 문화 사대주의의 사례이다. ( )

374 외국 브랜드 제품에 대한 맹목적인 선호 풍조는 문화 사대주의의 사례이다. ( )

2 하위문화와 대중문화

[375~379] 빈칸에 알맞은 말을 적으시오.

375 한 사회의 구성원 대다수가 공유하는 문화를 ( ) (이)라고 한다.

376 전체 사회를 구성하는 다양한 지역에서 나타나는 고유한 생활 양식을 ( )(이)라고 한다.

✎ **정답 및 풀이**

341 ○ **342** ○ **343** ○ **344** ○ **345** ○ **346** ○ **347** ×(결속력을 강화시킴) **348** ○ **349** ○ **350** ○ **351** ○ **352** ×(자문화 중심주의) **353** ×(문화 절대주의) **354** ×(문화 사대주의에 해당함) **355** ○ **356** ○ **357** ○ **358** ○ **359** ×(문화 사대주의) **360** ○ **361** ○ **362** ×(문화 사대주의) **363** ○ **364** ×(자문화 중심주의가 국수주의로 흐를 가능성이 높음) **365** ○ **366** ○ **367** ○ **368** ×(문화 사대주의) **369** ○ **370** ○ **371** ×(문화 상대주의) **372** ○ **373** ○ **374** ○ **375** 주류 문화 **376** 지역 문화

377 (　　　　　)은/는 일정 범위의 연령층이 공유하는 문화로, 청소년 문화, 노인 문화 등을 예로 들 수 있다.

378 (　　　　　)은/는 가요, 영화, 드라마 등 한 사회 내의 불특정 다수가 공유하는 문화를 말한다.

379 대중문화는 신문, 라디오, 텔레비전 등과 같은 (　　　　　)을/를 통해 형성되고 확산된다.

[380~383] 괄호 안에 알맞은 것을 고르시오.

380 대중문화는 한 사회 내에 존재하는 다양한 집단을 초월하여 불특정 다수가 공유하면서 향유하는 문화로, (주류 문화 / 하위문화)에 해당한다.

381 하위문화는 같은 문화를 공유하는 구성원들의 문화 정체성 및 소속감을 (강화 / 약화)할 수 있다.

382 지역 문화는 지역 주민 간 유대감을 (강화 / 약화)한다.

383 뉴 미디어의 등장으로 대중문화의 생산자와 소비자의 구분이 (모호 / 뚜렷)해졌다.

[384~413] 다음 내용이 옳으면 ○, 옳지 않으면 × 하시오.

384 한 사회 구성원들이 전반적으로 공유하는 문화를 주류 문화라고 한다. ───────── (　　　)

385 주류 문화는 전체 사회 구성원의 문화 공유성을 높이기도 한다. ───────── (　　　)

386 주류 문화는 하위문화의 총합으로 설명할 수 있다. ─ (　　　)

387 사회의 지배 문화에 저항하거나 대립하는 문화를 하위문화라고 한다. ───────── (　　　)

388 하위문화는 사회가 복잡해질수록 다양하게 나타난다. ───────── (　　　)

389 하위문화는 해당 집단 구성원들의 소속감을 강화시킨다. ───────── (　　　)

390 하위문화에는 주류 문화의 문화 요소가 존재하지 않는다. ───────── (　　　)

391 사회의 일부 구성원들만 공유하여 다른 구성원들과 구분되는 생활 양식을 반문화라고 한다. ───────── (　　　)

392 하위문화는 사회 변화를 견인하는 역할을 하기도 한다. ───────── (　　　)

393 반문화는 한 사회 내에서 주류 문화와 양립할 수 없다. ───────── (　　　)

394 반문화는 지배 집단에 의해 일탈 문화로 규정되기도 한다. ───────── (　　　)

395 반문화는 사회 전체의 동질성을 높이는 데 기여한다. ───────── (　　　)

396 반문화는 하위문화와 달리 사회 변화에 따라 주류 문화가 될 수 없다. ───────── (　　　)

397 세대 문화는 하위문화에 해당한다. ───── (　　　)

398 반문화는 하위문화와 달리 집단 간 갈등을 초래하여 사회 통합을 저해할 수 있다. ───────── (　　　)

399 반문화와 하위문화는 모두 전체 사회에 문화 다양성을 제공한다. ───────── (　　　)

400 인터넷과 스마트폰의 보급으로 온라인 게임이 청소년뿐만 아니라 중장년층 및 노년층까지 즐기는 대중적 문화가 된 경우, 이는 물질문화의 변동으로 인해 하위문화가 주류 문화로 변동되었다고 볼 수 있다. ───────── (　　　)

401 기성세대의 물질주의와 전통적 가치관에 저항하여 록 음악을 만든 경우, 이는 반문화적 성격을 보여준다. ───── (　　　)

402 인쇄 매체는 뉴 미디어에 비해 정보 전달자와 수용자 간 상호 작용성이 높다. ───────── (　　　)

403 인쇄 매체는 뉴 미디어에 비해 정보 확산에 있어 시공간적 제약이 크다. ───────── (　　　)

404 영상 매체는 뉴 미디어와 달리 여론 조작의 가능성이 있다. ───────── (　　　)

405 영상 매체는 뉴 미디어, 인쇄 매체와 달리 복합 감각의 정보를 전달할 수 있다. ───────── (　　　)

406 뉴 미디어는 영상 매체와 인쇄 매체에 비해 정보 생산자와 소비자 간 경계가 모호하다. ───────── (　　　)

407 뉴 미디어는 정보에 대한 수용자의 즉각적 반응을 확인할 수 있다. ───────── (　　　)

408 뉴 미디어는 텔레비전에 비해 정보의 비동시적 수용에 유리하다. ───────── (　　　)

409 뉴 미디어는 전통적 대중 매체에 비해 정보의 복제와 재가공이 용이하다. ───────── (　　　)

410 뉴 미디어 시대에서 대중은 정보의 생산자인 동시에 소비자가 될 수 있다. ───────── (　　　)

411 인터넷의 발달로 인한 정보 사회의 형성은 다품종 소량 생산 방식의 확산에 기여하였다. ───────── (　　　)

412 뉴 미디어는 영상 매체보다 정보 생산자의 익명성이 높다. ───────── (　　　)

✏️ **정답 및 풀이**

377 세대 문화　**378** 대중문화　**379** 대중 매체　**380** 주류 문화　**381** 강화　**382** 강화　**383** 모호　**384** ○　**385** ○　**386** ×(하위문화를 모두 더한다고 해서 주류 문화가 되는 것은 아님)
387 ×(반문화)　**388** ○　**389** ○　**390** ×(존재함)　**391** ×(하위문화)　**392** ○　**393** ×(양립할 수 있음)　**394** ○　**395** ×(주류 문화)　**396** ×(반문화도 주류 문화가 될 수 있음)
397 ○　**398** ×(하위문화와 반문화 모두 가능함)　**399** ○　**400** ○　**401** ○　**402** ×(낮음)　**403** ○　**404** ×(영상 매체와 뉴 미디어 모두 가능성 있음)
405 ×(영상 매체와 뉴 미디어 모두 가능함)　**406** ○　**407** ○　**408** ○　**409** ○　**410** ○　**411** ○　**412** ○

413 뉴 미디어는 인쇄 매체보다 정보 확산 경로의 다양성이 높다. ( )

3 문화의 변동

[414~418] 괄호 안에 알맞은 것을 고르시오.

414 이전에는 없었던 새로운 문화 요소를 만들어 내는 것을 (발견 / 발명)이라고 한다.

415 이미 존재하고 있었지만 알려지지 않은 것을 찾아내는 것을 (발견 / 발명)이라고 한다.

416 전쟁, 교역 등을 통해 사람이 다른 문화와 직접 접촉하여 문화 요소가 전해지는 것을 (직접 전파 / 간접 전파 / 자극 전파)라고 한다.

417 다른 사회의 문화 요소에서 아이디어가 전해져 새로운 문화 요소의 등장을 자극하는 현상을 (직접 전파 / 간접 전파 / 자극 전파)라고 한다.

418 문화 요소가 인쇄물, 텔레비전, 인터넷 등과 같은 매개체를 통해 간접적으로 전파되는 것을 (직접 전파 / 간접 전파 / 자극 전파)라고 한다.

[419~421] 다음 설명에 알맞은 문화 접변의 결과를 빈칸에 적으시오. (단, A는 기존의 문화 요소, B는 전파된 문화 요소, C는 제3의 문화 요소임.)

419 A + B = A, B ( )
420 A + B = B ( )
421 A + B = C ( )

[422~424] 다음의 표는 문화 접변의 성격을 구분한 것이다. 빈칸에 ○/×를 알맞게 적으시오.

	구분	자문화 정체성 상실	제3의 문화 형성
422	문화 병존		
423	문화 동화		
424	문화 융합		

[425~452] 다음 내용이 옳으면 ○, 옳지 않으면 × 하시오.

425 활을 활용하여 현악기를 개발한 것은 발명에 해당한다. ( )

426 자국의 전통 음료에 전통 식재료를 가미하여 새로운 음료를 만든 사례는 발명에 해당한다. ( )

427 물질문화뿐만 아니라 비물질문화도 발명을 통해 만들어질 수 있다. ( )

428 독일에서 구텐베르크가 인쇄 기술을 만들어 자국 내 지식 보급에 기여한 사례는 발견에 해당한다. ( )

429 문화 접변은 특정 문화권에 의해 강제적 방식으로도 나타날 수 있다. ( )

430 A국이 B국을 정복하여 문화 이식 정책을 시행한 것은 강제적 문화 접변의 사례에 해당한다. ( )

431 정국을 지배한 병국은 공권력을 동원하여 관공서는 물론 일상에서도 병국 언어만 쓰도록 강제한 경우, 이는 강제적 문화 접변의 사례에 해당한다. ( )

432 A국에 유학하여 A국 언어를 학습한 B국의 학생들이 귀국 후에도 A국 언어를 사용하는 것은 자발적 문화 접변의 사례에 해당한다. ( )

433 영상 매체를 통해 K-POP이 전파되는 것은 직접 전파의 사례에 해당한다. ( )

434 A국 드라마를 본 B국 사람들이 A국 드라마 속 등장인물들의 패션과 스타일을 모방하는 경우, 이는 직접 전파에 의한 문화 변동의 사례이다. ( )

435 우리나라 태권도 사범들이 해외 각국에 나가 태권도를 가르쳐 현지에서 태권도 문화가 확산되는 경우, 이는 직접 전파의 사례에 해당한다. ( )

436 해방 이후 우리나라에 미군에 의해 햄버거가 전해진 사례는 직접 전파에 해당한다. ( )

437 선교사들에 의해 서양 음악이 들어오는 것은 간접 전파의 사례에 해당한다. ( )

438 C국이 이웃 나라의 방역 시스템에서 아이디어를 얻어 새로운 방역 제도를 구축하고 감염병 확산을 효과적으로 억제한 사례는 간접 전파에 해당한다. ( )

439 서아시아 지역에서 종교 의식에 사용되던 커피가 교역을 통해 유럽에 전해져 일반인의 기호품으로 대중화된 사례는 간접 전파에 해당한다. ( )

440 자신들을 정복한 이민족의 강요에 의해 그들의 문자를 사용하게 되면서 고유의 문자를 상실한 경우, 이는 문화 동화의 사례에 해당한다. ( )

441 고유의 가옥 형태가 사라지고 외국에서 유입된 아파트 문화가 보편화된 경우, 이는 문화 동화의 사례에 해당한다. ( )

442 A국과의 교역으로 B국에 종이가 전래되어, B국에서 그동안 문자 표기에 사용해 왔던 나뭇잎을 대신한 현상은 문화 동화의 사례에 해당한다. ( )

✏️ **정답 및 풀이**

413 ○ **414** 발명 **415** 발견 **416** 직접 전파 **417** 자극 전파 **418** 간접 전파 **419** 문화 병존(문화 공존) **420** 문화 동화 **421** 문화 융합
422 ×, × **423** ○, × **424** ×, ○ **425** ○ **426** ○ **427** ○ **428** ×(발명) **429** ○ **430** ○ **431** ○ **432** ○ **433** ×(간접 전파) **434** ×(간접 전파) **435** ○ **436** ○
437 ×(직접 전파) **438** ×(자극 전파) **439** ×(직접 전파) **440** ○ **441** ○ **442** ○

443 온돌을 사용하는 우리나라에 서양식 침대 문화가 들어오면서 온돌 침대가 개발되는 경우, 이는 문화 융합의 사례에 해당한다.

( )

444 햄버거를 먹는 한국인이 늘어나면서 밥을 이용한 라이스 버거가 개발된 사례는 문화 융합에 해당한다. ─── ( )

445 다른 나라의 종교 교리와 체계를 응용하여 만든 신흥 종교가 기존 종교를 대체한 사례는 자극 전파에 의한 문화 융합에 해당한다. ─── ( )

446 문화 융합이 활발해질수록 문화의 획일화가 심화될 수 있다.

( )

447 전통문화가 외래문화에 흡수되어 소멸되는 것은 문화 융합에 해당한다. ─── ( )

448 자메이카에 노예로 끌려 온 아프리카 흑인들의 전통 음악과 미국의 흑인 음악 등이 녹아들어 있는 레게 음악은 문화 융합의 사례에 해당한다. ─── ( )

449 이웃 나라의 특정 음료가 교역을 통해 들어와 자국민이 즐겨 마시는 음료 중 하나가 된 사례는 직접 전파에 의한 문화 병존에 해당한다. ─── ( )

450 필리핀에서 타갈로그어와 영어가 모두 사용되는 것은 문화 병존의 사례에 해당한다. ─── ( )

451 우리나라에 한의학과 양의학이 함께 존재하는 사례는 문화 병존에 해당한다. ─── ( )

452 발명, 발견과 달리 직접 전파, 자극 전파, 간접 전파는 문화 지체 현상을 초래할 수 있다. ─── ( )

Ⅳ 사회 계층과 불평등

1 사회 불평등 현상과 계층

[453~460] 괄호 안에 알맞은 것을 고르시오.

453 사회 불평등을 불가피한 현상으로 보는 관점은 (기능론 / 갈등론)이다.

454 (기능론 / 갈등론)은 직업의 기능적 중요도에 차이가 없다고 본다.

455 (기능론 / 갈등론)은 사회적 자원을 차등 분배하는 것이 필요하다고 본다.

456 성과급 제도에 대해 기능론은 (찬성 / 반대)하고, 갈등론은 (찬성 / 반대)한다.

457 계급 이론은 (일원론 / 다원론)으로, (연속적 / 불연속적) 으로 계급을 구분한다.

458 계층 이론은 (일원론 / 다원론)으로, 계층이 (연속적 / 불연속적)이고 복합적으로 나타나는 서열화임을 강조한다.

459 폐쇄적 계층 구조는 계층 간 상승이나 하강 이동이 비교적 (가능 / 불가능)하고, 개방적 계층 구조는 계층 간 상승이나 하강 이동이 비교적 (가능 / 불가능)하다.

460 폐쇄적 계층 구조는 (귀속 지위 / 성취 지위)를 중시하고, 개방적 계층 구조는 (귀속 지위 / 성취 지위)를 중시한다.

[461~463] 다음 표는 사회 이동의 유형을 구분한 것이다. 각 구분 기준을 빈칸에 적으시오.

	구분 기준	유형
461	( )	수평 이동
		수직 이동
462	( )	세대 내 이동
		세대 간 이동
463	( )	개인적 이동
		구조적 이동

[464~468] 빈칸에 알맞은 말을 적으시오.

- 피라미드형 계층 구조에서 계층 구성원의 비율은 **464** ( ) > **465** ( ) > **466** ( ) 순으로 나타난다.

- 다이아몬드형 계층 구조에서 계층 구성원의 비율은 **467** ( ) > **468** ( ), ( ) 순으로 나타난다.

[469~501] 다음 내용이 옳으면 ○, 옳지 않으면 × 하시오.

469 계급 이론은 사회 불평등 현상을 이분법적으로 파악한다.

( )

470 계급 이론은 지위 불일치 현상을 설명하는 데 적합하다.

( )

471 계급 이론은 계층 이론과 달리 사회 불평등 현상에 경제적 요인이 작용한다고 본다. ─── ( )

472 계급 이론은 사회 불평등 현상을 불연속적인 위계화로 파악한다. ─── ( )

473 계급 이론은 계층화 현상을 연속적으로 서열화된 것으로 본다.

( )

474 계층 이론은 경제적 측면과 정치적 측면에서 개인의 계층 위치는 일치할 수밖에 없다고 본다. ─── ( )

✏️ **정답 및 풀이**

443 ○ **444** ○ **445** ×(문화 동화) **446** ×(문화 동화) **447** ×(문화 동화) **448** ○ **449** ○ **450** ○ **451** ○ **452** ×(문화 변동 요인은 모두 문화 지체 현상을 초래할 수 있음) **453** 기능론
454 갈등론 **455** 기능론 **456** 찬성, 반대 **457** 일원론, 불연속적 **458** 다원론, 연속적 **459** 불가능, 가능 **460** 귀속 지위, 성취 지위 **461** 이동 방향 **462** 세대 범위 **463** 이동 원인
464 하층 **465** 중층 **466** 상층 **467** 중층 **468** 상층, 하층 **469** ○ **470** ×(계층 이론) **471** ×(계급 이론과 계층 이론 모두 해당함) **472** ○ **473** ×(계층 이론) **474** ×(계급 이론)

475 계층 이론은 현대 사회의 다양한 계층 분화를 설명하기에 용이하다. (   )

476 계층 이론은 불평등 요인의 복합성으로 인한 지위 불일치 현상을 설명할 수 있다. (   )

477 계층 이론은 정치적 불평등이 경제적 불평등에 종속된다고 본다. (   )

478 계층 이론은 다차원적 측면에서 사회 불평등 현상을 파악한다. (   )

479 계층 이론은 동일한 위계에 속한 구성원 간의 강한 귀속 의식을 강조한다. (   )

480 계층 이론은 계급 이론에 비해 개인적 능력에 의한 계층 이동이 자유롭다고 본다. (   )

481 계급 이론과 계층 이론은 모두 경제적 요인을 사회 불평등 현상의 원인으로 고려한다. (   )

482 계층화가 보편적이며 불가피한 현상이라고 보는 관점은 갈등론이다. (   )

483 계층화가 개인과 사회의 기능이 최대한으로 발휘되는 것을 저해한다고 보는 관점은 갈등론이다. (   )

484 사회 불평등을 불가피한 것으로 보는 관점은 갈등론이다. (   )

485 차등 분배가 특정 집단의 합의에 의해 결정된다고 보는 관점은 갈등론이다. (   )

486 부모의 경제적 지위가 높을수록 자녀의 사회적 성공 가능성이 높다고 보는 관점은 갈등론이다. (   )

487 차등 분배가 개인의 성취 동기를 자극한다고 보는 관점은 기능론이다. (   )

488 차등 분배가 사회적 합의에 의해 결정된다고 보는 관점은 기능론이다. (   )

489 사회 불평등 현상을 보편적이지만 제거해야 할 대상이라고 보는 관점은 기능론이다. (   )

490 희소가치의 균등 분배 수준이 높을수록 개인의 성취 동기가 높다고 보는 관점은 기능론이다. (   )

491 사회적 지위나 직업에는 중요도에 따른 위계 체계가 존재한다고 보는 관점은 기능론이다. (   )

492 사회가 최적으로 기능하기 위해 사회 불평등이 필요하다고 보는 관점은 기능론이다. (   )

493 갈등론은 기능론에 비해 개인의 귀속적 요인이 사회 불평등에 미치는 영향을 중시한다. (   )

494 사회 불평등을 극복해야 할 대상이라고 보는 관점은 기능론이다. (   )

495 세대 간 이동의 가능성을 높게 보는 관점은 기능론이다. (   )

496 정보 격차로 인한 상층과 하층 간 불평등이 심화되고, 중층 비율이 현저히 감소하는 모습을 보이는 계층 구조는 피라미드형 계층 구조이다. (   )

497 전근대적인 폐쇄적 계층 구조에서 주로 나타나는 계층 구조는 피라미드형 계층 구조이다. (   )

498 현대 산업 사회에서 주로 나타나는 계층 구조는 다이아몬드형 계층 구조이다. (   )

499 중층보다 하층의 비율이 높을수록 사회 통합에 유리하다. (   )

500 모래시계형 계층 구조에 비해 다이아몬드형 계층 구조가 더 안정적이며 사회 통합에 유리하다. (   )

501 피라미드형 계층 구조는 폐쇄적 계층 구조이다. (   )

2 사회 불평등 양상

[502~505] 괄호 안에 알맞은 것을 고르시오.

502 사회적 소수자는 (절대적 / 상대적)인 개념이다.

503 사회 전반에 자리 잡은 성별에 대한 선입견과 편견을 토대로 남성과 여성이 서로 다른 성 정체성과 성 역할을 습득하는 것을 (가부장제 / 차별적 사회화)라고 한다.

504 최소한의 생활 수준을 유지하기 곤란한 상태를 (절대적 빈곤 / 상대적 빈곤)이라고 한다.

505 사회 구성원 다수가 누리는 생활 수준에 이르지 못한 상태를 (절대적 빈곤 / 상대적 빈곤)이라고 한다.

[506~523] 다음 내용이 옳으면 ○, 옳지 않으면 × 하시오.

506 사회적 소수자가 되는 기준은 상대적이다. (   )

507 사회적 소수자는 수적으로 열세에 놓인 집단이다. (   )

508 직장 내 양성평등 문화의 확산은 유리 천장 현상을 완화하는 데 기여한다. (   )

509 여성에 대한 사회적 차별은 남성과 여성의 개인적 능력 차이에서 기인한다. (   )

510 유리벽 현상은 조직 내에서 특정 성에 대한 차별이 구조적으로 나타나는 현상이다. (   )

✎ **정답 및 풀이**

475 ○   476 ○   477 ×(계급 이론)   478 ○   479 ×(계급 이론)   480 ○   481 ○   482 ×(기능론)   483 ○   484 ×(기능론)   485 ○   486 ○   487 ○   488 ○   489 ×(갈등론)
490 ×(기능론은 희소가치의 차등 분배 수준과 개인의 성취 동기 간에 정(+)의 관계가 있다고 봄)   491 ○   492 ○   493 ○   494 ×(갈등론)   495 ○   496 ×(모래시계형 계층 구조)
497 ○   498 ○   499 ×(중층 비율이 높을수록 사회 통합에 유리함)   500 ○   501 ×(단정할 수 없음)   502 상대적   503 차별적 사회화   504 절대적 빈곤   505 상대적 빈곤
506 ○   507 ×(사회적 소수자는 수적 열세라는 특성에 의해 규정되지 않음)   508 ○   509 ×(능력 차이와 무관하게 구조적 요인에 의해 나타남)   510 ○

511 유리 천장과 유리벽 현상이 제거되면 사회적 자원의 배분
과정에서 기회의 공정성이 제고될 것이다. ─── (   )

512 현대 사회에서는 절대적 빈곤이 아닌 상대적 빈곤을 사회
문제로 인식한다. ─── (   )

513 절대적 빈곤은 상대적 빈곤과 달리 선진국에서는 나타나지
않는다. ─── (   )

514 절대적 빈곤과 상대적 빈곤을 판단하는 기준선은 시대에 따라
달라질 수 있다. ─── (   )

515 우리나라에서 절대적 빈곤의 기준은 소득 수준이 중위 소득의
50% 미만인 상태이다. ─── (   )

516 절대적 빈곤과 상대적 빈곤은 모두 객관화된 기준에 의해
분류된다. ─── (   )

517 우리나라에서 최저 생계비가 중위 소득의 50%에 미치지 못할
경우 상대적 빈곤에 해당하는 가구는 모두 절대적 빈곤 가구에
포함된다. ─── (   )

518 상대적 빈곤은 해당 국가의 소득 분포를 고려하여 파악한다.
─── (   )

519 상대적 빈곤은 절대적 빈곤과 달리 빈곤 상태에 대한 개인의
주관적 인식 개념이다. ─── (   )

520 절대적 빈곤율과 상대적 빈곤율의 합은 해당 국가 전체의
빈곤율이다. ─── (   )

521 상대적 빈곤의 기준을 적용하면 절대적 빈곤에 해당하지 않는
가구도 빈곤 가구에 포함될 수 있다. ─── (   )

522 절대적 빈곤은 상대적 빈곤과 달리 소득의 불평등 현상을
설명하는 데 활용된다. ─── (   )

523 상대적 빈곤의 기준을 적용하면 기본적인 의식주가 충족된
가구라도 빈곤 가구에 포함될 수 있다. ─── (   )

3 사회 복지와 복지 제도

[524~528] 다음 표는 사회 보험과 공공 부조의 특징을 비교한
것이다. 괄호 안에 알맞은 것을 모두 고르시오.

	사회 보험	공공 부조
524	(사전 예방적 / 사후 처방적) 목적	(사전 예방적 / 사후 처방적) 목적
525	(선별적 / 보편적) 복지	(선별적 / 보편적) 복지
526	강제 가입 원칙 적용 (○ / ×)	강제 가입 원칙 적용 (○ / ×)
527	소득 재분배 효과가 상대적으로 (큼 / 작음)	소득 재분배 효과가 상대적으로 (큼 / 작음)
528	(국가 / 기업 / 국민)이/가 비용 부담	(국가 / 기업 / 국민)이/가 비용 부담

[529~530] 빈칸에 알맞은 말을 적으시오.

529 과도한 복지가 근로 의욕을 저하시켜 사회 전체의 생산성과
효율성이 떨어지는 부작용을 (   )(이)라고 한다.

530 복지와 경제 성장을 함께 실현하려는 복지 이념을
(   )(이)라고 한다.

[531~556] 다음 내용이 옳으면 ○, 옳지 않으면 × 하시오.

531 사회 보험은 수혜자 부담 원칙이 적용되는 복지 제도이다.
─── (   )

532 실직하여 재취업 활동을 하는 근로자에게 일정 기간 동안
소정의 급여를 지급하는 제도는 공공 부조에 해당한다.
─── (   )

533 국가와 지방 자치 단체의 책임하에 생활 유지 능력이 없거나
생활이 어려운 국민의 최저 생활을 보장하고 자립을 지원하는
제도는 사회 보험에 해당한다. ─── (   )

534 일상생활과 사회 활동이 어려운 저소득층의 생활 안정을 위해
가사 · 간병 서비스를 지원하는 것은 사회 서비스이다.
─── (   )

535 사회 보험은 공공 부조와 달리 수혜 정도에 따라 차등적으로
비용을 부담한다. ─── (   )

536 공공 부조는 복지 비용을 국가와 지방 자치 단체가 전액
부담한다. ─── (   )

537 국민 기초 생활 보장 제도는 비금전적 지원을 원칙으로 한다.
─── (   )

538 사회 보험은 공공 부조와 달리 상호 부조의 원리를 구현하고자
한다. ─── (   )

539 공공 부조는 부담자와 수혜자가 일치하지 않는다. ─ (   )

540 공공 부조는 미래에 발생할 수 있는 소득 감소에 대비하고자
한다. ─── (   )

541 공공 부조는 원칙적으로 모든 국민이 수급자가 된다.
─── (   )

542 공공 부조는 사회 보험과 달리 소득 재분배 효과가 나타난다.
─── (   )

✏️ **정답 및 풀이**

511 ○ **512** ×(절대적 빈곤과 상대적 빈곤 모두 사회 문제로 인식함) **513** ×(절대적 빈곤과 상대적 빈곤 모두 선진국에서 나타날 수 있음) **514** ○ **515** ×(상대적 빈곤의 기준) **516** ○
517 ×(절대적 빈곤 가구가 모두 상대적 빈곤 가구에 포함됨) **518** ○ **519** ×(절대적 빈곤과 상대적 빈곤 모두 객관적 개념임) **520** ×(절대적 빈곤율과 상대적 빈곤율은 겹칠 수 있음)
521 ○ **522** ×(절대적 빈곤과 상대적 빈곤 모두 활용됨) **523** ○ **524** 사전 예방적, 사후 처방적 **525** 보편적, 선별적 **526** ○, × **527** 작음, 큼 **528** 국가, 기업, 국민 / 국가
529 복지병 **530** 생산적 복지 **531** ○ **532** ×(사회 보험) **533** ×(공공 부조) **534** ○ **535** ×(공공 부조와 사회 보험 모두 수혜 정도에 따라 차등적으로 비용을 부담하지 않음)
536 ○ **537** ×(금전적 지원) **538** ○ **539** ○ **540** ×(사회 보험) **541** ×(국가가 심사하여 선정함) **542** ×(사회 보험과 공공 부조 모두 소득 재분배 효과가 나타남)

543 공공 부조는 사회 보험에 비해 소득 재분배 효과가 크다. ( )

544 공공 부조는 대상자 선정 과정에서 부정적 낙인이 발생할 수 있다. ( )

545 공공 부조는 선별적 복지보다 보편적 복지 이념을 바탕으로 한다. ( )

546 사회 보험은 임의 가입 방식이 적용되고, 공공 부조는 강제 가입 방식이 적용된다. ( )

547 사회 보험은 사전 예방적 성격이 강하고, 공공 부조는 사후 처방적 성격이 강하다. ( )

548 국민연금은 공공 부조에 해당하고, 기초 연금은 사회 보험에 해당한다. ( )

549 사회 보험과 공공 부조는 금전적 지원을 원칙으로 하고, 사회 서비스는 비금전적 지원을 원칙으로 한다. ( )

550 사회 서비스는 상담, 재활, 사회 복지 시설 등을 제공하는 사회 보장 제도이다. ( )

551 사회 보험과 사회 서비스의 대상자는 중복될 수 없다. ( )

552 사회 서비스는 미래의 위험을 보험의 방식으로 대처한다. ( )

553 사회 서비스는 빈곤층의 최저 생활 보장을 목적으로 실시한다. ( )

554 사회 서비스는 민간 단체에 의해 이루어지기도 한다. ( )

555 소득 재분배 효과는 사회 보험 > 공공 부조 순으로 나타난다. ( )

556 생산적 복지는 복지와 노동을 연계하여 자활 능력을 강조한다. ( )

Ⅴ 현대의 사회 변동

1 사회 변동과 사회 운동

[557~560] 진화론과 순환론 중 다음 내용에 해당하는 이론을 적으시오.

557 사회 변동은 발전과 진보를 의미한다. ( )

558 사회가 발전과 퇴보를 반복한다고 본다. ( )

559 단기적 변동을 예측하여 대응하기에 어렵다. ( )

560 서구 사회가 진보된 사회임을 전제로 한다. ( )

[561~576] 다음 내용이 옳으면 ○, 옳지 않으면 × 하시오.

561 사회 운동은 조직적이고 체계적인 방식으로 나타난다. ( )

562 사회 운동은 활동을 정당화하는 신념이나 가치 등의 이념을 가지고 있다. ( )

563 사회 운동은 뚜렷한 목표가 있다. ( )

564 사회 운동은 즉흥적인 감정에 따른 집합 행동이다. ( )

565 진화론은 변동과 발전을 동일시하는 경향이 있다. ( )

566 진화론은 비서구 사회의 서구 사회 모방 전략에 대해 부정적이다. ( )

567 진화론은 사회 변동을 운명론적 관점으로 설명한다. ( )

568 진화론은 사회 변동 과정에서 나타나는 사회의 멸망을 설명하기 어렵다. ( )

569 진화론은 사회 변동의 유형이 동일하다고 본다. ( )

570 진화론은 사회가 단순한 상태에서 복잡하고 분화된 상태로 변동한다고 본다. ( )

571 순환론은 사회 변동을 발전으로 인식한다. ( )

572 순환론은 사회 변동의 방향을 예측하기 어려워 역동적인 대응이 곤란하다. ( )

573 순환론은 한 사회가 영속성을 가지며 발전하는 현상을 설명하는 데 한계가 있다. ( )

574 순환론은 서구 중심적 사고라는 비판을 받는다. ( )

575 순환론은 지난 역사 속에서 반복된 사회 변동을 설명하기에 유용하다. ( )

576 순환론은 전통성과 근대성이 양립할 수 없다고 본다. ( )

2 현대 사회의 변동과 대응

[577~581] 다음 기준에 따라 농업 사회, 산업 사회, 정보 사회를 분류하시오.

577 가정과 일터의 결합 정도 :

(　　　) 사회 > (　　　) 사회 > (　　　) 사회

578 가정과 일터의 분리 정도 :

(　　　) 사회 > (　　　) 사회 > (　　　) 사회

579 사회의 다원화 정도 :

(　　　) 사회 > (　　　) 사회 > (　　　) 사회

✎ **정답 및 풀이**

543 ○　**544** ○　**545** ×(선별적 복지의 이념을 바탕으로 함)　**546** ×(사회 보험은 강제 가입, 공공 부조는 정부에 의해 수혜 대상자가 선정됨)　**547** ○　**548** ×(국민연금은 사회 보험, 기초 연금은 공공 부조에 해당함)　**549** ○　**550** ○　**551** ×(중복 가능)　**552** ×(사회 보험)　**553** ×(공공 부조)　**554** ○　**555** ×(공공 부조 > 사회 보험)　**556** ○　**557** 진화론　**558** 순환론　**559** 순환론　**560** 진화론　**561** ○　**562** ○　**563** ○　**564** ×(지속적이고 조직적임)　**565** ○　**566** ×(긍정적)　**567** ×(순환론)　**568** ○　**569** ○　**570** ○　**571** ×(진화론)　**572** ○　**573** ○　**574** ×(진화론)　**575** ○　**576** ×(진화론)　**577** 농업, 정보, 산업　**578** 산업, 정보, 농업　**579** 정보, 산업, 농업

580 사회 조직의 관료제화 정도 :

(　　　) 사회 > (　　　) 사회 > (　　　) 사회

581 구성원 간의 익명성 정도 :

(　　　) 사회 > (　　　) 사회 > (　　　) 사회

[582] 괄호 안에 알맞은 것을 고르시오.

582 문화적 배경이 다른 다양한 민족으로 사회 구성이 변화하는
현상을 (세계화 / 다문화화)라고 한다.

[583~584] 빈칸에 알맞은 말을 적으시오.

583 생산 가능 인구는 경제 활동이 가능한 (　　　) ~ (　　　)세
인구를 의미한다.

584 노인 인구는 (　　　)세 이상 인구를 의미한다.

[585~600] 다음 내용이 옳으면 ○, 옳지 않으면 × 하시오.

585 농업 사회는 정보 사회에 비해 직업의 분화 정도가 높다.

(　　　)

586 정보 사회는 산업 사회에 비해 물리적 거리가 사회적 관계
형성에 미치는 제약이 작다. ────────── (　　　)

587 산업 사회는 정보 사회에 비해 면대면 접촉의 비중이 높다.

(　　　)

588 산업 사회는 정보 사회에 비해 관료제 조직의 비중이 높다.

(　　　)

589 산업 사회는 정보 사회에 비해 다품종 소량 생산 방식이
확대된다. ──────────────── (　　　)

590 산업 사회는 정보 사회에 비해 직업의 동질성 정도가 낮다.

(　　　)

591 산업 사회는 정보 사회에 비해 전자 상거래 비중이 높다.

(　　　)

592 정보 사회에서는 가상 공간의 등장으로 인해 소비자와 생산자
간의 공간적 제약이 극복된다. ──────── (　　　)

593 정보 사회는 산업 사회에 비해 가정과 일터의 결합 정도가
높다. ──────────────────── (　　　)

594 정보 사회는 농업 사회에 비해 가정과 일터의 결합 정도가
높다. ──────────────────── (　　　)

595 정보 사회는 농업 사회에 비해 구성원 간 익명성이 높다.

(　　　)

596 정보 사회는 산업 사회에 비해 의사 결정의 분권화 정도가
높다. ──────────────────── (　　　)

597 정보 사회는 농업 사회에 비해 사회의 다원화 정도가 높다.

(　　　)

598 정보 사회가 되면 조직의 중앙 집권화 정도는 높아진다.

(　　　)

599 정보 사회는 산업 사회에 비해 사회 변동의 속도가 빠르다.

(　　　)

600 2차 산업이 차지하는 비중은 정보 사회 > 산업 사회 > 농업
사회 순이다. ──────────────── (　　　)

3 전 지구적 수준의 문제와 지속 가능한 사회

[601~607] 다음 내용이 옳으면 ○, 옳지 않으면 × 하시오.

601 산업 사회에서는 피상적 인간 관계의 확산으로 인한 인간 소외
현상이 나타난다. ──────────── (　　　)

602 정보 사회에서는 정보 격차로 인한 정보 취약 계층이 발생할 수
있다. ──────────────────── (　　　)

603 세계화로 인한 경쟁 심화는 빈부 격차의 심화를 발생시킬 수
있다. ──────────────────── (　　　)

604 다문화화는 외부 문화의 유입으로 인한 기존 문화의 약화나
이질적인 집단 간 갈등을 발생시킬 수 있다. ── (　　　)

605 전 지구적 수준의 문제란 인류가 공동으로 해결해야 할 문제로,
현 시대를 살아가는 세대에 한정해 영향을 미친다. ── (　　　)

606 전쟁은 민간인을 대상으로 한 살상을 인정한다. ── (　　　)

607 세계 시민은 세계 공동체 의식을 바탕으로 전 지구적 수준의
문제에 지속적 관심을 지닌다. ──────── (　　　)

✎ 정답 및 풀이

580 산업, 정보, 농업　**581** 정보, 산업, 농업　**582** 다문화화　**583** 15, 64　**584** 65　**585** ×(낮음)　**586** ○　**587** ○　**588** ○　**589** ×(소품종 대량 생산 방식)　**590** ×(높음)　**591** ×(낮음)
592 ○　**593** ○　**594** ×(낮음)　**595** ○　**596** ○　**597** ○　**598** ×(낮아짐)　**599** ○　**600** ×(산업 사회 > 정보 사회 > 농업 사회)　**601** ×(정보사회)　**602** ○　**603** ○　**604** ○
605 ×(미래세대 포함)　**606** ×(테러)　**607** ○

DAY 1일차

Ⅰ. 사회·문화 현상의 탐구
01. 사회·문화 현상의 이해
p.69~p.77

문번	답 란
1	① ② ③ ④ ⑤
2	① ② ③ ④ ⑤
3	① ② ③ ④ ⑤
4	① ② ③ ④ ⑤
5	① ② ③ ④ ⑤
6	① ② ③ ④ ⑤
7	① ② ③ ④ ⑤
8	① ② ③ ④ ⑤
9	① ② ③ ④ ⑤
10	① ② ③ ④ ⑤
11	① ② ③ ④ ⑤
12	① ② ③ ④ ⑤
13	① ② ③ ④ ⑤
14	① ② ③ ④ ⑤
15	① ② ③ ④ ⑤
16	① ② ③ ④ ⑤
17	① ② ③ ④ ⑤
18	① ② ③ ④ ⑤
19	① ② ③ ④ ⑤
20	① ② ③ ④ ⑤
21	① ② ③ ④ ⑤
22	① ② ③ ④ ⑤
23	① ② ③ ④ ⑤
24	① ② ③ ④ ⑤
25	① ② ③ ④ ⑤
26	① ② ③ ④ ⑤
27	① ② ③ ④ ⑤
28	① ② ③ ④ ⑤
29	① ② ③ ④ ⑤
30	① ② ③ ④ ⑤
31	① ② ③ ④ ⑤
32	① ② ③ ④ ⑤
33	① ② ③ ④ ⑤
34	① ② ③ ④ ⑤
35	① ② ③ ④ ⑤
36	① ② ③ ④ ⑤

www.toptutor.co.kr

DAY 2일차

Ⅰ. 사회·문화 현상의 탐구
01. 사회·문화 현상의 이해
p.78~p.87

문번	답 란
37	① ② ③ ④ ⑤
38	① ② ③ ④ ⑤
39	① ② ③ ④ ⑤
40	① ② ③ ④ ⑤
41	① ② ③ ④ ⑤
42	① ② ③ ④ ⑤
43	① ② ③ ④ ⑤
44	① ② ③ ④ ⑤
45	① ② ③ ④ ⑤
46	① ② ③ ④ ⑤
47	① ② ③ ④ ⑤
48	① ② ③ ④ ⑤
49	① ② ③ ④ ⑤
50	① ② ③ ④ ⑤
51	① ② ③ ④ ⑤
52	① ② ③ ④ ⑤
53	① ② ③ ④ ⑤
54	① ② ③ ④ ⑤
55	① ② ③ ④ ⑤
56	① ② ③ ④ ⑤
57	① ② ③ ④ ⑤
58	① ② ③ ④ ⑤
59	① ② ③ ④ ⑤
60	① ② ③ ④ ⑤
61	① ② ③ ④ ⑤
62	① ② ③ ④ ⑤
63	① ② ③ ④ ⑤
64	① ② ③ ④ ⑤
65	① ② ③ ④ ⑤
66	① ② ③ ④ ⑤
67	① ② ③ ④ ⑤
68	① ② ③ ④ ⑤
69	① ② ③ ④ ⑤
70	① ② ③ ④ ⑤
71	① ② ③ ④ ⑤
72	① ② ③ ④ ⑤
73	① ② ③ ④ ⑤
74	① ② ③ ④ ⑤
75	① ② ③ ④ ⑤

www.toptutor.co.kr

DAY 3일차

Ⅰ. 사회·문화 현상의 탐구
01. 사회·문화 현상의 이해
p.88~p.91

문번	답 란
76	① ② ③ ④ ⑤
77	① ② ③ ④ ⑤
78	① ② ③ ④ ⑤
79	① ② ③ ④ ⑤
80	① ② ③ ④ ⑤
81	① ② ③ ④ ⑤
82	① ② ③ ④ ⑤
83	① ② ③ ④ ⑤
84	① ② ③ ④ ⑤
85	① ② ③ ④ ⑤
86	① ② ③ ④ ⑤
87	① ② ③ ④ ⑤

02. 사회·문화 현상의 연구 방법
p.94~p.101

문번	답 란
1	① ② ③ ④ ⑤
2	① ② ③ ④ ⑤
3	① ② ③ ④ ⑤
4	① ② ③ ④ ⑤
5	① ② ③ ④ ⑤
6	① ② ③ ④ ⑤
7	① ② ③ ④ ⑤
8	① ② ③ ④ ⑤
9	① ② ③ ④ ⑤
10	① ② ③ ④ ⑤
11	① ② ③ ④ ⑤
12	① ② ③ ④ ⑤
13	① ② ③ ④ ⑤
14	① ② ③ ④ ⑤
15	① ② ③ ④ ⑤
16	① ② ③ ④ ⑤
17	① ② ③ ④ ⑤
18	① ② ③ ④ ⑤
19	① ② ③ ④ ⑤
20	① ② ③ ④ ⑤
21	① ② ③ ④ ⑤
22	① ② ③ ④ ⑤
23	① ② ③ ④ ⑤
24	① ② ③ ④ ⑤
25	① ② ③ ④ ⑤

DAY 4일차

Ⅰ. 사회·문화 현상의 탐구
02. 사회·문화 현상의 연구 방법
p.102~p.113

문번	답 란
26	① ② ③ ④ ⑤
27	① ② ③ ④ ⑤
28	① ② ③ ④ ⑤
29	① ② ③ ④ ⑤
30	① ② ③ ④ ⑤
31	① ② ③ ④ ⑤
32	① ② ③ ④ ⑤
33	① ② ③ ④ ⑤
34	① ② ③ ④ ⑤
35	① ② ③ ④ ⑤
36	① ② ③ ④ ⑤
37	① ② ③ ④ ⑤
38	① ② ③ ④ ⑤
39	① ② ③ ④ ⑤
40	① ② ③ ④ ⑤
41	① ② ③ ④ ⑤
42	① ② ③ ④ ⑤
43	① ② ③ ④ ⑤
44	① ② ③ ④ ⑤
45	① ② ③ ④ ⑤
46	① ② ③ ④ ⑤
47	① ② ③ ④ ⑤
48	① ② ③ ④ ⑤
49	① ② ③ ④ ⑤
50	① ② ③ ④ ⑤
51	① ② ③ ④ ⑤
52	① ② ③ ④ ⑤
53	① ② ③ ④ ⑤
54	① ② ③ ④ ⑤
55	① ② ③ ④ ⑤
56	① ② ③ ④ ⑤
57	① ② ③ ④ ⑤
58	① ② ③ ④ ⑤
59	① ② ③ ④ ⑤
60	① ② ③ ④ ⑤
61	① ② ③ ④ ⑤
62	① ② ③ ④ ⑤
63	① ② ③ ④ ⑤
64	① ② ③ ④ ⑤

www.toptutor.co.kr

DAY 5일차

Ⅰ. 사회·문화 현상의 탐구
02. 사회·문화 현상의 연구 방법
p.114~p.120

문번	답 란
65	① ② ③ ④ ⑤
66	① ② ③ ④ ⑤
67	① ② ③ ④ ⑤
68	① ② ③ ④ ⑤
69	① ② ③ ④ ⑤
70	① ② ③ ④ ⑤
71	① ② ③ ④ ⑤
72	① ② ③ ④ ⑤
73	① ② ③ ④ ⑤
74	① ② ③ ④ ⑤
75	① ② ③ ④ ⑤
76	① ② ③ ④ ⑤
77	① ② ③ ④ ⑤
78	① ② ③ ④ ⑤
79	① ② ③ ④ ⑤
80	① ② ③ ④ ⑤
81	① ② ③ ④ ⑤
82	① ② ③ ④ ⑤
83	① ② ③ ④ ⑤
84	① ② ③ ④ ⑤
85	① ② ③ ④ ⑤
86	① ② ③ ④ ⑤
87	① ② ③ ④ ⑤
88	① ② ③ ④ ⑤
89	① ② ③ ④ ⑤

03. 사회·문화 현상을 탐구하는 태도와 연구 윤리
p.122~p.125

문번	답 란
1	① ② ③ ④ ⑤
2	① ② ③ ④ ⑤
3	① ② ③ ④ ⑤
4	① ② ③ ④ ⑤
5	① ② ③ ④ ⑤
6	① ② ③ ④ ⑤
7	① ② ③ ④ ⑤
8	① ② ③ ④ ⑤
9	① ② ③ ④ ⑤
10	① ② ③ ④ ⑤
11	① ② ③ ④ ⑤
12	① ② ③ ④ ⑤
13	① ② ③ ④ ⑤
14	① ② ③ ④ ⑤
15	① ② ③ ④ ⑤

DAY 6일차

Ⅱ. 개인과 사회 구조
01. 개인과 사회의 관계를 바라보는 관점
p.127~p.135

문번	답 란
1	① ② ③ ④ ⑤
2	① ② ③ ④ ⑤
3	① ② ③ ④ ⑤
4	① ② ③ ④ ⑤
5	① ② ③ ④ ⑤
6	① ② ③ ④ ⑤
7	① ② ③ ④ ⑤
8	① ② ③ ④ ⑤
9	① ② ③ ④ ⑤
10	① ② ③ ④ ⑤
11	① ② ③ ④ ⑤
12	① ② ③ ④ ⑤
13	① ② ③ ④ ⑤
14	① ② ③ ④ ⑤
15	① ② ③ ④ ⑤
16	① ② ③ ④ ⑤
17	① ② ③ ④ ⑤
18	① ② ③ ④ ⑤
19	① ② ③ ④ ⑤
20	① ② ③ ④ ⑤
21	① ② ③ ④ ⑤
22	① ② ③ ④ ⑤
23	① ② ③ ④ ⑤
24	① ② ③ ④ ⑤
25	① ② ③ ④ ⑤
26	① ② ③ ④ ⑤
27	① ② ③ ④ ⑤
28	① ② ③ ④ ⑤
29	① ② ③ ④ ⑤
30	① ② ③ ④ ⑤
31	① ② ③ ④ ⑤
32	① ② ③ ④ ⑤
33	① ② ③ ④ ⑤
34	① ② ③ ④ ⑤
35	① ② ③ ④ ⑤
36	① ② ③ ④ ⑤

www.toptutor.co.kr

DAY 7일차

Ⅱ. 개인과 사회 구조
01. 개인과 사회의 관계를 바라보는 관점
p.136

문번	답 란
37	① ② ③ ④ ⑤
38	① ② ③ ④ ⑤
39	① ② ③ ④ ⑤

02. 인간의 사회화
p.139~p.146

문번	답 란
1	① ② ③ ④ ⑤
2	① ② ③ ④ ⑤
3	① ② ③ ④ ⑤
4	① ② ③ ④ ⑤
5	① ② ③ ④ ⑤
6	① ② ③ ④ ⑤
7	① ② ③ ④ ⑤
8	① ② ③ ④ ⑤
9	① ② ③ ④ ⑤
10	① ② ③ ④ ⑤
11	① ② ③ ④ ⑤
12	① ② ③ ④ ⑤
13	① ② ③ ④ ⑤
14	① ② ③ ④ ⑤
15	① ② ③ ④ ⑤
16	① ② ③ ④ ⑤
17	① ② ③ ④ ⑤
18	① ② ③ ④ ⑤
19	① ② ③ ④ ⑤
20	① ② ③ ④ ⑤
21	① ② ③ ④ ⑤
22	① ② ③ ④ ⑤
23	① ② ③ ④ ⑤
24	① ② ③ ④ ⑤
25	① ② ③ ④ ⑤
26	① ② ③ ④ ⑤
27	① ② ③ ④ ⑤
28	① ② ③ ④ ⑤
29	① ② ③ ④ ⑤
30	① ② ③ ④ ⑤
31	① ② ③ ④ ⑤
32	① ② ③ ④ ⑤

DAY 8일차

Ⅱ. 개인과 사회 구조
02. 인간의 사회화
p.147~p.148

문번	답 란
33	① ② ③ ④ ⑤
34	① ② ③ ④ ⑤
35	① ② ③ ④ ⑤
36	① ② ③ ④ ⑤
37	① ② ③ ④ ⑤
38	① ② ③ ④ ⑤
39	① ② ③ ④ ⑤
40	① ② ③ ④ ⑤

03. 사회 집단과 사회 조직
① 사회 집단과 사회 조직
p.151~p.158

문번	답 란
1	① ② ③ ④ ⑤
2	① ② ③ ④ ⑤
3	① ② ③ ④ ⑤
4	① ② ③ ④ ⑤
5	① ② ③ ④ ⑤
6	① ② ③ ④ ⑤
7	① ② ③ ④ ⑤
8	① ② ③ ④ ⑤
9	① ② ③ ④ ⑤
10	① ② ③ ④ ⑤
11	① ② ③ ④ ⑤
12	① ② ③ ④ ⑤
13	① ② ③ ④ ⑤
14	① ② ③ ④ ⑤
15	① ② ③ ④ ⑤
16	① ② ③ ④ ⑤
17	① ② ③ ④ ⑤
18	① ② ③ ④ ⑤
19	① ② ③ ④ ⑤
20	① ② ③ ④ ⑤
21	① ② ③ ④ ⑤
22	① ② ③ ④ ⑤
23	① ② ③ ④ ⑤
24	① ② ③ ④ ⑤
25	① ② ③ ④ ⑤
26	① ② ③ ④ ⑤
27	① ② ③ ④ ⑤
28	① ② ③ ④ ⑤
29	① ② ③ ④ ⑤
30	① ② ③ ④ ⑤

DAY 9일차

Ⅱ. 개인과 사회 구조
03. 사회 집단과 사회 조직
② 관료제와 탈관료제 p.160~p.165

문번	답 란
1	① ② ③ ④ ⑤
2	① ② ③ ④ ⑤
3	① ② ③ ④ ⑤
4	① ② ③ ④ ⑤
5	① ② ③ ④ ⑤
6	① ② ③ ④ ⑤
7	① ② ③ ④ ⑤
8	① ② ③ ④ ⑤
9	① ② ③ ④ ⑤
10	① ② ③ ④ ⑤
11	① ② ③ ④ ⑤
12	① ② ③ ④ ⑤
13	① ② ③ ④ ⑤
14	① ② ③ ④ ⑤
15	① ② ③ ④ ⑤
16	① ② ③ ④ ⑤
17	① ② ③ ④ ⑤
18	① ② ③ ④ ⑤
19	① ② ③ ④ ⑤
20	① ② ③ ④ ⑤
21	① ② ③ ④ ⑤
22	① ② ③ ④ ⑤
23	① ② ③ ④ ⑤
24	① ② ③ ④ ⑤

04. 일탈 행동 p.167~p.168

문번	답 란
1	① ② ③ ④ ⑤
2	① ② ③ ④ ⑤
3	① ② ③ ④ ⑤
4	① ② ③ ④ ⑤
5	① ② ③ ④ ⑤
6	① ② ③ ④ ⑤
7	① ② ③ ④ ⑤
8	① ② ③ ④ ⑤

DAY 10일차

Ⅱ. 개인과 사회 구조
04. 일탈 행동 p.169~p.178

문번	답 란
9	① ② ③ ④ ⑤
10	① ② ③ ④ ⑤
11	① ② ③ ④ ⑤
12	① ② ③ ④ ⑤
13	① ② ③ ④ ⑤
14	① ② ③ ④ ⑤
15	① ② ③ ④ ⑤
16	① ② ③ ④ ⑤
17	① ② ③ ④ ⑤
18	① ② ③ ④ ⑤
19	① ② ③ ④ ⑤
20	① ② ③ ④ ⑤
21	① ② ③ ④ ⑤
22	① ② ③ ④ ⑤
23	① ② ③ ④ ⑤
24	① ② ③ ④ ⑤
25	① ② ③ ④ ⑤
26	① ② ③ ④ ⑤
27	① ② ③ ④ ⑤
28	① ② ③ ④ ⑤
29	① ② ③ ④ ⑤
30	① ② ③ ④ ⑤
31	① ② ③ ④ ⑤
32	① ② ③ ④ ⑤
33	① ② ③ ④ ⑤
34	① ② ③ ④ ⑤
35	① ② ③ ④ ⑤
36	① ② ③ ④ ⑤
37	① ② ③ ④ ⑤
38	① ② ③ ④ ⑤
39	① ② ③ ④ ⑤
40	① ② ③ ④ ⑤
41	① ② ③ ④ ⑤
42	① ② ③ ④ ⑤
43	① ② ③ ④ ⑤

DAY 11일차

Ⅲ. 문화와 일상생활
01. 문화의 이해
① 문화의 의미와 속성 p.180~p.188

문번	답 란
1	① ② ③ ④ ⑤
2	① ② ③ ④ ⑤
3	① ② ③ ④ ⑤
4	① ② ③ ④ ⑤
5	① ② ③ ④ ⑤
6	① ② ③ ④ ⑤
7	① ② ③ ④ ⑤
8	① ② ③ ④ ⑤
9	① ② ③ ④ ⑤
10	① ② ③ ④ ⑤
11	① ② ③ ④ ⑤
12	① ② ③ ④ ⑤
13	① ② ③ ④ ⑤
14	① ② ③ ④ ⑤
15	① ② ③ ④ ⑤
16	① ② ③ ④ ⑤
17	① ② ③ ④ ⑤
18	① ② ③ ④ ⑤
19	① ② ③ ④ ⑤
20	① ② ③ ④ ⑤
21	① ② ③ ④ ⑤
22	① ② ③ ④ ⑤
23	① ② ③ ④ ⑤
24	① ② ③ ④ ⑤
25	① ② ③ ④ ⑤
26	① ② ③ ④ ⑤
27	① ② ③ ④ ⑤
28	① ② ③ ④ ⑤
29	① ② ③ ④ ⑤
30	① ② ③ ④ ⑤
31	① ② ③ ④ ⑤
32	① ② ③ ④ ⑤
33	① ② ③ ④ ⑤
34	① ② ③ ④ ⑤
35	① ② ③ ④ ⑤

DAY 12일차

Ⅲ. 문화와 일상생활
01. 문화의 이해
① 문화의 의미와 속성 p.189

문번	답 란
36	① ② ③ ④ ⑤
37	① ② ③ ④ ⑤

01. 문화의 이해
② 문화를 바라보는 관점과 문화 이해 태도 p.191~p.198

문번	답 란
1	① ② ③ ④ ⑤
2	① ② ③ ④ ⑤
3	① ② ③ ④ ⑤
4	① ② ③ ④ ⑤
5	① ② ③ ④ ⑤
6	① ② ③ ④ ⑤
7	① ② ③ ④ ⑤
8	① ② ③ ④ ⑤
9	① ② ③ ④ ⑤
10	① ② ③ ④ ⑤
11	① ② ③ ④ ⑤
12	① ② ③ ④ ⑤
13	① ② ③ ④ ⑤
14	① ② ③ ④ ⑤
15	① ② ③ ④ ⑤
16	① ② ③ ④ ⑤
17	① ② ③ ④ ⑤
18	① ② ③ ④ ⑤
19	① ② ③ ④ ⑤
20	① ② ③ ④ ⑤
21	① ② ③ ④ ⑤
22	① ② ③ ④ ⑤
23	① ② ③ ④ ⑤
24	① ② ③ ④ ⑤
25	① ② ③ ④ ⑤
26	① ② ③ ④ ⑤
27	① ② ③ ④ ⑤
28	① ② ③ ④ ⑤
29	① ② ③ ④ ⑤
30	① ② ③ ④ ⑤
31	① ② ③ ④ ⑤

DAY 13일차

III. 문화와 일상생활
01. 문화의 이해
② 문화를 바라보는 관점과 문화 이해 태도   p.199~p.201

문번	답 란
32	① ② ③ ④ ⑤
33	① ② ③ ④ ⑤
34	① ② ③ ④ ⑤
35	① ② ③ ④ ⑤
36	① ② ③ ④ ⑤
37	① ② ③ ④ ⑤
38	① ② ③ ④ ⑤
39	① ② ③ ④ ⑤
40	① ② ③ ④ ⑤
41	① ② ③ ④ ⑤

02. 하위문화와 대중문화
p.204~p.210

문번	답 란
1	① ② ③ ④ ⑤
2	① ② ③ ④ ⑤
3	① ② ③ ④ ⑤
4	① ② ③ ④ ⑤

문번	답 란
5	① ② ③ ④ ⑤
6	① ② ③ ④ ⑤
7	① ② ③ ④ ⑤
8	① ② ③ ④ ⑤
9	① ② ③ ④ ⑤
10	① ② ③ ④ ⑤
11	① ② ③ ④ ⑤
12	① ② ③ ④ ⑤
13	① ② ③ ④ ⑤
14	① ② ③ ④ ⑤
15	① ② ③ ④ ⑤
16	① ② ③ ④ ⑤
17	① ② ③ ④ ⑤
18	① ② ③ ④ ⑤
19	① ② ③ ④ ⑤
20	① ② ③ ④ ⑤
21	① ② ③ ④ ⑤
22	① ② ③ ④ ⑤
23	① ② ③ ④ ⑤
24	① ② ③ ④ ⑤
25	① ② ③ ④ ⑤
26	① ② ③ ④ ⑤
27	① ② ③ ④ ⑤
28	① ② ③ ④ ⑤

DAY 14일차

III. 문화와 일상생활
02. 하위문화와 대중문화
p.211~p.217

문번	답 란
29	① ② ③ ④ ⑤
30	① ② ③ ④ ⑤
31	① ② ③ ④ ⑤
32	① ② ③ ④ ⑤
33	① ② ③ ④ ⑤
34	① ② ③ ④ ⑤
35	① ② ③ ④ ⑤
36	① ② ③ ④ ⑤
37	① ② ③ ④ ⑤
38	① ② ③ ④ ⑤
39	① ② ③ ④ ⑤
40	① ② ③ ④ ⑤
41	① ② ③ ④ ⑤
42	① ② ③ ④ ⑤
43	① ② ③ ④ ⑤
44	① ② ③ ④ ⑤
45	① ② ③ ④ ⑤
46	① ② ③ ④ ⑤
47	① ② ③ ④ ⑤
48	① ② ③ ④ ⑤
49	① ② ③ ④ ⑤
50	① ② ③ ④ ⑤
51	① ② ③ ④ ⑤
52	① ② ③ ④ ⑤
53	① ② ③ ④ ⑤

03. 문화의 변동
p.220~p.221

문번	답 란
1	① ② ③ ④ ⑤
2	① ② ③ ④ ⑤
3	① ② ③ ④ ⑤
4	① ② ③ ④ ⑤
5	① ② ③ ④ ⑤
6	① ② ③ ④ ⑤
7	① ② ③ ④ ⑤
8	① ② ③ ④ ⑤

DAY 15일차

III. 문화와 일상생활
03. 문화의 변동
p.222~p.231

문번	답 란
9	① ② ③ ④ ⑤
10	① ② ③ ④ ⑤
11	① ② ③ ④ ⑤
12	① ② ③ ④ ⑤
13	① ② ③ ④ ⑤
14	① ② ③ ④ ⑤
15	① ② ③ ④ ⑤
16	① ② ③ ④ ⑤
17	① ② ③ ④ ⑤
18	① ② ③ ④ ⑤
19	① ② ③ ④ ⑤
20	① ② ③ ④ ⑤
21	① ② ③ ④ ⑤
22	① ② ③ ④ ⑤
23	① ② ③ ④ ⑤
24	① ② ③ ④ ⑤
25	① ② ③ ④ ⑤

문번	답 란
26	① ② ③ ④ ⑤
27	① ② ③ ④ ⑤
28	① ② ③ ④ ⑤
29	① ② ③ ④ ⑤
30	① ② ③ ④ ⑤
31	① ② ③ ④ ⑤
32	① ② ③ ④ ⑤
33	① ② ③ ④ ⑤
34	① ② ③ ④ ⑤
35	① ② ③ ④ ⑤
36	① ② ③ ④ ⑤
37	① ② ③ ④ ⑤
38	① ② ③ ④ ⑤
39	① ② ③ ④ ⑤
40	① ② ③ ④ ⑤
41	① ② ③ ④ ⑤
42	① ② ③ ④ ⑤
43	① ② ③ ④ ⑤
44	① ② ③ ④ ⑤
45	① ② ③ ④ ⑤
46	① ② ③ ④ ⑤

DAY 16일차

IV. 사회 계층과 불평등
01. 사회 불평등 현상과 계층
① 사회 불평등 현상의 이해   p.233~p.239

문번	답 란
1	① ② ③ ④ ⑤
2	① ② ③ ④ ⑤
3	① ② ③ ④ ⑤
4	① ② ③ ④ ⑤
5	① ② ③ ④ ⑤
6	① ② ③ ④ ⑤
7	① ② ③ ④ ⑤
8	① ② ③ ④ ⑤
9	① ② ③ ④ ⑤
10	① ② ③ ④ ⑤
11	① ② ③ ④ ⑤
12	① ② ③ ④ ⑤
13	① ② ③ ④ ⑤
14	① ② ③ ④ ⑤
15	① ② ③ ④ ⑤

문번	답 란
16	① ② ③ ④ ⑤
17	① ② ③ ④ ⑤
18	① ② ③ ④ ⑤
19	① ② ③ ④ ⑤
20	① ② ③ ④ ⑤
21	① ② ③ ④ ⑤
22	① ② ③ ④ ⑤
23	① ② ③ ④ ⑤
24	① ② ③ ④ ⑤
25	① ② ③ ④ ⑤

01. 사회 불평등 현상과 계층
② 사회 계층 구조와 사회 이동   p.241

문번	답 란
1	① ② ③ ④ ⑤
2	① ② ③ ④ ⑤
3	① ② ③ ④ ⑤
4	① ② ③ ④ ⑤

Ⅳ. 사회 계층과 불평등
01. 사회 불평등 현상과 계층
② 사회 계층 구조와 사회 이동
p.242~p.246

문번	답 란
5	① ② ③ ④ ⑤
6	① ② ③ ④ ⑤
7	① ② ③ ④ ⑤
8	① ② ③ ④ ⑤
9	① ② ③ ④ ⑤
10	① ② ③ ④ ⑤
11	① ② ③ ④ ⑤
12	① ② ③ ④ ⑤
13	① ② ③ ④ ⑤
14	① ② ③ ④ ⑤
15	① ② ③ ④ ⑤
16	① ② ③ ④ ⑤
17	① ② ③ ④ ⑤
18	① ② ③ ④ ⑤
19	① ② ③ ④ ⑤
20	① ② ③ ④ ⑤
21	① ② ③ ④ ⑤
22	① ② ③ ④ ⑤
23	① ② ③ ④ ⑤

www.toptutor.co.kr

Ⅳ. 사회 계층과 불평등
01. 사회 불평등 현상과 계층
② 사회 계층 구조와 사회 이동
p.247~p.252

문번	답 란
24	① ② ③ ④ ⑤
25	① ② ③ ④ ⑤
26	① ② ③ ④ ⑤
27	① ② ③ ④ ⑤
28	① ② ③ ④ ⑤
29	① ② ③ ④ ⑤
30	① ② ③ ④ ⑤
31	① ② ③ ④ ⑤
32	① ② ③ ④ ⑤
33	① ② ③ ④ ⑤
34	① ② ③ ④ ⑤
35	① ② ③ ④ ⑤
36	① ② ③ ④ ⑤
37	① ② ③ ④ ⑤
38	① ② ③ ④ ⑤
39	① ② ③ ④ ⑤
40	① ② ③ ④ ⑤
41	① ② ③ ④ ⑤

www.toptutor.co.kr

Ⅳ. 사회 계층과 불평등
02. 사회 불평등 양상
p.254~p.259

문번	답 란
1	① ② ③ ④ ⑤
2	① ② ③ ④ ⑤
3	① ② ③ ④ ⑤
4	① ② ③ ④ ⑤
5	① ② ③ ④ ⑤
6	① ② ③ ④ ⑤
7	① ② ③ ④ ⑤
8	① ② ③ ④ ⑤
9	① ② ③ ④ ⑤
10	① ② ③ ④ ⑤
11	① ② ③ ④ ⑤
12	① ② ③ ④ ⑤
13	① ② ③ ④ ⑤
14	① ② ③ ④ ⑤
15	① ② ③ ④ ⑤
16	① ② ③ ④ ⑤
17	① ② ③ ④ ⑤
18	① ② ③ ④ ⑤
19	① ② ③ ④ ⑤
20	① ② ③ ④ ⑤
21	① ② ③ ④ ⑤
22	① ② ③ ④ ⑤
23	① ② ③ ④ ⑤
24	① ② ③ ④ ⑤

www.toptutor.co.kr

Ⅳ. 사회 계층과 불평등
02. 사회 불평등 양상
p.260~p.264

문번	답 란
25	① ② ③ ④ ⑤
26	① ② ③ ④ ⑤
27	① ② ③ ④ ⑤
28	① ② ③ ④ ⑤
29	① ② ③ ④ ⑤
30	① ② ③ ④ ⑤
31	① ② ③ ④ ⑤
32	① ② ③ ④ ⑤
33	① ② ③ ④ ⑤
34	① ② ③ ④ ⑤
35	① ② ③ ④ ⑤
36	① ② ③ ④ ⑤
37	① ② ③ ④ ⑤
38	① ② ③ ④ ⑤
39	① ② ③ ④ ⑤
40	① ② ③ ④ ⑤

www.toptutor.co.kr

DAY 21일차

IV. 사회 계층과 불평등
02. 사회 불평등 양상
p.265~p.270

문번	답 란
41	① ② ③ ④ ⑤
42	① ② ③ ④ ⑤
43	① ② ③ ④ ⑤
44	① ② ③ ④ ⑤
45	① ② ③ ④ ⑤
46	① ② ③ ④ ⑤
47	① ② ③ ④ ⑤
48	① ② ③ ④ ⑤
49	① ② ③ ④ ⑤
50	① ② ③ ④ ⑤
51	① ② ③ ④ ⑤
52	① ② ③ ④ ⑤
53	① ② ③ ④ ⑤
54	① ② ③ ④ ⑤
55	① ② ③ ④ ⑤
56	① ② ③ ④ ⑤
57	① ② ③ ④ ⑤
58	① ② ③ ④ ⑤
59	① ② ③ ④ ⑤
60	① ② ③ ④ ⑤
61	① ② ③ ④ ⑤
62	① ② ③ ④ ⑤
63	① ② ③ ④ ⑤

DAY 22일차

IV. 사회 계층과 불평등
02. 사회 불평등 양상
p.271~p.272

문번	답 란
64	① ② ③ ④ ⑤
65	① ② ③ ④ ⑤
66	① ② ③ ④ ⑤
67	① ② ③ ④ ⑤
68	① ② ③ ④ ⑤

03. 사회 복지와 복지 제도
p.274~p.280

문번	답 란
1	① ② ③ ④ ⑤
2	① ② ③ ④ ⑤
3	① ② ③ ④ ⑤
4	① ② ③ ④ ⑤
5	① ② ③ ④ ⑤
6	① ② ③ ④ ⑤
7	① ② ③ ④ ⑤
8	① ② ③ ④ ⑤
9	① ② ③ ④ ⑤
10	① ② ③ ④ ⑤
11	① ② ③ ④ ⑤
12	① ② ③ ④ ⑤
13	① ② ③ ④ ⑤
14	① ② ③ ④ ⑤
15	① ② ③ ④ ⑤
16	① ② ③ ④ ⑤
17	① ② ③ ④ ⑤
18	① ② ③ ④ ⑤
19	① ② ③ ④ ⑤
20	① ② ③ ④ ⑤

DAY 23일차

IV. 사회 계층과 불평등
03. 사회 복지와 복지 제도
p.281~p.292

문번	답 란
21	① ② ③ ④ ⑤
22	① ② ③ ④ ⑤
23	① ② ③ ④ ⑤
24	① ② ③ ④ ⑤
25	① ② ③ ④ ⑤
26	① ② ③ ④ ⑤
27	① ② ③ ④ ⑤
28	① ② ③ ④ ⑤
29	① ② ③ ④ ⑤
30	① ② ③ ④ ⑤
31	① ② ③ ④ ⑤
32	① ② ③ ④ ⑤
33	① ② ③ ④ ⑤
34	① ② ③ ④ ⑤
35	① ② ③ ④ ⑤
36	① ② ③ ④ ⑤
37	① ② ③ ④ ⑤
38	① ② ③ ④ ⑤
39	① ② ③ ④ ⑤
40	① ② ③ ④ ⑤
41	① ② ③ ④ ⑤
42	① ② ③ ④ ⑤
43	① ② ③ ④ ⑤
44	① ② ③ ④ ⑤

DAY 24일차

V. 현대의 사회 변동
01. 사회 변동과 사회 운동
p.295~p.302

문번	답 란
1	① ② ③ ④ ⑤
2	① ② ③ ④ ⑤
3	① ② ③ ④ ⑤
4	① ② ③ ④ ⑤
5	① ② ③ ④ ⑤
6	① ② ③ ④ ⑤
7	① ② ③ ④ ⑤
8	① ② ③ ④ ⑤
9	① ② ③ ④ ⑤
10	① ② ③ ④ ⑤
11	① ② ③ ④ ⑤
12	① ② ③ ④ ⑤
13	① ② ③ ④ ⑤
14	① ② ③ ④ ⑤
15	① ② ③ ④ ⑤
16	① ② ③ ④ ⑤
17	① ② ③ ④ ⑤
18	① ② ③ ④ ⑤
19	① ② ③ ④ ⑤
20	① ② ③ ④ ⑤
21	① ② ③ ④ ⑤
22	① ② ③ ④ ⑤
23	① ② ③ ④ ⑤
24	① ② ③ ④ ⑤
25	① ② ③ ④ ⑤
26	① ② ③ ④ ⑤
27	① ② ③ ④ ⑤
28	① ② ③ ④ ⑤
29	① ② ③ ④ ⑤
30	① ② ③ ④ ⑤
31	① ② ③ ④ ⑤
32	① ② ③ ④ ⑤

DAY 25일차

V. 현대의 사회 변동
01. 사회 변동과 사회 운동
p.303~p.310

문번	답 란
33	① ② ③ ④ ⑤
34	① ② ③ ④ ⑤
35	① ② ③ ④ ⑤
36	① ② ③ ④ ⑤
37	① ② ③ ④ ⑤
38	① ② ③ ④ ⑤
39	① ② ③ ④ ⑤
40	① ② ③ ④ ⑤
41	① ② ③ ④ ⑤
42	① ② ③ ④ ⑤
43	① ② ③ ④ ⑤
44	① ② ③ ④ ⑤
45	① ② ③ ④ ⑤
46	① ② ③ ④ ⑤
47	① ② ③ ④ ⑤
48	① ② ③ ④ ⑤
49	① ② ③ ④ ⑤
50	① ② ③ ④ ⑤
51	① ② ③ ④ ⑤
52	① ② ③ ④ ⑤
53	① ② ③ ④ ⑤
54	① ② ③ ④ ⑤
55	① ② ③ ④ ⑤
56	① ② ③ ④ ⑤
57	① ② ③ ④ ⑤
58	① ② ③ ④ ⑤
59	① ② ③ ④ ⑤
60	① ② ③ ④ ⑤
61	① ② ③ ④ ⑤
62	① ② ③ ④ ⑤
63	① ② ③ ④ ⑤

DAY 26일차

V. 현대의 사회 변동
02. 현대 사회의 변동과 대응
p.313~p.320

문번	답 란
1	① ② ③ ④ ⑤
2	① ② ③ ④ ⑤
3	① ② ③ ④ ⑤
4	① ② ③ ④ ⑤
5	① ② ③ ④ ⑤
6	① ② ③ ④ ⑤
7	① ② ③ ④ ⑤
8	① ② ③ ④ ⑤
9	① ② ③ ④ ⑤
10	① ② ③ ④ ⑤
11	① ② ③ ④ ⑤
12	① ② ③ ④ ⑤
13	① ② ③ ④ ⑤
14	① ② ③ ④ ⑤
15	① ② ③ ④ ⑤
16	① ② ③ ④ ⑤
17	① ② ③ ④ ⑤
18	① ② ③ ④ ⑤
19	① ② ③ ④ ⑤
20	① ② ③ ④ ⑤
21	① ② ③ ④ ⑤
22	① ② ③ ④ ⑤
23	① ② ③ ④ ⑤
24	① ② ③ ④ ⑤
25	① ② ③ ④ ⑤
26	① ② ③ ④ ⑤
27	① ② ③ ④ ⑤
28	① ② ③ ④ ⑤
29	① ② ③ ④ ⑤
30	① ② ③ ④ ⑤
31	① ② ③ ④ ⑤

DAY 27일차

V. 현대의 사회 변동
02. 현대 사회의 변동과 대응
p.321~p.325

문번	답 란
32	① ② ③ ④ ⑤
33	① ② ③ ④ ⑤
34	① ② ③ ④ ⑤
35	① ② ③ ④ ⑤
36	① ② ③ ④ ⑤
37	① ② ③ ④ ⑤
38	① ② ③ ④ ⑤
39	① ② ③ ④ ⑤
40	① ② ③ ④ ⑤
41	① ② ③ ④ ⑤
42	① ② ③ ④ ⑤
43	① ② ③ ④ ⑤
44	① ② ③ ④ ⑤
45	① ② ③ ④ ⑤
46	① ② ③ ④ ⑤
47	① ② ③ ④ ⑤
48	① ② ③ ④ ⑤
49	① ② ③ ④ ⑤
50	① ② ③ ④ ⑤

DAY 28일차

V. 현대의 사회 변동
02. 현대 사회의 변동과 대응
p.326~p.330

문번	답 란
51	① ② ③ ④ ⑤
52	① ② ③ ④ ⑤
53	① ② ③ ④ ⑤
54	① ② ③ ④ ⑤
55	① ② ③ ④ ⑤
56	① ② ③ ④ ⑤
57	① ② ③ ④ ⑤
58	① ② ③ ④ ⑤
59	① ② ③ ④ ⑤
60	① ② ③ ④ ⑤
61	① ② ③ ④ ⑤
62	① ② ③ ④ ⑤
63	① ② ③ ④ ⑤
64	① ② ③ ④ ⑤
65	① ② ③ ④ ⑤
66	① ② ③ ④ ⑤
67	① ② ③ ④ ⑤
68	① ② ③ ④ ⑤

03. 전 지구적 수준의 문제와 지속 가능한 사회
p.333~p.334

문번	답 란
1	① ② ③ ④ ⑤
2	① ② ③ ④ ⑤
3	① ② ③ ④ ⑤
4	① ② ③ ④ ⑤
5	① ② ③ ④ ⑤
6	① ② ③ ④ ⑤
7	① ② ③ ④ ⑤

2026 CALENDAR

세상에서 가장 소중한 당신을 응원합니다!

1월

일	월	화	수	목	금	토
				1 새해	2	3
4	5	6	7	8	9	10
11	12	13	14	15	16	17
18	19	20	21	22	23	24
25	26	27	28	29	30	31

2월

일	월	화	수	목	금	토
1	2	3	4	5	6	7
8	9	10	11	12	13	14
15	16	17 설날	18	19	20	21
22	23	24	25	26	27	28

3월

일	월	화	수	목	금	토
1 삼일절	2 대체 휴일	3	4	5	6	7
8	9	10	11	12	13	14
15	16	17	18	19	20	21
22	23	24 전국연합 학력평가	25	26	27	28
29	30	31				

4월

일	월	화	수	목	금	토
			1	2	3	4
5	6	7	8	9	10	11
12	13	14	15	16	17	18
19	20	21	22	23	24	25
26	27	28	29	30		

5월

일	월	화	수	목	금	토
					1	2
3	4	5 어린이날	6	7 전국연합 학력평가	8	9
10	11	12	13	14	15	16
17	18	19	20	21	22	23
24 부처님 오신날	25 대체 휴일	26	27	28	29	30
31						

6월

일	월	화	수	목	금	토
	1	2	3 지방선거	4 6월 평가원 모의평가	5	6 현충일
7	8	9	10	11	12	13
14	15	16	17	18	19	20
21	22	23	24	25	26	27
28	29	30				

7월

일	월	화	수	목	금	토
			1	2	3	4
5	6	7	8 전국연합 학력평가	9	10	11
12	13	14	15	16	17	18
19	20	21	22	23	24	25
26	27	28	29	30	31	

8월

일	월	화	수	목	금	토
						1
2	3	4	5	6	7	8
9	10	11	12	13	14	15 광복절
16	17 대체 휴일	18	19	20	21	22
23	24	25	26	27	28	29
30	31					

9월

일	월	화	수	목	금	토
		1	2 9월 평가원 모의평가	3	4	5
6	7	8	9	10	11	12
13	14	15	16	17	18	19
20	21	22	23	24	25 추석	26
27	28	29	30			

10월

일	월	화	수	목	금	토
				1	2	3 개천절
4	5 대체 휴일	6	7	8	9 한글날	10
11	12	13	14	15	16	17
18	19	20 전국연합 학력평가	21	22	23	24
25	26	27	28	29	30	31

11월 대학수학능력시험

일	월	화	수	목	금	토
1	2	3	4	5	6	7
8	9	10	11	12	13	14
15	16	17	18	19 2027학년도 수능일	20	21
22	23	24	25	26	27	28
29	30					

12월

일	월	화	수	목	금	토
		1	2	3	4	5
6	7	8	9	10	11	12
13	14	15	16	17	18	19
20	21	22	23	24	25 성탄절	26
27	28	29	30	31		

※시험 일정은 예정이며 추후 변동될 수 있습니다.

2024학년도 대학수학능력시험 6월 모의평가 문제지

사회탐구 영역 (사회·문화)

성명 ☐☐☐☐   수험번호 ☐☐☐☐ ― ☐☐☐☐

---

1. 밑줄 친 ㉠~㉣과 같은 현상의 일반적인 특징에 대한 설명으로 옳은 것은?

기체가 초고온의 에너지를 받으면 기체와는 전혀 다른 성질을 띠는 상태가 되는데, 이를 플라스마라고 합니다. 태양에서는 ㉠플라스마 상태에서 핵융합 반응이 일어나고 막대한 양의 에너지가 방출됩니다. 핵융합 발전은 여기서 아이디어를 얻어 고효율의 에너지를 얻으려는 것입니다. 우리 과학자들이 인공 태양을 구현하려고 노력한 결과, 지난 ○○월 ○○일 ㉡초고온의 플라스마 상태를 최장 시간 유지시키는 데 성공하였습니다. ㉢기체가 일정한 조건에 이르면 플라스마로 변화하는데, 플라스마가 실험로 진공 용기에 닿는 순간 핵융합 반응이 끝납니다. 핵융합 기술의 상용화를 위해서는 플라스마를 실험로에 닿지 않도록 하는 것이 관건입니다. 연구자들은 ㉣플라스마를 안정적으로 제어할 수 있도록 실험을 계속할 예정이라고 합니다.

NEWS 한국산 '핵융합' 인공 태양, 실험 성공

① ㉠과 같은 현상은 ㉡과 같은 현상과 달리 가치 함축적이다.
② ㉡과 같은 현상은 ㉢과 같은 현상에 비해 인과 관계가 명확하다.
③ ㉢과 같은 현상은 ㉣과 같은 현상과 달리 보편성이 나타난다.
④ ㉣과 같은 현상은 ㉠과 같은 현상과 달리 개연성의 원리가 적용된다.
⑤ ㉠, ㉢과 같은 현상은 ㉡, ㉣과 같은 현상과 달리 경험적 자료로 연구할 수 있다.

---

2. 다음 자료에 대한 옳은 설명만을 〈보기〉에서 고른 것은? [3점]

갑은 '소비 활동으로 느끼는 행복'이라는 ㉠연구 주제를 설정하였다. ㉡관련 연구를 검토한 뒤, 소득 수준에 따라 소비 활동으로 느끼는 행복감이 소비 활동 유형별로 어떻게 다른지 파악하기 위해 가설을 설정하였다. 아래는 가설 중 하나이다.

〈가설〉 소득 수준이 높은 집단이 소득 수준이 낮은 집단보다 ☐ A ☐ 활동으로 느끼는 행복감이 높을 것이다.

갑은 ㉢가설 검증을 위해 성인 2,000명을 대상으로 ㉣설문 조사를 실시하였다. 소득 수준은 응답자의 월평균 소득을 기준으로 상위 50%를 ㉤소득 수준이 높은 집단, 나머지를 ㉥소득 수준이 낮은 집단으로 구분하였다. 소비 활동의 유형은 일상적 소비(생활용품 구입 등)와 문화적 소비(여가 활동비 지출 등)로 구분하였고, 각 유형별 소비 활동으로 느끼는 행복감은 5점 척도(점수가 클수록 행복감이 높음)로 측정하였다.

자료 분석 결과, 일상적 소비 활동으로 느끼는 행복감은 소득 수준이 높은 집단에서 2.6점, 소득 수준이 낮은 집단에서 3.6점으로 나타났다. 문화적 소비 활동으로 느끼는 행복감은 소득 수준이 높은 집단에서 3.6점, 소득 수준이 낮은 집단에서 2.0점으로 나타났다. 분석 결과는 통계적으로 유의미하였다.

― 〈 보 기 〉―

ㄱ. ㉠ 단계는 ㉢ 단계와 달리 연구자의 가치 중립이 요구된다.
ㄴ. ㉡은 2차 자료를, ㉣은 1차 자료를 수집하기 위한 것이다.
ㄷ. ㉤은 실험 집단, ㉥은 통제 집단이다.
ㄹ. <가설>은 A가 '일상적 소비'이면 기각되고, '문화적 소비'이면 수용된다.

① ㄱ, ㄴ   ② ㄱ, ㄷ   ③ ㄴ, ㄷ   ④ ㄴ, ㄹ   ⑤ ㄷ, ㄹ

---

3. 사회·문화 현상을 바라보는 관점 A, B에 대한 설명으로 옳은 것은?

A : 지배 집단과 피지배 집단은 재화나 권위 또는 권력과 같은 희소 자원을 차지하기 위해 서로 끊임없이 투쟁한다. 두 집단의 이익은 양립할 수 없으므로 갈등은 필연적이고 자연스러운 현상이다.
B : 사회 체계는 기본적으로 균형 상태를 유지하기 때문에 적대, 긴장, 모순, 투쟁과 같은 갈등은 일시적인 현상이다. 따라서 갈등은 균형을 유지하려는 사회 체계의 속성으로 인하여 머지않아 조화롭게 조정된다.

① A는 상황 정의에 기초한 개인 간 상호 작용을 중시한다.
② B는 사회적 희소가치의 불균등한 분배가 불가피하다고 본다.
③ A는 B와 달리 기득권층의 이익을 대변하는 논리로 사용된다는 비판을 받는다.
④ B는 A와 달리 질서와 안정성을 바탕으로 한 점진적인 사회 변동을 설명하기 어렵다.
⑤ A와 B는 모두 개인에 대한 사회 구조의 영향력을 간과한다는 비판을 받는다.

---

4. A, B의 일반적인 특징에 대한 설명으로 옳은 것은? (단, A, B는 각각 관료제, 탈관료제 중 하나임.)

□□기업은 의사 결정 권한이 분산되어 있고 업무의 범위와 분담 체계를 개별 담당 부서에서 자율적으로 결정한다. □□기업의 조직 운영 방식은 A의 사례이다. ○○기업의 의사 결정은 관리자 중심으로 이루어지며 모든 부서는 표준화된 규약과 절차에 따라 업무를 수행한다. ○○기업의 조직 운영 방식은 B의 사례이다.

① A는 B에 비해 외부 환경 변화에 유연하게 대처하기 용이하다.
② A는 B와 달리 공식적 규범에 의한 통제가 이루어진다.
③ B는 A에 비해 구성원이 창의성을 발휘하기 용이하다.
④ B는 A와 달리 업무 수행의 효율성을 추구한다.
⑤ A는 연공서열에 따른 보상을, B는 성과에 따른 보상을 중시한다.

---

5. 밑줄 친 ㉠~㉤에 대한 설명으로 옳은 것은? [3점]

갑국에서는 ㉠종교가 계층별 생활 양식을 비롯한 사회생활 전반에 영향을 크게 미친다. 예컨대 사회적으로 높은 위치에 있는 사람들은 종교 교리의 영향을 받아 육식을 멀리한다. 그래서 갑국 사람들은 이들처럼 고상하게 보이려고 ㉡직장 등에서 여러 사람과 함께 식사할 때는 채식을 당연시한다. 그런데 최근 갑국에서 ㉢스마트폰과 배달 애플리케이션 사용이 일상화되면서, 고기가 들어간 도시락 판매가 크게 증가하였다. 이는 ㉣육식 문화에 대한 부정적인 시각이 여전한 상황에서 ㉤타인의 눈치를 보지 않고 육류를 먹으려고 도시락을 주문하는 사람들이 증가하여 나타난 현상이다.

① ㉠에는 문화의 변동성이 부각되어 있다.
② ㉡에는 문화의 공유성이 부각되어 있다.
③ ㉢은 비물질문화에 해당한다.
④ ㉣에서 '문화'는 좁은 의미의 문화이다.
⑤ ㉤은 문화 지체의 사례로 볼 수 있다.

사회탐구 영역 (사회·문화)

6. 자료 수집 방법 A, B의 일반적인 특징에 대한 설명으로 옳은 것은?

> 빈민 지역인 □□마을에서 '가난의 문화'가 만들어지는 과정을 고찰하기 위해 갑은 자료 수집 방법 A를, 을은 자료 수집 방법 B를 사용하여 공동 연구를 수행하였다.
>
> 갑은 전체 주민을 대상으로 계량화된 자료 수집을 위한 설문 조사를 실시하여 주민들의 생활과 삶에 대한 만족도 등을 파악하였다. 고령자가 많아 주민을 직접 만나는 방식으로 설문 조사를 진행하였다.
>
> 을은 □□마을 복지관을 4주 동안 매주 2회씩 방문하여 주민들과 신뢰 관계를 형성한 후, 마을에 오래 거주한 주민 10명을 복지관에서 따로 만나 그들의 삶을 듣고 기록하는 조사를 진행하였다.

① A는 B에 비해 자료 수집 과정에서 조사자가 융통성을 발휘하기 용이하다.

② A는 B와 달리 조사 대상자와의 언어적 상호 작용이 필수적이다.

③ B는 A에 비해 구조화된 자료를 수집하기 용이하다.

④ B는 A에 비해 수집된 자료의 통계 처리가 용이하다.

⑤ A와 B는 모두 조사 대상자의 주관적 인식을 파악할 수 있다.

7. 다음 글에 나타난 개인과 사회의 관계를 바라보는 관점에 대한 옳은 설명만을 〈보기〉에서 고른 것은? [3점]

> 사회는 개인의 주관적인 의식 세계를 초월하여 개인의 외부에 객관적으로 존재한다. 또한 사회는 그 자체 논리에 따른 질서와 구조를 가지며 이를 통하여 개인의 행동에 영향을 미친다.

> ─────〈 보 기 〉─────
> ㄱ. 개인이 주체적이고 능동적인 존재임을 강조한다.
> ㄴ. 사회 구조에 대한 개인의 불가항력성을 강조한다.
> ㄷ. 사회의 속성은 개인의 속성에 의해 결정된다고 본다.
> ㄹ. 사회 문제의 발생 원인을 개인의 의식보다 사회 제도와 구조에서 찾는다.

① ㄱ, ㄴ ② ㄱ, ㄷ ③ ㄴ, ㄷ ④ ㄴ, ㄹ ⑤ ㄷ, ㄹ

8. 다음 두 사례에서 공통적으로 도출할 수 있는 결론으로 가장 적절한 것은?

> ○ 갑국에서 외국인 근로자는 전체 인구의 약 10%에 해당한다. 이들을 대상으로 일상생활에서 차별받은 경험 여부를 조사했더니 대다수가 갑국 사회에서 차별받은 경험이 있다고 응답했다. 또한 내국인의 경우처럼 남성보다 여성이 더 심한 차별을 받는 것으로 나타났다.
> ○ 을국은 A 민족과 B 민족으로 구성되어 있는데, B 민족이 전체 인구의 70% 정도임에도 정치·경제의 대부분을 장악한 A 민족으로부터 차별을 받는다. 한편 을국에서는 종교에 따른 차별도 존재하는데, B 민족의 경우 국교가 아닌 타 종교를 믿는 사람들은 더 심한 차별을 받고 있다.

① 수적으로 열세이기 때문에 사회적 소수자가 된다.

② 사회적 소수자에 대한 우대 정책이 역차별을 낳을 수 있다.

③ 한 개인이 여러 사회적 소수자 집단에 중첩되어 속할 수 있다.

④ 사회적 소수자를 규정하는 기준은 가변적이지 않고 고정적이다.

⑤ 사회적 소수자는 선천적 요인이 아닌 후천적 요인에 의해 결정된다.

9. 밑줄 친 ㉠과 같은 문화 이해 태도에 부합하는 진술만을 〈보기〉에서 있는 대로 고른 것은? [3점]

> ○○족 문화를 연구하러 현지 조사를 떠난 A는 우연히 마을 장로들과 셰익스피어의 「햄릿」에 대하여 대화를 나누게 된다. 「햄릿」은 아버지의 갑작스러운 죽음 이후, 아버지 대신 왕이 된 삼촌과 어머니의 결혼에 괴로워하던 햄릿이 아버지를 죽인 삼촌에게 복수하는 이야기이다. 그런데 형이 죽으면 동생이 형수와 결혼하는 것을 당연시하고, 아버지의 복수를 아들이 직접 하는 것도 금지하는 ○○족 사회에서 햄릿의 행동은 전혀 다르게 해석되었다. 그들과의 대화를 통해 A는 보편적으로 통용될 것이라 믿었던 「햄릿」에 대한 해석도 특정 문화의 관점에서 만들어진 것에 불과하다는 것을 알게 되었다. 이를 통해 타 문화를 이해하기 위해서는 그 사회의 문화가 형성되는 상황이나 맥락을 고려하는 ㉠문화 이해 태도가 중요하다는 사실을 깨닫게 되었다.

> ─────〈 보 기 〉─────
> ㄱ. 이웃 나라에서 체면을 중시하는 문화가 왜 지배적인지 그 사회 내부의 논리와 체계 속에서 이해할 필요가 있어.
> ㄴ. 음식을 손으로 집어 먹는 우리 문화는 열등해. 서구 사회처럼 포크와 나이프를 사용하는 세련된 문화를 받아들여야 해.
> ㄷ. 시신을 화장하는 우리의 장례 문화와 비교할 때, 시신을 새나 다른 동물의 먹이로 들판에 방치하는 △△부족의 관습은 너무 야만적이야.

① ㄱ ② ㄴ ③ ㄱ, ㄷ ④ ㄴ, ㄷ ⑤ ㄱ, ㄴ, ㄷ

10. 다음 자료에 대한 분석으로 옳은 것은? [3점]

> 표는 갑국의 t년 연령대별 '상대적 평균 임금'을 혼인 상태별·성별로 구분하여 제시한 것이다. 연령대별 상대적 평균 임금은 20대 기혼(미혼) 남성(여성) 평균 임금을 100이라고 할 때 다른 연령대의 기혼(미혼) 남성(여성) 평균 임금의 크기를 나타낸다.
>
> 갑국에서 t년에 기혼 20대의 성별 임금 격차 지수는 20이고, 미혼 20대의 성별 임금 격차 지수는 10이다. 20대 기혼 여성의 평균 임금과 20대 미혼 남성의 평균 임금은 같다. 따라서 20대 기혼 남성의 평균 임금이 100달러라면 20대 미혼 여성의 평균 임금은 ㉠ 달러이다.

〈연령대별 상대적 평균 임금〉

구분	기혼		미혼	
	남성	여성	남성	여성
20대	100	100	100	100
30대	142	130	140	140
40대	165	120	145	155
50대	170	90	130	150
60대 이상	110	70	90	60

* 성별 임금 격차 지수 = $\dfrac{(남성\ 평균\ 임금 - 여성\ 평균\ 임금)}{남성\ 평균\ 임금} \times 100$

① ㉠은 '100'이다.

② 40대에서 성별 임금 격차 지수는 기혼이 미혼보다 작다.

③ 50대 기혼 여성과 20대 미혼 여성의 평균 임금은 같다.

④ 기혼 남성 40대와 50대의 평균 임금 차이와 미혼 남성 30대와 40대의 평균 임금 차이는 같다.

⑤ 미혼의 경우, 모든 연령대에서 남성 평균 임금이 여성 평균 임금보다 높다.

사회탐구 영역 (사회·문화)

11. 그림은 갑국의 세대별 계층 구성 비율을 나타낸 것이다. 이에 대한 옳은 분석만을 〈보기〉에서 고른 것은?

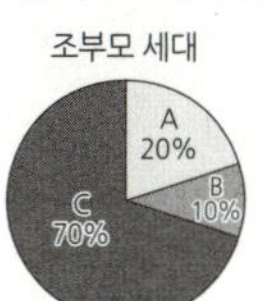

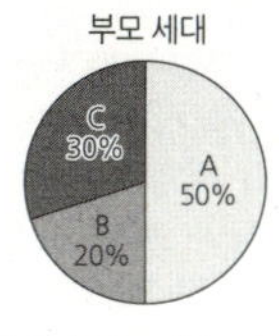

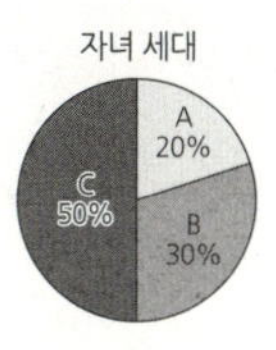

* 계층은 A, B, C로 구분되며, A~C는 각각 상층, 중층, 하층 중 하나임.
** 조부모 세대의 계층 구조는 피라미드형이고, 각 세대의 인구는 동일함.

<보 기>

ㄱ. 조부모 세대에서 하층 인구는 상층 인구의 2배이다.

ㄴ. 상층 인구는 조부모, 부모, 자녀 세대로 갈수록 증가한다.

ㄷ. 부모 세대의 계층 구조는 조부모 세대의 계층 구조에 비해 사회 통합에 불리하다.

ㄹ. 부모 세대의 계층 구조는 다이아몬드형, 자녀 세대의 계층 구조는 모래시계형이다.

① ㄱ, ㄴ ② ㄱ, ㄷ ③ ㄴ, ㄷ ④ ㄴ, ㄹ ⑤ ㄷ, ㄹ

12. 밑줄 친 ㉠~㉧에 대한 설명으로 옳은 것은? [3점]

㉠청소년 시절, K-pop에 매료되었던 외국인 갑은 한국으로 유학을 결심하고 ㉡○○대학교 ㉢조선공학과에 입학하였다. 졸업 후 대기업인 ㉣△△조선에 취직했지만, 어릴 적부터 동경하던 ㉤항공기 정비사가 되기 위해 ㉥2년 만에 자진 퇴사를 하였다. 이후 항공사에 입사한 갑은 ㉦항공기 정비 업무에 필요한 사내 교육 과정을 수료하고 항공기 정비 업무와 기술 교육을 맡고 있다.

① ㉢은 2차 집단이자 비공식 조직이다.

② ㉥은 갑의 역할 행동에 대한 제재이다.

③ ㉦은 1차적 사회화 기관을 통해 이루어진 사회화이다.

④ ㉠과 ㉥은 모두 성취 지위이다.

⑤ ㉡은 ㉣과 달리 공식적 사회화 기관이다.

13. 다음 자료에 대한 옳은 설명만을 〈보기〉에서 고른 것은?

1945년 이후 침략국이자 패전국인 독일이 취한 태도는 망각이었다. 독일 사회는 전쟁 희생자를 애도하기 위한 공적 의례를 하지 않았다. 전쟁의 상처가 생생하게 남아있는 사회에서 사람들은 과거에 대해 침묵으로 일관했다. 1950년대에도 지속된 ㉠'침묵의 연합'이라는 사회 전반적인 풍토에 균열이 생긴 결정적 계기는 전후 세대의 등장이었다. 특히 1960년대 후반부터 일어난 학생 봉기는 전쟁 희생자로 자신들을 포장해 온 부모 세대를 맹렬히 비난하면서 전쟁에 대한 죄의식의 부재를 공적 논쟁의 장으로 끌어냈다. 전쟁의 기억과 책임 문제를 둘러싼 세대 간 갈등은 투쟁의 양상을 띠며 심화되었다. 당시 젊은 세대가 공유했던 ㉡'집합적 죄의식'은 1970년대에 접어들면서 공적 의례의 중심 서사가 되고 대중문화의 소재로 빈번히 사용되는 등 독일 사회의 지배적인 기억 문화가 되어 갔다.

<보 기>

ㄱ. 1950년대 독일 사회에서 ㉠은 하위문화이다.

ㄴ. 1960년대 후반 독일 사회에서 ㉡은 반문화의 성격을 띤다.

ㄷ. ㉡은 ㉠과 달리 독일 사회의 지역 문화이다.

ㄹ. 지배적인 가치에 도전하는 문화가 주류 문화로 변화한 사례가 나타난다.

① ㄱ, ㄴ ② ㄱ, ㄷ ③ ㄴ, ㄷ ④ ㄴ, ㄹ ⑤ ㄷ, ㄹ

14. 일탈 이론 A~C에 대한 설명으로 옳은 것은? (단, A~C는 각각 머튼의 아노미 이론, 차별 교제 이론, 낙인 이론 중 하나임.)

A : 폐가의 유리창을 깨고 지붕을 오르는 행위는 아이들에게 일종의 놀이에 불과하나, 지역 주민들은 그런 행위를 하는 아이들을 점차 구제 불능이라고 규정하게 된다. 이런 사회적 평가를 내면화하여 아이들은 점점 더 심각한 비행으로 나아가게 된다.

B : 법을 어기는 사람과 지키는 사람의 차이는 타고난 소질보다는 그들이 배워 온 내용에 있다. 범죄가 적은 지역에서 성장하는 사람은 법 위반에 대한 비우호적 태도를, 범죄가 많은 슬럼 지역에서 성장하는 사람은 법 위반에 대한 우호적 태도를 더 많이 배울 것이다.

C : 물질적 성공에 대한 문화적 강조는 '가능하다면 정당한 방법으로, 필요하다면 잘못된 방법으로라도' 그 목표를 추구하라는 압력으로 작용한다. 따라서 성공 목표에 대한 지나친 강조는 규칙에 대한 감정적 지지를 훼손하고 제도적 규제의 효과적인 작용을 방해한다.

① A는 일탈에 대한 대책으로 낙인의 신중한 적용을 강조한다.

② B는 차별적인 사회적 제재를 일탈 행동의 원인으로 본다.

③ C는 일탈 행동을 규정하는 객관적 기준이 존재하지 않는다고 본다.

④ A는 B와 달리 개인이 타인과의 상호 작용을 통해 일탈자가 되어 가는 과정에 주목한다.

⑤ B는 C와 달리 범죄 예방을 위해 소외 계층에게 더 나은 취업 기회를 제공하는 정책을 뒷받침한다.

15. 다음 자료에 대한 옳은 설명만을 〈보기〉에서 고른 것은? [3점]

갑국은 정부 예산만을 재원으로 경제적 형편이 어려운 노인에게 급여를 지급하는 우리나라의 연금 제도와 같은 ㉠○○연금 제도를 도입하고자 한다. 연금 지급액을 놓고 A안과 B안을 검토 중인데, 다음은 ○○연금 제도 시행 전의 상대적 빈곤율과 A안 또는 B안을 시행할 경우 예상되는 상대적 빈곤율을 제시한 표의 일부이다. 제도 시행 전후의 상대적 빈곤율은 현재 시점의 노인 가구를 기준으로 계산한 것이다.

가구 형태	가구 수 (만 가구)	제도 시행 전	제도 시행 후 A안	제도 시행 후 B안
1인 가구	100	50	25	20
부부 가구	200	40	20	15
기타 가구				

표 제목: 상대적 빈곤율(%)

* 갑국의 노인 가구는 1인 가구(65세 이상 노인 1명), 부부 가구(65세 이상 노인 2명) 및 기타 가구로 구분됨.
** 상대적 빈곤율은 가구 소득이 정부가 가구 형태별로 결정한 일정 금액 미만인 가구의 비율임.

<보 기>

ㄱ. ㉠은 상호 부조의 원리를 바탕으로 한다.

ㄴ. ㉠은 사전 예방적 성격보다 사후 처방적 성격이 강하다.

ㄷ. A안 시행 전후의 상대적 빈곤 가구 수 차이는 1인 가구가 부부 가구보다 작다.

ㄹ. 상대적 빈곤에 해당하는 부부 가구 인구는 A안을 시행할 경우가 B안을 시행할 경우보다 10만 명 많다.

① ㄱ, ㄴ ② ㄱ, ㄷ ③ ㄴ, ㄷ ④ ㄴ, ㄹ ⑤ ㄷ, ㄹ

사회탐구 영역 (사회·문화)

16. 다음 글에 나타난 사회 변동의 방향을 보는 필자의 관점에 대한 옳은 설명만을 〈보기〉에서 고른 것은? [3점]

> 야만 시대에서 문명 시대로의 전개 과정은 다음과 같다. 초기 야만 시대에는 별다른 지식이나 기술이 없었다. 중기 야만 시대는 불의 발견, 후기 야만 시대는 활과 창의 발명 및 수렵 경제를 특징으로 한다. 야만과 미개 시대의 경계선은 토기의 발명이다. 초기 미개 시대에는 토기 사용으로 식량 저장과 재산 축적이 이루어졌다. 중기 미개 시대에는 가축 사육 및 관개 농업이 나타났다. 후기 미개 시대는 철광석의 제련을 특징으로 하며, 문자의 발명과 더불어 마침내 문명 시대로 나아갔다.

> **〈보 기〉**
> ㄱ. 운명론적 시각에서 사회 변동을 설명한다.
> ㄴ. 사회 변동을 동일한 과정의 주기적 반복으로 설명한다.
> ㄷ. 사회는 미분화된 상태에서 분화된 상태로 변동한다고 본다.
> ㄹ. 사회의 변동이 항상 진보와 발전을 의미하는 것은 아니라는 비판을 받는다.

① ㄱ, ㄴ ② ㄱ, ㄷ ③ ㄴ, ㄷ ④ ㄴ, ㄹ ⑤ ㄷ, ㄹ

17. 밑줄 친 ㉠, ㉡에 대한 설명으로 가장 적절한 것은? [3점]

> ○ 1920년대의 ㉠계몽 운동은 서울의 학생과 청년 지식인, 문화 단체 및 동경 유학생들에 의해서 시작되었다. 학생들은 야학을 개설하여 문맹 퇴치 운동을 벌였고, 농촌 발전을 위한 여러 활동을 전개하였다. 이러한 민중 계몽 운동은 이후 민족 독립운동에 기여하였다.
> ○ 1960년대 후반 생태 보호 운동에서 출발한 미국의 '환경 수호단'은 환경보호법 제정 및 친환경 정책 촉구 등 일련의 ㉡환경 운동을 추진해 왔다. 2000년대 초에 정부가 이산화탄소 배출 및 디젤에 대한 규제를 완화하려 하자 환경 수호단의 수많은 회원은 엄청난 양의 항의 이메일과 팩스를 백악관과 환경청에 보내 정부 정책을 강하게 비판하였다.

① ㉠은 일반 시민이 아닌 국가가 주도한 사회 운동이다.
② ㉡은 산업화 과정에서 나타난 문제를 개선하기 위한 사회 운동이다.
③ ㉠은 ㉡과 달리 사회 변화에 저항하고 과거 질서로 회귀하려는 사회 운동이다.
④ ㉡은 ㉠과 달리 특정 집단 구성원의 삶의 질 향상을 목표로 하는 사회 운동이다.
⑤ ㉠과 ㉡은 모두 사회 체제의 전면적인 변혁을 추구하는 사회 운동이다.

18. 그림은 A, B의 일반적인 특징을 비교한 것이다. 이에 대한 설명으로 옳은 것은? (단, A, B는 각각 산업 사회, 정보 사회 중 하나임.)

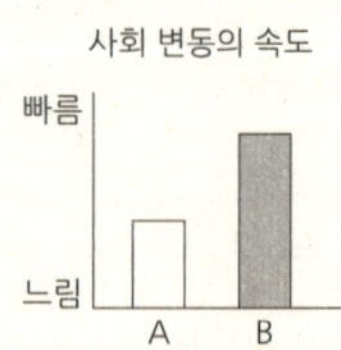

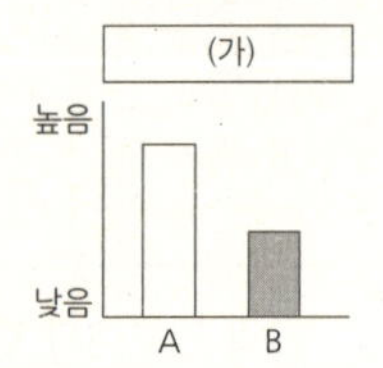

① A는 B에 비해 전자 상거래의 비중이 작다.
② B는 A에 비해 의사 결정의 분권화 정도가 낮다.
③ A는 다품종 소량 생산, B는 소품종 대량 생산이 지배적이다.
④ A는 지식과 정보, B는 자본과 노동이 부가 가치의 주요 원천이다.
⑤ (가)에는 '정보의 생산자와 소비자 간 구분의 명확성 정도'가 들어갈 수 없다.

19. 다음 자료에 대한 설명으로 옳은 것은? [3점]

> **〈문화 변동 사례〉**
> (가) A국을 대표하는 ○○음악은 전통적으로 내려오던 멜로디와 악기에서 출발하였다. 이후 이민자에 의해 들어 온 다양한 음악과 악기를 받아들여 고유한 요소와 외래적 요소가 함께 어우러진 독특한 음악으로 재탄생한 것이 오늘날의 ○○음악이다.
> (나) □□족은 B국의 지배를 받게 되면서 거주지가 재배치되었고, 심지어 아이들은 B국 사람들의 가정에 입양되어 B국의 언어와 복식을 따라야만 했다. 이로 인해 □□족의 고유한 문화는 소멸되었다.

교사 : 문화 변동 사례를 읽고 탐구한 내용을 발표해 보세요.
갑 : (가)와 (나)는 모두 외재적 요인에 의한 문화 변동의 사례로 볼 수 있습니다.
을 : (나)에서는 (가)와 달리 기존의 문화와 외래문화가 결합하여 새로운 문화가 나타났습니다.
병 : ________㉠________
교사 : 세 사람 중 두 사람만 옳게 발표했네요.

① (가)의 문화 변동 요인은 자극 전파이다.
② (가)에서는 (나)와 달리 자문화의 정체성이 상실되었다.
③ (나)에서는 (가)와 달리 문화 다양성이 증대되었다.
④ (나)에서는 (가)와 달리 강제적 문화 접변이 나타났다.
⑤ ㉠에는 '(나)의 문화 변동 요인은 간접 전파입니다.'가 들어갈 수 있다.

20. 다음 자료에 대한 분석으로 옳은 것은?

> 갑국의 t+50년의 총인구는 t년의 2배이고, t+100년의 총인구는 t년의 1.5배이다. 갑국 총인구 중 부양 인구 비율은 t년과 t+50년이 각각 40%, t+100년이 30%이다. t+50년의 노년 부양비는 75로 t년의 3배이고, t+100년의 노령화 지수는 250이다.
>
> * 노령화 지수 = $\dfrac{\text{노년 인구(65세 이상 인구)}}{\text{유소년 인구(0~14세 인구)}} \times 100$
>
> ** 유소년 부양비 = $\dfrac{\text{유소년 인구(0~14세 인구)}}{\text{부양 인구(15~64세 인구)}} \times 100$
>
> *** 노년 부양비 = $\dfrac{\text{노년 인구(65세 이상 인구)}}{\text{부양 인구(15~64세 인구)}} \times 100$
>
> **** 총부양비 = 유소년 부양비 + 노년 부양비

① t+50년의 총부양비는 t년보다 크다.
② t+50년의 노령화 지수는 t년의 5배이다.
③ t+50년의 부양 인구는 t년에 비해 200% 증가하였다.
④ t+100년의 유소년 인구는 t년보다 많고 t+50년보다 적다.
⑤ t년, t+50년, t+100년 중 유소년 부양비는 t+50년이 가장 크고, t+100년이 가장 작다.

> ※ 확인 사항
> ○ 답안지의 해당란에 필요한 내용을 정확히 기입(표기) 했는지 확인하시오.

2024학년도 대학수학능력시험 9월 모의평가 문제지

사회탐구 영역 (사회·문화)

성명 [　　　] 수험번호 [　　　] − [　　　]

---

1. 밑줄 친 ㉠~㉤과 같은 현상의 일반적인 특징에 대한 설명으로 옳은 것은?

> '람사르 데이'는 ㉠습지의 중요성을 널리 홍보하기 위해 마련한 행사이다. 참가자들은 ㉡습지에 버려진 비닐과 플라스틱을 재활용해 만든 옷을 입고 행사에 참여한다. 습지 보존이 중요한 이유는 ㉢습지가 생태계를 보호하는 역할을 하기 때문이다. 플랑크톤과 유기 물질이 풍부한 ㉣습지는 각종 오염 물질을 정화한다. 그뿐만 아니라 ㉤습지는 기후 위기의 요인 중 하나인 탄소 증가를 억제하는 역할도 한다.

① ㉠과 같은 현상은 몰가치적이다.
② ㉡과 같은 현상은 존재 법칙이 적용된다.
③ ㉢과 같은 현상은 확실성의 원리가 적용된다.
④ ㉣과 같은 현상은 인과 관계가 불분명하다.
⑤ ㉤과 같은 현상은 보편성과 특수성이 공존한다.

2. A~C에 대한 설명으로 옳은 것은? (단, A~C는 각각 주류 문화, 하위문화, 반문화 중 하나임.)

> 유일신을 숭배하는 □□교를 오랜 기간 국교(國敎)로 유지하고 있는 갑국에 조상신을 숭배하는 ○○교가 유입되었다. 갑국에서 ○○교는 처음에는 일부 집단만이 공유한 A였다. 그런데 ○○교 신자들이 갑국의 B인 □□교가 숭배하는 유일신을 부정하면서 ○○교는 C의 성격을 가지게 되었다.

① A는 B와 달리 시대에 따라 상대적으로 규정된다.
② B는 C와 달리 문화 다양성 증가에 기여한다.
③ C는 A, B와 한 사회에서 공존할 수 없다.
④ A, B는 C와 달리 해당 문화를 향유하는 구성원의 정체성 강화에 기여한다.
⑤ C는 A에 해당하지만, A가 B에 해당하는 것은 아니다.

3. 다음 연구에 대한 설명으로 옳은 것은? [3점]

> 연구자 갑은 집단 간 경쟁이 자신이 속한 집단 구성원에 대한 긍정적 평가를 증가시킬 것이라고 예상하며 연구를 진행하였다. 갑은 서로 모르는 사이의 청소년을 연구 참여자로 모집한 후 무작위로 네 모둠으로 구분하였다. 모둠 A와 모둠 B는 숲 체험 활동을 하였고, 모둠 C는 모둠 A의, 모둠 D는 모둠 B의 활동을 관리하였다. 1일 차에 모둠 A와 모둠 B는 서로의 존재를 알지 못하는 상태에서 주어진 과업을 독립적으로 수행하였다. 갑은 2일 차에 모둠 A와 모둠 B에게 경쟁 모둠의 존재를 알리고, 과업을 먼저 해결하는 모둠에게만 별도의 상품을 제공한다고 공지하였다. 한편 모둠 C와 모둠 D는 자신이 관리하는 모둠 A와 모둠 B가 과업 수행 중 나눈 대화에 나타난 칭찬과 비난의 횟수를 관찰하여 일자별로 기록하였다. 갑이 ㉠모둠 C와 모둠 D가 관찰하며 기록한 자료를 분석한 결과, 모둠 A와 모둠 B 모두에서 1일 차 대비 2일 차에 소속 모둠원에 대한 ㉡칭찬 횟수는 증가하였고, ㉢비난 횟수는 감소하였다.

① 갑은 양적 연구 방법과 질적 연구 방법을 모두 활용하였다.
② 모둠 A와 B는 실험 집단이고, 모둠 C와 D는 통제 집단이다.
③ 1일 차와 2일 차 모두 독립 변수에 대한 처치가 이루어졌다.
④ ㉠은 갑의 연구에서 1차 자료에 해당한다.
⑤ ㉢은 ㉡과 달리 종속 변수에 대한 조작적 정의이다.

4. 밑줄 친 ㉠~㉣을 연구 윤리 측면에서 적절하게 평가한 것만을 〈보기〉에서 고른 것은?

> 연구자 갑은 설문 조사 참여에 동의한 노인들을 대상으로 노인 문제에 관한 연구를 진행하였다. 갑은 조사에 앞서 ㉠연구 대상자가 응답 중단을 요청할 경우 즉각 조사가 중단된다고 설명하였다. 갑은 실제로 조사 진행 중 응답 중단을 요청하는 노인들에 대해 조사를 중단하고 ㉡해당 답변 자료를 폐기하였다. 노인들이 연구 목적을 알게 되면 연구에 영향을 미친다고 판단한 갑은 ㉢연구 결과를 발표한 후에도 연구 대상자에게 연구 목적을 알리지 않았다. 갑은 자신이 발표한 연구 논문에 관심을 가진 □□ 기업이 연구 자료를 요청하자, 연구비 지원을 받는 대가로 ㉣연구 대상자의 개인 정보를 삭제하고 나머지 모든 연구 자료를 제공하였다.

> **〈보 기〉**
>
> ㄱ. ㉠은 연구 대상자의 자발적 참여를 보장한 것이므로 연구 윤리에 위배되지 않는다.
> ㄴ. ㉡은 연구 자료 조작이라고 볼 수 없으므로 연구 윤리에 위배되지 않는다.
> ㄷ. ㉢은 연구 자료의 객관성을 보장하기 위한 것이므로 연구 윤리에 위배되지 않는다.
> ㄹ. ㉣은 연구 대상자의 익명성을 보장한 것이므로 연구 윤리에 위배되지 않는다.

① ㄱ, ㄴ ② ㄱ, ㄷ ③ ㄴ, ㄷ ④ ㄴ, ㄹ ⑤ ㄷ, ㄹ

5. 다음 자료에 대한 옳은 설명만을 〈보기〉에서 있는 대로 고른 것은? [3점]

> [서술형 평가] 다음 글에 제시된 빈곤의 유형 A에 대한 옳은 설명을 4가지 쓰시오.
>
> > 일반적으로 빈곤은 인간의 기본적 욕구와 관련된 물질적 결핍이 만성적으로 지속되는 경제적 상태를 의미한다. 설령 인간으로서 최소 생활 유지에 필요한 자원이나 소득이 확보된 상태라 해도 사회의 전반적 소득 수준과 비교하여 소득 수준이 낮은 상태 역시 빈곤으로 분류된다. 이런 유형의 빈곤을 A라 한다.
>
> [학생의 답안과 교사의 채점 결과]
>
> | 답안 | 채점 결과 |
> |---|---|
> | 우리나라에서는 객관화된 기준을 적용하여 파악한다. | ㉠ |
> | (가) | ○ |
> | (나) | × |
> | 소득 수준이 높은 국가에서는 나타나지 않는다. | ㉡ |
>
> (○ : 맞음, × : 틀림)

> **〈보 기〉**
>
> ㄱ. ㉠과 ㉡에 해당하는 채점 결과는 동일하다.
> ㄴ. (가)에는 '우리나라에서는 최저 생계비를 기준으로 빈곤선이 결정된다.'가 들어갈 수 있다.
> ㄷ. (나)에는 '개인이 주관적으로 빈곤하다고 인식하는 상태를 의미한다.'가 들어갈 수 있다.

① ㄱ ② ㄷ ③ ㄱ, ㄴ ④ ㄴ, ㄷ ⑤ ㄱ, ㄴ, ㄷ

사회탐구 영역 (사회·문화)

6. 다음 자료에 대한 설명으로 옳은 것은?

○ 학생별로 서로 다르게 한 가지씩 배정받은 각 문화의 속성이 부각되는 사례를 작성하세요.

학생	문화의 속성	해당 속성이 부각된 사례
갑	㉠	외국인 유학생이 한국의 젓가락 사용법을 익혀 일상생활에서 사용하고 있다.
을	㉡	A 지역의 모든 사람들은 특정 기간에 신들이 임무를 교대한다고 믿기 때문에 그 기간을 신성하게 여기는 마음을 가지고 있다.
병	변동성	(가)
정	축적성	(나)
무	전체성	(다)

① ㉠은 문화가 세대 간 전승을 통해 더욱 복잡하고 풍부해지는 것임을 의미한다.

② ㉡은 문화가 여러 요소들이 상호 유기적으로 연관되어 나타나는 것임을 의미한다.

③ (가)에는 '내비게이션 등장 이후 운전할 때 종이 지도로 길을 찾는 사람들은 거의 사라졌다.'가 들어갈 수 있다.

④ (나)에는 '예전에는 혈액형으로 성향을 파악했지만, 요즘은 성격 검사 결과를 통해 성향을 파악하는 것을 즐긴다.'가 들어갈 수 있다.

⑤ (다)에는 '팬클럽마다 좋아하는 연예인을 상징하는 색깔을 정하고 그 색깔을 응원에 활용한다.'가 들어갈 수 있다.

7. 다음 자료에 대한 설명으로 옳은 것은? [3점]

취업 특강 개설을 위한 재학생 대상 사전 조사

(A 대학교 취업 상담 센터)

└ 갑 : 취업 상담 센터가 주관하는 취업 특강을 교내 독서 모임에서 함께 활동하고 있는 을과 들었음. 이번에는 총동창회의 주최로 ○○ 기업에서 진행하는 취업 특강에 참여할 예정임. □□ 시민 단체에서 활동하고 있는 병이 추천해 준 자격증 취득을 위한 특강 개설 여부가 궁금함.

└ 을 : □□ 시민 단체에서 함께 활동하고 있는 후배와 여름 방학에 △△ 방송사가 주관하는 직업 체험 활동에 참가할 예정이라 취업 특강 참석이 어려움. 언론인이 되고 싶어 하는 학생들을 위해 방송인 협회의 특강 개최를 취업 상담 센터에 건의하고 싶음.

└ 병 : 고등학교 선배가 운영하는 대안 학교에서 수업 보조 강사로 함께 활동하고 있는 갑이 ○○ 기업에서 진행하는 취업 특강에 같이 가자고 함. 졸업 후 대학원 진학도 고민 중이라 참석 여부를 고심하고 있음.

① 갑이 작성한 내용에 나타난 공식 조직의 개수는 을이 작성한 내용에 나타난 2차적 사회화 기관의 개수보다 많다.

② 을이 작성한 내용에 나타난 자발적 결사체의 개수는 을이 속해 있는 자발적 결사체의 개수와 같다.

③ 병이 속해 있는 공식적 사회화 기관의 개수는 갑이 속해 있는 공식적 사회화 기관의 개수보다 많다.

④ 갑과 병이 함께 속해 있는 2차 집단의 개수는 병이 속해 있는 비공식적 사회화 기관의 개수보다 적다.

⑤ 갑과 을이 함께 속해 있는 비공식 조직은 없지만 을과 병이 함께 속해 있는 이익 사회는 있다.

8. 사회 변동 이론 (가), (나)에 대한 설명으로 옳은 것은? (단, (가), (나)는 각각 순환론, 진화론 중 하나임.) [3점]

(가) 인간의 성장처럼 사회도 성장해 나간다. 하지만 인간이 성장을 멈추고 노화가 진행되듯, 사회도 일정한 한계점을 지나면 성장의 그래프는 꺾이기 마련이다. 다만 이미 사라져 버린 사회들의 경험을 참고하여 해체에 이르기까지의 생존 기간을 늘릴 수 있을 뿐이다.

(나) 사회는 본질적으로 과거의 유산을 토대로 하여 더 나은 상태로 나아간다. 인간은 기존의 지식을 바탕으로 새로운 아이디어와 기술을 창출해 혁신을 이어 가고 있기 때문이다. 이러한 과정에서 사회는 항상 성장의 발걸음을 이어 왔으며 앞으로도 그럴 것이다.

① (가)는 미래의 사회 변동에 대한 역동적 대응이 곤란하다는 비판을 받는다.

② (나)는 사회 변동이 항상 발전을 의미하는 것은 아니라고 본다.

③ (가)는 (나)와 달리 서구 사회가 가장 진보한 사회임을 전제한다.

④ (나)는 (가)와 달리 사회가 주기적으로 동일한 과정을 반복하며 변동한다고 본다.

⑤ (가)는 단기적 사회 변동을, (나)는 장기적 사회 변동을 설명하기에 적합하다.

9. 일탈 이론 A~C에 대한 설명으로 옳은 것은? (단, A~C는 각각 머튼의 아노미 이론, 차별 교제 이론, 낙인 이론 중 하나임.)

일탈 이론 A, B, C의 사례로 일탈을 저지른 갑, 을, 병의 진술을 살펴 보았다. 각각의 진술에 나타난 가장 두드러진 특징은 다음과 같다. 갑은 문화적 목표를 이루기 위한 합법적 수단이 부족했던 적이 한번도 없었다. 을은 일탈자들과 어울리거나 그들의 행동을 따라 하려고 했던 적이 한번도 없었다. 병은 여러 사회 규범을 위반했음에도 비난이나 제재를 받았던 적이 한번도 없었다. 이러한 특징을 바탕으로 갑, 을, 병에게 서로 다른 일탈 이론을 적용해 보면 갑의 일탈은 A나 B, 을의 일탈은 B나 C, 병의 일탈은 A나 C로 설명하는 것이 타당하다.

① A는 일탈에 대한 대책으로 제도화된 기회의 확대를 중시한다.

② B는 타인과의 상호 작용을 통한 일탈의 학습 과정에 주목한다.

③ C는 정상 집단과의 교류를 일탈의 해결 방안으로 제시한다.

④ B는 A, C와 달리 일탈을 규정하는 객관적 기준이 없다고 본다.

⑤ C는 A, B와 달리 일탈에 대한 대책으로 사회 규범의 통제력 강화를 강조한다.

10. 다음 자료에 대한 설명으로 옳은 것은? [3점]

(가) 는 자료 수집 방법 A, B, C의 공통점과 차이점을 알아보기 위한 질문이다. (가) 에 대한 '예', '아니요'의 응답을 통해 A와 B를 구분할 수 있지만, B와 C를 구분할 수 없다. 단, A~C는 각각 질문지법, 면접법, 참여 관찰법 중 하나이다.

① A가 질문지법이라면, (가)에는 '주로 질적 자료를 수집할 때 활용합니까?'가 들어갈 수 없다.

② A가 면접법이라면, (가)에는 '언어나 문자로 의사소통할 수 없는 대상으로부터 자료 수집이 가능합니까?'가 들어갈 수 있다.

③ C가 참여 관찰법이라면, (가)에는 '자료 수집 과정에서 연구 대상자의 응답이 필수적입니까?'가 들어갈 수 없다.

④ C가 질문지법이라면, (가)에는 '자료 수집 과정에서 표준화·구조화된 도구의 사용이 필수적입니까?'가 들어갈 수 있다.

⑤ (가)에 '문맹자에게 사용하기 어렵습니까?'가 들어간다면, B는 주로 방법론적 일원론을 전제로 한 연구에 활용된다.

사회탐구 영역 (사회·문화)

11. 다음 자료에 대한 옳은 분석만을 〈보기〉에서 고른 것은? [3점]

> 표는 갑국~병국의 계층 구성 비율을 나타낸 것이다. 모래시계형 계층 구조에서는 A의 비율이 가장 낮다. 단, 갑국~병국의 계층 구조는 각각 피라미드형, 다이아몬드형, 모래시계형 중 하나이다.
>
> (단위 : %)
>
> | 구분 | 갑국 | 을국 | 병국 |
> |---|---|---|---|
> | A | 30 | 20 | 50 |
> | B | 20 | 30 | 20 |
> | C | 50 | 50 | 30 |
>
> * 계층은 A, B, C로만 구분되며, A~C는 각각 상층, 중층, 하층 중 하나임.

> ─〈보 기〉─
> ㄱ. 갑국은 병국과 달리 폐쇄적 계층 구조가 나타난다.
> ㄴ. 병국의 계층 구조는 을국의 계층 구조에 비해 사회 안정성이 높다.
> ㄷ. 갑국과 병국은 모두 해당 국가에서 상층 인구가 가장 적다.
> ㄹ. 을국의 계층 구조는 갑국, 병국의 계층 구조와 달리 주로 근대 이후의 산업 사회에서 나타난다.

① ㄱ, ㄴ ② ㄱ, ㄷ ③ ㄴ, ㄷ ④ ㄴ, ㄹ ⑤ ㄷ, ㄹ

12. 갑~병의 문화 이해 태도에 대한 설명으로 옳은 것은?

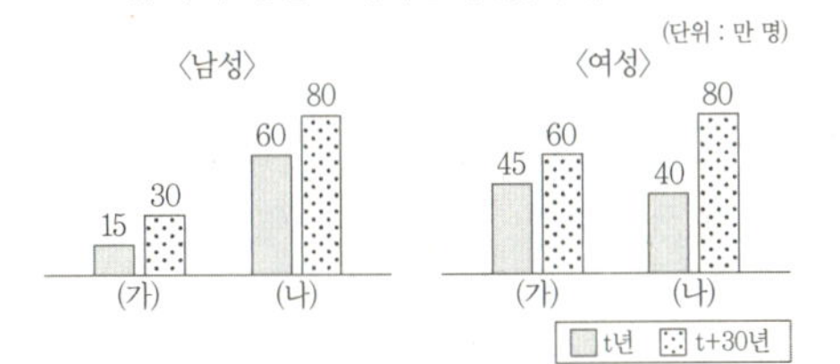

① 갑의 태도는 선진 문물 수용에 소극적이라는 비판을 받는다.
② 을의 태도는 문화 제국주의로 변질될 수 있다는 비판을 받는다.
③ 병의 태도는 특정 문화를 기준으로 타 문화를 평가한다는 비판을 받는다.
④ 갑의 태도는 을의 태도와 달리 타 문화와의 마찰을 일으킬 수 있다는 비판을 받는다.
⑤ 을의 태도는 병의 태도와 달리 자기 문화의 정체성을 상실할 수 있다는 비판을 받는다.

13. 다음 사례에 나타난 문화 변동에 대한 설명으로 옳은 것은? [3점]

> A국 영화인들은 영화 산업이 발달한 B국 영화인에게 영화 제작 기법 및 특수 효과 기술을 배워 왔다. 그 후 A국에서 자국의 전통적 정서와 B국의 특수 효과 기술이 섞인 새로운 영화 장르가 탄생했다. 한편, B국 어업인들이 조업 활동 중 C국 어업인이 끓여 준 라면을 먹게 되면서 B국에 C국 라면이 처음 전해졌다. 이후 B국 요리사가 C국 라면에 자국의 전통 소스를 가미해 국물이 없는 비빔 라면을 개발하였다. B국의 비빔 라면 조리 방식은 인터넷을 통해 C국 젊은이들에게까지 확산되었다.

① A국에서는 B국과 달리 문화 융합이 나타났다.
② B국에서는 A국과 달리 문화 접변이 나타났다.
③ B국에서는 C국과 달리 문화 공존이 나타났다.
④ A국에서는 직접 전파, B국에서는 간접 전파가 나타났다.
⑤ A국~C국에서는 모두 물질 문화의 전파가 나타났다.

14. (가)~(라)에 대한 옳은 설명만을 〈보기〉에서 고른 것은?

> (가) □□ 환경 단체는 탄소 중립 실현을 위해 대중교통 이용하기, 플라스틱 사용 줄이기, 불필요한 이메일 삭제하기 등 다양한 캠페인 활동을 꾸준히 하고 있다.
> (나) 국민 가수로 칭송받던 인기 연예인이 음주 운전 차량에 치여 사망하자, 추모를 위해 사고 현장에 모인 사람들이 헌화와 함께 음주 운전 처벌 강화를 요구하는 메모를 남겼다.
> (다) 오랜 전통에 따라 여성 운전 금지법이 시행되고 있던 △△국에서 시민 운동가 출신의 대통령 후보가 여성 권리 신장을 위해 이 법을 폐지하겠다는 선거 공약을 내세웠다.
> (라) ○○ 노동조합은 정부의 연금 개시 연령 상향 정책에 대해 퇴직 후 연금 수령 시작 시기가 늦어져 경제적 어려움을 겪을 수 있다며 반대하는 서명을 받고 있다.

> ─〈보 기〉─
> ㄱ. (가)는 뚜렷한 목표와 방법을 제시하고 지속적으로 활동을 수행하였다는 점에서 사회 운동이라 볼 수 있다.
> ㄴ. (나)는 조직적이지 않은 군중이 일시적으로 모인 것이라는 점에서 사회 운동이라 볼 수 없다.
> ㄷ. (다)는 기존 사회의 부조리를 해소하고 개혁을 추구하였다는 점에서 사회 운동이라 볼 수 있다.
> ㄹ. (라)는 특정 집단의 이익만을 추구한다는 점에서 사회 운동이라 볼 수 없다.

① ㄱ, ㄴ ② ㄱ, ㄷ ③ ㄴ, ㄷ ④ ㄴ, ㄹ ⑤ ㄷ, ㄹ

15. 다음 자료에 대한 옳은 분석만을 〈보기〉에서 고른 것은?

> **〈자료 1〉 갑국의 사회 보장 제도**
>
> (가) 65세 이상 노인 중 소득 인정액이 일정 수준 이하인 사람에게 생활 안정에 필요한 연금을 지급하는 제도
> (나) 노령, 사망, 장애 등으로 인한 소득 상실을 보전하고 기본적인 생활을 지원하기 위해 가입자와 고용주 등이 분담해서 마련한 기금을 통해 연금 급여를 지급하는 제도
>
> **〈자료 2〉 갑국의 성별·시기별 (가), (나) 제도의 수급자 수**
>
> (단위 : 만 명)
>
> 〈남성〉 (가) 15, 30 (나) 60, 80
> 〈여성〉 (가) 45, 60 (나) 40, 80
>
> □ t년 ▨ t+30년
>
> * 갑국의 사회 보장 제도는 우리나라의 사회 보장 제도와 동일함.
> ** t년과 t+30년 모두 갑국의 남녀 인구는 각각 1,000만 명임.

> ─〈보 기〉─
> ㄱ. t년에 수급자에 대한 부정적 낙인이 발생할 수 있는 제도의 남성 수급자 수는 여성 수급자 수의 3배이다.
> ㄴ. t년에 비해 t+30년에 수혜자 비용 부담 원칙이 적용되는 제도의 수급자 수는 60만 명 증가하였다.
> ㄷ. t년에 상호 부조의 원리가 적용되는 제도의 수급자 중 남성 수급자 비율은 t+30년에 강제 가입의 원칙이 적용되는 제도의 수급자 중 여성 수급자 비율보다 높다.
> ㄹ. t년에 갑국 인구 중 사전 예방적 성격이 강한 제도의 수급자 비율은 t+30년에 갑국 인구 중 사후 처방적 성격이 강한 제도의 수급자 비율보다 낮다.

① ㄱ, ㄴ ② ㄱ, ㄷ ③ ㄴ, ㄷ ④ ㄴ, ㄹ ⑤ ㄷ, ㄹ

사회탐구 영역 (사회·문화)

16. 다음 글에서 도출할 수 있는 정보 사회의 문제점으로 가장 적절한 것은? [3점]

> 인터넷에 대한 의존도가 높아지면서 일상의 변화가 일어나고 있다. 온라인을 통해 금융 업무나 음식 주문과 같은 일을 비대면으로 간편하게 처리하는 사람이 늘고 있는 반면, 온라인을 활용한 삶의 편의성으로부터 소외된 사람도 있다. 정보 사회에서 사회 구성원은 정보 통신 기기의 구매 능력 정도, 유용하고 신뢰할 수 있는 고급 정보에 대한 비용 지불 능력 정도, 소프트웨어 기술 습득 능력 정도, 정보 서비스의 활용 능력 정도 등에 따라 디지털 환경에 빠르게 적응하는 사람과 뒤처지는 사람으로 구분된다. 정보가 부가 가치 창출의 원천인 정보 사회에서 이러한 현상은 심각한 사회 문제로 대두되고 있다.

① 정보 생산자의 신뢰성 문제가 나타나고 있다.
② 정보화 과정에서 문화 지체 현상이 나타나고 있다.
③ 비대면 관계의 증가로 인한 인간 소외 현상이 나타나고 있다.
④ 정보 격차로 인한 새로운 사회 불평등 현상이 나타나고 있다.
⑤ 정보 통신 기기의 과다 사용으로 인한 병리 현상이 나타나고 있다.

17. A, B의 일반적인 특징에 대한 옳은 설명만을 〈보기〉에서 고른 것은? (단, A, B는 각각 관료제, 탈관료제 중 하나임.)

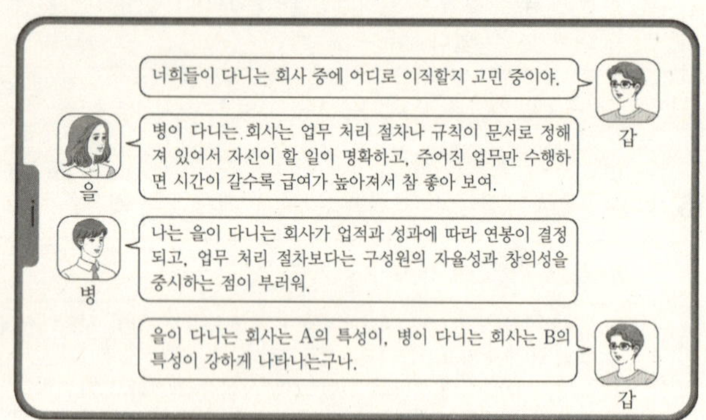

〈보 기〉
ㄱ. A는 B에 비해 업무 수행의 안정성을 확보하기가 용이하다.
ㄴ. A는 B에 비해 외부 환경 변화에 대한 유연한 대처가 용이하다.
ㄷ. B는 A에 비해 목적 전치 현상이 나타날 가능성이 낮다.
ㄹ. A는 의사 결정의 분권화, B는 업무 수행의 분업화가 강조된다.

① ㄱ, ㄴ   ② ㄱ, ㄷ   ③ ㄴ, ㄷ   ④ ㄴ, ㄹ   ⑤ ㄷ, ㄹ

18. 다음 글에 나타난 개인과 사회의 관계를 바라보는 관점에 대한 옳은 설명만을 〈보기〉에서 고른 것은?

> 사회학의 지적 관심은 사회적 사실에 있다. 사회적 사실은 단순히 개인적 사실을 모아 놓은 것과는 근본적으로 다른 성격을 지닌 고유한 대상이다. 법, 관습, 종교 생활, 화폐 체계와 같은 사회적 사실은 개인적 사실만을 통해서는 발견될 수 없다.

〈보 기〉
ㄱ. 사회를 개인의 외부에 존재하는 독자적인 실체로 본다.
ㄴ. 사회는 개인의 이익을 실현하기 위한 수단이라고 본다.
ㄷ. 사회의 특성이 개인의 특성으로 환원될 수 없다고 본다.
ㄹ. 사회는 개인의 자율적인 의지에 의해 만들어진다고 본다.

① ㄱ, ㄴ   ② ㄱ, ㄷ   ③ ㄴ, ㄷ   ④ ㄴ, ㄹ   ⑤ ㄷ, ㄹ

19. 다음은 사회·문화 현상을 바라보는 관점 A~C를 구분하는 질문에 대한 학생의 답변과 교사의 채점 결과이다. 이에 대한 설명으로 옳은 것은? (단, A~C는 각각 기능론, 갈등론, 상징적 상호 작용론 중 하나임.) [3점]

질문	답변		
	갑	을	병
A는 B와 달리 지배 집단과 피지배 집단 간 갈등이 사회 발전의 원동력이라고 보는가?	아니요	아니요	예
A, C는 B와 달리 개인의 행위를 강제하는 사회 구조를 중시하는가?	예	아니요	예
(가)	예	아니요	아니요
(나)	예	아니요	예
채점 결과	3점	2점	3점

* 교사는 질문별로 채점하고, 질문당 옳은 답변을 쓴 경우는 1점, 틀린 답변을 쓴 경우는 0점을 부여함.

① A는 C와 달리 사회가 본질적으로 변동을 지향한다고 본다.
② B는 A와 달리 다양한 사회 제도의 상호 의존 관계에 주목한다.
③ C는 B와 달리 인간이 상황 정의에 기초하여 행동한다고 본다.
④ (가)에는 'B는 A와 달리 행위자의 능동성을 중시하는가?'가 들어갈 수 있다.
⑤ (나)에는 'A는 C와 달리 기득권층의 이익을 대변한다는 비판을 받는가?'가 들어갈 수 있다.

20. 다음 자료에 대한 분석으로 옳은 것은? [3점]

> 표는 갑국과 을국의 인구 구성 변화를 나타낸 것이다. A~C는 각각 전체 인구에서 유소년 인구, 부양 인구, 노년 인구가 차지하는 비율 중 하나이다. 갑국에서 t년의 유소년 부양비는 50이다. t년 대비 t+50년에 갑국의 유소년 인구는 10% 감소하였고, 을국의 유소년 인구는 20% 감소하였다. 단, t년에 갑국과 을국의 전체 인구는 동일하다.

구분	갑국		을국	
	t년	t+50년	t년	t+50년
$\dfrac{B+C}{A}$	$\dfrac{2}{3}$	1	$\dfrac{7}{13}$	1
$\dfrac{B}{C}$	$\dfrac{1}{3}$	$\dfrac{2}{3}$	$\dfrac{1}{6}$	$\dfrac{2}{3}$

* 유소년 부양비 $= \dfrac{\text{유소년 인구}(0 \sim 14\text{세 인구})}{\text{부양 인구}(15 \sim 64\text{세 인구})} \times 100$

** 노년 부양비 $= \dfrac{\text{노년 인구}(65\text{세 이상 인구})}{\text{부양 인구}(15 \sim 64\text{세 인구})} \times 100$

*** 전체 인구 중 65세 이상 인구가 차지하는 비율이 20% 이상인 사회를 초고령 사회라고 함.

① t년에 노년 부양비는 갑국이 을국의 2배이다.
② t+50년에 유소년 인구는 갑국과 을국이 동일하다.
③ t+50년에 을국은 갑국과 달리 초고령 사회이다.
④ t년에서 t+50년 사이에 을국에서는 갑국과 달리 저출산·고령화 현상이 나타났다.
⑤ t년에 부양 인구는 을국이 갑국보다 많고, t+50년에 부양 인구는 갑국이 을국보다 많다.

※ 확인 사항
○ 답안지의 해당란에 필요한 내용을 정확히 기입(표기)했는지 확인하시오.

2024학년도 대학수학능력시험 문제지

사회탐구 영역 (사회·문화)

성명 [ ]　　수험번호 [ ][ ][ ][ ][ ][ ] − [ ][ ][ ][ ][ ]

---

1. 밑줄 친 ㉠~㉤과 같은 현상의 일반적인 특징에 대한 설명으로 옳은 것은?

> 지구 온난화로 인한 ㉠ 강물 속 용존 산소 감소가 수생 생물의 다양성을 위협한다는 보고서가 발표됐다. 물속 용존 산소는 물속 생물의 호흡 과정에서 소비된다. 그런데 ㉡ 지구 온난화에 의해 수온이 상승하면 물속 생물의 호흡량이 증가하여 ㉢ 용존 산소가 더 빠르게 고갈된다. 보고서에서는 ㉣ 탄소 배출량 감축 정책이 실패할 경우 얕은 강에서 특정 어종이 사라질 정도로 수(水) 생태계의 ㉤ 생물 다양성이 훼손될 것으로 예측했다.

① ㉠과 같은 현상은 가치 함축적이다.
② ㉡과 같은 현상은 당위 법칙을 따른다.
③ ㉢과 같은 현상은 보편성보다 특수성이 강하게 나타난다.
④ ㉣과 같은 현상은 개연성의 원리가 적용된다.
⑤ ㉤과 같은 현상은 확실성의 원리가 적용된다.

2. 다음 글에서 개인과 사회의 관계를 바라보는 필자의 관점에 대한 옳은 설명만을 〈보기〉에서 고른 것은?

> 돈 자체가 가치를 지닌다는 믿음과 돈이 삶의 궁극적 목표라는 인식이 있다. 하지만 돈의 가치는 인간의 욕구에서 기인하는 심리적 사실에 불과하다. 돈은 인간이 그것을 갈망할 때 비로소 가치를 부여받는다. 또한 돈은 사회적 결사의 매개체일 뿐이다. 사람은 돈을 매개로 아름다운 사회를 만들 수도, 차별과 위선이 만연한 사회를 만들 수도 있다. 결국 돈의 가치는 상대적, 수단적인 것이다. 돈은 '더 나은 삶'에 도달하기 위한 다리에 불과하며, 인간은 다리에서 살아갈 수 없다.

> ──────〈보 기〉──────
> ㄱ. 사회의 속성을 개인의 속성으로 환원할 수 있다고 본다.
> ㄴ. 사회는 개인의 이익을 실현해 주는 도구에 불과하다고 본다.
> ㄷ. 사회는 개인의 외부에 존재하는 독자적인 실체라고 본다.
> ㄹ. 사회의 구속력이 개인의 자유 의지보다 우위에 있다고 본다.

① ㄱ, ㄴ　② ㄱ, ㄷ　③ ㄴ, ㄷ　④ ㄴ, ㄹ　⑤ ㄷ, ㄹ

3. 자료 수집 방법 A~C의 일반적인 특징에 대한 설명으로 옳은 것은? [3점]

> ○ 갑은 진로 집중 학기제의 효과를 연구하기 위해 ○○고등학교 1학년 학생들의 학습 활동을 한 학기 동안 참관하며 관찰 일지를 작성하였다. 이후 해당 학교 학생과 교사를 대상으로 진로 집중 학기제의 효과에 대해 어떻게 인식하고 있는지 알아보기 위한 설문 조사를 진행하였다.
> ○ 을은 학생들의 교우 관계와 학교생활 만족도 간의 관계를 파악하기 위해 청소년 관련 연구 기관이 발행한 심층 면접 조사 결과를 분석하였다. 이후 □□지역 고등학생들을 대상으로 구조화된 문항에 응답하도록 하였다.

① A는 B와 달리 변인 간의 관계를 파악하는 연구에 주로 사용된다.
② B는 C와 달리 연구 대상자와의 언어적 상호 작용이 필수적이다.
③ C는 A에 비해 연구 대상자와의 정서적 교감 형성을 중시한다.
④ A는 B, C에 비해 다수를 대상으로 한 자료 수집에 유리하다.
⑤ C는 A, B와 달리 질적 자료의 수집에 주로 활용된다.

4. 사회·문화 현상을 바라보는 관점 A~C에 대한 설명으로 옳은 것은? (단, A~C는 각각 기능론, 갈등론, 상징적 상호 작용론 중 하나임.) [3점]

> 교사 : A, B, C 중 하나를 선택한 후 해당 관점에 대해 설명해 보세요.
> 갑 : A는 사회가 생물 유기체처럼 균형을 유지한다고 전제합니다. 조화와 균형은 정상적 상태로, 부조화와 불균형은 병리적 상태로 봅니다.
> 을 : B는 사회를 구성하는 하위 요소가 사회 전체의 존속과 통합을 위한 역할을 수행한다고 봅니다. 또한 B는 사회 각 부분에 존재하는 복잡한 관계를 지배와 피지배의 관계로 단순화합니다.
> 교사 : 갑은 옳게, 을은 틀리게 설명했습니다. 을의 설명에는 정작 B의 내용은 없고, A와 C의 내용만 있네요.

① A는 B와 달리 개인의 상황 정의와 의미 해석을 강조한다.
② B는 C와 달리 사회에 내재한 구조적 모순을 중심으로 사회 현상을 설명한다.
③ C는 A와 달리 기득권층의 이익을 옹호한다는 비판을 받는다.
④ '대립과 갈등을 사회의 본질적 속성으로 보는가?'라는 질문으로 A와 B를 구분할 수 없다.
⑤ '사회 각 제도의 상호 의존적 관계에 주목하는가?'라는 질문으로 B와 C를 구분할 수 있다.

5. 다음 자료에 대한 설명으로 옳은 것은?

> 연구자 갑은 정부 정책 도입에 대한 여론 조사 연구에서 '정보 제공이 응답자의 ㉠ 응답 반응에 영향을 미칠 것이다.'라는 가설을 설정하였다. 이를 검증하기 위해 질문 방식을 정부 정책에 대한 정보 제시 없이 정부 정책 도입에 대한 동의 여부를 묻는 것(유형 A), 정부 정책에 대한 중립적인 정보를 제시한 후 정부 정책 도입에 대한 동의 여부를 묻는 것(유형 B), ㉡ 정부 정책에 대한 긍정적인 정보를 제시한 후 정부 정책 도입에 대한 동의 여부를 묻는 것(유형 C)으로 구분한 후, 다음과 같이 두 단계에 걸쳐 연구를 진행하였다.
>
> ○ 1단계 : 동일한 정부 정책 도입에 대해 비슷한 시기에 수행된 여론 조사 결과를 수집하였다. 자료 분석을 통해 여론 조사에서 ㉢ 정보 제공 여부가 응답자의 의사 결정에 영향을 미칠 수 있음을 확인하였다.
> ○ 2단계 : 1단계에서 확인한 결과를 경험적으로 검증하기 위해 성인 200명을 무작위로 선정한 후 실험을 실시하였다. 유형 A를 배부하여 ㉣ 정부 정책 도입에 대한 찬반 여부를 측정한 결과 응답자의 60%가 제안된 정책에 반대하였다. 반대한 사람을 40명씩 무작위로 세 집단으로 나눈 뒤, 첫째 집단에는 유형 A에, 둘째 집단에는 유형 B에, 셋째 집단에는 유형 C에 각각 응답하도록 하였다. 세 집단의 응답을 분석한 결과, 첫째 집단과 둘째 집단 간, 첫째 집단과 셋째 집단 간에는 제안된 정책에 반대하는 비율이 유의미하게 차이가 났지만, 둘째 집단과 셋째 집단 간에는 유의미한 차이가 없었다.

① 2단계에서 갑은 사전 검사를 실시하지 않았다.
② 유형 B에 응답한 사람들은 통제 집단, 유형 C에 응답한 사람들은 실험 집단이다.
③ ㉠은 ㉣에 대한 조작적 정의이다.
④ ㉡은 질문지 작성 시 특정 응답을 유도한 것이므로 갑의 연구 결과를 일반화할 수 없다.
⑤ 2단계에서 도출한 분석 결과는 ㉢을 지지한다.

사회탐구 영역 (사회·문화)

6. 다음 자료에 대한 설명으로 옳은 것은? [3점]

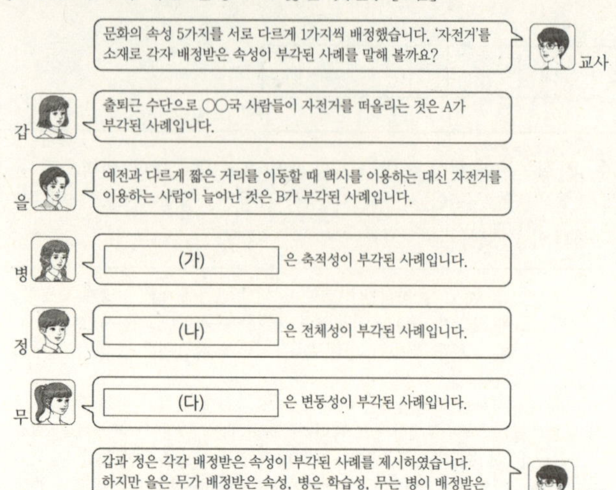

① A는 문화가 시간이 지남에 따라 변화하는 것을 의미한다.

② B는 사회 구성원이 문화를 후천적으로 습득하는 것을 의미한다.

③ (가)에는 '어릴 적 자전거 타는 방법을 부모에게 배워 능숙하게 자전거를 탈 수 있게 된 것'이 들어갈 수 없다.

④ (나)에는 '기존의 자전거에 변속기가 추가되고 충격 흡수 장치가 더해지는 것'이 들어갈 수 있다.

⑤ (다)에는 '자전거 이용자가 늘어나자 기업이 자전거를 이용하는 공유 경제 상품을 개발하고, 정부가 전용 도로를 건설하는 것'이 들어갈 수 있다.

7. 다음 자료에 대한 설명으로 옳은 것은?

> **예능 프로그램 〈인연 만들기〉 대본**
>
> [장면1] (내레이션) : 이번 회는 연하남, 연상녀와 결혼하고 싶은 사람들의 특집입니다. 먼저 자기소개를 들어볼까요?
>
> [장면2] 갑 : □□기업에서 프로그래머로 근무 중입니다. 대학교 때는 경영학을 공부했으나, 진로에 대한 고민 끝에 선택한 현재 직업에 매우 만족하고 있습니다. 바다낚시 동호회에서 함께 활동하고 있는 을과 낚시를 자주 다닙니다.
>
> [장면3] 을 : 여행을 좋아하여 △△은행 사내 여행 동아리에서 활동한 적이 있습니다. 해외 여행 관련 회사 창업을 고민하던 중에 고등학교 총동창회에서 함께 활동하고 있는 병의 조언에 따라 은행을 그만두고, 대학원에 진학하여 관광 경영에 관한 공부를 다시 하고 있습니다.
>
> [장면4] 병 : ○○방송국의 프로듀서로 일하면서 영화감독이 되기 위해 시나리오를 구상 중입니다. 대학교를 졸업한 후 을과 함께 △△은행에서 주최한 모의 주식 투자 대회에서 입상한 적이 있습니다. 주말에는 동물 보호 단체 회원으로 봉사 활동을 합니다.

① [장면 1]에 적혀 있는 내용에는 성취 지위가, [장면 3]에 적혀 있는 내용에는 비공식 조직이 있다.

② [장면 2]에 적혀 있는 이익 사회의 개수는 [장면 4]에 적혀 있는 비공식적 사회화 기관의 개수보다 적다.

③ 갑은 을과 달리 역할 갈등이 해소되어 준거 집단과 소속 집단이 일치한다.

④ 을이 속해 있는 자발적 결사체의 개수는 병이 속해 있는 2차 집단의 개수보다 적다.

⑤ 대본에는 갑의 재사회화와 을, 병의 예기 사회화 내용이 적혀 있다.

8. 사회적 소수자 A, B에 대한 설명으로 옳은 것은? [3점]

> ○ 갑국에 사는 노인 A는 취업 시장에서 불이익을 받거나 카페 등 특정한 장소에서 입장에 제한을 받는 등 나이가 많다는 이유로 차별받았다.
>
> ○ 강제 이주로 3대째 을국에서 살고 있는 이주민의 3세 B는 을국 사람들과 구분되는 민족적, 인종적 특성으로 인해 을국에서 차별받았다.

① A는 B와 달리 권력의 열세로 인해 차별받았다.

② A는 B와 달리 여러 사회적 소수자 집단에 중첩되어 속해 있다.

③ B는 A와 달리 고정 관념으로 인해 차별의 대상이 되었다.

④ B는 A와 달리 식별 가능성으로 인해 차별의 대상이 되었다.

⑤ A와 B는 모두 귀속적 특성으로 인해 차별받았다.

9. 다음 두 사례에서 공통적으로 도출할 수 있는 내용으로 가장 적절한 것은?

> ○ 갑국의 빈민가 출신 젊은이들은 주류 사회의 가치관에 상충하는 요소들을 의식적으로 드러내는 새로운 장르의 음악을 만들어 냈다. 그런데 해당 장르가 음악 산업의 주류로 자리 잡으면서 본연의 색채를 잃었다는 평가를 받고 있다.
>
> ○ 을국의 일부 젊은이들은 사회 전반에 퍼진 삶의 방식이 지나치게 경쟁적이고, 이기적이며, 물질 중심적이라고 비판하며 그들만의 새로운 삶의 양식을 만들어 나갔다. 이들은 물질 소유를 최소화하고 인간으로서 정신적 성장을 중시하는 삶의 양식을 추구하였다.

① 반문화는 전체 사회에서 주류 문화가 된다.

② 하위문화와 반문화는 모두 세대 간 갈등의 원인이 된다.

③ 주류 문화에 대항하는 구성원에 의해 반문화가 형성된다.

④ 주류 문화와 하위문화는 모두 사회의 안정과 통합에 기여한다.

⑤ 반문화는 주류 문화로 변화하는 과정에서 정체성이 상실된다.

10. 다음 자료에 대한 분석으로 옳은 것은? [3점]

> 표는 갑국과 을국의 세대 간 계층 이동 현황을 나타낸 것이다. C에서 A로의 이동은 하강 이동이고, C에서 B로의 이동은 상승 이동이다. 단, 계층은 A, B, C로만 구분되고, A~C는 각각 상층, 중층, 하층 중 하나이다.

〈갑국〉

구분		부모 세대		
		A	B	C
자녀 세대	A	●●	●	●●●
	B	●●●●	●●	●●
	C	●●●	●	●●

〈을국〉

구분		부모 세대		
		A	B	C
자녀 세대	A	●●●	●	●●●●●●
	B	●	●●	●●
	C	●●	●	●

* ●는 해당 계층 사람의 수를 나타낸 것이며, 각 ●가 나타내는 사람의 수는 동일함.

① 갑국은 자녀 세대에서 완전 평등한 계층 구조를 이루었다.

② 을국의 자녀 세대에서 중층인 사람의 수는 갑국의 부모 세대에서 상층인 사람의 수보다 많다.

③ 갑국은 을국과 달리 부모 세대 중층에서 세대 간 하강 이동이 발생하지 않았다.

④ 갑국은 개방적 계층 구조, 을국은 폐쇄적 계층 구조이다.

⑤ 갑국의 부모 세대 계층 구조는 피라미드형, 을국의 자녀 세대 계층 구조는 모래시계형이다.

사회탐구 영역 (사회·문화)

11. 다음 자료에 대한 설명으로 옳은 것은?

> 사회자 : 뒤르켐의 아노미 이론, 머튼의 아노미 이론, 차별 교제 이론, 낙인 이론 중 하나를 선택하여 최근 우리 사회에서 나타나는 범죄 현상을 설명해 주십시오.
>
> 갑 : 급속한 사회 변동으로 경제적 성취와 개인주의라는 새로운 가치가 나타나고 있습니다. 이로 인해 과거에 작동했던 전통적 규범과 새롭게 등장한 가치가 혼재되면서 삶의 기준을 상실한 사람들의 범죄가 늘어나고 있습니다.
>
> 을 : 성공에 필요한 합법적 기회가 있는 사람들마저도 범죄를 저지릅니다. 이들은 비합법적 수단으로 큰돈을 번 사람들과 빈번하게 교류하며 그들의 방식과 태도를 습득함으로써 범죄를 저지르고 있습니다.
>
> 병 : 청소년 시기에 전과자가 된 사람들은 충분한 교육을 받지 못합니다. 이로 인해 경제적 성공을 위한 경쟁이 치열한 사회에서 물질적 성공에 필요한 기회가 제한되어 범죄를 저지르고 있습니다.

① 갑의 관점은 을의 관점과 달리 정상 집단과의 교류를 일탈 행동의 해결 방안으로 제시한다.

② 을의 관점은 병의 관점과 달리 차별적인 사회적 제재를 일탈 행동의 원인으로 본다.

③ 병의 관점은 갑의 관점과 달리 문화적 목표와 제도화된 수단의 괴리를 일탈 행동의 원인으로 본다.

④ 갑, 을의 관점은 병의 관점과 달리 사회 구조적 관점에서 일탈 행동을 설명한다.

⑤ 을, 병의 관점은 갑의 관점과 달리 개인이 타인과의 상호 작용을 통해 일탈자가 되어가는 과정에 주목한다.

12. A, B의 일반적인 특징에 대한 설명으로 옳은 것은? (단, A, B는 각각 관료제, 탈관료제 중 하나임.) [3점]

> ○○ 버거 회사는 명확한 위계 구조 속에서 직급별 권한과 책임을 세분화하고 메뉴, 조리법 등을 표준화하여 관리하는 A로 운영하였다. 최근 이윤이 급감하자 ○○ 버거 회사는 어떤 직원의 제안이든 창의적인 메뉴라면 수용하고 수평적인 의사 결정 구조를 채택하는 등 B를 도입하여 회사의 이윤 증대를 꾀하고 있다.

① A는 B에 비해 업무 수행 과정의 예측 가능성이 높다.

② A는 B와 달리 외부 환경 변화에 대한 유연한 대처가 용이하다.

③ B는 A에 비해 목적 전치 현상이 나타날 가능성이 높다.

④ B는 A와 달리 효율적인 목표 달성이 조직 운영의 핵심이다.

⑤ A는 능력에 따른 보상을, B는 경력에 따른 보상을 중시한다.

13. 사회 변동 이론 (가), (나)에 대한 설명으로 옳은 것은? (단, (가), (나)는 각각 진화론, 순환론 중 하나임.)

> (가) 자연 현상에 빗대어 사회 변동을 설명하면 그 방향을 쉽게 이해할 수 있다. 태양 주위로 지구와 달이 돌면서 낮과 밤, 밀물과 썰물, 계절이 번갈아 가며 나타나듯 사회는 변동한다.
>
> (나) 자연 현상에 빗대어 사회 변동을 설명하면 그 방향을 쉽게 이해할 수 있다. 모든 생명체가 적자생존의 상황에서 살아남기 위한 경쟁을 통해 더 나은 방향으로 변화하듯 사회는 변동한다.

① (가)는 장기적인 사회 변동의 과정을 설명하기 어렵다.

② (나)는 단선적인 사회 변동의 과정을 설명하기 어렵다.

③ (가)는 (나)에 비해 사회 변동 방향을 예측하여 대응하기 어렵다.

④ (나)는 (가)와 달리 과거에 비해 진보한 사회를 설명하기 어렵다.

⑤ (가)는 서구 중심적 사고라는, (나)는 숙명론적 사고라는 비판을 피하기 어렵다.

14. 다음 자료에 대한 설명으로 옳은 것은? [3점]

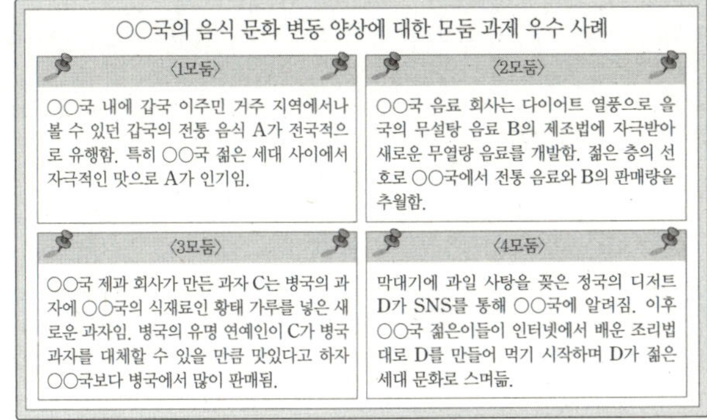

○○국의 음식 문화 변동 양상에 대한 모둠 과제 우수 사례	
〈1모둠〉 ○○국 내에 갑국 이주민 거주 지역에서나 볼 수 있던 갑국의 전통 음식 A가 전국적으로 유행함. 특히 ○○국 젊은 세대 사이에서 자극적인 맛으로 A가 인기임.	**〈2모둠〉** ○○국 음료 회사는 다이어트 열풍으로 을국의 무설탕 음료 B의 제조법에 자극받아 새로운 무열량 음료를 개발함. 젊은 층의 선호로 ○○국에서 전통 음료와 B의 판매량을 추월함.
〈3모둠〉 ○○국 제과 회사가 만든 과자 C는 병국의 과자에 ○○국의 식재료인 황태 가루를 넣은 새로운 과자임. 병국의 유명 연예인이 C가 병국 과자를 대체할 수 있을 만큼 맛있다고 하자 ○○국보다 병국에서 많이 판매됨.	**〈4모둠〉** 막대기에 과일 사탕을 꽂은 정국의 디저트 D가 SNS를 통해 ○○국에 알려짐. 이후 ○○국 젊은이들이 인터넷에서 배운 조리법대로 D를 만들어 먹기 시작하며 D가 젊은 세대 문화로 스며듦.

① 1모둠과 2모둠이 작성한 내용에 모두 문화 공존이 나타난다.

② 3모둠과 4모둠이 작성한 내용에 모두 문화 융합이 나타난다.

③ 1모둠이 작성한 내용에 발명이, 2모둠이 작성한 내용에 직접 전파가 나타난다.

④ 3모둠이 작성한 내용에 문화 동화가, 4모둠이 작성한 내용에 간접 전파가 나타난다.

⑤ 1모둠과 2모둠이 작성한 내용에 모두 자극 전파가, 3모둠과 4모둠이 작성한 내용에 모두 자발적 문화 접변이 나타난다.

15. 다음 자료에 대한 분석으로 옳은 것은? [3점]

> 갑국의 사회 보장 제도는 우리나라의 사회 보장 제도와 동일하다. A는 상호 부조의 원리가 적용되는 제도이고, B는 정부 재정으로 비용을 전액 충당하는 것을 원칙으로 하는 제도이다. 표는 갑국의 전체 인구 중 A, B 수급자 비율과 시기에 따른 비율 차이를 나타낸 것이다. t년 대비 t+30년에 갑국의 전체 인구는 50% 증가하였다.

<표 1> t년의 수급자 비율

(단위 : %)

A 수급자	B 수급자	A와 B의 중복 수급자
40	15	8

<표 2> t년 대비 t+30년의 수급자 비율 차이[*]

A에만 해당하는 수급자	B에만 해당하는 수급자	A와 B의 중복 수급자
2	−3	8

[*] 수급자 비율 차이 = t+30년의 수급자 비율 − t년의 수급자 비율

① t년에 전체 인구 중 부정적 낙인이 발생할 수 있는 제도에만 해당하는 수급자 비율은 A와 B의 중복 수급자 비율보다 크다.

② t+30년에 수혜자 비용 부담 원칙이 적용되는 제도의 수급자 수는 t년에 A나 B 어느 것도 받지 않는 비(非)수급자 수보다 많다.

③ t+30년에 강제 가입의 원칙이 적용되는 제도에만 해당하는 수급자 수는 A와 B의 중복 수급자 수보다 적다.

④ t년에 사전 예방적 성격이 강한 제도의 수급자 수는 t+30년에 사후 처방적 성격이 강한 제도의 수급자 수의 2배이다.

⑤ t년 대비 t+30년에 A 수급자 수의 증가율은 B 수급자 수의 증가율보다 크다.

16. 갑~병의 문화 이해 태도에 대한 설명으로 옳은 것은?

① 갑의 태도는 선진 문물 수용에 적극적이지 않다는 비판을 받는다.
② 을의 태도는 자국의 문화 정체성을 약화한다는 비판을 받는다.
③ 병의 태도는 문화 제국주의로 나아갈 수 있다는 비판을 받는다.
④ 갑, 을의 태도는 모두 문화의 다양성을 저해할 수 있다는 비판을 받는다.
⑤ 을, 병의 태도는 모두 특정 문화를 기준으로 문화 간 우열을 가린다는 비판을 받는다.

17. 빈곤의 유형 A, B에 대한 설명으로 옳은 것은? (단, A, B는 각각 절대적 빈곤, 상대적 빈곤 중 하나임.)

> 소설 ○○○는 1970년대를 배경으로 하여 최소한의 생계 유지를 하지 못하는 A 가구의 삶을 그리고 있다. 소설의 주인공은 생필품조차 구매할 수 없는 저임금을 받고 고된 노동을 한다. 2020년대를 배경으로 한 드라마 □□□는 A에서는 벗어났지만 사회 구성원 다수가 누리는 생활 수준을 충족하지 못하는 B 가구의 삶을 그리고 있다. 드라마 속 주인공은 부자들의 모습에 상대적 박탈감을 느낀다.

① A는 상대적 박탈감이라는 사회 문제를 유발하지 않는다.
② 우리나라에서 가구 소득이 중위 소득에 미치지 못하는 가구는 모두 B 가구이다.
③ A는 B와 달리 사회 구성원의 소득 분포에 따라 상대적으로 규정된다.
④ B는 A와 달리 경제 성장을 통해 해결할 수 있다.
⑤ 상대적 빈곤선이 절대적 빈곤선보다 높으면 A에 해당하는 모든 가구는 B에 해당한다.

18. 밑줄 친 ㉠, ㉡에 대한 설명으로 가장 적절한 것은? [3점]

> ○ A국에서는 이전 세대의 경제 성장 과정에서 배출된 온실 가스로 인해 기후 위기의 피해가 심각하다. 이에 기후 위기 해결을 위해 청년 중심의 시민 단체가 환경 정책 마련을 요구하고 온라인 캠페인 활동을 하는 등 ㉠ 사회 운동을 전개하고 있다.
> ○ B국의 한 노숙인은 행색이 초라하다는 이유로 건강권 관련 정책 토론회 출입을 제지당했다. 이 사건으로 노숙인 인권 보장을 요구하는 인권 단체의 시위가 벌어졌다. 이후 노숙인의 생계 지원법 마련을 요구하는 ㉡ 사회 운동이 지속적으로 확산되었다.

① ㉠은 세대 간 통합을 추구하는 체계적인 사회 운동이다.
② ㉡은 사회 체제 내에서 특정 사회 문제의 개선을 요구하는 사회 운동이다.
③ ㉠은 ㉡과 달리 사회적 약자의 권리 보장을 목적으로 하는 사회 운동이다.
④ ㉡은 ㉠과 달리 비대면 방식을 활용하는 사회 운동이다.
⑤ ㉠과 ㉡은 모두 변화를 거부하고 과거 질서로 되돌아가려는 사회 운동이다.

19. 다음 자료에 대한 옳은 설명만을 〈보기〉에서 있는 대로 고른 것은? (단, A, B는 각각 산업 사회, 정보 사회 중 하나임.)

> 〈형성 평가〉
> ○ 제시된 '대답'에 맞게 빈칸을 채워 질문을 완성하시오.

대답	대답에 맞는 질문	채점 결과
예	A는 B에 비해 ____(가)____ 이/가 높은가?	㉠
아니요	B는 A에 비해 정보 제공자와 수용자 간 구분 이/가 명확한가?	1점

> * 교사는 완성한 질문별로 채점하고 제시된 대답에 맞게 질문을 완성한 경우는 1점, 틀린 경우는 0점임.

> ──〈보 기〉──
> ㄱ. A는 B에 비해 물리적 거리가 사회적 관계 형성에 미치는 제약 정도가 크다.
> ㄴ. (가)에 '사회의 다원화 정도'가 들어간다면, ㉠은 '1점'이다.
> ㄷ. ㉠이 '0점'이라면, (가)에는 '가정과 일터의 결합 정도'가 들어갈 수 없다.

① ㄱ   ② ㄴ   ③ ㄱ, ㄷ   ④ ㄴ, ㄷ   ⑤ ㄱ, ㄴ, ㄷ

20. 다음 자료에 대한 분석으로 옳은 것은? [3점]

> 표는 갑국과 을국의 인구 구조 변화를 비교한 것이다. t년 대비 t+50년에 갑국의 전체 인구는 10% 감소하였고, 을국의 전체 인구는 20% 감소하였다. 단, t년에 갑국과 을국의 전체 인구는 동일하다.

구분	갑국 t년	갑국 t+50년	을국 t년	을국 t+50년
합계 출산율(명)	4.2	1.8	1.5	0.9
전체 인구 대비 15~64세 인구 비율(%)	50	60	50	55
노령화 지수	25	100	150	200

> * 합계 출산율 : 여성 1명이 가임 기간(15~49세) 동안 낳을 것으로 예상되는 평균 출생아 수
>
> ** 노령화 지수 = $\dfrac{\text{노년 인구 (65세 이상 인구)}}{\text{유소년 인구 (0~14세 인구)}} \times 100$
>
> *** 전체 인구 중 65세 이상 인구가 차지하는 비율이 20% 이상인 사회를 초고령 사회라고 함.

① t년과 t+50년 모두 갑국은 을국에 비해 저출산 현상이 강하게 나타난다.
② t년과 t+50년에 갑국과 을국은 모두 초고령 사회이다.
③ t년 대비 t+50년의 노령화 지수 증가율은 을국이 갑국보다 크다.
④ t년에 을국의 유소년 인구는 t+50년에 갑국의 유소년 인구보다 많다.
⑤ t년에 노년 인구는 을국이 갑국의 3배이고, t+50년에 노년 인구는 을국이 갑국의 1.5배이다.

> ※ 확인 사항
> ○ 답안지의 해당란에 필요한 내용을 정확히 기입(표기)했는지 확인하시오.

2025학년도 대학수학능력시험 6월 모의평가 문제지

사회탐구 영역 (사회·문화)

성명 [   ] 수험번호 [   ][   ][   ][   ] − [   ][   ][   ][   ]

---

1. 밑줄 친 ㉠~㉣과 같은 현상의 일반적인 특징에 대한 설명으로 옳은 것은?

> ㉠ 사과에는 폴리페놀 화합물과 이를 산화시키는 효소가 포함되어 있다. 그래서 ㉡ 사과의 껍질을 깎아 공기 중에 노출시키면 산화가 일어나 퀴논이라는 물질이 만들어진다. 퀴논은 반응성이 높아 퀴논 간에 서로 화학 작용을 일으켜 ㉢ 갈색을 띠는 멜라닌 성분을 생성한다. 사과의 갈변을 막기 위해 ㉣ 깎은 사과 표면을 설탕 용액으로 코팅하여 산소와의 접촉을 줄이는 방법을 사용할 수 있다.

① ㉠과 같은 현상은 당위 법칙을 따른다.
② ㉡과 같은 현상은 확실성의 원리가 적용된다.
③ ㉢과 같은 현상과 달리 ㉡과 같은 현상은 몰가치적이다.
④ ㉣과 같은 현상에 비해 ㉠과 같은 현상은 인과 관계가 분명하다.
⑤ ㉣과 같은 현상과 달리 ㉢과 같은 현상은 경험적 자료로 연구할 수 있다.

2. 다음 글에서 도출할 수 있는 사회·문화 현상을 바라보는 필자의 관점에 대한 옳은 설명만을 〈보기〉에서 있는 대로 고른 것은? [3점]

> 개별 구성원의 이익과 집합체의 이익 간 불일치는 사회적 갈등으로 나타날 수 있다. 이때 중요한 것은 서로 다른 개인들의 이익이 사회적 관계 내에서 작용한다는 점이다. 개인은 자신의 이익을 온전히 추구하기 위해 사회 내 구조화된 관계에 의해 규정된 역할 속에서 다른 구성원들의 이익 추구 과정을 고려해야만 한다. 이러한 과정을 통해 집합체는 안정적인 상태에 도달한다.

> ＜보 기＞
> ㄱ. 대립과 갈등을 사회의 본질적 속성으로 본다.
> ㄴ. 질서와 안정에 기반한 점진적 사회 변동을 설명하기 어렵다.
> ㄷ. 사회적 갈등을 균형 회복을 위한 일시적인 과정으로 이해한다.

① ㄴ ② ㄷ ③ ㄱ, ㄴ ④ ㄱ, ㄷ ⑤ ㄱ, ㄴ, ㄷ

3. A, B의 일반적인 특징에 대한 설명으로 옳은 것은? (단, A, B는 각각 관료제, 탈관료제 중 하나임.)

> ○○기업이 세계적인 기업으로 성장한 배경에는 기존과 다른 조직 운영 원리인 A가 큰 영향을 미쳤다. 특히 A에 따른 생산 관리 시스템은 전체 공정을 수많은 미세한 단위로 구분하여 각 부분들의 전문성을 확보하는 데 기여하였다. 이러한 개별 부분들은 상층 부서로 그리고 다시 최상층 부서로 통합 관리되면서 조직의 효율성을 극대화하였다. 이것은 의사 결정 권한의 분산, 유연한 조직 운영 등을 특징으로 하는 B의 모습과는 차이가 있다.

① A에 비해 B는 목적 전치 현상이 나타날 가능성이 높다.
② A와 달리 B는 목표의 효율적 달성이 조직 운영의 핵심이다.
③ B에 비해 A는 업무 수행 과정의 예측 가능성이 높다.
④ B와 달리 A는 공식적 규약과 절차에 의해 구성원을 통제한다.
⑤ A, B 모두 연공서열에 따른 보상보다 성과에 따른 보상을 중시한다.

4. 다음 자료에 대한 설명으로 옳은 것은?

> 교사 : 문화의 속성 A의 사례에 대해 조사한 내용을 발표해 보세요.
> 갑 : ○○국에서는 자신의 공간을 자아의 연장이라고 생각하여 개인 사무실의 문을 닫거나 공용 사무실에 가림막을 세워 자신의 공간을 확보하려고 합니다. 이런 것들이 ○○국 사람들 간에는 전혀 이상하게 여겨지지 않는다는 점에서 A가 부각되어 있습니다.
> 을 : △△국 사람들이 같은 종교 사상을 통해 원활하게 상호 작용하고 있다는 점 역시 A를 잘 보여줍니다. 이 종교 사상은 고대 토템 신앙에 근대 이후 절대적 신의 관념 및 구원의 개념 등이 결합하여 오늘날의 모습을 갖추게 되었습니다. △△국 사람들은 이러한 과정을 함께 겪어 오면서 서로를 이해할 수 있는 공동의 감정을 갖게 되었습니다.
> 교사 : 갑, 을 모두 잘 발표했습니다. 확실히 두 국가의 사례 모두 문화는 [(가)]을 보여준다는 점에서 A를 확인할 수 있습니다. 그리고 여기에 더해 을이 발표한 △△국 사례는 문화가 세대 간 전승을 통해 누적된다는 B도 잘 보여 줍니다.

① A는 공유성이다.
② A는 문화가 후천적으로 학습됨을 의미한다.
③ B는 문화가 구성원들의 사고와 행동에 동질성을 갖게 한다는 것을 의미한다.
④ (가)에는 '각 부분이 유기적으로 결합된 하나의 전체임'이 들어갈 수 있다.
⑤ (가)에는 '시간이 흐르면서 그 형태나 내용이 변화됨'이 들어갈 수 있다.

5. 밑줄 친 ㉠~㉥에 대한 설명으로 옳은 것은? [3점]

> 연구자 갑은 ㉠ '온라인 게임 내 이용자들의 사회적 관계 형성에 대한 이해'를 연구 주제로 설정하였다. 우선 선행 연구를 통해 온라인 게임에서는 ㉡ 게임 캐릭터 레벨을 기준으로 게임 이용자들 간 서열이 형성된다는 것을 확인하였다. 이어 서열 형성 과정을 파악하기 위한 ㉢ 연구를 수행하였다. 갑은 온라인 게임에 접속하여 10개월 동안 게임 이용자로 활동하며 선행 연구 결과를 재확인하였지만, 게임 이용자들의 대면 모임에 함께 참여하면서 그들의 ㉣ 연령, 학력, 소득 등이 드러난 이후에는 기존에 형성되었던 온라인 게임 내 이용자들 간 서열이 변화하는 모습을 관찰하였다. 이에 갑은 이 결과를 일반화하기 위해 ㉤ 추가 연구를 실시하였다. ㉥ 온라인 게임 이용자 1,000명을 무작위로 추출하여 ㉦ 설문 조사를 실시하고 분석한 결과 갑은 ㉧ 온라인 게임에만 참여한 사람들은 게임 캐릭터 레벨에 의존해서 서열을 형성한 반면, ㉨ 대면 모임에 참여한 사람들은 연령, 학력, 소득 등을 중심으로 서열이 형성되는 것을 확인하였다.

① ㉠ 단계와 ㉦ 단계 모두 연구자의 가치 중립이 요구된다.
② ㉤에서 ㉥은 표본 집단, ㉧은 모집단에 해당한다.
③ ㉤에서 ㉣은 독립 변수, ㉡은 종속 변수에 해당한다.
④ ㉨은 ㉢의 결과 중 대면 모임 이후 발견한 연구 결과를 지지한다.
⑤ ㉢과 ㉤은 모두 양적 연구이다.

사회탐구 영역 (사회·문화)

6. (가)에 들어갈 수 있는 내용으로 가장 적절한 것은?

① 계층 간 문화적 차이를 줄이기
② 지나치게 상업적인 성격을 띠기
③ 개인의 독창성과 개성을 약화시키기
④ 선정적이고 폭력적인 내용을 담고 있기
⑤ 사회 문제에 대한 대중의 관심을 다른 곳으로 돌리기

7. 다음 글에서 도출할 수 있는 개인과 사회의 관계를 바라보는 필자의 관점에 대한 옳은 설명만을 〈보기〉에서 고른 것은? [3점]

> 개인들은 한데 모이고 공동으로 행동한다. 하지만 사회는 공동 행동만으로 실현되지 않는다. 사회가 스스로를 실현하는 방법 중 하나는 종교적 상징을 세우는 것이다. 종교적 상징은 구성원들의 집합적 감정을 이끌어 내고, 이러한 감정은 개인들로 하여금 사회를 유지하게 하는 행동에 참여하게 만든다.

<보 기>
ㄱ. 사회가 개인의 총합에 불과하다고 본다.
ㄴ. 사회가 개인의 외부에 존재하는 실체라고 본다.
ㄷ. 개인이 사회에 의해 구조화된 행동을 한다고 본다.
ㄹ. 사회 규범은 개인들이 옳다고 믿기에 존재한다고 본다.

① ㄱ, ㄴ ② ㄱ, ㄷ ③ ㄴ, ㄷ ④ ㄴ, ㄹ ⑤ ㄷ, ㄹ

8. 다음 자료에 대한 설명으로 옳은 것은? (단, A~C는 각각 주류 문화, 하위문화, 반문화 중 하나임.)

> 이번 시간에는 A, B, C에 대해 배워 봅시다. 아래 자료에서 ㉠은 A, ㉡은 B에 해당합니다. C는 아래 자료상으로는 확인할 수 없습니다.

> 19세기 중반부터 20세기 중반까지 다수의 유럽계 이민자들이 갑국의 ○○지역으로 이주해 왔다. 이들은 주로 ○○지역의 부두 주변에 정착하여 빈민촌을 이루고 살았다. 당시 이민자들이 고된 노동을 잊고 고향을 그리워하며 뒷골목에서 추던 ㉠ 춤은 시간이 흐르면서 대중화되었고 이것은 오늘날 갑국 국민들 누구나 즐기는 ㉡ 춤으로 발전하였다.

① A는 전체 사회의 문화적 다양성을 높이는 데 기여한다.
② B는 A와 C의 총합으로 구성된다.
③ A와 달리 B는 해당 문화를 향유하는 구성원들의 유대감 형성에 기여한다.
④ B와 달리 A는 한 사회의 지배적인 문화에 저항하거나 대립하는 문화이다.
⑤ ㉠에서 ㉡으로의 변화는 주류 문화가 하위문화로 변한 사례이다.

9. 다음은 자료 수집 방법 A~C를 구분하는 질문에 대한 학생의 답변과 교사의 채점 결과이다. 이에 대한 설명으로 옳은 것은? (단, A~C는 각각 질문지법, 실험법, 면접법 중 하나임.) [3점]

질문	답변		
	갑	을	병
A는 인위적으로 통제된 상황에서 변수의 효과를 관찰하는 방법인가?	예	아니요	아니요
A에 비해 B는 자료 수집 과정에서 연구자가 유연성이나 융통성을 발휘하기 용이한 방법인가?	아니요	아니요	㉠
B에 비해 C는 주로 양적 연구에서 활용하는 자료 수집 방법인가?	예	아니요	예
(가)	아니요	아니요	예
채점 결과	3점	1점	2점

* 교사는 질문별로 각각 채점하고, 옳은 답변은 1점, 틀린 답변은 0점을 부여함.

① ㉠은 '아니요'이다.
② A에 비해 B는 독립 변수와 종속 변수의 관계를 검증하는 연구에 적합하다.
③ B와 달리 C는 조사 대상자와의 언어적 상호 작용이 필수적이다.
④ C와 달리 A는 조사 대상자의 주관적 인식을 파악할 수 있다.
⑤ (가)에는 'B에 비해 C는 소수의 응답자로부터 깊이 있는 정보를 수집하기에 용이한 방법인가?'가 들어갈 수 있다.

10. 다음 자료에 대한 분석으로 옳은 것은? [3점]

> 그림은 갑국~병국의 계층 구성 비율을 나타낸 것이다. 계층은 A, B, C로 구분되며, A~C는 각각 상층, 중층, 하층 중 하나이다. 한 국가 내에서 C에서 A로의 이동은 상승 이동, C에서 B로의 이동은 하강 이동에 해당한다. 갑국~병국의 인구는 동일하다.

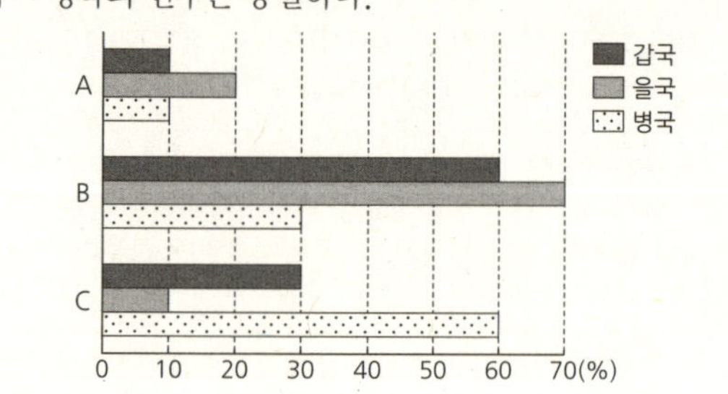

① 을국의 계층 구조는 피라미드형이다.
② 갑국의 상층 인구는 을국의 상층 인구보다 많다.
③ 중층 인구 대비 하층 인구의 비율은 갑국이 병국보다 낮다.
④ 갑국~병국 중 병국의 계층 구조가 사회 안정성이 가장 높다.
⑤ 갑국의 계층 구조는 세대 내 이동이, 을국과 병국의 계층 구조는 세대 간 이동이 활발하게 일어난다.

11. 다음 자료에 대한 설명으로 옳은 것은?

> 갑은 ㉠○○대학교 외식조리학과를 졸업하고 열심히 노력한 끝에 국내 최고 ㉡호텔의 수석 요리사이자 ㉢요리사 협회의 임원으로 활동하고 있다. 그가 만드는 고가의 코스 요리는 음식의 예술화를 표방하고 엄격한 식사 예절을 요구하여 시간에 여유가 있는 ㉣상류층을 대상으로 한다. 이 식당에는 저명인사들의 사교 모임으로 알려진 ㉤△△클럽 구성원들이 종종 방문한다. 어릴 때부터 상류층의 문화를 동경했던 갑은 자신이 속한 조직에서 좋은 대우를 받음에도 자신이 원하는 △△클럽에 들어갈 수 없다는 점에서 현재 상태에 대한 불만을 가지고 있다. 이에 갑은 △△클럽 회원들이 많이 거주하는 지역으로 이사할 것인지 ㉥고민하고 있다. 하지만 현실적인 어려움에 좌절감을 느낀 갑은 △△클럽 회원들이 좋아하는 코스 요리를 조리하여 맛보며 자신의 마음을 달래곤 한다.

① ㉠, ㉡은 모두 비공식적 사회화 기관이다.
② ㉢과 달리 ㉤은 자발적 결사체에 해당한다.
③ ㉣은 갑의 외집단이다.
④ ㉥은 갑의 역할 갈등에 해당한다.
⑤ 갑은 소속 집단과 준거 집단의 불일치를 경험하고 있다.

12. 밑줄 친 ㉠~㉥에 대한 설명으로 옳은 것은? [3점]

> 마테차는 세계인이 즐겨 마시는 음료이다. 과거 남미의 과라니족은 인근 밀림에서 자생하는 ㉠마테잎을 채집하여 ㉡즙 형태의 차로 마시는 방법을 개발하였다. 식민 시기 이래 남미 남부 지역에 ㉢새로운 종교를 들여온 선교사를 비롯한 유럽인들은 ㉣과라니족의 종교와 문화가 유럽에 비해 뒤떨어진 것이라는 생각에 마테잎을 '악마의 풀'이라고 부르며 천시하였다. 하지만 이후 ㉤마테잎의 효능이 알려지자 마테차를 안 마시던 유럽인들도 마시기 시작하면서 남미 남부 지역을 중심으로 재배지가 확산되었다. 오늘날 일부 학자는 이 지역 ㉥여러 나라의 마테차 문화에 나타나는 유사성과 차이점을 분석하여 문화의 보편성과 특수성을 이해하는 연구를 수행하고 있다.

① ㉠은 발명, ㉡은 발견에 해당한다.
② ㉢은 간접 전파에 해당한다.
③ ㉣은 유럽인들의 문화 상대주의적 태도를 보여 준다.
④ ㉤은 강제적 문화 접변에 해당한다.
⑤ ㉥에는 문화를 바라보는 비교론적 관점이 나타난다.

13. (가), (나)에 들어갈 수 있는 내용으로 가장 적절한 것은? [3점]

> 갑 : 정보화 시대에는 사회 불평등이 줄어들 것입니다. 오늘날 더 많은 사람들이 컴퓨터와 네트워크를 통해 지식과 정보에 손쉽게 접근하고 있습니다. 이처럼 정보에 대한 보편적 접근권이 확대되면 교육이나 문화에서의 격차는 더욱 줄어들게 될 것입니다. 즉, 정보 기술은 <u>（가）</u>
>
> 을 : 지식과 정보가 중시되는 사회에서 사회 불평등은 심화될 것입니다. 정보 부국과 정보 빈국이라는 말이 존재하듯이 오늘날 국제적 상황에서 정보 격차는 더욱 심해졌습니다. 이는 국내적 상황에서도 다르지 않습니다. 즉, 보편적 접근권이 강조되고 있음에도 정보 기술은 <u>（나）</u> 왜냐하면 한 국가 내에서 정보를 실질적으로 활용하여 부를 재생산할 수 있는 능력은 서열화된 사회 구조적 위치에 따라 다르게 분포되어 있기 때문입니다.

① (가) : 저작권 침해 문제를 야기할 수 있습니다.
② (가) : 검증되지 않은 정보를 확산시킬 수 있습니다.
③ (나) : 상대적 빈곤을 줄이는 데 도움을 줄 수 있습니다.
④ (나) : 정보 부국 중심의 국제 질서를 강화할 수 있습니다.
⑤ (나) : 계층에 따른 기존의 소득 격차를 늘릴 수 있습니다.

14. 일탈 이론 A에 대한 설명으로 옳은 것은?

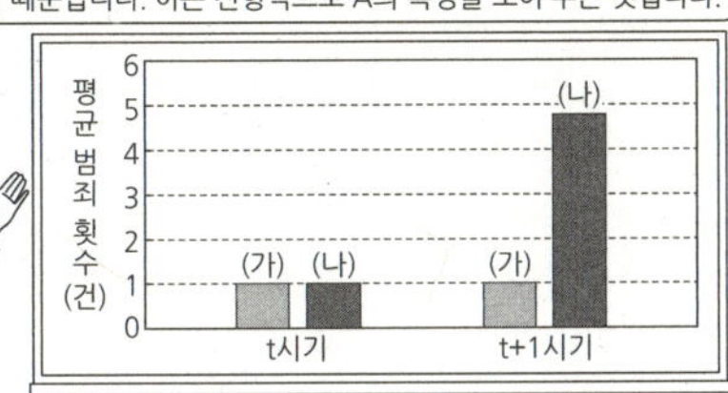

① 일탈이 개인의 타고난 특성에 의해 발생한다고 본다.
② 사회 규범의 통제력 강화를 일탈의 해결 방안으로 본다.
③ 일탈자에 대한 낙인이 후속 일탈의 핵심적인 요인이라고 본다.
④ 문화적 목표와 제도적 수단 간 괴리로 인해 일탈이 발생한다고 본다.
⑤ 상호 작용을 통해 범죄에 대한 우호적 가치관을 학습하여 일탈이 발생한다고 본다.

15. 다음 자료에 대한 분석으로 옳은 것은?

> 〈자료 1〉 갑국의 사회 보장 제도
>
> (가) 국민에게 발생하는 사회적 위험을 보험의 방식으로 대처함으로써 국민의 안전한 생활에 필요한 건강과 소득을 보장하는 제도
> (나) 생활 유지 능력이 없거나 생활이 어려운 국민의 최저 생활을 보장하고 자립을 지원하는 제도
> (다) 상담, 재활, 돌봄, 정보의 제공, 관련 시설의 이용, 역량 개발, 사회 참여 지원 등을 통하여 국민의 삶의 질이 향상되도록 지원하는 제도

〈자료 2〉 갑국의 (가)~(다) 제도의 지역별 수혜자 비율

(단위 : %)

지역 제도	A	B	전체
(가)	㉠	8	10
(나)	3	6	4
(다)	10	7	㉡

* 갑국은 A, B 지역으로만 이루어져 있고, 갑국의 사회 보장 제도는 우리나라의 사회 보장 제도와 동일함.
** 해당 지역 수혜자 비율(%) = (해당 지역 수혜자 수/해당 지역 인구) × 100

① ㉠은 11, ㉡은 8이다.
② (가)와 (나) 중 선별적 복지의 성격이 강한 제도의 수혜자 수는 A 지역이 B 지역보다 적다.
③ 갑국에서 우리나라의 사회 서비스에 해당하는 제도의 수혜자 수는 A 지역이 B 지역의 3배이다.
④ 금전적 지원을 원칙으로 하며 사전 예방적 성격이 강한 제도의 수혜자 수는 A 지역이 B 지역의 2배보다 많다.
⑤ 갑국 전체에서 상호 부조의 원리가 적용되는 제도의 수혜자 수는 소득 재분배 효과가 가장 큰 제도의 수혜자 수의 2배보다 적다.

사회탐구 영역 (사회·문화)

16. 다음 자료에 대한 설명으로 옳은 것은? [3점]

> **□□신문**　　　　　　　　○○○○년 ○○월 ○○일
>
> **갑국의 '이민자 통합 프로그램' 이대로 좋은가?**
>
> 며칠 전 갑국에서 야외 공연장을 가득 메운 사람들 사이에서 이민자들의 외모와 음식 문화를 비하하는 노래가 울려 퍼졌다. 갑국 내 극소수에 불과해 오랜 기간 취업과 임금 등에서 차별받아 온 ㉠ 이민자들은 이에 강하게 반발했고 양측의 충돌로 인해 유혈 사태가 발생하게 되었다. 특히 이를 해결하는 과정에서 경찰이 ㉡ 이민자가 아닌 갑국 사람들은 조사하지 않고 이민자들에 대해서만 강압 수사를 벌이면서 문제는 더욱 심각해졌다. 이러한 일련의 사건들로 인해 그동안 갑국 정부가 추진해 왔던 '이민자 통합 프로그램'의 효과가 의문시되고 있다.

① ㉠은 사회적 소수자로서의 정체성을 갖고 있다.
② ㉠에 비해 ㉡은 정치권력의 열세에 놓여 있다.
③ ㉡에 비해 ㉠은 경제적 자원 획득에서 유리한 위치에 있다.
④ 제도적 차원의 노력을 통해 차별을 해소한 사례를 보여 준다.
⑤ 한 사회 내에서 수적으로 우세하더라도 사회적 소수자가 될 수 있음을 보여 준다.

17. 그림에 대한 설명으로 옳은 것은? (단, A, B는 각각 진화론, 순환론 중 하나임.)

> ㉠ 시민권의 역사는 인간의 주체적 노력을 통한 사회 변동이라는 점에서 A로 설명하기 어렵습니다. 과거 부르주아은 왕과 귀족 중심의 봉건적이고 비합리적인 체제에 저항하며 자유적 시민권을 확보하였고, 노동자들은 이를 근거로 ㉡ 참정권 확대 운동을 전개하여 정치적 시민권을 획득하였습니다. 그리고 이것은 사회적 시민권의 제도화로 나아가는 데 있어서 필수적인 토대였습니다. 이러한 시민권의 발전 과정은 어느 사회에나 보편적으로 석용됩니다. 즉, 시민권의 역사는 인류 사회 모든 구성원의 보호라는 궁극적인 목적을 향한 다양한 지위와 권리의 분화 과정이라는 점에서 ＿＿(가)＿＿는 B의 특징을 잘 보여 줍니다.

① ㉡은 사회 변화에 저항하고 과거 질서로 회귀하려는 사회 운동이다.
② B는 사회 변동이 주기적으로 동일한 과정을 반복한다고 본다.
③ 갑은 사회적 시민권이 자유적 시민권의 획득 단계를 거쳐야만 보장될 수 있다고 본다.
④ 갑은 A의 관점에서 ㉠을, B의 관점에서 ㉡을 해석하고 있다.
⑤ (가)에는 '모든 사회 변동이 항상 진보를 의미하지는 않는다'가 들어갈 수 있다.

18. 다음 글에서 도출할 수 있는 사회 불평등 현상을 바라보는 필자의 관점에 대한 옳은 설명만을 〈보기〉에서 고른 것은? [3점]

> 임금 노동자들은 많이 일하면서도 최소한의 임금을 받는다. 하지만 이것은 최저 임금이 아닌 평균 임금이라고 규정되고, 부당한 임금 구조는 은폐된다. 이러한 구조를 유지하기 위해 자본가들은 국가를 통해 법을 제정하고 교육을 관리한다. 이 과정에서 사람들은 사회가 질서 정연하게 유지되고, 각자의 기능과 역할에 따라 부가 공정하게 분배된다고 믿게 된다.

　　　　　　　　　　　　〈보 기〉
ㄱ. 사회 불평등을 부당하고 해결해야 할 현상으로 본다.
ㄴ. 균등 분배가 인재의 적재적소 배치에 어려움을 야기한다고 본다.
ㄷ. 사회 제도를 지배와 피지배 관계의 재생산을 위한 수단으로 본다.
ㄹ. 사회적 희소가치의 배분 기준이 사회적으로 합의된 것이라고 본다.

① ㄱ, ㄴ　② ㄱ, ㄷ　③ ㄴ, ㄷ　④ ㄴ, ㄹ　⑤ ㄷ, ㄹ

19. (가)에 들어갈 수 있는 내용으로 가장 적절한 것은?

> 『 수행 평가 보고서 내용 요약 』
>
> 　　　　　　　　　　　　　　　　　○○모둠
>
> ○ 조사 자료
> 　1) 전쟁터에서 방치된 채 죽어가는 부상자를 구호하고 희생자를 최소화하기 위한 국제 조약의 필요성을 주장하며 유럽 각국 지도자들을 설득하여 국제기구를 설립한 A
> 　2) 알래스카 지역의 회색 고래 등 지구적 차원의 멸종 위기 동물 보호를 위해 여러 국가와 기업, 지역 주민들의 합의를 이끌어 내고 환경 보존과 생명 존중을 실천한 환경 단체 B
> ○ 조사 자료 1)과 2)를 통해 공통적으로 도출한 결론 : 전 지구적 수준의 문제를 해결하기 위해서는 ＿＿(가)＿＿이 중요하다.
>
> ─────────────────────────────
> [교사 평가란]
> 적절한 사례를 조사하여 결론을 잘 도출했습니다.

① 자원을 둘러싼 국가 간 분쟁을 줄이는 것
② 전쟁으로 인한 인명과 재산 피해를 막는 것
③ 과학 기술 발전의 성과를 전 세계와 공유하는 것
④ 세계 시민 의식을 함양하여 환경 문제에 관심을 갖는 것
⑤ 특정 지역이나 국가를 초월하여 국제 협력을 강화하는 것

20. 다음 자료에 대한 옳은 분석만을 〈보기〉에서 고른 것은? [3점]

> t년 갑국과 을국의 전체 인구는 같다. 갑국에서 t+50년의 인구는 t년의 2배이고, 을국에서 t+50년의 인구는 t년의 3배이다. 단, 복지 지출의 필요성은 복지 정책의 적용 대상이 되는 인구에 비례한다.

구분	갑국		을국	
	t년	t+50년	t년	t+50년
전체 인구 대비 노년 인구 비율(%)	10	35	10	㉠
노령화 지수	20	140	㉡	100
총부양비	㉢	㉣	100	100

$$* \text{노령화 지수} = \frac{\text{노년 인구 (65세 이상 인구)}}{\text{유소년 인구 (0~14세 인구)}} \times 100$$

$$** \text{유소년 부양비} = \frac{\text{유소년 인구 (0~14세 인구)}}{\text{부양 인구 (15~64세 인구)}} \times 100$$

$$*** \text{노년 부양비} = \frac{\text{노년 인구 (65세 이상 인구)}}{\text{부양 인구 (15~64세 인구)}} \times 100$$

$$**** \text{총부양비} = \text{유소년 부양비} + \text{노년 부양비}$$

　　　　　　　　　　　　〈보 기〉
ㄱ. ㉠과 ㉡은 같고, ㉣은 ㉢보다 크다.
ㄴ. 을국의 t+50년 부양 인구는 갑국의 t년 유소년 인구의 3배이다.
ㄷ. t년 노년 부양비의 경우 갑국이 을국보다 크고, t+50년 유소년 부양비의 경우 을국이 갑국보다 크다.
ㄹ. 갑국과 을국 모두 t년 대비 t+50년에 노년 인구를 대상으로 한 복지 지출의 필요성이 커졌다.

① ㄱ, ㄴ　② ㄱ, ㄷ　③ ㄴ, ㄷ　④ ㄴ, ㄹ　⑤ ㄷ, ㄹ

> ※ 확인 사항
> ○ 답안지의 해당란에 필요한 내용을 정확히 기입(표기)했는지 확인하시오.

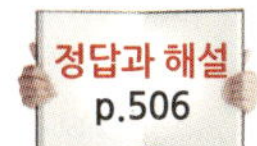

2025학년도 대학수학능력시험 9월 모의평가 문제지

사회탐구 영역 (사회·문화)

성명 ☐☐☐ 수험번호 ☐☐☐☐☐☐ − ☐☐☐☐☐

---

1. 밑줄 친 ㉠~㉣과 같은 현상의 일반적인 특징에 대한 설명으로 옳은 것은?

> ㉠ 모기에 물리지 않게 해주는 특수 오일이 개발되었다. 전자 현미경으로 모기를 확대해보면 다리에 미세한 털이 있다. ㉡ 사람의 젖은 피부에도 모기가 앉을 수 있는 것은 이 미세한 털이 물을 튕겨내기 때문이다. 하지만 특수 오일은 그러한 행동을 못 하게 하여 모기가 사람의 ㉢ 피부에 앉는 것을 차단하는 역할을 한다. 연구진은 "사람에 비유하면 늪에 발이 빠지는 것 같아 무서워서 달아나는 것으로 보인다."라고 설명했다. 앞으로 이 오일은 ㉣ 뎅기열과 말라리아 등 전염병이 발생하는 지역에 큰 도움이 될 것이라고 연구진은 전했다.

① ㉠과 같은 현상은 필연성의 원리가 적용된다.
② ㉡과 같은 현상은 확률의 원리가 적용된다.
③ ㉡과 같은 현상과 달리 ㉢과 같은 현상은 가치 함축적이다.
④ ㉢과 같은 현상과 달리 ㉣과 같은 현상은 보편성과 특수성이 공존한다.
⑤ ㉣과 같은 현상과 달리 ㉠과 같은 현상은 인과 관계가 불분명하다.

2. 다음 글에서 개인과 사회의 관계를 바라보는 필자의 관점에 대한 옳은 설명만을 〈보기〉에서 고른 것은?

> 어떤 사람이 자신의 자연적 자유를 포기하고 사회의 구속을 받아들일 유일한 방도는 공동체에 속하지 않는 자들로부터 재산을 지키고 좀 더 많은 안전과 평화를 확보하기 위해 공동체를 결성하기로 합의하는 것뿐입니다.

〈보 기〉
ㄱ. 개인은 사회 속에서만 존재의 의미를 가진다고 본다.
ㄴ. 개인이 옳다고 믿기에 사회 규범이 존재한다고 본다.
ㄷ. 사회는 개인의 외부에서 독자적으로 작동한다고 본다.
ㄹ. 사회의 속성을 개인의 속성으로 환원할 수 있다고 본다.

① ㄱ, ㄴ ② ㄱ, ㄷ ③ ㄴ, ㄷ ④ ㄴ, ㄹ ⑤ ㄷ, ㄹ

3. 밑줄 친 ㉠~㉆에 대한 설명으로 옳은 것은? [3점]

> 어렵게 공무원이 된 갑은 ㉠ 악성 민원인과 낮은 보수 때문에 이직해야 할지, 안정적인 직장 생활을 계속할지 ㉡ 고민하였다. 그러던 중 취미생활을 담은 갑의 개인 방송 채널이 유명해지자 지자체 홍보팀으로 ㉢ 발령받았다. 갑은 더 나은 방송 제작을 위해 ㉣ 촬영과 편집 방법을 새롭게 공부하고 있다. 갑의 배우자인 한식 요리사 을은 ㉤ 전통 음식의 보존과 현대화가 중요하다는 신념으로 퓨전 한식당을 운영하고 있다. 1년 전부터 전통 음식을 알리는 방송에서 고정 출연자로 활동하고 있어 매주 ㉥ 요리 프로그램에 출연하기 위한 준비로 바쁘다. 갑이 육아에 지쳐 방송 출연을 반대하자 을은 방송을 계속해야 할지, 육아에 전념해야 할지 ㉆ 고민하고 있다.

① ㉠은 성취 지위이다.
② ㉢은 공무원으로서 갑의 역할 행동에 대한 보상이다.
③ ㉥은 한식 요리사로서 을의 역할 행동에 해당한다.
④ ㉡과 달리 ㉆은 역할 갈등이다.
⑤ ㉣은 갑의 재사회화, ㉤은 을의 예기 사회화에 해당한다.

4. 자료 수집 방법 A~D에 대한 설명으로 옳은 것은? (단, A~D는 각각 질문지법, 면접법, 참여 관찰법, 문헌 연구법 중 하나임.)

① A와 달리 B는 자료 수집 과정에서 구조화된 도구의 사용이 필수적이다.
② C에 비해 A는 자료 수집 과정에서 시·공간적 제약이 적다.
③ D와 달리 B는 연구자와 연구 대상자 간의 신뢰 관계 형성이 중요하다.
④ B와 C는 '연구 대상자의 주관적 인식을 파악할 수 있는가?'라는 질문으로 구분할 수 있다.
⑤ C와 D는 '연구자와 연구 대상자 간의 언어적 상호 작용이 필수적인가?'라는 질문으로 구분할 수 없다.

5. 밑줄 친 ㉠~㉣에 대한 옳은 설명만을 〈보기〉에서 있는 대로 고른 것은? [3점]

> 갑은 A국 65세 이상 노인의 ㉠ 사회 관계망이 문화 소비에 미치는 영향을 파악하기 위해 문화 소비에 대한 ㉡ 가족 관계망, 지인 관계망, 단체 관계망의 영향을 연구하였다. 갑은 전국에서 ㉢ 65세 이상 노인 남녀 1,000명을 추출하여 설문 조사를 실시하였다. 문화 소비는 지난 1년간 공연과 전시를 관람한 횟수로, 가족 관계망은 평소 교류하는 가족과 친척의 수로, 지인 관계망은 가족과 친척 이외에 평소 교류하는 사람의 수로, 단체 관계망은 참여하는 단체의 수로 파악하였다. … (중략) … ㉣ 성별에 따른 분석 결과를 보면, 여성의 경우 문화 소비와 사회 관계망 사이에 모두 유의미한 정(+)의 관계가 나타났다. 남성의 경우 문화 소비와 단체 관계망 사이에 유의미한 정(+)의 관계가 나타났으나, 문화 소비와 가족 관계망, 문화 소비와 지인 관계망 사이에는 각각 유의미한 관계가 나타나지 않았다.

〈보 기〉
ㄱ. ㉡은 ㉠의 조작적 정의에 해당한다.
ㄴ. ㉢은 갑이 선정한 표본이다.
ㄷ. ㉣로 65세 이상 남성의 경우 평소 교류하는 가족과 친척의 수가 많을수록 공연과 전시를 관람한 횟수는 감소한다는 것을 확인할 수 있다.

① ㄴ ② ㄷ ③ ㄱ, ㄴ ④ ㄱ, ㄷ ⑤ ㄱ, ㄴ, ㄷ

사회탐구 영역 (사회·문화)

6. 사회·문화 현상을 바라보는 갑~병의 관점에 대한 설명으로 옳은 것은? [3점]

> 갑 : 계층적 지위가 개인의 능력과 노력에 따라 결정된다고 하지만 불공정한 사회 구조가 사회적 희소가치의 분배를 일방적으로 결정하는 것이 현실입니다.
> 을 : 아닙니다. 계층적 지위는 개인이 자신의 능력과 노력을 통해 정당하게 얻은 결과이며, 우리 사회 대다수 구성원은 이를 당연한 것으로 받아들이고 있습니다.
> 병 : 계층적 지위는 개인의 출신이나 능력으로 결정되는 것이 아닙니다. 평소 타인의 시선을 의식하고 말투와 옷차림에 신경 쓰면서 자신의 계층을 인식하는 것처럼 계층적 지위는 사람들과 교류하는 과정 속에서 형성됩니다.

① 갑의 관점은 사회 불평등 현상이 불가피하다고 본다.
② 을의 관점은 개인의 행위에 미치는 사회 구조의 영향력을 중시한다.
③ 병의 관점은 사회 현상을 갈등과 대립의 측면에서만 파악한다는 비판을 받는다.
④ 갑, 병의 관점과 달리 을의 관점은 지배 집단과 피지배 집단의 이익이 조화를 이루기 어렵다고 본다.
⑤ 을, 병의 관점과 달리 갑의 관점은 기득권층의 이익을 옹호하는 논리로 활용된다는 비판을 받는다.

7. 밑줄 친 ㉠~㉤에 대한 설명으로 옳은 것은? [3점]

> 낯선 국가를 여행하다가 차별을 당하면, 그곳에서 만난 같은 언어를 사용하는 사람은 다 내 편 같다는 생각이 듭니다. 평소 느끼지 못했던 이러한 ㉠집단의식이 형성되면 집단 내부 결속이 강화되면서 ㉡특정 집단을 적대시하거나 차별하기도 합니다. 한편, 집단의식은 구성원의 결합 의지에 따라 영향을 받기도 하지만 개인들이 ㉢사회적 관계를 만들어 가는 방식으로부터도 영향을 받습니다. 일반적으로 친밀한 접촉을 통해 유지되는 ㉣집단의 구성원은 서로의 삶에 깊이 관여하고 사회적 관계가 지속적인 편입니다. 하지만 수단적 접촉을 통해 유지되는 ㉤집단의 구성원은 사회적 관계가 형식적이고 일시적인 편입니다.

① ㉠은 소속 집단과 준거 집단이 불일치할 때 강화된다.
② ㉡이 발생하는 원인은 외집단에 대한 동질감 때문이다.
③ ㉢은 1차 집단과 2차 집단을 구분하는 기준이다.
④ ㉣의 사례로 이익 집단, 시민 단체를 들 수 있다.
⑤ ㉤은 주로 인간관계 자체를 목적으로 한다.

8. 다음 글에서 필자가 강조하는 세계화의 문제점으로 가장 적절한 것은?

> 아프리카에 바이러스 감염이 빈발하게 된 것은 병원체나 숙주의 문제가 아니었다. 다국적 기업들의 플랜테이션 농장 건설이 더욱 확대되어 완충지 역할을 하던 산림이 파괴되면서 야생 동물의 바이러스가 곧장 인간을 숙주로 삼게 되었다는 것이 핵심이다. 하지만 더 심각한 것은 바이러스 감염이 국지적 현상에 그치지 않고 전 지구적 비상사태를 초래한다는 점이다. 바이러스를 더 멀리 신속하게 실어 나르는 데 결정적인 기여를 한 것은 늘어난 대륙 간 항공망과 이로 인한 국가 간 교류의 증대였다. 바이러스의 이슬비는 그런 식으로 떨어져 내린다.

① 국제 분업으로 국가 간 빈부 격차가 심화된다.
② 무분별한 개발로 인해 생물종의 다양성이 감소한다.
③ 국가 간 교류 증대로 개별 국가의 자율성이 약화된다.
④ 자원 확보를 위한 경쟁으로 인해 국가 간 갈등이 심화된다.
⑤ 자본의 이윤 추구로 인한 지역 문제가 전 세계로 확산된다.

9. 다음은 일탈 이론 A~D를 구분하는 질문에 대한 학생의 답변과 교사의 채점 결과이다. 이에 대한 설명으로 옳은 것은? (단, A~D는 각각 뒤르켐의 아노미 이론, 머튼의 아노미 이론, 낙인 이론, 차별 교제 이론 중 하나임.)

질문	답변		
	갑	을	병
A는 일탈이 주변 사람으로부터 학습되는 과정에 주목하는가?	예	아니요	예
B와 달리 C는 일탈자가 부정적 자아를 내면화하는 과정에 주목하는가?	아니요	아니요	예
B와 달리 D는 문화적 목표와 제도적 수단 간의 괴리가 일탈의 원인이라고 보는가?	아니요	예	예
B, D와 달리 A, C는 모두 타인과의 상호작용이 일탈에 미치는 영향을 강조하는가?	아니요	예	예
채점 결과	2점	㉠	3점

* 교사는 질문별로 각각 채점하고, 옳은 답변은 1점, 틀린 답변은 0점을 부여함.

① ㉠은 '1점'이다.
② A의 사례로 비행 청소년이라는 부정적인 평판으로 인해 범죄를 다시 저지르는 경우를 들 수 있다.
③ B의 사례로 경찰의 치안과 공권력이 무너진 국가에서 각종 범죄가 늘어나는 경우를 들 수 있다.
④ C의 사례로 프로 야구 만년 후보 선수가 주전 선수가 되고 싶어 금지 약물을 복용한 경우를 들 수 있다.
⑤ D의 사례로 상습적으로 불법 도박을 하는 친구에게 배워 불법 스포츠 도박에 빠진 청소년의 경우를 들 수 있다.

10. 다음 자료에 대한 분석으로 옳은 것은? [3점]

> 자료는 연령이 50세인 갑~병의 사회 이동과 그들이 속한 국가의 현재 계층 비율을 조사한 결과이다. 단, A~C는 각각 상층, 중층, 하층 중 하나이며, 다른 계층은 존재하지 않는다. 세대 간 이동은 (가)와 (다), 세대 내 이동은 (나)와 (다)를 통해 판단한다.
>
> <갑~병의 사회 이동 양상>
>
> | 구분 | 갑 | 을 | 병 |
> |---|---|---|---|
> | (가) 부모의 계층 | 상층 | 중층 | 하층 |
> | (나) 20년 전 본인 계층 | A | B | C |
> | (다) 현재 본인 계층 | B | C | A |
>
> <갑~병이 속한 국가의 현재 계층 비율>
>
> 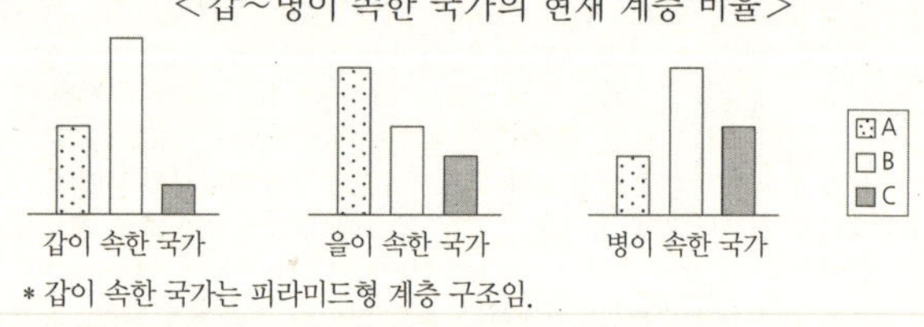
>
> * 갑이 속한 국가는 피라미드형 계층 구조임.

① 갑과 달리 을은 세대 간 하강 이동을 하였다.
② 을과 병에게는 모두 계층 대물림이 이루어졌다.
③ 갑과 을은 모두 세대 간 이동과 세대 내 이동을 하였다.
④ 을이 속한 국가는 갑이 속한 국가에 비해 계층 양극화로 인한 문제가 발생할 가능성이 높다.
⑤ 병이 속한 국가는 을이 속한 국가에 비해 사회 통합에 유리한 계층 구조가 나타난다.

11. (가)에 들어갈 수 있는 내용으로 가장 적절한 것은?

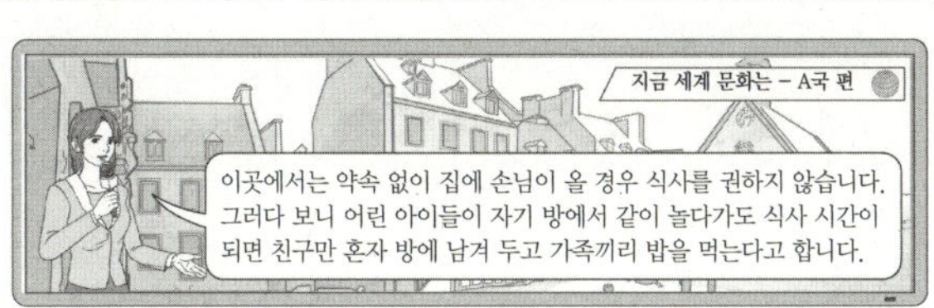

갑 : A국의 식사 문화는 손님에 대한 예의가 없는 것 같아.

을 : A국에서는 자기 가족끼리만 식사를 하는 것이 오랜 전통이야. 이런 문화가 우리와 달라서 이상하게 보일 수 있지만 틀렸다고 생각하면 안 돼. 서로 다른 문화를 제대로 이해하려면 각 사회 문화를 ____(가)____

① 비교하며 평가하는 대상으로 여겨야 해.

② 인류의 보편적 가치를 기준으로 평가해야 해.

③ 동경심을 가지고 받아들이려는 태도를 취해야 해.

④ 타문화보다 자문화가 우수하다는 태도로 판단해야 해.

⑤ 그 사회의 특수한 환경과 사회적 맥락에서 바라봐야 해.

12. 다음 글에서 사회 변동의 방향을 바라보는 필자의 관점에 대한 옳은 설명만을 〈보기〉에서 고른 것은?

> 명(明)조의 시작은 고요한 겨울날 같았다. 왕조의 전반기는 질서와 안정 그 자체였다. 왕조의 겨울은 얼마 후 시끌벅적한 봄에 자리를 내주고 말았다. 소박한 농경 사회의 안정성은 투기적 상업에 자리를 빼앗겼다. 여름에 접어들면서 빈부 격차가 심해지고 농경 사회의 토대는 무너져 내렸다. 가을에는 은의 유입과 상품 경제의 발달로 부자 대 빈자, 상인 대 농민, 이윤 대 도덕이 대립하면서 참혹함이 더욱 심해졌다. 하지만 새로운 왕조는 질서를 회복하며 안정을 향해 나아갔다.

<보 기>

ㄱ. 사회의 퇴보나 멸망을 설명하기 어렵다.

ㄴ. 단기적 사회 변동 과정을 설명하기 힘들다.

ㄷ. 제국주의를 정당화하는 수단으로 악용될 수 있다.

ㄹ. 미래의 사회 변동에 대한 역동적인 대응이 어렵다.

① ㄱ, ㄴ ② ㄱ, ㄷ ③ ㄴ, ㄷ ④ ㄴ, ㄹ ⑤ ㄷ, ㄹ

13. 밑줄 친 ㉠~㉢에 대한 옳은 설명만을 〈보기〉에서 고른 것은? [3점]

> 1960년대 미국 사회에서 베트남 전쟁 반대에 가장 적극적인 목소리를 낸 단체는 ○○ 연합이었다. 그들의 운동을 이끈 감정은 주류 사회에 대한 반감과 도덕적 분노였다. 전쟁을 반대하는 ㉠평화 운동 집회에서는 형제애와 연대의 언어가 넘쳐흘렀다. 하지만 동료 여성들을 대하는 남성들의 차별적 태도는 미국 사회의 전반적인 분위기와 다르지 않았다. 회의에서 이들은 여성의 발언권을 제약했고 여성이 논의를 주도하려 할 때면 종종 야유를 퍼부었다. 남성들은 주류 사회에 반기를 들었지만, ㉡남성 우위 문화에는 놀라울 만큼 순응했다. 여성들 역시 초기에는 이러한 차별을 그다지 의식하지 않았지만 시간이 흐르자 소수 여성을 중심으로 차별에 대한 문제 제기가 이루어졌다. 이 목소리는 결국 거대한 물결로 이어져, ㉢반전 운동을 넘어 미국 사회에 심오한 영향을 미친 ㉣여성 운동으로 발전했다.

<보 기>

ㄱ. ㉠은 반문화가 아닌 하위문화이다.

ㄴ. ㉡은 다수의 사회 구성원이 전반적으로 공유하는 문화이다.

ㄷ. ㉢은 현재의 사회 질서를 유지하고자 하는 사회 운동이다.

ㄹ. ㉣은 불평등한 사회 구조를 개혁하기 위한 사회 운동이다.

① ㄱ, ㄴ ② ㄱ, ㄷ ③ ㄴ, ㄷ ④ ㄴ, ㄹ ⑤ ㄷ, ㄹ

14. 다음 자료에 대한 설명으로 옳은 것은? (단, A~D는 각각 공유성, 변동성, 축적성, 학습성 중 하나임.) [3점]

> 교사 : 지난 시간에는 문화의 속성 A, B에 대한 발표가 있었습니다. 이번 시간에는 문화의 속성 중 나머지 3가지를 학생별로 서로 다르게 한 가지씩 선택하여 해당 속성이 부각된 사례를 발표해 봅시다.
>
> 갑 : 과거에는 공중전화가 길거리에 많았지만 요즘은 찾아보기 어렵게 된 것은 전체성으로 설명할 수 있습니다.
>
> 을 : 과거와 현재의 국어사전을 비교했을 때 원래 단어에 새로운 의미가 추가되어 더욱 풍부해진 것을 보면 C를 확인할 수 있습니다. 특정 세대가 원래 단어에 새로운 의미를 부여하여 그들끼리 사용하는 것은 지난 시간 무가 발표한 B로도 설명이 가능합니다.
>
> 병 : 일본인의 감정 절제는 어린 시절부터 이루어지는 지속적인 훈육의 결과라는 점은 D를 통해 설명할 수 있는 사례입니다.
>
> 교사 : 을과 병은 해당 속성에 대한 사례 조사를 잘 했습니다. 갑이 발표한 사례는 정이 발표했던 A가 부각된 사례이므로, 다음 시간에 자신이 선택한 속성이 잘 부각되는 사례로 다시 발표해 봅시다.

① 문화가 한 사회 구성원이 공통적으로 가지고 있는 생활 양식임을 의미하는 속성은 A가 아닌 B이다.

② 문화가 경험과 상징을 통해 후천적으로 학습됨을 의미하는 속성은 D가 아닌 C이다.

③ 갑이 선택한 문화의 속성은 시간의 흐름에 따라 기존 문화 요소가 사라지거나 변화함을 의미한다.

④ 정이 발표한 문화의 속성은 문화가 세대를 전승하며 더욱 풍부해짐을 의미한다.

⑤ 무가 발표한 문화의 속성은 문화의 각 요소들이 상호 유기적으로 연결되어 있음을 의미한다.

15. 다음 자료에 대한 분석으로 옳은 것은?

> 갑국의 사회 보장 제도 A와 B는 우리나라의 사회 보장 제도와 동일하다. A는 사전 예방적 성격이 강한 제도이고, B는 사후 처방적 성격이 강한 제도이다. 중복 수급자 비율은 t+30년이 t년에 비해 50% 감소하였고, 중복 수급자 수는 t년과 t+30년이 동일하다.

<갑국의 A, B 수급자와 비(非)수급자의 비율>

(단위 : %)

구분	t년	t+30년
A 수급자	70	77
B 수급자	26	㉠
비(非)수급자	14	15

* 비(非)수급자 : A나 B 어느 것도 받지 않는 사람

** 중복 수급자 : A 수급자이면서 동시에 B 수급자인 사람

① ㉠은 t년의 중복 수급자 비율보다 작고 t+30년의 중복 수급자 비율보다 크다.

② 선별적 복지의 성격이 강한 제도에만 해당하는 수급자 비율은 t+30년이 t년에 비해 8% 감소하였다.

③ 소득 재분배 효과가 있는 제도의 수급자 수는 t년과 t+30년이 동일하다.

④ 정부 재정으로 비용을 전액 충당하는 것을 원칙으로 하는 제도에만 해당하는 수급자 수는 t+30년이 t년의 2배이다.

⑤ t년에 상호 부조의 원리가 적용되는 제도에만 해당하는 수급자 수는 t+30년 비(非)수급자 수의 2배이다.

2025 연도별

16. 다음 두 사례에서 공통적으로 도출할 수 있는 대중문화의 기능으로 가장 적절한 것은?

> ○ 의료 지식, 법률 지식과 같이 오랜 기간 숙련을 통해 얻는 전문 지식은 소수의 특권이었다. 하지만 의무 교육의 확산과 TV, 인터넷을 통한 정보 공유로 대다수 사람이 응급 상황이나 법적 분쟁에 어느 정도 대처할 수 있게 되었다.
> ○ 과거에 골프는 상류층이 즐기는 스포츠라는 인식이 강했다. 하지만 산업화로 인해 대중의 경제적 수준이 높아지고, 스포츠 미디어의 활성화로 인해 골프가 대중에게 친숙해지면서 예전보다 많은 사람이 골프를 즐기게 되었다.

① 오락 및 여가의 기회를 제공하여 삶의 질을 높인다.
② 고급문화를 대중화하여 평균적인 문화 수준을 높인다.
③ 성숙한 시민 의식을 제고하여 사회의 다원화에 기여한다.
④ 소수에게 집중된 권력을 견제하여 민주주의를 발전시킨다.
⑤ 대중을 수동적인 문화 소비자에서 주체적 생산자로 만든다.

17. 다음 자료에 대한 설명으로 옳은 것은? (단, A, B는 각각 관료제, 탈관료제 중 하나임.) [3점]

> ○ □□ 기업은 조직 운영 방식 A가 ⓒ 기존 부서의 업무를 지나치게 분화하고 부서 간 벽을 공고히 한다고 보았다. 정해진 업무만 수행하여 자신이 마치 기계 부속과 같다고 느낀 구성원들은 더욱 수동적으로 업무에 임했다. 이에 □□ 기업은 조직 운영 방식 B를 적용하여 부서 간 벽을 허물고 사원이 협업하는 과정에서 창의성을 발휘할 수 있도록 과제 해결에 특화된 ⓒ 새로운 부서를 한시적으로 조직했다. 동시에 □□ 기업은 사원들의 소외감과 스트레스를 해소하는 데 도움이 될 수 있도록 ⓔ 사내 친목 소모임 활성화를 지원하려 한다.

① ⑤은 과업 지향적인 사회 집단이고, ⓔ은 결합 자체가 목적인 사회 집단이다.
② ⓒ, ⓒ과 달리 ⓔ은 비공식적 사회화 기관에 해당한다.
③ A는 규칙과 절차에 따른 업무 처리로 자의적 의사 결정을 방지할 수 있다.
④ B는 전문성을 기준으로 구성원을 선발하고 연공서열에 따른 보상 체계를 중시한다.
⑤ A는 상향식 의사 결정 방식이, B는 하향식 의사 결정 방식이 지배적이다.

18. (가), (나)에 대한 설명으로 옳은 것은?

> (가) 갑국에는 400여 종의 지역 전통주가 있었다. 갑국을 지배하게 된 을국은 막대한 이익을 창출하고자 갑국의 전통주 제조를 금지하는 법을 제정하고 자국의 재료를 들여와 직접 술을 제조하여 판매하였다. 을국으로부터 독립한 현재까지도 갑국의 전통주는 문헌에만 존재하고 있다.
> (나) 병국 근로자들은 추운 날씨에 밖에서 일할 때 몸을 따뜻하게 해주는 용도로 전통주를 즐겨 마셨다. 병국으로 대거 귀화한 정국의 근로자들이 최근 이 전통주에 자신들이 정국에서 들여온 약재를 섞어 마시기 시작했고, 효능이 알려지자 병국의 주류 회사가 이 술을 '○○ 약주'라는 이름으로 특허를 내 상품을 판매했다.

① (가)에서는 강제적 문화 접변의 결과로 문화 융합이 나타났다.
② (나)에서는 발명에 의한 문화 변동이 나타났다.
③ (가)와 달리 (나)에서는 자극 전파에 의한 문화 변동이 나타났다.
④ (나)와 달리 (가)에서는 문화의 정체성이 상실되는 문화 변동이 나타나지 않았다.
⑤ (가)와 (나)에서는 모두 직접 전파에 의한 문화 변동이 나타났다.

19. 다음 자료에 대한 옳은 설명만을 〈보기〉에서 고른 것은? [3점]

> A국으로 이주한 갑은 □□ 보건소 주임으로 근무하면서 여성이라는 이유로 근로 조건에서 차별을 당하자 승진을 통해 이를 극복하려고 지방 관리직 시험에 응시하려 했다. 보건소 부소장은 규정상 A국 국적이 없으면 관리직이 될 수 없다는 이유로 접수를 거부했다. 이에 갑은 □□시를 상대로 수험 자격이 있음을 확인해 달라는 소송을 제기했다. 1심 법원은 A국 국적을 가진 사람이 공권력을 행사하는 관리직이 되는 게 원칙이므로 외국인의 관리직 취임이 불가능하다고 판단했다. 하지만 2심 법원은 □□시의 처분이 헌법이 보장한 직업 선택의 자유를 제한하고 차별 금지를 위반했다는 점에서 위법이라고 판단했다. □□시는 2심 판결에 불복하여 현재 상고심을 준비 중이다. 이에 A국 ⑤ 시민 사회를 중심으로 2심 판결을 지지하며 □□시의 판결 불복을 규탄하는 집회가 전국 각지에서 일어났다.

> ──── 〈보 기〉 ────
> ㄱ. 갑은 적극적 우대 조치로 인해 역차별을 받는 집단에 속해 있다.
> ㄴ. 갑은 여러 사회적 소수자 집단에 속해 다양한 차별을 받았다.
> ㄷ. 2심 판결은 사회적 소수자의 불리한 위치를 제도적으로 개선하자는 주장의 근거가 될 수 있다.
> ㄹ. ⑤은 사회적 소수자에게 A국 국민과 동등한 권리를 부여해서는 안 된다고 인식하고 있다.

① ㄱ, ㄴ ② ㄱ, ㄷ ③ ㄴ, ㄷ ④ ㄴ, ㄹ ⑤ ㄷ, ㄹ

20. 다음 자료에 대한 분석으로 옳은 것은? [3점]

> 〈조건〉
> 1. 갑국 t년의 유소년 인구(0 ~ 14세 인구)는 부양 인구(15 ~ 64세 인구)의 50%이고 노년 인구(65세 이상 인구)의 3배이다.
> 2. A 시기는 t년 대비 t+30년으로, B 시기는 t+30년 대비 t+50년으로 인구 변화 양상을 예측하여 나타낸다.
> 3. A 시기와 B 시기 동안 전체 인구의 변화는 없다.
> 4. 세대 간 갈등의 정도는 노년 부양비에 비례하고, 경제 성장 동력은 부양 인구에 비례한다.

〈A 시기와 B 시기의 인구 변화 양상 예측〉

구분	A 시기	B 시기
전체 인구 중 유소년 인구 비율	감소	감소
전체 인구 중 부양 인구 비율	변화 없음	감소
유소년 부양비	감소	증가

$$* \text{유소년(노년) 부양비} = \frac{\text{유소년(노년) 인구}}{\text{부양 인구}} \times 100$$

** 총부양비 = 유소년 부양비 + 노년 부양비
*** 피부양 인구 = 유소년 인구 + 노년 인구

① A 시기에는 피부양 인구의 증가로 경제 성장 동력이 저하될 것이다.
② B 시기에는 유소년 인구보다 부양 인구가 더 많이 감소할 것이다.
③ 세대 간 갈등은 B 시기보다 A 시기에 더 심각할 것이다.
④ t년의 총부양비는 100보다 작고, t+30년의 총부양비는 100이다.
⑤ t+50년의 노년 인구는 t년보다 많고 t+30년보다 적을 것이다.

> ※ 확인 사항
> ○ 답안지의 해당란에 필요한 내용을 정확히 기입(표기)했는지 확인하시오.

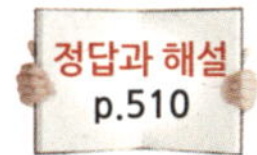

2025학년도 대학수학능력시험 문제지

사회탐구 영역 (사회·문화)

성명 □□□   수험번호 □□□□□ − □□□□

---

1. 밑줄 친 ㉠~㉤과 같은 현상의 일반적인 특징에 대한 설명으로 옳은 것은?

> **○○ 신문**　　2024년 □월 □일
>
> **뜨거워진 한반도, 과일 재배 지도가 바뀐다!**
>
> 우리나라 사람들이 좋아하는 ㉠나주 배, 대구 사과와 같이 지역 특산물로 생산되고 있는 과일들이 더 이상 그 지역을 대표할 수 없을지도 모른다. 기후 변화로 ㉡연평균 기온이 올라갈수록 특정 과일이 자랄 수 있는 지역이 북상하기 때문이다. 이에 따라 ㉢사과 재배 가능 지역이 변할 것으로 예측된다. 대표적인 사과 재배지가 경북 지역에서 강원 지역으로 바뀌고 2090년경에는 ㉣국내에서 고품질의 사과 생산이 불가능할 것이라는 분석도 나온다. 폭염, 한파 등 ㉤기상 이변이 자주 발생하는 것은 뜨겁게 달아오른 지구가 인류에게 주는 마지막 경고일지도 모른다.

① ㉠과 같은 현상은 확률의 원리가 적용된다.
② ㉡과 같은 현상은 인과 관계가 불분명하다.
③ ㉢과 같은 현상은 필연성의 원리가 적용된다.
④ ㉢과 같은 현상과 달리 ㉣과 같은 현상은 몰가치적이다.
⑤ ㉣과 같은 현상에 비해 ㉤과 같은 현상은 특수성이 강하다.

2. 다음 글에서 사회·문화 현상을 바라보는 필자의 관점에 대한 옳은 설명만을 〈보기〉에서 고른 것은? [3점]

> 사회 체계 안에서 인간의 상호 작용이 작동하는 이유는 행위자들에게 할당되는, 분화된 역할 구조가 있기 때문이다. 개인은 역할 구조 속에서 사회가 기대하는 행동을 수행하게 된다. 이렇게 개인이 사회의 한 부분으로서 공유된 기대에 부응하여 다른 부분과 유기적으로 상호 작용을 함에 따라 사회라는 완전체가 형성된다.

<보 기>
ㄱ. 상황 정의에 기초한 개인 간 상호 작용을 중시한다.
ㄴ. 개인 행위자의 능동적이고 자율적인 측면을 중시한다.
ㄷ. 사회의 각 부분이 상호 의존적 관계를 맺는다고 본다.
ㄹ. 사회는 스스로 균형을 유지하려는 속성을 지닌다고 본다.

① ㄱ, ㄴ　② ㄱ, ㄷ　③ ㄴ, ㄷ　④ ㄴ, ㄹ　⑤ ㄷ, ㄹ

3. A, B의 일반적인 특징에 대한 설명으로 옳은 것은? (단, A, B는 각각 관료제와 탈관료제 중 하나임.)

> 도서 출판 과정에는 편집, 디자인, 인쇄 등 여러 공정이 있다. ○○ 출판 회사는 수평적으로 분권화된 조직을 통해 구성원들이 함께 결정을 내려 출판 공정을 관리하고 도서를 출간한다. □□ 출판 회사는 세부적으로 분업화된 조직을 통해 해당 분야의 담당자들이 정해진 서열과 절차에 따라 각 공정을 진행하여 도서를 출간한다. ○○ 출판 회사는 A의 운영 원리가, □□ 출판 회사는 B의 운영 원리가 강조된다.

① A에 비해 B는 조직 구성원의 업무 재량권 및 자율성이 낮다.
② A에 비해 B는 외부 환경 변화에 대한 유연한 대처가 용이하다.
③ B에 비해 A는 업무의 표준화와 세분화가 강조된다.
④ B에 비해 A는 목적 전치 현상이 나타날 가능성이 높다.
⑤ A는 경력에 따른 보상을, B는 성과에 따른 보상을 중시한다.

4. 다음 자료에 대한 옳은 설명만을 〈보기〉에서 있는 대로 고른 것은?

○○ 신문사 탐사 보도 공모전에서 입상한 □□ 동아리를 만나보겠습니다. 세 분이 어떻게 함께하게 되었나요?

☆☆ 대학교 내 영화제작동아리 회원으로 저와 함께 활동하고 있는 병이 취업 준비를 위해 □□ 동아리를 만들었습니다. 인권 단체 회원으로 함께 활동 중인 을에게 제가 제안하여 합류하게 되었습니다.

공모전에 참여하면서 느낀 점이나 공모전 준비에 도움이 되었던 경험이 있다면 말씀해 주세요.

저는 사회복지대학원에 재학 중입니다. 취재를 하면서 가족과 함께하지 못하는 청소년들의 안타까운 사연을 접하고 청소년 복지의 필요성을 더 알리고 싶어졌습니다.

저는 갑과 함께 ☆☆ 대학교에 재학 중입니다. 갑과 함께 들었던 PD 초청 특강이 큰 도움이 되었습니다. 입상을 계기로 셋이 □□ 동아리 활동을 더 열심히 하려고 합니다.

<보 기>
ㄱ. 갑과 병 모두 비공식 조직에 속해 있다.
ㄴ. 을과 병이 속한 2차적 사회화 기관은 각각 1개이다.
ㄷ. 자료 전체에 적혀 있는 사회 집단에서 자발적 결사체가 아니면서 비공식적 사회화 기관인 것은 2개이다.

① ㄱ　② ㄴ　③ ㄱ, ㄷ　④ ㄴ, ㄷ　⑤ ㄱ, ㄴ, ㄷ

5. 다음 자료에 대한 설명으로 옳은 것은? [3점]

> 갑은 고등학생의 학업 성취도와 문해력 간의 관계를 파악하고자 하였다. 이를 위해 □□ 지역 고등학생 200명을 대상으로 질문지를 통해 학업 성취도와 ㉠문해력 수준을 측정하였다. 이 자료에서 문해력을 기준으로, 상위 100명(A 집단)과 하위 100명(B 집단)으로 구분하여 학업 성취도를 분석하였다. 그 결과 ㉡B 집단의 학업 성취도가 A 집단의 학업 성취도보다 유의미하게 낮았다.
>
> 을은 ㉢○○ 독서 프로그램이 고등학생의 문해력 증진에 효과가 있을 것이라 생각하고 이를 알아보기 위해 다음과 같이 연구를 진행하였다. 그는 갑과 연구 대상자의 동의를 받아, 갑의 연구에서 문해력이 낮은 것으로 판명된 B 집단을 무작위로 50명씩 C 집단과 D 집단으로 나눈 후 C 집단에게만 4주간 ○○ 독서 프로그램을 적용하였다. 독서 프로그램 종료 시점에 갑이 활용한 측정 도구로 ㉣문해력 수준을 측정한 결과, C 집단의 문해력 수준은 유의미하게 높아졌으나 D 집단의 문해력 수준은 이전과 차이가 없었다. 이후 을은 D 집단에게만 ○○ 독서 프로그램을 4주간 적용하였다. 그 결과 D 집단의 문해력 수준이 높아져 최종적으로 ㉤C 집단과 D 집단 간에는 문해력 수준이 유의미한 차이를 보이지 않았다.

① 갑의 연구에서 모집단은 □□ 지역 고등학생이다.
② ㉠은 을의 연구에서 사전 검사로 활용되었다.
③ ㉡은 문해력과 학업 성취도 간의 부(−)의 관계를 보여 준다.
④ ㉣은 을의 연구에서 실험 처치에 해당한다.
⑤ ㉤은 ㉢을 지지하는 근거로 사용할 수 없다.

사회탐구 영역 (사회·문화)

6. 밑줄 친 ㉠~㉤에 대한 설명으로 옳은 것은? [3점]

> 갑국에서는 손을 씻으면 영혼이 오염되어 목숨이 위험해진다는 ㉠ 전통적 믿음 때문에 손을 잘 씻지 않는 관습이 있었다. 이로 인해 많은 사람이 감염병으로 목숨을 잃었다. 한 의사가 손 씻기로 건강을 유지하고 생명을 지킬 수 있다는 사실을 알리면서 갑국의 A 지역에서는 ㉡ 손을 잘 씻는 문화가 형성되었다. ㉢ 이러한 문화가 조금씩 퍼져 나가자 대다수 갑국 사람들은 자신들의 믿음을 해친다는 이유로 A 지역 사람을 비난하며 ㉣ 자신들의 문화를 지키기 위해 저항하였다. 갑국에서 감염병이 유행했을 때, A 지역 사망률은 다른 지역에 비해 현저히 낮았다. 손 씻는 간단한 행위로 질병을 예방할 수 있다는 사실을 깨닫자 갑국에서는 ㉤ 손을 잘 씻어 위생 관리를 철저히 하는 생활 습관이 보편화되었다.

① ㉠은 지배 세력에 반발하여 사회 통합이 이루어진 사례이다.
② ㉡은 주류 문화가 하위문화로 변한 사례이다.
③ ㉢은 문화 변동이 빠르게 진행되어 나타난 문화 지체 사례이다.
④ ㉣은 지역 문화가 주류 문화에 대항한 반문화 사례이다.
⑤ ㉤은 하위문화가 주류 문화로 변한 사례이다.

7. 다음 글에서 필자가 강조하는 현대 사회의 대중이 가져야 할 자세로 가장 적절한 것은?

> 급변하는 세상에서 사람들은 무한히 제공되는 정보를 모두 살펴볼 여유가 없다. 그로 인해 사회 이슈를 직관적으로 이해할 수 있게 가공한 콘텐츠들이 인기를 얻는다. 사람들은 가공된 콘텐츠를 소비할 때 자신이 정보를 찾고 스스로 생각해 판단한다고 느낀다. 하지만 해당 콘텐츠에는 제작자의 편향된 시각이 반영되어 있어 정보를 받아들이는 대중은 제작자의 시각에 동화된다. 이처럼 사유를 외주화하는 사람들이 많아지면 비슷한 생각을 가진 사람들이 폐쇄적 집단에 머물며 다른 생각을 가진 사람들을 배척하는 상황이 발생한다. 이는 다원화된 민주 사회의 형성을 어렵게 만든다. 디지털 기술이 정보의 소비 선택성과 생산 주체성을 높여 줄 수는 있지만 그 자체가 지성적인 대중을 만드는 것은 아니다. 개인은 지성적 사유의 주체가 되어야 한다.

① 정보 기기에 대한 과도한 의존을 경계한다.
② 정보를 비판적으로 분석하고 평가하는 능력을 함양한다.
③ 문화의 질적 저하 방지를 위해 지나친 상업성을 경계한다.
④ 문화의 다양성 제고를 위해 콘텐츠 생산에 적극적으로 참여한다.
⑤ 표현의 자유를 이유로 타인의 권리를 침해하지 않도록 유의한다.

8. 밑줄 친 ㉠~㉤에 대한 설명으로 옳은 것은? [3점]

> 1970년대에 □□ 국제 시민 단체는 분유를 만드는 ○○ 다국적 기업에 대한 ㉠ 불매 운동을 전개하였다. ㉡ 저개발국에 분유를 무료로 나누어 주는 ○○ 다국적 기업의 공격적 마케팅으로 저개발국의 영아 사망률이 급격히 증가하였기 때문이다. 위생적인 환경이 갖추어지지 않은 저개발국에서 세균에 오염된 물과 젖병으로 인해 설사와 열병이 발생해 많은 아기가 사망하였다. ○○ 다국적 기업에 선의의 의도가 있었을지라도, 무분별한 시장 확대가 ㉢ 저개발국의 영아 건강을 심각하게 위협하는 결과를 초래한 것이다. 이로 인해 ○○ 다국적 기업이 영아 사망에 대해 책임을 져야 한다며 □□ 국제 시민 단체가 전 세계의 소비자들과 ㉣ 집단행동을 시작했다. 이를 계기로 여러 국제 시민 단체는 다국적 기업의 윤리적 책임을 요구하고, 나아가 환경 문제, 자원 문제와 같은 ㉤ 전 지구적 수준의 문제를 해결하기 위한 활동을 지속적으로 전개하고 있다.

① ㉠은 급격한 사회 변동에 저항하기 위해 펼치는 사회 운동이다.
② ㉡은 식량 자원 확보를 위한 국가 간 경쟁이 초래한 문제이다.
③ ㉢은 ○○ 다국적 기업의 이윤 추구를 정당화하는 근거가 된다.
④ ㉣은 사회 체제의 전면적인 변혁을 추구하는 사회 운동이다.
⑤ ㉤은 세계 시민 의식을 바탕으로 하는 조직적인 사회 운동이다.

9. 다음 자료에 대한 설명으로 옳은 것은? (단, A~E는 각각 공유성, 변동성, 전체성, 축적성, 학습성 중 하나임.) [3점]

> 교사 : 문화의 속성 5가지를 모둠별로 서로 다르게 한 가지씩 배정하였습니다. 각 모둠은 배정받은 속성이 부각된 사례를 웹툰 문화에서 찾아 발표해 봅시다.
> 〈1모둠〉 부모가 자녀에게 스마트폰을 활용하여 웹툰 앱을 이용하는 방법을 배우는 것은 A가 부각된 사례입니다.
> 〈2모둠〉 부모 세대에서 웹툰을 만화라고 부르고 만화가 보고 싶을 때 만화방을 떠올리는 것은 B가 부각된 사례입니다.
> 〈3모둠〉 만화책을 보는 사람이 줄어들고 태블릿 PC로 웹툰을 보는 사람이 늘어난 것은 C가 부각된 사례입니다.
> 〈4모둠〉 부모 세대에서 눈으로만 즐기던 만화에 음성 지원, 배경 음악 재생 기능 등이 추가된 현재의 웹툰은 D가 부각된 사례입니다.
> 학생 : 선생님, 〈2모둠〉의 발표 사례는 D가 부각된 것이 아닐까요?
> 교사 : 〈2모둠〉의 사례는 D로도 설명이 가능하지만, 부모 세대에서 만화방을 떠올린다고 했기 때문에 B가 부각된 것이 맞습니다. 〈3모둠〉과 〈4모둠〉은 발표한 사례가 서로 바뀌어야 각 모둠에 배정된 속성이 부각됩니다. 〈1모둠〉은 〈5모둠〉에 배정된 속성이 부각된 사례를 발표했어요. A를 배정받은 〈1모둠〉과 E를 배정받은 〈5모둠〉은 다음 시간에 발표합시다.

① 문화가 한 사회 구성원의 공통된 생활 양식이라는 것을 의미하는 속성은 B가 아니라 A이다.
② 문화가 세대 간 전승되며 더욱 발전되고 풍부해지는 것을 의미하는 속성은 C가 아니라 D이다.
③ 〈1모둠〉에 배정된 속성은 문화의 각 요소들이 상호 유기적으로 연결되어 영향을 주고받는 것을 의미한다.
④ 〈2모둠〉에 배정된 속성은 공유성, 〈5모둠〉에 배정된 속성은 전체성이다.
⑤ 문화가 상징을 통해 후천적으로 학습된다는 것을 의미하는 속성은 〈3모둠〉이 아니라 〈4모둠〉에 배정되었다.

10. 다음 자료에 대한 분석으로 옳은 것은?

> 다음은 □□국 시기별 계층 구성 비율과 연령이 50대인 갑~무의 사회 이동 결과를 세대 간 이동과 세대 내 이동으로 구분하여 나타낸 것이다. 단, 세대 간 이동은 부모 계층과 본인의 현재 계층 비교로, 세대 내 이동은 본인의 24년 전 계층과 현재 계층 비교로 판단한다. A~C는 각각 상층, 중층, 하층 중 하나이다.

〈자료 1〉 시기별 계층 구성 비율(%)

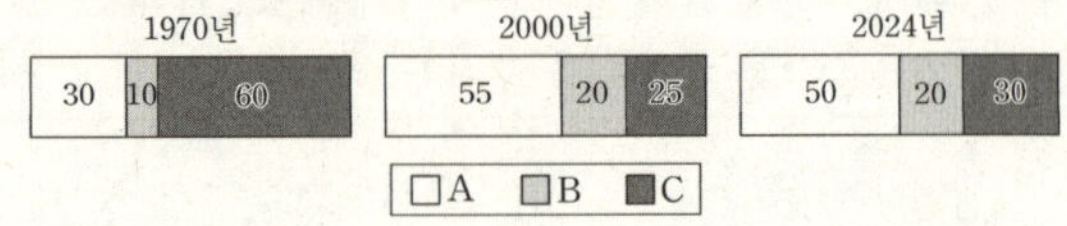

〈자료 2〉 갑~무의 사회 이동 결과

구분		부모 계층 (1970년)		
		A	B	C
본인의 현재 계층 (2024년)	A		정	
	B	을		무
	C	병	갑	

구분		본인의 24년 전 계층(2000년)		
		A	B	C
본인의 현재 계층 (2024년)	A		정	
	B		을	무
	C	갑		병

* 갑의 부모 계층(1970년)은 상층이며, 갑의 세대 간 이동과 세대 내 이동은 모두 하강 이동임.

① 1970년 계층 구조는 2000년 계층 구조보다 사회 안정성이 높다.
② 2000년은 다이아몬드형, 2024년은 모래시계형 계층 구조이다.
③ 을은 세대 간 상승 이동과 세대 내 하강 이동을 하였다.
④ 정은 세대 간 이동과 세대 내 이동 모두 상승 이동을 하였다.
⑤ 병은 세대 간 하강 이동을 하였고, 무는 세대 내 상승 이동을 하였다.

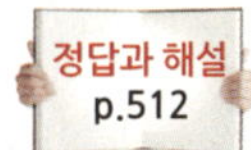

사회탐구 영역 (사회·문화)

11. 다음 자료에 대한 설명으로 옳은 것은?

> ㉠ 대부분의 사회에는 고인(故人)을 떠나보낼 때 치르는 의례가 존재하며, 세계 각지에는 다양한 ㉡ 장례 문화가 있다. ○○족은 깊은 산이나 들녘에 서 있는 ㉢ 나무 위에 시신을 두는 방식으로 장례를 치른다. 어떤 사람들은 이런 방식을 ㉣ 자신의 문화를 기준으로 비인간적이고 기이한 관습이라 폄하한다. 하지만 ○○족의 장례 문화는, 조상의 정령이 후손을 외부의 위험으로부터 보호해 준다는 ㉤ 종교적 믿음의 결과물이다. 이처럼 해당 사회의 맥락에서 각 문화가 갖는 고유한 의미를 파악하려면 [　(가)　] 하는 태도를 지녀야 한다.

① ㉠은 문화의 특수성을 나타낸다.
② ㉡에서 '문화'는 좁은 의미의 문화이다.
③ ㉢은 비물질문화에, ㉤은 물질문화에 해당한다.
④ ㉣과 같은 태도는 국수주의로 변질될 수 있다는 비판을 받는다.
⑤ (가)에는 '자기 문화를 낮추고 타 문화의 우수성을 동경'이 적절하다.

12. 다음 글에서 개인과 사회의 관계를 바라보는 필자의 관점에 대한 옳은 설명만을 〈보기〉에서 고른 것은?

> 계산적 심성은 개인들이 일상에서 결과를 예측하고 최선의 수단을 선택하여 합목적적으로 행동하도록 한다. 국가 관료제에 기반을 둔 행정과 로마법에 기초한 법률은 서구인들로 하여금 합목적적으로 행동하도록 하였다. 이렇게 서구 사회의 행정과 법률에 의해 만들어진 계산적 심성은 근대적 경제 성장을 이끌었다.

<보 기>

ㄱ. 사회에 의해 개인은 구조화된 행동을 한다고 본다.
ㄴ. 사회의 속성은 개인의 속성에 의해 결정된다고 본다.
ㄷ. 사회는 개인 외부에 존재하는 독립적인 실체라고 본다.
ㄹ. 사회는 개인 이익을 실현해 주는 도구일 뿐이라고 본다.

① ㄱ, ㄴ   ② ㄱ, ㄷ   ③ ㄴ, ㄷ   ④ ㄴ, ㄹ   ⑤ ㄷ, ㄹ

13. 갑~병이 사용한 자료 수집 방법에 대한 설명으로 옳은 것은? [3점]

> ○ 갑은 청소년이 휴대 전화에 부여하는 의미를 파악하기 위해 ○○ 고등학교 학생의 일상생활을 관찰한 연구 기관의 보고서를 분석함. 이후 휴대 전화 의존도가 높은 학생들에게 질문하여 사용 용도와 중독 증상 등에 대한 이야기를 깊이 있게 나누고 이 과정을 녹음함.
> ○ 을은 팬덤 문화 연구를 위해 ☆☆ 야구단의 팬클럽에 가입하여 6개월간 회원들과 경기를 관람하며 그들의 대화와 응원 모습을 기록함. 이후 아이돌 팬클럽의 열성팬을 대상으로 그들만의 친밀한 관계를 형성한 경험을 직접 듣고 심층적인 자료를 얻음.
> ○ 병은 대학생의 정치 성향과 정치 참여 연구를 위해 대학생 500명을 대상으로 구조화된 문항에 응답하도록 함. 또한 선거 관련 기관이 발간한 대학생 정치 성향 면접 조사 자료집을 분석하여 대학생의 정치 참여 과정을 연구함.

① 갑과 달리 을은 표준화된 도구로 대량의 자료를 획득하기 용이한 자료 수집 방법을 사용하였다.
② 병과 달리 갑은 인위적으로 통제된 상황에서 변수의 효과를 관찰하는 자료 수집 방법을 사용하였다.
③ 갑과 을 모두 현지에서 연구 대상자와 함께 생활하며 관심을 갖는 연구 현상을 관찰하는 자료 수집 방법을 사용하였다.
④ 갑과 병 모두 기존의 연구 결과물을 자신의 연구에 활용하는 자료 수집 방법을 사용하였다.
⑤ 을과 병 모두 연구 대상자와의 정서적 교감 형성을 중시하는 자료 수집 방법을 사용하였다.

14. 다음은 일탈 이론 A~D를 구분하는 질문에 대한 학생의 분류와 교사의 채점 결과이다. 이에 대한 설명으로 옳은 것은? (단, A~D는 각각 뒤르켐의 아노미 이론, 머튼의 아노미 이론, 차별 교제 이론, 낙인 이론 중 하나임.) [3점]

※ 질문에 따라 A, B, C, D를 '예', '아니요'로 분류하여 해당하는 칸에 적으시오.

질문	예	아니요	채점 결과
일탈자가 부정적 자아를 내면화하는 과정에 주목하는가?	B, C	A, D	3점
타인과의 상호 작용이 일탈에 미치는 영향을 강조하는가?	B, D	A, C	2점
일탈을 규정하는 객관적인 기준이 존재한다고 보는가?	B, D	A, C	1점
문화적 목표와 제도적 수단 간의 괴리가 일탈의 원인이라고 보는가?	B, C	A, D	3점

* 질문별로 채점하며, 맞게 적은 이론에는 각 1점을, 틀리게 적은 이론에는 각 0점을 부여함. 질문별 만점은 4점임.

① A의 사례로 신입 사원이 비리를 저지르는 회사 선배들과 어울리면서 죄의식이 사라져 부정행위를 같이 하는 경우를 들 수 있다.
② B의 사례로 한탕주의로 쉽게 돈을 버는 사람을 보고 부자가 되고 싶은 실업자가 불법 도박에 빠지는 경우를 들 수 있다.
③ C의 사례로 학교 폭력 가해 사실로 징계를 받은 학생이 스스로를 문제아로 인식하고 범죄를 저지르는 경우를 들 수 있다.
④ B와 달리 D는 정상 집단과의 교류를 일탈의 해결책으로 본다.
⑤ D와 달리 A는 사회 규범의 통제력 강화를 일탈의 해결책으로 본다.

15. 다음 자료에 대한 분석으로 옳은 것은? (단, A, B는 각각 공공 부조와 사회 보험 중 하나임.)

> 갑국에는 사회 보장 제도 A, B만 존재하며, A, B는 우리나라의 사회 보장 제도와 동일하다. A는 사전 예방적 성격이 강한 제도이고, B는 사후 처방적 성격이 강한 제도이다.
> 표는 갑국의 (가)~(다) 지역별 전체 인구 중 A, B 수급자 비율 및 비(非)수급자 비율을 나타낸 것이다. 비(非)수급자는 A나 B 중 어느 것도 받지 않는 사람으로서, A나 B의 복지 혜택이 필요하지만 수급 자격 조건에 미달하여 받지 못하는 사람(탈락자)과 비(非)수급자에서 탈락자를 제외한 사람(비(非)탈락자)으로 구성된다. 단, (가)~(다) 지역의 중복 수급자 수는 동일하다.

(단위 : %)

구분	A 수급자	B 수급자	중복 수급자	비(非)수급자 탈락자	비(非)수급자 비(非)탈락자
(가) 지역	73	20	㉠	12	10
(나) 지역	72	28	15	5	㉡
(다) 지역	50	㉢	10	8	32

* 중복 수급자 : A 수급자이면서 동시에 B 수급자인 사람

① ㉠은 (나) 지역의 선별적 복지의 성격이 강한 제도에만 해당하는 수급자 비율보다 작다.
② ㉡은 (가) 지역의 부정적 낙인이 발생할 수 있는 제도에만 해당하는 수급자 비율과 같다.
③ ㉢은 (다) 지역의 상호 부조의 원리가 적용되는 제도에만 해당하는 수급자 비율의 2배이다.
④ (가) 지역의 탈락자 수보다 (나) 지역의 비(非)탈락자 수가 많다.
⑤ 금전적 지원을 원칙으로 하는 제도의 수급자 수는 (다) 지역이 가장 많다.

사회탐구 영역 (사회·문화)

16. 다음 자료에 대한 옳은 설명만을 〈보기〉에서 고른 것은? (단, A, B는 각각 기능론과 갈등론 중 하나임.) [3점]

<확인 평가>

○ 제시된 '진위 판단'에 부합하도록 빈칸을 채워 진술을 완성하시오.

진위 판단	진위 판단에 부합하는 진술	채점 결과
참	A와 달리 B는 <u>희소 자원의 차등 분배가 개인의 성취동기에 긍정적으로 작용한다고 본다.</u>	0점
거짓	B와 달리 A는 (가)	㉠

* 교사는 완성한 진술별로 채점하고, 제시된 '진위 판단'에 부합하도록 진술을 완성한 경우에는 1점을, 그렇지 않은 경우에는 0점을 부여함.

─〈보 기〉─

ㄱ. A는 직업 유형 간 사회적 중요도의 차이가 없다고 본다.
ㄴ. B는 사회 불평등 현상을 제거해야 하는 대상이라고 본다.
ㄷ. (가)에 '개인의 귀속적 요인이 사회 불평등에 미치는 영향력을 중시한다.'가 들어간다면, ㉠은 '0점'이다.
ㄹ. ㉠이 '1점'이라면, (가)에 '사회적 희소가치의 분배 기준은 사회 전체가 합의한 것이라고 본다.'가 들어갈 수 없다.

① ㄱ, ㄴ　② ㄱ, ㄷ　③ ㄴ, ㄷ　④ ㄴ, ㄹ　⑤ ㄷ, ㄹ

17. 다음 자료에 대한 설명으로 옳은 것은? [3점]

　□□국은 소수이지만 지배층을 이루는 A족과 다수이지만 지배를 받는 B족으로 구성되어 있었다. A족 출신 직업 군인인 갑은 ㉠<u>자신에게 주어진 업무 처리를 위해 철저히 준비하여 조직에서 우수한 성과를 내었다.</u> 빠른 진급을 하며 승승장구하던 갑은 훈련 도중 불의의 사고로 장애 판정을 받아 더 이상 군 생활을 할 수 없었다. 이후 다른 직종에 취업하려 했으나 장애인에 대한 사회적 편견으로 인해 늘 거절당했다. 갑이 생활의 어려움을 겪던 중 □□국에서 대다수를 이루는 B족이 권력을 장악하게 되었다. B족은 권력의 정통성을 확보하기 위해 A족에게 인종 차별 정책을 시행하였다. 인종 차별까지 겪은 갑은 ㉡<u>□□국에서 생활을 계속해야 할지 차별이 없는 다른 나라로 이주해야 할지 고민하였다.</u>

① ㉠은 갑의 예기 사회화이다.
② ㉡은 갑의 역할 갈등이다.
③ 갑은 생득적 요인과 후천적 요인에 따른 차별을 모두 경험하였다.
④ A족과 달리 B족은 수적인 열세로 인해 차별을 받았다.
⑤ B족과 달리 A족은 사회적 소수자 우대 정책으로 역차별을 받았다.

18. 다음 글에서 사회 변동의 방향을 바라보는 필자의 관점에 대한 옳은 설명만을 〈보기〉에서 고른 것은?

　인간이 찾아낸 과학적 지식은 자연이 가하는 제약으로 만들어진 원시적인 미신과 선입견, 오류를 극복하는 과정에서 축적되고 정해진 하나의 방향을 향해 진전하며 확장한다. 문명의 전개도 근대 과학의 이러한 과정과 유사하다.

─〈보 기〉─

ㄱ. 서구 중심적 사고라는 비판을 피하기 어렵다.
ㄴ. 사회 변동 방향을 예측하여 대응하기 어렵다.
ㄷ. 지속적으로 발전하는 사회를 설명하기 용이하다.
ㄹ. 인류 문명의 흥망성쇠 역사를 설명하기 용이하다.

① ㄱ, ㄴ　② ㄱ, ㄷ　③ ㄴ, ㄷ　④ ㄴ, ㄹ　⑤ ㄷ, ㄹ

19. 다음 자료에 대한 설명으로 옳은 것은?

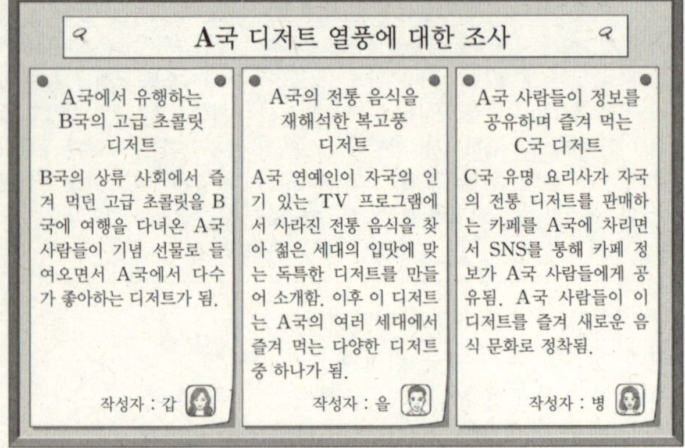

① 갑이 작성한 내용에는 문화 동화가 나타난다.
② 을이 작성한 내용에는 자발적 문화 접변이 나타난다.
③ 병이 작성한 내용에는 직접 전파가 나타난다.
④ 갑과 달리 을, 병이 작성한 내용에는 문화 공존이 나타난다.
⑤ 갑, 을과 달리 병이 작성한 내용에는 문화 융합이 나타난다.

20. 다음 자료에 대한 설명으로 옳은 것은? [3점]

　갑국 t년의 부양 인구(15 ~ 64세 인구)는 노년 인구의 7배이며, 노령화 지수는 50이다. 표는 기간별 인구 변화 양상을 나타낸 것으로 A 기간은 t년 대비 t+30년으로, B 기간은 t+30년 대비 t+50년으로 하여 분석하였다. 단, A 기간과 B 기간 동안 전체 인구의 변화는 없다.

구분	A 기간	B 기간
노령화 지수 증가율(%)	60	50
노년 인구 증가율(%)	100	50

* 노령화 지수 = $\dfrac{\text{노년 인구(65세 이상 인구)}}{\text{유소년 인구(0~14세 인구)}} \times 100$

<조건>

○ 노동력 부족 정도, 세대 간 갈등 정도, 양육에 대한 사회적 부담 정도는 아래의 조건으로만 각각 판단한다.
　1. 노동력 부족 정도는 부양 인구와 부(−)의 관계에 있다.
　2. 세대 간 갈등 정도는 노년 부양비와 정(+)의 관계에 있다.
　3. 양육에 대한 사회적 부담 정도는 유소년 부양비와 정(+)의 관계에 있다.

* 노년(유소년) 부양비 = $\dfrac{\text{노년(유소년) 인구}}{\text{부양 인구}} \times 100$

① A 기간에 유소년 인구는 감소하고 노년 인구는 증가하였다.
② B 기간에 부양 인구와 노년 인구는 모두 증가하였다.
③ A 기간과 B 기간에 증가한 노년 인구는 동일하다.
④ 양육에 대한 사회적 부담 정도는 t+50년보다 t+30년이 크다.
⑤ 노동력 부족 정도는 t+50년보다 t+30년이, 세대 간 갈등 정도는 t+30년보다 t+50년이 크다.

※ 확인 사항
○ 답안지의 해당란에 필요한 내용을 정확히 기입(표기)했는지 확인하시오.

2026학년도 대학수학능력시험 6월 모의평가 문제지

사회탐구 영역 (사회·문화)

성명 [   ]   수험번호 [   ] − [   ]

---

1. 밑줄 친 ㉠~㉢과 같은 현상의 일반적인 특징에 대한 설명으로 옳은 것은?

> 산타의 썰매를 끄는 ㉠루돌프 이야기는 순록의 붉은 코를 재미있게 표현한 상상력의 산물이다. ㉡순록의 코에는 모세혈관이 촘촘하게 분포되어 있어 혈액 순환을 활발하게 하고 ㉢먹이를 찾는 감각과 체온을 유지하는 데 도움을 준다. 순록을 유목하는 사람들은 순록의 붉은 코가 ㉣짝짓기 시기에 상대를 유인하는 신호로 쓰인다고 추측하기도 한다.

① ㉠과 같은 현상은 몰가치적이다.

② ㉡과 같은 현상은 개연성의 원리가 적용된다.

③ ㉠과 같은 현상에 비해 ㉢과 같은 현상은 특수성이 강하다.

④ ㉣과 같은 현상에 비해 ㉡과 같은 현상은 인과 관계가 불분명하다.

⑤ ㉢과 같은 현상과 ㉣과 같은 현상은 모두 경험적 자료로 연구할 수 있다.

2. 다음 글에서 개인과 사회의 관계를 바라보는 필자의 관점에 대한 옳은 설명만을 〈보기〉에서 고른 것은? [3점]

> 의례는 삶에서 일어나는 중요한 변화에 대응해야 할 때 구성원의 결속을 재확인시켜 준다. 예컨대 장례는 사회 구성원이 애도를 표현하고, 유족이 변화된 환경에 적응할 수 있게 도와주는 의미를 지닌다. 애도 행위는 단순히 개인의 마음에서 우러나는 자발적 행위가 아니라 구성원으로서 마땅히 따라야 할 사회적 규범에 의한 행위이다.

〈보 기〉

ㄱ. 사회가 개인의 외부에 존재하는 실체라고 본다.

ㄴ. 개인은 사회에 의해 구조화된 행동을 한다고 본다.

ㄷ. 사회 규범은 개인들이 옳다고 믿기에 존재한다고 본다.

ㄹ. 사회의 속성을 개인의 속성으로 환원할 수 있다고 본다.

① ㄱ, ㄴ　② ㄱ, ㄷ　③ ㄴ, ㄷ　④ ㄴ, ㄹ　⑤ ㄷ, ㄹ

3. (가), (나)에 나타난 문화 변동에 대한 설명으로 옳은 것은?

> (가) 갑국은 을국을 식민 지배하며 갑국의 종교와 의복을 을국 국민에게 강제하였다. 그 결과 을국 전통 의복은 갑국의 것으로 대체되었고, 현재는 박물관에서만 접할 수 있게 되었다. 한편 종교의 경우, 을국의 문화 복고 운동의 영향으로 을국 전통 종교가 갑국 종교와 결합하여 새로운 종교가 나타났다.
>
> (나) 병국을 침략한 정국은 포로로 잡아온 도공에게 도자기 제작을 강요하여 획득한 병국 도자기 기술을 널리 활용하게 되었다. 정국은 무국에 도자기를 수출하였는데, 도자기 포장지에는 정국 고유의 독특한 화풍이 담긴 그림이 그려져 있었다. 이에 영향을 받은 무국 화가들은 자신들의 화풍에 이를 접목하여 새로운 미술 사조를 탄생시켰다.

① (가)에서는 내재적 요인으로 인해 문화 변동이 나타났다.

② (나)에서는 자극 전파로 인해 문화 변동이 나타났다.

③ (가)에서와 달리 (나)에서는 문화 융합이 나타났다.

④ (나)에서와 달리 (가)에서는 문화 동화가 나타났다.

⑤ (가)와 (나)에서는 모두 강제적 문화 접변이 나타났다.

---

4. 사회·문화 현상을 바라보는 갑~병의 관점에 대한 설명으로 옳은 것은? [3점]

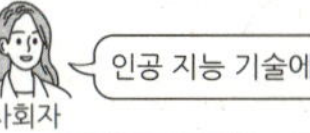

① 갑의 관점은 기득권층의 이익을 옹호하는 논리로 이용된다는 비판을 받는다.

② 을의 관점은 개인의 행동이 상황에 대한 주관적 해석에 기초하여 이루어진다고 본다.

③ 갑의 관점과 달리 을의 관점은 행위자의 능동성을 강조한다.

④ 을의 관점과 달리 병의 관점은 사회적 갈등을 균형 회복을 위한 일시적 과정으로 본다.

⑤ 병의 관점과 달리 갑의 관점은 개인에 대한 사회 구조의 영향력을 간과한다는 비판을 받는다.

5. 다음 글에 나타난 갑국의 '스케이트보드 문화'에 대한 옳은 설명만을 〈보기〉에서 고른 것은?

> 갑국의 스케이트보드 문화는 파도타기를 즐기는 사람들이 바다에서 서핑을 할 수 없을 때 육지에서도 즐길 수 있도록 바퀴 달린 보드를 고안한 것에서 비롯되었으며, 1950년대 일부 젊은이들 사이에서 유행하였다. 1970년대에는 공격적인 스케이트보딩을 선보이는 팀이 등장하고, 펑크 록 음악과 결합하여 기성세대에 대한 저항을 상징하는 스케이트보드 문화가 형성되었다. 스케이트보더들은 공공장소에서 스케이트보딩을 금지하는 정부의 규제와 위험하고 난폭하다는 기성세대의 비판에도 불구하고 스케이트보딩을 지속하였다. 1990년대 이후 스케이트보드는 대중 매체에 의해 소개되며 주목을 받기 시작하였다. 스케이트보드 문화는 스케이트보드 패션의 유행, 스케이트보드 관련 TV 프로그램의 선풍적인 인기, 올림픽 정식 종목 채택 등으로 인하여 모든 세대가 즐기는 문화가 되었다.

〈보 기〉

ㄱ. 1950년대에 반문화였다.

ㄴ. 1970년대에 하위문화였다.

ㄷ. 1990년대 이후 대중문화의 상업성을 비판하는 상징으로 여겨졌다.

ㄹ. 하위문화가 주류 문화로 변화한 사례이다.

① ㄱ, ㄴ　② ㄱ, ㄷ　③ ㄴ, ㄷ　④ ㄴ, ㄹ　⑤ ㄷ, ㄹ

6. 다음 자료에 대한 옳은 설명만을 〈보기〉에서 고른 것은? (단, A~C는 각각 자문화 중심주의, 문화 사대주의, 문화 상대주의 중 하나임.) [3점]

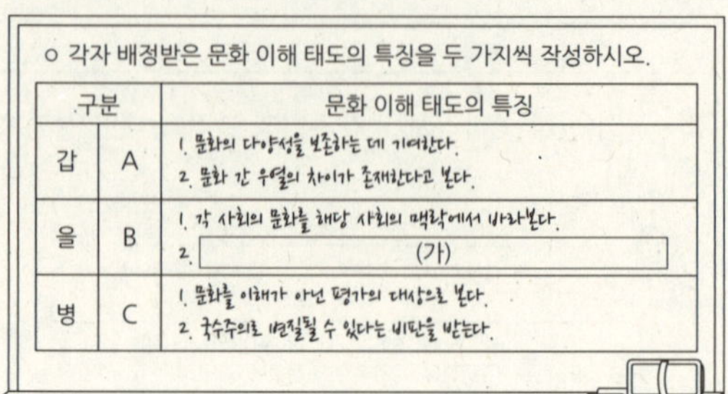

< 보 기 >

ㄱ. ㉠은 '을'이다.

ㄴ. B와 달리 A는 자문화의 정체성을 상실할 가능성이 크다 는 비판을 받는다.

ㄷ. C에 비해 B는 타문화를 무비판적으로 수용할 가능성이 크다.

ㄹ. (가)에는 '문화 제국주의로 변질될 수 있다는 비판을 받는다.' 가 들어갈 수 있다.

① ㄱ, ㄴ ② ㄱ, ㄷ ③ ㄴ, ㄷ ④ ㄴ, ㄹ ⑤ ㄷ, ㄹ

7. 사회 불평등 현상을 바라보는 갑, 을의 관점에 대한 설명으로 옳은 것은?

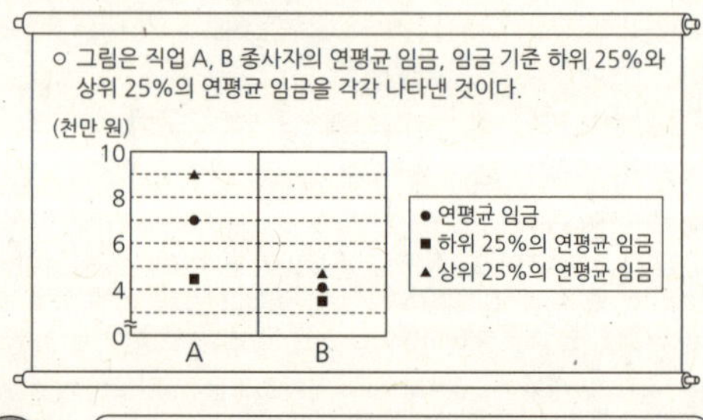

① 갑의 관점은 사회적 희소 자원의 차등 분배로 기존의 사회 불평 등 구조가 재생산된다고 본다.

② 을의 관점은 사회적 희소 자원의 균등 분배가 인재를 적재적소 에 배치하는 데 어려움을 초래한다고 본다.

③ 갑의 관점과 달리 을의 관점은 사회 불평등이 불가피한 현상이 라고 본다.

④ 을의 관점과 달리 갑의 관점은 개인의 귀속적 요인이 사회 불평 등에 미치는 영향을 중시한다.

⑤ 을의 관점과 달리 갑의 관점은 사회적 희소 자원의 분배 기준을 사회 전체가 합의한 것이라고 본다.

8. 밑줄 친 ㉠~⑭에 대한 설명으로 옳은 것은? [3점]

① ㉠은 갑의 역할에 대한 보상이다.

② ㉡, ㉣은 모두 성취 지위에 해당한다.

③ ㉢, ㉥은 모두 공식적 사회화 기관에 해당한다.

④ ㉤은 비공식 조직, ㉥은 공식 조직에 해당한다.

⑤ ㉦은 2차 집단, ㉧은 1차 집단에 해당한다.

[9~10] 다음 자료를 읽고 물음에 답하시오.

연구자 갑은 고령층의 인간 관계와 디지털 기기 활용 교육을 연구 주제 로 선정하고 관련 연구를 검토하였다. 갑은 디지털 기기 활용 교육이 고 령층의 온라인 공간에서의 인간 관계에 긍정적인 영향을 미칠 것이라는 가설을 설정하였다. 갑은 ㉠65세 이상 고령층 남녀 1,000명을 연구 대상 자로 무작위 선정하여 설문 조사를 실시하였다. 조사 문항에는 디지털 기 기 활용 교육 이수 여부 및 이수 시간, ㉡가족, 친척, 친구 등 이미 알고 있는 사람과의 온라인 공간에서의 친밀도(5점 척도), ㉢온라인을 통해서 새롭게 알게 된 사람과의 온라인 공간에서의 친밀도(5점 척도) 등이 포함 되었다. 갑은 ㉣수집한 자료를 분석하여 연구 결과를 발표하였다.

연구자 을은 디지털 기기 활용 교육과 온라인 공간에서의 인간 관계에 대한 선행 연구를 검토한 후, 고령층을 대상으로 연구를 진행하였다. 을 은 노인 복지관을 방문하여 디지털 기기 ㉤활용 교육을 받은 경험이 있 는 10명, ㉥활용 교육을 받은 경험이 없는 10명을 연구 대상자로 선정하 였다. 을은 두 달에 걸쳐서 1인당 2회 이상 이들을 만나 깊이 있는 대화 를 나누고 이 과정을 녹음하였다. 조사 내용에는 온라인 공간에서 인간 관계의 의미, 인간 관계 형성의 양상, 디지털 기기 활용 교육에 따른 온라 인 공간에서의 인간 관계의 변화 등이 포함되었다. 을은 ㉦녹취한 자료를 해석하여 연구 결과를 도출하였다.

9. 위 연구에 대한 설명으로 옳은 것은? [3점]

① 갑의 연구에서 모집단은 ㉠이다.

② 갑의 연구에서 ㉡, ㉢은 모두 종속 변수의 조작적 정의에 해당 한다.

③ 을의 연구에서 ㉤은 실험 집단, ㉥은 통제 집단이다.

④ 갑의 연구에서 ㉣ 단계, 을의 연구에서 ㉦ 단계는 모두 연구자의 가치 개입이 허용된다.

⑤ 갑의 연구와 달리 을의 연구는 방법론적 일원론을 전제로 하여 수행되었다.

10. 위 연구에서 갑, 을이 사용한 자료 수집 방법의 일반적인 특징 에 대한 설명으로 옳은 것은?

① 갑과 달리 을은 기존 연구 동향 파악에 유리한 자료 수집 방법 을 사용하였다.

② 갑과 달리 을은 표준화된 도구의 사용이 필수적인 자료 수집 방 법을 사용하였다.

③ 을에 비해 갑은 연구 대상자의 반응에 유연한 대처가 용이한 자 료 수집 방법을 사용하였다.

④ 을과 달리 갑은 실제성이 높은 생생한 자료를 확보하기에 용이 한 자료 수집 방법을 사용하였다.

⑤ 갑과 을은 모두 연구 대상자의 주관적 인식을 파악할 수 있는 자 료 수집 방법을 사용하였다.

사회탐구 영역 (사회·문화)

11. (가)에 들어갈 수 있는 내용으로 가장 적절한 것은?

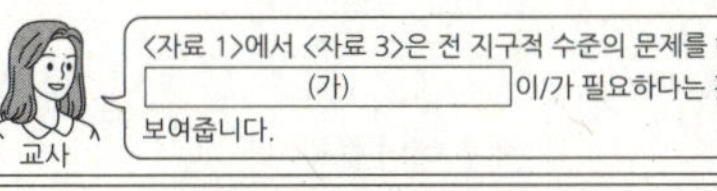

<자료 1> 정치적·사회적 불안정으로 인하여 세계 곳곳에서 벌어지는 전쟁과 테러의 위협을 후손에게 고스란히 넘겨주어야 하는 비극적 상황에 처해 있다.

<자료 2> 무한할 것 같았던 에너지 자원은 미래에도 우리 사회가 현재의 경제 성장 수준을 유지할 수 있을지 걱정스러울 정도로 얼마 남지 않았다.

<자료 3> 대량 생산과 대량 소비로 인해 발생한 환경 문제와 기후 위기는 다음 세대도 살아가야 할 터전의 소실을 걱정해야 할 만큼 심각한 상태이다.

① 개별 국가의 자율성 강화

② 신기술 개발을 위한 초국가적 대응

③ 미래 세대의 삶에 대한 관심과 배려

④ 문화 다양성을 바탕으로 한 공존의 문화 구축

⑤ 인간과 자연이 더불어 살아가야 한다는 인식의 강화

12. 다음 자료에 대한 분석으로 옳은 것은? [3점]

갑국의 계층은 A, B, C로 구분되며, A~C는 각각 상층, 중층, 하층 중 하나이다. A에서 B로의 수직 이동과 A에서 C로의 수직 이동의 방향은 같다. 상승 이동을 통해 B에 진입하는 사람은 존재할 수 없다. t년에 갑국의 A, B, C 계층의 인구 구성비는 1 : 6 : 3이다. 그림은 t+50년과 t+100년 갑국 계층의 인구 구성 비율을 나타낸 것이다.

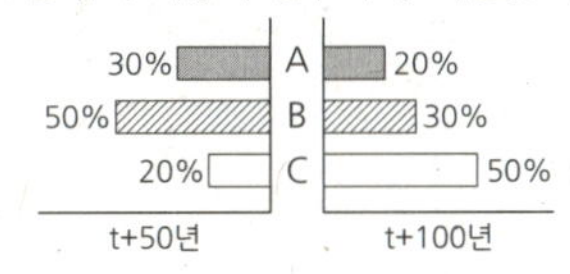

① t년에 중층 인구 비율은 하층 인구 비율의 2배이다.

② t+50년의 계층 구조는 피라미드형이다.

③ 상층 인구 대비 하층 인구의 비는 t년보다 t+100년이 작다.

④ t년은 폐쇄적 계층 구조, t+100년은 개방적 계층 구조이다.

⑤ t+100년에 비해 t+50년의 계층 구조가 사회 안정에 유리하다.

13. 다음 글의 필자가 강조하는 사회 운동의 특징으로 가장 적절한 것은?

사회 운동은 문제의 원인과 해결 방안에 대한 일반화된 믿음 없이 산발적으로 나타나는 집단행동에서 비롯한다. 참여자 사이에서 이슈에 대한 공통된 인식이 형성되면, 행동의 조직화가 요구된다. 중요한 역할을 하고 있거나 참여자들이 인정하는 사람들을 중심으로 조직이 결성되고, 참여자는 더욱 증가한다. 따라서 집단적인 행동과 의사 표현이 일관되고 지속되도록, 조직은 필요한 자원을 동원하고 참여자에게 구체적인 역할을 부여한다. 필요한 경우에는 다른 사회 운동 단체와의 사회적 연결망을 구축하기도 한다. 이러한 과정은 사회 운동의 성패를 좌우할 만큼 중요하다.

① 다수의 자발적인 행동에 기반하여 유지된다.

② 목표 달성을 위해 체계적인 조직이 필요하다.

③ 목표와 활동 방향을 정당화하는 이념을 가지고 있다.

④ 특정 집단의 이익을 추구하는 반사회적 집단행동이다.

⑤ 현재의 사회 체제를 근본적으로 바꾸는 것을 지향한다.

14. 일탈 이론 A~C에 대한 설명으로 옳은 것은? (단, A~C는 각각 뒤르켐의 아노미 이론, 차별 교제 이론, 낙인 이론 중 하나임.) [3점]

[서술형 문항] 이름 : ○○○

최근 급증하고 있는 온라인 공간에서의 일탈 행동 원인을 A~C의 입장에서 설명하시오.

구분	일탈 행동의 원인
A	새로운 기술의 등장으로 사회 변화가 매우 빠르게 진행되어, 온라인 공간에서의 활동에 대한 규범이 미처 정립되지 않았기 때문이다.
B	온라인 공간에서는 경미한 일탈조차 수많은 사람들의 비난의 대상이 되고, 이러한 부정적 평가를 내면화하였기 때문이다.
C	온라인 범죄를 반복적으로 저지르고 있는 친구들과 자주 어울리면서 온라인 공간에서의 일탈을 정당화하는 태도를 학습하였기 때문이다.

[교사의 평가] A~C 입장에서 모두 옳게 설명하였음.

① A는 문화적 목표를 달성할 수 있는 합법적 수단의 확대를 강조한다.

② B는 2차적 일탈이 발생하는 과정에 주목한다.

③ C는 차별적인 사회적 제재를 최소화하면 일탈 행동을 줄일 수 있다고 본다.

④ A와 달리 B는 객관적 기준에 의해 일탈 행동을 규정할 수 있다고 본다.

⑤ C와 달리 A는 타인과의 상호 작용을 통해 일탈자가 되어 가는 과정에 주목한다.

15. 다음 자료에 대한 분석으로 옳은 것은? (단, A, B는 각각 공공 부조, 사회 보험 중 하나임.) [3점]

갑국에는 사회 보장 제도 A, B만 존재하며, A, B는 우리나라의 사회 보장 제도와 동일하다. 갑국은 (가), (나) 지역으로만 구성되며, (가) 지역 인구는 (나) 지역 인구의 2배이다. 〈자료 1〉은 두 가지 질문을 통해 A, B를 구분한 것이고, 〈자료 2〉는 갑국의 지역별 수급자 현황의 일부이다. 단, A 수급자 수 대비 중복 수급자 수의 비율은 (가) 지역이 10%, (나) 지역이 20%이다.

〈자료 1〉

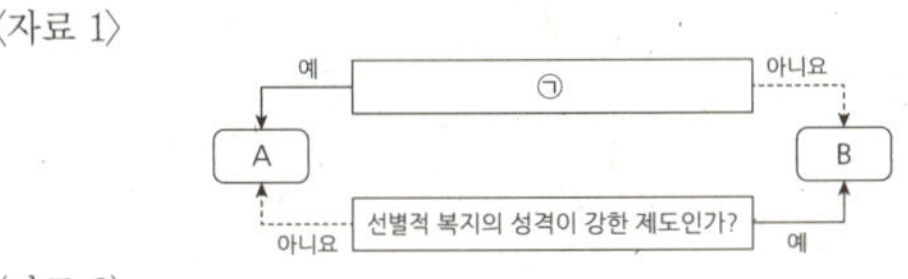

〈자료 2〉

(단위 : %)

구분	(가) 지역	(나) 지역
비(非)수급자 비율	18	20
중복 수급자 비율	8	15

* 비(非)수급자 : A나 B 어느 것도 받지 않는 사람

** 중복 수급자 : A 수급자이면서 동시에 B 수급자인 사람

*** 비수급자(중복 수급자) 비율(%) = $\dfrac{\text{해당 지역 비수급자(중복 수급자)수}}{\text{해당 지역 인구}} \times 100$

① ⊙에는 '소득 재분배 효과가 있는가?'가 들어갈 수 있다.

② A와 달리 B는 상호 부조의 원리가 적용된다.

③ B 수급자 수는 (나) 지역이 (가) 지역보다 많다.

④ 강제 가입의 원칙이 적용되는 제도의 수급자 비율은 (가) 지역이 (나) 지역보다 낮다.

⑤ 사후 처방적 성격이 강한 제도의 수급자 비율은 (나) 지역이 (가) 지역의 2배이다.

정답과 해설 p.517

사회탐구 영역 (사회·문화)

16. 사회 변동 이론 A, B 중 하나의 입장에서 일관되게 응답한 학생은?(단, A, B는 각각 진화론, 순환론 중 하나임.)

> A : 사회는 지속적으로 진보하는 것이 아니라, 주기적으로 동일한 과정을 반복한다고 본다.
> B : 사회가 단계적으로 변동하며, 모든 단계는 이전 단계보다 복잡하고 분화된 것이라고 본다.

질문 \ 학생	갑	을	병	정	무
서구 중심적인 사고라는 비판을 받는가?	○	○	×	×	○
운명론적 시각에서 사회 변동을 설명하는가?	×	○	○	○	×
사회가 일정한 방향으로 변동한다고 보는가?	○	×	○	×	○
흥망성쇠를 거듭한 국가의 사례를 설명하기에 적합한가?	×	○	×	×	○

(○ : 예, × : 아니요)

① 갑 ② 을 ③ 병 ④ 정 ⑤ 무

17. 다음 글에서 강조하는 빈곤의 유형에 대한 옳은 설명만을 〈보기〉에서 있는 대로 고른 것은? [3점]

> 인간은 무인도에 고립되어 사는 로빈슨 크루소가 아니다. 인간은 사회적 관계 속에서 영향을 받으며 존재하고 생활하는 사회적 동물이다. 빈곤은 개인적 생존의 문제일 뿐 아니라 개인들이 생활하는 사회의 차원에서 발생하는 문제이다. 즉 개인의 일상생활은 물론 생명과 건강 유지에 필요한 재화나 서비스조차도 사회 속에서 영향을 받는다. 따라서 빈곤을 인간다운 삶을 유지하기 위한 최소한의 조건을 충족하지 못한 상태로 규정하기보다는, 사회 구성원이 보편적으로 누리는 생활 수준을 유지하는 데 필요한 자원이 부족한 상태로 보아야 한다.

〈보 기〉

ㄱ. 소득 수준이 높은 국가에서도 나타날 수 있다.
ㄴ. 경제가 성장할수록 빈곤을 판단하는 기준 금액이 적어지는 경향이 있다.
ㄷ. 사회 구성원들의 소득 분포를 고려하지 않는 개념이라는 평가를 받는다.

① ㄱ ② ㄴ ③ ㄱ, ㄷ ④ ㄴ, ㄷ ⑤ ㄱ, ㄴ, ㄷ

18. A, B의 일반적인 특징에 대한 설명으로 옳은 것은? (단, A, B는 각각 관료제, 탈관료제 중 하나임.)

> ○○기업은 설립 초기 A의 운영 원리를 도입하여 고정된 부서나 직책 없이 유동적인 프로젝트 팀 중심으로 조직을 운영하였다. 이를 통해 구성원의 자율성이 보장되고 환경 변화에 유연한 대처가 가능하였다. 그러나 회사의 규모가 확대되면서 책임과 권한의 소재가 불분명하여 프로젝트 우선순위를 결정하는 데 어려움을 겪었다. 이러한 문제를 극복하기 위해 ○○기업은 B의 운영 원리를 도입하였다. B의 운영 원리는 역할과 책임을 명확히 규정하고 구성원 간 협력도 일정한 틀 안에서 이루어지도록 하여 보다 안정적으로 조직을 운영하는 것이다.

① A와 달리 B는 공식적 규범에 의해 구성원을 통제한다.
② A와 달리 B는 효율적인 목표 달성이 조직 운영의 핵심이다.
③ B에 비해 A는 능력과 업적에 따른 보상 체계를 중시한다.
④ B에 비해 A는 목적과 수단의 전치 현상이 나타날 가능성이 높다.
⑤ A, B는 모두 상향식 의사 결정 방식이 지배적이다.

19. 밑줄 친 ㉠~㉥에 대한 설명으로 옳은 것은? [3점]

> 우리의 문화유산 × | +
>
> **제주 해녀 문화**
>
> 
>
> 해녀는 ㉠ 상군*이나 동료 해녀를 관찰하고, 그들에게 경험을 들으면서 물질**을 익힌다. 이러한 과정을 통해 물질에 필요한 지식뿐만 아니라 ㉡ 해녀 문화를 공유하고 공동체에 대한 책임감도 배운다.
>
> 해녀는 테왁, 망사리, 빗창 등과 같은 ㉢ 도구를 사용하고, 자연 친화적인 방법으로 해산물을 채취한다. 이들은 매년 물질에 들어가기 전에 잠수굿을 하여 풍요와 안전을 기원한다. ㉣ 잠수굿은 지역 주민에게 자연스럽고 익숙한 풍습이며, 지역 특유의 ㉤ 민간 신앙이다. 해녀들이 바다에서 위험을 감수하며 이어온 ㉥ 물질은 지역 사회의 공동체 의식, 경제 활동 등 생활 영역 전반에 영향을 미쳤다.
>
> * 상군 : 물질 경험이 풍부하여 노련하고 기량이 뛰어난 해녀
> ** 물질 : 해녀가 바다에 잠수하여 해산물을 채취하는 행위

① ㉠에는 문화가 고정된 것이 아니라 변화한다는 속성이 부각되어 있다.
② ㉡에서 '문화'는 좁은 의미로 사용되었다.
③ ㉢, ㉤은 모두 비물질문화에 해당한다.
④ ㉣에는 문화가 구성원들의 사고와 행동에 동질성을 갖게 한다는 속성이 부각되어 있다.
⑤ ㉥에는 문화가 후천적으로 학습된다는 속성이 부각되어 있다.

20. 다음 자료에 대한 옳은 분석만을 〈보기〉에서 고른 것은?

> 인구 구조의 변화는 경제 성장과 세대 간 갈등에 영향을 미칠 수 있다. ㉠ 연구 결과에 따르면 부양 인구(15~64세 인구)가 감소할수록 경제 성장 동력은 약화되며, 노년 부양비가 커질수록 세대 간 갈등이 심해진다.
>
> 갑국의 t+100년 전체 인구와 을국의 t년 전체 인구는 동일하다. 을국에서 t+100년의 전체 인구는 t년의 2배이다. 갑국에서 t년의 유소년 인구는 t+100년의 4배이다.

구분	t년		t+100년	
	갑국	을국	갑국	을국
노령화 지수	50	50	150	25
유소년 부양비	100	100	40	80

$$\text{* 노령화 지수} = \frac{\text{노년 인구(65세 이상 인구)}}{\text{유소년 인구(0~14세 인구)}} \times 100$$

$$\text{** 유소년(노년) 부양비} = \frac{\text{유소년(노년) 인구}}{\text{부양 인구}} \times 100$$

〈보 기〉

ㄱ. t년 대비 t+100년에 을국의 유소년 인구 증가율은 40%이다.
ㄴ. t년에 노년 인구는 갑국이 을국의 2배이고, t+100년에 노년 인구는 갑국이 을국의 1.5배이다.
ㄷ. ㉠에 따르면, 갑국은 t년에 비해 t+100년에 세대 간 갈등이 심해진다.
ㄹ. ㉠에 따르면, 을국은 t년에 비해 t+100년에 경제 성장 동력이 약화된다.

① ㄱ, ㄴ ② ㄱ, ㄷ ③ ㄴ, ㄷ ④ ㄴ, ㄹ ⑤ ㄷ, ㄹ

※ **확인 사항**
○ **답안지의 해당란에 필요한 내용을 정확히 기입(표기)했는지 확인하시오.**

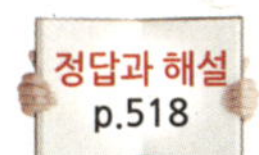

2026학년도 대학수학능력시험 9월 모의평가 문제지

사회탐구 영역 (사회·문화)

성명 [　　　]　　수험번호 [　　　　　] － [　　　　]

---

1. 밑줄 친 ㉠~㉣과 같은 현상의 일반적인 특징에 대한 설명으로 옳은 것은?

 전 세계에서 노르웨이와 우리나라 두 곳뿐인 시드 볼트(Seed Vault)는 ㉠식물 자원 고갈에 대비해 종자를 보관하는 금고이다. 종자는 적절한 온도와 습도가 갖춰지면 자신이 갖고 있는 ㉡양분을 이용해 발아를 시작한다. 우리나라는 ㉢종자를 건조한 후 영하 20℃의 온도에 저장하는 방식으로 시드 볼트를 운영하고 있다. 이러한 환경에서는 ㉣종자가 노화되는 속도가 느려지고 안정적인 상태를 유지하게 된다. 시드 볼트는 인류가 미래의 위기로부터 ㉤유전 자원을 보존하는 데 중요한 역할을 할 것이다.

① ㉠과 같은 현상은 몰가치적이다.
② ㉡과 같은 현상은 인과 관계가 불분명하다.
③ ㉢과 같은 현상은 개연성의 원리가 적용된다.
④ ㉣과 같은 현상은 보편성과 특수성이 공존한다.
⑤ ㉤과 같은 현상은 확실성의 원리가 적용된다.

2. 다음 글에서 사회·문화 현상을 바라보는 필자의 관점에 대한 설명으로 옳은 것은? [3점]

> 사람들은 부와 권력이 아닌 자신들이 습득한 사회의 도덕적 가치에 따라 타인의 사회적 지위를 평가한다. 이러한 도덕적 가치는 사회 체계가 요구하는 지위 획득에 필요한 노력과 그에 따른 역할 수행의 성과로 구성된다. 정당한 노력에 따라 지위를 획득하고 자신의 역할에 따른 성과를 달성한 개인은 도덕적 가치를 실현한 것으로 여겨지고, 이를 통해 사회는 작동한다.

① 대립과 갈등을 사회의 본질적 속성으로 본다.
② 인간이 상황 정의에 기초하여 행동한다고 본다.
③ 사회적 지위는 기득권층에 의해 강제된 것이라고 본다.
④ 사회 각 부분의 역할이 사회적으로 합의된 것이라고 본다.
⑤ 사회 제도를 통해 지배와 피지배 관계가 재생산된다고 본다.

3. 다음 자료에 대한 설명으로 옳은 것은? (단, A, B는 각각 관료제, 탈관료제 중 하나임.)

> 최근 여러 회사에서 뛰어난 능력을 가진 사람이 의사 결정 과정에서 마치 자신이 조직의 영웅이라고 착각하며 권한을 남용하는 문제가 나타나고 있다. 학자들은 이러한 현상이 조직 운영 원리 A와 B 모두에서 나타날 수 있다고 본다. A의 경우 규칙과 절차에 얽매이지 않는 조직 문화에서 개인이 과도하게 재량권을 행사하여 권한 남용이 발생할 수 있다. 따라서 업무에 대한 권한과 책임의 한계를 분명히 하는 것이 해결책이 될 수 있다. 한편, B의 경우 위계가 강조되는 경직된 조직 문화에서 개인이 자신의 높은 직급을 내세우며 의사 결정을 독점하여 권한 남용이 발생할 수 있다. 따라서 　(가)　가 해결책이 될 수 있다.

① A에 비해 B는 구성원의 창의성이 발휘되기 어렵다.
② A와 달리 B는 업무 수행의 안정성이 낮다는 비판을 받는다.
③ B에 비해 A는 조직 내 무사안일주의가 생겨날 가능성이 높다.
④ B와 달리 A는 외부 환경 변화에 대한 유연한 대처가 어렵다는 비판을 받는다.
⑤ (가)에는 '수평적 의사 결정 구조의 강화'가 들어갈 수 없다.

4. 자료에 제시된 A, B에 대한 옳은 설명만을 〈보기〉에서 고른 것은?

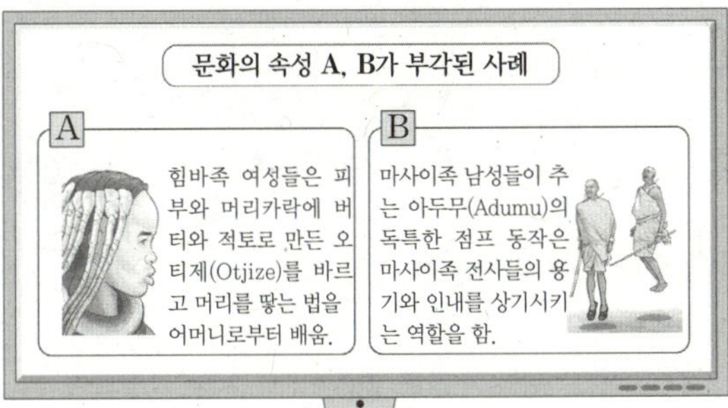

― 〈보 기〉 ―
ㄱ. A는 문화가 세대 간 전승을 통해 더욱 풍부하고 다양해진다는 것을 의미한다.
ㄴ. A의 사례로 야구장에서 주변 사람들의 응원 동작을 보고 따라하며 익히는 것을 들 수 있다.
ㄷ. B는 문화가 사회 구성원들이 공유하는 의미와 맥락 속에서 존재한다는 것을 의미한다.
ㄹ. B의 사례로 휴대폰으로 결제하는 기술이 등장하면서 현금 거래가 감소하는 것을 들 수 있다.

① ㄱ, ㄴ　② ㄱ, ㄷ　③ ㄴ, ㄷ　④ ㄴ, ㄹ　⑤ ㄷ, ㄹ

5. 다음 자료에 대한 옳은 설명만을 〈보기〉에서 있는 대로 고른것은? [3점]

> 지방 자치 단체 A는 지역 내 대학생들의 학업 중단 문제를 해결하기 위해 등록금 일부를 지원하는 시범 사업을 시행하였다. A는 ㉠시범 사업을 적용한 학교의 학생과 그렇지 않은 학교의 학생을 대상으로 시범 사업 전과 후에 학교생활 전반에 관한 설문 조사를 대규모로 실시하였다. 이후 학생 개개인을 식별할 수 있는 정보를 삭제한 후 누구나 사용할 수 있도록 데이터베이스를 구축하였다. 시범 사업의 효과에 의문을 가지고 있던 연구자 갑은 가설을 설정하고 연구를 진행하였다. 갑은 A가 구축한 데이터베이스에서 등록금 지원을 받은 학생과 그렇지 않은 학생 각각 1,000명을 추출하여 자료를 분석하였다. 그 결과, 등록금 지원을 받은 집단이 그렇지 않은 집단보다 학업 지속 의사의 증가 정도가 통계적으로 유의미하게 큰 것으로 나타났다.

― 〈보 기〉 ―
ㄱ. 갑의 연구에서 ㉠은 표본이다.
ㄴ. 갑은 2차 자료를 연구에 활용하였다.
ㄷ. 갑의 연구 결과는 A의 시범 사업이 확대 시행되는 것을 지지하는 근거가 된다.

① ㄱ　　② ㄴ　　③ ㄱ, ㄷ　④ ㄴ, ㄷ　⑤ ㄱ, ㄴ, ㄷ

사회탐구 영역 (사회·문화)

6. 그림에서 작가가 강조하는 대중문화의 문제점으로 가장 적절한 것은? [3점]

① 개인의 독창성과 개성을 약화시킨다.
② 유행에 따라 빠르게 소비되고 사라진다.
③ 정부에 의한 문화 통제를 가능하게 한다.
④ 상류층의 문화적 취향을 일반 대중에게 강요한다.
⑤ 객관적인 사실을 외면하고 자극적인 문화를 양산한다.

7. 다음 글에서 개인과 사회의 관계를 바라보는 필자의 관점에 대한 옳은 설명만을 〈보기〉에서 고른 것은?

> 인간은 왜 제도의 명령에 복종하는가? 이것은 '자기기만'으로 설명할 수 있다. 자기기만은 실제로는 자발적인 것을 필연인 것처럼 스스로 가장하는 것이다. 인간은 사회적 역할들의 복합체 속에서 선택의 여지가 없다고 자기기만을 하며 제도의 명령을 맹목적으로 수행하는 경향이 있다. 우리는 자기기만을 의식함으로써 사회적 존재로서 인간의 무한한 불안정성과 함께 선택의 가능성을 발견하게 된다.

〈보 기〉

ㄱ. 사회가 개인의 속성으로 환원될 수 있다고 본다.
ㄴ. 개인이 사회에 의해 구조화된 행동을 한다고 본다.
ㄷ. 사회는 개인이 옳다고 믿는 규범 속에서 작동한다고 본다.
ㄹ. 개인이 사회 체계 내에서만 존재의 의미를 가진다고 본다.

① ㄱ, ㄴ　② ㄱ, ㄷ　③ ㄴ, ㄷ　④ ㄴ, ㄹ　⑤ ㄷ, ㄹ

8. 밑줄 친 ㉠, ㉡에 대한 설명으로 옳은 것은?

> 갑국의 다양한 이주민들은 오랜 기간 주류 사회로부터 차별을 받아 왔다. A 이주민들은 다른 이주민들과 달리 차별에서 벗어나기 위해 그들만의 ㉠사회 운동을 전개하였다. 이들이 펼친 운동에는 자신들의 민족적 정체성을 유지하면서 주류 사회 구성원조차 꺼리는 어려운 일도 마다하지 않고 적극적으로 사회에 참여하여 갑국의 가치를 실현하려는 그들 나름의 철학이 담겨 있었다. 하지만 이러한 노력에도 불구하고 A 이주민들에 대한 차별은 지속되었고, 이는 새로운 ㉡사회 운동이 나타나는 원인이 되었다. 당시 A 이주민들은 스스로를 '이방인'으로 칭하고 자신들을 주변화했던 갑국 사회의 제도와 가치를 부정하며 민족적 정체성을 강화하는 운동을 전개하였다.

① ㉠에는 반문화가 아닌 하위문화의 특성이 나타난다.
② ㉡에는 반문화를 주류 문화로 변화시키려는 시도가 나타난다.
③ ㉠과 달리 ㉡은 급격한 사회 변화에 저항하는 사회 운동이다.
④ ㉡과 달리 ㉠은 사회 구조 전체를 근본적으로 변화시키려는 사회 운동이다.
⑤ ㉠과 ㉡은 모두 주류 사회의 문화적 정체성을 강화하기 위한 사회 운동이다.

9. 다음 자료는 학생이 작성한 질문과 교사의 평가 결과이다. 이에 대한 설명으로 옳은 것은? (단, A~D는 각각 뒤르켐의 아노미 이론, 머튼의 아노미 이론, 차별 교제 이론, 낙인 이론 중 하나임.) [3점]

〈단원 확인 평가〉

※ 제시된 2가지 일탈 이론에 대해 하나는 '예', 다른 하나는 '아니요'로 응답이 나뉘는 질문을 작성하시오.

일탈 이론	질문	평가 결과
A, B	일탈을 규정하는 객관적인 기준이 있다고 보는가?	맞음
A, D	사회 규범의 통제력 강화를 일탈의 해결책으로 보는가?	맞음
B, C	일탈자가 부정적 자아를 내면화하는 과정에 주목하는가?	맞음
C, D	타인과의 상호 작용이 일탈에 미치는 영향을 강조하는가?	틀림

① A는 차별적 제재를 일탈의 원인으로 본다.
② B는 일탈의 대책으로 제도화된 기회의 확대를 강조한다.
③ C는 정상 집단과의 교류를 일탈의 해결책으로 본다.
④ D는 급격한 사회 변동에 의한 무규범 상태에 주목한다.
⑤ C, D와 달리 A, B는 사회 구조적 관점에서 일탈을 설명한다.

10. 다음 자료에 대한 분석으로 옳은 것은? (단, 계층은 상층, 중층, 하층으로만 구분되고, A~C는 각각 상층, 중층, 하층 중 하나임.) [3점]

> 다음은 ○○국의 세대별 계층 구성 현황과 세대 간 이동 현황의 일부를 나타낸 것이다. 자녀 세대 전체 인구 중 부모와 계층이 일치하는 비율은 30%이며, 세대 간 이동에서 갑은 A에서 B로, 을은 C에서 B로 하강 이동을 하였고, 병은 A에서 C로 상승 이동을 하였다. 단, 모든 부모의 자녀는 1명씩이다.

〈자료 1〉 세대별 계층 구성 현황

(단위 : %)

구분	A	B	C
부모 세대	30	50	20
자녀 세대	50	30	20

〈자료 2〉 자녀 세대 전체 인구 중 세대 간 이동 현황

세대 간 이동 양상	세대 간 이동 비율(%)
A → B	10
C → B	5
A → C	10

* 세대 간 이동은 부모 세대와 자녀 세대의 계층을 비교하여 판단함.

① 갑의 부모 계층보다 을의 부모 계층이 낮다.
② 부모와 계층이 일치하는 자녀의 수는 상층보다 중층이 많다.
③ 세대 간 하강 이동한 자녀의 수보다 세대 간 상승 이동한 자녀의 수가 적다.
④ 부모 세대 계층 구조와 달리 자녀 세대 계층 구조는 모래시계형이다.
⑤ 자녀 세대 계층 구조에 비해 부모 세대 계층 구조가 사회 통합 실현에 유리하다.

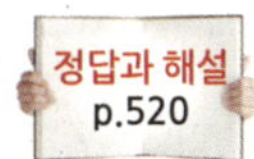

사회탐구 영역 (사회·문화)

11. 다음 글에서 사회 변동의 방향을 바라보는 필자의 관점에 대한 옳은 설명만을 〈보기〉에서 고른 것은?

> 상이한 민족 간의 적대주의는 문명을 이끌어 온 원동력이다. 힘이 강한 민족은 자신들의 활력을 바탕으로 정교한 사회적 네트워크를 발전시킨다. 이들은 힘이 약한 민족을 정복하면서 위대한 문명의 꽃을 피운다. 이 과정에서 지배자들은 결혼을 통해 피지배자들과 섞이고, 이와 함께 자라나는 혐오감은 전체 문명의 활력을 소진시킨다. 이때 적대감으로 무장한 또 다른 강한 민족이 정복의 열쇠를 들고 새로운 문명의 문을 연다.

> ─────〈보 기〉─────
> ㄱ. 운명론적 시각에서 사회 변동을 설명한다.
> ㄴ. 사회 변동이 진보와 발전을 의미한다고 본다.
> ㄷ. 사회 변동을 동일한 과정의 주기적 반복으로 설명한다.
> ㄹ. 사회는 미분화된 상태에서 분화된 상태로 변동한다고 본다.

① ㄱ, ㄴ ② ㄱ, ㄷ ③ ㄴ, ㄷ ④ ㄴ, ㄹ ⑤ ㄷ, ㄹ

12. 다음 자료에 대한 설명으로 옳은 것은? [3점]

> 갑국에 향수를 보급한 인물로 알려져 있는 A는 갑국의 전통 의례 중 약초즙을 뿌려서 향을 내는 방식에 착안하여 뿌리는 형태의 새로운 향수를 개발했다. 이 향수는 갑국의 귀족층에게 큰 인기를 얻었다. 이 소식을 들은 을국 향수업자들이 을국의 바르는 향수를 갑국에 가져가 판매했다. 이로 인해 갑국의 서민층도 바르는 향수를 사용하게 되어 갑국에서 향수의 대중화가 이루어졌다. 그런데 갑국에서 혁명이 일어나 갑국 정부가 기업들을 국유화하면서 A는 자신의 회사를 강제로 빼앗겼다. 이에 A는 자신만의 향수 제조 비법을 들고 을국으로 망명한 후 갑국 귀족들에게 유행했던 향수를 다시 제조하였다. A의 향수는 향수의 본국인 을국에서 높은 시장 점유율을 갖게 되었다.

① 갑국에서 강제적 문화 접변이 나타났다.
② 을국에서 비물질문화의 전파가 나타났다.
③ 갑국에서 자극 전파가, 을국에서 직접 전파가 나타났다.
④ 갑국에서 문화 융합이, 을국에서 문화 동화가 나타났다.
⑤ 갑국과 을국 모두에서 문화 병존이 나타났다.

13. 다음 자료에 대한 옳은 설명만을 〈보기〉에서 있는 대로 고른 것은? [3점]

> **청년 목수 갑, 펜을 들다!**
> 고등학교 졸업 후 갑은 △△ 건설 회사에서 일하던 중 사내 혼성 합창단에서 친해진 ㉠외국인 노동자 을의 산업 재해를 목격하였다. 당시 노동조합이 결성되어 있지 않아 을은 제대로 된 보상을 받기 어려웠다. 이에 갑은 마라톤 동호회에서 알게 된 ㉡인권 변호사를 찾아가 도움을 받았다. 갑은 노동자가 처한 현실을 사회에 알리고자 노동 인권 단체에 가입하여 활동하였다. 이 과정에서 갑이 투고한 글이 신문에 실려 화제가 되었고, 갑은 작가로서의 길을 걷게 되었다. 갑은 평범한 이들의 노동과 삶이 오롯이 대우받기를 바라며 오늘도 펜을 든다.

> ─────〈보 기〉─────
> ㄱ. ㉠과 ㉡은 모두 성취 지위이다.
> ㄴ. 자료에는 결합 자체가 목적인 사회 집단이 적혀 있다.
> ㄷ. 자료에 적혀 있는 공식적 사회화 기관의 개수는 비공식 조직의 개수와 동일하다.
> ㄹ. 자료에 적혀 있는 자발적 결사체의 개수보다 비공식적 사회화 기관의 개수가 2개 많다.

① ㄱ, ㄴ   ② ㄱ, ㄷ   ③ ㄴ, ㄹ
④ ㄱ, ㄷ, ㄹ   ⑤ ㄴ, ㄷ, ㄹ

14. 다음은 자료 수집 방법 A~D를 구분하는 질문에 대한 학생의 분류와 교사의 채점 결과이다. 이에 대한 설명으로 옳은 것은? (단, A~D는 각각 질문지법, 면접법, 실험법, 참여 관찰법 중 하나임.)

> ※ 질문에 따라 A, B, C, D를 '예', '아니요'로 분류하여 해당하는 칸에 적으시오.

질문	예	아니요	채점 결과
현지에서 연구 대상자와 생활하며 자연스러운 일상을 살펴보는가?	A, C	B, D	㉠
인위적 통제 상황에서 처치로 인한 변화를 관찰하는가?	A, B, C	D	2점
연구자와 연구 대상자 간의 언어적 상호 작용이 필수적인가?	A, C, D	B	3점
방법론적 일원론을 기초로 한 연구에서 주로 활용하는가?	C, D	A, B	4점

> * 교사는 질문별로 채점하며, 맞게 적은 자료 수집 방법에는 각 1점을, 틀리게 적은 자료 수집 방법에는 각 0점을 부여함. 질문별 만점은 4점임.

① ㉠은 '1점'이다.
② A와 달리 B는 연구 대상자의 응답이 필수적이다.
③ B와 달리 C는 연구 대상자와의 정서적 교감을 중시한다.
④ C에 비해 D는 다수를 대상으로 자료를 수집하기 어렵다.
⑤ D에 비해 A는 문맹자를 대상으로 한 연구에 활용하기 어렵다.

15. 다음 자료에 대한 분석으로 옳은 것은? (단, A~C는 각각 사회 보험, 공공 부조, 사회 서비스 중 하나임.)

> 우리나라와 동일한 사회 보장 제도 A~C를 운영하고 있는 갑국에서는 청년을 지원하기 위해 노력하고 있다. 우선, A에 해당하는 제도로 고용 보험 기금을 통해 실직을 한 청년에게 실업 급여를 지급하고 있다. 또한 B에 해당하는 제도로 청년 기초 수급자들이 최소한의 생활을 유지할 수 있도록 생계비와 주거비를 지급하고 있다. 최근에는 민간 기업과 협력하여 C에 해당하는 심리 상담 프로그램을 통해 고립·은둔 청년을 지원하고 있다.
> 표는 갑국 20대 청년 실업자 중 A~C 수혜자와 비(非)수혜자의 비율을 나타낸 것이다. 단, 중복 수혜자 중 A, C의 혜택을 모두 받는 사람 수와 B, C의 혜택을 모두 받는 사람 수는 각각 A, B, C의 혜택을 모두 받는 사람 수의 2배이다.

(단위 : %)

A 수혜자	B 수혜자	C 수혜자	3중 수혜자	비(非)수혜자
70	19	12	2	8

> * 중복 수혜자 : A, B, C 중 2개 이상의 혜택을 받는 사람
> ** 3중 수혜자 : A, B, C의 혜택을 모두 받는 사람
> *** 비(非)수혜자 : A, B, C 어느 것의 혜택도 받지 않는 사람

① 중복 수혜자 수는 비(非)수혜자 수보다 많다.
② 사회 보험의 혜택만을 받는 사람 수는 공공 부조의 혜택만을 받는 사람 수의 4배이다.
③ 중복 수혜자가 아닌 사람 수는 금전적 지원을 원칙으로 하는 제도의 혜택을 받는 사람 수보다 적다.
④ 비(非)수혜자 수는 중복 수혜자 중 강제 가입을 원칙으로 하는 제도의 혜택을 받는 사람 수의 2배이다.
⑤ 사회 서비스의 혜택만을 받는 사람 수는 중복 수혜자 중 소득 재분배 효과가 가장 큰 제도의 혜택을 받는 사람 수보다 많다.

사회탐구 영역 (사회·문화)

16. 다음 자료에 대한 설명으로 옳은 것은? [3점]

> ○ 갑국에서 일하는 외국인 노동자 A는 행인과 다툼을 겪고 경찰서에 가게 되었다. A는 갑국의 언어에 익숙하지 않아 모국어로 진술서를 작성할 수 있게 해 달라고 요청하였다. 이에 경찰은 갑국 언어로 진술서를 작성해야 한다고 되어 있는 업무 지침에 따라 A의 요구를 거부하였고, 갑국 국민과 달리 A는 정당한 법적 조력을 받을 수 없었다.
> ○ 을국 국민인 B는 어린 시절 교통사고로 다리를 다쳐 휠체어를 사용해 왔다. B는 학교에 입학하려 하였으나 관할 관청은 화재 규정을 근거로 휠체어가 대피에 방해가 된다며 입학을 허가하지 않았다. B의 부모는 지속적으로 청원을 냈고 그 결과 을국에서는 장애를 이유로 차별해서는 안 된다는 법이 제정되어 B는 공교육을 받을 수 있게 되었다.

① A는 주류 집단의 제도적 배제로 인해 차별을 받았다.

② B는 사회적 소수자에 대한 우대 정책의 혜택을 받았다.

③ B와 달리 A는 신체적 특성을 이유로 차별을 받았다.

④ 갑국의 사례에는 역차별의 문제가 나타난다.

⑤ 을국의 사례에는 수적 우세에도 불구하고 차별을 받는 사회적 소수자가 나타난다.

17. 다음 자료의 A~C에 대한 설명으로 옳은 것은? (단, A~C는 각각 자문화 중심주의, 문화 사대주의, 문화 상대주의 중 하나임.)

> 〈장면 #2〉
> 갑 : (반가워하며) 오는 길에 아는 사람을 만나 이야기하느라 늦었어.
> 을 : (화를 내며) 널 기다리느라 1시간이나 버렸잖아!
> 갑 : 시간을 버렸다고? 우리 지금 만났잖아. 우리 문화에서는 기다리는 시간을 버렸다고 생각하지 않아. 시간보다는 인간관계를 더 중요시하거든.
> 을 : 너희 나라는 시간 개념이라는 게 없네. 그러니까 우리 나라와 달리 너희 나라는 후진국인 거야.
>
> 교사 : 지난 시간 〈장면 #1〉에서는 자기 나라 문화를 비하하며 다른 나라 문화를 동경했던 병의 사례로 A를 설명했습니다. 이번 시간 〈장면 #2〉에 나타난 을의 태도인 B는 갑에게 상처가 될 수 있습니다. 문화의 다름은 틀림이 아니기에 C를 통해 갑을 이해할 필요가 있습니다.

① A는 자문화의 고유한 가치를 존중한다.

② B는 자국의 문화적 정체성을 약화시킨다.

③ C는 국수주의로 변질될 수 있다는 비판을 받는다.

④ A, B와 달리 C는 문화의 다양성 보존에 기여한다.

⑤ B, C와 달리 A는 문화를 이해가 아닌 평가의 대상으로 본다.

18. 다음 글에서 (가)에 들어갈 수 있는 내용으로 가장 적절한 것은? [3점]

> 세계화의 영향은 이중적이다. 우선, 세계화는 선진국과 개발 도상국이 서로 다른 경로를 택하게 했다. 무역 자유화는 선진국을 고부가 가치 산업에, 개발 도상국을 저부가 가치 산업에 집중하게 만들었다. 이로 인해 개발 도상국이 선진국에 종속되는 경제 구조가 형성되었다. 한편, 세계화는 ___(가)___. 선진국의 경우 자본가들은 생산 비용이 낮은 국가로 생산 기지를 이전하며 이익을 얻었지만 이로 인해 노동자들은 일자리 감소와 임금 하락을 겪었다. 개발 도상국의 경우 소득 증가의 혜택은 자산가 및 고숙련 노동자에게 집중되었고 저숙련 노동자에게는 충분히 주어지지 않았다.

① 국가 내 불평등을 증가시켰다

② 노동자의 임금 하락을 유발하였다

③ 개발 도상국의 경제 성장을 가로막았다

④ 선진국과 개발 도상국 간 경제적 갈등을 심화시켰다

⑤ 선진국과 개발 도상국 간 위계적인 분업 체계를 형성하였다

19. 밑줄 친 ㉠~㉢에 해당하는 빈곤 유형에 대한 설명으로 옳은 것은?

① ㉠과 달리 ㉡은 소득 분배의 형평성을 높임으로써 해소할 수 있다.

② ㉢과 달리 ㉠은 객관화된 기준에 의해 규정된다.

③ ㉢과 달리 ㉡은 각자의 소득 수준이 다른 사람에 비해 충분하지 않다고 느끼는 상태를 말한다.

④ ㉡에 비해 ㉠, ㉢은 경제 성장 이전의 저개발 국가에서 두드러지게 나타난다는 평가를 받는다.

⑤ ㉠, ㉡과 달리 ㉢은 전체 사회 구성원의 소득 분포 상태를 고려하는 개념이라는 평가를 받는다.

20. 다음 자료에 대한 분석 및 추론으로 옳은 것은? [3점]

> 표는 갑국과 을국에서 t년 대비 t+30년의 인구 구조 변화 양상을 예측하여 나타낸 것이다. t년에 전체 인구 중 부양 인구(15~64세 인구)의 비율은 을국이 45%로 갑국의 0.75배이고, 을국의 노령화 지수와 노년 부양비는 같으며, 유소년 부양비는 갑국이 을국의 0.25배이다. 단, 갑국과 을국 모두 전체 인구는 변함없다고 가정한다. 양육에 대한 사회적 비용과 노인 일자리 창출의 필요성 정도는 아래의 〈조건〉으로만 판단한다.
>
> | 구분 | 갑국 | 을국 |
> |---|---|---|
> | 유소년 부양비 | 증가 | 불변 |
> | 전체 인구 중 부양 인구 비율 | 불변 | 감소 |
>
> * 노령화 지수 = $\dfrac{\text{노년 인구(65세 이상 인구)}}{\text{유소년 인구(0~14세 인구)}} \times 100$
>
> ** 유소년(노년) 부양비 = $\dfrac{\text{유소년(노년) 인구}}{\text{부양 인구}} \times 100$
>
> *** 총부양비 = 유소년 부양비 + 노년 부양비
>
> <조건>
> ○ 양육에 대한 사회적 비용은 유소년 인구와 정(+)의 관계에 있다.
> ○ 노인 일자리 창출의 필요성 정도는 노년 인구와 정(+)의 관계에 있다.

① t년에 노령화 지수는 갑국보다 을국이 크다.

② t+30년에 갑국의 노년 부양비는 50보다 클 것이다.

③ t+30년에 을국의 총부양비는 120보다 클 것이다.

④ t년 대비 t+30년에 양육에 대한 사회적 비용이 갑국에서는 늘어날 것이고 을국에서는 변함없을 것이다.

⑤ t년 대비 t+30년에 노인 일자리 창출의 필요성 정도가 갑국에서는 낮아질 것이고 을국에서는 변함없을 것이다.

> ※ 확인 사항
> ○ 답안지의 해당란에 필요한 내용을 정확히 기입(표기)했는지 확인하시오.

2026학년도 대학수학능력시험 문제지

사회탐구 영역 (사회·문화)

성명 [   ] 수험번호 [   ] - [   ]

---

1. 밑줄 친 ㉠~㉤과 같은 현상의 일반적인 특징에 대한 설명으로 옳은 것은?

> 길이 약 1 mm의 투명한 예쁜꼬마선충(Caenorhabditis elegans)은 유전적 특징이 인간의 DNA와 유사한 것으로 밝혀졌다. 이 선충은 ㉠짧은 수명과 빠른 세대 교체 덕분에 ㉡세포 발달과 노화 과정을 규명하는 데 적합하다. 특히 이 선충은 신경 세포와 신경망 구조가 밝혀져 있어 ㉢신경계의 기능과 발달 원리를 파악하는 데 큰 기여를 했다. ㉣예쁜꼬마선충의 변이에 따른 진화와 적응의 과정은 ㉤인간 질병의 유전적 기반을 이해하는 데도 중요한 단서를 제공한다.

① ㉠과 같은 현상은 인과 관계가 불분명하다.
② ㉡과 같은 현상은 몰가치적이다.
③ ㉢과 같은 현상은 확실성의 원리가 적용된다.
④ ㉣과 같은 현상은 보편성과 특수성이 공존한다.
⑤ ㉤과 같은 현상은 개연성의 원리가 적용된다.

2. 다음 글에서 개인과 사회의 관계를 바라보는 필자의 관점에 대한 옳은 설명만을 〈보기〉에서 고른 것은? [3점]

> 개인은 많은 활동을 한다. 그것도 자신이 원해서 그러한 일을 시작한다. 그리고 많은 시간 동안 자신이 하도록 되어 있는 일들도 한다. 원하는 일과 주어진 일이 일치할 때는 사회에 얽매여 있다는 것을 개인은 알지 못한다. 그런데 주어진 일에서 벗어나고 싶다고 느끼는 순간, 개인은 비로소 자신이 사회에 얽매여 있다는 것을 깨닫게 된다. 이는 개인이 인식하는 경계 너머에는 늘 개인의 활동에 사회가 깊숙이 자리하고 있음을 시사한다.

> ─── 〈보 기〉───
> ㄱ. 개인에게 사회 구조는 불가항력적이라고 본다.
> ㄴ. 집합적 속성은 개인의 속성에 의해 결정된다고 본다.
> ㄷ. 개인은 사회 속에서만 존재의 의미를 갖는다고 본다.
> ㄹ. 사회 규범은 개인이 옳다고 믿기 때문에 존재한다고 본다.

① ㄱ, ㄴ   ② ㄱ, ㄷ   ③ ㄴ, ㄷ   ④ ㄴ, ㄹ   ⑤ ㄷ, ㄹ

3. 밑줄 친 ㉠~㉤에 대한 설명으로 옳은 것은? [3점]

> ○○신문   ◇◇◇◇년 ○○월 ○○일
>
> **토착어의 숨결을 이어가다.**
>
> 갑국은 다양한 ㉠토착어 사용으로 인한 행정의 비효율성을 개선하기 위해 ㉡국가 공용어를 지정하였다. 이후 갑국 토착민들의 다양한 언어는 급속도로 사라지고 있다. 이에 일부 지역의 토착민들은 국가 공용어를 사용하면서도 지역의 고유한 토착어를 계승하기 위해 ㉢후손들에게 토착어를 교육하고 있다. 한편 토착어 소멸을 우려한 국제기구 A는 갑국 토착어의 다양성을 전 세계에 ㉣토착어 보존 10년 프로젝트를 전 세계에 공표하였다. 갑국 정부는 소수 언어 사전을 발간하는 등 ㉤토착어 문화 보존을 위해 노력하겠다며 프로젝트 참여를 약속했다.

① ㉠은 비물질 문화이자 갑국의 지역 문화이다.
② ㉡은 갑국이 문화 지체 현상을 해결하기 위한 것이다.
③ ㉢은 지배 집단에 저항하는 반문화에 해당한다.
④ ㉣로 인해 갑국에서는 문화의 획일화가 나타날 우려가 있다.
⑤ ㉤은 갑국이 하위문화를 주류 문화로 바꾸려고 하는 것이다.

4. 표는 문화의 속성 A~D가 부각된 사례를 나타낸 것이다. 이에 대한 옳은 설명만을 〈보기〉에서 고른 것은? (단, A~D는 각각 공유성, 변동성, 전체성, 축적성 중 하나임.)

문화의 속성	부각된 사례
A, B	갑국에서는 집에서 전통 음식을 만들어 먹는 것이 일상적이었다. 최근에는 이러한 모습은 찾아볼 수 없고 식품 회사가 만든 전통 음식을 사 먹는 것을 당연하게 여긴다.
A, D	을국에서는 일반 자동차만 운행되고 있었는데, 몇 년 전 자율 주행 기능이 장착된 자동차가 등장하였다. 최근에는 일반 자동차가 자율 주행 자동차로 대체되고 있다.
B, C	병국에서는 집에서 목욕을 할 때, 사우나를 즐기는 것이 보편적이다. 이는 실내 중심의 여가 생활, 개인주의적 성향 등과 관련이 있다.

> ─── 〈보 기〉───
> ㄱ. 문화를 구성하는 요소들이 유기적으로 연결되어 있는 것은 A에 해당한다.
> ㄴ. 문화를 통해 구성원들이 사고와 행동의 동질성을 갖게 되는 것은 B에 해당한다.
> ㄷ. 문화 요소가 시간의 흐름에 따라 등장하고 사라지는 것은 C에 해당한다.
> ㄹ. 문화 요소들이 세대 간 전승되면서 다양해지고 풍부해지는 것은 D에 해당한다.

① ㄱ, ㄴ   ② ㄱ, ㄷ   ③ ㄴ, ㄷ   ④ ㄴ, ㄹ   ⑤ ㄷ, ㄹ

5. 다음 자료에 대한 옳은 설명만을 〈보기〉에서 있는 대로 고른 것은? [3점]

> 연구자 갑은 요즘 청소년들이 게임을 하지 않으면 친구 관계를 유지하기 어렵다는 기사를 접했다. 이후 갑은 친구와의 관계에 대한 인식이 청소년의 게임 의존에 미치는 영향을 파악하고자 ____(가)____를 가설로 설정하고 연구를 진행하였다. 이를 위해 갑은 A 기관이 공개한 청소년 대상 설문 조사 자료에서 ㉠친구와의 관계에 대한 인식을 측정하는 문항과 게임 의존 정도를 측정하는 문항의 응답 결과에 대해 청소년 1,000명을 무작위로 추출하여 분석하였다. 자료 분석 결과, 친구와의 관계에 대한 긍정적 인식 정도가 청소년 게임 의존 정도에 미치는 영향은 통계적으로 유의미한 부(−)의 관계인 것으로 나타났다. 분석 결과를 토대로 갑은 ____(나)____라고 제언하였다.

> ─── 〈보 기〉───
> ㄱ. ㉠은 갑의 연구에서 1차 자료 수집을 위한 조사 도구이다.
> ㄴ. (가)에는 '친구와의 관계에 대한 인식이 긍정적일수록 청소년의 게임 의존도가 높을 것이다.'가 들어갈 수 있다.
> ㄷ. (나)에는 '청소년의 게임 과의존을 예방하기 위해서는 친구와의 관계를 긍정적으로 형성해 가는 것이 필요하다.'가 들어갈 수 없다.

① ㄴ   ② ㄷ   ③ ㄱ, ㄴ   ④ ㄱ, ㄷ   ⑤ ㄱ, ㄴ, ㄷ

6. 다음 자료의 A~C에 대한 설명으로 옳은 것은?

① A는 서로 다른 문화를 객관적으로 이해하는 데 기여한다.
② A는 문화 요소 간의 관계를 전체적 맥락에서 살펴보는 관점이다.
③ B는 자문화의 정체성을 약화시킨다는 비판을 받는다.
④ C는 문화의 다양성을 저해할 수 있다는 비판을 받는다.
⑤ B와 달리 C는 문화를 이해가 아닌 평가의 대상으로 본다.

7. 다음 자료에 대한 설명으로 옳은 것은?

> 최근 주목받고 있는 애니메이션 ○○는 갑국의 일부 젊은이들이 즐겨온 을국의 아이돌 음악에 갑국 대중음악의 색깔을 입혀 갑국에서 창작된 작품이다. ○○에는 갑국 대중음악 요소를 을국 아이돌 가수의 노래에 녹여낸 새로운 음악 형식이 나타난다. 갑국은 온라인 동영상 플랫폼을 통해 ○○를 수출하였고, ○○는 갑국뿐만 아니라 을국에서 선풍적인 인기를 얻은 후 병국을 포함하여 세계적인 흥행을 일으키고 있다. 이후, 을국의 아이돌 음악은 병국의 음원 시장을 장악하며 젊은이들이 열광하는 음악 장르 중 하나로 자리 잡았다.

① 갑국에서는 자극 전파에 의한 문화 변동이 나타난다.
② 갑국과 병국 모두에서 문화 공존이 나타난다.
③ 을국과 병국 모두에서 문화 융합이 나타난다.
④ 을국과 병국 모두에서 직접 전파에 의한 문화 변동이 나타난다.
⑤ 갑국, 을국과 달리 병국에서는 문화 동화가 나타난다.

8. 다음 자료에 대한 설명으로 옳은 것은? [3점]

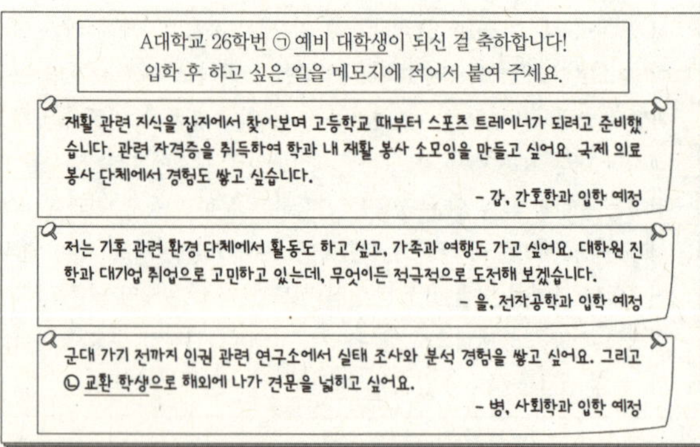

① ㉠과 달리 ㉡은 성취 지위이다.
② 자료에서 역할 갈등과 예기 사회화의 사례를 확인할 수 있다.
③ 갑의 메모지에 적혀 있는 비공식 조직의 개수가 을의 메모지에 적혀 있는 1차 집단의 개수보다 1개 많다.
④ 을의 메모지에 적혀 있는 공식적 사회화 기관의 개수와 자발적 결사체의 개수는 같다.
⑤ 병의 메모지에 적혀 있는 이익 사회의 개수는 갑의 메모지에 적혀 있는 비공식적 사회화 기관의 개수와 같다.

9. 다음 자료에 대한 설명으로 옳은 것은? (단, A~D는 각각 뒤르켐의 아노미 이론, 머튼의 아노미 이론, 차별 교제 이론, 낙인 이론 중 하나임.) [3점]

> 교사 : A, B, C, D 중 각자에게 배정된 2가지 일탈 이론의 공통된 특징을 제시하고, 각 일탈 이론의 사례를 발표해 보세요.
> 갑 : A와 B는 모두 문화적 목표와 제도적 수단 간의 괴리가 일탈의 원인이라고 봅니다. A의 사례로 부유한 생활을 원하는 장기 실업자가 쉽게 돈을 벌고자 사이버 사기를 저지른 것, B의 사례로 돈을 빌리고 갚지 않아 친구들에게 사기꾼이라는 비난을 받은 후 이를 내면화하여 사이버 사기를 저지른 것을 들 수 있습니다.
> 을 : C와 D는 모두 일탈 행동 자체보다 일탈 행동에 대한 사회적 반응에 주목합니다. C의 사례로 사이버 사기가 빠르게 확산되는 상황에서 법 규정의 미비로 손쉽게 사이버 사기를 저지르게 된 것, D의 사례로 사기 전과자들과 어울려 그들의 태도와 수법을 배워 사이버 사기에 가담하게 된 것을 들 수 있습니다.
> 교사 : 갑과 을은 모두 각자에게 배정된 2가지 일탈 이론 중에서 하나에만 해당하는 특징을 제시했습니다. 그리고 발표한 사례 4가지 중에는 D의 사례만 맞습니다.

① A와 달리 C는 급격한 사회 변동으로 인한 규범의 부재를 일탈 행동의 원인으로 본다.
② B와 달리 A는 일탈 행동의 대책으로 정상 집단과의 교류 촉진을 강조한다.
③ C와 달리 D는 차별적인 사회적 제재를 일탈 행동의 원인으로 본다.
④ D와 달리 B는 일탈 행동의 대책으로 제도화된 기회의 확대를 강조한다.
⑤ A, B, C와 달리 D는 1차적 일탈이 2차적 일탈로 이어지는 과정에 초점을 둔다.

10. 다음 자료에 대한 옳은 분석만을 〈보기〉에서 고른 것은?

다음은 갑국과 을국의 세대별 계층 구성 현황과 사회 이동 현황을 나타낸 것이다. 단, ■와 ⋯는 해당 칸에 들어갈 값을 표기하지 않은 것이다.

〈갑국〉 (단위 : %)

구분		부모 세대			계
		A	B	C	
자녀세대	A	10		15	45
	B	5	20	5	30
	C			10	25
계		20	50	30	100

〈을국〉 (단위 : %)

구분		부모 세대			계
		D	E	F	
자녀세대	D	5	5	0	10
	E		35		60
	F		20	10	30
계		10	60	30	100

* ■는 세대 간 상승 이동, ⋯는 세대 간 하강 이동에 해당함.
** 갑국에서 A~C, 을국에서 D~F는 각각 상층, 중층, 하층 중 하나임.
*** 세대 간 이동은 부모 세대와 자녀 세대의 계층을 비교하여 판단함.

─────〈 보 기 〉─────

ㄱ. 갑국에서는 계층 대물림 비율이 세대 간 이동 비율보다 높다.
ㄴ. 을국에서는 세대 간 상승 이동 비율과 세대 간 하강 이동 비율이 동일하다.
ㄷ. 부모 세대 중층의 경우, 세대 간 이동 비율은 갑국이 을국보다 낮다.
ㄹ. 부모 세대의 계층 구조는 갑국은 모래시계형, 을국은 다이아몬드형이다.

① ㄱ, ㄴ　② ㄱ, ㄷ　③ ㄴ, ㄷ　④ ㄴ, ㄹ　⑤ ㄷ, ㄹ

사회탐구 영역 (사회·문화)

11. (가), (나)는 정보화로 인한 문제점을 다룬 만평이다. 이에 대한 설명으로 가장 적절한 것은?

① (가)는 정보 격차로 인한 계층 양극화 문제를 보여준다.

② (가)는 정보 생산자의 정확한 정보 제공이 필요함을 보여준다.

③ (나)는 감시로 인한 개인의 자유와 권리 침해 문제를 보여준다.

④ (나)는 주체적으로 정보를 분석하고 평가하는 태도가 필요함을 보여준다.

⑤ (가)와 (나)는 모두 대면 접촉 감소로 피상적 인간관계가 확산되는 양상을 보여준다.

12. 다음 글에서 사회 변동의 방향을 바라보는 필자의 관점에 대한 옳은 설명만을 〈보기〉에서 고른 것은? [3점]

> 갑국은 종교에 기반한 강력한 왕권을 바탕으로 지역 패권을 장악해 나갔다. 이 과정에서 발생한 강압적인 통치와 급격한 제도 변화로 인해 자국민들의 불만은 누적되어 갔다. 갑국은 이 경험을 교훈 삼아 종교를 토대로 한 왕권 체제를 버리고 안정적이고 효율적인 행정 체계를 수립하여 국가의 영향력을 다시 확대해 갔다. 이러한 통치 체제의 소멸과 탄생의 과정 속에서 사회의 요구에 대응하며 체계적으로 분화된 사회로 나아가는 양상은 갑국뿐 아니라 대부분의 국가들에서 나타난다.

＜ 보 기 ＞

ㄱ. 사회 변동을 지속적인 진보의 과정으로 본다.

ㄴ. 서구 제국주의를 정당화하는 논리로 이용될 수 있다.

ㄷ. 사회 변동 방향을 예측하여 대응하는 데 적합하지 않다.

ㄹ. 운명론적 입장에서 사회의 소멸을 필연적 결과로 간주한다.

① ㄱ, ㄴ　② ㄱ, ㄷ　③ ㄴ, ㄷ　④ ㄴ, ㄹ　⑤ ㄷ, ㄹ

13. 다음 자료에 대한 설명으로 옳은 것은? (단, A, B는 각각 관료제, 탈관료제 중 하나임.)

> 사회학자 갑은 근대 사회의 핵심 가치인 합리성이 A를 통해 사회의 모든 영역으로 확장될 경우 인간 정신이 말살될 수 있다는 점을 우려했다. 합리성을 구현하는 방식이 지나치게 강조되면 A 그 자체가 조직의 목적이 될 수 있다고 보았기 때문이다. 최근 이러한 문제에 대처하기 위해 여러 조직들은 다양한 방식으로 ⊙ 경직된 절차보다 탄력적인 대응을 강조하는 B의 요소를 도입하고 있다. 그런데 B의 요소가 성공적으로 조직에 도입되려면 ⓒ 절차와 규약을 준수하는 것에 대한 구성원 상호 간의 신뢰가 선행되어야 한다는 연구들이 발표되고 있다.

① ⊙은 목적 전치 현상에 해당한다.

② ⓒ은 업무 수행 과정의 예측성을 높이는 데 기여한다.

③ A와 달리 B는 연공서열에 따른 보상을 중시한다.

④ A에 비해 B는 업무 수행의 전문화와 세분화 정도가 높다.

⑤ B에 비해 A는 구성원이 창의성을 발휘하기에 용이하다.

14. 다음은 학생의 응답에 대한 교사의 채점 결과이다. 이에 대한 설명으로 옳은 것은? (단, A~D는 각각 질문지법, 면접법, 실험법, 문헌 연구법 중 하나임.) [3점]

※ 제시된 진술이 자료 수집 방법 A, B, C, D의 특징으로 맞으면 '○', 틀리면 '×'를 쓰시오.

진술	자료 수집 방법				채점 결과
	A	B	C	D	
연구자와 연구 대상자 간의 언어적 상호 작용이 필수적이다.	×	×	○	○	2점
기존의 연구 동향이나 성과를 파악하는 데 주로 활용된다.	○	○	×	×	1점
연구자가 직접 수집한 자료를 계량화하여 양적 연구에 주로 활용한다.	○	×	×	○	0점
(가)	○	×	○	×	⊙

* 교사는 각 진술에 대한 학생 응답을 채점하며, 옳은 응답에는 1점, 틀린 응답에는 0점을 부여함. 각 진술별 만점은 4점임.

① B는 연구 대상자와의 정서적 교감을 중시한다.

② D는 연구 대상자로부터의 반응을 통해 자료를 수집한다.

③ C와 달리 A는 다수를 대상으로 자료를 수집하기 적합하다.

④ (가)에 '인위적 통제 상황에서 처치로 인한 변화를 관찰한다.'가 들어간다면 ⊙은 '1점'이다.

⑤ ⊙이 '2점'이면 (가)에 '현지에서 연구 대상자와 함께 생활하며 관심을 갖는 연구 현상을 관찰한다.'가 들어갈 수 없다.

15. 다음 자료에 대한 분석으로 옳은 것은? (단, A~C는 각각 사회 보험, 공공 부조, 사회 서비스 중 하나임.) [3점]

> 갑국에는 사회 보장 제도 A~C만 존재하고, 모두 우리나라의 사회 보장 제도와 동일하다. A는 선별적 복지의 이념을, B는 상호 부조의 원리를 기반으로 하는 제도이다. C는 국민의 인간다운 생활을 보장하고 삶의 질이 향상되도록 상담이나 돌봄 등 여러 방법을 활용하여 지원하는 제도이다.
>
> t년에 중복 수혜자 중 B의 혜택을 받는 사람 수와 t+30년에 중복 수혜자 중 A의 혜택을 받는 사람 수는 각각 전체 인구의 10%이다. 금전적 지원이 원칙인 두 제도의 혜택을 동시에 받는 사람 수는 t년이 전체 인구의 5%이고, t+30년은 전체 인구의 2%이다. 단, 갑국의 t년과 t+30년 전체 인구는 동일하다.

〈전체 인구 중 A~C 수혜자의 비율〉

(단위 : %)

구분	A 수혜자	B 수혜자	C 수혜자	3중 수혜자	전체 수혜자
t년	20	60	15	0	82
t+30년	15	75	20	2	95

* 중복 수혜자 : A, B, C 중 2개 이상의 혜택을 받는 사람

** 3중 수혜자 : A, B, C의 혜택을 모두 받는 사람

*** 전체 수혜자 : A, B, C 중 1개 이상의 혜택을 받는 사람

① t년에 공공 부조의 혜택만을 받는 사람 수는 사회 서비스의 혜택만을 받는 사람 수보다 적다.

② t+30년에 사회 보험의 혜택만을 받는 사람 수가 전체 수혜자 수의 70%이다.

③ 전체 인구 중 중복 수혜자가 아닌 사람 수는 t+30년이 t년보다 많다.

④ 중복 수혜자 중 정부 재정으로 비용을 전액 충당하는 것을 원칙으로 하는 제도의 혜택을 받는 사람 수는 t년이 t+30년보다 많다.

⑤ 강제 가입 원칙이 적용되는 제도와 비금전적 지원을 원칙으로 하는 제도의 혜택을 동시에 받는 사람 수는 t년과 t+30년이 동일하다.

사회탐구 영역 (사회·문화)

16. 다음 자료에 대한 설명으로 옳은 것은? (단, A, B는 각각 절대적 빈곤과 상대적 빈곤 중 하나임.)

> 최근 갑국은 5년 만에 최저 임금 인상을 단행하였다. 그 결과 사회 구성원 대다수가 누리는 일반적인 생활 수준에 미치지 못하는 A에 해당하는 가구의 수는 변화가 없었다. 이와 달리 최소한의 생활을 유지하기 어려운 상태인 B에 해당하는 가구 중 10%는 최저 임금 상승의 혜택으로 B의 상태에서 벗어날 수 있었지만 여전히 A의 상태인 것으로 나타났다.

① A는 소득 수준이 높은 국가에서는 나타나지 않는다.
② 갑국은 B를 판단하는 기준 금액을 최저 임금으로 결정한다.
③ A와 달리 B는 사회 구성원의 소득 분포를 고려하여 결정된다.
④ B와 달리 A는 자신의 소득이 평균적인 생활 수준에 미치지 못한다고 스스로 생각하는 상태를 의미한다.
⑤ 갑국은 최저 임금 인상 이후 A에 해당하지만 B에 해당하지 않는 가구가 존재한다.

17. 다음 자료에 대한 설명으로 가장 적절한 것은? [3점]

> 갑국의 A 종교 신자들이 종교 탄압에서 벗어나기 위해 국교가 A 종교인 을국으로 이주하는 일이 빈번해졌다. 이에 갑국은 사회 통합 실현을 목적으로 종교의 자유를 보장하는 ⊙ 정책을 실시하였다. 이로 인해 갑국 국민들은 누구나 자신들의 신념에 따라 종교 활동을 자유롭게 할 수 있게 되었다. 한편, B 인종에게는 주거 환경이 우수한 지역에 위치한 주택에 일정 비율을 우선 배정하는 ⓒ 정책을 실시하였다. B 인종은 갑국에서 가장 높은 인구 비중을 차지함에도 불구하고 지배 세력과 인종이 다르다는 이유로 낙후된 주거 지역에서 모여 살아야 했기 때문이다. 이후 주거 여건은 일부 개선되었지만, A 종교 신자와 달리 B 인종은 여전히 사회의 다양한 영역에서 차별받으며 살고 있다.

① ⊙은 선천적 요인에 의한 사회적 차별을 시정하려는 것이다.
② ⓒ은 수적 열세로 인한 사회적 차별을 시정하려는 것이다.
③ ⊙은 사회적 차별을, ⓒ은 역차별을 시정하려는 것이다.
④ 사회적 소수자로 규정되는지의 여부가 사회적 상황에 따라 달라지는 것을 A 종교 신자의 사례에서 확인할 수 있다.
⑤ 의식적 차원의 노력만으로는 사회적 차별 해소에 근본적인 한계가 있음을 B 인종의 사례에서 확인할 수 있다.

18. 다음 글에서 사회·문화 현상을 바라보는 필자의 관점에 대한 옳은 설명만을 〈보기〉에서 고른 것은?

> 사회 체계는 물리적 환경과 사회적 조건 속에서 상호 작용하는 개인들의 집합체로 이루어져 있으며, 개인들은 근본적으로 최고의 만족을 추구하는 경향이 강하다. 이러한 개인들이 구축한 관계는 사회적으로 합의된 문화적 가치와 규범에 의해 매개되어 사회 체계의 효율적인 작동을 가능하게 한다.

> ── 〈보 기〉──
> ㄱ. 사회가 스스로 균형을 유지하려는 속성을 지닌다고 본다.
> ㄴ. 개인이 현상에 의미를 부여하는 자율적 주체라는 점을 강조한다.
> ㄷ. 지배 집단의 이익을 대변하는 논리로 활용될 수 있다는 비판을 받는다.
> ㄹ. 개별 구성원에 대한 사회 구조의 영향력을 간과한다는 비판을 받는다.

① ㄱ, ㄴ ② ㄱ, ㄷ ③ ㄴ, ㄷ ④ ㄴ, ㄹ ⑤ ㄷ, ㄹ

19. 다음 자료에 대한 설명으로 옳은 것은? [3점]

> 최근 ○○자원 채굴 과정에서 약소국 국민들은 노동에 대한 정당한 대가를 받지 못하고, 채굴할 때 발생하는 환경 오염의 피해를 고스란히 받고 있다. (가) 단체와 (나) 단체는 모두 이러한 현상이 약소국이 강대국에 경제적으로 종속된 국가 간 불평등에 기인한다고 주장한다. 이에 (가) 단체는 자원 채굴로 인한 생태계 파괴를 지적하고 각국 정부에 국제기구가 마련하고 있는 협약에 동참할 것을 촉구하며, 물리력을 활용한 ⊙ 시위를 지속적으로 전개하였다. (나) 단체는 미래 세대의 삶을 이어가기 위해, 지구 환경을 파괴하는 기업의 제품에 대한 ⓒ 불매 운동을 전개하며 지구촌 문제에 관심을 가질 것을 꾸준히 호소하였다.

> 교사: (가) 단체와 (나) 단체의 국가 간 불평등의 원인에 대한 주장에서 사회 불평등을 바라보는 A 관점을 확인할 수 있습니다.

① A 관점은 사회 불평등을 피할 수 없는 필연적인 현상으로 본다.
② ⊙은 한정된 자원으로 인해 발생한 국가 간 물리적 충돌을 해결하려는 사회 운동이다.
③ ⓒ은 세계 시민 의식을 바탕으로 지속 가능한 사회를 만들어 가려는 사회 운동이다.
④ (가) 단체는 전 지구적 문제를 국가들의 개별적인 활동으로 해결하려고 한다.
⑤ (나) 단체는 국제기구의 제재를 통해 지구 환경 문제를 해결하려고 한다.

20. 다음 자료는 갑국과 을국의 인구 변화 양상에 관한 예측 내용을 요약한 것이다. 이에 대한 분석 및 추론으로 옳은 것은?

> **요 약**
>
> ○ t년 대비 t+50년 전체 인구는 갑국의 경우 0.5배, 을국의 경우 2배가 되어 t+50년에 갑국과 을국의 전체 인구는 동일한 것으로 나타남.
> ○ 표는 갑국과 을국의 t년 총부양비와 노령화 지수, t년 대비 t+50년의 인구 변화를 나타낸 것임.

구분	t년		t년 대비 t+50년	
	총부양비	노령화 지수	유소년 인구 / 전체 인구	부양 인구 / 전체 인구
갑국	150	200	감소	변화 없음
을국	25	100	변화 없음	감소

> ○ 노령화 지수, 유소년(노년) 부양비, 총부양비의 산출식은 다음과 같음.
> - 노령화 지수 $= \dfrac{\text{노년 인구 (65세 이상 인구)}}{\text{유소년 인구 (0~14세 인구)}} \times 100$
> - 유소년(노년) 부양비 $= \dfrac{\text{유소년(노년) 인구}}{\text{부양 인구 (15~64세 인구)}} \times 100$
> - 총부양비 = 유소년 부양비 + 노년 부양비
>
> ○ 다음 조건을 기준으로 사회 문제의 가능성을 판단함.
> - 전체 인구 중 부양 인구의 비율과 경제 성장 동력은 정(+)의 관계임.
> - 노령화 지수와 세대 간 갈등 정도는 정(+)의 관계임.

① t년 갑국의 유소년 부양비는 노년 부양비보다 크다.
② t년 갑국의 노년 인구는 t년 을국의 노년 인구의 8배이다.
③ t년 갑국의 부양 인구는 t+50년 을국의 유소년 인구의 8배이다.
④ t년 대비 t+50년에 경제 성장 동력은 갑국과 을국 모두 약화될 것이다.
⑤ t년 대비 t+50년에 세대 간 갈등 정도는 갑국이 커지고, 을국은 변함이 없을 것이다.

> ※ 확인 사항
> ○ 답안지의 해당란에 필요한 내용을 정확히 기입(표기)했는지 확인하시오.

2026 마더텅 10기
성적 우수·성적 향상 학습수기 공모전

수능 및 전국연합 학력평가 기출문제집 ▉ 까만책, ▉ 빨간책, ▉ 노란책, ▉ 파란책 등

2026년에도 마더텅 고등 교재와 함께 우수한 성적을 거두신
학습자님들께 장학금을 드립니다.

마더텅 고등 교재로 공부한 해당 과목 ※1인 1개 과목 이상 지원 가능하며, 여러 과목 지원 시 가산점이 부여됩니다.

아래 조건에 해당한다면 마더텅 고등 교재로 공부하면서 #느낀 점과 #공부 방법, #학업 성취, #성적 변화 등에 관한
자신만의 수기를 작성해서 마더텅으로 보내 주세요. 우수한 글을 보내 주신 학습자님을 선발해 학습수기 공모 장학금을 드립니다!
성적 우수·성적 향상 분야 동시 지원 가능합니다.(단, 선발은 하나의 분야에서 이뤄집니다.)

성적 우수 분야
고3/N수생 수능 1등급
고1/고2 전국연합 학력평가 1등급 또는 내신 95점 이상

성적 향상 분야
고3/N수생 수능 1등급 이상 향상
고1/고2 전국연합 학력평가 1등급 이상 향상 또는 내신 성적 10점 이상 향상
*전체 과목 중 과목별 향상 등급(혹은 점수)의 합계로 응모해 주시면 감사하겠습니다.

마더텅 역대 수상자님들

제1기 2018년 2월 24일 총 55명	제2기 2019년 1월 18일 총 51명	제3기 2020년 1월 10일 총 150명
제4기 2021년 1월 29일 총 383명	제5기 2022년 1월 25일 총 210명	제6기 2023년 1월 20일 총 168명
제7기 2024년 1월 31일 총 270명	제8기 2025년 2월 6일 총 149명	제9기 2026년 2월 12일 총 000명

응모 대상 마더텅 고등 교재로 공부한 고1, 고2, 고3, N수생

마더텅 수능기출문제집, 마더텅 수능기출 모의고사, 마더텅 전국연합 학력평가 기출문제집, 예비 고1 마더텅 3월 전국연합 학력평가 기출 모의고사 4개년 24회,
마더텅 전국연합 학력평가 기출 모의고사 3개년, 마더텅 수능기출 전국연합 학력평가 20분 미니모의고사 24회, 마더텅 수능기출 20분 미니모의고사 24회,
마더텅 수능기출 고난도 미니모의고사, 마더텅 수능기출 유형별 20분 미니모의고사 26회 등 **마더텅 고등 교재 중 1권 이상 신청 가능**

선발 일정 접수기한 2026년 12월 28일 월요일   수상자 발표일 2027년 1월 11일 월요일   장학금 수여일 2027년 2월 18일 목요일

응모 방법

① 마더텅 홈페이지 www.toptutor.co.kr [커뮤니티 - 이벤트] 게시판에 접속
② [2026 마더텅 10기 학습수기 공모전 안내] 클릭 후 [2026 마더텅 10기 학습수기 공모전 지원서 양식]을 다운로드
③ [2026 마더텅 10기 학습수기 공모전 지원서 양식] 작성 후 mothert.marketing@gmail.com 메일 발송

2027 마더텅 수능기출문제집 시리즈

출제 원리를 파악할 수 있도록 수능 유형을 철저히 분석한 기출문제집

최신 경향에 맞는 실전 문항으로 빈틈없이 구성한 단원별(유형별) 기출문제집

This book belongs to

마더텅은 1999년 창업 이래 2025년까지 3,642만 부의 교재를 판매했습니다. 2025년 판매량은 322만 부로 자사 교재의 품질은 학원 강의와 온/오프라인 서점 판매량으로 검증받았습니다. [마더텅 수능기출문제집 시리즈]는 친절하고 자세한 해설로 수험생님들의 전폭적인 지지를 받으며 누적 판매 950만 부, 2025년 한 해에만 95만 부가 판매된 베스트셀러입니다. 또한 [중학영문법 3800제]는 2007년부터 2025년까지 19년 동안 중학 영문법 부문 판매 1위를 지키며 명실공히 대한민국 최고의 영문법 교재로 자리매김했습니다. 그리고 2018년 출간된 [뿌리깊은 초등국어 독해력 시리즈]는 2025년까지 323만 부가 판매되면서 초등 국어 부문 판매 1위를 차지하였습니다.(교보문고/YES24 판매량 기준, EBS 제외) 이처럼 마더텅은 초·중·고 학습 참고서를 대표하는 대한민국 제일의 교육 브랜드로 자리잡게 되었습니다. 이와 같은 성원에 감사드리며, 앞으로도 효율적인 학습에 보탬이 되는 교재로 보답하겠습니다.

18차 개정판 3쇄 2026년 1월 19일 (**초판 1쇄 발행일** 2008년 1월 7일)

발행처 (주)마더텅 **발행인** 문숙영

책임편집 장윤미

집필 김은지

감수 김은지, 배준호(홍대앞사회탐구 대표)

교정 서영학, 조운학, 노희진, 최병찬, 유혜주, 신재인, 장기선

디자인 김연실, 양은선 **인디자인 편집** 김미라 **컷** 유수미, 오은진 **제작** 이주영 **홍보** 정반석

주소 서울시 금천구 가마산로 96, 708호 **등록번호** 제1-2423호(1999년 1월 8일)

마더텅 교재를 풀면서 궁금한 점이 생기셨나요? 교재 관련 내용 문의나 오류신고 사항이 있으면 아래 문의처로 보내 주세요! 문의하신 내용에 대해 성심성의껏 답변해 드리겠습니다. 또한 교재의 내용 오류 또는 오·탈자, 그 외 수정이 필요한 사항에 대해 가장 먼저 신고해 주신 분께는 감사의 마음을 담아 네이버페이 포인트 1천 원 을 보내 드립니다!

* 기한: 2026년 12월 31일 * 오류신고 이벤트는 당사 사정에 따라 조기 종료될 수 있습니다.

* 홈페이지에 게시된 정오표 기준으로 최초 신고된 오류에 한하여 상품권을 보내 드립니다.

book.toptutor.co.kr 

구하기 어려운 교재는 마더텅 모바일(인터넷)을 이용하세요. 즉시 배송해 드립니다.

🏠 홈페이지 www.toptutor.co.kr ☐ 교재Q&A게시판 💬 카카오톡 mothertongue ◉ 이메일 mothert1004@toptutor.co.kr

🎧 고객센터 전화 1661-1064(07:00~22:00) ✉ 문자 010-6640-1064(문자수신전용)

마더텅 학습 교재 이벤트에 참여해 주세요. 참여해 주신 분께 선물을 드립니다.

이벤트 1　1분 간단 교재 사용 후기 이벤트

마더텅은 고객님의 소중한 의견을 반영하여 보다 좋은 책을 만들고자 합니다. 교재 구매 후, <교재 사용 후기 이벤트>에 참여해 주신 모든 분께 감사의 마음을 담아 네이버페이 포인트 1천 원 을 보내 드립니다. **지금 바로 QR 코드를 스캔**해 소중한 의견을 보내 주세요!

이벤트 2　마더텅 기출문제집 인증샷 이벤트

SNS에 <마더텅 기출문제집> 인증샷을 올려 주시면 참여해 주신 모든 분께 감사의 마음을 담아 네이버페이 포인트 2천 원 을 보내 드립니다. **지금 바로 QR 코드를 스캔**해 작성한 게시물의 URL을 입력해 주세요!

필수 태그 #마더텅 #마더텅기출

이벤트 3　마더텅 우편 이벤트

본 교재의 연도별 문제편 페이지를 오려서 마더텅으로 보내 주세요! 추첨을 통해 소정의 상품을 보내 드립니다.

참여 방법　연도별 문제편 풀이 및 채점 완료 → 해당 페이지를 모두 오려서 마더텅에 발송(우편, 택배 등)
→ QR 코드를 스캔하고 발송 인증

주소　(08501) 서울특별시 금천구 가마산로 96, 대륭테크노타운 8차 708호, 마더텅 이벤트 담당자 앞 / 010-6640-1064

※ 이벤트 기간: 2026년 12월 31일까지 (*해당 이벤트는 당사 사정에 따라 조기 종료될 수 있습니다.)

※ 자세한 사항은 해당 QR 코드를 스캔하거나 홈페이지 이벤트 공지 글을 참고해 주세요.　※ 당사 사정에 따라 이벤트의 내용이나 상품이 변경될 수 있으며 변경 시 홈페이지에 공지합니다.

※ 상품은 이벤트 참여일로부터 4~5일(영업일 기준) 내에 발송됩니다.(단, 이벤트 3은 예외)　※ 동일 교재로 세 가지 이벤트 모두 참여 가능합니다.(단, 같은 이벤트 중복 참여는 불가합니다.)

2027 마더텅 수능기출문제집
사회·문화

정답과 해설편

 고득점 / 성적 향상 공부 방법

장○호 님 고려대학교 행정학과
2025학년도 수능 사회·문화 1등급(표준 점수 67)
사용 교재 까만책 국어 독서, 국어 문학, 영어 독해, 사회·문화

2024 마더텅 제8기 성적 우수 동상

6월 모의고사 약 10일 전, 개념 학습이 완전히 정립되지 않은 상태에서 기출문제 풀이를 시작했습니다. 처음에는 문제를 제대로 풀지 못했지만, **마더텅 수능기출문제집 사회·문화** 한 권을 10일 동안 끝내는 것을 목표로 문제편과 해설편을 병행하며 학습했습니다.

반복되는 유형·선지 분석
기출을 풀면서 유사한 문제 유형과 선지가 반복된다는 사실을 깨달았습니다. 이에 따라 새로운 단원 초반에는 해설을 참고하며 개념을 보완하였고, 이후에는 유형에 익숙해지면서 점차 문제를 푸는 속도가 빨라졌습니다.

빠른 기출 회독과 틀린 문제 복습
마더텅 수능기출문제집 사회·문화를 7일 만에 완독했으며, 3일 동안은 틀린 문제를 집중적으로 복습하며 부족한 개념을 보완했습니다.

6월 모의고사에서 짧은 준비 기간으로 준비가 부족했던 통계 문제를 제외하고 모든 문제를 맞혔습니다. 짧은 기간이었지만, 기출 반복 풀이와 오답 복습을 통해 실전 감각을 빠르게 익히는 것이 중요하다는 것을 체감할 수 있었습니다. 이러한 경험을 바탕으로 공부한 결과 수능에서도 1등급을 받을 수 있었습니다.

장○진 님
국립창원대학교 글로벌비즈니스학부
사회·문화 4등급 → 1등급(표준점수 65)
사용 교재 까만책 확률과 통계, 한국지리, 사회·문화

2024 마더텅 제8기 성적 향상 은상

1. 개념 학습 & 도표 문제 연습 고등학교 2학년 때 사회·문화 과목을 배운 경험이 있었기에, 처음에는 개념 학습보다 문제 풀이에만 집중했습니다. 그러다 고3 3월 학력평가 성적을 확인한 후, 개념을 먼저 확실하게 복습해야 한다는 것을 깨달았습니다.

2. 개념 학습 과정 개념 강좌를 다시 수강하며 기본 개념을 정리했습니다. **마더텅 수능기출문제집**의 단원별 개념 정리 부분을 공책에 빼곡히 정리하고, 이후 백지에 다시 써보며 개념을 체화하는 연습을 했습니다. 문제 풀이 후, 처음 틀린 문제를 다시 풀었을 때도 틀린 경우, 해당 문제를 오려 공책에 붙이고, 해설편을 보고 정리했습니다. 헷갈리는 문제는 해설 내용을 공책에 반복해서 적으며 학습했고, 이렇게 정리한 내용은 다음날 문제를 풀기 전에 정독하며 복습했습니다.

3. 도표 문제 학습 전략 도표 문제는 풀이 과정에 익숙해지는 것이 중요하다고 판단하여, 맞힌 문제라도 풀이를 지우고 다시 풀어보는 연습을 반복했습니다. 이러한 반복 학습을 통해 문제 유형에 익숙해질 수 있었고, 처음에는 한 문제당 10분이 걸리던 도표 문제 풀이 시간이 점차 줄어들어 1~3분 내에 해결할 수 있게 되었습니다.

이처럼 **마더텅 수능기출문제집**을 활용하여 개념 복습과 문제 풀이 전략을 꾸준히 반복함으로써 사회·문화 과목의 개념과 문제 유형을 완벽히 익힐 수 있었습니다.

이○관 님 서강대학교 경영학부
사회·문화 5등급 → 1등급(표준점수 66)
사용 교재 까만책 국어 독서, 국어 문학, 생활과 윤리, 사회·문화

2024 마더텅 제8기 성적 향상 은상

사회·문화는 **마더텅 수능기출문제집**에 수록된 도표 특강을 먼저 풀며 도표 분석 감각을 키웠습니다. 이후 단원별 문제를 풀 때, 출제 빈도와 난이도를 구분하여 중요한 문제는 반복적으로 풀었고, 난도가 낮은 문제는 1~2회 풀고 빠르게 넘어갔습니다.

모의고사를 풀 때는 오답의 원인을 철저히 분석하여 실수 유형과 취약한 개념을 정확히 파악하고 보완하는 데 중점을 두었습니다. 마지막으로 **마더텅 수능기출문제집** 문제편 뒤에 수록된 기출 OX 문제를 이용해 수능 직전에 개념을 효율적으로 복습했습니다.

손○웅 님 서울대학교 체육교육과
2025학년도 수능 사회·문화 1등급(표준 점수 69)
사용 교재 까만책 국어 독서, 국어 문학, 영어 독해, 경제, 사회·문화
빨간책 국어 영역, 영어 영역, 경제, 사회·문화

2024 마더텅 제8기 성적 우수 은상

사회·문화 과목은 개념 학습도 중요하지만, 이를 문제에 적용하는 방식에 익숙해지는 것이 가장 중요하다고 생각했습니다. 따라서 개념을 공부한 후, **마더텅 수능기출문제집 사회·문화**를 활용해 해당 단원의 개념을 간단히 복습하고 기출 문제를 풀이하는 방식으로 학습을 진행하였습니다.

특히, 고난도 문제로 자주 출제되는 도표 문제를 대비하기 위해 도표 특강을 활용하였고, 맞힌 문제라도 풀이 시간이 오래 걸렸다면 해설지를 참고하여 더 빠르게 해결하는 방법을 익히는 데 집중하였습니다. 이를 통해 사회·문화 문제 해결 속도를 높이며 실전에서 효과적으로 대비할 수 있었습니다.

2027 마더텅 수능기출문제집

사회·문화

정답과 해설편

대학수학능력시험 대비를 위한 완벽한 기출문제집!
총 860문항, 압도적인 문항 수! 자세한 첨삭 해설로 사회·문화 완전 정복!

풍부하고 다양한 문항구성

13개년(2014~2026학년도) 수능·모의평가 380문항	12개년(2014~2025년) 전국연합 학력평가 480문항

• 총 860문항을 5개의 단원으로 나누어 우수 문항 선별 수록

체계적 학습에 최적화된 문제편

단원별
① 개념 정리
② 단원별 문제

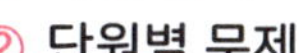 

연도별
2024~2026학년도 3개년 수능·모의평가 총 9회 추가 수록

수능 출제 경향에 맞춘 필수 개념 압축 구성! 단원별, 소주제별 필수 개념 및 암기사항 정리!

친절하고 자세한 해설편

• 학습에 용이하도록 해설편에 문제가 한 번 더!
• 대한민국 최초! 전 문항, 모든 선지에 100% 첨삭풀이 해설 수록!
• 해설 곳곳에 배치된 개념 설명, Tip으로 반복 학습 가능!

특급 부록

도표 분석 특강
사회·문화 킬러 문항을 잡는 마더텅만의 특급 부록!
이보다 더 자세할 수는 없다! 도표 분석 45 특강!!
→ 문제편 p.004

기출 OX 607제
핵심 개념과 출제 빈도가 높은 선지만을 모았다!
기출 OX 607제로 수능 완벽 대비 → 문제편 p.335

MOTHERTONGUE
마더텅출판사
since 1999.4.1.

1. 사회·문화 현상의 이해

1 자연 현상 vs 사회·문화 현상

정답 ② 정답률 90% 2024년 10월 학평 1번 문제편 69p

밑줄 친 ㉠~㉢과 같은 현상의 일반적인 특징에 대한 설명으로 옳은 것은?

> 오로라는 태양으로부터 날아오는 ㉠ 고에너지 입자가 대기의 공기 분자와 충돌하여 나타나는 현상이다. 최근 태양 표면에서 강력한 폭발이 일어나 ㉡ 세계 곳곳의 하늘에서 오로라가 나타났다. 이 시기에는 항공기가 방사선에 더 많이 노출되어 통신용 전파가 교란될 가능성이 높아진다. 이에 정부는 태양 표면의 강력한 에너지 분출로 인해 발생할 수 있는 ㉢ 문제 상황에 대처하기 위한 시스템을 마련하기로 하였다.

㉠ → 자연 현상
㉡ → 자연 현상
㉢ → 사회·문화 현상

① ㉠과 같은 현상은 가치 함축적이다. (몰가치적)
② ㉡과 같은 현상은 확실성의 원리가 적용된다.
③ ㉠과 같은 현상에 비해 ㉢과 같은 현상은 인과 관계가 분명하다. (불분명)
④ ㉢과 같은 현상과 달리 ㉡과 같은 현상은 보편성과 특수성이 공존한다.
⑤ ㉢과 같은 현상과 달리 ㉠, ㉡과 같은 현상은 경험적 자료로 연구할 수 있다.

|자|료|해|설|

㉠, ㉡과 같은 현상은 자연 현상에 해당하고, ㉢과 같은 현상은 사회·문화 현상에 해당한다.

|선|택|지|풀|이|

① 오답 : 자연 현상은 몰가치적이고, 사회·문화 현상은 가치 함축적이다.
② 정답 : 자연 현상은 확실성의 원리가 적용되고, 사회·문화 현상은 확률의 원리가 적용된다.
③ 오답 : 자연 현상과 사회·문화 현상은 모두 인과 관계가 나타난다. 다만, 자연 현상은 사회·문화 현상에 비해 인과 관계가 명확하다.
④ 오답 : 자연 현상은 보편성만 나타나고, 사회·문화 현상은 보편성과 특수성이 공존한다.
⑤ 오답 : 자연 현상과 사회·문화 현상은 모두 경험적 자료로 연구할 수 있다.

출제분석 | 자연 현상과 사회·문화 현상의 특징을 파악하는 문제이다. 밑줄 친 부분에 해당하는 현상의 특징을 파악하는 문제는 반드시 출제되므로 자연 현상과 사회·문화 현상의 특징을 비교하여 파악해 두도록 한다.

2 자연 현상 vs 사회·문화 현상

정답 ③ 정답률 90% 2022학년도 6월 모평 1번 문제편 69p

밑줄 친 ㉠~㉣과 같은 현상의 일반적인 특징에 대한 설명으로 옳은 것은?

> 이산화탄소의 과도한 발생으로 ㉠ 지구의 평균 기온이 상승하면서 다양한 환경 문제가 나타났다. 이에 대응하여 일부 국가에서는 ㉡ 환경 친화적 소비를 유도하고 이산화탄소의 발생량을 감소시키고자 탄소 발자국을 표시하기 시작하였다. 탄소 발자국이란 제품의 생산, 소비, 폐기 등의 과정에서 발생하는 이산화탄소의 총량을 말한다. 탄소 발자국은 이산화탄소의 배출량을 무게 단위(kg)로 표시하거나, ㉢ 식물의 광합성을 통해 감소될 수 있는 이산화탄소 배출량을 ㉣ 나무의 수로 환산하여 표시한다.

㉠ → 자연 현상
㉡ → 사회·문화 현상
㉢ → 자연 현상
㉣ → 사회·문화 현상

① ㉠과 같은 현상은 ㉡과 같은 현상과 달리 경험적 자료를 통해 연구할 수 있다. (모두)
② ㉢과 같은 현상은 ㉣과 같은 현상에 비해 보편성이 강하게 나타난다.
③ ㉢과 같은 현상은 ㉣과 같은 현상에 비해 인과관계가 분명하다.
④ ㉠과 같은 현상은 ㉣과 같은 현상과 달리 확실성의 원리가 적용된다.
⑤ ㉠, ㉢과 같은 현상은 ㉡, ㉣과 같은 현상과 달리 가치 함축적이다.

|자|료|해|설|

㉠과 ㉢은 인간의 의지와 관계없이 자연계 스스로의 원리에 따라 나타나는 현상이므로 자연 현상에 해당한다. ㉡과 ㉣은 인간에 의해 인위적으로 만들어진 현상이므로 사회·문화 현상에 해당한다.

|선|택|지|풀|이|

① 오답 : 자연 현상과 사회·문화 현상 모두 경험적으로 관찰할 수 있는 경험적 자료를 통해 연구할 수 있다.
② 오답 : 자연 현상은 보편성이 강하게 나타나고, 사회·문화 현상은 보편성과 특수성이 공존한다.
③ 정답 : 자연 현상은 특정 원인에 따라 그에 상응하는 결과가 예외 없이 발생하므로 인과관계가 명확하다.
④ 오답 : 자연 현상은 확실성의 원리가 적용되고, 사회·문화 현상은 확률의 원리가 적용된다.
⑤ 오답 : 사회·문화 현상은 자연 현상과 달리 가치 함축적이다.

관련 개념 | 인과관계는 앞의 사실과 뒤의 사실이 원인과 결과의 관계에 있는 것을 말한다. 자연 현상은 특정 원인에 따라 그에 상응하는 결과가 예외 없이 발생하므로 인과관계가 명확하다고 말할 수 있지만, 사회·문화 현상은 인과관계가 나타나기는 하지만 예외가 존재하므로 인과관계가 명확하다고 말할 수 없다.

밑줄 친 ㉠~㉣과 같은 현상의 일반적인 특징에 대한 설명으로 옳은 것은?

> 식물의 뿌리는 ㉠ 광합성으로 만든 산물의 약 30%를 분비한다. 이에 착안하여 국내 연구팀은 병충해가 발생한 식물이 휘발성유기화합물을 만들어 ㉡ 이웃한 식물에게 해충의 공격을 알린다는 사실을 찾아냈다. 또한 이어진 연구에서 식물이 공기 중으로 냄새를 전달하고 이를 통해 ㉢ 생장에 유리한 유익균을 선별한다는 것을 발견하였다. 연구 결과는 ㉣ 세계 생태학 분야 학술지에 게재될 예정이다.

① ㉠과 같은 현상은 ㉡과 같은 현상과 달리 개연성으로 설명된다.

② ㉡과 같은 현상은 ㉢과 같은 현상과 달리 당위 법칙의 지배를 받는다.

③ ㉢과 같은 현상은 ㉣과 같은 현상과 달리 보편성과 특수성이 공존한다.

④ ㉣과 같은 현상은 ㉠과 같은 현상과 달리 가치 함축적이다.

⑤ ㉠, ㉡과 같은 현상은 ㉢, ㉣과 같은 현상과 달리 경험적 자료를 통한 연구가 가능하다.

|자|료|해|설|

㉠, ㉡, ㉢은 자연계에서 인간의 의지와 무관하게 발생하는 현상이므로 자연 현상에 해당하고, ㉣은 인간에 의해 인위적으로 발생하는 현상이므로 사회·문화 현상에 해당한다.

|선|택|지|풀|이|

① 오답 : 자연 현상은 특정 원인에 따라 반드시 그에 상응하는 결과가 예외 없이 발생하므로 필연성으로 설명된다.

② 오답 : 자연 현상은 인간의 인식 여부와 상관없이 자기 스스로의 원리에 따라 사실 그대로 존재하므로 존재 법칙의 지배를 받는다.

③ 오답 : 자연 현상은 보편성이 강하게 나타나고, 사회·문화 현상은 보편성과 특수성이 공존한다.

④ 정답 : 자연 현상은 인간의 의지나 가치와 무관하게 자연계의 원리에 의해 발생하므로 몰가치적인 반면, 사회·문화 현상은 인간의 가치나 신념이 반영되어 나타나므로 가치 함축적이다.

⑤ 오답 : 자연 현상과 사회·문화 현상은 모두 경험적 자료를 통한 연구가 가능하다.

추가 학습 | 개연성이란 먼저 발생한 현상의 영향으로 다음 현상이 발생할 가능성이 있으나 반드시 발생한다고 단정할 수는 없는 성질을 의미한다.

밑줄 친 ㉠~㉢과 같은 현상의 일반적인 특징에 대한 설명으로 옳은 것은?

> 온실가스 감축이 요구됨에 따라 산림의 역할이 더욱 주목받고 있다. ㉠ 나무가 광합성 작용을 통해 대기 중 이산화 탄소를 흡수하기 때문이다. 그런데 오래된 나무는 이산화 탄소 흡수 능력이 떨어진다는 연구 결과가 있어 일부 전문가들은 ㉡ 일정 주기로 벌목을 하고 나무를 새로 심는 정책을 주장한다. 그러나 ㉢ 숲은 토양, 미생물, 동식물로 연결된 복잡한 생태계를 이루고 있는데 벌목이 이러한 생태계를 해칠 수 있다며 반대하는 입장도 있다.

① ㉠과 같은 현상은 개연성의 원리가 작용한다.

② ㉡과 같은 현상은 몰가치적이다.

③ ㉢과 같은 현상은 당위 법칙을 따른다.

④ ㉠과 같은 현상은 ㉡과 같은 현상에 비해 인과 관계가 명확하다.

⑤ ㉡과 같은 현상은 ㉢과 같은 현상과 달리 보편성을 지닌다.

|자|료|해|설|

㉠과 ㉢은 인간의 의지와 무관하게 발생하므로 자연 현상에 해당하고, ㉡은 인간에 의해 인위적으로 발생하므로 사회·문화 현상에 해당한다.

|선|택|지|풀|이|

① 오답 : 자연 현상은 필연성의 원리가 작용하고, 사회·문화 현상은 개연성의 원리가 작용한다.

② 오답 : 자연 현상은 몰가치적이고, 사회·문화 현상은 가치 함축적이다.

③ 오답 : 자연 현상은 존재 법칙을 따르고, 사회·문화 현상은 당위적 규범의 영향을 받는다.

④ 정답 : 자연 현상과 사회·문화 현상은 모두 인과 관계가 나타난다. 다만, 자연 현상이 사회·문화 현상에 비해 인과 관계가 명확하다.

⑤ 오답 : 자연 현상은 보편성이 강하게 나타나고, 사회·문화 현상은 보편성과 특수성이 공존한다.

문제풀이 TIP | 밑줄이 어디까지 그어져 있는지를 확인하도록 한다. 밑줄이 그어진 부분에 따라 자연 현상에 해당하는 부분이 있는가 하면 사회·문화 현상에 해당하는 부분이 있다.

밑줄 친 ㉠~㉤과 같은 현상의 일반적인 특징에 대한 설명으로 옳은 것은?

'람사르 데이'는 ㉠ 습지의 중요성을 널리 홍보하기 위해 마련한 행사이다. 참가자들은 ㉡ 습지에 버려진 비닐과 플라스틱을 재활용해 만든 옷을 입고 행사에 참여한다. 습지 보존이 중요한 이유는 ㉢ 습지가 생태계를 보호하는 역할을 하기 때문이다. 플랑크톤과 유기 물질이 풍부한 ㉣ 습지는 각종 오염 물질을 정화한다. 그뿐만 아니라 ㉤ 습지는 기후 위기의 요인 중 하나인 탄소 증가를 억제하는 역할도 한다.

① ㉠과 같은 현상은 몰가치적이다.
② ㉡과 같은 현상은 존재 법칙이 적용된다.
③ ㉢과 같은 현상은 확실성의 원리가 적용된다.
④ ㉣과 같은 현상은 인과 관계가 불분명하다.
⑤ ㉤과 같은 현상은 보편성과 특수성이 공존한다.

|자|료|해|설|
㉠, ㉡은 사회·문화 현상에 해당하고, ㉢, ㉣, ㉤은 자연 현상에 해당한다.

|선|택|지|풀|이|
① 오답 : 자연 현상은 몰가치적이고, 사회·문화 현상은 가치 함축적이다.
② 오답 : 자연 현상은 존재 법칙이 적용되고, 사회·문화 현상은 당위적 규범의 영향을 받는다.
③ 정답 : 자연 현상은 확실성의 원리가 적용되고, 사회·문화 현상은 확률의 원리가 적용된다.
④ 오답 : 자연 현상은 인과 관계가 분명하고, 사회·문화 현상은 인과 관계가 불분명하다.
⑤ 오답 : 자연 현상은 보편성만 나타나고, 사회·문화 현상은 보편성과 특수성이 공존한다.

문제풀이TIP | 자연 현상은 인간의 가치와 의지가 개입되어 있지 않고, 사회·문화 현상은 인간의 가치와 의지가 개입되어 있다.

출제분석 | 자연 현상과 사회·문화 현상의 특징을 비교하는 문제이다. 핵심 개념을 중심으로 자연 현상과 사회·문화 현상의 특징을 비교해 두도록 한다.

밑줄 친 ㉠~㉣과 같은 현상의 일반적인 특징에 대한 설명으로 옳은 것은?

배달 음식의 주문 증가로 플라스틱으로 만든 포장 용기의 소비가 많아지면서, ㉠ 플라스틱 포장 용기의 처리가 새로운 문제로 부상하고 있다. 재활용되지 않고 버려진 ㉡ 플라스틱은 100년이 넘는 시간에 걸쳐 분해되어 환경 오염을 유발한다. 또한 ㉢ 동물들이 먹이로 착각하고 삼킨 플라스틱은 소화되지 않고 동물들의 몸속에 쌓여 생명을 위협할 수 있다. 이에 최근 ㉣ 플라스틱 포장 용기를 재생하여 활용함으로써 버려지는 플라스틱의 양을 줄이고자 하는 움직임이 늘어나고 있다.

① ㉠과 같은 현상은 ㉢과 같은 현상과 달리 몰가치적이다.
② ㉡과 같은 현상은 ㉠과 같은 현상과 달리 개연성으로 설명된다.
③ ㉢과 같은 현상은 ㉣과 같은 현상과 달리 경험적 자료로 연구할 수 있다.
④ ㉣과 같은 현상은 ㉠과 같은 현상과 달리 존재 법칙의 지배를 받는다.
⑤ ㉡, ㉢과 같은 현상은 ㉠, ㉣과 같은 현상에 비해 인과 관계가 분명하다.

|자|료|해|설|
㉠과 ㉣은 인간에 의해 인위적으로 발생하므로 사회·문화 현상에 해당하고, ㉡과 ㉢은 인간의 의지와 무관하게 발생하므로 자연 현상에 해당한다.

|선|택|지|풀|이|
① 오답 : 자연 현상은 몰가치적이고, 사회·문화 현상은 가치 함축적이다.
② 오답 : 자연 현상은 필연성으로 설명되고, 사회·문화 현상은 개연성으로 설명된다.
③ 오답 : 자연 현상과 사회·문화 현상은 모두 경험적 자료로 연구할 수 있다.
④ 오답 : 자연 현상은 존재 법칙의 지배를 받고, 사회·문화 현상은 당위적 규범의 영향을 받는다.
⑤ 정답 : 자연 현상과 사회·문화 현상은 모두 인과 관계가 나타난다. 다만, 자연 현상은 사회·문화 현상에 비해 인과 관계가 분명하다.

추가 학습 | 개연성은 어떤 현상의 영향으로 다른 현상이 발생할 가능성은 있지만 반드시 발생한다고 단정할 수 없는 성질을 의미하고, 필연성은 특정 원인에 따라 특정 결과가 반드시 발생하는 성질을 의미한다.

출제분석 | 자연 현상과 사회·문화 현상의 특징을 파악하는 문제이다. 자연 현상과 사회·문화 현상의 특징을 비교하는 문제는 출제 빈도가 높으므로 각 현상의 특징을 꼼꼼하게 이해해 두도록 한다.

밑줄 친 ㉠~㉢과 같은 현상의 일반적인 특징에 대한 설명으로 옳은 것은?

우리 몸에 있는 대부분의 미생물은 면역계 유지에 필요하다. ㉠ 미생물은 적당한 습기와 충분한 먹이가 있는 환경을 선호하여 대장에 많이 서식한다. 대장 내 미생물 중 유익균은 식이 섬유에서 영양분을 얻고, 이를 분해할 때 면역 세포를 안정시키는 물질을 만든다. 그런데 식생활에서 가공 식품과 ㉡ 정제된 탄수화물 섭취 비중이 증가하고 유익균이 줄게 되면서 대장 내 미생물 분포가 달라졌다. 뇌와 장은 내분비계, 신경계 등을 통해 신호를 주고받는데, 미생물 분포 변화로 장내 면역 체계에 이상이 생기면 뇌 질환 발생 가능성이 높아진다. 뇌 질환자 상당수가 장 질환을 앓고 있으며, 일상에서 ㉢ 과도한 스트레스를 받으면 장에 탈이 나는 것을 볼 수 있다. 따라서 장 건강을 위해서는 채식 위주의 식단을 유지하고, ㉣ 장내 미생물을 무차별적으로 죽이는 항생제를 남용하지 않아야 한다.

자연 현상 → ㉠
사회 · 문화 현상 → ㉡
자연 현상 → ㉢
사회 · 문화 현상 → ㉣

① ㉠과 같은 현상은 ㉡과 같은 현상과 달리 인과 관계가 나타난다.
② ㉡과 같은 현상은 ㉢과 같은 현상과 달리 가치 함축적이다.
③ ㉢과 같은 현상은 ㉣과 같은 현상과 달리 개연성의 원리가 적용된다.
④ ㉣과 같은 현상은 ㉠과 같은 현상과 달리 보편성이 나타난다.
⑤ ㉠, ㉡과 같은 현상은 ㉢, ㉣과 같은 현상과 달리 존재 법칙의 지배를 받는다.

|자|료|해|설|
㉠과 ㉢은 인간의 의지와 무관하게 발생하는 자연 현상에 해당하고, ㉡과 ㉣은 인간에 의해 인위적으로 발생하는 사회 · 문화 현상에 해당한다.

|선|택|지|풀|이|
① 오답 : 자연 현상과 사회 · 문화 현상은 모두 인과 관계가 나타난다. 다만, 자연 현상이 사회 · 문화 현상에 비해 인과 관계가 분명하다.
② 정답 : 자연 현상은 몰가치적이고, 사회 · 문화 현상은 가치 함축적이다.
③ 오답 : 자연 현상은 필연성의 원리가 적용되고, 사회 · 문화 현상은 개연성의 원리가 적용된다.
④ 오답 : 자연 현상과 사회 · 문화 현상은 모두 보편성이 나타난다. 다만, 자연 현상은 보편성이 강하게 나타나고, 사회 · 문화 현상은 보편성과 특수성이 공존한다.
⑤ 오답 : 자연 현상은 존재 법칙의 지배를 받고, 사회 · 문화 현상은 당위적 규범의 영향을 받는다.

🤯 **문제풀이 TIP** | 밑줄이 어디까지 그어져 있는지를 꼼꼼히 파악해야 한다. 밑줄이 그어진 부분에 따라 어떤 현상에 해당하는지가 달라질 수 있다.

😀 **출제분석** | 자연 현상과 사회 · 문화 현상의 특징을 묻는 문제이다. 자연 현상과 사회 · 문화 현상을 비교하여 그 특징을 반드시 이해해 두도록 한다.

밑줄 친 ㉠~㉣과 같은 현상의 일반적인 특징에 대한 설명으로 옳은 것은?

산타의 썰매를 끄는 ㉠ 루돌프 이야기는 순록의 붉은 코를 재미있게 표현한 상상력의 산물이다. ㉡ 순록의 코에는 모세혈관이 촘촘하게 분포되어 있어 혈액 순환을 활발하게 하고 ㉢ 먹이를 찾는 감각과 체온을 유지하는 데 도움을 준다. 순록을 유목하는 사람들은 순록의 붉은 코가 ㉣ 짝짓기 시기에 상대를 유인하는 신호로 쓰인다고 추측하기도 한다.

사회 · 문화 현상 → ㉠
자연 현상 → ㉡
자연 현상 → ㉢
사회 · 문화 현상 → ㉣

① ㉠과 같은 현상은 몰가치적이다. (가치 함축적)
② ㉡과 같은 현상은 개연성의 원리가 적용된다. (필연성)
③ ㉡과 같은 현상에 비해 ㉢과 같은 현상은 특수성이 강하다.
④ ㉣과 같은 현상에 비해 ㉠과 같은 현상은 인과 관계가 불분명하다.
⑤ ㉢과 같은 현상과 ㉣과 같은 현상은 모두 경험적 자료로 연구할 수 있다.

|자|료|해|설|
㉠, ㉣과 같은 현상은 사회 · 문화 현상에 해당하고, ㉡, ㉢과 같은 현상은 자연 현상에 해당한다.

|선|택|지|풀|이|
① 오답 : 사회 · 문화 현상은 가치 함축적이고, 자연 현상은 몰가치적이다.
② 오답 : 자연 현상은 필연성의 원리가 적용되고, 사회 · 문화 현상은 개연성의 원리가 적용된다.
③ 오답 : 자연 현상은 보편성만 강하게 나타나고, 사회 · 문화 현상은 보편성과 특수성이 공존한다.
④ 오답 : 사회 · 문화 현상은 자연 현상에 비해 인과 관계가 불분명하다.
⑤ 정답 : 자연 현상과 사회 · 문화 현상은 모두 경험적 자료로 연구가 가능하다.

🤯 **문제풀이 TIP** | 밑줄 친 부분이 인간의 의지에 의해 발생하는지, 인간의 의지와 무관하게 발생하는지를 파악해 보도록 한다.

😀 **출제분석** | 자연 현상과 사회 · 문화 현상의 특징을 파악하는 문제이다. 자연 현상과 사회 · 문화 현상의 각 특징을 비교하며 이해해 두도록 한다.

밑줄 친 ㉠~㉢과 같은 현상의 일반적인 특징에 대한 설명으로 옳은 것은?

> 지구 온난화로 ㉠ 개화 시기가 빨라지고 있다는 연구 결과가 발표되었다. 연구 팀은 농작물의 개화 시기와 꿀벌의 활동 시기가 맞지 않아 ㉡ 농작물의 꽃가루받이가 위협받고 있다고 지적하였다. 사람이 꿀벌 대신 꽃가루받이를 하는 경우가 많아지면서 ㉢ 농작물의 생산 비용이 증가하고 있다.

㉠ 자연 현상
㉡ 사회·문화 현상
㉢ 사회·문화 현상

① ㉠과 같은 현상은 ㉡과 같은 현상과 달리 가치 함축적이다. — 몰가치적
② ㉠과 같은 현상은 ㉢과 같은 현상에 비해 인과 관계가 명확하다.
③ ㉡과 같은 현상은 ㉢과 같은 현상과 달리 보편성과 특수성이 공존한다. — 모두
④ ㉢과 같은 현상은 ㉠과 같은 현상과 달리 경험적 자료로 연구할 수 있다. — 모두
⑤ ㉠과 같은 현상은 ㉡, ㉢과 같은 현상과 달리 확률의 원리가 작용한다. — 확실성

|자|료|해|설|

㉠은 자연 현상, ㉡과 ㉢은 사회·문화 현상에 해당한다.

|선|택|지|풀|이|

① 오답 : 자연 현상은 몰가치적이고, 사회·문화 현상은 가치 함축적이다.

② 정답 : 자연 현상과 사회·문화 현상은 모두 인과 관계가 나타난다. 다만, 자연 현상이 사회·문화 현상에 비해 인과 관계가 명확하다.

③ 오답 : 자연 현상은 보편성만 나타나고, 사회·문화 현상은 보편성과 특수성이 공존한다.

④ 오답 : 자연 현상과 사회·문화 현상은 모두 경험적 자료로 연구할 수 있다.

⑤ 오답 : 자연 현상은 확실성의 원리가 작용하고, 사회·문화 현상은 확률의 원리가 작용한다.

🤓 **문제풀이 TIP** | 밑줄 친 부분이 인간의 의지에 의해 인위적으로 발생하는지, 인간의 의지와 무관하게 발생하는지를 파악하도록 한다.

😀 **출제분석** | 자연 현상과 사회·문화 현상의 특징을 비교하는 문제이다. 자연 현상과 사회·문화 현상의 특징을 비교하는 문제는 반드시 출제되므로 각 현상의 특징을 비교하여 파악해 두도록 한다.

밑줄 친 ㉠ ~ ㉣과 같은 현상의 일반적 특징에 대한 설명으로 옳은 것은? — 자연 현상 vs 사회·문화 현상

> **『자연 다큐멘터리 '생명의 땅 ○○습지 1년의 기록'』**
> ㉠ 지형적 특성으로 물이 잘 빠지지 않고 오랜 시간 정체되면서 형성된 습지, 그곳의 독특한 생태계를 특수 촬영으로 생동감 있게 그려냈습니다. ㉡ 계절마다 빛깔을 달리하는 수풀의 환상적인 풍경, ㉢ 삵, 고니 등 평소 보기 힘든 동물을 담아낸 영상을 감상할 수 있습니다. 각종 수생 식물이 습지를 빼곡하게 메워 펼쳐지는 연둣빛 군락은 물론이고 ㉣ 개화가 잘 되지 않아 '백년 만에 피는 꽃'이라고 불리는 가시연꽃의 모습은 특히 기대해도 좋습니다.

자연 현상 (몰가치적): ㉠, ㉡
사회·문화 현상(가치 함축적): ㉢, ㉣

① ㉠과 같은 현상은 ㉡과 같은 현상과 달리 몰가치적이다. — 자연 현상
② ㉡과 같은 현상은 ㉢과 같은 현상과 달리 인과 관계가 나타난다. — 자연 현상과 사회·문화 현상의 공통점
③ ㉢과 같은 현상은 ㉠과 같은 현상과 달리 경험적 자료를 통해 연구할 수 있다.
④ ㉣과 같은 현상은 ㉡과 같은 현상에 비해 보편성이 강하게 나타난다. — 자연 현상
⑤ ㉢, ㉣과 같은 현상은 ㉠, ㉡과 같은 현상과 달리 개연성의 원리가 적용된다. — 사회·문화 현상

|자|료|해|설|

㉠, ㉡은 인간의 의지·의도가 개입되어 있지 않은 자연 현상(몰가치적)이다. ㉢, ㉣은 인간의 의지·의도가 개입되어 나타나는 사회·문화 현상(가치 함축적)이다.

|선|택|지|풀|이|

① 오답 : 자연 현상은 인간의 가치가 개입되어 있지 않으므로 몰가치적이고, 사회·문화 현상은 인간의 가치가 개입되어 있으므로 가치 함축적이다.

② 오답 : 자연 현상과 사회·문화 현상은 모두 인과 관계가 나타난다.

③ 오답 : 자연 현상과 사회·문화 현상은 모두 경험적 자료를 통해 연구할 수 있다.

④ 오답 : 예외가 거의 존재하지 않는 자연 현상은 사회·문화 현상에 비해 보편성이 강하게 나타난다.

⑤ 정답 : 사회·문화 현상은 개연성의 원리가 적용되고, 자연 현상은 필연성의 원리가 적용된다.

🤓 **문제풀이 TIP** | 자연 현상과 사회·문화 현상은 모두 인과 관계가 나타난다. 다만, 자연 현상은 사회·문화 현상에 비해 인과 관계가 분명하고, 사회·문화 현상은 자연 현상에 비해 인과 관계가 불분명하다. 자연 현상과 사회·문화 현상은 모두 보편성이 나타난다. 다만, 자연 현상은 사회·문화 현상에 비해 보편성이 강하게 나타나고, 사회·문화 현상은 보편성과 특수성이 모두 나타난다.

밑줄 친 ㉠~㉣과 같은 현상의 일반적인 특징에 대한 설명으로 옳은
것은?

기체가 초고온의 에너지를 받으면 기체와는 전혀 다른
성질을 띠는 상태가 되는데, 이를 플라스마라고 합니다.
태양에서는 ㉠ 플라스마 상태에서 핵융합 반응이 일어나고
막대한 양의 에너지가 방출됩니다. 핵융합 발전은 여기서
아이디어를 얻어 고효율의 에너지를 얻으려는 것입니다.
우리 과학자들이 인공 태양을 구현하려고 노력한 결과,
지난 ○○월 ○○일 ㉡ 초고온의 플라스마 상태를 최장 시간
유지시키는 데 성공하였습니다. ㉢ 기체가 일정한 조건에
이르면 플라스마로 변화하는데, 플라스마가 실험기 진공
용기에 닿는 순간 핵융합 반응이 끝납니다. 핵융합 기술의
상용화를 위해서는 플라스마를 실험로에 닿지 않도록 하는
것이 관건입니다. 연구자들은 ㉣ 플라스마를 안정적으로
제어할 수 있도록 실험을 계속할 예정이라고 합니다.

NEWS 한국산 '핵융합' 인공 태양, 실험 성공

① ㉠과 같은 현상은 ㉡과 같은 현상과 달리 가치 함축적이다.
② ㉡과 같은 현상은 ㉢과 같은 현상에 비해 인과 관계가 명확하다.
③ ㉢과 같은 현상은 ㉣과 같은 현상과 달리 보편성이 나타난다.
④ ㉣과 같은 현상은 ㉠과 같은 현상과 달리 개연성의 원리가
   적용된다.
⑤ ㉠, ㉢과 같은 현상은 ㉡, ㉣과 같은 현상과 달리 경험적 자료로
   연구할 수 있다.

|자|료|해|설|
㉠과 ㉢은 자연 현상에 해당하고, ㉡과 ㉣은 사회·문화
현상에 해당한다.

|선|택|지|풀|이|
① 오답 : 자연 현상은 몰가치적이고, 사회·문화 현상은
가치 함축적이다.
② 오답 : 자연 현상과 사회·문화 현상은 모두 인과 관계가
나타난다. 다만, 자연 현상은 사회·문화 현상에 비해 인과
관계가 명확하다.
③ 오답 : 자연 현상과 사회·문화 현상은 모두 보편성이
나타난다. 다만, 사회·문화 현상은 보편성과 특수성이
공존한다.
④ 정답 : 사회·문화 현상은 개연성의 원리가 적용되고,
자연 현상은 필연성의 원리가 적용된다.
⑤ 오답 : 자연 현상과 사회·문화 현상은 모두 경험적
자료로 연구할 수 있다.

출제분석 | 자연 현상과 사회·문화 현상의 특징을 파악하는
문제이다. 자연 현상과 사회·문화 현상의 특징을 비교하여
파악하는 문제는 반드시 출제되므로 각 현상의 특징을 꼼꼼하게
비교해 두도록 한다.

밑줄 친 ㉠~㉤과 같은 현상의 일반적인 특징에 대한 설명으로 옳은
것은?

지구 온난화로 인한 ㉠ 강물 속 용존 산소 감소가 수생 생물의
다양성을 위협한다는 보고서가 발표됐다. 물속 용존 산소는
물속 생물의 호흡 과정에서 소비된다. 그런데 ㉡ 지구 온난화에
의해 수온이 상승하면 물속 생물의 호흡량이 증가하여 ㉢ 용존
산소가 더 빠르게 고갈된다. 보고서에서는 ㉣ 탄소 배출량 감축
정책이 실패할 경우 얕은 강에서 특정 어종이 사라질 정도로
수(水) 생태계의 ㉤ 생물 다양성이 훼손될 것으로 예측했다.

① ㉠과 같은 현상은 가치 함축적이다.
② ㉡과 같은 현상은 당위 법칙을 따른다.
③ ㉢과 같은 현상은 보편성보다 특수성이 강하게 나타난다.
④ ㉣과 같은 현상은 개연성의 원리가 적용된다.
⑤ ㉤과 같은 현상은 확실성의 원리가 적용된다.

|자|료|해|설|
㉠, ㉡, ㉢은 인간의 의지와 무관하게 발생하므로 자연
현상에 해당하고, ㉣, ㉤은 인간에 의해 인위적으로
발생하므로 사회·문화 현상에 해당한다.

|선|택|지|풀|이|
① 오답 : 자연 현상은 몰가치적이고, 사회·문화 현상은
가치 함축적이다.
② 오답 : 자연 현상은 존재 법칙을 따르고, 사회·문화
현상은 당위적 규범의 영향을 받는다.
③ 오답 : 자연 현상은 보편성만 나타나고, 사회·문화
현상은 보편성과 특수성이 공존한다.
④ 정답 : 자연 현상은 필연성의 원리가 적용되고,
사회·문화 현상은 개연성의 원리가 적용된다.
⑤ 오답 : 자연 현상은 확실성의 원리가 적용되고,
사회·문화 현상은 확률의 원리가 적용된다.

문제풀이 TIP | 밑줄 친 부분이 어디까지인지를 반드시 확인하여 해당 밑줄 부분이 자연 현상과 사회·문화 현상 중 어디에 해당하는지를 파악해야 한다.

출제분석 | 자연 현상과 사회·문화 현상의 특징을 비교하는 문제이다. 자연 현상과 사회·문화 현상의 각 특징을 비교하면서 이해해 두도록 한다.

밑줄 친 ㉠~㉢과 같은 현상의 일반적인 특징에 대한 설명으로 옳은 것은?

> 인도양의 섬에 사는 세이셸 울새는 ㉠ 여러 세대가 함께 무리 생활을 하며, 곤경에 처한 구성원을 돕는 동물로 알려져 있다. 세이셸 울새가 사는 지역에는 ㉡ 끈적거리는 씨앗을 맺는 일명 '새잡이 나무'가 있어, 새가 이 끈끈한 씨앗 뭉치에 얽혀 죽음을 맞기도 한다. 그런데 세이셸 울새는 구성원이 이 나무에 얽히면 자신의 위험을 무릅쓰고 구조에 나서서 깃털에 달라붙은 끈끈한 씨앗을 함께 떼어 준다고 한다. ㉢ 새들의 생태를 관찰한 연구자들은 이러한 이타적 행동이 집단과 개체 모두의 생존에 기여할 수 있다고 설명한다.

① ㉡과 같은 현상은 당위 규범을 따른다.
② ㉢과 같은 현상은 확률의 원리가 작용한다.
③ ㉢과 같은 현상은 가치 함축적이다.
④ ㉡과 같은 현상은 ㉢과 같은 현상과 달리 경험적 자료를 통해 연구할 수 있다.
⑤ ㉢과 같은 현상은 ㉠과 같은 현상에 비해 인과 관계가 명확하다.

|자|료|해|설|
㉠과 ㉡은 인간의 의지와 무관하게 발생하므로 자연 현상에 해당하고, ㉢은 인간에 의해 인위적으로 발생하므로 사회·문화 현상에 해당한다.

|선|택|지|풀|이|
① 오답 : 자연 현상은 존재 법칙을 따르고, 사회·문화 현상은 당위 규범을 따른다.
② 오답 : 자연 현상은 확실성의 원리가 작용하고, 사회·문화 현상은 확률의 원리가 작용한다.
③ 정답 : 자연 현상은 몰가치적이고, 사회·문화 현상은 가치 함축적이다.
④ 오답 : 자연 현상과 사회·문화 현상은 모두 경험적 자료를 통해 연구할 수 있다.
⑤ 오답 : 자연 현상과 사회·문화 현상은 모두 인과 관계가 나타난다. 다만, 자연 현상이 사회·문화 현상에 비해 인과 관계가 명확하다.

밑줄 친 ㉠~㉣과 같은 현상의 일반적인 특징에 대한 설명으로 옳은 것은?

> 제주도 서귀포 앞바다에서는 ㉠ 돌고래들이 무리 지어 헤엄치는 모습이 자주 목격된다. 이 무리 중에는 ㉡ 놀이 공원에서 운영하는 돌고래 쇼에 시달리다가 ㉢ 대법원 판결에 의해 제주도 바다로 방생된 남방큰돌고래도 있다. ㉣ 남방큰돌고래의 평균 수명은 40년이다. 그러나 냉동 생선만 먹으며 휴일도 없이 일 년 내내 쇼를 해야 하는 수족관에서는 겨우 4년밖에 살지 못한다.

① ㉠과 같은 현상은 ㉢과 같은 현상과 달리 가치 함축적이다.
② ㉡과 같은 현상은 ㉠과 같은 현상에 비해 인과 관계가 분명하다.
③ ㉢과 같은 현상은 ㉠과 같은 현상과 달리 확률의 원리가 적용된다.
④ ㉠과 ㉢과 같은 현상은 ㉡과 같은 현상과 달리 보편성과 특수성이 공존한다.
⑤ ㉣과 같은 현상은 ㉠, ㉡, ㉢과 같은 현상과 달리 존재 법칙의 지배를 받는다.

|자|료|해|설|
㉠과 ㉣은 자연 현상에 해당하고, ㉡과 ㉢은 사회·문화 현상에 해당한다.

|선|택|지|풀|이|
① 오답 : 사회·문화 현상은 가치 함축적이고, 자연 현상은 몰가치적이다.
② 오답 : 자연 현상과 사회·문화 현상은 모두 인과 관계가 나타난다. 다만, 자연 현상은 사회·문화 현상에 비해 인과 관계가 분명하다.
③ 정답 : 사회·문화 현상은 확률의 원리가 적용되고, 자연 현상은 확실성의 원리가 적용된다.
④ 오답 : 사회·문화 현상은 보편성과 특수성이 공존하고, 자연 현상은 보편성이 강하게 나타난다.
⑤ 오답 : 사회·문화 현상은 당위적 규범의 영향을 받고, 자연 현상은 존재 법칙의 지배를 받는다.

🤓 **문제풀이 T I P** | 밑줄이 어디까지 그어져 있는지를 주의 깊게 살펴보고, 밑줄 친 부분이 자연 현상과 사회·문화 현상 중 어디에 해당하는지 파악하도록 한다.

😀 **출제분석** | 자연 현상과 사회·문화 현상의 특징을 비교하는 문제이다. 자연 현상과 사회·문화 현상의 특징을 묻는 문제는 반드시 출제되므로 각 현상의 특징을 비교하며 파악해 두도록 한다.

15　자연 현상 vs 사회·문화 현상

정답 ④　정답률 88%　2023학년도 9월 모평 1번　문제편 72p

밑줄 친 ⊙~㉣과 같은 현상의 일반적인 특징에 대한 설명으로 옳은 것은?

> 자연 현상

최근 ⊙ 일부 약제의 부작용이 남성에 비해 여성에게 더 많이 발생한다는 연구가 보고되었다. 이 연구에 따르면, ⓒ 약의 효능에 영향을 주는 특정 단백질이 여성에게 부족한 것이 원인이라고 한다. 이에 대해 관련 분야의 일부 전문가들은 신약 개발 과정에서 ⓒ 남녀 신체의 생물학적 차이를 무시하고, 관행적으로 ㉣ 남성의 신체를 연구의 표준으로 간주하여 임상 실험을 해 온 것이 문제라고 지적하고 있다.

> 자연 현상 (ⓒ)
> 사회·문화 현상 (ⓒ)
> 사회·문화 현상 (㉣)

① ⊙과 같은 현상은 ⓒ과 같은 현상과 달리 몰가치적이다.
② ⓒ과 같은 현상은 ㉣과 같은 현상과 달리 특수성이 나타난다.
③ ⓒ과 같은 현상은 ㉣과 같은 현상과 달리 인과 관계가 명확하다.
④ ⊙, ⓒ과 같은 현상은 ⓒ, ㉣과 같은 현상과 달리 확실성의 원리가 적용된다.
⑤ ⓒ, ㉣과 같은 현상은 ⊙, ㉣과 같은 현상과 달리 존재 법칙의 지배를 받는다.

|자|료|해|설|

⊙과 ⓒ은 인간의 의지와 무관하게 발생하는 자연 현상에 해당하고, ⓒ과 ㉣은 인간에 의해 인위적으로 발생하는 사회·문화 현상에 해당한다.

|선|택|지|풀|이|

① 오답 : 자연 현상은 몰가치적이고, 사회·문화 현상은 가치 함축적이다.
② 오답 : 자연 현상은 보편성이 강하게 나타나고, 사회·문화 현상은 보편성과 특수성이 공존한다.
③ 오답 : 자연 현상은 인과 관계가 명확하지만, 사회·문화 현상은 인과 관계가 불명확하다.
④ 정답 : 자연 현상은 확실성의 원리가 적용되고, 사회·문화 현상은 확률의 원리가 적용된다.
⑤ 오답 : 자연 현상은 존재 법칙의 지배를 받고, 사회·문화 현상은 당위적 규범의 영향을 받는다.

💥 문제풀이 T I P | 밑줄이 그어진 부분을 정확하게 파악하도록 한다. 밑줄의 위치에 따라 자연 현상에 해당할 수도 있고, 사회·문화 현상에 해당할 수도 있음에 주의하도록 한다.

😀 출제분석 | 자연 현상과 사회·문화 현상의 특징을 파악하는 문제이다. 자연 현상과 사회·문화 현상의 특징은 빈출 주제이므로 자연 현상과 사회·문화 현상을 비교하여 그 특징을 정리해 두도록 한다.

16　자연 현상 vs 사회·문화 현상

정답 ④　정답률 81%　2019년 7월 학평 1번　문제편 72p

> 자연 현상 vs 사회·문화 현상

밑줄 친 ⊙, ⓒ과 같은 현상의 일반적인 특징을 구분하기 위해 (가), (나)에 들어갈 수 있는 질문으로 옳은 것은?

> 사회·문화 현상(가치 함축적)

최근 갯벌의 경제적·환경적 가치가 재조명되면서 ⊙ 기존의 생태 환경으로 되돌리는 역(逆)간척 사업이 시행되고 있다. 역간척 사업 이후 자정 능력을 갖추게 된 ⓒ 갯벌 생태계는 원래대로 회복되어 안정적으로 작동할 수 있게 된다.

> 자연 현상(몰가치적)

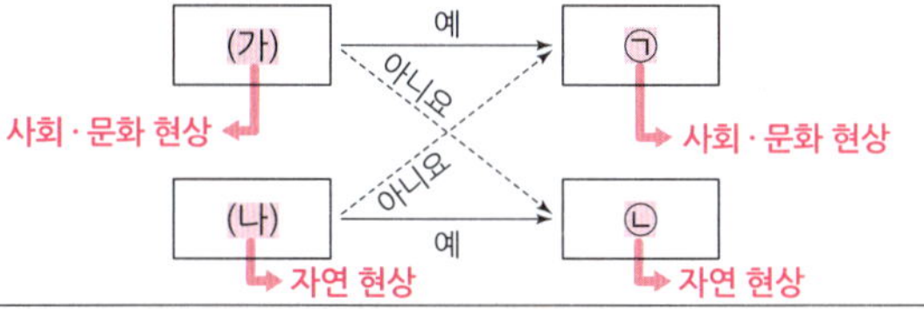

① (가) - 존재 법칙의 지배를 받는가?
② (가) - 경험적 자료를 통해 탐구할 수 있는가?
③ (가) - 인간의 가치와 의지가 배제되어 나타나는가?
④ (나) - 확실성의 원리가 적용되는가?
⑤ (나) - 개연성을 통해 설명할 수 있는가?

💥 문제풀이 T I P | 자연 현상과 사회·문화 현상 모두 경험적 자료를 통한 연구가 가능하다. 자연 현상은 확실성의 원리가 적용되고 필연성을 통해 설명할 수 있으며, 사회·문화 현상은 확률의 원리가 적용되고 개연성을 통해 설명할 수 있다.

😀 출제분석 | 자연 현상과 사회·문화 현상의 특징을 비교하는 문항은 수능과 모평에 빠지지 않고 등장하는 핵심 주제이다. 주로 1번 문항, 2점짜리로 쉽게 출제되며 각 현상의 특징만 정확하게 정리하면 어렵지 않게 해결할 수 있다. 기출문제를 중심으로 관련 개념을 꼼꼼하게 정리해 둘 필요가 있다.

|자|료|해|설|

⊙은 인간의 의지·의도가 개입되어 나타나는 사회·문화 현상(가치 함축적)에 해당한다. ⓒ은 인간의 의지·의도가 개입되지 않은 자연 현상(몰가치적)에 해당한다. (가)에는 사회·문화 현상에만 해당하는 질문이 들어갈 수 있고, (나)에는 자연 현상에만 해당하는 질문이 들어갈 수 있다.

|선|택|지|풀|이|

① 오답 : (가)에는 사회·문화 현상에만 해당하는 질문이 들어갈 수 있다. 존재 법칙의 지배를 받는 것은 자연 현상이다. 따라서 (가)에는 '존재 법칙의 지배를 받는가?'가 들어갈 수 없다.
② 오답 : (가)에는 사회·문화 현상에만 해당하는 질문이 들어갈 수 있다. 자연 현상과 사회·문화 현상 모두 경험적 자료를 통해 탐구할 수 있다. 따라서 (가)에는 '경험적 자료를 통해 탐구할 수 있는가?'가 들어갈 수 없다.
③ 오답 : (가)에는 사회·문화 현상에만 해당하는 질문이 들어갈 수 있다. 인간의 가치와 의지가 배제되어 나타나는 것은 자연 현상이다. 따라서 (가)에는 '인간의 가치와 의지가 배제되어 나타나는가?'가 들어갈 수 없다.
④ 정답 : (나)에는 자연 현상에만 해당하는 질문이 들어갈 수 있다. 확실성의 원리가 적용되는 것은 자연 현상이다. 따라서 (나)에는 '확실성의 원리가 적용되는가?'가 들어갈 수 있다.
⑤ 오답 : (나)에는 자연 현상에만 해당하는 질문이 들어갈 수 있다. 개연성을 통해 설명할 수 있는 것은 사회·문화 현상이다. 따라서 (나)에는 '개연성을 통해 설명할 수 있는가?'가 들어갈 수 없다.

밑줄 친 ㉠ ~ ㉢과 같은 현상의 일반적인 특징에 대한 설명으로 옳은 것은?

기후 위기가 심화되면서 ㉠ 바람이 가지는 운동 에너지를 이용하여 전력을 생산하는 풍력 발전이 다시 주목받고 있다. 바람은 고기압 지역에서 저기압 지역으로 부는데 ㉡ 기압 차가 클수록 바람의 세기는 강해진다. 바람이 강하게 부는 곳에서는 풍력 발전이 매우 효과적인 전력 생산 방법이다. 풍력 발전은 온실 가스 발생을 줄이고, 줄지어 늘어선 풍력 발전기는 ㉢ 관광 자원으로 활용되기도 한다.

① ㉠과 같은 현상은 ㉡과 같은 현상과 달리 가치 함축적이다.
② ㉡과 같은 현상은 ㉢과 같은 현상과 달리 확률의 원리가 적용된다.
③ ㉢과 같은 현상은 ㉠과 같은 현상과 달리 인과 관계가 불분명하다.
④ ㉡과 같은 현상은 ㉢과 같은 현상과 달리 존재 법칙의 지배를 받는다.
⑤ ㉠, ㉢과 같은 현상은 ㉡과 같은 현상과 달리 보편성이 나타난다.

|자|료|해|설|

㉠, ㉢과 같은 현상은 사회·문화 현상에 해당하고, ㉡과 같은 현상은 자연 현상에 해당한다.

|선|택|지|풀|이|

① 정답 : 사회·문화 현상은 가치 함축적이고, 자연 현상은 몰가치적이다.
② 오답 : 사회·문화 현상은 확률의 원리가 적용되고, 자연 현상은 확실성의 원리가 적용된다.
③ 오답 : 자연 현상과 사회·문화 현상은 모두 인과 관계가 나타난다. 다만, 사회·문화 현상은 자연 현상에 비해 인과 관계가 명확하지 않다.
④ 오답 : 자연 현상은 존재 법칙의 지배를 받고, 사회·문화 현상은 당위 규범의 영향을 받는다.
⑤ 오답 : 자연 현상과 사회·문화 현상은 모두 보편성이 나타난다. 다만, 자연 현상은 보편성이 강하게 나타나고, 사회·문화 현상은 보편성과 특수성이 공존한다.

문제풀이 TIP | 자연 현상과 사회·문화 현상은 모두 보편성이 나타난다. 다만, 사회·문화 현상은 자연 현상과 달리 특수성도 나타난다.

출제분석 | 자연 현상과 사회·문화 현상의 특징을 파악하는 문제이다. 밑줄 친 부분이 자연 현상과 사회·문화 현상 중 어디에 해당하는지를 파악하여 각 현상의 특징을 비교하는 문제는 반드시 출제되므로 각 현상의 특징을 꼼꼼히 비교해 두도록 한다.

밑줄 친 ㉠ ~ ㉣과 같은 현상의 일반적인 특징에 대한 설명으로 옳은 것은?

도심 속 가로수는 그늘을 만들고 ㉠ 주변의 온도를 낮추어 도심 환경을 쾌적하게 만든다. 또한 가로수 나뭇잎은 오염된 공기를 깨끗하게 만들고, ㉡ 도심의 습도를 조절한다. ㉢ 도심의 발달로 인해 도심의 온도가 주변보다 높아지는 열섬 현상이 심화되고 있는데, 일부 전문가들은 ㉣ 가로수를 더 많이 심어 열섬 현상을 완화해야 한다고 주장하고 있다.

① ㉠과 같은 현상은 당위 규범을 따른다.
② ㉢과 같은 현상은 가치 함축적이다.
③ ㉣과 같은 현상은 확실성의 원리가 적용된다.
④ ㉢과 같은 현상은 ㉡과 같은 현상에 비해 특수성이 강하다.
⑤ ㉣과 같은 현상은 ㉠과 같은 현상에 비해 인과 관계가 명확하다.

|자|료|해|설|

㉠, ㉡과 같은 현상은 자연 현상, ㉢, ㉣과 같은 현상은 사회·문화 현상에 해당한다.

|선|택|지|풀|이|

① 오답 : 자연 현상은 존재 법칙을 따르고, 사회·문화 현상은 당위 규범을 따른다.
② 정답 : 사회·문화 현상은 가치 함축적이고, 자연 현상은 몰가치적이다.
③ 오답 : 사회·문화 현상은 확률의 원리가 적용되고, 자연 현상은 확실성의 원리가 적용된다.
④ 오답 : 사회·문화 현상은 보편성과 특수성이 공존하고, 자연 현상은 보편성만 나타난다.
⑤ 오답 : 자연 현상은 사회·문화 현상에 비해 인과 관계가 명확하다.

문제풀이 TIP | 밑줄 친 부분이 인간의 의지가 담겨 있으면 사회·문화 현상에 해당하고, 인간의 의지와 상관없이 나타나는 현상이면 자연 현상에 해당한다.

출제분석 | 자연 현상과 사회·문화 현상의 특징을 비교하는 문제이다. 각 현상의 특징을 꼼꼼하게 비교하여 이해해 두도록 한다.

밑줄 친 ㉠~㉤과 같은 현상의 일반적인 특징에 대한 설명으로 옳은 것은?

> ○○신문　　　　　　　　　　　○○○○년 ○○월 ○○일
>
> **뜨거워진 한반도, 과일 재배 지도가 바뀐다!**
>
> 우리나라 사람들이 좋아하는 ㉠ 나주 배, 대구 사과와 같이 지역 특산물로 생산되고 있는 과일들이 더 이상 그 지역을 대표할 수 없을지도 모른다. 기후 변화로 ㉡ 연평균 기온이 올라갈수록 특정 과일이 자랄 수 있는 지역이 북상하기 때문이다. 이에 따라 ㉢ 사과 재배 가능 지역이 변할 것으로 예측된다. 대표적인 사과 재배지가 경북 지역에서 강원 지역으로 바뀌고 2090년경에는 ㉣ 국내에서 고품질의 사과 생산이 불가능할 것이라는 분석도 나온다. 폭염, 한파 등 ㉤ 기상 이변이 자주 발생하는 것은 뜨겁게 달아오른 지구가 인류에게 주는 마지막 경고일지도 모른다.

① ㉠과 같은 현상은 확률의 원리가 적용된다.
② ㉡과 같은 현상은 인과 관계가 불분명하다.
③ ㉢과 같은 현상은 필연성의 원리가 적용된다.
④ ㉢과 같은 현상과 달리 ㉣과 같은 현상은 몰가치적이다.
⑤ ㉣과 같은 현상에 비해 ㉤과 같은 현상은 특수성이 강하다.

|자|료|해|설|

㉠, ㉢, ㉣과 같은 현상은 사회·문화 현상에 해당하고, ㉡, ㉤과 같은 현상은 자연 현상에 해당한다.

|선|택|지|풀|이|

① 정답 : 사회·문화 현상은 확률의 원리가 적용되고, 자연 현상은 확실성의 원리가 적용된다.
② 오답 : 자연 현상은 인과 관계가 분명하고, 사회·문화 현상은 인과 관계가 불분명하다.
③ 오답 : 사회·문화 현상은 개연성의 원리가 적용되고, 자연 현상은 필연성의 원리가 적용된다.
④ 오답 : 사회·문화 현상은 가치 함축적이고, 자연 현상은 몰가치적이다.
⑤ 오답 : 자연 현상은 보편성이 강하게 나타나고, 사회·문화 현상은 보편성과 특수성이 공존한다.

문제풀이 TIP | 밑줄 친 부분이 인간의 의지에 의해 발생하는지를 파악해 보도록 한다.

출제분석 | 자연 현상과 사회·문화 현상의 특징을 파악하는 문제이다. 자연 현상과 사회·문화 현상의 특징을 묻는 문제는 다양한 유형으로 출제될 수 있다.

밑줄 친 ㉠~㉢과 같은 현상의 일반적인 특징에 대한 설명으로 옳은 것은?

> 역대 최대 규모의 ㉠ 허리케인이 발생하자 ㉡ 정부는 피해 예상 지역에 재난 경보를 발령했다. 이에 ㉢ 원유 생산 기업들이 시설 가동을 중단하면서 국제 원유 가격이 급상승하였다.

① ㉠과 같은 현상은 가치 함축적이다.
② ㉡과 같은 현상은 확실성으로 설명된다.
③ ㉢과 같은 현상은 보편성과 특수성이 공존한다.
④ ㉠과 같은 현상은 ㉡과 같은 현상과 달리 당위 규범이 적용된다.
⑤ ㉡과 같은 현상은 ㉢과 같은 현상과 달리 개연성으로 설명된다.

|자|료|해|설|

㉠은 인간의 의지와 무관하게 발생하는 현상이므로 자연 현상에 해당하고, ㉡과 ㉢은 인간에 의해 인위적으로 발생하는 현상이므로 사회·문화 현상에 해당한다.

|선|택|지|풀|이|

① 오답 : 자연 현상은 몰가치적이고, 사회·문화 현상은 가치 함축적이다.
② 오답 : 자연 현상은 확실성으로 설명되고, 사회·문화 현상은 확률의 원리로 설명된다.
③ 정답 : 자연 현상은 보편성이 강하게 나타나고, 사회·문화 현상은 보편성과 특수성이 공존한다.
④ 오답 : 자연 현상은 존재 법칙이 적용되고, 사회·문화 현상은 당위 규범이 적용된다.
⑤ 오답 : 자연 현상은 필연성으로 설명되고, 사회·문화 현상은 개연성으로 설명된다.

학습 조언 | 밑줄이 어디까지 그어져 있는지를 잘 살펴봐야 한다.

출제분석 | 자연 현상과 사회·문화 현상의 특징을 비교하는 문제로, 반드시 출제되는 주제이다. 다양한 사례를 통해 자연 현상과 사회·문화 현상의 특징을 파악해 두도록 한다.

밑줄 친 ㉠~㉢과 같은 현상의 일반적인 특징에 대한 설명으로 옳은 것은?

> 사람들은 ㉠ 황사 및 미세 먼지에 관한 기상 예보에는 민감하게 대응하는 반면, 실내 공간에서의 공기 오염은 인식하지 못하곤 한다. 일상생활에서 발생하는 먼지 외에도 ㉡ 벽지나 가구 등에 함유된 화학 물질의 방출로 인하여 밀폐된 실내 공간에서 오염 물질의 농도는 점차 짙어진다. 이에 전문가들은 날씨와 상관없이 ㉢ 환기를 통해 실내 공기의 질을 관리할 것을 권장하고 있다.

① ㉡과 같은 현상은 몰가치적이다.
② ㉡과 같은 현상은 개연성의 원리가 작용한다.
③ ㉢과 같은 현상은 보편성과 특수성이 공존한다.
④ ㉠과 같은 현상은 ㉡과 같은 현상에 비해 인과 관계가 명확하다.
⑤ ㉡과 같은 현상은 ㉢과 같은 현상과 달리 경험적 자료로 연구할 수 있다.

|자|료|해|설|

㉠, ㉢은 인간의 의지·의도가 개입되어 나타나는 현상이므로 사회·문화 현상이며, ㉡은 인간의 의지·의도가 개입되지 않은 현상이므로 자연 현상이다.

|선|택|지|풀|이|

① 오답 : 사회·문화 현상은 가치 함축적이며, 자연 현상은 몰가치적이다.
② 오답 : 자연 현상은 필연성의 원리가 작용하며, 사회·문화 현상은 개연성의 원리가 작용한다.
③ 정답 : 자연 현상은 보편성이 강하게 나타나고, 사회·문화 현상은 보편성과 특수성이 공존한다.
④ 오답 : 자연 현상은 필연성의 원리가 작용하므로 사회·문화 현상에 비해 인과 관계가 명확하다.
⑤ 오답 : 자연 현상과 사회·문화 현상 모두 경험적 자료로 연구할 수 있다.

👀 **관련 개념** | 경험적 자료란 현실 세계에 존재하여 관찰 및 인식이 가능한 자료를 말한다. 자연 현상과 사회·문화 현상은 모두 경험적 자료에 의한 연구가 가능하다.

👀 **출제분석** | 자연 현상과 사회·문화 현상의 특징을 비교하는 문항은 매년 출제되는 핵심 주제이다. 그동안 많은 기출 문제가 누적되었으므로 반복적으로 사용되는 선지의 표현에 집중하여 학습해야 한다.

밑줄 친 ㉠~㉣과 같은 현상의 일반적인 특징에 대한 설명으로 옳은 것은?

> 칠레 연안 로빈슨 크루소 섬에 서식하고 있던 염소는 에스파냐 무역선을 괴롭히던 해적의 식량원이었다. 이에 ㉠ 에스파냐 해군은 한 쌍의 개를 섬에 상륙시켰다. 그 후 개체 수가 늘어난 개가 염소를 잡아먹으면서 염소의 수가 줄어들었다. 염소의 수가 줄자 개의 개체 수도 줄어들어, ㉡ 개와 염소 간에 수의 균형이 형성되었다. 이를 통해 19세기 서양 지식인은 ㉢ 정부, 법률, 도덕의 개입 없이도 사회 질서를 형성할 수 있다는 영감을 얻었다. ㉣ 생명체는 배고프면 먹이를 찾기 마련이며 먹이의 양에 따라 개체 수가 조절된다는 점은 새로운 사회 질서를 만들어내는 합리적 원리였다. 이로부터 인간이 지닌 정치적 면모 대신 생물학적 면모가 주목받기 시작했다.

① ㉡과 같은 현상은 ㉠과 같은 현상과 달리 확실성의 원리를 따른다.
② ㉢과 같은 현상은 ㉡과 같은 현상과 달리 가치 함축적이다.
③ ㉢과 같은 현상은 ㉣과 같은 현상과 달리 개연성의 원리를 따른다.
④ ㉣과 같은 현상은 ㉠과 같은 현상과 달리 보편성과 특수성이 공존한다.
⑤ ㉠, ㉢과 같은 현상은 ㉡, ㉣과 같은 현상에 비해 인과관계가 불분명하다.

|자|료|해|설|

㉠과 ㉢은 인간의 의지가 개입되어 나타나므로 사회·문화 현상이며, ㉡과 ㉣은 인간의 의지와 무관하게 나타나므로 자연 현상이다.

|선|택|지|풀|이|

① 오답 : 자연 현상은 확실성의 원리를 따르고, 사회·문화 현상은 확률성의 원리를 따른다.
② 오답 : 몰가치적인 자연 현상과 달리 사회·문화 현상은 가치 함축적이다.
③ 정답 : 필연성의 원리를 따르는 자연 현상과 달리 사회·문화 현상은 개연성의 원리를 따른다.
④ 오답 : 자연 현상은 보편성이 강하게 나타나고, 사회·문화 현상은 보편성과 특수성이 공존한다.
⑤ 오답 : 사회·문화 현상은 자연 현상에 비해 인과관계가 불분명하다.

👀 **문제풀이 TIP** | ㉠에서 개가 섬에 상륙한 것을 두고 자연 현상이라고 판단해서는 안 된다. 개가 섬에 상륙한 것은 에스파냐 해군, 즉 인간의 의지가 개입되어 나타난 것이므로 ㉠은 사회·문화 현상이다.

👀 **출제분석** | 자연 현상과 사회·문화 현상의 일반적인 특징을 비교하는 문항은 매년 출제된다. 다양한 사례에서 자연 현상과 사회·문화 현상을 구분하여 비교하는 문제가 출제될 수 있다.

23 자연 현상 vs 사회 · 문화 현상

정답 ③   정답률 74%   2025년 3월 학평 1번   문제편 74p

밑줄 친 ㉠~㉢과 같은 현상의 일반적인 특징에 대한 설명으로 옳은 것은?

지구 온난화에 대응하여 전 세계는 ㉠ 탄소 중립을 달성하기 위해 노력하고 있다. 그러나 탄소 중립을 달성한 이후에도 당분간 기후 변화가 이어질 것이라는 연구 결과가 나왔다. 지구 온난화로 인해 ㉡ 바다가 흡수한 열에너지가 방출되면서 고위도 지역의 온도 상승 등 ㉢ 기후 변화가 지속될 수 있음이 ㉣ 슈퍼컴퓨터를 활용한 시뮬레이션으로 확인되었다.

사회 · 문화 현상 → ㉠
자연 현상 → ㉡, ㉢
자연 현상 → ㉢
사회 · 문화 현상 → ㉣

① ㉠과 같은 현상은 몰가치적이다.
② ㉡과 같은 현상은 개연성의 원리가 적용된다.
③ ㉡과 같은 현상과 달리 ㉢과 같은 현상은 특수성이 나타난다.
④ ㉢과 같은 현상에 비해 ㉠과 같은 현상은 법칙 발견이 용이하다.
⑤ ㉣과 같은 현상과 달리 ㉡과 같은 현상은 인과 관계가 불분명하다.

|자|료|해|설|
㉠, ㉣과 같은 현상은 사회 · 문화 현상에 해당하고,
㉡, ㉢과 같은 현상은 자연 현상에 해당한다.

|선|택|지|풀|이|
① 오답 : 사회 · 문화 현상은 가치 함축적이고, 자연 현상은 몰가치적이다.
② 오답 : 자연 현상은 필연성의 원리가 적용되고, 사회 · 문화 현상은 개연성의 원리가 적용된다.
③ 정답 : 자연 현상은 보편성만 강하게 나타나고, 사회 · 문화 현상은 보편성과 특수성이 공존한다.
④ 오답 : 자연 현상은 사회 · 문화 현상에 비해 법칙 발견이 용이하다.
⑤ 오답 : 사회 · 문화 현상은 자연 현상과 달리 인과 관계가 명확하지 않다.

문제풀이 TIP | 밑줄 친 부분에 인간의 의지가 개입되어 있는지를 파악하는 것이 중요하다.

출제분석 | 자연 현상과 사회 · 문화 현상의 특징을 비교하는 문제이다. 자연 현상과 사회 · 문화 현상의 특징을 비교하면서 핵심 내용을 파악해 두도록 한다.

---

24 자연 현상 vs 사회 · 문화 현상

정답 ③   정답률 92%   2022학년도 수능 1번   문제편 74p

밑줄 친 ㉠~㉣과 같은 현상의 일반적인 특징에 대한 설명으로 옳은 것은?

비가 오지 않는 지역으로 유명한 ㉠ 아라비아반도 남부 지역에 열대성 저기압이 상륙해 하루 만에 300 mm가 넘는 비를 뿌렸다. 세계 기상 기구(WMO)는 이처럼 ㉡ 유례없는 강수량이 집중되는 현상은 앞으로 더 빈번해질 것이라고 경고했다. 문제는 지구 온난화로 인한 이상 기후 현상을 대비할 수 있는 국가 차원의 ㉢ 기상 데이터와 예보 시스템을 보유하지 못한 나라들이 너무 많다는 것이다. 이러한 나라들은 ㉣ 강수 패턴과 농업이 가능한 계절의 변화 때문에 앞으로 식량 안보 위기에 처할 것이다.

자연 현상 → ㉠
사회 · 문화 현상 → ㉡
사회 · 문화 현상 → ㉢
자연 현상 → ㉣

① ㉠과 같은 현상은 ㉡과 같은 현상에 비해 특수성이 강하다.
② ㉡과 같은 현상은 ㉢과 같은 현상과 달리 보편성이 나타난다.
③ ㉢과 같은 현상은 ㉣과 같은 현상과 달리 가치 함축적이다.
④ ㉣과 같은 현상은 ㉠과 같은 현상과 달리 인과 관계가 분명하다.
⑤ ㉠, ㉣과 같은 현상은 필연성의 원리가, ㉡, ㉢과 같은 현상은 개연성의 원리가 적용된다.

|자|료|해|설|
㉠과 ㉣은 인간의 의지와 무관하게 발생하는 현상이므로 자연 현상에 해당하고, ㉡과 ㉢은 인간에 의해 인위적으로 발생하는 현상이므로 사회 · 문화 현상에 해당한다.

|선|택|지|풀|이|
① 오답 : 자연 현상은 보편성이 강하게 나타나고, 사회 · 문화 현상은 보편성과 특수성이 공존한다.
② 오답 : 자연 현상과 사회 · 문화 현상은 모두 보편성이 나타난다.
③ 정답 : 자연 현상은 몰가치적이고, 사회 · 문화 현상은 가치 함축적이다.
④ 오답 : 자연 현상은 특정 원인에 따라 반드시 그에 상응하는 결과가 예외 없이 발생하므로 인과 관계가 분명하다.
⑤ 오답 : 자연 현상은 필연성의 원리가, 사회 · 문화 현상은 개연성의 원리가 적용된다.

추가 학습 | 필연성이란 특정 원인에 따라 특정 결과가 반드시 발생하는 성질을 의미하고, 개연성이란 어떤 현상의 영향으로 다른 현상이 발생할 가능성이 있지만 반드시 발생한다고 단정할 수 없는 성질을 의미한다.

출제분석 | 자연 현상과 사회 · 문화 현상의 특징을 비교하는 문제이다. 밑줄이 그어진 부분을 통해 자연 현상과 사회 · 문화 현상을 혼동하게 하는 문제가 출제될 수 있으므로 밑줄 친 부분까지 확실하게 확인하는 연습을 해 두도록 한다.

밑줄 친 ㉠ ~ ㉢과 같은 현상의 일반적 특징에 대한 설명으로 옳은 것은?

자연 현상 vs 사회 · 문화 현상
자연 현상(몰가치적)

사회 · 문화 현상
(가치 함축적)

사회 · 문화 현상
① ㉠과 같은 현상은 ㉡과 같은 현상과 달리 당위 법칙을 따른다.
② ㉡과 같은 현상은 ㉢과 같은 현상과 달리 확률의 원리가 적용된다.   확실성
③ ㉢과 같은 현상은 ㉠, ㉡과 같은 현상과 달리 가치 함축적이다.   사회 · 문화 현상
④ ㉠과 같은 현상은 보편성이, ㉡, ㉢과 같은 현상은 보편성과 특수성이 나타난다.   ㉠
⑤ ㉠, ㉢과 같은 현상은 ㉡과 같은 현상에 비해 인과 관계가 분명하다.   사회 · 문화 현상 / 불분명

| 자 | 료 | 해 | 설 |

㉠, ㉢은 인간의 의지 · 의도가 개입되어 나타나는 사회 · 문화 현상(가치 함축적)이고, ㉡은 인간의 의지 · 의도가 개입되지 않은 자연 현상(몰가치적)이다.

| 선 | 택 | 지 | 풀 | 이 |

① 정답 : 사회 · 문화 현상은 자연 현상과 달리 당위 법칙(마땅히 ~해야 한다.)을 따른다.
② 오답 : 자연 현상은 확실성의 원리가 적용되고, 사회 · 문화 현상은 확률의 원리가 적용된다.
③ 오답 : 자연 현상은 몰가치적이고, 사회 · 문화 현상은 가치 함축적이다.
④ 오답 : 자연 현상은 보편성이 강하게 나타나고, 사회 · 문화 현상은 보편성과 특수성이 공존한다.
⑤ 오답 : 사회 · 문화 현상은 자연 현상에 비해 인과 관계가 불분명하다.

🤭 문제풀이 TIP | 자연 현상은 존재 법칙(사실은 ~이다.)을 따르고, 사회 · 문화 현상은 당위 법칙(마땅히 ~해야 한다.)을 따른다.

😃 출제분석 | 자연 현상과 사회 · 문화 현상의 특징을 비교하는 문제는 수능에 거의 빠지지 않고 등장하는 단골손님이다. 주로 1번에 출제되며 2점짜리로 쉽게 출제되기 때문에 키워드를 중심으로 각 현상의 특징을 꼼꼼하게 준비해 둘 필요가 있다.

밑줄 친 ㉠ ~ ㉣과 같은 현상의 일반적인 특징에 대한 설명으로 옳은 것은?

자연 현상
사회 · 문화 현상

㉠사과에는 폴리페놀 화합물과 이를 산화시키는 효소가 포함되어 있다. 그래서 ㉡사과의 껍질을 깎아 공기 중에 노출시키면 산화가 일어나 퀴논이라는 물질이 만들어진다. 퀴논은 반응성이 높아 퀴논 간에 서로 화학 작용을 일으켜 ㉢갈색을 띠는 멜라닌 성분을 생성한다. 사과의 갈변을 막기 위해 ㉣깎은 사과 표면을 설탕 용액으로 코팅하여 산소와의 접촉을 줄이는 방법을 사용할 수 있다.

자연 현상
사회 · 문화 현상

① ㉠과 같은 현상은 당위 법칙을 따른다.
② ㉡과 같은 현상은 확실성의 원리가 적용된다.   존재 / 확률
③ ㉢과 같은 현상과 달리 ㉡과 같은 현상은 몰가치적이다.   가치 함축적
④ ㉣과 같은 현상에 비해 ㉠과 같은 현상은 인과 관계가 분명하다.
⑤ ㉣과 같은 현상과 달리 ㉢과 같은 현상은 경험적 자료로 연구할 수 있다.

| 자 | 료 | 해 | 설 |

㉠, ㉢과 같은 현상은 자연 현상에 해당하고, ㉡, ㉣과 같은 현상은 사회 · 문화 현상에 해당한다.

| 선 | 택 | 지 | 풀 | 이 |

① 오답 : 자연 현상은 존재 법칙을 따르고, 사회 · 문화 현상은 당위 법칙을 따른다.
② 오답 : 사회 · 문화 현상은 확률의 원리가 적용되고, 자연 현상은 확실성의 원리가 적용된다.
③ 오답 : 사회 · 문화 현상은 가치 함축적이고, 자연 현상은 몰가치적이다.
④ 정답 : 자연 현상은 사회 · 문화 현상에 비해 인과 관계가 분명하다.
⑤ 오답 : 자연 현상과 사회 · 문화 현상은 모두 경험적 자료로 연구할 수 있다.

🤭 문제풀이 TIP | 밑줄 친 부분이 인간의 의지에 의해 발생하는지, 인간의 의지와 무관하게 발생하는지를 파악하도록 한다.

😃 출제분석 | 자연 현상과 사회 · 문화 현상의 특징을 파악하는 문제이다. 밑줄 친 부분이 어떤 현상에 해당하는지를 파악하여 그 현상의 특징을 묻는 문제가 출제되므로 각 현상의 특징을 비교해 두도록 한다.

27 자연 현상 vs 사회·문화 현상

정답 ⑤ 정답률 43% 2025학년도 9월 모평 1번 문제편 75p

밑줄 친 ㉠~㉣과 같은 현상의 일반적인 특징에 대한 설명으로 옳은 것은?

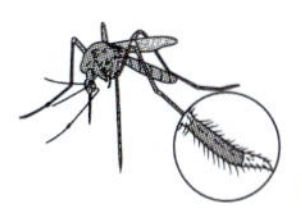

사회·문화 현상

㉠ 모기에 물리지 않게 해주는 특수 오일이 개발되었다. 전자 현미경으로 모기를 확대해보면 다리에 미세한 털이 있다. ㉡ 사람의 젖은 피부에도 모기가 앉을 수 있는 것은 이 미세한 털이 물을 튕겨내기 때문이다. 하지만 특수 오일은 그러한 행동을 못 하게 하여 모기가 사람의 ㉢ 피부에 앉는 것을 차단하는 역할을 한다. 연구진은 "사람에 비유하면 늪에 발이 빠지는 것 같아 무서워서 달아나는 것으로 보인다."라고 설명했다. 앞으로 이 오일은 ㉣ 뎅기열과 말라리아 등 전염병이 발생하는 지역에 큰 도움이 될 것이라고 연구진은 전했다.

자연 현상 / 자연 현상 / 자연 현상

① ㉠과 같은 현상은 필연성의 원리가 적용된다. (개연성)
② ㉡과 같은 현상은 확률의 원리가 적용된다. (확실성)
③ ㉡과 같은 현상과 달리 ㉢과 같은 현상은 가치 함축적이다. (몰가치적)
④ ㉢과 같은 현상과 달리 ㉣과 같은 현상은 보편성과 특수성이 공존한다. (이 강하게 나타난다)
⑤ ㉣과 같은 현상과 달리 ㉠과 같은 현상은 인과 관계가 불분명하다.

|자|료|해|설|
㉠과 같은 현상은 사회·문화 현상에 해당하고, ㉡, ㉢, ㉣과 같은 현상은 자연 현상에 해당한다.

|선|택|지|풀|이|
① 오답 : 사회·문화 현상은 개연성의 원리가 적용되고, 자연 현상은 필연성의 원리가 적용된다.
② 오답 : 사회·문화 현상은 확률의 원리가 적용되고, 자연 현상은 확실성의 원리가 적용된다.
③ 오답 : 사회·문화 현상은 가치 함축적이고, 자연 현상은 몰가치적이다.
④ 오답 : 사회·문화 현상은 보편성과 특수성이 공존하고, 자연 현상은 보편성이 강하게 나타난다.
⑤ 정답 : 사회·문화 현상과 자연 현상은 모두 인과 관계가 나타난다. 다만, 자연 현상은 사회·문화 현상에 비해 인과 관계가 분명하다.

🤯 **문제풀이 TIP** | 특수 오일이 모기가 사람의 피부에 앉는 것을 차단하므로 이는 인간의 의지와 무관하게 발생하는 현상인 자연 현상임을 혼동하지 않도록 한다.

😀 **출제분석** | 자연 현상과 사회·문화 현상의 특징을 파악하는 문제이다. 자연 현상과 사회·문화 현상의 특징을 비교하여 이해해 두도록 한다.

---

28 자연 현상 vs 사회·문화 현상

정답 ⑤ 정답률 88% 2023년 7월 학평 1번 문제편 75p

밑줄 친 ㉠~㉣과 같은 현상의 일반적인 특징에 대한 설명으로 옳은 것은?

과거에 겪은 두려운 기억은 뇌에 어떻게 저장되는가? 이 질문에 대한 답을 얻기 위해 한 연구진은 ㉠ 실험쥐에게 트라우마를 경험하게 하는 실험에서 대뇌피질의 한 부분인 '전전두피질'을 관찰했다. 실험 결과, 오래된 공포의 기억이 ㉡ 기억 세포 사이의 연결을 강화하면서 뇌에 영구적으로 저장된다는 것을 발견했다. 더불어 이 기억 세포 사이의 연결이 ㉢ 트라우마를 겪으며 서서히 강화되는 것도 확인했다. 이어진 연구에서 기억 세포의 활동이 억제된 실험쥐는 오래된 공포 기억을 회상하는 데 어려움을 겪었다. 연구진은 이러한 발견이 ㉣ 외상후스트레스장애 환자를 치료하는 것에 도움을 줄 수 있을 것으로 기대하고 있다.

사회·문화 현상 / 자연 현상 / 사회·문화 현상

① ㉠과 같은 현상은 ㉡과 같은 현상과 달리 몰가치적이다.
② ㉡과 같은 현상은 ㉢과 같은 현상과 달리 당위적 규범의 지배를 받는다. (받지 않는다 / 모두)
③ ㉣과 같은 현상은 ㉢과 같은 현상과 달리 보편성과 특수성이 공존한다.
④ ㉣과 같은 현상은 ㉠과 같은 현상과 달리 확실성의 원리가 적용된다. (모두 / 확률)
⑤ ㉡, ㉢과 같은 현상은 ㉠, ㉣과 같은 현상에 비해 인과 관계가 분명하다.

|자|료|해|설|
㉠과 ㉣은 사회·문화 현상에 해당하고, ㉡과 ㉢은 자연 현상에 해당한다.

|선|택|지|풀|이|
① 오답 : 자연 현상은 몰가치적이고, 사회·문화 현상은 가치 함축적이다.
② 오답 : 자연 현상은 존재 법칙의 지배를 받고, 사회·문화 현상은 당위적 규범의 지배를 받는다.
③ 오답 : 자연 현상은 보편성만 나타나고, 사회·문화 현상은 보편성과 특수성이 공존한다.
④ 오답 : 자연 현상은 확실성의 원리가 적용되고, 사회·문화 현상은 확률의 원리가 적용된다.
⑤ 정답 : 자연 현상과 사회·문화 현상은 모두 인과 관계가 나타난다. 다만, 자연 현상이 사회·문화 현상에 비해 인과 관계가 분명하다.

🤯 **문제풀이 TIP** | 밑줄이 그어진 부분을 꼼꼼하게 확인하도록 한다. 밑줄이 그어진 부분에 따라 자연 현상에 해당하는 경우가 있고 사회·문화 현상에 해당하는 경우가 있다.

😀 **출제분석** | 자연 현상과 사회·문화 현상의 특징을 비교하는 문제이다. 자연 현상과 사회·문화 현상의 특징은 일대일 대응 관계처럼 숙지해 두도록 한다.

밑줄 친 ㉠~㉢과 같은 현상의 일반적인 특징에 대한 설명으로 옳은
것은?

> 　　최근 갑국에서 발생한 산불은 500만 헥타르(ha)가 넘는
> ㉠ 숲을 태웠다. 전문가들은 이 산불이 ㉡ 기후 변화의 산물이라고
> 분석하고 있다. 기후 변화로 인한 기록적인 고온 현상과 유례없는
> 가뭄이 ㉢ 건조한 땅을 만들었고, 대형 산불로 이어졌다는
> 분석이다. ○○ 연구팀은 ㉣ 온실가스에 대한 과학적인 감시
> 강화가 필요하다고 강조하였다.

① ㉠과 같은 현상은 ㉡과 같은 현상과 달리 가치 함축적이다.
② ㉡과 같은 현상은 ㉢과 같은 현상과 달리 당위적인 규범이
　 반영되어 나타난다.
③ ㉠과 같은 현상은 ㉣과 같은 현상과 달리 인과 관계가 불분명하다.
④ ㉣과 같은 현상은 ㉠과 같은 현상과 달리 보편성이 나타난다.
⑤ ㉠, ㉢과 같은 현상은 ㉡, ㉣과 같은 현상과 달리 경험적 자료를
　 통해 연구할 수 있다.

|자|료|해|설|

㉠과 ㉢은 자연 현상에 해당하고, ㉡과 ㉣은 사회·문화
현상에 해당한다.

|선|택|지|풀|이|

① 오답 : 자연 현상은 몰가치적이고, 사회·문화 현상은
가치 함축적이다.
② 정답 : 자연 현상은 존재 법칙이 적용되고, 사회·문화
현상은 당위적 규범이 반영되어 나타난다.
③ 오답 : 자연 현상은 인과 관계가 분명하고, 사회·문화
현상은 인과 관계가 불분명하다.
④ 오답 : 자연 현상과 사회·문화 현상 모두 보편성이
나타난다. 다만, 자연 현상은 보편성이 강하게 나타나고,
사회·문화 현상은 보편성과 특수성이 공존한다.
⑤ 오답 : 자연 현상과 사회·문화 현상 모두 경험적 자료를
통해 연구할 수 있다.

밑줄 친 ㉠~㉢과 같은 현상의 일반적 특징에 대한 설명으로 옳은
것은?

> 　　1947년 최초로 발견된 지카 바이러스는 주로 ㉠ 숲 모기에
> 의해 피부 세포에 침투하여 감염을 유발하고, 혈액을 통해 다른
> 부위로 이동한다. 2016년 2월 세계 보건 기구는 지카 바이러스가
> ㉡ 태아의 뇌 기능을 저하시켜 소두증 같은 선천성 기형을
> 유발하고, 신경계 이상과도 연관이 있음을 발표하였다. 세계
> 보건 기구는 더 이상의 피해가 확산되는 것을 방지하기 위해
> ㉢ 국제 공중 보건 긴급 사태를 선언하였다.

① ㉠과 같은 현상은 ㉢과 같은 현상과 달리 존재 법칙을 따른다.
② ㉡과 같은 현상은 ㉠과 같은 현상과 달리 가치 함축적이다.
③ ㉠과 같은 현상은 확률의 원리, ㉡, ㉢과 같은 현상은 확실성의
　 원리가 작용한다.
④ ㉡과 같은 현상은 ㉠, ㉢과 같은 현상에 비해 인과 관계가
　 분명하다.
⑤ ㉠, ㉡과 같은 현상은 ㉢과 같은 현상과 달리 경험적인 자료로
　 연구가 가능하다.

|자|료|해|설|

㉠, ㉡은 인간의 의지 및 의도가 개입되어 있지 않은 자연
현상(몰가치적)이고, ㉢은 인간의 의지 및 의도가 개입되어
나타나는 사회·문화 현상(가치 함축적)이다.

|선|택|지|풀|이|

① 정답 : 자연 현상은 존재 법칙(사실은 ~이다.)을 따르고,
사회·문화 현상은 당위 법칙(마땅히 ~해야 한다.)을
따른다.
② 오답 : 인간의 의지가 개입되어 있지 않은 자연 현상은
몰가치적이고, 인간의 의지가 개입되어 나타나는
사회·문화 현상은 가치 함축적이다.
③ 오답 : 사회·문화 현상은 예외적인 현상이 발생할 수
있으므로 확률의 원리가 작용한다. 자연 현상은 예외적인
현상이 거의 발생하지 않으므로 확실성의 원리가 작용한다.
④ 오답 : 자연 현상은 예외적인 현상이 거의 발생하지
않으므로 사회·문화 현상에 비해 인과 관계가 분명하다.
⑤ 오답 : 자연 현상과 사회·문화 현상 모두 경험적인
자료로 연구가 가능하다.

🦉 **문제풀이 TIP** | 자연 현상과 사회·문화 현상은 공통적으로 경험적인 자료로 연구가 가능하고, 인과 관계가 발생하며 보편성을 갖는다. 다만 사회·문화 현상은 자연 현상에 비해 인과 관계가 불분명하고, 보편성과 특수성을 함께 갖는다.

밑줄 친 ㉠ ~ ㉢과 같은 현상의 일반적인 특징에 대한 설명으로 옳은 것은?

> 미국 북서부에서는 열돔 현상으로 인해 역대 최고 수준의 ㉠폭염이 발생하여 ㉡온열 질환으로 수많은 사람들이 응급실로 후송되었다. 한편, 서유럽에서는 ㉢저기압이 한 지역에 정체되어 기록적인 폭우가 쏟아지는 바람에 많은 인명 피해가 발생했다. ㉣기상학자들은 지구 온난화로 인한 이상 기후 현상이 앞으로도 자주 발생할 것이라고 경고하고 있다.

① ㉠과 같은 현상은 가치 함축성을 지닌다.
② ㉡과 같은 현상은 개연성을 갖는다.
③ ㉢과 같은 현상은 보편성과 특수성이 공존한다.
④ ㉣과 같은 현상은 존재 법칙으로 설명된다.
⑤ ㉠, ㉢과 같은 현상은 ㉡, ㉣과 같은 현상과 달리 경험적 자료를 통해 연구할 수 있다.

|자|료|해|설|

㉠과 ㉢은 인간의 의지와 무관하게 발생하므로 자연 현상에 해당하고, ㉡과 ㉣은 인간의 의지와 가치가 개입되어 있으므로 사회·문화 현상에 해당한다.

|선|택|지|풀|이|

① 오답 : 자연 현상은 몰가치성을 지니고, 사회·문화 현상은 가치 함축성을 지닌다.
② 정답 : 사회·문화 현상은 발생 요인과 그 결과가 법칙으로 대응하기보다 확률적으로 관련을 맺고 있어 예외적인 현상이 나타날 수 있으므로 개연성을 갖는다.
③ 오답 : 자연 현상은 보편성이 강하게 나타나고, 사회·문화 현상은 보편성과 특수성이 공존한다.
④ 오답 : 자연 현상은 존재 법칙으로 설명되고, 사회·문화 현상은 당위 법칙으로 설명된다.
⑤ 오답 : 자연 현상과 사회·문화 현상은 모두 경험적 자료를 통해 연구할 수 있다.

밑줄 친 ㉠~㉣과 같은 현상의 일반적인 특징에 대한 설명으로 옳은 것은?

> 인상파 화가인 모네(C. Monet)는 빛에 의해 끊임없이 변화하는 나무와 꽃의 색깔, ㉠햇빛과 물빛의 조화를 담은 작품을 창작했다. 모네의 작품에 나타난 ㉡색채와 표현 방식의 변화는 그가 백내장에 걸렸음을 알 수 있는 실마리가 된다. 백내장에 걸리면 ㉢눈에서 렌즈 역할을 하는 수정체가 혼탁해져 사물이 흐리게 보이고, 더 진행되면 수정체가 노랗게 변한다. 이 경우 수정체에서 노란색의 보색인 남색 등은 차단되고, ㉣상대적으로 파장이 긴 노란색과 붉은색은 통과한다. 실제로 모네의 작품은 후기로 갈수록 노란색과 붉은색 계통이 주를 이루고 사물의 선과 면의 경계가 불분명한 특징이 나타난다.

① ㉠과 같은 현상은 ㉡과 같은 현상과 달리 개연성의 원리가 적용된다.
② ㉡과 같은 현상은 ㉢과 같은 현상과 달리 가치 함축적이다.
③ ㉢과 같은 현상은 ㉣과 같은 현상과 달리 인과 관계가 나타난다.
④ ㉣과 같은 현상은 ㉠과 같은 현상과 달리 보편성이 나타난다.
⑤ ㉢, ㉣과 같은 현상은 ㉠, ㉡과 같은 현상과 달리 경험적 자료로 연구할 수 있다.

|자|료|해|설|

㉠과 ㉡은 인간에 의해 인위적으로 발생하는 현상이므로 사회·문화 현상에 해당하고, ㉢과 ㉣은 인간의 의지와 무관하게 발생하는 현상이므로 자연 현상에 해당한다.

|선|택|지|풀|이|

① 오답 : 사회·문화 현상은 개연성의 원리가 적용되고, 자연 현상은 필연성의 원리가 적용된다.
② 정답 : 사회·문화 현상은 가치 함축적인 특징이 있고, 자연 현상은 몰가치적인 특징이 있다.
③ 오답 : 자연 현상과 사회·문화 현상은 모두 인과 관계가 나타난다. 다만, 자연 현상은 사회·문화 현상에 비해 인과 관계가 분명하다.
④ 오답 : 자연 현상은 보편성이 강하게 나타나고, 사회·문화 현상은 보편성과 특수성이 공존한다.
⑤ 오답 : 자연 현상과 사회·문화 현상은 모두 경험적 자료로 연구할 수 있다.

🤯 **문제풀이 TIP** | 밑줄 친 부분이 인간의 의지와 관련 있는지를 파악할 수 있어야 하며, 밑줄이 어디까지 그어져 있는지를 반드시 확인하도록 한다.

😮 **출제분석** | 자연 현상과 사회·문화 현상의 특징을 비교하는 문제이다. 자연 현상과 사회·문화 현상의 특징을 묻는 문제는 반드시 출제되므로 각 현상의 특징을 꼼꼼하게 이해해 두도록 한다.

밑줄 친 ㉠~㉢과 같은 현상의 일반적인 특징에 대한 설명으로 옳은 것은?

> 예로부터 ㉠옹기는 음식의 발효와 저장을 위해 사용된 생활필수품이었다. 열이 가해지면 ㉡흙 알갱이의 크기 차이로 인해 표면에 미세한 기공이 형성되어 숨 쉬는 옹기가 만들어졌다. 조상들은 김장 김치를 옹기에 담아 겨울 동안 땅속에 보관하여 가장 맛있는 상태로 유지하였다. 최근 연구에서는 땅속 옹기의 음식 보관 온도인 ㉢-1℃ 상태에서 김치의 유산균 개체 수가 적정하게 유지된다는 것을 발견하였다.

① ㉠과 같은 현상은 ㉢과 같은 현상에 비해 인과 관계가 명확하다.
② ㉢과 같은 현상은 ㉠과 같은 현상에 비해 특수성이 강하게 나타난다.
③ ㉡과 같은 현상은 ㉢과 같은 현상과 달리 경험적 자료를 통해 연구할 수 있다.
④ ㉠과 같은 현상은 ㉡, ㉢과 같은 현상과 달리 가치 함축적이다.
⑤ ㉠, ㉢과 같은 현상은 ㉡과 같은 현상과 달리 개연성의 원리가 적용된다.

|자|료|해|설|

㉠, ㉢은 인간의 의지·의도가 개입되어 나타나는 사회·문화 현상(가치 함축적)이다. ㉡은 인간의 의지·의도가 개입되어 있지 않은 자연 현상(몰가치적)이다.

|선|택|지|풀|이|

① 오답 : 자연 현상은 사회·문화 현상에 비해 인과 관계가 명확하다.
② 오답 : 사회·문화 현상은 자연 현상에 비해 특수성이 강하게 나타난다.
③ 오답 : 자연 현상과 사회·문화 현상은 모두 경험적 자료를 통해 연구할 수 있다.
④ 오답 : 사회·문화 현상은 인간의 의지 및 의도가 개입되어 나타나므로 자연 현상과 달리 가치 함축적이다.
⑤ 정답 : 사회·문화 현상은 필연성의 원리가 적용되는 자연 현상과 달리 개연성의 원리가 적용된다.

출제분석 | 자연 현상과 사회·문화 현상의 특징을 비교하는 문항은 수능과 모평에 거의 빠지지 않고 출제되는 단골손님이다. 기출 문제를 중심으로 각 현상의 특징을 완벽하게 정리해 둘 필요가 있다.

밑줄 친 ㉠~㉤과 같은 현상의 일반적인 특징에 대한 설명으로 옳은 것은?

> 알츠하이머병은 '알츠하이머 플라크'라고 불리는 단백질 덩어리가 ㉠뉴런을 파괴하여 기억 상실을 초래한다. 현재 이 질병에 대한 치료법이 없는 이유는 우리 뇌의 혈액뇌장벽이 ㉡대부분의 약물 전달을 억제하기 때문이다. 혈액뇌장벽은 뇌의 뉴런을 보호하기 위한 국경 통제소와 같은 역할을 하며, ㉢독소와 병원균이 들어오는 것을 차단한다. 최근 과학자들은 혈액뇌장벽을 일시적으로 열어 뇌에 ㉣약물을 주입하는 치료 방법을 발표하였다. 또한 이 치료 방법이 ㉤노화 지연의 단초가 될 것으로 예측하였다.

① ㉠과 같은 현상은 존재 법칙을 따른다.
② ㉡과 같은 현상은 개연성의 원리가 적용된다.
③ ㉢과 같은 현상은 보편성보다 특수성이 강하게 나타난다.
④ ㉠과 같은 현상과 달리 ㉣과 같은 현상은 몰가치적이다.
⑤ ㉢과 같은 현상에 비해 ㉤과 같은 현상은 인과 관계가 분명하다.

|자|료|해|설|

㉠, ㉡, ㉢과 같은 현상은 자연 현상에 해당하고, ㉣, ㉤과 같은 현상은 사회·문화 현상에 해당한다.

|선|택|지|풀|이|

① 정답 : 자연 현상은 존재 법칙을 따르고, 사회·문화 현상은 당위적 규범의 영향을 받는다.
② 오답 : 자연 현상은 확실성의 원리가 적용되고, 사회·문화 현상은 개연성의 원리가 적용된다.
③ 오답 : 자연 현상은 보편성이 강하게 나타나고, 사회·문화 현상은 보편성과 특수성이 공존한다.
④ 오답 : 자연 현상은 몰가치적이고, 사회·문화 현상은 가치 함축적이다.
⑤ 오답 : 자연 현상과 사회·문화 현상은 모두 인과 관계가 나타난다. 다만, 자연 현상은 사회·문화 현상에 비해 인과 관계가 분명하다.

문제풀이 T I P | 밑줄 친 부분이 인간의 의지와 관련이 있는지를 파악하도록 한다.

출제분석 | 자연 현상과 사회·문화 현상의 특징을 비교하는 문제이다. 자연 현상과 사회·문화 현상의 특징을 반드시 비교하여 이해해 두도록 한다.

35 자연 현상 vs 사회·문화 현상

정답 ① 정답률 83% 2022년 3월 학평 1번 문제편 77p

밑줄 친 ㉠~㉢과 같은 현상의 일반적인 특징에 대한 설명으로 옳은 것은?

> ㉠ 지구 온난화에 대한 관심이 고조되고 있는 가운데 한 연구소가 호주 인근 ㉡ 바다의 수온이 상승하여 괴사 직전에 놓인 산호초를 구하기 위해 ㉢ 성층권에 바닷물을 분사하는 실험을 진행하였다. 이 실험은 바닷물의 소금 결정을 이용해 태양열을 막는 구름 양산을 만드는 것을 목표로 하였다.

① ㉠과 같은 현상은 개연성으로 설명된다.
② ㉡과 같은 현상은 가치 함축적이다.
③ ㉢과 같은 현상은 확실성으로 설명된다.
④ ㉠과 같은 현상은 ㉡과 같은 현상과 달리 인과 관계가 명확하다.
⑤ ㉡과 같은 현상은 ㉢과 같은 현상과 달리 보편성과 특수성이 공존한다.

|자|료|해|설|

㉠과 ㉢은 인간에 의해 인위적으로 발생하는 현상이므로 사회·문화 현상에 해당하고, ㉡은 인간의 의지와 무관하게 발생하는 현상이므로 자연 현상에 해당한다.

|선|택|지|풀|이|

① 정답 : 사회·문화 현상은 발생 요인과 그 결과가 법칙으로 대응하기보다 확률적으로 관계를 맺고 있어 예외적인 현상이 나타날 수 있다. 따라서 사회·문화 현상은 개연성으로 설명된다.
② 오답 : 자연 현상은 몰가치적이고, 사회·문화 현상은 가치 함축적이다.
③ 오답 : 자연 현상은 확실성으로 설명되고, 사회·문화 현상은 확률성으로 설명된다.
④ 오답 : 자연 현상은 사회·문화 현상과 달리 인과 관계가 명확하다.
⑤ 오답 : 자연 현상은 보편성이 강하게 나타나고, 사회·문화 현상은 보편성과 특수성이 공존한다.

추가 학습 | 개연성이란 먼저 발생한 현상의 영향으로 다음 현상이 발생할 가능성이 있으나 반드시 발생한다고 단정할 수 없는 성질을 의미하고, 필연성이란 특정 원인에 따라 특정 결과가 반드시 발생하는 성질을 의미한다.

출제분석 | 자연 현상과 사회·문화 현상의 특징을 파악하는 문제이다. 자연 현상과 사회·문화 현상의 특징을 정확하게 이해하고, 각 현상을 비교하여 공통점과 차이점을 파악해 두도록 한다.

36 자연 현상 vs 사회·문화 현상

정답 ④ 정답률 72% 2025년 5월 학평 1번 문제편 77p

밑줄 친 ㉠~㉢과 같은 현상의 일반적인 특징에 대한 설명으로 옳은 것은?

> 파인애플은 ㉠ 몸 안의 독성 성분을 없애거나 완화하는 작용을 하는 비타민C가 많이 들어 있어 건강에 좋은 음식으로 알려져 있다. 그런데 파인애플을 먹으면 입안이 아픈 경우가 있다. 파인애플에는 단백질을 분해하는 효소인 브로멜린이 포함되어 있기 때문이다. 그래서 파인애플은 ㉡ 고기에 갈아 넣어 육질을 연하게 하는 데 활용되기도 한다. 파인애플을 먹을 때 입안에 통증이 발생하는 이유 역시 브로멜린이 입안에 ㉢ 혀와 점막에 있는 피부 단백질을 분해하기 때문이다. 반면 파인애플 통조림을 먹을 때는 입안에 통증이 거의 나타나지 않는다. 왜냐하면 파인애플 통조림을 ㉣ 제조할 때 높은 온도와 압력으로 살균 처리를 하는데, 이 과정에서 열에 약한 브로멜린이 파괴되기 때문이다.

① ㉠과 같은 현상은 당위 법칙을 따른다.
② ㉡과 같은 현상은 필연성의 원리가 적용된다.
③ ㉠과 같은 현상과 달리 ㉣과 같은 현상은 몰가치적이다.
④ ㉢과 같은 현상과 달리 ㉡과 같은 현상은 인과 관계가 불분명하다.
⑤ ㉣과 같은 현상과 달리 ㉢과 같은 현상은 보편성과 특수성이 공존한다.

|자|료|해|설|

㉠, ㉢과 같은 현상은 자연 현상에 해당하고, ㉡, ㉣과 같은 현상은 사회·문화 현상에 해당한다.

|선|택|지|풀|이|

① 오답 : 자연 현상은 존재 법칙을 따르고, 사회·문화 현상은 당위 법칙을 따른다.
② 오답 : 자연 현상은 필연성의 원리가 적용되고, 사회·문화 현상은 개연성의 원리가 적용된다.
③ 오답 : 자연 현상은 몰가치적이고, 사회·문화 현상은 가치 함축적이다.
④ 정답 : 자연 현상은 인과 관계가 분명하고, 사회·문화 현상은 인과 관계가 불분명하다.
⑤ 오답 : 자연 현상은 보편성만 강하게 나타나고, 사회·문화 현상은 보편성과 특수성이 공존한다.

문제풀이 TIP | 밑줄 친 부분이 인간의 의지에 의해 발생하는지의 여부를 파악해 보도록 한다.

출제분석 | 자연 현상과 사회·문화 현상의 특징을 파악하는 문제이다. 밑줄 친 부분에 해당하는 현상을 파악하여 그 현상들을 비교하는 문제가 출제될 수 있다.

밑줄 친 ㉠, ㉡과 같은 현상을 일반적인 특징에 따라 구분하기 위해 (가), (나)에 들어갈 수 있는 질문으로 옳은 것은?

자연 현상 vs 사회·문화 현상

자연 현상(몰가치적)

갈수록 심각해지고 있는 미세먼지에 인체가 노출되면 다양한 질환이 생길 수 있다. 특히 입자가 매우 작은 ㉠ 초미세먼지는 사람의 폐포까지 깊숙이 침투해 각종 호흡기 질환을 일으킬 수 있다. 전문가들은 미세먼지 배출에 도움이 되도록 물을 수시로 마시고, 미세먼지 농도가 높은 날에는 외출 시 ㉡ 분진용 특수 마스크를 착용하라고 조언한다.

사회·문화 현상(가치 함축적)
자연 현상

질문 　　　답변	예	아니요
(가)	㉠	㉡ → 사회·문화 현상
(나)	㉡	㉠ → 자연 현상

사회·문화 현상

① (가) : 가치 함축적인 현상인가?　→ 사회·문화 현상
② (가)(나) : 확률의 원리가 적용되는가?　→ 사회·문화 현상
③ (가)(나) : 보편성과 특수성이 공존하는가?　→ 사회·문화 현상
④ (나) : 당위 법칙이 적용되는가?　→ 사회·문화 현상
⑤ (나)(가) : 동일 조건하에서 항상 동일한 결과가 발생하는가?　→ 자연 현상

|자|료|해|설|

㉠은 인간의 의지·의도가 개입되지 않는 자연 현상(몰가치적)에 해당하고, ㉡은 인간의 의지·의도가 개입되어 나타나는 사회·문화 현상(가치 함축적)에 해당한다. (가)에는 자연 현상에 해당하는 질문이, (나)에는 사회·문화 현상에 해당하는 질문이 들어갈 수 있다.

|선|택|지|풀|이|

① 오답 : 자연 현상은 몰가치적이고, 사회·문화 현상은 가치 함축적이다. 따라서 '가치 함축적인 현상인가?'는 (가)에 들어갈 수 없다.
② 오답 : 자연 현상은 확실성의 원리가 적용되고, 사회·문화 현상은 확률의 원리가 적용된다. 따라서 '확률의 원리가 적용되는가?'는 (가)에 들어갈 수 없다.
③ 오답 : 사회·문화 현상은 보편성과 특수성이 공존한다. 따라서 '보편성과 특수성이 공존하는가?'는 (가)에 들어갈 수 없다.
④ 정답 : 사회·문화 현상은 당위 법칙이 적용된다. 따라서 '당위 법칙이 적용되는가?'는 (나)에 들어갈 수 있다.
⑤ 오답 : 자연 현상은 동일 조건하에서 항상 동일한 결과가 발생한다. 따라서 '동일 조건하에서 항상 동일한 결과가 발생하는가?'는 (나)에 들어갈 수 없다.

😃 **출제분석** | 자연 현상과 사회·문화 현상의 특징을 비교하는 문항은 수능에 빠지지 않고 출제되는 단골손님이다. 제시문을 빠르게 읽고 자연 현상인지 사회·문화 현상인지를 파악하고 각각의 특징을 찾는 문제가 주로 출제된다. 주로 2점짜리로 쉽게 출제되기 때문에 관련 개념을 꼼꼼하게 정리해 둘 필요가 있다.

밑줄 친 ㉠~㉤과 같은 현상의 일반적인 특징에 대한 설명으로 옳은 것은?

사회·문화 현상

마다가스카르섬에서 흔히 발견되는 바오밥나무는 그동안 ㉠ 여러 예술작품에 단골 소재로 등장해 왔다. 바오밥나무의

자연 현상

열매는 ㉡ 많은 영양소를 함유하고 있으며, 줄기는 ㉢ 섬유를 만드는 데 사용되기도 한다. 최근 기후 변화와 광범위한 개발로 바오밥나무는 사라지고 있다. 특히 몇몇 종은 유전적 다양성이

자연 현상

낮아 ㉣ 기후 변화에 생존할 수 있는 능력이 부족하여 바오밥 나무가 사라지는 현상은 심해지고 있다. 이에 연구자들은 ㉤ 바오밥나무가 멸종 위기에 처해있음을 경고하며 보존에 노력을 기울일 것을 주장하고 있다.

사회·문화 현상

사회·문화 현상

① ㉠과 같은 현상과 달리 ㉡과 같은 현상은 당위법칙을 따른다.
② ㉡과 같은 현상과 달리 ㉢과 같은 현상은 인과 관계가 분명하다.
③ ㉢과 같은 현상과 달리 ㉣과 같은 현상은 확실성의 원리가 적용된다.
④ ㉣과 같은 현상과 달리 ㉤과 같은 현상은 경험적 자료로 연구할 수 있다.
⑤ ㉤과 같은 현상과 달리 ㉠과 같은 현상은 가치 함축적이다.

|자|료|해|설|

㉠, ㉢, ㉤과 같은 현상은 사회·문화 현상에 해당하고, ㉡, ㉣과 같은 현상은 자연 현상에 해당한다.

|선|택|지|풀|이|

① 오답 : 사회·문화 현상은 당위 법칙을 따르고, 자연 현상은 존재 법칙을 따른다.
② 오답 : 자연 현상과 사회·문화 현상은 모두 인과 관계가 나타난다. 다만, 자연 현상은 사회·문화 현상에 비해 인과 관계가 분명하다.
③ 정답 : 자연 현상은 확실성의 원리가 적용되고, 사회·문화 현상은 확률의 원리가 적용된다.
④ 오답 : 자연 현상과 사회·문화 현상은 모두 경험적 자료로 연구할 수 있다.
⑤ 오답 : 사회·문화 현상은 가치 함축적이고, 자연 현상은 가치 중립적이다.

😮 **문제풀이 T I P** | 밑줄 친 부분에 인간의 의지가 담겨 있는지를 파악하는 것이 중요하다.

😃 **출제분석** | 자연 현상과 사회·문화 현상의 특징을 파악하는 문제이다. 기출 문제를 통해 자연 현상과 사회·문화 현상의 특징과 관련하여 자주 출제되는 선지를 익혀 두도록 한다.

39 사회·문화 현상을 보는 관점

정답 ①　정답률 87%　2023년 10월 학평 18번　문제편 78p

사회·문화 현상을 바라보는 갑~병의 관점에 대한 설명으로 옳은 것은? (단, 갑~병의 관점은 각각 갈등론, 기능론, 상징적 상호 작용론 중 하나임.)

기능론 → 갑 : 친환경 경영은 우리 사회 전체의 필요에 의해 나타나는 현상으로서 우리 사회의 지속 가능한 발전에 기여합니다.

상징적 상호 작용론 → 을 : 소비자들이 친환경 경영에 큰 가치를 부여하고, 기업 경영자들이 이에 부응하면서 친환경 경영이 퍼지고 있습니다.

갈등론 → 병 : 친환경 경영은 모두에게 도움이 되는 것처럼 보이지만 실제로는 지배 집단의 기득권 유지 수단일 뿐입니다.

① 갑의 관점은 사회 각 부분 간의 상호 의존 관계를 강조한다.
② 을의 관점은 대립과 갈등을 사회의 본질적 속성으로 본다.
③ 병의 관점은 개인이 사회 구조에 대해 자율성을 가진 존재라고 본다.
④ 을의 관점은 갑의 관점과 달리 사회 구조적 측면에서 사회·문화 현상을 바라본다.
⑤ 병의 관점은 을의 관점과 달리 사회를 유기체로 간주한다.

|자|료|해|설|

갑의 관점은 기능론, 을의 관점은 상징적 상호 작용론, 병의 관점은 갈등론에 해당한다.

|선|택|지|풀|이|

① 정답 : 기능론은 사회가 유기체처럼 다양한 부분들이 상호 의존적 관계를 이루며 하나의 체계를 형성하고 있다고 본다.
② 오답 : 갈등론은 대립과 갈등이 사회의 본질적 속성이라고 본다.
③ 오답 : 상징적 상호 작용론은 개인이 사회 구조에 대해 자율성을 지닌 능동적인 존재라고 본다.
④ 오답 : 기능론과 갈등론은 상징적 상호 작용론과 달리 사회 구조적 측면에서 사회·문화 현상을 바라보는 거시적 관점에 해당한다.
⑤ 오답 : 기능론은 사회가 본질적으로 유기체와 매우 유사한 특성을 지니고 있다고 본다.

😮 추가 학습 | 사회 유기체설은 사회를 생물 유기체에 비유하여 생물의 진화나 항상성이라는 특성을 활용하여 사회 변화나 사회 내부의 작동 원리 등을 설명하는 학설이다.

😮 출제분석 | 사회·문화 현상을 보는 관점을 파악하는 문제이다. 기능론, 갈등론, 상징적 상호 작용론을 복합적으로 묻는 문제가 출제되므로 각 관점의 주장과 비판 등을 꼼꼼하게 이해해 두도록 한다.

---

40 사회·문화 현상을 보는 관점

정답 ②　정답률 92%　2023학년도 9월 모평 14번　문제편 78p

사회·문화 현상을 바라보는 갑~병의 관점에 대한 설명으로 옳은 것은?

① 갑의 관점은 을의 관점과 달리 개인의 행위가 상황에 대한 주관적 해석에 기초하여 이루어진다고 본다.
② 갑의 관점은 병의 관점과 달리 기득권층의 이익을 대변하는 논리로 활용될 수 있다는 비판을 받는다.
③ 을의 관점은 병의 관점과 달리 집단 간 갈등을 사회 변동의 원동력으로 본다.
④ 병의 관점은 갑의 관점과 달리 지배 계급과 피지배 계급의 이익이 조화를 이루고 있다고 본다.
⑤ 병의 관점은 을의 관점과 달리 사회 구조가 개인에게 미치는 영향력을 간과한다는 비판을 받는다.

|자|료|해|설|

갑은 기우제가 사회 안정을 유지하는 역할을 담당한다고 보고 있으므로 기능론의 관점을 가지고 있다. 을은 사회적 맥락에 따라 구성원들이 기우제에 대한 의미를 다르게 해석하고 있다고 보고 있으므로 상징적 상호 작용론의 관점을 가지고 있다. 병은 기우제가 기득권층의 통치 수단에 불과하다고 보고 있으므로 갈등론의 관점을 가지고 있다.

|선|택|지|풀|이|

① 오답 : 개인의 행위가 상황에 대한 주관적 해석에 기초하여 이루어진다고 보는 관점은 상징적 상호 작용론이다.
② 정답 : 기능론은 사회 질서와 안정을 강조하므로 기득권층의 이익을 대변하는 논리로 이용될 우려가 있다는 비판을 받는다.
③ 오답 : 집단 간 갈등을 사회 변동의 원동력으로 보는 관점은 갈등론이다.
④ 오답 : 갈등론은 사회적 희소가치의 배분에 관하여 지배 계급과 피지배 계급의 이익은 양립할 수 없다고 본다.
⑤ 오답 : 사회 구조나 제도가 개인에게 미치는 영향력을 간과한다는 비판을 받는 관점은 상징적 상호 작용론이다.

사회 · 문화 현상을 바라보는 관점 A, B에 대한 설명으로 옳은 것은?

→ 기능론

A는 사회 규범이 사회 전체의 필요를 반영하고 있다고 본다. 이와 달리 B는 사회 규범이 지배 계급만의 이익을 반영하고 있다고 본다. → 갈등론

① A는 사회가 본질적으로 변동을 지향한다고 본다.
② A는 사회의 균형 회복 능력을 강조하여 사회 문제의 발생 가능성을 부정한다.
③ B는 집단 간 갈등을 필연적인 현상으로 본다.
④ B는 개인에 대한 사회 구조의 영향력을 경시한다.
⑤ B는 A와 달리 사회를 유기체로 간주한다. → 상징적 상호 작용론

추가 학습 | 사회 유기체설은 사회를 생물 유기체에 비유하여 생물의 진화나 항상성이라는 특성을 활용하여 사회 변화나 사회 내부의 작동 원리 등을 설명하는 학설이다.

출제분석 | 기능론과 갈등론의 입장을 파악하는 문제이다. 기능론과 갈등론뿐만 아니라 상징적 상호 작용론과 함께 복합적으로 출제될 수 있으므로 각 관점의 기본 입장과 비판점을 꼼꼼하게 파악해 두도록 한다.

|자|료|해|설|
사회 규범이 사회 전체의 필요를 반영하고 있다고 보는 관점은 기능론이고, 사회 규범이 지배 계급만의 이익을 반영하고 있다고 보는 관점은 갈등론이다. 따라서 A는 기능론, B는 갈등론이다.

|선|택|지|풀|이|
① 오답 : 갈등론은 사회에는 변화의 원동력이 내재되어 있으므로 사회는 본질적으로 변동을 지향한다고 본다.
② 오답 : 기능론은 사회는 본질적으로 조화와 균형을 이루고 있으며, 일시적으로 불안정한 상태가 발생하더라도 스스로 조화와 균형을 회복할 수 있는 힘을 지니고 있다고 본다.
③ 정답 : 갈등론은 불평등한 사회에서 집단 간 갈등이 필연적이며, 그 갈등이 사회 변동의 원동력이 된다고 본다.
④ 오답 : 기능론과 갈등론은 거시적 관점으로 개인의 행위가 사회 구조나 제도의 영향에 의해 나타날 수 있다고 본다. 개인에 대한 사회 구조의 영향력을 경시한다는 비판을 받는 관점은 상징적 상호 작용론이다.
⑤ 오답 : 사회를 유기체로 간주하는 관점은 기능론이다.

사회 · 문화 현상을 바라보는 갑~병의 관점에 대한 설명으로 옳은 것은? (단, 갑~병의 관점은 각각 갈등론, 기능론, 상징적 상호 작용론 중 하나이다.) 3점

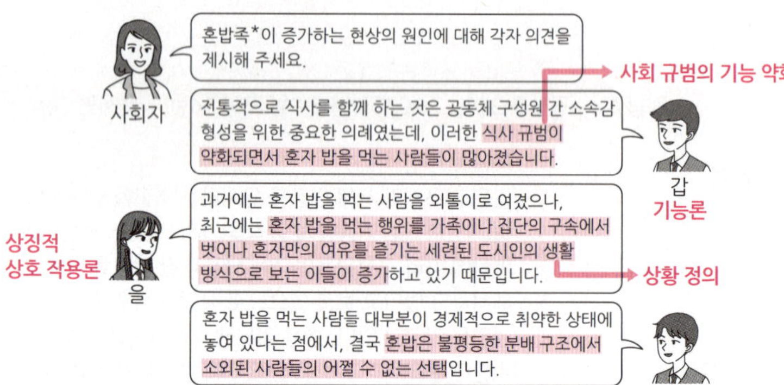

① 갑의 관점은 개인의 행동이 상황에 대한 주관적 해석에 기초하여 이루어진다고 본다. → 상징적 상호 작용론 / 갑
② 을의 관점은 기득권층의 이익을 대변하는 논리로 사용된다는 비판을 받는다. → 기능론
③ 병의 관점은 집단 간 갈등이 필연적이며 사회 변동의 원동력이라고 본다. → 갈등론 / 갑
④ 을의 관점은 갑의 관점과 달리 사회 문제를 설명하는 데 사회 구조적 요인을 중시한다. → 거시적 관점
⑤ 을, 병의 관점은 모두 사회 구성 요소의 기능과 역할이 사회적으로 합의된 것으로 본다. → 기능론 / 갑

|자|료|해|설|
혼밥족이 증가하는 현상에 대해 갑은 식사 규범이 약화된 것이 원인이라고 보고, 을은 혼자 밥을 먹는 것에 대해 가족이나 집단의 구속에서 벗어나 혼자만의 여유를 즐기는 도시인의 생활 양식이라고 의미를 부여하는 사람이 증가했기 때문이라고 보며, 병은 불평등한 분배 구조에 원인이 있다고 본다. 따라서 갑의 관점은 기능론, 을의 관점은 상징적 상호 작용론, 병의 관점은 갈등론에 해당한다.

|선|택|지|풀|이|
① 오답 : 개인의 행동이 상황에 대한 주관적 해석(상황 정의)에 기초하여 이루어진다고 보는 관점은 상징적 상호 작용론이다.
② 오답 : 기득권층의 이익을 대변하는 논리로 사용된다는 비판을 받는 관점은 기능론이다.
③ 정답 : 갈등론은 사회에 내재된 구조적 모순으로 인해 집단 간 갈등이 필연적으로 발생하며, 이렇게 발생한 갈등이 사회 변동의 원동력으로 작용한다고 본다.
④ 오답 : 사회 문제를 설명하는 데 사회 구조적 요인을 중시하는 관점은 거시적 관점으로 기능론과 갈등론이 이에 해당한다.
⑤ 오답 : 사회 구성 요소의 기능과 역할이 사회적으로 합의된 것이라고 보는 관점은 기능론이다.

추가 학습 | <기능론의 한계> : 사회 안정과 합의를 지나치게 강조함으로써 사회 갈등 현상을 간과함, 사회 변화를 부정적으로 보기 때문에 기존의 질서나 권력관계의 유지에 기여하는 보수적 관점임.
<갈등론의 한계> : 사회 각 부분 간의 복잡한 관계를 지배와 피지배의 관계로 단순화함, 사회에서 나타나는 협동과 합의 및 조화를 설명하기 어렵고 사회 질서와 안정의 중요성을 경시함.
<상징적 상호 작용론의 한계> : 개인의 행위가 사회 구조나 제도의 영향에 의해 나타날 수 있음을 경시함.

출제분석 | 사회 · 문화 현상을 바라보는 관점은 매년 출제되는 주제이다. 제시문이나 대화에 나타난 사회 · 문화 현상을 각 관점에서 어떻게 바라보는지 파악하는 유형이 출제될 수 있다.

43 | 사회·문화 현상을 보는 관점

정답 ①   정답률 92%   2023년 4월 학평 3번   문제편 79p

다음 글에 나타난 사회·문화 현상을 바라보는 관점에 대한 설명으로 옳은 것은?

> 만성 질환을 지니게 되면 자아 관념 및 사회적 상호 작용에 큰 변화가 일어날 수 있다. 이러한 변화는 만성 질환자에게 타인이 보이는 반응과 타인이 보일 것으로 상상되는 반응에 기초하여 나타난다. 따라서 만성 질환자의 일상적 삶을 이해하려면 만성 질환자와 그 주변 사람들이 질병과 환자에 대해 부여하는 의미를 파악하고, 이것이 상호 작용 과정에서 어떻게 발현되는지에 주목해야 한다. ➡ 상징적 상호 작용론

① 개인들의 주관적 상황 정의에 대한 이해를 중시한다.
② 사회 규범은 기득권층에 의해 강제된 것이라고 본다. ➡ 갈등론
③ 지배와 피지배 관계를 중심으로 사회 구조를 설명한다. ➡ 갈등론
④ 사회가 스스로 균형을 유지하려는 속성을 지닌다고 본다. ➡ 기능론
⑤ 사회의 구조적 모순에 따른 계급 간 갈등이 불가피하다고 본다. ➡ 갈등론

|자|료|해|설|

제시문은 만성 질환자의 삶을 이해하기 위해서는 만성 질환자와 그 주변 사람들이 질병과 환자에 대해 부여하는 의미를 파악해야 한다고 보고 있다. 이는 상징적 상호 작용론에 해당한다.

|선|택|지|풀|이|

① 정답 : 상징적 상호 작용론은 인간이 상황 정의에 기초하여 행동한다고 보므로 개인의 주관적 상황 정의에 대한 이해를 중시한다.
② 오답 : 사회 규범이 기득권층에 의해 강제된 것이라고 보는 관점은 갈등론이다.
③ 오답 : 지배와 피지배 관계를 중심으로 사회 구조를 설명하는 관점은 갈등론이다.
④ 오답 : 사회가 스스로 균형을 유지하려는 속성을 지닌다고 보는 관점은 기능론이다.
⑤ 오답 : 사회의 구조적 모순에 따른 계급 간 갈등이 불가피하다고 보는 관점은 갈등론이다.

추가 학습 | 상황 정의란 행위 주체가 특정 상황에 대하여 그것이 발생하게 된 시간적, 맥락적 조건에 따라 의미를 부여하는 것으로, 이는 상호 작용의 바탕이 된다.

---

44 | 사회·문화 현상을 보는 관점

정답 ④   정답률 65%   2024년 7월 학평 19번   문제편 79p

다음 자료에 대한 설명으로 옳은 것은? (단, A~C는 각각 기능론, 갈등론, 상징적 상호 작용론 중 하나임.) 3점

[과제] 사회·문화 현상을 바라보는 관점 A~C에 대한 옳은 설명을 2개씩 서술하시오.

학생	설명
갑 1점	• (가) • (나) ➡ 갈등론 ➡ 기능론
을 2점	• A와 달리 B는 사회 각 부분의 기능과 역할은 사회 전체의 합의를 통해 정해진다고 본다. ➡ 기능론 • (다) ➡ 옳은 설명
병 0점	• C는 사회·문화 현상을 사회 구조적 측면에서 설명한다. ➡ 기능론, 갈등론 • 상징적 상호 작용론 (라) ➡ 틀린 설명

* 교사는 학생별로 각각 채점하고, 옳은 설명은 1개당 1점, 틀린 설명은 1개당 0점을 부여함.

[평가 결과] 세 학생의 평균 점수는 1점입니다. 갑은 을에 비해 낮은 점수를, 병에 비해 높은 점수를 기록했습니다.
➡ 갑의 점수는 1점, 을의 점수는 2점, 병의 점수는 0점임.

① C는 다양한 사회 제도들의 상호 의존적 관계에 주목한다.
② A와 달리 B는 집단 간 갈등을 사회 변동의 원동력으로 본다.
③ (다)에는 'A는 사회가 본질적으로 균형을 추구한다고 본다.'가 들어갈 수 없다. ➡ 기능론
④ (가)가 'C는 기득권층의 이익을 대변하는 논리로 사용된다는 비판을 받는다.'이면, (나)에는 'C와 달리 B는 사회를 유기체에 비유하여 설명한다.'가 들어갈 수 있다. ➡ 기능론
⑤ (다)와 달리 (라)에는 'B와 달리 C는 인간이 상황 정의에 기초하여 행동한다고 본다.'가 들어갈 수 없다. ➡ 상징적 상호 작용론

|자|료|해|설|

세 학생의 평균 점수는 1점이므로 세 학생의 점수 총합은 3점이 된다. 갑은 을에 비해 낮은 점수를, 병에 비해 높은 점수를 기록했으므로 갑의 점수는 1점, 을의 점수는 2점, 병의 점수는 0점이 된다. 사회 각 부분의 기능과 역할이 사회 전체의 합의를 통해 정해진다고 보는 관점은 기능론이다. 을의 점수가 2점이므로 을의 첫 번째 설명은 옳은 설명이다. 즉, B는 기능론이다. 사회·문화 현상을 사회 구조적 측면에서 설명하는 관점은 거시적 관점으로, 기능론과 갈등론이 이에 해당한다. 병의 점수가 0점이므로 병의 첫 번째 설명은 틀린 설명이다. 즉, C는 상징적 상호 작용이다. 따라서 A는 갈등론, B는 기능론, C는 상징적 상호 작용론이다.

|선|택|지|풀|이|

① 오답 : 다양한 사회 제도들의 상호 의존적 관계에 주목하는 관점은 기능론이다.
② 오답 : 집단 간 갈등을 사회 변동의 원동력으로 보는 관점은 갈등론이다.
③ 오답 : (다)에는 옳은 설명이 들어가야 한다. 사회가 본질적으로 균형을 추구한다고 보는 관점은 기능론이다. 따라서 해당 내용은 (다)에 들어갈 수 없다.
④ 정답 : 기득권층의 이익을 대변하는 논리로 사용된다는 비판을 받는 관점은 기능론이다. 갑의 점수가 1점이고, 해당 내용은 틀린 설명이므로 (나)에는 옳은 설명이 들어가야 한다. 사회를 유기체에 비유하여 설명하는 관점은 기능론이다. 따라서 해당 내용은 (나)에 들어갈 수 있다.
⑤ 오답 : (다)에는 옳은 설명이, (라)에는 틀린 설명이 들어가야 한다. 인간이 상황 정의에 기초하여 행동한다고 보는 관점은 상징적 상호 작용론이다. 따라서 해당 내용은 (다)에는 들어갈 수 있고, (라)에는 들어갈 수 없다.

문제풀이 TIP | 세 학생의 평균 점수는 '세 학생이 받은 점수의 총합÷3'으로 구할 수 있다.

출제분석 | 사회·문화 현상을 보는 관점을 파악하는 문제이다. 기능론, 갈등론, 상징적 상호 작용론의 특징을 비교하는 문제가 출제될 수 있다.

다음 글에서 사회·문화 현상을 바라보는 필자의 관점에 대한 설명으로 옳은 것은?

> 인구 증가는 사람들 간 접촉과 상호 작용을 증가시킨다. 이때 경쟁이 치열해지면, 그 치열한 경쟁이 갈등을 유발하고 사회 질서를 위협한다. 자원을 둘러싼 경쟁은 생존 가능한 자리를 찾으려는 개인들의 노력을 낳고 이는 업무 전문화로 이어진다. 전문화는 개인들로 하여금 상호 의존을 하도록 압박하고 상호 의무를 수용하려는 의지를 강화한다. 전문화로 인한 업무 분화는 무한 경쟁이 파괴할 수 있는 질서를 유지하는 데 필수적이다. ➡ 기능론

① 사회의 안정보다는 변동을 중시한다. ➡ 갈등론
② 상황 정의에 기초한 개인 간 상호 작용을 중시한다. ➡ 상징적 상호 작용론
③ 사회에는 어느 시점에나 구조적 모순이 내재되어 있다고 본다. ➡ 갈등론
④ 사회 제도를 지배와 피지배 관계의 재생산을 위한 수단으로 본다. ➡ 갈등론
⑤ 지배 집단의 이익을 대변하는 논리로 활용될 수 있다는 비판을 받는다. ➡ 기능론

|자|료|해|설|

제시문은 전문화로 인한 업무 분화가 무한 경쟁이 파괴할 수 있는 질서를 유지하는 데 필수적이라고 보고 있다. 이는 기능론의 관점에 해당한다.

|선|택|지|풀|이|

① 오답 : 사회의 안정보다 변동을 중시하는 관점은 갈등론이다.
② 오답 : 상황 정의에 기초한 개인 간 상호 작용을 중시하는 관점은 상징적 상호 작용론이다.
③ 오답 : 사회에는 구조적 모순이 항상 내재되어 있다고 보는 관점은 갈등론이다.
④ 오답 : 사회 제도를 지배와 피지배 관계의 재생산을 위한 수단으로 보는 관점은 갈등론이다.
⑤ 정답 : 기능론은 사회 질서와 안정을 강조하므로 지배 집단의 이익을 대변하는 논리로 이용될 우려가 있다는 비판을 받는다.

추가 학습 | 상황 정의는 행위 주체가 특정 상황에 대해 그것이 발생하게 된 시간적·맥락적 조건에 따라 의미를 부여하는 것으로, 상호 작용의 바탕이 된다.

다음은 사회·문화 현상을 바라보는 관점에 대한 학습 활동지의 일부이다. 이에 대한 설명으로 옳은 것은? **3점**

> ○ 수행 과제 : 사회·문화 현상을 바라보는 관점인 기능론, 갈등론, 상징적 상호 작용론 중 하나를 선택한 후, 해당 관점에서 모든 질문에 일관되게 답변하세요.

질문 \ 학생	갑	을	병	정
지배 집단의 이익을 대변한다는 비판을 받는가? (기능론)	예	예	아니요	아니요
집단 간 갈등과 대립을 사회의 본질적 속성으로 이해하는가? (갈등론)	아니요	예	아니요	아니요
거시적 측면에서 사회·문화 현상을 바라보는가? (기능론, 갈등론)	예	예	아니요	예
(가)	아니요	아니요	예	아니요
(나)	예	아니요	아니요	아니요

갑 ➡ 기능론   병 ➡ 상징적 상호 작용론

> ※ 교사 평가 : 본인이 선택한 하나의 관점에서 옳은 답변만을 한 학생은 2명뿐입니다.

① 질문에 모두 옳은 답변만을 한 학생 중 사회 각 부분을 상호 의존적 관계로 보는 관점을 선택한 학생은 없다. ➡ 기능론 / 갑이다
② 질문에 모두 옳은 답변만을 한 학생 중 사회 제도를 계급 재생산의 수단으로 보는 관점을 선택한 학생은 있다. ➡ 갈등론 / 없다
③ 갑은 병과 달리 질문에 모두 옳은 답변만을 하였다. (모두)
④ (가)에는 '개인 행위의 능동성을 중시하는가?'가 들어갈 수 있다. ➡ 상징적 상호 작용론
⑤ (나)에는 '사회가 스스로 균형을 유지하려는 속성을 지닌다고 보는가?'가 들어갈 수 없다. ➡ 기능론 / 있다

|자|료|해|설|

지배 집단의 이익을 대변한다는 비판을 받는 관점은 기능론이고, 집단 간 갈등과 대립을 사회의 본질적 속성으로 이해하는 관점은 갈등론이며, 거시적 측면에서 사회·문화 현상을 바라보는 관점은 거시적 관점으로, 기능론과 갈등론이 이에 해당한다. 따라서 갑은 기능론의 관점에서, 병은 상징적 상호 작용론의 관점에서 모든 질문에 일관되게 답변하였다.

|선|택|지|풀|이|

① 오답 : 사회 각 부분을 상호 의존적 관계로 보는 관점은 기능론이다. 질문에 모두 옳은 답변만을 한 학생 중 기능론을 선택한 학생은 갑이다.
② 오답 : 사회 제도를 계급 재생산의 수단으로 보는 관점은 갈등론이다. 질문에 모두 옳은 답변만을 한 학생 중 갈등론을 선택한 학생은 없다.
③ 오답 : 갑과 병은 질문에 모두 옳은 답변만을 하였다.
④ 정답 : 개인 행위의 능동성을 중시하는 관점은 상징적 상호 작용론이다. (가)에 대해 갑은 기능론의 관점에서 '아니요', 병은 상징적 상호 작용론의 관점에서 '예'라고 답변했으므로 해당 질문은 (가)에 들어갈 수 있다.
⑤ 오답 : 사회가 스스로 균형을 유지하려는 속성을 지닌다고 보는 관점은 기능론이다. (나)에 대해 갑은 기능론의 관점에서 '예', 병은 상징적 상호 작용론의 관점에서 '아니요'라고 답변했으므로 해당 질문은 (나)에 들어갈 수 있다.

문제풀이 TIP | 각 질문에 해당하는 관점을 적은 후 일관되게 답변한 학생을 찾도록 한다.

47 사회·문화 현상을 보는 관점

정답 ③　정답률 79%　2023학년도 6월 모평 19번　문제편 80p

사회·문화 현상을 바라보는 (가)~(다)의 관점에 대한 설명으로 옳은 것은? **3점**

상징적 상호 작용론 →
(가) 환경 문제는 사람들이 환경 오염을 사회 문제로 규정하면서 주요 관심사가 되었다. 오늘날 많은 환경 운동가, 학자, 언론인, 시민들이 환경 오염의 심각성을 지적하며 그에 대한 문제 의식과 대응 방안을 공유하고 있다. 이들은 '그린(Green)', '에코(Eco)', '재생'과 같은 표현을 친환경의 대명사처럼 인식하면서 환경 문제 해결을 위한 실천을 서로 독려하고 있다.

기능론 →
(나) 환경 문제는 산업화를 위해 자연을 이용하는 과정에서 나타나는 일시적인 병리 현상이다. 산업화가 진행되면서 대기와 수질이 오염되면, 이로 인한 사회적 비용과 피해가 증가한다. 하지만 이러한 문제를 해결할 수 있는 환경 정화 기술이 개발됨으로써 결국 전체 사회는 다시 조화와 균형을 회복한다.

갈등론 →
(다) 환경 문제는 자본가 계급이 자신만의 이익을 극대화하는 과정에서 발생한다. 자본가 계급이 환경보다 경제적 이익을 우선하며 자신의 이윤 추구에만 몰두한 결과가 환경 오염으로 나타난다. 그로 인한 피해는 오롯이 노동자 계급의 몫이다. 이윤 추구에서 배제된 노동자 계급은 환경 문제에 대응할 마땅한 수단이 없기 때문이다.

① (가)의 관점은 사회의 각 부분이 상호 의존적 관계를 맺는다고 본다. 〔(나)〕
② (나)의 관점은 상황에 대한 주관적인 해석 과정을 중시한다. 〔(가)〕
③ (다)의 관점은 지배 집단과 피지배 집단 간 대립과 투쟁을 사회 변동의 원동력으로 본다.
④ (나)의 관점은 (다)의 관점과 달리 사회 질서와 안정의 중요성을 경시한다는 비판을 받는다. 〔(다)〕 〔(나)〕
⑤ (다)의 관점은 (가)의 관점과 달리 지배 집단의 이익을 대변하는 논리로 활용될 수 있다는 비판을 받는다. 〔(나)〕

|자|료|해|설|
사회·문화 현상을 바라보는 관점 중 (가)는 상징적 상호 작용론, (나)는 기능론, (다)는 갈등론에 해당한다.

|선|택|지|풀|이|
① 오답 : 기능론은 사회의 각 부분이 상호 의존적 관계를 맺는다고 본다.
② 오답 : 상징적 상호 작용론은 사회·문화 현상의 의미를 그것이 발생하는 상황과 행위 주체에 따라 달라진다고 보므로 상황에 대한 주관적인 해석 과정을 중시한다.
③ 정답 : 갈등론은 불평등한 사회에서 계급 간 갈등은 필연적이며, 그 갈등이 사회 변동의 원동력이 된다고 본다.
④ 오답 : 갈등론은 사회 질서와 안정의 중요성을 경시한다는 비판을 받는다.
⑤ 오답 : 기능론은 지배 집단의 이익을 대변하는 논리로 이용될 수 있다는 비판을 받는다.

추가 개념 | 상황 정의는 행위 주체가 특정 상황에 대하여 그것이 발생하게 된 시간적·맥락적 조건에 따라 의미를 부여하는 것으로, 상호 작용의 바탕이 된다.

출제분석 | 기능론, 갈등론, 상징적 상호 작용론을 비교하는 문제이다. 사회·문화 현상을 바라보는 관점은 다양한 사례를 통해 출제될 수 있으므로 기출 문제를 바탕으로 다양한 유형을 접해 보도록 한다.

48 사회·문화 현상을 보는 관점

정답 ③　정답률 73%　2022년 3월 학평 2번　문제편 80p

다음 글의 사회·문화 현상을 바라보는 관점에 대한 설명으로 옳은 것은?
→ 기능론 vs 갈등론 vs 상징적 상호 작용론

집단 간의 갈등은 사회 전체의 일시적인 불균형과 혼란을 초래하지만 사회는 이를 극복하여 균형과 질서를 회복할 수 있는 힘을 지니고 있다. → 기능론

① 인간의 능동성을 강조한다. → 상징적 상호 작용론
② 사회의 안정보다 변동을 중시한다. → 갈등론
③ 사회 각 부분 간의 상호 의존성을 강조한다.
④ 집단 간 갈등이 필연적이고 불가피한 현상이라고 본다. → 갈등론
⑤ 사회·문화 현상의 의미가 행위 주체에 따라 달라질 수 있음을 강조한다. → 상징적 상호 작용론

|자|료|해|설|
제시문은 집단 간 갈등이 사회 전체의 일시적인 불균형과 혼란을 초래하지만 이를 극복하여 균형과 질서를 회복할 수 있다고 보고 있으므로 이는 기능론에 해당한다.

|선|택|지|풀|이|
① 오답 : 상징적 상호 작용론은 인간이 자율성을 지닌 능동적인 존재라고 본다.
② 오답 : 갈등론은 사회의 안정을 지배 계급의 강요나 억압에 의해 나타난 결과로 보므로 사회 안정보다 변동을 중시한다.
③ 정답 : 기능론은 사회가 상호 의존적인 관계를 맺고 있는 부분들로 구성된 하나의 체계라고 본다.
④ 오답 : 갈등론은 집단 간 갈등이 필연적이고 불가피한 현상이라고 본다.
⑤ 오답 : 상징적 상호 작용론은 사회·문화 현상의 의미를 그것이 발생하는 상황 맥락과 행위 주체에 따라 달라진다고 본다.

다음 글에서 도출할 수 있는 사회·문화 현상을 바라보는 필자의 관점에 대한 옳은 설명만을 〈보기〉에서 있는 대로 고른 것은? **3점**

> 개별 구성원의 이익과 집합체의 이익 간 불일치는 사회적 갈등으로 나타날 수 있다. 이때 중요한 것은 서로 다른 개인들의 이익이 사회적 관계 내에서 작용한다는 점이다. 개인은 자신의 이익을 온전히 추구하기 위해 사회 내 구조화된 관계에 의해 규정된 역할 속에서 다른 구성원들의 이익 추구 과정을 고려해야만 한다. 이러한 과정을 통해 집합체는 안정적인 상태에 도달한다. → 기능론

보기

ㄱ. 대립과 갈등을 사회의 본질적 속성으로 본다. → 갈등론
ㄴ. 질서와 안정에 기반한 점진적 사회 변동을 설명하기 어렵다. → 용이하다
ㄷ. 사회적 갈등을 균형 회복을 위한 일시적인 과정으로 이해한다. → 기능론

① ㄴ   ② ㄷ   ③ ㄱ, ㄴ   ④ ㄱ, ㄷ   ⑤ ㄱ, ㄴ, ㄷ

|자|료|해|설|

제시문은 개인이 자신의 이익을 추구하기 위해서는 사회 내 구조화된 관계에 의해 규정된 역할 속에서 다른 구성원들의 이익 추구 과정을 고려해야 하며, 이 과정을 통해 사회가 안정적인 상태에 도달한다고 보고 있다. 따라서 필자의 관점은 기능론에 해당한다.

|보|기|풀|이|

ㄱ. 오답 : 대립과 갈등을 사회의 본질적 속성으로 보는 관점은 갈등론이다.
ㄴ. 오답 : 기능론은 질서와 안정에 기반한 점진적 사회 변동을 설명하기가 용이하다.
ㄷ. 정답 : 기능론은 사회가 스스로 조화와 균형을 회복할 수 있는 힘을 지니고 있다고 보므로 사회적 갈등을 조화와 균형을 회복하기 위한 일시적인 과정으로 이해한다.

🤓 **문제풀이 TIP** | 제시문은 사회적 갈등이 나타나더라도 이는 일시적인 현상으로 결국 사회는 안정적인 상태에 도달한다고 보고 있다.

😲 **출제분석** | 사회·문화 현상을 보는 관점 중 기능론을 묻는 문제이다. 기능론, 갈등론, 상징적 상호 작용론을 복합적으로 묻는 문제가 출제될 수 있다.

사회·문화 현상을 보는 갑, 을의 관점에 대한 설명으로 옳은 것은? **3점**

→ 기능론

→ 상황 정의 : 상징적 상호 작용론

① 갑의 관점은 사회가 유기체와 유사한 특성을 지니고 있다고 본다. → 기능론
② 갑(을)의 관점은 개인들의 주관적 상황 정의에 대한 이해를 중시한다. → 상징적 상호 작용론
③ 을(갑)의 관점은 집단 간 갈등이 사회 변동의 원동력이라고 본다. → 갈등론
④ 을(갑)의 관점은 갑(을)의 관점과 달리 지배 집단의 이익을 대변하는 논리로 활용될 수 있다는 비판을 받는다. → 기능론
⑤ 갑, 을의 관점은 모두 사회·문화 현상을 사회 구조적 측면에서 설명한다. → 기능론, 갈등론

|자|료|해|설|

갑의 관점은 학교 교육 및 직업 교육이 본래의 기능을 제대로 하지 못해 오늘날 사회에서 요구하는 기술이나 지식을 전달하지 못하며, 그로 인해 문제가 발생한다고 보므로 기능론이다. 을의 관점은 주변 사람들의 시선을 내면화하는 과정(상황 정의)으로 인해 문제가 발생한다고 보므로 상징적 상호 작용론이다.

|선|택|지|풀|이|

① 정답 : 기능론은 사회가 유기체처럼 다양한 부분들이 상호 의존적인 관계를 이루며 하나의 체계를 형성하고 있다고 본다.
② 오답 : 개인들의 주관적 상황 정의에 대한 이해를 중시하는 관점은 상징적 상호 작용론이다.
③ 오답 : 집단 간 갈등이 사회 변동의 원동력이라고 보는 관점은 갈등론이다.
④ 오답 : 지배 집단의 이익을 대변하는 논리로 활용될 수 있다는 비판을 받는 관점은 기능론이다. 상징적 상호 작용론은 개인의 행위가 사회 구조나 제도의 영향에 의해 나타날 수 있음을 경시한다는 비판을 받는다.
⑤ 오답 : 기능론은 사회 구조적 측면에서 사회·문화 현상을 설명하고 상징적 상호 작용론은 개인 간 상호 작용에 초점을 맞추는 미시적 측면에서 사회·문화 현상을 설명한다.

😲 **추가 학습** | 거시적 관점은 사회·문화 현상을 이해할 때 사회 구조나 제도 등 개개인의 행위를 초월한 사회 체계에 초점을 맞추는 관점으로, 기능론과 갈등론이 이에 해당한다. 반면, 미시적 관점은 일상생활에서 이루어지는 개인 간의 상호 작용이나 개개인의 주관적인 세계에 초점을 맞추는 관점으로, 상징적 상호 작용론이 이에 해당한다.

😲 **출제분석** | 사회·문화 현상을 보는 관점(기능론, 갈등론, 상징적 상호 작용론)은 항상 출제되는 핵심 주제이다. 기출 선지에서 자주 사용되는 각 관점에 대한 표현을 꼼꼼하게 학습해 두어야 한다.

51 사회·문화 현상을 보는 관점 정답 ② 정답률 70% 2024학년도 6월 모평 3번 문제편 81p

사회·문화 현상을 바라보는 관점 A, B에 대한 설명으로 옳은 것은?

> A : 지배 집단과 피지배 집단은 재화나 권위 또는 권력과 같은
> 희소 자원을 차지하기 위해 서로 끊임없이 투쟁한다. 두
> 집단의 이익은 양립할 수 없으므로 갈등은 필연적이고
> 자연스러운 현상이다.
> ← 갈등론
> B : 사회 체계는 기본적으로 균형 상태를 유지하기 때문에 적대,
> 긴장, 모순, 투쟁과 같은 갈등은 일시적인 현상이다. 따라서
> 갈등은 균형을 유지하려는 사회 체계의 속성으로 인하여
> 머지않아 조화롭게 조정된다.
> ← 기능론

① A는 상황 정의에 기초한 개인 간 상호 작용을 중시한다. ← 상징적 상호 작용론
② B는 사회적 희소가치의 불균등한 분배가 불가피하다고 본다.
③ A는 B와 달리 기득권층의 이익을 대변하는 논리로 사용된다는
　비판을 받는다.
④ B는 A와 달리 질서와 안정성을 바탕으로 한 점진적인 사회
　변동을 설명하기 어렵다.
⑤ A와 B는 모두 개인에 대한 사회 구조의 영향력을 간과한다는
　비판을 받는다. ← 상징적 상호 작용론

|자|료|해|설|
A는 지배 집단과 피지배 집단의 이익이 양립할 수 없고 갈등을 필연적이고 자연스러운 현상이라고 보고 있으므로 이는 갈등론에 해당한다. B는 사회 체제가 균형 상태를 유지하고 있고, 갈등을 일시적인 현상이라고 보고 있으므로 이는 기능론에 해당한다.

|선|택|지|풀|이|
① 오답 : 상황 정의에 기초한 개인 간 상호 작용을 중시하는 관점은 상징적 상호 작용론이다.
② 정답 : 기능론은 사회적 희소가치의 차등 분배가 갖는 정당성과 필요성을 강조하므로 사회적 희소가치의 불균등한 분배가 보편적이고 불가피하다고 본다.
③ 오답 : 기능론은 기득권층의 이익을 대변하는 논리로 사용된다는 비판을 받는다.
④ 오답 : 갈등론은 질서와 안정성을 바탕으로 한 점진적인 사회 변동을 설명하기 어렵다.
⑤ 오답 : 개인에 대한 사회 구조의 영향력을 간과한다는 비판을 받는 관점은 미시적 관점인 상징적 상호 작용론이다.

🤓 **추가 학습** | 기능론은 사회 불평등이 보편적이고 불가피한 현상이라고 보는 반면, 갈등론은 사회 불평등이 보편적인 현상일지는 몰라도 불가피하지는 않으며 제거해야 할 현상이라고 본다.

---

52 사회·문화 현상을 보는 관점 정답 ② 정답률 79% 2020년 4월 학평 4번 문제편 81p

사회·문화 현상을 바라보는 갑, 을의 관점에 대한 설명으로 옳은 것은? **3점**
← 거시적 관점 - 기능론, 갈등론
　미시적 관점 - 상징적 상호 작용론

> 사회자 : 최근 도심 근처의 낙후 지역이 고급 상업 지역이나
> 고급 주거 지역으로 변화하면서 중산층 이상의
> 계층이 유입되어 기존의 거주민들을 대체하는
> 젠트리피케이션 현상이 발생하고 있습니다. 이에 대해
> 어떻게 생각하십니까?
> 갑 : 사회적, 경제적으로 우위를 차지하고 있는 계층이 자신들
> 에게 유리한 지배 구조를 이용하여 저소득층의 터전을 빼앗는
> 현상입니다.
> ← 지배 계급　← 사회 구조　← 피지배 계급　갈등론
> 을 : 도시의 안정적 유지에 필요한 상업 및 주거 기능을 충족
> 시키기 위해 도시 공간이 재구조화되는 자연스러운 과정
> 입니다.
> ← 질서 유지　← 일시적 과정　기능론

① 갑의 관점은 지배 계급과 피지배 계급의 이익이 양립할 수 있음을
　강조한다. ← 갈등론 / 없음
② 을의 관점은 사회 유지에 필요한 각 부분이 상호 의존적으로
　작용한다고 본다. ← 기능론
③ 갑의 관점은 을의 관점과 달리 거시적 관점에서 사회·문화
　현상을 설명한다. ← 갑, 을 모두 거시적 관점
④ 을의 관점은 갑의 관점과 달리 집단 간 갈등이 사회를 변동시키는
　원동력이라고 본다. ← 갈등론
⑤ 갑, 을의 관점은 모두 기득권층의 이익을 대변하는 논리로 이용
　된다는 비판을 받는다. ← 기능론

|자|료|해|설|
갑은 젠트리피케이션 현상을 지배 집단이 피지배 집단을 억압하고 착취하는 현상이라고 보는 반면 을은 젠트리피케이션 현상을 도시의 안정과 질서 유지를 위한 자연스러운 과정으로 보고 있다. 따라서 갑의 관점은 갈등론, 을의 관점은 기능론에 해당한다.

|선|택|지|풀|이|
① 오답 : 갈등론은 지배 계급과 피지배 계급의 이익이 양립할 수 없음을 강조한다.
② 정답 : 기능론은 사회 유지에 필요한 각 부분이 상호 의존적으로 작용한다고 본다.
③ 오답 : 기능론과 갈등론은 모두 거시적 관점으로 사회 구조적인 측면에서 사회·문화 현상을 설명한다.
④ 오답 : 갈등론은 기능론과 달리 지배 집단과 피지배 집단 간 갈등이 사회를 변동시키는 원동력이라고 본다.
⑤ 오답 : 기능론은 갈등론과 달리 기득권층의 이익을 대변하는 논리로 이용된다는 비판을 받는다.

표는 학교 교육을 바라보는 관점 A와 B를 비교한 것이다. 이에 대한 설명으로 옳은 것은? (단, A와 B는 각각 기능론과 갈등론 중 하나이다.)

질문＼관점	A	B
학교 교육을 통한 사회 이동의 가능성을 과소평가한다는 비판을 받는가?	예	아니요
(가)	아니요	예

① A는 사회 통합을 위한 학교 교육의 순기능을 강조한다.
② B는 학교 교육이 사회 불평등 구조를 재생산한다고 본다.
③ B와 달리 A는 학업 성취가 개인의 노력에 비례한다고 본다.
④ (가)에 '학교 교육을 통해 사회화가 이루어진다고 보는가?'가 들어갈 수 있다.
⑤ (가)에 '학교의 교육 내용이 사회 전체의 합의를 반영하고 있다고 보는가?'가 들어갈 수 있다.

문제풀이 TIP | 학교 교육이 사회 통합 및 질서 유지 기능을 한다고 보는 관점은 기능론이고, 불평등을 재생산한다고 보는 관점은 갈등론이다. 기능론과 갈등론은 모두 학교 교육을 통해 사회화(교육)가 이루어진다고 본다. 학교 교육을 통해 사회화가 이루어지는 것을 기능론에만 해당하는 진술로 판단하면 안 된다.

|자|료|해|설|
학교 교육을 통한 사회 이동의 가능성을 강조하는 관점은 기능론이고, 학교 교육을 통한 사회 이동의 가능성을 과소평가한다는 비판을 받는 관점은 갈등론이다. 따라서 A는 갈등론, B는 기능론이다. (가)에는 기능론에만 해당하는 질문이 들어갈 수 있다.

|선|택|지|풀|이|
① 오답 : 사회 통합과 질서 유지를 위한 학교 교육의 순기능을 강조하는 관점은 기능론이다.
② 오답 : 학교 교육이 사회 불평등 구조를 재생산한다고 보는 관점은 갈등론이다.
③ 오답 : 갈등론과 달리 기능론은 학업 성취가 개인의 노력과 능력에 비례한다고 본다.
④ 오답 : (가)에는 기능론에만 해당하는 질문이 들어갈 수 있다. 기능론과 갈등론은 모두 학교 교육을 통해 사회화가 이루어진다고 본다. 따라서 (가)에는 '학교 교육을 통해 사회화가 이루어진다고 보는가?'가 들어갈 수 없다.
⑤ 정답 : (가)에는 기능론에만 해당하는 질문이 들어갈 수 있다. 기능론은 학교의 교육 내용이 사회 전체의 합의를 반영하고 있다고 본다. 따라서 (가)에는 '학교의 교육 내용이 사회 전체의 합의를 반영하고 있다고 보는가?'가 들어갈 수 있다.

사회·문화 현상을 바라보는 갑 ~ 병의 관점에 대한 설명으로 옳은 것은? (단, 갑 ~ 병의 관점은 각각 기능론, 갈등론, 상징적 상호 작용론 중 하나임.)

① 갑의 관점은 개인의 행동이 상황 정의에 기초하여 이루어진다고 본다.
② 을의 관점은 지배 집단과 피지배 집단 간 갈등이 사회 발전의 원동력이라고 본다.
③ 병의 관점은 사회의 각 부분이 상호 의존적 관계를 맺는다고 본다.
④ 을의 관점은 갑의 관점과 달리 기득권층의 이익을 옹호한다는 비판을 받는다.
⑤ 병의 관점은 갑의 관점과 달리 사회 구조가 개인에게 미치는 영향을 중시한다.

|자|료|해|설|
갑은 사회화를 전체 사회 구성원이 합의한 가치와 규범을 내면화하는 과정이라고 보고 있으므로 이는 기능론에 해당한다. 을은 사회화를 지배 집단에 유리한 가치와 규범을 전수하는 과정이라고 보고 있으므로 이는 갈등론에 해당한다. 병은 사회화를 개인이 능동적으로 자아를 형성하는 과정이라고 보고 있으므로 이는 상징적 상호 작용론에 해당한다.

|선|택|지|풀|이|
① 오답 : 개인의 행동이 상황 정의에 기초하여 이루어진다고 보는 관점은 상징적 상호 작용론이다.
② 정답 : 갈등론은 지배 집단과 피지배 집단 간 갈등이 필연적이며, 그 갈등이 사회 변동의 원동력이 된다고 본다.
③ 오답 : 사회의 각 부분이 상호 의존적 관계를 맺는다고 보는 관점은 기능론이다.
④ 오답 : 기능론은 사회 질서와 안정을 강조하여 기득권층의 이익을 대변하는 논리로 이용될 우려가 있다.
⑤ 오답 : 사회 구조가 개인에게 미치는 영향을 중시하는 관점은 거시적 관점으로, 기능론과 갈등론이 이에 해당한다.

추가 개념 | 상황 정의는 행위 주체가 특정 상황에 대해 그것이 발생하게 된 시간적, 맥락적 조건에 따라 의미를 부여하는 것으로, 이는 상호 작용의 바탕이 된다.

출제분석 | 사회·문화 현상을 바라보는 관점을 파악하는 문제이다. 기능론, 갈등론, 상징적 상호 작용론의 기본 입장에 대한 이해를 바탕으로 각 관점의 공통점과 차이점을 파악해 두도록 한다.

55 사회·문화 현상을 보는 관점

정답 ①　정답률 89%　2022년 10월 학평 11번　문제편 82p

표는 사회·문화 현상을 바라보는 관점 A~C를 구분한 것이다. 이에 대한 옳은 설명만을 〈보기〉에서 고른 것은? (단, A~C는 각각 기능론, 갈등론, 상징적 상호 작용론 중 하나이다.)

구분	해당 관점
사회 구성 요소의 상호 의존 관계에 주목하는 관점	A → 기능론
개인의 주관적 상황 정의에 주목하는 관점	B → 상징적 상호 작용론
(가)	A, C → 갈등론

보기

ㄱ. (가)에 '사회 구조에 초점을 두어 사회·문화 현상을 이해하는 관점'이 들어갈 수 있다. → 거시적 관점

ㄴ. A는 사회가 본질적으로 조화와 균형을 이루고 있다고 본다.

ㄷ. B는 집단 간 갈등을 사회 변동의 원동력으로 본다.

ㄹ. C는 A와 달리 사회를 유기체와 유사하다고 본다.

① ㄱ, ㄴ　② ㄱ, ㄷ　③ ㄴ, ㄷ　④ ㄴ, ㄹ　⑤ ㄷ, ㄹ

|자|료|해|설|

사회 구성 요소의 상호 의존 관계에 주목하는 관점은 기능론이고, 개인의 주관적 상황 정의에 주목하는 관점은 상징적 상호 작용론이다. 따라서 A는 기능론, B는 상징적 상호 작용론, C는 갈등론이다.

|보|기|풀|이|

ㄱ 정답 : (가)에는 기능론과 갈등론 모두에 해당하는 내용이 들어갈 수 있다. 사회 구조에 초점을 두어 사회·문화 현상을 이해하는 관점은 거시적 관점으로, 기능론과 갈등론이 이에 해당한다. 따라서 해당 내용은 (가)에 들어갈 수 있다.

ㄴ 정답 : 기능론은 사회가 본질적으로 조화와 균형을 이루고 있으며, 사회의 각 부분들은 사회 전체의 존속과 통합을 위해 맡은 기능을 수행한다고 본다.

ㄷ. 오답 : 갈등론은 집단 간 갈등이 필연적이며, 이러한 갈등이 사회 변동의 원동력이 된다고 본다.

ㄹ. 오답 : 기능론은 사회가 유기체처럼 다양한 부분들이 상호 의존적 관계를 이루며 하나의 체계를 형성하고 있다고 본다.

 추가 학습 | 사회·문화 현상을 이해하는 관점 중 기능론과 갈등론은 거시적 관점에 해당하고, 상징적 상호 작용론은 미시적 관점에 해당한다.

---

56 사회·문화 현상을 보는 관점

정답 ①　정답률 71%　2022학년도 6월 모평 18번　문제편 82p

사회·문화 현상을 바라보는 (가) ~ (다)의 관점에 대한 설명으로 옳은 것은? 3점

상징적 상호 작용론 → (가) 질병은 구성원 각자가 부여하는 의미나 가치에 의해 사회적으로 규정될 수 있다. 예컨대 19세기 유럽에서는 폐결핵에 걸린 지식인과 예술인의 마른 자태를 열정과 낭만의 징표로 인식하기도 하였다.

기능론 → (나) 질병은 사회 체계 유지라는 측면에서 볼 때 사회 통합에 긍정적으로 작용하지 못하기 때문에 사회 문제로 규정된다. 따라서 질병 치료는 일종의 사회 통제라고 볼 수 있다.

갈등론 → (다) 질병으로부터 자신을 보호할 자원이 부족한 이들에게는 사회 구조적 모순이 고스란히 전달되어 질병으로 나타난다. 질병에 걸릴 위험은 사회 계급에 따라 차등적으로 분포되어 있기 때문이다.

① (가)의 관점은 사회 구조가 개인에게 미치는 영향을 간과한다는 비판을 받는다.

② (나)의 관점은 사회 제도를 통해 기존의 불평등한 사회 구조가 재생산된다고 본다. (다)

③ (가)의 관점은 (나)의 관점과 달리 사회 각 부분이 상호 보완적 역할을 수행한다고 본다. (나) (가)

④ (나)의 관점은 (다)의 관점과 달리 대립과 갈등을 사회 구조의 필연적 속성으로 본다. (다) (나)

⑤ '사회·문화 현상의 의미가 발생 상황과 행위 주체에 따라 달라진다고 보는가?'라는 질문으로는 (가)와 (다)의 관점을 구분할 수 없다. → 상징적 상호 작용론
있다

|자|료|해|설|

(가)는 구성원 각자가 부여하는 의미나 가치에 의해 질병이 사회적으로 규정될 수 있다고 보고 있으므로 상징적 상호 작용론에 해당한다. (나)는 질병이 사회 통합에 긍정적으로 작용하지 않아 사회 문제로 규정된다고 보고 있으므로 기능론에 해당한다. (다)는 사회 계급에 따라 질병에 걸릴 위험이 차등적으로 분포되어 있다고 보고 있으므로 갈등론에 해당한다.

|선|택|지|풀|이|

① 정답 : 상징적 상호 작용론은 개인의 행위가 사회 구조나 제도의 영향에 의해 나타날 수 있음을 경시한다는 비판을 받는다.

② 오답 : 갈등론은 사회 구조나 제도는 지배 계급이 자신의 기득권을 보호하고 계급을 재생산하기 위해 만들어낸 수단이라고 본다. 따라서 갈등론은 사회 제도를 통해 기존의 불평등한 사회 구조가 재생산된다고 본다.

③ 오답 : 기능론은 사회가 유기체처럼 다양한 부분이 상호 의존적 관계를 이루며 하나의 체계를 형성하고 있다고 본다. 따라서 기능론은 사회 각 부분이 상호 보완적 역할을 수행한다고 본다.

④ 오답 : 갈등론은 사회가 사회적 희소가치를 둘러싼 사회 구성원 간의 갈등과 대립의 장이라고 본다. 따라서 갈등론은 대립과 갈등을 사회 구조의 필연적 속성으로 본다.

⑤ 오답 : 사회·문화 현상의 의미가 발생 상황과 행위 주체에 따라 달라진다고 보는 관점은 상징적 상호 작용론이다. 따라서 '사회·문화 현상의 의미가 발생 상황과 행위 주체에 따라 달라진다고 보는가?'는 상징적 상호 작용론과 갈등론을 구분할 수 있는 질문으로 적절하다.

사회·문화 현상을 바라보는 갑~병의 관점에 대한 설명으로 옳은 것은? **3점**

① 갑의 관점은 기득권층의 이익을 옹호하는 논리로 이용된다는 비판을 받는다.

② 을의 관점은 개인의 행동이 상황에 대한 주관적 해석에 기초하여 이루어진다고 본다.

③ 갑의 관점과 달리 을의 관점은 행위자의 능동성을 강조한다.

④ 을의 관점과 달리 병의 관점은 사회적 갈등을 균형 회복을 위한 일시적 과정으로 본다.

⑤ 병의 관점과 달리 갑의 관점은 개인에 대한 사회 구조의 영향력을 간과한다는 비판을 받는다.

|자|료|해|설|

갑의 관점은 상징적 상호 작용론, 을의 관점은 기능론, 병의 관점은 갈등론에 해당한다.

|선|택|지|풀|이|

① 오답 : 기능론은 사회 질서와 안정을 강조하여 기득권층의 이익을 옹호하는 논리로 이용된다는 비판을 받는다.

② 오답 : 상징적 상호 작용론은 개인의 행동이 상황에 대한 주관적 해석, 즉 상황 정의에 기초하여 이루어진다고 본다.

③ 오답 : 상징적 상호 작용론은 인간을 자율성을 지닌 능동적인 존재로 보고 행위자의 능동성을 강조한다.

④ 오답 : 기능론은 사회적 갈등이 균형 회복을 위한 일시적 과정이라고 본다.

⑤ 정답 : 상징적 상호 작용론은 개인의 행위가 사회 구조나 제도에 의해 나타날 수 있음을 경시한다는 비판을 받는다.

추가 학습 | 상황 정의는 행위 주체가 특정 상황에 대해 그것이 발생하게 된 시간적·맥락적 조건에 따라 의미를 부여하는 것으로, 상호 작용의 바탕이 된다.

출제분석 | 기능론, 갈등론, 상징적 상호 작용론을 파악하는 문제이다. 사례, 대화, 그림 등 다양한 유형으로 사회·문화 현상을 바라보는 관점을 파악하는 문제가 출제될 수 있다.

다음 자료에 대한 옳은 설명만을 〈보기〉에서 고른 것은? **3점**

형 성 평 가

3학년 ○반 ○○○

ㅇ 기능론, 갈등론, 상징적 상호 작용론 중 다음 각 진술에 해당하는 사회·문화 현상을 바라보는 관점을 답란에 한 가지만 쓰시오.
(각 진술당 옳은 답을 쓰면 1점, 틀린 답을 쓰면 0점)

진술	답란	점수
사회·문화 현상을 미시적 관점에서 바라본다. (상징적 상호 작용론)	㉠	1점
주관적 상황 정의에 기초한 개인 간 상호 작용을 중시한다. → 상징적 상호 작용론	㉡	㉢ (상징적 상호 작용론)
사회 제도를 지배와 피지배 관계의 재생산을 위한 수단으로 본다. → 갈등론	㉣ (갈등론)	1점
(가)	기능론	1점

보기

ㄱ. ㉠은 사회를 유기체에 비유하여 설명한다. → 기능론

ㄴ. ㉡이 '상징적 상호 작용론'이라면 ㉢은 '0점'이다.

ㄷ. ㉣은 갈등을 사회 발전의 원동력으로 본다. → 갈등론

ㄹ. (가)에는 '사회 각 부분이 상호 의존적 관계를 맺는다고 본다.'가 들어갈 수 있다. → 기능론

① ㄱ, ㄴ　② ㄱ, ㄷ　③ ㄴ, ㄷ　④ ㄴ, ㄹ　⑤ ㄷ, ㄹ

|자|료|해|설|

사회·문화 현상을 미시적 관점에서 바라보는 관점은 상징적 상호 작용론이다. 주관적 상황 정의에 기초한 개인 간 상호 작용을 중시하는 관점은 상징적 상호 작용론이다. 사회 제도를 지배와 피지배 관계의 재생산을 위한 수단으로 보는 관점은 갈등론이다. 첫 번째 진술, 세 번째 진술 및 (가)에 대한 점수가 각각 1점이므로 ㉠은 상징적 상호 작용론, ㉣은 갈등론이며, (가)에는 기능론에 해당하는 진술이 들어가야 한다.

|보|기|풀|이|

ㄱ. 오답 : ㉠은 상징적 상호 작용론이다. 사회를 유기체에 비유하며 설명하는 관점은 기능론이다.

ㄴ. 오답 : ㉡이 '상징적 상호 작용론'이라면, ㉢은 '1점'이다.

ㄷ. 정답 : ㉣은 갈등론이다. 갈등론은 갈등을 사회 발전의 원동력으로 본다.

ㄹ. 정답 : (가)에는 기능론에 해당하는 진술이 들어가야 한다. 사회 각 부분이 상호 의존적 관계를 맺는다고 보는 관점은 기능론이다. 따라서 해당 진술은 (가)에 들어갈 수 있다.

문제풀이 T I P | 첫 번째 진술, 세 번째 진술, (가)에 대한 점수가 각각 1점이므로 첫 번째 진술, 세 번째 진술, (가)에 대한 답란에는 옳은 답이 들어가야 한다.

출제분석 | 사회·문화 현상을 바라보는 관점을 파악하는 문제이다. 사회·문화 현상에 대한 기능론, 갈등론, 상징적 상호 작용론의 입장을 꼼꼼하게 비교해 두도록 한다.

표는 사회 · 문화 현상을 바라보는 관점 A ~ C를 구분한 것이다. 이에 대한 옳은 설명만을 <보기>에서 고른 것은? (단, A ~ C는 각각 기능론, 갈등론, 상징적 상호 작용론 중 하나이다.)

구분	A	B	C
(가)	예	아니요	아니요
기득권층의 이익을 대변하는 논리로 사용된다는 비판을 받는가?	아니요	아니요	예
사회 · 문화 현상을 사회 구조적 측면에서 설명하는가?	아니요	예	예

보기

ㄱ. A는 B와 달리 집단 간 갈등을 사회 변동의 원동력으로 본다.

ㄴ. B는 C와 달리 사회 각 부분의 통합과 균형을 강조한다.

ㄷ. C는 A와 달리 다양한 사회 제도들의 상호 의존 관계에 주목한다.

ㄹ. (가)에는 '인간이 상황 정의에 기초하여 행동한다고 보는가?'가 들어갈 수 있다.

① ㄱ, ㄴ   ② ㄱ, ㄷ   ③ ㄴ, ㄷ   ④ ㄴ, ㄹ   ⑤ ㄷ, ㄹ

|자|료|해|설|

기득권층의 이익을 대변하는 논리로 사용된다는 비판을 받는 관점은 기능론이고, 사회 · 문화 현상을 사회 구조적 측면에서 설명하는 관점은 거시적 관점으로 기능론과 갈등론이 이에 해당한다. 따라서 A는 상징적 상호 작용론, B는 갈등론, C는 기능론이다.

|보|기|풀|이|

ㄱ. 오답 : 집단 간 갈등을 사회 변동의 원동력으로 보는 관점은 갈등론이다.

ㄴ. 오답 : 사회 각 부분의 통합과 균형을 강조하는 관점은 기능론이다.

ㄷ. 정답 : 기능론은 사회가 유기체처럼 다양한 부분들이 상호 의존적 관계를 이루고 있다고 본다.

ㄹ. 정답 : 인간이 상황 정의에 기초하여 행동한다고 보는 관점은 상징적 상호 작용론이다. (가)에는 상징적 상호 작용론에서 '예'라고 답할 수 있는 질문이 들어갈 수 있다. 따라서 해당 질문은 (가)에 들어갈 수 있다.

추가 학습 | 상황 정의란 행위 주체가 특정 상황에 대해 그것이 발생하게 된 시간적 · 맥락적 조건에 따라 의미를 부여하는 것으로, 상호 작용의 바탕이 된다.

다음은 사회 · 문화 현상을 바라보는 관점 A ~ C를 구분하는 질문에 대한 학생의 답변과 교사의 채점 결과이다. 이에 대한 설명으로 옳은 것은? (단, A ~ C는 각각 기능론, 갈등론, 상징적 상호 작용론 중 하나임.) **3점**

질문	답변 갑	답변 을	답변 병
A는 B와 달리 지배 집단과 피지배 집단 간 갈등이 사회 발전의 원동력이라고 보는가?	아니요	아니요	예
A, C는 B와 달리 개인의 행위를 강제하는 사회 구조를 중시하는가?	예	아니요	예
(가)	예	아니요	아니요
(나)	예	아니요	예
채점 결과	3점	2점	3점

* 교사는 질문별로 채점하고, 질문당 옳은 답변을 쓴 경우는 1점, 틀린 답변을 쓴 경우는 0점을 부여함.

① A는 C와 달리 사회가 본질적으로 변동을 지향한다고 본다.

② B는 A와 달리 다양한 사회 제도의 상호 의존 관계에 주목한다.

③ C는 B와 달리 인간이 상황 정의에 기초하여 행동한다고 본다.

④ (가)에는 'B는 A와 달리 행위자의 능동성을 중시하는가?'가 들어갈 수 있다.

⑤ (나)에는 'A는 C와 달리 기득권층의 이익을 대변한다는 비판을 받는가?'가 들어갈 수 있다.

문제풀이 TIP | 두 번째 질문과 (가), (나)에 대한 갑과 을의 답변이 각각 다르므로 첫 번째 질문에 대한 갑의 답변이 옳지 않을 때 을의 점수는 2점이 될 수 없음을 파악할 수 있다. 첫 번째 질문에 대한 갑의 답변은 옳고 병의 답변은 옳지 않으므로 두 번째 질문과 (가), (나)에 대한 병의 답변은 옳은 답변임을 파악할 수 있다.

|자|료|해|설|

지배 집단과 피지배 집단 간 갈등이 사회 발전의 원동력이라고 보는 관점은 갈등론이고, 개인의 행위를 강제하는 사회 구조를 중시하는 관점은 기능론과 갈등론이다. 첫 번째 질문에 대한 갑의 답변인 '아니요'가 옳지 않다면, 갑의 점수가 3점이므로 두 번째 질문과 (가), (나)에 대한 갑의 답변은 옳은 답변이 된다. 이때 모든 질문에 대한 을의 답변은 옳지 않게 된다. 따라서 첫 번째 질문에 대한 갑의 답변인 '아니요'는 옳은 답변이다. 병의 점수는 3점이므로 두 번째 질문과 (가), (나)에 대한 병의 답변은 옳은 답변이다. 즉, 첫 번째 질문에 대한 옳은 답변은 '아니요', 두 번째 질문에 대한 옳은 답변은 '예', (가)에 대한 옳은 답변은 '아니요', (나)에 대한 옳은 답변은 '예'가 된다. 따라서 A는 기능론, B는 상징적 상호 작용론, C는 갈등론이다.

|선|택|지|풀|이|

① 오답 : 갈등론은 사회가 본질적으로 변동을 지향한다고 본다.

② 오답 : 기능론은 다양한 사회 제도의 상호 의존 관계에 주목한다.

③ 오답 : 상징적 상호 작용론은 인간이 상황 정의에 기초하여 행동한다고 본다.

④ 오답 : (가)에는 옳은 답변이 '아니요'가 될 수 있는 질문이 들어가야 한다. 상징적 상호 작용론은 기능론과 달리 행위자의 능동성을 중시한다.

⑤ 정답 : (나)에는 옳은 답변이 '예'가 될 수 있는 질문이 들어가야 한다. 기능론은 갈등론과 달리 기득권층의 이익을 대변한다는 비판을 받는다.

그림은 사회·문화 현상을 바라보는 관점 A~C를 구분한 것이다. 이에 대한 설명으로 옳은 것은? (단, A~C는 각각 갈등론, 기능론, 상징적 상호 작용론 중 하나이다.) **(3점)**

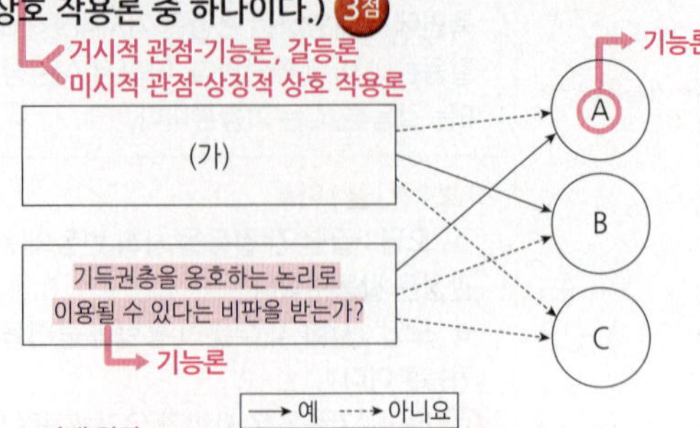

① A는 사회 규범이 특정 집단만의 합의를 반영한다고 본다. (지배 집단 / 갈등론)

② C가 상징적 상호 작용론이면, B는 사회 불평등 현상이 불가피하다고 본다. (A / 기능론)

③ (가)에 '사회 유기체설을 바탕으로 하는가?'가 들어갈 수 있다. (기능론 / 없다)

④ B가 상징적 상호 작용론이면, (가)에 '인간의 자율성을 간과하는가?'가 들어갈 수 있다. (강조 / 상징적 상호 작용론(B) / 갈등론)

⑤ (가)에 '개인의 상황 정의를 중시하는가?'가 들어가면, C는 교육 제도가 계급 재생산을 위한 수단이라고 본다. (갈등론)

|자|료|해|설|

기득권층을 옹호하는 논리로 이용될 수 있다는 비판을 받는 것은 기능론이다. 따라서 A는 기능론이고, B와 C는 갈등론과 상징적 상호 작용론 중 하나이며, (가)에는 B에만 해당하는 질문이 들어갈 수 있다.

|선|택|지|풀|이|

① 오답 : 사회 규범이 특정 집단(지배 집단)만의 합의를 반영한다고 보는 것은 갈등론이다.

② 오답 : C가 상징적 상호 작용론이면, B는 갈등론이다. 사회 불평등 현상이 불가피하다고 보는 것은 기능론이다.

③ 오답 : (가)에는 B에만 해당하는 질문이 들어갈 수 있다. 사회 유기체설을 바탕으로 하는 것은 기능론이므로 (가)에는 '사회 유기체설을 바탕으로 하는가?'가 들어갈 수 없다.

④ 오답 : B가 상징적 상호 작용론이면, C는 갈등론이다. 상징적 상호 작용론(B)은 인간의 능동성과 자율성을 강조한다. 따라서 (가)에는 '인간의 자율성을 간과하는가?'가 들어갈 수 없다.

⑤ 정답 : 개인의 상황 정의를 중시하는 것은 상징적 상호 작용론이다. (가)에 '개인의 상황 정의를 중시하는가?'가 들어가면 B는 상징적 상호 작용론, C는 갈등론이다. 교육 제도가 계급 재생산을 위한 수단이라 보는 것은 갈등론이다.

다음은 사회·문화 현상을 바라보는 관점 A~C에 대한 수행 평가이다. 이에 대한 설명으로 옳은 것은? (단, A~C는 각각 갈등론, 기능론, 상징적 상호 작용론 중 하나이다.) **(3점)**

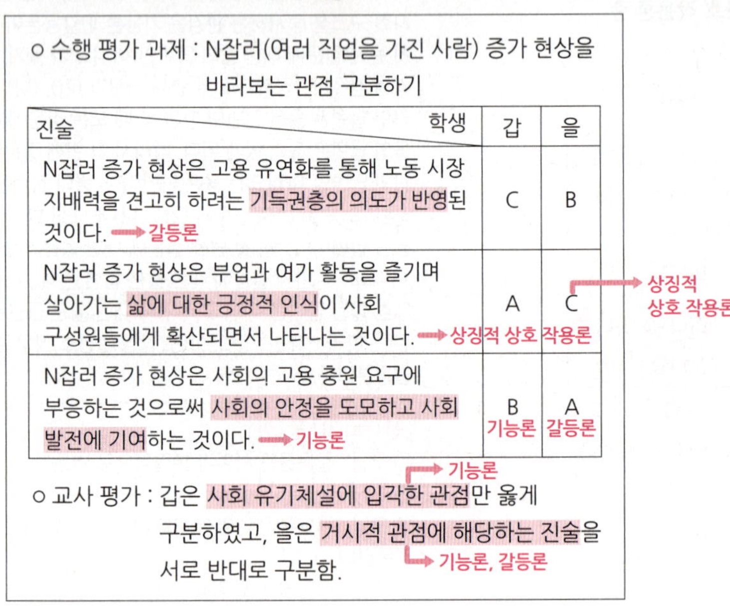

○ 수행 평가 과제 : N잡러(여러 직업을 가진 사람) 증가 현상을 바라보는 관점 구분하기

진술 \ 학생	갑	을
N잡러 증가 현상은 고용 유연화를 통해 노동 시장 지배력을 견고히 하려는 기득권층의 의도가 반영된 것이다. → 갈등론	C	B
N잡러 증가 현상은 부업과 여가 활동을 즐기며 살아가는 삶에 대한 긍정적 인식이 사회 구성원들에게 확산되면서 나타나는 것이다. → 상징적 상호 작용론	A	C
N잡러 증가 현상은 사회의 고용 충원 요구에 부응하는 것으로써 사회의 안정을 도모하고 사회 발전에 기여하는 것이다. → 기능론	B (기능론)	A (갈등론)

(우측 표기: 상징적 상호 작용론)

○ 교사 평가 : 갑은 사회 유기체설에 입각한 관점만 옳게 구분하였고, 을은 거시적 관점에 해당하는 진술을 서로 반대로 구분함. (기능론, 갈등론)

① A는 인간 행위의 자율성과 능동성을 강조한다. (C)

② B는 사회 유지에 필요한 기능의 상호 의존성에 관심을 둔다.

③ C는 대립과 갈등이 사회 구조의 필연적 속성이라고 본다. (A)

④ A는 B와 달리 사회가 스스로 균형을 유지하려는 속성을 지닌다고 본다. (C / B / A)

⑤ B는 C와 달리 개인의 행위에 미치는 사회 구조의 영향력을 간과한다는 비판을 받는다. (C)

|자|료|해|설|

첫 번째 진술은 갈등론, 두 번째 진술은 상징적 상호 작용론, 세 번째 진술은 기능론에 해당한다. 사회 유기체설에 입각한 관점은 기능론이고, 거시적 관점에 해당하는 관점은 기능론과 갈등론이다. 즉, 갑은 세 번째 진술에 대해 옳게 구분하였고, 을은 첫 번째 진술과 세 번째 진술에 대해 서로 반대로 구분하였다. 따라서 A는 갈등론, B는 기능론, C는 상징적 상호 작용론이다.

|선|택|지|풀|이|

① 오답 : 인간 행위의 자율성과 능동성을 강조하는 관점은 상징적 상호 작용론이다.

② 정답 : 기능론은 사회가 유기체처럼 다양한 부분들이 상호 의존적인 관계를 이루며 각 부분들은 사회 전체의 존속과 통합을 위해 맡은 기능을 수행한다고 본다.

③ 오답 : 대립과 갈등이 사회 구조의 필연적 속성이라고 보는 관점은 갈등론이다.

④ 오답 : 사회가 스스로 균형을 유지하려는 속성을 지닌다고 보는 관점은 기능론이다.

⑤ 오답 : 상징적 상호 작용론은 미시적 관점으로, 개인의 행위가 사회 구조나 제도의 영향에 의해 나타날 수 있음을 간과한다는 비판을 받는다.

추가 학습 | 거시적 관점은 사회 구성원들에 대한 개별적인 이해보다 사회가 구조적으로 갖는 특성에 대한 이해를 중시하는 반면, 미시적 관점은 사람들이 행위 주체로서 사회·문화 현상을 만드는 동기와 과정에 대한 이해를 중시한다.

출제분석 | 사회·문화 현상을 바라보는 관점을 파악하는 문제이다. 다양한 유형으로 출제가 가능하므로 기출 문제를 통해 파악해 두도록 한다.

사회·문화 현상을 바라보는 관점 A ~ C에 대한 설명으로 옳은 것은?
(단, A ~ C는 각각 기능론, 갈등론, 상징적 상호 작용론 중 하나임.)

교사 : A, B, C 중 하나를 선택한 후 해당 관점에 대해 설명해
보세요.

갑 : A는 사회가 생물 유기체처럼 균형을 유지한다고 전제합니다.
조화와 균형은 정상적 상태로, 부조화와 불균형은 병리적
상태로 봅니다.

을 : B는 사회를 구성하는 하위 요소가 사회 전체의 존속과
통합을 위한 역할을 수행한다고 봅니다. 또한 B는 사회 각
부분에 존재하는 복잡한 관계를 지배와 피지배의 관계로
단순화합니다.

교사 : 갑은 옳게, 을은 틀리게 설명했습니다. 을의 설명에는
정작 B의 내용은 없고, A와 C의 내용만 있네요.

① A는 B와 달리 개인의 상황 정의와 의미 해석을 강조한다.
② B는 C와 달리 사회에 내재한 구조적 모순을 중심으로 사회
현상을 설명한다.
③ C는 A와 달리 기득권층의 이익을 옹호한다는 비판을 받는다.
④ '대립과 갈등을 사회의 본질적 속성으로 보는가?'라는 질문으로
A와 B를 구분할 수 없다.
⑤ '사회 각 제도의 상호 의존적 관계에 주목하는가?'라는 질문으로
B와 C를 구분할 수 있다.

|자|료|해|설|

사회가 생물 유기체처럼 균형을 유지한다고 전제하는
관점은 기능론이다. 갑은 옳게 설명하였으므로 A는
기능론이다. 사회를 구성하는 하위 요소가 사회 전체의
존속과 통합을 위한 역할을 수행한다고 보는 관점은
기능론이고, 사회 각 부분에 존재하는 복잡한 관계를
지배와 피지배의 관계로 단순화한 관점은 갈등론이다. 즉,
을의 설명에는 기능론과 갈등론의 내용만 있다. 따라서
B는 상징적 상호 작용론, C는 갈등론이다.

|선|택|지|풀|이|

① 오답 : 개인의 상황 정의와 의미 해석을 중시하는
관점은 상징적 상호 작용론이다.
② 오답 : 사회에 내재한 구조적 모순을 중심으로 사회
현상을 설명하는 관점은 갈등론이다.
③ 오답 : 기득권층의 이익을 옹호한다는 비판을 받는
관점은 기능론이다.
④ 정답 : 대립과 갈등을 사회의 본질적 속성으로 보는
관점은 갈등론이다. 따라서 해당 질문으로는 기능론과
상징적 상호 작용론을 구분할 수 없다.
⑤ 오답 : 사회 각 제도의 상호 의존적 관계에 주목하는
관점은 기능론이다. 따라서 해당 질문으로는 상징적 상호
작용론과 갈등론을 구분할 수 없다.

😲 **문제풀이 TIP** | 갑과 을의 설명에 해당하는 관점을 각각
써보고, 교사의 평가를 통해 A~C에 해당하는 관점을 파악하도록
한다.

😲 **출제분석** | 사회·문화 현상을 보는 관점을 파악하는 문제이다.
기능론, 갈등론, 상징적 상호 작용론의 공통점과 차이점을 파악해
두도록 한다.

표는 가족 문제를 바라보는 이론적 관점을 파악하기 위한 질문과
답변이다. 기능론, 갈등론, 상징적 상호 작용론 중 하나의 관점에서
일관되게 응답한 학생은? 

질문＼학생	갑	을	병	정	무
가족 문제는 가족 구성원 중 일부에게 일방적 희생을 강요한 결과라고 보는가?	×	○	×	○	×
가족 문제의 원인이 가족 구성원 간의 유대 약화에 있다고 보는가?	○	×	○	×	○
가족 문제는 가족 내 가부장제적 구조를 해체하여 해결할 수 있다고 보는가?	×	○	○	×	×
가족 문제는 사회적으로 합의된 가족 규범의 사회화를 통해 해결할 수 있다고 보는가?	○	×	×	○	×
가족 문제가 발생하는 상황적 맥락에 대한 이해에 초점을 두는가?	○	×	×	×	○

(○ : 예, × : 아니요)

① 갑   ② 을   ③ 병   ④ 정   ⑤ 무

|자|료|해|설|

가족 문제를 가족 구성원 중 일부(피지배 집단)에게 일방적
희생을 강요한 결과로 보는 관점은 갈등론이다. 가족
문제의 원인이 가족 구성원 간의 대화 및 유대 약화에
있다고 보는 관점은 기능론이다. 가족 문제를 가족 내
가부장제적 구조(모순된 사회 구조)를 해체하여 해결할 수
있다고 보는 관점은 갈등론이다. 가족 문제를 사회적으로
합의된 가족 규범의 사회화를 통해 해결할 수 있다고 보는
관점은 기능론이다. 가족 문제가 발생하는 상황적 맥락에
대한 이해에 초점을 두는 관점은 상징적 상호 작용론이다.

|선|택|지|풀|이|

① 오답 : 갑은 두 번째 질문과 네 번째 질문은 기능론의
관점에서 답변했고, 다섯 번째 질문은 상징적 상호
작용론의 관점에서 답변했다.
② 정답 : 을은 갈등론의 관점에서 일관되게 응답하였다.
③ 오답 : 병은 두 번째 질문은 기능론의 관점에서
답변했고, 세 번째 질문은 갈등론의 관점에서 답변했다.
④ 오답 : 정은 첫 번째 질문은 갈등론의 관점에서
답변했고, 네 번째 질문은 기능론의 관점에서 답변했다.
⑤ 오답 : 무는 두 번째 질문은 기능론의 관점에서
답변했고, 다섯 번째 질문은 상징적 상호 작용론의
관점에서 답변했다.

다음 글에서 사회 · 문화 현상을 바라보는 필자의 관점에 대한 옳은 설명만을 〈보기〉에서 고른 것은? **3점**

> 사회 체계 안에서 인간의 상호 작용이 작동하는 이유는 행위자들에게 할당되는, 분화된 역할 구조가 있기 때문이다. 개인은 역할 구조 속에서 사회가 기대하는 행동을 수행하게 된다. 이렇게 개인이 사회의 한 부분으로서 공유된 기대에 부응하여 다른 부분과 유기적으로 상호 작용을 함에 따라 사회라는 완전체가 형성된다. ➡ 기능론

보기

ㄱ. 상황 정의에 기초한 개인 간 상호 작용을 중시한다. ┐
ㄴ. 개인 행위자의 능동적이고 자율적인 측면을 중시한다. ┘ 상징적 상호 작용론
ㄷ. 사회의 각 부분이 상호 의존적 관계를 맺는다고 본다. ┐
ㄹ. 사회는 스스로 균형을 유지하려는 속성을 지닌다고 본다. ┘ 기능론

① ㄱ, ㄴ   ② ㄱ, ㄷ   ③ ㄴ, ㄷ   ④ ㄴ, ㄹ   ⑤ ㄷ, ㄹ

|자|료|해|설|
필자는 개인에게 할당되는 분화된 역할 구조가 있고, 이러한 역할 구조 속에서 개인은 사회가 기대하는 행동을 수행하며, 다른 부분과 유기적으로 상호 작용을 함으로써 사회라는 완전체가 형성된다고 보고 있다. 이는 기능론에 해당한다.

|보|기|풀|이|
ㄱ. 오답 : 상황 정의에 기초한 개인 간 상호 작용을 중시하는 관점은 상징적 상호 작용론이다.
ㄴ. 오답 : 개인 행위자의 능동적이고 자율적인 측면을 중시하는 관점은 상징적 상호 작용론이다.
ㄷ. 정답 : 기능론은 사회가 유기체처럼 다양한 부분들이 상호 의존적인 관계를 이루며 하나의 체계를 형성하고 있다고 본다.
ㄹ. 정답 : 기능론은 사회가 본질적으로 조화와 균형을 이루고 있다고 본다.

😀 **출제분석** | 사회 · 문화 현상을 보는 관점 중 기능론을 파악하는 문제이다. 주로 기출되는 기능론, 갈등론 선지가 아닌 기능론, 상징적 상호 작용론으로 구성된 선지 구성이 참신한 문제이다.

그림은 질문에 따라 사회 · 문화 현상을 보는 관점 A ~ C를 구분한 것이다. 이에 대한 설명으로 옳은 것은? (단, A ~ C는 각각 기능론, 갈등론, 상징적 상호 작용론 중 하나이다.) **3점**

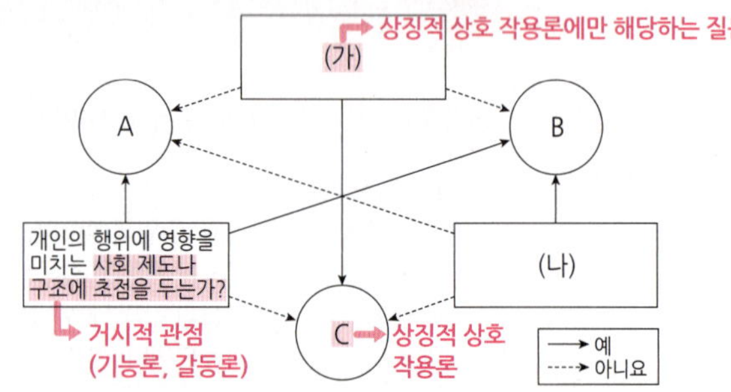

① (가)에는 '인간을 사물이나 행위에 주관적인 의미를 부여하는 주체로 보는가?'가 들어갈 수 ~~없다~~ 있다 ➡ 상징적 상호 작용론
② A가 갈등론이라면, (가)에는 '사회는 스스로 균형을 유지하는 속성을 지닌다고 보는가?'가 들어갈 수 ~~있다~~ 없다 ➡ 기능론
③ B가 기능론이라면, (나)에는 '사회적 희소가치를 둘러싼 집단 간 대립 관계에 주목하는가?'가 들어갈 수 ~~있다~~ 없다 ➡ 갈등론
④ C는 A, B와 달리 행위자의 능동적, 자율적 측면을 ~~간과~~ 강조 한다.
⑤ (나)가 '사회에는 어느 시점에나 구조적 모순이 내재되어 있다고 보는가?'라면, A는 기득권층의 이익을 대변하는 논리로 이용될 우려가 있다는 비판을 받는다. 갈등론(B) ... 기능론

|자|료|해|설|
개인의 행위에 영향을 미치는 사회 구조나 사회 제도에 초점을 두는 관점은 거시적 관점이다. 따라서 A와 B는 각각 기능론과 갈등론 중 하나이고, C는 미시적 관점인 상징적 상호 작용론이다.

|선|택|지|풀|이|
① 오답 : (가)에는 상징적 상호 작용론에만 해당하는 질문이 들어가야 한다. 인간을 사물이나 행위에 주관적인 의미를 부여하는 주체로 보는 관점은 상징적 상호 작용론이다. 따라서 (가)에는 '인간을 사물이나 행위에 주관적인 의미를 부여하는 주체로 보는가?'가 들어갈 수 있다.
② 오답 : (가)에는 상징적 상호 작용론에만 해당하는 질문이 들어가야 한다. 사회가 스스로 조화와 균형을 유지하는 속성을 지닌다고 보는 관점은 기능론이다. 따라서 (가)에는 '사회는 스스로 균형을 유지하는 속성을 지닌다고 보는가?'가 들어갈 수 없다.
③ 오답 : B가 기능론이라면 (나)에는 기능론에만 해당하는 질문이 들어가야 한다. 사회적 희소가치(권력, 부, 명예 등)를 둘러싼 집단 간 갈등과 대립 관계에 주목하는 관점은 갈등론이다. 따라서 (나)에는 '사회적 희소가치를 둘러싼 집단 간 대립 관계에 주목하는가?'가 들어갈 수 없다.
④ 오답 : 기능론, 갈등론과 달리 상징적 상호 작용론은 행위자(개인)의 능동적이고 자율적인 측면을 강조한다.
⑤ 정답 : 사회에는 언제나 구조적 모순이 내재되어 있다고 보는 관점은 갈등론이다. 따라서 (나)가 '사회에는 어느 시점에나 구조적 모순이 내재되어 있다고 보는가?'라면 A는 기능론, B는 갈등론이다. 기능론(A)은 기득권층의 이익을 대변하는 논리로 이용될 우려가 있다는 비판을 받는다.

😀 **출제분석** | 사회 · 문화 현상을 보는 관점은 수능과 모평에 자주 출제되는 핵심 주제이다. 거시적 관점에는 기능론과 갈등론이 있고, 미시적 관점에는 상징적 상호 작용론이 있다. 그동안 많은 기출 문제가 출제되었기 때문에 기출 문제를 중심으로 관련 개념을 완벽하게 정리해 둘 필요가 있다.

사회·문화 현상을 바라보는 갑 ~ 병의 관점에 대한 설명으로 옳은 것은? (단, 갑 ~ 병의 관점은 각각 기능론, 갈등론, 상징적 상호 작용론 중 하나이다.)

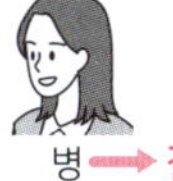

* 유연근무제 : 개인의 선택에 따라 근무 시간, 근무 환경을 조절할 수 있는 제도

① 갑의 관점은 다양한 사회 제도들의 상호 의존 관계에 주목한다.
② 을의 관점은 개인의 행동이 상황에 대한 주관적 해석에 기초하여 이루어진다고 본다.
③ 병의 관점은 지배 집단의 이익을 대변하는 논리로 활용될 수 있다는 비판을 받는다.
④ 을의 관점은 갑의 관점과 달리 행위자의 능동성을 중시한다.
⑤ 을과 병의 관점은 모두 사회·문화 현상을 사회 구조적 측면에서 설명한다.
　→ 거시적 관점

|자|료|해|설|

갑은 일과 가정의 균형에 중요한 의미를 부여하는 사람들이 많아져 유연근무제가 확산되고 있다고 보고 있고, 을은 노동 시장이 효율적으로 작동하는 데 유연근무제가 기여한다고 보고 있으며, 병은 유연근무제가 기득권층의 이익을 증대시키기 위한 의도가 반영된 제도라고 보고 있다. 따라서 갑의 관점은 상징적 상호 작용론, 을의 관점은 기능론, 병의 관점은 갈등론이다.

|선|택|지|풀|이|

① 오답 : 다양한 사회 제도들의 상호 의존 관계에 주목하는 관점은 기능론이다.
② 오답 : 개인의 행동이 상황에 대한 주관적 해석에 기초하여 이루어진다고 보는 관점은 상징적 상호 작용론이다.
③ 오답 : 지배 집단의 이익을 대변하는 논리로 활용될 수 있다는 비판을 받는 관점은 기능론이다.
④ 오답 : 행위자의 능동성을 중시하는 관점은 상징적 상호 작용론이다.
⑤ 정답 : 사회·문화 현상을 사회 구조적 측면에서 설명하는 관점은 거시적 관점으로, 기능론과 갈등론이 이에 해당한다.

추가 학습 | 거시적 관점은 개별 행위 주체에 대한 이해보다 사회가 전체적으로 갖는 특성에 대한 이해를 중시한다. 반면, 미시적 관점은 사회·문화 현상을 만드는 개별 행위 주체의 동기와 행위의 과정에 대한 이해를 중시한다.

(가), (나)에 나타난 사회·문화 현상을 보는 관점에 대한 설명으로 옳은 것은? **3점**

> (가) 대중 매체는 대중에게 오락을 제공하여 스트레스를 낮추고 사회적 긴장을 약화시킴으로써 사회 집단 간 갈등을 방지하는 안전장치로 작용한다. 또한 대중 매체는 사회 전반적으로 합의된 규범과 가치를 내면화시킴으로써 사회 유지 및 통합에 긍정적으로 기여한다. → 기능론
>
> (나) 대중 매체는 정치적·경제적으로 우위에 있는 집단의 입장을 대변하고, 그렇지 못한 집단에 대한 부정적 편견을 강화한다. 이처럼 대중 매체는 편향된 사고를 내면화시켜 사람들이 기존의 질서를 무비판적으로 따르게 함으로써 사회 불평등을 정당화하는 도구로 기능한다. → 갈등론

① (가)의 관점은 개인들의 주관적 상황 정의에 초점을 맞춘다.
② (나)의 관점은 사회를 유기체에 비유하여 설명한다. → 상징적 상호 작용론
③ (가)의 관점은 (나)의 관점과 달리 거시적 관점에서 사회·문화 현상을 설명한다. (모두)
④ (가)의 관점은 (나)의 관점과 달리 사회 제도가 기득권층에 유리하게 작용한다고 본다.
⑤ (나)의 관점은 (가)의 관점과 달리 대립과 갈등을 사회의 본질적 속성으로 본다.

|자|료|해|설|

(가)는 대중 매체가 사회 유지 및 통합에 긍정적으로 기여한다고 보고 있으므로 이는 기능론에 해당한다. (나)는 대중 매체가 지배 집단의 입장을 대변하고 사회 불평등을 정당화하는 도구로 기능한다고 보고 있으므로 이는 갈등론에 해당한다.

|선|택|지|풀|이|

① 오답 : 개인들의 주관적 상황 정의에 초점을 맞추는 관점은 상징적 상호 작용론이다.
② 오답 : 사회를 유기체에 비유하여 설명하는 관점은 기능론이다.
③ 오답 : 기능론과 갈등론은 모두 거시적 관점에 해당한다.
④ 오답 : 사회 제도가 기득권층에 유리하게 작용한다고 보는 관점은 갈등론이다.
⑤ 정답 : 대립과 갈등을 사회의 본질적인 속성으로 보는 관점은 갈등론이다.

추가 개념 | 기능론은 사회의 각 부분들이 사회 전체의 존속과 통합을 위해 맡은 기능을 수행한다고 보고, 갈등론은 사회 질서나 안정이 지배 계급의 강요나 억압에 의해 나타난 결과라고 보며, 상징적 상호 작용론은 인간이 자신이 처한 상황에 대한 주관적 정의인 상황 정의에 기초하여 행동한다고 본다.

출제분석 | 사회·문화 현상을 보는 관점 중 기능론과 갈등론을 비교하는 문제이다. 기능론과 갈등론뿐만 아니라 상징적 상호 작용론까지 복합적으로 비교하는 문제가 출제될 수 있다.

다음 글에서 사회 · 문화 현상을 바라보는 필자의 관점에 대한 설명으로 옳은 것은?

> 대화가 시작될 때 사람들은 인사말, 표정, 몸짓과 같은 신호를 서로 교환하는 과정을 통해 서로를 대화 상대로 인정한다는 의미를 부여한다. 사람들은 이렇게 시작된 대화의 과정에서 상대방의 표정이나 말투를 보며 대화의 분위기를 파악하고 그에 맞춰 자신의 태도를 바꿔 나간다. 이러한 과정을 통해 대화의 맥락이 형성되고 대화가 이어진다. → 상징적 상호 작용론

① 사회가 유기체와 유사한 특성을 지니고 있다고 본다.
② 사회가 스스로 균형을 유지하려는 속성을 지닌다고 본다. → 기능론
③ 기득권층의 이익을 옹호하는 논리로 활용된다는 비판을 받는다.
④ 사회 현상을 갈등과 대립의 측면에서만 파악한다는 비판을 받는다. → 갈등론
⑤ 사회 구조가 개인에게 미치는 영향력을 간과한다는 비판을 받는다. → 상징적 상호 작용론

|자|료|해|설|
필자는 사람들이 신호를 서로 교환하는 과정을 통해 서로를 대화 상대로 인정한다는 의미를 부여하고, 대화의 과정에서 대화의 맥락이 형성되어 대화가 이어진다고 보고 있다. 이는 상징적 상호 작용론에 해당한다.

|선|택|지|풀|이|
① 오답 : 사회가 유기체와 유사한 특성을 지닌다고 보는 관점은 기능론이다.
② 오답 : 사회가 스스로 균형을 유지하려는 속성을 지닌다고 보는 관점은 기능론이다.
③ 오답 : 기득권층의 이익을 옹호하는 논리로 활용된다는 비판을 받는 관점은 기능론이다.
④ 오답 : 사회 현상을 갈등과 대립의 측면에서만 파악한다는 비판을 받는 관점은 갈등론이다.
⑤ 정답 : 상징적 상호 작용론은 개인의 행위가 사회 구조나 제도의 영향에 의해 나타날 수 있음을 경시한다. 따라서 상징적 상호 작용론은 사회 구조가 개인에게 미치는 영향력을 간과한다는 비판을 받는다.

문제풀이 TIP | 상징적 상호 작용론은 개인을 자신의 주관에 따라 대상과 상황을 규정하고 그것에 의미를 부여함으로써 자기의 세계를 능동적으로 이끌어가는 주체로 본다.

출제분석 | 상징적 상호 작용론을 파악하는 문제이다. 기능론, 갈등론, 상징적 상호 작용론의 기본 입장 및 비판점을 파악하는 문제가 출제될 수 있다.

사회 · 문화 현상을 바라보는 갑~병의 관점에 대한 설명으로 옳은 것은? (단, 갑~병의 관점은 각각 기능론, 갈등론, 상징적 상호 작용론 중 하나임.) **3점**

① 갑(병)의 관점은 집단 간 갈등을 사회 변동의 원동력으로 본다.
② 병(갑)의 관점은 사회 문제를 설명하는 데 사회 구조적 요인을 간과한다는 비판을 받는다.
③ 을의 관점과 달리 갑의 관점은 사회의 각 부분이 상호 의존적으로 연관되어 있다고 본다.
④ 병의 관점과 달리 을의 관점은 사회적 갈등을 균형 회복을 위한 일시적인 과정으로 본다.
⑤ '상황 정의에 기초한 개인 간 상호 작용을 중시하는가?'라는 → 상징적 상호 작용론 질문으로 을과 병의 관점을 구분할 수 있다.(없다)

|자|료|해|설|
갑의 관점은 상징적 상호 작용론, 을의 관점은 기능론, 병의 관점은 갈등론에 해당한다.

|선|택|지|풀|이|
① 오답 : 집단 간 갈등을 사회 변동의 원동력으로 보는 관점은 갈등론이다.
② 오답 : 사회 문제를 설명하는 데 사회 구조적 요인을 간과한다는 비판을 받는 관점은 미시적 관점에 해당하는 상징적 상호 작용론이다.
③ 오답 : 사회의 각 부분이 상호 의존적으로 연관되어 있다고 보는 관점은 기능론이다.
④ 정답 : 사회적 갈등을 균형 회복을 위한 일시적인 과정이라고 보는 관점은 기능론이다.
⑤ 오답 : 상황 정의에 기초한 개인 간 상호 작용을 중시하는 관점은 상징적 상호 작용론이다. 따라서 해당 질문으로는 기능론과 갈등론을 구분할 수 없다.

문제풀이 TIP | 갑의 경우 편의점 도시락에 대한 사람들의 인식에 초점을 두고 있으므로 이는 상징적 상호 작용론을 바탕으로 한다.

출제분석 | 사회 · 문화 현상을 보는 관점을 파악하는 문제이다. 기능론, 갈등론, 상징적 상호 작용론 각각의 주장을 비교하여 파악해 두도록 한다.

사회·문화 현상을 바라보는 관점을 활용한 다음 게임에 대한 설명으로 옳은 것은? ③점

거시적 관점 - 기능론, 갈등론
미시적 관점 - 상징적 상호 작용론

게임의 규칙

- A 상자 안에 총 7장의 카드가 있다. 카드마다 점수를 부여하는데, 각 카드의 내용이 기능론, 갈등론, 상징적 상호 작용론 중 하나에만 해당하면 1점, 두 개에만 해당하면 2점, 세 개 모두에 해당하면 3점을 부여한다.
- A 상자에서 갑과 을은 카드를 3장씩 뽑는다. 단, 한 번 뽑은 카드는 A 상자에 다시 넣지 않는다.
- 3장의 카드로 획득한 총점이 높은 사람이 이긴다.

기능론, 갈등론, 상징적 상호 작용론 모두 가능(3점)

A 상자

카드 1
사회 문제의 발생 원인을 설명할 수 있다.

카드 2
대립과 갈등을 사회 구조의 필연적 속성으로 본다.

카드 3
거시적인 측면에서 사회 변동을 설명한다. → 기능론, 갈등론(2점)

카드 4
사회의 각 부분이 상호 유기적인 관계에 있다고 본다. → 기능론(1점)

카드 5
개인들이 구성해 내는 주관적 생활 세계를 중시한다. → 상징적 상호 작용론(1점)

카드 6
개인의 행위를 구속하는 사회 체계에 초점을 맞춘다. → 기능론, 갈등론(2점)

카드 7
사회 규범이 지배 집단의 합의에 의해 구성된다고 본다. → 갈등론(1점)

갈등론(1점)

① 카드 3장의 조합으로 얻을 수 있는 최소 점수는 4점이다. 3점(1+1+1)

② 카드 3장의 조합으로 얻을 수 있는 최대 점수는 8점이다. 7점(3+2+2)

③ 기능론에 해당하는 내용이 있는 3장의 카드로 얻을 수 있는 최대 점수는 6점이다. 7점(3+2+2) → 카드 1, 카드 3, 카드 4, 카드 6

④ 상징적 상호 작용론에 해당하는 내용이 없는 3장의 카드로 얻을 수 있는 최대 점수는 5점이다. → 카드3, 카드6, 카드(2, 4, 7 중 1개)

⑤ 갑이 카드 1, 카드 5, 카드 6을 뽑았다면 을이 이길 수 있는 카드의 조합은 1가지이다. 1점 2점 없다 3점 6점

| 자 | 료 | 해 | 설 |

기능론, 갈등론, 상징적 상호 작용론 모두 사회 문제의 발생 원인을 설명할 수 있다. 따라서 카드 1은 3점이다. 갈등론은 대립과 갈등을 사회 구조의 필연적 속성으로 보고 사회 규범이 지배 집단의 합의에 의해 구성된다고 본다. 따라서 카드 2와 카드 7은 각각 1점이다. 기능론과 갈등론은 거시적 관점이며 사회 체계에 초점을 맞춘다. 따라서 카드 3과 카드 6은 각각 2점이다. 기능론은 사회 유기체설에 바탕을 두고 있다. 따라서 카드 4는 1점이다. 상징적 상호 작용론은 개인들이 구성해 내는 주관적 생활 세계를 중시한다. 따라서 카드 5는 1점이다.

| 선 | 택 | 지 | 풀 | 이 |

① 오답 : 카드 3장의 조합으로 얻을 수 있는 최소 점수는 카드 2, 카드 4, 카드 5, 카드 7 중 3장을 뽑는 경우로 3점(1점＋1점＋1점)이다.

② 오답 : 카드 3장의 조합으로 얻을 수 있는 최대 점수는 카드 1, 카드 3, 카드 6을 뽑는 경우로 7점(3점＋2점＋2점)이다.

③ 오답 : 기능론에 해당하는 내용이 있는 카드는 카드 1, 카드 3, 카드 4, 카드 6이다. 기능론에 해당하는 내용이 있는 3장의 카드로 얻을 수 있는 최대 점수는 카드 1, 카드 3, 카드 6을 뽑는 경우로 7점(3점＋2점＋2점)이다.

④ 정답 : 상징적 상호 작용론에 해당하는 카드는 카드 1, 카드 5이다. 상징적 상호 작용론에 해당하는 내용이 없는 3장의 카드로 얻을 수 있는 최대 점수는 카드 3, 카드 6, 카드 2, 4, 7 중 1개를 뽑는 경우로 5점(2점＋2점＋1점)이다.

⑤ 오답 : 갑이 카드 1, 카드 5, 카드 6을 뽑았다면 6점(3점＋1점＋2점)이다. 갑이 뽑은 카드를 다시 상자에 넣지 않으므로 을이 얻을 수 있는 최대 점수는 카드 3을 뽑고, 카드 2, 4, 7 중 2개를 뽑는 경우로 4점(2점＋1점＋1점)이다. 따라서 갑을 이길 수 있는 을의 조합은 없다.

다음 자료에 대한 설명으로 옳은 것은? (단, A~C는 각각 기능론, 갈등론, 상징적 상호 작용론 중 하나이다.) ③점

갈등론

o '개인의 행동은 특정 집단의 가치가 반영된 사회 규범에 의해 강제되는 것이라고 보는가?'라는 질문으로 A와 B를 구분할 수 있다. 갈등론 → 상징적 상호 작용론

거시적 관점

o '개인의 행동이 개인 외부에서 독립적으로 작동하는 강제력에 의해 규제된다고 보는가?'라는 질문으로는 A와 C를 구분할 수 없다. → 갈등론

① A는 사회의 각 부분이 상호 의존적인 관계라고 본다. → 기능론 → 기능론 → 갈등론

② B는 사회의 안정보다 변동을 중시한다. → 기능론

③ C는 사회가 유기체와 유사한 특성을 지니고 있다고 본다. → 거시적 관점

④ A, B는 C와 달리 사회 제도의 영향력을 중시한다.

⑤ A는 B, C와 달리 개인의 행동은 상황에 대한 주관적 해석에 기초하여 이루어진다고 본다. → 상징적 상호 작용론

| 자 | 료 | 해 | 설 |

개인의 행동이 특정 집단의 가치가 반영된 사회 규범에 의해 강제되는 것이라는 보는 관점은 갈등론이고, 개인의 행동이 개인 외부에서 독립적으로 작동하는 강제력에 의해 규제된다고 보는 관점은 거시적 관점이다. 따라서 A는 갈등론, B는 상징적 상호 작용론, C는 기능론이다.

| 선 | 택 | 지 | 풀 | 이 |

① 오답 : **사회의 각 부분이 상호 의존적인 관계에 있다고 보는 것은 기능론이다.**

② 오답 : 기능론은 사회의 안정을 중시하고, 갈등론은 사회의 변동을 중시한다.

③ 정답 : 사회가 유기체와 유사한 특성(사회 유기체설)을 지니고 있다고 보는 것은 기능론이다.

④ 오답 : 사회 제도의 영향력을 중시하는 것은 거시적 관점으로, 기능론과 갈등론이 이에 해당한다.

⑤ 오답 : 개인의 행동이 상황에 대한 주관적 해석(의미 부여, 상황 정의)에 기초하여 이루어진다고 보는 것은 상징적 상호 작용론이다.

🤓 **문제풀이 T I P** | '개인 외부에서 독립적으로 작동하는 강제력에 의해 규제된다고 보는가?'로 A와 C를 구분할 수 없다고 했으므로 A와 C는 각각 기능론과 갈등론 중 하나에 해당함을 알 수 있다. 왜냐하면 개인 외부에서 독립적으로 작동하는 강제력에 의해 규제된다고 보는 것은 거시적 관점(기능론, 갈등론)이기 때문이다. 따라서 B는 상징적 상호 작용론이다.

사회·문화 현상을 바라보는 갑, 을의 관점에 대한 설명으로 옳은 것은?

갑   을

① 갑의 관점은 집단 간 갈등이 사회 변동의 원동력이라고 본다.
② 갑의 관점은 사회가 본질적으로 조화와 균형을 이루고 있다고 본다.
③ 을의 관점은 사회 제도가 계급 재생산을 위한 수단이라고 본다.
④ 을의 관점은 사회 통합이 이루어지는 과정을 설명할 수 없다는 비판을 받는다.
⑤ 을의 관점은 갑의 관점과 달리 거시적 관점에서 사회·문화 현상을 바라본다.
       모두   ↳ 기능론, 갈등론

|자|료|해|설|

갑은 사회 규범이 지배 집단만의 합의에 의해 형성되고 지배 집단만의 이익을 보장한다고 보고 있으므로 이는 갈등론에 해당한다. 을은 사회 규범이 사회 구성원 전체의 합의에 의해 형성되고 사회 질서와 안정에 기여한다고 보고 있으므로 이는 기능론에 해당한다.

|선|택|지|풀|이|

① 정답 : 갈등론은 불평등한 사회에서 집단 간 갈등은 필연적이며, 이 갈등이 사회 변동의 원동력이 된다고 본다.
② 오답 : 사회가 본질적으로 조화와 균형을 이루고 있다고 보는 관점은 기능론이다.
③ 오답 : 사회 제도가 계급 재생산을 위한 수단이라고 보는 관점은 갈등론이다.
④ 오답 : 갈등론은 사회가 각 부분 간의 조화와 균형을 바탕으로 유지·존속되는 현상을 설명할 수 없다.
⑤ 오답 : 기능론과 갈등론은 모두 거시적 관점에서 사회·문화 현상을 바라본다.

사회·문화 현상을 바라보는 서로 다른 관점 (가)~(다)에 대한 설명으로 옳은 것은?

갈등론 ← (가) '사회성'은 기존 체제에 순응한 사람들에게 부여되는 일종의 인증이다. 기존 체제에서 부와 권력을 차지한 집단은 그렇지 못한 집단이 자신들에게 저항하지 못하도록 구조적 압력을 행사한다. 이들은 억압에 저항하는 사람들을 '반(反)사회적 집단'으로 분류하고 갖은 불이익을 준다.

기능론 ← (나) 사회 전체의 합의로 결정된 기준과 법칙을 따르는 사람들은 공동체의 구성원으로서 역할을 잘 수행해 사회 안정에 기여한다. 이러한 사람들에게 부여되는 속성이 '사회성'이며, '사회성'은 사회 구성원으로서 역할 수행 정도에 대한 척도이자 지표가 된다.

상징적 상호 작용론 ← (다) 개인마다 사회와 그 사회에 적응하는 방식에 부여하는 의미는 서로 다르다. 각 개인이 나름대로 부여한 의미에 따라 행동하는 과정에서 타인의 호의적 반응을 지속해서 인식하면 '사회성이 있는 사람'으로서의 정체성이 형성된다.

① (가)와 달리 (나)는 서로 다른 집단 간 갈등과 대립을 필연적 현상으로 본다.
     (나)   (가)
② (나)와 달리 (다)는 사회가 유기체와 같은 성질을 지녔다고 전제한다.
     (다)   (나)
③ (다)와 달리 (가)는 개인이 상황 정의에 기초하여 행동한다고 본다.
     (가)   (다)
④ (나)와 달리 (가), (다)는 사회 불평등을 보편적이고 불가피한 현상으로 본다.
     (가)(다)   (나)
⑤ (가), (나)와 달리 (다)는 사회 구조가 개인 행위에 미치는 영향력을 간과한다는 비판을 받는다.
       ↳ 미시적 관점

|자|료|해|설|

(가)는 갈등론, (나)는 기능론, (다)는 상징적 상호 작용론에 해당한다.

|선|택|지|풀|이|

① 오답 : 서로 다른 집단 간 갈등과 대립을 필연적인 현상으로 보는 관점은 갈등론이다.
② 오답 : 사회가 유기체와 같은 성질을 지녔다고 전제하는 관점은 기능론이다.
③ 오답 : 개인이 상황 정의에 기초하여 행동한다고 보는 관점은 상징적 상호 작용론이다.
④ 오답 : 기능론은 사회 불평등을 보편적이고 불가피한 현상으로 본다.
⑤ 정답 : 상징적 상호 작용론은 미시적 관점으로, 개인의 행위가 사회 구조나 제도의 영향에 의해 나타날 수 있음을 간과한다는 비판을 받는다.

추가 학습 | 상황 정의는 행위 주체가 특정 상황에 대해 그것이 발생하게 된 시간적·맥락적 조건에 따라 의미를 부여한 것을 말한다.

출제분석 | 사회·문화 현상을 바라보는 관점을 파악하는 문제이다. 기능론과 갈등론을 비교하거나, 거시적 관점과 미시적 관점을 비교하는 내용이 출제될 수 있다.

다음의 게임 상황에 대한 옳은 분석만을 〈보기〉에서 고른 것은? 3점

간단한 컴퓨터 게임으로 '사회·문화 현상을 바라보는 관점'에 대해 복습하고자 한다.

[게임 방법] 두 사람이 흰색 돌과 검은색 돌 중 하나를 자기 돌로 선택하고 그 돌을 가로, 세로, 대각선의 방향 중 하나로 4개를 이어 붙여 놓으면 승리한다. 두 사람이 교대로 한 번씩 자기 돌을 놓을 기회가 있는데, 원하는 위치의 번호를 클릭 후 팝업창에 올라오는 진술이 기능론에 해당하면 ㉠, 갈등론에 해당하면 ㉢, 상징적 상호작용론에 해당하면 ㉣ 버튼을 눌러야만 그 번호에 자기 돌이 놓인다.

[현재 게임 상황] 갑은 검은색 돌, 을은 흰색 돌을 선택하였으며 각각 돌을 놓을 세 차례의 기회를 가졌었고, 현재 게임판에서 돌의 배치 상황은 오른쪽과 같다. 이번 차례에서 팝업창은 아래 A~C 중 하나가 나타난다.

1	2	3	4	5	6
7	8	9	10	●	12
13	14	◐	●	17	18
19	20	●	22	23	24
25	26	27	28	29	30

A   B   C

A	B	C
집단 간 대립 구조는 사회 변동의 원동력이다.	인간은 상황 정의에 기초하여 능동적으로 행동한다.	사회 규범은 사회 전체의 합의에 따라 형성된다.
㉠ ⟪갈⟫ ㉣	㉠ ㉢ ⟪상⟫	⟪기⟫ ㉢ ㉣

보기

ㄱ. 팝업창이 A일 경우 ㉣ 버튼을 누르면 돌을 놓을 수 없다.

ㄴ. 팝업창이 B일 경우 ㉢ 버튼을 눌러야만 돌을 놓을 수 있다.

ㄷ. 이번이 갑의 차례이고 6번 위치를 클릭 후 팝업창 B가 나타나 ㉣  버튼을 누르면 갑은 승리한다.

ㄹ. 이번이 을의 차례이고 26번 위치를 클릭 후 팝업창 C가 나타나 ㉠ 버튼을 누르면 을은 갑이 바로 다음번 차례에서 승리할 기회를 차단한다. *하지 않는다*

① ㄱ, ㄴ   ❷ ㄱ, ㄷ   ③ ㄴ, ㄷ   ④ ㄴ, ㄹ   ⑤ ㄷ, ㄹ

|자|료|해|설|

집단 간 대립 구조가 사회 변동의 원동력이라고 보는 관점은 갈등론이고, 인간이 상황 정의에 기초하여 능동적으로 행동한다고 보는 관점은 상징적 상호 작용론이며, 사회 규범이 사회 전체의 합의에 따라 형성된다고 보는 관점은 기능론이다.

|보|기|풀|이|

㉠ 정답 : 팝업창이 A일 경우 ㉢ 버튼을 눌러야 돌을 놓을 수 있다. 따라서 팝업창이 A일 경우 ㉣ 버튼을 누르면 돌을 놓을 수 없다.

ㄴ. 오답 : 팝업창이 B일 경우 ㉣ 버튼을 눌러야 돌을 놓을 수 있다. 따라서 팝업창이 B일 경우 ㉢ 버튼을 누르면 돌을 놓을 수 없다.

㉢ 정답 : 팝업창이 B일 경우 ㉣ 버튼을 눌러야 돌을 놓을 수 있다. 갑이 6번 위치를 클릭한 후 팝업창 B가 나타나 ㉣ 버튼을 누르면 갑은 6번 위치에 돌을 놓을 수 있으므로 갑은 승리할 수 있다.

ㄹ. 오답 : 팝업창이 C일 경우 ㉠ 버튼을 눌러야 돌을 놓을 수 있다. 을이 26번 위치를 클릭한 후 팝업창 C가 나타나 ㉠ 버튼을 누르면 을은 26번 위치에 돌을 놓을 수 있다. 그러나 을이 26번 위치에 돌을 놓더라도 갑이 바로 다음번 차례에서 6번 위치에 돌을 놓을 경우 갑이 승리할 수 있다.

🤯 **문제풀이 T I P** | A~C가 각각 어떤 관점에 해당하는지를 파악한 후 보기에서 제시한 조건에 따라 문제를 해결하면 된다.

😎 **출제분석** | 기능론, 갈등론, 상징적 상호 작용론을 파악하는 문제이다. 사회·문화 현상을 바라보는 관점은 다양한 사례를 통해 제시될 수 있으므로 기출 문제의 제시문을 꼼꼼히 파악해 두도록 한다.

표는 사회·문화 현상을 바라보는 관점에 대한 질문과 응답이다. 기능론, 갈등론, 상징적 상호 작용론 중 하나의 관점에서 일관되게 옳은 응답을 한 학생은? **3점**

질문	갑	을	병	정	무
사회 구조가 개인에게 미치는 영향을 중시하는가? → 기능론, 갈등론	○	○	×	○	×
사회의 각 부분이 상호 의존적 관계에 있다고 보는가? → 기능론	○	×	×	×	○
기존의 질서나 권력관계의 유지에 기여하는 보수적 관점이라는 평가를 받는가? → 기능론	○	×	○	○	×
사회·문화 현상의 의미가 그것이 발생하는 상황과 행위 주체에 따라 달라진다고 보는가? → 상징적 상호 작용론	×	○	○	×	×

(○ : 예, × : 아니요)

(→ 기능론의 관점)

① 갑 ② 을 ③ 병 ④ 정 ⑤ 무

|자|료|해|설|
기능론과 갈등론은 거시적 관점, 상징적 상호 작용론은 미시적 관점에 해당한다.

|선|택|지|풀|이|
① 정답 : 사회 구조가 개인에게 미치는 영향을 중시하는 관점은 기능론과 갈등론이다. 사회의 각 부분이 상호 의존적 관계에 있다고 보는 관점은 기능론이다. 기존의 질서나 권력관계의 유지에 기여하는 보수적 관점이라는 평가를 받는 관점은 기능론이다. 사회·문화 현상의 의미가 그것이 발생하는 상황과 행위 주체에 따라 달라진다고 보는 관점은 상징적 상호 작용론이다. 따라서 갑은 기능론의 관점에서 일관되게 옳은 응답을 하였다.

문제풀이 TIP | 기능론은 사회 질서와 안정을 강조하여 기득권층의 이익을 대변하는 논리로 이용될 우려가 있고, 갈등론은 사회 질서와 안정의 중요성을 경시한다는 비판을 받으며, 상징적 상호 작용론은 개인의 행위가 사회 구조나 제도의 영향에 의해 나타날 수 있음을 경시한다는 비판을 받는다.

출제분석 | 기능론, 갈등론, 상징적 상호 작용론을 파악하는 문제이다. 대화를 통해 각 관점의 주장을 파악하는 문제가 출제될 수 있다.

표는 교육을 바라보는 이론적 관점을 파악하기 위한 질문과 답변이다. 기능론, 갈등론, 상징적 상호 작용론 중 하나의 관점에서 일관되게 응답한 학생은? **3점**

질문 \ 학생	갑	을	병	정	무
사회적으로 필요한 인재를 적재적소에 배치하는 기능을 수행하고 있다고 보는가? → 기능론	×	×	○ 기	○ 기	○ 기
기존의 사회적 불평등 구조를 재생산하는 기능을 수행하고 있다고 보는가? → 갈등론	○ 갈	○ 갈	×	×	×
학교 교육을 통해 지배 집단의 가치를 주입하고 있다고 보는가?	○ 갈	×	×	×	○ 갈
교육 제도보다 학습 과정에서 나타나는 상호 작용과 그 효과를 중시하는가? → 상징적 상호 작용론	×	○ 상	○ 상	×	×
사회 결속력을 제고하고 문화를 전승하는 기능을 수행하고 있다고 보는가? → 기능론	○ 기	×	×	○ 기	○ 기
학교 교육에 대한 교사와 학생의 의미 부여와 능동적 행위에 주목하는가? → 상징적 상호 작용론	○ 상	×	×	×	○ 상

(○ : 예, × : 아니요)

① 갑 ② 을 ③ 병 ④ 정 ⑤ 무

|자|료|해|설|
교육이 사회적으로 필요한 인재를 적재적소에 배치하고, 사회 결속력 제고와 문화의 전승 기능을 수행한다고 보는 것은 기능론이다. 교육이 사회적 불평등 구조를 재생산하고, 지배 집단의 가치를 주입한다고 보는 것은 갈등론이다. 학습 과정에서 나타나는 상호 작용과 교사와 학생의 의미 부여에 주목하는 것은 상징적 상호 작용론이다.

|선|택|지|풀|이|
① 오답 : 갑은 두 번째, 세 번째 질문에서 갈등론이라고 답변했지만, 다섯 번째 질문에서 기능론이라고 답변했고, 여섯 번째 질문에서 상징적 상호 작용론이라고 답변했다. 따라서 하나의 관점에서 일관되게 응답하지 못했다.
② 오답 : 을은 두 번째 질문에서 갈등론이라고 답변했지만, 네 번째 질문에서 상징적 상호 작용론이라고 답변했다. 따라서 하나의 관점에서 일관되게 응답하지 못했다.
③ 오답 : 병은 첫 번째 질문에서 기능론이라고 답변했지만, 네 번째 질문에서 상징적 상호 작용론이라고 답변했다. 따라서 하나의 관점에서 일관되게 응답하지 못했다.
④ 정답 : 정은 첫 번째, 다섯 번째 질문에서 기능론이라고 답변했으며, 다른 관점에 대한 질문에는 모두 '아니요'라고 답변했다. 따라서 하나의 관점(기능론)에서 일관되게 응답하였다.
⑤ 오답 : 무는 첫 번째, 다섯 번째 질문에서 기능론이라고 답변했지만, 세 번째 질문에서 갈등론이라고 답변했고, 여섯 번째 질문에서 상징적 상호 작용론이라고 답변했다. 따라서 하나의 관점에서 일관되게 응답하지 못했다.

다음은 〈서술형 평가 문제〉에 대한 학생 갑~병의 답안과 교사의 채점 결과이다. 이에 대한 설명으로 옳은 것은? (단, A~C는 각각 기능론, 갈등론, 상징적 상호 작용론 중 하나이다.) **3점**

〈서술형 평가 문제〉

번호	문제
1	A와 C의 공통점을 1가지만 서술하시오.
2	C와 구별되는 B의 특징을 1가지만 서술하시오.
3	A에서 바라보는 C에 대한 비판을 1가지만 서술하시오.

〈학생 답안 및 채점 결과〉

학생	답안	점수
갑	① 거시적 관점에 해당한다. ② 행위자의 능동성과 자율성을 중시한다. ③ 사회의 질서 유지 및 안정 회복 능력을 간과한다.	2점
을	① 개인의 행위에 영향을 미치는 사회 구조를 중시한다. 2. ______(가)______ ㉠ ③ 기득권층의 이익을 옹호하는 논리로 악용될 수 있다.	
병	✗ 개인을 행위와 상황에 주관적인 의미를 부여하는 주체라고 본다. ✗ 사회는 스스로 균형을 유지하려는 속성을 지닌다. ✗ 사회 구조를 지배와 피지배 관계로 단순화한다.	0점

＊ 각 문제별로 채점하며, 문제별 답안 내용이 맞을 때마다 1점씩 부여함.

① A는 B와 달리 사회·문화 현상에 대한 상황의 맥락적 이해를 중시한다.

② B는 C와 달리 사회 문제를 병리적 현상으로 본다.

③ C는 A와 달리 사회 각 요소 간의 기능적 의존 관계를 중시한다.

④ B, C는 A와 달리 갈등과 대립이 사회 변동의 원동력임을 강조한다.

⑤ (가)가 '사회 구성원 전체의 합의에 따라 사회 규범이 정해진다.'라면, ㉠에는 '3점'이 적절하다.

| 자 | 료 | 해 | 설 |

A~C를 찾기 위해서는 학생 병의 답안을 살펴볼 필요가 있다. 학생 병의 점수가 0점이므로 '문제 2'에서 B는 기능론이 될 수 없고, '문제 3'에서 C는 갈등론이 될 수 없음을 파악할 수 있다. 병의 답안을 근거로 갑의 답안에서 나머지 관점을 찾아 보도록 하자. 갑의 3번 답안에서 설명한 내용은 갈등론에 대한 비판 내용이다. 이미 병도 3번 답안에서 갈등론에 대한 비판 내용을 작성했다가 오답이 되었기에 갑의 답안에서 '문제 1, 2'는 맞고 '문제 3'은 틀렸다는 것을 파악할 수 있다. A와 C는 모두 거시적 관점(기능론 또는 갈등론)이고, 학생 병의 답안에서 C는 갈등론이 아니라고 했기 때문에 A는 갈등론, C는 기능론이라는 것을 알 수 있다. 또한 A와 C는 거시적 관점이므로 B는 미시적 관점(상징적 상호 작용론)이라는 것을 알 수 있다. 따라서 A는 갈등론, B는 상징적 상호 작용론, C는 기능론이다.

| 선 | 택 | 지 | 풀 | 이 |

① 오답 : 미시적 관점인 상징적 상호 작용론은 갈등론과 달리 사회·문화 현상에 대한 상황의 맥락적 이해를 중시한다.

② 오답 : 기능론은 상징적 상호 작용론과 달리 사회 문제를 사회 병리 현상으로 본다.

③ 정답 : 기능론은 갈등론과 달리 사회 각 요소 간의 상호 의존 관계를 중시한다.

④ 오답 : 상징적 상호 작용론, 기능론과 달리 갈등론은 갈등과 대립이 사회 변동의 원동력임을 강조한다.

⑤ 오답 : 사회 구성원 모두의 합의에 따라 사회 규범이나 제도가 정해진다고 보는 것은 기능론이다. 따라서 (가)에 '사회 구성원 전체의 합의에 따라 사회 규범이 정해진다.'가 들어가면, B가 상징적 상호 작용론이기 때문에 '2번 답안'은 틀린 서술이다. 따라서 학생 을은 '1, 3번 답안'만 맞았기 때문에 ㉠에는 '2점'이 들어갈 수 있다.

😀 **출제분석** ｜ 사회·문화 현상을 보는 관점은 모평과 수능에서 자주 출제되는 주제이다. 그동안 사회·문화 현상을 보는 관점에 관한 기출문제가 많이 누적되었기 때문에 키워드를 중심으로 관련 개념을 완벽하게 정리해 둘 필요가 있다.

그림은 **사회·문화 현상을 바라보는 관점** A~C를 구분한 것이다. 이에 대한 설명으로 옳은 것은? (단, A~C는 각각 **기능론, 갈등론, 상징적 상호 작용론** 중 하나이다.) **3점**

> 거시적 관점-기능론, 갈등론
> 미시적 관점-상징적 상호 작용론

개인의 행위보다 사회 구조를 강조하는가? → 예 → (가) → 예 → C
　거시적 관점 (기능론, 갈등론)
　↓아니요　　　　↓아니요
　A　→ 상징적 상호 작용론　　B

① A는 사회의 각 부분이 상호 의존적으로 연관되어 있다고 본다. → 기능론

② (가)가 '사회적으로 공유된 가치와 합의를 중요시하는가?'라면, B는 C와 달리 인간을 자율성을 지닌 능동적 존재로 본다. → 상징적 상호 작용론

③ (가)가 '사회 구조를 지배와 피지배의 관계로 설명하는가?'라면, C는 B와 달리 집단 간의 대립을 균형 회복을 위한 일시적 과정으로 본다. → 기능론　갈등론

④ B가 사회 제도를 지배 집단의 이익을 위한 것으로 보는 관점이라면, (가)에는 '사회를 유기체와 같은 존재로 인식하는가?'가 들어갈 수 있다. → 기능론

⑤ C가 사회는 스스로 균형을 유지하려는 속성을 지닌다고 보는 관점이라면, (가)에는 '사회적 갈등을 필연적 현상으로 이해하는가?'가 들어갈 수 있다. 없다 → 갈등론

출제분석 | 사회·문화 현상을 바라보는 관점(기능론, 갈등론, 상징적 상호 작용론)은 수능과 모평에서 자주 출제되는 핵심 주제이다. 거시적 관점에는 기능론과 갈등론이 있고, 미시적 관점에는 상징적 상호 작용론이 있다. 기출문제를 중심으로 각 관점의 특징을 꼼꼼하게 정리해 둘 필요가 있다.

|자|료|해|설|

거시적 관점은 개인의 행위보다 사회 구조나 사회 제도를 강조한다. 따라서 A는 미시적 관점인 상징적 상호 작용론이고, B와 C는 각각 기능론과 갈등론 중 하나에 해당한다.

|선|택|지|풀|이|

① 오답 : 기능론은 사회의 각 부분이 상호 의존적으로 연관되어 있다고 본다.

② 오답 : 기능론은 사회적으로 공유된 가치와 합의를 중요시한다. 따라서 해당 질문이 (가)에 들어가면 B는 갈등론, C는 기능론이다. 인간을 자율성을 지닌 능동적 존재로 보는 관점은 상징적 상호 작용론이다.

③ 오답 : 갈등론은 사회 구조를 지배와 피지배의 관계로 설명한다. 따라서 해당 질문이 (가)에 들어가면 B는 기능론, C는 갈등론이다. 기능론은 갈등론과 달리 집단 간의 대립과 갈등을 균형 회복을 위한 일시적인 과정으로 본다.

④ 정답 : 갈등론은 사회 제도를 지배 집단의 이익을 위한 것으로 본다. B가 갈등론이라면 C는 기능론이다. 사회를 유기체와 같은 존재로 인식하는 관점은 기능론이다. 따라서 (가)에는 '사회를 유기체와 같은 존재로 인식하는가?'가 들어갈 수 있다.

⑤ 오답 : 기능론은 사회가 스스로 균형을 유지하려는 속성을 지닌다고 본다. C가 기능론이라면 B는 갈등론이다. 사회적 갈등을 필연적 현상으로 이해하는 관점은 갈등론이다. 따라서 (가)에는 '사회적 갈등을 필연적 현상으로 이해하는가?'가 들어갈 수 없다.

표는 질문 (가)~(다)를 활용하여 **사회·문화 현상을 바라보는 관점** A~C를 구분한 것이다. 이에 대한 옳은 설명만을 〈보기〉에서 있는 대로 고른 것은? (단, A~C는 각각 **기능론, 갈등론, 상징적 상호 작용론** 중 하나이다.) **3점**

> 거시적 관점 - 기능론, 갈등론
> 미시적 관점 - 상징적 상호 작용론

관점＼질문	(가)	(나)	(다)
A	예	아니요	아니요
B	아니요	예	아니요
C	아니요	아니요	예

보기

ㄱ. A가 기능론이라면, (가)에는 '거시적 관점에 해당하는가?'가 적절하다. → 기능론, 갈등론

ㄴ. B가 갈등론이라면, (나)에는 '기득권층의 이익을 대변하는 논리로 사용된다는 비판을 받는가?'가 적절하다. → 기능론

ㄷ. (가)가 '집단 간 갈등을 사회 발전의 원동력으로 보는가?'이고, (다)가 '사회적 상황에 대한 개인의 주관적 의미 부여를 강조하는가?'라면, B는 기능론이다. → 갈등론(A) / 상징적 상호 작용론(C)

ㄹ. (나)가 '사회는 스스로 안정을 유지하려는 성향이 있는가?'이고, (다)가 '사회적 합의는 특정 집단의 강요로 이루어지는가?'라면, A는 상징적 상호 작용론, C는 갈등론이다. → 기능론(B) / 갈등론(C)

① ㄱ, ㄴ　　② ㄱ, ㄹ　　③ ㄷ, ㄹ
④ ㄱ, ㄴ, ㄷ　　⑤ ㄴ, ㄷ, ㄹ

|자|료|해|설|

기능론, 갈등론은 거시적 관점이고, 상징적 상호 작용론은 미시적 관점이다. 질문 (가)~(다)에 따라 A~C에 해당하는 관점이 달라진다.

|보|기|풀|이|

ㄱ. 오답 : A가 기능론이라면 B와 C는 각각 갈등론과 상징적 상호 작용론 중 하나에 해당한다. 거시적 관점에는 기능론과 갈등론이 있다. (가)에 대한 답변으로 '예'가 1개이므로 (가)에는 '거시적 관점에 해당하는가?'가 적절하지 않다.

ㄴ. 오답 : B가 갈등론이라면 A와 C는 각각 기능론과 상징적 상호 작용론 중 하나에 해당한다. 기득권층의 이익을 대변하는 논리로 사용된다는 비판을 받는 관점은 기능론이다. (나)에 대한 답변으로 B는 '예'이므로 (나)에는 '기득권층의 이익을 대변하는 논리로 사용된다는 비판을 받는가?'가 적절하지 않다.

ㄷ. 정답 : A는 집단 간 갈등을 사회 발전의 원동력으로 보는 갈등론이고, C는 사회적 상황에 대한 개인의 주관적 의미 부여를 강조하는 상징적 상호 작용론이다. 따라서 B는 기능론이다.

ㄹ. 정답 : B는 사회가 스스로 안정과 질서를 유지하려는 성향이 있다고 보는 기능론이고, C는 사회적 합의가 특정 집단의 강요로 이루어진다고 보는 갈등론이다. 따라서 A는 상징적 상호 작용론이다.

문제풀이 TIP | 기능론은 급진적인 변동보다 사회의 안정과 질서 유지를 중시한다. 따라서 기능론은 기득권층의 이익을 대변하는 논리로 사용될 수 있다는 비판을 받는다.

사회 · 문화 현상을 바라보는 갑 ~ 병의 관점에 대한 설명으로 옳은 것은? **3점**

> 갑 : 계층적 지위가 개인의 능력과 노력에 따라 결정된다고 하지만 불공정한 사회 구조가 사회적 희소가치의 분배를 일방적으로 결정하는 것이 현실입니다. → 갈등론
>
> 을 : 아닙니다. 계층적 지위는 개인이 자신의 능력과 노력을 통해 정당하게 얻은 결과이며, 우리 사회 대다수 구성원은 이를 당연한 것으로 받아들이고 있습니다. → 기능론
>
> 병 : 계층적 지위는 개인의 출신이나 능력으로 결정되는 것이 아닙니다. 평소 타인의 시선을 의식하고 말투와 옷차림에 신경 쓰면서 자신의 계층을 인식하는 것처럼 계층적 지위는 사람들과 교류하는 과정 속에서 형성됩니다. → 상징적 상호 작용론

① 갑의 관점은 사회 불평등 현상이 불가피하다고 본다. (보지 않는다)

② 을의 관점은 개인의 행위에 미치는 사회 구조의 영향력을 중시한다. (거시적 관점 / 갑)

③ 병의 관점은 사회 현상을 갈등과 대립의 측면에서만 파악한다는 비판을 받는다. (갑)

④ 갑, 병의 관점과 달리 을의 관점은 지배 집단과 피지배 집단의 이익이 조화를 이루기 어렵다고 본다. (을 / 갑)

⑤ 을, 병의 관점과 달리 갑의 관점은 기득권층의 이익을 옹호하는 논리로 활용된다는 비판을 받는다. (갑 / 을)

| 자 | 료 | 해 | 설 |

갑의 관점은 갈등론, 을의 관점은 기능론, 병의 관점은 상징적 상호 작용론에 해당한다.

| 선 | 택 | 지 | 풀 | 이 |

① 오답 : 갈등론은 사회 불평등 현상이 보편적인 현상일지는 몰라도 불가피하지는 않으며 제거해야 할 현상이라고 본다.

② 정답 : 기능론은 개인의 행위에 미치는 사회 구조의 영향력을 중시하는 거시적 관점에 해당한다.

③ 오답 : 갈등론은 사회 현상을 갈등과 대립의 측면에서만 파악한다는 비판을 받는다.

④ 오답 : 갈등론은 지배 집단과 피지배 집단의 이익이 조화를 이루기 어렵다고 본다.

⑤ 오답 : 기능론은 사회 질서와 안정을 강조하여 기득권층의 이익을 옹호한다는 논리로 활용된다는 비판을 받는다.

문제풀이 T I P | 갑~병의 대화를 통해 갑~병이 사회 · 문화 현상을 어떠한 관점으로 바라보고 있는지 파악하는 것이 핵심이다.

출제분석 | 사회 · 문화 현상을 보는 관점을 파악하는 문제이다. 기능론, 갈등론, 상징적 상호 작용론의 주장과 비판 등을 파악해 두도록 한다.

밑줄 친 ㉠ ~ ㉤과 같은 현상의 일반적인 특징에 대한 설명으로 옳은 것은?

> 전 세계에서 노르웨이와 우리나라 두 곳뿐인 시드 볼트(Seed Vault)는 ㉠ 식물 자원 고갈에 대비해 종자를 보관하는 금고이다. 종자는 적절한 온도와 습도가 갖춰지면 자신이 갖고 있는 ㉡ 양분을 이용해 발아를 시작한다. 우리나라는 ㉢ 종자를 건조한 후 영하 20℃의 온도에 저장하는 방식으로 시드 볼트를 운영하고 있다. 이러한 환경에서는 ㉣ 종자가 노화되는 속도가 느려지고 안정적인 상태를 유지하게 된다. 시드 볼트는 인류가 미래의 위기로부터 ㉤ 유전 자원을 보존하는 데 중요한 역할을 할 것이다.

(㉠ → 사회 · 문화 현상, ㉡ → 자연 현상, ㉢ → 사회 · 문화 현상, ㉣ → 자연 현상, ㉤ → 사회 · 문화 현상)

① ㉠과 같은 현상은 몰가치적이다. (가치 함축적)

② ㉡과 같은 현상은 인과 관계가 불분명하다.

③ ㉢과 같은 현상은 개연성의 원리가 적용된다.

④ ㉣과 같은 현상은 보편성과 특수성이 공존한다. (만 나타난다)

⑤ ㉤과 같은 현상은 확실성의 원리가 적용된다. (확률의)

| 자 | 료 | 해 | 설 |

㉠, ㉢, ㉤과 같은 현상은 사회 · 문화 현상에 해당하고, ㉡, ㉣과 같은 현상은 자연 현상에 해당한다.

| 선 | 택 | 지 | 풀 | 이 |

① 오답 : 사회 · 문화 현상은 가치 함축적이고, 자연 현상은 몰가치적이다.

② 오답 : 사회 · 문화 현상과 자연 현상은 모두 인과 관계가 나타난다. 다만, 자연 현상은 사회 · 문화 현상에 비해 인과 관계가 분명하다.

③ 정답 : 사회 · 문화 현상은 개연성의 원리가 적용되고, 자연 현상은 필연성의 원리가 적용된다.

④ 오답 : 사회 · 문화 현상은 보편성과 특수성이 공존하고, 자연 현상은 보편성만 나타난다.

⑤ 오답 : 사회 · 문화 현상은 확률의 원리가 적용되고, 자연 현상은 확실성의 원리가 적용된다.

문제풀이 T I P | 인간의 의지에 따라 발생하는 현상은 사회 · 문화 현상이고, 인간의 의지와 무관하게 발생하는 현상은 자연 현상이다.

출제분석 | 사회 · 문화 현상과 자연 현상의 특징을 파악하는 문제이다. 사회 · 문화 현상과 자연 현상의 특징을 비교하며 파악해 두도록 한다.

밑줄 친 ㉠~㉢과 같은 현상의 일반적인 특징에 대한 설명으로 옳은 것은?

> ○○시에서는 최근 러브 버그와 같은 ㉠유행성 생활 불쾌 곤충이 대량 발생하여 민원이 잇따르고 있다. 그러나 ㉡러브 버그는 익충으로 분류되고, 무분별한 살충제 사용은 생태계를 교란시킬 우려가 있다. 이에 ○○시는 러브 버그가 물에 약하다는 점을 활용한 ㉢친환경 방제 활동으로 대응하고 있다.

① ㉠과 같은 현상은 인과 관계가 불분명하다.
② ㉡과 같은 현상은 개연성의 원리가 적용된다.
③ ㉠과 같은 현상과 달리 ㉡과 같은 현상은 몰가치적이다.
④ ㉢과 같은 현상과 달리 ㉠과 같은 현상은 특수성이 나타난다.
⑤ ㉡, ㉢과 같은 현상은 모두 인간의 의지와 무관하게 발생한다.

|자|료|해|설|

㉠과 같은 현상은 자연 현상에 해당하고, ㉡, ㉢과 같은 현상은 사회·문화 현상에 해당한다.

|선|택|지|풀|이|

① 오답 : 자연 현상과 사회·문화 현상은 모두 인과 관계가 나타난다. 다만, 자연 현상은 사회·문화 현상에 비해 인과 관계가 분명하다.
② 정답 : 사회·문화 현상은 개연성의 원리가 적용되고, 자연 현상은 필연성의 원리가 적용된다.
③ 오답 : 사회·문화 현상은 가치 함축적이고, 자연 현상은 몰가치적이다.
④ 오답 : 사회·문화 현상은 보편성과 특수성이 공존하고, 자연 현상은 보편성만 강하게 나타난다.
⑤ 오답 : 사회·문화 현상은 인간의 의지에 의해 인위적으로 발생하고, 자연 현상은 인간의 의지와 무관하게 발생한다.

문제풀이 TIP | 밑줄 친 부분이 인간의 의지와 관련이 있는지를 파악해 보도록 한다.

출제분석 | 자연 현상과 사회·문화 현상의 특징을 파악하는 문제이다. 자연 현상과 사회·문화 현상의 특징을 비교하는 문제가 반드시 출제되므로 자연 현상과 사회·문화 현상의 특징을 비교하며 이해해 두도록 한다.

다음 자료에 대한 옳은 설명만을 〈보기〉에서 있는 대로 고른 것은? (단, A~C는 각각 기능론, 갈등론, 상징적 상호 작용론 중 하나임.)

〈형성 평가〉

○ 제시된 '대답'에 맞게 빈칸을 채워 질문을 완성하시오.

대답	대답에 맞는 질문	채점 결과
예	B는 상황 정의에 기초한 개인 간 상호 작용을 중시하는가?	1점
예	B와 달리 C는 (가) 보는가?	0점
아니요	C와 달리 A는 (나) 비판을 받는가?	1점

* 교사는 질문별로 채점하고, 제시된 대답에 맞게 질문을 완성한 경우는 1점, 틀리게 완성한 경우는 0점을 부여함.

보기

ㄱ. A, C와 달리 B는 사회 구조가 개인에게 미치는 영향력을 간과한다는 비판을 받는다.
ㄴ. A가 사회적 갈등을 균형 회복을 위한 일시적인 과정으로 본다면, (가)에는 '사회의 각 부분이 상호 의존적 관계를 맺는다고'가 들어갈 수 있다.
ㄷ. (나)에 '지배 집단의 이익을 대변하는 논리로 활용될 수 있다는'이 들어가면, (가)에는 '대립과 갈등을 사회의 본질적 속성으로'가 들어갈 수 있다.

① ㄱ   ② ㄷ   ③ ㄱ, ㄴ   ④ ㄴ, ㄷ   ⑤ ㄱ, ㄴ, ㄷ

|자|료|해|설|

상황 정의에 기초한 개인 간 상호 작용을 중시하는 관점은 상징적 상호 작용론이다. 첫 번째 대답인 '예'에 맞는 질문에 대한 채점 결과가 1점이므로 B는 상징적 상호 작용론이고, A와 C는 각각 기능론과 갈등론 중 하나이다.

|보|기|풀|이|

ㄱ. 정답 : 상징적 상호 작용론은 미시적 관점으로, 개인의 행위가 사회 구조나 제도의 영향에 의해 나타날 수 있음을 경시한다는 비판을 받는다.
ㄴ. 정답 : 사회적 갈등을 균형 회복을 위한 일시적인 과정으로 보는 관점은 기능론이다. A가 기능론이라면, C는 갈등론이다. 두 번째 대답인 '예'에 맞는 질문에 대한 채점 결과가 0점이므로 (가)에는 '예'에 맞는 질문이 들어갈 수 없다. 사회의 각 부분이 상호 의존적 관계를 맺는다고 보는 관점은 기능론이다. 따라서 해당 질문은 (가)에 들어갈 수 있다.
ㄷ. 정답 : 지배 집단의 이익을 대변하는 논리로 활용될 수 있는 관점은 기능론이다. 세 번째 대답인 '아니요'에 맞는 질문에 대한 채점 결과가 1점이므로 해당 질문이 (나)에 들어가면, A는 갈등론, C는 기능론이다. 대립과 갈등을 사회의 본질적 속성으로 보는 관점은 갈등론이다. 두 번째 대답인 '예'에 맞는 질문에 대한 채점 결과가 0점이므로 (가)에는 '예'에 맞는 질문이 들어갈 수 없다. 따라서 해당 질문은 (가)에 들어갈 수 있다.

문제풀이 TIP | 첫 번째 대답에 맞는 질문에 대한 채점 결과가 1점이므로 이를 통해 B에 해당하는 관점을 파악하도록 한다.

출제분석 | 사회·문화 현상을 바라보는 관점을 파악하는 문제이다. 기능론, 갈등론, 상징적 상호 작용론의 입장 및 비판점을 이해해 두도록 한다.

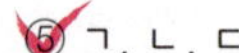

다음 글에서 사회 · 문화 현상을 바라보는 필자의 관점에 대한
설명으로 옳은 것은? **3점**

> 사람들은 부와 권력이 아닌 자신들이 습득한 사회의 도덕적
> 가치에 따라 타인의 사회적 지위를 평가한다. 이러한 도덕적
> 가치는 사회 체계가 요구하는 지위 획득에 필요한 노력과 그에
> 따른 역할 수행의 성과로 구성된다. 정당한 노력에 따라 지위를
> 획득하고 자신의 역할에 따른 성과를 달성한 개인은 도덕적
> 가치를 실현한 것으로 여겨지고, 이를 통해 사회는 작동한다. → 기능론

① 대립과 갈등을 사회의 본질적 속성으로 본다. → 갈등론
② 인간이 상황 정의에 기초하여 행동한다고 본다. → 상징적 상호 작용론
③ 사회적 지위는 기득권층에 의해 강제된 것이라고 본다. → 갈등론
④ 사회 각 부분의 역할이 사회적으로 합의된 것이라고 본다. → 기능론
⑤ 사회 제도를 통해 지배와 피지배 관계가 재생산된다고 본다. → 갈등론

|**자**|**료**|**해**|**설**|

필자는 사회 체계가 요구하는 지위 획득에 필요한 노력과
이에 따른 역할 수행의 성과로 도덕적 가치가 구성된다고
보고, 이를 통해 사회가 작동한다고 보고 있다. 따라서
사회 · 문화 현상을 바라보는 필자의 관점은 기능론에
해당한다.

|**선**|**택**|**지**|**풀**|**이**|

① 오답 : 대립과 갈등을 사회의 본질적 속성으로 보는
관점은 갈등론이다.
② 오답 : 인간이 상황 정의에 기초하여 행동한다고 보는
관점은 상징적 상호 작용론이다.
③ 오답 : 사회적 지위가 기득권층에 의해 강제된 것이라
보는 관점은 갈등론이다.
④ 정답 : 기능론은 사회 각 부분의 역할을 사회적으로
합의된 것이라고 보고 각 부분들은 사회 전체의 존속과
통합을 위해 맡은 역할을 수행한다고 본다.
⑤ 오답 : 사회 제도를 통해 지배와 피지배 관계가
재생산된다고 보는 관점은 갈등론이다.

문제풀이 T I P | 기능론은 사회가 유기체처럼 다양한 부분들이 상호 의존적으로 맞물려 하나의 체계를 형성하고 있다고 본다.

출제분석 | 사회 · 문화 현상을 바라보는 관점을 파악하는 문제이다. 기능론과 갈등론을 비교하는 문제나 기능론, 갈등론, 상징적 상호 작용론을 비교하는 문제가 출제될 수 있다.

밑줄 친 ㉠~㉤과 같은 현상의 일반적인 특징에 대한 설명으로 옳은
것은?

> 길이 약 1 mm의 투명한 예쁜꼬마선충(Caenorhabditis
> elegans)은 유전적 특징이 인간의 DNA와 유사한 것으로
> 밝혀졌다. 이 선충은 ㉠ 짧은 수명과 빠른 세대 교체 덕분에
> ㉡ 세포 발달과 노화 과정을 규명하는 데 적합하다. 특히 이
> 선충은 신경 세포와 신경망 구조가 밝혀져 있어 ㉢ 신경계의
> 기능과 발달 원리를 파악하는 데 큰 기여를 했다. ㉣ 예쁜꼬마선충의
> 변이에 따른 진화와 적응의 과정은 ㉤ 인간 질병의 유전적 기반을
> 이해하는 데도 중요한 단서를 제공한다.

자연 현상 ← ㉠
사회 · 문화 현상 ← ㉡
자연 현상 ← ㉢
㉢ → 사회 · 문화 현상
㉤ → 사회 · 문화 현상

① ㉠과 같은 현상은 인과 관계가 불분명하다.
② ㉡과 같은 현상은 몰가치적이다.
③ ㉢과 같은 현상은 확실성의 원리가 적용된다. (가치 함축적 / 확률)
④ ㉣과 같은 현상은 보편성과 특수성이 공존한다. 만 나타난다
⑤ ㉤과 같은 현상은 개연성의 원리가 적용된다.

|**자**|**료**|**해**|**설**|

㉠, ㉢과 같은 현상은 자연 현상에 해당하고, ㉡, ㉢, ㉤과
같은 현상은 사회 · 문화 현상에 해당한다.

|**선**|**택**|**지**|**풀**|**이**|

① 오답 : 자연 현상은 특정 원인에 따라 반드시 이에
상응하는 결과가 예외 없이 발생하므로 인과 관계가
분명하다.
② 오답 : 사회 · 문화 현상은 인간의 가치나 신념이
반영되어 나타나므로 가치 함축적이다.
③ 오답 : 사회 · 문화 현상은 발생 요인과 그 결과가
확률적으로 관련을 맺고 있어 예외적인 현상이 나타날 수
있으므로 확률의 원리가 적용된다.
④ 오답 : 자연 현상은 일정한 조건만 갖춰지면 시대와
장소를 초월하여 동일한 현상이 발생하므로 보편성만
강하게 나타난다.
⑤ 정답 : 사회 · 문화 현상은 어떠한 현상의 영향으로 다른
현상이 발생할 가능성이 있지만 반드시 발생한다고 단정할
수 없으므로 개연성의 원리가 적용된다.

문제풀이 T I P | 선충의 수명이 짧아 빠르게 세대 교체가 이루어지는 것은 인간의 의지와 무관하게 발생하므로 이는 자연 현상에 해당한다.

출제분석 | 자연 현상과 사회 · 문화 현상의 특징을 파악하는 문제이다. 밑줄 친 부분이 인간의 의지와 관련 있는지 혼동을 주는 문제가 출제될 수 있다.

다음 글에서 사회·문화 현상을 바라보는 필자의 관점에 대한 옳은 설명만을 <보기>에서 고른 것은?

> 　사회 체계는 물리적 환경과 사회적 조건 속에서 상호 작용하는 개인들의 집합체로 이루어져 있으며, 개인들은 근본적으로 최고의 만족을 추구하는 경향이 강하다. 이러한 개인들이 구축한 관계는 사회적으로 합의된 문화적 가치와 규범에 의해 매개되어 사회 체계의 효율적인 작동을 가능하게 한다. → 기능론

보기

ㄱ. 사회가 스스로 균형을 유지하려는 속성을 지닌다고 본다.
ㄴ. 개인이 현상에 의미를 부여하는 자율적 주체라는 점을 강조한다. → 상징적 상호 작용론
ㄷ. 지배 집단의 이익을 대변하는 논리로 활용될 수 있다는 비판을 받는다.
ㄹ. 개별 구성원에 대한 사회 구조의 영향력을 간과한다는 비판을 받는다. → 미시적 관점(상징적 상호 작용론)

→ 기능론

① ㄱ, ㄴ　　✔② ㄱ, ㄷ　　③ ㄴ, ㄷ　　④ ㄴ, ㄹ　　⑤ ㄷ, ㄹ

|자|료|해|설|
필자는 개인들이 구축한 관계가 사회적으로 합의된 문화적 가치와 규범에 의해 사회 체계의 효율적인 작동을 가능하게 한다고 보고 있다. 따라서 필자의 관점은 기능론에 해당한다.

|보|기|풀|이|
ㄱ. 정답 : 기능론은 사회가 본질적으로 조화와 균형을 이루고 있으므로 일시적으로 불안정한 상태가 발생하더라도 스스로 조화와 균형을 회복할 수 있는 힘을 지니고 있다고 본다.
ㄴ. 오답 : 상징적 상호 작용론은 인간이 사물이나 행위에 주관적인 의미를 부여하는 자율적인 주체라고 본다.
ㄷ. 정답 : 기능론은 사회 질서와 안정을 강조하여 지배 집단의 이익을 대변하는 논리로 이용될 수 있다는 비판을 받는다.
ㄹ. 오답 : 상징적 상호 작용론은 개인의 행위가 사회 구조나 제도의 영향에 의해 나타날 수 있음을 경시한다는 비판을 받는다.

문제풀이 TIP | 기능론은 사회 규범이 사회 전체의 원활한 작동에 기여하고 사회의 존속을 가능하게 한다고 본다.

출제분석 | 사회·문화 현상을 바라보는 관점을 파악하는 문제이다. 제시문의 내용을 통해 각 주장에 해당하는 관점을 파악하는 문제가 출제될 수 있다.

1 | 양적 연구 방법 vs 질적 연구 방법

정답 ⑤ 　정답률 75% 　2022년 4월 학평 11번 　문제편 94p

갑, 을이 활용한 사회·문화 현상의 연구 방법의 일반적인 특징에 대한 설명으로 옳은 것은?

① 갑의 방법은 연구 대상자에 대한 감정 이입적 이해를 중시한다.
② 을의 방법은 변수들 간 관계에 대한 법칙 발견을 목적으로 한다.
③ 갑의 방법은 을의 방법과 달리 경험적 자료를 토대로 사회·문화 현상을 연구한다.
④ 을의 방법은 갑의 방법과 달리 개념의 조작적 정의를 필요로 한다.
⑤ 갑의 방법은 방법론적 일원론을, 을의 방법은 방법론적 이원론을 전제로 한다.

|자|료|해|설|
갑이 활용한 연구 방법은 양적 연구이고, 을이 활용한 연구 방법은 질적 연구이다.

|선|택|지|풀|이|
① 오답 : 연구 대상자에 대한 감정 이입적 이해를 중시하는 연구는 질적 연구이다.
② 오답 : 변수들 간 관계에 대한 법칙 발견을 목적으로 하는 연구는 양적 연구이다.
③ 오답 : 양적 연구와 질적 연구 모두 경험적 자료를 바탕으로 사회·문화 현상을 연구한다.
④ 오답 : 개념의 조작적 정의를 필요로 하는 연구는 양적 연구이다.
⑤ 정답 : 양적 연구는 자연 과학적 연구 방법으로 사회·문화 현상에 내재한 법칙을 발견해야 한다고 보는 방법론적 일원론을 전제로 하고, 질적 연구는 자연 과학의 연구 방법과 본질적으로 다른 사회 과학만의 고유한 방법으로 연구해야 한다고 보는 방법론적 이원론을 전제로 한다.

추가 개념 | 개념의 조작적 정의는 추상적이고 모호한 개념이나 용어를 측정 가능하도록 구체화하는 것을 말한다. 이는 양적 연구에서 필요로 한다.

---

2 | 양적 연구 방법 vs 질적 연구 방법

정답 ② 　정답률 76% 　2022년 3월 학평 4번 　문제편 94p

다음 자료의 (가)에 들어갈 내용으로 옳은 것은? 3점

교사 : 표는 사회·문화 현상의 연구 방법 A와 B를 비교한 것입니다. 이를 보고 A, B에 대하여 설명해 보세요.

구분	A → 양적 연구	B → 질적 연구
의미	계량화된 자료의 수집과 통계 분석을 통해 결론을 도출하는 방법	연구 대상자의 주관적 생활 세계에 대한 자료를 수집하여 연구자의 해석을 통해 결론을 도출하는 방법
전제	방법론적 일원론	방법론적 이원론

갑 : A를 적용하는 연구에서는 주로 참여 관찰법이 활용됩니다. (×)
을 : B는 사회·문화 현상이 자연 현상과 본질적으로 다른 특성을 지니고 있다고 봅니다. (○)
병 : 　(가) → 옳은 진술
교사 : 두 학생만 옳은 설명을 하였습니다. → 을, 병

① A는 사회·문화 현상에 규칙성이 존재하지 않음을 강조합니다.
② B는 연구자의 직관적 통찰을 통한 자료 수집을 중시합니다.
③ A는 B와 달리 사회·문화 현상에 대한 심층적인 이해를 목적으로 합니다.
④ B는 A와 달리 비공식적 자료의 수집을 배제합니다.
⑤ 소득과 행복 간의 상관관계를 파악하려는 연구에는 A보다 B가 적합합니다.

|자|료|해|설|
양적 연구는 방법론적 일원론을 전제로 하고, 질적 연구는 방법론적 이원론을 전제로 한다. 따라서 A는 양적 연구, B는 질적 연구이다. 주로 참여 관찰법이 활용되는 연구는 질적 연구이므로 갑의 진술은 옳지 않은 진술이다. 질적 연구는 자연 현상과 사회·문화 현상이 본질적으로 다른 특성을 지니고 있다고 보므로 을의 진술은 옳은 진술이다. 따라서 옳은 설명을 한 학생은 을과 병이므로 (가)에는 옳은 진술이 들어가야 한다.

|선|택|지|풀|이|
① 오답 : 양적 연구는 자연 현상과 마찬가지로 사회·문화 현상에도 일정한 규칙성이 존재한다고 본다.
② 정답 : 질적 연구는 직관적 통찰을 통해 자료를 수집하고 해석한다.
③ 오답 : 양적 연구는 사회·문화 현상에 내재된 규칙성을 발견하여 일반화 및 법칙 정립을 목적으로 하고, 질적 연구는 사회·문화 현상에 대한 심층적 이해를 목적으로 한다.
④ 오답 : 질적 연구는 비공식적 자료 수집도 중시한다. 비공식적 자료는 행위 주체의 행위 동기나 목적 등 주관적 세계를 담고 있으므로 질적 연구의 중요한 자료로 활용된다.
⑤ 오답 : 소득과 행복 간의 상관관계를 파악하려는 연구에는 질적 연구보다 양적 연구가 적합하다.

추가 개념 | 직관적 통찰이란 연구자 자신이 직접 특정 상황을 접하면서 그 상황이 갖는 의미를 인식하고, 상황 전체를 꿰뚫어 보는 것을 말한다. 질적 연구에서 연구자는 자신의 경험과 지식 등을 통해 형성된 직관적 통찰력을 활용하여 자료를 수집하고 해석한다.

다음 자료에 대한 설명으로 옳은 것은? 3점

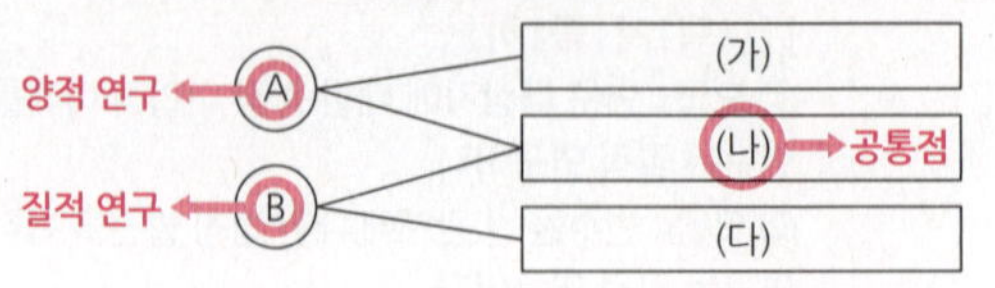

　사회·문화 현상의 연구 방법 중 A는 연구 대상이 되는 현상을 관찰하여 규칙성을 찾는 데 목적이 있다. 반면 B는 사회·문화 현상에 담긴 의미를 이해하고 해석하는 데 목적이 있다. 그림은 A, B의 일반적인 특징을 연결한 것이다.

① A는 행위 자체보다 행위의 동기를 주된 분석 대상으로 삼는다. (질적 연구 / B→A)

② B는 계량화된 자료의 통계 분석을 중시한다. (양적 연구 / A→B)

③ (가)에는 '연구자와 연구 대상을 분리할 수 없다고 본다.'가 들어갈 수 있다. (있다)

④ (나)에는 '직관적 통찰을 통해 사회·문화 현상의 의미를 해석한다.'가 들어갈 수 있다. (없다 / 질적 연구)

⑤ (다)에는 '사회·문화 현상과 자연 현상은 본질적으로 다르다고 전제한다.'가 들어갈 수 있다. (방법론적 이원론(질적 연구))

|자|료|해|설|

A는 연구 대상이 되는 현상을 관찰하여 법칙과 규칙성을 찾는 데 목적이 있는 양적 연구이다. B는 사회·문화 현상에 담긴 의미를 깊이 있게 이해하고 해석하는 데 목적이 있는 질적 연구이다.

|선|택|지|풀|이|

① 오답 : 질적 연구는 행위 자체보다 행위의 동기나 의도를 주된 분석 대상으로 삼는다.

② 오답 : 양적 연구는 수치 및 통계 자료 등 계량화된 자료의 통계 분석을 중시한다.

③ 오답 : (가)에는 양적 연구에만 해당하는 특징이 들어갈 수 있다. 연구자와 연구 대상을 분리할 수 있다고 보는 것은 양적 연구의 특징이다. 따라서 (가)에는 '연구자와 연구 대상을 분리할 수 없다고 본다.'가 들어갈 수 없다.

④ 오답 : (나)에는 양적 연구와 질적 연구의 공통적인 특징이 들어갈 수 있다. 직관적 통찰을 통해 사회·문화 현상의 의미를 해석하는 것은 질적 연구의 특징이다. 따라서 (나)에는 '직관적 통찰을 통해 사회·문화 현상의 의미를 해석한다.'가 들어갈 수 없다.

⑤ 정답 : (다)에는 질적 연구에만 해당하는 특징이 들어갈 수 있다. 질적 연구(방법론적 이원론)는 사회·문화 현상과 자연 현상은 본질적으로 다르다고 전제한다. 따라서 (다)에는 '사회·문화 현상과 자연 현상은 본질적으로 다르다고 전제한다.'가 들어갈 수 있다.

문제풀이 TIP | 양적 연구는 연구자와 연구 대상을 분리할 수 있다고 보는 반면, 질적 연구는 연구자와 연구 대상을 분리할 수 없다고 본다. 양적 연구(방법론적 일원론)는 사회·문화 현상과 자연 현상이 본질적으로 다르지 않다고 전제하는 반면, 질적 연구(방법론적 이원론)는 사회·문화 현상과 자연 현상이 본질적으로 다르다고 전제한다.

출제분석 | 사회·문화 현상의 연구 방법(양적 연구, 질적 연구)은 수능과 모평에 빠지지 않고 출제되는 단골손님이다. 최근에는 각 연구 방법의 특징을 비교하는 문제보다는 양적 연구 과정이나 자료 수집 방법 등이 출제되고 있다. 따라서 기출문제와 키워드를 중심으로 관련 개념을 꼼꼼하게 정리해 둘 필요가 있다.

사회·문화 현상의 연구 방법 A, B에 대한 옳은 설명을 <보기>에서 고른 것은? (양적 연구 vs 질적 연구)

　자연 현상과 마찬가지로 사회·문화 현상에도 규칙성이 존재한다고 보는 사람들은 A를 통해 사회·문화 현상을 연구해야 한다고 주장한다. 이와 달리 사회·문화 현상은 행위 주체에 의해 의미가 부여되기 때문에 규칙성을 갖지 않는다고 보는 사람들은 B를 통해 사회·문화 현상을 연구해야 한다고 주장한다. (양적 연구 / 방법론적 일원론 / 질적 연구 / 방법론적 이원론)

보기

ㄱ. A는 연구자의 감정 이입적 이해를 중시한다. (질적 연구 / B→A)

ㄴ. B는 통계 분석을 위해 계량화된 자료를 선호한다. (양적 연구 / A→B)

ㄷ. A와 달리 B는 연구 대상자의 의도 및 행위 동기를 심층적으로 이해하는 데 적합하다. (질적 연구)

ㄹ. B와 달리 A는 변인 간의 관계 규명을 통한 법칙 발견을 목적으로 한다. (양적 연구)

① ㄱ, ㄴ　　② ㄱ, ㄷ　　③ ㄴ, ㄷ　　④ ㄴ, ㄹ　　⑤ ㄷ, ㄹ

|자|료|해|설|

자연 현상처럼 사회·문화 현상에도 규칙성이 존재한다고 보는 것은 방법론적 일원론으로 이는 양적 연구와 관련 있다. 자연 현상과 달리 사회·문화 현상은 행위 주체가 부여하는 의미에 따라 달라질 수 있기 때문에 규칙성을 갖지 않는다고 보는 것은 방법론적 이원론으로 이는 질적 연구와 관련 있다. 따라서 A는 양적 연구, B는 질적 연구이다.

|보|기|풀|이|

ㄱ. 오답 : 연구자의 직관적 통찰을 통한 감정 이입적 이해를 중시하는 것은 질적 연구이다.

ㄴ. 오답 : 법칙 발견을 목적으로 하는 양적 연구는 통계 분석을 위해 계량화된 자료를 선호한다.

ㄷ. 정답 : 양적 연구와 달리 질적 연구는 연구 대상자의 의도 및 행위 동기를 심층적으로 이해하는 데 적합하다.

ㄹ. 정답 : 질적 연구와 달리 양적 연구는 독립 변인과 종속 변인 간의 관계 규명을 통한 법칙 발견을 목적으로 한다.

출제분석 | 양적 연구와 질적 연구의 특징을 묻는 문항은 수능과 모의고사에 자주 출제되는 주제이다. 최근에는 단순히 양적 연구와 질적 연구의 특징을 비교하는 문제보다는 양적 연구 과정이나 자료 수집 방법과 복합적으로 출제되는 경향이 있다. 그동안 출제된 기출문제를 중심으로 각 연구 방법의 특징을 꼼꼼하게 정리해 둘 필요가 있다.

5　양적 연구 방법 vs 질적 연구 방법

정답 ③　정답률 71%　2022학년도 6월 모평 11번　문제편 95p

다음은 학생들이 제출한 수행 평가 과제에 대해 교사가 평가한 내용이다. 이에 대한 설명으로 옳은 것은?

A 조 과제에 대한 평가	B 조 과제에 대한 평가
A 조는 '에고서핑(ego-surfing)'의 의미를 찾아 ㉠ '인터넷으로 자신에 대한 정보나 댓글을 검색하는 것' 이라고 소개한 후 '에고서핑을 많이 하는 사람일수록 자존감이 낮을 것이다.'라는 가설을 세워 검증하였습니다. A 조가 제출한 과제는 일반인을 대상으로 가설과 관련한 일반적인 경향성을 적절히 규명한 연구입니다.	B 조는 '에고서핑(ego-surfing)'을 하는 사람들의 심리를 알기 위해 심층 인터뷰를 실시하였습니다. B 조가 제출한 과제는 인터넷상에 나타난 자신에 대한 정보나 댓글에 매우 민감한 연예인, 유명 인터넷 1인 방송인 등을 대상으로 그들이 왜 불편한 감정을 감수하고 에고서핑을 하는지에 대해 적절히 조사한 연구입니다.

① ㉠은 A 조가 연구 과정에서 실시한 개념의 조작적 정의이다.
② B 조가 사용한 연구 방법은 법칙 발견을 목적으로 한다.
③ A 조가 사용한 연구 방법은 B 조가 사용한 연구 방법에 비해 계량화가 어려운 인간의 주관적 영역에 대해 탐구하기 곤란하다.
④ B 조가 사용한 연구 방법은 A 조가 사용한 연구 방법과 달리 자료 수집 과정에서 연구자의 가치 중립이 요구된다.
⑤ A 조가 사용한 연구 방법은 방법론적 이원론을, B 조가 사용한 연구 방법은 방법론적 일원론을 전제로 한다.

|자|료|해|설|

A 조는 가설을 세워 검증함으로써 일반적인 경향성을 규명한 연구로 평가받고 있고, B 조는 심층 인터뷰를 통해 에고서핑을 하는 사람들을 심층적으로 이해한 연구로 평가받고 있다. 이를 통해 A 조가 사용한 연구 방법은 양적 연구이고, B 조가 사용한 연구 방법은 질적 연구임을 알 수 있다.

|선|택|지|풀|이|

① 오답 : 개념의 조작적 정의란 추상적 개념을 측정 가능하도록 구체화하는 것을 말한다. ㉠은 에고서핑에 대한 사전적 개념으로, 개념의 조작적 정의에 해당하지 않는다.
② 오답 : 법칙 발견을 목적으로 하는 연구 방법은 양적 연구이다.
③ 정답 : 양적 연구는 계량화하여 분석하기 곤란한 인간의 주관적 영역에 대해 탐구하기가 곤란하다는 비판을 받는다.
④ 오답 : 양적 연구와 질적 연구 모두 자료 수집 과정에서 연구자의 가치 중립이 요구된다.
⑤ 오답 : 양적 연구는 방법론적 일원론을, 질적 연구는 방법론적 이원론을 전제로 한다.

관련 개념 | 방법론적 일원론은 사회·문화 현상에도 자연 현상과 마찬가지로 일정한 법칙이 존재하므로 자연 과학적 연구 방법으로 사회·문화 현상에 내재한 법칙을 발견해야 한다는 입장이고, 방법론적 이원론은 자연 현상과 달리 사회·문화 현상에는 인간의 의도나 동기가 담겨 있으므로 사회 과학만의 고유한 방법으로 연구해야 한다는 입장이다.

6　양적 연구 방법 vs 질적 연구 방법

정답 ③　정답률 68%　2017년 7월 학평 5번　문제편 95p

(가), (나)에 들어갈 사회·문화 현상의 연구 방법에 대한 질문으로 옳지 <u>않은</u> 것은? 3점

연구 방법	전제
질적 연구 A	사회·문화 현상에는 자연 현상과 달리 인간의 의도나 동기가 담겨 있으므로 자연 과학과는 다른 방법으로 연구해야 한다.
양적 연구 B	사회·문화 현상에는 법칙이 내재되어 있으므로 이를 밝혀내기 위해 자연 과학에서 사용하는 방법과 동일하게 연구해야 한다.

① (가) - 연구 대상자의 주관적 상황 인식을 중시하는가?
② (가) - 직관적 통찰과 감정 이입적 이해를 강조하는가?
③ (나) - 경험적 자료를 바탕으로 연구를 진행하는가?
④ (나) - 변수와 변수 간의 관계 파악을 목적으로 하는가?
⑤ (나) - 사회·문화 현상을 행위자의 동기나 가치와 엄격히 분리하는가?

|자|료|해|설|

A는 자연 과학과는 다른 방법으로 사회·문화 현상을 연구해야 한다고 보는 질적 연구 방법(방법론적 이원론)이다. B는 자연 과학에서 사용하는 방법과 동일하게 사회·문화 현상을 연구해야 한다고 보는 양적 연구 방법(방법론적 일원론)이다.

|선|택|지|풀|이|

① 오답 : 연구 대상자의 주관적 상황 인식을 중시하는 것은 질적 연구 방법의 특징이다.
② 오답 : 직관적 통찰과 감정 이입적 이해를 강조하는 것은 질적 연구 방법의 특징이다.
③ 정답 : 양적 연구 방법과 질적 연구 방법은 모두 경험적 자료를 활용하여 연구를 진행할 수 있다. 따라서 (가), (나)에 들어갈 수 없는 질문이다.
④ 오답 : 독립 변수와 종속 변수 간의 인과 관계 파악을 목적으로 하는 것은 양적 연구 방법의 특징이다.
⑤ 오답 : 사회·문화 현상을 행위자의 동기나 가치와 엄격히 분리하는 것은 양적 연구 방법의 특징이다.

문제풀이 T I P | 양적 연구와 질적 연구는 모두 경험적 자료를 바탕으로 연구를 진행한다.

다음 글에 나타난 **사회·문화 현상 연구 방법의 일반적인 특징에 대한 옳은 설명을 〈보기〉에서 고른 것은?** 3점

> 사회·문화 현상의 행위 주체인 사람은 자신에게 가해지는 사회의 영향을 나름대로 해석하고 의미를 부여해 행동한다. 그러므로 사회·문화 현상의 연구는 행위자의 의식에 내재되어 있는 지식, 가치관, 문화 그리고 행위자가 자신의 행위에 부여하는 주관적인 의미를 밝혀내야 한다. 이러한 것들은 행위에의 참여, 행위자에 대한 관찰 및 이들과의 대화 등을 통해 알아낼 수 있다.

보기

ㄱ. 인간 행위의 이면에 담긴 의미 파악을 중시한다.
ㄴ. 연구자의 직관적 통찰과 감정 이입적 이해를 중시한다.
ㄷ. 경험적 자료의 분석을 통한 법칙 발견을 목적으로 한다.
ㄹ. 방법론적 일원론에 기초하여 사회·문화 현상을 탐구한다.

① ㄱ, ㄴ   ② ㄱ, ㄷ   ③ ㄴ, ㄷ   ④ ㄴ, ㄹ   ⑤ ㄷ, ㄹ

|자|료|해|설|

제시문에 나타난 연구는 연구자의 직관적 통찰을 통해 사회·문화 현상에 담겨 있는 의미를 심층적으로 이해하고자 하는 질적 연구이다. 참여 관찰법과 면접법은 주로 질적 연구에서 활용된다.

|보|기|풀|이|

ㄱ 정답 : 질적 연구는 인간 행위의 이면에 담긴 의미 파악을 중시한다.
ㄴ 정답 : 질적 연구는 연구자의 직관적 통찰과 감정 이입적 이해를 중시한다.
ㄷ. 오답 : 경험적 자료의 분석을 통해 법칙 발견을 목적으로 하는 것은 양적 연구이다.
ㄹ. 오답 : 양적 연구는 방법론적 일원론에 기초하여 사회·문화 현상을 탐구한다.

문제풀이 TIP | 양적 연구는 방법론적 일원론에 기초하여 사회·문화 현상을 탐구하고, 질적 연구는 방법론적 이원론에 기초하여 사회·문화 현상을 탐구한다.

출제분석 | 사회·문화 현상 연구 방법(양적 연구, 질적 연구)은 수능에 자주 출제되는 주제이다. 자료 수집 방법과 복합적으로 출제될 수 있다. 기출문제를 중심으로 각 연구 방법의 특징을 정리할 필요가 있다.

표는 질문에 대한 답변을 통해 **사회·문화 현상의 연구 방법 A와 B를 비교한 것이다. 이에 대한 옳은 설명을 〈보기〉에서 고른 것은?** 3점

질문	연구 방법	
	A	B
방법론적 이원론을 바탕으로 하는가?	예	아니요
(가)	아니요	예
(나)	예	아니요
(다)	㉠	㉡

보기

ㄱ. A는 B와 달리 사실과 가치가 분리될 수 있음을 전제로 한다.
ㄴ. (가)에 '일반화나 법칙 정립을 목적으로 하는가?'가 들어갈 수 없다.
ㄷ. (나)에 '비공식적 자료와 감정 이입적 이해를 중시하는가?'가 들어갈 수 있다.
ㄹ. (다)에 '경험적 관찰을 통해 자료를 수집하는가?'가 들어가면, ㉠과 ㉡은 모두 '예'이다.

① ㄱ, ㄴ   ② ㄱ, ㄷ   ③ ㄴ, ㄷ   ④ ㄴ, ㄹ   ⑤ ㄷ, ㄹ

|자|료|해|설|

자연 현상과 사회·문화 현상이 본질적으로 다르다고 보는 방법론적 이원론은 질적 연구 방법과 관련 있다. 따라서 A는 질적 연구 방법, B는 양적 연구 방법이다.

|보|기|풀|이|

ㄱ. 오답 : 양적 연구 방법은 질적 연구 방법과 달리 사실과 가치가 분리될 수 있음을 전제로 한다. 양적 연구 방법은 사실을 계량화하여 실증적으로 연구할 수 있다고 본다.
ㄴ. 오답 : (가)에는 양적 연구 방법의 특징에만 해당하는 질문이 들어갈 수 있다. 양적 연구 방법은 일반화나 법칙 발견을 목적으로 한다. 따라서 '일반화나 법칙 정립을 목적으로 하는가?'는 (가)에 들어갈 수 있다.
ㄷ 정답 : (나)에는 질적 연구 방법의 특징에만 해당하는 질문이 들어갈 수 있다. 질적 연구 방법은 비공식적 자료(일기, 메모, 낙서 등)와 감정 이입적 이해를 중시한다. 따라서 '비공식적 자료와 감정 이입적 이해를 중시하는가?'는 (나)에 들어갈 수 있다.
ㄹ 정답 : 양적 연구 방법과 질적 연구 방법은 모두 경험적 관찰을 통해 자료를 수집할 수 있다. 따라서 (다)에 '경험적 관찰을 통해 자료를 수집하는가?'가 들어가면, ㉠과 ㉡의 답변은 모두 '예'이다.

문제풀이 TIP | 양적 연구는 사실과 가치가 분리될 수 있음을 전제로 하고, 연구자와 연구 대상자를 분리할 수 있다고 본다. 양적 연구와 질적 연구는 모두 경험적 자료를 바탕으로 연구를 진행한다.

---

9 양적 연구 방법 vs 질적 연구 방법 + 자료 수집 방법

정답 ⑤ | 정답률 63% | 2025년 3월 학평 2번 | 문제편 96p

(가), (나)는 고등학생의 도박 게임 중독에 대한 서로 다른 연구이다. 이에 대한 설명으로 옳은 것은?

> (가) 도박 게임에 중독된 고등학생 10명을 대상으로 심층적인 대화를 통해 도박 게임을 하게 된 동기와 일상생활에서 도박 게임이 가지는 의미를 파악하였다.
>
> (나) 도박 게임 중독이 교우 관계에 미치는 영향을 파악하기 위해 고등학생 1,000명을 대상으로 설문 조사를 실시하여 그 결과를 통계적으로 분석하였다.

① (가)는 변인 간의 인과 관계를 파악하고자 하는 연구이다.
② (나)는 직관적 통찰과 감정 이입적 이해를 중시하는 연구이다.
③ (가)와 달리 (나)에서는 경험적 자료를 통해 결론을 도출한다.
④ (나)와 달리 (가)에서는 연구 대상자의 주관적 인식을 파악할 수 있는 자료 수집 방법을 사용하였다.
⑤ (가), (나)에서는 모두 언어적 상호 작용이 필수적인 자료 수집 방법을 사용하였다.

| 자 | 료 | 해 | 설 |

(가)는 면접법을 사용하여 도박 게임을 하게 된 동기와 도박 게임의 의미를 파악하였으므로 질적 연구에 해당한다. (나)는 질문지법을 사용하여 도박 게임 중독이 교우 관계에 미치는 영향을 파악하였으므로 양적 연구에 해당한다.

| 선 | 택 | 지 | 풀 | 이 |

① 오답 : 변인 간의 인과 관계를 파악하고자 하는 연구는 양적 연구이다.
② 오답 : 직관적 통찰과 감정 이입적 이해를 중시하는 연구는 질적 연구이다.
③ 오답 : 질적 연구와 양적 연구 모두에서 경험적 자료를 통해 결론을 도출한다.
④ 오답 : (가)에서는 면접법을, (나)에서는 질문지법을 사용하였다. 면접법과 질문지법은 모두 연구 대상자의 주관적 인식을 파악할 수 있다.
⑤ 정답 : (가)에서는 면접법을, (나)에서는 질문지법을 사용하였다. 면접법과 질문지법은 모두 언어적 상호 작용이 필수적이다.

문제풀이 TIP | 면접법은 대화를 통해, 질문지법은 문자 언어를 통해 자료를 수집하므로 면접법과 질문지법은 모두 언어적 상호 작용이 필수적인 자료 수집 방법이다.

---

10 사회·문화 현상의 연구 과정

정답 ④ | 정답률 83% | 2021년 4월 학평 12번 | 문제편 96p

다음 자료는 한 연구를 요약한 것이다. 이에 대한 옳은 설명만을 〈보기〉에서 고른 것은? 3점

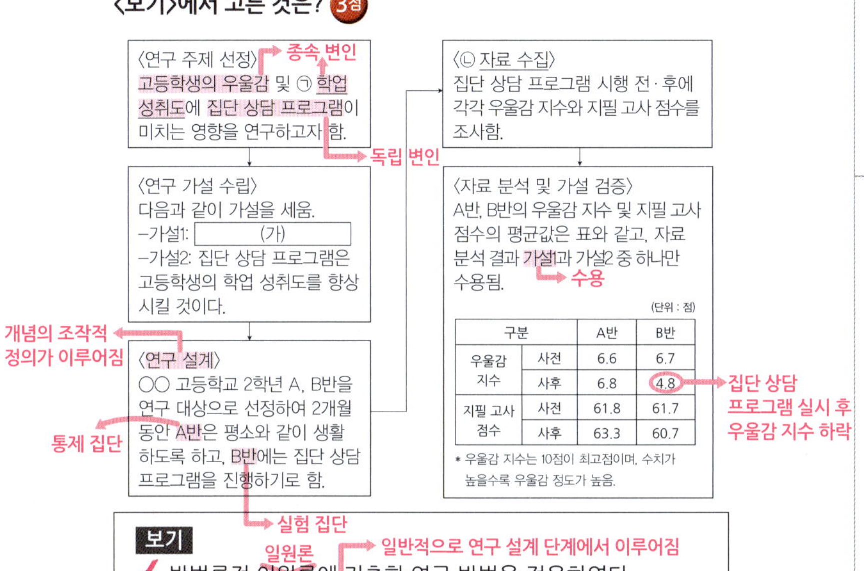

(단위 : 점)

구분		A반	B반
우울감 지수	사전	6.6	6.7
	사후	6.8	4.8
지필 고사 점수	사전	61.8	61.7
	사후	63.3	60.7

* 우울감 지수는 10점이 최고점이며, 수치가 높을수록 우울감 정도가 높음.

보기

ㄱ. 방법론적 이원론에 기초한 연구 방법을 적용하였다.
ㄴ. ⊙에 대한 조작적 정의는 ⓒ 단계 이전에 이루어진다.
ㄷ. A반에서는 B반과 달리 독립 변인 처치로 인한 영향이 나타났다.
ㄹ. (가)에는 '집단 상담 프로그램은 고등학생의 우울감을 낮출 것이다.'가 들어갈 수 있다.

① ㄱ, ㄴ ② ㄱ, ㄷ ③ ㄴ, ㄷ ④ ㄴ, ㄹ ⑤ ㄷ, ㄹ

| 자 | 료 | 해 | 설 |

제시된 연구는 독립 변인과 종속 변인 사이의 인과 관계 파악을 목적으로 하는 양적 연구이며, 독립 변인은 집단 상담 프로그램, 종속 변인은 고등학생의 우울감 및 학업 성취도이다. 가설을 검증하기 위한 자료 수집 방법으로는 실험법을 사용하였다. ○○고등학교 2학년 A반은 통제 집단, B반은 실험 집단이다.

| 보 | 기 | 풀 | 이 |

ㄱ. 오답 : 양적 연구는 자연 과학의 연구 방법을 사회·문화 현상의 연구에도 동일하게 적용할 수 있다고 본다. 제시된 연구는 방법론적 일원론에 기초한 연구 방법을 적용하였다.
ㄴ. 정답 : 종속 변인 중 하나인 학업 성취도에 대한 조작적 정의는 일반적으로 연구 설계 단계에서 이루어지므로, 자료 수집 단계 이전에 이루어진다.
ㄷ. 오답 : A반은 독립 변인에 대한 처치를 하지 않았으므로 통제 집단이며, B반은 독립 변인에 대한 처치가 이루어졌으므로 실험 집단이다. 따라서 B반에서는 A반과 달리 독립 변인 처치로 인한 영향이 나타났다.
ㄹ. 정답 : 자료 분석 결과 B반은 독립 변인인 집단 상담 프로그램의 처치를 통해 우울감 지수가 6.7에서 4.8로 낮아졌다. 따라서 (가)에는 '집단 상담 프로그램은 고등학생의 우울감을 낮출 것이다.'가 들어갈 수 있다.

다음 연구에 대한 옳은 설명만을 <보기>에서 있는 대로 고른 것은?

종속 변인   독립 변인

갑은 고등학교에서 ㉠ 수업 중 스마트 기기 활용 여부가
㉡ 학업 성취도에 미치는 영향을 알아보고자 하였다. 이를 위해
△△고등학교에서 ㉢ □□ 과목을 수강하는 학생 40명,
㉣ ○○ 과목을 수강하는 학생 40명을 무작위로 선정하였다.
이후 과목별로 A 집단(20명)과 B 집단(20명)으로 나누어
한 학기 동안 A 집단은 ㉤ 개인별로 지급된 스마트 기기를
활용하는 수업을 실시하고, B 집단은 평소대로 개인별 스마트
기기 활용 없이 수업을 실시하였다. 스마트 기기 활용 수업
이전과 이후의 학업 성취도 측정 결과는 아래 표와 같았고,
두 과목 중 ㉥ 한 과목에서만 수업 중 스마트 기기 활용이 학업
성취도에 유의미한 영향을 미치는 것으로 나타났다.

실험 집단 → A 집단   실험 처치 → 개인별로 지급된 스마트 기기를   통제 집단 → B 집단

㉥ → ○○ 과목

(단위 : 점)

구분		□□ 과목		○○ 과목	
		A 집단	B 집단	A 집단	B 집단
학업 성취도	사전 검사	63	61	72	71
	사후 검사	63	62	85	73

* 학업 성취도는 100점 만점이며, 제시된 숫자는 각 집단 학생들의 학업 성취도
수준을 대표할 수 있도록 통계적으로 산출한 점수임.

보기

ㄱ. ㉠은 독립 변인, ㉡은 종속 변인이다.
ㄴ. ㉢은 실험 집단, ㉣은 통제 집단이다.
ㄷ. ㉤은 독립 변인의 효과를 측정하기 위한 실험 처치이다.
ㄹ. ㉥은 '○○ 과목'이다.

① ㄱ, ㄴ   ② ㄱ, ㄷ   ③ ㄴ, ㄹ
④ ㄱ, ㄷ, ㄹ   ⑤ ㄴ, ㄷ, ㄹ

|자|료|해|설|

갑은 수업 중 스마트 기기 활용 여부가 학업 성취도에
미치는 영향을 알아보기 위해 실험법을 이용하여 양적
연구를 실시하였다.

|보|기|풀|이|

ㄱ 정답 : ㉠은 원인으로 작용하는 변인이므로 독립
변인에 해당하고, ㉡은 독립 변인의 영향을 받아 변화하는
변인이므로 종속 변인에 해당한다.

ㄴ 오답 : 제시된 연구에서 실험 집단은 A 집단이고, 통제
집단은 B 집단이다.

ㄷ 정답 : 개인별로 지급된 스마트 기기를 활용하는
수업을 실시하는 것은 독립 변인인 수업 중 스마트 기기
활용 여부의 효과를 측정하기 위한 실험 처치에 해당한다.

ㄹ 정답 : 자료 수집 결과, □□ 과목의 경우 실험 집단인
A 집단의 학업 성취도는 변함이 없고, ○○ 과목의 경우
실험 집단인 A 집단의 학업 성취도는 높아졌다. 따라서
㉥은 ○○ 과목이다.

문제풀이 TIP | 갑이 알아보고자 하는 내용을 통해 독립
변인과 종속 변인을 파악할 수 있고, 독립 변인의 처치가 가해진
집단과 독립 변인의 처치가 가해지지 않는 집단을 구분하여 실험
집단과 통제 집단을 파악할 수 있다.

출제분석 | 실험법을 통한 양적 연구 과정을 분석하는 문제이다.
양적 연구 과정에서 가설, 자료 수집 방법, 자료 분석 결과 등을
묻는 고난도 문제가 출제될 수 있다.

밑줄 친 ㉠~◎에 대한 설명으로 옳은 것은? 3점

> 갑은 걱정의 감정과 시험 상황에 대한 감정이 시험 불안에 미치는 영향을 파악하고자 하였다. 갑은 ㉠ '걱정의 감정'을 시험 실패에 대한 두려움과 자기 능력에 대한 자신감 부족으로, ㉡ '시험 상황에 대한 감정'을 시험 상황에서 나타나는 긴장감과 압박감으로 세분화하였다. 이를 바탕으로 □□지역 고등학생 300명을 대상으로 시험 불안 지수를 측정하는 검사를 하였다. 그 결과, ㉢ 걱정의 감정과 시험 상황에 대한 감정은 모두 시험 불안과 정(+)의 상관관계를 가지고 있음을 알게 되었다.
>
> 한편, 을은 △△상담 프로그램이 고등학생의 시험 불안을 감소시킬 것이라는 가설을 증명하고자 하였다. 을은 갑의 연구를 검토한 후, 갑이 활용한 방법으로 ㉣ 시험 불안 지수가 높은 고등학생 20명을 선정한 다음 ㉤ A 집단과 B 집단에 무작위로 각각 10명씩 배치하였다. 이후 을은 ㉥ B 집단에게만 △△상담 프로그램을 진행한 뒤, 두 집단 모두에게 시험 불안 지수를 ㉦ 검사하였다. 검사 결과 ◎ 시험 불안 지수는 두 집단 모두 감소하였고 A 집단보다 B 집단의 감소 폭이 더 컸으며, 이 값은 통계적으로 유의미한 수준이었다.

① 갑의 연구에서 ㉠은 독립 변인, ㉡은 ~~종속~~ 변인이다. → 독립

② ㉢으로 보아 갑의 가설은 수용되었~~으나~~ ◎으로 보아 을의 가설은 기각되~~었다~~. → 는지 알 수 없으며 / 지 않는다

③ 을의 연구에서 ㉣은 ~~모집단~~, ㉤은 표본이다. → 과

④ 을의 연구에서 ㉥은 실험 처치에 해당한다. ✓

⑤ 을의 연구에서 ㉦은 ~~사전~~ 검사에 해당한다. → 사후

|자|료|해|설|

갑은 걱정의 감정과 시험 상황에 대한 감정이 시험 불안에 미치는 영향을 파악하기 위한 양적 연구를 실시하였고, 을은 △△상담 프로그램이 고등학생의 시험 불안에 미치는 영향을 파악하기 위한 양적 연구를 실시하였다.

|선|택|지|풀|이|

① 오답 : 갑의 연구에서 걱정의 감정과 시험 상황에 대한 감정은 독립 변인에 해당하고, 시험 불안은 종속 변인에 해당한다.

② 오답 : 제시된 자료에서 갑이 설정한 가설을 알 수 없으므로 ㉢을 통해 갑의 가설이 수용되었는지는 알 수 없다. 을은 △△상담 프로그램이 고등학생의 실험 불안을 감소시킬 것이라는 가설을 설정하였고, 검사 결과 실험 집단인 B 집단이 통제 집단인 A 집단에 비해 실험 불안 지수 감소 폭이 더 크게 나타났으므로 을의 가설이 기각되었다고 볼 수 없다.

③ 오답 : 을의 연구에서 시험 불안 지수가 높은 고등학생 20명은 표본에 해당한다.

④ 정답 : 을의 연구에서 B 집단에게만 △△상담 프로그램을 진행한 것은 독립 변인을 처치하는, 즉 실험 처치가 가해지는 것을 의미한다.

⑤ 오답 : 을의 연구에서 실험 집단인 B 집단과 통제 집단인 A 집단의 실험 불안 지수를 검사하는 것은 사후 검사에 해당한다.

문제풀이 TIP | 사전 검사는 실험 처치가 가해지기 이전의 종속 변인 값을 측정하는 것을 말하고, 사후 검사는 실험 처치가 가해진 이후의 종속 변인 값을 측정하는 것을 말한다.

다음 자료에 대한 설명으로 옳은 것은? 3점

갑은 ㉠ 청소년의 비속어 사용이 증가하고 있고, 특히 고등학생이 가장 심각하다는 기사를 접하였다. 이에 갑은 비속어 사용 예방 프로그램인 ㉡ ○○ 프로그램의 수강 기간이 고등학생의 비속어에 대한 인식과 비속어 사용 정도에 미치는 영향을 연구하기로 하였다. 갑이 세운 가설은 다음과 같다.

<가설 1> ○○ 프로그램을 장기간 수강한 고등학생이 단기간 수강한 고등학생에 비해 비속어에 대한 부정적 인식이 더 강해질 것이다.

<가설 2> ○○ 프로그램을 장기간 수강한 고등학생이 단기간 수강한 고등학생에 비해 비속어를 덜 사용하게 될 것이다.

갑은 ㉢ 고등학생 100명을 모집한 후 50명씩 A, B 집단에 배정하였다. 두 집단의 비속어에 대한 인식과 비속어 사용 정도가 동일함을 확인한 후, A 집단은 1개월 동안 ○○ 프로그램을 수강하게 하고, B 집단은 6개월 동안 ○○ 프로그램을 수강하게 하였다. 이후 ㉣ 검사지를 사용하여 비속어에 대한 인식과 비속어 사용 정도를 측정하였다. 오른쪽 그림은 자료 분석 결과를 나타낸 것이고, 분석 결과는 통계적으로 유의미하다.

① ㉠은 모집단, ㉢은 표본이다.
② ㉡은 ㉣과 달리 연구자의 가치 중립이 요구되는 단계이다.
③ A 집단은 통제 집단, B 집단은 실험 집단이다.
④ 독립 변인은 ○○ 프로그램 수강 여부이다.
⑤ <가설 1>은 기각되고, <가설 2>는 수용된다.

│자│료│해│설│
갑은 ○○ 프로그램의 수강 기간이 고등학생의 비속어에 대한 인식과 비속어 사용 정도에 미치는 영향을 연구하기 위해 실험법을 활용하여 양적 연구를 실시하였다.

│선│택│지│풀│이│
① 오답 : 갑의 연구에서 모집단은 고등학생이고, 표본은 고등학생 100명이다.
② 오답 : 연구 주제의 선정 단계에서는 연구자의 가치가 개입되고, 자료 수집 및 분석 단계에서는 연구자의 가치 중립이 요구된다.
③ 오답 : A 집단과 B 집단 모두 실험 집단에 해당한다.
④ 오답 : 독립 변인은 ○○ 프로그램 수강 기간이다.
⑤ 정답 : A 집단과 B 집단 간에 비속어에 대한 부정적 인식 증가 정도에 차이가 나타나지 않았으므로 <가설 1>은 기각되고, B 집단이 A 집단에 비해 비속어 사용 감소 정도가 높게 나타났으므로 <가설 2>는 수용된다.

추가 학습 │ 실험 집단은 실험 처치, 즉 독립 변인의 처치가 가해지는 집단을 말하고, 통제 집단은 실험 처치가 가해지지 않는 집단을 말한다.

출제분석 │ 양적 연구 과정을 분석하는 문제이다. 사회 · 문화 현상의 연구 과정에서 다양한 개념들을 묻는 문제가 출제되므로 연구 과정과 관련된 개념을 꼼꼼하게 이해해 두도록 한다.

밑줄 친 ㉠~㉪에 대한 옳은 설명을 <보기>에서 고른 것은?

갑은 ㉠ 초등학생의 ㉡ 자아 존중감에 ㉢ 놀이 프로그램이 미치는 영향에 대해 연구하였다. 갑은 ㉣ A 초등학교 학생 중 3학년 ㉤ 1반 학생들과 ㉥ 2반 학생들을 연구 대상으로 선정하여 ㉦ 사전 검사를 하였다. 이후 3학년 2반에 대해서만 놀이 프로그램을 실시하고 두 반 모두 ㉧ 사후 검사를 하였다.

보기
ㄱ. ㉠은 모집단, ㉣은 표본이다.
ㄴ. ㉡은 종속 변인, ㉢은 독립 변인이다.
ㄷ. ㉤은 통제 집단, ㉥은 실험 집단이다.
ㄹ. ㉦과 ㉧은 독립 변인에서 나타나는 변화를 파악하기 위한 검사이다.

① ㄱ, ㄴ　② ㄱ, ㄷ　③ ㄴ, ㄷ　④ ㄴ, ㄹ　⑤ ㄷ, ㄹ

│자│료│해│설│
제시된 연구는 원인이 되는 독립 변인(놀이 프로그램)과 결과가 되는 종속 변인(자아 존중감) 사이의 인과 관계 파악을 목적으로 하는 양적 연구 과정으로, 자료 수집 방법으로 실험법을 활용하였다.

│보│기│풀│이│
ㄱ. 오답 : 초등학생은 모집단(전체 집단)이지만, A 초등학교 학생은 표본이 아니다. A 초등학교 학생 중 3학년 1반, 2반 학생들이 표본이다.
ㄴ. 정답 : 자아 존중감은 결과가 되는 종속 변인이고, 놀이 프로그램은 원인이 되는 독립 변인이다.
ㄷ. 정답 : 독립 변인(놀이 프로그램)을 처치한 '2반 학생들'은 실험 집단이고, 독립 변인을 처치하지 않은 '1반 학생들'은 통제 집단(비교 집단)이다.
ㄹ. 오답 : 실험법에서 사전 검사와 사후 검사는 종속 변인(자아 존중감)에서 나타나는 변화를 파악하기 위한 검사이다.

문제풀이 TIP │ 실험법은 사전 검사와 사후 검사를 비교하여 종속 변인(결과)에서 나타나는 변화를 파악하고자 한다.

다음 연구에 대한 옳은 설명만을 〈보기〉에서 있는 대로 고른 것은?

○ 연구 개요
　– 야외 체험 프로그램이 청소년의 ㉠ 문제 해결력과
　　㉡ 추상적 사고력 발달에 미치는 영향을 알아보기 위해
　　가설을 설정하고 이를 검증함.

　　독립 변수
　　종속 변수

○ 연구 가설
　〈가설 1〉 야외 체험 프로그램에 참여한 청소년은 그렇지
　　　　　　않은 청소년보다 문제 해결력이 높을 것이다.
　〈가설 2〉 야외 체험 프로그램에 참여한 청소년은 그렇지
　　　　　　않은 청소년보다 추상적 사고력이 높을 것이다.

○ 연구 설계 및 자료 수집
　– 고등학생 100명을 무작위로 선정하여 A, B 집단에 각각
　　50명씩 임의로 배정함.
　– ㉢ A 집단은 야외 체험 프로그램에 주 1회씩 2주간
　　참여하게 하고, 같은 기간 ㉣ B 집단은 참여하지 않음.
　– 문제 해결력과 추상적 사고력을 측정할 수 있는 평가지를
　　체험 전과 체험 종료마다 제공하여 변화 정도를 측정함.

　실험 집단
　통제 집단

○ 자료 분석 결과

(단위 : 점)

구분	문제 해결력			추상적 사고력		
	사전	사후1	사후2	사전	사후1	사후2
A 집단	68.0	71.4	74.2	71.0	70.5	69.5
B 집단	68.0	68.0	68.3	71.0	71.0	71.1

* 분석 결과는 통계적으로 유의미함.
** 측정 항목은 모두 100점 척도이며, 점수가 높을수록 그 정도가 높음.

보기
ㄱ. ㉠은 독립 변수, ㉡은 종속 변수이다.
　　종속
ㄴ. ㉢은 실험 집단, ㉣은 통제 집단이다.
ㄷ. ㉣에서 ㉠이 ㉡보다 야외 체험 프로그램의 영향을 크게
　　받았다.
ㄹ. 자료 분석 결과에 따르면 〈가설 1〉만 수용된다.

① ㄱ, ㄴ　　　　② ㄱ, ㄷ　　　　③ ㄴ, ㄹ
④ ㄱ, ㄷ, ㄹ　　　⑤ ㄴ, ㄷ, ㄹ

|자|료|해|설|
제시된 연구는 야외 체험 프로그램이 청소년의 문제
해결력과 추상적 사고력 발달에 미치는 영향을 알아보기
위해 실험법을 통해 자료를 수집한 양적 연구에 해당한다.

|보|기|풀|이|
ㄱ. 오답 : ㉠과 ㉡은 모두 종속 변수에 해당한다. 제시된
연구에서 독립 변수는 '야외 체험 프로그램'이다.
ㄴ. 정답 : A 집단에게는 독립 변수인 야외 체험 프로그램을
처치하였고, B 집단에게는 독립 변수인 야외 체험 프로그램을
처치하지 않았다. 따라서 A 집단은 실험 집단, B 집단은
통제 집단에 해당한다.
ㄷ. 오답 : B 집단은 야외 체험 프로그램을 처치하지 않은
통제 집단이다. 따라서 B 집단에서 ㉠이 ㉡보다 야외 체험
프로그램의 영향을 크게 받았는지 파악할 수 없다.
ㄹ. 정답 : 사후 검사에서 문제 해결력의 경우 A 집단은
B 집단보다 점수가 높고, 추상적 사고력의 경우 A 집단은
B 집단보다 점수가 낮다. 따라서 〈가설 1〉은 수용되고,
〈가설 2〉는 기각된다.

문제풀이TIP | 제시된 가설에서 독립 변수와 종속 변수를
먼저 파악하고, 연구 설계에서 독립 변수를 처치한 집단이 어느
집단인지를 알아두어야 한다. 자료 분석 결과를 통해 실험 집단과
통제 집단의 점수를 비교하여 가설 수용 여부를 판단하면 된다.

출제분석 | 양적 연구 과정을 분석하는 문제이다. 가설의 수용
여부를 판단하는 선지가 자주 출제되므로 기출 문제를 통해 이와
관련된 연습을 충분히 해 두도록 한다.

다음 자료를 읽고 물음에 답하시오.

연구자 갑은 고령층의 인간 관계와 디지털 기기 활용 교육을 연구 주제로 선정하고 관련 연구를 검토하였다. 갑은 디지털 기기 활용 교육이 고령층의 온라인 공간에서의 인간 관계에 긍정적인 영향을 미칠 것이라는 가설을 설정하였다. 갑은 ㉠ 65세 이상 고령층 남녀 1,000명을 연구 대상자로 무작위 선정하여 설문 조사를 실시하였다. 조사 문항에는 디지털 기기 활용 교육 이수 여부 및 이수 시간, ㉡ 가족, 친척, 친구 등 이미 알고 있는 사람과의 온라인 공간에서의 친밀도(5점 척도), ㉢ 온라인을 통해서 새롭게 알게 된 사람과의 온라인 공간에서의 친밀도(5점 척도) 등이 포함되었다. 갑은 ㉣ 수집한 자료를 분석하여 연구 결과를 발표하였다.

연구자 을은 디지털 기기 활용 교육과 온라인 공간에서의 인간 관계에 대한 선행 연구를 검토한 후, 고령층을 대상으로 연구를 진행하였다. 을은 노인 복지관을 방문하여 디지털 기기 ㉤ 활용 교육을 받은 경험이 있는 10명, ㉥ 활용 교육을 받은 경험이 없는 10명을 연구 대상자로 선정하였다. 을은 두 달에 걸쳐서 1인당 2회 이상 이들을 만나 깊이 있는 대화를 나누고 이 과정을 녹음하였다. 조사 내용에는 온라인 공간에서 인간 관계의 의미, 인간 관계 형성의 양상, 디지털 기기 활용 교육에 따른 온라인 공간에서의 인간 관계의 변화 등이 포함되었다. 을은 ㉦ 녹취한 자료를 해석하여 연구 결과를 도출하였다.

위 연구에 대한 설명으로 옳은 것은? 3점

① 갑의 연구에서 모집단은 ㉠이다.
② 갑의 연구에서 ㉡, ㉢은 모두 종속 변수의 조작적 정의에 해당한다.
③ 을의 연구에서 ㉤은 실험 집단, ㉥은 통제 집단이다.
④ 갑의 연구에서 ㉣ 단계, 을의 연구에서 ㉦ 단계는 모두 연구자의 가치 개입이 허용된다.
⑤ 갑의 연구와 달리 을의 연구는 방법론적 일원론을 전제로 하여 수행되었다.

| 자 | 료 | 해 | 설 |

갑은 디지털 기기 활용 교육이 고령층의 온라인 공간에서의 인간 관계에 미치는 영향을 알아보기 위한 양적 연구를 수행하였다. 을은 고령층을 대상자로 온라인 공간에서의 인간 관계의 의미, 인간 관계 형성의 양상, 디지털 기기 활용 교육에 따른 온라인 공간에서의 인간 관계의 변화 등을 알아보기 위한 질적 연구를 수행하였다.

| 선 | 택 | 지 | 풀 | 이 |

① 오답 : 갑의 연구에서 ㉠은 표본이다.
② 정답 : 갑의 연구에서 종속 변수는 온라인 공간에서의 인간 관계이다. 갑의 연구에서 ㉡과 ㉢은 모두 종속 변수인 온라인 공간에서의 인간 관계를 측정하기 위한 조작적 정의에 해당한다.
③ 오답 : 을은 실험법을 통해 자료를 수집하지 않았으므로 을의 연구에서 실험 집단과 통제 집단은 존재하지 않는다.
④ 오답 : 갑의 연구에서 ㉣ 단계는 자료 분석 단계로, 이 단계에서는 연구자의 가치 개입이 허용되지 않는다.
⑤ 오답 : 갑의 연구는 양적 연구, 을의 연구는 질적 연구에 해당한다. 따라서 갑의 연구는 방법론적 일원론을, 을의 연구는 방법론적 이원론을 전제로 하여 수행되었다.

추가 학습 | 방법론적 일원론은 사회·문화 현상에도 자연 현상과 마찬가지로 규칙성이 존재하므로 자연 과학적 연구 방법으로 사회·문화 현상에 내재한 법칙을 발견해야 한다는 입장이다.

출제분석 | 양적 연구와 질적 연구를 파악하는 문제이다. 연구 과정을 분석하는 문제가 출제되므로 기출 문제를 통해 다양한 연구 사례를 접해 보도록 한다.

다음 자료에 대한 설명으로 옳은 것은? **3점**

> 갑은 고등학생의 학업 성취도와 문해력 간의 관계를 파악하고자 하였다. 이를 위해 □□ 지역 고등학생 200명을 대상으로 질문지를 통해 학업 성취도와 ⊙ 문해력 수준을 측정하였다. 이 자료에서 문해력을 기준으로, 상위 100명(A 집단)과 하위 100명(B 집단)으로 구분하여 학업 성취도를 분석하였다. 그 결과 ⓒ B 집단의 학업 성취도가 A 집단의 학업 성취도보다 유의미하게 낮았다.
>
> 을은 ⓒ ○○ 독서 프로그램이 고등학생의 문해력 증진에 효과가 있을 것이라 생각하고 이를 알아보기 위해 다음과 같이 연구를 진행하였다. 그는 갑과 연구 대상자의 동의를 받아, 갑의 연구에서 문해력이 낮은 것으로 판명된 B 집단을 무작위로 50명씩 C 집단과 D 집단으로 나눈 후 C 집단에게만 4주간 ○○ 독서 프로그램을 적용하였다. 독서 프로그램 종료 시점에 갑이 활용한 측정 도구로 ② 문해력 수준을 측정한 결과, C 집단의 문해력 수준은 유의미하게 높아졌으나 D 집단의 문해력 수준은 이전과 차이가 없었다. 이후 을은 D 집단에게만 ○○ 독서 프로그램을 4주간 적용하였다. 그 결과 D 집단의 문해력 수준이 높아져 최종적으로 ⑩ C 집단과 D 집단 간에는 문해력 수준이 유의미한 차이를 보이지 않았다.

① 갑의 연구에서 모집단은 □□ 지역 고등학생이다.
② ⊙은 을의 연구에서 사전 검사로 활용되었다.
③ ⓒ은 문해력과 학업 성취도 간의 부(−)의 관계를 보여 준다.
④ ②은 을의 연구에서 실험 처치에 해당한다.
⑤ ⑩은 ⓒ을 지지하는 근거로 사용할 수 없다.

|자|료|해|설|

갑은 고등학생의 학업 성취도와 문해력 간의 관계를 파악하기 위해 질문지법을 활용한 양적 연구를 실시하였고, 을은 ○○ 독서 프로그램이 고등학생의 문해력 증진에 효과가 있는지를 파악하기 위해 실험법을 활용한 양적 연구를 실시하였다.

|선|택|지|풀|이|

① 오답 : 갑의 연구에서 모집단은 전체 고등학생이다.

② 정답 : 을은 ○○ 독서 프로그램을 적용하기 전에 종속 변수인 문해력을 알아보기 위해 갑의 연구에서 수행한 문해력 수준 측정 결과를 활용하였다. 이를 통해 을의 연구에서 갑이 수행한 문해력 수준의 측정 결과가 사전 검사로 활용되었음을 알 수 있다.

③ 오답 : 갑의 연구에서 문해력이 낮은 집단인 B 집단의 학업 성취도가 문해력이 높은 집단인 A 집단의 학업 성취도보다 낮게 나타났다. 이를 통해 문해력과 학업 성취도 간에 정(+)의 관계가 있음을 알 수 있다.

④ 오답 : ○○ 독서 프로그램을 적용한 후 문해력 수준을 측정한 것은 을의 연구에서 실험 처치를 한 이후 종속 변수를 측정하는 것으로, 이는 사후 검사에 해당한다. 을의 연구에서 실험 처치는 ○○ 독서 프로그램을 적용하는 것이다.

⑤ 오답 : 을의 연구에서 문해력이 낮은 집단인 C 집단과 D 집단은 모두 ○○ 독서 프로그램을 적용한 결과 문해력 수준이 높아졌다. 이는 을의 연구에서 ○○ 독서 프로그램이 고등학생의 문해력 증진에 효과가 있을 것이라는 가설을 지지하는 근거가 될 수 있다.

😊 **출제분석** | 양적 연구 과정을 분석하는 문제이다. 한 개의 양적 연구뿐만 아니라 두 개의 양적 연구를 동시에 분석하는 고난도 문제가 출제될 수 있으므로 기출 문제를 통해 다양한 사례를 분석해 두도록 한다.

다음 연구에 대한 옳은 설명만을 〈보기〉에서 고른 것은?

> 갑은 우리나라에서 형제자매가 있는 고등학생이 그렇지 않은 고등학생보다 결혼 의지가 강할 것이라는 가설을 검증하기 위한 연구를 하였다. 갑은 자료 수집을 위해 ○○시 고등학생 1,000명에게 설문 조사를 하였다. 자료 분석 결과 형제자매가 있는 고등학생의 경우 결혼 의지가 평균 4.2점, 형제자매가 없는 고등학생의 경우 결혼 의지가 평균 2.3점이었으며, 분석 결과는 통계적으로 유의미하였다. 결혼 의지는 5점 만점이며, 점수가 클수록 결혼 의지가 강함을 의미한다.

보기
ㄱ. 자료 분석 결과 가설이 기각되었다.
ㄴ. 모집단에 대하여 대표성을 갖춘 표본을 선정하였다.
ㄷ. 방법론적 일원론에 기초한 연구 방법을 활용하였다.
ㄹ. 가설에서 형제자매의 유무를 독립 변인으로 설정하였다.

① ㄱ, ㄴ   ② ㄱ, ㄷ   ③ ㄴ, ㄷ   ④ ㄴ, ㄹ   ⑤ ㄷ, ㄹ

|자|료|해|설|

제시된 연구는 원인이 되는 독립 변인(형제자매의 유무)과 결과가 되는 종속 변인(결혼 의지) 사이의 인과 관계 파악을 목적으로 하는 양적 연구로, 가설을 검증하기 위해 자료 수집 방법 중 질문지법을 활용하였다.

|보|기|풀|이|

ㄱ. 오답 : 자료 분석 결과 형제자매가 있는 고등학생(평균 4.2점)이 형제자매가 없는 고등학생(평균 2.3점)보다 결혼 의지가 강하게 나타났다. 따라서 가설은 수용(채택)되었다.

ㄴ. 오답 : 갑의 연구에서 모집단은 고등학생 전체이다. 그런데 갑은 ○○시에 있는 고등학생 1,000명만을 표본으로 선정하였다. 따라서 표본이 모집단을 대표한다고 보기 어렵다.

ㄷ. 정답 : 갑은 가설 검증을 위한 양적 연구를 진행하였다. 따라서 방법론적 일원론에 기초한 연구 방법을 활용하였다.

ㄹ. 정답 : 가설에서 형제자매의 유무를 원인에 해당하는 독립 변인으로, 결혼 의지를 결과에 해당하는 종속 변인으로 설정하였다.

다음 자료에 대한 설명으로 옳은 것은?

연구자 갑은 정부 정책 도입에 대한 여론 조사 연구에서 '정보 제공이 응답자의 ㉠ 응답 반응에 영향을 미칠 것이다.'라는 가설을 설정하였다. 이를 검증하기 위해 질문 방식을 정부 정책에 대한 정보 제시 없이 정부 정책 도입에 대한 동의 여부를 묻는 것(유형 A), 정부 정책에 대한 중립적인 정보를 제시한 후 정부 정책 도입에 대한 동의 여부를 묻는 것(유형 B), ㉡ 정부 정책에 대한 긍정적인 정보를 제시한 후 정부 정책 도입에 대한 동의 여부를 묻는 것(유형 C)으로 구분한 후, 다음과 같이 두 단계에 걸쳐 연구를 진행하였다.

○ 1단계 : 동일한 정부 정책 도입에 대해 비슷한 시기에 수행된 여론 조사 결과를 수집하였다. 자료 분석을 통해 여론 조사에서 ㉢ 정보 제공 여부가 응답자의 의사 결정에 영향을 미칠 수 있음을 확인하였다.

○ 2단계 : 1단계에서 확인한 결과를 경험적으로 검증하기 위해 성인 200명을 무작위로 선정한 후 실험을 실시하였다. 유형 A를 배부하여 ㉣ 정부 정책 도입에 대한 찬반 여부를 측정한 결과 응답자의 60%가 제안된 정책에 반대하였다. 반대한 사람을 40명씩 무작위로 세 집단으로 나눈 뒤, 첫째 집단에는 유형 A에, 둘째 집단에는 유형 B에, 셋째 집단에는 유형 C에 각각 응답하도록 하였다. 세 집단의 응답을 분석한 결과, 첫째 집단과 둘째 집단 간, 첫째 집단과 셋째 집단 간에는 제안된 정책에 반대하는 비율이 유의미하게 차이가 났지만, 둘째 집단과 셋째 집단 간에는 유의미한 차이가 없었다.

〔사전 검사〕
〔실험 집단〕
〔실험 집단〕
〔㉢을 지지하는 결과임〕

① 2단계에서 갑은 사전 검사를 실시하지 않았다. 〔실시하였다〕

② 유형 B에 응답한 사람들은 통제 집단, 유형 C에 응답한 사람들은 실험 집단이다. 〔실험〕

③ ㉠은 ㉣에 대한 조작적 정의이다. 〔㉣〕〔㉠〕

④ ㉡은 질문지 작성 시 특정 응답을 유도한 것이므로 갑의 연구 결과를 일반화할 수 없다.

⑤ 2단계에서 도출한 분석 결과는 ㉢을 지지한다.

|자|료|해|설|

갑은 정보 제공이 응답자의 응답 반응에 영향을 미치는지에 대해 알아보기 위한 양적 연구를 실시하였다.

|선|택|지|풀|이|

① 오답 : 2단계에서 갑은 유형 A를 배부하여 정부 정책 도입에 대한 찬반 여부를 측정하였다. 이를 통해 2단계에서 갑은 사전 검사를 실시하였음을 알 수 있다.

② 오답 : 유형 B에 응답한 사람들과 유형 C에 응답한 사람들은 모두 독립 변인인 정보 제공을 처치한 실험 집단에 해당한다.

③ 오답 : ㉣은 ㉠에 대한 조작적 정의에 해당한다.

④ 오답 : ㉡은 특정 응답을 유도한 것이 아니라 정부 정책에 대한 긍정적인 정보를 제시할 경우 정부 정책 도입에 대한 동의가 어떻게 나타나는지를 알아보고자 한 것이다.

⑤ 정답 : 2단계에서 분석 결과를 도출하였을 때 정부 정책에 대한 정보를 제공하지 않은 첫째 집단과 정부 정책에 대한 정보를 제공한 둘째 집단, 셋째 집단 간에는 제안된 정책에 대한 반대 비율이 유의미하게 차이가 났지만, 정부 정책에 대한 정보를 제공한 둘째 집단과 셋째 집단 간에는 유의미한 차이가 나타나지 않았다. 이를 통해 정보 제공 여부가 응답자의 의사 결정에 영향을 미칠 수 있음을 파악할 수 있다. 즉, 2단계에서 도출한 분석 결과는 ㉢을 지지하는 결과이다.

😮 **문제풀이 TIP |** 제시된 연구에서 독립 변인은 정보 제공이고, 종속 변인은 응답자의 응답 반응이다.

😀 **출제분석 |** 양적 연구 과정을 분석하는 문제이다. 양적 연구 과정을 통해 다양한 개념을 파악하고 연구 과정을 분석하는 고난도 문제가 출제될 수 있다.

다음 자료에 대한 설명으로 옳은 것은? 3점

갑은 개인의 행동에 미치는 ㉠ 집단의 영향력을 파악하기 위하여 다음과 같은 연구들을 진행하였다.

[연구 1]

갑은 실험 참가자들을 다수의 모둠으로 구분한 후 모둠별 구성원에게 각각 1번부터 6번까지 번호를 부여하였다. 이후 일정한 길이의 표준선을 참가자들에게 보여준 후, 별도로 제시된 서로 다른 선들 중 표준선과 길이가 같은 선을 고르도록 하였다. 그 결과 참가자들은 모두 표준선과 길이가 같은 선을 선택하였다. 이후 갑은 모둠별로 ㉡ 1번 참가자를 제외한 ㉢ 나머지 번호 참가자들에게 사전에 표준선과 길이가 다른 선을 고르게 지시하고, 참가자들에게 표준선과 길이가 같은 선을 다시 골라 보도록 하였다. 반복 실험 결과, 1번 참가자의 43%가 다른 참가자의 선택에 ㉣ 동조 반응을 보였다.

[연구 2]

갑은 표준선과 길이가 다른 선을 고르는 실험 참가자 수를 조정하여 모둠별 총인원만 변화시키고, 그 외 다른 실험 상황은 [연구 1]과 동일한 연구를 실시하였다. 그 결과 1번 참가자의 동조율은 모둠 인원이 2명일 때는 0.3%, 3명일 때는 13.6%, 4명일 때는 31.8%로 나타났으며, 이는 통계적으로 유의미하다는 것을 확인하였다.

[연구 3]

갑은 실험 참가자 4명은 표준선과 길이가 다른 선을, 1명은 표준선과 길이가 같은 선을 고르도록 하고, 그 외 다른 실험 상황은 [연구 1]과 동일한 연구를 실시하였다. 그 결과 1번 참가자의 34%가 다수의 의견에 동조한다는 통계적으로 유의미한 값을 얻었다.

① ㉡은 실험 집단, ㉢은 ~~통제 집단~~이다.
② ㉣은 ㉠의 조작적 정의에 해당~~한다.~~ 하지 않는다
③ [연구 1]에서 갑은 사전 검사를 실시하였다.
④ [연구 2]는 '집단 구성원의 수가 많아질수록 다수 의견에 대한 동조율이 증가할 것이다.'를, [연구 3]은 '소수 의견이 존재하는 경우 그렇지 않은 경우에 비해 다수 의견에 대한 동조율이 ~~클~~ 작을 것이다.'를 지지한다.
⑤ 갑은 [연구 1], [연구 2], [연구 3]에서 모두 방법론적 ~~이원론~~에 일원론 기초한 연구 방법을 사용하였다.

|자|료|해|설|

갑은 집단의 영향력이 개인의 행동에 어떠한 영향을 미치는지 파악하기 위해 양적 연구를 실시하였다.

|선|택|지|풀|이|

① 오답 : ㉡은 독립 변인을 처치한 집단으로 실험 집단에 해당하지만, ㉢은 실험 집단과의 비교를 위해 설정한 집단인 통제 집단에 해당하지 않는다.
② 오답 : ㉣은 ㉠의 조작적 정의에 해당하지 않는다.
③ 정답 : [연구 1]에서 갑은 모둠별 구성원 모두를 대상으로 일정한 길이의 표준선을 참가자들에게 보여준 후 별도로 제시된 서로 다른 선들 중 표준선과 길이가 같은 선을 고르도록 하였다. 이는 갑이 개인의 행동에 미치는 집단의 영향력을 파악하기 위해 사전 검사를 실시한 것이다.
④ 오답 : [연구 2]에서는 집단 구성원의 수가 많을수록 다수 의견에 대한 동조율이 증가하였으므로 [연구 2]는 '집단 구성원의 수가 많을수록 다수 의견에 대한 동조율이 증가할 것이다.'를 지지한다. [연구 3]에서는 소수 의견이 존재하는 경우 그렇지 않은 경우에 비해 다수 의견에 대한 동조율이 작게 나타났으므로 [연구 3]은 '소수 의견이 존재하는 경우 그렇지 않은 경우에 비해 다수 의견에 대한 동조율이 클 것이다.'를 지지하지 않는다.
⑤ 오답 : 갑은 [연구 1], [연구 2], [연구 3]에서 모두 방법론적 일원론에 기초한 연구 방법인 양적 연구를 사용하였다.

추가학습 | 사전 검사는 실험 처치가 가해지기 이전의 종속 변인 값을 측정하는 검사를 말하고, 사후 검사는 실험 처치가 가해진 이후의 종속 변인 값을 측정하는 검사를 말한다.

출제분석 | 양적 연구 과정을 분석하는 문제이다. 양적 연구 과정에서 가설 검증, 자료 수집 방법, 자료 분석 등을 복합적으로 묻는 고난도 문제가 출제될 수 있다.

밑줄 친 ㉠~㉤에 대한 옳은 설명을 〈보기〉에서 고른 것은? 3점

연구 주제 선정 (가치 개입) / 모집단 / 독립 변인(원인) / 종속 변인(결과)

갑은 ㉠ 청소년의 스마트폰 사용 시간이 행복감에 미치는 영향에 대해 연구하고자 하였다. 이를 위해 청소년의 스마트폰 사용 시간이 적을수록 행복감이 높을 것이라는 가설을 세우고 — 부(−)의 상관관계 — 전국의 ㉡ 고등학생 중에서 ㉢ 남녀 학생 2만 명을 대상으로 설문 조사를 실시하여 스마트폰 사용 시간과 행복감에 관한 자료를 수집하였다. 갑은 수집한 자료를 통계 분석하여 — 개념의 조작적 정의 — 청소년의 스마트폰 사용 시간과 ㉣ 행복감 지수 간에 부(−)의 상관관계가 있다는 ㉤ 결론을 내렸다. 이에 대해 갑은 스마트폰 — 가설 수용 — 사용 시간이 적은 학생들은 스마트폰 사용 대신 스포츠를 즐기거나 친구를 만나는 등 사회적 활동을 하기 때문에 행복감이 높은 것이라고 보았다.

보기

연구 주제 선정

ㄱ. ㉠ 단계에서는 연구자의 가치 개입이 이루어진다.

ㄴ. ㉡은 모집단, ㉢은 표본에 해당한다. → 청소년 / 행복감

ㄷ. ㉣은 종속 변수에 대한 조작적 정의가 반영된 것이다.

ㄹ. ㉤을 통해 가설이 기각되었음을 알 수 있다. → 수용

① ㄱ, ㄴ   ② ㄱ, ㄷ   ③ ㄴ, ㄷ   ④ ㄴ, ㄹ   ⑤ ㄷ, ㄹ

|자|료|해|설|

제시된 연구는 원인이 되는 독립 변수(청소년의 스마트폰 사용 시간)와 결과가 되는 종속 변수(행복감) 사이의 인과 관계 파악을 목적으로 하는 양적 연구 과정으로, 가설을 검증하기 위해 자료 수집 방법 중 질문지법을 활용하였다.

|보|기|풀|이|

ㄱ. 정답 : 연구 주제를 선정하는 단계에서는 연구자의 가치 개입이 이루어진다.

ㄴ. 오답 : 모집단은 청소년이고, 설문 조사 대상인 전국의 고등학생 2만 명은 표본에 해당한다.

ㄷ. 정답 : 개념의 조작적 정의는 추상적인 개념을 측정 가능하도록 수치화 시켜주는 것을 말한다. 행복감 지수는 결과에 해당하는 종속 변수(행복감)에 대한 조작적 정의가 반영된 것이다.

ㄹ. 오답 : 연구 가설은 '청소년의 스마트폰 사용 시간이 적을수록 행복감이 높을 것이다.'이다. 즉, 독립 변수(청소년의 스마트폰 사용 시간)와 종속 변수(행복감) 간 부(−)의 상관관계가 설정되었음을 알 수 있다. 갑이 수집한 자료를 통계 분석한 결과 청소년의 스마트폰 사용 시간과 행복감 지수 간에 부(−)의 상관관계가 있다는 결론이 도출되었으므로 가설은 수용(채택)되었다.

밑줄 친 ㉠~㉣에 대한 옳은 설명만을 〈보기〉에서 있는 대로 고른 것은? 3점

독립 변수 / 종속 변수

갑은 A국 65세 이상 노인의 ㉠ 사회 관계망이 문화 소비에 미치는 영향을 파악하기 위해 문화 소비에 대한 ㉡ 가족 관계망, 지인 관계망, 단체 관계망의 영향을 연구하였다. 갑은 전국에서 — 표본 — ㉢ 65세 이상 노인 남녀 1,000명을 추출하여 설문 조사를 실시하였다. 문화 소비는 지난 1년간 공연과 전시를 관람한 횟수로, 가족 관계망은 평소 교류하는 가족과 친척의 수로, 지인 관계망은 가족과 친척 이외에 평소 교류하는 사람의 수로, 단체 관계망은 참여하는 단체의 수로 파악하였다. … (중략) … — 개념의 조작적 정의 — ㉣ 성별에 따른 분석 결과를 보면, 여성의 경우 문화 소비와 사회 관계망 사이에 모두 유의미한 정(+)의 관계가 나타났다. 남성의 경우 문화 소비와 단체 관계망 사이에 유의미한 정(+)의 관계가 나타났으나, 문화 소비와 가족 관계망, 문화 소비와 지인 관계망 사이에는 각각 유의미한 관계가 나타나지 않았다.

보기

ㄱ. ㉡은 ㉠의 조작적 정의에 해당한다. → 하지 않는다

ㄴ. ㉢은 갑이 선정한 표본이다.

ㄷ. ㉣로 65세 이상 남성의 경우 평소 교류하는 가족과 친척의 수가 많을수록 공연과 전시를 관람한 횟수는 감소한다는 것을 확인할 수 있다. → 알 수 없음 / 가족 관계망

① ㄴ   ② ㄷ   ③ ㄱ, ㄴ   ④ ㄱ, ㄷ   ⑤ ㄱ, ㄴ, ㄷ

|자|료|해|설|

제시된 연구는 질문지법을 통해 A국 65세 이상 노인의 사회 관계망이 문화 소비에 미치는 영향을 파악하기 위한 양적 연구이다.

|보|기|풀|이|

ㄱ. 오답 : 가족 관계망을 평소 교류하는 가족과 친척의 수로, 지인 관계망을 가족과 친척 이외에 평소 교류하는 사람의 수로, 단체 관계망을 참여하는 단체의 수로 파악한 것이 사회 관계망에 대한 조작적 정의에 해당한다. 가족 관계망, 지인 관계망, 단체 관계망은 사회 관계망을 세분화한 것이다.

ㄴ. 정답 : 갑의 연구에서 모집단은 A국 65세 이상 노인이고, 표본은 65세 이상 노인 남녀 1,000명이다.

ㄷ. 오답 : 성별에 따른 분석 결과, 남성의 경우 문화 소비와 가족 관계망 사이에는 유의미한 관계가 나타나지 않았다. 따라서 65세 이상 남성의 경우 평소 교류하는 가족과 친척의 수가 많을수록 공연과 전시를 관람한 횟수가 감소했는지는 알 수 없다.

😀 **문제풀이 T I P** | 사회 관계망을 가족 관계망, 지인 관계망, 단체 관계망으로 나눈 것은 사회 관계망을 세분화한 것으로, 이는 사회 관계망에 대한 조작적 정의에 해당하지 않는다.

😀 **출제분석** | 양적 연구 과정을 분석하는 문제이다. 양적 연구 과정에서 자료 수집 방법, 가설의 수용 여부 등을 복잡하게 묻는 문제가 출제될 수 있다.

다음 자료에 대한 설명 및 추론으로 옳은 것은? (3점)

> 　연구자 갑은 청소년들의 소비지향 태도와 과시소비 행동에
> ㉠ 대중매체와 ㉡ 또래 집단이 미치는 영향에 대한 연구를
> 진행하였다. 갑은 ㉢ 가설을 설정한 후 ○○시 고등학생
> 500명에게 ㉣ 대중매체가 소비를 선호하는 태도에 미치는
> 정도, ㉤ 또래 집단이 명품 브랜드를 지향하는 행동에 미치는
> 정도 등을 측정하는 설문 조사를 실시했다. 이후 갑은 자료를
> 분석하여 소비지향 태도의 경우 대중매체의 영향력이, 과시소비
> 행동의 경우 또래 집단의 영향력이 상대적으로 크게 작용함을
> 확인하였다.
>
> 　한편, 연구자 을은 갑의 연구를 참고로 하여 새로운 소비자 교육
> 프로그램을 개발하고 그 효과를 입증하는 연구를 진행하였다.
> 을은 기존의 소비자 교육 프로그램을 받고 있던 고등학생
> 100명을 선정하여 각각 50명씩 A 집단, B 집단으로 나누었다.
> 그리고 3개월 동안 A 집단에게는 이전과 달리 ㉥ 자신이 개발한
> 소비자 교육 프로그램을 실시하고, B 집단에게는 ㉦ 기존에
> 실시하던 소비자 교육 프로그램을 지속적으로 실시하였다.
> 을은 사전·사후 검사를 통해 A 집단에서 B 집단에 비해 소비지향
> 태도 지수와 과시소비 행동 지수 모두 더 큰 변화가 나타남을
> 확인하였다.

① 갑의 연구에서 ㉢은 수용되었을 것이다. → 알 수 없음

② 갑의 연구에서 ㉣은 ㉠의 조작적 정의에, ㉤은 ㉡의 조작적
　정의에 해당~~한다~~. 하지 않는다

③ 을의 연구에서 ㉤은 ㉦과 달리 소비지향 태도와 과시소비 행동에
　영향을 주었다. 모두

④ 을의 연구에서 A 집단은 B 집단과 달리 실험 집단에 해당한다.

⑤ 갑, 을이 사용한 자료 수집 방법은 모두 일반적으로 연구
　대상자와의 언어적 상호 작용이 필수적이다. → 질문지법, 면접법

|자|료|해|설|

갑은 질문지법을 통해, 을은 실험법을 통해 자료를 수집하여
가설을 검증하는 양적 연구를 실시하였다.

|선|택|지|풀|이|

① 오답 : 제시된 자료만으로는 갑이 가설을 어떻게
설정했는지 알 수 없다. 따라서 갑의 연구에서 가설의 수용
여부는 알 수 없다.

② 오답 : 갑의 연구에서 ㉣은 ㉠의 조작적 정의에, ㉤은
㉡의 조작적 정의에 해당하지 않는다.

③ 오답 : 을의 연구에서 ㉦을 실시한 B 집단에 비해 ㉥을
실시한 A 집단에서 소비지향 태도 지수와 과시소비 행동
지수 모두 더 큰 변화가 나타났으므로 ㉥과 ㉦은 모두
소비지향 태도와 과시소비 행동에 영향을 주었음을 알 수
있다.

④ 정답 : 을의 연구에서 A 집단은 실험 처치가 이루어진
집단이므로 실험 집단에 해당하고, B 집단은 실험 처치가
이루어지지 않은 집단이므로 통제 집단에 해당한다.

⑤ 오답 : 연구 대상자와의 언어적 상호 작용이
필수적인 자료 수집 방법은 질문지법과 면접법이다.
갑은 질문지법을, 을은 실험법을 사용하였으므로 갑이
사용한 자료 수집 방법은 을이 사용한 자료 수집 방법과
달리 일반적으로 연구 대상자와의 언어적 상호 작용이
필수적이다.

 **문제풀이 TIP** | 실험 집단과 통제 집단은 실험법에서만
나타난다.

출제분석 | 사회·문화 현상의 연구 과정을 파악하는 문제이다.
양적 연구 과정에서 가설의 수용 여부, 변인, 자료 수집 방법 등을
묻는 문제가 출제될 수 있다.

다음 연구에 대한 설명으로 옳은 것은? (3점)

> 연구자 갑은 집단 간 경쟁이 자신이 속한 집단 구성원에 대한 긍정적 평가를 증가시킬 것이라고 예상하며 연구를 진행하였다. 갑은 서로 모르는 사이의 청소년을 연구 참여자로 모집한 후 무작위로 네 모둠으로 구분하였다. 모둠 A와 모둠 B는 숲 체험 활동을 하였고, 모둠 C는 모둠 A의, 모둠 D는 모둠 B의 활동을 관리하였다. 1일 차에 모둠 A와 모둠 B는 서로의 존재를 알지 못하는 상태에서 주어진 과업을 독립적으로 수행하였다. 갑은 2일 차에 모둠 A와 모둠 B에게 경쟁 모둠의 존재를 알리고, 과업을 먼저 해결하는 모둠에게만 별도의 상품을 제공한다고 공지하였다. 한편 모둠 C와 모둠 D는 자신이 관리하는 모둠 A와 모둠 B가 과업 수행 중 나눈 대화에 나타난 칭찬과 비난의 횟수를 관찰하여 일자별로 기록하였다. 갑이 ㉠ 모둠 C와 모둠 D가 관찰하며 기록한 자료를 분석한 결과, 모둠 A와 모둠 B 모두에서 1일 차 대비 2일 차에 소속 모둠원에 대한 ㉡ 칭찬 횟수는 증가하였고, ㉢ 비난 횟수는 감소하였다.

① 갑은 양적 연구 방법과 질적 연구 방법을 모두 활용하였다.
② 모둠 A와 B는 실험 집단이고, 모둠 C와 D는 통제 집단이다.
③ 1일 차와 2일 차 모두 독립 변수에 대한 처치가 이루어졌다.
④ ㉠은 갑의 연구에서 1차 자료에 해당한다.
⑤ ㉢은 ㉡과 달리 종속 변수에 대한 조작적 정의이다.

|자|료|해|설|

갑은 집단 간 경쟁이 자신이 속한 집단 구성원에 대한 긍정적 평가를 증가시키는지를 알아보기 위해 양적 연구를 실시하였다.

|선|택|지|풀|이|

① 오답 : 갑은 양적 연구 방법을 활용하였으나, 질적 연구 방법은 활용하지 않았다.
② 오답 : 모둠 A와 B는 실험 집단에 해당하지만, 모둠 C와 D는 통제 집단에 해당하지 않는다.
③ 오답 : 2일 차에서만 집단 간 경쟁이라는 독립 변수에 대한 처치가 이루어졌다.
④ 정답 : ㉠은 갑이 연구 목적에 맞게 직접 수집한 자료이다. 따라서 ㉠은 갑의 연구에서 1차 자료에 해당한다.
⑤ 오답 : 칭찬 횟수는 자신이 속한 집단 구성원에 대한 긍정적 평가라는 종속 변수에 대한 조작적 정의에 해당한다.

😀 **문제풀이 TIP** | 모둠 C와 모둠 D는 각각 모둠 A와 모둠 B를 관찰하는 집단으로, 이는 통제 집단으로 볼 수 없다.

😀 **출제분석** | 양적 연구 과정을 분석하는 문제이다. 양적 연구 과정에서 독립 변수와 종속 변수, 자료 수집 방법, 자료 분석, 가설의 수용 여부 등을 묻는 문제가 고난도로 출제될 수 있다.

밑줄 친 ㉠ ~ ㉾에 대한 설명으로 옳은 것은? (3점)

> 연구자 갑은 ㉠ '온라인 게임 내 이용자들의 사회적 관계 형성에 대한 이해'를 연구 주제로 설정하였다. 우선 선행 연구를 통해 온라인 게임에서는 ㉡ 게임 캐릭터 레벨을 기준으로 게임 이용자들 간 서열이 형성된다는 것을 확인하였다. 이어 서열 형성 과정을 파악하기 위한 ㉢ 연구를 수행하였다. 갑은 온라인 게임에 접속하여 10개월 동안 게임 이용자로 활동하며 선행 연구 결과를 재확인하였지만, 게임 이용자들의 대면 모임에 함께 참여하면서 그들의 ㉣ 연령, 학력, 소득 등이 드러난 이후에는 기존에 형성되었던 온라인 게임 내 이용자들 간 서열이 변화하는 모습을 관찰하였다. 이에 갑은 이 결과를 일반화하기 위해 ㉤ 추가 연구를 실시하였다. ㉥ 온라인 게임 이용자 1,000명을 무작위로 추출하여 ㉦ 설문 조사를 실시하고 분석한 결과 갑은 ◎ 온라인 게임에만 참여한 사람들은 게임 캐릭터 레벨에 의존해서 서열을 형성한 반면, ㉾ 대면 모임에 참여한 사람들은 연령, 학력, 소득 등을 중심으로 서열이 형성되는 것을 확인하였다.

① ㉠ 단계와 ㉦ 단계 모두 연구자의 가치 중립이 요구된다.
② ㉥에서 ㉦은 표본 집단, ◎은 모집단에 해당한다.
③ ㉥에서 ㉣은 독립 변수, ㉡은 종속 변수에 해당한다.
④ ㉾은 ㉢의 결과 중 대면 모임 이후 발견한 연구 결과를 지지한다.
⑤ ㉢과 ㉤은 모두 양적 연구이다.

|자|료|해|설|

갑은 참여 관찰법을 통한 질적 연구와 질문지법을 통한 양적 연구를 수행하였다.

|선|택|지|풀|이|

① 오답 : ㉠ 단계는 연구 주제 선정 단계이고, ㉦ 단계는 자료 수집 및 분석 단계이다. 연구 주제 선정 단계에서는 연구자의 가치가 개입될 수 있고, 자료 수집 및 분석 단계에서는 연구자의 가치 중립이 요구된다.
② 오답 : ㉥에서 ㉦은 표본 집단에 해당하지만, ◎은 모집단에 해당하지 않는다. ㉥에서 모집단은 온라인 게임 이용자이다.
③ 오답 : ㉥에서 독립 변수는 온라인 게임에만 참여하는지, 대면 모임에도 참여하는지의 여부이다.
④ 정답 : 갑은 게임 이용자들의 대면 모임에 함께 참여하여 그들의 연령, 학력, 소득 등이 드러난 이후 게임 캐릭터 레벨에 의존하여 형성되었던 기존의 서열이 변화하는 모습을 발견하였다. 따라서 ㉾은 ㉢의 결과 중 대면 모임 이후 발견한 연구 결과를 지지한다.
⑤ 오답 : ㉢은 질적 연구, ㉤은 양적 연구에 해당한다.

😀 **문제풀이 TIP** | 제시된 연구 과정에는 질적 연구와 양적 연구가 혼재되어 있음을 파악하도록 한다.

😀 **출제분석** | 사회·문화 현상의 연구 과정을 파악하는 문제이다. 질적 연구 과정보다는 양적 연구 과정을 파악하는 문제가 자주 출제되므로 기출 문제를 통해 양적 연구 과정을 분석하는 연습을 해 두도록 한다.

다음 연구에 대한 설명으로 옳은 것은? 3점

○ 연구 주제 : 고등학생의 일기 쓰기와 언어 능력 간의 관계
○ 연구 가설 : ㉠ 지속적으로 일기를 쓰는 고등학생이 ㉡ 그렇지 않은 고등학생보다 언어 능력이 높을 가능성이 클 것이다.
○ 자료 수집 : 고등학생 1,000명을 대상으로 ㉢ 지속적으로 일기를 쓰는지 여부를 조사하고 표준화된 검사지를 통해 ㉣ 언어 능력을 측정함. → 질문지법
○ 자료 분석 결과

（단위 : 명）

구분	언어 능력	
	높음	낮음
지속적으로 일기를 쓰는 고등학생	310	80
지속적으로 일기를 쓰지 않는 고등학생	320	290

310/390 ×100
320/610 ×100

* 자료 분석 결과는 통계적으로 유의미함.

① ㉠은 실험 집단, ㉡은 통제 집단이다.
② ㉢은 종속 변인, ㉣은 독립 변인이다.　독립 / 종속
③ 자료 분석 결과에 따르면 가설은 수용된다.
④ 방법론적 이원론에 기초한 연구 방법을 활용하였다.　일원론
⑤ 연구 대상자의 주관적 세계에 대한 심층적 이해를 목적으로 하였다. → 질적 연구

|자|료|해|설|
제시된 연구는 일기 쓰기와 언어 능력 간의 관계를 알아보기 위해 질문지법을 이용한 양적 연구이다.

|선|택|지|풀|이|
① 오답 : 제시된 연구는 질문지법을 이용하여 자료를 수집하였다. 실험 집단과 통제 집단은 실험법과 관련 있다.
② 오답 : 제시된 연구는 지속적인 일기 쓰기가 언어 능력에 미치는 영향을 알아보고자 하므로 지속적으로 일기를 쓰는지 여부는 독립 변인, 언어 능력은 종속 변인에 해당한다.
③ 정답 : 지속적으로 일기를 쓰는 고등학생 중 언어 능력이 높은 비율은 약 79.5%{(310명/390명)×100}이고, 지속적으로 일기를 쓰지 않는 고등학생 중 언어 능력이 높은 비율은 약 52.5%{(320명/610명)×100}으로 지속적으로 일기를 쓰는 고등학생의 경우가 그렇지 않은 고등학생에 비해 언어 능력이 높다. 따라서 가설은 수용된다.
④ 오답 : 제시된 연구는 방법론적 일원론에 기초한 양적 연구 방법을 활용하였다.
⑤ 오답 : 연구 대상자의 주관적 세계에 대한 심층적 이해를 목적으로 하는 연구 방법은 질적 연구이다.

🤓 **문제풀이 TIP** | 고등학생 1,000명을 대상으로 자료를 수집하였고, 지속적으로 일기를 쓰도록 실험 처리를 한 것이 아니라 지속적으로 일기를 쓰는지의 여부를 조사하여 집단을 구분하였으므로 이는 실험법이 아닌 질문지법과 관련 있다.

밑줄 친 ㉠~⊙에 대한 설명으로 옳은 것은? 3점

독립 변인(원인)　종속 변인(결과)

연구 주제 : 다문화 교육이 고등학생의 다문화 수용성에 미치는 영향

• 가설 설정 → 잠정적 결론
 – ㉠ 가설 : 다문화 교육을 받은 고등학생이 받지 않은 고등학생에 비해 다문화 수용성이 높을 것이다.

• ㉡ 자료 수집 → 실험법　　사전 조사 · 1차 자료
 – 연구 참여에 동의한 ○○고등학교 학생 60명을 무작위로 각각 30명씩 A, B 두 집단으로 나누고, 두 집단 모두를 대상으로 다문화 수용성 지수를 측정하는 ㉢ 설문 조사를 실시함.
 – ㉣ A 집단에는 다문화 교육을 3개월간 실시하고, ㉤ B 집단에는 다문화 교육을 실시하지 않음.　통제 집단　실험 집단
 – 이후 A, B 두 집단 모두를 대상으로 다문화 수용성 지수를 측정하는 ㉥ 설문 조사를 실시함.

• ㉦ 자료 분석 → 사후 조사 · 1차 자료
 – 수집한 자료를 분석한 결과, 가설을 채택함. → 수용

• ⊙ 결론
 – 고등학생의 다문화 수용성 제고를 위해서는 다문화 교육을 실시해야 한다.

원인
① ㉠에서 독립 변인은 '다문화 교육의 효과'이다.　실시 여부
② ㉢에서 1차 자료를, ㉥에서 2차 자료를 수집하였다.　1차
③ ㉣은 실험 집단, ㉤은 통제 집단이다.　비교 집단
④ ㉦에 따르면, ㉤은 ㉣과 달리 다문화 수용성이 낮아졌다.　큰 변화 없음
⑤ ㉡ → ㉦ → ⊙으로 가는 과정은 연역적이다.　귀납적
독립 변인을 처치한 집단

|자|료|해|설|
제시된 연구는 원인이 되는 독립 변인(다문화 교육 실시 여부)과 결과가 되는 종속 변인(고등학생의 다문화 수용성) 사이의 인과관계 파악을 목적으로 하는 양적 연구 과정으로, 가설을 검증하기 위해 자료 수집 방법 중 실험법을 활용하였다.

|선|택|지|풀|이|
① 오답 : 가설에서 원인이 되는 독립 변인은 '다문화 교육의 실시 여부'이다.
② 오답 : 자료 수집에서 실시한 두 번의 설문 조사(㉢, ㉥)는 모두 연구자가 직접 수집한 1차 자료에 해당한다.
③ 정답 : 독립 변인(다문화 교육)을 처치한 A 집단은 실험 집단이고, 독립 변인을 처치하지 않고 비교하기 위한 B 집단은 통제 집단에 해당한다.
④ 오답 : 가설이 수용(채택)되었으므로 이를 통해 통제 집단은 실험 집단과 달리 다문화 수용성에 큰 변화가 없음을 알 수 있다.
⑤ 오답 : 자료 수집을 하고 결론을 도출하는 과정은 귀납적이다.

🤓 **문제풀이 TIP** | 가설(잠정적 결론)을 설정하고 자료를 수집하는 과정은 연역적이고, 자료를 수집하고 결론을 도출하는 과정은 귀납적이다.

😀 **출제분석** | 사회 · 문화 현상의 연구 과정은 수능에 거의 빠지지 않고 출제되는 중요한 주제이다. 다양한 사례가 출제될 수 있으며 개념을 문제에 적용해야 하기 때문에 학생들이 어려워하는 주제 중 하나이다. 특히, 자료 수집 방법 등과 복합적으로 출제될 수 있다. 따라서 기출문제를 중심으로 문제 풀이하는 방법을 파악할 필요가 있다.

다음 자료에 대한 설명으로 옳은 것은? (3점)

> 갑은 신입 사원의 목표 지향성이 직무 만족도에 미치는 영향을 파악하기 위해 연구를 진행하였다. 갑은 ㉠ 목표 지향성에 대한 다른 연구자들의 선행 연구를 검토한 후, 목표 지향성을 자신의 업무 능력 향상에 중점을 두는 ㉡ 학습 목표 지향성과 과업 달성에 중점을 두는 ㉢ 수행 목표 지향성으로 나누고 다음과 같은 가설을 설정하였다.
>
> 〈가설 1〉 학습 목표 지향성이 높을수록 직무 만족도가 높을 것이다.
> 〈가설 2〉 수행 목표 지향성이 높을수록 직무 만족도가 높을 것이다.
>
> 갑은 무작위로 선정한 ㉣ 신입 사원 1,000명을 대상으로 학습 목표 지향성, 수행 목표 지향성, 직무 만족도를 지수화하여 측정하였다. 수집한 자료를 분석한 결과 학습 목표 지향성이 높을수록 직무 만족도가 통계적으로 유의미하게 높았고, 수행 목표 지향성은 직무 만족도에 통계적으로 유의미한 영향을 미치지 않았다.

① 갑의 연구는 방법론적 이원론을 전제로 한다.
② ㉠은 갑의 연구에서 1차 자료에 해당한다.
③ ㉡은 독립 변인, ㉢은 종속 변인이다.
④ ㉣은 모집단이다.
⑤ 〈가설 1〉은 〈가설 2〉와 달리 수용되었다.

|자|료|해|설|

갑은 신입 사원의 목표 지향성이 직무 만족도에 미치는 영향을 파악하기 위해 양적 연구를 실시하였다.

|선|택|지|풀|이|

① 오답 : 갑의 연구는 양적 연구로, 이는 방법론적 일원론을 전제로 한다.
② 오답 : ㉠은 다른 연구에서 이미 수집되고 분석된 자료이므로 2차 자료에 해당한다.
③ 오답 : ㉡과 ㉢은 모두 독립 변인이다.
④ 오답 : ㉣은 갑의 연구에서 표본에 해당한다.
⑤ 정답 : 학습 목표 지향성이 높을수록 직무 만족도가 높게 나타났으므로 〈가설 1〉은 수용되었다. 수행 목표 지향성은 직무 만족도에 통계적으로 유의미한 영향을 미치지 않았으므로 〈가설 2〉는 기각되었다.

문제풀이 TIP | 신입 사원의 목표 지향성이 직무 만족도에 미치는 영향을 파악하고자 하므로 신입 사원의 목표 지향성은 독립 변인에 해당하고, 직무 만족도는 종속 변인에 해당한다.

출제분석 | 양적 연구 과정을 분석하는 문제이다. 양적 연구 과정과 관련된 개념을 묻거나, 자료 분석 결과를 해석하는 선지가 자주 출제된다.

밑줄 친 ㉠~㊀에 대한 설명으로 옳은 것은? (3점)

> 연구자 갑은 ㉠ 행복감에 소득 수준과 물질주의 가치관이 미치는 영향을 연구하고자, 전국의 ㉡ 30세 이상 성인 중 1,000명을 대상으로 설문 조사를 하였다. 분석 결과 삶에 대한 만족도는 ㉢ 월평균 수입 정도와 정(+)의 관계이지만, ㉣ 삶에서 돈이 중요하다고 생각하는 정도와는 ㉤ 부(−)의 관계를 보였다. 연구자 을은 중학교에서 학생들의 생활에 대해 참여 관찰을 실시한 결과 ㉥ 행복감이 높은 학생이 학교 활동에 더 열심히 참여하는 것을 발견하였다. 두 연구 결과를 종합하여, 병은 ㊀ 학생의 가계 소득 수준이 높을수록 학교 활동도 열심히 한다고 결론지었다.

① ㉠은 갑의 연구에서, ㉥은 을의 연구에서 종속 변수에 해당한다.
② ㉡은 갑의 연구에서 표본이다.
③ ㉢, ㉣은 갑의 연구에서 독립 변수에 대한 조작적 정의이다.
④ ㉤으로 보아 갑은 가설 검증에 실패하였다.
⑤ ㊀은 병이 연역적 연구 과정을 통해 도출한 타당한 결론이다.

|자|료|해|설|

갑은 질문지법을 활용하여 소득 수준과 물질주의 가치관(독립 변수)이 행복감(종속 변수)에 미치는 영향에 대한 양적 연구를 실시했다. 을은 참여 관찰법을 활용한 질적 연구 방법을 실시했고, 병은 갑과 을의 연구의 결과를 종합하여 결론을 도출했다.

|선|택|지|풀|이|

① 오답 : 갑의 연구에서 행복감은 결과에 해당하는 종속 변수이지만, 을의 연구에서 행복감은 종속 변수에 해당하지 않는다.
② 오답 : 갑의 연구에서 표본은 '30세 이상 성인'이 아니라 설문 조사를 실시한 1,000명이다.
③ 정답 : 갑은 독립 변수인 '소득 수준'과 '물질주의 가치관'을 측정 가능한 '월평균 수입 정도'와 '삶에서 돈이 중요하다고 생각하는 정도'로 개념을 조작적으로 정의했다.
④ 오답 : 갑이 설정한 가설은 제시문에 나타나 있지 않으므로 가설의 수용 여부는 알 수 없다. 그러나 가설의 수용 여부와 상관없이 가설을 세워 가설 검증 결과로 부(−)의 관계를 확인했다고 볼 수 있다.
⑤ 오답 : 연역적 연구는 가설을 설정하고 자료를 수집하는 과정으로 진행된다. 병은 자료 수집 후 결론을 도출한 귀납적 연구 과정을 활용했다고 볼 수 있다.

다음 자료에 대한 옳은 설명만을 〈보기〉에서 고른 것은? 3점

갑은 '소비 활동으로 느끼는 행복'이라는 ㉠ 연구 주제를 [가치 개입] 설정하였다. ㉡ 관련 연구를 검토한 뒤, 소득 수준에 따라 소비 [2차 자료 수집] 활동으로 느끼는 행복감이 소비 활동 유형별로 어떻게 다른지 파악하기 위해 가설을 설정하였다. 아래는 가설 중 하나이다.

〈가설〉 소득 수준이 높은 집단이 소득 수준이 낮은 집단보다
　　　　　 [A] 　　　 활동으로 느끼는 행복감이 높을 것이다.

갑은 ㉢ 가설 검증을 위해 성인 2,000명을 대상으로 ㉣ 설문 [가치 중립] [1차 자료 수집] 조사를 실시하였다. 소득 수준은 응답자의 월평균 소득을 기준으로 상위 50%를 ㉤ 소득 수준이 높은 집단, 나머지를 ㉥ 소득 수준이 낮은 집단으로 구분하였다. 소비 활동의 유형은 일상적 소비(생활용품 구입 등)와 문화적 소비(여가 활동비 지출 등)로 구분하였고, 각 유형별 소비 활동으로 느끼는 행복감은 5점 척도(점수가 클수록 행복감이 높음)로 측정하였다. 자료 분석 결과, 일상적 소비 활동으로 느끼는 행복감은 소득 수준이 높은 집단에서 2.6점, 소득 수준이 낮은 집단에서 3.6점으로 나타났다. 문화적 소비 활동으로 느끼는 행복감은 소득 수준이 높은 집단에서 3.6점, 소득 수준이 낮은 집단에서 2.0점으로 나타났다. 분석 결과는 통계적으로 유의미하였다.

> **보기**
> ㄱ. ㉢ 단계는 ㉠ 단계와 달리 연구자의 가치 중립이 요구된다.
> ㄴ. ㉡은 2차 자료를, ㉣은 1차 자료를 수집하기 위한 것이다.
> ㄷ. ㉤은 실험 집단, ㉥은 통제 집단이다.
> ㄹ. 〈가설〉은 A가 '일상적 소비'이면 기각되고, '문화적 소비'이면 수용된다.

① ㄱ, ㄴ   ② ㄱ, ㄷ   ③ ㄴ, ㄷ   ④ ㄴ, ㄹ   ⑤ ㄷ, ㄹ

|자|료|해|설|

갑은 질문지법을 통해 소득 수준에 따라 소비 활동으로 느끼는 행복감이 소비 활동 유형별로 어떻게 다른지 파악하기 위한 양적 연구를 진행하였다.

|보|기|풀|이|

ㄱ. 오답 : 연구 주제 설정 단계에서는 연구자의 가치가 개입되고, 가설 검증 단계에서는 연구자의 가치 중립이 요구된다.

ㄴ. 정답 : 갑이 연구 주제와 관련된 연구를 검토한 것은 2차 자료를 수집하기 위한 것이고, 갑이 가설 검증을 위해 설문 조사를 실시한 것은 1차 자료를 수집하기 위한 것이다.

ㄷ. 오답 : 갑은 가설 검증을 위해 질문지법을 활용하여 자료를 수집하였다. 실험 집단과 통제 집단은 실험법을 활용한 자료 수집 시 설정된다.

ㄹ. 정답 : 자료 분석 결과 일상적 소비 활동으로 느끼는 행복감은 소득 수준이 높은 집단보다 소득 수준이 낮은 집단에서 높게 나타났으므로 A가 '일상적 소비'라면 가설은 기각된다. 자료 분석 결과 문화적 소비 활동으로 느끼는 행복감은 소득 수준이 낮은 집단보다 소득 수준이 높은 집단에서 높게 나타났으므로 A가 '문화적 소비'라면 가설은 수용된다.

😲 **추가 학습** | 실험 집단은 실험 처치, 즉 독립 변인 처치가 가해지는 집단을 말하고, 통제 집단은 실험 처치가 가해지지 않은 집단을 말한다.

😲 **출제분석** | 양적 연구 과정을 파악하는 문제이다. 제시된 양적 연구 과정을 통해 자료 수집, 가설 검증 등을 묻는 문제가 고난도로 출제될 수 있다.

다음 연구에 대한 설명으로 옳은 것은? 3점

갑은 고등학생의 ㉠ 시민성에 ㉡ 참여형 정치 수업이 미치는 [모집단] [종속 변인] [독립 변인] 효과를 연구하기 위해 정치 토론 수업 경험이 고등학생의 ㉢ 정치 관심도를 높일 것이라는 가설을 세우고, ㉣ ○○ 지역 [표본] 고등학생 1,000명을 대상으로 설문 조사하였다. 정치 토론 [질문지법] 수업 경험 빈도를 조사하여 빈도수가 높은 집단과 낮은 집단으로 구분한 후, 두 집단을 대상으로 ㉤ 정치 관련 기사 검색 횟수와 [정치 관심도에 대한 조작적 정의] 학급 회의 안건에 대한 관심 정도 등을 5점 척도로 조사하였다. 자료 분석 결과, 정치 토론 수업 경험 빈도수가 ㉥ 높은 집단과 ㉦ 낮은 집단의 정치 관심도는 통계적으로 유의미한 차이가 나지 않았다. [가설 기각]

① ㉥은 독립 변인, ㉦은 종속 변인이다.
② ㉡은 모집단이다. [표본]
③ ㉤은 ㉢에 대한 조작적 정의에 해당한다.
④ ㉤은 실험 집단, ㉦은 통제 집단이다.
⑤ 연구 결과 가설은 수용되었다. [기각]

|자|료|해|설|

갑은 참여형 정치 수업이 고등학생의 시민성에 미치는 효과를 연구하기 위해 질문지법을 활용한 양적 연구를 실시하였다.

|선|택|지|풀|이|

① 오답 : 갑의 연구에서 독립 변인은 참여형 정치 수업이고, 종속 변인은 시민성이다.

② 오답 : 갑의 연구에서 모집단은 고등학생이고, 표본은 ○○ 지역 고등학생 1,000명이다.

③ 정답 : 정치 관련 기사 검색 횟수는 정치 관심도를 측정 가능하도록 구체화한 것으로, 이는 정치 관심도에 대한 조작적 정의에 해당한다.

④ 오답 : 갑의 연구에서 활용한 자료 수집 방법은 질문지법이다. 따라서 갑의 연구에서는 실험 집단과 통제 집단이 나타나 있지 않다.

⑤ 오답 : 갑은 정치 토론 수업 경험이 고등학생의 정치 관심도를 높일 것이라는 가설을 세웠다. 자료 분석 결과, 정치 토론 수업 경험 빈도수가 높은 집단과 낮은 집단 간의 정치 관심도에는 통계적으로 유의미한 차이가 나타나지 않았다. 따라서 연구 결과 가설은 기각되었다.

밑줄 친 ㉠~㉾에 대한 설명으로 옳은 것은? 3점

종속 변인

독립 변인

양적 연구

실험 집단

통제 집단

집단 구성원 간 친밀감에 대한 조작적 정의

　연구자 갑은 ㉠ 집단 구성원 간 친밀감에 ㉡ 의사소통 시 소셜 미디어 사용 여부가 미치는 영향을 파악하고자 가설을 설정하고 ㉢ 연구를 진행하였다. 이를 위해 서로 전혀 모르는 사이였던 성인 20명을 모집하여 각각 10명씩 A, B 두 집단으로 나눈 후 2주간 각 집단끼리 함께 생활하게 하였다. 그 기간 동안 ㉣ A 집단은 대면 소통과 소셜 미디어를 사용한 소통을 병행하게 하고, 처치를 하지 않는 집단인 ㉤ B 집단은 대면 소통만을 하게 하였다. 2주 후 전체 참가자를 대상으로 ㉥ 정서적 지지의 정도, 개인적 정보의 공유 정도 등을 측정하였다. 그 결과 B 집단에 비해 A 집단의 구성원 간 친밀감이 유의미하게 높은 것으로 나타나 ㉾ 가설이 수용되었다.

① ㉠은 독립 변인, ㉡은 종속 변인이다.
　　종속　　　　　　독립
② ㉢은 방법론적 이원론에 기초한 연구이다.
　　　　　　　　일원론
③ ㉣은 통제 집단, ㉤은 실험 집단이다.
　　　　　실험　　　　　통제
④ ㉥은 ㉠에 대한 조작적 정의에 해당한다.
⑤ ㉾은 '의사소통 시 소셜 미디어 사용이 집단 구성원 간 친밀감에 부(−)의 영향을 미칠 것이다.'이다.
　　　정(+)

|자|료|해|설|

갑은 의사소통 시 소셜 미디어 사용 여부가 집단 구성원 간 친밀감에 미치는 영향을 파악하기 위해 실험법을 활용하여 양적 연구를 실시하였다.

|선|택|지|풀|이|

① 오답 : ㉠은 독립 변인의 영향을 받아 변화하는 변인이므로 종속 변인이고, ㉡은 원인으로 작용하는 변인이므로 독립 변인이다.
② 오답 : ㉢은 양적 연구로, 이는 방법론적 일원론에 기초한 연구이다.
③ 오답 : ㉣은 대면 소통과 소셜 미디어를 사용한 소통을 병행한 집단이므로 실험 집단에 해당하고, ㉤은 대면 소통만을 한 집단이므로 통제 집단에 해당한다.
④ 정답 : 정서적 지지의 정도, 개인적 정보의 공유 정도 등은 종속 변인인 집단 구성원 간 친밀감에 대한 조작적 정의에 해당한다.
⑤ 오답 : 통제 집단에 비해 실험 집단에서 구성원 간 친밀감이 유의미하게 높은 것으로 나타나 가설이 수용되었다. 따라서 갑은 '의사소통 시 소셜 미디어 사용이 집단 구성원 간 친밀감에 정(+)의 영향을 미칠 것이다.'라는 가설을 설정했을 것이다.

다음 자료에 대한 설명으로 옳은 것은? 3점

종속 변수

독립 변수

가설 수용

독립 변수에 대한 조작적 정의

종속 변수에 대한 조작적 정의

㉠ 기각

독립 변수

　연구자 갑은 ㉠ "학업 성취도에 자기 통제력이 정(+)의 영향을 미칠 것이다."라는 가설을 검증하기 위해 아동 90명을 대상으로 연구하였다. 갑은 아동에게 "초콜릿 1개를 받고 바로 먹어도 되지만 15분 동안 먹지 않고 기다리면 1개를 더 먹을 수 있다."는 조건에서 자신의 ㉡ 기다림 행동 정도(바로 먹음, 기다리다 중간에 먹음, 끝까지 기다림)를 예측하여 기입하게 하였다. 해당 아동의 ㉢ 학업 성적을 구하여 통계 분석한 결과, '끝까지 기다림' 집단이 나머지 집단보다 학업 성적이 높았다.
　연구자 을은 갑의 가설을 재검증하기 위해 아동 900명을 대상으로 아동의 기다림 행동 정도와 학업 성적을 갑의 연구와 동일하게 수집하였다. 추가적으로 아동에 대한 가정의 경제적 배경을 조사하여 연구 대상자를 ㉣ 두 집단으로 구분한 후 자료를 분석하였다. 갑의 가설과 자신이 추가한 가설을 모두 검증하기 위해 분석한 결과, 기다림 행동 정도에 따른 학업 성적의 차이는 통계적으로 유의미하지 않았고, ㉤ 가정의 경제적 배경에 따른 학업 성적의 차이는 통계적으로 유의미한 것으로 나타났다.

① 갑은 실험법, 을은 질문지법을 사용하였다.
② ㉠은 갑, 을의 연구 모두에서 수용되었다.
③ ㉡은 갑, 을의 연구 모두에서 독립 변수의 조작적 정의이다.
④ ㉢은 갑의 연구에서, ㉤은 을의 연구에서 종속 변수이다.
⑤ ㉣은 을의 연구에서 실험 집단과 통제 집단을 구분하기 위한 과정이다.
　　　　　　　　　　　　실험법

|자|료|해|설|

갑은 자기 통제력과 학업 성취도 간 관계를 파악하기 위한 양적 연구를 진행하였고, 을은 자기 통제력과 학업 성취도 간 관계뿐만 아니라 가정의 경제적 배경과 학업 성취도 간 관계를 파악하기 위한 양적 연구를 진행하였다.

|선|택|지|풀|이|

① 오답 : 갑은 아동 90명에게 기다림 행동 정도를 예측하여 기입하게 하였고, 해당 아동의 학업 성적을 구하여 통계 분석을 하였다. 따라서 갑이 실험법을 사용하였다고 볼 수 없다.
② 오답 : 갑의 연구에서는 자료 수집 분석 결과 '끝까지 기다림' 집단이 나머지 집단보다 학업 성적이 높았으므로 ㉠은 수용되었다. 그러나 을의 연구에서는 기다림 행동 정도에 따른 학업 성적의 차이가 통계적으로 유의미하지 않았으므로 ㉠은 기각되었다.
③ 정답 : 기다림 행동 정도는 독립 변수인 자기 통제력에 대한 조작적 정의에 해당한다.
④ 오답 : 학업 성적은 갑의 연구에서 종속 변수에 해당하고, 가정의 경제적 배경은 을의 연구에서 독립 변수에 해당한다.
⑤ 오답 : 실험 집단과 통제 집단을 구분하여 자료를 수집하는 방법은 실험법이다. 을의 연구에서 연구 대상자를 두 집단으로 구분한 것은 독립 변수 처치 여부에 따른 구분이 아니라 가정의 경제적 배경을 파악하기 위한 구분이다.

😮 **추가 학습** | 실험법은 인위적으로 만든 실험 상황에서 어떤 변인을 의도적으로 조작하고 그 변인에 의해 초래된 변화를 측정하는 방법이다.

다음 자료를 읽고 물음에 답하시오.

갑은 ㉠ 아이돌 팬덤의 심리적 특성이 아이돌 관련 상품에 대한 구매 의지에 미치는 영향을 파악하고자 하였다. 이에 갑은 아이돌 팬덤 활동 경험이 있는 4명과 대화하며 팬덤 활동을 통해 느꼈던 심리 상태에 관한 심층적인 자료를 수집하였다. 이후 갑은 자료 수집 및 분석 결과를 바탕으로 아이돌 팬덤의 심리적 특성을 ㉡ 행복감, 모방 욕구 두 가지로 분류하고, 아이돌 팬덤 활동 경험이 있는 200명을 연구 대상자로 모집하였다. 갑은 구조화된 문항을 통해 행복감을 지난 일주일간 자신이 좋아하는 아이돌의 영상을 시청한 시간으로, 모방 욕구는 지난 일주일간 아이돌의 패션 스타일을 따라 했던 횟수로 측정하였다. ㉢ 자료 분석 결과 두 가지 심리적 특성 중 ㉣ 한 가지 심리적 특성만 아이돌 관련 상품에 대한 구매 의지와 유의미한 정(+)의 관계가 나타났으며, 다른 한 가지 심리적 특성은 유의미한 정(+)의 관계가 나타나지 않았다.

이에 을은 갑의 연구에서 다른 한 가지 심리적 특성이 유의미한 정(+)의 관계가 왜 나타나지 않았는지를 밝히는 것을 ㉤ 연구 목적으로 설정하였다. 그리고 미디어 관련 연구 기관이 발행한 아이돌 팬덤의 유형에 관한 보고서를 분석한 결과 갑의 연구에서 팬덤의 유형을 구체화할 필요가 있음을 파악하였다. 을은 아이돌 팬덤의 유형을 활동 기간과 활동 참여도를 기준으로 지속형과 활동형으로 분류하였다. 을은 갑의 연구에 참여했던 대상자들의 동의를 구한 후 갑의 연구에서 행복감 정도가 높게 나타난 것으로 판명된 100명을 대상으로 ㉥ 아이돌 관련 상품에 대한 구매 의지와 ㉦ 아이돌 팬덤의 유형에 대한 설문 조사를 실시하였다. 자료 분석 결과 아이돌 팬덤의 유형 중 지속형보다 활동형이 아이돌 관련 상품에 대한 구매 의지가 유의미하게 높게 나타나 가설을 수용하였다. 을은 연구 결과를 바탕으로 아이돌 팬덤 활동을 하며 느끼는 행복감이 높더라도 팬덤의 유형에 따라 아이돌 관련 상품에 대한 구매 의지에는 차이가 있다는 결론을 도출하였다.

위 연구에 대한 설명 및 추론으로 옳은 것은? 3점

① 갑의 연구에서 모집단은 아이돌 팬덤 활동 경험이 있는 200명이다.

② ㉡은 ㉠의 조작적 정의에 해당한다.

③ ㉢ 단계, ㉤ 단계 모두 연구자의 가치 중립이 요구된다.

④ ㉣은 모방 욕구이다.

⑤ 을의 연구에서 ㉥은 독립 변수, ㉦은 종속 변수이다.

|자|료|해|설|
갑은 면접법과 질문지법을 활용하여 아이돌 팬덤의 심리적 특성이 아이돌 관련 상품에 대한 구매 의지에 미치는 영향을 파악하기 위한 연구를 하였다. 을은 문헌 연구법과 질문지법을 활용하여 팬덤의 유형에 따른 아이돌 관련 상품에 대한 구매 의지를 파악하기 위한 연구를 하였다.

|선|택|지|풀|이|

① 오답 : 갑의 연구에서 아이돌 팬덤 활동 경험이 있는 200명은 표본에 해당한다.

② 오답 : 아이돌 팬덤의 심리적 특성을 행복감, 모방 욕구 두 가지로 분류한 것은 아이돌 팬덤의 심리적 특성에 대한 조작적 정의에 해당하지 않는다.

③ 오답 : 자료 분석 단계에서는 가치 중립이 요구되고, 연구 목적 설정 단계에서는 가치 개입이 허용된다.

④ 정답 : 을은 갑의 연구에서 다른 한 가지 심리적 특성이 유의미한 정(+)의 관계가 왜 나타나지 않는지를 밝히기 위해 갑의 연구에서 행복감 정도가 높게 나타난 것으로 판명된 100명을 대상으로 연구한 결과, 행복감이 높더라도 팬덤의 유형에 따라 아이돌 관련 상품에 대한 구매 의지에 차이가 있다는 결론을 도출하였다. 이를 통해 갑의 연구에서 모방 욕구와 아이돌 관련 상품에 대한 구매 의지는 유의미한 정(+)의 관계가 나타났으나, 행복감과 아이돌 관련 상품에 대한 구매 의지는 유의미한 정(+)의 관계가 나타나지 않았음을 알 수 있다. 따라서 ㉣은 모방 욕구이다.

⑤ 오답 : 을의 연구에서 아이돌 관련 상품에 대한 구매 의지는 종속 변수에 해당하고, 아이돌 팬덤의 유형은 독립 변수에 해당한다.

문제풀이 T I P | 갑의 연구와 을의 연구 각각에서 독립 변수와 종속 변수를 표시해 보도록 한다.

출제분석 | 사회·문화 현상의 연구 과정을 파악하는 문제이다. 관련 있는 두 개의 연구 과정을 분석하는 문제가 출제될 수 있으므로 기출 문제를 통해 다양한 유형의 문제를 접해 보도록 한다.

다음 자료에 대한 설명 및 추론으로 옳은 것은? 

> 연구자 갑은 타인의 존재와 개인의 과업 수행 간의 관계에 대해 연구하고자 하였다. 그는 자신의 연구에 사용할 변수들을 선정하기 위해 두 개의 선행 연구 A, B를 검토하였다.
>
> A에서는 타인의 존재가 과업 수행에 긍정적 영향을 미칠 것이라는 가설을 검증하기 위해, 사이클 선수들을 무작위로 두 집단으로 구분하여, ㉠ 한 집단은 각자 따로 출발하게 하고 ㉡ 다른 집단은 여러 명이 함께 출발하게 하였다. 그 결과 함께 달린 집단이 따로 달린 집단보다 더 좋은 기록을 냈다. B에서는 과업과 관련한 개인의 기본 역량이 높은 집단에서는 타인의 존재가 과업 수행에 긍정적 영향을 미치고, 과업과 관련한 개인의 기본 역량이 낮은 집단에서는 타인의 존재가 과업 수행에 부정적 영향을 미칠 것이라는 가설을 검증하였다. 이 연구에서는 무작위로 선발한 당구 동호인을 당구 실력이 높은 집단과 낮은 집단으로 구분한 뒤, 각자 당구 게임을 수행하게 하고 그 점수를 측정하였다. 다음으로 각 집단을 관찰자들이 보는 앞에서 이전과 같은 방식으로 동일한 당구 게임을 수행하도록 하고, 그 점수를 측정하였다. 측정 결과 ㉢ 실력이 높은 집단의 게임 수행 점수는 높아진 반면, ㉣ 실력이 낮은 집단의 게임 수행 점수는 낮아졌다.
>
> 갑은 A, B를 통해 타인의 존재가 개인의 과업 수행에 유의미한 영향을 미친다는 사실을 확인하였다. 갑은 A에서는 타인을 경쟁자로, B에서는 관찰자로 설정한 점, 그리고 B에서 개인의 기본 역량이 과업 수행에 영향을 미친다는 점에 주목하였다. 이를 통해 타인의 존재가 ㉤ 개인의 과업 수행에 미치는 영향을 다각적으로 설명하려면 ㉥ 타인의 역할과 과업 수행을 위한 행위자의 기본 역량을 변수로 활용하는 ㉦ 연구가 필요하다는 결론에 이르렀다.

① 갑은 실험법을 사용하여 자료를 수집하였다.
② 갑이 검토한 연구는 방법론적 일원론을 전제로 하여 수행되었다.
③ A에서 ㉠은 실험 집단, ㉡은 통제 집단이다.
④ ㉢과 ㉣ 간의 차이로 인해 B의 가설은 수용되었을 것이다.
⑤ ㉦에서 ㉥은 독립 변수, ㉤은 종속 변수이다.

|자|료|해|설|

갑은 선행 연구 A와 B를 검토하여 자신의 연구에 사용할 변수를 선정하고자 하였다. 선행 연구 A는 경쟁자인 타인의 존재 여부가 과업 수행에 미치는 영향을 연구한 것이고, 선행 연구 B는 관찰자인 타인의 존재 여부와 개인의 기본 역량이 과업 수행에 미치는 영향을 연구한 것이다.

|선|택|지|풀|이|

① 오답 : 갑은 자신의 연구에 사용할 변수를 선정하기 위해 선행 연구 A와 B를 검토하였으므로 문헌 연구법을 사용하여 자료를 수집하였다.

② 정답 : 갑이 검토한 연구는 A와 B로, 이 연구들은 모두 방법론적 일원론을 전제로 하는 양적 연구에 해당한다.

③ 오답 : 선행 연구 A에서 ㉠은 통제 집단, ㉡은 실험 집단에 해당한다.

④ 오답 : 선행 연구 B에서 관찰자가 없을 때보다 관찰자가 있을 때 ㉢이 높아졌고, 관찰자가 없을 때보다 관찰자가 있을 때 ㉣이 낮아졌다. 따라서 ㉢과 ㉣에서 관찰자의 존재 여부에 따른 점수의 차이로 인해 B의 가설이 수용되었을 것이다.

⑤ 오답 : ㉦에서 ㉤은 종속 변수, ㉥은 독립 변수에 해당한다.

🗣️ **문제풀이 TIP |** 제시된 A와 B는 갑이 자신의 연구에서 사용할 변수를 선정하기 위해 검토한 선행 연구이다. 따라서 갑은 문헌 연구법을 사용하여 자료를 수집하였다. 선행 연구 A와 B에서 활용한 자료 수집 방법을 갑이 활용했다고 혼동하지 않도록 한다.

🗣️ **출제분석 |** 양적 연구 과정을 분석하는 문제이다. 연구 과정을 제시하여 그 과정을 통해 다양한 개념을 묻는 문제가 출제될 수 있으므로 기출 문제를 통해 다양한 연구 과정을 파악해 두도록 한다.

다음 연구에 대한 설명으로 옳은 것은? 3점

갑은 '재난 상황에서 인간의 행동에 미치는 주변인의 영향'이라는 주제를 연구하기 위해 자료를 수집하였다. 갑은 대학생활에 관한 ① 설문 조사를 한다는 명목으로 조사에 참여할 ② 대학생 100명을 모집하여 무작위로 A 집단에 60명, B 집단에 20명, C 집단에 20명을 배정하였다. 갑은 A 집단에게 설문 조사는 연구의 목적과 아무 관련이 없다는 점을 설명하고, 방에 연기가 들어오더라도 무해하니 설문지를 작성하는 척하면서 나오지 말라고 하였다. 반면 B 집단, C 집단에게는 연기에 대한 언급 없이 설문 조사에 성실하게 임해 달라고만 하였다. 이후 갑은 격리된 방 40개를 마련하여 20개 방 각각에는 A 집단 학생 3명과 B 집단 학생 1명이, 또 다른 20개 방 각각에는 A 집단 학생 없이 C 집단 학생 1명만 들어가서 설문지를 작성하게 하였다. 갑은 설문 조사 시작 1분 후 각 방에 연기를 들여보내고, 폐쇄회로 텔레비전(CCTV)을 통해 © B 집단과 C 집단 학생들의 행동을 관찰하였다. 연기가 들어오자 B 집단 중 5명은 ② A 집단 학생들의 행동을 의식하지 않고 곧바로 방을 나갔고 15명은 다른 학생들을 살피면서 설문지를 계속 작성하였다. C 집단의 경우, 연기가 들어오자 15명은 방에서 곧바로 나갔고 5명은 설문지를 계속 작성하였다. 갑은 이러한 관찰 결과를 바탕으로 논문을 발표하였다.

① ①은 사전 검사에 해당한다. → 하지 않는다

② ②은 모집단, A 집단은 표본 집단이다.

③ ©은 독립 변인, ②은 종속 변인이다.

④ B 집단은 실험 집단, C 집단은 통제 집단이다.

⑤ 갑은 의도한 결과를 얻기 위해 자료를 자의적으로 조작하였다. → 알 수 없음

사전 검사 X / **모집단 X** / **실험 집단** / **통제 집단** / **종속 변인** / **독립 변인**

|자|료|해|설|

제시된 연구는 실험법을 실시하여 재난 상황에서 주변인이 인간의 행동에 어떠한 영향을 미치는지를 알아보기 위한 양적 연구이다.

|선|택|지|풀|이|

① 오답 : 사전 검사는 실험 처치가 가해지기 전에 종속 변인 값을 측정하는 검사를 말한다. ①은 종속 변인인 '재난 상황에서 인간의 행동'을 측정하기 위한 검사에 해당하지 않는다.

② 오답 : ②은 실험에 참여한 사람으로 모집단에 해당하지 않는다. 해당 연구는 B 집단과 C 집단의 행동을 비교하기 위한 것이므로 표본 집단은 B 집단과 C 집단이다. A 집단은 B 집단과 C 집단을 비교하기 위해 필요한 집단으로, 표본 집단에 해당하지 않는다.

③ 오답 : 독립 변인은 원인으로 작용하는 변인을, 종속 변인은 독립 변인의 영향을 받아 변화하는 변인을 말한다. ©은 종속 변인, ②은 독립 변인이다.

④ 정답 : 실험 집단은 실험 처치, 즉 독립 변인 처치가 가해지는 집단을 말하고, 통제 집단은 실험 처치가 가해지지 않는 집단을 말한다. B 집단은 주변인에 해당하는 A 집단의 행동이 가해졌으므로 실험 집단에 해당하고, C 집단은 주변인에 해당하는 A 집단의 행동이 가해지지 않았으므로 통제 집단에 해당한다.

⑤ 오답 : 제시된 연구에서 갑이 의도한 결과를 얻기 위해 자료를 자의적으로 조작하였는지는 알 수 없다.

관련 개념 | 실험법은 한두 개의 요인을 변화시키고 나머지 모든 요인들은 엄격하게 통제된 상황에서 발생시킨 현상에 대해 객관적으로 관찰하는 자료 수집 방법이다. 실험법에서 연구자가 임의로 변화시키고 조작하는 변인을 독립 변인이라고 하고, 이 독립 변인의 영향을 받아 변화하는 변인을 종속 변인이라고 한다.

출제분석 | 양적 연구 과정을 분석하는 문제이다. 연구 과정을 제시하여 그 과정에서 파악할 수 있는 다양한 개념을 묻는 문제가 출제될 수 있다.

다음 자료에 대한 옳은 설명만을 〈보기〉에서 있는 대로 고른 것은? [3점]

> 종속 변인   독립 변인
>
> 갑은 청소년의 ⊙ 자존감에 ⓒ 부모 지지 및 ⓒ 또래 지지가 미치는 영향을 파악하고자 청소년 1,000명을 대상으로 연구하였다. 자존감의 정도, 부모 지지의 정도, 또래 지지의 정도는 각각 관련 질문들로 구성된 설문지를 통해 지수화하여 측정하였다. 자존감의 정도에 따라 자존감이 ② 높은 집단과 ⑩ 낮은 집단으로 구분하고, 부모 지지와 또래 지지는 그 정도를 '강함'과 '약함'으로 분류하여 아래 표와 같은 정보를 얻었다. 갑은 이를 토대로 청소년의 자존감을 높이기 위해서는
>
>   (가)   라는 판단을 내렸다.
>
> ⊙~ⓒ에 대한 조작적 정의
>
> 질문지법
>
> (단위: 명)
>
> | 구분 | | 부모 지지의 정도 | | 또래 지지의 정도 | |
> |---|---|---|---|---|---|
> | | | 강함 | 약함 | 강함 | 약함 |
> | 자존감의 정도 | 높음 | 400 | 100 | 250 | 250 |
> | | 낮음 | 0 | 500 | 150 | 350 |

보기

ㄱ. ⊙은 종속 변인, ⓒ과 ⓒ은 독립 변인에 해당한다.

ㄴ. ⊙~ⓒ에 대해 모두 조작적 정의가 이루어졌다.

ㄷ. ②은 실험 집단, ⑩은 통제 집단이다.

ㄹ. (가)에는 '부모 지지보다 또래 지지를 강화하는 것이 더 효과적이다.'가 들어갈 수 있다. (없다)

① ㄱ, ㄴ   ② ㄱ, ㄷ   ③ ㄷ, ㄹ
④ ㄱ, ㄴ, ㄹ   ⑤ ㄴ, ㄷ, ㄹ

|자|료|해|설|

갑은 질문지법을 통해 부모 지지 및 또래 지지가 청소년의 자존감에 미치는 영향을 파악하기 위한 양적 연구를 실시하였다.

|보|기|풀|이|

ㄱ. 정답 : 독립 변인은 원인으로 작용하는 변인을 말하고, 종속 변인은 독립 변인의 영향을 받아 변화하는 변인을 말한다. 따라서 ⊙은 종속 변인에 해당하고, ⓒ과 ⓒ은 독립 변인에 해당한다.

ㄴ. 정답 : 자존감의 정도, 부모 지지의 정도, 또래 지지의 정도는 관련 질문들로 구성된 질문지를 통해 지수화하여 측정하였다. 따라서 ⊙~ⓒ에 대한 조작적 정의가 이루어졌다.

ㄷ. 오답 : 갑은 실험법이 아닌 질문지법을 통해 자료를 수집하였다. 따라서 제시된 연구에서는 실험 집단과 통제 집단이 나타나 있지 않다.

ㄹ. 오답 : 자료 분석 결과 또래 지지의 정도보다 부모 지지의 정도가 강할수록 자존감의 정도가 높게 나타났다. 따라서 '부모 지지보다 또래 지지를 강화하는 것이 더 효과적이다.'는 (가)에 들어갈 수 없다.

문제풀이 TIP | 변인이 먼저 나왔다고 독립 변인이 되는 것은 아니다. 원인으로 작용하는 변인과, 그 원인으로 인해 영향을 받아 변화하는 변인을 구분할 수 있어야 한다.

출제분석 | 양적 연구 과정을 분석하는 문제이다. 특정 연구 과정을 분석하는 문제는 고난도로 출제될 수 있으므로 기출 문제를 통해 다양한 유형의 고난도 문제를 접해 보도록 한다.

밑줄 친 ⊙ ~ ⊗에 대한 설명으로 옳은 것은? [3점]

> 종속 변인   독립 변인
>
> 가치 개입 불가피
>
> 연구자 갑은 '고등학생의 ⊙ 학업 성취도에 ⓒ 꾸준한 운동이 미치는 영향'을 ⓒ 연구 주제로 설정하고, 고등학생의 학업 성취도에 꾸준한 운동이 긍정적인 효과가 있을 것이라는 가설을 세웠다. 그리고 평소 운동을 꾸준히 하지 않는 고등학생 100명을 모집하여 50명씩 ② A 집단과 ⑩ B 집단으로 나누었다. 갑은 ⑭ 사전 검사를 실시한 후 6개월 동안 한 집단은 ⊗ 매일 20분씩 달리기를 하도록 하였고, 다른 한 집단은 평소처럼 생활하도록 하였다. 6개월 후 사후 검사를 실시하여 사전 검사 결과와 비교해 보니 A 집단과 달리 B 집단의 경우 학업 성취도가 유의미하게 향상되어 갑은 가설이 타당하다는 결론을 내렸다.
>
> 통제 집단   실험 집단

① ⊙은 독립 변인, ⓒ은 종속 변인이다.

② ⓒ에서 연구자의 가치 중립이 필수적이다.

③ ②은 통제 집단, ⑩은 실험 집단이다.

④ ⑭은 실험 처치 전 독립 변인을 측정하기 위한 검사이다. (종속)

⑤ ⊗은 종속 변인에 대한 조작적 정의를 바탕으로 한 실험 처치이다. (독립)

|자|료|해|설|

제시된 연구는 꾸준한 운동이 학업 성취도에 미치는 영향을 알아보기 위한 양적 연구로, 실험법을 통해 자료를 수집하였다.

|선|택|지|풀|이|

① 오답 : 독립 변인은 원인으로 작용하는 변인을 말하고, 종속 변인은 독립 변인의 영향을 받아 변화하는 변인을 말한다. 제시된 연구에서 독립 변인은 ⓒ이고, 종속 변인은 ⊙이다.

② 오답 : 연구 주제를 설정하는 단계에서는 연구자의 가치 개입이 불가피하다.

③ 정답 : 실험 집단은 실험 처치, 즉 독립 변인 처치가 가해지는 집단을 말하고, 통제 집단은 실험 처치가 가해지지 않는 집단을 말한다. 제시된 연구에서 A 집단과 달리 B 집단의 학업 성취도가 유의미하게 향상되어 가설이 수용되었다. 이를 통해 A 집단은 통제 집단, B 집단은 실험 집단에 해당함을 알 수 있다.

④ 오답 : 사전 검사는 실험 처치가 가해지기 전에 종속 변인 값을 측정하는 검사를 말한다. 따라서 ⑭은 실험 처치 전 종속 변인을 측정하기 위한 검사이다.

⑤ 오답 : ⊗은 독립 변인인 꾸준한 운동에 대한 조작적 정의를 바탕으로 한 실험 처치에 해당한다.

다음 자료에 대한 옳은 설명만을 〈보기〉에서 있는 대로 고른 것은?

　　연구자 갑은 ㉠ 환경 요인이 유전 요인보다 범죄성에 더 큰 영향을 미칠 것이라는 가설을 검증하기 위해 입양아의 기록을 연구하였다. 그는 1930년에서 1950년 사이에 ○○시에서 출생 직후 비혈연 관계에 있는 사람에게 입양된 아이의 입양 기록을 조사하였다. 갑은 공식 기록을 통해 ㉡ 입양아(양자)의 범죄 경력 유무, ㉢ 입양한 아버지(양부)와 ㉣ 생물학적 아버지(생부)의 범죄 경력 유무를 파악하였다. 분석 결과는 표와 같으며, 그 결과는 통계적으로 유의미하였다.

독립 변수(원인)　종속 변수(결과)

문헌 연구법

범죄성 / 환경 요인 / 유전 요인

〈양부와 생부의 범죄 경력 유무에 따른 양자의 범죄 경력 유무〉

환경 요인 / 유전 요인　　　　　　　　　(단위 : 명)

양부의 범죄 경력	생부의 범죄 경력	양자의 범죄 경력	
		없음	있음
없음	없음	380	20
	있음 → 유전	240	80
있음	없음	135	15
	있음	130	70

$\frac{80}{320} \times 100 = 25\%$

$\frac{15}{150} \times 100 = 10\%$

환경

보기

기각

ㄱ. ㉠이 수용되었다.

범죄성
ㄴ. ㉡은 종속 변수에 대한 조작적 정의이다.

실험법에서만 사용
ㄷ. ㉢은 실험 집단, ㉣은 통제 집단이다.

ㄹ. 양적 연구와 질적 연구 모두에서 활용되는 자료 수집 방법이 사용되었다.
　　　　→ 문헌 연구법

① ㄱ, ㄷ　　　　② ㄴ, ㄷ　　　　③ ㄴ, ㄹ
④ ㄱ, ㄴ, ㄹ　　　⑤ ㄱ, ㄷ, ㄹ

| 자 | 료 | 해 | 설 |

제시된 연구는 원인에 해당하는 독립 변수(환경 요인, 유전 요인)와 결과에 해당하는 종속 변수(범죄성) 사이의 인과 관계 파악을 목적으로 하는 양적 연구 과정이다. 연구자 갑은 가설을 검증하기 위해 자료 수집 방법 중 문헌 연구법을 활용하였다.

| 보 | 기 | 풀 | 이 |

ㄱ. 오답 : 제시된 표에서 '양부의 범죄 경력(환경 요인) 없음+생부의 범죄 경력(유전 요인) 있음'을 보면 '양자의 범죄 경력 없음'이 240명이고, '양자의 범죄 경력 있음'이 80명이다. 전체 320명(=240명+80명) 중에서 80명이 범죄 경력이 있으므로 25%{=(80/320)×100}가 유전 요인(생부의 범죄 경력)에 의해 양자의 범죄가 발생했다는 것을 알 수 있다. 제시된 표에서 '양부의 범죄 경력 있음+생부의 범죄 경력 없음'을 보면 '양자의 범죄 경력 없음'이 135명이고, '양자의 범죄 경력 있음'이 15명이다. 전체 150명(=135명+15명) 중에서 15명이 범죄 경력이 있으므로 10%{=(15/150)×100}가 환경 요인(양부의 범죄 경력)에 의해 양자의 범죄가 발생했다는 것을 알 수 있다. 이를 통해 유전 요인(25%)이 환경 요인(10%)보다 범죄성에 더 큰 영향을 미친다는 것을 알 수 있다. 따라서 가설 ㉠은 기각되었다.

ㄴ. 정답 : '입양아(양자)의 범죄 경력 유무'는 종속 변수(범죄성)에 대한 조작적 정의에 해당한다.

ㄷ. 오답 : 실험 집단과 통제 집단(비교 집단)은 실험법에서만 사용하는 용어이다. 제시된 연구는 문헌 연구법을 활용하였기 때문에 ㉢, ㉣은 각각 실험 집단과 통제 집단에 해당하지 않는다.

ㄹ. 정답 : 연구자 갑은 가설을 검증하기 위해 입양아의 기록을 연구하는 문헌 연구법을 활용하였다. 문헌 연구법은 양적 연구와 질적 연구 모두에서 활용될 수 있는 자료 수집 방법이다.

 **문제풀이 TIP** | 가설 수용 및 기각 여부를 파악하기 위해서는 주어진 표에서 '양부의 범죄 경력 없음+생부의 범죄 경력 있음'과 '양부의 범죄 경력 있음+생부의 범죄 경력 없음'만 비교하면 쉽게 해결할 수 있다.

다음 연구에 대한 옳은 설명만을 〈보기〉에서 있는 대로 고른 것은?

3점

갑은 20~30대 직장인의 이직 희망 정도에 현 직장에서의
⊙ 물질적 보상 수준 및 ⓒ 자신의 업무에 대한 주관적 인식이
미치는 영향을 연구하기로 하고 다음과 같은 가설을 세웠다.
〈가설 1〉 현 직장에서의 성과급이 많을수록 이직 희망 정도가
낮을 것이다.
〈가설 2〉 현 직장에서의 업무 만족도가 높을수록 이직 희망
정도가 낮을 것이다.
이후 갑은 ⓒ A 기업 사원 중 연구 참여에 동의한 20~30대
사원 ⓔ 200명을 대상으로 설문 조사를 실시하여 ⑩ 자료를
수집하였다. 그림 (가), (나)는 자료 분석 결과를 나타낸다.

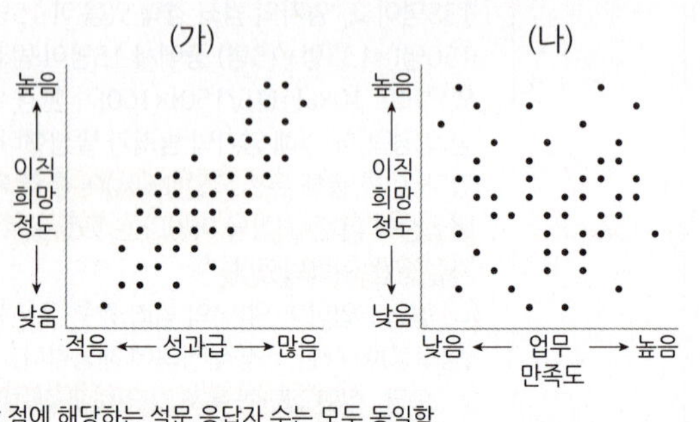

* 각 점에 해당하는 설문 응답자 수는 모두 동일함.

보기

ㄱ. ⊙, ⓒ은 모두 독립 변수이다.
ㄴ. ⓒ은 모집단, ⓔ은 표본이다.
ㄷ. ⑩은 1차 자료이다.
ㄹ. (가)는 〈가설 1〉을 수용하는 근거가, (나)는 〈가설 2〉를 기각
하는 근거가 된다.

① ㄱ, ㄴ ② ㄱ, ㄷ ③ ㄴ, ㄹ
④ ㄱ, ㄷ, ㄹ ⑤ ㄴ, ㄷ, ㄹ

|자|료|해|설|

제시된 연구는 현 직장에서의 물질적 보상 수준 및 자신의
업무에 대한 주관적 인식이 20~30대 직장인의 이직 희망
정도에 미치는 영향을 알아보기 위한 양적 연구이다.

|보|기|풀|이|

ㄱ. 정답 : ⊙과 ⓒ은 모두 원인으로 작용하는 변인이므로
독립 변수에 해당한다.

ㄴ. 오답 : 제시된 연구에서 모집단은 20~30대 직장인이고,
표본은 A 기업 사원 중 연구 참여에 동의한 20~30대 사원
200명이다.

ㄷ. 정답 : 설문 조사를 실시하여 수집한 자료는 연구자가
직접 수집하여 최초로 분석되는 자료이므로 1차 자료에
해당한다.

ㄹ. 오답 : (가)에서는 현 직장에서의 성과급이 많을수록
이직 희망 정도가 높게 나타나고 있고, (나)에서는
현 직장에서의 업무 만족도와 이직 희망 정도 간에
상관관계가 나타나 있지 않다. 따라서 (가)는 〈가설 1〉을
기각하는 근거가 되고, (나)는 〈가설 2〉를 기각하는
근거가 된다.

추가 개념 | 가설은 연구 주제에 대한 잠정적인 결론으로, 가설
검증 단계에서는 수집된 자료의 분석 결과에 따라 가설이 수용될
수도 있고 기각될 수도 있다.

출제분석 | 양적 연구 과정을 분석하는 문제이다. 양적 연구와
질적 연구를 비교하는 평이한 문제뿐만 아니라 연구 과정에서
자료 분석 결과를 통해 가설 기각 여부를 판단하는 고난도 문제가
출제될 수 있다.

밑줄 친 ㉠~㉺에 대한 옳은 설명만을 〈보기〉에서 고른 것은? 3점

독립 변수　종속 변수

갑은 반려견 양육 경험이 반려견을 양육하는 사람의 주관적 행복감에 미치는 영향을 파악하기 위해 ㉠ 가설을 설정하고 연구를 진행하였다. 갑은 반려견을 양육하고 있는 성인 500명을 대상으로 구조화된 질문지를 활용해 반려견을 키운 기간, 반려견과 같이 보내는 시간을 조사하고, ㉡ 우울감 정도, 생활 만족도는 5점 척도로 조사하였다. 갑은 수집한 ㉢ 자료를 통계 프로그램으로 분석하여 결론을 도출하였다.

질문지법

주관적 행복감에 대한 조작적 정의

1차 자료

한편, 을은 현대인이 반려견 양육에 부여하는 의미를 심층적으로 파악하고자 하였다. 이를 위해 을은 반려견 양육 경험이 없는 사람들을 ㉣ A 집단, 반려견 양육 경험이 있는 사람들을 ㉤ B 집단으로 각각 10명씩 구분하였다. A 집단에는 반려견을 키우지 않는 이유, 반려견 양육 의향 등에 대해, B 집단에는 ㉥ 반려견 양육 동기, 반려견에게 느끼는 감정 등에 대해 직접 물어보면서 연구 대상자의 답변을 녹취하였다. 을은 수집한 ㉺ 자료를 해석하여 결론을 도출하였다.

면접법

1차 자료

보기

ㄱ. ㉠에서 독립 변수는 '반려견 양육 경험의 유무'이다.　정도

ㄴ. ㉡은 ㉥과 달리 해당 연구에서 종속 변수에 대한 조작적 정의에 해당한다.

ㄷ. ㉢과 ㉺은 모두 해당 연구자가 언어적 상호 작용이 필수적인 자료 수집 방법을 활용해 얻은 1차 자료이다.　질문지법, 면접법

ㄹ. ㉣은 통제 집단, ㉤은 실험 집단이다.　실험법과 관련 있음

① ㄱ, ㄴ　② ㄱ, ㄷ　③ ㄴ, ㄷ　④ ㄴ, ㄹ　⑤ ㄷ, ㄹ

|자|료|해|설|

갑은 질문지법을 통해 자료를 수집하여 가설을 검증한 양적 연구를 실시하였고, 을은 면접법을 통해 자료를 수집하여 사회 · 문화 현상을 이해하려는 질적 연구를 실시하였다.

|보|기|풀|이|

ㄱ. 오답 : 갑은 반려견 양육 경험을 측정하기 위해 반려견을 키운 기간과 반려견과 같이 보내는 시간을 조사하였다. 이를 통해 갑이 설정한 가설에서 독립 변수는 반려견 양육 경험의 정도임을 알 수 있다.

ㄴ. 정답 : 갑의 가설에서 종속 변수는 반려견을 양육하는 사람의 주관적 행복감으로, 갑은 종속 변수를 측정하기 위해 우울감 정도와 생활 만족도를 측정하였다. 따라서 우울감 정도와 생활 만족도는 갑의 연구에서 종속 변수에 대한 조작적 정의에 해당한다. 을은 질적 연구를 실시하였다. 질적 연구에서는 독립 변수와 종속 변수가 존재하지 않는다. 따라서 반려견 양육 동기와 반려견에게 느끼는 감정은 을의 연구에서 종속 변수에 대한 조작적 정의에 해당하지 않는다.

ㄷ. 정답 : 언어적 상호 작용이 필수적인 자료 수집 방법은 질문지법과 면접법이다. 갑은 질문지법을 통해 얻은 1차 자료를 바탕으로 가설을 검증하였고, 을은 면접법을 통해 얻은 1차 자료를 바탕으로 사회 · 문화 현상을 이해하고자 하였다.

ㄹ. 오답 : 통제 집단과 실험 집단은 실험법과 관련 있다. 을은 실험법이 아닌 면접법을 통해 자료를 수집하였다.

추가 학습 | 연구자가 활용하는 자료 중 연구자 자신에 의해 직접 수집되어 최초로 분석되는 자료를 1차 자료라고 하고, 다른 연구에서 이미 수집되고 분석된 자료를 2차 자료라고 한다.

다음 연구에 대한 옳은 설명만을 〈보기〉에서 고른 것은? 3점

종속 변수　독립 변수

연구자 갑은 고등학생 자녀의 학업 성취와 부모의 민주적 양육 태도 간의 관계를 파악하고자 가설을 설정하고 연구를 진행하였다. 갑은 구조화된 설문지로 자녀의 학업이나 진로를 결정하는 과정에서 부모의 개입 지수, 부모의 통제 지수, 자녀의 의사 반영 지수를 측정하고, 부모와 자녀의 동의를 얻어 자녀의 모의평가 성적을 학교로부터 제공받았다. 수집한 자료의 분석을 통해 갑은 자녀의 학업 성취에 대하여 부모의 민주적 양육 태도가 정(+)의 영향력을 가지며, 이는 통계적으로 유의미하다는 것을 확인하였다.

1차 자료 수집

독립 변수에 대한 조작적 정의 (1차 자료)

종속 변수에 대한 조작적 정의 (2차 자료)

보기

부모의 민주적 양육 태도　자녀의 학업 성취

ㄱ. 자료 분석에 1차 자료와 2차 자료가 모두 활용되었다.

ㄴ. 독립 변수와 종속 변수에 대한 조작적 정의가 이루어졌다.

ㄷ. 자녀의 학업 성취는 양적 자료로, 부모의 민주적 양육 태도는 질적 자료로 수집되었다.　양적

ㄹ. 분석을 통해 수용된 가설은 '자녀의 학업 성취가 높을수록 부모의 민주적 양육 태도가 높을 것이다.'이다.

부모의 민주적 양육 태도　자녀의 학업 성취

① ㄱ, ㄴ　② ㄱ, ㄷ　③ ㄴ, ㄷ　④ ㄴ, ㄹ　⑤ ㄷ, ㄹ

|자|료|해|설|

제시된 연구는 양적 연구이며, 자녀의 학업 성취에 대하여 부모의 민주적 양육 태도가 정(+)의 영향력을 가진다는 내용을 통해 부모의 민주적 양육 태도가 독립 변수, 자녀의 학업 성취가 종속 변수임을 알 수 있다.

|보|기|풀|이|

ㄱ. 정답 : 1차 자료는 연구자가 활용하는 자료 중 연구자가 해당 연구를 위해 자신이 직접 수집하여 최초로 분석한 자료이며, 2차 자료는 다른 연구에서 이미 수집되고 분석된 자료이다. 갑이 구조화된 설문지를 통해 수집한 자료는 1차 자료, 학교로부터 제공받은 자녀의 모의평가 성적은 2차 자료이므로 자료 분석에 1차 자료와 2차 자료가 모두 활용되었다.

ㄴ. 정답 : 독립 변수인 '부모의 민주적 양육 태도'는 '자녀의 학업이나 진로를 결정하는 과정에서 부모의 개입 지수, 부모의 통제 지수, 자녀의 의사 반영 지수'로 조작적 정의가 이루어졌으며, 종속 변수인 '자녀의 학업 성취'는 '모의평가 성적'으로 조작적 정의가 이루어졌다.

ㄷ. 오답 : 자녀의 학업 성취와 부모의 민주적 양육 태도 모두 양적 자료로 수집되었다.

ㄹ. 오답 : 부모의 민주적 양육 태도가 독립 변수, 자녀의 학업 성취가 종속 변수이므로 자료 분석을 통해 수용된 가설은 '부모의 민주적 양육 태도가 높을수록 자녀의 학업 성취가 높을 것이다.'이다.

다음 자료에 대한 설명으로 옳은 것은? 3점

독립 변수

종속 변수

사전 검사

연구자 갑은 '㉠ 먹방(먹는 방송) 시청과 ㉡ 다이어트 실시 여부가 식욕에 미치는 영향'이라는 주제를 연구하기 위해 가설을 설정하고 남녀 대학생 48명을 대상으로 연구를 진행하였다. 갑은 다이어트를 하고 있는 24명과 다이어트를 하고 있지 않은 24명을 선정하여 아래 표와 같이 분류하고, 각 집단에 12명씩 연구 대상자를 배정하였다. 갑은 연구 대상자 모두에게 실험 실시 전 5시간 동안 공복을 유지하게 한 후, ㉢ 식욕을 측정하였다. 식욕은 10점 척도를 활용하여 점수가 높을수록 식욕이 많은 것으로 해석하였다. A, B 집단에는 먹방을 20분 동안 시청하게 하고, C, D 집단에는 자연 풍경을 촬영한 영상을 20분 동안 시청하게 한 이후 ㉣ 식욕을 다시 측정하였다. 갑은 수집한 자료를 분석한 결과 ㉤ 가설이 모두 기각되었음을 확인하였다.

실험 집단 / 통제 집단 / 사후 검사

〈연구 대상자의 분류〉

구분		다이어트	
		하고 있음 (24명)	하고 있지 않음 (24명)
시청 예정 영상	먹는 방송	A 집단 12명	B 집단 12명
	자연 풍경 영상	C 집단 12명	D 집단 12명

① C 집단은 통제 집단, D 집단은 실험(통제) 집단이다.
② ㉠은 독립 변수, ㉡은 종속(독립) 변수이다.
③ ㉢은 ㉠의 영향을 측정하기 위한 사전 검사, ㉣은 ㉡(㉠)의 영향을 측정하기 위한 사후 검사이다.
④ 종속 변수에 미치는 ㉠의 영향을 확인하기 위한 실험 처치가 적용된 것은 A 집단, B 집단이다.
⑤ B 집단의 ㉢값과 D 집단의 ㉣값의 차이가 없었기 때문에 ㉤이 되었다. 동일 집단 ×

|자|료|해|설|

제시된 연구는 실험법을 통해 먹방 시청과 다이어트 실시 여부가 식욕에 미치는 영향을 알아보기 위한 양적 연구이다.

|선|택|지|풀|이|

① 오답 : C 집단과 D 집단은 모두 자연 풍경을 촬영한 영상을 시청한 집단으로, 이는 통제 집단에 해당한다.
② 오답 : ㉠과 ㉡은 모두 독립 변수이다. 제시된 연구에서 종속 변수는 식욕이다.
③ 오답 : ㉢은 ㉠의 영향을 측정하기 위한 사전 검사이고, ㉣은 ㉠의 영향을 측정하기 위한 사후 검사이다.
④ 정답 : A 집단과 B 집단은 모두 먹방을 시청한 집단으로, 실험 집단에 해당한다. 따라서 식욕(종속 변수)에 미치는 먹방 시청(독립 변수)의 영향을 확인하기 위해 실험 처치가 적용된 집단은 실험 집단인 A 집단과 B 집단이다.
⑤ 오답 : 동일 집단에서의 사전 검사와 사후 검사의 차이를 비교함으로써 가설의 수용 여부를 판단할 수 있다. 즉, 동일 집단의 ㉢값과 ㉣값의 차이가 없을 경우 가설이 기각될 수 있다.

🧑‍🦱 **추가 학습** | 실험법에는 최소한 두 개 이상의 변수가 존재한다. 연구자가 임의로 변화시키고 조작하는 변수를 독립 변수라고 하고, 이 독립 변수의 영향을 받아 변화하는 변수를 종속 변수라고 한다. 사전 검사는 실험 집단에 독립 변수를 처치하기 이전의 종속 변수 값을 측정하는 검사를 말하고, 사후 검사는 실험 집단에 독립 변수를 처치한 이후의 종속 변수 값을 측정하는 검사를 말한다.

😀 **출제분석** | 양적 연구 과정을 분석하는 문제이다. 질적 연구 과정보다는 양적 연구 과정을 분석하는 문제가 고난도로 출제될 수 있으므로 기출 문제를 통해 고난도 문제를 많이 풀어 보도록 한다.

❝ 이 문제에선 이게 가장 중요해! ❞

실험법 : 연구 대상자에게 독립 변수를 처치하고 나타나는 종속 변수를 분석(인위적으로 통제된 상황에서 변수의 효과를 관찰하는 방법, 인간 행위에 일정한 자극을 주고 그 반응을 분석하는 방법)

- 장점 : 인과 관계 파악 용이, 정확성·객관성↑, 비교 분석 용이

- 단점 : 윤리적 문제 발생 우려

- 특징 : 주로 양적 연구에 활용, 가장 엄격한 통제가 이루어짐

다음 자료에 대한 설명 및 추론으로 옳은 것은? 3점

> 갑은 직장인의 업무 과부하와 직무 스트레스 간의 관계를 파악하기 위해 연구를 진행하였다. 갑은 ○○ 기업 직원 전체를 대상으로 ㉠ 업무량, ㉡ 업무 이해도, 직무 스트레스를 각각 5점 척도 문항으로 측정한 후, 이 자료를 분석하여 업무 과부하가 직무 스트레스를 높인다는 결론을 얻었다. 한편, 을은 직장인의 직무 스트레스와 상사의 정서적 지원 간의 관계를 알아보기 위해 다음과 같이 연구를 수행하였다. 우선 을은 갑의 연구를 통해 직무 스트레스가 업무량과 업무 이해도로부터 영향을 받는다는 사실을 확인하고, 과도한 업무량에서 비롯된 업무 과부하를 ㉢ 양적 과부하로, 낮은 업무 이해도에서 비롯된 업무 과부하를 ㉣ 질적 과부하로 구분하였다. 다음으로 △△ 기업 고충 상담실의 도움을 받아 △△ 기업 직원 중 양적 과부하로 인해 직무 스트레스를 경험하고 있는 직원 40명을 무작위로 뽑아 A 집단에 배치하고, 질적 과부하로 인해 직무 스트레스를 경험하고 있는 직원 40명을 무작위로 뽑아 B 집단에 배치하였다. 이어 A 집단을 무작위로 20명씩 A_1, A_2로 나누고, 같은 방식으로 B 집단을 B_1, B_2로 나눈 뒤, A_1과 B_1에만 직속 상사가 일정 기간 동안 격려와 신뢰를 표현하도록 했다. 이러한 연구 절차에 따라 수집된 사전·사후 검사 자료를 분석한 결과, 상사의 정서적 지원은 B 집단이 겪는 유형의 직무 스트레스를 낮추는 데는 효과가 있었지만, A 집단이 겪는 유형의 직무 스트레스를 낮추지는 못하는 것으로 나타났다.

① 갑의 연구에서 표본은 ○○ 기업 직원 전체이고, 을의 연구에서 모집단은 △△ 기업 직원 전체이다.

② 을의 연구에서 ㉢은 ㉠의 조작적 정의에, ㉣은 ㉡의 조작적 정의에 해당한다.

③ 을의 연구에서 직속 상사가 일정 기간 동안 격려와 신뢰를 표현한 것은 실험 처치에 해당한다.

④ 을의 사후 검사 결과에 따르면, B_1의 직무 스트레스 수치는 A_1의 직무 스트레스 수치보다 낮을 것이다.

⑤ 을의 연구 결과는 업무 과부하가 직무 스트레스에 영향을 준다는 갑의 연구 결과를 반박한다.

|자|료|해|설|

갑은 직장인의 업무 과부하와 직무 스트레스 간의 관계를 파악하기 위해 질문지법을 활용한 양적 연구를 실시하였고, 을은 직장인의 직무 스트레스와 상사의 정서적 지원 간의 관계를 파악하기 위해 실험법을 활용한 양적 연구를 실시하였다.

|선|택|지|풀|이|

① 오답 : 갑의 연구에서 표본은 ○○기업 직원 전체이고, 을의 연구에서 모집단은 직장인 전체이다.

② 오답 : ㉠과 ㉡은 갑의 연구에서 독립 변인인 업무 과부하에 대한 조작적 정의에 해당한다. 을의 연구에서는 과도한 업무량에서 비롯된 업무 과부하를 ㉢으로 구분하였고, 낮은 업무 이해도에서 비롯된 업무 과부하를 ㉣로 구분하였으므로 을의 연구에서 ㉢과 ㉣은 각각 ㉠과 ㉡의 조작적 정의에 해당하지 않는다.

③ 정답 : 을은 실험 집단인 A_1과 B_1에게 직속 상사가 일정 기간 동안 격려와 신뢰를 표현하도록 하였다. 따라서 직속 상사가 일정 기간 동안 격려와 신뢰를 표현한 것은 을의 연구에서 실험 처치에 해당한다.

④ 오답 : 을의 연구 결과 상사의 정서적 지원은 B 집단이 겪는 유형의 직무 스트레스를 낮추는 데 효과가 있었다. 이를 통해 을의 사후 검사 결과 B_1의 직무 스트레스 수치가 B_2의 직무 스트레스 수치보다 낮을 것임을 알 수 있다.

⑤ 오답 : 을의 연구 결과가 갑의 연구 결과를 반박한다고 볼 수 없다.

😲 **문제풀이 T I P** | 갑과 을의 연구 각각에서 독립 변인과 종속 변인을 파악하고, 각 연구에서의 결과를 분석하도록 한다.

😊 **출제분석** | 양적 연구의 사례를 분석하는 문제이다. 양적 연구와 질적 연구를 비교하는 문제뿐만 아니라 양적 연구 과정에서 다양한 개념을 복합적으로 묻는 문제가 출제될 수 있다.

다음 연구에 대한 설명으로 옳은 것은? 3점

갑은 ㉠'여성이 남성보다 일 · 가정 양립 중시 정도가 높을 것'이라는 가설을 검증하기 위해, 직장인 1,200명을 대상으로 응답자의 사회 · 인구학적 특성(성별, 연령 등)과 함께 직장 회식 참여 중시 정도, ㉡ 가족 행사 참여 중시 정도 등 ㉢ 일 · 가정 양립 중시 정도에 대한 설문 조사를 실시하였다. 갑은 응답자의 일 · 가정 양립 중시 정도를 '높음'과 '낮음'으로 나눈 뒤, 성별과 일 · 가정 양립 중시 정도 간의 관계를 분석하였다.

한편 을은 갑의 분석 결과가 응답자의 세대에 따라 달라지는지 확인하고자 하였다. 이에 을은 갑이 조사한 ㉣ 자료로 '일 · 가정 양립 중시 정도'를 갑과 동일하게 조작화한 뒤, 성별과 일 · 가정 양립 중시 정도 간의 관계를 세대별로 나누어 분석하였다. 다음은 을이 갑의 분석에 세대를 변인으로 추가하여 재구성한 표이다. 분석 결과는 통계적으로 유의미하였다.

〈성별 및 세대별 일 · 가정 양립 중시 정도〉

(단위 : 명)

일 · 가정 양립 중시 정도 \ 성별 / 세대	여성		남성	
	청년층	중장년층	청년층	중장년층
높음	150	30180	120	420540
낮음	90	30120	180	180360

① 갑의 분석 결과 ㉠은 기각되었다.
② 을의 분석 결과 중장년층인 경우에 ㉠이 수용되었다.
③ ㉢은 ㉡의 조작적 정의에 해당한다.
④ ㉣은 을의 1차 자료이다.
⑤ 을은 갑과 달리 연역적 연구를 수행하였다.

|자|료|해|설|

제시된 연구는 원인이 되는 독립 변인(성별)과 결과가 되는 종속 변인(일 · 가정 양립 중시 정도) 사이의 인과 관계 파악을 목적으로 하는 양적 연구이다. 갑은 가설을 검증하기 위해 자료 수집 방법 중 질문지법을 활용하였다.

|선|택|지|풀|이|

① 정답 : 〈성별 및 세대별 일 · 가정 양립 중시 정도〉 표에서 '높음'에 응답한 비율은 여성이 60%[(180명/300명)×100]이고, 남성이 60%[(540명/900명)×100]로 같다. 따라서 여성이 남성보다 일 · 가정 양립 중시 정도가 높을 것이라는 가설은 수용될 수 없다.

② 오답 : 〈성별 및 세대별 일 · 가정 양립 중시 정도〉 표에서 중장년층 중에서 '높음'에 응답한 비율은 여성이 50%[(30명/60명)×100]이고, 남성은 70%[(420명/600명)×100]로 남성이 더 높다. 따라서 여성이 남성보다 일 · 가정 양립 중시 정도가 높을 것이라는 가설은 수용될 수 없다.

③ 오답 : '직장 회식 참여 중시 정도'와 '가족 행사 참여 중시 정도'는 모두 종속 변인인 일 · 가정 양립 중시 정도의 조작적 정의에 해당한다.

④ 오답 : 을은 갑이 조사한 자료를 바탕으로 연구를 진행하였다. 이는 을이 직접 수집한 자료가 아니므로 2차 자료에 해당한다.

⑤ 오답 : 갑과 을은 모두 가설을 설정하고 이를 검증하기 위해 자료를 수집하였으므로 연역적 연구를 수행하였다.

😀 **문제풀이 TIP** | 1차 자료는 연구자가 해당 연구를 위해 직접 수집한 자료를 말하고, 2차 자료는 주로 문헌으로 다른 기관이나 연구자가 수집한 자료를 가공한 것을 말한다.

😲 **출제분석** | 사회 · 문화 현상의 연구 과정은 수능에 거의 빠지지 않고 출제되는 중요한 주제이다. 다양한 사례가 출제될 수 있으며 개념을 문제에 적용해야 하기 때문에 학생들이 어려워하는 주제 중 하나이다. 특히 자료 수집 방법 등과 복합적으로 출제될 수 있다. 따라서 기출 문제를 중심으로 문제 풀이하는 방법을 파악할 필요가 있다.

다음 연구에 대한 옳은 설명만을 <보기>에서 있는 대로 고른 것은?

〔3점〕

○ 연구 주제 : ㉠ 청소년의 SNS 이용과 ㉡ 생활 방식의 관계   → 모집단(전체 집단)

○ 연구 가설
   <가설 1> SNS 이용 정도가 많은 청소년은 그렇지 않은
         청소년보다 비속어 사용이 많을 것이다.
   <가설 2>   (가)

○ 자료 수집
   - 조사 방법 : ㉢ 중 · 고등학생 1,000명을 무작위로 선정하여   → 표본 집단
     설문 조사 실시   ← 질문지법
   - 조사 내용 : SNS 이용 정도, ㉣ 비속어 사용 정도, 친구와
         함께하는 스포츠 활동 정도   → 생활 방식의 개념을 조작적 정의함

○ 자료 분석 결과
   - 자료 분석 결과는 아래 표와 같았으며, 통계적으로 유의미
     하였다.

(단위 : 명)

생활 방식 SNS 이용 정도	친구와 함께하는 스포츠 활동이 많음		친구와 함께하는 스포츠 활동이 적음	
	비속어 사용 많음	비속어 사용 적음	비속어 사용 많음	비속어 사용 적음
많음	160	120	135	85
적음	90	125	120	165

보기

ㄱ. 비속어 사용이 많다고 응답한 사람이 친구와 함께하는
   스포츠 활동이 많다고 응답한 사람보다 <s>적다</s>.   많다
    → 505명(160+90+135+120)   → 495명(160+90+120+125)

ㄴ. ㉠은 모집단, ㉢은 표본 집단이다.   → 중 · 고등학생 1,000명
   ← 전체 집단 (청소년)

ㄷ. ㉣은 ㉡을 조작적으로 정의한 것이다.   → 비속어 사용 정도로 수치화 시킴

ㄹ. (가)가 '친구와 함께하는 스포츠 활동이 많은 청소년은
   그렇지 않은 청소년보다 SNS 이용 정도가 많을 것이다.'라면,
   <가설 2>는 수용된다.   → 505명 中 220명   495명 中 280명

① ㄱ, ㄴ   ② ㄱ, ㄹ   ③ ㄴ, ㄷ
④ ㄱ, ㄷ, ㄹ   ⑤ ㄴ, ㄷ, ㄹ ✓

|자|료|해|설|

제시된 연구는 청소년의 SNS 이용과 생활 방식의 관계를 알아 보기 위한 양적 연구이다. 가설을 검증하기 위해 자료 수집 방법 중 질문지법을 활용하였다.

|보|기|풀|이|

ㄱ. 오답 : 비속어 사용이 많다고 응답한 사람은 505명(=160+90+135+120)이고, 친구와 함께하는 스포츠 활동이 많다고 응답한 사람은 495명(=160+90+120+125)이다. 따라서 비속어 사용이 많다고 응답한 사람(505명)이 친구와 함께하는 스포츠 활동이 많다고 응답한 사람(495명)보다 많다.

ㄴ. 정답 : '청소년'은 모집단(전체 집단)이고, '중 · 고등학생 1,000명'은 표본 집단이다.

ㄷ. 정답 : '비속어 사용 정도'는 추상적인 개념인 '생활 방식'을 조작적으로 정의(수치화)한 것이다.

ㄹ. 정답 : '친구와 함께하는 스포츠 활동이 많은 청소년 (495명)' 중에서 'SNS 이용 정도가 많다고 응답한 사람 (280명)'은 '280/495'이고, '친구와 함께하는 스포츠 활동이 적은 청소년(505명)' 중에서 'SNS 이용 정도가 많다고 응답한 사람(220명)'은 '220/505'이다. 따라서 친구와 함께하는 스포츠 활동이 많은 청소년이 SNS 이용 정도가 많다는 것을 알 수 있다. 즉, (가)가 '친구와 함께하는 스포츠 활동이 많은 청소년은 그렇지 않은 청소년보다 SNS 이용 정도가 많을 것이다.'라면, <가설 2>는 수용된다.

👨 **출제분석** | 양적 연구 과정은 수능과 모평에 거의 빠지지 않고 출제되는 핵심 주제로, 학생들이 어려워하는 주제 중 하나이다. 자료 수집 방법과 복합적으로 출제될 수 있다. 다양한 개념(독립 변수, 종속 변수, 표본의 대표성, 가설의 수용 여부 등)을 확인하는 문제가 출제되고 있으므로 관련 개념을 꼼꼼하게 정리해 둘 필요가 있다.

다음 자료에 대한 질문에 모두 옳게 응답한 학생은? **3점**

연구자 A는 본인의 정치적 견해와 가짜 뉴스 내용의 일치 여부에 따라 가짜 뉴스에 대한 태도가 다른지 연구해 보기로 하였다. A는 특정한 가짜 뉴스를 접한 적이 있는 300명을 연구 대상자로 확보하고, 이들의 ⊙ 해당 가짜 뉴스에 대한 신뢰 정도 및 전파 의도를 5점 척도 문항을 통해 측정했다. 또한 ⓒ 해당 가짜 뉴스 내용이 평소 본인의 정치 성향에 부합하는지 여부도 조사해 양자가 부합하는 〈집단 1〉과 부합하지 않는 〈집단 2〉로 ⓒ 연구 대상자를 구분하고 두 집단을 비교해 보았다. 비교해 본 결과 〈집단 1〉이 〈집단 2〉보다 가짜 뉴스 신뢰 정도 및 전파 의도가 모두 높은 것으로 나타났다.

한편 연구자 B는 현재의 사회적 상황을 불안하게 느낄수록 가짜 뉴스를 믿는 정도가 높을 것이라는 가설을 검증해 보기로 하였다. 이를 위해 B는 500명을 대상으로 온라인 설문 조사를 실시하여 ⓒ 자료를 수집했으며, 이를 분석한 결과 ⓜ 사회적 상황에 대한 불안감과 가짜 뉴스 신뢰 정도 간에 통계적으로 유의미한 정(+)의 관계가 나타났다.

질문지법 · 종속 변수 · 독립 변수 · 1차 자료 · 질문지법 · 가설 수용

질문	갑	을	병	정	무
A의 연구에서 ⊙은 독립 변수에, ⓒ은 종속 변수에 해당하는가?	○	✕	✕	○	✕
A의 연구에서 ⓒ은 실험 집단과 통제 집단을 구분한 것인가?	○	✕	○	✕	✕
ⓒ은 B가 수집한 1차 자료인가?	✕	○	○	✕	○
ⓜ에 의해 B의 가설은 기각되는가?	○	✕	✕	○	○

(○ : 예, ✕ : 아니요)

① 갑   ✔ ② 을   ③ 병   ④ 정   ⑤ 무

|자|료|해|설|

연구자 A는 질문지법을 통해 정치적 견해와 가짜 뉴스 내용의 일치 여부에 따라 가짜 뉴스에 대한 태도가 어떻게 나타나는지를 파악하는 양적 연구를 실시하였다. 연구자 B는 질문지법을 통해 현재의 사회적 상황을 불안하게 느낄수록 가짜 뉴스를 믿는 정도가 높을 것이라는 가설을 검증하는 양적 연구를 실시하였다.

|선|택|지|풀|이|

② 정답 : 연구자 A의 연구에서 해당 가짜 뉴스에 대한 신뢰 정도 및 전파 의도는 종속 변수에 해당하고, 해당 가짜 뉴스 내용이 평소 본인의 정치 성향에 부합하는지의 여부는 독립 변수에 해당한다. 연구자 A는 실험법이 아닌 질문지법을 통해 자료를 수집하였으므로 실험 집단과 통제 집단이 존재하지 않는다. 연구자 B가 500명을 대상으로 온라인 설문 조사를 실시하여 수집한 자료는 1차 자료에 해당한다. 연구자 B는 현재의 사회적 상황을 불안하게 느낄수록 가짜 뉴스를 믿는 정도가 높을 것이라는 가설을 설정하였고, 자료 분석 결과 사회적 상황에 대한 불안감과 가짜 뉴스 신뢰 정도 간에 통계적으로 유의미한 정(+)의 관계가 나타났으므로 연구자 B의 가설은 수용되었다.

😮 **문제풀이 TIP** | 제시문을 먼저 읽기보다는 해당 질문을 읽고 제시문에서 해당 부분을 찾아 질문의 오답 여부를 파악하는 것이 효율적이다.

😮 **출제분석** | 양적 연구 과정을 분석하는 문제이다. 양적 연구 과정을 통해 다양한 사회학적 개념을 묻는 문제가 고난도로 출제될 수 있다.

자료 수집 방법 A ~ C의 일반적인 특징에 대한 설명으로 옳은 것은?

○ 갑은 진로 집중 학기제의 효과를 연구하기 위해 ○○고등학교 1학년 학생들의 학습 활동을 한 학기 동안 참관하며 관찰 일지를 작성하였다. 이후 해당 학교 학생과 교사를 대상으로 진로 집중 학기제의 효과에 대해 어떻게 인식하고 있는지 알아보기 위한 설문 조사를 진행하였다.

○ 을은 학생들의 교우 관계와 학교생활 만족도 간의 관계를 파악하기 위해 청소년 관련 연구 기관이 발행한 심층 면접 조사 결과를 분석하였다. 이후 □□지역 고등학생들을 대상으로 구조화된 문항에 응답하도록 하였다.

참여 관찰법 · 질문지법 · 문헌 연구법 · 질문지법 · 질문지법, 면접법

① A는 B와 달리 변인 간의 관계를 파악하는 연구에 주로 사용된다.
✔ ② B는 C와 달리 연구 대상자와의 언어적 상호 작용이 필수적이다.
③ C는 A에 비해 연구 대상자와의 정서적 교감 형성을 중시한다.
④ A는 B, C에 비해 다수를 대상으로 한 자료 수집에 유리하다.
⑤ C는 A, B와 달리 질적 자료의 수집에 주로 활용된다.

|자|료|해|설|

갑은 참여 관찰법과 질문지법을 사용하였고, 을은 문헌 연구법과 질문지법을 사용하였다. 따라서 A는 참여 관찰법, B는 질문지법, C는 문헌 연구법이다.

|선|택|지|풀|이|

① 오답 : 질문지법은 참여 관찰법과 달리 변인 간의 관계를 파악하는 연구인 양적 연구에 주로 사용된다.
② 정답 : 질문지법은 문헌 연구법과 달리 연구 대상자와의 언어적 상호 작용이 필수적이다.
③ 오답 : 문헌 연구법은 연구 대상자와의 정서적 교감 형성을 중시하지 않는다.
④ 오답 : 질문지법은 참여 관찰법과 문헌 연구법에 비해 다수를 대상으로 한 자료 수집에 유리하다.
⑤ 오답 : 참여 관찰법은 주로 질적 자료의 수집에 활용되고, 질문지법은 주로 양적 자료의 수집에 활용되며, 문헌 연구법은 질적 자료와 양적 자료의 수집 모두에 활용된다.

😮 **문제풀이 TIP** | 갑의 경우 1학년 학생들의 학습 활동을 참관하여 관찰 일지를 작성하였으므로 이는 참여 관찰법에 해당하고, 설문 조사를 진행하였으므로 이는 질문지법에 해당한다. 을의 경우 청소년 관련 연구 기관이 발행한 심층 면접 조사 결과를 분석하였으므로 이는 문헌 연구법에 해당하고, 고등학생들을 대상으로 구조화된 문항에 응답하도록 하였으므로 이는 질문지법에 해당한다.

갑의 연구에 대한 옳은 설명만을 <보기>에서 고른 것은? 3점

> 갑은 ⊙ 타인을 돕는 행동을 할 가능성이 함께 있는 사람의
> 수에 따라 달라지는지 알아보고자 하였다. 이를 위해 갑은 대학
> 생활 경험 공유 프로그램이 학교생활 적응에 미치는 효과를
> 연구한다는 명목으로 ⓒ 대학생 120명을 연구 참여자로 모집한
> 후 무작위로 A~C 집단으로 나누었다. A 집단은 2명으로
> 이루어진 모둠 10개, B 집단은 4명으로 이루어진 모둠 10개,
> C 집단은 6명으로 이루어진 모둠 10개로 나눈 다음 모둠별로
> 서로 다른 방에서 대학 생활의 경험을 이야기하게 하였고, 그
> 도중에 밖에서 도움을 청하는 비명을 듣게 하였다. 이 비명을 듣고
> A 집단 학생 중 80%는 도움을 주기 위해 밖으로 뛰어나갔으나
> B 집단에서는 그 비율이 50%로 줄어들었고, C 집단에서는
> 20%만이 밖으로 뛰어나갔다. 갑은 이러한 ⓒ 관찰 결과를
> 바탕으로 논문을 발표하였다.

보기

ㄱ. 방법론적 일원론을 전제로 한 연구이다.
ㄴ. ⊙은 종속 변인이다.
ㄷ. ⓒ은 모집단이다.
ㄹ. ⓒ은 독립 변인과 종속 변인 간의 정(+)의 관계를 보여
준다.

① ㄱ, ㄴ   ② ㄱ, ㄷ   ③ ㄴ, ㄷ   ④ ㄴ, ㄹ   ⑤ ㄷ, ㄹ

|자|료|해|설|

갑은 함께 있는 사람의 수에 따라 타인을 돕는 행동을
할 가능성이 달라지는지 알아보기 위한 양적 연구를
실시하였다.

|보|기|풀|이|

ㄱ. 정답 : 갑은 함께 있는 사람의 수와 타인을 돕는 행동을
할 가능성 간의 관계를 파악하기 위한 양적 연구를
실시하였다. 양적 연구는 방법론적 일원론을 전제로 한다.

ㄴ. 정답 : ⊙은 함께 있는 사람 수에 영향을 받아 변화하는
변인으로 종속 변인에 해당한다.

ㄷ. 오답 : ⓒ은 갑의 연구에서 모집단에 해당하지 않는다.

ㄹ. 오답 : 관찰 결과 함께 있는 사람의 수가 많을수록
타인을 돕는 행동을 할 가능성이 낮게 나타났다. 따라서
ⓒ은 독립 변인과 종속 변인 간의 부(-)의 관계를 보여 준다.

🤓 **문제풀이 TIP** | 방법론적 일원론은 사회 · 문화 현상에도
자연 현상과 마찬가지로 일정한 법칙이 존재하므로 자연 과학적
연구 방법으로 사회 · 문화 현상에 내재한 법칙을 발견해야 한다는
입장이다.

😀 **출제분석** | 양적 연구를 분석하는 문제이다. 양적 연구 과정을
통해 다양한 사회학적 개념을 묻거나 가설의 기각 및 수용 여부를
묻는 고난도 문제가 출제될 수 있다.

자료 수집 방법 A ~ D의 일반적인 특징에 대한 설명으로 옳은 것은?
(단, A ~ D는 각각 면접법, 실험법, 질문지법, 참여 관찰법 중
하나이다.)

> ○ A와 B는 주로 양적 연구에서 활용된다.
> ○ A와 D는 자료 수집 과정에서 언어적 상호 작용이 필수적이다.
> ○ C와 D는   (가)

① A는 자료 수집 과정에서 조사자의 유연한 대처가 용이하다.
② C는 B에 비해 실제성이 높은 생생한 자료를 확보하기 용이하다.
③ D는 B에 비해 자료 수집 상황에 대한 통제 수준이 높다.
④ A는 C, D에 비해 조사 대상자와의 정서적 교감을 중시한다.
⑤ (가)에는 '표준화 및 구조화된 도구를 활용하여 대량의 자료를
수집한다.'가 들어갈 수 있다.

|자|료|해|설|

양적 연구에서 활용되는 자료 수집 방법은 실험법과
질문지법이고, 자료 수집 과정에서 언어적 상호 작용이
필수적인 자료 수집 방법은 면접법과 질문지법이다.
따라서 A는 질문지법, B는 실험법, C는 참여 관찰법, D는
면접법이다.

|선|택|지|풀|이|

① 오답 : 질문지법은 자료 수집 과정에서 조사자의 유연한
대처가 용이하지 않다. 자료 수집 과정에서 조사자의
유연한 대처가 용이한 자료 수집 방법은 면접법이다.

② 정답 : 참여 관찰법은 조사 대상자의 일상생활 세계에
참여하여 대상자를 관찰함으로써 필요한 자료를 수집하므로
자료의 실제성을 확보할 수 있다.

③ 오답 : 실험법은 가장 엄격한 통제가 가해지는 자료
수집 방법에 해당하므로 면접법에 비해 자료 수집 상황에
대한 통제 수준이 높다.

④ 오답 : 질문지법은 면접법과 참여 관찰법에 비해 조사
대상자와의 정서적 교감을 중시한다고 볼 수 없다.

⑤ 오답 : 표준화 및 구조화된 도구를 활용하여 대량의
자료를 수집하는 방법은 질문지법이다. (가)에는 참여
관찰법과 면접법의 공통점에 해당하는 진술이 들어갈 수
있다. 따라서 해당 내용은 (가)에 들어갈 수 없다.

🤓 **추가 학습** | 양적 자료는 수와 양으로 표현된 자료를 말하고, 질적 자료는 상황 맥락 속에서 나타나는 현상이
있는 그대로 표현된 자료를 말한다. 면접을 통해 얻은 피조사자의 자유로운 진술이나 관찰을 통해 포착된
피조사자의 일상적인 행동이나 생활 모습 등은 대표적인 질적 자료이다.

자료 수집 방법 A, B의 일반적인 특징에 대한 설명으로 옳은 것은?

3점

〈조사 계획서〉

○○ 모둠

○ 조사 주제 : 우리나라의 연령대별 고용 현황

○ 자료 수집 및 분석 계획
　고용 여부, 고용 형태 등을 묻는 **구조화된 질문지**를 제작하여 조사 [질문지법]
　대상자 200명에게 응답을 기입하게 한 후, 이 응답 자료를
　연령대별로 비교할 계획임.

〈교사의 조언〉

위와 같은 주제에 대한 표본 조사의 경우 연령, 성별, 지역 등 다양한
요인을 고려하여 모집단의 특성을 대표할 수 있게 표본을 추출하는
것이 중요합니다. 따라서 ○○ 모둠이 자료 수집 방법으로 선택한
[질문지법] **A**보다는 **B**를 활용하여 통계청 자료 등 **이미 발표된 공식적 자료**를
수집하는게 효율적이겠네요. [문헌 연구법]
[문헌 연구법]

[참여 관찰법]
① A는 **조사 대상자의 일상생활을 직접 관찰**하여 자료를 수집한다.

② A는 자료 수집 시 **조사 대상자의 반응에 따라 질문 내용과 형식을**
　유연하게 제시하기 용이하다. [면접법]

③ B는 기존의 연구 동향이나 성과를 파악하는 데 유용하다.

④ A는 B에 비해 시·공간적 제약을 적게 받는다.
　B　A

⑤ B는 A와 달리 조사 대상자의 주관적 인식에 관한 자료를 수집할
　수 있다.

|자|료|해|설|

○○ 모둠은 구조화된 질문지를 제작하여 200명에게
응답을 기입하게 하여 자료를 수집하였다. 따라서 A는
질문지법이다. 한편, 통계청 자료 등 이미 발표된 공식적
자료를 수집하는 방법은 문헌 연구법이다. 따라서 B는
문헌 연구법이다.

|선|택|지|풀|이|

① 오답 : 조사 대상자의 일상생활을 직접 관찰하여 자료를
수집하는 방법은 참여 관찰법이다.

② 오답 : 자료 수집 시 조사 대상자의 반응에 따라
질문 내용과 형식을 유연하게 제시하기 용이한 방법은
면접법이다.

③ 정답 : 문헌 연구법은 기존 연구 동향이나 성과 파악을
통한 참고 자료 수집에 적합하다.

④ 오답 : 문헌 연구법은 질문지법에 비해 시간과 장소의
제약으로부터 비교적 자유롭다.

⑤ 오답 : 질문지법은 조사 대상자의 주관적 인식에 관한
자료를 수집할 수 있다.

문제풀이TIP | A는 ○○ 모둠이 실시한 자료 수집 방법을
통해 파악할 수 있고, B는 교사의 조언을 통해 파악할 수 있다.

출제분석 | 질문지법과 문헌 연구법의 특징을 파악하는
문제이다. 사회·문화 현상의 연구 과정에서 자료 수집 방법을
파악하는 문제가 출제될 수 있으므로 기출 문제를 통해 다양한
유형의 문제를 접해 보도록 한다.

자료 수집 방법 A ~ C의 일반적 특징에 대한 설명으로 옳은 것은?
(단, A ~ C는 각각 질문지법, 실험법, 참여 관찰법 중 하나이다.)

[참여 관찰법]
○갑은 유아기 아동의 자기중심적 행동을 연구하기 위해 **A**를
　활용하였다. **△△유치원에서 5개월간 머무르며** 원생들이
　상호 작용하는 상황을 상세하게 기록하였다. [참여 관찰]

○을은 ○○공장에서 조명의 밝기가 작업 생산성에 미치는
　효과를 연구하기 위해 **B**를 활용하였다. **한 집단은 기존보다** [실험법]
　밝은 조명에서, **다른 집단은 기존과 동일한 조명**에서 [실험 집단]
　작업하게 하였다. [통제 집단]

○병은 □□시에 방문한 관광객들을 대상으로 재방문에 영향을 [질문지법]
　미치는 요인을 조사하기 위해 **C**를 활용하였다. 관광객
　중 **1,500명**을 무작위로 선정하여 **사전에 설계된 문항**에
　응답하게 하였다. [대규모]　[설문 문항]

[참여 관찰법]　[실험법 〉질문지법]
① A는 B에 비해 **실제성이 높은 생생한 자료**를 확보하기 용이하다.

② B는 C에 비해 **자료 수집 상황에 대한 통제 정도가 약하다.**
　강

③ C는 A에 비해 구조화된 자료를 수집하기 어렵다.
　유리한

④ B는 A, C와 달리 연구 대상자와의 정서적 교감을 중시한다.
　A　B

⑤ A, B는 C와 달리 방법론적 이원론에 기초한 연구에 주로
　B　C　[참여 관찰법]
　사용된다.
　[참여 관찰법]

|자|료|해|설|

갑은 참여 관찰법을 활용하여 유치원에서 5개월간 머무르며
원생들이 상호 작용하는 상황을 상세하게 기록하였다. 을은
실험법을 활용하여 조명의 밝기가 작업 생산성에 미치는
효과를 연구하였다. 병은 질문지법을 활용하여 대규모
관광객들을 대상으로 연구를 진행하였다. 따라서 A는
참여 관찰법, B는 실험법, C는 질문지법이다.

|선|택|지|풀|이|

① 정답 : 참여 관찰법은 연구자가 직접 현장에 참여하여
관찰하기 때문에 자료의 실제성이 높으며 생생한 자료를
수집하기 용이하다.

② 오답 : 실험법은 질문지법에 비해 자료 수집 상황에
대한 조작 및 통제 정도가 강하다.

③ 오답 : 질문지법은 참여 관찰법에 비해 구조화된 자료를
수집하는 데 유리하다.

④ 오답 : 주로 질적 연구에 활용되는 참여 관찰법은
실험법, 질문지법과 달리 연구 대상자와의 정서적 교감을
중시한다.

⑤ 오답 : 참여 관찰법은 방법론적 이원론에 기초한 질적
연구에 주로 사용되고, 실험법과 질문지법은 방법론적
일원론에 기초한 양적 연구에 주로 사용된다.

문제풀이TIP | 자료 수집 상황에 대한 조작 및 통제 정도는 '실험법 〉질문지법 〉면접법 〉참여 관찰법' 순으로 나타난다.

출제분석 | 자료 수집 방법(질문지법, 실험법, 면접법, 참여 관찰법, 문헌 연구법)은 수능과 모평에 거의 빠지지 않고 출제되는 단골손님이다. 이번처럼 단독 문제로 출제되기도
하지만 양적 연구 과정과 복합적으로 출제될 수 있다.

---

53 자료 수집 방법

정답 ③　정답률 95%　2022학년도 수능 8번　문제편 111p

자료 수집 방법 A ~ C의 일반적인 특징에 대한 설명으로 옳은 것은?
(단, A~C는 각각 문헌 연구법, 질문지법, 면접법 중 하나이다.) **3점**

연구자의 수행 내용	사용한 자료 수집 방법
○ 연구 대상자의 협조를 얻기 위해 연구 대상자와 친밀한 관계를 형성하였다. ○ 연구 대상자의 언어적 응답뿐만 아니라 표정 등의 비언어적 단서에도 주목하였다.	A → 면접법
○ 동일한 연구 문제를 다룬 연구가 있는지 확인하였다. ○ 연구자 자신의 주장을 지지할 수 있는 기존 연구를 검토하였다.	B → 문헌 연구법
○ 하나의 문항에서 하나의 내용만 묻고 있는지 점검하였다. ○ 수집한 양적 자료 중에서 무응답이나 불성실한 응답이 있는지 확인하였다.	C → 질문지법

① A는 B에 비해 자료 수집 과정에서 시·공간적 제약이 작다.
　(A / B)
② B는 C와 달리 연구 대상자와의 언어적 상호 작용이 필수적이다.
　(A / C / B)
③ C는 A에 비해 연구자의 주관적 가치가 개입될 가능성이 낮다.
④ A는 B, C와 달리 수집된 자료의 통계 처리가 가능하다.
⑤ C는 A, B에 비해 대규모 집단을 대상으로 자료를 수집하기에 불리하다.
　(유리)

|자|료|해|설|

연구 대상자와 친밀한 관계를 형성하고 언어적 응답뿐만 아니라 비언어적 단서에도 주목하는 자료 수집 방법은 면접법이고, 기존 연구를 검토하는 자료 수집 방법은 문헌 연구법이며, 질문지 작성 시 유의해야 할 사항을 점검하는 것과 관련 있는 자료 수집 방법은 질문지법이다. 따라서 A는 면접법, B는 문헌 연구법, C는 질문지법이다.

|선|택|지|풀|이|

① 오답 : 문헌 연구법은 시간과 장소의 제약으로부터 비교적 자유롭다. 따라서 문헌 연구법은 면접법에 비해 자료 수집 과정에서 시·공간적 제약이 작다.
② 오답 : 면접법과 질문지법은 연구 대상자와의 언어적 상호 작용이 필수적이다.
③ 정답 : 면접법은 연구자의 편견이나 주관이 자료 해석 과정에 개입할 우려가 크다.
④ 오답 : 질문지법은 수집된 자료의 통계 처리가 가능하다.
⑤ 오답 : 질문지법은 대규모 집단을 대상으로 자료를 수집하기에 유리하다.

출제분석 | 자료 수집 방법의 특징을 묻고 있는 문제이다. 자료 수집 방법과 관련된 문제는 단독으로 출제되는 경우도 있으나 사회·문화 현상의 연구 과정에서 복합적으로 출제될 수 있다.

---

54 자료 수집 방법

정답 ⑤　정답률 90%　2023학년도 6월 모평 3번　문제편 111p

다음은 고등학생이 작성한 질문지 초안이다. 각 문항에 대한 검토 질문에 모두 옳게 응답한 학생은? **3점**

〈배달 음식 이용 관련 설문 조사〉

※ 배달 음식 이용 경험이 있는 사람만 응답해 주세요.
　→ 불명확
1 예전에 비해 배달 음식 주문 횟수는 어떻게 변했습니까?
　① 증가했다　② 감소했다　③ 변함없다

2 지난 한 달 동안 배달 음식 주문 시 주로 사용한 방법은 무엇입니까?
　① 모바일 배달 앱　② 업체 홈페이지

3 지난 한 달 동안 배달 음식을 주문한 횟수는 총 몇 회입니까?
　① 5회 이하　② 10회 이하　③ 15회 이하　④ 15회 초과
　　　　　　→ 중복 응답 가능

4 일회용품 사용 급증으로 인한 생활 쓰레기 문제가 심각합니다. 배달 음식 포장에 사용되는 일회용품 사용 제한에 찬성하십니까?
　→ 특정 응답 유도
　① 찬성　② 반대

각 문항에 대한 검토 질문	갑	을	병	정	무
1에서 질문의 의미가 명확한가?	⊗	○	⊗	○	⊗
2에서 응답 가능한 선택지가 모두 제시되었는가?	⊗	⊗	⊗	○	⊗
3에서 응답 선택지에 중복된 내용이 있는가?	×	×	○	○	○
4에서 질문이 특정한 응답을 유도하고 있는가?	○	×	×	×	○

(○ : 예, × : 아니요)

① 갑　　② 을　　③ 병　　④ 정　　⑤ 무

|자|료|해|설|

질문지법은 전형적인 구조화·표준화된 자료 수집 방법으로, 모든 대상자들에게 동일한 질문과 선택지를 제시하여 자료를 수집한다.

|선|택|지|풀|이|

⑤ 정답 : 질문 1에서는 '예전'이 언제를 의미하는지 조사 대상자마다 다르게 해석할 수 있다. 즉, 질문 1에서는 질문의 의미가 명확하지 않다. 질문 2에서는 응답 항목이 모바일 배달 앱과 업체 홈페이지로만 한정되어 있기 때문에 조사 대상자가 질문에 제시된 응답 항목 중에서 선택할 수 없는 문제가 발생할 수 있다. 즉, 질문 2에서는 응답 가능한 선택지가 모두 제시되지 않았다. 질문 3에서는 '5회 이하'가 '10회 이하'와 '15회 이하' 모두에 해당되므로 중복 응답이 가능하다. 즉, 질문 3에서는 응답 선택지에 중복된 내용이 존재한다. 질문 4에서는 일회용품 사용 급증으로 인해 생활 쓰레기 문제가 심각하다는 조사자의 주관적 가치가 개입되어 있다. 즉, 질문 4에서는 조사 대상자에게 특정 응답을 유도하고 있다.

추가 개념 | 질문지 작성 시 유의 사항은 다음과 같다. 첫째, 질문이 모호하지 않아야 한다. 둘째, 조사 대상자의 판단을 특정 방향으로 유도하는 질문은 바람직하지 않다. 셋째, 하나의 질문은 하나의 정보를 물어야 한다. 넷째, 질문의 응답 항목 간에는 배타성이 있어야 한다. 다섯째, 질문의 응답 항목은 포괄성을 갖춰야 한다.

출제분석 | 질문지 작성 시 검토해야 할 사항을 묻고 있다. 질문지 작성 방법을 묻는 단독 문제보다 연구 과정에서 자료를 수집할 때 나타나는 문제점을 복합적으로 묻는 문제가 출제될 수 있다.

자료 수집 방법 A~C의 일반적인 특징에 대한 설명으로 옳은 것은?
(단, A~C는 각각 면접법, 질문지법, 참여 관찰법 중 하나임.)

> 우리나라의 노인 문제에 관하여 갑은 A, 을은 B, 병은 C를 사용해 자료를 수집했다. 갑, 을은 병과 달리 연구 대상자와의 언어적 상호 작용이 필수적인 방법을 사용했고, 을은 갑, 병과 달리 통계 분석에 적합한 자료를 수집했다.

① A는 C와 달리 문맹자를 대상으로 한 자료 수집이 용이하다.
② B는 A와 달리 연구자와 연구 대상자 간의 정서적 유대 관계의 형성이 중요하다.
③ C는 B와 달리 실제성이 높은 자료를 수집하는 데 적합하다.
④ B는 A, C와 달리 방법론적 이원론에 기초한 연구에서 주로 사용된다.
⑤ A, B는 C에 비해 자료 해석 시 연구자의 편견이 개입될 우려가 크다.

|자|료|해|설|

면접법, 질문지법, 참여 관찰법 중 연구 대상자와의 언어적 상호 작용이 필수적인 자료 수집 방법은 면접법과 질문지법이고, 통계 분석에 적합한 자료 수집 방법은 질문지법이다. 따라서 A는 면접법, B는 질문지법, C는 참여 관찰법이다.

|선|택|지|풀|이|

① 오답 : 참여 관찰법은 문맹자를 대상으로 한 자료 수집이 용이하다.
② 오답 : 면접법은 질문지법과 달리 연구자와 연구 대상자 간의 정서적 유대 관계의 형성이 중요하다.
③ 정답 : 참여 관찰법은 조사 대상자와 일상생활을 함께하며 연구자가 직접 관찰하고 수집하므로 실제성이 높은 자료를 수집하는 데 적합하다.
④ 오답 : 면접법과 참여 관찰법은 방법론적 이원론에 기초한 연구인 질적 연구에서 주로 사용되고, 질문지법은 방법론적 일원론에 기초한 연구인 양적 연구에서 주로 사용된다.
⑤ 오답 : 면접법과 참여 관찰법은 질문지법에 비해 자료 해석 시 연구자의 편견이 개입될 우려가 크다.

다음 자료의 (가)~(다)에 들어갈 내용으로 옳은 것은? **3점**

> 〈자료 1〉은 갑, 을의 연구 사례이고, 〈자료 2〉는 갑이 사용한 자료 수집 방법 A와 을이 사용한 자료 수집 방법 B의 일반적인 특징을 연결하여 A, B의 공통점 및 차이점을 나타낸 것이다.
>
> 〈자료 1〉
> ○ 갑은 도심 재생 사업이 지역 공동체 복원에 미치는 영향을 파악하기 위해 최근에 도심 재생 사업을 추진한 ○○ 지역의 도심 재생 사업 위원회가 지역 주민 300명을 대상으로 실시한 설문 조사 자료집을 분석하였다. 설문 조사에 사용된 질문지에는 도심 재생 사업 효과의 평가 및 주민 만족도, 사업 후 이웃 간 협력과 신뢰 정도 등을 묻는 문항이 포함되어 있다.
> ○ 을은 토론 학습 방식이 문화권에 따라 차이가 있는지 파악하기 위해 한국과 미국에서 학급당 학생 수가 동일한 중학교 학급을 각각 1개씩 선정하였다. 그리고 각 교실에서 나타나는 학생 간 토론과 관련한 다양한 대화 상황을 직접 관찰하고 토론 학습이 어떻게 이루어지는지를 자세히 기록하였다.
>
> 〈자료 2〉

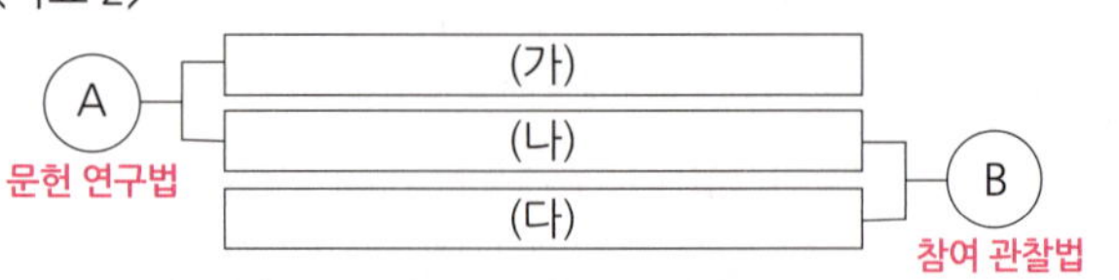

① (가) - 다수의 응답자를 대상으로 실시하는 데 적합하다.
② (가) - 기존 연구 동향이나 성과를 파악하는 데 적합하다.
③ (나) - 인과 관계 파악을 통한 법칙 발견에 유리하다.
④ (나) - 연구자와 연구 대상자 간 언어적 상호 작용이 필수적이다.
⑤ (다) - 인위적으로 통제된 상황에서 변수의 효과를 관찰하기 용이하다.

|자|료|해|설|

갑은 설문 조사 자료집을 분석하였으므로 문헌 연구법을 실시하였고, 을은 대화 상황을 직접 관찰하고 기록하였으므로 참여 관찰법을 실시하였다. 따라서 A는 문헌 연구법, B는 참여 관찰법이고, (가)에는 참여 관찰법과 구분되는 문헌 연구법의 특징이, (나)에는 문헌 연구법과 참여 관찰법의 공통점이, (다)에는 문헌 연구법과 구분되는 참여 관찰법의 특징이 들어갈 수 있다.

|선|택|지|풀|이|

① 오답 : 다수의 응답자를 대상으로 실시하는 데 적합한 자료 수집 방법은 질문지법이다.
② 정답 : 기존 연구 동향이나 성과를 파악하는 데 적합한 자료 수집 방법은 문헌 연구법이다.
③ 오답 : 인과 관계 파악을 통한 법칙 발견을 목적으로 하는 연구는 양적 연구이다. 참여 관찰법은 질적 연구에서 활용되는 자료 수집 방법이므로 인과 관계 파악을 통한 법칙 발견에 유리하다고 볼 수 없다.
④ 오답 : 연구자와 연구 대상자 간 언어적 상호 작용이 필수적인 자료 수집 방법은 질문지법과 면접법이다.
⑤ 오답 : 인위적으로 통제된 상황에서 변수의 효과를 관찰하기 용이한 자료 수집 방법은 실험법이다.

🧑 **추가 학습** | 참여 관찰법은 일반적으로 질적 자료를 수집할 목적으로 활용되고, 문헌 연구법은 양적 연구와 질적 연구에서 모두 활용된다.

🧑 **출제분석** | 문헌 연구법과 참여 관찰법의 특징을 비교하는 문제이다. 제시된 자료에서 활용된 자료 수집 방법을 파악하여 각 자료 수집 방법의 특징을 비교하는 문제가 자주 출제되므로 각 자료 수집 방법의 공통점과 차이점을 알아두도록 한다.

다음은 자료 수집 방법의 일반적인 특징을 활용한 수업이다. 이에 대한 설명으로 옳은 것은? 3점

> 교사 : 자료 수집 방법 중에서 질문지법, 참여 관찰법, 면접법의 공통점을 알아보기 위해 카드 게임을 해봅시다. 학생 갑, 을, 병에게 각각 나눠 준 6장의 카드에는 자료 수집 방법의 일반적인 특징이 적혀 있습니다. 3가지 자료 수집 방법의 특징 모두에 해당하는 카드는 3점, 2가지에만 해당하는 카드는 2점, 1가지에만 해당하는 카드는 1점을 받습니다. 6장의 카드 중에서 가장 높은 점수를 받을 수 있도록 3장을 뽑으세요.

갑 : 저는 [카드 1], [카드 2], [카드 3]을 뽑았습니다. → 7점
을 : 저는 [카드 3], [카드 4], [카드 6]을 뽑았습니다. → 4점
병 : 저는 [카드 1], [카드 2], [카드 5]를 뽑았습니다. → 6점

① 높은 점수를 받을 학생부터 순서대로 나열하면 병, 갑, 을 순이다.
② 갑이 뽑은 카드 중에는 3가지 자료 수집 방법 모두에 해당하는 특징이 적힌 카드가 1장 있다.
③ 을이 뽑은 카드 중에는 질문지법에 해당하는 특징이 적힌 카드가 없다. 1장 있다
④ 병이 뽑은 모든 카드에는 참여 관찰법에 해당하는 특징이 적혀 있다. 1장의
⑤ 갑, 을, 병은 모두 면접법에 해당하는 특징이 적힌 카드를 2장 이상씩 뽑았다. → 갑 : 3장, 병 : 2장

|자|료|해|설|

카드 1의 경우 질문지법, 참여 관찰법, 면접법의 특징에 해당하므로 3점, 카드 2의 경우 질문지법과 면접법의 특징에 해당하므로 2점, 카드 3의 경우 참여 관찰법과 면접법의 특징에 해당하므로 2점, 카드 4의 경우 참여 관찰법의 특징에 해당하므로 1점, 카드 5의 경우 질문지법의 특징에 해당하므로 1점, 카드 6의 경우 질문지법의 특징에 해당하므로 1점을 받을 수 있다.

|선|택|지|풀|이|

① 오답 : 갑의 점수는 7점, 을의 점수는 4점, 병의 점수는 6점으로, 높은 점수를 받을 학생부터 순서대로 나열하면 갑, 병, 을 순이다.
② 정답 : 갑이 뽑은 카드 중 3가지 자료 수집 방법 모두에 해당하는 특징이 적힌 카드는 〈카드 1〉로 1장이다.
③ 오답 : 을이 뽑은 카드 중 질문지법에 해당하는 특징이 적힌 카드는 〈카드 6〉으로 1장이다.
④ 오답 : 병이 뽑은 카드 중 참여 관찰법에 해당하는 특징이 적힌 카드는 〈카드 1〉로 1장이다.
⑤ 오답 : 갑이 뽑은 카드 중 면접법에 해당하는 특징이 적힌 카드는 〈카드 1〉, 〈카드 2〉, 〈카드 3〉으로 3장이고, 을이 뽑은 카드 중 면접법에 해당하는 특징이 적힌 카드는 〈카드 3〉으로 1장이며, 병이 뽑은 카드 중 면접법에 해당하는 특징이 적힌 카드는 〈카드 1〉, 〈카드 2〉로 2장이다. 따라서 갑, 병은 을과 달리 면접법에 해당하는 특징이 적힌 카드를 2장 이상씩 뽑았다.

😮 **추가 학습** | 질문지법은 양적 자료의 수집에 활용되고, 면접법과 참여 관찰법은 질적 자료의 수집에 활용된다.

😀 **출제분석** | 자료 수집 방법의 특징을 파악하는 문제로, 카드 게임 형식으로 참신하게 출제되었다. 연구 방법과 자료 수집 방법을 복합적으로 묻는 문제가 출제될 수 있다.

그림은 자료 수집 방법 A~C의 특징을 비교한 것이다. 이에 대한 설명으로 옳은 것은? (단, A~C는 각각 면접법, 질문지법, 참여 관찰법 중 하나이다.) 3점

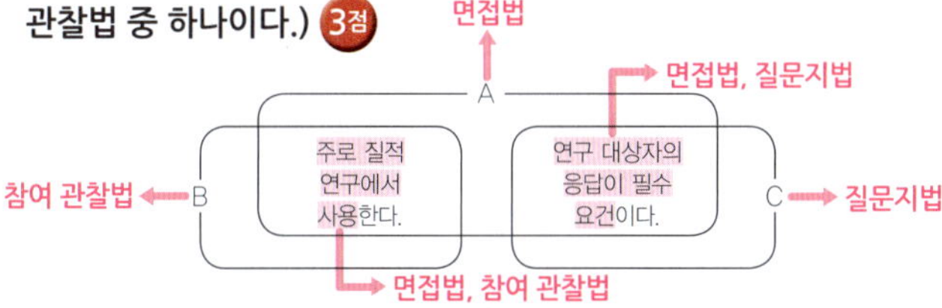

① A는 문맹자에게 실시할 수 없다. 있다
② B는 인위적으로 통제된 상황에서 변수의 효과를 관찰한다. 실험법
③ C는 비표준화 · 비구조화된 자료 수집 방법이다.
④ A는 C에 비해 연구자의 편견이 개입될 가능성이 작다. 크다
⑤ B는 C에 비해 실제성이 높은 생생한 자료의 수집에 용이하다.

|자|료|해|설|

면접법, 질문지법, 참여 관찰법 중 주로 질적 연구에서 사용하는 자료 수집 방법은 면접법과 참여 관찰법이며, 연구 대상자의 응답이 필수 요건인 자료 수집 방법은 면접법과 질문지법이다. 따라서 A는 면접법, B는 참여 관찰법, C는 질문지법이다.

|선|택|지|풀|이|

① 오답 : 면접법은 대화를 통해 자료를 수집하므로 문맹자에게도 실시할 수 있다.
② 오답 : 인위적으로 통제된 상황에서 변수의 효과를 관찰하는 자료 수집 방법은 실험법이다.
③ 오답 : 질문지법은 모든 조사 대상자에게 형식과 내용이 같은 질문과 응답 항목을 제시하여 조사하는 표준화 · 구조화된 자료 수집 방법이다.
④ 오답 : 면접법은 조사자의 편견이나 주관이 자료 해석 과정에 개입할 우려가 크다.
⑤ 정답 : 참여 관찰법은 자료의 실제성을 확보하기가 용이하다.

😮 **추가 학습** | 참여 관찰법은 조사 대상자와 일상생활을 함께하며 연구자가 자료를 직접 관찰하고 수집하기 때문에 자료의 실제성을 확보하기 용이하다.

자료 수집 방법 A ~ C의 일반적인 특징에 대한 설명으로 옳은 것은?
(단, A ~ C는 각각 면접법, 실험법, 질문지법 중 하나임.)

> 고등학생 갑 ~ 병은 SNS 중독에 관한 서로 다른 연구에 연구 대상자로 참여하였다. 갑은 A만을 사용한 연구에서 학업 스트레스와 SNS 이용 빈도 등에 관한 구조화된 문항에 응답하였다. 을은 B만을 사용한 연구에서 연구자와 직접 만나 대화하며 SNS를 하면서 얻는 위안, SNS를 하지 못할 때 느끼는 감정 등에 대해 솔직하게 이야기하였다. 병은 C만을 사용한 연구에서 연구자가 진행한 집단 상담 프로그램에 참여하였으며 집단 상담 프로그램 참여 전과 후에 각각 SNS 중독 지수를 측정하는 검사를 받았다.

① A는 B에 비해 다수를 대상으로 한 자료 수집에 유리하다.
② B는 A와 달리 변인 간의 관계를 파악하는 연구에 주로 사용된다.
③ B는 C에 비해 자료 수집 상황에 대한 통제 수준이 높다.
④ C는 A와 달리 양적 자료 수집에 주로 사용된다.
⑤ C는 B에 비해 연구자의 주관적 가치가 개입될 가능성이 높다.

|자|료|해|설|
A는 질문지법, B는 면접법, C는 실험법이다.

|선|택|지|풀|이|
① 정답 : 질문지법은 다수를 대상으로 대량의 자료를 수집하는 데 유리하다.
② 오답 : 질문지법은 면접법과 달리 변인 간의 관계를 파악하는 연구, 즉 양적 연구에 주로 사용된다.
③ 오답 : 실험법은 면접법에 비해 자료 수집 상황에 대한 통제 수준이 높다.
④ 오답 : 질문지법과 실험법은 모두 양적 자료 수집에 주로 사용된다.
⑤ 오답 : 면접법은 실험법에 비해 연구자의 주관적 가치가 개입될 가능성이 높다.

😮 **문제풀이 TIP** | 구조화된 문항에 응답하게 하는 자료 수집 방법은 질문지법이고, 연구자와 직접 만나 대화하며 자료를 수집하는 방법은 면접법이다.

😮 **출제분석** | 자료 수집 방법을 파악하는 문제이다. 질문지법, 실험법, 면접법, 참여 관찰법, 문헌 연구법 각각의 특징과 장단점을 파악하고, 자료 수집 방법 간의 공통점을 정리해 두도록 한다.

자료 수집 방법 A ~ C의 일반적인 특징에 대한 설명으로 옳은 것은?
(단, A ~ C는 각각 질문지법, 면접법, 참여 관찰법 중 하나임.)

구분	해당 자료 수집 방법이 활용된 사례
자료 수집 방법 (A, B)	갑은 에듀테크 수업이 가지는 의미를 알아보고자 디지털 교과서를 사용하는 ○○중학교 1학년 학생들의 수업을 한 학기 동안 참관하여 상세하게 기록하였다. 이후 해당 수업에 참여한 학생들을 대상으로 미리 작성한 문항지를 배포하여 에듀테크 수업 만족도를 조사하였다.
(B, C)	을은 에듀테크 수업의 교육적 효과에 대해 알아보고자 에듀테크 수업을 실시한 경험이 있는 교사 200명에게 구조화된 문항을 제시하여 응답을 구하였다. 이후 일부 응답자들과 에듀테크 수업의 의미에 대해 깊이 있는 대화를 나누고 기록하였다.

* 에듀테크(edutech) : 빅 데이터, 인공 지능 등 정보 통신 기술을 활용한 교육.

① A는 실제성이 높은 생생한 자료를 확보하기 용이하다.
② B는 양적 자료보다 질적 자료의 수집에 적합하다.
③ C는 대량의 구조화된 자료를 수집하기 용이하다.
④ A는 B에 비해 수집된 자료를 통계적으로 처리하기에 용이하다.
⑤ B는 C에 비해 연구자와 연구 대상자 간의 정서적 교감을 중시한다.

|자|료|해|설|
첫 번째 사례에서는 참여 관찰법과 질문지법이 활용되었고, 두 번째 사례에서는 질문지법과 면접법이 활용되었다. 따라서 A는 참여 관찰법, B는 질문지법, C는 면접법이다.

|선|택|지|풀|이|
① 정답 : 참여 관찰법은 조사 대상자의 일상생활을 함께 하며 연구자가 직접 관찰하고 수집한 정보이므로 자료의 실제성을 확보하기가 용이하다.
② 오답 : 질문지법은 질적 자료보다 양적 자료의 수집에 적합하다.
③ 오답 : 대량의 구조화된 자료를 수집하기에 용이한 자료 수집 방법은 질문지법이다.
④ 오답 : 질문지법은 참여 관찰법에 비해 수집된 자료를 통계적으로 처리하기에 용이하다.
⑤ 오답 : 면접법은 질문지법에 비해 연구자와 연구 대상자 간의 정서적 교감을 중시한다.

😮 **문제풀이 TIP** | 질문지법은 양적 자료를 수집하는 데 적합하고, 면접법과 참여 관찰법은 질적 자료를 수집하는 데 적합하다.

😮 **출제분석** | 자료 수집 방법의 특징을 파악하는 문제이다. 질문지법, 실험법, 면접법, 참여 관찰법, 문헌 연구법의 특징과 장단점을 꼼꼼하게 파악해 두도록 한다.

자료 수집 방법 A~C의 일반적인 특징에 대한 설명으로 옳은 것은?
(단, A~C는 각각 질문지법, 면접법, 실험법 중 하나임.) 3점

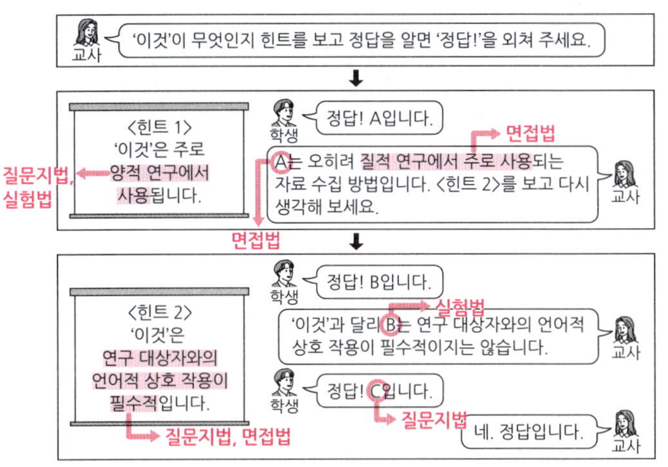

① A와 달리 B는 비구조화 · 비표준화된 자료 수집 방법이다.
② A에 비해 C는 수집된 자료의 통계 처리가 어렵다.
③ B에 비해 A는 연구 대상자와의 정서적 교감 형성을 중시한다.
④ C와 달리 B는 방법론적 일원론에 기초한 연구에서 주로 사용된다.
⑤ B, C와 달리 A는 연구 대상자의 주관적 인식을 파악할 수 있다.

|자|료|해|설|

질문지법, 면접법, 실험법 중 양적 연구에서 사용되는 자료 수집 방법은 질문지법과 실험법이고, 질적 연구에서 사용되는 자료 수집 방법은 면접법이다. 따라서 A는 면접법이다. 질문지법, 면접법, 실험법 중 연구 대상자와의 언어적 상호 작용이 필수적인 자료 수집 방법은 질문지법과 면접법이다. 따라서 B는 실험법, C는 질문지법이다.

|선|택|지|풀|이|

① 오답 : 면접법은 실험법과 달리 비구조화 · 비표준화된 자료 수집 방법이다.
② 오답 : 면접법은 질문지법에 비해 수집된 자료의 통계 처리가 어렵다.
③ 정답 : 면접법은 실험법에 비해 연구 대상자와의 정서적 교감, 즉 신뢰 관계를 기반으로 한 허용적인 분위기의 형성이 조사 목적 달성에 중요한 역할을 한다.
④ 오답 : 실험법과 질문지법은 방법론적 일원론에 기초한 연구인 양적 연구에서 주로 사용된다.
⑤ 오답 : 면접법, 실험법, 질문지법은 모두 연구 대상자의 주관적 인식을 파악할 수 있다.

😲 문제풀이 TIP | 양적 연구는 방법론적 일원론을 바탕으로 하고, 질적 연구는 방법론적 이원론을 바탕으로 한다.

그림은 질문을 통해 자료 수집 방법 A~C를 구분한 것이다. 이에 대한 옳은 설명만을 〈보기〉에서 고른 것은? (단, A~C는 각각 실험법, 질문지법, 참여 관찰법 중 하나이다.) 3점

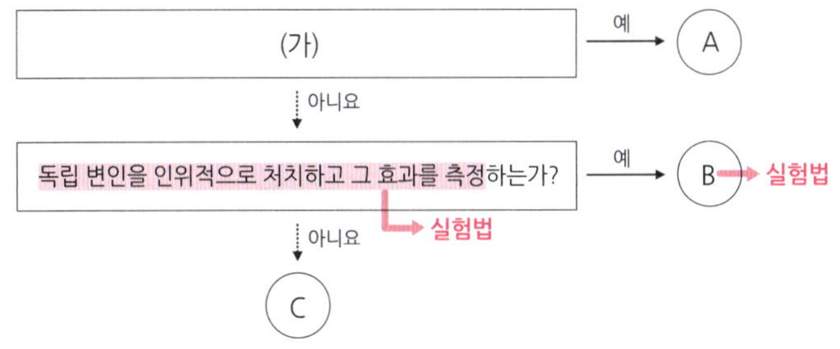

보기
ㄱ. A가 질문지법이라면, C는 자료의 실제성 확보에 유리하다.
실험법, 질문지법 / 참여 관찰법
ㄴ. B는 A, C와 달리 계량화된 자료를 수집하는 데 활용된다.
ㄷ. (가)에 '자료를 수집하는 데 조사 대상자의 언어적 응답이 필수적인가?'가 들어갈 수 있다.
질문지법 / 참여 관찰법
ㄹ. (가)가 '조사 대상자의 일상생활에 직접 참여하여 자료를 수집하는가?'라면, C는 B와 달리 문맹자에게 활용할 수 있다.
질문지법
없다

① ㄱ, ㄴ   ② ㄱ, ㄷ   ③ ㄴ, ㄷ   ④ ㄴ, ㄹ   ⑤ ㄷ, ㄹ

|자|료|해|설|

실험법, 질문지법, 참여 관찰법 중 독립 변인을 인위적으로 처치하고 그 효과를 측정하는 자료 수집 방법은 실험법이다. 따라서 A와 C는 각각 질문지법과 참여 관찰법 중 하나이고, B는 실험법이다.

|보|기|풀|이|

ㄱ. 정답 : A가 질문지법이라면, C는 참여 관찰법이다. 참여 관찰법은 조사 대상자와 일상생활을 함께하며 연구자가 직접 관찰하고 수집한 정보이므로 자료의 실제성을 확보하기 용이하다.
ㄴ. 오답 : 계량화된 자료를 수집하는 데 활용되는 자료 수집 방법은 실험법과 질문지법이다.
ㄷ. 정답 : 자료를 수집하는 데 조사 대상자의 언어적 응답이 필수적인 자료 수집 방법은 질문지법이다. 따라서 해당 질문은 (가)에 들어갈 수 있다.
ㄹ. 오답 : 조사 대상자의 일상생활에 직접 참여하여 자료를 수집하는 방법은 참여 관찰법이다. 해당 질문이 (가)에 들어가면, A는 참여 관찰법, C는 질문지법이다. 질문지법은 실험법과 달리 문맹자에게 활용하기 어렵다.

😲 추가 개념 | 질문지법과 실험법은 주로 양적 연구에 활용되고, 참여 관찰법과 면접법은 주로 질적 연구에 활용되며, 문헌 연구법은 양적 연구와 질적 연구 모두에서 활용된다.

😃 출제분석 | 자료 수집 방법의 특징을 파악하고 비교하는 문제이다. 자료 수집 방법 관련 문제는 단독으로 출제될 수도 있지만, 연구 과정과 함께 복합적으로 출제될 수 있다.

자료 수집 방법 A, B에 대한 설명으로 옳은 것은?

	면접법	질문지법
	A의 활용 사례	**B의 활용 사례**
	갑은 대학생의 비대면 수업 적응 과정을 연구하기 위해 대학생 10명을 만나 관련 경험에 대해 심층적인 대화를 나누었다.	을은 비대면 수업 기간 중 대학생의 식습관 변화를 연구하기 위해 대학생 500명을 대상으로 구조화된 설문지에 응답하게 하였다.

① A는 B와 달리 연구 대상자와의 정서적 교감을 중시한다.
② A는 B와 달리 연구 대상자의 주관적 인식을 파악할 수 있다.
③ B는 A에 비해 연구자의 주관적 가치가 개입될 가능성이 크다.
　　모두
　A　B
④ B는 A와 달리 연구 대상자와의 언어적 상호작용이 필수적이다.
　　모두
⑤ A와 B는 모두 일반화를 목표로 하는 연구에 주로 사용된다.
　　　　　　→ 양적 연구

문제풀이 TIP | 질문지법은 미리 작성해 놓은 질문지를 조사 대상자에게 제시하여 자료를 수집하는 방법이고, 면접법은 조사 대상자와 대면하면서 조사 주제에 대한 질문을 통해 얻은 응답을 바탕으로 자료를 수집하는 방법이다.

출제분석 | 면접법과 질문지법의 특징을 파악하는 문제이다. 면접법, 질문지법뿐만 아니라 실험법, 참여 관찰법, 문헌 연구법 등 다양한 자료 수집 방법의 특징을 묻는 문제가 출제될 수 있다.

|자|료|해|설|
갑은 대학생 10명을 만나 심층적인 대화를 나누어 자료를 수집하였으므로 A는 면접법에 해당한다. 을은 대학생 500명을 대상으로 구조화된 설문지를 통해 자료를 수집하였으므로 B는 질문지법에 해당한다.

|선|택|지|풀|이|
① 정답 : 면접법은 연구자가 연구 대상자와 대면하면서 조사 주제에 대한 질문을 통해 얻은 응답을 바탕으로 필요한 자료를 수집하므로 연구 대상자와의 정서적 교감을 중시한다.
② 오답 : 면접법과 질문지법은 모두 연구 대상자의 주관적 인식을 파악할 수 있다.
③ 오답 : 면접법은 질문지법에 비해 연구자의 주관적 가치가 개입될 가능성이 크다.
④ 오답 : 면접법과 질문지법은 모두 연구 대상자와의 언어적 상호작용이 필수적이다.
⑤ 오답 : 일반화를 목표로 하는 연구는 양적 연구이다. 면접법은 주로 질적 연구에 사용되고, 질문지법은 주로 양적 연구에 사용된다.

표는 자료 수집 방법 A~C의 일반적인 특징을 나타낸 것이다. 이에 대한 옳은 설명을 <보기>에서 고른 것은? (단, A~C는 각각 실험법, 질문지법, 면접법 중 하나이다.) **3점**

자료 수집 방법	A	B	C
일반적인 특징	(가)		(나)
	(다)	(라)	

보기

ㄱ. A가 질문지법이고, (가)가 '독립 변수와 종속 변수의 관계를 검증하는 연구에 적합하다.'라면, (나)는 '자료 수집 과정에서 연구자가 유연성이나 융통성을 발휘하기 어렵다.'가 적절하다.
　　　질문지법, 실험법
　　　　　　　　　　　　　　쉽다
ㄴ. C가 면접법이고, (다)가 '인위적으로 상황을 통제함으로써 변수의 효과를 관찰하기에 용이하다.'라면, (라)는 '대규모 집단을 대상으로 한 자료 수집에 용이하다.'가 적절하다.
　　　실험법　　　　　　　　　→ 질문지법
ㄷ. (가)가 '연구 대상자와 언어를 매개로 한 상호 작용이 필수적이다.'라면, (나)는 '실제성이 높은 생생한 자료를 수집하기에 용이하다.'가 적절하다.
　　　　　　　　　　　→ 질문지법, 면접법
　　　　　　　　→ 참여 관찰법
ㄹ. (나)가 '소수의 응답자로부터 깊이 있는 정보를 수집하기에 용이하다.'라면, (가)는 '수집된 자료를 통계적으로 처리하기에 용이하다.'가 적절하다.
　　　　　　　　　　　→ 면접법
　　　　　　→ 질문지법, 실험법

① ㄱ, ㄴ　　② ㄱ, ㄷ　　③ ㄴ, ㄷ　　④ ㄴ, ㄹ　　⑤ ㄷ, ㄹ

|자|료|해|설|
질문지법과 실험법은 주로 양적 연구에서 활용되고, 면접법은 주로 질적 연구에서 활용된다. (가)에는 A와 B의 공통적인 특징이 들어가야 한다.

|보|기|풀|이|
ㄱ. 오답 : 독립 변수와 종속 변수의 관계를 검증하는 연구에 적합한 것은 질문지법과 실험법이다. 따라서 A는 질문지법, B는 실험법, C는 면접법에 해당한다. 면접법은 자료 수집 과정에서 연구자가 유연성이나 융통성을 발휘하기 쉽다.
ㄴ. 정답 : 인위적으로 상황을 통제함으로써 변수의 효과를 관찰하기 용이한 것은 실험법이다. 따라서 A는 실험법, B는 질문지법에 해당한다. 대규모 집단을 대상으로 한 자료 수집에 용이한 것은 질문지법이다.
ㄷ. 오답 : 연구 대상자와 언어를 매개로 한 상호 작용이 필수적인 것은 질문지법과 면접법이다. 따라서 A, B는 각각 질문지법과 면접법 중 하나에 해당하고, C는 실험법이다. 실제성이 높은 생생한 자료를 수집하기에 용이한 것은 참여 관찰법이다.
ㄹ. 정답 : 소수의 응답자로부터 깊이 있는 정보를 수집하기에 용이한 것은 면접법이다. 따라서 A와 B는 각각 질문지법과 실험법 중 하나에 해당하고 C는 면접법이다. 수집된 자료를 통계적으로 처리하기에 용이한 것은 질문지법과 실험법이다.

문제풀이 TIP | 질문지법과 실험법은 주로 양적 연구에 활용되고, 면접법과 참여 관찰법은 주로 질적 연구에 활용된다. 문헌 연구법은 자료의 성격에 따라 양적 연구와 질적 연구에 모두 활용될 수 있다. 질문지법(글)과 면접법(말)은 언어를 매개로 한 상호 작용이 필수적인 자료 수집 방법이다.

출제분석 | 자료 수집 방법(질문지법, 실험법, 면접법, 참여 관찰법, 문헌 연구법)은 수능과 모평에 빠지지 않고 등장하는 주제이다. 특히 양적 연구 과정과 복합적으로 출제될 수 있기 때문에 기출 문제를 중심으로 다양한 문제를 풀어볼 필요가 있다. 문헌 연구법을 제외한 질문지법, 실험법, 면접법, 참여 관찰법의 특징을 비교하는 문제가 주로 출제된다.

다음 자료에 대한 설명으로 옳은 것은? (단, A~C는 각각 면접법, 질문지법, 참여 관찰법 중 하나이다.)

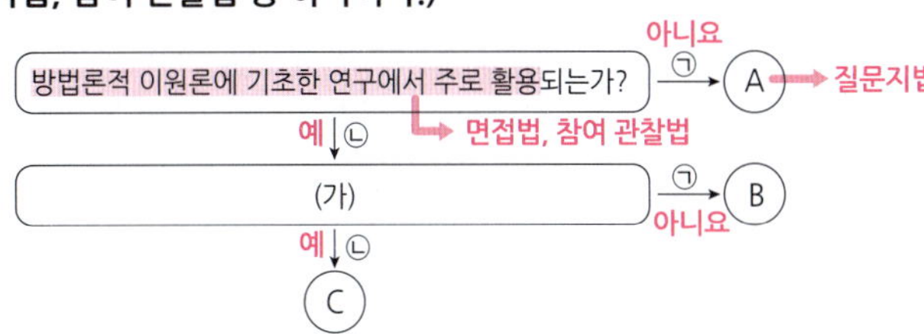

* ㄱ과 ㄴ은 각각 '예'와 '아니요' 중 하나임.

① ㄱ은 '예', ㄴ은 '아니요'이다.

② (가)에 '표준화를 중시하는 자료 수집 방법인가?'가 들어갈 수 있다. 없다 → 질문지법

③ A는 주로 질적 자료 수집을 위해 활용된다. → 면접법, 참여 관찰법

④ B가 면접법이라면, (가)에 '의사소통이 곤란한 집단을 조사하는 데 적합한가?'가 들어갈 수 있다. → 참여 관찰법

⑤ C가 면접법이라면, (가)에 '연구자와 연구 대상자 간 언어적 상호 작용이 필수적인가?'가 들어갈 수 없다. → 질문지법, 면접법 / 있다

추가 학습 | 어떤 현상을 측정하여 나타나는 수치화된 자료인 양적 자료와 달리, 질적 자료는 상황 맥락 속에서 나타나는 현상이 있는 그대로 표현된 자료를 의미한다.

출제분석 | 자료 수집 방법을 비교하는 문제이다. 자료 수집 방법은 연구 과정과 함께 복합적으로 출제될 수 있다.

|자|료|해|설|

방법론적 이원론에 기초한 연구에서 주로 활용되는 자료 수집 방법은 면접법과 참여 관찰법이다. 따라서 A는 질문지법, B와 C는 각각 면접법과 참여 관찰법 중 하나이고, (가)에는 면접법과 참여 관찰법을 구분할 수 있는 질문이 들어갈 수 있다.

|선|택|지|풀|이|

① 오답 : ㄱ은 '아니요', ㄴ은 '예'이다.

② 오답 : 표준화를 중시하는 자료 수집 방법은 질문지법이다. 따라서 '표준화를 중시하는 자료 수집 방법인가?'는 (가)에 들어갈 수 없다.

③ 오답 : 주로 질적 자료 수집을 위해 활용되는 자료 수집 방법은 면접법과 참여 관찰법이다. 질문지법은 주로 양적 자료 수집을 위해 활용된다.

④ 정답 : B가 면접법이라면, C는 참여 관찰법이다. 의사소통이 곤란한 집단을 조사하는 데 적합한 자료 수집 방법은 참여 관찰법이다. 따라서 '의사소통이 곤란한 집단을 조사하는 데 적합한가?'는 (가)에 들어갈 수 있다.

⑤ 오답 : C가 면접법이라면, B는 참여 관찰법이다. 연구자와 연구 대상자 간 언어적 상호 작용이 필수적인 자료 수집 방법은 질문지법과 면접법이다. 따라서 '연구자와 연구 대상자 간 언어적 상호 작용이 필수적인가?'는 (가)에 들어갈 수 있다.

교사가 제시한 과제에 대해 옳게 검토한 학생을 고른 것은? **3점**

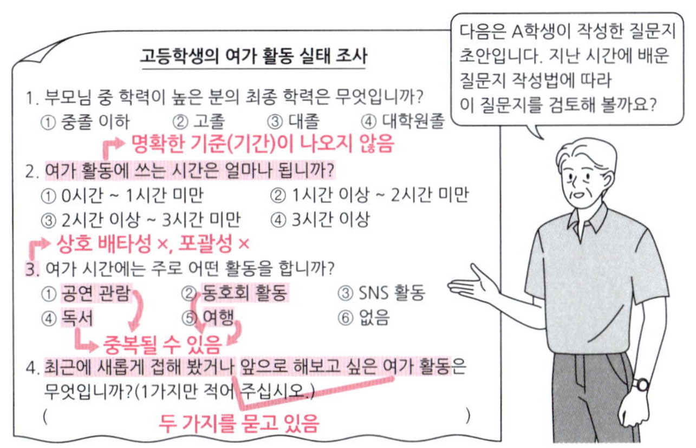

학생	문항	검토 내용
갑	1	특정 응답을 유도하고 있어요. → 특정 응답 유도 ×
을	2	응답에 필요한 정보가 빠져 있어요. → 명확성 떨어짐
병	3	선택지가 상호 배타적이에요. → 중복될 수 있음
정	1, 4	한 질문에서 두 가지 사항을 묻고 있어요. → 4번만 해당
무	2, 3	선택지가 포괄적이지 않아요. → 3번만 해당

① 갑   ② 을   ③ 병   ④ 정   ⑤ 무

|자|료|해|설|

올바른 질문지 작성을 위한 유의 사항은 다음과 같다. 첫째, 특정 응답을 유도하면 안 된다. 둘째, 선택지가 상호 배타적(중복 ×)이어야 한다. 셋째, 선택지가 포괄성을 갖춰야 한다. 넷째, 두 가지 내용을 동시에 물으면 안 된다. 다섯째, 질문은 모호하지 않고 간결하고 명확해야 한다.

|선|택|지|풀|이|

① 오답 : 문항 1의 경우, 특정 응답을 유도하고 있다고 보기 어렵다.

② 정답 : 문항 2의 경우, 여가 활동에 쓰는 시간이 하루를 기준으로 하는지 일주일을 기준으로 하는지 나타나 있지 않다. 따라서 응답에 필요한 정보가 빠져 있음을 알 수 있다.

③ 오답 : 문항 3의 경우, 동호회 활동으로 공연을 관람하거나 독서를 하거나 여행을 할 수 있기 때문에 선택지가 서로 중복될 수 있다. 따라서 선택지가 상호 배타적이지 못함을 알 수 있다.

④ 오답 : 문항 4의 경우, 한 질문에서 '최근에 새롭게 접해 본 여가 활동'과 '앞으로 해보고 싶은 여가 활동' 두 가지 사항을 묻고 있다. 하지만 문항 1의 경우, 한 질문에서 두 가지 사항을 묻고 있지 않다.

⑤ 오답 : 문항 3의 경우, 낚시나 게임 등 응답 항목에 없는 여가 활동을 하는 경우 고를 수 있는 선택지가 없으므로 선택지가 포괄적이지 않다. 하지만 문항 2의 경우, 응답 항목 중에서 하나를 선택할 수 있기 때문에 선택지가 포괄적이다.

자료 수집 방법 A~D의 일반적인 특징에 대한 설명으로 옳은 것은?
(단, A~D는 각각 면접법, 실험법, 질문지법, 참여 관찰법 중 하나임.)

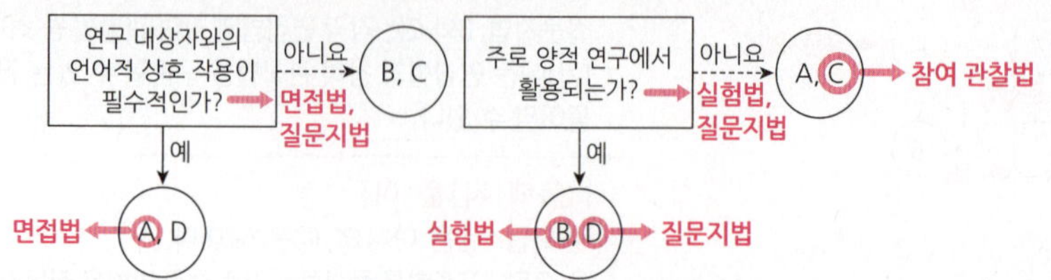

① A와 달리 B는 연구 대상자와의 정서적 교감을 중시한다.
② B에 비해 C는 실제성 높은 생생한 자료를 수집하기에 용이하다.
③ D에 비해 A는 구조화된 자료를 수집하기에 용이하다.
④ A, C에 비해 D는 연구자의 주관이 개입될 가능성이 높다. 낮다
⑤ B, D에 비해 C는 자료 수집 상황에 대한 통제 정도가 높다. 낮다

문제풀이 TIP | 면접법과 참여 관찰법은 주로 질적 연구에서 활용되고, 실험법과 질문지법은 주로 양적 연구에서 활용된다.

출제분석 | 자료 수집 방법의 특징을 파악하는 문제이다. 사회·문화 현상의 연구 과정과 자료 수집 방법을 연관지어 학습해 두도록 한다.

|자|료|해|설|

면접법, 실험법, 질문지법, 참여 관찰법 중 연구 대상자와의 언어적 상호 작용이 필수적인 자료 수집 방법은 면접법과 질문지법이다. 즉, A와 D는 각각 면접법과 질문지법 중 하나이다. 면접법, 실험법, 질문지법, 참여 관찰법 중 주로 양적 연구에서 활용되는 자료 수집 방법은 실험법과 질문지법이다. 즉, B와 D는 각각 실험법과 질문지법 중 하나이다. 따라서 A는 면접법, B는 실험법, C는 참여 관찰법, D는 질문지법이다.

|선|택|지|풀|이|

① 오답 : 면접법은 실험법과 달리 연구 대상자와의 정서적 교감을 중시한다.

② 정답 : 실제성 높은 생생한 자료를 수집하기에 용이한 자료 수집 방법은 참여 관찰법이다.

③ 오답 : 질문지법은 면접법에 비해 구조화된 자료를 수집하기에 용이하다.

④ 오답 : 질문지법은 면접법과 참여 관찰법에 비해 연구자의 주관이 개입될 가능성이 낮다.

⑤ 오답 : 참여 관찰법은 실험법과 질문지법에 비해 자료 수집 상황에 대한 통제 정도가 낮다.

다음 자료에 대한 옳은 설명만을 〈보기〉에서 있는 대로 고른것은?

3점

종속 변인 / 독립 변인 / 문헌 연구법

연구자 갑은 요즘 청소년들이 게임을 하지 않으면 친구 관계를 유지하기 어렵다는 기사를 접했다. 이후 갑은 친구와의 관계에 대한 인식이 청소년의 게임 의존에 미치는 영향을 파악하고자 ___(가)___ 를 가설로 설정하고 연구를 진행하였다. 이를 위해 갑은 A 기관이 공개한 청소년 대상 설문 조사 자료에서 ㉠ 친구와의 관계에 대한 인식을 측정하는 문항과 게임 의존 정도를 측정하는 문항의 응답 결과에 대해 청소년 1,000명을 무작위로 추출하여 분석하였다. 자료 분석 결과, 친구와의 관계에 대한 긍정적 인식 정도가 청소년 게임 의존 정도에 미치는 영향은 통계적으로 유의미한 부(-)의 관계인 것으로 나타났다. 분석 결과를 토대로 갑은 ___(나)___ 라고 제언하였다.

보기

ㄱ. ㉠은 갑의 연구에서 2차 자료 수집을 위한 조사 도구이다.

ㄴ. (가)에는 '친구와의 관계에 대한 인식이 긍정적일수록 청소년의 게임 의존도가 높을 것이다.'가 들어갈 수 있다.

ㄷ. (나)에는 '청소년의 게임 과의존을 예방하기 위해서는 친구와의 관계를 긍정적으로 형성해 가는 것이 필요하다.'가 들어갈 수 없다. 있다

① ㄴ   ② ㄷ   ③ ㄱ, ㄴ   ④ ㄱ, ㄷ   ⑤ ㄱ, ㄴ, ㄷ

|자|료|해|설|

갑은 친구와의 관계에 대한 인식이 청소년의 게임 의존에 미치는 영향을 파악하기 위해 문헌 연구법을 활용하여 양적 연구를 실시하였다.

|보|기|풀|이|

ㄱ. 오답 : 갑은 A 기관이 공개한 청소년 대상 설문 조사 자료에서 독립 변인 및 종속 변인과 관련된 자료를 분석하였다. 따라서 ㉠은 갑의 연구에서 2차 자료 수집을 위한 조사 도구에 해당한다.

ㄴ. 정답 : (가)에는 독립 변인인 친구와의 관계에 대한 인식과 종속 변인인 청소년의 게임 의존 간의 상관관계를 나타낸 가설이 들어갈 수 있다. '친구와의 관계에 대한 인식이 긍정적일수록 청소년의 게임 의존도가 높을 것이다.'는 독립 변인과 종속 변인 간의 정(+)의 관계를 나타낸 가설이다. 따라서 해당 가설은 (가)에 들어갈 수 있다.

ㄷ. 오답 : (나)에는 갑이 연구 결과를 토대로 제언한 내용이 들어갈 수 있다. 연구 분석 결과 친구와의 관계에 대한 긍정적 인식 정도와 청소년 게임 의존 정도 간에 부(-)의 관계가 있으므로 갑은 청소년의 게임 과의존을 예방하기 위해 친구와의 긍정적인 관계를 형성하는 것이 필요함을 제언할 수 있다. 따라서 해당 내용은 (나)에 들어갈 수 있다.

문제풀이 TIP | 자료 분석 결과 독립 변인과 종속 변인 간에 부(-)의 관계가 나타난 것과 상관없이, 독립 변인과 종속 변인 간에 상관관계를 명확하게 설정한 가설이라면 이는 (가)에 들어갈 수 있다.

출제분석 | 양적 연구 과정을 분석하는 문제이다. 가설, 자료 수집 방법, 자료 분석 결과 등을 복합적으로 묻는 고난도 문제가 출제될 수 있다.

다음 자료를 읽고 물음에 답하시오.

갑은 ㉠ 아이돌 팬덤의 심리적 특성이 아이돌 관련 상품에 대한 구매 의지에 미치는 영향을 파악하고자 하였다. 이에 갑은 아이돌 팬덤 활동 경험이 있는 4명과 대화하며 팬덤 활동을 통해 느꼈던 심리 상태에 관한 심층적인 자료를 수집하였다. 이후 갑은 자료 수집 및 분석 결과를 바탕으로 아이돌 팬덤의 심리적 특성을 ㉡ 행복감, 모방 욕구 두 가지로 분류하고, 아이돌 팬덤 활동 경험이 있는 200명을 연구 대상자로 모집하였다. 갑은 구조화된 문항을 통해 행복감을 지난 일주일간 자신이 좋아하는 아이돌의 영상을 시청한 시간으로, 모방 욕구는 지난 일주일간 아이돌의 패션 스타일을 따라 했던 횟수로 측정하였다. ㉢ 자료 분석 결과 두 가지 심리적 특성 중 ㉣ 한 가지 심리적 특성만 아이돌 관련 상품에 대한 구매 의지와 유의미한 정(+)의 관계가 나타났으며, 다른 한 가지 심리적 특성은 유의미한 정(+)의 관계가 나타나지 않았다.

이에 을은 갑의 연구에서 다른 한 가지 심리적 특성이 유의미한 정(+)의 관계가 왜 나타나지 않았는지를 밝히는 것을 ㉤ 연구 목적으로 설정하였다. 그리고 미디어 관련 연구 기관이 발행한 아이돌 팬덤의 유형에 관한 보고서를 분석한 결과 갑의 연구에서 팬덤의 유형을 구체화할 필요성이 있음을 파악하였다. 을은 아이돌 팬덤의 유형을 활동 기간과 활동 참여도를 기준으로 지속형과 활동형으로 분류하였다. 을은 갑의 연구에 참여했던 대상자들의 동의를 구한 후 갑의 연구에서 행복감 정도가 높게 나타난 것으로 판명된 100명을 대상으로 ㉥ 아이돌 관련 상품에 대한 구매 의지와 ㉦ 아이돌 팬덤의 유형에 대한 설문 조사를 실시하였다. 자료 분석 결과 아이돌 팬덤의 유형 중 지속형보다 활동형이 아이돌 관련 상품에 대한 구매 의지가 유의미하게 높게 나타나 가설을 수용하였다. 을은 연구 결과를 바탕으로 아이돌 팬덤 활동을 하며 느끼는 행복감이 높더라도 팬덤의 유형에 따라 아이돌 관련 상품에 대한 구매 의지에는 차이가 있다는 결론을 도출하였다.

갑, 을이 사용한 자료 수집 방법에 대한 설명으로 옳은 것은?

① 갑이 사용한 자료 수집 방법들은 모두 질적 자료를 수집할 때 주로 활용된다.

② 을이 사용한 자료 수집 방법들은 모두 연구자와 연구 대상자 간의 언어적 상호 작용이 필수적이다.

③ 갑과 달리 을은 연구자와 연구 대상자 간의 정서적 교감 형성을 중시하는 자료 수집 방법을 사용하였다.

④ 을과 달리 갑은 기존의 연구 동향이나 성과를 파악하는 데 적합한 자료 수집 방법을 사용하였다.

⑤ 갑, 을은 모두 표준화된 도구로 대량의 자료를 획득하기 용이한 자료 수집 방법을 사용하였다.

|자|료|해|설|

갑이 사용한 자료 수집 방법은 면접법과 질문지법이고, 을이 사용한 자료 수집 방법은 문헌 연구법과 질문지법이다.

|선|택|지|풀|이|

① 오답 : 면접법은 주로 질적 자료를 수집할 때 활용되고, 질문지법은 주로 양적 자료를 수집할 때 활용된다.

② 오답 : 연구자와 연구 대상자 간의 언어적 상호 작용이 필수적인 자료 수집 방법은 면접법과 질문지법이다.

③ 오답 : 연구자와 연구 대상자 간의 정서적 교감 형성을 중시하는 자료 수집 방법은 면접법이다.

④ 오답 : 기존의 연구 동향이나 성과를 파악하는 데 적합한 자료 수집 방법은 문헌 연구법이다.

⑤ 정답 : 갑과 을은 모두 표준화된 도구로 대량의 자료를 획득하기 용이한 자료 수집 방법인 질문지법을 사용하였다.

😲 **문제풀이 TIP** | 갑과 을은 모두 질문지법을 사용하였고, 갑은 을과 달리 면접법을, 을은 갑과 달리 문헌 연구법을 사용하였다.

😲 **출제분석** | 자료 수집 방법의 특징을 파악하는 문제이다. 각 연구에서 활용한 자료 수집 방법을 비교하는 문제가 출제될 수 있다.

자료 수집 방법 A~D에 대한 설명으로 옳은 것은? (단, A~D는 각각 질문지법, 면접법, 참여 관찰법, 문헌 연구법 중 하나임.)

① A와 달리 B는 자료 수집 과정에서 구조화된 도구의 사용이 필수적이다.
② C에 비해 A는 자료 수집 과정에서 시·공간적 제약이 적다.
③ D와 달리 B는 연구자와 연구 대상자 간의 신뢰 관계 형성이 중요하다.
④ B와 C는 '연구 대상자의 주관적 인식을 파악할 수 있는가?'라는 질문으로 구분할 수 있다. 없다
⑤ C와 D는 '연구자와 연구 대상자 간의 언어적 상호 작용이 필수적인가?'라는 질문으로 구분할 수 없다. 있다

|자|료|해|설|

A는 참여 관찰법, B는 질문지법, C는 문헌 연구법, D는 면접법이다.

|선|택|지|풀|이|

① 정답 : 질문지법은 참여 관찰법과 달리 조사 대상자에게 형식과 내용이 같은 질문과 응답 항목이 제시되는 구조화·표준화된 자료 수집 방법에 해당한다.
② 오답 : 문헌 연구법은 참여 관찰법에 비해 자료 수집 과정에서 시·공간적 제약이 적다.
③ 오답 : 면접법은 질문지법과 달리 연구자와 연구 대상자 간의 신뢰 관계, 즉 라포르 형성이 중요하다.
④ 오답 : 질문지법과 문헌 연구법은 모두 연구 대상자의 주관적 인식을 파악할 수 있다. 따라서 해당 질문으로 질문지법과 문헌 연구법을 구분할 수 없다.
⑤ 오답 : 면접법은 문헌 연구법과 달리 연구자와 연구 대상자 간의 언어적 상호 작용이 필수적이다. 따라서 해당 질문으로 문헌 연구법과 면접법을 구분할 수 있다.

🤓 문제풀이 T I P | 질문지법이 주로 양적 연구에서 활용된다고 해서 연구 대상자의 주관적 인식을 파악할 수 없는 것은 아니다. 모든 자료 수집 방법은 연구 대상자의 주관적 인식을 파악할 수 있으며, 경험적 자료를 수집하는 데 적합하다.

😀 출제분석 | 자료 수집 방법의 특징을 파악하는 문제이다. 그림, 제시문, 대화, 연구 사례 등을 통해 자료 수집 방법을 묻는 문제가 출제될 수 있으므로 사회·문화 현상의 연구 과정과 자료 수집 방법을 연관지어 공부해 두도록 한다.

---

71 자료 수집 방법   정답 ⑤   정답률 76%   2024학년도 6월 모평 6번   문제편 115p

자료 수집 방법 A, B의 일반적인 특징에 대한 설명으로 옳은 것은?

빈민 지역인 □□마을에서 '가난의 문화'가 만들어지는 과정을 고찰하기 위해 갑은 자료 수집 방법 A를, 을은 자료 수집 방법 B를 사용하여 공동 연구를 수행하였다.
〔질문지법 / 면접법〕
　　갑은 전체 주민을 대상으로 계량화된 자료 수집을 위한 설문 조사를 실시하여 주민들의 생활과 삶에 대한 만족도 등을 파악하였다. 고령자가 많아 주민을 직접 만나는 방식으로 설문 조사를 진행하였다.
　　을은 □□마을 복지관을 4주 동안 매주 2회씩 방문하여 주민들과 신뢰 관계를 형성한 후, 마을에 오래 거주한 주민 10명을 복지관에서 따로 만나 그들의 삶을 듣고 기록하는 조사를 진행하였다.

① A는 B에 비해 자료 수집 과정에서 조사자가 융통성을 발휘하기 용이하다. (B／A)
② A는 B와 달리 조사 대상자와의 언어적 상호 작용이 필수적이다. 모두
③ B는 A에 비해 구조화된 자료를 수집하기 용이하다. (A／B)
④ B는 A에 비해 수집된 자료의 통계 처리가 용이하다.
⑤ A와 B는 모두 조사 대상자의 주관적 인식을 파악할 수 있다.

|자|료|해|설|

갑은 자료 수집 방법으로 질문지법을 사용하였고, 을은 자료 수집 방법으로 면접법을 사용하였다. 따라서 A는 질문지법, B는 면접법이다.

|선|택|지|풀|이|

① 오답 : 면접법은 질문지법에 비해 자료 수집 과정에서 조사자가 유연성이나 융통성을 발휘하기 용이하다.
② 오답 : 질문지법과 면접법은 모두 조사 대상자와의 언어적 상호 작용이 필수적이다.
③ 오답 : 질문지법은 구조화된 자료를 수집하기 용이하고, 면접법은 비구조화된 자료를 수집하기 용이하다.
④ 오답 : 질문지법은 면접법에 비해 분석 기준이 명확하고 통계 처리가 용이하다.
⑤ 정답 : 질문지법은 질문지를 통해, 면접법은 대화를 통해 조사 대상자의 주관적 인식을 파악할 수 있다.

🤓 추가 학습 | 질문지법은 문자 언어를 통해, 면접법은 대화를 통해 자료를 수집하므로 질문지법과 면접법은 모두 조사 대상자와의 언어적 상호 작용이 필수적으로 요구된다.

😀 출제분석 | 질문지법과 면접법을 비교하는 문제이다. 질문지법, 실험법, 면접법, 참여 관찰법, 문헌 연구법 등을 복합적으로 비교하는 문제가 출제될 수 있으므로 각 자료 수집 방법의 장단점을 파악해 두도록 한다.

72　자료 수집 방법

정답 ④　정답률 72%　2022년 3월 학평 6번　문제편 116p

다음 자료에 대한 설명으로 옳은 것은? (단, A~C는 각각 면접법, 실험법, 질문지법 중 하나이다.) 3점

질문	응답		
	A	B	C
주로 양적 연구에서 활용되는가?	㉠	㉡	예
인위적인 처치를 가하고 그로 인해 나타나는 변화를 파악하는가?	예	아니요	아니요

① ㉠은 '아니요', ㉡은 '예'이다.

② A는 B와 달리 연구자와 연구 대상자 간의 정서적 교감이 중시된다.

③ B는 C와 달리 연구자와 연구 대상자 간의 언어적 상호 작용이 필수적이다.

④ C는 B와 달리 표준화 및 구조화가 중시되는 방법이다.

⑤ A, C는 B에 비해 자료 분석 과정에서 연구자의 주관적 가치가 개입될 우려가 크다.

|자|료|해|설|

면접법, 실험법, 질문지법 중 주로 양적 연구에서 활용되는 자료 수집 방법은 실험법과 질문지법이고, 인위적인 처치를 가하고 그로 인해 나타나는 변화를 파악하는 자료 수집 방법은 실험법이다. 따라서 A는 실험법, B는 면접법, C는 질문지법이다.

|선|택|지|풀|이|

① 오답 : 실험법과 질문지법은 주로 양적 연구에서 활용되고, 면접법은 주로 질적 연구에서 활용된다. 따라서 ㉠은 '예', ㉡은 '아니요'이다.

② 오답 : 연구자와 연구 대상자 간의 정서적 교감을 중시하는 자료 수집 방법은 면접법이다.

③ 오답 : 면접법과 질문지법은 모두 연구자와 연구 대상자 간의 언어적 상호 작용이 필수적이다.

④ 정답 : 질문지법은 모든 조사 대상자에게 형식과 내용이 같은 질문과 응답 항목을 제시하여 조사하는 구조화·표준화된 자료 수집 방법이다.

⑤ 오답 : 실험법과 질문지법은 면접법에 비해 자료 분석 과정에서 연구자의 주관적 가치가 개입될 우려가 작다.

🤓 문제풀이 TIP | 두 번째 질문을 통해 A가 실험법임을 알 수 있고, 첫 번째 질문을 통해 ㉠에는 '예'가 들어가고, C가 질문지법임을 알 수 있다.

🤓 출제분석 | 질문을 통해 자료 수집 방법을 파악하여 각 특징을 비교하는 문제이다. 자료 수집 방법과 관련된 문제는 단독 문제로 출제될 수도 있지만, 연구 과정을 통해 추론할 수 있는 자료 수집 방법을 묻는 문제로도 출제될 수 있다.

73　자료 수집 방법

정답 ③　정답률 90%　2020학년도 수능 6번　문제편 116p

A ~ D의 일반적 특징에 대한 설명으로 옳은 것은? (단, A ~ D는 각각 면접법, 문헌 연구법, 질문지법, 참여 관찰법 중 하나이다.)

연구 사례	자료 수집 방법
갑은 소방관 스트레스 완화 방안에 대한 연구를 위해 상담 사례집 내용을 분석하여 스트레스 유형을 분류하고, 비구조화된 질문으로 소방관들과 심층 면담을 하여 그들의 스트레스 경험을 조사하였다.	A, C
을은 소방관 근무 만족도 연구에 필요한 설문 문항 개발을 위해 선행 연구를 검토하여 질문 내용을 구성하고, 30개의 구조화된 문항을 통해 소방관 500명을 대상으로 근무 만족도에 대해 조사하였다.	B, C
병은 소방관 안전 실태 연구를 위해 6개월간 소방관들과 함께 생활하며 그들이 겪는 위험 상황을 관찰하고, 정서적 교감이 형성된 소방관 15명과 깊은 대화를 통해 현장에서 느끼는 위험 요인에 대해 조사하였다.	A, D

① C는 A에 비해 시간과 장소의 제약이 크다.

② D는 B에 비해 수집된 자료를 통계적으로 처리하기가 용이하다.

③ A, D는 B에 비해 연구자의 가치가 개입될 가능성이 높다.

④ C는 B, D와 달리 조사 대상자와의 언어적 상호 작용이 필수적이다.

⑤ C, D는 A, B와 달리 질적 연구에만 사용 가능하다.

|자|료|해|설|

갑의 연구에서는 문헌 연구법(상담 사례집)과 면접법(심층 면담)이, 을의 연구에서는 문헌 연구법(선행 연구 검토)과 질문지법(구조화된 문항)이, 병의 연구에서는 참여 관찰법(함께 생활하며 관찰)과 면접법(깊은 대화)이 활용되었다. 따라서 A는 면접법, B는 질문지법, C는 문헌 연구법, D는 참여 관찰법에 해당한다.

|선|택|지|풀|이|

① 오답 : 문헌 연구법은 면접법에 비해 시간과 장소의 제약이 작다.

② 오답 : 주로 양적 연구에서 활용되는 질문지법은 참여 관찰법에 비해 수집된 자료를 통계적으로 처리하기가 용이하다.

③ 정답 : 주로 질적 연구에서 활용되는 면접법과 참여 관찰법은 질문지법에 비해 연구자의 가치가 개입될 가능성이 높다.

④ 오답 : 조사 대상자와의 언어적 상호 작용이 필수적인 자료 수집 방법은 질문지법과 면접법이다.

⑤ 오답 : 질문지법과 실험법은 주로 양적 연구에서 활용되고, 면접법과 참여 관찰법은 주로 질적 연구에서 활용되며, 문헌 연구법은 자료에 따라 양적 연구와 질적 연구 모두에서 활용이 가능하다.

갑~병이 사용한 자료 수집 방법에 대한 설명으로 옳은 것은? 3점

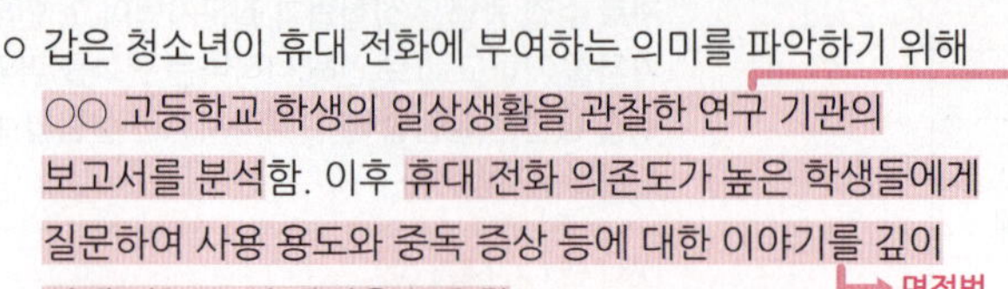

○ 갑은 청소년이 휴대 전화에 부여하는 의미를 파악하기 위해 ○○ 고등학교 학생의 일상생활을 관찰한 연구 기관의 보고서를 분석함. → 문헌 연구법 이후 휴대 전화 의존도가 높은 학생들에게 질문하여 사용 용도와 중독 증상 등에 대한 이야기를 깊이 있게 나누고 이 과정을 녹음함. → 면접법

○ 을은 팬덤 문화 연구를 위해 ☆☆ 야구단의 팬클럽에 가입하여 → 참여 관찰법 6개월간 회원들과 경기를 관람하며 그들의 대화와 응원 모습을 기록함. 이후 아이돌 팬클럽의 열성팬을 대상으로 그들만의 친밀한 관계를 형성한 경험을 직접 듣고 심층적인 자료를 얻음. → 면접법

○ 병은 대학생의 정치 성향과 정치 참여 연구를 위해 대학생 → 질문지법 500명을 대상으로 구조화된 문항에 응답하도록 함. 또한 선거 관련 기관이 발간한 대학생 정치 성향 면접 조사 자료집을 분석하여 대학생의 정치 참여 과정을 연구함. → 문헌 연구법

① 갑과 달리 ~~을~~(병)은 표준화된 도구로 대량의 자료를 획득하기 용이한 자료 수집 방법을 사용하였다. → 질문지법

② 병과 달리 갑은 인위적으로 통제된 상황에서 변수의 효과를 관찰하는 자료 수집 방법을 사용하였다. → 실험법

③ ~~갑과 을 모두~~ 현지에서 연구 대상자와 함께 생활하며 관심을 갖는 연구 현상을 관찰하는 자료 수집 방법을 사용하였다. → 참여 관찰법

④ 갑과 병 모두 기존의 연구 결과물을 자신의 연구에 활용하는 자료 수집 방법을 사용하였다. → 문헌 연구법

⑤ 을과 ~~병~~ 모두 연구 대상자와의 정서적 교감 형성을 중시하는 자료 수집 방법을 사용하였다. → 면접법

|자|료|해|설|
갑은 문헌 연구법과 면접법을, 을은 참여 관찰법과 면접법을, 병은 질문지법과 문헌 연구법을 사용하였다.

|선|택|지|풀|이|
① 오답 : 표준화된 도구로 대량의 자료를 획득하기 용이한 자료 수집 방법은 질문지법이다. 질문지법을 사용하여 자료를 수집한 사람은 병이다.
② 오답 : 인위적으로 통제된 상황에서 변수의 효과를 관찰하는 자료 수집 방법은 실험법이다.
③ 오답 : 현지에서 연구 대상자와 함께 생활하며 관심을 갖는 연구 현상을 관찰하는 자료 수집 방법은 참여 관찰법이다. 참여 관찰법을 사용하여 자료를 수집한 사람은 을이다.
④ 정답 : 기존의 연구 결과물을 자신의 연구에 활용하는 자료 수집 방법은 문헌 연구법이다. 갑과 병은 모두 문헌 연구법을 사용하여 자료를 수집하였다.
⑤ 오답 : 연구 대상자와의 정서적 교감 형성을 중시하는 자료 수집 방법은 면접법이다. 면접법을 사용하여 자료를 수집한 사람은 갑과 을이다.

😮 **문제풀이 TIP** | 갑~병이 단 하나의 자료 수집 방법만을 사용한 것이 아님에 유의하도록 한다.

😮 **출제분석** | 자료 수집 방법의 특징을 파악하는 문제이다. 연구 과정과 자료 수집 방법을 연관 지어 기출문제를 통해 출제 유형을 파악해 두도록 한다.

자료 수집 방법 A ~ C의 일반적 특징으로 옳은 것은? (단, A ~ C는 각각 면접법, 질문지법, 참여 관찰법 중 하나이다.)

구분	A	B	C
	→ 참여 관찰법	→ 면접법	→ 질문지법
공통점과 차이점	연구자의 주관적 가치가 개입될 우려가 큼 → 참여 관찰법, 면접법		(가)
	(나)	자료 수집 시 언어적 상호 작용이 필수적임 → 면접법, 질문지법	

① A는 B와 ~~달리~~ 주로 1차 자료 수집에 사용된다. → A, B, C 모두 가능
② B는 C에 비해 조사 대상자와의 정서적 교감을 중시한다. → 면접법
③ C는 B와 달리 ~~비~~구조화된 도구를 사용하여 자료를 수집한다. → 구조화된 도구 사용
④ (가)에는 '문맹자로부터의 자료 수집이 ~~용이함~~'이 적절하다. → 어려움
⑤ (나)에는 '주로 양적 연구에서 활용됨'이 적절~~하다~~. → 하지 않다 / 질문지법

|자|료|해|설|
주로 질적 연구에서 활용되는 면접법과 참여 관찰법은 연구자의 주관적 가치가 개입될 우려가 크다. 또한 질문지법과 면접법은 자료 수집 시 언어적 상호 작용이 필수적이다. 따라서 A는 참여 관찰법, B는 면접법, C는 질문지법이다.

|선|택|지|풀|이|
① 오답 : 일반적으로 1차 자료는 연구자가 해당 연구에서 활용하기 위해 직접 수집한 자료를 말한다. 면접법, 질문지법, 참여 관찰법 모두 1차 자료 수집에 사용될 수 있다.
② 정답 : 주로 질적 연구에서 활용되는 면접법은 질문지법에 비해 조사 대상자와의 정서적 교감을 중시한다.
③ 오답 : 질문지법은 구조화된 도구(설문지)를 사용하여 자료를 수집한다.
④ 오답 : (가)에는 질문지법에만 해당하는 특징이 들어갈 수 있다. 일반적으로 질문지법은 문맹자로부터의 자료 수집이 쉽지 않다. 따라서 (가)에는 '문맹자로부터의 자료 수집이 용이함'이 들어갈 수 없다.
⑤ 오답 : (나)에는 참여 관찰법에만 해당하는 특징이 들어갈 수 있다. 질문지법은 주로 양적 연구에서 활용된다. 따라서 (나)에는 '주로 양적 연구에서 활용됨'이 들어갈 수 없다.

😮 **문제풀이 TIP** | 일반적으로 1차 자료는 연구자가 해당 연구에서 활용하기 위해 직접 수집한 자료를 말하고, 2차 자료는 다른 사람이 연구한 자료나 가공된 자료인 문헌을 수집한 경우를 말한다.

76 자료 수집 방법

정답 ⑤　정답률 66%　2025학년도 6월 모평 9번　문제편 117p

다음은 자료 수집 방법 A ~ C를 구분하는 질문에 대한 학생의 답변과 교사의 채점 결과이다. 이에 대한 설명으로 옳은 것은? (단, A ~ C는 각각 질문지법, 실험법, 면접법 중 하나임.) 3점

질문	답변		
	갑	을	병
A는 인위적으로 통제된 상황에서 변수의 효과를 관찰하는 방법인가?	예	아니요	아니요
A에 비해 B는 자료 수집 과정에서 연구자가 유연성이나 융통성을 발휘하기 용이한 방법인가?	아니요	아니요	㉠ 예
B에 비해 C는 주로 양적 연구에서 활용하는 자료 수집 방법인가?	예	아니요	예
(가)	아니요	아니요	예
채점 결과	3점	1점	2점

실험법
실험법
질문지법 / 면접법
면접법 / 질문지법, 실험법
(가) 옳은 답변 : 아니요

* 교사는 질문별로 각각 채점하고, 옳은 답변은 1점, 틀린 답변은 0점을 부여함.

① ㉠은 '아니요'이다. (예)
② A에 비해 B는 독립 변수와 종속 변수의 관계를 검증하는 연구에 적합하다. (B/A)
③ B와 달리 C는 조사 대상자와의 언어적 상호 작용이 필수적이다.
④ C와 달리 A는 조사 대상자의 주관적 인식을 파악할 수 있다.
⑤ (가)에는 'B에 비해 C는 소수의 응답자로부터 깊이 있는 정보를 수집하기에 용이한 방법인가?'가 들어갈 수 있다. (면접법)

문제풀이 TIP | 각 질문에 대한 옳은 대답을 적어 두고, 갑과 을의 답변이 다른 질문부터 가정을 달리 해 가면서 옳은 답변을 파악해 보도록 한다.

| 자 | 료 | 해 | 설 |

인위적으로 통제된 상황에서 변수의 효과를 관찰하는 방법은 실험법이고, 자료 수집 과정에서 연구자가 유연성이나 융통성을 발휘하기 용이한 방법은 면접법이며, 주로 양적 연구에서 활용하는 자료 수집 방법은 질문지법과 실험법이다. 갑이 첫 번째 질문에 대해 틀린 답변을 한 경우, 갑의 점수가 3점이므로 갑은 두 번째, 세 번째, 네 번째 질문에 대해 옳은 답변을 해야 한다. 이때, 을은 첫 번째, 두 번째, 네 번째 질문에 대해 옳은 답변을 하게 되어 을의 점수는 1점이 되지 않는다. 즉, 갑은 첫 번째 질문에 대해 옳은 답변을 하였다. 따라서 A는 실험법이다. 갑이 세 번째 질문에 대해 틀린 답변을 한 경우, 갑의 점수가 3점이므로 갑은 첫 번째, 두 번째, 네 번째 질문에 대해 옳은 답변을 해야 한다. 이때, 을은 두 번째, 세 번째, 네 번째 질문에 대해 옳은 답변을 하게 되어 을의 점수는 1점이 되지 않는다. 즉, 갑은 세 번째 질문에 대해 옳은 답변을 하였다. 따라서 B는 면접법, C는 질문지법이다.

| 선 | 택 | 지 | 풀 | 이 |

① 오답 : 병은 두 번째 질문에 대해 옳은 답변을 하였다. 실험법에 비해 면접법은 자료 수집 과정에서 연구자가 유연성이나 융통성을 발휘하기 용이한 방법이다. 따라서 ㉠은 '예'이다.
② 오답 : 실험법은 면접법에 비해 독립 변수와 종속 변수의 관계를 검증하는 연구인 양적 연구에 적합하다.
③ 오답 : 면접법과 질문지법은 모두 조사 대상자와의 언어적 상호 작용이 필수적이다.
④ 오답 : 실험법과 질문지법은 모두 조사 대상자의 주관적 인식을 파악할 수 있다.
⑤ 정답 : 질문지법에 비해 면접법은 소수의 응답자로부터 깊이 있는 정보를 수집하기에 용이한 방법이다. 따라서 해당 질문은 (가)에 들어갈 수 있다.

---

77 자료 수집 방법

정답 ④　정답률 84%　2021년 3월 학평 5번　문제편 117p

갑, 을의 자료 수집 활동에 대한 옳은 설명만을 <보기>에서 고른 것은? 3점

국민들이 선호하는 정치인의 리더십 유형을 알아보기 위해 갑과 을은 서로 다른 자료 수집 방법을 활용하였다. 갑은 구조화된 설문 문항을 제작하여 국민 1,000명을 대상으로 자료를 수집하였다. 을은 10대부터 60대까지 연령대별로 1명씩 총 6명을 대상으로 심층적인 대화를 통해 선호하는 정치인의 리더십 유형과 그 이유에 대해 자료를 수집하였다.

질문지법 / 면접법

보기

ㄱ. 갑은 질적 자료 수집에 적합한 자료 수집 방법을 활용하였다. (양적)
ㄴ. 을은 자료 수집 상황에서 연구자의 융통성 발휘가 중요한 자료 수집 방법을 활용하였다. (면접법)
ㄷ. 갑은 2차 자료, 을은 1차 자료를 수집하였다. (1차)
ㄹ. 갑과 을은 모두 언어를 통한 상호 작용이 필수적인 자료 수집 방법을 활용하였다. (질문지법, 면접법)

① ㄱ, ㄴ　② ㄱ, ㄷ　③ ㄴ, ㄷ　④ ㄴ, ㄹ　⑤ ㄷ, ㄹ

| 자 | 료 | 해 | 설 |

갑은 구조화된 설문 문항을 제작하여 국민 1,000명을 대상으로 자료를 수집하였으므로 이를 통해 갑은 질문지법을 활용하였음을 알 수 있다. 을은 6명을 대상으로 심층적인 대화를 통해 자료를 수집하였으므로 이를 통해 을은 면접법을 활용하였음을 알 수 있다.

| 보 | 기 | 풀 | 이 |

ㄱ. 오답 : 질문지법은 양적 자료 수집에, 면접법은 질적 자료 수집에 적합하다.
ㄴ. 정답 : 자료 수집 상황에서 연구자의 융통성 발휘가 중요한 자료 수집 방법은 면접법이다.
ㄷ. 오답 : 연구자가 활용하는 자료 중 연구자 자신에 의해 직접 수집되어 최초로 분석되는 자료를 1차 자료라고 하고, 다른 연구에서 이미 수집되고 분석된 자료를 2차 자료라고 한다. 갑과 을은 모두 1차 자료를 수집하였다.
ㄹ. 정답 : 질문지법과 면접법은 언어를 통한 상호 작용이 필수적인 자료 수집 방법이다.

개념 확인 | 다수를 대상으로 대량의 자료를 수집하는 데 용이한 자료 수집 방법은 질문지법이고, 심층적인 조사를 위해 소수를 대상으로 하는 자료 수집 방법은 면접법이다.

다음 자료를 읽고 물음에 답하시오.

연구자 갑은 고령층의 인간 관계와 디지털 기기 활용 교육을 연구 주제로 선정하고 관련 연구를 검토하였다. 갑은 디지털 기기 활용 교육이 고령층의 온라인 공간에서의 인간 관계에 긍정적인 영향을 미칠 것이라는 가설을 설정하였다. 갑은 ⊙ 65세 이상 고령층 남녀 1,000명을 연구 대상자로 무작위 선정하여 설문 조사를 실시하였다. 조사 문항에는 디지털 기기 활용 교육 이수 여부 및 이수 시간, ⓒ 가족, 친척, 친구 등 이미 알고 있는 사람과의 온라인 공간에서의 친밀도(5점 척도), ⓒ 온라인을 통해서 새롭게 알게 된 사람과의 온라인 공간에서의 친밀도(5점 척도) 등이 포함되었다. 갑은 @ 수집한 자료를 분석하여 연구 결과를 발표하였다.

연구자 을은 디지털 기기 활용 교육과 온라인 공간에서의 인간 관계에 대한 선행 연구를 검토한 후, 고령층을 대상으로 연구를 진행하였다. 을은 노인 복지관을 방문하여 디지털 기기 ⑩ 활용 교육을 받은 경험이 있는 10명, ⑭ 활용 교육을 받은 경험이 없는 10명을 연구 대상자로 선정하였다. 을은 두 달에 걸쳐서 1인당 2회 이상 이들을 만나 깊이 있는 대화를 나누고 이 과정을 녹음하였다. 조사 내용에는 온라인 공간에서 인간 관계의 의미, 인간 관계 형성의 양상, 디지털 기기 활용 교육에 따른 온라인 공간에서의 인간 관계의 변화 등이 포함되었다. 을은 ④ 녹취한 자료를 해석하여 연구 결과를 도출하였다.

위 연구에서 갑, 을이 사용한 자료 수집 방법의 일반적인 특징에 대한 설명으로 옳은 것은?

① 갑과 달리 을은 기존 연구 동향 파악에 유리한 자료 수집 방법을 사용하였다.

② 갑과 달리 을은 표준화된 도구의 사용이 필수적인 자료 수집 방법을 사용하였다.

③ 을에 비해 갑은 연구 대상자의 반응에 유연한 대처가 용이한 자료 수집 방법을 사용하였다.

④ 을과 달리 갑은 실제성이 높은 생생한 자료를 확보하기에 용이한 자료 수집 방법을 사용하였다.

⑤ 갑과 을은 모두 연구 대상자의 주관적 인식을 파악할 수 있는 자료 수집 방법을 사용하였다.

|자|료|해|설|

갑이 사용한 자료 수집 방법은 문헌 연구법과 질문지법이고, 을이 사용한 자료 수집 방법은 문헌 연구법과 면접법이다.

|선|택|지|풀|이|

① 오답 : 기존 연구 동향 파악에 유리한 자료 수집 방법은 문헌 연구법이다. 갑과 을은 모두 문헌 연구법을 사용하였다.

② 오답 : 갑이 사용한 질문지법은 을이 사용한 면접법과 달리 표준화된 도구의 사용이 필수적이다.

③ 오답 : 을이 사용한 면접법은 갑이 사용한 질문지법에 비해 연구 대상자의 반응에 유연한 대처가 용이하다.

④ 오답 : 실제성이 높은 생생한 자료를 확보하기에 용이한 자료 수집 방법은 참여 관찰법이다. 갑과 을은 모두 참여 관찰법을 사용하지 않았다.

⑤ 정답 : 문헌 연구법, 질문지법, 면접법은 모두 연구 대상자의 주관적 인식을 파악할 수 있다.

😲 **문제풀이 TIP** | 질문지법은 양적 연구에서 주로 활용되고, 면접법은 질적 연구에서 주로 활용되며, 문헌 연구법은 양적 연구와 질적 연구 모두에서 활용된다.

😎 **출제분석** | 자료 수집 방법의 특징을 파악하는 문제이다. 질문지법, 실험법, 면접법, 참여 관찰법, 문헌 연구법의 장단점을 비교하여 이해해 두도록 한다.

다음은 자료 수집 방법 A~D를 일반적인 특징에 따라 구분한 것이다. 이에 대한 설명으로 옳은 것은? (단, A~D는 각각 면접법, 실험법, 질문지법, 참여 관찰법 중 하나이다.) **3점**

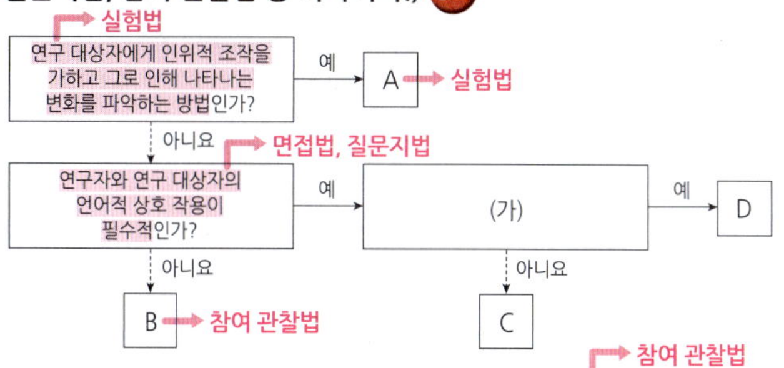

① A는 B에 비해 실제성이 높은 자료를 확보하기에 유리하다. → 참여 관찰법

② B는 A에 비해 대규모 집단을 대상으로 계량화된 자료를 수집하기에 용이하다. → 질문지법

③ C, D는 모두 비구조화 · 비표준화된 자료 수집 방법이다. → 면접법, 참여 관찰법

④ (가)에는 '경험적 자료의 수집에 적합한가?'가 들어갈 수 있다. 없다

⑤ (가)가 '연구 대상자와의 정서적 교감을 중시하는가?'라면, C는 D에 비해 시간과 비용의 효율성이 높다. → 면접법 → 질문지법
→ 면접법

|자|료|해|설|

연구 대상자에게 인위적 조작을 가하고 그로 인해 나타나는 변화를 파악하는 방법은 실험법이고, 연구자와 연구 대상자의 언어적 상호 작용이 필수적인 방법은 면접법과 질문지법이다. 따라서 A는 실험법, B는 참여 관찰법, C와 D는 각각 면접법과 질문지법 중 하나이다.

|선|택|지|풀|이|

① 오답 : 실험법과 달리 참여 관찰법은 실제성이 높은 자료를 확보하기에 유리하다.

② 오답 : 대규모 집단을 대상으로 계량화된 자료를 수집하기에 용이한 자료 수집 방법은 질문지법이다.

③ 오답 : 비구조화 · 비표준화된 자료 수집 방법은 면접법과 참여 관찰법이다.

④ 오답 : (가)에는 면접법과 질문지법을 구분할 수 있는 질문이 들어갈 수 있다. 면접법, 실험법, 질문지법, 참여 관찰법은 모두 경험적 자료의 수집에 적합하다. 따라서 해당 질문은 (가)에 들어갈 수 없다.

⑤ 정답 : 연구 대상자와의 정서적 교감을 중시하는 자료 수집 방법은 면접법이다. 해당 질문이 (가)에 들어가면, C는 질문지법, D는 면접법이다. 질문지법은 면접법에 비해 시간과 비용의 효율성이 높다.

추가 학습 | 실험법과 질문지법은 일반적으로 양적 자료의 수집을 목적으로 하고, 면접법과 참여 관찰법은 일반적으로 질적 자료의 수집을 목적으로 하며, 문헌 연구법은 양적 연구와 질적 연구 모두에서 활용된다.

출제분석 | 자료 수집 방법의 특징을 묻는 질문을 통해 각각에 해당하는 자료 수집 방법을 파악하는 문제이다. 자료 수집 방법의 특징을 비교하는 문제가 단독으로 출제될 수도 있고, 연구 과정에서 활용된 자료 수집 방법을 파악하는 문제가 복합적으로 출제될 수 있다.

---

80 자료 수집 방법   정답 ①   정답률 74%   2021년 4월 학평 16번   문제편 118p

다음은 질문에 따라 자료 수집 방법 A ~ C를 구분한 것이다. 이에 대한 설명으로 옳은 것은? (단, A ~ C는 각각 면접법, 질문지법, 참여 관찰법 중 하나이다.) **3점** → A : 질문지법, B : 면접법, C : 참여 관찰법

> 질문지법, 면접법
> ○A와 B는 '언어적 응답을 통한 자료 수집이 필수적인가?'라는 질문으로는 구분할 수 없지만,   (가)   라는 질문으로 구분할 수 있다.
> ○A와 C는   (나)   라는 질문으로는 구분할 수 없지만, '질적 연구에서 주로 활용되는가?'라는 질문으로 구분할 수 있다.
> → 면접법, 참여 관찰법

① A는 B에 비해 시간과 비용 측면에서 효율성이 높다. → 질문지법

② B는 C와 달리 문맹자에게 사용할 수 있다. 모두

③ C는 A에 비해 자료 수집 상황에 대한 통제 수준이 높다. → 면접법, 참여 관찰법

④ (가)에는 '조사 대상자의 주관적 인식에 관한 자료를 수집할 수 있는가?'가 들어갈 수 있다. 없다 → 질문지법, 면접법, 참여 관찰법 모두 가능

⑤ (나)에는 '변수 간의 관계를 파악하는 데 주로 활용되는가?'가 들어갈 수 있다. 없다 → 질문지법

|자|료|해|설|

질문지법과 면접법은 모두 언어적 응답을 통한 자료 수집이 필수적이다. 또한 질문지법과 달리 면접법과 참여 관찰법은 질적 연구에서 주로 활용된다. 따라서 A는 질문지법, B는 면접법, C는 참여 관찰법이다.

|선|택|지|풀|이|

① 정답 : 질문지법은 면접법에 비해 조사 대상자 한 명당 소요되는 시간이 적으므로, 시간과 비용 측면에서 효율성이 높다.

② 오답 : 문맹자에게 사용하기 어려운 질문지법과 달리 면접법과 참여 관찰법은 모두 문맹자에게 사용할 수 있다.

③ 오답 : 질문지법은 참여 관찰법에 비해 자료 수집 상황에 대한 통제 수준이 높다.

④ 오답 : 질문지법, 면접법, 참여 관찰법 모두 조사 대상자의 주관적 인식에 관한 자료를 수집할 수 있으므로, (가)에는 해당 질문이 들어갈 수 없다.

⑤ 오답 : 질문지법은 참여 관찰법과 달리 변수 간의 관계를 파악하는 데 주로 활용되므로, (나)에는 해당 질문이 들어갈 수 없다.

문제풀이 TIP | 질문지법과 실험법은 양적 연구에서 주로 사용하며, 면접법과 참여 관찰법은 주로 질적 연구에서 사용하므로, 질문지법과 실험법은 조사 대상자의 주관적 인식에 관한 자료를 수집할 수 없다고 생각하는 것은 오류이다. 모든 자료 수집 방법은 조사 대상자의 주관적 인식에 관한 자료를 수집할 수 있다.

출제분석 | 자료 수집 방법의 유형별 특징을 비교하는 문항은 매년 출제되고 있다. 질문지법, 실험법, 면접법, 참여 관찰법 중 4개 또는 3개의 자료 수집 방법을 비교하는 문항이 출제되는 것이 일반적이므로 이들 자료 수집 방법의 공통점 및 차이점을 정확히 파악하고 있어야 한다.

다음은 질문에 따라 자료 수집 방법 A ~ C를 구분한 것이다. 이에 대한 설명으로 옳은 것은? (단, A ~ C는 각각 면접법, 실험법, 질문지법 중 하나이다.) 3점

○ '인위적인 통제 상황에서 변수를 의도적으로 조작하여 나타난 변화를 측정하는가?'라는 질문으로 A와 B를 구분할 수 있다.
○ '주로 양적 연구에서 활용하는 자료 수집 방법인가?'라는 질문으로 B와 C를 구분할 수 없다.
○ [(가)]라는 질문으로 A와 C를 구분할 수 있다.

① A는 B에 비해 연구자의 주관이 개입될 가능성이 낮다.
② A는 C에 비해 시간과 비용 측면에서 효율성이 높다.
③ B는 C와 달리 표준화 · 구조화된 자료 수집 방법이다.
④ C는 A에 비해 대규모 집단을 대상으로 자료를 수집하기 용이하다.
⑤ (가)에는 '언어적 응답을 통한 자료 수집이 필수적인가?'가 들어갈 수 있다.

|자|료|해|설|
인위적인 통제 상황에서 변수를 의도적으로 조작하여 나타난 변화를 측정하는 것은 실험법이다. 주로 양적 연구에서 활용하는 자료 수집 방법은 질문지법과 실험법이다. 따라서 A는 면접법, B는 실험법, C는 질문지법이다.

|선|택|지|풀|이|
① 오답 : 면접법은 실험법에 비해 연구자의 주관이 개입될 가능성이 높다.
② 오답 : 면접법은 질문지법에 비해 시간과 비용 측면에서 효율성이 낮다.
③ 오답 : 일반적으로 정해진 설문 문항으로 자료를 수집하는 질문지법은 표준화 · 구조화된 자료 수집 방법이다.
④ 정답 : 질문지법은 면접법에 비해 대규모 집단을 대상으로 자료를 수집하기 용이하다. 면접법은 소수의 응답자로부터 깊이 있는 자료를 수집하기 용이하다.
⑤ 오답 : 언어적 응답을 통한 자료 수집이 필수적인 자료 수집 방법은 질문지법과 면접법이다. (가)에는 면접법과 질문지법을 구분할 수 있는 질문이 들어갈 수 있다. 따라서 (가)에는 '언어적 응답을 통한 자료 수집이 필수적인가?'가 들어갈 수 없다.

문제풀이 TIP | 주로 양적 연구에서 활용하는 자료 수집 방법은 질문지법과 실험법이다. 주로 질적 연구에서 활용하는 자료 수집 방법은 면접법과 참여 관찰법이다. 문헌 연구법은 자료의 형태에 따라 양적 연구와 질적 연구 모두에 활용할 수 있다.

다음 자료에 대한 설명으로 옳은 것은? (단, A~C는 각각 면접법, 질문지법, 참여 관찰법 중 하나이다.)

연구 사례	자료 수집 방법
토론 수업 방식에 대한 고등학생의 선호도를 연구하기 위해 □□ 지역 고등학생 500명에게 구조화된 문항을 제시하고 응답을 구하였다.	A 질문지법
정부의 저출산 대책과 그 효과에 대한 젊은 층의 인식을 연구하기 위해 20~30대 신혼부부 10쌍을 선정하여 깊이 있는 대화를 나누고 기록하였다.	B 면접법
코로나19로 인한 마스크 착용이 유아들의 언어 발달에 미치는 영향을 연구하기 위해 ○○ 어린이집에 6개월간 머무르며 유아들의 행동과 대화 내용 등 전반적인 상황을 모두 기록하였다.	C 참여 관찰법

구분	질문지법 A	면접법 B	참여 관찰법 C
(가)	예	아니요	아니요
(나)	아니요	아니요	예
(다)	예	예	아니요

① C는 A, B에 비해 시간과 비용이 적게 든다는 장점이 있다.
② B, C는 A와 달리 연구 대상자의 주관적 인식을 파악할 수 있다.
③ (가)에는 '경험적 자료의 수집에 적합한가?'가 들어갈 수 있다.
④ (나)에는 '연구자가 인위적으로 통제한 상황에서 연구 대상자를 관찰하는가?'가 들어갈 수 있다.
⑤ (다)에는 '연구자와 연구 대상자의 언어적 상호 작용이 필수적인가?'가 들어갈 수 있다.

|자|료|해|설|
A는 질문지법, B는 면접법, C는 참여 관찰법이다. (가)에는 질문지법이 '예'라고 답할 수 있는 질문이, (나)에는 참여 관찰법이 '예'라고 답할 수 있는 질문이, (다)에는 질문지법과 면접법이 '예'라고 답할 수 있는 질문이 들어갈 수 있다.

|선|택|지|풀|이|
① 오답 : 질문지법은 면접법과 참여 관찰법에 비해 시간과 비용이 적게 든다는 장점이 있다.
② 오답 : 질문지법, 면접법, 참여 관찰법 모두 연구 대상자의 주관적 인식을 파악할 수 있다.
③ 오답 : 질문지법, 면접법, 참여 관찰법 모두 경험적 자료의 수집에 적합하므로, (가)에는 해당 질문이 들어갈 수 없다.
④ 오답 : 연구자가 인위적으로 통제한 상황에서 연구 대상자를 관찰하여 자료를 수집하는 방법은 실험법이므로, (나)에는 해당 질문이 들어갈 수 없다.
⑤ 정답 : 연구자와 연구 대상자의 언어적 상호 작용이 필수적인 자료 수집 방법은 질문지법과 면접법이므로, (다)에는 해당 질문이 들어갈 수 있다.

문제풀이 TIP | 질문지법과 실험법이 양적 연구에서 주로 활용된다고 해서 연구 대상자의 주관적 인식을 파악할 수 없는 것은 아니다. 모든 자료 수집 방법은 연구 대상자의 주관적 인식을 파악할 수 있으며, 경험적 자료를 수집하는 데 적합하다.

출제분석 | 자료 수집 방법을 파악하는 문제이다. 자료 수집 방법을 묻는 질문에 대한 답변을 통해 파악하는 문제, 실제 연구 사례에 활용된 자료 수집 방법을 파악하는 문제 등 다양한 유형으로 출제될 수 있다.

다음 자료에 대한 설명으로 옳은 것은? (단, A~C는 각각 면접법, 질문지법, 참여 관찰법 중 하나임.) 3점

표는 자료 수집 방법 A~C의 일반적인 특징을 묻는 질문과 학생의 응답 및 교사의 채점 결과를 나타낸 것이다.

질문	응답
C와 달리 A, B는 조사 대상자와의 언어적 상호 작용이 필수적인가?	예
A와 달리 B, C는 조사 대상자의 주관적 인식을 파악할 수 있는가?	예
(가)	아니요
채점 결과	2점

참여 관찰법 →   면접법, 질문지법 →

(가) → 옳은 응답 : 아니요

* 각 질문에 대한 응답이 옳으면 1점, 옳지 않으면 0점을 부여함.

① A, B에 비해 C는 구조화·표준화 정도가 ~~높다~~ 낮다

② A, B ~~모두~~ 조사 대상자와의 정서적 교감 형성을 중시한다.

③ A가 수집된 자료의 통계 처리가 용이한 방법이라면, (가)에는 'C와 달리 B는 인위적으로 통제된 상황에서 변인의 효과를 관찰하는 방법인가?'가 들어갈 수 있다. → 질문지법 / → 실험법

④ B가 다수를 대상으로 한 자료 수집에 유리한 방법이라면, (가)에는 'C에 비해 A는 실제성이 높은 생생한 자료를 확보하기 용이한가?'가 들어갈 수 ~~없다~~ 있다. → 질문지법 / → 참여 관찰법

⑤ (가)에 'B와 달리 A는 주로 질적 연구에서 사용하는 방법인가?'가 들어간다면, A에 비해 B는 조사자의 주관적 가치가 개입될 가능성이 ~~낮다~~ 높다 → A는 질문지법, B는 면접법

|자|료|해|설|

면접법, 질문지법, 참여 관찰법 중 조사 대상자와의 언어적 상호 작용이 필수적인 자료 수집 방법은 면접법과 질문지법이다. 면접법, 질문지법, 참여 관찰법은 모두 조사 대상자의 주관적 인식을 파악할 수 있으므로 두 번째 질문에 대한 응답은 옳지 않다. 학생이 받은 점수가 2점이므로 첫 번째 질문과 (가)에 대한 응답은 옳고, 두 번째 질문에 대한 응답은 옳지 않다. 따라서 C는 참여 관찰법이고, A와 B는 각각 면접법과 질문지법 중 하나이다.

|선|택|지|풀|이|

① 오답 : 참여 관찰법은 가장 전형적인 비구조화·비표준화된 자료 수집 방법이다.

② 오답 : 면접법과 질문지법 중 조사 대상자와의 정서적 교감 형성을 중시하는 자료 수집 방법은 면접법이다.

③ 정답 : 면접법과 질문지법 중 수집된 자료의 통계 처리가 용이한 자료 수집 방법은 질문지법이다. A가 질문지법이라면, B는 면접법이다. 인위적으로 통제된 상황에서 변인의 효과를 관찰하는 방법은 실험법이다. 따라서 해당 질문은 (가)에 들어갈 수 있다.

④ 오답 : 면접법과 질문지법 중 다수를 대상으로 한 자료 수집에 유리한 방법은 질문지법이다. B가 질문지법이라면, A는 면접법이다. 실제성이 높은 생생한 자료를 확보하기 용이한 자료 수집 방법은 참여 관찰법이다. 따라서 해당 질문은 (가)에 들어갈 수 있다.

⑤ 오답 : 면접법과 질문지법 중 주로 질적 연구에서 사용하는 방법은 면접법이다. 해당 질문이 (가)에 들어가면, A는 질문지법, B는 면접법이다. 면접법은 질문지법에 비해 조사자의 주관적 가치가 개입될 가능성이 높다.

다음 자료에 대한 옳은 설명만을 〈보기〉에서 있는 대로 고른것은? 3점

지방 자치 단체 A는 지역 내 대학생들의 학업 중단 문제를 해결하기 위해 등록금 일부를 지원하는 시범 사업을 시행하였다. A는 ㉠ 시범 사업을 적용한 학교의 학생과 그렇지 않은 학교의 학생을 대상으로 시범 사업 전과 후에 학교생활 전반에 관한 설문 조사를 대규모로 실시하였다. 이후 학생 개개인을 식별할 수 있는 정보를 삭제한 후 누구나 사용할 수 있도록 데이터베이스를 구축하였다. 시범 사업의 효과에 의문을 가지고 있던 연구자 갑은 가설을 설정하고 연구를 진행하였다. 갑은 A가 구축한 데이터베이스에서 등록금 지원을 받은 학생과 그렇지 않은 학생 각각 1,000명을 추출하여 자료를 분석하였다. 그 결과, 등록금 지원을 받은 집단이 그렇지 않은 집단보다 학업 지속 의사의 증가 정도가 통계적으로 유의미하게 큰 것으로 나타났다.

갑의 연구에서 표본 ✕   /   갑의 연구에서 표본 / 2차 자료 / A의 시범 사업 확대 시행에 대한 지지 근거

<u>보기</u>

ㄱ. 갑의 연구에서 ㉠은 표본이~~다~~ 아니다

ㄴ. 갑은 2차 자료를 연구에 활용하였다.

ㄷ. 갑의 연구 결과는 A의 시범 사업이 확대 시행되는 것을 지지하는 근거가 된다.

① ㄱ   ② ㄴ   ③ ㄱ, ㄷ   ④ ㄴ, ㄷ   ⑤ ㄱ, ㄴ, ㄷ

|자|료|해|설|

지방 자치 단체 A는 지역 내 대학생들의 학업 중단 문제를 해결하기 위해 등록금 일부를 지원하는 시범 사업을 시행한 후 설문 조사를 실시하여 데이터베이스를 구축하였다. 갑은 시범 사업의 효과에 의문을 가지고 A가 구축한 데이터베이스에서 자료를 추출한 후 분석하여 연구를 진행하였다.

|보|기|풀|이|

ㄱ. 오답 : 갑의 연구에서 표본은 A가 구축한 데이터베이스에서 갑이 추출한 등록금 지원을 받은 학생과 그렇지 않은 학생 각각 1,000명이다.

ㄴ. 정답 : 갑은 A가 구축한 데이터베이스에서 자신의 연구에 필요한 데이터를 추출하여 자료를 분석하였다. 따라서 갑은 2차 자료를 활용하였다.

ㄷ. 정답 : 갑의 연구 결과 등록금 지원을 받은 집단이 그렇지 않은 집단보다 학업 지속 의사의 증가 정도가 통계적으로 유의미하게 큰 것으로 나타났다. 이는 A가 대학생들의 학업 중단 문제를 해결하기 위해 등록금 일부를 지원하는 시범 사업을 확대 시행하는 것을 지지하는 근거가 될 수 있다.

 **문제풀이 TIP** | 지방 자치 단체 A가 실시한 시범 사업 및 설문 조사와 갑이 실시한 연구를 구분하여, 갑이 실시한 연구에서의 표본과 자료 수집 방법 등을 파악해야 한다.

다음은 자료 수집 방법 A~D를 구분하는 질문에 대한 학생의 분류와 교사의 채점 결과이다. 이에 대한 설명으로 옳은 것은? (단, A~D는 각각 질문지법, 면접법, 실험법, 참여 관찰법 중 하나임.)

※ 질문에 따라 A, B, C, D를 '예', '아니요'로 분류하여 해당하는 칸에 적으시오.

질문	예	아니요	채점 결과
현지에서 연구 대상자와 생활하며 자연스러운 일상을 살펴보는가?	A, C	B, D	㉠
인위적 통제 상황에서 처치로 인한 변화를 관찰하는가?	A, B, C	D	2점
연구자와 연구 대상자 간의 언어적 상호 작용이 필수적인가?	A, C, D	B	3점
방법론적 일원론을 기초로 한 연구에서 주로 활용하는가?	C, D	A, B	4점

* 교사는 질문별로 채점하며, 맞게 적은 자료 수집 방법에는 각 1점을, 틀리게 적은 자료 수집 방법에는 각 0점을 부여함. 질문별 만점은 4점임.

① ㉠은 '1점'이다.
② A와 달리 B는 연구 대상자의 응답이 필수적이다.
③ B와 달리 C는 연구 대상자와의 정서적 교감을 중시한다. (→ 하지 않는다)
④ C에 비해 D는 다수를 대상으로 자료를 수집하기 어렵다. (→ 용이하다)
⑤ D에 비해 A는 문맹자를 대상으로 한 연구에 활용하기 어렵다. (→ 용이하다)

문제풀이 TIP | 네 번째 질문에 대한 채점 결과가 4점이므로 네 번째 질문에 대해 A~D 모두 옳게 답변한 것임을 먼저 파악해 보도록 한다.

출제분석 | 자료 수집 방법을 파악하는 문제이다. 각 자료 수집 방법의 특징을 이해하여 공통점과 차이점을 파악해 두도록 한다.

|자|료|해|설|

방법론적 일원론을 기초로 한 연구에서 주로 활용하는 자료 수집 방법은 질문지법과 실험법이다. 네 번째 질문에 대한 채점 결과가 4점이므로 C와 D는 각각 질문지법과 실험법 중 하나이고, A와 B는 각각 면접법과 참여 관찰법 중 하나이다. 연구자와 연구 대상자 간의 언어적 상호 작용이 필수적인 자료 수집 방법은 질문지법과 면접법이다. 세 번째 질문에 대한 채점 결과가 3점이고, 세 번째 질문에 대해 '예'로 분류되는 자료 수집 방법은 질문지법과 면접법이므로 B는 실험법과 참여 관찰법 중 하나에 해당한다. 따라서 A는 면접법, B는 참여 관찰법이다. 인위적 통제 상황에서 처치로 인한 변화를 관찰하는 자료 수집 방법은 실험법이다. 두 번째 질문에 대한 채점 결과가 2점이고, 두 번째 질문에 대해 '예'로 분류되는 자료 수집 방법은 실험법이므로 C는 실험법이다. 따라서 D는 질문지법이다. 즉, A는 면접법, B는 참여 관찰법, C는 실험법, D는 질문지법이다.

|선|택|지|풀|이|

① 정답 : 현지에서 연구 대상자와 생활하며 자연스러운 일상을 살펴보는 자료 수집 방법은 참여 관찰법이다. 따라서 ㉠은 '1점'이다.

② 오답 : 면접법은 참여 관찰법과 달리 연구 대상자의 응답이 필수적이다.

③ 오답 : 실험법은 연구 대상자와의 정서적 교감을 중시하지 않는다.

④ 오답 : 질문지법은 실험법에 비해 다수를 대상으로 자료를 수집하기 용이하다.

⑤ 오답 : 면접법은 질문지법에 비해 문맹자를 대상으로 한 연구에 활용하기 용이하다.

자료 수집 방법 A, B에 대한 설명으로 옳은 것은?

갑은 학교 부적응 학생 문제를 연구하고자 자료 수집 방법 A, B를 활용하였다. A로는 교육청이 발표한 통계 자료를 분석하고, B로는 학교 부적응 학생 5명을 선정해 몇 개의 질문을 중심으로 심도 있는 대화를 나눈 뒤 그 내용을 기록하였다.

① A는 질적 연구에서 활용할 수 없다. (→ 있다)
② B는 연구자와 연구 대상자 간의 정서적 교감을 중시한다.
③ A와 달리 B는 엄격한 변인 통제를 필요로 한다. (→ 실험법)
④ A와 달리 B는 기존 연구의 동향 파악에 유리하다.
⑤ B와 달리 A는 연구 대상자의 주관적 인식을 파악할 수 없다. (→ 있다)

문제풀이 TIP | 이미 존재하는 자료를 활용하여 필요한 정보를 수집하는 방법은 문헌 연구법이고, 연구자가 연구 대상자와 대면하면서 질문을 통해 얻은 응답을 바탕으로 필요한 자료를 수집하는 방법은 면접법이다.

출제분석 | 자료 수집 방법의 특징을 파악하는 문제이다. 문헌 연구법, 면접법, 질문지법, 실험법, 참여 관찰법의 특징을 이해해 두도록 한다.

|자|료|해|설|

교육청이 발표한 통계 자료를 분석하여 자료를 수집하는 방법은 문헌 연구법이고, 학생 5명을 대상으로 심도 있는 대화를 나누어 자료를 수집하는 방법은 면접법이다. 따라서 A는 문헌 연구법, B는 면접법이다.

|선|택|지|풀|이|

① 오답 : 문헌 연구법은 양적 연구와 질적 연구에서 모두 활용할 수 있다.

② 정답 : 면접법은 연구 대상자로부터 개인적이고 심층적인 자료를 얻는 데 목적이 있으므로 연구 대상자의 협조가 필수적이다. 따라서 면접법에서는 연구자와 연구 대상자 간의 정서적 교감을 중시한다.

③ 오답 : 엄격한 변인 통제를 필요로 하는 자료 수집 방법은 실험법이다.

④ 오답 : 문헌 연구법은 이미 존재하는 자료를 활용한다는 점에서 기존 연구 동향을 파악하는 데 유리하다.

⑤ 오답 : 문헌 연구법과 면접법은 모두 연구 대상자의 주관적 인식을 파악할 수 있다.

다음 자료에 대한 옳은 설명만을 〈보기〉에서 있는 대로 고른 것은? 〔3점〕

> 연구자 갑은 중학생들의 ㉠ 문제 해결 능력에 ㉡ 수업 태도와 자기 주도 학습 능력이 어떤 영향을 미치는지 알아보고자 〈가설 1〉과 〈가설 2〉를 설정하였다. 수업 태도는 수업에 대한 집중도로, 자기 주도 학습 능력은 학습 계획의 실천 정도로, 문제 해결 능력은 다양한 방법을 적용하여 과제를 해결하는 정도로 정의하고, 5점 척도의 문항들을 구성하여 지수화하였다.
> 중학생 1,000명을 대상으로 조사를 실시하여 분석한 결과, 수업에 대한 집중도와는 달리 학습 계획의 실천 정도는 다양한 방법을 적용하여 과제를 해결하는 정도와 통계적으로 유의미한 정(+)의 관계가 나타났다. 이에 따라 〈가설 1〉은 기각하고 〈가설 2〉는 채택하였다.

보기

ㄱ. ㉠은 종속 변인, ㉡은 독립 변인이다.
ㄴ. 변인에 대한 개념의 조작적 정의가 나타나 있다.
ㄷ. 〈가설 1〉은 '자기 주도 학습 능력이 높을수록 문제 해결 능력이 높을 것이다.'가 될 수 있다.
ㄹ. 갑이 활용한 연구 방법은 법칙 발견보다는 행위자의 주관적 생활 세계에 대한 심층적 이해를 목표로 한다.

① ㄱ, ㄴ   ② ㄱ, ㄹ   ③ ㄷ, ㄹ
④ ㄱ, ㄴ, ㄷ   ⑤ ㄴ, ㄷ, ㄹ

|자|료|해|설|
갑은 수업 태도와 자기 주도 학습 능력이 중학생들의 문제 해결 능력에 어떠한 영향을 미치는지 알아보기 위한 양적 연구를 실시하였다.

|보|기|풀|이|
ㄱ. 정답 : 문제 해결 능력은 수업 태도와 자기 주도 학습 능력의 영향을 받아 변화하는 변인이므로 종속 변인에 해당하고, 수업 태도는 원인으로 작용하는 변인이므로 독립 변인에 해당한다.
ㄴ. 정답 : 수업 태도를 수업에 대한 집중도로, 자기 주도 학습 능력을 학습 계획의 실천 정도로, 문제 해결 능력을 다양한 방법을 적용하여 과제를 해결하는 정도로 정의한 것은 추상적인 독립 변인과 종속 변인을 측정 가능한 지표로 구체화하는, 개념의 조작적 정의에 해당한다.
ㄷ. 오답 : 〈가설 1〉과 달리 〈가설 2〉는 채택되었고, 학습 계획의 실천 정도와 다양한 방법을 적용하여 과제를 해결하는 정도 간에 통계적으로 유의미한 정(+)의 관계가 나타났으므로 '자기 주도 학습 능력이 높을수록 문제 해결 능력이 높을 것이다.'는 〈가설 2〉가 될 수 있다.
ㄹ. 오답 : 갑이 활용한 연구 방법은 양적 연구이다. 양적 연구는 행위자의 주관적 생활 세계에 대한 심층적 이해보다는 법칙 발견을 목표로 한다.

문제풀이 TIP | 독립 변인과 종속 변인을 파악한 후 각 변인을 측정 가능하도록 구체화하는 개념의 조작적 정의가 이루어진 부분을 찾아보도록 한다.

출제분석 | 양적 연구 과정을 파악하는 문제이다. 독립 변인, 종속 변인, 개념의 조작적 정의, 자료 수집 방법, 연구 결과의 분석 등을 복합적으로 묻는 문제가 출제될 수 있다.

다음 자료에 대한 설명으로 옳은 것은? 〔3점〕

> ⌐(가)⌐는 자료 수집 방법 A, B, C의 공통점과 차이점을 알아보기 위한 질문이다. ⌐(가)⌐에 대한 '예', '아니요'의 응답을 통해 A와 B를 구분할 수 있지만, B와 C를 구분할 수 없다. 단, A~C는 각각 질문지법, 면접법, 참여 관찰법 중 하나이다.

① A가 질문지법이라면, (가)에는 '주로 질적 자료를 수집할 때 활용합니까?'가 들어갈 수 없다.
② A가 면접법이라면, (가)에는 '언어나 문자로 의사소통할 수 없는 대상으로부터 자료 수집이 가능합니까?'가 들어갈 수 있다.
③ C가 참여 관찰법이라면, (가)에는 '자료 수집 과정에서 연구 대상자의 응답이 필수적입니까?'가 들어갈 수 없다.
④ C가 질문지법이라면, (가)에는 '자료 수집 과정에서 표준화·구조화된 도구의 사용이 필수적입니까?'가 들어갈 수 있다.
⑤ (가)에 '문맹자에게 사용하기 어렵습니까?'가 들어간다면, B는 주로 방법론적 일원론을 전제로 한 연구에 활용된다.

|자|료|해|설|
질문지법은 일반적으로 양적 자료를 수집할 목적으로 활용되고, 면접법과 참여 관찰법은 일반적으로 질적 자료를 수집할 목적으로 활용된다.

|선|택|지|풀|이|
① 오답 : 면접법과 참여 관찰법은 질문지법과 달리 주로 질적 자료를 수집할 때 활용된다. A가 질문지법이라면, 해당 질문은 (가)에 들어갈 수 있다.
② 오답 : 참여 관찰법은 질문지법, 면접법과 달리 언어나 문자로 의사소통할 수 없는 대상으로부터 자료 수집이 가능하다. A가 면접법이라면, 해당 질문은 (가)에 들어갈 수 없다.
③ 정답 : 질문지법과 면접법은 참여 관찰법과 달리 자료 수집 과정에서 연구 대상자의 응답이 필수적이다. C가 참여 관찰법이라면, 해당 질문은 (가)에 들어갈 수 없다.
④ 오답 : 질문지법은 면접법, 참여 관찰법과 달리 자료 수집 과정에서 표준화·구조화된 도구의 사용이 필수적이다. C가 질문지법이라면, 해당 질문은 (가)에 들어갈 수 없다.
⑤ 오답 : 질문지법은 면접법, 참여 관찰법과 달리 문맹자에게 사용하기 어렵다. 해당 질문이 (가)에 들어가면, A는 질문지법, B와 C는 각각 면접법과 참여 관찰법 중 하나이다. 질문지법은 주로 방법론적 일원론을 전제로 한 연구에 활용되고, 면접법과 참여 관찰법은 주로 방법론적 이원론을 전제로 한 연구에 활용된다.

문제풀이 TIP | 질문지법은 정형화되어 있는 질문지를 통해 자료 수집이 이루어지므로 구조화된 자료 수집이 이루어진다. 이에 반해 면접법은 구조화 정도가 약하며, 참여 관찰법은 면접법보다도 구조화 정도가 더 약하다고 볼 수 있다.

출제분석 | 자료 수집 방법의 특징을 파악하는 문제이다. 질문지법, 면접법, 참여 관찰법뿐만 아니라 실험법, 문헌 연구법 등 다양한 자료 수집 방법의 특징을 묻는 문제가 출제될 수 있다.

다음은 학생의 응답에 대한 교사의 채점 결과이다. 이에 대한 설명으로 옳은 것은? (단, A~D는 각각 질문지법, 면접법, 실험법, 문헌 연구법 중 하나임.) **3점**

※ 제시된 진술이 자료 수집 방법 A, B, C, D의 특징으로 맞으면 '○', 틀리면 '×'를 쓰시오.

진술	A	B	C	D	채점 결과
연구자와 연구 대상자 간의 언어적 상호 작용이 필수적이다. → 질문지법, 면접법	✗	✗	○	○	2점
기존의 연구 동향이나 성과를 파악하는 데 주로 활용된다. → 문헌 연구법	○	○	✗	✗	1점
연구자가 직접 수집한 자료를 계량화하여 양적 연구에 주로 활용한다. → 질문지법, 실험법	○	✗	✗	○	0점
(가)	○	✗	○	✗	㉠

표 위 화살표 표시: 면접법 → A, 질문지법 → C, 실험법 → B, 문헌 연구법 → D

* 교사는 각 진술에 대한 학생 응답을 채점하며, 옳은 응답에는 1점, 틀린 응답에는 0점을 부여함. 각 진술별 만점은 4점임.

① ~~B~~ A는 연구 대상자와의 정서적 교감을 중시한다.
② D는 연구 대상자로부터의 반응을 통해 자료를 수집~~한다~~ 하지 않는다.
③ C와 달리 A는 다수를 대상으로 자료를 수집하기 적합하다.
④ (가)에 '인위적 통제 상황에서 처치로 인한 변화를 관찰한다.'(→ 실험법)가 들어간다면 ㉠은 '1점'이다. (→ 질문지법)
⑤ ㉠이 '2점'이면 (가)에 '현지에서 연구 대상자와 함께 생활하며 관심을 갖는 연구 현상을 관찰한다.'(→ 참여 관찰법)가 들어갈 수 ~~없다~~ 있다.

😮 **문제풀이 TIP** | 각 진술에 해당하는 자료 수집 방법을 적은 후 채점 결과가 0점인 세 번째 진술을 먼저 살펴보도록 한다.

😮 **출제분석** | 자료 수집 방법의 특징을 파악하는 문제이다. 다양한 유형으로 자료 수집 방법의 특징을 비교하는 문제가 출제될 수 있다.

|자|료|해|설|

세 번째 진술에 대한 채점 결과가 0점이므로 세 번째 진술에 대한 학생의 응답은 모두 틀린 응답이다. 질문지법, 면접법, 실험법, 문헌 연구법 중 연구자가 직접 수집한 자료를 계량화하여 양적 연구에 주로 활용되는 자료 수집 방법은 질문지법과 실험법이다. 따라서 A와 D는 각각 면접법과 문헌 연구법 중 하나이고, B와 C는 각각 질문지법과 실험법 중 하나이다. 두 번째 진술에 대한 채점 결과가 1점이므로 두 번째 진술에 대한 학생의 응답 중 한 개만 옳은 응답이다. 질문지법, 면접법, 실험법, 문헌 연구법 중 기존의 연구 동향이나 성과를 파악하는 데 주로 활용되는 자료 수집 방법은 문헌 연구법이다. 두 번째 진술에 대한 질문지법과 실험법의 옳은 응답은 모두 '×'이다. 즉, 두 번째 진술에 대해 C의 응답만이 옳다. 따라서 A는 면접법, D는 문헌 연구법이다. 첫 번째 진술에 대한 채점 결과가 2점이므로 첫 번째 진술에 대한 학생의 응답 중 두 개만 옳은 응답이다. 질문지법, 면접법, 실험법, 문헌 연구법 중 연구자와 연구 대상자 간의 언어적 상호 작용이 필수적인 자료 수집 방법은 질문지법과 면접법이다. 첫 번째 진술에 대한 질문지법과 면접법의 옳은 응답은 모두 '○'이다. 즉, 첫 번째 진술에 대해 B와 C의 응답이 옳다. 따라서 B는 실험법, C는 질문지법이다.

|선|택|지|풀|이|

① 오답 : 연구 대상자와의 정서적 교감을 중시하는 자료 수집 방법은 면접법이다.
② 오답 : 문헌 연구법은 이미 존재하는 자료를 활용하여 필요한 정보를 수집하는 방법이므로 연구 대상자로부터의 반응을 통해 자료를 수집하지 않는다.
③ 오답 : 질문지법은 다수를 대상으로 자료를 수집하기에 적합하다.
④ 정답 : 인위적 통제 상황에서 처치로 인한 변화를 관찰하는 자료 수집 방법은 실험법이다. 해당 진술이 (가)에 들어가면, D의 응답만이 옳으므로 ㉠은 '1점'이다.
⑤ 오답 : 현지에서 연구 대상자와 함께 생활하며 관심을 갖는 연구 현상을 관찰하는 자료 수집 방법은 참여 관찰법이다. 해당 진술이 (가)에 들어가면, B와 D의 응답이 옳으므로 ㉠은 '2점'이다. 따라서 ㉠이 '2점'이면, 해당 진술은 (가)에 들어갈 수 있다.

Ⅰ. 사회·문화 현상의 탐구

3. 사회·문화 현상을 탐구하는 태도와 연구 윤리

1 사회·문화 현상을 탐구하는 태도

정답 ②　정답률 92%　2017학년도 수능 6번　문제편 122p

다음에서 공통적으로 나타나는 사회·문화 현상의 탐구 태도에 대한 진술로 가장 적절한 것은? **3점**

> ○ 사회학자의 임무는 어떤 사회·문화 현상에 대해 정확하게 보고하는 것이다. 사회학자의 보고에는 그의 취향이나 선호가 반영되지 않아야 한다. → 가치 중립적
> ○ 사회학의 연구 대상은 경험한 것이나 경험할 수 있는 것에 한정되어야 한다. 또한 사회학자는 인간의 삶과 행위의 관찰 과정에서 제3자의 관점을 취해야 한다. → 객관적 태도

① 사회·문화 현상을 보는 관점이 다양할 수 있음을 인정해야 한다. → 개방적 태도
② 사회·문화 현상의 탐구 시 주관적 가치와 이해관계를 배제해야 한다. → 객관적 태도
③ 사회·문화 현상의 탐구 시 해당 사회의 문화적 맥락을 고려해야 한다. → 상대주의적 태도
④ 사회·문화 현상의 복잡성을 인정하고 이면의 원인 파악을 위해 노력해야 한다. → 성찰적 태도
⑤ 사회·문화 현상에 대한 연구 결과가 사회에 미칠 수 있는 영향을 고려해야 한다. → 관련 없음

|자|료|해|설|
사회·문화 현상의 탐구 태도에는 성찰적 태도, 객관적 태도, 개방적 태도, 상대주의적 태도가 있다. 제3자의 입장에서 사실 그대로 연구하는 것은 객관적 태도이다.

|선|택|지|풀|이|
① 오답 : 사회·문화 현상을 보는 관점이 다양할 수 있음을 인정해야 하는 것은 개방적 태도이다.
② 정답 : 주관적 가치와 이해관계를 배제하고 최대한 가치 중립적으로 탐구하는 태도는 객관적 태도이다.
③ 오답 : 해당 사회의 특수성과 사회의 문화적 맥락을 고려해야 하는 것은 상대주의적 태도이다.
④ 오답 : 사회·문화 현상의 복잡성을 인정하고, 그 현상의 이면의 원인을 파악하는 것은 성찰적 태도이다.
⑤ 오답 : 연구 결과가 사회에 미칠 수 있는 영향을 고려해야 하는 것은 필요하지만 제시문에 공통적으로 나타난 탐구 태도는 아니다.

---

2 사회·문화 현상을 탐구하는 태도

정답 ④　정답률 70%　2014학년도 수능 10번　문제편 122p

(가), (나)에서 강조하고 있는 사회·문화 현상의 탐구 태도에 대한 설명으로 가장 적절한 것은?

> (가) 연구자는 사회·문화 현상 연구에서 얻은 결과를 확정하려고 고집하기보다는 잠정적 결론으로 보고 다른 연구자의 의견을 고려함으로써 좀 더 타당한 주장이나 결론으로 대체할 수 있음을 인정해야 한다. → 개방적 태도(나의 주장이 잘못된 것일 수 있음을 인정하고 보다 타당한 주장을 받아들이는 태도)
> (나) 동일한 사회·문화 현상이라도 시대와 사회에 따라 그 현상이 가지는 의미가 달라질 수 있으므로 연구자는 사회·문화 현상 연구에서 역사적 전통과 사회적 맥락을 충분히 고려해야 한다. → 상대주의적 태도(사회적 맥락을 고려하여 현상을 이해하는 태도)

① (가)는 현상을 사실 그 자체에 초점을 두어 파악하는 태도이다. → 객관적 태도
② (나)는 타인의 비판을 편견 없이 받아들이는 태도이다. → 개방적 태도
③ (가)는 (나)와 달리 현상에 대한 깊이 있는 성찰을 중시한다. → 성찰적 태도
④ (나)는 (가)와 달리 현상이 지닌 고유한 가치에 대한 인정을 중시한다. → 상대주의적 태도
⑤ (가)는 연구 대상자의 관점, (나)는 제3자의 관점을 중시한다. → 상대주의적 태도 / 객관적 태도

|자|료|해|설|
(가)는 연구 결과의 오류 가능성을 인정하고 타인의 주장을 수용할 수 있어야 한다는 개방적 태도, (나)는 사회·문화 현상의 연구에서 그 사회의 역사적 전통과 사회적 맥락을 고려해야 한다는 상대주의적 태도에 해당한다.

|선|택|지|풀|이|
① 오답 : 현상을 사실 그 자체에 초점을 두어 파악하는 태도는 객관적 태도이다.
② 오답 : 타인의 비판을 편견 없이 받아들이는 태도는 개방적 태도이다.
③ 오답 : 현상에 대한 깊이 있는 성찰을 중시하는 태도는 성찰적 태도이다.
④ 정답 : 상대주의적 태도는 각 사회·문화 현상이 가지고 있는 고유한 가치에 대한 인정을 중시하는 태도이다.
⑤ 오답 : 연구 대상자의 관점을 중시하는 것은 상대주의적 태도, 제3자의 관점을 중시하는 것은 객관적 태도에 해당한다.

문제풀이 TIP | 자신의 연구 결과를 확정하려고 고집하기보다 타인의 의견을 고려하여 더 나은 주장을 받아들일 수 있어야 한다는 입장은 '개방적 태도'를 강조한 것이며, 사회적 맥락을 충분히 고려하여 사회·문화 현상을 연구해야 한다는 입장은 '상대주의적 태도'를 강조한 것이다.

갑, 을의 연구 사례를 연구 윤리 측면에서 평가한 진술로 가장 적절한 것은?

○ 연구자 갑은 논문 작성 과정에서 자신의 연구 주제와 관련 있는 다른 연구자의 저서를 살펴보았다. 그중 신뢰할 만한 내용들을 추려서 자신의 논문에 인용했는데, 출처를 명시하지 않았으며 다른 사람의 연구 내용임을 밝히지 않았다.

○ 연구자 을은 정부 기관으로부터 정부의 정책에 관한 국민 인식 조사 의뢰를 받고 설문 조사를 진행하였다. 그런데 해당 기관에 유리한 결과가 나오지 않아 정부 정책에 대해 부정적인 응답을 한 자료를 제외한 후 다시 분석을 실시하였다. 그러자 원했던 결과가 나와 이를 토대로 연구 보고서를 작성해서 제출하였다.

① 갑은 연구 대상자에게 미칠 불이익을 고려하지 않았다.
② 갑은 자신의 연구 결과를 연구 외의 목적으로 사용하였다.
③ 을은 자료를 자의적으로 선별하여 결과를 왜곡하였다.
④ 을은 연구 대상자의 자발적인 참여를 보장하지 않았다.
⑤ 갑, 을은 모두 다른 연구자의 연구 성과를 도용하였다.

|자|료|해|설|

갑은 자신의 논문에 다른 연구자의 내용을 인용하면서 출처를 명시하지 않고 다른 사람의 연구 내용임을 밝히지 않았다. 을은 의뢰를 받은 기관에 유리한 결과가 나오지 않자 정부 정책에 대해 부정적인 응답을 한 자료를 제외한 후 분석을 실시하였다.

|선|택|지|풀|이|

① 오답 : 제시된 자료를 통해 갑이 연구 대상자에게 미칠 불이익을 고려하지 않았는지는 알 수 없다.
② 오답 : 제시된 자료를 통해 갑이 자신의 연구 결과를 연구 외의 목적으로 사용하였는지는 알 수 없다.
③ 정답 : 을은 원하는 결과가 나오지 않자 정부 정책에 대해 부정적인 응답을 한 자료를 제외하여 분석한 후 연구 보고서를 작성하여 제출하였다. 이를 통해 을은 자료를 자의적으로 선별하여 결과를 왜곡하였음을 알 수 있다.
④ 오답 : 제시된 자료를 통해 을이 연구 대상자의 자발적인 참여를 보장하지 않았는지는 알 수 없다.
⑤ 오답 : 을은 다른 연구자의 연구 성과를 도용하지 않았다.

추가 학습 | 연구자는 다른 연구자의 연구물을 활용하는 경우 그 출처를 정확하게 밝혀야 한다. 또한 연구자는 정직한 방법으로 자료를 수집해야 하며, 자료 분석 과정에서 의도한 결론을 이끌어내기 위해 자료를 조작해서는 안 된다.

출제분석 | 연구 윤리를 파악하는 문제이다. 연구 윤리와 관련된 문제는 단독 문제보다는 연구 과정에서 나타난 문제점을 파악하는 선지로 출제될 수 있다.

다음 사례에 나타난 갑의 연구 태도 및 연구 윤리 측면에 대한 평가로 가장 적절한 것은?

연구자 갑은 다문화 가정의 어려움을 이해하기 위해 심층 면접을 수행하였다. 갑은 연구에 협조하지 않던 다문화 가정 구성원들에게 연구의 취지를 설명하고, 개인 정보를 공개하지 않겠다는 확약을 한 후 면접을 허락받을 수 있었다. 갑은 사회적 약자의 권리 신장에 도움이 되지 않는다고 판단되는 답변을 제외하면서 면접 내용을 기록하였다. 갑은 이 자료를 통해 다문화 가정이 경험하는 어려움을 가족 내 요인과 가족 외 요인으로 구분하여 유형화하는 새로운 연구 결과를 제시하였다. 갑은 자신의 연구 대상이 일부 지역에 한정된다는 점에서 다른 맥락에서는 결론이 달라질 수 있다고 밝혔다.

연구 목적 알림
개인 정보 보호
사전 동의 받음
연구자 임의로 답변 제외시킴 (주관적 가치가 개입됨)
반증 가능성 수용함

① 연구 대상자의 익명성을 보장하지 않았다. → 개인 정보 보호함
② 연구 대상자에게 연구 목적을 알리지 않았다. → 연구 목적 설명함
③ 연구 자료 수집 과정에 주관적 가치를 개입시켰다. → 의도적으로 답변을 제외함
④ 연구 결과에 대한 반증 가능성을 수용하지 않았다. → 수용함
⑤ 연구 대상자에게 연구 참여에 대한 동의를 구하지 않았다. → 사전 동의 받음

|자|료|해|설|

사회·문화 현상을 탐구하는 과정에서 연구 대상자와 관련된 윤리 원칙, 연구 과정과 관련된 윤리 원칙, 연구 결과의 공표와 관련된 윤리 원칙 등을 잘 지켜야 한다.

|선|택|지|풀|이|

① 오답 : 익명성 보장은 연구 대상자의 신원이 노출되지 않도록 하는 것을 의미한다. 연구자 갑은 개인 정보를 공개하지 않겠다는 확약을 한 후 연구를 진행하였다. 따라서 연구 대상자의 익명성을 보장하지 않았다고 보기 어렵다.
② 오답 : 연구자 갑은 다문화 가정 구성원들에게 연구의 취지를 설명하였다. 따라서 연구 대상자에게 연구 목적을 알리지 않았다고 보기 어렵다.
③ 정답 : 연구자 갑은 사회적 약자의 권리 신장에 도움이 되지 않는다고 판단되는 답변을 의도적으로 제외하면서 면접 내용을 기록하였다. 이를 통해 연구 자료 수집 과정에 주관적 가치를 개입시켰음을 알 수 있다.
④ 오답 : 연구자 갑은 연구 대상이 일부 지역에 한정된다는 점에서 다른 맥락에서는 결론이 달라질 수 있다고 밝혔다. 따라서 연구 결과에 대한 반증 가능성을 수용하지 않았다고 보기 어렵다.
⑤ 오답 : 연구자 갑은 연구의 취지를 설명하고, 개인 정보의 비공개를 약속한 뒤 면접을 허락받았다. 따라서 연구 대상자에게 연구 참여에 대한 동의를 구하지 않았다고 보기 어렵다.

5 연구자가 지켜야 할 연구 윤리

정답 ④　정답률 90%　2020년 3월 학평 3번　문제편 123p

다음 연구에 나타난 문제점으로 가장 적절한 것은?

> 갑은 자신이 개발한 건강 증진 프로그램의 효과를 확인하기 위해 연구 관련 정보를 모두 알린 후 성인 실험 참여자를 공개 모집하였다. 갑은 실험 참여자를 두 집단으로 나누어 한 집단에게만 해당 프로그램을 적용하였다. 자료 분석 결과 두 집단 간에 전혀 차이가 없었다. 그래서 일부 참여자들의 자료를 제외하고 다시 두 집단을 비교하였더니 프로그램이 효과가 있는 것으로 나타나 이를 학술지에 게재하였다.

→ 독립 변인
→ 실험 집단
→ 자료 조작 및 분석

① 연구 대상자의 개인 정보를 유출하였다. → 알 수 없음
② 사회적으로 유해한 연구 주제를 선정하였다. → 유해한 주제 아님
③ 연구 대상자의 자발적 참여를 보장하지 않았다. → 공개 모집함
④ 의도한 결과를 얻기 위해 자료를 조작하여 분석하였다.
→ 일부 자료를 누락하여 조작함
⑤ 연구 목적 달성을 위해 존재하지 않는 자료를 위조하였다. → 변조

|자|료|해|설|

제시된 연구는 갑이 개발한 건강 증진 프로그램의 효과를 확인하기 위한 실험으로 일부 참여자들의 자료를 제외한 부분이 윤리적으로 문제가 있다.

|선|택|지|풀|이|

① 오답 : 제시된 연구에서 연구 대상자의 개인 정보 유출 여부는 알 수 없다.
② 오답 : 건강 증진 프로그램의 효과를 확인하기 위한 연구는 사회적으로 유해한 연구 주제로 보기 어렵다.
③ 오답 : 연구 관련 정보를 알린 후 성인 실험 참여자를 공개 모집하였다. 따라서 연구 대상자의 자발적 참여를 보장하지 않았다고 보기 어렵다.
④ 정답 : 갑은 자료 분석 결과 유의미한 결과가 나오지 않자 일부 참여자들의 자료를 제외하는 조작을 하여 분석하였다.
⑤ 오답 : 연구 목적 달성을 위해 존재하지 않는 자료를 위조한 것이 아니라 원하는 결과를 위해 일부 자료를 제외(변조)하여 분석하였다.

6 연구자가 지켜야 할 연구 윤리

정답 ①　정답률 71%　2024학년도 9월 모평 4번　문제편 123p

밑줄 친 ㉠~㉣을 연구 윤리 측면에서 적절하게 평가한 것만을 〈보기〉에서 고른 것은?

> 연구자 갑은 설문 조사 참여에 동의한 노인들을 대상으로 노인 문제에 관한 연구를 진행하였다. 갑은 조사에 앞서 ㉠ 연구 대상자가 응답 중단을 요청할 경우 즉각 조사가 중단된다고 설명하였다. 갑은 실제로 조사 진행 중 응답 중단을 요청하는 노인들에 대해 조사를 중단하고 ㉡ 해당 답변 자료를 폐기하였다. 노인들이 연구 목적을 알게 되면 연구에 영향을 미친다고 판단한 갑은 ㉢ 연구 결과를 발표한 후에도 연구 대상자에게 연구 목적을 알리지 않았다. 갑은 자신이 발표한 연구 논문에 관심을 가진 □□ 기업이 연구 자료를 요청하자, 연구비 지원을 받는 대가로 ㉣ 연구 대상자의 개인 정보를 삭제하고 나머지 모든 연구 자료를 제공하였다.

→ 연구 윤리 위배 ×
→ 연구 윤리 위배 ×
연구 윤리 위배
연구 윤리 위배
→ 연구 대상자의 익명성 보장
→ 연구 결과를 연구 목적 이외의 용도로 활용

보기

ㄱ. ㉠은 연구 대상자의 자발적 참여를 보장한 것이므로 연구 윤리에 위배되지 않는다.
ㄴ. ㉡은 연구 자료 조작이라고 볼 수 없으므로 연구 윤리에 위배되지 않는다.
ㄷ. ㉢은 연구 자료의 객관성을 보장하기 위한 것이므로 연구 윤리에 위배되지 않는다. 된다
ㄹ. ㉣은 연구 대상자의 익명성을 보장한 것이므로 연구 윤리에 위배되지 않는다. 된다

① ㄱ, ㄴ　② ㄱ, ㄷ　③ ㄴ, ㄷ　④ ㄴ, ㄹ　⑤ ㄷ, ㄹ

|자|료|해|설|

갑은 연구 조사에 대해 연구 대상자의 자발적 참여를 보장하였으나, 연구 결과 공표 후에 연구 대상자에게 연구 목적을 알리지 않았으며 연구 자료를 연구 목적 이외의 용도로 활용하였다.

|보|기|풀|이|

ㄱ. 정답 : ㉠은 연구 대상자의 자발적 참여를 보장한 것이다. 따라서 이는 연구 윤리에 위배되지 않는다.
ㄴ. 정답 : ㉡은 응답 중단을 요청하는 노인들에 대해 조사를 중단하고 이와 관련된 답변 자료를 폐기한 것이므로 연구 자료 조작으로 볼 수 없다. 따라서 이는 연구 윤리에 위배되지 않는다.
ㄷ. 오답 : 연구 대상자가 연구 목적을 알게 되면 연구에 영향을 미친다고 판단하여 연구 목적을 알리지 않고 연구를 실시한 경우에도, 연구 결과를 발표하기 전에는 연구 대상자에게 연구 목적을 알려야 한다. 따라서 ㉢은 연구 윤리에 위배된다.
ㄹ. 오답 : 연구 대상자의 개인 정보를 삭제한 것은 연구 대상자의 익명성을 보장한 것이지만, 나머지 모든 연구 자료를 □□ 기업에 제공한 것은 연구 자료를 연구 목적 이외의 용도로 활용한 것이므로 연구 윤리에 위배된다.

🤓 추가 학습 | 기본적으로 사전 또는 사후에 연구 대상자에게 동의를 받아 연구를 진행해야 한다. 그리고 연구 대상자가 동의하고 연구에 참여하였다고 하더라도 수집한 연구 대상자의 개인 정보를 연구 목적으로만 사용해야 한다.

😀 출제분석 | 연구 윤리를 파악하는 문제이다. 연구 윤리는 연구 과정과 관련된 문제에서 복합적으로 출제될 수 있다.

다음 사례를 연구 윤리 측면에서 평가한 진술로 가장 적절한 것은?

> 갑은 노동자의 권리 이해 정도가 노동권 침해 상황 대처에 미치는 영향을 연구하고자 하였다. 이를 위해 공개적으로 모집한 노동자들에게 연구 목적과 방법을 설명한 후, 참여 의사를 밝힌 노동자에게 설문 자료를 수집하였다. 자료 분석 결과, 변수 간의 상관관계가 명확하지 않아 연구 대상 범위를 근로 경력이 1년 이상인 참가자만으로 조정하고 수집된 자료를 재분석하였다. 이후 정부 연구 기관의 요청이 있어 연구 내용의 신뢰도 제고를 위해 연구 참가자 명단과 주소를 포함한 연구 결과를 제공하였다.

→ 연구 관련 정보 제공
→ 자발적 참여
→ 개인 정보 유출

① 비윤리적인 연구 주제를 선정하였다.
② 연구 과정에서 수집된 개인 정보를 유출하였다.
③ 연구 대상에게 연구 관련 정보를 사전에 제공하지 않았다.
④ 사회에 미칠 부정적인 영향을 고려하여 자료를 조작하였다.
⑤ 연구 목적 달성을 위해 연구 대상자의 자발적 참여를 제한하였다.

|자|료|해|설|
연구자는 연구 대상자의 익명성을 보장해야 하며, 사생활 관련 정보 및 개인 정보를 연구 목적 이외의 용도로 활용해서는 안 된다.

|선|택|지|풀|이|
① 오답 : 갑은 노동자의 권리 이해 정도가 노동권 침해 상황 대처에 미치는 영향을 연구하고자 하였으므로 비윤리적인 연구 주제를 선정하였다고 볼 수 없다.
② 정답 : 갑은 정부 연구 기관의 요청으로 연구 참가자 명단과 주소를 포함한 연구 결과를 제공하였다. 이를 통해 갑이 연구 과정에서 수집된 개인 정보를 유출하였음을 알 수 있다.
③ 오답 : 갑은 연구 참가자에게 연구 목적과 방법을 설명하였으므로 연구 대상에게 연구 관련 정보를 사전에 제공하였다.
④ 오답 : 갑은 변수 간의 상관관계가 명확하지 않아 연구 대상 범위를 조정하여 자료를 수집 및 재분석하였다. 이는 갑이 사회에 미칠 부정적인 영향을 고려하여 자료를 조작하였다고 볼 수 없다.
⑤ 오답 : 갑은 참여 의사를 밝힌 노동자에게 설문 자료를 수집하였으므로 연구 목적 달성을 위해 연구 대상자의 자발적 참여를 보장하였다.

🤪 **추가 학습** | 연구자는 연구 대상자에게 연구에 대한 자세한 정보를 제공해야 하고, 연구 대상자가 연구에 참여할지 여부를 자유롭게 결정할 수 있도록 해야 한다. 연구자가 자신의 연구에 참여하도록 하기 위해 거짓 정보를 제공하거나 강압적으로 연구에 참여하도록 하는 것은 연구 윤리에 위배된다.

😄 **출제분석** | 사회·문화 현상의 탐구에서 연구 윤리에 관한 내용을 묻고 있다. 연구 과정에서 나타난 문제점을 파악하는 문제가 출제될 수 있다.

다음 자료에 나타난 연구 윤리상의 문제점을 지적한 내용으로 가장 적절한 것은?

→ 연구 대상자의 인권과 안전 고려 ×

> 갑은 인간의 공포심이 후천적으로 형성되는지를 연구하기 위해 생후 10개월 된 아기 A를 대상으로 공포 조성 실험을 하였다. 갑은 A에게 강아지와 같은 털 달린 동물을 차례대로 보여 주면서 동시에 쇠막대를 망치로 두들겨 A를 깜짝 놀라게 하는 과정을 반복하였다. 그 결과 A는 털 달린 다른 동물뿐만 아니라 비슷하게 생긴 물건만 보아도 울음을 터트리는 등 공포를 느끼는 반응을 보였다.

① 연구 목적이 비윤리적이다.
② 연구 대상자의 익명성을 보장하지 않았다.
③ 의도한 결론을 얻기 위해 자료를 조작하였다.
④ 연구 대상자의 인권과 안전을 고려하지 않았다.
⑤ 수집한 자료를 연구 목적 이외의 용도로 활용하였다.

→ 제시문에서 알 수 없음

|자|료|해|설|
연구자는 연구가 연구 대상자에게 어떤 영향을 미치는지를 고려해야 할 뿐만 아니라 연구 대상자의 안전을 고려해야 한다.

|선|택|지|풀|이|
① 오답 : 인간의 공포심이 후천적으로 형성되는지를 연구하고자 한 연구 목적은 비윤리적이라고 볼 수 없다.
② 오답 : 제시된 자료를 통해 연구 대상자의 익명성을 보장하지 않았는지는 알 수 없다.
③ 오답 : 제시된 자료를 통해 갑이 의도한 결론을 얻기 위해 자료를 조작했는지는 알 수 없다.
④ 정답 : 갑은 생후 10개월 된 아기 A를 대상으로 공포 조성 실험을 하였으므로 연구 대상자인 아기가 받을 수 있는 정신적 피해 등을 고려하지 않았다. 따라서 갑의 연구는 연구 대상자인 아기의 인권과 안전을 고려하지 않았다는 문제점을 가지고 있다.
⑤ 오답 : 제시된 자료를 통해 갑이 수집한 자료를 연구 이외의 목적으로 활용했는지는 알 수 없다.

😄 **문제풀이 TIP** | 사회·문화 현상에 대한 탐구는 인간을 대상으로 하므로 엄격한 연구 윤리가 요구된다.

😄 **출제분석** | 연구 윤리상의 문제점을 파악하는 문제이다. 두 개 이상의 사례를 통해 연구 윤리에 위배된 사항을 파악하는 문제가 출제될 수 있다.

(가), (나)를 연구 윤리 측면에서 평가한 진술로 가장 적절한 것은?

3점

독립 변수 ←　　　→ 종속 변수

(가) 연구자 갑은 폭력물 시청이 정서에 미치는 영향을 알아보고자
　　하였다. 모집 공고를 읽고 지원한 실험 대상자를 두 집단으로
실험 집단 ←　나누어 한 집단에는 자극적인 폭력물, 다른 집단에는 가족 →통제 집단
　　드라마를 보여 주었다. 이 과정에서 폭력물을 시청하던
　　일부가 스트레스를 호소하며 실험 중단을 요청하였으나,
　　갑은 이를 허락하지 않고 실험을 계속 진행하였다. →연구 대상자 인권 보호 ×

(나) 연구자 을은 공공시설 낙서 행위에 대한 연구를 위해
자발적 참여 ×　몰래카메라를 활용하여 낙서 행위자의 행동을 기록·
　　분석하였다. 추가 정보를 얻기 위해 낙서 행위자의 차량
　　번호를 기록하고 관계 기관을 통해 그들의 이름과 거주지
　　등을 추적하여 개인 정보를 수집하였다.

→ 개인 정보 보호 ×

① (가)에서는 연구 과정에서 수집된 개인 정보를 동의 없이 연구에
　(나)
　　활용하였다. → (가)에는 나타나지 않음
② (가)에서는 연구 과정에서 알게 된 연구 대상자의 비밀을
　(나)
　　보호해야 하는 의무를 준수하지 않았다. → 개인 정보(이름, 거주지 등)
③ (나)에서는 연구 대상자에게 자발적 참여 기회가 주어지지 않았다.
④ (나)에서는 연구 결과의 공표가 연구자에게 미칠 악영향을 → 몰래카메라 활용
　　고려하여 연구 내용을 왜곡하였다. → 제시문에 나타나 있지 않음
⑤ (가), (나) 모두에서 연구자가 예측하지 못한 해로운 영향이 연구
　　과정에서 발생함을 인지하고도 연구를 즉시 중단하지 않았다. → (가)에만 해당

|자|료|해|설|

(가)에서는 연구 과정에서 연구 대상자 일부가 실험
중단을 요청했으나 연구자는 실험을 계속 진행하여 연구
윤리를 위반하였다. (나)에서는 연구 대상자의 동의 없이
몰래카메라를 활용하고 개인 정보를 수집하여 연구 윤리를
위반하였다.

|선|택|지|풀|이|

① 오답 : (나)와 달리 (가)에서는 연구 과정에서 수집된
개인 정보를 동의 없이 연구에 활용하였다는 내용이
나타나 있지 않다.
② 오답 : (나)와 달리 (가)에서는 연구 과정에서 알게 된
연구 대상자의 비밀을 보호해야 하는 의무를 준수하지
않았다는 내용이 나타나 있지 않다.
③ 정답 : 연구자 을은 연구 대상자의 사전 및 사후 동의를
받지 않고, 몰래카메라를 활용하여 자료를 수집·분석하였다.
따라서 (나)에서는 연구 대상자에게 자발적 참여 기회가
주어지지 않았다.
④ 오답 : (가)와 (나) 모두에서는 연구 결과의 공표가
연구자에게 미칠 악영향을 고려하여 연구 내용을
왜곡했다는 내용이 나타나 있지 않다.
⑤ 오답 : (나)와 달리 (가)에서는 연구자가 예측하지 못한
해로운 영향이 연구 과정에서 발생함을 인지하고도 연구를
즉시 중단하지 않았다.

다음 사례를 연구 윤리 측면에서 평가한 진술로 가장 적절한 것은?

연구 윤리 위반(충분한 정보 제공 ×)

　　청소년의 팬덤 활동에 부정적이었던 갑은 중학생의 팬덤
활동이 소비 행태에 미치는 영향을 연구하였다. 갑은 연구 대상
중학생과 그 보호자의 동의를 받고 질문지 조사를 실시하였다.
그 후 추가 조사에 대한 설명 없이 연구 대상 중 특정 학생들에게
심층 면접을 실시하여 자료를 수집하였다. 갑은 가설 검증을
위해 무성의하게 응답한 일부 자료를 제외하고 분석하였으며,
그 결과 가설이 수용되었다. 이후 갑은 방송에 출연하여 연구
결과를 설명하였다. → 이해관계 반영한 것 아님

① 개인적 이해관계를 반영하여 자료를 선별하였다. → 이해관계 반영 ×
② 면접 과정에서 연구 대상의 익명성을 보장하지 않았다. → 추가 조사에 대한 설명 ×
③ 자료 수집에 대한 충분한 정보를 연구 대상에게 제공하지 않았다.
④ 연구 대상에게 미칠 불이익을 고려하지 않고 연구 결과를
　　공표하였다.
⑤ 자료 분석 과정에서 사회에 미칠 부정적 영향을 고려하여 자료를
　　조작하였다.

제시문을 통해 파악하기 어려움

|자|료|해|설|

갑은 추가 조사에 대한 설명 없이 연구 대상 중 특정
학생들에게 심층 면접을 실시하여 연구 윤리를 위반하였다.

|선|택|지|풀|이|

① 오답 : 무성의하게 응답한 일부 자료를 제외한 것을
개인적 이해관계를 반영하여 자료를 선별한 것으로 보기
어렵다.
② 오답 : 면접 과정에서 연구 대상에 대한 익명성을
보장하지 않았는지는 파악하기 어렵다.
③ 정답 : 갑은 추가 조사에 대한 설명 없이 심층 면접을
실시하였다. 이를 통해 연구 대상자에게 자료 수집에 대한
충분한 정보를 제공하지 않았음을 알 수 있다.
④ 오답 : 연구 대상에게 미칠 불이익을 고려하지 않고
연구 결과를 공표하였는지는 파악하기 어렵다.
⑤ 오답 : 자료 분석 과정에서 사회에 미칠 부정적 영향을
고려하여 자료를 조작하였는지는 파악하기 어렵다.

Ⅰ
3. 사회·문화 현상을 탐구하는 태도와 연구 윤리

다음 사례를 연구 윤리 측면에서 평가한 것으로 가장 적절한 것은?

> 갑은 빅데이터 활용 수업에 대한 교사들의 인식을 연구하기로 하였다. 이를 위해 교사들에게 연구와 관련된 정보를 제공한 후, 희망자를 대상으로 설문 조사를 실시하였다. 그중에서 자신의 가설에 부합하는 자료만을 선별하여 분석하였고, 연구 대상자 명단과 함께 그 결과를 발표하였다.

① 연구 결과를 연구 외의 목적으로 유출하였다.
② 자료 분석 단계에서 자의적으로 자료를 선별하였다.
③ 연구 대상자의 자발적 동의 없이 연구가 진행되었다.
④ 결과 발표 단계에서 연구 대상자의 익명성을 보장하였다.
⑤ 다른 연구자의 연구를 활용하면서 출처를 밝히지 않았다.

|자|료|해|설|

갑은 희망자를 대상으로 설문 조사를 실시하였기 때문에 연구 대상자의 자발적 참여를 보장하였다. 하지만 연구 윤리에 어긋난 것은 자료 분석 단계에서 자신의 가설에 부합하는 자료만을 선별한 것과 연구 대상자의 익명성을 보장하지 못한 부분이다.

|선|택|지|풀|이|

① 오답 : 연구 결과를 연구 외의 목적으로 유출한 것은 제시된 사례를 통해 파악할 수 없다.
② 정답 : 연구자 갑은 자신의 가설에 부합하는 자료만 선별하여 분석했다. 따라서 자의적인 자료 선별이 자료 분석 단계에서 발생하였다.
③ 오답 : 희망자를 대상으로 설문 조사를 실시하였다. 따라서 연구 대상자의 자발적인 동의와 함께 연구가 진행되었다.
④ 오답 : 결과 발표 단계에서 연구 대상자의 명단을 발표하였으므로 연구 대상자의 익명성이 보장되지 않았다.
⑤ 오답 : 다른 연구자의 연구를 활용하면서 출처를 밝히지 않았는지 여부는 제시된 자료를 통해 파악할 수 없다.

다음 사례를 연구 윤리 측면에서 적절하게 평가한 것만을 <보기>에서 있는 대로 고른 것은? (3점)

> ○ 독신세 부과를 주장하던 갑은 독신세 도입에 대한 미혼자의 인식을 연구하였다. 결혼에 호의적인 미혼자를 대상으로 조사하여, 해당 자료를 엄격하게 분석한 후 75%가 독신세 부과에 찬성한다는 결과를 발표하고 독신세 도입을 촉구하였다. 이후 결혼 정보 회사를 운영하는 친구의 요청으로 연구 결과와 함께 연구 대상의 개인 정보를 제공하였다.
> ○ 특정 기업의 주식을 소유한 을은 해당 기업의 주가 변동 예측 연구를 진행하였다. 해당 기업의 주식 관련 자료를 모두 수집한 후 주가 상승을 예측한 자료만 분석하여, 그중에 주가 상승 폭이 최대치로 예측된 분석 내용을 근거 자료로 제시하면서 해당 기업의 주가가 단기간에 대폭 상승할 것이라고 결과를 발표하였다.

보기

ㄱ. 자료 수집 단계에서 갑은 을과 달리 의도적으로 왜곡된 자료 수집을 하였다.
ㄴ. 자료 분석 단계에서 을은 갑과 달리 고의로 자료를 선별하여 분석하였다.
ㄷ. 결과 발표 단계에서 갑, 을 모두 자신의 이익을 추구하기 위해 분석 결과의 일부를 은폐하여 발표하였다.
ㄹ. 을은 갑과 달리 수집한 자료를 연구 외의 목적으로 유출하였다.

① ㄱ, ㄴ   ② ㄱ, ㄹ   ③ ㄷ, ㄹ
④ ㄱ, ㄴ, ㄷ   ⑤ ㄴ, ㄷ, ㄹ

|자|료|해|설|

갑은 자료 수집 단계에서 의도적으로 왜곡된 자료를 수집했으며, 수집한 자료를 연구 이외의 목적으로 활용했다. 을은 자료 수집 후 고의로 자료를 선별하여 자료 분석을 했다.

|보|기|풀|이|

ㄱ 정답 : 갑의 연구는 결혼에 호의적인 미혼자만을 대상으로 조사했기 때문에 독신세 도입에 찬성하는 쪽의 결과가 높게 나왔다. 따라서 갑은 자료 수집 단계에서 의도적으로 왜곡된 자료 수집을 하였다.
ㄴ 정답 : 을의 연구는 특정 기업의 주식 관련 자료를 수집한 후 주가 상승을 예측한 자료만 분석하였다. 따라서 을은 자료 분석 단계에서 고의로 자료를 선별하여 분석하였다.
ㄷ. 오답 : 을은 결과 발표 단계에서 자신의 이익을 추구하기 위해 분석 결과의 일부를 은폐하여 발표하였다.
ㄹ. 오답 : 갑은 결혼 정보 회사를 운영하는 친구에게 연구 수집 자료(연구 대상의 개인 정보)를 제공하였다. 따라서 갑은 을과 달리 수집한 자료를 연구 외의 목적으로 유출하였다.

다음 사례에 나타난 연구 윤리상의 문제점으로 가장 적절한 것은?

→ 특정 게임들이 청소년에게 해로울 수 있다고 인식함

연구자 갑은 15세 이용가로 분류된 특정 게임들이 청소년에게 해로울 수 있다는 여러 전문가들의 의견을 접하고, 이 게임들의 선정성 · 폭력성 · 사행성 정도를 확인하기로 하였다. 이에 갑은 모집 공고를 보고 자원한 청소년 50명과 성인 50명에게 2주간 매일 8시간씩 해당 게임들을 일정에 따라 실행하도록 한 후, 이 게임들에 대한 30개 평가 항목에 응답하게 하였다. 갑은 무성의하게 응답한 일부 자료를 제외하고 분석한 연구 결과를 게임 관련 학회에서 발표하였다.

→ 해당 청소년에게 부정적 영향을 끼칠 수 있음

제시된 사례로는 파악하기 어려움

① 연구 결과를 연구 외의 목적으로 사용하였다.
② 개인적 이해관계를 반영하여 자료를 선별하였다.
③ 출처를 밝히지 않고 다른 사람의 연구 결과를 인용하였다.
④ 결과 발표 단계에서 연구 대상자의 익명성을 보장하지 않았다.
⑤ 연구 대상자에게 부정적 영향을 끼칠 수 있는 연구를 시행하였다.

문제풀이 T I P | 무성의하게 응답한 일부 자료를 제외하고 분석한 연구 결과를 발표한 것이 갑에게 특정 이익을 제공했다고는 보기 어렵다. 따라서 제시문의 '무성의하게 응답한 일부 자료를 제외하고 분석'했다는 부분을 통해 갑이 개인적 이해관계를 반영하여 자료를 선별하였다고 판단해서는 안 된다.

출제분석 | 연구 윤리에 관한 문항은 제시문을 꼼꼼히 읽고 해당 사례에 나타난 연구 윤리상의 문제점을 정확히 파악하는 것이 중요하다.

|자|료|해|설|

갑은 15세 이용가로 분류된 특정 게임들이 청소년에게 해로울 수 있음을 인지하였음에도 청소년을 포함한 연구 대상자에게 이 게임들을 실행하도록 하였다. 이를 통해 갑이 연구 대상자에게 부정적 영향을 끼칠 수 있는 연구를 하지 않아야 한다는 연구 윤리를 위반했음을 알 수 있다.

|선|택|지|풀|이|

① 오답 : 갑이 연구 결과를 연구 외의 목적으로 사용하였다고 볼 수 없다.
② 오답 : 갑이 자료를 선별하는 과정에서 개인적 이해관계를 반영하였다고 볼 수 없다.
③ 오답 : 갑이 출처를 밝히지 않고 다른 사람의 연구 결과를 인용하였다고 볼 수 없다.
④ 오답 : 갑이 결과 발표 단계에서 연구 대상자의 익명성을 보장하지 않았다고 볼 수 없다.
⑤ 정답 : 갑은 15세 이용가로 분류된 특정 게임들이 청소년에게 해로울 수 있다는 여러 전문가들의 의견을 접했음에도 연구 대상이 되는 청소년들에게 2주간 매일 8시간씩 해당 게임들을 실행하도록 하였다. 따라서 연구 대상자에게 부정적 영향을 끼칠 수 있는 연구를 시행하였음을 알 수 있다.

다음 사례를 연구 윤리 측면에서 평가한 진술로 가장 적절한 것은?

연구자 갑은 ○○ 장르 음악 청취와 암기력 간의 상관관계를 연구하기 위해 연구 목적 등 연구 관련 정보를 모두 공지하고 성인 연구 대상자 80명을 모집하였다. 갑은 자원한 80명에게 일주일 동안 매일 1시간씩 정해진 장소에서 ○○ 장르 음악을 들으며 무작위로 조합된 단어를 암기하도록 하였다. 이 과정에서 일부 연구 대상자들이 음악 청취로 인해 두통을 호소하며 실험 참여 중단을 요구하자 갑은 그들을 즉각 실험 참여에서 제외하였다. 갑은 자료 분석 과정에서 가설에 부합하지 않는 결과가 나오자 암기력 점수가 높게 나타난 데이터만 골라 보고서를 작성하면서 연구 대상자들의 이름을 포함한 개인 정보를 제외하고 연구 결과를 발표하였다. 이후 음악 관련 기업이 금전적 보상을 제안하며 갑이 수집한 자료를 요청하였으나 갑은 이를 거절하였다.

① 다른 연구자의 연구 성과를 도용하였다.
② 연구 대상자의 익명성을 보장하지 않았다. 하였다
③ 수집한 자료를 연구 외의 목적으로 유출하였다. 하지 않았다
④ 자료를 자의적으로 선별하여 결과를 왜곡하였다.
⑤ 연구 대상자의 자발적인 참여를 보장하지 않았다. 하였다

|자|료|해|설|

제시된 사례에서 갑은 가설에 부합하지 않는 결과가 나오자 가설에 부합한 결과와 관련 있는 자료만을 선별하여 보고서를 작성하였다.

|선|택|지|풀|이|

① 오답 : 제시된 사례를 통해 갑이 다른 연구자의 연구 성과를 도용했는지는 알 수 없다.
② 오답 : 갑은 연구 대상자들의 이름을 포함한 개인 정보를 제외하고 연구 결과를 발표하였으므로 연구 대상자의 익명성을 보장하였다.
③ 오답 : 음악 관련 기업이 금전적 보상을 대가로 갑이 수집한 자료를 요청하였으나 갑은 이를 거절하였으므로 갑은 수집한 자료를 연구 외의 목적으로 유출하지 않았다.
④ 정답 : 갑은 자료 분석 과정에서 가설에 부합하지 않는 결과가 나오자 암기력 점수가 높게 나타난 데이터만 골라 보고서를 작성하였다. 이를 통해 갑은 자료를 자의적으로 선별하여 결과를 왜곡시켰음을 알 수 있다.
⑤ 오답 : 갑은 연구 목적 등 연구 관련 정보를 모두 공지하고 연구 대상자를 모집하였으므로 연구 대상자의 자발적 참여를 보장하였다.

추가 개념 | 연구자는 연구 대상자에게 연구 목적과 과정을 알리고 동의를 얻어야 한다. 또한 연구자는 연구 대상자의 익명성을 보장해야 하며, 개인 정보를 연구 목적 이외의 용도로 활용해서는 안 된다. 뿐만 아니라 연구자는 자료 분석 과정에서 의도한 결론을 이끌어내기 위해 자료를 조작해서는 안 되며, 다른 연구자의 연구물을 활용할 경우 그 출처를 정확하게 밝혀야 한다.

출제분석 | 연구 과정에서 나타난 연구 윤리와 관련된 문제점을 파악하는 문제이다. 연구 윤리와 관련된 문제는 자주 출제되지는 않지만 사회 · 문화 현상의 연구 과정과 관련된 문제에서 선지로 출제될 수 있다.

갑, 을의 연구에 대한 설명으로 가장 적절한 것은?

> 갑은 '온라인 수업에 나타난 교사와 학생 간 상호 작용'을 주제로 연구를 수행하기 위해 수도권 소재 3개 초등학교의 교사와 학생들을 연구 대상자로 선정하였다. 갑은 수업 담당 교사의 동의를 얻어, 학생들이 눈치채지 못하도록 온라인 수업에 접속하여 수업 장면을 관찰하였다.
> ➡ 연구 대상자의 사전 동의를 얻지 않음

> 을은 '고등학생의 학생 자치활동 참여 경험과 시민 의식 간의 관계'를 주제로 연구를 수행하기 위해 ○○고등학교장의 추천을 받은 남녀 학생 300명을 대상으로 설문 조사를 하였다. 이후 을은 연구 대상자의 실명이 포함된 응답 자료를 유사 연구에 착수한 동료 학자에게 제공하였다.
> ➡ 개인 정보 유출

① 갑은 수집된 자료를 임의로 조작하였다. ➡ 알 수 없음
② 을은 연구 대상자의 개인 정보를 유출하였다.
③ 갑은 을과 달리 연구 자료를 연구 이외의 목적으로 사용하였다.
④ 을은 갑과 달리 연구 대상자의 사전 동의를 얻지 않고 자료를 수집하였다.
⑤ 갑과 을의 연구는 모두 표본의 대표성을 확보하였다.
   하지 못하였다

|자|료|해|설|

연구자는 자신의 연구와 관련하여 법이나 도덕 및 윤리와 같은 규범인 연구 윤리를 지켜야 한다.

|선|택|지|풀|이|

① 오답 : 제시된 자료만으로는 갑이 수집된 자료를 임의로 조작했는지는 알 수 없다.

② 정답 : 을은 연구 대상자의 실명을 포함한 응답 자료를 동료 학자에게 제공하였다. 이를 통해 을은 연구 대상자의 개인 정보를 유출하였음을 알 수 있다.

③ 오답 : 연구 자료를 연구 이외의 목적으로 활용한 사람은 을이다.

④ 오답 : 연구 대상자의 사전 동의를 얻지 않고 자료를 수집한 사람은 갑이다.

⑤ 오답 : 갑은 수도권 소재 3개 초등학교의 교사와 학생들을 연구 대상자로 선정하였고, 을은 ○○고등학교장의 추천을 받은 남녀 학생 300명을 연구 대상자로 선정하였다. 따라서 갑과 을의 연구는 모두 표본의 대표성을 확보하지 못하였다.

🧑 **추가 학습** | 연구자는 연구 대상자에게 연구에 대한 자세한 정보를 제공해야 하고, 연구 대상자가 연구에 참여할지 여부를 자유롭게 결정할 수 있도록 해야 한다. 연구자가 자신의 연구에 참여하도록 하기 위해 거짓 정보를 제공하거나 강압적으로 연구에 참여하도록 하는 것은 연구 윤리에 위배된다.

😀 **출제분석** | 사례를 통해 위반한 연구 윤리를 파악하는 문제이다. 연구 윤리와 관련된 문제는 양적 연구 과정과 질적 연구 과정 사례와 함께 파악해 두도록 한다.

1 사회 실재론 + 사회 명목론

정답 ④　정답률 88%　2023년 10월 학평 11번　문제편 127p

그림은 질문을 통해 개인과 사회의 관계를 바라보는 관점 A, B를 구분한 것이다. 이에 대한 설명으로 옳은 것은?

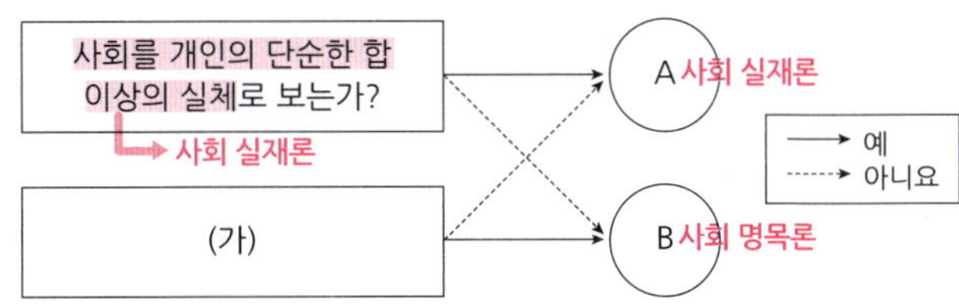

① A는 사회 문제의 해결 방안으로 제도 개선보다 의식 개선을 중시한다.

② B는 사회가 개인에 대하여 외재성을 갖는다고 본다.

③ A는 B와 달리 사회의 특성이 구성원들의 특성으로 환원될 수 있다고 본다.

④ B는 A와 달리 사회 전체의 이익이 개인별 이익의 총합에 불과하다고 본다.

⑤ (가)에 '사회가 개인의 자유와 권리를 보장하기 위한 수단이라고 보는가?'가 들어갈 수 없다.

|자|료|해|설|

사회를 개인의 단순한 합 이상의 실체로 보는 관점은 사회 실재론이다. 따라서 A는 사회 실재론, B는 사회 명목론이다.

|선|택|지|풀|이|

① 오답 : 사회 문제의 해결 방안으로 사회 실재론은 제도 개선을, 사회 명목론은 의식 개선을 중시한다.

② 오답 : 사회 실재론은 사회가 개인에 대하여 외재성을 갖는다고 본다.

③ 오답 : 사회 명목론은 사회의 특성이 구성원들의 특성으로 환원될 수 있다고 본다.

④ 정답 : 사회 실재론은 사회 전체의 이익이 개인별 이익의 총합 이상이라고 보고, 사회 명목론은 사회 전체의 이익이 개인별 이익의 총합에 불과하다고 본다.

⑤ 오답 : (가)에는 사회 명목론이 '예', 사회 실재론이 '아니요'라고 답할 수 있는 질문이 들어가야 한다. 사회가 개인의 자유와 권리를 보장하기 위한 수단이라고 보는 관점은 사회 명목론이다. 따라서 해당 질문은 (가)에 들어갈 수 있다.

문제풀이 TIP | 사회 실재론은 개인보다 사회의 우월성을 강조하고, 사회 명목론은 사회보다 개인의 우월성을 강조한다.

---

2 사회 실재론 + 사회 명목론

정답 ③　정답률 92%　2025년 5월 학평 7번　문제편 127p

개인과 사회의 관계를 바라보는 갑, 을의 관점에 대한 옳은 설명만을 〈보기〉에서 고른 것은?

보기

ㄱ. 갑의 관점은 개인이 사회 속에서만 존재 의미를 가진다고 본다.

ㄴ. 갑의 관점은 개인이 옳다고 믿기에 사회 규범이 존재한다고 본다.

ㄷ. 을의 관점은 사회가 구성원들에게 외재성을 갖는다고 본다.

ㄹ. 을의 관점은 사회가 개인의 이익 실현을 위한 수단에  불과하다고 본다.

① ㄱ, ㄴ　② ㄱ, ㄷ　③ ㄴ, ㄷ　④ ㄴ, ㄹ　⑤ ㄷ, ㄹ

|자|료|해|설|

갑은 개인이 주체적이고 능동적인 존재이며 사회가 개인들의 속성이 반영된 집합체에 불과하다고 보고 있으므로 이는 사회 명목론에 해당한다. 을은 사회가 고유한 성격을 가진 독립적인 실체이며 개인이 사회에 의해 구조화된 행동을 한다고 보고 있으므로 이는 사회 실재론에 해당한다.

|보|기|풀|이|

ㄱ. 오답 : 사회 실재론은 개인의 행동과 의식이 실재하는 사회에 의해 구속되므로 개인이 사회 속에서만 존재 의미를 가진다고 본다.

ㄴ. 정답 : 사회 명목론은 사회보다 개인의 우월성을 강조하므로 개인이 옳다고 믿기 때문에 사회 규범이 존재한다고 본다.

ㄷ. 정답 : 사회 실재론은 사회가 개인의 외부에 실제로 존재하며, 독자적인 특성을 지니고 있다고 본다.

ㄹ. 오답 : 사회 명목론은 사회가 개인의 이익을 실현시켜 주는 수단에 불과하다고 본다.

문제풀이 TIP | 사회 실재론은 사회가 개인들의 합 이상이라고 보는 반면, 사회 명목론은 사회가 개인들의 집합체에 붙여진 이름에 불과하다고 본다.

출제분석 | 사회 명목론과 사회 실재론을 파악하는 문제이다. 제시문, 대화, 그림 등 다양한 유형으로 사회 명목론과 사회 실재론을 파악하는 문제가 출제될 수 있다.

다음 글에 나타난 개인과 사회의 관계를 바라보는 관점에 대한 옳은 설명만을 〈보기〉에서 고른 것은?

> 사회학은 사회적 사실을 연구하는 과학이다. 법, 규범, 문화, 종교 등과 같은 사회적 사실은 개인의 사고와 행동을 구속하는 실체로서 개인의 외부에 지속적으로 존재한다. ➡ 사회 실재론

보기

ㄱ. 개인이 주체적이고 능동적인 존재임을 강조한다. ➡ 사회 명목론
ㄴ. 사회의 속성은 개인의 속성으로 환원할 수 없다고 본다.
ㄷ. 사회는 개인의 이익 실현을 위한 수단에 불과하다고 본다. ➡ 사회 실재론
ㄹ. 사회 문제 해결책으로 의식 개선보다 제도 개혁을 중시한다.

① ㄱ, ㄴ   ② ㄱ, ㄷ   ③ ㄴ, ㄷ   ④ ㄴ, ㄹ   ⑤ ㄷ, ㄹ

|자|료|해|설|

제시문은 사회적 사실이 개인의 사고와 행동을 구속하는 실체로서 개인의 외부에 지속적으로 존재한다고 보고 있다. 이는 사회 실재론에 해당한다.

|보|기|풀|이|

ㄱ. 오답 : 사회 명목론은 개인의 행동이 사회와 관계없이 개인의 자율적인 의지에 따라 이루어진다고 보므로 개인이 주체적이고 능동적인 존재임을 강조한다.
ㄴ. 정답 : 사회 실재론은 사회가 개인으로 환원될 수 없는 고유한 성격을 지니고 있다고 본다.
ㄷ. 오답 : 사회 명목론은 사회가 개인의 이익을 실현시켜 주는 수단에 불과하다고 본다.
ㄹ. 정답 : 사회 실재론은 사회 문제의 원인이 잘못된 사회 구조나 사회 제도에 있다고 보고 사회 문제의 해결책으로 사회 구조나 제도의 개선을 강조한다.

🤯 **문제풀이 TIP |** 개인보다 사회를 더 중시하면 사회 실재론, 사회보다 개인을 더 중시하면 사회 명목론과 관련 있다.

🤓 **출제분석 |** 사회 실재론을 파악하는 문제이다. 사회 실재론과 사회 명목론을 비교하는 문제가 출제될 수 있으므로 각 관점의 주요 내용을 비교해 두도록 한다.

다음 글에 나타난 개인과 사회의 관계를 바라보는 관점에 대한 옳은 설명만을 〈보기〉에서 고른 것은?

> 사회학의 지적 관심은 사회적 사실에 있다. 사회적 사실은 단순히 개인적 사실을 모아 놓은 것과는 근본적으로 다른 성격을 지닌 고유한 대상이다. 법, 관습, 종교 생활, 화폐 체계와 같은 사회적 사실은 개인적 사실만을 통해서는 발견될 수 없다. ➡ 사회 실재론

보기

ㄱ. 사회를 개인의 외부에 존재하는 독자적인 실체로 본다.
ㄴ. 사회는 개인의 이익을 실현하기 위한 수단이라고 본다. ➡ 사회 명목론
ㄷ. 사회의 특성이 개인의 특성으로 환원될 수 없다고 본다.
ㄹ. 사회는 개인의 자율적인 의지에 의해 만들어진다고 본다. ➡ 사회 명목론

① ㄱ, ㄴ   ② ㄱ, ㄷ   ③ ㄴ, ㄷ   ④ ㄴ, ㄹ   ⑤ ㄷ, ㄹ

|자|료|해|설|

제시문은 사회적 사실이 개인적 사실을 모아 놓은 것과는 근본적으로 다른 성격을 지닌 고유한 대상이라고 보고 있으므로 이는 사회 실재론에 해당한다.

|보|기|풀|이|

ㄱ. 정답 : 사회 실재론은 사회가 개인의 외부에 실제로 존재하며, 독자적인 특성을 지니고 있다고 본다.
ㄴ. 오답 : 사회 명목론은 사회가 개인의 이익을 실현시켜 주는 수단에 불과하다고 본다.
ㄷ. 정답 : 사회 실재론은 사회가 개인으로 환원할 수 없는 고유한 성격을 지니고 있다고 본다.
ㄹ. 오답 : 사회 명목론은 사회가 개인의 자율적인 의지에 의해 만들어진다고 본다.

🤯 **문제풀이 TIP |** 사회보다 개인의 우월성을 강조하면 사회 명목론, 개인보다 사회의 우월성을 강조하면 사회 실재론에 해당한다.

🤓 **출제분석 |** 제시문을 통해 사회 실재론을 파악하는 문제이다. 사회 실재론뿐만 아니라 사회 명목론을 복합적으로 묻는 문제가 출제될 수 있다.

다음 글에서 개인과 사회의 관계를 바라보는 필자의 관점에 대한
옳은 설명만을 〈보기〉에서 고른 것은? **3점**

> 의례는 삶에서 일어나는 중요한 변화에 대응해야 할 때
> 구성원의 결속을 재확인시켜 준다. 예컨대 장례는 사회 구성원이
> 애도를 표현하고, 유족이 변화된 환경에 적응할 수 있게
> 도와주는 의미를 지닌다. 애도 행위는 단순히 개인의 마음에서
> 우러나는 자발적 행위가 아니라 구성원으로서 마땅히 따라야
> 할 사회적 규범에 의한 행위이다. → 사회 실재론

보기

ㄱ. 사회가 개인의 외부에 존재하는 실체라고 본다. ┐
ㄴ. 개인은 사회에 의해 구조화된 행동을 한다고 본다. ┘ → 사회 실재론
ㄷ. 사회 규범은 개인들이 옳다고 믿기에 존재한다고 본다. → 사회 명목론
ㄹ. 사회의 속성을 개인의 속성으로 환원할 수 있다고 본다. → 사회 명목론

① ㄱ, ㄴ   ② ㄱ, ㄷ   ③ ㄴ, ㄷ   ④ ㄴ, ㄹ   ⑤ ㄷ, ㄹ

| 자 | 료 | 해 | 설 |

필자는 애도 행위가 개인의 마음에서 우러나는 자발적
행위가 아니라 구성원으로서 마땅히 따라야 할 사회적
규범에 의한 행위라고 보고 있으므로 이는 사회 실재론에
해당한다.

| 보 | 기 | 풀 | 이 |

ㄱ 정답 : 사회 실재론은 사회가 개인의 외부에 실제로
존재하며, 독자적인 특성을 지닌다고 본다.
ㄴ 정답 : 사회 실재론은 개인의 행동과 의식이 실재하는
사회에 의해 구속되므로 개인은 사회에 의해 구조화된
행동을 한다고 본다.
ㄷ. 오답 : 사회 명목론은 사회 규범이 개인들이 옳다고
믿기에 존재한다고 본다.
ㄹ. 오답 : 사회 명목론은 사회가 단지 개인들의 집합에
불과하므로 사회의 속성이 개인의 속성으로 환원될 수
있다고 본다.

👀 **문제풀이 T I P** | 제시문에서 필자가 개인보다 사회를 더 중시하는지, 사회보다 개인을 더 중시하는지를 파악해 보도록 한다.

🙂 **출제분석** | 사회 실재론을 파악하는 문제이다. 사회 실재론과 사회 명목론을 비교하는 문제가 출제될 수 있으므로 각 관점의 주요 내용을 비교하여 이해해 두도록 한다.

다음 글에서 개인과 사회의 관계를 바라보는 필자의 관점에 대한
옳은 설명만을 〈보기〉에서 고른 것은? → 사회 실재론 vs 사회 명목론

> 개인은 그 자신이 목적이며 다른 어떤 것도 그에게는 아무
> 의미가 없다. 다만 개인은 자신의 욕구 충족을 위해 타인을
> 필요로 한다. 타인도 같은 이유로 다른 이가 필요하다. 이처럼
> 이기적인 개인 간 상호 작용의 결과로 사회가 형성되지만,
> 개인의 욕구가 충족되지 않을 때 그 사회는 해체된다. → 사회 명목론

보기

ㄱ. 사회의 속성은 개인의 속성에 의해 결정된다고 본다. ┐
ㄴ. 사회 규범은 개인들이 옳다고 믿기에 존재한다고 본다. ┘ → 사회 명목론
ㄷ. 사회가 개인의 외부에 존재하는 독립적인 실체라고 본다. → 사회 실재론
ㄹ. 사회 규범의 구속력이 개인의 자율성보다 우선한다고 본다.

① ㄱ, ㄴ   ② ㄱ, ㄷ   ③ ㄴ, ㄷ   ④ ㄴ, ㄹ   ⑤ ㄷ, ㄹ

| 자 | 료 | 해 | 설 |

제시문은 이기적인 개인 간 상호 작용의 결과로 사회가
형성되지만 개인의 욕구가 충족되지 않을 때 그 사회가
해체된다고 보고 있다. 이는 사회 명목론에 해당한다.

| 보 | 기 | 풀 | 이 |

ㄱ 정답 : 사회 명목론은 사회가 단지 개인들이 모여 있는
것으로, 실제로 존재하지 않는다고 본다. 따라서 사회
명목론은 사회의 속성이 개인의 속성에 의해 결정된다고
본다.
ㄴ 정답 : 사회 명목론은 사회보다 개인의 우월성을
강조하므로 사회 규범은 개인들이 옳다고 믿기에
존재한다고 본다.
ㄷ. 오답 : 사회 실재론은 사회가 개인의 외부에 실제로
존재하며 독자적인 특성을 지니고 있다고 본다.
ㄹ. 오답 : 사회 실재론은 개인보다 사회의 우월성을
강조하므로 사회 규범의 구속력이 개인의 자율성보다
우선한다고 본다.

👀 **문제풀이 T I P** | 제시된 주장이 개인을 사회보다 더 강조하는지, 사회를 개인보다 더 강조하는지를 파악해야 한다.

다음 자료에 나타난 개인과 사회의 관계를 바라보는 관점에
부합하는 진술만을 〈보기〉에서 고른 것은?
→ 사회 실재론 vs 사회 명목론

> 불평등한 사회 구조 속에서 개인은 자신에 대한 통제력을
> 상실한다. A국은 모든 주(州)에서 개인의 총기 소유를 허용하지만
> 총기로 인한 범죄 발생률이나 자살률은 큰 차이가 있다. 계층
> 간 빈부 격차가 심한 주(州)일수록 두 지표 모두가 상승하는
> 경향이 나타난 것이다. 이는 개인이 사회를 벗어날 수 없음을
> 의미한다. → 사회 실재론

보기

ㄱ. 개인의 발전은 곧 사회의 발전이다. → 사회 명목론
ㄴ. 개인의 속성은 사회의 속성이 반영된 결과이다. → 사회 실재론
ㄷ. 사회는 개인의 외부에 존재하는 독립적인 실체이다. → 사회 실재론
ㄹ. 사회 규범의 구속성보다 개인의 자율성이 우선된다. → 사회 명목론

① ㄱ, ㄴ   ② ㄱ, ㄷ   ③ ㄴ, ㄷ   ④ ㄴ, ㄹ   ⑤ ㄷ, ㄹ

|자|료|해|설|
제시문은 개인이 사회를 벗어날 수 없다고 보고 있다. 이는
사회 실재론에 해당한다.

|보|기|풀|이|
ㄱ. 오답 : 개인의 발전이 곧 사회의 발전이라고 보는
관점은 사회 명목론이다.
ㄴ. 정답 : 사회 실재론은 개인의 행동과 의식이 실재하는
사회에 의해 구속되므로 개인의 속성은 사회의 속성이
반영된 결과라고 본다.
ㄷ. 정답 : 사회 실재론은 사회가 개인의 외부에 실제로
존재하며 독자적인 특성을 지니고 있다고 본다.
ㄹ. 오답 : 사회 규범의 구속성보다 개인의 자율성이
우선된다고 보는 관점은 사회 명목론이다.

😮 **문제풀이 TIP** | 제시문이 개인보다 사회를 중시하는지,
사회보다 개인을 중시하는지를 파악하도록 한다.

😮 **출제분석** | 사회 실재론을 파악하는 문제이다. 사회 실재론과
사회 명목론을 복합적으로 묻는 문제가 출제될 수 있으므로 기출
문제를 통해 각 관점의 주요 내용을 숙지해 두도록 한다.

다음 글에서 개인과 사회의 관계를 바라보는 필자의 관점에 대한
옳은 설명만을 〈보기〉에서 고른 것은?
→ 사회 실재론 vs 사회 명목론

> 돈 자체가 가치를 지닌다는 믿음과 돈이 삶의 궁극적 목표라는
> 인식이 있다. 하지만 돈의 가치는 인간의 욕구에서 기인하는
> 심리적 사실에 불과하다. 돈은 인간이 그것을 갈망할 때 비로소
> 가치를 부여받는다. 또한 돈은 사회적 결사의 매개체일 뿐이다.
> 사람은 돈을 매개로 아름다운 사회를 만들 수도, 차별과 위선이
> 만연한 사회를 만들 수도 있다. 결국 돈의 가치는 상대적, 수단적인
> 것이다. 돈은 '더 나은 삶'에 도달하기 위한 다리에 불과하며,
> 인간은 다리에서 살아갈 수 없다. → 사회 명목론

보기

ㄱ. 사회의 속성을 개인의 속성으로 환원할 수 있다고 본다. → 사회 명목론
ㄴ. 사회는 개인의 이익을 실현해 주는 도구에 불과하다고 본다. → 사회 명목론
ㄷ. 사회는 개인의 외부에 존재하는 독자적인 실체라고 본다. → 사회 실재론
ㄹ. 사회의 구속력이 개인의 자유 의지보다 우위에 있다고 본다. → 사회 실재론

① ㄱ, ㄴ   ② ㄱ, ㄷ   ③ ㄴ, ㄷ   ④ ㄴ, ㄹ   ⑤ ㄷ, ㄹ

|자|료|해|설|
제시문은 사람이 돈을 매개로 사회를 만들 수 있다고 보고
있다. 이는 사회 명목론에 해당한다.

|보|기|풀|이|
ㄱ. 정답 : 사회 명목론은 사회가 개인들의 집합체에
붙여진 이름에 불과하므로 사회의 속성을 개인의 속성으로
환원할 수 있다고 본다.
ㄴ. 정답 : 사회 명목론은 사회가 개인의 이익을 실현시켜
주는 수단에 불과하다고 본다.
ㄷ. 오답 : 사회 실재론은 사회가 개인의 외부에 실제로
존재하며, 독자적인 특성을 지니고 있다고 본다.
ㄹ. 오답 : 사회 실재론은 개인의 행동과 의식이 실재하는
사회에 의해 구속되므로 사회의 구속력이 개인의 자유
의지보다 우위에 있다고 본다.

😮 **문제풀이 TIP** | 제시문이 사회보다 개인을 더 중시하는지,
개인보다 사회를 더 중시하는지를 파악해 보도록 한다.

😮 **출제분석** | 사회 명목론의 관점을 파악하는 문제이다. 사회
명목론과 사회 실재론을 비교하는 문제가 출제될 수 있으므로
각 관점의 주요 내용을 비교해 두도록 한다.

9 사회 실재론 + 사회 명목론　　　　정답 ④　정답률 84%　2021년 3월 학평 7번　문제편 129p

다음 글의 **개인**과 **사회**의 **관계를 바라보는 관점에 대한 옳은 설명만을 〈보기〉에서 고른 것은?**
→ 사회 실재론 vs 사회 명목론

> 　축구팀의 성적에는 선수 개개인의 능력보다 **팀워크가 중요하다.** 비록 선수 개개인의 능력이 부족하더라도 팀은 얼마든지 좋은 성적을 낼 수 있다. **하나의 팀은 선수들의 총합 그 이상의 존재이기 때문이다.** 개인과 사회의 관계도 이와 같다.
> → 사회 실재론

보기

ㄱ. 공익보다 개인의 이익을 중시한다. ➡ 사회 명목론
ㄴ. 사회가 개인의 외부에 실제로 존재한다고 본다. ➡ 사회 실재론
ㄷ. 개인이 자율성과 능동성을 지닌 존재임을 강조한다. ➡ 사회 명목론
ㄹ. 사회의 특성은 구성원들의 특성으로 환원될 수 없다고 본다. ➡ 사회 실재론

① ㄱ, ㄴ　② ㄱ, ㄷ　③ ㄴ, ㄷ　④ ㄴ, ㄹ　⑤ ㄷ, ㄹ

|자|료|해|설|
제시문은 개개인의 능력보다 팀워크가 중요하다고 보고 있으므로 이는 사회 실재론에 해당한다.

|보|기|풀|이|
ㄱ. 오답 : 사회 실재론은 개인의 이익보다 공익을 중시하는 반면, 사회 명목론은 공익보다 개인의 이익을 중시한다.
ㄴ. 정답 : 사회 실재론은 사회가 개인들의 외부에 실제로 존재하며 독자적인 특성을 지니고 있다고 보는 반면, 사회 명목론은 사회가 단지 개인들이 모여 있는 것이므로 실제로 존재하지 않는다고 본다.
ㄷ. 오답 : 사회 실재론은 개인의 행동과 의식이 실재하는 사회에 의해 구속된다고 보는 반면, 사회 명목론은 사회와 관계없이 개인의 행동이 자신의 자율적인 의지에 따라 이루어진다고 본다.
ㄹ. 정답 : 사회 실재론은 사회가 개인으로 환원될 수 없는 고유한 성격을 지니고 있다고 보는 반면, 사회 명목론은 사회가 개인들의 집합체에 붙여진 이름에 불과하므로 사회는 개인의 특성으로 환원될 수 있다고 본다.

😲 **학습 조언** | '사회＜개인'이면 사회 명목론, '사회＞개인'이면 사회 실재론이라고 생각하면 된다. 즉, 사회보다 개인의 우월성을 강조하면 사회 명목론, 개인보다 사회의 우월성을 강조하면 사회 실재론이다.

😃 **출제분석** | 사회 실재론의 기본 입장을 묻는 문제이다. 사회 실재론 단독으로 출제되기보다는 사회 실재론과 사회 명목론을 비교하는 문제가 자주 출제되므로 사회 실재론과 사회 명목론의 주요 내용을 반드시 이해해 두도록 한다.

---

10 사회 실재론 + 사회 명목론　　　　정답 ①　정답률 83%　2023학년도 9월 모평 7번　문제편 129p

다음 글에 나타난 **개인**과 **사회**의 **관계를 바라보는 관점에 대한 옳은 설명만을 〈보기〉에서 고른 것은?** ③점
→ 사회 실재론 vs 사회 명목론

> 　한 사회의 개인들은 활발하게 상호 작용을 한다. 상호 작용의 상당 부분은 언어적 상징을 기반으로 이루어진다. **언어적 상징을 통한 상호 작용은 이미 부여된 규칙에 따라 이루어지며, 이러한 규칙은 일종의 무의식적 문화 체계로 작동한다.** 결국 인간은 **언어적 상징이라는 감옥에 갇힌 죄수인 셈이다.** → 사회 실재론

보기

ㄱ. 개인은 사회에 의해 구조화된 행동을 한다고 본다.
ㄴ. 사회는 개인의 외부에서 독자적으로 작동한다고 본다.
ㄷ. 개인의 자율적 의지에 의해 사회 현상이 형성된다고 본다. ┐
ㄹ. 사회는 개인의 이익 실현을 위한 수단에 불과하다고 본다. ┘ → 사회 명목론

① ㄱ, ㄴ　② ㄱ, ㄷ　③ ㄴ, ㄷ　④ ㄴ, ㄹ　⑤ ㄷ, ㄹ

|자|료|해|설|
제시문은 개인의 상호 작용이 규칙에 따라 이루어지며 인간을 언어적 상징이라는 감옥에 갇힌 죄수로 보고 있다. 이는 사회 실재론에 해당한다.

|보|기|풀|이|
ㄱ. 정답 : 사회 실재론은 개인의 행동과 의식이 실재하는 사회에 의해 구속되므로 개인은 사회에 의해 구조화된 행동을 한다고 본다.
ㄴ. 정답 : 사회 실재론은 사회가 개인의 외부에 실제로 존재하며 독자적인 특성을 지니고 있다고 본다.
ㄷ. 오답 : 사회 명목론은 개인의 행동이 사회와 관계없이 자율적인 의지에 따라 이루어진다고 본다.
ㄹ. 오답 : 사회 명목론은 사회가 개인의 이익을 실현시켜 주는 수단에 불과하다고 본다.

😲 **문제풀이 T I P** | 개인보다 사회의 우월성을 강조하고 있다면 이는 사회 실재론과 관련 있고, 사회보다 개인의 우월성을 강조하고 있다면 이는 사회 명목론과 관련 있다.

😃 **출제분석** | 사회 실재론을 파악하는 문제이다. 사회 실재론이나 사회 명목론 중 하나의 관점만을 제시하는 문제보다는 두 관점을 비교하는 문제가 자주 출제된다.

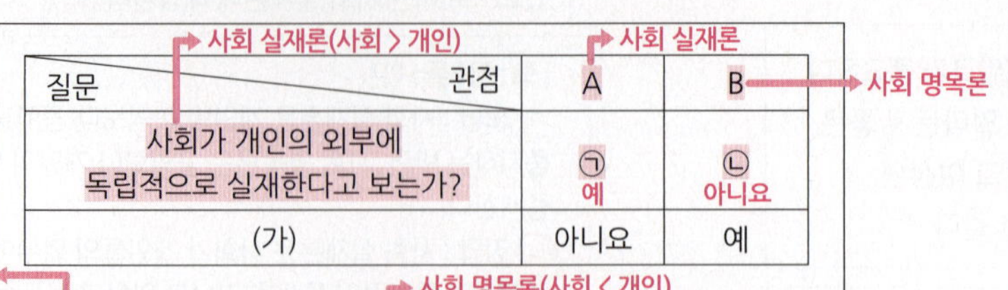

자료는 개인과 사회의 관계를 바라보는 관점 A, B를 구분한 것이다.
이에 대한 설명으로 옳은 것은? → 사회 실재론 vs 사회 명목론

질문	관점	A	B
사회가 개인의 외부에 독립적으로 실재한다고 보는가?		㉠ 예	㉡ 아니요
(가)		아니요	예

A는 사회가 개인의 행동을 통제하기 때문에 사회 현상을 이해하기 위해서는 개별 행위자들의 특성을 파악하기보다 사회 자체가 갖고 있는 원리와 법칙을 찾아야 한다고 본다.

① ㉠은 '아니요', ㉡은 '예'가 적절하다.
② A는 B와 달리 사회 규범은 개인이 옳다고 믿기에 존재한다고 본다.
③ B는 A와 달리 전체를 위한 개인의 희생을 정당화할 우려가 있다.
④ 사회 문제의 해결책으로 A는 의식 개혁, B는 제도 개선을 강조한다.
⑤ (가)에는 "사회를 개인으로 환원하여 설명할 수 있다고 보는가?"가 적절하다.

|자|료|해|설|
A는 개별 행위자들의 특성 파악보다 사회 전체가 갖고 있는 원리와 법칙을 찾아내야 한다고 본다. 이는 개인보다 사회를 더 중시한 사회 실재론의 입장이다. 따라서 B는 사회 명목론이다.

|선|택|지|풀|이|
① 오답 : 사회가 개인의 외부에 독립적으로 실재한다고 보는 것은 개인보다 사회를 더 중시한 사회 실재론의 입장이다. A가 사회 실재론, B가 사회 명목론이므로 ㉠에는 '예', ㉡에는 '아니요'가 적절하다.
② 오답 : 사회 규범은 개인이 옳다고 믿기에 존재한다고 보는 것은 사회보다 개인을 더 중시한 사회 명목론의 입장이다.
③ 오답 : 전체를 위한 개인의 희생을 정당화할 우려가 있는 것은 개인보다 사회를 더 중시한 사회 실재론의 입장이다.
④ 오답 : 사회 문제의 해결책으로 의식 개혁을 강조하면 사회 명목론이고, 제도 개선을 강조하면 사회 실재론이다.
⑤ 정답 : 사회를 개인으로 환원하여 설명할 수 있다고 보는 것은 사회보다 개인을 더 중시한 사회 명목론의 입장이다. 따라서 (가)에는 "사회를 개인으로 환원하여 설명할 수 있다고 보는가?"가 적절하다.

문제풀이 TIP | 사회를 개인으로 환원하여 설명할 수 있으면 사회 명목론이고, 사회를 개인으로 환원하여 설명할 수 없으면 사회 실재론에 해당한다. 사회 문제를 해결할 때 제도 개선을 강조하면 사회 실재론이고, 의식 개혁을 강조하면 사회 명목론에 해당한다.

출제분석 | 개인과 사회의 관계를 바라보는 관점(사회 실재론, 사회 명목론)은 수능과 모평에 빠지지 않고 출제되는 중요한 주제이다. 사회가 중요한지 개인이 중요한지를 빠르게 파악하면 쉽게 해결할 수 있는 문제이다. 기출 문제를 중심으로 관련 개념을 꼼꼼하게 정리해 둘 필요가 있다.

| 12 | 사회 실재론 + 사회 명목론 | | 정답 ① 정답률 74% 2022년 3월 학평 7번 문제편 129p |

다음 글의 개인과 사회의 관계를 바라보는 관점에 대한 옳은 설명만을 〈보기〉에서 고른 것은? → 사회 실재론 vs 사회 명목론

건물의 벽과 문이 사람이 드나드는 경로를 결정하듯이 개인의 외부에 존재하는 사회 구조가 개인의 행동 범위를 제약하고 그 한계를 설정한다. → 사회 실재론

보기
ㄱ. 사회가 개인에 비하여 우월한 존재라고 본다.
ㄴ. 사회가 고유한 특성을 지니며 실재한다고 본다.
ㄷ. 사적 이익의 총합이 곧 사회 전체의 이익이라고 본다. → 사회 명목론
ㄹ. 사회 문제 해결을 위해 제도 개선보다 의식 개선이 중요하다고 본다. → 사회 명목론

① ㄱ, ㄴ　② ㄱ, ㄷ　③ ㄴ, ㄷ　④ ㄴ, ㄹ　⑤ ㄷ, ㄹ

|자|료|해|설|
제시문은 사회 구조가 개인의 행동 범위를 제약하고 그 한계를 설정한다고 보고 있으므로 이는 사회 실재론에 해당한다.

|보|기|풀|이|
ㄱ. 정답 : 사회 실재론은 개인보다 사회의 우월성을 강조한다.
ㄴ. 정답 : 사회 실재론은 사회가 개인의 외부에 실제로 존재하며, 독자적인 특성을 지닌다고 본다.
ㄷ. 오답 : 사회 명목론은 사회는 단지 개인들이 모여 있는 것으로 사회 전체의 이익은 개인 이익의 총합이라고 본다.
ㄹ. 오답 : 사회 문제 해결을 위해 사회 실재론은 제도 개선을, 사회 명목론은 의식 개선을 중시한다.

추가 학습 | 사회 실재론은 전체를 위한 개인의 희생을 정당화하고 조장할 우려가 있고, 인간의 주체적이고 능동적인 행위를 설명하기 어렵다는 한계가 있다.

출제분석 | 사회 실재론의 특징을 파악하는 문제이다. 사회 실재론이나 사회 명목론을 단독으로 묻는 문제보다는 사회 실재론과 사회 명목론을 비교하는 문제가 주로 출제된다.

표는 개인과 사회의 관계를 바라보는 관점을 파악하기 위한 질문과 답변이다. **사회 명목론**과 **사회 실재론** 중 하나의 입장에서 일관되게 응답한 학생은?

질문 \ 학생	갑	을	병	정	무
사회가 개인의 외부에 실제로 존재한다고 보는가? → 사회 실재론	명 ×	명 ×	실 ○	명 ×	실 ○
사회의 특성이 개인의 특성으로 환원된다고 보는가? → 사회 명목론	명 ○	실 ×	실 ×	명 ○	명 ○
개인이 사회에 의해 구조화된 행동을 한다고 보는가? → 사회 실재론	명 ×	실 ○	실 ○	실 ○	명 ×
개인의 자유 의지가 사회의 구속력보다 우위에 있다고 보는가? → 사회 명목론	명 ○	실 ×	명 ○	실 ×	실 ×

(○ : 예, × : 아니요)

① 갑   ② 을   ③ 병   ④ 정   ⑤ 무

|자|료|해|설|

사회가 개인의 외부에 실제로 존재한다고 보는 관점은 사회 실재론이고, 사회의 특성이 개인의 특성으로 환원된다고 보는 관점은 사회 명목론이며, 개인이 사회에 의해 구조화된 행동을 한다고 보는 관점은 사회 실재론이고, 개인의 자유 의지가 사회의 구속력보다 우위에 있다고 보는 관점은 사회 명목론이다.

|선|택|지|풀|이|

① 정답 : 갑은 사회 실재론에 해당하는 질문에는 '아니요'로 응답하였고, 사회 명목론에 해당하는 질문에는 '예'로 응답하였다. 따라서 갑은 사회 명목론의 입장에서 일관되게 응답하였다.

추가 학습 | 사회 실재론은 개인보다 사회의 우월성을 강조하고, 사회 명목론은 사회보다 개인의 우월성을 강조한다. 따라서 사회 실재론은 개인의 이익이나 권리 보장보다 공익을 중시하고, 사회 명목론은 공익보다 개인의 이익이나 권리 보장을 중시한다.

출제분석 | 사회 실재론과 사회 명목론을 파악하는 문제이다. 대화, 표, 제시문, 그림 등 다양한 유형으로 사회 실재론과 사회 명목론을 파악하는 문제가 출제될 수 있으므로 기출 문제를 통해 다양한 유형을 접해 보도록 한다.

개인과 사회의 관계를 바라보는 필자의 관점에 대한 옳은 설명만을 〈보기〉에서 고른 것은?

> 분업의 원인이 경제적 효용을 추구하는 인간의 선택이라고 주장하는 이들이 있다. 그러나 분업이라는 제도를 통해 얻게 되는 개인의 효용은 제도가 형성된 다음에야 비로소 존재하므로 제도 형성의 원인이 될 수 없다. 분업은 인구 규모와 인구 밀도의 증대에서 기인한다. 인구 증가와 집중으로 인해 경쟁이 격화되면 개인의 생존은 위협받게 된다. 분업은 사회 구성원 간 상호 의존성을 강화해 개인에게 가해지는 생존 압력을 평화적으로 해결하여 무질서와 사회 해체를 방지하는 사회 진화의 산물이다. → 사회 실재론

보기

ㄱ. 사회는 개인에 외재하며 독자적으로 작동한다고 본다. → 사회 실재론
ㄴ. 사회의 구속력이 개인의 자유 의지보다 우위에 있다고 본다. → 사회 실재론
ㄷ. 사회는 개인의 이익을 실현해 주는 수단에 불과하다고 본다. → 사회 명목론
ㄹ. 사회는 개인의 행위 지향과 그에 따른 결과를 통해서만 발전할 수 있다고 본다. → 사회 명목론

① ㄱ, ㄴ   ② ㄱ, ㄷ   ③ ㄴ, ㄷ   ④ ㄴ, ㄹ   ⑤ ㄷ, ㄹ

|자|료|해|설|

제시문은 개인의 효용이 제도가 형성된 다음에야 존재하므로 제도 형성의 원인이 될 수 없다고 보고 있다. 이는 사회 실재론에 해당한다.

|보|기|풀|이|

ㄱ. 정답 : 사회 실재론은 사회가 개인의 외부에 실제로 존재하며 독자적인 특성을 지니고 있다고 본다.
ㄴ. 정답 : 사회 실재론은 개인의 행동과 의식이 실재하는 사회에 의해 구속된다고 보므로 개인보다 사회의 우월성을 강조한다.
ㄷ. 오답 : 사회 명목론은 사회가 개인의 이익을 실현시켜 주는 수단에 불과하다고 본다.
ㄹ. 오답 : 사회 명목론은 사회와 관계없이 개인의 행동이 자신의 자율적인 의지에 따라 이루어진다고 보므로 사회보다 개인의 우월성을 강조한다.

문제풀이 TIP | 제시문에서 개인보다 사회를 더 강조하는지, 사회보다 개인을 더 강조하는지를 파악해야 한다. 개인보다 사회를 더 강조하면 사회 실재론, 사회보다 개인을 더 강조하면 사회 명목론에 해당한다.

출제분석 | 사회 실재론에 대한 문제이다. 다양한 사례를 통해 사회 실재론과 사회 명목론을 비교하는 문제가 출제될 수 있으므로 사회 실재론과 사회 명목론에 대한 개념적 이해를 꼼꼼하게 해 두도록 한다.

교사가 제시하고 있는 **개인과 사회의 관계를 바라보는 관점**에 대한
옳은 설명만을 〈보기〉에서 고른 것은?　→ 사회 실재론 vs 사회 명목론

각각의 돌은 돌덩이에 불과하지만 이를 쌓아 만든 피라미드는 단순한
돌무더기를 뛰어넘어 그 시대의 건축 기술과 권력 구조를 담고 있는
문화유산입니다. 개인과 사회의 관계도 이와 같습니다. 사회는 개인으로
설명할 수 없는 독자적 실체로서의 특성을 지닙니다.　→ 사회 실재론

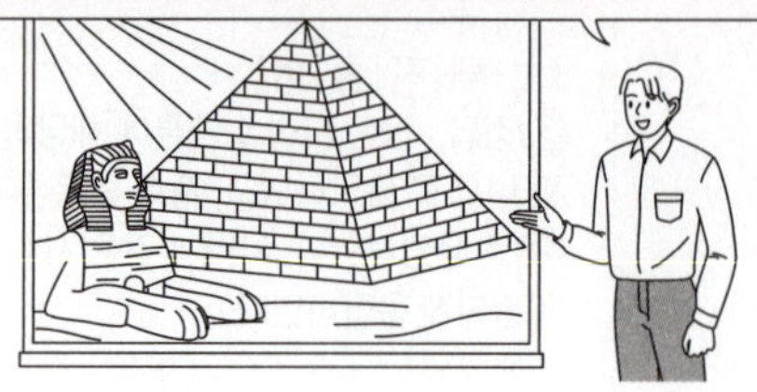

보기
ㄱ. 사회는 구성원들에게 외재성을 갖는다고 본다.　→ 사회 실재론
ㄴ. 개인은 사회에 의해 구조화된 행동을 한다고 본다.
ㄷ. 사회 규범의 구속성보다 개인의 능동성을 중시한다.　→ 사회 명목론
ㄹ. 사회의 속성은 개인의 속성으로 환원할 수 있다고 본다.

① ㄱ, ㄴ　② ㄱ, ㄷ　③ ㄴ, ㄷ　④ ㄴ, ㄹ　⑤ ㄷ, ㄹ

|자|료|해|설|

제시문은 사회가 개인으로 설명할 수 없는 독자적
실체로서의 특성을 지닌다고 보고 있다. 이는 사회
실재론에 해당한다.

|보|기|풀|이|

ㄱ. 정답 : 사회 실재론은 사회가 개인의 외부에 실제로
존재하며 독자적인 특성을 지니고 있다고 본다.

ㄴ. 정답 : 사회 실재론은 개인의 행동과 의식이 실재하는
사회에 의해 구속된다고 보므로 개인이 사회에 의해
구조화된 행동을 한다고 본다.

ㄷ. 오답 : 사회 명목론은 사회보다 개인의 우월성을
강조하므로 사회 규범의 구속성보다 개인의 능동성을
중시한다.

ㄹ. 오답 : 사회 명목론은 사회가 개인들의 집합체에
붙여진 이름에 불과하다고 보므로 사회의 속성이 개인의
속성으로 환원할 수 있다고 본다.

문제풀이 TIP | 개인보다 사회의 우월성을 강조하면 사회
실재론에 해당하고, 사회보다 개인의 우월성을 강조하면 사회
명목론에 해당한다.

출제분석 | 제시문에 나타난 개인과 사회의 관계를 바라보는
관점을 파악하는 문제이다. 사회 실재론과 사회 명목론을 비교하는
문제가 출제되므로 각 관점의 입장 및 한계를 비교해 두도록 한다.

→ 사회 실재론 vs 사회 명목론
개인과 사회의 관계를 보는 갑, 을의 관점에 대한 옳은 설명만을 〈보기〉
에서 고른 것은? **3점**

사회자 : 유권자들이 투표를 할 때 무엇을 고려해야 할까요?
갑 : 정당은 당원들이 모인 집합체에 불과하므로 **후보자 개인의**
자질을 고려해야 합니다.　개인 중시(사회 명목론)
사회 명목론 ←
을 : 정당은 **고유한 특성이 있고,** 후보자는 소속 정당의 영향을
받기 마련이므로 **소속 정당을 보고 투표해야 합니다.**
사회 실재론 ←

보기
사회 중시(사회 실재론)
ㄱ. 갑의 관점은 개인의 행동이 사회에 의해 구속된다고 본다.　→ 사회 실재론(사회 > 개인)
ㄴ. 을의 관점은 사회를 개인의 외부에 실재하는 것으로 본다.　→ 사회 실재론(사회 > 개인)
ㄷ. 갑의 관점은 을의 관점과 달리 공익이 개인적 이익의 총합을
가리키는 말에 불과하다고 본다.　→ 사회 명목론(사회 < 개인)
ㄹ. 을의 관점은 갑의 관점과 달리 사회 문제 해결 시 제도 개혁보다
의식 개혁을 중시한다.　→ 사회 실재론
→ 사회 명목론

① ㄱ, ㄴ　② ㄱ, ㄷ　③ ㄴ, ㄷ　④ ㄴ, ㄹ　⑤ ㄷ, ㄹ

|자|료|해|설|

투표를 할 때 후보자 개인의 자질을 강조하고 있는 갑은
사회보다 개인을 더 중시하는 사회 명목론의 입장이다.
반면 정당의 고유한 특성을 강조하고 있는 을은 개인보다
사회를 더 중시하는 사회 실재론의 입장이다.

|보|기|풀|이|

ㄱ. 오답 : 개인의 행동이 사회에 의해 강제 · 구속된다고
보는 것은 개인보다 사회를 더 중시하는 사회 실재론의
입장이다.

ㄴ. 정답 : 사회를 개인의 외부에 실제로 존재하는 것으로
보는 것은 개인보다 사회를 더 중시하는 사회 실재론의
입장이다.

ㄷ. 정답 : 개인적 이익의 총합을 공익으로 보는 것은
사회보다 개인을 더 중시하는 사회 명목론의 입장이다.

ㄹ. 오답 : 사회 문제 해결 시 제도 개혁을 강조하는 것은
개인보다 사회를 더 중시하는 사회 실재론이다. 반면,
사회보다 개인을 더 중시하는 사회 명목론은 개개인의
의식 개혁을 강조한다.

문제풀이 TIP | 사회가 개인의 총합보다 크다고 보는 것은 개인보다 사회를 더 중시하는 사회 실재론의 입장이다. 반면 사회가 개인의 총합과 같다고 보는 것은 사회보다 개인을 더 중시하는 사회 명목론의 입장이다.

출제분석 | 사회 실재론과 사회 명목론은 수능과 모평에 거의 빠지지 않고 출제되는 단골손님이다. 개인보다 사회를 더 중요하다고 보면 사회 실재론, 사회보다 개인을 더 중요하다고 보면 사회 명목론이다. 기출문제를 중심으로 관련 개념을 꼼꼼하게 정리해 둘 필요가 있다.

17 사회 실재론 + 사회 명목론

정답 ② 정답률 91% 2021년 4월 학평 6번 문제편 131p

다음 글에서 강조하는 **개인과 사회의 관계를 바라보는 관점**에 대한 옳은 설명만을 〈보기〉에서 고른 것은? **3점**
→ 사회 실재론 vs 사회 명목론

> 많은 사람들이 정책 수립의 기준으로 '공동체의 이익'을 내세우며 공동체를 독립적 실체로 여긴다. 하지만 **공동체란 허구적 개념으로, 이를 구성하는 개인들의 집합체에 불과하다.** 따라서 '공동체의 이익'이라는 것도 결국 개개인의 이익을 모두 합한 것일 뿐이다.
> → 사회는 개인의 합 → 사회 명목론

보기

ㄱ. 사회의 구속성보다 개인의 능동성을 강조한다. → 사회 명목론
ㄴ. 개인은 사회 속에서만 존재 의미를 지닌다고 본다. → 사회 실재론
ㄷ. 사회 규범은 개인들이 옳다고 믿기에 존재한다고 본다. → 사회 명목론
ㄹ. 사회는 개인의 속성으로 환원할 수 없는 고유한 성격을 지닌다고 본다. → 사회 실재론

① ㄱ, ㄴ　② ㄱ, ㄷ　③ ㄴ, ㄷ　④ ㄴ, ㄹ　⑤ ㄷ, ㄹ

|자|료|해|설|
제시문은 사회 명목론의 관점에서 개인과 사회의 관계를 바라보고 있다.

|보|기|풀|이|
ㄱ 정답 : 사회 명목론은 개인이 사회보다 우월한 가치를 갖는 존재로서 능동적인 상호 작용을 통해 사회의 모습을 만들어 간다고 본다. 따라서 사회의 구속성보다 개인의 능동성을 강조한다.

ㄴ. 오답 : 개인이 사회 속에서만 존재 의미를 지닌다고 보는 관점은 사회 실재론이다.

ㄷ 정답 : 사회 명목론은 사회의 특성이 개개인의 특성이 모여 나타나는 것에 불과하다고 본다. 따라서 사회 규범은 개인들이 옳다고 믿기에 존재한다고 본다.

ㄹ. 오답 : 사회가 개인의 속성으로 환원할 수 없는 고유한 성격을 지닌다고 보는 관점은 사회 실재론이다.

관련 개념 | 사회 실재론은 사회가 개인의 속성으로 환원할 수 없는 고유한 성격을 지닌다고 보며, 사회 명목론은 사회가 개인의 속성으로 환원될 수 있다고 본다.

출제분석 | 개인과 사회의 관계를 바라보는 관점(사회 명목론, 사회 실재론)은 자주 출제되는 핵심 주제이다. 그동안 누적된 기출 문제의 선지에서 각 관점에 대해 어떻게 설명하고 있는지 파악해두면 충분히 대비가 가능하다.

18 사회 실재론 + 사회 명목론

정답 ② 정답률 88% 2023년 4월 학평 17번 문제편 131p

다음 글에 나타난 **개인과 사회의 관계를 바라보는 관점**에 대한 옳은 설명만을 〈보기〉에서 고른 것은?
→ 사회 실재론 vs 사회 명목론

> 우리가 사회라고 부르는 것이 개인과는 별개인 독립적 실체로서 존재하는가? 개방적인 개인들로 구성된 사회는 개방적인 사회가, 폐쇄적인 개인들로 구성된 사회는 폐쇄적인 사회가 될 뿐이다. 그렇기에 **사회 현상에 대한 진정한 이해는 개인들의 속성에 대한 탐구를 통해서만 가능하다.** → 사회 명목론

보기

ㄱ. 사회가 개인들의 총합에 불과하다고 본다.
ㄴ. 개인이 사회에 의해 구조화된 행동을 한다고 본다. → 사회 실재론
ㄷ. 개인이 자율성과 능동성을 지닌 존재임을 강조한다.
ㄹ. 사회가 개인의 외부에서 독자적으로 작동한다고 본다. → 사회 실재론

① ㄱ, ㄴ　② ㄱ, ㄷ　③ ㄴ, ㄷ　④ ㄴ, ㄹ　⑤ ㄷ, ㄹ

|자|료|해|설|
제시문은 개인들의 속성에 대한 탐구를 통해 사회 현상에 대한 진정한 이해가 가능하다고 보고 있다. 이는 사회 명목론에 해당한다.

|보|기|풀|이|
ㄱ 정답 : 사회 명목론은 사회가 개인들의 집합체에 붙여진 이름에 불과하다고 본다.

ㄴ. 오답 : 사회 실재론은 개인의 행동과 의식이 실재하는 사회에 의해 구속되므로 개인이 사회에 의해 구조화된 행동을 한다고 본다.

ㄷ 정답 : 사회 명목론은 개인의 행동이 사회와 관계없이 자신의 자율적인 의지에 따라 이루어진다고 보므로 개인이 자율성과 능동성을 지닌 존재임을 강조한다.

ㄹ. 오답 : 사회 실재론은 사회가 개인의 외부에 실제로 존재하며, 독자적인 특성을 지니고 있다고 본다.

문제풀이 TIP | 개인보다 사회의 우월성을 강조하면 사회 실재론에 해당하고, 사회보다 개인의 우월성을 강조하면 사회 명목론에 해당한다.

다음 글에 나타난 개인과 사회의 관계를 바라보는 관점에 대한 설명으로 옳은 것은?

→ 사회 실재론 vs 사회 명목론

> 내가 사용하는 기호 체계, 화폐 제도, 신용 도구는 모두 나와는 독립적으로 사회적 기능을 수행한다. 또한 내가 학생 또는 시민으로서 행하는 의무는 나의 행위에 외재하는 법과 관습으로 규정된 것을 수행하는 것이다. 이렇듯 사회는 나의 지각 범위 밖에 존재하며 나의 삶을 구조화한다. → 사회 실재론

① 개인의 발전은 곧 사회의 발전이라고 본다.
② 사회 규범의 구속성보다 개인의 자율성이 우선된다고 본다.
③ 사회 문제의 원인을 사회 제도보다 개인의 의식에서 찾는다.
④ 사회는 개인의 이익을 실현하기 위한 수단에 불과하다고 본다.
⑤ 개인은 사회 구조와의 관련 속에서만 존재 의미를 지닌다고 본다. → 사회 실재론

→ ①②③④ 사회 명목론

|자|료|해|설|

제시문은 사회가 개인의 지각 범위 밖에 존재하며 개인의 삶을 구조화한다고 보고 있다. 이는 사회 실재론에 해당한다.

|선|택|지|풀|이|

① 오답 : 개인의 발전이 곧 사회의 발전이라고 보는 관점은 사회 명목론이다.
② 오답 : 사회 실재론은 개인의 자율성보다 사회 규범의 구속성이 우선된다고 보는 반면, 사회 명목론은 사회 규범의 구속성보다 개인의 자율성이 우선된다고 본다.
③ 오답 : 사회 실재론은 사회 문제의 원인이 잘못된 사회 구조나 사회 제도에 있다고 보는 반면, 사회 명목론은 사회 문제의 원인이 개인의 잘못된 인식에 있다고 본다.
④ 오답 : 사회가 개인의 이익을 실현하기 위한 수단에 불과하다고 보는 관점은 사회 명목론이다.
⑤ 정답 : 사회 실재론은 개인의 행동과 의식이 실재하는 사회에 의해 구속되므로 개인은 사회 구조와의 관련 속에서만 존재 의미를 지닌다고 본다.

추가 학습 | 사회 유기체설은 사회를 생물 유기체에, 개인을 생물 유기체의 각 기관에 비유하면서 사회 구성원으로서의 개인은 저마다의 역할을 수행하지만 사회를 떠나서는 존재할 수 없다고 본다. 이러한 사회 유기체설은 사회 실재론의 근간이 된다.

출제분석 | 제시문에 나타난 개인과 사회의 관계를 바라보는 관점을 파악하는 문제이다. 사회 명목론과 사회 실재론을 비교하는 문제가 출제될 수 있으므로 각 관점의 특징을 비교하여 학습해 두도록 한다.

다음 글에서 도출할 수 있는 개인과 사회의 관계를 바라보는 필자의 관점에 대한 옳은 설명만을 <보기>에서 고른 것은? 3점

> 개인들은 한데 모이고 공동으로 행동한다. 하지만 사회는 공동 행동만으로 실현되지 않는다. 사회가 스스로를 실현하는 방법 중 하나는 종교적 상징을 세우는 것이다. 종교적 상징은 구성원들의 집합적 감정을 이끌어 내고, 이러한 감정은 개인들로 하여금 사회를 유지하게 하는 행동에 참여하게 만든다. → 사회 실재론

보기

ㄱ. 사회가 개인의 총합에 불과하다고 본다. → 사회 명목론
ㄴ. 사회가 개인의 외부에 존재하는 실체라고 본다. → 사회 실재론
ㄷ. 개인이 사회에 의해 구조화된 행동을 한다고 본다. → 사회 실재론
ㄹ. 사회 규범은 개인들이 옳다고 믿기에 존재한다고 본다. → 사회 명목론

① ㄱ, ㄴ   ② ㄱ, ㄷ   ③ ㄴ, ㄷ   ④ ㄴ, ㄹ   ⑤ ㄷ, ㄹ

|자|료|해|설|

제시문은 사회가 공동 행동만으로는 실현되지 않으며, 사회가 스스로를 실현하는 방법으로 종교적 상징을 통해 구성원들의 집합적 감정을 이끌어 내는 것을 강조하고 있다. 따라서 필자의 관점은 사회 실재론에 해당한다.

|보|기|풀|이|

ㄱ. 오답 : 사회 명목론은 사회가 개인의 총합에 불과하다고 본다.
ㄴ. 정답 : 사회 실재론은 사회가 개인의 외부에 실제로 존재하며, 독자적인 특성을 지니고 있다고 본다.
ㄷ. 정답 : 사회 실재론은 개인의 행동과 의식이 실재하는 사회에 의해 구속되므로 개인은 사회에 의해 구조화된 행동을 한다고 본다.
ㄹ. 오답 : 사회 명목론은 사회 규범은 개인들이 옳다고 믿기 때문에 존재한다고 본다.

문제풀이 TIP | 개인들은 한데 모이고 공동으로 행동하지만 사회는 공동 행동만으로 실현되지 않는다는 내용을 통해 제시문의 관점이 사회 실재론임을 파악할 수 있다.

출제분석 | 사회 실재론을 파악하는 문제이다. 사회 명목론과 사회 실재론을 비교하는 문제가 출제되므로 각 관점의 입장을 정확하게 비교하여 이해해 두도록 한다.

개인과 사회의 관계를 바라보는 갑, 을의 관점에 대한 설명으로 옳은 것은?

① 갑의 관점은 개인이 사회 속에서만 존재의 의미를 갖는다고 본다.
② 을의 관점은 사회 문제의 해결책으로 제도의 개혁보다 개인의 의식 개선을 강조한다.
③ 갑의 관점은 을의 관점과 달리 사회의 특성이 개인의 특성으로 환원될 수 없다고 본다.
④ 을의 관점은 갑의 관점과 달리 사회가 개인의 외부에 실재한다고 본다.
⑤ 갑의 관점은 개인에 대한 사회의 구속성을, 을의 관점은 사회에 대한 개인의 자율성을 강조한다.

| 자 | 료 | 해 | 설 |

갑은 사회가 개인의 집합체일 뿐이라고 보고 있으므로 이는 사회 명목론에 해당한다. 을은 사회가 개인의 속성으로만 설명되지 않는 고유한 특성을 지닌다고 보고 있으므로 이는 사회 실재론에 해당한다.

| 선 | 택 | 지 | 풀 | 이 |

① 오답 : 사회 명목론은 개인의 행동이 사회와 관계없이 자신의 자율적인 의지에 따라 이루어진다고 본다. 개인이 사회 속에서만 존재의 의미를 갖는다고 보는 관점은 사회 실재론이다.
② 오답 : 사회 문제의 해결책으로 사회 명목론은 제도의 개혁보다 개인의 의식 개선을 강조하고, 사회 실재론은 개인의 의식 개선보다 제도의 개혁을 강조한다.
③ 오답 : 사회의 특성이 개인의 특성으로 환원될 수 없다고 보는 관점은 사회 실재론이다.
④ 정답 : 사회 실재론은 사회가 개인의 외부에 실재하며 독자적인 특성을 지니고 있다고 본다.
⑤ 오답 : 사회 명목론은 사회에 대한 개인의 자율성을, 사회 실재론은 개인에 대한 사회의 구속성을 강조한다.

🤓 **추가 학습** | 사회가 개인과 구분되는 고유한 존재로서 개인의 외부에 존재하여 개인에게 영향력을 행사하는 특성을 지니고 있음을 가리켜 사회의 외재성이 있다고 한다.

😮 **출제분석** | 사회 실재론과 사회 명목론을 파악하여 이의 주요 내용을 비교하는 문제이다. 사회 실재론과 사회 명목론은 도표 형식, 대화 형식, 제시문 형식 등 다양한 유형으로 출제될 수 있으므로 기출 문제를 통해 문제 유형을 파악해 두도록 한다.

다음 글에 나타난 개인과 사회의 관계를 바라보는 관점에 부합하는 진술만을 〈보기〉에서 고른 것은?
→ 사회 실재론 vs 사회 명목론

> 나는 누군가의 자식이거나 사촌 또는 이모이다. 나는 어떤 단체의 구성원이자 도시의 시민이며 이 나라의 국민이다. 나는 내 가족, 내 도시, 내 나라의 역사로부터 적절한 기대와 의무를 물려받는다. 우리는 누구나 특정한 사회적 정체성을 지닌 사람으로서 자신을 둘러싼 환경을 이해한다. → 사회 > 개인

보기
→ 사회 > 개인(사회 실재론)
ㄱ. 개인은 사회에 의해 구조화된 행동을 한다.
ㄴ. 개인의 속성은 사회의 속성이 반영된 결과이다. → 사회 > 개인(사회 실재론)
ㄷ. 개인의 자율적인 의지에 의해 사회가 형성된다. → 사회 < 개인(사회 명목론)
ㄹ. 사회 현상은 개인의 행위나 심리 상태로 환원된다. → 사회 < 개인(사회 명목론)

① ㄱ, ㄴ   ② ㄱ, ㄷ   ③ ㄴ, ㄷ   ④ ㄴ, ㄹ   ⑤ ㄷ, ㄹ

| 자 | 료 | 해 | 설 |

개인을 특정한 사회적 정체성을 지닌 사람으로 이해하는 관점은 개인보다 사회를 더 중시한 사회 실재론에 해당한다.

| 보 | 기 | 풀 | 이 |

ㄱ 정답 : 개인이 사회에 의해 구조화된 행동을 한다고 보는 관점은 개인보다 사회를 더 중시한 사회 실재론에 해당한다.
ㄴ 정답 : 개인의 속성을 사회의 속성이 반영된 결과로 보는 관점은 개인보다 사회를 더 중시한 사회 실재론에 해당한다.
ㄷ. 오답 : 개인의 자율적인 의지에 의해 국가 또는 사회가 형성된다고 보는 관점은 사회보다 개인을 더 중시한 사회 명목론에 해당한다.
ㄹ. 오답 : 사회 현상이 개인의 행위나 심리 상태로 환원된다고 보는 관점은 사회보다 개인을 더 중시한 사회 명목론에 해당한다.

😮 **문제풀이 T I P** | 사회 현상이 개인의 행위나 심리 상태로 환원된다고 보는 관점은 사회 명목론(사회 < 개인)이고, 환원될 수 없다고 보는 관점은 사회 실재론(사회 > 개인)이다.

😮 **출제분석** | 개인과 사회의 관계를 바라보는 관점(사회 실재론, 사회 명목론)은 수능과 모평에 빠지지 않고 등장하는 단골손님이다. 주로 2점짜리로 쉽게 출제되며 개인이 중요한지 사회가 중요한지만 파악하면 쉽게 해결할 수 있다. 기출문제를 중심으로 관련 개념을 꼼꼼하게 정리해 둘 필요가 있다.

개인과 사회의 관계를 바라보는 관점 (가), (나)에 대한 옳은
설명만을 〈보기〉에서 고른 것은?
→ 사회 실재론 vs 사회 명목론

> → 사회 구조 중시(사회 실재론)
> (가) 경제 활동 방식과 같은 개인의 행위는 그가 속한 사회에
> 　　이미 존재하는 사회 체제에 의해 결정된다.
> 　　　　　　　　　　　　　　→ 개인 중시(사회 명목론)
> (나) 경제 체제와 같은 사회 체제는 개인들의 협상에 의해
> 　　만들어진 약속 체계에 붙여진 이름에 불과하다.

보기

ㄱ. (가)는 사회를 떠난 개인이 존재 의미를 가질 수 없다고
　　본다. → 사회 중시(사회 실재론)
ㄴ. (나)는 공익이 개개인의 이익의 총합과 같다고 본다.
　　→ 사회 전체 이익　　　→ 개인 중시(사회 명목론)
ㄷ. (가)는 (나)와 달리 사회의 특성이 개개인의 특성으로
　　환원될 수 있다고 본다.
　　　　　　　　→ 사회 명목론(사회＜개인)
ㄹ. (가)는 개인의 의식에서, (나)는 사회 구조에서 사회 문제의
　　원인을 찾는다.
　　(나) → 사회 명목론　(가) → 사회 실재론

① ㄱ, ㄴ　② ㄱ, ㄷ　③ ㄴ, ㄷ　④ ㄴ, ㄹ　⑤ ㄷ, ㄹ

| 자 | 료 | 해 | 설 |

(가)는 개인의 행위가 사회 체제에 의해 결정된다고 보고
있으므로 개인보다 사회를 더 중시한 사회 실재론이다.
(나)는 개인들의 협상에 의해 사회 체제가 만들어졌다고
보고 있으므로 사회보다 개인을 더 중시한 사회 명목론이다.

| 보 | 기 | 풀 | 이 |

ㄱ. 정답 : 사회를 떠난 개인이 존재 의미를 가질 수 없다고
보는 것은 개인보다 사회를 더 중시하는 사회 실재론의
입장이다.
ㄴ. 정답 : 공공의 이익이 개개인의 이익의 총합과 같다고
보는 것은 사회보다 개인을 더 중시하는 사회 명목론의
입장이다.
ㄷ. 오답 : 사회 실재론은 사회의 특성이 개개인의
특성으로 환원될 수 없다고 보고, 사회 명목론은 사회의
특성이 개개인의 특성으로 환원될 수 있다고 본다.
ㄹ. 오답 : 사회 문제의 원인과 해결책을 사회 명목론은
개인의 의식에서 찾고, 사회 실재론은 사회 제도나 사회
구조에서 찾는다.

출제분석 | 개인과 사회의 관계를 바라보는 관점(사회 실재론, 사회 명목론)은 모평과 수능에 빠지지 않고 출제되는 핵심 주제 중 하나이다. 개인보다 사회를 더 중시하면 사회 실재론, 사회보다 개인을 더 중시하면 사회 명목론에 해당한다. 어렵지 않은 주제이므로 기출 문제를 중심으로 관련 개념을 꼼꼼하게 정리해 둘 필요가 있다.

다음 글에서 개인과 사회의 관계를 바라보는 필자의 관점에 대한
옳은 설명만을 〈보기〉에서 고른 것은?

> 　우리 사회에서 디지털 기기의 활용이 확대되는 것은 개인이
> 편리함을 추구하기 때문이라는 주장이 있다. 하지만 이러한
> 주장은 개인의 사고와 행동이 개인의 외부에 존재하는 실체인
> 사회에 의해 구속된다는 점을 간과한 것이다. 개인이 디지털
> 기기에 의존하게 만드는 사회 구조에 주목해야 한다.
> 　　　　　　　→ 사회 실재론

보기

ㄱ. 개인은 사회 속에서만 존재의 의미를 갖는다고 본다. → 사회 실재론
ㄴ. 사회 규범은 개인들이 옳다고 믿기에 존재한다고 본다.
ㄷ. 사회의 특성을 개인의 특성으로 환원할 수 없다고 본다. → 사회 명목론
ㄹ. 사회는 개인의 이익을 실현하는 도구에 불과하다고 본다.

① ㄱ, ㄴ　② ㄱ, ㄷ　③ ㄴ, ㄷ　④ ㄴ, ㄹ　⑤ ㄷ, ㄹ

| 자 | 료 | 해 | 설 |

제시문은 개인보다 사회 구조에 주목해야 함을 강조하고
있다. 따라서 필자의 관점은 사회 실재론에 해당한다.

| 보 | 기 | 풀 | 이 |

ㄱ. 정답 : 사회 실재론은 사회를 떠난 개인은 존재의
의미를 가질 수 없다고 본다. 따라서 사회 실재론은 개인이
사회 속에서만 존재의 의미를 갖는다고 본다.
ㄴ. 오답 : 개인들이 옳다고 믿기에 사회 규범이
존재한다고 보는 관점은 사회 명목론이다.
ㄷ. 정답 : 사회 실재론은 사회의 특성이 개개인의
특성으로 환원될 수 없다고 본다.
ㄹ. 오답 : 사회가 개인의 이익을 실현하는 도구에
불과하다고 보는 관점은 사회 명목론이다.

문제풀이 TIP | 제시문은 개인이 디지털 기기에 의존하게 만드는 사회 구조에 주목해야 함을 강조하고 있으므로 이는 개인보다 사회를 중시하는 사회 실재론에 해당한다.

출제분석 | 제시문의 주장이 사회 실재론에 해당함을 파악하는 문제이다. 사회 실재론과 사회 명목론을 비교하는 문제가 출제되므로 각 관점에 부합하는 진술을 비교하여 정리해
두도록 한다.

다음 글에서 개인과 사회의 관계를 바라보는 필자의 관점에 대한
옳은 설명만을 〈보기〉에서 고른 것은?

> 　계산적 심성은 개인들이 일상에서 결과를 예측하고 최선의
> 수단을 선택하여 합목적적으로 행동하도록 한다. 국가 관료제에
> 기반을 둔 행정과 로마법에 기초한 법률은 서구인들로 하여금
> 합목적적으로 행동하도록 하였다. 이렇게 서구 사회의 행정과
> 법률에 의해 만들어진 계산적 심성은 근대적 경제 성장을
> 이끌었다. ➡ 사회 실재론

보기

　ㄱ. 사회에 의해 개인은 구조화된 행동을 한다고 본다. ─┐ 사회 실재론
　ㄴ. 사회의 속성은 개인의 속성에 의해 결정된다고 본다. ─┘
　ㄷ. 사회는 개인 외부에 존재하는 독립적인 실체라고 본다. ─┐ 사회 명목론
　ㄹ. 사회는 개인 이익을 실현해 주는 도구일 뿐이라고 본다. ─┘

① ㄱ, ㄴ　　② ㄱ, ㄷ　　③ ㄴ, ㄷ　　④ ㄴ, ㄹ　　⑤ ㄷ, ㄹ

|자|료|해|설|
필자는 법률이 개인들로 하여금 합목적적으로 행동하도록
하고, 행정과 법률에 의해 만들어진 계산적 심성이 근대적
경제 성장을 이끌었다고 보고 있다. 이는 사회 실재론에
해당한다.

|보|기|풀|이|
ㄱ. 정답 : 사회 실재론은 개인의 행동과 의식이 실재하는
사회에 의해 구속되므로 개인이 사회에 의해 구조화된
행동을 한다고 본다.
ㄴ. 오답 : 사회 명목론은 사회보다 개인의 우월성을
강조하며 개인의 속성에 의해 사회의 속성이 결정된다고
본다.
ㄷ. 정답 : 사회 실재론은 사회가 개인의 외부에 실제로
존재하며 독자적인 특성을 지닌다고 본다.
ㄹ. 오답 : 사회 명목론은 사회가 개인의 이익을 실현시켜
주는 수단에 불과하다고 본다.

😲 **문제풀이 TIP** | 제시문은 개인보다 사회의 우월성을 강조하고
있으므로 사회 실재론과 관련 있다.

다음 글에서 도출할 수 있는 개인과 사회의 관계를 바라보는 관점에
대한 옳은 설명만을 〈보기〉에서 고른 것은?　➡ 사회 실재론 vs 사회 명목론

> 　비밀결사는 비밀을 공유하는 사람들이 다른 집단으로부터
> 자신들을 보호하기 위해 만드는 사회 형태이다. 비밀결사는
> 구성원 각각이 비밀을 발설하고 싶은 욕구에 대한 자기 통제와
> 상대방 역시 비밀을 발설하지 않을 것이라는 믿음을 기반으로
> 유지된다. 비밀은 언제든 외부로 새어 나갈 가능성이 높기에
> 비밀 공유를 조건으로 유지되는 상호 작용은 불안정하다. 이
> 때문에 비밀결사 구성원들은 비밀이 더 잘 지켜질 수 있도록
> 조직 구성원 간의 행위 지침을 만들며, 비밀을 다루는 권한의
> 정도에 따라 체계적인 위계를 세우기도 한다. 하지만 비밀 폭로
> 행위가 이루어지면 비밀결사는 급격히 해체된다.

➡ 사회는 개인의 능동적인 상호 작용을 통해 구성되고 유지됨(사회 명목론)

보기

　ㄱ. 개인은 사회 속에서만 존재 의미를 가진다고 본다. ➡ 사회 실재론
　ㄴ. 사회는 개인의 외부에서 독자적으로 작동한다고 본다. ➡ 사회 실재론
　ㄷ. 사회의 속성을 개인의 속성으로 환원할 수 있다고 본다. ➡ 사회 명목론
　ㄹ. 사회 문제의 원인을 사회 제도나 구조보다는 개인의 ➡ 사회 명목론
　　 의식이나 행동에서 찾는다.

① ㄱ, ㄴ　　② ㄱ, ㄷ　　③ ㄴ, ㄷ　　④ ㄴ, ㄹ　　⑤ ㄷ, ㄹ

|자|료|해|설|
제시문은 사회가 개인의 능동적인 상호 작용을 통해
구성되고 유지됨을 보여 준다. 이는 사회 명목론에
해당한다.

|보|기|풀|이|
ㄱ. 오답 : 개인이 사회 속에서만 존재 의미를 가진다고
보는 관점은 사회 실재론이다.
ㄴ. 오답 : 사회가 개인의 외부에서 독자적으로 작동한다고
보는 관점은 사회 실재론이다.
ㄷ. 정답 : 사회 명목론은 사회가 개인들의 집합체를
가리키기 위해 붙여진 이름에 불과하다고 보므로 사회의
속성을 개인의 속성으로 환원할 수 있다고 본다.
ㄹ. 정답 : 사회 문제의 원인이 사회 제도나 구조의 결함에
있다고 보는 사회 실재론과 달리 사회 명목론은 사회
문제의 원인이 잘못된 개인의 의식이나 행동에 있다고
본다.

😲 **문제풀이 TIP** | 제시문은 구성원들이 스스로 집단의 규범과
구성원 간 위계를 결정하고, 구성원들의 행동에 의해 집단의 존속
여부가 좌우됨을 보여 준다. 이를 통해 사회 명목론을 도출할 수
있다.

😲 **출제분석** | 개인과 사회의 관계를 바라보는 관점은 매년
출제되고 있다. 사회 실재론과 사회 명목론의 주요 입장을 정확히
파악해 두도록 한다.

Ⅱ
1. 개인과 사회의 관계를 바라보는 관점

다음 글에 나타난 **개인과 사회의 관계를 바라보는 관점에 부합하는** 진술만을 〈보기〉에서 고른 것은? **3점**

→ 사회 실재론 vs 사회 명목론

> 사회는 잘 비벼진 비빔밥, 개개인은 그 비빔밥의 재료들에 비유할 수 있다. 잘 비벼진 비빔밥은 개별 재료의 맛과 향을 넘어서는 특별한 풍미를 가지고 있다. 이와 마찬가지로 사회는 개개인의 특성을 초월한 고유의 특성을 지닌다. → 사회 실재론

보기

ㄱ. 사회는 개인의 외부에 실재한다.
ㄴ. 사회의 속성은 개개인의 속성으로 환원될 수 없다.
ㄷ. 개인의 자율성이 사회 규범의 구속성보다 우선한다.
ㄹ. 사회는 개인의 이익을 실현하기 위한 수단에 불과하다.

→ 사회 명목론

① ㄱ, ㄴ ② ㄱ, ㄷ ③ ㄴ, ㄷ ④ ㄴ, ㄹ ⑤ ㄷ, ㄹ

|자|료|해|설|
제시문은 사회가 개개인의 특성을 초월한 고유한 특성을 지니고 있다고 보고 있다. 이는 사회 실재론에 해당한다.

|보|기|풀|이|
ㄱ. 정답 : 사회 실재론은 사회가 개인의 외부에 실제로 존재하며 독자적인 특성을 지니고 있다고 본다.
ㄴ. 정답 : 사회 실재론은 사회가 개인들의 합 이상이므로 개인으로 환원될 수 없는 고유한 성격을 지니고 있다고 본다.
ㄷ. 오답 : 사회 명목론은 공익보다 개인의 이익이나 권리 보장을 중시하므로 개인의 자율성이 사회 규범의 구속성보다 우선한다고 본다.
ㄹ. 오답 : 사회 명목론은 사회가 개인의 이익을 실현시켜 주는 수단에 불과하다고 본다.

다음은 수행평가에서 학생의 답안과 교사의 채점 결과이다. 이에 대한 옳은 설명만을 〈보기〉에서 고른 것은? (단, A, B는 각각 사회 명목론, 사회 실재론 중 하나임.) **3점**

〈수행평가〉

3학년 ○반 ○○○

○ A, B의 주장을 각각 2가지만 서술하시오.

구분	답안	점수
A	1. 사회는 개인의 외부에 실재한다. → 사회 실재론 2. 사회는 개인의 이익을 실현하는 도구에 불과하다. → 사회 명목론	㉠
B	1. 개인은 사회에 대하여 자율성을 갖는다. → 사회 명목론 2. (가)	㉡

* 옳은 주장은 1개당 1점, 틀린 주장은 1개당 0점을 부여함.

보기

ㄱ. A가 사회 실재론이라면 ㉠은 2점이다. (1점)
ㄴ. B가 사회 명목론이라면 ㉡은 2점이 될 수 없다. (있다)
ㄷ. ㉡이 0점이라면 (가)에는 '사회는 구성원들의 합 이상의 존재이다.'가 들어갈 수 없다. → 사회 실재론
ㄹ. (가)가 '사회의 속성은 개인의 속성으로 환원될 수 있다.'이고 ㉡이 2점이라면 A는 사회 실재론이다. → 사회 명목론

① ㄱ, ㄴ ② ㄱ, ㄷ ③ ㄴ, ㄷ ④ ㄴ, ㄹ ⑤ ㄷ, ㄹ

|자|료|해|설|
사회가 개인의 외부에 실재한다고 보는 관점은 사회 실재론이고, 사회가 개인의 이익을 실현하는 도구에 불과하며, 개인은 사회에 대해 자율성을 갖는다고 보는 관점은 사회 명목론이다.

|보|기|풀|이|
ㄱ. 오답 : A에 대한 답안 중 첫 번째 답안은 사회 실재론의 주장에 해당하고, 두 번째 답안은 사회 명목론의 주장에 해당한다. 따라서 A가 사회 실재론이라면, ㉠은 '1점'이다.
ㄴ. 오답 : B에 대한 답안 중 첫 번째 답안은 사회 명목론의 주장에 해당한다. B가 사회 명목론이라면, B에 대한 답안 중 두 번째 답안에 사회 명목론의 주장에 해당하는 내용이 들어갈 경우 ㉡은 2점이 될 수 있다.
ㄷ. 정답 : ㉡이 0점이라면, B는 사회 실재론이고, (가)에는 사회 실재론의 주장에 해당하지 않는 내용이 들어가야 한다. 사회가 구성원들의 합 이상의 존재라고 보는 관점은 사회 실재론이다. 따라서 해당 내용은 (가)에 들어갈 수 없다.
ㄹ. 정답 : 사회의 속성이 개인의 속성으로 환원될 수 있다고 보는 관점은 사회 명목론이다. 해당 내용이 (가)에 들어가고 ㉡이 2점이라면, B는 사회 명목론이다. 따라서 A는 사회 실재론이다.

문제풀이 TIP | 각 답안에 적혀 있는 주장이 사회 실재론과 사회 명목론 중 어느 관점에 해당하는지를 파악해 보도록 한다.

출제분석 | 사회 실재론과 사회 명목론을 파악하는 문제이다. 사례, 그림, 대화 등을 통해 사회 실재론과 사회 명목론을 파악하는 문제가 출제될 수 있다.

다음에 나타난 **개인과 사회의 관계를 바라보는 관점에 부합하는 진술만을 〈보기〉에서 고른 것은? 3점**
→ 사회 실재론 vs 사회 명목론

> 개인의 성격 및 행동 양상은 그가 어떤 집단 속에 있는가에 따라 달라진다. 학교나 직장에서는 온건하게 행동하던 사람도 운동 경기 응원단이나 시위대의 일원이 되면 자신도 모르게 목청껏 구호를 외치거나 과격한 행동까지도 서슴지 않는다. 이와 같이 개인의 고유한 심성이라는 것은 존재하지 않으며, 사회 집단에 의하여 개인의 태도나 행동이 결정된다. → 사회 실재론

보기

ㄱ. 개인의 능동성이 사회의 구속성보다 우선한다.
ㄴ. 사회는 개인 외부에 존재하는 독립적 실체이다.
ㄷ. 사회의 속성은 개인의 속성으로 환원될 수 없다.
ㄹ. 사회 문제는 제도 개혁보다 의식 개선으로 해결할 수 있다.

① ㄱ, ㄴ   ② ㄱ, ㄷ   ③ ㄴ, ㄷ   ④ ㄴ, ㄹ   ⑤ ㄷ, ㄹ

|자|료|해|설|
제시문은 사회 집단에 의해 개인의 태도나 행동이 결정된다고 보고 있으므로 이는 사회 실재론에 해당한다.

|보|기|풀|이|
ㄱ. 오답 : 사회 실재론은 사회의 구속성을 개인의 능동성보다 우선한다.
ㄴ. 정답 : 사회 실재론은 사회가 개인의 외부에 실제로 존재하며 독자적인 특성을 지니고 있다고 본다.
ㄷ. 정답 : 사회 실재론은 사회가 개인으로 환원될 수 없는 고유한 성격을 지니고 있다고 본다.
ㄹ. 오답 : 사회 실재론은 사회 문제가 의식 개선보다 제도 개혁으로 해결할 수 있다고 본다.

문제풀이 TIP | 사회보다 개인을 중시하면 사회 명목론, 개인보다 사회를 중시하면 사회 실재론이다.

출제분석 | 개인과 사회의 관계를 바라보는 관점 중 사회 실재론을 파악하는 문제이다. 사회 실재론과 사회 명목론을 비교하는 문제, 사회 실재론이나 사회 명목론 중 하나를 제시하여 이를 파악하는 문제 등이 출제된다.

다음 글에서 **개인과 사회의 관계를 바라보는 필자의 관점에 대한 옳은 설명만을 〈보기〉에서 있는 대로 고른 것은?**

> 우리 사회를 구성하는 개인은 공평한 관망자로 볼 수 있다. 공평한 관망자는 공감력과 상상력을 갖춘 이상적 존재로서 다른 사람들의 욕구를 자신의 욕구인 것처럼 경험하고 동일화할 수 있는 완전히 합리적인 개인이다. 사회는 개인으로 구성된 또 다른 거대한 개인에 불과하며, 개인 내의 각 부분이 갈등하지 않는 것처럼 거대한 개인의 부분도 갈등하지 않는다. → 사회 명목론

보기

ㄱ. 사회에 의해 개인은 구조화된 행동을 한다고 본다. → 사회 실재론
ㄴ. 사회의 속성을 개인의 속성으로 환원할 수 있다고 본다. → 사회 명목론
ㄷ. 사회는 개인의 외부에 존재하는 독자적인 실체라고 본다. → 사회 실재론

① ㄱ   ② ㄴ   ③ ㄱ, ㄷ   ④ ㄴ, ㄷ   ⑤ ㄱ, ㄴ, ㄷ

|자|료|해|설|
필자는 사회가 개인으로 구성된 또 다른 거대한 개인에 불과하다고 보고 있다. 따라서 개인과 사회의 관계를 바라보는 필자의 관점은 사회 명목론에 해당한다.

|보|기|풀|이|
ㄱ. 오답 : 사회 실재론은 개인의 행동과 의식이 실재하는 사회에 의해 구속되므로 사회에 의해 개인은 구조화된 행동을 한다고 본다.
ㄴ. 정답 : 사회 명목론은 사회가 개인들의 집합체에 붙여진 이름에 불과하므로 사회의 속성을 개인의 속성으로 환원할 수 있다고 본다.
ㄷ. 오답 : 사회 실재론은 사회가 개인의 외부에 실제로 존재하며, 독자적인 특성을 지니고 있다고 본다.

추가 학습 | 사회 명목론은 사회는 단지 개인들이 모여 있는 것으로 실제로 존재하지 않고 개인의 목표를 실현시켜 주는 수단에 불과하다고 본다.

출제분석 | 개인과 사회의 관계를 바라보는 관점을 파악하는 문제이다. 사회 실재론과 사회 명목론의 주요 내용을 비교하면서 이해해 두도록 한다.

개인과 사회의 관계를 바라보는 관점 (가), (나)에 대한 옳은 설명만을 〈보기〉에서 고른 것은?
↳ 사회 실재론 vs 사회 명목론

사회 실재론 ← (가) 사회는 그 자체로 고유한 성격을 가진다. 개인은 사회가 요구하는 행동 방식에 순응하면서 사회적 존재가 된다.

사회 명목론 ← (나) 개인은 자율적 존재이다. 사회는 다양한 개인의 행동 방식이 반영된 결과물일 뿐이다.

보기

ㄱ. (가)는 사회는 개인의 총합에 불과하다고 본다.
ㄴ. (가)는 사회는 구성원들에게 외재성을 갖는다고 본다.
ㄷ. (나)는 개인의 속성은 사회의 속성이 반영된 결과라고 본다.
ㄹ. (나)는 사회 규범은 개인들이 옳다고 믿기에 존재한다고 본다.

① ㄱ, ㄴ   ② ㄱ, ㄷ   ③ ㄴ, ㄷ   ④ ㄴ, ㄹ   ⑤ ㄷ, ㄹ

|자|료|해|설|
(가)는 사회가 독자적인 특성을 지니고 있다고 보므로 이는 사회 실재론에 해당한다. (나)는 개인의 행동이 자율적인 의지에 따라 이루어진다고 보므로 이는 사회 명목론에 해당한다.

|보|기|풀|이|
ㄱ. 오답 : 사회 명목론은 사회가 개인들의 집합체에 붙여진 이름에 불과하다고 본다.
ㄴ. 정답 : 사회 실재론은 사회가 개인의 외부에 실제로 존재하며 독자적인 특성을 지니고 있다고 본다.
ㄷ. 오답 : 사회 실재론은 개인의 속성은 사회의 속성이 반영된 결과라고 보므로 개인의 행동과 의식은 실재하는 사회에 의해 구속된다고 본다.
ㄹ. 정답 : 사회 명목론은 개인의 자율적인 의지를 중시하므로 개인들이 옳다고 믿기 때문에 사회 규범이 존재한다고 본다.

문제풀이 TIP | '사회 > 개인'이면 사회 실재론, '사회 < 개인'이면 사회 명목론이다. 즉, 사회 실재론은 사회 구조나 사회 제도를 중시하고, 사회 명목론은 개인의 의식, 정서, 심리 상태를 중시한다.

출제분석 | 사회 실재론과 사회 명목론을 파악하는 문제이다. 사회 실재론과 사회 명목론 중 하나를 묻는 문제뿐만 아니라 사회 실재론과 사회 명목론을 비교하는 문제가 출제될 수 있다.

다음 자료의 A, B에 대한 옳은 설명만을 〈보기〉에서 고른 것은? (단, A와 B는 각각 사회 명목론과 사회 실재론 중 하나이다.)

사회 실재론 
사회 명목론

○ 서술형 문항 : A와 다른 B의 주장을 3개 서술하시오. (옳은 주장 1개당 1점이고, 틀린 주장은 0점임.)
○ 학생 갑의 서술 내용과 채점 결과

답란	점수
개인은 사회에 대하여 자율성을 갖는다. → 사회 명목론	
사회는 개인의 외부에 실재한다. → 사회 실재론	2점
사회의 특성이 구성원들의 특성으로 환원될 수 있다. → 사회 명목론	

보기

ㄱ. A는 사회가 개인보다 우월한 가치를 지닌다고 본다.
ㄴ. B는 사회를 떠난 개인은 존재 의미를 갖기 어렵다고 본다.
ㄷ. A는 B와 달리 사회 문제 해결책으로 제도 개선을 강조한다. → 사회 실재론
ㄹ. B는 A와 달리 극단적일 경우 전체주의로 이어질 수 있다.

① ㄱ, ㄴ   ② ㄱ, ㄷ   ③ ㄴ, ㄷ   ④ ㄴ, ㄹ   ⑤ ㄷ, ㄹ

|자|료|해|설|
개인이 사회에 대해 자율성을 갖는다고 보는 관점은 사회 명목론이고, 사회가 개인의 외부에 실재한다고 보는 관점은 사회 실재론이며, 사회의 특성이 구성원들의 특성으로 환원될 수 있다고 보는 관점은 사회 명목론이다. 갑의 점수는 2점이므로 A는 사회 실재론, B는 사회 명목론에 해당한다.

|보|기|풀|이|
ㄱ. 정답 : 사회 실재론은 개인보다 사회의 우월성을 강조하는 반면, 사회 명목론은 사회보다 개인의 우월성을 강조한다.
ㄴ. 오답 : 사회 실재론은 개인의 행동과 의식이 실재하는 사회에 의해 구속된다고 보는 반면, 사회 명목론은 사회와 관계없이 개인의 행동이 자신의 자율적인 의지에 따라 이루어진다고 본다.
ㄷ. 정답 : 사회 실재론은 사회 문제의 해결책으로 사회 구조나 제도의 개선을 강조하는 반면, 사회 명목론은 사회 문제의 해결책으로 개인의 의식 개혁을 강조한다.
ㄹ. 오답 : 사회 실재론은 전체를 위한 개인의 희생을 정당화하고 조장할 우려가 있어 전체주의로 이어질 수 있고, 사회 명목론은 극단적 개인주의로 흐를 우려가 있다.

추가 학습 | 전체주의는 개인이 전체 속에서 비로소 존재 가치를 갖는다는 사상을 근거로 강력한 국가 권력이 국민 생활을 간섭, 통제하는 체제를 말한다. 이는 일반적으로 개인주의와 대립되는 개념으로 개인에 대한 전체의 우월성을 강조한다.

출제분석 | 사회 실재론과 사회 명목론을 비교하여 파악하는 문제이다. 사회 실재론과 사회 명목론을 비교하는 문제뿐만 아니라 사회 실재론과 사회 명목론 중 하나의 관점에 해당하는 제시문을 파악하는 문제도 출제될 수 있다.

다음 글에 나타난 **개인과 사회의 관계를 바라보는 관점**에 대한 옳은 설명만을 〈보기〉에서 고른 것은? **3점**

→ 사회 실재론 vs 사회 명목론

> 사회는 개인의 주관적인 의식 세계를 초월하여 **개인의 외부에 객관적으로 존재**한다. 또한 사회는 그 자체 논리에 따른 질서와 구조를 가지며 이를 통하여 **개인의 행동에 영향을 미친다.** → 사회 실재론

보기

ㄱ. 개인이 주체적이고 능동적인 존재임을 강조한다. → 사회 명목론
ㄴ. 사회 구조에 대한 개인의 불가항력성을 강조한다.
ㄷ. 사회의 속성은 개인의 속성에 의해 결정된다고 본다. → 사회 명목론
ㄹ. 사회 문제의 발생 원인을 개인의 의식보다 사회 제도와 구조에서 찾는다.

① ㄱ, ㄴ   ② ㄱ, ㄷ   ③ ㄴ, ㄷ   ④ ㄴ, ㄹ   ⑤ ㄷ, ㄹ

|자|료|해|설|
제시문은 사회가 개인의 외부에 존재하며 개인의 행동에 영향을 미친다고 보고 있다. 이는 사회 실재론에 해당한다.

|보|기|풀|이|
ㄱ. 오답 : 사회 명목론은 개인이 주체적이고 능동적인 존재임을 강조한다.
ㄴ. 정답 : 사회 실재론은 개인의 행동과 의식이 실재하는 사회에 의해 구속된다고 보므로 사회 구조에 대한 개인의 불가항력성을 강조한다.
ㄷ. 오답 : 사회 명목론은 사회의 속성이 개인의 속성에 의해 결정된다고 본다.
ㄹ. 정답 : 사회 실재론은 사회 문제의 원인이 잘못된 사회 구조나 사회 제도에 있다고 보므로 사회 문제의 해결책으로 사회 구조나 제도의 개선을 강조한다.

😮 **문제풀이 TIP |** 제시문이 개인보다 사회를 강조하는지, 사회보다 개인을 강조하는지를 파악하는 것이 핵심이다.

😮 **출제분석 |** 사회 실재론을 파악하는 문제이다. 각 관점을 단독으로 묻는 문제보다는 사회 실재론과 사회 명목론을 복합적으로 묻는 문제가 출제될 수 있다.

다음 글에서 개인과 사회의 관계를 바라보는 필자의 관점에 대한 옳은 설명만을 〈보기〉에서 고른 것은?

> 시대와 나라에 따라 강도는 다르지만 어떤 때는 결혼에, 또 다른 경우에는 자살에 영향을 미치며, 출생률을 높이기도 하고 약화시키기도 하는 몇몇 여론의 흐름들이 존재한다. 만일 인구가 시골에 분산되는 것이 아니라 도시로 몰려온다면 그것은 개인으로 하여금 이러한 집중에 참여하도록 만드는 집합적인 충동이 있기 때문이다. 결국 **개인은 이러한 사회적 압력으로부터 자유로울 수 없다.** → 사회 실재론

보기

ㄱ. 사회 구조에 대한 개인의 불가항력성을 강조한다.
ㄴ. 사회 규범은 개인들이 옳다고 믿기에 존재한다고 본다.
ㄷ. 사회의 특성이 개인의 특성으로 환원될 수 없다고 본다.
ㄹ. 사회는 개인의 이익 실현을 위한 수단에 불과하다고 본다.

→ 사회 실재론
→ 사회 명목론

① ㄱ, ㄴ   ② ㄱ, ㄷ   ③ ㄴ, ㄷ   ④ ㄴ, ㄹ   ⑤ ㄷ, ㄹ

|자|료|해|설|
제시문의 필자는 개인이 사회적 압력으로부터 자유로울 수 없다고 보고 있다. 따라서 개인과 사회의 관계를 바라보는 필자의 관점은 사회 실재론에 해당한다.

|보|기|풀|이|
ㄱ. 정답 : 사회 실재론은 개인의 행동과 의식이 실재하는 사회에 의해 구속된다고 보므로 사회 구조에 대한 개인의 불가항력성을 강조한다.
ㄴ. 오답 : 사회 명목론은 사회 규범이 개인들이 옳다고 믿기 때문에 존재한다고 본다.
ㄷ. 정답 : 사회 실재론은 사회가 개인으로 환원될 수 없는 고유한 성격을 지니고 있다고 본다.
ㄹ. 오답 : 사회 명목론은 사회가 개인의 이익을 실현시켜 주는 수단에 불과하다고 본다.

😮 **문제풀이 TIP |** 개인이 사회에 의해 구속된다고 보는 관점은 사회 실재론이고, 개인이 사회와 관계없이 자율적인 의지를 가지고 있다고 보는 관점은 사회 명목론이다.

😮 **출제분석 |** 사회 실재론을 파악하는 문제이다. 주로 사회 실재론과 사회 명목론을 비교하는 문제가 출제되므로 기출 문제를 통해 각 관점의 주요 내용을 파악해 두도록 한다.

다음 글에 나타난 **개인과 사회의 관계를 바라보는 관점에 부합하는** 진술만을 〈보기〉에서 고른 것은?
→ 사회 실재론 vs 사회 명목론

　아무리 내성적이고 과묵한 사람이라 할지라도 적극적이고 활동적인 태도를 요구하는 집단의 구성원이 되면 차츰 외향적으로 변해가기 마련이다. 이처럼 **개개인의 성향도 그가 속한 사회의 영향을 받아 결정된다.** → 사회 실재론

보기

ㄱ. 개인의 사고와 행동은 사회에 의해 구속된다.
ㄴ. 개인은 자율적으로 행동하는 능동적 존재이다.
ㄷ. 사회는 개인의 외부에서 독자적으로 작동한다. → 사회 명목론
ㄹ. 사회의 속성은 개개인의 속성으로 환원될 수 있다.

① ㄱ, ㄴ　② ㄱ, ㄷ　③ ㄴ, ㄷ　④ ㄴ, ㄹ　⑤ ㄷ, ㄹ

|자|료|해|설|
제시문은 개인의 성향이 그가 속한 사회의 영향을 받아 결정된다고 보고 있다. 이는 사회 실재론에 해당한다.

|보|기|풀|이|
ㄱ 정답 : 사회 실재론은 개인의 사고와 행동이 실재하는 사회에 의해 구속된다고 본다.
ㄴ. 오답 : 사회 명목론은 사회와 관계없이 개인의 행동은 자신의 자율적인 의지에 따라 이루어지므로 개인을 자율적으로 행동하는 능동적 존재로 본다.
ㄷ 정답 : 사회 실재론은 사회가 개인의 외부에 실제로 존재하며 독자적인 특성을 지니고 있다고 본다.
ㄹ. 오답 : 사회 명목론은 사회가 개인들의 집합체에 붙여진 이름에 불과하므로 사회의 속성이 개개인의 속성으로 환원될 수 있다고 본다.

😲 **추가 학습** | 사회 실재론은 개인보다 사회의 우월성을 강조하고, 사회 명목론은 사회보다 개인의 우월성을 강조한다.

😲 **출제분석** | 사회 실재론을 파악하는 문제이다. 사회 실재론과 사회 명목론을 비교하는 문제가 자주 출제되므로 기출 문제를 통해 다양한 사례를 접해 보도록 한다.

다음 글에서 개인과 사회의 관계를 바라보는 필자의 관점에 대한 옳은 설명만을 〈보기〉에서 고른 것은?

　어떤 사람이 자신의 자연적 자유를 포기하고 사회의 구속을 받아들일 유일한 방도는 **공동체에 속하지 않는 자들로부터 재산을 지키고 좀 더 많은 안전과 평화를 확보하기 위해 공동체를 결성하기로 합의**하는 것뿐입니다. → 사회 명목론　→ 사회 계약설

보기

ㄱ. 개인은 사회 속에서만 존재의 의미를 가진다고 본다. → 사회 실재론
ㄴ. 개인이 옳다고 믿기에 사회 규범이 존재한다고 본다.
ㄷ. 사회는 개인의 외부에서 독자적으로 작동한다고 본다. → 사회 명목론
ㄹ. 사회의 속성을 개인의 속성으로 환원할 수 있다고 본다.

① ㄱ, ㄴ　② ㄱ, ㄷ　③ ㄴ, ㄷ　④ ㄴ, ㄹ　⑤ ㄷ, ㄹ

|자|료|해|설|
필자는 사회 계약설을 바탕으로 개인과 사회의 관계를 바라보고 있다. 사회 계약설은 사회가 개인의 권리를 보장하기 위한 수단이라고 본다. 이는 사회 명목론에 해당한다.

|보|기|풀|이|
ㄱ. 오답 : 사회 실재론은 개인이 사회 속에서만 존재의 의미를 가진다고 본다.
ㄴ 정답 : 사회 명목론은 개인이 옳다고 믿기 때문에 사회 규범이 존재한다고 본다.
ㄷ. 오답 : 사회 실재론은 사회가 개인의 외부에 실제로 존재하며 독자적인 특성을 지니고 있다고 본다.
ㄹ 정답 : 사회 명목론은 사회가 개인들의 집합체에 붙여진 이름에 불과하다고 보며, 사회의 속성이 개인의 속성으로 환원될 수 있다고 본다.

😲 **추가 학습** | 사회 계약설은 사회 명목론과 관련 있고, 사회 유기체설은 사회 실재론과 관련 있다.

😲 **출제분석** | 개인과 사회의 관계를 바라보는 필자의 관점을 파악하는 문제이다. 사회 실재론과 사회 명목론의 입장을 비교하여 묻는 문제가 출제되므로 각 관점의 입장 및 한계를 파악해 두도록 한다.

37 사회 실재론 + 사회 명목론

정답 ② 정답률 55% 2026학년도 9월 모평 7번 문제편 136p

다음 글에서 개인과 사회의 관계를 바라보는 필자의 관점에 대한 옳은 설명만을 〈보기〉에서 고른 것은?

> 인간은 왜 제도의 명령에 복종하는가? 이것은 '자기기만'으로 설명할 수 있다. 자기기만은 실제로는 자발적인 것을 필연인 것처럼 스스로 가장하는 것이다. 인간은 사회적 역할들의 복합체 속에서 선택의 여지가 없다고 자기기만을 하며 제도의 명령을 맹목적으로 수행하는 경향이 있다. 우리는 자기기만을 의식함으로써 사회적 존재로서 인간의 무한한 불안정성과 함께 선택의 가능성을 발견하게 된다. → 사회 명목론

보기

ㄱ. 사회가 개인의 속성으로 환원될 수 있다고 본다. → 사회 명목론
ㄴ. 개인이 사회에 의해 구조화된 행동을 한다고 본다. → 사회 실재론
ㄷ. 사회는 개인이 옳다고 믿는 규범 속에서 작동한다고 본다. → 사회 명목론
ㄹ. 개인이 사회 체계 내에서만 존재의 의미를 가진다고 본다. → 사회 실재론

① ㄱ, ㄴ ② ㄱ, ㄷ ③ ㄴ, ㄷ ④ ㄴ, ㄹ ⑤ ㄷ, ㄹ

| 자 | 료 | 해 | 설 |
필자는 자기기만이 실제로는 자발적인 것을 인간이 스스로 필연인 것처럼 가장한다고 본다. 즉, 필자는 개인의 자율적인 의지를 강조하고 있다. 따라서 개인과 사회의 관계를 바라보는 필자의 관점은 사회 명목론에 해당한다.

| 보 | 기 | 풀 | 이 |
ㄱ. 정답 : 사회 명목론은 사회가 개인의 집합체에 붙인 이름에 불과하므로 사회가 개인의 속성으로 환원될 수 있다고 본다.
ㄴ. 오답 : 사회 실재론은 개인의 행동과 의식이 실재하는 사회에 의해 구속되므로 개인이 사회에 의해 구조화된 행동을 한다고 본다.
ㄷ. 정답 : 사회 명목론은 사회보다 개인을 중시하므로 사회가 개인이 옳다고 믿는 규범 속에서 작동한다고 본다.
ㄹ. 오답 : 사회 실재론은 개인이 사회를 구성하는 요소에 불과하고 사회 체계 내에서만 존재의 의미를 가진다고 본다.

문제풀이 TIP | 사회 명목론은 사회가 실제로 존재하지 않는다고 보는 반면, 사회 실재론은 사회가 개인의 외부에 실제로 존재한다고 본다.

출제분석 | 개인과 사회의 관계를 바라보는 관점을 파악하는 문제이다. 사회 실재론과 사회 명목론의 주요 내용을 이해해 두도록 한다.

---

38 사회 실재론 + 사회 명목론

정답 ① 정답률 90% 2025년 10월 학평 12번 문제편 136p

개인과 사회의 관계를 바라보는 갑, 을의 관점에 대한 설명으로 옳은 것은?

> 사회 명목론 ← 갑 : 사회에 대한 참다운 이론은 그 구성원인 개인들의 본성을 탐구하는 것 이외의 방법으로 얻어질 수 없다. 단위들의 속성이 전체 모임의 속성을 결정하는 것이다.
> 사회 실재론 ← 을 : 개인적인 생활 규칙들을 모아 놓은 것이 사회적 규칙이 될 수 없다. 법, 관습 등과 같은 사회적 사실들은 개인의 심리로부터 발견될 수 없는 개인 외부의 실재이다.

① 갑의 관점은 사회의 특성이 개인의 특성으로 환원될 수 있다고 본다.
② 갑의 관점은 사회 전체의 이익을 명분으로 개인의 희생을 강요할 우려가 있다.
③ 을의 관점은 개인이 자율적이고 능동적인 존재임을 강조한다.
④ 을의 관점은 사회 문제의 해결책으로 제도 개혁보다 개인의 의식 개선을 강조한다.
⑤ 을의 관점과 달리 갑의 관점은 개인이 사회에 의해 구조화된 행동을 한다고 본다.

| 자 | 료 | 해 | 설 |
갑은 개인들의 속성이 전체 사회의 속성을 결정한다고 보고 있고, 을은 사회적 사실들이 개인 외부의 실재라고 보고 있다. 따라서 갑의 관점은 사회 명목론, 을의 관점은 사회 실재론에 해당한다.

| 선 | 택 | 지 | 풀 | 이 |
① 정답 : 사회 명목론은 사회가 개인들의 집합체에 붙여진 이름에 불과하므로 사회의 특성이 개인의 특성으로 환원될 수 있다고 본다.
② 오답 : 사회 실재론은 개인보다 사회의 우월성을 강조하므로 사회 전체의 이익을 명분으로 개인의 희생을 강요할 우려가 있다.
③ 오답 : 사회 명목론은 사회와 관계없이 개인의 행동이 자신의 자율적인 의지에 따라 이루어진다고 본다. 따라서 사회 명목론은 개인이 자율적이고 능동적인 존재임을 강조한다.
④ 오답 : 사회 명목론은 사회 문제의 해결책으로 제도 개혁보다 개인의 의식 개선을 강조하고, 사회 실재론은 사회 문제의 해결책으로 개인의 의식 개선보다 제도 개혁을 강조한다.
⑤ 오답 : 사회 실재론은 개인의 행동과 의식이 실재하는 사회에 의해 구속된다고 본다. 따라서 사회 실재론은 개인이 사회에 의해 구조화된 행동을 한다고 본다.

문제풀이 TIP | 개인보다 사회의 우월성을 강조하는지, 사회보다 개인의 우월성을 강조하는지를 파악하도록 한다.

출제분석 | 사회 명목론과 사회 실재론을 파악하는 문제이다. 개인과 사회의 관계를 바라보는 각 관점의 기본 입장, 주요 내용 및 한계를 이해해 두도록 한다.

다음 글에서 개인과 사회의 관계를 바라보는 필자의 관점에 대한 옳은 설명만을 〈보기〉에서 고른 것은? **3점**

　개인은 많은 활동을 한다. 그것도 자신이 원해서 그러한 일을 시작한다. 그리고 많은 시간 동안 자신이 하도록 되어 있는 일들도 한다. 원하는 일과 주어진 일이 일치할 때는 사회에 얽매여 있다는 것을 개인은 알지 못한다. 그런데 주어진 일에서 벗어나고 싶다고 느끼는 순간, 개인은 비로소 자신이 사회에 얽매여 있다는 것을 깨닫게 된다. 이는 개인이 인식하는 경계 너머에는 늘 개인의 활동에 사회가 깊숙이 자리하고 있음을 시사한다. → 사회 실재론

보기

ㄱ. 개인에게 사회 구조는 불가항력적이라고 본다. → 사회 실재론
ㄴ. 집합적 속성은 개인의 속성에 의해 결정된다고 본다.
ㄷ. 개인은 사회 속에서만 존재의 의미를 갖는다고 본다. → 사회 명목론
ㄹ. 사회 규범은 개인이 옳다고 믿기 때문에 존재한다고 본다.

① ㄱ, ㄴ　　② ㄱ, ㄷ　　③ ㄴ, ㄷ　　④ ㄴ, ㄹ　　⑤ ㄷ, ㄹ

|자|료|해|설|

필자는 개인의 활동에 항상 사회가 깊숙이 자리하고 있다고 보고 있다. 따라서 필자의 관점은 사회 실재론에 해당한다.

|보|기|풀|이|

ㄱ. 정답 : 사회 실재론은 개인의 행동과 의식이 실재하는 사회에 의해 구속되므로 개인에게 사회 구조는 불가항력적이라고 본다.

ㄴ. 오답 : 사회 명목론은 사회와 관계없이 개인의 행동이 자신의 자율적인 의지에 따라 이루어지므로 개인의 속성에 의해 집합적 속성이 결정된다고 본다.

ㄷ. 정답 : 사회 실재론은 개인이 사회를 구성하는 요소에 불과하므로 개인은 사회 속에서만 존재의 의미를 갖는다고 본다.

ㄹ. 오답 : 사회 명목론은 사회가 개인의 이익을 실현시켜 주는 수단에 불과하므로 사회 규범은 개인이 옳다고 믿기 때문에 존재한다고 본다.

문제풀이 TIP | 개인이 사회에 얽매여 있고, 사회가 개인의 활동에 깊숙이 자리하고 있다는 것은 개인보다 사회의 우월성을 강조하는 것이다.

출제분석 | 사회 실재론을 파악하는 문제이다. 사회 실재론과 사회 명목론의 주요 내용을 이해해 두도록 한다.

1 사회화를 보는 관점

정답 ②   정답률 87%   2016년 3월 학평 19번   문제편 139p

사회화를 바라보는 갑, 을의 관점에 대한 옳은 설명을 〈보기〉에서 고른 것은?

보기

거시적 상호 작용론에서...
ㄱ. 갑은 사회화 과정에서 개인의 능동성을 강조한다. ← 미시적 관점(상징적 상호 작용론)
ㄴ. 갑은 사회화가 기존의 권력 구조를 재생산한다고 본다. ← 갈등론 / 기능론
ㄷ. 을은 사회화의 내용이 사회적으로 합의되었다고 본다. ← 기능론
ㄹ. 갑과 달리 을은 미시적 관점에서 사회화를 바라보고 있다. ← 상징적 상호 작용론

① ㄱ, ㄴ 　② ㄱ, ㄷ 　③ ㄴ, ㄷ 　④ ㄴ, ㄹ 　⑤ ㄷ, ㄹ

|자|료|해|설|

사회화를 타인과의 상호 작용을 통해 자아를 형성하는 과정으로 보는 갑은 미시적 관점인 상징적 상호 작용론이다. 사회화를 통한 사회 유지, 안정과 통합을 강조하는 을은 기능론적 관점이다.

|보|기|풀|이|

ㄱ 정답 : 개인의 자율성·능동성·주체성을 강조하는 것은 미시적 관점에 해당한다.

ㄴ. 오답 : 기존의 불평등한 권력 구조를 재생산한다고 보는 것은 갈등론적 관점에 해당한다.

ㄷ 정답 : 사회화의 내용이 사회적으로 합의되었다고 보는 것은 기능론적 관점이다.

ㄹ. 오답 : 갑은 상징적 상호 작용론으로 미시적 관점에 해당하고, 을은 기능론적 관점으로 거시적 관점에 해당한다.

😀 **출제분석** | 사회화를 바라보는 관점을 주제로 2점짜리 문항으로 비교적 쉽게 출제된 문항이다. 키워드를 중심으로 각 관점의 특징을 완벽하게 정리해 둘 필요가 있다.

2 사회화를 보는 관점

정답 ①   정답률 78%   2017년 4월 학평 2번   문제편 139p

사회화를 바라보는 갑, 을의 관점에 대한 옳은 설명을 〈보기〉에서 고른 것은? **3점**

보기

ㄱ. 갑의 관점은 사회화의 내용이 사회 전체적으로 합의된 것이라고 본다. ← 기능론
ㄴ. 을의 관점은 사회화를 통해 기존의 계층 구조가 재생산된다고 본다. ← 불평등한 사회 구조의 재생산(갈등론)
ㄷ. 갑의 관점은 을의 관점과 달리 사회 구조가 개인의 사회화에 미치는 영향력을 간과한다. → 갑, 을 모두 거시적 관점 / 강조
ㄹ. 을의 관점은 갑의 관점과 달리 사회화가 타인과의 상호 작용을 통해 자아를 형성하는 과정이라고 본다. ← 상징적 상호 작용론

① ㄱ, ㄴ 　② ㄱ, ㄷ 　③ ㄴ, ㄷ 　④ ㄴ, ㄹ 　⑤ ㄷ, ㄹ

|자|료|해|설|

갑의 관점은 사회화를 개인이 사회에 적응하는 과정이며 사회 유지와 통합에 기여한다고 보는 기능론적 관점이다. 을의 관점은 사회화에 지배 집단의 가치가 반영되어 있으며 사회 불평등을 재생산한다고 보는 갈등론적 관점이다.

|보|기|풀|이|

ㄱ 정답 : 사회화의 내용이 사회 구성원 모두가 합의한 것으로 보는 것은 기능론적 관점이다.

ㄴ 정답 : 사회화를 통해 기존의 불평등한 계층 구조가 재생산된다고 보는 것은 갈등론적 관점이다.

ㄷ. 오답 : 기능론적 관점과 갈등론적 관점은 모두 거시적 관점에 해당한다. 거시적 관점은 사회 구조가 개인의 사회화에 미치는 영향력을 강조한다.

ㄹ. 오답 : 사회화가 타인과의 상호 작용을 통해 자아를 형성하는 과정이라고 보는 것은 상징적 상호 작용론(미시적 관점)이다.

〈자료 1〉의 밑줄 친 ㉠~㉣을 〈자료 2〉의 (가)~(다)로 옳게 분류한 것은? 3점

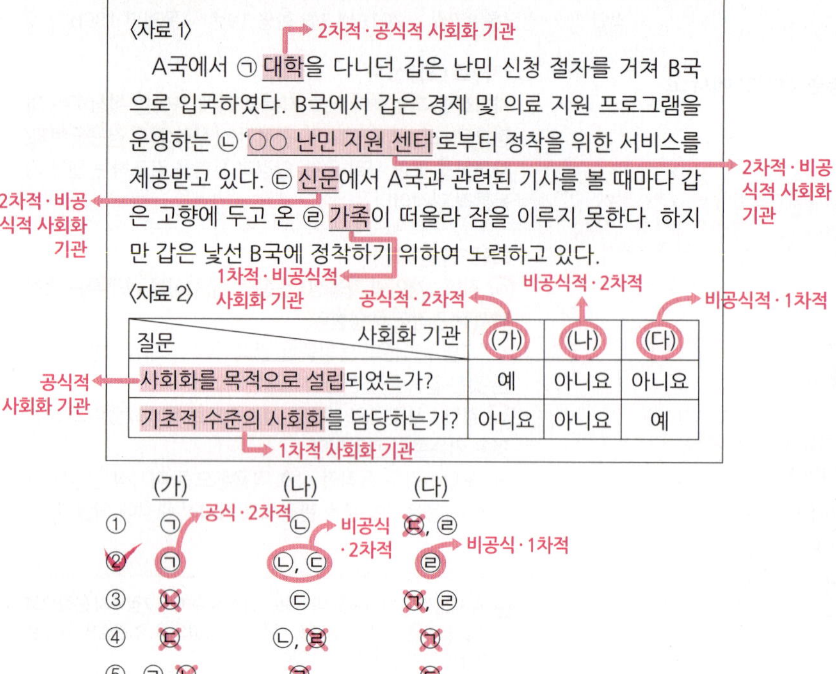

질문＼사회화 기관	(가)	(나)	(다)
사회화를 목적으로 설립되었는가?	예	아니요	아니요
기초적 수준의 사회화를 담당하는가?	아니요	아니요	예

|자|료|해|설|

(가)는 공식적·2차적 사회화 기관이고, (나)는 비공식적·2차적 사회화 기관이다. (다)는 비공식적·1차적 사회화 기관이다.

|선|택|지|풀|이|

① 오답 : ㉢은 비공식적·2차적 사회화 기관이므로 (나)에 해당한다.
② 정답 : ㉠은 공식적·2차적 사회화 기관이므로 (가)에 해당한다. ㉡, ㉢은 비공식적·2차적 사회화 기관이므로 (나)에 해당한다. ㉣은 비공식적·1차적 사회화 기관이므로 (다)에 해당한다.
③ 오답 : ㉡은 비공식적·2차적 사회화 기관이므로 (나)에 해당한다. ㉠은 공식적·2차적 사회화 기관이므로 (가)에 해당한다.
④ 오답 : ㉢은 비공식적·2차적 사회화 기관이므로 (나)에 해당한다. ㉣은 비공식적·1차적 사회화 기관이므로 (다)에 해당한다. ㉠은 공식적·2차적 사회화 기관이므로 (가)에 해당한다.
⑤ 오답 : ㉡은 비공식적·2차적 사회화 기관이므로 (나)에 해당한다. ㉣은 비공식적·1차적 사회화 기관이므로 (다)에 해당한다. ㉢은 비공식적·2차적 사회화 기관이므로 (나)에 해당한다.

문제풀이 TIP | 공식적 사회화 기관(학교, 각종 훈련소 등)은 모두 체계적이고 전문적인 사회화가 이루어지기 때문에 2차적 사회화 기관에 해당한다. 공식적 사회화 기관이면서 1차적 사회화 기관에 해당하는 사례는 없다.

밑줄 친 ㉠~㉤에 대한 설명으로 옳은 것은? 3점

공식적·2차적 사회화 기관
비공식적·2차적 사회화 기관
㉠ 고등학교 재학 중 공부에 관심이 없었던 갑은 아버지가 운영하던 ㉡ 전기회사에서 아르바이트를 했으나 회사 일에도 흥미를 느끼지 못했다. 고등학교 졸업 후 우연히 ㉢ 어릴 적 동네 친구들 중 하나인 을을 만나, 그가 입은 경찰 제복에 매료되어 경찰이 되기로 하였다. 경찰 공무원 시험에 합격한 갑은 경찰 양성을 목적으로 하는 ㉣ 경찰학교의 기본 교육 및 훈련 과정을 수료한 후 ㉤ 경찰청에 발령받아 근무하면서 행복하게 살아가고 있다.

또래 집단 (비공식적·1차적 사회화 기관)
예기 사회화
공식적·2차적 사회화 기관
비공식적·2차적 사회화 기관

① ㉠은 기초적인 사회화가 이루어지는 1차적 사회화 기관이다.
② ㉡은 체계적이고 전문적인 내용을 전수하기 위한 공식적 사회화 기관이다.
③ ㉢은 비공식적 사회화 기관이자 2차적 사회화 기관이다.
④ ㉣은 예기 사회화를 담당하는 사회화 기관이다.
⑤ ㉣과 ㉤은 사회화를 목적으로 설립되지는 않았으나 사회화 기능을 하는 기관이다.

|자|료|해|설|

공식적 사회화 기관은 사회화를 목적으로 설립되어 공식적이고 체계적인 사회화를 담당하며, 비공식적 사회화 기관은 사회화를 목적으로 설립되지는 않았으나 부수적으로 사회화의 기능을 수행한다. 또한 1차적 사회화 기관은 기초적인 수준의 사회화를 담당하며, 2차적 사회화 기관은 전문적인 지식과 기능의 사회화를 담당한다.

|선|택|지|풀|이|

① 오답 : 기초적인 사회화가 이루어지는 사회화 기관은 1차적 사회화 기관이다. 고등학교는 전문적인 사회화가 이루어지는 2차적 사회화 기관이다.
② 오답 : 전기회사는 사회화를 목적으로 설립되지는 않았으나 부수적으로 사회화의 기능을 수행하는 비공식적 사회화 기관에 해당한다.
③ 오답 : 어릴 적 동네 친구들은 또래 집단에 해당한다. 또래 집단은 비공식적 사회화 기관이자 1차적 사회화 기관이다.
④ 정답 : 예기 사회화는 미래에 속하기를 기대하거나 속하게 될 집단에서 요구되는 지식이나 기능, 가치 및 규범을 미리 학습하는 과정을 의미한다. 경찰학교는 경찰 공무원 시험 합격자들이 경찰관으로 임용되어 발령받은 후 경찰관의 직무를 수행하는 데 필요한 지식과 기술 등을 교육하고 훈련시키는 기관이다. 따라서 경찰학교는 예기 사회화를 담당하는 사회화 기관이다.
⑤ 오답 : 경찰학교는 공식적 사회화 기관에 해당하고, 경찰청은 비공식적 사회화 기관에 해당한다.

추가 학습 | 〈예기 사회화와 재사회화의 차이〉 : 예기 사회화는 개인이 현재 속해 있지 않지만 미래에 속하기를 바라거나 속하게 될 집단, 현재는 갖고 있지 않으나 미래에 갖기를 바라거나 갖게 될 직업 및 지위를 전제로 한다. 재사회화는 이미 습득한 사회화의 내용이 개인의 새로운 집단이나 직업, 지위, 변화한 상황에 부적합하거나 개인의 적응을 저해할 우려가 있는 상황을 전제로 한다.

밑줄 친 ㉠~㉭에 대한 설명으로 옳은 것은?

> ㉠ 맏이로 태어나 어린 시절 ㉡ 또래 집단에서부터 리더십을 발휘하였던 갑은 ㉢ 회사에 취직한 후 능력을 인정받아 남들보다 일찍 ㉣ 팀장으로 ㉤ 승진하였다. 어느 날 갑은 어린이집에 자녀를 데리러 가려고 하던 중 회사의 긴급한 회의에 참석하라는 연락을 받고 어떻게 할지 ㉭ 고민하게 되었다.

① ㉡은 2차적 사회화 기관이다.
② ㉢은 공식적 사회화 기관이다.
③ ㉤은 갑의 역할에 대한 보상이다.
④ ㉭은 갑의 역할 갈등에 해당한다.
⑤ ㉠은 성취 지위, ㉣은 귀속 지위이다.

|자|료|해|설|

사회화 기관은 사회화의 내용에 따라 1차적 사회화 기관과 2차적 사회화 기관으로, 설립 목적에 따라 공식적 사회화 기관과 비공식적 사회화 기관으로 구분할 수 있다.

|선|택|지|풀|이|

① 오답 : 또래 집단은 기초적인 수준의 사회화가 이루어지고 기본적 인성과 자아 정체성 형성에 영향을 주므로 1차적 사회화 기관에 해당한다.
② 오답 : 회사는 사회화를 목적으로 설립된 기관은 아니지만 부수적으로 사회화 기능을 수행하는 기관이므로 비공식적 사회화 기관에 해당한다.
③ 오답 : 승진은 회사원으로서 갑의 역할 행동에 대한 보상에 해당한다.
④ 정답 : 갑은 부모로서 자녀를 데리러 가는 역할과 팀장으로서 회의에 참석하는 역할 간 충돌을 겪고 있다. 따라서 ㉭은 갑의 역할 갈등에 해당한다.
⑤ 오답 : 맏이는 선천적, 자연적으로 갖게 되는 귀속 지위에 해당하고, 팀장은 개인의 의지나 노력에 의해 후천적으로 얻게 되는 성취 지위에 해당한다.

문제풀이 TIP | 밑줄 친 고민이 역할 간에 충돌이 발생하여 나타나는 고민인지, 단순한 개인의 심리적 고민인지를 구분할 수 있어야 한다. 갑은 부모라는 지위에서 요구되는 역할인 자녀를 데리러 가는 것과 팀장이라는 지위에서 요구되는 역할인 긴급 회의 참석 간에 서로 충돌이 발생하여 역할 갈등을 겪고 있다고 봐야 한다.

출제분석 | 사회화와 함께 지위, 역할을 복합적으로 묻는 문제로, 자주 출제되는 형식이다. 이런 유형의 문제는 제시된 사례를 파악하는 유형으로 출제되므로 기출 문제를 통해 다양한 사례를 접해 보도록 한다.

밑줄 친 ㉠~㉙에 대한 설명으로 옳은 것은?

> 어린 시절 ㉠ 프로 농구 선수가 되고 싶었던 갑은 ㉡ 초등학교에 다니던 때부터 학교 농구부에서 훈련을 해 왔다. 그러다 우연히 ㉢ 대중 매체에서 접한 발레 영상에 빠져들어 진로를 발레로 바꾸기로 하였다. 갑은 갑작스러운 진로 변경을 반대하는 ㉣ 어머니와 ㉤ 갈등을 빚기도 하였으나 뛰어난 신체 조건을 바탕으로 발레를 배우기 시작한 지 몇 달 만에 유망주로 주목받게 되었고, 이후 유명 ㉥ 발레단에서 활약하는 ㉙ 무용수가 되었다.

① ㉠, ㉙은 모두 갑의 성취 지위에 해당한다.
② ㉡은 공식적 사회화 기관, ㉢은 비공식적 사회화 기관이다.
③ ㉣은 선천적으로 주어지는 지위에 해당한다.
④ ㉤은 갑이 겪은 역할 갈등이다.
⑤ ㉥에서 갑은 예기 사회화를 경험하였다.

|자|료|해|설|

지위는 한 개인이 집단이나 사회 속에서 차지하는 위치를 말하고, 역할은 일정한 지위에 대해 사회적으로 기대되는 행동 양식을 말하며, 역할 갈등은 한 개인에게 요구되는 역할들이 충돌하여 나타나는 심리적 갈등을 말한다.

|선|택|지|풀|이|

① 오답 : 프로 농구 선수는 갑의 성취 지위에 해당하지 않고, 무용수는 갑의 성취 지위에 해당한다.
② 정답 : 초등학교는 사회화를 목적으로 설립된 기관인 공식적 사회화 기관에 해당하고, 대중 매체는 사회화 이외의 목적으로 형성되었으나 부수적으로 사회화 기능을 수행하는 기관인 비공식적 사회화 기관에 해당한다.
③ 오답 : 어머니는 개인의 의지나 노력에 의해 후천적으로 얻게 되는 지위인 성취 지위에 해당한다.
④ 오답 : 갑이 겪는 어머니와의 갈등은 갑에게 요구되는 역할들이 충돌하여 발생하는 역할 갈등에 해당하지 않는다.
⑤ 오답 : 제시문을 통해 갑이 발레단에서 예기 사회화를 경험하였는지는 알 수 없다.

추가 학습 | 예기 사회화는 미래에 속하게 되거나 속하기를 기대하는 집단에서 요구되는 행동 양식을 미리 학습하는 과정을 말한다.

7 사회화 기관 + 지위 + 역할

정답 ④ | 정답률 75% | 2021년 7월 학평 17번 | 문제편 140p

다음 사례에 대한 분석으로 옳은 것은? 3점

> ㅇ 영상 크리에이터인 대학생 갑은 취업 준비 브이로그를 제작하여 동영상 공유 서비스에 올렸다. 이 영상이 많은 조회 수를 기록하여 연말 크리에이터 시상식에서 인기상을 수상하였다. 이후 수상 사실을 알게 된 광고 회사 홍보팀에서 입사 제의가 오자 갑은 영상 크리에이터 일을 계속해야 할지 고민에 빠졌다.
> ㅇ 고등학교 학생 회장인 을은 평소 학생 자치회를 잘 이끌어 선생님들로부터 칭찬을 받았다. 최근에는 모교 선배들을 초청하여 대학 생활을 미리 배워 보는 행사를 계획 중이다. 그런데 세부 운영 방식을 두고 선생님과 의견이 달라 고민하고 있다.

역할 행동에 대한 보상 / 역할 갈등 × / 역할 행동에 대한 보상 / 역할 갈등 ×

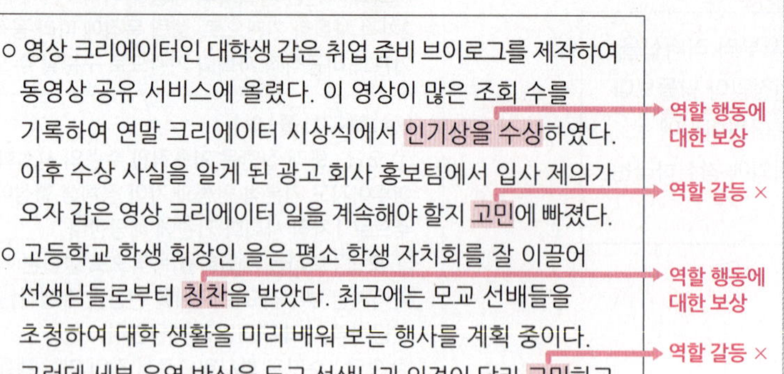

① 광고 회사는 갑의 준거 집단이다. → 알 수 없음
② 갑은 을과 달리 성취 지위에 따른 역할 갈등을 경험하였다.
③ 을은 갑과 달리 예기 사회화를 경험하였다.
④ 갑, 을은 모두 역할 행동에 대한 보상을 받았다.
⑤ 갑은 비공식적 사회화 기관, 을은 공식적 사회화 기관에 소속되어 있다. → 대학교 소속 / 고등학교 소속

|자|료|해|설|

개인의 역할 행동이 사회적 기대에 부합할 때에는 상이나 칭찬 등과 같은 보상이 따르며, 개인의 역할 행동이 사회적 기대에 부합하지 않을 때에는 비난이나 처벌 등과 같은 제재가 따른다.

|선|택|지|풀|이|

① 오답 : 제시된 사례에서 광고 회사가 갑의 준거 집단인지는 알 수 없다.
② 오답 : 갑이 영상 크리에이터 일을 계속해야 할지 고민하는 것과 을이 세부 운영 방식을 두고 선생님과 의견이 달라 고민하는 것은 모두 역할 간 충돌로 인해 발생하는 역할 갈등에 해당하지 않는다.
③ 오답 : 을은 모교 선배를 초청하여 대학 생활을 미리 배워 보는 행사를 계획하고 있는데, 이를 예기 사회화로 볼 수는 없다.
④ 정답 : 역할 행동에 대한 보상으로 갑은 인기상을 수상하였고, 을은 선생님들로부터 칭찬을 받았다.
⑤ 오답 : 갑은 대학교에 소속되어 있고, 을은 고등학교에 소속되어 있다. 대학교와 고등학교는 모두 공식적 사회화 기관에 해당한다.

추가 학습 | 준거 집단은 소속 집단일 수도 있고 아닐 수도 있으며, 또 소속 집단이 많을 경우에는 그중의 어느 하나가 준거 집단이 될 수도 있다.

출제분석 | 사회화 기관, 지위, 역할, 역할 갈등 등 다양한 사회학적 개념을 묻는 문제이다. 제시된 사례에 나타난 사회학적 개념을 묻는 문제는 자주 출제되므로 기출 문제를 통해 다양한 사례를 접해 보도록 한다.

8 사회화 + 지위 + 역할

정답 ④ | 정답률 76% | 2025학년도 9월 모평 3번 | 문제편 140p

밑줄 친 ㉠~㉦에 대한 설명으로 옳은 것은? 3점

> 어렵게 공무원이 된 갑은 ㉠ 악성 민원인과 낮은 보수 때문에 이직해야 할지, 안정적인 직장 생활을 계속할지 ㉡ 고민하였다. 그러던 중 취미생활을 담은 갑의 개인 방송 채널이 유명해지자 지자체 홍보팀으로 ㉢ 발령받았다. 갑은 더 나은 방송 제작을 위해 ㉣ 촬영과 편집 방법을 새롭게 공부하고 있다. 갑의 배우자인 한식 요리사 을은 ㉤ 전통 음식의 보존과 현대화가 중요하다는 신념으로 퓨전 한식당을 운영하고 있다. 1년 전부터 전통 음식을 알리는 방송에서 고정 출연자로 활동하고 있어 매주 ㉥ 요리 프로그램에 출연하기 위한 준비로 바쁘다. 갑이 육아에 지쳐 방송 출연을 반대하자 을은 방송을 계속해야 할지, 육아에 전념해야 할지 ㉦ 고민하고 있다.

지위 × / 역할 갈등 × / 공무원으로서 역할 행동에 대한 보상 × / 재사회화 / 역할 행동 × / 예기 사회화 × / 역할 갈등 ○

① ㉠은 성취 지위이다. 에 해당하지 않는다
② ㉢은 공무원으로서 갑의 역할 행동에 대한 보상이다.
③ ㉤은 한식 요리사로서 을의 역할 행동에 해당한다.
④ ㉡과 달리 ㉦은 역할 갈등이다.
⑤ ㉣은 갑의 재사회화, ㉥은 을의 예기 사회화에 해당한다.

|자|료|해|설|

역할 행동은 개인이 자신에게 주어진 역할을 수행하는 구체적인 행동 방식을 말한다.

|선|택|지|풀|이|

① 오답 : 악성 민원인은 집단이나 사회 속에서 개인이 차지하는 위치가 아니므로 지위에 해당하지 않는다.
② 오답 : 취미생활을 담은 개인 방송 채널을 운영하는 것은 공무원으로서 갑의 역할 행동에 해당하지 않는다. 따라서 ㉢은 공무원으로서 갑의 역할 행동에 대한 보상에 해당하지 않는다.
③ 오답 : ㉤은 한식 요리사로서 을이 실제로 수행하는 구체적인 행동 방식이 아니므로 역할 행동에 해당하지 않는다.
④ 정답 : ㉡은 이직에 대한 개인적인 고민이므로 역할 갈등에 해당하지 않는다. ㉦은 방송 고정 출연자라는 지위와 부모라는 지위에 따라 요구되는 역할들이 충돌하여 발생하는 고민이므로 역할 갈등에 해당한다.
⑤ 오답 : ㉣은 갑의 재사회화에 해당하지만, ㉥은 을의 예기 사회화에 해당하지 않는다.

문제풀이 TIP | 역할 행동은 실제로 수행하는 구체적인 행동 방식이므로 신념은 역할 행동으로 볼 수 없다.

출제분석 | 사회학적 개념을 묻는 문제이다. 지위, 역할, 사회화 등 다양한 개념을 복합적으로 묻는 문제가 출제될 수 있다.

밑줄 친 ㉠ ~ ㉺에 대한 설명으로 옳은 것은?

< 3학년 ○반 역할 분담표 >

명칭	역할
도서 도우미	도서 및 ㉠작가 소개하기
미디어 도우미	학급 인터넷 신문 제작하기
에너지 도우미	이동 수업 시 에어컨 전원 끄기
생일 축하 도우미	생일인 ㉡학생 축하해 주기

성취 지위

성취 지위

교사 : 1년 동안 자신이 맡고 싶은 도우미를 이야기해 봅시다.

갑 : 도서 도우미와 생일 축하 도우미 중 무엇을 선택할지 ㉢고민돼요.

역할 갈등 ×

을 : ㉣중학교 때 교내 에너지 절약 캠페인에 적극적으로 참여해서 ㉤모범상을 받았어요. 그래서 에너지 도우미를 하고 싶어요.

공식적 사회화 기관

역할 행동에 대한 보상

병 : ㉺방송국에서 근무하고 싶어서, 미디어 도우미를 하고 싶어요.

2차적 사회화 기관

① ㉠은 성취 지위이고, ㉡은 ~~귀속~~ 지위이다. (성취)
② ㉢은 갑이 겪는 역할 갈등이다. (이 아니다)
③ ㉣은 ~~비~~공식적 사회화 기관이다.
④ ㉤은 을의 ~~역할~~에 대한 보상이다. (역할 행동)
⑤ ✓ ㉺은 2차적 사회화 기관이다.

|자|료|해|설|

사회화 기관은 사회화 내용에 따라 1차적 사회화 기관과 2차적 사회화 기관으로, 설립 목적에 따라 공식적 사회화 기관과 비공식적 사회화 기관으로 구분된다.

|선|택|지|풀|이|

① 오답 : 작가와 학생은 모두 성취 지위에 해당한다.

② 오답 : 도서 도우미와 생일 축하 도우미 중 무엇을 선택할지 고민하는 것은 역할 간 충돌로 인해 나타나는 갈등이 아니므로 역할 갈등에 해당하지 않는다.

③ 오답 : 중학교는 사회화를 목적으로 설립된 공식적 사회화 기관에 해당한다.

④ 오답 : 모범상을 받은 것은 을의 역할 행동에 대한 보상에 해당한다.

⑤ 정답 : 방송국은 전문적인 지식과 기능의 사회화를 담당하는 2차적 사회화 기관에 해당한다.

😲 문제풀이 TIP | 밑줄 친 고민이 단순한 개인적인 고민인지, 한 개인에게 요구되는 역할들이 충돌하여 나타나는 심리적 갈등인지를 파악할 수 있어야 한다.

😎 출제분석 | 사회학적 개념을 묻는 문제이다. 지위, 역할, 역할 행동, 역할 갈등 등 다양한 사회학적 개념을 여러 사례를 통해 이해해 두도록 한다.

밑줄 친 ㉠ ~ ㉺에 대한 옳은 설명만을 <보기>에서 고른 것은?

2차적·비공식적 사회화 기관

㉠프로 축구팀에서 선수로 활동했던 갑은 은퇴 직후 취미로 축구와 관련된 ㉡인터넷 개인 방송 운영자로 활동하였다. 구수한 입담과 직설 화법으로 ㉢큰 인기를 얻어 구독자 수가 100만 명을 돌파한 갑에게 여러 ㉣방송사로부터 예능 프로그램의 ㉤고정 출연자로 출연해 달라는 요청이 쇄도하였다. 이에 갑은 자신의 꿈이었던 축구 감독이 되기 위해 해외로 지도자 연수를 떠날지, 방송사의 제안을 받아들여 본격적으로 방송인의 길을 갈지 ㉺고민 중이다.

성취 지위

역할 행동에 대한 보상

역할 갈등 아님

보기

ㄱ. ㉠, ㉣은 모두 비공식적 사회화 기관이다.
   → 부수적으로 사회화가 이루어짐
ㄴ. ㉡은 ㉤과 ~~달리~~ 성취 지위이다. → 모두 성취 지위임
ㄷ. ㉢은 ㉡으로서 갑의 역할 행동에 대한 보상이다.
   → 인터넷 방송을 잘 운영하여 받은 보상임
ㄹ. ㉺은 갑의 역할 갈등에 해당한다.
   → 반드시 역할끼리 충돌해야 함

① ㄱ, ㄴ   ② ㄱ, ㄷ   ③ ㄴ, ㄷ   ④ ㄴ, ㄹ   ⑤ ㄷ, ㄹ

|자|료|해|설|

공식적 사회화 기관은 사회화를 목적으로 설립된 기관이고, 비공식적 사회화 기관은 설립 목적은 따로 있지만 부수적으로 사회화가 이루어지는 기관이다. 귀속 지위는 선천적·자연적으로 주어지는 지위이고, 성취 지위는 개인의 능력이나 노력에 따라 후천적으로 획득한 지위이다.

|보|기|풀|이|

ㄱ. 정답 : '프로 축구팀'과 '방송사'는 모두 사회화를 목적으로 설립된 기관이 아닌 부수적으로 사회화가 이루어지는 비공식적 사회화 기관에 해당한다.

ㄴ. 오답 : '인터넷 개인 방송 운영자'와 '고정 출연자'는 모두 개인의 능력이나 노력에 의해 후천적으로 획득한 성취 지위에 해당한다.

ㄷ. 정답 : 큰 인기를 얻어 구독자 수가 100만 명을 돌파한 것은 '인터넷 개인 방송 운영자'로서 갑의 역할 수행(행동)에 대한 보상이다.

ㄹ. 오답 : 역할 갈등은 반드시 역할끼리 충돌해야 한다. 지도자 연수를 떠날지, 방송인의 길을 갈지에 대한 고민은 갑의 역할끼리 충돌한 것이 아니므로 역할 갈등으로 보기 어렵다.

😲 문제풀이 TIP | 역할 갈등은 반드시 서로 다른 역할 간 충돌로 인해 발생해야 한다. 진로에 대한 고민, 학과 선택에 대한 고민, 이사를 갈지 말지에 대한 고민 등은 역할끼리 충돌한 것으로 보기 어렵기 때문에 역할 갈등에 해당하지 않는다.

11 사회화 기관 + 지위 + 역할

정답 ⑤ | 정답률 81% | 2021년 10월 학평 4번 | 문제편 141p

밑줄 친 ㉠ ~ ㉥에 대한 설명으로 옳은 것은?

> 갑은 환경 문제에 관심이 많아 중학교 때부터 ㉠ ○○ 환경 운동 단체에 가입하여 적극적으로 활동하고 있다. ㉡ 고등학교 진학 후 모범적으로 학교생활을 해 온 갑은 2학년 때 ㉢ 학생회장으로 당선되었다. 하지만 갑은 학생회장으로서 교내 문제 해결보다 환경 운동에 치중하여 ㉣ 학생회 임원들과 ㉤ 갈등을 빚고 있다. 이런 상황에서 ○○ 환경 운동 단체가 주최하는 캠페인과 학생회 대의원 회의 시간이 겹쳐 갑은 어떻게 할지 ㉥ 고민 중이다.

(㉡ → 2차적 · 공식적 사회화 기관 / ㉢ → 역할 행동에 대한 보상 / ㉤ → 역할 갈등 × / ㉥ → 역할 갈등 ○)

① ㉠은 갑의 내집단이지만 준거 집단은 아니다.
② ㉡은 1차적(2차적) 사회화 기관이자 공식적 사회화 기관이다.
③ ㉢은 고등학생으로서 갑의 역할(역할 행동)에 대한 보상이다.
④ ㉣은 아버지와 달리(모두) 성취 지위이다.
⑤ ㉥은 ㉤과 달리 갑의 역할 갈등에 해당한다.

문제풀이 TIP | 밑줄 친 갈등이나 고민이 단순한 개인적인 갈등이나 고민인지, 역할 간 충돌로 인해 나타나는 것인지를 파악해야 한다.

출제분석 | 사회학적 개념을 묻는 문제이다. 사회화, 사회화 기관, 지위, 역할, 사회 집단 등 다양한 사회학적 개념을 복합적으로 묻는 문제가 출제될 수 있다.

|자|료|해|설|
특정 역할을 수행하는 구체적인 방식을 역할 행동이라고 하는데, 이 역할 행동이 사회적 기대에 부응하면 보상을, 그렇지 않거나 반하는 경우에는 제재를 가한다.

|선|택|지|풀|이|
① 오답 : ㉠은 갑이 소속되어 소속감을 느끼는 집단으로 내집단에 해당한다. 갑은 환경 문제에 관심이 많아 ㉠에 가입하여 적극적으로 활동하고 있으므로 ㉠이 준거 집단이 아니라고 단정할 수 없다.
② 오답 : ㉡은 2차적 사회화 기관이자 공식적 사회화 기관에 해당한다.
③ 오답 : ㉢은 모범적인 학교생활을 한 갑의 고등학생으로서의 역할 행동에 대한 보상에 해당한다.
④ 오답 : 학생회 임원과 아버지는 모두 성취 지위에 해당한다.
⑤ 정답 : ㉤은 한 개인이 가진 역할 간의 충돌이 아니라 갑이 교내 문제 해결보다 환경 운동에 치중함으로써 학생회 임원들과 빚고 있는 갈등이므로 갑의 역할 갈등에 해당하지 않는다. ㉥은 ○○ 환경 운동 단체 회원으로서의 역할과 학생회장으로서의 역할이 충돌하여 나타나는 고민이므로 갑의 역할 갈등에 해당한다.

12 사회화 기관 + 지위 + 역할

정답 ① | 정답률 52% | 2023년 7월 학평 14번 | 문제편 141p

밑줄 친 ㉠ ~ ㉦에 대한 설명으로 옳은 것은?

> ○○대학교 ㉠ 연극영화과에 재학 중인 갑은 배우 오디션에 계속 탈락하면서 미래에 대해 깊이 ㉡ 고민하게 되었다. 하지만 ㉢ 대학 연극 동아리 선배의 조언에 용기를 얻어 독립영화 출연에 도전하였다. 갑은 첫 영화임에도 사회적 재난으로 ㉣ 가족을 잃은 자의 아픔을 현실감 있게 연기하여 주목을 받고 있다. 한편, 을은 습작 경험을 바탕으로 다양한 창작 연극을 정식 공연으로 발표해왔다. 을은 이러한 작품 활동을 인정받아 대학생임에도 ㉤ 극작가협회 정회원이 되었다. 최근에는 영화계의 ㉥ 신예로 불리고 있는 ○○대학교 같은 과 후배인 갑을 자신의 대학 졸업 작품에 출연시킬지 ㉦ 고민하고 있다.

(㉠ → 갑과 을이 속한 공식적 사회화 기관 / ㉡ → 역할 갈등 × / ㉢ → 2차적 사회화 기관 / ㉣ → 1차적 사회화 기관 / ㉤ → 을의 역할 행동에 대한 보상 / ㉥ → 성취 지위 × / ㉦ → 역할 갈등 ×)

① ㉠은 을이 속한 공식적 사회화 기관이다.
② ㉤은 을의 역할(역할 행동)에 대한 보상이다.
③ ㉥은 갑의 성취 지위이다(가 아니다).
④ ㉡은 ㉦과 달리(모두) 역할 갈등에 해당한다(하지 않는다).
⑤ ㉢은 ㉣과 달리 1차적 사회화 기관이다.

|자|료|해|설|
개인의 역할 행동이 사회적 기대에 부합될 때 주어지는 상이나 칭찬 등을 보상이라고 하고, 개인의 역할 행동이 사회적 기대에 어긋날 때 가해지는 비난이나 처벌 등을 제재로 볼 수 있다.

|선|택|지|풀|이|
① 정답 : 연극영화과는 을이 소속되어 있고, 사회화를 목적으로 설립되었으므로 을이 속한 공식적 사회화 기관에 해당한다.
② 오답 : 극작가협회 정회원은 을의 역할 행동에 대한 보상이다.
③ 오답 : 신예는 갑의 성취 지위로 볼 수 없다.
④ 오답 : 역할 갈등은 한 개인에게 요구되는 역할들이 충돌하여 나타나는 심리적 갈등을 말한다. 따라서 ㉡과 ㉦은 모두 역할 갈등에 해당하지 않는다.
⑤ 오답 : 가족은 1차적 사회화 기관에 해당하고, 대학 연극 동아리는 2차적 사회화 기관에 해당한다.

추가 학습 | 역할이 지위에 따라 집단이나 사회가 규정하고 있는 행동 방식이라면, 역할 행동은 개인이 자신의 역할에 대하여 해석하고 평가하여 실천하는 방식이라고 할 수 있다.

출제분석 | 지위, 역할, 사회화 기관 등 여러 가지 사회학적 개념을 묻는 문제이다. 제시문을 통해 다양한 사회학적 개념을 묻는 문제가 출제되므로 개념에 대한 이해를 꼼꼼하게 해두도록 한다.

밑줄 친 ㉠~㉧에 대한 옳은 설명만을 〈보기〉에서 고른 것은?

< 소설 『○○○』 줄거리 >

평범한 가문의 ㉠ 둘째 아들로 태어난 갑은 ㉡ 법과 대학 졸업 후에 ㉢ 지방 법원의 판사가 되었다. 그는 신분 상승을 원하는 현실주의자로서 부유한 사업가의 딸인 을과 결혼했지만, 생활 방식의 차이로 인해 ㉣ 아내와 자주 ㉤ 말다툼을 하였다. 이후 갑은 권력층과 인맥을 쌓아 결국 ㉥ 고위직으로 승진을 하지만 갑작스러운 죽음을 맞는다. 갑의 장례식에서 을은 유족 연금을 더 많이 받을 방법만 궁리하며 소설이 끝난다.

보기

ㄱ. ㉠은 귀속 지위, ㉣은 성취 지위이다.

ㄴ. ㉡은 ㉢과 달리 공식적 사회화 기관이다.

ㄷ. ㉤은 갑이 경험한 역할 갈등이다.

ㄹ. ㉥은 갑의 역할에 대한 보상이다.

① ㄱ, ㄴ   ② ㄱ, ㄷ   ③ ㄴ, ㄷ   ④ ㄴ, ㄹ   ⑤ ㄷ, ㄹ

|자|료|해|설|

역할 행동은 특정 역할을 수행하는 구체적인 방식을 말하는데, 이러한 역할 행동이 사회적 기대에 부응하면 보상을 받고, 그렇지 않거나 반하는 경우에는 제재를 가한다.

|보|기|풀|이|

ㄱ. 정답 : 둘째 아들은 개인의 능력이나 노력과 관계없이 선천적·자연적으로 갖게 되는 지위이므로 귀속 지위에 해당하고, 아내는 개인의 의지나 노력에 의해 후천적으로 얻게 되는 지위이므로 성취 지위에 해당한다.

ㄴ. 정답 : 법과 대학은 사회화를 목적으로 설립된 공식적 사회화 기관이고, 지방 법원은 사회화를 목적으로 하는 기관은 아니지만 부수적으로 사회화 기능을 수행하는 비공식적 사회화 기관이다.

ㄷ. 오답 : 말다툼은 아내와 생활 방식의 차이로 인해 발생하는 것으로 이는 역할 갈등에 해당하지 않는다.

ㄹ. 오답 : 고위직으로 승진한 것은 갑의 역할 행동에 대한 보상에 해당한다.

👀 **추가 개념** | 귀속 지위는 아들, 장녀 등과 같이 태어나면서 갖게 되는 선천적인 지위뿐만 아니라 청소년, 성인, 노인 등과 같이 시간의 흐름에 따라 일정한 연령에 도달하게 되면 얻는 것도 있다.

😀 **출제분석** | 여러 가지 사회학적 개념을 복합적으로 묻는 문제이다. 제시문에서 밑줄 친 부분에 해당하는 사회학적 개념을 묻는 유형으로 출제되므로 기출 문제를 통해 사회학적 개념을 적용해 보도록 한다.

밑줄 친 ㉠~㉦에 대한 옳은 설명만을 〈보기〉에서 고른 것은?

음향기기를 제작하여 판매하는 ㉠ △△ 회사의 ㉡ 본부장인 갑은 ㉢ 음악대학을 졸업하였지만, 성악가의 꿈을 이루지 못해 아쉬워하였다. 이에 갑은 ㉣ 어머니가 된 후, ㉤ 성악을 전공하고 있는 학생인 자녀 을을 아낌없이 지원하였고, 을 또한 연습에 매진하여 ○○ 예술제에서 ㉥ 대상을 받게 되었다. 그러나 을은 대상 수상에도 불구하고 성악 공부를 포기하고 싶었고, 이를 알게 된 갑과 ㉦ 갈등을 빚고 있다.

보기

ㄱ. ㉡, ㉣은 모두 성취 지위에 해당한다.

ㄴ. ㉢은 ㉠과 달리 2차적 사회화 기관이다.

ㄷ. ㉥은 ㉤으로서의 역할 행동에 대한 보상이다.

ㄹ. ㉦은 을의 역할 갈등에 해당한다.

① ㄱ, ㄴ   ② ㄱ, ㄷ   ③ ㄴ, ㄷ   ④ ㄴ, ㄹ   ⑤ ㄷ, ㄹ

|자|료|해|설|

역할은 일정한 지위에 대해 사회적으로 기대되는 행동 양식을 말하고, 역할 행동은 개인이 자신에게 주어진 역할을 수행하는 구체적인 행동 방식을 말한다.

|보|기|풀|이|

ㄱ. 정답 : 본부장과 어머니는 모두 개인의 의지나 노력에 의해 후천적으로 얻게 되는 성취 지위에 해당한다.

ㄴ. 오답 : 회사와 대학은 모두 전문적인 지식과 기능의 사회화를 담당하므로 2차적 사회화 기관에 해당한다.

ㄷ. 정답 : 예술제에서 대상을 받은 것은 을이 성악을 전공하는 학생으로서의 역할 행동을 사회적 기대에 맞게 수행하여 받은 보상에 해당한다.

ㄹ. 오답 : 성악 공부에 대한 갑과 을의 갈등은 역할 간의 충돌로 인해 나타나는 것이 아니므로 을의 역할 갈등에 해당한다고 볼 수 없다.

👀 **문제풀이 TIP** | 제시문을 통해 갈등의 상황을 파악하여 역할 간의 충돌로 인해 발생하는 갈등인지, 단순한 개인적 고민인지를 구분할 수 있어야 한다.

😀 **출제분석** | 사회화 기관, 지위, 역할, 역할 갈등 등 다양한 사회학적 개념을 묻는 문제이다. 사례를 통해 사회화, 지위, 역할과 관련된 개념들을 복합적으로 묻는 문제가 출제될 수 있으므로 기출 문제를 통해 다양한 사례를 접해 개념을 응용하는 연습을 해 두도록 한다.

15 사회화 기관 + 지위 + 역할

정답 ② | 정답률 37% | 2020학년도 9월 모평 6번 | 문제편 142p

밑줄 친 ㉠~㉦에 대한 설명으로 옳은 것은? 3점

> ㉠ 영화배우(성취 지위) 같은 극중 인물과의 동일시를 위해 극중 인물의 삶을 직접 체험하는 것으로 유명하다. 몸이 불편한 화가 역할을 위해 촬영 전부터 휠체어에서 생활하거나 북미 지역의 원주민 역할을 위해 ㉡ 직접 사냥한 고기만으로 식사를 하기(갑의 역할 행동)도 하였다. 한번은 영화 속 원수인 상대 배우에게 실제로 적대감을 드러내 동료에게 ㉢ 비난을 받기도 하였다. ㉣ 배역(성취 지위 ×)에 대한 지나친 몰입으로 촬영이 끝난 후에 극심한 ㉤ 정체성의 혼란(역할 갈등 ×)을 겪은 갑은 돌연 은퇴를 선언하였다. 그는 ㉥ 영화 제작사(비공식적 사회화 기관) 임원 자리 제안을 거절하고 화가가 되겠다며 ㉦ 예술 대학원(공식적 사회화 기관)에 입학하였다.

① ㉠, ㉣은 모두 갑의 성취 지위(후천적으로 획득)이다.
② ㉡은 ㉠으로서 갑의 역할 행동(역할을 실제 수행한 것)이다.
③ ㉢은 갑의 역할(역할 행동에 대한 제재)에 대한 제재이다.
④ ㉤은 갑이 경험한 역할 갈등(반드시 역할끼리 충돌해야 함)이다.
⑤ ㉥(비공식적 사회화 기관), ㉦은 모두 공식적 사회화 기관(학교, 각종 훈련소 등)이다.

문제풀이 TIP | 역할에 대한 보상 및 제재는 틀린 표현이고, 역할 행동(수행)에 대한 보상 및 제재가 옳은 표현이다.

| 자 | 료 | 해 | 설 |

귀속 지위는 선천적 · 자연적으로 주어지는 지위이고, 성취 지위는 개인의 능력이나 노력에 따라 후천적으로 획득한 지위이다. 공식적 사회화 기관은 사회화를 목적으로 설립된 기관이고, 비공식적 사회화 기관은 사회화를 목적으로 하는 기관은 아니나 부수적으로 사회화 기능을 수행하는 기관이다.

| 선 | 택 | 지 | 풀 | 이 |

① 오답 : 영화배우는 갑의 성취 지위에 해당한다. 지위는 반드시 사회 집단에서 차지하고 있는 위치를 의미한다. 배역은 사회 집단에서 차지하고 있는 위치로 보기 어려우므로 성취 지위에 해당하지 않는다.

② 정답 : ㉡은 영화배우로서 갑이 실제로 수행한 역할 행동에 해당한다.

③ 오답 : 역할 행동에 대한 보상 및 제재는 옳은 표현이지만 역할에 대한 보상 및 제재는 틀린 표현이다. 따라서 ㉢은 갑의 역할 행동에 대한 제재이다.

④ 오답 : 역할 갈등은 서로 다른 역할끼리 충돌하여 발생한다. ㉤은 갑의 심리적 혼란 상태이지만, 둘 이상의 역할이 충돌하여 발생한 역할 갈등으로 보기 어렵다.

⑤ 오답 : 영화 제작사는 비공식적 사회화 기관에 해당하고, 예술 대학원은 공식적 사회화 기관에 해당한다.

16 사회화 기관 + 지위 + 역할

정답 ⑤ | 정답률 84% | 2020년 4월 학평 12번 | 문제편 142p

밑줄 친 ㉠~㉥에 대한 옳은 설명만을 <보기>에서 고른 것은?

> ㉠ 전 재산을 사회에 환원하여(역할 행동) 존경을 받아 온 ㉡ 기업가 갑의 과거가 새롭게 알려져 화제가 되고 있다. 젊은 시절 그는 평범한 ㉢ 가장(성취 지위)으로 살아가며 남몰래 ㉣ 독립 운동 단체(2차적·비공식적 사회화 기관)에서 활동하였다. 그러던 중 갑은 이 단체에서 비밀 작전을 지시받고, 작전을 수행하는 것과 가장으로서 책임을 다하는 것 사이에서 ㉤ 고민(역할 갈등)하였으나 결국 임무 수행을 위해 가족의 곁을 떠났다. 갑의 자녀들은 어린 시절 갑자기 떠난 ㉥ 아버지(성취 지위)를 원망하였지만, 그동안 몰랐던 갑의 과거를 알게 되어 아버지를 이해하게 되었다.

보기

ㄱ. ㉠은 ㉡으로서의 역할(역할 행동)이다.
ㄴ. ㉢은 ㉥과 달리 성취 지위(후천적으로 획득한 지위)이다.
ㄷ. ㉣은 2차적 사회화 기관(전문적인 지식이나 기능의 사회화가 이루어지는 곳)이다.
ㄹ. ㉤은 갑의 역할 갈등(반드시 역할끼리 충돌해야 함)에 해당한다.

① ㄱ, ㄴ ② ㄱ, ㄷ ③ ㄴ, ㄷ ④ ㄴ, ㄹ ⑤ ㄷ, ㄹ

| 자 | 료 | 해 | 설 |

귀속 지위는 선천적 · 자연적으로 주어지는 지위이고, 성취 지위는 개인의 능력이나 노력에 따라 후천적으로 획득한 지위이다. 1차적 사회화 기관은 기초적인 사회화가 이루어지는 기관이고, 2차적 사회화 기관은 전문적인 지식이나 기능의 사회화가 이루어지는 기관이다.

| 보 | 기 | 풀 | 이 |

ㄱ. 오답 : 갑이 전 재산을 사회에 환원한 것은 기업가로서의 역할 행동(수행)에 해당한다.

ㄴ. 오답 : '가장'과 '아버지'는 모두 개인의 능력이나 노력에 따라 후천적으로 획득한 성취 지위에 해당한다.

ㄷ. 정답 : '독립 운동 단체'는 전문적인 지식이나 기능의 사회화가 이루어지는 2차적 사회화 기관이며, 부수적으로 사회화가 이루어지는 비공식적 사회화 기관이다.

ㄹ. 정답 : 역할 갈등은 반드시 역할끼리 충돌해야 한다. ㉤은 비밀 작전을 수행하는 역할과 가장으로서 책임을 다하는 역할이 충돌하고 있으므로 역할 갈등에 해당한다.

출제분석 | 사회화, 지위, 역할과 관련된 문항은 수능과 모평에 거의 빠지지 않고 출제되는 단골손님이다. 사회화의 유형(예기 사회화, 재사회화), 사회화 기관(1차적 · 2차적 사회화 기관, 공식적 · 비공식적 사회화 기관), 지위의 종류(성취 지위, 귀속 지위), 역할(역할 행동, 역할 갈등) 등과 관련된 다양한 개념이 출제될 수 있다. 기출문제를 중심으로 관련 개념을 꼼꼼하게 정리해 둘 필요가 있다.

밑줄 친 ㉠~㉫에 대한 설명으로 옳은 것은?  [3점]

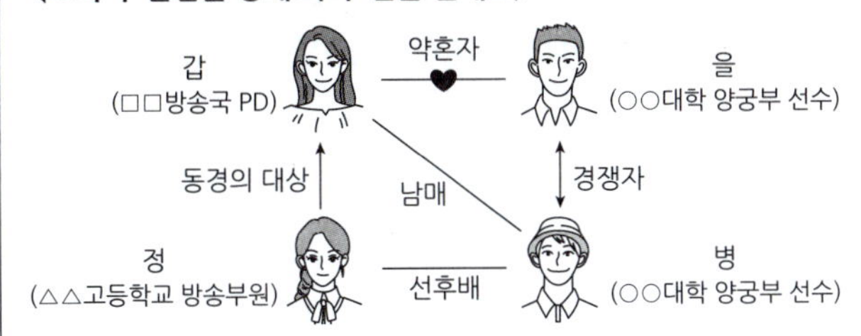

〈6화 줄거리〉 과연 갑의 선택은?

　〈5화〉에서 갑이 만드는 방송 프로그램을 참관하게 해 달라고 떼쓰는 정을 말리느라 고생했던 갑. 오늘은 또 어떤 고민을 하게 될까? 국가대표 최종 선발전에서 병을 이긴 을은 ㉠ 국가대표팀 선발 일정 때문에 미뤄두었던 웨딩 촬영을 하자고 하고, 병은 선발에서 ㉡ 탈락한 자신을 위로해 달라며 함께 가족 여행을 가자고 하는데, "하필이면 왜 같은 날 같은 시간인 거야!" 어떻게 해야 할지 ㉢ 고민에 빠진 갑!
　한편 스포츠 프로그램을 기획하고 있는 ㉣ □□방송국에서는 갑에게 을이 프로그램에 ㉤ 출연할 수 있도록 섭외하라고 한다. 자신과 가까운 사람들이 방송에 노출되는 것을 꺼리는 갑은 고민에 빠지는데…

비공식적 사회화 기관 → ㉠

역할 행동에 대한 제재 → ㉡

역할 갈등 ○ → ㉢

공식 조직, 이익 사회 → ㉣

① ㉠은 ~~공식적~~ 비공식적 사회화 기관이다.
② ㉢은 갑의 역할 갈등이다.
③ ㉣은 공식 조직이자 ~~자발적 결사체~~이다.
④ ㉡은 병의 ~~역할~~ 역할 행동에 대한 제재, ㉤은 을의 ~~역할~~ 역할 행동에 대한 보상이다.
⑤ 정의 방송부 활동은 ㉣ 입사를 위한 ~~재사회화~~이다.

|자|료|해|설|
사회화 기관은 사회화의 내용에 따라 1차적 사회화 기관과 2차적 사회화 기관으로 구분되고, 설립 목적에 따라 공식적 사회화 기관과 비공식적 사회화 기관으로 구분된다.

|선|택|지|풀|이|
① 오답 : 국가대표팀은 사회화 이외의 목적으로 형성되었으나 부수적으로 사회화 기능을 수행하는 비공식적 사회화 기관에 해당한다.
② 정답 : 갑은 약혼자로서 을과 웨딩 촬영을 해야 하는 역할과 남매로서 국가대표팀 선발에서 탈락한 병을 위로해줘야 하는 역할이 충돌하여 고민을 하고 있다. 따라서 ㉢은 갑의 역할 갈등에 해당한다.
③ 오답 : 방송국은 공식 조직에 해당하지만, 자발적 결사체에는 해당하지 않는다.
④ 오답 : 개인의 역할 행동에 따라 주어지는 것이 제재와 보상이다. 즉, 역할 자체는 제재와 보상이 될 수 없다. ㉡은 병이 국가대표팀 선발에서 탈락한 것이므로 이는 병의 역할 행동에 대한 제재에 해당한다. ㉤은 을이 프로그램에 출연한 것에 대한 보상에 해당하지 않는다.
⑤ 오답 : 재사회화는 사회 변화나 새로운 환경에 적응하기 위해 이전과는 다른 지식이나 규범, 가치 및 행동 양식 등을 습득하는 과정을 말한다. 정의 방송부 활동은 방송국 입사를 위한 재사회화에 해당하지 않는다.

😲 **추가 개념** | 개인의 역할 행동이 사회적 기대에 부합될 때 주어지는 상이나 칭찬 등을 보상이라고 하고, 개인의 역할 행동이 사회적 기대에 어긋날 때 주어지는 비난이나 처벌 등을 제재라고 한다.

😎 **출제분석** | 다양한 사회학적 개념을 묻는 문제로, 제시된 자료가 참신하다. 다양한 사례에서 파악할 수 있는 지위, 역할, 역할 행동, 역할 갈등, 사회화 기관, 사회 집단 등을 복합적으로 묻는 문제가 출제될 수 있다.

밑줄 친 ㉠~㉫에 대한 옳은 설명만을 〈보기〉에서 고른 것은?

귀속 지위 → ㉠
성취 지위 → ㉡

　A국 국왕의 ㉠ 장남으로 태어난 갑은 ㉡ 아버지가 사망함에 따라 A국의 왕위에 올라 정치적 영향력을 행사하였다. 한편, 중산층 가정에서 태어나 ㉢ 대학교에서 정치학을 전공하면서 정치인의 꿈을 가지게 된 을은 ㉣ 정당에 가입하여 활동하다가 A국 최초의 여성 총리가 되었다. 을은 몇 가지 정치적 사안을 두고 갑과 ㉤ 갈등을 빚기도 하였지만 국민들로부터 ㉫ 훌륭한 여성 정치인으로 인정받고 있다.

공식적 사회화 기관 → ㉢
비공식적 사회화 기관 → ㉣
역할 갈등 ✕ → ㉤
역할 행동에 대한 보상 → ㉫

보기
ㄱ. ㉠은 ㉡과 달리 귀속 지위이다.
ㄴ. ㉣은 ㉢과 달리 비공식적 사회화 기관이다.
ㄷ. ㉤은 을의 역할 갈등에 해당 ~~한다~~ 하지 않는다.
ㄹ. ㉫은 을의 ~~역할~~ 역할 행동에 대한 보상이다.

① ㄱ, ㄴ　② ㄱ, ㄷ　③ ㄴ, ㄷ　④ ㄴ, ㄹ　⑤ ㄷ, ㄹ

|자|료|해|설|
역할 행동은 특정 역할을 수행하는 구체적인 방식으로, 이러한 역할 행동이 사회적 기대에 부응하면 보상을 받고, 그렇지 않거나 반하는 경우에는 제재를 가한다.

|보|기|풀|이|
ㄱ. 정답 : 장남은 선천적으로 갖게 되는 지위인 귀속 지위에 해당하고, 아버지는 개인의 의지에 의해 후천적으로 얻게 되는 지위인 성취 지위에 해당한다.
ㄴ. 정답 : 대학교는 사회화를 목적으로 설립된 공식적 사회화 기관이고, 정당은 사회화를 목적으로 설립된 것은 아니지만 부수적으로 사회화 기능을 수행하는 비공식적 사회화 기관이다.
ㄷ. 오답 : 을은 정치적 사안으로 인해 갑과 갈등을 빚고 있으므로 이는 역할 간 충돌로 인해 나타나는 역할 갈등에 해당하지 않는다.
ㄹ. 오답 : 훌륭한 여성 정치인으로 인정받고 있는 것은 을의 정치인으로서의 역할 행동에 대한 보상이다.

밑줄 친 ㉠ ~ ㉤에 대한 설명으로 옳은 것은?

> 갑은 배구 선수였던 ㉠ 언니를 따라 초등학교 때 배구를 시작하였고 ㉡ 고등학교 졸업 후 바로 ㉢ 프로 배구팀에 입단하였다. 이후 소속 팀의 우승을 이끌어 ㉣ 최우수 선수상을 수상하였다. 갑은 해외 진출을 놓고 소속 팀과 ㉤ 갈등을 겪었으나 결국 해외 팀으로 이적하여 맹활약하였다.

① ㉠은 성취 지위이다.
② ㉡은 공식적 사회화 기관이다.
③ ㉢은 1차적 사회화 기관이다.
④ ㉣은 갑의 역할에 대한 보상이다.
⑤ ㉤은 갑의 역할 갈등이다.

|자|료|해|설|

지위는 한 개인이 집단이나 사회 속에서 차지하는 위치를 말하고, 역할은 일정한 지위에 대해 사회적으로 기대되는 행동 양식을 말하며, 역할 행동이란 개인이 자신에게 주어진 역할을 수행하는 구체적인 행동 방식을 말한다.

|선|택|지|풀|이|

① 오답 : 언니는 개인의 능력이나 노력과 관계없이 자연적으로 갖게 되는 지위이므로 귀속 지위에 해당한다.
② 정답 : 고등학교는 사회화를 목적으로 설립된 기관이므로 공식적 사회화 기관에 해당한다.
③ 오답 : 프로 배구팀은 전문적인 지식과 기능의 사회화를 담당하는 기관이므로 2차적 사회화 기관에 해당한다.
④ 오답 : 최우수 선수상을 수상한 것은 갑의 배구 선수로서의 역할 행동에 대한 보상이다.
⑤ 오답 : 해외 진출을 놓고 소속 팀과 겪는 갈등은 한 개인에게 요구되는 역할들이 충돌하여 나타나는 심리적 갈등이 아니므로 역할 갈등에 해당하지 않는다.

추가 학습 | 귀속 지위의 유형에는 태어나면서 갖게 되는 선천적인 지위와 시간의 흐름에 따라 일정한 연령에 도달하게 되면 얻는 지위가 있다. 태어나면서 갖게 되는 선천적인 지위에는 아들, 장녀 등이 있고, 시간의 흐름에 따라 얻게 되는 지위에는 청소년, 성인, 노인 등이 있다.

출제분석 | 지위, 역할, 역할 행동, 역할 갈등, 사회화 기관 등 여러 가지 사회학적 개념을 묻는 문제이다.

다음 사례에 대한 옳은 분석만을 〈보기〉에서 고른 것은? 3점

> ○ 갑은 대형 유통 업체에 취업하기 위해 회사를 알아보던 중, 영세한 식품 회사를 운영 중인 부모님이 함께 일하자고 간곡하게 요청하여 고민에 빠졌다. 결국 부모님의 회사에 입사하여 신입 사원 연수를 받았다. 그 후 회사 매출이 늘어나자 자신의 선택에 뿌듯해 하였다.
> ○ 을은 자신이 원하던 연구소에 취업하여 만족감을 느끼고 있었다. 동물 보호 단체 회원이기도 한 을은 연구소로부터 동물 대상 실험을 시행하라는 요구를 받자 고민에 빠졌다. 결국 을은 실험을 거부하고 동물 실험 반대 운동을 주도하여 동물 보호 단체로부터 감사장을 받았다.

보기

ㄱ. 갑은 귀속 지위와 성취 지위에 따른 역할 갈등을 경험하였다.
ㄴ. 을은 서로 다른 2차적 사회화 기관에서의 각 지위에 따른 역할 갈등을 경험하였다.
ㄷ. 갑은 을과 달리 공식적 사회화 기관에서 예기 사회화를 경험하였다.
ㄹ. 을은 갑과 달리 역할 행동에 대한 보상을 받았다.

① ㄱ, ㄴ   ② ㄱ, ㄷ   ③ ㄴ, ㄷ   ④ ㄴ, ㄹ   ⑤ ㄷ, ㄹ

|자|료|해|설|

성취 지위는 개인의 능력이나 노력에 따라 후천적으로 획득한 지위이고, 귀속 지위는 선천적 · 자연적으로 주어지는 지위이다. 1차적 사회화 기관은 기초적인 사회화가 이루어지는 기관이고, 2차적 사회화 기관은 전문적인 사회화가 이루어지는 기관이다. 공식적 사회화 기관은 사회화를 목적으로 설립된 기관이고, 비공식적 사회화 기관은 설립 목적은 따로 있지만 부수적으로 사회화가 이루어지는 기관이다.

|보|기|풀|이|

ㄱ. 오답 : 역할 갈등은 반드시 2개 이상의 서로 다른 역할끼리 충돌해야 한다. 어느 회사에 취업할지에 대한 고민은 서로 다른 역할끼리 충돌했다고 보기 어렵다. 따라서 갑은 역할 갈등을 경험하지 않았다.
ㄴ. 정답 : 동물 대상 실험에 대한 을의 고민은 연구소 직원으로서의 지위와 동물 보호 단체 회원으로서의 지위에 따른 역할 갈등에 해당한다. 연구소와 동물 보호 단체는 모두 2차적 · 비공식적 사회화 기관에 해당한다.
ㄷ. 오답 : 갑은 2차적 · 비공식적 사회화 기관인 회사에서 예기 사회화(신입 사원 연수)를 경험하였다.
ㄹ. 정답 : 을은 갑과 달리 역할 행동(동물 실험 반대 운동을 주도)에 대한 보상(감사장)을 받았다.

문제풀이 TIP | 역할 갈등은 반드시 서로 다른 역할끼리 충돌하여 발생하는 고민만 해당한다. 문제에 자주 나오는 취업에 대한 고민, 대학교 학과 선택에 대한 고민, 이사에 대한 고민 등은 역할끼리 충돌하였다고 보기 어려우므로 역할 갈등에 해당하지 않는다.

사회화 기관 + 지위 + 역할　　정답 ⑤　정답률 80%　2022년 10월 학평 6번　문제편 144p

밑줄 친 ㉠ ~ ㊀에 대한 설명으로 옳은 것은?

성취 지위

공식적·2차적 사회화 기관

갑은 ㉠ 아버지의 뜻에 따라 의예과에 진학하기 위해 열심히 공부했지만 낙방했다. 그 후 ㉡ 생물학과에 입학했으나 본인이 원하던 학과가 아니었기에 대학 생활은 뒷전으로 하고 ㉢ 지역 사진 동호회에 가입하여 활동하였다. 사진작가, 아나운서, ㉣ 외교관 등 다양한 진로에 대해 ㉤ 고민이 많던 갑은 어느 날 과학 철학서를 읽은 후 생물학 공부에 매진하게 되었다. 현재 ㉥ 세계적 권위의 생물학자로 존경받고 있는 갑은 평소의 신념에 따라 생태주의 운동을 표방하는 ㉦ ○○ 환경 단체에 가입하여 열정적으로 활동하고 있다.

비공식적·2차적 사회화 기관
역할 갈등 ×
성취 지위
역할 행동에 대한 보상
갑의 내집단이자 준거 집단임

① ㉠은 귀속(성취) 지위, ㉣은 성취 지위이다.
② ㉡은 2차적 사회화 기관, ㉢은 공식적(비공식적) 사회화 기관이다.
③ ㉤은 갑의 역할 갈등에 해당한다.(하지 않는다)
④ ㉥은 갑의 역할(역할 행동)에 대한 보상에 해당한다.
⑤ ㉦은 갑의 내집단이자 준거 집단이다.

|자|료|해|설|
역할 갈등은 한 개인에게 요구되는 역할들이 충돌하여 나타나는 심리적 갈등을 말한다.

|선|택|지|풀|이|
① 오답 : 아버지와 외교관은 모두 성취 지위에 해당한다.
② 오답 : 생물학과는 2차적 사회화 기관에 해당하고, 지역 사진 동호회는 비공식적 사회화 기관에 해당한다.
③ 오답 : ㉤은 갑이 진로에 대해 개인적으로 하는 고민이므로 역할 갈등에 해당하지 않는다.
④ 오답 : 갑이 세계적 권위의 생물학자로 존경받고 있는 것은 생물학자로서의 역할 행동에 대한 보상에 해당한다.
⑤ 정답 : ○○ 환경 단체는 갑이 소속되어 소속감을 느끼고 있는 집단이므로 내집단에 해당하고, 갑의 신념인 생태주의를 표방하고 있으므로 준거 집단에 해당한다.

추가 학습 | 특정 역할을 수행하는 구체적인 방식이 역할 행동인데, 이 역할 행동이 사회적 기대에 부응하면 보상을, 그렇지 않거나 반하는 경우에는 제재를 받는다.

출제분석 | 사회학적 개념을 묻는 문제이다. 사회화 기관, 지위, 역할, 역할 갈등 등 여러 가지 사회학적 개념을 묻는 문제가 출제되므로 기출 문제를 통해 다양한 문제를 접해 보도록 한다.

22

사회화 기관 + 지위 + 역할　　정답 ③　정답률 82%　2021년 4월 학평 17번　문제편 144p

밑줄 친 ㉠ ~ ㊀에 대한 설명으로 옳은 것은?

피아노 연주를 좋아했던 갑은 예술 고등학교에 가고 싶었지만 부모님의 반대로 일반 고등학교에 진학하였다. ㉠ 의사가 되길 바라는 부모님의 기대에 따라 갑은 학업에 열심히 임하면서도 ㉡ 피아노 동호회 활동에도 꾸준히 참여하였다. ㉢ 대학 입시를 앞두고 어떤 계열로 진학할지 ㉣ 고민하던 갑은 부모님을 설득해 결국 음대에 진학하였고 이후 ㉤ 세계적인 콩쿠르에서 입상하며 피아니스트로서 자신의 이름을 널리 알렸다.

성취 지위
비공식적, 2차적 사회화 기관
공식적, 2차적 사회화 기관
역할 간 충돌 ×
역할 행동에 따른 보상

① ㉠은 귀속(성취) 지위에 해당한다.
② ㉡은 공식적(비공식적) 사회화 기관에 해당한다.
③ ㉢은 2차적 사회화 기관에 해당한다.
④ ㉣은 갑의 역할 갈등에 해당한다.(해당하지 않는다)
⑤ ㉤은 갑의 역할(역할 행동)에 대한 보상에 해당한다.

|자|료|해|설|
공식적 사회화 기관은 사회화를 목적으로 설립되어 공식적이고 체계적인 사회화를 담당하며, 비공식적 사회화 기관은 사회화를 목적으로 설립되지는 않았으나 부수적으로 사회화의 역할도 수행한다. 또한 1차적 사회화 기관은 기초적인 수준의 사회화를 담당하며, 2차적 사회화 기관은 전문적이고 심화된 수준의 사회화를 담당한다. 역할은 개인이 가진 지위에 대하여 소속 집단이나 사회가 기대하는 행동 방식이며, 역할 행동은 개인이 자신에게 기대되는 역할을 실제로 수행하는 구체적인 행동이다.

|선|택|지|풀|이|
① 오답 : 의사는 개인의 노력이나 의지를 통해 후천적으로 획득한 성취 지위에 해당한다.
② 오답 : 비공식적 사회화 기관은 사회화를 목적으로 설립되지는 않았으나 부수적으로 사회화의 역할도 수행하는 사회화 기관이다. 따라서 ㉡은 비공식적 사회화 기관에 해당한다.
③ 정답 : 2차적 사회화 기관은 전문적이고 심화된 수준의 사회화를 담당하는 사회화 기관이다. 따라서 ㉢은 2차적 사회화 기관에 해당한다.
④ 오답 : 역할 갈등은 개인에게 요구되는 서로 다른 역할들이 충돌하여 나타나는 심리적 갈등이다. 어떤 계열로 진학할지 고민하는 것은 서로 다른 역할 간 충돌이 아니므로 ㉣은 갑의 역할 갈등에 해당하지 않는다.
⑤ 오답 : 역할 행동은 개인이 자신에게 기대되는 역할을 실제로 수행하는 구체적인 행동이며, 개인의 역할 행동에 따라 보상과 제재가 주어진다. 따라서 ㉤은 갑의 역할 행동에 대한 보상에 해당한다.

문제풀이 TIP | 어떤 사회적 행위에 대한 보상은 그 행위가 실제로 행해져야 그에 대한 급부로 주어지므로, '역할 행동'에 대해 보상이 가능함에 유의해야 한다.

출제분석 | 지위, 역할, 사회화에 관한 문항은 매년 출제되고 있다. 역할 갈등의 의미를 정확히 이해하고 있는지, 사회화 기관의 유형별 구분 기준을 정확히 이해하고 있는지를 묻는 경우가 많다. 따라서 관련 개념에 대한 정확한 이해가 필수적이다.

23 사회화 기관 + 지위 + 역할 + 사회 집단

정답 ⑤ | 정답률 67% | 2025학년도 6월 모평 11번 | 문제편 144p

다음 자료에 대한 설명으로 옳은 것은?

공식적 사회화 기관

> 갑은 ㉠ ○○대학교 외식조리학과를 졸업하고 열심히 노력한 끝에 국내 최고 ㉡ 호텔의 수석 요리사이자 ㉢ 요리사 협회의 임원으로 활동하고 있다. 그가 만드는 고가의 코스 요리는 음식의 예술화를 표방하고 엄격한 식사 예절을 요구하여 시간에 여유가 있는 ㉣ 상류층을 대상으로 한다. 이 식당에는 저명인사들의 사교 모임으로 알려진 ㉤ △△클럽 구성원들이 종종 방문한다. 어릴 때부터 상류층의 문화를 동경했던 갑은 자신이 속한 조직에서 좋은 대우를 받음에도 자신이 원하는 △△클럽에 들어갈 수 없다는 점에서 현재 상태에 대한 불만을 가지고 있다. 이에 갑은 △△클럽 회원들이 많이 거주하는 지역으로 이사할 것인지 ㉥ 고민하고 있다. 하지만 현실적인 어려움에 좌절감을 느낀 갑은 △△클럽 회원들이 좋아하는 코스 요리를 조리하여 맛보며 자신의 마음을 달래곤 한다.

비공식적 사회화 기관 / 자발적 결사체 / 갑의 외집단 × / 자발적 결사체 / 소속 집단과 준거 집단의 불일치 / 역할 갈등 ×

① ㉠, ㉡은 모두 비공식적 사회화 기관이다.
② ㉢과 달리 ㉤은 자발적 결사체에 해당한다.
③ ㉣은 갑의 외집단이다.으로 볼 수 없다
④ ㉥은 갑의 역할 갈등에 해당한다.하지 않는다
⑤ 갑은 소속 집단과 준거 집단의 불일치를 경험하고 있다.

|자|료|해|설|
소속 집단과 준거 집단이 일치하지 않는 경우 소속 집단에 대해 불만이나 상실감, 상대적 박탈감을 가질 수 있다.

|선|택|지|풀|이|
① 오답 : ○○대학교는 공식적 사회화 기관에 해당하고, 호텔은 비공식적 사회화 기관에 해당한다.
② 오답 : 요리사 협회와 △△클럽은 모두 자발적 결사체에 해당한다.
③ 오답 : 상류층은 일정한 요인에 따라 범주화된 것으로 사회 집단에 해당하지 않으며, 갑이 상류층에 대해 적대감을 갖고 있지 않으므로 갑의 외집단으로 볼 수 없다.
④ 오답 : ㉥은 △△클럽 회원들이 많이 거주하는 지역으로 이사할 것인지를 고민하는 것으로, 갑의 역할 간 충돌로 인해 발생하는 역할 갈등에 해당하지 않는다.
⑤ 정답 : 갑은 자신이 속한 조직에서 좋은 대우를 받음에도 자신이 원하는 △△클럽에 들어갈 수 없다는 점에서 불만을 가지고 있으므로 소속 집단과 준거 집단의 불일치를 경험하고 있다.

추가 개념 | 소속 집단은 어느 개인이 집단의 구성원으로 참여하는 집단을 말하며, 내집단은 어느 개인이 소속감을 갖는 집단을 말한다. 우리가 특정 집단에 소속되어 있다고 하더라도 그 집단에 대해 싫어하는 감정이 매우 강할 경우 내집단으로 받아들이지 않을 수 있다는 점에서 소속 집단이 반드시 내집단은 아니다.

출제분석 | 사회화 기관, 지위, 역할, 사회 집단 등을 복합적으로 파악하는 문제이다. 다양한 사회학적 개념을 묻는 문제가 출제될 수 있으므로 관련 개념을 정확하게 이해해 두도록 한다.

24 사회화 기관 + 지위 + 역할 + 사회 집단

정답 ① | 정답률 79% | 2022학년도 6월 모평 13번 | 문제편 144p

밑줄 친 ㉠ ~ ㉦에 대한 설명으로 옳은 것은? 3점

> 미국으로 건너간 이주자 갑은 준비했던 사업에 실패한 후 가족의 생계 유지를 위해 무슨 일을 해야 할지 ㉠ 고민하다 과일 농장에 취업하였다. 갑의 ㉡ 남편인 을 역시 가계에 보탬이 되고자 ㉢ 대형 할인점에서 ㉣ 직원으로 일하기 시작하였다. 한편, 아들 병은 ㉤ 미국 고등학교에 ㉥ 적응하지 못한 채 방황을 계속하였다. 결국 병은 다니던 학교를 그만두고 홈스쿨링(homeschooling)을 하고 싶다고 하였다. 이런 모습을 지켜보던 갑과 을은 미국 학교에 병이 적응할 때까지 기다릴지, 홈스쿨링을 시킬지를 두고 ㉦ 갈등을 빚었다.

역할 갈등 × / 2차적 · 비공식적 사회화 기관 / 성취 지위 / 성취 지위 / 병의 내집단 ×, 병의 준거 집단 × / 역할 갈등 ×

① ㉢은 2차적 사회화 기관이자 비공식적 사회화 기관이다.
② ㉤은 병의 내집단이자 준거 집단이다.에 해당하지 않는다
③ ㉥은 병의 역할 행동에 대한 제재이다.에 해당하지 않는다
④ ㉡은 ㉣과 달리 개인의 노력을 통해 후천적으로 획득한 지위이다. (모두)
⑤ ㉦은 ㉠과 달리 갑의 역할 갈등에 해당하지 않는다. (모두)

|자|료|해|설|
사회화 기관은 사회화 내용에 따라 1차적 사회화 기관과 2차적 사회화 기관으로 구분할 수 있고, 설립 목적에 따라 공식적 사회화 기관과 비공식적 사회화 기관으로 구분할 수 있다.

|선|택|지|풀|이|
① 정답 : 대형 할인점은 직장으로, 이는 전문적이고 심화된 수준의 사회화를 담당하는 2차적 사회화 기관이면서 사회화를 목적으로 설립되지는 않았으나 부수적으로 사회화의 역할을 수행하는 비공식적 사회화 기관에 해당한다.
② 오답 : 병은 미국 고등학교에 적응하지 못하고 학교를 그만두고 싶어 한다. 따라서 미국 고등학교는 병의 내집단과 준거 집단 모두에 해당하지 않는다.
③ 오답 : 병이 미국 고등학교에 적응하지 못하고 방황을 계속하는 것은 병의 역할 행동에 대한 제재에 해당하지 않는다.
④ 오답 : 남편과 직원은 모두 개인의 노력을 통해 후천적으로 획득한 성취 지위에 해당한다.
⑤ 오답 : ㉠과 ㉦은 모두 갑에게 요구되는 서로 다른 역할들이 충돌하여 나타나는 심리적 갈등으로 볼 수 없으므로 갑의 역할 갈등에 해당하지 않는다.

추가 학습 | 역할 갈등은 지위의 수와 상관없이 개인에게 긴장을 유발하는 역할 충돌로 인해 나타나는 심리적 갈등이다.

출제분석 | 지위, 역할, 역할 행동, 역할 갈등, 사회화 기관 등 여러 가지 사회학적 개념을 묻고 있다. 다양한 사례를 제시하여 사례에서 파악할 수 있는 사회학적 개념을 묻는 문제가 출제되므로 사회학적 개념에 대한 이해를 정확하게 해 두도록 한다.

다음 자료에 대한 설명으로 옳은 것은? 3점

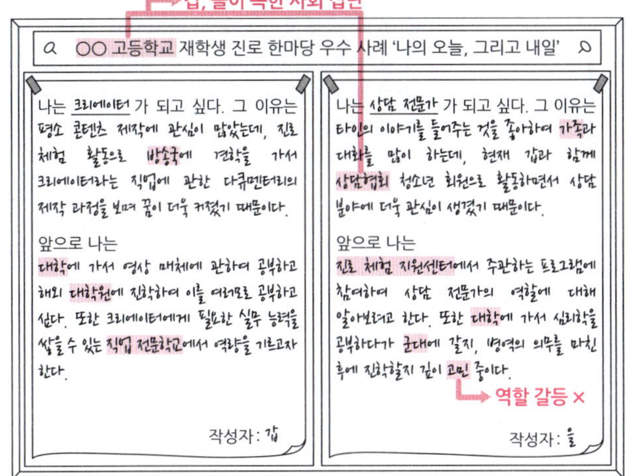

① 갑이 작성한 내용에 나타난 1차 집단이자 공동 사회에 해당하는 사회 집단은 <s>1</s>개이다. 〔0〕

② <s>갑과 달리</s> 을은 성취 지위에 따른 역할 갈등을 경험하<s>였다</s>. 〔지 못하였다〕

③ <s>을과 달리</s> 갑은 비공식 조직에 속해 있<s>다</s>. 〔지 않다〕

④ 갑이 속한 이익 사회의 개수는 을이 속한 2차적 사회화 기관의 개수와 같다. 〔◯◯ 고등학교, 상담협회〕 〔◯◯ 고등학교, 상담협회〕

⑤ 갑이 작성한 내용에 나타난 공식적 사회화 기관의 개수는 을이 작성한 내용에 나타난 이익 사회의 개수와 <s>같다</s>. 〔다르다〕 〔대학, 대학원, 직업 전문학교〕 〔상담협회, 진로 체험 지원센터, 대학, 군대〕

|자|료|해|설|

제시된 자료에서 갑과 을이 공통으로 속해 있는 사회 집단은 ◯◯ 고등학교와 상담협회이다.

|선|택|지|풀|이|

① 오답 : 갑이 작성한 내용에서 1차 집단이자 공동 사회에 해당하는 사회 집단은 없다.

② 오답 : 을이 대학에서 심리학을 공부하다가 군대에 갈지, 병역의 의무를 마친 후에 대학에 진학할지 고민하는 것은 역할 간 충돌로 인한 역할 갈등에 해당하지 않는다.

③ 오답 : 갑이 속해 있는 사회 집단은 ◯◯ 고등학교와 상담협회로, 이는 모두 비공식 조직에 해당하지 않는다.

④ 정답 : 갑이 속한 이익 사회는 ◯◯ 고등학교와 상담협회이고, 을이 속한 2차적 사회화 기관은 ◯◯ 고등학교와 상담협회이다. 따라서 갑이 속한 이익 사회의 개수와 을이 속한 2차적 사회화 기관의 개수는 각각 2개로 같다.

⑤ 오답 : 갑이 작성한 내용에 나타난 공식적 사회화 기관은 대학, 대학원, 직업 전문학교이고, 을이 작성한 내용에 나타난 이익 사회는 상담협회, 진로 체험 지원센터, 대학, 군대이다. 따라서 갑이 작성한 내용에 나타난 공식적 사회화 기관의 개수는 을이 작성한 내용에 나타난 이익 사회의 개수보다 적다.

😲 **문제풀이 T I P** | 갑과 을이 작성한 내용에 나타난 사회 집단 및 사회 조직과 갑과 을이 속해 있는 사회 집단 및 사회 조직을 혼동하지 않도록 한다.

😲 **출제분석** | 사회 집단과 사회 조직의 유형을 파악하는 문제이다. 다양한 사례를 통해 사회 집단 및 사회 조직의 유형을 파악하는 문제가 출제될 수 있다.

밑줄 친 ⊙~ⓐ에 대한 설명으로 옳은 것은? 3점

① ⓒ은 2차 집단이자 <s>비</s>공식 조직이다.

② ⓖ은 갑의 역할 행동에 대한 제재<s>이다</s>. 〔에 해당하지 않는다〕

③ ⓐ은 <s>1</s>차적 사회화 기관을 통해 이루어진 사회화이다. 〔2〕

④ ⊙과 ⓕ은 <s>모두</s> 성취 지위이다.

⑤ ⓒ은 ⓔ과 달리 공식적 사회화 기관이다.

|자|료|해|설|

사회화 기관은 사회화의 내용에 따라 1차적 사회화 기관과 2차적 사회화 기관으로 구분되고, 설립 목적에 따라 공식적 사회화 기관과 비공식적 사회화 기관으로 구분된다.

|선|택|지|풀|이|

① 오답 : ◯◯대학교 조선공학과는 2차 집단이자 공식 조직에 해당한다.

② 오답 : △△조선을 2년 만에 자진 퇴사한 것은 갑의 역할 행동에 대한 제재에 해당하지 않는다.

③ 오답 : 항공기 정비 업무에 필요한 사내 교육 과정을 수료한 것은 2차적 사회화 기관인 항공사를 통해 이루어진 사회화에 해당한다.

④ 오답 : 청소년은 귀속 지위에 해당하고, 항공기 정비사는 성취 지위에 해당한다.

⑤ 정답 : ◯◯대학교는 공식적 사회화 기관에 해당하고, △△조선은 비공식적 사회화 기관에 해당한다.

😲 **추가 학습** | 1차적 사회화는 유아기, 아동기 무렵에 가족, 또래 집단 등 주변의 가까운 사람들에 의해 이루어지는 사회화로, 원초적 사회화라고도 한다. 2차적 사회화는 1차적 사회화 이후 의도적인 교육과 훈련 등을 통해 평생 동안 이루어지는 사회화이다.

다음 자료에 대한 설명으로 옳은 것은? 3점

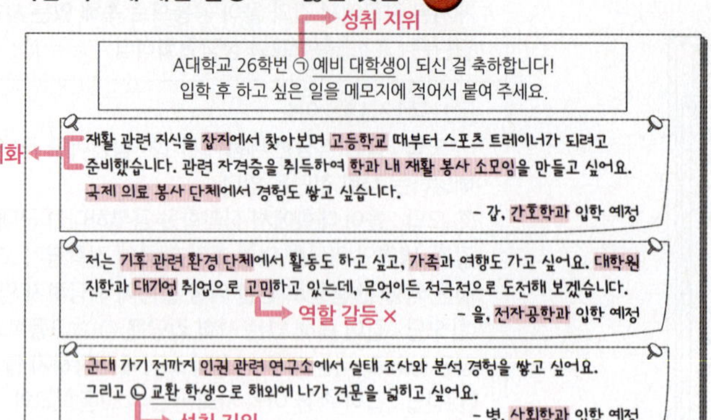

성취 지위 / 예기 사회화 / 역할 갈등 × / 성취 지위

① ㉠과 달리 ㉡은 성취 지위이다.
② 자료에서 역할 갈등과 예기 사회화의 사례를 확인할 수 있다.
③ 갑의 메모지에 적혀 있는 비공식 조직의 개수가 을의 메모지에 적혀 있는 1차 집단의 개수보다 1개 많다. 와 같다

1개(학과 내 재활 봉사 소모임) / 1개(가족)

④ 을의 메모지에 적혀 있는 공식적 사회화 기관의 개수와 자발적 결사체의 개수는 같다. 다르다

2개(대학원, 전자공학과) / 1개(기후 관련 환경 단체)

⑤ 병의 메모지에 적혀 있는 이익 사회의 개수는 갑의 메모지에 적혀 있는 비공식적 사회화 기관의 개수와 같다.

3개(군대, 인권 관련 연구소, 사회학과) / 3개(잡지, 학과 내 재활 봉사 소모임, 국제 의료 봉사 단체)

😮 **문제풀이 TIP** | 각 메모지에 적혀 있는 사회 집단에 표시를 해 보도록 한다.

😀 **출제분석** | 지위, 사회화, 사회 집단 등을 파악하는 문제이다. 사례에 제시되어 있는 사회 집단과 속해 있는 사회 집단을 구분하는 문제가 출제될 수 있다.

|자|료|해|설|

갑의 메모지에 적혀 있는 사회 집단은 잡지, 고등학교, 학과 내 재활 봉사 소모임, 국제 의료 봉사 단체, 간호학과이고, 을의 메모지에 적혀 있는 사회 집단은 기후 관련 환경 단체, 가족, 대학원, 대기업, 전자공학과이며, 병의 메모지에 적혀 있는 사회 집단은 군대, 인권 관련 연구소, 사회학과이다.

|선|택|지|풀|이|

① 오답 : 예비 대학생과 교환 학생은 모두 성취 지위에 해당한다.

② 오답 : 갑이 재활 관련 지식을 잡지에서 찾아보며 스포츠 트레이너가 되기 위해 준비한 것은 예기 사회화에 해당한다. 을이 대학원 진학과 대기업 취업을 고민하는 것은 역할 간 충돌로 나타나는 역할 갈등에 해당하지 않는다.

③ 오답 : 갑의 메모지에 적혀 있는 비공식 조직은 학과 내 재활 봉사 소모임이고, 을의 메모지에 적혀 있는 1차 집단은 가족이다. 따라서 갑의 메모지에 적혀 있는 비공식 조직의 개수와 을의 메모지에 적혀 있는 1차 집단의 개수는 각각 1개로 같다.

④ 오답 : 을의 메모지에 적혀 있는 공식적 사회화 기관은 대학원과 전자공학과이고, 을의 메모지에 적혀 있는 자발적 결사체는 기후 관련 환경 단체이다. 따라서 을의 메모지에 적혀 있는 공식적 사회화 기관의 개수가 자발적 결사체의 개수보다 많다.

⑤ 정답 : 병의 메모지에 적혀 있는 이익 사회는 군대, 인권 관련 연구소, 사회학과이고, 갑의 메모지에 적혀 있는 비공식적 사회화 기관은 잡지, 학과 내 재활 봉사 소모임, 국제 의료 봉사 단체이다. 따라서 병의 메모지에 적혀 있는 이익 사회의 개수와 갑의 메모지에 적혀 있는 비공식적 사회화 기관의 개수는 각각 3개로 같다.

다음 자료에 대한 옳은 설명만을 〈보기〉에서 고른 것은? 3점

갑과 을이 소속된 공식 조직

웹(Web) 소설 다음 회 예고

A 회사 회계 팀 직원 갑은 오늘도 회사 복지 팀으로부터 호출을 받았다. 회사는 사원들의 사내 동호회 결성과 참여를 장려하고 있는데, 갑은 회사 생활을 하면서 다른 직원들과의 갈등으로 마음고생을 한 경험이 있어 모든 사내 동호회 가입을 거부하고 있기 때문이다.
A 회사 복지 팀 팀장 을은 회사 내 같은 노동조합에서 활동하고 있는 갑 때문에 신경이 쓰인다. 을은 갑의 사정을 알면서도 사내 동호회 가입을 권유하는 것은 동료 직원으로서 해서는 안 된다고 생각한다. 하지만 직원들의 사내 동호회 참여율을 높이라는 경영진의 지시가 있어 갑에게 자신이 활동 중인 회사 내 사진 동호회라도 가입하라고 해야 할지 고민된다.

갑과 을이 모두 소속된 자발적 결사체이자 공식 조직 / 을이 소속된 비공식 조직 / 을의 역할 갈등 ○ / 갑의 역할 갈등 ×

보기

ㄱ. 갑의 역할 갈등과 을의 역할 갈등이 나타나 있다.
ㄴ. 갑과 을이 모두 소속된 자발적 결사체 1개가 나타나 있다.
ㄷ. 갑과 을이 모두 소속된 공식적 사회화 기관이 나타나 있다.
ㄹ. 갑이 소속된 공식 조직과 을이 소속된 비공식 조직이 나타나 있다.

비 / A 회사, 노동조합 / 회사 내 사진 동호회

① ㄱ, ㄴ ② ㄱ, ㄷ ③ ㄴ, ㄷ ④ ㄴ, ㄹ ⑤ ㄷ, ㄹ

|자|료|해|설|

갑과 을은 모두 A 회사와 노동조합에 소속되어 있고, 을은 갑과 달리 회사 내 사진 동호회에 소속되어 있다.

|보|기|풀|이|

ㄱ. 오답 : 갑의 경우 회사 생활을 하면서 다른 직원들과 갈등을 겪었던 경험이 있는데, 이는 역할 갈등에 해당하지 않는다. 을의 경우 A 회사 복지 팀 팀장으로서의 역할과 동료 직원으로서의 역할 간 충돌로 인해 고민하고 있으므로 이는 역할 갈등에 해당한다.

ㄴ. 정답 : 갑과 을은 모두 노동조합에 소속되어 있는데, 노동조합은 자발적 결사체에 해당한다.

ㄷ. 오답 : 갑과 을은 모두 A 회사와 노동조합에 소속되어 있다. A 회사와 노동조합은 모두 비공식적 사회화 기관에 해당한다.

ㄹ. 정답 : 갑이 소속된 공식 조직은 A 회사와 노동조합이고, 을이 소속된 비공식 조직은 회사 내 사진 동호회이다.

😮 **문제풀이 TIP** | 갑과 을이 모두 소속되어 있는 사회 집단과 갑과 을 중 한 명만 소속되어 있는 사회 집단을 구분할 수 있어야 한다.

😀 **출제분석** | 사회화 기관, 역할 갈등, 사회 집단 등 다양한 사회학적 개념을 묻는 문제이다. 다양한 사례에 나타난 사회학적 개념을 묻는 문제가 출제될 수 있으므로 사회학적 개념을 정확하게 이해해 두도록 한다.

밑줄 친 ㉠~◎에 대한 설명으로 옳은 것은? 3점

① ㉠은 갑의 역할에 대한 보상이다.

② ㉡, ㉣은 모두 성취 지위에 해당한다.

③ ㉢, ㉥은 모두 공식적 사회화 기관에 해당한다.

④ ㉤은 비공식 조직, ㉥은 공식 조직에 해당한다.

⑤ ㉦은 2차 집단, ◎은 1차 집단에 해당한다.

|자|료|해|설|

개인의 역할 행동이 사회적 기대에 부합될 때 주어지는 상이나 칭찬 등은 보상에 해당하고, 개인의 역할 행동이 사회적 기대에 어긋날 때 가해지는 비난이나 처벌 등은 제재로 볼 수 있다.

|선|택|지|풀|이|

① 오답 : 남우 주연상을 수상한 것은 갑의 역할 행동에 대한 보상이다.

② 정답 : 아역 배우와 아내는 모두 개인의 의지나 노력에 의해 후천적으로 얻게 되는 성취 지위에 해당한다.

③ 오답 : △△예술고등학교는 공식적 사회화 기관에 해당하고, □□기획사는 비공식적 사회화 기관에 해당한다.

④ 오답 : ☆☆팬클럽은 비공식 조직에 해당하지 않고, □□기획사는 공식 조직에 해당한다.

⑤ 오답 : 시청자는 사회 집단이 아니므로 2차 집단에 해당한다고 볼 수 없고, 가족은 1차 집단에 해당한다.

문제풀이 T I P | 사회 집단은 둘 이상의 사람이 소속감과 공동체 의식을 가지고 지속적인 상호 작용을 하는 모임을 말한다.

다음 자료에 대한 설명으로 옳은 것은?

예능 프로그램 〈인연 만들기〉 대본

[장면 1] (내레이션) : 이번 회는 연하남, 연상녀와 결혼하고 싶은 사람들의 특집입니다. 먼저 자기소개를 들어볼까요?

이익 사회

[장면 2] 갑 : □□기업에서 프로그래머로 근무 중입니다. 대학교 때는 경영학을 공부했으나, 진로에 대한 고민 끝에 선택한 현재 직업에 매우 만족하고 있습니다. 바다낚시 동호회에서 함께 활동하고 있는 을과 낚시를 자주 다닙니다.

이익 사회
역할 갈등 ×
이익 사회, 자발적 결사체

비공식 조직

[장면 3] 을 : 여행을 좋아하여 △△은행 사내 여행 동아리에서 활동한 적이 있습니다. 해외 여행 관련 회사 창업을 고민하던 중에 고등학교 총동창회에서 함께 활동하는 병의 조언에 따라 은행을 그만두고, 대학원에 진학하여 관광 경영에 관한 공부를 다시 하고 있습니다.

자발적 결사체, 2차 집단
비공식적 사회화 기관, 2차 집단
역할 갈등 ×
예기 사회화

[장면 4] 병 : ○○방송국의 프로듀서로 일하면서 영화감독이 되기 위해 시나리오를 구상 중입니다. 대학교를 졸업한 후 을과 함께 △△은행에서 주최한 모의 주식 투자 대회에서 입상한 적이 있습니다. 주말에는 동물 보호 단체 회원으로 봉사 활동을 합니다.

비공식적 사회화 기관
비공식적 사회화 기관, 2차 집단

① [장면 1]에 적혀 있는 내용에는 성취 지위가, [장면 3]에 적혀 있는 내용에는 비공식 조직이 있다.

② [장면 2]에 적혀 있는 이익 사회의 개수는 [장면 4]에 적혀 있는 비공식적 사회화 기관의 개수보다 적다.

③ 갑은 을과 달리 역할 갈등이 해소되어 준거 집단과 소속 집단이 일치한다.

④ 을이 속해 있는 자발적 결사체의 개수는 병이 속해 있는 2차 집단의 개수보다 적다.

⑤ 대본에는 갑의 재사회화와 을, 병의 예기 사회화 내용이 적혀 있다.

|자|료|해|설|

재사회화는 사회 변화나 새로운 환경에 적응하기 위해 이전과는 다른 지식이나 규범, 가치 및 행동 양식 등을 습득하는 것을 말하고, 예기 사회화는 미래에 속하게 되거나 속하기를 기대하는 집단에서 요구되는 행동 양식을 미리 학습하는 과정을 말한다.

|선|택|지|풀|이|

① 오답 : [장면 1]에 적혀 있는 내용에는 성취 지위가 나타나 있지 않고, [장면 3]에 적혀 있는 내용에는 비공식 조직에 해당하는 △△은행 사내 여행 동아리가 나타나 있다.

② 오답 : [장면 2]에 적혀 있는 이익 사회는 □□기업, 대학교, 바다낚시 동호회이고, [장면 4]에 적혀 있는 비공식적 사회화 기관은 ○○방송국, △△은행, 동물 보호 단체이다. 따라서 [장면 2]에 적혀 있는 이익 사회의 개수와 [장면 4]에 적혀 있는 비공식적 사회화 기관의 개수는 각각 3개로 같다.

③ 오답 : 갑의 진로에 대한 고민은 역할 갈등에 해당하지 않는다.

④ 정답 : 을이 속해 있는 자발적 결사체는 바다낚시 동호회와 고등학교 총동창회이고, 병이 속해 있는 2차 집단은 고등학교 총동창회, ○○방송국, 동물 보호 단체이다. 따라서 을이 속해 있는 자발적 결사체의 개수(2개)는 병이 속해 있는 2차 집단의 개수(3개)보다 적다.

⑤ 오답 : 갑의 경우 대학교 때 경영학을 공부한 것은 재사회화에 해당하지 않고, 을의 경우 대학원에 진학하여 관광 경영에 관한 공부를 하고 있는 것은 예기 사회화에 해당하며, 병의 경우 영화감독이 되기 위해 시나리오를 구상 중인 것은 예기 사회화에 해당하지 않는다. 즉, 대본에는 을의 예기 사회화 내용만 적혀 있다.

문제풀이 T I P | 먼저 선지를 보고 선지에서 묻는 개념을 파악하는 것이 효율적이다. 갑~병이 중복되어 속해 있는 사회 집단과 사회 조직을 꼼꼼하게 파악하도록 한다.

출제분석 | 여러 가지 사회학적 개념을 파악하는 문제이다. 사회 집단과 사회 조직의 유형 개수를 묻는 문제가 고난도로 출제될 수 있으므로 기출 문제에서 고난도 문제 중심으로 접해 보도록 한다.

다음 자료에 대한 옳은 설명만을 〈보기〉에서 있는 대로 고른 것은?

(3점)

보기

ㄱ. 갑과 을이 함께 속한 이익 사회의 개수는 2개이다. (3)

ㄴ. 갑과 을이 함께 속한 비공식 조직의 개수는 1개이다.

ㄷ. 갑과 을이 속한 비공식적 사회화 기관의 개수는 각각 2개이다.

ㄹ. 갑과 을이 대답한 내용에 나타난 2차적 사회화 기관이면서 자발적 결사체인 것의 개수는 4개이다.

① ㄱ, ㄷ　　　② ㄴ, ㄹ　　　③ ㄷ, ㄹ
④ ㄱ, ㄴ, ㄷ　　　⑤ ㄱ, ㄴ, ㄹ

구분	속해 있는 집단
갑	○○ 지역 토론 동호회, ◇◇ 대학교, 교내 사회탐구 동아리
을	○○ 지역 토론 동호회, ◇◇ 대학교, 교내 사회탐구 동아리, ○○ 지역 봉사단체, 교내 산악회

| 자 | 료 | 해 | 설 |

제시된 자료를 통해 갑과 을이 속해 있는 집단을 나타내면 첨삭과 같다.

| 보 | 기 | 풀 | 이 |

ㄱ. 오답 : 갑과 을이 함께 속한 이익 사회는 ○○ 지역 토론 동호회, ◇◇ 대학교, 교내 사회탐구 동아리로, 3개이다.

ㄴ. 정답 : 갑과 을이 함께 속한 비공식 조직은 교내 사회탐구 동아리로, 1개이다.

ㄷ. 오답 : 갑이 속한 비공식적 사회화 기관은 ○○ 지역 토론 동호회와 교내 사회탐구 동아리로, 2개이다. 을이 속한 비공식적 사회화 기관은 ○○ 지역 토론 동호회, 교내 사회탐구 동아리, ○○ 지역 봉사단체, 교내 산악회로, 4개이다.

ㄹ. 정답 : 갑과 을이 대답한 내용에 나타난 사회 집단은 ◇◇ 대학교, ○○ 지역 토론 동호회, 교내 사회탐구 동아리, ○○ 지역 봉사단체, 교내 산악회, 신문사이다. 이 중 2차적 사회화 기관이면서 자발적 결사체인 것은 ○○ 지역 토론 동호회, 교내 사회탐구 동아리, ○○ 지역 봉사단체, 교내 산악회로, 4개이다.

문제풀이 TIP | 대화에 나타난 사회 집단을 표시해 두고 보기에서 묻는 사회 집단의 유형에 해당하는지의 여부를 판단해 보도록 한다.

출제분석 | 사회 집단의 유형을 파악하는 문제이다. 속해 있는 사회 집단과 내용에 나타난 사회 집단을 구분하여 묻는 문제가 출제될 수 있다.

다음 자료에 대한 설명으로 옳은 것은?

자발적 결사체 × → 성취 지위 → 이익 사회, 공식 조직, 비공식적 사회화 기관

ⓐ 중학교 때 갑은 ⓑ 어머니를 따라 ⓒ 환경 단체에 가입해 지금까지 함께 활동하고 있다. ⓓ 회사의 ⓔ 사장인 어머니가 고등학교에 입학한 갑에게 학업을 위해 환경 단체 활동을 그만두라고 하여, 갑은 어머니와 ⓕ 갈등하고 있다.

이익 사회　성취 지위　자발적 결사체 ×, 이익 사회　역할 갈등 ×

① 갑과 갑의 어머니가 각각 속해 있는 이익 사회의 개수는 같다.

② ⓐ과 달리 ⓓ은 자발적 결사체이다. (에 해당하지 않는다)

③ ⓒ은 공식 조직이자 공식적 사회화 기관이다.

④ ⓕ과 달리 ⓑ은 귀속 지위이다. (비공식적／성취)

⑤ ⓕ은 갑의 역할 갈등이다. (에 해당하지 않는다)

문제풀이 TIP | 갑은 중학교를 졸업하고 현재 고등학교에 다니고 있으므로 중학교는 갑이 현재 속해 있는 이익 사회에 해당하지 않는다.

출제분석 | 다양한 사회학적 개념을 파악하는 문제이다. 제시된 사례에서 지위, 역할, 역할 갈등, 사회화 기관, 사회 집단과 사회 조직 등을 파악하는 문제가 출제되므로 기출 문제를 통해 다양한 사례를 접해 보도록 한다.

| 자 | 료 | 해 | 설 |

갑은 고등학교와 환경 단체에 속해 있고, 갑의 어머니는 회사와 환경 단체에 속해 있다.

| 선 | 택 | 지 | 풀 | 이 |

① 정답 : 갑은 고등학교와 환경 단체에 속해 있고, 갑의 어머니는 회사와 환경 단체에 속해 있다. 고등학교, 환경 단체, 회사는 모두 이익 사회에 해당한다. 따라서 갑과 갑의 어머니가 각각 속해 있는 이익 사회의 개수는 2개로 같다.

② 오답 : 중학교와 회사는 모두 자발적 결사체에 해당하지 않는다.

③ 오답 : 환경 단체는 공식 조직이자 비공식적 사회화 기관에 해당한다.

④ 오답 : 어머니와 사장은 모두 성취 지위에 해당한다.

⑤ 오답 : 갑이 환경 단체 활동을 그만두는 것과 관련하여 어머니와 겪고 있는 갈등은 갑의 역할 간 충돌로 나타나는 역할 갈등에 해당하지 않는다.

밑줄 친 ㉠~㉎에 대한 설명으로 옳은 것은? **3점**

> 농부의 ㉠아들로 태어난 갑은 ㉡○○대학교의 ㉢문예창작과를 졸업한 후 기자와 소설가 중 진로를 ㉣고민하다가 ㉤소설가로 등단하였다. 이후 10여 년간 꾸준히 작품 활동을 해오던 갑은 ㉥△△ 문학 협회로부터 ㉦△△문학상을 수상하며 한국 문학의 차세대 유망주로 주목받았다.

① ㉣은 갑의 역할 갈등이다. .에 해당하지 않는다
② ㉥은 이익 사회이자 비공식적 사회화 기관이다.
③ ㉦은 갑의 역할에 대한 보상이다.
④ ㉠은 성취 지위, ㉤은 귀속 지위이다.
⑤ ㉡은 공식 조직, ㉢은 비공식 조직이다.

|자|료|해|설|

보상과 제재는 역할이 아닌 역할 행동에 대해 주어진다.

|선|택|지|풀|이|

① 오답 : 갑이 기자와 소설가 중 진로를 고민하는 것은 역할 간 충돌로 나타나는 갈등이 아니므로 역할 갈등에 해당하지 않는다.
② 정답 : △△ 문학 협회는 선택 의지에 의해 결합된 집단으로 이익 사회에 해당하고, 사회화 이외의 목적으로 형성되었으나 부수적으로 사회화 기능을 수행하는 비공식적 사회화 기관에 해당한다.
③ 오답 : △△문학상을 수상한 것은 갑의 소설가로서의 역할 행동에 대한 보상이다.
④ 오답 : 아들은 귀속 지위에 해당하고, 소설가는 성취 지위에 해당한다.
⑤ 오답 : ○○대학교와 문예창작과는 모두 공식 조직에 해당한다.

🤓 **문제풀이 T I P** | 공식 조직은 일정한 목적 달성을 위한 공식적 규범과 절차를 갖춘 경계가 뚜렷한 집단을 말한다.

😆 **출제분석** | 사회학적 개념을 파악하는 문제이다. 단순하게 밑줄 친 부분만 보고 답을 찾지 말고, 문맥을 파악하여 밑줄 친 부분에 해당하는 사회학적 개념을 파악하도록 한다.

밑줄 친 ㉠ ~ ㉥에 대한 설명으로 옳은 것은? **3점**

> 대학 시절 창업을 꿈꾸었던 갑은 ㉠어머니의 권유에 따라 ㉡A 회사에 입사하였다. 갑은 업무 능력을 인정받아 작년에 ㉢'올해의 우수 사원상'을 수상하고 ㉣과장으로 승진하였다. 하지만 사업을 하는 ㉤대학교 동창을 만날 때마다 ㉥회사를 그만두고 창업할지에 대한 고민을 털어놓곤 한다.

① ㉡은 2차 집단이자 자발적 결사체이다.
② ㉢은 갑의 역할에 대한 보상이다.
③ ㉣은 ㉠과 달리 성취 지위이다.
④ ㉤은 이익 사회이자 2차적 사회화 기관이다.
⑤ ㉥은 갑의 역할 갈등이다. 이 아니다

|자|료|해|설|

개인의 역할 행동이 사회적 기대에 부합될 때 주어지는 상이나 칭찬 등을 보상이라고 하고, 개인의 역할 행동이 사회적 기대에 어긋날 때 주어지는 비난이나 처벌 등을 제재라고 한다.

|선|택|지|풀|이|

① 오답 : A 회사는 수단적 만남과 간접적 접촉이 이루어지므로 2차 집단에 해당한다. 그러나 A 회사는 공통의 관심사나 목표를 가진 사람들이 자발적으로 결성한 자발적 결사체에 해당하지 않는다.
② 오답 : 올해의 우수 사원상을 수상한 것은 갑이 사원으로서 역할 행동을 잘 했기 때문에 주어진 보상이다.
③ 오답 : 어머니와 과장은 모두 성취 지위에 해당한다.
④ 정답 : 대학교는 선택 의지에 의해 결합되었으므로 이익 사회에 해당하고, 전문적인 지식과 기능의 사회화를 담당하므로 2차적 사회화 기관에 해당한다.
⑤ 오답 : 회사를 그만두고 창업할지에 대해 고민하는 것은 역할 간 충돌로 인해 나타나는 갈등이 아니므로 갑의 역할 갈등에 해당하지 않는다.

🤓 **추가 개념** | 역할은 일정한 지위에 대해 사회적으로 기대되는 행동 양식을 말하고, 역할 행동은 개인이 자신에게 주어진 역할을 수행하는 구체적인 행동 방식을 말한다.

😆 **출제분석** | 지위, 역할, 사회화, 사회 집단 등 다양한 사회학적 개념을 묻고 있다. 사례를 제시하여 그 사례에서 파악할 수 있는 사회학적 개념을 묻는 문제가 반드시 출제되므로 기출 문제를 통해 다양한 사례를 접해 보도록 한다.

35 사회화 + 지위 + 역할

정답 ② | 정답률 77% | 2022학년도 수능 6번 | 문제편 147p

밑줄 친 ㉠~㉥에 대한 설명으로 옳은 것은?

> 급진적 ㉠ 이상주의자였던 아버지의 영향으로 사회 개혁에 관심이 컸던 갑은 경제적 이유로 소설가의 꿈을 접고 회사원이 된다. ㉡ 납품 업체가 제공하는 금품과 향응을 매번 거절한 그는 '혼자만 깨끗한 척한다.'며 ㉢ 빈정대는 동료와 갈등을 빚는다. 그는 고민 끝에 회사를 그만두고 신춘문예를 통해 ㉣ 소설가로 등단한다. 하지만 순수 문학의 힘에 한계를 느낀 그는 영화계에 입문하여, ㉤ 시나리오 작가와 조연출을 거쳐 늦은 나이에 영화감독으로 데뷔한다. ㉥ 분단의 아픔, 도시화와 산업화의 그늘, 소시민의 삶을 다룬 작품들로 평단의 호평과 권위주의 정권의 감시를 동시에 받은 그는 리얼리즘 계열 영화의 거장으로 존경받고 있다.

성취 지위 ×
갑의 역할 행동 ○
갑의 역할 갈등 ×
역할 행동에 대한 보상

① ㉠은 갑의 아버지가 획득한 성취 지위이다.
② ㉡은 회사원으로서 갑의 역할 행동이다.
③ ㉢은 갑이 경험한 역할 갈등이다.
④ ㉣은 ㉤이 되기 위한 갑의 예기 사회화이다.
⑤ ㉥은 영화감독으로서 갑의 역할 행동에 따른 보상이다.

| 자 | 료 | 해 | 설 |

역할 행동은 특정 역할을 수행하는 구체적인 방식으로, 이러한 역할 행동이 사회적 기대에 부응하면 보상을, 그러지 않거나 반하는 경우에는 제재를 가한다.

| 선 | 택 | 지 | 풀 | 이 |

① 오답 : 이상주의자는 개인의 의지나 노력을 통해 얻는 성취 지위에 해당하지 않는다.
② 정답 : 납품 업체의 금품과 향응을 거절하는 것은 갑이 자신에게 주어진 회사원으로서의 역할을 수행하는 구체적인 행동 방식으로, 갑의 역할 행동에 해당한다.
③ 오답 : 역할 갈등은 개인에게 요구되는 역할들이 충돌하여 나타나는 심리적 갈등이다. 빈정대는 동료와의 갈등은 역할 간 충돌로 인해 나타나는 심리적 갈등이 아니므로 역할 갈등에 해당하지 않는다.
④ 오답 : 예기 사회화는 미래에 속하게 되거나 속하기를 기대하는 집단에서 요구되는 행동 양식을 미리 학습하는 과정을 말한다. 시나리오 작가가 되기 위해 소설가로 등단해야 하는 것은 아니므로 ㉣은 ㉤이 되기 위한 갑의 예기 사회화라고 볼 수 없다.
⑤ 오답 : ㉥에 대한 평단의 호평과 리얼리즘 계열 영화의 거장으로의 존경이 영화감독으로서 갑의 역할 행동에 따른 보상에 해당한다.

---

36 지위 + 역할

정답 ④ | 정답률 75% | 2021학년도 9월 모평 18번 | 문제편 147p

밑줄 친 ㉠~㉥에 대한 옳은 설명만을 <보기>에서 고른 것은?

> 갑은 환경 문제를 접한 후 8세에 ㉠ 채식주의자가 되었고, 15세에 ㉡ 환경 운동가가 되었다. 갑은 ㉢ 비행기 대신 태양광 요트를 타고 대서양을 건너 UN 기후 행동 정상 회의에 참석하여 환경 문제 해결에 미온적인 세계 정상들을 비판하였다. 갑은 세계 정상들과 설전을 주고받을 만큼 ㉣ 갈등을 겪었지만, 지지자들로부터 '어른의 ㉤ 선생님', '지구의 가장 위대한 변호인'이라는 극찬을 받기도 했다. 이후 그는 학생 신분으로 2019년 ㉥ 노벨 평화상 후보에 올랐고, 타임지의 올해의 인물로 선정되었다.

성취 지위
지위 아님(사회적 범주)
역할 행동에 해당
역할 갈등 ×
갑의 지위 아님
역할 행동에 대한 보상

보기

ㄱ. ㉠, ㉤은 갑이 획득한 성취 지위이다. (후천적으로 획득한 지위)
ㄴ. ㉢은 ㉡으로서 갑의 역할 행동이다. (환경 운동가로서 역할 수행임)
ㄷ. ㉣은 학생과 환경 운동가 사이에서 발생한 갑의 역할 갈등이다. (반드시 역할끼리 충돌해야 함)
ㄹ. ㉥은 ㉡으로서 갑의 역할 행동에 대한 보상이다. (환경 운동가로서 역할 행동에 대한 보상임)

① ㄱ, ㄴ ② ㄱ, ㄷ ③ ㄴ, ㄷ ④ ㄴ, ㄹ ⑤ ㄷ, ㄹ

| 자 | 료 | 해 | 설 |

성취 지위는 개인의 능력이나 노력에 따라 후천적으로 획득한 지위이고, 귀속 지위는 선천적 · 자연적으로 주어지는 지위이다.

| 보 | 기 | 풀 | 이 |

ㄱ. 오답 : '채식주의자'는 지위가 아닌 사회적 범주에 해당한다. '어른의 선생님'에서 '선생님'은 갑이 지지자들로부터 '선생님'이라 불리는 것이지 갑이 실제로 획득한 성취 지위로 보기 어렵다.
ㄴ. 정답 : 태양광 요트를 타고 국제 연합(UN) 기후 행동 정상 회의에 참석한 것은 갑이 환경 운동가로서의 역할을 수행한 것이므로 갑의 역할 행동에 해당한다.
ㄷ. 오답 : 역할 갈등은 개인이 가지고 있는 여러 역할끼리 충돌해서 발생한다. 세계 정상들과 설전을 주고받은 것은 갑의 역할끼리 충돌한 것이 아니므로 역할 갈등으로 보기 어렵다.
ㄹ. 정답 : 역할 행동(수행)에 따라 보상 및 제재가 주어진다. 노벨 평화상 후보에 오른 것과 타임지의 올해의 인물로 선정된 것은 갑이 환경 운동가로서 역할 행동(수행)을 잘했기 때문에 주어진 보상이다.

다음 자료에 대한 옳은 설명만을 <보기>에서 있는 대로 고른 것은?

○○ 신문사 탐사 보도 공모전에서 입상한 □□ 동아리를 만나 보겠습니다. 세 분이 어떻게 함께하게 되었나요?

☆☆ 대학교 내 영화제작동아리 회원으로 저와 함께 활동하고 있는 병이 취업 준비를 위해 □□ 동아리를 만들었습니다. 인권 단체 회원으로 함께 활동 중인 을에게 제가 제안하여 합류하게 되었습니다.

공모전에 참여하면서 느낀 점이나 공모전 준비에 도움이 되었던 경험이 있다면 말씀해 주세요.

저는 사회복지대학원에 재학 중입니다. 취재를 하면서 가족과 함께하지 못하는 청소년들의 안타까운 사연을 접하고 청소년 복지의 필요성을 더 알리고 싶어졌습니다.

저는 갑과 함께 ☆☆ 대학교에 재학 중입니다. 갑과 함께 들었던 PD 초청 특강이 큰 도움이 되었습니다. 입상을 계기로 셋이 □□ 동아리 활동을 더 열심히 하려고 합니다.

보기

ㄱ. 갑과 병 모두 비공식 조직에 속해 있다.
（→ ☆☆ 대학교 내 영화제작동아리）

ㄴ. 을과 병이 속한 2차적 사회화 기관은 각각 1개이다.（3）

ㄷ. 자료 전체에 적혀 있는 사회 집단에서 자발적 결사체가 아니면서 비공식적 사회화 기관인 것은 2개이다.（→ ○○ 신문사, 가족）

① ㄱ　　② ㄴ　　③ ㄱ, ㄷ　　④ ㄴ, ㄷ　　⑤ ㄱ, ㄴ, ㄷ

|자|료|해|설|

제시된 자료 전체에 적혀 있는 사회 집단은 ○○ 신문사, □□ 동아리, ☆☆ 대학교 내 영화제작동아리, 인권 단체, 사회복지대학원, 가족, ☆☆ 대학교이다. 갑은 □□ 동아리, ☆☆ 대학교 내 영화제작동아리, 인권 단체, ☆☆ 대학교에 속해 있고, 을은 □□ 동아리, 사회복지대학원, 인권 단체에 속해 있으며, 병은 □□ 동아리, ☆☆ 대학교 내 영화제작동아리, ☆☆ 대학교에 속해 있다.

|보|기|풀|이|

ㄱ 정답 : 갑과 병은 모두 비공식 조직에 해당하는 ☆☆ 대학교 내 영화제작동아리에 속해 있다.

ㄴ. 오답 : 을이 속해 있는 2차적 사회화 기관은 □□ 동아리, 사회복지대학원, 인권 단체로, 3개이다. 병이 속해 있는 2차적 사회화 기관은 □□ 동아리, ☆☆ 대학교 내 영화제작동아리, ☆☆ 대학교로, 3개이다.

ㄷ 정답 : 자료 전체에 적혀 있는 사회 집단에서 자발적 결사체가 아니면서 비공식적 사회화 기관에 해당하는 것은 ○○ 신문사, 가족으로, 2개이다.

문제풀이 TIP | 제시된 자료 전체에 적혀 있는 사회 집단과 갑~병이 속해 있는 사회 집단을 구분해 보도록 한다.

출제분석 | 사회화 기관, 사회 집단, 사회 조직의 특징을 파악하는 문제이다. 대화 속에서 각 인물이 속해 있는 사회 집단과 사회 조직, 자료 전체에 적혀 있는 사회 집단과 사회 조직을 파악하는 문제가 고난도로 출제될 수 있다.

밑줄 친 ㉠~㉂에 대한 설명으로 옳은 것은?

（→ 이익 사회, 공식 조직, 자발적 결사체 ×）
（→ 비공식적 사회화 기관）

㉠ ○○ 회사에 근무하는 갑은 불면증으로 ㉡ △△병원에서 치료 받고 있다. ㉢ 아내로부터 운동을 해 보라는 권유를 받은 갑은 지역 주민들로 구성된 ㉣ 축구 클럽에서 활동하다가 ㉤ 주장을 맡게 되었다. 최근 이 클럽이 생활 체육 대회 결승전에 진출하였으나, 결승전 시간과 회사에서 자신이 맡은 홍보 행사의 시간이 겹쳐 갑은 어떻게 할지 ㉥ 고민하고 있다.

（성취 지위 →）
（→ 비공식 조직 ×, 비공식적 사회화 기관）
（→ 역할 갈등）

① ㉠은 이익 사회이자 자발적 결사체이다.
② ㉥은 갑의 역할 갈등에 해당한다.
③ ㉠은 공식 조직, ㉣은 비공식 조직이다.
④ ㉡은 귀속 지위, ㉤은 성취 지위이다.
⑤ ㉣과 달리 ㉡은 비공식적 사회화 기관이다.

추가 학습 | 비공식 조직은 일반적으로 공식 조직 내에서 자발적으로 형성되는 조직이나 집단으로, 비공식 조직은 모두 자발적 결사체에 해당하지만, 모든 자발적 결사체가 비공식 조직에 해당하는 것은 아니다.

출제분석 | 사회학적 개념을 묻는 문제이다. 지위, 역할, 역할 갈등, 사회화 기관, 사회 집단 등을 복합적으로 묻는 문제가 출제될 수 있다.

|자|료|해|설|

역할 갈등은 한 개인에게 요구되는 서로 다른 역할이 충돌하여 나타나는 심리적 갈등이다.

|선|택|지|풀|이|

① 오답 : ○○ 회사는 이익 사회에 해당하지만, 가입 및 탈퇴가 자유롭지 않다는 점 등에서 자발적 결사체에는 해당하지 않는다.

② 정답 : 갑이 축구 클럽이 출전한 생활 체육 대회 결승전 시간과 회사에서 맡은 홍보 행사의 시간이 겹쳐 어떻게 할지 고민하는 것은 축구 클럽 주장의 역할과 회사 직원의 역할 간 충돌로 인해 발생하는 역할 갈등에 해당한다.

③ 오답 : ○○ 회사는 공식 조직에 해당하고, 축구 클럽은 공식 조직 내에 형성되지 않았다는 점에서 비공식 조직에 해당하지 않는다.

④ 오답 : 아내와 주장은 모두 후천적으로 얻게 되는 성취 지위에 해당한다.

⑤ 오답 : △△병원과 축구 클럽은 모두 사회화 이외의 목적으로 설립되었으므로 비공식적 사회화 기관에 해당한다.

다음 자료에 대한 옳은 설명만을 〈보기〉에서 있는 대로 고른 것은?

(3점)

> 청년 목수 갑, 펜을 들다!
>
> 고등학교 졸업 후 갑은 △△ 건설 회사에서 일하던 중 사내 혼성 합창단에서 친해진 ㉠ 외국인 노동자 을의 산업 재해를 목격하였다. 당시 노동조합이 결성되어 있지 않아 을은 제대로 된 보상을 받기 어려웠다. 이에 갑은 마라톤 동호회에서 알게 된 ㉡ 인권 변호사를 찾아가 도움을 받았다. 갑은 노동자가 처한 현실을 사회에 알리고자 노동 인권 단체에 가입하여 활동하였다. 이 과정에서 갑이 투고한 글이 신문에 실려 화제가 되었고, 갑은 작가로서의 길을 걷게 되었다. 갑은 평범한 이들의 노동과 삶이 오롯이 대우받기를 바라며 오늘도 펜을 든다.

성취 지위 → (고등학교)

성취 지위 → ㉡ 인권 변호사

보기

ㄱ. ㉠과 ㉡은 모두 성취 지위이다.

ㄴ. 자료에는 결합 자체가 목적인 사회 집단이 적혀 있다. → 공동 사회 / 있지 않다

ㄷ. 자료에 적혀 있는 공식적 사회화 기관의 개수는 비공식 조직의 개수와 동일하다. → 고등학교 / 사내 혼성 합창단

ㄹ. 자료에 적혀 있는 자발적 결사체의 개수보다 비공식적 사회화 기관의 개수가 2개 많다. → 사내 혼성 합창단, 노동조합, 마라톤 동호회, 노동 인권 단체 / △△ 건설 회사, 사내 혼성 합창단, 노동조합, 마라톤 동호회, 노동 인권 단체, 신문(대중 매체)

① ㄱ, ㄴ   ② ㄱ, ㄷ   ③ ㄴ, ㄹ
④ ㄱ, ㄷ, ㄹ   ⑤ ㄴ, ㄷ, ㄹ

공식적 사회화 기관	고등학교
비공식적 사회화 기관	△△ 건설 회사, 사내 혼성 합창단, 노동조합, 마라톤 동호회, 노동 인권 단체, 신문(대중 매체)
비공식 조직	사내 혼성 합창단
자발적 결사체	사내 혼성 합창단, 노동조합, 마라톤 동호회, 노동 인권 단체

|자|료|해|설|

제시된 자료에 적혀 있는 사회 집단은 고등학교, △△ 건설 회사, 사내 혼성 합창단, 노동조합, 마라톤 동호회, 노동 인권 단체, 대중 매체인 신문이다.

|보|기|풀|이|

㉠ 정답 : 외국인 노동자와 인권 변호사는 모두 성취 지위에 해당한다.

ㄴ. 오답 : 결합 자체가 목적인 사회 집단은 공동 사회이다. 자료에는 공동 사회에 해당하는 사회 집단이 적혀 있지 않다.

㉢ 정답 : 자료에 적혀 있는 공식적 사회화 기관은 고등학교로 1개이고, 자료에 적혀 있는 비공식 조직은 사내 혼성 합창단으로 1개이다.

㉣ 정답 : 자료에 적혀 있는 자발적 결사체는 사내 혼성 합창단, 노동조합, 마라톤 동호회, 노동 인권 단체로 4개이고, 비공식적 사회화 기관은 △△ 건설 회사, 사내 혼성 합창단, 노동조합, 마라톤 동호회, 노동 인권 단체, 대중 매체인 신문으로 6개이다. 따라서 자료에 적혀 있는 자발적 결사체의 개수보다 비공식적 사회화 기관의 개수가 2개 많다.

문제풀이 TIP | 자료에 적혀 있는 사회 집단을 표시한 후 문제를 풀어 보도록 한다. 신문은 대중 매체로 비공식적 사회화 기관에 해당함에 유의하도록 한다.

출제분석 | 지위의 유형과 사회 집단의 유형을 파악하는 문제이다. 사회 집단의 대표적인 사례를 익혀 두도록 한다.

밑줄 친 ㉠~㉤에 대한 설명으로 옳은 것은?

> 판소리의 매력에 빠진 외국인 갑은 다니던 회사에서 ㉠ 한국 전통 음악 동호회를 만들었고, 한국 유학을 ㉡ 고민하게 되었다. 결국 갑은 ㉢ 회사를 그만두고 한국으로 와 ㉣ ○○대학교에서 판소리를 공부하였다. △△대학원 진학 후에는 판소리를 주제로 훌륭한 논문을 써 ㉤ 우수 논문상을 받았다.

이익 사회, 비공식 조직 → ㉠
㉡ → 역할 갈등 ×
㉢ → 이익 사회, 비공식적 사회화 기관, 공식 조직
㉣ → 공식적 사회화 기관, 공식 조직

① ㉡은 갑의 역할 갈등이다. / 에 해당하지 않는다

② ㉠은 ㉢과 달리 결합 자체를 목적으로 하는 사회 집단이다. → 공동 사회 / 에 해당하지 않는다

③ ㉢과 ㉣은 모두 공식적 사회화 기관이다. (모두)

④ ㉤은 ㉣의 구성원으로서 갑의 역할 행동에 대한 보상이다.

⑤ ㉢, ㉣은 ㉠과 달리 공식적 규범을 통한 구성원 통제가 일반적이다. → △△대학원 / 공식 조직

|자|료|해|설|

비공식 조직은 공식 조직에 속한 구성원들이 조직 내에서 자발적으로 형성한 사회 집단으로, 비공식 조직은 모두 자발적 결사체에 해당한다.

|선|택|지|풀|이|

① 오답 : 갑이 한국 유학을 고민하는 것은 개인적 고민이므로 이는 갑의 역할 갈등에 해당하지 않는다.

② 오답 : 결합 자체를 목적으로 하는 사회 집단은 공동 사회이다. 회사 내 한국 전통 음악 동호회와 회사는 모두 이익 사회에 해당한다.

③ 오답 : 회사는 비공식적 사회화 기관에 해당하고, ○○대학교는 공식적 사회화 기관에 해당한다.

④ 오답 : 우수 논문상을 받은 것은 △△대학원의 구성원으로서 갑의 역할 행동에 대한 보상이다.

⑤ 정답 : 공식적 규범을 통한 구성원 통제가 일반적인 사회 조직은 공식 조직이다. 회사 내 한국 전통 음악 동호회는 비공식 조직에 해당하고, 회사와 ○○대학교는 모두 공식 조직에 해당한다.

추가 학습 | 역할 행동은 특정 역할을 수행하는 구체적인 방식을 말하는데, 이 역할 행동이 사회적 기대에 부응하면 보상을 받고, 그렇지 않거나 반하는 경우에는 제재를 가한다.

출제분석 | 다양한 사회학적 개념을 묻는 문제이다. 지위, 역할, 역할 갈등, 사회 집단, 사회 조직 등을 복합적으로 묻는 문제가 출제될 수 있다.

1 사회 집단

정답 ① 정답률 48% 2016년 4월 학평 9번 문제편 151p

그림에 나타난 사회 집단 A~F에 대한 설명으로 옳지 않은 것은? 3점

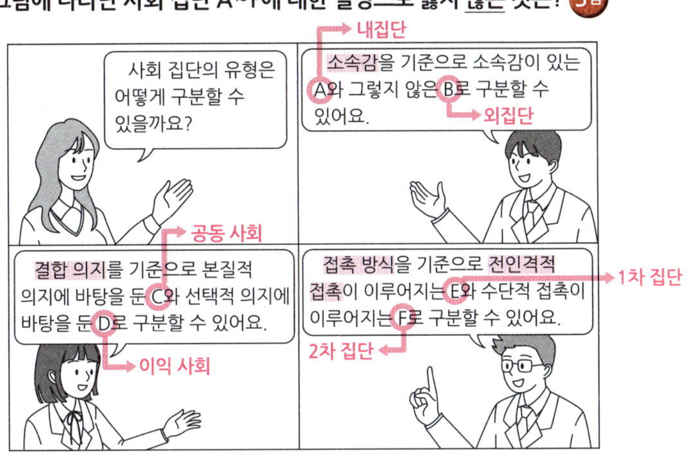

① 자신이 소속된 집단은 모두 A이다. → 내집단 : 소속되어 있으면서 소속감이 있는 집단

② A와 B 간의 갈등은 A 안에서의 결속을 강화시킬 수 있다. → 외집단과의 갈등은 내집단 내부의 갈등을 완화하기도 함

본능·본질 의지에 따른 결합 →
③ C는 공동 사회, D는 이익 사회이다. ← 선택 의지에 따른 결합

④ F에 해당하는 집단은 모두 D에 해당한다. ← 2차 집단은 모두 인위적으로 결합한 이익 사회에 해당

⑤ F에서는 E와 달리 구성원에 대한 공식적 통제가 일반적이다.
↳ 비공식적 통제   ↳ 2차 집단

|자|료|해|설|
소속감을 기준으로 내집단(A)과 외집단(B)으로 구분할 수 있고, 결합 의지를 기준으로 공동 사회(C)와 이익 사회(D)로 구분할 수 있다. 또한, 접촉 방식을 기준으로 1차 집단(E)과 2차 집단(F)으로 구분할 수 있다.

|선|택|지|풀|이|
① 정답 : 자신이 소속된 집단은 '소속 집단'이다. 내집단은 소속되어 있으면서 소속감 또는 공동체 의식이 있어야 한다.

② 오답 : 내집단과 외집단 간의 갈등은 내집단 내부의 갈등을 완화시켜 결속을 강화시킬 수 있다.

③ 오답 : 본능·본질 의지에 따라 결합한 C는 공동 사회이고, 선택 의지에 따라 결합한 D는 이익 사회이다.

④ 오답 : 공식적·수단적 접촉이 이루어지는 2차 집단은 모두 인위적으로 결합한 이익 사회에 해당한다.

⑤ 오답 : 1차 집단은 비공식적 통제(도덕, 관습 등)가 일반적이고, 2차 집단은 공식적 통제(법, 규칙)가 일반적이다.

문제풀이 TIP | 하나의 사회 집단이 다양한 사회 집단 분류 기준에 따라 2개 이상의 특징을 가질 수 있다. (ex)회사-공식조직, 이익사회, 2차집단 등) 이런 특징적 요소를 정리해 두면 문제풀이에 많은 도움이 될 수 있다.

---

2 사회 집단

정답 ③ 정답률 82% 2025학년도 9월 모평 7번 문제편 151p

밑줄 친 ㉠~㉤에 대한 설명으로 옳은 것은? 3점

> 낯선 국가를 여행하다가 차별을 당하면, 그곳에서 만난 같은 언어를 사용하는 사람은 다 내 편 같다는 생각이 듭니다. 평소 느끼지 못했던 이러한 ㉠ 집단의식이 형성되면 집단 내부 결속이 강화되면서 ㉡ 특정 집단을 적대시하거나 차별하기도 합니다. 한편, 집단의식은 구성원의 결합 의지에 따라 영향을 받기도 하지만 개인들이 ㉢ 사회적 관계를 만들어 가는 방식으로부터도 영향을 받습니다. 일반적으로 친밀한 접촉을 통해 유지되는 ㉣ 집단의 구성원은 서로의 삶에 깊이 관여하고 사회적 관계가 지속적인 편입니다. 하지만 수단적 접촉을 통해 유지되는 ㉤ 집단의 구성원은 사회적 관계가 형식적이고 일시적인 편입니다.

접촉 방식 →
1차 집단 →
2차 집단 →

① ㉠은 소속 집단과 준거 집단이 불일치할 때 강화된다.
② ㉡이 발생하는 원인은 외집단에 대한 동질감 때문이다.
  ↳ 이질감
③ ㉢은 1차 집단과 2차 집단을 구분하는 기준이다.
④ ㉣의 사례로 이익 집단, 시민 단체를 들 수 있다.
⑤ ㉤은 주로 인간관계 자체를 목적으로 한다.

|자|료|해|설|
사회 집단은 결합 의지에 따라 공동 사회와 이익 사회로 구분되고, 접촉 방식에 따라 1차 집단과 2차 집단으로 구분된다.

|선|택|지|풀|이|
① 오답 : 집단의식은 소속 집단과 준거 집단이 일치할 때 강화될 수 있다.

② 오답 : 특정 집단을 적대시하거나 차별하는 원인은 외집단에 대한 이질감 및 적대감 때문이다.

③ 정답 : 사회적 관계를 만들어 가는 방식이 친밀한 접촉을 통해 유지되면 1차 집단, 수단적 접촉을 통해 유지되면 2차 집단으로 구분할 수 있다. 따라서 사회적 관계를 만들어 가는 방식은 1차 집단과 2차 집단을 구분하는 기준이다.

④ 오답 : 이익 집단, 시민 단체는 2차 집단의 사례에 해당한다.

⑤ 오답 : 주로 인간관계 자체를 목적으로 하는 집단은 1차 집단이다.

문제풀이 TIP | 제시문에서는 집단의식이 구성원의 결합 의지에 따라 영향을 받기도 하지만 개인들이 사회적 관계를 만들어 가는 방식, 즉 접촉 방식에 따라 영향을 받기도 함을 강조하고 있음을 주의하도록 한다.

출제분석 | 사회 집단을 파악하는 문제이다. 제시된 사례에 해당하는 사회 집단과 사회 조직의 유형을 파악하는 문제가 고난도로 출제될 수 있다.

사회 조직의 유형 A~C에 대한 설명으로 옳은 것은?

○ A, B는 각각 과업 달성을 위한 조직이며, 조직의 효율성을 제고하기 위한 운영 원리가 적용된다.
○ A에서는 의사 결정의 권한이 분산되어 있으며, 외부 환경 변화에 대한 유연한 대처와 신속한 의사 결정이 가능하다. B에서는 조직 내 지위가 경력에 따라 서열화되어 있으며, 규약과 절차에 따른 구성원들의 업무 수행을 강조한다.
○ A 또는 B의 구성원들이 조직 내에서 친밀한 인간관계에 바탕을 두고 자발적으로 결성한 것이 C이다.

① 기업의 노동조합은 C에 해당한다.
② A, B는 공식적 제재를 통해 구성원을 통제한다.
③ B는 A에 비해 상향식 의사 결정 방식을 강조한다.
④ A, C는 B와 달리 구성원들의 가입과 탈퇴가 자유롭다.
⑤ C에서는 A, B와 달리 구성원 간 수단적 만남과 간접적 접촉이 이루어진다.

|자|료|해|설|

의사 결정 권한이 분산되어 있는 A는 탈관료제이고, 규약·절차·경력을 중시하는 B는 관료제이다. 공식 조직 내에서 친밀한 인간관계에 바탕으로 두고 자발적으로 결성한 C는 비공식 조직에 해당한다.

|선|택|지|풀|이|

① 오답 : 노동조합은 공식 조직에 해당한다.
② 정답 : 탈관료제, 관료제는 모두 공식 조직에 해당한다. 따라서 A, B 모두 공식적 제재를 통해 구성원을 통제한다.
③ 오답 : 탈관료제는 관료제에 비해 상향식 의사 결정 방식을 강조한다.
④ 오답 : 구성원들의 가입과 탈퇴가 자유로운 것은 자발적 결사체의 특징으로 C(비공식 조직)가 해당된다.
⑤ 오답 : 공식 조직인 기업에서 주로 수단적 만남과 간접적 접촉이 이루어진다.

🤓 **문제풀이 TIP** | A, B는 공식 조직으로 각각 탈관료제와 관료제에 해당한다. 공식 조직 중 회사와 학교는 가입과 탈퇴가 자유롭지 못하기 때문에 자발적 결사체에 해당되지 않는다. 비공식 조직은 가입과 탈퇴가 자유로운 자발적 결사체에 해당한다.

다음 자료에 대한 설명으로 옳은 것은? (단, A ~ C는 각각 공식 조직, 비공식 조직, 자발적 결사체 중 하나이다.) 3점

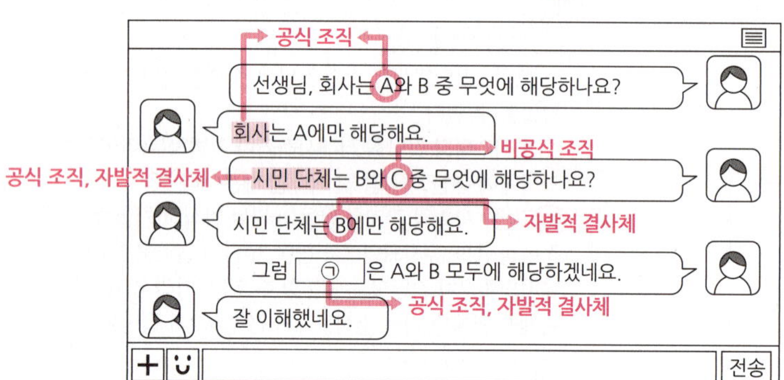

① ㉠에 '사내 노동조합'이 들어갈 수 있다.
② A는 C와 달리 공식적 통제가 일반적이다.
③ B는 A와 달리 가입과 탈퇴가 자유롭지 않다.
④ C에 해당하지 않는 사회 집단은 A에 해당한다.
⑤ C는 A와 달리 구성원 간 형식적 관계가 지배적이다.

|자|료|해|설|

회사는 공식 조직, 비공식 조직, 자발적 결사체 중 공식 조직에만 해당한다. 따라서 A는 공식 조직이다. 시민 단체는 비공식 조직, 자발적 결사체 중 자발적 결사체에만 해당한다. 따라서 B는 자발적 결사체, C는 비공식 조직이다.

|선|택|지|풀|이|

① 정답 : ㉠에는 공식 조직과 자발적 결사체 모두에 해당하는 사례가 들어갈 수 있다. 사내 노동조합은 공식 조직이자 자발적 결사체에 해당한다. 따라서 '사내 노동조합'은 ㉠에 들어갈 수 있다.
② 오답 : 공식 조직은 일반적으로 공식적 통제가 이루어진다.
③ 오답 : 자발적 결사체는 가입과 탈퇴가 비교적 자유롭다.
④ 오답 : 공식 조직과 비공식 조직 모두에 해당하지 않는 집단이 존재한다. 친목 집단과 같은 자발적 결사체는 공식 조직과 비공식 조직 모두에 해당하지 않는다. 따라서 비공식 조직에 해당하지 않는 사회 집단이 공식 조직에 해당한다고 단정할 수 없다.
⑤ 오답 : 공식 조직은 구성원 간 형식적 관계가 지배적으로 나타난다.

🤓 **문제풀이 TIP** | 사례로 제시된 회사와 시민 단체가 공식 조직, 비공식 조직, 자발적 결사체 중 무엇에 해당하는지를 파악한 후 A ~ C에 해당하는 것을 찾아야 한다.

🤓 **출제분석** | 사회 조직을 파악하는 문제이다. 실생활의 사례를 통해 사회 집단과 사회 조직을 구분하는 문제가 고난도로 출제될 수 있다.

그림은 사회 집단 및 사회 조직의 사례 A~D를 성격에 따라 구분한 것이다. 이에 대한 설명으로 옳은 것은? **3점**

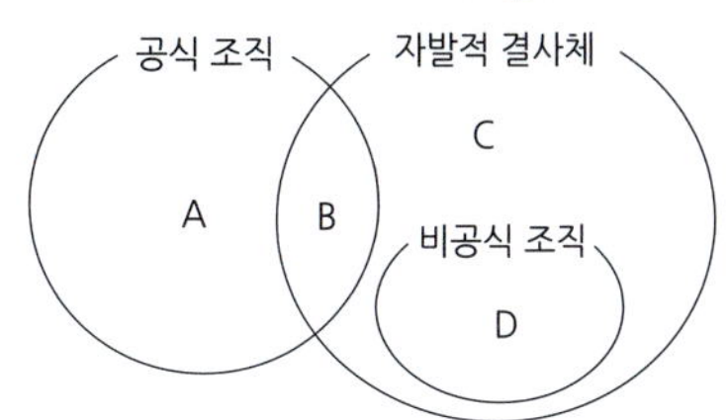

① 노동조합은 A, 동네 조기 축구회는 C에 해당한다.
② 시민 단체는 B, 회사 내 등산 동호회는 D에 해당한다.
③ A는 B와 달리 공식적 규범과 절차가 체계화된 집단이다.
④ B는 C와 달리 가입과 탈퇴가 자유로운 집단이다.
⑤ D는 A와 달리 형식적이고 수단적인 인간관계가 지배적인 집단이다.

학습 조언 | 비공식 조직은 모두 자발적 결사체에 해당하지만, 자발적 결사체가 모두 비공식 조직인 것은 아니다. 즉, 자발적 결사체에는 비공식 조직에 해당하는 사회 집단, 공식 조직에 해당하는 사회 집단, 공식 조직과 비공식 조직 모두에 해당하지 않는 사회 집단이 있다.

출제분석 | 사회 집단과 사회 조직의 포함 관계를 통해 각 사례를 파악하는 문제이다. 사회 집단과 사회 조직 사례의 특징을 파악하는 문제가 자주 출제되므로 사회 집단과 사회 조직에 대한 개념을 정확하게 알아두도록 한다.

|자|료|해|설|
A는 공식 조직에 해당하지만 자발적 결사체에 해당하지 않는 사회 집단이고, B는 자발적 결사체이자 공식 조직에 해당하는 사회 집단이며, C는 자발적 결사체에 해당하지만 공식 조직과 비공식 조직 모두에 해당하지 않는 사회 집단이고, D는 자발적 결사체이자 비공식 조직에 해당하는 사회 집단이다.

|선|택|지|풀|이|
① 오답 : 노동조합은 자발적 결사체이자 공식 조직이므로 B에 해당한다. 동네 조기 축구회는 자발적 결사체이지만 공식 조직과 비공식 조직 모두에 해당하지 않으므로 C에 해당한다.
② 정답 : 시민 단체는 자발적 결사체이자 공식 조직이므로 B에 해당한다. 회사 내 등산 동호회는 자발적 결사체이자 비공식 조직이므로 D에 해당한다.
③ 오답 : A와 B는 모두 공식 조직에 해당하므로 공식적 규범과 절차가 체계화되어 있다.
④ 오답 : B와 C는 모두 자발적 결사체에 해당하므로 가입과 탈퇴가 자유롭다.
⑤ 오답 : A는 공식 조직에 해당하므로 형식적이고 수단적인 인간관계가 지배적이다.

사회 집단 A~C에 대한 설명으로 옳은 것은? (단, A~C는 각각 가족, 시민 단체, 회사 중 하나이다.) **3점**

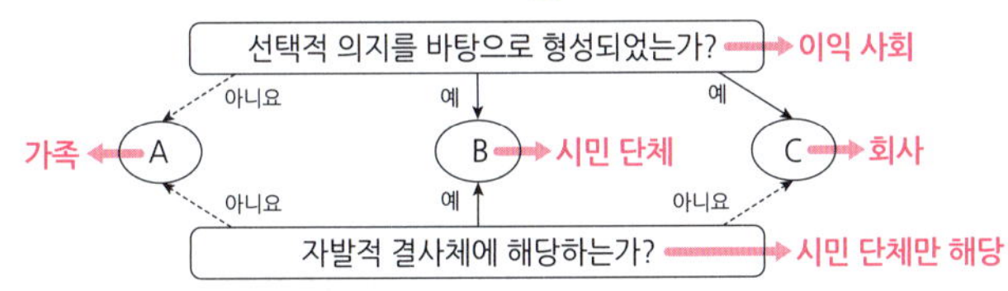

① A는 가족, B는 회사이다. (시민 단체)
② C는 결합 자체를 목적으로 하는 사회 집단이다. (공동 사회)
③ A는 C와 달리 1차 집단에 해당한다. (전인격적인 접촉)
④ B는 A와 달리 구성원에 대한 비공식적 통제가 일반적이다.
⑤ C는 B와 달리 공식 조직에 해당한다. (모두)

|자|료|해|설|
선택적 의지를 바탕으로 형성되는 사회 집단은 이익 사회이다. 이익 사회에 해당하는 것은 시민 단체와 회사이며, 자발적 결사체에 해당하는 것은 시민 단체이다. 따라서 A는 가족, B는 시민 단체, C는 회사이다.

|선|택|지|풀|이|
① 오답 : A는 가족, B는 시민 단체이다.
② 오답 : 결합 자체를 목적으로 하는 사회 집단은 공동 사회이다. 회사는 선택적 의지를 바탕으로 형성된 사회 집단, 즉 이익 사회에 해당한다.
③ 정답 : 가족은 1차 집단, 회사는 2차 집단에 해당한다.
④ 오답 : 시민 단체는 구성원에 대한 공식적 통제가 일반적이며, 가족은 비공식적 통제가 일반적이다.
⑤ 오답 : 공식 조직은 목표와 경계가 명확하고, 과업 수행을 위한 구성원들의 지위와 역할 구분, 규범과 절차가 체계화되어있는 사회 집단이다. 회사와 시민 단체는 모두 공식 조직에 해당한다.

관련 개념 | 1차 집단(직접적인 대면 접촉, 전인격적인 접촉)과 2차 집단(과업 지향적인 접촉, 특정 목적 달성을 위한 수단적인 접촉)은 구성원 간의 접촉 방식에 따라 구분되며, 공동 사회(본질 의지)와 이익 사회(선택 의지)는 결합 의지에 따라 구분된다.

출제분석 | 사회 집단과 사회 조직에 관한 문항은 매년 출제되고 있다. 사회 집단의 유형별 특징과 이에 해당되는 사례를 정확히 숙지하고 있어야 한다.

밑줄 친 ⑦~②에 대한 설명으로 옳은 것은?

> 　○○고등학교 '동문의 밤' 행사는 ⑦ □□기업 부사장이자
> 총동문회장인 갑의 축사로 시작하였다. ⓛ 가족과 함께 행사에
> 참여한 졸업생 을은 "ⓒ 회사 내 동문 산악회를 만들어 모임을
> 가져온 것이 전부였는데, 그동안 못했던 총동문회를 이제 할 수
> 있게 되어 기쁘다."라고 소감을 밝혔다. 한편, 이번 '동문의 밤'에서
> 진행된 바자회의 수익금은 ② △△ 환경 단체에 기부하기로
> 하였다.

2차 집단, 이익 사회

1차 집단, 공동 사회

비공식 조직, 자발적 결사체, 이익 사회

공식 조직, 자발적 결사체, 이익 사회

① ⑦은 ⓛ과 달리 1차 집단이다.
② ⓒ은 ②과 달리 자발적 결사체이다.
③ ②은 ⓒ과 달리 을의 내집단이다.
④ ⓒ과 ②은 모두 비공식 조직이다.
⑤ ⑦, ⓒ, ②은 모두 이익 사회이다.

|자|료|해|설|

□□기업은 2차 집단이자 이익 사회에 해당하고, 가족은
1차 집단이자 공동 사회에 해당하며, 회사 내 동문
산악회는 비공식 조직, 자발적 결사체, 이익 사회에
해당하고, △△ 환경 단체는 공식 조직, 자발적 결사체,
이익 사회에 해당한다.

|선|택|지|풀|이|

① 오답 : ⑦은 2차 집단, ⓛ은 1차 집단에 해당한다.
② 오답 : ⓒ과 ②은 모두 자발적 결사체에 해당한다.
③ 오답 : ②은 을이 소속되어 소속감을 느끼는 내집단에
해당하지 않는다.
④ 오답 : ⓒ은 비공식 조직이고, ②은 공식 조직이다.
⑤ 정답 : ⑦, ⓒ, ②은 ⓛ과 달리 이익 사회에 해당한다.

추가학습 | 비공식 조직은 일반적으로 공식 조직 내에서
형성되는 조직이나 집단을 말하는데, 구성원들 간의 정서적 상호
작용을 통해 친밀한 인간관계를 추구한다는 점에서 공식 조직과
다르다.

다음 자료에 대한 설명으로 옳은 것은? 3점

게시판

취업 특강 개설을 위한 재학생 대상 사전 조사
(A 대학교 취업 상담 센터)

┗ 갑 : 취업 상담 센터가 주관하는 취업 특강을 교내 독서 모임에서 함께 활동
하고 있는 을과 들었음. 이번에는 총동창회의 주최로 ○○ 기업에서
진행하는 취업 특강에 참여할 예정임. □□ 시민 단체에서 활동하고
있는 병이 추천해 준 자격증 취득을 위한 특강 개설 여부가 궁금함.

┗ 을 : □□ 시민 단체에서 함께 활동하고 있는 후배와 여름 방학에 △△ 방송사가
주관하는 직업 체험 활동에 참가할 예정이라 취업 특강 참석이 어려움.
언론인이 되고 싶어 하는 학생들을 위해 방송인 협회의 특강 개최를
취업 상담 센터에 건의하고 싶음.

┗ 병 : 고등학교 선배가 운영하는 대안 학교에서 수업 보조 강사로 함께 활동
하고 있는 갑이 ○○ 기업에서 진행하는 취업 특강에 같이 가자고 함.
졸업 후 대학원 진학도 고민 중이라 참석 여부를 고심하고 있음.

① 갑이 작성한 내용에 나타난 공식 조직의 개수는 을이 작성한
내용에 나타난 2차적 사회화 기관의 개수보다 많다. 와 같다
② 을이 작성한 내용에 나타난 자발적 결사체의 개수는 을이 속해
있는 자발적 결사체의 개수와 같다.
③ 병이 속해 있는 공식적 사회화 기관의 개수는 갑이 속해 있는
공식적 사회화 기관의 개수보다 많다. 와 같다
④ 갑과 병이 함께 속해 있는 2차 집단의 개수는 병이 속해 있는
비공식적 사회화 기관의 개수보다 적다. 많다
⑤ 갑과 을이 함께 속해 있는 비공식 조직은 없지만 을과 병이 함께
속해 있는 이익 사회는 있다. 있고,

|자|료|해|설|

갑은 A 대학교, 교내 독서 모임, 대안 학교에 속해 있고,
을은 A 대학교, 교내 독서 모임, □□ 시민 단체에 속해
있으며, 병은 A 대학교, □□ 시민 단체, 대안 학교에 속해
있다.

|선|택|지|풀|이|

① 오답 : 갑이 작성한 내용에 나타난 공식 조직은 취업
상담 센터, 총동창회, ○○ 기업, □□ 시민 단체이고, 을이
작성한 내용에 나타난 2차적 사회화 기관은 □□ 시민 단체,
△△ 방송사, 방송인 협회, 취업 상담 센터이다. 따라서
갑이 작성한 내용에 나타난 공식 조직의 개수와 을이
작성한 내용에 나타난 2차적 사회화 기관의 개수는 각각
4개로 같다.
② 정답 : 을이 작성한 내용에 나타난 자발적 결사체는
□□ 시민 단체와 방송인 협회이고, 을이 속해 있는 자발적
결사체는 교내 독서 모임과 □□ 시민 단체이다. 따라서
을이 작성한 내용에 나타난 자발적 결사체의 개수와 을이
속해 있는 자발적 결사체의 개수는 각각 2개로 같다.
③ 오답 : 병이 속해 있는 공식적 사회화 기관은 A 대학교와
대안 학교이고, 갑이 속해 있는 공식적 사회화 기관은
A 대학교와 대안 학교이다. 따라서 병이 속해 있는 공식적
사회화 기관의 개수와 갑이 속해 있는 공식적 사회화
기관의 개수는 각각 2개로 같다.
④ 오답 : 갑과 병이 함께 속해 있는 2차 집단은 A 대학교와
대안 학교이고, 병이 속해 있는 비공식적 사회화 기관은
□□ 시민 단체이다. 따라서 갑과 병이 함께 속해 있는 2차
집단의 개수는 병이 속해 있는 비공식적 사회화 기관의
개수보다 많다.
⑤ 오답 : 갑과 을이 함께 속해 있는 비공식 조직은 교내
독서 모임이고, 을과 병이 함께 속해 있는 이익 사회는
A 대학교와 □□ 시민 단체이다.

문제풀이 TIP | 갑~병이 작성한 내용에 나타난 사회 집단 및 사회 조직과, 갑~병이 각각 속해 있는 사회
집단 및 사회 조직을 파악해야 한다.

다음 게임에서 임무를 완수하기 위한 카드를 옳게 선택한 것은? **3점**

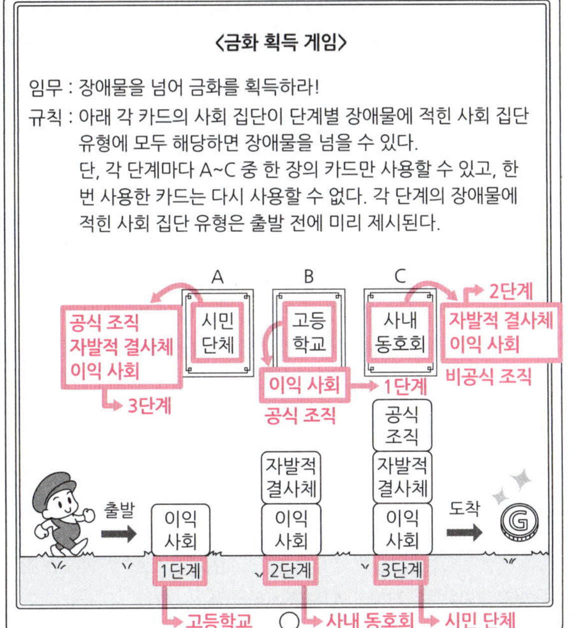

	1단계	2단계	3단계		1단계	2단계	3단계
①	A	B	C	②	A	C	B
③	B	A	C	④	B	C	A
⑤	C	B	A				

|자|료|해|설|

시민 단체(A)는 공식 조직, 자발적 결사체, 이익 사회에 해당한다. 고등학교(B)는 공식 조직, 이익 사회에 해당하지만 가입과 탈퇴가 자유롭지 않으므로 자발적 결사체에 해당하지 않는다. 사내 동호회(C)는 비공식 조직, 자발적 결사체, 이익 사회에 해당한다.

|선|택|지|풀|이|

① 오답 : 1단계 ~ 3단계 모두 임무를 완수하기 위한 카드를 선택하지 못했다.
② 오답 : 1단계, 3단계는 임무를 완수하기 위한 카드를 선택하지 못했으며 2단계만 옳은 카드를 선택했다.
③ 오답 : 2단계, 3단계는 임무를 완수하기 위한 카드를 선택하지 못했으며 1단계만 옳은 카드를 선택했다.
④ 정답 : 이익 사회에만 해당하는 1단계는 고등학교(B)이다. 자발적 결사체이면서 이익 사회에 해당하는 2단계는 사내 동호회(C)이다. 공식 조직, 자발적 결사체, 이익 사회의 성격을 가진 3단계는 시민 단체(A)이다.
⑤ 오답 : 1단계, 2단계는 임무를 완수하기 위한 카드를 선택하지 못했으며 3단계만 옳은 카드를 선택했다.

문제풀이 TIP | 학교와 회사는 가입과 탈퇴가 자유롭지 않으므로 자발적 결사체에 해당하지 않는다. 공익 추구를 목적으로 하는 시민 단체는 선택 의지에 따라 결합된 이익 사회이자, 가입과 탈퇴가 자유로운 자발적 결사체이면서, 공식적인 목표와 제도화된 공식 규범 등을 갖춘 공식 조직에 해당한다. 시험에 자주 출제되는 사례이므로 기출문제를 중심으로 관련 개념을 꼼꼼하게 정리해 둘 필요가 있다.

II.

3. 사회 집단과 사회 조직

밑줄 친 ㉠~㉣에 대한 옳은 설명만을 〈보기〉에서 있는 대로 고른 것은? **3점**

> 갑은 평소 원하던 ㉠ A 회사에 입사하여 애사심을 가지고 열심히 회사 생활을 하고 있다. 그러던 중 갑은 ㉡ 사내 등산 동호회에서 만난 ㉢ 대학교 선배의 권유로 환경 보호를 위한 ㉣ 시민 단체에 가입하였다.

보기

ㄱ. ㉠은 갑의 내집단이다.
ㄴ. ㉡은 ㉣과 달리 비공식 조직이다.
ㄷ. ㉢은 ㉡과 달리 선택 의지에 따라 결합된 사회 집단이다. (모두 / 이익 사회)
ㄹ. ㉡은 ㉢, ㉣과 달리 자발적 결사체이다.

① ㄱ, ㄴ　　② ㄱ, ㄹ　　③ ㄴ, ㄷ
④ ㄱ, ㄷ, ㄹ　　⑤ ㄴ, ㄷ, ㄹ

|자|료|해|설|

모든 비공식 조직은 자발적 결사체에 해당하고, 공식 조직, 비공식 조직, 자발적 결사체는 모두 이익 사회에 해당한다.

|보|기|풀|이|

ㄱ. 정답 : 내집단은 자신이 속하여 '우리'라고 하는 동질감과 소속감을 느끼는 집단을 말한다. 갑은 원하던 A 회사에 입사하여 애사심을 가지고 회사 생활을 하고 있으므로 A 회사는 갑의 내집단에 해당한다.
ㄴ. 정답 : 사내 등산 동호회는 비공식 조직에 해당하고, 시민 단체는 공식 조직에 해당한다.
ㄷ. 오답 : 선택 의지에 따라 결합된 사회 집단은 이익 사회이다. 사내 등산 동호회와 대학교는 모두 이익 사회에 해당한다.
ㄹ. 오답 : 사내 등산 동호회와 시민 단체는 자발적 결사체에 해당하지만, 대학교는 자발적 결사체에 해당하지 않는다.

문제풀이 TIP | 회사, 사내 등산 동호회, 대학교, 시민 단체는 모두 선택 의지에 따라 결합된 집단인 이익 사회에 해당한다. 회사, 대학교, 시민 단체는 공식 조직에 해당하는 반면, 사내 등산 동호회는 비공식 조직에 해당한다. 특히, 사내 등산 동호회와 시민 단체는 자발적 결사체에 해당한다.

출제분석 | 사회 집단과 사회 조직을 구분하는 문제이다. 사례를 통해 사회 집단과 사회 조직을 구분하는 문제는 고난도로 출제될 수 있으므로 사회 집단과 사회 조직의 대표적인 예를 중심으로 각각의 개념을 숙지해 두도록 한다.

그림은 질문을 통해 사회 집단 A, B를 구분한 것이다. 이에 대한 설명으로 옳은 것은? (단, A와 B는 각각 공동 사회, 이익 사회 중 하나이다.) 3점

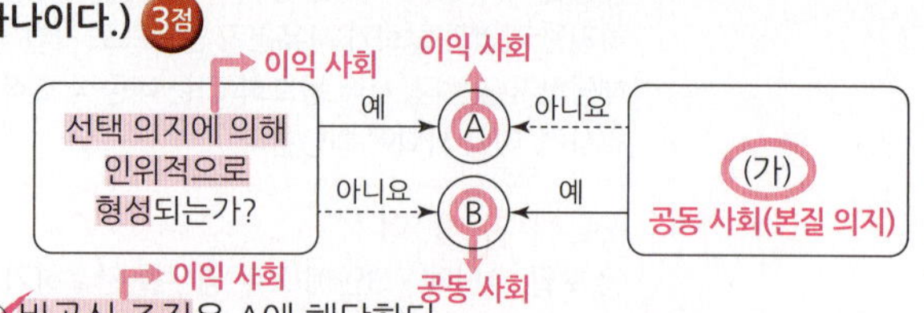

① 비공식 조직은 A에 해당한다. → 자발적 결사체
② B는 가입과 탈퇴가 자유롭다. → 공동 사회
③ A는 B와 달리 결합 자체를 목적으로 한다. → 이익 사회
④ A의 사례로 친족을, B의 사례로 학교를 들 수 있다. B A
⑤ (가)에는 '형식적 인간관계가 지배적인가?'가 들어갈 수 있다. 없다
→ 2차 집단
공동 사회

|자|료|해|설|

선택 의지에 의해 인위적으로 형성되는 사회 집단은 이익 사회이다. 따라서 A는 이익 사회, B는 공동 사회이고, (가)에는 공동 사회에만 해당하는 질문이 들어갈 수 있다.

|선|택|지|풀|이|

① 정답 : 회사 내 동호회와 같은 비공식 조직은 사람들이 선택 의지에 따라 인위적으로 결합한 이익 사회에 해당한다.

② 오답 : 공동 사회는 본질 의지에 따라 자연 발생적으로 결합한 사회 집단이다. 가족과 같은 공동 사회의 경우 자발적 결사체와 달리 가입과 탈퇴가 자유롭지 않다.

③ 오답 : 본질 의지에 따라 자연 발생적으로 결합한 공동 사회의 경우 결합 자체를 목적으로 한다.

④ 오답 : 친족은 본질 의지에 따라 결합한 공동 사회이고, 학교는 선택 의지에 따라 결합한 이익 사회이다.

⑤ 오답 : (가)에는 공동 사회에만 해당하는 질문이 들어갈 수 있다. 형식적 인간관계가 지배적인 것은 2차 집단의 특징이다. 따라서 (가)에는 '형식적 인간관계가 지배적인가?'가 들어갈 수 없다.

> **문제풀이 TIP** | 비공식 조직은 선택 의지에 따라 인위적으로 형성된 이익 사회이면서 가입과 탈퇴가 자유로운 자발적 결사체에 해당한다.

다음 자료에 대한 옳은 설명만을 〈보기〉에서 고른 것은? 3점

교사 : 각자 20대에 하고 싶은 일에 대해서 발표해 볼까요?
갑 : 대학교에서 마케팅을 전공한 후, 가족과 함께 식품 회사를 경영하며 사내 등산 동호회도 만들어 활동하고 싶습니다.
을 : 환경 관련 시민 단체에 가입하여 활동하고 싶습니다. 그리고 인터넷 게임 취미 활동으로 만난 사람들과 게임 동호회를 만들고 싶습니다.

보기

ㄱ. 갑이 발표한 내용에 있는 공식 조직의 개수는 3개이다.
ㄴ. 을이 발표한 내용에 있는 이익 사회의 개수는 2개이다. 
ㄷ. 갑이 발표한 내용에 있는 자발적 결사체의 개수는 을이 발표한 내용에 있는 자발적 결사체의 개수보다 적다.
ㄹ. 갑과 을이 발표한 내용에 있는 비공식 조직의 개수는 2개이다. → 갑은 1개, 을은 0개

① ㄱ, ㄴ ② ㄱ, ㄷ ③ ㄴ, ㄷ ④ ㄴ, ㄹ ⑤ ㄷ, ㄹ

|자|료|해|설|

갑이 발표한 내용에 나타난 사회 집단은 대학교, 가족, 식품 회사, 사내 등산 동호회이고, 을이 발표한 내용에 나타난 사회 집단은 환경 관련 시민 단체와 게임 동호회이다.

|보|기|풀|이|

ㄱ. 오답 : 갑이 발표한 내용에 있는 공식 조직은 대학교와 식품 회사이다. 따라서 갑이 발표한 내용에 있는 공식 조직의 개수는 2개이다.

ㄴ. 정답 : 을이 발표한 내용에 있는 이익 사회는 환경 관련 시민 단체와 게임 동호회이다. 따라서 을이 발표한 내용에 있는 이익 사회의 개수는 2개이다.

ㄷ. 정답 : 갑이 발표한 내용에 있는 자발적 결사체는 사내 등산 동호회이고, 을이 발표한 내용에 있는 자발적 결사체는 환경 관련 시민 단체와 게임 동호회이다. 따라서 갑이 발표한 내용에 있는 자발적 결사체의 개수는 을이 발표한 내용에 있는 자발적 결사체의 개수보다 적다.

ㄹ. 오답 : 갑이 발표한 내용에 있는 비공식 조직은 사내 등산 동호회이고, 을이 발표한 내용에 있는 비공식 조직은 없다. 즉, 갑이 발표한 내용에 있는 비공식 조직의 개수는 1개이고, 을이 발표한 내용에 있는 비공식 조직의 개수는 0개이다.

> **문제풀이 TIP** | 갑과 을이 발표한 내용에 나타난 사회 집단을 표시해 두고, 〈보기〉에서 묻는 유형에 해당하는 사회 집단을 찾아보도록 한다.

> **출제분석** | 사회 집단과 사회 조직의 유형을 파악하는 문제이다. 사회 집단과 사회 조직의 개수를 묻는 문제가 출제되고 있으므로 유형별 사회 집단과 사회 조직의 사례를 파악해 두도록 한다.

밑줄 친 ㉠~㉤에 대한 설명으로 옳은 것은? 3점

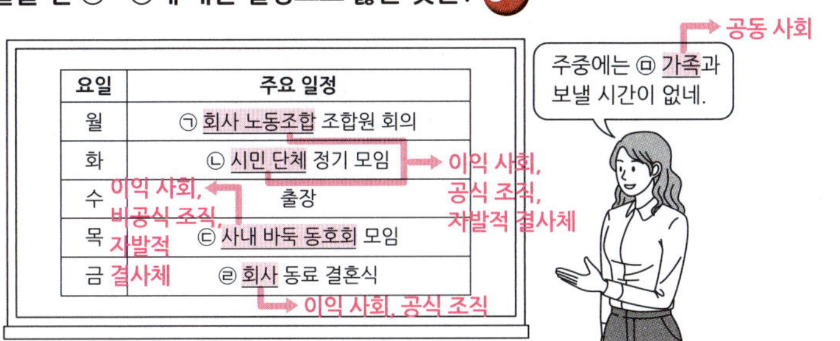

① ㉡은 ㉠과 달리 자발적 결사체에 해당한다.
② ㉣은 ㉤과 달리 전인격적 인간관계를 기초로 한다.
③ ㉠, ㉢은 모두 비공식 조직에 해당한다.
④ ㉡, ㉣은 모두 공식적 규범에 의한 통제가 일반적이다.
⑤ ㉢, ㉤은 모두 공동 사회에 해당한다.

|자|료|해|설|
회사 노동조합과 시민 단체는 이익 사회, 공식 조직, 자발적 결사체에 해당하고, 사내 바둑 동호회는 이익 사회, 비공식 조직, 자발적 결사체에 해당하며, 회사는 이익 사회, 공식 조직에 해당하고, 가족은 공동 사회에 해당한다.

|선|택|지|풀|이|
① 오답 : 회사 노동조합과 시민 단체는 모두 자발적 결사체에 해당한다.
② 오답 : 가족은 회사와 달리 전인격적 인간관계를 기초로 한다.
③ 오답 : 사내 바둑 동호회는 회사 노동조합과 달리 비공식 조직에 해당한다.
④ 정답 : 시민 단체와 회사는 모두 공식 조직으로, 공식적 규범에 의한 통제가 일반적이다.
⑤ 오답 : 가족은 사내 바둑 동호회와 달리 공동 사회에 해당한다.

문제풀이 TIP | 비공식 조직은 공식 조직 내에서 만들어지는 자발적 결사체의 한 유형이다.

다음은 질문에 따라 사회 집단 A~C를 사회 집단 및 사회 조직의 특징을 고려하여 분류한 것이다. 이에 대한 옳은 설명만을 〈보기〉에서 고른 것은? (단, A~C는 각각 가족, 시민단체, 사내 동호회 중 하나임.) 3점

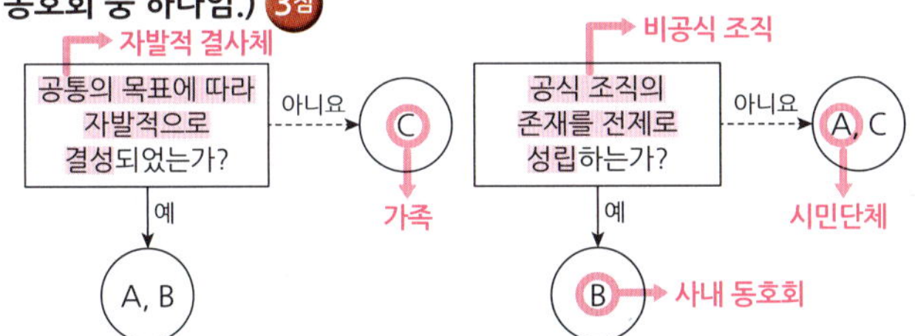

보기
ㄱ. A는 공식적 제재가 지배적인 집단에 해당한다. → 공식 조직
ㄴ. B는 본질 의지에 의해 형성된 집단에 해당한다. → 공동 사회
ㄷ. C는 전인격적 인간관계가 주로 나타나는 집단에 해당한다. → 1차 집단
ㄹ. A, C 모두 공식 조직이면서 2차 집단에 해당한다.

① ㄱ, ㄴ   ② ㄱ, ㄷ   ③ ㄴ, ㄷ   ④ ㄴ, ㄹ   ⑤ ㄷ, ㄹ

|자|료|해|설|
가족, 시민단체, 사내 동호회 중 공통의 목표에 따라 자발적으로 결성된 집단인 자발적 결사체에 해당하는 것은 시민단체와 사내 동호회이며, 공식 조직의 존재를 전제로 성립하는 집단인 비공식 조직에 해당하는 것은 사내 동호회이다. 따라서 A는 시민단체, B는 사내 동호회, C는 가족이다.

|보|기|풀|이|
ㄱ. 정답 : 공식적 제재가 지배적인 집단은 공식 조직이다. 시민단체는 공식 조직에 해당한다.
ㄴ. 오답 : 본질 의지에 의해 형성된 집단은 공동 사회이다. 가족, 시민단체, 사내 동호회 중 공동 사회에 해당하는 것은 가족이다.
ㄷ. 정답 : 전인격적 인간 관계가 주로 나타나는 집단은 1차 집단이다. 가족은 1차 집단에 해당한다.
ㄹ. 오답 : 시민단체는 공식 조직이면서 2차 집단에 해당하고, 사내 동호회는 비공식 조직이면서 2차 집단에 해당하며, 가족은 1차 집단에 해당한다.

추가 학습 | 비공식 조직은 모두 자발적 결사체에 해당한다. 그러나 모든 자발적 결사체가 비공식 조직에 해당하는 것은 아니다.

출제분석 | 사회 집단과 사회 조직의 유형을 파악하는 문제이다. 사회 집단과 사회 조직의 유형뿐만 아니라 다양한 사회학적 개념을 복합적으로 묻는 문제가 출제될 수 있다.

다음은 갑, 을이 자신이 속해 있던 사회 집단을 시기별로 각각 2개씩 작성한 것이다. 이에 대한 분석으로 옳은 것은? **3점**

이름 : 갑	
시기	소속 집단
A	⊙ 가족, ⓛ 유치원 → 이익 사회
B	학교, 게임 동호회
C	동창회, 대학교 학과 내 독서 소모임
D	회사, 출판인 협회 → 비공식 조직

이익 사회   → 이익 사회, 자발적 결사체

이름 : 을	
시기	소속 집단
A	가족, ⓒ 같은 아파트 내 또래 집단 → 1차 집단
B	미술 학원, 지역 청소년 봉사 단체
C	ⓔ 정당, 대학교 총학생회장단 → 2차 집단
D	종친회, 환경 운동 단체

→ 이익 사회, 자발적 결사체

① ⊙은 ⓔ과 달리 구성원 간 간접적 접촉과 수단적 만남이 지배적인 집단이다. → 2차 집단

② ⓛ, ⓒ은 모두 개인의 선택적 의지와 무관하게 자연 발생적으로 형성된 집단이다. → 공동 사회

③ 갑이 작성한 내용 중 공식 조직의 개수는 B 시기가 D 시기보다 많다. (적다) → 2개(회사, 출판인 협회) / → 1개(학교)

④ 갑, 을이 작성한 내용 중 C 시기에는 각각 1개의 비공식 조직이 들어 있다. → 을의 경우 비공식 조직이 없음

⑤ 갑, 을이 작성한 내용 중 D 시기에는 이익 사회의 개수가 각각 2개이며, 자발적 결사체의 개수는 을이 더 많다. → 갑 1개(출판인 협회), 을 2개(종친회, 환경 운동 단체)

문제풀이 TIP | '대학교 학과 내 독서 소모임'은 공식 조직(대학교 학과)의 구성원이 공통의 관심사(독서)를 가지고 자발적으로 만든 비공식 조직에 해당한다. 하지만 '대학교 총학생회장단'은 공식 조직(대학교)의 일부분으로 목표와 경계가 뚜렷하고 공식적인 규범과 절차가 체계화되어 있는 공식 조직에 해당한다. 학교와 회사는 가입과 탈퇴가 자유롭지 않으므로 자발적 결사체에 해당하지 않는다.

|자|료|해|설|

공동 사회는 본질 의지에 따라 자연 발생적으로 결합한 사회 집단이고, 이익 사회는 선택 의지에 따라 인위적으로 형성된 사회 집단이다. 1차 집단은 직접적 접촉과 친밀한 만남이 지배적인 사회 집단이고, 2차 집단은 간접적 접촉과 형식적 만남이 지배적인 사회 집단이다.

|선|택|지|풀|이|

① 오답 : 정당(2차 집단)은 가족(1차 집단)과 달리 구성원 간 간접적 접촉과 공식적·수단적·형식적 만남이 지배적인 집단이다.

② 오답 : 개인의 선택적 의지와 무관하게 자연 발생적으로 형성된 집단은 공동 사회이다. 유치원은 선택 의지에 따라 인위적으로 형성된 이익 사회에 해당한다.

③ 오답 : 학교, 회사, 출판인 협회(이익 집단)는 게임 동호회와 달리 공식 조직에 해당한다. 따라서 갑이 작성한 내용 중 공식 조직의 개수는 B 시기(1개)가 D 시기(2개) 보다 적다.

④ 오답 : 대학교 학과 내 독서 소모임은 동창회, 정당, 대학교 총학생회장단과 달리 비공식 조직에 해당한다. 따라서 을이 작성한 내용 중 C 시기에는 비공식 조직이 들어 있지 않다.

⑤ 정답 : 회사, 출판인 협회, 종친회, 환경 운동 단체(시민 단체)는 모두 선택 의지에 따라 인위적으로 형성된 이익 사회에 해당한다. 출판인 협회, 종친회, 환경 운동 단체는 회사와 달리 가입과 탈퇴가 자유로운 자발적 결사체에 해당한다. 따라서 갑, 을이 작성한 내용 중 D 시기에는 이익 사회의 개수가 각각 2개이며, 자발적 결사체의 개수는 을(2개)이 갑(1개)보다 더 많다.

다음 자료에 대한 설명으로 옳은 것은?

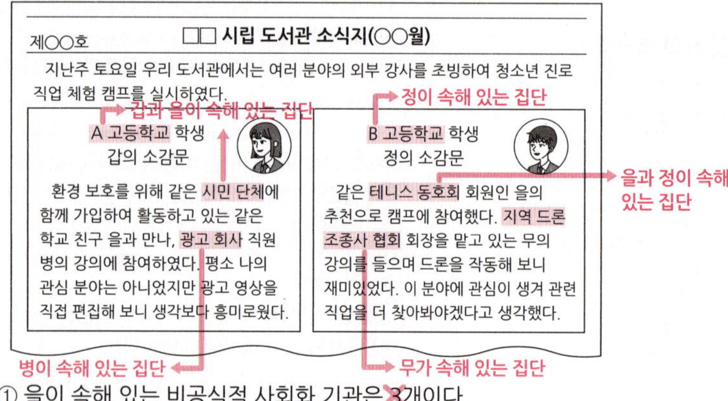

갑과 을이 속해 있는 집단 / 정이 속해 있는 집단 / 을과 정이 속해 있는 집단 / 병이 속해 있는 집단 / 무가 속해 있는 집단

① 을이 속해 있는 비공식적 사회화 기관은 3개(2)이다.

② 갑과 을이 함께 속해 있는 공식 조직은 1개(2)이다.

③ 갑과 달리 병은 2차적 사회화 기관에 속해 있다.

④ 을과 정이 함께 속해 있는 비공식 조직이 나타나 있다. (있지 않다)

⑤ 갑~무 중 병을 제외한 4명은 자발적 결사체에 속해 있다.

구분	속해 있는 집단
갑	A 고등학교, 시민 단체
을	A 고등학교, 시민 단체, 테니스 동호회
병	광고 회사
정	B 고등학교, 테니스 동호회
무	지역 드론 조종사 협회

|자|료|해|설|

갑~무가 각각 속해 있는 사회 집단을 나타내면 첨삭과 같다.

|선|택|지|풀|이|

① 오답 : 을이 속해 있는 사회 집단은 A 고등학교, 시민 단체, 테니스 동호회이다. A 고등학교는 공식적 사회화 기관에 해당하고, 시민 단체와 테니스 동호회는 비공식적 사회화 기관에 해당한다. 따라서 을이 속해 있는 비공식적 사회화 기관은 2개이다.

② 오답 : 갑과 을이 함께 속해 있는 사회 집단은 A 고등학교와 시민 단체이다. A 고등학교와 시민 단체는 모두 공식 조직에 해당한다. 따라서 갑과 을이 함께 속해 있는 공식 조직은 2개이다.

③ 오답 : 갑이 속해 있는 사회 집단은 A 고등학교와 시민 단체이고, 병이 속해 있는 사회 집단은 광고 회사이다. A 고등학교, 시민 단체, 광고 회사 모두 2차적 사회화 기관에 해당한다. 따라서 갑과 병 모두 2차적 사회화 기관에 속해 있다.

④ 오답 : 을과 정이 함께 속해 있는 사회 집단은 테니스 동호회이다. 테니스 동호회는 자발적 결사체에 해당하지만 비공식 조직에 해당하지 않는다. 따라서 을과 정이 함께 속해 있는 비공식 조직은 나타나 있지 않다.

⑤ 정답 : 시민 단체, 테니스 동호회, 지역 드론 조종사 협회는 모두 자발적 결사체에 해당한다. 따라서 갑, 을, 정, 무는 모두 자발적 결사체에 속해 있다.

그림은 사회 집단 및 사회 조직의 유형 A, B와 자발적 결사체의 포함 관계를 나타낸 것이다. 이에 대한 설명으로 옳은 것은? (단, A와 B는 각각 비공식 조직, 이익 사회 중 하나이다.)

① A는 비공식적 제재가 지배적이다.
② B는 형식적, 수단적 인간관계가 지배적이다. → 공식 조직
③ A는 자발적 결사체와 달리 가입과 탈퇴가 자유롭다.
④ A는 B와 달리 선택 의지에 의해 인위적으로 형성된 집단이다. → 모두
⑤ A의 사례로는 학교를, B의 사례로는 사내 동호회를 들 수 있다.

|자|료|해|설|
모든 자발적 결사체는 이익 사회에 해당하고, 모든 비공식 조직은 자발적 결사체에 해당한다. 따라서 A는 이익 사회, B는 비공식 조직이다.

|선|택|지|풀|이|
① 오답 : 이익 사회에는 비공식적 제재가 나타나는 사회 조직뿐만 아니라 공식적 제재가 나타나는 사회 조직도 있다.
② 오답 : B는 비공식 조직으로, 형식적, 수단적 인간관계가 지배적이라고 볼 수 없다. 형식적, 수단적 인간관계가 지배적인 사회 조직은 공식 조직이다.
③ 오답 : 자발적 결사체는 가입과 탈퇴가 자유로우며, 이익 사회 중 가입과 탈퇴가 자유롭지 않은 사회 집단이 존재한다.
④ 오답 : 선택 의지에 의해 인위적으로 형성된 집단은 이익 사회이다. 비공식 조직은 이익 사회에 해당한다.
⑤ 정답 : 학교는 선택 의지에 의해 결합된 집단인 이익 사회에 해당하고, 사내 동호회는 회사라는 공식 조직 내에서 자발적으로 형성한 집단이므로 비공식 조직에 해당한다.

관련 개념 | 선택 의지는 인간이 특정 목적 달성을 위해 적절한 수단을 활용하고자 하는 의지로, 경제적 이익이나 정치적 이익, 자아실현 등을 효과적으로 달성하고자 하는 의지를 말한다.

밑줄 친 ㉠~㉫과 같은 사회 집단과 사회 조직의 일반적 특징에 대한 설명으로 옳은 것은? **3점**

> 갑은 ㉠ 법학 전문 대학원 학생이다. 평소 환경 문제에 관심이 많아서 ㉡ ○○ 시민 연대에서 활동하고 있다. 또한 주말마다 ○○ 시민 연대의 ㉢ 야구 동호회를 통해 친목을 다지고 있다. 한편 갑의 남편 을은 자동차 회사에 재직하면서 ㉣ 노동조합 활동도 열심히 하고 있다. 주말에는 ㉤ 음악 학원에서 드럼을 배우며 스트레스를 해소하고 있다. 두 사람은 너무 바쁘지만 ㉫ 가족과 좀 더 많은 시간을 보낼 방법에 대해 고민 중이다.

(→ 공식 조직 / → 공식 조직, 자발적 결사체 / 비공식 조직 / 공식 조직, 자발적 결사체 / → 공식 조직 / → 공동 사회, 1차 집단)

① ㉡은 공동의 목표나 관심사를 가진 사람들의 자발적 참여로 결성된 집단이다. → 자발적 결사체
② ㉫은 선택 의지에 의해 형성된 집단이다. → 본질
③ ㉠은 ㉣과 달리 특정 목적 달성을 위한 지위와 역할이 명확한 조직이다. → 공식 조직
④ ㉡은 ㉣, ㉫과 달리 구성원 간 직접적 접촉을 통한 전인격적 관계에 기초한 집단이다. → 1차 집단
⑤ ㉢은 ㉠, ㉣과 달리 공식 조직 내에서 구성원 간의 친밀한 인간관계에 바탕을 두고 형성된 조직이다. → 비공식 조직

|자|료|해|설|
㉠, ㉡, ㉣, ㉤은 특정한 목표 달성과 과업 수행을 위해 인위적으로 형성된 공식 조직이다. ㉢은 공식 조직의 구성원들 간 친밀한 인간관계(주로 1차적 인간관계)를 바탕으로 형성된 비공식 조직이다. ㉫은 본질 의지에 따라 결합한 공동 사회이면서 대면 접촉을 하는 1차 집단이다.

|선|택|지|풀|이|
① 오답 : 학교는 공동의 목표나 관심사를 가진 사람들의 자발적 참여로 결성된 자발적 결사체에 해당하지 않는다.
② 오답 : 가족은 본질 의지에 따라 자연 발생적으로 결합된 공동 사회이다.
③ 오답 : ㉠, ㉣은 모두 특정 목적 달성을 위한 지위와 역할이 명확한 공식 조직이다.
④ 오답 : ㉫은 구성원 간 직접적 접촉을 통한 전인격적 관계에 기초한 1차 집단이다.
⑤ 정답 : ㉢은 공식 조직 내에서 구성원 간의 친밀한 인간관계(주로 1차적 관계)에 바탕을 두고 형성된 비공식 조직이다.

출제분석 | 사회 집단과 사회 조직은 수능과 모평에 빠지지 않고 등장하는 주제이다. 사회 집단의 종류는 사회 집단을 분류하는 기준이 중요하다. 소속감(내집단, 외집단), 결합 의지(공동 사회, 이익 사회), 접촉 방식(1차 집단, 2차 집단)에 따라 사회 집단을 분류할 수 있다. 또한 사회 조직 파트에서는 공식 조직, 비공식 조직, 자발적 결사체가 출제될 수 있으므로 관련 개념을 완벽하게 정리해 둘 필요가 있다. 기출 문제를 중심으로 주요 개념을 다양한 사례에 적용하는 훈련을 하면 문제 풀이에 큰 도움이 된다.

밑줄 친 ㉠~㉤에 관한 진술을 모두 옳게 평가한 학생은? `3점`

> A는 회사 ㉠ 노동조합 단체교섭단 회의를 주관하고 점심시간에 ㉡ 사내 요가 동호회에서 시간을 보냈다. 저녁에는 ㉢ 대학교 총동문회 사은 행사에 참석 후 귀가하여 ㉣ 가족과 하루를 마쳤다. 다음 날 아침에는 아파트 주민들로 구성된 ㉤ ○○ 산악회 회원들과 등산을 하였다.

진술	갑	을	병	정	무
㉡은 ㉣과 달리 비공식적 통제가 일반적이다.	○	×	×	×	×
㉢은 ㉡과 달리 공식 조직을 전제로 한다.	○	○	×	×	×
㉣은 ㉤과 달리 본질 의지에 의해 형성된다.	×	×	×	○	×
㉤, ㉡은 ㉢과 달리 비공식 조직이다.	○	×	×	○	×
㉠~㉤ 중 자발적 결사체의 개수와 이익 사회의 개수는 같다.	○	×	○	×	×

(○ : 그렇다, × : 그렇지 않다)

① 갑　　② 을　　③ 병　　④ 정　　⑤ 무

|자|료|해|설|

㉡과 ㉣은 모두 비공식적 통제가 일반적이다. ㉡은 공식 조직을 전제로 하는 비공식 조직에 해당한다. ㉣은 ㉤과 달리 본질 의지에 의해 형성된 공동 사회에 해당한다. ㉠~㉤ 중 자발적 결사체는 ㉠, ㉡, ㉢, ㉤으로 4개이고, 이익 사회 또한 ㉠, ㉡, ㉢, ㉤으로 4개이다.

|선|택|지|풀|이|

① 오답 : 갑은 세 번째 진술과 다섯 번째 진술에 대해 옳게 평가하였다.

② 오답 : 을은 첫 번째 진술, 세 번째 진술, 네 번째 진술에 대해 옳게 평가하였다.

③ 정답 : 병은 다섯 개의 진술 모두에 대해 옳게 평가하였다.

④ 오답 : 정은 첫 번째 진술과 두 번째 진술에 대해 옳게 평가하였다.

⑤ 오답 : 무는 다섯 번째 진술에 대해 옳지 않게 평가하였다.

학습조언 | 모든 비공식 조직은 자발적 결사체에 해당하고, 모든 자발적 결사체는 이익 사회에 해당한다.

표의 (가), (나)에 각각 들어갈 수 있는 질문만을 <보기>에서 고른 것은? `3점`

구분		(가)	
		예	아니요
(나)	예	사내 동호회	가족
	아니요	시민 단체	회사

보기

ㄱ. 구성원들의 선택 의지와 무관하게 형성된 사회 집단인가?

ㄴ. 구성원들 간 수단적 관계보다 전인격적 관계가 중시되는 사회 집단인가?

ㄷ. 공통의 관심사나 목표를 가진 사람들이 자발적으로 결성한 사회 집단인가?

ㄹ. 공식 조직 내에서 구성원들이 긴장감이나 소외감을 완화하기 위해 만든 사회 집단인가?

	(가)	(나)		(가)	(나)
①	ㄱ	ㄹ	②	ㄴ	ㄷ
③	ㄷ	ㄴ	④	ㄷ	ㄹ
⑤	ㄹ	ㄱ			

|자|료|해|설|

'사내 동호회'와 '시민 단체'는 가입과 탈퇴가 자유로운 자발적 결사체에 해당하고, '가족'과 '회사'는 자발적 결사체에 해당하지 않는다. 따라서 (가)에는 '공통의 관심사나 목표를 가진 사람들이 자발적으로 결성한 사회 집단인가?'가 들어갈 수 있다. '사내 동호회'와 '가족'에서는 주로 대면적이고 친밀한 접촉이 이루어지며, '시민 단체'와 '회사'에서는 주로 공식적이고 수단적인 접촉이 이루어진다. 따라서 (나)에는 '구성원들 간 수단적 관계보다 전인격적 관계(1차적 관계)가 중시되는 사회 집단인가?'가 들어갈 수 있다.

|보|기|풀|이|

① 오답 : 구성원들의 선택 의지와 무관하게 형성된 사회 집단은 공동 사회이다. 제시된 표에서 '가족'만 공동 사회에 해당한다. 공식 조직 내에서 구성원들이 긴장감이나 소외감을 완화하기 위해 만든 사회 집단은 비공식 조직이다. 제시된 표에서 '사내 동호회'만 비공식 조직에 해당한다.

② 오답 : 제시된 표에서 전인격적 관계가 중시되는 사회 집단은 '사내 동호회'와 '가족'이 있다. 제시된 표에서 자발적 결사체는 '사내 동호회'와 '시민 단체'가 있다.

③ 정답 : 제시된 표에서 자발적 결사체는 '사내 동호회'와 '시민 단체'가 있다. 제시된 표에서 구성원들 간 수단적 관계보다 전인격적 관계가 중시되는 사회 집단은 '사내 동호회'와 '가족'이 있다.

④ 오답 : 제시된 표에서 '사내 동호회'만 비공식 조직에 해당한다.

⑤ 오답 : 제시된 표에서 '사내 동호회', '시민 단체', '회사'는 선택 의지에 따라 인위적으로 형성된 이익 사회에 해당한다.

21 사회 집단 + 사회 조직

정답 ②   정답률 50%   2019년 10월 학평 9번   문제편 156p

표는 사회 집단 A ~ C를 구분한 것이다. 이에 대한 옳은 설명만을 〈보기〉에서 고른 것은? (단, A ~ C는 각각 공동 사회, 비공식 조직, 자발적 결사체 중 하나이다.) 3점

사회 집단 \ 질문	(가)	(나)	(다)
A	예	예	아니요
B	아니요	아니요	예
C	아니요	예	아니요

보기

ㄱ. A가 비공식 조직, B가 공동 사회라면 (다)에 '결합 자체가 목적인가?'가 들어갈 수 있다.

ㄴ. B가 자발적 결사체라면 (다)에 '주로 비공식적 통제에 의해서 집단이 운영되는가?'가 들어갈 수 있다.

ㄷ. (나)에 '가입과 탈퇴가 자유로운가?'가 들어가고 C가 비공식 조직이라면 (가)에 '시민 단체가 해당하는가?'가 들어갈 수 있다.

ㄹ. (가)에 '본질 의지에 따라 구성되는가?'가 들어가고 (다)에 '병원 내 노동조합이 해당하는가?'가 들어가면 '학교 내 학생회'는 C에 해당한다.

① ㄱ, ㄴ   ② ㄱ, ㄷ   ③ ㄴ, ㄷ   ④ ㄴ, ㄹ   ⑤ ㄷ, ㄹ

| 자 | 료 | 해 | 설 |

공동 사회는 본질 의지에 따라 자연 발생적으로 구성된 사회 집단이다. 비공식 조직은 공식 조직 내에서 주로 친밀한 인간관계를 바탕으로 만들어진 사회 집단이다. 자발적 결사체는 공통의 목표나 관심사에 따라 자발적으로 결성된 사회 집단이다.

| 보 | 기 | 풀 | 이 |

ㄱ. 정답 : A가 비공식 조직, B가 공동 사회이면 C는 자발적 결사체에 해당한다. 본질 의지에 따라 구성된 공동 사회는 결합 자체를 목적으로 하는 사회 집단이다. 따라서 (다)에 '결합 자체가 목적인가?'가 들어갈 수 있다.

ㄴ. 오답 : 자발적 결사체 중 공식 조직에 해당하는 사회 집단은 주로 공식적 통제에 의해 집단이 운영된다. 따라서 B가 자발적 결사체라면 (다)에 '주로 비공식적 통제에 의해서 집단이 운영되는가?'는 들어갈 수 없다.

ㄷ. 정답 : 자발적 결사체와 비공식 조직은 가입과 탈퇴가 자유롭다. (나)에 '가입과 탈퇴가 자유로운가?'가 들어가고 C가 비공식 조직이라면, A는 자발적 결사체, B는 공동 사회이다. 시민 단체는 가입과 탈퇴가 자유로운 자발적 결사체이다. 따라서 (가)에는 '시민 단체가 해당하는가?'가 들어갈 수 있다.

ㄹ. 오답 : 공동 사회는 본질 의지에 따라 결합한 사회 집단이고, 병원 내 노동조합은 자발적 결사체에 해당한다. (가)에 '본질 의지에 따라 구성되는가?'가 들어가고 (다)에 '병원 내 노동조합이 해당하는가?'가 들어가면 A는 공동 사회, B는 자발적 결사체, C는 비공식 조직이다. 학교 내 학생회는 공식 조직이므로 비공식 조직(C)에 해당하지 않는다.

😲 **문제풀이 T I P** | 병원 내 노동조합은 비공식 조직이 아닌 공식 조직에 해당한다. '병원 내'라는 단어 때문에 비공식 조직으로 판단하는 실수를 하면 안 된다. 또한 학교 내 학생회는 비공식 조직이 아닌 공식 조직에 해당한다. '학교 내'라는 단어 때문에 비공식 조직으로 파악하는 실수를 하면 안 된다.

---

22 사회 집단 + 사회 조직

정답 ②   정답률 45%   2022학년도 수능 18번   문제편 156p

그림에서 갑 ~ 병이 속해 있는 사회 집단 및 사회 조직에 대한 진술로 옳은 것은? 3점

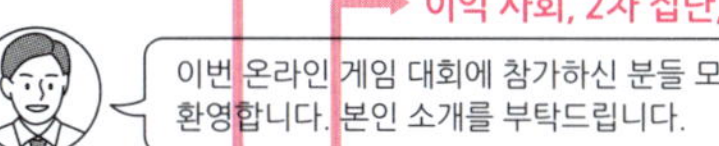

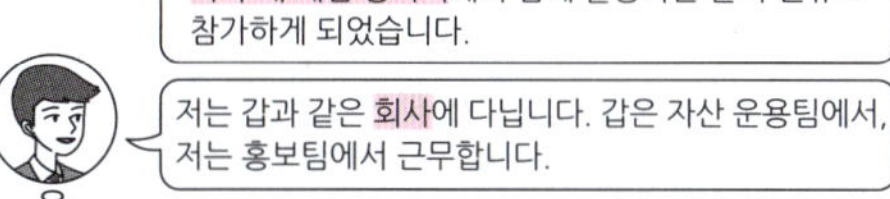

① 갑은 공동 사회와 이익 사회 모두에 속해 있다.

② 을은 공식 조직과 비공식 조직 모두에 속해 있다.

③ 병은 1차 집단과 비공식 조직 모두에 속해 있다.

④ 갑은 을과 달리 자발적 결사체에 속해 있다.

⑤ 을은 갑, 병과 달리 2차 집단에 속해 있다.

| 자 | 료 | 해 | 설 |

갑은 회사, 회사 내 게임 동아리에 소속되어 있고, 을은 회사, 회사 내 게임 동아리, 향우회에 소속되어 있으며, 병은 향우회에 소속되어 있다.

| 선 | 택 | 지 | 풀 | 이 |

① 오답 : 갑은 회사와 회사 내 게임 동아리에 소속되어 있다. 회사와 회사 내 게임 동아리는 모두 이익 사회에 해당한다.

② 정답 : 을은 공식 조직인 회사와 비공식 조직인 회사 내 게임 동아리에 소속되어 있다.

③ 오답 : 병은 향우회에 소속되어 있다. 향우회는 자발적 결사체로, 비공식 조직에 해당하지 않는다.

④ 오답 : 갑과 을은 모두 자발적 결사체인 회사 내 게임 동아리에 소속되어 있다.

⑤ 오답 : 갑은 2차 집단인 회사에 소속되어 있다.

😲 **문제풀이 T I P** | 제시된 대화 내용을 꼼꼼하게 읽어야 한다. 갑과 병의 말에는 을에 속한 사회 집단과 사회 조직이 포함되어 있다. 단순히 을의 말을 통해 을이 소속되어 있는 사회 집단이 회사라고만 판단해서는 안 된다.

사회 집단 및 사회 조직 A~D에 대한 설명으로 옳은 것은?
(단, A~D는 각각 가족, 사내 동호회, 시민 단체, 학교 중 하나이다.)

○ '공통의 관심과 목표에 따라 자발적으로 결성하였는가?'라는
　질문에 따라 B, D는 A, C와 구분된다.　→ 자발적 결사체
　시민 단체　가족　학교　사내 동호회
○ '선택 의지에 따라 형성하였는가?'라는 질문으로는 A, C, D를
　구분할 수 없다.　→ 이익 사회　→ 이익 사회
○ '명시적 규약과 체계화된 업무 수행 방식을 갖추었는가?'라는
　질문에 따라 A, D는 B, C와 구분된다.　가족　→ 공식 조직
　시민 단체　학교　사내 동호회

① C는 공식적 사회화 기관이다.　→ 비공식적 사회화 기관임
　공식적·형식적 접촉
② A는 2차 집단, B는 1차 집단이다.　→ 직접·대면 접촉
③ D는 A에 비해 가입과 탈퇴가 자유롭다.　→ 자발적 결사체
④ D는 B, C와 달리 구성원에 대한 비공식적 통제가 일반적이다.
　공식 조직
⑤ A, D는 이익 사회, B, C는 공동 사회이다.
　C　→ 선택 의지　→ 본질 의지

|자|료|해|설|
A, C, D는 선택 의지에 따라 형성된 이익 사회이다. 따라서 B는 공동 사회인 가족이다. 시민 단체와 사내 동호회는 공통의 관심과 목표에 따라 자발적으로 결성한 자발적 결사체이다. 따라서 D는 학교이다. 시민 단체와 학교는 명시적 규약과 체계화된 업무 수행 방식을 갖춘 공식 조직이다. 따라서 A는 시민 단체이다. 즉, A는 시민 단체, B는 가족, C는 사내 동호회, D는 학교이다.

|선|택|지|풀|이|
① 오답 : 공식적 사회화 기관은 사회화를 목적으로 설립된 기관이고, 비공식적 사회화 기관은 설립 목적이 따로 있지만 부수적으로 사회화가 이루어지는 기관이다. 사내 동호회는 부수적으로 사회화가 이루어지는 비공식적 사회화 기관이다.
② 정답 : 시민 단체는 공식적·형식적·수단적 접촉이 이루어지는 2차 집단이다. 가족은 직접·대면·친밀한 접촉이 이루어지는 1차 집단이다.
③ 오답 : 학교는 자발적 결사체에 해당하지 않으며 가입과 탈퇴가 자유롭지 못하다. 자발적 결사체인 시민 단체는 학교에 비해 가입과 탈퇴가 자유롭다.
④ 오답 : 공식 조직인 학교는 가족, 사내 동호회와 달리 구성원에 대한 공식적인 통제가 일반적이다.
⑤ 오답 : 시민 단체, 사내 동호회, 학교는 선택 의지에 따라 인위적으로 형성된 이익 사회이다. 가족은 본질 의지에 따라 자연 발생적으로 결합한 공동 사회이다.

다음 자료에 대한 분석으로 옳은 것은? **3점**

<직장 생활 고충에 대한 설문 조사>
　　　　　　　소속사 : □□기업　성명 : 갑
　→ 2차적·비공식적 사회화 기관, 공식 조직

1. 당신의 과거 직장 생활 경력은?
　- ○○건설 재무팀 5년, △△전자 회계팀 3년
2. 직장 생활에서의 어려움 또는 문제점은?
　- 젊은 사원들의 중도 퇴사율이 높아 업무 피로도가 누적되어 이직을
　　고민 중임.　2차적·비공식적 사회화 기관, 공식 조직
　- 노동조합 간부로서 사용자와의 단체 협약 사항 조율이 어려움.
　- 환경 관련 시민 단체의 지속적인 민원이 발생함.
3. 회사에 요구하는 점은?　자발적 결사체
　- 업무 피로도가 높은 임직원을 대상으로 기업교육 전문업체의 치유
　　및 회복 프로그램을 제공하였으면 함.
　- 독서 동호회, 산악회, 배드민턴 클럽과 같이 사내 구성원 간
　　친밀감을 증대시키는 활동을 지원하였으면 함.

① 갑이 속한 공식 조직은 2개이다.
② 갑은 역할 갈등을 경험하고 있다.
③ 갑이 진술한 자발적 결사체는 5개이다.
④ 갑은 결합 자체가 목적인 집단을 활용한 지원을 요구하였다.
　이익 사회를
⑤ 갑은 2차적 사회화 기관이자 공식적 사회화 기관에 속해 있다.
　비

|자|료|해|설|
제시된 자료에서 갑이 현재 속해 있는 사회 집단은 □□기업과 노동조합이다.

|선|택|지|풀|이|
① 정답 : 갑이 속해 있는 사회 집단은 □□기업과 노동조합으로, 이는 모두 공식 조직에 해당한다. 따라서 갑이 속한 공식 조직은 2개이다.
② 오답 : 제시된 자료를 통해 갑이 역할 갈등을 경험하고 있는지는 알 수 없다.
③ 오답 : 갑이 진술한 자발적 결사체는 노동조합, 시민 단체, 독서 동호회, 산악회, 배드민턴 클럽으로 5개이다.
④ 오답 : 결합 자체가 목적인 집단은 공동 사회이다. 갑은 이익 사회에 해당하는 독서 동호회, 산악회, 배드민턴 클럽과 같은 활동의 지원을 요구하였다. 따라서 갑은 공동 사회가 아닌 이익 사회를 활용한 지원을 요구하였다.
⑤ 오답 : 갑은 □□기업과 노동조합에 속해 있다. □□기업과 노동조합은 모두 2차적 사회화 기관이자 비공식적 사회화 기관에 해당한다.

📖 **문제풀이 TIP** | 제시된 자료에서 찾을 수 있는 사회 집단을 표시하고, 각 사회 집단의 특징을 파악하여 선지의 진위 여부를 판단하도록 한다.

😀 **출제분석** | 사회 집단과 사회 조직을 파악하는 문제이다. 사례를 통해 속해 있는 집단과 언급한 집단을 구분하는 고난도 문제가 출제될 수 있다.

그림에서 갑~병이 속해 있는 사회 집단 및 사회 조직에 대한 진술로
옳은 것은? **3점**

① 갑이 속해 있는 이익사회는 2개이다. 〔3〕
② 을은 갑과 달리 비공식 조직에 속해 있다. 〔있지 않다〕
③ 을은 병과 달리 본질 의지에 의해 형성된 집단에 속해 있다. 〔모두〕 〔공동 사회〕
④ 갑과 병이 함께 속해 있는 공식 조직은 2개이다.
⑤ 갑, 을, 병 모두 가입과 탈퇴가 자유로운 집단에 속해 있다. 〔자발적 결사체〕

|자|료|해|설|

갑은 ○○ 경영 대학원, 회사, 사내 노동조합에 속해 있고,
을은 ○○ 경영 대학원, 마을 독서 동호회에 속해 있으며,
병은 ○○ 경영 대학원, 가족, 회사에 속해 있다.

|선|택|지|풀|이|

① 오답 : 갑이 속해 있는 ○○ 경영 대학원, 회사, 사내
노동조합은 모두 이익 사회에 해당한다. 따라서 갑이 속해
있는 이익 사회는 3개이다.
② 오답 : 갑과 을은 모두 비공식 조직에 속해 있지 않다.
③ 오답 : 본질 의지에 의해 형성된 집단은 공동 사회이다.
병은 을과 달리 가족이라는 공동 사회에 속해 있다.
④ 정답 : 갑과 병이 함께 속해 있는 ○○ 경영 대학원과
회사는 모두 공식 조직에 해당한다. 따라서 갑과 병이 함께
속해 있는 공식 조직은 2개이다.
⑤ 오답 : 가입과 탈퇴가 자유로운 집단은 자발적
결사체이다. 갑은 자발적 결사체에 해당하는 사내
노동조합에 속해 있고, 을은 자발적 결사체에 해당하는
마을 독서 동호회에 속해 있으나, 병은 자발적 결사체에
해당하는 집단에 속해 있지 않다. 따라서 갑과 을은 병과
달리 자발적 결사체에 속해 있다.

다음 자료에 대한 설명으로 옳은 것은? **3점**

[게임 규칙]

○ [카드 1] ~ [카드 5]에는 사회 집단 및 사회 조직의 일반적인
특징이 적혀 있다. 카드별로 점수를 부여하는데, 각 카드에
적힌 내용이 '공동 사회', '공식 조직', '비공식 조직' 중 하나의
특징에만 해당하면 1점, 두 개의 특징에만 해당하면 2점,
세 개 모두의 특징에 해당하면 3점을 부여한다.

○ 다음 5장의 카드를 학생 갑, 을에게 각각 나눠주고, 자신이
판단하여 가장 높은 점수를 받을 수 있도록 3장을 뽑게 한다.
둘 중에서 점수의 합계가 더 높은 사람이 승리한다.

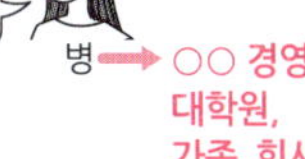

① 카드 3장의 조합으로 얻을 수 있는 최대 점수는 총 5점이다. 〔6〕
② 공식 조직의 일반적인 특징이 적힌 카드를 모두 뽑았을 때, 얻을
수 있는 점수는 총 3점이다. 〔6〕
③ [카드 2]에는 공동 사회와 비공식 조직 모두의 일반적인 특징이
적혀 있다.
④ [카드 4]와 [카드 5]에 부여되는 점수는 같다. 〔5점〕
⑤ 갑이 [카드 1], [카드 2], [카드 3]을 뽑고, 을이 [카드 3],
[카드 4], [카드 5]를 뽑는다면 을이 승리한다. 〔6점〕

|자|료|해|설|

[카드 1]은 공식 조직의 특징에 해당하므로 1점,
[카드 2]는 공동 사회의 특징에 해당하므로 1점,
[카드 3]은 공동 사회, 공식 조직, 비공식 조직의 특징
모두에 해당하므로 3점, [카드 4]는 공식 조직과 비공식
조직의 특징에 해당하므로 2점, [카드 5]는 비공식 조직의
특징에 해당하므로 1점이 부여된다.

|선|택|지|풀|이|

① 오답 : 카드 3장의 조합으로 얻을 수 있는 최대 점수는
총 6점(=3점+2점+1점)이다.
② 오답 : 공식 조직의 일반적인 특징이 적힌 카드는
[카드 1], [카드 3], [카드 4]이다. 이때 얻을 수 있는
점수는 총 6점(=1점+3점+2점)이다.
③ 오답 : [카드 2]에는 공동 사회의 일반적인 특징만이
적혀 있다.
④ 오답 : [카드 4]에 부여되는 점수는 2점이고, [카드 5]에
부여되는 점수는 1점이다.
⑤ 정답 : 갑이 [카드 1], [카드 2], [카드 3]을 뽑을 경우
얻을 수 있는 점수는 5점(=1점+1점+3점)이고,
을이 [카드 3], [카드 4], [카드 5]를 뽑을 경우 얻을 수
있는 점수는 6점(=3점+2점+1점)이다.

🤪 문제풀이 TIP | 각 카드에 해당하는 특징이 어떤 사회 집단 및
사회 조직의 일반적인 특징인지를 먼저 파악하고, 각 사회 집단과
사회 조직의 개수를 세어 각 카드에 부여되는 점수를 계산하도록
한다.

😀 출제분석 | 사회 집단과 사회 조직의 특징을 파악하는 문제이다.
각 카드의 조합으로 게임의 승자를 파악하는 문제는 참신한 문제로
출제될 수 있으므로 게임의 규칙을 꼼꼼하게 읽어 문제의 의도를
파악하는 방법을 연습해 두도록 한다.

다음 자료에 대한 설명으로 옳은 것은? (단, A~D는 각각 공동 사회, 이익 사회, 공식 조직, 자발적 결사체 중 하나이다.) **3점**

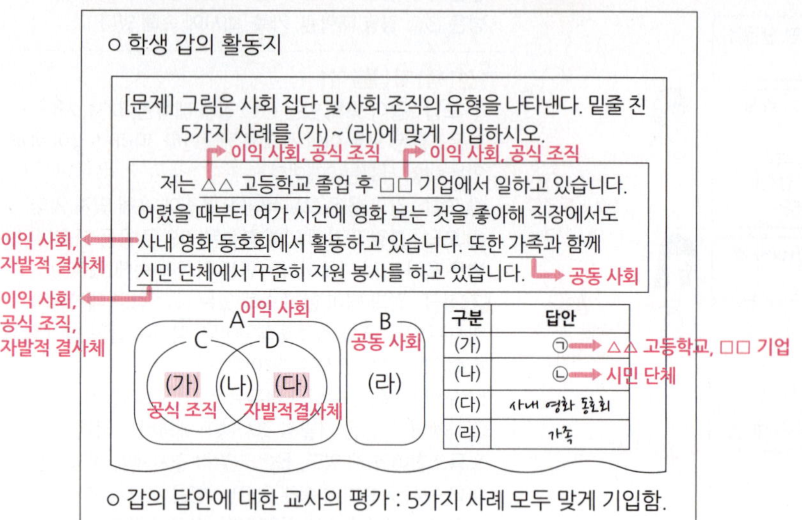

① A는 공동 사회, C는 이익 사회이다.
② A는 B와 달리 구성원 간 전인격적 관계가 지배적이다.
③ B는 C에 비해 공식적 규범에 의한 통제가 중시된다.
④ C와 D 모두에 해당하는 사례로 노동조합을 들 수 있다.
⑤ ㉠은 '□□ 기업, 시민 단체', ㉡은 '△△ 고등학교'이다.

|자|료|해|설|

△△고등학교와 □□기업은 각각 이익 사회이자 공식 조직에 해당하고, 사내 영화 동호회는 이익 사회이자 자발적 결사체에 해당하며, 가족은 공동 사회에 해당하고, 시민 단체는 이익 사회, 공식 조직, 자발적 결사체에 해당한다. 사내 영화 동호회는 (다)에, 가족은 (라)에 해당하고, 공식 조직과 자발적 결사체는 모두 이익 사회에 해당하므로 A는 이익 사회, B는 공동 사회, C는 공식 조직, D는 자발적 결사체이다.

|선|택|지|풀|이|

① 오답 : A는 이익 사회, B는 공동 사회이다.
② 오답 : 구성원 간 전인격적 관계가 지배적인 사회 집단은 공동 사회이다.
③ 오답 : 공식적 규범에 의한 통제를 중시하는 사회 집단은 공식 조직이다.
④ 정답 : 노동조합은 이익 사회, 공식 조직, 자발적 결사체에 해당한다.
⑤ 오답 : ㉠은 △△고등학교, □□기업이고, ㉡은 시민 단체이다.

문제풀이 TIP | 밑줄 친 사례가 공동 사회, 이익 사회, 공식 조직, 자발적 결사체 중 어디에 해당하는지를 먼저 파악하도록 한다. 자발적 결사체에는 공식 조직에 해당하는 사회 집단과 공식 조직에 해당하지 않는 사회 집단이 있으며, 자발적 결사체와 공식 조직은 모두 이익 사회에 포함된다.

다음 자료는 수행평가에 대한 학생의 응답과 교사의 채점 결과를 나타낸 것이다. (가)~(다)에 들어갈 응답으로 옳은 것은? **3점**

수행 평가

3학년 1반 홍길동

표의 각 사회 집단이 제시된 3개의 특성 중 1개만 가지면 ○, 2개만 가지면 ◐, 3개 모두를 가지면 ●로 표시하시오.
(옳은 응답 하나당 1점이고, 틀린 응답은 0점임.)

특성	시민 단체	대학교	사내 동호회
선택 의지에 따라 형성된다. → 시민 단체, 대학교, 사내 동호회			
공식적인 지위 체계와 규범을 가진다. → 시민 단체, 대학교	(가)	(나)	(다)
공통의 목표 달성을 위해 자발적으로 결성된다. → 시민 단체, 사내 동호회			
채점 결과	3점		

	(가)	(나)	(다)			(가)	(나)	(다)
①	○	●	◐		②	◐	○	○
③	◐	○	●		④	●	◐	○
⑤	●	◐	◐					

|자|료|해|설|

선택 의지에 따라 형성되는 사회 집단은 이익 사회이고, 공식적인 지위 체계와 규범을 가지는 사회 조직은 공식 조직이며, 공통의 목표 달성을 위해 자발적으로 결성된 사회 조직은 자발적 결사체이다.

|선|택|지|풀|이|

⑤ 정답 : 시민 단체, 대학교, 사내 동호회는 모두 이익 사회에 해당하고, 시민 단체와 대학교는 사내 동호회와 달리 공식 조직에 해당하며, 시민 단체와 사내 동호회는 대학교와 달리 자발적 결사체에 해당한다. 즉, 시민 단체는 이익 사회, 공식 조직, 자발적 결사체 모두에 해당하고, 대학교는 이익 사회와 공식 조직에 해당하며, 사내 동호회는 이익 사회와 자발적 결사체에 해당한다.

출제분석 | 사회 집단의 공통점과 차이점을 파악하는 문제로, 자료의 제시가 참신하다. 여러 가지 사례를 제시하여 이들의 공통점과 차이점을 파악하는 문제가 출제될 수 있으므로 기출 문제를 통해 다양한 사례를 접해 보도록 한다.

(가)에 들어갈 내용으로 옳은 것은? (단, A~D는 각각 가족, 노동조합, 사내 동호회, 회사 중 하나이다.)

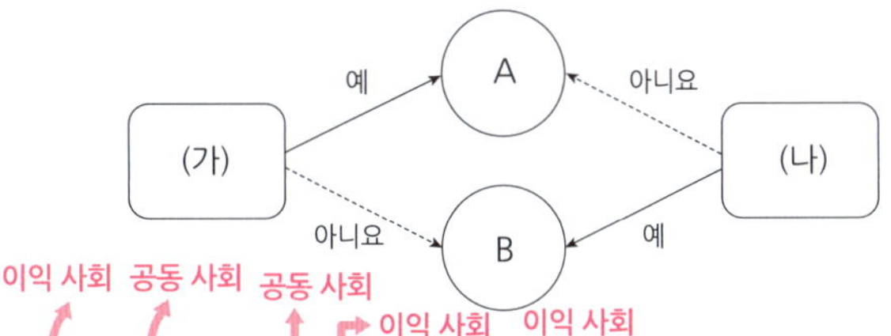

A : 노동조합
B : 가족
C : 사내 동호회
D : 회사

① A는 전인격적 인간관계가 주로 이루어지는 집단에 해당합니다. → B / 1차 집단, 공동 사회

② B는 가입과 탈퇴가 비교적 자유로운 집단에 해당합니다. → 어려운

③ B는 C와 달리 공식 규범을 통해 구성원을 통제하는 집단에 해당합니다. → 비공식

④ C, D는 모두 뚜렷한 목적을 가진 과업지향적인 집단에 해당합니다. → 공식 조직

⑤ A, C, D는 이익 사회에, B는 공동 사회에 해당합니다.

|자|료|해|설|

노동조합과 사내 동호회는 자발적 결사체에 해당하며, 노동조합과 회사는 공식 조직에 해당한다. 따라서 A는 노동조합, B는 가족, C는 사내 동호회, D는 회사이다.

|선|택|지|풀|이|

① 오답 : 전인격적인 인간관계가 주로 이루어지는 집단은 가족이다.

② 오답 : 가입과 탈퇴가 비교적 자유로운 집단은 자발적 결사체에 해당한다. 가족은 가입과 탈퇴가 비교적 자유롭지 못하다.

③ 오답 : 가족은 일반적으로 도덕, 윤리, 관습 등 비공식적 규범을 통해 구성원을 통제한다.

④ 오답 : 뚜렷한 목적을 가진 과업 지향적인 집단은 공식 조직이다. 회사는 공식 조직에 해당하지만, 사내 동호회는 비공식 조직에 해당한다.

⑤ 정답 : 노동조합, 사내 동호회, 회사는 이익 사회에, 가족은 공동 사회에 해당한다.

그림은 사회 집단 또는 사회 조직 A, B를 질문 (가), (나)에 따라 구분한 것이다. 이에 대한 설명으로 옳은 것은? **3점**

(가) —예→ A —아니요→ (나)
(가) —아니요→ B —예→ (나)

① (가)가 '구성원의 선택적 의지에 따라 형성된 집단인가?'라면, A에는 가족이, B에는 종친회가 들어갈 수 있다. → 이익 사회 / 공동 사회 / 공동 사회 / 이익 사회 / 이익 사회 / 없다

② (나)가 '형식적·수단적 인간 관계가 지배적으로 나타나는가?'라면, A에는 회사가, B에는 또래 집단이 들어갈 수 있다. → 1차 집단 / 2차 집단 2차 집단 1차 집단 / 2차 집단 / 없다

③ A가 시민 단체라면, (가)에는 '구성원의 지위와 책임이 명확하게 규정되어 있는 집단인가?', (나)에는 '구성원의 의지와 무관하게 자연 발생적으로 형성된 집단인가?'가 들어갈 수 있다. → 공식 조직, 이익 사회 / 공식 조직 / 공동 사회

④ B가 회사 내 동호회라면, (가)에는 '공통의 이해관계와 관심을 가진 사람들이 자발적으로 만든 집단인가?', (나)에는 '공식 조직 내에서 구성원 간의 친밀한 관계를 바탕으로 형성된 조직인가?'가 들어갈 수 있다. → 비공식 조직, 자발적 결사체 / 자발적 결사체 / 비공식 조직 / 없다

⑤ A가 기업의 노동 조합이고 B가 대학 총동창회라면, (가)에는 '주로 공식적 규범을 통해 구성원을 통제하는가?', (나)에는 '구성원들의 직접적인 접촉을 통한 전인격적 관계에 기초한 집단인가?'가 들어갈 수 있다. → 공식 조직 / 공식 조직 / 공식 조직 / 1차 집단 / 없다

|자|료|해|설|

본질 의지에 따라 결합한 집단은 공동 사회이고, 선택 의지에 따라 결합한 집단은 이익 사회이다. 직접·대면·친밀한 접촉을 하는 집단은 1차 집단이고, 형식적·수단적 접촉을 하는 집단은 2차 집단이다.

|선|택|지|풀|이|

① 오답 : 구성원의 선택적 의지에 따라 형성된 집단은 이익 사회이다. 가족은 본질 의지에 따라 결합한 공동 사회이고, 종친회는 선택 의지에 따라 결합한 이익 사회(A)이다.

② 오답 : 형식적·수단적 인간 관계가 지배적으로 나타나는 집단은 2차 집단이다. 회사는 형식적·수단적 인간 관계가 지배적으로 나타나는 2차 집단(B)이고, 또래 집단은 대면 접촉을 통한 친밀한 인간 관계가 지배적으로 나타나는 1차 집단이다.

③ 정답 : 공식 조직은 구성원의 지위와 책임이 명확하게 규정되어 있는 집단이다. 공동 사회는 구성원의 의지와 무관하게 자연 발생적으로 형성된 집단이다. A가 공식 조직이면서 이익 사회인 시민 단체라면, (가)에는 '구성원의 지위와 책임이 명확하게 규정되어 있는 집단인가?', (나)에는 '구성원의 의지와 무관하게 자연 발생적으로 형성된 집단인가?'가 들어갈 수 있다.

④ 오답 : 자발적 결사체는 공통의 이해관계와 관심을 가진 사람들이 자발적으로 만든 집단이다. 비공식 조직은 공식 조직 내에서 구성원 간의 친밀한 인간 관계를 바탕으로 형성된 조직이다. B가 자발적 결사체면서 비공식 조직인 회사 내 동호회라면, (나)에는 '공식 조직 내에서 구성원 간의 친밀한 관계를 바탕으로 형성된 조직인가?'가 들어갈 수 있다. 하지만 (가)에는 '공통의 이해관계와 관심을 가진 사람들이 자발적으로 만든 집단인가?'가 들어갈 수 없다.

⑤ 오답 : 공식 조직은 주로 공식적 규범을 통해 구성원을 통제한다. 1차 집단은 구성원들의 직접적인 접촉을 통한 전인격적 관계에 기초한다. A가 공식 조직인 노동 조합이고 B가 공식 조직인 대학 총동창회라면, (가)에는 '주로 공식적 규범을 통해 구성원을 통제하는가?'가 들어갈 수 없다.

1 관료제와 탈관료제

정답 ①   정답률 85%   2025학년도 수능 3번   문제편 160p

A, B의 일반적인 특징에 대한 설명으로 옳은 것은? (단, A, B는 각각 관료제와 탈관료제 중 하나임.)

도서 출판 과정에는 편집, 디자인, 인쇄 등 여러 공정이 있다. ○○ 출판 회사는 수평적으로 분권화된 조직을 통해 구성원들이 함께 결정을 내려 출판 공정을 관리하고 도서를 출간한다. □□ 출판 회사는 세부적으로 분업화된 조직을 통해 해당 분야의 담당자들이 정해진 서열과 절차에 따라 각 공정을 진행하여 도서를 출간한다. ○○ 출판 회사는 A의 운영 원리가, □□ 출판 회사는 B의 운영 원리가 강조된다. → 탈관료제

→ 관료제

① A에 비해 B는 조직 구성원의 업무 재량권 및 자율성이 낮다.
② A에 비해 B는 외부 환경 변화에 대한 유연한 대처가 용이하다.
③ B에 비해 A는 업무의 표준화와 세분화가 강조된다.
④ B에 비해 A는 목적 전치 현상이 나타날 가능성이 높다.
⑤ A는 경력에 따른 보상을, B는 성과에 따른 보상을 중시한다.

|자|료|해|설|
수평적으로 분권화된 조직을 특징으로 하는 조직 운영의 원리는 탈관료제이고, 분업화된 조직을 통해 담당자들의 서열과 절차에 따라 각 공정이 진행되는 조직 운영의 원리는 관료제이다. 따라서 A는 탈관료제, B는 관료제이다.

|선|택|지|풀|이|
① 정답 : 관료제에서 구성원들은 각자 분담한 업무만을 반복적으로 수행하므로 조직 구성원의 업무 재량권 및 자율성이 탈관료제에 비해 낮다.
② 오답 : 탈관료제는 관료제에 비해 외부 환경 변화에 대한 유연한 대처가 용이하다.
③ 오답 : 관료제는 탈관료제에 비해 업무의 표준화와 세분화가 강조된다.
④ 오답 : 관료제는 탈관료제에 비해 규약과 절차를 지나치게 강조한 나머지 본래의 조직 목적 달성이 어려워지는 목적 전치 현상이 나타날 가능성이 높다.
⑤ 오답 : 탈관료제는 성과에 따른 보상을 중시하고, 관료제는 경력에 따른 보상을 중시한다.

추가 학습 | 관료제는 대규모 조직의 운영 원리로, 수직적으로 계층화되고 수평적으로 기능상 분업 체계를 이루고 있다.

출제분석 | 관료제와 탈관료제의 특징을 비교하는 문제이다. 관료제의 역기능과 탈관료제의 특징을 연관 지어 학습해 두도록 한다.

2 관료제와 탈관료제

정답 ①   정답률 81%   2023학년도 수능 14번   문제편 160p

A, B의 일반적인 특징에 대한 설명으로 옳은 것은? (단, A, B는 각각 관료제, 탈관료제 중 하나임.) 3점

→ 관료제

A에서 조직이 최고의 목적을 위한 최적의 수단을 취할 때, 개인은 그 목적을 향해 객관적으로, 적확하게, 영혼 없이 업무를 수행한다. 그 과정에서 개인은 조직이라는 기계의 작은 톱니가 되어 경직된 업무 시스템에 파묻히고 창의성과 자율성을 발휘하기 어려워진다. 이에 따라 조직이 환경 변화에 유연하게 대응하지 못하게 되고 결국 효율성이 떨어지는 문제가 나타나, 이를 개선하기 위해 B가 등장하였다. → 인간 소외 현상

→ 탈관료제

① A는 B에 비해 과업 수행 절차의 예측 가능성이 높다.
② A는 B에 비해 업무 담당자에게 주어진 재량권이 크다.
③ B는 A에 비해 연공서열에 따른 보상 체계를 중시한다.
④ B는 A에 비해 업무 체계의 전문화와 세분화 정도가 높다.
⑤ A는 상향식 의사 결정 방식이, B는 하향식 의사 결정 방식이 지배적이다.

|자|료|해|설|
A에서 인간 소외 현상이 나타나 이를 개선하기 위해 B가 등장하였으므로 A는 관료제, B는 탈관료제이다.

|선|택|지|풀|이|
① 정답 : 관료제는 구성원이 바뀌더라도 정해진 절차에 따라 지속적인 과업 수행이 가능하므로 과업 수행에 대한 예측 가능성이 높다.
② 오답 : 탈관료제는 의사 결정 권한이 분산되어 있고 구성원 개인의 자율성이 확대되므로 업무 담당자의 재량권이 크다.
③ 오답 : 관료제는 구성원들의 경험을 중시하므로 연공서열에 따른 보상 체계를 중시한다.
④ 오답 : 관료제는 효율적인 업무 처리를 위해 업무에 맞는 전문 인력을 배치하고 각각의 구성원들이 분담한 일을 처리하므로 업무 체계의 전문화와 세분화 정도가 높다.
⑤ 오답 : 관료제는 하향식 의사 결정 방식이 지배적이고, 탈관료제는 상향식 의사 결정 방식이 지배적이다.

추가 학습 | 연공서열은 해당 조직에 지속적으로 근무한 기간이나 본인의 연령에 따라 조직 내 위치가 올라가거나 권한이 확대되는 체계나 방식을 표현하는 말이다.

A, B의 일반적인 특징에 대한 설명으로 옳은 것은? (단, A, B는 각각 관료제, 탈관료제 중 하나임.)

> □□기업은 의사 결정 권한이 분산되어 있고 업무의 범위와 분담 체계를 개별 담당 부서에서 자율적으로 결정한다.
> □□기업의 조직 운영 방식은 A의 사례이다. ○○기업의 의사 결정은 관리자 중심으로 이루어지며 모든 부서는 표준화된 규약과 절차에 따라 업무를 수행한다. ○○기업의 조직 운영 방식은 B의 사례이다.

→ 탈관료제
→ 관료제

① A는 B에 비해 외부 환경 변화에 유연하게 대처하기 용이하다.
② A는 B와 달리 공식적 규범에 의한 통제가 이루어진다.
③ B는 A에 비해 구성원이 창의성을 발휘하기 용이하다.
④ B는 A와 달리 업무 수행의 효율성을 추구한다.
⑤ A는 연공서열에 따른 보상을, B는 성과에 따른 보상을 중시한다.

|자|료|해|설|

□□기업의 조직 운영 방식은 탈관료제의 사례이고, ○○기업의 조직 운영 방식은 관료제의 사례이다. 따라서 A는 탈관료제, B는 관료제이다.

|선|택|지|풀|이|

① 정답 : 탈관료제는 환경 변화에 대한 유연한 대처와 신속한 의사 결정이 가능하다.
② 오답 : 탈관료제와 관료제는 모두 공식적 규범에 의한 통제가 이루어진다.
③ 오답 : 탈관료제는 관료제에 비해 구성원이 창의성을 발휘하기 용이하다.
④ 오답 : 탈관료제와 관료제는 모두 업무 수행의 효율성을 추구한다.
⑤ 오답 : 관료제는 연공서열에 따른 보상을 중시하고, 탈관료제는 성과에 따른 보상을 중시한다.

🤓 **추가 학습** | 탈관료제에서는 의사 결정 권한이 분산되고 구성원 개인의 자율성 확대를 중시하므로 수평적 조직 체계가 나타난다.

🤓 **출제분석** | 관료제와 탈관료제의 특징을 비교하는 문제이다. 관료제와 탈관료제의 특징을 비교하는 문제는 제시문, 사례, 삽화, 도표 등 다양한 유형으로 출제될 수 있다.

Ⅱ

3. 사회 집단과 사회 조직

그림은 A 기업의 조직 운영 평가 보고서의 일부이다. 이에 나타난 A 기업의 변화에 대한 옳은 추론을 〈보기〉에서 고른 것은?

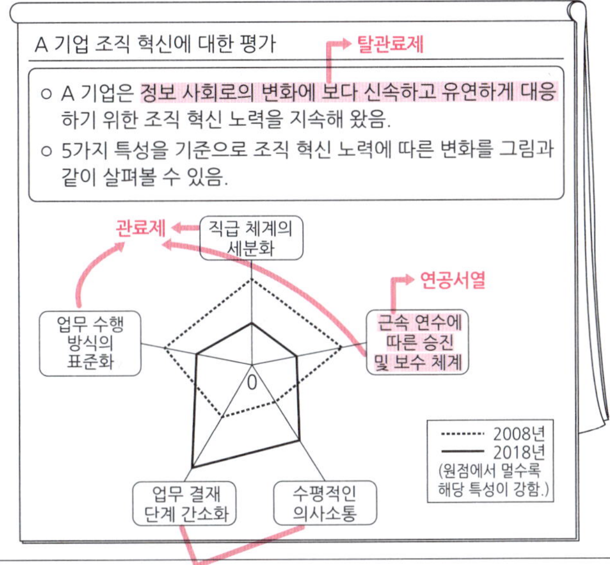

보기
ㄱ. 중간 관리층의 비중이 높아졌을 것이다.
ㄴ. 구성원 간 위계의 서열화가 강화되었을 것이다. → 탈관료제
ㄷ. 업무 처리 방식에 있어 담당자의 재량권이 커졌을 것이다.
ㄹ. 연공서열을 기준으로 하는 보상 체계가 약화되었을 것이다.
→ 관료제

① ㄱ, ㄴ   ② ㄱ, ㄷ   ③ ㄴ, ㄷ   ④ ㄴ, ㄹ   ⑤ ㄷ, ㄹ

|자|료|해|설|

2018년 A 기업은 2008년에 비해 업무 결재 단계 간소화 정도와 수평적인 의사소통 정도가 강해졌으나, 업무 수행 방식의 표준화 정도, 직급 체계의 세분화 정도, 근속 연수에 따른 승진 및 보수 체계 정도는 약해졌다. 이를 통해 A 기업의 조직 운영 형태는 관료제(2008년)에서 탈관료제(2018년)로 변화하고 있음을 알 수 있다.

|보|기|풀|이|

ㄱ. 오답 : 관료제에 비해 탈관료제는 중간 관리층의 비중이 낮다. 따라서 A 기업은 2008년보다 2018년에 중간 관리층의 비중이 낮아졌을 것이다.
ㄴ. 오답 : 관료제에 비해 탈관료제는 구성원 간 위계의 서열화가 약하다. 따라서 A 기업은 2008년보다 2018년에 구성원 간 위계의 서열화가 약화되었을 것이다.
ㄷ. 정답 : 관료제에 비해 탈관료제는 업무 처리 방식에 있어 담당자의 재량권이 크다. 따라서 A 기업은 2008년보다 2018년에 업무 처리 방식에 있어 담당자의 재량권이 커졌을 것이다.
ㄹ. 정답 : 관료제에 비해 탈관료제는 연공서열을 기준으로 하는 보상 체계가 약하다. 따라서 A 기업은 2008년보다 2018년에 연공서열을 기준으로 하는 보상 체계가 약화되었을 것이다.

A, B의 일반적인 특징에 대한 설명으로 옳은 것은? (단, A, B는 각각 관료제와 탈관료제 중 하나임.)

> '그린 테이프'는 A에 적용되는 규칙과 절차의 순기능을 강조한 개념으로 규칙과 절차의 지나친 강조로 인한 역기능을 지칭하는 '레드 테이프'의 상대적 개념이다. 이처럼 규칙과 절차의 적용으로 양면성을 지닌다고 평가받는 A와 달리 B는 규칙과 절차의 유연한 적용과 구성원의 재량권을 강조한다.

→ 관료제
→ 탈관료제

① A와 달리 B는 구성원의 권한과 책임이 분명하다.
② A에 비해 B는 과업 수행의 예측 가능성이 높다.
③ B와 달리 A는 하향식 의사 결정 방식이 지배적이다.
④ B에 비해 A는 업무 체계의 표준화와 세분화 정도가 낮다. (높다)
⑤ A는 능력에 따른 보상을, B는 경력에 따른 보상을 중시한다.

|자|료|해|설|
규칙과 절차의 순기능을 강조하는 사회 조직은 관료제이고, 규칙과 절차의 유연한 적용과 구성원의 재량권을 강조하는 조직 형태는 탈관료제이다. 따라서 A는 관료제, B는 탈관료제이다.

|선|택|지|풀|이|
① 오답 : 관료제는 구성원의 권한과 책임이 명시되어 있어 과업 수행에 있어 책임 소재가 분명하다.
② 오답 : 관료제는 탈관료제에 비해 과업 수행에 대한 예측 가능성이 높다.
③ 정답 : 관료제는 하향식 의사 결정 방식이 지배적이고, 탈관료제는 상향식 의사 결정 방식이 지배적이다.
④ 오답 : 효율적 업무 처리를 위해 업무의 표준화와 세분화 정도가 높은 조직 형태는 관료제이다.
⑤ 오답 : 관료제는 경력에 따른 보상을 중시하고, 탈관료제는 능력에 따른 보상을 중시한다.

문제풀이 T I P | 관료제는 문서화된 규약과 절차에 따라 표준화된 과업 수행이 이루어지므로 구성원이 교체되더라도 안정적인 과업 수행이 가능하다.

출제분석 | 관료제와 탈관료제의 특징을 파악하는 문제이다. 제시문에 나타난 조직의 특징을 파악하는 문제가 출제될 수 있다.

A, B의 일반적인 특징에 대한 설명으로 옳은 것은? (단, A, B는 각각 관료제, 탈관료제 중 하나임.) 3점

> ○○ 버거 회사는 명확한 위계 구조 속에서 직급별 권한과 책임을 세분화하고 메뉴, 조리법 등을 표준화하여 관리하는 A로 운영하였다. 최근 이윤이 급감하자 ○○ 버거 회사는 어떤 직원의 제안이든 창의적인 메뉴라면 수용하고 수평적인 의사 결정 구조를 채택하는 등 B를 도입하여 회사의 이윤 증대를 꾀하고 있다.

→ 관료제
→ 탈관료제

① A는 B에 비해 업무 수행 과정의 예측 가능성이 높다.
② A는 B와 달리 외부 환경 변화에 대한 유연한 대처가 용이하다.
③ B는 A에 비해 목적 전치 현상이 나타날 가능성이 높다.
④ B는 A와 달리 효율적인 목표 달성이 조직 운영의 핵심이다. (모두)
⑤ A는 능력에 따른 보상을, B는 경력에 따른 보상을 중시한다.

|자|료|해|설|
명확한 위계 구조, 직급별 권한과 책임의 세분화, 메뉴와 조리법 등의 표준화는 관료제의 특징에 해당하고, 창의적인 아이디어 수용, 수평적인 의사 결정 구조는 탈관료제의 특징에 해당한다. 따라서 A는 관료제, B는 탈관료제이다.

|선|택|지|풀|이|
① 정답 : 관료제는 규약과 절차에 따라 표준화된 과업을 수행하므로 업무 수행 과정의 예측 가능성이 탈관료제에 비해 높다.
② 오답 : 탈관료제는 관료제와 달리 외부 환경 변화에 대한 유연한 대처가 용이하다.
③ 오답 : 관료제는 탈관료제에 비해 목적 전치 현상이 나타날 가능성이 높다.
④ 오답 : 관료제와 탈관료제는 모두 효율적인 목표 달성을 추구한다.
⑤ 오답 : 관료제는 경력에 따른 보상을 중시하고, 탈관료제는 능력에 따른 보상을 중시한다.

추가 학습 | 관료제의 특징으로는 업무의 세분화와 전문화, 규약과 절차에 따른 과업 수행, 엄격한 위계질서, 경력에 따른 보상, 지위 획득의 공평한 기회 보장을 들 수 있다. 탈관료제의 특징으로는 수평적 조직 체계, 유연한 조직 구조, 능력에 따른 보상, 중간 관리층의 역할 비중 축소를 들 수 있다.

출제분석 | 관료제와 탈관료제의 특징을 비교하는 문제이다. 관료제와 탈관료제의 특징뿐만 아니라 관료제의 문제점을 묻는 문제가 출제될 수 있다.

A, B의 일반적인 특징에 대한 설명으로 옳은 것은? (단, A, B는 각각 관료제, 탈관료제 중 하나임.) **3점**

> 태스크 포스(Task force)란 특정 프로젝트를 위해 임시로 구성되는 유연한 조직으로 구성원의 자율성과 창의성을 중시하는 **A**의 특성을 지닌 조직 형태 중 하나이다. A는 정보와 지식의 중요성이 증대되고 사회 환경이 급속히 변화하는 상황에서, **B**가 가진 한계를 극복하기 위해 등장하였다. 실제로 현대 사회의 조직들은 정해진 규칙에 따라 업무를 처리하고 조직 내의 지위가 권한과 책임에 따라 위계 서열화되어 있는 B를 기반하되 태스크 포스를 부분적으로 활용함으로써, 조직의 효율성과 혁신성을 동시에 높이기도 한다.

① A에 비해 B는 중간 관리층의 역할 비중이 낮다.
② A에 비해 B는 상향식 의사 결정 방식이 지배적이다.
③ B에 비해 A는 목적 전치 현상이 나타날 가능성이 높다.
④ B에 비해 A는 업무 체계의 표준화와 세분화 정도가 높다.
⑤ A는 성과에 따른 보상을, B는 연공서열에 따른 보상을 중시한다.

|자|료|해|설|
A는 구성원의 자율성과 창의성을 중시하므로 탈관료제에 해당하고, B는 정해진 규칙에 따라 업무를 처리하고 조직 내의 지위가 권한과 책임에 따라 위계 서열화되어 있으므로 관료제에 해당한다.

|선|택|지|풀|이|
① 오답 : 탈관료제는 관료제에 비해 중간 관리층의 역할 비중이 낮다.
② 오답 : 탈관료제는 상향식 의사 결정 방식이 지배적이고, 관료제는 하향식 의사 결정 방식이 지배적이다.
③ 오답 : 관료제는 탈관료제에 비해 목적 전치 현상이 나타날 가능성이 높다.
④ 오답 : 관료제는 탈관료제에 비해 업무 체계의 표준화와 세분화 정도가 높다.
⑤ 정답 : 탈관료제는 연공서열보다 능력과 업적에 따른 보상을 중시하고, 관료제는 구성원들의 업무 경험을 중요하게 여겨 연공서열에 따른 보상을 중시한다.

문제풀이 TIP | 목적 전치 현상은 규약과 절차를 지나치게 강조한 나머지 오히려 본래의 조직 목적 달성을 방해하는 현상을 말한다.

출제분석 | 관료제와 탈관료제를 파악하는 문제이다. 탈관료제는 관료제의 역기능을 해결하기 위해 나타난 조직이므로 관료제의 역기능과 탈관료제의 특징을 연관지어 이해해 두도록 한다.

II
3.
사회 집단과 사회 조직

A, B의 일반적인 특징에 대한 옳은 설명만을 〈보기〉에서 고른 것은? (단, A, B는 각각 관료제, 탈관료제 중 하나임.)

> 조직 운영의 유연성에 대한 요구가 높아지면서 많은 기업들이 기존의 **A**를 **B**로 대체하고 있다. 외부 환경이나 과업에 따라 자유롭게 구성되고 해체되는 조직은 B에 해당한다.

보기
ㄱ. A는 B와 달리 조직 운영의 효율성을 추구한다.
ㄴ. A는 B에 비해 연공서열에 따른 보상을 중시한다.
ㄷ. B는 A에 비해 의사 결정 권한의 분산 정도가 크다.
ㄹ. B는 A와 달리 하향식 의사 결정 방식이 지배적이다.

① ㄱ, ㄴ   ② ㄱ, ㄷ   ③ ㄴ, ㄷ   ④ ㄴ, ㄹ   ⑤ ㄷ, ㄹ

|자|료|해|설|
외부 환경이나 과업에 따라 자유롭게 구성되고 해체되는 조직은 탈관료제에 해당한다. 따라서 A는 관료제, B는 탈관료제이다.

|보|기|풀|이|
ㄱ. 오답 : 관료제와 탈관료제는 모두 조직 운영의 효율성을 추구한다.
ㄴ. 정답 : 관료제는 구성원들의 경력을 중시하므로 연공서열에 따른 보상을 중시한다.
ㄷ. 정답 : 탈관료제는 수평적 조직 체계를 강조하므로 관료제에 비해 의사 결정 권한의 분산 정도가 크다.
ㄹ. 오답 : 관료제는 탈관료제와 달리 하향식 의사 결정 방식이 지배적이다.

문제풀이 TIP | 조직 운영의 유연성에 대한 요구가 높아지면서 등장한 사회 조직의 운영 원리는 탈관료제이다.

출제분석 | 관료제와 탈관료제를 비교하는 문제이다. 관료제와 탈관료제의 기능 및 특징을 복합적으로 묻는 문제가 출제될 수 있다.

그림은 사회 조직의 운영 원리 A, B를 구분한 것이다. 이에 대한 설명으로 옳은 것은? (단, A, B는 각각 관료제, 탈관료제 중 하나임.)

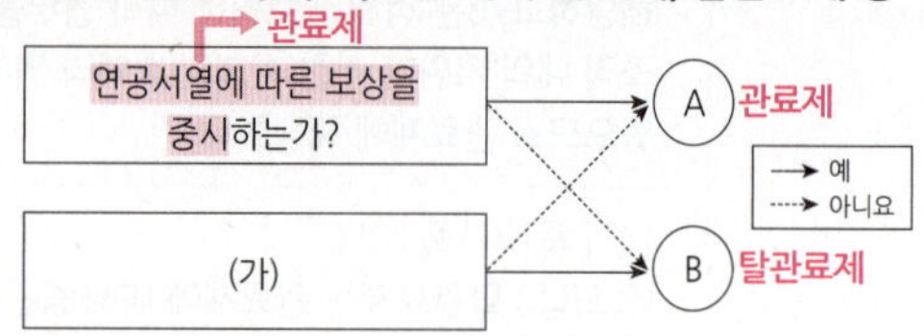

① A는 조직 구성원의 재량권 보장을 중시한다.
② A에 비해 B는 업무의 전문화 · 세분화 정도가 높다.
③ B에 비해 A는 환경 변화에 유연한 대처가 용이하다.
④ (가)에는 '효율적인 조직 운영을 추구하는가?'가 들어갈 수 있다.
⑤ (가)에는 '하향식 의사 결정 방식을 중시하는가?'가 들어갈 수 없다.

|자|료|해|설|
연공서열에 따른 보상을 중시하는 것은 관료제이다. 따라서 A는 관료제, B는 탈관료제이다.

|선|택|지|풀|이|
① 오답 : 조직 구성원의 재량권 보장을 중시하는 것은 탈관료제이다.
② 오답 : 관료제는 탈관료제에 비해 업무의 전문화 · 세분화 정도가 높다.
③ 오답 : 탈관료제는 관료제에 비해 환경 변화에 유연한 대처가 용이하다.
④ 오답 : 관료제와 탈관료제는 모두 효율적인 조직 운영을 추구한다. 따라서 해당 질문은 (가)에 들어갈 수 없다.
⑤ 정답 : 관료제는 하향식 의사 결정 방식을 중시하고, 탈관료제는 상향식 의사 결정 방식을 중시한다. 따라서 해당 질문은 (가)에 들어갈 수 없다.

출제분석 | 관료제와 탈관료제의 특징을 파악하는 문제이다. 특정 기업의 조직 운영 사례를 제시하여 관료제와 탈관료제의 특징을 파악하는 문제가 출제될 수 있다.

다음 자료에 대한 옳은 설명만을 <보기>에서 있는 대로 고른 것은? (단, A와 B는 각각 관료제와 탈관료제 중 하나임.) **3점**

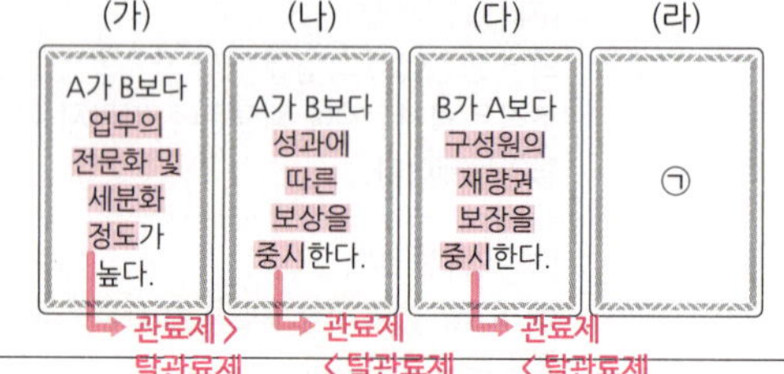

보기
ㄱ. (가)가 옳은 진술이면, A가 B보다 환경 변화에 대한 신속한 대응에 유리하다.
ㄴ. (나)가 옳은 진술이면, ㉠에 'B가 A보다 업무 수행 과정에 대한 예측 가능성이 높다.'가 들어갈 수 있다.
ㄷ. B가 하향식 의사 결정 방식이 지배적이면, (다)와 (라)는 모두 옳은 진술이다.

① ㄱ   ② ㄴ   ③ ㄱ, ㄷ   ④ ㄴ, ㄷ   ⑤ ㄱ, ㄴ, ㄷ

|자|료|해|설|
관료제가 탈관료제보다 업무의 전문화 및 세분화 정도가 높고, 탈관료제가 관료제보다 성과에 따른 보상을 중시하며, 탈관료제가 관료제보다 구성원의 재량권 보장을 중시한다.

|보|기|풀|이|
ㄱ. 오답 : (가)가 옳은 진술이라면, A는 관료제, B는 탈관료제이다. 탈관료제는 관료제보다 환경 변화에 대한 신속한 대응에 유리하다.
ㄴ. 정답 : (나)가 옳은 진술이라면, A는 탈관료제, B는 관료제이다. A가 탈관료제, B가 관료제이면, (가)~(라) 중 옳은 진술은 (나)와 (라)이다. 즉, ㉠에는 옳은 진술이 들어갈 수 있다. 관료제는 탈관료제보다 업무 수행 과정에 대한 예측 가능성이 높다. 따라서 해당 진술은 ㉠에 들어갈 수 있다.
ㄷ. 오답 : 하향식 의사 결정 방식이 지배적인 사회 조직은 관료제이다. B가 관료제이면, (가)~(라) 중 옳은 진술은 (나)와 (라)이다.

문제풀이 TIP | 각 진술에 따라 A와 B가 무엇인지를 표시해 보고 A와 B에 따라 옳은 진술과 옳지 않은 진술을 구분해 두도록 한다.

출제분석 | 관료제와 탈관료제를 비교하는 문제이다. 관료제와 탈관료제를 비교하는 문제뿐만 아니라 관료제의 문제점을 파악하는 문제도 출제될 수 있다.

다음 자료에 대한 설명으로 옳은 것은? (단, A, B는 각각 관료제, 탈관료제 중 하나임.) 3점

> 수평적 의사 결정 방식의 확대, 탄력적인 조직 운영 등을 특징으로 하는 A는 환경 변화에 더 유연하게 대응할 수 있다는 점에서 B와 구분된다. B는 구성원의 권한과 책임을 분명히 하고 세분화된 업무 수행을 강조함으로써 대규모 조직을 효율적으로 운영할 수 있다는 평가를 받는다. 반면, 예상 밖의 문제가 발생했을 때에도 기존 조직의 틀 내에서 새로운 부서를 추가하는 식으로 문제를 해결하려 한다는 비판을 받는다. 한 사회학자는 B의 이러한 특징을 ㉠ 카멜리펀트(Camelephant)라고 표현하였는데, 이는 낙타와 코끼리를 합친 것처럼 느리고 둔하여 변화에 적절히 대응하지 못한다는 점을 지적한 것이다.

탈관료제 → A
관료제 → B

① A는 인간 소외 문제를 해결하기 위해 산업화 초기에 등장하였다.
② B는 목적 전치 현상을 해결하기에 용이하다.
③ A는 B에 비해 조직 구성원의 재량권 및 자율성이 낮다. (높다)
④ B는 A에 비해 연공서열에 따른 보상 체계를 중시한다.
⑤ ㉠의 문제는 조직 구성원의 위계적 서열을 강화함으로써 해결된다.

|자|료|해|설|
A는 수평적 의사 결정 방식, 탄력적 조직 운영 등을 특징으로 하므로 탈관료제에 해당하고, B는 구성원의 명확한 권한과 책임, 세분화된 업무 수행 등을 특징으로 하므로 관료제에 해당한다.

|선|택|지|풀|이|
① 오답 : 탈관료제는 정보 사회로 진입함에 따라 엄격한 위계질서와 경직성을 지닌 관료제의 한계가 드러나면서 유연하고 창의적인 조직 형태의 필요성이 증가함에 따라 등장하였다.
② 오답 : 관료제에서는 규약과 절차를 지나치게 강조한 나머지 본래의 조직 목적 달성이 어려워지는 목적 전치 현상이 나타난다.
③ 오답 : 탈관료제는 관료제에 비해 조직 구성원의 재량권 및 자율성이 높은 특징이 있다.
④ 정답 : 관료제에서는 구성원들의 경험을 중시하여 연공서열에 따라 보상한다.
⑤ 오답 : ㉠은 관료제의 문제점을 나타낸 것이고, 조직 구성원의 위계적 서열 강화는 관료제의 특징에 해당한다. 따라서 ㉠의 문제는 조직 구성원의 위계적 서열을 강화함으로써 해결된다고 볼 수 없다.

추가 개념 | 연공서열이란 해당 조직에 지속적으로 근무한 기간이나 본인의 연령에 따라 조직 내 위치가 올라가거나 권한이 확대되는 체계나 방식을 표현하는 말이다.

출제분석 | 관료제와 탈관료제를 비교하는 문제이다. 관료제의 특징 및 문제점, 이에 따라 등장한 탈관료제의 특징을 연관지어 이해하도록 한다.

A, B의 일반적인 특징에 대한 설명으로 옳은 것은? (단, A, B는 각각 관료제, 탈관료제 중 하나임.)

관료제 → A

> A는 모든 행위의 연속이 조직체의 목표에 기능적으로 연관되도록 명백하게 규정된 활동 유형을 지닌 사회 조직 운영 원리이다. 근대 산업 사회는 A를 통해 합리적이고 효율적으로 사회 발전을 이룰 수 있었으나, 현대 사회에서 A는 전반적인 효율성의 부산물로 나타나는 비효율성이라는 한계를 드러냈다. 이러한 '합리성의 비합리성'이라는 자기 오류에 빠진 A의 대안으로 제안된 새로운 사회 조직 운영 원리가 B이다.

B → 탈관료제

① A는 B에 비해 중간 관리층의 역할 비중이 낮다. (높다)
② A는 B와 달리 상향식 의사 결정 방식이 지배적이다. (하향식)
③ B는 A에 비해 구성원이 가진 업무 재량권이 크다.
④ B는 A에 비해 연공서열에 따른 보상을 중시한다. (A, B)
⑤ A, B 모두 목적 전치 현상을 해결하기에 용이하다.

|자|료|해|설|
A는 조직체의 목표에 맞게 모든 행위가 명백하게 규정되어 있으므로 관료제에 해당하고, B는 관료제의 대안으로 제안된 새로운 사회 조직 운영 원리인 탈관료제에 해당한다.

|선|택|지|풀|이|
① 오답 : 관료제는 탈관료제에 비해 중간 관리층의 역할 비중이 높다.
② 오답 : 관료제는 하향식 의사 결정 방식이 지배적이고, 탈관료제는 상향식 의사 결정 방식이 지배적이다.
③ 정답 : 탈관료제는 관료제에 비해 구성원이 가진 업무 재량권이 커 환경 변화에 대한 유연한 대처가 가능하다.
④ 오답 : 관료제는 탈관료제에 비해 연공서열에 따른 보상을 중시한다.
⑤ 오답 : 관료제는 목적 전치 현상을 해결하기에 용이하지 않다.

추가 학습 | 조직을 운영하기 위한 규칙은 어디까지나 조직의 목적을 달성하기 위한 수단에 불과한 것이지만, 규칙 그 자체가 목적이 되는 경우가 있다. 이와 같은 의례주의를 목적 전치 현상이라고 한다.

A, B의 일반적인 특징에 대한 설명으로 옳은 것은? (단, A, B는 각각 관료제, 탈관료제 중 하나임.)

○ A는 단순 반복적 업무 수행으로 인해 저하되는 구성원의 자율성을 높이기 위한 방안으로 제시되었다. 급변하는 사회에 대응하기 위해 경직된 조직을 유연하게 운영하는 원리를 적용한 것이다.

○ B는 정부의 행정 조직 운영에서 자의성을 줄일 수 있는 방안으로 제시되었다. 공동의 문제를 해결하기 위해 대규모의 조직을 합리적으로 운영하는 원리를 적용한 것이다.

① A는 B에 비해 과업 수행 절차의 예측 가능성이 높다.
② A는 B와 달리 공식적 규약과 절차에 의해 구성원을 통제한다.
③ B는 A에 비해 업무의 표준화와 세분화를 중시한다.
④ B는 A와 달리 상향식 의사 결정 방식이 지배적이다.
⑤ A는 연공서열에 따른 보상을, B는 성과에 따른 보상을 중시한다.

|자|료|해|설|
A는 구성원의 자율성을 높이기 위한 방안으로 제시되어 조직을 유연하게 운영하는 원리를 적용한 것이므로 탈관료제에 해당한다. B는 대규모의 조직을 합리적으로 운영하는 원리를 적용한 것이므로 관료제에 해당한다.

|선|택|지|풀|이|
① 오답 : 관료제는 탈관료제에 비해 과업 수행 절차의 예측 가능성이 높다.
② 오답 : 관료제와 탈관료제는 모두 공식적 규약과 절차에 의해 구성원을 통제한다.
③ 정답 : 관료제는 효율적인 업무 처리를 위해 업무에 맞는 전문 인력을 배치하고 각각의 구성원들이 분담한 일을 처리하므로 탈관료제에 비해 업무의 표준화와 세분화를 중시한다.
④ 오답 : 관료제는 하향식 의사 결정 방식이 지배적이고, 탈관료제는 상향식 의사 결정 방식이 지배적이다.
⑤ 오답 : 관료제는 연공서열에 따른 보상을 중시하고, 탈관료제는 성과에 따른 보상을 중시한다.

😲 **추가 학습** | 관료제는 대규모 조직의 운영 원리로 수직적으로 계층화되고 수평적으로 기능상 분업 체계를 이루고 있다.

😃 **출제분석** | 관료제와 탈관료제의 특징을 비교하는 문제이다. 관료제와 탈관료제의 등장 배경을 이해하고 이와 연관지어 각 조직의 특징과 기능을 파악해 두도록 한다.

A, B의 일반적인 특징에 대한 설명으로 옳은 것은? (단, A, B는 각각 관료제, 탈관료제 중 하나임.)

○○기업은 설립 초기 A의 운영 원리를 도입하여 고정된 부서나 직책 없이 유동적인 프로젝트 팀 중심으로 조직을 운영하였다. 이를 통해 구성원의 자율성이 보장되고 환경 변화에 유연한 대처가 가능하였다. 그러나 회사의 규모가 확대되면서 책임과 권한의 소재가 불분명하여 프로젝트 우선순위를 결정하는 데 어려움을 겪었다. 이러한 문제를 극복하기 위해 ○○기업은 B의 운영 원리를 도입하였다. B의 운영 원리는 역할과 책임을 명확히 규정하고 구성원 간 협력도 일정한 틀 안에서 이루어지도록 하여 보다 안정적으로 조직을 운영하는 것이다.

① A와 달리 B는 공식적 규범에 의해 구성원을 통제한다.
② A와 달리 B는 효율적인 목표 달성이 조직 운영의 핵심이다.
③ B에 비해 A는 능력과 업적에 따른 보상 체계를 중시한다.
④ B에 비해 A는 목적과 수단의 전치 현상이 나타날 가능성이 높다.
⑤ A, B는 모두 상향식 의사 결정 방식이 지배적이다.

|자|료|해|설|
고정된 부서나 직책 없이 유동적인 프로젝트 팀 중심으로 조직을 운영하는 것은 탈관료제와 관련 있고, 역할과 책임을 명확히 규정하고 구성원 간 협력이 일정한 틀 안에서 이루어지도록 하여 보다 안정적으로 조직을 운영하는 것은 관료제와 관련 있다. 따라서 A는 탈관료제, B는 관료제이다.

|선|택|지|풀|이|
① 오답 : 관료제와 탈관료제는 모두 공식적 규범에 의해 구성원을 통제한다.
② 오답 : 관료제와 탈관료제는 모두 조직 운영의 핵심이 효율적인 목표 달성에 있다.
③ 정답 : 관료제는 연공서열에 따른 보상 체계를 중시하고, 탈관료제는 능력과 업적에 따른 보상 체계를 중시한다.
④ 오답 : 관료제는 탈관료제에 비해 목적 전치 현상이 나타날 가능성이 높다.
⑤ 오답 : 관료제는 하향식 의사 결정 방식이 지배적이고, 탈관료제는 상향식 의사 결정 방식이 지배적이다.

😲 **문제풀이 TIP** | 관료제와 탈관료제는 모두 공식 조직의 운영 형태이다. 따라서 관료제와 탈관료제는 공식 조직의 특성을 가지고 있다.

😃 **출제분석** | 관료제와 탈관료제의 특징을 파악하는 문제이다. 관료제와 탈관료제의 특징을 비교하여 이해해 두도록 한다.

그림은 사회 조직의 운영 원리 A, B의 특징을 파악하기 위한 것이다. 이에 대한 설명으로 옳은 것은? (단, A와 B는 각각 관료제, 탈관료제 중 하나이다.)

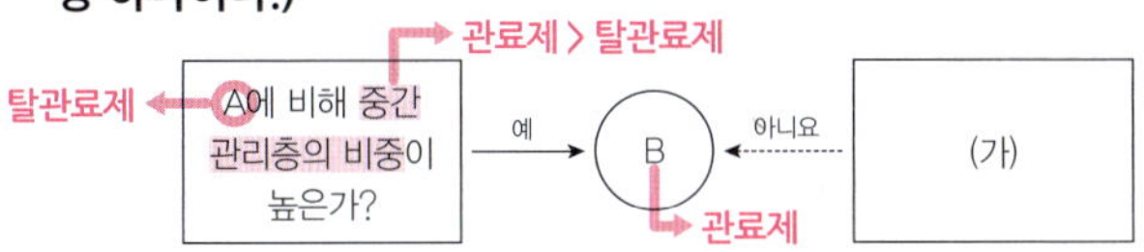

① A는 B에 비해 연공서열에 따른 보상 체계를 중시한다.

② A는 B에 비해 조직 구성원의 재량권 및 자율성이 낮다.

③ B는 A와 달리 상향식 의사 결정 방식을 중시한다.

④ B는 A에 비해 권한과 책임에 따른 위계 서열을 중시한다.

⑤ (가)에 '업무 수행의 효율성을 추구하는가?'가 들어갈 수 있다. 없다

|자|료|해|설|

관료제는 탈관료제에 비해 중간 관리층의 비중이 높다. 따라서 A는 탈관료제, B는 관료제이다.

|선|택|지|풀|이|

① 오답 : 관료제는 탈관료제에 비해 연공서열에 따른 보상 체계를 중시한다.

② 오답 : 탈관료제는 관료제에 비해 조직 구성원의 재량권 및 자율성이 높다.

③ 오답 : 관료제는 하향식 의사 결정 방식을 중시하고, 탈관료제는 상향식 의사 결정 방식을 중시한다.

④ 정답 : 관료제는 탈관료제에 비해 권한과 책임의 정도에 따라 조직 내 지위가 서열화되어 있다.

⑤ 오답 : 관료제와 탈관료제는 모두 업무 수행의 효율성을 추구한다. 따라서 해당 질문은 (가)에 들어갈 수 없다.

🤓 **추가 개념** | 연공서열이란 해당 조직에 지속적으로 근무한 기간이나 본인의 연령에 따라 조직 내 위치가 올라가거나 권한이 확대되는 체계나 방식을 표현하는 말이다.

😀 **출제분석** | 관료제와 탈관료제의 특징을 비교하는 문제이다. 관료제와 탈관료제의 특징을 비교하는 문제뿐만 아니라 관료제에서 탈관료제로 변화하는 조직의 특징을 파악하는 문제가 출제될 수 있다.

다음 자료에 대한 설명으로 옳은 것은? (단, A, B는 각각 관료제, 탈관료제 중 하나이다.) 3점

    ㉠ □□ 기업은 조직 운영 방식 A가 ㉡ 기존 부서의 업무를 지나치게 분화하고 부서 간 벽을 공고히 한다고 보았다. 정해진 업무만 수행하여 자신이 마치 기계 부속과 같다고 느낀 구성원들은 더욱 수동적으로 업무에 임했다. 이에 □□ 기업은 조직 운영 방식 B를 적용하여 부서 간 벽을 허물고 사원이 협업하는 과정에서 창의성을 발휘할 수 있도록 과제 해결에 특화된 ㉢ 새로운 부서를 한시적으로 조직했다. 동시에 □□ 기업은 사원들의 소외감과 스트레스를 해소하는 데 도움이 될 수 있도록 ㉣ 사내 친목 소모임 활성화를 지원하려 한다.

① ㉠은 과업 지향적인 사회 집단이고, ㉣은 결합 자체가 목적인 사회 집단이다.

② ㉡, ㉢과 달리 ㉣은 비공식적 사회화 기관에 해당한다.

③ A는 규칙과 절차에 따른 업무 처리로 자의적 의사 결정을 방지할 수 있다.

④ B는 전문성을 기준으로 구성원을 선발하고 연공서열에 따른 보상 체계를 중시한다.

⑤ A는 상향식 의사 결정 방식이, B는 하향식 의사 결정 방식이 지배적이다.

|자|료|해|설|

A는 관료제, B는 탈관료제이다.

|선|택|지|풀|이|

① 오답 : ㉠은 공식 조직으로 과업 지향적인 사회 집단에 해당하고, ㉣은 이익 사회로 수단적인 인간관계에 바탕을 둔 사회 집단에 해당한다.

② 오답 : ㉡, ㉢, ㉣은 모두 비공식적 사회화 기관에 해당한다.

③ 정답 : 관료제는 규칙과 절차에 따른 과업 수행으로 자의적인 의사 결정을 방지할 수 있다.

④ 오답 : 탈관료제는 연공서열이 아닌 성과와 능력에 따른 보상 체계를 중시한다.

⑤ 오답 : 관료제는 하향식 의사 결정 방식이 지배적이고, 탈관료제는 상향식 의사 결정 방식이 지배적이다.

🤓 **추가 학습** | 관료제의 특징으로는 업무의 세분화와 전문화, 규약과 절차에 따른 과업 수행, 엄격한 위계질서, 경력에 따른 보상, 지위 획득의 공평한 기회 보장 등이 있다. 탈관료제의 특징으로는 수평적 조직 체계, 유연한 조직 구조, 능력에 따른 보상, 중간 관리층의 역할 비중 감소 등이 있다.

😀 **출제분석** | 관료제와 탈관료제를 파악하는 문제이다. 관료제와 탈관료제의 등장 배경 및 특징을 비교하는 문제가 출제될 수 있다.

다음 자료에 대한 옳은 설명만을 〈보기〉에서 고른 것은? (단, A, B는 각각 관료제, 탈관료제 중 하나임.)

○ B에 비해 A는 권한과 책임에 따른 위계 서열을 중시한다.
○ 　(가)　는 A와 B를 구분할 수 있는 기준이다.
○ 　(나)　는 A와 B를 구분할 수 없는 기준이다.

보기
ㄱ. A와 달리 B는 공식적 규범에 의한 통제가 나타난다.
ㄴ. B에 비해 A는 경력에 따른 보상 체계를 중시한다.
ㄷ. '업무 수행 방식의 표준화 정도'는 (가)에 들어갈 수 없다.
ㄹ. '조직 운영의 효율성 추구'는 (나)에 들어갈 수 있다.

① ㄱ, ㄴ　② ㄱ, ㄷ　③ ㄴ, ㄷ　④ ㄴ, ㄹ　⑤ ㄷ, ㄹ

|자|료|해|설|
관료제는 탈관료제에 비해 권한과 책임에 따른 위계 서열을 중시한다. 따라서 A는 관료제, B는 탈관료제이다.

|보|기|풀|이|
ㄱ. 오답 : 관료제와 탈관료제는 모두 공식 조직에 해당한다. 따라서 관료제와 탈관료제 모두에서 공식적 규범에 의한 통제가 나타난다.
ㄴ. 정답 : 관료제는 경력에 따른 보상 체계를 중시하고, 탈관료제는 능력과 업적에 따른 보상 체계를 중시한다.
ㄷ. 오답 : 관료제는 탈관료제에 비해 업무 수행 방식의 표준화 정도가 높다. 따라서 해당 내용은 (가)에 들어갈 수 있다.
ㄹ. 정답 : 관료제와 탈관료제는 모두 조직 운영의 효율성을 추구한다. 따라서 해당 내용은 (나)에 들어갈 수 있다.

😲 **문제풀이 TIP** | 관료제와 탈관료제는 모두 공식 조직이므로 공식적 규범을 통한 구성원의 통제가 지배적이고, 조직 운영의 효율적인 업무 수행을 지향한다.

😲 **출제분석** | 관료제와 탈관료제를 비교하는 문제이다. 관료제와 탈관료제의 공통점과 차이점을 파악해 두도록 한다.

A, B의 일반적인 특징에 대한 옳은 설명만을 〈보기〉에서 고른 것은? (단, A, B는 각각 관료제, 탈관료제 중 하나임.)

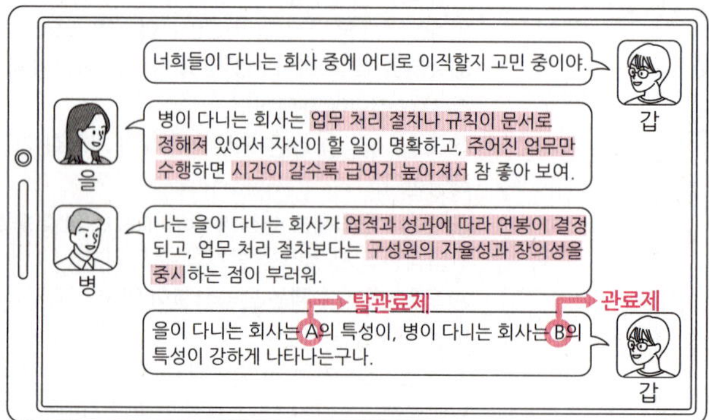

보기
ㄱ. A는 B에 비해 업무 수행의 안정성을 확보하기가 용이하다.
ㄴ. A는 B에 비해 외부 환경 변화에 대한 유연한 대처가 용이하다.
ㄷ. B는 A에 비해 목적 전치 현상이 나타날 가능성이 낮다.
ㄹ. A는 의사 결정의 분권화, B는 업무 수행의 분업화가 강조된다.

① ㄱ, ㄴ　② ㄱ, ㄷ　③ ㄴ, ㄷ　④ ㄴ, ㄹ　⑤ ㄷ, ㄹ

|자|료|해|설|
업무 처리 절차나 규칙이 문서로 정해져 있고, 주어진 업무 수행 시 시간이 갈수록 급여가 높아지는 조직은 관료제이고, 업적과 성과에 따라 연봉이 결정되고 구성원의 자율성과 창의성을 중시하는 조직은 탈관료제이다. 따라서 A는 탈관료제, B는 관료제이다.

|보|기|풀|이|
ㄱ. 오답 : 관료제는 탈관료제에 비해 업무 수행의 안정성을 확보하기가 용이하다.
ㄴ. 정답 : 탈관료제는 환경 변화에 대한 유연한 대처와 신속한 의사 결정이 가능하다.
ㄷ. 오답 : 관료제는 탈관료제에 비해 목적 전치 현상이 나타날 가능성이 높다.
ㄹ. 정답 : 탈관료제는 의사 결정 권한의 분산을 강조하고, 관료제는 업무 수행의 분업화를 강조한다.

😲 **추가 학습** | 목적 전치 현상은 규약과 절차를 지나치게 강조한 나머지 오히려 본래의 조직 목적 달성을 방해하는 현상을 말한다.

😲 **출제분석** | 관료제와 탈관료제를 비교하는 문제이다. 관료제와 탈관료제의 등장 배경, 특징 및 순기능과 역기능을 복합적으로 묻는 문제가 출제될 수 있다.

A, B의 일반적인 특징에 대한 설명으로 옳은 것은? (단, A, B는 각각 관료제, 탈관료제 중 하나임.)

> ○○기업이 세계적인 기업으로 성장한 배경에는 기존과 다른 조직 운영 원리인 A가 큰 영향을 미쳤다. 특히 A에 따른 생산 관리 시스템은 전체 공정을 수많은 미세한 단위로 구분하여 각 부분들의 전문성을 확보하는 데 기여하였다. 이러한 개별 부분들은 상층 부서로 그리고 다시 최상층 부서로 통합 관리되면서 조직의 효율성을 극대화하였다. 이것은 의사 결정 권한의 분산, 유연한 조직 운영 등을 특징으로 하는 B의 모습과는 차이가 있다.

① A에 비해 B는 목적 전치 현상이 나타날 가능성이 높다.
② A와 달리 B는 목표의 효율적 달성이 조직 운영의 핵심이다.
③ B에 비해 A는 업무 수행 과정의 예측 가능성이 높다.
④ B와 달리 A는 공식적 규약과 절차에 의해 구성원을 통제한다.
⑤ A, B 모두 연공서열에 따른 보상보다 성과에 따른 보상을 중시한다.

|자|료|해|설|

의사 결정 권한의 분산, 유연한 조직 운영은 탈관료제의 특징이다. 따라서 A는 관료제, B는 탈관료제이다.

|선|택|지|풀|이|

① 오답 : 관료제는 탈관료제에 비해 목적 전치 현상이 나타날 가능성이 높다.
② 오답 : 관료제와 탈관료제는 모두 목표의 효율적 달성이 조직 운영의 핵심이다.
③ 정답 : 관료제는 정해진 절차에 따라 지속적인 업무 수행이 가능하다. 따라서 관료제는 탈관료제에 비해 업무 수행 과정의 예측 가능성이 높다.
④ 오답 : 관료제와 탈관료제는 모두 공식적 규약과 절차에 의해 구성원을 통제한다.
⑤ 오답 : 관료제는 연공서열에 따른 보상을 중시하고, 탈관료제는 성과에 따른 보상을 중시한다.

😲 **문제풀이 TIP** | 제시문의 첫 번째 줄에 나와 있는 '기존과 다른 조직 운영 원리'라는 부분만 보고 섣불리 A가 탈관료제라고 판단하지 않도록 한다.

😃 **출제분석** | 관료제와 탈관료제의 특징을 파악하는 문제이다. 관료제의 특징을 이해한 후 이에 따른 순기능과 역기능을 파악하여 탈관료제의 등장 배경을 이해하고 특징을 분석해 보도록 한다.

A, B의 일반적인 특징에 대한 설명으로 옳은 것은? (단, A, B는 각각 관료제, 탈관료제 중 하나임.)

> A는 "분노도 편견도 없이"라는 원칙하에 객관적인 관점에서 업무를 처리할 수 있는 최적의 조건을 제공한다. 이 경우 객관적인 처리란 계산할 수 없는 모든 비합리적인 감정 요소를 직무 처리에서 배제하는 것을 의미한다. 한 사회학자는 A 조직에 의해 개인의 자유가 발휘되기 힘들어진 꽉 막힌 사회를 '강철 새장'이라 비유하였다. 한편 B는 조직을 개인들의 수평적 협력을 통해 자발성과 창의성을 이끌어내는 기구로 파악한다는 점에서 A와 구분된다.

① A에 비해 B는 업무 체계의 표준화와 세분화 정도가 낮다.
② A와 달리 B는 조직의 공식적 규범에 의한 통제가 이루어진다.
③ B에 비해 A는 목적 전치 현상이 나타날 가능성이 낮다.
④ B와 달리 A는 효율적인 업무 수행이 조직 운영의 목표이다.
⑤ A는 상향식 의사 결정 방식이, B는 하향식 의사 결정 방식이 지배적이다.

|자|료|해|설|

객관적인 관점에서 업무를 처리할 수 있는 최적의 조건을 제공하는 조직 운영 방식은 관료제이고, 조직을 개인들의 수평적 협력을 통해 자발성과 창의성을 이끌어내는 기구로 파악하는 조직 운영 방식은 탈관료제이다. 따라서 A는 관료제, B는 탈관료제이다.

|선|택|지|풀|이|

① 정답 : 관료제는 효율적인 업무 처리를 위해 업무에 맞는 전문 인력을 배치하고 각각의 구성원들이 분담한 일을 처리한다. 따라서 관료제는 탈관료제에 비해 업무 체계의 표준화와 세분화 정도가 높다.
② 오답 : 관료제와 탈관료제는 모두 조직의 공식적 규범에 의한 통제가 이루어진다.
③ 오답 : 관료제는 탈관료제에 비해 목적 전치 현상이 나타날 가능성이 높다.
④ 오답 : 관료제와 탈관료제는 모두 효율적인 업무 수행이 조직 운영의 목표이다.
⑤ 오답 : 관료제는 하향식 의사 결정 방식이, 탈관료제는 상향식 의사 결정 방식이 지배적이다.

😲 **추가 개념** | 관료제와 탈관료제는 모두 공식적 규범에 의한 통제가 이루어지며, 효율적인 업무 수행을 조직 운영의 목표로 한다.

😃 **출제분석** | 관료제와 탈관료제를 비교하는 문제이다. 관료제와 탈관료제의 특징을 묻는 문제는 평이하게 출제되므로 각 조직 운영 방식을 비교하여 이해해 두도록 한다.

표는 사회 조직 운영 원리 A, B를 비교한 것이다. 이에 대한 설명으로 옳은 것은? (단, A와 B는 각각 관료제, 탈관료제 중 하나이다.)

질문	탈관료제 Ⓐ	관료제 Ⓑ
상향식 의사결정 방식을 강조하는가?	예	㉠아니요
효율적인 과업 수행을 지향하는가?	㉡예	예
(가)	예	아니요

① ㉠, ㉡은 모두 '아니요'이다. → ㉡은 '예'임
② A는 B에 비해 중간 관리층의 비중이 높다. → 관료제 > 탈관료제
③ B는 A에 비해 연공서열에 따른 보상을 중시한다. → 관료제 > 탈관료제
④ B는 A에 비해 업무 담당자에게 주어진 재량권이 크다. → 탈관료제 > 관료제
⑤ (가)에는 '비공식적 규범을 통한 구성원의 통제가 지배적인가?'가 들어갈 수 없다. → A, B 모두 공식 조직임

|자|료|해|설|
관료제는 하향식 의사결정 방식을 강조하고, 탈관료제는 상향식 의사결정 방식을 강조한다. 따라서 A는 탈관료제, B는 관료제이다.

|선|택|지|풀|이|
① 오답 : 관료제는 하향식 의사결정 방식을 강조한다. 따라서 ㉠은 '아니요'이다. 관료제와 탈관료제는 모두 효율적인 과업 수행을 지향한다. 따라서 ㉡은 '예'이다.
② 오답 : 관료제는 탈관료제에 비해 대규모의 업무를 효율적으로 수행하기 위해 중간 관리층의 비중이 높다.
③ 정답 : 구성원의 업무 경험과 숙련도를 중시하는 관료제는 탈관료제에 비해 연공서열에 따른 보상을 중시한다.
④ 오답 : 유연한 조직 구조인 탈관료제는 관료제에 비해 업무 담당자에게 주어진 자율성 및 재량권이 크다.
⑤ 오답 : (가)에는 탈관료제에만 해당하는 질문이 들어갈 수 있다. 관료제와 탈관료제는 모두 공식 조직으로 공식적 규범을 통한 구성원의 통제가 지배적이다. 따라서 (가)에는 '비공식적 규범을 통한 구성원의 통제가 지배적인가?'가 들어갈 수 없다.

😀 **출제분석** | 사회 조직 운영 원리(관료제, 탈관료제)는 사회 집단과 사회 조직 부분에서 중요하게 다루고 있는 주제이므로 기출문제를 중심으로 꼼꼼하게 정리해 둘 필요가 있다.

다음 자료에 대한 설명으로 옳은 것은? (단, A, B는 각각 관료제, 탈관료제 중 하나임.)

　　최근 여러 회사에서 뛰어난 능력을 가진 사람이 의사 결정 과정에서 마치 자신이 조직의 영웅이라고 착각하며 권한을 남용하는 문제가 나타나고 있다. 학자들은 이러한 현상이 조직 운영 원리 A와 B 모두에서 나타날 수 있다고 본다. A의 경우 규칙과 절차에 얽매이지 않는 조직 문화에서 개인이 과도하게 재량권을 행사하여 권한 남용이 발생할 수 있다. 따라서 업무에 대한 권한과 책임의 한계를 분명히 하는 것이 해결책이 될 수 있다. 한편, B의 경우 위계가 강조되는 경직된 조직 문화에서 개인이 자신의 높은 직급을 내세우며 의사 결정을 독점하여 권한 남용이 발생할 수 있다. 따라서 　(가)　가 해결책이 될 수 있다.

① A에 비해 B는 구성원의 창의성이 발휘되기 어렵다.
② A와 달리 B는 업무 수행의 안정성이 낮다는 비판을 받는다. → 높다
③ B에 비해 A는 조직 내 무사안일주의가 생겨날 가능성이 높다.
④ B와 달리 A는 외부 환경 변화에 대한 유연한 대처가 어렵다는 비판을 받는다. → 가능하다
⑤ (가)에는 '수평적 의사 결정 구조의 강화'가 들어갈 수 없다. → 있다　탈관료제 > 관료제

|자|료|해|설|
규칙과 절차에 얽매이지 않는 조직 문화에서 개인이 과도하게 재량권을 행사하여 권한 남용이 발생할 수 있는 조직 형태는 탈관료제이고, 위계가 강조되는 경직된 조직 문화에서 개인이 자신의 높은 직급을 내세우며 의사 결정을 독점하여 권한 남용이 발생할 수 있는 조직 형태는 관료제이다. 따라서 A는 탈관료제, B는 관료제이다.

|선|택|지|풀|이|
① 정답 : 관료제는 규약과 절차를 강조하며 경직된 조직 구조를 가지고 있어 탈관료제에 비해 구성원의 창의성이 발휘되기 어렵다.
② 오답 : 관료제는 탈관료제와 달리 업무 수행의 안정성이 높다.
③ 오답 : 관료제는 탈관료제에 비해 조직 내 무사안일주의가 생겨날 가능성이 높다.
④ 오답 : 탈관료제는 관료제와 달리 외부 환경 변화에 대한 유연한 대처가 가능하다.
⑤ 오답 : (가)에는 관료제의 문제점에 대한 해결 방안이 들어갈 수 있다. 수평적 의사 결정 구조의 강화는 위계가 강조되는 관료제 조직에서 높은 직급에 있는 구성원의 권한이 남용되는 것을 방지하기 위한 해결 방안이 될 수 있다. 따라서 해당 내용은 (가)에 들어갈 수 있다.

😲 **문제풀이 T I P** | 무사안일주의는 큰 탈 없이 편안하고 한가로운 상태만을 유지하려는 태도를 말하는데, 이는 관료제의 엄격한 위계 질서, 연공서열에 따른 보상 체계 등으로 인해 확산된다.

😀 **출제분석** | 관료제와 탈관료제의 특징을 파악하는 문제이다. 관료제의 문제점을 탈관료제의 특징과 연관 지어 이해해 두도록 한다.

다음 자료에 대한 설명으로 옳은 것은? (단, A, B는 각각 관료제, 탈관료제 중 하나임.)

> 교사 : A, B의 특징을 비교하여 발표해 보세요.　→ 관료제
> 갑 : A에 비해 B는 표준화된 업무 처리 방식을 통해 대규모　→ 관료제
> 　　조직을 안정적으로 운영하는 데 유리합니다.
> 을 : B에 비해 A는 의사 결정의 분권화가 강조됩니다.　→ 탈관료제
> 병 : ⎡　　탈관료제　　　(가)　⎤ → 옳지 않은 진술이 들어가야 함
> 교사: 두 명만 옳게 발표했습니다.

① A에 비해 B는 목적 전치 현상이 나타날 가능성이 낮다. 높다
② A와 달리 B는 구성원 통제 수단으로 공식적 규범이 활용된다.
③ B에 비해 A는 외부 환경 변화에 대한 유연한 대처가 어렵다. 용이하다
④ (가)에는 'B에 비해 A는 연공서열에 따른 보상 체계를
　중시합니다.'가 들어갈 수 있다.　→ 관료제
⑤ (가)에는 'A는 상향식 의사 결정 방식이, B는 하향식 의사 결정
　방식이 지배적입니다.'가 들어갈 수 있다. 없다

|자|료|해|설|

관료제는 탈관료제에 비해 표준화된 업무 처리 방식을 통해 대규모 조직을 안정적으로 운영하는 데 유리하고, 탈관료제는 관료제에 비해 의사 결정의 분권화를 강조한다. A가 관료제, B가 탈관료제라면, 갑과 을의 답변은 모두 옳지 않으므로 두 명만 옳게 발표할 수 없다. 따라서 A는 탈관료제, B는 관료제이다.

|선|택|지|풀|이|

① 오답 : 관료제는 탈관료제에 비해 목적 전치 현상이 나타날 가능성이 높다.
② 오답 : 관료제와 탈관료제는 모두 공식 조직으로, 구성원의 통제 수단으로 공식적 규범을 활용한다.
③ 오답 : 탈관료제는 관료제에 비해 외부 환경 변화에 대한 유연한 대처가 용이하다.
④ 정답 : 갑과 을의 답변이 옳으므로 (가)에는 옳지 않은 진술이 들어가야 한다. 관료제는 탈관료제에 비해 연공서열에 따른 보상 체계를 중시한다. 따라서 해당 내용은 (가)에 들어갈 수 있다.
⑤ 오답 : 탈관료제는 상향식 의사 결정 방식이, 관료제는 하향식 의사 결정 방식이 지배적이다. 따라서 해당 내용은 (가)에 들어갈 수 없다.

😮 **추가 개념** | 연공서열은 해당 조직에 지속적으로 근무한 기간이나 본인의 연령에 따라 조직 내 위치가 올라가거나 권한이 확대되는 체계나 방식을 표현하는 말이다.

😮 **출제분석** | 관료제와 탈관료제의 특징을 파악하는 문제이다. 관료제와 탈관료제의 공통점과 차이점을 이해해 두도록 한다.

다음 자료에 대한 설명으로 옳은 것은? (단, A, B는 각각 관료제, 탈관료제 중 하나임.)

> 사회학자 갑은 근대 사회의 핵심 가치인 합리성이 A를 통해　→ 관료제
> 사회의 모든 영역으로 확장될 경우 인간 정신이 말살될 수 있다는
> 점을 우려했다. 합리성을 구현하는 방식이 지나치게 강조되면
> A 그 자체가 조직의 목적이 될 수 있다고 보았기 때문이다. 최근
> 이러한 문제에 대처하기 위해 여러 조직들은 다양한 방식으로
> ⊙ 경직된 절차보다 탄력적인 대응을 강조하는 B의 요소를　→ 탈관료제
> 도입하고 있다. 그런데 B의 요소가 성공적으로 조직에 도입
> 되려면 ⓛ 절차와 규약을 준수하는 것에 대한 구성원 상호 간의
> 신뢰가 선행되어야 한다는 연구들이 발표되고 있다.
> → 업무 수행 과정의 예측 가능성 ↑

① ⊙은 목적 전치 현상에 해당한다. 하지 않는다
② ⓛ은 업무 수행 과정의 예측성을 높이는 데 기여한다.
③ A와 달리 B는 연공서열에 따른 보상을 중시한다.　→ 관료제
④ A에 비해 B는 업무 수행의 전문화와 세분화 정도가 높다.　→ 관료제 〉 탈관료제
⑤ B에 비해 A는 구성원이 창의성을 발휘하기에 용이하다.　→ 탈관료제 〉 관료제

|자|료|해|설|

A는 근대 사회의 핵심 가치인 합리성을 구현하기 위한 조직 운영 원리이므로 관료제에 해당하고, B는 탄력적인 대응을 강조하는 조직 운영 원리이므로 탈관료제에 해당한다.

|선|택|지|풀|이|

① 오답 : 목적 전치 현상은 규약과 절차를 지나치게 강조한 나머지 오히려 본래의 조직 목적 달성이 어려워지는 현상이다. 경직된 절차보다 탄력적인 대응을 강조하는 것은 목적 전치 현상에 해당하지 않는다.
② 정답 : 구성원 상호 간에 절차와 규약을 준수하는 것에 대한 신뢰는 절차와 규약에 따른 표준화된 과업 수행을 가능하게 하므로 업무 수행 과정의 예측 가능성을 높이는 데 기여한다.
③ 오답 : 관료제는 연공서열에 따른 보상을 중시하고, 탈관료제는 능력과 업적에 따른 보상을 중시한다.
④ 오답 : 관료제는 효율적인 업무 처리를 위해 업무에 맞는 전문 인력을 배치하고 각각의 구성원들이 분담한 일을 처리하므로 업무 수행의 전문화와 세분화 정도가 높다.
⑤ 오답 : 탈관료제는 수평적 조직 체계로 인해 의사 결정 권한이 분산되고 구성원이 창의성을 발휘하기에 용이하다.

😮 **문제풀이 TIP** | 관료제는 근대 산업화 이후 조직 규모가 커지면서 대규모 조직을 효율적으로 관리할 수 있는 조직 운영 방식의 필요성이 증대되면서 등장하였다.

😮 **출제분석** | 관료제와 탈관료제를 비교하는 문제이다. 관료제와 탈관료제의 특징을 비교하는 문제가 출제될 수 있다.

1　일탈 행동에 대한 이론　　정답 ②　정답률 86%　2022학년도 6월 모평 4번　문제편 167p

그림은 일탈 이론 (가), (나)를 적용하여 청소년을 특성별로 분류한 것이다. 이에 대한 설명으로 옳은 것은? 3점

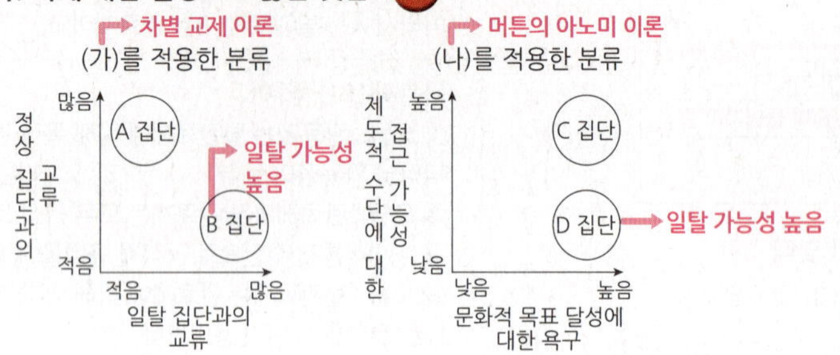

① (가)에 따르면, B 집단보다 A 집단에 속한 청소년이 일탈 행동을 할 가능성이 높다.

② (나)에 따르면, C 집단보다 D 집단에 속한 청소년이 일탈 행동을 할 가능성이 높다.

③ (가)는 (나)와 달리 일탈 행동의 대책으로 사회 규범의 통제력 강화를 중시한다. → 뒤르켐의 아노미 이론

④ (나)는 (가)와 달리 일탈 행동을 규정하는 객관적인 기준이 없다고 본다. (모두 / 있다)

⑤ (가), (나)는 모두 일탈 행동의 원인으로 타인과의 상호 작용을 중시한다.

|자|료|해|설|

(가)는 일탈 집단과의 교류 정도를 통해 집단을 분류하고 있고, (나)는 문화적 목표와 제도적 수단의 괴리 정도를 통해 집단을 분류하고 있다. 이를 통해 (가)는 차별 교제 이론, (나)는 머튼의 아노미 이론임을 알 수 있다.

|선|택|지|풀|이|

① 오답 : 차별 교제 이론은 일탈 집단과의 교류 과정에서 일탈의 기술을 학습하고 일탈 동기를 내면화한다고 본다. 따라서 차별 교제 이론은 일탈 집단과의 교류가 많은 B 집단에 속한 청소년이 일탈 행동을 할 가능성이 높다고 본다.

② 정답 : 머튼의 아노미 이론은 문화적 목표를 달성할 수 있는 제도적 수단이 충분하게 제공되지 않은 상태에서 비합법적인 수단으로 목표를 달성하려고 할 때 일탈 행동이 발생한다고 본다. 따라서 머튼의 아노미 이론은 문화적 목표와 제도적 수단 간의 괴리 정도가 높은 D 집단에 속한 청소년이 일탈 행동을 할 가능성이 높다고 본다.

③ 오답 : 차별 교제 이론은 일탈 행동의 대책으로 정상적인 사회 집단과의 교류 촉진을 중시한다.

④ 오답 : 차별 교제 이론과 머튼의 아노미 이론은 모두 일탈 행동을 규정하는 객관적인 기준이 있다고 본다.

⑤ 오답 : 차별 교제 이론은 머튼의 아노미 이론과 달리 일탈 행동의 원인으로 타인과의 상호 작용을 중시한다.

2　일탈 행동에 대한 이론　　정답 ①　정답률 71%　2021학년도 9월 모평 14번　문제편 167p

다음 자료에 대한 옳은 설명만을 〈보기〉에서 고른 것은? 3점

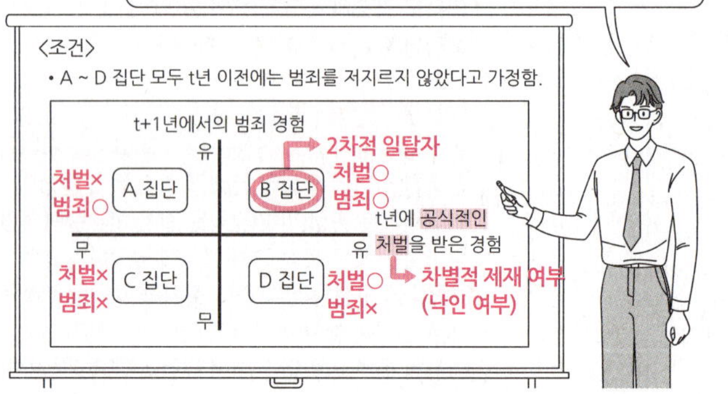

〈보기〉
ㄱ. (가) 이론에 따르면 B 집단은 2차적 일탈자로 볼 수 있다. → 낙인 이론
ㄴ. D 집단은 (가) 이론을 반박하는 사례이다. → 낙인 이후 일탈 저지름 / 공식 처벌 받았지만 일탈 저지르지 않음
ㄷ. (가) 이론에 따르면 A 집단은 B 집단과 달리 일탈자의 역할을 내면화한 집단이다. → 부정적 자아 발생한 집단(B)
ㄹ. (가) 이론은 일탈자와 C 집단과의 접촉 빈도를 늘리는 것을 일탈 문제의 해결 방안으로 본다. → 차별 교제 이론의 대책

① ㄱ, ㄴ　② ㄱ, ㄷ　③ ㄴ, ㄷ　④ ㄴ, ㄹ　⑤ ㄷ, ㄹ

|자|료|해|설|

(가) 이론은 차별적인 제재(낙인 여부)가 일탈 행동의 원인이라고 보는 낙인 이론이다. 't년에 공식적인 처벌을 받은 경험'을 통해 차별적인 제재(낙인)를 받았는지 여부를 알 수 있다. 't+1년에서의 범죄 경험'을 통해 일탈 행동을 했는지 여부를 알 수 있다.

|보|기|풀|이|

ㄱ. 정답 : B 집단은 t년에 공식적인 처벌(낙인)을 받았고, t+1년에 일탈(범죄)을 경험하였다. 따라서 낙인 이론에 따르면 B 집단은 2차적 일탈자로 볼 수 있다.

ㄴ. 정답 : D 집단은 t년에 공식적인 처벌(낙인)은 받았지만, B 집단과 달리 t+1년에 범죄(일탈)를 저지르지 않았다. 따라서 D 집단은 낙인 이론을 반박하는 사례에 해당한다.

ㄷ. 오답 : B 집단은 t년에 공식적인 처벌(낙인)을 받았고, 부정적 자아가 형성되어 t+1년에 범죄(일탈)를 경험하였다. 따라서 낙인 이론에 따르면 B 집단은 A 집단과 달리 일탈자의 역할을 내면화한 집단(부정적 자아가 형성된 집단)이다.

ㄹ. 오답 : 차별 교제 이론은 일탈자와 C 집단(일탈 ×)과의 접촉 빈도를 늘리는 것을 일탈 문제의 해결 방안으로 본다.

다음 자료에 대한 설명으로 옳은 것은? (단, A~C는 각각 낙인 이론, 차별 교제 이론, 머튼의 아노미 이론 중 하나임.) **3점**

> → 차별 교제 이론
>
> 교사 : 일탈 이론 A~C에 대해 설명해 보세요.
> 갑 : B는 일탈 행동이 학습의 결과임을 강조합니다. → 차별 교제 이론
> 을 : A와 B는 모두 사회 구조적 측면에서 일탈 행동의 원인을 설명합니다. → 머튼의 아노미 이론
> 병 : C는 A와 달리 일탈 행동을 규정하는 객관적인 기준이 있다고 봅니다.
> 머튼의 아노미 이론 ←   낙인 이론 ←   → 차별 교제 이론, 머튼의 아노미 이론
> 정 : (가)
> 교사 : ㉠ 한 사람만 제외하고 모두 옳게 설명했습니다.

① ㉠은 갑이다.
② A는 일탈 행동이 그 행동에 대한 사회적 반응이 아니라 그 행동의 속성에 의해 규정된다고 본다.
③ B는 일탈 행동의 기술과 달리 일탈 행동에 대한 우호적인 가치관은 학습되지 않는다고 본다.
④ C는 문화적 목표와 제도적 수단 간의 괴리를 일탈 행동의 원인으로 본다.
⑤ (가)에 'A, C는 B와 달리 개인이 타인과의 상호 작용을 통해 일탈자가 되어가는 과정에 주목합니다.'가 들어갈 수 있다. → 차별 교제 이론, 낙인 이론

|자|료|해|설|
일탈 행동이 학습의 결과임을 강조하는 이론은 차별 교제 이론이고, 사회 구조적 측면에서 일탈 행동의 원인을 설명하는 이론은 머튼의 아노미 이론이며, 일탈 행동을 규정하는 객관적인 기준이 있다고 보는 이론은 차별 교제 이론과 머튼의 아노미 이론이다. 갑~정 중 옳지 않은 설명을 한 사람은 을이므로 A는 낙인 이론, B는 차별 교제 이론, C는 머튼의 아노미 이론이다.

|선|택|지|풀|이|
① 오답 : ㉠은 '을'이다.
② 오답 : 낙인 이론은 일탈 행동이 그 행동의 속성이 아니라 그 행동에 대한 사회적 반응에 의해 규정된다고 본다.
③ 오답 : 차별 교제 이론은 일탈 행동의 기술과 일탈 행동에 대한 우호적인 가치관 모두 학습된다고 본다.
④ 정답 : 머튼의 아노미 이론은 문화적 목표를 달성할 수 있는 제도적 수단이 충분하게 제공되지 않은 상태에서 비합법적 수단으로 목표를 달성하려고 할 때 일탈 행동이 발생한다고 본다.
⑤ 오답 : (가)에는 옳은 진술이 들어갈 수 있다. 개인이 타인과의 상호 작용을 통해 일탈자가 되어가는 과정에 주목하는 이론은 차별 교제 이론과 낙인 이론이다. 따라서 해당 내용은 (가)에 들어갈 수 없다.

😮 **문제풀이 TIP** | 갑~병의 진술에 해당하는 일탈 이론을 적어 보도록 한다. 을의 진술에 해당하는 일탈 이론은 머튼의 아노미 이론뿐이므로 을의 진술이 옳지 않다는 것을 알 수 있다.

😎 **출제분석** | 일탈 이론을 파악하는 문제이다. 일탈 이론을 비교하는 문제는 자주 출제되므로 각 일탈 이론의 공통점과 차이점을 파악해 두도록 한다.

A ~ C에 대한 설명으로 옳은 것은? (단, A ~ C는 각각 뒤르켐의 아노미 이론, 차별 교제 이론, 낙인 이론 중 하나임.) **3점**

표는 일탈 이론 A ~ C의 관점에서 청소년들의 온라인 도박이 증가하는 원인을 설명한 것이다.

이론	설명
A	온라인 도박을 하는 사람들과 접촉하면서 온라인 도박을 정당화하는 가치관을 학습하기 때문이다.
B	정보 사회로 급속하게 변화하는 과정에서 온라인 도박을 통제하는 사회 규범이 정립되지 않았기 때문이다.
C	온라인 도박을 한 청소년이 주변 사람들로부터 비난받은 결과, 부정적 자아가 형성되어 온라인 도박을 반복하기 때문이다.

차별 교제 이론 ← A   뒤르켐의 아노미 이론 ← B   낙인 이론 ← C

① A는 차별적인 사회적 제재를 일탈 행동의 원인으로 본다.
② B는 일탈 행동에 대한 대책으로 문화적 목표를 달성할 수 있는 제도화된 기회의 확대를 중시한다. → 머튼의 아노미 이론
③ C는 1차적 일탈이 2차적 일탈로 이어지는 과정에 주목한다.
④ A는 C와 달리 타인과의 상호 작용이 일탈 행동에 미치는 영향에 주목한다.
⑤ B는 C와 달리 일탈 행동을 규정하는 객관적 기준이 없다고 본다.

|자|료|해|설|
A는 차별 교제 이론, B는 뒤르켐의 아노미 이론, C는 낙인 이론이다.

|선|택|지|풀|이|
① 오답 : 차별적인 사회적 제재를 일탈 행동의 원인으로 보는 이론은 낙인 이론이다.
② 오답 : 일탈 행동에 대한 대책으로 문화적 목표를 달성할 수 있는 제도화된 기회의 확대를 중시하는 이론은 머튼의 아노미 이론이다.
③ 정답 : 낙인 이론은 1차적 일탈을 한 사람에 대해 계속하여 일탈 행동을 할 것이라는 낙인을 찍게 되면 부정적 자아가 형성되고 이는 2차적 일탈을 초래하는 요인으로 작용한다고 본다.
④ 오답 : 차별 교제 이론과 낙인 이론은 모두 타인과의 상호 작용이 일탈 행동에 미치는 영향에 주목한다.
⑤ 오답 : 낙인 이론은 차별 교제 이론, 뒤르켐의 아노미 이론과 달리 일탈 행동을 규정하는 객관적 기준이 없다고 본다.

😮 **문제풀이 TIP** | 낙인 이론은 일탈 행동을 규정하는 객관적 기준이 없다고 보는 반면, 뒤르켐의 아노미 이론, 머튼의 아노미 이론, 차별 교제 이론은 일탈 행동을 규정하는 객관적 기준이 있다고 본다.

😎 **출제분석** | 일탈 이론을 파악하는 문제이다. 아노미 이론, 차별 교제 이론, 낙인 이론의 공통점과 차이점을 이해해 두도록 한다.

일탈 이론 A에 대한 설명으로 옳은 것은?

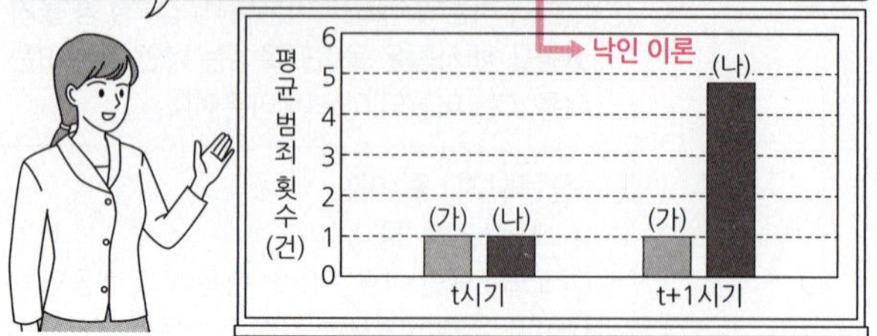

① 일탈이 개인의 타고난 특성에 의해 발생한다고 본다.

② 사회 규범의 통제력 강화를 일탈의 해결 방안으로 본다. ➡ 뒤르켐의 아노미 이론

③ 일탈자에 대한 낙인이 후속 일탈의 핵심적인 요인이라고 본다. ➡ 낙인 이론

④ 문화적 목표와 제도적 수단 간 괴리로 인해 일탈이 발생한다고 본다. ➡ 머튼의 아노미 이론

⑤ 상호 작용을 통해 범죄에 대한 우호적 가치관을 학습하여 일탈이 발생한다고 본다. ➡ 차별 교제 이론

|자|료|해|설|

처벌이라는 사회적 반응 자체가 일탈자로서의 정체성 형성에 핵심 요인으로 작용한다고 보는 이론은 낙인 이론이다. 따라서 A는 낙인 이론이다.

|선|택|지|풀|이|

① 오답 : 낙인 이론은 일탈이 개인의 타고난 특성에 의해 발생한다고 보지 않는다.

② 오답 : 사회 규범의 통제력 강화를 일탈의 해결 방안으로 보는 이론은 뒤르켐의 아노미 이론이다.

③ 정답 : 낙인 이론은 일탈자에 대한 낙인이 2차적 일탈, 즉 후속 일탈의 핵심적인 요인이라고 본다.

④ 오답 : 문화적 목표와 제도적 수단 간 괴리로 인해 일탈이 발생한다고 보는 이론은 머튼의 아노미 이론이다.

⑤ 오답 : 상호 작용을 통해 범죄에 대한 우호적 가치관을 학습하여 일탈이 발생한다고 보는 이론은 차별 교제 이론이다.

😲 **문제풀이 T I P** | 낙인 이론은 특정 개인이나 집단이 일탈자로 규정되는 과정과 사회적 여건에 주목함을 이해해 두도록 한다.

다음 자료에 대한 설명으로 옳은 것은?

사회자 : 뒤르켐의 아노미 이론, 머튼의 아노미 이론, 차별 교제 이론, 낙인 이론 중 하나를 선택하여 최근 우리 사회에서 나타나는 범죄 현상을 설명해 주십시오.

갑 : 급속한 사회 변동으로 경제적 성취와 개인주의라는 새로운 가치가 나타나고 있습니다. 이로 인해 과거에 작동했던 전통적 규범과 새롭게 등장한 가치가 혼재되면서 삶의 기준을 상실한 사람들의 범죄가 늘어나고 있습니다. ➡ 뒤르켐의 아노미 이론

을 : 성공에 필요한 합법적 기회가 있는 사람들마저도 범죄를 저지릅니다. 이들은 비합법적 수단으로 큰돈을 번 사람들과 빈번하게 교류하며 그들의 방식과 태도를 습득함으로써 범죄를 저지르고 있습니다. ➡ 차별 교제 이론

병 : 청소년 시기에 전과자가 된 사람들은 충분한 교육을 받지 못합니다. 이로 인해 경제적 성공을 위한 경쟁이 치열한 사회에서 물질적 성공에 필요한 기회가 제한되어 범죄를 저지르고 있습니다. ➡ 머튼의 아노미 이론

① 갑의 관점은 을의 관점과 달리 정상 집단과의 교류를 일탈 행동의 해결 방안으로 제시한다. (을 / 갑)

② 을의 관점은 병의 관점과 달리 차별적인 사회적 제재를 일탈 행동의 원인으로 본다. (모두) ➡ 보지 않는다 / 낙인 이론

③ 병의 관점은 갑의 관점과 달리 문화적 목표와 제도화된 수단의 괴리를 일탈 행동의 원인으로 본다. ➡ 머튼의 아노미 이론

④ 갑, 을의 관점은 병의 관점과 달리 사회 구조적 관점에서 일탈 행동을 설명한다. (병 / 을)

⑤ 을, 병의 관점은 갑의 관점과 달리 개인이 타인과의 상호 작용을 통해 일탈자가 되어가는 과정에 주목한다. (갑, 병) ➡ 차별 교제 이론

|자|료|해|설|

갑은 뒤르켐의 아노미 이론, 을은 차별 교제 이론, 병은 머튼의 아노미 이론을 바탕으로 범죄 현상을 설명하고 있다.

|선|택|지|풀|이|

① 오답 : 정상 집단과의 교류를 일탈 행동의 해결 방안으로 제시하는 이론은 차별 교제 이론이다.

② 오답 : 차별적인 사회적 제재를 일탈 행동의 원인으로 보는 이론은 낙인 이론이다.

③ 정답 : 뒤르켐의 아노미 이론은 무규범 상태인 아노미 상태에서 일탈 행동이 발생한다고 보고, 머튼의 아노미 이론은 문화적 목표와 제도화된 수단의 괴리로 인해 일탈 행동이 발생한다고 본다.

④ 오답 : 뒤르켐의 아노미 이론과 머튼의 아노미 이론은 차별 교제 이론과 달리 사회 구조적 관점에서 일탈 행동을 설명한다.

⑤ 오답 : 차별 교제 이론은 뒤르켐의 아노미 이론, 머튼의 아노미 이론과 달리 개인이 타인과의 상호 작용을 통해 일탈자가 되어가는 과정에 주목한다.

😲 **문제풀이 T I P** | 뒤르켐과 머튼은 모두 일탈 행동의 원인으로 아노미 상태를 설명하지만, 아노미에 대해 뒤르켐은 무규범 상태로, 머튼은 문화적 목표와 제도적 수단과의 괴리 상태로 본 점에서 차별화된다.

😀 **출제분석** | 일탈 이론을 파악하는 문제이다. 각 일탈 이론이 주장하는 내용을 꼼꼼하게 비교하여 파악해 두도록 한다.

일탈 이론 A, B에 대한 설명으로 옳은 것은? (단, A, B는 각각 낙인 이론, 차별 교제 이론 중 하나이다.) **3점**

〈수행 평가〉

※ 문제 : 청소년 범죄에 대한 형사 처벌을 강화하자는 주장에 대해 일탈 이론 A, B에 근거하여 의견을 서술하시오.

A → 낙인 이론	B → 차별 교제 이론
어렸을 때에는 누구나 잘못을 할 수 있습니다. 청소년기에 형사 처벌을 받으면 주변 사람들로부터 따가운 시선을 받게 될 것입니다. 그로 인해 범죄자로서의 부정적 자아 정체성을 갖게 되어 다시 범죄를 저지를 가능성이 높습니다. 그러므로 반대합니다.	어린 나이에 일탈 행동을 일삼는 또래와 어울리면 범죄를 저지를 수 있습니다. 이로 인해 청소년기에 형사 처벌을 받아 교정 시설로 가게 되면, 그곳에서 만난 사람들로부터 범죄에 대한 우호적 태도를 강화하여 다시 범죄를 저지를 가능성이 높습니다. 그러므로 반대합니다.

① A는 일탈이 행위의 속성에 의해서가 아니라 그에 대한 사회적 반응에 의해 규정된다고 본다.

② B는 일탈 행동의 원인을 차별적인 제재에서 찾는다.

③ A는 B와 달리 타인과의 상호 작용을 통해 일탈 행동이 학습된다고 본다.

④ B는 A와 달리 2차적 일탈 행동의 발생 과정에 초점을 맞춘다.

⑤ A는 정상 집단과의 교류 촉진을, B는 일탈 행동에 대한 신중한 규정을 일탈 행동에 대한 대책으로 강조한다.

|자|료|해|설|

A는 주변 사람들로부터 따가운 시선을 받아 범죄자로서의 부정적 자아 정체성을 갖게 되어 청소년 범죄가 발생할 가능성이 높다고 보고 있으므로 이는 낙인 이론에 해당한다. B는 또래와 어울리면서 범죄를 저지를 수 있고, 교정 시설에서 만난 사람들로부터 범죄에 대한 우호적 태도를 강화할 수 있다고 보고 있으므로 이는 차별 교제 이론에 해당한다.

|선|택|지|풀|이|

① 정답 : 낙인 이론은 특정 개인이나 집단이 일탈자로 규정되는 과정과 사회적 여건에 주목한다. 즉, 낙인 이론은 일탈이 사회적 반응에 의해 규정된다고 본다.

② 오답 : 일탈 행동의 원인을 차별적 제재에서 찾는 이론은 낙인 이론이다.

③ 오답 : 타인과의 상호 작용을 통해 일탈 행동이 학습된다고 보는 이론은 차별 교제 이론이다.

④ 오답 : 2차적 일탈 행동의 발생 과정에 초점을 맞춘 이론은 낙인 이론이다.

⑤ 오답 : 일탈 행동에 대한 대책으로 낙인 이론은 일탈 행동에 대한 신중한 규정을, 차별 교제 이론은 정상 집단과의 교류 촉진을 강조한다.

다음은 일탈 이론 A~C를 구분하는 질문에 대한 학생의 답변과 교사의 채점 결과이다. 이에 대한 설명으로 옳은 것은? (단, A~C는 각각 낙인 이론, 차별 교제 이론, 머튼의 아노미 이론 중 하나임.)

질문	답변 갑	답변 을	답변 병
A, B와 달리 C는 일탈을 규정하는 객관적인 기준이 없다고 보는가?	아니요	예	예
A, C와 달리 B는 타인과의 상호 작용을 통해 일탈 행동이 학습된다고 보는가?	예	아니요	예
B, C와 달리 A는 차별적 제재를 일탈 행동의 원인으로 보는가?	아니요	아니요	예
(가)	아니요	㉠	㉡
채점 결과	2점	3점	3점

* 교사는 질문별로 각각 채점하고, 옳은 답변은 1점, 틀린 답변은 0점을 부여함.

① A와 달리 C는 거시적 관점에서 일탈 행동을 설명한다.

② B와 달리 A는 일탈자가 부정적 자아를 내면화하는 과정에 주목한다.

③ C와 달리 B는 최초의 일탈보다 일탈 행동을 반복하는 현상에 주목한다.

④ B, C와 달리 A는 문화적 목표와 제도화된 수단 간의 괴리를 일탈 행동의 원인으로 본다.

⑤ ㉠, ㉡은 모두 '예'이고, (가)에는 'A, B와 달리 C는 정상 집단과의 교류를 일탈의 해결 방안으로 보는가?'가 들어갈 수 있다.

|자|료|해|설|

낙인 이론, 차별 교제 이론, 머튼의 아노미 이론 중 일탈을 규정하는 객관적인 기준이 없다고 보는 이론은 낙인 이론이고, 타인과의 상호 작용을 통해 일탈 행동이 학습된다고 보는 이론은 차별 교제 이론이며, 차별적 제재를 일탈 행동의 원인으로 보는 이론은 낙인 이론이다. 을과 병의 점수는 각각 3점으로 같은데, 두 번째 질문과 세 번째 질문에 대한 을과 병의 답변이 다르므로 첫 번째 질문에 대한 을과 병의 답변은 옳다. 따라서 C는 낙인 이론이다. 이에 따라 세 번째 질문에 대한 옳은 답변은 '아니요'가 되고, 첫 번째 질문, 두 번째 질문, (가)에 대한 병의 답변은 옳다. 따라서 첫 번째 질문에 대해서는 을과 병이 옳게 답변하였고, 두 번째 질문에 대해서는 갑과 병이 옳게 답변하였으며, 세 번째 질문에 대해서는 갑과 을이 옳게 답변하였고, (가)에 대해서는 을과 병이 옳게 답변하였다. 따라서 A는 머튼의 아노미 이론, B는 차별 교제 이론이다.

|선|택|지|풀|이|

① 오답 : 머튼의 아노미 이론은 낙인 이론과 달리 거시적 관점에서 일탈 행동을 설명한다.

② 오답 : 일탈자가 부정적 자아를 내면화하는 과정에 주목하는 이론은 낙인 이론이다.

③ 오답 : 최초의 일탈보다 일탈 행동을 반복하는 현상에 주목하는 이론은 낙인 이론이다.

④ 정답 : 문화적 목표와 제도화된 수단 간의 괴리를 일탈 행동의 원인으로 보는 이론은 머튼의 아노미 이론이다.

⑤ 오답 : ㉠, ㉡이 모두 '예'라면, (가)에는 '예'가 옳은 답변이 되는 질문이 들어갈 수 있다. 정상 집단과의 교류를 일탈의 해결 방안으로 보는 이론은 차별 교제 이론이다. 따라서 해당 질문은 (가)에 들어갈 수 없다.

일탈 이론 A~C에 대한 설명으로 옳은 것은? (단, A~C는 각각 머튼의 아노미 이론, 차별 교제 이론, 낙인 이론 중 하나임.)

차별 교제 이론 ←

A : 청소년이 그와 친밀한 비행 청소년 집단과 자주, 오래 어울리다 보면 그들로부터 범행 기술은 물론 법 위반에 대한 호의적인 가치나 태도 등을 비판 없이 받아들이고 결국에는 범죄를 저지르게 된다.

낙인 이론 ←
→ 1차적 일탈

B : 청소년이 사소한 비행을 저질렀을 때 주위 사람들이 그에게 비행 청소년이라는 꼬리표를 붙이기도 한다. 이 경우 그 청소년은 스스로 부정적 정체성을 형성하게 되고

2차적 일탈 ←
본격적으로 비행 활동에 가담하게 된다.

머튼의 아노미 이론 ←

C : 경제적으로 열악한 청소년도 커다란 포부를 갖도록 사회화되지만 그와 같은 열망을 충족할 수 있는 교육과 취업의 기회는 상대적으로 적다. 이로 인해, 물질적 성공을 이룰 수만 있다면 그들은 불법적인 수단이라도 사용하게 된다.
→ 목표와 수단 간의 괴리

① A는 사람들이 일탈 성향을 타고나는 것이 아니라 일탈 행동을 사회적으로 학습하여 일탈자가 되는 것이라고 본다.

② B는 일탈 행동을 예방하기 위해서는 일탈자와의 접촉을 차단하는 방법이 최선이라고 본다.

③ C는 하층 계층보다 중상층 계층의 범죄를 설명하기에 용이하다.

④ A는 B와 달리 일탈 행동에 따른 부정적 평판이 개인에 따라서 차별적으로 부여된다고 본다.

⑤ C는 B와 달리 일탈자에 대한 사회적 제재가 오히려 일탈 행동을 유발한다고 본다.

|자|료|해|설|

A는 차별 교제 이론, B는 낙인 이론, C는 머튼의 아노미 이론이다.

|선|택|지|풀|이|

① 정답 : 차별 교제 이론은 일탈 행동이 타인과의 상호 작용 과정에서 학습된다고 본다. 즉, 차별 교제 이론은 일탈 행동을 빈번하게 일으키는 사람들과 접촉하는 과정에서 일탈의 기술을 학습하고 일탈 동기를 내면화하며, 이를 정당화하는 태도까지 학습하게 된다고 본다.

② 오답 : 일탈자와의 접촉 차단을 일탈 행동에 대한 대책으로 제시하는 이론은 차별 교제 이론이다.

③ 오답 : 머튼의 아노미 이론은 문화적 목표와 제도적 수단 간의 괴리로 인해 일탈 행동이 발생한다고 본다. 중상층 계층보다 하층 계층에서 문화적 목표를 달성할 수 있는 제도적 수단이 충분하게 제공되지 않을 가능성이 크다. 따라서 머튼의 아노미 이론은 중상층 계층보다 하층 계층의 범죄를 설명하기에 용이하다.

④ 오답 : 일탈 행동에 따른 부정적 평판이 개인에 따라 차별적으로 부여된다고 보는 이론은 낙인 이론이다.

⑤ 오답 : 일탈자에 대한 사회적 제재가 일탈 행동을 유발한다고 보는 이론은 낙인 이론이다.

😲 **추가 개념** | 뒤르켐은 일탈 행동의 원인으로 무규범이나 규범의 혼란 상태인 아노미를 제시하였다. 머튼은 이를 발전시켜 문화적 목표와 제도적 수단 간에 괴리가 발생한 경우를 아노미로 보고 이것이 일탈 행동의 원인이라고 설명하였다.

😀 **출제분석** | 일탈 이론을 파악하는 문제이다. 뒤르켐의 아노미 이론, 머튼의 아노미 이론, 차별 교제 이론, 낙인 이론 각각에서 주장하는 내용을 이해하고 각 이론을 비교해 두도록 한다.

일탈 이론 A, B에 대한 설명으로 옳은 것은? 3점

일탈 이론	각 일탈 이론으로 설명하기에 적합한 사례
A ↓ 머튼의 아노미 이론	갑은 실직 상황에서 점점 더 많은 자녀 양육비가 필요하게 되었다. 그 상황에서 은행 대출도 받을 수 없게 되자 갑은 도둑질을 저지르게 되었다.
B ↓ 낙인 이론	을은 친구 집에서 장난삼아 장난감을 가지고 왔는데, 친구들이 을을 '도둑놈'이라면서 멀리하였다. 이후 정상적인 생활이 힘들어진 을은 부정적인 정체성을 갖게 되었고 도둑질을 반복하였다.

→ 목표와 수단의 괴리
→ 낙인

→ 차별 교제 이론　　→ 2차적 일탈

① A는 일탈 행동이 학습의 결과임을 강조한다.

② A는 일탈 행동을 규정하는 객관적인 기준이 존재하지 않는다고 본다.

③ B는 1차적 일탈이 2차적 일탈로 이어지는 과정에 주목한다.

④ B는 문화적 목표와 제도적 수단 간의 괴리로 인해 일탈 행동이 발생한다고 본다.
→ 머튼의 아노미 이론

⑤ A와 B는 모두 일탈 행동이 발생하는 상호 작용 과정에 주목한다.
→ 낙인 이론, 차별 교제 이론

|자|료|해|설|

갑의 사례는 목표와 수단의 괴리로 인해 일탈 행동이 발생하였음을 보여 주고, 을의 사례는 1차적 일탈에 대한 낙인으로 부정적 자아가 형성되어 2차적 일탈이 발생하였음을 보여 준다. 따라서 A는 머튼의 아노미 이론, B는 낙인 이론에 해당한다.

|선|택|지|풀|이|

① 오답 : 일탈 행동이 학습의 결과임을 강조하는 이론은 차별 교제 이론이다.

② 오답 : 머튼의 아노미 이론은 일탈 행동을 규정하는 객관적인 기준이 존재한다고 보는 반면, 낙인 이론은 일탈 행동을 규정하는 객관적인 기준이 존재하지 않는다고 본다.

③ 정답 : 낙인 이론은 1차적 일탈을 한 사람에 대해 계속하여 일탈 행동을 할 것이라는 낙인을 찍게 되면 부정적 자아가 형성되고 이는 2차적 일탈을 초래하는 요인으로 작용한다고 본다.

④ 오답 : 문화적 목표와 제도적 수단 간의 괴리로 인해 일탈 행동이 발생한다고 보는 이론은 머튼의 아노미 이론이다.

⑤ 오답 : 낙인 이론은 머튼의 아노미 이론과 달리 일탈 행동이 발생하는 상호 작용 과정에 주목한다.

(가) ~ (다)에 들어갈 내용으로 옳은 것은? 3점

<수업용 읽기 자료>

- 드라마 등장인물 A 소개 -

A는 선배들과 두루 잘 지내는 편이었다. 중학생 때는 비행을 저지르는 선배들과도 친하게 지내며 다른 학생들에게 짓궂게 장난치기도 했다. 하지만 A는 어느 순간 친구들이 자신을 그런 선배들과 동일시하고 자신의 행동 하나하나를 비행과 연결하여 생각한다는 것을 알게 되었다. 이런 친구들의 생각을 바꿀 수 없었던 A는 평범한 학교 생활에서 벗어나 나쁜 행동을 하는 것을 자연스럽게 여기게 되는데….

→ 차별 교제 이론
→ 낙인 이론
→ 부정적 자아 형성

교사 : 이 자료에 나타난 A의 사례를 일탈 이론을 활용하여 설명해 보세요.

갑 : A의 일탈은 차별 교제 이론으로 설명할 수 있습니다. 선배들과의 관계에서 알 수 있듯이 A의 일탈은 ┌ (가) ┐ 에서 비롯되었기 때문입니다.
→ 일탈 행동 학습

을 : 저는 갑과 다른 이론을 적용하여 A의 일탈을 설명해 보겠습니다. 친구들이 A에게 어떻게 영향을 주었는지 살펴보세요. 그렇다면 A의 일탈 요인이 ┌ (나) ┐ 라는 것을 알 수 있습니다.
→ 낙인 이론

교사 : 갑, 을 모두 잘 설명했어요. A의 일탈이 ┌ (다) ┐ 에서 비롯되었다고 생각하는 점은 두 학생 모두 동일하군요.

→ 낙인 이론
→ 차별 교제 이론과 낙인 이론의 공통점

① (가) - A의 행동에 대한 차별적 제재
② (나) - 문화적 목표와 제도적 수단의 괴리 → 아노미 이론(머튼)
③ (나) - 급격한 사회 변동으로 인한 규범의 부재 → 아노미 이론(뒤르켐)
④ (다) - 일탈에 우호적인 가치관의 학습 → 차별 교제 이론
⑤ (다) - 타인들과의 지속적인 상호 작용 → 차별 교제 이론, 낙인 이론

|자|료|해|설|

A의 일탈을 갑은 차별 교제 이론으로 설명하고 있고, 을은 낙인 이론으로 설명하고 있다. (다)에는 차별 교제 이론과 낙인 이론의 공통점이 들어갈 수 있다.

|선|택|지|풀|이|

① 오답 : A의 일탈이 A의 행동에 대한 차별적 제재에서 비롯되었다고 보는 이론은 낙인 이론이다.

② 오답 : A의 일탈 요인이 문화적(사회적) 목표와 제도적(합법적) 수단 사이의 괴리(불일치)라고 보는 이론은 머튼의 아노미 이론이다.

③ 오답 : A의 일탈 요인이 급격한 사회 변동으로 인한 규범의 부재(무규범)라고 보는 이론은 뒤르켐의 아노미 이론이다.

④ 오답 : A의 일탈 요인이 일탈에 우호적인 가치관의 학습이라고 보는 이론은 차별 교제 이론이다.

⑤ 정답 : (다)에는 차별 교제 이론과 낙인 이론의 공통점이 들어갈 수 있다. 차별 교제 이론과 낙인 이론은 모두 개인 간 지속적인 상호 작용에 의해 일탈 행동이 발생한다고 본다. 따라서 (다)에는 '타인과의 지속적인 상호 작용'이 들어갈 수 있다.

😮 **문제풀이 TIP** | 차별 교제 이론과 낙인 이론은 모두 개인 간 지속적인 상호 작용에 의해 일탈 행동이 발생한다고 본다. 따라서 차별 교제 이론과 낙인 이론은 모두 미시적 관점에서 일탈을 바라본다.

😮 **출제분석** | 일탈 이론은 모평과 수능에 거의 빠지지 않고 출제되는 단골손님이다. 기출문제를 중심으로 관련 개념을 꼼꼼하게 정리해 둘 필요가 있다.

일탈 이론 A, B에 대한 설명으로 옳은 것은? (단, A, B는 각각 낙인 이론, 차별 교제 이론 중 하나임.)

→ 차별 교제 이론

A는 일탈 행동이란 사람들이 반사회적 행위에 이르게 하는 규범과 행동을 학습한 결과라고 본다. B는 누구나 일시적이거나 경미한 '1차적 일탈'을 할 수 있지만 누구나 일탈자가 되는 것은 아니며, 1차적 일탈이 사회적으로 공개되고 지탄을 받게 된 경우에 한해서만 일탈자로 간주되어 '2차적 일탈'이 발생한다고 본다.

→ 낙인 이론

① A는 차별적 제재가 일탈 행동의 원인이라고 본다.
② B는 일탈 행동을 규정하는 객관적인 기준이 없다고 본다.
③ A와 달리 B는 일탈 행동에 대한 참여 여부가 일탈자와의 교제 여부에 의해 결정된다고 본다.
④ B와 달리 A는 문화적 목표와 제도적 수단 간의 괴리를 일탈 행동의 원인으로 본다. → 머튼의 아노미 이론
⑤ A, B는 모두 일탈 행동의 원인으로 개인 간의 상호 작용보다 사회 구조의 영향을 중시한다.

|자|료|해|설|

A는 일탈 행동이 학습되었다고 보고 있으므로 이는 차별 교제 이론에 해당한다. B는 1차적 일탈이 낙인을 통해 2차적 일탈이 된다고 보고 있으므로 이는 낙인 이론에 해당한다.

|선|택|지|풀|이|

① 오답 : 차별적 제재, 즉 낙인이 일탈 행동의 원인이라고 보는 이론은 낙인 이론이다.

② 정답 : 낙인 이론은 일탈 행동을 규정하는 객관적인 기준이 없다고 보고, 차별 교제 이론은 일탈 행동을 규정하는 객관적인 기준이 있다고 본다.

③ 오답 : 일탈 행동에 대한 참여 여부가 일탈자와의 교제 여부에 의해 결정된다고 보는 이론은 차별 교제 이론이다.

④ 오답 : 문화적 목표와 제도적 수단 간의 괴리를 일탈 행동의 원인으로 보는 이론은 머튼의 아노미 이론이다.

⑤ 오답 : 차별 교제 이론과 낙인 이론은 모두 일탈 행동의 원인으로 사회 구조의 영향보다 개인 간의 상호 작용을 중시한다.

😮 **문제풀이 TIP** | 차별 교제 이론과 낙인 이론은 모두 일탈 행동이 발생하는 상호 작용 과정에 주목한다.

표는 일탈 이론 A~C를 비교한 것이다. 이에 대한 설명으로 옳은 것은?
→ 아노미 이론, 차별 교제 이론, 낙인 이론

구분	A	B	C
원인	급격한 사회 변동과 전통적 규범의 통제력 약화 → 아노미 이론(뒤르켐)	(가)	(나)
대책	(다)	일탈에 대해 우호적인 집단과의 교류 차단 → 차별 교제 이론의 대책	일탈자로 규정하는 것에 대한 신중한 접근 → 낙인 이론의 대책

① (가)에는 '문화적 목표를 달성하기 위한 합법적 수단의 부족'이 적절하다. → 아노미 이론(머튼)

② (나)에는 '일탈자로부터 일탈 행동의 모방'이 적절하다. → 차별 교제 이론

③ (다)에는 '대립하는 집단 간 갈등의 해소'가 적절하다.

④ A는 C와 달리 일탈 행동을 규정하는 객관적 기준이 없다고 본다. → 갈등 이론 / 낙인 이론

⑤ B는 A와 달리 타인과의 상호 작용이 일탈 행동에 미치는 영향을 중시한다. → 차별 교제 이론

|자|료|해|설|

A는 급격한 사회 변동으로 인한 규범의 통제력 약화를 일탈의 원인으로 보는 아노미 이론(뒤르켐)이다. B는 일탈에 대해 우호적인 집단과의 접촉 차단을 대책으로 제시한 차별 교제 이론이다. C는 일탈자로 규정(낙인)하는 것에 대한 신중한 접근을 대책으로 제시한 낙인 이론이다.

|선|택|지|풀|이|

① 오답 : 문화적 목표를 달성하기 위한 합법적 수단의 부족을 일탈의 원인으로 보는 것은 머튼의 아노미 이론이다.

② 오답 : 일탈자로부터 일탈 행동의 모방을 일탈의 원인으로 보는 것은 차별 교제 이론이다. 따라서 (가)에는 '일탈자로부터 일탈 행동의 모방'이 적절하다.

③ 오답 : 대립하는 집단 간 갈등의 해소는 갈등 이론의 대책에 해당한다.

④ 오답 : 낙인 이론은 아노미 이론과 달리 일탈 행동을 규정하는 객관적 기준이 없다고 본다.

⑤ 정답 : 차별 교제 이론은 아노미 이론과 달리 타인과의 상호 작용이 일탈 행동에 미치는 영향을 중시한다.

일탈 이론 (가) ~ (다)에 대한 설명으로 옳은 것은? (단, (가) ~ (다)는 각각 머튼의 아노미 이론, 차별 교제 이론, 낙인 이론 중 하나임.)

일탈 이론 (가) ~ (다)는 전과자의 재범률이 높은 것에 대해 다음과 같이 설명한다.

일탈 이론	내용
(가) 낙인 이론	범죄의 경중과 상관없이 유죄가 인정되면 주변으로부터 범죄자 취급을 받아 사회적으로 고립되기 쉽다. 그 결과 스스로에 대한 부정적인 인식이 형성되어 또다시 범죄를 저지르게 된다.
(나) 머튼의 아노미 이론	우리 사회는 사회 구성원들에게 하나의 지향점을 제시한다. 전과자는 전과가 없는 사람보다 이러한 문화적 목표와 이를 달성하기 위한 합법적 수단 간 불일치에서 오는 긴장 정도가 크므로 다시 범죄를 저지르게 된다.
(다) 차별 교제 이론	우리는 범죄자들에게 교도소 수감 기간 중 반성과 교화를 기대한다. 하지만 오히려 수감자들은 다른 수감자와의 교류로 범죄 수법과 범죄에 대한 우호적 가치관을 학습하여 출소 후 다시 범죄를 저지르게 된다.

① (가)는 일탈 행동을 규정하는 객관적 기준이 있다고 본다. → 없다

② (나)는 일탈 행동에 대한 대책으로 정상 집단과의 교류 촉진을 제시한다. → (다)

③ (가)는 (나)와 달리 타인과의 상호 작용 과정을 중심으로 일탈 행동을 설명한다. → 낙인 이론

④ (다)는 (나)와 달리 차별적 제재를 일탈 행동의 원인으로 본다. → (가)

⑤ (가), (다)는 (나)와 달리 사회 구조적 측면에서 일탈 행동을 설명한다.

|자|료|해|설|

(가)는 낙인 이론, (나)는 머튼의 아노미 이론, (다)는 차별 교제 이론이다.

|선|택|지|풀|이|

① 오답 : 낙인 이론은 머튼의 아노미 이론, 차별 교제 이론과 달리 일탈 행동을 규정하는 객관적 기준이 없다고 본다.

② 오답 : 일탈 행동에 대한 대책으로 정상 집단과의 교류 촉진을 제시하는 이론은 차별 교제 이론이다.

③ 정답 : 낙인 이론과 차별 교제 이론은 머튼의 아노미 이론과 달리 타인과의 상호 작용 과정을 중심으로 일탈 행동을 설명한다.

④ 오답 : 차별적 제재를 일탈 행동의 원인으로 보는 이론은 낙인 이론이다.

⑤ 오답 : 머튼의 아노미 이론은 낙인 이론, 차별 교제 이론과 달리 사회 구조적 측면에서 일탈 행동을 설명한다.

🤖 **추가 학습** | 낙인 이론은 일탈을 규정하는 객관적인 기준이 없고 사회적으로 특정한 행위를 일탈로 규정하고 이러한 행위를 한 사람을 일탈자로 낙인찍기 때문에 일탈 행동이 발생한다고 본다.

😀 **출제분석** | 일탈 이론을 비교하는 문제이다. 각 일탈 이론의 주장을 이해하고 비교함으로써 각 일탈 이론의 공통점과 차이점을 파악해 두도록 한다.

일탈 이론 A~C에 대한 설명으로 옳은 것은? (단, A~C는 각각
머튼의 아노미 이론, 차별 교제 이론, 낙인 이론 중 하나임.)

> 일탈 이론 A, B, C의 사례로 일탈을 저지른 갑, 을, 병의 진술을
> 살펴 보았다. 각각의 진술에 나타난 가장 두드러진 특징은
> 다음과 같다. 갑은 문화적 목표를 이루기 위한 합법적 수단이
> 부족했던 적이 한번도 없었다. 을은 일탈자들과 어울리거나
> 그들의 행동을 따라 하려고 했던 적이 한번도 없었다. 병은
> 여러 사회 규범을 위반했음에도 비난이나 제재를 받았던 적이
> 한번도 없었다. 이러한 특징을 바탕으로 갑, 을, 병에게 서로
> 다른 일탈 이론을 적용해 보면 갑의 일탈은 A나 B, 을의 일탈은
> B나 C, 병의 일탈은 A나 C로 설명하는 것이 타당하다.

① A는 일탈에 대한 대책으로 제도화된 기회의 확대를 중시한다.
② B는 타인과의 상호 작용을 통한 일탈의 학습 과정에 주목한다.
③ C는 정상 집단과의 교류를 일탈의 해결 방안으로 제시한다.
④ B는 A, C와 달리 일탈을 규정하는 객관적 기준이 없다고 본다.
⑤ C는 A, B와 달리 일탈에 대한 대책으로 사회 규범의 통제력
　강화를 강조한다.

|자|료|해|설|

갑의 일탈은 머튼의 아노미 이론에 해당하지 않고, 을의
일탈은 차별 교제 이론에 해당하지 않으며, 병의 일탈은
낙인 이론에 해당하지 않는다. 따라서 A는 차별 교제 이론,
B는 낙인 이론, C는 머튼의 아노미 이론이다.

|선|택|지|풀|이|

① 오답 : 일탈에 대한 대책으로 제도화된 기회의 확대를
중시하는 이론은 머튼의 아노미 이론이다.
② 오답 : 타인과의 상호 작용을 통한 일탈의 학습 과정에
주목하는 이론은 차별 교제 이론이다.
③ 오답 : 정상 집단과의 교류를 일탈의 해결 방안으로
제시하는 이론은 차별 교제 이론이다.
④ 정답 : 차별 교제 이론과 머튼의 아노미 이론은 일탈을
규정하는 객관적 기준이 있다고 보는 반면, 낙인 이론은
일탈을 규정하는 객관적 기준이 없다고 본다.
⑤ 오답 : 일탈에 대한 대책으로 사회 규범의 통제력
강화를 강조하는 이론은 뒤르켐의 아노미 이론이다.

😮 **문제풀이 TIP** | 갑의 일탈은 머튼의 아노미 이론에 해당하지
않고 A나 B로 설명하는 것이 타당한 것으로 보아 C는 머튼의
아노미 이론에 해당한다. 을의 일탈은 차별 교제 이론에 해당하지
않고 B나 C로 설명하는 것이 타당한 것으로 보아 A는 차별 교제
이론에 해당한다. 병의 일탈은 낙인 이론에 해당하지 않고 A나 C로
설명하는 것이 타당한 것으로 보아 B는 낙인 이론에 해당한다.

다음은 일탈 이론 A, B를 구분하는 질문에 대한 학생의 답변과 교사의
채점 결과이다. 이에 대한 옳은 설명만을 <보기>에서 고른 것은?
(단, A, B는 각각 낙인 이론, 차별 교제 이론 중 하나이다.) **3점**

질문	답변	
	갑	을
A는 일탈자의 부정적 자아 형성 과정에 주목하는가?	예	아니요
A는 일탈 행동이 상호 작용을 통해 일탈 문화를 학습한 결과임을 강조하는가?	⊙ 아니요	ⓒ 아니요
(가)	아니요	예
B는 일탈 행동을 규정하는 객관적 기준이 있다고 보는가?	예	아니요
점수	4점	1점

* 교사는 질문별로 각각 채점하고, 각 질문당 옳은 답을 쓴 경우는 1점,
틀린 답을 쓴 경우는 0점을 부여함.

보기

ㄱ. A는 최초의 일탈보다는 일탈 행동을 반복하는 현상에
　주목한다.
ㄴ. B는 일탈자로 규정하는 것에 대해 신중한 접근을 해결
　방안으로 제시한다.
ㄷ. (가)에는 'B는 차별적 제재를 일탈 행동의 원인으로 보는가?'가
　들어갈 수 있다.
ㄹ. ⊙, ⓒ은 모두 '예'이다.

① ㄱ, ㄴ　② ㄱ, ㄷ　③ ㄴ, ㄷ　④ ㄴ, ㄹ　⑤ ㄷ, ㄹ

|자|료|해|설|

낙인 이론은 일탈자의 부정적 자아 형성 과정에 주목한다.
차별 교제 이론은 일탈 행동이 상호 작용을 통해 일탈
문화를 학습한 결과임을 강조하며, 일탈 행동을 규정하는
객관적 기준이 있다고 본다. 갑은 모든 질문에 대해 옳은
답변을 하여 4점을 받았다. 따라서 A는 낙인 이론, B는
차별 교제 이론이다.

|보|기|풀|이|

ㄱ. 정답 : 낙인 이론은 1차적 일탈, 즉 최초의 일탈보다
1차적 일탈을 저질렀다는 이유로 일탈자로 규정된 사람이
저지르는 2차적 일탈, 즉 반복적 일탈에 주목한다.
ㄴ. 오답 : 일탈자로 규정하는 것에 대해 신중한 접근을
해결 방안으로 제시하는 이론은 낙인 이론이다.
ㄷ. 정답 : (가)에는 갑은 '아니요', 을은 '예'라고 답변할 수
있는 질문이 들어가야만 주어진 조건에 부합한다. 차별적
제재를 일탈 행동의 원인으로 보는 이론은 낙인 이론이다.
따라서 해당 질문은 (가)에 들어갈 수 있다.
ㄹ. 오답 : 갑은 모든 질문에 대해 옳은 답변을 하여 4점을
받았고, 을은 두 번째 질문에 대해 옳은 답변을 하여 1점을
받았다. 따라서 ⊙, ⓒ은 모두 '아니요'이다.

😮 **문제풀이 TIP** | 갑은 모든 질문에 대하여 옳은 답변을 했으므로
A는 낙인 이론, B는 차별 교제 이론이며, 을은 첫 번째 질문, 세 번째
질문, 네 번째 질문에 대해 틀린 답변을 하였다. 따라서 두 번째
질문에 대한 갑과 을의 답변은 모두 옳다.

😮 **출제분석** | 낙인 이론과 차별 교제 이론을 비교하는 문제이다.
뒤르켐의 아노미 이론, 머튼의 아노미 이론, 차별 교제 이론, 낙인
이론이 복합적으로 출제될 수 있다.

일탈 이론 A~C에 대한 설명으로 옳은 것은? (단, A~C는 각각 머튼의 아노미 이론, 차별 교제 이론, 낙인 이론 중 하나임.)

> A : 폐가의 유리창을 깨고 지붕을 오르는 행위는 아이들에게 일종의 놀이에 불과하나, 지역 주민들은 그런 행위를 하는 아이들을 점차 구제 불능이라고 규정하게 된다. 이런 사회적 평가를 내면화하여 아이들은 점점 더 심각한 비행으로 나아가게 된다.
>
> B : 법을 어기는 사람과 지키는 사람의 차이는 타고난 소질보다는 그들이 배워 온 내용에 있다. 범죄가 적은 지역에서 성장하는 사람은 법 위반에 대한 비우호적 태도를, 범죄가 많은 슬럼 지역에서 성장하는 사람은 법 위반에 대한 우호적 태도를 더 많이 배울 것이다.
>
> C : 물질적 성공에 대한 문화적 강조는 '가능하다면 정당한 방법으로, 필요하다면 잘못된 방법으로라도' 그 목표를 추구하라는 압력으로 작용한다. 따라서 성공 목표에 대한 지나친 강조는 규칙에 대한 감정적 지지를 훼손하고 제도적 규제의 효과적인 작용을 방해한다.

① A는 일탈에 대한 대책으로 낙인의 신중한 적용을 강조한다.
② B는 차별적인 사회적 제재를 일탈 행동의 원인으로 본다.
③ A는 일탈 행동을 규정하는 객관적 기준이 존재하지 않는다고 본다.
④ A는 B와 달리 개인이 타인과의 상호 작용을 통해 일탈자가 되어 가는 과정에 주목한다.
⑤ B는 C와 달리 범죄 예방을 위해 소외 계층에게 더 나은 취업 기회를 제공하는 정책을 뒷받침한다.

|자|료|해|설|

A는 낙인 이론, B는 차별 교제 이론, C는 머튼의 아노미 이론이다.

|선|택|지|풀|이|

① 정답 : 낙인 이론은 일탈에 대한 대책으로 사회적 낙인을 신중하게 적용할 것을 강조한다.
② 오답 : 차별적인 사회적 제재로 인해 일탈 행동이 발생한다고 보는 이론은 낙인 이론이다.
③ 오답 : 낙인 이론은 일탈 행동을 규정하는 객관적 기준이 없다고 보고, 차별 교제 이론과 머튼의 아노미 이론은 일탈 행동을 규정하는 객관적 기준이 있다고 본다.
④ 오답 : 낙인 이론과 차별 교제 이론은 모두 개인이 타인과의 상호 작용을 통해 일탈자가 되어 가는 과정에 주목한다.
⑤ 오답 : 머튼의 아노미 이론은 일탈 행동에 대한 대책으로 문화적 목표를 이룰 수 있는 적합한 수단을 제공할 것을 강조한다. 따라서 머튼의 아노미 이론은 범죄 예방을 위해 소외 계층에게 더 나은 취업 기회를 제공하는 정책을 뒷받침한다.

🤓 **추가 학습** | 낙인 이론은 일탈이 그 행위 자체가 갖는 본질적인 특성이 아니라 그 행위가 발생하는 상황과 여건에 따라 규정된다고 본다. 즉, 낙인 이론은 일탈 행동의 상대성을 강조한다.

😎 **출제분석** | 일탈 행동에 대한 이론을 파악하는 문제이다. 한 가지 일탈 이론보다는 여러 가지 일탈 이론을 비교하는 문제가 출제될 수 있다.

표는 일탈 이론 A~C를 질문에 따라 구분한 것이다. 이에 대한 설명으로 옳은 것은? (단, A~C는 각각 낙인 이론, 머튼의 아노미 이론, 차별 교제 이론 중 하나이다.) **3점**

구분	A	B	C
문화적 목표와 제도적 수단 간의 괴리로 인해 일탈 행동이 발생한다고 보는가?	예	아니요	아니요
일탈 행동이 차별적 제재에서 비롯된다고 보는가?	아니요	예	아니요
(가)	아니요	예	예

① A는 사회 불평등 구조의 근본적 개혁을 일탈에 대한 대책으로 제시한다.
② B는 일탈에 대한 우호적 가치를 내면화하여 일탈 행동이 발생한다고 본다.
③ C는 부정적 자아 형성을 통한 2차적 일탈의 발생에 주목한다.
④ C는 A, B와 달리 규범의 해체로 인한 가치관의 혼란이 일탈 행동을 유발한다고 본다.
⑤ (가)에는 '타인과의 상호 작용을 통한 일탈 행동의 발생을 강조하는가?'가 들어갈 수 있다.

|자|료|해|설|

문화적(사회적) 목표와 제도적(합법적) 수단 사이의 불일치(괴리)로 인해 일탈 행동이 발생한다고 보는 것은 머튼의 아노미 이론이다. 일탈 행동이 차별적 제재(처벌)에서 비롯된다고 보는 것은 낙인 이론이다. 따라서 A는 머튼의 아노미 이론, B는 낙인 이론, C는 차별 교제 이론이다.

|선|택|지|풀|이|

① 오답 : 일탈에 대한 해결책으로 사회 불평등 구조의 근본적 개혁을 제시하는 것은 갈등 이론이다.
② 오답 : 일탈에 대한 우호적 가치를 내면화(학습)하여 일탈 행동이 발생한다고 보는 것은 차별 교제 이론이다.
③ 오답 : 부정적 자아 형성을 통한 2차적 일탈의 발생에 주목하는 것은 낙인 이론이다.
④ 오답 : 사회적 규범의 해체로 인한 가치관의 혼란이 일탈 행동을 발생시킨다고 보는 것은 뒤르켐의 아노미 이론이다.
⑤ 정답 : (가)에는 낙인 이론과 차별 교제 이론의 공통점에 해당하는 질문이 들어갈 수 있다. 낙인 이론과 차별 교제 이론은 모두 미시적 관점으로 타인과의 상호 작용을 통한 일탈 행동의 발생을 강조한다. 따라서 해당 질문은 (가)에 들어갈 수 있다.

일탈 이론 A~C에 대한 설명으로 옳은 것은? (단, A~C는 각각 낙인 이론, 차별 교제 이론, 머튼의 아노미 이론 중 하나이다.)

표는 사이버 범죄를 저지른 갑의 행동 원인을 분석하기 위해 서로 다른 일탈 이론에 근거하여 조사할 내용을 나열한 것이다.

연구자의 조사 내용	근거한 일탈 이론
○ 갑이 사이버 범죄를 통해서 달성하고자 한 목표 ○ 갑이 자신이 세운 목표를 달성하기 위해 실행한 사이버 범죄 이외의 행동	A
○ 갑이 일탈 행동을 저지른 후 주위로부터 받은 평판 ○ 갑이 사이버 범죄 이전에 저지른 일탈 행동의 종류와 제재 유무	B
○ 갑이 온라인에서 일탈 성향의 사람들과 교류한 내용 ○ 갑이 사이버 범죄를 저지르기 전에 만난 친구들의 성향	C

A → 머튼의 아노미 이론
B → 낙인 이론
C → 차별 교제 이론

① A는 B와 달리 문화적 목표와 제도적 수단 간의 괴리를 일탈 행동의 원인으로 본다.
② B는 C와 달리 일탈을 규정하는 객관적 기준이 있다고 본다. → 없다
③ C는 A와 달리 사회적 규범의 부재로 인한 구성원들의 혼란이 일탈을 발생시킨다고 본다. → 뒤르켐의 아노미 이론
④ A는 B, C와 달리 정상 집단과의 교류 촉진을 일탈 행동에 대한 대책으로 강조한다. (C / A, B)
⑤ C는 A, B와 달리 최초의 일탈이 반복적 일탈로 이어지는 과정에 주목한다. (B / A, C)

|자|료|해|설|

A는 머튼의 아노미 이론, B는 낙인 이론, C는 차별 교제 이론이다.

|선|택|지|풀|이|

① 정답 : 머튼의 아노미 이론은 문화적 목표를 달성할 수 있는 제도적 수단이 충분하게 제공되지 않은 상태에서 비합법적 수단으로 목표를 달성하려고 할 때 일탈 행동이 발생한다고 본다.
② 오답 : 머튼의 아노미 이론, 차별 교제 이론과 달리 낙인 이론은 일탈을 규정하는 객관적 기준이 없다고 본다.
③ 오답 : 사회적 규범의 부재로 인한 구성원들의 혼란으로 일탈 행동이 발생한다고 보는 이론은 뒤르켐의 아노미 이론이다.
④ 오답 : 일탈 행동에 대한 대책으로 정상 집단과의 교류 촉진을 강조하는 이론은 차별 교제 이론이다.
⑤ 오답 : 최초의 일탈이 반복적 일탈로 이어지는 과정에 주목하는 이론은 낙인 이론이다.

🤓 **문제풀이 TIP** | 목표와 수단은 머튼의 아노미 이론, 주위로부터의 평판은 낙인 이론, 일탈자와의 교류는 차별 교제 이론과 관련이 있다.

😄 **출제분석** | 일탈 이론을 파악하여 각 이론의 내용을 분석하는 문제이다. 일탈 이론과 관련된 문제는 여러 가지 일탈 이론을 비교하는 문제가 자주 출제되므로 각 일탈 이론에 대해 꼼꼼하게 파악해 두도록 한다.

---

20 일탈 행동에 대한 이론 　　정답 ② 　정답률 71% 　2022년 4월 학평 8번 　문제편 171p

일탈 행동을 보는 갑, 을의 이론적 관점에 대한 설명으로 옳은 것은?

사회자 : 일부 청소년들이 비행을 저지르는 이유는 무엇일까요?
갑 : 비행을 일삼는 친구들과 어울리면서 각종 비행 방법을 습득하고 비행을 정당화하는 가치관을 학습하기 때문입니다. ← 차별 교제 이론
을 : 사소한 잘못을 한 청소년을 주변 사람들이 포용하지 못하고 문제아로 단정지음으로써 청소년 스스로도 자신을 일탈자로 인식하기 때문에 비행을 반복해서 저지르게 됩니다. ← 낙인 이론

① 갑의 관점은 차별적인 제재가 일탈 행동의 원인이라고 본다. (갑 → 을)
② 을의 관점은 2차적 일탈의 발생 과정을 설명하는 데 초점을 둔다.
③ 갑의 관점은 을의 관점과 달리 일탈 행동을 타인과의 상호 작용의 결과로 본다. → 모두
④ 을의 관점은 갑의 관점과 달리 문화적 목표와 제도적 수단 간의 괴리를 일탈 행동의 원인으로 본다. → 머튼의 아노미 이론
⑤ 갑, 을의 관점은 모두 일탈을 규정하는 객관적 기준이 없다고 본다. → 갑의 관점과 달리

|자|료|해|설|

갑은 차별 교제 이론을 바탕으로 일탈 행동을 바라보고 있고, 을은 낙인 이론을 바탕으로 일탈 행동을 바라보고 있다.

|선|택|지|풀|이|

① 오답 : 차별적인 제재가 일탈 행동의 원인이라고 보는 이론은 낙인 이론이다.
② 정답 : 낙인 이론은 1차적 일탈을 한 사람에 대해 계속하여 일탈 행동을 할 것이라는 낙인을 찍게 되면 부정적 자아가 형성되고 이는 2차적 일탈을 초래하는 요인으로 작용한다고 본다.
③ 오답 : 차별 교제 이론과 낙인 이론은 모두 일탈 행동을 타인과의 상호 작용의 결과로 본다.
④ 오답 : 문화적 목표와 제도적 수단 간의 괴리를 일탈 행동의 원인으로 보는 이론은 머튼의 아노미 이론이다.
⑤ 오답 : 차별 교제 이론은 일탈을 규정하는 객관적 기준이 있다고 보고, 낙인 이론은 일탈을 규정하는 객관적 기준이 없다고 본다.

🤓 **추가 개념** | 1차적 일탈은 일시적·비의도적으로 발생하며, 특별히 문제시되지 않는 경우가 많다. 그러나 1차적 일탈을 그대로 넘어가지 않고 일탈자라는 낙인을 찍게 되면 부정적인 자아의 형성으로 계속하여 일탈 행동을 하게 되는데, 이를 2차적 일탈이라고 한다.

다음은 일탈 이론 A ~ C에 대한 수행 평가지이다. 이에 대한 설명으로 옳은 것은? (단, A ~ C는 각각 낙인 이론, 머튼의 아노미 이론, 차별 교제 이론 중 하나이다.) 3점
→ A : 차별 교제 이론, B : 낙인 이론, C : 머튼의 아노미 이론

일탈 이론의 특징 서술하기

이름 : ○○○

1. A와 구분되는 B의 특징을 2가지 서술하시오.

연번	답안	점수
1	타인과의 상호 작용 과정을 중심으로 일탈을 설명한다. → 낙인 이론, 차별 교제 이론	0
2	2차적 일탈 과정에 주목한다. → 낙인 이론	1

2. B와 구분되는 C의 특징을 2가지 서술하시오.

연번	답안	점수
1	일탈이 차별적 제재에서 비롯된다고 본다. → 낙인 이론	㉠
2	(가)	1

○ 채점 기준 : 맞으면 1점, 틀리면 0점 부여

① ㉠은 1이다. (0)
② A는 정상적인 집단과의 교류 확대를 일탈의 해결책으로 본다. → 차별 교제 이론
③ B는 문화적 목표와 제도적 수단 간 괴리를 일탈의 원인으로 본다. (C)
④ C는 일탈을 규정하는 객관적 기준이 없다고 본다. → 머튼의 아노미 이론 (B)
⑤ (가)에는 '일탈이 일탈자와의 교류를 통한 학습의 결과임을 강조한다.'가 들어갈 수 있다. (없다) → 낙인 이론 / → 차별 교제 이론

|자|료|해|설|

타인과의 상호 작용 과정을 중심으로 일탈을 설명하는 이론은 낙인 이론과 차별 교제 이론이며, 2차적 일탈 과정에 주목하는 이론은 낙인 이론이다. 문항 1의 두 번째 답안이 정답이라는 것을 통해 B가 낙인 이론임을 알 수 있다. 문항 1의 첫 번째 답안이 오답이라는 것은 첫 번째 답안이 A와 구분되는 특징이 아니라는 것을 의미하므로 A가 머튼의 아노미 이론이 아니라 차별 교제 이론이라는 것을 알 수 있다. 이를 통해 남은 C는 머튼의 아노미 이론임을 알 수 있다. 문항 2의 첫 번째 답안은 낙인 이론에 대한 진술이므로 ㉠은 0점이 된다.

|선|택|지|풀|이|

① 오답 : 일탈이 차별적 제재에서 비롯된다고 보는 이론은 낙인 이론이다. 따라서 ㉠은 0이다.
② 정답 : 차별 교제 이론은 일탈 집단과의 교류로 인해 일탈의 기술과 그에 대한 우호적 태도를 내면화하여 일탈이 발생한다고 보므로 정상적인 집단과의 교류 확대를 일탈의 해결책으로 제시한다.
③ 오답 : 문화적 목표와 제도적 수단 간 괴리를 일탈의 원인으로 보는 것은 머튼의 아노미 이론이다.
④ 오답 : 일탈을 규정하는 객관적 기준이 없다고 보는 것은 낙인 이론이다.
⑤ 오답 : 일탈이 일탈자와의 교류를 통한 학습의 결과임을 강조하는 것은 차별 교제 이론이다. (가)에는 낙인 이론과 구분되는 머튼의 아노미 이론에 대한 특징이 들어가야 하므로, (가)에는 해당 내용이 들어갈 수 없다.

😮 **문제풀이 TIP** | 낙인 이론은 일탈 행동을 규정하는 객관적 기준이 존재하지 않는다고 보며, 일탈이 차별적 제재에서 비롯된다고 본다. '차별적 제재'라는 표현과 '차별적 교제'는 서로 다른 의미임을 기억해 두어야 한다.

그림의 일탈 이론 A ~ C에 대한 설명으로 옳은 것은? (단, A ~ C는 각각 낙인 이론, 머튼의 아노미 이론, 차별 교제 이론 중 하나이다.) 3점

사회 구조적 차원에서 일탈 행동의 원인을 설명하는가? → 머튼의 아노미 이론
예 → A → 머튼의 아노미 이론
아니요 → B → 낙인 이론
아니요 → C → 차별 교제 이론
아니요 / 아니요 / 예
일탈 행동이 학습의 결과임을 강조하는가? → 차별 교제 이론

① A는 일탈 행동을 정당화하는 가치관의 내면화 과정에 주목한다. (C)
② B는 문화적 목표와 제도적 수단 간의 괴리를 일탈 행동의 원인으로 본다. (A)
③ C는 급격한 사회 변동으로 인한 무규범 상태에 주목한다. → 뒤르켐의 아노미 이론
④ A는 B와 달리 일탈 행동을 규정하는 객관적인 기준이 없다고 본다. (B) (A)
⑤ B는 A, C와 달리 특정인에 대한 부정적 평가가 일탈 행동을 반복하게 하는 요인임을 강조한다.

😮 **추가 학습** | 차별 교제 이론과 낙인 이론은 일탈이 발생하는 과정에서 나타나는 상호 작용에 주목한다.

😮 **출제분석** | 일탈 이론의 특징을 비교하는 문제이다. 각 일탈 이론의 공통점과 차이점을 파악하여 이를 잘 정리해 두도록 한다. 표, 대화, 그림, 제시문 등 다양한 유형으로 출제될 수 있으므로 기출 문제를 통해 다양한 유형을 접해 보도록 한다.

|자|료|해|설|

낙인 이론, 머튼의 아노미 이론, 차별 교제 이론 중 사회 구조적 차원에서 일탈 행동의 원인을 설명하는 일탈 이론은 머튼의 아노미 이론이고, 일탈 행동이 학습의 결과임을 강조하는 일탈 이론은 차별 교제 이론이다. 따라서 A는 머튼의 아노미 이론, B는 낙인 이론, C는 차별 교제 이론이다.

|선|택|지|풀|이|

① 오답 : 차별 교제 이론은 일탈 행동이 타인과의 상호 작용 과정에서 학습된다고 본다. 즉, 일탈 행동을 빈번하게 일으키는 사람들과 접촉하는 과정에서 일탈의 기술을 학습하고 일탈 동기를 내면화하며, 이를 정당화하는 태도까지 학습한다고 본다.
② 오답 : 머튼의 아노미 이론은 문화적 목표를 달성할 수 있는 제도적 수단이 충분하게 제공되지 않은 상태에서 비합법적 수단으로 목표를 달성하려고 할 때 일탈 행동이 발생한다고 본다.
③ 오답 : 급격한 사회 변동으로 인한 무규범 상태에 주목하는 일탈 이론은 뒤르켐의 아노미 이론이다.
④ 오답 : 낙인 이론은 일탈 행동을 규정하는 객관적인 기준이 없다고 본다.
⑤ 정답 : 낙인 이론은 1차적 일탈을 한 사람에 대해 계속해서 일탈 행동을 할 것이라는 낙인을 찍게 되면 부정적 자아가 형성되고 이는 2차적 일탈을 초래하는 요인으로 작용한다고 본다.

다음 자료에 대한 옳은 설명만을 〈보기〉에서 고른 것은? (단, A ~ C는 각각 낙인 이론, 머튼의 아노미 이론, 차별 교제 이론 중 하나이다.)

 3점

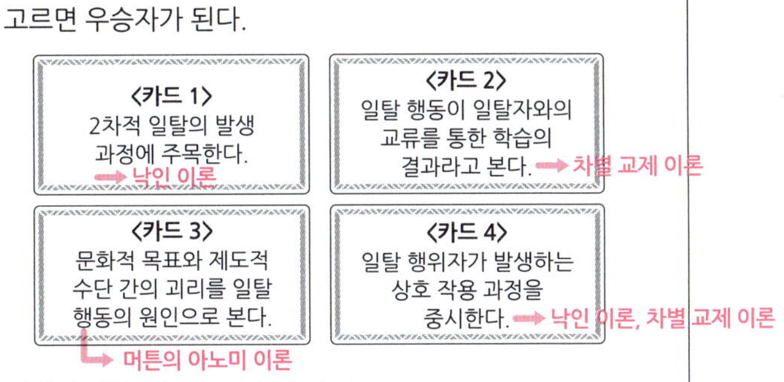

o 선택한 이론 및 카드와 우승자

구분	갑(우승자)	을	병
선택한 이론	A → 차별 교제 이론	B → 머튼의 아노미 이론	C → 낙인 이론
선택한 카드	2, 4	1, 4	3, 4

보기

ㄱ. A는 일탈 행동에 대한 대책으로 사회 규범의 통제력 강화를 강조한다. → 뒤르켐의 아노미 이론

ㄴ. B는 일탈 행동을 규정하는 객관적인 기준이 존재하지 않는다고 본다. → C 낙인 이론

ㄷ. C는 차별적 제재가 일탈 행동의 발생에 미치는 영향을 강조한다. → 낙인 이론

ㄹ. B는 A, C와 달리 사회 구조적 차원에서 일탈 행동의 원인을 설명한다. → 거시적 관점

① ㄱ, ㄴ   ② ㄱ, ㄷ   ③ ㄴ, ㄷ   ④ ㄴ, ㄹ   ⑤ ㄷ, ㄹ

|자|료|해|설|

〈카드 1〉에는 낙인 이론, 〈카드 2〉에는 차별 교제 이론, 〈카드 3〉에는 머튼의 아노미 이론, 〈카드 4〉에는 낙인 이론과 차별 교제 이론에 부합하는 설명이 적혀 있다. 갑은 〈카드 2〉와 〈카드 4〉를 선택하여 우승자가 되었으므로 갑이 선택한 이론 A는 차별 교제 이론에 해당한다. 을은 〈카드 1〉과 〈카드 4〉를 선택하였으나 우승자가 되지 않았으므로 을이 선택한 이론 B는 머튼의 아노미 이론에 해당하고, 병이 선택한 이론 C는 낙인 이론에 해당한다.

|보|기|풀|이|

ㄱ. 오답 : 일탈 행동에 대한 대책으로 사회 규범의 통제력 강화를 강조하는 이론은 뒤르켐의 아노미 이론이다.

ㄴ. 오답 : 일탈 행동을 규정하는 객관적인 기준이 존재하지 않는다고 보는 이론은 낙인 이론이다.

ㄷ. 정답 : 낙인 이론은 특정 행동에 대한 서로 다른 반응, 즉 차별적 제재가 일탈 행동의 발생에 미치는 영향을 강조한다.

ㄹ. 정답 : 낙인 이론과 차별 교제 이론은 일탈 행동의 상호 작용 과정을 중시하는 반면, 머튼의 아노미 이론은 일탈 행동의 원인을 사회 구조적 차원에서 설명한다.

🤓 **추가 학습** | 낙인 이론은 일시적이고 비의도적으로 발생하는 일탈 행동을 1차적 일탈로 분류한다. 낙인 이론은 1차적 일탈을 한 사람에 대해 계속하여 일탈 행동을 할 것이라는 낙인을 찍게 되면 부정적 자아가 형성되고, 이는 2차적 일탈을 초래하는 요인으로 작용한다고 본다.

😀 **출제분석** | 카드 게임을 통해 각각의 일탈 이론을 파악하는 문제이다. 일탈 이론을 비교하는 문제는 다양한 유형으로 출제될 수 있으므로 기출 문제를 통해 많은 유형을 접해 보도록 한다.

다음 글에 나타난 일탈 이론에 대한 설명으로 옳은 것은? 3점

사람들은 일상 속에서 사소한 일탈을 종종 행하지만 스스로를 일탈자라고 생각하지 않는다. 그러나 어떤 일탈 행동이 알려져 일탈자로서의 사회적 지위가 부여된 개인은 학교나 가정, 직장 등에서 지속적으로 부정적인 상호 작용을 경험하게 된다. 이에 따라 자신에 대한 일탈자라는 평가에 순응한 개인은 일탈자로서의 정체성을 형성하고, 이것이 또 다른 일탈로 이어진다.
→ 1차적 일탈
→ 낙인
→ 2차적 일탈

① 부정적 자아가 형성되어 일탈 행동이 반복된다고 본다. → 낙인 이론

② 일탈 행동에 대한 대책으로 사회 규범 확립을 강조한다. → 아노미 이론(뒤르켐)

③ 급격한 사회 변동으로 인해 일탈 행동이 발생한다고 본다. → 아노미 이론(뒤르켐)

④ 타인과의 상호 작용을 통한 일탈 행동의 학습 과정에 주목한다. → 차별 교제 이론

⑤ 문화적 목표와 제도적 수단의 괴리를 일탈 행동의 원인으로 본다. → 아노미 이론(머튼)

|자|료|해|설|

사소한 일탈(1차적 일탈) 이후 사회로부터 부정적 평가(낙인)를 받은 것이 지속적인 일탈(2차적 일탈)로 이어진다고 보는 이론은 낙인 이론이다.

|선|택|지|풀|이|

① 정답 : 낙인 이후 부정적 자아가 형성되어 일탈 행동이 반복된다고 보는 이론은 낙인 이론이다.

② 오답 : 일탈 행동에 대한 대책으로 사회 규범 통제 및 확립을 강조하는 이론은 뒤르켐의 아노미 이론이다.

③ 오답 : 급격한 사회 변동으로 무규범 혹은 가치관 혼란이 나타나 일탈 행동이 발생한다고 보는 이론은 뒤르켐의 아노미 이론이다.

④ 오답 : 타인과의 상호 작용을 통해 일탈 행동을 습득(학습)했다고 보는 이론은 차별 교제 이론이다.

⑤ 오답 : 사회적 목표와 합법적 수단 사이의 불일치(괴리)로 인해 일탈 행동이 발생한다고 보는 이론은 머튼의 아노미 이론이다.

일탈 이론 A~C에 대한 설명으로 옳은 것은? (단, A~C는 각각 낙인 이론, 머튼의 아노미 이론, 차별 교제 이론 중 하나이다.)

차별 교제 이론
○ 갑은 일탈 행동이 주변 일탈자와의 상호 작용 속에서
학습 ← 학습되는 것이라고 보는 A에 근거하여, 비행 청소년의 교우 관계와 비행 간의 관계를 분석하였다.
낙인
○ 을은 일탈자에 대한 사회적 반응에 주목하여 일탈 행동의
낙인 이론
반복 현상을 설명하는 B에 근거하여, 비행 청소년이 일탈 행동 이후 경험한 주변 사람의 반응을 조사하였다. → 목표 ≠ 수단
○ 병은 일탈 행동이 문화적 목표와 적법한 수단 사이에 괴리가 존재할 때 발생한다고 보는 C에 근거하여, 사회적 긴장으로 인해 청소년이 느끼는 좌절감이 비행으로 연결되는 과정을 관찰하였다.
아노미 이론(머튼)

① A는 일탈 행동을 계급 갈등의 산물로 본다. → 갈등 이론
② B는 규범을 위반한 행동이 모두 일탈로 규정되는 것은 아니라고 본다. → 낙인 이론
　　　　　　　　　　낙인 이론
③ C는 일탈자의 부정적 자아 형성 과정에 초점을 맞춘다.
　　　　　　　　　　　　　　　　　아노미 이론(기능론)
④ B는 C와 달리 일탈 행동을 사회적 병리 현상으로 인식한다.
⑤ C는 A와 달리 일탈 행동이 사회화되는 과정에 주목한다.
　　　　　　　　　　　　　　차별 교제 이론

|자|료|해|설|
A는 일탈 행동이 일탈자와의 상호 작용 속에서 학습(습득)되는 것이라고 보는 차별 교제 이론이다. B는 일탈 행동이 일탈자에 대한 사회적 반응(낙인)에 의해 반복해서 발생한다고 보는 낙인 이론이다. C는 사회적 목표와 합법적 수단이 불일치할 때 일탈 행동이 발생한다고 보는 아노미 이론(머튼)이다.

|선|택|지|풀|이|
① 오답 : 일탈 행동을 계급(지배 계급 - 피지배 계급) 갈등의 산물로 보는 이론은 갈등 이론이다.
② 정답 : 낙인 이론은 일탈을 규정하는 객관적 기준이 없다고 본다. 따라서 낙인 이론은 사회 규범을 위반한 행동이 모두 일탈로 규정되는 것은 아니라고 본다.
③ 오답 : 낙인 이론은 일탈자의 부정적 자아 형성 과정에 초점을 맞춘다.
④ 오답 : 아노미 이론(기능론)은 낙인 이론과 달리 일탈 행동을 사회적 병리 현상으로 인식한다.
⑤ 오답 : 차별 교제 이론은 아노미 이론과 달리 일탈 행동이 사회화(학습)되는 과정에 주목한다.

🤔 문제풀이 TIP | 낙인 이론은 일탈을 규정하는 객관적 기준이 없다고 본다. 하지만 아노미 이론, 차별 교제 이론은 일탈을 규정하는 객관적 기준이 있다고 본다.

일탈 이론 (가) ~ (다)에 대한 설명으로 옳은 것은? (단, (가) ~ (다)는 각각 머튼의 아노미 이론, 차별 교제 이론, 낙인 이론 중 하나임.) 3점

(가) 어떤 청소년이 실수로 사소한 일탈 행동을 한 후, 이러한
낙인
이론　일탈 행동이 누리 소통망 서비스를 통해 알려지고 비난받아 그가 속한 집단에서 일탈자로 규정되어 버리는 경우가 종종 있다. 이렇게 일탈자로 규정된 청소년은 부정적 자아 정체성을 갖게 되어 반복적으로 일탈 행동을 저지를 가능성이 높다.
(나) 어떤 부자들은 인터넷상에 자신이 가진 부를 다양한 방식으로 보여 주며 이를 과시한다. 사회 구성원 대다수는
머튼의
아노미　이러한 부자들의 물질적으로 풍요로운 삶을 추구하지만,
이론　일부 사람들은 부를 획득하기 위한 합법적 수단을 갖고 있지 않아 물질적인 풍요로움을 얻고자 일탈 행동을 저지르게 된다.
(다) 인터넷 커뮤니티에 가입하여 활동하고 있는 청소년들이
차별　증가하고 있는데 이들 중 일부는 범죄를 일삼는 커뮤니티
교제　회원과 교류하게 되는 경우가 있다. 이후 그들과의 상호
이론　작용이 빈번해진 청소년들은 범죄 기술과 법 위반에 대한 우호적 태도를 습득함으로써 범죄를 저지르게 된다.

① (가)는 차별적인 제재를 일탈 행동의 원인으로 본다.
② (나)는 일탈 행동을 규정하는 객관적인 기준이 없다고 본다.
　　　　　　　　　　　　　　　　　　　　　　있다
③ (다)는 일탈 행동 자체보다 그에 대한 사회적 반응을 중시한다.
　(가)
④ (가)는 (다)와 달리 정상 집단과의 교류를 일탈 행동의 해결 방안으로 제시한다.
⑤ (나)와 (다)는 모두 타인과의 상호 작용을 통해 일탈 행동을 학습하는 과정을 중시한다.

|자|료|해|설|
(가)는 낙인 이론, (나)는 머튼의 아노미 이론, (다)는 차별 교제 이론이다.

|선|택|지|풀|이|
① 정답 : 낙인 이론은 차별적인 제재, 즉 낙인을 통해 일탈 행동이 발생한다고 본다.
② 오답 : 머튼의 아노미 이론은 일탈 행동을 규정하는 객관적인 기준이 있다고 본다.
③ 오답 : 일탈 행동 자체보다 그에 대한 사회적 반응을 중시하는 이론은 낙인 이론이다.
④ 오답 : 정상 집단과의 교류를 일탈 행동의 해결 방안으로 제시하는 이론은 차별 교제 이론이다.
⑤ 오답 : 차별 교제 이론은 머튼의 아노미 이론과 달리 타인과의 상호 작용을 통해 일탈 행동을 학습하는 과정을 중시한다.

🤔 문제풀이 TIP | 차별적인 제재는 낙인을 의미하므로 차별 교제 이론으로 혼동하지 않도록 한다.

🤔 출제분석 | 일탈 이론을 파악하는 문제이다. 다양한 사례를 통해 일탈 이론의 주장을 비교하는 문제가 출제되므로 기출 문제를 통해 다양한 사례를 접해 보도록 한다.

27 일탈 행동에 대한 이론

정답 ③ 정답률 94% 2024년 10월 학평 3번 문제편 173p

일탈 이론 A~C에 대한 설명으로 옳은 것은? (단, A~C는 각각 낙인 이론, 머튼의 아노미 이론, 차별 교제 이론 중 하나임.) 3점

이론	이론을 적용하여 설명한 사례
A	갑은 동네 가게에서 물건을 훔치던 선배들과 어울려 지내면서 그들의 가치관과 태도를 내면화한 결과 상습 절도범이 되었다.
B	물질적 풍요가 중시되는 사회에서 부자가 되고 싶었지만 가난으로부터 벗어날 방법이 없었던 을은 현금 인출기를 부수고 고액의 현금을 훔쳤다.
C	동네 가게에서 호기심에 물건을 가져온 병은 주변으로부터 도둑이라는 비난을 받으면서 부정적인 자아가 형성되어 이후 절도를 일삼게 되었다.

차별 교제 이론 A
머튼의 아노미 이론 B
낙인 이론 C

① A는 차별적인 제재를 일탈 행동의 원인으로 본다. → C
② B는 일탈 행동에 대한 대책으로 정상 집단과의 교류 촉진을 강조한다. → A
③ C는 1차적 일탈이 2차적 일탈로 이어지는 과정에 주목한다.
④ A와 달리 C는 상호 작용을 통한 일탈 행동의 학습 과정에 주목한다. → C / A
⑤ C와 달리 A, B는 일탈 행동을 규정하는 객관적 기준이 없다고 본다. → 있다

|자|료|해|설|
A는 차별 교제 이론, B는 머튼의 아노미 이론, C는 낙인 이론에 해당한다.

|선|택|지|풀|이|
① 오답 : 차별적인 제재, 즉 낙인을 일탈 행동의 원인으로 보는 이론은 낙인 이론이다.
② 오답 : 일탈 행동에 대한 대책으로 정상 집단과의 교류 촉진을 강조하는 이론은 차별 교제 이론이다.
③ 정답 : 낙인 이론은 1차적 일탈을 한 사람에 대해 계속하여 일탈 행동을 할 것이라는 낙인을 찍게 되면 부정적 자아가 형성되고 이는 2차적 일탈을 초래하는 요인으로 작용한다고 본다. 즉, 낙인 이론은 1차적 일탈이 2차적 일탈로 이어지는 과정에 주목한다.
④ 오답 : 차별 교제 이론은 일탈 행동이 타인과의 상호 작용 과정에서 학습된다고 본다. 따라서 차별 교제 이론은 상호 작용을 통한 일탈 행동의 학습 과정에 주목한다.
⑤ 오답 : 차별 교제 이론과 머튼의 아노미 이론은 일탈 행동을 규정하는 객관적 기준이 있다고 보고, 낙인 이론은 일탈 행동을 규정하는 객관적 기준이 없다고 본다.

😮 문제풀이 TIP | 낙인 이론은 1차적 일탈이 낙인을 통해 습관화되면 이는 2차적 일탈로 이어진다고 본다.

28 일탈 행동에 대한 이론

정답 ② 정답률 85% 2021년 7월 학평 11번 문제편 173p

일탈 이론 A~C에 대한 옳은 설명만을 <보기>에서 고른 것은? (단, A~C는 각각 낙인 이론, 머튼의 아노미 이론, 차별 교제 이론 중 하나이다.) 3점

범죄자 갑에 대한 인물 조사 결과

갑은 고등학교 재학 시 학력을 중요시 여기는 사회적 분위기 속에서 일류 대학 진학을 위해 공부에 매진함. 그런데 좋은 성적을 받기 위해 부정행위를 하다가 적발되어 진학 기회가 박탈됨. 이후 비행 청소년들과 어울리며 절도를 자연스럽게 여기게 되었고 결국 범죄를 저지름. 고등학교 졸업 후 갑은 마음을 다잡고 취업하였으나 동료들이 문제아였다고 홀대함. 이에 갑은 자신이 범죄자라는 생각에 퇴사를 결정하고 범죄 행위를 일삼음.

→ 머튼의 아노미 이론
→ 차별 교제 이론
→ 낙인 이론
→ 머튼의 아노미 이론 or 차별 교제 이론
→ 낙인 이론

보기

ㄱ. C는 2차적 일탈 행동의 발생 과정에 주목한다.
ㄴ. A, B 모두 일탈 행동을 규정하는 객관적 기준이 존재하지 않는다고 본다. → 한다고
ㄷ. A가 문화적 목표와 제도적 수단의 괴리를 일탈 행동의 원인으로 보는 이론이라면, B, C는 타인과의 상호 작용 과정을 중심으로 일탈 행동을 설명한다. → 머튼의 아노미 이론 / 차별 교제 이론, 낙인 이론
ㄹ. C는 A, B와 달리 일탈에 대한 우호적 가치관의 학습을 일탈 행동의 주요 원인으로 본다. → 차별 교제 이론

① ㄱ, ㄴ ② ㄱ, ㄷ ③ ㄴ, ㄷ ④ ㄴ, ㄹ ⑤ ㄷ, ㄹ

|자|료|해|설|
고등학교 재학 중 갑의 일탈 행동은 머튼의 아노미 이론과 차별 교제 이론으로 설명할 수 있고, 고등학교 졸업 후 갑의 일탈 행동은 낙인 이론으로 설명할 수 있다. 따라서 A와 B는 각각 머튼의 아노미 이론과 차별 교제 이론 중 하나이고, C는 낙인 이론이다.

|보|기|풀|이|
ㄱ. 정답 : 낙인 이론은 1차적 일탈을 한 사람에 대해 계속하여 일탈 행동을 할 것이라는 낙인을 찍게 되면 부정적 자아가 형성되고 이는 2차적 일탈을 초래하는 요인으로 작용한다고 본다.
ㄴ. 오답 : 머튼의 아노미 이론과 차별 교제 이론은 모두 일탈 행동을 규정하는 객관적 기준이 존재한다고 본다.
ㄷ. 정답 : 문화적 목표와 제도적 수단의 괴리를 일탈 행동의 원인으로 보는 이론은 머튼의 아노미 이론이다. A가 머튼의 아노미 이론이라면 B는 차별 교제 이론이다. 차별 교제 이론과 낙인 이론은 모두 타인과의 상호 작용 과정을 중심으로 일탈 행동을 설명한다.
ㄹ. 오답 : 일탈에 대한 우호적 가치관의 학습을 일탈 행동의 주요 원인으로 보는 이론은 차별 교제 이론이다.

😮 관련 개념 | 1차적 일탈은 일시적·비의도적으로 발생하며, 특별히 문제되지 않는 경우가 많다. 그러나 1차적 일탈을 그대로 넘어가지 않고 일탈자라는 낙인을 찍게 되면 부정적 자아의 형성으로 계속하여 일탈 행동을 하게 되는데, 이를 2차적 일탈이라고 한다.

😮 출제분석 | 제시된 사례를 설명할 수 있는 일탈 이론을 파악하는 문제이다. 일탈 이론을 비교하는 문제가 자주 출제되므로 기출 문제를 통해 다양한 유형의 문제를 접해 보도록 한다.

일탈 이론 (가)~(다)에 대한 설명으로 옳은 것은? (단, (가)~(다)는 각각 뒤르켐의 아노미 이론, 차별 교제 이론, 낙인 이론 중 하나임.)  **(3점)**

차별 교제 이론 ← (가) 사람마다 사회 규범을 내면화하는 과정은 일률적이지 않아 일탈에 대한 반응도 상이하다. 특히 일탈을 정당화하는 태도를 가진 사람들과 지속적으로 어울리면, 일탈에 대한 우호적 태도를 내면화하여 일탈자가 될 수 있다.

뒤르켐의 아노미 이론 ← (나) 사회 변동이 빠르게 진행되면서 전통 규범은 붕괴된다. 이를 대체할 수 있는 규범이 없는 상황에서 사람들은 삶의 목적과 방향을 상실하여 일탈을 할 가능성이 높아진다.

낙인 이론 ← (다) 일탈이 사회적 통제를 야기하는 것이 아니라 사회적 통제가 일탈을 야기한다. 일탈은 행위 자체가 아닌 행위자를 둘러싼 사회적 반응과 인식에 의해 결정된다.

① (가)는 타인과의 상호 작용을 통해 일탈이 학습된다고 본다.
② (나)는 일탈자의 부정적 자아가 형성되는 과정에 주목한다.
③ (다)는 일탈에 대한 대책으로 새로운 사회 규범의 정립을 제시한다.
④ (가)는 (나)와 달리 차별적 제재를 일탈의 원인으로 본다. → 낙인 이론
⑤ (다)는 (가)와 달리 일탈에 대한 대책으로 정상 집단과의 교류 촉진을 제시한다.

|자|료|해|설|

(가)는 차별 교제 이론, (나)는 뒤르켐의 아노미 이론, (다)는 낙인 이론이다.

|선|택|지|풀|이|

① 정답 : 차별 교제 이론은 일탈 행동을 빈번하게 일으키는 사람들과 접촉하는 과정에서 일탈의 기술을 학습하고 일탈 동기를 내면화하며 이를 정당화하는 태도까지 학습하게 된다고 본다. 즉, 차별 교제 이론은 타인과의 상호 작용 과정에서 일탈이 학습된다고 본다.
② 오답 : 일탈자의 부정적 자아가 형성되는 과정에 주목하는 이론은 낙인 이론이다.
③ 오답 : 일탈에 대한 대책으로 새로운 사회 규범의 정립을 제시하는 이론은 뒤르켐의 아노미 이론이다.
④ 오답 : 차별적 제재에 의해 일탈이 발생한다고 보는 이론은 낙인 이론이다.
⑤ 오답 : 일탈에 대한 대책으로 정상 집단과의 교류 촉진을 제시하는 이론은 차별 교제 이론이다.

추가 학습 | 머튼의 아노미 이론은 문화적 목표를 달성할 수 있는 제도적 수단이 충분하게 제공되지 않은 상태에서 비합법적 수단으로 목표를 달성하려고 할 때 일탈 행동이 발생한다고 본다.

일탈 이론 A~C에 대한 설명으로 옳은 것은? (단, A~C는 각각 뒤르켐의 아노미 이론, 차별 교제 이론, 낙인 이론 중 하나임.) **(3점)**

[서술형 문항]   이름 : ○○○

최근 급증하고 있는 온라인 공간에서의 일탈 행동 원인을 A~C의 입장에서 설명하시오.

구분	일탈 행동의 원인
A (뒤르켐의 아노미 이론)	새로운 기술의 등장으로 사회 변화가 매우 빠르게 진행되어, 온라인 공간에서의 활동에 대한 규범이 미처 정립되지 않았기 때문이다.
B (낙인 이론)	온라인 공간에서는 경미한 일탈조차 수많은 사람들의 비난의 대상이 되고, 이러한 부정적 평가를 내면화하였기 때문이다.
C (차별 교제 이론)	온라인 범죄를 반복적으로 저지르고 있는 친구들과 자주 어울리면서 온라인 공간에서의 일탈을 정당화하는 태도를 학습하였기 때문이다.

[교사의 평가] A~C 입장에서 모두 옳게 설명하였음.

① A는 문화적 목표를 달성할 수 있는 합법적 수단의 확대를 강조한다. → 머튼의 아노미 이론
② B는 2차적 일탈이 발생하는 과정에 주목한다.
③ C는 차별적인 사회적 제재를 최소화하면 일탈 행동을 줄일 수 있다고 본다.
④ A와 달리 B는 객관적 기준에 의해 일탈 행동을 규정할 수 있다고 본다. → 뒤르켐의 아노미 이론, 차별 교제 이론
⑤ C와 달리 A는 타인과의 상호 작용을 통해 일탈자가 되어 가는 과정에 주목한다. → 낙인 이론, 차별 교제 이론

|자|료|해|설|

새로운 기술의 등장으로 온라인 공간에서의 활동에 대한 규범이 미처 정립되지 않아 온라인 공간에서의 일탈 행동이 급증하고 있다고 보는 이론은 뒤르켐의 아노미 이론이다. 온라인 공간에서 부정적 평가를 내면화함으로써 온라인 공간에서의 일탈 행동이 급증하고 있다고 보는 이론은 낙인 이론이다. 온라인 범죄를 저지르고 있는 친구들과 자주 어울리면서 일탈을 정당화하는 태도를 학습함으로써 온라인 공간에서의 일탈 행동이 급증하고 있다고 보는 이론은 차별 교제 이론이다. 따라서 A는 뒤르켐의 아노미 이론, B는 낙인 이론, C는 차별 교제 이론이다.

|선|택|지|풀|이|

① 오답 : 문화적 목표를 달성할 수 있는 합법적 수단의 확대를 강조하는 이론은 머튼의 아노미 이론이다.
② 정답 : 낙인 이론은 일탈이 반복되는 과정, 즉 2차적 일탈이 발생하는 과정을 중시한다.
③ 오답 : 차별적인 사회적 제재의 최소화를 통해 일탈 행동을 줄일 수 있다고 보는 이론은 낙인 이론이다.
④ 오답 : 뒤르켐의 아노미 이론과 차별 교제 이론은 객관적 기준에 의해 일탈 행동을 규정할 수 있다고 보는 반면, 낙인 이론은 객관적인 기준에 의해 일탈 행동을 규정할 수 없다고 본다.
⑤ 오답 : 타인과의 상호 작용을 통해 일탈자가 되어 가는 과정에 주목하는 이론은 낙인 이론과 차별 교제 이론이다.

일탈 이론 (가) ~ (다)에 대한 설명으로 옳은 것은? (단, (가) ~ (다)는 각각 낙인 이론, 아노미 이론, 차별 교제 이론 중 하나이다.)

(가) 다른 사람들에게 일탈 행위자로 규정 받게 되면 자신을 대하는 다른 사람들의 일반적인 태도와 기대에 맞추어 자아 정체성을 형성하게 된다.

(나) 일탈은 사회화의 결과이다. 일탈자나 일탈 집단과 어울리면서 일탈 행동뿐만 아니라 그 행동을 정당화하는 가치까지 내면화하여 자신의 행위규범을 형성하게 된다.

(다) 일탈은 사회 구성원들이 추구하는 문화적 목표를 달성하기 위한 제도적 수단이 제대로 갖추어지지 않았을 때 발생한다.

① (가)는 최초 일탈이 반복적 일탈로 이어지는 과정에 주목한다.

② (나)는 일탈 행동에 대한 대책으로 사회 규범의 통제력 회복을 강조한다.

③ (다)는 지배 집단의 이익을 위해 만들어진 사회 제도가 일탈 행동의 근본 원인이라고 본다.

④ (다)는 (나)와 달리 타인과의 상호 작용이 일탈 발생 과정에 미치는 영향력을 중시한다.

⑤ (가), (다)는 (나)와 달리 사회의 지배적 가치를 사회화하지 못한 사람이 일탈 행동을 저지른다고 본다.

|자|료|해|설|
(가)는 낙인 이론, (나)는 차별 교제 이론, (다)는 머튼의 아노미 이론이다.

|선|택|지|풀|이|
① 정답 : 최초 일탈(1차적 일탈)이 반복적 일탈(2차적 일탈)로 이어지는 과정에 주목하는 이론은 낙인 이론이다.
② 오답 : 일탈 행동에 대한 대책으로 사회 규범의 통제력 회복을 강조하는 이론은 뒤르켐의 아노미 이론이다.
③ 오답 : 지배 집단의 이익을 위해 만들어진 사회 제도나 사회 구조가 일탈 행동의 근본 원인이라고 보는 이론은 갈등 이론이다.
④ 오답 : 타인과의 상호 작용이 일탈 발생 과정에 미치는 영향력을 중시하는 이론은 상징적 상호 작용론(미시적 관점)에 바탕을 둔 낙인 이론과 차별 교제 이론이다.
⑤ 오답 : 사회의 지배적인 가치를 사회화하지 못한 사람이 일탈 행동을 저지른다고 보는 이론은 뒤르켐의 아노미 이론이다.

출제분석 | 일탈 이론은 수능과 모평에 거의 빠지지 않고 출제되는 단골손님이다. 대표적인 일탈 이론에는 아노미 이론(뒤르켐, 머튼), 차별 교제 이론, 낙인 이론이 있다. 특히 아노미 이론(기능론)은 거시적 관점에서 일탈을 바라보고, 차별 교제 이론과 낙인 이론은 미시적 관점(상징적 상호 작용론)에서 일탈을 바라본다. 기출문제를 중심으로 관련 개념을 꼼꼼하게 정리해 둘 필요가 있다.

다음 자료에 대한 설명으로 옳은 것은? (단, A와 B는 각각 낙인 이론, 뒤르켐의 아노미 이론 중 하나이다.) **3점**

표는 각 질문에 대해 A와 B의 입장을 '예' 또는 '아니요'로 표시한 후, 답변 중 일부만 보이도록 하고 나머지 답변은 가린 것이다.

질문	답변 A	답변 B
일탈을 규정하는 객관적인 기준이 있다고 보는가?	아니요	예
(가)	예	아니요
(나)	아니요	예
'예'인 답변의 개수	1개	2개

① (가)에 '1차적 일탈이 2차적 일탈로 이어지는 과정에 주목하는가?'가 들어갈 수 있다.

② (나)에 '문화적 목표와 제도적 수단 간의 괴리를 일탈 행동의 원인으로 보는가?'가 들어갈 수 있다.

③ B는 일탈 집단과의 교류로 일탈 행동이 학습된다고 본다.

④ A는 B와 달리 사회 구조적 차원에서 일탈 행동의 원인을 설명한다.

⑤ 일탈 행동에 대한 대책으로 A는 사회 규범의 통제력 회복을, B는 낙인에 대한 신중한 접근을 강조한다.

|자|료|해|설|
낙인 이론과 뒤르켐의 아노미 이론 중 일탈을 규정하는 객관적인 기준이 있다고 보는 이론은 뒤르켐의 아노미 이론이다. B의 경우 '예'의 답변 개수가 2개이므로 첫 번째 질문과 (나)에 대한 B의 답변은 '예'이다. 따라서 A는 낙인 이론, B는 뒤르켐의 아노미 이론이다.

|선|택|지|풀|이|
① 정답 : (가)에는 낙인 이론의 답변이 '예', 뒤르켐의 아노미 이론의 답변이 '아니요'인 질문이 들어갈 수 있다. 1차적 일탈이 2차적 일탈로 이어지는 과정에 주목하는 이론은 낙인 이론이다. 따라서 해당 질문은 (가)에 들어갈 수 있다.
② 오답 : (나)에는 낙인 이론의 답변이 '아니요', 뒤르켐의 아노미 이론의 답변이 '예'인 질문이 들어갈 수 있다. 문화적 목표와 제도적 수단 간의 괴리를 일탈 행동의 원인으로 보는 이론은 머튼의 아노미 이론이다. 따라서 해당 질문은 (나)에 들어갈 수 없다.
③ 오답 : 일탈 집단과의 교류로 일탈 행동이 학습된다고 보는 이론은 차별 교제 이론이다.
④ 오답 : 뒤르켐의 아노미 이론은 낙인 이론과 달리 사회 구조적 차원에서 일탈 행동의 원인을 설명한다.
⑤ 오답 : 일탈 행동에 대한 대책으로 낙인 이론은 낙인에 대한 신중한 접근을 강조하고, 뒤르켐의 아노미 이론은 사회 규범의 통제력 회복을 강조한다.

문제풀이 TIP | B의 경우 '예'의 답변 개수가 2개이고 가려진 칸이 2개이므로 가려진 칸에는 모두 '예'가 들어간다. 이를 통해 A와 B에 해당하는 이론을 파악할 수 있다.

다음은 일탈 이론 A~D를 구분하는 질문에 대한 학생의 답변과 교사의 채점 결과이다. 이에 대한 설명으로 옳은 것은? (단, A~D는 각각 뒤르켐의 아노미 이론, 머튼의 아노미 이론, 낙인 이론, 차별 교제 이론 중 하나임.)

질문	답변		
	갑	을	병
A는 일탈이 주변 사람으로부터 학습되는 과정에 주목하는가?	예	아니요	예
B와 달리 C는 일탈자가 부정적 자아를 내면화하는 과정에 주목하는가?	아니요	아니요	예
B와 달리 D는 문화적 목표와 제도적 수단 간의 괴리가 일탈의 원인이라고 보는가?	아니요	예	예
B, D와 달리 A, C는 모두 타인과의 상호 작용이 일탈에 미치는 영향을 강조하는가?	아니요	예	예
채점 결과	2점	㉠1점	3점

* 교사는 질문별로 각각 채점하고, 옳은 답변은 1점, 틀린 답변은 0점을 부여함.

① ㉠은 '1점'이다.
② A의 사례로 비행 청소년이라는 부정적인 평판으로 인해 범죄를 다시 저지르는 경우를 들 수 있다.
③ B의 사례로 경찰의 치안과 공권력이 무너진 국가에서 각종 범죄가 늘어나는 경우를 들 수 있다.
④ C의 사례로 프로 야구 만년 후보 선수가 주전 선수가 되고 싶어 금지 약물을 복용한 경우를 들 수 있다.
⑤ D의 사례로 상습적으로 불법 도박을 하는 친구에게 배워 불법 스포츠 도박에 빠진 청소년의 경우를 들 수 있다.

|자|료|해|설|
일탈이 주변 사람으로부터 학습되는 과정에 주목하는 이론은 차별 교제 이론이고, 일탈자가 부정적 자아를 내면화하는 과정에 주목하는 이론은 낙인 이론이며, 문화적 목표와 제도적 수단 간의 괴리가 일탈의 원인이라고 보는 이론은 머튼의 아노미 이론이고, 타인과의 상호 작용이 일탈에 미치는 영향을 강조하는 이론은 차별 교제 이론과 낙인 이론이다. 병의 경우 첫 번째 질문에 대한 답변이 옳지 않다면 네 번째 질문에 대한 답변도 옳지 않게 되고, 두 번째 질문에 대한 답변이 옳지 않다면 네 번째 질문에 대한 답변도 옳지 않게 되어 3점을 획득할 수 없다. 즉, 병의 경우 첫 번째 질문, 두 번째 질문, 네 번째 질문에 대한 답변은 옳고, 세 번째 질문에 대한 답변은 옳지 않다. 따라서 A는 차별 교제 이론, B는 머튼의 아노미 이론, C는 낙인 이론, D는 뒤르켐의 아노미 이론이다.

|선|택|지|풀|이|
① 정답 : 을의 경우 첫 번째 질문, 두 번째 질문, 세 번째 질문에 대한 답변은 옳지 않고, 네 번째 질문에 대한 답변은 옳다. 즉, 을의 점수는 1점이다. 따라서 ㉠은 '1점'이다.
② 오답 : 비행 청소년이라는 부정적인 평판으로 인해 범죄를 다시 저지르는 경우는 낙인 이론의 사례에 해당한다.
③ 오답 : 경찰의 치안과 공권력이 무너진 국가에서 각종 범죄가 늘어나는 경우는 뒤르켐의 아노미 이론의 사례에 해당한다.
④ 오답 : 프로 야구 만년 후보 선수가 주전 선수가 되고 싶어 금지 약물을 복용한 경우는 머튼의 아노미 이론의 사례에 해당한다.
⑤ 오답 : 상습적으로 불법 도박을 하는 친구에게 배워 불법 스포츠 도박에 빠진 청소년의 경우 차별 교제 이론의 사례에 해당한다.

다음 대화의 A~C에 대한 설명으로 옳은 것은? (단, A~C는 각각 낙인 이론, 차별 교제 이론, 뒤르켐의 아노미 이론 중 하나임.) **3점**

교사: 일탈 이론 A~C에 대해 설명해 보세요.
갑: A는 일탈 행동을 규정하는 객관적 기준이 있다고 봅니다.
을: B는 타인과의 상호 작용을 중심으로 일탈 행동이 발생하는 원인을 파악하고자 합니다.
병: C는 사회 규범의 통제력 회복을 일탈 행동의 해결 방안으로 봅니다.
교사: 세 사람 모두 옳게 설명했네요.

① A는 차별적 제재가 일탈 행동의 원인이라고 본다.
② B는 일탈자와의 상호 작용을 통한 학습의 과정에 주목한다.
③ B는 A와 달리 2차적 일탈 행동의 발생 과정에 초점을 맞춘다.
④ B는 C와 달리 급속한 사회 변동에 따른 아노미로 인해 일탈 행동이 발생한다고 본다.
⑤ C는 A와 달리 일탈자와의 접촉 차단을 일탈 행동의 해결 방안으로 본다.

|자|료|해|설|
낙인 이론, 차별 교제 이론, 뒤르켐의 아노미 이론 중 일탈 행동을 규정하는 객관적 기준이 있다고 보는 이론은 차별 교제 이론과 뒤르켐의 아노미 이론이므로 A는 차별 교제 이론과 뒤르켐의 아노미 이론 중 하나이다. 타인과의 상호 작용을 중심으로 일탈 행동이 발생하는 원인을 파악하고자 하는 이론은 낙인 이론과 차별 교제 이론이므로 B는 낙인 이론과 차별 교제 이론 중 하나이다. 사회 규범의 통제력 회복을 일탈 행동의 해결 방안으로 제시하는 이론은 뒤르켐의 아노미 이론이므로 C는 뒤르켐의 아노미 이론이다. 따라서 A는 차별 교제 이론, B는 낙인 이론, C는 뒤르켐의 아노미 이론이다.

|선|택|지|풀|이|
① 오답 : 차별적 제재가 일탈 행동의 원인이라고 보는 이론은 낙인 이론이다.
② 오답 : 일탈자와의 상호 작용을 통한 학습의 과정에 주목하는 이론은 차별 교제 이론이다.
③ 정답 : 낙인 이론은 1차적 일탈에 대한 낙인으로 부정적 자아가 형성됨으로써 2차적 일탈이 발생하는 과정에 초점을 맞춘다.
④ 오답 : 급속한 사회 변동에 따른 아노미로 인해 일탈 행동이 발생한다고 보는 이론은 뒤르켐의 아노미 이론이다.
⑤ 오답 : 일탈자와의 접촉 차단을 일탈 행동의 해결 방안으로 보는 이론은 차별 교제 이론이다.

추가 학습 | 낙인 이론은 일시적이고 비의도적으로 발생하는 바람직하지 않은 행동을 1차적 일탈로 분류하고, 1차적 일탈을 한 사람에 대해 계속하여 일탈 행동을 할 것이라는 낙인을 찍게 되면 부정적 자아가 형성되고 이는 2차적 일탈을 초래하는 요인으로 작용한다고 본다.

일탈 이론 A~D에 대한 설명으로 옳은 것은? (단, A~D는 각각 뒤르켐의 아노미 이론, 머튼의 아노미 이론, 차별 교제 이론, 낙인 이론 중 하나임.) **3점**

사회학자 : 자신이 일탈 행동을 하게 된 사연에 대해 말씀해 주세요.

갑 : 우리 사회는 경제적 성공을 강요하지만 저는 합법적인 방법으로는 부자가 될 수 없어 범죄를 저지르게 되었습니다. ⟶ 머튼의 아노미 이론
이후 주변 사람들이 저를 사회의 낙오자로 취급하였고 결국 자포자기의 심정으로 다시 범죄를 저지르게 되었습니다. ⟶ 낙인 이론

을 : 저는 범죄자인 친구와 함께 살면서 범죄에 대한 호의적 태도를 갖게 되었고 결국 범죄 행위에 가담하여 수감생활을 하게 되었습니다. ⟶ 차별 교제 이론
출소 이후 급격하게 변화한 사회 규범과 전통적 가치관의 충돌로 인한 혼란으로 방황하다가 저는 다시 범죄자가 되었습니다. ⟶ 뒤르켐의 아노미 이론

병 : 저는 한 번의 실수를 하였지만 사람들은 저를 범죄자로 취급했습니다. 저 또한 제 자신을 범죄자라고 생각하게 되니 진짜 범죄자가 되는 것이 어렵지 않았습니다. ⟶ 낙인 이론
이후 교도소에서 반성하며 지내보려 했지만 다른 재소자에게 새로운 범죄 기술을 배워 재범을 저질렀습니다. ⟶ 차별 교제 이론

사회학자 : 갑의 일탈 행동은 A와 B, 을의 일탈 행동은 C와 D, ⟶ 뒤르켐의 아노미 이론 / 차별 교제 이론
병의 일탈 행동은 B와 D로 설명할 수 있습니다. ⟶ 머튼의 아노미 이론 / 낙인 이론

① A와 달리 B는 문화적 목표와 제도화된 수단의 괴리를 일탈 행동의 원인으로 본다.
② B와 달리 C는 일탈자의 부정적 자아가 형성되는 과정에 주목한다.
③ C와 달리 D는 사회 구성원 간 상호 작용을 통한 일탈 행동의 발생에 관심을 둔다.
④ A, B와 달리 C는 사회 구조적 관점에서 일탈을 설명한다.
⑤ B, D와 달리 A는 일탈을 규정하는 객관적 기준이 없다고 본다.

|자|료|해|설|

갑의 사연에는 머튼의 아노미 이론과 낙인 이론, 을의 사연에는 차별 교제 이론과 뒤르켐의 아노미 이론, 병의 사연에는 낙인 이론과 차별 교제 이론이 나타나 있다. 따라서 A는 머튼의 아노미 이론, B는 낙인 이론, C는 뒤르켐의 아노미 이론, D는 차별 교제 이론이다.

|선|택|지|풀|이|

① 오답 : 문화적 목표와 제도화된 수단의 괴리를 일탈 행동의 원인으로 보는 이론은 머튼의 아노미 이론이다.
② 오답 : 일탈자의 부정적 자아가 형성되는 과정에 주목하는 이론은 낙인 이론이다.
③ 정답 : 차별 교제 이론은 일탈 행동이 타인과의 상호 작용 과정에서 학습된다고 본다.
④ 오답 : 머튼의 아노미 이론과 뒤르켐의 아노미 이론은 낙인 이론과 달리 사회 구조적 관점에서 일탈을 설명한다.
⑤ 오답 : 낙인 이론은 머튼의 아노미 이론, 차별 교제 이론과 달리 일탈을 규정하는 객관적 기준이 없다고 본다.

문제풀이 TIP | 갑 ~ 병이 일탈 행동을 하게 된 사연에서 일탈 이론을 파악한 후 사회학자의 말을 통해 A ~ D에 해당하는 일탈 이론을 파악하도록 한다.

출제분석 | 일탈 이론을 파악하는 문제이다. 제시된 사례에 나타난 일탈 이론을 파악하여 각 일탈 이론의 특징을 비교하는 문제가 출제될 수 있다.

II
4. 일탈 행동

다음은 일탈 이론 A ~ C에 대한 수행 평가 및 교사의 채점 결과이다. 이에 대한 옳은 설명만을 〈보기〉에서 있는 대로 고른 것은? (단, A ~ C는 각각 낙인 이론, 머튼의 아노미 이론, 차별 교제 이론 중 하나이다.) **3점**

〈수행 평가 과제〉

학생	과제 내용
갑	A와 구분되는 B의 특징 3가지 서술하기
을	B와 구분되는 C의 특징 3가지 서술하기
병	C와 구분되는 A의 특징 3가지 서술하기

〈각 학생의 서술 및 교사의 채점 결과〉

학생	서술 내용	점수
갑	① 차별적인 제재가 일탈 행동의 원인이라고 본다. ② 일탈 행동이 발생하는 과정에서 나타나는 상호 작용에 주목한다. ③ 일탈자로 규정하는 것에 대한 신중한 접근이 필요하다고 본다.	2점
을	① 사회 규범의 통제력 회복을 일탈 행동의 근본적인 해결 방안으로 본다. ② 일탈 행동의 원인을 부정적 자아 정체성 형성에서 찾는다. ③ 일탈 행동을 규정하는 객관적 기준이 존재한다고 본다.	㉠
병	① 정상적인 사회 집단과의 교류가 일탈 행동을 억제한다고 본다. ② 일탈 행동에 대한 사회적 반응이 지속적인 일탈 행동의 원인이라고 본다. ③ (가)	1점

* 교사는 각 서술별로 채점하고, 서술 하나가 맞을 때마다 1점씩 부여함.

보기

ㄱ. ㉠은 2점이다.
ㄴ. (가)에는 '일탈 행동은 비행 집단과의 접촉을 통해 학습된다고 본다.'가 들어갈 수 있다.
ㄷ. B는 최초의 일탈 행동보다 반복적 일탈 행동에 초점을 맞춘다.
ㄹ. C는 일탈 행동 예방 방안으로 소외 계층에 대한 교육 지원, 직업 훈련 프로그램 제공을 지지할 것이다.

① ㄱ, ㄴ   ② ㄱ, ㄹ   ③ ㄷ, ㄹ
④ ㄱ, ㄴ, ㄷ   ⑤ ㄴ, ㄷ, ㄹ

| 자 | 료 | 해 | 설 |

갑의 서술 내용에서 서술 1과 서술 3은 낙인 이론에 대한 서술이고, 서술 2는 차별 교제 이론과 낙인 이론에 대한 서술이다. 갑의 점수가 2점이므로 서술 1과 서술 3이 옳은 서술임을 알 수 있다. 따라서 A는 차별 교제 이론, B는 낙인 이론, C는 머튼의 아노미 이론이다.

| 보 | 기 | 풀 | 이 |

ㄱ. 오답 : 을은 낙인 이론과 구분되는 머튼의 아노미 이론의 특징 3가지를 서술해야 한다. 을의 서술 내용에서 서술 1은 뒤르켐의 아노미 이론, 서술 2는 낙인 이론, 서술 3은 아노미 이론(뒤르켐, 머튼)과 차별 교제 이론에 대한 서술이다. 머튼의 아노미 이론은 서술 내용 3에만 해당하기 때문에 을의 점수는 1점이다.

ㄴ. 오답 : (가)에는 차별 교제 이론에 해당하지 않는 특징이 들어가야 한다. 일탈 행동이 비행 집단과의 접촉을 통해 학습(습득)된다고 보는 이론은 차별 교제 이론이다. 따라서 (가)에는 '일탈 행동은 비행 집단과의 접촉을 통해 학습된다고 본다.'가 들어갈 수 없다.

ㄷ. 정답 : 낙인 이론은 최초의 일탈(1차적 일탈) 행동보다 반복적 일탈(2차적 일탈) 행동에 초점을 맞춘다.

ㄹ. 정답 : 머튼의 아노미 이론은 일탈 행동 예방 방안으로 소외 계층에 대한 교육 지원, 직업 훈련 프로그램 제공 등과 같은 문화적 목표 달성을 위한 합법적 수단 제공을 지지할 것이다.

문제풀이 TIP | 일탈 행동을 규정하는 객관적인 기준이 존재하지 않는다고 보는 이론은 낙인 이론이다. 아노미 이론(뒤르켐, 머튼), 차별 교제 이론은 일탈 행동을 규정하는 객관적 기준이 존재한다고 본다.

출제분석 | 일탈 이론(아노미 이론, 차별 교제 이론, 낙인 이론)은 수능에 거의 빠지지 않고 출제되는 핵심 주제이다. 아노미 이론은 뒤르켐의 아노미 이론과 머튼의 아노미 이론으로 나뉜다. 기출 문제를 중심으로 관련된 개념을 완벽하게 정리해 둘 필요가 있다.

다음 자료에 대한 설명으로 옳은 것은? (단, A ~ C는 각각 머튼의 아노미 이론, 차별 교제 이론, 낙인 이론 중 하나임.) 3점

〈일탈 행동 사례〉

　경제적으로 성공하기 위해 좋은 대학을 가고자 했던 갑은 집안 사정으로 고등학교를 중퇴하였다. 자신의 꿈을 이루기 어려워지자 좌절감에 빠진 갑은 학교를 중퇴한 친구들을 모아 일확천금을 노리며 온라인 불법 도박으로 청소년기를 보냈다. 성인이 된 갑은 중범죄를 저질러 교도소에 수감되었고, 출소 후 교도소 직업 훈련 과정에서 취득한 기술로 취업하려 했으나 범죄 이력 때문에 번번이 거절당했다. 이에 갑은 자신이 어차피 범죄자이고, 범죄라는 굴레에 얽매인 삶으로부터 벗어날 수 없다고 여겨 범죄 조직에 가담하였다.

→ 머튼의 아노미 이론

→ 낙인 이론

　물질적 성공에 대한 욕구가 컸던 을은 대학에서 좋은 학점을 얻기 위해 부정한 방법도 서슴지 않았다. 이렇게 대학을 졸업한 후, 한 회사에 취업한 을은 승진을 통해 더 많은 돈을 벌고자 했다. 그러나 업무 능력 부족을 이유로 매번 승진 인사에서 탈락하자, 을은 더 이상 이 회사에서는 승진 기회가 없음을 알고 체념하였다. 그러던 중 회사 기밀을 넘기면 거액을 주겠다는 경쟁 회사 측의 제의에 응해 회사 기밀을 훔쳤다.

→ 머튼의 아노미 이론

〈교사의 해설〉

　제시된 사례에서 청소년 시기 갑의 일탈 행동은 A를 통해 설명할 수 있습니다. 교도소 출소 후 갑의 일탈 행동은 C가 아니라 B를 통해 설명할 수 있습니다. 을의 취업 후 일탈 행동을 설명하는 데는 A, B, C 중 ［ ㉠ ］ 이 적합합니다.

낙인 이론 ←　　　머튼의 아노미 이론 →　　차별 교제 이론 →

→ 머튼의 아노미 이론

① ㉠은 A이다.

② B는 일탈 행동을 학습하지 않은 사람은 일탈 행동을 할 수 없다고 본다.

③ C는 일탈 행동에 대한 대책으로 문화적 목표를 달성할 수 있는 제도화된 기회의 확대를 중시한다.
　A

④ A는 B와 달리 타인과의 상호 작용이 일탈 행동에 미치는 영향에 주목한다.
　B　A

⑤ A는 B, C와 달리 1차적 일탈에 대한 원인 규명보다 1차적 일탈이 2차적 일탈로 이어지는 과정에 주목한다.
　B　A

|자|료|해|설|

청소년 시기 갑의 일탈 행동은 머튼의 아노미 이론으로, 교도소 출소 후 갑의 일탈 행동은 낙인 이론으로 설명할 수 있고, 취업 후 을의 일탈 행동은 머튼의 아노미 이론으로 설명할 수 있다. 따라서 A는 머튼의 아노미 이론, B는 낙인 이론, C는 차별 교제 이론이다.

|선|택|지|풀|이|

① 정답 : 을은 취업 후 승진 기회가 없어지자 돈을 더 벌기 위해 회사 기밀을 훔쳤다. 이는 머튼의 아노미 이론으로 설명할 수 있다. 따라서 ㉠은 A이다.

② 오답 : 낙인 이론은 특정 개인이나 집단이 일탈자로 규정되는 과정에 주목하므로 일탈 행동을 학습하지 않은 사람도 일탈 행동을 할 수 있다고 본다.

③ 오답 : 일탈 행동에 대한 대책으로 문화적 목표를 달성할 수 있는 제도화된 기회의 확대를 중시하는 일탈 이론은 머튼의 아노미 이론이다.

④ 오답 : 타인과의 상호 작용이 일탈 행동에 미치는 영향에 주목하는 일탈 이론은 낙인 이론과 차별 교제 이론이다.

⑤ 오답 : 1차적 일탈이 2차적 일탈로 이어지는 과정에 주목하는 일탈 이론은 낙인 이론이다.

🤓 **추가 학습** | 차별 교제 이론은 개인이 어떤 사람들과 주로 상호 작용을 하느냐에 따라 개인의 일탈 행동 발생 가능성이 달라진다고 본다.

😲 **출제분석** | 머튼의 아노미 이론, 차별 교제 이론, 낙인 이론을 비교하는 문제이다. 사례, 대화, 그림 등 다양한 유형으로 일탈 이론을 비교하는 문제가 출제될 수 있으므로 기출 문제를 통해 다양한 문제 유형을 접해 보도록 한다.

Ⅱ. 개인과 사회 구조 <u>정답과 해설</u>　**195**

일탈 이론 (가)~(다)에 대한 설명으로 옳은 것은? (단, (가)~(다)는
각각 낙인 이론, 뒤르켐의 아노미 이론, 차별 교제 이론 중 하나임.)

차별 교제 이론 →

(가) 공개 채팅방을 통해 교류하는 청소년들이 증가하고 있다.
그중 일부 청소년들은 자신도 모르게 일탈자들과 긴밀하게
교류하게 되면서 그들의 사이버 범죄 방식과 법 위반에
대한 우호적 태도를 습득하여 사이버 범죄에 가담하게
된다.

낙인 이론 →

(나) 처음에는 단순히 주변의 관심을 받고자 인터넷 게시판에
과장된 글을 올리거나 온라인 게임 내에서의 규칙 위반
등의 경미한 일탈을 저질렀던 청소년들은 주변인들에게
문제아라고 비난받기도 한다. 이런 사회적 평가를 내면화한
청소년들은 지속해서 사이버 범죄에 가담하게 된다.

뒤르켐의
아노미 이론 →

(다) 정보 통신 기술의 급속한 발전으로 기존 사회 규범은
약화되는 반면, 새로운 규범은 미처 확립되지 않은 상태가
나타나고 있다. 사이버 공간에서 청소년 범죄에 대한
명확한 제도적 규제가 부재한 상황은 일부 청소년에게
도덕적 판단 기준의 혼란을 일으키고, 결과적으로 이러한
청소년들은 사이버 범죄에 가담하게 된다.

① (가)는 차별적인 제재를 일탈의 원인으로 본다.
② (나)는 정상 집단과의 교류를 일탈의 해결 방안으로 제시한다.　(나)
③ (다)는 1차적 일탈이 2차적 일탈로 이어지는 과정에 주목한다.　(가)
④ (나)와 달리 (가), (다)는 일탈을 규정하는 객관적인 기준이
　존재하지 않는다고 본다.　(나)
⑤ (다)와 달리 (가), (나)는 개인이 타인과의 상호 작용을 통해
　일탈자가 되어 가는 과정에 주목한다.　→ 낙인 이론, 차별 교제 이론

|자|료|해|설|

(가)는 일탈자와 교류하면서 사이버 범죄 방식과 법 위반에
대한 우호적 태도를 습득하여 사이버 범죄에 가담하게
된다고 보고 있으므로 이는 차별 교제 이론에 해당한다.
(나)는 경미한 일탈을 저질렀던 청소년들이 문제아라는
사회적 평가를 내면화하면서 사이버 범죄에 가담하게
된다고 보고 있으므로 이는 낙인 이론에 해당한다. (다)는
청소년 범죄에 대한 제도적 규범의 부재로 인해 청소년들이
사이버 범죄에 가담하게 된다고 보고 있으므로 이는
뒤르켐의 아노미 이론에 해당한다.

|선|택|지|풀|이|

① 오답 : 차별적인 제재, 즉 낙인을 일탈의 원인으로 보는
이론은 낙인 이론이다.
② 오답 : 정상 집단과의 교류를 일탈의 해결 방안으로
제시하는 이론은 차별 교제 이론이다.
③ 오답 : 1차적 일탈이 2차적 일탈로 이어지는 과정에
주목하는 이론은 낙인 이론이다.
④ 오답 : 차별 교제 이론과 뒤르켐의 아노미 이론은
일탈을 규정하는 객관적인 기준이 존재한다고 보는 반면,
낙인 이론은 일탈을 규정하는 객관적인 기준이 존재하지
않는다고 본다.
⑤ 정답 : 개인이 타인과의 상호 작용을 통해 일탈자가
되어 가는 과정에 주목하는 이론은 낙인 이론과 차별 교제
이론이다.

😮 **문제풀이 T I P** | 차별 교제 이론은 일탈 행동이 타인과의
상호 작용 과정에서 학습된다고 보고, 낙인 이론은 특정 개인이나
집단이 일탈자로 규정되는 과정과 사회적 여건에 주목한다.

😮 **출제분석** | 일탈 이론을 파악하는 문제이다. 아노미 이론, 차별
교제 이론, 낙인 이론의 공통점과 차이점을 파악해 두도록 한다.

다음은 일탈 행동을 설명하는 특정 이론에 근거하여 A국의 상황을
분석한 것이다. 이 이론에 대한 설명으로 옳은 것은?

　A국에서 물질적 성공은 대부분의 사람들이 추구하는 목표이다.
그런데 A국에는 그러한 목표를 달성할 수 있는 합법적 기회가
제한된 사람들도 있다. 이들은 물질적 성공을 위해 불법적
방법이라도 시도해야 한다는 압력을 느끼게 되어 절도, 사기
등의 범죄까지 저지르게 된다. → 머튼의 아노미 이론

① 일탈 행동을 규정하는 객관적 기준이 없다고 본다. → 낙인 이론
② 1차적 일탈이 2차적 일탈로 이어지는 과정에 주목한다.
③ 일탈에 대한 대책으로 정상 집단과의 교류 촉진을 제시한다. → 차별 교제 이론
④ 일탈 행동이 타인과의 상호 작용 과정에서 학습된다고 본다.
⑤ 문화적 목표와 제도적 수단 사이의 괴리로 인해 일탈 행동이
　발생한다고 본다. → 머튼의 아노미 이론

|자|료|해|설|

제시문은 머튼의 아노미 이론에 근거하여 A국의 상황을
분석한 것이다.

|선|택|지|풀|이|

① 오답 : 일탈 행동을 규정하는 객관적 기준이 없다고
보는 이론은 낙인 이론이다. 머튼의 아노미 이론은 일탈
행동을 규정하는 객관적 기준이 있다고 본다.
② 오답 : 1차적 일탈이 2차적 일탈로 이어지는 과정에
주목하는 이론은 낙인 이론이다.
③ 오답 : 일탈에 대한 대책으로 정상 집단과의 교류
촉진을 제시하는 이론은 차별 교제 이론이다.
④ 오답 : 일탈 행동이 타인과의 상호 작용 과정에서
학습된다고 보는 이론은 차별 교제 이론이다.
⑤ 정답 : 머튼의 아노미 이론은 문화적 목표를 달성할 수
있는 제도적 수단이 충분하게 제공되지 않은 상태에서
비합법적 수단으로 목표를 달성하려고 할 때 일탈 행동이
발생한다고 본다.

다음은 일탈 이론 A~D를 구분하는 질문에 대한 학생의 분류와 교사의 채점 결과이다. 이에 대한 설명으로 옳은 것은? (단, A~D는 각각 뒤르켐의 아노미 이론, 머튼의 아노미 이론, 차별 교제 이론, 낙인 이론 중 하나임.) **3점**

※ 질문에 따라 A, B, C, D를 '예', '아니요'로 분류하여 해당하는 칸에 적으시오.

질문	예	아니요	채점 결과
일탈자가 부정적 자아를 내면화하는 과정에 주목하는가?	B, C	A, D	3점
타인과의 상호 작용이 일탈에 미치는 영향을 강조하는가?	B, D	A, C	2점
일탈을 규정하는 객관적인 기준이 존재한다고 보는가?	B, D	A, C	1점
문화적 목표와 제도적 수단 간의 괴리가 일탈의 원인이라고 보는가?	B, C	A, D	3점

* 질문별로 채점하며, 맞게 적은 이론에는 각 1점을, 틀리게 적은 이론에는 각 0점을 부여함. 질문별 만점은 4점임.

① A의 사례로 신입 사원이 비리를 저지르는 회사 선배들과 어울리면서 죄의식이 사라져 부정행위를 같이 하는 경우를 들 수 있다.

② B의 사례로 한탕주의로 쉽게 돈을 버는 사람을 보고 부자가 되고 싶은 실업자가 불법 도박에 빠지는 경우를 들 수 있다.

③ C의 사례로 학교 폭력 가해 사실로 징계를 받은 학생이 스스로를 문제로 인식하고 범죄를 저지르는 경우를 들 수 있다.

④ B와 달리 D는 정상 집단과의 교류를 일탈의 해결책으로 본다.

⑤ C와 달리 A는 사회 규범의 통제력 강화를 일탈의 해결책으로 본다.

자료 해설

일탈자가 부정적 자아를 내면화하는 과정에 주목하는 이론은 낙인 이론이다. 타인과의 상호 작용이 일탈에 미치는 영향을 강조하는 이론은 차별 교제 이론과 낙인 이론이다. 일탈을 규정하는 객관적인 기준이 존재한다고 보는 이론은 뒤르켐의 아노미 이론, 머튼의 아노미 이론, 차별 교제 이론이다. 문화적 목표와 제도적 수단 간의 괴리가 일탈의 원인이라고 보는 이론은 머튼의 아노미 이론이다.

첫 번째 질문에 대한 채점 결과가 3점이므로 낙인 이론은 B와 C 중 하나이고, 네 번째 질문에 대한 채점 결과가 3점이므로 머튼의 아노미 이론은 B와 C 중 하나이다. 즉, B와 C는 각각 낙인 이론과 머튼의 아노미 이론 중 하나이다. 세 번째 질문에 대한 채점 결과가 1점이므로 낙인 이론은 A와 C에 해당하지 않는다. 따라서 B는 낙인 이론, C는 머튼의 아노미 이론이다. 두 번째 질문에 대한 채점 결과가 2점이고, 두 번째 질문에 대한 낙인 이론(B)과 머튼의 아노미 이론(C)은 옳게 분류했으므로 A와 D는 옳지 않게 분류한 것이다. 따라서 A는 차별 교제 이론, D는 뒤르켐의 아노미 이론이다.

선택지 풀이

① **정답** : 신입 사원이 비리를 저지르는 회사 선배들과 어울리면서 죄의식이 사라져 부정행위를 같이 하는 경우는 차별 교제 이론의 사례에 해당한다.

② 오답 : 한탕주의로 쉽게 돈을 버는 사람을 보고 부자가 되고 싶은 실업자가 불법 도박에 빠지는 경우는 머튼의 아노미 이론의 사례에 해당한다.

③ 오답 : 학교 폭력 가해 사실로 징계를 받은 학생이 스스로를 문제로 인식하고 범죄를 저지르는 경우는 낙인 이론의 사례에 해당한다.

④ 오답 : 정상 집단과의 교류를 일탈의 해결책으로 보는 이론은 차별 교제 이론이다.

⑤ 오답 : 사회 규범의 통제력 강화를 일탈의 해결책으로 보는 이론은 뒤르켐의 아노미 이론이다.

다음 자료는 학생이 작성한 질문과 교사의 평가 결과이다. 이에 대한 설명으로 옳은 것은? (단, A~D는 각각 뒤르켐의 아노미 이론, 머튼의 아노미 이론, 차별 교제 이론, 낙인 이론 중 하나임.) **3점**

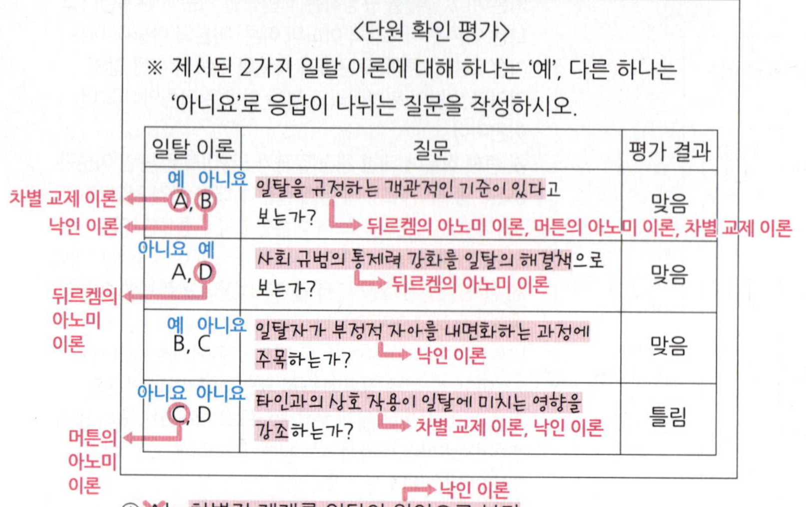

① A는 차별적 제재를 일탈의 원인으로 본다. → 낙인 이론
② B는 일탈의 대책으로 제도화된 기회의 확대를 강조한다. → 머튼의 아노미 이론
③ C는 정상 집단과의 교류를 일탈의 해결책으로 본다. → 차별 교제 이론
④ D는 급격한 사회 변동에 의한 무규범 상태에 주목한다. → 뒤르켐의 아노미 이론
⑤ C, D와 달리 A, B는 사회 구조적 관점에서 일탈을 설명한다. → 뒤르켐의 아노미 이론, 머튼의 아노미 이론

문제풀이 T I P | 각 질문에 대한 옳은 답변을 적어 보고 평가 결과에 따라 일탈 이론의 응답이 같거나 다른 경우를 파악해 보도록 한다.

출제분석 | 일탈 이론을 파악하는 문제이다. 각 일탈 이론이 주장하는 내용을 이해해 두도록 한다.

|자|료|해|설|

일탈을 규정하는 객관적인 기준이 있다고 보는 이론은 뒤르켐의 아노미 이론, 머튼의 아노미 이론, 차별 교제 이론이다. 첫 번째 질문에 대한 평가 결과가 '맞음'이므로 A와 B 중 하나는 낙인 이론에 해당한다. 사회 규범의 통제력 강화를 일탈의 해결책으로 보는 이론은 뒤르켐의 아노미 이론이다. 두 번째 질문에 대한 평가 결과가 '맞음'이므로 A와 D 중 하나는 뒤르켐의 아노미 이론이다. 일탈자가 부정적 자아를 내면화하는 과정에 주목하는 이론은 낙인 이론이다. 세 번째 질문에 대한 평가 결과가 '맞음'이므로 B와 C 중 하나는 낙인 이론이다. 따라서 B는 낙인 이론이다. 타인과의 상호 작용이 일탈에 미치는 영향을 강조하는 이론은 차별 교제 이론과 낙인 이론이다. 네 번째 질문에 대한 평가 결과가 '틀림'이고, B는 낙인 이론이므로 C와 D는 각각 머튼의 아노미 이론과 뒤르켐의 아노미 이론 중 하나이고, A는 차별 교제 이론이다. 따라서 A는 차별 교제 이론, B는 낙인 이론, C는 머튼의 아노미 이론, D는 뒤르켐의 아노미 이론이다.

|선|택|지|풀|이|

① 오답 : 차별적 제재를 일탈의 원인으로 보는 이론은 낙인 이론이다.
② 오답 : 일탈의 대책으로 제도화된 기회의 확대를 강조하는 이론은 머튼의 아노미 이론이다.
③ 오답 : 정상 집단과의 교류를 일탈의 해결책으로 보는 이론은 차별 교제 이론이다.
④ 정답 : 뒤르켐의 아노미 이론은 급속한 사회 변동으로 인해 기존의 지배적인 사회 규범이 약화되고 새로운 가치관이 미처 정립되지 못하였거나, 기존의 규범과 새로운 규범이 혼재되면서 나타나는 도덕적 혼란 혹은 무규범 상태인 아노미 상태에서 일탈 행동이 발생한다고 본다.
⑤ 오답 : 뒤르켐의 아노미 이론과 머튼의 아노미 이론은 사회 구조적 관점에서 일탈을 설명한다.

일탈 이론 A~D에 대한 설명으로 옳은 것은? (단, A~D는 각각 뒤르켐의 아노미 이론, 머튼의 아노미 이론, 차별 교제 이론, 낙인 이론 중 하나임.) **3점**

> ↳ 뒤르켐의 아노미 이론, 머튼의 아노미 이론, 차별 교제 이론
>
> ○ '일탈을 규정하는 객관적 기준이 있다고 보는가?'라는 질문을 통해 A를 B와 구분할 수 있지만, A를 C, D와 구분할 수는 없다.
> ↳ 낙인 이론　↳ 머튼의 아노미 이론
>
> ○ '문화적 목표와 제도적 수단 간 괴리를 일탈 행동의 원인으로 보는가?'라는 질문을 통해 D를 A와 구분할 수 있지만, D를 B, C와 구분할 수는 없다.
> ↳ 머튼의 아노미 이론　↳ 차별 교제 이론, 낙인 이론
>
> ○ '일탈 행동이 발생하는 상호 작용 과정에 주목하는가?'라는 질문을 통해 A를 B, C와 구분할 수 있지만, A를 D와 구분할 수는 없다.
> ↳ 차별 교제 이론　↳ 뒤르켐의 아노미 이론

① A는 차별적인 제재를 일탈 행동의 원인으로 본다.
② B는 일탈의 대책으로 사회 규범의 통제력 강화를 강조한다.
③ C는 정상 집단과의 교류 촉진을 일탈 행동의 해결 방안으로 제시한다.
④ D는 일탈자로 규정하는 것에 대한 신중한 접근을 일탈 행동의 해결 방안으로 제시한다.
⑤ D와 달리 B는 사회 구조적 측면에서 일탈 행동을 설명한다.

문제풀이 TIP | 각 질문에 대해 '예'와 '아니요'로 답할 수 있는 이론을 적어 보도록 한다.

출제분석 | 일탈 이론을 파악하는 문제이다. 각 일탈 이론의 공통점과 차이점을 묻는 문제가 출제될 수 있다.

| 자 | 료 | 해 | 설 |

뒤르켐의 아노미 이론, 머튼의 아노미 이론, 차별 교제 이론, 낙인 이론 중 일탈을 규정하는 객관적 기준이 있다고 보는 이론은 뒤르켐의 아노미 이론, 머튼의 아노미 이론, 차별 교제 이론이다. 따라서 B는 낙인 이론이다. 뒤르켐의 아노미 이론, 머튼의 아노미 이론, 차별 교제 이론, 낙인 이론 중 문화적 목표와 제도적 수단 간 괴리를 일탈 행동의 원인이라고 보는 이론은 머튼의 아노미 이론이다. 따라서 A는 머튼의 아노미 이론이다. 뒤르켐의 아노미 이론, 머튼의 아노미 이론, 차별 교제 이론, 낙인 이론 중 일탈 행동이 발생하는 상호 작용 과정에 주목하는 이론은 차별 교제 이론과 낙인 이론이다. 따라서 C는 차별 교제 이론, D는 뒤르켐의 아노미 이론이다.

| 선 | 택 | 지 | 풀 | 이 |

① 오답 : 차별적인 제재와 같은 사회적 낙인 행위를 일탈 행동의 원인으로 보는 이론은 낙인 이론이다.
② 오답 : 일탈의 대책으로 사회 규범의 통제력 강화를 강조하는 이론은 급격한 사회 변동에 따른 대안적 규범이 마련되지 않아 일탈이 발생한다고 보는 뒤르켐의 아노미 이론이다.
③ 정답 : 차별 교제 이론은 개인이 어떤 사람들과 주로 상호 작용을 하느냐에 따라 개인의 일탈 행동 발생 가능성이 달라진다고 본다. 따라서 차별 교제 이론은 일탈 행동의 해결 방안으로 정상 집단과의 교류 촉진을 제시한다.
④ 오답 : 일탈자로 규정하는 것에 대한 신중한 접근을 일탈 행동의 해결 방안으로 제시하는 이론은 낙인 이론이다.
⑤ 오답 : 뒤르켐의 아노미 이론은 낙인 이론과 달리 사회 구조적 측면에 초점을 둔 거시적 관점에서 일탈 행동을 설명한다.

다음 자료에 대한 설명으로 옳은 것은? (단, A~D는 각각 뒤르켐의 아노미 이론, 머튼의 아노미 이론, 차별 교제 이론, 낙인 이론 중 하나임.) **3점**

> 교사 : A, B, C, D 중 각자에게 배정된 2가지 일탈 이론의 공통된 특징을 제시하고, 각 일탈 이론의 사례를 발표해 보세요.
>
> 갑 : A와 B는 모두 문화적 목표와 제도적 수단 간의 괴리가 일탈의 원인이라고 봅니다. A의 사례로 부유한 생활을 원하는 장기 실업자가 쉽게 돈을 벌고자 사이버 사기를 저지른 것, B의 사례로 돈을 빌리고 갚지 않아 친구들에게 사기꾼이라는 비난을 받은 후 이를 내면화하여 사이버 사기를 저지른 것을 들 수 있습니다.
>
> 을 : C와 D는 모두 일탈 행동 자체보다 일탈 행동에 대한 사회적 반응에 주목합니다. C의 사례로 사이버 사기가 빠르게 확산되는 상황에서 법 규정의 미비로 손쉽게 사이버 사기를 저지르게 된 것, D의 사례로 사기 전과자들과 어울려 그들의 태도와 수법을 배워 사이버 사기에 가담하게 된 것을 들 수 있습니다.
>
> 교사 : 갑과 을은 모두 각자에게 배정된 2가지 일탈 이론 중에서 하나에만 해당하는 특징을 제시했습니다. 그리고 발표한 사례 4가지 중에는 D의 사례만 맞습니다.

① A와 달리 C는 급격한 사회 변동으로 인한 규범의 부재를 일탈 행동의 원인으로 본다.

② B와 달리 A는 일탈 행동의 대책으로 정상 집단과의 교류 촉진을 강조한다.

③ C와 달리 D는 차별적인 사회적 제재를 일탈 행동의 원인으로 본다.

④ D와 달리 B는 일탈 행동의 대책으로 제도화된 기회의 확대를 강조한다.

⑤ A, B, C와 달리 D는 1차적 일탈이 2차적 일탈로 이어지는 과정에 초점을 둔다.

|자|료|해|설|

일탈 행동 자체보다 일탈 행동에 대한 사회적 반응에 주목하는 이론은 낙인 이론이므로 낙인 이론은 C와 D 중 하나이다. 사기 전과자들과 어울려 그들의 태도와 수법을 배워 사이버 사기에 가담하게 된 것은 차별 교제 이론의 사례에 해당한다. 발표한 사례 4가지 중 D의 사례만 맞으므로 D는 차별 교제 이론이다. 따라서 C는 낙인 이론이다. 문화적 목표와 제도적 수단 간의 괴리가 일탈의 원인이라고 보는 이론은 머튼의 아노미 이론이므로 머튼의 아노미 이론은 A와 B 중 하나이다. 부유한 생활을 원하는 장기 실업자가 쉽게 돈을 벌고자 사이버 사기를 저지른 것은 머튼의 아노미 이론의 사례에 해당하고, 돈을 빌리고 갚지 않아 친구들에게 사기꾼이라는 비난을 받은 후 이를 내면화하여 사이버 사기를 저지른 것은 낙인 이론의 사례에 해당한다. A와 B의 사례는 모두 옳지 않으므로 B는 머튼의 아노미 이론이다. 따라서 A는 뒤르켐의 아노미 이론이다.

|선|택|지|풀|이|

① 오답 : 뒤르켐의 아노미 이론은 급속한 사회 변동으로 인해 기존의 지배적인 사회 규범이 약화되고 새로운 가치관이 미처 정립되지 못하여 발생하는 규범의 부재를 일탈 행동의 원인으로 본다.

② 오답 : 차별 교제 이론은 일탈 행동의 대책으로 정상적인 사회 집단과의 교류 촉진을 강조한다.

③ 오답 : 낙인 이론은 차별적인 사회적 제재, 즉 낙인을 일탈 행동의 원인으로 본다.

④ 정답 : 머튼의 아노미 이론은 일탈 행동의 대책으로 문화적 목표를 이룰 수 있는 제도적 수단의 확대 및 마련을 강조한다.

⑤ 오답 : 낙인 이론은 1차적 일탈을 한 사람에 대해 계속하여 일탈 행동을 할 것이라는 낙인을 찍게 되면 부정적 자아가 형성되고 이는 2차적 일탈을 초래하는 요인으로 작용한다고 본다.

😲 **문제풀이 TIP** | D의 사례만 옳게 발표했으므로 D의 사례에 해당하는 일탈 이론을 파악한 후, 을의 진술을 통해 C에 해당하는 일탈 이론을 알아보도록 한다.

😄 **출제분석** | 일탈 이론을 파악하는 문제이다. 각 일탈 이론이 주장하는 일탈 행동의 원인 및 대책을 이해해 두도록 한다.

1　문화의 의미

정답 ④　정답률 59%　2018년 4월 학평 11번　문제편 180p

그림은 문화의 의미에 관한 갑, 을의 대화이다. 이에 대한 옳은 설명을 〈보기〉에서 고른 것은? 3점

→ 좁은 의미 vs 넓은 의미

→ 고상하고 세련된 것만 문화로 봄 → 좁은 의미

→ 생활 양식의 총체 → 넓은 의미

보기

ㄱ. 갑은 문화를 평가의 대상이 아닌 이해의 대상으로 본다. （좁은 의미 / 넓은 의미）

ㄴ. 갑은 문화를 정신적, 예술적으로 높은 수준에 도달한 것으로 인식한다. → 좁은 의미

ㄷ. 인간의 모든 행동은 을이 말하는 문화에 포함된다. → 본능, 버릇은 문화가 아님

ㄹ. 을이 말하는 문화는 '청소년 문화'에서의 문화와 같이 넓은 의미의 문화에 해당한다. → 넓은 의미

① ㄱ, ㄴ　② ㄱ, ㄷ　③ ㄴ, ㄷ　④ ㄴ, ㄹ　⑤ ㄷ, ㄹ

|자|료|해|설|

갑은 고상하고 세련된 것만을 문화로 보기 때문에 좁은 의미의 문화이다. 을은 문화를 해당 사회의 총체적인 생활양식으로 보기 때문에 넓은 의미의 문화이다.

|보|기|풀|이|

ㄱ. 오답 : 문화를 평가의 대상으로 보는 것은 좁은 의미의 문화이고, 이해의 대상으로 보는 것은 넓은 의미의 문화이다.

ㄴ. 정답 : 문화를 정신적, 예술적으로 높은 수준에 도달한 것으로 인식하는 것은 좁은 의미의 문화이다.

ㄷ. 오답 : 인간의 본능적인 행동이나 개인적인 버릇과 습관은 문화 현상으로 보기 어렵다.

ㄹ. 정답 : '청소년 문화'에서의 문화는 청소년이 가지고 있는 총체적인 생활양식을 의미한다. 따라서 을이 말하는 문화와 같이 넓은 의미의 문화에 해당한다.

😀 **출제분석** | 3단원 문화 파트에서 문화의 의미(좁은 의미, 넓은 의미)가 단독 문제로 출제되는 경우는 흔하지 않다. 최근에는 문화의 구성 요소(물질문화, 비물질문화), 문화의 속성(공유성, 학습성, 축적성, 변동성, 전체성), 하위문화 등과 함께 복합적인 문제로 출제되는 경향이 있다. 따라서 문화와 관련된 다양한 개념들을 완벽하게 정리해 둘 필요가 있다.

2　문화의 속성

정답 ③　정답률 90%　2023년 3월 학평 6번　문제편 180p

(가)와 달리 (나)에만 부각된 문화의 속성에 대한 진술로 옳은 것은?

(가) 갑국에서는 자기보다 나이가 많은 사람에게 존칭을 사용하는 문화가 존재하는데, 이웃 나라 사람들은 이러한 모습을 의아해한다. → 공유성

(나) 최근 을국의 대학에서는 예전과 달리 선배를 '선배님' 대신 이름 뒤에 '씨', '님' 등을 붙여 부르는 문화가 형성되었다. 을국의 기성세대는 이러한 문화를 낯설어한다. → 공유성, 변동성

① 문화는 상징을 통해 후천적으로 학습된다. → 학습성

② 문화는 세대 간 전승을 통해 점차 풍부해진다. → 축적성

③ 문화는 시간이 흐름에 따라 그 내용과 형태가 변화한다. → 변동성

④ 문화는 타인의 행동을 예측하고 이해할 수 있게 해 준다. → 공유성

⑤ 문화 요소들은 서로 관련을 맺으며 하나의 체계를 형성한다. → 전체성(총체성)

|자|료|해|설|

(가)에는 문화의 공유성이 부각되어 있고, (나)에는 문화의 공유성과 문화의 변동성이 부각되어 있다. 따라서 (가)와 달리 (나)에만 부각된 문화의 속성은 문화의 변동성이다.

|선|택|지|풀|이|

① 오답 : 문화의 학습성에 대한 진술이다.

② 오답 : 문화의 축적성에 대한 진술이다.

③ 정답 : 문화의 변동성에 대한 진술이다.

④ 오답 : 문화의 공유성에 대한 진술이다.

⑤ 오답 : 문화의 전체성(총체성)에 대한 진술이다.

표는 문화의 속성 A ~ C가 부각된 사례를 나타낸 것이다. 이에 대한 설명으로 가장 적절한 것은? (단, A ~ C는 각각 공유성, 전체성, 축적성 중 하나이다.)

속성	사례
A	세탁기 발명으로 가사 노동 부담이 줄어들자 여성의 사회 진출이 증가하였고 사회적 지위도 향상되었다.
B	북아메리카에서 유럽계 여성에게 단발은 자유의 상징으로 여겨졌지만, 원주민 여성에게 단발은 상중(喪中)임을 의미했다.
C	(가)

① 문화를 구성하는 요소들이 유기적으로 연결되어 있음을 의미하는 것은 A이다.
② 문화가 다음 세대로 계승되면서 점점 새로운 요소가 늘어남을 의미하는 것은 B이다.
③ 문화가 구성원의 사고와 행동을 구속함을 의미하는 것은 C이다.
④ 기성 세대가 청소년들이 만들어 사용하는 줄임말의 의미를 알지 못하는 것은 B가 아닌 A에 해당하는 사례이다.
⑤ 재외 동포 2세가 한국을 방문하였으나 한국어를 몰라 의사소통의 불편함을 경험하는 사례는 (가)에 들어갈 수 있다.

문제풀이 TIP | 하나의 문화 요소의 변동이 다른 문화 요소의 연쇄적 변동을 가져오는 것은 문화 요소가 상호 밀접하고 유기적으로 연결되어 있다는 것을 의미한다. 여러 문화 요소들이 연쇄적으로 변하는 것에는 전체성이 부각되어 있다.

|자|료|해|설|
세탁기 발명이 여성의 사회적 지위 향상으로 이어진 사례는 문화 요소들이 밀접하게 연결되어 있음을 나타낸다. 이처럼 하나의 문화 요소의 변동이 다른 문화 요소의 연쇄적 변동을 가져오는 것은 문화의 속성 중 전체성과 관련 있다. 북아메리카에서 유럽계 여성들과 원주민 여성들이 생각하는 단발의 의미가 다른 것은 서로 다른 문화를 공유하고 있기 때문이다. 이처럼 문화가 서로 다른 사회를 구분하는 기준이 되는 것은 문화의 속성 중 공유성과 관련 있다. 따라서 A는 전체성, B는 공유성, C는 축적성이다.

|선|택|지|풀|이|
① 정답 : 문화를 구성하는 요소들이 유기적으로 밀접하게 연결되어 있음을 의미하는 것은 전체성이다.
② 오답 : 문화가 다음 세대로 전승되면서 점점 새로운 요소가 늘어남을 의미하는 것은 축적성이다.
③ 오답 : 문화가 구성원의 사고와 행동을 구속함을 의미하는 것은 공유성이다.
④ 오답 : 기성 세대가 청소년들이 만들어 사용하는 줄임말의 의미를 모르는 것은 기성 세대와 청소년들이 서로 다른 문화를 공유하고 있기 때문이다. 이는 전체성이 아닌 공유성에 해당하는 사례이다.
⑤ 오답 : (가)에는 축적성의 사례가 들어가야 한다. 재외 동포 2세가 한국어를 몰라 의사소통의 불편함을 경험하는 사례는 학습성과 관련 있으므로 (가)에 들어갈 수 없다.

다음 글에 부각되어 있는 문화의 속성만을 〈보기〉에서 고른 것은?

> 이앙기 등 농기계를 이용한 농법이 기존 농법을 대체하면서 갑국 농촌도 크게 변화하였다. 요즘 갑국 농촌에서는 주민들이 함께 새참을 먹고 모를 심는 문화가 사라졌다. 주민들 간에 서로 도울 일이 없어지면서 공동체 의식도 약해졌다.

보기
ㄱ. 문화는 세대 간 전승을 통해 더욱 풍부해진다.
ㄴ. 문화는 그 형태나 의미가 고정된 생활 양식이 아니다.
ㄷ. 문화는 후천적인 학습에 의해 향유되는 생활 양식이다.
ㄹ. 한 사회의 문화를 구성하는 요소들은 상호 유기적으로 결합되어 있다.

① ㄱ, ㄴ　　② ㄱ, ㄷ　　③ ㄴ, ㄷ　　④ ㄴ, ㄹ　　⑤ ㄷ, ㄹ

추가 학습 | 문화의 전체성과 변동성은 모두 문화의 변화와 관련되어 있지만 각 속성과 관련된 변화 양상은 서로 다르다. 전체성은 하나의 문화 요소가 변화하면서 다른 문화 요소들이 연쇄적으로 변화하는 양상과 관련 있고, 변동성은 특정 문화 요소가 소멸, 또는 등장하거나 기존 문화 요소의 의미 또는 형태가 달라짐으로써 한 사회의 문화 목록에 변화가 나타나는 양상과 관련 있다.

출제분석 | 제시문에 부각되어 있는 문화의 속성을 파악하는 문제이다. 제시문, 그림, 표 등 다양한 유형으로 문화의 속성을 묻는 문제가 출제될 수 있다.

|자|료|해|설|
이앙기 등 농기계를 이용한 농법이 기존 농법을 대체하였다는 내용을 통해 문화의 변동성을 파악할 수 있고, 이앙기 등 농기계를 이용한 농법으로 인해 새참을 먹고 모를 심는 문화가 사라졌고 주민들 간에 공동체 의식이 약해졌다는 내용을 통해 문화의 전체성을 파악할 수 있다. 따라서 제시문에 부각되어 있는 문화의 속성은 변동성과 전체성이다.

|보|기|풀|이|
ㄱ. 오답 : 문화가 세대 간 전승되면서 새로운 요소가 추가되어 점점 더 풍부해지는 생활 양식임을 의미하는 문화의 속성은 축적성이다.
ㄴ. 정답 : 문화가 시간이 흐르면서 그 형태나 내용, 의미가 변화하는 생활 양식임을 의미하는 문화의 속성은 변동성이다.
ㄷ. 오답 : 문화가 후천적 학습에 의해 형성되는 생활 양식임을 의미하는 문화의 속성은 학습성이다.
ㄹ. 정답 : 문화가 여러 구성 요소들이 상호 유기적으로 결합된 하나로서의 전체 또는 체계이므로 부분이 아닌 전체로서 의미를 갖는 생활 양식임을 의미하는 문화의 속성은 전체성이다.

밑줄 친 ㉠, ㉡에 부각되어 있는 문화의 속성에 대한 옳은 진술만을 〈보기〉에서 고른 것은? **3점**

> ㉠ 바둑은 우리나라 사람들에게 익숙한 오락 거리이다. 바둑은 서양의 체스와 마찬가지로 두 사람이 판을 놓고 마주 앉아 게임을 하는 것이지만, 바둑돌과 체스 말에 적용되는 규칙은 다르다. 체스 말은 왕, 여왕, 기사 등으로 계급이 나눠져 있고, 계급별로 정해진 이동 규칙에 의해서만 움직인다. 반면 바둑돌은 별도의 위계가 없고 바둑판의 빈 점 어디에든 놓을 수 있으며, 다른 돌과의 상대적 위치가 중요하게 작용한다. 한 연구자는 ㉡ 바둑과 체스의 이와 같은 특징이 동서양 각각의 세계관과 연관되어 있다고 본다. 세상을 절대자가 만든 '기하학적 규칙의 조합'으로 보는 서양과 '관계의 집합'으로 보는 동양의 세계관이 게임에도 반영되어 있다는 것이다.

→ 우리나라 사람들끼리 공유 → 공유성
→ 한 부분과 다른 부분이 연관 → 전체성(총체성)

보기

ㄱ. ㉠ : 문화는 세대를 거치면서 점차 복잡하고 풍부해진다. → 축적성
ㄴ. ㉠ : 문화는 구성원 간 사고와 행동의 동질성을 형성한다. → 공유성
ㄷ. ㉡ : 문화는 고정되어 있지 않고 끊임없이 변화한다. → 변동성
ㄹ. ㉡ : 문화는 여러 요소가 유기적으로 결합한 하나의 총체이다. → 전체성(총체성)

① ㄱ, ㄴ   ② ㄱ, ㄷ   ③ ㄴ, ㄷ   ④ ㄴ, ㄹ   ⑤ ㄷ, ㄹ

|자|료|해|설|

문화의 속성에는 공유성, 학습성, 축적성, 변동성, 전체성(총체성)이 있다. ㉠에서 바둑은 우리나라 사람들이 공유하고 있는 문화이므로 문화의 공유성이 부각되어 있으며, ㉡에서 바둑과 체스에 적용되는 규칙들이 각각 동서양의 세계관과 상호 연관되어 있으므로 문화의 전체성(총체성)이 부각되어 있다.

|보|기|풀|이|

ㄱ. 오답 : 문화가 세대를 거치면서 점차 복잡하고 풍부해지는 것은 문화의 축적성과 관련 있다.
ㄴ. 정답 : 문화가 구성원 간 사고와 행동의 동질성을 형성하는 것은 문화의 공유성과 관련 있다.
ㄷ. 오답 : 문화가 고정되어 있지 않고 끊임없이 변화하는 것은 문화의 변동성과 관련 있다.
ㄹ. 정답 : 문화가 여러 요소가 유기적으로 결합한 하나의 총체를 이루는 것은 문화의 전체성(총체성)과 관련 있다.

문제풀이 TIP | 문화의 속성 5가지(공유성, 학습성, 축적성, 변동성, 전체성(총체성)) 중 가장 부각된 속성을 파악하는 것이 중요하다.

출제분석 | 문화의 속성에 관한 문항은 매년 출제되고 있다. 최근에는 문화의 의미, 문화 이해 태도 등 다른 개념과 섞어 출제되고 있다. 따라서 기출 문제를 중심으로 문화의 속성, 문화의 의미, 문화 이해 태도 등 관련 개념을 확실하게 정리해 둘 필요가 있다.

Ⅲ
1. 문화의 이해

다음 사례에 부각되어 있는 문화의 속성에 대한 옳은 진술만을 〈보기〉에서 고른 것은?

> 갑국 사람들은 아이가 버릇없이 행동하는 것은 몸속에 벌레가 있기 때문이라고 생각해 몸에 뜸을 뜨는 벌을 준다. 이방인들은 이해하기 힘든 풍습이지만, 이러한 풍습은 정신 수련을 위해 몸의 정화를 중시하는 갑국의 종교와 밀접하게 관련되어 있는 문화로서 갑국 사람들에게는 매우 자연스러운 풍습이다.

→ 공유성
→ 전체성(총체성)

보기

ㄱ. 문화는 세대 간 전승을 통해 점차 풍부해진다. → 축적성
ㄴ. 문화는 시간이 흐르면서 지속적으로 변동한다. → 변동성
ㄷ. 문화의 각 요소들은 상호 유기적으로 결합되어 있다. → 전체성(총체성)
ㄹ. 문화는 한 사회의 구성원들 간 원활한 상호 작용의 토대가 된다. → 공유성

① ㄱ, ㄴ   ② ㄱ, ㄷ   ③ ㄴ, ㄷ   ④ ㄴ, ㄹ   ⑤ ㄷ, ㄹ

|자|료|해|설|

제시된 사례에서 갑국 사람들이 버릇없이 행동하는 아이에게 몸에 뜸을 뜨는 벌을 주는 내용을 통해 문화의 공유성을 파악할 수 있고, 이러한 풍습이 갑국의 종교와 밀접하게 관련되어 있다는 내용을 통해 문화의 전체성(총체성)을 파악할 수 있다.

|보|기|풀|이|

ㄱ. 오답 : 문화가 세대 간 전승되면서 새로운 요소가 추가되어 점점 더 풍부해지는 생활 양식임을 의미하는 문화의 속성은 축적성이다.
ㄴ. 오답 : 문화가 시간이 흐르면서 그 형태나 내용, 의미가 변화하는 생활 양식임을 의미하는 문화의 속성은 변동성이다.
ㄷ. 정답 : 문화가 여러 구성 요소들이 상호 유기적으로 결합된 하나로서의 전체 또는 체계이므로 부분이 아닌 전체로서 의미를 갖는 생활 양식임을 의미하는 문화의 속성은 전체성(총체성)이다.
ㄹ. 정답 : 문화의 공유성으로 인해 사고와 행동의 동질성을 형성하여 한 사회의 구성원들 간 원활한 상호 작용이 이루어질 수 있다.

추가 학습 | 문화의 전체성(총체성)은 하나의 문화 요소가 변화하면서 다른 문화 요소들이 연쇄적으로 변화하는 양상과 관련되어 있다. 또한, 문화의 전체성은 사회 각 영역 또는 여러 문화 요소가 유기적으로 연관을 맺으면서 전체를 구성하고 있음을 보여 준다.

출제분석 | 제시된 사례에 나타난 문화의 속성을 파악하는 문제이다. 사례에 공통적으로 부각되어 있는 문화의 속성을 파악하는 문제가 자주 출제되므로, 기출 문제를 통해 다양한 사례를 접해 보도록 한다.

(가)와 달리 (나)에만 부각되어 있는 문화의 속성에 대한 진술로 옳은 것은?

> (가) 우리나라에서 소나 말이 과거에는 짐을 실어 나르거나 사람을 태우고 이동하는 교통수단으로 이용되었지만 현재는 교통수단으로 거의 이용되지 않는다. ➡ 변동성
>
> (나) 우리나라에 새롭게 도입된 교통수단인 전차는 사람들의 의식과 태도에 변화를 초래하였다. 승객들이 신분이나 성별이 아닌 지불한 요금에 따라 상 · 하등 칸으로 나눠 타게 되면서 양반과 상민의 엄격한 구분, 남녀칠세부동석과 같은 사회적 금기가 점차 약화하였다. ➡ 전체성(총체성)

① 문화는 상징을 통해 후천적으로 학습된다. ➡ 학습성
② 문화는 세대 간 전승을 통해 더욱 풍부해진다. ➡ 축적성
③ 문화는 시간이 흐르면서 그 형태나 내용이 변화한다. ➡ 변동성
④ 문화는 여러 요소들이 상호 유기적으로 결합되어 있다. ➡ 전체성(총체성)
⑤ 문화는 구성원 간에 사고와 행동의 동질성을 갖게 한다. ➡ 공유성

|자|료|해|설|

(가)는 소나 말이 과거에는 교통수단으로 이용되었지만 현재는 이용되지 않음을 보여 주고 있다. 따라서 (가)에는 문화의 변동성이 부각되어 있다. (나)는 전차가 사람들의 의식과 태도에 변화를 초래했음을 보여 주고 있다. 따라서 (나)에는 문화의 전체성(총체성)이 부각되어 있다.

|선|택|지|풀|이|

① 오답 : 문화의 학습성은 문화가 상징을 통해 후천적 학습에 의해 형성되는 생활 양식임을 의미한다.
② 오답 : 문화의 축적성은 문화가 세대 간 전승되면서 새로운 요소가 추가되어 점점 더 풍부해지는 생활 양식임을 의미한다.
③ 오답 : 문화의 변동성은 문화가 시간이 흐르면서 그 형태나 내용, 의미가 변화하는 생활 양식임을 의미한다.
④ 정답 : 문화의 전체성(총체성)은 문화가 여러 구성 요소들이 상호 유기적으로 결합된 하나로서의 총체이므로 전체로서 의미를 갖는 생활 양식임을 의미한다.
⑤ 오답 : 문화의 공유성은 문화가 한 사회의 구성원 다수가 공통적으로 가지고 있는 생활 양식임을 의미한다.

다음 자료에 대한 설명으로 옳은 것은? (단, A~D는 각각 공유성, 변동성, 축적성, 학습성 중 하나임.) **3점**

> 교사 : 지난 시간에는 문화의 속성 A, B에 대한 발표가 있었습니다. 이번 시간에는 문화의 속성 중 나머지 3가지를 학생별로 서로 다르게 한 가지씩 선택하여 해당 속성이 부각된 사례를 발표해 봅시다.
>
> 갑 : 과거에는 공중전화가 길거리에 많았지만 요즘은 찾아보기 어렵게 된 것은 전체성으로 설명할 수 있습니다. ➡ 변동성
>
> 을 : 과거와 현재의 국어사전을 비교했을 때 원래 단어에 새로운 의미가 추가되어 더욱 풍부해진 것을 보면 C를 확인할 수 있습니다. 특정 세대가 원래 단어에 새로운 의미를 부여하여 그들끼리 사용하는 것은 지난 시간 무가 발표한 B로도 설명이 가능합니다. ➡ 축적성 / ➡ 공유성
>
> 병 : 일본인의 감정 절제는 어린 시절부터 이루어지는 지속적인 훈육의 결과라는 점은 D를 통해 설명할 수 있는 사례입니다. ➡ 학습성
>
> 교사 : 을과 병은 해당 속성에 대한 사례 조사를 잘 했습니다. 갑이 발표한 사례는 정이 발표했던 A가 부각된 사례이므로, 다음 시간에 자신이 선택한 속성이 잘 부각되는 사례로 다시 발표해 봅시다. ➡ 변동성

① 문화가 한 사회 구성원이 공통적으로 가지고 있는 생활 양식임을 의미하는 속성은 A가 아닌 B이다. ➡ 공유성
② 문화가 경험과 상징을 통해 후천적으로 학습됨을 의미하는 속성은 D가 아닌 C이다. ➡ 학습성
③ 갑이 선택한 문화의 속성은 시간의 흐름에 따라 기존 문화 요소가 사라지거나 변화함을 의미한다. ➡ 변동성
④ 정이 발표한 문화의 속성은 문화가 세대를 전승하며 더욱 풍부해짐을 의미한다. ➡ 축적성
⑤ 무가 발표한 문화의 속성은 문화의 각 요소들이 상호 유기적으로 연결되어 있음을 의미한다. ➡ 전체성

|자|료|해|설|

A는 변동성, B는 공유성, C는 축적성, D는 학습성이며, 갑이 선택한 문화의 속성은 전체성, 정이 발표한 문화의 속성은 변동성, 무가 발표한 문화의 속성은 공유성이다.

|선|택|지|풀|이|

① 정답 : 문화의 공유성은 문화가 한 사회 구성원 다수가 공통적으로 가지고 있는 생활 양식임을 의미한다.
② 오답 : 문화가 경험과 상징을 통해 후천적으로 학습됨을 의미하는 문화의 속성은 학습성이다.
③ 오답 : 시간의 흐름에 따라 기존 문화 요소가 사라지거나 변화함을 의미하는 문화의 속성은 변동성이다.
④ 오답 : 문화가 세대를 전승하며 더욱 풍부해짐을 의미하는 문화의 속성은 축적성이다.
⑤ 오답 : 문화의 각 요소들이 상호 유기적으로 연결되어 있음을 의미하는 문화의 속성은 전체성이다.

😲 **문제풀이 TIP** | 대화의 맥락을 꼼꼼하게 이해해야 A~D에 해당하는 문화의 속성과 갑~무가 선택한 문화의 속성을 파악할 수 있다.

😀 **출제분석** | 문화의 속성을 파악하는 문제이다. 사례를 통해 문화의 속성만을 단순하게 파악하는 문제보다는 대화의 흐름을 통해 문화의 속성을 파악해야 하는 문제가 출제될 수 있다.

밑줄 친 ㉠~㉣에 부각된 문화의 속성에 대한 옳은 설명만을
〈보기〉에서 있는 대로 고른 것은?

> 공유성 →
> 적에 맞서 전투를 수행하는 기사들의 삶이 찬미되었던 중세
> 사회에서 ㉠ 강탈, 격투, 사냥 등은 친숙한 일상 문화였다.
> 공격성과 가학성을 즐기는 기사들의 욕구는 자유롭게 발산되었다.
> 학습성 →
> ㉡ 폭력성을 발산하는 기사들의 문화를 아이들이 일상적으로
> 접하면서 따라 했다. 반대로 후대의 사회, 특히 궁정에서는
> 변동성 →
> ㉢ 자신의 감정을 감추지 못하는 사람을 문명화되지 않은
> 패배자로 취급하는 문화가 나타났다. ㉣ 물리적 폭력 수단이　← 전체성
> 중앙 권력에 집중되자, 일상에서는 폭력을 삼가고 예의와 교양을
> 중시하는 문화가 확산되었다.

보기

> ㉠. ㉠은 문화가 사회 구성원의 행동을 예측 가능하게 하는
>   것임을 보여 준다.　→ 공유성
> ㉡. ㉣은 문화가 여러 요소들이 상호 유기적으로 연관되어
>   나타나는 현상임을 보여 준다.　→ 전체성
> ㄷ. ㉡은 ㉢과 달리 문화가 시간이 흐르면서 형태나 내용이
>   변화함을 보여 준다.　→ 변동성
> ㄹ. ㉢은 ㉠과 달리 문화가 상징체계를 통해 전승되면서 보다
>   풍부하게 축적됨을 보여 준다.　→ 축적성

① ㄱ, ㄴ　　　② ㄱ, ㄷ　　　③ ㄷ, ㄹ
④ ㄱ, ㄴ, ㄹ　　　⑤ ㄴ, ㄷ, ㄹ

|자|료|해|설|
㉠에는 문화의 공유성, ㉡에는 문화의 학습성, ㉢에는
문화의 변동성, ㉣에는 문화의 전체성이 부각되어 있다.

|보|기|풀|이|
㉠ 정답 : 문화의 공유성을 통해 문화는 사회 구성원의
사고와 행동의 동질성을 형성하여 사회 구성원의 행동을
예측 가능하게 해 준다.
㉡ 정답 : 문화가 여러 구성 요소들이 상호 유기적으로
결합된 하나의 총체로서 부분이 아닌 전체로서의 의미를
가지는 것은 문화의 전체성과 관련 있다.
ㄷ. 오답 : 문화가 시간이 흐르면서 형태나 내용이 변화함을
보여 주는 것은 문화의 변동성이다.
ㄹ. 오답 : 문화가 상징체계를 통해 전승되면서 보다
풍부하게 축적됨을 보여 주는 것은 문화의 축적성이다.

🤓 **추가 학습** | 〈문화의 공유성이 부각된 사례〉 : 설날 웃어른께
세배를 하고 세뱃돈을 받는 것과 떡국을 먹어야 나이를 한 살 더
먹는다는 말을 우리나라 사람은 자연스럽게 받아들임
〈문화의 전체성이 부각된 사례〉 : 우리나라의 음식 문화는
우리나라의 기후, 조상들의 종교적 신념, 가족에 대한 전통적 관념
등과 밀접하게 연관되어 있음

😀 **출제분석** | 문화의 속성은 매년 출제되는 주제이다. 제시된
사례에 부각된 문화의 속성 한 가지에 대해 묻는 문제뿐만 아니라
밑줄 친 부분에 부각되는 문화의 속성을 묻는 문제가 출제될 수
있다.

(가)와 달리 (나)에만 부각되는 문화의 속성에 대한 진술로 옳은
것은? **3점**

> 공유성, 변동성,
> 전체성(총체성) →
> (가) 사람의 몸과 정신이 연결되어 있다는 믿음을 가졌던 전통
>   사회에서는 질병의 원인을 누군가의 원한이나 주술이라고
>   생각했기 때문에 아픈 사람을 굿으로 치료하려고 하였다.
>   반면, 질병의 원인을 과학에 근거하여 바이러스나 세균에서
>   찾는 오늘날에는 누구나 아픈 경우에 병원에 가서
>   치료하려고 한다.
> 공유성, 변동성,
> 축적성 →
> (나) 판소리는 북장단에 맞춰 소리, 아니리, 발림을 섞은 전통
>   민속악이다. 최근에 판소리는 소리꾼의 소리에 베이스,
>   드럼, 댄스를 더해 남녀노소가 쉽게 즐기는 퓨전 음악으로
>   재탄생했다. 판소리의 이야기가 갖는 서사성은 유지하면서도
>   중독성 강한 리듬과 흥겨운 춤이 더해져 판소리와 랩의
>   경계를 넘나드는 새로운 장르로 발전하고 있다.

① 문화는 상징을 통해 후천적으로 학습된다.　→ 학습성
② 문화는 세대를 전승하며 더욱 풍부해진다.　→ 축적성
③ 문화는 유기적으로 연결된 총체로서 존재한다.　→ 전체성(총체성)
④ 문화는 시간이 흐르면서 그 형태나 내용이 변화된다.　→ 변동성
⑤ 문화는 구성원들의 사고와 행동에 동질성을 갖게 한다.　→ 공유성

|자|료|해|설|
(가)에 부각되어 있는 문화의 속성은 공유성, 변동성,
전체성(총체성)이고, (나)에 부각되어 있는 문화의 속성은
공유성, 변동성, 축적성이다.

|선|택|지|풀|이|
① 오답 : 문화가 상징을 통해 후천적 학습에 의해 형성되는
생활양식임을 의미하는 문화의 속성은 학습성이다.
② 정답 : 문화가 세대 간 전승되면서 새로운 요소가
추가되어 점점 더 풍부해지는 생활양식임을 의미하는
문화의 속성은 축적성이다.
③ 오답 : 문화가 여러 구성 요소들이 상호 유기적으로
결합된 하나로서의 전체 또는 체계이므로 부분이 아닌
전체로서 의미를 갖는 생활양식임을 의미하는 문화의
속성은 전체성(총체성)이다.
④ 오답 : 문화가 시간이 흐르면서 그 형태나 내용, 의미가
변화하는 생활양식임을 의미하는 문화의 속성은 변동성이다.
⑤ 오답 : 문화가 한 사회의 구성원 다수가 공통적으로
가지고 있는 생활양식임을 의미하는 문화의 속성은
공유성이다.

😀 **출제분석** | 문화의 속성을 파악하는 문제이다. 제시된 사례에서
공통적으로 나타나는 문화의 속성을 파악하는 문제뿐만 아니라
제시된 사례를 구별할 수 있는 문화의 속성을 파악하는 문제도
출제될 수 있다.

다음 자료에 대한 설명으로 옳은 것은?

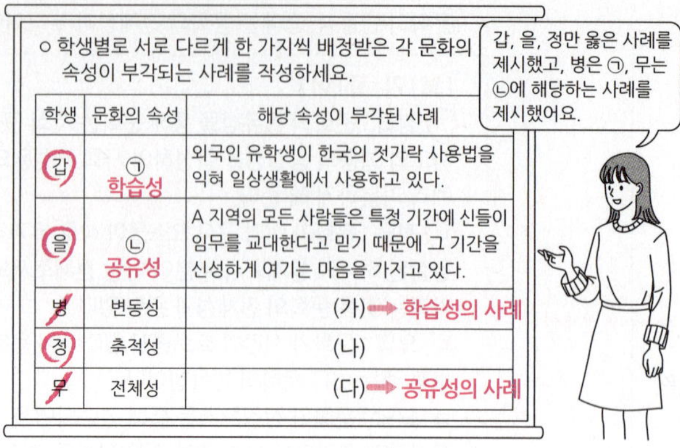

학생	문화의 속성	해당 속성이 부각된 사례
갑	㉠ 학습성	외국인 유학생이 한국의 젓가락 사용법을 익혀 일상생활에서 사용하고 있다.
을	㉡ 공유성	A 지역의 모든 사람들은 특정 기간에 신들이 임무를 교대한다고 믿기 때문에 그 기간을 신성하게 여기는 마음을 가지고 있다.
병	변동성	(가) → 학습성의 사례
정	축적성	(나)
무	전체성	(다) → 공유성의 사례

① ㉠은 문화가 세대 간 전승을 통해 더욱 복잡하고 풍부해지는 것임을 의미한다. → 축적성

② ㉡은 문화가 여러 요소들이 상호 유기적으로 연관되어 나타나는 것임을 의미한다. → 전체성

③ (가)에는 '내비게이션 등장 이후 운전할 때 종이 지도로 길을 찾는 사람들은 거의 사라졌다.'가 들어갈 수 있다. 없다 → 전체성, 변동성

④ (나)에는 '예전에는 혈액형으로 성향을 파악했지만, 요즘은 성격 검사 결과를 통해 성향을 파악하는 것을 즐긴다.'가 들어갈 수 있다. 없다 → 변동성

⑤ (다)에는 '팬클럽마다 좋아하는 연예인을 상징하는 색깔을 정하고 그 색깔을 응원에 활용한다.'가 들어갈 수 있다. → 공유성

|자|료|해|설|

㉠은 학습성, ㉡은 공유성이며, (가)에는 학습성에 해당하는 사례가, (다)에는 공유성에 해당하는 사례가 들어갈 수 있다.

|선|택|지|풀|이|

① 오답 : 문화가 세대 간 전승을 통해 더욱 복잡하고 풍부해지는 것임을 의미하는 문화의 속성은 축적성이다.

② 오답 : 문화가 여러 요소들이 상호 유기적으로 연관되어 나타나는 것임을 의미하는 문화의 속성은 전체성이다.

③ 오답 : (가)에는 학습성에 해당하는 사례가 들어가야 한다. '내비게이션 등장 이후 운전할 때 종이 지도로 길을 찾는 사람들은 거의 사라졌다.'에는 전체성과 변동성이 부각되어 있다. 따라서 해당 사례는 (가)에 들어갈 수 없다.

④ 오답 : (나)에는 축적성에 해당하는 사례가 들어가야 한다. '예전에는 혈액형으로 성향을 파악했지만, 요즘은 성격 검사 결과를 통해 성향을 파악하는 것을 즐긴다.'에는 변동성이 부각되어 있다. 따라서 해당 사례는 (나)에 들어갈 수 없다.

⑤ 정답 : (다)에는 공유성에 해당하는 사례가 들어가야 한다. '팬클럽마다 좋아하는 연예인을 상징하는 색깔을 정하고, 그 색깔을 응원에 활용한다.'에는 공유성이 부각되어 있다. 따라서 해당 사례는 (다)에 들어갈 수 있다.

문제풀이 TIP | 갑과 을의 사례를 통해 ㉠과 ㉡에 들어갈 문화의 속성을 파악할 수 있고, 교사의 말을 통해 병과 무가 제시한 문화의 속성 사례를 파악할 수 있다.

다음 두 사례에 공통적으로 부각되어 있는 문화의 속성에 대한 옳은 진술만을 〈보기〉에서 고른 것은?

○ 갑국 사람들은 □□빵을 번영과 풍요의 상징으로 여겨 이 빵을 만드는 방법을 대대로 전수하고 있다. 갑국에서는 □□빵을 칼로 자르는 행위가 불운을 가져온다고 믿으며, 이 빵을 버리거나 던지는 행위도 금기시된다. → 공유성

○ 을국 사람들은 평소 절제를 중시하여 식사조차도 즐거운 행위가 아닌 생명 유지를 위한 행위 정도로 여긴다. 그래서 을국에서는 먹고 싶은 것을 참거나 때때로 단식하는 것을 자랑스럽게 생각한다. → 공유성

보기

ㄱ. 문화는 시간이 흐르면서 지속적으로 변화한다. → 변동성

ㄴ. 문화는 세대 간 전승을 통해 점차 복잡하고 풍부해진다. → 축적성

ㄷ. 문화는 한 사회 구성원 간 원활한 상호 작용의 토대가 된다. → 공유성

ㄹ. 문화는 특정 상황에서 상대방의 행동 방식을 예측하게 한다. → 공유성

① ㄱ, ㄴ   ② ㄱ, ㄷ   ③ ㄴ, ㄷ   ④ ㄴ, ㄹ   ⑤ ㄷ, ㄹ

|자|료|해|설|

첫 번째 사례에서는 갑국 사람들이 □□빵을 번영과 풍요의 상징으로 여기고 □□빵에 대해 금기시하는 행동을 공유하고 있음을 보여 준다. 두 번째 사례에서는 을국 사람들이 절제를 중시하고 식사를 생명 유지를 위한 행위로만 여기며 먹고 싶은 것을 참거나 단식하는 것을 자랑스럽게 생각하는 것을 공유하고 있음을 보여 준다. 따라서 두 사례에 공통적으로 부각되어 있는 문화의 속성은 문화의 공유성이다.

|보|기|풀|이|

ㄱ. 오답 : 문화의 변동성에 관한 진술이다.

ㄴ. 오답 : 문화의 축적성에 관한 진술이다.

ㄷ. 정답 : 문화의 공유성으로 인해 타인의 행동을 이해할 수 있으며 이는 원활한 상호 작용의 토대가 된다.

ㄹ. 정답 : 문화의 공유성으로 인해 구성원들의 사고와 행동의 동질성이 형성되며 이를 통해 타인의 행동을 예측할 수 있다.

다음 두 사례에 공통으로 부각되어 있는 문화의 속성에 대한 진술로 가장 적절한 것은?

> ○ A 사회 사람들은 다른 사회 사람들과 달리 9를 길한 숫자로 여겨 결혼식 날짜를 9가 들어간 날짜로 잡으려고 한다. → 공유성
> ○ B 사회에서는 아기가 태어나면 축하의 의미로 산모가 손님들에게 선물을 주는 것을 당연하게 받아들인다. → 공유성

① 문화의 형태와 내용은 끊임없이 변화한다. → 변동성
② 문화는 구성원 간 원활한 상호 작용의 토대가 된다.
③ 문화는 세대 간 전승되면서 점차 풍부해지는 생활양식이다. → 축적성
④ 문화의 한 부분이 변동하면 다른 부분도 연쇄적으로 변동한다. → 전체성(총체성)
⑤ 문화는 여러 요소들이 유기적으로 연결되어 있는 하나로서의 전체이다. → 전체성(총체성)

문제풀이 TIP | 공유성은 특정 사회나 특정 집단, 특정 지역 안에서만 공유되는 문화가 존재하고, 이는 다른 사회와 구별된다는 점이 핵심이다. A 사회 사람들만이 공유하는 문화가 있고, B 사회 안에서만 공유하고 있는 문화가 있으므로 두 사례에서는 모두 문화의 공유성이 부각되어 있다.

출제분석 | 제시된 사례에서 공통으로 부각되어 있는 문화의 속성을 묻는 문제이다. 제시된 사례에서 공통으로 부각되어 있는 문화의 속성뿐만 아니라 각기 다른 사례에 나타나 있는 문화의 속성을 파악하는 문제가 출제될 수 있다.

|자|료|해|설|

첫 번째 사례에서는 결혼식 날짜를 9가 들어간 날짜로 잡으려고 하는 A 사회 사람들을, 두 번째 사례에서는 축하의 의미로 산모가 손님들에게 선물을 주는 것을 당연시 여기는 B 사회의 모습을 보여 준다. 이를 통해 제시된 사례에서 공통으로 부각되어 있는 문화의 속성이 공유성임을 알 수 있다.

|선|택|지|풀|이|

① 오답 : 시간이 흐르면서 문화의 형태나 내용, 의미가 변화하는 생활양식임을 보여 주는 문화의 속성은 변동성이다.
② 정답 : 문화의 공유성은 사고와 행동의 동질성을 형성하여 타인의 행동을 예측하고 이해할 수 있게 해줌으로써 원활한 사회적 상호 작용의 토대가 된다.
③ 오답 : 문화가 세대 간 전승되면서 새로운 요소가 추가되어 점점 더 풍부해짐을 보여 주는 문화의 속성은 축적성이다.
④ 오답 : 문화 요소 간 상호 연관성으로 인해 한 부분의 변동이 다른 부분의 연쇄적인 변동을 초래하는 문화의 속성은 전체성(총체성)이다.
⑤ 오답 : 문화가 여러 구성 요소들이 상호 유기적으로 결합된 하나로서의 전체 또는 체계이므로 부분이 아닌 전체로서 의미를 갖는 생활양식임을 보여 주는 문화의 속성은 전체성(총체성)이다.

다음 자료에 대한 설명으로 옳은 것은? **3점**

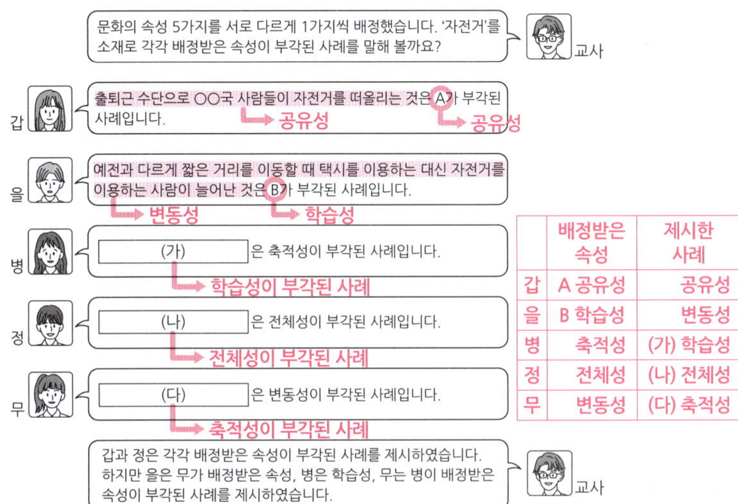

	배정받은 속성	제시한 사례
갑	A 공유성	공유성
을	B 학습성	변동성
병	축적성	(가) 학습성
정	전체성	(나) 전체성
무	변동성	(다) 축적성

① A는 문화가 시간이 지남에 따라 변화하는 것을 의미한다. → 변동성
② B는 사회 구성원이 문화를 후천적으로 습득하는 것을 의미한다. → 학습성
③ (가)에는 '어릴 적 자전거 타는 방법을 부모에게 배워 능숙하게 자전거를 탈 수 있게 된 것'이 들어갈 수 없다.있다 → 학습성
④ (나)에는 '기존의 자전거에 변속기가 추가되고 충격 흡수 장치가 더해지는 것'이 들어갈 수 있다.없다 → 축적성
⑤ (다)에는 '자전거 이용자가 늘어나자 기업이 자전거를 이용하는 공유 경제 상품을 개발하고, 정부가 전용 도로를 건설하는 것'이 들어갈 수 있다.없다 → 전체성

|자|료|해|설|

출퇴근 수단으로 ○○국 사람들이 자전거를 떠올리는 것은 공유성의 사례에 해당한다. 갑은 배정받은 속성이 부각된 사례를 제시하였으므로 갑은 공유성을 배정받았고, A는 공유성이다. 갑은 공유성, 병은 축적성, 정은 전체성, 무는 변동성을 배정받았으므로 을은 학습성을 배정받았다. 따라서 B는 학습성이다. 병은 학습성이 부각된 사례를 제시하였으므로 (가)에는 학습성이 부각된 사례가 들어가야 한다. 정은 전체성이 부각된 사례를 제시하였으므로 (나)에는 전체성이 부각된 사례가 들어가야 한다. 무는 병이 배정받은 속성이 부각된 사례를 제시하였으므로 (다)에는 축적성이 부각된 사례가 들어가야 한다.

|선|택|지|풀|이|

① 오답 : 문화가 시간이 지남에 따라 변화하는 것을 의미하는 문화의 속성은 변동성이다.
② 정답 : 학습성은 문화가 선천적, 유전적으로 나타나는 행동이 아니라 후천적 학습에 의해 형성되는 생활 양식임을 의미한다.
③ 오답 : 어릴 적 자전거 타는 방법을 부모에게 배워 능숙하게 자전거를 탈 수 있게 된 것은 학습성이 부각된 사례이다. 따라서 해당 사례는 (가)에 들어갈 수 있다.
④ 오답 : 기존의 자전거에 변속기가 추가되고 충격 흡수 장치가 더해지는 것은 축적성이 부각된 사례이다. 따라서 해당 사례는 (나)에 들어갈 수 없다.
⑤ 오답 : 자전거 이용자가 늘어나자 기업이 자전거를 이용하는 공유 경제 상품을 개발하고, 정부가 전용 도로를 건설하는 것은 전체성이 부각된 사례이다. 따라서 해당 사례는 (다)에 들어갈 수 없다.

다음 두 사례에서 공통적으로 부각된 문화의 속성에 대한 옳은 진술만을 〈보기〉에서 고른 것은?

공유성, 학습성, 축적성, 변동성, 전체성(총체성)

○ 갑국에서는 주 1회 열리는 종교 의례 직후, 생필품 거래가 이루어진다. 이 때문에 갑국 사람들은 교환할 생필품을 가지고 종교 의례에 참석한다. → 공유성

○ 을국에서는 매년 7월이 되면 성인이 된 사람들을 위해 마을 입구에 꽃길을 만든다. 7월에 꽃길을 걸으면 그 해에 성인이 되었다는 것을 을국 사람들이라면 누구나 알 수 있다. → 공유성

보기

ㄱ. 문화는 고정된 것이 아니라 지속적으로 변화한다. → 변동성
ㄴ. 문화는 부분들이 모여 전체로서 하나의 체계를 이룬다. → 전체성(총체성)
ㄷ. 문화는 사회 구성원 간 원활한 상호 작용의 토대가 된다. → 공유성
ㄹ. 문화는 특정 상황에서 타인의 행동을 예측 가능하게 한다. → 공유성

① ㄱ, ㄴ　　② ㄱ, ㄷ　　③ ㄴ, ㄷ　　④ ㄴ, ㄹ　　⑤ ㄷ, ㄹ

|자|료|해|설|

첫 번째 사례는 갑국 사람들이 교환할 생필품을 가지고 종교 의례를 참석하는 모습을 보여 주고 있고, 두 번째 사례는 을국 사람들은 7월에 꽃길을 걸으면 그 해에 성인이 되었다는 것을 누구나 알고 있음을 보여 준다. 따라서 두 사례에서 공통적으로 부각된 문화의 속성은 공유성이다.

|보|기|풀|이|

ㄱ. 오답 : 문화가 고정된 것이 아니라 지속적으로 변화한다는 것은 문화의 변동성과 관련 있다.
ㄴ. 오답 : 문화가 부분들이 모여 전체로서 하나의 체계를 이룬다는 것은 문화의 전체성(총체성)과 관련 있다.
ㄷ. 정답 : 문화의 공유성은 사회 구성원을 이해할 수 있게 해줌으로써 원활한 사회적 상호 작용의 토대가 된다.
ㄹ. 정답 : 문화의 공유성으로 인해 구성원들의 사고와 행동의 동질성이 형성되어 타인의 행동을 예측할 수 있게 된다.

다음 자료에 대한 설명으로 옳은 것은?

교사 : 문화의 속성 A의 사례에 대해 조사한 내용을 발표해 보세요.
갑 : ○○국에서는 자신의 공간을 자아의 연장이라고 생각하여 개인 사무실의 문을 닫거나 공용 사무실에 가림막을 세워 자신의 공간을 확보하려고 합니다. 이런 것들이 ○○국 사람들 간에는 전혀 이상하게 여겨지지 않는다는 점에서 A가 부각되어 있습니다. ← 공유성
을 : △△국 사람들이 같은 종교 사상을 통해 원활하게 상호 작용하고 있다는 점 역시 A를 잘 보여줍니다. 이 종교 사상은 고대 토템 신앙에 근대 이후 절대적 신의 관념 및 구원의 개념 등이 결합하여 오늘날의 모습을 갖추게 되었습니다. △△국 사람들은 이러한 과정을 함께 겪어 오면서 서로를 이해할 수 있는 공동의 감정을 갖게 되었습니다.
교사 : 갑, 을 모두 잘 발표했습니다. 확실히 두 국가의 사례 모두 문화는 　(가)　을 보여준다는 점에서 A를 확인할 수 있습니다. 그리고 여기에 더해 을이 발표한 △△국 사례는 문화가 세대 간 전승을 통해 누적된다는 B도 잘 보여 줍니다. ← 공유성　→ 축적성

① A는 공유성이다.
② A는 문화가 후천적으로 학습됨을 의미한다. → 학습성
③ B는 문화가 구성원들의 사고와 행동에 동질성을 갖게 한다는 것을 의미한다. → 공유성
④ (가)에는 '각 부분이 유기적으로 결합된 하나의 전체임'이 들어갈 수 ~~있다~~ 없다. → 전체성
⑤ (가)에는 '시간이 흐르면서 그 형태나 내용이 변화됨'이 들어갈 수 ~~있다~~ 없다 → 변동성

|자|료|해|설|

○○국 사람들 간에는 개인 사무실의 문을 닫거나 공용 사무실에 가림막을 세워 자신의 공간을 확보하려고 하는 것을 자아의 연장이라고 생각하여 전혀 이상하게 여기지 않는다는 내용을 통해 문화의 공유성을 파악할 수 있다. △△국 사람들이 같은 종교 사상을 통해 원활하게 상호 작용하고 있다는 내용을 통해 문화의 공유성을 파악할 수 있고, △△국에서 고대 토템 신앙에 절대적 신의 관념 및 구원의 개념 등이 결합하여 오늘날의 종교 사상이 모습을 갖추게 되었다는 내용을 통해 문화가 세대 간 전승을 통해 누적된다는 문화의 축적성을 파악할 수 있다. 따라서 A는 공유성, B는 축적성이다.

|선|택|지|풀|이|

① 정답 : ○○국과 △△국의 사례를 통해 문화의 공유성을 파악할 수 있다. 따라서 A는 공유성이다.
② 오답 : 문화가 후천적으로 학습됨을 의미하는 것은 문화의 학습성이다.
③ 오답 : B는 축적성이다. 문화가 구성원들의 사고와 행동에 동질성을 갖게 한다는 것을 의미하는 것은 문화의 공유성이다.
④ 오답 : 문화가 각 부분이 유기적으로 결합된 하나의 전체임을 의미하는 것은 문화의 전체성이다. 따라서 해당 내용은 (가)에 들어갈 수 없다.
⑤ 오답 : 문화가 시간이 흐르면서 그 형태나 내용이 변화됨을 의미하는 것은 문화의 변동성이다. 따라서 해당 내용은 (가)에 들어갈 수 없다.

🤓 **문제풀이 T I P** | 갑과 을이 모두 잘 발표했다는 교사의 말을 통해 갑과 을이 조사한 내용에서 공통적으로 나타나는 문화의 속성을 파악하도록 한다.

😀 **출제분석** | 문화의 속성을 파악하는 문제이다. 제시된 사례에 공통적으로 부각되어 있는 문화의 속성을 파악하는 문제가 자주 출제되므로 다양한 사례에 나타난 문화의 속성을 분석해 보도록 한다.

다음 자료에 대한 설명으로 옳은 것은? (단, A~E는 각각 공유성, 변동성, 전체성, 축적성, 학습성 중 하나임.) **3점**

> 교사 : 문화의 속성 5가지를 모둠별로 서로 다르게 한 가지씩 배정하였습니다. 각 모둠은 배정받은 속성이 부각된 사례를 웹툰 문화에서 찾아 발표해 봅시다.
>
> 〈1모둠〉 부모가 자녀에게 스마트폰을 활용하여 웹툰 앱을 이용하는 방법을 배우는 것은 A가 부각된 사례입니다. → 학습성
>
> 〈2모둠〉 부모 세대에서 웹툰을 만화라고 부르고 만화가 보고 싶을 때 만화방을 떠올리는 것은 B가 부각된 사례입니다. → 공유성, 변동성
>
> 〈3모둠〉 만화책을 보는 사람이 줄어들고 태블릿 PC로 웹툰을 보는 사람이 늘어난 것은 C가 부각된 사례입니다. → 변동성 / 축적성
>
> 〈4모둠〉 부모 세대에서 눈으로만 즐기던 만화에 음성 지원, 배경 음악 재생 기능 등이 추가된 현재의 웹툰은 D가 부각된 사례입니다. → 축적성 / 변동성
>
> 학생 : 선생님, 〈2모둠〉의 발표 사례는 D가 부각된 것이 아닐까요?
>
> 교사 : 〈2모둠〉의 사례는 D로도 설명이 가능하지만, 부모 세대에서 만화방을 떠올린다고 했기 때문에 B가 부각된 것이 맞습니다. 〈3모둠〉과 〈4모둠〉은 발표한 사례가 서로 바뀌어야 각 모둠에 배정된 속성이 부각됩니다. 〈1모둠〉은 〈5모둠〉에 배정된 속성이 부각된 사례를 발표했어요. A를 배정받은 〈1모둠〉과 E를 배정받은 〈5모둠〉은 다음 시간에 발표합시다. → 공유성 / 학습성

① 문화가 한 사회 구성원의 공통된 생활 양식이라는 것을 의미하는 속성은 B가 아니라 A이다. → 전체성 / 공유성
② 문화가 세대 간 전승되며 더욱 발전되고 풍부해지는 것을 의미하는 속성은 C가 아니라 D이다. → 축적성
③ 〈1모둠〉에 배정된 속성은 문화의 각 요소들이 상호 유기적으로 연결되어 영향을 주고받는 것을 의미한다. → 전체성
④ 〈2모둠〉에 배정된 속성은 공유성, 〈5모둠〉에 배정된 속성은 전체성이다. → 학습성
⑤ 문화가 상징을 통해 후천적으로 학습된다는 것을 의미하는 속성은 〈3모둠〉이 아니라 〈4모둠〉에 배정되었다. → 학습성 / 〈5모둠〉

|자|료|해|설|

〈1모둠〉이 발표한 사례는 학습성, 〈2모둠〉이 발표한 사례는 공유성과 변동성, 〈3모둠〉이 발표한 사례는 변동성, 〈4모둠〉이 발표한 사례는 축적성에 해당한다. 교사는 〈2모둠〉이 발표한 사례에서 부모 세대에서 만화가 보고 싶을 때 만화방을 떠올린다는 내용이 B를 부각시키고 있다고 보고 있으므로 B는 공유성에 해당한다. 또한 교사는 〈3모둠〉과 〈4모둠〉이 발표한 사례가 서로 바뀌어야 각 모둠에 배정된 속성이 부각된다고 하였으므로 C는 축적성, D는 변동성에 해당한다. 뿐만 아니라 교사는 〈5모둠〉은 E를 배정받았고, 〈1모둠〉이 〈5모둠〉에 배정된 속성이 부각된 사례를 발표했다고 하였으므로 E는 학습성이다. 따라서 A는 전체성이다.

|선|택|지|풀|이|

① 오답 : 문화가 한 사회 구성원의 공통된 생활 양식이라는 것을 의미하는 속성은 공유성이다.

② 오답 : 문화가 세대 간 전승되며 더욱 발전되고 풍부해지는 것을 의미하는 속성은 축적성이다.

③ 정답 : 〈1모둠〉에 배정된 속성은 전체성이다. 전체성은 문화 요소 간 상호 연관성으로 인해 한 부분의 변동이 다른 부분의 연쇄적인 변동을 초래함을 의미한다.

④ 오답 : 〈2모둠〉에 배정된 속성은 공유성, 〈5모둠〉에 배정된 속성은 학습성이다.

⑤ 오답 : 문화가 상징을 통해 후천적으로 학습된다는 것을 의미하는 속성은 학습성이다. 학습성은 〈5모둠〉에 배정되었다.

구분	배정	발표
〈1모둠〉	A(전체성)	학습성
〈2모둠〉	B(공유성)	공유성, 변동성
〈3모둠〉	C(축적성)	변동성
〈4모둠〉	D(변동성)	축적성
〈5모둠〉	E(학습성)	

문제풀이 TIP | 각 모둠이 제시한 속성과 교사의 말을 통해 각 모둠에 배정된 속성을 파악하도록 한다.

출제분석 | 문화의 속성을 파악하는 문제이다. 각 문화의 속성에 해당하는 대표적인 사례를 파악해 두도록 한다.

Ⅲ. 문화의 이해

다음 자료에 대한 옳은 설명만을 〈보기〉에서 고른 것은?

(가) 북알래스카의 이누피아크족(族)은 과거에는 카약을 타고
바다 포유류를 사냥하며 이동 생활을 하였으나 지금은
㉠ 눈자동차(snowmobile), 전기 설비 등 현대적 거주
환경을 갖춘 마을에서 정착하여 생활하고 있다.

(나) 시베리아의 축치족(族)은 형이 죽은 경우 동생이 계승자가
되어 형수와 결혼하고 조카들을 돌보는 ㉡ 형제연혼의
관습을 갖고 있다. 이는 유목과 어로를 통해 생계를
유지해야 하는 환경적 조건과 밀접하게 관련되어 있다.

문화의 변동성
물질문화
문화의 전체성 (총체성)
비물질문화

보기
ㄱ. ㉠은 비물질문화, ㉡은 물질문화에 해당한다.
ㄴ. (가)는 시간의 흐름에 따라 문화가 변화함을 보여 준다.
ㄷ. (나)는 문화 구성 요소들이 상호 유기적으로 결합되어
　있음을 보여 준다.
ㄹ. (가), (나)에서 공통적으로 부각되는 문화의 속성은
　축적성이다.

① ㄱ, ㄴ　　② ㄱ, ㄷ　　③ ㄴ, ㄷ　　④ ㄴ, ㄹ　　⑤ ㄷ, ㄹ

|자|료|해|설|
(가)에서는 이동 생활에서 정착 생활로 변화된
이누피아크족의 모습이 나타나 있고, (나)에서는 환경적
조건과 밀접하게 관련 있는 축치족의 형제연혼의 관습이
나타나 있다.

|보|기|풀|이|
ㄱ. 오답 : ㉠은 물질문화, ㉡은 비물질문화에 해당한다.
ㄴ. 정답 : (가)에는 문화의 변동성이 나타나 있다. 문화의
변동성은 문화가 시간이 흐르면서 그 형태나 내용, 의미가
변화하는 생활 양식임을 의미한다.
ㄷ. 정답 : (나)에는 문화의 전체성(총체성)이 나타나 있다.
문화의 전체성(총체성)은 문화가 여러 구성 요소들이
상호 유기적으로 결합된 하나의 체계이므로 부분이 아닌
전체로서 의미를 갖는 생활 양식임을 의미한다.
ㄹ. 오답 : 문화의 축적성은 문화가 세대 간 전승되면서
새로운 요소가 추가되어 점점 더 풍부해지는 생활 양식임을
의미한다.

🤖 **추가 학습** | 물질문화는 사람들이 삶을 영위하기 위해 만들고
사용하는 인공물이나 그것을 제작·사용하는 기술을 말하고,
비물질문화는 사회적 행동 양식을 규정하는 각종 규범과 제도,
인간의 존재 의미와 지적 욕구를 충족시켜 주는 사고방식 및 가치
체계를 말한다.

🤖 **출제분석** | 문화 요소의 유형과 문화의 속성을 파악하는
문제이다. 문화의 의미, 문화의 속성, 문화 요소의 유형 등 다양한
문화 관련 개념을 묻는 문제가 출제될 수 있다.

**밑줄 친 ㉠~㉣에 대한 옳은 설명만을 〈보기〉에서 있는 대로 고른
것은?**

우리나라에는 돌잡이라는 ㉠ 생일 문화가 있다. 아이의 첫
생일을 축하하는 자리에 여러 가지 물건을 놓고 아이가 무엇을
잡는지에 따라 아이의 장래를 짐작해 보는 것이다. 예를 들어
㉡ 우리나라 사람들은 아이가 명주실을 잡으면 건강하게 오래
살 것이라고 여긴다. 한편 ㉢ 시대에 따라 돌잡이 물품의 구성이
달라진다. ㉣ 돌잡이 물품의 구성은 경제 발전 수준, 성공에
대한 사회적 인식 등의 영향을 받는다.

넓은 의미의 문화
공유성
전체성
변동성

보기
ㄱ. ㉠의 '문화'는 좁은 의미로 사용되었다.
ㄴ. ㉡은 문화가 한 사회의 구성원 다수가 공통적으로 가지고
　있는 생활 양식임을 보여 준다.
ㄷ. ㉢은 문화가 고정된 것이 아니라 시간이 흐르면서 변화하는
　것임을 보여 준다.
ㄹ. ㉣은 문화가 여러 요소들이 유기적으로 연결된 하나로서의
　총체임을 보여 준다.

① ㄱ, ㄴ　　　② ㄱ, ㄷ　　　③ ㄷ, ㄹ
④ ㄱ, ㄴ, ㄹ　　　⑤ ㄴ, ㄷ, ㄹ

|자|료|해|설|
넓은 의미의 문화는 한 사회에서 나타나는 인간의 모든
생활 양식을 의미하고, 좁은 의미의 문화는 고상하거나
세련된 것, 고급스러운 것 등 특별한 의미를 가지고 있는
생활 양식을 의미한다.

|보|기|풀|이|
ㄱ. 오답 : 생일 문화에서의 '문화'는 한 사회에서 나타나는
인간의 모든 생활 양식을 의미하는 넓은 의미의 문화로
사용되었다.
ㄴ. 정답 : 우리나라 사람들이 명주실을 잡은 아이가
건강하게 오래 살 것이라고 여기는 사례에는 문화의
공유성이 나타나 있다. 문화의 공유성은 문화가 한 사회의
구성원 다수가 공통적으로 가지고 있는 생활 양식임을
보여 준다.
ㄷ. 정답 : 시대에 따라 돌잡이 물품의 구성이 달라지는
사례에는 문화의 변동성이 나타나 있다. 문화의 변동성은
문화가 시간이 흐르면서 그 형태나 내용, 의미가 변화하는
생활 양식임을 보여 준다.
ㄹ. 정답 : 돌잡이 물품의 구성이 경제 발전 수준, 성공에
대한 사회적 인식 등의 영향을 받은 사례에는 문화의
전체성이 나타나 있다. 문화의 전체성은 문화가 여러 구성
요소들이 상호 유기적으로 결합된 하나로서의 총체이므로
부분이 아닌 전체로서 의미를 갖는 생활 양식임을 보여
준다.

🤖 **추가 개념** | 문화의 전체성은 하나의 문화 요소가 변하면 다른 문화 요소들이 연쇄적으로 변화하는 현상을 설명하는 데 적합하다.

🤖 **출제분석** | 문화의 의미와 문화의 속성을 파악하는 문제이다. 문화의 의미, 요소, 속성을 복합적으로 묻는 문제가 출제될 수 있으므로 관련 개념을 정확하게 이해해 두도록 한다.

밑줄 친 ㉠ ~ ㉤에 대한 옳은 설명만을 〈보기〉에서 있는 대로 고른 것은? **3점**

> 구성원 대다수 향유 → 공유성
>
> 갑국에서는 쉬지 않고 열심히 일하는 것을 중요시하던 시절이 있었다. ㉠ 직장에 회식이 있으면 집에 늦게 들어가는 것을 누구나 당연하게 여기곤 했다. 그러나 최근에는 ㉡ 평생 직장 개념이 사라지면서 직장 내 인간관계 양상과 ㉢ 조직 문화가 달라지고 있다. 일과 삶의 균형을 중시하고 개인의 행복을 추구하는 사람들이 늘어나게 되었다. ㉣ 이러한 사회적 분위기가 여행, 레저 등 다양한 영역에 영향을 미쳐 관련 산업이 성장하고 ㉤ 여가 문화가 활성화되고 있다.
>
> 변동성
> 전체성(총체성)
> 생활 양식(넓은 의미)

보기

- ㄱ. ㉠은 문화를 통해 구성원의 행동 양식을 예측할 수 있음을 보여 준다. → 공유성
- ㄴ. ㉡은 문화가 고정된 것이 아니라 변화하는 것임을 보여 준다. → 변동성
- ㄷ. ㉣은 문화의 각 부분이 독립적으로 존재하지 않음을 보여 준다. → 전체성
- ㄹ. ㉢의 '문화'는 ㉤의 '문화'와 달리 좁은 의미의 문화이다. 넓은

① ㄱ, ㄴ   ② ㄱ, ㄹ   ③ ㄷ, ㄹ
④ ㄱ, ㄴ, ㄷ   ⑤ ㄴ, ㄷ, ㄹ

|자|료|해|설|

문화의 속성에는 공유성, 학습성, 축적성, 변동성, 전체성(총체성)이 있다. 문화의 의미에는 좁은 의미의 문화와 넓은 의미의 문화가 있다. 좁은 의미의 문화는 고상하고 세련된 것, 고급스러운 것 등 특별한 의미를 가지고 있는 사회적 생활 양식을 의미하고, 넓은 의미의 문화는 한 사회나 집단에서 나타나는 인간의 모든 사회적 생활 양식을 의미한다.

|보|기|풀|이|

ㄱ 정답 : 갑국의 국민 대다수가 직장에 회식이 있으면 늦게 귀가하는 것을 당연하게 생각하는 것은 서로 같은 문화를 공유하고 있기 때문이다. 즉, 문화의 공유성을 통해 구성원의 행동 양식을 예측할 수 있다.

ㄴ 정답 : 최근에 평생 직장 개념이 사라지는 등 직장 내 인간관계 양상이 변화하는 것은 시간의 흐름에 따라 문화가 변동할 수 있기 때문이다. 즉, 문화의 변동성을 통해 문화가 고정된 것이 아니라 변화하는 것임을 알 수 있다.

ㄷ 정답 : 일과 삶의 균형을 중시하는 문화가 여행, 레저 등 다양한 영역에 영향을 미치는 것은 문화 요소 간 상호 밀접한 관련이 있기 때문이다. 즉, 문화의 전체성(총체성)을 통해 문화의 각 부분이 독립적으로 존재하지 않고 유기적으로 연결되어 있음을 알 수 있다.

ㄹ. 오답 : '조직 문화'의 '문화'와 '여가 문화'의 '문화'는 모두 생활 양식을 의미하는 넓은 의미의 문화이다.

😀 **출제분석** | 문화의 속성(공유성, 학습성, 축적성, 변동성, 전체성)은 모평과 수능에 거의 빠지지 않고 출제되는 단골손님이다. 문화의 속성은 단독으로 출제되기도 하지만 문화의 의미(좁은 의미, 넓은 의미), 문화의 구성 요소(물질문화, 비물질문화) 등과 함께 복합적으로 출제될 수도 있다. 따라서 기출문제를 중심으로 문화 관련 개념을 꼼꼼하게 정리해 둘 필요가 있다.

밑줄 친 ㉠ ~ ㉣에 대한 옳은 설명만을 〈보기〉에서 있는 대로 고른 것은? **3점**

> 넓은 의미의 문화
>
> 17세기 유럽에서는 차를 마시며 대화를 나누는 ㉠ 여가 문화가 형성되기 시작했다. 당시 유럽인들의 차 모임에서는 ㉡ 차 마시는 소리를 크게 내며 호들갑을 떠는 행위가 차를 대접한 안주인에게 감사를 표현하는 의미로 여겨졌다. 한편 차가 유입된 초기에는 유럽인들 사이에서 ㉢ 찻잔의 차를 잔 받침에 옮겨 마시는 방식이 통용되었다. 이후 손잡이가 달린 찻잔이 등장하면서 ㉣ 잔 받침의 용도는 차를 옮겨 마시는 것에서 차 수저를 놓는 것으로 바뀌었다.
>
> 문화의 공유성
> 문화의 공유성
> 문화의 변동성

보기

- ㄱ. ㉠에서 '문화'는 넓은 의미로 사용되었다.
- ㄴ. ㉡은 문화를 통해 구성원의 행동 양식이 예측 가능함을 보여준다.
- ㄷ. ㉢은 문화가 세대 간 전승을 통해 더욱 풍부해짐을 보여 준다. → 문화의 축적성
- ㄹ. ㉣은 문화가 고정된 것이 아니라 변화하는 것임을 보여 준다.

① ㄱ, ㄴ   ② ㄱ, ㄷ   ③ ㄷ, ㄹ
④ ㄱ, ㄴ, ㄹ   ⑤ ㄴ, ㄷ, ㄹ

|자|료|해|설|

좁은 의미의 문화는 특별한 의미를 가지고 있는 사회적 생활 양식을 의미하고, 넓은 의미의 문화는 인간의 모든 사회적 생활 양식을 의미한다.

|보|기|풀|이|

ㄱ 정답 : 여가 문화에서의 '문화'는 한 사회나 집단에서 나타나는 인간의 모든 사회적 생활 양식을 의미하므로 넓은 의미로 사용되었다.

ㄴ 정답 : ㉡에는 문화의 공유성이 나타나 있다. 문화의 공유성으로 인해 사고와 행동의 동질성을 형성하여 타인의 행동을 예측할 수 있다.

ㄷ. 오답 : ㉢에는 문화의 공유성이 나타나 있다. 문화가 세대 간 전승을 통해 더욱 풍부해짐을 보여 주는 문화의 속성은 축적성이다.

ㄹ 정답 : ㉣에는 문화의 변동성이 나타나 있다. 문화의 변동성은 문화가 시간이 흐르면서 그 형태나 내용, 의미가 변화하는 생활 양식임을 의미한다.

😲 **추가 학습** | 문화의 축적성으로 인해 문화가 발전할 수 있는 원동력이 되며, 인간의 문화와 여타 동물의 후천적으로 학습된 행동을 구별해 주는 기준이 된다.

😀 **출제분석** | 문화의 의미와 속성을 파악하는 문제이다. 문화 관련 문제는 제시문에서 밑줄 친 부분과 관련 있는 개념을 묻는 문제가 자주 출제된다.

밑줄 친 ⊙~㉣에 대한 옳은 설명만을 〈보기〉에서 고른 것은?

> 넓은 의미의 문화
>
> 자신의 노력과 능력의 대가에 대한 인정 욕구 표현으로 고가 제품을 소비하는 ⊙'플렉스 문화'는 힙합 음악가들로부터 시작되었고, ⓒ 대중의 인기를 받으며 다양한 음악 장르의 소재로 활용되고 있다. 이러한 플렉스 문화는 ⓒ 음악을 뛰어넘어 생산 및 소비 활동 등 다양한 분야의 변화를 가져왔다. 그 결과 용돈을 모으거나 아르바이트를 통해 번 돈으로 구입한 ㉣ 고가 브랜드 상품을 정체성 표현 수단으로 활용하는 것은 1020 세대에게 일반적인 현상이 되었다.

전체성(총체성)

공유성

보기

ㄱ. ⊙에서 '문화'는 좁은 의미로 사용되었다. · 넓은

ㄴ. ⓒ은 문화가 세대 간 계승되고 발전하는 현상임을 보여준다. · 축적성

ㄷ. ⓒ은 문화의 각 요소가 상호 유기적으로 연결되어 있음을 보여준다. · 전체성(총체성)

ㄹ. ㉣은 문화를 통해 구성원의 행동 양식을 예측할 수 있음을 보여준다. · 공유성

① ㄱ, ㄴ   ② ㄱ, ㄷ   ③ ㄴ, ㄷ   ④ ㄴ, ㄹ   ⑤ ㄷ, ㄹ

│자│료│해│설│

좁은 의미의 문화는 고상하거나 세련된 것, 고급스러운 것 등 특별한 의미를 가지고 있는 사회적 생활 양식을 말하고, 넓은 의미의 문화는 한 사회나 집단에서 나타나는 언어, 의식주, 가치 및 규범 등 인간의 모든 사회적 생활 양식을 말한다.

│보│기│풀│이│

ㄱ. 오답 : ⊙에서 '문화'는 포괄적 성격을 지닌 문화로, 넓은 의미로 사용되었다.

ㄴ. 오답 : 문화가 세대 간 계승되고 발전하는 현상임을 보여 주는 문화의 속성은 축적성이다. ⓒ이 문화의 축적성을 보여 준다고 볼 수 없다.

ㄷ. 정답 : 문화의 각 요소가 상호 유기적으로 연결되어 있음을 보여 주는 문화의 속성은 전체성(총체성)이다. ⓒ은 문화의 전체성(총체성)을 보여 준다.

ㄹ. 정답 : 문화를 통해 구성원의 행동 양식을 예측할 수 있음을 보여 주는 문화의 속성은 공유성이다. ㉣은 문화의 공유성을 보여 준다.

🤓 **관련 개념** | 문화의 축적성은 문화가 발전할 수 있는 원동력이 되고, 인간의 문화와 여타 동물의 후천적으로 학습된 행동을 구별해 주는 기준이 된다.

😀 **출제분석** | 문화의 의미와 문화의 속성을 파악하는 문제이다. 다양한 문화 관련 개념들이 복합적으로 출제될 수 있으므로 관련 개념을 꼼꼼하게 학습해 두도록 한다.

밑줄 친 ⊙ ~ ㉣에 대한 옳은 설명만을 〈보기〉에서 고른 것은? **3점**

> 넓은 의미의 문화
>
> 곤충의 유충을 즐겨 먹는 ⊙ 음식 문화를 가진 부족을 방문했을 때 ⓒ 부족 사람들은 남녀노소 가릴 것 없이 자연스럽게 벌의 유충을 먹고 있었다. 나는 그 모습에 거부감이 느껴졌지만 ⓒ 그들의 음식 문화가 짐승 고기를 금기시하는 종교 문화와 관련되어 있음을 알게 되면서 그들을 이해할 수 있게 되었다. ㉣ 곤충의 유충을 먹는 것을 혐오하는 사람이 이곳에 와서 현지 부족민들처럼 곤충 유충을 즐겨 먹게 되는 것을 보면, 음식에 대한 평가 기준은 상대적임을 알 수 있다.

공유성

전체성(총체성)

학습성

보기

ㄱ. ⊙에서 '문화'는 넓은 의미로 사용되었다.

ㄴ. ⓒ에 부각되어 있는 문화의 속성은 한 사회 구성원 간 원활한 소통을 가능하게 한다.

ㄷ. ㉣에는 문화의 변동성이 부각되어 있다. · 학습성

ㄹ. 문화 요소들의 연쇄적인 변동을 설명하는 데에는 ㉣이 아닌 ⓒ에 부각되어 있는 문화의 속성이 적합하다.

① ㄱ, ㄴ   ② ㄱ, ㄷ   ③ ㄴ, ㄷ   ④ ㄴ, ㄹ   ⑤ ㄷ, ㄹ

│자│료│해│설│

넓은 의미의 문화는 인간이 사회를 이루고 생활하면서 형성하고 있는 모든 생활 양식을 의미한다. ⓒ에는 문화의 공유성, ⓒ에는 문화의 전체성(총체성), ㉣에는 문화의 학습성이 부각되어 있다.

│보│기│풀│이│

ㄱ. 정답 : 음식 문화에서의 '문화'는 한 사회나 집단에서 나타나는 인간의 모든 사회적 생활 양식을 의미하므로 넓은 의미로 사용되었다.

ㄴ. 정답 : ⓒ에서는 부족 사람들 다수가 공통적으로 가지고 있는 생활 양식이 나타나 있다. 이를 통해 문화의 공유성이 나타나 있음을 알 수 있다. 문화의 공유성은 구성원 간 사고와 행동의 동질성을 형성하여 타인의 행동을 예측하고 이해할 수 있게 해 줌으로써 원활한 사회적 상호 작용의 토대가 된다.

ㄷ. 오답 : ㉣에는 문화가 후천적 학습에 의해 형성되는 생활 양식임을 의미하는 문화의 학습성이 나타나 있다.

ㄹ. 오답 : ⓒ에는 문화의 공유성, ⓒ에는 문화의 전체성(총체성)이 부각되어 있다. 문화 요소들의 연쇄적인 변동을 설명하는 데에는 문화의 전체성(총체성)이 적합하다.

🤓 **추가 학습** | 문화의 전체성(총체성)은 하나의 문화 요소가 변화하면서 다른 문화 요소들이 연쇄적으로 변화하는 양상과 관련되어 있다. 문화의 전체성(총체성)은 사회 각 영역 또는 여러 문화 요소가 유기적으로 연관을 맺으면서 전체를 구성하고 있음을 보여 준다.

😀 **출제분석** | 문화의 의미와 문화의 속성을 파악하는 문제이다. 다양한 문화 사례를 제시하여 이를 통해 파악할 수 있는 문화 관련 개념을 묻는 문제가 출제될 수 있다.

밑줄 친 ㉠~㉤에 대한 옳은 설명만을 〈보기〉에서 고른 것은?

> 넓은 의미의 문화
>
> 　1980년대 초반에서 2000년대 초반 사이에 태어난 Z세대의 사회 진출로 갑국의 ㉠ 직장 문화가 변화하였다. Z세대의 다수는 술을 즐기지 않으며, 삶에서 일과 여가의 구분과 균형을 추구한다. 이러한 경향은 ㉡ 갑국에서 회사원이라면 누구나 업무 이외의 모임 참여를 당연하게 여겼던 인식을 바꾸었다. 또한 Z세대는 발전된 ㉢ 통신 기술과 SNS 플랫폼을 기반으로 ㉣ 공유 경제 문화를 확산시켰다. 그러나 일부 사람들은 ㉤ 이러한 문화가 오랜기간 확립해 온 노동 환경의 근간을 뒤흔들 것이라는 우려를 제기하기도 한다.

문화의 공유성

물질문화

넓은 의미의 문화

문화 지체 ✕

보기

㉠ ㉡에는 문화의 공유성이 부각되어 있다.

㉡ ㉢은 물질문화에 해당한다.

ㄷ. ㉤은 문화 지체에 해당한다. 하지 않는다

ㄹ. ㉣에서의 '문화'는 ㉠에서의 '문화'와 달리 좁은 의미로 사용되었다.
　　　　　모두　넓은

❶ ㄱ, ㄴ　② ㄱ, ㄷ　③ ㄴ, ㄷ　④ ㄴ, ㄹ　⑤ ㄷ, ㄹ

|자|료|해|설|

좁은 의미의 문화는 특별한 의미를 가지고 있는 생활 양식을 가리킬 때 사용되고, 넓은 의미의 문화는 인간의 모든 생활 양식을 가리킬 때 사용된다.

|보|기|풀|이|

㉠ 정답 : 갑국에서 회사원이라면 누구나 업무 이외의 모임에 참여하는 것을 당연하게 여겼다는 내용에는 문화의 공유성이 나타나 있다.

㉡ 정답 : 통신 기술은 사람들이 삶을 영위하기 위해 만들어 사용하는 기술이므로 이는 물질문화에 해당한다.

ㄷ. 오답 : 문화 지체는 물질문화의 빠른 변동 속도에 비해 비물질문화의 변동 속도가 뒤따르지 못하여 나타나는 문화 요소 간의 부조화 현상을 말한다. 따라서 ㉤은 문화 지체에 해당하지 않는다.

ㄹ. 오답 : 직장 문화에서의 '문화'와 공유 경제 문화에서의 '문화'는 모두 넓은 의미로 사용되었다.

추가 학습 | 문화의 공유성은 사고와 행동의 동질성을 형성하여 타인의 행동을 예측하고, 이해할 수 있게 해주어 원활한 사회적 상호 작용의 토대가 된다.

출제분석 | 문화의 의미, 문화 요소, 문화의 속성 등을 전반적으로 파악하는 문제이다. 복합적으로 문화 관련 개념을 묻는 문제가 출제되므로 관련 개념을 꼼꼼하게 이해해 두도록 한다.

밑줄 친 ㉠~㉤에 대한 설명으로 옳은 것은?  **3점**

> 넓은 의미의 문화
>
> 　갑국에는 특별한 날에 누구나 고기 요리를 이웃과 나누어 먹는 ㉠ 문화가 존재하였다. 갑국 사람들의 이러한 풍습에도 불구하고 갑국 정부는 육류 생산 과정에서 초래되는 생태계 파괴와 동물 복지 문제를 이유로 ㉡ 대체육 소비를 권장하였다. 하지만 ㉢ 갑국 사람들은 대체육의 식감과 맛 때문에 실제 고기를 고수하였다. 갑국 정부의 대체육 개발 연구 지원 사업에 선정된 ㉣ A 기업은 실제 고기의 맛, 식감을 완벽히 구현한 새로운 대체육을 개발하였다. 이는 ㉤ 갑국에서 외식 산업, 의류 산업 등 다양한 분야에 변화를 가져왔다.
>
> * 대체육 : 동물 세포와 식물 성분을 활용하여 실제 고기처럼 만든 인공 고기

물질문화

문화 지체 ✕

문화의 공유성 ✕

문화의 전체성

① ㉠은 좁은 의미의 문화에 해당한다.
　　　넓은

② ㉡은 비물질문화에 해당한다.

③ ㉢은 문화 지체 현상에 해당한다. 하지 않는다

④ ㉣에는 문화의 공유성이 부각되어 있다. 있지 않다

❺ ㉤에는 문화의 전체성이 부각되어 있다.

|자|료|해|설|

문화의 구성 요소는 물질문화와 비물질문화로 구분할 수 있다. 물질문화는 사람들이 삶을 영위하기 위해 만들고 사용하는 인공물이나 그것을 제작·사용하는 기술을 말하며, 비물질문화는 각종 규범과 제도, 사고방식 및 가치 체계를 말한다.

|선|택|지|풀|이|

① 오답 : ㉠은 갑국에서 나타나는 생활 양식이므로 이는 넓은 의미의 문화에 해당한다.

② 오답 : ㉡은 물질문화에 해당한다.

③ 오답 : 문화 지체는 물질문화의 빠른 변동 속도를 비물질문화의 변동 속도가 뒤따르지 못하여 나타나는 문화 요소 간의 부조화 현상을 말한다. ㉢은 문화 지체 현상에 해당하지 않는다.

④ 오답 : 문화의 공유성은 문화가 한 사회의 구성원 다수가 공통적으로 가지고 있는 생활 양식임을 의미한다. ㉣에는 문화의 공유성이 부각되어 있지 않다.

⑤ 정답 : A 기업이 개발한 대체육이 외식 산업, 의류 산업 등 다양한 분야에 변화를 가져왔으므로 ㉤에는 문화의 전체성이 부각되어 있다.

추가 개념 | 문화의 전체성은 문화가 여러 구성 요소들이 상호 유기적으로 결합된 하나로서의 총체이므로 부분이 아닌 전체로서 의미를 갖는 생활 양식임을 의미한다.

출제분석 | 다양한 문화 관련 개념을 묻는 문제이다. 문화의 의미와 요소 및 속성 등 다양한 문화 관련 개념을 복합적으로 묻는 문제가 출제될 수 있으므로 관련 개념을 학습해 두도록 한다.

밑줄 친 ㉠~㉑에 대한 설명으로 옳은 것은? **3점**

① ㉠에는 문화가 고정된 것이 아니라 변화한다는 속성이 부각되어 있다.

② ㉡에서 '문화'는 좁은 의미로 사용되었다.

③ ㉢, ㉤은 모두 비물질문화에 해당한다.

④ ㉣에는 문화가 구성원들의 사고와 행동에 동질성을 갖게 한다는 속성이 부각되어 있다.

⑤ ㉥에는 문화가 후천적으로 학습된다는 속성이 부각되어 있다.

|자|료|해|설|
문화의 속성에는 학습성, 공유성, 변동성, 전체성(총체성), 축적성이 있다.

|선|택|지|풀|이|
① 오답 : ㉠에는 문화의 학습성이 부각되어 있다. 문화가 고정된 것이 아니라 변화한다는 속성은 문화의 변동성과 관련 있다.

② 오답 : 해녀 문화에서의 '문화'는 넓은 의미로 사용되었다.

③ 오답 : ㉢은 물질문화에 해당하고, ㉤은 관념 문화로 비물질문화에 해당한다.

④ 정답 : ㉣에는 문화의 공유성이 부각되어 있다. 문화의 공유성으로 인해 구성원들의 사고와 행동에 동질성을 형성할 수 있다.

⑤ 오답 : ㉥에는 문화의 전체성(총체성)이 부각되어 있다. 문화가 후천적으로 학습된다는 속성은 문화의 학습성과 관련 있다.

🤪 **추가 학습** | 좁은 의미의 문화는 고상하거나 세련된 것, 고급스러운 것 등 특별한 의미를 가지고 있는 생활 양식을 가리킬 때 사용된다.

😎 **출제분석** | 문화의 의미와 속성을 파악하는 문제이다. 좁은 의미와 문화와 넓은 의미의 문화, 문화의 속성, 문화 요소의 유형 등 다양한 문화 관련 개념을 묻는 문제가 출제될 수 있다.

밑줄 친 ㉠~㉣에 대한 옳은 설명만을 〈보기〉에서 고른 것은?

팬데믹으로 인한 비대면 생활의 장기화와 ㉠ 확장 현실 기술의 발전 등이 ㉡ 대중문화에 영향을 미치고 있다. 예전에 사람들은 ㉢ 공연을 보기 위해 직접 공연장에 가는 것을 당연시하였지만, 최근에는 비대면 라이브 공연을 즐기는 경우가 많아지고 있다. 또한 광고나 쇼핑, 기업의 회의, 학교 수업 등도 가상 공간에서 이루어지는 사례가 늘고 있다. 이처럼 ㉣ 신기술의 확산은 여가 생활, 경제 활동, 교육 등 다양한 분야에 변화를 일으키고 있다.

* 확장 현실 기술 : 현실과 비슷한 가상 공간에서 시공간의 제약 없이 소통하고 생활할 수 있게 하는 기술로, 실감 기술이라고도 함.

보기

ㄱ. ㉠은 비물질문화에 해당한다.

ㄴ. ㉡에서의 '문화'는 넓은 의미의 문화이다.

ㄷ. ㉢에는 문화의 축적성이 부각되어 있다.

ㄹ. ㉣에는 문화의 전체성이 부각되어 있다.

① ㄱ, ㄴ ② ㄱ, ㄷ ③ ㄴ, ㄷ ④ ㄴ, ㄹ ⑤ ㄷ, ㄹ

|자|료|해|설|
좁은 의미의 문화는 고상하거나 세련된 것, 고급스러운 것 등 특별한 의미를 가지고 있는 사회적 생활 양식을 말하고, 넓은 의미의 문화는 한 사회나 집단에서 나타나는 언어, 의식주, 가치 및 규범 등 인간의 모든 사회적 생활 양식을 말한다.

|보|기|풀|이|
ㄱ. 오답 : 기술은 인간이 욕구 충족을 위해 자연이나 사물을 이용하는 방식이나 그 결과물을 말하는데, 이는 물질문화에 해당한다.

ㄴ. 정답 : 대중문화에서의 '문화'는 포괄적 성격을 지니므로 넓은 의미의 문화에 해당한다.

ㄷ. 오답 : 팬데믹 이전에 사람들이 공연을 보기 위해 직접 공연장에 가는 것을 당연시 여긴 것은 문화의 공유성과 관련 있다.

ㄹ. 정답 : 신기술의 확산이 다양한 분야에 변화를 일으키고 있는 것은 문화의 전체성(총체성)과 관련 있다.

🤪 **추가 개념** | 물질문화는 사람들이 삶을 영위하기 위해 만들고 사용하는 인공물이나 그것을 제작·사용하는 기술을 통틀어 말하고, 비물질문화는 사회적 행동 양식을 규정하는 각종 규범과 제도(제도 문화), 인간의 존재 의미와 지적 욕구를 충족시켜 주는 사고방식 및 가치 체계(관념 문화)를 통틀어 말한다.

😎 **출제분석** | 문화의 의미, 문화의 속성, 문화의 요소 등을 복합적으로 묻는 문제이다. 문화 관련 문제는 다양한 개념을 복합적으로 묻는 문제가 출제될 수 있으므로 개념을 정확하게 이해해 두도록 한다.

밑줄 친 ㉠ ~ ㉰에 대한 설명으로 옳은 것은?

코로나 19의 확산으로 ㉠ 사회적 거리 두기가 장기화되면서 ㉡ '홈코노미(homeconomy)' 문화가 빠른 속도로 확산되고 있다. 이제 집은 단순한 주거 공간이 아니라 재택 근무, 온라인 쇼핑을 비롯한 각종 경제 활동을 하고 ㉢ 문화생활을 즐기는 공간으로 인식되고 있다. 이와 같이 ㉣ 집을 중심으로 다양한 활동이 이루어지면서 관련 산업들이 급성장하고 있다. 특히 ㉤ 동영상 전송 기술의 발달과 콘텐츠의 다양화로 인해 콘텐츠 서비스 이용자 수도 폭발적으로 증가하고 있다. 그 결과 ㉥ 많은 이용자가 한꺼번에 접속하면서 서비스 이용에 장애가 발생하기도 한다.

* 홈코노미 : 집(home)과 경제(economy)가 합쳐져서 만들어진 신조어 이다.

넓은 의미의 문화 ←
물질문화 ←
좁은 의미의 문화 →
문화의 전체성(총체성) →
문화 지체 X →

① ㉠에는 문화의 축적성이 부각되어 있다. 있지 않다
② ㉡과 ㉢에서의 '문화'는 모두 좁은 의미로 사용되었다.
③ ㉣은 문화의 총체성으로 설명할 수 있다.
④ ㉤은 비물질문화에 해당한다.
⑤ ㉥은 문화 지체 현상에 해당한다. 하지 않는다

|자|료|해|설|

넓은 의미의 문화는 한 사회에서 나타나는 인간의 모든 생활 양식을 의미하고, 좁은 의미의 문화는 고상하거나 세련된 것, 고급스러운 것 등 특별한 의미를 지닌 사회적 생활 양식을 의미한다.

|선|택|지|풀|이|

① 오답 : 문화의 축적성은 문화가 세대 간 전승되면서 새로운 요소가 추가되어 점점 더 풍부해지는 생활 양식임을 의미한다. 사회적 거리 두기가 장기화되고 있는 것에는 문화의 축적성이 부각되어 있지 않다.
② 오답 : ㉡에서의 문화는 ㉢에서의 문화와 달리 넓은 의미의 문화로 사용되었다.
③ 정답 : 문화의 총체성은 한 사회의 문화 요소 간 상호 연관성으로 인해 한 부분의 변동이 다른 부분의 연쇄적인 변동을 초래함을 의미한다. 홈코노미 문화의 확산으로 집을 중심으로 다양한 활동이 이루어지면서 관련 산업들이 급성장하고 있는 것은 문화의 총체성으로 설명할 수 있다.
④ 오답 : 동영상 전송 기술은 물질문화에 해당한다.
⑤ 오답 : 문화 지체는 물질문화의 빠른 변동 속도를 비물질문화의 변동 속도가 뒤따르지 못하여 나타나는 문화 요소 간의 부조화 현상을 말한다. 많은 이용자가 한꺼번에 접속하면서 서비스 이용에 장애가 발생한 것은 문화 지체에 해당하지 않는다.

Ⅲ
1. 문화의 이해

밑줄 친 ㉠~㉤에 대한 설명으로 옳은 것은? 3점

갑국에서는 ㉠ 종교가 계층별 생활 양식을 비롯한 사회생활 전반에 영향을 크게 미친다. 예컨대 사회적으로 높은 위치에 있는 사람들은 종교 교리의 영향을 받아 육식을 멀리한다. 그래서 갑국 사람들은 이들처럼 고상하게 보이려고 ㉡ 직장 등에서 여러 사람과 함께 식사할 때는 채식을 당연시한다. 그런데 최근 갑국에서 ㉢ 스마트폰과 배달 애플리케이션 사용이 일상화되면서, 고기가 들어간 도시락 판매가 크게 증가하였다. 이는 ㉣ 육식 문화에 대한 부정적인 시각이 여전한 상황에서 ㉤ 타인의 눈치를 보지 않고 육류를 먹으려고 도시락을 주문하는 사람들이 증가하여 나타난 현상이다.

총체성(전체성) →
공유성 →
물질문화 ←
넓은 의미의 문화 ←
문화 지체 × ←

① ㉠에는 문화의 변동성이 부각되어 있다.
　총체성(전체성)
② ㉡에는 문화의 공유성이 부각되어 있다.
③ ㉢은 비물질문화에 해당한다.
④ ㉣에서 '문화'는 좁은 의미의 문화이다.
　넓은
⑤ ㉤은 문화 지체의 사례로 볼 수 있다. 없다

|자|료|해|설|

넓은 의미의 문화는 한 사회에서 나타나는 인간의 모든 생활 양식을 가리킬 때 사용되고, 좁은 의미의 문화는 고상하거나 세련된 것, 고급스러운 것 등 특별한 의미를 가지고 있는 생활 양식을 가리킬 때 사용된다.

|선|택|지|풀|이|

① 오답 : 갑국에서 종교가 사회생활 전반에 영향을 미친다는 내용을 통해 문화의 총체성(전체성)을 파악할 수 있다.
② 정답 : 갑국에서 여러 사람과 식사할 때 채식을 당연시한다는 내용을 통해 문화의 공유성을 파악할 수 있다.
③ 오답 : 스마트폰은 물질문화에 해당한다.
④ 오답 : 육식 문화에서의 '문화'는 넓은 의미의 문화에 해당한다.
⑤ 오답 : 문화 지체는 물질문화의 변동 속도에 비해 비물질문화의 변동 속도가 느려 나타나는 문제를 말한다. 타인의 눈치를 보지 않고 육류를 먹으려고 도시락을 주문하는 사람들이 증가하는 현상은 문화 지체의 사례로 해당하지 않는다.

추가 학습 | 문화 지체는 물질문화에 부합하는 비물질문화가 정립되지 못하여 발생하는 문제인 반면, 기술 지체는 의식이나 제도 등 비물질문화는 앞서가는데 기술 등 물질문화가 그것을 뒷받침하지 못하여 발생하는 문제이다.

밑줄 친 ㉠ ~ ㉤에 대한 설명으로 옳은 것은?

배트 플립(bat flip)은 야구 경기에서 타자가 홈런을 친 후 ㉠ 야구 방망이를 던지는 동작으로 자신의 타격을 과시하거나 기쁨을 표현하는 것이다. ㉡ 배트 플립이 한국 야구에서는 일종의 볼거리로 여겨지지만, 미국 야구에서는 홈런 맞은 투수를 자극하는 행위로 간주되어 금기시된다. 몇 년 전 미국 언론을 통해 한국의 다양한 배트 플립 영상이 소개되어 ㉢ 한국의 독특한 야구 문화가 화제가 되었다. ㉣ 미국 야구에 익숙한 사람이라면 한국의 배트 플립 문화가 놀랍고 신기할 수밖에 없었다. 그런데 요즘 미국에서도 배트 플립을 하는 선수가 늘어나면서 이에 대한 여러 반응이 나오고 있다. ㉤ 배트 플립을 부정적으로 보는 사람이 여전히 많지만, 자기 표현에 익숙한 젊은 세대 중 일부는 우호적인 반응을 보이기도 한다.

① ㉠은 비물질문화에 해당한다.
② ㉡에는 문화의 축적성이 부각되어 있다.
③ ㉢에서 '문화'는 넓은 의미로 사용되었다.
④ ㉣에는 문화의 변동성이 부각되어 있다.
⑤ ㉤은 문화 지체의 사례에 해당한다.

|자|료|해|설|

문화의 공유성은 문화가 한 사회의 구성원 다수가 공통적으로 가지고 있는 생활 양식임을 의미한다.

|선|택|지|풀|이|

① 오답 : 야구 방망이는 물질문화에 해당한다.
② 오답 : ㉡에는 문화의 공유성이 부각되어 있다.
③ 정답 : 한국의 야구 문화에서 '문화'는 한 사회나 집단에서 나타나는 인간의 모든 사회적 생활 양식을 의미하므로 넓은 의미의 문화에 해당한다.
④ 오답 : ㉣에는 문화의 공유성이 부각되어 있다.
⑤ 오답 : 문화 지체는 문화 변동 과정에서 물질문화가 비물질문화보다 빠르게 변동함으로써 나타나는 부조화 현상을 말한다. ㉤은 문화 지체의 사례에 해당하지 않는다.

추가 학습 | 한 사회의 문화는 의식주, 도구와 같은 물질문화와, 제도 문화 및 관념 문화를 포함하는 비물질문화로 구분할 수 있다.

출제분석 | 문화와 관련된 다양한 개념을 묻는 문제이다. 사례를 제시하여 밑줄 친 부분에 나타난 문화 관련 개념을 묻는 문제가 출제되므로 개념 이해를 정확히 해 두도록 한다.

밑줄 친 ㉠ ~ ㉣에 대한 옳은 설명만을 〈보기〉에서 고른 것은?

겨울이 추운 갑국에서는 온돌을 갖춘 ㉠ 가옥이 일반적이다. 바닥은 따뜻하지만 공기는 차가운 환경이 조성되는 온돌의 특성으로 인해 갑국에서는 ㉡ 좌식 문화가 보편적이었다. 그래서 갑국 사람들은 ㉢ 바닥에 앉아 상을 펴고 식사하는 것을 누구나 당연하게 여겼다. 그러다 서양식 주거 형태의 도입으로 입식 문화가 확산되면서 ㉣ 바닥에 앉아 상을 펴고 식사를 하는 방식에서 의자에 앉아 식탁에서 식사를 하는 방식으로 생활 패턴이 바뀌고 있다.

보기

ㄱ. ㉠은 물질문화이다.
ㄴ. ㉡에서 '문화'는 좁은 의미로 사용되었다.
ㄷ. ㉢에는 문화의 공유성이 부각되어 있다.
ㄹ. ㉣에는 문화의 학습성이 부각되어 있다.

① ㄱ, ㄴ　② ㄱ, ㄷ　③ ㄴ, ㄷ　④ ㄴ, ㄹ　⑤ ㄷ, ㄹ

|자|료|해|설|

문화를 구성하는 문화 요소에는 물질문화와 비물질문화가 있다.

|보|기|풀|이|

ㄱ. 정답 : 가옥은 사람들이 삶을 영위하기 위해 만들고 사용하는 인공물로, 물질문화에 해당한다.
ㄴ. 오답 : 좌식 문화에서의 '문화'는 넓은 의미로 사용되었다.
ㄷ. 정답 : 갑국 사람들이 바닥에 앉아 상을 펴고 식사하는 것을 누구나 당연하게 여기는 것은 갑국 사람들이 공통적으로 가지고 있는 생활 양식임을 보여 주므로 이에는 문화의 공유성이 부각되어 있다.
ㄹ. 오답 : 바닥에 앉아 상을 펴고 식사를 하는 방식에서 의자에 앉아 식탁에서 식사를 하는 방식으로 생활 패턴이 바뀌고 있는 것은 시간이 흐르면서 문화가 변화하는 생활 양식임을 보여 주므로 이에는 문화의 변동성이 부각되어 있다.

문제풀이 TIP | 넓은 의미의 문화는 한 사회에서 나타나는 인간의 모든 생활 양식을 의미한다.

출제분석 | 문화의 의미와 요소 및 속성을 파악하는 문제이다. 사례에서 다양한 문화 개념을 묻는 문제가 출제될 수 있다.

32 문화의 의미 + 물질문화와 비물질문화 + 문화의 속성

정답 ④ 정답률 68% 2024년 4월 학평 18번 문제편 188p

밑줄 친 ㉠~㉣에 대한 옳은 설명만을 <보기>에서 있는 대로 고른 것은? 3점

> 갑국에서는 공동체 의식을 기반으로 지인이나 지인의 가족이 ㉠ 결혼을 할 때 ㉡ 축의금을 주는 문화가 이어져 왔다. 그래서 ㉢ 갑국에서는 주변 사람들의 결혼 소식을 접하면 축의금을 준비하는 것을 당연하게 여긴다. 그런데, 최근 결혼 소식을 접하고도 자신은 축의금을 내지 않겠다는 사람의 수가 늘고 있다. ㉣ 이는 개인주의의 확산, 비혼 인구 증가, 경기 침체로 인해 경제적 부담이 커진 상황 등과 관련이 깊다.

(필기: ㉠ 비물질문화, ㉡ 넓은 의미의 문화, ㉢ 공유성, ㉣ 전체성)

보기

ㄱ. ㉠은 비물질문화에 해당한다.
ㄴ. ㉡의 '문화'는 좁은 의미로 사용되었다. (필기: 넓은)
ㄷ. ㉢은 문화가 사회 구성원 간 원활한 상호 작용의 토대가 됨을 보여 준다.
ㄹ. ㉣은 각각의 문화 요소들이 서로 연결되어 하나의 전체로서 존재함을 보여 준다.

① ㄱ, ㄴ ② ㄱ, ㄷ ③ ㄴ, ㄹ
④ ㄱ, ㄷ, ㄹ ⑤ ㄴ, ㄷ, ㄹ

|자|료|해|설|

좁은 의미의 문화는 고상하거나 세련된 것, 고급스러운 것 등 특별한 의미를 가지고 있는 생활 양식을 가리킬 때 사용되고, 넓은 의미의 문화는 인간의 모든 생활 양식을 가리킬 때 사용된다.

|보|기|풀|이|

ㄱ. 정답 : 결혼은 제도문화로, 이는 비물질문화에 해당한다.
ㄴ. 오답 : 축의금을 주는 문화에서의 '문화'는 넓은 의미로 사용되었다.
ㄷ. 정답 : ㉢에 부각되어 있는 문화의 속성은 공유성이다. 공유성은 문화가 사고와 행동의 동질성을 형성하여 타인의 행동을 예측하고 이해할 수 있게 해줌으로써 사회 구성원 간 원활한 사회적 상호 작용의 토대가 됨을 보여 준다.
ㄹ. 정답 : ㉣에 부각되어 있는 문화의 속성은 전체성이다. 전체성은 문화가 여러 구성 요소들이 상호 유기적으로 결합된 하나로서의 총체이므로 부분이 아닌 전체로서 의미를 갖는 생활 양식임을 보여 준다.

추가 개념 | 인간의 모든 행동을 문화인 것처럼 오해해서는 안 된다. 사회나 집단 생활과 관련 없는 본능적인 행동이나 혼자만의 독특한 버릇은 문화 현상으로 볼 수 없다.

출제분석 | 문화의 의미, 문화의 속성 등을 파악하는 문제이다. 문화의 속성, 문화의 의미, 문화 요소의 유형 등 문화 관련 개념을 복합적으로 묻는 문제가 출제될 수 있다.

33 문화의 의미 + 물질문화와 비물질문화 + 문화의 속성

정답 ⑤ 정답률 74% 2023학년도 9월 모평 16번 문제편 188p

밑줄 친 ㉠~㉥에 대한 설명으로 옳은 것은? 3점

> 최근 젊은 세대를 중심으로 ㉠ 짠테크 문화가 유행처럼 번지고 있다. 이는 ㉡ 과시적 소비를 추구했던 지난 몇 년 전과는 반대의 현상이다. 짠테크 열풍으로 물건을 빌리거나 나누는 사람들이 늘어나면서, ㉢ 온라인 중개 플랫폼 기술을 활용해 관련 서비스를 제공하는 기업이 급성장하고 있다. 한편 ㉣ SNS를 통해 짠테크 방법에 대한 ㉤ 부정확한 정보가 무차별적으로 유포되어 피해를 입는 경우가 간혹 발생하고 있어, 피해 방지를 위해 관련 ㉥ 법률의 정비가 필요하다.
>
> * 짠테크 : 인색하다는 뜻의 '짜다'와 자산 관리의 기법을 일컫는 '재테크'의 합성어로 적은 돈까지 알뜰하게 관리하는 것을 의미함.

(필기: ㉠ 넓은 의미의 문화, ㉡ 문화의 변동성, ㉢ 물질문화, ㉥ 비물질문화(제도문화))

① ㉠에서 '문화'는 좁은 의미로 사용되었다. (필기: 넓은)
② ㉡에는 문화의 축적성이 부각되어 있다. (필기: 변동성)
③ ㉣은 정보 생산자와 정보 소비자 간 구분이 명확한 매체이다. (필기: 불)
④ ㉤은 대중문화의 확산으로 문화의 획일화가 심화되었음을 보여주는 사례이다.
⑤ ㉥은 ㉢과 달리 비물질문화에 해당한다.

|자|료|해|설|

넓은 의미의 문화는 한 사회나 집단에서 나타나는 언어, 의식주, 가치 및 규범 등 인간의 모든 사회적 생활 양식을 의미하고, 좁은 의미의 문화는 고상하거나 세련된 것, 고급스러운 것 등 특별한 의미를 가지고 있는 사회적 생활 양식을 의미한다.

|선|택|지|풀|이|

① 오답 : 짠테크 문화에서 '문화'는 넓은 의미의 문화에 해당한다.
② 오답 : 과시적 소비를 추구했던 과거와 반대의 현상이 유행하고 있는 것은 문화의 변동성과 관련 있다.
③ 오답 : SNS는 뉴미디어로, 정보 생산자와 정보 소비자 간 구분이 불명확하다.
④ 오답 : 대중매체에 의해 부정확한 정보가 무차별적으로 유포되어 피해를 입는 경우는 문화의 획일화 심화와 관련이 없다.
⑤ 정답 : 온라인 중개 플랫폼 기술은 물질문화에 해당하고, 법률은 제도문화로 비물질문화에 해당한다.

추가 학습 | 문화의 축적성은 문화가 세대 간 전승되면서 새로운 요소가 추가되어 점점 더 풍부해지는 생활 양식임을 의미하고, 문화의 변동성은 시간이 흐르면서 문화가 그 형태나 내용, 의미가 변화하는 생활 양식임을 의미한다.

밑줄 친 ㉠~㉏에 대한 설명으로 옳은 것은? **3점**

> 배트와 공을 사용하는 경기인 ㉠'크리켓(Cricket)'은 ○○국 사람 대다수가 즐기는 여가 ㉡문화이다. ㉢○○국에서 크리켓의 인기가 많은 이유는 ○○국의 정치, 문화와 관련이 깊다. 우선 크리켓은 사회 통합을 달성하는 도구가 되기도 한다. 특히 ○○국과 ㉣정치적 갈등이 있는 국가와 경기가 열리면 ○○국 국민은 평소보다 단결하여 자국팀을 응원한다. 또한 ○○국에서는 예전에 있었던 ㉤신분제의 영향이 남아있어 ㉥○○국 국민은 서로 다른 신분 간 신체 접촉을 피하는 것을 당연하게 여긴다. 이 때문에 경기 중 선수 간에 신체 접촉이 거의 없는 크리켓은 ○○국의 ㉦문화와도 잘 맞는다.

ㄱ넓은 의미의 문화 → ㉠
ㄱ물질문화 → ㉠
문화의 전체성 → ㉡
문화 지체 × → ㉣
비물질문화 → ㉤
문화의 공유성 → ㉥
넓은 의미의 문화 → ㉦

① ㉤과 달리 ㉥은 물질문화이다.
② ㉡, ㉦은 모두 좁은 의미의 문화에 해당한다. (넓은)
③ ㉢은 문화가 고정된 것이 아니라 지속적으로 변화하는 것임을 보여준다. → 변동성
④ ㉣은 문화 지체의 사례에 해당한다. (하지 않는다)
⑤ ㉥에는 문화의 공유성이 부각되어 있다.

|자|료|해|설|
넓은 의미의 문화는 인간의 모든 생활 양식을 가리킬 때 사용되고, 좁은 의미의 문화는 특별한 의미를 가지고 있는 생활 양식을 가리킬 때 사용된다.

|선|택|지|풀|이|
① 오답 : 크리켓은 물질문화에 해당하고, 신분제는 비물질문화에 해당한다.
② 오답 : ㉡과 ㉦은 모두 인간의 모든 생활 양식을 가리키므로 넓은 의미의 문화에 해당한다.
③ 오답 : ㉢에는 문화의 전체성(총체성)이 부각되어 있다. 문화가 고정된 것이 아니라 지속적으로 변화하는 것임을 의미하는 문화의 속성은 변동성이다.
④ 오답 : 문화 지체는 물질문화의 변동 속도에 비해 비물질문화의 변동 속도가 느려 나타나는 문제를 말한다. ㉣에는 문화 지체가 나타나 있지 않다.
⑤ 정답 : ㉥은 문화가 한 사회 구성원 다수가 공통적으로 가지는 생활 양식을 의미하는 문화의 공유성이 부각되어 있다.

🤓 **추가 학습** | 문화의 공유성은 사고와 행동의 동질성을 형성하여 타인의 행동을 예측하고 이해할 수 있게 해 주어 원활한 사회적 상호 작용의 토대가 된다.

😎 **출제분석** | 문화의 의미, 요소 및 속성을 파악하는 문제이다. 사례를 통해 다양한 문화적 개념을 묻는 문제가 출제될 수 있다.

밑줄 친 ㉠ ~ ㉣에 대한 옳은 설명만을 〈보기〉에서 고른 것은?

넓은 의미(생활 양식) → ㉠

> 자신을 적극적으로 표현하는 ㉠'미닝 아웃(meaning out) 문화'가 새로운 문화로 등장했다. 자신의 신념을 새긴 ㉡옷을 사고 인증 사진을 올리는 것이 이러한 문화의 사례이다. ㉢미닝 아웃 문화의 등장은 개인주의의 확산, SNS와 같은 새로운 매체의 증가 등과 밀접하게 관련되어 있다. 처음에는 이러한 문화가 젊은이들을 중심으로 향유되었지만 ㉣최근에는 그들에게 자극 받은 노년층에게까지 확산되고 있다.

물질문화(기술) → ㉡
문화의 전체성 → ㉢

보기

ㄱ. ㉠에서 '문화'는 좁은 의미로 사용되었다. (넓은)
ㄴ. ㉡은 문화 요소 중 기술에 해당한다. (물질문화)
ㄷ. ㉢에는 문화의 전체성이 부각되어 있다.
ㄹ. ㉣은 자극 전파의 사례이다. (로 보기 어렵다)

상호 밀접한 관련 → ㉢

① ㄱ, ㄴ　② ㄱ, ㄷ　③ ㄴ, ㄷ　④ ㄴ, ㄹ　⑤ ㄷ, ㄹ

|자|료|해|설|
좁은 의미의 문화는 고상하고 세련된 것, 고급스러운 것 등 특별한 의미를 가지고 있는 사회적 생활 양식을 말하고, 넓은 의미의 문화는 한 사회나 집단에서 나타나는 인간의 모든 사회적 생활 양식을 말한다.

|보|기|풀|이|
ㄱ. 오답 : '미닝 아웃 문화'에서 '문화'는 생활 양식을 의미하는 넓은 의미로 사용되었다.
ㄴ. 정답 : 의식주는 대표적인 물질문화에 해당한다. 따라서 의복은 문화 요소 중 물질문화인 기술에 해당한다.
ㄷ. 정답 : 미닝 아웃 문화가 다른 문화 요소들과 상호 밀접한(유기적) 관련을 맺으며 등장한 사례에는 문화의 속성 중 문화의 전체성(총체성)이 부각되어 있다.
ㄹ. 오답 : ㉣은 다른 사회의 문화 요소에서 아이디어를 얻어 새로운 문화 요소를 만들어 내는 자극 전파의 사례로 보기 어렵다.

자료에 제시된 A, B에 대한 옳은 설명만을 〈보기〉에서 고른 것은?

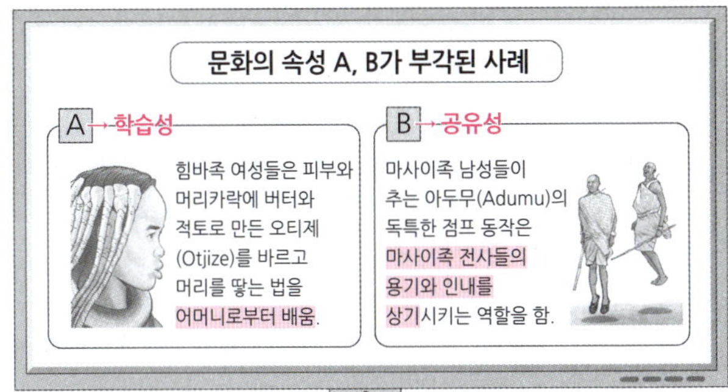

보기

ㄱ. A는 문화가 세대 간 전승을 통해 더욱 풍부하고 다양해진다는 것을 의미한다. → 축적성

ㄴ. A의 사례로 야구장에서 주변 사람들의 응원 동작을 보고 따라하며 익히는 것을 들 수 있다. → 학습성

ㄷ. B는 문화가 사회 구성원들이 공유하는 의미와 맥락 속에서 존재한다는 것을 의미한다. → 공유성

ㄹ. B의 사례로 휴대폰으로 결제하는 기술이 등장하면서 현금 거래가 감소하는 것을 들 수 있다. → 변동성

① ㄱ, ㄴ   ② ㄱ, ㄷ   ③ ㄴ, ㄷ   ④ ㄴ, ㄹ   ⑤ ㄷ, ㄹ

|자|료|해|설|

힘바족 여성들이 오티제를 바르고 머리를 땋는 법을 어머니로부터 배우는 것은 학습성의 사례에 해당하고, 마사이족 남성들이 추는 아두무의 점프 동작이 용기와 인내를 상기시키는 역할을 하는 것은 공유성의 사례에 해당한다. 따라서 A는 학습성, B는 공유성이다.

|보|기|풀|이|

ㄱ. 오답 : 문화가 세대 간 전승을 통해 더욱 풍부하고 다양해진다는 것을 의미하는 문화의 속성은 축적성이다.

ㄴ. 정답 : 야구장에서 주변 사람들의 응원 동작을 보고 따라 하며 익히는 것은 학습성의 사례에 해당한다.

ㄷ. 정답 : 공유성은 문화가 한 사회의 구성원 다수가 공통적으로 가지고 있는 생활 양식임을 의미한다. 즉, 공유성은 문화가 사회 구성원들이 공유하는 의미와 맥락 속에서 존재하는 생활 양식임을 의미한다.

ㄹ. 오답 : 휴대폰으로 결제하는 기술이 등장하면서 현금 거래가 감소하는 것은 변동성의 사례에 해당한다.

문제풀이 TIP | 변동성은 문화가 시간이 흐르면서 그 형태나 내용, 의미가 변화하는 생활 양식임을 의미하고, 축적성은 문화가 세대 간 전승되면서 새로운 요소가 추가되어 점점 더 풍부해지는 생활 양식임을 의미한다.

출제분석 | 문화의 속성을 파악하는 문제이다. 기출 문제를 통해 문화의 속성 사례를 파악해 두도록 한다.

표는 문화의 속성 A~D가 부각된 사례를 나타낸 것이다. 이에 대한 옳은 설명만을 〈보기〉에서 고른 것은? (단, A~D는 각각 공유성, 변동성, 전체성, 축적성 중 하나임.)

문화의 속성	부각된 사례
공유성↗ A, B	갑국에서는 집에서 전통 음식을 만들어 먹는 것이 일상적이었다. 최근에는 이러한 모습은 찾아볼 수 없고 식품 회사가 만든 전통 음식을 사 먹는 것을 당연하게 여긴다. → 공유성, 변동성
축적성↗ A, D ↘변동성	을국에서는 일반 자동차만 운행되고 있었는데, 몇 년 전 자율 주행 기능이 장착된 자동차가 등장하였다. 최근에는 일반 자동차가 자율 주행 자동차로 대체되고 있다. → 축적성, 변동성
전체성↗ B, C	병국에서는 집에서 목욕을 할 때, 사우나를 즐기는 것이 보편적이다. 이는 실내 중심의 여가 생활, 개인주의적 성향 등과 관련이 있다. → 공유성, 전체성

보기

ㄱ. 문화를 구성하는 요소들이 유기적으로 연결되어 있는 것은 A에 해당한다. → 전체성 (C)

ㄴ. 문화를 통해 구성원들이 사고와 행동의 동질성을 갖게 되는 것은 B에 해당한다. → 공유성

ㄷ. 문화 요소가 시간의 흐름에 따라 등장하고 사라지는 것은 C에 해당한다. → 변동성 (A)

ㄹ. 문화 요소들이 세대 간 전승되면서 다양해지고 풍부해지는 것은 D에 해당한다. → 축적성

① ㄱ, ㄴ   ② ㄱ, ㄷ   ③ ㄴ, ㄷ   ④ ㄴ, ㄹ   ⑤ ㄷ, ㄹ

|자|료|해|설|

첫 번째 사례에는 공유성과 변동성이 부각되어 있고, 두 번째 사례에는 축적성과 변동성이 부각되어 있으며, 세 번째 사례에는 공유성과 전체성이 부각되어 있다. 따라서 A는 변동성, B는 공유성, C는 전체성, D는 축적성이다.

|보|기|풀|이|

ㄱ. 오답 : 문화를 구성하는 요소들이 유기적으로 연결되어 있다는 것은 전체성에 해당한다.

ㄴ. 정답 : 공유성은 문화를 통해 구성원들이 사고와 행동의 동질성을 형성하여 타인의 행동을 예측하고 이해할 수 있게 해 줌으로써 원활한 사회적 상호 작용의 토대가 된다.

ㄷ. 오답 : 문화 요소가 시간의 흐름에 따라 등장하고 사라지는 것은 변동성에 해당한다.

ㄹ. 정답 : 축적성은 문화가 세대 간 전승되면서 새로운 요소가 추가되어 점점 더 풍부해지는 것을 의미한다.

문제풀이 TIP | 각 사례에 부각되어 있는 문화의 속성을 적고, 이를 통해 A~D에 해당하는 문화의 속성을 파악하도록 한다.

출제분석 | 사례에 부각되어 있는 문화의 속성을 파악하는 문제이다. 각 문화의 속성의 대표적인 사례와 특징을 알아두도록 한다.

Ⅲ
1.
문화의 이해

1 문화를 바라보는 관점

정답 ⑤   정답률 85%   2023년 4월 학평 12번   문제편 191p

다음 글에 나타난 문화 이해의 관점에 대한 설명으로 가장 적절한 것은?

> A국에는 마스크 착용을 기피하는 문화가 나타난다. 이러한 문화에는 마스크를 쓴 사람을 전염병 환자나 수상한 사람으로 여기는 구성원들의 인식, 그리고 무더운 기후 때문에 마스크 착용이 불편하다는 환경적 요인이 반영되어 있다. 또한 마스크를 파는 곳이 적어 마스크를 구하기가 어렵다는 사회적 요인과도 관련이 깊다. ➡ 총체론적 관점

① 타 문화와 문화적 마찰을 초래할 우려가 있다. ➡ 자문화 중심주의
② 자문화를 기준으로 타 문화를 평가하고자 한다. ➡ 자문화 중심주의
③ 서로 다른 문화 간의 공통점과 차이점을 파악하고자 한다. ➡ 비교론적 관점
④ 타 문화를 우월한 것으로 여겨 자문화를 열등하다고 본다. ➡ 문화 사대주의
⑤ 문화 요소를 다른 요소나 전체와 관련지어 파악하고자 한다.

|자|료|해|설|
제시문은 A국에서 마스크 착용을 기피하는 문화가 구성원들의 인식과 환경적 요인뿐만 아니라 사회적 요인과도 관련 있음을 보여 준다. 이는 총체론적 관점에 해당한다.

|선|택|지|풀|이|
① 오답 : 타 문화와 문화적 마찰을 초래할 우려가 있는 문화 이해 태도는 자문화 중심주의이다.
② 오답 : 자문화를 기준으로 타 문화를 평가하고자 하는 문화 이해 태도는 자문화 중심주의이다.
③ 오답 : 서로 다른 문화 간의 공통점과 차이점을 파악하고자 하는 문화 이해의 관점은 비교론적 관점이다.
④ 오답 : 타 문화를 우월한 것으로 여겨 자문화를 열등하다고 보는 문화 이해 태도는 문화 사대주의이다.
⑤ 정답 : 총체론적 관점은 문화 요소를 이해하기 위해 다른 문화 요소나 전체와의 관련 속에서 문화의 의미를 파악하고자 한다.

🤓 **추가 학습** | 비교론적 관점은 문화가 보편성과 특수성을 동시에 지니고 있다고 전제하고 서로 다른 시대와 사회의 문화를 비교함으로써 공통점과 차이점을 파악하고자 한다.

😮 **출제분석** | 문화 이해의 관점 중 총체론적 관점을 파악하는 문제이다. 문화 이해의 관점과 관련해서는 총체론적 관점과 비교론적 관점이 자주 출제되므로 이 두 관점의 의의를 구분하여 파악해 두도록 한다.

2 문화를 바라보는 관점

정답 ①   정답률 78%   2022년 4월 학평 14번   문제편 191p

(가), (나)에 나타난 문화 이해의 관점에 대한 옳은 설명만을 〈보기〉에서 고른 것은? 3점

> (가) 쌀을 많이 먹는다는 점에서 스페인과 우리나라의 음식 문화에는 유사성이 있다. 하지만 우리나라에서는 생쌀을 물에 불려서 밥을 짓는 반면, 스페인에서는 생쌀을 볶아서 익힌다는 점에서 조리 방식의 차이가 있다. ➡ 비교론적 관점
> (나) 늦은 시간에 저녁을 먹는 스페인의 식사 문화는 '시에스타'라는 낮잠 문화와 관련이 있다. 스페인에는 태양의 열기가 뜨거운 한낮에 잠을 자며 쉬는 풍습이 있어, 많은 상점이나 관공서가 오후에 긴 휴게 시간을 가진 후 업무를 재개한다. 이러한 근무 방식이 식사 문화에도 영향을 미친 것이다. ➡ 총체론적 관점

보기
ㄱ. (가)의 관점은 자문화를 객관적으로 이해하는 데 기여한다.
ㄴ. (나)의 관점은 문화 요소 간의 유기적 연관성을 강조한다.
ㄷ. (가)의 관점은 (나)의 관점과 달리 문화 간의 우열을 평가할 수 있다고 본다. 보지 않는다
ㄹ. (나)의 관점은 (가)의 관점과 달리 문화의 보편성과 특수성을 파악하고자 한다.
　　　　(가)　　　　　　(나)

① ㄱ, ㄴ　　② ㄱ, ㄷ　　③ ㄴ, ㄷ　　④ ㄴ, ㄹ　　⑤ ㄷ, ㄹ

|자|료|해|설|
(가)에는 비교론적 관점이 나타나 있고, (나)에는 총체론적 관점이 나타나 있다.

|보|기|풀|이|
ㄱ 정답 : 비교론적 관점은 자기 문화와 타 문화에 대한 객관적이고 명료한 이해를 돕는다.
ㄴ 정답 : 총체론적 관점은 특정한 문화 요소를 이해하기 위해 다른 문화 요소나 전체와의 관련 속에서 문화의 의미를 파악한다.
ㄷ. 오답 : 비교론적 관점은 문화 간의 우열을 평가하지 않는다.
ㄹ. 오답 : 비교론적 관점은 문화가 보편성과 특수성을 동시에 지니고 있다고 전제한다.

🤓 **추가 학습** | 상대론적 관점은 문화는 그것이 발생한 사회의 역사적·환경적·사회적 맥락 속에서 의미와 가치를 지닌다고 전제하므로 서로 다른 문화가 가진 고유한 의미를 파악함으로써 인류 사회에서 문화 다양성이 갖는 가치를 인식하는 데 기여한다.

😮 **출제분석** | 문화 이해의 관점 중 비교론적 관점과 총체론적 관점을 파악하는 문제이다. 문화 이해의 관점과 문화 이해 태도는 다양한 사례를 통해 출제될 수 있으므로 기출 문제를 통해 다양한 사례를 접해 보도록 한다.

갑과 을이 가진 **문화 이해의 관점**에 대한 옳은 설명만을 <보기>에서
고른 것은?

   ↳ 총체론적 관점, 비교론적 관점, 상대론적 관점
   서로 다른 문화를 비교 → 비교론적 관점

○ 갑은 멕시코와 미국의 유령 관련 축제를 연구하며 멕시코
에서는 유령을 가족이 돌아온 것이라고 믿어 이들을 환영의
대상으로 여기는 반면, 미국에서는 유령이 산 자를 괴롭힌다고
믿어 유령을 피해야 할 대상으로 여기는 인식 차이에 주목
하였다.

○ 을은 영국의 차(茶) 문화를 연구하며 물에 석회 성분이
많아서 식수로 적합하지 않은 환경적 요인, 영국의 식민지에서
저렴한 가격으로 차를 들여올 수 있었던 경제적 요인 등이 차
문화와 어떤 관련을 맺고 있는지에 주목하였다.

   ↳ 상호 밀접한 관련 → 총체론적 관점

보기

ㄱ. 갑의 관점은 문화 간의 보편성과 특수성을 파악하고자 한다.
   공통점   차이점

ㄴ. 을의 관점은 특정 문화 현상을 다른 문화 요소와의 관계
속에서 이해하고자 한다.
   ↳ 총체론적 관점

ㄷ. 을의 관점은 갑의 관점과 달리 자문화의 객관적인 이해에
기여한다.
   ↳ 비교론적 관점

ㄹ. 갑의 관점은 총체론적 관점에, 을의 관점은 비교론적 관점에
해당한다.
   비교   총체

① ㄱ, ㄴ   ② ㄱ, ㄷ   ③ ㄴ, ㄷ   ④ ㄴ, ㄹ   ⑤ ㄷ, ㄹ

| 자 | 료 | 해 | 설 |

갑의 관점은 멕시코와 미국의 유령 관련 축제를 서로
비교하고 있으므로 비교론적 관점이다. 을의 관점은
차(茶) 문화가 환경적 요인, 경제적 요인 등 다양한
요인들과 어떤 관련을 맺고 있는지에 주목하고 있으므로
총체론적 관점이다.

| 보 | 기 | 풀 | 이 |

ㄱ 정답 : 문화 간의 보편성(공통점)과 특수성(차이점)을
파악하고자 하는 것은 비교론적 관점이다.

ㄴ 정답 : 특정 문화 현상을 다른 문화 요소와의 관계
속에서 이해하고자 하는 것은 총체론적 관점이다.

ㄷ. 오답 : 서로 다른 문화의 비교를 통해 문화의 보편성과
특수성을 파악하여 자기 문화의 객관적인 이해에 기여하는
것은 비교론적 관점이다.

ㄹ. 오답 : 갑의 관점은 서로 다른 문화를 비교하고 있는
비교론적 관점이고, 을의 관점은 문화 요소 간 상호
연관성을 살펴보는 총체론적 관점이다.

   ↳ 총체, 비교, 상대론적 관점

(가), (나)에 나타난 **문화 이해의 관점**에 대한 옳은 설명만을
<보기>에서 있는 대로 고른 것은? **3점**

(가) 벌레를 섭취하는 ○○족의 음식 문화가 그들의 자연 환경,
관습, 정치 제도 등 다양한 문화 요소들과 어떤 관련을
맺고 있는지 전체적으로 연구하였다.
   ↳ 총체론적 관점

(나) 벌레를 섭취하는 ○○족의 음식 문화를 해당 사회의
문화적 전통과 사회적 맥락 속에서 연구하여 부족한
단백질 보충이라는 그 사회 나름의 합리적 근거를
찾아내었다.
   ↳ 상대론적 관점

보기

ㄱ. (가)의 관점은 문화에 대한 편협하고 왜곡된 이해를
방지하는 데 기여한다.
   ↳ 총체론적 관점   ↳ 상대론적 관점

ㄴ. (나)의 관점은 해당 문화를 향유하는 사회 구성원의
입장에서 문화의 의미를 파악하는 데 초점을 둔다.

ㄷ. (나)의 관점은 (가)의 관점과 달리 문화를 평가의 대상으로
인식한다.
   ↳ 이해

ㄹ. (가), (나)의 관점은 모두 문화 간 비교를 통해 자기 문화를
객관적으로 이해하는 데 유용하다.
   ↳ 비교론적 관점

① ㄱ, ㄴ   ② ㄱ, ㄷ   ③ ㄷ, ㄹ

④ ㄱ, ㄴ, ㄹ   ⑤ ㄴ, ㄷ, ㄹ

| 자 | 료 | 해 | 설 |

문화를 바라보는 관점에는 총체론적 관점, 비교론적 관점,
상대론적 관점이 있다. 음식 문화가 문화 요소들과 어떤
관련을 맺고 있는지 전체적으로 연구한 (가)는 총체론적
관점에 해당한다. 음식 문화를 해당 사회의 문화적 전통과
사회적 맥락 속에서 연구한 (나)는 상대론적 관점에
해당한다.

| 보 | 기 | 풀 | 이 |

ㄱ 정답 : 총체론적 관점은 문화에 대한 편협하고 왜곡된
이해를 방지하는 데 기여한다.

ㄴ 정답 : 상대론적 관점은 해당 문화를 향유하는 사회
구성원의 입장에서 문화의 의미를 파악하는 데 초점을
둔다.

ㄷ. 오답 : 상대론적 관점은 문화를 평가의 대상이 아닌
이해의 대상으로 인식한다.

ㄹ. 오답 : 문화 간 비교를 통해 자기 문화를 객관적으로
이해하는 데 유용한 관점은 비교론적 관점이다.

다음의 게임 상황에 대한 옳은 분석만을 〈보기〉에서 있는 대로 고른 것은? **3점**

○ 게임 방법 : 한 명은 회색 칩(⬭), 다른 한 명은 검은색 칩(⬤)을 배분받고, 자기 차례에서 문화 관련 진술이 적힌 카드를 하나 선택한 후 그 진술의 참, 거짓을 말하여 맞히면 자기의 칩 1개를 투입구 A ~ E 중 하나에 넣어 아래에서부터 쌓을 기회가 주어진다. 이런 방식으로 갑, 을이 번갈아 진행하여 가로, 세로, 대각선 중 하나의 방향으로 자기의 칩 3개를 연속해서 먼저 쌓는 사람이 승리한다.

○ 게임 상황 : 갑은 회색 칩, 을은 검은색 칩을 배분받았고, 칩의 배치가 아래 그림과 같은 상태에서 이번에는 ［ ㉠ ］ 차례이며 선택한 카드 ［ ㉡ ］ 에 대해 ［ ㉢ ］ 이라고 말하였다.

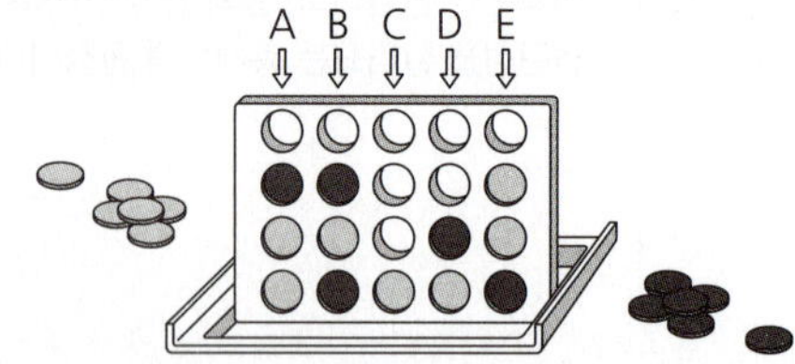

〈이번 차례에서 선택할 수 있는 카드〉

　　(가)　　　　　　(나)　　　　　　(다)

(가)	(나)	(다)
비교론적 관점은 각 사회의 문화가 가지는 보편성과 특수성에 주목한다. **→ 참**	전체성(총체성) <s>축적성</s>이란 문화가 여러 요소들이 상호 유기적으로 결합된 전체임을 의미한다. **→ 거짓**	공유성은 타인의 행동을 예측하고 이해할 수 있게 하여 원활한 상호 작용에 기여한다. **→ 참**

보기

ㄱ. ㉠이 갑, ㉡이 (가), ㉢이 '참'이라면 갑은 E에 칩을 넣어 이번 차례에서 승리할 수 있다.

ㄴ. ㉠이 을, ㉡이 (나), ㉢이 '거짓'이라면 을은 C에 칩을 넣어 이번 차례에서 승리할 수 <s>있다</s>. 없다

ㄷ. ㉡이 (다), ㉢이 '참'이라면 ㉠이 <s>누구든지</s> 갑이면 이번 차례에서는 승리할 수 <s>없다</s>. 있다

① ㄱ　　② ㄷ　　③ ㄱ, ㄴ　　④ ㄴ, ㄷ　　⑤ ㄱ, ㄴ, ㄷ

|자|료|해|설|

비교론적 관점은 각 사회의 문화가 가지는 보편성과 특수성에 주목하는 관점이다. 문화가 여러 요소들이 상호 유기적으로 결합된 전체임을 의미하는 문화의 속성은 전체성이다. 공유성은 타인의 행동을 예측하고 이해할 수 있게 함으로써 원활한 상호 작용에 기여한다. 따라서 카드 (가)와 카드 (다)에는 참인 진술이 적혀 있고, 카드 (나)에는 거짓인 진술이 적혀 있다.

|보|기|풀|이|

㉠ 정답 : 이번 차례에서 갑이 카드 (가)를 선택하여 '참'이라고 말할 경우, 갑은 자기의 칩 1개를 투입구에 넣어 쌓을 기회를 가질 수 있다. E 투입구에는 회색 칩이 세로 방향으로 2개 연속해서 쌓여 있으므로 갑이 E 투입구에 회색 칩 1개를 넣으면 세로 방향으로 3개 연속해서 쌓을 수 있어 승리할 수 있다.

ㄴ. 오답 : 이번 차례에서 을이 카드 (나)를 선택하여 '거짓'이라고 말할 경우, 을은 자기의 칩 1개를 투입구에 넣어 쌓을 기회를 가질 수 있다. 을이 C 투입구에 검은색 칩 1개를 넣는다면, 가로, 세로, 대각선 중 어떤 방향으로도 3개 연속해서 쌓을 수 없으므로 승리할 수 없다.

ㄷ. 오답 : 이번 차례에서 갑이 카드 (다)를 선택하여 '참'이라고 말할 경우 갑은 자기의 칩 1개를 투입구에 넣어 쌓을 기회를 가질 수 있다. 갑이 C 투입구에 회색 칩 1개를 넣는다면 가로 방향으로 3개 연속해서 쌓을 수 있어 승리할 수 있고, E 투입구에 회색 칩 1개를 넣는다면, 세로 방향으로 3개 연속해서 쌓을 수 있어 승리할 수 있다. 이번 차례에서 을이 카드 (다)를 선택하여 '참'이라고 말할 경우 을은 자기의 칩 1개를 투입구에 넣어 쌓을 기회를 가질 수 있다. 그러나 을은 어떤 투입구에 검은색 칩 1개를 넣더라도 가로, 세로, 대각선 중 어느 방향으로도 3개 연속해서 쌓을 수 없어 승리할 수 없다.

😲 **문제풀이 T I P** | 빙고 게임이라고 생각하여 갑과 을이 각각 빙고를 완성할 수 있는 방법을 파악해 보도록 한다.

😮 **출제분석** | 빙고 게임을 응용하여 문화의 속성과 문화를 바라보는 관점을 묻는 문제로, 참신한 문제 유형에 해당한다.

다음 글에서 강조하는 문화 이해 태도에 대한 설명으로 옳은 것은?

　　남미 원주민 중 하나인 아체족은 아이가 다섯 살 정도 되어도 어른이 목말을 태우거나 안고 다니는 경우가 많다. 이러한 아체족의 양육법을 보고 어떤 서구인들은 아이의 독립심을 저해하는 방식이라며 평가 절하하기도 한다. 그러나 아체족이 수렵·채집 생활을 하는 열대 우림에는 독충과 뱀, 맹수가 득실거린다. 이들의 양육법은 위험한 환경 속에서 아이의 생존율을 높이기 위한 생활 방식으로서 나름의 가치가 있는 것으로 보아야 한다. → 문화 상대주의

① 타문화가 우월하다고 믿고 자문화를 폄하한다. → 문화 사대주의
② 서로 다른 문화 간에 우열이 존재함을 전제한다.
③ 국수주의로 변질될 우려가 있다는 비판을 받는다. → 문화 사대주의, 자문화 중심주의
④ 문화의 다양성 보존을 저해한다는 비판을 받는다. → 자문화 중심주의
⑤ 문화를 해당 사회의 맥락에서 이해해야 한다고 본다. → 문화 사대주의, 자문화 중심주의 / → 문화 상대주의

|자|료|해|설|
제시문은 아체족의 양육법이 위험한 환경 속에서 아이의 생존율을 높이기 위한 생활 방식으로써 나름의 가치가 있는 것으로 봐야 한다고 주장하고 있다. 따라서 제시문에서 강조하는 문화 이해 태도는 문화 상대주의이다.

|선|택|지|풀|이|
① 오답 : 타문화가 우월하다고 믿고 자문화를 폄하하는 문화 이해 태도는 문화 사대주의이다.
② 오답 : 문화 상대주의는 서로 다른 문화 간에 우열이 존재하지 않는다고 전제한다.
③ 오답 : 국수주의로 변질될 우려가 있다는 비판을 받는 문화 이해 태도는 자문화 중심주의이다.
④ 오답 : 문화의 다양성 보존을 저해한다는 비판을 받는 문화 이해 태도는 문화 사대주의와 자문화 중심주의이다.
⑤ 정답 : 문화 상대주의는 문화를 우열 평가가 아닌 이해의 대상으로 간주하며 해당 사회의 맥락에서 이해해야 한다고 본다.

밑줄 친 ⊙과 같은 문화 이해 태도에 부합하는 진술만을 〈보기〉에서 있는 대로 고른 것은? **3점**

　　○○족 문화를 연구하러 현지 조사를 떠난 A는 우연히 마을 장로들과 셰익스피어의 「햄릿」에 대하여 대화를 나누게 된다. 「햄릿」은 아버지의 갑작스러운 죽음 이후, 아버지 대신 왕이 된 삼촌과 어머니의 결혼에 괴로워하던 햄릿이 아버지를 죽인 삼촌에게 복수하는 이야기이다. 그런데 형이 죽으면 동생이 형수와 결혼하는 것을 당연시하고, 아버지의 복수를 아들이 직접 하는 것도 금지하는 ○○족 사회에서 햄릿의 행동은 전혀 다르게 해석되었다. 그들과의 대화를 통해 A는 보편적으로 통용될 것이라 믿었던 「햄릿」에 대한 해석도 특정 문화의 관점에서 만들어진 것에 불과하다는 것을 알게 되었다. 이를 통해 타 문화를 이해하기 위해서는 그 사회의 문화가 형성되는 상황이나 맥락을 고려하는 ⊙ 문화 이해 태도가 중요하다는 사실을 깨닫게 되었다. → 문화 상대주의

보기
ㄱ. 이웃 나라에서 체면을 중시하는 문화가 왜 지배적인지 그 사회 내부의 논리와 체계 속에서 이해할 필요가 있어.
ㄴ. 음식을 손으로 집어 먹는 우리 문화는 열등해. 서구 사회처럼 포크와 나이프를 사용하는 세련된 문화를 받아들여야 해. → 문화 사대주의
ㄷ. 시신을 화장하는 우리의 장례 문화와 비교할 때, 시신을 새나 다른 동물의 먹이로 들판에 방치하는 △△부족의 관습은 너무 야만적이야. → 자문화 중심주의

① ㄱ　　② ㄴ　　③ ㄱ, ㄷ　　④ ㄴ, ㄷ　　⑤ ㄱ, ㄴ, ㄷ

|자|료|해|설|
타 문화를 이해하기 위해 그 사회의 문화가 형성되는 상황이나 맥락을 고려하는 문화 이해 태도는 문화 상대주의이다.

|보|기|풀|이|
ㄱ. 정답 : 체면을 중시하는 문화가 지배적인 이웃 나라를 이해하기 위해 그 사회의 맥락에서 갖는 고유한 의미를 존중하고자 하므로 이는 문화 상대주의에 부합한다.
ㄴ. 오답 : 서구 사회의 문화를 세련된 문화로 인식하고 자기 문화를 열등하다고 보고 있으므로 이는 문화 사대주의에 부합한다.
ㄷ. 오답 : 자기 문화를 기준으로 타 문화가 야만적이라고 보고 있으므로 이는 자문화 중심주의에 부합한다.

😲 **문제풀이 TIP** | 제시문을 꼼꼼하게 읽지 않아도 마지막 문장을 통해 ⊙이 해당하는 문화 이해 태도를 파악할 수 있다.

😆 **출제분석** | 문화 이해 태도를 파악하는 문제이다. 문화 이해 태도와 문화의 속성이 복합적으로 출제될 수 있으므로 기출 문제를 통해 다양한 유형의 문제를 접해 보도록 한다.

(가)에 들어갈 수 있는 내용으로 가장 적절한 것은?

갑 : A국의 식사 문화는 손님에 대한 예의가 없는 것 같아.

을 : A국에서는 자기 가족끼리만 식사를 하는 것이 오랜 전통이야. 이런 문화가 우리와 달라서 이상하게 보일 수 있지만 틀렸다고 생각하면 안 돼. 서로 다른 문화를 제대로 이해하려면 각 사회 문화를   (가)

↳ 문화 상대주의

① 비교하며 평가하는 대상으로 여겨야 해.
② 인류의 보편적 가치를 기준으로 평가해야 해.
③ 동경심을 가지고 받아들이려는 태도를 취해야 해.
④ 타문화보다 자문화가 우수하다는 태도로 판단해야 해.
⑤ 그 사회의 특수한 환경과 사회적 맥락에서 바라봐야 해.

|자|료|해|설|

을은 A국의 식사 문화를 A국의 맥락에서 이해할 것을 강조하고 있다.

|선|택|지|풀|이|

①, ②, ③, ④ 오답 : (가)에 들어갈 내용으로 적절하지 않다.

⑤ 정답 : (가)에는 문화 상대주의와 관련 있는 내용이 들어갈 수 있다. 문화 상대주의는 해당 사회의 문화를 그 사회의 특수한 환경과 사회적 맥락에서 바라볼 것을 강조한다.

😀 **출제분석** | 문화 이해 태도를 파악하는 문제이다. 자문화 중심주의, 문화 사대주의, 문화 상대주의, 극단적 문화 상대주의를 비교하여 핵심 내용을 파악해 두도록 한다.

갑, 을의 문화 이해 태도에 대한 설명으로 옳은 것은?

자문화 중심주의 → 갑 : ○○국에서는 생선을 익히지 않고 흰 쌀밥 위에 올려 먹는 음식을 즐긴다던데, 음식을 익혀 먹는 우리 나라의 조리 방식에 비하면 너무 미개하다고 느껴져.

문화 상대주의 → 을 : ○○국에서 그렇게 음식을 먹는 것은 가공되지 않은 재료 본연의 맛을 중시하는 가치관과 신선한 생선을 공급받을 수 있는 환경적 조건이 반영된 결과야. 이런 배경을 바탕으로 ○○국의 문화를 이해해야 한다고 생각해.

① 갑의 태도는 국수주의로 변질될 수 있다는 비판을 받는다.
② 을의 태도는 문화의 다양성을 저해할 수 있다는 비판을 받는다.
③ 갑의 태도와 달리 을의 태도는 타 문화와 마찰을 일으킬 수 있다는 비판을 받는다.
④ 을의 태도와 달리 갑의 태도는 자문화의 정체성을 상실할 우려가 있다는 비판을 받는다. 받지 않는다
⑤ 갑, 을의 태도는 모두 특정 문화를 기준으로 타 문화를 평가한다는 비판을 받는다.

↳ 문화 절대주의(자문화 중심주의, 문화 사대주의)

|자|료|해|설|

갑은 ○○국 조리 방식이 자기 나라의 조리 방식에 비해 미개하다고 보고 있으므로 이는 자문화 중심주의에 해당한다. 을은 ○○국의 문화에 대해 해당 사회의 맥락에서 갖는 고유한 의미를 존중해야 한다고 보고 있으므로 이는 문화 상대주의에 해당한다.

|선|택|지|풀|이|

① 정답 : 자문화 중심주의는 자기 나라의 문화만을 가장 뛰어난 것으로 믿고 다른 나라의 문화를 배척하는 국수주의로 변질될 수 있다는 비판을 받는다.

② 오답 : 자문화 중심주의는 문화 상대주의와 달리 문화의 다양성을 저해할 수 있다는 비판을 받는다.

③ 오답 : 자문화 중심주의는 문화 상대주의와 달리 타 문화와 마찰을 일으킬 수 있다는 비판을 받는다.

④ 오답 : 자문화의 정체성을 상실할 우려가 있다는 비판을 받는 문화 이해 태도는 문화 사대주의이다.

⑤ 오답 : 특정 문화를 기준으로 타 문화를 평가한다는 비판을 받는 문화 이해 태도는 문화 절대주의이다. 자문화 중심주의는 문화 상대주의와 달리 자기 문화를 기준으로 타 문화를 평가한다는 비판을 받는다.

😲 **문제풀이 TIP** | 문화 상대주의는 문화를 우열 평가가 아닌 이해의 대상으로 간주하는 반면, 자문화 중심주의와 문화 사대주의는 문화를 우열 평가의 대상으로 간주한다.

😀 **출제분석** | 자문화 중심주의와 문화 상대주의를 파악하는 문제이다. 자문화 중심주의, 문화 사대주의, 문화 상대주의의 특징을 비교하는 문제가 출제될 수 있다.

다음은 문화 이해의 태도 A~C를 구분하는 질문에 대한 학생의 답변과 교사의 채점 결과이다. 이에 대한 설명으로 옳은 것은? (단, A~C는 각각 자문화 중심주의, 문화 사대주의, 문화 상대주의 중 하나임.) **3점**

질문	답변	
	갑	을
A는 B, C와 달리 특정 사회의 문화를 기준으로 자문화를 낮게 평가하는가? → 문화 사대주의 [문화 사대주의]	예	예
C는 A, B와 달리 국수주의로 변질될 수 있다는 비판을 받는가? → 자문화 중심주의 [자문화 중심주의]	예	아니요
(가) [문화 상대주의]	㉠	아니요
(나)	㉡	예
점수	4점	2점

* 교사는 질문별로 각각 채점하고, 각 질문당 옳은 답변을 쓴 경우는 1점, 틀린 답변을 쓴 경우는 0점을 부여함.

① ㉠이 '예'라면, (나)에는 'C는 B와 달리 문화 간 우열을 평가할 수 없다고 보는가?'가 들어갈 수 있다. [없다]

② ㉡이 '아니요'라면, (가)에는 'A는 C와 달리 타문화와의 마찰을 초래할 가능성이 큰가?'가 들어갈 수 없다. [있다]

③ (가)가 'B는 A와 달리 문화의 다양성을 보존하는 데 기여하는가?'라면, ㉡은 '아니요'이다. [예]

④ (나)가 'B는 C와 달리 자기 문화의 가치만을 중시하는가?'라면, ㉠은 '아니요'이다.

⑤ (가)가 'A는 B와 달리 자문화의 정체성을 상실할 수 있다는 비판을 받는가?'라면, (나)에는 'C는 A와 달리 타문화를 무비판적으로 수용할 가능성이 높은가?'가 들어갈 수 있다. [없다] [㉠ : 예]

|자|료|해|설|

특정 사회의 문화를 기준으로 자문화를 낮게 평가하는 문화 이해 태도는 문화 사대주의이고, 국수주의로 변질될 수 있다는 비판을 받는 문화 이해 태도는 자문화 중심주의이다. 갑의 점수가 4점이므로 갑은 모든 질문에 대해 옳은 답변을 하였다. 따라서 A는 문화 사대주의, B는 문화 상대주의, C는 자문화 중심주의이다.

|선|택|지|풀|이|

① 오답 : ㉠이 '예'라면, (나)에는 '예'라는 답변이 옳은 답변이 될 수 있는 질문이 들어가야 한다. 자문화 중심주의는 문화 상대주의와 달리 문화 간 우열을 평가할 수 있다고 본다. 따라서 해당 질문은 (나)에 들어갈 수 없다.

② 오답 : ㉡이 '아니요'라면, (가)에는 '아니요'라는 답변이 옳은 답변이 될 수 있는 질문이 들어가야 한다. 자문화 중심주의는 문화 사대주의와 달리 타문화와의 마찰을 초래할 가능성이 크다. 따라서 해당 질문은 (가)에 들어갈 수 있다.

③ 오답 : 문화 상대주의는 문화 사대주의와 달리 문화의 다양성을 보존하는 데 기여한다. 해당 질문이 (가)에 들어가면, ㉠은 '예'가 되므로 ㉡은 '예'가 된다.

④ 정답 : 자문화 중심주의는 문화 상대주의와 달리 자기 문화의 가치만을 중시한다. 해당 질문이 (나)에 들어가면, ㉡은 '아니요'가 되므로 ㉠은 '아니요'가 된다.

⑤ 오답 : 문화 사대주의는 문화 상대주의와 달리 자문화의 정체성을 상실할 수 있다는 비판을 받는다. 해당 질문이 (가)에 들어가면 ㉠은 '예'가 되므로 ㉡은 '예'가 된다. 문화 사대주의는 자문화 중심주의와 달리 타문화를 무비판적으로 수용할 가능성이 높다. 따라서 해당 질문은 (나)에 들어갈 수 없다.

갑~병의 문화 이해 태도에 대한 설명으로 옳은 것은?

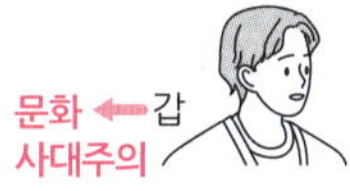

① 갑의 태도는 선진 문물 수용에 적극적이지 않다는 비판을 받는다. [적극적이다]

② 을의 태도는 자국의 문화 정체성을 약화한다는 비판을 받는다. [을→갑]

③ 병의 태도는 문화 제국주의로 나아갈 수 있다는 비판을 받는다. [병→을]

④ 갑, 을의 태도는 모두 문화의 다양성을 저해할 수 있다는 비판을 받는다.

⑤ 을, 병의 태도는 모두 특정 문화를 기준으로 문화 간 우열을 가린다는 비판을 받는다. [갑, 을]

|자|료|해|설|

갑의 문화 이해 태도는 문화 사대주의, 을의 문화 이해 태도는 자문화 중심주의, 병의 문화 이해 태도는 문화 상대주의이다.

|선|택|지|풀|이|

① 오답 : 문화 사대주의는 선진 문물의 수용에 적극적이다.

② 오답 : 문화 사대주의는 자국의 문화 정체성을 상실할 우려가 있다는 비판을 받는다.

③ 오답 : 자문화 중심주의는 문화 제국주의로 나아갈 우려가 있다는 비판을 받는다.

④ 정답 : 문화 사대주의와 자문화 중심주의는 모두 문화의 다양성을 저해할 우려가 있다는 비판을 받는다.

⑤ 오답 : 문화 사대주의와 자문화 중심주의는 모두 특정 문화를 기준으로 문화 간 우열을 가린다는 비판을 받는다.

추가 학습 | 자문화 중심주의와 문화 사대주의는 문화를 절대적인 기준에 따라 우열 평가의 대상으로 간주한다는 점에서 문화 절대주의라는 공통점이 있다.

출제분석 | 문화 이해 태도를 파악하는 문제이다. 삽화, 대화, 제시문, 표, 그림 등 다양한 유형으로 문화 이해 태도를 묻는 문제가 출제될 수 있다.

다음 자료에 대한 옳은 설명만을 <보기>에서 고른 것은? (단, A~C는
각각 문화 사대주의, 문화 상대주의, 자문화 중심주의 중 하나임.)

→ 문화 사대주의, 자문화 중심주의

○ '서로 다른 사회의 문화에 대해 우열을 판단할 수 있다고
보는가?'라는 질문으로 A와 B를 구분할 수 없다. → C는 문화 상대주의

○ '   (가)   '라는 질문으로 A와 B를 구분할 수 있다.

보기

ㄱ. A, B와 달리 C는 문화의 다양성 보존에 기여한다.

ㄴ. A가 타 문화를 맹목적으로 추종하는 태도라면, B는 자문화의
정체성을 약화시킬 수 있다는 비판을 받는다. → 문화 사대주의 / → 문화 사대주의

ㄷ. (가)에는 '문화 제국주의로 변질될 수 있다는 비판을
받는가?'가 들어갈 수 있다. → 자문화 중심주의

ㄹ. (가)에는 '해당 사회의 상황과 맥락을 고려하여 문화를
이해하는가?'가 들어갈 수 있다. 없다 → 문화 상대주의

① ㄱ, ㄴ　② ㄱ, ㄷ　③ ㄴ, ㄷ　④ ㄴ, ㄹ　⑤ ㄷ, ㄹ

문제풀이 TIP | A와 B를 구분할 수 없는 질문을 통해 C에 해당하는 문화 이해 태도를 파악할 수 있다.

|자|료|해|설|

서로 다른 사회의 문화에 대해 우열을 판단할 수 있다고
보는 태도는 문화 절대주의로, 문화 사대주의와 자문화
중심주의가 이에 해당한다. 따라서 C는 문화 상대주의이고,
A와 B는 각각 문화 사대주의와 자문화 중심주의 중
하나이다.

|보|기|풀|이|

ㄱ 정답 : 문화 상대주의는 타 문화를 그 사회의 맥락에서
이해함으로써 문화적 다양성을 보존하는 데 기여할 수
있다.

ㄴ. 오답 : 타 문화를 맹목적으로 추종하는 태도는 문화
사대주의이다. A가 문화 사대주의라면, B는 자문화
중심주의이다. 자문화의 정체성을 약화시킬 수 있다는
비판을 받는 태도는 문화 사대주의이다.

ㄷ 정답 : (가)에는 문화 사대주의와 자문화 중심주의를
구분할 수 있는 질문이 들어가야 한다. 문화 제국주의로
변질될 수 있다는 비판을 받는 태도는 자문화
중심주의이다. 따라서 해당 질문은 (가)에 들어갈 수 있다.

ㄹ. 오답 : (가)에는 문화 사대주의와 자문화 중심주의를
구분할 수 있는 질문이 들어가야 한다. 해당 사회의
상황과 맥락을 고려하여 문화를 이해하는 태도는 문화
상대주의이다. 따라서 해당 질문은 (가)에 들어갈 수 없다.

갑 ~ 병의 문화 이해 태도에 대한 설명으로 옳은 것은?

① 갑의 태도는 선진 문물 수용에 소극적이라는 비판을 받는다. 적극적이다

② 을의 태도는 문화 제국주의로 변질될 수 있다는 비판을 받는다.

③ 병의 태도는 특정 문화를 기준으로 타 문화를 평가한다는 비판을
갑, 을 받는다.

④ 갑의 태도는 을의 태도와 달리 타 문화와의 마찰을 일으킬 수
있다는 비판을 받는다.

⑤ 을의 태도는 병의 태도와 달리 자기 문화의 정체성을 상실할 수
갑 있다는 비판을 받는다. → 문화 사대주의

|자|료|해|설|

갑은 문화 사대주의 태도를 가지고 있고, 을은 자문화
중심주의 태도를 가지고 있으며, 병은 문화 상대주의
태도를 가지고 있다.

|선|택|지|풀|이|

① 오답 : 문화 사대주의는 선진 문물 수용에 적극적이다.

② 정답 : 자문화 중심주의는 자기 문화에 대한 우월성을
드러내며 문화 제국주의로 변질될 수 있다는 비판을 받는다.

③ 오답 : 특정 문화를 기준으로 타 문화를 평가한다는
비판을 받는 문화 이해 태도는 문화 사대주의와 자문화
중심주의이다.

④ 오답 : 타 문화와의 마찰을 일으킬 수 있다는 비판을
받는 문화 이해 태도는 자문화 중심주의이다.

⑤ 오답 : 자기 문화의 정체성을 상실할 수 있다는 비판을
받는 문화 이해 태도는 문화 사대주의이다.

추가 학습 | 문화 제국주의는 주로 강대국에 의해 주변의
약소국들에 대한 문화적 지배로 나타난다. 자문화 중심주의는
제국주의적 문화 이식 시도로 문화적 마찰을 발생시킬 수 있다.

출제분석 | 문화 이해 태도를 파악하는 문제이다. 각 문화 이해
태도의 공통점과 차이점을 비교하는 문제가 출제될 수 있다.

다음 자료의 갑~병이 지닌 문화 이해 태도에 대한 옳은 설명만을 〈보기〉에서 고른 것은? **3점**

A국 가옥 숙박 후기

A국의 가옥에서 숙박을 했는데 옆방과 종이 문 하나로 경계를 두고 있어서 자는 내내 너무 불편했습니다.

└ 갑 : 역시 세계 어디를 가더라도 우리나라만큼 우수한 가옥 문화를 가진 나라는 없군요. → 자문화 중심주의

└ 을 : A국 사람들의 입장에서 보면 다 이유가 있는 문화이므로 외부인의 입장에서 해석해서는 안 돼요. → 문화 상대주의

└ 병 : 저는 우리나라 가옥과 달리 세련된 A국의 가옥에서 살고 싶어요. 우리나라의 가옥은 너무 촌스럽지 않나요? → 문화 사대주의

보기

ㄱ. 갑의 태도는 자기 문화의 정체성을 상실하게 할 가능성이 크다. (병)

ㄴ. 을의 태도는 문화 다양성의 보존에 기여한다.

ㄷ. 병의 태도는 외부 문화의 수용에 적극적이다.

ㄹ. 을의 태도는 갑, 병의 태도와 달리 문화를 우열 평가의 (갑·병)(을) 대상으로 본다.

① ㄱ, ㄴ ② ㄱ, ㄷ ③ ㄴ, ㄷ ✓ ④ ㄴ, ㄹ ⑤ ㄷ, ㄹ

|자|료|해|설|

갑은 자문화 중심주의 태도를, 을은 문화 상대주의 태도를, 병은 문화 사대주의 태도를 지니고 있다.

|보|기|풀|이|

ㄱ. 오답 : 자기 문화의 정체성을 상실할 가능성이 큰 문화 이해 태도는 문화 사대주의이다.

ㄴ. 정답 : 문화 상대주의는 자기 문화와 타 문화의 가치를 모두 존중하므로 문화적 다양성을 보존하는 데 기여할 수 있다.

ㄷ. 정답 : 문화 사대주의는 타 문화를 받아들이는 것은 자기 문화의 낙후성을 개선하고 선진 문물의 수용에 기여할 수 있다고 본다.

ㄹ. 오답 : 자문화 중심주의와 문화 사대주의는 문화 상대주의와 달리 문화를 우열 평가의 대상으로 본다.

😲 **추가 학습** | 자문화 중심주의와 문화 사대주의는 공통적으로 절대적 기준에 따라 문화의 우열을 평가할 수 있다고 본다. 그러나 자문화 중심주의는 자기 문화가 발전 단계의 정점에 위치해 있다고 보는 반면, 문화 사대주의는 다른 사회의 문화가 발전 단계의 정점에 위치해 있다고 본다.

😄 **출제분석** | 문화 이해 태도를 비교하는 문제이다. 각 문화 이해 태도의 기능, 공통점 및 차이점을 비교하여 이해해 두도록 한다.

문화 이해의 태도 A~C에 대한 설명으로 옳은 것은? (단, A~C는 각각 문화 사대주의, 문화 상대주의, 자문화 중심주의 중 하나이다.)

교사 : 문화의 우열을 평가할 수 있는지에 대해 B, C는 A와 다른 입장을 갖는다는 공통점이 있는데, B와 C 간에도 차이점이 있습니다. 그러면 B와 다른 C의 특징을 설명해 볼까요? 자문화 중심주의 ← → 문화 사대주의

갑 : 자기 문화의 정체성을 유지하는 데 유리합니다. → 자문화 중심주의

을 : 외부 문화의 수용에 적극적입니다. → 문화 사대주의

교사 : 을만 옳은 설명을 했습니다.

① A는 다른 사회와 문화적 마찰을 초래할 가능성이 크다. (B)

② B는 문화적 다양성 증진에 기여한다. (A)

③ C는 모든 문화의 고유한 가치를 존중한다. (A)

④ A는 B와 달리 문화 제국주의로 변질될 가능성이 크다. (B)

⑤ C는 B와 달리 자기 문화의 가치를 폄하한다. ✓ → 문화 사대주의

|자|료|해|설|

문화의 우열을 평가할 수 있다고 보는 문화 이해 태도는 자문화 중심주의와 문화 사대주의이다. 따라서 A는 문화 상대주의이고, B와 C는 각각 자문화 중심주의와 문화 사대주의 중 하나이다. 자기 문화의 정체성을 유지하는 데 유리한 문화 이해 태도는 자문화 중심주의이고, 외부 문화의 수용에 적극적인 문화 이해 태도는 문화 사대주의이다. 교사는 C의 특징을 옳게 말한 사람이 을이라고 했으므로 B는 자문화 중심주의, C는 문화 사대주의에 해당한다.

|선|택|지|풀|이|

① 오답 : 다른 사회와 문화적 마찰을 초래할 가능성이 큰 문화 이해 태도는 자문화 중심주의이다.

② 오답 : 문화적 다양성 증진에 기여할 수 있는 문화 이해 태도는 문화 상대주의이다.

③ 오답 : 모든 문화의 고유한 가치를 존중하는 문화 이해 태도는 문화 상대주의이다.

④ 오답 : 자문화 중심주의는 다른 사회에 대한 제국주의적 문화 이식 시도로 이어질 경우 사회 간 마찰과 갈등을 유발할 수 있다.

⑤ 정답 : 문화 사대주의는 타 문화의 우수성을 내세워 자기 문화를 낮게 평가하는 태도이다.

😲 **문제풀이 TIP** | 문화 절대주의에는 자문화 중심주의와 문화 사대주의가 해당하므로 문화의 우열을 평가할 수 있는지에 대해 다른 입장을 가지고 있는 A는 문화 상대주의에 해당함을 알 수 있다.

😄 **출제분석** | 문화 이해 태도를 비교하는 문제이다. 문화 이해 태도를 구분하는 도표나 그림뿐만 아니라 다양한 사례를 통해 파악할 수 있는 문화 이해 태도를 묻는 문제가 출제될 수 있다. 각각의 문화 이해 태도를 보여 주는 대표적인 사례를 알아 두도록 한다.

다음의 수행평가에서 2점을 얻을 수 있는 학생만을 있는 대로 고른 것은?

§ 수행평가 §

☞ ㉠과 ㉡을 비교하여 한 문장으로 서술하시오. (단, 문장 안에 ㉠, ㉡ 중 하나라도 사용되지 않았을 경우 1점을 감점함.) [2점]

과거 갑국 사람들은 주변국들을 모두 야만족으로 취급하였고, 자국을 세상의 중심으로 보며 자기 문화를 최고로 여겼다. 이러한 문화 이해 태도는 ㉠ 에 해당한다. → 자문화 중심주의

그러나 오늘날 갑국 사람들은 과거와 달리 다른 나라의 문화와 그 가치도 존중하는 태도를 가지고 있다. 이러한 문화 이해의 태도는 ㉡ 에 해당한다. → 문화 상대주의

---------------------- 학생 답안 ----------------------

갑 : ㉡은 인류의 문화 다양성 보존에 기여한다. → 1점

을 : ㉠은 ㉡과 달리 타문화에 대한 차별적 편견을 가진다. → 2점

병 : ㉡은 ㉠과 달리 문화를 우열 평가가 아닌 이해의 대상으로 본다. → 2점

정 : ㉠과 ㉡은 모두 국수주의에 빠질 우려가 크다. → 0점

① 갑, 을   ② 갑, 정   ③ 을, 병
④ 갑, 병, 정   ⑤ 을, 병, 정

|자|료|해|설|

과거 갑국 사람들이 자기 문화를 최고로 여긴 문화 이해 태도는 자문화 중심주의에 해당하고, 오늘날 갑국 사람들이 다른 나라의 문화를 존중하는 문화 이해 태도는 문화 상대주의에 해당한다. 따라서 ㉠은 자문화 중심주의, ㉡은 문화 상대주의이다.

|선|택|지|풀|이|

①, ②, ④, ⑤ 오답 : 인류의 문화 다양성 보존에 기여할 수 있는 문화 이해 태도는 문화 상대주의이다. 갑의 경우 문화 상대주의에 대해서만 옳게 서술하였으므로 1점이 감점되어 총 1점을 얻는다. 국수주의에 빠질 우려가 있는 문화 이해 태도는 자문화 중심주의이다. 정의 경우 자문화 중심주의와 문화 상대주의 모두를 사용하였으나 옳지 않게 서술하였으므로 총 0점을 얻는다.

③ 정답 : 자문화 중심주의는 문화 상대주의와 달리 타문화에 대한 차별적 편견을 가진다. 을의 경우 자문화 중심주의와 문화 상대주의 모두를 사용하여 옳게 서술하였으므로 총 2점을 얻는다. 문화 상대주의는 자문화 중심주의와 달리 문화를 우열 평가가 아닌 이해의 대상으로 본다. 병의 경우 자문화 중심주의와 문화 상대주의 모두를 사용하여 옳게 서술하였으므로 총 2점을 얻는다.

문제풀이 TIP | 자문화 중심주의와 문화 상대주의 모두를 사용하여 옳게 진술을 해야 총 2점을 얻을 수 있고, 옳은 진술을 했지만 자문화 중심주의와 문화 상대주의 중 하나만 언급했다면 1점이 감점되어 총 1점을 얻을 수 있음을 명심하도록 한다.

갑~병의 문화 이해 태도에 대한 설명으로 옳은 것은?

갑 → 자문화 중심주의

을 → 문화 사대주의

문화 상대주의 ← 병

① 갑의 태도는 타문화(자문화)에 대한 긍정적 인식에서 비롯된다.
② 을의 태도는 자문화를 독자적으로 계승하는 데 기여한다.
③ 병의 태도는 문화 간 우열을 평가할 수 있다고(없다고) 본다.
④ 병의 태도와 달리 갑의 태도는 타문화와의 마찰을 일으킬 수 있다는 비판을 받는다.
⑤ 병의 태도와 달리 을의(갑의 태도는) 태도는 문화 제국주의로 나아갈 수 있다는 비판을 받는다.

|자|료|해|설|

갑의 문화 이해 태도는 자문화 중심주의, 을의 문화 이해 태도는 문화 사대주의, 병의 문화 이해 태도는 문화 상대주의이다.

|선|택|지|풀|이|

① 오답 : 자문화 중심주의는 자문화에 대한 긍정적 인식에서 비롯된다.
② 오답 : 자문화를 독자적으로 계승하는 데 기여하는 문화 이해 태도는 자문화 중심주의이다.
③ 오답 : 문화 상대주의는 자문화 중심주의, 문화 사대주의와 달리 문화 간 우열을 평가할 수 없다고 본다.
④ 정답 : 자문화 중심주의는 제국주의적 문화 이식 시도로 타문화와의 마찰을 발생시킬 수 있다.
⑤ 오답 : 문화 제국주의로 나아갈 수 있다는 비판을 받는 문화 이해 태도는 자문화 중심주의이다.

문제풀이 TIP | 자문화의 우수성을 내세운다면 자문화 중심주의, 타문화의 우수성을 내세운다면 문화 사대주의, 문화를 이해의 대상으로 간주한다면 문화 상대주의와 관련 있다.

출제분석 | 문화 이해 태도를 파악하는 문제이다. 각 문화 이해 태도의 특징을 비교하는 문제가 출제될 수 있다.

그림은 문화 이해 태도 A~C를 구분한 것이다. 이에 대한 설명으로 옳은 것은? (단, A~C는 각각 자문화 중심주의, 문화 사대주의, 문화 상대주의 중 하나임.) 3점

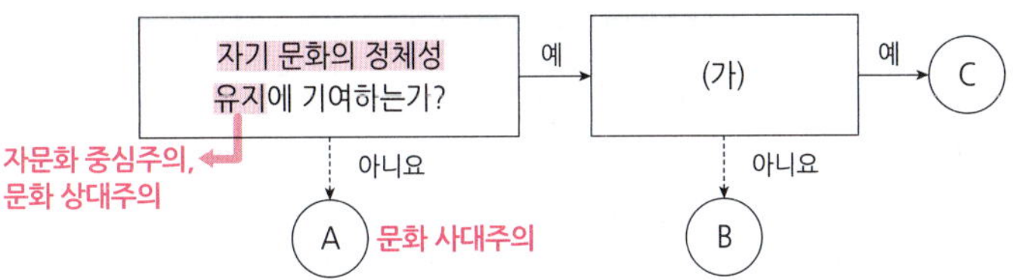

① A는 모든 문화가 동등한 가치를 가지고 있다고 본다. → 문화 상대주의

② B가 문화를 평가가 아닌 이해의 대상으로 보는 태도라면, (가)에는 '문화 다양성 보존에 기여하는가?'가 들어갈 수 있다. → 문화 상대주의 / 문화 상대주의 / 없다

③ C가 자문화를 타문화보다 우월하다고 보는 태도라면, (가)에는 '국수주의로 나아갈 우려가 있는가?'가 들어갈 수 있다. → 자문화 중심주의

④ (가)에는 '문화 간 우열을 평가할 수 있다고 보는가?'가 들어갈 수 없다. → 자문화 중심주의 / 자문화 중심주의, 문화 사대주의 / 있다

⑤ (가)에 '각 사회의 문화를 해당 사회의 맥락에서 바라보는가?'가 들어간다면, C는 B에 비해 타문화와의 마찰을 초래할 가능성이 높다. → 문화 상대주의 / B C / 자문화 중심주의

추가 개념 | 국수주의는 자기 나라의 문화만을 가장 뛰어난 것으로 믿고 다른 나라의 문화를 배척하는 극단적인 태도를 말한다.

출제분석 | 문화 이해 태도를 파악하는 문제이다. 표, 제시문, 그림 등 다양한 유형으로 문화 이해 태도를 구분하는 문제가 출제될 수 있다.

|자|료|해|설|

자기 문화의 정체성 유지에 기여하는 태도는 자문화 중심주의와 문화 상대주의이다. 따라서 A는 문화 사대주의이고, B와 C는 각각 자문화 중심주의와 문화 상대주의 중 하나이다.

|선|택|지|풀|이|

① 오답 : 모든 문화가 동등한 가치를 가지고 있다고 보는 문화 이해 태도는 문화 상대주의이다.

② 오답 : 문화를 평가가 아닌 이해의 대상으로 보는 문화 이해 태도는 문화 상대주의이다. B가 문화 상대주의라면, C는 자문화 중심주의이다. 문화 다양성 보존에 기여하는 문화 이해 태도는 문화 상대주의이다. 따라서 해당 질문은 (가)에 들어갈 수 없다.

③ 정답 : 자문화를 타문화보다 우월하다고 보는 문화 이해 태도는 자문화 중심주의이다. C가 자문화 중심주의라면, B는 문화 상대주의이다. 국수주의로 나아갈 우려가 있는 문화 이해 태도는 자문화 중심주의이다. 따라서 해당 질문은 (가)에 들어갈 수 있다.

④ 오답 : 자문화 중심주의와 문화 상대주의 중 문화 간 우열을 평가할 수 있다고 보는 문화 이해 태도는 자문화 중심주의이다. 따라서 해당 질문은 (가)에 들어갈 수 있다.

⑤ 오답 : 각 사회의 문화를 해당 사회의 맥락에서 바라보는 문화 이해 태도는 문화 상대주의이다. 해당 질문이 (가)에 들어가면 B는 자문화 중심주의, C는 문화 상대주의이다. 자문화 중심주의는 문화 상대주의에 비해 타문화와의 마찰을 초래할 가능성이 높다.

그림의 A~C에 대한 설명으로 옳은 것은? (단, A~C는 각각 자문화 중심주의, 문화 사대주의, 문화 상대주의 중 하나임.)

① A는 타문화를 수용하는 데 적극적이다. → 소극적

② B는 국수주의로 변질될 수 있다는 비판을 받는다. → A

③ A는 C와 달리 특정 문화를 기준으로 타문화를 평가한다.

④ A는 B, C와 달리 타문화에 대한 긍정적 인식에서 비롯된다. → 부정적

⑤ C는 A, B에 비해 타문화와 문화적 마찰을 일으킬 가능성이 높다. → A / A C

문제풀이 T I P | 각 문항에 대한 점수를 확인하고, 옳은 서술을 중심으로 각각에 해당하는 문화 이해 태도를 파악해 보도록 한다.

출제분석 | 문화 이해 태도를 비교하는 문제이다. 각 문화 이해 태도의 기능과 한계, 공통점과 차이점을 꼼꼼하게 이해해 두도록 한다.

|자|료|해|설|

자기 문화의 정체성을 상실할 우려가 있는 문화 이해 태도는 문화 사대주의이고, 문화의 다양성을 보존하는 데 기여하는 문화 이해 태도는 문화 상대주의이다. 문항 1에 대한 점수가 1점이고 문항 2에 대한 점수가 0점이므로 A는 자문화 중심주의, B는 문화 사대주의, C는 문화 상대주의이다.

|선|택|지|풀|이|

① 오답 : 자문화 중심주의는 자기 문화는 우수하고 타 문화는 열등하다고 평가하므로 타문화를 수용하는 데 부정적이다.

② 오답 : 자문화 중심주의는 자기 사회의 문화가 가장 우수하다는 맹목적인 믿음을 바탕으로 자기 문화를 지켜내고 다른 사회의 문화를 배척하는 국수주의로 변질될 수 있다는 비판을 받는다.

③ 정답 : 자문화 중심주의는 자기 문화를 기준으로 타문화를 평가하는 문화 이해 태도이고, 문화 상대주의는 특정 문화를 기준으로 타문화를 평가하는 시도를 거부하는 문화 이해 태도이다.

④ 오답 : 자문화 중심주의는 타문화에 대해 배타적 태도를 보인다.

⑤ 오답 : 문화 사대주의, 문화 상대주의와 달리 자문화 중심주의는 타문화와 문화적 마찰을 일으킬 가능성이 높다.

문화 이해의 태도 A~C에 대한 설명으로 옳은 것은? (단, A~C는 각각 자문화 중심주의, 문화 사대주의, 문화 상대주의 중 하나임.)

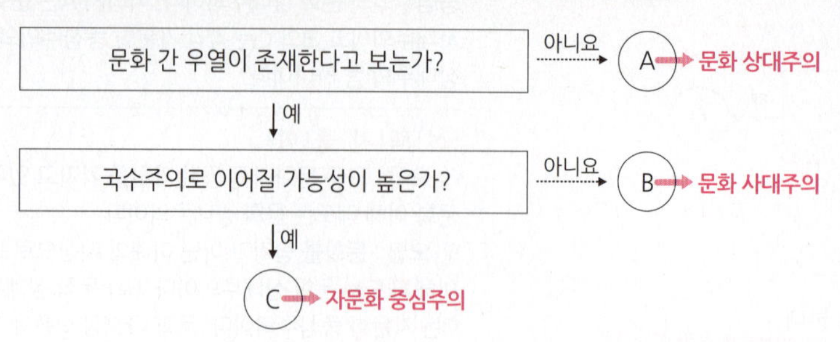

① A는 각 사회의 문화를 해당 사회의 맥락에서 바라본다.
② B는 자문화를 다른 사회에 이식하는 것을 당연시한다.
③ C는 모든 문화가 동등한 가치를 지닌다고 본다.
④ A는 B와 달리 특정 사회의 문화를 기준으로 타문화를 평가할 수 있다고 본다.
⑤ '문화 다양성 보존에 기여하는가?'라는 질문으로 A와 C를 구분할 수 없다.
→ 문화 상대주의
있다

|자|료|해|설|
문화 간 우열이 존재하지 않는다고 보는 문화 이해 태도는 문화 상대주의이고, 국수주의로 이어질 가능성이 높은 문화 이해 태도는 자문화 중심주의이다. 따라서 A는 문화 상대주의, B는 문화 사대주의, C는 자문화 중심주의이다.

|선|택|지|풀|이|
① 정답 : 문화 상대주의는 각 문화가 해당 사회의 맥락에서 갖는 고유한 의미를 존중하며 바라보는 태도이다.
② 오답 : 자문화를 다른 사회에 이식하는 것을 당연시하는 문화 이해 태도는 자문화 중심주의이다.
③ 오답 : 모든 문화가 동등한 가치를 지닌다고 보는 문화 이해 태도는 문화 상대주의이다.
④ 오답 : 특정 사회의 문화를 기준으로 타문화를 평가할 수 있다고 보는 문화 이해 태도는 자문화 중심주의와 문화 사대주의이다.
⑤ 오답 : 문화 다양성 보존에 기여하는 문화 이해 태도는 문화 상대주의이다. 따라서 '문화 다양성 보존에 기여하는가?'라는 질문으로 문화 상대주의와 자문화 중심주의를 구분할 수 있다.

추가 개념 | 자문화 중심주의와 문화 사대주의는 공통적으로 절대적인 기준에 따라 문화의 우열을 평가할 수 있다고 본다. 반면, 문화 상대주의는 절대적인 기준에 따라 서로 다른 문화의 우열을 평가할 수 없다고 보며 모든 사회의 문화는 해당 사회에서 고유한 의미를 갖는다고 본다.

출제분석 | 문화 이해 태도를 구분하는 문제이다. 제시문, 대화, 그림 등 다양한 유형으로 문화 이해 태도를 구분하는 문제가 출제될 수 있으므로 기출 문제를 통해 다양한 유형을 접해 보도록 한다.

문화 이해 태도 A~C에 대한 설명으로 옳은 것은? (단, A~C는 각각 문화 사대주의, 문화 상대주의, 자문화 중심주의 중 하나임.) **3점**

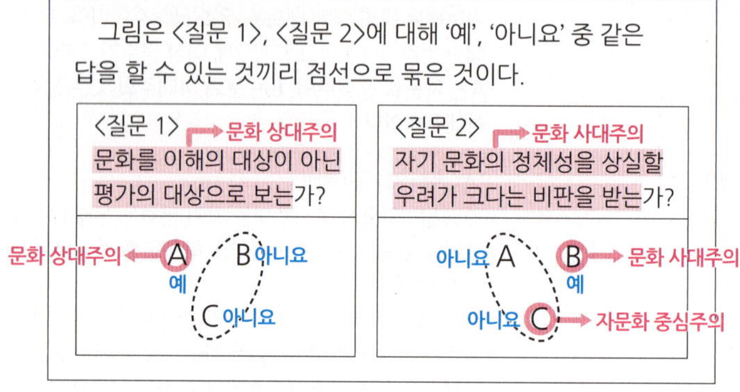

① A에 비해 C는 타문화와의 마찰을 초래할 가능성이 높다.
② B와 달리 A는 문화 다양성 보존을 저해한다는 비판을 받는다.
③ B에 비해 C는 선진 문물 수용에 적극적이다.
④ C와 달리 A는 자기 문화만의 가치를 중시한다.
⑤ A, C와 달리 B는 국수주의로 변질될 가능성이 높다.

|자|료|해|설|
문화 사대주의와 자문화 중심주의는 문화 상대주의와 달리 문화를 이해의 대상이 아닌 평가의 대상으로 본다. 문화 사대주의는 문화 상대주의, 자문화 중심주의와 달리 자기 문화의 정체성을 상실할 우려가 크다는 비판을 받는다. 따라서 A는 문화 상대주의, B는 문화 사대주의, C는 자문화 중심주의이다.

|선|택|지|풀|이|
① 정답 : 자문화 중심주의는 제국주의적 문화 이식 시도로 타문화와의 문화적 마찰을 초래할 가능성이 높다.
② 오답 : 문화 상대주의는 문화적 다양성을 보존하는 데 기여할 수 있다.
③ 오답 : 문화 사대주의는 자문화 중심주의에 비해 선진 문물의 수용에 적극적이다.
④ 오답 : 자문화 중심주의는 문화 상대주의와 달리 자기 문화만의 가치를 중시한다.
⑤ 오답 : 자문화 중심주의는 문화 사대주의와 달리 국수주의로 변질될 가능성이 높다.

추가 학습 | 국수주의는 자기 나라의 문화만을 가장 뛰어난 것으로 믿고 다른 나라의 문화를 배척하는 극단적인 태도이다.

출제분석 | 문화 이해 태도의 특징을 파악하는 문제이다. 자문화 중심주의, 문화 사대주의, 문화 상대주의의 공통점과 차이점을 비교하여 이해해 두도록 한다.

표는 질문을 통해 문화 이해의 태도 A~C를 구분한 것이다. 이에 대한 설명으로 옳은 것은? (단, A~C는 각각 문화 사대주의, 문화 상대주의, 자문화 중심주의 중 하나이다.) **3점**

문화 상대주의

구분	문화 이해의 태도		
	A	B	C
문화를 평가가 아닌 이해의 대상으로 보는가? → 문화 상대주의	예	아니요	아니요
(가)	아니요	예	아니요
(나)	아니요	아니요	예

① A는 국수주의를 초래할 수 있다는 비판을 받는다. → 자문화 중심주의

② B, C는 A와 달리 문화의 다양성 확보에 유리하다. → 문화 상대주의 A.B.C

③ B가 자문화 중심주의라면, (가)에는 '자문화의 정체성을 상실할 우려가 있는가?'가 들어갈 수 ~~있다.~~ 없다 → 문화 사대주의

④ C가 문화 사대주의라면, (나)에는 '자신의 문화가 상대적으로 열등하다고 보는가?'가 들어갈 수 있다. → 문화 사대주의

⑤ (가)가 '문화 제국주의로 변질될 우려가 있는가?'라면, (나)에는 '자기 문화의 가치만을 중시하는가?'가 들어갈 수 ~~있다.~~ 없다 → 자문화 중심주의

추가 학습 | 문화 제국주의는 주로 강대국이 주변의 약소국들을 문화적으로 지배하는 것을 의미한다.

|자|료|해|설|

문화를 평가가 아닌 이해의 대상으로 보는 문화 이해 태도는 문화 상대주의이다. 따라서 A는 문화 상대주의이고, B와 C는 각각 문화 사대주의와 자문화 중심주의 중 하나이다.

|선|택|지|풀|이|

① 오답 : 문화 상대주의는 국수주의와 거리가 멀며, 국수주의를 초래할 수 있다는 비판을 받는 문화 이해 태도는 자문화 중심주의이다.

② 오답 : 문화 상대주의는 타문화를 올바르게 이해함으로써 문화적 다양성을 보존하는 데 기여할 수 있다.

③ 오답 : B가 자문화 중심주의라면, C는 문화 사대주의이다. 자문화의 정체성을 상실할 우려가 있는 문화 이해 태도는 문화 사대주의이다. 따라서 해당 질문은 (가)에 들어갈 수 없다.

④ 정답 : C가 문화 사대주의라면, B는 자문화 중심주의이다. 자신의 문화가 상대적으로 열등하다고 보는 문화 이해 태도는 문화 사대주의이다. 따라서 해당 질문은 (나)에 들어갈 수 있다.

⑤ 오답 : 문화 제국주의로 변질될 우려가 있고 자기 문화의 가치만을 중시하는 문화 이해 태도는 자문화 중심주의이다. (가)에 '문화 제국주의로 변질될 우려가 있는가?'가 들어가면, B는 자문화 중심주의, C는 문화 사대주의이다. 따라서 '자기 문화의 가치만을 중시하는가?'는 (나)에 들어갈 수 없다.

문화 이해 태도 A~C에 대한 설명으로 옳은 것은? (단, A~C는 각각 문화 사대주의, 문화 상대주의, 자문화 중심주의 중 하나이다.)

자문화 중심주의 ← o A 는 자기 문화의 우수성을 지나치게 강조하여 다른 문화를 부정적으로 여기고 낮게 평가하는 태도이다.

문화 사대주의 ← o B 는 다른 문화의 우수성을 내세워 자기 문화의 가치를 부정적으로 여기고 낮게 평가하는 태도이다.

문화 상대주의 ← o C 는 해당 사회의 맥락에서 각 문화가 가지는 고유한 의미를 이해하고 존중하려는 태도이다.

① A는 국수주의로, ~~B는~~ 문화 제국주의로 나아갈 수 있다는 비판을 받는다.

② 타문화와의 공존에 대해 A는 부정적인 태도를, C는 긍정적인 태도를 보인다.

③ A, ~~B는~~ 자기 문화의 정체성 유지에, C는 문화 간 갈등 예방에 기여한다는 평가를 받는다.

④ '문화 다양성 보존에 기여하는가?'라는 질문으로 A, B를 C와 구분할 수 ~~없다.~~ 있다   아니요   예

⑤ '문화 간에 우열이 존재한다고 보는가?'라는 질문으로 A를 B, C와 구분할 수 ~~있다.~~ 없다   예   아니요

추가 학습 | 문화 제국주의는 주로 강대국이 주변의 약소국들을 문화적으로 지배하는 것을 의미한다. 문화 제국주의 경향을 가진 강대국은 세계를 대상으로 자국 문화의 우월함을 드러내거나 문화 산업을 통해 경제적·문화적 지배력을 행사하고자 한다.

|자|료|해|설|

A는 자문화 중심주의, B는 문화 사대주의, C는 문화 상대주의이다.

|선|택|지|풀|이|

① 오답 : 국수주의와 문화 제국주의로 나아갈 수 있다는 비판을 받는 태도는 자문화 중심주의이다.

② 정답 : 자문화 중심주의는 자기 문화의 우수성을 지나치게 강조한 나머지 다른 문화를 부정적으로 여기고 낮게 평가하므로 타문화와의 공존에 대해 부정적인 태도를 보인다. 문화 상대주의는 문화를 우열 평가가 아닌 이해의 대상으로 간주하며, 각 문화가 해당 사회의 맥락에서 갖는 고유한 의미를 이해하고 존중하므로 타문화와의 공존에 대해 긍정적인 태도를 보인다.

③ 오답 : 자문화 중심주의는 자기 문화의 정체성 유지에 기여한다는 평가를 받고, 문화 상대주의는 문화 간 갈등 예방에 기여한다는 평가를 받는다.

④ 오답 : 문화 다양성 보존에 기여하는 태도는 문화 상대주의이므로, 해당 질문으로는 자문화 중심주의, 문화 사대주의를 문화 상대주의와 구분할 수 있다.

⑤ 오답 : 자문화 중심주의, 문화 사대주의는 문화 간에 우열이 존재한다고 보므로, 해당 질문으로는 자문화 중심주의를 문화 사대주의와 구분할 수 없다.

갑, 을이 가진 문화 이해 태도에 대한 설명으로 옳은 것은?

① 갑의 태도는 문화를 평가가 아닌 이해의 대상으로 바라본다.

② 을의 태도는 문화 제국주의로 변질될 수 있다는 비판을 받는다.

③ 갑의 태도는 을의 태도와 달리 타문화에 대한 긍정적 인식에서 비롯된다.

④ 을의 태도는 갑의 태도에 비해 타문화와의 접촉 과정에서 문화적 마찰을 일으킬 가능성이 크다.

⑤ 을의 태도는 갑의 태도와 달리 각 사회의 문화가 동등한 가치를 지닌다고 본다.

|자|료|해|설|

갑은 ○○ 부족의 정치 제도가 미개하다고 보고 있고, 을은 ○○ 부족의 정치 제도를 그들의 자연환경과 사회적 맥락을 고려하여 이해해야 한다고 보고 있다. 따라서 갑은 자문화 중심주의 태도를, 을은 문화 상대주의 태도를 가지고 있다.

|선|택|지|풀|이|

① 오답 : 자문화 중심주의는 문화를 평가의 대상으로 바라보는 반면, 문화 상대주의는 문화를 이해의 대상으로 바라본다.

② 오답 : 문화 제국주의로 변질될 수 있다는 비판을 받는 관점은 자문화 중심주의이다.

③ 오답 : 문화 상대주의는 자문화 중심주의와 달리 타문화에 대한 긍정적 인식에서 비롯된다.

④ 오답 : 자문화 중심주의는 타문화와의 접촉 과정에서 문화적 마찰을 발생시킬 수 있다.

⑤ 정답 : 문화 상대주의는 각 문화가 해당 사회의 맥락에서 갖는 고유한 의미를 존중하므로 각 사회의 문화가 동등한 가치를 지닌다고 본다.

관련 개념 | 문화 상대주의는 기본적으로 문화를 우열 평가가 아닌 이해의 대상으로 간주하므로 서로 다른 사회의 문화가 갖는 고유한 의미와 가치를 인정하고자 한다. 반면, 자문화 중심주의와 문화 사대주의는 문화를 절대적인 기준에 따라 우열 평가의 대상으로 간주하므로 문화 절대주의라는 공통점이 있다.

출제분석 | 자문화 중심주의와 문화 상대주의를 비교하는 문제이다. 문화 이해의 태도를 비교하는 문제는 제시문, 그림, 대화 형식, 표 등 다양한 유형으로 출제되므로 기출 문제를 통해 다양한 문제 유형을 접해 보도록 한다.

표는 문화 이해의 태도 A ~ C를 질문 (가) ~ (다)에 따라 구분한 것이다. 이에 대한 옳은 설명만을 〈보기〉에서 고른 것은? (단, A ~ C는 각각 문화 사대주의, 문화 상대주의, 자문화 중심주의 중 하나이다.) 3점

태도 \ 질문	(가)	(나)	(다)
A	예	아니요	예
B	예	아니요	아니요
C	아니요	예	아니요

보기

ㄱ. A가 자문화 중심주의라면, (가)에는 '국수주의적 태도로 인해 문화 다양성을 거부하는가?'가 들어갈 수 있다. (자문화 중심주의 / 없다)

ㄴ. B가 자문화 중심주의, C가 문화 사대주의라면, (다)에는 '타 문화를 일방적으로 추종하는가?'가 들어갈 수 있다. (문화 사대주의 / 없다)

ㄷ. (가)가 '문화 간 우열을 평가할 수 있다고 보는가?'라면, (나)에는 '개별 사회가 향유하고 있는 문화의 고유한 가치를 존중하는가?'가 들어갈 수 있다. (문화 상대주의 / 자문화 중심주의, 문화 사대주의)

ㄹ. (나)가 '자기 문화의 정체성을 상실할 우려가 있다는 비판을 받는가?'이고, (다)가 '자기 문화의 가치만을 중시하는가?'라면, B는 문화 상대주의이다. (문화 사대주의 (C) / 자문화 중심주의(A))

① ㄱ, ㄴ   ② ㄱ, ㄷ   ③ ㄴ, ㄷ   ④ ㄴ, ㄹ   ⑤ ㄷ, ㄹ

|자|료|해|설|

자문화 중심주의와 문화 사대주의는 문화 간 우열을 평가할 수 있다고 보는 태도이고, 문화 상대주의는 각 사회가 가지고 있는 문화의 고유한 가치를 존중하는 태도이다.

|보|기|풀|이|

ㄱ. 오답 : 국수주의적 태도로 인해 문화 다양성을 거부하는 태도는 타 문화보다 자문화를 더 중시하는 자문화 중심주의이다. 따라서 A가 자문화 중심주의라면, (가)에는 '국수주의적 태도로 인해 문화 다양성을 거부하는가?'가 들어갈 수 없다.

ㄴ. 오답 : 타 문화를 일방적으로 추종하는 태도는 문화 사대주의이다. 따라서 B가 자문화 중심주의, C가 문화 사대주의라면 (다)에는 '타 문화를 일방적으로 추종하는가?'가 들어갈 수 없다.

ㄷ. 정답 : (가)가 '문화 간 우열을 평가할 수 있다고 보는가?'라면 A와 B는 각각 자문화 중심주의와 문화 사대주의 중 하나이고, C는 문화 상대주의이다. 문화 상대주의는 개별 사회가 공유하고 있는 문화의 고유한 가치를 존중한다. 따라서 (나)에는 '개별 사회가 향유하고 있는 문화의 고유한 가치를 존중하는가?'가 들어갈 수 있다.

ㄹ. 정답 : (나)가 '자기 문화의 정체성을 상실할 우려가 있다는 비판을 받는가?'이면 C는 문화 사대주의이고, A와 B는 각각 자문화 중심주의와 문화 상대주의 중 하나이다. 자기 문화의 가치만을 중시하는 태도는 자문화 중심주의이다. 따라서 (다)가 '자기 문화의 가치만을 중시하는가?'라면 A는 자문화 중심주의, B는 문화 상대주의이다.

다음 자료의 A~C에 대한 설명으로 옳은 것은? (단, A~C는 각각 문화 사대주의, 문화 상대주의, 자문화 중심주의 중 하나임.) **3점**

표는 문화 이해의 태도 A~C에 대한 질문과 갑, 을의 응답 및 교사의 채점 결과를 나타낸 것이다. 교사는 질문별로 채점하고, 각 질문에 대해 '예'로 답할 수 있는 태도만을 모두 적은 경우 1점, 그렇지 않은 경우 0점을 부여한다.

질문	응답	
	갑	을
문화의 다양성 보존에 기여하는가?	A	B
문화를 우열 평가의 대상으로 보는가?	A, C	A, C
자기 문화가 가장 우수하다고 믿는가?	C	B, C
교사의 채점 결과	2점	2점

① A는 문화 상대주의이다.
② B는 제3자의 입장에서 문화를 이해하고자 한다.
③ A는 C와 달리 자기 문화의 정체성 보존에 유리하다.
④ B는 A와 달리 선진 문물의 수용에 적극적이다.
⑤ C는 B와 달리 문화 제국주의로 이어질 수 있다.

문제풀이 TIP | 각 질문에 대한 옳은 답변을 적어 보고, 옳은 답변과 갑, 을의 답변을 비교하여 갑과 을이 받은 점수를 통해 A~C에 해당하는 문화 이해 태도를 파악할 수 있다.

|자|료|해|설|

문화의 다양성 보존에 기여하는 문화 이해 태도는 문화 상대주의이고, 문화를 우열 평가의 대상으로 보는 문화 이해 태도는 문화 사대주의와 자문화 중심주의이며, 자기 문화가 가장 우수하다고 믿는 문화 이해 태도는 자문화 중심주의이다. 세 번째 질문에 대한 옳은 답변은 자문화 중심주의로, 한 개의 문화 이해 태도이어야 한다. 을의 경우 세 번째 질문에 대한 답변이 B, C이므로 세 번째 질문에 대한 을의 답변은 옳지 않다. 을의 점수가 2점이므로 을의 경우 첫 번째 질문과 두 번째 질문에 대해 옳은 답변을 하였고, 갑의 점수가 2점이므로 갑의 경우 두 번째 질문과 세 번째 질문에 대해 옳은 답변을 하였다. 따라서 A는 문화 사대주의, B는 문화 상대주의, C는 자문화 중심주의이다.

|선|택|지|풀|이|

① 오답 : A는 문화 사대주의, B는 문화 상대주의이다.
② 오답 : 문화 상대주의는 해당 사회의 입장에서 문화를 이해하고자 한다.
③ 오답 : 자문화 중심주의는 문화 사대주의와 달리 자기 문화의 정체성 보존에 유리하다.
④ 오답 : 문화 사대주의는 선진 문물의 수용에 적극적이다.
⑤ 정답 : 자문화 중심주의는 자기 문화를 우수하다고 보고 타 문화를 열등하다고 평가하므로 문화 제국주의로 이어질 수 있다.

다음 자료에 대한 설명으로 옳은 것은? (단, A~C는 각각 자문화 중심주의, 문화 사대주의, 문화 상대주의 중 하나임.) **3점**

표는 질문에 따라 A~C를 구분한 후 답변만 보이지 않게 가린 것이다. 답변은 '예'와 '아니요' 중 하나이다.

질문	답변		
	A	B	C
특정 사회의 문화를 기준으로 타문화를 평가할 수 있다고 보는가?	예	예	아니요
국수주의로 변질될 수 있다는 비판을 받는가?	아니요	예	아니요
(가)	예	예	예 or 아니요
'예'의 개수	2	3	㉠

① ㉠은 2이다.
② A는 C와 달리 문화의 다양성 확보에 유리하다.
③ B는 C와 달리 자문화의 정체성을 상실할 수 있다는 비판을 받는다.
④ C는 A, B와 달리 각 사회의 문화를 해당 사회의 맥락에서 바라본다.
⑤ (가)에는 '인류 보편 가치를 기준으로 문화를 평가하는가?'가 들어갈 수 있다.

|자|료|해|설|

특정 사회의 문화를 기준으로 타문화를 평가할 수 있다고 보는 문화 이해 태도는 자문화 중심주의와 문화 사대주의이고, 국수주의로 변질될 수 있다는 비판을 받는 문화 이해 태도는 자문화 중심주의이다. 따라서 A는 문화 사대주의, B는 자문화 중심주의, C는 문화 상대주의이다.

|선|택|지|풀|이|

① 오답 : 문화 상대주의의 경우 첫 번째 질문과 두 번째 질문에 대한 답변이 각각 '아니요'이며, (가)에 들어갈 질문에 따라 세 번째 답변은 '예' 혹은 '아니요'가 될 수 있다. 따라서 ㉠은 0이거나 1이 될 수 있다.
② 오답 : 문화 상대주의는 문화 사대주의와 달리 문화의 다양성 확보에 유리하다.
③ 오답 : 자문화의 정체성을 상실할 수 있다는 비판을 받는 문화 이해 태도는 문화 사대주의이다.
④ 정답 : 문화 상대주의는 각 문화가 해당 사회의 맥락에서 갖는 고유한 의미를 존중하려는 태도이다.
⑤ 오답 : 문화 사대주의와 자문화 중심주의의 경우 (가)에 대한 답변이 '예'가 되어야 한다. 문화 사대주의와 자문화 중심주의는 특정 문화를 기준으로 문화를 평가하는 태도이다. 따라서 해당 질문은 (가)에 들어갈 수 없다.

문제풀이 TIP | 표에 제시된 '예'의 개수를 먼저 파악하여 각 질문에 대한 답변을 작성해 보도록 한다.

출제분석 | 문화 이해 태도를 비교하는 문제이다. 사례, 도표, 그림 등 다양한 유형으로 문화 이해 태도를 비교하는 문제가 출제될 수 있다.

갑, 을의 문화 이해 태도에 대한 설명으로 옳은 것은?
→ 자문화 중심주의, 문화 사대주의, 문화 상대주의

> ○ 갑은 외국에서 유학을 온 일부 학생들이 종교 의례에 참석하기
> 위해 특정 요일의 수업에 결석하는 모습을 보고, 자국의
> 생활 양식에 비해 뒤떨어진 문화라고 생각하였다.
> → 자문화 중심주의 (자문화 > 타문화)
>
> ○ 이주민인 신입 사원이 자신이 속한 문화권에서는 술을
> 마시거나 접촉하는 것을 금기시한다며 술 판매 업무를 할 수
> 없다고 하자, 관리자 을은 그 금기가 해당 문화권에서 매우
> 중요한 것임을 인정하여 다른 업무를 배정하였다.
> → 문화 상대주의

① 갑의 태도는 자문화 정체성을 상실할 우려가 있다는 비판을
받는다. → 문화 사대주의

② 을의 태도는 국수주의로 변질될 수 있다는 비판을 받는다.
→ 자문화 중심주의

③ 갑의 태도는 을의 태도와 달리 각 사회의 문화가 동등한 가치를
지닌다고 본다. → 문화 상대주의　→ 문화 상대주의

④ 을의 태도는 갑의 태도와 달리 문화의 다양성 확보에 유리하다.

⑤ 갑, 을의 태도는 모두 특정 사회의 문화를 기준으로 타문화를
평가할 수 있다고 본다. → 자문화 중심주의, 문화 사대주의

|자|료|해|설|
갑의 문화 이해 태도는 타문화보다 자문화를 우월하다고
보는 자문화 중심주의이다. 을의 문화 이해 태도는 문화를
평가가 아닌 이해의 대상으로 보는 문화 상대주의이다.

|선|택|지|풀|이|
① 오답 : 자문화보다 타문화를 우월하다고 보는 문화
사대주의는 자문화 정체성을 상실할 우려가 있다는 비판을
받는다.
② 오답 : 자문화 중심주의는 문화 제국주의 또는 국수주의로
변질될 수 있다는 비판을 받는다.
③ 오답 : 문화 상대주의는 자문화 중심주의와 달리 각
사회의 문화가 동등한 가치를 지닌다고 본다.
④ 정답 : 문화 상대주의는 자문화 중심주의와 달리 문화의
다양성 확보에 유리하다.
⑤ 오답 : 자문화 중심주의는 문화 상대주의와 달리 특정
사회의 문화를 기준으로 타문화를 평가할 수 있다고 본다.

🤖 **문제풀이 TIP** | 특정 사회의 문화를 기준으로 타문화를
평가할 수 있다고 보는 것은 문화 절대주의(자문화 중심주의, 문화
사대주의)이다. 문화를 평가의 대상이 아닌 이해의 대상으로 보는
태도는 문화 상대주의이다. 문화 상대주의는 문화의 다양성 보존에
기여한다.

다음 자료에 대한 옳은 설명만을 〈보기〉에서 있는 대로 고른 것은?
(단, A ~ C는 각각 문화 사대주의, 문화 상대주의, 자문화 중심주의
중 하나이다.) 🔴3점

> 〈자료 1〉은 문화 이해의 태도 A ~ C를 비교한 것이고,
> 〈자료 2〉는 갑 ~ 병이 제시된 각 진술에 해당하는 문화 이해의
> 태도를 적은 것이다.
>
> → 자문화 중심주의
> 〈자료 1〉　→ 문화 사대주의　→ 자문화 < 타문화
>
> ○ B보다 A가 외부 문화의 수용에 적극적이다.
> ○ A, B와 달리 C는 문화를 우열 평가의 대상으로 간주하지
> 않는다. → 문화 상대주의　→ 문화 상대주의
>
> 〈자료 2〉 → 문화 상대주의(C)

구분	갑	을	병
모든 문화의 고유한 가치를 존중한다.	C	C	A̶
자기 문화의 정체성을 상실할 가능성이 높다.	A	B̶ A	C̶ A
자기 문화를 다른 사회로 이식하는 것을 정당화할 우려가 크다.	B	A̶ B	B

→ 문화 제국주의 → 자문화 중심주의(B)　→ 문화 사대주의(A)

보기　→ C, A, B 순으로 답　　자문화 중심주의
ㄱ. 모든 진술에 대하여 옳은 답을 적은 사람은 갑이다.
ㄴ. 내집단 의식이 지나칠 경우 A보다 B가 나타나기 쉽다.
ㄷ. B와 달리 C는 제3자의 관점에서 문화를 이해하고자 한다.
→ 해당 사회의
ㄹ. C와 달리 B는 자기 문화의 고유한 가치를 인정한다.
→ 자문화 중심주의, 문화 상대주의 모두 해당

① ㄱ, ㄴ　　　② ㄱ, ㄷ　　　③ ㄴ, ㄹ
④ ㄱ, ㄷ, ㄹ　　⑤ ㄴ, ㄷ, ㄹ

|자|료|해|설|
문화를 우열 평가의 대상으로 간주하지 않는 C는 문화
상대주의이고, 외부 문화의 수용에 적극적인 A는 문화
사대주의이다. 따라서 B는 자문화 중심주의이다.

|보|기|풀|이|
ㄱ. 정답 : 모든 문화의 고유한 가치를 존중하는 태도는
문화 상대주의(C)이다. 자기 문화의 정체성을 상실할
가능성이 높은 태도는 자문화보다 타문화를 더 우월하게
생각하는 문화 사대주의(A)이다. 자기 문화를 다른 사회로
이식하는 것을 정당화할 우려가 있는 문화 제국주의는
자문화 중심주의(B)가 변질될 경우 나타날 수 있다. 모든
진술에 대하여 옳은 답(C→A→B)을 적은 사람은 갑이다.
ㄴ. 정답 : 내집단 의식이 지나칠 경우 타문화보다
자문화를 더 우월하게 생각하는 자문화 중심주의가
나타나기 쉽다.
ㄷ. 오답 : 자문화 중심주의와 달리 문화 상대주의는 해당
사회의 관점에서 문화를 이해하고자 한다.
ㄹ. 오답 : 자문화 중심주의와 문화 상대주의는 모두 자기
문화의 고유한 가치를 인정한다.

🤖 **문제풀이 TIP** | 문화 상대주의는 상대방의 관점, 즉 해당 사회
내부자의 관점에서 문화를 이해하고자 한다.

다음 자료에 대한 옳은 설명만을 <보기>에서 고른 것은? (단, A ~ C는 각각 문화 사대주의, 문화 상대주의, 자문화 중심주의 중 하나이다.)

3점

표는 각 질문에 대한 응답 및 옳은 응답 수를 나타낸 것이다.

질문	응답			옳은 응답 수
	갑	을	병	
A는 문화 간 우열을 평가할 수 있다고 보는가?	아니요	㉠	예	2개
B는 자기 문화의 정체성을 상실하게 할 우려가 큰가?	예	예	아니요	㉡
C는 모든 문화가 고유한 가치를 지니고 있다고 보는가?	아니요	아니요	예	1개
(가)	아니요	예	아니요	2개

보기

ㄱ. ㉠은 '아니요'이다.
ㄴ. ㉡이 '1개'이면, A는 B와 달리 타문화 수용에 적극적이다.
ㄷ. B는 C와 달리 문화의 다양성 보존에 유리하다.
ㄹ. (가)에 'B는 A와 달리 국수주의로 이어질 가능성이 큰가?'가 들어가면, ㉡은 '2개'이다.

① ㄱ, ㄴ   ② ㄱ, ㄷ   ③ ㄴ, ㄷ   ④ ㄴ, ㄹ   ⑤ ㄷ, ㄹ

|자|료|해|설|

모든 문화가 고유한 가치를 지니고 있다고 보는 태도는 문화 상대주의이다. 세 번째 질문에 대한 옳은 응답 수가 1개이므로 세 번째 질문에 대한 옳은 응답은 '예'이다. 따라서 C는 문화 상대주의이고, A와 B는 각각 문화 사대주의와 자문화 중심주의 중 하나에 해당한다.

|보|기|풀|이|

ㄱ. 오답 : A는 문화 사대주의와 자문화 중심주의 중 하나이고, 문화 간 우열을 평가할 수 있다고 보는 태도는 문화 사대주의와 자문화 중심주의이다. 첫 번째 질문에 대한 옳은 응답 수가 2개이므로 ㉠은 '예'이다.

ㄴ. 정답 : ㉡이 1개이면, 두 번째 질문에 대한 옳은 응답은 '아니요'이다. 자기 문화의 정체성을 상실할 우려가 큰 태도는 문화 사대주의이다. 따라서 A는 문화 사대주의, B는 자문화 중심주의이다. 문화 사대주의는 타문화를 받아들이는 것이 자기 문화의 낙후성을 개선할 수 있다고 보므로 타문화 수용에 적극적이다.

ㄷ. 오답 : 문화의 다양성 보존에 유리한 태도는 문화 상대주의이다.

ㄹ. 정답 : 국수주의로 이어질 가능성이 큰 태도는 자문화 중심주의이다. (가)에 대한 옳은 응답 수가 2개이므로 (가)에 대한 옳은 응답은 '아니요'이다. 'B는 A와 달리 국수주의로 이어질 가능성이 큰가?'가 (가)에 들어가면, A는 자문화 중심주의, B는 문화 사대주의이다. 문화 사대주의는 자기 문화의 정체성을 상실할 우려가 큰 태도이다. 즉, 두 번째 질문에 대한 옳은 응답은 '예'이다. 따라서 ㉡은 '2개'이다.

🤓 **문제풀이 TIP** | 옳은 응답 수를 통해 응답이 확실한 질문을 찾아 각각에 해당하는 문화 이해 태도를 파악해야 한다.

다음 자료에 대한 설명으로 옳은 것은? **3점**

[학습 자료]

문화 이해 태도 A~C는 각각 문화 사대주의, 문화 상대주의, 자문화 중심주의 중 하나이다. "문화를 평가의 대상으로 보는가?"라는 질문으로 A, B는 C와 구분되고, "자문화의 정체성을 상실할 우려가 있는가?"라는 질문으로 B, C는 A와 구분된다.

소몰이 축제 소개

800년의 전통을 이어온, 일명 '거리의 투우'라고 불리는 이 축제에서는 날카로운 뿔을 가진 거구의 황소와 빨간 스카프를 두른 수천 명의 사람들이 함께 달리는 모습을 볼 수 있습니다. … (중략) …

갑 : 역시 우리나라 소몰이 축제는 세계인이 봐야 할 최고의 문화예요. 역사가 짧은 다른 나라에서는 감히 흉내도 못 낼걸요.

을 : 맞아요. 매년 외국 여행 때 이 축제를 경험했는데 웅장한 규모와 분위기가 진짜 최고예요. 반면 우리나라 축제는 정말 부끄러워요.

병 : 하지만 황소가 처참하게 죽잖아요. 이게 무슨 축제입니까? 동물의 생명을 보호하기 위해서는 폐지해야 해요.

① 갑의 문화 이해 태도는 A에 해당한다.
② 을의 문화 이해 태도는 B에 해당한다.
③ 병의 문화 이해 태도는 C에 해당한다.
④ B는 A, C와 달리 국수주의로 나아갈 수 있다는 비판을 받는다.
⑤ C는 해당 사회의 맥락에서 문화를 존중하고, A, B는 인류 보편 가치를 기준으로 문화를 평가한다.

|자|료|해|설|

문화를 평가의 대상으로 보는 문화 이해 태도는 자문화 중심주의와 문화 사대주의이고, 자문화의 정체성을 상실할 우려가 있는 문화 이해 태도는 문화 사대주의이다. 따라서 A는 문화 사대주의, B는 자문화 중심주의, C는 문화 상대주의이다.

|선|택|지|풀|이|

① 오답 : 갑은 자기 문화가 최고의 문화이고 타 문화는 열등하다고 평가하고 있으므로 이는 자문화 중심주의에 해당한다.

② 오답 : 을은 타 문화를 우수하다고 보고 자기 문화를 낮게 평가하고 있으므로 이는 문화 사대주의에 해당한다.

③ 오답 : 병은 소몰이 축제를 인정하지 않고 동물의 생명 보호를 위해 폐지해야 한다고 주장하고 있다. 이는 문화 상대주의에 해당하지 않는다.

④ 정답 : 자문화 중심주의는 자기 사회의 문화가 가장 우수하다는 맹목적인 믿음을 바탕으로 자기 문화를 지켜내고 다른 사회의 문화를 배척하려는 국수주의로 나아갈 수 있다.

⑤ 오답 : 문화 사대주의는 타 문화를 기준으로, 자문화 중심주의는 자기 문화를 기준으로 문화를 평가하는 태도이고, 문화 상대주의는 해당 사회의 맥락에서 갖는 문화의 고유한 의미를 존중하는 태도이다.

🤓 **문제풀이 TIP** | 병이 동물의 생명 보호를 주장한다고 해서 병의 문화 이해 태도를 문화 상대주의라고 착각해서는 안 된다.

갑과 을의 문화 이해 태도에 대한 설명으로 옳은 것은?

> **자문화 중심주의** → 갑 : ○○국은 한 번 받은 목욕물에 가족들이 순서대로 몸을 담그며 목욕을 한다고 해요. 아무리 가족이어도 이미 사용한 물로 목욕하는 것은 너무 비위생적이에요. 한 번 사용한 목욕물을 다시 사용하지 않는 우리 나라의 위생적인 목욕 문화를 ○○국에서도 본받아야 해요.
>
> **문화 상대주의** → 을 : 우리 나라와 달리 ○○국에서는 몸을 먼저 깨끗하게 씻은 후 물에 들어가요. 덥고 습한 기후 때문에 목욕을 자주 해야 하지만 뜨거운 물을 얻기 힘들던 시절부터 가족 모두가 매일 목욕을 하기 위한 나름의 지혜가 반영된 것이죠. 이처럼 각 사회의 문화는 그 나라의 고유한 환경과 가치 등을 반영한 것으로 그 사회의 맥락에서 이해해야 해요.

① 갑의 태도는 문화의 다양성 보존에 기여한다. *(을)*
② 갑의 태도는 국수주의로 변질될 수 있다는 비판을 받는다.
③ 을의 태도는 자문화의 정체성을 상실할 우려가 있다. → 문화 사대주의
④ 을의 태도는 서로 다른 문화 간에 우열이 존재함을 전제한다. 하지 않는다고 본다
⑤ 갑과 을의 태도는 모두 문화를 이해가 아닌 평가의 대상으로 본다.

|자|료|해|설|

갑의 문화 이해 태도는 자문화 중심주의, 을의 문화 이해 태도는 문화 상대주의에 해당한다.

|선|택|지|풀|이|

① 오답 : 문화의 다양성 보존에 기여하는 문화 이해 태도는 문화 상대주의이다.

② 정답 : 자문화 중심주의는 자기 나라의 문화만을 가장 뛰어난 것으로 믿고 다른 나라의 문화를 배척하는 국수주의로 변질될 수 있다는 비판을 받는다.

③ 오답 : 자문화의 정체성을 상실할 우려가 있는 문화 이해 태도는 문화 사대주의이다.

④ 오답 : 문화 상대주의는 서로 다른 문화 간에 우열이 존재하지 않는다고 보고, 자문화 중심주의는 서로 다른 문화 간에 우열이 존재한다고 본다.

⑤ 오답 : 자문화 중심주의는 문화를 이해가 아닌 평가의 대상으로 보고, 문화 상대주의는 문화를 평가가 아닌 이해의 대상으로 본다.

😮 **추가 개념 |** 자문화 중심주의와 문화 사대주의는 문화를 우열 평가의 대상으로 간주한다는 공통점이 있다. 다만, 자문화 중심주의는 자기 문화를 우월하게 보고 타 문화를 낮게 평가하는 반면, 문화 사대주의는 타 문화를 우월하게 보고 자기 문화를 낮게 평가한다.

😮 **출제분석 |** 문화 이해 태도를 파악하는 문제이다. 제시된 자료를 통해 자문화 중심주의, 문화 사대주의, 문화 상대주의를 파악하여 비교하는 문제가 출제될 수 있다.

갑, 을의 문화 이해 태도에 대한 설명으로 옳은 것은?

> 교사 : 툰드라 지역의 ○○족은 방목하여 키우던 순록을 죽인 뒤 가죽을 벗기고 그 자리에서 생고기를 섭취하는 풍습이 있습니다. 이에 대한 의견을 말해 봅시다.
>
> **자문화 중심주의** → 갑 : 미개하고 잔인한 풍습입니다. 우리 민족의 발전된 음식 문화를 배우면 그런 풍습은 사라질 겁니다.
>
> **문화 상대주의** → 을 : 그러한 풍습은 ○○족이 처한 척박한 환경 속에서 정기적으로 영양을 섭취하기 위해 형성된 문화이므로 그 의미와 가치를 존중해야 합니다.

① 갑의 태도는 문화 사대주의이다. *(자문화 중심주의)*
② 을의 태도는 문화 제국주의로 변질될 우려가 있다. *(갑)*
③ 갑의 태도와 달리 을의 태도는 문화를 우열 평가가 아닌 이해의 대상으로 본다. → 문화 상대주의
④ 을의 태도에 비해 갑의 태도는 다른 문화와의 접촉 과정에서 문화적 마찰을 일으킬 가능성이 작다. 크다
⑤ 갑, 을의 태도는 모두 문화의 다양성 보존에 기여한다.

|자|료|해|설|

갑은 ○○족의 생고기 섭취 풍습을 미개하고 잔인하다고 보며 발전된 자기 민족의 음식 문화를 배우면 그 풍습이 사라진다고 보고 있다. 이는 자문화 중심주의에 해당한다. 을은 ○○족의 생고기 섭취 풍습이 척박한 환경 속에서 영양을 섭취하기 위해 형성된 문화이므로 의미와 가치를 존중해야 한다고 보고 있다. 이는 문화 상대주의에 해당한다.

|선|택|지|풀|이|

① 오답 : 갑의 태도는 자문화 중심주의이다.

② 오답 : 문화 제국주의로 변질될 우려가 있는 문화 이해 태도는 자문화 중심주의이다.

③ 정답 : 자문화 중심주의는 문화를 우열 평가의 대상으로 보고, 문화 상대주의는 문화를 이해의 대상으로 본다.

④ 오답 : 자문화 중심주의는 문화 상대주의에 비해 다른 문화와의 접촉 과정에서 문화적 마찰을 일으킬 가능성이 크다.

⑤ 오답 : 문화 상대주의는 자문화 중심주의와 달리 문화의 다양성 보존에 기여한다.

😮 **문제풀이TIP |** 자문화 중심주의와 문화 사대주의는 문화를 우열 평가의 대상으로 간주한다는 공통점이 있다.

😮 **출제분석 |** 문화 이해 태도를 파악하는 문제이다. 자문화 중심주의, 문화 사대주의, 문화 상대주의를 비교하는 문제가 출제될 수 있으므로 각 문화 이해 태도의 공통점과 차이점을 파악해 두도록 한다.

다음은 문화 이해의 태도를 구분하기 위한 질문과 답변이다. 자문화 중심주의, 문화 사대주의, 문화 상대주의 중 하나의 태도에서 일관되게 응답한 학생은?

질문＼학생	갑	을	병	정	무
문화 간에 우열이 존재한다고 보는가?	×	○	○	○	×
문화 제국주의로 변질될 가능성이 있다는 비판을 받는가?	⊗	○	×	×	⊗
문화를 평가가 아닌 이해의 대상으로 보는가?	⊗	×	⊗	⊗	⊗
자신의 문화가 상대적으로 열등하다고 보는가?	⊗	×	○	⊗	×

자문화 중심주의, 문화 사대주의 → (문화 간에 우열이 존재한다고 보는가?)
자문화 중심주의 → (문화 제국주의로 변질될 가능성이 있다는 비판을 받는가?)
문화 상대주의 → (문화를 평가가 아닌 이해의 대상으로 보는가?)
문화 사대주의 → (자신의 문화가 상대적으로 열등하다고 보는가?)

(○ : 예, × : 아니요)

① 갑   ②을   ③ 병   ④ 정   ⑤ 무

|자|료|해|설|

자문화 중심주의와 문화 사대주의는 문화 간에 우열이 존재한다고 본다. 자문화 중심주의는 문화 제국주의로 변질될 우려가 있다는 비판을 받는다. 문화 상대주의는 문화를 평가가 아닌 이해의 대상으로 본다. 문화 사대주의는 타문화에 비해 자신의 문화가 상대적으로 열등하다고 본다.

|선|택|지|풀|이|

① 오답 : 갑은 문화 상대주의 입장에서 일관되게 응답하지 못한 학생이다.

②정답 : 을은 자문화 중심주의 입장에서 일관되게 응답한 학생이다.

③ 오답 : 병은 문화 사대주의 입장에서 일관되게 응답하지 못한 학생이다.

④ 오답 : 정은 문화 사대주의 입장에서 일관되게 응답하지 못한 학생이다.

⑤ 오답 : 무는 문화 상대주의 입장에서 일관되게 응답하지 못한 학생이다.

다음은 문화 이해의 태도를 활용한 게임이다. 이에 대한 옳은 설명만을 〈보기〉에서 고른 것은? **3점**

○ **게임 방법** : 갑~병은 각자 카드 A~D가 1장씩 들어있는 꾸러미를 배부받는다. 갑은 자문화 중심주의, 을은 문화 사대주의, 병은 문화 상대주의의 특징에 해당하는 카드를 2장씩 골라야 한다. 두 장 모두 옳게 고르면 2점, 한 장만 옳게 고르면 1점, 두 장 모두 잘못 고르면 0점을 받는다.

A	B	C	D
문화의 다양성을 보존하는 데 기여한다.	타 문화를 추종하여 자문화의 가치를 폄훼한다.	특정 문화를 기준으로 문화의 우열을 판단한다.	자기 문화의 정체성을 보존할 수 있다.

○ **게임 결과** : 갑은 카드 A와 [㉠] 을, 을은 카드 B와 [㉡] 을, 병은 카드 C와 [㉢] 을 골랐다.

보기

ㄱ. ㉠이 B라면 갑은 2점을 획득한다. → 0

ㄴ. ㉡이 C, ㉢이 B라면 을은 2점, 병은 0점을 획득한다.

ㄷ. ㉢이 A이든 D이든 병이 획득하는 점수는 1점이다.

ㄹ. ㉠이 B, ㉡이 C, ㉢이 D라면 최고 득점자는 갑이다. → 을

→ 갑 : 0점, 을 : 2점, 병 : 1점

① ㄱ, ㄴ   ② ㄱ, ㄷ   ③ ㄴ, ㄷ   ④ ㄴ, ㄹ   ⑤ ㄷ, ㄹ

→ A : 문화 상대주의
B : 문화 사대주의
C : 자문화 중심주의, 문화 사대주의
D : 자문화 중심주의, 문화 상대주의

|자|료|해|설|

카드 A는 문화 상대주의의 특징에 해당하고, 카드 B는 문화 사대주의의 특징에 해당하며, 카드 C는 자문화 중심주의와 문화 사대주의의 특징에 해당하고, 카드 D는 자문화 중심주의와 문화 상대주의의 특징에 해당한다.

|보|기|풀|이|

ㄱ. 오답 : 갑은 자문화 중심주의의 특징에 해당하는 카드 2장을 골라야 한다. ㉠이 B라면, 갑은 문화 상대주의의 특징에 해당하는 카드 A와 문화 사대주의의 특징에 해당하는 카드 B를 고르게 된다. 따라서 갑은 0점을 획득한다.

ㄴ. 정답 : 을은 문화 사대주의의 특징에 해당하는 카드 2장을 골라야 하고, 병은 문화 상대주의의 특징에 해당하는 카드 2장을 골라야 한다. ㉡이 C, ㉢이 B라면, 을은 문화 사대주의의 특징에 해당하는 카드 B와, 자문화 중심주의와 문화 사대주의의 특징에 해당하는 카드 C를 고르게 되고, 병은 자문화 중심주의와 문화 사대주의의 특징에 해당하는 카드 C와, 문화 사대주의의 특징에 해당하는 카드 B를 고르게 된다. 따라서 을은 2점, 병은 0점을 획득한다.

ㄷ. 정답 : 병은 문화 상대주의의 특징에 해당하는 카드 2장을 골라야 한다. ㉢이 A라면, 병은 자문화 중심주의와 문화 사대주의의 특징에 해당하는 카드 C와, 문화 상대주의의 특징에 해당하는 카드 A를 고르게 되어 1점을 획득한다. ㉢이 D라면, 병은 자문화 중심주의와 문화 사대주의의 특징에 해당하는 카드 C와, 자문화 중심주의와 문화 상대주의의 특징에 해당하는 카드 D를 고르게 되어 1점을 획득한다.

ㄹ. 오답 : ㉠이 B, ㉡이 C, ㉢이 D라면, 갑은 문화 상대주의의 특징에 해당하는 카드 A와 문화 사대주의의 특징에 해당하는 카드 B를 고르게 되고, 을은 문화 사대주의의 특징에 해당하는 카드 B와, 자문화 중심주의와 문화 사대주의의 특징에 해당하는 카드 C를 고르게 되며, 병은 자문화 중심주의와 문화 사대주의의 특징에 해당하는 카드 C와, 자문화 중심주의와 문화 상대주의의 특징에 해당하는 카드 D를 고르게 된다. 따라서 갑은 0점, 을은 2점, 병은 1점을 획득하게 되므로 최고 득점자는 을이 된다.

문제풀이 T I P | 각 카드의 특징에 해당하는 문화 이해 태도를 파악한 후, 각 보기에서 제시된 조건에 따라 획득할 수 있는 점수를 계산하도록 한다.

출제분석 | 카드 놀이를 통해 문화 이해 태도의 특징을 비교하는 문제이다. 문화 이해 태도를 비교하는 문제가 자주 출제되므로 각 문화 이해 태도의 공통점과 차이점을 정확하게 이해해 두도록 한다.

다음 자료에 대한 옳은 설명만을 <보기>에서 고른 것은? (단, A~C는 각각 자문화 중심주의, 문화 사대주의, 문화 상대주의 중 하나임.)

3점

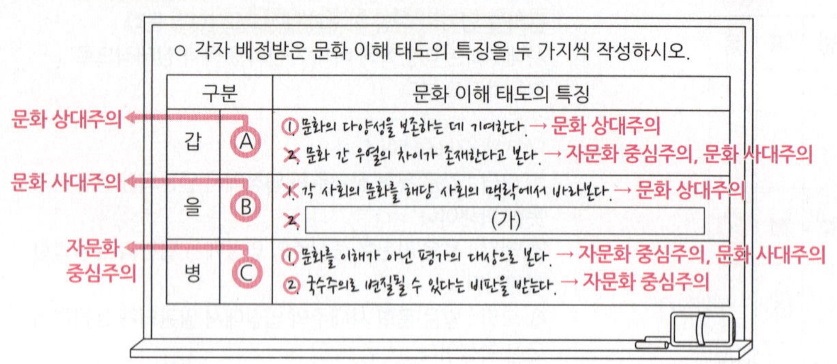

문화 상대주의 →
문화 사대주의 →
자문화 중심주의 →

갑

보기

ㄱ. ⊙은 '을'이다.   (갑)

ㄴ. B와 달리 A는 자문화의 정체성을 상실할 가능성이 크다는 비판을 받는다. (A / B)

ㄷ. C에 비해 B는 타문화를 무비판적으로 수용할 가능성이 크다.

ㄹ. (가)에는 '문화 제국주의로 변질될 수 있다는 비판을 받는다.'가 들어갈 수 있다.
    → 자문화 중심주의

① ㄱ, ㄴ   ② ㄱ, ㄷ   ③ ㄴ, ㄷ   ④ ㄴ, ㄹ   ⑤ ㄷ, ㄹ

|자|료|해|설|

문화를 이해가 아닌 평가의 대상으로 보는 문화 이해 태도는 자문화 중심주의와 문화 사대주의이고, 국수주의로 변질될 수 있다는 비판을 받는 문화 이해 태도는 자문화 중심주의이다. 병의 경우 두 가지 특징을 모두 옳게 작성하였으므로 C는 자문화 중심주의이고, A와 B는 각각 문화 사대주의와 문화 상대주의 중 하나이다. A가 문화 사대주의, B가 문화 상대주의라면, 갑이 작성한 특징 중에서 1은 옳지 않고 2는 옳으며, 을이 작성한 특징 중에서 1은 옳게 되어 갑과 을 중 한 명은 한 가지만 옳게, 나머지 한 명은 모두 옳지 않게 작성하였다는 교사의 말과 맞지 않는다. 따라서 A는 문화 상대주의, B는 문화 사대주의이고, 갑이 작성한 특징 중에서 1은 옳고 2는 옳지 않으며, 을이 작성한 특징 중에서 1은 옳지 않다. 모두 옳지 않게 작성한 학생은 을이므로, 을이 작성한 특징 중에서 2는 옳지 않다.

|보|기|풀|이|

ㄱ. 오답 : ⊙은 '갑'이다.

ㄴ. 오답 : 자문화의 정체성을 상실할 가능성이 크다는 비판을 받는 문화 이해 태도는 문화 사대주의이다.

ㄷ. 정답 : 문화 사대주의는 타문화의 우수성을 내세워 자기 문화를 낮게 평가하므로 타문화를 무비판적으로 수용할 가능성이 크다.

ㄹ. 정답 : (가)에는 문화 사대주의의 특징으로 옳지 않은 내용이 들어가야 한다. 문화 제국주의로 변질될 수 있다는 비판을 받는 문화 이해 태도는 자문화 중심주의이다. 따라서 해당 내용은 (가)에 들어갈 수 있다.

문제풀이 TIP | 병은 두 가지 특징을 모두 옳게 작성하였으므로 병이 작성한 특징을 통해 알 수 있는 문화 이해 태도를 파악해 보도록 한다.

출제분석 | 문화 이해 태도의 특징을 파악하는 문제이다. 자문화 중심주의, 문화 사대주의, 문화 상대주의의 공통점과 차이점을 비교하는 문제가 출제될 수 있다.

다음 글에 대한 설명으로 가장 적절한 것은?

비물질문화 →

A국에는 사냥 후 감사의 마음으로 동물의 피를 나누어 마시는 오랜 ⊙ 풍습이 있다. B국에서 온 갑, 을, 병은 여행 중 이러한 낯선 광경을 함께 목격하게 되었다. 갑은 불쾌감을 느끼며 혐오스럽고 미개한 풍습이라고 주장했다. 반면 을은 A국의 고유한 ⓛ 문화는 나름의 사회적 맥락이 반영된 것이기에 존중해야 된다고 보았다. 이에 대해 병은 고유한 문화의 존중보다는 생명체 존중이라는 보편적 가치가 우선시되어야 한다고 말했다.

→ 자문화 중심주의
→ 생활양식
→ 문화 상대주의

비물질문화

① ⊙은 물질문화에 해당한다.

② ⓛ에서의 '문화'는 좁은 의미의 문화이다. (넓은)

③ 갑의 문화 이해 태도는 문화의 우열을 가릴 수 없다고 본다. (있다)

④ 을의 문화 이해 태도는 문화의 다양성 확보에 유리하다.

⑤ 병의 주장은 극단적 문화 상대주의를 옹호하는 근거가 될 수 있다. (경계)
    → 문화 상대주의

|자|료|해|설|

갑의 문화 이해 태도는 타문화보다 자기 문화가 더 우수하다고 보는 자문화 중심주의이다. 을의 문화 이해 태도는 타문화를 그 사회의 입장에서 이해하고자 하는 문화 상대주의이다.

|선|택|지|풀|이|

① 오답 : 풍습의 사전적 의미는 풍속과 습관을 나타내는 말로, 이는 비물질문화에 해당한다.

② 오답 : A국의 고유한 문화에서 '문화'는 해당 사회의 생활양식으로 보기 때문에 넓은 의미의 문화에 해당한다.

③ 오답 : 갑의 문화 이해 태도는 자문화를 타문화보다 우수하다고 보는 자문화 중심주의이므로 이는 문화의 우열을 가릴 수 있다고 본다.

④ 정답 : 을의 문화 이해 태도는 문화 상대주의로, 이는 문화의 다양성 확보에 유리하다.

⑤ 오답 : 병의 주장은 인류의 보편적 가치를 무시하는 것도 모두 인정하는 극단적 문화 상대주의를 경계하는 태도이다.

다음 자료에 대한 설명으로 옳은 것은?

> ㉠ 대부분의 사회에는 고인(故人)을 떠나보낼 때 치르는 의례가 존재하며, 세계 각지에는 다양한 ㉡ 장례 문화가 있다. ○○족은 깊은 산이나 들녘에 서 있는 ㉢ 나무 위에 시신을 두는 방식으로 장례를 치른다. 어떤 사람들은 이런 방식을 ㉣ 자신의 문화를 기준으로 비인간적이고 기이한 관습이라 폄하한다. 하지만 ○○족의 장례 문화는, 조상의 정령이 후손을 외부의 위험으로부터 보호해 준다는 ㉤ 종교적 믿음의 결과물이다. 이처럼 해당 사회의 맥락에서 각 문화가 갖는 고유한 의미를 파악하려면 ┃ (가) ┃ 하는 태도를 지녀야 한다.

① ㉠은 문화의 특수성을 나타낸다.
② ㉡에서 '문화'는 좁은 의미의 문화이다.
③ ㉢은 비물질문화에, ㉤은 물질문화에 해당한다.
④ ㉣과 같은 태도는 국수주의로 변질될 수 있다는 비판을 받는다.
⑤ (가)에는 '자기 문화를 낮추고 타 문화의 우수성을 동경'이 적절하다.

|자|료|해|설|

자료는 세계 각지에 다양한 장례 문화가 있으며, 그 중 ○○족의 장례 문화에 대해 설명하고 있다.

|선|택|지|풀|이|

① 오답 : 대부분의 사회에서 장례 의례가 존재한다는 것은 문화의 보편성을 나타낸다.
② 오답 : 장례 문화에서의 '문화'는 넓은 의미의 문화에 해당한다.
③ 오답 : 나무 위에 시신을 두는 방식은 제도문화로, 비물질문화에 해당한다. 종교는 관념문화로, 비물질문화에 해당한다.
④ 정답 : 자신의 문화를 기준으로 다른 문화를 비인간적이고 기이한 관습이라고 폄하하는 문화 이해 태도는 자문화 중심주의이다. 자문화 중심주의는 국수주의, 제국주의적 문화 이식 시도로 문화적 마찰이 발생할 우려가 있다.
⑤ 오답 : (가)에는 해당 사회의 맥락에서 각 문화가 갖는 고유한 의미를 파악하기 위한 문화 상대주의와 관련된 내용이 들어갈 수 있다. 자기 문화를 낮추고 타 문화의 우수성을 동경하는 문화 이해 태도는 문화 사대주의이다. 따라서 해당 내용은 (가)에 들어갈 수 없다.

갑 ~ 병의 문화 이해 태도에 대한 설명으로 옳은 것은?

갑 : 공포스럽게 신랑이 칼을 차고 입장하다니 미개해 보여. 역시 우리나라의 전통 결혼식 문화가 훌륭해.
을 : ○○국은 우리나라 전통 결혼식 문화보다 세련된 서양의 선진국 결혼식 문화를 본받아야 해.
병 : ○○국의 결혼식에서 전투용 칼은 신랑의 위용을 상징하기 때문에 그들은 공포를 느끼지 않아. 그들의 사회적 맥락을 고려해 볼 때 충분히 이해할 수 있는 문화야.

① 갑의 태도는 자기 문화의 정체성을 상실하게 할 우려가 크다.
② 을의 태도는 문화 간에 우열이 존재하지 않는다고 본다.
③ 갑의 태도와 달리 을의 태도는 국수주의에 빠질 우려가 있다.
④ 을의 태도와 달리 병의 태도는 문화의 다양성을 발전 수준의 차이로 본다.
⑤ 병의 태도와 달리 을의 태도는 문화를 평가의 대상으로 본다.

|자|료|해|설|

갑은 ○○국의 결혼식 문화가 미개하고 자국의 전통 결혼식 문화가 훌륭하다고 보고 있고, 을은 ○○국이 세련된 서양의 선진국 결혼식 문화를 본받아야 한다고 보고 있으며, 병은 ○○국의 결혼식 문화를 그들의 사회적 맥락을 고려하여 이해할 수 있다고 보고 있다. 따라서 갑의 문화 이해 태도는 자문화 중심주의, 을의 문화 이해 태도는 문화 사대주의, 병의 문화 이해 태도는 문화 상대주의에 해당한다.

|선|택|지|풀|이|

① 오답 : 자문화 중심주의는 자기 문화에 대한 자부심을 심어주므로 자기 문화의 정체성을 상실하게 할 우려가 크다고 볼 수 없다.
② 오답 : 문화 사대주의는 타 문화를 우월하다고 보아 문화 간에 우열이 존재한다고 본다.
③ 오답 : 자문화 중심주의는 국수주의에 빠질 우려가 있다.
④ 오답 : 문화 사대주의는 문화 간에 우열이 존재한다고 보므로 문화의 다양성을 발전 수준의 차이로 본다.
⑤ 정답 : 문화 사대주의는 문화를 평가의 대상으로 보고, 문화 상대주의는 문화를 이해의 대상으로 본다.

🤓 **추가 학습** | 국수주의는 자기 사회의 문화가 가장 우수하다는 맹목적인 믿음을 바탕으로 자기 문화를 지켜내고 다른 사회의 문화를 배척하는 태도이다.

😃 **출제분석** | 문화 이해 태도를 파악하는 문제이다. 제시된 자료에서 문화 이해 태도를 파악한 후 각 문화 이해 태도의 기능을 묻는 문제가 출제될 수 있다.

다음 자료의 A~C에 대한 설명으로 옳은 것은? (단, A~C는 각각 자문화 중심주의, 문화 사대주의, 문화 상대주의 중 하나임.)

자문화 중심주의

문화 사대주의   자문화 중심주의   문화 상대주의

① A는 자문화의 고유한 가치를 존중한다. 하지 않는다

② B는 자국의 문화적 정체성을 약화시킨다. 강화

③ C는 국수주의로 변질될 수 있다는 비판을 받는다.

④ A, B와 달리 C는 문화의 다양성 보존에 기여한다.

⑤ B, C와 달리 A는 문화를 이해가 아닌 평가의 대상으로 본다. , B   문화 절대주의(문화 사대주의, 자문화 중심주의)

|자|료|해|설|

다른 나라 문화를 비하하며 자기 나라 문화를 우월하다고 여기는 을의 문화 이해 태도는 자문화 중심주의에 해당하고, 자기 나라 문화를 비하하며 다른 나라 문화를 동경하는 병의 문화 이해 태도는 문화 사대주의에 해당한다. 따라서 A는 문화 사대주의, B는 자문화 중심주의, C는 문화 상대주의이다.

|선|택|지|풀|이|

① 오답 : 문화 사대주의는 타문화의 우수성을 내세워 자문화를 열등하다고 본다.

② 오답 : 자문화 중심주의는 자국의 문화적 정체성을 강화시킨다.

③ 오답 : 국수주의로 변질될 수 있다는 비판을 받는 문화 이해 태도는 자문화 중심주의이다.

④ 정답 : 문화 상대주의는 문화의 다양성 보존에 기여한다.

⑤ 오답 : 문화 사대주의와 자문화 중심주의는 문화 상대주의와 달리 문화를 이해가 아닌 평가의 대상으로 본다.

😮 **문제풀이 TIP** | 자문화 중심주의는 자기 문화가 발전 단계의 정점에 위치해 있다고 보는 반면, 문화 사대주의는 다른 사회의 문화가 발전 단계의 정점에 위치해 있다고 본다.

😄 **출제분석** | 문화 이해 태도를 파악하는 문제이다. 각 문화 이해 태도의 의미와 기능을 이해해 두도록 한다.

다음 자료의 A~C에 대한 설명으로 옳은 것은?

비교론적 관점

자문화 중심주의   문화 상대주의

① A는 서로 다른 문화를 객관적으로 이해하는 데 기여한다. 비교론적 관점

② A는 문화 요소 간의 관계를 전체적 맥락에서 살펴보는 관점이다. 총체론적 관점

③ B는 자문화의 정체성을 약화시킨다는 비판을 받는다. 문화 사대주의

④ C는 문화의 다양성을 저해할 수 있다는 비판을 받는다. 보존하는 데 기여한다

⑤ B와 달리 C는 문화를 이해가 아닌 평가의 대상으로 본다. C   B

|자|료|해|설|

문화를 바라보는 관점 A는 갑국과 을국의 식문화를 비교함으로써 공통점과 차이점을 파악하고 있으므로 이는 비교론적 관점에 해당한다. 을국 사람들의 식문화를 미개하다고 보고 있는 갑국 사람들의 문화 이해 태도 B는 자문화 중심주의에 해당하고, 갑국 사람들이 을국의 역사적, 사회적 맥락에서 을국의 식문화를 파악해야 한다고 보는 문화 이해 태도 C는 문화 상대주의에 해당한다.

|선|택|지|풀|이|

① 정답 : 비교론적 관점은 자기 문화와 타 문화를 객관적으로 이해하는 데 기여한다.

② 오답 : 문화 요소 간의 관계를 전체적 맥락에서 살펴보는 관점은 총체론적 관점이다.

③ 오답 : 자문화 중심주의는 자기 문화에 대한 자부심을 심어줌으로써 자기 문화의 정체성을 강화시키는 데 기여한다. 자문화의 정체성을 약화시킨다는 비판을 받는 문화 이해 태도는 문화 사대주의이다.

④ 오답 : 문화 상대주의는 자기 문화와 타 문화의 가치를 모두 존중함으로써 문화적 다양성을 보존하는 데 기여할 수 있다.

⑤ 오답 : 자문화 중심주의는 문화를 이해가 아닌 평가의 대상으로 보고, 문화 상대주의는 문화를 평가가 아닌 이해의 대상으로 본다.

😮 **문제풀이 TIP** | 두 학생 모두 옳게 발표했으므로 A~C에 해당하는 문화를 바라보는 관점 및 문화 이해 태도를 파악해 보도록 한다.

😄 **출제분석** | 문화를 바라보는 관점과 문화 이해 태도를 파악하는 문제이다. 사례에 나타난 문화를 바라보는 관점과 문화 이해 태도를 묻는 문제가 출제될 수 있다.

2. 하위문화와 대중문화

---

1 하위문화   정답 ③   정답률 85%   2023학년도 6월 모평 11번   문제편 204p

하위문화의 사례 (가), (나)에 대한 설명으로 옳은 것은?  **3점**

반문화 →

(가) 갑국의 A 집단은 현대 문명에 대한 저항의 표시로 자동차 대신 마차를 이용하거나 걸어 다닌다. 이들은 주류 사회의 가치를 전수하는 학교에 자녀를 보내지 않으며 자신들만의 신념에 따른 전통을 고수한다.

세대 문화 →

(나) 을국의 젊은층에서는 중고 거래 플랫폼이 상용화되었다. 이들에게 플랫폼을 통한 중고 거래는 단순히 물건을 사고파는 것을 넘어 환경, 지역 사회와의 유대감 등 다양한 가치를 추구하는 행위로, 기성세대와 구별되는 새로운 행동 양식으로 자리 잡았다.

① (가)에서는 문화가 지나치게 상품화되는 경향이 나타난다.

② (가)에서는 하위문화가 기존의 주류 문화로 대체되는 과정이 나타난다.

③ (나)에서는 세대 문화가 전체 사회의 문화를 다양하게 하는 양상이 나타난다.

④ (나)에서는 주류 문화를 거부하며 새로운 가치를 추구하는 양상이 나타난다.

⑤ (가), (나)에서는 모두 비물질 문화의 변동 속도를 물질 문화의 변동 속도가 따라가지 못하는 현상이 나타난다. → 기술 지체

|자|료|해|설|

(가)에서는 현대 문명에 대해 저항하며 자신들만의 신념에 따른 전통을 고수하는 A 집단의 문화가 나타나 있다. 이는 반문화의 사례에 해당한다. (나)에서는 기성세대와 구별되는 젊은층의 새로운 행동 양식이 나타나 있다. 이는 세대 문화의 사례에 해당한다.

|선|택|지|풀|이|

① 오답 : (가)에서는 문화의 상업성이 나타나 있지 않다.

② 오답 : (가)에서는 하위문화가 기존의 주류 문화로 대체되는 과정이 나타나 있지 않다.

③ 정답 : (나)에서는 세대 문화가 전체 사회에 역동성과 다양성을 제공하는 양상이 나타나 있다.

④ 오답 : (가)에서는 주류 문화를 거부하며 새로운 가치를 추구하는 반문화적 양상이 나타나 있다.

⑤ 오답 : 비물질 문화의 변동 속도를 물질 문화의 변동 속도가 따라가지 못하는 현상을 기술 지체라고 한다. (가)와 (나) 모두에서는 기술 지체 현상이 나타나 있지 않다.

추가 개념 | 주류 문화는 한 사회에서 집단 및 영역과 상관없이 전체 구성원들이 공유하는 문화이고, 하위문화는 한 사회의 일부 구성원들만 공유하는 문화이다. 주류 문화는 전체 사회에서 향유되므로 하위문화를 향유하는 집단의 구성원들 역시 주류 문화를 향유한다.

출제분석 | 하위문화의 사례인 반문화와 세대 문화를 묻고 있다. 하위문화의 유형을 파악하는 문제, 주류 문화와 하위문화 및 반문화를 비교하는 문제, 하위문화의 상대성과 관련된 문제 등 다양한 유형으로 출제될 수 있다.

---

2 하위문화   정답 ②   정답률 83%   2022년 3월 학평 3번   문제편 204p

다음 글의 A~C에 대한 설명으로 옳은 것은? (단, A~C는 각각 반문화, 주류 문화, 하위문화 중 하나이다.)

→ 주류 문화

1960년대에 갑국에서 A에 해당했던 ○○ 문화는 1980년대에 청년들만 향유하는 문화로 변화함으로써 갑국의 B가 되었다. → 하위문화
이후 2000년대에 갑국에서 B에 해당하는 ○○ 문화는 일탈 문화로 규정됨으로써 C에도 해당하게 되었다.

→ 반문화

① 우리나라에서 특정 지역의 사투리 문화는 A에 해당한다.

② C는 사회 변화에 따라 상대적으로 규정된다.

③ A는 B와 달리 한 사회에서 문화 다양성이 나타나는 데 기여한다.

④ 모든 B의 총합은 A이다. 가 아니다

⑤ 모든 B는 C에 해당한다.

|자|료|해|설|

○○문화가 청년들만 향유하는 문화로 변화한 것은 하위문화로 변화한 것을 의미하고, 일탈 문화로 규정된 것은 반문화가 된 것을 의미한다. 따라서 A는 주류 문화, B는 하위문화, C는 반문화이다.

|선|택|지|풀|이|

① 오답 : 우리나라에서 특정 지역의 사투리 문화는 하위문화에 해당한다.

② 정답 : 반문화에 대한 규정은 시대와 사회에 따라 달라진다.

③ 오답 : 하위문화는 주류 문화와 달리 전체 사회에 역동성과 다양성을 제공한다.

④ 오답 : 하위문화의 총합이 주류 문화인 것은 아니다.

⑤ 오답 : 반문화는 하위문화의 한 유형이므로 모든 반문화는 하위문화에 해당한다.

출제분석 | 주류 문화, 하위문화, 반문화의 특징을 파악하는 문제이다. 제시문의 형식뿐만 아니라 그림, 삽화, 기사 등 다양한 유형으로 출제될 수 있으므로 기출 문제를 통해 다양한 유형을 접해 보도록 한다.

다음 자료에 대한 옳은 설명만을 〈보기〉에서 고른 것은?

> 1945년 이후 침략국이자 패전국인 독일이 취한 태도는 망각이었다. 독일 사회는 전쟁 희생자를 애도하기 위한 공적 의례를 하지 않았다. 전쟁의 상처가 생생하게 남아있는 사회에서 사람들은 과거에 대해 침묵으로 일관했다. 1950년대에도 지속된 ① '침묵의 연합'이라는 사회 전반적인 풍토에 균열이 생긴 결정적 계기는 전후 세대의 등장이었다. 특히 1960년대 후반부터 일어난 학생 봉기는 전쟁 희생자로 자신들을 포장해 온 부모 세대를 맹렬히 비난하면서 전쟁에 대한 죄의식의 부재를 공적 논쟁의 장으로 끌어냈다. 전쟁의 기억과 책임 문제를 둘러싼 세대 간 갈등은 투쟁의 양상을 띠며 심화되었다. 당시 젊은 세대가 공유했던 ② '집합적 죄의식'은 1970년대에 접어들면서 공적 의례의 중심 서사가 되고 대중문화의 소재로 빈번히 사용되는 등 독일 사회의 지배적인 기억 문화가 되어 갔다.

보기
ㄱ. 1950년대 독일 사회에서 ①은 하위문화이다.
ㄴ. 1960년대 후반 독일 사회에서 ②은 반문화의 성격을 띤다.
ㄷ. ②은 ①과 달리 독일 사회의 지역 문화이다.
ㄹ. 지배적인 가치에 도전하는 문화가 주류 문화로 변화한 사례가 나타난다.

① ㄱ, ㄴ   ② ㄱ, ㄷ   ③ ㄴ, ㄷ   ④ ㄴ, ㄹ   ⑤ ㄷ, ㄹ

|자|료|해|설|
주류 문화는 한 사회 구성원 대다수가 누리는 문화를 말하고, 하위문화는 한 사회 내에 존재하는 다양한 집단을 단위로 하여 나타나는 문화를 말하며, 반문화는 한 사회의 구성원 대다수가 향유하는 지배적인 문화에 저항하거나 대립하는 문화를 말한다.

|보|기|풀|이|
ㄱ. 오답 : 1945년 이후부터 1950년대까지 지속된 '침묵의 연합'은 독일 사회 전반적인 풍토였다. 이를 통해 '침묵의 연합'은 1950년대 독일 사회에서 주류 문화에 해당함을 알 수 있다.

ㄴ. 정답 : 1960년대 후반에 전쟁의 기억과 책임 문제를 둘러싼 세대 간 갈등이 심화되면서 젊은 세대들은 지배적인 가치에 투쟁하면서 '집합적 죄의식'을 공유하였다. 이를 통해 1960년대 후반 독일 사회에서 '집합적 죄의식'은 반문화의 성격을 띤다고 볼 수 있다.

ㄷ. 오답 : 지역 문화는 전체 사회를 구성하는 다양한 지역 내에서 나타나는 고유한 생활 양식을 말한다. '침묵의 연합'과 '집합적 죄의식'은 모두 독일 사회의 지역 문화에 해당하지 않는다.

ㄹ. 정답 : 1960년대 후반에 반문화의 성격을 띤 '집합적 죄의식'은 1970년대에 접어들면서 독일 사회의 지배적인 문화가 되었다. 이를 통해 제시된 자료에는 반문화가 주류 문화로 변화한 사례가 나타나 있음을 알 수 있다.

😲 **문제풀이 TIP |** 각각의 문화가 1950년대, 1960년대, 1970년대에 어떤 문화에 해당하는지를 파악하는 것이 중요하다.

😀 **출제분석 |** 주류 문화, 하위문화, 반문화를 파악하는 문제이다. 제시문, 표, 그림 등 다양한 유형으로 주류 문화, 하위문화, 반문화를 파악하는 문제가 출제될 수 있다.

다음 대화에 대한 설명으로 옳은 것은? (단, A~C는 각각 주류 문화, 하위문화, 반문화 중 하나이다.)

> 교사 : 지난 시간에 배운 A, B, C에 대해 발표해 볼까요?
> 갑 : 1960년대 미국의 히피 문화는 A이자 C의 사례에 해당합니다.
> 을 : 모든 A는 C에 해당하지만 모든 C가 A에 해당하는 것은 아닙니다.
> 병 : ________________ (가) ________________
> 교사 : 갑, 을, 병 모두 옳게 발표하였습니다.

① 타 지역에서도 즐기는 특정 지역의 음식은 A의 사례에 해당한다.
② A는 B와 달리 한 사회 구성원 대부분이 공유하는 문화이다.
③ B는 C와 달리 전체 사회의 문화적 다양성 증진에 기여한다.
④ B는 A와 C의 총합으로 구성된다.
⑤ (가)에는 'C는 사회 변화에 따라 B가 되기도 합니다.'가 들어갈 수 있다.

|자|료|해|설|
1960년대 미국의 히피 문화는 하위문화이자 반문화에 해당한다. 모든 반문화는 하위문화에 해당하지만, 모든 하위문화가 반문화에 해당하는 것은 아니다. 따라서 A는 반문화, B는 주류 문화, C는 하위문화이다.

|선|택|지|풀|이|
① 오답 : 타 지역에서도 즐기는 특정 지역의 음식은 반문화의 사례에 해당하지 않는다. 반문화는 한 사회의 지배적인 문화에 저항하거나 대립하는 문화를 말한다.
② 오답 : 주류 문화는 한 사회 구성원 대부분이 공유하는 문화이고, 하위문화는 한 사회 내에서 특정 집단의 구성원들만이 공유하는 문화이다.
③ 오답 : 하위문화는 전체 사회의 문화적 획일성을 방지하고 활력을 불어넣어 전체 사회의 문화적 다양성 증진에 기여한다.
④ 오답 : 주류 문화는 한 사회 구성원들이 전반적으로 공유하는 문화이므로 특정 집단만이 공유하는 하위문화와 반문화의 총합이 아니다.
⑤ 정답 : 하위문화는 사회 변화에 따라 주류 문화가 되기도 한다. 갑~병 모두 옳게 발표했으므로 'C는 사회 변화에 따라 B가 되기도 합니다.'는 (가)에 들어갈 수 있다.

하위문화의 사례 (가), (나)에 대한 설명으로 옳은 것은?

세대 문화

> (가) 한국의 아이돌 가수에 열광하여 K-팝을 즐기던 갑국의
>   많은 청소년이 한국 문화를 일상에서도 즐기고 있다.
>   이들은 한국어를 사용하며 한국 드라마도 시청하고 한국
>   음식을 직접 요리하는 등 한국 문화를 자신들만의 문화
>   코드로 공유하면서 남들과 구별되는 삶을 추구하고 있다.
> (나) 자본주의 소비문화에 저항하면서 생태 거주지를 만들어
>   사는 이들이 있다. 이들은 친환경적으로 농작물을 길러
>   자족 생활을 하며, 폐기물을 양산하는 공산품을 소비하지
>   않고 쓰레기를 만들지 않는 삶을 실천한다. 이러한 삶의
>   방식은 현대인의 소비문화에 성찰적 질문을 던지고 있다.

① (가)에서는 하위문화가 주류 문화로 대체되는 양상이 나타난다.

② (나)에서는 세대 문화와 지역 문화의 양상이 함께 나타난다.

③ (가)에서는 (나)와 달리 하위문화가 문화 다양성에 기여하는
　　　　　　　모두
　 양상이 나타난다.

④ (나)에서는 (가)와 달리 해당 문화를 향유하는 구성원들이 기존
　 질서나 가치를 거부하는 양상이 나타난다.

⑤ (가), (나) 모두에서는 물질 문화의 변동 속도를 비물질 문화의
　 변동 속도가 따라가지 못하는 양상이 나타난다.
　　　　　　　　　　　　　　　　　　　　→ 문화 지체

|자|료|해|설|

하위문화는 한 사회 내에서 특정 집단의 구성원들 또는
특정 영역의 사람들만 공유하는 문화를 말한다. 하위문화는
대체로 전체 사회가 추구하는 가치에 부합하는 성격을
갖지만, 반문화의 성격을 지닐 수도 있다.

|선|택|지|풀|이|

① 오답 : (가)에는 세대 문화가 나타나 있다. 그러나
이러한 세대 문화가 주류 문화로 대체되는 양상이 나타나
있다고 볼 수 없다.

② 오답 : (나)에는 세대 문화와 지역 문화의 양상이 나타나
있지 않다.

③ 오답 : (가)와 (나) 모두에서 하위문화가 문화 다양성에
기여하는 양상이 나타난다.

④ 정답 : (나)에서는 해당 문화를 향유하는 구성원들이
기존 질서나 가치인 자본주의 소비문화에 저항하고
거부하는 양상이 나타난다.

⑤ 오답 : 물질 문화의 변동 속도를 비물질 문화의 변동
속도가 따라가지 못하는 양상은 문화 지체이다. (가)와
(나) 모두에서 문화 지체 현상은 나타나 있지 않다.

추가 학습 | 하위문화는 절대적인 개념이 아니다. 다양한 세대
문화를 포함하는 특정 지역의 문화가 한국 사회의 하위문화로
규정될 수 있듯이 다양한 하위문화를 포함하는 한 사회의 문화는
그 사회가 포함된 보다 큰 사회의 하위문화로 규정될 수 있다.

출제분석 | 제시된 사례를 통해 하위문화의 성격을 파악하는
문제이다. 주류 문화, 하위문화, 반문화를 비교하는 문제가
출제될 수 있다.

**하위문화 유형 (가), (나)의 일반적인 특징에 대한 옳은 설명만을
〈보기〉에서 고른 것은?** 3점

유형	사례
(가) 지역 문화	갑국의 음식 문화는 주식인 밥에 다양한 반찬을 곁들여 먹는 것을 기본 형태로 한다. 하지만 기후와 지형 등에 따라 산물이 다르기 때문에 지역별로 즐겨 먹는 반찬이 다르다. 북쪽 지역은 간이 약하고 담백한 반찬이, 남쪽 지역은 간이 강하고 자극적인 반찬이 주를 이룬다.
(나) 반문화	을국에서는 종교적 전통을 중시하여 경찰이 일상의 풍속까지 세세하게 단속할 정도로 사람들의 자유를 제한하였다. 이러한 정부의 강력한 통제에 불만을 가진 일부 집단에서는 저항의 표시로 남성들은 관습적으로 길러 온 수염을 짧게 잘랐고, 여성들은 긴 치마 대신 짧은 반바지를 입고 다녔다.

보기

ㄱ. (가)는 주류 집단에 의해 일탈로 규정된다.
　　(나)

ㄴ. (나)는 사회 혼란을 초래하는 역기능도 있지만 기존 주류
　 문화가 지닌 문제를 드러내 주는 순기능도 있다.

ㄷ. (가)를 규정하는 기준은 (나)와 달리 시대와 장소에 따라
　 달라진다.
　 (가), (나)

ㄹ. (가)와 (나)는 모두 문화적 다양성을 높이는 데 기여한다.

① ㄱ, ㄴ　　② ㄱ, ㄷ　　③ ㄴ, ㄷ　　④ ㄴ, ㄹ　　⑤ ㄷ, ㄹ

|자|료|해|설|

(가)는 지역 문화, (나)는 반문화이다. 지역 문화는 다양한
지역 내에서 나타나는 고유한 생활 양식과 사고방식을
의미하며, 반문화는 한 사회의 지배적인 문화에 저항하거나
대립하는 문화를 의미한다.

|보|기|풀|이|

ㄱ. 오답 : 주류 집단에 의해 일탈로 규정되는 문화는
반문화이다.

ㄴ. 정답 : 반문화는 기존 주류 문화에 저항하기 때문에
사회 혼란을 초래하기도 하지만, 기존의 주류 문화를
대체하면서 사회 변동을 가져오기도 하고, 사회 문제가
무엇인지 알려 주어 사회 발전의 계기를 제공하기도 한다.

ㄷ. 오답 : 지역 문화와 반문화를 규정하는 기준은 모두
시대와 장소에 따라 달라진다.

ㄹ. 정답 : 지역 문화, 반문화는 모두 하위문화에 해당하며,
하위문화는 전체 사회의 문화적 다양성을 높이는 데
기여한다.

추가 학습 | 〈반문화의 성격〉 : 전체 사회의 지배적인 가치를
따르지 않는 문화로서의 반문화는 일탈 문화 혹은 범죄 문화로
나타난다. 전체 사회의 지배적인 가치를 거부하면서 새로운 가치를
추구하는 문화로서의 반문화는 대항 문화 혹은 대안 문화로
나타난다.

출제분석 | 하위문화의 유형인 지역 문화와 반문화를 파악하는
문제이다. 주류 문화, 하위문화, 반문화를 비교하는 문제가 다양한
사례를 통해 출제될 수 있다.

다음 두 사례에서 공통적으로 도출할 수 있는 내용으로 가장 적절한 것은?

> ○ 갑국에서는 과거에 지배층으로부터 배척당했던 갑국 내 A 집단의 정치사상이 시민 혁명 이후 갑국의 지배적인 통치 원리로 자리 잡았다.
> ○ 을국에서는 미풍양속을 저해한다는 이유로 한때 단속 대상이었던 젊은 세대의 복장이 오늘날 모든 세대가 함께 즐겨 입는 옷차림이 되었다.

① 하위문화는 사회 변화에 따라 주류 문화가 되기도 한다.
② 주류 문화의 영향으로 인해 하위문화가 사라지기도 한다.
③ 물질문화의 변동은 새로운 하위문화가 나타나는 데 기여한다.
④ 사회적 분화 수준이 높아질수록 더 많은 하위문화가 나타난다.
⑤ 하위문화는 그 문화를 향유하는 구성원들의 정체성 형성에 기여한다.

| 자 | 료 | 해 | 설 |

사회 변화에 따라 하위문화는 주류 문화가 되기도 하고, 주류 문화는 하위문화가 되기도 한다.

| 선 | 택 | 지 | 풀 | 이 |

① 정답 : 갑국에서는 하위문화에 해당하는 A 집단의 정치 사상이 시민 혁명 이후 갑국의 지배적인 통치 원리로 자리 잡으면서 주류 문화가 되었고, 을국에서는 하위문화에 해당하는 젊은 세대의 복장이 오늘날 모든 세대가 함께 즐겨 입는 옷차림이 되면서 주류 문화가 되었다. 이를 통해 사회 변화에 따라 하위문화는 주류 문화가 될 수 있음을 알 수 있다.

②, ③, ④, ⑤ 오답 : 제시된 두 사례에서 공통적으로 도출할 수 있는 내용으로 적절하지 않다.

😊 **출제분석** | 하위문화와 주류 문화를 파악하는 문제이다. 제시문, 도표 등을 제시하여 하위문화, 반문화, 주류 문화를 구분하는 문제가 출제될 수 있으므로 기출 문제를 통해 다양한 사례를 접해 보도록 한다.

다음 자료에 대한 분석으로 옳은 것은? **3점**

> 표는 갑국 A, B, C 지역 각각에서 대다수 사람들이 전반적으로 향유하는 의복 문화 요소를 시기별로 나타낸 것이다. 단, 갑국은 A, B, C 지역으로만 구성되어 있다.

시기	지역	의복 문화 요소
t 시기	A 지역	○, ☆
	B 지역	○, □
	C 지역	○, △

⇒

시기	지역	의복 문화 요소
t+1 시기	A 지역	○, △
	B 지역	△, □
	C 지역	△, □

① t시기에 □를 향유하는 사람은 갑국의 주류 문화 요소를 공유하지 않는다.
② t시기에 ☆, △는 ○와 달리 해당 문화 요소를 공유하는 사람들의 정체성 형성에 기여한다.
③ t+1시기에 △는 갑국의 주류 문화 요소이다.
④ t+1시기에 ○는 갑국의 지배적 문화를 거부하는 문화 요소이다.
⑤ t+1시기에는 t시기에 비해 갑국의 의복 문화 다양성이 높아졌다.

| 자 | 료 | 해 | 설 |

t시기에 A~C 지역 모두에서 대다수 사람들이 의복 문화 요소 ○를 향유하고 있으므로 t시기에 의복 문화 요소 ○는 갑국의 주류 문화 요소이다. t+1시기에 A~C 지역 모두에서 대다수 사람들이 의복 문화 요소 △를 향유하고 있으므로 t+1시기에 의복 문화 요소 △는 갑국의 주류 문화 요소이다.

| 선 | 택 | 지 | 풀 | 이 |

① 오답 : t시기에 □을 향유하는 사람은 B 지역 사람들이다. B 지역 사람들은 갑국의 주류 문화 요소인 ○을 공유하고 있다.

② 오답 : t시기에 ☆, △는 하위문화 요소이고, ○는 주류 문화 요소이다. 이는 모두 해당 문화 요소를 공유하는 사람들의 정체성 형성에 기여한다.

③ 정답 : t+1시기에 A~C 지역 모두에서 △를 향유하고 있으므로 △는 갑국의 주류 문화 요소이다.

④ 오답 : t+1시기에 ○는 A 지역에서 향유하는 하위문화 요소이다. 지배적 문화를 거부하는 문화 요소는 반문화이다. 제시된 자료만으로는 t+1시기에 ○가 반문화 요소인지는 알 수 없다.

⑤ 오답 : t시기에 의복 문화 요소는 ○, ☆, □, △이고, t+1시기에 의복 문화 요소는 ○, △, □이다. 따라서 t시기에 비해 t+1시기에 갑국의 의복 문화 다양성이 높아졌다고 볼 수 없다.

🤓 **문제풀이 TIP** | 제시된 표는 A~C 지역 각각에서 대다수 사람들이 전반적으로 향유하는 문화 요소를 나타내고 있으므로 각 시기에 A~C 지역 모두에서 공통적으로 나타나는 문화 요소는 갑국의 주류 문화 요소이다.

😊 **출제분석** | 하위문화와 주류 문화를 구분하는 문제이다. 주류 문화, 하위문화, 반문화를 구분하는 문제는 고난도로 출제될 수 있으므로 다양한 유형을 통해 문제 접근 방법을 익혀 두도록 한다.

9 하위문화

정답 ① 　 정답률 77% 　 2022년 7월 학평 4번 　 문제편 206p

다음은 문화 유형에 대한 수업 장면의 일부이다. 교사의 질문에 옳게 응답한 학생은?

구분	의미	사례
A	(가)	지역 문화
B	한 사회의 지배적 가치와 규범에 저항하거나 대립하는 문화	미국의 히피 문화
C	구성원 다수가 누리며 한 사회에서 지배적인 문화	(나)

① 갑 : 모든 B는 A에 해당합니다.

② 을 : A는 B와 달리 C를 대체하기도 합니다.

③ 병 : A는 주류 문화, B는 하위문화, C는 반문화입니다.

④ 정 : (가)에는 '전체 사회 구성원이 누리는 문화'가 적절합니다.

⑤ 무 : (나)에는 '조선 후기 천주교 문화'가 들어갈 수 있습니다.

|자|료|해|설|

지역 문화는 하위문화의 사례에 해당하고, 한 사회의 지배적 가치와 규범에 저항하거나 대립하는 문화는 반문화를 의미하며, 구성원 다수가 누리며 한 사회에서 지배적인 문화는 주류 문화를 의미한다. 따라서 A는 하위문화, B는 반문화, C는 주류 문화이다.

|선|택|지|풀|이|

① 정답 : 반문화는 하위문화의 한 유형에 해당하므로 모든 반문화는 하위문화에 해당한다.

② 오답 : 하위문화와 반문화는 모두 주류 문화를 대체하기도 한다.

③ 오답 : A는 하위문화, B는 반문화, C는 주류 문화이다.

④ 오답 : 전체 사회 구성원이 누리는 문화는 주류 문화이다. 따라서 해당 내용은 (가)에 들어갈 수 없다.

⑤ 오답 : 조선 후기 천주교 문화는 반문화의 사례에 해당한다. 따라서 해당 내용은 (나)에 들어갈 수 없다.

추가 학습 | 하위문화는 절대적인 개념이 아니다. 전체 사회의 범주를 어떻게 규정하느냐에 따라 하위문화의 범주는 상대적이다.

출제분석 | 주류 문화, 하위문화, 반문화를 파악하는 문제이다. 하위문화, 반문화와 관련된 문제는 개념 수준을 묻는 문제뿐만 아니라 각 지역에서 향유하는 문화 요소를 통해 문화의 유형을 분석하는 고난도 문제가 출제될 수 있으므로 기출 문제를 통해 다양한 유형을 접해 보도록 한다.

---

10 하위문화

정답 ③ 　 정답률 63% 　 2021년 10월 학평 17번 　 문제편 206p

다음 자료에 대한 설명으로 옳은 것은? (단, (가)~(다)는 각각 반문화, 주류 문화, 하위문화 중 하나이다.) **3점**

표는 갑국에 존재하는 문화 A~C가 T 시기와 T+1 시기에 (가)~(다) 중 각각 무엇에 해당하는지를 나타낸 것이다.

구분	T 시기 (가)	T 시기 (나)	T 시기 (다)	T+1 시기 (가)	T+1 시기 (나)	T+1 시기 (다)
A	○	×	×	×	○	×
B	×	○	×	○	×	×
C	×	○	○	×	○	×

* ○ : 해당함. × : 해당하지 않음.

① T 시기에 A는 갑국의 하위문화에 해당한다.

② T 시기에 갑국에서 C를 향유하는 사람은 A를 향유하지 않는다.

③ T 시기와 달리 T+1 시기에 B는 갑국 전체 구성원 간 문화적 동질성을 드러내는 문화이다.

④ A ~ C 중 T 시기와 T+1 시기에 모두 갑국의 지배적인 문화에 저항하거나 대립하는 성격을 지닌 문화가 있다.

⑤ (나)는 (다)와 달리 시간이 흐르면서 (가)로 변화하기도 한다.

|자|료|해|설|

모든 반문화는 하위문화에 해당한다. T 시기에 B는 (나)에만 해당하고, C는 (나)와 (다) 모두에 해당하므로 (나)는 하위문화, (다)는 반문화이다. 따라서 (가)는 주류 문화이다.

|선|택|지|풀|이|

① 오답 : T 시기에 A는 갑국의 주류 문화에 해당한다.

② 오답 : T 시기에 A는 갑국의 주류 문화, C는 갑국의 반문화에 해당한다. 반문화를 향유하는 구성원도 해당 사회의 주류 문화를 향유한다. 따라서 T시기 갑국에서 C를 향유하는 사람이 A를 향유하지 않는 것은 아니다.

③ 정답 : 사회 전체 구성원 간 문화적 동질성을 나타내는 문화는 주류 문화이다. T 시기에 B는 하위문화에 해당하고, T+1 시기에 B는 주류 문화에 해당한다.

④ 오답 : 지배적인 문화에 저항하거나 대립하는 성격을 지닌 문화는 반문화이다. T 시기에 C는 반문화에 해당하지만, T+1 시기에는 반문화에 해당하는 문화가 존재하지 않는다.

⑤ 오답 : 하위문화와 반문화는 모두 시간이 흐르면서 주류 문화로 변화하기도 한다.

추가 학습 | 주류 문화는 한 사회에서 집단 및 영역과 상관없이 전체 구성원들이 공유하는 문화를 말하고, 하위문화는 한 사회의 일부 구성원들만이 공유하는 문화를 말한다. 주류 문화의 공유성은 전체 사회의 범위에서 나타나므로 하위문화를 갖는 집단의 구성원들 역시 주류 문화의 요소를 향유한다.

출제분석 | 주류 문화, 하위문화, 반문화를 파악하는 문제로, 제시된 문제 유형이 참신하다. 시사적인 사례, 도표, 그림 등을 통해 주류 문화, 하위문화, 반문화를 파악하는 문제가 출제될 수 있다.

다음 글에 나타난 갑국의 '스케이트보드 문화'에 대한 옳은 설명만을
<보기>에서 고른 것은?

> 갑국의 스케이트보드 문화는 파도타기를 즐기는 사람들이
> 바다에서 서핑을 할 수 없을 때 육지에서도 즐길 수 있도록
> 바퀴 달린 보드를 고안한 것에서 비롯되었으며, 1950년대
> 일부 젊은이들 사이에서 유행하였다. 1970년대에는 공격적인
> 스케이트보딩을 선보이는 팀이 등장하고, 펑크 록 음악과
> 결합하여 기성세대에 대한 저항을 상징하는 스케이트보드
> 문화가 형성되었다. 스케이트보더들은 공공장소에서
> 스케이트보딩을 금지하는 정부의 규제와 위험하고 난폭하다는
> 기성세대의 비판에도 불구하고 스케이트보딩을 지속하였다.
> 1990년대 이후 스케이트보드는 대중 매체에 의해 소개되며
> 주목을 받기 시작하였다. 스케이트보드 문화는 스케이트보드
> 패션의 유행, 스케이트보드 관련 TV 프로그램의 선풍적인
> 인기, 올림픽 정식 종목 채택 등으로 인하여 모든 세대가
> 즐기는 문화가 되었다.

→ 하위문화
→ 반문화
→ 주류 문화

보기

ㄱ. 1950년대에 반문화였다. 에 해당하지 않는다

ㄴ. 1970년대에 하위문화였다.

ㄷ. 1990년대 이후 대중문화의 상업성을 비판하는 상징으로
　　여겨졌다.

ㄹ. 하위문화가 주류 문화로 변화한 사례이다.

① ㄱ, ㄴ　② ㄱ, ㄷ　③ ㄴ, ㄷ　④ ㄴ, ㄹ　⑤ ㄷ, ㄹ

|자|료|해|설|
어떤 문화가 하위문화에 속하는지, 반문화에 속하는지,
주류 문화에 속하는지에 대한 판단은 상대적이다.

|보|기|풀|이|
ㄱ. 오답 : 갑국의 스케이트보드 문화는 1950년대에
반문화가 아닌 하위문화에 해당한다.

ㄴ. 정답 : 갑국의 스케이트보드 문화는 1970년대에
기성세대에 대한 저항을 상징하면서 형성된 반문화이므로,
이는 하위문화에 해당한다.

ㄷ. 오답 : 갑국의 스케이트보드 문화는 1990년대 이후
대중 매체를 통해 소개되면서 모든 세대가 즐기는 주류
문화가 되었다.

ㄹ. 정답 : 갑국의 스케이트보드 문화의 경우 1950년대와
1970년대에는 하위문화에 해당하였고, 1990년대 이후에는
주류 문화에 해당한다. 따라서 갑국의 스케이트보드
문화는 하위문화가 주류 문화로 변화한 사례에 해당한다.

문제풀이 TIP | 1950년대, 1970년대, 1990년대 이후 갑국의
스케이트보드 문화의 성격을 파악해 보도록 한다.

출제분석 | 주류 문화, 하위문화, 반문화를 파악하는 문제이다.
사례를 통해 특정 문화의 성격이 변화하는 양상을 파악하는 문제가
출제될 수 있다.

다음 두 사례에서 공통적으로 도출할 수 있는 내용으로 가장 적절한
것은?

> ○ 갑국의 빈민가 출신 젊은이들은 주류 사회의 가치관에
> 　상충하는 요소들을 의식적으로 드러내는 새로운 장르의
> 　음악을 만들어 냈다. 그런데 해당 장르가 음악 산업의 주류로
> 　자리 잡으면서 본연의 색채를 잃었다는 평가를 받고 있다.
> ○ 을국의 일부 젊은이들은 사회 전반에 퍼진 삶의 방식이
> 　지나치게 경쟁적이고, 이기적이며, 물질 중심적이라고
> 　비판하며 그들만의 새로운 삶의 양식을 만들어 나갔다.
> 　이들은 물질 소유를 최소화하고 인간으로서 정신적 성장을
> 　중시하는 삶의 양식을 추구하였다.

→ 반문화
→ 반문화

① 반문화는 전체 사회에서 주류 문화가 된다. → 갑국 사례에만 해당
② 하위문화와 반문화는 모두 세대 간 갈등의 원인이 된다.
③ 주류 문화에 대항하는 구성원에 의해 반문화가 형성된다.
④ 주류 문화와 하위문화는 모두 사회의 안정과 통합에 기여한다.
⑤ 반문화는 주류 문화로 변화하는 과정에서 정체성이 상실된다. → 갑국 사례에만 해당

|자|료|해|설|
반문화는 한 사회의 지배적인 문화에 저항하거나 대립하는
문화로, 하위문화의 한 유형으로 볼 수 있다.

|선|택|지|풀|이|
① 오답 : 갑국의 사례에서 주류 문화에 대항하는 빈민가
출신 젊은이들에 의해 만들어진 새로운 장르의 문화가
음악 산업의 주류로 자리 잡았다는 내용을 통해 반문화가
전체 사회에서 주류 문화가 되었음을 알 수 있다.
② 오답 : 제시된 사례를 통해서는 알 수 없는 내용이다.
③ 정답 : 갑국에서는 주류 문화에 대항하는 빈민가
출신 젊은이들에 의해 반문화인 새로운 장르의 문화가
형성되었다. 을국에서는 주류 문화에 대항하는 일부
젊은이들에 의해 그들만의 새로운 삶의 양식을 추구하는
반문화가 형성되었다.
④ 오답 : 제시된 사례를 통해서는 알 수 없는 내용이다.
⑤ 오답 : 갑국의 사례에서 주류 문화에 대항하는 빈민가
출신 젊은이들에 의해 만들어진 새로운 장르의 문화가
음악 산업의 주류로 자리 잡으면서 본연의 색채를
잃었다는 평가를 받고 있다는 내용을 통해 반문화가 주류
문화로 변화하는 과정에서 정체성이 상실되었음을 알 수
있다.

문제풀이 TIP | 각 사례에서 반문화의 특징을 파악해 보도록 한다.

출제분석 | 반문화의 특징을 파악하는 문제이다. 주류 문화, 하위문화, 반문화를 비교하는 고난도 문제가 출제될 수 있다.

A~C에 대한 설명으로 옳은 것은? (단, A~C는 각각 주류 문화, 하위문화, 반문화 중 하나임.)

> 반문화 →   주류 문화 →
>
> 'A는 한 사회의 구성원 대다수가 공유하는 문화이다.'라는 진술은 거짓이다. '한 사회에서 특정 지역의 문화는 C에 해당한다.'라는 진술은 참이다. 'A와 C의 총합으로 B를 설명할 수 없다.'라는 진술은 참이다.
>
> → 하위문화   → 하위문화   → 주류 문화

✔① 모든 A는 C에 해당한다.

② B는 한 사회 내에서 A와 양립할 수 없다. (했다)

③ C는 A와 달리 주류 집단에게 일탈로 규정되기도 한다.

④ B는 C와 달리 사회 변화에 따라 A가 되기도 한다. (모두)

⑤ A는 B, C와 달리 사회 전체의 동질성을 높이는 데 기여한다. → 주류 문화

|자|료|해|설|

한 사회의 구성원 대다수가 공유하는 문화는 주류 문화이고, 한 사회에서 특정 지역의 문화는 하위문화에 해당하며, 하위문화와 반문화의 총합으로 주류 문화를 설명할 수 없다. 따라서 A는 반문화, B는 주류 문화, C는 하위문화이다.

|선|택|지|풀|이|

① 정답 : 반문화는 모두 하위문화에 해당한다.

② 오답 : 반문화는 한 사회 내에서 주류 문화와 양립할 수 있다.

③ 오답 : 반문화는 주류 집단에게 일탈로 규정되기도 한다.

④ 오답 : 주류 문화와 하위문화는 모두 사회 변화에 따라 반문화가 될 수 있다.

⑤ 오답 : 주류 문화는 사회 전체의 동질성을 높이는 데 기여한다.

🤓 **추가 학습** | 전체 사회의 범주를 어떻게 규정하느냐에 따라 하위문화의 범주는 상대적이다. 하위문화는 일반적으로 전체 사회가 추구하는 가치에 부합하는 성격을 가지지만, 반문화의 성격을 지닐 수도 있다.

🤓 **출제분석** | 주류 문화, 하위문화, 반문화의 특징을 파악하는 문제이다. 일반적인 개념 수준의 문제뿐만 아니라 다양한 사례를 통해 주류 문화, 하위문화, 반문화를 구분하는 문제가 출제될 수 있으므로 기출 문제를 통해 다양한 사례를 접해 보도록 한다.

사례 (가), (나)에 대한 설명으로 옳은 것은? **3점**

> 반문화 →   주류 문화 →
>
> (가) 갑국에서는 노동자 계급 출신의 청소년들을 중심으로 기성세대에 도전하는 문화가 생겨났다. 이들은 보수적인 계급 문화가 지배하는 기존 질서를 거부하는 의미로, 조용한 카페에서 시끄러운 록 음악을 틀거나 화려하게 치장한 스쿠터를 무리 지어 몰고 다니는 등 그들만의 문화를 향유했다. → 하위문화(반문화)
>
> 하위문화 ←
>
> (나) 을국에서는 청년 세대의 문화적 정체성을 대변하는 '청년 문화'가 유행했다. 통기타와 청바지로 표상되는 이 문화에 청년들이 열광했던 것은 기성세대와 구별되는 감성과 의식, 소비 성향으로 자신들의 정체성을 표현하고자 했기 때문이다. → 그들만의 문화(하위문화)

① (가)는 사회가 복잡해질수록 일부 구성원이 공유하는 문화가 주류 문화에 수렴되는 경향을 보여 준다. → 나타나지 않음 → 전체 문화

② (나)는 특정 집단의 문화가 기존의 주류 문화를 대체하는 현상을 보여 준다. → 하위문화 → 나타나지 않음

✔③ (가)는 (나)와 달리 주류 문화에 대항하는 성격을 가진 문화를 보여 준다. → 반문화적 성격

④ (나)는 (가)와 달리 일부 구성원이 공유하는 생활 양식이 문화 다양성을 증진시키고 있음을 보여 준다. → 하위문화는 (가), (나) 모두 나타남

⑤ (가), (나)는 모두 특정 집단의 문화가 전체 사회의 통합에 기여함을 보여 준다. → 하위문화 → 나타나지 않음

|자|료|해|설|

한 사회 내에서 일부 구성원만 공유하는 문화는 하위문화이다. 하위문화 중에서 주류 문화(전체 문화)에 저항하고 대항하는 문화는 반문화이다. 주류 문화는 전체 구성원 대다수가 공유하고 있는 문화이다.

|선|택|지|풀|이|

① 오답 : 반문화는 하위문화 중에서 주류 문화에 저항하고 대항하는 문화이다. (가)에는 일부 구성원이 공유하는 하위문화가 주류 문화에 수렴되는 경향이 나타나 있지 않다.

② 오답 : (나)에는 특정 집단이 공유하는 하위문화가 나타나 있지만, 하위문화가 기존의 주류 문화를 대체했는지는 나타나 있지 않다.

③ 정답 : (가)에는 (나)와 달리 주류 문화에 저항·대항하는 성격을 가진 반문화가 나타나 있다.

④ 오답 : (가), (나)에는 모두 일부 구성원이 공유하는 생활 양식인 하위문화가 나타나 있다.

⑤ 오답 : (가), (나) 모두에 특정 집단의 문화인 하위문화가 전체 사회의 통합에 기여했는지는 나타나 있지 않다.

🤓 **출제분석** | 하위문화는 수능과 모평에 거의 빠지지 않고 출제되는 중요한 테마이다. 문화의 의미(좁은 의미, 넓은 의미), 문화의 속성 등과 함께 복합적으로 출제될 수도 있다. 기출 문제를 중심으로 주류 문화(전체 문화), 하위문화, 반문화와 관련된 개념을 꼼꼼하게 정리해 둘 필요가 있다.

다음 A~C에 대한 설명으로 옳은 것은? (단, A~C는 각각 반문화, 주류 문화, 하위문화 중 하나이다.)

> 우리 사회에서 김치를 반찬으로 먹는 문화는 A에 해당하고, 특정 지역에서만 나타나는 풍어제 문화는 B에 해당한다. 조직폭력배의 범죄 문화는 B와 C 모두에 해당한다.

① A는 B와 C의 총합이다.
② B는 C와 달리 사회 변화에 따라 A가 되기도 한다.
③ 한 사회 내에서 세대 문화는 A가 아닌 B에 해당한다.
④ B는 A보다 사회 전체의 문화 동질성을 높이는 데 기여한다.
⑤ C는 A와 달리 해당 문화를 공유하는 구성원들의 소속감을 강화시킨다.

|자|료|해|설|

우리 사회에서 김치를 반찬으로 먹는 문화는 대다수의 구성원이 공유하는 문화이므로 주류 문화에 해당하고, 풍어제 문화는 특정 지역에서만 나타나므로 하위문화에 해당한다. 조직폭력배의 범죄 문화는 하위문화와 반문화 모두에 해당한다. 따라서 A는 주류 문화, B는 하위문화, C는 반문화이다.

|선|택|지|풀|이|

① 오답 : 주류 문화는 한 사회 구성원 대부분이 공유하고 있는 문화로, 여러 하위문화의 총합을 일컫는 말이 아니다.
② 오답 : 반문화와 하위문화는 모두 사회 변화에 따라 주류 문화가 되기도 한다.
③ 정답 : 세대 문화는 공통의 경험을 바탕으로 형성된 일정 범위의 연령층이 공유하는 문화로, 이는 하위문화에 해당한다.
④ 오답 : 주류 문화는 하위문화보다 사회 전체의 문화 동질성을 높이는 데 기여한다.
⑤ 오답 : 주류 문화, 하위문화, 반문화 모두 해당 문화를 공유하는 구성원들의 소속감을 강화시킨다.

(가), (나)에 대한 설명으로 옳은 것은? **3점**

> (가) 갑국에서 검은 가죽 재킷은 노동 계급 출신의 젊은이들 사이에 새로운 패션이다. 검은 가죽 재킷은 기성 세대와 구분되는 개념으로서의 젊은 세대, 아울러 중산층과는 다른 개념으로서의 노동 계급이라는 이중의 소속감을 상징한다.
> (나) 을국의 청년들은 주류 사회에 반기를 들며 사랑, 평화, 인간성 회복 등을 주장하였다. 이들의 주장은 을국 사회에 등장한 새로운 자본주의의 핵심이 되었으며, 이 사상은 을국의 일부 기업을 시작으로 을국 사회 곳곳으로 확산되었다.

① (가)에서는 세대 간 문화의 동질성이 강화되는 양상이 나타난다.
② (나)에서는 한 사회의 문화적 다양성이 훼손되는 양상이 나타난다.
③ (가)에서는 (나)와 달리 하위문화가 주류 문화를 대체한 양상이 나타난다.
④ (나)에서는 (가)와 달리 하위문화를 향유하는 구성원들이 기존 질서나 가치에 대해 저항하는 모습이 나타난다.
⑤ (가), (나) 모두에서는 고급 문화가 대중화되어 문화의 질적 수준이 향상되는 모습이 나타난다.

|자|료|해|설|

(가)는 갑국 노동 계급 출신의 젊은이들 사이에서 형성된 문화를 보여 주고 있고, (나)는 주류 사회에 반기를 들고 사랑, 평화, 인간성 회복 등을 주장하며 을국 사회에서 확산되고 있는 문화를 보여 주고 있다.

|선|택|지|풀|이|

① 오답 : (가)에서 세대 간 문화의 동질성이 강화되는 양상이 나타나 있다고 볼 수 없다.
② 오답 : (나)에서 한 사회의 문화적 다양성이 훼손되는 양상이 나타나 있다고 볼 수 없다.
③ 오답 : (가)에서는 하위문화가 주류 문화를 대체한 양상이 나타나 있지 않다.
④ 정답 : (가)에서는 하위문화를 향유하는 구성원들이 주류 문화에 저항하는 모습이 나타나 있지 않지만, (나)에서는 하위문화를 향유하는 구성원들이 주류 사회에 반기를 들며 기존 질서나 가치에 저항하는 모습이 나타나 있다.
⑤ 오답 : (가), (나) 모두에서는 고급 문화가 대중화되어 문화의 질적 수준이 향상되는 모습이 나타나 있지 않다.

😮 문제풀이 TIP | 을국의 청년들은 주류 사회에 반기를 들고 있으므로 이를 통해 반문화적 성격을 파악할 수 있다.

자료에 대한 설명으로 옳은 것은? (단, A~C는 각각 반문화, 주류문화, 하위문화 중 하나이다.) **3점**

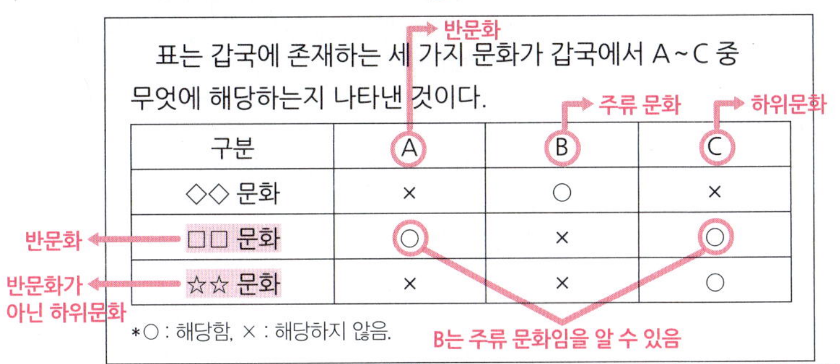

하위문화   A가 아닌 C에만 해당하기 때문임
① '☆☆ 문화'는 갑국에서 반문화가 아닌 하위문화이다.
② '□□ 문화'를 향유하는 사람은 '◇◇ 문화'를 향유하지 않는다.
반문화   주류 문화
③ 모든 A의 총합은 C이다.   아님   반문화도 가능함
반문화
④ B는 A와 달리 사회 발전의 계기를 제공할 수 있다.
⑤ C는 B와 달리 사회 통합을 강화하는 데 기여한다.
   B   C   주류 문화의 특징

|자|료|해|설|

주류 문화(전체 문화)는 전체 구성원 대다수가 공유하고 있는 문화이다. 한 사회 내에서 일부 구성원만 공유하는 문화는 하위문화이다. 하위문화 중에서 주류 문화에 저항하고 대항하는 문화는 반문화이다.

|선|택|지|풀|이|

① 정답 : '☆☆ 문화'는 A(반문화)와 B(주류 문화)에 해당하지 않고, C(하위문화)에만 해당한다. 따라서 '☆☆ 문화'는 갑국에서 반문화가 아닌 하위문화임을 알 수 있다.

② 오답 : '□□ 문화'는 반문화에 해당한다. 반문화를 향유하는 사람도 주류 문화인 '◇◇ 문화'를 향유한다.

③ 오답 : 반문화를 모두 더한다고 해서 하위문화가 되는 것은 아니다. 따라서 모든 반문화의 총합을 하위문화로 보기 어렵다.

④ 오답 : 주류 문화와 반문화는 모두 사회 발전의 계기를 제공할 수 있다.

⑤ 오답 : 주류 문화는 하위문화와 달리 사회 통합을 강화하는 데 기여한다.

😲 **문제풀이 T I P** | '□□ 문화'는 B에는 해당하지 않고, A와 C에 해당하므로 A와 C는 각각 하위문화와 반문화 중 하나이다. '◇◇ 문화'는 A와 C에는 해당하지 않고, B에만 해당하므로 B는 주류 문화이다. '☆☆ 문화'는 A와 B에는 해당하지 않고, C에만 해당하므로 C는 하위문화이다. 따라서 A는 반문화, B는 주류 문화, C는 하위문화이다.

A, B에 대한 옳은 설명만을 〈보기〉에서 고른 것은? (단, A, B는 각각 반문화, 하위문화 중 하나임.)

그런지 룩(Grunge look)은 찢어지거나 낡은 듯한 옷을 조합하여 입는 패션이다. 이 패션은 20세기 경제가 급성장함에 따라 인간의 가치를 물질적으로만 측정하려고 하는 자본주의에 대한 반항으로 나타났다. 당시 이 패션은 특정 집단에서 기존 주류 문화에 저항하는 자신들의 정체성을 표현하는 수단으로 사용되며, A로서의 성격을 보였다. 그러나 최근에는 A로서의 성격은 약해지고 낡아 보이는 것을 새로운 감성으로 여기며, 이를 통해 개성을 자유롭게 표현하려는 젊은 세대에게 새로운 패션 장르 중 하나로 자리 잡아 B로서의 성격을 보이며 소비되고 있다.

반문화   하위문화

보기
ㄱ. A는 하위문화, B는 반문화이다.   반 / 하위
ㄴ. 주류 문화는 A와 B의 총합으로 구성된다.   되지 않는다
ㄷ. A, B는 모두 전체 사회에 문화 다양성을 제공한다.
ㄹ. 우리나라에서 지역별로 쓰는 사투리는 B의 사례이다.
   하위문화(지역 문화)

① ㄱ, ㄴ   ② ㄱ, ㄷ   ③ ㄴ, ㄷ   ④ ㄴ, ㄹ   ⑤ ㄷ, ㄹ

|자|료|해|설|

그런지 룩은 20세기에 자본주의에 대한 반항으로 나타나 특정 집단에서 기존 주류 문화에 저항하는 자신들의 정체성을 표현하는 수단으로 사용되었으므로 반문화의 성격을 보였음을 알 수 있다. 최근에 그런지 룩은 반문화의 성격이 약해지고 개성을 자유롭게 표현하려는 젊은 세대에게 새로운 패션 장르 중 하나로 자리 잡게 되었으므로 하위문화의 성격을 보이고 있음을 알 수 있다. 따라서 A는 반문화, B는 하위문화이다.

|보|기|풀|이|

ㄱ. 오답 : A는 반문화, B는 하위문화이다.

ㄴ. 오답 : 주류 문화는 반문화와 하위문화의 총합으로 구성되지 않는다.

ㄷ. 정답 : 반문화와 하위문화는 모두 한 사회 내의 일부 구성원들이 공유하는 문화이므로 전체 사회의 문화적 다양성을 제공한다.

ㄹ. 정답 : 우리나라에서 지역별로 쓰는 사투리는 지역 문화로, 이는 하위문화의 사례에 해당한다.

😲 **문제풀이 T I P** | 반문화는 하위문화의 한 유형으로, 한 사회의 지배적인 문화에 저항하거나 대립하는 문화를 말한다.

😀 **출제분석** | 반문화와 하위문화를 파악하는 문제이다. 주류 문화, 반문화, 하위문화의 특징과 기능을 파악하는 문제가 출제될 수 있다.

다음 자료의 A, B에 대한 옳은 설명만을 〈보기〉에서 고른 것은? (단, A, B는 각각 하위문화, 반문화 중 하나이다.)

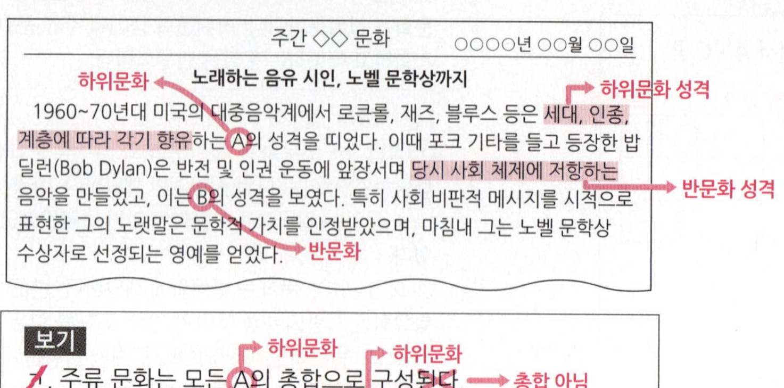

보기

ㄱ. 주류 문화는 모든 A의 총합으로 구성된다.
ㄴ. 특정 지역 주민이 공유하는 사투리는 A의 사례에 해당한다.
ㄷ. A는 B와 달리 전체 사회에 문화 다양성을 제공한다.
ㄹ. 모든 B는 A에 해당한다.

① ㄱ, ㄴ　② ㄱ, ㄷ　③ ㄴ, ㄷ　④ ㄴ, ㄹ　⑤ ㄷ, ㄹ

|자|료|해|설|

한 사회 내에서 일부 구성원만 공유하는 문화는 하위문화이다. 하위문화 중에서 주류 문화(전체 문화)에 저항하고 대항하는 문화는 반문화이다. 따라서 A는 하위문화, B는 반문화이다.

|보|기|풀|이|

ㄱ. 오답 : 주류 문화는 전체 구성원 대다수가 공유하고 있는 문화이고, 하위문화는 한 사회 내에서 일부 구성원만 공유하는 문화이다. 하위문화의 총합을 주류 문화로 보기 어렵다.

ㄴ. 정답 : 특정 지역 주민이 공유하는 사투리는 한 사회 내에서 일부 구성원만 공유하고 있는 하위문화의 사례에 해당한다.

ㄷ. 오답 : 하위문화와 반문화는 모두 전체 사회에 문화 다양성을 제공할 수 있다.

ㄹ. 정답 : 반문화는 하위문화 중에서 주류 문화에 저항하고 대립하는 문화이다. 따라서 모든 반문화는 하위문화에 해당한다.

🤖 **문제풀이 T I P** | 하위문화는 '그들만의 문화'로 일부 집단이 공유하고 있는 문화이다. 하위문화 중에서 반문화는 주류 문화(전체 문화)에 저항하고 대항하는 문화이다. 반문화를 포함한 하위문화는 모두 전체 사회에 문화 다양성 · 역동성 등을 제공할 수 있다.

다음 자료에 대한 설명으로 옳은 것은? (단, A ~ C는 각각 주류 문화, 하위문화, 반문화 중 하나임.) **3점**

A와 B를 구분할 수 있는 질문	○ 한 사회 내에서 특정 집단의 구성원들만 공유하는 문화인가?
	○ 한 사회의 지배적 가치와 규범에 저항하거나 대립하는 문화인가?
B와 C를 구분할 수 있는 질문	○ 한 사회 내에서 구성원들이 전반적으로 공유하는 문화인가?
	○ (가)

① A를 향유하는 사람은 B를 향유하지 않는다. _한다_
② B는 C와 달리 전체 사회의 문화 다양성 증가에 기여한다.
③ C가 아닌 A는 존재하지 않는다.
④ B는 A와 C의 총합으로 구성된다. _되지 않는다_
⑤ (가)에는 '시대와 사회에 따라 상대적으로 규정되는가?'가 들어갈 수 있다.

🤖 **추가 개념** | 반문화는 하위문화의 한 유형이므로 모든 반문화는 하위문화에 해당한다.

🤖 **출제분석** | 주류 문화, 하위문화, 반문화를 파악하는 문제이다. 시대와 사회에 따라 주류 문화, 하위문화, 반문화를 파악하는 문제가 출제될 수 있다.

|자|료|해|설|

한 사회 내에서 특정 집단의 구성원들만 공유하는 문화는 하위문화와 반문화이고, 한 사회의 지배적 가치와 규범에 저항하거나 대립하는 문화는 반문화이다. 따라서 A와 B 중 하나는 반문화이고, C는 하위문화이다. 한 사회 내에서 구성원들이 전반적으로 공유하는 문화는 주류 문화이다. 따라서 B는 주류 문화이다. 즉, A는 반문화, B는 주류 문화, C는 하위문화이다.

|선|택|지|풀|이|

① 오답 : 반문화를 향유하는 사람은 그 사회의 구성원이므로 주류 문화를 향유한다.

② 오답 : 하위문화는 전체 사회의 문화 다양성 증가에 기여한다.

③ 정답 : 반문화는 모두 하위문화에 해당한다. 따라서 하위문화가 아닌 반문화는 존재하지 않는다.

④ 오답 : 주류 문화는 반문화와 하위문화의 총합으로 구성되지 않는다.

⑤ 오답 : (가)에는 주류 문화와 하위문화를 구분할 수 있는 질문이 들어가야 한다. 주류 문화, 하위문화, 반문화는 모두 시대와 사회에 따라 상대적으로 규정된다. 따라서 해당 질문은 (가)에 들어갈 수 없다.

다음 자료에 대한 설명으로 옳은 것은? 3점

표는 갑국에서 △△문화가 t 시기~t+2 시기에 A~C 중 무엇에 해당하는지를 나타낸 것이다. A~C는 각각 반문화, 주류 문화, 하위문화 중 하나이다.

구분	t 시기	t+1 시기	t+2 시기
A 하위문화	○	○	×
B 반문화	○	×	×
C 주류 문화	×	×	○

* ○ : 해당함. × : 해당하지 않음.

① 모든 A는 B에 해당한다.   B A
② C는 A와 B의 총합으로 구성된다.   되지 않는다
③ t 시기에 △△문화를 향유하는 사람은 C를 향유하지 않는다.   한다
④ t+1 시기에 △△문화는 반문화에 해당하지 않는 하위문화이다.
⑤ t+2 시기에 △△문화는 갑국의 지배적 문화에 저항하는 성격을 가진다.   가지지 않는다

|자|료|해|설|

모든 반문화는 하위문화에 해당한다. t 시기에 △△문화는 A와 B 모두에 해당하므로 A와 B는 각각 하위문화와 반문화 중 하나이다. t+1 시기에 △△문화는 A에만 해당하므로 A는 하위문화이다. 따라서 B는 반문화, C는 주류 문화이다.

|선|택|지|풀|이|

① 오답 : 모든 반문화는 하위문화에 해당한다.
② 오답 : 하위문화와 반문화의 총합이 주류 문화인 것은 아니다.
③ 오답 : t 시기에 △△문화는 하위문화이자 반문화에 해당하므로 △△문화를 향유하는 사람은 주류 문화를 향유한다.
④ 정답 : t+1 시기에 △△문화는 하위문화에는 해당하지만, 반문화에는 해당하지 않는다.
⑤ 오답 : t+2 시기에 △△문화는 주류 문화에 해당하므로 갑국의 지배적 문화에 저항하는 성격을 가지지 않는다.

🤓 **문제풀이 T I P** | 반문화는 하위문화의 한 유형이므로 모든 반문화는 하위문화에 해당한다. t 시기에 △△문화는 반문화이자 하위문화에 해당함을 파악할 수 있어야 한다.

😀 **출제분석** | 주류 문화, 하위문화, 반문화를 파악하는 문제이다. 제시문, 표, 그림 등 다양한 유형으로 주류 문화, 하위문화, 반문화를 구분하는 문제가 출제될 수 있다.

표에 대한 옳은 분석을 〈보기〉에서 고른 것은? (단, A국에는 갑~병 지역만 존재하며, 세 지역의 인구는 비슷하다.) 3점

〈A국에 존재하는 음식 문화 요소〉   → 전체 문화 요소

구분	갑 지역	을 지역	병 지역
T 시기	a, b	a, c	a, d
T+1 시기	a, b, c	a, c	a, c, d

하위문화 요소   → 하위문화 요소   → 하위문화 요소   → 하위문화 요소

갑~병 지역에 모두 존재 ← 전체 문화 요소

보기
ㄱ. T 시기에 a는 A국의 전체 문화 요소이다.   → 갑 지역에만 존재
ㄴ. T+1 시기에 b는 A국의 하위문화 요소이다.   → a~d(4개)
ㄷ. T 시기보다 T+1 시기에 A국의 음식 문화 요소가 많다.   같다
ㄹ. T+1 시기보다 T 시기에 A국의 세 지역 간 음식 문화의 동질성이 강하다.   T T+1

① ㄱ, ㄴ   ② ㄱ, ㄷ   ③ ㄴ, ㄷ   ④ ㄴ, ㄹ   ⑤ ㄷ, ㄹ

|자|료|해|설|

사회 구성원 대부분이 공유하는 문화는 전체 문화이고, 한 사회 내의 일부 구성원들이 공유하는 문화는 하위문화 요소이다. T 시기에 a는 모든 지역에 나타나기 때문에 전체 문화 요소이지만 b, c, d는 하위문화 요소이다. T+1 시기에 a, c는 전체 문화 요소이지만, b, d는 하위문화 요소이다.

|보|기|풀|이|

ㄱ. 정답 : T 시기에 a는 A국의 모든 지역(갑~병 지역)에 나타난다. 따라서 T 시기에 a는 A국의 전체 문화 요소이다.
ㄴ. 정답 : T+1 시기에 b는 갑 지역에만 나타나는 음식 문화 요소이다. 따라서 T+1 시기에 b는 A국의 하위문화 요소이다.
ㄷ. 오답 : T 시기와 T+1 시기에 A국에 나타난 음식 문화 요소는 모두 4개(a, b, c, d)로 같다.
ㄹ. 오답 : T 시기에 나타난 전체 문화 요소는 1개(a)이고, T+1 시기에 나타난 전체 문화 요소는 2개(a, c)이다. 따라서 T 시기보다 전체 문화 요소가 더 많이 나타나는 T+1 시기에 A국의 세 지역 간 음식 문화의 동질성이 강하다.

🤓 **문제풀이 T I P** | 문제의 조건에서 A국에는 갑~병 지역만 존재하며, 세 지역의 인구는 비슷하다고 나와 있다. 따라서 갑~병 지역에 공통으로 나타나는 문화 요소는 전체 문화 요소에 해당하고, 해당 지역에만 나타나는 문화 요소는 하위문화 요소에 해당함을 알 수 있다.

다음은 학생이 작성한 하위문화에 대한 학습 활동지의 일부이다. 이에 대한 설명으로 옳은 것은? (단, A, B는 각각 반문화, 지역 문화 중 하나이다.)

<과제 1> 하위문화의 유형과 의미 작성하기

유형	의미
A → 지역 문화	지역 내에서 나타나는 고유한 생활 양식
세대 문화	(가)
B → 반문화	한 사회의 지배적인 문화에 저항하는 문화

<과제 2> 하위문화의 특징 서술하기

- ◉ 한 사회 내에는 수많은 하위문화가 존재할 수 있음.
- ○   (나) → 옳지 않은 진술   .
- ◉ 하위문화의 범주는 시대나 사회에 따라 변화할 수 있음.

* 교사 평가 : <과제 1>은 모두 옳게 작성하였고, <과제 2>는 두 가지만 옳게 작성하였음.

① A는 사회가 다원화될수록 주류 문화에 수렴되는 경향이 있다.
② A와 B는 한 사회 내에서 공존할 수 없다. (있다)
③ A, B는 모두 전체 사회에 문화적 다양성을 제공한다.
④ (가)에는 '한 사회의 구성원 대부분이 공유하는 문화'가 들어갈 수 있다. (없다) → 주류 문화
⑤ (나)에는 '사회가 복잡해질수록 다양한 하위문화가 나타남'이 들어갈 수 있다. (없다)

|자|료|해|설|
지역 내에서 나타나는 고유한 생활 양식을 의미하는 문화는 지역 문화이고, 한 사회의 지배적인 문화에 저항하는 문화는 반문화이다. 따라서 A는 지역 문화, B는 반문화이다.

|선|택|지|풀|이|
① 오답 : 사회가 다원화될수록 지역 문화가 주류 문화에 수렴되는 경향이 있다고 볼 수 없다.
② 오답 : 지역 문화와 반문화는 한 사회 내에서 공존할 수 있다.
③ 정답 : 지역 문화와 반문화는 모두 하위문화의 유형으로, 전체 사회에 문화적 역동성과 다양성을 제공한다.
④ 오답 : 한 사회의 구성원 대부분이 공유하는 문화는 주류 문화이다. (가)에는 세대 문화의 의미가 들어갈 수 있다. 따라서 해당 내용은 (가)에 들어갈 수 없다.
⑤ 오답 : 교사는 <과제 2>에 대해 두 가지만 옳게 작성하였다고 평가하였다. <과제 2>에서 첫 번째와 세 번째 특징은 옳게 작성되었으므로 (나)에는 옳지 않은 진술이 들어가야 한다. 사회가 복잡해질수록 다양한 하위문화가 나타난다. 따라서 해당 내용은 (나)에 들어갈 수 없다.

🤓 **학습조언** | 주류 문화는 한 사회 구성원 대부분이 공유하는 문화를 말하는데, 하위문화의 합이 주류 문화인 것은 아니다. 주류 문화는 여러 하위문화들을 통틀어서 일컫는 말이 아님에 주의하도록 한다.

😮 **출제분석** | 하위문화의 유형과 특징을 파악하는 문제이다. 주류 문화, 하위문화, 반문화의 상대성과 관련된 사례를 제시하는 문제가 출제될 수 있으므로 기출 문제를 통해 관련 사례를 접해 보도록 한다.

다음 글에서 파악할 수 있는 내용으로 가장 적절한 것은?

요즘 한글 자모를 모양이 비슷해 보이는 다른 자모로 바꾸어 표현하는 언어유희를 볼 수 있다. 'ㄸ'과 'ㅣ'를 합쳐 '띠'를 만들어 '명작'을 '띵작'으로 표기하는 것이 그 예다. 온라인에서 이러한 신조어를 만들거나 사용하는 것이 젊은 세대 사이에서 하나의 놀이 문화로 자리 잡았고, 그들의 소통을 위한 매개로 활용되면서 서로 간의 친밀감을 높이고 있다. 하지만 신조어를 잘 모르는 대다수의 기성세대는 말의 의미를 이해하지 못해 혼란스러워 하기도 한다. 이로 인해 세대 간 소통 단절을 불러올 수 있다는 우려가 제기된다.
→ 세대 간 문화의 이질성 ↑

① 하위문화가 주류 문화를 대체한다.
② 세대 간 문화의 이질성이 약화된다. (심화)
③ 대중 매체가 고급문화의 대중화를 견인한다.
④ 특정 세대가 새로운 가치를 추구하며 주류 문화에 저항한다.
⑤ 특정 하위문화가 해당 문화를 향유하는 구성원들의 유대감 형성에 기여한다.

|자|료|해|설|
세대 문화는 공통의 경험을 바탕으로 형성된 일정 범위의 연령층이 공유하는 문화를 말한다.

|선|택|지|풀|이|
①, ③, ④ 오답 : 제시문을 통해 파악할 수 없는 내용이다.
② 오답 : 제시문에서는 세대 간 문화의 이질성이 심화될 수 있음을 파악할 수 있다.
⑤ 정답 : 제시문에서는 새로운 언어 문화를 통해 젊은 세대 사이에서 서로 간의 친밀감을 높이고 있음을 보여 준다. 이를 통해 특정한 하위문화가 그 문화를 향유하는 구성원들 간의 유대감을 형성할 수 있음을 알 수 있다.

🤓 **추가 학습** | 세대 문화는 같은 세대에 속하는 사람들의 정체성, 일체감 형성에 기여하지만, 동일한 사회 현상에 대해 세대 간 인식의 차이를 초래하여 세대 갈등을 유발할 우려가 있다.

😮 **출제분석** | 하위문화의 사례인 세대 문화를 파악하는 문제이다. 주류 문화, 하위문화, 반문화를 비교하는 문제가 출제될 수 있다.

25 하위문화

정답 ④ 　정답률 70% 　2021년 4월 학평 7번 　문제편 210p

A ~ C에 대한 설명으로 옳은 것은? (단, A ~ C는 각각 주류 문화, 하위문화, 반문화 중 하나이다.) ⟶ A : 주류 문화, B : 반문화, C : 하위문화

교사 : 지난 시간에 배운 A, B, C에 대해 설명해 볼까요?
갑 : A는 한 사회의 구성원 대부분이 공유하는 문화입니다. ⟶ 주류 문화
을 : 천주교는 조선 시대에 B의 성격을 띠고 있었지만, 현재 우리나라에서는 그렇지 않습니다. → 반문화　→ 반문화의 성격 없음
병 : C의 사례로 우리나라 안에서 지역별로 다른 사투리를 쓰는 것을 들 수 있습니다. ⟶ 하위문화
교사 : 세 학생 모두 옳게 설명했네요.

① A(C)는 하위문화, B는 반문화이다.
② A는 그 사회의 모든 C의 총합으로 설명할 수 있다(없다).
③ B는 A와 달리(모두) 사회에 따라 상대적으로 규정된다.
④ B에 해당하는 사례는 C에도 해당한다.
⑤ C는 B와 달리(모두) 사회 변화에 따라 A가 되기도 한다.

|자|료|해|설|
한 사회의 구성원 대부분이 공유하는 문화는 주류 문화이며, 천주교는 현재와 달리 조선 시대에는 반문화의 성격을 띠었고, 우리나라 안에서 지역별로 다른 사투리를 쓰는 것은 하위문화의 사례에 해당한다. 따라서 A는 주류 문화, B는 반문화, C는 하위문화이다.

|선|택|지|풀|이|
① 오답 : A는 주류 문화, B는 반문화이다.
② 오답 : 주류 문화는 여러 하위문화들을 통틀어서 일컫는 말이 아니며, 한 사회의 여러 하위문화의 총합이 그 사회의 주류 문화가 되는 것은 아니다. 따라서 주류 문화는 그 사회의 모든 하위문화의 총합으로 설명할 수 없다.
③ 오답 : 주류 문화와 반문화 모두 해당 사회의 상황에 따라 상대적으로 규정된다.
④ 정답 : 하위문화의 유형에는 지역 문화, 세대 문화, 반문화 등이 있다. 따라서 반문화에 해당하는 사례는 하위문화에도 해당한다.
⑤ 오답 : 반문화와 하위문화는 모두 사회 변화에 따라 주류 문화가 되기도 한다.

문제풀이 TIP | 주류 문화와 하위문화를 다루는 문항에서는 '주류 문화는 하위문화의 총합으로 구성된다.'라는 표현이 자주 등장한다. 주류 문화는 여러 하위문화들을 통틀어서 일컫는 말이 아니므로, 해당 표현은 틀린 진술임에 유의해야 한다.

출제분석 | 주류 문화와 하위문화는 자주 출제되는 핵심 주제이다. 특히 반문화는 하위문화의 한 유형이며 주류 문화와 하위문화는 모두 시대에 따라 상대적으로 규정됨에 유의하여야 한다.

26 하위문화

정답 ⑤ 　정답률 81% 　2024학년도 9월 모평 2번 　문제편 210p

A ~ C에 대한 설명으로 옳은 것은? (단, A ~ C는 각각 주류 문화, 하위문화, 반문화 중 하나임.)

유일신을 숭배하는 □□교를 오랜 기간 국교(國敎)로 유지하고 있는 갑국에 조상신을 숭배하는 ○○교가 유입되었다. 갑국에서 ○○교는 처음에는 일부 집단만이 공유한 A였다. 그런데 ○○교 신자들이 갑국의 B인 □□교가 숭배하는 유일신을 부정하면서 ○○교는 C의 성격을 가지게 되었다.
→ 하위문화　← 주류 문화　→ 반문화

① A는 B와 달리(모두) 시대에 따라 상대적으로 규정된다.
② B는 C와 달리 문화 다양성 증가에 기여한다.
③ C는 A, B와 한 사회에서 공존할 수 없다(있다).
④ A, B는 C와 달리(모두) 해당 문화를 향유하는 구성원의 정체성 강화에 기여한다.
⑤ C는 A에 해당하지만, A가 B에 해당하는 것은 아니다.

|자|료|해|설|
A는 하위문화, B는 주류 문화, C는 반문화이다.

|선|택|지|풀|이|
① 오답 : 하위문화와 주류 문화는 모두 시대에 따라 상대적으로 규정된다.
② 오답 : 반문화는 문화 다양성 증가에 기여한다.
③ 오답 : 한 사회에는 하위문화, 주류 문화, 반문화 모두가 공존할 수 있다.
④ 오답 : 하위문화, 주류 문화, 반문화는 모두 해당 문화를 향유하는 구성원의 정체성 강화에 기여한다.
⑤ 정답 : 하위문화에는 반문화와 반문화가 아닌 하위문화가 있다. 따라서 반문화는 모두 하위문화에 해당하지만, 하위문화가 모두 반문화에 해당하는 것은 아니다.

A ~ C에 대한 설명으로 옳은 것은? (단, A ~ C는 각각 반문화, 주류 문화, 하위문화 중 하나임.)

교사 : 지난 시간에 배운 A, B, C에 대해 발표해 볼까요?
갑 : A는 한 사회의 지배적인 문화에 저항하는 문화입니다. → 반문화
을 : B는 한 사회 구성원 대다수가 공유하고 있는 문화입니다. → 주류 문화
하위문화 ← 병 : 제주 지역 방언은 우리나라에서 C에 해당하는 사례입니다. → 하위문화
교사 : 병은 옳게 발표했어요. 갑이 발표한 내용은 B에 해당하고 → 반문화
　　　을이 발표한 내용은 A에 해당하네요. → 주류 문화

① A는 반문화, B는 주류 문화, C는 하위문화이다.
　　B　　　　A
② B는 집단 간 갈등을 초래하여 사회 통합을 저해할 수 있다.
③ 모든 C는 B에 해당한다.
　　　B　　C
④ 한 사회에서 B는 A와 공존이 불가능하다.
⑤ 사회가 변화함에 따라 C는 A가 될 수 있지만, B가 될 수는 없다.
　　　　　　　　　　　　　　　　　　　　　　　　　　　있다

|자|료|해|설|
한 사회의 지배적인 문화에 저항하는 문화는 반문화이고, 한 사회 구성원 대다수가 공유하고 있는 문화는 주류 문화이며, 제주 지역 방언은 하위문화에 해당하는 사례이다. 병이 옳게 발표했으므로 C는 하위문화이다. 갑이 발표한 내용은 B에 해당하므로 B는 반문화이고, 을이 발표한 내용은 A에 해당하므로 A는 주류 문화이다.

|선|택|지|풀|이|
① 오답 : A는 주류 문화, B는 반문화, C는 하위문화이다.
② 정답 : 반문화는 집단 간 갈등을 조장하여 사회 혼란을 초래할 수 있다.
③ 오답 : 반문화는 모두 하위문화에 해당한다.
④ 오답 : 한 사회에서 반문화는 주류 문화와 공존이 가능하다.
⑤ 오답 : 사회가 변화함에 따라 하위문화는 주류 문화가 될 수도 있고, 반문화가 될 수도 있다.

😮 **문제풀이 T I P** | 갑~병이 말한 내용에 해당하는 문화를 적고, 교사의 말에 따라 A~C가 각각 어떤 문화에 해당하는지 파악하도록 한다.

😮 **출제분석** | 주류 문화, 하위문화, 반문화를 파악하는 문제이다. 표, 그림, 사례, 대화 등 다양한 유형으로 주류 문화, 하위문화, 반문화를 파악하는 문제가 출제되므로 기출 문제를 통해 다양한 유형의 문제를 접해 보도록 한다.

다음 자료에 대한 설명으로 옳은 것은? (단, A ~ C는 각각 주류 문화, 하위문화, 반문화 중 하나임.)

하위문화 →
이번 시간에는 A, B, C에 대해 배워 봅시다. 아래 자료에서 ㉠은 A, ㉡은 B에 해당합니다. C는 아래 자료상으로는 확인할 수 없습니다.
교사 　　주류 문화 ↓　반문화 ↓

하위문화 ←
19세기 중반부터 20세기 중반까지 다수의 유럽계 이민자들이 갑국의 ○○지역으로 이주해 왔다. 이들은 주로 ○○지역의 부두 주변에 정착하여 빈민촌을 이루고 살았다. 당시 이민자들이 고된 노동을 잊고 고향을 그리워하며 뒷골목에서 추던 ㉠ 춤은 시간이 흐르면서 대중화되었고 이것은 오늘날 갑국 국민들 누구나 즐기는 ㉡ 춤으로 발전하였다.
→ 주류 문화

① A는 전체 사회의 문화적 다양성을 높이는 데 기여한다.
② B는 A와 C의 총합으로 구성된다. 되지 않는다
③ A와 달리 B는 해당 문화를 향유하는 구성원들의 유대감 형성에 기여한다.
④ B와 달리 A는 한 사회의 지배적인 문화에 저항하거나 대립하는 문화이다.
　　　　　　　C
⑤ ㉠에서 ㉡으로의 변화는 주류 문화가 하위문화로 변한 사례이다.
　　　　　　　　　　　　하위　　　주류

|자|료|해|설|
㉠은 ○○지역으로 이주해 온 이민자들이 고된 노동을 잊고 고향을 그리워하며 추던 춤이므로 이는 하위문화에 해당한다. ㉡은 갑국 국민들 누구나 즐기는 춤이므로 이는 주류 문화에 해당한다. 따라서 A는 하위문화, B는 주류 문화, C는 반문화이다.

|선|택|지|풀|이|
① 정답 : 하위문화는 전체 사회의 문화적 다양성과 역동성을 높이는 데 기여한다.
② 오답 : 주류 문화는 하위문화와 반문화의 총합으로 구성되지 않는다.
③ 오답 : 하위문화와 주류 문화는 모두 해당 문화를 향유하는 구성원들의 유대감 형성에 기여한다.
④ 오답 : 한 사회의 지배적인 문화에 저항하거나 대립하는 문화는 반문화이다.
⑤ 오답 : ㉠에서 ㉡으로의 변화는 하위문화가 주류 문화로 변한 사례에 해당한다.

😮 **문제풀이 T I P** | 한 사회 구성원 대부분이 공유하는 문화는 주류 문화이다. 주류 문화는 여러 하위문화들을 통틀어서 일컫는 말이 아니다. 즉, 하위문화의 합이 주류 문화인 것은 아니다.

😮 **출제분석** | 주류 문화, 하위문화, 반문화를 파악하는 문제이다. 사례, 도표, 그림 등을 통해 주류 문화, 하위문화, 반문화를 파악하는 문제가 출제될 수 있다.

다음 두 사례에서 공통적으로 도출할 수 있는 내용으로 가장 적절한 것은?

○ 갑국에서 컴퓨터 게임은 시대 변화에 빠르게 반응하는 일부 청소년들이 즐기는 것이라 여겨졌었다. 하지만 전자 기기와 정보통신 기술이 발전하고 기존에 컴퓨터 게임을 즐기던 청소년들이 기성세대가 되면서 갑국에서 컴퓨터 게임은 보편 문화가 되었다.

→ 하위문화
→ 주류 문화

○ 을국에서 컴퓨터 세대라 불리는 젊은이들은 과학적 상상력을 바탕으로 주류 계층에 저항하는 내용의 문학을 탄생시켰다. 이후 이들의 사회 비판 의식을 담은 문학은 대중의 지지를 얻어 을국에서 대다수가 즐기는 하나의 문학 장르로 자리잡게 되었다.

→ 반문화
→ 주류 문화

① 반문화는 문화의 다양성을 저하시킨다.
② 하위문화는 세대 갈등 해소에 기여한다.
③ 반문화는 사회문제에 대한 해결책을 제시한다.
④ 하위문화는 전체 사회에서 주류 문화가 되기도 한다.
⑤ 주류 문화에 대항하는 구성원들이 반문화를 형성한다.

|자|료|해|설|
갑국에서 일부 청소년들이 즐기는 컴퓨터 게임 문화는 하위문화에 해당하고, 전자 기기와 정보통신 기술의 발전으로 보편 문화가 된 컴퓨터 게임 문화는 주류 문화에 해당한다. 을국에서 주류 계층에 저항하는 내용의 문학 장르는 반문화에 해당하고, 대다수가 즐기는 문학 장르로 자리잡게 된 사회 비판 의식을 담은 문학 장르는 주류 문화에 해당한다.

|선|택|지|풀|이|
①, ②, ③, ⑤ 오답 : 제시된 두 사례를 통해 공통적으로 도출할 수 있는 내용으로 적절하지 않다.
④ 정답 : 첫 번째 사례는 하위문화가 주류 문화가 된 경우를 보여 주고, 두 번째 사례는 반문화가 주류 문화가 된 경우를 보여 준다. 따라서 두 사례를 통해 하위문화는 전체 사회에서 주류 문화가 될 수 있음을 알 수 있다.

문제풀이 TIP | 반문화는 모두 하위문화에 해당하고, 반문화, 하위문화, 주류 문화에 대한 판단은 상대적이다.

출제분석 | 하위문화, 반문화, 주류 문화를 파악하는 문제이다. 사례, 그림, 표 등 다양한 유형으로 하위문화, 반문화, 주류 문화를 파악하는 문제가 출제될 수 있다.

밑줄 친 ㉠~㉢에 대한 설명으로 옳은 것은? 3점

갑국에서는 손을 씻으면 영혼이 오염되어 목숨이 위험해진다는 ㉠ 전통적 믿음 때문에 손을 잘 씻지 않는 관습이 있었다. 이로 인해 많은 사람이 감염병으로 목숨을 잃었다. 한 의사가 손 씻기로 건강을 유지하고 생명을 지킬 수 있다는 사실을 알리면서 갑국의 A 지역에서는 ㉡ 손을 잘 씻는 문화가 형성되었다. ㉢ 이러한 문화가 조금씩 퍼져 나가자 대다수 갑국 사람들은 자신들의 믿음을 해친다는 이유로 A 지역 사람을 비난하며 ㉣ 자신들의 문화를 지키기 위해 저항하였다. 갑국에서 감염병이 유행했을 때, A 지역 사망률은 다른 지역에 비해 현저히 낮았다. 손 씻는 간단한 행위로 질병을 예방할 수 있다는 사실을 깨닫자 갑국에서는 ㉤ 손을 잘 씻어 위생 관리를 철저히 하는 생활 습관이 보편화되었다.

문화 지체 ✕
주류 문화가 지역 문화에 저항
갑국의 하위문화
→ 하위문화 → 주류 문화

① ㉠은 지배 세력에 반발하여 사회 통합이 이루어진 사례이다.
② ㉡은 주류 문화가 하위문화로 변한 사례이다.
③ ㉢은 문화 변동이 빠르게 진행되어 나타난 문화 지체 사례이다.
④ ㉣은 지역 문화가 주류 문화에 대항한 반문화 사례이다.
⑤ ㉤은 하위문화가 주류 문화로 변한 사례이다.

|자|료|해|설|
사회 구성원 대부분이 공유하는 문화는 주류 문화이고, 한 사회 내의 일부 구성원이 공유하는 문화는 하위문화이다.

|선|택|지|풀|이|
① 오답 : 전통적 믿음 때문에 손을 잘 씻지 않는 관습은 지배 세력에 반발하여 사회 통합이 이루어진 사례에 해당하지 않는다.
② 오답 : 갑국의 A 지역에서 손을 잘 씻는 문화가 형성된 것은 갑국의 주류 문화가 하위문화로 변한 사례에 해당하지 않는다.
③ 오답 : 갑국의 A 지역에서 손을 잘 씻는 문화가 퍼져 나가자 대다수 갑국 사람들이 자신들의 믿음을 해친다는 이유로 A 지역 사람들을 비난하는 것은 문화 지체와 관련이 없다.
④ 오답 : 대다수 갑국 사람들이 자신들의 문화를 지키기 위해 A 지역 사람들을 비난한 것은 주류 문화가 지역 문화에 대항한 것으로, 이는 반문화의 사례에 해당하지 않는다.
⑤ 정답 : 갑국에서 손을 잘 씻어 위생 관리를 철저히 하는 생활 습관이 보편화된 것은 갑국의 하위문화가 주류 문화로 변한 사례에 해당한다.

출제분석 | 하위문화, 반문화, 주류 문화를 파악하는 문제이다. 사례, 그림, 삽화 등 다양한 유형으로 하위문화, 반문화, 주류 문화를 파악하는 문제가 출제될 수 있다.

A~C에 대한 설명으로 옳은 것은? (단, A~C는 각각 주류 문화, 하위문화, 반문화 중 하나임.)

> 소셜 미디어를 활용하여 소통하는 문화는 처음에 일부 사람들만이 향유하는 A였으나, 지금은 거의 모든 사람의 필수적 소통 방식이 되어 B가 되었다. 한편 소셜 미디어를 활용한 소통의 문제점을 지적하는 사람들을 중심으로 소셜 미디어를 탈퇴하기 시작하였다. 이 현상은 소셜 미디어에서 해방되기 위해 소셜 미디어를 사용하지 말자는 캠페인으로 확대되었는데, 이는 C의 성격을 지니는 문화로 볼 수 있다.

하위문화 → A
주류 문화 → B
반문화 → C

① 모든 C는 A에 해당한다.
② C와 **달리** A는 문화 다양성 증가에 기여한다.
③ C는 B와 한 사회 내에서 공존할 수 ~~없다~~.있다
④ B는 A와 C의 총합으로 구성~~된다~~.되지 않는다
⑤ A, B와 **달리** C는 해당 문화를 향유하는 구성원의 정체성 강화에 기여한다.

|자|료|해|설|
A는 하위문화, B는 주류 문화, C는 반문화이다.

|선|택|지|풀|이|
① 정답 : 반문화는 모두 하위문화에 해당한다.
② 오답 : 하위문화와 반문화는 모두 문화 다양성 증가에 기여한다.
③ 오답 : 주류 문화와 반문화는 한 사회 내에서 공존할 수 있다.
④ 오답 : 주류 문화는 하위문화와 반문화의 총합으로 구성되지 않는다.
⑤ 오답 : 하위문화, 주류 문화, 반문화는 모두 해당 문화를 향유하는 구성원의 정체성 강화에 기여한다.

😮 **문제풀이 TIP** | 모든 반문화는 하위문화에 해당하고, 하위문화는 한 사회 내의 특정 집단만이 공유하는 문화이므로 반문화와 하위문화를 더한 총합이 주류 문화라고 볼 수 없다.

😮 **출제분석** | 하위문화, 반문화, 주류 문화를 파악하는 문제이다. 특정 문화가 반문화, 하위문화, 주류 문화의 성격을 갖게 되는 변화를 파악하는 문제가 출제될 수 있다.

밑줄 친 ㉠~㉣에 대한 설명으로 옳은 것은?

넓은 의미의 문화

> 갑국에는 ㉠ 지역 문화, 세대 문화 등 다양한 ㉡ 하위문화가 존재한다. 최근 갑국에서는 ㉢ 주류 문화와 성격이 다른 ㉣ 청년 세대 문화가 주목받고 있다. 갑국의 청년 세대는 기성세대와 달리 어릴 때부터 ㉤ 디지털 기술을 접하여 소셜 미디어 활용 능력이 뛰어나고, ㉥ 개성을 중시하는 가치관이 강하다.

물질문화 → ㉤
비물질문화 → ㉥

① ㉠에서 '문화'는 ~~좁은~~ 의미로 사용되었다. 넓은
② ㉢은 ㉡의 총합이다.이 아니다
③ ㉣은 갑국의 문화 다양성 증진에 기여한다.
④ ㉣을 향유하는 사람은 ㉢을 향유하지 ~~않는다~~.한다
⑤ ㉤과 ㉥은 ~~모두~~ 비물질문화이다.

|자|료|해|설|
세대 문화는 공통의 경험을 바탕으로 형성된 일정 범위의 연령층이 공유하는 문화로, 이는 하위문화에 해당한다.

|선|택|지|풀|이|
① 오답 : 지역 문화에서 '문화'는 넓은 의미로 사용되었다.
② 오답 : 주류 문화는 하위문화의 총합이 아니다.
③ 정답 : 갑국의 청년 세대 문화는 갑국의 하위문화로, 이는 갑국 문화의 다양성 증진에 기여한다.
④ 오답 : 갑국의 청년 세대 문화를 향유하는 사람은 갑국의 주류 문화를 향유한다.
⑤ 오답 : 디지털 기술은 물질문화에 해당하고, 개성을 중시하는 가치관은 비물질문화에 해당한다.

😮 **추가 학습** | 물질문화는 사람들이 삶을 영위하기 위해 만들고 사용하는 인공물이나 그것을 제작, 사용하는 기술을 통틀어 말하고, 비물질문화는 사회적 행동 양식을 규정하는 각종 규범과 제도, 인간의 존재 의미와 지적 욕구를 충족시켜 주는 사고방식 및 가치 체계를 통틀어 말한다.

😮 **출제분석** | 다양한 문화적 개념을 묻는 문제이다. 주류 문화, 하위문화, 반문화를 묻는 문제, 문화의 의미와 문화 요소를 묻는 문제 등 다양한 유형의 문제가 복합적으로 출제될 수 있다.

밑줄 친 ㉠ ~ ㊀에 대한 설명으로 옳은 것은?

A국 귀족 출신인 갑은 ㉠ 종교적 신념이 강했다. 갑은 왕위 교체의 틈을 노려 ㉡ □□교가 기존의 ㉢ △△교 대신 A국의 국교가 되기를 원했다. 그는 ㉣ □□교를 믿는 귀족들을 규합하여 △△교 세력을 제거하려 했지만, 사전에 발각되어 처형 당했다. 오랜 시간이 지나 ㉤ 갑의 얼굴을 형상화한 가면을 쓴 주인공이 사회 질서를 바로 잡는 내용의 영화가 흥행하게 되었다. 이후 ㉥ 일부 시민들이 지배 집단에 대해 투쟁할 때, 갑의 얼굴을 형상화한 가면을 쓰는 ㊀ 문화가 나타나게 되었다.

① ㉠은 물질문화, ㉤은 비물질문화에 해당한다.
② ㉢은 ㉡과 달리 A국에서 하위문화에 해당한다.
③ ㉣은 문화적 다양성의 강화를 추구하였다.
④ ㉥에서 주류 문화에 저항하는 반문화적 성격을 찾을 수 있다.
⑤ ㊀은 '음식 문화'에서의 문화와 달리 좁은 의미로 사용되었다.

|자|료|해|설|

하위문화는 한 사회 내에서 일부 구성원만 공유하는 문화이고, 반문화는 하위문화 중에서 주류 문화(전체 문화)에 저항하고 대립하는 문화이다. 좁은 의미의 문화는 고상하고 세련된 것, 고급스러운 것 등 특별한 의미를 가지고 있는 사회적 생활 양식을 의미하고, 넓은 의미의 문화는 한 사회나 집단에서 나타나는 인간의 모든 사회적 생활 양식을 의미한다.

|선|택|지|풀|이|

① 오답 : '종교적 신념'은 관념 문화(비물질문화)에 해당하고, '가면'은 기술(물질문화)에 해당한다.
② 오답 : '□□교'는 A국에서 일부 구성원만 공유하고 있는 하위문화이다.
③ 오답 : 제시문을 통해 '□□교를 믿는 귀족들'이 문화적 다양성의 강화를 추구하였는지 알 수 없다.
④ 정답 : '일부 시민들이 지배 집단에 대해 투쟁'에서 주류 문화(전체 문화)에 저항하고 대립하는 반문화적 성격을 찾을 수 있다.
⑤ 오답 : '갑의 얼굴을 형상화한 가면을 쓰는 문화'에서의 문화와 '음식 문화'에서의 문화는 모두 넓은 의미 (생활 양식)로 사용되었다.

밑줄 친 ㉠ ~ ㉣에 대한 옳은 설명만을 〈보기〉에서 있는 대로 고른 것은?

네오비트족은 패션이나 ㉠ 음식, 여가 생활 등 다방면에서 직접 체험을 중시하는 소비 집단을 뜻한다. 이들은 새로운 기술 습득 능력과 SNS 활용 능력이 뛰어나며 역동적인 여가 활동을 즐긴다. 이 용어는 1950년대 미국의 저항적인 ㉡ 청년 문화를 형성했던 비트족에서 유래했다. 비트족은 당시 기성세대가 중시했던 출세, 교육 등의 가치를 거부하는 태도를 보였다. ㉢ 네오비트족의 문화는 창의성과 도전 정신으로 새로운 트렌드를 만들어내는 것을 특징으로 하지만 사회 참여나 소통도 중시한다는 점에서 무조건적으로 사회에 반항했던 ㉣ 비트족의 문화와는 차이가 있다.

보기
ㄱ. ㉠은 비물질문화에 해당한다.
ㄴ. ㉡에서 '문화'는 넓은 의미로 사용되었다.
ㄷ. ㉢은 한 사회의 문화적 다양성을 높이는 데 기여할 수 있다.
ㄹ. ㉣은 주류 문화를 거부하는 반문화적 성격을 지닌다.

① ㄱ, ㄴ　　　② ㄱ, ㄹ　　　③ ㄷ, ㄹ
④ ㄱ, ㄴ, ㄷ　　　⑤ ㄴ, ㄷ, ㄹ

|자|료|해|설|

한 사회 내에서 일부 구성원만 공유하는 문화는 하위문화이다. 하위문화 중에서 주류 문화에 저항하고 대항하는 문화는 반문화이다. 따라서 '네오비트족의 문화'는 하위문화이고, '비트족의 문화'는 반문화에 해당한다.

|보|기|풀|이|

ㄱ. 오답 : 기본적인 의식주(의복, 음식, 주택)는 물질문화 (기술)에 해당한다.
ㄴ. 정답 : '청년 문화'에서 '문화'는 청년들이 공유하고 있는 생활 양식을 의미하므로 넓은 의미로 사용되었다.
ㄷ. 정답 : 하위문화는 한 사회 내에서 일부 구성원만 공유하는 문화이다. 따라서 하위문화는 한 사회의 문화적 다양성을 높이는 데 기여할 수 있다.
ㄹ. 정답 : 제시문의 '무조건적으로 사회에 반항했던' 부분을 통해 '비트족의 문화'는 주류 문화에 저항하고 대항하는 반문화임을 알 수 있다.

🤓 **문제풀이 TIP** | 비트족의 문화와 네오비트족의 문화는 모두 일부 구성원만 공유하는 하위문화에 해당한다. 또한 비트족의 문화는 하위문화이면서 주류 사회에 저항하고 대항하는 반문화이다.

밑줄 친 ㉠~㉢에 대해 옳게 이해한 학생만을 <보기>에서 고른 것은?

> 1990년대에 갑국에서는 기존의 지배적인 ㉠ 대중문화에 저항하고 대립하는 성격을 지닌 ㉡ 음악 장르 A가 등장하였고, 갑국 정부는 A를 규제하여 확산을 막으려고 하였다. 그로 인해 ㉢ A를 누리려는 사람들과 정부 간의 갈등이 발생하였다.
> 그러나 오늘날 A는 그 자체의 예술적 가치를 인정받아 갑국 내 일부 세대에서 자유롭게 즐기는 문화가 되었다.

보기

갑 : ㉠에서 '문화'는 넓은 의미로 사용되었어.
을 : ㉡이 갑국에서 반문화였던 시기가 있었네.
병 : ㉡은 오늘날 갑국의 주류 문화가 되었군.
정 : ㉢은 물질문화와 비물질문화 간 변동 속도의 차이로 인해 발생한 거야.

① 갑, 을 ② 갑, 병 ③ 을, 병 ④ 을, 정 ⑤ 병, 정

|자|료|해|설|
반문화는 한 사회의 지배적인 문화에 저항하거나 대립하는 문화를 말한다.

|보|기|풀|이|
갑. 정답 : 대중문화에서의 '문화'는 생활 양식의 총체를 의미하므로 넓은 의미로 사용되었다.
을. 정답 : 음악 장르 A는 1990년대 갑국에서 기존의 지배적인 대중문화에 저항하고 대립하는 성격을 지니고 있었다. 따라서 음악 장르 A는 1990년대 갑국에서 반문화에 해당하였다.
병. 오답 : 음악 장르 A는 오늘날 예술적 가치를 인정받아 갑국 내 일부 세대에서 자유롭게 즐기는 문화가 되었다. 따라서 음악 장르 A는 오늘날 갑국의 하위문화가 되었다.
정. 오답 : A를 누리려는 사람들과 A의 확산을 막기 위한 정부 간의 갈등이 물질문화와 비물질문화 간의 변동 속도의 차이로 인해 발생한다고 볼 수 없다.

문제풀이 TIP | 문화 지체는 물질문화의 빠른 변동 속도를 비물질문화의 변동 속도가 뒤따르지 못하여 나타나는 문화 요소 간의 부조화 현상을 말한다.

출제분석 | 문화의 의미, 반문화와 하위문화 등을 파악하는 문제이다. 제시문에서 다양한 문화 관련 개념을 파악하는 문제가 출제될 수 있다.

(가)에 들어갈 수 있는 내용으로 가장 적절한 것은?

① 계층 간 문화적 차이를 줄이기
② 지나치게 상업적인 성격을 띠기
③ 개인의 독창성과 개성을 약화시키기
④ 선정적이고 폭력적인 내용을 담고 있기
⑤ 사회 문제에 대한 대중의 관심을 다른 곳으로 돌리기

|자|료|해|설|
제시된 그림에는 광고 투성인 스포츠 경기와 상품을 노출시키는 드라마를 지적하고 있다.

|선|택|지|풀|이|
①, ③, ④, ⑤ 오답 : 제시된 대화와 관련 없는 내용이다.
② 정답 : 제시된 대화는 대중문화가 지나친 상업성을 추구하고 있음을 지적하고 있다. 따라서 '지나치게 상업적인 성격을 띠기'는 (가)에 들어갈 수 있는 내용으로 적절하다.

추가 개념 | 대중문화는 지나친 상업성 추구로 인해 대중문화의 질적 저하를 초래할 우려가 있다.

출제분석 | 대중문화의 역기능을 파악하는 문제이다. 대중문화의 순기능과 역기능을 파악해 두도록 한다.

다음 사례에서 도출할 수 있는 시사점으로 가장 적절한 것은?

> 최근 일부 콘텐츠 제작자들은 수익 창출을 목적으로 온라인 동영상 플랫폼에 선정적이고 쾌락적인 내용을 담은 자극적인 콘텐츠를 다량으로 유포하고 있다. 이러한 콘텐츠에 자주 노출된 일부 시청자들에게는 사고력이 저하되는 브레인 롯 (Brain rot) 현상이 나타나 사회 문제로 대두되고 있다. 그러나 여전히 일부 콘텐츠 제작자들은 동영상 조회수를 높여 더 큰 수익을 얻기 위해 자극적인 콘텐츠를 양산하고 있다.

① 대중문화의 지나친 상업화를 경계해야 한다.
② 세대 간의 문화적 차이를 해소하기 위해 노력해야 한다.
③ 정보 생산자와 정보 소비자 간의 경계를 명확하게 해야 한다.
④ 대중의 대중매체에 대한 정보 접근성을 높여 정보 격차를 줄여야 한다.
⑤ 콘텐츠 제작자들은 대중의 취향에 부합하는 지식과 정보만을 제공해야 한다.

|자|료|해|설|

제시된 사례는 수익 창출을 위해 양산된 자극적인 콘텐츠에 노출된 시청자들에서 사고력 저하 문제가 나타나고 있음을 보여 준다.

|선|택|지|풀|이|

① 정답 : 제시된 사례는 수익을 얻기 위해 자극적인 콘텐츠를 지속적으로 양산하고 있는 대중문화의 상업성을 지적하고 있다. 따라서 제시된 사례를 통해 대중문화의 지나친 상업화를 경계해야 함을 알 수 있다.
②, ③, ④, ⑤ 오답 : 제시된 사례에서 도출할 수 있는 시사점으로 적절하지 않다.

문제풀이 TIP | 지나친 상업성 추구로 인해 대중문화의 질적 저하를 초래할 우려가 있다.

출제분석 | 대중문화의 상업성을 파악하는 문제이다. 대중문화의 순기능과 역기능을 이해해 두도록 한다.

다음 글에서 필자가 강조하고 있는 대중문화의 기능으로 가장 적절한 것은?

> 대중문화는 몇 가지의 정해진 원칙을 따른다. 예컨대 대중음악의 곡조는 보통 32마디로 구성되며, 음역은 9도 내로 제한되고, 곡은 기본 화성을 중심으로 전개된다. 이러한 원칙으로 인해 우리는 인기 가요의 처음 몇 마디만 들어도 노래의 진행을 짐작할 수 있으며 그 추측이 맞아떨어질수록 해당 음악은 인기를 얻게 된다. 마찬가지로 드라마나 광고 역시 일정한 원칙에 따라 유사한 형태로 재생산되며, 이렇게 만들어진 문화일수록 대중에게 쉽게 전파된다. → 획일화, 표준화

① 문화의 획일화 · 표준화를 조장한다.
② 계층 간 문화적 차이를 더욱 확대한다.
③ 고급문화에 대한 대중의 접근성을 높인다.
④ 성숙한 시민 의식을 제고하여 사회의 다원화에 기여한다.
⑤ 대중을 수동적 문화 소비자에서 주체적 문화 생산자로 변화시킨다.

|자|료|해|설|

대중문화는 한 사회 내에 존재하는 다양한 집단을 초월하여 불특정 다수가 공유하면서 향유하는 문화를 말한다.

|선|택|지|풀|이|

① 정답 : 필자는 대중음악, 드라마, 광고 등의 대중문화가 일정한 원칙에 따라 유사한 형태로 재생산되면서 대중에게 쉽게 전파되고 있음을 강조하고 있다. 따라서 필자는 대중문화가 획일화와 표준화를 조장할 우려가 있음을 강조하고 있다.
②, ③, ④, ⑤ 오답 : 제시문에서 필자가 강조하고 있는 대중문화의 기능으로 적절하지 않다.

추가 학습 | 대중문화의 역기능으로는 문화의 상업화와 획일화 조장 우려, 지나친 상업성 추구로 인한 대중문화의 질적 저하 초래, 지배층의 대중 조작 수단으로의 이용 등을 들 수 있다.

출제분석 | 대중문화의 기능을 파악하는 문제이다. 대중문화의 순기능과 역기능을 이해해 두도록 한다.

정답 ② 정답률 75% 2025학년도 9월 모평 16번 문제편 213p

다음 두 사례에서 공통적으로 도출할 수 있는 대중문화의 기능으로 가장 적절한 것은?

> ○ 의료 지식, 법률 지식과 같이 오랜 기간 숙련을 통해 얻는 전문 지식은 소수의 특권이었다. 하지만 의무 교육의 확산과 TV, 인터넷을 통한 정보 공유로 대다수 사람이 응급 상황이나 법적 분쟁에 어느 정도 대처할 수 있게 되었다.
> ○ 과거에 골프는 상류층이 즐기는 스포츠라는 인식이 강했다. 하지만 산업화로 인해 대중의 경제적 수준이 높아지고, 스포츠 미디어의 활성화로 인해 골프가 대중에게 친숙해지면서 예전보다 많은 사람이 골프를 즐기게 되었다.

① 오락 및 여가의 기회를 제공하여 삶의 질을 높인다.
② 고급문화를 대중화하여 평균적인 문화 수준을 높인다.
③ 성숙한 시민 의식을 제고하여 사회의 다원화에 기여한다.
④ 소수에게 집중된 권력을 견제하여 민주주의를 발전시킨다.
⑤ 대중을 수동적인 문화 소비자에서 주체적 생산자로 만든다.

|자|료|해|설|

첫 번째 사례는 소수의 특권이었던 전문 지식을 정보의 공유로 인해 대다수 사람들이 향유하게 되었음을 보여 주고, 두 번째 사례는 상류층이 즐기는 스포츠라는 인식이 강했던 골프를 산업화와 스포츠 미디어의 활성화로 인해 많은 사람들이 즐기게 되었음을 보여 준다.

|선|택|지|풀|이|

①, ③, ④, ⑤ 오답 : 제시된 사례를 통해 공통적으로 도출할 수 있는 대중문화의 기능으로 적절하지 않다.
② 정답 : 제시된 두 사례는 모두 소수나 특정 계층이 향유했던 문화가 대중들이 향유하게 되는 대중문화가 되었음을 보여 준다. 이를 통해 대중문화로 인해 고급문화가 대중화되어 평균적인 문화 수준이 높아졌음을 알 수 있다.

🤓 **추가 학습** | 대중문화의 순기능으로 오락 및 여가 문화로서의 기능, 고급문화의 대중화, 시민 의식의 성숙 등을 들 수 있다.

😊 **출제분석** | 대중문화의 기능을 파악하는 문제이다. 대중문화의 순기능과 역기능을 파악하는 문제가 출제될 수 있다.

정답 ① 정답률 84% 2019년 3월 학평 12번 문제편 213p

다음 자료의 (가), (나)에 대한 옳은 설명을 〈보기〉에서 고른 것은?

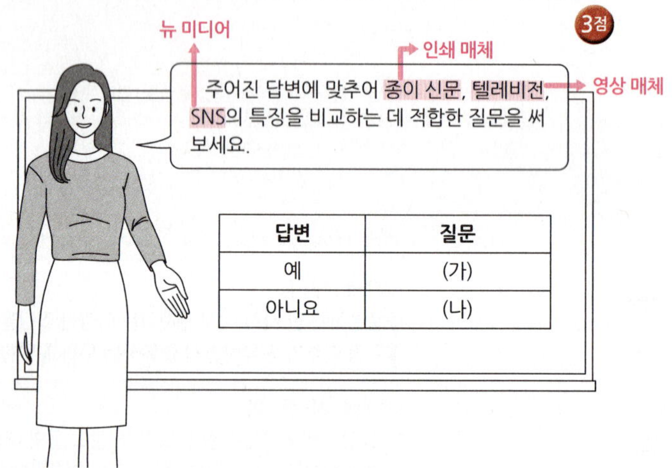

보기
ㄱ. (가)에 'SNS가 텔레비전보다 정보 전달의 쌍방향성이 강한가?'가 들어갈 수 있다.
시청각
ㄴ. (가)에 '텔레비전이 종이 신문보다 시청각적 정보의 전달에 유리한가?'가 들어갈 수 있다.
SNS > 텔레비전
시각
텔레비전 > 종이 신문
ㄷ. (나)에 '종이 신문이 SNS보다 심층적 정보 전달에 유리한가?'가 들어갈 수 있다. 없다
종이 신문
ㄹ. (나)에 'SNS가 종이 신문보다 정보 전달의 신속성이 강한가?'가 들어갈 수 있다. 없다
SNS > 종이 신문

① ㄱ, ㄴ ② ㄱ, ㄷ ③ ㄴ, ㄷ ④ ㄴ, ㄹ ⑤ ㄷ, ㄹ

|자|료|해|설|

종이 신문은 인쇄 매체, 텔레비전은 영상 매체, SNS는 인터넷 기반의 뉴 미디어에 해당한다.

|보|기|풀|이|

ㄱ 정답 : 뉴 미디어인 SNS는 정보 전달의 쌍방향성(양방향성)이 강하다. 따라서 (가)에 'SNS가 텔레비전보다 정보 전달의 쌍방향성이 강한가?'가 들어갈 수 있다.
ㄴ 정답 : 영상 매체인 텔레비전은 시청각적 정보를 전달하고, 인쇄 매체인 종이 신문은 시각적 정보를 전달한다. 따라서 (가)에 '텔레비전이 종이 신문보다 시청각적 정보의 전달에 유리한가?'가 들어갈 수 있다.
ㄷ. 오답 : 인쇄 매체인 종이 신문은 심층적 정보 전달에 유리하다. 따라서 (나)에 '종이 신문이 SNS보다 심층적 정보 전달에 유리한가?'가 들어갈 수 없다.
ㄹ. 오답 : 뉴 미디어인 SNS가 인쇄 매체인 종이 신문보다 정보 전달의 신속성이 강하다. 따라서 (나)에 'SNS가 종이 신문보다 정보 전달의 신속성이 강한가?'가 들어갈 수 없다.

😊 **출제분석** | 특히 인터넷에 기반을 두고 있는 뉴 미디어는 쌍방향(양방향) 의사소통이 가능하다는 점을 기억할 필요가 있다. 기출문제를 중심으로 관련 개념을 꼼꼼하게 정리해 둘 필요가 있다.

자료는 대중 매체 A~C의 일반적인 특징을 비교한 것이다. 이에 대한 설명으로 옳은 것은? (단, A~C는 각각 종이 신문, SNS, 텔레비전 중 하나이다.) (3점)

ㅇ A는 C에 비해 정보 전달의 신속성이 높다.
ㅇ B는 A, C에 비해 정보 재가공의 용이성이 높다.

① (가)에는 '정보 생산자의 전문성'이 적절하다.
② (나)에는 '정보 소비자의 수동성'이 적절하다.
③ (다)에는 '정보 확산 경로의 다양성'이 적절하다.
④ (라)에는 '정보 전달자와 수용자 간 상호 작용성'이 적절하다.
⑤ A는 B, C와 달리 복합 감각의 정보를 전달할 수 있다.

| 자 | 료 | 해 | 설 |

영상 매체는 인쇄 매체에 비해 정보 전달의 신속성이 높고, 뉴 미디어는 영상 매체, 인쇄 매체에 비해 정보 재가공의 용이성이 높다. 따라서 A는 텔레비전(영상 매체), B는 SNS(뉴 미디어), C는 종이 신문(인쇄 매체)이다.

| 선 | 택 | 지 | 풀 | 이 |

① 오답 : '정보 생산자의 전문성'은 텔레비전이 SNS보다 높다. 따라서 (가)에는 '정보 생산자의 전문성'이 적절하지 않다.
② 오답 : '정보 소비자의 수동성'은 텔레비전이 SNS보다 높다. 따라서 (나)에는 '정보 소비자의 수동성'이 적절하지 않다.
③ 정답 : '정보 확산 경로의 다양성'은 SNS가 종이 신문보다 높다. 따라서 (다)에는 '정보 확산 경로의 다양성'이 적절하다.
④ 오답 : '정보 전달자와 수용자 간 상호 작용성'은 SNS가 종이 신문보다 높다. 따라서 (라)에는 '정보 전달자와 수용자 간 상호 작용성'이 적절하지 않다.
⑤ 오답 : 텔레비전과 SNS는 시청각 정보를 제공할 수 있고, 종이 신문은 시각 정보를 제공할 수 있다. 따라서 텔레비전과 SNS는 종이 신문과 달리 복합 감각의 정보를 전달할 수 있다.

그림의 (가)~(다)에 들어갈 내용으로 옳은 것은? (단, A~C는 각각 인쇄 매체, 영상 매체, 뉴 미디어 중 하나이다.) (3점)

A, B는 C에 비해 정보 재가공의 용이성이 낮아요. A, C는 B와 달리 복합 감각 정보의 전달이 가능해요. (가)~(다)를 기준으로 A~C의 일반적인 특징을 비교해 봅시다.

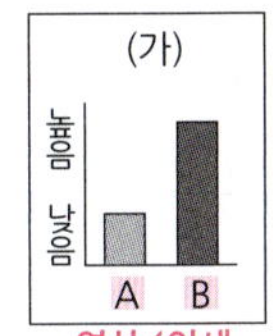
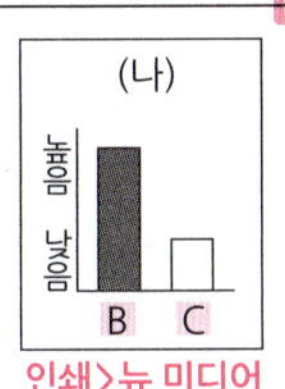
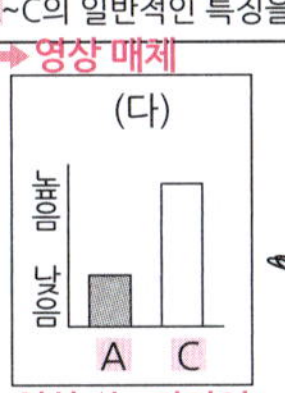

① (가) - 정보 유통의 신속성
② (나) - 정보 전달의 양방향성
③ (나) - 정보 확산 경로의 다양성
④ (다) - 정보 생산자의 익명성
⑤ (다) - 정보 생산자와 소비자 간 경계의 명확성

| 자 | 료 | 해 | 설 |

뉴 미디어는 인쇄 매체와 영상 매체에 비해 정보 재가공의 용이성이 높다. 영상 매체와 뉴 미디어는 인쇄 매체와 달리 복합 감각 정보의 전달이 가능하다. 따라서 A는 영상 매체, B는 인쇄 매체, C는 뉴 미디어이다.

| 선 | 택 | 지 | 풀 | 이 |

① 오답 : 영상 매체는 인쇄 매체에 비해 정보 유통의 신속성이 높다.
② 오답 : 뉴 미디어는 인쇄 매체에 비해 정보 전달의 양방향성이 높다.
③ 오답 : 뉴 미디어는 인쇄 매체에 비해 정보 확산 경로의 다양성이 높다.
④ 정답 : 뉴 미디어는 영상 매체에 비해 정보 생산자의 익명성이 높다.
⑤ 오답 : 영상 매체는 뉴 미디어에 비해 정보 생산자와 소비자 간 경계의 명확성이 높다.

문제풀이 TIP | 뉴 미디어는 양방향(쌍방향) 매체이고, 인쇄 매체, 음성 매체, 영상 매체는 일방향 매체이다.

출제분석 | 대중 매체의 종류(인쇄 매체, 음성 매체, 영상 매체, 뉴 미디어)와 대중 매체의 기능(순기능, 역기능)이 주로 출제된다.

대중 매체의 특징을 활용한 다음 게임에 대한 설명으로 옳은 것은?

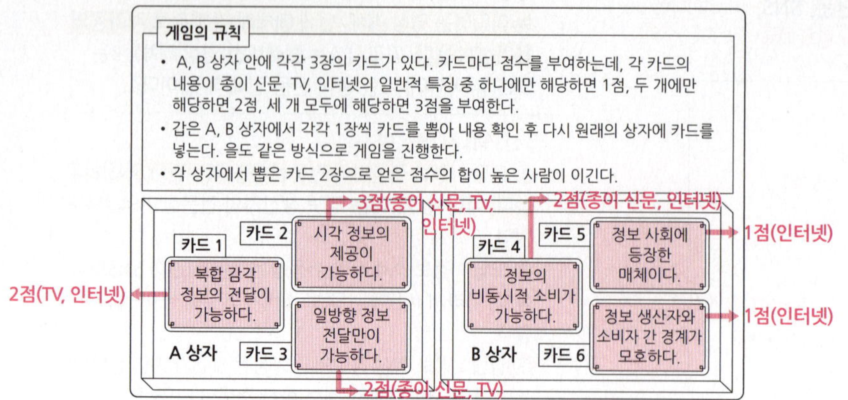

① A 상자에 담긴 카드의 총점은 6점이다.
② 한 사람이 1회 게임에서 얻을 수 있는 최소 점수는 2점이다.
③ 한 사람이 1회 게임에서 얻을 수 있는 최대 점수는 6점이다.
④ 한 사람이 1회 게임에서 종이 신문에 해당하는 내용이 있는 카드로 얻을 수 있는 최대 점수는 5점이다.
⑤ 갑이 카드 2와 카드 4를 뽑았다면, 을이 이길 수 있는 카드의 조합은 1가지이다.

| 자 | 료 | 해 | 설 |

카드 1(2점) : 복합 감각 정보의 전달이 가능한 매체는 TV와 인터넷이다.

카드 2(3점) : 시각 정보의 제공이 가능한 매체는 종이 신문, TV, 인터넷이다.

카드 3(2점) : 일방향 정보 전달만이 가능한 매체는 종이 신문과 TV이다.

카드 4(2점) : 정보의 비동시적 소비가 가능한 매체는 종이 신문과 인터넷이다.

카드 5(1점) : 정보 사회에 등장한 매체는 인터넷이다.

카드 6(1점) : 정보 생산자와 소비자 간 경계가 모호한 매체는 인터넷이다.

| 선 | 택 | 지 | 풀 | 이 |

① 오답 : A 상자에 담긴 카드의 총점은 7점(=2점+3점+2점)이다.

② 오답 : 한 사람이 1회 게임에서 얻을 수 있는 최소 점수는 A 상자에서 2점(카드 1 또는 카드 3), B 상자에서 1점(카드 5 또는 카드 6)을 더한 3점이다.

③ 오답 : 한 사람이 1회 게임에서 얻을 수 있는 최대 점수는 A 상자에서 3점(카드 2), B 상자에서 2점(카드 4)을 더한 5점이다.

④ 정답 : 한 사람이 1회 게임에서 종이 신문에 해당하는 내용이 있는 카드로 얻을 수 있는 최대 점수는 A 상자에서 3점(카드 2), B 상자에서 2점(카드 4)을 더한 5점이다.

⑤ 오답 : 갑이 카드 2(3점)와 카드 4(2점)를 뽑았다면 최고 점수인 5점을 부여받는다. 을이 얻을 수 있는 최대 점수도 5점(카드 2 + 카드 4)이므로 을이 이길 수 있는 카드의 조합은 없다.

다음 교사가 제시한 비교 기준에 따라 옳게 답변한 학생만을 고른 것은? (단, A~C는 각각 TV, 종이 신문, SNS 중 하나이다.)

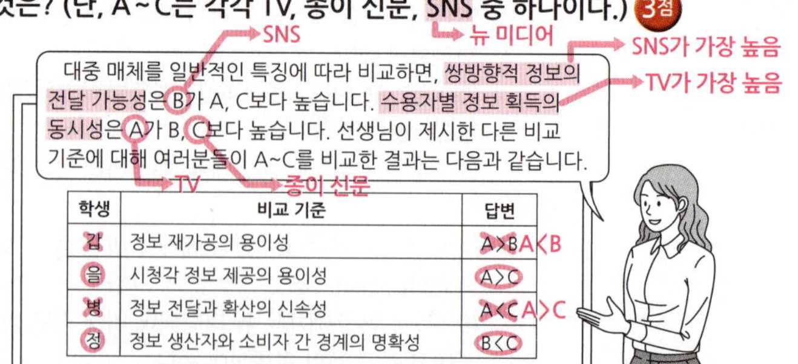

학생	비교 기준	답변
갑	정보 재가공의 용이성	A>B
을	시청각 정보 제공의 용이성	A>C
병	정보 전달과 확산의 신속성	A<C
정	정보 생산자와 소비자 간 경계의 명확성	B<C

① 갑, 을   ② 갑, 병   ③ 을, 병   ④ 을, 정   ⑤ 병, 정

| 자 | 료 | 해 | 설 |

쌍방향(양방향)적 정보의 전달 가능성이 가장 높은 것은 뉴 미디어인 SNS이고, 수용자별 정보 획득의 동시성이 가장 높은 것은 영상 매체인 TV이다. 따라서 A는 TV, B는 SNS, C는 종이 신문이다.

| 선 | 택 | 지 | 풀 | 이 |

갑. 오답 : '정보 재가공의 용이성'은 뉴 미디어인 SNS가 영상 매체인 TV보다 높다.

을. 정답 : '시청각 정보 제공의 용이성'은 영상 매체인 TV가 인쇄 매체인 종이 신문보다 높다.

병. 오답 : '정보 전달과 확산의 신속성'은 영상 매체인 TV가 인쇄 매체인 종이 신문보다 높다.

정. 정답 : '정보 생산자와 소비자 간 경계의 명확성'은 인쇄 매체인 종이 신문이 뉴 미디어인 SNS보다 높다.

다음 자료에 대한 설명으로 옳은 것은? (단, A ~ C는 각각 종이 신문, 텔레비전, SNS 중 하나이다.) 3점

교사 : 대중 매체 A ~ C의 특징을 비교하여 설명해 보세요.
갑 : ㉠ A와 달리 B는 영상 자료를 제공할 수 없고, ㉡ A에 비해 C가 정보 전달의 일방향성이 강합니다.
을 : ㉢ B와 달리 A는 음성 정보를 제공할 수 있고, ㉣ C에 비해 A가 정보 전달의 신속성이 약합니다.
교사 : ㉤ 두 학생 중 한 사람만 모두 옳은 설명을 하였습니다.

① ㉤이 갑이라면 ㉢과 ㉣은 모두 틀린 설명이다.
② ㉤이 갑이라면 B에 비해 A가 심층적인 정보 제공에 적합하다.
③ ㉤이 을이라면 ㉠은 틀린 설명, ㉡은 옳은 설명이다.
④ ㉤이 을이라면 C에 비해 A가 정보의 비동시적 수용 가능성이 높다.
⑤ ㉤이 갑과 을 중 누구라 하더라도 ㉠, ㉢은 모두 옳은 설명이다.

|자|료|해|설|
종이 신문은 영상 자료를 제공할 수 없고, SNS에 비해 텔레비전은 정보 전달의 일방향성이 강하다. 따라서 갑의 설명이 모두 옳다면 A는 SNS, B는 종이 신문, C는 텔레비전이다. 종이 신문은 음성 정보를 제공할 수 없고, 텔레비전에 비해 SNS는 정보 전달의 신속성이 강하다. 따라서 을의 설명이 모두 옳다면 A는 텔레비전, B는 종이 신문, C는 SNS이다.

|선|택|지|풀|이|
① 오답 : 종이 신문과 달리 SNS는 음성 정보를 제공할 수 있고, 텔레비전에 비해 SNS가 정보 전달의 신속성이 강하다. 따라서 ㉤이 갑이라면 ㉢은 옳은 설명, ㉣은 틀린 설명이다.
② 오답 : SNS에 비해 종이 신문이 심층적인 정보 제공에 적합하다. 따라서 ㉤이 갑이라면 A(SNS)에 비해 B(종이 신문)가 심층적인 정보 제공에 적합하다.
③ 오답 : 텔레비전과 달리 종이 신문은 영상 자료를 제공할 수 없고, SNS에 비해 텔레비전이 정보 전달의 일방향성이 강하다. 따라서 ㉤이 을이라면 ㉠은 옳은 설명, ㉡은 틀린 설명이다.
④ 오답 : SNS에 비해 텔레비전이 정보의 동시적 수용 가능성이 높다. 따라서 ㉤이 을이라면 A(텔레비전)에 비해 C(SNS)가 정보의 비동시적 수용 가능성이 높다.
⑤ 정답 : 종이 신문은 영상 자료와 음성 정보를 제공할 수 없다. 따라서 ㉤이 갑과 을 중 누구라 하더라도 B가 종이 신문이기 때문에 ㉠, ㉢은 모두 옳은 설명이다.

그림은 대중 매체 A ~ C의 일반적인 특징을 비교한 것이다. 이에 대한 설명으로 옳은 것은? (단, A ~ C는 각각 종이 신문, 라디오, SNS 중 하나이다.) 3점

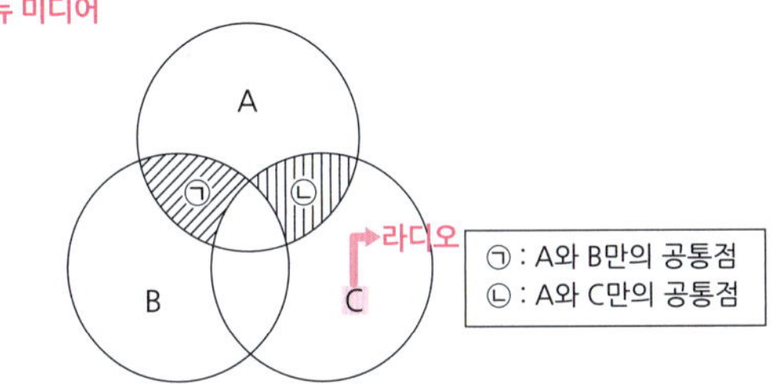

① A가 종이 신문이라면, B는 C에 비해 정보 복제 및 재가공이 용이하다.
② C는 A, B에 비해 정보 확산 경로가 다양하다.
③ B가 SNS라면, ㉡에는 '정보 전달과 수용이 동시에 이루어진다.'가 적절하다.
④ ㉠에는 '쌍방향적 정보 전달이 가능하다.'가 적절하다.
⑤ ㉡이 '정보 생산자와 소비자 간의 경계가 뚜렷하다.'라면, C는 A와 달리 복합 감각 정보의 전달이 가능하다.

|자|료|해|설|
시각적 정보를 전달할 수 있는 매체는 종이 신문(인쇄 매체)과 SNS(뉴 미디어)이다. 따라서 C는 라디오(음성 매체)에 해당한다.

|선|택|지|풀|이|
① 정답 : A가 종이 신문이라면, B는 SNS이다. SNS는 라디오에 비해 정보 복제 및 재가공이 용이하다.
② 오답 : SNS는 종이 신문, 라디오에 비해 정보 확산 경로가 다양하다.
③ 오답 : B가 SNS라면, A는 종이 신문이다. ㉡에는 종이 신문과 라디오만의 공통점이 들어갈 수 있다. 종이 신문은 라디오와 달리 정보 전달과 수용이 동시에 이루어지기 어렵다. 따라서 '정보 전달과 수용이 동시에 이루어진다.'는 ㉡에 적절하지 않다.
④ 오답 : ㉠에는 종이 신문과 SNS만의 공통점이 들어갈 수 있다. SNS는 종이 신문과 달리 쌍방향적 정보 전달이 가능하다. 따라서 '쌍방향적 정보 전달이 가능하다.'는 ㉠에 적절하지 않다.
⑤ 오답 : ㉡이 '정보 생산자와 소비자 간의 경계가 뚜렷하다.'라면, A는 종이 신문이다. 라디오와 종이 신문은 모두 복합 감각 정보의 전달이 불가능하다. 복합 감각 정보의 전달이 가능한 매체는 SNS이다.

😲 문제풀이 T I P | 인쇄 매체는 정보 전달과 수용이 동시에 이루어지기 어렵다. 인쇄 매체, 음성 매체, 영상 매체는 정보 생산자와 소비자 간의 경계가 뚜렷하다. 영상 매체와 뉴 미디어는 시청각 정보의 전달이 가능하다.

😀 출제분석 | 인터넷을 기반으로 하고 있는 뉴 미디어는 양방향(쌍방향) 의사소통이 가능한 매체이다. 기출문제를 중심으로 관련 개념을 꼼꼼하게 정리해 둘 필요가 있다.

대중 매체 A~C의 일반적인 특징에 대한 설명으로 옳은 것은?
(단, A~C는 각각 **인터넷**, **종이 신문**, **TV** 중 하나이다.)

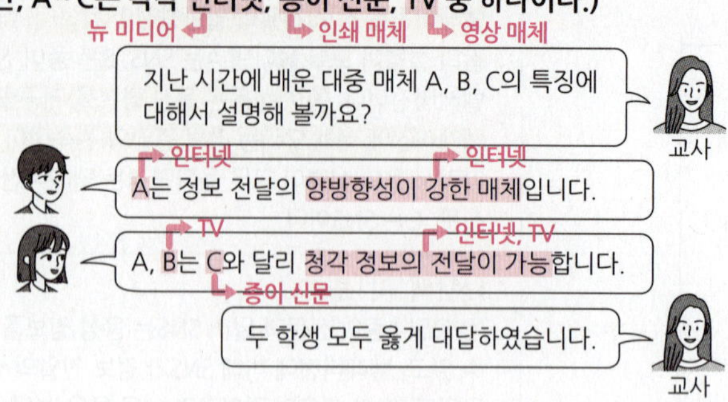

① A는 C에 비해 정보 확산 속도가 느리다. 빠르다
② B는 A와 달리 정보 생산자와 소비자의 경계가 불분명하다. A B
③ C는 B에 비해 문맹자의 정보 획득 가능성이 높다. 낮다
④ A는 B, C에 비해 정보의 복제 및 재가공이 용이하다. 뉴 미디어(인터넷)
⑤ A~C 중 A가 가장 먼저, C가 가장 나중에 등장하였다.
인쇄 매체 뉴 미디어 C A

|자|료|해|설|
정보 전달의 양방향성(쌍방향성)이 강한 매체는 인터넷이고, 인터넷과 TV는 종이 신문과 달리 청각 정보의 전달이 가능하다. 따라서 A는 인터넷(뉴 미디어), B는 TV(영상 매체), C는 종이 신문(인쇄 매체)이다.

|선|택|지|풀|이|
① 오답 : 뉴 미디어인 인터넷은 인쇄 매체인 종이 신문에 비해 정보 확산 속도가 빠르다.
② 오답 : 뉴 미디어인 인터넷은 영상 매체인 TV와 달리 정보 생산자와 소비자의 경계가 불분명하다.
③ 오답 : 인쇄 매체인 종이 신문은 영상 매체인 TV에 비해 문맹자의 정보 획득 가능성이 낮다.
④ 정답 : 뉴 미디어인 인터넷은 영상 매체인 TV와 인쇄 매체인 종이 신문에 비해 정보의 복제 및 재가공이 용이하다.
⑤ 오답 : A~C 중 인쇄 매체인 종이 신문이 가장 먼저, 뉴 미디어인 인터넷이 가장 나중에 등장하였다.

😀 **출제분석** | 인터넷을 기반으로 하는 뉴 미디어는 양방향(쌍방향) 의사소통이 가능한 매체이다. 기출문제를 중심으로 관련 개념을 꼼꼼하게 정리해 둘 필요가 있다.

다음 자료에 대한 설명으로 옳은 것은? (단, A~C는 각각 영상 매체, 인쇄 매체, 뉴 미디어 중 하나이다.) 3점

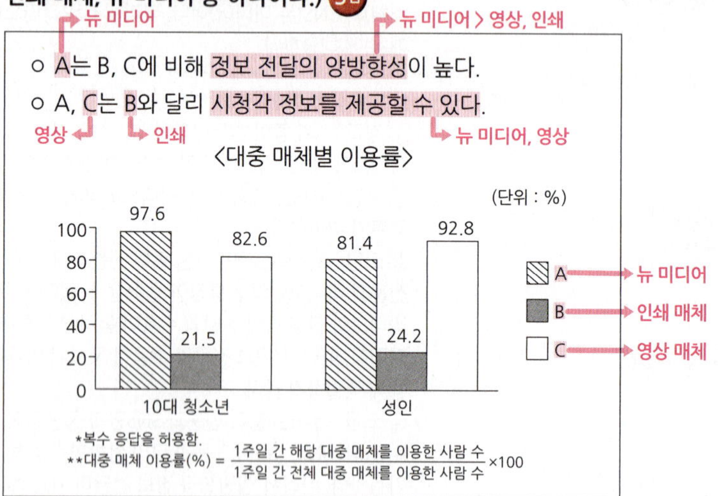

① A는 B보다 정보 확산의 시·공간적 제약이 크다. 작다
② B는 C보다 정보 전달의 속도가 빠르다. 느리다
③ C는 A보다 정보 재가공이 용이하다. 뉴 미디어
④ 가장 먼저 등장한 대중 매체의 이용률은 성인이 10대 청소년보다 높다. 인쇄 매체 24.2% 21.5%
⑤ 정보 수용자의 즉각적 반응을 확인할 수 있는 대중 매체를 이용한 사람 수는 10대 청소년이 성인보다 많다. 뉴 미디어 이용자 수 알 수 없음

|자|료|해|설|
정보 전달의 양방향(쌍방향)성이 높은 대중 매체는 뉴 미디어이다. 시청각 정보를 제공할 수 있는 대중 매체는 뉴 미디어와 영상 매체이다. 따라서 A는 뉴 미디어, B는 인쇄 매체, C는 영상 매체에 해당한다.

|선|택|지|풀|이|
① 오답 : 뉴 미디어는 인쇄 매체보다 정보 확산의 시·공간적 제약이 작다.
② 오답 : 인쇄 매체는 영상 매체보다 정보 전달의 속도가 느리다.
③ 오답 : 뉴 미디어는 영상 매체보다 정보 재가공이 용이하다.
④ 정답 : 가장 먼저 등장한 대중 매체(인쇄 매체)의 이용률은 성인(24.2%)이 10대 청소년(21.5%)보다 높다.
⑤ 오답 : 10대 청소년과 성인의 전체 응답자 수를 알 수 없다. 따라서 정보 수용자의 즉각적 반응을 확인할 수 있는 대중 매체(뉴 미디어)를 이용한 사람 수는 파악하기 어렵다.

😮 **문제풀이 TIP** | 선택지 4번은 이용률(비율)을 비교하는 것으로 주어진 수치(%)를 바로 비교할 수 있다. 하지만 선택지 5번은 이용한 사람 수를 비교하는 것으로 전체 응답자 수를 모르기 때문에 대중 매체를 이용한 사람 수를 비교하기 어렵다.

다음 두 사례의 공통적인 시사점으로 가장 적절한 것은?

> ○ 사람들이 즐겨 보는 동영상 플랫폼에서는 흥미와 관심을
>   끌기 위한 다양한 콘텐츠가 생산되고 있다. 그런데 이 중에는
>   특정 집단을 비하하거나 조롱하는 내용이 포함된 경우가
>   있어 그들에 대한 편견을 조장할 우려를 낳고 있다.
> ○ SNS는 오늘날 사람들이 일상적으로 다양한 콘텐츠를 접하며
>   소통하는 창구이다. 그런데 선거철이 되면 입후보한 사람들을
>   근거 없이 비방하는 콘텐츠가 SNS상에 등장하곤 한다.
>   그리고 이를 접한 SNS 사용자 일부는 사실 여부를 확인하지
>   않은 채 해당 콘텐츠를 다른 곳에 유포하기도 한다.

① 대중문화의 지나친 상업화를 경계해야 한다.
② 고급문화에 대한 대중의 접근성을 높여야 한다.
③ 하위문화를 통해 문화의 역동성을 증진시켜야 한다.
④ 세대 간의 문화적 차이를 해소하기 위해 노력해야 한다.
⑤ 대중 매체를 통해 전파되는 콘텐츠를 비판적으로 수용해야 한다.

|자|료|해|설|

첫 번째 사례는 동영상 플랫폼에서 생산되고 있는 콘텐츠에 특정 집단을 비하하거나 조롱하는 내용이 포함된 경우가 있음을 보여 주고 있고, 두 번째 사례는 SNS상에 근거 없이 비방하거나 사실 여부를 확인하지 않은 채 다른 곳에 콘텐츠를 유포하는 경우가 있음을 보여 주고 있다.

|선|택|지|풀|이|

⑤ 정답 : 제시된 사례는 대중 매체를 통해 전파되는 콘텐츠에 특정 집단을 비하하거나 조롱하는 내용이 있거나 근거 없이 비방하는 콘텐츠가 사실 여부를 확인하지 않은 채 다른 곳에 유포되고 있음을 보여 준다. 따라서 제시된 사례는 공통적으로 대중 매체를 통해 전파되는 콘텐츠를 비판적으로 수용해야 함을 시사하고 있다.

👀 **추가 학습** | 대중 매체가 제공하는 정보의 객관성 및 사실성, 상업성 등을 주체적으로 검토하고 선별하여 수용하는 자세가 필요하며, 다양한 대중 매체를 통해 정보를 종합적으로 비교·검토한 후 수용하는 자세가 필요하다.

😀 **출제분석** | 대중 매체가 제공하는 정보에 대한 비판적 수용을 파악하는 문제이다. 대중 매체와 관련하여 대중 매체의 유형을 비교하는 문제가 출제될 수 있다.

다음에서 도출할 수 있는 대중 매체의 기능으로 가장 적절한 것은?

→ 순기능 vs 역기능

> '우리 사회에서 가장 시급하게 해결되어야 하는 문제는?'이라는 설문 항목에 대해 '마약 중독'을 꼽은 응답자의 비율이 6개월 전 실시된 조사에서는 15%에 불과했지만, 최근 실시된 조사에서는 64%에 달했다. 이는 마약 중독자의 모습을 생생하게 담은 다큐멘터리가 방영된 후 각종 뉴스에서 마약 관련 보도를 다루는 비중이 이전보다 크게 증가한 것과 관련이 깊다.

영상매체, 대중 매체(다큐멘터리, 뉴스) ← 사회 문제에 대한 대중의 관심↑(순기능)

① 정치권력의 집중을 감시하고 견제한다.
② 대중에게 여가와 오락의 기회를 제공한다.
③ 사회 문제에 대한 대중의 관심을 환기시킨다.
④ 대중이 손쉽게 고급문화를 향유하는 데 기여한다.
⑤ 대중의 정보 접근성을 높여 사회의 민주화에 기여한다.

→ 제시문과 관련 없음

|자|료|해|설|

제시문에서는 다큐멘터리 방영과 뉴스 보도를 사회 문제(마약 중독)에 대한 대중의 관심이 6개월 전과 비교했을 때 크게 증가하게 된 요인으로 보고 있다. 대중 매체는 사회 문제에 대한 대중의 관심을 높이고 여론을 형성시킨다는 점을 파악할 수 있다.

|선|택|지|풀|이|

① 오답 : 정치권력의 집중을 감시하고 견제하는 것은 대중 매체의 순기능이지만 제시문과 관련이 없다.

② 오답 : 대중에게 여가와 오락의 기회를 제공하는 것은 대중 매체의 순기능이지만 제시문과 관련이 없다.

③ 정답 : 대중 매체(다큐멘터리, 뉴스 등)가 마약 중독이라는 사회 문제에 대한 대중의 관심을 환기시킨다고 볼 수 있다.

④ 오답 : 대중이 손쉽게 고급문화를 향유하는데 기여하는 것은 대중 매체의 순기능이지만 제시문과 관련이 없다.

⑤ 오답 : 대중의 정보 접근성을 높여 사회의 민주화에 기여하는 것은 대중 매체의 순기능이지만 제시문과 관련이 없다.

그림에서 작가가 강조하는 대중문화의 문제점으로 가장 적절한 것은? 3점

① 개인의 독창성과 개성을 약화시킨다.
② 유행에 따라 빠르게 소비되고 사라진다.
③ 정부에 의한 문화 통제를 가능하게 한다.
④ 상류층의 문화적 취향을 일반 대중에게 강요한다.
⑤ 객관적 사실을 외면하고 자극적인 문화를 양산한다.

|자|료|해|설|
대중문화는 한 사회 내에 존재하는 다양한 집단을 초월하여 불특정 다수가 공유하면서 향유하는 문화를 말한다.

|선|택|지|풀|이|
①, ②, ③, ④ 오답 : 제시된 그림에서 파악할 수 있는 대중문화의 문제점으로 적절하지 않다.
⑤ 정답 : 제시된 그림은 실제 통계, 인터뷰 원본, 팩트 체크 등의 객관적 사실을 버리고, 미확인 루머, 낚시성 키워드, 선정적 사진을 활용하여 대중문화를 생산하는 것을 보여 준다. 이를 통해 객관적인 사실을 외면하고 자극적인 문화를 양산하는 대중문화의 문제점을 파악할 수 있다.

😮 **문제풀이 TIP** | 시청률 및 구독률 상승 등을 목적으로 선정적이거나 자극적인 문화를 양산하는 것은 문화의 질적 저하를 초래할 수 있다.

😃 **출제분석** | 대중문화의 문제점을 파악하는 문제이다. 사례에서 파악할 수 있는 대중문화의 순기능, 역기능을 묻는 문제가 출제될 수 있다.

다음 자료에 대한 옳은 설명만을 〈보기〉에서 고른 것은?

> 갑국의 하위문화
> 테니스는 과거 갑국의 상류층만이 즐기던 스포츠였다. 당시 상류층은 넓은 정원을 가지고 있었고, 그곳에서 테니스를 즐기면서 잔디 코트가 자연스럽게 테니스 코트의 표준이 되었다. 오늘날 테니스는 갑국에서 남녀노소 누구나 즐기는 생활 스포츠로 자리 잡았고, 잔디 코트 외에도 하드 코트, 클레이 코트 등 다양한 코트가 사용되고 있다. 을국의 경우 테니스는 을국에 들어온 갑국 선교사에 의해 소개되었고, 오늘날 을국에서 테니스는 상류층에서 유행하는 스포츠가 되었다.
> 갑국의 주류 문화
> 직접 전파
> 을국의 하위문화

보기
ㄱ. 갑국에서 테니스는 하위문화에서 주류 문화로 변동하였다.
ㄴ. 을국에서는 문화 동화 현상이 나타났음을 알 수 없다
ㄷ. 을국에서는 직접 전파를 통한 문화 변동이 나타났다.
ㄹ. 오늘날 갑국과 을국에서 모두 테니스는 주류 문화에 해당한다.

① ㄱ, ㄴ   ② ㄱ, ㄷ   ③ ㄴ, ㄷ   ④ ㄴ, ㄹ   ⑤ ㄷ, ㄹ

|자|료|해|설|
주류 문화는 한 사회에서 집단 및 영역과 상관없이 전체 구성원이 공유하는 문화이고, 하위문화는 한 사회의 일부 구성원들만 공유하는 문화이다.

|보|기|풀|이|
ㄱ. 정답 : 테니스는 과거 갑국의 상류층만이 즐기던 스포츠였으나, 오늘날 테니스는 갑국에서 남녀노소 누구나 즐기는 생활 스포츠로 자리 잡았다. 이를 통해 갑국에서 테니스는 하위문화에서 주류 문화로 변동하였음을 알 수 있다.
ㄴ. 오답 : 제시된 자료만으로는 을국에서 문화 동화 현상이 나타났는지 알 수 없다.
ㄷ. 정답 : 을국에서 테니스는 갑국 선교사에 의해 소개되어 상류층에서 유행하는 스포츠가 되었다. 따라서 을국에서는 직접 전파에 의한 문화 변동이 나타났다.
ㄹ. 오답 : 오늘날 갑국에서 테니스는 주류 문화에 해당하고, 을국에서 테니스는 하위문화에 해당한다.

😮 **문제풀이 TIP** | 전체 구성원이 공유하는 문화인지, 일부 구성원들만 공유하는 문화인지를 구분해 보도록 한다.

😃 **출제분석** | 하위문화와 문화 변동의 양상을 파악하는 문제이다. 사례에서 다양한 개념들을 묻는 복합적인 문제가 출제될 수 있다.

밑줄 친 ㉠~㉤에 대한 설명으로 옳은 것은? 3점

○○신문　　◇◇◇◇년 ◇◇월 ◇◇일

토착어의 숨결을 이어가다.

갑국은 다양한 ㉠ 토착어 사용으로 인한 행정의 비효율성을 개선하기 위해 ㉡ 국가 공용어를 지정하였다. 이후 갑국 토착민들의 다양한 언어는 급속도로 사라지고 있다. 이에 일부 지역의 토착민들은 국가 공용어를 사용하면서도 지역의 고유한 토착어를 계승하기 위해 ㉢ 후손들에게 토착어를 교육하고 있다. 한편 토착어 소멸을 우려한 국제기구 A는 갑국 토착어를 포함한 ㉣ 토착어 보존 10년 프로젝트를 전 세계에 공표하였다. 갑국 정부는 소수 언어 사전을 발간하는 등 ㉤ 토착어 문화 보존을 위해 노력하겠다며 프로젝트 참여를 약속했다.

① ㉠은 비물질 문화이자 갑국의 지역 문화이다.

② ㉡은 갑국이 문화 지체 현상을 해결하기 위한 것이다. 으로 볼 수 없다

③ ㉢은 지배 집단에 저항하는 반문화에 해당한다. 하지 않는다

④ ㉣로 인해 갑국에서는 문화의 획일화가 나타날 우려가 있다.

⑤ ㉤은 갑국이 하위문화를 주류 문화로 바꾸려고 하는 것이다.

😲 **추가 학습** │ 한 사회의 문화는 의식주나 도구와 같은 물질 문화와, 제도 문화 및 관념 문화를 포함하는 비물질 문화로 구분할 수 있다.

😄 **출제분석** │ 문화와 관련한 내용을 파악하는 문제이다. 제시문의 전반적인 내용을 파악하여 각 개념과 관련된 부분을 찾아낼 수 있어야 한다.

│**자**│**료**│**해**│**설**│

문화 요소는 한 사회의 문화 체계를 구성하는 영역으로, 물질 문화와 비물질 문화가 있다.

│**선**│**택**│**지**│**풀**│**이**│

① 정답 : 토착어는 언어로, 이는 비물질 문화에 해당한다. 또한 갑국에는 다양한 토착어를 사용하는 토착민들이 있으므로 토착어는 갑국의 지역 문화에 해당한다.

② 오답 : 갑국이 국가 공용어를 지정한 것은 다양한 토착어를 사용함으로써 나타나는 행정의 비효율성을 개선하기 위한 것이다.

③ 오답 : 일부 지역의 토착민들은 국가 공용어를 사용함과 동시에 지역의 고유한 토착어를 계승하기 위해 후손들에게 토착어를 교육하고 있다. 따라서 일부 지역의 토착민들이 후손들에게 토착어를 교육하고 있는 것은 주류 문화에 대항하기 위한 것이 아니므로 반문화에 해당하지 않는다.

④ 오답 : 토착어 소멸을 막기 위해 공표한 토착어 보존 10년 프로젝트는 하위문화를 보존함으로써 다양성을 제공할 수 있다. 따라서 해당 프로젝트로 인해 갑국에서 문화의 획일화가 나타날 우려가 있다고 볼 수 없다.

⑤ 오답 : 토착어 문화 보존을 위한 갑국 정부의 노력은 하위문화를 주류 문화로 바꾸려고 하는 것이 아니다.

1　문화 변동의 요인

정답 ②　　정답률 77%　　2019학년도 6월 모평 9번　　문제편 220p

그림은 문화 변동 요인 ㉠~㉤을 구분한 것이다. 이에 대한 설명으로 옳은 것은? (단, ㉠~㉤은 각각 발견, 발명, 직접 전파, 자극 전파, 간접 전파 중 하나이다.)

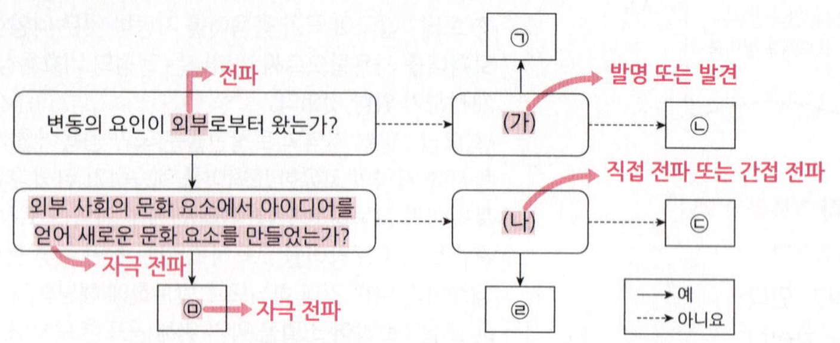

① (가)가 '존재하지 않던 문화 요소를 새롭게 만들어냈는가?'라면, 인쇄술은 ㉡의 사례에 해당한다.

② (나)가 '문화 요소가 매체에 의해 전달되었는가?'라면, 통신기술이 발달할수록 ㉣을 통한 문화 변동이 더 용이하게 나타날 수 있다.

③ ㉠의 사례로 활을 들 수 있다면, (가)는 '존재하고 있었으나 알려지지 않았던 문화 요소를 찾아냈는가?'가 적절하다.

④ ㉢의 사례로 전쟁을 통해 유럽에 전파된 설탕을 들 수 있다면, (나)는 '문화 요소의 전달이 직접 이루어졌는가?'가 적절하다.

⑤ ㉤의 사례로 외국인 선교사에 의해 외래 종교가 전래된 것을 들 수 있다.

|자|료|해|설|

변동의 요인이 외부로부터 온 것은 외재적 요인인 전파에 해당한다. 따라서 ㉠과 ㉡은 내재적 요인으로 각각 발명과 발견 중 하나에 해당한다. 외부 사회의 문화 요소에서 아이디어를 얻어 새로운 문화 요소를 만든 것은 자극 전파에 해당한다. 따라서 ㉢과 ㉣은 각각 직접 전파와 간접 전파 중 하나에 해당한다.

|선|택|지|풀|이|

① 오답 : (가)가 '존재하지 않던 문화 요소를 새롭게 만들어냈는가?'라면 ㉠은 발명, ㉡은 발견에 해당한다. 인쇄술은 발명의 사례에 해당한다.

② 정답 : (나)가 '문화 요소가 매체에 의해 전달되었는가?'라면 ㉢은 직접 전파, ㉣은 간접 전파에 해당한다. 통신 기술이 발달할수록 간접 전파를 통한 문화 변동이 더 용이하게 나타날 수 있다.

③ 오답 : 활은 발명의 사례이므로 ㉠은 발명, ㉡은 발견에 해당한다. 존재하고 있었으나 알려지지 않았던 문화 요소를 찾아낸 것은 발견에 해당한다.

④ 오답 : 전쟁을 통해 유럽에 전파된 설탕은 직접 전파의 사례이므로 ㉢은 직접 전파, ㉣은 간접 전파에 해당한다. 문화 요소의 전달이 직접 이루어진 것은 직접 전파에 해당한다.

⑤ 오답 : 외국인 선교사에 의해 외래 종교가 전래된 것은 직접 전파에 해당한다.

😀 **출제분석** | 문화 변동은 수능과 모평에 빠지지 않고 등장하는 단골손님이다. 따라서 문화 변동의 요인(발명, 발견, 직접 전파, 간접 전파, 자극 전파), 문화 접변의 양상(문화 공존, 문화 동화, 문화 융합) 등 관련 개념을 완벽하게 정리해 둘 필요가 있다.

2　문화 변동의 요인

정답 ②　　정답률 68%　　2020학년도 9월 모평 17번　　문제편 220p

다음 〈자료 1〉의 A~D에 해당하는 문화 변동의 요인을 〈자료 2〉의 (가)~(라)에 옳게 연결한 것은? (단, A~D는 각각 발견, 발명, 직접 전파, 자극 전파 중 하나이다.)

〈자료 1〉
○ B, D를 통해 기존에 없었던 문화 요소가 창조된다.
○ B, C는 A, D와 달리 타 문화와의 접촉으로 발생한다.

〈자료 2〉
갑국의 선조들은 자연에서 광물을 (가) 하였고, 이를 활용하여 금속 그릇을 (나) 하였다. 이 금속 그릇은 갑국의 상인들에 의해 을국에 (다) 되었다. 이 과정에서 을국 사람들은 갑국의 금속 그릇에서 아이디어를 얻어 새로운 금관 악기를 만들게 되었는데, 이는 (라) 의 사례로 볼 수 있다.

	(가)	(나)	(다)	(라)
①	A	B	C	D
②	A	D	C	B
③	B	C	A	D
④	B	D	C	A
⑤	D	A	C	B

|자|료|해|설|

기존에 없었던 문화 요소가 창조되는 것은 발명과 자극 전파이다. 직접 전파와 자극 전파는 타 문화와의 접촉으로 발생한다. 따라서 A는 발견, B는 자극 전파, C는 직접 전파, D는 발명에 해당한다. 자연에서 광물을 찾아낸 (가)는 발견이고, 금속 그릇을 창조한 (나)는 발명이다. 상인들에 의해 금속 그릇이 전해진 (다)는 직접 전파이고, 금속 그릇에서 아이디어를 얻어 새로운 금관 악기를 만든 (라)는 자극 전파이다.

|선|택|지|풀|이|

① 오답 : (가)와 (다)만 옳게 연결되어 있다. (나)는 발명, (라)는 자극 전파이다.

② 정답 : (가)는 발견, (나)는 발명, (다)는 직접 전파, (라)는 자극 전파이다. 따라서 (가)~(라) 모두 옳게 연결되어 있다.

③ 오답 : (가)~(라) 모두 틀리게 연결되어 있다. (가)는 발견, (나)는 발명, (다)는 직접 전파, (라)는 자극 전파이다.

④ 오답 : (나), (다)만 옳게 연결되어 있다. (가)는 발견, (라)는 자극 전파이다.

⑤ 오답 : (다), (라)만 옳게 연결되어 있다. (가)는 발견, (나)는 발명이다.

3 문화 변동의 요인

정답 ⑤　정답률 74%　2023학년도 9월 모평 12번　문제편 220p

그림은 문화 변동의 요인을 분류한 것이다. A~D에 대한 설명으로 옳은 것은? (단, A~D는 각각 발명, 발견, 직접 전파, 자극 전파 중 하나임.) **3점**

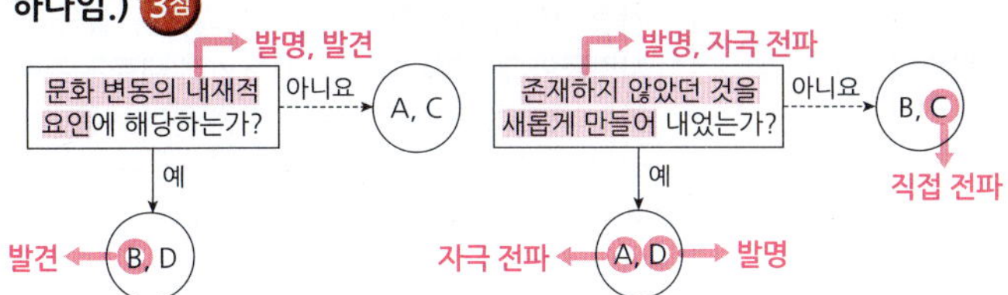

① 난민으로 유입된 타국 사람들의 고유한 놀이를 자국 국민들이 배워 즐기게 된 사례는 A에 해당한다.
② 자국의 전통 음료에 전통 식재료를 가미하여 새로운 음료를 만든 사례는 B에 해당한다. — 발명(2차 발명)
③ 외국에서 유행하는 새로운 춤이 인터넷을 통해 자국으로 확산된 사례는 C에 해당한다. — 간접 전파
④ D로 나타난 문화 요소가 C로 인해 타국에서 B를 발생시키면, 이는 A에 해당한다.
⑤ A~D는 모두 한 사회에 새로운 문화 요소를 추가하는 요인으로 작용한다.

|자|료|해|설|
문화 변동의 내재적 요인에는 발명과 발견이 있고, 존재하지 않았던 것을 새롭게 만들어 내는 것은 발명과 자극 전파이다. 따라서 A는 자극 전파, B는 발견, C는 직접 전파, D는 발명이다.

|선|택|지|풀|이|
① 오답 : 난민으로 유입된 타국 사람들의 고유한 놀이를 자국 국민들이 배워 즐기게 된 사례는 직접 전파의 사례에 해당한다.
② 오답 : 자국의 전통 음료에 전통 식재료를 가미하여 새로운 음료를 만든 사례는 발명의 사례에 해당한다.
③ 오답 : 외국에서 유행하는 새로운 춤이 인터넷을 통해 자국으로 확산된 사례는 간접 전파의 사례에 해당한다.
④ 오답 : 자극 전파는 다른 사회의 문화 요소가 그대로 전파된 것이 아니라 아이디어만 전파되어 새로운 문화 요소가 등장하는 현상을 말한다.
⑤ 정답 : 문화 변동의 내재적 요인과 외재적 요인은 모두 한 사회에 새로운 문화 요소를 추가하는 요인으로 작용한다.

추가 학습 | 1차 발명은 순수한 의미의 발명으로서 존재하지 않았던 문화 요소를 처음으로 만들어 내는 것을 말한다. 2차 발명은 이미 발명된 문화 요소들을 조합하거나 응용하여 새로운 문화 요소를 만들어 내는 것을 말한다. 예를 들어 바퀴가 1차 발명의 결과물이라면 바퀴와 내연 기관 등 여러 가지 발명품들을 조합하여 만든 자동차는 2차 발명의 결과물에 해당한다.

출제분석 | 문화 변동의 요인을 구분하는 문제이다. 문화 변동의 요인뿐만 아니라 문화 변동의 양상을 복합적으로 묻는 고난도 문제가 출제될 수 있다.

4 문화 변동의 요인

정답 ①　정답률 35%　2022학년도 수능 17번　문제편 220p

A~C국에 나타난 문화 변동에 대한 설명으로 옳은 것은?

> A국은 전쟁에 필요한 군량을 보관하기 위해 조리한 음식을 뜨거운 물로 살균한 유리병에 넣은 병조림을 만들었다. 전쟁 중에 B국은 A국의 병조림에서 아이디어를 얻어 철제 통조림을 개발하였다. 한편 B국에서 유학하고 돌아온 C국의 한 발명가가 철제 통조림 뚜껑을 안전하게 분리하는 따개를 개발하였다. 훗날 C국의 기업이 통조림 뚜껑을 쉽게 열 수 있는 원터치 캔을 개발하고 A국과 B국 현지 공장에서 상품을 생산하여 판매하였다. 이후, 세 나라 모두 원터치 캔을 일상적으로 사용하였다.
>
> — 발명 / 자극 전파 / 발명 / 발명 / 직접 전파

① A국에서는 직접 전파에 의한 문화 변동이 나타났다.
② B국에서는 강제적 문화 접변이 나타났다.
③ C국에서는 간접 전파에 의한 문화 변동이 나타났다. — 발명
④ A국에서는 B, C국과 달리 내재적 요인에 의한 문화 변동이 나타났다.
⑤ A, B국에서는 C국과 달리 자극 전파가 나타났다.

|자|료|해|설|
A국에서는 발명과 직접 전파가, B국에서는 자극 전파와 직접 전파가, C국에서는 발명이 나타났다.

|선|택|지|풀|이|
① 정답 : A국의 경우 C국의 기업이 A국 현지 공장에서 상품을 생산하여 판매함으로써 C국의 원터치 캔을 일상적으로 사용하게 되었다. 이는 직접 전파에 의한 문화 변동에 해당한다.
② 오답 : B국에서 강제적 문화 접변이 나타났는지는 알 수 없다.
③ 오답 : C국에서는 발명에 의한 문화 변동이 나타났다.
④ 오답 : 문화 변동의 내재적 요인에는 발명과 발견이 있다. C국에서는 내재적 요인인 발명에 의한 문화 변동이 나타났다.
⑤ 오답 : A국에서는 발명과 직접 전파가 나타났다.

추가 학습 | 자극 전파는 외부 사회에 존재하는 문화 요소에서 아이디어를 얻어 새로운 문화 요소를 만들어 내는 것이다.

출제분석 | 사례에 나타난 문화 변동의 요인을 파악하는 문제이다. 문화 변동의 요인뿐만 아니라 문화 변동의 양상이 복합적으로 출제될 수 있으므로 다양한 사례를 접해 보도록 한다.

다음 사례에 나타난 문화 변동에 대한 설명으로 옳은 것은? 3점

> ○ 갑국 사람들은 A 국의 요리사 이야기를 다룬 영화를 보고,
> 영화에서 그 요리사가 만든 방법 그대로 A 국의 전통 옥수수빵을
> 따라 만들어 일상에서 즐기게 되었다.
>
> ○ 을국 사람들은 무역을 하면서 만난 B 국 사람들이 B 국의
> 전통에 따라 음식을 만들 때 앞치마를 두르는 것에 아이디어를
> 얻어, 냅킨 등 청결 유지를 위한 다양한 용품을 만들어
> 사용하면서 독특한 식사 문화를 갖게 되었다.
>
> ○ 병국 사람들은 이웃 주민인 C 국 이민자들이 C 국의 전통적
> 농기구인 호미를 들여와 사용하는 것을 보고, 온라인 유통망을
> 통해 호미를 구매하여 정원을 가꾸는 데 적극적으로 사용하게
> 되었다.

① 갑국에서는 발명으로 인한 문화 변동이 발생하였다.

② 을국에서는 매개체를 통해 타문화의 문화 요소가 전파되었다.

③ 병국에서는 서로 다른 문화의 구성원 간 접촉을 통해 문화 요소가
전파되었다.

④ 갑국에서는 내재적 요인, 을국과 병국에서는 외재적 요인에 의한
문화 변동이 발생하였다.

⑤ 갑국에서는 직접 전파, 을국에서는 자극 전파, 병국에서는 간접
전파가 나타났다.

😎 **문제풀이 TIP** | 갑국 사람들이 A국의 옥수수빵을 따라 만드는 것을 발명으로 이해해서는 안 된다. 옥수수빵은 갑국 사람들이 이전에 없던 것을 새롭게 만든 것이 아니라 A국의 문화를 따라한 것이므로 이는 A국의 문화가 전파된 것이다.

😃 **출제분석** | 다양한 사례를 통해 문화 변동의 요인을 파악하는 문제이다. 문화 변동의 요인, 문화 변동의 결과, 문화 변동으로 인한 문제점 등이 복합적으로 출제될 수 있다.

|자|료|해|설|

갑국에서는 A국의 요리사 이야기를 다룬 영화(매개체)로 인해 A국의 전통 옥수수빵이 일상에서 향유되었으므로, 간접 전파에 따른 문화 변동이 나타났다. 을국에서는 B국 사람들의 문화에서 아이디어를 얻어 새로운 문화 요소가 만들어졌으므로 자극 전파에 따른 문화 변동이 나타났다. 마지막으로 병국에서는 이웃 주민인 C국 이민자들로부터 호미가 전해졌으므로 직접 전파에 따른 문화 변동이 나타났다.

|선|택|지|풀|이|

① 오답 : 갑국에서는 간접 전파로 인한 문화 변동이 발생하였다.

② 오답 : 을국에서는 타문화의 문화 요소에서 아이디어를 얻어 새로운 문화 요소가 발명되는 자극 전파가 나타났다. 매개체를 통한 타문화의 문화 요소 전파, 즉 간접 전파는 갑국에서 나타났다.

③ 정답 : 병국에서는 직접 전파가 나타났으므로, 서로 다른 문화의 구성원 간 접촉을 통한 문화 요소 전파가 나타났다.

④ 오답 : 갑국~병국에서 모두 외재적 요인에 의한 문화 변동이 나타났다.

⑤ 오답 : 갑국에서는 간접 전파, 을국에서는 자극 전파, 병국에서는 직접 전파가 나타났다.

밑줄 친 ㉠~㉤에 대한 옳은 설명만을 〈보기〉에서 고른 것은?

> ㉠A국과 B국은 서로 다른 음식 문화를 향유하고 있다. 이는
> ㉡각국의 음식 문화가 그들만의 경제 문화, 종교 문화 등과
> 밀접하게 관련을 맺고 있고, 오랜 역사 속에서 각국이 고유한
> ㉢음식 문화를 발전시켜왔기 때문이다. 한편, 최근에는
> ㉣대중 매체를 통해 A국 음식이 B국으로 전파되어 B국에서
> A국 음식을 즐기는 것이 ㉤문화생활로 각광받고 있다.

보기

ㄱ. ㉠에는 문화의 변동성이 부각되어 있다.

ㄴ. ㉡은 문화의 전체성으로 설명될 수 있다.

ㄷ. ㉣은 간접 전파에 해당한다.

ㄹ. ㉤에서의 '문화'는 ㉢에서의 '문화'와 달리 넓은 의미로
사용되었다.

① ㄱ, ㄴ   ② ㄱ, ㄷ   ③ ㄴ, ㄷ   ④ ㄴ, ㄹ   ⑤ ㄷ, ㄹ

|자|료|해|설|

문화의 속성에는 공유성, 학습성, 축적성, 변동성, 전체성이 있다. 문화의 의미에는 좁은 의미의 문화와 넓은 의미의 문화가 있다. 좁은 의미의 문화는 고상하고 세련된 것, 고급스러운 것 등 특별한 의미를 가지고 있는 사회적 생활 양식을 의미하고, 넓은 의미의 문화는 한 사회나 집단에서 나타나는 인간의 모든 사회적 생활 양식을 의미한다.

|보|기|풀|이|

ㄱ. 오답 : A국과 B국이 서로 다른 음식 문화를 향유하고 있다는 것은 서로 다른 문화를 공유하고 있다는 것을 의미한다. 서로 다른 사회를 구분하는 기준이 되는 것은 문화의 공유성과 관련 있다.

ㄴ. 정답 : 음식 문화가 경제 문화, 종교 문화 등과 밀접한 관련을 맺고 있다는 것은 문화 요소들이 서로 유기적인 관계에 있다고 보는 문화의 전체성과 관련 있다.

ㄷ. 정답 : 매개체(대중 매체)를 통한 전파는 간접 전파에 해당한다.

ㄹ. 오답 : '음식 문화'에서의 문화는 넓은 의미로 사용되었고, '문화생활'에서의 문화는 좁은 의미로 사용되었다.

😃 **출제분석** | 문화의 속성, 문화의 의미 등은 수능과 모평에서 자주 출제되는 주제 중 하나이다. 따라서 기출문제를 중심으로 관련 개념을 꼼꼼하게 정리해 둘 필요가 있다.

다음 자료에 대한 설명으로 옳은 것은? (단, A~C는 각각 문화 동화, 문화 병존, 문화 융합 중 하나임.) **3점**

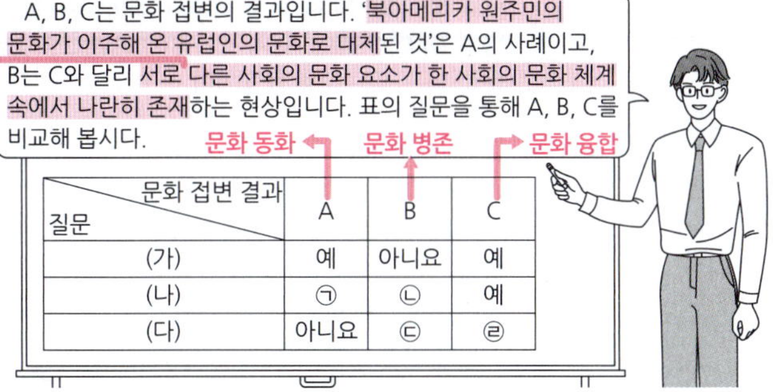

문화 접변 결과 질문	A	B	C
(가)	예	아니요	예
(나)	㉠	㉡	예
(다)	아니요	㉢	㉣

① C의 사례로는 '우리나라에서 양력설과 음력설을 모두 지내는 것'을 들 수 있다.

② A는 B, C와 달리 강제적 문화 접변에 의해 나타난다. ➡ 알 수 없음 (문화 동화)

③ (가)에는 '자문화의 정체성 상실을 야기하는가?'가 들어갈 수 있다. 없다

④ (나)에 '외재적 요인에 의해 나타난 문화 변동인가?'가 들어간다면, ㉠은 '예', ㉡은 '아니요'이다. ➡ 예 (문화 동화, 문화 병존, 문화 융합)

⑤ (다)에 '새로운 문화 요소가 만들어졌는가?'가 들어간다면, ㉢은 '아니요', ㉣은 '예'이다. (문화 융합)

|자|료|해|설|

북아메리카 원주민의 문화가 이주해 온 유럽인의 문화로 대체된 것은 문화 동화에 해당하고, 서로 다른 사회의 문화 요소가 한 사회의 문화 체계 속에서 나란히 존재하는 현상은 문화 병존에 해당한다. 따라서 A는 문화 동화, B는 문화 병존, C는 문화 융합이다.

|선|택|지|풀|이|

① 오답 : 우리나라에서 양력설과 음력설을 모두 지내는 것은 문화 병존의 사례에 해당한다.

② 오답 : 문화 동화, 문화 병존, 문화 융합 모두 강제적 문화 접변뿐만 아니라 자발적 문화 접변에 의해 나타날 수 있다.

③ 오답 : 자문화의 정체성 상실을 야기하는 것은 문화 동화이다. 따라서 해당 질문은 (가)에 들어갈 수 없다.

④ 오답 : 문화 동화, 문화 병존, 문화 융합 모두 외재적 요인에 의해 나타난 문화 변동이다. 해당 질문이 (나)에 들어가면 ㉠과 ㉡은 모두 '예'가 된다.

⑤ 정답 : 새로운 문화 요소가 만들어지는 경우는 문화 융합이다. 해당 질문이 (다)에 들어가면, ㉢은 '아니요', ㉣은 '예'가 된다.

그림은 문화 접변 결과 A ~ C를 구분한 것이다. 이에 대한 설명으로 옳은 것은? (단, A ~ C는 각각 문화 동화, 문화 병존, 문화 융합 중 하나이다.) **3점**

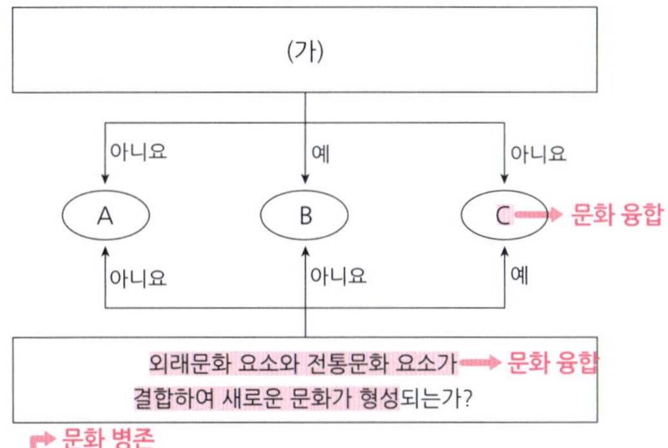

① 우리나라에서 서양식 나이도 사용하는 현상은 C의 사례이다. 에 해당하지 않는다 (문화 병존)

② A, B와 달리 C는 자기 문화에 대한 자부심이 약할 때 나타나기 쉽다. (문화 동화)

③ A가 문화 동화라면 C와 달리 B는 구성원의 자발성에 기초한 문화 접변의 결과이다. (문화 병존 / 자발적 문화 접변)

④ A가 문화 병존이라면 (가)에 '전통문화의 정체성이 사라지는가?'가 들어갈 수 있다. (B는 문화 동화 / 문화 동화(B) / 문화 병존(B))

⑤ (가)에 '전통문화 요소와 외래문화 요소가 나란히 존재하는가?'가 들어가면, A는 외래문화 요소가 전통문화 체계 속으로 흡수되어 나타난 결과이다. (문화 동화 / 전통 / 외래)

|자|료|해|설|

문화 융합은 외래문화 요소와 전통문화 요소가 결합하여 제3의 새로운 문화가 형성되는 것을 말한다. 따라서 C는 문화 융합이고, A와 B는 각각 문화 동화와 문화 병존(공존) 중 하나에 해당한다.

|선|택|지|풀|이|

① 오답 : 우리나라에서 서양식 나이도 사용하는 현상은 서로 다른 문화가 나란히 존재하는 문화 병존(공존)의 사례이다.

② 오답 : 문화 동화는 전통문화 요소가 외래문화 체계 속으로 흡수되어 나타난다. 따라서 문화 동화는 자기 문화에 대한 자부심이 약할 때 나타나기 쉽다.

③ 오답 : A가 문화 동화라면 B는 문화 병존에 해당한다. A ~ C는 모두 구성원의 자발성에 기초한 자발적 문화 접변이 나타날 수 있다.

④ 정답 : A가 문화 병존이면 B는 문화 동화이다. 문화 동화는 전통문화의 주체성·정체성이 사라질 수 있다. 따라서 (가)에 '전통문화의 정체성이 사라지는가?'가 들어갈 수 있다.

⑤ 오답 : 전통문화 요소와 외래문화 요소가 나란히 존재하는 것은 문화 병존이다. (가)에 '전통문화 요소와 외래문화 요소가 나란히 존재하는가?'가 들어가면 A는 문화 동화, B는 문화 병존이다. 문화 동화는 전통문화 요소가 외래문화 체계 속으로 흡수되어 나타난 결과이다.

👀 **문제풀이TIP** | 문화 병존(공존), 문화 동화, 문화 융합 모두에서 자발적 문화 접변 또는 강제적 문화 접변이 나타날 수 있다.

다음 자료에 대한 옳은 설명만을 <보기>에서 고른 것은? (단, A~C는 각각 문화 동화, 문화 병존, 문화 융합 중 하나임.) 3점

교사 : 문화 접변의 결과 A~C의 사례를 발표해 보세요.
갑 : A의 사례로 '외국으로부터 들어온 단발의 유행으로 ○○국에서 전통 헤어스타일이 사라진 경우'를 들 수 있습니다.
→ 문화 동화
을 : B의 사례로 '전쟁 시 나무로 만든 배를 운용하던 △△국에서 철갑을 두른 배가 개발되어 목선과 철갑선이 함께 운용된 경우'를 들 수 있습니다.
→ 발명(문화 변동의 내재적 요인)
병 : C의 사례로 '□□국 사람들이 전통 음식에 자국 식민지의 조리법을 결합하여 만든 새로운 음식을 즐겨 먹게 된 경우'를 들 수 있습니다.
→ 문화 융합
교사 : 세 명 중 ㉠두 명만 옳게 발표했습니다.
→ 갑, 병

문화 동화 ← 갑
문화 병존 ← 을
문화 융합 ← 병

보기
ㄱ. ㉠은 갑, 을이다. (병)
ㄴ. A와 달리 C는 자문화의 정체성이 상실되지 않는다.
ㄷ. A, B 모두 외부 사회 문화 요소의 수용이 나타난다.
ㄹ. 갑과 달리 병은 강제적 문화 접변의 사례를 발표하였다.

① ㄱ, ㄴ   ② ㄱ, ㄷ   ③ ㄴ, ㄷ   ④ ㄴ, ㄹ   ⑤ ㄷ, ㄹ

|자|료|해|설|
갑이 발표한 사례는 문화 동화에 해당하고, 을이 발표한 사례는 발명에 해당하며, 병이 발표한 사례는 문화 융합에 해당한다. 갑~병 중 두 명만 옳게 발표하였으므로 옳지 않게 발표한 사람은 을이다. 따라서 A는 문화 동화, B는 문화 병존, C는 문화 융합이다.

|보|기|풀|이|
ㄱ. 오답 : ㉠은 갑과 병이다.
ㄴ. 정답 : 문화 동화는 자문화의 정체성이 상실되고, 문화 융합은 자문화의 정체성이 상실되지 않는다.
ㄷ. 정답 : 문화 동화, 문화 병존, 문화 융합은 모두 외부 사회 문화 요소의 수용이 나타난다.
ㄹ. 오답 : 병이 발표한 사례는 강제적 문화 접변에 해당하지 않는다.

문제풀이 TIP | 문화 동화, 문화 병존, 문화 융합은 모두 문화 변동의 외재적 요인인 전파에 의해 나타나는 문화 변동의 양상이다.

출제분석 | 문화 변동의 양상을 파악하는 문제이다. 문화 변동의 요인 및 양상을 파악하는 문제가 고난도로 출제될 수 있다.

다음의 수업 상황에서 (가)에 들어갈 교사의 진술로 적절하지 않은 것은?

교사 : 문화 동화, 문화 병존, 문화 융합에 해당하는 사례 중에서 각자 2개씩 조사하여 제시해 볼까요?

학생	제시한 사례
갑	○ 전통 복식이 사라지고 서양에서 들어온 복식이 보편화된 경우 → 문화 동화 ○ 고유의 가옥 형태가 사라지고 외국에서 유입된 아파트 문화가 보편화된 경우 → 문화 동화
을	○ 과거 식민 통치 시절에 사용된 외국어를 현재에도 고유한 언어와 함께 공용어로 사용하는 경우 → 문화 병존 ○ 유럽에서 넘어온 팝 음악이 유행이지만 전통적인 민속 음악을 즐기는 사람들도 여전히 많은 경우 → 문화 병존
병	○ 전통 종교와 외래 종교가 나란히 존재하는 경우 → 문화 병존 ○ 전통 음식 문화와 외국에서 들어온 음식 문화가 접목되어 제3의 새로운 음식 문화가 나타난 경우 → 문화 융합

교사 : 모두 옳게 제시했군요. ________________ (가)

① 갑은 자문화의 요소가 사라진 사례를 제시했네요.
② 을은 문화 병존과 문화 융합에 해당하는 사례를 제시했네요. → 문화 동화 (병)
③ 병이 제시한 사례에는 기존 문화와 외래문화가 만나 새로운 문화 요소를 창조한 사례가 있네요. → 문화 융합
④ 갑은 을, 병과 달리 문화 동화의 사례만을 제시했네요.
⑤ 여러분이 제시한 사례 중 문화 병존의 사례가 가장 많네요.

|자|료|해|설|
갑은 문화 동화의 사례 2개를 제시하였고, 을은 문화 병존의 사례 2개를 제시하였으며, 병은 문화 병존과 문화 융합의 사례를 제시하였다.

|선|택|지|풀|이|
① 오답 : 자문화의 요소가 사라진 경우는 문화 동화이다. 갑은 문화 동화의 사례 2개를 제시하였다.
② 정답 : 을은 문화 병존의 사례 2개를 제시하였다. 문화 병존과 문화 융합에 해당하는 사례를 제시한 사람은 병이다.
③ 오답 : 기존 문화와 외래문화가 만나 새로운 문화 요소를 창조하는 경우는 문화 융합이다. 병은 문화 융합의 사례를 제시하였다.
④ 오답 : 갑은 문화 동화의 사례 2개를 제시하였다.
⑤ 오답 : 갑~병이 제시한 사례 중 문화 동화에 해당하는 사례는 2개, 문화 병존에 해당하는 사례는 3개, 문화 융합에 해당하는 사례는 1개로, 문화 병존의 사례가 가장 많다.

문제풀이 TIP | 교사는 갑~병이 모두 옳게 제시하였다고 하였으므로 갑~병이 제시한 사례가 각각 문화 동화, 문화 병존, 문화 융합 중 어디에 해당하는지를 파악하도록 한다.

출제분석 | 갑~병이 제시한 사례를 통해 문화 변동의 양상을 파악하는 문제이다. 문화 변동의 요인과 양상을 복합적으로 묻는 고난도 문제가 출제될 수 있으므로 기출 문제를 통해 다양한 사례를 접해 보도록 한다.

다음 자료에 대한 설명으로 옳은 것은? 3점

> 표는 질문에 대한 답변을 통해 문화 접변의 양상 A~C를 구분한 것이다. A~C는 각각 문화 동화, 문화 병존, 문화 융합 중 하나이다.

	질문	답변
A는 B와 달리 자기 문화의 정체성이 상실되는가? (문화 동화 / 문화 동화)		예
B는 C와 달리 자기 문화와 외래문화가 결합하여 새로운 문화가 형성되는가? (문화 병존 / 문화 융합)		아니요
(가) (문화 융합)		예

① A는 문화 병존이다.
② B는 A와 달리 자기 문화가 외래문화로 대체되는 현상이다.
③ C는 B와 달리 외재적 요인에 의한 문화 변동이다.
④ (가)에 'B는 C와 달리 자기 문화와 외래문화가 나란히 존재하는가?'가 들어갈 수 있다.
⑤ (가)에 'C는 B와 달리 기존 사회의 구성원이 새로운 문화를 향유하는가?'가 들어갈 수 있다.

|자|료|해|설|

자기 문화의 정체성이 상실되는 문화 접변의 양상은 문화 동화이고, 자기 문화와 외래문화가 결합하여 새로운 문화가 형성되는 문화 접변의 양상은 문화 융합이다. 따라서 A는 문화 동화, B는 문화 병존, C는 문화 융합에 해당한다.

|선|택|지|풀|이|

① 오답 : A는 문화 동화, B는 문화 병존이다.
② 오답 : 자기 문화가 외래문화로 대체되는 현상은 문화 동화이다.
③ 오답 : 문화 동화, 문화 병존, 문화 융합 모두 외재적 요인에 의한 문화 변동이다.
④ 정답 : 자기 문화와 외래문화가 나란히 존재하는 문화 접변의 양상은 문화 병존이다. (가)에 대한 답변이 '예'이므로 해당 질문은 (가)에 들어갈 수 있다.
⑤ 오답 : 문화 병존과 문화 융합은 모두 기존 사회의 구성원이 새로운 문화를 향유한다. (가)에 대한 답변이 '예'이므로 해당 질문은 (가)에 들어갈 수 없다.

문제풀이 TIP | B와 C는 각각 문화 병존과 문화 융합 중 하나이고, 두 번째 질문에 대한 답변이 '아니요'이므로 B는 문화 병존, C는 문화 융합이다.

갑국과 을국의 문화 변동에 대한 옳은 설명만을 〈보기〉에서 고른 것은?

> ○ A국은 갑국을 점령한 후 갑국의 일부다처제를 법으로 금지하고, 이를 어기면 처벌하였다. 이로 인해 갑국에서는 일부다처제가 사라지고 A국의 일부일처제가 정착하였다.
> ○ B국으로부터 을국으로 이민 온 사람들로 인해 을국 사람들은 B국의 전통 춤도 즐기게 되었다. 이렇게 수십 년이 흐른 후 을국에서는 을국의 전통 춤에 B국의 전통 춤이 접목된 ☆☆춤이 만들어졌다.

보기

ㄱ. 갑국에서는 직접 전파와 자발적 문화 접변이 나타났다.
ㄴ. 을국에서는 문화 병존을 거쳐 문화 동화가 나타났다.
ㄷ. 을국에서는 갑국과 달리 자기 문화의 정체성이 보존되었다.
ㄹ. 갑국과 을국은 모두 외부 사회와의 접촉으로 새로운 문화를 갖게 되었다.

① ㄱ, ㄴ   ② ㄱ, ㄷ   ③ ㄴ, ㄷ   ④ ㄴ, ㄹ   ⑤ ㄷ, ㄹ

|자|료|해|설|

갑국에서는 A국의 점령으로 인해 갑국의 일부다처제가 사라지고 A국의 일부일처제가 정착되었으므로 이를 통해 직접 전파와 문화 동화가 나타났음을 알 수 있다. 을국에서는 이민 온 B국 사람들로 인해 을국의 전통 춤과 B국의 전통 춤을 함께 즐기게 되었고, 시간이 흘러 을국의 전통 춤과 B국의 전통 춤이 접목된 새로운 춤이 만들어졌으므로 이를 통해 직접 전파, 문화 병존, 문화 융합이 나타났음을 알 수 있다.

|보|기|풀|이|

ㄱ. 오답 : 갑국에서는 A국의 점령으로 인해 A국의 일부일처제가 정착되었고, A국은 갑국의 일부다처제를 법으로 금지하고 어기면 처벌하였다. 이를 통해 갑국에서는 직접 전파와 강제적 문화 접변이 나타났음을 알 수 있다.
ㄴ. 오답 : 을국에서는 문화 병존을 거쳐 문화 융합이 나타났다.
ㄷ. 정답 : 갑국에서는 문화 동화가 나타났고, 을국에서는 문화 병존과 문화 융합이 나타났다. 문화 병존과 문화 융합은 문화 동화와 달리 자기 문화의 정체성이 보존된다.
ㄹ. 정답 : 갑국과 을국은 모두 외부 사회와의 접촉, 즉 전파를 통해 새로운 문화를 갖게 되었다.

문제풀이 TIP | 갑국과 을국은 모두 구성원 간의 직접적인 접촉 과정에서 문화 요소가 전달되었으므로 이는 직접 전파에 해당한다.

표는 질문에 따라 문화 접변의 결과 A~C를 구분한 것이다. 이에 대한 설명으로 옳은 것은? (단, A~C는 각각 문화 동화, 문화 병존, 문화 융합 중 하나임.) 3점

문화 동화　문화 융합　문화 병존

구분	A	B	C
자문화의 정체성이 보존되었는가?	㉠아니요	㉡예	예
(가)	예	아니요	아니요
외래문화 요소가 자문화 요소와 결합되지 않은 상태로 정착되었는가?	예	아니요	㉢예

문화 병존, 문화 융합
문화 동화, 문화 병존

① ㉠은 '아니요', ㉡은 '예', ㉢은 '아니요'이다. (예)
② (가)에는 '기존에 없었던 새로운 문화 요소가 창조되었는가?'가 들어갈 수 있다. (없다) → 문화 융합
③ C의 사례로 우리나라에서 전통 다과와 서양식 다과가 함께 존재하는 것을 들 수 있다.
④ A는 C에 비해 문화의 다양성 보존에 유리하다. (C／A)
⑤ B는 A와 달리 구성원의 자발성에 기초한 문화 접변의 결과이다.

|자|료|해|설|

문화 동화, 문화 병존, 문화 융합 중 자문화의 정체성이 보존되는 것은 문화 병존과 문화 융합이므로 C는 문화 병존과 문화 융합 중 하나이다. 문화 동화, 문화 병존, 문화 융합 중 외래문화 요소가 자문화 요소와 결합되지 않은 상태로 정착되는 것은 문화 동화와 문화 병존이므로 A는 문화 동화와 문화 병존 중 하나이고, B는 문화 융합이다. 따라서 A는 문화 동화, B는 문화 융합, C는 문화 병존이다.

|선|택|지|풀|이|

① 오답 : ㉠은 '아니요'이고, ㉡과 ㉢은 '예'이다.
② 오답 : 기존에 없었던 새로운 문화 요소가 창조되는 것은 문화 융합이다. 따라서 해당 질문은 (가)에 들어갈 수 없다.
③ 정답 : 우리나라에서 전통 다과와 서양식 다과가 함께 존재하는 것은 문화 병존의 사례에 해당한다.
④ 오답 : 문화 병존은 문화 동화에 비해 문화의 다양성 보존에 유리하다.
⑤ 오답 : 문화 동화와 문화 융합은 모두 자발적 문화 접변으로 나타날 수 있다.

😮 **문제풀이 TIP** | 문화 융합은 외래문화 요소와 자문화 요소가 결합하여 제3의 문화를 형성하는 것이고, 문화 동화와 문화 병존은 외래문화 요소와 자문화 요소가 결합되지 않은 상태로 정착된다.

😃 **출제분석** | 문화 변동의 결과를 파악하는 문제이다. 문화 변동의 요인 및 결과를 복합적으로 묻는 문제가 출제되므로 기출 문제를 통해 다양한 문제 유형을 접해 보도록 한다.

다음은 문화 접변의 양상 A~C를 구분하는 질문에 대한 학생의 분류와 교사의 채점 결과이다. 이에 대한 설명으로 옳은 것은? (단, A~C는 각각 문화 동화, 문화 병존, 문화 융합 중 하나임.) 3점

○ 질문에 따라 A~C를 '예', '아니요'로 분류하여 해당하는 칸에 적으시오.

질문	예	아니요	점수
자기 문화의 정체성이 상실되는가?	A	B, C	1점
외래문화가 변형되지 않은 상태로 정착되는가?	A	B, C	2점
자기 문화와 외래문화가 결합하여 새로운 문화가 형성되는가?	A, B	C	2점

문화 동화
문화 병존
문화 동화, 문화 병존
문화 융합
문화 동화

* 질문별 만점은 3점이며, 각 질문에 맞게 분류된 A~C는 각각 1점씩, 틀리게 분류된 A~C는 각각 0점씩 부여함.

① 자국의 전통 의상이 외국의 전통 의상으로 대체된 사례는 A에 해당한다. (C)
② 자국의 전통 음식에 외국의 식재료를 가미하여 새로운 음식 문화가 나타난 사례는 B에 해당한다.
③ 자국의 전통 음악과 외국의 음악을 모두 즐기게 된 사례는 C에 해당한다. (A)
④ A와 달리 B는 자기 문화와 외래문화가 나란히 존재한다. (B／A)
⑤ B와 달리 C는 외재적 요인에 의해 나타난 문화 변동이다.

|자|료|해|설|

자기 문화의 정체성이 상실되는 것은 문화 동화이고, 외래문화가 변형되지 않은 상태로 정착되는 것은 문화 동화와 문화 병존이며, 자기 문화와 외래문화가 결합하여 새로운 문화가 형성되는 것은 문화 융합이다. A가 문화 동화라면, 첫 번째 질문에 대한 점수는 3점이어야 하고, A가 문화 융합이라면, 두 번째 질문에 대한 점수는 0점이어야 한다. 따라서 A는 문화 병존이다. A가 문화 병존이고, 세 번째 질문에 대한 점수가 2점이므로 B는 문화 융합, C는 문화 동화이다.

|선|택|지|풀|이|

① 오답 : 자국의 전통 의상이 외국의 전통 의상으로 대체된 사례는 문화 동화에 해당한다.
② 정답 : 자국의 전통 음식에 외국의 식재료를 가미하여 새로운 음식 문화가 나타난 사례는 문화 융합에 해당한다.
③ 오답 : 자국의 전통 음악과 외국의 음악을 모두 즐기게 된 사례는 문화 병존에 해당한다.
④ 오답 : 자기 문화와 외래문화가 나란히 존재하는 것은 문화 병존이다.
⑤ 오답 : 문화 병존, 문화 융합, 문화 동화는 모두 외재적 요인에 의해 나타난 문화 변동이다.

😮 **문제풀이 TIP** | 문화 접변의 양상은 모두 외재적 요인인 전파에 의해 나타나는 문화 변동이다.

😃 **출제분석** | 문화 변동의 양상을 파악하는 문제이다. 문화 동화, 문화 병존, 문화 융합의 공통점과 차이점을 파악해 두도록 한다.

밑줄 친 ㉠ ~ ㉶에 대한 설명으로 옳은 것은? 3점

마테차는 세계인이 즐겨 마시는 음료이다. 과거 남미의 과라니족은 인근 밀림에서 자생하는 ㉠ 마테잎을 채집하여 ㉡ 즙 형태의 차로 마시는 방법을 개발하였다. 식민 시기 이래 남미 남부 지역에 ㉢ 새로운 종교를 들여온 선교사를 비롯한 유럽인들은 ㉣ 과라니족의 종교와 문화가 유럽에 비해 뒤떨어진 것이라는 생각에 마테잎을 '악마의 풀'이라고 부르며 천시하였다. 하지만 이후 ㉤ 마테잎의 효능이 알려지자 마테차를 안 마시던 유럽인들도 마시기 시작하면서 남미 남부 지역을 중심으로 재배지가 확산되었다. 오늘날 일부 학자은 이 지역 ㉥ 여러 나라의 마테차 문화에 나타나는 유사성과 차이점을 분석하여 문화의 보편성과 특수성을 이해하는 연구를 수행하고 있다.

발명
직접 전파
유럽인들의 자문화 중심주의적 태도
자발적 문화 접변
비교론적 관점

① ㉠은 발명, ㉡은 발견에 해당한다.
② ㉢은 간접 전파에 해당한다.
③ ㉣은 유럽인들의 문화 상대주의적 태도를 보여 준다.
④ ㉤은 강제적 문화 접변에 해당한다.
⑤ ㉥에는 문화를 바라보는 비교론적 관점이 나타난다.

|자|료|해|설|

발견은 존재하고 있었으나 알려지지 않았던 사물이나 원리 등을 찾아내는 행위나 그 결과물을 말하고, 발명은 존재하지 않았던 기술이나 사물 등을 만들어 내는 행위나 그 결과물을 말한다.

|선|택|지|풀|이|

① 오답 : 마테잎을 채집한 것은 발명에 해당하지 않고, 즙 형태의 차로 마시는 방법을 개발한 것은 발명에 해당한다.
② 오답 : 선교사를 비롯한 유럽인들을 통해 새로운 종교가 유입되었으므로 이는 직접 전파에 해당한다.
③ 오답 : ㉣은 유럽인들의 자문화 중심주의적 태도를 보여 준다.
④ 오답 : 마테잎의 효능이 알려지자 마테차를 마시지 않던 유럽인들도 마시기 시작한 것은 자발적 문화 접변에 해당한다.
⑤ 정답 : 여러 나라의 마테차 문화에 나타나는 유사성과 차이점을 분석하여 문화의 보편성과 특수성을 이해하는 것은 비교론적 관점에 해당한다.

🤪 문제풀이 T I P | 서로 다른 문화를 비교하면서 공통점과 차이점을 파악하여 문화를 바라보는 관점은 비교론적 관점이다.

😀 출제분석 | 문화를 바라보는 관점, 문화 이해 태도, 문화 변동을 복합적으로 묻는 문제이다. 다양한 문화 관련 개념을 복합적으로 묻는 문제가 출제되고 있으므로 관련 개념을 정확하게 이해해 두도록 한다.

(가), (나)에 나타난 문화 변동에 대한 설명으로 옳은 것은?

(가) 미국 알래스카주 남부 해안 원주민들의 언어였던 에야크어는 소멸되었다. 원주민들이 백인들의 지배하에 놓인 이후로 수 세대에 걸쳐 학교와 사회에서 영어를 배우고 사용하면서 에야크어를 할 줄 아는 사람이 없어졌기 때문이다.
(나) 우리 음악계에서 국악과 서양 음악을 접목하는 시도가 이어지면서 이목을 끌고 있다. 전통 민요나 판소리 등이 재즈, 록, 댄스 음악 등과 결합해 새로운 정체성을 보이는 이른바 퓨전 국악은 젊은 세대에게도 큰 호응을 얻고 있다.

문화 동화
직접 전파
자발적 문화 접변
문화 융합

① (가)에서는 간접 전파에 의한 문화 변동이 나타난다.
② (나)에서는 발견에 의한 문화 변동이 나타난다. → 나타나지 않음
③ (가), (나)에서는 모두 강제적 문화 접변이 나타난다.
④ (가)에서는 문화 동화가, (나)에서는 문화 융합이 나타난다.
⑤ (가)에서는 (나)와 달리 문화 접변 이후에도 자문화의 정체성이 남아 있다.

|자|료|해|설|

(가)에서는 백인들의 지배로 인해 미국 알래스카주 남부 해안 원주민들의 언어가 소멸되었으므로 문화 동화가 나타났다. (나)에서는 국악과 서양 음악을 접목하여 퓨전 국악이 등장하였으므로 문화 융합이 나타났다.

|선|택|지|풀|이|

① 오답 : (가)에서는 미국 알래스카주 남부 해안 원주민들이 백인들의 지배하에 놓여 문화 변동이 나타났으므로 직접 전파에 의한 문화 변동이 나타났다.
② 오답 : 발견은 이미 존재하고 있었으나 알려지지 않았던 사물이나 원리 등을 찾아내는 것을 말한다. 따라서 (나)에서는 발견에 의한 문화 변동이 나타나지 않았다.
③ 오답 : (나)에서는 자발적 문화 접변이 나타나 있다.
④ 정답 : (가)에서는 백인들의 지배에 따라 원주민들의 언어가 소멸되었으므로 문화 동화가 나타났으며, (나)에서는 국악과 서양 음악의 접목에 따라 퓨전 국악이 등장하였으므로 문화 융합이 나타났다.
⑤ 오답 : (가)에서는 문화 동화, (나)에서는 문화 융합이 나타났으므로, (나)에서는 (가)와 달리 문화 접변 이후에도 자문화의 정체성이 남아 있다.

🤪 문제풀이 T I P | 문화 변동에 관한 문항에서는 문화 접변의 양상 즉, 문화 동화, 문화 병존, 문화 융합의 공통점과 차이점을 구분하는 것이 핵심 평가 요소이다.

😀 출제분석 | 문화 변동에 관한 문항은 매년 출제되고 있다. 문화 변동 사례를 주고 문화 변동의 요인(내재적, 외재적)과 문화 접변의 양상(문화 동화, 문화 병존, 문화 융합)을 복합적으로 묻는 경우도 있고, 그림의 형태로 자료를 제시한 뒤 이를 분석하는 경우도 있다. 따라서 다양한 유형의 기출 문항을 학습함으로써 이에 대한 대응력을 길러야 한다.

다음 사례에 나타난 문화 변동에 대한 설명으로 옳은 것은? 3점

○ 갑국에서 전기담요는 면역력이 떨어진 환자들의 몸을
따뜻하게 하기 위한 의료 목적으로 만들어졌다. 이후
갑국과 을국 간의 무역 과정에서 갑국 상인들을 통해 을국에
전기담요가 전해졌고, 전기담요는 을국에서 대중적으로
사용하는 난방 기구가 되었다.
○ 병국에서는 정국의 식민 지배를 받는 과정에서 전해진 정국의
○○ 종교와 병국의 토착 신화가 결합하여 ◇◇ 종교라는
새로운 종교가 만들어졌다. 이후 ◇◇ 종교는 병국에 거주했던
정국 사람들을 통해 정국에 전해져 정국의 종교 중 하나로
자리 잡게 되었다.

① 갑국에서는 발견에 의한 문화 변동이 나타났다.
✓② 을국에서는 직접 전파에 의한 문화 변동이 나타났다.
③ 병국에서는 간접 전파에 의한 문화 변동이 나타났다.
④ 병국에서는 문화 병존이, 정국에서는 문화 융합이 나타났다.
⑤ 정국에서와 달리 병국에서는 문화 변동 과정에서 자문화 정체성이
상실되었다.

문제풀이 TIP | 문화 병존과 문화 융합은 자기 문화의 정체성을 유지하고 있지만, 문화 동화는 자기 문화의 정체성을 상실하는 경우이다.

출제분석 | 문화 변동의 요인과 양상을 파악하는 문제이다. 문화 동화, 문화 병존, 문화 융합의 공통점과 차이점을 파악하는 문제가 출제될 수 있다.

|자|료|해|설|
갑국에서 전기담요는 발명의 사례에 해당하고, 갑국 상인들을 통해 갑국의 전기담요가 을국에 전해져 을국에서 대중적으로 사용하는 난방 기구가 된 것은 직접 전파에 해당한다. 병국에서 정국의 식민 지배를 받는 과정에서 전해진 정국의 ○○ 종교와 병국의 토착 신화가 결합하여 ◇◇ 종교라는 새로운 종교가 만들어진 것은 직접 전파에 의한 문화 융합에 해당한다. 병국에 거주했던 정국 사람들을 통해 ◇◇ 종교가 정국에 전해져 정국의 종교 중 하나로 자리 잡게 된 것은 직접 전파에 의한 문화 병존에 해당한다.

|선|택|지|풀|이|
① 오답 : 갑국에서는 의료 목적으로 전기담요가 만들어졌으므로 이는 발명에 의한 문화 변동에 해당한다.
② 정답 : 을국에서는 갑국 상인들을 통해 갑국의 전기담요가 전해져 대중적으로 사용하는 난방 기구가 되었으므로 이는 직접 전파에 의한 문화 변동에 해당한다.
③ 오답 : 병국에서는 정국의 식민 지배를 받는 과정에서 정국의 ○○ 종교가 전해졌고, 병국의 토착 신화와 결합하여 새로운 종교가 만들어졌으므로 이는 직접 전파에 의한 문화 변동에 해당한다.
④ 오답 : 병국에서는 문화 융합이 나타났고, 정국에서는 문화 병존이 나타났다.
⑤ 오답 : 병국에서는 문화 융합이 나타났고, 정국에서는 문화 병존이 나타났으므로 병국과 정국 모두 문화 변동 과정에서 자문화 정체성이 상실되지 않았다.

갑국, 을국에 대한 옳은 설명만을 〈보기〉에서 고른 것은? 3점

갑국 사람들은 얇은 빵에 볶은 채소를 싸서 먹는 음식인 A를 즐겼는데, 이것이 을국의 대표 음식인 B의 유래이다. 갑국을 정복한 을국은 갑국에 을국의 문화를 이식하려 하였으나 실패하였다. 오히려 을국 사람들이 갑국에서 살게 되면서 갑국 문화의 영향을 받았다. 을국 사람들이 갑국 사람들로부터 A의 조리법을 배워 본국으로 돌아온 후, 을국 음식 문화에 적용함으로써 을국에서 B가 등장한 것이 그 예이다.

보기
ㄱ. 갑국에서 발견으로 인한 문화 변동이 나타났다.
ㄴ. 을국에서 직접 전파로 인한 문화 변동이 나타났다.
ㄷ. 을국에서 문화 융합을 통해 새로운 음식 문화가 나타났다.
ㄹ. 갑국에서는 을국과 달리 강제적 문화 접변이 나타났다.

① ㄱ, ㄴ　② ㄱ, ㄷ　③ ㄴ, ㄷ　④ ㄴ, ㄹ　⑤ ㄷ, ㄹ

|자|료|해|설|
문화 변동의 요인에는 직접 전파, 간접 전파, 자극 전파가 있으며, 문화 변동의 양상으로는 문화 동화, 문화 병존, 문화 융합이 나타난다.

|보|기|풀|이|
ㄱ. 오답 : 갑국의 경우 발견으로 인한 문화 변동이 나타나 있지 않다.
ㄴ. 정답 : 을국의 경우 을국 사람들이 갑국 사람들로부터 A의 조리법을 배워 본국으로 돌아온 후 이를 을국 음식에 적용하였다. 이를 통해 을국에서는 직접 전파로 인한 문화 변동이 나타났음을 알 수 있다.
ㄷ. 정답 : 을국의 경우 을국 사람들이 갑국 사람들로부터 A의 조리법을 배워 이를 을국 음식 문화에 적용한 B가 등장하였다. 이를 통해 을국에서는 문화 융합을 통해 새로운 음식 문화가 나타났음을 알 수 있다.
ㄹ. 오답 : 갑국에서 강제적 문화 접변이 나타났다고 볼 수 없다.

19 문화 변동의 요인 + 문화 변동의 양상   정답 ②   정답률 80%   2024년 4월 학평 8번   문제편 224p

다음 사례에 나타난 문화 변동에 대한 설명으로 옳은 것은?  3점

> 갑국의 전통 무예 A가 인터넷을 통해 알려지게 되면서 을국에서는 인터넷 동영상을 보며 A를 수련하는 사람들이 늘어났다. 이후 A는 을국의 전통 무예 B와 함께 을국에서 보편적으로 수련하는 무예 중 하나가 되었다. 한편, 병국으로 이민을 간 갑국 사람들은 A를 가르치는 도장을 운영하며 병국 사람들에게 A를 전수하였다. 이후 병국에서는 병국 고유의 무예 C에 A가 접목된 새로운 무예 D가 만들어졌다.

① 을국에서는 강제적 문화 접변이 나타났다.
② 을국에서는 간접 전파에 의한 문화 변동이 나타났다.
③ 병국에서는 자문화의 정체성이 강실되었다.
④ 병국에서는 발견으로 인한 문화 변동이 나타났다.
⑤ 을국에서는 문화 동화, 병국에서는 문화 융합이 나타났다.

|자|료|해|설|

을국에서는 간접 전파에 의한 문화 병존이 나타났고, 병국에서는 직접 전파에 의한 문화 융합이 나타났다.

|선|택|지|풀|이|

① 오답 : 을국에서는 강제적 문화 접변이 아니라 자발적 문화 접변이 나타났다.
② 정답 : 을국에서는 인터넷 동영상을 통해 A가 전해졌으므로 간접 전파에 의한 문화 변동이 나타났다.
③ 오답 : 병국에서는 문화 융합이 나타났으므로 자문화의 정체성이 유지되었다.
④ 오답 : 병국에서는 이민을 간 갑국 사람들에 의해 A가 전해졌으므로 직접 전파에 의한 문화 변동이 나타났다.
⑤ 오답 : 을국에서는 문화 병존이 나타났고, 병국에서는 문화 융합이 나타났다.

문제풀이 TIP | 사회 구성원들 간의 직접적인 접촉 과정에서 문화 요소가 전달되는 경우는 직접 전파에 해당하고, 매개체를 통해 간접적으로 문화 요소가 전달되는 경우는 간접 전파에 해당한다.

출제분석 | 문화 변동의 요인과 양상을 파악하는 문제이다. 문화 변동의 요인과 양상을 복합적으로 묻는 문제가 출제되므로 다양한 사례를 접해 보도록 한다.

---

20 문화 변동의 요인 + 문화 변동의 양상   정답 ⑤   정답률 72%   2025학년도 9월 모평 18번   문제편 224p

(가), (나)에 대한 설명으로 옳은 것은?

> (가) 갑국에는 400여 종의 지역 전통주가 있었다. 갑국을 지배하게 된 을국은 막대한 이익을 창출하고자 갑국의 전통주 제조를 금지하는 법을 제정하고 자국의 재료를 들여와 직접 술을 제조하여 판매하였다. 을국으로부터 독립한 현재까지도 갑국의 전통주는 문헌에만 존재하고 있다.
> (나) 병국 근로자들은 추운 날씨에 밖에서 일할 때 몸을 따뜻하게 해주는 용도로 전통주를 즐겨 마셨다. 병국으로 대거 귀화한 정국의 근로자들이 최근 이 전통주에 자신들이 정국에서 들여온 약재를 섞어 마시기 시작했고, 효능이 알려지자 병국의 주류 회사가 이 술을 '○○ 약주'라는 이름으로 특허를 내 상품을 판매했다.

① (가)에서는 강제적 문화 접변의 결과로 문화 융합이 나타났다.
② (나)에서는 발명에 의한 문화 변동이 나타났다.
③ (가)와 달리 (나)에서는 자극 전파에 의한 문화 변동이 나타났다.
④ (나)와 달리 (가)에서는 문화의 정체성이 상실되는 문화 변동이 나타나지 않았다.
⑤ (가)와 (나)에서는 모두 직접 전파에 의한 문화 변동이 나타났다.

|자|료|해|설|

강제적 문화 접변은 지배적 입장에 있는 사회의 문화 요소가 피지배 사회에 강제적으로 이식되어 나타나는 문화 변동을 말한다.

|선|택|지|풀|이|

① 오답 : (가)에서는 갑국을 지배하게 된 을국이 갑국의 전통주 제조를 금지하는 법을 제정하였으므로 강제적 문화 접변이 나타났으나, 문화 융합은 나타나지 않았다.
② 오답 : (나)에서는 병국으로 귀화한 정국의 근로자들을 통해 정국의 약재가 전해져 새로운 ○○ 약주를 만들었으므로 직접 전파에 의한 문화 변동이 나타났다.
③ 오답 : (가)와 (나)에서는 모두 자극 전파에 의한 문화 변동이 나타나지 않았다.
④ 오답 : (가)에서는 문화 동화가 나타나 문화의 정체성이 상실되었다.
⑤ 정답 : (가)에서는 갑국을 지배하게 된 을국 사람들을 통해, (나)에서는 병국으로 귀화한 정국의 근로자들을 통해 문화 변동이 나타났다. 따라서 (가)와 (나)에서는 모두 직접 전파에 의한 문화 변동이 나타났다.

추가 학습 | 문화 병존과 문화 융합의 경우 문화 동화와 달리 문화 변동의 결과 자기 문화의 정체성이 보존된다는 공통점이 있다.

출제분석 | 문화 변동의 요인 및 양상을 파악하는 문제이다. 사례, 그림, 표 등 다양한 유형으로 문화 변동의 요인 및 양상을 분석하는 문제가 출제될 수 있다.

다음 자료에 대한 분석으로 옳은 것은? [3점]

> 표는 갑국과 을국에서 발생한 문화 변동을 나타낸 것이다. 1차 문화 변동 시기에는 내재적 변동만, 2차 문화 변동 시기에는 갑국과 을국 간 문화 접변만 있었다. (가) ~ (라)는 각각 발견, 발명, 직접 전파, 자극 전파 중 하나이며, (가)와 (다)는 각각 새로운 문화 요소를 창조하는 요인이다.
>
> 〈갑국과 을국의 문화 변동〉
>
> | 구분 | 변동 전 문화 요소 | 1차 문화 변동 | | 2차 문화 변동 | |
> |---|---|---|---|---|---|
> | | | 변동 요인 | 추가된 문화 요소 | 변동 요인 | 추가된 문화 요소 |
> | 갑국 | a | (가) | c | (다) | e |
> | 을국 | b | (나) | d | (라) | a, c |
>
> * a ~ e는 서로 다른 문화 요소를 의미하며, 이외에 다른 문화 요소는 존재하지 않는다.
> ** 제시된 문화 변동 이외에 다른 문화 변동은 없었으며, 문화 요소의 소멸도 없었다.

① (가)는 발견, (다)는 자극 전파이다.
② (나)는 (라)와 달리 을국의 문화 요소를 다양하게 하는 요인이다.
③ 2차 문화 변동 결과, 을국에서는 문화 병존이 나타났다.
④ 을국은 매개체를 통해 갑국의 문화 요소를 전달받았다.
⑤ 2차 문화 변동 결과, 갑국과 을국에 공통으로 존재하는 문화 요소는 3개이다.

|자|료|해|설|

발견과 발명은 문화 변동의 내재적 요인에, 직접 전파와 자극 전파는 문화 변동의 외재적 요인에 해당한다. 새로운 문화 요소를 창조하는 요인은 발명과 자극 전파이다. 따라서 (가)는 발명, (나)는 발견, (다)는 자극 전파, (라)는 직접 전파이다.

|선|택|지|풀|이|

① 오답 : (가)는 발명, (다)는 자극 전파이다.
② 오답 : (나)는 발견, (라)는 직접 전파이다. 을국에서는 1차 문화 변동 요인인 발견으로 인해 문화 요소 d가, 2차 문화 변동 요인인 직접 전파로 인해 문화 요소 a, c가 추가되었다. 따라서 발견과 직접 전파는 모두 을국의 문화 요소를 다양하게 하는 요인이다.
③ 정답 : 을국에서는 2차 문화 변동 요인인 직접 전파로 인해 갑국의 문화 요소인 a, c가 추가되었다. 문화 요소의 소멸이 나타나지 않았으므로 을국에서는 2차 문화 변동 결과 문화 병존이 나타났다.
④ 오답 : 매개체를 통한 문화 요소의 전달은 간접 전파에 해당한다. 을국은 직접 전파에 의해 갑국의 문화 요소를 전달받았다.
⑤ 오답 : 2차 문화 변동 결과 갑국과 을국에 공통으로 존재하는 문화 요소는 a와 c로, 2개이다.

추가 학습 | 자극 전파는 타 문화에서 아이디어를 얻어 기존에 없던 새로운 문화 요소가 만들어지는 현상이고, 문화 융합은 외래문화와 기존의 문화가 결합되어 새로운 문화가 형성되는 현상이다.

다음 자료에 대한 분석으로 옳은 것은? [3점]

> 갑국과 을국은 (가) ~ (라)로 인한 문화 변동을 겪었으며, 이외에 다른 문화 변동은 없었다. 양국은 상호 교류 이외에 제3국과의 문화 교류는 없었으며, 전파된 문화 요소 중에서 소멸된 것도 없었다. 단, (가) ~ (라)는 각각 발견, 발명, 간접 전파, 직접 전파 중 하나이며, 제시된 문화 요소 이외에 다른 문화 요소는 없다.

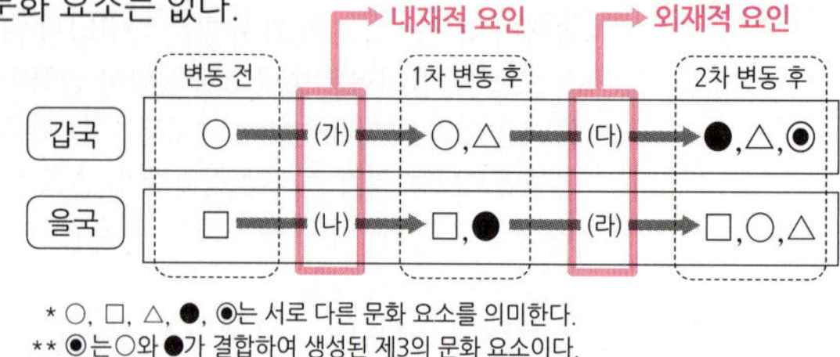

① (가)는 (나)와 달리 내재적 요인이다.
② (다)로 인해 갑국에 전파된 문화 요소의 개수보다 (라)로 인해 을국에 전파된 문화 요소의 개수가 많다.
③ 1차 변동 후 을국은 갑국과 달리 새로운 문화 요소가 나타났다.
④ 2차 변동 후 갑국은 을국과 달리 기존 자기 문화의 요소가 남아 있다.
⑤ 갑국에서 문화 병존, 을국에서 문화 융합의 사례를 확인할 수 있다.

|자|료|해|설|

갑국과 을국은 (가)와 (나)로 인해 갑국과 을국의 문화 요소가 서로 전파된 것이 아니라 새로운 문화 요소가 나타났고, (다)와 (라)로 인해 갑국과 을국의 문화 요소가 서로 전파되어 서로의 문화 요소가 나타나거나 제3의 문화 요소가 나타났다. 따라서 (가)와 (나)는 각각 발견과 발명 중 하나이고, (다)와 (라)는 각각 간접 전파와 직접 전파 중 하나이다.

|선|택|지|풀|이|

① 오답 : 발견과 발명은 문화 변동의 내재적 요인에 해당한다.
② 정답 : (다)로 인해 갑국에 전파된 문화 요소의 개수는 1개(●)이고, (라)로 인해 을국에 전파된 문화 요소의 개수는 2개(○, △)이다.
③ 오답 : 1차 변동 후 갑국에서는 새로운 문화 요소인 △가, 을국에서는 새로운 문화 요소인 ●가 나타났다.
④ 오답 : 2차 변동 후 갑국과 을국 모두에서 기존 자기 문화의 요소가 남아 있다.
⑤ 오답 : 을국에서는 갑국과 달리 문화 융합이 나타나지 않았다.

문제풀이 TIP | (가) ~ (라)로 인해 갑국에서는 을국의 문화 요소가, 을국에서는 갑국의 문화 요소가 나타났는지를 파악함으로써 (가) ~ (라)가 문화 변동의 내재적 요인인지, 외재적 요인인지를 알 수 있다.

A ~ C국에서 나타난 문화 변동에 대한 설명으로 옳은 것은?

> ○ A국은 갑국의 식민 통치로부터 독립한 후 강력한 자국어 사용 정책을 펼쳐 일상생활에서 자국어를 사용하고 있다. 하지만 학문 분야에서는 갑국 언어도 함께 사용하고 있다.
>
> ○ B국에서는 서적을 통해 소개된 갑국 종교를 믿는 사람들이 증가하면서 외관은 B국의 가옥 형태이고 내부 구조는 갑국 종교 양식을 따른 새로운 종교 건축물이 만들어졌다.
>
> ○ C국에서는 돌 화폐를 거래 수단으로 사용하다가 C국에 들어온 갑국 상인들에 의해 갑국 주화가 유입되면서 모든 거래에서 돌 화폐 대신 갑국 주화를 사용하게 되었다.

간접 전파 → (학문 분야에서는 갑국 언어도 함께 사용)　문화 병존

직접 전파 → (C국에서는 돌 화폐를 거래 수단)　문화 융합

문화 동화

① A국에서는 독립 이후 강제적 문화 접변이 나타났다.

② B국에서는 A국, C국과 달리 문화 융합이 나타났다.

③ A국, B국은 C국과 달리 외부 사회와의 접촉으로 새로운 문화 요소를 갖게 되었다. (모두)

④ B국, C국에서는 A국과 달리 문화 변동 이후 자기 문화의 정체성이 유지되었다. (A / C)

⑤ A ~ C국에서는 모두 직접 전파에 의한 문화 변동이 나타났다.

|자|료|해|설|

A국에서는 자국어와 갑국 언어를 함께 사용하고 있으므로 문화 병존이 나타났고, B국에서는 새로운 종교 건축물이 만들어졌으므로 문화 융합이 나타났으며, C국에서는 C국의 거래 수단인 돌 화폐 대신 갑국의 주화를 사용하게 되었으므로 문화 동화가 나타났다.

|선|택|지|풀|이|

① 오답 : A국에서는 독립 이후 자국어 사용 정책을 펼쳤다. 그러나 이를 강제적 문화 접변이 나타났다고 볼 수 없다.

② 정답 : A국에서는 문화 병존, B국에서는 문화 융합, C국에서는 문화 동화가 나타났다.

③ 오답 : A국 ~ C국 모두 외부 사회와의 접촉으로 인한 문화 변동 결과 새로운 문화 요소를 갖게 되었다.

④ 오답 : A국과 B국에서는 문화 변동 이후 자기 문화의 정체성이 유지되었으나, C국에서는 문화 변동 이후 자기 문화의 정체성이 상실되었다.

⑤ 오답 : 제시된 자료만으로는 A국에서 직접 전파에 의해 문화 변동이 나타났는지 알 수 없다. B국에서는 서적을 매개로 한 간접 전파에 의해 문화 변동이 나타났고, C국에서는 갑국 상인에 의한 직접 전파에 의해 문화 변동이 나타났다.

🤯 **추가 학습** | 문화 병존과 문화 융합의 경우 문화 동화와 달리 문화 변동의 결과 자기 문화의 정체성이 보존된다는 공통점이 있다. 문화 융합의 경우 문화 동화, 문화 병존과 달리 한 사회에 존재하지 않았던 새로운 문화 요소가 만들어진다.

😃 **출제분석** | 제시문에 나타난 문화 변동의 요인과 양상을 파악하는 문제이다. 문화 변동의 요인과 양상은 복합적으로 출제되므로 기출 문제를 통해 다양한 사례를 접해 보도록 한다.

다음 A ~ D국에 나타난 문화 변동에 대한 옳은 설명만을 〈보기〉에서 고른 것은? 3점

> ○ 무역상들은 A국과 B국에 아라비아 숫자를 전파했다. A국 지도자는 아라비아 숫자 사용 금지령을 내렸으나 국민들은 이에 저항하였고, 결국 아라비아 숫자는 A국의 기존 숫자를 대체하였다. 한편, B국 정부는 A국을 따라 숫자 체계의 변화를 시도하였으나 B국의 일부 계층만 기존 숫자와 아라비아 숫자를 혼용하였다.
>
> ○ C국에는 최근에 지진 피해를 최소화하는 새로운 내진 설계 방식이 개발되어 널리 보급되었다. D국의 한 건축가는 C국을 여행하던 중 발견한 내진 설계 건축물에서 아이디어를 얻어 최초로 수해로부터 안전한 건축 방식을 고안하였다. 이 건축 방식은 D국에서 새로 짓는 건축물에 널리 활용되었다.

직접 전파　문화 동화　문화 병존　발명　자극 전파

보기

ㄱ. A국에서는 강제적 문화 접변이 나타났다. → 알 수 없음

ㄴ. B국에서는 D국에서와 달리 자극 전파가 나타났다.

ㄷ. C국, D국 모두에서 새로운 문화 요소가 나타났다.

ㄹ. A국에서는 B국, C국에서와 달리 문화 동화가 나타났다.

① ㄱ, ㄴ　　② ㄱ, ㄷ　　③ ㄴ, ㄷ　　④ ㄴ, ㄹ　　⑤ ㄷ, ㄹ

|자|료|해|설|

문화 변동의 요인으로는 내재적 요인인 발명과 발견, 외재적 요인인 직접 전파, 간접 전파, 자극 전파가 있다. 문화 변동의 양상으로는 문화 동화, 문화 병존, 문화 융합이 있다.

|보|기|풀|이|

ㄱ. 오답 : 제시된 자료만으로는 A국에서 강제적 문화 접변이 나타났는지의 여부는 알 수 없다.

ㄴ. 오답 : B국에서는 직접 전파가 나타났고, D국에서는 자극 전파가 나타났다.

ㄷ. 정답 : C국에서는 발명에 인한 문화 변동이 나타났고, D국에서는 자극 전파에 의한 문화 변동이 나타났다. 따라서 C국과 D국 모두에서 새로운 문화 요소가 나타났다.

ㄹ. 정답 : A국에서는 문화 동화가 나타났으나, B국과 C국에서는 문화 동화가 나타나지 않았다.

🤯 **문제풀이 T I P** | A~D국 간의 문화 변동을 혼동하지 말고 각국에서 나타난 문화 변동을 확인하면서 제시문을 꼼꼼하게 파악하도록 한다.

(가), (나)에 나타난 문화 변동에 대한 설명으로 옳은 것은?

> (가) A국은 자석이 철을 끌어 당기는 원리를 이용하여 최초로 나침반을 만들었다. 태양과 별의 위치를 기준으로 항해를 하던 B국 사람들은 A국 상인들을 통해 나침반을 접하고 이를 원거리 항해에 활용하게 되었다.
>
> (나) 고유한 토착 신앙을 지니고 있던 C국 사람들은 D국의 식민 지배를 받으면서 D국의 종교로 개종할 것을 강요당했다. 그러자 C국 사람들은 D국의 종교 교리와 의식에 자신들의 토착 신앙 요소를 결합시킨 새로운 신앙 체계를 만들었다.

① A국에서는 외재적 요인에 의한 문화 변동이 나타났다.

② B국에서는 자극 전파에 의한 문화 변동이 나타났다.

③ C국에서는 문화 융합이 나타났다.

④ (가)에서는 (나)에서와 달리 강제적 문화 접변이 나타났다.

⑤ (나)에서는 (가)에서와 달리 직접 전파가 나타났다.

|자|료|해|설|

문화 변동의 내재적 요인에는 발명과 발견이 있고, 외재적 요인에는 직접 전파, 간접 전파, 자극 전파가 있으며, 문화 변동의 양상에는 문화 동화, 문화 병존, 문화 융합이 있다.

|선|택|지|풀|이|

① 오답 : A국에서는 최초로 나침반이 발명되었다. 발명은 문화 변동의 내재적 요인에 해당한다.

② 오답 : B국에서는 A국 상인들을 통해 나침반이 전파되었다. 이는 직접 전파에 해당한다.

③ 정답 : C국 사람들은 D국 종교 교리와 의식에 자신들의 토착 신앙 요소를 결합시킨 새로운 신앙 체계를 만들었다. 이는 문화 융합에 해당한다.

④ 오답 : C국 사람들은 D국의 식민 지배를 받으면서 D국의 종교로 개종할 것을 강요당하였다. 따라서 (나)에서는 강제적 문화 접변이 나타났다.

⑤ 오답 : (가), (나) 모두에서는 직접 전파가 나타났다.

😲 **추가 개념** | 문화 융합의 경우 문화 동화, 문화 병존과 달리 한 사회에 존재하지 않았던 새로운 문화 요소가 만들어진다.

😆 **출제분석** | 문화 변동의 요인과 문화 변동의 양상을 파악하는 문제이다. 문화 변동 관련 문제는 다양한 유형으로 출제될 수 있으므로 기출 문제를 통해 다양한 문제 유형을 접해 보도록 한다.

(가), (나)에 나타난 문화 변동에 대한 설명으로 옳은 것은? 3점

> (가) 대중교통 요금 지불 시 현금만 이용하던 갑국은 을국이 개발한 전자 교통 카드 시스템을 배우고자 을국의 기술자들을 초빙하였다. 갑국은 이들을 통해 을국의 시스템을 도입하였다. 이후 갑국에서는 전자 교통 카드도 대중교통 요금 지불 수단으로 널리 사용되고 있다.
>
> (나) 병국이 정국을 지배하게 되면서 정국에서는 병국 언어 대신 정국 언어를 쓰자는 민족주의 운동이 일어났다. 이에 병국은 공권력을 동원하여 관공서는 물론 일상에서도 병국 언어만 쓰도록 강제하였고, 그 결과 정국에서 정국 사람들은 병국 언어만 쓰게 되었다.

① (가)에서는 직접 전파에 의한 문화 병존이 나타났다.

② (나)에서는 강제적 문화 접변에 따른 문화 융합이 나타났다.

③ (가)에서는 (나)에서와 달리 외재적 요인에 의한 문화 변동이 나타났다.

④ (나)에서는 (가)에서와 달리 사회 구성원이 새로운 문화를 공유하게 되었다.

⑤ (가)와 (나)에서는 모두 자문화의 정체성이 상실되었다.

|자|료|해|설|

문화 변동의 요인에는 발명, 발견, 직접 전파, 간접 전파, 자극 전파가 있고, 문화 변동의 양상에는 문화 동화, 문화 병존, 문화 융합이 있다.

|선|택|지|풀|이|

① 정답 : 갑국에서는 을국의 기술자들을 통해 을국의 시스템을 도입하여 대중교통 요금 지불 수단으로 현금뿐만 아니라 전자 교통 카드가 널리 사용되고 있다. 이를 통해 갑국에서는 직접 전파에 의한 문화 병존이 나타났음을 알 수 있다.

② 오답 : 정국에서는 병국의 지배로 인해 병국 언어만을 쓰도록 강요당하였고 그 결과 병국 언어만 쓰게 되었다. 이를 통해 정국에서는 강제적 문화 접변에 따른 문화 동화가 나타났음을 알 수 있다.

③ 오답 : 갑국과 정국 모두에서는 문화 변동의 외재적 요인인 전파에 의해 문화 변동이 나타났다.

④ 오답 : 갑국에서는 을국의 문화를, 정국에서는 병국의 문화를 공유하게 되었다.

⑤ 오답 : 정국에서는 문화 동화가 나타나 자문화의 정체성이 상실되었으나, 갑국에서는 문화 병존이 나타나 자문화의 정체성이 상실되지 않았다.

😲 **추가 학습** | 문화 병존과 문화 융합은 문화 동화와 달리 자문화의 정체성이 보존되는 공통점이 있다.

다음 갑국, 을국의 문화 변동에 대한 설명으로 옳은 것은?

> ○ 갑국은 A국과 전쟁을 하던 중 A국의 튼튼한 성을 보고 아이디어를 얻어 독특한 축성 기술을 개발하였다. 이후 이 기술은 갑국에서 성을 쌓는 데 널리 활용되었다.
>
> ○ 을국에서는 서적을 통해 B국의 면 제조 기술이 전해진 후 B국의 면 제조 기술에 을국의 발효 기술이 더해진 새로운 면 요리가 개발되어 을국의 음식 문화로 자리 잡았다.

① 갑국에서는 직접 전파에 의한 문화 변동이 나타났다.
② 을국에서는 자극 전파로 인한 문화 변동이 나타났다.
③ 갑국에서는 을국과 달리 강제적 문화 접변이 나타났다.
④ 을국에서는 갑국과 달리 문화 융합이 나타났다.
⑤ 갑국에서는 내재적 변동, 을국에서는 외재적 변동이 나타났다.

|자|료|해|설|

갑국에서는 A국의 성에서 아이디어를 얻어 독특한 축성 기술을 개발하여 이를 널리 활용하고 있으므로 이는 자극 전파에 해당한다. 을국에서는 서적을 통해 전해진 B국의 기술과 을국의 기술이 결합하여 새로운 면 요리가 개발되었으므로 이는 간접 전파에 의한 문화 융합에 해당한다.

|선|택|지|풀|이|

① 오답 : 갑국에서는 자극 전파에 의한 문화 변동이 나타났다.
② 오답 : 을국에서는 간접 전파에 의한 문화 변동이 나타났다.
③ 오답 : 제시된 사례를 통해 갑국에서 강제적 문화 접변이 나타났는지는 알 수 없다.
④ 정답 : 을국에서는 B국의 면 제조 기술과 을국의 발효 기술이 결합하여 새로운 면 요리가 개발되어 을국의 음식 문화로 자리 잡았으므로 이는 문화 융합에 해당한다.
⑤ 오답 : 갑국에서는 자극 전파에 의해, 을국에서는 간접 전파에 의해 문화 변동이 나타났으므로 이는 모두 외재적 변동에 해당한다.

🤓 **추가 학습** | 문화 변동의 내재적 요인에는 발명과 발견이 있고, 외재적 요인에는 직접 전파, 간접 전파, 자극 전파가 있다. 문화 변동의 결과에 따른 양상으로는 문화 동화, 문화 병존(문화 공존), 문화 융합이 있다.

🤓 **출제분석** | 문화 변동의 요인과 양상을 파악하는 문제이다. 문화 변동의 요인과 양상을 파악하는 문제가 고난도로 출제될 수 있으므로 기출 문제를 통해 다양한 유형을 접해 보도록 한다.

(가), (나)에 나타난 문화 변동에 대한 분석으로 가장 적절한 것은?

> (가) 일본에서 '완탕'으로 불리는, 만둣국의 일종인 '완당'은 일본에서 조리법을 배운 요리사에 의해 우리나라에 전해져 인기를 얻고 있다. 일본식 완탕은 닭고기를 사용하여 육수를 내지만, 완당은 우리나라 사람들의 입맛에 맞게 국수처럼 멸치와 다시마로 육수를 내고 피가 일본식보다 훨씬 얇은 것이 특징이다.
>
> (나) 영국에서 일본으로 전래된 카레 가루는 인도의 '카리'가 기원이다. 식민지 인도를 통치했던 총독 일행이 영국으로 가져간 카리가 영국인의 입맛에 맞게 변형되어 일본에 전래되었다. 카레가 일본에서 인기를 얻으면서 카레 우동, 가츠 카레(카레 돈가스) 등 다양한 음식이 등장하였고, 기존의 우동, 돈가스와 함께 큰 사랑을 받고 있다.

① (가)에는 간접 전파로 인한 문화 변동의 사례가 나타나 있다.
② (나)에는 강제적 문화 접변의 사례가 나타나 있다.
③ (가)에는 (나)와 달리 문화 공존의 사례가 나타나 있다.
④ (나)에는 (가)와 달리 문화 동화의 사례가 나타나 있다.
⑤ (가), (나)에는 모두 문화 융합의 사례가 나타나 있다.

|자|료|해|설|

문화 공존은 서로 다른 두 문화 요소가 만나 각각의 고유성을 간직한 채 함께 존재하는 경우를 말한다. 문화 동화는 서로 다른 두 문화 요소가 만나 하나의 문화 요소가 사라지고 다른 하나의 문화 요소로 대체되는 경우를 말한다. 문화 융합은 서로 다른 두 문화 요소가 결합하여 제3의 문화 요소가 탄생한 경우를 말한다.

|선|택|지|풀|이|

① 오답 : 완당은 요리사에 의해 우리나라에 전해졌다. 따라서 (가)에는 매개체를 통한 간접 전파가 아닌 직접 전파로 인한 문화 변동의 사례가 나타나 있다.
② 오답 : 강제적 문화 접변은 문화 요소 제공자의 필요에 의해 강제적으로 발생하는 문화 접변이다. (나)에는 강압이나 강요에 의한 강제적 문화 접변의 사례가 나타나 있지 않다.
③ 오답 : 일본에서 카레 우동, 가츠 카레가 기존의 우동, 돈가스와 함께 큰 사랑을 받고 있는 것은 문화 공존의 사례이다. 따라서 (나)에는 (가)와 달리 문화 공존의 사례가 나타나 있다.
④ 오답 : (가), (나)에는 모두 문화 동화의 사례가 나타나 있지 않다.
⑤ 정답 : 우리나라의 완당은 '일본의 완탕'과 '멸치와 다시마로 육수를 내는 방식'이 결합한 문화 융합의 사례이다. 카레 우동과 가츠 카레 또한 서로 다른 문화 요소가 만나 제3의 문화 요소를 만들어 낸 문화 융합의 사례이다. 따라서 (가), (나)에는 모두 문화 융합(A+B=C)의 사례가 나타나 있다.

🤓 **문제풀이 T I P** | (나)에서 '식민지 인도'를 보고 강제적 문화 접변으로 판단하면 안 된다. 식민지 인도를 통치했던 총독 일행이 영국으로 카리를 가져갔기 때문에 이것을 누군가의 강압과 강요에 의해 이루어지는 강제적 문화 접변으로 보기 어렵다.

다음 자료에 대한 설명으로 옳은 것은?

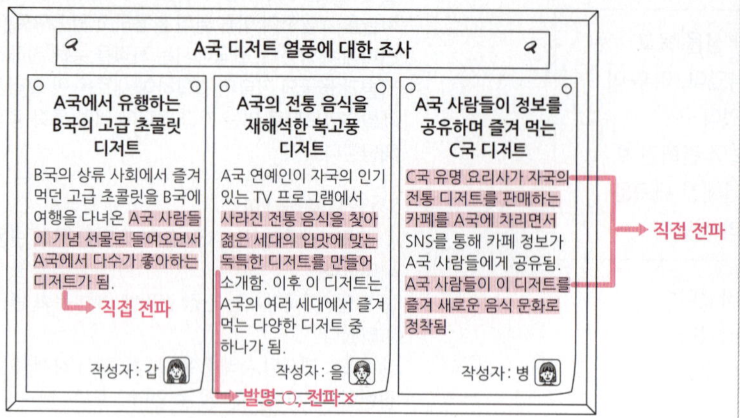

① 갑이 작성한 내용에는 문화 동화가 나타난다.
② 을이 작성한 내용에는 자발적 문화 접변이 나타난다.
③ 병이 작성한 내용에는 직접 전파가 나타난다.
④ 갑과 달리 을, 병이 작성한 내용에는 문화 공존이 나타난다.
⑤ 갑, 을과 달리 병이 작성한 내용에는 문화 융합이 나타난다.

|자|료|해|설|

문화 전파는 어떤 사회의 문화 요소가 다른 사회에
전달되어 그 사회의 문화 체계 속에 수용되는 것을 의미한다.

|선|택|지|풀|이|

① 오답 : 갑이 작성한 내용에는 문화 동화가 나타나 있지
않다.
② 오답 : 을이 작성한 내용에는 문화 전파가 나타나있지
않으므로 자발적 문화 접변이 나타났다고 볼 수 없다.
③ 정답 : C국의 유명 요리사가 A국에서 판매한 C국의
전통 디저트가 A국의 새로운 음식 문화로 정착되었으므로
이는 직접 전파에 해당한다.
④ 오답 : 을이 작성한 내용에는 문화 공존이 나타나 있지
않다.
⑤ 오답 : 병이 작성한 내용에는 문화 융합이 나타나 있지
않다.

문제풀이 TIP | 한 사회 내부에서 새롭게 등장하여 그 사회의
문화 체계에 변동을 초래하는 것은 전파에 해당하지 않는다.

출제분석 | 문화 변동의 요인 및 양상을 파악하는 문제이다.
다양한 사례를 통해 문화 변동의 요인 및 양상을 파악하는 문제가
출제되므로 기출 문제를 통해 다양한 유형의 문제를 접해 보도록
한다.

A ~ C 국에서 나타난 문화 변동에 대한 설명으로 옳은 것은? **3점**

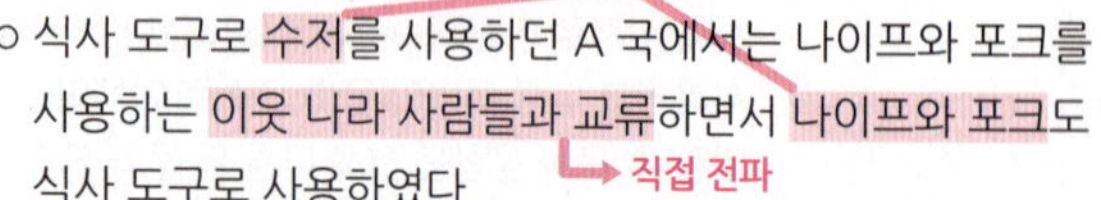

○ 식사 도구로 수저를 사용하던 A 국에서는 나이프와 포크를
사용하는 이웃 나라 사람들과 교류하면서 나이프와 포크도
식사 도구로 사용하였다. → 직접 전파
○ B 국의 군인들은 야외 훈련 중 철제 투구를 이용하여 음식을
끓여 먹었던 경험에서 아이디어를 얻어 새로운 형태의 냄비를
만들어 조리 도구로 사용하였다. → 직접 전파 → 발명(내재적 요인)
○ C 국 사람들은 자신들을 식민 통치하였던 외국인들이 즐겨
먹던 통조림 고기를 자국의 전통 요리에 접목하여 만든 새로운
음식을 즐기게 되었다. → 결합 → 문화 융합

① A 국에서는 문화 병존이, B, C 국에서는 문화 융합이 나타났다. → B 국에서는 발명이 나타남
② A, C 국에서는 직접 전파가, B 국에서는 자극 전파가 나타났다. → 발명
③ A, B 국에서는 자발적 문화 접변이, C 국에서는 강제적 문화
접변이 나타났다. → B 국에서는 문화 접변이 나타나지 않음 → 알 수 없음
④ A, B 국은 C 국과 달리 문화 변동 과정에서 자기 문화의 정체성을
유지하였다. → 문화 융합, 문화 병존
⑤ A, C 국에서는 B 국과 달리 외래 문화와의 접촉으로 새로운 문화
요소가 나타났다. → 내재적 요인(발명) → 외재적 요인(전파)

|자|료|해|설|

수저를 사용하던 A 국이 직접 전파된 나이프와 포크를
함께 사용하게 된 것은 문화 병존에 해당한다. B 국의
군인들이 철제 투구를 응용하여 새로운 형태의 냄비를
발명한 것은 내재적 변동에 해당한다. C 국에서 자국의
전통 요리에 직접 전파된 통조림 고기를 결합하여 새로운
음식을 만든 것은 문화 융합에 해당한다.

|선|택|지|풀|이|

① 오답 : A 국에서는 문화 병존이, C 국에서는 문화 융합이
나타났다. B 국에서는 문화 융합이 아닌 발명이 나타났다.
② 오답 : A, C 국에서는 직접 전파가, B 국에서는 발명이
나타났다.
③ 오답 : B 국에서는 외재적 변동인 문화 접변이 나타나지
않았으며, C 국에서 강제적 문화 접변이 나타났다고 보기
어렵다.
④ 오답 : 문화 융합이 나타난 C 국은 문화 변동 과정에서
자기 문화의 정체성을 유지하였다.
⑤ 정답 : A, C 국에서는 직접 전파에 의한 새로운 문화
요소가 나타났다. 발명이 나타난 B 국에서는 외래 문화와의
접촉이 아닌 내재적 변동이 나타났다.

문제풀이 TIP | 문화 병존과 문화 융합은 모두 문화 변동 과정에서 자기 문화의 정체성을 유지한다는 공통점이 있다.

출제분석 | 문화 변동은 수능과 모평에 거의 빠지지 않고 출제되는 핵심 주제이다. 문화 변동의 요인(발명, 발견, 직접 전파, 간접 전파, 자극 전파)과 문화 변동의 양상(문화 병존,
문화 동화, 문화 융합)이 주로 출제된다. 기출 문제를 중심으로 관련 개념을 실제 문제에 적용하는 능력을 키울 필요가 있다.

다음 사례에 나타난 문화 변동에 대한 설명으로 옳은 것은?

> 갑국에서는 갑국의 ○○ 회사가 최초로 고안한 소매점 운영 방식인 A가 널리 활용되고 있다. 을국의 □□ 회사는 갑국에 직원을 파견하여 배워 온 A를 을국의 기존 소매점 운영 방식에 접목하여 새로운 소매점 운영 방식 B를 개발하였다. 을국에서는 B가 적용된 소매점을 흔히 볼 수 있다. 을국의 □□ 회사는 병국에 진출하였는데, B가 적용된 □□ 회사의 소매점은 병국의 전통 방식으로 운영되는 소매점과 함께 병국 사람들이 선호하는 소매점 중 하나로 자리 잡았다. → 문화 병존

① 갑국에서는 발견으로 인한 문화 변동이 나타났다.
② 을국에서는 직접 전파로 인한 문화 변동이 나타났다.
③ 을국에서는 병국에서와 달리 문화 변동 이후 자기 문화의 정체성이 상실되었다.
④ 병국에서는 을국에서와 달리 자발적 문화 접변이 나타났다.
⑤ 갑국과 을국에서는 문화 융합, 병국에서는 문화 병존이 나타났다.

|자|료|해|설|
갑국에서는 발명이 나타났고, 을국에서는 직접 전파에 따른 문화 융합이 나타났으며, 병국에서는 문화 병존이 나타났다.

|선|택|지|풀|이|
① 오답 : 갑국에서는 ○○ 회사가 최초로 소매점 운영 방식인 A를 고안하였다. 따라서 갑국에서는 발명에 의한 문화 변동이 나타났다.
② 정답 : 을국에서는 갑국에 직원을 파견하여 배워 온 A를 을국의 기존 소매점 운영 방식에 접목하여 새로운 소매점 운영 방식인 B를 개발하였다. 따라서 을국에서는 직접 전파에 의한 문화 변동이 나타났다.
③ 오답 : 을국에서는 문화 융합이, 병국에서는 문화 병존이 나타났다. 따라서 을국과 병국 모두에서 문화 변동 이후 자기 문화의 정체성이 상실되지 않았다.
④ 오답 : 을국과 병국 모두에서 자발적 문화 접변이 나타났다.
⑤ 오답 : 갑국에서는 발명에 의한 문화 변동이 나타났고, 을국에서는 문화 융합이 나타났으며, 병국에서는 문화 병존이 나타났다.

😲 **문제풀이 TIP** | 발명과 발견은 문화 변동의 내재적 요인이고, 직접 전파, 간접 전파, 자극 전파는 문화 변동의 외재적 요인에 해당한다. 문화 변동의 외재적 요인에 의한 문화 변동의 양상으로 문화 동화, 문화 병존, 문화 융합이 나타난다.

🐝 **출제분석** | 문화 변동의 요인과 양상을 파악하는 문제이다. 사례를 통해 각 국가에서 나타난 문화 변동의 요인과 양상을 분석하는 문제가 출제될 수 있다.

(가), (나)에 나타난 문화 변동에 대한 설명으로 옳은 것은?

> (가) 갑국은 을국을 식민 지배하며 갑국의 종교와 의복을 을국 국민에게 강제하였다. 그 결과 을국 전통 의복은 갑국의 것으로 대체되었고, 현재는 박물관에서만 접할 수 있게 되었다. 한편 종교의 경우, 을국의 문화 복고 운동의 영향으로 을국 전통 종교가 갑국 종교와 결합하여 새로운 종교가 나타났다. → 문화 융합
>
> (나) 병국을 침략한 정국은 포로로 잡아온 도공에게 도자기 제작을 강요하여 획득한 병국 도자기 기술을 널리 활용하게 되었다. 정국은 무국에 도자기를 수출하였는데, 도자기 포장지에는 정국 고유의 독특한 화풍이 담긴 그림이 그려져 있었다. 이에 영향을 받은 무국 화가들은 자신들의 화풍에 이를 접목하여 새로운 미술 사조를 탄생시켰다. → 문화 융합

① (가)에서는 내재적 요인으로 인해 문화 변동이 나타났다.
② (나)에서는 자극 전파로 인해 문화 변동이 나타났다.
③ (가)에서와 달리 (나)에서는 문화 융합이 나타났다.
④ (나)에서와 달리 (가)에서는 문화 동화가 나타났다.
⑤ (가)와 (나)에서는 모두 강제적 문화 접변이 나타났다.

|자|료|해|설|
문화 변동의 외재적 요인에는 직접 전파, 간접 전파, 자극 전파가 있으며, 문화 변동의 양상에는 문화 동화, 문화 병존, 문화 융합이 있다.

|선|택|지|풀|이|
① 오답 : (가)에서는 외재적 요인인 직접 전파에 의해 문화 변동이 나타났다.
② 오답 : (나)에서는 자극 전파로 인한 문화 변동이 나타나지 않았다.
③ 오답 : (가)에서 을국 전통 종교가 갑국 종교와 결합하여 새로운 종교가 나타난 것은 문화 융합에 해당한다. (나)에서 무국 화가들이 자신들의 화풍에 도자기 포장지의 그림에 담긴 정국 고유의 독특한 화풍을 접목하여 새로운 미술 사조를 탄생시킨 것은 문화 융합에 해당한다. 따라서 (가)와 (나) 모두에서 문화 융합이 나타났다.
④ 정답 : (가)에서 을국 전통 의복이 갑국의 것으로 대체된 것은 문화 동화에 해당한다. 따라서 (가)에서는 (나)에서와 달리 문화 동화가 나타났다.
⑤ 오답 : (가)에서 을국 전통 의복이 갑국의 것으로 대체된 것은 갑국이 을국을 식민 지배하며 갑국의 의복을 을국 국민에게 강제한 것이므로 이는 강제적 문화 접변에 해당한다. 따라서 (가)에서는 (나)와 달리 강제적 문화 접변이 나타났다.

😲 **추가 학습** | 자극 전파는 외부의 문화 요소가 사회의 문화 체계 속으로 직접 들어오는 것이 아니라 아이디어가 전파되어 새로운 문화 요소의 등장을 자극하는 것이다.

🐝 **출제분석** | 문화 변동의 요인과 양상을 파악하는 문제이다. 사례에 나타난 문화 변동의 요인과 양상을 파악하는 문제가 출제되므로 기출 문제의 사례를 통해 각 문화 변동의 요인과 양상을 이해해 두도록 한다.

다음 자료에 대한 설명으로 옳은 것은? **3점**

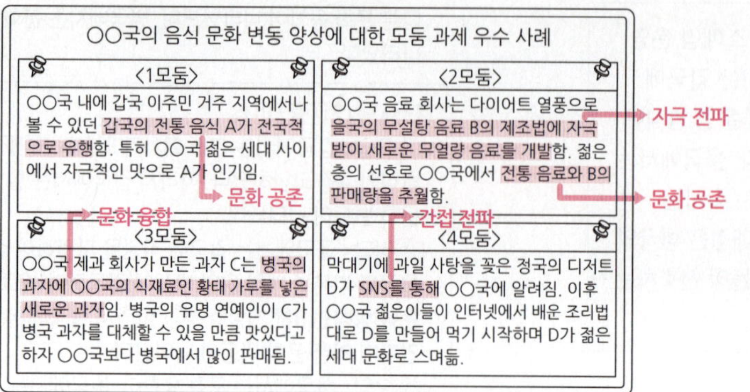

① 1모둠과 2모둠이 작성한 내용에 모두 문화 공존이 나타난다.

② 3모둠과 4모둠이 작성한 내용에 모두 문화 융합이 나타난다.

③ 1모둠이 작성한 내용에 발명이, 2모둠이 작성한 내용에 직접 전파가 나타난다.

④ 3모둠이 작성한 내용에 문화 동화가, 4모둠이 작성한 내용에 간접 전파가 나타난다.

⑤ 1모둠과 2모둠이 작성한 내용에 모두 자극 전파가, 3모둠과 4모둠이 작성한 내용에 모두 자발적 문화 접변이 나타난다.

|자|료|해|설|

문화 변동의 요인에는 내재적 요인인 발명과 발견, 외재적 요인인 직접 전파, 간접 전파, 자극 전파가 있고, 문화 변동의 양상으로는 문화 공존, 문화 동화, 문화 융합이 나타난다.

|선|택|지|풀|이|

① 정답 : 1모둠이 작성한 내용에서 갑국의 전통 음식 A가 ○○국에서 인기가 있다는 내용을 통해 문화 공존이 나타났음을 알 수 있다. 2모둠이 작성한 내용에서 새로운 무열량 음료가 ○○국에서 전통 음료와 B의 판매량을 추월했다는 내용을 통해 문화 공존이 나타났음을 알 수 있다.

② 오답 : 3모둠이 작성한 내용에서 병국의 과자에 ○○국의 식재료인 황태 가루를 넣은 새로운 과자 C가 만들어진 내용을 통해 문화 융합이 나타났음을 알 수 있다. 4모둠이 작성한 내용에는 문화 융합이 나타나 있지 않다.

③ 오답 : 1모둠이 작성한 내용에는 발명이 나타나 있지 않다. 2모둠이 작성한 내용에서 을국의 무설탕 음료 B의 제조법에 자극 받아 새로운 무열량 음료를 개발한 내용을 통해 자극 전파가 나타났음을 알 수 있다.

④ 오답 : 3모둠이 작성한 내용에는 문화 동화가 나타나 있지 않다. 4모둠이 작성한 내용에서 정국의 디저트 D가 SNS를 통해 ○○국에 알려졌다는 내용을 통해 간접 전파가 나타났음을 알 수 있다.

⑤ 오답 : 1모둠이 작성한 내용에는 자극 전파가 나타나 있지 않고, 2모둠이 작성한 내용에는 자극 전파가 나타나 있으며, 3모둠과 4모둠이 작성한 내용에는 자발적 문화 접변이 나타나 있다.

문제풀이 TIP | 각 사례에 나타난 문화 변동을 파악하기 전에 먼저 선지를 보고 선지에 맞게 각 모둠이 작성한 내용에 해당 문화 변동이 나타나 있는지를 파악하도록 한다.

다음 사례에 나타난 문화 변동에 대한 옳은 설명만을 〈보기〉에서 있는 대로 고른 것은? **3점**

갑국으로 유입된 난민들은 정착 초기부터 마셔오던 자국의 전통 음료에 착안하여 새로운 A 음료를 개발하였다. 이 A 음료는 상인들을 통해 을국과 병국으로 전해졌고, 을국에서는 갑국에서와 같이 대중적인 음료 중 하나가 되었다. 이후 을국의 한 학자가 A 음료의 제조 과정에서 아이디어를 얻어 진행한 연구 중 부패를 일으키는 미생물을 찾아냈다. 한편, 병국에서는 정국으로부터 서적을 통해 전달된 정국의 전통적인 면 요리에 병국 사람들도 즐기는 A 음료를 첨가하여 새로운 맛을 내는 면 요리가 탄생되었다. 이 새로운 요리는 병국과 갑국의 전쟁 중에 병국 취사병에 의해 갑국에 알려졌지만 갑국 사람들의 식탁에는 오르지 못하였다.

보기

ㄱ. 을국에서는 자극 전파로 인한 문화 변동이 나타났다.

ㄴ. 병국에서는 직접 전파로 인한 문화 변동이 나타났다.

ㄷ. 갑국, 을국 모두 문화 공존이 나타났다.

① ㄱ　　② ㄴ　　③ ㄷ　　④ ㄴ, ㄷ　　⑤ ㄱ, ㄴ, ㄷ

|자|료|해|설|

갑국의 경우 갑국으로 유입된 난민들이 새로운 A 음료를 개발한 것은 발명에 해당하고, 갑국으로 유입된 난민들이 개발한 A 음료가 갑국에서 대중적인 음료가 된 것은 직접 전파에 의한 문화 공존에 해당한다. 을국의 경우 상인들을 통해 전해진 갑국의 A 음료가 을국에서 대중적인 음료가 된 것은 직접 전파에 의한 문화 공존에 해당하고, 을국의 한 학자가 부패를 일으키는 미생물을 찾아낸 것은 발견에 해당한다. 병국의 경우 상인들을 통해 갑국의 A 음료가 전해진 것은 직접 전파에 해당하고, 서적을 통해 정국의 면 요리가 전해진 것은 간접 전파에 해당한다.

|보|기|풀|이|

ㄱ. 오답 : 을국에서는 상인들을 통해 갑국의 A 음료가 전해져 대중적인 음료가 되었다. 따라서 을국에서는 직접 전파에 의한 문화 변동이 나타났다.

ㄴ. 정답 : 병국에서는 상인들을 통해 갑국의 A 음료가 전해져 병국 사람들이 즐기게 되었다. 따라서 병국에서는 직접 전파에 의한 문화 변동이 나타났다.

ㄷ. 정답 : 갑국에서는 갑국으로 유입된 난민들이 개발한 A 음료가 갑국에서 대중적인 음료 중 하나가 되었고, 을국에서는 상인들을 통해 전해진 갑국의 A 음료가 을국에서 대중적인 음료 중 하나가 되었다. 따라서 갑국과 을국 모두에서 직접 전파에 의한 문화 공존이 나타났다.

문제풀이 TIP | 다른 사회의 문화 요소가 전파되었으나 해당 사회에서 받아들이지 않으면 문화 변동이 나타났다고 볼 수 없다.

A∼C국에 나타난 문화 변동에 대한 설명으로 옳은 것은? 3점

> ○ A국은 전통적인 온돌 문화와 이웃 나라의 공동 주거 문화를
> 　결합하여 새로운 양식의 주거 문화를 형성하였다. → 문화 융합
> ○ B국에서는 과거 자신들을 식민 지배하였던 국가의 선교사들이
> 　들여온 신흥 종교를 받아들여 토착 종교와 함께 존재하고 있다. → 직접 전파 / 문화 병존
> ○ C국은 이웃 나라의 방역 시스템에서 아이디어를 얻어 새로운
> 　방역 제도를 구축하고 감염병 확산을 효과적으로 억제하였다. → 자극 전파

① A, B국 모두 자기 문화의 정체성을 유지하였다.

② A국은 문화 융합이, C국은 문화 동화가 나타났다.
　　　　　　　　　　　　　　자극 전파

③ B국은 비물질문화에서, C국은 물질문화에서 문화 변동이
　나타났다.　　　　　　　비물질문화

④ B국은 A, C국과 달리 강제적 문화 접변이 나타났다.

⑤ A, B국은 간접 전파, C국은 자극 전파가 나타났다.

|자|료|해|설|

A국에서는 문화 융합이 나타났고, B국에서는 직접 전파를 통한 문화 병존이 나타났으며, C국에서는 자극 전파가 나타났다.

|선|택|지|풀|이|

① 정답 : A국에서는 문화 융합이, B국에서는 문화 병존이 나타났다. 문화 융합과 문화 병존은 모두 자기 문화의 정체성이 유지된다.

② 오답 : A국은 문화 융합이, C국은 자극 전파가 나타났다.

③ 오답 : B국은 종교, C국은 방역 제도에서 문화 변동이 나타났다. 따라서 B국과 C국 모두 비물질문화에서 문화 변동이 나타났다.

④ 오답 : B국에서는 B국을 식민 지배하였던 국가의 선교사들로부터 신흥 종교가 전파되었다. 이를 통해 B국에서 강제적 문화 접변이 나타났다고 볼 수 없다.

⑤ 오답 : B국에서는 직접 전파가, C국에서는 자극 전파가 나타났으나, A국에서 간접 전파가 나타났는지는 알 수 없다.

😲 **추가 학습** | 문화 동화와 달리 문화 병존, 문화 융합의 경우에는 문화 접변의 결과 전통문화의 정체성이 보존된다는 공통점이 있다. 문화 동화, 문화 병존과 달리 문화 융합의 경우에는 한 사회에 존재하지 않았던 새로운 문화 요소가 만들어진다.

😃 **출제분석** | 각 사례에 나타난 문화 변동을 파악하는 문제이다. 문화 변동의 요인과 양상은 다양한 사례와 자료를 통해 출제될 수 있으므로 기출 문제를 통해 다양한 유형을 접해 보도록 한다.

다음 자료에 대한 설명으로 옳은 것은? 3점

> **〈문화 변동 사례〉**　→ 직접 전파
> (가) A국을 대표하는 ○○음악은 전통적으로 내려오던 멜로디와
> 　악기에서 출발하였다. 이후 이민자에 의해 들어 온 다양한
> 　음악과 악기를 받아들여 고유한 요소와 외래적 요소가 함께
> 　어우러진 독특한 음악으로 재탄생한 것이 오늘날의 ○○음악이다. → 문화 융합
> (나) □□족은 B국의 지배를 받게 되면서 거주지가 재배치되었고,
> 　심지어 아이들은 B국 사람들의 가정에 입양되어 B국의 언어와
> 　복식을 따라야만 했다. 이로 인해 □□족의 고유한 문화는
> 　소멸되었다. → 강제적 문화 접변 / 문화 동화

직접 전파 →

교사 : 문화 변동 사례를 읽고 탐구한 내용을 발표해 보세요.

갑 : (가)와 (나)는 모두 외재적 요인에 의한 문화 변동의 사례로
　볼 수 있습니다. (O)

을 : (나)에서는 (가)와 달리 기존의 문화와 외래문화가 결합하여
　(가)　(나)
　새로운 문화가 나타났습니다. (×)

병 : 　　　　　　갑, 병　　　 ㉠ → 옳은 내용

교사 : 세 사람 중 두 사람만 옳게 발표했네요.

① (가)의 문화 변동 요인은 자극 전파이다.
　　　　　　　　　　　　직접

② (가)에서는 (나)와 달리 자문화의 정체성이 상실되었다.
　(나)　　　　　(가)

③ (나)에서는 (가)와 달리 문화 다양성이 증대되었다.

④ (나)에서는 (가)와 달리 강제적 문화 접변이 나타났다.

⑤ ㉠에는 '(나)의 문화 변동 요인은 간접 전파입니다.'가 들어갈 수
　있다.
　없다

|자|료|해|설|

(가)와 (나) 모두에는 직접 전파에 의한 문화 변동이 나타나 있으므로 (가)와 (나) 모두 외재적 요인에 의한 문화 변동의 사례에 해당한다. (가)에서는 문화 융합이, (나)에서는 문화 동화가 나타났으므로 (가)는 (나)와 달리 기존의 문화와 외래문화가 결합하여 새로운 문화가 나타났다. 따라서 갑은 옳게 발표하였고, 을은 옳지 않게 발표하였으며, ㉠에는 옳은 내용이 들어가야 한다.

|선|택|지|풀|이|

① 오답 : A국은 이민자에 의해 들어 온 다양한 음악과 악기를 받아들였다. 따라서 (가)의 문화 변동 요인은 직접 전파이다.

② 오답 : (가)에서는 문화 융합이, (나)에서는 문화 동화가 나타났다. 따라서 (나)에서는 (가)와 달리 자문화의 정체성이 상실되었다.

③ 오답 : (가)에서는 문화 융합이 나타났으므로 문화 다양성이 증대되었다.

④ 정답 : A국은 자발적으로 이민자에 의해 들어 온 다양한 음악과 악기를 받아들였으므로 (가)에서는 자발적 문화 접변이 나타났다. □□족은 B국의 지배로 인해 B국의 문화가 강제적으로 이식되었으므로 (나)에서는 강제적 문화 접변이 나타났다.

⑤ 오답 : ㉠에는 옳은 내용이 들어가야 한다. (나)의 문화 변동 요인은 직접 전파이다. 따라서 해당 내용은 ㉠에 들어갈 수 없다.

😲 **추가 학습** | 문화 병존과 문화 융합은 자기 문화의 정체성을 유지하고 있지만, 문화 동화는 자기 문화의 정체성을 상실하는 경우이다. 문화 융합은 두 문화의 접촉으로 새로운 제3의 문화가 만들어지는 것이지만, 문화 병존과 문화 동화는 새로운 제3의 문화가 만들어지는 것은 아니다.

😃 **출제분석** | 문화 변동의 요인과 결과를 파악하는 문제이다. 사례를 통해 문화 변동의 요인과 결과를 분석하는 문제가 자주 출제되므로 기출 문제를 통해 다양한 사례를 접해 보도록 한다.

III

3.
문화
의
변동

A ~ C 국에 나타난 문화 변동에 대한 옳은 설명만을 <보기>에서 고른 것은? **3점**

○ A국에서는 전통 신앙에 외래 종교가 결합된 새로운 성격의 종교가 나타났다. → 문화 융합
○ B국은 자신들을 정복한 이민족의 강요에 의해 그들의 문자를 사용하게 되면서 고유의 문자를 상실하였다. → 문화 동화 (강제적 문화 접변)
○ C국은 나무를 이용해 이전에 없던 활을 만들어 사용하였다. 그리고 활의 원리에서 아이디어를 얻어 현악기를 만들었다. → 1차 발명 / 2차 발명

보기

ㄱ. A국에서는 문화 동화가 나타났다. (융합) → 식민 지배
ㄴ. B국에서는 강제적 문화 접변이 나타났다. (발명)
ㄷ. C국에서는 내재적 요인에 의한 문화 변동이 나타났다.
ㄹ. B, C국에서는 A국과 달리 문화 융합이 나타났다. (A / B,C) → 발명, 발견

① ㄱ, ㄴ　② ㄱ, ㄷ　③ ㄴ, ㄷ　④ ㄴ, ㄹ　⑤ ㄷ, ㄹ

|자|료|해|설|

A국에서는 전통 신앙에 외래 종교가 결합된 새로운 종교가 만들어진 문화 융합이 나타났다. B국에서는 고유의 문자가 사라지고 이민족의 문자만 남은 문화 동화가 나타났다. C국에서는 발명에 의해 활과 현악기가 만들어졌다.

|보|기|풀|이|

ㄱ. 오답 : A국에서는 서로 다른 문화 요소가 결합하여 새로운 형태의 문화 요소가 만들어졌으므로 문화 융합이 나타났다.

ㄴ. 정답 : B국에서는 자신들을 정복한 이민족의 강요에 의해 고유의 문자가 사라졌으므로 강제적 문화 접변이 나타났다.

ㄷ. 정답 : C국은 기존에 존재하지 않았던 활과 현악기를 새롭게 만들어 냈다. 따라서 C국에서는 내재적 요인(발명, 발견) 중 발명에 의한 문화 변동이 나타났다.

ㄹ. 오답 : A국에서는 문화 융합이 나타났고, B국에서는 문화 동화가 나타났다. 따라서 A국에서는 B, C국과 달리 문화 융합이 나타났다.

다음 자료에 대한 설명으로 옳은 것은? **3점**

갑국의 유명한 국수 요리는 갑국의 동맹국이었던 을국의 전골 요리에서 유래되었다. 을국의 한 요리사가 갑국에서 자국 전골 요리를 판매하여 인기를 얻었고, 이후 갑국의 식품회사가 을국 전골 요리에 면을 첨가한 국수 요리를 개발하여 유행하게 되었다. 이 국수 요리는 갑국으로 유학을 다녀온 을국 사람들에 의해 을국 전체에 퍼졌고, 갑국에서 제작한 요리 동영상 콘텐츠가 온라인을 통해 확산하면서 병국 사람들에게도 전해져 병국의 대중 요리가 되었다. → 직접 전파 / 간접 전파

① 갑국과 달리 을국에서는 자발적 문화 접변이 나타났다.
② 을국과 달리 병국에서는 문화 융합이 나타났다. → 알 수 없음
③ 을국과 달리 병국에서는 발견으로 인한 문화 변동이 나타났다. (간접 전파)
④ 병국과 달리 을국은 자기 문화의 정체성을 상실하였다. → 알 수 없음
⑤ 갑국에서는 직접 전파, 병국에서는 간접 전파가 나타났다.

|자|료|해|설|

문화 변동의 요인에는 내재적 요인인 발명과 발견, 외재적 요인인 직접 전파, 간접 전파, 자극 전파가 있고, 문화 변동의 양상으로는 문화 동화, 문화 병존, 문화 융합이 있다.

|선|택|지|풀|이|

① 오답 : 을국의 요리사가 갑국에서 을국의 전골 요리를 판매하여 갑국에서 인기를 얻었고, 이후 갑국의 식품회사가 을국 전골 요리에 면을 첨가한 국수 요리를 개발하여 유행하게 되었으므로 갑국에서는 자발적 문화 접변이 나타났다고 볼 수 있다.

② 오답 : 제시된 자료를 통해 병국에서 문화 융합이 나타났는지는 파악할 수 없다.

③ 오답 : 병국에서는 갑국에서 제작한 요리 동영상 콘텐츠가 온라인을 통해 확산되면서 갑국의 국수 요리가 전해졌으므로 간접 전파로 인한 문화 변동이 나타났다.

④ 오답 : 제시된 자료를 통해 을국에서 자기 문화의 정체성이 상실되었는지는 파악할 수 없다.

⑤ 정답 : 갑국에서는 을국의 요리사를 통해 을국의 전골 요리가 전해졌으므로 직접 전파가 나타났고, 병국에서는 갑국의 요리 동영상 콘텐츠가 온라인을 통해 확산되어 갑국의 국수 요리가 전해졌으므로 간접 전파가 나타났다.

문제풀이 TIP | 갑국에서는 을국의 요리사를 통해 을국의 전골 요리가 전해졌고, 갑국의 식품회사가 이 을국의 전골 요리에 면을 첨가하여 개발한 국수 요리는 갑국으로 유학을 다녀온 을국 사람들에 의해 을국에 전해졌고, 갑국에서 제작한 요리 동영상 콘텐츠가 온라인을 통해 확산되면서 병국에 전해졌다.

출제분석 | 문화 변동의 요인과 양상을 파악하는 문제이다. 다양한 사례를 통해 문화 변동의 요인과 양상을 파악하는 문제가 출제될 수 있다.

39 문화 변동의 요인 + 문화 변동의 양상 + 물질문화와 비물질문화　정답 ⑤　정답률 65%　2024학년도 9월 모평 13번　문제편 229p

다음 사례에 나타난 문화 변동에 대한 설명으로 옳은 것은? **3점**

> A국 영화인들은 영화 산업이 발달한 B국 영화인에게 영화 제작 기법 및 특수 효과 기술을 배워 왔다. 그 후 A국에서 자국의 전통적 정서와 B국의 특수 효과 기술이 섞인 새로운 영화 장르가 탄생했다. 한편, B국 어업인들이 조업 활동 중 C국 어업인이 끓여 준 라면을 먹게 되면서 B국에 C국 라면이 처음 전해졌다. 이후 B국 요리사가 C국 라면에 자국의 전통 소스를 가미해 국물이 없는 비빔 라면을 개발하였다. B국의 비빔 라면 조리 방식은 인터넷을 통해 C국 젊은이들에게까지 확산되었다.

① A국에서는 B국과 달리 문화 융합이 나타났다.
② B국에서는 A국과 달리 문화 접변이 나타났다.
③ B국에서는 C국과 달리 문화 공존이 나타났다.
④ A국에서는 직접 전파, B국에서는 간접 전파가 나타났다.
⑤ A국~C국에서는 모두 물질 문화의 전파가 나타났다.

|자|료|해|설|

A국과 B국에서는 직접 전파에 의한 문화 융합이 나타났고, C국에서는 간접 전파가 나타났다.

|선|택|지|풀|이|

① 오답 : A국과 B국 모두에서 문화 융합이 나타났다.
② 오답 : A국과 B국 모두에서 문화 접변이 나타났다.
③ 오답 : 제시된 자료만으로는 B국과 C국에서의 문화 공존 여부를 알 수 없다.
④ 오답 : A국과 B국 모두에서 직접 전파가 나타났다.
⑤ 정답 : A국에서는 B국의 특수 효과 기술이라는 물질 문화의 전파가, B국에서는 C국의 라면이라는 물질 문화의 전파가, C국에서는 B국의 비빔 라면 조리 방식이라는 물질 문화의 전파가 나타났다.

추가 학습 | 물질 문화는 사람들이 삶을 영위하기 위하여 만들고 사용하는 인공물과 그것을 제작·사용하는 기술로, 의식주, 도구, 기계 등이 이에 해당한다.

---

40 문화 변동의 문제점　정답 ③　정답률 59%　2020학년도 6월 모평 4번　문제편 229p

다음 두 사례에 대한 공통적인 설명으로 가장 적절한 것은?

> ○ 요즘 스마트 기기에 저장된 생체 정보, 신용 카드 정보 등을 통해 온·오프라인 상거래에서 간편 결제 서비스를 이용하는 사람들이 증가하고 있다. 그런데 간소화된 지불 절차를 악용하여 불필요한 결제를 유도하는 등 다른 사람에게 금전적 피해를 입히는 신종 범죄도 발생하고 있다.
> ○ 최근 '먹방', '신제품 리뷰' 등 다양하고 유용한 정보를 제공하여 수익을 창출하는 1인 방송이 늘어나고 있다. 그런데 누구나 쉽게 제작하여 경제적 이익을 얻을 수 있다는 점을 악용하여 선정적이고 폭력적인 콘텐츠가 그대로 방송되는 부작용도 발생하고 있다.

① 물질문화의 발명으로 인해 세대 간 갈등이 증가하였음을 보여준다.
② 지배적인 문화의 질적 저하로 인해 반문화가 확산되었음을 보여준다.
③ 문화 요소 간 변동 속도의 차이로 인해 병리적인 현상이 나타났음을 보여준다.
④ 대중문화의 확산으로 인해 문화의 상업화와 획일화가 심화되었음을 보여준다.
⑤ 정보 통신 기술의 발달로 인해 하위문화가 전체 문화로 변화되었음을 보여준다.

|자|료|해|설|

첫 번째 사례를 보면 물질문화(스마트 기기, 간편 결제 서비스)의 변동 속도는 빠른데 비물질문화(간소화된 지불 절차를 악용하여 다른 사람에게 피해를 주는 신종 범죄)의 변동 속도가 따라가지 못하고 있다. 두 번째 사례를 보면 물질문화(정보 통신 기술)의 변동 속도는 빠른데 비물질 문화(폭력적인 콘텐츠를 그대로 방송하는 부작용)의 변동 속도가 따라가지 못하고 있다. 따라서 두 사례를 통해 문화 지체 현상을 파악할 수 있다.

|선|택|지|풀|이|

① 오답 : 두 사례를 통해 세대 간 갈등이 증가했는지 여부는 파악할 수 없다.
② 오답 : 두 사례를 통해 반문화가 확산되었는지 여부는 파악할 수 없다.
③ 정답 : 제시된 두 사례 모두에서 문화 지체 현상이 나타나고 있다. 따라서 두 사례는 모두 문화 요소 간 변동 속도의 차이로 인해 병리적인 현상이 나타났음을 보여준다.
④ 오답 : 두 사례를 통해 문화의 획일화가 심화되었는지 여부는 파악할 수 없다.
⑤ 오답 : 두 사례를 통해 하위문화가 전체 문화로 변화되었는지 여부는 파악할 수 없다.

다음 갑국, 을국의 문화 변동에 대한 설명으로 옳은 것은?

> ○ 갑국에서는 대중 매체를 통해 A국의 음악이 확산되면서 갑국의 음악과 더불어 A국의 음악도 향유하게 되었다.
>
> ○ 을국에서는 B국에서 이민 온 사람들로 인해 을국의 의복 문화와 B국의 의복 문화가 결합하여 새로운 양식의 의복 문화가 형성되었다.

간접 전파 / 문화 병존(공존) / 직접 전파 / 문화 융합

① 갑국의 문화 변동 요인은 자극 전파이다. (간접)
② 을국의 문화 변동은 강제적 문화 접변에 해당한다. (자발적)
③ 을국에서는 간접 전파로 인한 문화 변동이 나타났다.
④ 을국과 달리 갑국은 자기 문화의 정체성을 상실하였다. (직접) → 갑국, 을국 모두 정체성 유지함
⑤ 갑국에서는 문화 병존, 을국에서는 문화 융합이 나타났다.
문화 공존(A + B = A and B) / A + B = C

문제풀이 TIP | 문화 병존(공존)과 문화 융합은 모두 자기 문화의 정체성을 유지한 경우이고, 문화 동화는 자기 문화의 정체성을 상실한 경우이다.

출제분석 | 문화 변동의 요인(발명, 발견, 전파)과 문화 변동의 양상(문화 병존, 문화 동화, 문화 융합)은 수능에 빠지지 않고 출제되는 단골손님이다. 다양한 사례를 주고 개념을 적용하는 문제가 출제되기 때문에 학생들이 어려워하는 주제 중 하나이다. 따라서 관련 개념을 완벽하게 준비해 둘 필요가 있다.

|자|료|해|설|

대중 매체를 통해 음악이 전파된 것은 간접 전파의 사례이다. 갑국에서 갑국의 음악과 더불어 A국의 음악이 함께 존재하는 것은 문화 병존(공존)의 사례이다. 이민 온 사람들에 의해 의복이 전파된 것은 직접 전파의 사례이다. 을국의 의복 문화와 B국의 의복 문화가 결합하여 새로운 양식의 의복 문화가 만들어진 것은 문화 융합의 사례이다.

|선|택|지|풀|이|

① 오답 : 갑국의 문화 변동 요인은 매개체(대중 매체)에 의한 간접 전파이다.
② 오답 : 을국의 문화 변동은 B국에서 이민 온 사람들에 의해 자발적으로 이루어졌다. 따라서 강제적 문화 접변으로 보기 어렵다.
③ 오답 : 을국에서는 B국에서 이민 온 사람들에 의해 문화 변동이 이루어졌다. 따라서 을국에서는 직접 전파로 인한 문화 변동이 나타났다.
④ 오답 : 문화 병존(공존), 문화 융합은 모두 자기 문화의 정체성을 유지한다.
⑤ 정답 : 갑국에서 갑국의 음악과 더불어 A국의 음악도 향유하게 된 것은 문화 병존(공존)의 사례이다. 을국의 의복 문화와 B국의 의복 문화가 결합하여 제3의 의복 문화가 만들어진 것은 문화 융합의 사례이다.

밑줄 친 ㉠~㉣에 대한 옳은 설명을 〈보기〉에서 고른 것은? [3점]

식민 지배 / 강제적 문화 접변

> 쿠바를 정복한 스페인은 원주민의 토착 종교 활동을 금지하고 ㉠ 그들을 가톨릭으로 개종시켰으며 이후 아프리카에서 쿠바로 끌려온 ㉡ 노예들에게도 개종을 강요했다. 노예의 대다수였던 요루바족은 자신들의 부족 신을 가톨릭 성인의 모습에 투영하며 신앙을 지키려 했는데, 이 과정에서 요루바족의 신앙과 가톨릭이 결합된 ㉢ 산테리아라는 독특한 종교가 탄생했다. 산테리아는 한때 ㉣ 가톨릭 교회로부터 탄압받기도 했지만 현재까지도 쿠바에서 민간 신앙으로 전해지고 있다.

직접 전파 / 문화 융합 A + B = C

보기

㉠ ㉠은 강제적 문화 접변에 해당한다. → 문화 제공자의 필요에 의해 강제로 이식됨
ㄴ. ㉡은 간접 전파에 해당한다. (직접)
㉢ ㉢은 문화 융합에 해당한다. → 요루바족 신앙 + 가톨릭 = 산테리아
ㄹ. ㉣은 문화 지체에 해당한다. → 물질문화와 비물질문화의 변동 속도 차이로 인한 부조화 현상

① ㄱ, ㄴ　② ㄱ, ㄷ　③ ㄴ, ㄷ　④ ㄴ, ㄹ　⑤ ㄷ, ㄹ

|자|료|해|설|

강제적 문화 접변은 정복이나 식민 지배 등을 통해 문화 요소를 강제로 이식시키는 것을 말한다. 문화 융합은 서로 다른 두 문화 요소가 결합하여 새로운 문화 요소를 만들어 내는 것을 말한다.

|보|기|풀|이|

㉠ 정답 : 쿠바를 정복한 스페인이 원주민의 토착 종교 활동을 금지하고 가톨릭으로 개종시킨 것은 식민 지배를 통해 이루어진 강제적 문화 접변에 해당한다.
ㄴ. 오답 : 사회 구성원들 간의 직접적인 접촉 과정에서 문화 요소가 전달되는 것은 직접 전파에 해당한다.
㉢ 정답 : 서로 다른 문화 요소들이 결합하여 기존 문화 요소들의 성격을 지니면서도 기존 문화 요소들과 다른 성격을 지닌 제3의 문화인 '산테리아'를 만든 것은 문화 융합의 사례에 해당한다.
ㄹ. 오답 : 문화 지체는 물질문화의 변동 속도를 비물질문화의 변동 속도가 따라가지 못하여 발생하는 부조화 현상을 말한다. 산테리아가 가톨릭 교회로부터 탄압받은 것은 문화 지체 현상으로 보기 어렵다.

다음 자료에 대한 설명으로 옳은 것은? 3점

> 갑국에 향수를 보급한 인물로 알려져 있는 A는 갑국의 전통 의례 중 약초즙을 뿌려서 향을 내는 방식에 착안하여 뿌리는 형태의 새로운 향수를 개발했다. 이 향수는 갑국의 귀족층에게 큰 인기를 얻었다. 이 소식을 들은 을국 향수업자들이 을국의 바르는 향수를 갑국에 가져가 판매했다. 이로 인해 갑국의 서민층도 바르는 향수를 사용하게 되어 갑국에서 향수의 대중화가 이루어졌다. 그런데 갑국에서 혁명이 일어나 갑국 정부가 기업들을 국유화하면서 A는 자신의 회사를 강제로 빼앗겼다. 이에 A는 자신만의 향수 제조 비법을 들고 을국으로 망명한 후 갑국 귀족들에게 유행했던 향수를 다시 제조하였다. A의 향수는 향수의 본국인 을국에서 높은 시장 점유율을 갖게 되었다.

① 갑국에서 강제적 문화 접변이 나타났다.
② 을국에서 비물질문화의 전파가 나타났다.
③ 갑국에서 자극 전파가, 을국에서 직접 전파가 나타났다.
④ 갑국에서 문화 융합이, 을국에서 문화 동화가 나타났다.
⑤ 갑국과 을국 모두에서 문화 병존이 나타났다.

👀 **문제풀이 TIP** | A가 갑국의 전통 의례 중 약초즙을 뿌려서 향을 내는 방식에 착안하여 뿌리는 형태의 새로운 향수를 개발한 것은 자극 전파에 해당하지 않음에 유의하도록 한다.

👀 **출제분석** | 문화 변동의 요인 및 양상을 파악하는 문제이다. 제시문의 앞뒤 문맥을 꼼꼼하게 파악하여 문화 변동의 요인 및 양상을 분석하는 문제가 출제될 수 있다.

|자|료|해|설|
문화 변동의 요인에는 내재적 요인인 발명, 발견과 외재적 요인인 직접 전파, 간접 전파, 자극 전파가 있다. 문화 변동의 양상에는 문화 동화, 문화 병존, 문화 융합이 있다.

|선|택|지|풀|이|
① 오답 : 을국 향수업자들이 을국의 바르는 향수를 갑국에 가져가 판매한 결과 갑국에서 향수의 대중화가 이루어진 것으로 보아 갑국에서는 자발적 문화 접변이 나타났다.
② 오답 : 을국에서는 물질문화에 해당하는 향수가 전파되었다.
③ 오답 : 갑국에서는 발명과 직접 전파가 나타났고, 을국에서는 직접 전파가 나타났다.
④ 오답 : 갑국에서는 문화 융합이 나타나지 않았고, 을국에서는 문화 동화가 나타나지 않았다.
⑤ 정답 : 갑국에서는 A가 발명한 뿌리는 형태의 향수와 을국으로부터 전파된 바르는 향수가 함께 존재하고 있으므로 문화 병존이 나타났다. 을국에서는 바르는 향수와 갑국으로부터 전파된 A의 향수가 함께 존재하고 있으므로 문화 병존이 나타났다.

다음 자료에 대한 설명으로 옳은 것은? 3점

> 교사 : A~C는 각각 발명, 직접 전파, 자극 전파 중 하나입니다. 각 질문에 대해 '예', '아니요' 중 같은 답을 할 수 있는 것끼리 묶고, 그렇게 묶은 이유를 말해 보세요.
>
> 〈학생이 묶은 그림과 이유 설명〉
>
> | 질문 | 문화 변동의 내재적 요인인가? | 존재하지 않았던 문화 요소가 창조되는가? |
> |---|---|---|
> | 그림 | A　B C | A　B C |
> | 이유 설명 | A, B는 이 질문에 대해 ⊙ 라고 답할 수 있어요. | B, C는 이 질문에 대해 ⓒ 라고 답할 수 있어요. |
>
> 교사 : 훌륭하네요. 모두 잘 묶었고, 설명도 적절합니다.

① ⊙은 '아니요', ⓒ은 '예'이다.
② A는 문화 요소 자체가 아니라 추상적인 아이디어만 전파되는 것이다.
③ 인류 역사에서 나침반을 만들어 낸 것은 B의 사례이다.
④ A와 달리 B는 매개체를 통해 문화 요소가 전파되는 것이다.
⑤ B와 달리 C는 서로 다른 사회의 구성원 간 직접적인 접촉을 통해 이루어지는 것이다.

|자|료|해|설|
발명, 직접 전파, 자극 전파 중 문화 변동의 내재적 요인은 발명이고, 존재하지 않았던 문화 요소가 창조되는 것은 발명과 자극 전파이다. 따라서 A는 직접 전파, B는 자극 전파, C는 발명이다.

|선|택|지|풀|이|
① 정답 : '문화 변동의 내재적 요인인가?'에 대해 직접 전파와 자극 전파는 '아니요'라고 답할 수 있고, '존재하지 않았던 문화 요소가 창조되는가?'에 대해 자극 전파와 발명은 '예'라고 답할 수 있다. 따라서 ⊙은 '아니요', ⓒ은 '예'이다.
② 오답 : 문화 요소 자체가 아니라 추상적인 아이디어만 전파되는 것은 자극 전파이다.
③ 오답 : 인류 역사에서 나침반을 만들어 낸 것은 발명의 사례에 해당한다.
④ 오답 : 매개체를 통해 문화 요소가 전파되는 것은 간접 전파이다.
⑤ 오답 : 서로 다른 사회의 구성원 간 직접적인 접촉을 통해 이루어지는 것은 직접 전파이다.

👀 **문제풀이 TIP** | 발명과 발견은 문화 변동의 내재적 요인이고, 직접 전파, 간접 전파, 자극 전파는 문화 변동의 외재적 요인이다.

👀 **출제분석** | 문화 변동의 요인을 파악하는 문제이다. 다양한 유형으로 문화 변동의 요인 및 양상을 파악하는 문제가 출제될 수 있으므로 기출 문제를 통해 문화 변동의 요인 및 양상을 파악하는 다양한 문제를 접해 보도록 한다.

다음 사례에 대한 설명으로 옳은 것은? 

> ○ 에스파냐의 식민 지배를 받은 멕시코는 현재 지역마다 언어 사용 상황이 다르다. A 지역에서는 주민들이 원주민어와 에스파냐어를 모두 사용하지만, 주류 사회의 영향으로 원주민어가 사라진 B 지역에서는 에스파냐어만 사용한다. → 문화 병존 / 문화 동화
>
> ○ 4~5세기경 중국 C 지역에서는 기존 형식과 다른 독특한 소형 불탑들이 나타났다. 둥근 기둥형인 탑신부에는 불교의 내용이, 그 아래 기단부에는 도교의 내용이 새겨져 있다. 이는 당시 C 지역의 원시 도교 문화와 새롭게 전해진 불교 문화가 결합된 형태라고 할 수 있다. → 문화 융합

① A 지역에서는 새로운 제3의 문화 요소가 발생하였다. (하지 않았다)

② B 지역의 문화 변동은 한 사회의 문화 다양성을 높이는 데 기여한다. (하지 않는다)

❸ C 지역에는 문화 변동 이후에도 자기 문화의 정체성이 남아있다.

④ A 지역과 달리 B 지역에서는 외래문화 요소가 변형되지 않은 상태로 정착되었다.

⑤ C 지역과 달리 A 지역의 문화 변동은 자기 문화가 외래문화로 대체되는 현상이다. (아니다) → 문화 동화

|자|료|해|설|

A 지역에서는 주민들이 원주민어와 에스파냐어를 모두 사용하고 있으므로 문화 병존이 나타났고, B 지역에서는 주류 사회의 영향으로 원주민어가 사라지고 에스파냐어만 사용하고 있으므로 문화 동화가 나타났으며, C 지역에서는 원시 도교 문화와 새롭게 전해진 불교 문화가 결합되어 기존 형식과 다른 독특한 소형 불탑들이 나타났으므로 문화 융합이 나타났다.

|선|택|지|풀|이|

① 오답 : A 지역에서는 문화 병존이 나타났으므로 새로운 제3의 문화 요소가 발생하지 않았다.

② 오답 : B 지역에서는 문화 동화가 나타났다. 문화 동화는 기존 문화가 해체, 소멸된다는 점에서 한 사회의 문화 다양성을 높이는 데 기여한다고 볼 수 없다. 문화 다양성을 높이는 데 기여하는 문화 변동은 문화 병존과 문화 융합이다.

③ 정답 : C 지역에는 문화 융합이 나타났으므로 문화 변동 이후에도 자기 문화의 정체성이 남아 있다.

④ 오답 : A 지역에서는 문화 병존, B 지역에서는 문화 동화가 나타났으므로 A 지역과 B 지역 모두에서 외래문화 요소가 변형되지 않은 상태로 정착되었다.

⑤ 오답 : 자기 문화가 외래문화로 대체되는 현상은 문화 동화이다. A 지역과 C 지역 모두에서 문화 동화가 나타나지 않았다.

🤓 **문제풀이 T I P** | 문화 병존과 문화 융합은 문화 변동 이후에도 자기 문화의 정체성이 남아 있고, 문화 병존과 문화 동화는 외래문화 요소가 변형되지 않은 상태로 정착된다.

😀 **출제분석** | 문화 변동의 양상을 파악하는 문제이다. 문화 변동의 요인 및 양상을 파악하는 문제가 출제될 수 있다.

다음 자료에 대한 설명으로 옳은 것은?

> 최근 주목받고 있는 애니메이션 ○○는 갑국의 일부 젊은이들이 즐겨온 을국의 아이돌 음악에 갑국 대중음악의 색깔을 입혀 갑국에서 창작된 작품이다. ○○에는 갑국 대중음악 요소를 을국 아이돌 가수의 노래에 녹여낸 새로운 음악 형식이 나타난다. 갑국은 온라인 동영상 플랫폼을 통해 ○○를 수출하였고, ○○는 갑국뿐만 아니라 을국에서 선풍적인 인기를 얻은 후 병국을 포함하여 세계적인 흥행을 일으키고 있다. 이후, 을국의 아이돌 음악은 병국의 음원 시장을 장악하며 젊은이들이 열광하는 음악 장르 중 하나로 자리 잡았다.
> → 갑국-문화 공존 / 갑국-문화 융합 / 간접 전파 / 병국-문화 공존

① 갑국에서는 자극 전파에 의한 문화 변동이 나타난다.

❷ 갑국과 병국 모두에서 문화 공존이 나타난다.

③ 을국과 병국 모두에서 (갑국에서) 문화 융합이 나타난다.

④ 을국과 병국 모두에서 직접(간접) 전파에 의한 문화 변동이 나타난다.

⑤ 갑국, 을국과 달리 병국에서는 문화 동화가 나타난다.

|자|료|해|설|

문화 변동의 요인에는 발명, 발견과 같은 내재적 요인과, 직접 전파, 간접 전파, 자극 전파와 같은 외재적 요인이 있으며, 문화 변동의 양상에는 문화 동화, 문화 공존, 문화 융합이 있다.

|선|택|지|풀|이|

① 오답 : 갑국에서는 다른 사회의 문화 요소에서 아이디어를 얻어 새로운 문화 요소를 만들어내는 자극 전파에 의한 문화 변동이 나타나지 않았다.

② 정답 : 갑국의 경우 일부 젊은이들이 을국의 아이돌 음악을 즐기고 있으므로 문화 공존이 나타난다. 병국의 경우 을국의 아이돌 음악이 병국 젊은이들이 열광하는 음악 장르 중 하나로 자리 잡았으므로 문화 공존이 나타난다.

③ 오답 : 갑국의 ○○에는 갑국 대중음악 요소를 을국 아이돌 가수의 노래에 녹인 새로운 음악 형식이 나타나므로 이는 문화 융합에 해당한다. 을국과 병국에서는 문화 융합이 나타나지 않았다.

④ 오답 : 갑국이 온라인 동영상 플랫폼을 통해 수출한 ○○이 을국과 병국 모두에서 인기를 얻고 있으므로 을국과 병국 모두에서 간접 전파에 의한 문화 변동이 나타났다.

⑤ 오답 : 병국에서는 문화 동화가 아닌 문화 공존이 나타났다.

🤓 **문제풀이 T I P** | 갑국의 일부 젊은이들이 을국의 아이돌 음악을 즐겨오고 있음을 파악해야 한다.

😀 **출제분석** | 문화 변동의 요인 및 양상을 파악하는 문제이다. 각 국가의 문화 요소가 전파된 양상과 이의 요인을 복합적으로 묻는 문제가 출제될 수 있다.

---

1 계급 이론과 계층 이론

정답 ② 　정답률 78% 　2020년 10월 학평 15번 　문제편 233p

자료에 대한 설명으로 옳은 것은? (단, A와 B는 각각 계급론과 계층론 중 하나이다.) **3점**

> 갑은 사회 계층화 현상에 대한 이론으로서 A와 달리 B가 지닌 특징을 다음과 같이 정리했는데, 세 가지 특징 중 하나는 틀린 내용이다.
>
> ○ 지위 불일치 현상을 설명하는 데 적합하다.
> ○ ＿＿＿＿＿＿ (가) ＿＿＿＿＿＿
> ○ 다원론의 입장에서 사회 계층화 현상을 설명한다.

① A는 사회 계층화 현상을 사회 구성원들 간의 연속적인 서열화 현상이라고 본다.

② B는 사회적 위신이 사회 계층화를 초래하는 여러 요인 중 하나라고 본다.

③ A는 B와 달리 경제적 요인이 사회 계층화 현상에 미치는 영향을 인정한다.

④ B는 A와 달리 동일한 계급에 속한 사람들 간에 강한 연대 의식이 형성될 가능성이 높다고 본다.

⑤ (가)에 '계급 간 대립으로 인해 필연적으로 사회 변동이 발생한다고 본다.'가 들어갈 수 없다.

|자|료|해|설|
계층론은 지위 불일치 현상을 설명하는 데 적합하고, 다원론의 입장에서 사회 계층화 현상을 설명한다. 따라서 A는 계급론, B는 계층론이며, (가)에는 틀린 내용이 들어가야 한다.

|선|택|지|풀|이|
① 오답 : 사회 계층화 현상을 사회 구성원들 간의 연속적인 서열화 현상이라고 보는 것은 계층론이다.

② 정답 : 계층론은 경제적 계급, 정치적 권력, 사회적 위신(지위, 명예) 등이 사회 계층화를 초래한다고 본다.

③ 오답 : 계급론과 계층론은 모두 경제적 요인이 사회 계층화 현상에 미치는 영향을 인정한다.

④ 오답 : 계급론은 계층론과 달리 동일한 계급에 속한 사람들 간에 강한 연대 의식(귀속 의식)이 형성될 가능성이 높다고 본다.

⑤ 오답 : (가)에는 틀린 내용이 들어가야 한다. 계급 간 대립으로 인해 필연적으로 사회 변동이 발생한다고 보는 것은 계급론이다. 따라서 (가)에 '계급 간 대립으로 인해 필연적으로 사회 변동이 발생한다고 본다.'가 들어갈 수 있다.

출제분석 | 기출 문제를 중심으로 관련 개념을 꼼꼼하게 학습해 둘 필요가 있다.

2 계급 이론과 계층 이론

정답 ① 　정답률 81% 　2019학년도 수능 8번 　문제편 233p

다음 자료는 사회 계층화 현상에 대한 두 이론 A, B의 공통점과 차이점을 나타낸 것이다. (가)~(다)에 들어갈 수 있는 내용으로 옳은 것은?

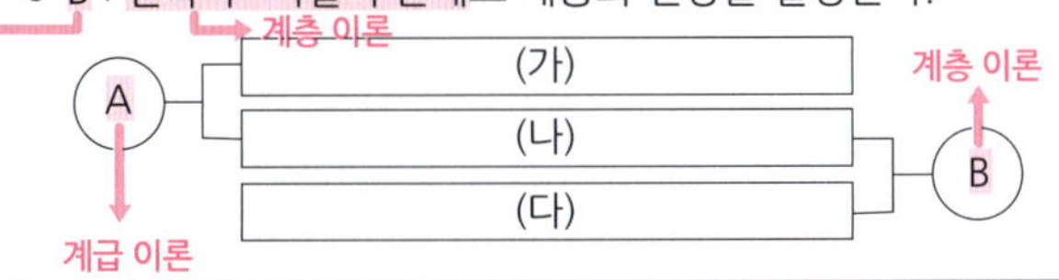

① (가) - 동일 계층 집단 구성원 간의 연대 의식을 강조한다.

② (가) - 현대 사회의 다양한 계층 분화를 설명하기에 용이하다.

③ (나) - 경제적 불평등이 정치적 불평등을 결정한다고 본다.

④ (다) - 사회 계층화 현상의 원인을 단일 요인으로 설명한다.

⑤ (다) - 사회 계층화 현상에서 귀속적 요인의 영향력을 중시한다.

|자|료|해|설|
A는 사회 계층화 현상을 불연속적·이분법적 관계로 설명하고 있으므로 계급 이론에 해당한다. B는 사회 계층화 현상을 연속적·서열적 관계로 설명하고 있으므로 계층 이론에 해당한다.

|선|택|지|풀|이|
① 정답 : 동일 계층 집단 구성원 간의 연대 의식(계급 의식)을 강조하는 것은 계급 이론이다.

② 오답 : 다원론에 바탕을 둔 계층 이론은 계급 이론에 비해 현대 사회의 다양한 계층 분화를 설명하기에 용이하다.

③ 오답 : 일원론에 바탕을 둔 계급 이론은 경제적 불평등이 정치적·사회적 불평등을 결정한다고 본다.

④ 오답 : 일원론에 바탕을 둔 계급 이론은 사회 계층화 현상의 원인을 단일 요인(경제적 요인)으로 설명한다.

⑤ 오답 : 사회 계층화 현상에서 귀속적 요인(가정 배경)의 영향력을 중시하는 것은 갈등론에 해당한다.

사회 불평등 현상을 설명하는 이론 A, B에 대한 옳은 설명을 〈보기〉에서 고른 것은? → 계급 이론 vs 계층 이론

계층 이론 ←
사회 불평등에 접근하는 사회학적 이론은 크게 A, B로 나눌 수 있다. A는 사회 계층을 재산, 권력, 위신 등 다양한 요인에 따라 구분한다. 이에 비해 B는 생산 수단의 소유 여부만을 기준으로 사회 계층을 구분한다.
→ 다원론
→ 계급 이론 → 일원론

보기 → 계급 이론
ㄱ. A는 동일 집단 구성원 간의 강한 귀속 의식을 강조한다.
ㄴ. B는 지위 불일치 현상을 설명하는 데 적합하다. → 계층 이론
ㄷ. B는 A와 달리 사회 계층을 불연속적으로 구분되어 있는 상태로 파악한다. → 계급 이론
ㄹ. A, B 모두 사회 불평등 현상에 경제적 요인을 적용하여 설명한다. → 계급 이론, 계층 이론의 공통점

① ㄱ, ㄴ   ② ㄱ, ㄷ   ③ ㄴ, ㄷ   ④ ㄴ, ㄹ   ⑤ ㄷ, ㄹ

|자|료|해|설|

A는 사회 계층을 다양한 요인(재산, 권력, 위신)에 따라 구분한 계층 이론이다. B는 사회 계층을 경제적 기준(생산 수단의 소유 여부)만으로 구분한 계급 이론이다.

|보|기|풀|이|

ㄱ. 오답 : 계급 이론은 동일 집단 구성원 간의 강한 귀속 의식, 즉 계급 의식을 강조한다.

ㄴ. 오답 : 한 사람의 지위가 계층화의 여러 차원에 따라 달라질 수 있다고 보는 지위 불일치 현상을 설명하는 데 적합한 것은 계층 이론이다.

ㄷ. 정답 : 계급 이론은 계층 이론과 달리 사회 계층을 불연속적으로 단절되어 있는 상태로 파악한다.

ㄹ. 정답 : 계층 이론과 계급 이론은 모두 사회 불평등 현상에 경제적 요인을 적용하여 설명한다.

문제풀이 TIP | 계급 이론은 사회 계층을 불연속적으로 구분되어 있는 상태로 파악한다. 하지만 계층 이론은 사회 계층을 연속적으로 서열화되어 있다고 본다.

사회 불평등 현상을 설명하는 갑, 을의 이론에 대한 설명으로 옳은 것은? (단, 갑과 을의 이론은 각각 계급론, 계층론 중 하나이다.)

계급론   공통점   권력

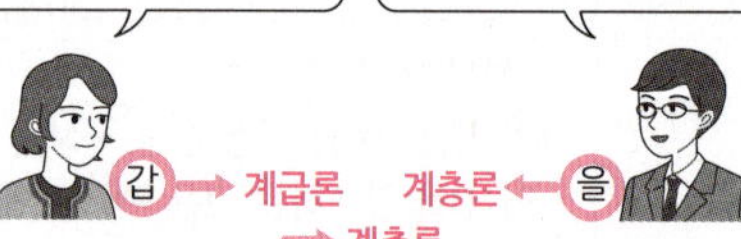

→ 일원론   → 지위   → 다원론(계층론)
갑 → 계급론   계층론 ← 을
→ 계층론
① 갑의 이론은 지위 불일치 현상을 설명하기에 적합하다.
② 을의 이론은 사회 불평등 현상을 연속적인 서열화 상태로 본다. → 계층론
③ 갑의 이론은 을의 이론과 달리 다차원적인 기준으로 불평등한 분배 상태를 설명한다. → 다원론
④ 을의 이론은 갑의 이론과 달리 동일한 경제적 위치에 속한 구성원 간의 강한 귀속 의식을 강조한다. → 계급론
⑤ 갑, 을의 이론은 모두 정치적 불평등이 경제적 불평등에 종속된다고 본다. → 계급론

|자|료|해|설|

갑은 생산 수단의 소유 여부(경제적 요인)가 사회 불평등의 근본적인 요인이라고 보고 있으므로 갑의 이론은 계급론이다. 을은 다양한 요인(경제적·정치적·사회적 요인)에 의해 사회 불평등을 설명해야 한다고 보고 있으므로 을의 이론은 계층론이다.

|선|택|지|풀|이|

① 오답 : 지위 불일치 현상을 설명하기에 적합한 이론은 다양한 요인(다원론)에 의해 사회 불평등을 설명하는 계층론이다.

② 정답 : 계층론은 사회 불평등 현상을 연속적이고 서열화된 상태로 본다. 반면 계급론은 사회 불평등 현상을 이분법적이고 불연속적인 상태로 본다.

③ 오답 : 계층론은 계급론과 달리 다차원적인 기준(경제적·정치적·사회적 요인)으로 불평등한 분배 상태를 설명한다.

④ 오답 : 계급론은 계층론과 달리 동일한 경제적 위치(계급)에 속한 구성원 간의 강한 귀속 의식을 강조한다.

⑤ 오답 : 계급론은 정치적·사회적 불평등이 경제적 불평등에 종속된다고 본다.

→ 계급론 vs 계층론

표는 사회 불평등 현상을 설명하는 이론 A, B를 구분한 것이다. 이에 대한 옳은 설명을 〈보기〉에서 고른 것은? (단, A, B는 각각 계급론과 계층론 중 하나이다.)

→ 계급론 → 계층론

이론 질문	A	B
사회 불평등 현상을 연속적인 서열화로 파악하는가? → 계층론	아니요	예
(가) → 계급론, 계층론의 공통점	예	예
(나) → 계급론	예	아니요

보기

ㄱ. A는 B와 달리 사회 불평등 현상을 이분법적으로 파악한다. → 계급론

ㄴ. B는 A와 달리 동일 위계에 속한 구성원들 사이의 연대 의식을 중시한다. → 계급론

ㄷ. (가)에는 '위계를 구분할 때 경제적 요인을 고려하는가?'가 적절하다. → 계급론, 계층론의 공통점

ㄹ. (나)에는 '현대 사회에서 나타나는 지위 불일치 현상을 설명하기에 용이한가?'가 적절하다. → 계층론

① ㄱ, ㄴ   **② ㄱ, ㄷ**   ③ ㄴ, ㄷ   ④ ㄴ, ㄹ   ⑤ ㄷ, ㄹ

|자|료|해|설|

계층론은 사회 불평등 현상을 연속적인 서열화로 파악하고, 계급론은 사회 불평등 현상을 불연속적이고 이분법적으로 파악한다. 따라서 A는 계급론, B는 계층론이다.

|보|기|풀|이|

ㄱ. 정답 : 계급론은 계층론과 달리 사회 불평등 현상을 이분법적(지배 - 피지배)으로 파악한다.

ㄴ. 오답 : 계급론은 계층론과 달리 동일 위계에 속한 구성원들 사이의 연대 의식을 중시한다.

ㄷ. 정답 : (가)에는 계급론과 계층론의 공통점에 해당하는 질문이 들어갈 수 있다. 계급론과 계층론은 모두 위계를 구분할 때 경제적 요인을 고려한다. 따라서 (가)에는 '위계를 구분할 때 경제적 요인을 고려하는가?'가 적절하다.

ㄹ. 오답 : (나)에는 계급론에만 해당하는 질문이 들어갈 수 있다. 계층론은 현대 사회에서 나타나는 지위 불일치 현상을 설명하기에 용이하다. 따라서 (나)에는 '현대 사회에서 나타나는 지위 불일치 현상을 설명하기에 용이한가?'가 적절하지 않다.

👤 **출제분석** | 마르크스의 계급론은 경제적 요인(생산 수단의 소유 여부)만으로 사회 불평등 현상을 설명하는 일원론을 바탕으로 하고, 베버의 계층론은 다양한 요인(경제적 요인, 사회적 요인, 정치적 요인)으로 사회 불평등 현상을 설명하는 다원론을 바탕으로 한다. 기출문제를 중심으로 관련 개념을 꼼꼼하게 정리해 둘 필요가 있다.

A, B는 사회 계층화 현상을 설명하는 이론이다. 이에 대한 옳은 설명을 〈보기〉에서 고른 것은? (단, A와 B는 각각 계급론과 계층론 중 하나이다.) 3점

→ 계급론 → 계급론

A, B는 모두 사회 계층화 현상에 경제적 요인이 작용한다고 본다. 그런데 A는 생산 수단의 소유 여부만을, B는 생산 수단뿐만 아니라 기술이나 자격의 유무 등을 경제적 요인으로 제시한다. 또한 B는 경제적 요인 외에 사회적 · 정치적 요인도 사회 계층화 현상에 작용한다고 본다. → 지위 → 권력 → 계급

→ 계층론

보기

ㄱ. A는 지위 불일치 현상을 설명하는 데 적합하다. → 계층론

ㄴ. A는 동일한 경제적 위계에 속한 구성원 간의 연대 의식을 강조한다. → 계급론

ㄷ. B는 정치적 불평등이 경제적 불평등에 종속된다고 본다. → 계급론

ㄹ. B는 사회 계층화 현상을 연속적으로 서열화된 상태로 본다. → 계층론

① ㄱ, ㄴ   ② ㄱ, ㄷ   ③ ㄴ, ㄷ   **④ ㄴ, ㄹ**   ⑤ ㄷ, ㄹ

|자|료|해|설|

A는 사회 계층화 현상에 경제적 요인(생산 수단의 소유 여부)만 작용한다고 보는 계급론(일원론)이다. B는 사회 계층화 현상에 경제적 요인뿐만 아니라 사회적 · 정치적 요인도 작용한다고 보는 계층론(다원론)이다.

|보|기|풀|이|

ㄱ. 오답 : 다양한 기준으로 사회 계층화 현상을 설명하는 계층론은 지위 불일치 현상을 설명하는 데 적합하다.

ㄴ. 정답 : 계급론은 동일한 경제적 위계(계급)에 속한 구성원 간의 연대 의식(계급 의식)을 강조한다.

ㄷ. 오답 : 사회적 · 정치적 불평등이 경제적 불평등에 종속된다고 보는 이론은 계급론이다.

ㄹ. 정답 : 사회 계층화 현상을 연속적으로 서열화된 상태로 보는 이론은 계층론이다.

👤 **문제풀이TIP** | 계급론은 사회 계층화 현상을 불연속적 · 이분법적으로 보고, 계층론은 연속적으로 서열화된 상태로 본다. 계급론은 사회적 · 정치적 불평등이 경제적 불평등에 종속된다고 본다.

👤 **출제분석** | 하나의 기준으로 계층을 구분하는 계급론(일원론)과 다양한 기준으로 계층을 구분하는 계층론(다원론)이 있다. 그동안 무수히 많은 기출문제가 출제되었기 때문에 기출문제를 중심으로 관련 개념을 완벽하게 정리해 둘 필요가 있다.

다음은 사회 불평등 현상을 설명하는 이론 A, B에 따라 갑~정의 계층적 위치를 판단한 진술이다. 이에 대한 설명으로 옳은 것은?

> ○A는 생산 수단의 소유 여부에 따라 계층적 위치를 구분하는데, 이에 따르면 갑, 정 두 사람만 생산 수단을 소유하지 못하였다.
> ○B는 재산, 권력, 위신의 세 가지 측면에 따라 상층, 중층, 하층으로 계층적 위치를 구분한다.
> ○A에 따라 생산 수단을 소유한 것으로 판단된 사람은 B에 따른 재산 측면에서 하층에 속하지 않았다.
> ○B에 따른 세 가지 측면에서 모두 상층에 속하는 사람은 을뿐이며, 세 가지 측면에서 모두 하층에 속하는 사람은 정뿐이다. 또한 세 가지 측면에서 모두 중층인 사람은 없다.
> ○A에 따라 자본가로 분류된 사람 중에서 B에 따른 권력과 위신 측면이 중층에 속하는 사람은 병이다.

	재산	권력	위신
갑	-	-	-
을	상	상	상
병	상	중	중
정	하	하	하

① A는 B와 달리 다차원적으로 사회 불평등 현상을 설명한다.

② B는 A와 달리 사회 불평등 현상의 원인으로 경제적 요인을 고려한다.

③ A에 따라 생산 수단을 소유한 사람은 1명이다.

④ B에 따라 경제적 측면에서 중층에 속하는 사람이 존재한다면, 갑일 것이다.

⑤ B에 따라 병은 을, 정과 달리 지위 불일치 현상에 해당하지 않는다.

|자|료|해|설|

A는 생산 수단의 소유 여부(경제적 요인)에 따라 계층적 위치를 구분한 계급론(일원론)이고, B는 재산(경제적 요인), 권력(정치적 요인), 위신(사회적 요인)의 세 가지 측면에 따라 계층적 위치를 구분한 계층론(다원론)이다.

|선|택|지|풀|이|

① 오답 : 계층론(다원론)은 계급론(일원론)과 달리 다차원적(재산, 권력, 위신)으로 사회 불평등 현상을 설명한다.

② 오답 : 계급론과 계층론 모두 사회 불평등 현상의 원인으로 경제적 요인을 고려한다.

③ 오답 : 계급론에 따라 생산 수단을 소유한 사람(지배 계급)은 2명(을, 병)이고, 생산 수단을 소유하지 못한 사람(피지배 계급)도 2명(갑, 정)이다.

④ 정답 : 계층론에 따라 경제적 측면(재산)에서 을과 병은 상층, 정은 하층이다. 따라서 경제적 측면에서 중층에 속하는 사람이 존재한다면, 갑일 것이다.

⑤ 오답 : 계층론에 따라 을은 재산, 권력, 위신이 상층으로 일치하고, 정은 재산, 권력, 위신이 하층으로 일치한다. 반면, 병의 경우 재산은 상층, 권력과 위신은 중층이므로 지위 불일치에 해당한다. 따라서 을, 정과 달리 병은 지위 불일치 현상에 해당한다.

> **😲 문제풀이 TIP |** 네 번째 조건에서 을은 재산, 권력, 위신이 모두 상층이고, 정은 재산, 권력, 위신이 모두 하층이라는 것을 알 수 있다. 세 번째 조건에서 생산 수단을 소유한 을과 병은 재산 측면에서 하층에 속하지 않으며, 마지막 조건에서 병의 권력과 위신은 중층에 속하므로 병의 재산은 상층이라는 것을 알 수 있다. 한편 갑의 경우 주어진 자료로 재산, 권력, 위신의 정확한 위치를 파악할 수 없다.

다음 (가), (나)에 대한 설명으로 옳은 것은? (단, (가)와 (나)는 각각 마르크스의 계급 이론과 베버의 계층 이론 중 하나이다.)

> (가) 사회 계층화는 생산 수단의 소유 여부에 의해 결정된다. 사회 구성원들이 가진 정치권력이나 사회적 지위는 결국 그들의 경제적 위치를 그대로 반영할 뿐이다.
> (나) 생산 수단의 소유 여부가 사회 계층화에 영향을 미치는 것을 부정할 수 없다. 하지만 사회 구성원들이 가진 정치권력이나 사회적 위신도 사회 계층 구조 내에서 그들이 갖는 위치에 영향을 미친다.

① (가)는 사회 계층 구조 내에서 개인의 수직 이동이 자유롭다고 본다.

② (나)는 경제적 측면의 계층이 사회적·정치적 측면의 계층을 결정한다고 본다.

③ (나)는 동일한 계층에 속한 사람들 간에 강한 연대 의식이 형성되기 쉽다고 본다.

④ (가)와 달리 (나)는 다원론에 기초하여 사회 계층화를 인식한다.

⑤ (나)와 달리 (가)는 지위 불일치 현상을 설명하는 데 적합하다.

|자|료|해|설|

사회 계층화가 생산 수단의 소유 여부(경제적 요인)에 의해 결정된다고 보는 것은 계급 이론(일원론)이다. 사회 계층화에 경제적 요인(계급)뿐만 아니라 정치적 요인(권력), 사회적 요인(위신)도 영향을 미친다고 보는 것은 계층 이론(다원론)이다.

|선|택|지|풀|이|

① 오답 : 계층이 연속적으로 배열되어 있다고 보는 것은 계층 이론이다. 따라서 계층 이론은 사회 계층 구조 내에서 개인의 수직 이동이 자유롭다고 본다.

② 오답 : 경제적 측면의 계층(계급)이 사회적 측면의 계층(위신)과 정치적 측면의 계층(권력)을 결정한다고 보는 것은 일원론에 바탕을 둔 계급 이론이다.

③ 오답 : 불연속적·이분법적으로 계급을 구분하는 계급 이론은 동일한 계층에 속한 사람들 간에 강한 연대 의식(계급 의식)이 형성되기 쉽다고 본다.

④ 정답 : 계급 이론은 일원론에, 계층 이론은 다원론에 기초하여 사회 계층화를 인식한다.

⑤ 오답 : 개인의 계급, 위신, 권력의 각 측면에서 나타나는 계층 서열이 일치하지 않는 것을 지위 불일치 현상이라고 한다. 다원론에 바탕을 둔 계층 이론이 지위 불일치 현상을 설명하는 데 적합하다.

> **😲 문제풀이 TIP |** 생산 수단의 소유 여부(경제적 요인)가 계층을 결정한다고 보는 것은 일원론에 바탕을 둔 계급 이론이다. 경제적 요인(계급)뿐만 아니라 사회적 요인(위신), 정치적 요인(권력)이 복합적으로 계층을 결정한다고 보는 것은 다원론에 바탕을 둔 계층 이론이다.

다음 자료에 대한 옳은 설명만을 <보기>에서 있는 대로 고른 것은?

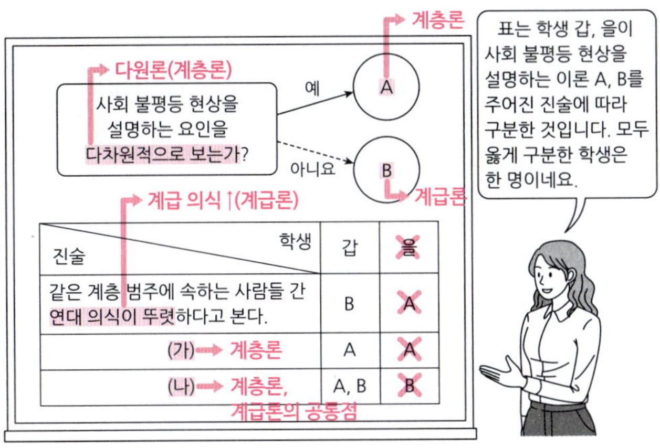

진술 \ 학생	갑	을
같은 계층 범주에 속하는 사람들 간 연대 의식이 뚜렷하다고 본다.	B	A ✗
(가) → 계층론	A	A ✗
(나) → 계층론, 계급론의 공통점	A, B	✗

보기

ㄱ. 진술에 따라 A, B를 모두 옳게 구분한 학생은 <s>을</s>이다. → 계층론 / 갑

ㄴ. A는 B와 달리 지위 불일치 현상을 설명하기에 용이하다.

ㄷ. (가)에는 '계층을 연속적인 위계 관계로 파악한다.'가 들어갈 수 있다. → 계층론(A)

ㄹ. (나)에는 '경제적 요인을 사회 불평등 현상의 원인으로 고려한다.'가 들어갈 수 있다. → 계층론, 계급론의 공통점

① ㄱ, ㄴ   ② ㄱ, ㄹ   ③ ㄴ, ㄷ

④ ㄱ, ㄷ, ㄹ   ⑤ ✓ ㄴ, ㄷ, ㄹ

|자|료|해|설|

사회 불평등 현상을 설명하는 요인을 다차원적(경제적 요인, 사회적 요인, 정치적 요인)으로 보는 이론은 계층론(다원론)이다. 따라서 A는 계층론, B는 계급론이다.

|보|기|풀|이|

ㄱ. 오답 : 같은 계층 범주에 속하는 사람들 간 연대 의식(계급 의식)이 뚜렷하다고 보는 이론은 계급론(B)이다. 주어진 진술에 따라 A, B를 모두 옳게 구분한 학생은 한 명이므로 A, B를 모두 옳게 구분한 학생은 을이 아닌 갑이다.

ㄴ. 정답 : 다양한 기준에 따라 계층을 구분하는 계층론(다원론)은 계급론과 달리 지위 불일치 현상을 설명하기에 용이하다.

ㄷ. 정답 : (가)에는 계층론에만 해당하는 진술이 들어가야 한다. 계층을 연속적인 서열 관계로 파악하는 이론은 계층론이다. 따라서 (가)에는 '계층을 연속적인 위계 관계로 파악한다.'가 들어갈 수 있다.

ㄹ. 정답 : (나)에는 계층론과 계급론 모두에 해당하는 진술이 들어가야 한다. 계층론과 계급론은 모두 경제적 요인을 사회 불평등 현상의 원인으로 고려한다. 따라서 (나)에는 '경제적 요인을 사회 불평등 현상의 원인으로 고려한다.'가 들어갈 수 있다.

😮 **문제풀이 TIP |** 계급론과 계층론 모두 경제적 요인(계급)을 사회 불평등 현상의 원인으로 고려한다. 계급론은 사회 불평등을 불연속적·이분법적으로 구분하고, 계층론은 사회 불평등을 연속적·다차원적으로 구분한다.

자료에 대한 설명으로 옳은 것은? 3점

갑과 을은 아래 표의 주장 (가)~(다)가 마르크스의 **계급론**과 베버의 **계층론** 중 어느 이론에 부합하는지 평가하여 ○표를 하였다. 그런데 한 사람은 모두 정확하게 표시하였고, 다른 한 사람은 한 가지 주장에 대해서는 틀리게 표시하였다.

→ 다원론   → 일원론

주장	갑 계급론	갑 계층론	을 계급론	을 계층론
(가)	○		○	
(나) → 갑 또는 을이 틀림	○		○	○
(다)		○		○

① (가)에 '사회 구성원 간에는 연속적인 서열 관계가 나타난다.'가 들어갈 수 있다. <s>있다</s> 없다 → 계층론

② (나)에 '경제적 요인이 사회 계층화에 영향을 미친다.'가 들어갈 수 없다. <s>없다</s> 있다 → 계급론, 계층론 공통점

③ ✓ (나)에 '사회 계층화를 설명하는 데에는 다원론이 적합하다.'가 들어갈 수 없다. → 계층론

④ (다)에 '경제적 측면과 정치적 측면에서 개인의 계층 위치는 일치할 수밖에 없다.'가 들어갈 수 <s>있다</s> 없다 → 계급론

⑤ (가)~(다) 중 마르크스의 계급론에 부합하는 주장은 1개뿐이다. → (가), (나) / 2개

|자|료|해|설|

(가)에는 계급론, (다)에는 계층론의 특징이 들어갈 수 있다. (나)의 경우 갑, 을 중에 한 사람은 틀리기 때문에 (나)에는 계급론의 특징 또는 계급론과 계층론의 공통점이 들어갈 수 있다.

|선|택|지|풀|이|

① 오답 : 사회 구성원 간에 연속적인 서열 관계가 나타난다고 보는 이론은 계층론이다. 따라서 (가)에 '사회 구성원 간에는 연속적인 서열 관계가 나타난다.'가 들어갈 수 없다.

② 오답 : 계급론과 계층론은 모두 경제적 요인이 사회 계층화에 영향을 미친다고 본다. 따라서 (나)에 '경제적 요인이 사회 계층화에 영향을 미친다.'가 들어갈 수 있다.

③ 정답 : 다원론을 바탕으로 사회 계층화를 설명하는 이론은 계층론이다. 따라서 (나)에 '사회 계층화를 설명하는 데에는 다원론이 적합하다.'가 들어갈 수 없다.

④ 오답 : 지위 불일치가 나타나지 않는다고 보는 이론은 계급론이다. 따라서 (다)에 '경제적 측면과 정치적 측면에서 개인의 계층 위치는 일치할 수밖에 없다.'가 들어갈 수 없다.

⑤ 오답 : (가)~(다) 중 마르크스의 계급론에 부합하는 주장은 (가), (나)로 2개이다.

사회 불평등 현상을 바라보는 갑, 을의 관점에 대한 설명으로 옳은 것은? **3점**

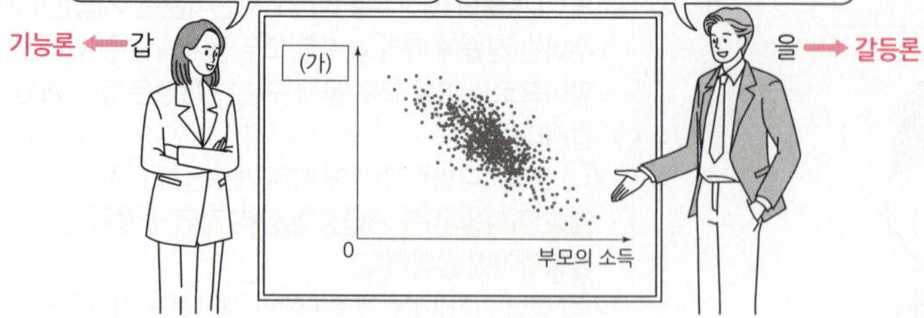

① 갑의 관점은 사회 불평등 현상을 타파해야 할 문제라고 본다.
② 을의 관점은 차등 보상이 개인의 성취동기를 자극한다고 본다.
③ 을의 관점에서는 (가)에 '자녀의 소득'이 들어갈 수 있다고 본다.
④ 갑의 관점은 을의 관점과 달리 사회 불평등 현상이 인재를 적재적소에 배치하는 데 기여한다고 본다.
⑤ 을의 관점은 갑의 관점과 달리 사회 불평등 현상을 보편적이고 불가피한 현상으로 본다.

|자|료|해|설|

갑은 사회 불평등 현상이 사회에의 기여 정도에 따라 사회적 희소가치가 차등 분배된 결과라고 보고 있으므로 이는 기능론에 해당한다. 을은 특정 집단에 유리한 분배 구조가 고착화되어 사회 불평등 현상이 나타난다고 보고 있으므로 이는 갈등론에 해당한다.

|선|택|지|풀|이|

① 오답 : 사회 불평등 현상을 타파해야 할 문제라고 보는 관점은 갈등론이다.
② 오답 : 차등 보상이 개인의 성취동기를 자극한다고 보는 관점은 기능론이다.
③ 오답 : 갈등론은 부모의 소득과 자녀의 소득이 역(−)의 관계에 있다고 보지 않는다. 따라서 갈등론의 관점에서 해당 내용은 (가)에 들어갈 수 없다.
④ 정답 : 기능론은 그 사회에서 가장 자격 있는 사람들이 중요한 역할을 보다 더 기능적으로 수행하는 데 사회 불평등 현상이 기여한다고 본다.
⑤ 오답 : 기능론과 갈등론은 모두 사회 불평등 현상이 보편적이라고 본다. 그러나 기능론은 갈등론과 달리 사회 불평등 현상이 불가피한 현상이라고 본다.

추가 학습 | 기능론은 사회 불평등이 보편적이고 불가피한 현상이므로 사회 유지와 발전에 기여하는 한 불평등이 존재한다고 본다. 갈등론은 사회 불평등이 보편적인 현상일지는 몰라도 불가피하지는 않으며 제거해야 할 현상이므로 불평등이 존재하지 않는 사회를 만들기 위해 사회 구조를 변혁해야 한다고 본다.

출제분석 | 기능론과 갈등론을 비교하는 문제이다. 사회 불평등 현상뿐만 아니라 사회·문화 현상을 보는 관점으로도 기능론과 갈등론을 비교하는 문제가 출제될 수 있으므로 다양한 제시문을 통해 각 관점을 이해해 두도록 한다.

다음 글에 나타난 사회 불평등 현상을 보는 관점에 대한 옳은 설명만을 〈보기〉에서 고른 것은?

지배-피지배 관계

자본주의 사회의 불평등은 자본가가 노동자를 착취하는 관계에서 기인한다. 노동자와 자본가의 이익은 상충하기에 이들은 상대를 희생시켜야 이익을 얻을 수 있는 관계에 있다. 자본가가 자신의 이득을 최대한 늘리려고 한 결과, 노동자는 노동에 대한 정당한 대가를 받지 못하여 자신이 생산한 상품을 구매할 만한 재력을 갖추지 못하게 된다. 이와 같은 구조적 모순은 자본가와 노동자 간 불평등을 심화시킨다.

대립 관계
갈등론

보기

ㄱ. 사회 불평등 현상을 극복해야 할 대상으로 본다. → 갈등론
ㄴ. 사회적 희소가치의 배분 기준이 지배 집단에게 유리하다고 본다. → 갈등론
ㄷ. 사회적 희소가치의 차등 분배가 개인의 성취동기에 긍정적으로 작용한다고 본다. → 기능론
ㄹ. 개인의 귀속적 요인이 사회 불평등 현상에 미치는 영향을 간과한다는 비판을 받는다. → 기능론

① ㄱ, ㄴ ② ㄱ, ㄷ ③ ㄴ, ㄷ ④ ㄴ, ㄹ ⑤ ㄷ, ㄹ

|자|료|해|설|

제시문은 자본주의 사회의 불평등이 자본가가 노동자를 착취하는 관계, 즉 지배-피지배 관계에서 기인한다고 본다. 따라서 제시문에 나타난 사회 불평등 현상을 보는 관점은 갈등론이다.

|보|기|풀|이|

ㄱ. 정답 : 기능론은 사회 불평등 현상을 불가피한 현상으로 보는 반면, 갈등론은 사회 불평등 현상을 극복해야 할 대상으로 본다.
ㄴ. 정답 : 기능론은 사회적 희소가치의 배분 기준에 사회 구성원의 합의가 반영되었다고 본다. 반면 갈등론은 사회적 희소가치의 배분 기준이 지배 집단에게 유리하다고 본다.
ㄷ. 오답 : 사회적 희소가치의 차등 분배가 개인의 성취동기에 긍정적으로 작용한다고 보는 관점은 기능론이다.
ㄹ. 오답 : 개인의 귀속적 요인이 사회 불평등 현상에 미치는 영향을 간과한다는 비판을 받는 관점은 기능론이다.

추가 학습 | 〈기능론에 대한 비판〉 : 사회 불평등 현상을 필수불가결하다고 여기기 때문에 사회 불평등으로 인한 사회 문제나 갈등을 경시함
〈갈등론에 대한 비판〉 : 차등적 보상이 사회적 효율성을 높일 수 있다는 점을 간과할 수 있으며, 지나치게 사회적 갈등과 대립만을 부각함

다음 글의 사회 불평등 현상을 바라보는 관점에 부합하는 주장만을 <보기>에서 고른 것은?

> 사회가 평온할 때에는 직업 간의 중요도 차이가 명확하게 드러나지 않을 수도 있다. 하지만 사회에 위기가 닥치면 직업별 중요도가 보다 명확하게 드러나고, 차등 분배의 정당성에 대한 의구심이 사라지게 된다. 이는 직업 간 차등 보상이 왜 정당한지를 분명하게 보여 준다. ➡ 기능론

보기

ㄱ. 사회적 희소가치의 차등 분배는 불가피한 현상이다.

ㄴ. 차등 분배 체계는 지배 집단의 이익을 보장하기 위한 수단이다. ➡ 갈등론

ㄷ. 사회 불평등 현상은 개인의 성취동기를 유발하여 사회 발전에 기여한다.

ㄹ. 사회적 희소가치의 소유 정도는 개인의 노력이 아니라 가정 배경에 비례한다. ➡ 갈등론

① ㄱ, ㄴ   ② ㄱ, ㄷ   ③ ㄴ, ㄷ   ④ ㄴ, ㄹ   ⑤ ㄷ, ㄹ

|자|료|해|설|

제시문은 직업별 중요도에 차이가 있으며, 직업 간 차등 보상이 정당하다고 보고 있으므로 이는 기능론에 해당한다.

|보|기|풀|이|

ㄱ 정답 : 기능론은 사회적으로 중요한 자리에 능력 있고 필요한 훈련과 교육을 받은 사람이 들어가도록 장려하기 위해 차등적인 보상 체계가 불가피하게 생겨났다고 본다.

ㄴ. 오답 : 갈등론은 차등 분배 체계가 지배 집단이 자신들의 기득권과 지배적 위치를 계속 유지해 나가기 위한 수단에 불과하다고 본다.

ㄷ 정답 : 기능론은 사회 불평등 현상이 개인에게 성취동기를 부여하고 구성원 간 경쟁을 유발함으로써 사회가 효율적으로 작동하는 데 기여한다고 본다.

ㄹ. 오답 : 갈등론은 사회적 희소가치가 개인의 능력과 무관하게 분배됨으로써 피지배 집단 구성원의 계층 상승을 억압한다고 본다.

개념 확인 | 기능론은 사회 불평등 현상이 불가피하다고 보는 반면, 갈등론은 사회 불평등 현상을 제거해야 할 현상이라고 본다.

출제분석 | 사회 불평등 현상을 보는 관점 중 기능론에 대해 묻는 문제이다. 기능론과 갈등론, 계급 이론과 계층 이론을 복합적으로 비교하여 묻는 문제가 출제될 수 있다.

사회 불평등 현상을 바라보는 갑, 을의 관점에 대한 설명으로 옳은 것은?

> 갈등론 ← 갑 : 임금 격차의 원인은 자본가가 만든 불합리한 노동력 평가 기준에 있다. 자본가는 그들만이 정당하다고 판단하는 기준으로 불평등한 임금 체계를 만들어 이윤을 극대화한다.
>
> 기능론 ← 을 : 노동 시장에서 임금 격차가 나타나는 것은 노동 생산성과 관련이 있다. 노동 생산성에 따른 임금의 차등적 지급은 사회 전체의 효율을 증대시킨다.

① 갑의 관점은 사회 불평등 현상을 보편적이면서도 불가피한 현상으로 본다.

② 을의 관점은 직업 간 사회적 중요도의 우위를 객관적으로 평가하기 어렵다고 본다.

③ 갑의 관점은 을의 관점에 비해 개인의 귀속적 요인이 사회 불평등에 미치는 영향력을 경시한다.

④ 을의 관점은 갑의 관점과 달리 사회적 희소 가치의 배분 기준은 사회적으로 합의된 것이라고 본다.

⑤ 갑, 을의 관점은 모두 균등 분배가 개인의 성취동기를 자극한다고 본다.

|자|료|해|설|

갑은 임금 격차의 원인이 자본가가 만든 불평등한 임금 체계에 있다고 보고 있는 반면, 을은 임금 격차가 사회 전체의 효율을 증대시킨다고 보고 있다. 따라서 갑의 관점은 갈등론, 을의 관점은 기능론에 해당한다.

|선|택|지|풀|이|

① 오답 : 사회 불평등 현상을 보편적이면서도 불가피한 현상으로 보는 관점은 기능론이다.

② 오답 : 기능론은 직업 간 사회적 중요도의 우위를 객관적으로 평가할 수 있다고 본다.

③ 오답 : 개인의 귀속적 요인이 사회 불평등에 미치는 영향력을 경시한다는 비판을 받는 관점은 기능론이다.

④ 정답 : 기능론은 사회적 희소 가치의 배분 기준이 사회적으로 합의된 것이라고 보는 반면, 갈등론은 사회적 희소 가치의 배분 기준이 지배 집단만의 합의가 반영된 것이라고 본다.

⑤ 오답 : 기능론은 차등 분배가 개인의 성취동기를 자극한다고 본다.

추가 학습 | 기능론은 사회 불평등 현상이 불가피하다고 보는 반면, 갈등론은 사회 불평등 현상을 제거해야 할 현상으로 본다.

출제분석 | 사회 불평등 현상을 바라보는 기능론과 갈등론을 비교하는 문제이다. 계층론, 계급론, 기능론, 갈등론은 복합적으로 출제될 수 있으므로 기출 문제를 통해 각 관점 및 이론을 파악해 두도록 한다.

사회 불평등 현상을 바라보는 갑, 을의 관점에 대한 설명으로 옳은 것은?

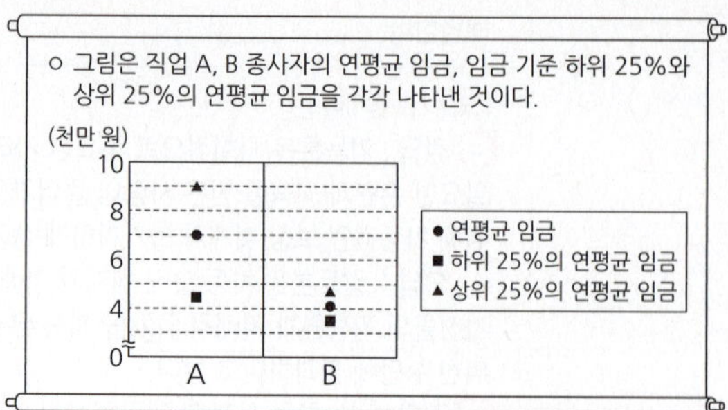

① 갑(을)의 관점은 사회적 희소 자원의 차등 분배로 기존의 사회 불평등 구조가 재생산된다고 본다.
② 을(갑)의 관점은 사회적 희소 자원의 균등 분배가 인재를 적재적소에 배치하는 데 어려움을 초래한다고 본다.
③ 갑의 관점과 달리 을(갑)의 관점은 사회 불평등이 불가피한 현상이라고 본다.
④ 을(가)의 관점과 달리 갑(을)의 관점은 개인의 귀속적 요인이 사회 불평등에 미치는 영향을 중시한다.
⑤ 을의 관점과 달리 갑의 관점은 사회적 희소 자원의 분배 기준을 사회 전체가 합의한 것이라고 본다.

|자|료|해|설|

갑은 A 직업이 B 직업에 비해 사회에서 중요한 역할을 수행하고 숙련된 기술을 요구하므로 연평균 임금이 높다고 보고 있고, 을은 사회의 지배 계층이 자신들에게 유리하도록 B 직업의 가치를 낮게 평가하여 A 직업에 비해 B 직업의 연평균 임금이 낮다고 보고 있다. 따라서 갑의 관점은 기능론, 을의 관점은 갈등론에 해당한다.

|선|택|지|풀|이|

① 오답 : 사회적 희소 자원의 차등 분배로 기존의 사회 불평등 구조가 재생산된다고 보는 관점은 갈등론이다.
② 오답 : 사회적 희소 자원의 균등 분배가 인재를 적재적소에 배치하는 데 어려움을 초래한다고 보는 관점은 기능론이다.
③ 오답 : 사회 불평등이 불가피한 현상이라고 보는 관점은 기능론이다.
④ 오답 : 개인의 귀속적 요인이 사회 불평등에 미치는 영향을 중시하는 관점은 갈등론이다.
⑤ 정답 : 기능론은 사회적 희소 자원의 분배 기준이 사회 전체가 합의한 것이라고 본다.

문제풀이 TIP | 기능론과 갈등론은 모두 사회 불평등을 보편적인 현상이라고 보지만, 기능론은 사회 불평등을 불가피한 현상이라고 보는 반면, 갈등론은 사회 불평등을 제거해야 할 현상이라고 본다.

출제분석 | 사회 불평등 현상을 바라보는 관점을 파악하는 문제이다. 사회 불평등 현상에 대해 기능론과 갈등론의 주장을 비교하면서 이해해 두도록 한다.

사회 불평등 현상을 바라보는 관점 A, B에 대한 설명으로 옳은 것은?

갈등론 →
A는 직업 간 사회적 기여도에 차이가 있으므로 차등 분배가 필요하다고 보는 B의 주장이 지배 집단의 기득권을 정당화하는 논리에 불과하다고 본다.
→ 기능론

① A는 차등 분배 체계가 기존 불평등 구조를 재생산하기 위한 수단이라고 본다.
② A(B)는 개인의 능력이나 노력 수준에 비례하여 사회적 성공 정도가 결정된다고 본다.
③ B는 원칙적으로 사회 불평등 현상을 사회 문제로 본다. 보지 않는다
④ B(A)는 사회 발전을 위해 사회 불평등 현상이 제거되어야 한다고 본다.
⑤ A는 B와 달리 사회 불평등 현상이 보편적인 현상이라고 본다.
모두

|자|료|해|설|

직업 간 사회적 기여도에 차이가 있으므로 차등 분배가 필요하다고 보는 관점은 기능론이고, 이러한 기능론의 주장이 지배 집단의 기득권을 정당화하는 논리에 불과하다고 보는 관점은 갈등론이다. 따라서 A는 갈등론, B는 기능론이다.

|선|택|지|풀|이|

① 정답 : 갈등론은 차등 분배 체계가 불평등한 계층 구조를 재생산하거나 고착화하기 위한 수단이라고 본다.
② 오답 : 기능론은 개인의 노력, 능력, 업적 등에 따라 사회적 성공 정도가 결정된다고 본다.
③ 오답 : 기능론은 사회 불평등을 보편적이고 불가피한 현상으로 보므로 사회 불평등 현상을 사회 문제로 보지 않는다.
④ 오답 : 갈등론은 사회 불평등을 보편적인 현상이지만 제거해야 할 현상으로 보므로 불평등이 존재하지 않는 사회를 만들기 위해 사회 구조를 변혁해야 한다고 본다.
⑤ 오답 : 기능론과 갈등론은 모두 사회 불평등 현상이 보편적인 현상이라고 본다.

추가 학습 | 기능론은 사회 불평등 현상은 보다 기능적으로 중요한 역할을 그 사회에서 가장 자격 있는 사람들이 수행하도록 하기 위해 필요한 현상이라고 보는 반면, 갈등론은 사회 불평등 현상은 권력을 장악한 지배 집단이 자신들의 이익을 유지하고 강화하기 위해 만든 분배 구조로 인해 발생하는 현상이라고 본다.

출제분석 | 사회 불평등 현상을 보는 관점인 기능론과 갈등론을 파악하는 문제이다. 기능론과 갈등론뿐만 아니라 계층 이론과 계급 이론이 복합적으로 출제될 수 있다.

사회 불평등 현상을 바라보는 관점 (가), (나)에 대한 설명으로 옳은 것은? **3점**

> (가) 사회에는 기능적으로 중요한 직업과 덜 중요한 직업이 존재하므로, 우수한 능력을 갖춘 사람이 더 중요한 직업에 배치될 때 사회가 원활하게 유지되고 발전할 수 있다. 그리고 사회에서 중요한 직업을 담당할 수 있는 자격 여부는 개인의 능력이나 노력 여하에 따라 결정된다.
> (나) 사회에서 직업의 기능적 중요도를 나누는 기준은 지배 집단이 자의적으로 정한 것이며, 능력을 평가하는 기준 역시 지배 집단의 가치와 특성을 반영한다. 그리고 그 사회가 중요하다고 여기는 직업을 갖기 위한 기회는 개인의 사회적·경제적·문화적 배경 등에 따라 제한된다.

기능론 → (가)
갈등론 → (나)

① (가)는 사회 불평등 현상을 극복해야 할 문제라고 본다. (나)
② (가)는 사회적 희소가치를 배분하는 기준이 사회 전체의 합의에 기초한다고 본다.
③ (나)는 기득권층의 이익을 대변하는 논리로 이용될 우려가 있다는 비판을 받는다. (가)
④ (나)는 사회 불평등 현상이 개인의 성취동기를 감소시킬 수 있음을 간과한다는 비판을 받는다. (가)
⑤ (나)는 (가)와 달리 사회 불평등 현상이 인재를 적재적소에 배치하는 데 기여한다고 본다. (가) (나)

|자|료|해|설|
사회 불평등 현상을 바라보는 관점 중 (가)는 기능론, (나)는 갈등론에 해당한다.

|선|택|지|풀|이|
① 오답 : 사회 불평등 현상을 극복해야 할 문제라고 보는 관점은 갈등론이다.
② 정답 : 기능론은 사회적 희소가치가 개인의 노력, 능력, 업적 등 사회 전체적으로 합의된 정당한 기준에 따라 배분된다고 본다.
③ 오답 : 기득권층의 이익을 대변하는 논리로 이용될 우려가 있다는 비판을 받는 관점은 기능론이다.
④ 오답 : 사회 불평등 현상이 개인의 성취동기를 감소시킬 수 있음을 간과한다는 비판을 받는 관점은 기능론이다.
⑤ 오답 : 기능론은 갈등론과 달리 사회 불평등 현상이 각 지위나 직업을 담당하는 데 필요한 능력을 갖춘 인재들을 적재적소에 배치하는 데 기여한다고 본다.

문제풀이 TIP | 기능론과 갈등론은 모두 사회 불평등 현상을 보편적이라고 본다. 다만, 기능론은 사회 불평등을 불가피한 현상으로 보는 반면, 갈등론은 사회 불평등을 불가피하지 않으며 제거해야 할 현상으로 본다.

출제분석 | 사회 불평등 현상을 보는 관점을 파악하는 문제이다. 기능론과 갈등론은 사회·문화 현상뿐만 아니라 사회 불평등 현상 등 다양한 주제로 출제될 수 있다.

다음 글에서 도출할 수 있는 사회 불평등 현상을 바라보는 필자의 관점에 대한 옳은 설명만을 <보기>에서 고른 것은? **3점**

> 임금 노동자들은 많이 일하면서도 최소한의 임금을 받는다. 하지만 이것은 최저 임금이 아닌 평균 임금이라고 규정되고, 부당한 임금 구조는 은폐된다. 이러한 구조를 유지하기 위해 자본가들은 국가를 통해 법을 제정하고 교육을 관리한다. 이 과정에서 사람들은 사회가 질서 정연하게 유지되고, 각자의 기능과 역할에 따라 부가 공정하게 분배된다고 믿게 된다. → 갈등론

보기

ㄱ. 사회 불평등을 부당하고 해결해야 할 현상으로 본다. → 갈등론
ㄴ. 균등 분배가 인재의 적재적소 배치에 어려움을 야기한다고 본다. → 기능론
ㄷ. 사회 제도를 지배와 피지배 관계의 재생산을 위한 수단으로 본다. → 갈등론
ㄹ. 사회적 희소가치의 배분 기준이 사회적으로 합의된 것이라고 본다. → 기능론

① ㄱ, ㄴ   ② ㄱ, ㄷ   ③ ㄴ, ㄷ   ④ ㄴ, ㄹ   ⑤ ㄷ, ㄹ

|자|료|해|설|
제시문은 부당한 임금 구조가 은폐되고, 이러한 구조를 유지하기 위해 자본가들은 국가를 통해 법을 제정하고 교육을 관리한다고 보고 있다. 따라서 필자의 관점은 갈등론에 해당한다.

|보|기|풀|이|
ㄱ 정답 : 갈등론은 사회 불평등이 보편적인 현상일지는 몰라도 불가피하지 않으며 제거해야 할 현상이라고 본다.
ㄴ. 오답 : 기능론은 균등 분배가 인재의 적재적소 배치에 어려움을 야기한다고 보고 차등 분배를 강조한다.
ㄷ 정답 : 갈등론은 사회 제도를 지배와 피지배 관계의 유지 및 계급 재생산을 위한 수단으로 본다.
ㄹ. 오답 : 기능론은 사회적 희소가치에 대한 배분 기준이 사회적으로 합의된 것이라고 본다.

문제풀이 TIP | 기능론과 갈등론은 모두 사회 불평등 현상이 보편적인 현상이라고 본다. 다만, 기능론은 사회 불평등 현상을 불가피한 현상으로 보는 반면, 갈등론은 사회 불평등 현상을 제거해야 할 현상으로 본다.

출제분석 | 사회 불평등 현상을 바라보는 갈등론의 관점을 파악하는 문제이다. 사회 불평등 현상과 사회·문화 현상을 바라보는 기능론과 갈등론의 관점을 비교하여 파악해 두도록 한다.

IV
1. 사회 불평등 현상과 계층

사회 불평등 현상을 바라보는 관점 A에 부합하는 진술만을 〈보기〉에서 고른 것은?

> 기능론
>
> A를 반박하는 학자들은 여러 직업의 기능적 중요성을 정확히 판단하기 어려울 뿐만 아니라 한 사회가 원활히 돌아가는 데 중요하지 않은 직업은 없다고 주장한다.

보기

ㄱ. 사회 불평등 현상은 개인의 성취동기 유발에 기여한다. → 기능론
ㄴ. 사회적 희소가치 배분 기준은 사회적으로 합의된 것이다. → 기능론
ㄷ. 사회의 발전을 위해 사회 불평등 현상은 제거되어야 한다. → 갈등론
ㄹ. 사회의 차등 분배 체계는 기존의 불평등 구조를 재생산하는 수단이다. → 갈등론

① ㄱ, ㄴ   ② ㄱ, ㄷ   ③ ㄴ, ㄷ   ④ ㄴ, ㄹ   ⑤ ㄷ, ㄹ

|자|료|해|설|

여러 직업의 기능적 중요성을 판단할 수 있고, 한 사회가 원활히 돌아가는 데 더 중요한 직업이 있다고 보는 관점은 기능론이다. 따라서 A는 기능론이다.

|보|기|풀|이|

ㄱ. 정답 : 기능론은 사회 불평등 현상이 개인에게 성취동기를 부여하고 구성원 간 경쟁을 유발함으로써 사회가 효율적으로 작동하는 데 기여한다고 본다.

ㄴ. 정답 : 기능론은 사회적 희소가치의 배분 기준이 개인의 노력, 능력, 업적 등 사회 전체적으로 합의된 정당한 기준이라고 본다.

ㄷ. 오답 : 갈등론은 사회 불평등이 보편적인 현상일지는 몰라도 불가피하지는 않으며 제거해야 할 현상이므로 불평등이 존재하지 않는 사회를 만들기 위해 사회 구조를 변혁해야 한다고 본다.

ㄹ. 오답 : 갈등론은 사회의 차등 분배 체계가 기존의 불평등한 구조를 재생산하거나 고착화함으로써 사회적 갈등과 대립 관계를 형성하는 요인이 된다고 본다.

🤓 **문제풀이TIP** | A를 반박하는 학자들의 주장은 A의 한계점이나 A에 대한 비판에 해당하는 내용이다.

😃 **출제분석** | 기능론에 부합하는 내용을 파악하는 문제이다. 다양한 사례를 통해 사회 불평등 현상을 보는 기능론과 갈등론의 주장을 파악하는 문제가 출제될 수 있다.

다음 자료에 대한 옳은 설명만을 〈보기〉에서 고른 것은? (단, A, B는 각각 기능론과 갈등론 중 하나임.) **3점**

〈확인 평가〉

○ 제시된 '진위 판단'에 부합하도록 빈칸을 채워 진술을 완성하시오.

진위 판단	진위 판단에 부합하는 진술	채점 결과
참 (기능론)	A와 달리 B는(갈등론→ / 기능론→) 희소 자원의 차등 분배가 개인의 성취동기에 긍정적으로 작용한다고 본다.	0점
거짓	B와 달리 A는 (가)	㉠

* 교사는 완성한 진술별로 채점하고, 제시된 '진위 판단'에 부합하도록 진술을 완성한 경우에는 1점을, 그렇지 않은 경우에는 0점을 부여함.

보기

ㄱ. A는 직업 유형 간 사회적 중요도의 차이가 없다고(있다고) 본다.
ㄴ. B는 사회 불평등 현상을 제거해야 하는 대상이라고 본다. → 갈등론
ㄷ. (가)에 '개인의 귀속적 요인이 사회 불평등에 미치는 영향력을 중시한다.'가 들어간다면, ㉠은 '0점'이다.
ㄹ. ㉠이 '1점'이라면, (가)에 '사회적 희소가치의 분배 기준은 사회 전체가 합의한 것이라고 본다.'가 들어갈 수 없다. → 기능론 (1점)

① ㄱ, ㄴ   ② ㄱ, ㄷ   ③ ㄴ, ㄷ   ④ ㄴ, ㄹ   ⑤ ㄷ, ㄹ

|자|료|해|설|

희소 자원의 차등 분배가 개인의 성취동기에 긍정적으로 작용한다고 보는 관점은 기능론이다. 첫 번째 진술에 대한 채점 결과가 0점이므로 첫 번째 진술은 틀린 진술이 된다. 따라서 A는 기능론, B는 갈등론이다.

|보|기|풀|이|

ㄱ. 오답 : 기능론은 직업 유형 간 사회적 중요도에 차이가 있으므로 사회적 희소가치의 차등 분배가 정당하다고 본다.

ㄴ. 정답 : 갈등론은 사회 불평등 현상이 보편적인 현상일지는 몰라도 불가피하지 않으며 제거해야 할 현상이라고 본다.

ㄷ. 오답 : 개인의 귀속적 요인이 사회 불평등에 미치는 영향력을 중시하는 관점은 갈등론이다. 두 번째 진술에 거짓인 진술이 들어가면, 채점 결과는 1점이 된다. 따라서 해당 내용이 (가)에 들어가면, ㉠은 '1점'이 된다.

ㄹ. 정답 : ㉠이 '1점'이라면, 두 번째 진술에 거짓인 진술이 들어가야 한다. 사회적 희소가치의 분배 기준이 사회 전체가 합의한 것이라고 보는 관점은 기능론이다. 따라서 ㉠이 '1점'이라면, 해당 내용은 (가)에 들어갈 수 없다.

🤓 **문제풀이TIP** | 첫 번째 진술에 대한 채점 결과가 0점이므로 첫 번째 진술은 틀린 진술이다.

😃 **출제분석** | 사회 불평등 현상을 보는 관점을 파악하는 문제이다. 사회·문화 현상을 보는 관점과 사회 불평등 현상을 보는 관점은 연관 지어 공부해 두도록 한다.

다음 자료에 대한 옳은 설명만을 〈보기〉에서 있는 대로 고른 것은?
(단, A, B는 각각 기능론, 갈등론 중 하나이다.)

질문	답변	
	갑	을
A는 직업 유형 간 사회적 중요도에서 차이가 있다고 보는가?	아니요	예
(가)	예	예
A는 차등 분배가 갖는 사회적 순기능을 강조하는가?	아니요	예
B는 사회 불평등을 불가피한 현상으로 보는가?	아니요	예
점수	2점	1점

* 교사는 각 질문별로 채점하고, 답변 하나가 맞을 때마다 1점씩 부여함.

보기

ㄱ. (가)에는 'A는 B와 달리 개인의 귀속적 요인이 사회 불평등에 미치는 영향을 간과하는가?'가 들어갈 수 있다.

ㄴ. ⊙은 '아니요'이다.

ㄷ. A는 균등 분배가 인재의 적재적소 배치에 어려움을 야기한다고 본다.

ㄹ. B는 희소가치의 분배 기준은 대다수 사회 구성원이 합의한 것이라고 본다.

① ㄱ, ㄷ　　② ㄱ, ㄹ　　③ ㄴ, ㄷ
④ ㄱ, ㄴ, ㄹ　　⑤ ㄴ, ㄷ, ㄹ

|자|료|해|설|

직업 유형 간 사회적 중요도에서 차이가 있다고 보는 관점은 기능론이다. 차등 분배가 갖는 사회적 순기능을 강조하는 관점은 기능론이다. 사회 불평등을 불가피한 현상으로 보는 관점은 기능론이다. A가 기능론, B가 갈등론이고, (가)에 대한 갑과 을의 답변이 옳다면 갑의 점수는 2점, 을의 점수는 최소 2점이 된다. 따라서 A가 갈등론, B가 기능론일 경우에만 갑의 점수가 2점, 을의 점수가 1점이 된다.

|보|기|풀|이|

ㄱ 정답 : (가)에는 '아니요'가 정답인 질문이 들어갈 수 있다. 개인의 귀속적 요인이 사회 불평등에 미치는 영향을 간과하는 관점은 기능론이다. 따라서 '갈등론(A)은 기능론(B)과 달리 개인의 귀속적 요인이 사회 불평등에 미치는 영향을 간과하는가?'는 (가)에 들어갈 수 있다.

ㄴ. 오답 : 을의 경우 네 번째 질문에서 1점을 받았기 때문에 첫 번째 질문에 대해 틀린 답변을 해야한다. 따라서 ⊙은 '예'이다.

ㄷ. 오답 : 균등 분배가 인재의 적재적소 배치에 어려움을 야기한다고 보는 관점은 기능론이다.

ㄹ 정답 : 희소가치의 분배 기준은 대다수 사회 구성원이 합의한 것이라고 보는 관점은 기능론이다.

문제풀이 TIP | 차등 분배를 강조하는 관점은 기능론이고, 균등 분배를 강조하는 관점은 갈등론이다. 이런 유형의 문제는 A가 기능론, B가 갈등론인 경우와 A가 갈등론, B가 기능론인 경우로 나눠서 갑과 을이 받을 수 있는 점수의 조합을 빠르게 파악할 필요가 있다.

다음 자료에 대한 설명으로 옳은 것은? (단, A와 B는 각각 갈등론과 기능론 중 하나이다.)

'⊙ 사회적 희소가치의 차등 분배는 정당한가?', '⊙ 사회 불평등 현상은 보편적인 현상인가?'라는 두 질문에 대한 A의 응답은 일치하고, B의 응답은 불일치한다.

① A는 직업 간에 사회적 기여도의 차이가 없음을 강조한다.

② B는 개인의 노력과 업적에 따라 계층이 결정된다고 본다.

③ A는 B와 달리 사회 불평등 현상을 병리적인 현상으로 본다.

④ B는 A와 달리 사회적 희소가치의 배분 기준이 사회적 합의를 반영하고 있다고 본다.

⑤ ⊙에 대한 A의 응답과 ⊙에 대한 B의 응답은 모두 '예'이다.

추가 학습 | 기능론은 사회 불평등 현상이 보다 기능적으로 중요한 역할을 그 사회에서 가장 자격 있는 사람들이 수행하도록 하기 위해 필요한 현상이라고 보는 반면, 갈등론은 사회 불평등 현상이 권력을 장악한 지배 집단이 자신들의 이익을 유지하고 강화하기 위해 만든 분배 구조로 인해 발생하는 현상이라고 본다.

출제분석 | 사회 불평등 현상을 보는 기능론과 갈등론의 입장을 파악하는 문제이다. 기능론과 갈등론뿐만 아니라 계급론과 계층론을 복합적으로 묻는 문제가 출제될 수 있다.

|자|료|해|설|

기능론은 갈등론과 달리 사회적 희소가치의 차등 분배가 정당하다고 본다. 기능론과 갈등론은 모두 사회 불평등 현상이 보편적인 현상이라고 본다. 제시된 두 질문에 대해 기능론의 응답은 '예'로 일치하고, 갈등론의 응답은 일치하지 않는다. 따라서 A는 기능론, B는 갈등론이다.

|선|택|지|풀|이|

① 오답 : 기능론은 직업별 사회적 역할의 중요도 및 기여도에 차이가 있음을 강조한다.

② 오답 : 기능론은 개인의 노력, 능력, 업적 등 사회 전체적으로 합의된 기준에 따라 계층이 결정된다고 본다.

③ 오답 : 기능론은 사회 불평등이 보편적이고 불가피한 현상이라고 보고 사회 유지와 발전에 기여하는 한 불평등은 존재해야 한다고 본다.

④ 오답 : 기능론은 사회적 희소가치의 배분 기준이 사회 전체적으로 합의된 정당한 기준이라고 본다.

⑤ 정답 : ⊙에 대한 기능론의 응답은 '예'이고, ⊙에 대한 갈등론의 응답은 '예'이다.

다음 글에 나타난 사회 불평등 현상을 보는 관점에 대한 옳은 설명만을 〈보기〉에서 고른 것은?

사회에서 요구하는 기술의 습득 여부에 따라 결정

개인의 소득은 개인의 생산성에 의해 결정되고 그 생산성은 기술의 숙련 여부에 의해 결정된다. 기술의 숙련은 교육이나 훈련과 같이 사람들이 자신의 인적 자본에 얼마나 많은 투자를 하였는지에 따라 결정된다. 기술의 숙련과 같이 사회가 요구하는 능력을 갖추는 데 게을리한 사람들이나, 구성원들에게 이러한 능력을 갖추도록 동기를 부여하지 못하는 사회는 실업 및 빈곤 문제에 직면하게 될 것이다.

→ 성취동기 부여 중시   → 사회 병리 현상 → 기능론

보기

ㄱ. 개인의 가정 배경이 사회 불평등에 미치는 영향력을 중시한다.
→ 갈등론

ㄴ. 직업 유형 간 사회적 중요도의 우위를 객관적으로 평가하기 어렵다는 지적을 받는다.
→ 기능론의 비판점

ㄷ. 사회 불평등 현상이 개인의 성취동기를 감소시킬 수 있음을 간과한다는 비판을 받는다.
→ 기능론의 비판점

ㄹ. 사회적으로 사용 가능한 자원이 제한되어 있기 때문에 사회 불평등 현상이 존재한다는 사실을 간과한다.
→ 자원의 희소성 → 사회 불평등 현상 발생(기능론)

① ㄱ, ㄴ   ② ㄱ, ㄷ   ③ ㄴ, ㄷ   ④ ㄴ, ㄹ   ⑤ ㄷ, ㄹ

|자|료|해|설|
기술의 숙련 여부에 따라 개인의 소득이 결정되기 때문에 사회가 요구하는 능력을 갖추는 데 게을리한 사람들은 실업이나 빈곤 문제에 직면하게 될 것이라고 보는 관점은 기능론이다.

|보|기|풀|이|
ㄱ. 오답 : 갈등론은 개인의 가정 배경이 사회 불평등 현상에 미치는 영향력을 중시한다.

ㄴ. 정답 : 기능론은 직업 유형 간 사회적 중요도의 우위를 객관적으로 평가하기 어렵다는 비판을 받는다.

ㄷ. 정답 : 기능론은 사회 불평등 현상이 개인의 성취동기를 감소시킬 수 있음을 간과한다는 비판을 받는다.

ㄹ. 오답 : 기능론은 사회적으로 사용 가능한 자원이 제한되어 있는 '자원의 희소성' 때문에 사회 불평등 현상이 존재한다고 본다.

다음 글의 사회 불평등 현상을 바라보는 관점에 부합하는 주장만을 〈보기〉에서 고른 것은? **3점**

현대 사회에서 분업 체계의 발달은 분배 결과의 측면에서 시민들 사이에 불평등을 가져올 수 있다. 하지만 우리가 필요로 하는 평등은 경쟁 조건의 평등이지 분배 결과의 평등이 아니다. 경쟁 조건의 평등이 전제된다면 분배 결과의 불평등은 분업 체계의 효율성을 높이는 작용을 하기 때문이다. → 기능론

보기

ㄱ. 사회 불평등 현상은 보편적이고 불가피한 현상이다. → 기능론

ㄴ. 사회 불평등 현상은 개인의 성취동기를 자극하여 사회 발전에 기여한다. → 기능론

ㄷ. 사회적 희소가치의 배분 정도는 개인의 노력이 아니라 가정 배경에 의해 결정된다. → 갈등론

ㄹ. 사회적 희소가치의 배분 기준은 사회적 합의에 따른 것이 아니라 지배 집단에 의해 강제된 것이다. → 갈등론

① ㄱ, ㄴ   ② ㄱ, ㄷ   ③ ㄴ, ㄷ   ④ ㄴ, ㄹ   ⑤ ㄷ, ㄹ

|자|료|해|설|
제시문은 경쟁 조건의 평등이 전제되었을 경우 분배 결과의 불평등이 분업 체계의 효율성을 높인다고 보고 있다. 이는 기능론의 관점에서 사회 불평등 현상을 바라보고 있다.

|보|기|풀|이|
ㄱ. 정답 : 기능론은 사회 불평등 현상이 보편적이고 불가피한 현상으로, 개인과 사회가 최선의 기능을 하도록 함으로 사회 유지와 발전에 기여한다고 본다.

ㄴ. 정답 : 기능론은 사회 불평등 현상이 개인에게 성취동기를 부여하고 구성원 간 경쟁을 유발함으로써 사회가 발전하는 데 기여한다고 본다.

ㄷ. 오답 : 갈등론은 사회적 희소가치가 지배 집단의 기득권 유지를 위해 권력, 가정 배경 등 지배 집단에게 유리한 기준에 의해 배분된다고 본다.

ㄹ. 오답 : 갈등론은 사회적 희소가치의 배분 기준이 사회적 합의가 아닌 지배 집단에 의해 강제된 것이라고 본다.

🤔 **문제풀이 T I P** | 기능론은 사회 불평등 현상을 보편적이고 불가피한 현상이라고 보는 반면, 갈등론은 사회 불평등 현상이 보편적인 현상일지는 몰라도 불가피하지는 않으며 제거해야 할 현상이라고 본다.

😀 **출제분석** | 사회 불평등 현상을 바라보는 관점을 파악하는 문제이다. 사회 불평등 현상을 바라보는 관점과 사회·문화 현상을 바라보는 관점은 연관지어 이해해 두도록 한다.

다음 자료에 대한 설명으로 옳은 것은? 3점

국가들의 개별적 활동 ✕

최근 ○○자원 채굴 과정에서 약소국 국민들은 노동에 대한 정당한 대가를 받지 못하고, 채굴할 때 발생하는 환경 오염의 피해를 고스란히 받고 있다. (가) 단체와 (나) 단체는 모두 이러한 현상이 약소국이 강대국에 경제적으로 종속된 국가 간 불평등에 기인한다고 주장한다. 이에 (가) 단체는 자원 채굴로 인한 생태계 파괴를 지적하고 각국 정부에 국제기구가 마련하고 있는 협약에 동참할 것을 촉구하며, 물리력을 활용한 ⊙ 시위를 지속적으로 전개하였다. (나) 단체는 미래 세대의 삶을 이어가기 위해, 지구 환경을 파괴하는 기업의 제품에 대한 ⓒ 불매 운동을 전개하며 지구촌 문제에 관심을 가질 것을 꾸준히 호소하였다.

→ 갈등론

→ 지속 가능한 사회를 위한 노력

교사 : (가) 단체와 (나) 단체의 국가 간 불평등의 원인에 대한 주장에서 사회 불평등을 바라보는 A 관점을 확인할 수 있습니다.

갈등론　　　기능론

① A 관점은 사회 불평등을 피할 수 없는 필연적인 현상으로 본다.

② ⊙은 한정된 자원으로 인해 발생한 국가 간 물리적 충돌을 해결하려는 사회 운동이다.

③ ⓒ은 세계 시민 의식을 바탕으로 지속 가능한 사회를 만들어 가려는 사회 운동이다.

④ (가) 단체는 전 지구적 문제를 국가들의 개별적인 활동으로 해결하려고 한다.
　협력

⑤ (나) 단체는 국제기구의 제재를 통해 지구 환경 문제를 해결하려고 한다.

😲 **추가 학습** | 세계 시민은 자신을 개별 국가의 국민만이 아닌 지구촌 구성원으로 자각하고, 전 세계를 하나의 운영 공동체로 여기는 의식을 가진 시민을 말한다.

😲 **출제분석** | 사회 불평등 현상을 보는 관점과 사회 운동의 성격을 파악하는 문제이다. 사회 문제를 해결하기 위해 실시되는 사회 운동의 성격을 파악하는 문제가 출제될 수 있다.

|자|료|해|설|

(가) 단체와 (나) 단체는 모두 ○○자원 채굴 과정에서 약소국 국민들이 노동에 대한 정당한 대가를 받지 못하고 채굴 시 발생하는 환경 오염의 피해를 받고 있는 현상을 약소국이 강대국에 경제적으로 종속된 국가 간 불평등에 기인한다고 보고 있다. 이는 사회 불평등을 바라보는 관점 중 갈등론에 해당한다. 따라서 A 관점은 갈등론이다.

|선|택|지|풀|이|

① 오답 : 갈등론은 사회 불평등이 보편적인 현상일지는 몰라도 불가피하지는 않으며 제거해야 할 현상으로 본다.

② 오답 : ⊙은 자원 채굴로 인해 생태계가 파괴되는 것을 막고 국제기구가 마련하고 있는 협약에 각국 정부가 동참할 것을 촉구하는 시위로, 이는 한정된 자원으로 인해 발생한 국가 간 물리적 충돌을 해결하려는 사회 운동으로 볼 수 없다.

③ 정답 : ⓒ은 미래 세대의 삶을 이어가기 위해 환경을 파괴하는 기업의 제품에 대한 불매 운동으로, 이는 세계 시민 의식을 바탕으로 현재 세대와 미래 세대의 안정적이고 풍요로운 삶을 영위할 수 있도록 지속 가능한 사회를 만들고자 하는 사회 운동에 해당한다.

④ 오답 : (가) 단체는 국제기구가 마련한 협약에 각국 정부가 동참할 것을 촉구하고 있으므로 전 지구적 문제를 국가들의 개별적인 활동으로 해결하고자 한다고 볼 수 없다.

⑤ 오답 : (나) 단체는 지구 환경을 파괴하는 기업의 제품에 대한 불매 운동을 전개하고 있으므로 국제기구의 제재를 통해 지구 환경 문제를 해결하고자 한다고 볼 수 없다.

Ⅳ

1. 사회 불평등 현상과 계층

1 계층 구조의 유형과 특징

정답 ④　정답률 76%　2023학년도 수능 12번　문제편 241p

다음 자료에 대한 분석으로 옳은 것은?

<자료 1>은 현재 갑국의 계층 구조와 계층 구성 비율에 대한 정보이고, <자료 2>는 t년 후 갑국의 계층 구성 비율에 대한 두 가지 예측 결과이다. 단, A~C는 각각 상층, 중층, 하층 중 하나이다.

<자료 1>

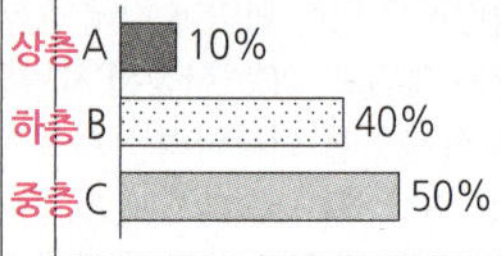

<자료 2>

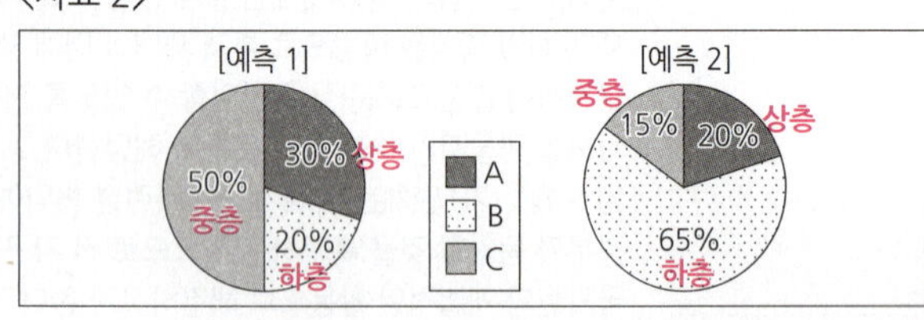

① [예측 1]대로 된 경우의 중층 비율은 현재의 중층 비율보다 크다. (과 같다)
② [예측 1]대로 된 경우의 상층 비율은 현재의 상층 비율의 2배이다. (3)
③ [예측 2]대로 된 경우의 계층 구조는 피라미드형이다. (모래시계형)
④ [예측 2]대로 된 경우의 하층 비율은 [예측 2]대로 된 경우의 중층 비율의 4배보다 크다.
⑤ [예측 2]대로 된 경우의 중층 비율은 [예측 1]대로 된 경우의 상층 비율의 2배보다 크다. (1/2배이다)

| 자 | 료 | 해 | 설 |

다이아몬드형 계층 구조는 중층 비율이 가장 높으므로 C는 중층에 해당한다. 하층 비율이 상층 비율보다 크므로 B는 하층, A는 상층에 해당한다.

| 선 | 택 | 지 | 풀 | 이 |

① 오답 : [예측 1]대로 된 경우의 중층 비율은 50%이고, 현재의 중층 비율은 50%로, [예측 1]대로 된 경우의 중층 비율과 현재의 중층 비율이 같다.
② 오답 : [예측 1]대로 된 경우의 상층 비율은 30%이고, 현재의 상층 비율은 10%로, [예측 1]대로 된 경우의 상층 비율이 현재의 상층 비율의 3배이다.
③ 오답 : [예측 2]대로 된 경우의 계층 구조는 모래시계형이다.
④ 정답 : [예측 2]대로 된 경우 하층 비율은 65%이고, 중층 비율은 15%로, 하층 비율이 중층 비율의 4배보다 크다.
⑤ 오답 : [예측 2]대로 된 경우의 중층 비율은 15%이고, [예측 1]대로 된 경우의 상층 비율은 30%로, [예측 2]대로 된 경우의 중층 비율은 [예측 1]대로 된 경우의 상층 비율의 1/2배이다.

🙂 문제풀이 T I P | 다이아몬드형 계층 구조라는 단서를 통해 가장 비율이 높은 C가 중층임을 파악할 수 있어야 한다.

🙂 출제분석 | 계층 구조를 파악하는 문제이다. 계층 구조와 계층 이동 관련 문제는 고난도 문제보다는 평이한 수준의 문제가 출제되고 있으므로 기출 문제를 통해 계층 구조와 계층 이동을 파악하는 연습을 해 두도록 한다.

2 계층 구조의 유형과 특징

정답 ④　정답률 50%　2024학년도 6월 모평 11번　문제편 241p

그림은 갑국의 세대별 계층 구성 비율을 나타낸 것이다. 이에 대한 옳은 분석만을 <보기>에서 고른 것은?

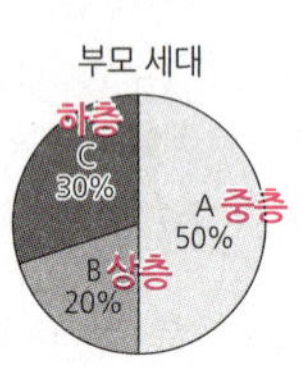

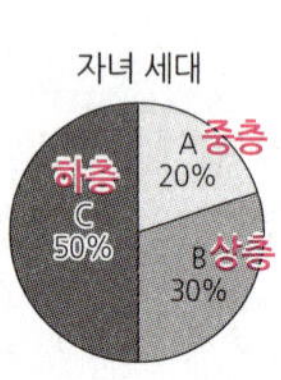

* 계층은 A, B, C로 구분되며, A~C는 각각 상층, 중층, 하층 중 하나임.
** 조부모 세대의 계층 구조는 피라미드형이고, 각 세대의 인구는 동일함.

보기

ㄱ. 조부모 세대에서 하층 인구는 상층 인구의 2배이다. (7)
ㄴ. 상층 인구는 조부모, 부모, 자녀 세대로 갈수록 증가한다.
ㄷ. 부모 세대의 계층 구조는 조부모 세대의 계층 구조에 비해 사회 통합에 불리하다. (다이아몬드형) (유리)
ㄹ. 부모 세대의 계층 구조는 다이아몬드형, 자녀 세대의 계층 구조는 모래시계형이다.

① ㄱ, ㄴ　② ㄱ, ㄷ　③ ㄴ, ㄷ　④ ㄴ, ㄹ　⑤ ㄷ, ㄹ

| 자 | 료 | 해 | 설 |

조부모 세대의 계층 구조가 피라미드형이므로 A는 중층, B는 상층, C는 하층에 해당한다.

| 보 | 기 | 풀 | 이 |

ㄱ. 오답 : 조부모 세대에서 하층 비율은 70%이고, 상층 비율은 10%이다. 따라서 조부모 세대에서 하층 인구는 상층 인구의 7배이다.
ㄴ. 정답 : 상층 비율은 조부모 세대의 경우 10%, 부모 세대의 경우 20%, 자녀 세대의 경우 30%이다. 따라서 상층 인구는 조부모, 부모, 자녀 세대로 갈수록 증가한다.
ㄷ. 오답 : 부모 세대의 계층 구조는 다이아몬드형이고, 조부모 세대의 계층 구조는 피라미드형이다. 따라서 부모 세대의 계층 구조는 조부모 세대의 계층 구조에 비해 사회 통합에 유리하다.
ㄹ. 정답 : 부모 세대의 경우 상층 비율은 20%, 중층 비율은 50%, 하층 비율은 30%로, 계층 구조가 다이아몬드형이다. 자녀 세대의 경우 상층 비율은 30%, 중층 비율은 20%, 하층 비율은 50%로, 계층 구조가 모래시계형이다.

🙂 문제풀이 T I P | 조부모 세대의 계층 구조가 제시되어 있으므로 이를 통해 A~C에 해당하는 계층을 파악할 수 있다.

다음 자료에 대한 설명으로 옳은 것은? 3점

> 그림은 갑국~병국의 계층 구성 비율을 나타낸 것이다.
> 갑국~병국은 모두 계층을 상층, 중층, 하층으로만 구분하며,
> A~C는 각각 상층, 중층, 하층 중 하나이다.

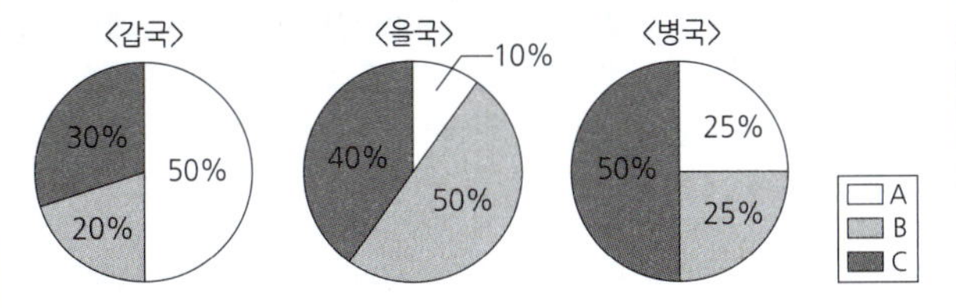

① A가 상층이고 B가 중층이라면, 병국의 계층 구조는 을국의 계층
구조보다 사회 통합에 유리하다.
② B가 하층이고 C가 상층이라면, 을국의 계층 구조는 갑국의 계층
구조보다 계층 양극화로 인한 문제가 발생할 가능성이 높다.
③ 갑국의 계층 구조가 모래시계형이라면, 을국과 병국은 모두 중층
비율이 가장 작다.
④ 을국의 계층 구조가 피라미드형이라면, 병국에서 상층 비율과
중층 비율은 동일하다.
⑤ 병국의 계층 구조가 다이아몬드형이고 B가 하층이라면, 을국의
중층 비율은 갑국의 상층 비율보다 크다.

|자|료|해|설|

A~C가 각각 어느 계층에 해당하는지에 따라 갑국~병국의
계층 구조는 다양하게 나타날 수 있다.

|선|택|지|풀|이|

① 오답 : A가 상층이고 B가 중층이라면, 을국의 경우
상층 10%, 중층 50%, 하층 40%이고, 병국의 경우
상층 25%, 중층 25%, 하층 50%이다. 을국이 병국보다
중층의 비율이 높으므로 을국의 계층 구조가 병국의 계층
구조보다 사회 통합에 유리하다.

② 정답 : B가 하층이고 C가 상층이라면, 갑국의 경우
상층 30%, 중층 50%, 하층 20%이고, 을국의 경우 상층
40%, 중층 10%, 하층 50%이다. 즉, 갑국의 계층 구조는
다이아몬드형이고, 을국의 계층 구조는 모래시계형이다.
따라서 을국의 계층 구조는 갑국의 계층 구조보다 계층
양극화로 인한 문제가 발생할 가능성이 높다.

③ 오답 : 갑국의 계층 구조가 모래시계형이라면, B는
중층이다. 을국의 경우 중층 비율은 50%로 가장 크다.

④ 오답 : 을국의 계층 구조가 피라미드형이라면, A는
상층, C는 중층, B는 하층이다. 병국의 경우 상층 비율은
25%이고, 중층 비율은 50%이므로 상층 비율보다 중층
비율이 크다.

⑤ 오답 : 병국의 계층 구조가 다이아몬드형이고 B가
하층이라면, A는 상층, C는 중층이다. 을국의 경우 중층
비율은 40%이고, 갑국의 경우 상층 비율은 50%이므로
을국의 중층 비율은 갑국의 상층 비율보다 작다.

다음 자료에 대한 옳은 분석만을 〈보기〉에서 고른 것은? 3점

> 표는 갑국~병국의 계층 구성 비율을 나타낸 것이다.
> 모래시계형 계층 구조에서는 A의 비율이 가장 낮다. 단,
> 갑국~병국의 계층 구조는 각각 피라미드형, 다이아몬드형,
> 모래시계형 중 하나이다.

(단위 : %)

구분	갑국	을국	병국
A 중층	30	20	50
B 상층	20	30	20
C 하층	50	50	30

* 계층은 A, B, C로만 구분되며, A~C는 각각 상층, 중층, 하층 중 하나임.

보기

ㄱ. 갑국은 병국과 달리 폐쇄적 계층 구조가 나타난다.
ㄴ. 병국의 계층 구조는 을국의 계층 구조에 비해 사회 안정성이
높다.
ㄷ. 갑국과 병국은 모두 해당 국가에서 상층 인구가 가장 적다.
ㄹ. 을국의 계층 구조는 갑국, 병국의 계층 구조와 달리 주로
근대 이후의 산업 사회에서 나타난다.

① ㄱ, ㄴ　　② ㄱ, ㄷ　　③ ㄴ, ㄷ　　④ ㄴ, ㄹ　　⑤ ㄷ, ㄹ

|자|료|해|설|

모래시계형 계층 구조에서 가장 낮은 비율을 차지하는
계층은 중층이다. 따라서 A는 중층이다. 을국의 경우 중층의
비율이 가장 낮으므로 모래시계형 계층 구조를 보이고,
병국은 중층의 비율이 가장 높으므로 다이아몬드형
계층 구조를 보인다. 따라서 갑국은 피라미드형 계층
구조를 보인다. 피라미드형 계층 구조에서 가장 높은
비율을 차지하는 계층은 하층이다. 따라서 B는 상층, C는
하층이다.

|보|기|풀|이|

ㄱ. 오답 : 계층 구성 비율을 통해서는 폐쇄적 계층 구조의
여부를 파악할 수 없다. 따라서 갑국이 병국과 달리 폐쇄적
계층 구조가 나타나는지는 알 수 없다.

ㄴ. 정답 : 을국의 계층 구조는 모래시계형이고, 병국의
계층 구조는 다이아몬드형이다. 다이아몬드형 계층 구조는
모래시계형 계층 구조에 비해 사회 안정성이 높다.

ㄷ. 정답 : 갑국과 병국 각각에서 상층 비율이 가장 낮다.
따라서 갑국과 병국은 모두 해당 국가에서 상층 인구가
가장 적다.

ㄹ. 오답 : 병국의 계층 구조는 다이아몬드형으로,
다이아몬드형 계층 구조는 주로 근대 이후의 산업
사회에서 나타난다.

🤪 **문제풀이 T I P** | 각 계층 구조에서 가장 높은 비율을 차지하는
계층과 가장 낮은 비율을 차지하는 계층을 파악하도록 한다.

다음 자료에 대한 분석으로 옳은 것은? 3점

표는 갑국의 계층 구성 중 세대별 가장 높은 비율을 차지하는 계층과 가장 낮은 비율을 차지하는 계층의 구성 비율을 나타낸 것이다. 조부모 세대의 계층 구조는 피라미드형이고, 부모 세대와 자녀 세대의 계층 구조는 각각 다이아몬드형, 모래시계형 중 하나이다. 단, 계층은 상층, 중층, 하층으로만 구분되며, 조부모 세대의 하층 비율과 자녀 세대의 하층 비율은 같다.

하층 비율이 가장 높고, 상층 비율이 가장 낮음

중층 비율이 가장 높음

중층 비율이 가장 낮음

(단위 : %)

구분	조부모 세대	부모 세대	자녀 세대
가장 높은 비율을 차지하는 계층의 구성 비율	피라미드형 60 하층 비율	다이아몬드형 50 중층 비율	모래시계형 60 하층 비율
가장 낮은 비율을 차지하는 계층의 구성 비율	10 상층 비율	25	10 중층 비율

① 부모 세대의 계층 구조는 조부모 세대의 계층 구조에 비해 사회 통합에 불리하다.
유리

② 부모 세대의 계층 구조는 자녀 세대의 계층 구조보다 계층 양극화로 인한 문제가 발생할 가능성이 높다. 낮다

③ 자녀 세대에서 상층의 비율은 부모 세대에서 중층의 비율보다 크다. 작다

④ 중층의 비율은 조부모, 부모, 자녀 세대 순으로 갈수록 증가한다.

⑤ 자녀 세대에서 중층 대비 하층의 비율은 조부모 세대에서 상층 대비 하층의 비율과 같다. 60/10　　60/10

(단위 : %)

구분	조부모 세대	부모 세대	자녀 세대
상층	10	25	30
중층	30	50	10
하층	60	25	60

문제풀이 TIP | 조부모 세대의 계층 구조가 피라미드형이므로 조부모 세대의 계층 구성 비율을 파악할 수 있다. 조부모 세대의 하층 비율과 자녀 세대의 하층 비율이 같으므로 자녀 세대의 경우 하층 비율이 가장 높다. 즉, 자녀 세대의 계층 구조는 다이아몬드형이 아니므로 모래시계형이다. 자녀 세대의 계층 구조가 모래시계형이므로 부모 세대의 계층 구조는 다이아몬드형임을 파악할 수 있다.

출제분석 | 계층 구조를 파악하는 문제이다. 세대별 계층 구조뿐만 아니라 계층 대물림 및 계층 이동 변화를 분석하는 문제가 출제될 수 있다.

|자|료|해|설|

조부모 세대의 경우 계층 구조가 피라미드형이므로 가장 높은 비율을 차지하는 계층인 하층의 비율이 60%이고, 가장 낮은 비율을 차지하는 계층인 상층의 비율이 10%이다. 따라서 중층의 비율은 30%이다. 부모 세대와 자녀 세대의 계층 구조는 각각 다이아몬드형과 모래시계형 중 하나인데, 다이아몬드형 계층 구조에서는 중층의 비율이 가장 높고, 모래시계형 계층 구조에서는 중층의 비율이 가장 낮다. 부모 세대의 경우 가장 높은 비율을 차지하는 계층의 구성 비율이 50%이고 가장 낮은 비율을 차지하는 계층의 구성 비율이 25%이므로 나머지 계층의 구성 비율은 25%이다. 따라서 부모 세대의 경우 계층 구조가 모래시계형이 될 수 없다. 즉, 부모 세대의 경우 계층 구조가 다이아몬드형이므로 가장 높은 비율을 차지하는 계층인 중층의 비율이 50%이고, 상층과 하층의 비율이 각각 25%이다. 자녀 세대의 경우 계층 구조가 모래시계형이므로 가장 낮은 비율을 차지하는 계층인 중층의 비율이 10%이다. 조부모 세대의 하층 비율과 자녀 세대의 하층 비율이 같으므로 자녀 세대의 하층 비율은 60%이다. 즉, 자녀 세대의 경우 중층 비율이 10%, 하층 비율이 60%이므로 상층 비율은 30%이다. 제시된 자료를 바탕으로 갑국의 조부모 세대, 부모 세대, 자녀 세대의 계층 구성 비율을 나타내면 첨삭과 같다.

|선|택|지|풀|이|

① 오답 : 조부모 세대의 계층 구조는 피라미드형이고, 부모 세대의 계층 구조는 다이아몬드형이다. 따라서 부모 세대의 계층 구조는 조부모 세대의 계층 구조에 비해 사회 통합에 유리하다.

② 오답 : 부모 세대의 계층 구조는 다이아몬드형이고, 자녀 세대의 계층 구조는 모래시계형이다. 따라서 부모 세대의 계층 구조는 자녀 세대의 계층 구조보다 계층 양극화로 인한 문제가 발생할 가능성이 낮다.

③ 오답 : 부모 세대에서 중층의 비율은 50%이고, 자녀 세대에서 상층의 비율은 30%이다. 따라서 자녀 세대에서 상층의 비율은 부모 세대에서 중층의 비율보다 작다.

④ 오답 : 중층의 비율은 조부모 세대가 30%, 부모 세대가 50%, 자녀 세대가 10%이다. 따라서 중층의 비율은 자녀, 조부모, 부모 세대 순으로 갈수록 증가한다.

⑤ 정답 : 자녀 세대에서 중층 대비 하층의 비율은 60/10, 조부모 세대에서 상층 대비 하층의 비율은 60/10이다. 따라서 자녀 세대에서 중층 대비 하층의 비율은 조부모 세대에서 상층 대비 하층의 비율과 같다.

다음은 갑국과 을국 구성원의 주관적 계층 인식과 실제 계층을 조사한 것이다. 이에 대한 분석으로 옳은 것은? (단, 계층은 상층, 중층, 하층으로만 구분되며, 계층 구조는 실제 계층을 기준으로 판단함.) **3점**

〈갑국〉 (단위 : %)

구분		실제 계층			계
		상층	중층	하층	
계층인식	상층	10	10	0	20
	중층	10	0	20	30
	하층	5	5	40	50
계		25	15	60	100

→ 모래시계형 계층 구조

〈을국〉 (단위 : %)

구분		실제 계층			계
		상층	중층	하층	
계층인식	상층	10	10	0	20
	중층	10	35	5	50
	하층	0	15	15	30
계		20	60	20	100

→ 다이아몬드형 계층 구조

① 갑국에 비해 을국은 사회 통합에 불리한 계층 구조이다. (을국 / 갑국)
② 갑국은 피라미드형, 을국은 다이아몬드형 계층 구조이다. (모래시계형)
③ 실제 계층과 주관적 계층 인식이 불일치하는 사람의 비율은 갑국보다 을국이 크다. (작다)
④ 갑국에서 자신을 상층으로 인식한 사람과 을국에서 실제 상층에 속한 사람의 수는 같다. → 알 수 없음
⑤ 갑국, 을국 모두 실제 계층 대비 실제 계층과 주관적 계층 인식이 일치하는 사람의 비율은 하층이 가장 크다.

|자|료|해|설|

실제 계층을 기준으로 갑국의 경우 중층의 비율이 가장 낮고, 을국의 경우 중층의 비율이 가장 높다.

|선|택|지|풀|이|

① 오답 : 갑국의 계층 구조는 모래시계형이고, 을국의 계층 구조는 다이아몬드형이다. 따라서 갑국은 을국에 비해 사회 통합에 불리한 계층 구조이다.
② 오답 : 갑국은 모래시계형, 을국은 다이아몬드형 계층 구조이다.
③ 오답 : 실제 계층과 주관적 계층 인식이 불일치하는 사람의 비율은 갑국이 50%(=100%-10%-40%)이고, 을국이 40%(=100%-10%-35%-15%)이다. 따라서 실제 계층과 주관적 계층 인식이 불일치하는 사람의 비율은 을국이 갑국보다 작다.
④ 오답 : 제시된 자료를 통해 갑국과 을국의 전체 인구를 알 수 없으므로 갑국에서 자신을 상층으로 인식한 사람과 을국에서 실제 상층에 속한 사람의 수를 비교할 수 없다.
⑤ 정답 : 실제 계층 대비 실제 계층과 주관적 계층 인식이 일치하는 사람의 비율은 갑국의 경우 상층이 (10/25)×100, 중층이 (0/15)×100, 하층이 (40/60)×100으로 하층이 가장 크고, 을국의 경우 상층이 (10/20)×100, 중층이 (35/60)×100, 하층이 (15/20)×100으로 하층이 가장 크다.

👾 **문제풀이 T I P** | 제시된 자료가 부모 세대와 자녀 세대의 계층 구성을 나타낸 것이 아니라 실제 계층과 주관적 계층 인식을 나타낸 것임을 혼동하지 않도록 한다.

다음 자료에 대한 분석으로 옳은 것은? **3점**

그림은 갑국과 을국의 세대별 계층 구성 현황을 나타낸다. 갑국과 을국의 계층은 A~C로만 구분하며, A~C는 각각 상층, 중층, 하층 중 하나이다. A에서는 상승 이동이 불가능하고, B에서는 하강 이동이 불가능하다.

상층 → A
하층 → B

〈갑국〉
부모 세대 : A 상 30 ／ B 하 30 ／ C 중 40
자녀 세대 : A 상 30 ／ B 하 60 ／ C 중 10

〈을국〉
부모 세대 : A 상 10 ／ B 하 70 ／ C 중 20
자녀 세대 : A 상 30 ／ B 하 20 ／ C 중 50

* ■의 면적은 해당 계층에 속한 사람 수를 나타내며, 각 ■의 면적은 모두 동일함.

① 부모 세대 계층 구조의 경우, 갑국은 다이아몬드형이고 을국은 모래시계형이다. (피라미드형)
② 자녀 세대 계층 구조의 경우, 을국에 비해 갑국이 사회 통합에 유리하다.
③ 갑국의 부모 세대 상층 인구는 자녀 세대 상층 인구와 같다.
④ 을국의 자녀 세대 하층 인구는 자녀 세대 중층 인구의 2.5배이다. (0.4)
⑤ 갑국의 부모 세대 하층 인구는 을국의 부모 세대 하층 인구보다 많다. (적다)

|자|료|해|설|

상승 이동이 불가능한 계층은 상층이고, 하강 이동이 불가능한 계층은 하층이다. 따라서 A는 상층, B는 하층, C는 중층이다. 한 개의 ■에 해당하는 사람이 10명이라고 한다면, 갑국의 경우 부모 세대에서 상층은 30명, 중층은 40명, 하층은 30명이고, 자녀 세대에서 상층은 30명, 중층은 10명, 하층은 60명이다. 한 개의 ■에 해당하는 사람이 10명이라고 한다면, 을국의 경우 부모 세대에서 상층은 10명, 중층은 20명, 하층은 70명이고, 자녀 세대에서 상층은 30명, 중층은 50명, 하층은 20명이다.

|선|택|지|풀|이|

① 오답 : 갑국의 부모 세대 계층 구조는 다이아몬드형이고, 을국의 부모 세대 계층 구조는 피라미드형이다.
② 오답 : 갑국의 자녀 세대 계층 구조는 모래시계형이고, 을국의 자녀 세대 계층 구조는 다이아몬드형이다. 따라서 자녀 세대 계층 구조의 경우 을국이 갑국에 비해 사회 통합에 유리하다.
③ 정답 : 한 개의 ■에 해당하는 사람이 10명이라고 한다면, 갑국의 경우 부모 세대 상층 인구는 30명, 자녀 세대 상층 인구는 30명이다. 따라서 갑국의 부모 세대 상층 인구는 자녀 세대 상층 인구와 같다.
④ 오답 : 한 개의 ■에 해당하는 사람이 10명이라고 한다면, 을국의 경우 자녀 세대 하층 인구는 20명, 자녀 세대 중층 인구는 50명이다. 따라서 을국의 자녀 세대 하층 인구는 자녀 세대 중층 인구의 0.4(=20/50)배이다.
⑤ 오답 : 한 개의 ■에 해당하는 사람이 10명이라고 한다면, 갑국의 부모 세대 하층 인구는 30명, 을국의 부모 세대 하층 인구는 70명이다. 따라서 갑국의 부모 세대 하층 인구는 을국의 부모 세대 하층 인구보다 적다.

👾 **문제풀이 T I P** | ■의 면적은 해당 계층에 속한 사람의 수를 나타내고 ■의 면적은 모두 동일하므로 한 개의 ■에 해당하는 사람을 특정 숫자로 가정하여 갑국과 을국의 부모 세대와 자녀 세대의 각 계층에 해당하는 사람 수를 파악해 보도록 한다.

다음 자료에 대한 옳은 분석만을 〈보기〉에서 고른 것은? 3점

표는 갑국의 객관적, 주관적 차원의 계층 구성을 나타낸 것이다. ㉠ 객관적 차원의 계층은 소득과 자산을 기준으로 파악한 것이고, ㉡ 주관적 차원의 계층은 자신이 어느 계층에 속한다고 생각하는지를 응답하게 하여 파악한 것이다. 계층은 A, B, C로 구분되며, A~C는 각각 상층, 중층, 하층 중 하나이다. 객관적 차원에서 A에서 B로의 이동은 상승 이동, A에서 C로의 이동은 하강 이동에 해당한다.

(단위 : %)

구분		객관적 차원의 계층			합계
		A 중층	B 상층	C 하층	
주관적 차원의 계층	A 중층	25	15	20	60
	B 상층	5	4	0	9
	C 하층	5	1	25	31
합계		35	20	45	100

보기

ㄱ. ㉠의 계층 구조는 다이아몬드형이다. （피라미드형）

ㄴ. ㉠보다 ㉡이 높은 사람은 ㉡보다 ㉠이 높은 사람보다 적다. （많다）

ㄷ. ㉠이 하층인 사람 중에서 ㉡이 상층인 사람은 없다.

ㄹ. ㉠의 계층별 인구 중 ㉠과 ㉡이 일치하지 않는 인구의 비율은 상층이 가장 높다.

① ㄱ, ㄴ　② ㄱ, ㄷ　③ ㄴ, ㄷ　④ ㄴ, ㄹ　⑤ ㄷ, ㄹ

|자|료|해|설|

A에서 B로의 이동은 상승 이동이고, A에서 C로의 이동은 하강 이동에 해당하므로 A는 중층, B는 상층, C는 하층이다.

|보|기|풀|이|

ㄱ. 오답 : ㉠의 경우 상층 비율은 20%, 중층 비율은 35%, 하층 비율은 45%이다. 따라서 ㉠의 계층 구조는 피라미드형이다.

ㄴ. 오답 : ㉠보다 ㉡이 높은 사람의 비율은 전체의 25%(=5%+20%)이고, ㉡보다 ㉠이 높은 사람의 비율은 전체의 21%(=5%+15%+1%)이다. 따라서 ㉠보다 ㉡이 높은 사람은 ㉡보다 ㉠이 높은 사람보다 많다.

ㄷ. 정답 : ㉠이 하층인 사람 중에서 ㉡이 상층인 사람의 비율은 0%이다.

ㄹ. 정답 : ㉠의 계층별 인구 중 ㉠과 ㉡이 일치하지 않는 인구의 비율은 상층이 (16/20)×100, 중층이 (10/35)×100, 하층이 (20/45)×100으로, 상층이 가장 높다.

문제풀이 TIP | 중층은 상승 이동과 하강 이동이 모두 나타나는 계층이다.

출제분석 | 객관적 차원의 계층 구성과 주관적 차원의 계층 구성을 분석하는 문제이다. 계층 구조와 사회 이동의 유형을 분석하는 문제가 출제될 수 있다.

표에 대한 분석으로 옳은 것은? 3점

〈 갑국 국민 A ~ H의 현재 계층과 부모 계층 〉

구분	상층	중층	하층
현재 계층	A, G	C, E, F, H	B, D
부모 계층	A, B, F	C, E, G	D, H

상승 이동 / 하강 이동

① 세대 간 이동한 사람보다 이동하지 않은 사람이 많다.  → 4명(B, F, G, H) → 4명(A, C, D, E)

② 세대 간 하강 이동한 사람보다 상승 이동한 사람이 많다.

③ 세대 간 이동한 사람 중 부모 계층이 중층인 사람보다 상층인 사람이 많다. → 2명(B, F) → 1명(G) → 2명(G, H) → 2명(B, F)

④ 세대 간 이동한 사람 중 현재 계층이 상층인 사람보다 하층인 사람이 많다. → 1명(G) → 1명(B)

⑤ 상층에서 하층으로 세대 간 이동한 사람보다 중층에서 하층으로 세대 간 이동한 사람이 많다. → 1명(B) → 0명 （적다）

구분		부모 세대		
		상층	중층	하층
현재 계층	상층	A	G	
	중층	F	C, E	H
	하층	B		D

상승 이동 / 하강 이동

|자|료|해|설|

제시된 표를 통해 갑국 국민 8명(A~H)의 부모 계층과 현재 계층을 비교할 수 있다. 이를 통해 계층 대물림과 세대 간 이동(상승 이동, 하강 이동) 등을 파악할 수 있다.

|선|택|지|풀|이|

① 오답 : 세대 간 이동한 사람은 4명(B, F, G, H)이고, 세대 간 이동하지 않은 사람은 4명(A, C, D, E)이다. 따라서 세대 간 이동한 사람과 이동하지 않은 사람의 수는 같다.

② 오답 : 세대 간 하강 이동한 사람은 2명(B, F)이고, 세대 간 상승 이동한 사람은 2명(G, H)이다. 따라서 세대 간 하강 이동한 사람과 상승 이동한 사람의 수는 같다.

③ 정답 : 세대 간 이동한 사람 중 부모 계층이 중층인 사람은 1명(G)이고, 세대 간 이동한 사람 중 부모 계층이 상층인 사람은 2명(B, F)이다. 따라서 세대 간 이동한 사람 중 부모 계층이 중층인 사람보다 상층인 사람이 많다.

④ 오답 : 세대 간 이동한 사람 중 현재 계층이 상층인 사람은 1명(G)이고, 세대 간 이동한 사람 중 현재 계층이 하층인 사람은 1명(B)이다. 따라서 세대 간 이동한 사람 중 현재 계층이 상층인 사람과 하층인 사람의 수는 같다.

⑤ 오답 : 상층에서 하층으로 세대 간 이동한 사람은 1명(B)이고, 중층에서 하층으로 세대 간 이동한 사람은 0명이다. 따라서 상층에서 하층으로 세대 간 이동한 사람보다 중층에서 하층으로 세대 간 이동한 사람이 적다.

자료에 대한 옳은 설명만을 〈보기〉에서 있는 대로 고른 것은? (단, A국의 계층은 상층, 중층, 하층으로 구분되며, 조사 대상자의 부모는 모두 다르다.) 3점

〈 A국의 사회 이동 조사 〉

대상	A국의 50대 인구 1,000명
내용	조사 대상자의 현재 계층과 20년 전 계층, 부모의 계층, ㉠ 사회 이동 요인 → 세대 내 이동
결과	1. ㉡ 조사 대상자의 현재 계층과 20년 전 계층을 비교한 결과 ㉢ 상승 이동한 사람이 ㉣ 하강 이동한 사람보다 많았음. 2. ㉤ 조사 대상자의 현재 계층과 부모의 계층을 비교한 결과 하강 이동한 사람이 상승 이동한 사람보다 많았음. 3. 사회 이동한 사람 중 자신의 노력과 성취를 통해 사회 이동한 사람이 과반수였음. → 개인적 이동

세대 간 이동

보기

이동 요인에 따라

ㄱ. ㉠을 기준으로 사회 이동은 개인적 이동과 구조적 이동으로 구분된다.

ㄴ. ㉤은 세대 간 이동 여부를, ㉡은 세대 내 이동 여부를 파악하기 위한 비교이다.

ㄷ. ㉢의 20년 전 계층은 하층일 수 없고, ㉣의 20년 전 계층은 상층일 수 없다.

ㄹ. 부모의 계층이 조사 대상자의 현재 계층보다 높은 경우가 낮은 경우보다 많다. ∵ 세대 간 하강 이동 > 세대 간 상승 이동

① ㄱ, ㄴ   ② ㄱ, ㄹ   ③ ㄴ, ㄷ
④ ㄱ, ㄷ, ㄹ   ⑤ ㄴ, ㄷ, ㄹ

|자|료|해|설|

조사 대상자의 현재 계층과 20년 전 계층을 비교하는 것은 세대 내 이동을 파악하기 위한 것이고, 조사 대상자의 현재 계층과 부모의 계층을 비교하는 것은 세대 간 이동을 파악하기 위한 것이다.

|보|기|풀|이|

ㄱ 정답 : 사회 이동은 이동 요인에 따라 개인적 이동과 구조적 이동으로 구분할 수 있다.

ㄴ. 오답 : ㉡을 통해 세대 내 이동 여부를 파악할 수 있고, ㉤을 통해 세대 간 이동 여부를 파악할 수 있다.

ㄷ. 오답 : 상승 이동을 한 사람의 20년 전 계층은 상층일 수 없고, 하강 이동을 한 사람의 20년 전 계층이 하층일 수 없다.

ㄹ 정답 : 세대 간 하강 이동한 사람이 세대 간 상승 이동한 사람보다 많으므로 부모의 계층이 조사 대상자의 현재 계층보다 높은 경우가 낮은 경우보다 많다.

😲 **개념 확인** | 개인의 한 생애 내에서 나타나는 사회 이동은 세대 내 이동이고, 두 세대 이상에 걸쳐 계층적 위치가 변화하는 사회 이동은 세대 간 이동이다.

😃 **출제분석** | 사회 이동의 유형을 파악하는 문제이다. 기존에 높은 난도로 출제되었던 계층 구성 비율 문제를 대체하여 사회 이동의 유형, 계층 구조 등이 새롭게 출제되고 있으므로 이에 대한 개념을 꼼꼼하게 이해해 두도록 한다.

다음 자료에 대한 분석으로 옳은 것은? 3점

갑국의 계층은 각각 상층, 중층, 하층 중 하나인 A~C로만 구분된다. 자녀 세대에서 A와 B에는 모두 세대 간 하강 이동한 자녀가 존재하고, A와 C에는 모두 세대 간 상승 이동한 자녀가 존재한다. 표는 갑국의 세대별 계층 구성 비율을 나타낸 것이다.

(단위 : %)

구분	A 중층	B 하층	C 상층
부모 세대	50	30	20
자녀 세대	15	60	25

① 하층 비율은 부모 세대가 자녀 세대보다 높다. 낮다

② 중층 비율 대비 상승 비율은 자녀 세대가 부모 세대보다 크다.

③ A에 속한 부모의 자녀가 세대 간 상승 이동하면 B에 속하게 된다.

④ B에 속한 부모의 자녀가 C에 속하게 되는 것은 세대 간 하강 상승 이동의 결과이다.

⑤ 자녀 세대의 계층 구조가 부모 세대의 계층 구조보다 사회 통합의 실현에 유리하다.

|자|료|해|설|

자녀 세대 A와 B에는 모두 세대 간 하강 이동한 자녀가 존재하므로 C는 상층에 해당한다. 자녀 세대에서 A와 C는 모두 세대 간 상승 이동한 자녀가 존재하므로 B는 하층에 해당한다. 따라서 A는 중층에 해당한다.

|선|택|지|풀|이|

① 오답 : 하층 비율은 부모 세대의 경우 30%, 자녀 세대의 경우 60%이므로 부모 세대가 자녀 세대보다 낮다.

② 정답 : 중층 비율 대비 상층 비율은 부모 세대의 경우 20/50, 자녀 세대의 경우 25/15이므로 자녀 세대가 부모 세대보다 크다.

③ 오답 : 중층에 속한 부모의 자녀가 세대 간 상승 이동하면 상층에 속하게 된다.

④ 오답 : 하층에 속한 부모의 자녀가 상층에 속하게 되는 것은 세대 간 상승 이동의 결과이다.

⑤ 오답 : 부모 세대의 계층 구조는 다이아몬드형이고, 자녀 세대의 계층 구조는 모래시계형이다. 따라서 부모 세대의 계층 구조가 자녀 세대의 계층 구조보다 사회 통합의 실현에 유리하다.

😲 **문제풀이 T I P** | 자녀 세대에서 상층에는 세대 간 하강 이동한 자녀가 존재하지 않고, 자녀 세대에서 하층에는 세대 간 상승 이동한 자녀가 존재하지 않는다.

다음 자료에 대한 분석으로 옳은 것은?

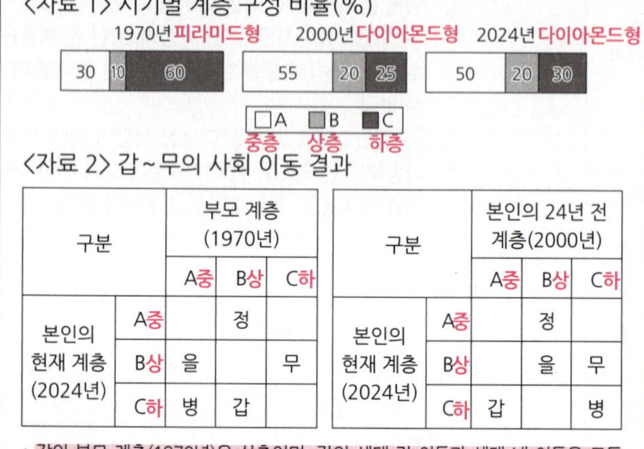

다음은 □□국 시기별 계층 구성 비율과 연령이 50대인 갑~무의 사회 이동 결과를 세대 간 이동과 세대 내 이동으로 구분하여 나타낸 것이다. 단, 세대 간 이동은 부모 계층과 본인의 현재 계층 비교로, 세대 내 이동은 본인의 24년 전 계층과 현재 계층 비교로 판단한다. A~C는 각각 상층, 중층, 하층 중 하나이다.

〈자료 1〉 시기별 계층 구성 비율(%)

〈자료 2〉 갑~무의 사회 이동 결과

구분		부모 계층 (1970년)		
		A중	B상	C하
본인의 현재 계층 (2024년)	A중		정	
	B상	을		무
	C하	병	갑	

구분		본인의 24년 전 계층 (2000년)		
		A중	B상	C하
본인의 현재 계층 (2024년)	A중		정	
	B상		을	무
	C하		갑	병

* 갑의 부모 계층(1970년)은 상층이며, 갑의 세대 간 이동과 세대 내 이동은 모두 하강 이동임.

① 1970년 계층 구조는 2000년 계층 구조보다 사회 안정성이 높다. **낮다**

② 2000년은 다이아몬드형, 2024년은 모래시계형 계층 구조이다. **다이아몬드형**

③ 을은 세대 간 상승 이동과 세대 내 하강 이동을 하였다.

④ 정은 세대 간 이동과 세대 내 이동 모두 상승 이동을 하였다. **하강**

⑤ 병은 세대 간 하강 이동을 하였고, 무는 세대 내 상승 이동을 하였다. **중층 → 하층　　하층 → 상층**

|자|료|해|설|

갑의 부모 계층(1970년)이 상층이므로 B는 상층이다. 갑의 세대 간 이동과 세대 내 이동이 모두 하강 이동이므로 갑의 24년 전 계층(2000년)은 중층, 갑의 현재 계층(2024년)은 하층에 해당한다. 따라서 A는 중층, C는 하층이다.

|선|택|지|풀|이|

① 오답 : 1970년 계층 구조는 상층 비율이 10%, 중층 비율이 30%, 하층 비율이 60%이므로 피라미드형이다. 2000년 계층 구조는 상층 비율이 20%, 중층 비율이 55%, 하층 비율이 25%이므로 다이아몬드형이다. 따라서 1970년 계층 구조는 2000년 계층 구조보다 사회 안정성이 낮다.

② 오답 : 2000년과 2024년의 계층 구조는 모두 중층 비율이 가장 높은 다이아몬드형이다.

③ 오답 : 을의 부모 계층은 중층, 을의 현재 계층은 상층이므로 세대 간 상승 이동을 하였다. 을의 24년 전 계층은 상층, 을의 현재 계층은 상층이므로 세대 내 하강 이동을 하지 않았다.

④ 오답 : 정의 부모 계층은 상층, 정의 현재 계층은 중층이므로 세대 간 하강 이동을 하였다. 정의 24년 전 계층은 상층, 정의 현재 계층은 중층이므로 세대 내 하강 이동을 하였다.

⑤ 정답 : 병의 부모 계층은 중층, 병의 현재 계층은 하층이므로 세대 간 하강 이동을 하였다. 무의 24년 전 계층은 하층, 무의 현재 계층은 상층이므로 세대 내 상승 이동을 하였다.

🤓 **문제풀이 TIP** | 갑의 부모 계층(1970년)이 상층이고, 갑의 세대 간 이동과 세대 내 이동이 모두 하강 이동이라는 조건을 바탕으로 A~C에 해당하는 계층을 파악하도록 한다.

그림은 갑국과 을국의 시기별 계층 구성 비율을 나타낸다. 이에 대한 분석으로 옳은 것은?

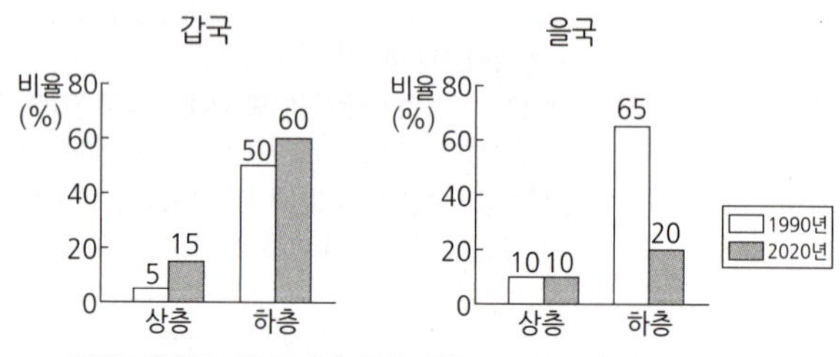

* 갑국과 을국의 계층은 상층, 중층, 하층으로만 구성된다.

① 갑국의 계층 구조는 피라미드형에서 모래시계형으로 변화하였다.

② 갑국은 을국과 달리 폐쇄적 계층 구조이다. ➡ **알 수 없음**

③ 갑국은 을국에 비해 상승 이동이 더 많이 나타났다. ➡ **알 수 없음**

④ 을국은 갑국과 달리 사회 안정성이 높은 계층 구조로 변화하였다.

⑤ 1990년 중층 대비 상층의 비는 갑국이 을국보다 크다. **작다**

〈갑국〉		(단위 : %)
구분	1990년	2020년
상층	5	15
중층	45	25
하층	50	60

〈을국〉		(단위 : %)
구분	1990년	2020년
상층	10	10
중층	25	70
하층	65	20

|자|료|해|설|

제시된 그림을 통해 갑국과 을국의 1990년과 2020년 계층 구성을 나타내면 첨삭과 같다.

|선|택|지|풀|이|

① 오답 : 갑국의 경우 1990년과 2020년의 계층 구조는 모두 피라미드형이다.

② 오답 : 제시된 자료만으로 갑국과 을국의 계층 구조가 폐쇄적 계층 구조인지 알 수 없다.

③ 오답 : 제시된 자료만으로 갑국이 을국에 비해 상승 이동이 더 많이 나타났는지 알 수 없다.

④ 정답 : 갑국의 경우 1990년과 2020년의 계층 구조는 모두 피라미드형이다. 을국의 경우 1990년 계층 구조는 피라미드형이고, 2020년의 계층 구조는 다이아몬드형이다. 따라서 을국은 갑국과 달리 중층 비율이 높은, 즉 사회 안정성이 높은 계층 구조로 변화하였다.

⑤ 오답 : 1990년 중층 대비 상층의 비는 갑국의 경우 5/45, 을국의 경우 10/25으로, 갑국이 을국보다 작다.

🤓 **문제풀이 TIP** | 그림에서는 상층과 하층 비율이 제시되어 있으므로 100%-(상층 비율+하층 비율)을 통해 중층 비율을 구할 수 있다.

다음 자료에 대한 옳은 분석만을 〈보기〉에서 있는 대로 고른 것은?

3점

갑국의 계층은 상층, 중층, 하층으로만 구분되며, A~C는 각각
상층, 중층, 하층 중 하나이다. 부모 세대의 계층 구성비는
A : B : C = 3 : 6 : 1이고, 모든 부모의 자녀는 1명씩이다.
상 : 중 : 하 = 30 : 60 : 10

〈부모 세대와 자녀 세대 간 계층 이동 현황〉

(단위 : %)

구분	A	B	C
부모 세대 계층 대비 부모 세대와 자녀 세대의 계층 일치 비율 → 대각선	50	25	50
자녀 세대 계층 대비 부모 세대와 자녀 세대의 계층 불일치 비율	25 일치 75	50 50	90 10

상층 → A / 중층 → B / 하층 → C

* 자녀 세대 A는 부모 세대보다 계층이 낮을 수 없다.
** B는 다이아몬드형 계층 구조에서 가장 비율이 높은 계층이다.

상층 / 중층

보기

ㄱ. 세대 간 상승 이동 비율이 세대 간 하강 이동 비율보다 낮다.
    최대 10%(5 + 5) / 최소 55%
ㄴ. 자녀 세대의 계층 구조는 부모 세대의 계층 구조보다 사회 통합에 유리하다.
    피라미드형 / 다이아몬드형 / 불리
ㄷ. 중층 부모를 둔 하층 자녀 인구는 상층 부모를 둔 중층 자녀 인구의 최대 3배이다.
    최소 3배, 최대 4배 / 중층 $\left(\frac{15}{5}\right)$ 하층
ㄹ. 중층 대물림 인구 대비 상층 대물림 인구의 비는 하층 대물림 인구 대비 중층 대물림 인구의 비보다 낮다.
    상층 $\left(\frac{15}{15}\right)$ 중층

① ㄱ, ㄴ   ② ㄱ, ㄹ   ③ ㄴ, ㄷ
④ ㄱ, ㄷ, ㄹ   ⑤ ㄴ, ㄷ, ㄹ

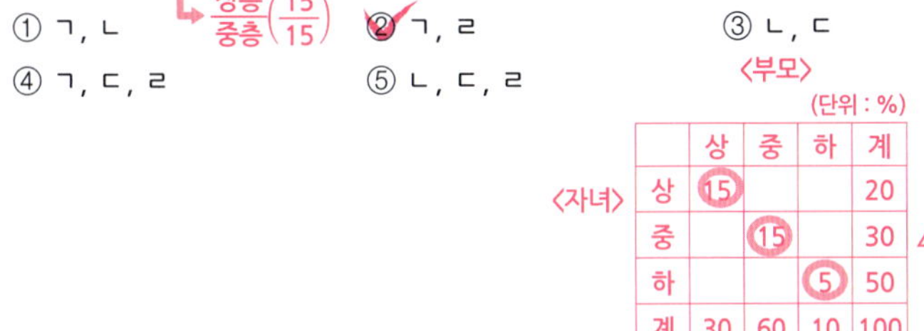

|자|료|해|설|

문제의 조건(**)에서 B는 다이아몬드형 계층 구조에서 가장 비율이 높은 계층이라고 했으므로 중층이라는 것을 알 수 있다. 조건(*)에서 자녀 세대 A는 부모 세대보다 계층이 낮을 수 없다고 했으므로 상층이라는 것을 알 수 있다. 따라서 C는 하층이다. 부모 세대의 계층 구성비는 '상층 : 중층 : 하층 = 30 : 60 : 10'이다. 주어진 자료를 바탕으로 계층 기본 표를 완성시키면 보다 쉽게 해결할 수 있다.

|보|기|풀|이|

ㄱ. 정답 : 세대 간 상승 이동 비율은 최대 10%(= 5% + 5%)이고, 세대 간 하강 이동은 최소 55%이다. 따라서 세대 간 상승 이동 비율(최대 10%)이 세대 간 하강 이동 비율(최소 55%)보다 낮다.

ㄴ. 오답 : 부모 세대의 계층 구성비는 '상층 : 중층 : 하층 = 30 : 60 : 10'이므로 다이아몬드형 계층 구조이다. 자녀 세대의 계층 구성비는 '상층 : 중층 : 하층 = 20 : 30 : 50'이므로 피라미드형 계층 구조이다. 따라서 자녀 세대의 계층 구조(피라미드형)는 부모 세대의 계층 구조(다이아몬드형)보다 사회 통합에 불리하다.

ㄷ. 오답 : 중층 부모를 둔 하층 자녀 비율은 40% ~ 45% 사이 값을 갖는다. 상층 부모를 둔 중층 자녀 비율은 10% ~ 15% 사이 값을 갖는다. 따라서 중층 부모를 둔 하층 자녀 인구는 상층 부모를 둔 중층 자녀 인구의 최소 3배, 최대 4배가 될 수 있다.

ㄹ. 정답 : 중층 대물림 인구 대비 상층 대물림 인구의 비는 '상층/중층'으로 구할 수 있고, 하층 대물림 인구 대비 중층 대물림 인구의 비는 '중층/하층'으로 구할 수 있다. 따라서 중층 대물림 인구 대비 상층 대물림 인구의 비(15/15)는 하층 대물림 인구 대비 중층 대물림 인구의 비(15/5)보다 낮다.

IV

1.

사회 불평등 현상과 계층

문제풀이 TIP | 제시된 〈부모 세대와 자녀 세대 간 계층 이동 현황〉의 첫 번째 부분인 '부모 세대 계층 대비 부모 세대와 자녀 세대의 계층 일치 비율'을 통해 계층 기본 표의 대각선을 구할 수 있다. 부모 세대의 계층 구성비는 '상층 : 중층 : 하층 = 30 : 60 : 10'이다. 부모 세대의 계층 비율을 기준으로 계층이 대물림된 비율을 구하면 상층은 15%(30% × 0.5)이고, 중층은 15%(= 60% × 0.25)이고, 하층은 5%(= 10% × 0.5)이다. 이제 두 번째 부분 '자녀 세대 계층 대비 부모 세대와 자녀 세대의 계층 불일치 비율'을 통해 자녀 세대의 계층 구성비를 구할 수 있다. 우선 불일치 비율이기 때문에 100%에서 불일치 비율을 빼면 일치 비율이 나온다. 따라서 '자녀 세대 계층 대비 부모 세대와 자녀 세대의 계층 일치 비율'은 상층이 75%(= 100% − 25%)이고, 중층이 50%(= 100% − 50%)이고, 하층이 10%(= 100% − 90%)이다. 이제 위에서 구한 대각선과 '자녀 세대 계층 대비 부모 세대와 자녀 세대의 계층 일치 비율'을 통해 자녀 세대의 계층 구성비를 구할 수 있다. 자녀 세대 상층을 (가)로 놓으면, 일치 비율이 75%이므로 (가)에 0.75를 곱하면 상층의 대각선인 15%가 나와야 한다. 이를 식으로 나타내면 '(가) × 0.75 = 15'가 되므로 (가)는 20%가 된다. 같은 방식으로 자녀 세대의 중층과 하층을 구하면 자녀 세대의 계층 구성비는 '상층 : 중층 : 하층 = 20 : 30 : 50'이다.

출제분석 | 사회 이동의 유형, 계층 구조의 유형과 특징에 관련된 주제는 도표 분석 중심으로 고난도 문항이 출제될 수 있는데, 계층 기본표를 완성하면 보다 쉽게 해결할 수 있다. 그동안 무수히 많은 기출문제가 누적되었기 때문에 기출문제를 중심으로 문제 풀이 능력을 향상시킬 필요가 있다.

다음 자료에 대한 분석으로 옳은 것은? 3점

다음은 갑국의 부모 세대와 자녀 세대의 계층을 조사하여 분석한 결과이다. 단, 계층은 상층, 중층, 하층으로만 구분하며, 모든 부모의 자녀는 1명씩이다.

〈 전체 자녀 중 부모와 계층이 일치하는 자녀의 비율 〉

부모와 자녀가 모두 상층인 경우	5%
부모와 자녀가 모두 중층인 경우	40%
부모와 자녀가 모두 하층인 경우	25%

〈 부모 세대 계층 대비 부모 세대와 자녀 세대의 계층 불일치 비율 〉

상층	50%
중층	0%
하층	50%

＊ 자녀 세대 중층에서 부모 세대와의 계층 일치 비율은 100%이다.

① 상층의 비율은 부모 세대가 자녀 세대보다 높다.
② 부모 세대와 자녀 세대 모두 피라미드형 계층 구조이다.
③ 세대 간 상승 이동 비율이 세대 간 하강 이동 비율보다 낮다.
④ 하층 부모를 둔 상층 자녀 수는 상층 부모를 둔 하층 자녀 수의 5배이다.
⑤ 자녀 세대 계층 대비 부모 세대와 자녀 세대의 계층 일치 비율은 상층이 하층보다 높다.

(단위: %)

구분		부모 세대			
		상층	중층	하층	계
자녀 세대	상층	5	0	25	30
	중층	0	40	0	40
	하층	5	0	25	30
	계	10	40	50	100

|자|료|해|설|

제시된 자료를 바탕으로 계층 기본 표를 완성시키면 보다 쉽게 해결할 수 있다. '부모와 계층이 일치하는 자녀의 비율'은 계층 대물림 비율로 계층 기본 표에서 대각선 부분에 들어간다. '계층 불일치 비율'은 계층 대물림(대각선) 부분을 제외한 부분으로 세대 간 수직 이동(상승 이동 또는 하강 이동)을 의미한다. 또한 100%에서 '계층 불일치 비율'을 빼면 '계층 일치 비율'(대각선 부분)을 구할 수 있다.

|선|택|지|풀|이|

① 오답 : 부모 세대 상층의 비율은 10%이고, 자녀 세대 상층의 비율은 30%이다. 따라서 상층의 비율은 부모 세대(10%)가 자녀 세대(30%)보다 낮다.
② 오답 : 부모 세대의 계층 구성 비율은 '상층:중층:하층 =10:40:50'이므로 피라미드형 계층 구조이다. 자녀 세대의 계층 구성 비율은 '상층:중층:하층=30:40:30'이므로 다이아몬드형 계층 구조이다.
③ 오답 : 세대 간 상승 이동 비율은 25%(0%+25%+0%)이고, 세대 간 하강 이동 비율은 5%(0%+5%+0%)이다. 따라서 세대 간 상승 이동 비율이 세대 간 하강 이동 비율보다 높다.
④ 정답 : 하층 부모를 둔 상층 자녀는 25%이고, 상층 부모를 둔 하층 자녀는 5%이다. 따라서 하층 부모를 둔 상층 자녀 수는 상층 부모를 둔 하층 자녀 수의 5배이다.
⑤ 오답 : 자녀 세대 계층 대비 부모 세대와 자녀 세대의 계층 일치 비율은 상층이 약 16.7%{(5/30)×100}이고, 하층이 약 83.3%{(25/30)×100}이다. 따라서 자녀 세대 계층 대비 부모 세대와 자녀 세대의 계층 일치 비율은 상층이 하층보다 낮다.

🤓 **문제풀이 TIP** | 〈전체 자녀 중 부모와 계층이 일치하는 자녀의 비율〉은 계층 대물림 비율로, 계층 기본 표에서 대각선 부분에 해당한다. 상층부터 순서대로 5%(상층), 40%(중층), 25%(하층)를 계층 기본 표에 넣으면 다음과 같다.

(단위: %)

구분		부모 세대			계
		상층	중층	하층	
자녀 세대	상층	5	(다)		
	중층	(가)	40	(나)	
	하층		(라)	25	
	계	A	B	C	100

다음으로 〈부모 세대 계층 대비 부모 세대와 자녀 세대의 계층 불일치 비율〉을 바탕으로 계층 기본 표를 완성시킬 수 있다. '부모 세대 계층 대비'이므로 부모 세대 계층이 기준이다. 부모 세대 상층을 A라고 가정하면 A의 50%가 세대 간 하강 이동하였다. 100%에서 계층 불일치 비율 50%를 빼면 계층 일치 비율(계층 대물림 비율)이 50%이다. 따라서 A(부모 세대 상층)의 50%가 계층 대물림 비율이고 이 값이 5%이므로 A는 10%{(5/A)×100=50}라는 것을 알 수 있다. 같은 방식으로 부모 세대 중층(B)과 하층(C)의 비율을 구할 수 있다. 따라서 부모 세대의 계층 구성 비율은 '상층:중층:하층=10:40:50'임을 구할 수 있다.

문제 조건(＊)에서 자녀 세대 중층에서 부모 세대와의 계층 일치 비율이 100%이므로 계층 불일치 비율이 0%이다. 따라서 위의 계층 기본 표에서 (가), (나)가 0%이다. 부모 세대의 중층이 40%이므로 위의 계층 기본 표에서 (다), (라)도 0%이다. 이를 바탕으로 자녀 세대의 계층 구성 비율을 '상층:중층:하층=30:40:30'이라는 것을 알 수 있다.

🤓 **출제분석** | 계층 구조와 사회 이동과 관련된 문제는 주어진 자료를 바탕으로 계층 기본 표를 완성시키면 쉽게 해결할 수 있다. 평소 기출문제를 중심으로 다양한 문제의 계층 기본 표를 직접 완성시켜 보는 훈련을 해 둘 필요가 있다.

다음 자료에 대한 분석으로 옳은 것은? 3점

표는 갑국과 을국의 세대 간 계층 이동 현황을 나타낸 것이다. C에서 A로의 이동은 하강 이동이고, C에서 B로의 이동은 상승 이동이다. 단, 계층은 A, B, C로만 구분되고, A~C는 각각 상층, 중층, 하층 중 하나이다.

〈갑국〉

구분		부모 세대		
		A 하층	B 상층	C 중층
자녀 세대	A 하층	●●	●	●●●
	B 상층	●●●●	●●	
	C 중층	●●●●		●●

〈을국〉

구분		부모 세대		
		A 하층	B 상층	C 중층
자녀 세대	A 하층	●●●	●	●●●●●●
	B 상층	●	●●	●●●
	C 중층	●●		●

* ●는 해당 계층 사람의 수를 나타낸 것이며, 각 ●가 나타내는 사람의 수는 동일함.

① 갑국은 자녀 세대에서 완전 평등한 계층 구조를 이루었다. 이루고 있지 않다

② 을국의 자녀 세대에서 중층인 사람의 수는 갑국의 부모 세대에서 상층인 사람의 수보다 많다. 와 같다

③ 갑국은 을국과 달리 부모 세대 중층에서 세대 간 하강 이동이 발생하지 않았다. 모두 하였다

④ 갑국은 개방적 계층 구조, 을국은 폐쇄적 계층 구조이다.

⑤ 갑국의 부모 세대 계층 구조는 피라미드형, 을국의 자녀 세대 계층 구조는 모래시계형이다.

〈갑국〉 (단위 : 명)

구분		부모 세대			계
		상층	중층	하층	
자녀 세대	상층	2	0	4	6
	중층	1	2	3	6
	하층	1	3	2	6
계		4	5	9	18

〈을국〉 (단위 : 명)

구분		부모 세대			계
		상층	중층	하층	
자녀 세대	상층	2	3	1	6
	중층	1	1	2	4
	하층	1	6	3	10
계		4	10	6	20

|자|료|해|설|

C에서 A로의 이동이 하강 이동이고, C에서 B로의 이동이 상승 이동이므로 C는 중층, A는 하층, B는 상층이다. 제시된 자료에서 ●가 나타내는 사람의 수를 1명이라고 가정하면, 갑국과 을국의 부모 세대와 자녀 세대의 계층 구성은 첨삭과 같이 나타낼 수 있다.

|선|택|지|풀|이|

① 오답 : 갑국의 경우 자녀 세대에서 상층 : 중층 : 하층 = 6 : 6 : 6이다. 완전 평등한 계층 구조는 모든 사회 구성원의 계층이 동일한 계층 구조를 말한다. 따라서 갑국의 경우 자녀 세대에서 완전 평등한 계층 구조를 이루고 있지 않다.

② 오답 : 을국의 자녀 세대에서 중층인 사람의 수는 4명이고, 갑국의 부모 세대에서 상층인 사람의 수는 4명이다. 따라서 을국의 자녀 세대에서 중층인 사람의 수와 갑국의 부모 세대에서 상층인 사람의 수는 같다.

③ 오답 : 부모 세대 중층에서 세대 간 하강 이동한 사람의 수는 갑국이 3명이고, 을국이 6명이다. 따라서 갑국과 을국 모두에서 부모 세대 중층에서 세대 간 하강 이동이 발생하였다.

④ 오답 : 을국에서는 부모 세대와 자녀 세대 간에 세대 간 수직 이동이 발생하였다. 이를 통해 을국에서 폐쇄적 계층 구조가 나타난다고 볼 수 없다.

⑤ 정답 : 갑국 부모 세대의 경우 상층 : 중층 : 하층 = 4 : 5 : 9이므로 피라미드형 계층 구조를 보이고 있고, 을국 자녀 세대의 경우 상층 : 중층 : 하층 = 6 : 4 : 10이므로 모래시계형 계층 구조를 보이고 있다.

😲 **문제풀이 TIP** | ●가 해당 계층 사람의 수를 나타내고 각 ●가 나타내는 사람의 수는 동일하므로 ●를 특정한 수로 가정하고 각 계층에 해당하는 사람의 수를 파악하도록 한다.

😊 **출제분석** | 부모 세대와 자녀 세대의 계층 구성을 분석하는 문제이다. 기출 문제를 통해 세대 간 이동 비율과 대물림 비율 등을 계산하는 연습을 해 두도록 한다.

IV

1. 사회 불평등 현상과 계층

다음 자료에 대한 분석 및 추론으로 옳은 것은? **3점**

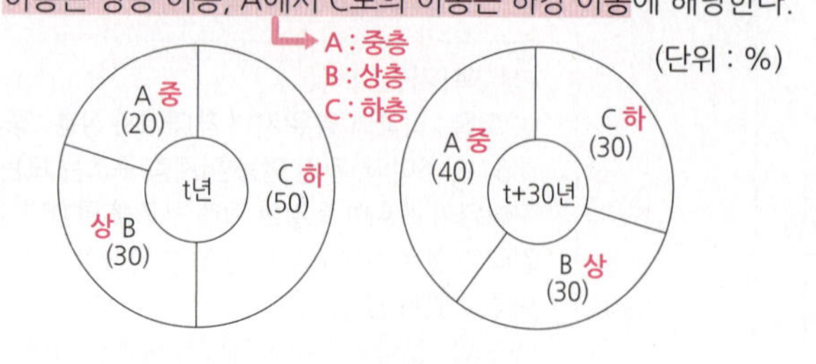

① t년에 상층 비율은 중층 비율의 ~~2.5~~ 1.5 배이다.
② 하층 비율 대비 중층 비율은 t년이 t+30년보다 ~~크다~~ 작다.
③ t년의 상층 중에서 t+30년에 하강 이동을 한 경우는 없다. ➡ 알 수 없음
④ t년에는 t+30년과 달리 폐쇄적 계층 구조가 나타난다. ➡ 알 수 없음
⑤ t+30년의 계층 구조가 t년의 계층 구조보다 사회 통합에
유리하다. ➡ 다이아몬드형　➡ 모래시계형

|자|료|해|설|
A에서 B로의 이동은 상승 이동이고, A에서 C로의 이동은
하강 이동에 해당하므로 A는 중층, B는 상층, C는 하층이다.

|선|택|지|풀|이|
① 오답 : t년에 중층 비율은 20%, 상층 비율은 30%이므로
상층 비율은 중층 비율의 1.5배이다.
② 오답 : 하층 비율 대비 중층 비율은
t년의 경우 40%{=(20/50)×100},
t+30년의 경우 약 133%{=(40/30)×100}이므로
t년이 t+30년보다 작다.
③ 오답 : 제시된 자료만으로는 t년의 상층 중 t+30년에
하강 이동을 한 경우를 알 수 없다.
④ 오답 : 제시된 자료만으로는 t+30년과 달리 t년에
폐쇄적 계층 구조가 나타났는지 알 수 없다.
⑤ 정답 : t년의 계층 구조는 모래시계형, t+30년의 계층
구조는 다이아몬드형이므로 t+30년의 계층 구조가
t년보다 사회 통합에 유리하다.

😲 **추가 학습** | 사회적 희소가치가 비교적 평등하게 분배되어
있는 다이아몬드형 계층 구조를 형성해야 계층 간 대립 가능성이
낮아지고, 사회 통합 및 안정의 가능성이 높아질 수 있다.

다음 자료에 대한 분석으로 옳은 것은? **3점**

자료는 연령이 50세인 갑~병의 사회 이동과 그들이 속한
국가의 현재 계층 비율을 조사한 결과이다. 단, A~C는 각각
상층, 중층, 하층 중 하나이며, 다른 계층은 존재하지 않는다.
세대 간 이동은 (가)와 (다), 세대 내 이동은 (나)와 (다)를 통해
판단한다.

〈갑~병의 사회 이동 양상〉

구분	갑	을	병
(가) 부모의 계층	상층	중층	하층
(나) 20년 전 본인 계층	A중층	B하층	C상층
(다) 현재 본인 계층	B하층	C상층	A중층

세대 간 이동 ← (가), (다)
세대 내 이동 ← (나), (다)

〈갑~병이 속한 국가의 현재 계층 비율〉

피라미드형　다이아몬드형　모래시계형
A 중층
B 하층
C 상층
갑이 속한 국가　을이 속한 국가　병이 속한 국가
* 갑이 속한 국가는 피라미드형 계층 구조임.

① 갑과 달리 을은 세대 간 ~~하강~~ 상승 이동을 하였다.
② 을과 병에게는 모두 계층 대물림이 이루어 ~~졌다~~ 지지 않았다.
③ 갑과 을은 모두 세대 간 이동과 세대 내 이동을 하였다.
④ 을이 속한 국가는 갑이 속한 국가에 비해 계층 양극화로 인한
문제가 발생할 가능성이 ~~높다~~ 낮다.
⑤ 병이 속한 국가는 ~~을~~ 병이 속한 국가에 비해 사회 통합에 유리한
계층 구조가 나타난다.

|자|료|해|설|
갑이 속한 국가의 계층 구조가 피라미드형이므로 A는
중층, B는 하층, C는 상층이다.

|선|택|지|풀|이|
① 오답 : 갑은 상층에서 하층으로 세대 간 하강 이동을
하였고, 을은 중층에서 상층으로 세대 간 상승 이동을
하였다.
② 오답 : 을은 중층에서 상층으로 세대 간 상승 이동을
하였고, 병은 하층에서 중층으로 세대 간 상승 이동을
하였다. 따라서 을과 병에게는 모두 계층 대물림이
이루어지지 않았다.
③ 정답 : 갑은 상층에서 하층으로 세대 간 하강 이동을,
중층에서 하층으로 세대 내 하강 이동을 하였다. 을은
중층에서 상층으로 세대 간 상승 이동을, 하층에서
상층으로 세대 내 상승 이동을 하였다. 따라서 갑과 을은
모두 세대 간 이동과 세대 내 이동을 하였다.
④ 오답 : 갑이 속한 국가의 계층 구조는 피라미드형이고,
을이 속한 국가의 계층 구조는 다이아몬드형이다. 따라서
을이 속한 국가가 갑이 속한 국가에 비해 계층 양극화로
인한 문제가 발생할 가능성이 낮다.
⑤ 오답 : 을이 속한 국가의 계층 구조는 다이아몬드형이고,
병이 속한 국가의 계층 구조는 모래시계형이다. 따라서
을이 속한 국가는 병이 속한 국가에 비해 사회 통합에
유리한 계층 구조가 나타난다.

😲 **문제풀이 TIP** | 갑이 속한 국가의 계층 구조가 피라미드형
이라는 단서를 통해 A~C에 해당하는 계층을 파악할 수 있다.

😲 **출제분석** | 계층 구조와 사회 이동의 유형을 분석하는
문제이다. 최근 계층 구조와 사회 이동을 파악하는 문제는 평이한
수준으로 출제되고 있으므로 개념 중심으로 공부해 두도록 한다.

표에 대한 분석으로 옳은 것은? (단, 갑국에서 모든 부모의 자녀는 1명씩이다.)

〈 갑국의 부모와 자녀 간 계층 비교 〉

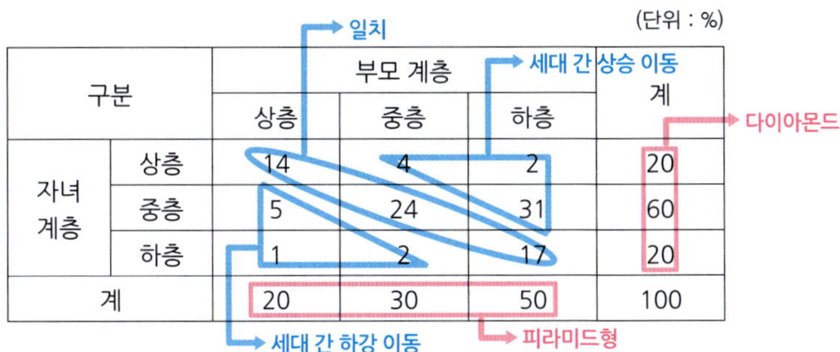

구분		부모 계층			계
		상층	중층	하층	
자녀 계층	상층	14	4	2	20
	중층	5	24	31	60
	하층	1	2	17	20
계		20	30	50	100

① 세대 간 이동한 자녀가 부모와 계층이 일치하는 자녀보다 많다. 적다

② 세대 간 하강 이동한 자녀가 세대 간 상승 이동한 자녀보다 많다. 적다

③ 계층 구조 측면에서 자녀 세대가 부모 세대보다 사회 통합에 유리하다.
다이아몬드형　　피라미드형

④ 자녀 세대 각 계층 인구 중 부모와 계층이 일치하는 자녀의 비율은 중층이 가장 높다.
하층

⑤ 부모가 중층인 자녀 중 세대 간 하강 이동한 자녀가 세대 간 상승 이동한 자녀보다 많다. 적다

문제풀이 T I P | 제시된 표 그대로를 분석하여 선지를 해결할 수 있다.

출제분석 | 사회 이동과 계층 구조를 분석하는 문제이다. 사회 이동 관련 문제는 평이하게 출제되고 있으므로 기출 문제 중에서 고난도 문제는 제외하고 평이한 문제 위주로 연습해 두도록 한다.

|자|료|해|설|

부모와 자녀가 모두 상층, 중층, 하층인 경우는 부모의 계층을 자녀가 대물림한 경우를 나타내고, 부모 중층-자녀 상층, 부모 하층-자녀 상층, 부모 하층-자녀 중층인 경우는 세대 간 상승 이동을 나타내며, 부모 상층-자녀 중층, 부모 상층-자녀 하층, 부모 중층-자녀 하층인 경우는 세대 간 하강 이동을 나타낸다.

|선|택|지|풀|이|

① 오답 : 부모와 자녀의 계층이 일치하는 비율은 55%(=14%+24%+17%)이고, 세대 간 이동 비율은 45%(=100%-55%)이다. 따라서 세대 간 이동한 자녀가 부모와 계층이 일치하는 자녀보다 적다.

② 오답 : 세대 간 하강 이동 비율은 8%(=5%+1%+2%), 세대 간 상승 이동 비율은 37%(=4%+2%+31%)이다. 따라서 세대 간 하강 이동한 자녀가 세대 간 상승 이동한 자녀보다 적다.

③ 정답 : 부모 세대의 계층 구조는 피라미드형이고, 자녀 세대의 계층 구조는 다이아몬드형이다. 따라서 계층 구조 측면에서 자녀 세대가 부모 세대보다 사회 통합에 유리하다.

④ 오답 : 자녀 세대 각 계층 인구 중 부모와 계층이 일치하는 자녀의 비율은 상층의 경우 70%{=(14/20)×100}, 중층의 경우 40%{=(24/60)×100}, 하층의 경우 85%{=(17/20)×100}로, 하층이 가장 높다.

⑤ 오답 : 부모가 중층인 자녀 중 세대 간 하강 이동한 비율은 전체의 2%, 세대 간 상승 이동한 비율은 전체의 4%이다. 따라서 부모가 중층인 자녀 중 세대 간 하강 이동한 자녀가 세대 간 상승 이동한 자녀보다 적다.

다음 자료에 대한 분석으로 옳은 것은? (3점)

상층　　　　중층
갑국의 계층은 A, B, C로 구분되며, A~C는 각각 상층, 중층, 하층 중 하나이다. A에서 B로의 수직 이동과 A에서 C로의 수직 이동의 방향은 같다. 상승 이동을 통해 B에 진입하는 사람은 존재할 수 없다. t년에 갑국의 A, B, C 계층의 인구 구성비는 하층 1 : 6 : 3이다. 그림은 t+50년과 t+100년 갑국 계층의 인구 구성 비율을 나타낸 것이다.

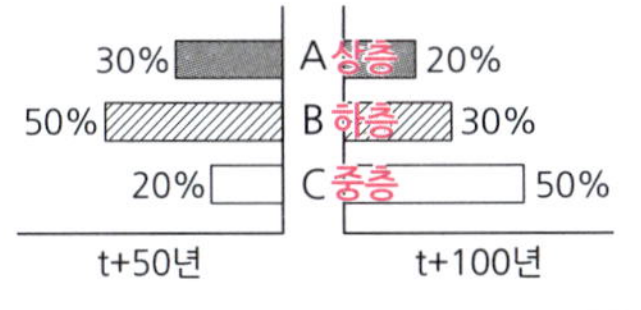

① t년에 중층 인구 비율은 하층 인구 비율의 2배이다.
1/2

② t+50년의 계층 구조는 피라미드형이다.
모래시계형

③ 상층 인구 대비 하층 인구의 비는 t년보다 t+100년이 작다.

④ t년은 폐쇄적 계층 구조, t+100년은 개방적 계층 구조이다. → 알 수 없음

⑤ t+100년에 비해 t+50년의 계층 구조가 사회 안정에 유리하다.
t+50　　t+100

(단위 : %)

구분	t년	t+50년	t+100년
상층(A)	10	30	20
중층(C)	30	20	50
하층(B)	60	50	30
	△	⋈	◇

|자|료|해|설|

상승 이동을 통해 B로 진입하는 사람이 존재할 수 없으므로 B는 하층에 해당한다. A에서 B로의 수직 이동과 A에서 C로의 수직 이동의 방향이 같으므로 A는 상층에 해당한다. 따라서 C는 중층에 해당한다. 제시된 자료를 바탕으로 연도별 계층 구성 비율을 나타내면 첨삭과 같다.

|선|택|지|풀|이|

① 오답 : t년에 중층 인구 비율은 30%, 하층 인구 비율은 60%이다. 따라서 t년에 중층 인구 비율은 하층 인구 비율의 1/2배이다.

② 오답 : t+50년에 상층 인구 비율은 30%, 중층 인구 비율은 20%, 하층 인구 비율은 50%이다. 따라서 t+50년에 계층 구조는 모래시계형이다.

③ 정답 : 상층 인구 대비 하층 인구의 비는 t년이 6(=60/10), t+100년이 3/2(=30/20)이므로 t+100년이 t년보다 작다.

④ 오답 : 제시된 자료만으로는 폐쇄적 계층 구조와 개방적 계층 구조의 여부를 파악할 수 없다.

⑤ 오답 : t+50년의 계층 구조는 모래시계형, t+100년의 계층 구조는 다이아몬드형이다. 따라서 t+100년의 구조는 t+50년에 비해 사회 안정에 유리하다.

문제풀이 T I P | 상승 이동을 통해 진입하는 사람이 존재할 수 없는 계층은 하층이고, 하강 이동을 통해 진입하는 사람이 존재할 수 없는 계층은 상층이다.

출제분석 | 사회 이동과 계층 구조를 분석하는 문제이다. 다양한 자료를 제시하여 계층 구조와 사회 이동의 유형을 분석하는 문제가 출제되므로 기출 문제를 통해 다양한 유형의 문제를 접해 보도록 한다.

IV. 1. 사회 불평등 현상과 계층

다음 자료에 대한 옳은 분석만을 〈보기〉에서 있는 대로 고른 것은? 

자료는 갑국과 을국에서 자녀 세대 인구의 세대 간 이동 지수를 파악하기 위한 것이다. 단, 자녀 세대 모든 인구의 세대 간 이동 가능 횟수는 1번씩이다.

〈 갑국 〉 → 세대 간 상승 이동 (단위 : %)

구분		부모 계층			계
		상층	중층	하층	
자녀 계층	상층	12	7	2	21
	중층	8	14	21	43
	하층	3	10	23	36
계		23	31	46	100

→ 세대 간 하강 이동

〈 을국 〉 → 세대 간 상승 이동 (단위 : %)

구분		부모 계층			계
		상층	중층	하층	
자녀 계층	상층	10	5	4	19
	중층	6	30	10	46
	하층	5	17	13	35
계		21	52	27	100

→ 세대 간 하강 이동

* 세대 간 이동 지수 = (자녀 세대 인구의 실제 세대 간 이동 거리의 합 / 자녀 세대 인구에서 나타날 수 있었던 세대 간 이동 가능한 최대 거리의 합) × 100
* 세대 간 이동 거리는 상층과 중층, 중층과 하층 간에는 1이고 상층과 하층 간에는 2임.
* 부모가 상층 또는 하층인 자녀의 세대 간 이동 가능한 최대 거리는 2이고, 부모가 중층인 자녀의 세대 간 이동 가능한 최대 거리는 1임.

보기

ㄱ. 갑국은 을국과 달리 세대 간 상승 이동한 자녀가 세대 간 하강 이동한 자녀보다 많다.　$\frac{56}{169}×100$

$\frac{56}{148}×100$

ㄴ. 을국이 갑국보다 세대 간 이동 지수가 크다.

ㄷ. 을국은 갑국과 달리 부모와 계층이 일치하는 자녀가 자녀 세대 인구의 과반수이다.　49%

53%

ㄹ. 자녀 세대 계층별 인구 중 부모와 계층이 일치하는 자녀의 비율은 갑국, 을국 모두 중층이 가장 낮다.

중층 →　→ 하층

① ㄱ, ㄷ　　　② ㄱ, ㄹ　　　③ ㄴ, ㄹ
④ ㄱ, ㄴ, ㄷ　　　⑤ ㄴ, ㄷ, ㄹ

|자|료|해|설|

세대 간 이동 지수는 세대 간 이동, 즉 세대 간 상승 이동과 세대 간 하강 이동을 통해 파악할 수 있다.

|보|기|풀|이|

ㄱ 정답 : 갑국의 경우 세대 간 상승 이동 비율은 30%(7%+2%+21%), 세대 간 하강 이동 비율은 21%(8%+3%+10%)로, 세대 간 상승 이동한 자녀가 세대 간 하강 이동한 자녀보다 많다. 을국의 경우 세대 간 상승 이동 비율은 19%(5%+4%+10%), 세대 간 하강 이동 비율은 28%(6%+5%+17%)로, 세대 간 상승 이동한 자녀가 세대 간 하강 이동한 자녀보다 적다.

ㄴ 정답 : 갑국의 경우 자녀 세대 인구의 실제 세대 간 이동 거리의 합은 56{(7×1)+(2×2)+(8×1)+(21×1)+(3×2)+(10×1)}, 자녀 세대 인구에서 나타날 수 있었던 세대 간 이동 가능한 최대 거리의 합은 169{(23×2)+(31×1)+(46×2)}이므로 갑국의 세대 간 이동 지수는 (56/169)×100이다. 을국의 경우 자녀 세대 인구의 실제 세대 간 이동 거리의 합은 56{(5×1)+(4×2)+(6×1)+(10×1)+(5×2)+(17×1)}, 자녀 세대 인구에서 나타날 수 있었던 세대 간 이동 가능한 최대 거리의 합은 148{(21×2)+(52×1)+(27×2)}이므로 을국의 세대 간 이동 지수는 (56/148)×100이다. 따라서 세대 간 이동 지수는 을국이 갑국보다 크다.

ㄷ 정답 : 부모와 계층이 일치하는 비율은 갑국의 경우 49%(12%+14%+23%), 을국의 경우 53%(10%+30%+13%)이다. 따라서 을국은 갑국과 달리 부모와 계층이 일치하는 자녀가 자녀 세대 인구의 과반수이다.

ㄹ. 오답 : 자녀 세대 계층별 인구 중 부모와 계층이 일치하는 자녀의 비율은 갑국의 경우 상층 (12/21)×100, 중층 (14/43)×100, 하층 (23/36)×100으로 중층이 가장 낮고, 을국의 경우 상층 (10/19)×100, 중층 (30/46)×100, 하층 (13/35)×100으로 하층이 가장 낮다.

문제풀이 T I P | 표 하단에 제시되어 있는 부분을 꼼꼼하게 읽고 이해해야 한다. 부모가 상층 또는 하층인 자녀의 세대 간 이동 가능한 최대 거리는 2이고, 부모가 중층인 자녀의 세대 간 이동 가능한 최대 거리는 1이므로 자녀 세대 인구에서 나타날 수 있었던 세대 간 이동 가능한 최대 거리는 부모의 상층 비율과 부모의 하층 비율에 2를 곱하고, 부모의 중층 비율에 1을 곱하여 구할 수 있다. 자녀 세대 인구의 실제 세대 간 이동 거리는 부모와 계층이 일치하는 비율을 제외하여 세대 간 상승 이동과 세대 간 하강 이동을 통해 구할 수 있는데, 상층과 중층, 중층과 하층의 세대 간 이동 비율에는 1을 곱하고, 상층과 하층의 세대 간 이동 비율에는 2를 곱하면 된다.

출제분석 | 계층 이동을 분석하는 문제로, 세대 간 이동 지수를 묻고 있어 참신한 유형으로 출제되었다. 기존에 자주 출제되었던 선지보다는 별도의 계산 방법을 제시하여 그 값을 묻는 선지가 출제될 수 있으므로 제시된 계산 방법을 이해하는 것이 중요하다.

다음 자료에 대한 분석으로 옳은 것은?

> 　그림은 갑국에서 발생한 계층 간 이동 인구의 상대적 크기를 상층에서 하층으로 이동한 인구를 기준으로 나타낸 것이다.
> ○ 갑국은 계층을 상층, 중층, 하층으로만 구분한다.
> ○ 상층에서 하층으로 이동한 인구는 계층 이동 전의 상층 인구 대비 25%이다. → 5%
> ○ 계층 간 이동이 일어나기 이전에 갑국은 상층과 중층 비율의 합이 하층 비율과 같았고, 중층 비율은 상층 비율의 1.5배였다. → 상층 : 중층 : 하층 = 20 : 30 : 50
>
> 〈갑국의 계층 간 이동 인구의 상대적 크기〉
>
> | 구 분 | 계층 간 이동 인구의 상대적 크기 | | |
> |---|---|---|---|
> | 상층 → 하층 | 5% | | |
> | 상층 → 중층 | | 15% | |
> | 중층 → 하층 | | 10% | |
> | 중층 → 상층 | | 15% | |
> | 하층 → 중층 | | | 20% |
> | 하층 → 상층 | 5% | | |
>
> * ▨의 면적은 해당 계층 간 이동 인구를 나타내며, 각 ▨의 면적은 동일하다.
> ** 자료는 계층 이동 전후로 갑국 전체 인구로부터 얻은 결과이며, 조사 기간 갑국 전체 구성원의 변화는 없었다.

① 계층이 유지된 비율이 상승 이동한 비율보다 높다. → 30% → 40%
② 상층 인구는 계층 이동 전에 비해 계층 이동 후 50% 감소하였다. (20%로 같다)
③ 계층 이동 전과 이동 후에 모두 중층인 인구는 전체 인구 대비 5%이다.
④ 갑국의 계층 구조는 이동 전 다이아몬드형, 이동 후 피라미드형으로 나타난다. (피라미드형)
⑤ 계층 이동 전에는 하층이었고 계층 이동 후에 중층인 인구는 전체 인구 대비 40%이다. (20)

|자|료|해|설|

계층 간 이동이 일어나기 이전 상층과 중층 비율의 합이 하층 비율과 같고, 중층 비율이 상층 비율의 1.5배이므로 상층 : 중층 : 하층 = 20 : 30 : 50임을 알 수 있다. 또한 상층에서 하층으로 이동한 인구가 계층 이동 전의 상층 인구 대비 25%이므로 상층에서 하층으로 하강 이동한 인구는 전체의 5%(=20% × 25%)이다. 따라서 제시된 〈갑국의 계층 간 이동 인구의 상대적 크기〉에서 음영 부분의 면적은 전체의 5%를 나타낸 것이다. 제시된 자료를 바탕으로 갑국의 계층 구성을 나타내면 첨삭과 같다.

|선|택|지|풀|이|

① 오답 : 계층이 유지된 비율은 30%(=0%+5%+25%)이고, 계층이 상승 이동한 비율은 40%(=15%+5%+20%)이다.
② 오답 : 계층 이동 전 상층 비율은 20%, 계층 이동 후 상층 비율은 20%이다.
③ 정답 : 계층 이동 전과 이동 후에 모두 중층인 비율은 전체의 5%이다.
④ 오답 : 계층 이동 전 계층 구조는 피라미드형이다.
⑤ 오답 : 계층 이동 전에는 하층이었고, 계층 이동 후에 중층인 인구는 전체의 20%이다.

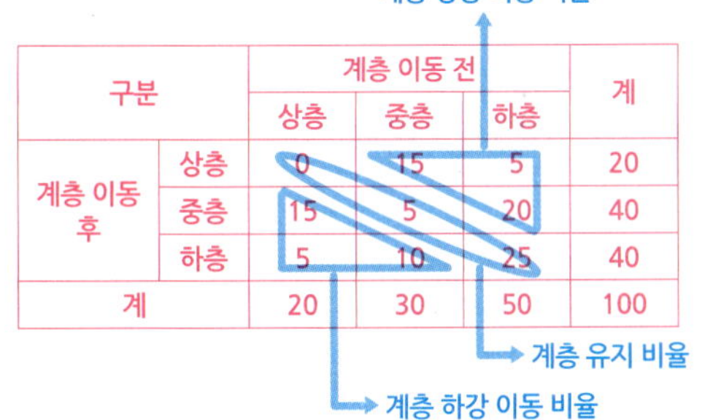

구분		계층 이동 전			계
		상층	중층	하층	
계층 이동 후	상층	0	15	5	20
	중층	15	5	20	40
	하층	5	10	25	40
계		20	30	50	100

👀 **문제풀이 TIP** | 계층 이동 전 상층, 중층, 하층 비율의 상대적 비교를 통해 상층, 중층, 하층 비율을 파악할 수 있고, 계층 이동 전 상층 인구 대비 상층에서 하층으로 이동한 인구 비율을 통해 제시된 표의 음영 부분의 면적 크기를 파악할 수 있다.

😀 **출제분석** | 계층 이동 전과 계층 이동 후의 계층 구성을 분석하는 문제이다. 계층 이동과 관련된 문제는 계층 구성표를 만드는 것이 효율적이므로 제시된 자료를 통해 계층 구성표를 만드는 연습을 해 두도록 한다.

다음 자료에 대한 분석으로 옳은 것은? 3점

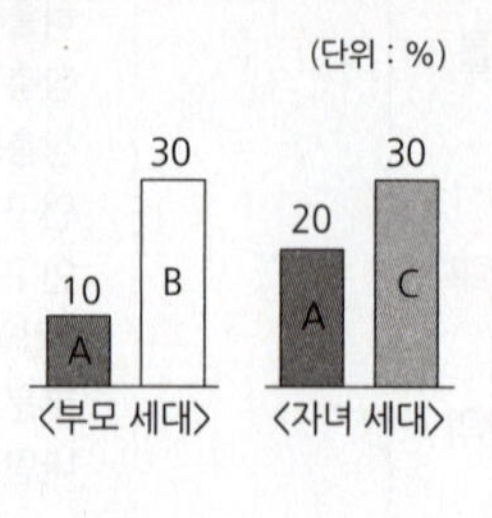

그림은 갑국의 세대별 계층 구성 비율을 나타낸 것이다. A~C는 각각 상층, 중층, 하층 중 하나이며, 갑국의 계층은 이들로만 구성된다. 부모 세대의 계층 구조는 피라미드형이며, 부모 세대의 각 계층에서 50%씩은 자녀 세대로 계층이 대물림되었다.

① A는 하층이고, C는 상층이다.
② 자녀 세대의 계층 구조는 피라미드형이다.
③ 세대 간 상승 이동을 한 중층 자녀는 없다.
④ 세대 간 상승 이동이 세대 간 하강 이동보다 많다.
⑤ 자녀 세대는 부모 세대와 달리 개방적 계층 구조가 나타난다.

(단위 : %)

구분		부모 세대			계
		상층	중층	하층	
자녀 세대	상층	5	15	0	20
	중층	5	15	30	50
	하층	0	0	30	30
계		10	30	60	100

|자|료|해|설|

부모 세대의 경우 A는 10%, B는 30%이므로 C는 60%이며, 자녀 세대의 경우 A는 20%, C는 30%이므로 B는 50%이다. 부모 세대의 계층 구조가 피라미드형이므로 A는 상층, B는 중층, C는 하층이다. 부모 세대의 각 계층에서 50%씩은 자녀 세대로 계층이 대물림되었으므로 계층 대물림 비율은 상층의 경우 5%, 중층의 경우 15%, 하층의 경우 30%이다. 제시된 자료를 바탕으로 부모 세대와 자녀 세대의 계층 구성을 나타내면 첨삭과 같다.

|선|택|지|풀|이|

① 오답 : A는 상층, C는 하층이다.
② 오답 : 자녀 세대의 경우 상층 비율은 20%, 중층 비율은 50%, 하층 비율은 30%이다. 따라서 자녀 세대의 계층 구조는 다이아몬드형이다.
③ 오답 : 세대 간 상승 이동을 한 중층 자녀는 전체의 30%이다.
④ 정답 : 세대 간 상승 이동 비율은 45%(=15%+0%+30%)이고, 세대 간 하강 이동 비율은 5%(=5%+0%+0%)이다. 따라서 세대 간 상승 이동이 세대 간 하강 이동보다 많다.
⑤ 오답 : 제시된 자료만으로는 계층 이동 가능성의 제한 유무를 파악할 수 없다.

🤓 **문제풀이 TIP** | 부모 세대의 계층 구조가 피라미드형이므로 부모 세대에서 계층 비율이 가장 높은 계층이 하층, 가장 낮은 계층이 상층에 해당함을 파악할 수 있다.

다음 자료에 대한 분석으로 옳은 것은? 3점

그림은 갑국과 을국의 자녀 세대를 대상으로 본인의 계층과 본인의 어머니 또는 아버지의 계층을 전수 조사한 것이다. 계층은 상층, 중층, 하층으로만 구성된다. 부모 세대에서 부부의 계층은 동일하며, 모든 부모의 자녀는 1명씩이다.

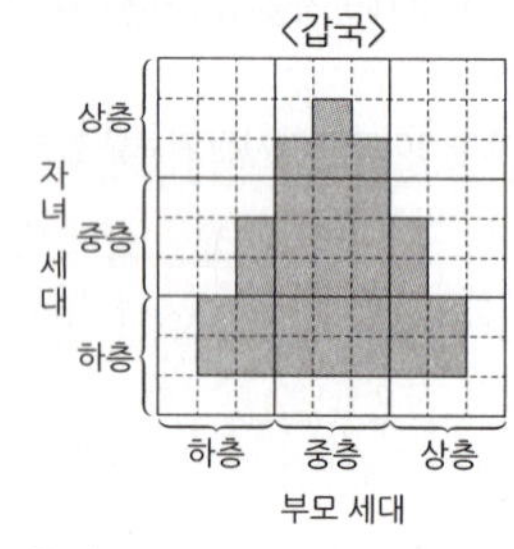

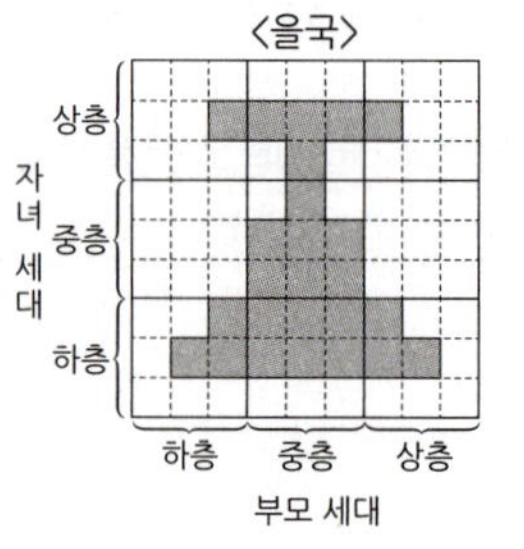

* 음영 부분 면적의 크기는 사람 수에 비례하며, 각 ▨의 면적은 동일하다.

① 갑국은 을국과 달리 세대 간 상승 이동이 나타났다.
② 을국은 갑국과 달리 세대 간 하강 이동이 나타났다.
③ 갑국의 자녀 세대에서는 피라미드형 계층 구조가 나타나고, 을국의 자녀 세대에서는 모래시계형 계층 구조가 나타난다.
④ 갑국과 을국 모두 부모 세대에서는 다이아몬드형 계층 구조가 나타난다.
⑤ 갑국과 을국 모두 부모의 계층을 대물림 받은 자녀는 하층에서 가장 많다.

|자|료|해|설|

제시된 그림에서 음영 부분 면적의 크기 1개를 1이라 가정하고 갑국과 을국의 부모 세대와 자녀 세대의 계층 구성을 나타내면 다음과 같다.

〈갑국〉

자＼부	상	중	하	계
상	0	4	0	4
중	2	9	2	13
하	4	6	4	14
계	6	19	6	31

〈을국〉

자＼부	상	중	하	계
상	1	4	1	6
중	0	7	0	7
하	3	6	3	12
계	4	17	4	25

|선|택|지|풀|이|

① 오답 : 갑국과 을국 모두에서 세대 간 상승 이동이 나타났다.
② 오답 : 갑국과 을국 모두에서 세대 간 하강 이동이 나타났다.
③ 오답 : 갑국의 자녀 세대와 을국의 자녀 세대 모두에서 상층의 비율이 가장 낮고 하층의 비율이 가장 높은 피라미드형 계층 구조가 나타났다.
④ 정답 : 갑국의 부모 세대와 을국의 부모 세대 모두에서는 중층의 비율이 가장 높은 다이아몬드형 계층 구조가 나타났다.
⑤ 오답 : 갑국의 경우 부모의 계층을 대물림 받은 자녀는 중층이 9로 가장 많고, 을국의 경우 부모의 계층을 대물림 받은 자녀는 중층이 7로 가장 많다.

🤓 **관련 개념** | 일반적으로 서로 다른 두 세대 간 계층이 동일한 경우 계층이 대물림되었다고 한다.

다음 자료는 갑국과 을국의 세대 간 계층 이동 현황을 나타낸 것이다. 이에 대한 분석으로 옳은 것은? (단, 계층은 상층, 중층, 하층으로만 구분된다.) **3점**

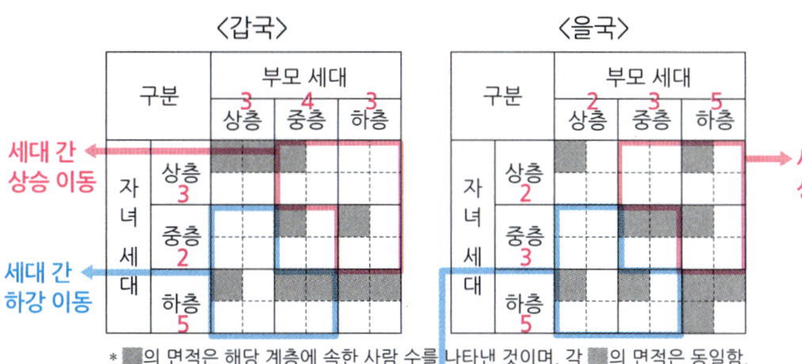

* ■의 면적은 해당 계층에 속한 사람 수를 나타낸 것이며, 각 ■의 면적은 동일함.

① 갑국에서는 세대 간 상승 이동이 세대 간 하강 이동보다 ~~많다~~. 적다

② 을국에서는 세대 간 이동이 계층 대물림보다 ~~많다~~. 적다

③ 부모 세대의 경우, ~~을국~~의 계층 구조가 ~~갑국~~에 비해 사회 통합에 유리하다.
     갑국(다이아몬드형)   을국(피라미드형)

④ 자녀 세대의 경우, 갑국의 계층 구조는 모래시계형이고 을국의 계층 구조는 피라미드형이다.

⑤ 갑국에서는 개방적 계층 구조가, 을국에서는 ~~폐쇄적~~ 계층 구조가 나타난다.
     개방적

문제풀이 TIP | 갑국과 을국에서 전체 ■의 수가 각각 10개임을 파악할 수 있다. 전체 계층 구성 비율이 100%라면 ■ 한 개는 10%에 해당하므로 이를 통해 계층 구성 비율을 파악해도 된다.

|자|료|해|설|

제시된 자료에서 ■의 면적이 해당 계층에 속한 사람의 수를 나타내므로 계층별 ■의 수를 통해 계층 구성을 파악할 수 있다.

|선|택|지|풀|이|

① 오답 : 갑국의 경우 세대 간 상승 이동에 해당하는 ■의 수는 2개이고, 세대 간 하강 이동에 해당하는 ■의 수는 3개이다. 따라서 갑국에서는 세대 간 상승 이동이 세대 간 하강 이동보다 적다.

② 오답 : 을국의 경우 세대 간 이동에 해당하는 ■의 수는 4개이고, 계층 대물림에 해당하는 ■의 수는 6개이다. 따라서 을국에서는 세대 간 이동이 계층 대물림보다 적다.

③ 오답 : 갑국 부모 세대의 계층별 ■의 수는 상층 3개, 중층 4개, 하층 3개이고, 을국 부모 세대의 계층별 ■의 수는 상층 2개, 중층 3개, 하층 5개이다. 즉, 부모 세대의 계층 구조는 갑국의 경우 다이아몬드형이고, 을국의 경우 피라미드형이다. 따라서 부모 세대의 경우 갑국의 계층 구조가 을국에 비해 사회 통합에 유리하다.

④ 정답 : 갑국 자녀 세대의 계층별 ■의 수는 상층 3개, 중층 2개, 하층 5개이고, 을국 자녀 세대의 계층별 ■의 수는 상층 2개, 중층 3개, 하층 5개이다. 따라서 자녀 세대의 계층 구조는 갑국의 경우 모래시계형이고, 을국의 경우 피라미드형이다.

⑤ 오답 : 갑국과 을국 모두에서 세대 간 이동이 나타났다. 따라서 을국에서 폐쇄적 계층 구조가 나타난다고 볼 수 없다.

그림은 갑국의 시기별 계층 구성 비율을 나타낸 것이다. 이에 대한 분석으로 옳은 것은? (단, 갑국의 계층은 상층, 중층, 하층으로만 구성되며, 각 시기별 조사 대상은 동일하다.)

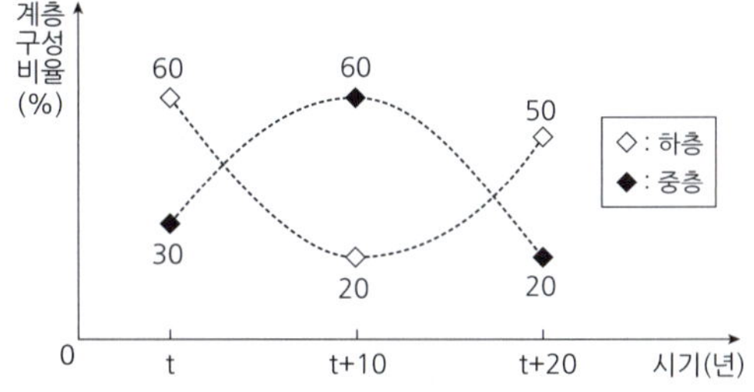

① t년 대비 t+20년에 상층의 비율은 3배가 되었다.

② 상층과 하층의 비율 차이는 t년보다 t+10년이 ~~크다~~. 작다

③ t년은 폐쇄적 계층 구조, t+10년과 t+20년은 개방적 계층 구조이다. → 알 수 없음

④ ~~t+10년~~보다 ~~t+20년~~이 사회 통합에 더 유리한 계층 구조이다.
     t+20년   t+10년

⑤ t년 대비 t+20년의 변화는 세대 ~~간~~ 이동, t+10년 대비 t+20년의 변화는 세대 내 이동의 결과이다.
     내

문제풀이 TIP | 한 사회의 계층을 상층, 중층, 하층으로 구분할 때 '상층 비율+중층 비율+하층 비율=100%'이다. 따라서 중층 비율과 하층 비율만 제시한 자료를 통해 상층 비율을 구하고 각 선지의 진위 여부를 가려야 한다.

|자|료|해|설|

제시된 자료는 다음과 같이 나타낼 수 있다.

(단위 : %)

구분	t년	t+10년	t+20년
상층	10	20	30
중층	30	60	20
하층	60	20	50

|선|택|지|풀|이|

① 정답 : 상층의 비율은 t년이 10%, t+20년이 30%이므로, t년 대비 t+20년에 상층의 비율은 3배가 되었다.

② 오답 : t년에 상층의 비율은 10%, 하층의 비율은 60%이고, t+10년에 상층과 하층의 비율은 각각 20%로 같다. 따라서 상층과 하층의 비율 차이는 t년보다 t+10년이 작다.

③ 오답 : 제시된 자료는 계층별 구성 비율을 나타내고 있을 뿐, 계층 간 이동 가능성을 파악할 수 없다. 따라서 t년을 폐쇄적 계층 구조, t+10년과 t+20년을 개방적 계층 구조라고 단정할 수 없다.

④ 오답 : t+10년의 계층 구조는 다이아몬드형, t+20년의 계층 구조는 모래시계형이다. 따라서 t+20년보다 t+10년이 사회 통합에 더 유리한 계층 구조이다.

⑤ 오답 : 각 시기별 조사 대상이 동일하므로 t년 대비 t+20년과, t+10년 대비 t+20년의 변화 모두 세대 내 이동의 결과이다.

다음 자료에 대한 분석으로 옳은 것은? **3점**

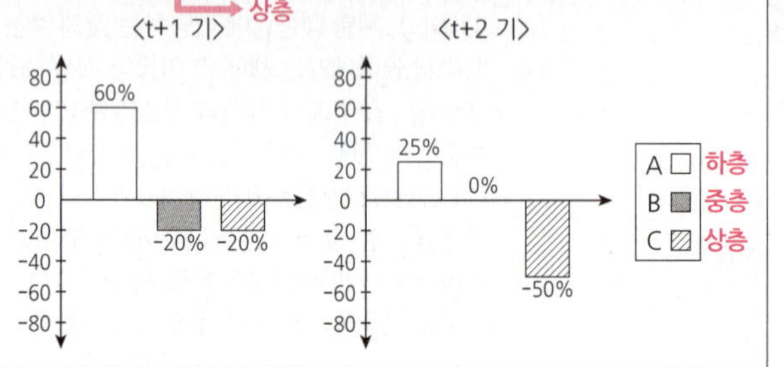

① t기에 비해 t+2기는 계층 양극화로 인한 사회 문제가 발생할 가능성이 ~~작다.~~ 크다

② t+1기와 ~~달리~~ t기는 중층의 비율이 상층의 비율의 2배이다.

③ t+1기에 중층의 비율은 t+2기에 상층의 비율의 ~~절반~~이다. 4배

④ t+2기와 달리 t+1기는 피라미드형 계층 구조가 나타난다.

⑤ t기 ~ t+2기 중 하층의 비율이 가장 높은 시기는 t+2기이다.

(단위 : %)

구분	t기	t+1기	t+2기
상층(C)	25	20	10
중층(B)	50	40	40
하층(A)	25	40	50

|자|료|해|설|

상승 이동으로 도달할 수 없는 계층은 하층이고, 하강 이동으로 도달할 수 없는 계층은 상층이다. 따라서 A는 하층, B는 중층, C는 상층이다. 제시된 자료를 바탕으로 시기별 갑국의 계층 구성을 나타내면 첨삭과 같다.

|선|택|지|풀|이|

① 오답 : t기의 계층 구조는 다이아몬드형, t+2기의 계층 구조는 피라미드형이다. 따라서 t기에 비해 t+2기는 계층 양극화로 인한 사회 문제가 발생할 가능성이 크다.

② 오답 : t기에 상층 비율은 25%, 중층 비율은 50%로, 중층 비율이 상층 비율의 2배이다. t+1기에 상층 비율은 20%, 중층 비율은 40%로, 중층 비율이 상층 비율의 2배이다.

③ 오답 : t+1기에 중층 비율은 40%, t+2기에 상층 비율은 10%이다. 따라서 t+1기에 중층 비율은 t+2기에 상층 비율의 4배이다.

④ 오답 : t+2기에 상층 비율은 10%, 중층 비율은 40%, 하층 비율은 50%로, 피라미드형 계층 구조가 나타난다.

⑤ 정답 : 하층 비율은 t기가 25%, t+1기가 40%, t+2기가 50%로, t+2기에 하층 비율이 가장 높다.

🤪 **문제풀이 TIP** | 상층은 하강 이동으로는 도달할 수 없는 계층이고, 중층은 상승 이동과 하강 이동으로 도달할 수 있는 계층이며, 하층은 상승 이동으로 도달할 수 없는 계층이다.

😎 **출제분석** | 계층 구조와 사회 이동을 분석하는 문제이다. 사회 이동의 유형과 계층 구조의 유형을 분석하는 문제가 출제될 수 있으므로 기출 문제를 통해 다양한 유형의 문제를 접해 보도록 한다.

그림은 갑국과 을국의 세대별 계층 구성 비율을 나타낸 것이다. 이에 대한 분석으로 옳은 것은? **3점**

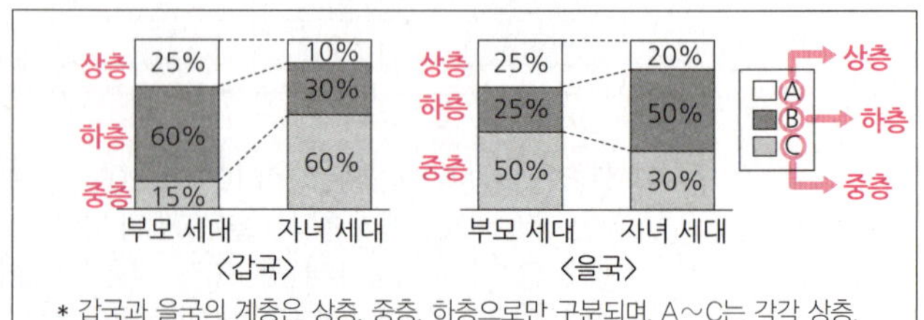

* 갑국과 을국의 계층은 상층, 중층, 하층으로만 구분되며, A~C는 각각 상층, 중층, 하층 중 하나이다.
** 갑국의 부모 세대는 상층 비율이 하층 비율보다 작으며, 갑국의 부모 세대 계층 구조는 모래시계형이다.

① 갑국에서 부모 세대가 하층인 자녀는 모두 중층으로 이동하였다. → 알 수 없음

② 을국의 부모 세대 계층 구조는 봉건적 신분 사회에서 주로 나타난다. → 다이아몬드형 → 피라미드형

③ 갑국과 을국의 부모 세대 하층 비율은 ~~동일하다.~~ 다르다

④ 갑국에서는 을국에서와 달리 개방적 계층 구조가 나타난다.

⑤ 갑국의 자녀 세대 계층 구조는 을국의 자녀 세대 계층 구조보다 사회 통합에 유리하다. → 다이아몬드형 → 피라미드형

|자|료|해|설|

갑국의 부모 세대 계층 구조가 모래시계형이므로 비율이 가장 낮은 C가 중층에 해당한다. 또한 갑국의 부모 세대는 상층 비율이 하층 비율보다 작으므로 A는 상층, B는 하층에 해당한다.

|선|택|지|풀|이|

① 오답 : 제시된 자료만으로는 갑국에서 부모 세대가 하층인 자녀가 모두 중층으로 이동하였는지 알 수 없다.

② 오답 : 을국의 부모 세대 계층 구조는 다이아몬드형이다. 봉건적 신분 사회에서 주로 나타나는 계층 구조는 피라미드형이다.

③ 오답 : 갑국의 부모 세대 하층 비율은 60%이고, 을국의 부모 세대 하층 비율은 25%이다.

④ 오답 : 을국에서 세대 간 수직 이동이 나타나고 있으므로 개방적 계층 구조가 나타나지 않는다고 볼 수 없다.

⑤ 정답 : 갑국의 자녀 세대 계층 구조는 다이아몬드형이고, 을국의 자녀 세대 계층 구조는 피라미드형이다. 따라서 갑국의 자녀 세대 계층 구조가 을국의 자녀 세대 계층 구조보다 사회 통합에 유리하다.

🤪 **문제풀이 TIP** | 모래시계형 계층 구조는 중층의 비율이 가장 낮으므로 이를 통해 A~C에 해당하는 계층을 파악할 수 있다.

다음 자료에 대한 옳은 분석을 〈보기〉에서 고른 것은? **3점**

다음은 성인 자녀 1명을 둔 가구주 100명을 대상으로 계층 구성 및 계층 이동의 현황을 조사한 결과이다. 사회 계층은 상층, 중층, 하층으로만 구분하며, A~C는 각각 상층, 중층, 하층 중 하나이다.

〈부모 세대와 자녀 세대의 계층 구성〉

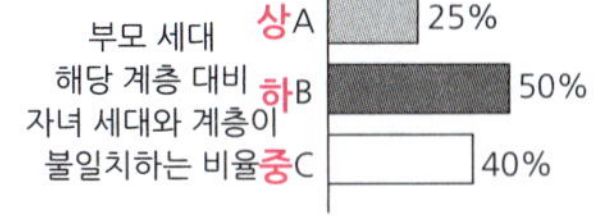

계층	부모 세대 해당 계층 대비 자녀 세대 해당 계층의 상대적 비(比)
A → 상	1.5 → 3/2
B → 하	1 → 1/1
C → 중	0.8 → 4/5

〈부모 세대와 자녀 세대 간 계층 이동 현황〉

부모 세대 해당 계층 대비 자녀 세대와 계층이 불일치하는 비율
상A 25%
하B 50%
중C 40%

자녀 세대 해당 계층 대비 부모 세대보다 계층이 높은 비율
상A 50%
하B 0%
중C 25%

* A는 C보다 높은 계층이며, 자녀 세대의 상층과 하층 비율은 동일하다.
→ A 〉 C

보기

ㄱ. 부모 세대는 다이아몬드형, 자녀 세대는 ~~피라미드형~~ 계층 구조이다.
　다이아몬드형
ㄴ. 세대 간 계층을 대물림한 사람보다 세대 간 계층 이동한 사람이 ~~많다.~~ 적다.
　→ 60%　→ 40%
ㄷ. 자녀 세대 계층 대비 부모 세대와 계층이 일치하는 비율은 중층이 가장 높다.
　→ 상($\frac{15}{30}$) 중($\frac{30}{40}$) 하($\frac{15}{30}$)
ㄹ. 세대 간 상승 이동한 사람은 세대 간 하강 이동한 사람의 2배를 넘지 않는다.
　→ 25%(10%+5%+10%)　→ 15%(0%+5%+10%)

① ㄱ, ㄴ　② ㄱ, ㄷ　③ ㄴ, ㄷ　④ ㄴ, ㄹ　⑤ ㄷ, ㄹ

문제풀이 TIP | 〈부모 세대와 자녀 세대의 계층 구성〉 표와 문제의 조건(*)을 활용하여 부모 세대와 자녀 세대의 계층 구성 비율을 구할 수 있다. 부모 세대 상층인 A의 비율을 a, 중층인 C의 비율을 c, 하층인 B의 비율을 b라고 가정하면 a+b+c=100, (3/2)a+(4/5)c+b=100이 성립한다. 또한 문제의 조건에서 자녀 세대의 상층과 하층의 비율은 동일하다고 했기 때문에 (3/2)a=b가 성립한다. 이 3개의 식을 정리하면 a는 20, c는 50, b는 30이 된다. 따라서 부모 세대의 계층 구성 비율은 '상층:중층:하층=20:50:30'이고, 자녀 세대의 계층 구성 비율은 '상층:중층:하층=30:40:30'이라는 것을 알 수 있다.

| **자|료|해|설** |

〈부모 세대와 자녀 세대 간 계층 이동 현황〉의 '자녀 세대 해당 계층 대비 부모 세대보다 계층이 높은 비율'에서 B가 0%이다. 자녀 세대가 부모 세대보다 높을 수 없다는 것은 자녀 세대가 하층임을 의미한다. 문제의 조건(*)에서 A는 C보다 높은 계층이라고 했기 때문에 A는 상층, C는 중층이라는 것을 알 수 있다. 〈부모 세대와 자녀 세대의 계층 구성〉 표와 〈부모 세대와 자녀 세대 간 계층 이동 현황〉 그래프를 통해 계층 기본 표를 완성시킬 수 있다.

| **보|기|풀|이** |

ㄱ. 오답 : 부모 세대와 자녀 세대는 모두 중층의 비율이 가장 높은 다이아몬드형 계층 구조이다.
ㄴ. 오답 : 세대 간 계층을 대물림한 사람은 60%(15%+30%+15%)이고, 세대 간 계층 이동한 사람은 40%(100%-60%)이다. 따라서 세대 간 계층을 대물림한 사람(60%)보다 세대 간 계층 이동한 사람(40%)이 적다.
ㄷ. 정답 : 자녀 세대 계층 대비 부모 세대와 계층이 일치하는 비율은 중층(30/40)이 가장 높다.
ㄹ. 정답 : 세대 간 상승 이동한 사람은 25%(10%+5%+10%)이고, 세대 간 하강 이동한 사람은 15%(0%+5%+10%)이다. 따라서 세대 간 상승 이동한 사람(25%)은 세대 간 하강 이동한 사람(15%)의 2배를 넘지 않는다.

(단위 : %)

구분		부모 세대			
		상층	중층	하층	계
자녀 세대	상층	15	10	5	30
	중층	0	30	10	40
	하층	5	10	15	30
	계	20	50	30	100

Ⅳ
1. 사회 불평등 현상과 계층

" 이 문제에선 이게 가장 중요해! "

• 계층 구성원의 비율

피라미드형 계층 구조	• 하류층의 구성원 비율이 가장 높고, 상류층의 구성원 비율이 가장 낮음
	• 전근대적인 폐쇄적 계층 구조에서 주로 나타남
다이아몬드형 계층 구조	• 상류층과 하류층에 비해 중류층의 비율이 높음
	• 안정적 계층 구조
	• 현대 산업 사회에서 주로 나타남

다음 자료에 나타난 갑국의 상황에 대한 분석으로 옳은 것은?  3점

> 표는 갑국에서 부모 세대와 자녀 세대 간 계층 이동의 결과로 형성된 자녀 세대의 계층 구조를 나타낸 것이다. 부모 세대에서 부부의 계층은 동일하고, 모든 부모의 자녀는 1명씩이다. 계층은 A, B, C로만 구분되고, A ~ C는 각각 상층, 중층, 하층 중 하나이다.

A 상층	B 하층	C 중층
○○○○◍◍	○○●●●●	○○◍◍◍◍●

* 동그라미(○, ◍, ●)는 사람의 수를 나타낸 것이며, 동그라미 한 개가 나타내는 사람의 수는 동일함.
* ○는 계층 대물림을 받은 사람, ◍는 세대 간 상승 이동을 한 사람, ●는 세대 간 하강 이동을 한 사람을 나타냄.

① 폐쇄적 계층 구조를 가지고 있다.
② 자녀 세대의 계층 구조는 ~~피라미드~~형이다. (다이아몬드형)
③ 부모 세대에서 하층 인구의 비율은 50% 이상이다. (최대 45%)
④✓ 자녀 세대의 계층에서 계층 대물림을 받은 사람의 수는 상층이 가장 많다.
⑤ 부모 세대의 계층 구조가 자녀 세대의 계층 구조보다 사회 통합에 유리하다.

(단위 : %)

구분		부모 세대의 계층			계
		상층	중층	하층	
자녀 세대 계층	상층	15	15		30
	중층	10	10	20	40
	하층		20	10	30
계					100

|자|료|해|설|

자녀 세대의 경우 상층은 계층 대물림과 세대 간 상승 이동이 가능하고, 중층은 계층 대물림, 세대 간 상승 이동, 세대 간 하강 이동이 모두 가능하며, 하층은 계층 대물림과 세대 간 하강 이동이 가능하다. 따라서 A는 상층, B는 하층, C는 중층이다. 동그라미 한 개를 5%라고 가정하여 제시된 자료를 바탕으로 부모 세대와 자녀 세대의 계층 구성을 나타내면 첨삭과 같다.

|선|택|지|풀|이|

① 오답 : 갑국에서 부모 세대와 자녀 세대 간에 세대 간 이동이 나타나고 있으므로 폐쇄적 계층 구조를 가지고 있다고 볼 수 없다.
② 오답 : 자녀 세대의 계층 구조는 중층 비율이 가장 높은 다이아몬드형이다.
③ 오답 : 부모 세대에서 하층 비율은 최소 30%, 최대 45%이므로 50% 이상이 되지 않는다.
④ 정답 : 자녀 세대의 계층에서 계층 대물림 비율은 상층이 전체의 15%, 중층과 하층이 각각 전체의 10%이다. 따라서 자녀 세대의 계층에서 계층 대물림을 받은 사람의 수는 상층이 가장 많다.
⑤ 오답 : 자녀 세대의 계층 구조는 다이아몬드형이므로 사회 통합에 유리하다고 볼 수 있다.

😲 **문제풀이 T I P** | 자녀 세대에서 A~C의 동그라미 개수는 모두 20개이므로 동그라미 한 개를 5%라고 한다면 자녀 세대의 계층 전체는 100%가 된다.

🙂 **출제분석** | 계층 구조를 분석하는 문제이다. 부모 세대와 자녀 세대의 계층 변화를 분석하는 문제가 출제되므로 다양한 유형의 문제를 접해 보도록 한다.

다음 자료에 대한 분석으로 옳은 것은? 3점

> 표는 갑국의 부모 세대와 자녀 세대의 계층별 비율을 비교한 결과를 나타낸다. 단, 계층은 상층, 중층, 하층으로만 구분되며, 부모 세대에서 중층 비율은 30%, 자녀 세대에서 상층 비율은 10%이다. 또한 모든 부모의 자녀는 1명씩이다.

구분	부모 세대에서 해당 계층 비율/자녀 세대에서 해당 계층 비율
상층	㉠ 1
중층	5/9
하층	5/3

(단위 : %)

구분	부모 세대	자녀 세대
상층	10	10
중층	30	54
하층	60	36

① ㉠은 '~~1/2~~'이다. (1)
② 자녀 세대에서 중층 비율은 하층 비율의 ~~3~~배이다. (1.5)
③ 부모 세대에서 상층 비율은 자녀 세대에서 하층 비율보다 ~~높다~~. (낮다)
④✓ 자녀 세대 중층에서는 세대 간 상승 이동을 한 사람이 세대 간 하강 이동을 한 사람보다 많다.
⑤ 부모 세대의 계층 구조는 ~~모래시계형~~, 자녀 세대의 계층 구조는 다이아몬드형이다. (피라미드형)

|선|택|지|풀|이|

① 오답 : 부모 세대의 상층 비율은 10%이고, 자녀 세대의 상층 비율은 10%이다. 따라서 부모 세대에서 상층 비율/자녀 세대에서 상층 비율은 1(=10%/10%)이다.
② 오답 : 자녀 세대에서 중층 비율은 54%이고, 하층 비율은 36%이다. 따라서 자녀 세대에서 중층 비율은 하층 비율의 1.5배이다.
③ 오답 : 부모 세대에서 상층 비율은 10%이고, 자녀 세대에서 하층 비율은 36%이다. 따라서 부모 세대에서 상층 비율은 자녀 세대에서 하층 비율보다 낮다.
④ 정답 : 자녀 세대 중층에서 세대 간 상승 이동을 한 경우는 부모 세대 하층에서 자녀 세대 중층으로 이동한 경우이고, 자녀 세대 중층에서 세대 간 하강 이동을 한 경우는 부모 세대 상층에서 자녀 세대 중층으로 이동한 경우이다. 부모 세대 상층에서 자녀 세대 중층으로 이동한 경우는 최대 전체의 10%이고, 이때 부모 세대 하층에서 자녀 세대 중층으로 이동한 경우는 최소 전체의 14%가 된다. 따라서 부모 세대 하층에서 자녀 세대 중층으로 세대 간 상승 이동한 사람이 부모 세대 상층에서 자녀 세대 중층으로 세대 간 하강 이동한 사람보다 많다.
⑤ 오답 : 부모 세대의 계층 구조는 피라미드형이고, 자녀 세대의 계층 구조는 다이아몬드형이다.

|자|료|해|설|

부모 세대 상층 비율이 10%이므로 이 비율이 모두 자녀 세대 중층으로 세대 간 하강 이동하고, 자녀 세대 중층으로의 계층 대물림한 비율이 최대 30%라고 가정하면, 자녀 세대 중층 비율이 54%이므로 부모 세대 하층에서 자녀 세대 중층으로 세대 간 상승 이동한 비율은 최소 14%임을 파악할 수 있다.

다음 자료에 대한 분석으로 옳은 것은? (단, 제시된 자료 이외의 다른 조건은 고려하지 않는다.) [3점]

갑국 정부는 세대 간 계층 이동 가능성을 높이기 위한 분배 정책의 효과를 알아보기 위해 갑국 내 모든 부모의 자녀가 1명씩인 (가), (나) 지역에 정책을 적용해 보았다. 갑국은 사회 계층을 상층, 중층, 하층으로만 구분하며, A~C는 상층, 중층, 하층 중 하나이다.

〈자녀 세대 계층 인구 대비 부모 세대 계층 인구의 상대적 비〉

계층	상대적 비	
	(가) 지역	(나) 지역
A	0.8	1.6
B	0.4	0.4
C	2.0	1.0

〈각 계층의 대물림 인구의 비율〉

구분	비율	
	(가) 지역	(나) 지역
부모와 자녀가 모두 A인 인구 비율 + 부모와 자녀가 모두 B인 인구 비율	40%	30%
부모와 자녀가 모두 B인 인구 비율 + 부모와 자녀가 모두 C인 인구 비율	30%	40%
부모와 자녀가 모두 C인 인구 비율 + 부모와 자녀가 모두 A인 인구 비율	50%	50%

* (가), (나) 지역의 부모 세대 인구는 동일하며, (가), (나) 지역의 자녀 세대 인구도 동일하다. 두 지역 모두 부모 세대의 계층 구조는 피라미드형이다.
** (가), (나) 지역 각각 부모 세대의 각 계층 간 인구의 상대적 비는 A : B + C = 2 : 3, B : A + C = 1 : 9로 동일하다.

① 세대 간 상승 이동을 통해 상층이 된 자녀의 비율은 (가) 지역이 (나) 지역보다 높다.
② '분배 정책으로 부모 세대보다 자녀 세대에서 계층 양극화가 완화되었다.'라는 주장의 근거로 (가) 지역보다 (나) 지역의 계층 이동 결과가 적절하다.
③ 세대 간 하강 이동한 사람 수는 (나) 지역이 (가) 지역의 5배이다.
④ '분배 정책으로 계층 대물림이 강화되었다.'라는 주장의 근거로 (나) 지역보다 (가) 지역의 계층 이동 결과가 적절하다.
⑤ (가), (나) 지역 모두에서 중층 부모를 둔 자녀보다 하층 부모를 둔 자녀의 상승 이동 비율이 높다.

|자|료|해|설|

문제의 두 번째 조건(**)을 통해 부모 세대의 계층 구성 비율을 구할 수 있다. 'A : B+C = 2 : 3'이므로 A는 40%이고, B+C는 60%임을 알 수 있다. 'B : A+C = 1 : 9'이므로 B는 10%이고, A+C는 90%임을 알 수 있다. A는 40%, B는 10%이므로 C는 50%(= 100%−50%)이다. 첫 번째 조건(*)에서 (가), (나) 지역 모두 부모 세대의 계층 구조는 피라미드형이라고 했으므로 A(40%)는 중층, B(10%)는 상층, C(50%)는 하층임을 파악할 수 있다. 이를 종합하면 (가), (나) 지역 부모 세대의 계층 구성 비율은 '상층(B) : 중층(A) : 하층(C) = 10 : 40 : 50'이다. 주어진 자료를 바탕으로 계층 기본표를 완성하면 문제를 쉽게 해결할 수 있다.

|선|택|지|풀|이|

① 오답 : 세대 간 상승 이동을 통해 상층이 된 자녀의 비율은 (가) 지역의 경우 15%(= 5%+10%)이고, (나) 지역의 경우 15%(= 0%+15%)이다. 따라서 세대 간 상승 이동을 통해 상층이 된 자녀의 비율은 (가) 지역(15%)과 (나) 지역(15%)이 같다.

② 오답 : 중층 비율의 증감 여부를 통해 분배 정책으로 계층 양극화가 완화되었는지를 파악할 수 있다. 중층의 비율이 증가하면 계층 양극화가 완화되고 사회 통합에 유리하다. (가) 지역에서는 부모 세대(40%)보다 자녀 세대(50%)의 중층 비율이 증가했으므로 분배 정책으로 계층 양극화가 완화되었다고 볼 수 있다. 반면, (나) 지역에서는 부모 세대(40%)보다 자녀 세대(25%)의 중층 비율이 감소했으므로 계층 양극화가 심해졌음을 알 수 있다.

③ 오답 : 세대 간 하강 이동 비율은 (가) 지역이 5%(= 0%+0%+5%)이고, (나) 지역이 20%(= 0%+ 0%+20%)이다. 따라서 세대 간 하강 이동한 사람 수는 (나) 지역이 (가) 지역의 4배이다.

④ 오답 : (가) 지역의 계층 대물림 비율은 60%(= 10%+30%+20%)이고, (나) 지역의 계층 대물림 비율은 60%(= 10%+20%+30%)이다. 따라서 '분배 정책으로 계층 대물림이 강화되었다.'라는 주장의 근거로 (가) 지역과 (나) 지역을 비교하기 어렵다.

⑤ 정답 : (가) 지역에서 중층 부모를 둔 자녀의 상승 이동 비율은 5%이고, 하층 부모를 둔 자녀의 상승 이동 비율은 30%(= 10%+20%)이다. (나) 지역에서 중층 부모를 둔 자녀의 상승 이동 비율은 0%이고, 하층 부모를 둔 자녀의 상승 이동 비율은 20%(= 15%+5%)이다. 따라서 (가), (나) 지역 모두에서 중층 부모를 둔 자녀보다 하층 부모를 둔 자녀의 상승 이동 비율이 높다.

문제풀이 T I P | 〈자녀 세대 계층 인구 대비 부모 세대 계층 인구의 상대적 비〉를 통해 (가), (나) 지역의 자녀 세대 계층 구성 비율을 구할 수 있다. '자녀 세대 계층 인구 대비 부모 세대 계층 인구의 상대적 비'는 자녀 세대 계층 인구를 기준으로 했을 때 부모 세대 계층의 인구 비율을 구하는 것이므로 분수로 나타내면 '부모/자녀'가 된다. (가) 지역 상층(B)의 경우 0.4로 나와 있다. 0.4를 분수로 바꾸면 4/10가 된다. 부모 세대 상층의 비율은 10%이므로 '부모/자녀'는 '10/자녀(상)'이 된다. 결국 '10/자녀(상) = 4/10'이라는 식이 만들어지고 자녀 세대 상층의 비율은 25%(=100/4)라는 것을 알 수 있다. 같은 방식으로 (가), (나) 지역의 자녀 세대 계층 구성 비율을 구할 수 있다. (가) 지역의 자녀 세대 계층 구성 비율은 '상층 : 중층 : 하층 = 25 : 50 : 25'이고, (나) 지역의 자녀 세대 계층 구성 비율은 '상층 : 중층 : 하층 = 25 : 25 : 50'이다.
〈각 계층의 대물림 인구 비율〉을 통해 계층 기본표를 완성시킬 수 있다. '부모와 자녀가 모두 A(중층)인 인구 비율(a) + 부모와 자녀가 모두 B(상층)인 인구 비율(b)'이 40%, '부모와 자녀가 모두 B(상층)인 인구 비율(b) + 부모와 자녀가 모두 C(하층)인 인구 비율(c)'이 30%, '부모와 자녀가 모두 C(하층)인 인구 비율(c) + 부모와 자녀가 모두 A(중층)인 인구 비율(a)'이 50%라고 나와 있다. 이를 종합하면 '2(a+b+c) = 120%(= 40%+30%+50%)'라는 식이 나오고, 'a+b+c=60%'라는 것을 알 수 있다. '부모와 자녀가 모두 A(중층)인 인구 비율 + 부모와 자녀가 모두 B(상층)인 인구 비율'이 40%이므로 'a+b=40%'라는 의미이고 'a+b+c=60%'가 되려면 c는 20%임을 알 수 있다. 같은 방식으로 (가), (나) 지역의 계층 대물림 인구 비율을 구할 수 있다.

다음 자료에 대한 분석으로 옳은 것은?

> (가), (나) 사회의 계층은 A ~ C로만 구성되며, A ~ C는 각각 상층, 중층, 하층 중 하나이다. 모든 부모의 자녀는 1명씩이다.

〈부모 세대와 자녀 세대 계층 구성의 상대적 비〉

구분	(가) 사회		(나) 사회	
	부모 세대	자녀 세대	부모 세대	자녀 세대
$\dfrac{A+C}{A+B}$ (중+상 / 중+하)	$\dfrac{7}{9}$	$\dfrac{5}{8}$	$\dfrac{5}{9}$	$\dfrac{5}{7}$
$\dfrac{A+C}{B+C}$ (중+상 / 하+상)	$\dfrac{7}{4}$	$\dfrac{5}{7}$	$\dfrac{5}{6}$	$\dfrac{5}{8}$

〈자녀 세대 계층 대비 부모 세대와 자녀 세대의 계층 **불일치** 비율〉

계층 일치 비율 （단위 : %）

구분	(가) 사회	(나) 사회
A　중	0　100	20　80
B　하	52　48	10　90
C　상	55　45	80　20

* 자녀 세대 B는 부모 세대보다 계층이 높을 수 없으며(하), C는 A보다 높은 계층임.(상, 중)

① (가) 사회에서 세대 간 상승 이동을 한 사람의 수는 하층 부모를 둔 자녀보다 중층 부모를 둔 자녀가 많다.(적다)　[전체의 5% / 전체의 6%]

② ✔ (나) 사회는 중층 부모를 둔 자녀 중에서 세대 간 상승 이동 비율이 세대 간 하강 이동 비율보다 높다.　[최대 5% / 최소 19%]

③ (가) 사회와 달리 (나) 사회에서는 세대 간 이동 비율이 계층 대물림 비율보다 낮다.　[(가)63%, (나)67% / (가)37%, (나)33%]

④ (가) 사회와 달리 (나) 사회에서 부모 세대에는 피라미드형 계층 구조가, 자녀 세대에는 다이아몬드형(모래시계형) 계층 구조가 나타난다.

⑤ (가) 사회는 부모 세대 상층에서 자녀 세대 중층으로의 이동이(0%), (나) 사회는 부모 세대 하층에서 자녀 세대 상층으로의 이동이 나타나지 않았다.(0% 아님)

(가) 사회

〈부모〉　（단위 : %）

〈자녀〉	상	중	하	계
상	9	5	6	20
중	0	30	0	30
하	1	25	24	50
계	10	60	30	100

(나) 사회

〈부모〉　（단위 : %）

〈자녀〉	상	중	하	계
상	6			30
중		16		20
하			45	50
계	10	40	50	100

🤓 출제분석 | 계층 구조의 유형과 특징, 사회 이동의 유형과 관련된 문제는 계층 기본 표를 완성시키면 보다 쉽게 해결할 수 있다. 평소 기출 문제를 중심으로 다양한 문제의 계층 기본 표를 직접 완성시켜 보는 훈련을 해 둘 필요가 있다.

|자|료|해|설|

제시된 조건(*)에서 자녀 세대 B는 부모 세대보다 계층이 높을 수 없다고 했으므로 B는 하층이다. 또한 C는 A보다 높은 계층이라고 했으므로 C는 상층, A는 중층이다. 〈부모 세대와 자녀 세대 계층 구성의 상대적 비〉를 통해 (가), (나) 사회의 부모 세대와 자녀 세대의 계층 구성 비율을 구할 수 있다. (가) 사회의 경우 '(중층＋상층)/(중층＋하층)'은 7/9이고, '(중층＋상층)/(하층＋상층)'은 7/4이므로 부모 세대에서 상층은 10%, 중층은 60%, 하층은 30%이다. 이러한 방식으로 (가) 사회와 (나) 사회의 부모 세대와 자녀 세대의 계층 비율을 구할 수 있다.

부모 세대와 자녀 세대의 계층 비율을 구한 뒤 〈자녀 세대 계층 대비 부모 세대와 자녀 세대의 계층 불일치 비율〉을 통해 계층 기본 표를 완성시킬 수 있다. (가) 사회에서 상층(C)의 경우 계층 불일치 비율이 55%이므로 계층 일치 비율은 45%(＝100％－55%)이다. 따라서 상층의 계층 대물림(대각선) 비율은 9%(＝20%×0.45)이다. 중층(A)의 경우 계층 불일치 비율이 0%이므로 계층 일치 비율은 100%이다. 따라서 중층의 계층 대물림(대각선) 비율은 30%(＝30%×1)이다. 하층(B)의 경우 계층 불일치 비율이 52%이므로 계층 일치 비율은 48%(＝100％－52%)이다. 따라서 하층의 계층 대물림(대각선) 비율은 24%(＝50%×0.48)이다. (나) 사회의 경우 계층 대물림(대각선) 비율만 구할 수 있지만 주어진 자료를 바탕으로 문제를 충분히 해결할 수 있다.

제시된 자료를 바탕으로 (가) 사회와 (나) 사회의 부모 세대와 자녀 세대의 계층 구성을 나타내면 첨삭과 같다.

|선|택|지|풀|이|

① 오답 : (가) 사회에서 세대 간 상승 이동 비율은 하층 부모를 둔 자녀의 경우 전체의 6%이고, 중층 부모를 둔 자녀의 경우 전체의 5%이다. 따라서 (가) 사회에서 세대 간 상승 이동을 한 사람의 수는 하층 부모를 둔 자녀보다 중층 부모를 둔 자녀가 적다.

② 정답 : (나) 사회에서 중층 부모를 둔 자녀 중에서 세대 간 상승 이동 비율은 최소 19%이고, 세대 간 하강 이동 비율은 최대 5%이다. 따라서 (나) 사회는 중층 부모를 둔 자녀 중에서 세대 간 상승 이동 비율이 세대 간 하강 이동 비율보다 높다.

③ 오답 : (가) 사회의 경우 계층 대물림 비율은 63%이고, 세대 간 이동 비율은 37%이다. (나) 사회의 경우 계층 대물림 비율은 67%이고, 세대 간 이동 비율은 33%이다. 따라서 (가) 사회와 (나) 사회 모두 세대 간 이동 비율이 계층 대물림 비율보다 낮다.

④ 오답 : (가) 사회의 경우 부모 세대에는 다이아몬드형 계층 구조가, 자녀 세대에는 피라미드형 계층 구조가 나타난다. (나) 사회의 경우 부모 세대에는 피라미드형 계층 구조가, 자녀 세대에는 모래시계형 계층 구조가 나타난다.

⑤ 오답 : (가) 사회는 부모 세대 상층에서 자녀 세대 중층으로의 이동(0%)이 나타나지 않았다. (나) 사회는 부모 세대 하층에서 자녀 세대 상층으로의 이동은 0%가 될 수 없다.

다음 자료에 대한 분석으로 옳은 것은? (단, 갑국에서 모든 부모의 자녀는 1명씩이다.) **3점**

표는 갑국의 부모와 자녀의 계층을 비교한 것이다. A ~ C는 각각 상층, 중층, 하층 중 하나인데, C에 속해 있는 자녀 중 부모의 계층이 A인 자녀는 세대 간 하강 이동한 사람이고, 부모의 계층이 B인 자녀는 세대 간 상승 이동한 사람이다.

(단위 : %)

구분		부모의 계층			계
		A 상	B 하	C 중	
자녀의 계층	A 상	10	6	4	20
	B 하	2	10	14	26
	C 중	6	18	30	54
계		18	34	48	100

① 부모와 계층이 일치하는 자녀보다 불일치하는 자녀가 많다.
② 세대 간 하강 이동한 자녀보다 세대 간 상승 이동한 자녀가 많다.
③ 부모 세대의 계층 구조와 자녀 세대의 계층 구조는 모두 피라미드형이다.
④ 자녀 세대에서 상층 인구 중 부모와 계층이 일치하는 인구가 50%를 넘는다.
⑤ 부모의 계층이 중층인 자녀 중 세대 간 하강 이동한 자녀보다 세대 간 상승 이동한 자녀가 많다.

|자|료|해|설|

C에 속해 있는 자녀 중 부모의 계층이 A인 자녀는 세대 간 하강 이동한 사람이고, 부모의 계층이 B인 자녀는 세대 간 상승 이동한 사람이므로 C는 세대 간 상승 이동과 세대 간 하강 이동이 모두 가능한 중층이라는 것을 알 수 있다. 또한 A에서 C(중층)로 이동하는 것이 세대 간 하강 이동이므로 A는 상층이고, B에서 C(중층)로 이동하는 것이 세대 간 상승 이동이므로 B는 하층이라는 것을 알 수 있다.
따라서 A는 상층, B는 하층, C는 중층이다.

|선|택|지|풀|이|

① 오답 : 부모와 계층이 일치하는 자녀는 50% (10%+30%+10%)이고, 부모와 계층이 불일치하는 자녀는 50%(100%-50%)이다. 따라서 부모와 계층이 일치하는 자녀와 불일치하는 자녀는 50%로 같다.
② 정답 : 세대 간 하강 이동한 자녀는 22%(6%+2%+14%)이고, 세대 간 상승 이동한 자녀는 28%(4%+6%+18%)이다. 따라서 세대 간 하강 이동한 자녀(22%)보다 세대 간 상승 이동한 자녀(28%)가 많다.
③ 오답 : 부모 세대의 계층 구조와 자녀 세대의 계층 구조는 모두 중층의 비율이 가장 높은 다이아몬드형 계층 구조이다.
④ 오답 : 자녀 세대에서 상층 인구(20%) 중 부모와 계층이 일치하는 인구(10%)는 50%{(10/20)×100}이다.
⑤ 오답 : 부모의 계층이 중층인 자녀 중 세대 간 하강 이동한 자녀는 14%이고, 세대 간 상승 이동한 자녀는 4%이다. 따라서 부모의 계층이 중층인 자녀 중 세대 간 하강 이동한 자녀(14%)보다 세대 간 상승 이동한 자녀(4%)가 적다.

다음 자료에 대한 분석으로 옳은 것은? **3점**

그림은 갑국 ~ 병국의 계층 구성 비율을 나타낸 것이다. 계층은 A, B, C로 구분되며, A ~ C는 각각 상층, 중층, 하층 중 하나이다. 한 국가 내에서 C에서 A로의 이동은 상승 이동, C에서 B로의 이동은 하강 이동에 해당한다. 갑국 ~ 병국의 인구는 동일하다.

① 을국의 계층 구조는 피라미드형이다.
② 갑국의 상층 인구는 을국의 상층 인구보다 많다.
③ 중층 인구 대비 하층 인구의 비율은 갑국이 병국보다 낮다.
④ 갑국 ~ 병국 중 병국의 계층 구조가 사회 안정성이 가장 높다.
⑤ 갑국의 계층 구조는 세대 내 이동이, 을국과 병국의 계층 구조는 세대 간 이동이 활발하게 일어난다.

|자|료|해|설|

C에서 A로의 이동은 상승 이동, C에서 B로의 이동은 하강 이동이므로 C는 상승 이동과 하강 이동이 모두 일어나는 중층이다. 따라서 A는 상층, B는 하층이다.

|선|택|지|풀|이|

① 오답 : 을국의 경우 중층 비율이 가장 낮다. 따라서 을국의 계층 구조는 모래시계형이다.
② 오답 : 갑국의 상층 인구 비율은 10%이고, 을국의 상층 인구 비율은 20%이다. 갑국과 을국의 인구는 동일하므로 갑국의 상층 인구는 을국의 상층 인구보다 적다.
③ 오답 : 중층 인구 대비 하층 인구의 비율은 갑국이 60/30이고, 병국이 30/60으로, 갑국이 병국보다 높다.
④ 정답 : 갑국의 계층 구조는 피라미드형, 을국의 계층 구조는 모래시계형, 병국의 계층 구조는 다이아몬드형이다. 따라서 갑국 ~ 병국 중 병국의 계층 구조가 사회 안정성이 가장 높다.
⑤ 오답 : 제시된 자료는 계층 구성 비율에 따른 계층 구조를 나타낸 것이므로 이를 통해 세대 내 이동과 세대 간 이동은 파악할 수 없다.

문제풀이 TIP | C는 상승 이동과 하강 이동이 모두 나타나므로 중층임을 파악할 수 있다.

출제분석 | 계층 구성 비율을 통해 계층 구조를 파악하는 문제이다. 계층 구조뿐만 아니라 세대 간 계층 구성을 분석하는 문제가 출제될 수 있으므로 기출 문제를 통해 다양한 문제를 접해 보도록 한다.

다음 자료에 대한 옳은 분석만을 〈보기〉에서 고른 것은? 3점

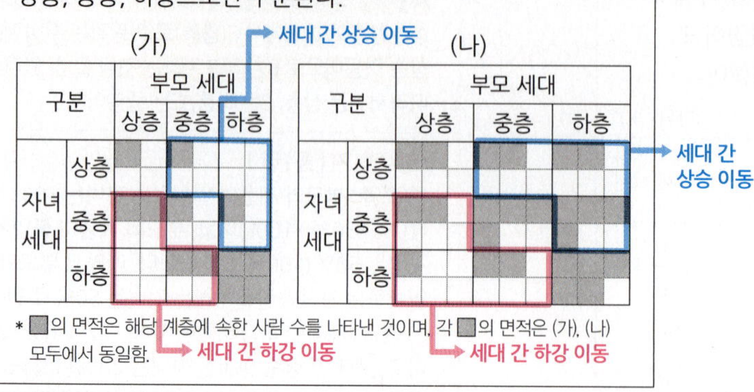

보기

ㄱ. (가)는 세대 간 이동이 계층 대물림보다 많다. 과 같다
ㄴ. (나)는 세대 간 하강 이동이 세대 간 상승 이동보다 적다.
ㄷ. (나)에서 자녀 세대의 인구는 (가)의 2배이다.
ㄹ. (가)와 (나) 모두 자녀 세대에서는 다이아몬드형 계층 구조가 나타난다.

① ㄱ, ㄴ ② ㄱ, ㄷ ③ ㄴ, ㄷ ④ ㄴ, ㄹ ⑤ ㄷ, ㄹ

|자|료|해|설|

(가)의 경우 전체 □의 수가 12개이고, (나)의 경우 전체 □의 수가 24개이다.

|보|기|풀|이|

ㄱ. 오답 : (가)의 경우 전체 □의 수는 12개이고, 계층을 대물림한 □의 수는 6개이며, 세대 간 이동을 한 □의 수는 6개이다. 따라서 (가)는 세대 간 이동과 계층 대물림이 같다.

ㄴ. 정답 : (나)의 경우 세대 간 하강 이동한 □의 수는 5개이고, 세대 간 상승 이동한 □의 수는 8개이다. 따라서 (나)는 세대 간 하강 이동이 세대 간 상승 이동보다 적다.

ㄷ. 정답 : (가)의 경우 전체 □의 수는 12개이고, (나)의 경우 전체 □의 수는 24개이다. 따라서 (나)에서 자녀 세대의 인구는 (가)의 2배이다.

ㄹ. 오답 : (가)의 경우 자녀 세대에서 □의 수는 상층이 2개, 중층이 4개, 하층이 6개이므로 자녀 세대에서 피라미드형 계층 구조가 나타난다. (나)의 경우 자녀 세대에서 □의 수는 상층이 6개, 중층이 10개, 하층이 8개이므로 자녀 세대에서 다이아몬드형 계층 구조가 나타난다.

😮 **문제풀이 TIP** | 제시된 자료는 갑국의 자녀 세대를 전수 조사한 것이므로 전체 □의 수를 전체 자녀 세대의 수로 간주하면 된다.

다음 자료에 대한 분석으로 옳은 것은? 3점

표는 갑국의 세대별 계층 구조와 계층 이동의 현황을 나타낸 것이다. 세대 간 이동은 부모 세대의 계층과 자녀 세대의 현재 계층을 비교하고, 세대 내 이동은 자녀 세대의 20년 전 계층과 현재 계층을 비교하여 판단한다. A~C는 각각 상층, 중층, 하층 중 하나이고, 갑국의 계층은 이 세 가지로만 구성된다. 부모 세대의 계층 구조는 피라미드형이다.

〈세대 간 이동〉 상승 이동

구분	부모 세대		
	A상층	B중층	C하층
현재 자녀 세대	A 상층		
	B 중층		
	C 하층		

하강 이동

〈세대 내 이동〉

구분	20년 전 자녀 세대		
	A상층	B중층	C하층
현재 자녀 세대	A상층		
	B중층		
	C하층		

* ●는 해당 계층의 사람 수를 나타내며, 각 ●가 나타내는 사람 수는 동일함.

① 세대 간 하강 이동을 경험한 중층 자녀는 없다. 있다
② 세대 간 상승 이동이 세대 간 하강 이동보다 적다. 많다
③ 현재 상층인 자녀는 모두 세대 내 상승 이동을 경험하였다.
④ 부모 세대와 달리 자녀 세대에서는 폐쇄적 계층 구조가 나타난다.
⑤ 현재 자녀 세대의 계층 구조는 20년 전 자녀 세대의 계층 구조보다 사회 통합에 유리하다. 모래시계형 / 다이아몬드형

|자|료|해|설|

부모 세대의 경우 ●의 수는 C > B > A 순으로 많고, 부모 세대의 계층 구조는 피라미드형이므로 A는 상층, B는 중층, C는 하층이다.

|선|택|지|풀|이|

① 오답 : 현재 중층인 자녀의 경우 부모 세대가 상층인 경우가 존재한다. 따라서 세대 간 하강 이동을 경험한 중층 자녀가 존재한다.

② 오답 : 세대 간 상승 이동에 해당하는 ●의 수는 4개이고, 세대 간 하강 이동에 해당하는 ●의 수는 3개이다. 따라서 세대 간 상승 이동이 세대 간 하강 이동보다 많다.

③ 오답 : 현재 상층인 자녀 중 20년 전 계층이 상층인 경우가 존재한다. 따라서 현재 상층인 자녀가 모두 세대 내 상승 이동을 경험하였다고 볼 수 없다.

④ 오답 : 세대 간 수직 이동과 세대 내 수직 이동이 모두 일어나고 있으므로 부모 세대와 달리 자녀 세대에서 폐쇄적 계층 구조가 나타난다고 볼 수 없다.

⑤ 정답 : 20년 전 자녀 세대의 계층 구조는 모래시계형이고, 현재 자녀 세대의 계층 구조는 다이아몬드형이다. 따라서 현재 자녀 세대의 계층 구조가 20년 전 자녀 세대의 계층 구조에 비해 사회 통합에 유리하다.

😮 **문제풀이 TIP** | 폐쇄적 계층 구조는 계층 간 이동이 엄격하게 제한된다.

😮 **출제분석** | 계층 구성을 분석하는 문제이다. 세대 간 이동뿐만 아니라 세대 내 이동을 분석하는 문제가 출제될 수 있으므로 기출 문제를 통해 다양한 유형의 문제를 접해 보도록 한다.

다음 자료에 대한 분석으로 옳은 것은?

다음은 갑국에서 가구주 1,000명을 대상으로 ㉠ 부모의 계층과 본인의 현재 계층 간 이동 및 ㉡ 부모로부터 독립 후 본인의 최초 계층과 현재 계층 간 이동을 조사한 결과이다. (단, 계층은 상층, 중층, 하층으로만 구성된다.)

<계층의 상대적 비(比)>

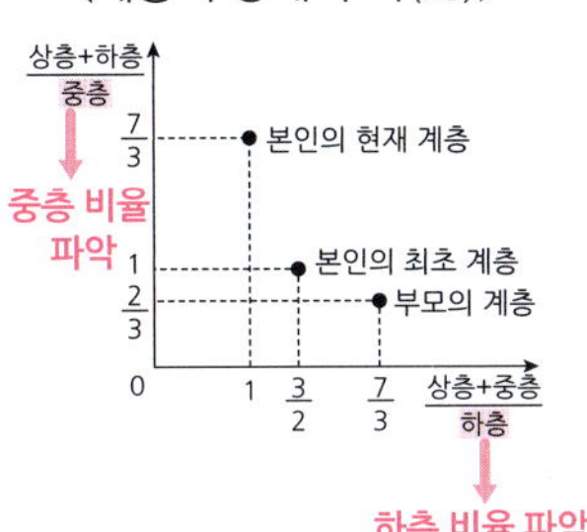

<계층 일치 비율>   ㅡ> <부모-본인 현재>
ㅡ> <본인 최초-본인 현재>

구분	A	B
상층	80	100
중층	50	52
하층	80	90

* A : 부모 계층 대비 부모 계층과 본인 현재 계층의 일치 비율(%)
** B : 본인 최초 계층 대비 본인 최초 계층과 현재 계층의 일치 비율(%)

① ㉠과 ㉡을 모두 경험한 가구주가 ㉠과 ㉡ 중 어느 하나도 경험하지 않은 가구주보다 적다. ㅡ> 34%p 적음
② ㉠을 경험하고 ㉡은 경험하지 않은 가구주가 ㉠은 경험하지 않고 ㉡을 경험한 가구주보다 적다. ㅡ> 10%p 많음
③ 세대 내 하강 이동보다 세대 내 상승 이동이 많다. ㅡ> 하층도 있음(4%) 14% 14% 같다
④ 현재 계층이 중층인 가구주의 최초 계층은 모두 중층이었다.
⑤ 가구주의 현재 계층 구조가 부모의 계층 구조보다 사회 통합에 유리한 계층 구조이다. ㅡ> 피라미드형 ㅡ> 다이아몬드형 불리

(단위 : %)

구분		부모 계층			
		상층	중층	하층	계
본인 현재 계층	상층	8	6	6	20
	중층	0	30	0	30
	하층	2	24	24	50
	계	10	60	30	100

Ⅳ
1.
사회 불평등 현상과 계층

|자|료|해|설|

<계층의 상대적 비(比)>를 통해 부모와 본인(최초, 현재)의 계층 비율을 파악할 수 있다. <계층 일치 비율>을 통해 계층 기본 표에서 계층 대물림 부분인 대각선 부분을 파악할 수 있다. 주어진 조건과 자료를 바탕으로 계층 기본 표를 완성시키면 보다 쉽게 해결할 수 있다.

|선|택|지|풀|이|

① 정답 : ㉠과 ㉡을 모두 경험한 가구주가 ㉠과 ㉡ 중 어느 하나도 경험하지 않은 가구주보다 34%p 적다.
② 오답 : ㉠을 경험하고 ㉡은 경험하지 않은 가구주가 ㉠은 경험하지 않고 ㉡을 경험한 가구주보다 10%p 많다.
③ 오답 : 세대 내 하강 이동은 14%(=0+0+14)이고, 세대 내 상승 이동은 14%(=10+0+4)이다. 따라서 세대 내 하강 이동(14%)과 세대 내 상승 이동(14%)은 같다.
④ 오답 : 현재 계층이 중층(30%)인 가구주의 최초 계층은 중층이 26%, 하층이 4%이다. 따라서 현재 계층이 중층인 가구주의 최초 계층이 모두 중층이라고 볼 수 없다.
⑤ 오답 : 가구주의 현재 계층 구조는 상층의 비율이 가장 낮고, 하층의 비율이 가장 높은 피라미드형이다. 부모의 계층 구조는 중층의 비율이 가장 높은 다이아몬드형이다. 따라서 가구주의 현재 계층 구조(피라미드형)가 부모의 계층 구조(다이아몬드형)보다 사회 통합에 불리한 계층 구조이다.

(단위 : %)

구분		본인 최초 계층			
		상층	중층	하층	계
본인 현재 계층	상층	10	10	0	20
	중층	0	26	4	30
	하층	0	14	36	50
	계	10	50	40	100

문제풀이 T I P | 첫 번째 <계층의 상대적 비(比)> 자료를 통해 부모와 본인의 계층 비율을 파악할 수 있다. '(상층+하층)/중층'을 통해 중층 비율을 파악할 수 있고, '(상층+중층)/하층'을 통해 하층 비율을 파악할 수 있다. 부모 세대의 경우 중층은 60%이고, 하층은 30%이다. 따라서 상층은 10%이다. 본인의 최초 계층의 경우 중층은 50%이고, 하층은 40%이다. 따라서 상층은 10%이다. 본인의 현재 계층의 경우 중층은 30%이고, 하층은 50%이다. 따라서 상층은 20%이다. 계층 기본 표를 바탕으로 세대 간 이동(㉠)과 세대 내 이동(㉡)의 경험 유무를 다음과 같이 나타낼 수 있다.

(단위 : %)

구분		세대 간 이동(㉠)		계
		경험함	경험하지 않음	
세대 내 이동(㉡)	경험함	A	B	28
	경험하지 않음	C	D	72
계		38	62	100

선지 ①번의 경우 ㉠과 ㉡을 모두 경험한 가구주는 위의 표에서 A이고, ㉠과 ㉡ 중 어느 하나도 경험하지 않은 가구주는 위의 표에서 D이다. 위의 표에서 A와 D가 동시에 들어가는 가로/세로를 더하면 A+C=38, C+D=72 또는 A+B=28, B+D=62가 된다. 여기에서 공통으로 들어간 C나 B를 없다고 생각하면 A와 D의 크기 비교가 가능해진다. 따라서 D는 A보다 34%p 많다는 것을 알 수 있다.
같은 방식으로 선지 ②번을 보면 ㉠을 경험하고 ㉡은 경험하지 않은 가구주는 위의 표에서 C이고, ㉠은 경험하지 않고 ㉡을 경험한 가구주는 위의 표에서 B이다. 위의 표에서 C와 B가 동시에 들어가는 가로/세로를 더하면 A+B=28, A+C=38 또는 B+D=62, C+D=72가 된다. 여기에서 공통으로 들어간 A나 D를 없다고 생각하면 C와 B의 크기 비교가 가능해진다. 따라서 C는 B보다 10%p 많다는 것을 알 수 있다.

출제분석 | 계층 구조와 사회 이동 문제는 주어진 자료를 바탕으로 계층 기본 표를 완성하면 쉽게 해결할 수 있다. 기출문제를 중심으로 빠르고 정확하게 계층 기본 표를 만들고 분석하는 훈련을 해 둘 필요가 있다.

다음 자료에 대한 분석으로 옳은 것은? 3점

> 표는 갑국의 부모 세대와 자녀 세대의 계층 구조를 나타낸
> 것이다. 단, 갑국에서 모든 부모의 자녀는 1명씩이며, 계층은
> 상층, 중층, 하층으로만 나뉜다.
>
> (단위 : %)
>
> | 구분 | | 부모 세대 | | | 계 |
> |---|---|---|---|---|---|
> | | | 상층 | 중층 | 하층 | |
> | 자녀 세대 | 상층 | 5 | 5 | 10 | 20 |
> | | 중층 이상 | 20 | 20 | 40 | 80 |
> | | 하층 이상 | 20 | 30 | 50 | 100 |
>
> * 'O층 이상'은 O층의 인구와 O층보다 높은 계층에 속하는 인구의 합이 자녀
>   세대의 전체 인구에서 차지하는 비율을 의미함.

① 부모 세대와 자녀 세대의 계층 구조는 모두 피라미드형이다.
② 부모와 계층이 일치하는 자녀가 일치하지 않는 자녀보다 많다. 적다
③ 세대 간 하강 이동한 자녀가 세대 간 상승 이동한 자녀보다 많다. 적다
④ 자녀 세대 계층 대비 세대 간 계층 일치 비율은 상층과 중층이
　 동일하다.
⑤ 부모가 중층인 자녀 중 하층으로 세대 간 이동한 자녀는 상층으로
　 세대 간 이동한 자녀의 6배이다. 2

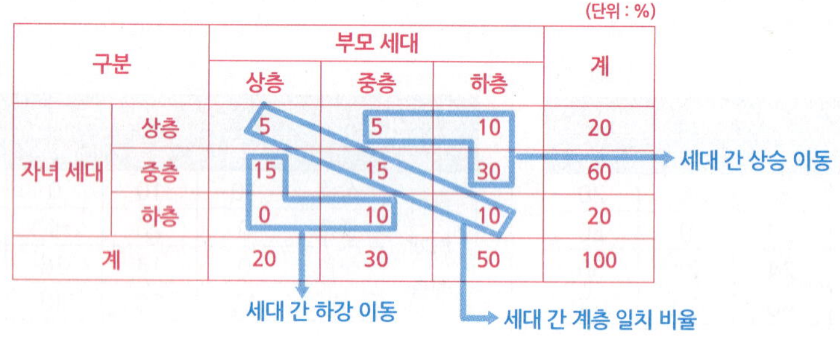

|자|료|해|설|

부모가 상층인 자녀의 경우 상층 비율이 5%, 중층 이상
비율이 20%이므로 중층 비율은 15%(=20%-5%)가
되고, 하층 이상 비율이 20%이므로 하층 비율은
0%(=20%-20%)가 된다. 부모가 중층인 자녀의 경우
상층 비율이 5%, 중층 이상 비율이 20%이므로 중층
비율은 15%(=20%-5%)가 되고, 하층 이상 비율이
30%이므로 하층 비율은 10%(=30%-20%)가 된다.
부모가 하층인 자녀의 경우 상층 비율이 10%, 중층 이상
비율이 40%이므로 중층 비율은 30%(=40%-10%)가
되고, 하층 이상 비율이 50%이므로 하층 비율은
10%(=50%-40%)가 된다. 제시된 자료를 바탕으로
갑국의 부모 세대와 자녀 세대의 계층 구성을 나타내면
첨삭과 같다.

|선|택|지|풀|이|

① 오답 : 부모 세대의 계층 구조는 피라미드형이고, 자녀
세대의 계층 구조는 다이아몬드형이다.
② 오답 : 부모와 계층이 일치하는 자녀의 비율은 전체의
30%(=5%+15%+10%)이고, 부모와 계층이 일치하지
않는 자녀의 비율은 전체의 70%(=100%-30%)이다.
따라서 부모와 계층이 일치하는 자녀가 일치하지 않는
자녀보다 적다.
③ 오답 : 세대 간 하강 이동한 자녀의 비율은 전체의
25%(=15%+10%)이고, 세대 간 상승 이동한 자녀의
비율은 전체의 45%(=5%+10%+30%)이다. 따라서
세대 간 하강 이동한 자녀가 세대 간 상승 이동한 자녀보다
적다.
④ 정답 : 자녀 세대 계층 대비 세대 간 계층 일치
비율은 상층이 25%{=(5/20)×100}, 중층이
25%{=(15/60)×100}로, 상층과 중층이 같다.
⑤ 오답 : 부모가 중층인 자녀 중 하층으로 세대 간 이동한
자녀의 비율은 전체의 10%이고, 상층으로 세대 간 이동한
자녀의 비율은 전체의 5%이다. 따라서 부모가 중층인
자녀 중 하층으로 세대 간 이동한 자녀는 상층으로 세대 간
이동한 자녀의 2배이다.

문제풀이 TIP | '중층 이상 비율 - 상층 비율 = 중층 비율'이고, '하층 이상 비율 - 중층 이상 비율 = 하층 비율'이다.

출제분석 | 세대 간 계층 구성을 분석하는 문제이다. 제시된 자료를 바탕으로 계층 구성 표를 만들 수 있도록 기출 문제를 통해 많은 문제를 접해 보도록 한다.

다음 자료에 대한 분석으로 옳은 것은? (단, 계층은 상층, 중층, 하층으로만 구분되고, A~C는 각각 상층, 중층, 하층 중 하나임.)

다음은 ○○국의 세대별 계층 구성 현황과 세대 간 이동 현황의 일부를 나타낸 것이다. 자녀 세대 전체 인구 중 부모와 계층이 일치하는 비율은 30%이며, 세대 간 이동에서 갑은 A에서 B로, 을은 C에서 B로 하강 이동을 하였고, 병은 A에서 C로 상승 이동을 하였다. 단, 모든 부모의 자녀는 1명씩이다.

하층 ← A
상층 ← C
중층 ← B

〈자료 1〉 세대별 계층 구성 현황

(단위 : %)

구분	A 중층	B 하층	C 상층
부모 세대	30	50	20
자녀 세대	50	30	20

〈자료 2〉 자녀 세대 전체 인구 중 세대 간 이동 현황

세대 간 이동 양상	세대 간 이동 비율(%)
A → B	10
C → B	5
A → C	10

* 세대 간 이동은 부모 세대와 자녀 세대의 계층을 비교하여 판단함.

① 갑의 부모 계층보다 을의 부모 계층이 ~~낮다~~. 높다

② 부모와 계층이 일치하는 자녀의 수는 상층보다 중층이 많다.

③ 세대 간 하강 이동한 자녀의 수보다 세대 간 상승 이동한 자녀의 수가 ~~적다~~. 많다

④ 부모 세대 계층 구조와 달리 자녀 세대 계층 구조는 ~~모래시계형~~이다. 다이아몬드형

⑤ 자녀 세대 계층 구조에 비해 부모 세대 계층 구조가 사회 통합 실현에 유리하다.

(단위 : %)

구분		부모 세대			계
		상층(C)	중층(A)	하층(B)	
자녀 세대	상층(C)	5	10	5	20
	중층(A)	10	10	30	50
	하층(B)	5	10	15	30
계		20	30	50	100

→ 상승 이동
→ 하강 이동

|자|료|해|설|

세대 간 이동에서 A에서 B로의 이동과 C에서 B로의 이동이 하강 이동에 해당하므로 B는 하층이다. 세대 간 이동에서 A에서 C로의 이동이 상승 이동이므로 A는 중층, C는 상층이다. 제시된 자료를 바탕으로 ○○국의 계층 구성을 나타내면 첨삭과 같다.

|선|택|지|풀|이|

① 오답 : 갑의 부모 계층은 중층이고, 을의 부모 계층은 상층이다. 따라서 갑의 부모 계층보다 을의 부모 계층이 높다.

② 정답 : 부모와 계층이 일치하는 자녀의 비율은 상층이 전체의 5%, 중층이 전체의 10%이다. 따라서 부모와 계층이 일치하는 자녀의 수는 상층보다 중층이 많다.

③ 오답 : 세대 간 하강 이동한 자녀의 비율은 전체의 25%(=10%+5%+10%)이고, 세대 간 상승 이동한 자녀의 비율은 전체의 45%(=10%+5%+30%)이다. 따라서 세대 간 하강 이동한 자녀의 수보다 세대 간 상승 이동한 자녀의 수가 많다.

④ 오답 : 부모 세대 계층 구조는 피라미드형이고, 자녀 세대 계층 구조는 다이아몬드형이다.

⑤ 오답 : 부모 세대 계층 구조는 피라미드형이고, 자녀 세대 계층 구조는 다이아몬드형이므로 자녀 세대 계층 구조가 부모 세대 계층 구조에 비해 사회 통합 실현에 유리하다.

문제풀이 TIP | A, C에서 B로의 이동이 세대 간 하강 이동이므로 B는 하층에 해당함을 파악할 수 있고, A에서 C로의 이동이 세대 간 상승 이동이므로 C가 A보다 높은 계층임을 파악할 수 있다.

출제분석 | 계층 구성을 파악하는 문제이다. 기출 문제를 통해 주어진 조건에 따른 계층 구성표를 만드는 연습을 해 두도록 한다.

다음 자료에 대한 옳은 분석만을 〈보기〉에서 고른 것은?

다음은 갑국과 을국의 세대별 계층 구성 현황과 사회 이동 현황을 나타낸 것이다. 단, ▨와 ⬚는 해당 칸에 들어갈 값을 표기하지 않은 것이다.

〈갑국〉 (단위 : %)

구분		부모 세대			계
		중층 A	하층 B	상층 C	
자녀 세대	A 중층	10	20	15	45
	B 하층	5	20	5	30
	C 상층	5	10	10	25
계		20	50	30	100

〈을국〉 (단위 : %)

구분		부모 세대			계
		상층 D	하층 E	중층 F	
자녀 세대	D 상층	5	5	0	10
	E 하층	5	35	20	60
	F 중층	0	20	10	30
계		10	60	30	100

* ▨는 세대 간 상승 이동, ⬚는 세대 간 하강 이동에 해당함.
** 갑국에서 A~C, 을국에서 D~F는 각각 상층, 중층, 하층 중 하나임.
*** 세대 간 이동은 부모 세대와 자녀 세대의 계층을 비교하여 판단함.

〈보기〉

ㄱ. 갑국에서는 계층 대물림 비율이 세대 간 이동 비율보다 높다.
　　　　　　40%　　　　　　　　60%　　　　　낮다
ㄴ. 을국에서는 세대 간 상승 이동 비율과 세대 간 하강 이동 비율이 동일하다.
　　　　25%　　　　　　　　　　25%
ㄷ. 부모 세대 중층의 경우, 세대 간 이동 비율은 갑국이 을국보다 낮다.
　　　10%　　　　　　　20%
ㄹ. 부모 세대의 계층 구조는 갑국은 모래시계형, 을국은 다이아몬드형이다.
　　　　　　　　　　피라미드형

① ㄱ, ㄴ　② ㄱ, ㄷ　③ ㄴ, ㄷ　④ ㄴ, ㄹ　⑤ ㄷ, ㄹ

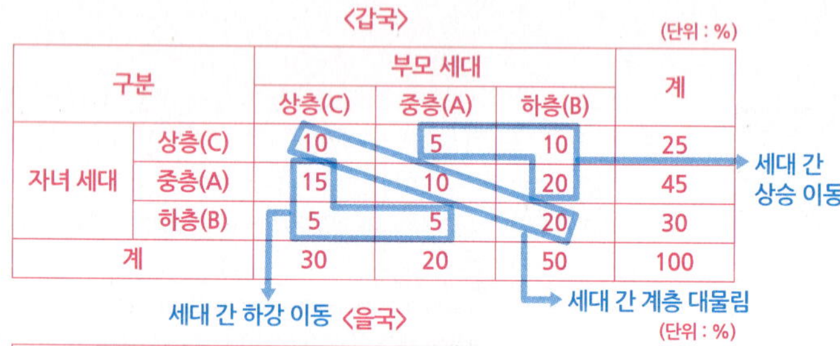

|자|료|해|설|

갑국의 경우 부모 세대 C에서는 세대 간 상승 이동이 나타나지 않으므로 C는 상층이다. 부모 세대 A에서 자녀 세대 C로의 이동만이 세대 간 상승 이동에 해당하므로 A는 중층이다. 부모 세대 B에서 자녀 세대 A와 C로의 이동이 세대 간 상승 이동에 해당하므로 B는 하층이다. 을국의 경우 부모 세대 E에서는 세대 간 하강 이동이 나타나지 않으므로 E는 하층이다. 부모 세대 F에서 자녀 세대 E로의 이동만이 세대 간 하강 이동에 해당하므로 F는 중층이다. 부모 세대 D에서 자녀 세대 E와 F로의 이동이 세대 간 하강 이동에 해당하므로 D는 상층이다. 제시된 자료를 바탕으로 갑국과 을국의 계층 구성을 나타내면 첨삭과 같다.

|보|기|풀|이|

ㄱ. 오답 : 갑국의 경우 계층 대물림 비율은 전체의 40%(=10%+10%+20%), 세대 간 이동 비율은 전체의 60%(=100%-40%)이다. 따라서 갑국에서는 계층 대물림 비율이 세대 간 이동 비율보다 낮다.

ㄴ. 정답 : 을국의 경우 세대 간 상승 이동 비율은 전체의 25%(=5%+20%), 세대 간 하강 이동 비율은 전체의 25%(=5%+20%)이다. 따라서 을국에서는 세대 간 상승 이동 비율과 세대 간 하강 이동 비율이 같다.

ㄷ. 정답 : 부모 세대 중층의 경우 세대 간 이동 비율은 갑국이 전체의 10%(=5%+5%), 을국이 전체의 20%이다. 따라서 부모 세대 중층의 경우 세대 간 이동 비율은 갑국이 을국보다 낮다.

ㄹ. 오답 : 부모 세대의 계층 구조는 갑국이 모래시계형이고, 을국이 피라미드형이다.

😲 **문제풀이 T I P |** 세대 간 상승 이동이 나타나는 경우와 세대 간 하강 이동이 나타나는 경우를 파악하는 것이 핵심이다.

😊 **출제분석 |** 계층 구조 및 사회 이동을 분석하는 문제이다. 계층 구성 비율을 통해 세대 간 이동 및 계층 대물림을 분석하는 문제가 출제될 수 있다.

1 사회적 소수자

정답 ⑤　정답률 90%　2023년 3월 학평 7번　문제편 254p

다음 자료의 갑, 을에 대한 설명으로 옳은 것은?

○ 갑은 국민 대다수가 ○○ 종교를 믿는 A국에서 △△ 종교를 믿는다는 이유로 차별을 받고 있다. 갑은 △△ 종교 신도들과 함께 차별 철폐를 위한 SNS 활동을 하고 있다.

○ 을은 소수의 백인들이 지배하는 B국에서 흑인이라는 이유로 차별을 받고 있다. 을은 B국의 인종 차별적인 제도를 폐지하기 위해 시민 단체 활동을 하고 있다.

A국에서 사회적 소수자

B국에서 사회적 소수자

① 갑은 을과 달리 사회적 소수자에 해당한다.
② 갑은 을과 달리 주류 집단에 의한 차별을 경험하고 있다.
③ 을은 갑과 달리 역차별 문제를 제기할 것이다.
④ 을은 갑과 달리 후천적 요인에 의해 차별을 받고 있다.
⑤ 갑과 을은 모두 차별을 해소하고자 노력하고 있다.

|자|료|해|설|

갑은 A국에서 사회적 소수자에 해당하고, 을은 B국에서 사회적 소수자에 해당한다.

|선|택|지|풀|이|

① 오답 : 갑과 을은 모두 사회적 소수자에 해당한다.
② 오답 : 갑과 을은 모두 주류 집단에 의한 차별을 경험하고 있다.
③ 오답 : 갑과 을은 모두 사회적 소수자로, 역차별 문제를 제기할 것이라고 보기 어렵다.
④ 오답 : 갑은 종교라는 후천적 요인에 의해 차별을 받고 있고, 을은 인종이라는 선천적 요인에 의해 차별을 받고 있다.
⑤ 정답 : 갑은 종교 차별 철폐를 위한 활동을 하고 있고, 을은 인종 차별적인 제도를 폐지하기 위한 활동을 하고 있다.

😲 **추가 학습** | 역차별은 차별을 받는 쪽을 보호하려고 마련한 제도나 장치가 너무 강하여 오히려 반대편이 차별받는 현상을 말한다.

😲 **출제분석** | 사회적 소수자를 파악하는 문제이다. 사회적 소수자 문제와 관련하여 적극적 우대 조치와 이에 따른 역차별 문제가 출제될 수 있다.

2 사회적 소수자

정답 ③　정답률 88%　2022학년도 수능 19번　문제편 254p

다음 자료는 교사의 질문에 대한 학생 갑, 을의 답변과 교사의 채점 결과이다. ㉠ ~ ㉢에 해당하는 답변으로 옳은 것은?

○ 교사 : A는 신체·문화적 특성이 다르다는 이유로 주류 집단으로부터 불평등한 처우를 받으며, 자신이 차별받는 집단에 속해 있다는 의식을 지닌 사람들을 의미하는 개념입니다. A의 특징에 대한 질문에 답변해 보세요.

사회적 소수자

질문	답변	
	갑	을
A는 해당 집단 구성원의 수로 결정되는가?	예	아니요
특정 집단이 A에 해당하는지 여부는 시대와 장소에 따라 달라지는가?	㉠ 예	㉡ 아니요
A는 주류 집단에 비해 사회적 희소 자원을 획득하는 데 불리한 위치에 있는가?	아니요	예
A를 위한 적극적 우대 정책은 주류 집단에 대한 역차별이라는 비판을 받기도 하는가?	예	㉢ 아니요
점수	2점	2점

* 교사는 질문별로 각각 채점하고 옳은 답변은 1점, 틀린 답변은 0점을 부여함.

	㉠	㉡	㉢
①	예	예	아니요
②	예	아니요	예
③	예	아니요	아니요
④	아니요	예	예
⑤	아니요	아니요	아니요

|자|료|해|설|

신체적 또는 문화적 특징으로 인해 불평등한 처우를 받는 사람들을 사회적 소수자라고 한다. 따라서 A는 사회적 소수자이다.

|선|택|지|풀|이|

③ 정답 : 사회적 소수자는 해당 집단 구성원의 수로 결정되지 않는다. 특정 집단이 사회적 소수자에 해당하는지의 여부는 시대와 장소에 따라 달라진다. 사회적 소수자는 주류 집단에 비해 사회적 희소 자원을 획득하는 데 불리한 위치에 있다. 사회적 소수자를 위한 적극적 우대 정책은 주류 집단에 대한 역차별이라는 비판을 받기도 한다. 따라서 첫 번째 질문에 대한 옳은 답변은 '아니요', 두 번째 질문에 대한 옳은 답변은 '예', 세 번째 질문에 대한 옳은 답변은 '예', 네 번째 질문에 대한 옳은 답변은 '예'이다. 갑과 을은 각각 2점을 획득하였으므로 갑은 두 번째 질문과 네 번째 질문에 대해 각각 1점씩 획득하였고, 을은 첫 번째 질문과 세 번째 질문에 대해 각각 1점씩 획득하였다. 따라서 ㉠에는 '예', ㉡에는 '아니요', ㉢에는 '아니요'가 들어갈 수 있다.

😲 **문제풀이 TIP** | 먼저 각 질문에 대한 옳은 답을 작성해 보도록 한다. 그런 후 갑과 을이 각각 얻은 점수를 바탕으로 갑과 을이 옳게 답한 질문을 파악하도록 한다.

😲 **출제분석** | 사회적 소수자에 대한 문제이다. 사회적 소수자 관련 문제는 개념적 수준을 묻는 문제가 출제되므로, 사회적 소수자의 특징을 이해해 두도록 한다.

사회적 소수자와 관련한 현상 A~E에 대한 설명으로 옳은 것은?

> A : 갑국에서 인구 비중이 90%를 넘는 흑인은 경제, 사회, 정치 등 대부분의 영역에서 종속적인 위치에 처해 있다.
>
> B : 노인은 일반적으로 노동 생산성이 낮을 것이라는 편견으로 인해 고용상의 차별을 받기도 한다.
>
> C : 소수 민족 구성원이기만 한 사람보다 소수 민족 구성원이면서 장애가 있는 사람이 사회적 차별을 더 많이 받기도 한다.
>
> D : 최근에는 비정규직 노동자, 이주 노동자, 북한 이탈 주민 등 다양한 유형의 사회적 소수자가 등장하고 있다.
>
> E : 을국에서 을국 국교를 믿는 사람이 병국에서는 그 종교를 믿는다는 이유로 사회적 소수자가 되기도 한다.

① A는 사회적 소수자가 권력의 열세가 아닌 수적 열세라는 특성에 의해 규정된다는 점을 보여준다.

② B는 사회적 소수자에 대한 우대 정책이 역차별을 낳을 수 있음을 보여준다.

③ C는 한 개인이 여러 사회적 소수자 집단에 중첩되어 속할 수 있음을 보여준다.

④ D는 사회적 소수자가 후천적인 요인보다 생득적인 요인으로 결정됨을 보여준다.

⑤ E는 사회적 소수자에 대한 규정이 가변적이지 않고 고정적임을 보여준다.

|자|료|해|설|

신체적 또는 문화적 특징으로 인해 사회적 차별을 받고 있고, 스스로 차별 받는 집단에 속해 있다는 인식을 가진 사람들을 사회적 소수자라고 한다.

|선|택|지|풀|이|

① 오답 : A는 갑국에서 다수를 차지하고 있는 흑인이 사회적 소수자에 해당함을 보여 준다. 즉, 사회적 소수자는 수적 열세가 아닌 권력의 열세라는 특성에 의해 규정됨을 보여 준다.

② 오답 : 역차별은 차별을 받는 쪽을 보호하려고 마련한 제도나 장치 때문에 오히려 반대편이 차별받는 현상이다. B는 노인에 대한 편견으로 인해 노인이 차별을 받고 있음을 보여 준다. 노인에 대한 고용상의 차별은 역차별에 해당하지 않는다.

③ 정답 : C는 소수 민족 구성원도 사회적 소수자에 해당하고, 소수 민족 구성원이면서 장애가 있는 사람도 사회적 소수자에 해당함을 보여 준다. 즉, 개인은 여러 사회적 소수자 집단에 중첩되어 속할 수 있음을 보여 준다.

④ 오답 : D는 후천적 요인에 의해 사회적 소수자가 되는 상황을 보여 준다.

⑤ 오답 : E는 을국에서 사회적 소수자가 아닌 사람이 병국에서 사회적 소수자가 될 수 있음을 보여 준다. 즉, 사회적 소수자에 대한 규정이 가변적임을 보여 준다.

🤓 추가 개념 | 역사적으로 오랜 기간 차별받아 온 집단에 진학이나 취업 등에 혜택을 줌으로써 우대하는 정책을 적극적 우대 조치라고 한다. 대입 전형 시 소수 인종 출신자에게 가산점을 주거나, 사회적 소수자 집단을 근로자의 일정 비율 이상 고용하도록 강제하는 제도 등이 이에 해당한다.

🤓 출제분석 | 사회적 소수자와 관련된 현상을 통해 사회적 소수자의 특성을 파악하는 문제이다. 사회적 소수자의 특성을 파악하는 문제뿐만 아니라 적극적 우대 조치로 인해 나타날 수 있는 역차별을 파악하는 문제가 출제될 수 있다.

사회적 소수자 A~E에 대한 설명으로 옳은 것은?

> ▶ 공지 사항   ▶ 게시 판   ▶ 등장인물
>
> **▌▌주말 드라마 등장인물 소개**
>
> ⓐ 일본으로 이주한 한국인 여성. 한국인이라는 이유로 차별받으며 살았지만 끝까지 귀화하지 않고 B를 키워 냄.
>
> ⓑ A의 아들이며, 재일 교포 2세라는 이유로 차별을 겪음. 일본에서 탄광 노동자로 일하면서 광부들의 열악한 노동 환경 개선을 위해 활동함.
>
> ⓒ 일본 국적의 혼혈인으로 B와 함께 탄광에서 일하고 있음. 피부색이 다르다는 이유로 차별받았으며 B에게 동질감을 느껴 친구가 됨.
>
> ⓓ 어린 시절 사고로 장애를 갖게 되어 학창 시절 차별을 겪음. 장애에 대한 사회적 차별에 힘들어하였지만 B, E를 만나 위안을 얻음.
>
> ⓔ 일본 권력가의 딸로 B와 사랑에 빠졌으나, 집안의 반대로 헤어질 결심을 하고 미국으로 유학을 떠남. 언어가 다른 낯선 땅에서 동양인이자 여성이라는 이유로 이중의 차별에 시달림.

① A는 B와 달리 역차별을 받았다.

② B는 C와 달리 수적인 열세로 인해 차별을 받았다.

③ C는 D와 달리 선천적 요인으로 인해 차별을 받았다.

④ D는 E와 달리 주류 집단과 구별되는 문화적 차이로 인해 차별을 받았다.

⑤ E는 A와 달리 국적이 주류 집단과 다르다는 이유로 차별을 받았다.

|자|료|해|설|

A는 한국인이라는 이유로, B는 재일 교포 2세라는 이유로, C는 피부색이 다르다는 이유로, D는 장애인이라는 이유로, E는 동양인이자 여성이라는 이유로 차별을 받았다.

|선|택|지|풀|이|

① 오답 : 역차별은 차별을 받는 쪽을 보호하기 위해 마련한 제도나 장치가 너무 강하여 오히려 반대편이 차별받는 현상을 말한다. 사회적 소수자인 A와 B는 모두 역차별을 받지 않았다.

② 오답 : B와 C는 모두 사회적 소수자이다. 사회적 소수자는 수적인 열세에 있는 집단을 의미하는 개념이 아니다. 따라서 B와 C 모두 수적인 열세로 인해 차별을 받지 않았다.

③ 정답 : C는 선천적 요인인 피부색으로 인해, D는 후천적으로 갖게 된 장애로 인해 차별을 받았다.

④ 오답 : D는 주류 집단과 구별되는 문화적 차이가 아닌 장애로 인해 차별을 받았다.

⑤ 오답 : A는 국적이 주류 집단과 다른 한국인이라는 이유로 차별을 받았다.

🤓 출제분석 | 사회적 소수자의 사례를 파악하는 문제이다. 사회적 소수자의 특성과 해결 방안에 대한 문제가 출제될 수 있다.

사회적 소수자 A, B에 대한 설명으로 옳은 것은?

> ○ A는 갑국에서 국교가 아닌 종교를 믿는다는 이유로 박해를 받다가 을국으로 피신하였으나 을국에서도 피부색이 다르다는 이유로 차별을 받고 있다.
> ○ B는 병국에서 다수 민족에 속했지만 주류 집단인 소수 민족과 다른 민족이라는 이유로 차별을 받다가 정국으로 이주하였다. 그러나 정국에서도 외국인 노동자라는 이유로 차별을 받고 있다.

① A는 갑국에서 선천적 요인에 따른 차별을 받았다.
② A는 을국에서 후천적 요인에 따른 차별을 받고 있다.
③ B는 병국에서 수적인 열세로 인해 차별을 받았다.
④ B는 정국에서 적극적 우대 정책에 따른 역차별을 받고 있다.
⑤ A, B의 사례는 모두 사회적 소수자를 규정하는 기준이 사회에 따라 다를 수 있음을 보여 준다.

문제풀이 TIP | 역차별은 부당하게 차별을 받아 온 사람들에게 혜택을 주어 차별을 시정하려는 시도가 오히려 혜택을 받지 못하는 사람들에게 차별로 작용하는 현상을 말한다.

출제분석 | 사회적 소수자의 상대성을 파악하는 문제이다. 사례를 통해 사회적 소수자에 해당하는지의 여부 및 사회적 소수자의 기준을 파악하는 문제가 출제될 수 있다.

|자|료|해|설|

A의 경우 갑국에서는 국교가 아닌 종교를 믿는다는 이유로, 을국에서는 피부색이 다르다는 이유로 차별을 받고 있다. B의 경우 병국에서 주류 집단인 소수 민족과 다른 민족이라는 이유로, 정국에서는 외국인 노동자라는 이유로 차별을 받고 있다.

|선|택|지|풀|이|

① 오답 : A는 갑국에서 국교가 아닌 종교를 믿는다는 이유로 차별을 받았다. 따라서 A는 갑국에서 후천적 요인에 따른 차별을 받았다.
② 오답 : A는 을국에서 피부가 다르다는 이유로 차별을 받고 있다. 따라서 A는 을국에서 선천적 요인에 따른 차별을 받고 있다.
③ 오답 : B는 병국에서 다수 민족에 속하고 있지만 주류 집단인 소수 민족과 다른 민족이라는 이유로 차별을 받았다. 따라서 B는 병국에서 수적인 열세로 인해 차별을 받았다고 볼 수 없다.
④ 오답 : B는 정국에서 외국인 노동자라는 이유로 차별을 받고 있다. 따라서 B는 정국에서 적극적 우대 정책에 따른 역차별을 받고 있다고 볼 수 없다.
⑤ 정답 : A는 갑국과 을국 모두에서 각각의 다른 이유로 차별을 받고 있고, B는 병국과 정국 모두에서 각각의 다른 이유로 차별을 받고 있다. 이를 통해 사회적 소수자를 규정하는 기준이 사회마다 다를 수 있음을 알 수 있다.

다음 자료에 대한 설명으로 옳은 것은?  3점

> 　　□□국은 소수이지만 지배층을 이루는 A족과 다수이지만 지배를 받는 B족으로 구성되어 있었다. A족 출신 직업 군인인 갑은 ㉠ 자신에게 주어진 업무 처리를 위해 철저히 준비하여 조직에서 우수한 성과를 내었다. 빠른 진급을 하며 승승장구하던 갑은 훈련 도중 불의의 사고로 장애 판정을 받아 더 이상 군 생활을 할 수 없었다. 이후 다른 직종에 취업하려 했으나 장애인에 대한 사회적 편견으로 인해 늘 거절당했다. 갑이 생활의 어려움을 겪던 중 □□국에서 대다수를 이루는 B족이 권력을 장악하게 되었다. B족은 권력의 정통성을 확보하기 위해 A족에게 인종 차별 정책을 시행하였다. 인종 차별까지 겪은 갑은 ㉡ □□국에서 생활을 계속해야 할지 차별이 없는 다른 나라로 이주해야 할지 고민하였다.

① ㉠은 갑의 예기 사회화이다.
② ㉡은 갑의 역할 갈등이다.
③ 갑은 생득적 요인과 후천적 요인에 따른 차별을 모두 경험하였다.
④ A족과 달리 B족은 수적인 열세로 인해 차별을 받았다.
⑤ B족과 달리 A족은 사회적 소수자 우대 정책으로 역차별을 받았다.

|자|료|해|설|

A족은 B족의 권력 정통성 확보를 위해 시행된 인종 차별 정책으로 □□국에서 사회적 소수자가 되었다.

|선|택|지|풀|이|

① 오답 : 직업 군인인 갑이 자신에게 주어진 업무를 처리하기 위해 철저히 준비하는 것은 예기 사회화에 해당하지 않는다.
② 오답 : □□국에서 인종 차별을 겪은 갑이 □□국에서 생활을 계속해야 할지 인종 차별이 없는 다른 나라로 이주해야 할지 고민하는 것은 갑의 역할 간 충돌로 인해 나타나는 역할 갈등에 해당하지 않는다.
③ 정답 : 갑은 생득적 요인인 인종으로 인해 차별을 경험하였고, 후천적으로 장애인이 되어 장애인이라는 이유로 차별을 경험하였다.
④ 오답 : B족은 □□국에서 다수를 차지하고 있으므로 수적인 열세로 차별을 받았다고 볼 수 없다.
⑤ 오답 : 제시된 자료를 통해 A족이 사회적 소수자 우대 정책으로 역차별을 받았다고 볼 수 없다.

출제분석 | 사회화와 역할 및 사회적 소수자에 대해 파악하는 문제이다. 제시문에서 여러 가지 사회학적 개념을 묻는 통합 문제가 출제되고 있으므로 사회학적 개념을 꼼꼼하게 이해해 두도록 한다.

다음 자료에 대한 옳은 설명만을 〈보기〉에서 고른 것은?  **3점**

A국으로 이주한 갑은 □□ 보건소 주임으로 근무하면서 여성이라는 이유로 근로 조건에서 차별을 당하자 승진을 통해 이를 극복하려고 지방 관리직 시험에 응시하려 했다. 보건소 부소장은 규정상 A국 국적이 없으면 관리직이 될 수 없다는 이유로 접수를 거부했다. 이에 갑은 □□시를 상대로 수험 자격이 있음을 확인해 달라는 소송을 제기했다. 1심 법원은 A국 국적을 가진 사람이 공권력을 행사하는 관리직이 되는 게 원칙이므로 외국인의 관리직 취임이 불가능하다고 판단했다. 하지만 2심 법원은 □□시의 처분이 헌법이 보장한 직업 선택의 자유를 제한하고 차별 금지를 위반했다는 점에서 위법이라고 판단했다. □□시는 2심 판결에 불복하여 현재 상고심을 준비 중이다. 이에 A국 ㉠ 시민 사회를 중심으로 2심 판결을 지지하며 □□시의 판결 불복을 규탄하는 집회가 전국 각지에서 일어났다.

보기

ㄱ. 갑은 적극적 우대 조치로 인해 역차별을 받는 집단에 속해 있다.
ㄴ. 갑은 여러 사회적 소수자 집단에 속해 다양한 차별을 받았다.
ㄷ. 2심 판결은 사회적 소수자의 불리한 위치를 제도적으로 개선하자는 주장의 근거가 될 수 있다.
ㄹ. ㉠은 사회적 소수자에게 A국 국민과 동등한 권리를 부여해서는 안 된다고 인식하고 있다.

① ㄱ, ㄴ　② ㄱ, ㄷ　③ ㄴ, ㄷ　④ ㄴ, ㄹ　⑤ ㄷ, ㄹ

|자|료|해|설|

갑은 여성이라는 사회적 소수자 집단과 A국 국적이 없는 외국인이라는 사회적 소수자 집단에 소속되어 있다.

|보|기|풀|이|

ㄱ. 오답 : 갑은 사회적 소수자 집단에 속해 있으므로 적극적 우대 조치로 인해 역차별을 받는 집단에 속해 있다고 볼 수 없다. 적극적 우대 조치로 인해 주류 집단에 속해 있는 구성원들이 역차별을 받는 문제가 발생할 수 있다.

ㄴ. 정답 : 갑은 여성이라는 이유와 A국 국적이 없는 외국인이라는 이유로 인해 다양한 차별을 받았다.

ㄷ. 정답 : 2심 판결은 A국 국적이 없다는 이유로 관리직 시험에 응시하지 못하게 한 □□시의 처분이 부당하다는 내용이다. 이는 사회적 소수자의 불리한 위치를 제도적으로 개선하자는 주장의 근거가 될 수 있다.

ㄹ. 오답 : 시민 사회는 2심 판결을 지지하고 있으므로 사회적 소수자에게 A국 국민과 동등한 권리를 부여해야 한다고 인식하고 있다.

추가 학습 | 적극적 우대 조치는 역사적으로 오랜 기간 차별받아 온 집단에 대해 진학이나 취업 등에 있어서 가산점 부여나 할당제 등을 통해 우대하는 정책을 말한다.

출제분석 | 사회적 소수자를 파악하는 문제이다. 사회적 소수자의 특성과 해결 방안을 이해해 두도록 한다.

사회적 소수자 A ~ C에 대한 설명으로 옳은 것은?  **3점**

A는 갑국에서 소수 민족의 자녀로 태어나 갖은 차별을 받았다. 결국 A는 갑국을 떠나 을국으로 이주했지만 갑국의 소수 민족은 게으르다는 편견 때문에 취업에 계속 실패했다. 을국에서 생활에 어려움을 겪던 A는 취업에 대한 조언을 얻기 위해 지인의 소개로 대기업 사원 B를 만났다. 하지만 B도 여성이라는 이유로 회사 내에서 주요 직책은 맡지 못하고 있다는 사실을 알게 되었다. 이러한 경험을 토대로 A와 B는 흔치 않은 피부색을 가졌다는 이유로 B의 회사에서 차별받던 C와 함께 사회적 소수자 차별을 금지하는 내용의 입법 청원을 제기하였다.

① A는 신체적 특징을 이유로 역차별을 받았다.
② B는 선천적 요인으로 인해 차별을 받았다.
③ B와 달리 A는 한 사회 내에서 여러 사회적 소수자 집단에 중첩되어 속해 있다.
④ B와 달리 C는 문화적 특징으로 인해 차별을 받았다.
⑤ A, B, C 모두 사회적 소수자에 대한 차별을 개인적 차원에서 해결하고자 하였다.

|자|료|해|설|

A는 소수 민족, B는 여성, C는 흔치 않은 피부색을 가졌다는 이유로 차별을 받았다. 즉, A ~ C는 모두 사회적 소수자로 차별을 받고 있다.

|선|택|지|풀|이|

① 오답 : A는 신체적 특징을 이유로 역차별을 받지 않았다.

② 정답 : B는 여성이라는 선천적 요인으로 인해 차별을 받았다.

③ 오답 : A와 B는 모두 한 사회 내에서 여러 사회적 소수자 집단에 중첩되어 속해 있지 않다.

④ 오답 : C는 피부색이라는 신체적 특징으로 인해 차별을 받았다.

⑤ 오답 : A ~ C는 모두 사회적 소수자 차별을 금지하는 내용의 입법 청원을 제기하였으므로 이를 통해 A ~ C가 모두 사회적 소수자에 대한 차별을 제도적 차원에서 해결하고자 하였음을 알 수 있다.

문제풀이 TIP | A ~ C가 각각 어떠한 이유로 차별을 받고 있는지 파악하도록 한다.

출제분석 | 사회적 소수자를 파악하는 문제이다. 다양한 사례를 통해 사회적 소수자를 파악하는 문제가 출제될 수 있다.

다음은 수행 평가에서 갑이 작성한 답과 채점 결과를 나타낸 것이다. 이에 대한 옳은 설명만을 〈보기〉에서 고른 것은? 3점

Q: 주어진 응답에 맞는 사회적 소수자 관련 질문 (가) ~ (라)를 작성하시오.

응답	답란(질문)		채점
예	(가)	㉠	1점
	(나)	사회적 소수자 규정 기준은 시대와 사회에 상관없이 동일한가?	㉢ 0점
아니요	(다)	수적으로 반드시 소수(少數)를 의미하는가?	㉣ 1점
	(라)	㉡	0점
점수 합계			2점

* 옳은 답을 쓴 경우 1점, 틀린 답을 쓴 경우 0점을 부여한다.

보기

ㄱ. ㉠에는 '사회적 소수자를 위한 적극적 우대 조치는 주류 집단에 대한 역차별이라는 비판을 받기도 하는가?'가 들어갈 수 있다.

ㄴ. ㉡에는 '스스로 사회적 소수자로서의 정체성을 인식하고 있는 것이 사회적 소수자의 조건이 되는가?'가 들어갈 수 있다.

ㄷ. ㉢은 ㉣과 달리 '1점'으로 채점된다.

ㄹ. (나)에 작성한 질문과 (다)에 작성한 질문의 위치를 서로 바꿔 썼다면, 갑의 점수 합계는 1점이 된다.

① ㄱ, ㄴ   ② ㄱ, ㄷ   ③ ㄴ, ㄷ   ④ ㄴ, ㄹ   ⑤ ㄷ, ㄹ

|자|료|해|설|

사회적 소수자 규정 기준은 시대와 사회에 상관없이 동일하다고 볼 수 없다. 또한 사회적 소수자는 수적으로 반드시 소수를 의미하는 것은 아니다. 따라서 ㉢은 0점, ㉣은 1점이 되며, ㉠에는 '예'가 옳은 답변이 될 수 있는 질문이, ㉡에는 '아니요'가 틀린 답변이 될 수 있는 질문이 들어가야 한다.

|보|기|풀|이|

ㄱ. 정답 : ㉠에는 '예'라는 응답이 옳은 답변이 될 수 있는 질문이 들어가야 한다. 사회적 소수자를 위한 적극적 우대 조치는 주류 집단에 대한 역차별을 불러일으킨다는 비판을 받기도 한다. 해당 질문은 ㉠에 들어갈 수 있다.

ㄴ. 정답 : ㉡에는 '아니요'라는 응답이 옳지 않은 답변이 될 수 있는 질문이 들어가야 한다. 스스로 사회적 소수자로서의 정체성을 인식하고 있는 것은 사회적 소수자의 조건이 된다. 따라서 해당 질문은 ㉡에 들어갈 수 있다.

ㄷ. 오답 : ㉢은 0점, ㉣은 1점으로 채점된다.

ㄹ. 오답 : (나)에 작성한 질문과 (다)에 작성한 질문의 위치를 서로 바꾼다면, ㉢은 0점, ㉣은 1점이 된다. 따라서 갑의 점수 합계는 2점이 된다.

🤓 **추가 학습** | 적극적 우대 조치란 역사적으로 오랜 기간 차별받아 온 집단에 대해 진학이나 취업 등에 혜택을 줌으로써 우대하는 정책으로, 적극적 차별 시정 조치라고도 한다. 대입 전형 시 소수 인종 출신자에게 가산점을 주거나, 사회적 소수자 집단을 근로자의 일정 비율 이상 고용하도록 강제하는 제도가 이에 해당한다.

😀 **출제분석** | 사회적 소수자의 특성을 파악하는 문제이다. 사례들을 통해 사회적 소수자를 규정하는 기준이 다를 수 있음을 파악하는 문제나, 사회적 소수자 문제의 해결 방안과 관련된 정책의 문제점을 묻는 문제가 출제될 수 있다.

사회적 소수자와 관련한 다음 두 사례를 종합하여 도출할 수 있는 결론으로 가장 적절한 것은?

○ 갑국에서는 민속 음악인들이 과거에는 직업을 이유로 차별받았으나 오늘날에는 대중의 사랑과 존경을 받고 있다.

○ 을국에서는 병국 출신 유학생들이 병국 국교를 믿는다는 이유로 병국에서와 달리 차별을 받고 있다.

① 사회적 소수자는 신체적 특징에 의해 규정된다.

② 사회적 소수자 우대 정책은 역차별을 초래할 수 있다.

③ 개인은 여러 사회적 소수자 집단에 중첩되어 속할 수 있다.

④ 사회적 소수자에 대한 차별을 없애려면 제도적 노력이 필요하다.

⑤ 사회적 소수자를 규정하는 기준은 시대와 장소에 따라 달라질 수 있다.

|자|료|해|설|

다양한 기준에 의해 사회적 소수자가 규정될 수 있으며, 시대, 장소, 소속 집단의 범주 등에 따라 사회적 소수자에 해당되는지의 여부가 달라진다.

|선|택|지|풀|이|

①, ②, ③, ④ 오답 : 제시된 사례를 통해 도출할 수 있는 결론으로 적절하지 않다.

⑤ 정답 : 갑국에서 민속 음악인은 과거에 사회적 소수자였지만, 오늘날에는 사회적 소수자에 해당하지 않는다. 병국 출신 유학생들은 병국에서는 사회적 소수자에 해당하지 않지만, 을국에서는 사회적 소수자에 해당한다. 이를 통해 시대와 장소에 따라 사회적 소수자를 규정하는 기준이 달라질 수 있음을 알 수 있다.

🤓 **추가 개념** | 역사적으로 오랜 기간 차별받아 온 집단에 대해 진학, 취업 등에 있어서 가산점 부여나 할당제 등을 통해 우대하는 정책을 적극적 우대 조치라고 한다.

😀 **출제분석** | 사회적 소수자의 특성을 파악하는 문제이다. 사회적 소수자와 관련된 문제는 다양한 사례를 제시하여 출제되므로 사례를 전체적으로 파악하는 것이 중요하다.

사회적 소수자 A~E에 대한 설명으로 옳은 것은?

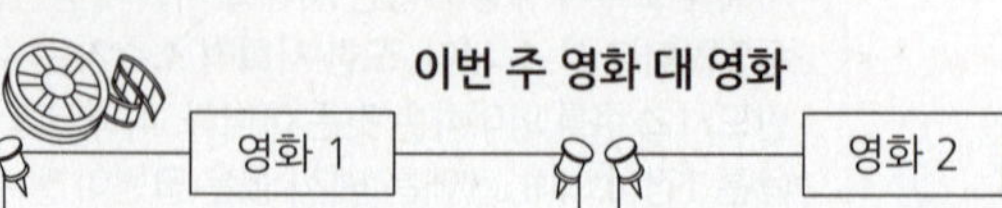

여성이라는 이유로 취업에 실패하던 A는 지인의 소개로 대형 마트에 비정규직으로 취업한다. 그러던 어느 날 A는 정규직이 아니라는 이유로 불합리한 처우를 받게 되어 고통을 겪는다. 이에 북한 이탈 주민인 자신에 대한 주변의 차별적 태도에 고통받던 B와 이주 노동자라는 출신 배경 때문에 부당한 대우를 받던 C가 다가와 손을 내민다. 결국, 손을 맞잡은 그들은 사회적 소수자의 차별 철폐를 위한 투쟁을 시작하는데….

D는 공장에서 야간 작업을 하던 중 불의의 사고로 다리를 잃게 되어 장애인이 된다. 이후 D는 주변 사람들로부터 장애로 인한 차별적 대우를 받게 되지만 현실에 순응한 채 살아간다. D의 자녀 E는 자폐 스펙트럼 장애를 가지고 태어났지만 사회적 차별을 극복해가며 로스쿨에 진학한다. 우수한 성적으로 졸업한 E는 장애인 노동자들의 노동 환경 및 처우 개선을 위한 법 개정에 앞장서는 법률 전문가로 활동하게 되는데….

① A는 한 개인이 여러 사회적 소수자 집단에 중첩되어 속할 수 있음을 보여주는 사례이다.
　→ 여성, 비정규직
② A는 D와 달리 수적인 열세로 인해 차별을 받았다.
③ B는 C와 달리 주류 집단과 구별되는 신체적 특징을 이유로 차별을 받았다.
④ D는 E와 달리 선천적 요인으로 인해 차별을 받았다.
　후천적
⑤ E는 A와 달리 사회적 소수자의 불리한 위치를 개선하기 위해 노력하였다.
　모두

|자|료|해|설|
A는 여성과 비정규직 근로자라는 이유로, B는 북한 이탈 주민이라는 이유로, C는 이주 노동자라는 이유로, D와 E는 장애인이라는 이유로 사회적 차별을 받았다.

|선|택|지|풀|이|
① 정답 : A는 여성이라는 사회적 소수자 집단과 비정규직 근로자라는 사회적 소수자 집단 모두에 속해 있다. 즉, A는 한 개인이 여러 사회적 소수자 집단에 중첩되어 속할 수 있음을 보여 준다.
② 오답 : 제시된 자료를 통해 A가 수적인 열세로 인해 차별을 받았는지는 알 수 없다.
③ 오답 : B는 북한 이탈 주민이라는 이유로 사회적 차별을 받았으므로 주류 집단과 구별되는 신체적 특징을 이유로 차별을 받았다고 볼 수 없다.
④ 오답 : D는 후천적으로 장애인이 되었고, E는 선천적으로 장애인으로 태어났다. 따라서 D는 E와 달리 후천적 요인으로 인해 차별을 받았다.
⑤ 오답 : A와 E는 모두 사회적 소수자의 불리한 위치를 개선하기 위해 노력하였다.

😲 **문제풀이 T I P** | 제시문을 꼼꼼하게 읽고 A~E가 각각 어떠한 이유로 사회적 차별을 받았는지를 파악할 수 있어야 한다.

😆 **출제분석** | 사회적 소수자의 사례를 파악하는 문제이다. 실생활의 사례가 제시되어 그 사례를 통해 사회적 소수자의 특징을 파악하는 문제가 출제될 수 있다.

다음 두 사례에서 공통적으로 도출할 수 있는 결론으로 가장 적절한 것은?

○ 갑국에서 외국인 근로자는 전체 인구의 약 10%에 해당한다. 이들을 대상으로 일상생활에서 차별받은 경험 여부를 조사했더니 대다수가 갑국 사회에서 차별받은 경험이 있다고 응답했다. 또한 내국인의 경우처럼 남성보다 여성이 더 심한 차별을 받는 것으로 나타났다.
　→ 갑국에서의 사회적 소수자
○ 을국은 A 민족과 B 민족으로 구성되어 있는데, B 민족이 전체 인구의 70% 정도임에도 정치·경제의 대부분을 장악한 A 민족으로부터 차별을 받는다. 한편 을국에서는 종교에 따른 차별도 존재하는데, B 민족의 경우 국교가 아닌 타 종교를 믿는 사람들은 더 심한 차별을 받고 있다.
　→ 을국에서의 사회적 소수자

① 수적으로 열세이기 때문에 사회적 소수자가 된다.
② 사회적 소수자에 대한 우대 정책이 역차별을 낳을 수 있다.
③ 한 개인이 여러 사회적 소수자 집단에 중첩되어 속할 수 있다.
④ 사회적 소수자를 규정하는 기준은 가변적이지 않고 고정적이다.
⑤ 사회적 소수자는 선천적 요인이 아닌 후천적 요인에 의해 결정된다.

|자|료|해|설|
갑국에서는 외국인 근로자와 여성이 사회적 소수자에 해당하고, 을국에서는 B 민족과 국교가 아닌 타 종교를 믿는 사람들이 사회적 소수자에 해당한다.

|선|택|지|풀|이|
① 오답 : 을국에서 B 민족은 전체 인구의 70% 정도 차지하고 있음에도 불구하고 사회적 소수자에 해당한다. 따라서 수적으로 열세이기 때문에 사회적 소수자가 된다고 볼 수 없다.
② 오답 : 제시된 사례에서는 사회적 소수자에 대한 우대 정책이 나타나 있지 않다.
③ 정답 : 갑국에서는 국적에 따른 차별과 성별에 따른 차별이, 을국에서는 민족에 따른 차별과 종교에 따른 차별이 나타나 있다. 즉, 갑국의 경우 여성 외국인 근로자는 외국인 근로자와 여성이라는 사회적 소수자 집단에 중첩되어 속할 수 있고, 을국의 경우 타 종교를 믿는 B 민족은 B 민족과 타 종교를 믿는 사람들이라는 사회적 소수자 집단에 중첩되어 속할 수 있다.
④ 오답 : 제시된 사례에서는 사회적 소수자를 규정하는 기준이 고정적이라는 내용이 나타나 있지 않다.
⑤ 오답 : 갑국의 경우 여성이라는 선천적 요인에 의해 사회적 소수자가 결정되고 있고, 을국의 경우 B 민족이라는 선천적 요인에 의해 사회적 소수자가 결정되고 있다.

😲 **추가 학습** | 사회적 소수자 집단으로 성립되는 요건에는 식별 가능성, 권력의 열세, 사회적 차별, 집합적 정체성이 있다.

다음 자료의 A ~ E에 대한 설명으로 옳은 것은? [3점]

후천적 요인

A는 전쟁을 피해 홀로 이주해 온 어머니 B와 어린 시절 사고로 시각 장애인이 된 아버지 C 사이에서 태어났다. B는 여성이라는 이유로 취업이 힘들었고 C도 장애인이라는 이유로 차별을 받았다. 그런데 시각 장애인만 안마사가 될 수 있도록 한 제도가 도입되어 C는 안마사로 일하게 되었다. 같은 시기 안마사가 되고 싶어 했던 비장애인 D가 이 제도에 대해 국가 기관에 문제를 제기하면서 시각 장애인에 대한 사회적 관심이 높아졌다. 이를 지켜보던 A는 시각 장애인을 대변하는 법조인이 되어야겠다고 다짐했다. 이후 A는 법을 공부하러 갑국에 유학을 갔고 그곳에서 외국인이자 여성이라는 이유로 부당한 대우를 받게 되자, 난민 여성으로 차별받았던 B의 아픔을 이해하게 되었다. A는 유학 생활을 마치고 귀국하여 법률 회사에 입사하였다. 그리고 장애인 의무 고용 제도의 요건을 충족하여 입사한 E와 함께 사회적 소수자 인권 보호를 위한 법 개정을 위해 노력하고 있다.

사회적 소수자 문제 개선 제도

① A는 B와 달리 한 개인이 여러 사회적 소수자 집단에 중첩되어 속할 수 있음을 보여 주는 사례이다.
② B는 C와 달리 후천적 요인으로 인해 차별을 받았다.
③ D는 E와 달리 주류 집단이 아니라는 이유로 차별을 받았다.
④ A와 D는 사회적 소수자에 대한 차별을 제도적으로 해결하고자 하였다.
⑤ C와 E는 사회적 소수자의 불리한 위치를 개선하기 위한 정책의 적용을 받았다.

|자|료|해|설|
신체적 또는 문화적 특징으로 인해 사회적 차별을 받고 있고, 스스로 차별 받는 집단에 속해 있다는 인식을 가진 사람들을 사회적 소수자라고 한다.

|선|택|지|풀|이|
① 오답 : A는 외국인이자 여성이라는 이유로 부당한 대우를 받았고, B는 난민이자 여성이라는 이유로 부당한 대우를 받았다.
② 오답 : C는 사고로 장애인이 되었으므로 후천적 요인에 의해 차별을 받았다.
③ 오답 : D는 사회적 소수자에 해당하지 않는다.
④ 오답 : A와 E는 사회적 소수자 인권 보호를 위한 법 개정을 위해 노력하고 있다.
⑤ 정답 : C는 시각 장애인만 안마사가 될 수 있도록 한 제도의 적용을 받았고, E는 장애인 의무 고용 제도의 적용을 받았다.

 **출제분석** | 사회적 소수자를 파악하는 문제이다. 사회적 소수자의 특성, 사회적 소수자 문제의 해결 방안, 역차별 등 다양한 개념이 복합적으로 출제될 수 있다.

사회적 소수자 A, B에 대한 설명으로 옳은 것은? [3점]

○ 갑국에 사는 노인 A는 취업 시장에서 불이익을 받거나 카페 등 특정한 장소에서 입장에 제한을 받는 등 나이가 많다는 이유로 차별받았다.
→ 귀속적 특성

○ 강제 이주로 3대째 을국에서 살고 있는 이주민의 3세 B는 을국 사람들과 구분되는 민족적, 인종적 특성으로 인해 을국에서 차별받았다.
→ 귀속적 특성

① A는 B와 달리 권력의 열세로 인해 차별받았다.
② A는 B와 달리 여러 사회적 소수자 집단에 중첩되어 속해 있다.
③ B는 A와 달리 고정 관념으로 인해 차별의 대상이 되었다.
④ B는 A와 달리 식별 가능성으로 인해 차별의 대상이 되었다.
⑤ A와 B는 모두 귀속적 특성으로 인해 차별받았다.

|자|료|해|설|
갑국에서 노인 A는 사회적 소수자에 해당하고, 을국에서 이주민 3세 B는 사회적 소수자에 해당한다.

|선|택|지|풀|이|
① 오답 : 노인 A는 갑국에서 사회적 소수자에 해당하고, 이주민 3세 B는 을국에서 사회적 소수자에 해당한다. 사회적 소수자는 권력의 열세로 인해 차별받는 집단이다. 따라서 A와 B는 모두 권력의 열세로 인해 차별을 받는다.
② 오답 : A는 노인이라는 사회적 소수자 집단에 속해 있고, B는 다른 민족이라는 사회적 소수자 집단과 다른 인종이라는 사회적 소수자 집단에 속해 있다. 따라서 B는 A와 달리 여러 사회적 소수자 집단에 중첩되어 속해 있다.
③ 오답 : A는 나이가 많다는 이유로 차별을 받았고, B는 민족적, 인종적 특성으로 인해 차별을 받았다. 이를 통해 A와 B 모두 고정 관념으로 인해 차별의 대상이 되었음을 알 수 있다.
④ 오답 : A는 노인이라는 점에서 구분되고, B는 민족적, 인종적 특성으로 인해 구분된다. 따라서 A와 B 모두 식별 가능성으로 인해 차별의 대상이 되었다.
⑤ 정답 : A는 나이라는 귀속적 특성으로 인해 차별받았고, B는 민족과 인종이라는 귀속적 특성으로 인해 차별받았다.

 **추가 학습** | 사회적 소수자는 수적으로 반드시 소수를 의미하는 것은 아니며, 주류 집단에 비해 사회적 자원의 획득에서 불리한 위치에 있고, 자신들이 주류 집단으로부터 차별받는 집단의 구성원이라는 인식이 존재한다.

출제분석 | 사회적 소수자의 특성을 파악하는 문제이다. 다양한 사례를 통해 어떠한 사회적 소수자 집단에 해당하는지를 파악하는 문제가 출제될 수 있다.

다음 자료에 대한 설명으로 옳은 것은? `3점`

> A 민족과 B 민족으로만 구성된 갑국에서는 ㉠ A 민족 구성원이 전체 인구의 30% 정도임에도 불구하고 사회의 기득권을 갖고 있어 ㉡ B 민족 구성원은 오랫동안 사회적·정치적·경제적으로 불이익을 받아 왔다. 이에 갑국 정부는 B 민족 구성원에 대한 차별 문제를 개선하고자 고등 교육 진학 기회에 있어서 그들에게 혜택을 주는 대입 정책을 실시하였다. 그 결과 B 민족 구성원의 대학 진학률이 꾸준히 상승하여 그들의 학력 수준이 향상되었고, 갑국의 전문직 종사자 중 B 민족 구성원이 차지하는 비율이 지속해서 증가하였다.

① ㉠은 수적 열세로 인해 차별을 받았다.

② ㉡은 사회적 소수자 우대 정책으로 역차별을 받았다.

③ ㉡에 비해 ㉠은 경제적 자원을 획득하는 데 불리한 위치에 있다.

④ 제도적 차원의 노력을 통해 사회적 차별이 개선될 수 있음을 보여 준다.

⑤ 사회적 소수자가 선천적 요인이 아닌 후천적 요인에 의해서만 결정됨을 보여 준다.

|자|료|해|설|

A 민족 구성원은 갑국에서 주류 집단에 해당하고, B 민족 구성원은 갑국에서 사회적 소수자에 해당한다.

|선|택|지|풀|이|

① 오답 : A 민족 구성원은 갑국에서 주류 집단으로, 수적 열세로 인해 차별을 받지 않았다.

② 오답 : B 민족 구성원은 갑국에서 사회적 소수자로, 사회적 소수자 우대 정책으로 역차별을 받지 않았다.

③ 오답 : B 민족 구성원은 A 민족 구성원에 비해 사회적·정치적·경제적으로 불이익을 받아 왔으므로 경제적 자원을 획득하는 데 불리한 위치에 있다.

④ 정답 : B 민족 구성원에 대한 차별 문제를 개선하기 위해 고등 교육 진학 기회에 있어 B 민족 구성원들에게 혜택을 주는 대입 정책을 실시한 결과 B 민족 구성원의 대학 진학률이 꾸준히 상승하여 학력 수준이 향상되고 전문직 종사자 비율이 증가하였다. 이는 사회적 차별이 제도적 차원의 노력을 통해 개선될 수 있음을 보여 준다.

⑤ 오답 : 제시된 사례는 B 민족 구성원이라는 이유만으로 사회적 소수자가 되었음을 보여 준다. 즉, 제시된 사례가 선천적 요인이 아닌 후천적 요인에 의해서만 사회적 소수자가 결정됨을 보여 준다고 볼 수 없다.

🤓 **문제풀이 TIP** | 사회적 소수자가 아닌 사람이 사회적 소수자 우대 정책으로 인해 역차별을 받을 수 있다.

🤓 **출제분석** | 사회적 소수자를 파악하는 문제이다. 사례를 통해 사회적 소수자에 해당하는 집단을 파악하는 문제뿐만 아니라 사회적 소수자가 된 이유가 선천적 요인인지 후천적 요인인지를 파악하는 문제가 출제될 수 있다.

다음 자료의 A ~ D에 대한 설명으로 옳은 것은?

> **인권 다큐멘터리 영화제 주요 작품 소개**
>
> A : 갑국에서 대다수의 어린 여자 아이들이 단지 여자라는 이유만으로 취학을 하지 못하는 실상을 추적한 작품
> B : 을국 정부에게 고용 안정과 처우 개선을 요구하는 비정규직 노동자들의 목소리를 담은 작품
> C : 병국의 지배 세력에게 억압과 착취를 당하는 병국 내 소수 민족의 아픔을 표현한 작품
> D : 정국에서 새로운 정보 기기를 잘 다루지 못하는 노인들이 겪고 있는 여러 가지 어려움을 취재한 작품

① A는 B와 달리 인간의 선천적 요인으로 인한 차별을 다룬 작품이다.

② B는 C와 달리 구성원 수의 많고 적음에 따라 규정되는 사회적 소수자를 다룬 작품이다.

③ C는 D와 달리 연령대에 따라 처우가 달라지는 차별을 다룬 작품이다.

④ D는 A와 달리 적극적 우대 조치로 인해 역차별을 받는 집단을 다룬 작품이다.

⑤ A와 C는 사회적 소수자에 대한 차별 사례를, B와 D는 해당 사회 주류 집단에 대한 우대 사례를 다룬 작품이다.

|자|료|해|설|

신체적 또는 문화적 특징으로 인해 불평등한 처우를 받는 사람들을 사회적 소수자라고 하는데, 일반적으로 사회적 소수자로 볼 수 있는 유형에는 여성, 노인, 빈곤층, 소수 민족, 소수 인종, 장애인 등이 있다.

|선|택|지|풀|이|

① 정답 : A는 선천적 요인인 성별에 의한 차별을 다루고 있고, B는 후천적 요인인 고용 형태에 의한 차별을 다루고 있다.

② 오답 : 사회적 소수자는 구성원의 수가 많고 적음에 따라 규정되는 개념이 아니다.

③ 오답 : C는 소수 민족에 대한 차별을 다루고 있고, D는 노인들이 겪고 있는 어려움을 다루고 있다.

④ 오답 : A와 D 모두 적극적 우대 조치로 인해 역차별을 받는 집단을 다루고 있지 않다.

⑤ 오답 : B와 D가 해당 사회 주류 집단에 대한 우대 사례를 다루고 있다고 볼 수 없다.

🤓 **관련 개념** | 적극적 우대 조치는 역사적으로 오랜 기간 차별받아 온 집단에 대하여 진학이나 취업 등에 혜택을 주어 우대하는 정책으로, 적극적 차별 시정 조치라고도 한다.

다음 자료에 대한 설명으로 옳은 것은?

> **📖 이달의 책 ○○○ 📖**   추천사
>
> 다수의 □□족이 통치하던 국가에서 소수 민족이라는 이유로 차별받던 갑의 경험이 많은 이들에게 공감과 위로를 준다. 시민혁명 이후 투표권을 얻었지만, 자신이 믿는 종교가 아닌 다른 종교가 국교로 선포되자, 또 다른 사회적 박해를 경험하게 되었던 갑의 이야기는 사회적 편견이 만연한 우리 사회에 경종을 울린다.
>
>   −문화 평론가 △△△−
>
> 소설 속 을과 병의 이야기는 지금 우리 사회에도 많은 의미가 있다. 후천적 장애로 인한 사회적 차별로 결국 학업을 포기한 을, 남성 중심 사회에서 여성이라는 이유만으로 유리천장에 부딪혀 승진하지 못했던 병의 이야기는 우리 사회의 모습과 닮아있다. 지금도 투쟁하고 있는 우리 사회의 많은 을과 병에게 응원을 보낸다.
>
>   → 귀속적 특성   −사회학자 ▲▲▲−

① 갑과 달리 을은 수적인 열세로 인해 차별받았다.

② 을과 달리 병은 귀속적 특성으로 인해 차별받았다.

③ 병과 달리 갑은 권력의 열세로 인해 차별받았다.

④ 갑의 사례는 사회적 소수자에 대한 우대 정책이 역차별을 낳을 수 있음을 보여준다. → 알 수 없다

⑤ 을, 병의 사례는 모두 한 개인이 여러 사회적 소수자 집단에 중첩되어 속할 수 있음을 보여준다. → 알 수 없다

|자|료|해|설|

제시된 자료에서 갑, 을, 병은 모두 사회적 소수자에 해당한다.

|선|택|지|풀|이|

① 오답 : 갑은 소수 민족이라는 이유로 차별을 받았으므로 수적인 열세로 인해 차별을 받았다.

② 정답 : 을은 후천적 장애로 인한 사회적 차별을 받았고, 병은 남성 중심 사회에서 여성이라는 이유로 사회적 차별을 받았다. 따라서 을과 달리 병은 여성이라는 귀속적 특성으로 인해 차별을 받았다.

③ 오답 : 갑은 소수 민족이라는 이유로 차별을 받았고, 병은 여성이라는 이유로 차별을 받았다. 따라서 갑과 병은 모두 권력의 열세로 인해 차별을 받았다.

④ 오답 : 갑의 사례에서 사회적 소수자에 대한 우대 정책이 역차별을 낳을 수 있음을 파악할 수 없다.

⑤ 오답 : 을과 병의 사례에서 한 개인이 여러 사회적 소수자 집단에 중첩되어 속할 수 있음을 파악할 수 없다.

🤯 문제풀이 T I P | 갑은 소수 민족, 국가가 아닌 다른 종교를 믿는다는 이유로 차별을 받았고, 을은 장애인이라는 이유로 차별을 받았으며, 병은 여성이라는 이유로 차별을 받았다.

😀 출제분석 | 사회적 소수자의 특징을 파악하는 문제이다. 선천적 특징으로 인한 차별인지, 후천적 특징으로 인한 차별인지를 파악하는 문제가 출제될 수 있다.

다음 글의 필자가 강조하는 사회적 소수자에 대한 차별의 발생 원인으로 가장 적절한 것은? 3점

> 사람들 중에는 종교, 문화, 관습, 외양 등에서 주류 집단과 차이를 보이는 이들이 있다. 이들에 대해 다름을 인정하지 않으면서, 이들을 사회 질서를 위협하는 존재로 여겨 배척하고 사회적으로 차별하기도 한다. 하지만 다른 것은 틀린 것이 아니며, 차이는 차별의 근거가 될 수 없다. 다름의 경계를 만들어 경계 안의 '우리'가 경계 바깥의 '그들'을 배척하고 차별한다면, 사회적 갈등만 발생시켜 사회 발전에는 전혀 도움이 되지 않는다.
>
>   → 주류 집단이 특정 집단을 문제라고 규정하고 차별함

① 사회적 소수자가 수적으로 열세이기 때문이다.

② 사회적 소수자를 규정하는 기준이 시대와 장소에 따라 달라지기 때문이다.

③ 주류 집단이 사회적 소수자를 문제가 있는 집단이라고 규정하는 태도 때문이다.

④ 사회적 소수자는 주류 집단에 비해 경제적 자원 획득에 불리한 위치에 있기 때문이다.

⑤ 사회적 소수자 스스로가 주류 집단과 구별되는 신체적 또는 문화적 특징을 가졌다고 인식하기 때문이다.

|자|료|해|설|

제시문의 '이들에 대해 다름을 인정하지 않으면서, 이들을 사회 질서를 위협하는 존재로 여겨 배척하고 사회적으로 차별하기도 한다.'라는 부분을 통해 주류 집단이 특정 집단을 문제라고 규정하고 차별함을 파악할 수 있다.

|선|택|지|풀|이|

① 오답 : 제시문에는 사회적 소수자가 수적으로 열세라는 내용이 나타나 있지 않다.

② 오답 : 제시문에는 사회적 소수자를 규정하는 기준이 시대와 장소에 따라 달라진다는 내용이 나타나 있지 않다.

③ 정답 : 제시문에서는 사회적 소수자에 대한 차별이 발생하는 원인으로 사회적 소수자를 배척 및 차별하는 주류 집단의 태도를 강조하고 있다.

④ 오답 : 제시문에는 사회적 소수자가 주류 집단에 비해 경제적 자원 획득에 불리한 위치에 있다는 내용이 나타나 있지 않다.

⑤ 오답 : 제시문에는 사회적 소수자 스스로가 주류 집단과 구별되는 신체적 또는 문화적 특징을 가진 집단의 구성원이라고 인식하는 내용이 나타나 있지 않다.

🤗 추가 학습 | 사회적 소수자는 신체적 또는 문화적 특징으로 인해 불평등한 처우를 받는 사람들을 의미하며, 사회적 소수자에 속하는지 여부는 시대와 사회에 따라 변화한다.

다음 자료에 대한 설명으로 옳은 것은? 3점

□□신문   ○○○○년 ○○월 ○○일

갑국의 '이민자 통합 프로그램' 이대로 좋은가?

며칠 전 갑국에서는 야외 공연장을 가득 메운 사람들 사이에서 이민자들의 외모와 음식 문화를 비하하는 노래가 울려 퍼졌다. 갑국 내 극소수에 불과해 오랜 기간 취업과 임금 등에서 차별받아 온 ⊙ 이민자들은 이에 강하게 반발했고 양측의 충돌로 인해 유혈 사태가 발생하게 되었다. 특히 이를 해결하는 과정에서 경찰이 ⓒ 이민자가 아닌 갑국 사람들은 조사하지 않고 이민자들에 대해서만 강압 수사를 벌이면서 문제는 더욱 심각해졌다. 이러한 일련의 사건들로 인해 그동안 갑국 정부가 추진해 왔던 '이민자 통합 프로그램'의 효과가 의문시되고 있다.

갑국에서의 사회적 소수자 × (⊙에 대한 주석)
갑국에서의 사회적 소수자 ○ (⊙에 대한 주석)

① ⊙은 사회적 소수자로서의 정체성을 갖고 있다.
② ⊙에 비해 ⓒ은 정치권력의 열세에 놓여 있다.
③ ⓒ에 비해 ⊙은 경제적 자원 획득에서 유리한 위치에 있다.
④ 제도적 차원의 노력을 통해 차별을 해소한 사례를 보여 준다.
⑤ 한 사회 내에서 수적으로 우세하더라도 사회적 소수자가 될 수 있음을 보여 준다.

|자|료|해|설|

⊙의 이민자는 갑국에서의 사회적 소수자에 해당하고, ⓒ의 이민자가 아닌 갑국 사람들은 갑국에서의 사회적 소수자에 해당하지 않는다.

|선|택|지|풀|이|

① 정답 : 갑국 내 극소수에 불과하여 오랜 기간 취업과 임금 등에서 차별받아 온 이민자들이 자신들의 외모와 음식 문화를 비하하는 노래에 대해 강하게 반발하여 유혈 사태가 발생하게 되었다는 내용을 통해 이민자들이 사회적 소수자로서의 정체성을 가지고 있음을 알 수 있다.

② 오답 : 갑국에서 이민자는 이민자가 아닌 갑국 사람들에 비해 정치권력의 열세에 놓여 있다.

③ 오답 : 갑국에서 이민자는 이민자가 아닌 갑국 사람들에 비해 경제적 자원 획득에서 불리한 위치에 있다.

④ 오답 : 제시된 자료는 갑국 정부가 추진해 왔던 이민자 통합 프로그램이라는 제도적 차원의 노력에도 불구하고 여전히 사회적 소수자에 대한 차별이 나타나고 있음을 보여 준다.

⑤ 오답 : 갑국에서 이민자는 갑국 내 극소수에 불과하다. 따라서 제시된 자료가 한 사회 내에서 수적으로 우세하더라도 사회적 소수자가 될 수 있음을 보여 준다고 볼 수 없다.

표에 대한 분석으로 옳은 것은? 3점

〈 갑국 근로자의 평균 임금 〉

(단위 : 달러)

구분	2000년		2010년	
	남자	여자	남자	여자
내국인	2,000	1,600	2,500	2,100
외국인	1,400	1,000	1,700	1,500
전체	1,900	1,500	2,400	2,000

① 2000년에 내국인 남자 근로자 임금 총액에 대한 외국인 여자 근로자 임금 총액의 비는 1/2이다. *알 수 없음*

② 2010년에 내국인 근로자 평균 임금에 대한 외국인 근로자 평균 임금의 비는 3/5보다 작다. *1,500달러 초과 / 2,500달러 미만 / 크다*

③ 2010년에 남자 근로자와 여자 근로자 간 평균 임금 차이보다 내국인 근로자와 외국인 근로자 간 평균 임금 차이가 크다. *400달러(2,400달러-2,000달러) / 2,100달러 초과 / 1,700달러 미만 / 400달러 초과*

④ 남자 근로자 평균 임금에 대한 여자 근로자 평균 임금의 비는 2000년보다 2010년이 작다. *(1,500달러/1,900달러) / (2,000달러/2,400달러) / 크다*

⑤ 2000년 대비 2010년에 내국인 여자 근로자 평균 임금 증가율보다 내국인 남자 근로자 평균 임금 증가율이 크다. *31.25% / 25% / 작다*

|자|료|해|설|

성 불평등 및 사회적 소수자(외국인 근로자) 등과 같은 다양한 사회 불평등 현상과 관련된 통계 자료를 분석하는 문항이다

👨‍🏫 **출제분석** | 최근 다양한 사회 불평등 현상(빈곤, 성 불평등, 사회적 소수자 등) 파트에서 통계 자료를 분석하는 문항이 자주 출제되고 있다. 기출 문제를 통해 기본적인 통계 자료 분석 방법(비율, 수, 증가율 등)을 정리해 둘 필요가 있다.

|선|택|지|풀|이|

① 오답 : 제시된 〈갑국 근로자의 평균 임금〉 표를 통해 '평균 임금'은 파악할 수 있지만 '임금 총액'은 파악하기 어렵다.

② 오답 : 2010년 내국인 근로자 평균 임금은 내국인 여자 평균 임금(2,100달러)과 내국인 남자 평균 임금(2,500달러) 사이의 값을 가지므로 '2,100달러 초과~2,500달러 미만' 값을 가진다는 것을 알 수 있다. 2010년 외국인 근로자 평균 임금은 외국인 여자 평균 임금(1,500달러)과 외국인 남자 평균 임금(1,700달러) 사이의 값을 가지므로 '1,500달러 초과~1,700달러 미만' 값을 가진다는 것을 알 수 있다. 2010년 내국인 근로자 평균 임금은 2,500달러 미만(분모 값은 작아지고)이고, 외국인 근로자 평균 임금은 1,500달러 초과(분자 값은 커지므로)이므로 '내국인 근로자 평균 임금에 대한 외국인 근로자 평균 임금의 비'는 3/5보다 크다는 것을 알 수 있다.

③ 정답 : 2010년에 남자 근로자(2,400달러)와 여자 근로자(2,000달러) 간 평균 임금 차이는 400달러이다. 내국인 근로자(2,100달러 초과)와 외국인 근로자(1,700달러 미만) 간 평균 임금 차이는 400달러보다 크다. 따라서 2010년에 남자 근로자와 여자 근로자 간 평균 임금 차이(400달러)보다 내국인 근로자와 외국인 근로자 간 평균 임금 차이(400달러 초과)가 크다.

④ 오답 : 남자 근로자 평균 임금에 대한 여자 근로자 평균 임금의 비는 2000년의 경우 '1,500달러/1,900달러'이고, 2010년의 경우 '2,000달러/2,400달러'이다. 따라서 2000년보다 2010년이 크다.

⑤ 오답 : 2000년 대비 2010년에 내국인 여자 근로자 평균 임금 증가율은 31.25%{=(500달러/1,600달러)×100}이고, 내국인 남자 근로자 평균 임금 증가율은 25%{=(500달러/2,000달러)×100}이다. 따라서 2000년 대비 2010년에 내국인 여자 근로자 평균 임금 증가율(31.25%)보다 내국인 남자 근로자 평균 임금 증가율(25%)이 작다.

다음 자료에 대한 분석 및 추론으로 옳은 것은? 3점

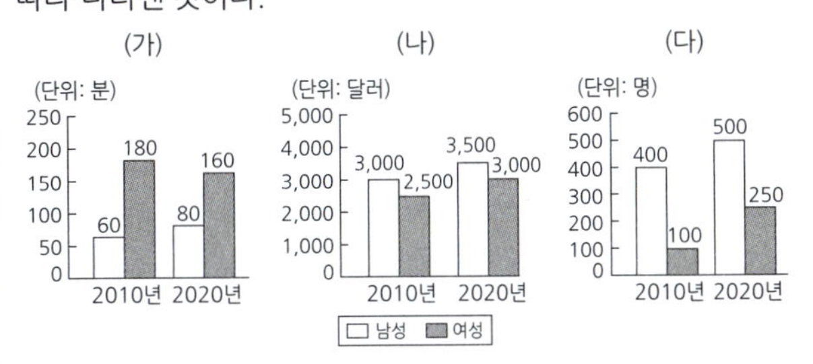

① (가)는 갑국에서 성별 가사 분담의 격차가 심화되었다는 주장의 근거로 활용될 수 있다.
완화

② (가)에서 맞벌이 부부 중 여성의 1일 평균 가사 노동 시간 대비 맞벌이 부부 중 남성의 1일 평균 가사 노동 시간은 2010년이 2020년의 1.5배이다.
80분/160분　60분/180분

③ (나)에서 2010년 대비 2020년에 남성 정규직 월평균 임금 상승률과 여성 정규직 월평균 임금 상승률은 동일하다.
(500달러/2,500달러)×100　(500달러/3,000달러)×100

④ (다)에서 2010년 대비 2020년에 전체 고위 공직자 수 증가율은 남성 고위 공직자 수 증가율의 2배이다.
(250명/500명)×100

⑤ (다)는 (나)와 달리 경제적 측면의 성 불평등 양상을 파악하기 위한 자료이다.
(100명/400명)×100

|자|료|해|설|

(가)에서는 성별 가사 분담의 격차를, (나)에서는 성별 정규직 임금 격차를, (다)에서는 성별 고위 공직자 수 격차를 파악할 수 있다.

|선|택|지|풀|이|

① 오답 : 2010년 대비 2020년에 맞벌이 부부의 1일 평균 가사 노동 시간 격차가 감소하였다. 이를 통해 (가)는 갑국에서 성별 가사 분담의 격차가 완화되었다는 주장의 근거로 활용될 수 있다.

② 오답 : 맞벌이 부부 중 여성의 1일 평균 가사 노동 시간 대비 맞벌이 부부 중 남성의 1일 평균 가사 노동 시간은 2010년의 경우 60분/180분(=1/3)이고, 2020년의 경우 80분/160분(=1/2)으로, 2020년이 2010년의 1.5배이다.

③ 오답 : 2010년 대비 2020년에 남성 정규직 월평균 임금 상승률은 약 16.7%{=(500달러/3,000달러)×100}이고, 여성 정규직 월평균 임금 상승률은 20%{=(500달러/2,500달러)×100}이다. 따라서 2010년 대비 2020년에 남성 정규직 월평균 임금 상승률은 여성 정규직 월평균 임금 상승률보다 작다.

④ 정답 : 2010년 대비 2020년에 전체 고위 공직자 수 증가율은 50%{=(250명/500명)×100}이고, 남성 고위 공직자 수 증가율은 25%{=(100명/400명)×100}이다. 따라서 2010년 대비 2020년에 전체 고위 공직자 수 증가율은 남성 고위 공직자 수 증가율의 2배이다.

⑤ 오답 : (나)는 성별 정규직 월평균 임금 격차를 나타낸 것이므로 경제적 측면의 성 불평등 양상을 파악하기 위한 자료이다.

다음 자료에 대한 옳은 분석만을 〈보기〉에서 고른 것은? 3점

그림은 갑국의 정보 분야 남성과 여성의 임금 지수를 비교한 것이다. 정보 분야 남성(여성)의 임금 지수는 정보 분야 남성의 평균 임금과 여성의 평균 임금을 합한 값을 100으로 하여 남성(여성)의 평균 임금을 나타낸 것이다.

〈정보 분야 남성과 여성의 임금 지수〉
남성　여성
65 35　60 40　55 45
t년　t+10년　t+20년

보기

ㄱ. t년, t+10년, t+20년 모두에서 정보 분야 남성의 평균 임금이 정보 분야 여성의 평균 임금보다 많다.

ㄴ. t년 대비 t+10년에 정보 분야 남성의 임금 지수와 정보 분야 여성의 임금 지수 간 격차는 10% 감소하였다.
10/30 ×100

ㄷ. 정보 분야 여성의 임금 지수의 경우, t년 대비 t+10년의 증가율은 t+10년 대비 t+20년의 증가율보다 크다.
5/35 ×100　5/40 ×100

ㄹ. t년 대비 t+20년에 정보 분야 남성의 임금 지수 감소율과 정보 분야 여성의 임금 지수 증가율 크기는 동일하다.
하지 않다
10/35 ×100　10/65 ×100

① ㄱ, ㄴ　② ㄱ, ㄷ　③ ㄴ, ㄷ　④ ㄴ, ㄹ　⑤ ㄷ, ㄹ

|자|료|해|설|

연도별 정보 분야 남성의 임금 지수와 정보 분야 여성의 임금 지수의 합이 각각 100이다. 따라서 정보 분야 남성의 임금 지수는 남성의 평균 임금과 같고, 정보 분야 여성의 임금 지수는 여성의 평균 임금과 같다.

|보|기|풀|이|

ㄱ 정답 : 정보 분야 남성의 평균 임금은 t년의 경우 65, t+10년의 경우 60, t+20년의 경우 55이고, 정보 분야 여성의 평균 임금은 t년의 경우 35, t+10년의 경우 40, t+20년의 경우 45이다.

ㄴ. 오답 : 정보 분야 남성의 임금 지수와 정보 분야 여성의 임금 지수 간 격차는 t년의 경우 30(65-35), t+10년의 경우 20(60-40)이다. 따라서 t년 대비 t+10년에 정보 분야 남성의 임금 지수와 정보 분야 여성의 임금 지수 간 격차는 약 33.3%{(10/30)×100} 감소하였다.

ㄷ 정답 : 정보 분야 여성의 임금 지수는 t년의 경우 35, t+10년의 경우 40, t+20년의 경우 45이다. t년 대비 t+10년의 정보 분야 여성의 임금 지수 증가율은 약 14.3%{(5/35)×100}이고, t+10년 대비 t+20년의 정보 분야 여성의 임금 지수 증가율은 12.5%{(5/40)×100}이다.

ㄹ. 오답 : t년 대비 t+20년에 정보 분야 남성의 임금 지수 감소율은 약 15.4%{(10/65)×100}이고, t년 대비 t+20년에 정보 분야 여성의 임금 지수 증가율은 약 28.6%{(10/35)×100}이다.

다음 자료에 대한 옳은 분석만을 〈보기〉에서 고른 것은? 3점

> 다음은 연구자 갑이 A국의 성 불평등 정도와 그 변화를 분석하기 위해 지수를 개발하여 측정한 결과이다. 모든 시기의 전체 근로자 성비는 1:1이며, t년 대비 t+10년에 정규직 근로자 수는 증가하였다.

구분	t년	t+10년	t+20년
성별 임금 격차 지수	40	20	80
성별 채용 안정성 지수	40	40	50

* 성별 임금 격차 지수 = $\dfrac{\text{남성 근로자 평균 임금} - \text{여성 근로자 평균 임금}}{\text{근로자 전체 평균 임금}} \times 100$

** 성별 채용 안정성 지수 = $\dfrac{\text{남성 정규직 근로자 수} - \text{여성 정규직 근로자 수}}{\text{정규직 전체 근로자 수}} \times 100$

보기

ㄱ. t년에 남성 근로자 평균 임금은 여성 근로자 평균 임금의 2배이다. (1.5)

ㄴ. t+10년에 남성 정규직 근로자 수는 여성 정규직 근로자 수보다 많다.

ㄷ. 여성 정규직 근로자 수는 t년과 t+10년이 같다.

ㄹ. 남성 근로자 평균 임금 대비 여성 근로자 평균 임금의 비율은 t+10년이 t+20년보다 크다.

① ㄱ, ㄴ   ② ㄱ, ㄷ   ③ ㄴ, ㄷ   ④ ㄴ, ㄹ   ⑤ ㄷ, ㄹ

$\dfrac{9}{11} \times 100$ $\dfrac{3}{7} \times 100$

구분	t년	t+10년	t+20년
근로자 평균 임금의 비 (남성 : 여성)	3 : 2	11 : 9	7 : 3
정규직 근로자 수의 비 (남성 : 여성)	7 : 3	7 : 3	3 : 1

|자|료|해|설|

성별 임금 격차 지수를 통해 성별 근로자 평균 임금의 비를 파악할 수 있고, 성별 채용 안정성 지수를 통해 성별 정규직 근로자 수의 비를 파악할 수 있다. 전체 근로자 성비가 1 : 1이므로 t년의 경우 남성 근로자 평균 임금을 a, 여성 근로자 평균 임금을 b라고 하면 t년의 성별 임금 격차 지수가 40이므로 $[(a-b)/\{(a+b)/2\}] \times 100 = 40$이다. 즉, 2a=3b이므로 a : b = 3 : 2가 된다. 전체 근로자 성비가 1 : 1이므로 t년의 경우 남성 정규직 근로자 수를 x, 여성 정규직 근로자 수를 y라고 하면 t년 성별 채용 안정성 지수가 40이므로 $\{(x-y)/(x+y)\} \times 100 = 40$이다. 즉, 3x=7y이므로 x : y = 7 : 3이 된다. 이를 바탕으로 연도별 근로자 평균 임금의 비와 정규직 근로자 수의 비를 나타내면 첨삭과 같다.

|보|기|풀|이|

ㄱ. 오답 : t년의 경우 남성 근로자 평균 임금 : 여성 근로자 평균 임금=3 : 2이므로 남성 근로자 평균 임금은 여성 근로자 평균 임금의 1.5배이다.

ㄴ. 정답 : t+10년의 경우 남성 정규직 근로자 수 : 여성 정규직 근로자 수=7 : 3이므로 남성 정규직 근로자 수가 여성 정규직 근로자 수보다 많다.

ㄷ. 오답 : t년과 t+10년 모두 남성 정규직 근로자 수 : 여성 정규직 근로자 수=7 : 3이고, t년 대비 t+10년에 정규직 근로자 수가 증가하였으므로 여성 정규직 근로자 수는 t년보다 t+10년이 많다.

ㄹ. 정답 : t+10년의 경우 남성 근로자 평균 임금 : 여성 근로자 평균 임금=11 : 9이고, t+20년의 경우 남성 근로자 평균 임금 : 여성 근로자 평균 임금=7 : 3이다. 남성 근로자 평균 임금 대비 여성 근로자 평균 임금의 비율은 t+10년의 경우 약 81.8%$\{(9/11) \times 100\}$, t+20년의 경우 약 42.9%$\{(3/7) \times 100\}$이다. 따라서 남성 근로자 평균 임금 대비 여성 근로자 평균 임금의 비율은 t+10년이 t+20년보다 크다.

😲 **문제풀이 TIP** | 근로자 성비가 1 : 1이므로 근로자 전체 평균 임금은 (남성 근로자 평균 임금+여성 근로자 평균 임금)/2임을 파악할 수 있어야 한다.

😀 **출제분석** | 성 불평등 관련 자료를 분석하는 문제이다. 성 불평등을 보여 주는 통계 자료를 분석하는 문제가 고난도로 출제될 수 있으므로 조건 및 계산 방법을 꼼꼼히 파악하는 연습을 해 두도록 한다.

다음 자료에 대한 분석으로 옳은 것은?  3점

> 　한 연구자가 노동자 성비와 성별 임금 격차를 기준으로 노동 시장에서의 성 불평등 정도를 측정하였다. 표는 갑국의 시기별 노동자 성비와 성별 임금 격차를 나타낸다. 단, 갑국에서 t년에 비해 t+10년에 남성 노동자의 수는 20% 증가하였고, 남성 노동자의 평균 임금도 20% 증가하였다.
>
> 〈갑국의 시기별 노동자 성비와 성별 임금 격차〉
>
> | 구분 | t년 | t+10년 |
> | --- | --- | --- |
> | 노동자 성비 | 60 | 100 |
> | 노동자 성별 임금 격차 | 30 | 40 |
>
> * 노동자 성비 : 여성 노동자 100명당 남성 노동자의 수
>
> ** 노동자 성별 임금 격차 = $\left(1 - \dfrac{\text{여성 노동자 평균 임금}}{\text{남성 노동자 평균 임금}}\right) \times 100$

① t년에 여성 노동자 평균 임금은 남성 노동자 평균 임금의 30%이다.

② t+10년에 여성 노동자 평균 임금은 전체 노동자 평균 임금의 60% 이하이다.

③ t년에 비해 t+10년에 여성 노동자 수는 감소하였다.

④ t년에 비해 t+10년에 여성 노동자 평균 임금은 감소하였다.

⑤ t년에 비해 t+10년에 노동자 성비 불균형과 성별 임금 격차는 모두 완화되었다.

|자|료|해|설|

t년의 여성 노동자 수를 100명, t년의 남성 노동자 평균 임금을 100만 원이라고 가정하면 제시된 자료는 다음과 같이 나타낼 수 있다.

구분	t년		t+10년	
	남성	여성	남성	여성
노동자 수(명)	60	100	72	72
평균 임금(만 원)	100	70	120	72

|선|택|지|풀|이|

① 오답 : t년에 남성 노동자 평균 임금이 100만 원이면, 여성 노동자 평균 임금은 70만 원으로 남성 노동자 평균 임금의 70%이다.

② 오답 : t년의 여성 노동자 수를 100명이라고 가정하면 t+10년에 남성 노동자 수와 여성 노동자 수는 72명으로 같으므로 전체 노동자 평균 임금은 96만 원 {=(120+72)/2}이다. 그러므로 t+10년에 여성 노동자 평균 임금은 전체 노동자 평균 임금의 75%{=(72/96)×100}이다.

③ 정답 : t년에 여성 노동자 수가 100명이면, t+10년에 여성 노동자 수는 72명이다. 따라서 t년에 비해 t+10년에 여성 노동자 수는 감소하였다.

④ 오답 : t년에 남성 노동자 평균 임금이 100만 원이면, t년에 여성 노동자 평균 임금은 70만 원이고, t+10년에 여성 노동자 평균 임금은 72만 원이다. 따라서 t년에 비해 t+10년에 여성 노동자 평균 임금은 증가하였다.

⑤ 오답 : t년에 비해 t+10년에 노동자 성비가 높아졌으므로 노동자 성비 불균형이 완화되었음을 알 수 있다. t년에 비해 t+10년에 노동자 성별 임금 격차가 커졌으므로 성별 임금 격차가 악화되었음을 알 수 있다.

다음 자료에 대한 옳은 분석만을 〈보기〉에서 있는 대로 고른 것은?

 3점

> 　표는 갑국의 직종별, 시기별 임금 성비를 나타낸 것이다. 임금 성비는 '(여성 평균 임금/남성 평균 임금) × 100'으로 계산한다. 갑국은 A, B 직종 외에도 다양한 직종이 존재한다.
>
> | 구분 | t년 | t+10년 | t+20년 |
> | --- | --- | --- | --- |
> | 전체 직종 | 60 | 70 | 80 |
> | A 직종 | 50 | 50 | 50 |
> | B 직종 | 50 | 70 | 100 |

> **보기**
>
> ㄱ. 전체 직종에서 여성 평균 임금은 10년마다 10%씩 상승하였다.
> ㄴ. t년에 A 직종에서 여성 평균 임금이 400만 원이라면 남성 평균 임금은 200만 원이다.
> ㄷ. t+10년에 A, B 직종의 여성 평균 임금이 같다면 남성 평균 임금은 B 직종보다 A 직종에서 높다.
> ㄹ. t+20년에 B 직종에서 남성과 여성의 평균 임금은 같다.

① ㄱ, ㄴ   ② ㄱ, ㄷ   ③ ㄷ, ㄹ

④ ㄱ, ㄴ, ㄹ   ⑤ ㄴ, ㄷ, ㄹ

|자|료|해|설|

제시된 자료는 갑국에서 시기별 직종에 따른 임금 성비를 나타낸 것이지, 시기별 남성 평균 임금 혹은 여성 평균 임금의 변화를 나타낸 것이 아니다.

|보|기|풀|이|

ㄱ. 오답 : 전체 직종에서 임금 성비가 10년마다 10만큼 증가하였다.

ㄴ. 오답 : t년에 A 직종에서 임금 성비는 50이므로 t년에 A 직종에서 여성 평균 임금이 400만 원이라면, 남성 평균 임금은 800만 원이 된다.

ㄷ. 정답 : t+10년에 A 직종의 임금 성비는 50, B 직종의 임금 성비는 70이다. t+10년에 A, B 직종의 여성 평균 임금이 같다면, 남성 평균 임금은 A 직종이 B 직종보다 높다.

ㄹ. 정답 : t+20년에 B 직종의 임금 성비는 100이므로 B 직종에서 남성 평균 임금과 여성 평균 임금은 같다.

🤯 **문제풀이 T I P** | 임금 성비가 50이라는 것은 남성 평균 임금이 여성 평균 임금의 2배임을 의미하고, 임금 성비가 100이라는 것은 남성 평균 임금과 여성 평균 임금이 같음을 의미한다.

😀 **출제분석** | 성 불평등 관련 자료를 분석하는 문제이다. 성 불평등 관련 문제는 수치를 계산하는 문제가 고난도로 출제되므로 기출 문제를 통해 많은 연습을 해 두도록 한다.

그래프에 대한 옳은 분석만을 〈보기〉에서 고른 것은? 3점

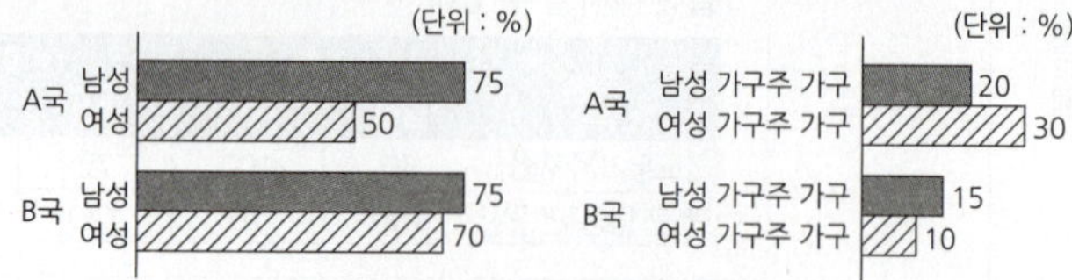

〈 성별 고용률 〉 (단위 : %)

A국	남성	75
	여성	50
B국	남성	75
	여성	70

〈 가구주 성별 빈곤율 〉 (단위 : %)

A국	남성 가구주 가구	20
	여성 가구주 가구	30
B국	남성 가구주 가구	15
	여성 가구주 가구	10

* 성별 고용률(%) = $\dfrac{성별\ 15세\ 이상\ 취업자\ 수}{성별\ 15세\ 이상\ 인구} \times 100$

** 가구주 성별 빈곤율(%) = $\dfrac{가구주\ 성별\ 빈곤\ 가구\ 수}{가구주\ 성별\ 가구\ 수} \times 100$

*** A국과 B국 모두 남성 가구주 가구 수가 여성 가구주 가구 수보다 많음.

보기

ㄱ. A국의 15세 이상 취업자 중, 남성 취업자 수는 여성 취업자 수의 1.5배이다. → 15세 이상 남성과 15세 이상 여성 중 어느 쪽이 많은지 알 수 없음 / 라고 볼 수 없다

ㄴ. B국의 15세 이상 남성 중, 취업자 수는 취업자가 아닌 사람 수의 3배이다. → 100명이라고 가정 → 25명 / 75명(남성 고용률 75%)

ㄷ. A국은 전체 가구의 50%가 빈곤 가구에 해당한다. → 미만이

ㄹ. B국의 빈곤 가구 중, 남성 가구주 가구 수가 여성 가구주 가구 수보다 많다. → B국 남성 가구주 가구 수 > B국 여성 가구주 가구 수 ∴ B국 남성 가구주 가구의 15% > B국 여성 가구주 가구의 10%

① ㄱ, ㄴ ② ㄱ, ㄷ ③ ㄴ, ㄷ ④ ㄴ, ㄹ ⑤ ㄷ, ㄹ

|자|료|해|설|
고용률이 높다는 것은 15세 이상 취업자 수가 많다는 것이 아니라 15세 이상 인구에서 취업자 수가 차지하는 비율이 높다는 것을 의미한다. 또한 A국과 B국 모두 남성 가구주 가구 수가 여성 가구주 가구 수보다 많다는 것에 유의해야 한다.

|보|기|풀|이|
ㄱ. 오답 : A국의 남성 고용률은 75%로 여성 고용률인 50%의 1.5배이다. 그러나 전체 15세 이상 인구를 알 수 없으므로 남성 취업자 수와 여성 취업자 수의 크기를 비교할 수 없다.

ㄴ. 정답 : B국의 남성 고용률은 75%이다. 이는 B국의 15세 이상 남성 인구를 100명으로 가정할 경우 취업자 수가 75명, 취업자가 아닌 사람 수가 25명임을 의미한다. 따라서 B국의 15세 이상 남성 중, 취업자 수는 취업자가 아닌 사람 수의 3배이다.

ㄷ. 오답 : A국의 남성 가구주 가구 수에서 남성 가구주 빈곤 가구 수가 차지하는 비율은 20%, 여성 가구주 가구 수에서 여성 가구주 빈곤 가구 수가 차지하는 비율은 30%이다. 전체 가구는 '남성 가구주 가구+여성 가구주 가구'이므로, 전체 가구에서 빈곤 가구가 차지하는 비율은 50%가 되지 않는다.

ㄹ. 정답 : B국의 남성 가구주 가구 수는 여성 가구주 가구 수보다 많고, 남성 가구주 가구의 빈곤율이 여성 가구주 가구의 빈곤율보다 높으므로 B국의 빈곤 가구 중, 남성 가구주 가구 수가 여성 가구주 가구 수보다 많다.

다음 자료에 대한 분석으로 옳은 것은? 3점

성별에 따른 임금 수준의 차이는 '임금 성비'라는 지표를 통해 파악해 볼 수 있다. 임금 성비는 '(여성의 평균 임금/남성의 평균 임금) × 100'으로 계산한다. 표는 갑국의 성별에 따른 월 평균 임금의 변화 추이를 전체 업종과 ○○ 업종으로 구분하여 나타낸 것이다.

(단위 : 달러)

구분		t년	t+1년	t+2년
전체 업종	남성	1,000	1,500	2,000
	여성	600	900	1,500
○○ 업종	남성	800	1,300	1,800
	여성	700	1,200	1,800

① 전체 업종에서 t년과 t+2년의 임금 성비는 같다.

② 임금 성비는 모든 시기에서 ○○ 업종이 전체 업종보다 낮다. → 높다

③ ○○ 업종과 달리 전체 업종에서는 성별 임금 수준의 불평등이 심화되고 있다. → 완화

④ 전체 업종에서 월 평균 임금의 전년 대비 상승률은 남성의 경우 t+1년과 t+2년이 동일하다.

⑤ ○○ 업종에서 월 평균 임금의 전년 대비 상승률은 t+1년과 t+2년 모두 여성이 남성보다 높다.

구분	t년	t+1년	t+2년
전체 업종 임금 성비	60	60	75
○○ 업종 임금 성비	87.5	약 92.3	100

|자|료|해|설|
임금 성비는 (여성의 평균 임금/남성의 평균 임금)×100으로 계산할 수 있으므로 제시된 자료를 통해 전체 업종과 ○○ 업종의 연도별 임금 성비를 나타내면 첨삭과 같다.

|선|택|지|풀|이|
① 오답 : 전체 업종에서 임금 성비는 t년의 경우 60, t+2년의 경우 75로, t+2년이 t년보다 크다.

② 오답 : t년~t+2년 모두에서 ○○ 업종의 임금 성비가 전체 업종의 임금 성비보다 높다.

③ 오답 : 전체 업종의 임금 성비는 60 → 60 → 75, ○○ 업종의 임금 성비는 87.5 → 약 92.3 → 100으로 변화하고 있으므로 전체 업종과 ○○ 업종 모두에서 성별 임금 수준의 불평등이 약화되고 있다.

④ 오답 : 남성의 경우 전체 업종에서 월 평균 임금의 전년 대비 상승률은 t+1년이 50%{=(500달러/1,000달러)×100}, t+2년이 약 33.3%{=(500달러/1,500달러)×100}이다. 따라서 전체 업종에서 월 평균 임금의 전년 대비 상승률은 남성의 경우 t+1년이 t+2년보다 높다.

⑤ 정답 : t+1년의 경우 ○○ 업종에서 월 평균 임금의 전년 대비 상승률은 남성이 62.5%{=(500달러/800달러)×100}, 여성이 약 71.4%{=(500달러/700달러)×100}이다. t+2년의 경우 ○○ 업종에서 월 평균 임금의 전년 대비 상승률은 남성이 약 38.5%{=(500달러/1,300달러)×100}, 여성이 50%{=(600달러/1,200달러)×100}이다. 따라서 ○○ 업종에서 월 평균 임금의 전년 대비 상승률은 t+1년과 t+2년 모두 여성이 남성보다 높다.

다음 자료에 대한 옳은 분석만을 〈보기〉에서 고른 것은? 3점

〈표 1〉, 〈표 2〉는 각각 갑국 근로자의 근로 형태별 근로자 성비와 성별 비정규직 비율을 나타낸 것이다. 단, 근로 형태는 정규직과 비정규직으로만 구분된다.

〈표 1〉 근로 형태별 근로자 성비

구분	정규직	비정규직
근로자 성비	400	150

〈표 2〉 성별 비정규직 비율

구분	남성	여성
비정규직 비율(%)	60	80

* 근로자 성비 : 여성 근로자 100명당 남성 근로자 수

** 성별 비정규직 비율(%) = $\dfrac{\text{성별 비정규직 근로자 수}}{\text{성별 정규직과 비정규직 근로자 수의 합}} \times 100$

보기

ㄱ. 전체 근로자 중 남성 근로자가 차지하는 비율은 50%이다. (약 66.7%)

ㄴ. 남성 정규직 근로자 수는 여성 비정규직 근로자 수보다 많다. (와 같다)

ㄷ. 정규직 근로자 중 여성 근로자가 차지하는 비율은 비정규직 근로자 중 여성 근로자가 차지하는 비율보다 낮다.

ㄹ. 전체 근로자 중 비정규직 근로자가 차지하는 비율은 전체 근로자 중 정규직 근로자가 차지하는 비율의 2배이다.

① ㄱ, ㄴ   ② ㄱ, ㄷ   ③ ㄴ, ㄷ   ④ ㄴ, ㄹ   ⑤ ㄷ, ㄹ

〈여성 정규직 근로자 수를 100명이라고 가정할 경우〉

(단위 : 명)

구분	남성	여성	전체
정규직	400	100	500
비정규직	600	400	1,000
전체	1,000	500	1,500

문제풀이 TIP | 근로자 성비가 여성 근로자 100명당 남성 근로자 수를 의미하므로 여성 근로자 수를 기준으로 하는 것이 효과적으로 문제를 해결할 수 있는 방법이다.

출제분석 | 성 불평등 현상과 관련된 계산 문제이다. 고용 형태별, 성별 등으로 구분하여 수치를 계산하는 문제가 고난도로 출제될 수 있다.

|자|료|해|설|

정규직의 경우 근로자 성비가 400이므로 여성 정규직 근로자 수를 100명이라고 가정하면, 남성 정규직 근로자 수는 400명이 된다. 남성 근로자 중 비정규직 비율이 60%이므로 남성 근로자 중 정규직 비율은 40%가 되고, 여성 근로자 중 비정규직 비율이 80%이므로 여성 근로자 중 정규직 비율은 20%가 된다. 남성 근로자 중 정규직 비율이 40%이고 남성 정규직 근로자 수가 400명이므로 남성 근로자 수는 1,000명이고, 남성 비정규직 근로자 수는 600명이 된다. 여성 근로자 중 정규직 비율이 20%이고 여성 정규직 근로자 수가 100명이므로 여성 근로자 수는 500명이고, 여성 비정규직 근로자 수는 400명이 된다. 여성 정규직 근로자 수를 100명이라고 가정하여 제시된 자료를 바탕으로 갑국 근로자의 근로 형태별 남성 근로자 수와 여성 근로자 수를 나타내면 첨삭과 같다.

|보|기|풀|이|

ㄱ. 오답 : 여성 정규직 근로자 수를 100명이라고 가정하면, 전체 근로자 수는 1,500명이고, 남성 근로자 수는 1,000명이다. 따라서 전체 근로자 중 남성 근로자가 차지하는 비율은 약 66.7%{=(1,000명/1,500명)×100}이다.

ㄴ. 오답 : 여성 정규직 근로자 수를 100명이라고 가정하면, 남성 정규직 근로자 수는 400명이고, 여성 비정규직 근로자 수는 400명이다. 따라서 남성 정규직 근로자 수와 여성 비정규직 근로자 수가 같다.

ㄷ. 정답 : 여성 정규직 근로자 수를 100명이라고 가정하면, 정규직 근로자 중 여성 근로자가 차지하는 비율은 20%{=(100명/500명)×100}이고, 비정규직 근로자 중 여성 근로자가 차지하는 비율은 40%{=(400명/1,000명)×100}이다. 따라서 정규직 근로자 중 여성 근로자가 차지하는 비율은 비정규직 근로자 중 여성 근로자가 차지하는 비율보다 낮다.

ㄹ. 정답 : 여성 정규직 근로자 수를 100명이라고 가정하면, 전체 근로자 중 비정규직 근로자가 차지하는 비율은 (1,000명/1,500명)×100이고, 전체 근로자 중 정규직 근로자가 차지하는 비율은 (500명/1,500명)×100이다. 따라서 전체 근로자 중 비정규직 근로자가 차지하는 비율은 전체 근로자 중 정규직 근로자가 차지하는 비율의 2배이다.

IV

2. 사회 불평등 양상

다음 자료에 대한 옳은 분석만을 〈보기〉에서 있는 대로 고른 것은?

(3점)

다음은 연구자 갑이 A국의 노동 관련 성 불평등을 연구하기 위해 수집한 자료이다. A국에서 남성 노동자의 평균 임금은 t년에 비해 t+10년에는 10%, t년에 비해 t+20년에는 25% 증가하였다. 또한 남성 노동자 수는 제시된 연도에서 모두 같다.

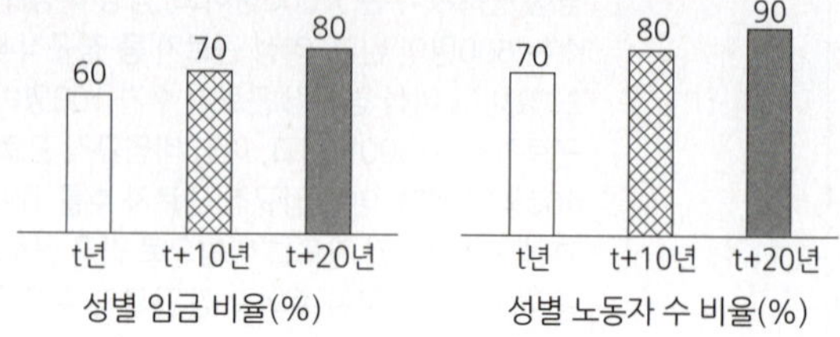

* 성별 임금 비율(%) = (여성 노동자 평균 임금/남성 노동자 평균 임금) × 100
** 성별 노동자 수 비율(%) = (여성 노동자 수/남성 노동자 수) × 100

보기

ㄱ. t년에 비해 t+10년에 여성 노동자 평균 임금은 20% 이상 증가하였다.

ㄴ. t년에 비해 t+20년에 평균 임금액의 성별 격차는 증가하였지만 노동자 수의 성별 격차는 감소하였다.

ㄷ. t+10년에 비해 t+20년에 남성 노동자 수와 여성 노동자 수의 격차는 50% 감소하였다. → 남성 노동자 평균 임금 × 남성 노동자 수

ㄹ. 제시된 연도 중에 전체 남성 노동자의 총임금과 전체 여성 노동자의 총임금 간 격차는 t+20년이 가장 작다.

→ 여성 노동자 평균 임금 × 여성 노동자 수

① ㄱ, ㄴ   ② ㄱ, ㄷ   ③ ㄴ, ㄹ
④ ㄱ, ㄷ, ㄹ   ⑤ ㄴ, ㄷ, ㄹ

구분	t년	t+10년	t+20년
남성 노동자 평균 임금	100x	110x	125x
여성 노동자 평균 임금	60x	77x	100x
남성 노동자 수	100y	100y	100y
여성 노동자 수	70y	80y	90y

|자|료|해|설|

t년의 남성 노동자 평균 임금을 100x라고 하면 t+10년의 남성 노동자 평균 임금은 110x이고, t+20년의 남성 노동자 평균 임금은 125x이다. 제시된 연도에서 남성 노동자 수는 일정하므로 남성 노동자 수를 100y라고 하면 여성 노동자 수는 t년의 경우 70y, t+10년의 경우 80y, t+20년의 경우 90y가 된다. 제시된 자료를 바탕으로 연도별 남성 노동자 평균 임금, 여성 노동자 평균 임금, 남성 노동자 수, 여성 노동자 수를 나타내면 첨삭과 같다.

|보|기|풀|이|

ㄱ 정답 : t년의 남성 노동자 평균 임금을 100x라고 하면 t+10년의 남성 노동자 평균 임금은 110x이므로 t년의 여성 노동자 평균 임금은 60x이고, t+10년의 여성 노동자 평균 임금은 77x이다. t년 대비 t+10년에 여성 노동자 평균 임금 증가율은 약 28.3%{=(17x/60x)×100}이다.

ㄴ. 오답 : t년 대비 t+20년에 평균 임금액의 성별 격차는 40x(=100x−60x)에서 25x(=125x−100x)로 감소하였고, 노동자 수의 성별 격차는 30y(=100y−70y)에서 10y(=100y−90y)로 감소하였다.

ㄷ 정답 : t+10년 대비 t+20년에 남성 노동자 수와 여성 노동자 수의 격차는 20y(=100y−80y)에서 10y(=100y−90y)로 50%{=(10y/20y)×100} 감소하였다.

ㄹ 정답 : 전체 남성 노동자의 총임금은 남성 노동자 평균 임금×남성 노동자 수로 구할 수 있고, 전체 여성 노동자의 총임금은 여성 노동자 평균 임금×여성 노동자 수로 구할 수 있다. 전체 남성 노동자의 총임금과 전체 여성 노동자의 총임금 간 격차는 t년의 경우 5,800xy(=10,000xy−4,200xy), t+10년의 경우 4,840xy(=11,000xy−6,160xy), t+20년의 경우 3,500xy(=12,500xy−9,000xy)로, t+20년이 가장 작다.

😮 **문제풀이 TIP** | 남성 노동자 평균 임금의 변화가 제시되어 있으므로 남성 노동자 평균 임금을 기준으로 성별 임금 비율을 통해 여성 노동자 평균 임금을 구할 수 있다. 또한 남성 노동자 수가 일정하므로 성별 노동자 수 비율을 통해 여성 노동자 수를 파악할 수 있다.

😮 **출제분석** | 성 불평등과 관련된 자료를 분석하는 문제이다. 성별 고용 형태, 성별 임금 등 다양한 자료를 분석하는 고난도 문제가 출제될 수 있으므로 기출 문제를 통해 계산 연습을 해 두도록 한다.

다음 자료에 대한 옳은 분석 및 추론만을 〈보기〉에서 있는 대로 고른 것은?

표는 갑국의 임금 불평등을 파악하기 위해 t년과 t+20년의 성별 및 고용 형태별 근로자의 시간당 평균 임금을 조사한 후, 이를 토대로 분석한 자료이다. 단, 남성 정규직 근로자 시간당 평균 임금은 t+20년이 t년의 2배이다.

(단위 : %)

구분		t년	t+20년
남성 정규직 근로자 시간당 평균 임금 대비 여성 정규직 근로자 시간당 평균 임금		40	80
정규직 근로자 시간당 평균 임금 대비 비정규직 근로자 시간당 평균 임금	전체	35	84
	남	62	90
	여	65	87

전체 정규직 근로자 시간당 평균 임금 증가율 < 전체 비정규직 근로자 시간당 평균 임금 증가율

보기

ㄱ. 여성 정규직 근로자 시간당 평균 임금은 t+20년이 t년의 4배이다.

ㄴ. 남성 정규직 근로자와 여성 정규직 근로자 간 임금 불평등은 t+20년이 t년에 비해 심화되었다. (약화)

ㄷ. t년 대비 t+20년 시간당 평균 임금의 증가율은 전체 정규직 근로자가 전체 비정규직 근로자보다 낮다.

ㄹ. t년과 t+20년 모두 남성 비정규직 근로자 시간당 평균 임금이 여성 비정규직 근로자 시간당 평균 임금보다 높다.

① ㄱ, ㄴ ② ㄱ, ㄹ ③ ㄴ, ㄷ ④ ㄱ, ㄷ, ㄹ ⑤ ㄴ, ㄷ, ㄹ

구분	t년	t+20년
남성 정규직 근로자 시간당 평균 임금	100	200
여성 정규직 근로자 시간당 평균 임금	40	160
남성 비정규직 근로자 시간당 평균 임금	62	180
여성 비정규직 근로자 시간당 평균 임금	26	139.2

|자|료|해|설|

t+20년의 남성 정규직 근로자 시간당 평균 임금이 t년의 남성 정규직 근로자 시간당 평균 임금의 2배이므로 t년의 남성 정규직 근로자 시간당 평균 임금을 100으로 가정하면 t+20년의 남성 정규직 근로자 시간당 평균 임금은 200이 된다. 제시된 자료를 바탕으로 t년의 남성 정규직 근로자 시간당 평균 임금을 100으로 가정하여 연도별 남성 정규직 근로자 시간당 평균 임금, 여성 정규직 근로자 시간당 평균 임금, 남성 비정규직 근로자 시간당 평균 임금, 여성 비정규직 근로자 시간당 평균 임금을 나타내면 첨삭과 같다.

|보|기|풀|이|

ㄱ 정답 : t년의 남성 정규직 근로자 시간당 평균 임금을 100으로 가정하면, 여성 정규직 근로자 시간당 평균 임금은 t년의 경우 40, t+20년의 경우 160으로, t+20년이 t년의 4배이다.

ㄴ 오답 : t년의 남성 정규직 근로자 시간당 평균 임금을 100으로 가정하면, 남성 정규직 근로자와 여성 정규직 근로자 간 임금 차이는 t년의 경우 60(=100-40), t+20년의 경우 40(=200-160)이다. 따라서 남성 정규직 근로자와 여성 정규직 근로자 간 임금 불평등은 t+20년이 t년에 비해 약화되었다.

ㄷ 정답 : t년 대비 t+20년에 전체 정규직 근로자 시간당 평균 임금 대비 전체 비정규직 근로자 시간당 평균 임금이 35%에서 84%로 증가하였다. 이는 t년 대비 t+20년에 전체 정규직 근로자 시간당 평균 임금 증가율보다 전체 비정규직 근로자 시간당 평균 임금 증가율이 높음을 의미한다.

ㄹ 정답 : t년의 남성 정규직 근로자 시간당 평균 임금을 100으로 가정하면, t년의 경우 남성 비정규직 근로자 시간당 평균 임금은 62, 여성 비정규직 근로자 시간당 평균 임금은 26으로, 남성 비정규직 근로자 시간당 평균 임금이 여성 비정규직 근로자 시간당 평균 임금보다 높다. t+20년의 경우 남성 비정규직 근로자 시간당 평균 임금은 180, 여성 비정규직 근로자 시간당 평균 임금은 139.2로, 남성 비정규직 근로자 시간당 평균 임금이 여성 비정규직 근로자 시간당 평균 임금보다 높다.

문제풀이 TIP | t년의 남성 정규직 근로자 시간당 평균 임금을 100이라고 가정하면 t+20년의 남성 정규직 근로자 시간당 평균 임금은 200이 되고, t년의 남성 정규직 근로자 시간당 평균 임금 대비 여성 정규직 근로자 시간당 평균 임금이 40이므로 t년의 여성 정규직 근로자 시간당 평균 임금이 40이 되며, t+20년의 남성 정규직 근로자 시간당 평균 임금 대비 여성 정규직 근로자 시간당 평균 임금이 80이므로 t+20년의 여성 정규직 근로자 시간당 평균 임금은 160이 된다.

출제분석 | 성 불평등과 관련된 자료를 분석하는 문제이다. 성별 임금 격차, 정규직과 비정규직의 임금 격차 등 수치를 계산하는 고난도 문제가 출제될 수 있으므로 기출 문제를 통해 고난도 문제를 연습해 두도록 한다.

표에 대한 분석으로 옳은 것은? (단, 각 국가 내에서 남성 근로자 수와 여성 근로자 수는 같다.) 3점

↳ 전체 근로자 월 평균 임금
$$\frac{\text{남성 근로자 월 평균 임금} + \text{여성 근로자 월 평균 임금}}{2}$$

〈 성별 근로자 월 평균 임금 〉

(단위 : 달러)

구분	갑국	을국	병국
남성 근로자	3,400	3,800	4,000
여성 근로자	2,600	2,800	2,800
전체 근로자	3,000	3,300	3,400

① 갑국에서 여성 근로자 월 평균 임금은 전체 근로자 월 평균 임금의 90% 수준을 넘는다. 넘지 않는다

② 을국에서 성별 근로자 월 평균 임금 격차는 남성 근로자 월 평균 임금의 1/3 수준을 넘는다. 넘지 않는다

③ 병국에서 남성 근로자 월 평균 임금은 전체 근로자 월 평균 임금보다 800달러 많다. 600

④ 남성 근로자 월 평균 임금에 대한 여성 근로자 월 평균 임금의 비는 을국이 병국보다 크다. ✓

⑤ 갑국~병국 중 성별 근로자 월 평균 임금 격차는 갑국이 가장 크다. 병국

$$\frac{2,800}{3,800} > \frac{2,800}{4,000}$$

👀 **문제풀이 T I P** | 만약 남성 근로자 수와 여성 근로자 수가 같지 않으면 전체 근로자 월 평균 임금은 남성 근로자와 여성 근로자의 월 평균 임금을 더한 값을 2로 나눈 값과 같지 않다.

|자|료|해|설|

각국의 남성 근로자 수와 여성 근로자 수가 같으므로 전체 근로자 월 평균 임금은 (남성 근로자 월 평균 임금+여성 근로자 월 평균 임금)/2가 된다.

|선|택|지|풀|이|

① 오답 : 갑국의 경우 여성 근로자 월 평균 임금은 2,600 달러이고, 전체 근로자 월 평균 임금은 3,000달러이다. 따라서 갑국에서 여성 근로자 월 평균 임금은 전체 근로자 월 평균 임금의 약 87%로, 90% 수준을 넘지 않는다.

② 오답 : 을국의 경우 성별 근로자 월 평균 임금 격차는 1,000달러(3,800달러-2,800달러)이고, 남성 근로자 월 평균 임금은 3,800달러이다. 따라서 을국에서 성별 근로자 월 평균 임금 격차는 남성 근로자 월 평균 임금의 1/3 수준을 넘지 않는다.

③ 오답 : 병국의 경우 남성 근로자 월 평균 임금은 4,000 달러이고, 전체 근로자 월 평균 임금은 3,400달러이다. 따라서 병국에서 남성 근로자 월 평균 임금은 전체 근로자 월 평균 임금보다 600달러(4,000달러-3,400달러) 많다.

④ 정답 : 남성 근로자 월 평균 임금에 대한 여성 근로자 월 평균 임금의 비는 을국의 경우 2,800달러/3,800 달러이고, 병국의 경우 2,800달러/4,000달러로, 을국이 병국보다 크다.

⑤ 오답 : 성별 근로자 월 평균 임금 격차는 갑국의 경우 800달러(3,400달러-2,600달러), 을국의 경우 1,000달러 (3,800달러-2,800달러), 병국의 경우 1,200달러(4,000 달러-2,800달러)로, 병국이 가장 크다.

다음 자료에 대한 옳은 설명만을 〈보기〉에서 고른 것은? 3점

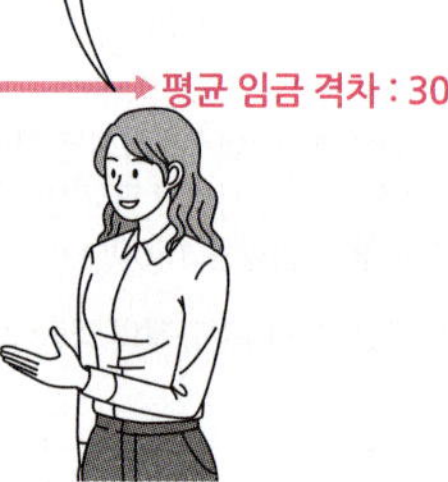

평균 임금 격차 : 500 ←

평균 임금 격차 : 300

구분	조치 시행 전		조치 시행 후	
	남성	여성	남성	여성
신입 사원 월 평균 임금(달러)	3,000	2,500	3,300	3,000
신입 사원 중 남녀 비율(%)	60	40	40	60
임원 중 남녀 비율(%)	75	25	60	40

보기

ㄱ. 성차별 개선 조치 시행 후 남녀 신입 사원의 월 평균 임금 격차는 60% 감소하였다. 40%

ㄴ. 성차별 개선 조치 시행 전후 신입 사원 수가 같다면, 여성 신입 사원 수는 조치 시행 후 50% 증가하였다.

ㄷ. 남성 임원 대 여성 임원의 비는 성차별 개선 조치 시행 전 3 : 1에서 조치 시행 후 3 : 2로 변화하였다.

ㄹ. (가)에는 '남성 신입 사원의 월 평균 임금이 여성 신입 사원의 월 평균 임금보다 30% 높다.'가 들어갈 수 있다. 없다

① ㄱ, ㄴ   ② ㄱ, ㄷ   ③ ㄴ, ㄷ ✓   ④ ㄴ, ㄹ   ⑤ ㄷ, ㄹ

|자|료|해|설|

성별의 차이를 이유로 특정한 성이 차별받고 억압받는 현상을 성 불평등이라고 한다.

|보|기|풀|이|

ㄱ. 오답 : 남녀 신입 사원의 월 평균 임금 격차는 성차별 개선 조치 시행 전의 경우 500달러(3,000달러-2,500달러) 이고, 성차별 개선 조치 시행 후의 경우 300달러(3,300 달러-3,000달러)이다. 따라서 성차별 개선 조치 시행 후 남녀 신입 사원의 월 평균 임금 격차는 40% 감소[{(300 달러-500달러)/500달러}×100]하였다.

ㄴ. 정답 : 성차별 개선 조치 시행 전후 신입 사원 수가 100명으로 같다면 여성 신입 사원 수는 성차별 개선 조치 시행 전의 경우 40명이고, 성차별 개선 조치 시행 후의 경우 60명이다. 따라서 여성 신입 사원 수는 조치 시행 후 50% 증가[{(60명-40명)/40명}×100]하였다.

ㄷ. 정답 : 남성 임원 대 여성 임원의 비는 임원 중 남녀 비율을 통해 파악할 수 있다. 남성 임원 대 여성 임원의 비는 성차별 개선 조치 시행 전의 경우 75:25=3:1이고, 성차별 개선 조치 시행 후의 경우 60:40=3:2이다.

ㄹ. 오답 : 성차별 개선 조치 시행 후 남성 신입 사원의 월 평균 임금은 3,300달러이고, 여성 신입 사원의 월 평균 임금은 3,000달러이므로 남성 신입 사원의 월 평균 임금이 여성 신입 사원의 월 평균 임금보다 10%[{(3,300달러-3,000달러)/3,000달러}×100] 높다. 따라서 '남성 신입 사원의 월 평균 임금이 여성 신입 사원의 월 평균 임금보다 30% 높다.'는 (가)에 들어갈 수 없다.

다음 자료에 대한 분석으로 옳은 것은? (3점)

표는 갑 ~ 병국의 여성 근로자 임금 차별 지수를 알아보기 위한 것이다.

구분	갑국	을국	병국
남성 근로자 임금 총액 대비 여성 근로자 임금 총액	3/5	5/4	3/5
남성 근로자 수 대비 여성 근로자 수	3/4	5/3	2/3
여성 근로자 임금 차별 지수	7/8	8/9	15/16

* 여성 근로자 임금 차별 지수 = 전체 근로자 임금 총액 중 여성 근로자 임금 총액의 비율/전체 근로자 중 여성 근로자의 비율

* 여성 근로자 임금 차별 지수가 1보다 작은 경우 여성 근로자에 대한 임금 차별이 존재하고, 그 값이 0에 가까울수록 차별 정도가 심함.

① 여성 근로자 임금 차별 지수는 갑국이 을국보다 크다. [작다]

② 남성 근로자 평균 임금 대비 여성 근로자 평균 임금은 을국이 병국보다 크다. [작다]

③ 갑국과 병국 모두에서 여성 근로자 평균 임금은 남성 근로자 평균 임금의 60% 수준이다. [80% / 90%]

④ 여성 근로자 임금 차별 지수에 따르면 여성 근로자에 대한 임금 차별은 을국이 병국보다 심하다.

⑤ 갑 ~ 병국 모두에서 전체 근로자 중 여성 근로자 비율이 전체 근로자 임금 총액 중 여성 근로자 임금 총액 비율보다 낮다. [높다]

구분	갑국	을국	병국
여성 근로자 임금 총액	3	5	3
남성 근로자 임금 총액	5	4	5
전체 근로자 임금 총액	8	9	8
여성 근로자 수	3	5	2
남성 근로자 수	4	3	3
전체 근로자 수	7	8	5
여성 근로자 평균 임금	1	1	3/2
남성 근로자 평균 임금	5/4	4/3	5/3
여성 근로자 임금 차별 지수	7/8	8/9	15/16

문제풀이 TIP | 남성 근로자 임금 총액과 여성 근로자 임금 총액의 비, 남성 근로자 수와 여성 근로자 수의 비가 제시되어 있으므로 이를 통해 문제에서 요구하는 계산을 해결할 수 있다. 구체적인 숫자를 가정하지 않더라도 비를 통해 해결할 수 있음을 파악할 수 있어야 한다.

출제분석 | 성 불평등과 관련된 자료를 분석하는 문제이다. 별도의 계산식을 통해 선지의 옳고 그름을 파악하는 고난도 문제가 출제될 수 있으므로 제시된 조건을 이해하는 능력이 필요하다.

|자|료|해|설|

제시된 자료를 바탕으로 갑국 ~ 병국의 남성 근로자 임금 총액과 여성 근로자 임금 총액의 비, 남성 근로자 수와 여성 근로자 수의 비를 나타내면 첨삭과 같다.

|선|택|지|풀|이|

① 오답 : 여성 근로자 임금 차별 지수는 갑국의 경우 (3/8)/(3/7)=7/8이고, 을국의 경우 (5/9)/(5/8)=8/9이다. 따라서 여성 근로자 임금 차별 지수는 갑국이 을국보다 작다.

② 오답 : 평균 임금은 임금 총액/근로자 수로 구할 수 있다. 남성 근로자 평균 임금 대비 여성 근로자 평균 임금은 을국의 경우 (5/5)/(4/3)=3/4이고, 병국의 경우 (3/2)/(5/3)=9/10이다. 따라서 남성 근로자 평균 임금 대비 여성 근로자 평균 임금은 을국이 병국보다 작다.

③ 오답 : 갑국의 경우 여성 근로자 평균 임금은 1이고, 남성 근로자 평균 임금은 5/4이므로 여성 근로자 평균 임금은 남성 근로자 평균 임금의 80%이다. 병국의 경우 여성 근로자 평균 임금은 3/2이고, 남성 근로자 평균 임금은 5/3이므로 여성 근로자 평균 임금은 남성 근로자 평균 임금의 90%이다.

④ 정답 : 여성 근로자 임금 차별 지수는 을국의 경우 (5/9)/(5/8)=8/9이고, 병국의 경우 (3/8)/(2/5)=15/16로 을국이 병국보다 작다. 여성 근로자 임금 차별 지수가 0에 가까울수록 차별 정도가 심하므로 여성 근로자에 대한 임금 차별은 을국이 병국보다 심하다.

⑤ 오답 : 갑국의 경우 전체 근로자 중 여성 근로자 비율은 (3/7)×100이고, 전체 근로자 임금 총액 중 여성 근로자 임금 총액 비율은 (3/8)×100으로, 전체 근로자 중 여성 근로자 비율이 전체 근로자 임금 총액 중 여성 근로자 임금 총액 비율보다 높다. 을국의 경우 전체 근로자 중 여성 근로자 비율은 (5/8)×100이고, 전체 근로자 임금 총액 중 여성 근로자 임금 총액 비율은 (5/9)×100으로, 전체 근로자 중 여성 근로자 비율이 전체 근로자 임금 총액 중 여성 근로자 임금 총액 비율보다 높다. 병국의 경우 전체 근로자 중 여성 근로자 비율은 (2/5)×100이고, 전체 근로자 임금 총액 중 여성 근로자 임금 총액 비율은 (3/8)×100으로, 전체 근로자 중 여성 근로자 비율이 전체 근로자 임금 총액 중 여성 근로자 임금 총액 비율보다 높다.

IV 2. 사회 불평등 양상

다음 자료에 대한 옳은 분석만을 〈보기〉에서 있는 대로 고른 것은?

표는 갑국의 해당 연도 남성 정규직 근로자 평균 임금을 100이라고 할 때 다른 근로자 평균 임금의 상대적 수치를 나타낸다. 단, 남성 정규직 근로자 평균 임금은 매년 상승하였다.

구분	1992년	2002년	2012년	2022년
남성 비정규직	80	83	87	83
여성 정규직	66	78	82	88
여성 비정규직	44	50	54	69

보기

ㄱ. 여성 비정규직 근로자 평균 임금 대비 여성 정규직 근로자 평균 임금의 비(比)는 2002년이 1992년보다 크다.　　1.56　1.5

ㄴ. 남성 정규직 근로자와 남성 비정규직 근로자 간 평균 임금의 차는 2012년이 2002년보다 작다.

ㄷ. 2012년 대비 2022년 평균 임금 상승률은 여성 정규직 근로자가 남성 정규직 근로자보다 높다.

ㄹ. 2022년에는 1992년과 달리 여성 비정규직 근로자 평균 임금은 전체 비정규직 근로자 평균 임금의 50%를 넘는다.

① ㄱ, ㄴ　　　　② ㄱ, ㄷ　　　　③ ㄴ, ㄹ
④ ㄱ, ㄷ, ㄹ　　　⑤ ㄴ, ㄷ, ㄹ

🤪 **문제풀이 T I P** | 제시된 수치는 해당 연도 남성 정규직 근로자 평균 임금을 100이라고 하여 나타낸 것이므로 문제를 풀 때 매년 남성 정규직 근로자 평균 임금이 상승하였음을 명심하도록 한다.

🤪 **출제분석** | 성 불평등과 관련된 자료를 분석하는 문제이다. 성 불평등 관련 문제는 수치를 계산하는 고난도 문제가 출제되므로 기출 문제를 통해 고난도 문제를 연습해 두도록 한다.

|자|료|해|설|

제시된 자료는 해당 연도 남성 정규직 근로자 평균 임금을 100이라고 할 때 해당 연도 남성 비정규직 근로자 평균 임금, 해당 연도 여성 정규직 근로자 평균 임금, 해당 연도 여성 비정규직 근로자 평균 임금을 나타낸다.

|보|기|풀|이|

ㄱ. 정답 : 1992년의 경우 남성 정규직 근로자 평균 임금이 100일 때 여성 정규직 근로자 평균 임금은 66, 여성 비정규직 근로자 평균 임금은 44이므로 여성 비정규직 근로자 평균 임금 대비 여성 정규직 근로자 평균 임금의 비는 66/44(=1.5)이다. 2002년의 경우 남성 정규직 근로자 평균 임금이 100일 때 여성 정규직 근로자 평균 임금은 78, 여성 비정규직 근로자 평균 임금은 50이므로 여성 비정규직 근로자 평균 임금 대비 여성 정규직 근로자 평균 임금의 비는 78/50(=1.56)이다. 따라서 여성 비정규직 근로자 평균 임금 대비 여성 정규직 근로자 평균 임금의 비는 2002년이 1992년보다 크다.

ㄴ. 오답 : 2002년의 경우 남성 정규직 근로자 평균 임금이 100일 때 남성 비정규직 근로자 평균 임금은 83으로, 남성 정규직 근로자와 남성 비정규직 근로자 간 평균 임금의 차는 17이다. 2012년의 경우 남성 정규직 근로자 평균 임금이 100일 때 남성 비정규직 근로자 평균 임금은 87로, 남성 정규직 근로자와 남성 비정규직 근로자 간 평균 임금의 차는 13이다. 그러나 남성 정규직 근로자 평균 임금은 매년 상승하였으므로 남성 정규직 근로자와 남성 비정규직 근로자 간 평균 임금의 차가 2002년보다 2012년이 작다고 단정할 수 없다.

ㄷ. 정답 : 2012년의 경우 남성 정규직 근로자 평균 임금이 100일 때 여성 정규직 근로자 평균 임금은 82이다. 2022년의 경우 남성 정규직 근로자 평균 임금이 100일 때 여성 정규직 근로자 평균 임금은 88이다. 남성 정규직 근로자 평균 임금은 매년 상승하였으므로 2012년 대비 2022년에 남성 정규직 근로자 평균 임금 상승률보다 여성 정규직 근로자 평균 임금 상승률이 높다.

ㄹ. 오답 : 1992년의 경우 남성 정규직 근로자 평균 임금이 100일 때 남성 비정규직 근로자 평균 임금은 80이고, 여성 비정규직 근로자 평균 임금은 44이므로 전체 비정규직 근로자 평균 임금은 44보다 크고 80보다 작다. 즉, 1992년 여성 비정규직 근로자 평균 임금은 전체 비정규직 근로자 평균 임금의 50%를 넘는다.

다음 자료에 대한 분석으로 옳은 것은? 3점

표는 갑국의 5년 전 대비 성별 근로자 평균 임금 상승률을 나타낸 것이다. 갑국에서 남성 근로자 수와 여성 근로자 수는 항상 같고, 2005년에 남성 근로자 평균 임금은 여성 근로자 평균 임금의 2배이다.

→ 전체 근로자 평균 임금 상승률의 값은 남성 근로자 평균 임금 상승률의 값에 근접

(단위 : %)

구분	2010년	2015년	2020년
남성 근로자 평균 임금 상승률	5	7	13
여성 근로자 평균 임금 상승률	7	9	11
전체 근로자 평균 임금 상승률	6↓	8↓	12↑

① 2005년 대비 2010년에 전체 근로자 평균 임금 상승률은 12%이다. 〔6%〕
② 5년 전 대비 전체 근로자 평균 임금 상승률은 2010년이 2015년보다 크다. 〔작다〕
③ 남성 근로자와 여성 근로자 간의 평균 임금 차이는 2005년이 2010년보다 크다. 〔작다〕
④ 전체 근로자 평균 임금 대비 여성 근로자 평균 임금은 2015년이 2020년보다 크다.
⑤ 2010년 대비 2020년에 남성 근로자와 여성 근로자 모두 평균 임금이 20% 상승하였다. 〔20%보다 크게〕

→ 전체 근로자 평균 임금 = $\dfrac{남성\ 근로자\ 평균\ 임금\ +\ 여성\ 근로자\ 평균\ 임금}{2}$

(단위 : 만 원)

구분	2005년	2010년	2015년	2020년
남성 근로자 평균 임금	200	210	224.7	약 253.9
여성 근로자 평균 임금	100	107	116.63	약 129.5
전체 근로자 평균 임금	150	158.5	약170.7	약 191.7

|자|료|해|설|

갑국의 남성 근로자 수와 여성 근로자 수가 같으므로 전체 근로자 평균 임금은 남성 근로자 평균 임금과 여성 근로자 평균 임금을 더한 값을 2로 나눈 것과 같다. 2005년 남성 근로자 평균 임금이 여성 근로자 평균 임금의 2배이므로 2005년 여성 근로자 평균 임금을 100만 원이라고 가정하면 2005년 남성 근로자 평균 임금은 200만 원이므로, 이를 바탕으로 연도별 남성 근로자 평균 임금과 여성 근로자 평균 임금을 나타내면 첨삭과 같다.

|선|택|지|풀|이|

① 오답 : 남성 근로자 평균 임금이 여성 근로자 평균 임금보다 많으므로 전체 근로자 평균 임금 상승률은 남성 근로자 평균 임금 상승률의 값에 근접한다. 2005년 대비 2010년에 전체 근로자 평균 임금 상승률은 6%보다 작은 값이다.
② 오답 : 5년 전 대비 2010년에 전체 근로자 평균 임금 상승률은 6%보다 작은 값이고, 5년 전 대비 2015년에 전체 근로자 평균 임금 상승률은 7%보다 큰 값이다. 따라서 5년 전 대비 전체 근로자 평균 임금 상승률은 2010년이 2015년보다 작다.
③ 오답 : 2005년에 남성 근로자 평균 임금은 여성 근로자 평균 임금의 2배이고, 5년 전 대비 2010년에 여성 근로자 평균 임금 상승률은 남성 근로자 평균 임금 상승률보다 크지만, 2배보다 작다. 따라서 남성 근로자와 여성 근로자 간의 평균 임금 차이는 2005년이 2010년보다 작다.
④ 정답 : 5년 전 대비 2020년에 여성 근로자 평균 임금 상승률은 11%이고, 전체 근로자 평균 임금 상승률은 12%보다 큰 값이다. 따라서 전체 근로자 평균 임금 대비 여성 근로자 평균 임금은 2020년이 2015년보다 작다.
⑤ 오답 : 2010년 대비 2020년에 남성 근로자 평균 임금과 여성 근로자 평균 임금은 모두 20%보다 크게 상승하였다.

IV
2. 사회 불평등 양상

😲 **문제풀이 TIP |** 2005년 남성 근로자 평균 임금이 여성 근로자 평균 임금의 2배이므로 2005년 남성 근로자 평균 임금을 200, 여성 근로자 평균 임금을 100으로 놓고 각 연도별 남성 근로자 평균 임금 상승률과 여성 근로자 평균 임금 상승률을 통해 연도별 남성 근로자 평균 임금과 여성 근로자 평균 임금을 대략적으로 구하면 어렵지 않게 해결할 수 있다.

😀 **출제분석 |** 성 불평등과 관련하여 남녀 임금 격차를 분석하는 문제이다. 성 불평등 관련 문제는 임금 격차, 고용 형태 등에 따른 수치를 분석하는 고난도 문제 유형으로 출제될 수 있다.

다음 자료에 대한 분석으로 옳은 것은?

표는 연구자 갑이 A국 ○○기업 직원의 연봉 구간에 따른 성별 분포와 여성비를 조사한 것이다. 단, ○○기업의 연봉은 1구간에서 시작하며 근무 기간에 비례한다.

연봉 구간		구성 비율(%)		여성비
		여성	남성	
1구간	2만 달러 미만	13	5	1.61
2구간	2만 달러 이상 4만 달러 미만	57	32	1.10
3구간	4만 달러 이상 6만 달러 미만	18	29	0.38
4구간	6만 달러 이상 8만 달러 미만	7	15	0.29
5구간	8만 달러 이상	5	19	0.16
전체		100	100	0.62

* 여성비 = $\dfrac{여성\ 수}{남성\ 수}$

** 여성비는 소수점 셋째 자리에서 반올림한 수치임.

전체 남성 수가 100일 때 전체 여성 수는 62임 → 전체 남성 수 ＞ 전체 여성 수

① 전체 여성 직원 수는 전체 직원 수의 62%이다. → 약 38%

② 1구간에 해당하는 남성 직원 수는 5구간에 해당하는 여성 직원 수보다 적다. → 많다

③ 4구간에 해당하는 남성 직원 수는 4구간에 해당하는 여성 직원 수보다 8% 많다. → 3배

④ 1구간에서 5구간으로 갈수록 각 구간의 여성 직원 수는 지속적으로 감소한다. → 증가하다가 감소한다

⑤ 1구간에서 5구간으로 갈수록 각 구간의 전체 직원 중 남성 직원이 차지하는 비율은 지속적으로 증가한다.

|자|료|해|설|

제시된 표는 전체 여성 직원 중 연봉 구간에 따른 여성의 비율과 전체 남성 직원 중 연봉 구간에 따른 남성의 비율, 그리고 각 구간별 여성비를 보여 주고 있다.

|선|택|지|풀|이|

① 오답 : 전체 여성비가 0.62이므로 이는 전체 남성 수가 100일 때 전체 여성 수는 62임을 의미한다. 전체 남성 직원 수가 100이라면 전체 여성 직원 수는 62이고, 전체 직원 수는 162이므로 전체 직원 수에서 전체 여성 직원 수가 차지하는 비율은 약 38%{=(62/162)×100}이다.

② 오답 : 1구간에 해당하는 남성 직원 비율은 전체 남성 직원의 5%이고, 5구간에 해당하는 여성 직원 비율은 전체 여성 직원의 5%이다. 전체 남성 직원 수가 전체 여성 직원 수보다 많으므로 1구간에 해당하는 남성 직원 수는 5구간에 해당하는 여성 직원 수보다 많다.

③ 오답 : 4구간에 해당하는 남성 직원 비율은 전체 남성 직원의 15%이고, 4구간에 해당하는 여성 직원 비율은 전체 여성 직원의 7%이다. 전체 남성 직원 수가 100이라면 전체 여성 직원 수는 62이므로 4구간에 해당하는 남성 직원 수는 15이고, 4구간에 해당하는 여성 직원 수는 4.34이다. 따라서 4구간에 해당하는 남성 직원 수는 4구간에 해당하는 여성 직원 수의 3배보다 많다.

④ 오답 : 전체 여성 직원 중 여성 직원 비율은 1구간의 경우 13%, 2구간의 경우 57%, 3구간의 경우 18%, 4구간의 경우 7%, 5구간의 경우 5%이다. 따라서 1구간에서 5구간으로 갈수록 각 구간의 여성 직원 수는 증가하다가 감소한다.

⑤ 정답 : 여성비는 1구간의 경우 1.61, 2구간의 경우 1.10, 3구간의 경우 0.38, 4구간의 경우 0.29, 5구간의 경우 0.16이다. 즉, 1구간에서 5구간으로 갈수록 여성비(여성 수/남성 수)가 감소하고 있다. 따라서 1구간에서 5구간으로 갈수록 각 구간의 전체 직원 중 남성 직원이 차지하는 비율은 지속적으로 증가한다.

😵 **문제풀이 T I P |** 전체 여성비를 통해 전체 남성 수와 전체 여성 수를 비교하고, 전체 남성 수를 100으로 가정한 후 이에 따른 각 구간별 성별 구성 비율을 통해 성별 인원 수를 파악하도록 한다.

😃 **출제분석 |** 성 불평등과 관련된 자료를 분석하는 문제이다. 성 불평등 문제와 관련하여 수치 계산 문제가 출제되고 있으므로 기출 문제를 통해 다양한 유형을 접해 보도록 한다.

다음 자료에 대한 옳은 분석만을 〈보기〉에서 고른 것은? 3점

→ 지수 값이 높을수록 성 불평등 정도가 큼

A 지수는 (가), (나), (라) 지표만을, B 지수는 (가), (다), (라) 지표만을 활용하여 작성한 성 불평등 지수이다.

(가)	성별 임금 격차 = [(남성 취업자의 평균 임금 - 여성 취업자의 평균 임금) / 남성 취업자의 평균 임금] ×100
(나)	성별 고용률(%) : 15세 이상 남성(여성) 중 취업자의 비중
(다)	성별 의원 비율(%) : 전체 의회 의원 중 남성(여성)의 비중
(라)	성별 대학교 졸업률(%) : 성인 남성(여성) 중 대학교를 졸업한 사람의 비중

(가)는 제시된 공식에 따라 계산된 값을 그대로 사용하며, (나)~(라)는 남성의 값에서 여성의 값을 뺀 수치를 사용한다.
예를 들어 (가)는 20, (나)는 남성 70, 여성 50, (다)는 남성 50, 여성 50, (라)는 남성 50, 여성 60이라면 A 지수는 '20+(70-50)+(50-60)=30'이 되고, B 지수는 '20+(50-50)+(50-60)=10'이 된다.

〈갑국과 을국의 (가)~(라) 지표의 현황〉

구분	(가)	(나)		(다)		(라)	
		남성	여성	남성	여성	남성	여성
갑국	30	70	60	60	40	30	20
을국	10	80	10	60	40	80	90

보기

ㄱ. 갑국의 A 지수는 50, B 지수는 60이다.
ㄴ. 여성 취업자의 평균 임금은 갑국이 을국의 3배이다. → 알 수 없음
ㄷ. A 지수에 따르면 갑국보다 을국이, B 지수에 따르면 을국보다 갑국이 성 불평등 정도가 심하다.
ㄹ. A 지수보다 B 지수로 평가했을 때 갑국과 을국 간의 성 불평등 지수의 격차가 ~~작다~~ 크다

① ㄱ, ㄴ   ❷ ㄱ, ㄷ   ③ ㄴ, ㄷ   ④ ㄴ, ㄹ   ⑤ ㄷ, ㄹ

구분	갑국	을국
A 지수	30+(70-60)+(30-20)=50	10+(80-10)+(80-90)=70
B 지수	30+(60-40)+(30-20)=60	10+(60-40)+(80-90)=20

|자|료|해|설|

제시된 자료를 바탕으로 갑국과 을국의 A 지수, B 지수를 나타내면 첨삭과 같다.

|보|기|풀|이|

ㄱ 정답 : 갑국의 경우 A 지수는 50(=30+10+10)이고, B 지수는 60(=30+20+10)이다.

ㄴ. 오답 : 성별 임금 격차를 나타내는 (가) 지표의 경우 갑국은 30, 을국은 10으로, 갑국이 을국의 3배이다. 그러나 제시된 자료만으로는 갑국과 을국의 여성 취업자의 평균 임금을 알 수 없다. 따라서 갑국의 여성 취업자 평균 임금이 을국의 3배임을 알 수 없다.

ㄷ 정답 : A, B 지수의 값이 높을수록 성 불평등 정도가 큼을 의미한다. A 지수의 경우 을국이 갑국보다 높으므로 을국이 갑국보다 성 불평등 정도가 심하다. B 지수의 경우 갑국이 을국보다 높으므로 갑국이 을국보다 성 불평등 정도가 심하다.

ㄹ. 오답 : A 지수의 경우 갑국과 을국 간 성 불평등 지수의 격차는 20(=70-50)이고, B 지수의 경우 갑국과 을국 간 성 불평등 지수의 격차는 40(=60-20)이다. 따라서 A 지수보다 B 지수로 평가했을 때 갑국과 을국 간 성 불평등 격차가 크다.

😮 **문제풀이 TIP** | 제시문에서 A 지수와 B 지수를 구하는 공식을 이용하여 갑국과 을국의 A 지수와 B 지수를 구해 보도록 한다.

😎 **출제분석** | 성 불평등 지수를 분석하는 문제이다. 문제의 조건에 제시된 지수를 구하는 방식을 이해하여 이를 바탕으로 각 지수를 계산하여 문제를 푸는 고난도 문제가 출제될 수 있다.

Ⅳ
2. 사회 불평등 양상

다음 자료에 대한 분석으로 옳은 것은? (3점)

사회학자 A는 성별 임금 격차 지수와 성별 교육 격차 지수를 개발하여 갑~병국의 성 불평등 현상을 분석하였다. 그림의 성별 임금 격차 지수는 경제적 측면에서, 성별 교육 격차 지수는 사회적 측면에서 성 불평등 정도를 나타낸다. 단, 갑~병국의 지수별 분석 대상 성비는 모두 1:1이다.

남 120 여 80
40
남 110 여 90
20
남 105 여 95
10
성별 임금 격차 지수

남 125 여 75
50
남 110 여 90
20
남 105 여 95
10
성별 교육 격차 지수

갑국 / 을국 / 병국

$$* \text{성별 임금 격차 지수} = \frac{(\text{남성 근로자 평균 임금} - \text{여성 근로자 평균 임금})}{\text{근로자 전체 평균 임금 } 100} \times 100$$

$$** \text{성별 교육 격차 지수} = \frac{(\text{남성 평균 교육 연수} - \text{여성 평균 교육 연수})}{\text{국민 전체 평균 교육 연수 } 100} \times 100$$

① 갑국의 남성 근로자 평균 임금은 여성 근로자 평균 임금의 1.5배이다.

② 을국의 남성 평균 교육 연수는 여성 평균 교육 연수의 3배이다.

③ 병국의 남성 근로자 평균 임금 대비 여성 근로자 평균 임금의 비는 갑국의 남성 평균 교육 연수 대비 여성 평균 교육 연수의 비보다 작다.

④ 남성 근로자 평균 임금 대비 여성 근로자 평균 임금의 비는 을국이 갑국보다는 작지만 병국보다는 크다.

⑤ 갑~병국 중 경제적 측면에서 성 불평등이 가장 심한 국가와 사회적 측면에서 성 불평등이 가장 심한 국가는 동일하다.

|자|료|해|설|

'성별 임금 격차 지수'는 '근로자 전체 평균 임금'을 100으로 보았을 때 '남성 근로자 평균 임금에서 여성 근로자 평균 임금을 뺀 값'이 얼마인가를 나타내는 지표이다. 지수별 분석 대상 성비가 1:1이므로 '근로자 전체 평균 임금'이 100이라는 것은 '남성 근로자 평균 임금'과 '여성 근로자 평균 임금'의 합이 200이라는 것을 의미한다. '남성 근로자 평균 임금'과 '여성 근로자 평균 임금'을 더해서 2로 나눈 값이 100(근로자 전체 평균 임금)이므로 '남성 근로자 평균 임금'과 '여성 근로자 평균 임금'의 합은 근로자 전체 평균 임금(100)의 2배인 200임을 알 수 있다. '성별 교육 격차 지수'는 '국민 전체 평균 교육 연수'를 100으로 보았을 때 '남성 평균 교육 연수에서 여성 평균 교육 연수를 뺀 값'이 얼마인가를 나타내는 지표이다. 지수별 분석 대상 성비가 1:1이므로 '국민 전체 평균 교육 연수'가 100이라는 것은 '남성 평균 교육 연수'와 '여성 평균 교육 연수'의 합이 200이라는 것을 의미한다.

|선|택|지|풀|이|

① **정답** : 갑국의 경우 남성 근로자 평균 임금은 120이고, 여성 근로자 평균 임금은 80이다. 따라서 갑국의 남성 근로자 평균 임금(120)은 여성 근로자 평균 임금(80)의 1.5배이다.

② **오답** : 을국의 경우 남성 평균 교육 연수는 125이고, 여성 평균 교육 연수는 75이다. 따라서 을국의 남성 평균 교육 연수(125)는 여성 평균 교육 연수(75)의 5/3배이다.

③ **오답** : '병국의 남성 근로자 평균 임금 대비 여성 근로자 평균 임금의 비'는 95/105이고, '갑국의 남성 평균 교육 연수 대비 여성 평균 교육 연수의 비'는 90/110이다. 따라서 '병국의 남성 근로자 평균 임금 대비 여성 근로자 평균 임금의 비'가 '갑국의 남성 평균 교육 연수 대비 여성 평균 교육 연수의 비'보다 크다.

④ **오답** : 남성 근로자 평균 임금 대비 여성 근로자 평균 임금의 비는 '여성 근로자 평균 임금/남성 근로자 평균 임금'으로 구할 수 있다. '여성 근로자 평균 임금/남성 근로자 평균 임금'은 갑국이 80/120, 을국이 90/110, 병국이 95/105이다. 따라서 '남성 근로자 평균 임금 대비 여성 근로자 평균 임금의 비'는 을국이 갑국보다는 크지만, 병국보다는 작다.

⑤ **오답** : 경제적 측면(성별 임금 격차 지수)에서 성 불평등이 가장 심한 국가는 갑국(40)이고, 사회적 측면(성별 교육 격차 지수)에서 성 불평등이 가장 심한 국가는 을국(50)이다.

😮 **문제풀이 TIP** | 그래프를 보면 갑국의 '성별 임금 격차 지수'는 40이다. 이는 '근로자 전체 평균 임금'을 100으로 보았을 때 '남성 근로자 평균 임금에서 여성 근로자 평균 임금을 뺀 값'이 40이라는 것을 의미한다. 남녀 성비가 1:1이므로 '근로자 전체 평균 임금'이 100이 되기 위해서는 '남성 근로자 평균 임금'과 '여성 근로자 평균 임금'의 합이 200이 되어야 한다. 남성 근로자 평균 임금=X, 여성 근로자 평균 임금=Y라고 할 때, X-Y=40, X+Y=200의 공식을 얻을 수 있다. 이를 통해 남성 근로자 평균 임금(X)=120, 여성 근로자 평균 임금(Y)=80임을 알 수 있다. 제시된 자료를 바탕으로 국가별 남녀 근로자 평균 임금과 남녀 평균 교육 연수를 나타내면 다음과 같다.

구분	남성 근로자 평균 임금	여성 근로자 평균 임금	성별 임금 격차 지수
갑국	120	80	40
을국	110	90	20
병국	105	95	10

구분	남성 평균 교육 연수	여성 평균 교육 연수	성별 교육 격차 지수
갑국	110	90	20
을국	125	75	50
병국	105	95	10

다음 자료에 대한 분석으로 옳은 것은? 3점

표는 갑국의 시기별 남성 노동자와 여성 노동자의 임금 격차 지수 및 여성 임금 비율을 나타낸 것이다. 갑국의 남성 노동자 평균 임금은 t년 이후 지속적으로 상승하였다.

구분	t년	t+10년	t+20년	t+30년
임금 격차 지수	40	30	50	60
여성 임금 비율(%)	75	87.5	62.5	50

* 임금 격차 지수 $= \dfrac{(\text{남성 노동자 평균 임금} - \text{여성 노동자 평균 임금})}{\text{남성 노동자 평균 임금}} \times 100$

** 여성 임금 비율(%) $= \dfrac{\text{여성 노동자 평균 임금}}{\text{전체 노동자 평균 임금}} \times 100$

① t년에 여성 노동자 평균 임금은 남성 노동자 평균 임금의 40%이다. (60)
② t년은 t+10년에 비해 여성 노동자 평균 임금이 많다. (적다)
③ t+20년은 t+10년과 달리 여성 노동자 수가 남성 노동자 수보다 적다.
④ t+30년은 t+20년에 비해 남성 노동자 수가 감소하였다. → 알 수 없음
⑤ 갑국의 시기별 전체 노동자의 평균 임금은 모두 동일하다. (하지 않다)

구분	t년	t+10년	t+20년	t+30년
남성 노동자 평균 임금	100a	100b	100c	100d
여성 노동자 평균 임금	60a	70b	50c	40d
전체 노동자 평균 임금	80a	80b	80c	80d
남성 노동자 수 : 여성 노동자 수	1 : 1	1 : 2	3 : 2	2 : 1

문제풀이 TIP | 임금 격차 지수를 구하는 공식에서 분모가 남성 노동자 평균 임금이므로 남성 노동자 평균 임금을 기준으로 해서 임금 격차 지수를 통해 여성 노동자 평균 임금을 구할 수 있다. 또한 여성 임금 비율과 여성 노동자 평균 임금을 통해 전체 노동자 평균 임금을 구할 수 있다.

출제분석 | 성 불평등과 관련된 자료를 분석하는 문제이다. 성별 근로자 평균 임금, 성별 정규직과 비정규직 평균 임금 등 다양한 수치를 분석하는 고난도 문제가 출제될 수 있으므로 기출 문제를 통해 다양한 유형의 문제를 접해 보도록 한다.

|자|료|해|설|

t년의 남성 노동자 평균 임금을 100a, t+10년의 남성 노동자 평균 임금을 100b, t+20년의 남성 노동자 평균 임금을 100c, t+30년의 남성 노동자 평균 임금을 100d라고 가정하여 제시된 자료를 바탕으로 시기별 여성 노동자 평균 임금, 전체 노동자 평균 임금 및 남성 노동자 수와 여성 노동자 수의 비를 나타내면 첨삭과 같다.

|선|택|지|풀|이|

① 오답 : t년에 남성 노동자 평균 임금이 100a라면, 여성 노동자 평균 임금은 60a가 된다. 따라서 t년에 여성 노동자 평균 임금은 남성 노동자 평균 임금의 60%{=(60a/100a)×100}이다.

② 오답 : t년에 남성 노동자 평균 임금이 100a라면, 여성 노동자 평균 임금은 60a가 되고, t+10년에 남성 노동자 평균 임금이 100b라면, 여성 노동자 평균 임금은 70b가 된다. 남성 노동자 평균 임금은 t년 이후 지속적으로 상승하였으므로 a<b이다. 따라서 t년은 t+10년에 비해 여성 노동자 평균 임금이 적다.

③ 정답 : t+10년의 경우 남성 노동자 수 : 여성 노동자 수 = 1 : 2이므로 여성 노동자 수가 남성 노동자 수보다 많다. t+20년의 경우 남성 노동자 수 : 여성 노동자 수 = 3 : 2이므로 여성 노동자 수가 남성 노동자 수보다 적다. 따라서 t+20년은 t+10년과 달리 여성 노동자 수가 남성 노동자 수보다 적다.

④ 오답 : 제시된 자료를 통해 갑국 인구의 변화를 파악할 수 없으므로 t+20년과 t+30년의 남성 노동자 수를 비교할 수 없다.

⑤ 오답 : t년에 남성 노동자 평균 임금을 100a라고 하면, 전체 노동자 평균 임금은 80a가 되고, t+10년에 남성 노동자 평균 임금을 100b라고 하면, 전체 노동자 평균 임금은 80b가 되며, t+20년에 남성 노동자 평균 임금을 100c라고 하면, 전체 노동자 평균 임금은 80c가 되고, t+30년에 남성 노동자 평균 임금을 100d라고 하면, 전체 노동자 평균 임금은 80d가 된다. 갑국의 남성 노동자 평균 임금이 t년 이후 지속적으로 상승하였으므로 a<b<c<d이다. 따라서 갑국의 시기별 전체 노동자의 평균 임금은 지속적으로 상승하였다.

IV
2. 사회 불평등 양상

다음 자료에 대한 분석으로 옳은 것은? `3점`

표는 갑국의 t년 연령대별 '상대적 평균 임금'을 혼인 상태별·성별로 구분하여 제시한 것이다. 연령대별 상대적 평균 임금은 20대 기혼(미혼) 남성(여성) 평균 임금을 100이라고 할 때 다른 연령대의 기혼(미혼) 남성(여성) 평균 임금의 크기를 나타낸다.

갑국에서 t년에 기혼 20대의 성별 임금 격차 지수는 20이고, 미혼 20대의 성별 임금 격차 지수는 10이다. 20대 기혼 여성의 평균 임금과 20대 미혼 남성의 평균 임금은 같다. 따라서 20대 기혼 남성의 평균 임금이 100달러라면 20대 미혼 여성의 평균 임금은 　①　 달러이다.

〈연령대별 상대적 평균 임금〉

구분	기혼		미혼	
	남성	여성	남성	여성
20대	100	100	100	100
30대	142	130	140	140
40대	165	120	145	155
50대	170	90	130	150
60대 이상	110	70	90	60

* 성별 임금 격차 지수 = $\dfrac{\text{남성 평균 임금} - \text{여성 평균 임금}}{\text{남성 평균 임금}} \times 100$

① ⊙은 '100'이다.
② 40대에서 성별 임금 격차 지수는 기혼이 미혼보다 작다.
③ 50대 기혼 여성과 20대 미혼 여성의 평균 임금은 같다.
④ 기혼 남성 40대와 50대의 평균 임금 차이와 미혼 남성 30대와 40대의 평균 임금 차이는 같다.
⑤ 미혼의 경우, 모든 연령대에서 남성 평균 임금이 여성 평균 임금보다 높다.

〈20대 기혼 남성 평균 임금이 100일 때〉

구분	기혼		미혼	
	남성	여성	남성	여성
20대	100	80	80	72
30대	142	104	112	100.8
40대	165	96	116	111.6
50대	170	72	104	108
60대 이상	110	56	72	43.2

t년에 기혼 20대의 성별 임금 격차 지수가 20이므로 20대 기혼 남성의 평균 임금이 100이라면, 20대 기혼 여성의 평균 임금은 80이 된다. 20대 기혼 여성의 평균 임금과 20대 미혼 남성의 평균 임금이 같으므로 20대 기혼 남성의 평균 임금이 100이라면, 20대 미혼 남성의 평균 임금은 80이 된다. 미혼 20대의 성별 임금 격차 지수가 10이므로 20대 미혼 남성의 평균 임금이 80이라면, 20대 미혼 여성의 평균 임금은 72가 된다. 제시된 자료를 바탕으로 20대 기혼 남성의 평균 임금이 100이라고 가정하여 상대적 평균 임금을 나타내면 첨삭과 같다.

|선|택|지|풀|이|

① 오답 : 20대 기혼 남성의 평균 임금이 100달러라면, 20대 미혼 여성의 평균 임금은 72달러이다. 따라서 ⊙은 '72'이다.
② 오답 : 20대 기혼 남성의 평균 임금이 100이라면, 40대에서 성별 임금 격차 지수는 기혼의 경우 약 41.8[={(165-96)/165}×100]이고, 미혼의 경우 약 3.8[={(116-111.6)/116}×100]이다. 따라서 40대에서 성별 임금 격차 지수는 기혼이 미혼보다 크다.
③ 정답 : 20대 기혼 남성의 평균 임금이 100이라면, 50대 기혼 여성의 평균 임금은 72이고, 20대 미혼 여성의 평균 임금은 72이다. 따라서 50대 기혼 여성과 20대 미혼 여성의 평균 임금은 같다.
④ 오답 : 20대 기혼 남성의 평균 임금이 100이라면, 기혼 남성 40대와 50대의 평균 임금 차이는 5(=170-165)이고, 미혼 남성 30대와 40대의 평균 임금 차이는 4(=116-112)이다. 따라서 기혼 남성 40대와 50대의 평균 임금 차이가 미혼 남성 30대와 40대의 평균 임금 차이보다 크다.
⑤ 오답 : 미혼의 경우 20대, 30대, 40대, 60대 이상에서는 남성 평균 임금이 여성 평균 임금보다 높지만, 50대에서는 남성 평균 임금이 여성 평균 임금보다 낮다.

🤪 **문제풀이 TIP** | 기혼 20대의 성별 임금 격차 지수를 통해, 20대 기혼 남성의 평균 임금을 기준으로 20대 기혼 여성의 평균 임금을 구하고, 20대 기혼 여성의 평균 임금과 20대 미혼 남성의 평균 임금이 같다는 조건과 미혼 20대의 성별 임금 격차 지수를 통해 20대 미혼 여성의 평균 임금을 구할 수 있다.

😀 **출제분석** | 성 불평등과 관련된 자료를 분석하는 문제이다. 성 불평등과 관련된 문제는 수치를 계산하는 문제들이 고난도로 출제되므로 조건을 꼼꼼하게 읽어 이해하는 능력을 키워두도록 한다.

다음 자료에 대한 분석으로 옳은 것은? 

> 갑국 전체 근로자 월평균 임금은 2000년에 3,800달러이고, 2020년에 4,800달러이다. 표는 갑국 근로자 집단별 월평균 임금 갭을 나타낸 것이다. 단, 각 연도에 연령대별 남성 근로자 수가 모두 같고, 연령대별 여성 근로자 수도 모두 같다.

(단위 : 달러)

연령대	2000년		2020년	
	남성	여성	남성	여성
20대 이하	−800	−1,300	−800	−800
30대	−300	−500	−300	−600
40대	700	−100	700	200
50대 이상	1,200	700	1,200	400
전체	200	−300	200	−200

* 갑국 근로자 집단별 월평균 임금 갭(달러) = 해당 근로자 집단 월평균 임금 − 갑국 전체 근로자 월평균 임금

① 2000년에 월 임금 총액은 20대 이하 남성 근로자와 50대 이상 여성 근로자가 같다. → 월평균 임금 × 근로자 수

② 2020년에 월평균 임금은 30대 남성 근로자가 40대 여성 근로자보다 크다. 작다

③ 30대 근로자의 성별 월평균 임금의 차이는 2000년이 2020년보다 크다. 작다

④ 2000년 대비 2020년에 40대 근로자의 월평균 임금 증가율은 남성이 여성보다 크다. 작다

⑤ 연령대별 근로자의 성별 월평균 임금의 차이는 2000년과 2020년 모두 50대 이상이 가장 크다.

남성 전체 근로자 수 : 여성 전체 근로자 수 = 3 : 2

(단위 : 달러)

구분	2000년		2020년	
	남성	여성	남성	여성
20대 이하	3,000	2,500	4,000	4,000
30대	3,500	3,300	4,500	4,200
40대	4,500	3,700	5,500	5,000
50대 이상	5,000	4,500	6,000	5,200
전체	4,000	3,500	5,000	4,600

남성 전체 근로자 수 : 여성 전체 근로자 수 = 1 : 1

|자|료|해|설|

갑국 전체 근로자 월평균 임금이 2000년에 3,800달러이고, 2020년에 4,800달러이므로 이를 바탕으로 갑국의 연령대별 남성 근로자 월평균 임금과 여성 근로자 월평균 임금을 나타내면 첨삭과 같다.

|선|택|지|풀|이|

① 정답 : 2000년에 남성 전체 근로자 월평균 임금은 4,000달러이고, 여성 전체 근로자 월평균 임금은 3,500달러이며, 전체 근로자 월평균 임금은 3,800달러이다. 이를 통해 남성 전체 근로자 수와 여성 전체 근로자 수의 비(比)가 3 : 2임을 알 수 있다. 월 임금 총액은 '월평균 임금 × 근로자 수'로 구할 수 있다. 2000년에 20대 이하 남성 근로자 월평균 임금은 3,000달러, 50대 이상 여성 근로자 월평균 임금은 4,500달러이므로 2000년에 월 임금 총액은 20대 이하 남성 근로자와 50대 이상 여성 근로자가 같다.

② 오답 : 2020년에 월평균 임금은 30대 남성 근로자의 경우 4,500달러, 40대 여성 근로자의 경우 5,000달러 이므로 30대 남성 근로자가 40대 여성 근로자보다 작다.

③ 오답 : 30대 근로자의 성별 월평균 임금의 차이는 2000년의 경우 200달러(=3,500달러-3,300달러), 2020년의 경우 300달러(=4,500달러-4,200달러)이므로 2000년이 2020년보다 작다.

④ 오답 : 2000년 대비 2020년에 40대 근로자의 월평균 임금 증가율은 남성의 경우 약 22.2%{=(1,000달러/4,500달러)×100}, 여성의 경우 약 35.1%{=(1,300달러/3,700달러)×100}이므로 남성이 여성보다 작다.

⑤ 오답 : 2000년의 경우 근로자의 성별 월평균 임금의 차이는 20대 이하가 500달러, 30대가 200달러, 40대가 800달러, 50대 이상이 500달러이므로 40대가 가장 크다. 2020년의 경우 근로자의 성별 월평균 임금의 차이는 20대 이하가 0달러, 30대가 300달러, 40대가 500달러, 50대 이상이 800달러이므로 50대 이상이 가장 크다. 따라서 연령대별 근로자의 성별 월평균 임금의 차이는 2000년과 달리 2020년에 50대 이상이 가장 크다.

🤪 **문제풀이 TIP** | (남성 근로자 월평균 임금-전체 근로자 월평균 임금) : (전체 근로자 월평균 임금-여성 근로자 월평균 임금)을 통해 여성 근로자 수 : 남성 근로자 수를 파악할 수 있다.

😎 **출제분석** | 성 불평등 관련 자료를 분석하는 문제이다. 정규직과 비정규직, 연령별, 근무 기간 등에 따른 성 불평등 문제를 분석하는 고난도 문제가 출제될 수 있다.

다음 자료에 대한 분석으로 옳은 것은? 3점

표는 갑국의 t년 연령대별 남녀 임금을 조사하여 구성한 것이다.

연령대	여성 임금비	20대 기준 연령대별 상대적 평균 임금	
		남성	여성
10대	88	40	39
20대	90	100	100
30대	75	㉠ 174	145
40대	61	200	㉡ 약 136
50대	50	190	105
60대	47	114	60

* 여성 임금비 = $\dfrac{\text{여성 평균 임금}}{\text{남성 평균 임금}} \times 100$

** 여성 임금비는 소수점 첫째 자리에서 반올림한 수치임.

*** 20대 기준 연령대별 상대적 평균 임금은 20대 남성(여성) 평균 임금을 100이라고 할 때 연령대별 남성(여성)의 상대적 평균 임금임.

① ㉠은 180보다 작고, ㉡은 130보다 크다.
② 평균 임금은 남성과 여성에서 모두 40대가 가장 높다.
③ 40대 여성 평균 임금은 40대 전체 평균 임금의 60%보다 작다. 크다
④ 연령대별 남녀 평균 임금 차이는 20대부터 60대까지 지속적으로 증가한다. 증가하다가 감소한다
⑤ 50대 남성 취업자 수가 50대 여성 취업자 수의 1.5배라면, 50대 여성 임금 총액은 50대 남성 임금 총액의 40%보다 크다. 작다

<20대 남성 평균 임금이 100이고, 20대 여성 평균 임금이 90일 때 각 연령대별 평균 임금>

구분	남성 평균 임금		여성 평균 임금
10대	40	4.9	35.1
20대	100	10	90
30대	174	43.5	130.5
40대	200	78	122
50대	190	95.5	94.5
60대	114	60	54

문제풀이 TIP | 20대 남성 평균 임금과 20대 여성 평균 임금을 기준으로 한 연령대별 상대적 평균 임금을 연령대별 여성 임금비를 적용하여 자료를 재구성해야 한다.

출제분석 | 성 불평등과 관련된 문제로, 자료의 제시가 참신하다. 성별에 따른 임금 격차뿐만 아니라 고용 형태에 따른 성 불평등 자료를 분석하는 문제가 고난도로 출제될 수 있다.

|자|료|해|설|

20대의 경우 여성 임금비가 90이므로 20대 남성 평균 임금이 100이라면 20대 여성 평균 임금은 90이 된다. 20대 남성 평균 임금을 100, 20대 여성 평균 임금을 90이라고 가정하여 각 연령대별 남성 평균 임금과 여성 평균 임금을 나타내면 첨삭과 같다.

|선|택|지|풀|이|

① 정답 : 20대 남성 평균 임금을 100, 20대 여성 평균 임금을 90이라고 가정하면, 30대의 경우 여성 임금비가 75이고, 30대 여성 평균 임금이 130.5이므로 30대 남성 평균 임금은 174{=(130.5/75)×100}가 된다. 즉, ㉠은 174이다. 20대 남성 평균 임금을 100, 20대 여성 평균 임금을 90이라고 가정하면, 40대의 경우 여성 임금비가 61이고, 40대 남성 평균 임금이 200이므로 40대 여성 평균 임금은 122(=61×200/100)가 된다. 즉, 20대 여성 평균 임금이 90이라면 40대 여성 평균 임금이 122가 된다. 따라서 20대 여성 평균 임금이 100일 때 40대 여성 평균 임금은 약 136(=122×100/90)이 된다. 즉, ㉡은 약 136이다. 따라서 ㉠은 180보다 작고, ㉡은 130보다 크다.

② 오답 : 20대 남성 평균 임금을 100, 20대 여성 평균 임금을 90이라고 가정하면, 평균 임금은 남성의 경우 40대가 200으로 가장 높고, 여성의 경우 30대가 130.5로 가장 높다.

③ 오답 : 40대의 경우 여성 임금비가 61이므로 40대 남성 평균 임금이 100이라면 40대 여성 평균 임금은 61이 된다. 이때 40대 전체 평균 임금은 61과 100 사이에서 형성된다. 따라서 40대 여성 평균 임금은 40대 전체 평균 임금의 60%보다 크다.

④ 오답 : 20대 남성 평균 임금을 100, 20대 여성 평균 임금을 90이라고 가정하면, 연령대별 남녀 평균 임금 차이는 10대의 경우 4.9, 20대의 경우 10, 30대의 경우 43.5, 40대의 경우 78, 50대의 경우 95.5, 60대의 경우 60이다. 따라서 연령대별 남녀 평균 임금 차이는 20대부터 50대까지 증가하다가 60대에 감소한다.

⑤ 오답 : 50대 남성 취업자 수가 50대 여성 취업자 수의 1.5배라면, 50대 여성 취업자 수가 a일 경우 50대 남성 취업자 수는 1.5a가 된다. 20대 남성 평균 임금을 100, 20대 여성 평균 임금을 90이라고 가정하면, 50대 남성 평균 임금은 190, 50대 여성 평균 임금은 94.5이므로 50대 남성 임금 총액은 285a(=190×1.5a), 50대 여성 임금 총액은 94.5a(=94.5×a)가 된다. 따라서 50대 여성 임금 총액은 50대 남성 임금 총액의 약 33%{=(94.5a/285a)×100}이다.

그림은 빈곤의 유형 A, B를 구분한 것이다. 이에 대한 설명으로 옳은
것은? (단, A, B는 각각 상대적 빈곤, 절대적 빈곤 중 하나이다.) **3점**

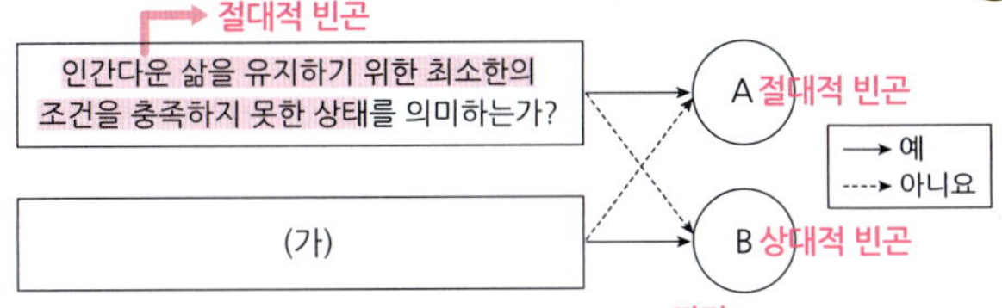

① A를 판단하는 기준선은 시대와 사회에 상관없이 동일하다. 다르다

② B는 해당 사회 전체 가구의 소득 분포를 고려하여 결정된다. 중위 소득의 일정 비율
따라

③ A는 B와 달리 사회 구성원 간 상대적 박탈감을 유발한다. A와 B 모두

④ B에 해당하는 가구는 모두 A에도 해당한다. 한다고 볼 수 없다

⑤ (가)에는 '소득 수준이 높은 국가에서는 나타나지 않는가?'가
들어갈 수 있다. 없다
소득 수준이 높은 국가에서도 절대적 빈곤과 상대적 빈곤이 모두 나타날 수 있음

추가 학습 | 절대적 빈곤은 인간이 최소한의 생활을 유지하는 데 필요한 자원이나 소득이 부족한 상태이며, 상대적 빈곤은 다른 사람들보다 자원이나 소득을 상대적으로 적게 가져 사회 구성원 다수가 누리는 생활 수준을 누리지 못하는 상태이다.

출제분석 | 절대적 빈곤과 상대적 빈곤의 특징을 묻는 문제이다. 개념적 수준을 묻는 문제뿐만 아니라 특정 사례에서 절대적 빈곤율과 상대적 빈곤율을 계산하는 고난도 문제가 출제될 수 있다.

|자|료|해|설|
인간다운 삶을 유지하기 위한 최소한의 조건을 충족하지 못한 상태를 의미하는 것은 절대적 빈곤이므로 A는 절대적 빈곤, B는 상대적 빈곤이다.

|선|택|지|풀|이|
① 오답 : 절대적 빈곤을 판단하는 기준선은 시대와 사회에 따라 다르게 나타날 수 있다.

② 정답 : 상대적 빈곤은 일반적으로 중위 소득의 일정 비율에 의해 결정되는데, 중위 소득은 해당 사회 전체 가구의 소득 분포에 따라 달라질 수 있다.

③ 오답 : 절대적 빈곤과 상대적 빈곤 모두 해당 사회에서 사회 구성원 간 상대적 박탈감을 유발할 수 있다.

④ 오답 : 상대적 빈곤선이 절대적 빈곤선보다 높을 경우 절대적 빈곤 가구에 해당하지 않는 상대적 빈곤 가구가 존재한다. 따라서 상대적 빈곤에 해당하는 가구가 모두 절대적 빈곤에도 해당한다고 볼 수 없다.

⑤ 오답 : 소득 수준이 높은 국가에서도 절대적 빈곤과 상대적 빈곤이 모두 나타날 수 있다. 따라서 해당 질문은 (가)에 들어갈 수 없다.

빈곤의 유형 A, B에 대한 설명으로 옳은 것은? (단, A, B는 각각
절대적 빈곤, 상대적 빈곤 중 하나임.)

> 소설 ○○○는 1970년대를 배경으로 하여 최소한의 생계
> 유지를 하지 못하는 A 가구의 삶을 그리고 있다. 소설의 주인공은
> 생필품조차 구매할 수 없는 저임금을 받고 고된 노동을 한다.
> 2020년대를 배경으로 한 드라마 □□□는 A에서는 벗어났지만
> 사회 구성원 다수가 누리는 생활 수준을 충족하지 못하는
> B 가구의 삶을 그리고 있다. 드라마 속 주인공은 부자들의 모습에
> 상대적 박탈감을 느낀다.

절대적 빈곤
상대적 빈곤

① A는 상대적 박탈감이라는 사회 문제를 유발하지 않는다. 유발할 수 있다

② 우리나라에서 가구 소득이 중위 소득에 미치지 못하는 가구는
모두 B 가구이다. 중위 소득 50%

③ A는 B와 달리 사회 구성원의 소득 분포에 따라 상대적으로
규정된다. B A

④ B는 A와 달리 경제 성장을 통해 해결할 수 있다.

⑤ 상대적 빈곤선이 절대적 빈곤선보다 높으면 A에 해당하는 모든
가구는 B에 해당한다. 절대적 빈곤율 < 상대적 빈곤율

|자|료|해|설|
최소한의 생계 유지를 하지 못하는 A 가구는 절대적 빈곤 가구이고, 사회 구성원 다수가 누리는 생활 수준을 충족하지 못하는 B 가구는 상대적 빈곤 가구이다. 따라서 A는 절대적 빈곤, B는 상대적 빈곤이다.

|선|택|지|풀|이|
① 오답 : 절대적 빈곤과 상대적 빈곤은 모두 상대적 박탈감이라는 사회 문제를 유발할 수 있다.

② 오답 : 우리나라에서 가구 소득이 중위 소득 50%에 미치지 못하는 가구는 모두 상대적 빈곤 가구에 해당한다.

③ 오답 : 상대적 빈곤은 절대적 빈곤과 달리 사회 구성원의 소득 분포에 따라 상대적으로 규정된다.

④ 오답 : 상대적 빈곤은 경제 성장이 이루어지더라도 나타날 수 있다.

⑤ 정답 : 상대적 빈곤선이 절대적 빈곤선보다 높으면, 이는 상대적 빈곤율이 절대적 빈곤율보다 높음을 의미한다. 따라서 절대적 빈곤 가구는 모두 상대적 빈곤 가구에 해당한다.

문제풀이 T I P | 상대적 빈곤선이 절대적 빈곤선보다 높으면, 상대적 빈곤율>절대적 빈곤율이므로 절대적 빈곤 가구는 모두 상대적 빈곤 가구에 해당한다. 절대적 빈곤선이 상대적 빈곤선보다 높으면, 절대적 빈곤율>상대적 빈곤율이므로 상대적 빈곤 가구는 모두 절대적 빈곤 가구에 해당한다.

출제분석 | 절대적 빈곤과 상대적 빈곤을 파악하는 문제이다. 빈곤의 유형을 묻는 개념 수준의 문제뿐만 아니라 빈곤선, 빈곤율을 통한 계산 문제가 출제될 수 있다.

빈곤 유형 A, B에 대한 설명으로 옳은 것은? (단, A, B는 각각 절대적 빈곤, 상대적 빈곤 중 하나이다.)

→ 절대적 빈곤

A는 인간으로서 신체적인 능률을 유지하기 위해 필요한 최소한의 필수품을 획득하기에는 소득이 불충분한 상태를 의미한다. 그러나 이것은 사회 구성원 다수가 누리는 인간으로서의 욕구를 고려하지 못하는 한계가 있다. 이에 사회 구성원의 전반적인 생활 수준을 고려한 B가 도입되었다.

→ 상대적 빈곤

① A는 B와 달리 상대적 박탈감을 유발한다. (모두)
② B는 A와 달리 중위 소득이 높은 국가에서는 나타나지 않는다. (날 수 있다)
③ A에 따른 빈곤율과 B에 따른 빈곤율을 더하면 전체 빈곤율이 된다. (되지 않는다)
④ 우리나라에서는 B와 달리 A를 파악할 때, 사회 구성원의 소득 분포 상태를 고려한다. (A / B)
⑤ 우리나라에서는 A, B에 해당하는 가구를 선정할 때, 모두 객관화된 기준을 적용한다.
→ 최저 생계비, 중위 소득의 50%

|자|료|해|설|

인간의 최소한의 생활을 유지하는 데 필요한 자원이나 소득이 부족한 상태를 절대적 빈곤이라고 하고, 다른 사람들보다 자원이나 소득을 상대적으로 적게 가져 사회 구성원 다수가 누리는 생활 수준을 누리지 못하는 상태를 상대적 빈곤이라고 한다. 따라서 A는 절대적 빈곤, B는 상대적 빈곤이다.

|선|택|지|풀|이|

① 오답 : 절대적 빈곤과 상대적 빈곤 모두 상대적 박탈감을 유발할 수 있다.

② 오답 : 절대적 빈곤과 상대적 빈곤 모두 중위 소득이 높은 국가에서 나타날 수 있다.

③ 오답 : 절대적 빈곤과 상대적 빈곤 모두에 해당하는 가구가 존재할 수 있으므로 절대적 빈곤율과 상대적 빈곤율을 더한 값이 전체 빈곤율이라고 볼 수 없다.

④ 오답 : 우리나라에서는 상대적 빈곤을 파악할 때 사회 구성원의 소득 분포 상태를 고려한다.

⑤ 정답 : 우리나라에서는 절대적 빈곤 가구를 선정할 때 최저 생계비라는 객관화된 기준을 적용하고, 상대적 빈곤 가구를 선정할 때 중위 소득의 50%라는 객관화된 기준을 적용한다.

추가 학습 | 객관적인 소득 수준에 의해 결정되는 절대적 빈곤과 상대적 빈곤은 객관적 빈곤에 해당한다. 반면, 객관적 소득 수준 등과 상관없이 스스로가 빈곤에 처해 있다고 인식하는 경우가 나타날 수 있는데, 이를 주관적 빈곤이라고 한다.

다음 자료에 대한 설명으로 옳은 것은?

갑국에서 소득이 최저 생계비 미만인 가구는 ㉠ 절대적 빈곤 가구로, 소득이 중위 소득의 50% 미만인 가구는 ㉡ 상대적 빈곤 가구로 분류된다. 2022년에 갑국에서 소득이 중위 소득의 50% 이상인 가구의 수는 전체 가구 중 80%이고, 소득이 최저 생계비 미만인 가구 수의 10배이다. 단, 갑국에서 모든 가구의 구성원 수는 같다.

→ 전체 가구 중 상대적 빈곤 가구의 비율은 20%임
→ 전체 가구 중 절대적 빈곤 가구의 비율은 8%임

① ㉠은 ㉡과 달리 객관적인 기준에 의해 규정된다. (모두)
② ㉡은 ㉠과 달리 한 사회의 소득 분포를 고려하여 규정된다.
③ ㉠과 ㉡은 모두 소득 불평등이 전혀 없는 사회에서는 나타나지 않는다.
④ 2022년에 갑국에서 전체 가구 중 상대적 빈곤 가구의 비율은 8%이다. (20)
⑤ 2022년에 갑국에서 전체 빈곤 가구 중 절대적 빈곤 가구의 비율은 50%보다 높다. (낮다)

|자|료|해|설|

2022년에 갑국에서 소득이 중위 소득의 50% 이상인 가구의 수가 전체 가구 중 80%이고, 소득이 최저 생계비 미만인 가구 수의 10배이므로 이를 통해 전체 가구 중 상대적 빈곤 가구의 비율이 20%이고, 전체 가구 중 절대적 빈곤 가구의 비율이 8%임을 알 수 있다.

|선|택|지|풀|이|

① 오답 : 절대적 빈곤은 최저 생계비, 상대적 빈곤은 중위 소득의 일정 비율이라는 객관적 기준에 의해 규정된다.

② 정답 : 상대적 빈곤은 한 사회의 모든 가구를 소득 순으로 나열했을 때 한가운데에 위치한 가구의 소득인 중위 소득의 일정 비율을 기준으로 파악하므로 한 사회의 소득 분포를 고려하여 규정된다.

③ 오답 : 절대적 빈곤은 소득 불평등이 없는 사회에서도 나타날 수 있다.

④ 오답 : 2022년에 갑국에서 전체 가구 중 상대적 빈곤 가구의 비율은 20%이다.

⑤ 오답 : 2022년에 갑국에서 전체 가구 중 절대적 빈곤 가구의 비율은 8%, 전체 가구 중 상대적 빈곤 가구의 비율은 20%이다. 따라서 2022년에 갑국에서 전체 빈곤 가구 중 절대적 빈곤 가구의 비율은 50%보다 낮다.

문제풀이 TIP | 소득이 중위 소득의 50% 이상인 가구의 수가 전체 가구 중 80%이므로 소득이 중위 소득의 50% 미만인 가구의 수는 전체 가구 중 20%에 해당한다. 즉, 전체 가구 중 상대적 빈곤 가구의 비율은 20%임을 알 수 있다. 소득이 중위 소득의 50% 이상인 가구의 수가 전체 가구 중 80%이고, 이는 소득이 최저 생계비 미만인 가구 수의 10배이므로 소득이 최저 생계비 미만인 가구의 수는 전체 가구 중 8%에 해당한다. 즉, 전체 가구 중 절대적 빈곤 가구의 비율은 8%임을 알 수 있다.

출제분석 | 절대적 빈곤과 상대적 빈곤을 파악하는 문제이다. 절대적 빈곤율과 상대적 빈곤율을 계산하는 고난도 문제가 출제될 수 있으므로 기출 문제를 통해 다양한 유형의 문제를 접해 보도록 한다.

빈곤의 유형 A, B에 대한 설명으로 옳은 것은? (단, A, B는 각각 절대적 빈곤, 상대적 빈곤 중 하나임.)

→ 절대적 빈곤

　　1995년 세계 정상회의 결과 발표된 유엔 선언은 A에 대해 "기본적인 인간 욕구의 심각한 박탈 상태를 의미하며, 이러한 욕구에는 음식, 안전한 식수, 위생 시설, 건강, 주택, 교육, 정보 등을 포함한다."고 정의하였다. 한편 B도 A와 마찬가지로 물질적인 측면의 결핍뿐만 아니라 비물질적인 측면에서의 결핍까지 포함한다. 가령 특정 지역 사회에서 대다수를 차지하는 백인 가정 자녀들이 대학 교육까지 이수하는 데 비해 흑인 가정 자녀들은 교육 수준이 낮다면 비록 물질적으로는 생계에 큰 지장이 없다 하더라도 흑인 가정 자녀들은 B에 해당한다고 할 수 있다.

→ 상대적 빈곤

① A는 사회 구성원의 소득 분포 상태를 고려하지 않는 개념이라는 평가를 받는다.
② B는 개인이 스스로 빈곤하다고 인식하는 상태를 의미한다.　→ 주관적 빈곤
③ B를 판단하는 기준선과 **달리** A를 판단하는 기준선은 시간과 장소에 관계없이 보편적으로 적용된다.　따라 달라질 수 있다
④ 소득 수준이 높은 국가에서는 A가, 저개발 국가에서는 B가 나타나지 않는다.　날 수 있다
⑤ 상대적 빈곤선이 절대적 빈곤선보다 높으면 B에 해당하는 모든 가구는 A에 해당한다.

|자|료|해|설|
기본적인 인간 욕구의 심각한 박탈 상태는 절대적 빈곤을 의미하고, 물질적인 측면의 결핍뿐만 아니라 비물질적인 측면에서의 결핍까지 포함하는 것은 상대적 빈곤을 의미한다. 따라서 A는 절대적 빈곤, B는 상대적 빈곤이다.

|선|택|지|풀|이|
① 정답 : 절대적 빈곤은 상대적 빈곤과 달리 사회 구성원의 소득 분포 상태를 고려하지 않은 개념이다.
② 오답 : 개인이 스스로 빈곤하다고 인식하는 상태는 주관적 빈곤이다.
③ 오답 : 절대적 빈곤을 판단하는 기준선과 상대적 빈곤을 판단하는 기준선은 모두 시간과 장소에 따라 달라질 수 있다.
④ 오답 : 절대적 빈곤과 상대적 빈곤은 모두 소득 수준이 높은 국가와 저개발 국가에서 나타날 수 있다.
⑤ 오답 : 상대적 빈곤선이 절대적 빈곤선보다 높으면, 절대적 빈곤에 해당하는 모든 가구는 상대적 빈곤에 해당한다.

🤯 **문제풀이 T I P** | 절대적 빈곤과 상대적 빈곤은 모두 객관적인 기준에 의해 결정되는 객관적 빈곤에 해당한다.

🤓 **출제분석** | 절대적 빈곤과 상대적 빈곤을 파악하는 문제이다. 절대적 빈곤율과 상대적 빈곤율, 절대적 빈곤선과 상대적 빈곤선을 분석하는 고난도 문제가 출제될 수 있다.

빈곤의 유형 A, B에 대한 설명으로 옳은 것은? (단, A, B는 각각 절대적 빈곤, 상대적 빈곤 중 하나임.) 3점

→ 상대적 빈곤　　　→ 절대적 빈곤

　　A는 다른 사람들보다 자원이나 소득이 적어 한 사회의 평균적인 생활 수준에 미치지 못하는 상태를, B는 사람들의 최저 생활에 필요한 최소한의 자원이나 소득이 결핍된 상태를 의미한다.

① A는 실제 소득과 상관없이 개인이 체감하는 빈곤 상태를 말한다.　→ 주관적 빈곤
② B에 따른 빈곤선은 최저 생계 유지에 필요한 자원의 수준이 시대와 장소에 **상관없이 동일하다**는 전제하에 결정된다.　따라 다르다
③ B는 A와 **달리** 소득 수준이 낮은 사회에서 나타난다.　모두 / 날 수 있다
④ A에 따른 빈곤선은 B에 따른 빈곤선과 **달리** 객관적 기준에 따라 정한다.　모두
⑤ A에 따른 빈곤선을 적용하면 B에 해당하지 않는 가구도 빈곤 가구에 포함될 수 있다.

|자|료|해|설|
다른 사람들보다 자원이나 소득을 상대적으로 적게 가져 사회 구성원 다수가 누리는 생활 수준을 누리지 못하는 상태를 상대적 빈곤이라고 하고, 인간이 최소한의 생활을 유지하는 데 필요한 자원이나 소득이 부족한 상태를 절대적 빈곤이라고 한다. 따라서 A는 상대적 빈곤, B는 절대적 빈곤이다.

|선|택|지|풀|이|
① 오답 : 객관적 소득 수준 등과 상관없이 스스로가 빈곤에 처해 있다고 인식하는 경우를 주관적 빈곤이라고 한다. 상대적 빈곤과 절대적 빈곤은 모두 객관적 소득 수준에 의해 결정되므로 객관적 빈곤에 해당한다.
② 오답 : 일반적으로 최저 생활에 소요되는 금액으로 정한 기준이 절대적 빈곤선으로 활용된다. 절대적 빈곤선은 시대와 장소에 따라 달리 결정될 수 있다.
③ 오답 : 상대적 빈곤과 절대적 빈곤은 모두 소득 수준이 낮은 사회에서 나타날 수 있다.
④ 오답 : 상대적 빈곤선과 절대적 빈곤선은 모두 객관적 기준에 따라 정해진다.
⑤ 정답 : 절대적 빈곤선보다 상대적 빈곤선이 높을 경우 절대적 빈곤에는 해당하지 않지만 상대적 빈곤에는 해당하는 가구가 존재할 수 있다.

🤯 **문제풀이 T I P** | 상대적 빈곤과 절대적 빈곤은 모두 객관적 빈곤에 해당하고, 결핍에 대한 주관적 인식인 상대적 박탈감을 가져올 수 있다.

🤓 **출제분석** | 상대적 빈곤과 절대적 빈곤의 개념적 이해를 묻는 문제이다. 각 빈곤의 유형에 대한 의미와 특징을 꼼꼼하게 파악해 두도록 한다.

다음 자료에 대한 설명으로 옳은 것은? (단, 갑국에서 모든 가구의 구성원 수는 같다.) **3점**

> 갑국에서는 소득이 최저 생계비에 미치지 못하는 가구를 ㉠ 절대적 빈곤 가구, 중위 소득의 50%에 미치지 못하는 가구를 ㉡ 상대적 빈곤 가구로 규정한다. 2019년에 갑국에서 가구 소득을 조사한 결과 상대적 빈곤 가구에는 해당하지만 절대적 빈곤 가구에는 해당하지 않는 가구가 전체 가구 중 15%, 상대적 빈곤 가구 중 50%로 나타났다.

① ㉠은 ㉡과 달리 판단 기준이 국가에 따라 다를 수 있다.
② ㉡은 ㉠과 달리 주관적으로 느끼는 빈곤이다.
③ 2019년 갑국에서 최저 생계비보다 중위 소득의 50% 금액이 작다.
④ 2019년 갑국에서 전체 가구 중 상대적 빈곤 가구의 비율은 35%이다.
⑤ 2019년 갑국에서 두 유형의 빈곤 가구 중 절대적 빈곤 가구에만 해당하는 가구는 없다.

문제풀이 TIP | 절대적 빈곤 가구와 상대적 빈곤 가구는 겹치는 구간이 발생한다. 절대적 빈곤율과 상대적 빈곤율 중 더 낮은 비율이 겹치는 구간이다. 위의 문제에서 2019년 갑국의 절대적 빈곤율이 15%이고, 상대적 빈곤율이 30%이므로 절대적 빈곤율 15%에 해당하는 가구는 절대적 빈곤 가구이면서 상대적 빈곤 가구에 해당한다.

|자|료|해|설|

상대적 빈곤 가구에는 해당하지만 절대적 빈곤 가구에는 해당하지 않는 가구가 존재한다는 것은 상대적 빈곤 가구가 절대적 빈곤 가구보다 많다는 것을 의미한다. '상대적 빈곤 가구에는 해당하지만 절대적 빈곤 가구에는 해당하지 않는 가구'가 전체 가구 중 15%, 상대적 빈곤 가구 중 50%이므로 2019년 갑국의 절대적 빈곤율은 15%이고, 상대적 빈곤율은 30%이다.

|선|택|지|풀|이|

① 오답 : 절대적 빈곤과 상대적 빈곤의 판단 기준은 국가에 따라 다를 수 있다.

② 오답 : 주관적 빈곤은 스스로 빈곤이라 느끼는 상태를 말한다. 절대적 빈곤과 상대적 빈곤은 모두 객관적 기준이 있기 때문에 객관적 빈곤에 해당한다.

③ 오답 : 2019년 갑국의 상대적 빈곤율은 절대적 빈곤율보다 높다. 따라서 최저 생계비(절대적 빈곤선)보다 중위 소득의 50%(상대적 빈곤선) 금액이 크다.

④ 오답 : 2019년 갑국의 절대적 빈곤율은 15%이고, 상대적 빈곤율은 30%이다. 따라서 2019년 갑국에서 전체 가구 중 상대적 빈곤 가구의 비율은 30%이다.

⑤ 정답 : 2019년 갑국의 절대적 빈곤율은 15%이고, 상대적 빈곤율은 30%이다. 따라서 2019년 갑국에서 두 유형의 빈곤 가구 중 절대적 빈곤 가구에만 해당하는 가구는 없다.

표는 질문에 따라 빈곤의 유형 A, B를 구분한 것이다. 이에 대한 설명으로 옳은 것은? (단, A, B는 각각 절대적 빈곤, 상대적 빈곤 중 하나이다.) **3점**

유형 질문	A	B
인간의 기본적 욕구 충족 및 최소한의 생활 유지에 필요한 자원이 결핍된 상태라고 정의되는가?	아니요	예
(가)	예	아니요

① 우리나라에서는 A에 해당하는 가구를 객관화된 기준에 따라 규정한다.
② B 가구는 소득 수준이 높은 국가에서는 나타나지 않는다.
③ B에 해당하는 모든 가구는 항상 A 가구에 포함된다.
④ 전체 빈곤율은 A에 따른 빈곤율과 B에 따른 빈곤율을 합한 것이다.
⑤ (가)에는 '상대적 박탈감 발생의 원인이 되는가?'가 들어갈 수 있다.

|선|택|지|풀|이|

① 정답 : 우리나라에서는 절대적 빈곤 가구와 상대적 빈곤 가구 모두 객관화된 기준에 따라 규정한다. 우리나라에서 절대적 빈곤 가구의 기준은 최저 생계비이고, 상대적 빈곤 가구의 기준은 중위 소득의 50%이다.

② 오답 : 절대적 빈곤과 상대적 빈곤은 소득 수준과 관계없이 모든 국가에서 발생할 수 있다. 따라서 절대적 빈곤 가구는 소득 수준이 높은 국가에서도 나타날 수 있다.

③ 오답 : 절대적 빈곤선과 상대적 빈곤선에 따라 절대적 빈곤 가구와 상대적 빈곤 가구의 포함 여부는 달라질 수 있다. 따라서 절대적 빈곤 가구가 항상 상대적 빈곤 가구에 포함된다고 보기 어렵다.

④ 오답 : 일반적으로 절대적 빈곤율과 상대적 빈곤율은 겹치는 구간이 발생한다. 빈곤율이 겹치는 구간은 절대적 빈곤 가구이면서 상대적 빈곤 가구에 해당한다. 따라서 중복 구간을 제외한 전체 빈곤율은 절대적 빈곤율과 상대적 빈곤율 중 높은 빈곤율이다.

⑤ 오답 : (가)에는 상대적 빈곤에만 해당하는 질문이 들어갈 수 있다. 절대적 빈곤과 상대적 빈곤은 모두 상대적 박탈감 발생의 원인이 될 수 있다. 따라서 (가)에는 '상대적 박탈감 발생의 원인이 되는가?'가 들어갈 수 없다.

|자|료|해|설|

절대적 빈곤은 인간이 최소한의 생활을 유지하는 데 필요한 소득이나 자원이 부족한 상태로 정의된다. 따라서 A는 상대적 빈곤, B는 절대적 빈곤이며, (가)에는 상대적 빈곤에만 해당하는 질문이 들어갈 수 있다.

빈곤 유형 A, B에 대한 설명으로 옳은 것은? (단, A, B는 각각 상대적 빈곤과 절대적 빈곤 중 하나이다.)

◎ 학습 주제 : 빈곤 유형

1.   A → 절대적 빈곤
- 최소한의 생활 수준을 유지하기 곤란한 상태 → 절대적 빈곤 상태
- 우리나라에서는 가구 소득이 최저 생계비 수준에 미치지 못하는 가구를 A 가구로 분류함 → 절대적 빈곤선

2.   B → 상대적 빈곤 → 상대적 빈곤 상태
- 사회 구성원 다수가 누리는 생활 수준에 이르지 못한 상태
- 우리나라에서는 가구 소득이 중위 소득의 50%에 미달하는 가구를 B 가구로 분류함 → 상대적 빈곤선

① B는 상대적 박탈감과 동일한 의미로 사용된다. → 주관적 빈곤과 다름
② A, B에 해당하는 가구는 모두 객관화된 기준에 의해 분류된다. → 객관적 빈곤
③ B에 해당하는 가구는 A 가구에는 해당하지 않는다. → 중복될 수 있음
④ A에 따른 빈곤율과 B에 따른 빈곤율을 더하면 전체 빈곤율이 된다. → A, B 중 더 큰 빈곤율이 전체 빈곤율임
⑤ 우리나라에서 최저 생계비가 중위 소득의 50%에 미치지 못할 경우 B에 해당하는 가구는 모두 A 가구에 포함된다. → 절대적 빈곤선, 상대적 빈곤선 / A, B

문제풀이 T I P | 절대적 빈곤과 상대적 빈곤은 개인이 스스로 느끼는 주관적 빈곤과 달리 객관적 기준이 존재하는 객관적 빈곤이다. 절대적 빈곤율과 상대적 빈곤율 중 더 큰 비율이 전체 빈곤율에 해당한다.

| 자 | 료 | 해 | 설 |
최소한의 생활 수준을 유지하기 곤란한 상태는 절대적 빈곤이고, 사회 구성원 다수가 누리는 생활 수준에 미치지 못한 상태는 상대적 빈곤이다. 따라서 A는 절대적 빈곤이고, B는 상대적 빈곤이다.

| 선 | 택 | 지 | 풀 | 이 |
① 오답 : 상대적 빈곤은 주관적으로 느끼는 빈곤이 아닌 객관적 기준에 의해 분류되는 빈곤 상태이다. 상대적 빈곤 상태에서 상대적 박탈감을 느낄 수는 있지만 동일한 의미는 아니다.
② 정답 : 우리나라에서 절대적 빈곤 가구는 가구 소득이 최저 생계비 미만인 가구이고, 상대적 빈곤 가구는 가구 소득이 중위 소득의 50% 미만인 가구를 말한다. 따라서 절대적 빈곤과 상대적 빈곤은 모두 객관화된 기준에 의해 분류된다.
③ 오답 : 절대적 빈곤과 상대적 빈곤은 서로 중복될 수 있다. 즉, 상대적 빈곤에 해당하는 가구가 절대적 빈곤 가구에 해당할 수 있고, 절대적 빈곤에 해당하는 가구가 상대적 빈곤 가구에 해당할 수도 있다.
④ 오답 : 절대적 빈곤율과 상대적 빈곤율을 더하면 전체 빈곤율이 되는 것이 아니다. 절대적 빈곤율과 상대적 빈곤율 중 더 큰 비율이 전체 빈곤율이 된다.
⑤ 오답 : 우리나라에서 최저 생계비(절대적 빈곤선)가 중위 소득의 50%(상대적 빈곤선)에 미치지 못할 경우 절대적 빈곤율보다 상대적 빈곤율이 더 크다. 따라서 절대적 빈곤 가구는 모두 상대적 빈곤 가구에 포함된다.

다음에 대한 설명으로 옳은 것은? (단, A와 B는 각각 절대적 빈곤, 상대적 빈곤 중 하나이다.) 3점

A는 최소한의 생활 유지에 필요한 자원이나 소득이 부족한 상태를, B는 사회 구성원 대다수가 누리는 일반적 생활 수준을 영위하는 데 필요한 자원이나 소득이 부족한 상태를 의미한다. 갑국에서는 가구 소득이 최저 생계비 미만이면 A 가구로, 중위 소득의 50% 미만이면 B 가구로 분류하며 모든 가구의 구성원 수는 동일하다. t년에 갑국의 전체 가구 중 B 가구에만 해당하는 가구의 비율은 5%이고, A 가구나 B 가구 어디에도 해당하지 않는 가구의 비율은 85%이다.

→ 절대적 빈곤
→ 상대적 빈곤
→ 절대적 빈곤 가구 비율보다 상대적 빈곤 가구 비율이 큼
→ 절대적 빈곤이나 상대적 빈곤 중 어느 하나에라도 해당하는 가구 비율은 15%임

5% 상대적 빈곤 가구 비율 15%
10% 절대적 빈곤 가구 비율 10%

① A는 소득 수준이 높은 국가에서는 나타나지 않는다. → 도 / 날 수 있다
② A는 B와 달리 상대적 박탈감의 발생 원인이 될 수 있다. → 모두
③ 갑국에서 B는 A와 달리 객관화된 기준에 의해 규정된다. → 모두
④ t년에 갑국에서는 최저 생계비의 2배가 중위 소득보다 크다. → 작다
⑤ t년에 갑국의 전체 가구 중 A 가구와 B 가구 모두에 해당하는 가구의 비율은 10%이다.

문제풀이 T I P | 절대적 빈곤과 상대적 빈곤 어디에도 해당하지 않는 비율이 85%이므로 절대적 빈곤과 상대적 빈곤 중 어느 하나에라도 해당하는 비율은 100%-85%=15%이다. 또한 상대적 빈곤에만 해당하는 비율이 5%이고, 절대적 빈곤과 상대적 빈곤 중 어느 하나에라도 해당하는 비율이 15%이므로 상대적 빈곤율이 절대적 빈곤율보다 높음을 알 수 있다.

출제분석 | 절대적 빈곤과 상대적 빈곤을 파악하여 비교하는 문제이다. 절대적 빈곤과 상대적 빈곤 문제는 개념 수준의 문제뿐만 아니라 빈곤율을 분석하는 문제가 출제될 수 있다.

| 자 | 료 | 해 | 설 |
인간이 최소한의 생활을 유지하는 데 필요한 자원이나 소득이 부족한 상태를 절대적 빈곤이라고 하고, 다른 사람들보다 자원이나 소득을 상대적으로 적게 가져 사회 구성원 다수가 누리는 생활 수준을 누리지 못하는 상태를 상대적 빈곤이라고 한다. 따라서 A는 절대적 빈곤, B는 상대적 빈곤이다.

| 선 | 택 | 지 | 풀 | 이 |
① 오답 : 절대적 빈곤은 소득 수준이 높은 국가에서도 나타날 수 있다.
② 오답 : 절대적 빈곤과 상대적 빈곤은 모두 상대적 박탈감을 가져올 수 있다.
③ 오답 : 갑국에서 절대적 빈곤은 최저 생계비를 기준으로, 상대적 빈곤은 중위 소득의 50%를 기준으로 파악하고 있다. 따라서 갑국에서 절대적 빈곤과 상대적 빈곤은 모두 객관화된 기준에 의해 규정된다.
④ 오답 : t년에 절대적 빈곤이나 상대적 빈곤 어디에도 해당하지 않는 가구의 비율이 85%이므로 절대적 빈곤이나 상대적 빈곤 중 어느 하나에라도 해당하는 가구의 비율은 15%이다. 또한 t년에 상대적 빈곤에만 해당하는 가구의 비율이 5%이므로 절대적 빈곤 가구 비율은 10%, 상대적 빈곤 가구 비율은 15%이다. 따라서 t년에 절대적 빈곤 가구 비율이 상대적 빈곤 가구 비율보다 낮으므로 최저 생계비의 2배는 중위 소득보다 작다.
⑤ 정답 : t년에 절대적 빈곤과 상대적 빈곤 모두에 해당하는 가구의 비율은 10%이다.

다음 자료에 대한 설명으로 옳은 것은? (단, A, B는 각각 절대적 빈곤, 상대적 빈곤 중 하나임.)

　자료는 빈곤의 유형 A, B를 구분한 것이다. 〈자료 1〉은 A, B의 의미를 나타낸 것이고, 〈자료 2〉는 A, B의 특징을 연결하여 공통점과 차이점을 나타낸 것이다.

→ 절대적 빈곤

〈자료 1〉

○ A : [　　　　　　⊙　　　　　　]

○ B : 한 사회에서 구성원들이 일반적으로 누리는 생활 수준에 필요한 소득이 부족한 상태
→ 상대적 빈곤

〈자료 2〉

A ─┬─ (가) → 절대적 빈곤에만 해당하는 특징
　　├─ (나) → 절대적 빈곤과 상대적 빈곤의 공통점
　　└─ (다) → 상대적 빈곤에만 해당하는 특징 ─ B

① A에 속하지 않는 가구는 B에 속할 수 ~~없다~~ 있다

② ⊙에는 '개인이 주관적으로 빈곤하다고 인식하는 상태'가 들어갈 수 ~~있다~~.
→ 주관적 빈곤

③ (가)에는 '소득 수준이 높은 국가에서도 나타날 수 있다.'가 들어갈 수 ~~있다~~.
→ 상대적 빈곤과 절대적 빈곤의 공통점

✓④ (나)에는 '우리나라에서는 객관화된 기준에 의해 규정된다.'가 들어갈 수 있다.

⑤ (다)에는 '상대적 박탈감을 유발할 수 있다.'가 들어갈 수 ~~있다~~.
→ 상대적 빈곤과 절대적 빈곤의 공통점　없다

|자|료|해|설|

한 사회에서 구성원들이 일반적으로 누리는 생활 수준에 필요한 소득이 부족한 상태를 의미하는 것은 상대적 빈곤이다. 따라서 A는 절대적 빈곤, B는 상대적 빈곤이다.

|선|택|지|풀|이|

① 오답 : 절대적 빈곤에 속하지 않은 가구도 상대적 빈곤에 속할 수 있다.

② 오답 : 개인이 주관적으로 빈곤하다고 인식하는 상태를 의미하는 것은 주관적 빈곤이다. 절대적 빈곤은 객관적인 소득 수준에 의해 결정되므로 객관적 빈곤에 해당한다. 따라서 해당 내용은 ⊙에 들어갈 수 없다.

③ 오답 : (가)에는 절대적 빈곤에만 해당하는 특징이 들어갈 수 있다. 절대적 빈곤과 상대적 빈곤 모두 소득 수준이 높은 국가에서도 나타날 수 있다. 따라서 해당 내용은 (가)에 들어갈 수 없다.

④ 정답 : (나)에는 절대적 빈곤과 상대적 빈곤의 공통점에 해당하는 특징이 들어갈 수 있다. ==우리나라에서 절대적 빈곤과 상대적 빈곤은 모두 객관화된 기준에 의해 규정된다.== 따라서 해당 내용은 (나)에 들어갈 수 있다.

⑤ 오답 : (다)에는 상대적 빈곤에만 해당하는 특징이 들어갈 수 있다. 절대적 빈곤과 상대적 빈곤은 모두 상대적 박탈감을 유발할 수 있다. 따라서 해당 내용은 (다)에 들어갈 수 없다.

추가 학습 | 객관적인 소득 수준에 의해 결정되는 절대적 빈곤과 상대적 빈곤은 모두 객관적 빈곤에 해당한다. 반면, 객관적 소득 수준 등과 상관없이 스스로가 빈곤에 처해 있다고 인식하는 경우가 나타날 수 있는데, 이를 주관적 빈곤이라고 한다.

출제분석 | 절대적 빈곤과 상대적 빈곤의 공통점과 차이점을 파악하는 문제이다. 빈곤의 유형과 관련된 개념 수준의 문제뿐만 아니라 빈곤율을 분석하는 고난도 문제가 출제될 수 있으므로 기출 문제를 통해 빈곤율을 계산하는 문제를 풀어보도록 한다.

다음은 질문의 답변에 따라 빈곤의 유형 A, B를 구분한 것이다. 이에 대한 설명으로 옳은 것은? (단, A, B는 각각 절대적 빈곤, 상대적 빈곤 중 하나임.)

질문　　　　　　　답변	예	아니요
인간 생존에 필요한 최소한의 자원이나 소득이 결핍된 상태를 의미하는가? → 절대적 빈곤	A (절대적 빈곤)	B (상대적 빈곤)
(가)	B	A

① A는 사회 구성원의 ~~평판~~에 따른 빈곤 상태를 말한다.

✓② B는 사회 구성원들의 소득 분포를 고려하여 파악한다.

③ A에 해당하는 모든 가구는 ~~항상~~ B 가구에 포함된다.

④ B는 A와 ~~달리~~ 상대적 박탈감을 유발한다.
　　모두

⑤ (가)에는 '우리나라에서는 객관화된 기준을 적용하여 파악하는가?'가 들어갈 수 ~~있다~~ 없다
→ 최저 생계비, 중위 소득의 50%

|자|료|해|설|

인간 생존에 필요한 최소한의 자원이나 소득이 결핍된 상태를 의미하는 빈곤의 유형은 절대적 빈곤이다. 따라서 A는 절대적 빈곤, B는 상대적 빈곤이다.

|선|택|지|풀|이|

① 오답 : 절대적 빈곤은 객관적 빈곤에 해당하므로, 사회 구성원의 평판에 따른 빈곤 상태를 말하지 않는다.

② 정답 : 상대적 빈곤은 다른 사람들보다 자원이나 소득을 상대적으로 적게 가져 사회 구성원 대다수가 누리는 생활 수준을 영위하지 못하는 상태로, 이는 사회 구성원들의 소득 분포를 고려하여 파악한다.

③ 오답 : 절대적 빈곤에 해당하는 모든 가구가 항상 상대적 빈곤 가구에 포함된다고 단정할 수 없다.

④ 오답 : 절대적 빈곤과 상대적 빈곤은 모두 상대적 박탈감을 유발한다.

⑤ 오답 : 우리나라에서 절대적 빈곤은 최저 생계비, 상대적 빈곤은 중위 소득의 50%라는 객관화된 기준을 적용하여 파악한다. 따라서 해당 질문은 (가)에 들어갈 수 없다.

다음 자료에 대한 옳은 설명만을 〈보기〉에서 있는 대로 고른 것은? (3점)

[서술형 평가] 다음 글에 제시된 빈곤의 유형 A에 대한 옳은 설명을 4가지 쓰시오. → 상대적 빈곤

일반적으로 빈곤은 인간의 기본적 욕구와 관련된 물질적 결핍이 만성적으로 지속되는 경제적 상태를 의미한다. 설령 인간으로서 최소 생활 유지에 필요한 자원이나 소득이 확보된 상태라 해도 사회의 전반적 소득 수준과 비교하여 소득 수준이 낮은 상태 역시 빈곤으로 분류된다. 이런 유형의 빈곤을 A라 한다.

[학생의 답안과 교사의 채점 결과]

답안	채점 결과
우리나라에서는 객관화된 기준을 적용하여 파악한다.	㉠○
(가)	○
(나)	×
소득 수준이 높은 국가에서는 나타나지 않는다.	㉡×

(○ : 맞음, × : 틀림)

보기

ㄱ. ㉠과 ㉡에 해당하는 채점 결과는 동일하다. 다르다
ㄴ. (가)에는 '우리나라에서는 최저 생계비를 기준으로 빈곤선이 결정된다.'가 들어갈 수 있다. 없다 → 절대적 빈곤
ㄷ. (나)에는 '개인이 주관적으로 빈곤하다고 인식하는 상태를 의미한다.'가 들어갈 수 있다. → 주관적 빈곤

① ㄱ   ② ㄷ   ③ ㄱ, ㄴ   ④ ㄴ, ㄷ   ⑤ ㄱ, ㄴ, ㄷ

|자|료|해|설|
사회의 전반적인 소득 수준과 비교하여 소득 수준이 낮은 상태를 의미하는 빈곤은 상대적 빈곤이다. 따라서 A는 상대적 빈곤이다.

|보|기|풀|이|
ㄱ. 오답 : 우리나라에서는 중위 소득의 50%를 기준으로 상대적 빈곤을 파악한다. 따라서 ㉠은 '○'이다. 상대적 빈곤은 소득 수준이 높은 국가에서도 나타날 수 있다. 따라서 ㉡은 '×'이다.
ㄴ. 오답 : 우리나라에서 최저 생계비를 기준으로 빈곤선이 결정되는 빈곤은 절대적 빈곤이다. 따라서 해당 내용은 (가)에 들어갈 수 없다.
ㄷ. 정답 : 개인이 주관적으로 빈곤하다고 인식하는 상태를 의미하는 빈곤은 주관적 빈곤이다. 상대적 빈곤은 객관적 빈곤에 해당한다. 따라서 해당 내용은 (나)에 들어갈 수 있다.

🤓 **추가 학습** | 절대적 빈곤과 상대적 빈곤은 빈곤의 객관적인 현실을 나타내는 개념이고, 주관적 빈곤은 빈곤에 대한 사회 성원들의 인식 및 동향을 파악하는 데 유용한 개념이다.

😆 **출제분석** | 상대적 빈곤을 파악하는 문제이다. 상대적 빈곤과 절대적 빈곤을 비교하는 문제뿐만 아니라 상대적 빈곤율과 절대적 빈곤율을 분석하는 문제가 출제될 수 있다.

빈곤의 유형 A, B에 대한 설명으로 옳은 것은? (단, A, B는 각각 절대적 빈곤, 상대적 빈곤 중 하나임.) (3점)

→ 절대적 빈곤

A는 최소한의 생활을 유지하는 데 필요한 소득을 기준으로 빈곤 여부를 판단한다. 그러나 최소한의 생활 수준을 정하기가 어렵다는 비판이 제기되면서, 전체 국민의 소득 분포를 고려하여 빈곤 여부를 판단하는 B가 등장하였다.

→ 상대적 빈곤

① A를 판단하는 소득 기준은 모든 사회에서 동일하다. 사회마다 다르다
② A에 해당하는 사람은 모두 B에 해당한다. 한다고 단정할 수 없다
③ A는 B와 달리 소득 수준이 높은 국가에서는 나타나지 않는다. 나타날 수 있다
   모두
④ B는 A와 달리 상대적 박탈감의 원인이 된다.
   모두
⑤ A와 B 모두 우리나라에서는 객관화된 기준을 적용하여 파악한다.

|자|료|해|설|
최소한의 생활을 유지하는 데 필요한 소득을 기준으로 빈곤 여부를 판단하는 것은 절대적 빈곤이고, 전체 국민의 소득 분포를 고려하여 빈곤 여부를 판단하는 것은 상대적 빈곤이다. 따라서 A는 절대적 빈곤, B는 상대적 빈곤이다.

|선|택|지|풀|이|
① 오답 : 절대적 빈곤을 판단하는 기준은 사회마다 다르다.
② 오답 : 절대적 빈곤에 해당하는 사람이 모두 상대적 빈곤에 해당한다고 단정할 수 없다.
③ 오답 : 절대적 빈곤과 상대적 빈곤은 모두 소득 수준이 높은 국가에서 나타날 수 있다.
④ 오답 : 절대적 빈곤과 상대적 빈곤은 모두 상대적 박탈감의 원인이 된다.
⑤ 정답 : 우리나라에서 절대적 빈곤은 최저 생계비, 상대적 빈곤은 중위 소득의 50%라는 객관화된 기준을 적용하여 파악한다.

🤓 **문제풀이 T I P** | 절대적 빈곤과 상대적 빈곤은 모두 주관적 빈곤이 아닌 객관적 빈곤에 해당한다.

😆 **출제분석** | 빈곤의 유형을 파악하는 문제이다. 절대적 빈곤율과 상대적 빈곤율의 변화를 분석하는 고난도 문제가 출제될 수 있으므로 기출 문제를 통해 다양한 유형의 문제를 접해 보도록 한다.

다음 글에서 강조하는 빈곤의 유형에 대한 옳은 설명만을 〈보기〉에서 있는 대로 고른 것은? **3점**

　　인간은 무인도에 고립되어 사는 로빈슨 크루소가 아니다. 인간은 사회적 관계 속에서 영향을 받으며 존재하고 생활하는 사회적 동물이다. 빈곤은 개인적 생존의 문제일 뿐 아니라 개인들이 생활하는 사회의 차원에서 발생하는 문제이다. 즉 개인의 일상생활은 물론 생명과 건강 유지에 필요한 재화나 서비스조차도 사회 속에서 영향을 받는다. 따라서 빈곤을 인간다운 삶을 유지하기 위한 최소한의 조건을 충족하지 못한 상태로 규정하기보다는, **→ 절대적 빈곤** 사회 구성원이 보편적으로 누리는 생활 수준을 유지하는 데 필요한 자원이 부족한 상태로 보아야 한다. **→ 상대적 빈곤**

보기

ㄱ. 소득 수준이 높은 국가에서도 나타날 수 있다.

ㄴ. 경제가 성장할수록 빈곤을 판단하는 기준 금액이 적어지는 경향이 있다. ~~있다.~~ 있다고 볼 수 없다

ㄷ. 사회 구성원들의 소득 분포를 고려하지 않는 ~~고려하지 않는~~ 고려한 개념이라는 평가를 받는다.

① ㄱ　　② ㄴ　　③ ㄱ, ㄷ　　④ ㄴ, ㄷ　　⑤ ㄱ, ㄴ, ㄷ

|자|료|해|설|
사회 구성원이 보편적으로 누리는 생활 수준을 유지하는 데 필요한 자원이 부족한 상태는 상대적 빈곤이다. 따라서 제시문에서 강조하는 빈곤의 유형은 상대적 빈곤이다.

|보|기|풀|이|
ㄱ. 정답 : 상대적 빈곤은 소득 수준이 낮은 국가뿐만 아니라 소득 수준이 높은 국가에서도 나타날 수 있다.
ㄴ. 오답 : 경제가 성장할수록 상대적 빈곤을 판단하는 기준 금액이 적어지는 경향이 있다고 볼 수 없다.
ㄷ. 오답 : 상대적 빈곤은 사회 구성원들의 소득 분포를 고려한 개념이다.

 **추가 학습 |** 상대적 빈곤과 절대적 빈곤은 모두 객관적인 기준에 의해 규정된다.

출제분석 | 상대적 빈곤을 파악하는 문제이다. 절대적 빈곤율과 상대적 빈곤율을 분석하는 고난도 문제가 출제될 수 있다.

빈곤 유형 (가), (나)에 대한 옳은 설명만을 〈보기〉에서 고른 것은? (단, (가)와 (나)는 각각 절대적 빈곤, 상대적 빈곤 중 하나이다.)

절대적 빈곤 ← (가) 생존 및 생계 유지에 필수적인 자원이나 자원을 확보하는 데 필요한 소득이 부족한 상태

상대적 빈곤 ← (나) 한 사회에서 구성원들이 일반적으로 누리는 생활 수준에 필요한 소득이 부족한 상태

보기

ㄱ. (가)를 판단하기 위해 우리나라에서는 최저 ~~임금액~~ 생계비 을 기준선으로 활용한다.

ㄴ. (가)에 속하지 않는 가구도 (나)에 속할 수 있다.

ㄷ. (나)는 (가)와 달리 상대적 박탈감의 원인이 된다. 모두

ㄹ. (가)와 (나) 모두 우리나라에서는 객관화된 기준에 의해 분류된다. (가) : 최저 생계비 (나) : 중위 소득의 50%

① ㄱ, ㄴ　　② ㄱ, ㄷ　　③ ㄴ, ㄷ　　④ ㄴ, ㄹ　　⑤ ㄷ, ㄹ

|자|료|해|설|
절대적 빈곤은 인간이 최소한의 생활을 유지하는 데 필요한 자원이나 소득이 부족한 상태를 의미하고, 상대적 빈곤은 다른 사람들보다 자원이나 소득을 상대적으로 적게 가져 사회 구성원 다수가 누리는 생활 수준을 누리지 못하는 상태를 의미한다. 따라서 (가)는 절대적 빈곤, (나)는 상대적 빈곤이다.

|보|기|풀|이|
ㄱ. 오답 : 절대적 빈곤을 판단하기 위해 우리나라에서는 최저 생계비를 기준선으로 활용하고 있다.
ㄴ. 정답 : 상대적 빈곤 가구가 절대적 빈곤 가구보다 많을 경우 절대적 빈곤에는 속하지 않지만 상대적 빈곤 가구에 속하는 가구가 존재한다. 따라서 절대적 빈곤에 속하지 않은 가구도 상대적 빈곤에 속할 수 있다.
ㄷ. 오답 : 절대적 빈곤과 상대적 빈곤 모두 상대적 박탈감의 원인이 될 수 있다.
ㄹ. 정답 : 우리나라에서는 절대적 빈곤의 경우 최저 생계비, 상대적 빈곤의 경우 중위 소득의 50%라는 객관화된 기준에 의해 분류한다.

추가 학습 | 객관적인 소득 수준에 의해 결정되는 절대적 빈곤과 상대적 빈곤은 객관적인 빈곤에 해당한다. 반면, 객관적 소득 수준 등과 상관없이 스스로가 빈곤에 처해 있다고 인식하는 경우가 나타날 수 있는데, 이를 주관적 빈곤이라고 한다.

출제분석 | 절대적 빈곤과 상대적 빈곤의 특징을 묻는 문제이다. 빈곤의 유형에 관한 개념적 수준의 문제뿐만 아니라 빈곤율을 분석하는 계산 문제가 출제될 수 있으므로 기출 문제를 통해 해결 방법을 모색해 보도록 한다.

다음 자료에 대한 설명으로 옳은 것은? (단, 갑국의 모든 가구는 그 구성원 수가 동일함.) **3점**

> 갑국에서는 가구 소득이 ⊙ 최저 생계비에 미치지 못하는 가구를 ⓒ 절대적 빈곤 가구로 파악하고, 가구 소득이 ⓒ 중위 소득의 50%에 미치지 못하는 가구를 ⓔ 상대적 빈곤 가구로 파악한다. 2022년에 갑국에서 가구 소득을 조사한 결과 절대적 빈곤 가구에는 해당하지 않지만 상대적 빈곤 가구에는 해당하는 가구가 전체 가구 중에서는 10%, 상대적 빈곤 가구 중에서는 20%로 나타났다.
>
> → 절대적 빈곤율 < 상대적 빈곤율, 상대적 빈곤 가구는 전체 가구의 50%

① 2022년에 ⊙은 ⓒ보다 ~~높다.~~ 낮다

② ⓒ은 ⓔ과 달리 객관적인 기준에 의해 파악된다. (모두)

③ 2022년에 ⓔ의 80%는 ⓒ에도 해당한다.

④ 저개발 국가에서는 ⓔ이, 선진국에서는 ⓒ이 나타나지 않는다.

⑤ 2022년에 ⓒ, ⓔ 중 어디에도 해당하지 않는 가구 수가 ⓔ에 해당하는 가구 수~~보다 많다.~~ 와 같다

😮 **문제풀이 T I P** | 절대적 빈곤 가구에는 해당하지 않지만 상대적 빈곤 가구에는 해당하는 가구가 전체 가구 중 10%이자 상대적 빈곤 가구 중 20%이므로 상대적 빈곤 가구는 전체 가구 중 50%임을 파악할 수 있어야 한다.

😮 **출제분석** | 절대적 빈곤과 상대적 빈곤을 분석하는 문제이다. 빈곤율을 구체적인 수치로 분석하는 문제가 출제될 수 있으므로 기출 문제를 통해 빈곤율을 분석하는 방법을 파악해 두도록 한다.

|자|료|해|설|

2022년 갑국에서 절대적 빈곤 가구에는 해당하지 않지만 상대적 빈곤 가구에는 해당하는 가구가 존재하므로 갑국에서는 절대적 빈곤율보다 상대적 빈곤율이 높음을 알 수 있다. 또한 절대적 빈곤 가구에는 해당하지 않지만 상대적 빈곤 가구에는 해당하는 가구가 전체 가구에서 차지하는 비율이 10%이고, 상대적 빈곤 가구에서 차지하는 비율이 20%이므로 상대적 빈곤 가구는 전체 가구의 50%임을 알 수 있다.

|선|택|지|풀|이|

① 오답 : 2022년에는 절대적 빈곤율이 상대적 빈곤율보다 낮다. 따라서 2022년에 최저 생계비는 중위 소득의 50%보다 낮다.

② 오답 : 절대적 빈곤 가구와 상대적 빈곤 가구는 각각 최저 생계비와 중위 소득의 50%라는 객관적인 기준에 의해 파악된다.

③ 정답 : 2022년에 상대적 빈곤 가구 중 20%는 절대적 빈곤 가구에 해당하지 않으므로 상대적 빈곤 가구 중 80%는 절대적 빈곤 가구에 해당한다.

④ 오답 : 저개발 국가에서도 상대적 빈곤이 나타나고, 선진국에서도 절대적 빈곤이 나타난다.

⑤ 오답 : 2022년에 절대적 빈곤 가구와 상대적 빈곤 가구 중 어디에도 해당하지 않는 가구는 전체 가구의 50%이고, 상대적 빈곤 가구에 해당하는 가구도 전체 가구의 50%이다.

그림은 빈곤의 유형 A와 B를 구분한 것이다. 이에 대한 설명으로 옳은 것은? (단, A와 B는 각각 상대적 빈곤, 절대적 빈곤 중 하나이다.)

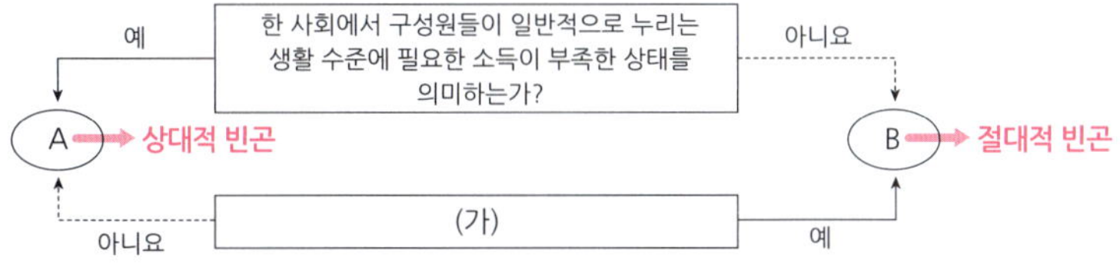

① A는 B와 달리 상대적 박탈감의 원인이 된다. (모두)

② A는 B와 달리 소득 수준이 높은 국가에서는 나타나지 ~~않는다.~~ (모두) 날 수 있다

③ B에 속하지 않는 가구도 A에 속할 수 있다.

④ 우리나라에서는 가구 소득이 중위 소득의 50% 미만인 상태를 ~~B~~로 분류한다. (A)

⑤ (가)에는 '우리나라에서는 객관화된 기준에 의해 분류되는가?'가 들어갈 수 ~~있다.~~ 없다

|자|료|해|설|

한 사회에서 구성원들이 일반적으로 누리는 생활 수준에 필요한 소득이 부족한 상태를 의미하는 빈곤의 유형은 상대적 빈곤이다. 따라서 A는 상대적 빈곤, B는 절대적 빈곤이다.

|선|택|지|풀|이|

① 오답 : 상대적 빈곤과 절대적 빈곤은 모두 상대적 박탈감의 원인이 될 수 있다.

② 오답 : 상대적 빈곤과 절대적 빈곤은 모두 소득 수준이 높은 국가에서 나타날 수 있다.

③ 정답 : 절대적 빈곤율보다 상대적 빈곤율이 높은 경우 절대적 빈곤에 해당하지 않지만 상대적 빈곤에 해당하는 가구가 존재한다.

④ 오답 : 우리나라는 가구 소득이 중위 소득의 50% 미만인 상태를 상대적 빈곤으로 분류한다.

⑤ 오답 : 상대적 빈곤과 절대적 빈곤은 모두 우리나라에서 객관화된 기준에 의해 분류된다. 따라서 해당 질문은 (가)에 들어갈 수 없다.

IV
2. 사회 불평등 양상

다음 자료에 대한 옳은 분석만을 〈보기〉에서 고른 것은? **3점**

A는 최소한의 생활을 유지하기 어려운 상태를, B는 사회 구성원들이 누리는 일반적인 생활 수준에 미치지 못하는 상태를 의미한다. 갑국에서는 가구 소득이 최저 생계비 미만인 경우를 A로, 중위 소득의 40% 미만인 경우를 B로 분류한다. 그림은 갑국의 전체 가구 중 ㉠ A에 해당하는 가구의 비율(%), ㉡ B에 해당하는 가구의 비율(%)을 나타낸 것이다. 단, 갑국에서 모든 가구의 구성원 수는 같다.

보기

ㄱ. ㉠과 ㉡을 더하면 갑국의 전체 빈곤율이 된다.
ㄴ. ㉠과 ㉡은 모두 객관화된 기준에 의해 측정된다.
ㄷ. t 시기에는 A이지만 B는 아닌 가구가 있다.
ㄹ. t+1 시기에는 중위 소득의 40%가 최저 생계비보다 낮다.

① ㄱ, ㄴ　② ㄱ, ㄷ　③ ㄴ, ㄷ　④ ㄴ, ㄹ　⑤ ㄷ, ㄹ

|자|료|해|설|
A는 절대적 빈곤, B는 상대적 빈곤이며, ㉠은 절대적 빈곤율, ㉡은 상대적 빈곤율이다.

|보|기|풀|이|
ㄱ. 오답 : 절대적 빈곤율과 상대적 빈곤율 중 큰 비율이 갑국의 전체 빈곤율이 된다.
ㄴ. 정답 : 갑국에서 절대적 빈곤율은 최저 생계비를 기준으로 측정되고, 상대적 빈곤율은 중위 소득의 40%를 기준으로 측정된다. 따라서 절대적 빈곤율과 상대적 빈곤율은 모두 객관화된 기준에 의해 측정된다.
ㄷ. 정답 : t 시기는 절대적 빈곤율이 상대적 빈곤율보다 크다. 따라서 t 시기에는 절대적 빈곤에는 해당하지만 상대적 빈곤에는 해당하지 않는 가구가 존재한다.
ㄹ. 오답 : t+1 시기는 상대적 빈곤율이 절대적 빈곤율보다 크다. 따라서 t+1 시기에는 중위 소득의 40%가 최저 생계비보다 높다.

💡 **문제풀이 TIP** | A와 B에 대한 개념적 정의를 통해 A와 B에 해당하는 빈곤의 유형을 파악하고, 그림에서 t 시기와 t+1 시기에 각각 어떠한 빈곤이 더 크게 나타나는지 파악하도록 한다.

😀 **출제분석** | 절대적 빈곤과 상대적 빈곤을 분석하는 문제이다. 빈곤의 유형에 대한 개념을 묻는 문제뿐만 아니라 빈곤율을 분석하는 고난도 문제가 출제될 수 있다.

빈곤의 유형 A, B에 대한 설명으로 옳은 것은? (단, A, B는 각각 절대적 빈곤, 상대적 빈곤 중 하나임.)

○ 우리나라에서 1인 가구의 중위 소득은 월 약 194만 4천 원 (2022년 기준)이고, 우리나라에서는 이 금액의 50%인 월 약 97만 2천 원을 기준으로 1인 가구의 A 여부를 판단한다.
○ 세계은행은 세계에서 경제적으로 가장 낙후된 지역을 기준으로 생존에 필요한 최소한의 식량 구입비를 1인당 하루 2.15달러로 정하고 있다(2022년 9월 기준). 이는 B를 판단하는 기준선으로 활용된다.

① A는 각자의 소득 수준이 다른 사람에 비해 충분하지 않다고 느끼는 상태를 의미한다.
② B는 사회 구성원의 소득 분포 상태를 고려하지 않는 개념이라는 평가를 받는다.
③ B를 판단하는 기준선은 A를 판단하는 기준선과 달리 시간과 장소에 관계없이 보편적으로 적용된다.
④ 저개발 국가에서는 A가, 선진국에서는 B가 나타나지 않는다.
⑤ 한 국가에서 A에 따른 빈곤율과 B에 따른 빈곤율을 더하면 전체 빈곤율이 된다.

|자|료|해|설|
우리나라는 중위 소득의 50% 미만을 상대적 빈곤으로 규정하고 있다. 따라서 A는 상대적 빈곤, B는 절대적 빈곤이다.

|선|택|지|풀|이|
① 오답 : 각자의 소득 수준이 다른 사람에 비해 충분하지 않다고 느끼는 상태는 주관적 빈곤을 말한다. 상대적 빈곤과 절대적 빈곤은 모두 객관적인 소득 수준에 의해 결정되는 객관적 빈곤에 해당한다.
② 정답 : 절대적 빈곤은 인간이 최소한의 생활을 유지하는 데 필요한 자원이나 소득이 부족한 상태를 의미하므로 사회 구성원의 소득 분포 상태를 고려하지 않는 개념이라는 평가를 받는다.
③ 오답 : 상대적 빈곤선과 절대적 빈곤선은 모두 시간과 장소에 따라 달라질 수 있다.
④ 오답 : 상대적 빈곤과 절대적 빈곤은 저개발 국가와 선진국 모두에서 나타날 수 있다.
⑤ 오답 : 전체 빈곤율은 절대적 빈곤율과 상대적 빈곤율을 더한 값이 아니다.

😀 **추가 학습** | 객관적인 소득 수준에 의해 결정되는 절대적 빈곤과 상대적 빈곤은 객관적인 빈곤에 해당한다. 반면, 객관적 소득 수준 등과 상관없이 스스로가 빈곤에 처해 있다고 인식하는 경우가 나타날 수 있는데, 이를 주관적 빈곤이라고 한다.

다음 자료에 대한 옳은 설명만을 〈보기〉에서 있는 대로 고른 것은?

> 교사 : 사회에는 다양한 사회 불평등이 존재합니다. 이에 대한 해결 방안을 발표해 보세요.
>
> 갑 : 인종이 다르다는 이유로 차별받는 사람들을 위해 인식 개선 캠페인이 진행되어야 합니다.   → **귀속적 요인**
>
> 을 : 최소한의 생활 수준 유지가 어려운 상태에 있는 사람을 돕기 위해 생계비 지원 정책을 마련해야 합니다.   → **절대적 빈곤**
>
> 병 : 고위직 공무원 임명 시 특정 성별이 오랫동안 배제되어 왔습니다. 이러한 차별을 해소하기 위해 해당 성별을 일정 비율 이상 임명하도록 하는 법을 마련해야 합니다.   → **적극적 우대 조치**

보기

ㄱ. 갑은 귀속적 요인으로 인한 차별의 해결 방안을 발표하였다.
ㄴ. 을은 절대적 빈곤의 해결 방안을 발표하였다.
ㄷ. 병은 역차별의 해결 방안을 발표하였다.

① ㄱ   ② ㄷ   ③ ㄱ, ㄴ   ④ ㄴ, ㄷ   ⑤ ㄱ, ㄴ, ㄷ

|자|료|해|설|

갑은 사회적 소수자, 을은 절대적 빈곤, 병은 성 불평등과 관련하여 해결 방안을 제시하고 있다.

|보|기|풀|이|

ㄱ 정답 : 갑은 귀속적 요인인 인종으로 인한 차별을 해결하기 위한 방안을 발표하였다.

ㄴ 정답 : 을은 최소한의 생활 수준 유지가 어려운 상태인 절대적 빈곤을 해결하기 위한 방안을 발표하였다.

ㄷ. 오답 : 병은 성 불평등을 해결하기 위한 방안으로 적극적 우대 조치의 마련을 주장하였다.

🤓 **출제분석** | 다양한 사회 불평등의 양상을 파악하는 문제이다. 사회적 소수자, 빈곤, 성 불평등 등 다양한 사회 불평등과 이를 해결하기 위한 사회 운동이 연관되어 복합적으로 출제될 수 있다.

다음 자료에 대한 옳은 설명만을 〈보기〉에서 있는 대로 고른 것은? 〔3점〕

> → **50번째 가구의 월 소득이 중위 소득**
>
> 그림은 갑국의 가구 소득 분포를 나타낸 것이다. 예를 들어 월 소득이 100달러인 가구의 수는 10가구이다. 갑국은 구성원 수가 동일한 99가구로 이루어져 있고, 갑국 가구의 최저 생계비는 월 소득 기준 250달러이다.

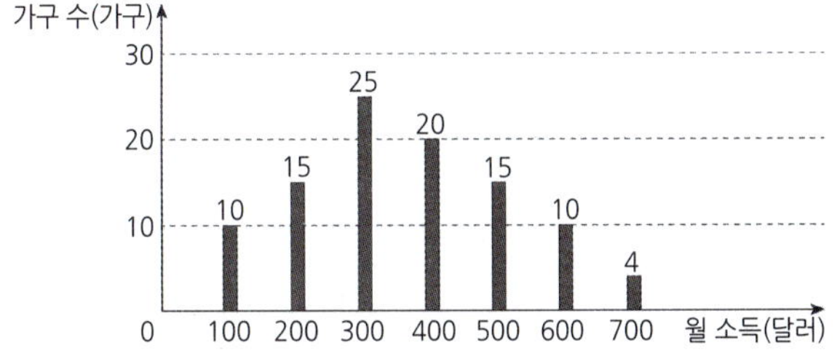

* 절대적 빈곤 가구 : 가구 소득이 최저 생계비 미만인 가구
* 상대적 빈곤 가구 : 가구 소득이 중위 소득의 50% 미만인 가구
* 중위 소득 : 전체 가구를 소득순으로 일렬로 배열했을 때 한가운데 위치한 가구의 소득

보기

ㄱ. 중위 소득은 ~~400~~ **300**달러이다.
ㄴ. 절대적 빈곤 가구는 25가구이다.
ㄷ. 상대적 빈곤 가구는 10가구이다.
ㄹ. 상대적 빈곤 가구에 해당하는 가구는 모두 절대적 빈곤 가구에 해당한다. (∵ 상대적 빈곤율 〈 절대적 빈곤율)

① ㄱ, ㄴ   ② ㄱ, ㄹ   ③ ㄴ, ㄷ
④ ㄱ, ㄷ, ㄹ   ⑤ ㄴ, ㄷ, ㄹ

|자|료|해|설|

갑국의 가구 수가 99가구이므로 50번째 가구의 월 소득이 갑국의 중위 소득이 된다.

|보|기|풀|이|

ㄱ. 오답 : 월 소득이 100달러인 가구는 10가구, 월 소득이 200달러인 가구는 15가구, 월 소득이 300달러인 가구는 25가구이다. 즉, 50번째 가구의 월 소득은 300달러이다. 따라서 중위 소득은 300달러이다.

ㄴ 정답 : 갑국 가구의 최저 생계비는 월 소득 기준 250달러이므로 월 소득이 100달러인 가구와 월 소득이 200달러인 가구가 절대적 빈곤 가구에 해당한다. 따라서 절대적 빈곤 가구는 25가구(=10가구+15가구)이다.

ㄷ 정답 : 갑국 가구의 중위 소득은 300달러이고 중위 소득의 50%는 150달러이므로 월 소득이 100달러인 가구가 상대적 빈곤 가구에 해당한다. 따라서 상대적 빈곤 가구는 10가구이다.

ㄹ 정답 : 갑국의 절대적 빈곤 가구는 25가구이고, 상대적 빈곤 가구는 10가구이므로 절대적 빈곤율이 상대적 빈곤율보다 높다. 따라서 갑국에서 상대적 빈곤 가구에 해당하는 가구는 모두 절대적 빈곤 가구에 해당한다.

🤓 **문제풀이 TIP** | 중위 소득을 파악하기 위해 갑국의 99가구 중 50번째 가구의 소득이 얼마인지를 알아보도록 한다.

🤓 **출제분석** | 빈곤의 유형을 파악하는 문제이다. 절대적 빈곤과 상대적 빈곤에 대한 개념적 이해뿐만 아니라 절대적 빈곤율과 상대적 빈곤율을 분석하는 고난도 문제가 출제될 수 있다.

밑줄 친 ㉠~㉢에 해당하는 빈곤 유형에 대한 설명으로 옳은 것은?

절대적 빈곤

절대적 빈곤

상대적 빈곤

① ㉠과 달리 ㉡은 소득 분배의 형평성을 높임으로써 해소할 수 있다. → 반드시 해소할 수 있는 것은 아니다

② ㉢과 달리 ㉠은 객관화된 기준에 의해 규정된다. → 객관적 빈곤

③ ㉢과 달리 ㉡은 각자의 소득 수준이 다른 사람에 비해 충분하지 않다고 느끼는 상태를 말한다. → 하지 않는다 / 주관적 빈곤

④ ㉡에 비해 ㉠, ㉢은 경제 성장 이전의 저개발 국가에서 두드러지게 나타난다는 평가를 받는다. → 절대적 빈곤

⑤ ㉠, ㉡과 달리 ㉢은 전체 사회 구성원의 소득 분포 상태를 고려하는 개념이라는 평가를 받는다. → 상대적 빈곤

|자|료|해|설|

㉠은 생존에 필수적인 물품을 구매하는 데 필요한 소득을 기준으로 한 절대적 빈곤이고, ㉡은 최소한의 육체적 건강을 유지하는 데 드는 비용을 기준으로 한 절대적 빈곤이며, ㉢은 한 사회의 통상적인 생활 수준을 기준으로 한 상대적 빈곤이다.

|선|택|지|풀|이|

① 오답 : 소득 분배의 형평성을 높임으로써 절대적 빈곤을 해소할 수 있다고 단정할 수 없다.

② 오답 : 절대적 빈곤과 상대적 빈곤은 모두 객관화된 기준에 의해 규정된 객관적 빈곤에 해당한다.

③ 오답 : 각자의 소득 수준이 다른 사람에 비해 충분하지 않다고 느끼는 상태는 주관적 빈곤이다.

④ 오답 : 경제 성장 이전의 저개발 국가에서 두드러지게 나타나는 빈곤은 절대적 빈곤이다.

⑤ 정답 : 전체 사회 구성원의 소득 분포 상태를 고려한 개념은 상대적 빈곤이다.

추가 학습 | 객관적인 소득 수준에 의해 결정되는 절대적 빈곤과 상대적 빈곤은 객관적 빈곤에 해당한다. 객관적 소득 수준 등과 상관없이 스스로가 빈곤에 처해 있다고 인식하는 경우를 주관적 빈곤이라고 한다.

출제분석 | 빈곤의 유형을 파악하는 문제이다. 절대적 빈곤과 상대적 빈곤의 특징을 파악해 두도록 한다.

다음 자료에 대한 설명으로 옳은 것은? 3점

사회적 소수자

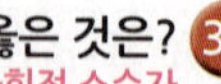

○ 갑국에서 일하는 외국인 노동자 A는 행인과 다툼을 겪고 경찰서에 가게 되었다. A는 갑국의 언어에 익숙하지 않아 모국어로 진술서를 작성할 수 있게 해 달라고 요청하였다. 이에 경찰은 갑국 언어로 진술서를 작성해야 한다고 되어 있는 업무 지침에 따라 A의 요구를 거부하였고, 갑국 국민과 달리 A는 정당한 법적 조력을 받을 수 없었다. → 주류 집단의 제도적 배제로 인한 수사 과정에서의 차별

○ 을국 국민인 B는 어린 시절 교통사고로 다리를 다쳐 휠체어를 사용해 왔다. B는 학교에 입학하려 하였으나 관할 관청은 화재 규정을 근거로 휠체어가 대피에 방해가 된다며 입학을 허가하지 않았다. B의 부모는 지속적으로 청원을 냈고 그 결과 을국에서는 장애를 이유로 차별해서는 안 된다는 법이 제정되어 B는 공교육을 받을 수 있게 되었다. → 사회적 소수자 / 신체적 특성을 이유로 한 차별 / 사회적 소수자에 대한 우대 정책 ×

① A는 주류 집단의 제도적 배제로 인해 차별을 받았다.

② B는 사회적 소수자에 대한 우대 정책의 혜택을 받았다. → 지 않았다

③ B와 달리 A는 신체적 특성을 이유로 차별을 받았다.

④ 갑국의 사례에는 역차별의 문제가 나타난다. → 나 있지 않다

⑤ 을국의 사례에는 수적 우세에도 불구하고 차별을 받는 사회적 소수자가 나타난다. → 나 있지 않다

|자|료|해|설|

갑국에서 일하는 외국인 노동자 A와 을국 국민인 B는 모두 사회적 소수자에 해당한다.

|선|택|지|풀|이|

① 정답 : A는 갑국에서 모국어로 진술서를 작성할 수 있게 해 달라는 요청을 거부당했고, 갑국 국민과 달리 정당한 법적 조력을 받을 수 없었다. 이를 통해 A가 갑국 주류 집단에 의한 제도적 배제로 수사 과정에서 차별을 받았음을 알 수 있다.

② 오답 : 을국에서 장애를 이유로 차별해서는 안 된다는 법을 제정한 것은 사회적 소수자에 대한 우대 정책인 적극적 우대 조치로 볼 수 없다. 따라서 B는 을국에서 사회적 소수자에 대한 우대 정책의 혜택을 받았다고 볼 수 없다.

③ 오답 : B는 장애인이라는 이유로 차별을 받았으므로 신체적 특성을 이유로 차별을 받았다.

④ 오답 : 갑국의 사례에는 역차별의 문제가 나타나 있지 않다.

⑤ 오답 : 을국의 사례에는 수적 우세에도 불구하고 차별을 받는 사회적 소수자가 나타나 있지 않다.

추가 학습 | 적극적 우대 조치는 오랜 기간 차별받아 온 집단에 대해 진학이나 취업 등에 혜택을 줌으로써 우대하는 정책을 말한다. 적극적 우대 조치로 인해 오히려 사회적 소수자가 아닌 국민들이 차별받는 상황인 역차별이 발생할 수 있다.

출제분석 | 사회적 소수자와 관련된 문제이다. 사회적 소수자를 규정하는 기준 및 다양한 차별 양상을 보여 주는 사례가 출제될 수 있다.

다음 자료에 대한 설명으로 옳은 것은? (단, A, B는 각각 절대적 빈곤과 상대적 빈곤 중 하나임.)

> 최근 갑국은 5년 만에 최저 임금 인상을 단행하였다. 그 결과 사회 구성원 대다수가 누리는 일반적인 생활 수준에 미치지 못하는 A에 해당하는 가구의 수는 변화가 없었다. 이와 달리 최소한의 생활을 유지하기 어려운 상태인 B에 해당하는 가구 중 10%는 최저 임금 상승의 혜택으로 B의 상태에서 벗어날 수 있었지만 여전히 A의 상태인 것으로 나타났다.

상대적 빈곤 ← A

절대적 빈곤 → B

절대적 빈곤율 < 상대적 빈곤율

① A는 소득 수준이 높은 국가에서는 나타나지 않는다. 도 나타날 수 있다
② 갑국은 B를 판단하는 기준 금액을 최저 임금으로 결정한다.
③ A와 달리 B는 사회 구성원의 소득 분포를 고려하여 결정된다.
④ B와 달리 A는 자신의 소득이 평균적인 생활 수준에 미치지 못한다고 스스로 생각하는 상태를 의미한다. → 주관적 빈곤
⑤ 갑국은 최저 임금 인상 이후 A에 해당하지만 B에 해당하지 않는 가구가 존재한다.

😲 **추가 학습** | 절대적 빈곤과 상대적 빈곤은 객관적인 소득 수준에 의해 결정되므로 객관적 빈곤에 해당한다.

😃 **출제분석** | 절대적 빈곤과 상대적 빈곤을 파악하는 문제이다. 절대적 빈곤율과 상대적 빈곤율을 분석하는 고난도 문제가 출제될 수 있다.

|자|료|해|설|
사회 구성원 대다수가 누리는 일반적인 생활 수준에 미치지 못하는 상태는 상대적 빈곤에 해당하고, 최소한의 생활을 유지하기 어려운 상태는 절대적 빈곤에 해당한다. 따라서 A는 상대적 빈곤, B는 절대적 빈곤이다.

|선|택|지|풀|이|
① 오답 : 상대적 빈곤은 소득 수준이 높은 국가에서도 나타날 수 있다.
② 오답 : 갑국에서 최저 임금을 인상한 결과 절대적 빈곤에 해당하는 가구 중 10%는 절대적 빈곤에서 벗어날 수 있었다. 이를 통해 갑국에서 최저 임금을 통해 절대적 빈곤을 판단한다고 볼 수 없다.
③ 오답 : 상대적 빈곤은 사회 구성원의 소득 분포를 고려하여 결정된다.
④ 오답 : 자신의 소득이 평균적인 생활 수준에 미치지 못한다고 스스로 생각하는 상태는 주관적 빈곤이다. 상대적 빈곤과 절대적 빈곤은 모두 객관적 빈곤에 해당한다.
⑤ 정답 : 갑국에서 최저 임금 인상 전 절대적 빈곤에 해당하는 가구 중 10%는 최저 임금 인상 이후 절대적 빈곤에 해당하지 않게 되었지만 여전히 상대적 빈곤에 해당한다. 이를 통해 갑국에서는 상대적 빈곤율이 절대적 빈곤율보다 높음을 알 수 있다. 따라서 갑국은 최저 임금 인상 이후 절대적 빈곤에는 해당하지 않지만 상대적 빈곤에 해당하는 가구가 존재한다.

다음 자료에 대한 설명으로 가장 적절한 것은? 🔴 3점

> 갑국의 A 종교 신자들이 종교 탄압에서 벗어나기 위해 국교가 A 종교인 을국으로 이주하는 일이 빈번해졌다. 이에 갑국은 사회 통합 실현을 목적으로 종교의 자유를 보장하는 ⑦ 정책을 실시하였다. 이로 인해 갑국 국민들은 누구나 자신들의 신념에 따라 종교 활동을 자유롭게 할 수 있게 되었다. 한편, B 인종에게는 주거 환경이 우수한 지역에 위치한 주택의 일정 비율을 우선 배정하는 ⓛ 정책을 실시하였다. B 인종은 갑국에서 가장 높은 인구 비중을 차지함에도 불구하고 지배 세력과 인종이 다르다는 이유로 낙후된 주거 지역에서 모여 살아야 했기 때문이다. 이후 주거 여건은 일부 개선되었지만, A 종교 신자와 달리 B 인종은 여전히 사회의 다양한 영역에서 차별받으며 살고 있다.

사회적 차별을 개선하려는 정책 → ⑦

수적 열세 × → ⓛ

사회적 소수자 문제를 해결하려는 제도적 차원의 노력 ← B 인종

① ⑦은 선천적 요인에 의한 사회적 차별을 시정하려는 것이다.
② ⓛ은 수적 열세로 인한 사회적 차별을 시정하려는 것이다.
③ ⑦은 사회적 차별을, ⓛ은 역차별을 시정하려는 것이다.
④ 사회적 소수자로 규정되는지의 여부가 사회적 상황에 따라 달라지는 것을 A 종교 신자의 사례에서 확인할 수 있다.
⑤ 의식적 차원의 노력만으로는 사회적 차별 해소에 근본적인 한계가 있음을 B 인종의 사례에서 확인할 수 있다.
제도적

😲 **문제풀이 TIP** | A 종교 신자들에 대한 차별 양상과 B 인종에 대한 차별 양상을 구분하여 파악해 보도록 한다.

😃 **출제분석** | 사회적 소수자 문제를 파악하는 문제이다. 사회적 소수자의 특성, 사회적 소수자 문제의 해결 방안을 종합적으로 이해해 두도록 한다.

|자|료|해|설|
사회적 소수자는 신체적 또는 문화적 특징으로 인해 주류 집단으로부터 불평등한 처우를 받는 사람들이다.

|선|택|지|풀|이|
① 오답 : 갑국은 종교 탄압을 받는 A 종교 신자들이 국교가 A 종교인 을국으로 이주하는 일이 빈번해지자 사회 통합을 실현하기 위해 종교의 자유를 보장하는 정책을 실시하였다. 따라서 ⑦은 선천적 요인에 의한 사회적 차별을 시정하려는 정책으로 볼 수 없다.
② 오답 : 갑국은 갑국에서 가장 높은 인구 비중을 차지하고 있는 B 인종에게 주거 환경이 우수한 지역에 위치한 주택의 일정 비율을 우선 배정하는 정책을 실시하였다. 따라서 ⓛ은 수적 열세로 인한 사회적 차별을 시정하려는 정책으로 볼 수 없다.
③ 오답 : ⑦은 A 종교 신자들의 종교의 자유를 보장하는 정책이므로 사회적 차별을 시정하려는 정책이다. ⓛ은 지배 세력과 인종이 다르다는 이유로 낙후된 주거 지역에 사는 B 인종에게 주거 환경이 우수한 지역에 위치한 주택의 일정 비율을 우선 배정하는 정책이므로 역차별을 시정하려는 정책으로 볼 수 없다.
④ 정답 : A 종교 신자의 경우 ⑦ 정책을 실시하기 전에는 갑국에서 사회적 소수자에 해당하지만, ⑦ 정책을 실시한 이후에는 갑국에서 사회적 소수자에 해당하지 않는다. 이를 통해 사회적 상황에 따라 사회적 소수자로 규정되는지의 여부가 달라짐을 알 수 있다.
⑤ 오답 : B 인종의 주거 여건 개선을 위해 정책 시행을 통한 제도적 차원의 노력을 다했지만, 여전히 B 인종은 사회의 다양한 영역에서 차별을 받고 있다. 이를 통해 제도적 차원의 노력만으로는 사회적 차별 해소에 한계가 있음을 알 수 있다.

IV 2. 사회 불평등 양상

3. 사회 복지와 복지 제도

1 사회 보장 제도의 특징

정답 ② 정답률 86% 2020년 4월 학평 13번 문제편 274p

(가) ~ (다)의 일반적인 특징에 대한 설명으로 옳은 것은? (단, (가) ~ (다)는 각각 공공 부조, 사회 보험, 사회 서비스 중 하나이다.)

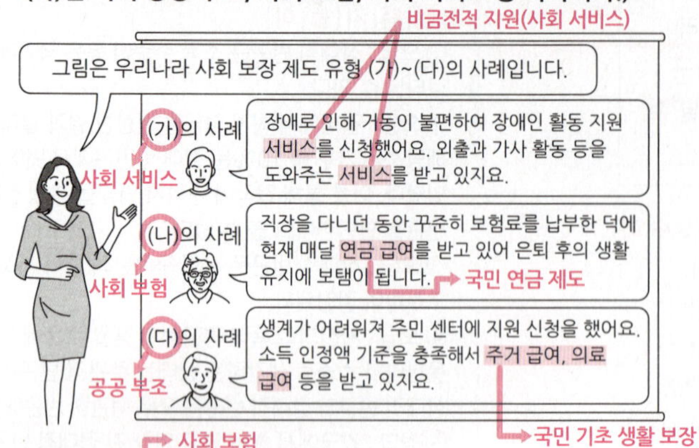

① (가)는 강제 가입 원칙이 적용된다. → 사회 보험
② (나)는 미래의 위험에 대한 사전 예방적 성격을 지닌다. (나)
③ (다)는 수혜 정도에 따른 비용 부담을 원칙으로 한다. → 사회 보험 / → 국가, 지방 자치 단체가 전액 부담
④ (다)는 (나)와 달리 소득 재분배 효과가 있다. → (나), (다) 모두 있음
⑤ (가), (나)는 모두 국가나 지방 자치 단체가 비용을 전액 부담하는 것을 원칙으로 한다. (다) → 공공 부조

|자|료|해|설|

(가)는 비금전적 지원을 원칙으로 하는 사회 서비스의 사례이고, (나)는 국민 연금 제도와 같은 사회 보험의 사례이며, (다)는 국민 기초 생활 보장 제도와 같은 공공 부조의 사례이다.

|선|택|지|풀|이|

① 오답 : 사회 보험은 사(私) 보험과 달리 강제(의무) 가입 원칙이 적용된다.
② 정답 : 사회 보험은 미래에 직면할 사회적 위험에 대처하는 사전 예방적 성격을 지닌다.
③ 오답 : 공공 부조는 국가와 지방 자치 단체가 비용을 전액 부담한다.
④ 오답 : 사회 보험과 공공 부조는 모두 소득 재분배 효과가 발생한다.
⑤ 오답 : 국가나 지방 자치 단체가 비용을 전액 부담하는 것을 원칙으로 하는 것은 공공 부조이다.

😲 **문제풀이 TIP** | 사회 보험, 공공 부조, 사회 서비스 모두 수혜 정도에 따라 비용을 부담하지 않는다. 사회 보험은 사업주, 근로자, 국가가 함께 비용을 부담하고, 공공 부조는 국가와 지방 자치 단체가 비용을 전액 부담하며, 사회 서비스는 부담 능력이 있는 국민은 수익자 부담을 원칙으로 하고, 일정 소득 수준 이하의 국민의 경우 전부 또는 일부를 국가와 지방 자치 단체가 부담한다.

---

2 사회 보장 제도의 특징

정답 ⑤ 정답률 57% 2021년 3월 학평 20번 문제편 274p

자료에 대한 분석으로 옳은 것은? 3점

표는 우리나라 갑 권역의 65세 이상 인구 중 국민 연금 제도와 기초 연금 제도의 수급자 비율을 나타낸 것이다. 갑 권역은 A 지역과 B 지역으로만 구분되고, 65세 이상 인구는 A 지역이 4만 명, B 지역이 2만 명이다.

→ 사회 보험 / →4만 명 2만 명← (단위 : %)

구분		A 지역	B 지역
국민 연금	수급자(수)	60(24,000명)	80(16,000명)
기초 연금	수급자(수)	40(16,000명)	30(6,000명)

→ 공공 부조

① 65세 이상 인구 중 국민 연금 수급자 수는 B 지역이 A 지역보다 많다. 적다
② 65세 이상 인구 중 기초 연금 수급자 수는 A 지역이 B 지역의 2배 미만이다. 를 넘는다
③ 65세 이상 인구 중 사회 보험에 해당하는 제도의 수급자 비율은 A 지역이 B 지역보다 높다. → 국민 연금 / 낮다
④ 갑 권역에서 65세 이상 인구 중 선별적 복지 이념에 기초한 제도의 수급자 비율은 70%이다. → 공공 부조 / 약 37%
⑤ 갑 권역에서 65세 이상 인구 중 의무 가입의 원칙이 적용되는 제도의 수급자 비율은 70% 미만이다. → 사회 보험

😲 **문제풀이 TIP** | 국민 연금은 사회 보험에, 기초 연금은 공공 부조에 해당한다. A 지역과 B 지역의 65세 이상 인구가 제시되어 있으므로 각각의 수급자 비율을 통해 수급자 수를 계산할 수 있다.

|자|료|해|설|

A 지역과 B 지역의 65세 이상 인구가 제시되어 있으므로 이를 통해 국민 연금 제도와 기초 연금 제도의 65세 이상 수급자 수를 파악할 수 있다.

|선|택|지|풀|이|

① 오답 : 65세 이상 인구 중 국민 연금 수급자 수는 A 지역의 경우 2만 4,000명, B 지역의 경우 1만 6,000명으로, B 지역이 A 지역보다 적다.
② 오답 : 65세 이상 인구 중 기초 연금 수급자 수는 A 지역의 경우 1만 6,000명, B 지역의 경우 6,000명으로, A 지역이 B 지역의 2배를 넘는다.
③ 오답 : 사회 보험에 해당하는 제도는 국민 연금이다. 65세 이상 인구 중 국민 연금의 수급자 비율은 A 지역의 경우 60%, B 지역의 경우 80%로, A 지역이 B 지역보다 낮다.
④ 오답 : 선별적 복지 이념에 기초한 제도는 공공 부조로, 기초 연금이 이에 해당한다. 갑 권역에서 65세 이상 인구는 6만 명(4만 명+2만 명)이고, 기초 연금 수급자 수는 2만 2,000명(1만 6,000명+6,000명)이다. 따라서 갑 권역에서 65세 이상 인구 중 기초 연금 수급자 비율은 약 37%{(2만 2,000명/6만 명)×100}이다.
⑤ 정답 : 의무 가입의 원칙이 적용되는 제도는 사회 보험으로, 국민 연금이 이에 해당한다. 갑 권역에서 65세 이상 인구는 6만 명(4만 명+2만 명)이고, 국민 연금 수급자 수는 4만 명(2만 4,000명+1만 6,000명)이다. 따라서 갑 권역에서 65세 이상 인구 중 국민 연금 수급자 비율은 약 67%{(4만 명/6만 명)×100}이다.

다음 자료에 대한 설명으로 옳은 것은? (단, A ~ C는 각각
우리나라의 공공 부조, 사회 보험, 사회 서비스 중 하나이다.) **3점**

○ 문제 : 제시된 응답을 할 수 있도록 답란 (가), (나)에 A ~ C를
　　　비교하는 질문을 쓰시오.

3학년 2반 15번 ○○○

응답	답란(질문)		교사 채점
예	(가)	A와 달리 B는 복지 제공에 민간 부문이 참여하는가?	○
아니요	(나)	B와 C는 수익자 부담 원칙이 존재한다는 공통점을 갖는가?	×

① A와 달리 B는 선별적 복지 이념을 바탕으로 한다.
② B와 달리 C는 비금전적 지원을 원칙으로 한다.
③ C와 달리 A는 상호 부조의 원리를 구현하고자 한다.
④ (가)에서 A 대신에 C를 썼다면 채점 결과는 달라진다.
⑤ (나)에서 C 대신에 A를 썼다면 채점 결과는 달라진다.

출제분석 | 우리나라 사회 보장 제도(사회 보험, 공공 부조, 사회 서비스)는 수능과 모평에 빠지지 않고
출제되는 단골손님이다. 도표나 그래프 등과 함께 출제될 경우 학생들의 체감 난도는 상승하기 때문에
기출 문제를 중심으로 관련 개념을 꼼꼼하게 정리해 둘 필요가 있다.

| 자 | 료 | 해 | 설 |
사회 보험, 공공 부조와 달리 사회 서비스는 복지 제공에
민간 부문이 참여할 수 있다. 따라서 B는 사회 서비스이다.
두 번째 질문의 응답이 '아니요'이고, 이에 대한 교사
채점은 'X'이기 때문에 'B와 C는 수익자 부담 원칙이
존재한다는 공통점을 갖는다.'는 옳은 진술에 해당한다.
사회 보험과 사회 서비스는 공공 부조와 달리 수익자 부담
원칙이 존재하므로 C는 사회 보험이다. 따라서 A는 공공
부조이다.

| 선 | 택 | 지 | 풀 | 이 |
① 오답 : 생활능력이 없거나 생활이 어려운 국민을
대상으로 복지 혜택을 제공하는 공공 부조는 사회
서비스와 달리 선별적 복지 이념을 바탕으로 한다.
② 오답 : 사회 보험과 공공 부조는 금전적 지원을
원칙으로 하고, 사회 서비스는 비금전적 지원을 원칙으로
한다.
③ 오답 : 공공 부조와 달리 사회 보험은 상호 부조의
원리를 구현하고자 한다.
④ 오답 : 복지 제공에 민간 부문이 참여하는 것은 사회
서비스만의 특징이다. 따라서 (가)에 A 대신에 C를 썼다고
해도 채점 결과는 달라지지 않는다.
⑤ 정답 : 사회 보험과 사회 서비스는 수익자 부담 원칙이
존재하지만, 공공 부조는 국가 및 지방 자치 단체에서
비용을 전액 부담한다. 따라서 (나)에서 C 대신에 A를
썼다면 교사의 채점 결과는 'X'에서 'O'로 달라진다.

우리나라 사회 보장 제도 A ~ C의 일반적인 특징에 대한 설명으로
옳은 것은? (단, A ~ C는 각각 사회 보험, 공공 부조, 사회 서비스 중
하나임.)

```
복지 Q&A                                    Q  ≡

질문
최근 회사에서 해고를 당해서 생계가 막막합니다. 출산 후 몸도 좋지
않아 아이를 돌보는 데 어려움이 있습니다. 도움받을 수 있는 제도를
안내해 주세요.

답변
도움받을 수 있는 첫 번째 제도는 A의 하나로, 이 제도는 생활이
어려운 사람에게 필요한 급여를 지급하여 최저 생활을 보장하고
자활을 지원해 주고 있습니다. 두 번째 제도는 B의 하나로, 이 제도는
실직자에게 일정 기간 실업 급여를 지급해 생활 안정에 도움을 주어
재취업의 기회를 제공해 주고 있습니다. 세 번째 제도는 C의 하나로,
이 제도는 산모 · 신생아 건강 관리사가 일정 기간 출산 가정을 방문해
산모 · 신생아 돌봄 서비스를 제공해 주고 있습니다.
이 세 가지 제도 중 본인이 지원 대상에 해당하는 것이 있는지 확인해
보십시오.
```

① A는 상호 부조의 원리를 바탕으로 한다.
② B는 선별적 복지의 이념을 바탕으로 한다.
③ C는 강제 가입을 원칙으로 한다.
④ A는 B에 비해 사후 처방적 성격이 강하다.
⑤ B와 C는 모두 금전적 지원을 원칙으로 한다.

| 자 | 료 | 해 | 설 |
A는 공공 부조, B는 사회 보험, C는 사회 서비스이다.

| 선 | 택 | 지 | 풀 | 이 |
① 오답 : 상호 부조의 원리를 바탕으로 하는 사회 보장
제도는 사회 보험이다.
② 오답 : 공공 부조는 선별적 복지의 이념을 바탕으로
하고, 사회 보험은 보편적 복지의 이념을 바탕으로 한다.
③ 오답 : 강제 가입을 원칙으로 하는 사회 보장 제도는
사회 보험이다.
④ 정답 : 공공 부조는 사후 처방적 성격이 강하고, 사회
보험은 사전 예방적 성격이 강하다.
⑤ 오답 : 사회 보험과 공공 부조는 금전적 지원을
원칙으로 하고, 사회 서비스는 비금전적 지원을 원칙으로
한다.

추가 개념 | 상호 부조는 한 공동체나 집단에 속하는
구성원들끼리 서로 돕는 것을 의미한다. 사회 보험은 가입자
중에서 사회적 위험에 처한 사람이 있을 때 가입자끼리 서로 돕는
원리를 바탕으로 한다는 점에서 상호 부조의 원리를 적용하고
있다.

출제분석 | 사회 보장 제도의 유형을 파악하는 문제이다. 사회
보장 제도의 특징을 비교하는 문제보다는 사회 보장 제도의 각
수급자 비율을 분석하는 고난도 문제가 출제될 가능성이 크므로
기출 문제를 통해 풀이 과정을 연습해 두도록 한다.

다음 자료에 대한 분석으로 옳은 것은? (단, A ~ C는 각각 사회 보험, 공공 부조, 사회 서비스 중 하나이다.) 3점

사회 보험 → 공공 부조 → 사회 서비스
사회 보험, 공공 부조

우리나라 사회 보장 제도 유형 A ~ C 중 A는 B와 달리 금전적 지원을 원칙으로 한다. 또한, C는 A와 달리 상호 부조의 원리가 적용된다. 우리나라 (가), (나) 지역의 모든 가구는 A ~ C 중 한 가지 이상의 혜택을 받고 있으며, 지역별 중복 수혜 가구 비율은 다음과 같다.

사회 보험

(단위 : %)

구분	(가) 지역	(나) 지역
A와 B의 중복 수혜 가구	10	20
A와 C의 중복 수혜 가구	6	9
B와 C의 중복 수혜 가구	50	45

* (가) 지역의 각 수치에는 A, B, C 중복 수혜 가구 비율(2%)이, (나) 지역의 각 수치에는 A, B, C 중복 수혜 가구 비율(5%)이 포함되어 있다.

사후 처방적
① A는 B, C와 달리 사전 예방적 목적을 가진다.
사회 보험
② B는 A, C와 달리 보편적 복지의 이념을 바탕으로 한다.
③ C는 A, B와 달리 비용 부담자와 수혜자가 일치하지 않는다.
④ 사회 보험과 사회 서비스의 혜택은 모두 받지만, 공공 부조의 혜택은 받지 않는 가구의 비율은 (나) 지역이 (가) 지역보다 높다.
낮다
40% 48%
⑤ 사회 보험과 공공 부조의 혜택은 모두 받지만, 사회 서비스의 혜택은 받지 않는 가구의 비율은 (가), (나) 지역이 같다.
4% 4%

|자|료|해|설|
금전적 지원을 원칙으로 하는 제도는 사회 보험과 공공 부조이고, 상호 부조의 원리가 적용되는 제도는 사회 보험이다. 따라서 A는 공공 부조, B는 사회 서비스, C는 사회 보험이다.

|선|택|지|풀|이|
① 오답 : 공공 부조는 현재 직면한 사회적 위험에 대응하는 사후 처방적 성격이 강하다.
② 오답 : 사회 보험은 모든 국민을 대상으로 하므로 보편적 복지 이념을 바탕으로 한다.
③ 오답 : 사회 보험은 수혜자가 비용을 일부 부담하므로 비용 부담자와 수혜자가 일치하지 않는다고 단정할 수 없다.
④ 오답 : 사회 보험과 사회 서비스의 혜택은 모두 받지만 공공 부조의 혜택은 받지 않는 가구의 비율은 (가) 지역의 경우 48%이고, (나) 지역의 경우 40%이므로 (나) 지역이 (가) 지역보다 낮다.
⑤ 정답 : 사회 보험과 공공 부조의 혜택은 모두 받지만 사회 서비스의 혜택은 받지 않는 가구의 비율은 (가) 지역의 경우 4%이고, (나) 지역의 경우 4%이므로 (가) 지역과 (나) 지역이 같다.

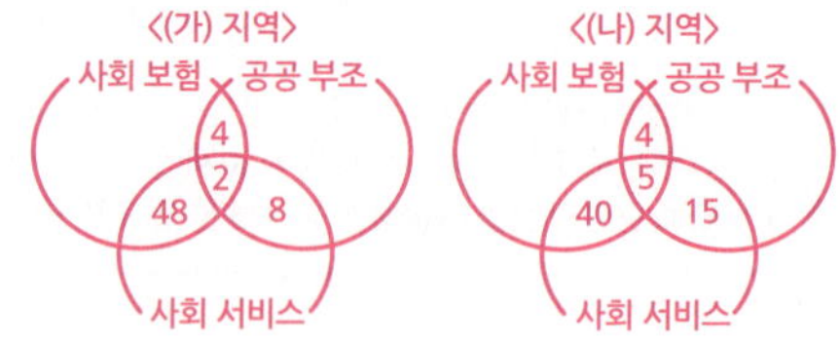

다음 (가)~(다)의 일반적인 특징에 대한 옳은 설명만을 <보기>에서 고른 것은? (단, (가) ~ (다)는 각각 공공 부조, 사회 보험, 사회 서비스 중 하나이다.) 3점

공공 부조 → 사회 서비스

1~3번 사례를 우리나라 사회 보장 제도 유형에 적용하면, 1번 사례는 [(가)]에, 2번 사례는 [(나)]에, 3번 사례는 [(다)]에 해당합니다.
사회 보험

번호	사례
1	소득 인정액이 선정 기준액 이하인 65세 이상 노인은 생활 안정을 위하여 매월 일정 금액을 받을 수 있음.
2	거동이 불편해 혼자 힘으로 일상생활이 어려운 노인은 바우처 지원액을 사용해 식사 도움, 목욕 보조, 청소, 세탁 등에 대한 방문 돌봄을 받을 수 있음.
3	고령이나 노인성 질병 등으로 인해 일상생활을 수행하기 어려운 노인은 신체 활동 또는 가사 활동 지원 등의 장기 요양 급여를 받을 수 있음.

기초 연금 제도(공공 부조)
사회 서비스(비금전적 지원)
노인 장기 요양 보험 제도(사회 보험)

보기
사회 보험
ㄱ. (가)는 사전 예방적 성격이 강하다.
공공 부조 > 사회 보험
ㄴ. (가)는 (다)보다 소득 재분배 효과가 크다.
공공 부조
ㄷ. (다)는 (가)와 달리 정부가 비용 전액을 부담한다.
ㄹ. (다)는 (나)와 달리 금전적 지원을 원칙으로 한다.
사회 보험, 공공 부조

① ㄱ, ㄴ   ② ㄱ, ㄷ   ③ ㄴ, ㄷ   ④ ㄴ, ㄹ   ⑤ ㄷ, ㄹ

|자|료|해|설|
(가)는 기초 연금 제도이므로 공공 부조이고, (나)는 비금전적 지원을 원칙으로 하는 사회 서비스이며, (다)는 노인 장기 요양 보험 제도이므로 사회 보험이다.

|보|기|풀|이|
ㄱ. 오답 : 공공 부조는 사후 처방적 성격이 강하고, 사회 보험은 사전 예방적 성격이 강하다.
ㄴ. 정답 : 생활 유지 능력이 없거나 생활이 어려운 국민을 대상으로 하는 공공 부조가 사회 보험보다 소득 재분배 효과가 크다.
ㄷ. 오답 : 공공 부조는 사회 보험과 달리 정부가 비용 전액을 부담한다.
ㄹ. 정답 : 사회 보험과 공공 부조는 금전적 지원을 원칙으로 하고, 사회 서비스는 비금전적 지원을 원칙으로 한다.

교사의 질문에 대한 학생의 답변으로 옳은 것은? (단, A, B는 각각 공공 부조, 사회 보험 중 하나임.) (3점)

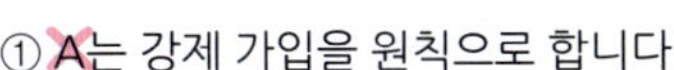

① A는 강제 가입을 원칙으로 합니다.
② B는 상호 부조의 원리를 바탕으로 합니다.
③ A는 B와 달리 보편적 복지의 이념을 바탕으로 합니다.
④ B는 A와 달리 소득 재분배 효과가 있습니다.
⑤ B는 A에 비해 사후 처방적 성격이 강합니다.

|자|료|해|설|
갑은 공공 부조에 해당하는 의료 급여를 받고 있고, 을은 사회 보험에 해당하는 장기 요양 급여를 받고 있다. 따라서 A는 공공 부조, B는 사회 보험이다.

|선|택|지|풀|이|
① 오답 : 강제 가입을 원칙으로 하는 사회 보장 제도는 사회 보험이다.
② 정답 : 사회 보험은 가입자 중 사회적 위험에 처한 사람이 있을 때 가입자끼리 서로 돕는 원리를 바탕으로 한다는 점에서 상호 부조의 원리를 적용하고 있다.
③ 오답 : 사회 보험은 보편적 복지의 이념을 바탕으로 하고, 공공 부조는 선택적 복지의 이념을 바탕으로 한다.
④ 오답 : 사회 보험과 공공 부조는 모두 소득 재분배 효과가 있다.
⑤ 오답 : 사회 보험은 사전 예방적 성격이 강하고, 공공 부조는 사후 처방적 성격이 강하다.

다음 자료에 대한 분석으로 옳은 것은? (단, A와 B는 각각 공공 부조와 사회 보험 중 하나이다.) (3점)

〈표 1〉 갑국 사회 보장 제도의 일반적인 특징 비교

구분	A 공공 부조	B 사회 보험
공통점	⊙	
차이점	ⓒ	상호 부조의 원리가 적용됨

〈표 2〉 갑국의 A, B 제도 수급자 비율

(단위 : %)

구분	(가)	(나)	(다)	(라)	전체
A	20	15	5	8	10
B	10	ⓒ 25	40	36	32

* 갑국의 사회 보장 제도는 우리나라의 사회 보장 제도와 동일하다.
** 갑국은 (가) ~ (라) 지역으로만 구성되고, (나)와 (다) 지역 인구는 각각 (가) 지역 인구의 2배이다.
*** 지역별 수급자 비율(%) = (해당 지역 수급자 수/해당 지역 인구) × 100

① ⊙에는 '금전적 지원의 원칙이 적용됨', ⓒ에는 '사전 예방적 성격이 강함'이 적절하다.
② ⓒ은 (가) 지역의 A 제도 수급자 비율보다 낮다.
③ 강제 가입을 원칙으로 하는 제도의 수급자 수는 (나) 지역이 가장 많다.
④ 수혜자 부담 원칙이 적용되는 제도의 전체 수급자 수에서 (다) 지역의 수급자 수가 차지하는 비율은 25%이다.
⑤ (가)~(라) 지역 중 선별적 복지 이념을 바탕으로 하는 제도의 수급자 수는 (라) 지역이 가장 적다.

(단위 : 명)

구분	(가)	(나)	(다)	(라)	전체
인구	100	200	200	500	1,000
A 수급자 수	20	30	10	40	100
B 수급자 수	10	50	80	180	320

|자|료|해|설|
상호 부조의 원리가 적용되는 제도는 사회 보험이다. 따라서 A는 공공 부조, B는 사회 보험이다. (나)와 (다) 지역 인구가 각각 (가) 지역 인구의 2배이므로 (가) 지역 인구를 a, (라) 지역 인구를 b라고 하면, (나) 지역 인구와 (다) 지역 인구는 각각 2a가 된다. A의 경우 $(0.2×a)+(0.15×2a)+(0.05×2a)+(0.08×b)$ $=0.1(a+2a+2a+b)$, 즉 b=5a이다. (가) 지역 인구를 100명이라고 하면 (나) 지역 인구와 (다) 지역 인구는 각각 200명, (라) 지역 인구는 500명이 된다.

|선|택|지|풀|이|
① 오답 : 금전적 지원의 원칙이 적용되는 제도는 사회 보험과 공공 부조이고, 사전 예방적 성격이 강한 제도는 사회 보험이다. 따라서 '금전적 지원의 원칙이 적용됨'은 ⊙에 들어갈 수 있고, '사전 예방적 성격이 강함'은 ⓒ에 들어갈 수 없다.
② 오답 : B의 경우 $(0.1×100명)+\{(ⓒ/100)×200명\}+(0.4×200명)+(0.36×500명)=0.32×1,000명$이다. 즉, ⓒ은 25이다. (가) 지역의 A 제도 수급자 비율은 20%이고, ⓒ은 25%이므로 ⓒ이 (가) 지역의 A 제도 수급자 비율보다 높다.
③ 오답 : 강제 가입을 원칙으로 하는 제도는 사회 보험이다. 사회 보험의 수급자 수는 (라) 지역이 180명으로 가장 많다.
④ 정답 : 수혜자 부담 원칙이 적용되는 제도는 사회 보험이다. (다) 지역 인구가 200명이고 전체 인구가 1,000명이라면, (다) 지역의 사회 보험 수급자 수는 80명(=0.4×200명)이고, 전체 사회 보험 수급자 수는 320명(=0.32×1,000명)이다. 따라서 사회 보험의 전체 수급자 수에서 (다) 지역의 수급자 수가 차지하는 비율은 25%{=(80명/320명)×100}이다.
⑤ 오답 : 선별적 복지 이념을 바탕으로 하는 제도는 공공 부조이다. 공공 부조의 수급자 수는 (라) 지역이 40명으로 가장 많다.

다음 자료에 대한 분석으로 옳은 것은? 3점

갑국은 우리나라와 동일한 사회 보장 제도 A, B만을 시행하고 있다. A, B 모두 금전적 지원을 원칙으로 하며, A는 정부 재정으로 → 공공 부조
비용을 전액 충당하는 것을 원칙으로 하는 제도이고, B는 → 사회 보험
수혜자 비용 부담 원칙을 적용하는 제도이다. 표는 갑국의 (가), (나) 지역 인구 중 A, B 수급자 비율을 나타낸 것이다. 갑국은 (가), (나) 지역만으로 구성되며, 인구는 (나) 지역이 (가) 지역의 2배이다.

(단위 : %)

구분	(가) 지역	(나) 지역
공공 부조 A 수급자	11	12
사회 보험 B 수급자	8	13
A와 B 중복 수급자	4	6

① (가) 지역에서 강제 가입 원칙이 적용되는 제도의 수급자 수는 → 사회 보험(B)
　A와 B 중복 수급자 수의 2배보다 많다. 이다

② (나) 지역에서 상호 부조의 원리가 적용되는 제도의 혜택만 받는 → 사회 보험(B)
　수급자 수는 A와 B 중복 수급자 수와 같다. 보다 많다

③ A와 B 중 하나 이상의 혜택을 받는 수급자 수는 (나) 지역이
　(가) 지역의 2배보다 적다. 많다

④ (나) 지역과 달리 (가) 지역은 보편적 복지 이념에 기초한 제도의 → 사회 보험(B)
　수급자 수가 선별적 복지 이념에 기초한 제도의 수급자 수보다 → 공공 부조(A)
　많다. 적다

⑤ 갑국은 사후 처방적 성격이 강한 제도의 수급자 수가 사전 예방적 → 사회 보험(B)
　공공 부조(A)
　성격이 강한 제도의 수급자 수보다 많다.

(가) 지역　　　(나) 지역

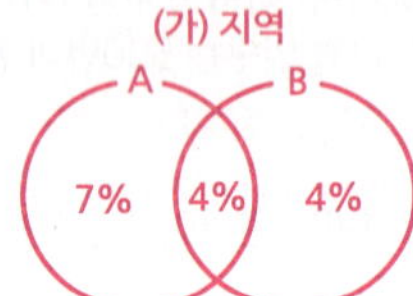

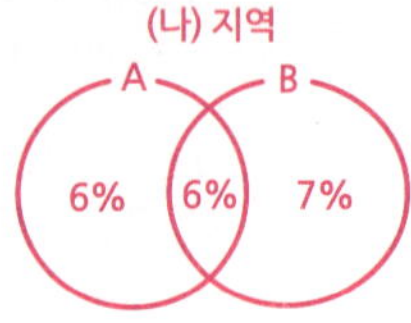

😮 **문제풀이 TIP** | A의 혜택만 받는 수급자 비율은 'A수급자 비율 − A와 B 중복 수급자 비율'을 통해 구할 수 있고, B의 혜택만 받는 수급자 비율은 'B 수급자 비율 − A와 B 중복 수급자 비율'을 통해 구할 수 있다.

😀 **출제분석** | 사회 보장 제도의 수급자 비율과 수를 분석하는 문제이다. 사회 보장 제도의 유형별 수급자 비율과 수급자 수를 계산하는 고난도 문제가 출제될 수 있으므로 기출 문제를 통해 고난도 문제 위주로 연습해 두도록 한다.

다음 자료에 대한 분석으로 옳은 것은? (단, 갑국의 사회 보장 제도는 우리나라의 사회 보장 제도와 동일함.)

　　　　　　　　→ 의료 급여 제도(공공 부조)

〈자료 1〉 갑국의 사회 보장 제도 A~C의 사례
- A의 사례 : 생활이 어려운 사람의 질병, 부상 등에 대해 급여 제공
- B의 사례 : 노령, 장애, 사망 시 본인 및 가족에게 연금 급여 실시
　　　　　→ 국민 연금 제도(사회 보험)
- C의 사례 : 일상생활과 사회 활동이 어려운 저소득층의 생활 안정을 위해 가사·간병 서비스 지원
　　　　　→ 가사·간병 방문 지원 사업(사회 서비스)

〈자료 2〉 갑국의 사회 보장 제도 A~C의 시기별 수혜자 현황

제도	A		B		C	
시기	2015년	2020년	2015년	2020년	2015년	2020년
전체 인구 중 수혜자 비율(%)	12	18	48	48	24	36
수혜자 중 성별 비율(%)	여 60 / 남 40	여 65 / 남 35	여 30 / 남 70	여 30 / 남 70	여 50 / 남 50	여 60 / 남 40

① 최저 생활 보장을 목적으로 하는 제도의 경우, 2015년 전체 인구 중 수혜자 비율은 24%이다. → 공공 부조 (12)

② 비금전적 지원을 원칙으로 하는 제도의 경우, 2015년 남성 수혜자 수는 갑국 인구의 12%이다. → 사회 서비스

③ 상호 부조의 원리를 바탕으로 하는 제도의 경우, 2015년 여성 수혜자 수와 2020년 여성 수혜자 수는 같다. → 사회 보험 → 알 수 없음

④ 2015년의 경우, 소득 재분배 효과가 가장 큰 제도의 수혜자 수는 의무 가입이 원칙인 제도의 수혜자 수의 4배이다. → 사회 보험 / → 공공 부조 / 1/4배

⑤ 2020년의 경우, 공공 부조에 해당하는 제도의 남성 수혜자 수는 사회 보험에 해당하는 제도의 남성 수혜자 수의 절반이다. → 보다 적다

|자|료|해|설|
A는 의료 급여 제도로 공공 부조에 해당하고, B는 국민 연금 제도로 사회 보험에 해당하며, C는 가사·간병 방문 지원 사업으로 사회 서비스에 해당한다.

|선|택|지|풀|이|
① 오답 : 최저 생활 보장을 목적으로 하는 제도는 공공 부조이다. 2015년 전체 인구 중 공공 부조의 수혜자 비율은 12%이다.

② 정답 : 비금전적 지원을 원칙으로 하는 제도는 사회 서비스이다. 2015년 전체 인구 중 사회 서비스의 수혜자 비율은 24%이고, 이 중 남성 비율은 50%이다. 따라서 2015년 사회 서비스의 남성 수혜자 수는 전체 인구의 12%(=24%×0.5)이다.

③ 오답 : 상호 부조의 원리를 바탕으로 하는 제도는 사회 보험이다. 전체 인구 중 사회 보험의 수혜자 비율은 2015년과 2020년 각각 48%이고, 이 중 여성 비율은 2015년과 2020년 각각 30%이다. 그러나 제시된 자료를 통해 2015년과 2020년 전체 인구를 알 수 없으므로 2015년과 2020년의 사회 보험의 여성 수혜자 수가 같다고 단정할 수 없다.

④ 오답 : 소득 재분배 효과가 가장 큰 제도는 공공 부조이고, 의무 가입이 원칙인 제도는 사회 보험이다. 2015년의 경우 전체 인구 중 공공 부조의 수혜자 비율은 12%이고, 전체 인구 중 사회 보험의 수혜자 비율은 48%이다. 따라서 2015년의 경우 공공 부조의 수혜자 수는 사회 보험의 수혜자 수의 1/4배이다.

⑤ 오답 : 2020년의 경우 공공 부조에 해당하는 제도의 남성 수혜자 수는 전체 인구의 6.3%(=18%×0.35)이고, 사회 보험에 해당하는 제도의 남성 수혜자 수는 전체 인구의 33.6%(=48%×0.7)이다. 따라서 2020년의 경우 공공 부조에 해당하는 제도의 남성 수혜자 수는 사회 보험에 해당하는 제도의 남성 수혜자 수의 절반보다 적다.

😲 **문제풀이 T I P |** 각 제도의 '전체 인구 중 수혜자 비율 × 수혜자 중 성별 비율'을 통해 성별 수혜자 수를 파악할 수 있다. 그러나 2015년과 2020년의 전체 인구를 알 수 없으므로 2015년과 2020년의 수혜자 수는 비교할 수 없다.

표는 질문에 따라 우리나라 사회 보장 제도의 유형을 구분한 것이다. 이에 대한 설명으로 옳은 것은? (단, A~C는 각각 사회 보험, 공공 부조, 사회 서비스 중 하나이다.)

　　　　　　　　　　　　　　　　　　→ 사회 보험

구분 → 사회 보험	A	B	C
강제 가입의 원칙이 적용되는가?	㉠ 아니요	㉠ 아니요	㉡ 예
(가)	㉡ 예	㉠ 아니요	㉡ 예

* ㉠과 ㉡은 각각 '예'와 '아니요' 중 하나임.

① ㉠은 '예', ㉡은 '아니요'이다.
② C는 선별적 복지의 이념을 바탕으로 한다. → 보편적
③ 기초 연금 제도가 A에 해당한다면, B는 사회 서비스이다.
④ B가 공공 부조라면, A는 금전적 지원을 원칙으로 한다. → 비
⑤ (가)에 '국가와 지방 자치 단체가 비용을 전액 부담하는가?'가 들어갈 수 있다. → 공공 부조 / 없다
　　→ 공공 부조

|자|료|해|설|
강제 가입의 원칙이 적용되는 사회 보장 제도는 사회 보험이다. 첫 번째 질문에 대해 C는 A, B와 답변이 다르다. 따라서 A와 B는 각각 공공 부조와 사회 서비스 중 하나이고, C는 사회 보험이다.

|선|택|지|풀|이|
① 오답 : ㉠은 '아니요', ㉡은 '예'가 들어간다.
② 오답 : 사회 보험은 보편적 복지의 이념을 바탕으로 한다.
③ 정답 : 기초 연금 제도는 공공 부조에 해당한다. A와 B는 각각 공공 부조와 사회 서비스 중 하나이므로 A가 공공 부조이면, B는 사회 서비스이다.
④ 오답 : B가 공공 부조라면, A는 사회 서비스가 되며 사회 서비스는 비금전적 지원을 원칙으로 한다.
⑤ 오답 : 국가와 지방 자치 단체가 비용을 전액 부담하는 사회 보장 제도는 공공 부조이다. 따라서 해당 질문은 (가)에 들어갈 수 없다.

IV
3. 사회 복지와 복지 제도

우리나라의 사회 복지 제도 유형 A ~ C의 일반적 특징에 대한 설명으로 옳은 것은? (단, A ~ C는 각각 공공 부조, 사회 보험, 사회 서비스 중 하나이다.) 3점

> A에 필요한 비용은 사업주, 근로자 또는 자영업자가 부담하는 것을 원칙으로 하되, 국가도 비용의 일부를 부담할 수 있다. 반면, B는 비용의 전부를 국가와 지방 자치 단체가 부담하는 것을 원칙으로 한다. C는 수익자 부담을 원칙으로 하되, 일정 소득 수준 이하의 국민에 대한 비용의 전부 또는 일부는 국가와 지방 자치 단체가 부담한다.

① A는 사후 처방적 성격을 가진다.
② B는 상호 부조의 원리를 바탕으로 한다.
③ A는 B에 비해 수혜 대상자의 범위가 넓다.
④ C는 B와 달리 금전적 지원을 원칙으로 한다.
⑤ A, C는 모두 강제 가입을 원칙으로 한다.

|자|료|해|설|

사회 보험은 일반적으로 사업주, 근로자 또는 자영업자, 국가가 비용을 분담한다. 공공 부조는 국가와 지방 자치 단체가 비용을 전액 부담한다. 사회 서비스는 수익자가 부담하는 것이 원칙이지만 생활이 어려운 국민의 경우 국가와 지방 자치 단체가 비용을 전부 또는 일부 부담한다. 따라서 A는 사회 보험, B는 공공 부조, C는 사회 서비스이다.

|선|택|지|풀|이|

① 오답 : 사회 보험은 사전 예방적 성격을 가지고, 공공 부조는 사후 처방적 성격을 가진다.
② 오답 : 상호 부조의 원리를 바탕으로 하는 사회 복지 제도는 사회 보험이다.
③ 정답 : 사회 보험은 모든 국민을 대상으로 하고, 공공 부조는 생활 유지 능력이 없거나 생활이 어려운 국민을 대상으로 한다. 따라서 사회 보험은 공공 부조에 비해 수혜 대상자의 범위가 넓다.
④ 오답 : 사회 보험과 공공 부조는 금전적 지원을 원칙으로 하고, 사회 서비스는 비금전적 지원을 원칙으로 한다.
⑤ 오답 : 사회 보험은 강제(의무) 가입을 원칙으로 한다.

다음 자료에 대한 옳은 설명만을 <보기>에서 고른 것은? 3점

> 갑국은 정부 예산만을 재원으로 경제적 형편이 어려운 노인에게 급여를 지급하는 우리나라의 연금 제도와 같은 ㉠○○연금 제도를 도입하고자 한다. 연금 지급액을 놓고 A안과 B안을 검토 중인데, 다음은 ○○연금 제도 시행 전의 상대적 빈곤율과 A안 또는 B안을 시행할 경우 예상되는 상대적 빈곤율을 제시한 표의 일부이다. 제도 시행 전후의 상대적 빈곤율은 현재 시점의 노인 가구를 기준으로 계산한 것이다.

가구 형태	가구 수 (만 가구)	상대적 빈곤율(%)		
		제도 시행 전	A안	B안
1인 가구	100	50	25	20
부부 가구	200	40	20	15
기타 가구				

* 갑국의 노인 가구는 1인 가구(65세 이상 노인 1명), 부부 가구(65세 이상 노인 2명) 및 기타 가구로 구분됨.
** 상대적 빈곤율은 가구 소득이 정부가 가구 형태별로 결정한 일정 금액 미만인 가구의 비율임.

보기

ㄱ. ㉠은 상호 부조의 원리를 바탕으로 한다.
ㄴ. ㉠은 사전 예방적 성격보다 사후 처방적 성격이 강하다.
ㄷ. A안 시행 전후의 상대적 빈곤 가구 수 차이는 1인 가구가 부부 가구보다 작다.
ㄹ. 상대적 빈곤에 해당하는 부부 가구 인구는 A안을 시행할 경우가 B안을 시행할 경우보다 10만 명 많다.

① ㄱ, ㄴ　② ㄱ, ㄷ　③ ㄴ, ㄷ　④ ㄴ, ㄹ　⑤ ㄷ, ㄹ

|자|료|해|설|

○○연금 제도는 정부의 예산을 재원으로 하고 경제적 형편이 어려운 노인을 대상으로 하므로 이는 공공 부조에 해당하는 기초 연금 제도이다.

|보|기|풀|이|

ㄱ. 오답 : 상호 부조의 원리를 바탕으로 하는 사회 보장 제도는 사회 보험이다.
ㄴ. 정답 : 공공 부조는 사후 처방적 성격이 강하고, 사회 보험은 사전 예방적 성격이 강하다.
ㄷ. 정답 : A안 시행 전후의 상대적 빈곤 가구 수 차이는 1인 가구의 경우 25만 가구(=50만 가구-25만 가구)이고, 부부 가구의 경우 40만 가구(=80만 가구-40만 가구)이다. 따라서 A안 시행 전후의 상대적 빈곤 가구 수 차이는 1인 가구가 부부 가구보다 작다.
ㄹ. 오답 : 부부 가구는 2명으로 구성되어 있으므로 상대적 빈곤 가구에 해당하는 부부 가구 인구는 A안을 시행할 경우가 80만 명(=40만 가구×2명)이고, B안을 시행할 경우가 60만 명(=30만 가구×2명)이다. 따라서 상대적 빈곤에 해당하는 부부 가구 인구는 A안을 시행할 경우가 B안을 시행할 경우보다 20만 명만큼 많다.

 **문제풀이 T I P** | 제도 시행 전후의 상대적 빈곤율은 현재 시점의 노인 가구를 기준으로 계산된 것이므로 각 가구 형태별 가구 수를 기준으로 상대적 빈곤 가구 수를 계산할 수 있다.

출제분석 | 사회 보장 제도 시행에 따른 상대적 빈곤율을 파악하는 문제이다. 사회 보장 제도와 빈곤율을 복합적으로 묻고 있어 문제의 유형이 참신하다.

다음 자료에 대한 분석으로 옳은 것은? 3점

> 　갑국의 사회 보장 제도는 A, B로만 구성되며, A, B는 우리나라의 사회 보장 제도와 동일하다. A, B는 모두 금전적 지원을 원칙으로 하며, 소득 재분배 효과는 B가 A보다 크다. 표는 갑국의 전체 인구 중 A, B 수급자 및 비(非)수급자 비율과 시기에 따른 비율 차이를 나타낸 것이다. t년 대비 t+30년과 t+30년 대비 t+60년에 갑국의 전체 인구는 각각 10%씩 감소하였으며, 비(非)수급자의 비율은 모든 시기에 동일하다.

→ 사회 보험
→ 공공 부조

〈표 1〉 t년의 A, B 수급자 비율과 비(非)수급자* 비율

(단위 : %)

A 수급자	B 수급자	비(非)수급자
60	35	10

〈표 2〉 시기에 따른 A, B 수급자 비율 차이**

구분	A 수급자	B 수급자
t+30년	0　(60%)	15　(50%)
t+60년	-10　(50%)	0　(50%)

* 비(非)수급자는 A, B 중 어느 것도 수급하지 않는 사람을 의미함.
** 수급자 비율 차이 = 해당 연도의 수급자 비율 - 30년 전의 수급자 비율

→ 공공 부조(B)

① 제시된 연도 중 선별적 복지 이념에 기초한 제도에만 해당하는 수급자 수는 t년이 가장 많다. (t+60)

→ 사회 보험(A)

② t년에 상호 부조의 원리가 적용되는 제도에만 해당하는 수급자 수는 A와 B의 중복 수급자 수의 5배이다. (11)

③ t+30년에 A와 B의 중복 수급자 수는 t년의 비(非)수급자 수의 2배이다. (1.8)

→ 사회 보험(A)

④ t+30년에 사후 처방적 성격보다 사전 예방적 성격이 강한 제도에만 해당하는 수급자 수는 A와 B의 중복 수급자 수의 2배이다.

→ 공공 부조(B)

⑤ t+60년에 비(非)수급자 수는 정부 재정으로 비용을 전액 충당하는 것을 원칙으로 하는 제도에만 해당하는 수급자 수의 20%이다. (25)

(단위 : 명)

구분	t년	t+30년	t+60년
전체 인구	1,000	900	810
A(사회 보험) 수급자 수	600	540	405
B(공공 부조) 수급자 수	350	450	405
A와 B 중복 수급자 수	50	180	81
비수급자 수	100	90	81

|자|료|해|설|

우리나라의 사회 보장 제도 중 금전적 지원을 원칙으로 하는 제도는 사회 보험과 공공 부조이고, 공공 부조는 사회 보험에 비해 소득 재분배 효과가 크다. 따라서 A는 사회 보험, B는 공공 부조이다. t년에 갑국의 전체 인구를 1,000명이라고 가정하여 제시된 자료를 바탕으로 갑국의 연도별 A 수급자 수, B 수급자 수, A와 B 중복 수급자 수 및 비수급자 수를 나타내면 첨삭과 같다.

|선|택|지|풀|이|

① 오답 : 선별적 복지 이념에 기초한 제도는 공공 부조(B)이다. t년에 갑국의 전체 인구가 1,000명이라면, B에만 해당하는 수급자 수는 t년이 300명(=350명-50명), t+30년이 270명(=450명-180명), t+60년이 324명(=405명-81명)이다. 따라서 제시된 연도 중 공공 부조에만 해당하는 수급자 수는 t+60년이 가장 많다.

② 오답 : 상호 부조의 원리가 적용되는 제도는 사회 보험(A)이다. t년에 갑국의 전체 인구가 1,000명이라면, t년에 A에만 해당하는 수급자 수는 550명(=600명-50명), A와 B의 중복 수급자 수는 50명이다. 따라서 t년에 A에만 해당하는 수급자 수는 A와 B의 중복 수급자 수의 11배이다.

③ 오답 : t년에 갑국의 전체 인구가 1,000명이라면, t년에 비수급자 수는 100명, t+30년에 A와 B의 중복 수급자 수는 180명이다. 따라서 t+30년에 A와 B의 중복 수급자 수는 t년의 비수급자 수의 1.8배이다.

④ 정답 : 사후 처방적 성격보다 사전 예방적 성격이 강한 제도는 사회 보험(A)이다. t년에 갑국의 전체 인구가 1,000명이라면, t+30년에 A에만 해당하는 수급자 수는 360명(=540명-180명), A와 B의 중복 수급자 수는 180명이다. 따라서 t+30년에 A에만 해당하는 수급자 수는 A와 B의 중복 수급자 수의 2배이다.

⑤ 오답 : 정부 재정으로 비용을 전액 충당하는 것을 원칙으로 하는 제도는 공공 부조(B)이다. t년에 갑국의 전체 인구가 1,000명이라면, t+60년에 비수급자 수는 81명, B에만 해당하는 수급자 수는 324명(=405명-81명)이다. 따라서 t+60년에 비수급자 수는 B에만 해당하는 수급자 수의 25%{=(81명/324명)×100}이다.

😲 **문제풀이 TIP** | t+30년의 경우 A 수급자 비율 차이가 0%이므로 A 수급자 비율은 t년과 t+30년이 각각 60%로 같고, B 수급자 비율 차이가 15%이므로 t+30년의 B 수급자 비율은 50%이다. t+60년의 경우 A 수급자 비율 차이가 -10%이므로 t+60년의 A 수급자 비율은 50%이고, B 수급자 비율 차이가 0%이므로 B 수급자 비율은 t+30년과 t+60년이 각각 50%로 같다.

😄 **출제분석** | 사회 보장 제도의 수급자 상황을 분석하는 문제이다. 지역별, 성별, 시기별 사회 보장 제도의 수급자 비율 및 수급자 수를 분석하는 고난도 문제가 출제될 수 있다.

다음 자료에 대한 분석으로 옳은 것은? 3점

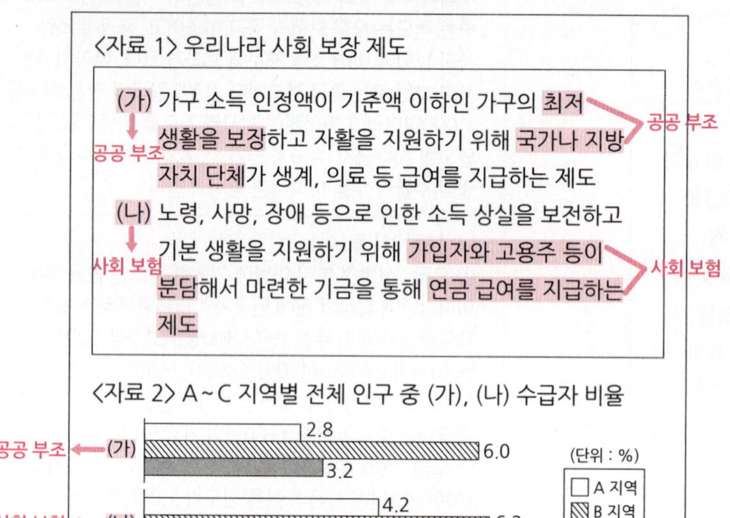

사회 보험
① 상호 부조의 원리가 적용되는 제도의 경우, A 지역 수급자 비율은 2.8%이다.

공공 부조
4.2%
② 선별적 복지의 성격이 강한 제도의 경우, A~C 지역 중에서 B 지역 수급자 수가 가장 많다. → 수급자 수는 알 수 없음

공공 부조
③ 소득 재분배 효과가 더 큰 제도의 경우, A~C 지역 중에서 수급자 비율이 가장 높은 지역의 수급자 비율은 6.0%를 초과한다. → 6.0%이다

④ 수혜자 부담 원칙이 적용되지 않는 제도의 경우, B 지역 수급자 공공 부조 수가 A 지역 수급자 수의 2배보다 많다. → 수급자 수는 알 수 없음

⑤ 강제 가입 원칙이 적용되는 제도의 수급자 수 대비 사후 처방적 → 공공 부조 성격이 강한 제도의 수급자 수의 비는 A 지역이 C 지역보다 높다.

사회 보험
(가)/(나) 2.8/4.2 3.2/6.4

|자|료|해|설|
(가)는 국민 기초 생활 보장 제도로 공공 부조에 해당하고, (나)는 국민 연금 제도로 사회 보험에 해당한다.

|선|택|지|풀|이|
① 오답 : 상호 부조의 원리가 적용되는 제도는 사회 보험이다. A 지역 사회 보험의 수급자 비율은 4.2%이다.
② 오답 : 선별적 복지의 성격이 강한 제도는 공공 부조이다. 제시된 자료에는 A~C 지역별 전체 인구수가 제시되어 있지 않고, 각 지역별 수급자 비율만 제시되어 있다. 따라서 각 지역별 공공 부조의 수급자 수는 알 수 없다.
③ 오답 : 소득 재분배 효과가 더 큰 제도는 공공 부조이다. A~C 지역 중에서 공공 부조 수급자 비율이 가장 높은 지역은 B 지역(6.0%)이므로 6.0%를 초과한 지역은 없다.
④ 오답 : 수혜자 부담 원칙이 적용되지 않는 제도는 전액 국가나 지방 자치 단체가 부담하는 공공 부조이다. 제시된 자료에서는 A~C 지역별 전체 인구수가 제시되어 있지 않고, 각 지역별 수급자 비율만 제시되어 있다. 따라서 각 지역별 공공 부조의 수급자 수는 비교할 수 없다.
⑤ 정답 : 강제(의무) 가입 원칙이 적용되는 제도는 사회 보험이고, 사후 처방적 성격이 강한 제도는 공공 부조이다. '사회 보험 대비 공공 부조의 비'는 A 지역(2.8/4.2)이 C 지역(3.2/6.4)보다 높다.

문제풀이 TIP | 공공 부조는 사회 보험보다 소득 재분배 효과가 더 크다. 사회 보험은 사전 예방적 성격이 강하고, 공공 부조는 사후 처방적 성격이 강하다.

출제분석 | 우리나라 사회 보장 제도(사회 보험, 공공 부조, 사회 서비스)는 수능과 모평에 빠지지 않고 출제되는 중요한 주제이다. 각 제도의 특징을 비교하는 문제가 주로 출제되지만 이번 모평처럼 그래프 등과 함께 출제될 수 있다. 도표나 그래프 등과 함께 출제될 경우 학생들의 체감 난도가 크게 상승하기 때문에 기출문제를 중심으로 관련 개념을 꼼꼼하게 정리해 둘 필요가 있다.

다음 자료의 갑 지역에 대한 분석으로 옳은 것은? 3점

○ 우리나라의 사회 보장 제도

국민 연금 제도
(사회 보험) → Ⓐ : 노령, 장애, 사망 시 본인 또는 유족에게 노령 연금, 장애 연금, 유족 연금 등을 지급하여 생활 안정을 보장하는 제도

기초 연금 제도
(공공 부조) → Ⓑ : 65세 이상 노인 중 소득이 일정 수준 이하인 노인에게 연금을 지급하여 생활 안정을 지원하는 제도

○ 우리나라 갑 지역의 A, B 수급자 비율 분석

(단위 : %)

구분	2020년	2021년
A의 수급자 중 B의 수급자 비율	20	35
B의 수급자 중 A의 수급자 비율	25	28

* 갑 지역 인구는 100만 명으로 일정하고, 갑 지역 인구 중 상호 부조의 원리에 기초한 제도의 수급자 비율은 2020년과 2021년이 20%로 같음. → A

① 2020년에 수익자 부담의 원칙을 적용하는 제도의 수급자가 그렇지 않은 제도의 수급자보다 적다.많다 → A

② 2021년에 의무 가입의 원칙을 적용하는 제도의 수급자가 그렇지 않은 제도의 수급자보다 많다.적다 → B → A → A

③ 2020년에 사후 처방적 성격이 강한 제도의 수급자가 사전 예방적 성격이 강한 제도의 수급자보다 4만 명 많다.적다

④ 2020년 대비 2021년에 선별적 복지 이념에 기초한 제도의 수급자에만 해당하는 사람의 증가율은 50%이다. → B

⑤ 2020년 대비 2021년에 공공 부조에 해당하는 제도의 수급자에만 해당하는 사람과 달리 사회 보험에 해당하는 제도의 수급자에만 해당하는 사람은 증가하였다. → B → A
감소

(단위 : 만 명)

구분	2020년	2021년
A 수급자 수	20	20
B 수급자 수	16	25
A와 B 중복 수급자 수	4	7

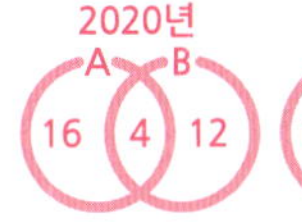

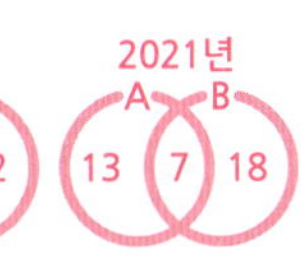

|자|료|해|설|

A는 사회 보험에 해당하는 국민 연금 제도이고, B는 공공 부조에 해당하는 기초 연금 제도이다. 갑 지역 인구가 100만 명이고, 갑 지역 인구 중 상호 부조의 원리에 기초한 제도인 A의 수급자 비율이 2020년과 2021년에 각각 20%이므로 이를 바탕으로 갑 지역의 연도별 A 수급자 수, B 수급자 수 및 A와 B 중복 수급자 수를 나타내면 첨삭과 같다.

|선|택|지|풀|이|

① 오답 : 수익자 부담의 원칙을 적용하는 제도는 사회 보험에 해당하는 A이다. 2020년에 A의 수급자 수는 20만 명이고, B의 수급자 수는 16만 명이다. 따라서 2020년에 A의 수급자는 그렇지 않은 제도의 수급자보다 많다.

② 오답 : 의무 가입의 원칙을 적용하는 제도는 사회 보험에 해당하는 A이다. 2021년에 A의 수급자 수는 20만 명이고, B의 수급자 수는 25만 명이다. 따라서 2021년에 A의 수급자는 그렇지 않은 제도의 수급자보다 적다.

③ 오답 : 사후 처방적 성격이 강한 제도는 공공 부조에 해당하는 B이고, 사전 예방적 성격이 강한 제도는 사회 보험에 해당하는 A이다. 2020년에 A의 수급자 수는 20만 명이고, B의 수급자 수는 16만 명이므로 B의 수급자는 A의 수급자보다 4만 명 적다.

④ 정답 : 선별적 복지 이념에 기초한 제도는 공공 부조에 해당하는 B이다. B의 수급자에만 해당하는 사람은 2020년의 경우 12만 명(=16만 명-4만 명), 2021년의 경우 18만 명(=25만 명-7만 명)이다. 따라서 2020년 대비 2021년에 B의 수급자에만 해당하는 사람의 증가율은 50%{=(6만 명/12만 명)×100}이다.

⑤ 오답 : 공공 부조에 해당하는 제도는 B이고, 사회 보험에 해당하는 제도는 A이다. 2020년 대비 2021년에 A의 수급자에만 해당하는 사람은 16만 명(=20만 명-4만 명)에서 13만 명(=20만 명-7만 명)으로 감소하였고, B의 수급자에만 해당하는 사람은 12만 명(=16만 명-4만 명)에서 18만 명(=25만 명-7만 명)으로 증가하였다.

😲 **문제풀이 TIP** | 갑 지역 인구가 100만 명이고, A의 수급자 비율이 2020년과 2021년에 각각 20%이므로 2020년과 2021년에 A의 수급자 수는 20만 명이다. A의 수급자 중 B의 수급자 비율이 2020년의 경우 20%, 2021년의 경우 35%이므로 A와 B의 중복 수급자 수는 2020년의 경우 4만 명(=20만 명×20%), 2021년의 경우 7만 명(=20만 명×35%)이다. B의 수급자 중 A의 수급자 비율이 2020년의 경우 25%, 2021년의 경우 28%이고 이 값은 각각 2020년의 경우 4만 명, 2021년의 경우 7만 명이므로 B의 수급자 수는 2020년의 경우 16만 명(=4만 명×100/25), 2021년의 경우 25만 명(=7만 명×100/28)이다.

😲 **출제분석** | 각 사회 보장 제도의 수급자를 비교하는 문제이다. 사회 보장 제도의 유형을 비교하는 문제뿐만 아니라 사회 보장 제도의 수급자 비율 및 수급자 수를 계산하는 고난도 문제가 출제될 수 있다.

다음 자료에 대한 옳은 분석만을 〈보기〉에서 있는 대로 고른 것은?

3점

고용 보험 제도 → 사회 보험

〈자료 1〉 갑국의 사회 보장 제도

국민 기초 생활 제도 → 공공 부조

(가)는 실직하여 재취업 활동을 하는 근로자에게 일정 기간 동안 소정의 급여를 지급하는 제도이다. (나)는 국가와 지방 자치 단체의 책임하에 생활 유지 능력이 없거나 생활이 어려운 국민의 최저 생활을 보장하고 자립을 지원하는 제도이다.

〈자료 2〉 갑국의 (가), (나) 제도 수급자 비율

(단위 : %)

구분	A 지역	B 지역	C 지역	D 지역
(가)	10	4	6	6
(나)	30	40	20	30

* 갑국의 사회 보장 제도는 우리나라의 사회 보장 제도와 동일함.
** 갑국은 A ~ D 네 지역으로만 구성되고, B와 C 지역 인구는 각각 A 지역 인구의 2배, C 지역 인구는 D 지역 인구의 1.5배임.

A : B : C : D = 3 : 6 : 6 : 4

*** 해당 지역 수급자 비율(%) = (해당 지역 수급자 수 / 해당 지역 인구) × 100

보기

ㄱ. 갑국 전체 국민의 5%가 (가) 제도의 수급자이다.
　6
ㄴ. 상호 부조의 원리를 원칙으로 하는 제도의 경우, A 지역 수급자 수는 D 지역 수급자 수보다 많다. → 사회 보험
ㄷ. 사후 처방적 성격이 강한 제도의 경우, B 지역 수급자 수는 C 지역과 D 지역 수급자 수의 합과 같다. → 공공 부조
ㄹ. 정부 재정으로 비용을 전액 충당하는 것을 원칙으로 하는 제도의 전체 수급자 수는 강제 가입의 원칙이 적용되는 제도의 전체 수급자 수의 6배이다. → 공공 부조 / 사회 보험
　　　5

① ㄱ, ㄴ　　　② ㄱ, ㄹ　　　③ ㄴ, ㄷ
④ ㄱ, ㄷ, ㄹ　　　⑤ ㄴ, ㄷ, ㄹ

(단위 : 명)

구분	A 지역	B 지역	C 지역	D 지역	갑국 전체
(가) 사회 보험	30	24	36	24	114
(나) 공공 부조	90	240	120	120	570
지역 인구	300	600	600	400	1,900

|자|료|해|설|

(가)는 고용 보험 제도로, 이는 사회 보험에 해당하고, (나)는 국민 기초 생활 제도로, 이는 공공 부조에 해당한다. B와 C 지역 인구가 각각 A 지역 인구의 2배이고, C 지역 인구가 D 지역 인구의 1.5배이므로 A 지역 인구 : B 지역 인구 : C 지역 인구 : D 지역 인구= 3 : 6 : 6 : 4이다. 이를 바탕으로 갑국 전체 인구를 1,900명으로 가정해 각 지역 인구를 나타내면 첨삭과 같다.

|보|기|풀|이|

ㄱ. 오답 : 갑국 전체 인구가 1,900명이라면 (가) 제도의 전체 수급자 수는 114명이다. 즉, 갑국 전체 국민의 6%{(114명/1,900명)×100}가 (가) 제도의 수급자이다.

ㄴ. 정답 : 상호 부조의 원리를 원칙으로 하는 제도는 사회 보험이다. 갑국 전체 인구가 1,900명이라면 (가)의 경우 A 지역 수급자 수는 30명이고, D 지역 수급자 수는 24명이다. 따라서 (가)의 경우 A 지역 수급자 수는 D 지역 수급자 수보다 많다.

ㄷ. 정답 : 사후 처방적 성격이 강한 제도는 공공 부조이다. 갑국 전체 인구가 1,900명이라면 (나)의 경우 B 지역 수급자 수는 240명이고, C 지역과 D 지역 수급자 수의 합은 240명(120명+120명)이다. 따라서 (나)의 경우 B 지역 수급자 수는 C 지역과 D 지역 수급자 수의 합과 같다.

ㄹ. 오답 : 정부 재정으로 비용을 전액 충당하는 것을 원칙으로 하는 제도는 공공 부조이고, 강제 가입의 원칙이 적용되는 제도는 사회 보험이다. 갑국 전체 인구가 1,900명이라면 (가)의 전체 수급자 수는 114명이고, (나)의 전체 수급자 수는 570명이다. 따라서 (나)의 전체 수급자 수는 (가)의 전체 수급자 수의 5배(570명/114명)이다.

관련 개념 | 상호 부조는 한 공동체나 집단에 속하는 구성원들끼리 서로 돕는 것을 의미한다. 사회 보험은 가입자 중 사회적 위험에 처한 사람이 있을 때 가입자끼리 서로 돕는 원리를 바탕으로 한다는 점에서 상호 부조의 원리를 적용하고 있다.

출제분석 | 사회 보험과 공공 부조의 수급자 비율 자료를 분석하는 문제이다. 사회 보장 제도의 유형을 비교하는 문제뿐만 아니라 사회 보장 제도의 유형별 수급자 관련 자료를 분석하는 문제가 고난도로 출제될 수 있으므로 기출 문제를 통해 계산 방법을 연습해 두도록 한다.

다음 자료에 대한 분석으로 옳은 것은? 3점

갑국의 사회 보장 제도는 A, B만 존재하며, A, B는 우리나라의 사회 보장 제도와 동일하다. A, B 모두 금전적 지원을 원칙으로 하며, A와 달리 B는 상호 부조의 원리가 적용되는 제도이다. 표는 갑국의 (가), (나) 지역별 전체 인구 중 A, B 수급자의 비율과 비(非)수급자의 비율을 나타낸 것이다. 갑국은 (가), (나) 지역으로만 구성되며, (나) 지역의 인구는 (가) 지역의 인구의 3배이다. 비(非)수급자는 A나 B 중 어느 것의 수급자도 아닌 사람이다.

공공 부조 → A와 달리
사회 보험 → B는
사회 보험, 공공 부조 → 금전적 지원을 원칙으로
사회 보험 → 상호 부조의 원리가 적용되는

(단위 : %)

구분	(가) 지역	(나) 지역	전체
A 수급자	20	28	㉠26
B 수급자	76	72	73
A와 B 중복 수급자	㉡17	13	14
비(非)수급자	21	㉢13	15

① ㉠은 ㉡보다 ~~작다.~~ 크다

② (가) 지역의 비(非)수급자 수는 갑국 전체의 A와 B 중복 수급자 수보다 ~~많다.~~ 적다

③ (나) 지역에서 사후 처방적 성격이 강한 제도의 수급자 비율은 ㉢의 2배보다 크다. [공공 부조]

④ 보편적 복지 이념을 바탕으로 하는 제도에만 해당하는 수급자 비율은 (가) 지역이 (나) 지역보다 ~~크다.~~ 과 같다 [사회 보험]

⑤ 정부 재정으로 비용을 전액 충당하는 것을 원칙으로 하는 제도에만 해당하는 수급자 수는 (나) 지역이 (가) 지역의 ~~5~~ 15배이다. [공공 부조]

(단위 : 명)

구분	(가) 지역	(나) 지역	전체
A 수급자	20	84	104
B 수급자	76	216	292
A와 B 중복 수급자	17	39	56
비수급자	21	39	60
인구	100	300	400

|자|료|해|설|

금전적 지원을 원칙으로 하는 제도는 사회 보험과 공공 부조이고, 상호 부조의 원리가 적용되는 제도는 사회 보험이다. 따라서 A는 공공 부조, B는 사회 보험이다. (나) 지역의 인구가 (가) 지역 인구의 3배이므로 (가) 지역 인구가 100명이라면 (나) 지역의 인구는 300명이 된다. (가) 지역 인구를 100명이라고 가정하여 제시된 자료를 바탕으로 (가), (나) 지역의 A, B 수급자 수, A와 B 중복 수급자 수 및 비수급자 수를 나타내면 첨삭과 같다.

|선|택|지|풀|이|

① 오답 : 갑국 전체의 A 수급자 비율은 26%이고, (가) 지역의 A와 B 중복 수급자 비율은 17%이다. 즉, ㉠은 26, ㉡은 17이다. 따라서 ㉠은 ㉡보다 크다.

② 오답 : (가) 지역 인구가 100명이라면, (가) 지역의 비수급자 수는 21명이고, 갑국 전체의 A와 B 중복 수급자 수는 56명이다. 따라서 (가) 지역의 비수급자 수는 갑국 전체의 A와 B 중복 수급자 수보다 적다.

③ 정답 : 사후 처방적 성격이 강한 제도는 공공 부조인 A이다. (나) 지역에서 A 수급자 비율은 28%이고, 비수급자 비율인 ㉢은 13%이다. 따라서 (나) 지역에서 A 수급자 비율은 ㉢의 2배보다 크다.

④ 오답 : 보편적 복지 이념을 바탕으로 하는 제도는 사회 보험인 B이다. B에만 해당하는 수급자 비율은 (가) 지역이 59%(=76%-17%)이고, (나) 지역이 59%(=72%-13%)이다. 따라서 B에만 해당하는 수급자 비율은 (가) 지역과 (나) 지역이 같다.

⑤ 오답 : 정부 재정으로 비용을 전액 충당하는 것을 원칙으로 하는 제도는 공공 부조인 A이다. (가) 지역 인구가 100명이라면, A에만 해당하는 수급자 수는 (가) 지역이 3명(=20명-17명)이고, (나) 지역이 45명(=84명-39명)이다. 따라서 A에만 해당하는 수급자 수는 (나) 지역이 (가) 지역의 15배이다.

문제풀이 TIP | (가) 지역 인구 : (나) 지역 인구 = 1 : 3이므로 (가) 지역 인구를 100명이라고 가정하여 제시된 표의 수급자 비율을 수급자 수로 바꿔 보도록 한다.

출제분석 | 사회 보장 제도의 수급자 비율을 분석하는 문제이다. 사회 제도의 유형별 특징을 파악하고, 이를 바탕으로 지역별, 성별 수급자 비율을 나타낸 자료를 분석하는 고난도 문제가 출제될 수 있다.

다음 자료에 대한 분석으로 옳은 것은? **3점**

표는 우리나라 A 권역에 속하는 갑 지역과 을 지역의 지역별 주민 중 국민 연금 제도[사회 보험]의 수급자 비율과 국민 기초 생활 보장 제도[공공 부조]의 수급자 비율을 나타낸 것이다. 단, A 권역은 주민이 100만 명인 갑 지역과 주민이 200만 명인 을 지역으로만 구분된다.

(단위 : %)

구분	갑 지역	을 지역	A 권역
국민 연금 제도의 수급자	15	6	9
국민 기초 생활 보장 제도의 수급자	10	13	12

① 공공 부조에 해당하는 제도의 수급자는 갑 지역이 을 지역보다 ~~많다~~. 적다

② A 권역에서 의무 가입 원칙을 적용하는 제도[사회 보험]의 수급자가 그렇지 않은 제도의 수급자보다 ~~많다~~. 적다

③ 지역별 주민 중 상호 부조의 원리에 기초한 제도[사회 보험]의 수급자 비율은 을 지역이 갑 지역보다 ~~높다~~. 낮다

④ 지역별 주민 중 생활이 어려운 자의 최저 생활을 보장하고자 하는 제도[공공 부조]의 수급자 비율은 갑 지역이 을 지역보다 ~~높다~~. 낮다

⑤ 을 지역에서 선별적 복지 이념에 기초한 제도[공공 부조]의 수급자가 보편적 복지 이념에 기초한 제도[사회 보험]의 수급자보다 14만 명 많다.

구분	갑 지역 (100만 명)	을 지역 (200만 명)	A 권역 (300만 명)
국민 연금 제도의 수급자 수	15만 명	12만 명	27만 명
국민 기초 생활 보장 제도의 수급자 수	10만 명	26만 명	36만 명

|자|료|해|설|

갑 지역의 주민은 100만 명이고, 을 지역의 주민은 200만 명이므로 제시된 자료를 바탕으로 갑 지역과 을 지역의 국민 연금 제도와 국민 기초 생활 보장 제도의 수급자 수를 나타내면 첨삭과 같다.

|선|택|지|풀|이|

① 오답 : 공공 부조에 해당하는 제도는 국민 기초 생활 보장 제도이다. 국민 기초 생활 보장 제도의 수급자 수는 갑 지역의 경우 10만 명, 을 지역의 경우 26만 명이다. 따라서 공공 부조에 해당하는 제도의 수급자는 갑 지역이 을 지역보다 적다.

② 오답 : 의무 가입 원칙을 적용하는 제도는 사회 보험으로, 국민 연금이 이에 해당한다. A 권역에서 국민 연금 제도의 수급자 수는 27만 명, 국민 기초 생활 보장 제도의 수급자 수는 36만 명이다. 따라서 A 권역에서 의무 가입 원칙을 적용하는 제도의 수급자는 그렇지 않은 제도의 수급자보다 적다.

③ 오답 : 상호 부조의 원리에 기초한 제도는 사회 보험으로, 국민 연금이 이에 해당한다. 국민 연금 제도의 수급자 비율은 갑 지역이 15%, 을 지역이 6%이다. 따라서 지역별 주민 중 상호 부조의 원리에 기초한 제도의 수급자 비율은 을 지역이 갑 지역보다 낮다.

④ 오답 : 생활이 어려운 자의 최저 생활을 보장하고자 하는 제도는 공공 부조로, 국민 기초 생활 보장 제도가 이에 해당한다. 국민 기초 생활 보장 제도의 수급자 비율은 갑 지역이 10%, 을 지역이 13%이다. 따라서 지역별 주민 중 생활이 어려운 자의 최저 생활을 보장하고자 하는 제도의 수급자 비율은 갑 지역이 을 지역보다 낮다.

⑤ 정답 : 선별적 복지 이념에 기초한 제도는 공공 부조로, 국민 기초 생활 보장 제도가 이에 해당한다. 보편적 복지 이념에 기초한 제도는 사회 보험으로, 국민 연금이 이에 해당한다. 을 지역에서 국민 기초 생활 보장 제도의 수급자 수는 26만 명, 국민 연금 제도의 수급자 수는 12만 명이다. 따라서 을 지역에서 선별적 복지 이념에 기초한 제도의 수급자는 보편적 복지 이념에 기초한 제도의 수급자보다 14만 명(=26만 명-12만 명)만큼 많다.

문제풀이 TIP | 갑 지역과 을 지역의 주민 수가 제시되어 있으므로 A 권역의 주민 수는 갑 지역과 을 지역의 주민 수를 더한 값이다. 제시된 수급자 비율은 각 지역별 주민을 기준으로 하므로 각 지역별 주민 수를 이용하여 해당 제도의 수급자 수를 파악할 수 있다.

출제분석 | 사회 보험과 공공 부조의 수급자 비율을 분석하는 문제이다. 사회 보장 제도의 유형을 비교하는 개념적 수준의 문제뿐만 아니라 사회 보장 제도의 수급자 비율을 분석하는 고난도 문제까지 출제될 수 있으므로 기출 문제를 통해 많은 연습을 해 두도록 한다.

다음 자료에 대한 옳은 분석만을 〈보기〉에서 고른 것은?

기초 연금 제도(공공 부조)

〈자료 1〉 갑국의 사회 보장 제도

(가) 65세 이상 노인 중 소득 인정액이 일정 수준 이하인 사람에게 생활 안정에 필요한 연금을 지급하는 제도

(나) 노령, 사망, 장애 등으로 인한 소득 상실을 보전하고 기본적인 생활을 지원하기 위해 가입자와 고용주 등이 분담해서 마련한 기금을 통해 연금 급여를 지급하는 제도

국민 연금 제도(사회 보험)

〈자료 2〉 갑국의 성별·시기별 (가), (나) 제도의 수급자 수

(단위 : 만 명)

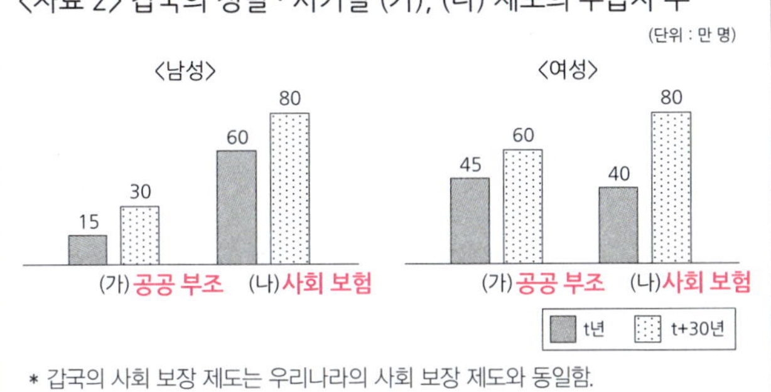

* 갑국의 사회 보장 제도는 우리나라의 사회 보장 제도와 동일함.
** t년과 t+30년 모두 갑국의 남녀 인구는 각각 1,000만 명임.

보기

공공 부조

ㄱ. t년에 수급자에 대한 부정적 낙인이 발생할 수 있는 제도의 남성 수급자 수는 여성 수급자 수의 3배이다. (1/3)

사회 보험

ㄴ. t년에 비해 t+30년에 수혜자 비용 부담 원칙이 적용되는 제도의 수급자 수는 60만 명 증가하였다.

사회 보험

ㄷ. t년에 상호 부조의 원리가 적용되는 제도의 수급자 중 남성 수급자 비율은 t+30년에 강제 가입의 원칙이 적용되는 제도의 수급자 중 여성 수급자 비율보다 높다.

사회 보험　　사회 보험

ㄹ. t년에 갑국 인구 중 사전 예방적 성격이 강한 제도의 수급자 비율은 t+30년에 갑국 인구 중 사후 처방적 성격이 강한 제도의 수급자 비율보다 낮다. 높다

공공 부조

① ㄱ, ㄴ　② ㄱ, ㄷ　③ ㄴ, ㄷ　④ ㄴ, ㄹ　⑤ ㄷ, ㄹ

|자|료|해|설|

(가)는 공공 부조에 해당하는 기초 연금 제도이고, (나)는 사회 보험에 해당하는 국민 연금 제도이다.

|보|기|풀|이|

ㄱ. 오답 : 수급자에 대한 부정적 낙인이 발생할 수 있는 제도는 공공 부조에 해당하는 기초 연금 제도인 (가)이다. t년에 (가)의 남성 수급자 수는 15만 명, (가)의 여성 수급자 수는 45만 명이다. 따라서 t년에 (가)의 남성 수급자 수는 여성 수급자 수의 1/3배이다.

ㄴ. 정답 : 수혜자 비용 부담 원칙이 적용되는 제도는 사회 보험에 해당하는 국민 연금 제도인 (나)이다. (나)의 수급자 수는 t년의 경우 100만 명(=60만 명+40만 명), t+30년의 경우 160만 명(=80만 명+80만 명)이다. 따라서 t년에 비해 t+30년에 (나)의 수급자 수는 60만 명만큼 증가하였다.

ㄷ. 정답 : 상호 부조의 원리가 적용되고 강제 가입의 원칙이 적용되는 제도는 사회 보험에 해당하는 국민 연금 제도인 (나)이다. t년에 (나)의 수급자 중 남성 수급자 비율은 60%{=(60만 명/100만 명)×100}, t+30년에 (나)의 수급자 중 여성 수급자 비율은 50%{=(80만 명/160만 명)×100}이다. 따라서 t년에 (나)의 수급자 중 남성 수급자 비율은 t+30년에 (나)의 수급자 중 여성 수급자 비율보다 높다.

ㄹ. 오답 : 사전 예방적 성격이 강한 제도는 사회 보험에 해당하는 국민 연금 제도인 (나)이고, 사후 처방적 성격이 강한 제도는 공공 부조에 해당하는 기초 연금 제도인 (가)이다. t년에 갑국 인구 중 (나)의 수급자 비율은 5%{=(100만 명/2,000만 명)×100}, t+30년에 갑국 인구 중 (가)의 수급자 비율은 4.5%{=(90만 명/2,000만 명)×100}이다. 따라서 t년에 갑국 인구 중 (나)의 수급자 비율은 t+30년에 갑국 인구 중 (가)의 수급자 비율보다 높다.

🤪 **문제풀이 TIP** | (가)와 (나)에 해당하는 사회 보장 제도의 유형을 파악해야 한다. t년과 t+30년의 남녀 인구와 (가), (나) 제도의 남성 수급자 수와 여성 수급자 수가 제시되어 있으므로 (가), (나) 제도의 수급자 비율을 구할 수 있다.

😃 **출제분석** | 사회 보장 제도의 수급자 수와 비율을 계산하는 문제이다. 사회 보장 제도의 수급자 비율을 분석하는 문제는 고난도로 출제될 수 있으므로 고난도 기출 문제를 통해 계산 연습을 해 두도록 한다.

다음 자료에 대한 분석으로 옳은 것은? 3점

> 갑국의 사회 보장 제도는 우리나라의 사회 보장 제도와 동일하다. A는 상호 부조의 원리가 적용되는 제도이고, B는 정부 재정으로 비용을 전액 충당하는 것을 원칙으로 하는 제도이다. 표는 갑국의 전체 인구 중 A, B 수급자 비율과 시기에 따른 비율 차이를 나타낸 것이다. t년 대비 t+30년에 갑국의 전체 인구는 50% 증가하였다.
>
> (사회 보험) — A / (공공 부조) — B

〈표 1〉 t년의 수급자 비율

(단위 : %)

A 수급자	B 수급자	A와 B의 중복 수급자
40	15	8

〈표 2〉 t년 대비 t+30년의 수급자 비율 차이*

A에만 해당하는 수급자	B에만 해당하는 수급자	A와 B의 중복 수급자
2	-3	8

* 수급자 비율 차이 = t+30년의 수급자 비율 − t년의 수급자 비율

① t년에 전체 인구 중 부정적 낙인이 발생할 수 있는 제도에만 [공공 부조(B)] 해당하는 수급자 비율은 A와 B의 중복 수급자 비율보다 ~~크다~~. 작다

② t+30년에 수혜자 비용 부담 원칙이 적용되는 제도의 수급자 수는 [사회 보험(A)] t년에 A나 B 어느 것도 받지 않는 비(非)수급자 수보다 많다.

③ t+30년에 강제 가입의 원칙이 적용되는 제도에만 해당하는 [사회 보험(A)] 수급자 수는 A와 B의 중복 수급자 수보다 ~~적다~~. 많다

④ t년에 사전 예방적 성격이 강한 제도의 수급자 수는 t+30년에 [사회 보험(A)] 사후 처방적 성격이 강한 제도의 수급자 수의 2배이다. [약 1.3] [공공 부조(B)]

⑤ t년 대비 t+30년에 A 수급자 수의 증가율은 B 수급자 수의 증가율보다 ~~크다~~. 작다

(단위 : %)

구분	t년	t+30년
A 수급자 비율	40	50
B 수급자 비율	15	20
A와 B의 중복 수급자 비율	8	16

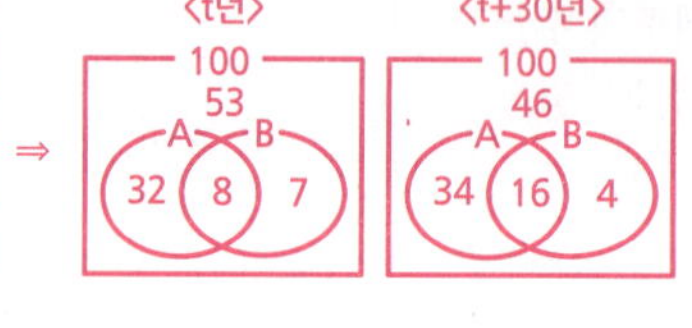

(단위 : 명)

구분	t년	t+30년
A 수급자 수	40	75
B 수급자 수	15	30
A와 B의 중복 수급자 수	8	24
전체 인구	100	150

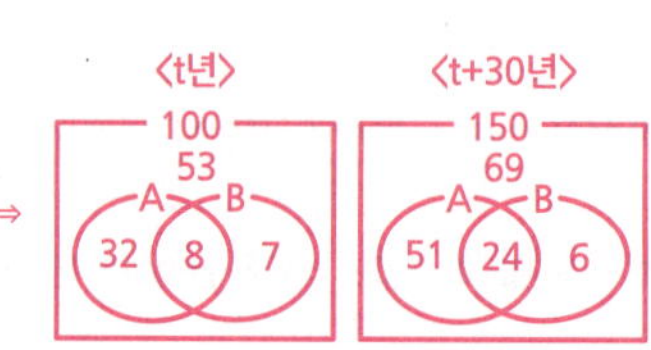

|자|료|해|설|

상호 부조의 원리가 적용되는 제도는 사회 보험이고, 정부 재정으로 비용을 전액 충당하는 것을 원칙으로 하는 제도는 공공 부조이다. 따라서 A는 사회 보험, B는 공공 부조이다. t년 대비 t+30년에 갑국의 전체 인구가 50% 증가하였으므로 t년의 전체 인구를 100명이라고 가정하면, t+30년의 전체 인구는 150명이 된다. t년의 전체 인구를 100명이라고 가정하고 제시된 자료를 바탕으로 연도별 A, B 수급자 비율 및 수급자 수를 나타내면 첨삭과 같다.

|선|택|지|풀|이|

① 오답 : 부정적 낙인이 발생할 수 있는 제도는 공공 부조(B)이다. t년에 B에만 해당하는 수급자 비율은 7%(=15%-8%)이고, A와 B의 중복 수급자 비율은 8%이다. 따라서 t년에 전체 인구 중 B에만 해당하는 수급자 비율은 A와 B의 중복 수급자 비율보다 작다.

② 정답 : 수혜자 비용 부담 원칙이 적용되는 제도는 사회 보험(A)이다. t년의 전체 인구를 100명이라고 가정하면, t+30년에 A 수급자 수는 75명이고, t년에 A나 B 어느 것도 받지 않는 비수급자 수는 53명(=100명-40명-15명+8명)이다. 따라서 t+30년에 A 수급자 수는 t년에 A나 B 어느 것도 받지 않는 비수급자 수보다 많다.

③ 오답 : 강제 가입의 원칙이 적용되는 제도는 사회 보험(A)이다. t년의 전체 인구를 100명이라고 가정하면, t+30년에 A에만 해당하는 수급자 수는 51명(=75명-24명)이고, A와 B의 중복 수급자 수는 24명이다. 따라서 t+30년에 A에만 해당하는 수급자 수는 A와 B의 중복 수급자 수보다 많다.

④ 오답 : 사전 예방적 성격이 강한 제도는 사회 보험(A)이고, 사후 처방적 성격이 강한 제도는 공공 부조(B)이다. t년의 전체 인구를 100명이라고 가정하면, t년에 A 수급자 수는 40명이고, t+30년에 B 수급자 수는 30명이다. 따라서 t년에 A 수급자 수는 t+30년에 B 수급자 수의 약 1.3배(=40/30)이다.

⑤ 오답 : t년의 전체 인구를 100명이라고 가정하면, A 수급자의 수는 t년에 40명에서 t+30년에 75명으로 87.5%[={(75명-40명)/40명}×100] 증가하였고, B 수급자 수는 t년에 15명에서 t+30년에 30명으로 100%[={(30명-15명)/15명}×100] 증가하였다. 따라서 t년 대비 t+30년에 A 수급자 수의 증가율은 B 수급자 수의 증가율보다 작다.

😮 **문제풀이 TIP** | t년의 수급자 비율과 t년 대비 t+30년의 수급자 비율 차이를 통해 t+30년의 수급자 비율을 구할 수 있다.

😊 **출제분석** | 사회 보장 제도의 수급자 비율을 분석하는 문제이다. 사회 보험과 공공 부조의 수급자 비율을 계산하는 문제가 고난도로 출제되므로 기출 문제를 통해 많은 연습을 해 두도록 한다.

다음 자료에 대한 분석으로 옳은 것은?

<자료 1> 갑국의 사회 보장 제도

사회 보험 ←
(가) 국민에게 발생하는 사회적 위험을 보험의 방식으로
　　 대처함으로써 국민의 안전한 생활에 필요한 건강과
　　 소득을 보장하는 제도

공공 부조 ←
(나) 생활 유지 능력이 없거나 생활이 어려운 국민의 최저
　　 생활을 보장하고 자립을 지원하는 제도

사회 서비스 ←
(다) 상담, 재활, 돌봄, 정보의 제공, 관련 시설의 이용, 역량
　　 개발, 사회 참여 지원 등을 통하여 국민의 삶의 질이
　　 향상되도록 지원하는 제도

<자료 2> 갑국의 (가) ~ (다) 제도의 지역별 수혜자 비율

(단위 : %)

제도 \ 지역	A	B	전체
(가) 사회 보험	㉠ 11	8	10
(나) 공공 부조	3	6	4
(다) 사회 서비스	10	7	㉡ 9

* 갑국은 A, B 지역으로만 이루어져 있고, 갑국의 사회 보장 제도는 우리나라의
　사회 보장 제도와 동일함.
** 해당 지역 수혜자 비율(%) = (해당 지역 수혜자 수/해당 지역 인구) × 100

① ㉠은 11, ㉡은 8(9)이다.

② (가)와 (나) 중 선별적 복지의 성격이 강한 제도[공공 부조]의 수혜자 수는
　 A 지역이 B 지역보다 적다.(과 같다)

③ 갑국에서 우리나라의 사회 서비스에 해당하는 제도의 수혜자
　 수는 A 지역이 B 지역의 3배이다.(가 되지 않는다)

④ 금전적 지원을 원칙으로 하며 사전 예방적 성격이 강한 제도[사회 보험]의
　 수혜자 수는 A 지역이 B 지역의 2배보다 많다.[사회 보험]

⑤ 갑국 전체에서 상호 부조의 원리가 적용되는 제도[사회 보험]의 수혜자 수는
　 소득 재분배 효과가 가장 큰 제도[공공 부조]의 수혜자 수의 2배보다 적다.(많다)

(단위 : 명)

구분	A 지역	B 지역	전체
(가) 수혜자 수	22	8	30
(나) 수혜자 수	6	6	12
(다) 수혜자 수	20	7	27
인구	200	100	300

|자|료|해|설|

(가)는 사회 보험, (나)는 공공 부조, (다)는 사회 서비스이다.
A 지역 인구를 a, B 지역 인구를 b라고 하면, (나)의 경우
0.03a+0.06b=0.04(a+b)가 성립하여 이를 풀면,
a=2b이다. 즉, A 지역 인구는 B 지역 인구의 2배이다.
B 지역 인구를 100명이라고 가정하여 제시된 자료를
바탕으로 지역별 (가)~(다)의 수혜자 수를 나타내면
첨삭과 같다.

|선|택|지|풀|이|

① 오답 : ㉠은 11이고, ㉡은 9이다.

② 오답 : 선별적 복지의 성격이 강한 제도는 공공 부조인
(나)이다. B 지역 인구가 100명이라면, (나)의 경우 수혜자
수는 A 지역이 6명, B 지역이 6명이다. 따라서 선별적
복지의 성격이 강한 제도의 수혜자 수는 A 지역과 B 지역이
같다.

③ 오답 : B 지역 인구가 100명이라면, 사회 서비스인
(다)의 경우 수혜자 수는 A 지역이 20명, B 지역이 7명이다.
따라서 사회 서비스에 해당하는 제도의 수혜자 수는
A 지역이 B 지역의 3배가 되지 않는다.

④ 정답 : 금전적 지원을 원칙으로 하면서 사전 예방적
성격이 강한 제도는 사회 보험인 (가)이다. B 지역 인구가
100명이라면, (가)의 경우 수혜자 수는 A 지역이 22명,
B 지역이 8명이다. 따라서 금전적 지원을 원칙으로 하면서
사전 예방적 성격이 강한 제도의 수혜자 수는 A 지역이
B 지역의 2배보다 많다.

⑤ 오답 : 상호 부조의 원리가 적용되는 제도는 사회 보험인
(가)이고, 소득 재분배 효과가 가장 큰 제도는 공공 부조인
(나)이다. B 지역 인구가 100명이라면, 갑국 전체에서
(가)의 수혜자 수는 30명이고, (나)의 수혜자 수는 12명이다.
따라서 갑국 전체에서 상호 부조의 원리가 적용되는
제도의 수혜자 수는 소득 재분배 효과가 가장 큰 제도의
수혜자 수의 2배보다 많다.

문제풀이 TIP | 지역별 인구를 먼저 구하고, 제시된 수혜자
비율을 통해 수혜자 수를 파악하도록 한다.

출제분석 | 사회 보장 제도의 수급자 비율과 수를 계산하는
문제이다. 각 사회 보장 제도의 특징을 파악해 두도록 하고, 기출
문제를 통해 수급자 비율과 수급자 수를 계산하는 문제를 푸는
방법을 익혀 두도록 한다.

IV
3.
사회 복지와 복지 제도

다음 자료에 대한 옳은 분석만을 〈보기〉에서 있는 대로 고른 것은?
(단, A와 B는 각각 국민 연금 제도와 기초 연금 제도 중 하나이다.)

3점

표는 우리나라 (가), (나) 각 지역 인구 중 A, B 수급자 비율을 나타낸 것이다. 표에 따르면 (가) 지역에서 사회 보험에 해당하는 제도의 수급자 중 공공 부조에 해당하는 제도의 수급자가 3/4을 차지한다. 단, (나) 지역의 인구는 (가) 지역 인구의 2배이다.

(단위 : %)

구분	(가) 지역	(나) 지역
A의 수급자	16	10
B의 수급자	12	15
A와 B 모두의 수급자	9	9

보기

ㄱ. 사후 처방보다 사전 예방 성격이 강한 제도의 수급자는 (나) 지역이 (가) 지역의 2배보다 많다.

ㄴ. 각 지역 인구 중 상호 부조의 원리에 기초한 제도의 수급자 비율은 (가) 지역이 (나) 지역보다 높다.

ㄷ. A와 B 중 수익자 부담 원칙을 적용하는 제도의 수급자에만 해당하는 사람 수는 (나) 지역이 (가) 지역의 4배이다.

ㄹ. (가)와 (나) 지역 전체에서 선별적 복지 이념에 기초한 제도의 수급자가 보편적 복지 이념에 기초한 제도의 수급자보다 많다.

① ㄱ, ㄷ   ② ㄱ, ㄹ   ③ ㄴ, ㄹ

④ ㄱ, ㄴ, ㄷ   ⑤ ㄴ, ㄷ, ㄹ

|자|료|해|설|

(가) 지역에서 사회 보험에 해당하는 제도의 수급자 중 공공 부조에 해당하는 제도의 수급자가 3/4을 차지한다. (가) 지역에서 A와 B 모두의 수급자/B의 수급자 =9/12=3/4이므로 A는 공공 부조에 해당하는 제도이고, B는 사회 보험에 해당하는 제도이다. 국민 연금 제도는 사회 보험에 해당하고, 기초 연금 제도는 공공 부조에 해당한다. 따라서 A는 기초 연금 제도, B는 국민 연금 제도이다. (나) 지역의 인구는 (가) 지역 인구의 2배이므로 (가) 지역 인구가 100명이라면 (나) 지역 인구는 200명이고, 이때 지역별 기초 연금 제도와 국민 연금 제도의 수급자 수는 첨삭과 같다.

|보|기|풀|이|

ㄱ 정답 : 사후 처방 성격이 강한 제도는 공공 부조이고, 사전 예방 성격이 강한 제도는 사회 보험이다. (가) 지역 인구가 100명이라면, 사회 보험인 국민 연금 제도의 수급자 수는 (가) 지역의 경우 12명, (나) 지역의 경우 30명이므로 (나) 지역이 (가) 지역의 2배보다 많다.

ㄴ. 오답 : 상호 부조의 원리에 기초한 제도는 사회 보험이다. 각 지역 인구 중 사회 보험인 국민 연금 제도의 수급자 비율은 (가) 지역의 경우 12%, (나) 지역의 경우 15%이므로 (나) 지역이 (가) 지역보다 높다.

ㄷ 정답 : 수익자 부담 원칙을 적용하는 제도는 사회 보험이다. (가) 지역 인구가 100명이라면, 사회 보험인 국민 연금 제도의 수급자에만 해당하는 사람 수는 (가) 지역의 경우 3명, (나) 지역의 경우 12명이므로 (나) 지역이 (가) 지역의 4배이다.

ㄹ. 오답 : 선별적 복지 이념에 기초한 제도는 공공 부조이고, 보편적 복지 이념에 기초한 제도는 사회 보험이다. (가) 지역 인구가 100명이라면, (가)와 (나) 지역 전체에서 공공 부조인 기초 연금 제도의 수급자 수는 36명이고, 사회 보험인 국민 연금 제도의 수급자 수는 42명이므로 선별적 복지 이념에 기초한 제도의 수급자가 보편적 복지 이념에 기초한 제도의 수급자보다 적다.

문제풀이 TIP | A와 B 모두의 수급자가 A의 수급자에도 포함되고, B의 수급자에도 포함되므로 A에만 해당하는 수급자는 (A의 수급자-A와 B 모두의 수급자)이고, B에만 해당하는 수급자는 (B의 수급자-A와 B 모두의 수급자)임을 파악해야 한다.

출제분석 | 지역별 사회 보장 제도의 수급자를 파악하는 문제이다. 사회 보장 제도와 관련된 문제는 개념 수준의 문제보다 지역별 수급자 비율이나 수급자 수를 비교하는 고난도 문제가 출제될 가능성이 크다. 고난도 기출 문제를 통해 많은 연습을 해 두도록 한다.

다음 자료에 대한 분석으로 옳은 것은? (단, 갑국의 사회 보장 제도는 우리나라의 사회 보장 제도와 동일하며, 제시된 기간 동안 인구 변동은 없음.) **3점**

〈자료 1〉 갑국의 사회 보장 제도

기초 연금
(공공 부조)

A : 소득 인정액이 일정 수준 이하인 65세 이상 노인에게 연금을 지급하여 안정적인 생계 유지를 지원함.

고용 보험
(사회 보험)

B : 노동자와 사업주가 공동으로 부담하는 기금에서 실업자의 생계 보장 및 고용 안정을 위해 급여를 제공함.

〈자료 2〉 갑국의 A, B 제도의 수급 지속 비율과 수급 진입 비율

구분	A		B	
	2021년	2022년	2021년	2022년
수급 지속 비율(%)	20	23	60	32
수급 진입 비율(%)	20	8	10	24

* 2020년 갑국의 전체 인구 중 A 제도의 수급자 비율은 10%, B 제도의 수급자 비율은 25%이다.

$$**\ \text{수급 지속 비율(\%)} = \frac{\text{직전 연도에 이어 혜택을 받는 A(B) 제도 수급자 수}}{\text{직전 연도 A(B) 제도 수급자 수}} \times 100$$

$$***\ \text{수급 진입 비율(\%)} = \frac{\text{직전 연도와 달리 혜택을 받게 된 A(B) 제도 수급자 수}}{\text{직전 연도 A(B)제도 비(非)수급자 수}} \times 100$$

① B 제도는 A 제도와 ~~달리~~ **모두** 소득 재분배 효과가 발생한다.

② 선별적 복지의 성격이 강한 제도의 2021년 수급자 비율은 ~~40~~ **20**%이다. → 공공 부조

③ 상호 부조의 원리가 적용되는 제도의 수급자 비율은 2020년부터 2022년까지 매년 ~~상승하였다.~~ 하락하다가 상승하였다 → 사회 보험

④ 수혜자 비용 부담을 원칙으로 하는 제도의 2021년 수급자 수는 정부 재정으로 비용을 전부 충당하는 것을 원칙으로 하는 제도의 2022년 수급자 수의 ~~2배이다.~~ 가 넘는다 → 사회 보험 / → 공공 부조

⑤ 직전 연도와 달리 해당 연도에 A 제도의 수급자가 된 사람 수는 2021년이 2022년보다 많다.

(단위 : 명)

구분	A(기초 연금)			B(고용 보험)		
	2020년	2021년	2022년	2020년	2021년	2022년
직전 연도에 이어 혜택을 받는 수급자 수		20	46		150	72
직전 연도와 달리 혜택을 받게 된 수급자 수		180	64		75	186
전체 수급자 수	100	200	110	250	225	258
전체 비수급자 수	900	800	890	750	775	742

|자|료|해|설|

A는 공공 부조에 해당하는 기초 연금이고, B는 사회 보험에 해당하는 고용 보험이다. 2020년 갑국의 전체 인구 중 A 제도의 수급자 비율은 10%, B 제도의 수급자 비율은 25%이므로 갑국의 전체 인구를 1,000명이라고 가정하면, 2020년에 A 제도의 수급자 수는 100명이고, B 제도의 수급자 수는 250명이 된다. 갑국의 전체 인구를 1,000명이라고 가정하여 제시된 자료를 바탕으로 갑국의 연도별 A, B 제도의 수급자 수를 나타내면 첨삭과 같다.

|선|택|지|풀|이|

① 오답 : 공공 부조(A)와 사회 보험(B)은 모두 소득 재분배 효과가 발생한다.

② 오답 : 선별적 복지의 성격이 강한 제도는 공공 부조(A)이다. 갑국의 전체 인구를 1,000명이라고 가정하면, 2021년에 A의 수급자 수는 200명이므로 A의 수급자 비율은 20%{=(200명/1,000명)×100}이다.

③ 오답 : 상호 부조의 원리가 적용되는 제도는 사회 보험(B)이다. 갑국의 전체 인구를 1,000명이라고 가정하면, B의 수급자 수는 2020년의 경우 250명, 2021년의 경우 225명, 2022년의 경우 258명이다. 따라서 B의 수급자 비율은 2020년부터 2022년까지 하락하다가 상승하였다.

④ 오답 : 수혜자 비용 부담을 원칙으로 하는 제도는 사회 보험(B)이고, 정부 재정으로 비용을 전부 충당하는 것을 원칙으로 하는 제도는 공공 부조(A)이다. 갑국의 전체 인구를 1,000명이라고 가정하면, 2021년에 B의 수급자 수는 225명이고, 2022년에 A의 수급자 수는 110명이다. 따라서 B의 2021년 수급자 수는 A의 2022년 수급자 수의 2배가 넘는다.

⑤ 정답 : 갑국의 전체 인구를 1,000명이라고 가정하면, 직전 연도와 달리 해당 연도에 A 제도의 수급자가 된 사람 수는 2021년의 경우 180명이고, 2022년의 경우 64명이다. 따라서 직전 연도와 달리 해당 연도에 A 제도의 수급자가 된 사람 수는 2021년이 2022년보다 많다.

문제풀이 T I P | 전체 인구의 변동이 없으므로 전체 인구를 1,000명으로 가정하여 2020년의 A, B 제도의 수급자 수를 파악한 후 수급 지속 비율과 수급 진입 비율을 통해 연도별 수급자 수를 계산할 수 있다.

출제분석 | 사회 보장 제도의 수급자 비율을 분석하는 문제이다. 사회 보장 제도와 관련된 문제는 개념 위주의 문제보다는 계산 문제가 고난도로 출제될 수 있으므로 고난도 기출 문제를 중심으로 계산 방법을 익혀 두도록 한다.

Ⅳ

3. 사회 복지와 복지 제도

다음 자료에 대한 분석으로 옳은 것은? ③점

갑국, 을국의 사회 보장 제도는 우리나라의 사회 보장 제도와 동일하다. A와 B 모두 금전적 지원을 원칙으로 하며, A는 사전 예방적 성격이 강한 제도이고, B는 사후 처방적 성격이 강한 제도이다. 표는 갑국과 을국의 전체 인구 중 A, B 수급자의 비율을 나타낸 것이다. 전체 인구는 갑국이 을국의 2배이다.

(단위 : %)

구분	갑국	을국
A 수급자(사회 보험)	5	10
B 수급자(공공 부조)	7	6
A와 B의 중복 수급자	3	4

① A는 공공 부조에 해당하는 제도이고, B는 사회 보험에 해당하는 제도이다.

② A와 B 중 하나 이상의 혜택을 받는 수급자 수는 갑국이 을국의 1.5배이다.

③ 갑국에서 강제 가입 원칙이 적용되는 제도의 혜택만 받는 수급자 수는 A와 B의 중복 수급자 수보다 많다.

④ 을국에서 수혜자 비용 부담 원칙이 적용되는 제도의 수급자 수는 A와 B의 중복 수급자 수의 1.5배이다.

⑤ 갑국은 을국과 달리 상호 부조의 원리를 바탕으로 하는 제도의 수급자 수가 정부 재정으로 비용을 전액 충당하는 것을 원칙으로 하는 제도의 수급자 수보다 많다.

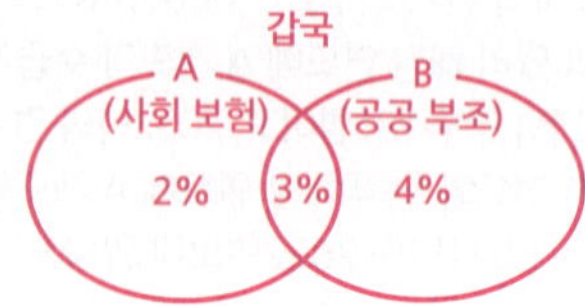

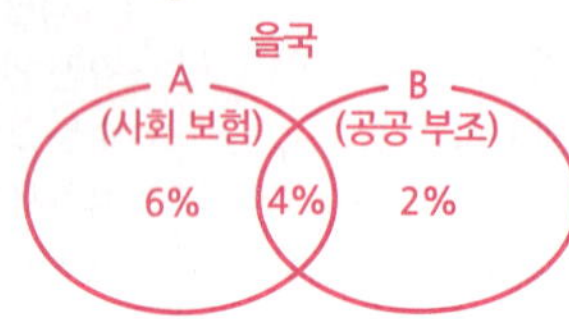

|자|료|해|설|

사회 보장 제도 중 금전적 지원을 원칙으로 하는 제도는 사회 보험과 공공 부조이며, 사회 보험과 공공 부조 중 사전 예방적 성격이 강한 제도는 사회 보험이고, 사후 처방적 성격이 강한 제도는 공공 부조이다. 따라서 A는 사회 보험에 해당하는 제도이고, B는 공공 부조에 해당하는 제도이다. 제시된 자료를 바탕으로 갑국과 을국의 전체 인구 중 A, B 수급자 비율과 A와 B의 중복 수급자 비율을 나타내면 첨삭과 같다.

|선|택|지|풀|이|

① 오답 : A는 사회 보험에 해당하는 제도이고, B는 공공 부조에 해당하는 제도이다.

② 정답 : A와 B 중 하나 이상의 혜택을 받는 수급자 비율은 갑국이 9%, 을국이 12%이다. 갑국 전체 인구가 을국 전체 인구의 2배이므로 갑국 전체 인구가 200명, 을국 전체 인구가 100명이라면, A와 B 중 하나 이상의 혜택을 받는 수급자 수는 갑국이 18명, 을국이 12명이므로 갑국이 을국의 1.5배이다.

③ 오답 : 강제 가입 원칙이 적용되는 제도는 사회 보험에 해당하는 A이다. 갑국에서 A의 혜택만 받는 수급자 비율은 2%, A와 B의 중복 수급자 비율은 3%이다. 따라서 갑국에서 A의 혜택만 받는 수급자 수는 A와 B의 중복 수급자 수보다 적다.

④ 오답 : 수혜자 비용 부담 원칙이 적용되는 제도는 사회 보험에 해당하는 A이다. 을국에서 A의 수급자 비율은 10%, A와 B의 중복 수급자 비율은 4%이다. 따라서 을국에서 A의 수급자 수는 A와 B의 중복 수급자 수의 2.5배이다.

⑤ 오답 : 상호 부조의 원리를 바탕으로 하는 제도는 사회 보험에 해당하는 A이고, 정부 재정으로 비용을 전액 충당하는 것을 원칙으로 하는 제도는 공공 부조에 해당하는 B이다. 갑국의 경우 A의 수급자 비율은 5%, B의 수급자 비율은 7%이므로 A의 수급자 수가 B의 수급자 수보다 적다. 을국의 경우 A의 수급자 비율은 10%, B의 수급자 비율은 6%이므로 A의 수급자 수가 B의 수급자 수보다 많다.

🤪 **문제풀이 TIP** | A 수급자 비율은 'A에만 해당하는 수급자 비율+A와 B의 중복 수급자 비율'로 구성되어 있고, B 수급자 비율은 'B에만 해당하는 수급자 비율+A와 B의 중복 수급자 비율'로 구성되어 있다.

😎 **출제분석** | 사회 보장 제도의 수급자 비율과 수를 분석하는 문제이다. 사회 보험과 공공 부조에 대한 개념적 이해를 바탕으로 지역별 또는 연도별 사회 보장 제도의 수급자 변화를 분석하는 문제가 고난도로 출제될 수 있다.

다음 자료에 대한 옳은 분석만을 〈보기〉에서 고른 것은?  3점

갑국의 사회 보장 제도는 A, B로만 구성되며, A, B는 우리나라의 사회 보장 제도와 동일하다. A는 사전 예방적 성격이 강한 제도이고, B는 사후 처방적 성격이 강한 제도이다. 갑국은 인구가 동일한 (가), (나) 지역으로만 구성되어 있다. (가) 지역은 지역 전체 인구의 90%, (나) 지역은 지역 전체 인구의 80%가 사회 보장 제도 수급자이다. 표는 갑국의 지역별 사회 보장 제도 수급자 비율을 분석한 것이다.

→ 사회 보험
→ 공공 부조

(가) 지역과 (나) 지역의 전체 인구가 각각 1,000명이라면, 사회 보장 제도 수급자 수는 (가) 지역이 900명, (나) 지역이 800명임.

(단위 : %)

구분	해당 지역 전체 수급자 대비 A만 수급받는 인구 비율	해당 지역 전체 수급자 대비 B만 수급받는 인구 비율
(가) 지역	65	25
(나) 지역	71	14

보기

ㄱ. 갑국의 전체 인구 중 A, B 중복 수급자 비율은 (가) 지역의 전체 인구 중 A, B 중복 수급자 비율보다 크다.

ㄴ. (나) 지역에서 A, B 중복 수급자 수는 (나) 지역에서 A나 B 어느 것도 받지 않는 비(非)수급자 수보다 많다. 적다

ㄷ. 강제 가입의 원칙이 적용되는 제도의 수급자 수는 (나) 지역이 (가) 지역보다 많다. → 사회 보험(A)

ㄹ. (나) 지역에서 수혜자 비용 부담 원칙이 적용되는 제도의 수급자 수는 (가) 지역에서 최저 생활의 보장을 목적으로 하는 제도의 수급자 수보다 적다. 많다 → 공공 부조(B)

→ 사회 보험(A)

① ㄱ, ㄴ ② ㄱ, ㄷ ③ ㄴ, ㄷ ④ ㄴ, ㄹ ⑤ ㄷ, ㄹ

〈갑국의 사회 보장 제도 수급자 현황〉

구분	(가) 지역		(나) 지역	
	비율(%)	수(명)	비율(%)	수(명)
사회 보험(A)만 수급받는 인구	65	585	71	568
공공 부조(B)만 수급받는 인구	25	225	14	112
중복 수급받는 인구	10	90	15	120
전체 수급자	100	900	100	800

|자|료|해|설|

사전 예방적 성격이 강한 제도는 사회 보험이고, 사후 처방적 성격이 강한 제도는 공공 부조이다. 따라서 A는 사회 보험, B는 공공 부조이다. (가) 지역의 사회 보장 제도 수급자는 (가) 지역 전체 인구의 90%, (나) 지역의 사회 보장 제도 수급자는 (나) 지역 전체 인구의 80%이고, (가) 지역과 (나) 지역의 전체 인구가 같으므로 (가) 지역과 (나) 지역의 전체 인구가 각각 1,000명이라면, (가) 지역의 사회 보장 제도 수급자 수는 900명, (나) 지역의 사회 보장 제도 수급자 수는 800명이 된다. (가) 지역과 (나) 지역의 전체 인구를 각각 1,000명이라고 가정하여 제시된 자료를 바탕으로 (가) 지역과 (나) 지역의 전체 인구 중 A, B 수급자 비율과 수급자 수를 나타내면 첨삭과 같다.

|보|기|풀|이|

ㄱ. 정답 : (가) 지역과 (나) 지역의 전체 인구를 각각 1,000명이라고 가정하면, 갑국의 전체 인구는 2,000명이 된다. 갑국의 전체 인구 중 A, B 중복 수급자 비율은 10.5%[={(90명+120명)/2,000명}×100]이고, (가) 지역의 전체 인구 중 A, B 중복 수급자 비율은 9%{=(90명/1,000명)×100}이다. 따라서 갑국의 전체 인구 중 A, B 중복 수급자 비율은 (가) 지역의 전체 인구 중 A, B 중복 수급자 비율보다 크다.

ㄴ. 오답 : (나) 지역의 전체 인구를 1,000명이라고 가정하면, (나) 지역에서 A, B 중복 수급자 수는 120명이고, (나) 지역에서 A나 B 어느 것도 받지 않는 비수급자 수는 200명(=1,000명-800명)이다. 따라서 (나) 지역에서 A, B 중복 수급자 수는 (나) 지역에서 A나 B 어느 것도 받지 않는 비수급자 수보다 적다.

ㄷ. 정답 : 강제 가입의 원칙이 적용되는 제도는 사회 보험(A)이다. (가) 지역과 (나) 지역의 전체 인구를 각각 1,000명이라고 가정하면, A의 수급자 수는 (가) 지역이 675명(=585명+90명), (나) 지역이 688명(=568명+120명)이다. 따라서 강제 가입의 원칙이 적용되는 제도의 수급자 수는 (나) 지역이 (가) 지역보다 많다.

ㄹ. 오답 : 수혜자 비용 부담 원칙이 적용되는 제도는 사회 보험(A)이고, 최저 생활의 보장을 목적으로 하는 제도는 공공 부조(B)이다. (가) 지역과 (나) 지역의 전체 인구를 각각 1,000명이라고 가정하면, (나) 지역에서 A의 수급자 수는 688명(=568명+120명), (가) 지역에서 B의 수급자 수는 315명(=225명+90명)이다. 따라서 (나) 지역에서 A의 수급자 수는 (가) 지역에서 B의 수급자 수보다 많다.

IV
3.
사
회
복
지
와
복
지
제
도

😮 **문제풀이 T I P** | (가) 지역과 (나) 지역의 전체 인구를 각각 100명으로 가정하면, 수급자 수가 소수점으로 나타나므로 (가) 지역과 (나) 지역의 전체 인구를 각각 1,000명으로 가정해 보도록 한다.

😀 **출제분석** | 사회 보장 제도의 수급자 수를 분석하는 문제이다. 지역별 사회 보장 제도의 수급자 비율 및 수급자 수를 분석하는 고난도 문제가 출제될 수 있으므로 기출 문제를 통해 풀이 과정을 이해해 두도록 한다.

다음 자료에 대한 옳은 분석만을 〈보기〉에서 있는 대로 고른 것은?
(단, (가) ~ (다) 이외의 제도는 고려하지 않는다.)

〈자료 1〉 우리나라 사회 보장 제도

(가) 노인 세대의 안정된 노후 생활을 지원하기 위해 65세 이상인 노인 중 가구의 소득 인정액이 선정 기준액 이하인 노인에게 매월 연금을 지급하는 제도 → 기초 연금(공공 부조)

(나) 고령이나 노인성 질병 등의 사유로 일상생활을 혼자서 수행하기 어려운 노인 등에게 신체 활동 또는 가사 활동 지원 등의 장기 요양 급여를 제공하는 제도 → 노인 장기 요양 보험(사회 보험)

(다) 안정적인 노후 생활 보장, 노인의 기능·건강 유지 및 악화 예방을 위해 일상생활 영위가 어려운 취약 노인에게 적절한 돌봄 서비스를 제공하는 제도 → 노인 맞춤 돌봄 서비스(사회 서비스)

〈자료 2〉 우리나라 A, B 지역 (가) ~ (다) 제도 수혜자 비율

인구 수 같음 / 남성 인구의 3배 (단위 : %)

구분	A 지역 200명			B 지역 200명		
	남성	여성	전체	남성	여성	전체
(가)	10.0	9.6	9.8	10.2	9.4	9.6
(나)	1.6	2.0	1.8	2.8	2.0	2.2
(다)	1.2	1.6	1.4	1.2	1.6	1.5

* A 지역과 B 지역의 총인구는 동일함.

** 해당 지역 남성(여성) 수혜자 비율(%) = $\dfrac{\text{해당 지역 남성(여성) 수혜자 수}}{\text{해당 지역 남성(여성) 인구}} \times 100$

보기

ㄱ. 비금전적 지원을 원칙으로 하는 제도의 경우, 성별 수혜자 수 차이는 A, B 지역이 같다. → 사회 서비스 (다) → B 지역이 더 큼

ㄴ. 강제 가입의 원칙이 적용되는 제도의 경우, 여성 수혜자 수 대비 남성 수혜자 수의 비는 A 지역이 B 지역보다 작다. → 사회 보험 (나) → 크다 $\left(\dfrac{1.4}{3}\right)$ $\left(\dfrac{1.6}{2}\right)$

ㄷ. 금전적 지원을 원칙으로 하며 사후 처방적 성격을 가진 제도의 경우, 남성 수혜자 수는 A 지역이 B 지역보다 많다. → 공공 부조 (가) → 10명 / 5.1명

ㄹ. 여성의 경우, 공공 부조에 해당하는 제도의 수혜자 비율 대비 사회 서비스에 해당하는 제도의 수혜자 비율은 A 지역이 B 지역보다 작다. → $\left(\dfrac{(\text{다})}{(\text{가})}\right)$ $\left(\dfrac{1.6}{9.6}\right)$ $\left(\dfrac{1.6}{9.4}\right)$

① ㄱ, ㄴ   ② ㄱ, ㄷ   ③ ㄷ, ㄹ
④ ㄱ, ㄴ, ㄹ   ⑤ ㄴ, ㄷ, ㄹ

|자|료|해|설|

우리나라 사회 보장 제도에는 사회 보험, 공공 부조, 사회 서비스가 있다. (가)는 기초 연금으로 공공 부조에 해당하고, (나)는 노인 장기 요양 보험으로 사회 보험에 해당하며, (다)는 노인 맞춤 돌봄 서비스로 사회 서비스에 해당한다.

|보|기|풀|이|

ㄱ. 오답 : 비금전적 지원을 원칙으로 하는 사회 보장 제도는 사회 서비스인 (다)이다. A 지역은 남성 인구와 여성 인구가 같지만, B 지역은 여성 인구가 남성 인구의 3배이다. 따라서 사회 서비스의 경우, 성별 수혜자 수 차이는 B 지역이 A 지역보다 크다.

ㄴ. 오답 : 강제(의무) 가입의 원칙이 적용되는 사회 보장 제도는 사회 보험인 (나)이다. '여성 수혜자 수 대비 남성 수혜자 수의 비'는 '남성 수혜자 수/여성 수혜자 수'로 구할 수 있다. A, B 지역의 전체 인구를 각각 200명이라고 가정하면 A 지역은 남성 인구와 여성 인구가 같으므로 (나)의 여성 수혜자 수 대비 남성 수혜자 수의 비는 1.6/2이 되고, B 지역은 여성 인구(150명)가 남성 인구(50명)의 3배이므로 (나)의 여성 수혜자 수 대비 남성 수혜자 수의 비는 1.4/3가 된다. 따라서 사회 보험의 경우, 여성 수혜자 수 대비 남성 수혜자 수의 비는 A 지역(1.6/2)이 B 지역(1.4/3)보다 크다.

ㄷ. 정답 : 금전적 지원을 원칙으로 하며 사후 처방적 성격을 가진 사회 보장 제도는 공공 부조인 (가)이다. A 지역은 남성 인구와 여성 인구가 같지만, B 지역은 여성 인구가 남성 인구의 3배이다. 따라서 공공 부조의 경우, 남성 수혜자 수는 A 지역(10.0명)이 B 지역(5.1명)보다 많다.

ㄹ. 정답 : '공공 부조에 해당하는 제도의 수혜자 비율 대비 사회 서비스에 해당하는 제도의 수혜자 비율'은 '(다)/(가)'로 구할 수 있다. 여성의 경우 공공 부조에 해당하는 제도의 수혜자 비율 대비 사회 서비스에 해당하는 제도의 수혜자 비율은 A 지역이 1.6/9.6이고, B 지역이 1.6/9.4이다. 따라서 여성의 경우, 공공 부조에 해당하는 제도의 수혜자 비율 대비 사회 서비스에 해당하는 제도의 수혜자 비율은 A 지역(1.6/9.6)이 B 지역(1.6/9.4)보다 작다.

문제풀이 TIP | A 지역의 경우 '전체 값과 남성 값의 차이', '전체 값과 여성 값의 차이'가 같으므로 남성과 여성의 인구수가 같고, B 지역의 경우 '전체 값과 남성 값의 차이'가 '전체 값과 여성 값의 차이'의 3배이므로 여성 인구가 남성 인구의 3배이다. A, B 지역의 전체 인구를 각각 200명이라고 가정하면 A 지역은 남성과 여성의 인구가 각각 100명이 되고, B 지역은 남성 인구가 50명, 여성 인구가 150명(남성의 3배)이 된다.

다음 자료에 대한 분석으로 옳은 것은? (단, 갑국의 사회 보장 제도는 우리나라의 사회 보장 제도와 동일함.) **3점**

〈자료 1〉 갑국의 사회 보장 제도 A~C에 대한 정보

A, B, C는 각각 공공 부조, 사회 보험, 사회 서비스 중 하나이다. '금전적 지원을 원칙으로 하는가?'는 B를 A, C와 구분할 수 있는 질문이며, C는 A와 달리 정부 재정으로 비용을 전액 충당하는 것을 원칙으로 한다.

→ 사회 보험, 공공 부조
→ 사회 서비스
→ 사회 보험
→ 공공 부조

〈자료 2〉 갑국의 (가), (나) 지역 A~C 제도 수혜자 비율

(단위 : %)

구분	(가) 지역			(나) 지역		
	남성	여성	전체	남성	여성	전체
A	80	60	75	80	60	70
B	47	51	48	48	50	49
C	10	14	11	10	8	9

* (가) 지역과 (나) 지역의 총인구는 동일함.

* 해당 지역 남성(여성) 수혜자 비율(%) = $\dfrac{\text{해당 지역 남성(여성) 수혜자 수}}{\text{해당 지역 남성(여성) 인구}} \times 100$

① 비금전적 지원을 원칙으로 하는 제도의 남성 수혜자 수는 (나) 지역이 (가) 지역보다 ~~많다.~~ 적다 　→ 사회 서비스(B)

② 상호 부조의 원리가 적용되는 제도의 수혜자 수는 (가) 지역이 (나) 지역보다 ~~적다.~~ 많다 　→ 사회 보험(A)

③ 여성의 경우 사회 보험의 수혜자 비율 대비 공공 부조의 수혜자 비율은 (나) 지역이 (가) 지역보다 ~~크다.~~ 작다

④ 강제 가입의 원칙이 적용되는 제도의 경우 여성 수혜자 수 대비 남성 수혜자 수는 (나) 지역이 (가) 지역보다 작다. 　→ 사회 보험(A)

⑤ 금전적 지원을 원칙으로 하며 사후 처방적 성격이 강한 제도의 경우 성별 수혜자 수 차이는 (가), (나) 지역이 ~~같다.~~ 　→ 공공 부조(C)

(단위 : 명)

구분	(가) 지역			(나) 지역		
	남성	여성	전체	남성	여성	전체
인구	300	100	400	200	200	400
사회 보험(A) 수혜자	240	60	300	160	120	280
사회 서비스(B) 수혜자	141	51	192	96	100	196
공공 부조(C) 수혜자	30	14	44	20	16	36

| 자 | 료 | 해 | 설 |

금전적 지원을 원칙으로 하는 사회 보장 제도는 사회 보험과 공공 부조이므로 B는 사회 서비스이고, A와 C는 각각 사회 보험과 공공 부조 중 하나이다. 정부 재정으로 비용을 전액 충당하는 것을 원칙으로 하는 사회 보장 제도는 공공 부조이다. 따라서 A는 사회 보험, C는 공공 부조이다. (가) 지역의 남성 인구를 X, 여성 인구를 Y라고 하면, A의 경우 0.8X+0.6Y=0.75(X+Y)가 성립한다. 즉, X=3Y로, (가) 지역의 경우 남성 인구는 여성 인구의 3배이다. (나) 지역의 경우 남성 인구를 x, 여성 인구를 y라고 하면, A의 경우 0.8x+0.6y=0.7(x+y)가 성립한다. 즉, x=y로, (나) 지역의 경우 남성 인구와 여성 인구가 같다. (가) 지역과 (나) 지역의 총인구가 동일하므로 (가) 지역과 (나) 지역의 인구를 각각 400명이라고 가정하여 제시된 자료를 바탕으로 (가), (나) 지역 A~C 제도 수혜자 수를 나타내면 첨삭과 같다.

| 선 | 택 | 지 | 풀 | 이 |

① 오답 : 비금전적 지원을 원칙으로 하는 제도는 사회 서비스(B)이다. (가) 지역과 (나) 지역의 인구를 각각 400명이라고 한다면, 사회 서비스의 경우 남성 수혜자 수는 (가) 지역이 141명, (나) 지역이 96명이다. 따라서 사회 서비스의 남성 수혜자 수는 (나) 지역이 (가) 지역보다 적다.

② 오답 : 상호 부조의 원리가 적용되는 제도는 사회 보험(A)이다. (가) 지역과 (나) 지역의 인구를 각각 400명이라고 한다면, 사회 보험의 수혜자 수는 (가) 지역이 300명, (나) 지역이 280명이다. 따라서 사회 보험의 수혜자 수는 (가) 지역이 (나) 지역보다 많다.

③ 오답 : 여성의 경우 사회 보험의 수혜자 비율 대비 공공 부조의 수혜자 비율은 (가) 지역이 14/60이고, (나) 지역이 8/60으로, (나) 지역이 (가) 지역보다 작다.

④ 정답 : 강제 가입의 원칙이 적용되는 제도는 사회 보험(A)이다. (가) 지역과 (나) 지역의 인구를 각각 400명이라고 한다면, 사회 보험의 경우 여성 수혜자 수 대비 남성 수혜자 수는 (가) 지역이 240명/60명이고, (나) 지역이 160명/120명으로, (나) 지역이 (가) 지역보다 작다.

⑤ 오답 : 금전적 지원을 원칙으로 하며 사후 처방적 성격이 강한 제도는 공공 부조(C)이다. (가) 지역과 (나) 지역의 인구를 각각 400명이라고 한다면, 공공 부조의 성별 수혜자 수 차이는 (가) 지역이 16명(=30명-14명)이고, (나) 지역이 4명(=20명-16명)으로, (가) 지역이 (나) 지역보다 크다.

문제풀이 TIP | 지역별 남성과 여성 그리고 전체 수혜자 비율이 제시되어 있으므로 이를 통해 남성과 여성의 비를 파악할 수 있고, (가) 지역과 (나) 지역의 인구가 동일하므로 각 지역의 남성과 여성의 비를 통해 남성 인구와 여성 인구를 가정하여 문제를 해결할 수 있다.

출제분석 | 사회 보장 제도의 수혜자 비율을 분석하는 문제이다. 사회 보장 제도의 수혜자 비율을 분석하는 문제는 고난도로 출제되므로 기출 문제를 통해 문제 해결 방법을 연습해 두도록 한다.

다음 자료에 대한 분석으로 옳은 것은? (단, A, B는 각각 공공 부조, 사회 보험 중 하나임.) **3점**

갑국의 사회 보장 제도는 우리나라의 사회 보장 제도와 동일하다. A는 보편적 복지의 성격이 강하고, B는 선별적 복지의 성격이 강하다. 표는 갑국의 시기별 (가), (나) 지역 인구 중 A, B 수급자 비율을 나타낸 것이다. 갑국은 (가), (나) 지역으로만 구성되며, 전체 인구는 t년에 비해 t+20년이 20% 많다.

(단위 : %)

구분	t년			t+20년		
	(가) 지역	(나) 지역	전체	(가) 지역	(나) 지역	전체
A 수급자	46	36	40	46	52	50
B 수급자	30	20	24	30	42	38
A와 B 중복 수급자	15	10	12	6	18	14

① 상호 부조의 원리가 적용되는 제도의 수급자 수는 t+20년의 (가) 지역이 t년의 (가) 지역보다 20% 많다.

② 수혜자 비용 부담 원칙이 적용되는 제도의 수급자 수는 t+20년의 (가) 지역이 t년의 (나) 지역보다 많다.

③ t년의 (가) 지역에서 정부 재정으로 비용을 전액 충당하는 것을 원칙으로 하는 제도에만 해당하는 수급자 수는 A와 B 중복 수급자 수의 2배이다.

④ t+20년에 사전 예방적 성격보다 사후 처방적 성격이 강한 제도에만 해당하는 수급자 수는 (나) 지역이 (가) 지역의 2배이다.

⑤ t+20년에 A와 B 중복 수급자 수는 (나) 지역이 (가) 지역의 3배이다.

(단위 : 명)

구분	t년			t+20년		
	(가) 지역	(나) 지역	전체	(가) 지역	(나) 지역	전체
A 수급자 수	92	108	200	92	208	300
B 수급자 수	60	60	120	60	168	228
A와 B 중복 수급자 수	30	30	60	12	72	84
인구	200	300	500	200	400	600

문제풀이 TIP | 제시된 표에 나타난 각 지역의 수급자 비율과 전체 수급자 비율을 통해 각 지역의 인구비를 구할 수 있어야 한다.

출제분석 | 사회 보장 제도의 수급자 비율을 통해 사회 보장 제도의 특징을 비교하고 각 지역의 수급자 수를 분석하는 문제이다. 사회 보장 제도와 관련된 문제는 수급자 비율을 분석하는 고난도 문제가 출제되므로 기출 문제를 통해 많은 연습을 해 두도록 한다.

|자|료|해|설|

공공 부조와 사회 보험 중 보편적 복지의 성격이 강한 제도는 사회 보험이고, 선별적 복지의 성격이 강한 제도는 공공 부조이다. 따라서 A는 사회 보험, B는 공공 부조이다. t년의 경우 (가) 지역 인구를 x, (나) 지역 인구를 y라고 한다면, A 수급자의 경우 0.46x+0.36y=0.4(x+y)가 성립한다. 즉, 3x=2y이다. 따라서 t년의 경우 (가) 지역 인구 : (나) 지역 인구=2 : 3이다. t+20년의 경우 (가) 지역 인구를 a, (나) 지역 인구를 b라고 한다면, A 수급자의 경우 0.46a+0.52b=0.5(a+b)가 성립한다. 즉, 2a=b이다. 따라서 t+20년의 경우 (가) 지역 인구 : (나) 지역 인구=1 : 2이다. t년의 경우 (가) 지역 인구를 200명, (나) 지역 인구를 300명이라고 가정하면, t년의 전체 인구는 500명이 되고, t년에 비해 t+20년이 전체 인구가 20% 많으므로 t+20년의 전체 인구는 600명이 된다. 따라서 t+20년의 경우 (가) 지역 인구는 200명, (나) 지역 인구는 400명이 된다. 제시된 자료를 바탕으로 연도별 A 수급자 수, B 수급자 수, A와 B 중복 수급자 수를 나타내면 첨삭과 같다.

|선|택|지|풀|이|

① 오답 : 상호 부조의 원리가 적용되는 제도는 사회 보험이다. t+20년의 (가) 지역 사회 보험 수급자 수는 92명, t년의 (가) 지역 사회 보험 수급자 수는 92명으로, t+20년의 (가) 지역 사회 보험 수급자 수와 t년의 (가) 지역 사회 보험 수급자 수가 같다.

② 오답 : 수혜자 비용 부담 원칙이 적용되는 제도는 사회 보험이다. t+20년의 (가) 지역 사회 보험 수급자 수는 92명이고, t년의 (나) 지역 사회 보험 수급자 수는 108명이다. 따라서 t+20년의 (가) 지역 사회 보험 수급자 수가 t년의 (나) 지역 사회 보험 수급자 수보다 적다.

③ 오답 : 정부 재정으로 비용을 전액 충당하는 것을 원칙으로 하는 제도는 공공 부조이다. t년의 (가) 지역에서 공공 부조에만 해당하는 수급자 수는 30명(=60명-30명)이고, 사회 보험과 공공 부조 중복 수급자 수는 30명이다. 따라서 t년의 (가) 지역에서 공공 부조에만 해당하는 수급자 수와 사회 보험과 공공 부조 중복 수급자 수는 같다.

④ 정답 : 사전 예방적 성격보다 사후 처방적 성격이 강한 제도는 공공 부조이다. t+20년에 공공 부조에만 해당하는 수급자 수는 (가) 지역이 48명(=60명-12명)이고, (나) 지역이 96명(=168명-72명)이다. 따라서 t+20년에 공공 부조에만 해당하는 수급자 수는 (나) 지역이 (가) 지역의 2배이다.

⑤ 오답 : t+20년에 사회 보험과 공공 부조 중복 수급자 수는 (가) 지역이 12명, (나) 지역이 72명으로, (나) 지역이 (가) 지역의 6배이다.

다음 자료에 대한 분석으로 옳은 것은? (단, A, B는 각각 공공 부조, 사회 보험 중 하나임.) ③점

> 갑국에는 사회 보장 제도 A, B만 존재하며, A, B는 우리나라의 사회 보장 제도와 동일하다. 갑국은 (가), (나) 지역으로만 구성되며, (가) 지역 인구는 (나) 지역 인구의 2배이다. 〈자료 1〉은 두 가지 질문을 통해 A, B를 구분한 것이고, 〈자료 2〉는 갑국의 지역별 수급자 현황의 일부이다. 단, A 수급자 수 대비 중복 수급자 수의 비율은 (가) 지역이 10%, (나) 지역이 20%이다.

〈자료 1〉

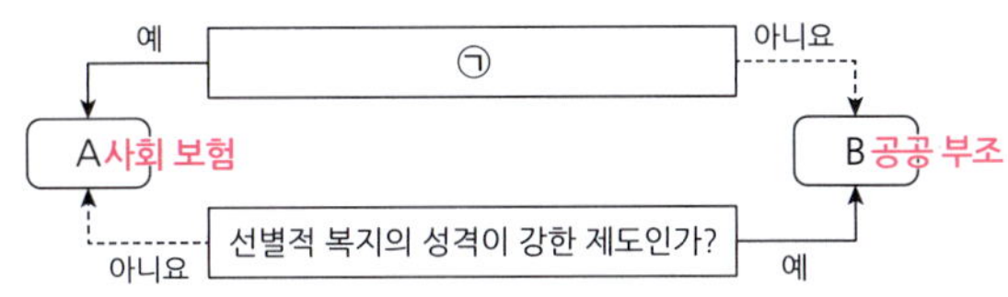

〈자료 2〉

(단위 : %)

구분	(가) 지역	(나) 지역
비(非)수급자 비율	18	20
중복 수급자 비율	8	15

* 비(非)수급자 : A나 B 어느 것도 받지 않는 사람
** 중복 수급자 : A 수급자이면서 동시에 B 수급자인 사람
*** 비수급자(중복 수급자) 비율(%) = $\dfrac{\text{해당 지역 비수급자(중복 수급자) 수}}{\text{해당 지역 인구}} \times 100$

① ⊙에는 '소득 재분배 효과가 있는가?'가 들어갈 수 있다. 없다

② A와 달리 B는 상호 부조의 원리가 적용된다.

③ B 수급자 수는 (나) 지역이 (가) 지역보다 많다. 과 같다

④ 강제 가입의 원칙이 적용되는 제도의 수급자 비율은 (가) 지역이 (나) 지역보다 낮다. 높다 → 사회 보험(A)

⑤ 사후 처방적 성격이 강한 제도의 수급자 비율은 (나) 지역이 (가) 지역의 2배이다. → 공공 부조(B)

구분	(가) 지역		(나) 지역	
	비율(%)	인구(명)	비율(%)	인구(명)
A 수급자	80	160	75	75
B 수급자	10	20	20	20
A와 B 중복 수급자	8	16	15	15
비수급자	18	36	20	20
계	100	200	100	100

|자|료|해|설|

선별적 복지의 성격이 강한 제도는 공공 부조이다. 따라서 A는 사회 보험, B는 공공 부조이다. (나) 지역 인구를 100명이라고 가정하여 제시된 자료를 바탕으로 (가), (나) 지역의 A 수급자, B 수급자, A, B 중복 수급자 및 비수급자 비율 및 인구를 나타내면 첨삭과 같다.

|선|택|지|풀|이|

① 오답 : 사회 보험과 공공 부조는 모두 소득 재분배 효과가 있다. 따라서 해당 질문은 ⊙에 들어갈 수 없다.

② 오답 : 사회 보험(A)은 공공 부조(B)와 달리 상호 부조의 원리가 적용된다.

③ 오답 : (나) 지역 인구가 100명이라면, B 수급자 수는 (가) 지역이 20명, (나) 지역이 20명이다. 따라서 B 수급자 수는 (가) 지역과 (나) 지역이 같다.

④ 오답 : 강제 가입의 원칙이 적용되는 제도는 사회 보험(A)이다. A 수급자 비율은 (가) 지역이 80%, (나) 지역이 75%이므로 (가) 지역이 (나) 지역보다 높다.

⑤ 정답 : 사후 처방적 성격이 강한 제도는 공공 부조(B)이다. B 수급자 비율은 (가) 지역이 10%, (나) 지역이 20%이므로 (나) 지역이 (가) 지역의 2배이다.

😲 **문제풀이 TIP** | A 수급자 비율 + B 수급자 비율 − A와 B 중복 수급자 비율 + 비수급자 비율 = 100%이다. 즉, '각 지역의 인구 = A 수급자 수 + B 수급자 수 − A와 B 중복 수급자 수 + 비수급자 수'이다.

😎 **출제분석** | 사회 보장 제도의 수급자 상황을 분석하는 문제이다. 사회 보험과 공공 부조의 수급자 비율 및 수급자 수를 계산하는 고난도 문제가 출제될 수 있다.

다음 자료에 대한 분석으로 옳은 것은? (단, 갑국의 사회 보장 제도는 우리나라와 동일하다.) **3점**

○ 갑국 보건복지부 누리집의 한 장면

→ 기초 연금(공공 부조)

Q : ○○ 연금을 받고 있으면 △△ 연금을 받지 못하나요?
A : 결론부터 말씀드리면 받을 수 있습니다. △△ 연금의 기본적인 수급자 선정 기준은 연령과 소득 인정액입니다. 만 65세 이상이면서 소득 인정액이 기준 금액 이하이면 △△ 연금을 받을 수 있습니다.

→ 국민 연금(사회 보험)

* ○○ 연금 : 가입자, 고용주 등이 분담해서 마련한 기금을 통해 노령, 장애 등에 대한 연금 급여를 지급하여 생활 안정을 도모하는 제도

○ 갑국의 지역별 인구 대비 ○○ 연금, △△ 연금 수급자 비율(%)

구분	A 지역	B 지역	C 지역	전체
○○ 연금 수급자	20	20	㉠30	25
△△ 연금 수급자	10	15	15	㉡14
○○ 연금과 △△ 연금의 중복 수급자	5	10	10	9

* 갑국은 A~C 지역만으로 구성되며, ○○ 연금과 △△ 연금의 중복 수급자의 수는 B 지역이 A 지역의 3배이다.

① ㉠은 14, ㉡은 30이다.
② 갑국의 ○○ 연금 수급자는 △△ 연금 수급자보다 ~~적다~~. 많다
③ 사후 처방적 성격이 강한 제도의 수급자는 A 지역이 B 지역보다 ~~많다~~. 적다 → 공공 부조
④ 강제 가입의 원칙이 적용되는 제도의 수급자는 B 지역이 C 지역보다 ~~많다~~. 적다 → 사회 보험
⑤ ○○ 연금과 △△ 연금 중 어느 하나의 수급자도 아닌 사람은 C 지역이 A 지역보다 많다.

(단위 : 명)

구분	A 지역	B 지역	C 지역	전체
○○ 연금 수급자 수	40	60	150	250
△△ 연금 수급자 수	20	45	75	140
○○ 연금과 △△ 연금의 중복 수급자 수	10	30	50	90
인구	200	300	500	1,000

|자|료|해|설|

○○ 연금은 사회 보험에 해당하는 국민 연금이고, △△ 연금은 공공 부조에 해당하는 기초 연금이다. A 지역 인구를 a, B 지역 인구를 b, C 지역 인구를 c라고 하면, ○○ 연금과 △△ 연금의 중복 수급자의 경우 $0.05a+0.1b+0.1c=0.09(a+b+c)$가 성립한다. 즉, $4a=b+c$이다. ○○ 연금과 △△ 연금의 중복 수급자 수의 경우 B 지역이 A 지역의 3배이므로 $0.05a×3=0.1b$, 즉 $3a=2b$이다. $4a=b+c$이고, $3a=2b$이므로 $a:b:c=2:3:5$이다. A 지역 인구를 200명, B 지역 인구를 300명, C 지역 인구를 500명이라고 가정하여, 제시된 자료를 바탕으로 지역별 ○○ 연금 수급자 수와 △△ 연금 수급자 수를 나타내면 첨삭과 같다.

|선|택|지|풀|이|

① 오답 : ㉠은 30, ㉡은 14이다.
② 오답 : 갑국의 전체 인구를 1,000명이라고 가정하면, ○○ 연금 수급자 수는 250명, △△ 연금 수급자 수는 140명이다. 따라서 갑국의 ○○ 연금 수급자가 △△ 연금 수급자보다 많다.
③ 오답 : 사후 처방적 성격이 강한 제도는 공공 부조에 해당하는 △△ 연금이다. 갑국의 전체 인구를 1,000명이라고 가정하면, △△ 연금 수급자 수는 A 지역이 20명, B 지역이 45명으로, A 지역이 B 지역보다 적다.
④ 오답 : 강제 가입의 원칙이 적용되는 제도는 사회 보험에 해당하는 ○○ 연금이다. 갑국의 전체 인구를 1,000명이라고 가정하면, ○○ 연금 수급자 수는 B 지역이 60명, C 지역이 150명으로, B 지역이 C 지역보다 적다.
⑤ 정답 : 갑국의 전체 인구를 1,000명이라고 가정하면, ○○ 연금과 △△ 연금 중 어느 하나의 수급자도 아닌 사람은 A 지역이 150명{=200명-(40명+20명-10명)}, C 지역이 325명{=500명-(150명+75명-50명)}으로, C 지역이 A 지역보다 많다.

🤓 **문제풀이 TIP** | ○○ 연금과 △△ 연금의 중복 수급자 비율과 중복 수급자 수를 통해 각 지역의 인구비를 계산하여, 이를 바탕으로 지역별 연금 수급자 수를 파악할 수 있다.

🤓 **출제분석** | 사회 보장 제도의 수급자를 분석하는 문제이다. 각 사회 보장 제도의 특징과 수급자 비율을 통해 수급자 수를 계산하는 문제가 복합적으로 출제될 수 있으므로 기출 문제를 통해 고난도 문제를 연습해 두도록 한다.

다음 자료에 대한 분석으로 옳은 것은? (단, 갑국의 사회 보장 제도는 우리나라의 사회 보장 제도와 동일함.) 3점

〈자료 1〉 갑국의 사회 보장 제도

(가) 고령이나 노인성 질병 등의 사유로 일상생활을 혼자서 수행하기 어려운 노인 등에게 장기 요양 급여를 지급하는 제도 ➡ 노인 장기 요양 보험 제도(사회 보험)

(나) 소득 인정액이 일정 수준 이하인 노인에게 기초 연금을 지급하여 안정적 소득 기반을 제공하는 제도 ➡ 기초 연금 제도(공공 부조)

〈자료 2〉 갑국의 지역별 65세 이상 인구 중 (가), (나) 수급자 비율

(단위 : %)

구분	A 지역	B 지역	전체 지역
(가) 수급자	26	㉠18	㉡20
(나) 수급자	76	68	70
(가)와 (나) 중복 수급자	㉢22	6	10

* 갑국은 A, B 지역으로만 구성됨.
** 갑국 전체 지역 65세 이상 인구 중 (가)와 (나) 중복 수급자를 제외한 (나) 수급자 비율이 (가)와 (나) 중복 수급자를 제외한 (가) 수급자 비율의 6배임.

① ㉢은 ㉠보다 크고 ㉡보다 <s>작다</s>. 크다
② 금전적 지원을 원칙으로 하는 제도의 수급자에 해당하는 65세 이상 인구는 A 지역이 B 지역의 <s>3</s>배이다. ➡ 사회 보험, 공공 부조 / 1/3
③ 사전 예방적 성격보다 사후 처방적 성격이 강한 제도의 수급자에만 해당하는 65세 이상 인구는 A 지역이 B 지역보다 <s>많다</s>. 적다 ➡ 공공 부조
④ 상호 부조의 원리가 적용되는 제도의 수급자에만 해당하는 65세 이상 인구는 B 지역이 A 지역의 <s>3</s>배이다. ➡ 사회 보험 / 9
⑤ 갑국 전체 지역에서 (가)와 (나) 중복 수급자에 해당하는 65세 이상 인구는 강제 가입을 원칙으로 하는 제도의 수급자에만 해당하는 65세 이상 인구와 동일하다. ➡ 사회 보험

(단위 : 명)

구분	A 지역	B 지역	전체 지역
(가) 수급자 수	26	54	80
(나) 수급자 수	76	204	280
(가)와 (나) 중복 수급자 수	22	18	40
65세 이상 인구	100	300	400

😀 **문제풀이 TIP** | (가)와 (나)가 각각 어떤 사회 보장 제도에 해당하는지를 파악한 후 A 지역과 B 지역, 그리고 전체 수급자 비율이 모두 제시된 (나) 수급자 비율을 통해 A 지역과 B 지역의 65세 이상 인구 비를 파악하도록 한다.

😀 **출제분석** | 사회 보장 제도의 수급자 비율을 분석하는 문제이다. 각 지역의 사회 보험과 공공 부조의 수급자 비율을 통해 각 지역의 인구비를 구하여 각 사회 보장 제도의 특징에 따른 수급자 수를 비교하는 고난도 문제가 출제될 수 있다.

|자|료|해|설|

(가)는 사회 보험인 노인 장기 요양 보험 제도이고, (나)는 공공 부조인 기초 연금 제도이다. A 지역의 65세 이상 인구를 a, B 지역의 65세 이상 인구를 b라고 하면 〈자료 2〉에서 (나) 수급자의 경우 0.76a+0.68b=0.7(a+b)로, b=3a가 된다. 즉, A 지역 65세 이상 인구 : B 지역 65세 이상 인구 = 1 : 3이다. A 지역 65세 이상 인구를 100명이라고 가정하여 제시된 자료를 바탕으로 갑국의 (가) 수급자 수와 (나) 수급자 수를 나타내면 첨삭과 같다.

|선|택|지|풀|이|

① 오답 : 갑국 전체 지역 65세 이상 인구 중 (가)와 (나) 중복 수급자를 제외한 (나) 수급자 비율은 (가)와 (나) 중복 수급자를 제외한 (가) 수급자 비율의 6배이다. 갑국 전체 지역 65세 이상 인구 중 (가)와 (나) 중복 수급자를 제외한 (나) 수급자 비율은 60%(=70%-10%)이고, (가)와 (나) 중복 수급자를 제외한 (가) 수급자 비율은 (㉡%-10%)이므로 ㉡은 20이 된다. 한편 A 지역 65세 이상 인구 : B 지역 65세 이상 인구 = 1 : 3이고 A 지역 65세 이상 인구 중 (가) 수급자 비율은 26%이며, 전체 지역 65세 이상 인구 중 (가) 수급자 비율은 20%이므로 B 지역 65세 이상 인구 중 (가) 수급자 비율은 18%가 된다. 즉, ㉠은 18이다. A 지역 65세 이상 인구 : B 지역 65세 이상 인구 = 1 : 3이고 B 지역 65세 이상 인구 중 (가)와 (나) 중복 수급자 비율은 6%이며, 전체 지역 65세 이상 인구 중 (가)와 (나) 중복 수급자 비율은 10%이므로 A 지역 65세 이상 인구 중 (가)와 (나) 중복 수급자 비율은 22%가 된다. 즉, ㉢은 22이다. 따라서 ㉢은 ㉠과 ㉡보다 크다.

② 오답 : 금전적 지원을 원칙으로 하는 제도는 사회 보험과 공공 부조이다. A 지역 65세 이상 인구를 100명이라고 가정하면 사회 보험과 공공 부조의 수급자에 해당하는 65세 이상 인구는 A 지역의 경우 80명(=26명+76명-22명)이고, B 지역의 경우 240명(=54명+204명-18명)으로, A 지역이 B 지역의 1/3배이다.

③ 오답 : 사전 예방적 성격보다 사후 처방적 성격이 강한 제도는 공공 부조이다. A 지역 65세 이상 인구를 100명이라고 가정하면 공공 부조의 수급자에만 해당하는 65세 이상 인구는 A 지역의 경우 54명(=76명-22명)이고, B 지역의 경우 186명(=204명-18명)으로, A 지역이 B 지역보다 적다.

④ 오답 : 상호 부조의 원리가 적용되는 제도는 사회 보험이다. A 지역 65세 이상 인구를 100명이라고 가정하면 사회 보험의 수급자에만 해당하는 65세 이상 인구는 A 지역의 경우 4명(=26명-22명)이고, B 지역의 경우 36명(=54명-18명)으로, B 지역이 A 지역의 9배이다.

⑤ 정답 : 강제 가입을 원칙으로 하는 제도는 사회 보험이다. A 지역 65세 이상 인구를 100명이라고 가정하면 갑국 전체 지역에서 (가)와 (나) 중복 수급자에 해당하는 65세 이상 인구는 40명이고, 사회 보험의 수급자에만 해당하는 65세 이상 인구는 40명(=80명-40명)이다.

IV
3. 사회 복지와 복지 제도

다음 자료에 대한 분석으로 옳은 것은?

(가) : 기초 연금(공공 부조)

표는 우리나라 사회 보장 제도와 동일한 갑국의 사회 보장 제도 (가), (나)의 수급자 비율을 나타낸 것이다. (가)는 노인의 생활 안정과 복지 증진을 위해 소득 인정액이 일정 수준 이하인 65세 이상 노인에게 연금을 지급하는 제도이다. 반면 (나)는 고령이나 노인성 질병 등의 사유로 일상생활을 혼자 수행하기 어려운 노인 등에게 신체 활동 및 가사 활동 지원 등에 필요한 장기 요양 급여를 제공하는 제도이다.

(나) : 노인 장기 요양 보험(사회 보험)

(단위 : %)

구분	t년		t+30년	
	(가)	(나)	(가)	(나)
남성	4.3	4.5	4.2	4.5
여성	6.4	6.9	2.6	3.5
전체	5.0	5.3	3.4	4.0

남성 인구는 여성 인구의 2배

전체와 0.7%p 차이
전체와 1.4%p 차이

전체와 0.8%p 차이
전체와 0.8%p 차이

남성 인구와 여성 인구는 같음

* t년과 t+30년의 갑국 전체 인구는 동일함.

** 해당 집단의 수급자 비율(%) = $\dfrac{\text{해당 집단의 수급자 수}}{\text{해당 집단의 인구}} \times 100$

① t년과 t+30년 모두 남성 인구가 여성 인구보다 많다.
　t년에는
② t년에 (나)의 수급자 수는 여성이 남성보다 많다.
③ (가), (나) 중 강제 가입 원칙이 적용되는 제도의 여성 수급자 수는 t년이 t+30년보다 많다.
　　사회보험 : (나)
④ (가), (나) 중 상호 부조의 원리가 적용되는 제도의 남성 수급자 수는 t년과 t+30년에 동일하다.
　　공공 부조 : (가)　　사회보험 : (나)
⑤ (가), (나) 중 사후 처방적 성격이 강한 제도의 남성 수급자 비율과 여성 수급자 비율의 차이는 t+30년이 t년보다 크다.
　　작다

|자|료|해|설|

(가)는 기초 연금 제도로, 이는 공공 부조에 해당한다. (나)는 노인 장기 요양 보험 제도로, 이는 사회 보험에 해당한다. t년에 (가)의 경우 전체 수급자 비율과 남성 수급자 비율의 차이는 0.7%p이며, 전체 수급자 비율과 여성 수급자 비율의 차이는 1.4%p이다. 따라서 남성 인구가 여성 인구의 2배이다. t+30년에 (가)의 경우 전체 수급자 비율과 남성 수급자 비율의 차이는 0.8%p이며, 전체 수급자 비율과 여성 수급자 비율의 차이 또한 0.8%p 이다. 따라서 남성 인구와 여성 인구는 같다.

|선|택|지|풀|이|

① 오답 : t년에는 남성 인구가 여성 인구보다 많으며, t+30년에는 남성 인구와 여성 인구가 같다.
② 오답 : t년에 (나)의 수급자 수는 남성이 여성보다 많다.
③ 정답 : (가), (나) 중 강제 가입 원칙이 적용되는 제도는 사회 보험에 해당하는 (나)이다. (나)의 여성 수급자 수는 t년이 t+30년보다 많다.
④ 오답 : (가), (나) 중 상호 부조의 원리가 적용되는 제도는 사회 보험에 해당하는 (나)이다. (나)의 남성 수급자 수는 t년이 t+30년보다 많다.
⑤ 오답 : (가), (나) 중 사후 처방적 성격이 강한 제도는 공공 부조에 해당하는 (가)이다. (가)의 남성 수급자 비율과 여성 수급자 비율의 차이는 t+30년(1.6%p)이 t년 (2.1%p)보다 작다.

문제풀이 TIP | t년과 t+30년의 갑국 전체 인구를 3,000명이라고 가정할 경우 제시된 자료는 다음과 같이 나타낼 수 있다.

구분	t년 (3,000명)		구분	t+30년 (3,000명)	
	(가) 공공 부조	(나) 사회 보험		(가) 공공 부조	(나) 사회 보험
남성 (2,000명)	86명	90명	남성 (1,500명)	63명	67.5명
여성 (1,000명)	64명	69명	여성 (1,500명)	39명	52.5명
전체 (3,000명)	150명	159명	전체 (3,000명)	102명	120명

출제분석 | 사회 보장 제도에 관한 문항은 자료 분석형 문항으로 출제되고 있으며, 서로 다른 두 지역의 수급자 비율을 통해 각 지역의 인구 차이를 파악하는 선지가 출제되므로 관련 기출 문제에 대한 반복적 연습이 필수적이다.

다음 자료에 대한 분석으로 옳은 것은? 3점

<자료 1> 갑국의 사회 보장 제도

(가) 노인 세대의 안정된 노후 생활을 지원하기 위해 65세
이상인 노인 중 가구의 소득 인정액이 선정 기준액
이하인 노인에게 매월 연금을 지급하는 제도 → 기초 연금 제도

공공 부조

(나) 노령, 사망, 장애 등으로 인한 소득 상실을 보전하고
기본 생활을 지원하기 위해 가입자와 고용주 등이
분담해서 마련한 기금을 통해 연금 급여를 지급하는
제도 → 국민 연금 제도

사회 보험

<자료 2> 갑국의 (가), (나) 제도 수급자 비율

구분	A 지역	B 지역	C 지역	D 지역	전체
(가) 공공부조	4 8명	3 3명	7 7명	7 7명	5
(나) 사회보험	20 40명	10 10명	30 30명	40 40명	24

(단위 : %)

200명 100명 100명 100명

* 갑국의 사회 보장 제도는 우리나라의 사회 보장 제도와 동일함.
** 갑국은 A~D 네 지역으로만 구성되고, B와 D 지역 인구는 각각 A 지역 인구의 0.5배임. 100명 200명
*** 해당 지역 수급자 비율(%) = (해당 지역 수급자 수 / 해당 지역 인구) × 100 1/2

① 사후 처방적 성격이 강한 제도의 경우, D 지역 수급자 수는 공공 부조(가)
A 지역 수급자 수보다 많다. 적다 7명 8명
② 강제 가입의 원칙이 적용되는 제도의 경우, A 지역 수급자 수는 사회 보험(나) 40명
C 지역 수급자 수의 1.5배이다. 30명 약 1.3배
③ 상호 부조의 원리가 적용되는 제도의 경우, A와 B 지역 간 수급자 사회 보험(나)
수 차이는 C와 D 지역 간 수급자 수 차이와 동일하다. 10명(=40-30) 30명(=40-10)
④ 선별적 복지 성격이 강한 제도의 갑국 전체 수급자 수는 보편적 공공 부조(가) 25명(=8+3+7+7) 사회 보험(나)
복지 성격이 강한 제도의 B 지역 수급자 수의 2.5배이다. 10명
⑤ 공공 부조에 해당하는 제도의 수급자 수 대비 사회 보험에
해당하는 제도의 수급자 수의 비는 C 지역이 B 지역보다 작다. 크다 (나)/(가) 30/7 10/3

|자|료|해|설|

(가)는 기초 연금 제도로 공공 부조에 해당한다. (나)는 국민 연금 제도로 사회 보험에 해당한다. 문제의 조건에서 B와 D 지역 인구는 각각 A 지역 인구의 1/2이라고 했으므로, A 지역 인구를 200명이라고 가정하면 B와 D 지역 인구는 100명이라는 것을 알 수 있다. <자료 2>에서 (가)의 경우 '전체 비율과 A 지역 비율의 차이'는 1%p(=5%-4%)이고, '전체 비율과 C 지역 비율의 차이'는 2%p(=7%-5%)이다. 이를 통해 비율 차이가 더 적은 A 지역 인구가 C 지역 인구보다 많다는 것을 알 수 있다. '전체 비율과 A 지역 비율의 차이'(1%p)와 '전체 비율과 C 지역 비율의 차이'(2%p)가 2배 차이가 나므로 A 지역 인구가 C 지역 인구의 2배임을 알 수 있다. 따라서 A 지역 인구를 200명이라고 가정하면 B~D 지역 인구는 각각 100명이다. 이를 바탕으로 각 지역의 수급자 비율을 통해 수급자 수의 크기를 비교할 수 있다.

|선|택|지|풀|이|

① 오답 : 사후 처방적 성격이 강한 제도는 공공 부조이다. (가)의 D 지역 수급자 수는 7명이고, A 지역 수급자 수는 8명(=200명×0.04)이다. 따라서 사후 처방적 성격이 강한 제도의 경우, D 지역 수급자 수(7명)는 A 지역 수급자 수(8명)보다 적다.

② 오답 : 강제 가입의 원칙이 적용되는 제도는 사회 보험이다. (나)의 A 지역 수급자 수는 40명(=200명×0.2)이고, C 지역 수급자 수는 30명이다. 따라서 강제 가입의 원칙이 적용되는 제도의 경우, A 지역 수급자 수(40명)는 C 지역 수급자 수(30명)의 약 1.3배이다.

③ 오답 : 상호 부조의 원리가 적용되는 제도는 사회 보험이다. (나)의 A와 B 지역 간 수급자 수 차이는 30명(=40명-10명)이고, C와 D 지역 간 수급자 수 차이는 10명(=40명-30명)이다. 따라서 상호 부조의 원리가 적용되는 제도의 경우, A와 B 지역 간 수급자 수 차이(30명)는 C와 D 지역 간 수급자 수 차이(10명)보다 많다.

④ 정답 : 선별적 복지 성격이 강한 제도는 공공 부조이고, 보편적 복지 성격이 강한 제도는 사회 보험이다. (가)의 전체 수급자 수는 25명(=8명+3명+7명+7명)이고, (나)의 B 지역 수급자 수는 10명이다. 따라서 선별적 복지 성격이 강한 제도의 갑국 전체 수급자 수(25명)는 보편적 복지 성격이 강한 제도의 B 지역 수급자 수(10명)의 2.5배이다.

⑤ 오답 : 공공 부조에 해당하는 제도의 수급자 수 대비 사회 보험에 해당하는 제도의 수급자 수의 비는 '(나)/(가)'로 구할 수 있다. '(나)/(가)'는 C 지역이 '30/7'이고, B 지역이 '10/3'이다. 따라서 공공 부조에 해당하는 제도의 수급자 수 대비 사회 보험에 해당하는 제도의 수급자 수의 비는 C 지역(30/7)이 B 지역(10/3)보다 크다.

IV

3. 사회 복지와 복지 제도

다음 자료에 대한 옳은 분석만을 〈보기〉에서 고른 것은? 

〈갑국의 사회 보장 제도〉

→ 공공 부조

(가) 65세 이상 노인 중 소득 인정액이 일정 수준 이하인 사람에게 생활 안정에 필요한 연금을 지급하는 제도

(나) 노령, 사망, 장애 등으로 인한 소득 상실을 보전하고 기본 생활을 지원하기 위해 가입자와 고용주 등이 분담해서 마련한 기금을 통해 연금 급여를 지급하는 제도

→ 사회 보험

〈갑국의 지역별 수급자 비율〉

(단위 : %)

구분	A 지역	B 지역	전체
해당 지역 인구 대비 (가) 수급자	㉠15	20	18
해당 지역 인구 대비 (나) 수급자	60	40	48
해당 지역 (나) 수급자 대비 중복 수급자	15	25	㉡20

* 갑국은 A, B 지역으로만 이루어져 있음.
** 갑국의 사회 보장 제도는 (가), (나)만 존재하며, 갑국의 사회 보장 제도는 우리나라의 사회 보장 제도와 동일함.
*** 중복 수급자는 (가) 수급자이면서 동시에 (나) 수급자임.

보기

ㄱ. ㉠은 15, ㉡은 20이다.

ㄴ. 금전적 지원을 원칙으로 하는 제도에 해당하는 수급자 수는 B 지역이 A 지역보다 많다.
→ 공공 부조, 사회 보험

ㄷ. 상호 부조의 원리가 적용되는 제도에 해당하는 수급자 수는 A 지역이 B 지역보다 많다. 과 같다
→ 사회 보험

ㄹ. 선별적 복지 성격이 강한 제도에만 해당하는 수급자 수는 B 지역이 A 지역의 2배이다. 보다 크다
→ 공공 부조

① ㄱ, ㄴ   ② ㄱ, ㄷ   ③ ㄴ, ㄷ   ④ ㄴ, ㄹ   ⑤ ㄷ, ㄹ

(단위 : 명)

구분	A 지역	B 지역	전체
(가) 수급자	30	60	90
(나) 수급자	120	120	240
(가), (나) 중복 수급자	18	30	48
인구	200	300	500

|자|료|해|설|

(가)는 공공 부조, (나)는 사회 보험에 해당한다. A 지역 인구를 a, B 지역 인구를 b라고 하면, 해당 지역 인구 대비 (나) 수급자 비율의 경우 0.6a+0.4b=0.48(a+b)가 성립한다. 즉, 3a=2b이므로 A 지역 인구 : B 지역 인구 = 2 : 3이 된다. A 지역 인구를 200명, B 지역 인구를 300명이라고 가정하여 제시된 자료를 바탕으로 갑국의 A, B 지역별 (가), (나) 수급자 수 및 (가)와 (나) 중복 수급자 수를 나타내면 첨삭과 같다.

|보|기|풀|이|

ㄱ. 정답 : A 지역 인구가 200명이라면, A 지역의 (가) 수급자 수는 30명이다. 따라서 A 지역 인구 대비 (가) 수급자 비율은 15%{=(30명/200명)×100}이다. 즉, ㉠은 15이다. A 지역 인구가 200명, B 지역 인구가 300명이라면, 갑국 전체 (나) 수급자 수는 240명이고, 갑국 전체 (가), (나) 중복 수급자 수는 48명이다. 따라서 갑국 전체 (나) 수급자 대비 중복 수급자 비율은 20%{=(48명/240명)×100}이다. 즉, ㉡은 20이다.

ㄴ. 정답 : 금전적 지원을 원칙으로 하는 제도는 공공 부조와 사회 보험이다. A 지역 인구가 200명, B 지역 인구가 300명이라면, (가), (나)에 해당하는 수급자 수는 A 지역이 132명(=30명+120명-18명), B 지역이 150명(=60명+120명-30명)이다. 따라서 금전적 지원을 원칙으로 하는 제도에 해당하는 수급자 수는 B 지역이 A 지역보다 많다.

ㄷ. 오답 : 상호 부조의 원리가 적용되는 제도는 사회 보험이다. A 지역 인구가 200명, B 지역 인구가 300명이라면, (나)에 해당하는 수급자 수는 A 지역이 120명, B 지역이 120명이다. 따라서 상호 부조의 원리가 적용되는 제도에 해당하는 수급자 수는 A 지역과 B 지역이 같다.

ㄹ. 오답 : 선별적 복지 성격이 강한 제도는 공공 부조이다. A 지역 인구가 200명, B 지역 인구가 300명이라면, (가)에만 해당하는 수급자 수는 A 지역이 12명(=30명-18명), B 지역이 30명(=60명-30명)이다. 따라서 선별적 복지 성격이 강한 제도에만 해당하는 수급자 수는 B 지역이 A 지역의 2배보다 크다.

😀 **문제풀이 TIP** | 모든 비율이 제시되어 있는 '해당 지역 인구 대비 (나) 수급자 비율'을 통해 A 지역 인구와 B 지역 인구를 파악해 보도록 한다.

😀 **출제분석** | 사회 보장 제도의 수급자 비율을 분석하는 문제이다. 지역별, 성별 등 다양한 기준으로 구분된 사회 보장 제도의 수급자 비율 및 수급자 수를 계산하는 고난도 문제가 출제되므로 기출 문제를 통해 다양한 유형의 문제를 접해 보도록 한다.

다음 자료에 대한 분석으로 옳은 것은? (단, 갑국의 사회 보장
제도는 우리나라의 사회 보장 제도와 동일하다.) **3점**

〈자료 1〉 갑국의 사회 보장 제도

의료 급여 제도
(공공 부조)

(가) 수급자에게 건강한 생활을 유지하는 데 필요한 각종
　　 검사 및 치료 등의 급여를 제공하는 제도로, 소득
　　 인정액이 일정 수준 이하인 사람 등을 대상으로 한다.

고용 보험 제도
(사회 보험)

(나) 실직자에 대한 생계 지원은 물론 재취업 촉진, 실업
　　 예방 및 고용 안정을 위해 근로자와 사업주가 공동
　　 부담하는 기금에서 급여를 지급하는 제도로, 사업장 및
　　 근로자가 대상이 된다.

〈자료 2〉 갑국의 (가), (나) 제도의 지역별 수급자 비율

B 지역을 600명이라고 가정　　C 지역 인구의 6배

인구　　300명　　600명　　100명　　(단위 : %)

구분	A 지역	B 지역	C 지역	전체 1000명
(가)	㉠ 9	7	11	8
(나)	14	13	20	14

6%p　　1%p

* 지역별 수급자 비율(%) = $\dfrac{\text{해당 지역 수급자 수}}{\text{해당 지역 인구}} \times 100$

** 갑국은 A~C 지역으로만 구성되고, B 지역 인구는 A 지역 인구의
　 2배임.

공공 부조

① A 지역에서는 선별적 복지의 성격이 강한 제도의 수급자 수가

사회 보험

　 보편적 복지의 성격이 강한 제도의 수급자 수보다 많다. 적다

② 대상자 선정에 따른 부정적 낙인이 발생할 수 있는 제도의 경우,

　 지역별 수급자 수는 C 지역이 가장 적다. 　공공 부조

사회 보험

③ 강제 가입의 원칙이 적용되는 제도의 경우, A 지역과 C 지역

　 수급자 수의 합은 B 지역 수급자 수보다 많다. 적다

　　　　　　　　　　　　　　　　　　　　공공 부조

④ 정부 재정으로 비용을 전액 충당하는 것을 원칙으로 하는 제도의

　 경우, A 지역 수급자 비율이 C 지역 수급자 비율보다 높다. 낮다

공공 부조

⑤ 사후 처방적 성격이 강한 제도의 B 지역 수급자 수는 상호 부조의

　 원리가 적용되는 제도의 C 지역 수급자 수보다 적다. 많다

　　　→ 사회 보험

|자|료|해|설|

(가) 제도는 공공 부조에 해당하는 의료 급여 제도,
(나) 제도는 사회 보험에 해당하는 고용 보험 제도이다.
(나) 제도의 경우 전체 수급자 비율은 14%, A 지역 수급자
비율도 14%이다. 따라서 {(B 지역 수급자 수+C 지역
수급자 수)/(B 지역 인구+C 지역 인구)}×100=14%이다.
이를 계산하면 B 지역 인구는 C 지역 인구의 6배이고,
B 지역 인구는 A 지역 인구의 2배이므로
A 지역 인구 : B 지역 인구 : C 지역 인구 = 3 : 6 : 1이다.
C 지역 인구를 100명이라고 하면, 각 지역의 (가), (나)
제도의 수급자 수는 다음과 같다.

(단위 : 명)

구분	A 지역	B 지역	C 지역	전체
(가)	27	42	11	80
(나)	42	78	20	140

|선|택|지|풀|이|

① 오답 : 선별적 복지의 성격이 강한 제도는 공공 부조이고,
보편적 복지의 성격이 강한 제도는 사회 보험이다.
A 지역에서 (가)의 수급자 수(27명)가 (나)의 수급자 수
(42명)보다 적다.

② 정답 : 대상자 선정 과정에서 부정적 낙인이 발생할 수
있는 제도는 공공 부조이다. (가)의 경우 지역별 수급자
수는 C 지역(11명)이 가장 적다.

③ 오답 : 강제 가입의 원칙이 적용되는 제도는 사회
보험이다. (나)의 경우 A 지역과 C 지역 수급자 수의 합
(62명)은 B 지역 수급자 수(78명)보다 적다.

④ 오답 : 정부 재정으로 비용을 전액 충당하는 것을
원칙으로 하는 제도는 공공 부조이다. (가)의 경우 A 지역
수급자 비율(9%)이 C 지역 수급자 비율(11%)보다 낮다.

⑤ 오답 : 사후 처방적 성격이 강한 제도는 공공 부조이며,
상호 부조의 원리가 적용되는 제도는 사회 보험이다.
(가)의 B 지역 수급자 수(42명)는 (나)의 C 지역 수급자 수
(20명)보다 많다.

IV

3.
사회
복지와
복지
제도

🤓 **문제풀이 T I P** | A 지역 인구를 a, B 지역 인구를 b, C 지역 인구를 c라고 하고, 제시된 표에 나타난 수급자 비율을 계산하면 각 지역 인구를 파악할 수 있다. 즉, (나)의 경우 b=2a이고,
0.14a+0.13b+0.2c=0.14(a+b+c)이므로 이를 계산하면 b=6c가 된다. 따라서 a : b : c = 3 : 6 : 1이 된다.

🙂 **출제분석** | 사회 보장 제도의 수급자 비율을 분석하는 문제이다. 서로 다른 두 지역의 수급자 비율을 통해 각 지역의 인구 차이를 파악하는 선지가 자주 출제되므로 이에 대한 반복적
연습이 필수적이다.

다음 자료에 대한 분석으로 옳은 것은? (단, A, B는 각각 공공 부조와 사회 보험 중 하나임.)

사회 보험 →
공공 부조 →

갑국에는 사회 보장 제도 A, B만 존재하며, A, B는 우리나라의 사회 보장 제도와 동일하다. A는 사전 예방적 성격이 강한 제도이고, B는 사후 처방적 성격이 강한 제도이다.

　표는 갑국의 (가)~(다) 지역별 전체 인구 중 A, B 수급자 비율 및 비(非)수급자 비율을 나타낸 것이다. 비(非)수급자는 A나 B 중 어느 것도 받지 않는 사람으로서, A나 B의 복지 혜택이 필요하지만 수급 자격 조건에 미달하여 받지 못하는 사람(탈락자)과 비(非)수급자에서 탈락자를 제외한 사람(비(非)탈락자)으로 구성된다. 단, (가)~(다) 지역의 중복 수급자 수는 동일하다.

(단위 : %)

구분	A 수급자	B 수급자	중복 수급자	비(非)수급자	
				탈락자	비(非)탈락자
(가) 지역	73	20	㉠15	12	10
(나) 지역	72	28	15	5	㉡10
(다) 지역	50	㉢20	10	8	32

* 중복 수급자 : A 수급자이면서 동시에 B 수급자인 사람

① ㉠은 (나) 지역의 선별적 복지의 성격이 강한 제도에만 해당하는 수급자 비율보다 ~~작다.~~ 크다 　→ 공공 부조(B)

② ㉡은 (가) 지역의 부정적 낙인이 발생할 수 있는 제도에만 해당하는 수급자 비율과 ~~같다.~~ 보다 크다 　→ 공공 부조(B)

③ ㉢은 (다) 지역의 상호 부조의 원리가 적용되는 제도에만 해당하는 수급자 비율의 ~~2~~ 1/2 배이다. 　→ 사회 보험(A)

④ (가) 지역의 탈락자 수보다 (나) 지역의 비(非)탈락자 수가 ~~많다.~~ 적다

⑤ 금전적 지원을 원칙으로 하는 제도의 수급자 수는 (다) 지역이 가장 많다. 　→ 사회 보험(A), 공공 부조(B)

구분	(가) 지역		(나) 지역		(다) 지역	
	비율(%)	수(명)	비율(%)	수(명)	비율(%)	수(명)
사회 보험(A) 수급자	73	146	72	144	50	150
공공 부조(B) 수급자	20	40	28	56	㉢ 20	60
A와 B 중복 수급자	㉠ 15	30	15	30	10	30
수급자	78	156	85	170	60	180
탈락자	12	24	5	10	8	24
비탈락자	10	20	㉡ 10	20	32	96
비수급자	22	44	15	30	40	120
전체	100	200	100	200	100	300

|자|료|해|설|

사전 예방적 성격이 강한 제도는 사회 보험이고, 사후 처방적 성격이 강한 제도는 공공 부조이다. 따라서 A는 사회 보험, B는 공공 부조이다. 제시된 자료를 바탕으로 (가)~(다) 지역의 A, B 수급자 비율, A와 B 중복 수급자 비율 및 비수급자 비율을 나타내면 첨삭과 같다.

|선|택|지|풀|이|

① 오답 : 선별적 복지의 성격이 강한 제도는 공공 부조(B)이다. (가) 지역의 경우 A와 B 중복 수급자 비율은 15%이고, (나) 지역의 경우 B에만 해당하는 수급자 비율은 13%(=28%-15%)이다. 따라서 ㉠은 (나) 지역의 B에만 해당하는 수급자 비율보다 크다.

② 오답 : 부정적 낙인이 발생할 수 있는 제도는 공공 부조(B)이다. (나) 지역의 경우 비탈락자 비율은 10%이고, (가) 지역의 경우 B에만 해당하는 수급자 비율은 5%(=20%-15%)이다. 따라서 ㉡은 (가) 지역의 B에만 해당하는 수급자 비율보다 크다.

③ 오답 : 상호 부조의 원리가 적용되는 제도는 사회 보험(A)이다. (다) 지역의 경우 B 수급자 비율은 20%이고, (다) 지역의 경우 A에만 해당하는 수급자 비율은 40%(=50%-10%)이다. 따라서 ㉢은 (다) 지역의 A에만 해당하는 수급자 비율의 1/2배이다.

④ 오답 : (가) 지역과 (나) 지역의 경우 A와 B 중복 수급자 비율과 중복 수급자 수가 같으므로 (가) 지역 전체 인구와 (나) 지역 전체 인구가 같다. (가) 지역의 탈락자 비율이 12%, (나) 지역의 비탈락자 비율이 10%이므로 (가) 지역의 탈락자 수보다 (나) 지역의 비탈락자 수가 적다.

⑤ 정답 : 금전적 지원을 원칙으로 하는 제도는 사회 보험(A)과 공공 부조(B)이다. A와 B 중복 수급자 비율의 경우 (가) 지역이 15%, (나) 지역이 15%, (다) 지역이 10%이고, (가)~(다) 지역의 중복 수급자 수가 동일하므로 (가) 지역 전체 인구 : (나) 지역 전체 인구 : (다) 지역 전체 인구 = 2 : 2 : 3이다. 따라서 (가) 지역과 (나) 지역의 전체 인구를 각각 200명이라고 가정하면, (다) 지역의 전체 인구는 300명이 된다. A와 B 수급자 비율은 (가) 지역이 78%(=73%+20%-15%), (나) 지역이 85%(=72%+28%-15%), (다) 지역이 60%(=50%+20%-10%)이므로 A와 B 수급자 수는 (다) 지역이 180명으로 가장 많다.

문제풀이 TIP | 비수급자 비율(탈락자 비율+비탈락자 비율)=100-A와 B 수급자 비율로 구할 수 있다. A와 B 수급자 비율=A 수급자 비율+B 수급자 비율-A와 B 중복 수급자 비율로 구할 수 있다.

출제분석 | 사회 보장 제도의 수급자를 파악하는 문제이다. 사회 보험과 공공 부조의 지역별 혹은 연도별 수급자 비율과 수급자 수의 변화를 계산하는 문제가 고난도로 출제될 수 있다.

다음 자료에 대한 분석으로 옳은 것은? (단, 갑국의 사회 보장 제도는 우리나라의 사회 보장 제도와 동일하다.) **3점**

→ 기초 연금 제도 → 공공 부조

〈자료 1〉 갑국의 사회 보장 제도

(가) 소득 수준이 일정 수준 이하인 노인에게 기초 연금을 지급하여 안정적인 소득 기반을 제공함으로써 노인의 생활 안정을 지원하고 복지를 증진함을 목적으로 하는 제도

(나) 고령이나 노인성 질병 등의 사유로 일상생활을 혼자서 수행하기 어려운 노인 등에게 장기 요양 급여를 제공하여 노후의 건강 증진 및 생활 안정 도모를 목적으로 하는 제도

→ 노인 장기 요양 보험 제도 → 사회 보험

〈자료 2〉 갑국의 지역별 65세 이상 인구 중 (가), (나) 수급자 비율

(단위 : %)

구분	A 지역	B 지역	C 지역	전체
(가) 수급자	45	㉠65	60	60
(나) 수급자	㉡29	19	19	20
(가)와 (나) 중복 수급자	6	10	4	6

* 갑국은 A～C 지역으로만 구성되며, 65세 이상 인구는 B 지역이 A 지역의 3배임.

① ㉠은 65, ㉡은 ~~23~~ 29이다.

② 금전적 지원을 원칙으로 하는 제도의 수급자 비율은 C 지역이 B 지역보다 높다. → 사회 보험, 공공 부조

③ 강제 가입 원칙이 적용되는 제도의 수급자 수는 B 지역이 A 지역의 3배~~이다~~ 보다 작다. → 사회 보험

④ 사전 예방적 성격이 강한 제도의 A 지역 수급자 수는 사후 처방적 성격이 강한 제도의 C 지역 수급자 수보다 ~~많다~~ 적다. → 사회 보험 / → 공공 부조

⑤ 선별적 복지 성격이 강한 제도의 수급자 비율은 B 지역이, 보편적 복지 성격이 강한 제도의 수급자 비율은 ~~C~~ A 지역이 가장 높다. → 공공 부조 / → 사회 보험

(단위 : 명)

구분	A 지역	B 지역	C 지역	전체
(가) 수급자	45	195	360	600
(나) 수급자	29	57	114	200
(가), (나) 중복 수급자	6	30	24	60
65세 이상 인구	100	300	600	1,000

|자|료|해|설|

(가)는 기초 연금 제도로, 이는 공공 부조에 해당한다. (나)는 노인 장기 요양 보험 제도로, 이는 사회 보험에 해당한다. 65세 이상 인구가 B 지역이 A 지역의 3배이므로 A 지역의 65세 이상 인구를 a, C 지역의 65세 이상 인구를 c라고 한다면, B 지역의 65세 이상 인구는 3a가 된다. (가) 수급자의 경우 $(0.45 \times a) + ((㉠/100) \times 3a) + (0.6 \times c) = 0.6(a+3a+c)$이므로 ㉠은 65이다. (가)와 (나) 중복 수급자의 경우 $(0.06 \times a) + (0.1 \times 3a) + (0.04 \times c) = 0.06(a+3a+c)$이므로 $c=6a$이다. A 지역의 65세 이상 인구를 100명이라고 가정하고 제시된 자료를 바탕으로 각 지역별 (가), (나) 수급자 수를 나타내면 첨삭과 같다.

|선|택|지|풀|이|

① 오답 : ㉠은 65, ㉡은 29이다.

② 정답 : 사회 보험과 공공 부조는 모두 금전적 지원을 원칙으로 한다. 사회 보험과 공공 부조의 수급자 비율은 B 지역의 경우 74%(65%+19%-10%)이고, C 지역의 경우 75%(60%+19%-4%)이다. 따라서 금전적 지원을 원칙으로 하는 제도의 수급자 비율은 C 지역이 B 지역보다 높다.

③ 오답 : 강제 가입 원칙이 적용되는 제도는 사회 보험이다. A 지역의 65세 이상 인구가 100명이라면, 사회 보험의 수급자 수는 A 지역이 29명, B 지역이 57명이다. 따라서 사회 보험의 수급자 수는 B 지역이 A 지역의 3배가 되지 않는다.

④ 오답 : 사전 예방적 성격이 강한 제도는 사회 보험이고, 사후 처방적 성격이 강한 제도는 공공 부조이다. A 지역의 65세 이상 인구가 100명이라면, 사회 보험의 A 지역 수급자 수는 29명이고, 공공 부조의 C 지역 수급자 수는 360명이다. 따라서 사회 보험의 A 지역 수급자 수는 공공 부조의 C 지역 수급자 수보다 적다.

⑤ 오답 : 선별적 복지 성격이 강한 제도는 공공 부조이고, 보편적 복지 성격이 강한 제도는 사회 보험이다. 공공 부조의 수급자 비율은 A 지역의 경우 45%, B 지역의 경우 65%, C 지역의 경우 60%로, B 지역이 가장 높다. 사회 보험의 수급자 비율은 A 지역이 29%, B 지역이 19%, C 지역이 19%로, A 지역이 가장 높다.

문제풀이 T I P | 각 지역의 수급자 비율과 전체 수급자 비율을 통해 각 지역의 65세 이상 인구 비를 구하고, 사회 보험 수급자 수와 공공 부조 수급자 수를 파악해야 한다.

출제분석 | 사회 보험과 공공 부조의 수급자 상황을 분석하는 문제이다. 사회 보장 제도의 지역별 수급자 비율을 통해 지역별 수급자 수를 파악하는 고난도 문제가 출제될 수 있다.

다음 자료에 대한 분석으로 옳은 것은? 3점

> 갑국의 사회 보장 제도는 우리나라의 사회 보장 제도와 동일하다. 금전적 지원을 원칙으로 하는 (가), (나) 제도 중에서, (가)는 현재 직면한 사회적 위험에 대응하는 사후 처방적 성격이 강한 반면, (나)는 미래에 직면할 사회적 위험에 대처하는 사전 예방적 성격이 강하다. 표는 갑국의 (가), (나) 제도 수급자 비율이다. 갑국은 A, B, C 세 지역으로만 구성되며, B 지역 전체 인구는 A 지역 전체 인구의 2배이다.

(주석: 사회 보험, 공공 부조 / 공공 부조 / 사회 보험 / A:B:C=3:6:1)

〈갑국의 (가), (나) 제도 수급자 비율〉

지역별 전체 인구의 상대적 비율: 3, 6, 1

(단위 : %)

구분		A 지역	B 지역	C 지역	전체
공공 부조	(가)	3 9	4 24	7 7	4
사회 보험	(나)	25 75	55 330	75 75	48

$$\text{* 해당 지역 수급자 비율(\%)} = \frac{\text{해당 지역 수급자 수}}{\text{해당 지역 인구}} \times 100$$

① 상호 부조의 원리를 원칙으로 하는 제도의 경우, A 지역 수급자 수는 B 지역 수급자 수보다 많다. *(사회 보험 / 75 / 330 / 적다)*

② 대상자 선정에 따른 부정적 낙인이 발생할 수 있는 제도의 경우, B 지역 수급자 수는 C 지역 수급자 수의 3배 이상이다. *(공공 부조 / 24 / 7)*

③ 강제 가입의 원칙이 적용되는 제도의 경우, C 지역 수급자 수는 A 지역 수급자 수보다 많다. *(사회 보험 / 75 / 75 / 같다)*

④ 정부 재정으로 비용을 전액 충당하는 것을 원칙으로 하는 제도의 경우, A 지역과 C 지역 수급자 수의 합이 B 지역 수급자 수보다 많다. *(공공 부조 / 16(=9+7) / 24 / 적다)*

⑤ 선별적 복지의 성격이 강한 제도의 갑국 전체 수급자 수는 보편적 복지의 성격이 강한 제도의 A 지역 수급자 수보다 많다. *(공공 부조 / 40(=9+24+7) / 사회 보험 / 75 / 적다)*

|자|료|해|설|

우리나라의 사회 보장 제도 중 금전적 지원을 원칙으로 하는 것은 사회 보험과 공공 부조이다. 사회 보험은 사전 예방적 성격이 강하고, 공공 부조는 사후 처방적 성격이 강하다. 따라서 갑국의 (가) 제도는 공공 부조, (나) 제도는 사회 보험이다.

|선|택|지|풀|이|

① 오답 : 사회 보험은 상호 부조의 원리를 원칙으로 하는 제도이다. (나)의 A 지역 수급자 수는 75(=25×3)이고, B 지역 수급자 수는 330(=55×6)이다. 따라서 상호 부조의 원리를 원칙으로 하는 제도(사회 보험)의 경우, A 지역 수급자 수(75)는 B 지역 수급자 수(330)보다 적다.

② 정답 : 공공 부조는 대상자 선정에 따른 부정적 낙인이 발생할 수 있는 제도이다. (가)의 B 지역 수급자 수는 24(=4×6)이고, C 지역 수급자 수는 7(=7×1)이다. 따라서 대상자 선정에 부정적 낙인이 발생할 수 있는 제도(공공 부조)의 경우, B 지역 수급자 수(24)는 C 지역 수급자 수(7)의 3배 이상이다.

③ 오답 : 사회 보험은 강제(의무) 가입의 원칙이 적용되는 제도이다. (나)의 C 지역 수급자 수는 75(=75×1)이고, A 지역 수급자 수는 75(=25×3)이다. 따라서 강제 가입의 원칙이 적용되는 제도(사회 보험)의 경우, C 지역 수급자 수(75)는 A 지역 수급자 수(75)와 같다.

④ 오답 : 공공 부조는 정부 재정으로 비용을 전액 충당하는 제도이다. (가)의 A 지역과 C 지역 수급자 수의 합은 16(=9+7)이고, B 지역 수급자 수는 24(=4×6)이다. 따라서 정부 재정으로 비용을 전액 충당하는 것을 원칙으로 하는 제도(공공 부조)의 경우, A 지역과 C 지역 수급자 수의 합(16)이 B 지역 수급자 수(24)보다 적다.

⑤ 오답 : 공공 부조는 선별적 복지의 성격이 강한 제도이다. (가)의 전체 수급자 수는 40(=9+24+7)이다. 사회 보험은 보편적 복지의 성격이 강한 제도이다. (나)의 A 지역 수급자 수는 75(=25×3)이다. 따라서 선별적 복지의 성격이 강한 제도(공공 부조)의 갑국 전체 수급자 수(40)는 보편적 복지의 성격이 강한 제도(사회 보험)의 A 지역 수급자 수(75)보다 적다.

문제풀이 TIP | 표에는 '수급자 비율'이 제시되어 있고, 선택지 ①~⑤번은 모두 '수급자 수'를 비교하고 있다. 갑국의 A ~ C 지역별 전체 인구의 상대적 비율을 알면 '수급자 수'를 구할 수 있다. 문제의 조건에서 갑국은 A ~ C 세 지역으로만 구성되며, B 지역 전체 인구는 A 지역 전체 인구의 2배라고 나와 있다. A 지역 전체 인구를 a, B 지역 전체 인구를 b, C 지역의 전체 인구를 c라고 가정하면, B 지역 전체 인구(b)는 A 지역 전체 인구(a)의 2배이므로 'b=2a'이다. 〈갑국의 (가), (나) 제도 수급자 비율〉의 (가)에서 a와 c의 상대적인 비율을 파악할 수 있다. '전체 비율과 A 지역 비율의 차이'는 1%p(=4%-3%)이고, '전체 비율과 C 지역 비율의 차이'는 3%p(=7%-4%)이다. 이를 통해 차이가 작은 A 지역 전체 인구(a)가 C 지역 전체 인구(c)보다 많다는 것을 알 수 있다. '전체 비율과 A 지역 비율의 차이'(1%p)와 '전체 비율과 C 지역 비율의 차이'(3%p)가 3배 차이가 나므로 a와 c도 3배 차이가 난다.(a=3c) 'a=3c'(a는 c의 3배), 'b=2a'(b는 a의 2배)이므로 'a:b:c=3:6:1'이다. 이를 바탕으로 각 지역의 수급자 비율을 통해 수급자 수의 크기를 비교할 수 있다.

다음 자료에 대한 분석으로 옳은 것은?

→ 사회 보험　　　　→ 공공 부조

　갑국의 사회 보장 제도 A와 B는 우리나라의 사회 보장 제도와 동일하다. A는 사전 예방적 성격이 강한 제도이고, B는 사후 처방적 성격이 강한 제도이다. 중복 수급자 비율은 t+30년이 t년에 비해 50% 감소하였고, 중복 수급자 수는 t년과 t+30년이 동일하다.

〈갑국의 A, B 수급자와 비(非)수급자의 비율〉

(단위 : %)

구분	t년	t+30년
A 수급자	70	77
B 수급자	26	㉠13
비(非)수급자	14	15

* 비(非)수급자 : A나 B 어느 것도 받지 않는 사람
** 중복 수급자 : A 수급자이면서 동시에 B 수급자인 사람

→ t년에 전체 수급자 비율은 86%
→ t+30년에 전체 수급자 비율은 85%

① ㉠은 t년의 중복 수급자 비율보다 ~~작고~~ 크고 t+30년의 중복 수급자 비율보다 크다.

② 선별적 복지의 성격이 강한 제도에만 해당하는 수급자 비율은 → 공공 부조
t+30년이 t년에 비해 ~~8%~~ 50% 감소하였다.

③ 소득 재분배 효과가 있는 제도의 수급자 수는 t년과 t+30년이 ~~동일하다.~~ → 사회 보험, 공공 부조

④ 정부 재정으로 비용을 전액 충당하는 것을 원칙으로 하는 → 공공 부조
제도에만 해당하는 수급자 수는 t+30년이 t년의 2배이다. 과 같다

⑤ t년에 상호 부조의 원리가 적용되는 제도에만 해당하는 수급자
수는 t+30년 비(非)수급자 수의 2배이다. → 사회 보험

|선|택|지|풀|이|

① 오답 : t+30년에 B 수급자 비율은 13%이므로 ㉠은 13이다. A와 B 중복 수급자 비율은 t년이 10%, t+30년이 5%이다. 따라서 ㉠은 t년의 A와 B 중복 수급자 비율과 t+30년의 A와 B 중복 수급자 비율보다 크다.

② 오답 : 선별적 복지의 성격이 강한 제도는 공공 부조(B)이다. B에만 해당하는 수급자 비율은 t년이 16%(=26%-10%), t+30년이 8%(=13%-5%)이다. 따라서 B에만 해당하는 수급자 비율은 t+30년이 t년에 비해 50% 감소하였다.

③ 오답 : 사회 보험(A)과 공공 부조(B)는 모두 소득 재분배 효과가 있다. t년에 갑국의 전체 인구가 100명이라면, A와 B의 수급자 수는 t년이 86명(=100명-14명)이고, t+30년이 170명(=200명-30명)이다. 따라서 A와 B의 수급자 수는 t년보다 t+30년이 많다.

④ 오답 : 정부 재정으로 비용을 전액 충당하는 것을 원칙으로 하는 제도는 공공 부조(B)이다. t년에 갑국의 전체 인구가 100명이라면, B에만 해당하는 수급자 수는 t년이 16명(=26명-10명)이고, t+30년이 16명(=26명-10명)이다. 따라서 B에만 해당하는 수급자 수는 t년과 t+30년이 같다.

⑤ 정답 : 상호 부조의 원리가 적용되는 제도는 사회 보험(A)이다. t년에 갑국의 전체 인구가 100명이라면, t년에 A에만 해당하는 수급자 수는 60명(=70명-10명)이고, t+30년에 비수급자 수는 30명이다. 따라서 t년에 A에만 해당하는 수급자 수는 t+30년 비수급자 수의 2배이다.

구분	t년 비율(%)	t년 수(명)	t+30년 비율(%)	t+30년 수(명)
A 수급자	70	70	77	154
B 수급자	26	26	13	26
A와 B 중복 수급자	10	10	5	10
비수급자	14	14	15	30
전체	100	100	100	200

|자|료|해|설|

사전 예방적 성격이 강한 제도는 사회 보험이고, 사후 처방적 성격이 강한 제도는 공공 부조이다. 따라서 A는 사회 보험, B는 공공 부조이다. t년에 비수급자 비율이 14%이므로 수급자 비율은 86%가 되고, A 수급자 비율이 70%, B 수급자 비율이 26%이므로 A와 B 중복 수급자 비율은 10%(=70%+26%-86%)가 된다. t년 대비 t+30년에 A와 B 중복 수급자 비율이 50% 감소하였으므로 t+30년에 A와 B 중복 수급자 비율은 5%가 된다. t+30년에 비수급자 비율이 15%이므로 수급자 비율은 85%가 되고, A 수급자 비율이 77%, A와 B 중복 수급자 비율이 5%이므로 B 수급자 비율은 13%(=85%-77%+5%)가 된다. A와 B 중복 수급자 비율은 t년이 10%, t+30년이 5%인데, t년과 t+30년에 A와 B 중복 수급자 수가 동일하므로 갑국의 전체 인구는 t+30년이 t년의 2배이다. t년에 갑국의 전체 인구를 100명이라고 가정하여 제시된 자료를 바탕으로 연도별 A 수급자, B 수급자 및 A와 B 중복 수급자, 비수급자 상황을 나타내면 첨삭 표와 같다.

다음 자료에 나타난 복지 정책에 대한 설명으로 옳은 것은?

△△시 「○○통장」사업 안내

○ 사업 목적 및 내용 : 자립 의지가 확고한 저소득 근로 가구를 대상으로 목돈 마련의 기회와 경제적 자립을 돕기 위해 3년간 매월 근로 소득으로 저축하는 금액과 동일한 금액을 적립 지원함.

○ 신청 자격 : 다음 자격 요건에 모두 해당하는 자

　1. 사업 공고일 기준 만 18세 이상 △△시 거주자로, 국민기초생활보장수급자 또는 차상위복지급여자, 자산과 소득이 기준에 해당하는 자(최저생계비의 150% 이하)

　2. 사업 공고일 기준 최근 1년간 6개월 이상 근로 소득이 있고 현재 재직 중인 자

→ 근로 소득이 있어야 지원금을 받을 수 있음. → 생산적 복지

△△시가 전액 부담

① 지원금 중 절반은 ~~수혜자가~~ 부담한다.

② 수혜자 간 상호 부조의 성격이 강하다. → 사회 보험의 특징

③ 복지와 노동을 연계하여 자활 능력을 강조한다.

④ 사회 보장 제도 중 수혜 대상자의 범위가 가장 넓다. → 사회 보험

⑤ 부담자와 수혜자가 일치하고 강제 가입 원칙이 적용된다.
← 사회 보험

|자|료|해|설|

사업의 목적에서 '3년간 매월 근로 소득으로 저축하는 금액과 동일한 금액을 적립 지원함'을 제시하고 있다. 그리고 신청 자격에 '근로 소득이 있고 현재 재직 중인 자'로 한정함으로 현재 근로를 하고 있어야 함을 전제로 한다. 이러한 것은 생산적 복지를 나타낸다.

|선|택|지|풀|이|

① 오답 : 수혜자 부담은 없다. 지원금은 전액 △△시가 부담한다.

② 오답 : 상호 부조의 성격은 사회 보험의 특징이다.

③ 정답 : '근로 소득이 있고' 현재 재직 중인 자'로 한정하므로 현재 근로를 하고 있어야 함을 전제로 한다. 이는 복지와 노동을 연계하여 자활 능력을 높이고자 하는 것이다.

④ 오답 : 수혜 대상자의 범위가 가장 넓은 것은 사회 보험의 특징이다.

⑤ 오답 : 부담자와 수혜자가 일치하고 강제 가입을 특징으로 하는 것은 사회 보험이다.

다음 자료에 대한 분석으로 옳은 것은? (단, A~C는 각각 사회 보험, 공공 부조, 사회 서비스 중 하나임.)

> 우리나라와 동일한 사회 보장 제도 A~C를 운영하고 있는 갑국에서는 청년을 지원하기 위해 노력하고 있다. 우선, A에 → 사회 보험
> 해당하는 제도로 고용 보험 기금을 통해 실직을 한 청년에게 실업 급여를 지급하고 있다. 또한 B에 해당하는 제도로 청년 → 공공 부조
> 기초 수급자들이 최소한의 생활을 유지할 수 있도록 생계비와 주거비를 지급하고 있다. 최근에는 민간 기업과 협력하여 C에 → 사회 서비스
> 해당하는 심리 상담 프로그램을 통해 고립·은둔 청년을 지원하고 있다.
>
> 표는 갑국 20대 청년 실업자 중 A~C 수혜자와 비(非)수혜자의 비율을 나타낸 것이다. 단, 중복 수혜자 중 A, C의 혜택을 모두 받는 사람 수와 B, C의 혜택을 모두 받는 사람 수는 각각 A, B, C의 혜택을 모두 받는 사람 수의 2배이다.
>
> (단위 : %)
>
> | A 수혜자 | B 수혜자 | C 수혜자 | 3중 수혜자 | 비(非)수혜자 |
> | --- | --- | --- | --- | --- |
> | 70 | 19 | 12 | 2 | 8 |
>
> * 중복 수혜자 : A, B, C 중 2개 이상의 혜택을 받는 사람
> ** 3중 수혜자 : A, B, C의 혜택을 모두 받는 사람
> *** 비(非)수혜자 : A, B, C 어느 것의 혜택도 받지 않는 사람

① 중복 수혜자 수는 비(非)수혜자 수보다 ~~많다.~~ 적다

② 사회 보험의 혜택만을 받는 사람 수는 공공 부조의 혜택만을 받는 사람 수의 4배~~이다.~~ 보다 많다

③ 중복 수혜자가 아닌 사람 수는 금전적 지원을 원칙으로 하는 → 사회 보험, 공공 부조
제도의 혜택을 받는 사람 수보다 ~~적다.~~ 많다

④ 비(非)수혜자 수는 중복 수혜자 중 강제 가입을 원칙으로 하는 → 사회 보험
제도의 혜택을 받는 사람 수의 2배~~이다.~~ 보다 적다

⑤ 사회 서비스의 혜택만을 받는 사람 수는 중복 수혜자 중 소득
재분배 효과가 가장 큰 제도의 혜택을 받는 사람 수보다 많다.
→ 공공 부조

〈갑국의 20대 청년 실업자가 100명일 경우 A~C 수혜자 수〉
(단위 : 명)

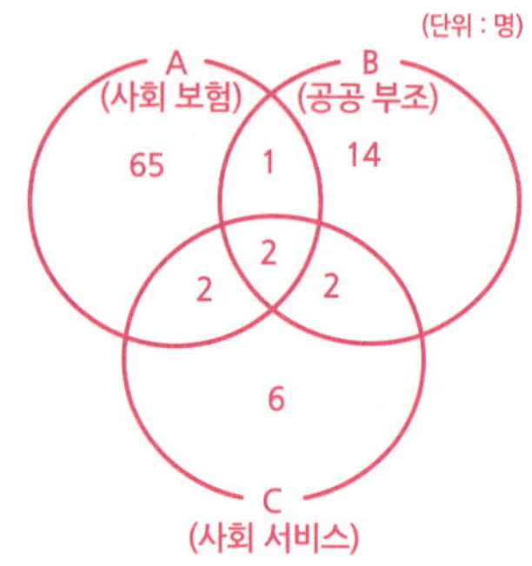

😮 **문제풀이 TIP** | 중복 수혜자 중 A, B, C의 혜택을 모두 받는 사람인지, 중복 수혜자 중 A, C의 혜택을 모두 받는 사람인지, 중복 수혜자 중 B, C의 혜택을 모두 받는 사람인지를 파악해 보도록 한다.

😊 **출제분석** | 사회 보장 제도의 수급자를 분석하는 문제이다. 지역별, 성별 수혜자 비율을 분석하는 고난도 문제가 출제될 수 있다.

|자|료|해|설|

고용 보험 기금을 통해 실직을 한 청년에게 실업 급여를 지급하는 것은 사회 보험에 해당하는 제도이고, 청년 기초 수급자들이 최소한의 생활을 유지할 수 있도록 생계비와 주거비를 지급하는 것은 공공 부조에 해당하는 제도이다. 따라서 A는 사회 보험, B는 공공 부조, C는 사회 서비스이다. 갑국 20대 청년 실업자 수를 100명이라고 가정하면, 중복 수혜자 중 A, B, C의 혜택을 모두 받는 사람 수는 2명이다. 이때 중복 수혜자 중 A, C의 혜택을 모두 받는 사람 수가 중복 수혜자 중 A, B, C의 혜택을 모두 받는 사람 수의 2배이므로 중복 수혜자 중 A, C의 혜택을 모두 받는 사람 수는 4명이 된다. 따라서 중복 수혜자 중 A, C의 혜택을 모두 받는 사람 수가 4명, 중복 수혜자 중 A, B, C의 혜택을 모두 받는 사람 수가 2명이므로 중복 수혜자 중 A, C의 혜택만을 받는 사람 수는 2명(=4명-2명)이 된다. 또한 중복 수혜자 중 B, C의 혜택을 모두 받는 사람 수가 중복 수혜자 중 A, B, C의 혜택을 모두 받는 사람 수의 2배이므로 중복 수혜자 중 B, C의 혜택을 모두 받는 사람 수는 4명이 된다. 따라서 중복 수혜자 중 B, C의 혜택을 모두 받는 사람 수가 4명, 중복 수혜자 중 A, B, C의 혜택을 모두 받는 사람 수가 2명이므로 중복 수혜자 중 B, C의 혜택만을 받는 사람 수는 2명(=4명-2명)이 된다. 갑국 20대 청년 실업자 수를 100명이라고 가정하여 제시된 자료를 바탕으로 각 수혜자 수를 나타내면 첨삭과 같다.

|선|택|지|풀|이|

① 오답 : 중복 수혜자 수는 7명(=2명+1명+2명+2명)이고, 비(非)수혜자 수는 8명(=100명×8%)이다.

② 오답 : 사회 보험인 A의 혜택만을 받는 사람 수는 65명(=70명-2명-1명-2명)이고, 공공 부조인 B의 혜택만을 받는 사람의 수는 14명(=19명-2명-1명-2명)이다. 따라서 사회 보험의 혜택만을 받는 사람 수는 공공 부조의 혜택만을 받는 사람 수의 약 4.6(=65명/14명)배이다.

③ 오답 : 금전적 지원을 원칙으로 하는 제도는 사회 보험(A)과 공공 부조(B)이다. 중복 수혜자가 아닌 사람 수는 93명(=65명+14명+6명+8명)이고, A 또는 B의 혜택을 받는 사람 수는 86명(=65명+14명+1명+2명+2명+2명)이다. 따라서 중복 수혜자가 아닌 사람 수는 금전적 지원을 원칙으로 하는 제도의 혜택을 받는 사람 수보다 많다.

④ 오답 : 강제 가입을 원칙으로 하는 제도는 사회 보험(A)이다. 비(非)수혜자 수는 8명(=100명×8%)이고, 중복 수혜자 중 사회 보험인 A의 혜택을 받는 사람 수는 5명(=2명+1명+2명)이다. 따라서 비(非)수혜자 수는 중복 수혜자 중 강제 가입을 원칙으로 하는 제도의 혜택을 받는 사람 수의 1.6(=8명/5명)배이다.

⑤ 정답 : 소득 재분배 효과가 가장 큰 제도는 공공 부조(B)이다. 사회 서비스인 C의 혜택만을 받는 사람 수는 6명(=12명-2명-2명-2명)이고, 중복 수혜자 중 공공 부조인 B의 혜택을 받는 사람 수는 5명(=2명+1명+2명)이다. 따라서 사회 서비스의 혜택만을 받는 사람 수는 중복 수혜자 중 소득 재분배 효과가 가장 큰 제도의 혜택을 받는 사람 수보다 많다.

다음 자료에 대한 옳은 설명만을 〈보기〉에서 고른 것은? **3점**

A~C는 각각 우리나라 복지 제도의 유형인 공공 부조, 사회 보험, 사회 서비스 중 하나이다.

<공공 부조>
<사회 서비스>
<사회 서비스>
<사회 보험>
<사회 보험>

질문	A	B	C
비금전적 지원을 원칙으로 하는가?	아니요	예	아니요
강제 가입을 원칙으로 하는가?	아니요	아니요	예

(가) 지역의 인구는 100만 명이고, 아래에서 왼쪽 그림은 (가) 지역의 전체 인구 중 A~C의 수혜자 및 비(非)수혜자 수를 벤 다이어그램으로 구분한 것이며, 오른쪽 표는 (가) 지역에서 A~C의 수혜자 및 비수혜자 수를 왼쪽 그림의 기호로 나타낸 것이다.

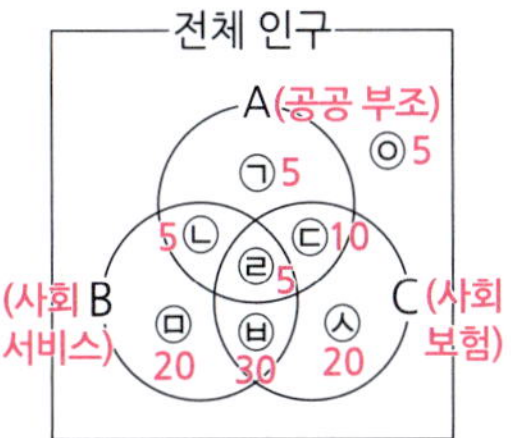

(단위 : 만 명)

㉠ + ㉡ + ㉢ + ㉣	25
㉡ + ㉣ + ㉤ + ㉥	60
㉢ + ㉣ + ㉥ + ㉦	65
㉡ + ㉣	10
㉢ + ㉣	15
㉣ + ㉥	35
ⓜ	5 → ㉠+㉡+㉢+㉣+㉤+㉥+㉦=95만 명

보기

선별적
ㄱ. A는 보편적 복지 이념을 바탕으로 한다.
ㄴ. A~C의 혜택을 모두 받는 (가) 지역의 인구는 5만 명이다.
ㄷ. 공공 부조와 사회 서비스의 혜택을 모두 받는 (가) 지역의 인구는 10만 명이다.
ㄹ. 상호 부조의 원리가 적용되는 제도의 혜택만을 받는 (가) 지역의 인구는 15만 명이다.

① ㄱ, ㄴ　② ㄱ, ㄷ　③ ㄴ, ㄷ　④ ㄴ, ㄹ　⑤ ㄷ, ㄹ

|자|료|해|설|

공공 부조, 사회 보험, 사회 서비스 중 비금전적 지원을 원칙으로 하는 제도는 사회 서비스이고, 강제 가입을 원칙으로 하는 제도는 사회 보험이다. 따라서 A는 공공 부조, B는 사회 서비스, C는 사회 보험이다. 제시된 그림에서 (가) 지역의 인구가 100만 명이고, ⓜ이 5만 명이므로 ㉠+㉡+㉢+㉣+㉤+㉥+㉦=95만 명(=100만 명-5만 명)이 된다. ㉠+㉡+㉢+㉣=25만 명이고 ㉡+㉣=10만 명이므로 ㉠+㉢=15만 명(=25만 명-10만 명)이 되고, ㉠+㉡+㉢+㉣+㉤+㉥+㉦=95만 명, ㉡+㉣+㉤+㉥=60만 명, ㉠+㉢=15만 명이므로 ㉦=20만 명(=95만 명-60만 명-15만 명)이 된다. ㉢+㉣+㉥+㉦=65만 명, ㉢+㉣=15만 명, ㉦=20만 명이므로 ㉥=30만 명(=65만 명-15만 명-20만 명)이 된다. ㉡+㉣+㉤+㉥=60만 명, ㉡+㉣=10만 명, ㉥=30만 명이므로 ㉤=20만 명(=60만 명-10만 명-30만 명)이 된다. ㉣+㉥=35만 명, ㉥=30만 명이므로 ㉣=5만 명(=35만 명-30만 명)이고, ㉡+㉣=10만 명, ㉣=5만 명이므로 ㉡=5만 명(=10만 명-5만 명)이며, ㉢+㉣=15만 명, ㉣=5만 명이므로 ㉢=10만 명(=15만 명-5만 명)이다. ㉠+㉡+㉢+㉣=25만 명, ㉡=5만 명, ㉢=10만 명, ㉣=5만 명이므로 ㉠=5만 명(=25만 명-5만 명-10만 명-5만 명)이다.

|보|기|풀|이|

ㄱ. 오답 : 공공 부조는 모든 국민이 아닌 생활 유지 능력이 없거나 생활이 어려운 국민을 대상으로 하므로 선별적 복지 이념을 바탕으로 한다.
ㄴ. 정답 : 제시된 그림에서 A~C의 혜택을 모두 받는 (가) 지역의 인구는 ㉣에 해당한다. ㉣은 5만 명이다.
ㄷ. 정답 : 제시된 그림에서 공공 부조와 사회 서비스의 혜택을 모두 받는 (가) 지역의 인구는 ㉡+㉣에 해당한다. ㉡+㉣은 10만 명이다(=5만 명+5만 명).
ㄹ. 오답 : 상호 부조의 원리가 적용되는 제도는 사회 보험이다. 제시된 그림에서 사회 보험의 혜택만을 받는 (가) 지역의 인구는 ㉦에 해당한다. ㉦은 20만 명이다.

문제풀이 T I P | (가) 지역의 인구가 100만 명이고, A~C의 비(非)수혜자 수가 5만 명이므로 A~C의 수혜자 수는 95만 명이 된다.

출제분석 | 사회 보장 제도의 수혜자 수를 분석하는 문제이다. 사회 보장 제도의 유형에 따른 수혜자 수 및 비율을 분석하는 고난도 문제가 출제될 수 있다.

다음 자료에 대한 분석으로 옳은 것은? (단, A~C는 각각 사회 보험, 공공 부조, 사회 서비스 중 하나임.) **3점**

> 갑국에는 사회 보장 제도 A~C만 존재하고, 모두 우리나라의 사회 보장 제도와 동일하다. A는 선별적 복지의 이념을, B는 상호 부조의 원리를 기반으로 하는 제도이다. C는 국민의 인간다운 생활을 보장하고 삶의 질이 향상되도록 상담이나 돌봄 등 여러 방법을 활용하여 지원하는 제도이다.
>
> t년에 중복 수혜자 중 B의 혜택을 받는 사람 수와 t+30년에 중복 수혜자 중 A의 혜택을 받는 사람 수는 각각 전체 인구의 10%이다. 금전적 지원이 원칙인 두 제도의 혜택을 동시에 받는 사람 수는 t년이 전체 인구의 5%이고, t+30년은 전체 인구의 2%이다. 단, 갑국의 t년과 t+30년 전체 인구는 동일하다.

〈전체 인구 중 A~C 수혜자의 비율〉

(단위 : %)

구분	A 수혜자	B 수혜자	C 수혜자	3중 수혜자	전체 수혜자
t년	20	60	15	0	82
t+30년	15	75	20	2	95

　* 중복 수혜자 : A, B, C 중 2개 이상의 혜택을 받는 사람
　** 3중 수혜자 : A, B, C의 혜택을 모두 받는 사람
　*** 전체 수혜자 : A, B, C 중 1개 이상의 혜택을 받는 사람

① t년에 공공 부조의 혜택만을 받는 사람 수는 사회 서비스의 혜택만을 받는 사람 수보다 ~~적다.~~ 많다

② t+30년에 사회 보험의 혜택만을 받는 사람 수가 전체 수혜자 수의 70%~~이다.~~ 보다 많다

③ 전체 인구 중 중복 수혜자가 아닌 사람 수는 t+30년이 t년~~보다 많다.~~ 과 같다

④ 중복 수혜자 중 정부 재정으로 비용을 전액 충당하는 것을 원칙으로 하는 제도의 혜택을 받는 사람 수는 t년이 t+30년보다 ~~많다.~~ 적다

⑤ 강제 가입 원칙이 적용되는 제도와 비금전적 지원을 원칙으로 하는 제도의 혜택을 동시에 받는 사람 수는 t년과 t+30년이 동일하다.

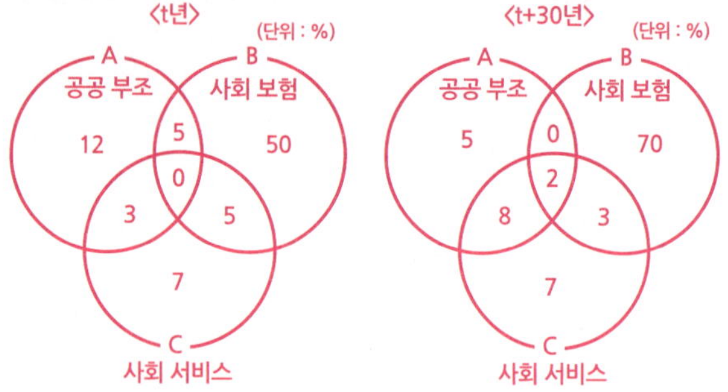

|자|료|해|설|

선별적 복지의 이념을 기반으로 하는 제도는 공공 부조이고, 상호 부조의 원리를 기반으로 하는 제도는 사회 보험이며, 국민의 인간다운 생활을 보장하고 삶의 질이 향상되도록 상담이나 돌봄 등 여러 방법을 활용하여 지원하는 제도는 사회 서비스이다. 따라서 A는 공공 부조, B는 사회 보험, C는 사회 서비스이다. 제시된 자료를 바탕으로 t년과 t+30년에 전체 인구 중 A~C 수혜자의 비율을 나타내면 첨삭과 같다.

|선|택|지|풀|이|

① 오답 : t년에 공공 부조의 혜택만을 받는 수혜자 비율은 전체 인구의 12%이고, 사회 서비스의 혜택만을 받는 수혜자 비율은 전체 인구의 7%이다. 따라서 t년에 공공 부조의 혜택만을 받는 사람 수는 사회 서비스의 혜택만을 받는 사람 수보다 많다.

② 오답 : t+30년에 사회 보험의 혜택만을 받는 수혜자 비율은 전체 인구의 70%이고, 전체 수혜자 비율은 전체 인구의 95%이다. 따라서 t+30년에 사회 보험의 혜택만을 받는 사람 수는 전체 수혜자 수의 약 73.7%{=(70/95)×100}이다.

③ 오답 : 전체 인구 중 중복 수혜자가 아닌 비율은 t년이 87%(=12%+50%+7%+18%), t+30년이 87%(=5%+70%+7%+5%)이다. 따라서 전체 인구 중 중복 수혜자가 아닌 사람 수는 t년과 t+30년이 같다.

④ 오답 : 정부 재정으로 비용을 전액 충당하는 것을 원칙으로 하는 제도는 공공 부조이다. 중복 수혜자 중 공공 부조의 혜택을 받는 수혜자 비율은 t년이 전체 인구의 8%(=5%+3%)이고, t+30년이 전체 인구의 10%(=8%+2%)이다. 따라서 중복 수혜자 중 공공 부조의 혜택을 받는 사람 수는 t년이 t+30년보다 적다.

⑤ 정답 : 강제 가입 원칙이 적용되는 제도는 사회 보험이고, 비금전적 지원을 원칙으로 하는 제도는 사회 서비스이다. 사회 보험과 사회 서비스의 혜택을 동시에 받는 수혜자 비율은 t년이 전체 인구의 5%이고, t+30년이 전체 인구의 5%(=2%+3%)이다. 따라서 사회 보험과 사회 서비스의 혜택을 동시에 받는 사람 수는 t년과 t+30년이 같다.

문제풀이 T I P | 전체 인구는 전체 수혜자 + 전체 비수혜자이므로 전체 인구 중 전체 비수혜자 비율은 t년이 18%(=100%-82%), t+30년이 5%(=100%-95%)임을 명심하도록 한다.

출제분석 | 사회 보장 제도의 수혜자 비율을 분석하는 문제이다. 다양한 유형으로 사회 보장 제도의 수혜자 비율 및 수혜자 수를 분석하는 고난도 문제가 출제될 수 있으므로 기출 문제를 통해 많은 문제를 접해 보도록 한다.

1   사회 변동 이론

정답 ②   정답률 83%   2025학년도 수능 18번   문제편 295p

다음 글에서 사회 변동의 방향을 바라보는 필자의 관점에 대한 옳은 설명만을 〈보기〉에서 고른 것은?

> 인간이 찾아낸 과학적 지식은 자연이 가하는 제약으로 만들어진 원시적인 미신과 선입견, 오류를 극복하는 과정에서 축적되고 정해진 하나의 방향을 향해 진전하며 확장한다. 문명의 전개도 근대 과학의 이러한 과정과 유사하다. ➡ 진화론

보기

ㄱ. 서구 중심적 사고라는 비판을 피하기 어렵다. ➡ 진화론
ㄴ. 사회 변동 방향을 예측하여 대응하기 어렵다. ➡ 순환론
ㄷ. 지속적으로 발전하는 사회를 설명하기 용이하다. ➡ 진화론
ㄹ. 인류 문명의 흥망성쇠 역사를 설명하기 용이하다. ➡ 순환론

① ㄱ, ㄴ   ❷ ㄱ, ㄷ   ③ ㄴ, ㄷ   ④ ㄴ, ㄹ   ⑤ ㄷ, ㄹ

|자|료|해|설|
필자는 과학적 지식과 문명의 전개가 정해진 하나의 방향을 향해 진전하며 확장한다고 보고 있다. 이는 진화론에 해당한다.

|보|기|풀|이|
ㄱ 정답 : 진화론은 서구 사회가 진보된 선진 사회임을 전제로 하므로 서구 중심적 사고라는 비판을 받는다.
ㄴ 오답 : 순환론은 과거의 사회 변동을 설명하는 데 유용하지만, 앞으로의 변동을 예측하여 대응하기에는 적합하지 않다는 비판을 받는다.
ㄷ 정답 : 진화론은 모든 사회가 일정한 방향으로 단계적으로 진보 또는 발전해 간다고 보므로 지속적으로 발전하는 사회를 설명하기 용이하다.
ㄹ 오답 : 순환론은 사회가 시간의 흐름에 따라 생성, 성장, 쇠퇴, 소멸의 과정을 반복한다고 보므로 인류 문명의 흥망성쇠 역사를 설명하기 용이하다.

😀 **출제분석** | 진화론을 파악하는 문제이다. 제시문, 그림, 삽화, 표 등 다양한 유형으로 진화론과 순환론을 비교하는 문제가 출제될 수 있다.

---

2   사회 변동 이론

정답 ④   정답률 83%   2023학년도 수능 17번   문제편 295p

다음 글에서 사회 변동의 방향을 보는 필자의 관점에 대한 옳은 설명만을 〈보기〉에서 고른 것은? **3점**

> 인간은 자신이 획득한 지식을 다른 사람에게 전달하고 후손에게 유산으로 물려준다. 한 세대에서 축적된 지식이 다음 세대로 이어지면서 기존 지식을 기초로 여러 갈래의 신생 분야가 등장한다. 이처럼 사회에서는 과거로부터 전해진 지식과 새로 탄생한 지식이 연속적으로 결합한다. 이러한 양상은 정치, 경제, 예술 등 사회 모든 분야에서 나타난다. 인류의 미약한 첫 발걸음부터 문명의 이상에 이르기까지 인간의 역사는 지식의 생산, 전달, 결합 과정을 통해 끊임없이 나아가며 확장한다. ➡ 진화론

보기

ㄱ. 사회 변동을 동일한 과정의 주기적 반복으로 설명한다. ➡ 순환론
ㄴ. 제국주의를 정당화하는 수단이 될 수 있다는 비판을 받는다. ➡ 진화론
ㄷ. 사회 변동이 언제나 진보를 의미하는 것은 아니라고 본다. ➡ 순환론
ㄹ. 사회가 미분화된 상태에서 분화된 상태로 변동한다고 본다. ➡ 진화론

① ㄱ, ㄴ   ② ㄱ, ㄷ   ③ ㄴ, ㄷ   ❹ ㄴ, ㄹ   ⑤ ㄷ, ㄹ

|자|료|해|설|
필자는 인간의 역사가 지식의 생산, 전달, 결합 과정을 통해 끊임없이 나아가며 확장한다고 주장하고 있다. 이를 통해 사회 변동의 방향을 보는 필자의 관점이 진화론임을 알 수 있다.

|보|기|풀|이|
ㄱ. 오답 : 순환론은 사회가 시간의 흐름에 따라 생성, 성장, 쇠퇴, 소멸의 과정을 반복한다고 본다.
ㄴ 정답 : 진화론은 서구가 진보된 사회임을 전제하므로 서구의 제국주의 역사를 정당화하는 수단으로 악용될 우려가 있다.
ㄷ. 오답 : 순환론은 사회가 단선적으로 진보하는 것이 아니라 쇠퇴, 소멸하는 운명을 지닌다고 본다.
ㄹ 정답 : 진화론은 사회가 단순한 사회에서 복잡하고 진화된 사회로 발전한다고 본다.

😲 **추가 학습** | 진화론의 기본 입장은 사회 변동은 일정한 방향을 가지고 있으며, 그것은 바람직한 방향으로의 변화를 의미한다는 것이다.

😀 **출제분석** | 제시된 관점이 진화론임을 파악하는 문제이다. 진화론과 순환론을 비교하는 문제가 자주 출제되므로 각 이론의 주장과 비판을 파악해 두도록 한다.

사회 변동 방향에 대한 서로 다른 관점 (가), (나)에 대한 설명으로 옳은 것은?

순환론 ← (가) 유기체는 발생하여 성장하다가 이후 퇴화가 진행되고 소멸하게 된다. 사회도 유기체의 일생과 같은 경로로 변화한다.

진화론 ← (나) 각 사회는 발전 속도가 다르기 때문에 발전 수준에서 차이가 발생한다. 모든 사회는 단순·미분화된 상태에서 복잡·분화된 상태로 변동한다.

① (가)는 사회 변동과 사회 발전을 동일시한다.
② (나)는 사회 변동의 방향이 사회마다 다르다고 본다. (같다)
③ (가)는 (나)와 달리 사회가 주기적으로 동일한 과정을 반복하며 변동한다고 본다.
④ (나)는 (가)와 달리 숙명론적 시각으로 사회 변동을 바라본다.
⑤ (가), (나)는 모두 서구 중심적 사고라는 비판을 받는다.

|자|료|해|설|
(가)는 사회가 생성, 성장, 퇴화, 소멸의 과정을 거친다고 보고 있고, (나)는 모든 사회가 단순·미분화된 상태에서 복잡·분화된 상태로 변동한다고 보고 있다. 따라서 (가)는 순환론, (나)는 진화론이다.

|선|택|지|풀|이|
① 오답 : 사회 변동과 사회 발전을 동일시하는 이론은 진화론이다.
② 오답 : 진화론은 사회 변동의 방향이 사회마다 같다고 본다.
③ 정답 : 순환론은 사회가 시간의 흐름에 따라 생성, 성장, 쇠퇴, 소멸의 과정을 반복한다고 본다.
④ 오답 : 숙명론적 시각으로 사회 변동을 바라보는 이론은 순환론이다.
⑤ 오답 : 서구 중심적인 사고라는 비판을 받는 이론은 진화론이다.

추가 학습 | 순환론은 역사 과정을 단선적 진화 과정으로 보지 않고 반복적인 순환 과정으로 봄으로써 숙명과 같은 불가사의한 힘을 너무 강조한 나머지 인간의 주체적 행동을 과소평가하고 있다는 비판을 받는다.

출제분석 | 진화론과 순환론의 특징을 파악하는 문제이다. 사회 변동과 관련하여 진화론, 순환론, 기능론, 갈등론을 비교하는 문제가 출제될 수 있으므로 관련 개념을 꼼꼼하게 이해해 두도록 한다.

다음 글에서 사회 변동의 방향을 보는 필자의 관점에 대한 옳은 설명만을 〈보기〉에서 고른 것은? 3점

어떤 학자들은 문명이 고대, 중세, 근대로 일정한 방향성을 가지고 나아간다고 본다. 이는 서구의 역사를 기준에 놓고 보는 시각이므로 우리는 이와 같은 시각에서 벗어날 필요가 있다. 문명은 나무에 잎이 나고 꽃이 핀 후, 열매를 맺고 시들어 가는 과정이 반복되듯 일련의 과정이 되풀이된다. 따라서 문명은 유기체적 순환 과정을 통해 이해되어야 한다. → 순환론

보기
ㄱ. 사회 변동이 곧 사회 발전이라고 본다.
ㄴ. 운명론적 관점에서 사회 변동을 설명한다.
ㄷ. 사회 변동이 일정한 양상을 반복하며 진행된다고 본다. → 순환론 → 진화론
ㄹ. 사회 변동 과정에서 나타나는 사회의 쇠락을 설명하기 어렵다.

① ㄱ, ㄴ   ② ㄱ, ㄷ   ③ ㄴ, ㄷ   ④ ㄴ, ㄹ   ⑤ ㄷ, ㄹ

|자|료|해|설|
제시문의 필자는 문명이 유기체적 순환 과정을 통해 이해되어야 한다고 보고 있다. 따라서 필자의 관점은 순환론에 해당한다.

|보|기|풀|이|
ㄱ. 오답 : 사회 변동이 곧 사회 발전이라고 보는 이론은 진화론이다.
ㄴ. 정답 : 순환론은 유기체가 탄생에서 소멸의 과정을 거친다고 보는 운명론적 관점에서 사회 변동을 설명한다.
ㄷ. 정답 : 순환론은 사회 변동이 생성, 성장, 쇠퇴, 소멸의 과정을 반복하며 진행된다고 본다.
ㄹ. 오답 : 진화론은 사회 변동이 항상 발전을 의미한다고 보므로 사회 변동 과정에서 나타나는 사회의 쇠락을 설명하기 어렵다.

문제풀이 TIP | 진화론은 사회가 일정한 방향으로 진보 또는 발전해 가는 것으로 보는 반면, 순환론은 사회나 문명이 성장과 쇠퇴의 과정을 끊임없이 반복한다고 본다.

출제분석 | 순환론을 파악하는 문제이다. 순환론과 진화론을 비교하는 문제가 자주 출제되므로 각 이론의 입장 및 한계를 꼼꼼하게 비교해 두도록 한다.

사회 변동 이론 A, B 중 하나의 입장에서 일관되게 응답한 학생은?
(단, A, B는 각각 진화론, 순환론 중 하나임.)

순환론 — A : 사회는 지속적으로 진보하는 것이 아니라, 주기적으로 동일한 과정을 반복한다고 본다.

진화론 — B : 사회가 단계적으로 변동하며, 모든 단계는 이전 단계보다 복잡하고 분화된 것이라고 본다.

질문　　　　　　　　학생	갑	을	병	정	무
서구 중심적인 사고라는 비판을 받는가? → 진화론	○	○	×	×	○
운명론적 시각에서 사회 변동을 설명하는가? → 순환론	×	○	○	○	×
사회가 일정한 방향으로 변동한다고 보는가? → 진화론	○	×	○	×	○
흥망성쇠를 거듭한 국가의 사례를 설명하기에 적합한가? → 순환론	×	○	×	×	○

진화론의 입장 ←　　　　　　　(○ : 예, × : 아니요)

① 갑　　　② 을　　　③ 병　　　④ 정　　　⑤ 무

|자|료|해|설|

A는 사회가 주기적으로 동일한 과정을 반복한다고 보고 있으므로 이는 순환론에 해당한다. B는 사회가 이전 단계보다 복잡하게 단계적으로 변동한다고 보고 있으므로 이는 진화론에 해당한다.

|선|택|지|풀|이|

① 정답 : 서구 중심적인 사고라는 비판을 받는 이론은 진화론이고, 운명론적 시각에서 사회 변동을 설명하는 이론은 순환론이며, 사회가 일정한 방향으로 변동한다고 보는 이론은 진화론이고, 흥망성쇠를 거듭한 국가의 사례를 설명하기에 적합한 이론은 순환론이다. 따라서 갑은 진화론의 입장에서 일관되게 응답하였다.

문제풀이 TIP | 진화론은 사회가 진보와 발전이라는 일정한 방향으로 변동한다고 보고, 순환론은 사회가 시간의 흐름에 따라 생성, 성장, 쇠퇴, 소멸의 과정을 반복한다고 본다.

출제분석 | 사회 변동 이론을 파악하는 문제이다. 진화론과 순환론에서 각각 주장하는 내용과 비판점을 파악해 두도록 한다.

다음 글에 나타난 사회 변동의 방향에 대한 이론적 관점에 부합하는 진술만을 〈보기〉에서 고른 것은?

사회는 일반적으로 '군사형 사회'에서 '산업형 사회'로 발전해 간다. '군사형 사회'는 강제적인 협동을 바탕으로 조직된 사회로, 전제적인 중앙 집권적 사회이다. 반면 '산업형 사회'는 자발적인 협동을 기반으로 조직된 사회로, 개인 행위에 대한 정치적 통제가 한정된 민주적 정부를 가지며 '군사형 사회'에 비해 더 분화되고 다원화된 사회이다. → 진화론

보기
ㄱ. 사회는 일정한 방향으로 진보한다.
ㄴ. 사회는 쇠퇴와 멸망의 과정을 거치기 마련이다.
ㄷ. 사회는 단순한 형태에서 복잡한 형태로 변동한다.
ㄹ. 사회 변동은 동일한 과정이 주기적으로 반복되는 것이다. → 순환론

① ㄱ, ㄴ　　② ㄱ, ㄷ　　③ ㄴ, ㄷ　　④ ㄴ, ㄹ　　⑤ ㄷ, ㄹ

|자|료|해|설|

제시문은 사회가 군사형 사회에서 산업형 사회로 발전해 가며, 산업형 사회는 군사형 사회에 비해 더 분화되고 다원화된 사회라고 보고 있다. 이는 진화론에 해당한다.

|보|기|풀|이|

ㄱ 정답 : 진화론은 사회 변동이 일정한 방향을 가지고 있다고 본다.
ㄴ. 오답 : 순환론은 사회가 단선적으로 진보하는 것이 아니라 쇠퇴, 소멸하는 운명을 지닌다고 본다.
ㄷ 정답 : 진화론은 단순한 원시 생명체가 복잡한 유기체로 진화한 것과 같이 사회도 단순한 사회에서 복잡하고 진화된 사회로 발전한다고 본다.
ㄹ. 오답 : 순환론은 사회가 시간의 흐름에 따라 생성, 성장, 쇠퇴, 소멸의 과정을 반복한다고 본다.

추가학습 | 진화론은 모든 사회가 일정한 방향으로 단계적으로 진보 또는 발전해가고, 각 단계는 이전 단계보다 더욱 복잡하고 분화된 단계이며, 현재의 사회는 과거의 사회보다 더 나은 사회라고 전제한다.

다음 자료에 대한 옳은 설명만을 〈보기〉에서 고른 것은? (단, A, B는 각각 순환론, 진화론 중 하나임.) **3점**

○ 게임 규칙 : 갑, 을은 A, B 중 하나에 대한 설명이 적힌 [카드 1]~[카드 5]가 각각 1장씩 모두 5장이 들어 있는 카드 꾸러미를 각자 배부받는다. 갑, 을은 각각 자신의 꾸러미에서 카드를 2장씩 뽑고, 획득한 총점이 큰 사람이 승리한다. 카드 1장당, 카드 내용이 A에 대한 설명이면 2점, B에 대한 설명이면 1점을 받는다.

순환론 → A　　진화론 → B

[카드 1]	[카드 2]	[카드 3]	[카드 4]	[카드 5]
사회 변동을 사회 발전으로 인식한다.	서구 중심적 사고라는 비판을 받는다.	사회 변동은 일정한 방향성을 가진다고 본다.	사회 변동을 운명론적 관점에서 설명한다.	(가)
→진화론	→진화론	→진화론	→순환론	

○ 게임 결과 : 갑은 [카드 1]과 [카드 2]를, 을은 [카드 3]과 ┌ ㉠ ┐ 을/를 뽑아 갑이 승리하였다.

보기

ㄱ. ㉠은 [카드 4]가 될 수 있다.

ㄴ. A는 사회마다 사회 변동의 방향이 다르다고(→같다고) 본다.

ㄷ. B는 사회 변동에 대응하는 인간의 노력을 과소평가한다는 비판을 받는다.

ㄹ. (가)에 '사회가 미분화된 상태에서 분화된 상태로 변동한다고(→진화론) 본다.'가 들어간다면, ㉠은 [카드 5]가 될 수 있다.(→없다)

① ㄱ, ㄴ　❷ ㄱ, ㄷ　③ ㄴ, ㄷ　④ ㄴ, ㄹ　⑤ ㄷ, ㄹ

|자|료|해|설|

사회 변동을 사회 발전으로 인식하고, 서구 중심적 사고라는 비판을 받으며, 사회 변동이 일정한 방향성을 가진다고 보는 이론은 진화론이고, 사회 변동을 운명론적 관점에서 설명하는 이론은 순환론이다. 즉, [카드 1], [카드 2], [카드 3]은 진화론에 해당하는 내용이고, [카드 4]는 순환론에 해당하는 내용이다. 갑은 진화론에 해당하는 [카드 1]과 [카드 2]를 뽑아 승리하였으므로 A는 진화론, B는 순환론이다.

|보|기|풀|이|

ㄱ. 정답 : 갑이 뽑은 [카드 1]과 [카드 2]는 모두 진화론에 해당하므로 갑의 점수는 4점이 된다. 을이 [카드 3]과 [카드 4]를 뽑으면 을의 점수는 3점이 되어 갑이 승리하게 된다. 따라서 ㉠은 [카드 4]가 될 수 있다.

ㄴ. 오답 : 진화론은 사회마다 사회 변동의 방향이 같다고 본다.

ㄷ. 정답 : 순환론은 숙명과 같은 불가사의한 힘을 너무 강조한 나머지 인간의 주체적 행동을 과소평가한다는 비판을 받는다.

ㄹ. 오답 : 사회가 미분화된 상태에서 분화된 상태로 변동한다고 보는 이론은 진화론이다. (가)에 진화론에 해당하는 내용이 들어가고, ㉠이 [카드 5]가 된다면, 갑과 을의 점수는 각각 4점으로 같게 된다. 따라서 ㉠은 [카드 5]가 될 수 없다.

🦉 **문제풀이 TIP** | 획득한 총점이 큰 사람이 승리하므로 갑이 뽑은 카드의 점수를 계산한 후, 갑의 점수보다 낮은 을의 점수를 파악해 보도록 한다.

다음 글에 나타난 사회 변동 이론에 대한 옳은 설명만을 〈보기〉에서 고른 것은?

순환론 →

개인과 마찬가지로 제국도 자연적 수명을 가지는데, 그것은 일반적으로 약 네 세대에 불과하다. 제1세대는 토지를 정복하려고 공격하는 사람들로, 그들은 일단 도시에 자리를 잡고 살더라도 유목 생활의 습성을 보유한다. 그러나 정주 생활의 영향이 제2세대에서 나타나기 시작하여 이때에는 사치와 왕의 권위가 지배한다. 제3세대는 사막 생활의 특징들을 망각하고, 정주 생활은 그 대가를 지불하게 되어 제국은 노쇠해지고 제4세대로 넘어가면서 파괴된다.

보기

ㄱ. 서구 중심적 사고라는 비판을 받는다. → 진화론

ㄴ. 숙명론적 관점에서 사회 변동을 설명한다.

ㄷ. 사회 변동이 일정한 방향을 갖는다고 본다. → 진화론

ㄹ. 사회가 생성, 성장, 쇠퇴, 소멸을 반복한다고 본다. → 순환론

① ㄱ, ㄴ　② ㄱ, ㄷ　③ ㄴ, ㄷ　❹ ㄴ, ㄹ　⑤ ㄷ, ㄹ

|자|료|해|설|

제시문은 제국이 개인과 마찬가지로 자연적 수명을 가지고 있으며 네 세대에 걸쳐 나타난다고 보고 있다. 이는 순환론에 해당한다.

|보|기|풀|이|

ㄱ. 오답 : 진화론은 서구 사회가 진보된 사회임을 전제하므로 서구 중심적 사고라는 비판을 받는다.

ㄴ. 정답 : 순환론은 역사 과정을 반복적인 순환 과정으로 보므로 이미 주어져 있는 숙명과 같은 불가사의한 힘을 강조한다.

ㄷ. 오답 : 진화론은 사회 변동이 진보와 발전이라는 일정한 방향을 가지고 있다고 본다.

ㄹ. 정답 : 순환론은 사회가 시간의 흐름에 따라 생성, 성장, 쇠퇴, 소멸의 과정을 반복한다고 본다.

🦉 **문제풀이 TIP** | 인간과 마찬가지로 사회 변동이 수명을 가지고 있다고 보고 있다는 내용에 핵심이 있다.

😲 **출제분석** | 순환론을 파악하는 문제이다. 진화론과 순환론을 비교하는 문제가 출제될 수 있다.

사회 변동 이론 (가), (나)에 대한 옳은 설명만을 <보기>에서 고른 것은? (단, (가), (나)는 각각 진화론, 순환론 중 하나임.)

순환론 ← (가) 인류의 역사는 발생, 성장, 정체, 해체의 과정을 거친다. 인류 문명의 발전에서 엘리트가 주도하는 혁신은 중요한 의미를 가지며, 대중이 이를 따르지 않을 경우 사회는 분열하고 문명은 쇠퇴한다. 역사는 문명의 흥망성쇠를 거듭하며 전개된다.

진화론 ← (나) 인류의 역사는 생산 방식의 발전을 통해 사회의 궁극적 이상에 다가가는 과정이다. 낡은 생산 방식은 새로운 생산 방식으로 대체되고, 이러한 전환은 점진적인 시대 발전을 이끌며 역사를 구성한다. 역사는 생산 방식의 진보와 문명의 발전이 누적된 결과이다.

보기

ㄱ. (가)는 미래의 사회 변동에 대한 역동적 대응이 곤란하다는 비판을 받는다.

ㄴ. (나)는 사회가 미분화된 상태에서 분화된 상태로 변동한다고 본다.

ㄷ. (가)는 (나)와 달리 사회 변동이 일정한 방향을 갖는다고 본다. (나) (가)

ㄹ. (나)는 (가)와 달리 사회 변동이 동일한 과정을 주기적으로 반복한다고 본다. (가) (나)

① ㄱ, ㄴ   ② ㄱ, ㄷ   ③ ㄴ, ㄷ   ④ ㄴ, ㄹ   ⑤ ㄷ, ㄹ

|자|료|해|설|

(가)는 인류의 역사가 발생, 성장, 정체, 해체의 과정을 거친다고 보고 있으므로 이는 순환론에 해당한다. (나)는 인류의 역사가 생산 방식의 진보와 문명의 발전이 누적된 결과라고 보고 있으므로 이는 진화론에 해당한다.

|보|기|풀|이|

ㄱ. 정답 : 순환론은 앞으로의 변동 방향을 예측하여 대응하기에 적합하지 않다.

ㄴ. 정답 : 진화론은 단순한 원시 생명체가 복잡한 유기체로 진화한 것과 같이 사회도 단순한 사회에서 복잡하고 진화된 사회로 발전한다고 본다.

ㄷ. 오답 : 진화론은 사회 변동이 일정한 방향을 가지고 있다고 본다.

ㄹ. 오답 : 순환론은 사회가 시간의 흐름에 따라 생성, 성장, 쇠퇴, 소멸의 과정을 반복한다고 본다.

추가 개념 | 순환론은 사회 구조 자체가 어떠한 이유로 어떻게 변해 왔는지를 설명하기 어렵다. 또한 현 사회가 순환 과정 중 어디에 위치하는지 설명하지 못한다. 따라서 순환론은 현 사회의 변동 방향을 예측하는 데 한계가 있다.

출제분석 | 순환론과 진화론을 파악하는 문제이다. 다양한 사례를 통해 순환론과 진화론을 파악하는 문제가 출제될 수 있으므로 기출 문제를 통해 다양한 사례를 접해 보도록 한다.

V

1. 사회 변동과 사회 운동

다음 사회 변동 방향을 바라보는 이론에 대한 옳은 설명만을 <보기>에서 고른 것은?

사회가 겪을 수 있는 위기는 지속적으로 이어지는 발전 과정에서 나타나는 일시적인 현상일 뿐이다. 이러한 위기를 극복하면서 사회는 보다 발전되고 분화된 사회로 나아간다. → 진화론

보기

ㄱ. 서구 사회가 가장 진보한 사회임을 전제로 한다.

ㄴ. 사회 변동이 일정한 방향성을 가지고 있다고 본다.

ㄷ. 사회가 주기적으로 동일한 과정을 반복하며 변동한다고 본다. → 순환론

ㄹ. 사회 변동에 작용하는 인간의 영향력을 과소평가한다는 비판을 받는다. → 순환론

① ㄱ, ㄴ   ② ㄱ, ㄷ   ③ ㄴ, ㄷ   ④ ㄴ, ㄹ   ⑤ ㄷ, ㄹ

|자|료|해|설|

제시문은 사회가 위기를 극복하면서 더 발전되고 분화된 사회로 이어진다고 보고 있다. 이는 진화론에 해당한다.

|보|기|풀|이|

ㄱ. 정답 : 진화론은 서구 사회가 진보된 사회임을 전제하므로 서구의 제국주의 역사를 정당화하는 수단으로 악용될 우려가 있다.

ㄴ. 정답 : 진화론은 사회 변동이 일정한 방향을 가지고 있고, 사회는 진보와 발전이라는 바람직한 방향으로 변화한다고 본다.

ㄷ. 오답 : 순환론은 사회가 시간의 흐름에 따라 생성, 성장, 쇠퇴, 소멸의 과정을 반복하며 변동한다고 본다.

ㄹ. 오답 : 순환론은 역사 과정을 반복적인 순환 과정으로 보고 숙명과 같은 불가사의한 힘을 너무 강조한 나머지 인간의 주체적 행동을 과소평가하고 있다는 비판을 받는다.

추가 학습 | 진화론은 모든 사회가 일정한 방향으로 단계적 진보 또는 발전을 해가고, 각 단계는 이전 단계보다 더욱 복잡하고 분화된 단계이며, 현재의 사회는 과거의 사회보다 더 나은 사회라고 전제한다.

출제분석 | 진화론을 파악하는 문제이다. 순환론과 진화론의 각 주장과 비판 등을 묻는 문제가 출제되므로 각각의 이론에 대해 꼼꼼하게 파악해 두도록 한다.

다음 자료는 서술형 평가에 대한 학생의 답변과 교사의 채점
결과이다. 이에 대한 설명으로 옳은 것은? (단, A, B는 각각 순환론,
진화론 중 하나이다.)

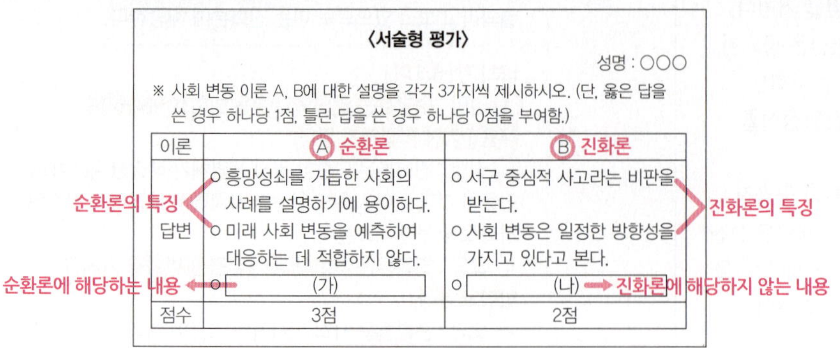

이론	Ⓐ 순환론	Ⓑ 진화론
답변	○ 흥망성쇠를 거듭한 사회의 사례를 설명하기에 용이하다. ○ 미래 사회 변동을 예측하여 대응하는 데 적합하지 않다. ○ ＿＿＿(가)＿＿＿	○ 서구 중심적 사고라는 비판을 받는다. ○ 사회 변동은 일정한 방향성을 가지고 있다고 본다. ○ ＿＿＿(나)＿＿＿
점수	3점	2점

① A는 사회 변동이 곧 사회 발전이라고 본다. → 진화론
② B는 사회 변동에 대응하는 인간의 노력을 과소평가한다는 비판을 받는다. → 순환론
③ A는 B와 달리 사회 변동을 문명 사회로 이행하는 과정으로 본다. → 진화론
④ B는 A와 달리 사회가 단순한 형태에서 복잡한 형태로 변동한다고 본다. → 진화론
⑤ '운명론적 관점에서 사회 변동을 설명한다.'는 (가)가 아닌 (나)에 들어갈 수 있다. → 순환론 / (가), (나) 모두에

|자|료|해|설|
순환론은 흥망성쇠를 거듭한 사회의 사례를 설명하기에 용이하지만 미래 사회 변동을 예측하여 대응하는 데 적합하지 않다. 진화론은 사회 변동은 일정한 방향성을 가지고 있다고 보며 서구 중심적 사고라는 비판을 받는다. A에 대한 답변은 모두 옳은 내용이므로 A는 순환론이며, (가)에는 순환론에 해당하는 내용이 들어가야 한다. 한편 B에 대한 답변은 두 가지만 옳은 내용이므로 B는 진화론이며, (나)에는 진화론에 해당하지 않는 내용이 들어가야 한다.

|선|택|지|풀|이|
① 오답 : 사회 변동이 곧 사회 발전이라고 보는 것은 진화론이다.
② 오답 : 사회 변동에 대응하는 인간의 노력을 과소평가한다는 비판을 받는 것은 순환론이다.
③ 오답 : 진화론은 순환론과 달리 사회 변동을 문명 사회로 이행하는 과정으로 본다.
④ 정답 : 진화론은 사회 변화와 진화를 동일시하므로 순환론과 달리 사회가 단순한 형태에서 복잡한 형태로 변동한다고 본다.
⑤ 오답 : 운명론적 관점에서 사회 변동을 설명하는 것은 순환론이므로, 해당 내용은 (가), (나) 모두에 들어갈 수 있다.

🤓 문제풀이 TIP | A에 대한 답변은 모두 옳으므로 3점, B에 대한 답변은 세 가지 중 두 가지만 옳으므로 2점이다. A에 대한 2개의 내용을 통해 A에 해당하는 이론을 파악할 수 있고, B에 대한 내용 중 틀린 내용을 찾아낼 수 있다.

😀 출제분석 | 진화론과 순환론을 비교하는 문제이다. 다양한 사례를 통해 진화론과 순환론의 주요 입장과 비판점을 이해해 두도록 한다.

다음 자료에 대한 옳은 설명만을 〈보기〉에서 고른 것은? (단, A와 B는 각각 순환론과 진화론 중 하나이다.)

교사 : A와 구분되는 B의 의의와 한계를 설명해 보세요. → 진화론 / 순환론
갑 : B의 의의는 흥망성쇠가 반복되는 사회 변동을 설명하는 데 적합하다는 점이고, 한계는 ＿＿＿＿(가)＿＿＿＿ → 순환론 / 옳지 않은 내용
교사 : B의 의의와 달리 한계는 잘못 설명했습니다.

보기
ㄱ. A는 모든 사회의 변동 방향이 동일하다고 본다. → 진화론
ㄴ. B는 과거보다 미래의 사회 변동을 설명하는 데 적합하다. → 하지 않다
ㄷ. A는 B와 달리 사회 변동이 곧 사회 발전이라고 본다. → 진화론
ㄹ. (가)에 '서구 중심적인 이론이라는 점입니다.'가 들어갈 수 없다. / 있다 → 진화론

① ㄱ, ㄴ　　② ㄱ, ㄷ　　③ ㄴ, ㄷ　　④ ㄴ, ㄹ　　⑤ ㄷ, ㄹ

|자|료|해|설|
흥망성쇠가 반복되는 사회 변동을 설명하는 데 적합한 이론은 순환론이다. 따라서 A는 진화론, B는 순환론이고, (가)에는 순환론의 한계로 옳지 않은 내용이 들어갈 수 있다.

|보|기|풀|이|
ㄱ. 정답 : 진화론은 모든 사회 변동이 일정한 방향을 가지고 있다고 본다.
ㄴ. 오답 : 순환론은 지난 역사 속에서 반복되는 사회 변동을 설명하고 해석하는 데 유용하지만, 앞으로의 변동 방향을 예측하여 대응하기에는 적합하지 않다.
ㄷ. 정답 : 진화론은 모든 사회의 변동이 진보와 발전이라는 바람직한 방향으로의 변화를 의미한다고 본다.
ㄹ. 오답 : 서구 중심적인 이론이라는 비판을 받는 이론은 진화론이다. 따라서 '서구 중심적인 이론이라는 점입니다.'는 (가)에 들어갈 수 있다.

🤓 추가 학습 | 순환론은 숙명과 같은 불가사의한 힘을 너무 강조한 나머지 인간의 주체적 행동을 과소평가하고 있다는 비판을 받는다. 또한 순환론은 지난 역사 속에서 반복되어 온 사회 변동을 설명하기에는 유용하나, 앞으로의 변동 방향을 예측하여 대응하기에는 적합하지 않으며, 단기적 사회 변동 과정을 설명하기도 어렵다는 지적을 받고 있다.

😀 출제분석 | 진화론과 순환론의 주장과 한계점을 파악하는 문제이다. 사회 변동 이론, 사회 변동에 대한 구조적 관점 등은 복합적으로 출제될 수 있으므로 기출 문제를 통해 각 이론과 관점을 파악해 두도록 한다.

다음 자료에 대한 설명으로 옳은 것은? (단, A와 B는 각각 순환론과 진화론 중 하나이다.) **3점**

　　표는 갑과 을이 사회 변동을 설명하는 이론 A와 B 중 제시된 진술에 부합하는 이론에 ○ 표시를 한 것인데, 갑은 두 진술에 대해서만 옳게 표시하였다.

질문	갑		을	
	A	B	A	B
모든 사회가 동일한 방향으로 변동해 간다. ➡ 진화론	○			✗
모든 사회는 생성 · 성장 · 쇠퇴 · 소멸의 과정을 반복한다. ➡ 순환론		○		○
(가)		✗		✗

A : 진화론
B : 순환론

➡ 진화론에 해당하지 않는 진술

① 을은 세 진술에 대하여 모두 옳게 표시하였다.　한 개의
② A는 사회 변동이 곧 발전을 의미하는 것은 아니라고 본다.　한다고
③ B는 서구 사회가 가장 진보한 사회임을 전제로 한다는 비판을 받는다.
④ A는 B와 달리 흥망성쇠를 거듭한 국가의 사례를 설명하기에 적합하다.
⑤ (가)에 '모든 사회가 단순한 형태에서 복잡한 형태로 변동해 간다.'가 들어갈 수 없다.　➡ 진화론

문제풀이 TIP | A가 진화론, B가 순환론일 경우와 A가 순환론, B가 진화론일 경우 각각에 대한 갑과 을의 표시를 확인해 보도록 한다.

출제분석 | 순환론과 진화론의 주장과 비판점을 파악하는 문제이다. 순환론, 진화론, 기능론, 갈등론이 복합적으로 출제될 수 있으므로 각 이론 및 관점을 정확하게 이해해 두도록 한다.

|자|료|해|설|
모든 사회가 동일한 방향으로 변동해 간다고 보는 이론은 진화론이고, 모든 사회가 생성 · 성장 · 쇠퇴 · 소멸의 과정을 반복한다고 보는 이론은 순환론이다. A가 순환론, B가 진화론이라면 갑은 첫 번째와 두 번째 진술에 모두 틀리게 표시한 것이 된다. 따라서 A는 진화론, B는 순환론이다. 갑은 두 진술에 대해서만 옳게 표시하였으므로 (가)에 대해 틀리게 표시하였다. 따라서 (가)에는 진화론에 해당하지 않는 진술이 들어가야 한다.

|선|택|지|풀|이|
① 오답 : 을은 첫 번째와 세 번째 진술에 대해 틀리게 표시하였고, 두 번째 진술에 대해 옳게 표시하였다. 따라서 을은 한 개의 진술에 대해 옳게 표시하였다.
② 오답 : 진화론은 사회 변동이 곧 발전을 의미한다고 본다.
③ 오답 : 진화론은 서구 사회가 진보된 사회임을 전제하므로 서구의 제국주의 역사를 정당화하는 수단으로 악용될 우려가 있다는 비판을 받는다.
④ 오답 : 순환론은 지난 역사 속에서 반복되는 사회 변동을 설명하고 해석하는 데 유용하다.
⑤ 정답 : (가)에는 진화론에 해당하지 않는 진술이 들어갈 수 있다. 모든 사회가 단순한 형태에서 복잡한 형태로 변동해 간다고 보는 이론은 진화론이다. 따라서 해당 진술은 (가)에 들어갈 수 없다.

다음 글에 나타난 사회 변동의 방향을 바라보는 관점에 대한 옳은 설명만을 〈보기〉에서 고른 것은?

　　사회는 각 부분이 명료하게 구분되지 않는 초기 생명체와 같은 '단순 사회'에서 각 부분의 기능이 서로 대체될 수 없게 분화된 생명체와 같은 '복잡 사회'로 발전한다. ➡ 진화론

보기
ㄱ. 사회 변동을 사회 발전과 동일시한다. ┐
ㄴ. 서구 중심적 사고라는 비판을 받는다. ┘ 진화론
ㄷ. 운명론적 관점에서 사회 변동을 설명한다. ┐
ㄹ. 사회 변동을 동일한 과정의 주기적 반복으로 설명한다. ┘ 순환론

① ㄱ, ㄴ　② ㄱ, ㄷ　③ ㄴ, ㄷ　④ ㄴ, ㄹ　⑤ ㄷ, ㄹ

문제풀이 TIP | 진화론은 모든 생물체가 단순한 것에서 복잡한 것으로 진화해 나가는 과정을 인간 사회의 변동 과정에 적용한 것이다.

출제분석 | 진화론을 파악하는 문제이다. 진화론과 순환론을 비교하는 문제가 출제되므로 각 사회 변동 이론의 주장과 비판을 정확하게 이해해 두도록 한다.

|자|료|해|설|
제시문은 사회가 단순 사회에서 복잡 사회로 발전해 간다고 보고 있다. 이는 진화론에 해당한다.

|보|기|풀|이|
ㄱ. 정답 : 진화론은 사회 변동이 바람직한 방향으로의 변화, 즉 진보와 발전을 의미한다고 본다.
ㄴ. 정답 : 진화론은 서구 사회가 진보된 사회임을 전제하므로 서구 중심적 사고라는 비판을 받는다.
ㄷ. 오답 : 순환론은 사회 변동을 운명론적 관점에서 설명한다.
ㄹ. 오답 : 순환론은 사회가 시간의 흐름에 따라 생성, 성장, 쇠퇴, 소멸의 과정을 주기적으로 반복하며 변동한다고 본다.

V
1.
사회 변동과 사회 운동

다음 글에 나타난 사회 변동 이론에 대한 옳은 설명만을 <보기>에서 고른 것은?

> 모든 문화는 장기간에 걸쳐 생성·소멸의 과정을 되풀이한다. 문화는 거칠고 원시적인 모습에서 시작하여 정치·예술·과학 등이 발달함에 따라 점차 세련되고 정교해진다. 하지만 문화가 정점을 지난 후에는 상업주의와 결합하여 세속화되는 몰락의 길을 걷게 되면서 결국 사멸한다.

→ 사회 변동은 일정한 양상을 반복
→ 생성
→ 성장
→ 쇠퇴
→ 소멸

보기

ㄱ. 사회 변동이 곧 진보와 발전의 과정이라고 본다. → 진화론
ㄴ. 사회 변동이 일정한 양상을 반복하며 진행된다고 본다. → 순환론
ㄷ. 사회 변동에 대응하는 인간의 노력을 과소평가한다는 비판을 받는다. → 순환론
ㄹ. 서구 제국주의 역사를 정당화하는 수단으로 악용될 수 있다는 비판을 받는다. → 진화론

① ㄱ, ㄴ   ② ㄱ, ㄷ   ❸ ㄴ, ㄷ   ④ ㄴ, ㄹ   ⑤ ㄷ, ㄹ

|자|료|해|설|

제시문의 '모든 문화는 장기간에 걸쳐 생성·소멸의 과정을 되풀이한다.'라는 부분을 통해 사회는 유기체와 마찬가지로 생성, 성장, 쇠퇴, 소멸의 과정을 반복한다는 순환론과 일맥상통함을 파악할 수 있다. 따라서 제시문에 나타난 사회 변동 이론은 순환론이다.

|보|기|풀|이|

ㄱ. 오답 : 사회 변동이 곧 진보와 발전의 과정이라고 보는 것은 진화론이다.
ㄴ. 정답 : 순환론은 사회 변동이 생성, 성장, 쇠퇴, 소멸의 일정한 양상을 반복하며 진행된다고 본다.
ㄷ. 정답 : 순환론은 운명론적 관점으로, 사회 변동에 대응하는 인간의 노력을 과소평가한다는 비판을 받는다.
ㄹ. 오답 : 서구 제국주의 역사를 정당화하는 수단으로 악용될 수 있다는 비판을 받는 이론은 진화론이다.

추가 학습 | <진화론의 한계> : 퇴보나 멸망을 경험한 문명을 설명할 수 없고, 현대 사회가 과거 사회보다 모든 면에서 발전된 것이라고 볼 수 없다. 서구의 제국주의 역사를 정당화하는 수단으로 악용될 우려가 있다.
<순환론의 한계> : 단기적인 사회 변동 과정을 설명하기 어렵고, 사회 변동에 작용하는 인간 행위의 역동성과 자율성을 과소평가하며, 미래 사회의 변동을 예측하여 대응하는 데 적합하지 않다.

출제분석 | 사회 변동을 설명하는 이론 중 순환론에 대해 묻고 있다. 진화론과 순환론의 공통점과 차이점에 대해 정확히 숙지하고 있어야 한다.

사회 변동 이론 (가), (나)에 대한 설명으로 옳은 것은? (단, (가), (나)는 각각 진화론, 순환론 중 하나임.)

> (가) 자연 현상에 빗대어 사회 변동을 설명하면 그 방향을 쉽게 이해할 수 있다. 태양 주위로 지구와 달이 돌면서 낮과 밤, 밀물과 썰물, 계절이 번갈아 가며 나타나듯 사회는 변동한다.
> (나) 자연 현상에 빗대어 사회 변동을 설명하면 그 방향을 쉽게 이해할 수 있다. 모든 생명체가 적자생존의 상황에서 살아남기 위한 경쟁을 통해 더 나은 방향으로 변화하듯 사회는 변동한다.

→ 순환론
→ 진화론

① (가)는 장기적인 사회 변동의 과정을 설명하기 어렵다. (단기)
② (나)는 단선적인 사회 변동의 과정을 설명하기 어렵다. (용이하다)
③ (가)는 (나)에 비해 사회 변동 방향을 예측하여 대응하기 어렵다.
④ (나)는 (가)와 달리 과거에 비해 진보한 사회를 설명하기 어렵다. (용이하다)
⑤ (가)는 서구 중심적 사고라는, (나)는 숙명론적 사고라는 비판을 피하기 어렵다. ((나)/(가))

|자|료|해|설|

(가)는 태양 주위로 지구와 달이 돌면서 낮과 밤, 밀물과 썰물, 계절이 번갈아 가며 나타나는 것처럼 사회도 이렇게 변동한다고 보고 있으므로 이는 순환론에 해당한다.
(나)는 모든 생명체가 더 나은 방향으로 변화하는 것처럼 사회도 이렇게 변동한다고 보고 있으므로 이는 진화론에 해당한다.

|선|택|지|풀|이|

① 오답 : 순환론은 단기적인 사회 변동의 과정을 설명하기 어렵다.
② 오답 : 진화론은 단선적인 사회 변동의 과정을 설명하기 용이하다.
③ 정답 : 순환론은 진화론에 비해 앞으로의 사회 변동 방향을 예측하여 대응하기에는 적합하지 않다.
④ 오답 : 진화론은 순환론과 달리 과거에 비해 진보한 사회를 설명하기 용이하다.
⑤ 오답 : 순환론은 숙명론적 사고라는 비판을 받고, 진화론은 서구 중심적인 사고라는 비판을 받는다.

문제풀이 TIP | 자연 현상이 번갈아 가며 나타나듯 사회가 변동한다는 내용을 통해 순환론을 파악할 수 있고, 모든 생명체가 더 나은 방향으로 변화하듯이 사회가 변동한다는 내용을 통해 진화론을 파악할 수 있다.

출제분석 | 순환론과 진화론을 비교하는 문제이다. 그림, 사례, 도표 등 다양한 유형으로 순환론과 진화론을 묻는 문제가 출제될 수 있다.

V
1.
사
회
변
동
과
사
회
운
동

17 사회 변동 이론

정답 ④　정답률 89%　2022학년도 수능 13번　문제편 299p

사회 변동 이론 (가), (나)에 대한 설명으로 옳은 것은? (단, (가), (나)는 각각 진화론, 순환론 중 하나이다.) **3점**

순환론 → (가) 문명은 인간처럼 생애 주기가 있어서 발생과 성장 단계를 거쳐 쇠락하고 몰락하는 일련의 과정을 겪게 된다. 문명의 생애 주기에서 나타나는 몰락 징후로는 전쟁과 변란, 가치 갈등 등이 있다.

진화론 → (나) 사회는 항상 미분화 상태에서 분화된 상태로, 단순한 단계에서 복잡한 단계로 변동한다. 사회는 살아 있는 유기체처럼 구조적으로든 기능적으로든 늘 분화되면서 그 복잡성이 증대된다.

① (가)는 모든 사회가 같은 방향으로 변동한다고 본다.
② (나)는 사회가 주기적으로 동일한 과정을 반복하며 변동한다고 본다.
③ (가)는 (나)와 달리 사회 변동에 작용하는 인간의 자율성을 강조한다.
④ (나)는 (가)와 달리 서구 중심적인 사고라는 비판을 받는다.
⑤ (가)는 단기적인 사회 변동을, (나)는 장기적인 사회 변동을 설명하는 데 유용하다.

|자|료|해|설|

(가)는 문명이 생애 주기가 있어 발생, 성장, 쇠락, 몰락의 과정을 겪는다고 보고 있으므로 이는 순환론에 해당한다. (나)는 사회가 미분화 상태에서 분화된 상태로, 단순한 단계에서 복잡한 단계로 변동한다고 보고 있으므로 이는 진화론에 해당한다.

|선|택|지|풀|이|

① 오답 : 진화론은 사회 변동이 일정한 방향을 가지고 있다고 본다.
② 오답 : 순환론은 사회가 시간의 흐름에 따라 생성, 성장, 쇠퇴, 소멸의 과정을 반복한다고 본다.
③ 오답 : 순환론은 숙명과 같은 불가사의한 힘을 강조한 나머지 인간의 자율성을 과소평가한다는 비판을 받는다.
④ 정답 : 진화론은 서구 사회가 진보된 사회임을 전제하므로 서구 중심적인 사고라는 비판을 받을 수 있다.
⑤ 오답 : 순환론이 전제하는 순환 과정은 매우 오랜 시간에 걸쳐 일어나는 것이므로 순환론은 단기적 사회 변동 과정을 설명하기 어렵다.

추가 학습 | 순환론은 지난 역사 속에서 반복되어 온 사회 변동을 설명하기에는 유용하지만, 앞으로의 변동 방향을 예측하여 대응하기에는 적합하지 않으며, 단기적 사회 변동 과정을 설명하기도 어렵다.

출제분석 | 순환론과 진화론을 비교하는 문제이다. 사회 변동의 방향에 대한 관점뿐만 아니라 사회 변동에 대한 구조적 관점이 복합적으로 출제될 수 있다.

---

18 사회 변동 이론

정답 ②　정답률 56%　2022년 4월 학평 18번　문제편 299p

다음에 나타난 사회 변동 이론에 대한 옳은 설명만을 〈보기〉에서 고른 것은?

　　경제 성장은 비행기의 운항에 비유할 수 있다. 전통적 농업 사회는 이륙 전 단계에, 산업이 본격적으로 발전하는 과정은 비행기가 활주로를 달려 이륙하는 과정에 비유된다. 이후 비행기가 고도를 높여 자동 조종 장치로 운항하는 단계에 도달하는 것처럼, 사회는 기술 발달 수준이 높아지고 새로운 산업에 부를 재투자하는 과정을 거쳐 경제 성장의 최종 단계인 고도의 대중 소비 단계로 이행한다. 이와 같이 사회는 일정한 단계를 밟으며 발전해 간다. → 진화론

보기

ㄱ. 서구 중심적 사고라는 비판을 받는다.
ㄴ. 사회마다 사회 변동의 방향이 <del>다르다</del> 같다 고 본다.
ㄷ. 사회 변동에 의해 사회가 더 복잡하게 분화한다고 본다.
ㄹ. 사회 변동을 동일한 과정의 주기적인 반복으로 설명한다. → 순환론

① ㄱ, ㄴ　② ㄱ, ㄷ　③ ㄴ, ㄷ　④ ㄴ, ㄹ　⑤ ㄷ, ㄹ

|자|료|해|설|

제시문은 사회가 일정한 단계를 밟으면서 발전해 간다고 보고 있으므로 이는 진화론에 해당한다.

|보|기|풀|이|

ㄱ. 정답 : 진화론은 서구 사회가 진보된 사회임을 전제로 하므로 서구 중심적 사고라는 비판을 받는다.
ㄴ. 오답 : 진화론은 사회 변동이 일정한 방향을 가지고 바람직한 방향으로의 변화, 즉 진보와 발전을 의미한다고 본다.
ㄷ. 정답 : 진화론은 사회가 단순한 사회에서 복잡하고 진화된 사회로 발전한다고 본다.
ㄹ. 오답 : 사회 변동을 동일한 과정의 주기적인 반복으로 설명하는 이론은 순환론이다.

추가 개념 | 진화론은 모든 사회가 일정한 방향으로 단계적으로 진보 또는 발전해가고, 각 단계는 이전 단계보다 더욱 복잡하고 분화된 단계이며, 현재의 사회는 과거의 사회보다 더 나은 사회라고 전제한다.

출제분석 | 사회 변동 이론 중 진화론을 파악하는 문제이다. 진화론과 순환론을 비교하는 문제가 자주 출제되므로 각 사회 변동 이론의 주장과 비판점을 꼼꼼히 이해해 두도록 한다.

다음 글에 나타난 사회 변동의 방향을 보는 필자의 관점에 대한 옳은 설명만을 〈보기〉에서 고른 것은? **3점**

> 야만 시대에서 문명 시대로의 전개 과정은 다음과 같다. 초기 야만 시대에는 별다른 지식이나 기술이 없었다. 중기 야만 시대는 불의 발견, 후기 야만 시대는 활과 창의 발명 및 수렵 경제를 특징으로 한다. 야만과 미개 시대의 경계선은 토기의 발명이다. 초기 미개 시대에는 토기 사용으로 식량 저장과 재산 축적이 이루어졌다. 중기 미개 시대에는 가축 사육 및 관개 농업이 나타났다. 후기 미개 시대는 철광석의 제련을 특징으로 하며, 문자의 발명과 더불어 마침내 문명 시대로 나아갔다. → 진화론

보기

ㄱ. 운명론적 시각에서 사회 변동을 설명한다. → 순환론
ㄴ. 사회 변동을 동일한 과정의 주기적 반복으로 설명한다. → 순환론
ㄷ. 사회는 미분화된 상태에서 분화된 상태로 변동한다고 본다.
ㄹ. 사회의 변동이 항상 진보와 발전을 의미하는 것은 아니라는 비판을 받는다.

① ㄱ, ㄴ   ② ㄱ, ㄷ   ③ ㄴ, ㄷ   ④ ㄴ, ㄹ   ⑤ ㄷ, ㄹ

|자|료|해|설|
제시문은 사회 변동이 야만 시대에서 문명 시대로 전개된다고 보고 있다. 이는 진화론에 해당한다.

|보|기|풀|이|
ㄱ. 오답 : 순환론은 사회 변동을 운명론적 시각에서 설명한다.
ㄴ. 오답 : 순환론은 사회가 시간의 흐름에 따라 생성, 성장, 쇠퇴, 소멸의 과정을 반복한다고 본다.
ㄷ. 정답 : 진화론은 사회가 일정한 방향으로 단계적으로 진보 또는 발전해 가고, 각 단계는 이전 단계보다 더욱 복잡하고 분화된 단계라고 본다.
ㄹ. 정답 : 진화론은 사회 변동이 항상 발전을 의미하지는 않고, 사회가 퇴보하거나 멸망할 수도 있음을 간과한다는 비판을 받는다.

😲 **추가 학습** | 진화론은 사회 변동을 긍정적으로 보며 그것을 발전적인 것으로 간주하며, 사회 변동이 특정 방향을 가지고 있다고 본다.

😲 **출제분석** | 진화론을 파악하는 문제이다. 대화, 제시문, 도표 등 다양한 형태로 진화론과 순환론을 비교하는 문제가 출제될 수 있다.

다음 글에 나타난 사회 변동의 방향을 바라보는 관점에 대한 옳은 설명만을 〈보기〉에서 고른 것은?

> 문명의 변동은 3단계로 이루어진다. 1단계는 모든 현상이 초자연적인 존재들에 의해 산출된다고 보는 신학적 단계이며, 2단계는 자연적·추상적 법칙들이 현상의 설명 도구가 되는 형이상학적 단계이다. 마지막 단계는 추론과 관찰을 통한 과학적 탐구가 강조되는 실증적 단계이다. 이 단계에 도달한 사회는 합리성을 토대로 산업과 과학의 발전을 이룩하게 된다. → 진화론

보기

ㄱ. 운명론적 사고라는 비판을 받는다. → 순환론
ㄴ. 사회 변동은 곧 진보를 의미한다고 본다.
ㄷ. 사회는 생성, 성장, 쇠퇴, 소멸을 반복한다고 본다. → 순환론
ㄹ. 사회는 단순한 형태에서 복잡한 형태로 발전한다고 본다.

① ㄱ, ㄴ   ② ㄱ, ㄷ   ③ ㄴ, ㄷ   ④ ㄴ, ㄹ   ⑤ ㄷ, ㄹ

|자|료|해|설|
제시문은 문명의 변동을 신학적 단계, 형이상학적 단계, 실증적 단계로 이루어진다고 보고 있다. 이는 진화론에 해당한다.

|보|기|풀|이|
ㄱ. 오답 : 순환론은 사회가 단선적으로 진보하는 것이 아니라 쇠퇴, 소멸하는 운명을 지녔다고 보므로 운명론적 사고라는 비판을 받는다.
ㄴ. 정답 : 진화론은 사회 변동이 바람직한 방향으로의 변화, 즉 진보와 발전을 의미한다고 본다.
ㄷ. 오답 : 순환론은 사회가 시간의 흐름에 따라 생성, 성장, 쇠퇴, 소멸의 과정을 반복한다고 본다.
ㄹ. 정답 : 진화론은 사회가 단순한 사회에서 복잡하고 진화된 사회로 발전한다고 본다.

😲 **추가 학습** | 진화론은 서구의 제국주의 역사를 정당화하는 수단으로 악용될 우려가 있고, 다양한 경로의 사회 변동 양상을 설명하기 어렵다는 비판을 받는다.

😲 **출제분석** | 사회 변동 이론을 파악하는 문제이다. 진화론과 순환론을 비교하여 각각의 특징뿐만 아니라 한계점을 묻는 문제가 출제되므로 각 사회 변동 이론의 주장과 비판을 정확하게 비교해 두도록 한다.

다음 글에 나타난 사회 변동 이론에 대한 옳은 설명만을 〈보기〉에서 고른 것은?

> 생물 유기체와 마찬가지로 사회도 이를 구성하는 부분들이 서로 동질적이고 미분화된 상태에서 서로 이질적이고 분화된 상태로 성장해 나간다. 또한 사회가 **단순한 사회에서 복잡한 사회로 진전됨**에 따라 부분들 간의 상호 의존성이 높아지면서 유기적 통합이 증진된다. ➡ 진화론

보기

ㄱ. 사회 변동이 일정한 방향성을 가진다고 본다.
ㄴ. 서구 제국주의를 정당화할 수 있다는 비판을 받는다.
ㄷ. 사회 변동이 항상 진보를 의미하는 것은 아니라고 본다. ➡ 순환론
ㄹ. 사회 변동에 대응하는 인간의 노력을 과소평가한다는 비판을 받는다. ➡ 순환론

① ㄱ, ㄴ   ② ㄱ, ㄷ   ③ ㄴ, ㄷ   ④ ㄴ, ㄹ   ⑤ ㄷ, ㄹ

|자|료|해|설|

제시문은 사회가 단순한 사회에서 복잡한 사회로 진전됨에 따라 부분들 간의 유기적 통합이 증진된다고 보고 있다. 이는 진화론에 해당한다.

|보|기|풀|이|

ㄱ. 정답 : 진화론은 사회 변동이 진보와 발전이라는 일정한 방향을 가지고 있다고 본다.
ㄴ. 정답 : 진화론은 서구 사회가 진보된 사회임을 전제로 하므로 서구 국가들의 제국주의 역사를 정당화하는 수단으로 악용될 우려가 있다.
ㄷ. 오답 : 순환론은 사회 변동이 단선적으로 진보하기만 하는 것이 아니라 쇠퇴, 소멸하기도 한다고 본다.
ㄹ. 오답 : 순환론은 역사 과정을 반복적인 순환 과정으로 봄으로써 숙명과 같은 불가사의한 힘을 너무 강조한 나머지 인간의 주체적 행동을 과소평가한다는 비판을 받는다.

😲 **문제풀이 TIP** | 진화론은 단순한 원시 생명체가 복잡한 유기체로 진화한 것과 같이 사회도 단순한 사회에서 복잡하고 진화된 사회로 발전한다고 본다.

사회 변동 이론 (가), (나)에 대한 설명으로 옳은 것은? (단, (가), (나)는 각각 진화론, 순환론 중 하나임.)

> (가) 거대한 재난으로 사회 전반이 **파멸**되면 인구가 급감하지만, 살아남은 이들이 아이를 낳으며 사회적 **재생**이 시작된다. 그러나 또다시 일어나는 재난은 또 다른 **파국**을 야기한다. ➡ 순환론
> (나) 생태계에서 개체들이 생존을 위해 환경에 적응하듯, 인간 사회도 생존을 위해 보다 **고도화된 방향**으로 나아간다. 결국 사회는 단계적 성장을 통해 **이전보다 나은 형태로 변화**한다. ➡ 진화론

① (가)는 서구 중심의 사고라는 비판을 받는다.
② (나)는 사회 변동을 사회 발전과 동일시한다.
③ (가)는 (나)와 달리 미래의 사회 변동에 대한 역동적 대응이 용이하다. 하지 않다
④ (나)는 (가)와 달리 운명론적 관점에서 사회 변동을 설명한다.
⑤ (가)는 단기적 사회 변동을, (나)는 장기적 사회 변동을 설명하기에 유용하다.

|자|료|해|설|

(가)는 사회가 파멸되어도 재생될 수 있다고 보고 있으므로 순환론에 해당하고, (나)는 사회가 고도화된 방향으로 성장해간다고 보고 있으므로 진화론에 해당한다.

|선|택|지|풀|이|

① 오답 : 서구 중심의 사고라는 비판을 받는 이론은 진화론이다.
② 정답 : 진화론은 사회 변동이 바람직한 방향으로의 변화, 즉 진보와 발전을 의미한다고 본다.
③ 오답 : 순환론은 앞으로의 변동 방향을 예측하여 대응하기에 적합하지 않다.
④ 오답 : 순환론은 사회 변동을 반복적인 순환 과정으로 보므로 숙명과 같은 불가사의한 힘을 강조한다. 즉, 순환론은 운명론적 관점에서 사회 변동을 설명한다.
⑤ 오답 : 순환론은 단기적 사회 변동 과정을 설명하기 어렵다.

😲 **추가 학습** | 순환론이 전제하는 순환 과정은 매우 오랜 시간에 걸쳐 일어나는 것이므로 순환론은 단기적 사회 변동 과정을 설명하기 어렵다.

😲 **출제분석** | 순환론과 진화론의 내용을 파악하는 문제이다. 사회 변동 이론 중 하나의 이론과 관련된 문제보다는 두 이론을 비교하는 문제가 자주 출제되므로 순환론과 진화론의 주장을 비교해 두도록 한다.

다음 글에서 사회 변동의 방향을 바라보는 필자의 관점에 대한 옳은 설명만을 <보기>에서 고른 것은?

> 국제 체제의 변화는 네 단계로 설명할 수 있다. 첫 번째는 강대국 간의 패권 전쟁으로 새로운 패권국이 등장하는 단계이다. 두 번째는 새로운 패권국이 국제 체제를 주도하는 단계이다. 그러나 시간이 흐르며 패권국의 지배력은 약화하고, 갈등이 증가하며 체제가 쇠퇴하는 단계로 이어진다. 마지막으로, 패권국의 지배력이 완전히 상실되고 체제가 붕괴함에 따라 또 다른 패권 전쟁으로 이어지는 단계가 나타나며 이는 새로운 패권국이 등장하는 단계로 연결된다. → 순환론

보기

ㄱ. 사회 변동을 사회 발전과 동일시한다. → 진화론
ㄴ. 제국주의를 정당화하는 수단으로 악용될 수 있다. → 진화론
ㄷ. 미래의 사회 변동에 대한 역동적인 대응이 어렵다. → 순환론
ㄹ. 인류 문명의 흥망성쇠 역사를 설명하기에 용이하다. → 순환론

① ㄱ, ㄴ   ② ㄱ, ㄷ   ③ ㄴ, ㄷ   ④ ㄴ, ㄹ   ⑤ ㄷ, ㄹ

|자|료|해|설|
필자는 국제 체제가 생성, 성장, 쇠퇴, 소멸의 과정을 반복하며 변화한다고 보고 있다. 이는 순환론에 해당한다.

|보|기|풀|이|
ㄱ. 오답 : 진화론은 사회 변동이 바람직한 방향으로의 변화, 즉 진보와 발전을 의미한다고 본다.
ㄴ. 오답 : 진화론은 서구 사회가 진보된 사회임을 전제하므로 제국주의를 정당화하는 수단으로 악용될 수 있다.
ㄷ. 정답 : 순환론은 앞으로의 변동 방향을 예측하여 대응하기에 적합하지 않다는 비판을 받는다.
ㄹ. 정답 : 순환론은 지난 역사 속에서 반복되는 인류 문명의 흥망성쇠 역사를 설명하기에 용이하다.

문제풀이 TIP | 순환론은 사회가 시간의 흐름에 따라 생성, 성장, 쇠퇴, 소멸의 과정을 반복한다고 본다.

출제분석 | 사회 변동의 방향을 바라보는 관점을 파악하는 문제이다. 순환론과 진화론이 각각 주장하는 내용과 각 이론의 비판점을 파악해 두도록 한다.

다음 자료에 대한 설명으로 옳은 것은? (단, A, B는 각각 순환론과 진화론 중 하나이다.)

> 표는 사회 변동 이론 A, B를 학생 갑, 을이 구분한 것이다. 두 학생 모두 두 개의 진술만을 옳게 구분하였다. → 진화론

진술	갑	을
사회 변동을 사회 발전으로 인식한다. → 진화론	Ⓐ	Ⓐ
운명론적 관점에서 사회 변동을 설명한다.	A	Ⓑ → 순환론
(가) → 순환론	Ⓑ	A

① A는 흥망성쇠를 거듭한 국가의 사례를 설명하기에 적합하다. (B)
② B는 서구 중심적인 사회 변동 이론이라는 비판을 받는다. (A)
③ B는 A와 달리 사회 변동에 일정한 방향이 있다고 본다. (A)
④ (가)의 진술을 옳게 구분한 학생은 '갑'이다.
⑤ (가)에 '사회 변동에 대한 역동적 대응이 용이하다.'가 들어갈 수 있다. (없다)

|자|료|해|설|
사회 변동을 사회 발전으로 인식하는 이론은 진화론이고, 운명론적 관점에서 사회 변동을 설명하는 이론은 순환론이다. A가 순환론이고 B가 진화론이라면 을은 두 개의 진술에 대해 옳게 구분하였다고 할 수 없다. A가 진화론이고 B가 순환론이라면 갑은 첫 번째 진술과 세 번째 진술에 대해 옳게 구분한 것이 되고, 을은 첫 번째 진술과 두 번째 진술에 대해 옳게 구분한 것이 된다. 따라서 A는 진화론, B는 순환론이다.

|선|택|지|풀|이|
① 오답 : 흥망성쇠를 거듭한 국가의 사례를 설명하기에 적합한 이론은 순환론이다.
② 오답 : 서구 중심적인 사회 변동 이론이라는 비판을 받는 이론은 진화론이다.
③ 오답 : 진화론은 순환론과 달리 사회 변동에 일정한 방향이 있다고 본다.
④ 정답 : (가)에는 순환론에 대한 진술이 들어가야 한다. 즉, (가)의 진술을 옳게 구분한 학생은 '갑'이다.
⑤ 오답 : 순환론은 사회 변동에 대한 역동적 대응이 용이하지 않다. 따라서 해당 진술은 (가)에 들어갈 수 없다.

추가 학습 | 순환론은 사회 구조 자체가 어떠한 이유로 어떻게 변해 왔는지에 대해서는 설명하기 어렵다. 또한 현 사회가 순환 과정 중 어디에 위치하는지 정확히 설명하기 어렵다. 따라서 현 사회의 변동 방향에 대한 예측에 한계가 있다.

출제분석 | 순환론과 진화론을 비교하여 파악하는 문제이다. 사회 변동 이론과 사회 변동에 대한 관점은 복합적으로 출제될 수 있으므로 관련 개념을 명확히 이해해 두도록 한다.

표는 질문을 통해 사회 변동 이론 A, B를 구분한 것이다. 이에 대한 설명으로 옳은 것은? (단, A와 B는 각각 순환론과 진화론 중 하나이다.) **3점**

질문	응답	
	A → 순환론	B → 진화론
(진화론) 사회 변동이 곧 발전이라고 보는가?	아니요	예
(가)	㉠	㉡

① A는 운명론적 입장에서 사회 변동의 방향을 이해한다. (순환론)

② B는 사회가 주기적으로 동일한 과정을 반복하며 변동한다고 본다. (순환론) (A)

③ A는 B와 달리 서구 제국주의를 정당화하는 근거가 되었다. (B)(A)

④ B는 A와 달리 사회의 쇠퇴와 소멸을 설명하는 데 적합하다. (A)(B)

⑤ (가)에 '서구 사회가 가장 발전한 사회라고 보는가?'가 들어가면 ㉠은 '예', ㉡은 '아니요'이다. (진화론) (㉡)(㉠)

|자|료|해|설|

사회 변동이 곧 발전이라고 보는 이론은 진화론이다. 따라서 A는 순환론, B는 진화론에 해당한다.

|선|택|지|풀|이|

① 정답 : 순환론은 사회가 결국 퇴보하고 소멸된다고 보므로 운명론적인 시각을 바탕으로 한다.

② 오답 : 순환론은 사회가 주기적으로 동일한 과정, 즉 생성, 성장, 쇠퇴, 소멸의 과정을 반복하며 변동한다고 본다.

③ 오답 : 진화론은 서구 사회가 진보된 사회임을 전제로 하므로 서구의 제국주의 역사를 정당화하는 수단으로 악용될 우려가 있다.

④ 오답 : 순환론은 사회가 시간의 흐름에 따라 생성, 성장, 쇠퇴, 소멸의 과정을 반복한다고 본다.

⑤ 오답 : 서구 사회가 가장 발전한 사회라고 보는 이론은 진화론이다. '서구 사회가 가장 발전한 사회라고 보는가?'가 (가)에 들어가면 ㉠은 '아니요', ㉡은 '예'이다.

개념 확인 | 진화론은 사회 변동=진보와 발전이라고 보고, 순환론은 사회가 성장과 쇠퇴의 과정을 끊임없이 반복한다고 본다.

출제분석 | 순환론과 진화론을 비교하는 문제이다. 그래프 형식, 대화 형식, 제시문 형식, 표 형식 등 다양한 유형으로 순환론과 진화론을 비교하는 문제가 출제되므로 기출 문제를 통해 다양한 문제 유형을 파악해 보도록 한다.

표는 질문을 통해 사회 변동 이론 A, B를 구분한 것이다. 이에 대한 설명으로 옳은 것은? (단, A와 B는 각각 진화론, 순환론 중 하나이다.)

질문	A (순환론)	B (진화론)
사회가 퇴보할 수 있다고 보는가?	예	아니요
(가)	예	예
(나)	아니요	예

① A는 단기적 사회 변동보다는 장기적 사회 변동을 설명하는 데 유용하다.

② B는 사회 변동의 방향이 사회마다 다르다(같다)고 본다.

③ A는 B와 달리 사회가 단순한 형태에서 복잡한 형태로 변화한다고 본다. (B)(A)

④ (가)에는 '사회 변동에 작용하는 인간의 자율성을 강조하는가?'가 들어갈 수 있다(없다)

⑤ (나)에는 '사회가 주기적으로 동일한 과정을 반복하며 변동한다고 보는가?'가 들어갈 수 있다(없다)

|자|료|해|설|

사회가 퇴보할 수 있다고 보는 이론은 순환론이다. 따라서 A는 순환론, B는 진화론이다.

|선|택|지|풀|이|

① 정답 : 순환론은 매우 오랜 시간에 걸쳐 일어나는 순환 과정을 전제하므로 단기적 사회 변동보다는 장기적 사회 변동을 설명하는 데 유용하다.

② 오답 : 진화론은 사회 변동이 일정한 방향성을 가지고 있으며, 변동이 곧 진보를 의미한다고 보므로 사회마다 사회 변동의 방향이 같다고 본다.

③ 오답 : 진화론은 순환론과 달리 사회가 단순한 형태에서 복잡한 형태로 발전한다고 본다.

④ 오답 : 순환론은 숙명과 같은 불가사의한 힘을 너무 강조한 나머지 사회 변동에 대응하는 인간의 노력을 과소평가한다는 비판을 받는다. 따라서 '사회 변동에 작용하는 인간의 자율성을 강조하는가?'는 (가)에 들어갈 수 없다.

⑤ 오답 : 사회가 주기적으로 동일한 과정을 반복하며 변동한다고 보는 이론은 순환론이다. 따라서 '사회가 주기적으로 동일한 과정을 반복하며 변동한다고 보는가?'는 (나)에 들어갈 수 없다.

추가 학습 | 순환론은 역사 과정을 반복적인 순환 과정으로 보므로 숙명과 같은 불가사의한 힘을 너무 강조한 나머지 인간의 주체적 행동을 과소평가하고 있다는 비판을 받는다. 또한 순환론은 지난 역사 속에서 반복되어 온 사회 변동을 설명하기에는 유용하나, 앞으로의 변동 방향을 예측하기에는 적합하지 않으며, 단기적 사회 변동 과정을 설명하기 어렵다는 지적을 받고 있다.

출제분석 | 순환론과 진화론을 비교하는 문제이다. 순환론, 진화론, 기능론, 갈등론이 복합적으로 출제될 수 있으므로 기출 문제를 통해 문제 유형을 파악해 두도록 한다.

사회 변동의 방향을 바라보는 갑, 을의 관점에 대한 설명으로 옳은 것은? 3점

순환론 ← 갑은 문명이 일정한 방향을 가지고 지속적으로 발전한다고 보는 을의 관점에 반론을 제기한다. 갑은 유기체가 발생하고 — 진화론 성장하며 사라지는 과정을 거치는 것처럼 개별 문명도 태동하여 순환론 ← 성장하고 쇠락하며 몰락하는 과정의 일정한 주기를 겪는다고 설명한다. 특히 갑은 가장 발전된 사회가 서구라고 믿는 을의 관점을 비판하며 결국에는 서구도 쇠락의 길을 걷게 될 것이라고 본다.

① 갑의 관점은 서구 제국주의 역사를 정당화하는 수단으로 악용될 수 있다는 비판을 받는다.
② 을의 관점은 사회가 미분화된 상태에서 분화된 상태로 변동한다고 본다.
③ 갑의 관점과 달리 을의 관점은 운명론적 관점에서 사회 변동을 설명한다.
④ 을의 관점과 달리 갑의 관점은 사회 변동이 곧 발전이라고 본다.
⑤ 갑의 관점에 비해 을의 관점은 사회 변동 방향을 예측하여 대응하기 어렵다고 본다.

|자|료|해|설|
갑은 개별 문명이 태동하여 성장하고 쇠락하며 몰락하는 과정의 일정한 주기를 겪는다고 보고 있으므로 이는 순환론에 해당한다. 을은 문명이 일정한 방향을 가지고 지속적으로 발전한다고 보고 있으므로 이는 진화론에 해당한다.

|선|택|지|풀|이|
① 오답 : 서구 제국주의 역사를 정당화하는 수단으로 악용될 수 있다는 비판을 받는 이론은 진화론이다.
② 정답 : 진화론은 사회가 미분화된 상태에서 분화된 상태, 즉 진보와 발전이라는 방향으로 변동한다고 본다.
③ 오답 : 순환론은 진화론과 달리 운명론적 관점에서 사회 변동을 설명한다.
④ 오답 : 진화론은 순환론과 달리 사회 변동이 곧 발전이라고 본다.
⑤ 오답 : 순환론은 진화론에 비해 사회 변동 방향을 예측하여 대응하기 어렵다고 본다.

문제풀이 TIP | 진화론은 사회 변동이 일정한 방향을 가지고 있다고 보고, 순환론은 사회가 시간의 흐름에 따라 생성, 성장, 쇠퇴, 소멸의 과정을 반복한다고 본다.

출제분석 | 진화론과 순환론을 파악하는 문제이다. 진화론과 순환론이 각각 주장하는 내용과 이에 대한 비판을 꼼꼼하게 이해해 두도록 한다.

그림은 질문을 통해 사회 변동 이론 A, B를 구분한 것이다. 이에 대한 설명으로 옳은 것은? (단, A, B는 각각 진화론, 순환론 중 하나임.)

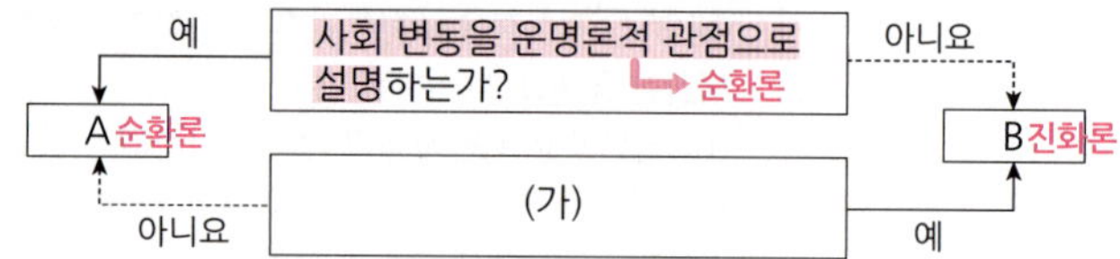

① A는 사회 변동에 대한 역동적 대응이 용이하다(어렵다)는 평가를 받는다.
② B는 제국주의를 정당화하는 수단이 될 수 있다는 비판을 받는다.
③ A는 B와 달리 사회 변동에 일정한 방향이 있다고 본다.
④ B는 A에 비해 장기적 사회 변동을 설명하는 데 유용하다.
⑤ (가)에는 '사회 변동이 곧 발전이라고 보는가?'가 들어갈 수 없다(있다).
→ 진화론

|자|료|해|설|
사회 변동을 운명론적 관점으로 설명하는 이론은 순환론이다. 따라서 A는 순환론, B는 진화론이다.

|선|택|지|풀|이|
① 오답 : 순환론은 앞으로의 변동 방향을 예측하여 대응하기 어렵다는 평가를 받는다.
② 정답 : 진화론은 서구 사회가 진보된 사회임을 전제하므로 서구 제국주의 역사를 정당화하는 수단으로 악용될 우려가 있다.
③ 오답 : 진화론은 사회 변동이 일정한 방향을 가지고 있다고 본다.
④ 오답 : 순환론은 진화론에 비해 장기적 사회 변동을 설명하는 데 유용하다.
⑤ 오답 : 사회 변동이 곧 발전이라고 보는 이론은 진화론이다. 따라서 해당 질문은 (가)에 들어갈 수 있다.

문제풀이 TIP | 순환론은 사회가 단선적으로 진보하는 것이 아니라 퇴보와 소멸의 운명을 지닌다고 보고 사회 변동을 운명론적 관점으로 설명한다.

출제분석 | 순환론과 진화론의 주장을 비교하는 문제이다. 각 사회 변동 이론을 비교하는 문제가 출제되므로 각각의 주장을 비교하여 파악해 두도록 한다.

사회 변동 이론 (가), (나)에 대한 설명으로 옳은 것은? (단, (가), (나)는 각각 순환론, 진화론 중 하나임.) **3점**

(가) 인간의 성장처럼 사회도 성장해 나간다. 하지만 인간이 성장을 멈추고 노화가 진행되듯, 사회도 일정한 한계점을 지나면 성장의 그래프는 꺾이기 마련이다. 다만 이미 사라져 버린 사회들의 경험을 참고하여 해체에 이르기까지의 생존 기간을 늘릴 수 있을 뿐이다.

→ 순환론

(나) 사회는 본질적으로 과거의 유산을 토대로 하여 더 나은 상태로 나아간다. 인간은 기존의 지식을 바탕으로 새로운 아이디어와 기술을 창출해 혁신을 이어 가고 있기 때문이다. 이러한 과정에서 사회는 항상 성장의 발걸음을 이어 왔으며 앞으로도 그럴 것이다.

→ 진화론

① (가)는 미래의 사회 변동에 대한 역동적 대응이 곤란하다는 비판을 받는다.
② (나)는 사회 변동이 항상 발전을 의미하는 것은 아니라고 본다. (한다고)
③ (가)는 (나)와 달리 서구 사회가 가장 진보한 사회임을 전제한다.
④ (나)는 (가)와 달리 사회가 주기적으로 동일한 과정을 반복하며 변동한다고 본다.
⑤ (가)는 단기적 사회 변동을, (나)는 장기적 사회 변동을 설명하기에 적합하다.

|자|료|해|설|

(가)는 인간이 성장을 멈추고 노화가 진행되는 것처럼 사회도 일정한 한계점을 지나면 성장의 그래프가 꺾인다고 보고 있고, (나)는 사회가 본질적으로 더 나은 상태로 나아간다고 보고 있다. 따라서 (가)는 순환론, (나)는 진화론이다.

|선|택|지|풀|이|

① 정답 : 순환론은 앞으로의 변동 방향을 예측하여 대응하기에는 적합하지 않다.
② 오답 : 진화론은 사회 변동이 항상 발전을 의미한다고 본다.
③ 오답 : 진화론은 서구 사회가 가장 진보한 사회임을 전제한다.
④ 오답 : 순환론은 사회가 주기적으로 동일한 과정을 반복하며 변동한다고 본다.
⑤ 오답 : 순환론은 단기적 사회 변동을 설명하기에 적합하지 않다.

추가 학습 | 순환론은 사회 구조 자체가 어떠한 이유로 어떻게 변해 왔는지에 대해서는 설명하지 못한다. 또한 현 사회의 위치가 순환 과정에서 어디에 위치하는지 설명하지 못한다. 따라서 현 사회의 변동 방향에 대한 예측에 한계가 있다.

출제분석 | 순환론과 진화론을 파악하는 문제이다. 제시문, 그림, 도표 등 다양한 유형으로 순환론과 진화론을 비교하는 문제가 출제될 수 있다.

사회 변동을 설명하는 이론 A, B에 대한 옳은 설명만을 <보기>에서 고른 것은? (단, A, B는 각각 진화론, 순환론 중 하나이다.)

A를 지지하는 학자들은 "선진국의 오늘의 모습은 개발도상국의 내일의 모습이다."라며 사회 변동을 하나의 목표로 향하는 진보와 발전으로 설명한다. 이에 대해 B를 지지하는 학자들은 사회 변동이 늘 발전을 의미하는 것은 아니며, 모든 사회 변동이 반드시 같은 방향으로 진행되는 것은 아니라는 점을 지적한다.

→ 진화론   → 순환론

보기

ㄱ. A는 사회 변동이 주기적으로 동일한 과정을 반복한다고 본다. (B → 순환론)
ㄴ. A는 사회가 이전보다 복잡하고 분화된 모습으로 변동한다고 본다. (→ 진화론)
ㄷ. B는 사회 변동을 서구 중심적 사고에 바탕을 두어 설명한다. (A → 진화론)
ㄹ. B는 미래 사회의 변동 방향을 예측하기 어려워 역동적 대응이 곤란하다는 비판을 받는다. (→ 순환론)

① ㄱ, ㄴ   ② ㄱ, ㄷ   ③ ㄴ, ㄷ   ④ ㄴ, ㄹ   ⑤ ㄷ, ㄹ

|자|료|해|설|

A는 사회 변동을 진보와 발전으로 설명하는 진화론이고, B는 사회 변동이 항상 발전을 의미하는 것은 아니라고 보는 순환론이다.

|보|기|풀|이|

ㄱ. 오답 : 순환론은 사회 변동이 주기적으로 동일한 과정(생성, 성장, 쇠퇴, 소멸)을 반복한다고 본다.
ㄴ. 정답 : 진화론은 사회 변동을 진보와 발전으로 설명한다. 따라서 진화론은 사회가 이전보다 복잡하고 분화된 모습으로 진화한다고 본다.
ㄷ. 오답 : 진화론은 사회 변동을 서구 중심적 사고에 바탕을 두어 설명한다. 따라서 진화론은 지나치게 서구 중심적 사고라는 비판을 받는다.
ㄹ. 정답 : 순환론은 미래 사회의 변동 방향을 예측하기 어려워 역동적 대응이 곤란하다는 비판을 받는다.

출제분석 | 사회 변동 이론은 모평과 수능에 거의 빠지지 않고 출제되는 단골손님이다. 기출문제를 중심으로 관련 개념을 완벽하게 정리해 둘 필요가 있다.

V
1. 사회 변동과 사회 운동

정답 ⑤　정답률 59%　2025년 3월 학평 18번　문제편 302p

사회 변동 이론 A, B에 대한 설명으로 옳은 것은? (단, A, B는 각각 순환론, 진화론 중 하나임.)

> A, B는 모두 사회 변동의 방향을 설명하는 이론이며, A와 달리 B는 사회 변동이 곧 진보와 발전을 의미한다고 본다.

① A는 단기적 사회 변동 과정을 설명하기에 용이하다.
② A는 서구 사회가 진보된 사회임을 전제한다는 비판을 받는다.
③ B는 사회가 생성, 성장, 쇠퇴, 소멸의 과정을 반복한다고 본다.
④ A와 달리 B는 사회 변동의 일정한 방향이 없다고 본다.
⑤ B와 달리 A는 운명론적 관점에서 사회 변동을 설명한다.

문제풀이 TIP | 순환론은 운명론적 관점으로, 사회 변동에 대응하는 인간의 노력을 과소평가한다는 비판을 받는다.

출제분석 | 진화론과 순환론을 파악하는 문제이다. 제시문, 사례, 그림, 표 등의 형식으로 진화론과 순환론을 비교하는 문제가 출제될 수 있다.

|자|료|해|설|
사회 변동이 곧 진보와 발전을 의미한다고 보는 이론은 진화론이다. 따라서 A는 순환론, B는 진화론이다.

|선|택|지|풀|이|
① 오답 : 순환론이 전제하는 순환 과정은 오랜 시간에 걸쳐 일어나는 것이므로 순환론은 단기적 사회 변동 과정을 설명하기 어렵다.
② 오답 : 서구 사회가 진보된 사회임을 전제한다는 비판을 받는 이론은 진화론이다.
③ 오답 : 사회가 시간의 흐름에 따라 생성, 성장, 쇠퇴, 소멸의 과정을 반복한다고 보는 이론은 순환론이다.
④ 오답 : 진화론은 사회 변동이 일정한 방향을 가지고 있다고 본다.
⑤ 정답 : 순환론은 유기체가 탄생에서 소멸의 과정을 거치는 것과 같은 운명론적 관점에서 사회 변동을 설명한다.

정답 ④　정답률 69%　2025학년도 9월 모평 12번　문제편 302p

다음 글에서 사회 변동의 방향을 바라보는 필자의 관점에 대한 옳은 설명만을 〈보기〉에서 고른 것은?

> 명(明)조의 시작은 고요한 겨울날 같았다. 왕조의 전반기는 질서와 안정 그 자체였다. 왕조의 겨울은 얼마 후 시끌벅적한 봄에 자리를 내주고 말았다. 소박한 농경 사회의 안정성은 투기적 상업에 자리를 빼앗겼다. 여름에 접어들면서 빈부 격차가 심해지고 농경 사회의 토대는 무너져 내렸다. 가을에는 은의 유입과 상품 경제의 발달로 부자 대 빈자, 상인 대 농민, 이윤 대 도덕이 대립하면서 참혹함이 더욱 심해졌다. 하지만 새로운 왕조는 질서를 회복하며 안정을 향해 나아갔다.

보기
ㄱ. 사회의 퇴보나 멸망을 설명하기 어렵다.
ㄴ. 단기적 사회 변동 과정을 설명하기 힘들다.
ㄷ. 제국주의를 정당화하는 수단으로 악용될 수 있다.
ㄹ. 미래의 사회 변동에 대한 역동적인 대응이 어렵다.

① ㄱ, ㄴ　② ㄱ, ㄷ　③ ㄴ, ㄷ　④ ㄴ, ㄹ　⑤ ㄷ, ㄹ

|자|료|해|설|
필자는 순환론을 바탕으로 사회 변동의 방향을 바라보고 있다.

|보|기|풀|이|
ㄱ. 오답 : 순환론은 사회가 단선적으로 진보하기만 하는 것이 아니라 퇴보, 멸망하기도 한다고 본다.
ㄴ. 정답 : 순환론이 전제하는 순환 과정은 매우 오랜 시간에 걸쳐 일어나는 것이므로 순환론은 단기적 사회 변동 과정을 설명하기 어렵다.
ㄷ. 오답 : 진화론은 서구 사회가 진보된 사회임을 전제하므로 제국주의를 정당화하는 수단으로 악용될 수 있다.
ㄹ. 정답 : 순환론은 앞으로의 변동 방향을 예측하여 대응하기에 적합하지 않다.

추가 학습 | 진화론은 서구 사회가 진보된 사회임을 전제한다. 이러한 주장은 서구 선진 사회가 후진 사회를 식민지화하고 착취하는 것을 정당화하는 논리로 악용되기도 하였다.

출제분석 | 순환론을 파악하는 문제이다. 진화론과 순환론의 각 주장과 비판을 비교하여 이해해 두도록 한다.

밑줄 친 ㉠, ㉡에 대한 설명으로 옳은 것은?

> ○ 갑국에서 A 집단은 ㉠ 아동에 대한 복지 지원을 강화하기 위해 관련법을 개정하려는 운동을 전개하고 있다.
> ○ 을국에서 B 집단은 신분제 폐지 움직임에 저항하며 ㉡ 기존의 신분 질서를 유지하기 위한 운동을 전개하고 있다.

① ㉠은 사회 체제 내에서 특정 분야의 개선을 요구하는 사회 운동이다.
② ㉡은 사회 구조를 근본적으로 바꾸고자 하는 사회 운동이다.
③ ㉠과 달리 ㉡은 사회적 약자의 권리 보장을 목적으로 하는 사회 운동이다.
④ ㉡과 달리 ㉠은 활동을 정당화하는 신념을 바탕으로 한다.
⑤ ㉠, ㉡은 모두 일부 집단이 주도한다는 점에서 사회 운동이라고 볼 수 없다.

|자|료|해|설|
㉠과 ㉡은 모두 사회 운동에 해당한다.

|선|택|지|풀|이|
① 정답 : ㉠은 아동에 대한 복지 분야의 개선을 요구하는 사회 운동에 해당한다.
② 오답 : ㉡은 사회 구조를 근본적으로 바꾸려는 사회 운동이 아니라 신분제 폐지 움직임에 저항하며 기존의 사회 구조를 유지하고자 하는 사회 운동에 해당한다.
③ 오답 : ㉠은 아동이라는 사회적 약자의 권리 보장을 목적으로 하는 사회 운동에 해당한다.
④ 오답 : ㉠과 ㉡은 모두 활동을 정당화하는 신념을 바탕으로 한다.
⑤ 오답 : ㉠과 ㉡은 모두 사회 운동에 해당한다.

문제풀이 TIP | 사회 운동은 목표와 활동 내용을 정당화하는 이념을 가지고 있고, 뚜렷한 목표와 이를 달성하기 위한 구체적인 활동 방법과 계획이 존재한다.

출제분석 | 사회 운동의 성격을 파악하는 문제이다. 다양한 사례를 통해 사회 운동의 성격을 파악하여 이를 비교하는 문제가 출제될 수 있다.

(가) ~ (라)에 대한 옳은 설명만을 〈보기〉에서 고른 것은?

> (가) □□ 환경 단체는 탄소 중립 실현을 위해 대중교통 이용하기, 플라스틱 사용 줄이기, 불필요한 이메일 삭제하기 등 다양한 캠페인 활동을 꾸준히 하고 있다. ➡ 사회 운동 ○
> (나) 국민 가수로 칭송받던 인기 연예인이 음주 운전 차량에 치여 사망하자, 추모를 위해 사고 현장에 모인 사람들이 헌화와 함께 음주 운전 처벌 강화를 요구하는 메모를 남겼다. ➡ 사회 운동 ×
> (다) 오랜 전통에 따라 여성 운전 금지법이 시행되고 있던 △△국에서 시민 운동가 출신의 대통령 후보가 여성 권리 신장을 위해 이 법을 폐지하겠다는 선거 공약을 내세웠다. ➡ 사회 운동 ×
> (라) ○○ 노동조합은 정부의 연금 개시 연령 상향 정책에 대해 퇴직 후 연금 수령 시작 시기가 늦어져 경제적 어려움을 겪을 수 있다며 반대하는 서명을 받고 있다. ➡ 사회 운동 ○

보기
ㄱ. (가)는 뚜렷한 목표와 방법을 제시하고 지속적으로 활동을 수행하였다는 점에서 사회 운동이라 볼 수 있다.
ㄴ. (나)는 조직적이지 않은 군중이 일시적으로 모인 것이라는 점에서 사회 운동이라 볼 수 없다.
ㄷ. (다)는 기존 사회의 부조리를 해소하고 개혁을 추구하였다는 점에서 사회 운동이라 볼 수 있다.
ㄹ. (라)는 특정 집단의 이익만을 추구한다는 점에서 사회 운동이라 볼 수 있다. (없다)

① ㄱ, ㄴ   ② ㄱ, ㄷ   ③ ㄴ, ㄷ   ④ ㄴ, ㄹ   ⑤ ㄷ, ㄹ

|자|료|해|설|
사회 운동은 자신의 신념과 가치를 실현하기 위해 다수의 사람들이 자발적으로 하는 집단적이고 지속적인 행동을 말한다.

|보|기|풀|이|
ㄱ. 정답 : (가)에서 □□ 환경 단체는 탄소 중립 실현이라는 뚜렷한 목표와 대중교통 이용하기, 플라스틱 사용 줄이기, 불필요한 이메일 삭제하기 등과 같은 방법을 제시하고 지속적으로 활동을 수행하고 있으므로 이는 사회 운동에 해당한다.
ㄴ. 정답 : (나)에서는 조직적이지 않은 군중이 추모를 위해 일시적으로 모인 것이므로 이는 사회 운동에 해당하지 않는다.
ㄷ. 오답 : (다)에서 대통령 후보가 선거 공약을 내세운 것은 사회 운동으로 볼 수 없다.
ㄹ. 오답 : (라)에서 노동조합의 활동은 사회 운동에 해당한다.

문제풀이 TIP | 각 사례가 사회 운동에 해당하는지, 일시적인 모임에 해당하는지 파악할 수 있어야 한다.

출제분석 | 사회 운동을 파악하는 문제이다. 사례를 통해 사회 운동의 성격을 파악하는 문제가 출제될 수 있다.

밑줄 친 ㉠, ㉡에 대한 설명으로 가장 적절한 것은? **3점**

→ 사회 운동 ○

○ 1920년대의 ㉠ 계몽 운동은 서울의 학생과 청년 지식인, 문화 단체 및 동경 유학생들에 의해서 시작되었다. 학생들은 야학을 개설하여 문맹 퇴치 운동을 벌였고, 농촌 발전을 위한 여러 활동을 전개하였다. 이러한 민중 계몽 운동은 이후 민족 독립운동에 기여하였다.

○ 1960년대 후반 생태 보호 운동에서 출발한 미국의 '환경 수호단'은 환경보호법 제정 및 친환경 정책 촉구 등 일련의
사회 운동 ○ ← ㉡ 환경 운동을 추진해 왔다. 2000년대 초에 정부가 이산화탄소 배출 및 디젤에 대한 규제를 완화하려 하자 환경 수호단의 수많은 회원은 엄청난 양의 항의 이메일과 팩스를 백악관과 환경청에 보내 정부 정책을 강하게 비판하였다.

① ㉠은 일반 시민이 아닌 국가가 주도한 사회 운동이다.
② ㉡은 산업화 과정에서 나타난 문제를 개선하기 위한 사회 운동이다.
③ ㉠은 ㉡과 달리 사회 변화에 저항하고 과거 질서로 회귀하려는 사회 운동이다. (모두 / 에 해당하지 않는다)
④ ㉡은 ㉠과 달리 특정 집단 구성원의 삶의 질 향상을 목표로 하는 사회 운동이다. (모두 / 에 해당하지 않는다)
⑤ ㉠과 ㉡은 모두 사회 체제의 전면적인 변혁을 추구하는 사회 운동이다. (에 해당하지 않는다)

|자|료|해|설|
계몽 운동과 환경 운동은 모두 신념과 가치를 실현하기 위해 다수의 사람들이 자발적으로 하는 집단적이고 지속적인 행동이므로 사회 운동에 해당한다.

|선|택|지|풀|이|
① 오답 : 계몽 운동은 국가가 아닌 일반 시민이 주도한 사회 운동에 해당한다.
② 정답 : 환경 운동은 산업화 과정에서 나타난 환경 오염 문제를 개선하기 위해 행해진 사회 운동에 해당한다.
③ 오답 : 계몽 운동과 환경 운동은 모두 사회 변화에 저항하고 과거 질서로 회귀하려는 사회 운동에 해당하지 않는다.
④ 오답 : 계몽 운동과 환경 운동은 모두 특정 집단 구성원의 삶의 질 향상을 목표로 하는 사회 운동에 해당하지 않는다.
⑤ 오답 : 계몽 운동과 환경 운동은 모두 사회 체제의 전면적인 변혁을 추구하는 사회 운동에 해당하지 않는다.

문제풀이 T I P | 각각의 운동이 사회 운동에 해당하는 특징을 내포하고 있는지를 파악해야 한다.

출제분석 | 사회 운동을 파악하는 문제이다. 사회 운동과 관련된 문제는 사례 중심으로 출제되므로 기출 문제를 통해 다양한 사례를 접해 보도록 한다.

밑줄 친 ㉠, ㉡에 대한 설명으로 가장 적절한 것은?

→ 사회 운동 ○

○ 갑국에서는 일상 속 외래어 사용을 줄이기 위해 시민 단체를 중심으로 ㉠ 고유어 되살리기 운동이 활발히 전개되고 있다.

○ 을국에서는 글자를 읽지 못하여 어려움을 겪는 사람들을 돕기 위해 대학생 봉사 단체를 중심으로 ㉡ 문맹 퇴치 운동이 꾸준히 전개되고 있다.
→ 사회 운동 ○

① ㉠은 사회 체제의 근본적 변혁을 목적으로 한다. (하지 않는다)
② ㉡은 과거의 사회 질서로 되돌아가려는 사회 운동이다. (이 아니다)
③ ㉠은 ㉡과 달리 사회적 약자를 보호하려는 사회 운동이다.
④ ㉡은 ㉠과 달리 활동을 정당화하는 신념을 바탕으로 한다. (모두)
⑤ ㉠과 ㉡ 모두 사회의 변화를 목적으로 하는 사회 운동이다.

|자|료|해|설|
갑국에서의 고유어 되살리기 운동과 을국에서의 문맹 퇴치 운동은 모두 신념과 가치를 실현하기 위해 다수의 사람들이 자발적으로 하는 집단적이고 지속적인 행동이므로 사회 운동에 해당한다.

|선|택|지|풀|이|
① 오답 : ㉠은 사회 체제의 근본적인 변혁을 목적으로 하지 않는다.
② 오답 : ㉡은 과거의 사회 질서로 되돌아가려는 사회 운동이 아니다.
③ 오답 : ㉡은 사회적 약자에 해당하는 문맹인을 보호하고자 하는 사회 운동이다.
④ 오답 : ㉠과 ㉡은 모두 활동을 정당화하는 신념을 바탕으로 하는 사회 운동이다.
⑤ 정답 : ㉠은 고유어를 되살리려는 목적으로 하는 사회 운동이고, ㉡은 문맹을 퇴치하기 위한 목적으로 하는 사회 운동이다. 따라서 ㉠과 ㉡은 모두 사회 변화를 목적으로 하는 사회 운동이다.

문제풀이 T I P | 밑줄 친 운동이 우발적이고 일시적으로 나타나는 집합 행동인지, 조직적이고 지속적으로 나타나는 사회 운동인지를 파악해야 한다.

출제분석 | 사회 운동을 파악하는 문제이다. 사회 운동에 해당하는지의 여부, 사회 운동의 성격 등을 파악하는 문제가 출제될 수 있다.

밑줄 친 ㉠, ㉡에 대한 설명으로 가장 적절한 것은?

> ○ 1970년대부터 본격화된 도로 중심의 사회 기반 시설 구축과
> 개인 차량 증가로 인해 다양한 교통 문제가 발생하고 보행자를
> 위한 공간이 잠식되었다. 이에 시민들은 보행권 확보와 보행
> 환경 개선을 목표로 ㉠ 사회 운동을 전개하기 시작했다.
> 시민 단체들은 보행권 신장을 위한 걷기 대회 개최, 어린이
> 통학로 안전 상태 조사 등을 실시하였고, 그 노력의 결실로서
> 스쿨존이 법제화되고 보행자를 위한 조례가 제정되었다.
> ○ 대중 소비가 시작되던 20세기 초, 조잡한 제품들이 양산되어
> 피해를 입는 소비자가 많아지자 선진국을 중심으로 좋은
> 물건 고르는 방법을 안내하는 캠페인이 나타났다. 이러한
> 움직임은 이후 대중 소비가 본격화된 시기에 독점 기업의
> 횡포로부터 소비자를 보호하고 소비자 주권을 실현하기 위한
> ㉡ 사회 운동으로 발전하였다. 세계적으로 대중 소비가
> 확산한 1960년대 이후 이 운동은 세계 여러 나라로 널리
> 퍼졌다.

① ㉠은 사회 구조 전체를 근본적으로 바꾸고자 하는 사회 운동이다.

② ㉡은 지배 집단이 기존 사회 질서를 유지하고자 하는 사회
　운동이다.

③ ㉠은 ㉡과 달리 경제적 평등을 추구하는 사회 운동이다.

④ ㉡은 ㉠과 달리 산업화로 인한 문제에 대응하는 사회 운동이다.

⑤ ㉠과 ㉡은 시민의 권리 보장을 목표로 하는 사회 운동이다.

|자|료|해|설|

사회 운동은 뚜렷한 목표와 이를 달성하기 위한 구체적인
활동 방법 및 계획, 목표와 활동 방향을 정당화하는 이념을
가지고 있다. 또한 어느 정도 체계적인 조직을 갖추고 있고
구성원 간 역할 분담이 이루어진다.

|선|택|지|풀|이|

① 오답 : ㉠은 보행권 확보와 보행 환경 개선을 목표로
하므로 사회 구조 전체를 근본적으로 바꾸고자 하는 사회
운동으로 볼 수 없다.

② 오답 : ㉡은 독점 기업의 횡포로부터 소비자를 보호하기
위한 사회 운동으로, 지배 집단이 기존 사회 질서를
유지하고자 하는 사회 운동으로 볼 수 없다.

③ 오답 : ㉠은 경제적 평등을 추구하는 사회 운동으로 볼
수 없다.

④ 오답 : ㉠은 도로 중심의 사회 기반 시설 구축과 개인
차량 증가로 인해 나타나는 문제를 개선하기 위한 사회
운동으로, 산업화로 인한 문제에 대응한다고 볼 수 있다.

⑤ 정답 : ㉠은 시민들의 보행권 신장을 위한 사회
운동이고, ㉡은 시민들의 소비자 주권 실현을 위한 사회
운동이다. 따라서 ㉠과 ㉡은 모두 시민의 권리 보장을
목표로 한다.

😲 **추가 학습** | 사회 운동은 사회 구조적 모순과 갈등을
드러냄으로써 사회 변동을 유발하는 동력이 된다.

😆 **출제분석** | 사회 운동을 파악하는 문제이다. 제시된 사례를
통해 사회 운동의 성격을 파악하는 문제가 출제될 수 있다.

(가), (나)에 대한 설명으로 가장 적절한 것은?

> (가) 부정부패를 일삼아 온 기존 정치인들이 선거에 입후보하자
> 이들이 당선되면 안 된다고 주장하는 시민들이 낙선 운동을
> 조직적으로 전개하고 있다. ➡ 사회 운동 ○
> (나) 소비자의 윤리적 행동을 통해 사회 문제를 해결해야 한다고
> 여기는 시민들이 단체를 결성해 친환경 상품 및 공정 무역
> 상품을 구매하자는 캠페인을 펼치고 있다. ➡ 사회 운동 ○

① (가)에는 사회 구조 전체를 근본적으로 변화시키고자 하는 다수의
　행동이 나타난다.

② (나)에는 현상 유지를 고수하고 변화에 저항하는 다수의 행동이
　나타난다.

③ (가)에는 (나)와 달리 체계적인 조직을 바탕으로 한 다수의 행동이
　　　　　　　모두
　나타난다.

④ (나)에는 (가)와 달리 일시적, 우발적 다수의 행동이 나타난다.

⑤ (가), (나)에는 모두 특정 목표나 이념을 바탕으로 한 다수의
　행동이 나타난다.

|자|료|해|설|

(가)와 (나)는 모두 다수의 사람들이 특정 목표나 이념을
바탕으로 지속적이고 계획적으로 운동을 수행하고 있다.
따라서 (가)와 (나) 모두에는 사회 운동이 나타나 있다.

|선|택|지|풀|이|

① 오답 : (가)에는 사회 구조 전체를 근본적으로
변화시키고자 하는 행동이 나타나 있지 않다.

② 오답 : (나)에는 현상 유지를 고수하고 변화에 저항하는
행동이 나타나 있지 않다.

③ 오답 : (가)와 (나) 모두에는 체계적인 조직을 바탕으로
한 다수의 행동이 나타나 있다.

④ 오답 : (가)와 (나) 모두에는 일시적이고 우발적인
행동이 나타나 있지 않다.

⑤ 정답 : (가)와 (나) 모두에는 특정 목표나 이념을
바탕으로 한 다수의 행동이 나타나 있으므로 이는 사회
운동에 해당한다.

😲 **문제풀이 TIP** | (가)에서는 부정부패를 일삼은 기존 정치인들에
대한 낙선 운동을 조직적으로 전개하고 있고, (나)에서는 윤리적
소비를 위해 시민들이 단체를 결성하여 캠페인을 펼치고 있다. 이를
통해 (가)와 (나)에는 모두 사회 운동이 나타나 있음을 알 수 있다.

(가) ~ (다)에 대한 설명으로 가장 적절한 것은? 3점

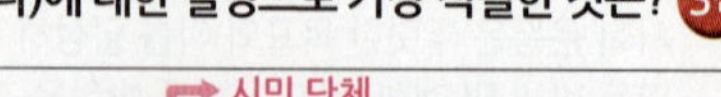

> (가) ◇◇ 환경 보호 단체 회원들은 해양 오염물을 줄이기 위해
> 매달 배를 타고 바다로 나가서 플라스틱 쓰레기 수거 작업
> 및 해양 생태 보호 캠페인 활동을 하였다.
>
> (나) △△ 프로 구단이 감독 인사를 단행했다는 소식을 경기
> 중에 들은 일부 열혈 관중들이 불합리한 인사 결정 방식에
> 항의하며 경기 직후에 돌발적으로 시위를 벌였다.
>
> (다) ○○ 단체는 왕정과 신분 제도를 폐지하고 선거를 통해
> 민주 정부를 수립하고자 대다수 국민의 지지를 바탕으로
> 지속적으로 시위를 전개하였다.

① (가)에는 사회 구조 전체를 근본적으로 바꾸고자 하는 사회
운동이 나타난다.

② (나)에는 일부 집단의 이익을 추구하는 사회 운동이 나타난다.

③ (다)에는 급격한 사회 변화에 대항하기 위한 사회 운동이
나타난다.

④ (가), (다)에는 (나)와 달리 체계적인 조직을 바탕으로 집단의
이념을 실현하려는 사회 운동이 나타난다.

⑤ (나), (다)에는 (가)와 달리 사회의 불합리한 제도를 개선하고자
하는 사회 운동이 나타난다.

|자|료|해|설|

사회 운동은 뚜렷한 목표를 갖고 조직적·지속적으로 움직이는 집단 행동을 의미한다. 대표적인 사회 운동에는 환경 운동, 민주화 운동, 노동 운동, 인권 운동 등이 있다. (가)에는 환경 운동, (다)에는 민주화 운동이 나타나 있다. (나)는 일시적이고 돌발적인 시위(집단 행동)로, 사회 운동이라고 보기 어렵다.

|선|택|지|풀|이|

① 오답 : (가)는 환경 운동으로, 사회 구조 전체를 근본적으로 바꾸고자 하는 사회 운동이 나타나 있지 않다.

② 오답 : (나)는 일시적인 집단 행동으로, 뚜렷한 목표를 갖고 조직적·지속적으로 움직이는 사회 운동이 나타나 있지 않다.

③ 오답 : (다)는 민주화 운동으로, 급격한 사회 변화에 대항하기 위한 사회 운동이 나타나 있지 않다.

④ 정답 : 환경 운동과 민주화 운동은 일시적인 집단 행동과 달리 체계적인 조직을 바탕으로 집단의 이념을 실현하려는 사회 운동이다.

⑤ 오답 : (나)는 일시적인 집단 행동으로, 사회의 불합리한 제도를 개선하고자 하는 사회 운동이 나타난다고 보기 어렵다.

출제분석 | 사회 운동은 최근 모평과 수능에서 자주 출제되고 있으며, 앞으로도 출제될 가능성이 매우 높다. 따라서 기출 문제를 중심으로 사회 운동의 의미와 특징 등을 꼼꼼하게 정리해 둘 필요가 있다.

밑줄 친 ㉠, ㉡에 대한 설명으로 가장 적절한 것은? 3점

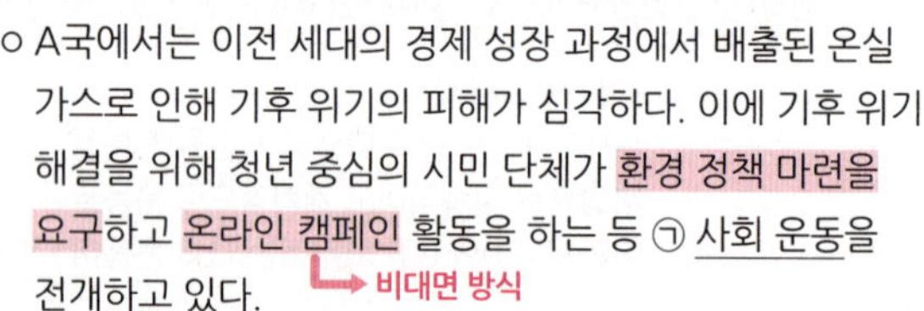

> ○ A국에서는 이전 세대의 경제 성장 과정에서 배출된 온실
> 가스로 인해 기후 위기의 피해가 심각하다. 이에 기후 위기
> 해결을 위해 청년 중심의 시민 단체가 환경 정책 마련을
> 요구하고 온라인 캠페인 활동을 하는 등 ㉠ 사회 운동을
> 전개하고 있다.
>
> ○ B국의 한 노숙인은 행색이 초라하다는 이유로 건강권
> 관련 정책 토론회 출입을 제지당했다. 이 사건으로 노숙인
> 인권 보장을 요구하는 인권 단체의 시위가 벌어졌다. 이후
> 노숙인의 생계 지원법 마련을 요구하는 ㉡ 사회 운동이
> 지속적으로 확산되었다.

① ㉠은 세대 간 통합을 추구하는 체계적인 사회 운동이다.

② ㉡은 사회 체제 내에서 특정 사회 문제의 개선을 요구하는 사회
운동이다.

③ ㉠은 ㉡과 달리 사회적 약자의 권리 보장을 목적으로 하는 사회
운동이다.

④ ㉡은 ㉠과 달리 비대면 방식을 활용하는 사회 운동이다.

⑤ ㉠과 ㉡은 모두 변화를 거부하고 과거 질서로 되돌아가려는 사회
운동이다.

|자|료|해|설|

사회 운동은 자신의 신념과 가치를 실현하기 위해 다수의 사람들이 자발적으로 수행하는 집단적이고 지속적인 행동을 말한다.

|선|택|지|풀|이|

① 오답 : ㉠은 환경 보호를 추구하는 체계적인 사회 운동이다.

② 정답 : ㉡은 사회 체제 내에서 노숙인 인권 문제라는 특정 사회 문제의 개선을 요구하는 사회 운동이다.

③ 오답 : ㉡은 사회적 약자인 노숙인의 권리 보장을 목적으로 하는 사회 운동이다.

④ 오답 : ㉠은 온라인 캠페인이라는 비대면 방식을 활용하고 있다.

⑤ 오답 : ㉠과 ㉡은 모두 변화를 거부하고 과거 질서로 되돌아가려는 사회 운동에 해당하지 않는다.

문제풀이 TIP | A국과 B국에서 전개되고 있는 사회 운동의 특성을 파악해 보도록 한다.

출제분석 | 사회 운동의 성격을 비교하는 문제이다. 다양한 사회 운동의 유형을 제시하여 각 사회 운동의 성격을 묻는 문제가 출제될 수 있다.

밑줄 친 ㉠, ㉡에 대한 설명으로 옳은 것은?

→ 사회 운동 ○

○ 갑국의 시민 단체들은 3년 전부터 ㉠ 오랜 기간 이어져 온 조혼 풍습을 금지하는 법의 제정을 요구하는 활동을 하고 있다.

○ 을국에서는 20년 전 농산물 수입을 허용한 이후 농촌이 몰락하자 3년 전부터 농민 단체들이 농촌 경제 활성화를 위해 ㉡ 농산물 수입 금지를 요구하는 활동을 하고 있다.

→ 사회 운동 ○

① ㉠은 ㉡과 달리 체계적인 조직을 바탕으로 한다.
　　　　모두
② ㉠은 ㉡과 달리 활동을 정당화하는 신념을 바탕으로 한다.
　　　　모두
③ ㉡은 ㉠과 달리 집단 간 갈등을 초래할 우려가 있다.
　　　　모두
④ ㉡은 ㉠과 달리 특정 집단만의 이익을 추구하므로 사회 운동이 아니다.
⑤ ㉠과 ㉡은 모두 사회의 변화를 목적으로 한다.

|자|료|해|설|
갑국과 을국의 시민 단체들은 뚜렷한 목표를 가지고 이를 달성하기 위해 체계적인 조직을 갖추고 구체적인 활동을 하고 있으므로 이는 모두 사회 운동으로 볼 수 있다.

|선|택|지|풀|이|
① 오답 : ㉠과 ㉡은 모두 체계적인 조직을 바탕으로 한다.
② 오답 : ㉠과 ㉡은 모두 활동을 정당화하는 신념을 바탕으로 한다.
③ 오답 : ㉠과 ㉡은 모두 집단 간 갈등을 초래할 우려가 있다.
④ 오답 : ㉠과 ㉡은 모두 사회 운동에 해당한다.
⑤ 정답 : ㉠은 조혼 풍습을 금지하는 법의 제정을 요구하고 있고, ㉡은 농촌 경제 활성화를 위해 농산물 수입 금지를 요구하고 있다. 따라서 ㉠과 ㉡은 모두 사회의 변화를 목적으로 한다.

(가) ~ (라)에 대한 옳은 설명만을 〈보기〉에서 고른 것은?

(가) 정부는 시민들을 대상으로 최근 변화한 개인 정보 보호 정책을 알리기 위해 관계 부처가 협동하여 온라인 홍보 활동을 지속적으로 해오고 있다. → 사회 운동 ×

(나) □□ 전쟁의 실상이 미디어를 통해 세상에 알려지자마자 분노한 시민들이 즉흥적으로 거리로 나와 자국 군대의 철수와 전쟁 반대를 외치며 행진을 벌였다. → 사회 운동 ×

(다) 부조리한 사회를 비판하는 전국 대학생 연합은 기성세대가 만들어 놓은 기존 사회 질서로부터 근본적인 해방을 주장하는 변혁 운동을 이어오고 있다. → 사회 운동 ○

(라) 1990년대의 패션을 재해석하는 것에 관심이 있는 젊은이들을 중심으로 자신만의 복고 스타일을 SNS를 통해 뽐내는 것이 유행처럼 번지고 있다. → 사회 운동 ×

보기

ㄱ. (가)는 사회 구성원의 자발성을 바탕으로 한 사회 운동이라고 볼 수 있다. 없다

ㄴ. (나)는 일시적이고 비조직적인 행동이라는 점에서 사회 운동이라고 볼 수 없다.

ㄷ. (다)는 전체 사회 구조를 전면적으로 바꾸고자 하는 사회 운동이라고 볼 수 있다.

ㄹ. (라)는 과거로의 회귀를 추구하는 사회 운동이라고 볼 수 있다. 없다

① ㄱ, ㄴ　　② ㄱ, ㄷ　　③ ㄴ, ㄷ　　④ ㄴ, ㄹ　　⑤ ㄷ, ㄹ

|자|료|해|설|
(가), (나), (라)는 사회 운동에 해당하지 않고, (다)는 사회 운동에 해당한다.

|보|기|풀|이|
ㄱ. 오답 : (가)에는 시민들의 자발적인 활동이 아닌 정부에 의한 홍보 활동이 나타나 있다. 따라서 (가)는 사회 구성원의 자발성을 바탕으로 한 사회 운동으로 볼 수 없다.
ㄴ. 정답 : (나)에는 시민들의 즉흥적인 행동이 나타나 있다. 따라서 (나)는 일시적이고 비조직적인 행동이므로 사회 운동으로 볼 수 없다.
ㄷ. 정답 : (다)에는 부조리한 사회를 비판하며 기존 사회 질서로부터 근본적인 해방을 주장하고 있는 사회 운동이 나타나 있다. 따라서 (다)는 전체 사회 구조를 전면적으로 변화시키고자 하는 사회 운동으로 볼 수 있다.
ㄹ. 오답 : (라)에는 젊은이들의 유행이 나타나 있다. 따라서 (라)는 과거로의 회귀를 추구하는 사회 운동으로 볼 수 없다.

추가 개념 | 사회 운동은 뚜렷한 목표와 이를 달성하기 위한 구체적인 활동 방법 및 계획을 가지고 있고, 목표와 활동 내용을 정당화하는 이념을 가지고 있다.

출제분석 | 사회 운동을 파악하는 문제이다. 사례를 통해 사회 운동의 성격을 파악하는 문제가 출제될 수 있다.

밑줄 친 ㉠, ㉡에 대한 설명으로 옳은 것은?

→ 사회 운동 ×

○ 갑국 시민들은 이번 월드컵 기간에 대형 스크린이 설치된 광장에 모여 ㉠ 자국 팀을 응원하였다.
○ 을국 시민들은 자국의 남성 중심 문화를 타파하기 위해 시민 단체를 조직하여 ㉡ 여성 권리 향상 운동을 전개하였다.

→ 사회 운동 ○

① ㉠은 자발적 집단 행동이 아니다. 이다
② ㉡은 활동을 정당화하는 신념을 바탕으로 한다.
③ ㉠은 ㉡과 달리 사회 구조의 변화를 목표로 한다.
④ ㉡은 ㉠과 달리 기존 사회 질서의 유지를 목표로 한다.
⑤ ㉠과 ㉡은 모두 체계적인 조직을 바탕으로 한 사회 운동이다.

문제풀이 TIP | 사회 운동은 뚜렷한 목표와 이를 실현하기 위한 구체적인 활동과 계획이 있으며, 이를 정당화하는 신념을 가지고 있다. 이를 바탕으로 밑줄 친 행동이 사회 운동에 해당하는지의 여부를 판단해야 한다.

|자|료|해|설|
사회 운동은 다수의 사람들이 자신의 신념과 가치를 실현하기 위해 자발적으로 하는 집단적이고 지속적인 행동이다. 따라서 ㉠은 사회 운동에 해당하지 않고, ㉡은 사회 운동에 해당한다.

|선|택|지|풀|이|
① 오답 : ㉠은 자발적으로 자국 팀을 응원하고 있으므로 자발적인 집단 행동이다.
② 정답 : ㉡은 여성 권리 향상을 위한 사회 운동으로, 활동을 정당화하는 신념을 바탕으로 한다.
③ 오답 : ㉡은 남성 중심의 사회 구조를 변화시키고자 하는 사회 운동이다.
④ 오답 : ㉡은 기존의 사회 질서인 남성 중심 문화를 타파하기 위한 사회 운동이다.
⑤ 오답 : ㉡은 ㉠과 달리 체계적인 조직을 바탕으로 한 사회 운동이다.

(가) ~ (다)에 대한 설명으로 가장 적절한 것은?  3점

사회 운동 ×

(가) 비행기 결함으로 항공기 운항이 지연되어 여행 일정에 차질이 생긴 승객 중 보상을 받지 못한 일부 승객들은 공평한 보상을 요구하는 과정에서 우발적으로 항공사를 점거하였다.

사회 운동 ○

(나) ○○ 단체는 이민자 증가로 인해 사회의 인종 구성이 다양화되는 것에 반대하며 민족 정체성 유지를 주장하였다. 회원들은 전국에 걸쳐 일제히 캠페인, 퍼레이드 등을 지속적으로 벌였다.

(다) 빈곤국 아동에 대한 노동 착취 문제를 해결하기 위해 결성된 △△ 단체는 세계적인 조직망을 가지고 있다. 이들은 감염병 팬데믹 상황에서도 끊임없이 아동 인권 보호에 대한 홍보 활동, 온라인 서명 활동 등을 펼치고 있다.

① (가)에는 사회 평등을 추구하는 사회 운동이 나타난다.
② (나)에는 사회 변화에 대항하기 위한 사회 운동이 나타난다.
③ (다)에는 사회 구조를 근본적으로 바꾸고자 하는 혁명적 사회 운동이 나타난다.
④ (가)에는 (다)와 달리 일부 집단의 이익을 추구하는 사회 운동이 나타난다.
⑤ (나)에는 (다)와 달리 인류의 보편적 가치를 실현하고자 하는 사회 운동이 나타난다.

|자|료|해|설|
사회 운동은 다수의 사람들이 사회 변동 또는 현 질서 유지 등을 목표로 지속적이고 조직적으로 수행하는 행동을 말한다. (가)에는 사회 운동이 나타나 있지 않고, (나)와 (다)에는 사회 운동이 나타나 있다.

|선|택|지|풀|이|
① 오답 : (가)에는 특정한 목적을 달성하기 위해 조직적이고 계획적이며 지속적인 형태로 이루어지는 집합 행동이 나타나 있지 않으므로 사회 운동이 나타나 있다고 볼 수 없다.
② 정답 : (나)에는 사회의 인종 구성이 다양화되는 것에 반대하는 사회 운동이 나타나 있다. 즉, (나)에는 사회 변화에 대항하기 위한 사회 운동이 나타난다.
③ 오답 : (다)에는 아동 인권을 보호하기 위한 사회 운동이 나타나 있다. 이는 사회 구조를 근본적으로 바꾸고자 하는 혁명적 사회 운동에 해당하지 않는다.
④ 오답 : (가)에는 일부 집단의 이익을 추구하는 사회 운동이 나타나 있지 않다.
⑤ 오답 : (다)에는 아동 인권이라는 인류의 보편적 가치를 실현하고자 하는 사회 운동이 나타나 있다.

추가 학습 | 집합 행동은 일반적으로 다수 사람들의 감정이 집합적으로 분출하여 우연적이고 우발적이며 일시적으로 나타나는 행동을 의미한다.

출제분석 | 사회 운동과 집합 행동을 구분하고 사회 운동의 성격을 파악하는 문제이다. 사회 운동의 특징을 묻는 문제가 출제될 수 있다.

(가), (나)에 대한 설명으로 가장 적절한 것은?

> (가) 갑국의 ○○ 단체는 갑국으로 피난 온 난민의 인권 보장을 위해 난민법 개정 운동을 지속적으로 전개하고 있다.
>
> (나) 을국에서는 △△ 단체를 중심으로 을국의 군사 독재 체제에 반대하며 민주화를 요구하는 시위가 지속되고 있다.

① (가)에는 과거의 질서로 돌아가려는 사회 운동이 나타난다. 나지 않는다

② (나)에는 현재의 질서를 유지하려는 사회 운동이 나타난다. 나지 않는다

③ (가)와 달리 (나)에는 사회적 소수자의 권리 보장을 위한 사회 운동이 나타난다.

④ (나)와 달리 (가)에는 사회 구조의 근본적 변혁을 목적으로 하는 사회 운동이 나타난다.

⑤ (가), (나)에는 모두 사회의 변화를 목적으로 하는 사회 운동이 나타난다.

|자|료|해|설|

(가)와 (나)에 나타난 운동은 모두 사회 운동에 해당한다.

|선|택|지|풀|이|

① 오답 : (가)에는 과거의 질서로 돌아가려는 사회 운동이 나타나 있지 않다.

② 오답 : (나)에는 현재의 질서를 유지하려는 사회 운동이 나타나 있지 않다.

③ 오답 : (가)에는 사회적 소수자인 난민의 인권 보장을 위한 사회 운동이 나타나 있다.

④ 오답 : (가)에는 사회 구조의 근본적 변혁을 목적으로 하는 사회 운동이 나타나 있지 않다.

⑤ 정답 : (가)에는 난민의 인권 보장, (나)에는 민주화라는 사회 변화를 목적으로 하는 사회 운동이 나타나 있다.

추가 학습 | 사회 운동은 다수의 사람이 사회 변동 또는 현 질서 유지 등을 목표로 하는 지속적이고 조직적으로 수행하는 집합 활동이다.

(가), (나)에 대한 설명으로 가장 적절한 것은? 3점

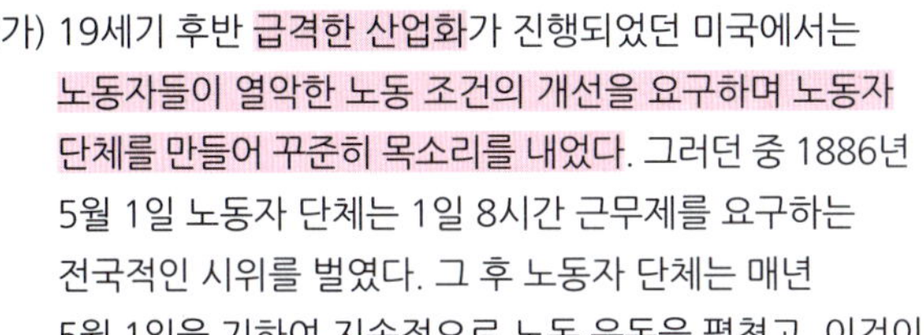

> (가) 19세기 후반 급격한 산업화가 진행되었던 미국에서는 노동자들이 열악한 노동 조건의 개선을 요구하며 노동자 단체를 만들어 꾸준히 목소리를 내었다. 그러던 중 1886년 5월 1일 노동자 단체는 1일 8시간 근무제를 요구하는 전국적인 시위를 벌였다. 그 후 노동자 단체는 매년 5월 1일을 기하여 지속적으로 노동 운동을 펼쳤고, 이것이 5월 1일 세계 노동절의 기원이 되었다.
>
> (나) 1894년 갑오개혁 이후 신분제는 제도적으로 철폐되었지만 백정들에 대한 사회적 차별은 남아 있었다. 당시 사람들은 여전히 백정들을 천하다고 여겼고 백정들과 어울리는 것을 꺼려했다. 이에 백정들은 백정들에 대한 차별과 편견을 없애고자 하는 사람들과 함께 형평사라는 단체를 만들어 형평 운동을 벌였다.

① (가)에는 지배 집단이 기존 사회 질서를 유지하고자 하는 사회 운동이 나타난다.

② (나)에는 일부 사회 구성원들에 대한 인식 개선을 요구하는 사회 운동이 나타난다.

③ (가)와 달리 (나)에는 산업화로 인한 문제에 대응하는 사회 운동이 나타난다.

④ (나)와 달리 (가)에는 다수의 사람이 아닌 국가가 주도하는 사회 운동이 나타난다.

⑤ (가), (나)에는 모두 사회 변화에 저항하고 과거 질서로 회귀하려는 사회 운동이 나타난다.

|자|료|해|설|

(가)에는 세계 노동절의 기원이 되었던 노동 운동이 나타나 있고, (나)에는 백정들의 차별과 편견을 없애고자 한 형평 운동이 나타나 있다.

|선|택|지|풀|이|

① 오답 : (가)에는 지배 집단의 기존 사회 질서를 유지하고자 하는 사회 운동이 나타나 있지 않다.

② 정답 : (나)에는 백정들에 대한 차별과 편견을 없애기 위한 사회 운동이 나타나 있다. 즉, (나)에는 백정들에 대한 인식 개선을 요구하는 사회 운동이 나타나 있다.

③ 오답 : (가)에는 산업화로 인한 문제에 대응하는 사회 운동이 나타나 있다.

④ 오답 : (가)에는 다수의 사람이 아닌 국가가 주도하는 사회 운동이 나타나 있지 않다.

⑤ 오답 : (가)와 (나) 모두에는 사회 변화에 저항하고 과거 질서로 회귀하려는 사회 운동이 나타나 있지 않다.

문제풀이 TIP | (가)와 (나) 모두에는 사회 운동이 나타나 있으므로 각 사회 운동의 성격을 파악하는 것이 핵심이다.

출제분석 | 사회 운동의 성격을 파악하는 문제이다. 다양한 사례를 통해 사회 운동에 해당하는지의 여부를 파악하는 문제뿐만 아니라 사회 운동의 성격을 파악하는 문제가 출제될 수 있다.

교사가 제시한 사례 A~D에 대한 학생들의 옳은 설명만을 〈보기〉에서 고른 것은? **3점**

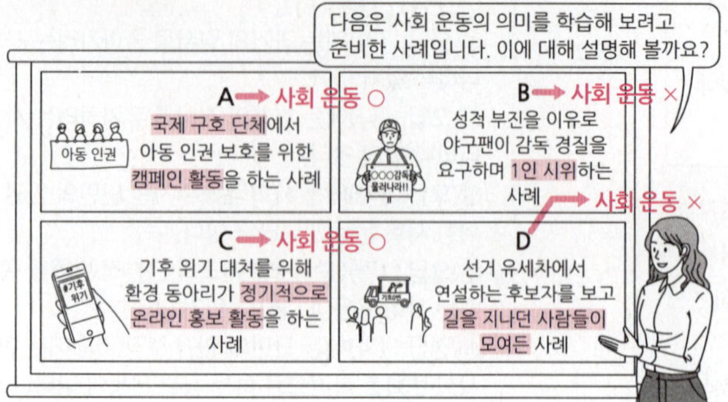

보기

ㄱ. A는 특정 집단의 이익만을 추구하였다는 점에서 사회 운동으로 볼 수 없습니다.

ㄴ. B는 사회 변화를 위해 계획적으로 진행하였다는 점에서 사회 운동으로 볼 수 있습니다.

ㄷ. C는 뚜렷한 목표를 가지고 구체적인 활동을 지속적으로 수행하였다는 점에서 사회 운동으로 볼 수 있습니다.

ㄹ. D는 조직적이지 않은 군중이 일시적으로 모였다는 점에서 사회 운동으로 볼 수 없습니다.

① ㄱ, ㄴ ② ㄱ, ㄷ ③ ㄴ, ㄷ ④ ㄴ, ㄹ ⑤ ㄷ, ㄹ

|자|료|해|설|
사회 운동은 자신의 신념과 가치를 실현하기 위해 다수의 사람들이 자발적으로 하는 집단적이고 지속적인 행동을 말한다.

|보|기|풀|이|
ㄱ. 오답 : A는 특정 집단의 이익만이 아닌 사회 전체의 이익을 추구하는 사회 운동에 해당한다.
ㄴ. 오답 : B는 1인 시위로, 집단적인 행동이 아니다. 따라서 B는 사회 운동에 해당하지 않는다.
ㄷ. 정답 : C는 기후 위기 대처라는 뚜렷한 목표를 가지고 있고, 정기적으로 홍보 활동을 하고 있어 지속성이 있으므로 사회 운동에 해당한다.
ㄹ. 정답 : D는 길을 지나던 사람들이 모인 집단으로, 이는 체계적인 조직을 갖추고 있지 않고 일시적으로 모인 것이므로 사회 운동에 해당하지 않는다.

추가 학습 | 사회 운동은 뚜렷한 목표와 이를 달성하기 위한 구체적인 활동 방법과 계획, 목표와 활동 방향을 정당화하는 이념, 어느 정도 체계적인 조직을 갖추고 있고, 구성원 간 역할 분담이 이루어진다.

출제분석 | 사회 운동에 해당하는 사례를 파악하는 문제이다. 각 사례에서 사회 운동의 특징에 해당하는 부분을 파악하는 문제가 출제될 수 있으므로 사회 운동의 특징을 정확하게 이해해 두도록 한다.

밑줄 친 ⊙, ⓒ에 대한 설명으로 옳은 것은?

○ 갑국의 시민 단체는 최근에 심각해지고 있는 국내 생태계 파괴 문제를 해결하기 위해 ⊙ 유해 외래종 퇴치 운동을 전개하고 있다.
→ 사회 운동 ○

○ 을국의 ○○ 단체는 소수 특권층에 의한 자국의 봉건적 체제에 반대하여 ⓒ 신분제를 철폐하고 민주주의 국가를 건설하기 위한 운동을 전개하고 있다.
→ 사회 운동 ○

① ⊙은 사회 구조 전체의 근본적 변화를 목적으로 한다.
② ⓒ은 과거 사회 구조로 돌아가려는 복고적 성격을 띤다.
③ ⊙은 ⓒ과 달리 사회 운동에 해당하지 않는다. (모두 / 한다)
④ ⓒ은 ⊙과 달리 점진적 변화를 추구하고 있다.
⑤ ⊙과 ⓒ 모두 자신의 활동을 정당화하는 신념을 바탕으로 한다.

|자|료|해|설|
유해 외래종 퇴치 운동과 신분제를 철폐하고 민주주의 국가를 건설하기 위한 운동은 모두 자신의 신념과 가치를 실현하기 위해 다수의 사람들이 자발적으로 활동하는 집단적이고 지속적인 행동이므로 사회 운동에 해당한다.

|선|택|지|풀|이|
① 오답 : ⓒ은 신분제를 철폐하고 민주주의 국가를 건설하기 위한 사회 운동이므로 이는 사회 구조 전체의 근본적 변화를 목적으로 한다고 볼 수 있다.
② 오답 : ⓒ은 사회 구조 전체를 변화시키고자 하므로 과거 사회 구조로 돌아가려는 복고적 성격을 띠고 있다고 볼 수 없다.
③ 오답 : ⊙과 ⓒ은 모두 사회 운동에 해당한다.
④ 오답 : ⓒ은 봉건적 체제에 반대하여 신분제를 철폐하고자 하므로 점진적 변화를 추구한다고 볼 수 없다.
⑤ 정답 : ⊙과 ⓒ은 모두 목표와 활동 방향을 정당화하는 이념을 가지고 있다.

문제풀이 T I P | 밑줄 친 운동이 사회 운동인지 집합 행동인지를 구분하고, 사회 운동 중 어떠한 성격이 강하게 나타나는지를 파악하도록 한다.

출제분석 | 사회 운동의 유형을 비교하는 문제이다. 제시문을 바탕으로 사회 운동의 성격을 파악하는 문제가 출제되므로 기출 문제를 통해 다양한 유형의 사회 운동을 접해 보도록 한다.

다음 대화에 대한 옳은 설명만을 〈보기〉에서 고른 것은?

교사 : 사회 운동이라 생각한 사례를 한 가지씩 말해 볼까요?

갑 : 해양 생태계 보호를 위해 환경 보호 단체가 온라인에서 캠페인 활동을 해오고 있습니다. ➡ 사회 운동 ○

을 : 국가대표 선수 중 일부가 수해를 복구하는 현장에 일일 봉사자로 참여한 일이 있습니다. ➡ 사회 운동 ✕

병 : 대형 광고판에 인접 국가의 전쟁 소식이 속보로 나오자 거리의 행인들이 반전을 주제로 한 노래를 함께 부른 일이 있습니다. ➡ 사회 운동 ✕

정 : ○○공장에서 부당하게 해고된 노동자가 노동조합의 지원을 받아 1인 시위를 했습니다. ➡ 사회 운동 ✕

보기

ㄱ. 갑이 제시한 사례는 체계적인 조직을 바탕으로 뚜렷한 목표 실현을 위해 진행된 사회 운동으로 볼 수 있다.

ㄴ. 을이 제시한 사례는 사회 구조 전체를 근본적으로 바꾸고자 하는 사회 운동으로 볼 수 있다. <del>있다</del>.없다

ㄷ. 병이 제시한 사례는 조직적이지 않은 군중이 일시적으로 모였다는 점에서 사회 운동으로 볼 수 없다.

ㄹ. 정이 제시한 사례는 급격한 사회 변화에 대항하기 위한 사회 운동으로 볼 수 <del>있다</del>.없다

---

① ㄱ, ㄴ   ② ㄱ, ㄷ   ③ ㄴ, ㄷ   ④ ㄴ, ㄹ   ⑤ ㄷ, ㄹ

|자|료|해|설|

사회 운동은 자신의 신념과 가치를 실현하기 위해 다수의 사람들이 자발적으로 하는 집단적이고 지속적인 행동을 말한다. 따라서 갑이 제시한 사례는 사회 운동에 해당하고, 을, 병, 정이 제시한 사례는 사회 운동에 해당하지 않는다.

|보|기|풀|이|

ㄱ 정답 : 갑은 환경 보호 단체라는 체계적인 조직을 바탕으로 해양 생태계 보호라는 목표를 실현하기 위해 캠페인 활동을 진행하는 사례를 제시하였으므로 이는 사회 운동에 해당한다.

ㄴ. 오답 : 을은 수해 복구 현장에 봉사자로 참여한 사례를 제시하였다. 이는 사회 구조 전체를 근본적으로 바꾸고자 하는 사회 운동으로 볼 수 없다.

ㄷ 정답 : 병은 반전을 주제로 한 거리의 행인들이 노래를 부르는 사례를 제시하였다. 이는 조직적이지 않은 군중이 일시적으로 모인 사례이므로 사회 운동에 해당하지 않는다.

ㄹ. 오답 : 정은 부당 해고에 대한 1인 시위 사례를 제시하였다. 이는 급격한 사회 변화에 대항하기 위한 사회 운동으로 볼 수 없다.

추가 학습 | 집합 행동은 일반적으로 다수 사람들의 감정이 집합적으로 분출하여 우연적이고 우발적이며 일시적으로 나타나는 행동을 말한다. 이러한 행동이 특정한 목적을 달성하기 위해 좀 더 조직적이고 계획적이며 지속적인 형태로 이루어지는 집합 행동을 사회 운동이라고 한다.

출제분석 | 사회 운동의 사례를 파악하는 문제이다. 사례에 나타난 사회 운동의 성격을 파악하는 문제가 출제될 수 있다.

밑줄 친 ㉠, ㉡에 대한 옳은 설명만을 〈보기〉에서 고른 것은?

○ 갑국에서 대표팀의 월드컵 예선 탈락에 분노한 시민들이 ㉠ 국가 대표팀 감독의 교체를 요구하는 시위를 하였다. ← 사회 운동 ✕

○ 을국에서 ○○ 단체는 전국의 저임금 근로자들과 함께 5년째 ㉡ 최저 임금법의 제정을 요구하는 시위를 하고 있다. → 사회 운동 ○

보기

ㄱ. ㉠은 조직적인 역할 분담 체계를 바탕으로 한다.

ㄴ. ㉡은 사회 변화를 목적으로 한다.

ㄷ. ㉡은 ㉠과 달리 사회 운동에 해당한다.

ㄹ. ㉠과 ㉡은 모두 뚜렷한 사상과 신념에 기초한 지속적인 활동이다.

---

① ㄱ, ㄴ   ② ㄱ, ㄷ   ③ ㄴ, ㄷ   ④ ㄴ, ㄹ   ⑤ ㄷ, ㄹ

|자|료|해|설|

사회 운동이란 다수의 사람들이 사회 변동 또는 현 질서 유지 등을 목표로 지속적이고 조직적으로 수행하는 행동을 말한다. 따라서 국가 대표팀 감독의 교체를 요구하는 시위는 사회 운동에 해당하지 않고, 최저 임금법의 제정을 요구하는 시위는 사회 운동에 해당한다.

|보|기|풀|이|

ㄱ. 오답 : ㉠은 체계적인 조직을 갖추고 있지 않으므로 구성원 간 역할 분담이 이루어지지 않는다.

ㄴ 정답 : ㉡은 최저 임금법 제정을 통한 사회 변화를 요구하고 있다.

ㄷ 정답 : ㉡은 ㉠과 달리 특정 목적을 달성하기 위해 조직적이고 계획적이며 지속적인 형태로 이루어지므로 사회 운동에 해당한다.

ㄹ. 오답 : ㉡은 ㉠과 달리 뚜렷한 목표와 이를 달성하기 위한 구체적인 활동 방법과 계획이 있으며, 목표와 활동 방향을 정당화하는 이념을 가지고 있다.

문제풀이 T I P | 사회 운동과 집합 행동을 구분할 수 있어야 한다. 사회 운동과 집합 행동은 모두 집단적인 활동이지만, 사회 운동은 집합 행동에 비해 조직적이고 계획적이며 지속적인 행태로 이루어진다.

출제분석 | 사회 운동을 구분하는 문제이다. 제시된 사례를 통해 사회 운동과 사회 운동이 아닌 것을 구분하는 문제가 출제될 수 있다.

밑줄 친 ㉠, ㉡에 대한 설명으로 옳은 것은?

> 20년 전 인종 차별 제도가 폐지된 갑국에서 최근 ㉠ 백인이 지배하던 시대로의 복귀를 추구하는 사회 운동과 ㉡ 흑인의 교육 기회 확대를 추구하는 사회 운동이 나타나고 있다.

① ㉠은 ㉡과 달리 사회 구성원 간 갈등을 초래할 수 있다.
② ㉡은 ㉠과 달리 사회 구조의 전면적인 변화를 추구한다.
③ ㉡은 ㉠과 달리 일부 집단만의 이익을 실현하고자 한다.
④ ㉠과 ㉡은 모두 사회 유지가 아닌 사회 변화를 목표로 한다.
⑤ ㉠과 ㉡은 모두 사회 구성원 전체가 참여해야 목표를 달성할 수 있다.

추가 학습 | 사회 운동은 뚜렷한 목표와 이를 달성하기 위한 구체적인 활동 방법 및 계획, 목표와 활동 방향을 정당화하는 이념을 가지고 있다. 또한 어느 정도 체계적인 조직을 갖추고 있고 구성원 간 역할 분담이 이루어진다.

출제분석 | 사회 운동의 성격과 특징을 파악하는 문제이다. 제시문을 통해 파악할 수 있는 사회 운동의 성격을 묻는 유형의 문제가 출제될 수 있다.

|자|료|해|설|
사회 운동은 자신의 신념과 가치를 실현하기 위해 다수의 사람들이 자발적으로 하는 집단적이고 지속적인 행동을 의미한다.

|선|택|지|풀|이|
① 오답 : ㉠과 ㉡은 모두 사회 구성원 간 갈등을 초래할 수 있다.
② 오답 : ㉡은 사회 구조의 전면적인 변화가 아닌 흑인의 교육 기회 확대라는 특정 부분에 대한 변화를 추구한다.
③ 오답 : ㉠은 백인, ㉡은 흑인과 관련 있는 사회 운동이다. 따라서 ㉠과 ㉡은 모두 일부 집단만의 이익을 실현하고자 한다.
④ 정답 : ㉠은 백인이 지배하던 시대로의 복귀를 목표로 하고, ㉡은 흑인의 교육 기회 확대를 목표로 한다. 따라서 ㉠과 ㉡은 모두 사회 변화를 목표로 한다.
⑤ 오답 : ㉠과 ㉡이 사회 구성원 전체가 참여해야 목표를 달성할 수 있는 것은 아니다.

밑줄 친 ㉠, ㉡에 대한 설명으로 가장 적절한 것은? (3점)

> ○ 20세기 초 영국에서는 자신이 선거에 참여할 수 없다는 현실에 부당함을 느낀 여성들이 뜻을 함께하는 사람들과 조합을 구성해 ㉠ 여성 참정권 운동을 진행하였다. 이들이 끊임없이 투쟁한 결과 21세 이상의 모든 여성이 남성과 동등한 투표권을 갖게 되었다.
> ○ 지구 온난화로 북극의 동물들이 위기에 처한 가운데 거대한 굴착기와 송유관의 무리한 설치로 인해 환경 파괴가 더욱 심해지고 있다. 이에 한 환경 단체는 북극을 보호 구역으로 지정하기 위해 전세계 많은 사람들의 동참을 이끌어 내며 수년간 ㉡ 환경 운동을 지속해 오고 있다.

① ㉠은 자본주의 체제를 근본적으로 바꾸려는 다수의 행동이다.
② ㉡은 일시적이고 즉흥적인 감정에 따른 다수의 행동이다.
③ ㉠은 ㉡과 달리 과거의 사회 질서로 돌아가려는 다수의 행동이다.
④ ㉡은 ㉠과 달리 자신의 신념과 가치를 실현하기 위한 다수의 행동이다.
⑤ ㉠, ㉡은 모두 뚜렷한 목표와 이를 달성하기 위한 체계적 조직을 바탕으로 한 다수의 행동이다.

|자|료|해|설|
사회 운동은 뚜렷한 목표와 이를 달성하기 위한 구체적인 활동 방법과 계획이 존재하며, 목표와 활동 방향을 정당화하는 이념을 가지고 있다. 또한 어느 정도 체계적인 조직을 갖추고 있고, 구성원 간 역할 분담이 이루어진다. 그러한 점에서 ㉠과 ㉡은 모두 사회 운동에 해당한다.

|선|택|지|풀|이|
① 오답 : 제시된 내용만으로는 ㉠이 자본주의 체제를 근본적으로 바꾸려는 다수의 행동이라고 볼 수 없다.
② 오답 : ㉡은 사회 운동으로 집단적이고 지속적인 행동이다.
③ 오답 : ㉠은 여성에게 주어지지 않았던 참정권을 쟁취하기 위해 진행되었으며, ㉡은 더 나은 환경을 위해 진행되었다는 점에서 모두 과거의 사회 질서로 돌아가려는 다수의 행동이라고 볼 수 없다.
④ 오답 : ㉠과 ㉡은 모두 사회 운동이므로, ㉠과 ㉡ 모두 자신의 신념과 가치를 실현하기 위한 다수의 행동이다.
⑤ 정답 : ㉠, ㉡은 모두 사회 운동이므로, ㉠과 ㉡ 모두 뚜렷한 목표와 이를 달성하기 위한 체계적 조직을 바탕으로 한 다수의 행동이다.

밑줄 친 ㉠~㉤에 대한 설명으로 옳은 것은? **3점**

> 　1970년대에 □□ 국제 시민 단체는 분유를 만드는 ○○ 다국적 기업에 대한 ㉠ 불매 운동을 전개하였다. ㉡ 저개발국에 분유를 무료로 나누어 주는 ○○ 다국적 기업의 공격적 마케팅으로 저개발국의 영아 사망률이 급격히 증가하였기 때문이다. 위생적인 환경이 갖추어지지 않은 저개발국에서 세균에 오염된 물과 젖병으로 인해 설사와 열병이 발생해 많은 아기가 사망하였다. ○○ 다국적 기업에 선의의 의도가 있었을지라도, 무분별한 시장 확대가 ㉢ 저개발국의 영아 건강을 심각하게 위협하는 결과를 초래한 것이다. 이로 인해 ○○ 다국적 기업이 영아 사망에 대해 책임을 져야 한다며 □□ 국제 시민 단체가 전 세계의 소비자들과 ㉣ 집단행동을 시작했다. 이를 계기로 여러 국제 시민 단체는 다국적 기업의 윤리적 책임을 요구하고, 나아가 환경 문제, 자원 문제와 같은 ㉤ 전 지구적 수준의 문제를 해결하기 위한 활동을 지속적으로 전개하고 있다.

① ㉠은 급격한 사회 변동에 저항하기 위해 펼치는 사회 운동이다.
② ㉡은 식량 자원 확보를 위한 국가 간 경쟁이 초래한 문제이다.
③ ㉢은 ○○ 다국적 기업의 이윤 추구를 정당화하는 근거가 된다. 되지 않는다
④ ㉣은 사회 체제의 전면적인 변혁을 추구하는 사회 운동이다.
⑤ ㉤은 세계 시민 의식을 바탕으로 하는 조직적인 사회 운동이다.

|자|료|해|설|

사회 운동은 사회 구조적 모순과 갈등을 드러내고 그에 대한 해결책을 제시함으로써 사회 변동을 유발하는 동력이 된다.

|선|택|지|풀|이|

① 오답 : ○○ 다국적 기업이 만드는 제품에 대한 불매 운동은 급격한 사회 변동에 저항하기 위한 사회 운동으로 볼 수 없다.
② 오답 : ○○ 다국적 기업의 무분별한 시장 확대로 인해 ○○ 다국적 기업의 공격적 마케팅이 나타났다.
③ 오답 : 저개발국의 영아 건강을 심각하게 위협하는 결과를 초래한 것은 ○○ 다국적 기업의 이윤 추구를 정당화하는 근거가 되지 않는다.
④ 오답 : ○○ 다국적 기업에 영아 사망에 대한 책임을 요구하며 시작한 집단행동은 사회 체제의 전면적인 변혁을 추구하는 사회 운동으로 볼 수 없다.
⑤ 정답 : 여러 국제 시민 단체가 환경 문제, 자원 문제와 같은 전 지구적 수준의 문제를 해결하기 위해 지속적으로 전개하는 활동은 세계 시민 의식을 바탕으로 한 조직적인 사회 운동에 해당한다.

출제분석 | 사회 운동을 파악하는 문제이다. 제시된 사례에 나타난 사회 운동의 특성을 파악하는 문제가 출제될 수 있다.

다음 글의 필자가 강조하는 사회 운동의 특징으로 가장 적절한 것은?

> 　사회 운동은 문제의 원인과 해결 방안에 대한 일반화된 믿음 없이 산발적으로 나타나는 집단행동에서 비롯한다. 참여자 사이에서 이슈에 대한 공통된 인식이 형성되면, 행동의 조직화가 요구된다. 중요한 역할을 하고 있거나 참여자들이 인정하는 사람들을 중심으로 조직이 결성되고, 참여자는 더욱 증가한다. 따라서 집단적인 행동과 의사 표현이 일관되고 지속되도록, 조직은 필요한 자원을 동원하고 참여자에게 구체적인 역할을 부여한다. 필요한 경우에는 다른 사회 운동 단체와의 사회적 연결망을 구축하기도 한다. 이러한 과정은 사회 운동의 성패를 좌우할 만큼 중요하다.

① 다수의 자발적인 행동에 기반하여 유지된다.
② 목표 달성을 위해 체계적인 조직이 필요하다.
③ 목표와 활동 방향을 정당화하는 이념을 가지고 있다.
④ 특정 집단의 이익을 추구하는 반사회적 집단행동이다.
⑤ 현재의 사회 체제를 근본적으로 바꾸는 것을 지향한다.

|자|료|해|설|

사회 운동은 특정한 목적을 달성하기 위해 좀 더 조직적이고 계획적이며 지속적인 형태로 이루어지는 집합행동이다.

|선|택|지|풀|이|

② 정답 : 필자는 문제의 원인과 해결 방안에 대한 일반화된 믿음 없이 산발적으로 나타나는 집단행동에서 비롯되는 사회 운동이 성공하기 위해서는 행동의 조직화, 조직 결성, 구체적인 역할 부여, 사회적 연결망 구축 등과 같은 체계적인 조직이 필요함을 강조하고 있다. 즉, 필자는 사회 운동이 성공하기 위해서는 목표 달성을 위한 체계적인 조직이 필요함을 강조하고 있다.

추가 학습 | 집합행동은 일반적으로 다수 사람들의 감정이 집합적으로 분출하여 우연적이고 우발적이며 일시적으로 나타나는 행동을 말한다.

출제분석 | 집합행동과 사회 운동을 파악하는 문제이다. 집합행동과 사회 운동에 해당하는 각 사례를 비교하여 사회 운동의 특징을 파악하는 문제가 출제될 수 있다.

밑줄 친 ㉠, ㉡에 대한 설명으로 옳은 것은?

○ 갑국의 한 시민 단체는 장애인의 이동권을 보장하기 위해 ㉠ 관련 법 개정 운동을 하고 있다.
○ 을국의 한 단체는 절대 군주 체제에 불만을 품고 ㉡ 민주 국가 체제를 수립하기 위한 운동을 하고 있다.

사회 운동 ○
(부분적 변화)

사회 운동 ○
(근본적 변화)

① ㉠은 사회 제도가 아닌 의식의 변화를 목적으로 한다.
② ㉡은 보수적인 사회 운동에 해당한다.
③ ㉠은 ㉡과 달리 사회적 갈등을 초래할 수 있다.
④ ㉡은 ㉠과 달리 사회 구조의 근본적인 변화를 추구한다.
⑤ ㉠과 ㉡은 모두 즉흥적인 감정에 따른 집합 행동이다.

|자|료|해|설|
㉠과 ㉡은 모두 다수의 사람들이 사회 변동 등을 목표로 지속적이고 조직적으로 수행하는 행동이므로 사회 운동에 해당한다.

|선|택|지|풀|이|
① 오답 : ㉠은 의식의 변화가 아닌 사회 제도의 변화를 목적으로 한다.
② 오답 : ㉡은 절대 군주 체제인 현 체제에 불만을 품고 수행하는 운동으로, 보수적인 사회 운동에 해당한다고 볼 수 없다.
③ 오답 : ㉠과 ㉡은 모두 사회적 갈등을 초래할 수 있다.
④ 정답 : ㉠은 사회 구조의 부분적 변화를, ㉡은 사회 구조의 근본적 변화를 추구한다.
⑤ 오답 : ㉠과 ㉡은 사회 운동으로, 우연적이고 우발적이며 일시적으로 나타나는 집합 행동에 해당하지 않는다.

🤓 **추가 학습** | 사회 운동은 뚜렷한 목표와 이를 달성하기 위한 구체적인 활동 방법과 계획이 있으며, 목표와 활동 방향을 정당화하는 이념을 가지고 있고, 어느 정도 체계적인 조직을 갖추고 있으며, 구성원 간 역할 분담이 이루어진다.

🤓 **출제분석** | 각 사례에 나타난 사회 운동을 비교하는 문제이다. 사회 운동과 집합 행동을 구분하여 사회 운동의 특징을 파악해 두도록 한다.

(가), (나)에 대한 옳은 설명만을 <보기>에서 고른 것은?

(가) ○○시민단체는 전통음식을 소멸시키고 음식의 맛을 획일화하는 패스트푸드에 저항하는 슬로우푸드 운동을 전개하고 있다. 전 세계 곳곳에 지역별 협회를 구성하여 벌이는 이 운동은 문화의 다양성과 지속성을 목표로 삼고 지속 가능한 발전, 공정 무역 활성화로 활동 범위를 넓히고 있다.
(나) △△웹툰 회사는 공모전에서 특정 집단에 대한 혐오가 담긴 작품을 당선시켜 독자들로부터 거센 비판을 받고 있다. □□인권 단체는 해당 회사의 모든 작품에 대한 불매 운동과 함께 해당 작품의 공모전 탈락 및 게시 삭제를 요구하는 집회를 매주 개최하고 있다.

보기
ㄱ. (가)에는 체계적 조직을 바탕으로 한 사회 운동이 나타난다.
ㄴ. (나)에는 특정 목표를 바탕으로 한 다수의 행동이 나타난다.
ㄷ. (나)와 달리 (가)에는 일시적이고 즉흥적인 다수의 행동이 나타난다. → 나 있지 않다
ㄹ. (가), (나)에는 모두 사회 체제의 전면적인 변혁을 추구하는 운동이 나타난다. → 나 있지 않다

① ㄱ, ㄴ　② ㄱ, ㄷ　③ ㄴ, ㄷ　④ ㄴ, ㄹ　⑤ ㄷ, ㄹ

|자|료|해|설|
사회 운동은 다수의 사람이 사회 변동을 달성 또는 저지하려는 의도를 갖고 지속적이고 조직적으로 움직이는 집단 행동을 말한다.

|보|기|풀|이|
ㄱ. 정답 : (가)에서 ○○시민단체는 전 세계 곳곳에 지역별 협회를 구성하여 문화의 다양성과 지속성을 목표로 슬로우푸드 운동을 전개하고 있다. 따라서 (가)에는 체계적 조직을 바탕으로 한 사회 운동이 나타나 있다.
ㄴ. 정답 : (나)에서 □□인권 단체는 특정 집단에 대한 혐오가 담긴 작품을 당선시킨 △△웹툰 회사의 작품에 대한 불매 운동과 함께 해당 작품의 공모전 탈락 및 게시 삭제를 요구하는 집회를 매주 개최하고 있다. 따라서 (나)에는 특정 목표를 바탕으로 한 다수의 행동이 나타나 있다.
ㄷ. 오답 : (가)와 (나) 모두에는 일시적이고 즉흥적인 다수의 행동이 나타나 있지 않다.
ㄹ. 오답 : (가)와 (나) 모두에는 사회 체제의 전면적인 변혁을 추구하는 운동이 나타나 있지 않다.

🤓 **추가 학습** | 일시적이고 즉흥적인 다수의 행동은 군중 행동에 해당하고, 지속적이고 조직적이며 행동의 목표가 뚜렷한 행동은 사회 운동에 해당한다.

🤓 **출제분석** | 사회 운동의 특징을 파악하는 문제이다. 다양한 사례에 나타난 사회 운동의 성격을 파악하는 문제가 출제될 수 있다.

그림에 대한 설명으로 옳은 것은? (단, A, B는 각각 진화론, 순환론 중 하나임.)

① ㉡은 사회 변화에 저항하고 과거 질서로 회귀하려는 사회 운동이다. [이 아니다]

② B는 사회 변동이 주기적으로 동일한 과정을 반복한다고 본다. [A]

③ 갑은 사회적 시민권이 자유적 시민권의 획득 단계를 거쳐야만 보장될 수 있다고 본다.

④ 갑은 A의 관점에서 ㉠을, B의 관점에서 ㉡을 해석하고 있다. [B / A]

⑤ (가)에는 '모든 사회 변동이 항상 진보를 의미하지는 않는다'가 들어갈 수 있다. [없다]　← 순환론

|자|료|해|설|

A는 인간의 주체적 노력을 통한 사회 변동을 설명할 수 없으므로 이는 순환론에 해당한다. 따라서 B는 진화론이다.

|선|택|지|풀|이|

① 오답 : 참정권 확대 운동은 사회 변화를 이끌어 내고자 하는 사회 운동으로, 사회 변화에 저항하고 과거 질서로 회귀하려는 사회 운동에 해당하지 않는다.

② 오답 : 사회 변동이 주기적으로 동일한 과정을 반복한다고 보는 이론은 순환론이다.

③ 정답 : 갑은 진화론의 관점에서 시민권의 역사를 설명하며, 사회적 시민권의 제도화로 나아가는 데 있어 필수적인 토대로 자유적 시민권과 정치적 시민권의 획득을 강조하고 있다. 즉, 갑은 자유적 시민권의 획득 단계를 거쳐야만 사회적 시민권을 보장받을 수 있다고 보고 있다.

④ 오답 : 갑은 진화론의 관점에서 시민권의 역사와 참정권 확대 운동을 해석하고 있다.

⑤ 오답 : (가)에는 진화론에 대한 내용이 들어가야 한다. 모든 사회 변동이 항상 진보를 의미하지는 않는다고 보는 이론은 순환론이다. 따라서 해당 내용은 (가)에 들어갈 수 없다.

추가 개념 | 순환론은 이미 주어져 있는 숙명과 같은 불가사의한 힘을 너무 강조한 나머지 인간의 주체적 행동을 과소평가하고 있다는 비판을 받는다.

출제분석 | 순환론과 진화론 및 사회 운동을 파악하는 문제이다. 제시된 사례에서 다양한 이론과 개념을 복합적으로 묻는 문제가 출제될 가능성이 높다.

밑줄 친 ㉠~㉣에 대한 옳은 설명만을 〈보기〉에서 고른 것은? 【3점】

　　1960년대 미국 사회에서 베트남 전쟁 반대에 가장 적극적인 목소리를 낸 단체는 ○○ 연합이었다. 그들의 운동을 이끈 감정은 주류 사회에 대한 반감과 도덕적 분노였다. 전쟁을 반대하는 ㉠ 평화 운동 집회에서는 형제애와 연대의 언어가 넘쳐흘렀다. 하지만 동료 여성들을 대하는 남성들의 차별적 태도는 미국 사회의 전반적인 분위기와 다르지 않았다. 회의에서 이들은 여성의 발언권을 제약했고 여성이 논의를 주도하려 할 때면 종종 야유를 퍼부었다. 남성들은 주류 사회에 반기를 들었지만, ㉡ 남성 우위 문화에는 놀라울 만큼 순응했다. 여성들 역시 초기에는 이러한 차별을 그다지 의식하지 않았지만 시간이 흐르자 소수 여성을 중심으로 차별에 대한 문제 제기가 이루어졌다. 이 목소리는 결국 거대한 물결로 이어져, ㉢ 반전 운동을 넘어 미국 사회에 심오한 영향을 미친 ㉣ 여성 운동으로 발전했다.

반문화 → 주류 사회에 대한 반감과 도덕적 분노
주류 문화 → 남성 우위 문화

[보기]

ㄱ. ㉠은 반문화가 아닌 하위문화이다.

ㄴ. ㉡은 다수의 사회 구성원이 전반적으로 공유하는 문화이다.

ㄷ. ㉢은 현재의 사회 질서를 유지하고자 하는 사회 운동이다.

ㄹ. ㉣은 불평등한 사회 구조를 개혁하기 위한 사회 운동이다.

① ㄱ, ㄴ　② ㄱ, ㄷ　③ ㄴ, ㄷ　④ ㄴ, ㄹ　⑤ ㄷ, ㄹ

|자|료|해|설|

반문화는 한 사회의 지배적인 문화에 저항하거나 대립하는 문화를 말한다.

|보|기|풀|이|

ㄱ. 오답 : ㉠은 주류 사회에 대한 반감과 도덕적 분노를 바탕으로 한 전쟁을 반대하는 운동이므로 1960년대 미국 사회에서 반문화에 해당한다.

ㄴ. 정답 : ㉡은 1960년대 미국 사회의 전반적인 분위기로 대부분의 남성과 여성이 전반적으로 공유한 주류 문화에 해당한다.

ㄷ. 오답 : ㉢은 현재의 사회 질서를 변화시키고자 하는 사회 운동에 해당한다.

ㄹ. 정답 : ㉣은 남성 위주의 불평등한 사회 구조를 바꾸고자 하는 사회 운동에 해당한다.

추가 학습 | 주류 문화는 한 사회 구성원 대부분이 공유하고 있는 문화로, 이는 하위문화의 총합을 일컫는 말이 아니다.

출제분석 | 반문화와 사회 운동을 파악하는 문제이다. 최근 제시된 사례에서 다양한 개념들을 복합적으로 묻는 문제가 출제되고 있으므로 개념 간에 연관을 지어 문제를 해결하는 학습 방법을 익혀 두도록 한다.

밑줄 친 ㉠, ㉡에 대한 설명으로 옳은 것은?

> 갑국의 다양한 이주민들은 오랜 기간 주류 사회로부터 차별을 받아 왔다. A 이주민들은 다른 이주민들과 달리 차별에서 벗어나기 위해 그들만의 ㉠ 사회 운동을 전개하였다. 이들이 펼친 운동에는 자신들의 민족적 정체성을 유지하면서 주류 사회 구성원조차 꺼리는 어려운 일도 마다하지 않고 적극적으로 사회에 참여하여 갑국의 가치를 실현하려는 그들 나름의 철학이 담겨 있었다. 하지만 이러한 노력에도 불구하고 A 이주민들에 대한 차별은 지속되었고, 이는 새로운 ㉡ 사회 운동이 나타나는 원인이 되었다. 당시 A 이주민들은 스스로를 '이방인'으로 칭하고 자신들을 주변화했던 갑국 사회의 제도와 가치를 부정하며 민족적 정체성을 강화하는 운동을 전개하였다.

갑국에서 반문화가 아닌 하위문화의 특성을 가짐

갑국에서 주류 문화에 대항하는 반문화를 만들려는 시도

① ㉠에는 반문화가 아닌 하위문화의 특성이 나타난다.
② ㉡에는 반문화를 주류 문화로 변화시키려는 시도가 나타~~난다~~. *나지 않는다*
③ ㉠과 ~~달리~~ ㉡은 급격한 사회 변화에 저항하는 사회 운동~~이다~~. *이 아니다*
④ ㉡과 ~~달리~~ ㉠은 사회 구조 전체를 근본적으로 변화시키려는 사회 운동~~이다~~. *이 아니다*
⑤ ㉠과 ㉡은 모두 ~~주류 사회의~~ 문화적 정체성을 강화하기 위한 사회 운동이다. *A 이주민들의*

㉠의 사회 운동은 갑국에서 차별을 받아 왔던 A 이주민들이 자신들의 민족적 정체성을 유지하고 갑국의 가치 또한 실현함으로 차별에서 벗어나기 위해 전개한 운동이다. ㉡의 사회 운동은 A 이주민들에 대한 차별이 지속되면서 A 이주민들이 갑국 사회의 제도와 가치를 부정하고 민족적 정체성을 강화하며 전개한 운동이다.

① 정답 : ㉠은 A 이주민들이 자신들의 민족적 정체성을 유지하면서 갑국의 주류 문화의 가치를 실현하고자 하는 운동이다. 따라서 ㉠에는 반문화가 아닌 하위문화의 특성이 나타난다.
② 오답 : ㉡에는 A 이주민들이 갑국에서 주류 문화에 대항하는 반문화를 만들려는 시도가 나타나 있다.
③ 오답 : ㉠과 ㉡은 모두 급격한 사회 변화에 저항하는 사회 운동에 해당하지 않는다.
④ 오답 : ㉠과 ㉡은 모두 사회 구조 전체를 근본적으로 변화시키려는 사회 운동에 해당하지 않는다.
⑤ 오답 : ㉠과 ㉡은 모두 A 이주민들의 문화적 정체성을 강화하기 위한 사회 운동이다.

문제풀이 TIP | 제시문을 읽고 ㉠과 ㉡의 공통점과 차이점을 파악해 보도록 한다.

출제분석 | 반문화, 하위문화 및 사회 운동의 성격을 파악하는 문제이다. 다양한 개념을 복합적으로 묻는 문제가 출제될 수 있으므로 개념에 대한 정확한 이해가 요구된다.

다음 글에서 사회 변동의 방향을 바라보는 필자의 관점에 대한 옳은 설명만을 〈보기〉에서 고른 것은?

> 상이한 민족 간의 적대주의는 문명을 이끌어 온 원동력이다. 힘이 강한 민족은 자신들의 활력을 바탕으로 정교한 사회적 네트워크를 발전시킨다. 이들은 힘이 약한 민족을 정복하면서 위대한 문명의 꽃을 피운다. 이 과정에서 지배자들은 결혼을 통해 피지배자들과 섞이고, 이와 함께 자라나는 혐오감은 전체 문명의 활력을 소진시킨다. 이때 적대감으로 무장한 또 다른 강한 민족이 정복의 열쇠를 들고 새로운 문명의 문을 연다. → 순환론

보기
ㄱ. 운명론적 시각에서 사회 변동을 설명한다. → 순환론
~~ㄴ~~. 사회 변동이 진보와 발전을 의미한다고 본다. → 진화론
ㄷ. 사회 변동을 동일한 과정의 주기적 반복으로 설명한다. → 순환론
~~ㄹ~~. 사회는 미분화된 상태에서 분화된 상태로 변동한다고 본다. → 진화론

① ㄱ, ㄴ　② ㄱ, ㄷ　③ ㄴ, ㄷ　④ ㄴ, ㄹ　⑤ ㄷ, ㄹ

필자는 힘이 강한 민족은 힘이 약한 민족을 정복하면서 문명의 꽃을 피우며, 적대감으로 무장한 또 다른 강한 민족이 정복의 열쇠를 들고 새로운 문명의 문을 연다고 보고 있다. 따라서 사회 변동의 방향을 바라보는 필자의 관점은 순환론에 해당한다.

ㄱ. 정답 : 순환론은 유기체가 탄생에서 소멸의 과정을 거치는 것과 같은 운명론적 관점에서 사회 변동을 설명한다.
ㄴ. 오답 : 진화론은 사회 변동이 진보와 발전이라는 바람직한 방향으로의 변화를 의미한다고 본다.
ㄷ. 정답 : 순환론은 사회 변동이 생성, 성장, 쇠퇴, 소멸의 과정을 끊임없이 반복한다고 본다.
ㄹ. 오답 : 진화론은 사회가 미분화된 상태에서 분화된 상태로 변동하므로 사회 변동이 곧 진보를 의미한다고 본다.

문제풀이 TIP | 필자는 힘이 강한 민족이 힘이 약한 민족을 정복하여 문명의 문을 열고, 또 다른 강한 민족이 정복하여 새로운 문명의 문을 연다고 보고 있으므로 이는 사회가 시간의 흐름에 따라 생성, 성장, 쇠퇴, 소멸의 과정을 반복한다고 보는 순환론과 관련 있다.

출제분석 | 사회 변동의 방향을 바라보는 관점을 파악하는 문제이다. 순환론과 진화론이 각각 주장하는 내용과 이에 대한 비판을 꼼꼼하게 이해해 두도록 한다.

밑줄 친 ㉠, ㉡에 대한 설명으로 가장 적절한 것은?

○ 갑국에서 오랜 인종 차별 관행에 저항하기 위해 흑인들은 백인 전용 식당에서 음식을 주문하고 폐점 시간까지 그 자리에 앉아 비폭력 저항을 하였다. ㉠ 연좌 농성이라고 불린 이 운동에 많은 사람들이 조직적으로 동참하였다.

○ 을국의 ○○ 지역에 있는 한 공장에서 몰래 폐수를 방류해 주변 농작물에 피해가 발생하였다. 이에 피해 농민들은 농작물 피해 보상을 받고자 ㉡ 공장에 항의 방문을 하였다.

① ㉠은 복고적 성격을 띤 사회 운동이다.
② ㉡은 기존 사회 질서의 유지를 목표로 하는 사회 운동이다.
③ ㉠과 달리 ㉡은 활동을 정당화하는 이념을 바탕으로 한다.
④ ㉡과 달리 ㉠은 사회 변화를 목적으로 하는 사회 운동이다.
⑤ ㉠, ㉡은 모두 일시적이고 비체계적인 특성을 갖는다.

|자|료|해|설|
㉠은 다수의 사람들이 집단적이고 조직적으로 행하는 사회 운동에 해당하고, ㉡은 일시적으로 나타나는 행동으로 사회 운동에 해당하지 않는다.

|선|택|지|풀|이|
① 오답 : ㉠은 과거의 전통적인 사회 유형으로 되돌아가려는 복고적 성격을 띤 사회 운동으로 볼 수 없다.
② 오답 : ㉡은 사회 운동에 해당하지 않는다.
③ 오답 : ㉡은 ㉠과 달리 사회 운동에 해당한다. 따라서 ㉠은 ㉡과 달리 활동을 정당화하는 이념을 바탕으로 한다.
④ 정답 : ㉠은 오랜 인종 차별 관행에 저항하기 위한 사회 운동으로 사회 변화를 목적으로 하지만, ㉡은 사회 운동에 해당하지 않는다.
⑤ 오답 : ㉠은 사회 운동으로 지속적이고 체계적인 특성을 갖는다.

🤯 **문제풀이 TIP** | 다수 사람들의 감정이 집합적으로 분출되어 우연적이고 우발적이며 일시적으로 나타나는 행동인지, 특정 목적을 달성하기 위해 조직적이고 계획적이며 지속적인 형태로 이루어지는 행동인지 구분해 보도록 한다.

😀 **출제분석** | 사회 운동을 파악하는 문제이다. 사회 운동에 해당하는지의 여부를 묻는 문제뿐만 아니라 사회 운동의 성격을 파악하는 문제가 출제될 수 있다.

다음 자료에 대한 옳은 설명만을 〈보기〉에서 고른 것은? (단, A, B는 각각 진화론, 순환론 중 하나임.)

B와 달리 A는 사회가 주기적으로 동일한 과정을 반복하며 변동한다고 본다. 표는 질문을 통해 A, B를 구분한 것이다.

질문	A	B
(가)	예	아니요
(나)	㉠	㉡

보기
ㄱ. A와 달리 B는 사회 변동에 일정한 방향이 없다고 본다.
ㄴ. B와 달리 A는 사회가 퇴보할 수 있다고 본다.
ㄷ. (가)에는 '서구 중심적 사고라는 비판을 받는가?'가 들어갈 수 없다.
ㄹ. (나)에 '운명론적 관점에서 사회 변동을 설명하는가?'가 들어가면, ㉠은 '아니요', ㉡은 '예'이다.

① ㄱ, ㄴ　　② ㄱ, ㄷ　　③ ㄴ, ㄷ　　④ ㄴ, ㄹ　　⑤ ㄷ, ㄹ

|자|료|해|설|
사회가 주기적으로 동일한 과정을 반복하며 변동한다고 보는 이론은 순환론이다. 따라서 A는 순환론, B는 진화론이다.

|보|기|풀|이|
ㄱ. 오답 : 진화론은 사회 변동이 진보와 발전이라는 일정한 방향을 가지고 있다고 본다.
ㄴ. 정답 : 순환론은 사회가 단선적으로 진보하는 것이 아니라 쇠퇴, 소멸의 운명을 지닌다고 본다.
ㄷ. 정답 : (가)에는 순환론이 '예', 진화론이 '아니요'라고 답할 수 있는 질문이 들어갈 수 있다. 서구 중심적 사고라는 비판을 받는 이론은 서구 사회를 가장 진보된 사회로 전제하는 진화론이다. 따라서 해당 질문은 (가)에 들어갈 수 없다.
ㄹ. 오답 : 운명론적 관점에서 사회 변동을 설명하는 이론은 순환론이다. 해당 질문이 (나)에 들어가면, ㉠은 '예', ㉡은 '아니요'이다.

🤯 **추가 학습** | 순환론은 사회가 시간의 흐름에 따라 생성, 성장, 쇠퇴, 소멸의 과정을 반복한다고 본다.

😀 **출제분석** | 진화론과 순환론을 파악하는 문제이다. 진화론과 순환론이 각각 주장하는 내용과 한계를 이해해 두도록 한다.

다음 글에서 사회 변동의 방향을 바라보는 필자의 관점에 대한 옳은 설명만을 〈보기〉에서 고른 것은? **3점**

> 갑국은 종교에 기반한 강력한 왕권을 바탕으로 지역 패권을 장악해 나갔다. 이 과정에서 발생한 강압적인 통치와 급격한 제도 변화로 인해 자국민들의 불만은 누적되어 갔다. 갑국은 이 경험을 교훈 삼아 종교를 토대로 한 왕권 체제를 버리고 안정적이고 효율적인 행정 체계를 수립하여 국가의 영향력을 다시 확대해 갔다. 이러한 통치 체제의 소멸과 탄생의 과정 속에서 사회의 요구에 대응하며 체계적으로 분화된 사회로 나아가는 양상은 갑국뿐 아니라 대부분의 국가에서 나타난다.

→ 진화론

보기

ㄱ. 사회 변동을 지속적인 진보의 과정으로 본다. → 진화론
ㄴ. 서구 제국주의를 정당화하는 논리로 이용될 수 있다.
ㄷ. 사회 변동 방향을 예측하여 대응하는 데 적합하지 않다. → 순환론
ㄹ. 운명론적 입장에서 사회의 소멸을 필연적 결과로 간주한다.

① ㄱ, ㄴ　② ㄱ, ㄷ　③ ㄴ, ㄷ　④ ㄴ, ㄹ　⑤ ㄷ, ㄹ

|자|료|해|설|

필자는 대부분의 국가들이 사회의 요구에 대응하며 체계적으로 분화된 사회로 나아간다고 보고 있다. 따라서 필자의 관점은 진화론에 해당한다.

|보|기|풀|이|

ㄱ 정답 : 진화론은 사회 변동이 바람직한 방향으로의 변화, 즉 진보와 발전을 의미한다고 본다.

ㄴ 정답 : 진화론은 서구 사회가 진보된 사회임을 전제하므로 서구의 제국주의 역사를 정당화하는 수단으로 이용될 수 있다.

ㄷ. 오답 : 순환론은 앞으로의 사회 변동 방향을 예측하여 대응하기에 적합하지 않다.

ㄹ. 오답 : 순환론은 역사 과정을 반복적인 순환 과정으로 보므로 사회의 소멸을 운명론적 입장에서 필연적인 결과로 본다.

😲 **문제풀이 TIP** | 한 사회의 통치 체제의 소멸과 탄생의 과정은 한 국가의 소멸과 생성을 의미하는 것이 아니라 더 나은 사회로 나아가기 위한 과정임을 이해해야 한다.

😊 **출제분석** | 진화론을 파악하는 문제이다. 진화론과 순환론의 주장 및 장점, 비판을 비교하여 이해해 두도록 한다.

1　농업 사회 vs 산업 사회 vs 정보 사회　정답 ②　정답률 92%　2022학년도 수능 11번　문제편 313p

다음 자료에 대한 옳은 설명만을 〈보기〉에서 고른 것은? (단, A, B는 각각 산업 사회, 정보 사회 중 하나이다.)

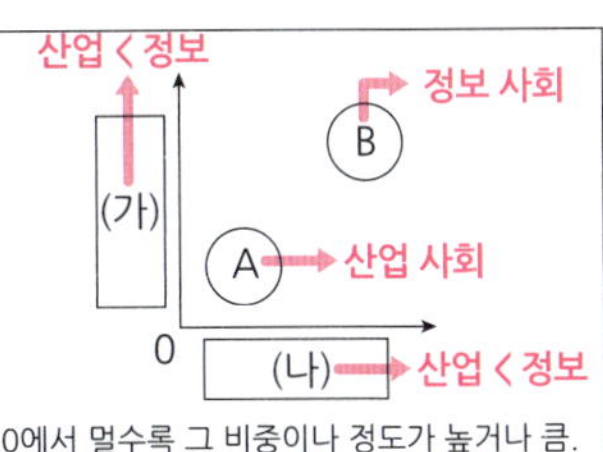

　　개인들은 A에 비해 B에서 취향의 자유를 더 많이 누린다. B의 개인들은 자신의 독특한 욕구를 A에 비해 훨씬 더 다양한 방식으로 실현한다.

보기

ㄱ. A는 B에 비해 물리적 거리가 사회적 관계 형성을 제약하는 정도가 크다. → 산업 > 정보
ㄴ. B는 A에 비해 쌍방향 매체의 정보 전달 비중이 낮다. 높다
ㄷ. (가)에는 '의사 결정의 분권화 정도'가, (나)에는 '비대면 접촉의 비중'이 들어갈 수 있다. → 산업 < 정보　→ 산업 < 정보
ㄹ. (가)에는 '정보 생산자와 소비자 간 구분의 명확성 정도'가, (나)에는 '가정과 일터의 분리 정도'가 들어갈 수 있다. 없다 → 산업 > 정보
→ 산업 > 정보

① ㄱ, ㄴ　② ㄱ, ㄷ　③ ㄴ, ㄷ　④ ㄴ, ㄹ　⑤ ㄷ, ㄹ

|자|료|해|설|
산업 사회보다 정보 사회에서 개인들은 취향의 자유를 더 많이 누리고, 다양한 방식으로 욕구를 실현한다. 따라서 A는 산업 사회, B는 정보 사회이다.

|보|기|풀|이|
ㄱ. 정답 : 물리적 거리가 사회적 관계 형성을 제약하는 정도는 산업 사회가 정보 사회보다 크다.
ㄴ. 오답 : 쌍방향 매체의 정보 전달 비중은 정보 사회가 산업 사회보다 높다.
ㄷ. 정답 : (가)와 (나) 모두에서 정보 사회가 산업 사회보다 높게 나타나는 특징이 들어갈 수 있다. 의사 결정의 분권화 정도는 정보 사회가 산업 사회보다 높고, 비대면 접촉의 비중은 정보 사회가 산업 사회보다 높다. 따라서 해당 특징은 (가)와 (나) 각각에 들어갈 수 있다.
ㄹ. 오답 : 정보 생산자와 소비자 간 구분의 명확성 정도는 산업 사회가 정보 사회보다 크고, 가정과 일터의 분리 정도는 산업 사회가 정보 사회보다 크다. 따라서 해당 특징은 (가)와 (나) 각각에 들어갈 수 없다.

🤪 **추가 학습** | 가정과 일터의 분리 정도는 산업 사회 > 정보 사회이고, 가정과 일터의 통합 정도는 정보 사회 > 산업 사회이다.

🤪 **출제분석** | 산업 사회와 정보 사회를 비교하는 문제이다. 농업 사회, 산업 사회, 정보 사회 각각의 특징을 비교하는 문제가 다양한 유형으로 출제될 수 있으므로 기출 문제를 통해 다양한 자료를 파악해 두도록 한다.

2　농업 사회 vs 산업 사회 vs 정보 사회　정답 ①　정답률 76%　2024학년도 6월 모평 18번　문제편 313p

그림은 A, B의 일반적인 특징을 비교한 것이다. 이에 대한 설명으로 옳은 것은? (단, A, B는 각각 산업 사회, 정보 사회 중 하나임.)

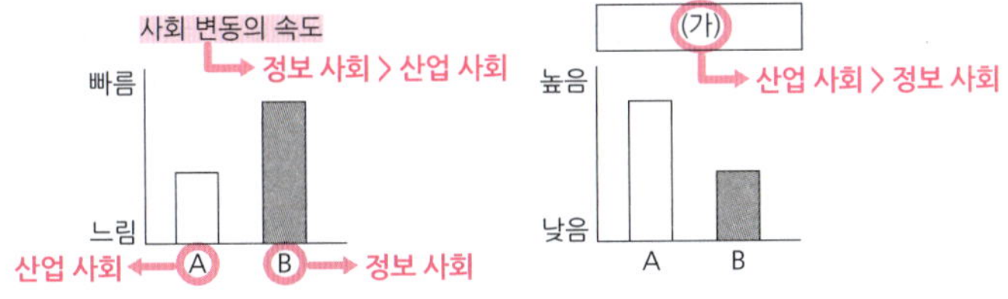

① A는 B에 비해 전자 상거래의 비중이 작다.
② B는 A에 비해 의사 결정의 분권화 정도가 낮다. A B
③ A는 다품종 소량 생산, B는 소품종 대량 생산이 지배적이다. B A
④ A는 지식과 정보, B는 자본과 노동이 부가 가치의 주요 원천이다. B A
⑤ (가)에는 '정보의 생산자와 소비자 간 구분의 명확성 정도'가 들어갈 수 없다. 있다 → 산업 사회 > 정보 사회

|자|료|해|설|
정보 사회는 산업 사회에 비해 사회 변동 속도가 빠르다. 따라서 A는 산업 사회, B는 정보 사회이다.

|선|택|지|풀|이|
① 정답 : 정보 사회는 통신망을 통한 거래가 활발하게 이루어지므로 산업 사회에 비해 전자 상거래의 비중이 크다.
② 오답 : 산업 사회는 정보 사회에 비해 의사 결정의 분권화 정도가 낮다.
③ 오답 : 산업 사회는 소품종 대량 생산이, 정보 사회는 다품종 소량 생산이 지배적으로 나타난다.
④ 오답 : 산업 사회는 자본과 노동이 부가 가치의 주요 원천이고, 정보 사회는 지식과 정보가 부가 가치의 주요 원천이다.
⑤ 오답 : (가)에는 산업 사회가 정보 사회에 비해 높게 나타나는 특징이 들어갈 수 있다. 산업 사회는 정보 사회에 비해 정보의 생산자와 소비자 간 구분의 명확성 정도가 높다. 따라서 해당 특징은 (가)에 들어갈 수 있다.

🤪 **문제풀이 T I P** | 정보 사회가 산업 사회에 비해 높게 나타나는 특징, 산업 사회가 정보 사회에 비해 높게 나타나는 특징을 명확하게 파악해 두도록 한다.

🤪 **출제분석** | 산업 사회와 정보 사회의 특징을 비교하는 문제이다. 표, 그림, 삽화 등 다양한 유형으로 출제될 수 있으므로 기출 문제를 통해 문제의 유형을 파악해 두도록 한다.

다음 자료에 대한 설명으로 옳은 것은? (단, A와 B는 각각 산업 사회와 정보 사회 중 하나임.) **3점**

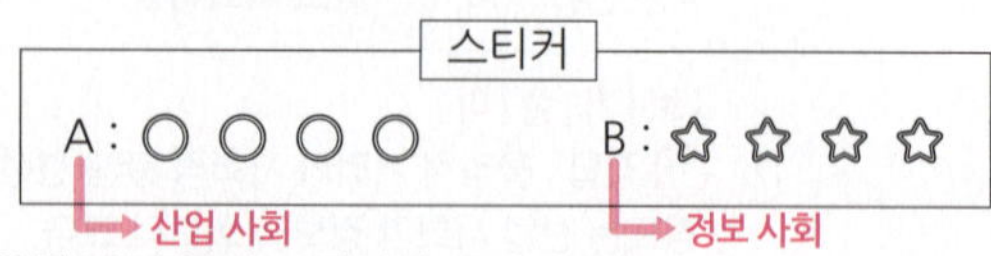

○ 과제 : 제시된 비교 기준에 따라 A와 B를 비교할 때, 상대적으로 '강함(높음)'으로 평가되는 사회의 스티커를 떼어 답란에 붙이시오.

A : 산업 사회　　B : 정보 사회

○ 학생 갑이 붙인 스티커와 교사의 평가

비교 기준	답란	교사의 평가
가정과 일터의 결합 정도 산업 사회 < 정보 사회	○	오답
(가) 산업 사회 > 정보 사회	☆	오답
쌍방향 매체의 활용 비중 산업 사회 < 정보 사회	㉠ ★	정답
(나) 산업 사회 > 정보 사회	○	정답

① ㉠은 '○'이다. ★ → 산업 사회 < 정보 사회
② (가)에 '지식 서비스 산업 종사자의 비중'이 들어갈 수 있다. 없다
③ (나)에 '소품종 대량 생산 방식의 비중'이 들어갈 수 있다. → 산업 사회 > 정보 사회
④ A는 B에 비해 사회 변동의 속도가 빠르다.
⑤ B는 A에 비해 정보 제공자와 수용자 간의 구분이 명확하다.

|자|료|해|설|

가정과 일터의 결합 정도와 쌍방향 매체의 활용 비중은 모두 정보 사회가 산업 사회에 비해 높게 나타난다. 따라서 A는 산업 사회, B는 정보 사회이다.

|선|택|지|풀|이|

① 오답 : 쌍방향 매체의 활용 비중은 정보 사회가 산업 사회에 비해 높게 나타난다. 이 비교 기준에 대한 교사의 평가가 '정답'이므로 ㉠은 '☆'이다.
② 오답 : (가)에는 산업 사회가 정보 사회에 비해 높게 나타나는 기준이 들어갈 수 있다. 지식 서비스 산업 종사자의 비중은 정보 사회가 산업 사회에 비해 높게 나타난다. 따라서 해당 내용은 (가)에 들어갈 수 없다.
③ 정답 : (나)에는 산업 사회가 정보 사회에 비해 높게 나타나는 기준이 들어갈 수 있다. 소품종 대량 생산 방식의 비중은 산업 사회가 정보 사회에 비해 높게 나타난다. 따라서 해당 내용은 (나)에 들어갈 수 있다.
④ 오답 : 정보 사회는 산업 사회에 비해 사회 변동의 속도가 빠르다.
⑤ 오답 : 산업 사회는 정보 사회에 비해 정보 제공자와 수용자 간의 구분이 명확하다.

문제풀이 TIP | 학생이 가정과 일터의 결합 정도에 붙인 스티커에 대한 교사의 평가를 통해 A와 B 각각에 해당하는 사회를 파악할 수 있다.

출제분석 | 산업 사회와 정보 사회의 특징을 비교하는 문제로, 자료의 제시가 참신하다. 산업 사회와 정보 사회의 특징을 묻거나, 정보 사회의 문제점 등을 복합적으로 묻는 문제가 출제될 수 있다.

A, B에 대한 설명으로 옳은 것은? (단, A, B는 각각 산업 사회, 정보 사회 중 하나임.)

A는 주로 노동과 자본을 집약하여 부가 가치를 창출한다. → 산업 사회
B는 일반적으로 지식과 정보가 부가 가치 창출의 원천으로 활용되며, A에 비해 [(가)] 이/가 낮은 특징이 나타난다. → 정보 사회
(가) → 정보 사회 < 산업 사회

① A에 비해 B는 의사 결정의 분권화 정도가 낮다. 높다
② B에 비해 A는 직업의 이질성이 높다. 낮다
③ A는 다품종 소량 생산이, B는 소품종 대량 생산이 지배적이다.
④ (가)에는 '비대면 접촉의 비중'이 들어갈 수 있다. 없다 → 정보 사회 > 산업 사회
⑤ (가)에는 '가정과 일터의 결합 정도'가 들어갈 수 없다. → 정보 사회 > 산업 사회

문제풀이 TIP | 비대면 접촉의 비중은 정보 사회 > 산업 사회이고, 대면 접촉의 비중은 산업 사회 > 정보 사회이다. 가정과 일터의 결합 정도는 정보 사회 > 산업 사회이고, 가정과 일터의 분리 정도는 산업 사회 > 정보 사회이다.

출제분석 | 산업 사회와 정보 사회의 특징을 비교하는 문제이다. 각 특징을 기준으로 정보 사회와 산업 사회를 비교해 두도록 한다.

|자|료|해|설|

노동과 자본을 집약하여 부가 가치를 창출하는 사회는 산업 사회이고, 지식과 정보가 부가 가치 창출의 원천으로 활용되는 사회는 정보 사회이다. 따라서 A는 산업 사회, B는 정보 사회이고, (가)에는 정보 사회가 산업 사회에 비해 낮게 나타나는 특징이 들어가야 한다.

|선|택|지|풀|이|

① 오답 : 정보 사회는 산업 사회에 비해 의사 결정의 분권화 정도가 높다.
② 오답 : 산업 사회는 정보 사회에 비해 직업의 이질성이 낮다.
③ 오답 : 산업 사회는 소품종 대량 생산이, 정보 사회는 다품종 소량 생산이 지배적이다.
④ 오답 : 비대면 접촉의 비중은 정보 사회가 산업 사회에 비해 높다. 따라서 해당 내용은 (가)에 들어갈 수 없다.
⑤ 정답 : 가정과 일터의 결합 정도는 정보 사회가 산업 사회에 비해 높다. 따라서 해당 내용은 (가)에 들어갈 수 없다.

그림은 기준 (가), (나)에 따라 A, B의 일반적인 특징을 비교한 것이다. 이에 대한 설명으로 옳은 것은? (단, A와 B는 각각 산업 사회, 정보 사회 중 하나이다.)

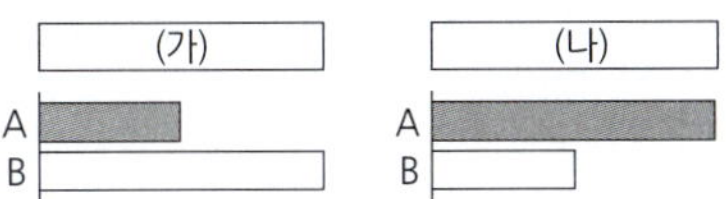

① A가 정보 사회라면, (가)에는 '전자 상거래의 비중'이 들어갈 수 있다.

② B가 산업 사회라면, (나)에는 '사회적 관계를 맺는 공간적 제약의 정도'가 들어갈 수 있다.

③ (가)가 '사회의 다원화 정도'라면, A는 B에 비해 정보 생산자와 소비자 간 구분이 명확하다.

④ (나)가 '다품종 소량 생산 방식의 비중'이라면, B는 A에 비해 사회 변동 속도가 빠르다.

⑤ (가)가 '2차 산업의 비중'이라면, (나)에는 '가정과 일터의 분리 정도'가 들어갈 수 있다.

문제풀이 TIP | 다품종 소량 생산 방식의 비중은 정보 사회＞산업 사회이고, 소품종 대량 생산 방식의 비중은 산업 사회＞정보 사회이다. 가정과 일터의 통합 정도는 정보 사회＞산업 사회이고, 가정과 일터의 분리 정도는 산업 사회＞정보 사회이다.

출제분석 | 산업 사회와 정보 사회의 특징을 비교하는 문제이다. 그림, 표 등 다양한 유형으로 산업 사회와 정보 사회를 비교하는 문제가 출제될 수 있으므로 기출 문제를 통해 다양한 문제 유형을 파악해 두도록 한다.

|자|료|해|설|

(가)에는 A보다 B에서 높게 나타나는 특징이 들어갈 수 있고, (나)에는 B보다 A에서 높게 나타나는 특징이 들어갈 수 있다.

|선|택|지|풀|이|

① 오답 : 전자 상거래의 비중은 산업 사회가 정보 사회보다 작다. 따라서 A가 정보 사회라면, 해당 내용은 (가)에 들어갈 수 없다.

② 오답 : 사회적 관계를 맺는 공간적 제약의 정도는 정보 사회가 산업 사회보다 낮다. 따라서 B가 산업 사회라면, 해당 내용은 (나)에 들어갈 수 없다.

③ 정답 : 사회의 다원화 정도는 정보 사회가 산업 사회보다 높다. (가)에 '사회의 다원화 정도'가 들어가면, A는 산업 사회, B는 정보 사회이다. 산업 사회는 정보 사회에 비해 정보 생산자와 소비자 간 구분이 명확하다.

④ 오답 : 다품종 소량 생산 방식의 비중은 정보 사회가 산업 사회보다 높다. (나)에 '다품종 소량 생산 방식의 비중'이 들어가면, A는 정보 사회, B는 산업 사회이다. 정보 사회는 산업 사회에 비해 사회 변동 속도가 빠르다.

⑤ 오답 : 2차 산업의 비중과 가정과 일터의 분리 정도는 모두 산업 사회가 정보 사회보다 높다. (가)에 '2차 산업의 비중'이 들어가면 A는 정보 사회, B는 산업 사회이다. 그러나 (나)에 '가정과 일터의 분리 정도'가 들어가면, A는 산업 사회, B는 정보 사회가 되므로 해당 내용은 (나)에 들어갈 수 없다.

다음 자료에 대한 설명으로 옳은 것은? (단, A, B는 각각 산업 사회, 정보 사회 중 하나임.) **3점**

표는 A, B를 비교하는 질문과 그에 대한 갑, 을의 응답을 나타낸 것이다. 옳은 응답의 개수는 을이 갑보다 많다.

질문	응답	
	갑	을
A는 B에 비해 가정과 일터의 결합 정도가 높은가?	예	아니요
B는 A에 비해 소품종 대량 생산의 비중이 높은가?	아니요	㉠ 아니요
(가)	예	예

① ㉠은 '예'이다.

② A는 B에 비해 사회의 다원화 정도가 높다.

③ B는 A에 비해 전자 상거래의 비중이 낮다.

④ (가)에 'A는 B에 비해 사회 구성원 간 비대면 접촉 비중이 높은가?'가 들어간다면, 갑의 응답 중 옳은 것은 1개이다.

⑤ (가)에 'B는 A에 비해 정보의 생산자와 소비자 간 구분이 명확한가?'가 들어간다면, 을의 응답 중 옳은 것은 3개이다.

문제풀이 TIP | 을이 갑보다 옳은 응답의 개수가 많다는 조건을 명심하도록 한다.

출제분석 | 산업 사회와 정보 사회의 특징을 비교하는 문제이다. 정보 사회의 특징 및 문제점을 묻는 문제가 출제될 수 있다.

|자|료|해|설|

가정과 일터의 결합 정도는 정보 사회＞산업 사회이고, 소품종 대량 생산의 비중은 산업 사회＞정보 사회이다. A가 정보 사회, B가 산업 사회인 경우 첫 번째 질문에 대한 갑의 응답은 옳고, 을의 응답은 옳지 않으며, 두 번째 질문에 대한 갑의 응답은 옳지 않다. 이 경우 을은 갑보다 옳은 응답의 개수가 많을 수 없다. 따라서 A는 산업 사회, B는 정보 사회이다.

|선|택|지|풀|이|

① 오답 : 첫 번째 질문에 대한 갑의 응답은 옳지 않고, 을의 응답은 옳으며, 두 번째 질문에 대한 갑의 응답은 옳다. 을은 갑보다 옳은 응답의 개수가 많으므로 두 번째 질문에 대한 을의 답변은 옳아야 한다. 따라서 ㉠은 '아니요'이다.

② 오답 : 산업 사회는 정보 사회에 비해 사회의 다원화 정도가 낮다.

③ 오답 : 정보 사회는 산업 사회에 비해 전자 상거래의 비중이 높다.

④ 정답 : 정보 사회는 산업 사회에 비해 사회 구성원 간 비대면 접촉 비중이 높다. 해당 질문이 (가)에 들어가면, (가)에 대한 옳은 응답은 '아니요'이다. 따라서 갑은 두 번째 질문에 대한 응답만 옳게 했으므로 갑의 응답 중 옳은 것은 1개이다.

⑤ 오답 : 산업 사회는 정보 사회에 비해 정보의 생산자와 소비자 간 구분이 명확하다. 해당 질문이 (가)에 들어가면, (가)에 대한 옳은 응답은 '아니요'이다. 따라서 을은 첫 번째 질문과 두 번째 질문에 대한 응답만 옳게 했으므로 을의 응답 중 옳은 것은 2개이다.

교사가 제시한 과제에 대해 옳게 응답한 학생만을 고른 것은? (단, A ~ C는 각각 농업 사회, 산업 사회, 정보 사회 중 하나이다.)

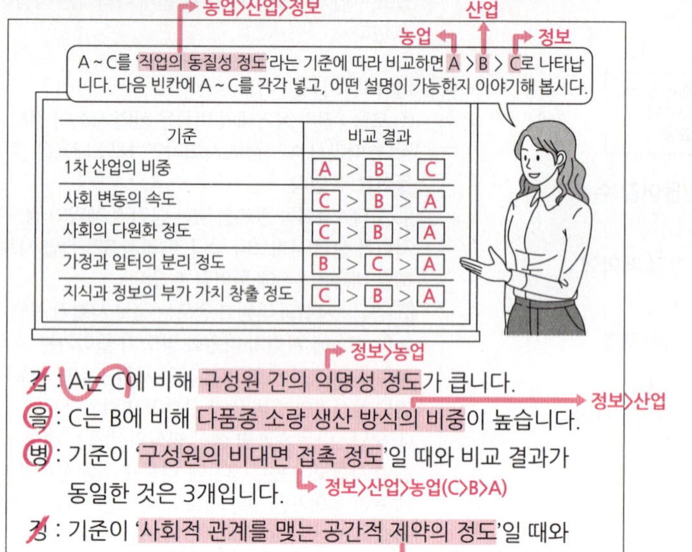

① 갑, 을 ② 갑, 병 ③ 을, 병 ④ 을, 정 ⑤ 병, 정

|자|료|해|설|

직업의 동질성 정도는 '농업 사회 > 산업 사회 > 정보 사회' 순으로 나타난다. 따라서 A는 농업 사회, B는 산업 사회, C는 정보 사회이다.

1차 산업의 비중은 '농업 사회 > 산업 사회 > 정보 사회' 순으로 나타난다. 사회 변동의 속도는 '정보 사회 > 산업 사회 > 농업 사회' 순으로 나타난다. 사회의 다원화 정도는 '정보 사회 > 산업 사회 > 농업 사회' 순으로 나타난다. 가정과 일터의 분리 정도는 '산업 사회 > 정보 사회 > 농업 사회' 순으로 나타난다. 지식과 정보의 부가 가치 창출 정도는 '정보 사회 > 산업 사회 > 농업 사회' 순으로 나타난다.

|선|택|지|풀|이|

갑. 오답 : 구성원 간의 익명성 정도는 '정보 사회 > 산업 사회 > 농업 사회' 순으로 나타난다. 따라서 정보 사회는 농업 사회에 비해 구성원 간의 익명성 정도가 크다.

을. 정답 : 정보 사회는 다품종 소량 생산 방식의 비중이 높고, 산업 사회는 소품종 대량 생산 방식의 비중이 높다.

병. 정답 : 구성원의 비대면 접촉 정도는 '정보 사회 > 산업 사회 > 농업 사회' 순으로 나타난다. 따라서 'C > B > A' 순서와 비교 결과가 동일한 것은 3개이다.

정. 오답 : 사회적 관계를 맺는 공간적 제약의 정도는 '농업 사회 > 산업 사회 > 정보 사회' 순으로 나타난다. 따라서 'A > B > C' 순서와 비교 결과가 동일한 것은 1개이다.

출제분석 | 농업 사회, 산업 사회, 정보 사회의 특징을 비교하는 문제는 수능과 모평에 거의 빠지지 않고 출제되는 핵심 주제이다. 각 사회의 특징의 크기를 비교하는 문제가 주로 출제된다. 따라서 기출 문제를 중심으로 관련 개념을 완벽하게 정리해 둘 필요가 있다.

다음 자료에 대한 설명으로 옳은 것은? (단, A와 B는 각각 산업 사회, 정보 사회 중 하나이다.) **3점**

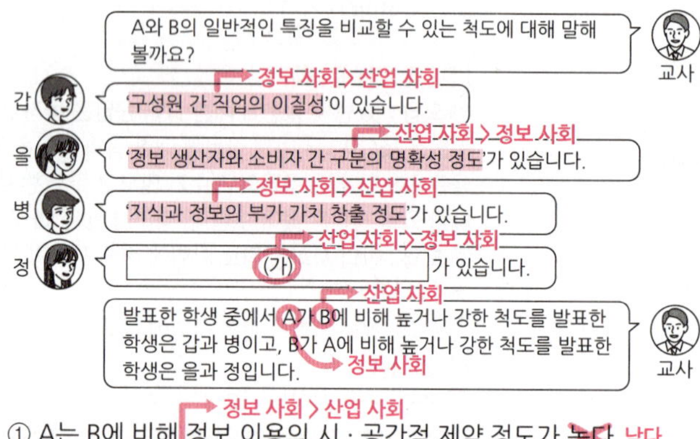

① A는 B에 비해 정보 이용의 시·공간적 제약 정도가 높다. 낮다
정보 사회 > 산업 사회
② B는 A에 비해 가정과 일터의 분리 정도가 높다.
③ (가)에는 '다품종 소량 생산 방식의 비중'이 적절하다. 하지 않다
④ '면대면 접촉의 비중'은 갑과 병이 발표한 척도를 대체할 수 있다. 없다
⑤ '사회의 다원화 정도'는 을과 정이 발표한 척도를 대체할 수 있다. 없다
정보 사회 > 산업 사회
산업 사회 > 정보 사회

|자|료|해|설|

구성원 간 직업의 이질성 정도는 정보 사회가 산업 사회보다 높고, 정보 생산자와 소비자 간 구분의 명확성 정도는 산업 사회가 정보 사회보다 높으며, 지식과 정보의 부가 가치 창출 정도는 정보 사회가 산업 사회보다 높다. 따라서 A는 정보 사회, B는 산업 사회이다.

|선|택|지|풀|이|

① 오답 : 정보 사회는 산업 사회에 비해 정보 이용의 시·공간적 제약 정도가 낮다.

② 정답 : 정보 사회는 재택 근무의 확산으로 인해 가정과 일터의 분리 정도가 산업 사회에 비해 낮다.

③ 오답 : (가)에는 산업 사회가 정보 사회보다 높게 나타나는 척도가 들어갈 수 있다. 다품종 소량 생산 방식의 비중은 정보 사회가 산업 사회보다 높다. 따라서 해당 내용은 (가)에 들어갈 수 없다.

④ 오답 : 갑과 병이 발표한 척도는 정보 사회가 산업 사회보다 높게 나타나는 척도이다. 면대면 접촉의 비중은 산업 사회가 정보 사회보다 높다. 따라서 해당 내용은 갑과 병이 발표한 척도를 대체할 수 없다.

⑤ 오답 : 을과 정이 발표한 척도는 산업 사회가 정보 사회보다 높게 나타나는 척도이다. 사회의 다원화 정도는 정보 사회가 산업 사회보다 높다. 따라서 해당 내용은 을과 정이 발표한 척도를 대체할 수 없다.

다음은 A, B의 일반적인 특징을 비교한 것이다. 이에 대한 설명으로 옳은 것은? (단, A와 B는 각각 산업 사회, 정보 사회 중 하나이다.)

정보 사회 ← ← 산업 사회 → 정보 사회 > 산업 사회

○ A는 B에 비해 의사 결정의 분권화 정도가 높다.
○ A는 B에 비해 ⎡ (가) ⎤이/가 크다. → 정보 사회 > 산업 사회
○ B는 A에 비해 ⎡ (나) ⎤이/가 빠르다. → 정보 사회 < 산업 사회

① A는 B에 비해 비대면 접촉의 비중이 낮다. 높다
② B는 A에 비해 쌍방향 매체의 정보 전달 비중이 낮다.
③ A는 소품종 대량 생산 체제, B는 다품종 소량 생산 체제가
　　B　　　　　　　　A
　 지배적이다.
④ (가)에는 '물리적 거리가 사회적 관계 형성에 미치는 제약'이
　 들어갈 수 있다 없다 → 정보 사회 < 산업 사회
⑤ (나)에는 '정보의 확산 속도'가 들어갈 수 있다. 없다
　　→ 정보 사회 > 산업 사회

|자|료|해|설|
의사 결정의 분권화 정도는 탈관료제 조직의 비중이 높은 정보 사회가 산업 사회에 비해 높다. 따라서 A는 정보 사회, B는 산업 사회이다.

|선|택|지|풀|이|
① 오답 : 정보 사회에서는 면대면 접촉의 비중이 감소한다. 따라서 정보 사회는 산업 사회에 비해 비대면 접촉의 비중이 높다.
② 정답 : 정보 사회는 쌍방향 매체의 정보 전달 비중이 높고, 산업 사회는 일방향 매체의 정보 전달 비중이 높다.
③ 오답 : 정보 사회에서는 다품종 소량 생산 체제가, 산업 사회에서는 소품종 대량 생산 체제가 지배적이다.
④ 오답 : 물리적 거리가 사회적 관계 형성에 미치는 제약 정도는 산업 사회가 정보 사회에 비해 크다. 따라서 '물리적 거리가 사회적 관계 형성에 미치는 제약'은 (가)에 들어갈 수 없다.
⑤ 오답 : 정보의 확산 속도는 정보 사회가 산업 사회에 비해 빠르다. 따라서 '정보의 확산 속도'는 (나)에 들어갈 수 없다.

관련 개념 | 일방향 매체는 신문, 잡지, 라디오, 영화, 텔레비전 등 전통적인 대중 매체로, 정보 생산자와 소비자가 뚜렷하게 구별되고 정보 소비자가 수동적이다. 쌍방향 매체는 누리 소통망(SNS), 맞춤형 누리 방송(IPTV) 등 인터넷을 이용한 뉴 미디어로, 정보 생산자와 소비자의 구분이 모호하고 정보 소비자가 정보 생산 과정에 능동적이고 적극적으로 참여한다.

출제분석 | 산업 사회와 정보 사회의 특징을 비교하는 문제이다. 농업 사회, 산업 사회, 정보 사회의 특징을 꼼꼼하게 파악하여 비교해 두도록 한다.

밑줄 친 ㉠~㉣에 대한 옳은 설명만을 〈보기〉에서 고른 것은?

　㉠ 정보 사회의 도래로 대면 접촉이 줄어들면서 파편화된 인간관계에 대한 우려도 있지만, ㉡ SNS(사회 관계망 서비스) 등 뉴 미디어의 발달이 타인과의 교류와 연대를 확장시켜 사회적 결속을 강화할 수 있다는 예측도 있다. 예를 들어 ㉢ 산업 사회에서는 고립되어 있던 개인들이 ㉣ SNS를 통해 관심사가 비슷한 사람들과 거주 지역에 관계없이 폭넓게 교류하며 결속을 다지고 적극적인 사회 구성원으로 활동할 수 있다.

보기
ㄱ. ㉡은 쌍방향 매체의 정보 전달 비중을 확대시킨다.
ㄴ. ㉣은 사회적 관계 형성의 공간적 제약을 극복하는 모습을 보여 준다.
ㄷ. ㉠은 ㉢에 비해 가정과 일터의 분리 정도가 높다.
ㄹ. ㉢은 ㉠과 달리 다품종 소량 생산 방식이 지배적이다.

① ㄱ, ㄴ　② ㄱ, ㄷ　③ ㄴ, ㄷ　④ ㄴ, ㄹ　⑤ ㄷ, ㄹ

|자|료|해|설|
정보 사회는 지식과 정보가 중요한 부의 원천으로 인식되고, 인간의 주요 활동이 정보 통신 기술이 제공하는 서비스의 지원을 받아 이루어지는 사회이다.

|보|기|풀|이|
ㄱ. 정답 : 뉴 미디어는 일방적으로 정보를 전달하는 것이 아니라 상호 간에 피드백이 수시로 발생하며, 정보 생산자가 정보 소비자가 되기도 하고 정보 소비자가 정보 생산자가 되기도 한다. 따라서 뉴 미디어의 발달은 쌍방향 매체의 정보 전달 비중을 확대시킨다.
ㄴ. 정답 : SNS를 통해 거주 지역과 무관하게 특정 관심사를 공유하는 사람들 간의 소통이 이루어지면서 사회적 관계를 맺는 공간적 범위가 확대되고 있다.
ㄷ. 오답 : 정보 사회는 산업 사회에 비해 가정과 일터의 분리 정도가 낮다.
ㄹ. 오답 : 정보 사회에서는 다품종 소량 생산 방식이 지배적으로 나타나고, 산업 사회에서는 소품종 대량 생산 방식이 지배적으로 나타난다.

추가 학습 | 정보 사회는 산업 사회에 비해 가정과 일터의 분리 정도가 낮고, 가정과 일터의 결합 정도가 높다.

출제분석 | 산업 사회와 정보 사회를 비교하는 문제이다. 제시문의 형식뿐만 아니라 도표, 대화, 그림 등 다양한 유형으로 산업 사회와 정보 사회를 비교하는 문제가 출제될 수 있으므로 기출 문제를 통해 다양한 유형을 접해 보도록 한다.

표는 A와 B의 일반적인 특징을 비교한 것이다. 이에 대한 설명으로 옳은 것은? (단, A와 B는 각각 산업 사회와 정보 사회 중 하나이다.)

비교 기준	강함(높음)	약함(낮음)
가정과 일터의 분리 정도	B→산업 사회	A→정보 사회
(가)	A	B

산업 사회 > 정보 사회
정보 사회 > 산업 사회

① A는 B에 비해 구성원 간 대면 접촉 비중이 높다.
② A는 B에 비해 정보 제공자와 수용자 간 구분이 명확하다.
③ B는 A에 비해 지식 정보 산업의 비중이 높다.
④ B는 A에 비해 다품종 소량 생산 방식의 비중이 높다.
⑤ (가)에 '탈관료제 조직의 비중'이 들어갈 수 있다.

정보 사회 > 산업 사회

> 😲 **추가 학습** | '가정과 일터의 분리 정도'는 산업 사회 > 정보 사회이고, '가정과 일터의 통합 정도'는 정보 사회 > 산업 사회이다.

> 😊 **출제분석** | 산업 사회와 정보 사회를 비교하는 문제이다. 농업 사회, 산업 사회, 정보 사회를 다양한 비교 기준을 통해 비교하는 문제가 출제될 수 있다.

|자|료|해|설|

산업 사회가 정보 사회에 비해 가정과 일터의 분리 정도가 강하다. 따라서 A는 정보 사회, B는 산업 사회이다.

|선|택|지|풀|이|

① 오답 : 산업 사회가 정보 사회에 비해 구성원 간 대면 접촉 비중이 높다.
② 오답 : 산업 사회가 정보 사회에 비해 정보 제공자와 수용자 간 구분이 명확하다.
③ 오답 : 정보 사회가 산업 사회에 비해 지식 정보 산업의 비중이 높다.
④ 오답 : 정보 사회가 산업 사회에 비해 다품종 소량 생산 방식의 비중이 높다.
⑤ 정답 : (가)에는 정보 사회가 산업 사회에 비해 높게 나타나는 비교 기준이 들어갈 수 있다. 정보 사회는 산업 사회에 비해 탈관료제 조직의 비중이 높다. 따라서 '탈관료제 조직의 비중'은 (가)에 들어갈 수 있다.

다음 자료에 대한 옳은 설명만을 <보기>에서 고른 것은? 🔴3점

○ **게임 규칙** : 두 사람이 6장의 카드 중 각각 2장의 카드를 선택하는데, 각 카드를 통해 획득하는 점수의 합이 큰 사람이 승자가 된다. 단, 한 사람이 선택한 카드는 다른 사람이 선택할 수 없다.

○ **각 카드에 부여된 점수** : 정보 사회가 산업 사회보다 '강함(높음)'으로 평가되는 비교 기준이 적혀 있는 카드는 각각 2점씩이고, 나머지 카드는 각각 0점씩이다.

○ **각 카드에 적혀 있는 비교 기준**

(가)2점	(나)2점	(다)0점
사회 변동 속도	사회 다원화 정도	관료제 조직의 비중
정보 > 산업	정보 > 산업	산업 > 정보

(라)2점	(마)2점	(바)0점
쌍방향 매체의 활용 비중	재택근무 방식의 활용 정도	소품종 대량 생산 방식의 비중
정보 > 산업	정보 > 산업	산업 > 정보

보기
ㄱ. (가)와 (다)를 통해 획득하는 점수의 합은 0점이다. → 2
ㄴ. (나)와 (라)를 통해 획득하는 점수의 합은 4점이다.
ㄷ. (가)와 (라)를 선택한 사람의 점수 합과 (마)와 (바)를 선택한 사람의 점수 합은 같다. → 다르다 / 4점 / 2점
ㄹ. 두 사람이 각각 2장씩 카드를 선택한 후 (다)와 (바)가 남았다면 두 사람 중 승자는 없다.

① ㄱ, ㄴ　② ㄱ, ㄷ　③ ㄴ, ㄷ　④ ㄴ, ㄹ　⑤ ㄷ, ㄹ

|자|료|해|설|

사회 변동 속도, 사회 다원화 정도, 쌍방향 매체의 활용 비중, 재택근무 방식의 활용 정도는 정보 사회가 산업 사회보다 높게 나타나고, 관료제 조직의 비중과 소품종 대량 생산 방식의 비중은 산업 사회가 정보 사회보다 높게 나타난다. 따라서 (가), (나), (라), (마)를 통해서는 각각 2점을, (다)와 (바)를 통해서는 0점을 획득할 수 있다.

|보|기|풀|이|

ㄱ. 오답 : (가)를 통해 획득할 수 있는 점수는 2점, (다)를 통해 획득할 수 있는 점수는 0점이므로 (가)와 (다)를 통해 획득할 수 있는 점수의 합은 2점이다.
ㄴ. 정답 : (나)와 (라)를 통해 획득할 수 있는 점수는 각각 2점이다. 따라서 (나)와 (라)를 통해 획득할 수 있는 점수의 합은 4점이다.
ㄷ. 오답 : (가)와 (라)를 통해 획득할 수 있는 점수는 각각 2점이므로 (가)와 (라)를 선택한 사람의 점수 합은 4점이다. (마)를 통해 획득할 수 있는 점수는 2점, (바)를 통해 획득할 수 있는 점수는 0점이므로 (마)와 (바)를 선택한 사람의 점수 합은 2점이다.
ㄹ. 정답 : (다)와 (바)를 제외한 (가), (나), (라), (마)를 통해 획득할 수 있는 점수는 각각 2점이다. 두 사람이 각각 2장씩 카드를 선택한 후 (다)와 (바)가 남았다면, 두 사람은 (가), (나), (라), (마) 중 2장의 카드를 각각 선택했을 것이므로 두 사람은 각각 4점을 획득하여 두 사람 중 승자는 없다.

> 😲 **추가 학습** | 탈관료제 조직의 비중은 정보 사회 > 산업 사회이고, 일방향 매체의 활용 비중은 산업 사회 > 정보 사회이며, 다품종 소량 생산 방식의 비중은 정보 사회 > 산업 사회이다.

> 😊 **출제분석** | 산업 사회와 정보 사회의 특징을 비교하는 문제이다. 산업 사회가 정보 사회보다 높게 나타나는 특징과 정보 사회가 산업 사회보다 높게 나타나는 특징을 혼동하지 않고 정확하게 파악해 두도록 한다.

그림은 질문을 통해 A, B를 구분한 것이다. 이에 대한 설명으로 옳은 것은? (단, A, B는 각각 산업 사회, 정보 사회 중 하나이다.)

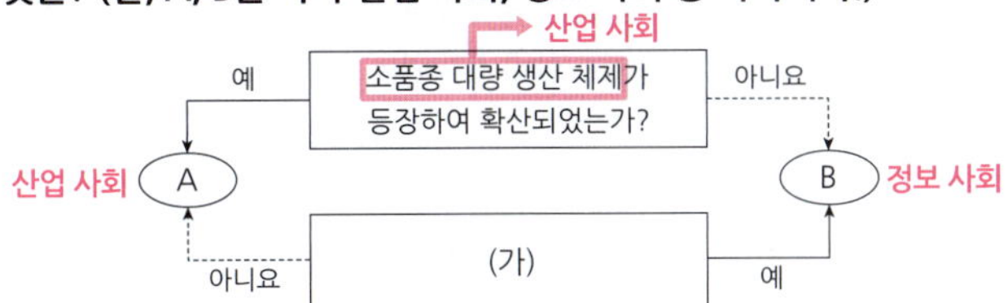

① A는 B보다 사회의 다원화 정도가 낮다.
② A는 B보다 가정과 일터의 분리 정도가 낮다. 높다
③ B는 A보다 비대면 접촉 정도가 낮다. 높다
④ B는 A보다 의사 결정의 분권화 정도가 낮다. 높다
⑤ (가)에는 '정보 생산자와 소비자의 경계가 명확한가?'가 들어갈 수 있다. 없다 → 산업 사회

|자|료|해|설|
소품종 대량 생산 체제가 등장하여 확산된 사회는 산업 사회이므로 A는 산업 사회, B는 정보 사회이다.

|선|택|지|풀|이|
① 정답 : 정보 사회는 산업 사회에 비해 다양한 가치를 추구하는 정도가 높으므로, 산업 사회는 정보 사회보다 사회의 다원화 정도가 낮다.
② 오답 : 산업 사회는 정보 사회보다 가정과 일터의 분리 정도가 높다.
③ 오답 : 정보 사회는 산업 사회보다 비대면 접촉 정도가 높다.
④ 오답 : 정보 사회는 산업 사회보다 의사 결정의 분권화 정도가 높다.
⑤ 오답 : 정보 생산자와 소비자의 경계가 명확한 사회는 산업 사회이므로, 해당 질문은 (가)에 들어갈 수 없다.

문제풀이 TIP | 산업 사회는 소품종 대량 생산 체제가 일반적이며, 정보 사회는 다품종 소량 생산 체제가 일반적이다. 산업 사회는 정보 사회에 비해 사회의 다원화 정도가 낮으며, 정보 생산자와 소비자 간 경계가 명확하다.

출제분석 | 산업 사회와 정보 사회의 특징을 비교하는 문제이다. 산업 사회와 정보 사회의 비교 기준을 파악해 두도록 한다.

표는 A와 B의 특징을 정리한 것이다. 이에 대한 설명으로 옳은 것은? (단, A와 B는 각각 산업 사회와 정보 사회 중 하나이다.)

구분	A → 정보 사회	B → 산업 사회
특징	○ 정보와 지식이 부가 가치 창출의 주요 원천이다. ○ ＿＿＿ (가) ＿＿＿	○ 생산 방식 측면에서 공장제 기계 공업이 일반화된다. ○ 관료제 조직이 지배적으로 나타난다.

① A는 B에 비해 가정과 일터의 분리 정도가 높다. 낮다
② A는 B에 비해 쌍방향 통신 매체의 발전 정도가 높다.
③ B는 A에 비해 비대면 접촉의 비중이 높다. 뉴미디어 / 낮다
④ B는 A에 비해 다품종 소량 생산 방식의 비중이 높다. 낮다
⑤ (가)에 '중간 관리층의 규모와 역할이 확대된다.'가 들어갈 수 있다. 없다 → 산업 사회의 특징

|자|료|해|설|
부가 가치 창출의 주요 원천이 정보와 지식인 사회는 정보 사회이고, 공장제 기계 공업이 일반화되어 있고 관료제 조직이 지배적인 사회는 산업 사회이다. 따라서 A는 정보 사회, B는 산업 사회이다.

|선|택|지|풀|이|
① 오답 : 정보 사회는 산업 사회에 비해 가정과 일터의 분리 정도가 낮다.
② 정답 : 정보 사회는 산업 사회에 비해 정보 전달 방향에 있어 쌍방향적인 통신 매체의 발전 정도가 높다.
③ 오답 : 산업 사회는 정보 사회에 비해 비대면 접촉의 비중이 낮다.
④ 오답 : 정보 사회는 다품종 소량 생산 방식의 비중이 높고, 산업 사회는 소품종 대량 생산 방식의 비중이 높다.
⑤ 오답 : (가)에는 정보 사회의 특징이 들어갈 수 있다. 중간 관리층의 규모와 역할이 확대되는 사회는 산업 사회이다. 따라서 '중간 관리층의 규모와 역할이 확대된다.'는 (가)에 들어갈 수 없다.

문제풀이 TIP | 산업 사회에서 부가 가치의 주요 원천은 노동과 자본이고, 정보 사회에서 부가 가치의 주요 원천은 정보와 지식임을 알아 두도록 한다.

V
2. 현대 사회의 변동과 대응

A, B의 일반적인 특징에 대한 설명으로 옳은 것은? (단, A, B는 각각 산업 사회, 정보 사회 중 하나임.) 3점

　　　　　　　　　　　　　　　　　　　→ 정보 사회

　지식이 부가 가치를 창출하는 중요한 원천인 A에서는 가정에서도 고도화된 통신 기술이 널리 활용된다. 이를 통해 재택근무가 활성화되면서 가정은 생산과 노동의 중심이 되기도 한다. 반면, 주로 자본과 노동을 통해 부가 가치를 창출하는 B에서 가정은 직장과 공간적으로 분리된다. 직장은 생산과 노동의 공간, 가정은 휴식 공간으로 기능한다.

산업 사회 ←

① A는 B에 비해 직업의 동질성 정도가 높다.
② A는 B에 비해 정보 확산의 시공간적 제약이 적다.
③ A는 B에 비해 사이버 범죄가 발생할 가능성이 낮다.
④ B는 A에 비해 다품종 소량 생산 방식의 비중이 높다.
⑤ B는 A에 비해 쌍방향 매체를 통한 정보 전달의 비중이 높다.

문제풀이 TIP | 부가 가치를 창출하는 원천이 지식과 정보인 사회는 정보 사회, 부가 가치를 창출하는 원천이 자본과 노동인 사회는 산업 사회이다.

|자|료|해|설|

지식이 부가 가치를 창출하는 중요한 원천인 사회는 정보 사회이고, 주로 자본과 노동을 통해 부가 가치를 창출하는 사회는 산업 사회이다. 따라서 A는 정보 사회, B는 산업 사회이다.

|선|택|지|풀|이|

① 오답 : 직업의 동질성 정도는 산업 사회 > 정보 사회이다.
② 정답 : 정보 확산의 시공간적 제약 정도는 산업 사회 > 정보 사회이다.
③ 오답 : 사이버 범죄의 발생 가능성은 정보 사회 > 산업 사회이다.
④ 오답 : 다품종 소량 생산 방식의 비중은 정보 사회 > 산업 사회이다.
⑤ 오답 : 쌍방향 매체를 통한 정보 전달의 비중은 정보 사회 > 산업 사회이다.

다음 자료에 대한 옳은 설명만을 <보기>에서 있는 대로 고른 것은? (단, A, B는 각각 산업 사회, 정보 사회 중 하나임.)

〈형성 평가〉

o 제시된 '대답'에 맞게 빈칸을 채워 질문을 완성하시오.

대답	대답에 맞는 질문	채점 결과
예	A는 B에 비해 　(가)　 이/가 높은가?	㉠
아니요	B는 A에 비해 정보 제공자와 수용자 간 구분 이/가 명확한가?	1점

→ 정보 사회 / 산업 사회
→ 산업 사회 > 정보 사회

* 교사는 완성한 질문별로 채점하고 제시된 대답에 맞게 질문을 완성한 경우는 1점, 틀린 경우는 0점임.

보기

ㄱ. A는 B에 비해 물리적 거리가 사회적 관계 형성에 미치는 제약 정도가 크다.
ㄴ. (가)에 '사회의 다원화 정도'가 들어간다면, ㉠은 '1점'이다.
　　→ 정보 사회 > 산업 사회　　0점
ㄷ. ㉠이 '0점'이라면, (가)에는 '가정과 일터의 결합 정도'가 들어갈 수 없다. 있다
　　→ 정보 사회 > 산업 사회

① ㄱ　　② ㄴ　　③ ㄱ, ㄷ　　④ ㄴ, ㄷ　　⑤ ㄱ, ㄴ, ㄷ

|자|료|해|설|

산업 사회가 정보 사회에 비해 정보 제공자와 수용자 간 구분이 명확하다. 두 번째 질문에 대한 대답은 '아니요'이고, 점수는 1점이므로 두 번째 질문에 대한 옳은 대답은 '아니요'이다. 따라서 A는 산업 사회, B는 정보 사회이다.

|보|기|풀|이|

ㄱ. 정답 : 산업 사회는 정보 사회에 비해 물리적 거리가 사회적 관계 형성에 미치는 제약 정도가 크다.
ㄴ. 오답 : 사회의 다원화 정도는 정보 사회가 산업 사회에 비해 높다. 해당 내용이 (가)에 들어가면, 첫 번째 질문에 대한 옳은 대답은 '아니요'가 된다. 첫 번째 질문에 대한 대답이 '예'이므로 ㉠은 '0점'이다.
ㄷ. 오답 : ㉠이 '0점'이라면, 첫 번째 질문에 대한 옳은 대답은 '아니요'가 된다. 가정과 일터의 결합 정도는 정보 사회가 산업 사회에 비해 높다. 따라서 ㉠이 '0점'이라면, 해당 내용은 (가)에 들어갈 수 있다.

문제풀이 TIP | 두 번째 대답과 이에 맞는 질문, 그리고 채점 결과를 통해 A와 B가 각각 어느 사회에 해당하는지를 파악할 수 있다.

출제분석 | 산업 사회와 정보 사회의 특징을 비교하는 문제이다. 산업 사회와 정보 사회의 특징뿐만 아니라 정보 사회의 문제점을 파악하는 문제가 출제될 수 있다.

다음 글에서 필자가 강조하는 현대 사회의 대중이 가져야 할 자세로 가장 적절한 것은?

> 급변하는 세상에서 사람들은 무한히 제공되는 정보를 모두 살펴볼 여유가 없다. 그로 인해 사회 이슈를 직관적으로 이해할 수 있게 가공한 콘텐츠들이 인기를 얻는다. 사람들은 가공된 콘텐츠를 소비할 때 자신이 정보를 찾고 스스로 생각해 판단한다고 느낀다. 하지만 해당 콘텐츠에는 제작자의 편향된 시각이 반영되어 있어 정보를 받아들이는 대중은 제작자의 시각에 동화된다. 이처럼 사유를 외주화하는 사람들이 많아지면 비슷한 생각을 가진 사람들이 폐쇄적 집단에 머물며 다른 생각을 가진 사람들을 배척하는 상황이 발생한다. 이는 다원화된 민주 사회의 형성을 어렵게 만든다. 디지털 기술이 정보의 소비 선택성과 생산 주체성을 높여 줄 수는 있지만 그 자체가 지성적인 대중을 만드는 것은 아니다. 개인은 지성적 사유의 주체가 되어야 한다.
>
> └─▶ 정보에 대한 비판 능력 강조

① 정보 기기에 대한 과도한 의존을 경계한다.
✔② 정보를 비판적으로 분석하고 평가하는 능력을 함양한다.
③ 문화의 질적 저하 방지를 위해 지나친 상업성을 경계한다.
④ 문화의 다양성 제고를 위해 콘텐츠 생산에 적극적으로 참여한다.
⑤ 표현의 자유를 이유로 타인의 권리를 침해하지 않도록 유의한다.

|자|료|해|설|

필자는 가공된 콘텐츠에 제작자의 편향된 시각이 반영되어 있어 정보를 받아들이는 대중이 제작자의 시각에 동화되는 현상을 우려하고 있다.

|선|택|지|풀|이|

①, ③, ④, ⑤ 오답 : 필자가 강조하는 현대 사회의 대중이 가져야 할 자세로 적절하지 않다.

② 정답 : 필자는 제작자의 편향된 시각이 반영되어 있는 정보를 받아들이는 대중이 폐쇄적인 시각을 갖게 되고, 다른 생각을 가진 사람들을 배척하는 상황이 발생할 수 있음을 우려하며 개인이 지성적 사유의 주체가 되어야 함을 강조하고 있다. 이를 통해 필자는 정보에 대해 비판적으로 분석하고 평가하는 능력을 함양할 것을 강조하고 있음을 알 수 있다.

출제분석 | 정보에 대한 비판적 수용 자세를 파악하는 문제이다. 정보화의 문제점과 관련하여 정보 사회에서 필요한 자세를 묻는 문제가 출제될 수 있다.

(가), (나) 사례에 나타난 정보 사회의 문제에 대한 설명으로 가장 적절한 것은?

> (가) 갑은 유명인의 1인 방송 채널에서 과장된 사용 후기를 우연히 보고 해당 제품을 구매하였으나, 품질이 방송 내용과 달라서 당황하였다.
>
> └─▶ 과장된 정보 확산
>
> (나) 을은 절찬리에 상영 중인 영화가 불법으로 유통되는 것을 알고, 이를 다운로드하여 친구들과 공유하였다.
>
> └─▶ 저작권 침해

① (가)는 정보 기기에 대한 과도한 의존 양상에 해당한다.
✔② (가)는 비판적 정보 수집·분석 능력 함양의 필요성을 보여 준다.
③ (나)는 타인의 개인 정보를 유출한 양상에 해당한다.
④ (나)는 정보 격차 해소를 위한 환경 구축의 필요성을 보여 준다.
⑤ (가), (나)는 모두 익명성을 바탕으로 한 거짓 정보의 유포로 인해 발생한 것이다.

└─ 제시문에 나타나 있지 않아 파악하기 어려움

②에 대한 설명: 올바른 정보를 수집하고 분석하는 능력이 필요함

|자|료|해|설|

(가)는 1인 방송 채널에서 과장된 사용 후기를 보고 구입한 제품의 품질이 방송 내용과 차이가 났던 사례이다. (나)는 불법으로 유통되는 영화를 다운로드하여 다른 사람들과 공유한 사례이다.

|선|택|지|풀|이|

① 오답 : (가)에는 스마트폰과 같은 정보 기기에 대한 과도한 의존 양상이 나타나 있지 않다.

② 정답 : (가)를 통해 온라인에서 과장된 정보의 유포 및 확산으로 인해 발생한 정보 사회의 문제점을 파악할 수 있다. 이러한 문제점을 해결하기 위해서는 정보를 비판적으로 수집·분석하고, 주체적으로 선택하는 능력을 함양할 필요가 있다.

③ 오답 : (나)에는 타인의 개인 정보를 유출한 양상이 나타나 있지 않다.

④ 오답 : (나)에 나타난 저작권 침해 문제는 정보 격차 해소를 위한 환경 구축으로 해결하기 어렵다.

⑤ 오답 : (가), (나)는 모두 익명성을 바탕으로 한 거짓 정보의 유포로 인해 발생한 문제로 보기 어렵다.

출제분석 | 정보 사회 관련 문항은 수능과 모평에 거의 빠지지 않고 출제되는 핵심 주제이다. 이전에는 주로 '농업 사회, 산업 사회, 정보 사회'의 특징을 비교하는 문항이 출제되었지만 최근에는 '정보 사회의 문제점'이 자주 출제되고 있다. 기출 문제를 중심으로 산업 사회와 정보 사회의 특징을 특히 꼼꼼하게 정리해 둘 필요가 있다.

V
2. 현대 사회의 변동과 대응

(가), (나)에 들어갈 수 있는 내용으로 가장 적절한 것은? 3점

갑 : 정보화 시대에는 사회 불평등이 줄어들 것입니다. 오늘날 더 많은 사람들이 컴퓨터와 네트워크를 통해 지식과 정보에 손쉽게 접근하고 있습니다. 이처럼 정보에 대한 보편적 접근권이 확대되면 교육이나 문화에서의 격차는 더욱 줄어들게 될 것입니다. 즉, 정보 기술은 　(가)　

을 : 지식과 정보가 중시되는 사회에서 사회 불평등은 심화될 것입니다. 정보 부국과 정보 빈국이라는 말이 존재하듯이 오늘날 국제적 상황에서 정보 격차는 더욱 심해졌습니다. 이는 국내적 상황에서도 다르지 않습니다. 즉, 보편적 접근권이 강조되고 있음에도 정보 기술은 　(나)　 왜냐하면 한 국가 내에서 정보를 실질적으로 활용하여 부를 재생산할 수 있는 능력은 서열화된 사회 구조적 위치에 따라 다르게 분포되어 있기 때문입니다.

① (가) : 저작권 침해 문제를 야기할 수 있습니다.
② (가) : 검증되지 않은 정보를 확산시킬 수 있습니다.
③ (나) : 상대적 빈곤을 줄이는 데 도움을 줄 수 있습니다.
④ (나) : 정보 부국 중심의 국제 질서를 강화할 수 있습니다.
⑤ (나) : 계층에 따른 기존의 소득 격차를 늘릴 수 있습니다.

|자|료|해|설|
갑은 정보화 시대에 대해 긍정적인 입장을 보이고 있고, 을은 정보화 시대에 대해 부정적인 입장을 보이고 있다.

|선|택|지|풀|이|
①, ② 오답 : (가)에는 정보 기술이 사회 불평등을 완화시킨다는 내용이 들어가야 한다. 따라서 저작권 침해 문제와 검증되지 않은 정보의 확산과 관련된 내용은 (가)에 들어갈 수 없다.
③ 오답 : (나)에는 한 국가 내에서 정보 기술이 사회 불평등을 심화시킨다는 내용이 들어가야 한다. 따라서 상대적 빈곤을 줄이는 데 도움을 줄 수 있다는 내용은 (나)에 들어갈 수 없다.
④ 오답 : (나)에는 한 국가 내에서 정보 기술이 사회 불평등을 심화시킨다는 내용이 들어가야 한다. 따라서 정보 부국 중심의 국제 질서 강화와 관련된 내용은 (나)에 들어갈 수 없다.
⑤ 정답 : (나)에는 한 국가 내에서 정보 기술이 사회 불평등을 심화시킨다는 내용이 들어가야 한다. 따라서 정보 기술이 계층에 따른 기존의 소득 격차를 심화시킬 수 있다는 내용은 (나)에 들어갈 수 있다.

😮 **문제풀이 T I P** | (나)에는 국제적 상황이 아닌 국내적 상황에서 정보화 시대에 대한 부정적 입장에 해당하는 내용이 들어가야 한다.

😄 **출제분석** | 정보화 사회에 대한 입장을 파악하는 문제이다. 정보화 사회에 대한 입장을 국제적 상황과 국내적 상황으로 구분하여 이해해 두도록 한다.

(가)에 들어갈 내용으로 가장 적절한 것은?

　필터 버블이란 인터넷 정보 제공자가 이용자에게 맞춤형 정보를 제공함으로써 이용자가 걸러진 정보만을 접하게 되는 현상을 말한다. 필터 버블에 갇힌 사람들은 자신의 의견과 일치하는 정보만을 접하게 되고 자신이 가진 견해가 더 널리 퍼져 있거나 더 옳다고 믿게 되는 확증 편향에 빠지기 쉽다. 이러한 문제를 해결하기 위해 　(가)　

① 저작권 침해 예방 교육이 필요하다.
② 정보 취약 계층에 정보 기기를 지원해야 한다.
③ 거짓 정보 유포에 대한 법적 규제를 강화해야 한다.
④ 정보 기기 사용 시간에 대한 자기 조절 능력을 배양해야 한다.
⑤ 온라인상에서 접하는 정보에 대한 비판적 수용 태도가 필요하다.

|자|료|해|설|
제시문은 자신의 견해나 주장에 도움이 되는 정보만을 선택적으로 취하고 자신이 믿고 싶지 않은 정보는 의도적으로 외면하는 확증 편향을 우려하고 있다.

|선|택|지|풀|이|
①, ②, ③, ④ 오답 : (가)에 들어갈 내용으로 적절하지 않다.
⑤ 정답 : 확증 편향에 빠지지 않기 위해서는 정보 이용자가 온라인상에서 접하는 정보를 비판적으로 수용하는 태도가 필요하다. 따라서 해당 내용은 (가)에 들어갈 수 있다.

😄 **출제분석** | 정보 사회의 문제점을 파악하는 문제이다. 정보 사회의 문제점과 이의 해결 방안을 연관지어 학습해 두도록 한다.

그림에 나타난 정책들을 통해 공통적으로 기대할 수 있는 효과로 가장 적절한 것은?

→ 정보 접근 및 활용 격차 감소 기대

① 정보 기기에 대한 과도한 의존 문제가 감소할 것이다.
② 개인 정보 유출로 인한 사생활 침해 문제가 감소할 것이다.
③ 사회 구성원 간 정보 접근 및 활용의 격차가 감소할 것이다.
④ 사이버 공간 속 익명성으로 인한 명예 훼손 문제가 감소할
　것이다.
⑤ 검증되지 않은 정보 확산으로 인한 정보 오남용 문제가 감소할
　것이다.

|자|료|해|설|

제시된 그림에는 시각 장애인과 노인을 대상으로 정보의 접근과 활용에 있어 지원을 하는 정책이 나타나 있다.

|선|택|지|풀|이|

①, ②, ④, ⑤ 오답 : 제시된 그림에 나타난 정책을 통해 기대할 수 있는 효과로 적절하지 않다.
③ 정답 : 시각 장애인과 노인에게 정보에 접근하고 정보를 활용할 수 있도록 지원하는 정책을 통해 정보 접근 및 활용 측면에서 나타나는 정보 격차가 감소할 것이다.

추가 개념 | 정보 격차는 희소하고 중요한 정보에 대한 접근, 소유, 활용 능력 등의 측면에서 발생하는 정보 불평등 현상을 말한다.

출제분석 | 정보 사회에서 나타나는 문제점과 이에 대한 대응 방안을 파악하는 문제이다. 정보 사회의 특징과 관련하여 나타나는 문제점을 파악해 두도록 한다.

그림 (가), (나)를 통해 공통적으로 추론할 수 있는 정보 사회의 문제점으로 가장 적절한 것은?

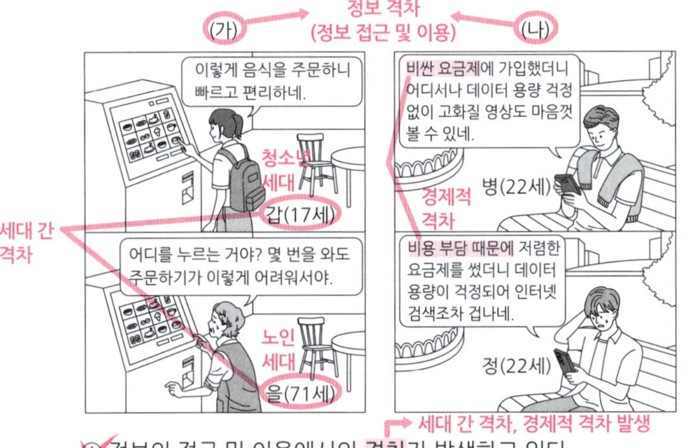

→ 세대 간 격차, 경제적 격차 발생

① 정보의 접근 및 이용에서의 격차가 발생하고 있다.
② 디지털 기술이 세대 간 문화 격차를 확대시키고 있다.
③ 정보 기기 중독에 따른 사회적 부작용이 증가하고 있다. ← (가)만 해당

제시된 자료를 통해 파악할 수 없음 →
④ 자동화 기기 도입의 증가에 따라 일자리가 줄어들고 있다.
⑤ 비대면적 사회 관계가 확산되면서 인간 소외가 심화되고 있다.

|자|료|해|설|

정보 사회에서는 부가 가치를 창출하는 원천으로 지식과 정보가 중시된다. 정보 접근 및 이용 등에서 정보 격차가 발생할 경우 세대 간 격차, 경제적 격차 등 정보 사회의 다양한 문제점이 나타날 수 있다.

|선|택|지|풀|이|

① 정답 : (가)에서는 정보의 접근 및 이용에서의 청소년 세대와 노인 세대 간의 격차가 발생하고 있다. (나)에서는 통신비 부담 능력에 따라 정보의 접근 및 이용에서의 경제적 격차가 발생하고 있다.
② 오답 : (가)에서는 (나)와 달리 디지털 기술이 세대 간 문화 격차를 확대시키고 있음을 파악할 수 있다.
③ 오답 : 정보 기기 중독은 정보 사회의 문제점이지만, 제시된 자료를 통해 파악하기 어렵다.
④ 오답 : 자동화 기기 도입에 따른 일자리 감소는 정보 사회의 문제점이지만, 제시된 자료를 통해 파악하기 어렵다.
⑤ 오답 : 비대면 접촉의 증가로 인한 인간 소외의 심화는 정보 사회의 문제점이지만, 제시된 자료를 통해 파악하기 어렵다.

다음 글에 부각되어 있는 정보 사회의 문제점에 대한 설명으로 가장 적절한 것은?

> 　소셜 미디어의 발전으로 누구나 자신의 정보와 의견을 쉽게 전달할 수 있게 되었다. 이는 정치적 영역에서 시민들의 참여를 활성화하는 긍정적인 측면이 있다. 하지만 소셜 미디어를 통해 접하는 정보가 항상 검증된 사실만을 담고 있는 것은 아니다. 특히 일부 개인이나 집단은 의도적으로 가짜 뉴스를 제작하고 유포하여 사람들의 올바른 판단을 방해하고 사회 갈등을 조장한다.
>
> → 사실과 가치를 구분하고 참과 거짓을 판단하는 능력, 즉 정보를 비판적으로 분석하는 능력 필요

제시문과 관련 ✕

① 특정 집단이 정보를 독점하여 나타나는 현상이다.
② 정보를 비판적으로 분석하는 능력의 필요성을 보여 준다.
③ 기업의 과도한 개인 정보 수집으로 인해 나타나는 현상이다.
④ 정보 취약 계층에 대한 정보 기기 지원의 필요성을 보여 준다.
⑤ 지식 재산권 침해를 예방하기 위한 제도의 필요성을 보여 준다.

|자|료|해|설|

제시문의 "소셜 미디어를 통해 접하는 정보가 항상 검증된 사실만을 담고 있는 것은 아니다. 특히 일부 개인이나 집단은 의도적으로 가짜 뉴스를 제작하고 유포하여 사람들의 올바른 판단을 방해하고 사회 갈등을 조장한다."라는 부분을 통해 사실로 검증되지 않은 정보의 문제점이 부각되어 있음을 알 수 있다.

|선|택|지|풀|이|

① 오답 : 제시문에는 소셜 미디어의 발전으로 누구나 자신의 정보와 의견을 쉽게 전달할 수 있음이 나타나 있다.
② 정답 : 제시문은 사실로 검증되지 않은 정보가 소셜 미디어를 통해 유포되는 문제점을 강조하고 있다. 이를 통해 정보를 비판적으로 분석하는 능력이 필요함을 알 수 있다.
③ 오답 : 제시문을 통해 사실로 검증되지 않은 정보로 인한 문제점이 기업의 과도한 개인 정보 수집으로 인해 나타난다고 볼 수 없다.
④ 오답 : 제시문은 정보 취약 계층에 대한 정보 기기 지원의 필요성과는 거리가 멀다.
⑤ 오답 : 제시문은 지식 재산권 침해를 예방하기 위한 제도의 필요성과는 거리가 멀다.

문제풀이 TIP | 정보 사회의 일반적인 문제점에 관한 선지를 찾는 것이 아니라 제시문에서 언급하는 내용과 가장 관련 있는 선지를 찾아야 함에 유의한다.

출제분석 | 제시문에 나타난 문제점을 파악하는 것이 중요하므로 제시문을 꼼꼼히 읽는 연습을 해 두어야 한다.

다음은 정보 사회에 대한 어느 학자의 주장이다. (가)에 들어갈 내용으로 가장 적절한 것은?

> 　정보 사회는 네트워크 사회이다. 이는 무형적으로 끊임없이 변화를 거듭하는 새로운 '리좀(rhizome)형 사회'가 도래했음을 시사한다. 이전 사회 속 개인은 권력에 포획됨으로써 사회의 지배적 질서를 내면화하고 그것에 포섭되는 '정착민'적 존재로 남는다. 반면 리좀 네트워크 속 개인은 기존의 사회 질서 틀에 얽매이지 않고 끊임없이 변화하는 '유목민'적 존재가 된다.
>
> → 개인의 자율성 중시
>
> 　그러므로 정보 사회에서는 ＿＿＿＿＿(가)＿＿＿＿＿
>
> * 리좀(rhizome) : 뿌리가 없이 무정형적으로 뻗어나가는 넝쿨 식물

① 사회 내 능동적 존재로서 개인의 자율성이 중시된다.
② 사이버 공간 내에서 개인의 익명성 보장이 강조된다.
③ 부가 가치 창출 수단으로써 지식의 중요성이 증가한다.
④ 재택 근무가 확산되어 가정과 일터의 결합 정도가 커진다.
⑤ 전자 민주주의의 발달로 직접 민주 정치의 실현이 가능해진다.

|자|료|해|설|

제시문의 학자는 네트워크 사회인 정보 사회에서 개인은 기존의 사회 질서 틀에 얽매이지 않고 끊임없이 변화한다고 보고 있다.

|선|택|지|풀|이|

① 정답 : 제시문의 학자는 이전 사회 속 개인은 사회의 지배적 질서를 내면화하는 정착민적 존재였으나 정보 사회 속 개인은 끊임없이 변화하는 유목민적 존재라고 보고 있다. 즉, 학자는 정보 사회에서 개인의 자율성이 중시됨을 강조할 것이다. 따라서 해당 내용은 (가)에 들어갈 수 있다.
②, ③, ④, ⑤ 오답 : 정보 사회의 특징에 해당하지만, (가)에 들어갈 수 있는 내용으로 적절하지 않다.

관련 개념 | 전자 민주주의는 뉴 미디어와 정보 기술이 빠르게 발전하면서 등장한 정치 형태로, 일반 국민들이 인터넷을 통해 직접 정치 과정에 참여함으로써 대의 민주주의의 한계를 극복하고 직접 민주주의의 실현 가능성을 높일 수 있다.

출제분석 | 제시문의 학자가 주장하는 정보 사회의 특징을 파악하는 문제이다. 정보 사회의 특징뿐만 아니라 정보 사회의 문제점을 묻는 문제가 출제될 수 있다.

다음 글에서 도출할 수 있는 정보 사회의 문제점으로 가장 적절한 것은? 3점

> 인터넷에 대한 의존도가 높아지면서 일상의 변화가 일어나고 있다. 온라인을 통해 금융 업무나 음식 주문과 같은 일을 비대면으로 간편하게 처리하는 사람이 늘고 있는 반면, 온라인을 활용한 삶의 편의성으로부터 소외된 사람도 있다. 정보 사회에서 사회 구성원은 정보 통신 기기의 구매 능력 정도, 유용하고 신뢰할 수 있는 고급 정보에 대한 비용 지불 능력 정도, 소프트웨어 기술 습득 능력 정도, 정보 서비스의 활용 능력 정도 등에 따라 디지털 환경에 빠르게 적응하는 사람과 뒤처지는 사람으로 구분된다. 정보가 부가 가치 창출의 원천인 정보 사회에서 이러한 현상은 심각한 사회 문제로 대두되고 있다. → 정보 격차

① 정보 생산자의 신뢰성 문제가 나타나고 있다.
② 정보화 과정에서 문화 지체 현상이 나타나고 있다.
③ 비대면 관계의 증가로 인한 인간 소외 현상이 나타나고 있다.
④ 정보 격차로 인한 새로운 사회 불평등 현상이 나타나고 있다.
⑤ 정보 통신 기기의 과다 사용으로 인한 병리 현상이 나타나고 있다.

|자|료|해|설|

정보 격차는 희소하고 중요한 정보에 접근하고 활용하는 측면에서 발생하는 정보 불평등 현상을 말한다.

|선|택|지|풀|이|

④정답 : 제시문은 디지털 환경에 빠르게 적응하는 사람과 뒤처지는 사람 간에 나타나는 정보 격차가 심각한 사회 문제로 대두되고 있음을 보여 주고 있다. 이를 통해 정보 격차로 인해 새로운 사회 불평등 문제가 나타날 수 있음을 파악할 수 있다.

추가 학습 | 문화 지체는 물질문화의 빠른 변동 속도에 비해 비물질문화의 변동 속도가 뒤따르지 못하여 나타나는 문화 요소 간의 부조화 현상을 말한다.

출제분석 | 정보 사회의 문제점을 파악하는 문제이다. 사례를 통해 파악할 수 있는 정보 사회의 문제점을 묻는 문제가 출제될 수 있다.

표에 대한 분석으로 옳은 것은? 3점

〈갑국의 다문화 가정 학생 현황〉

(단위 : %)

구분		2016년	2017년	2018년
전년 대비 다문화 가정 학생 수 변화율		0	−2.0	2.0
전체 학생 중 다문화 가정 학생 비율		1.7	1.8	1.9
다문화 가정 학생의 학교급별 구성비	초등학교	78.3	79.1	81.5
	중학교	16.8	15.9	13.3
	고등학교	4.9	5.0	5.2
	계	100	100	100

* 갑국의 초 · 중 · 고교 재학생을 전수 조사한 결과임.

① 2016년과 2018년의 다문화 가정 학생 수는 같다.
② 2017년의 전체 학생 수는 2016년에 비해 감소하였다.
③ 고등학교에 재학 중인 다문화 가정 학생 수는 지속적으로 증가하였다.
④ 2017년 초등학교에 재학 중인 다문화 가정 학생 수는 전체 초등학생 수의 과반이다.
⑤ 2016년 중학교에 재학 중인 다문화 가정 학생 수는 고등학교에 재학 중인 다문화 가정 학생 수의 4배 이상이다.

|자|료|해|설|

제시된 자료는 갑국의 다문화 가정 학생 현황을 나타내고 있다. 변화율(증가율)은 얼마나 빠른 속도로 증가하고 감소했는지 알 수 있는 자료이다. 비율은 전체에서 차지하는 비중을 알 수 있는 자료이다.

|선|택|지|풀|이|

① 오답 : '전년 대비 다문화 가정 학생 수 변화율'을 보면 2016년 0%, 2017년 −2.0%, 2018년 2.0%이다. 2017년은 2016년에 비해 다문화 가정 학생 수가 −2% 감소했고, 2018년은 2017년에 비해 다문화 가정 학생 수가 2% 증가했다. 2016년에 비해 2017년에 감소한 다문화 가정 학생 수보다 2017년에 비해 2018년에 증가한 다문화 가정 학생 수가 적으므로 2016년에 비해 2018년의 다문화 가정 학생 수가 적다.

② 정답 : '전년 대비 다문화 가정 학생 수 변화율'을 통해 2017년은 2016년에 비해 다문화 가정 학생 수가 −2% 감소했다는 것을 알 수 있다. 2016년에 비해 2017년에 다문화 가정 학생 수가 감소했지만 전체 학생 중 다문화 가정 학생 비율이 증가(1.7% → 1.8%)했다. 따라서 전체 학생 수는 감소하였다.

③ 오답 : 고등학교에 재학 중인 다문화 가정 학생의 비율(4.9% → 5.0% → 5.2%)이 지속적으로 증가하고 있다. 하지만 전체 다문화 가정 학생 수가 해마다 다르기 때문에 고등학교에 재학 중인 다문화 가정 학생 수가 지속적으로 증가했다고 보기 어렵다.

④ 오답 : 2017년 초등학교에 재학 중인 다문화 가정 학생 수는 전체 초등학생 수의 과반이 아니라 전체 다문화 가정 학생 수의 과반이다.

⑤ 오답 : 2016년 중학교에 재학 중인 다문화 가정 학생 수(16.8%)는 고등학교에 재학 중인 다문화 가정 학생 수(4.9%)의 약 3.4배이다.

표는 우리나라의 다문화 사회와 관련된 통계이다. 이에 대한 옳은 분석을 〈보기〉에서 고른 것은? **3점**

구분	전체 혼인 (천 건)	외국인과의 혼인이 전체 혼인에서 차지하는 비중(%)		
			한국 남성 +외국 여성 (%)	한국 여성 +외국 남성 (%)
2005년	314.3	13.5	9.8	3.7
2010년	326.1	10.5	8.0	2.5
2015년	302.8	7.0	4.9	2.1

보기

ㄱ. 다문화 가구의 수는 지속적으로 감소하고 있다. 알 수 없음
ㄴ. 2010년에 외국인과의 혼인 건수는 3만 건을 넘는다. 326,100건×0.105=34,240.5건
ㄷ. 한국 남성과 외국 여성의 혼인 건수는 2005년이 2015년의 2배이다. 30,801.4건　14,837.2건　2배 이상
ㄹ. 제시된 모든 연도에서 남성이 외국인인 혼인 건수보다 여성이 외국인인 혼인 건수가 더 많다. 2005(9.8>3.7) 2010(8.0>2.5) 2015(4.9>2.1)

① ㄱ, ㄴ　② ㄱ, ㄷ　③ ㄴ, ㄷ　④ ㄴ, ㄹ　⑤ ㄷ, ㄹ

|자|료|해|설|

표는 우리나라의 다문화 사회와 관련된 통계로 '전체 혼인 건수'와 '외국인과의 혼인이 전체 혼인에서 차지하는 비중(%)'을 파악할 수 있다. '전체 혼인 건수'와 '외국인과의 혼인이 전체 혼인에서 차지하는 비중(%)'을 알면 실제 혼인 건수를 파악할 수 있다.

|보|기|풀|이|

ㄱ. 오답 : 다문화 가구에 대한 정의를 알 수 없기 때문에 정확하게 파악하기 어렵다. 예를 들어, 외국인 가구가 우리나라로 이민·귀화한 경우, 외국인과 혼인한 가구의 이혼, 사별 등의 통계자료가 주어지지 않았다.

ㄴ. 정답 : 2010년에 외국인과의 혼인 건수는 3만 건(326,100건×0.105=34,240.5건)을 넘는다.

ㄷ. 오답 : 한국 남성과 외국 여성의 혼인 건수는 2005년(314,300건×0.098=30,801.4건)이 2015년(302,800건×0.049=14,837.2건)의 2배 이상이다.

ㄹ. 정답 : 제시된 모든 연도에서 '한국 남성+외국 여성'의 비율(%)이 '한국 여성+외국 남성'의 비율(%)보다 크기 때문에 '남성이 외국인인 혼인 건수'보다 '여성이 외국인인 혼인 건수'가 더 많다.

문제풀이 TIP | 위의 문제에서는 전체 혼인 건수가 나와 있으므로 비율(%)을 통해 외국인과의 혼인 건수를 파악할 수 있다.

다음 글에서 필자가 강조하는 세계화의 문제점으로 가장 적절한 것은?

아프리카에 바이러스 감염이 빈발하게 된 것은 병원체나 숙주의 문제가 아니었다. 다국적 기업들의 플랜테이션 농장 건설이 더욱 확대되어 완충지 역할을 하던 산림이 파괴되면서 야생 동물의 바이러스가 곧장 인간을 숙주로 삼게 되었다는 것이 핵심이다. 하지만 더 심각한 것은 바이러스 감염이 국지적 현상에 그치지 않고 전 지구적 비상사태를 초래했다는 점이다. 바이러스를 더 멀리 신속하게 실어 나르는 데 결정적인 기여를 한 것은 늘어난 대륙 간 항공망과 이로 인한 국가 간 교류의 증대였다. 바이러스의 이슬비는 그런 식으로 떨어져 내린다.

① 국제 분업으로 국가 간 빈부 격차가 심화된다.
② 무분별한 개발로 인해 생물종의 다양성이 감소한다.
③ 국가 간 교류 증대로 개별 국가의 자율성이 약화된다.
④ 자원 확보를 위한 경쟁으로 인해 국가 간 갈등이 심화된다.
⑤ 자본의 이윤 추구로 인한 지역 문제가 전 세계로 확산된다.

|자|료|해|설|

제시문에서 필자는 세계화로 인해 나타난 문제점을 언급하고 있다.

|선|택|지|풀|이|

①, ②, ③, ④ 오답 : 필자가 강조하고 있는 세계화의 문제점으로 적절하지 않다.

⑤ 정답 : 필자는 다국적 기업들의 플랜테이션 농장 건설의 확대로 인해 빈발해진 아프리카 지역의 감염병이 세계화에 따라 전 세계에 확산되고 있음을 지적하고 있다. 즉, 필자는 자본의 이윤 추구로 인한 지역 문제가 전 세계로 확산되고 있음을 강조하고 있다.

추가 학습 | 세계화로 인해 국제기구, 다국적 기업, 국제적인 거대 자본 등의 영향력이 강화되면서 개별 국가의 자율성이 침해되는 문제가 발생할 수 있다.

출제분석 | 세계화의 문제점을 파악하는 문제이다. 제시문에 나타난 세계화의 영향을 파악하는 문제가 출제될 수 있으므로 세계화의 긍정적인 영향과 부정적인 영향을 파악해 두도록 한다.

(가)에 들어갈 수 있는 내용으로 가장 적절한 것은?

> 최근 특정한 주제로 노래나 율동에 맞춰 일정하게 행동하는 모습을 짧은 영상으로 공유하는 놀이가 전 세계적으로 유행하고 있다. 이 놀이는 각국의 고유한 문화적 특징이 반영되어 여러 나라로 확산되고 있는데, 이를 즐기는 과정에서 사람들은 서로의 문화를 이해하고 존중하는 기회를 가진다. 이와 같은 문화 간 교류로 인해 ______(가)______

① 개별 국가 간 문화적 장벽이 강화될 수 있다.
② 자원 확보를 위한 국가 간 협력이 강화될 수 있다.
③ 다양한 문화를 접할 수 있는 기회가 확대될 수 있다.
④ 정보 기기에 대한 과도한 의존 문제가 감소할 수 있다.
⑤ 개인 정보 유출로 인한 사생활 침해 문제가 감소할 수 있다.

|자|료|해|설|

제시문은 세계화로 인해 문화 간 교류 과정에서 서로의 문화를 이해하고 존중하는 기회를 가질 수 있음을 보여 준다.

|선|택|지|풀|이|

①, ②, ④, ⑤ 오답 : (가)에 들어갈 내용으로 적절하지 않다.
③ 정답 : 세계화로 인해 문화 간 교류 과정에서 서로의 문화를 이해하고 존중하는 기회를 가질 수 있다. 이를 통해 문화 교류 과정에서 다양한 문화를 접할 기회가 확대됨을 알 수 있다. 따라서 해당 내용은 (가)에 들어갈 수 있다.

문제풀이 T I P | 세계화로 인해 문화적 교류가 확대되면서 다양한 문화를 접할 기회가 확대되고 있다. 이에 따라 서로의 문화를 이해하고 존중하는 문화 상대주의적 태도와 관용의 자세가 요구된다.

출제분석 | 세계화의 양상을 파악하는 문제이다. 세계화, 정보화에 따른 양상 및 문제점을 파악하는 문제가 출제될 수 있다.

다음 자료에 대한 분석으로 옳은 것은? 3점

부양 인구의 비율은 55%

> ○ t년 갑국의 총인구 중 유소년 인구(0~14세 인구)의 비율은 25%, 노년 인구(65세 이상 인구)의 비율은 20%이다.
> ○ t년 대비 t+20년 갑국의 총인구는 20% 증가하였고, 유소년 인구(0~14세 인구)는 20% 감소하였으며, 노년 인구(65세 이상 인구)는 50% 증가하였다.
> * 유소년 부양비= (0~14세 인구/ 15~64세 인구) × 100
> * 노년 부양비= (65세 이상 인구/ 15~64세 인구) × 100
> * 노령화 지수= (65세 이상 인구/ 0~14세 인구) × 100

① 유소년 부양비는 t년이 t+20년보다 낮다. 높다
② 총인구 중 노년 인구의 비율은 t년이 t+20년보다 높다. 낮다
③ t년 대비 t+20년의 15세~64세 인구는 15% 증가하였다. 약 27%
④ 노년 부양비는 t년에 비해 t+20년에 증가하였다.
⑤ 노령화 지수는 t년에 비해 t+20년에 감소하였다. 증가

(단위 : 명)

구분	t년	t+20년
유소년 인구	25	20
부양 인구	55	70
노년 인구	20	30
총인구	100	120

|자|료|해|설|

t년에 유소년 인구 비율은 25%, 노년 인구 비율은 20%이므로 부양 인구 비율은 55%(=100%-25%-20%)이다. t년 대비 t+20년에 갑국의 총인구가 20% 증가하였으므로 t년에 갑국의 총인구가 100명이라면, t+20년에 갑국의 총인구는 120명이 된다. 따라서 t년에 갑국의 총인구가 100명이라면, t년에 유소년 인구는 25명, 부양 인구는 55명, 노년 인구는 20명이 된다. t년 대비 t+20년에 유소년 인구가 20% 감소하였으므로 t+20년에 유소년 인구는 20명이 되고, t년 대비 t+20년에 노년 인구가 50% 증가하였으므로 t+20년에 노년 인구는 30명이 된다. 따라서 t+20년에 부양 인구는 70명(=120명-20명-30명)이 된다.

|선|택|지|풀|이|

① 오답 : t년에 갑국의 총인구가 100명이라면, 유소년 부양비는 t년이 (25/55)×100이고, t+20년이 (20/70)×100으로, t년이 t+20년보다 높다.
② 오답 : t년에 갑국의 총인구가 100명이라면, 총인구 중 노년 인구의 비율은 t년이 20%{=(20/100)×100}이고, t+20년이 25%{=(30/120)×100}로, t년이 t+20년보다 낮다.
③ 오답 : t년에 갑국의 총인구가 100명이라면, 15세~64세 인구는 t년이 55명이고, t+20년이 70명이다. 따라서 t년 대비 t+20년에 15세~64세 인구는 약 27%{=(15/55)×100} 증가하였다.
④ 정답 : t년에 갑국의 총인구가 100명이라면, 노년 부양비는 t년이 (20/55)×100이고, t+20년이 (30/70)×100이다. 따라서 노년 부양비는 t년에 비해 t+20년에 증가하였다.
⑤ 오답 : t년에 갑국의 총인구가 100명이라면, 노령화 지수는 t년이 (20/25)×100이고, t+20년이 (30/20)×100이다. 따라서 노령화 지수는 t년에 비해 t+20년에 증가하였다.

문제풀이 T I P | t년의 인구 구성 비율과 t년 대비 t+20년의 총인구 증가율을 통해 t년과 t+20년의 인구수를 파악하도록 한다.

출제분석 | 연도별 인구 구성을 분석하는 문제이다. 인구 구성을 분석하는 문제는 고난도로 출제되므로 기출 문제를 통해 다양한 문제 유형을 접해 보도록 한다.

다음 자료에 대한 분석으로 옳은 것은? 3점

표는 갑국과 을국의 시기별 인구 부양비를 나타낸다. t년에 갑국과 을국의 전체 인구비는 1 : 2이며, 두 국가 모두 t년 대비 t+50년에 전체 인구가 20% 증가하였다. 단, 두 국가 모두 부양 인구는 t년과 t+50년이 같다.

<갑국과 을국의 인구 부양비>

구분	갑국		을국	
	t년	t+50년	t년	t+50년
유소년 부양비	20	㉠30	25	20
노년 부양비	30	50	㉡25	60

* 유소년 부양비 = $\dfrac{유소년 인구(0\sim14세 인구)}{부양 인구(15\sim64세 인구)} \times 100$

** 노년 부양비 = $\dfrac{노년 인구(65세 이상 인구)}{부양 인구(15\sim64세 인구)} \times 100$

*** 노령화 지수 = $\dfrac{노년 인구(65세 이상 인구)}{유소년 인구(0\sim14세 인구)} \times 100$

**** 전체 인구 중 65세 이상 인구가 차지하는 비율이 20% 이상인 사회를 초고령 사회라고 함.

① ㉠은 '25', ㉡은 '30'이다.
② t년에 갑국과 을국은 모두 초고령 사회에 해당한다.
③ t+50년에 갑국 전체 인구에서 유소년 인구가 차지하는 비율은 15%이다.
④ t+50년에 을국의 노령화 지수는 t년에 갑국의 노령화 지수의 2배이다.
⑤ t년 대비 t+50년에 노년 인구 증가율은 을국이 갑국의 3배 이상이다.

<갑국>		(단위 : 명)
구분	t년	t+50년
유소년 인구	20	30
부양 인구	100	100
노년 인구	30	50
전체	150	180

<을국>		(단위 : 명)
구분	t년	t+50년
유소년 인구	50	40
부양 인구	200	200
노년 인구	50	120
전체	300	360

|자|료|해|설|

갑국의 경우 부양 인구가 t년과 t+50년이 같으므로 t년과 t+50년에 부양 인구를 각각 100명이라고 가정하면, t년에 유소년 인구는 20명, 노년 인구는 30명이 되어 t년에 갑국 전체 인구는 150명이 된다. t년 대비 t+50년에 갑국 전체 인구가 20% 증가하였으므로 t+50년에 갑국의 전체 인구는 180명이 된다. t+50년에 갑국 전체 인구는 180명, 부양 인구는 100명, 노년 인구는 50명이므로 유소년 인구는 30명이 된다. t년에 을국 전체 인구는 갑국 전체 인구의 2배이므로 t년에 을국 전체 인구는 300명이 되고, t년 대비 t+50년에 을국 전체 인구가 20% 증가하였으므로 t+50년에 을국 전체 인구는 360명이 된다. 이에 따라 을국의 경우 t년에 유소년 인구는 50명, 부양 인구는 200명, 노년 인구는 50명이 되고, t+50년에 유소년 인구는 40명, 부양 인구는 200명, 노년 인구는 120명이 된다. 갑국의 t년과 t+50년에 부양 인구를 각각 100명이라고 가정하여 제시된 자료를 바탕으로 갑국과 을국의 시기별 인구 구성을 나타내면 첨삭과 같다.

|선|택|지|풀|이|

① 오답 : 갑국의 경우 t년에 전체 인구가 150명이라면, t+50년에 유소년 인구는 30명, 부양 인구는 100명이므로 유소년 부양비는 30{=(30명/100명)×100}이다. 따라서 ㉠은 '30'이다. 을국의 경우 t년에 전체 인구가 300명이라면, t년에 부양 인구는 200명, 노년 인구는 50명이므로 노년 부양비는 25{=(50명/200명)×100}이다. 따라서 ㉡은 '25'이다.

② 오답 : 갑국의 경우 t년에 전체 인구에서 노년 인구가 차지하는 비율은 20%{=(30명/150명)×100}이고, 을국의 경우 t년에 전체 인구에서 노년 인구가 차지하는 비율은 약 16.7%{=(50명/300명)×100}이다. 따라서 t년에 갑국은 을국과 달리 초고령 사회에 해당한다.

③ 오답 : t+50년에 갑국 전체 인구에서 유소년 인구가 차지하는 비율은 약 16.7%{=(30명/180명)×100}이다.

④ 정답 : t년에 갑국의 노령화 지수는 150{=(30명/20명)×100}, t+50년에 을국의 노령화 지수는 300{=(120명/40명)×100}이다. 따라서 t+50년에 을국의 노령화 지수는 t년에 갑국의 노령화 지수의 2배이다.

⑤ 오답 : t년 대비 t+50년에 노년 인구 증가율은 갑국이 약 66.7%{=(20명/30명)×100}, 을국이 140%{=(70명/50명)×100}이다. 따라서 t년 대비 t+50년에 노년 인구 증가율은 을국이 갑국의 3배보다 작다.

😮 **문제풀이 TIP** | 갑국과 을국 모두 t년과 t+50년에 부양 인구가 같으므로 갑국의 t년과 t+50년의 부양 인구를 100명이라고 가정한 후, 유소년 부양비와 노년 부양비를 적용시켜 시기별 인구 구성을 파악해 보도록 한다. 이후 갑국과 을국의 전체 인구비를 바탕으로 갑국과 을국의 인구 구성을 수정해 보도록 한다.

😮 **출제분석** | 인구 구성의 변화를 분석하는 문제이다. 유소년 부양비, 노년 부양비, 총부양비, 노령화 지수 등을 묻는 고난도 문제가 출제될 수 있으므로 기출 문제를 통해 유사 문제를 풀어 보도록 한다.

다음 자료에 대한 분석으로 옳은 것은? **3점**

　　그림은 갑국의 시기별 인구 구성을 나타낸 것이다. A~C는 각각 전체 인구에서 유소년 인구(0~14세 인구), 부양 인구(15~64세 인구), 노년 인구(65세 이상 인구)가 차지하는 비율 중 하나이다. t년 대비 t+50년에 갑국의 전체 인구에서 부양 인구가 차지하는 비율은 높아졌고, 노년 부양비와 달리 유소년 부양비는 감소하였다. 단, 갑국의 전체 인구는 t+50년이 t년의 1.5배이다.

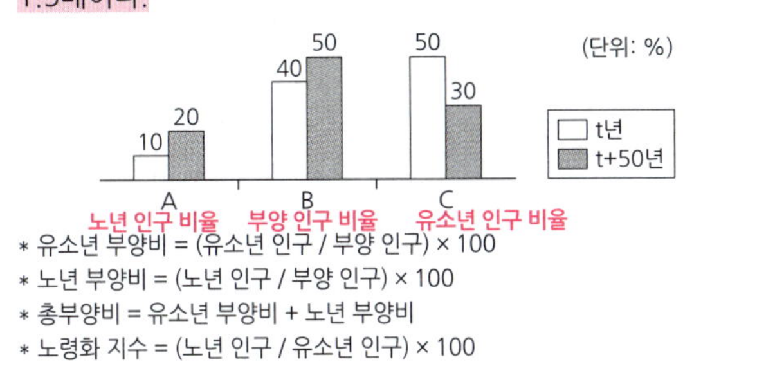

* 유소년 부양비 = (유소년 인구 / 부양 인구) × 100
* 노년 부양비 = (노년 인구 / 부양 인구) × 100
* 총부양비 = 유소년 부양비 + 노년 부양비
* 노령화 지수 = (노년 인구 / 유소년 인구) × 100

① t년의 노년 인구는 부양 인구의 4배이다. (1/4)
② t년의 유소년 부양비는 t+50년의 총부양비보다 크다.
③ t+50년의 부양 인구는 t년의 유소년 인구와 동일하다.
④ t년에 비해 t+50년의 노령화 지수는 감소하였다. (증가)
⑤ t년에 비해 t+50년의 유소년 인구와 노년 인구는 모두 증가하였다.

구분	t년		t+50년	
	비율(%)	수(명)	비율(%)	수(명)
유소년 인구	50	50	30	45
부양 인구	40	40	50	75
노년 인구	10	10	20	30
전체	100	100	100	150

문제풀이 TIP | 노년 부양비와 유소년 부양비를 구하는 공식을 통해 A와 C에 해당하는 인구 비율을 파악할 수 있다.

출제분석 | 인구 구성을 분석하는 문제이다. 연도별, 지역별 인구 구성을 분석하는 고난도 문제가 출제될 수 있으므로 기출 문제를 통해 고난도 문제 위주로 풀이 과정을 이해해 두도록 한다.

|자|료|해|설|

t년 대비 t+50년에 부양 인구 비율이 높아졌으므로 전체 인구에서 부양 인구가 차지하는 비율은 A와 B 중 하나에 해당한다. A가 전체 인구에서 부양 인구가 차지하는 비율이라면, t년 대비 t+50년에 (B/A)×100의 값과 (C/A)×100의 값이 모두 감소하므로 유소년 부양비와 노년 부양비가 모두 감소한다. 따라서 전체 인구에서 부양 인구가 차지하는 비율은 B에 해당한다. t년 대비 t+50년에 (A/B)×100의 값은 증가하였고, (C/B)×100의 값은 감소하였다. t년 대비 t+50년에 노년 부양비는 증가하였고, 유소년 부양비는 감소하였으므로 A는 전체 인구에서 노년 인구가 차지하는 비율이고, C는 전체 인구에서 유소년 인구가 차지하는 비율이다. t+50년에 갑국의 전체 인구가 t년의 1.5배이므로 t년의 갑국 전체 인구를 100명이라고 가정하면, t+50년의 갑국 전체 인구는 150명이 된다. t년의 갑국 전체 인구를 100명이라고 가정하여 제시된 자료를 바탕으로 t년과 t+50년의 갑국의 인구 구성을 나타내면 첨삭과 같다.

|선|택|지|풀|이|

① 오답 : t년에 부양 인구 비율은 40%이고, 노년 인구 비율은 10%이다. 따라서 t년에 노년 인구는 부양 인구의 1/4배이다.

② 정답 : t년의 유소년 부양비는 (50/40)×100이고, t+50년의 총부양비는 (50/50)×100이다. 따라서 t년의 유소년 부양비는 t+50년의 총부양비보다 크다.

③ 오답 : t년의 갑국 전체 인구가 100명이라면, t+50년의 부양 인구는 75명이고, t년의 유소년 인구는 50명이다. 따라서 t+50년의 부양 인구는 t년의 유소년 인구보다 많다.

④ 오답 : 노령화 지수는 t년이 (10/50)×100이고, t+50년이 (20/30)×100이다. 따라서 t년에 비해 t+50년에 노령화 지수는 증가하였다.

⑤ 오답 : t년의 갑국 전체 인구가 100명이라면, t년에 유소년 인구는 50명, 노년 인구는 10명이고, t+50년에 유소년 인구는 45명, 노년 인구는 30명이다. 따라서 t년 대비 t+50년에 유소년 인구는 감소하였고, 노년 인구는 증가하였다.

다음 자료에 대한 옳은 분석만을 〈보기〉에서 고른 것은? 

> 갑국에서 t년의 노령화 지수는 75이고, 유소년 부양비는 40이다. t년 대비 t+50년에 갑국 전체 인구의 변동은 없으나 노령화 지수는 60% 증가하였고, 't년 유소년 인구 : t+50년 유소년 인구'는 4 : 3이 되었다.
>
> → t+50년의 노령화 지수는 120
>
> * 노령화 지수 = $\dfrac{\text{노년 인구(65세 이상)}}{\text{유소년 인구(0~14세)}} \times 100$
>
> ** 유소년 부양비 = $\dfrac{\text{유소년 인구(0~14세)}}{\text{부양 인구(15~64세)}} \times 100$
>
> *** 노년 부양비 = $\dfrac{\text{노년 인구(65세 이상)}}{\text{부양 인구(15~64세)}} \times 100$

보기

ㄱ. t+50년의 유소년 인구는 전체 인구의 15%이다. → 약 17.6

ㄴ. t년의 노년 인구와 t+50년의 유소년 인구는 동일하다.

ㄷ. t년 대비 t+50년에 노년 인구는 20% 증가하였다.

ㄹ. t년 대비 t+50년에 노년 부양비는 10% 증가하였다. → 약 15.3

① ㄱ, ㄴ   ② ㄱ, ㄷ   ❸ ㄴ, ㄷ   ④ ㄴ, ㄹ   ⑤ ㄷ, ㄹ

(단위 : 명)

구분	t년	t+50년
유소년 인구	40	30
부양 인구	100	104
노년 인구	30	36
전체 인구	170	170

|자|료|해|설|

t년의 노령화 지수는 75이고, t년 대비 t+50년에 노령화 지수가 60% 증가하였으므로 t+50년의 노령화 지수는 120이다. t년의 부양 인구를 100명이라고 가정하여 제시된 자료를 바탕으로 시기별 인구 구성을 나타내면 첨삭과 같다.

|보|기|풀|이|

ㄱ. 오답 : t년의 부양 인구가 100명이라면, t+50년의 유소년 인구는 30명이고 t+50년의 전체 인구는 170명이다. 따라서 t+50년에 유소년 인구는 전체 인구의 약 17.6%{=(30명/170명)×100}이다.

ㄴ. 정답 : t년의 부양 인구가 100명이라면, t년의 노년 인구는 30명이고, t+50년의 유소년 인구는 30명이다. 따라서 t년의 노년 인구와 t+50년의 유소년 인구는 같다.

ㄷ. 정답 : t년의 부양 인구가 100명이라면, t년의 노년 인구는 30명이고, t+50년의 노년 인구는 36명이다. 따라서 t년 대비 t+50년에 노년 인구는 20%{=(6명/30명)×100} 증가하였다.

ㄹ. 오답 : t년의 부양 인구가 100명이라면, t년의 노년 인구는 30명이고, t+50년의 부양 인구는 104명이며, t+50년의 노년 인구는 36명이다. 노년 부양비는 t년의 경우 30{=(30명/100명)×100}이고, t+50년의 경우 약 34.6{=(36명/104명)×100}이다. 따라서 t년 대비 t+50년에 노년 부양비는 약 15.3%{=(4.6/30)×100} 증가하였다.

다음 자료에 대한 분석으로 옳은 것은? 3점

> 표는 갑국의 인구 관련 통계를 나타낸다. 갑국 전체 인구는 t+30년이 t년의 2배이다. 또한 t+30년에 전체 인구 중 0~14세 인구가 차지하는 비율은 t년에 전체 인구 중 15~64세 인구가 차지하는 비율의 1/2이다.
>
> | 구분 | t년 | t+30년 |
> |---|---|---|
> | 총부양비 | 100 | ㉠ 150 |
> | 노령화 지수 | 25 | 140 |
>
> * 총부양비 = [(0~14세 인구 + 65세 이상 인구)/15~64세 인구] × 100
> ** 유소년 부양비 = (0~14세 인구/15~64세 인구) × 100
> *** 노년 부양비 = (65세 이상 인구/15~64세 인구) × 100
> **** 노령화 지수 = (65세 이상 인구/0~14세 인구) × 100

① ㉠은 '125'이다. → 150

② 전체 인구 중 15~64세 인구의 비율은 t년이 t+30년보다 작다. → 크다

③ 유소년 부양비는 t+30년이 t년보다 크다. → 작다

④ 노년 부양비는 t+30년이 t년의 4배 이상이다.

⑤ t년 대비 t+30년의 0~14세 인구 증가율은 음(−)의 값이다. → 양(+)

(단위 : %)

구분	t년	t+30년
0~14세 인구	40	25
15~64세 인구	50	40
65세 이상 인구	10	35
전체	100	100

|자|료|해|설|

제시된 자료를 바탕으로 연도별 갑국의 인구 구성 비율을 나타내면 첨삭과 같다.

|선|택|지|풀|이|

① 오답 : t+30년 총부양비는 150[={(25+35)/40}×100]이다. 따라서 ㉠은 150이다.

② 오답 : 전체 인구 중 15~64세 인구의 비율은 t년의 경우 50%, t+30년의 경우 40%이므로 t년이 t+30년보다 크다.

③ 오답 : 유소년 부양비는 t년의 경우 80{=(40/50)×100}, t+30년의 경우 62.5{=(25/40)×100}로 t+30년이 t년보다 작다.

④ 정답 : 노년 부양비는 t년의 경우 20{=(10/50)×100}, t+30년의 경우 87.5{=(35/40)×100}로 t+30년이 t년의 4배 이상이다.

⑤ 오답 : 전체 인구에서 0~14세 인구가 차지하는 비중은 t년의 경우 40%, t+30년의 경우 25%이고, 전체 인구는 t+30년이 t년의 2배이므로 t년 대비 t+30년에 0~14세 인구는 증가하였다. 따라서 t년 대비 t+30년에 0~14세 인구 증가율은 양(+)의 값이다.

🤓 **문제풀이 TIP** | t+30년의 0~14세 인구 비율이 t년의 15~64세 인구 비율의 절반이므로 t+30년의 0~14세 인구 비율을 x라고 하면 t년의 15~64세 인구 비율은 2x가 된다. t년의 총부양비가 100이므로 2x는 50이 된다. 따라서 x는 25이다. 각 연도의 노령화 지수를 통해 t년의 0~14세 인구 비율과 65세 이상 인구 비율, t+30년의 65세 이상 인구 비율을 구할 수 있다.

다음 글의 저출산 문제를 보는 입장에 대한 옳은 설명을 〈보기〉에서 고른 것은?

> 우리 사회의 저출산 문제는 사회 전체에 큰 혼란을 초래할 것이다. 가족 제도의 비정상적인 작동이 교육 제도, 정치 제도 등 다른 사회 제도에 영향을 미칠 수밖에 없기 때문이다. 따라서 저출산 문제의 해결은 우리 사회 전체를 위해 매우 중요하다. 저출산 문제는 청년 취업난, 가족의 자녀 양육비 및 교육비 부담에 기인하고 있으므로 경기 회복과 이를 통한 가계 소득 증가가 바탕이 될 때 자연스럽게 해결될 수 있다.

보기

ㄱ. 갈등론의 관점에서 저출산 문제를 이해하고 있다.
ㄴ. 저출산 문제가 경제적 요인에 의해 발생했다고 본다.
ㄷ. 저출산 문제에 대한 의식 차원의 해결 방안을 제시하고 있다.
ㄹ. 사회 제도 간 유기적 관련성을 전제로 저출산 문제의 영향을 예측하고 있다.

① ㄱ, ㄴ　② ㄱ, ㄷ　③ ㄴ, ㄷ　④ ㄴ, ㄹ　⑤ ㄷ, ㄹ

|자|료|해|설|

제시된 글은 저출산 문제를 가족 제도의 비정상적인 작동으로 바라보고 있다. 특히 경제적 요인에 의해 발생하는 저출산 문제가 다양한 사회 제도에 영향을 미친다고 보고 있다.

|보|기|풀|이|

ㄱ. 오답 : 사회 문제(저출산 문제)를 사회 병리 현상으로 보고 있으므로 기능론의 관점에서 저출산 문제를 이해하고 있다.

ㄴ. 정답 : 저출산 문제가 청년 취업난, 가족의 자녀 양육비 및 교육비 부담 등 경제적 요인에 의해 발생했다고 보고 있다.

ㄷ. 오답 : 저출산 문제에 대한 의식 차원의 해결 방안이 아닌 경기 회복 등과 같은 거시적 차원의 해결 방안을 제시하고 있다.

ㄹ. 정답 : 가족 제도, 교육 제도, 정치 제도 등 사회 제도 간 유기적 관련성을 전제로 저출산 문제의 영향을 예측하고 있다.

다음 자료에 대한 분석으로 옳은 것은? (단, 1960년 대비 2020년에 부양 인구는 10% 감소하였다.) **3점**

〈갑국의 유소년 부양비와 노령화 지수〉

구분	1960년	1990년	2020년
유소년 부양비	40	30	20
노령화 지수	30	50	100

$$* \ 유소년\ 부양비 = \frac{유소년\ 인구(0\sim14세\ 인구)}{부양\ 인구(15\sim64세\ 인구)} \times 100$$

$$* \ 노령화\ 지수 = \frac{노년\ 인구(65세\ 이상\ 인구)}{유소년\ 인구(0\sim14세\ 인구)} \times 100$$

① 1960년에 유소년 인구는 전체 인구의 30%를 넘는다.
② 2020년에 부양 인구는 노년 인구의 2배이다.
③ 1960년 대비 2020년에 노년 인구는 50% 증가하였다.
④ 부양 인구에 대한 노년 인구의 비는 2020년이 1960년의 2배보다 크다.
⑤ 전체 인구 중 유소년 인구와 노년 인구의 합이 차지하는 비율은 2020년이 1990년보다 높다.

〈연도별 부양 인구를 100이라고 가정할 때 인구 구성〉

구분	1960년	1990년	2020년
유소년 인구	40	30	20
부양 인구	100	100	100
노년 인구	12	15	20
전체 인구	152	145	140

문제풀이 TIP | 유소년 부양비는 부양 인구 대비 유소년 인구의 비율을 나타낸 것이므로 각 연도의 부양 인구를 100으로 가정하면 유소년 인구를 파악할 수 있다. 노령화 지수와 유소년 인구를 통해 노년 인구를 파악할 수 있다.

|자|료|해|설|

각 연도별 부양 인구가 100이라면, 연도별 유소년 인구와 노년 인구는 첨삭과 같다.

|선|택|지|풀|이|

① 오답 : 1960년에 부양 인구가 100이라면, 유소년 인구는 40이고, 전체 인구는 152이다. 따라서 1960년에 유소년 인구는 전체 인구의 약 26.3%{(40/152)×100}이다.

② 오답 : 2020년에 부양 인구가 100이라면, 노년 인구는 20이다. 따라서 2020년에 부양 인구는 노년 인구의 5배이다.

③ 정답 : 1960년에 부양 인구가 100이라면, 노년 인구는 12이다. 1960년 대비 2020년에 부양 인구는 10% 감소하였으므로 2020년에 부양 인구는 90이다. 2020년에 부양 인구가 90이라면 노년 인구는 18이다. 따라서 1960년 대비 2020년에 노년 인구는 50%[{(18-12)/12}×100] 증가하였다.

④ 오답 : 1960년에 부양 인구가 100이라면 노년 인구는 12이므로 부양 인구에 대한 노년 인구의 비는 12/100이다. 2020년에 부양 인구가 100이라면 노년 인구는 20이므로 부양 인구에 대한 노년 인구의 비는 20/100이다. 따라서 부양 인구에 대한 노년 인구의 비는 2020년이 1960년의 2배보다 작다.

⑤ 오답 : 1990년에 부양 인구가 100이라면 유소년 인구는 30, 노년 인구는 15, 전체 인구는 145이므로 전체 인구 중 유소년 인구와 노년 인구의 합이 차지하는 비율은 약 31%[{(30+15)/145×100}이다. 2020년에 부양 인구가 100이라면 유소년 인구는 20, 노년 인구는 20, 전체 인구는 140이므로 전체 인구 중 유소년 인구와 노년 인구의 합이 차지하는 비율은 약 28.6%[{(20+20)/140}×100]이다. 따라서 전체 인구 중 유소년 인구와 노년 인구의 합이 차지하는 비율은 2020년이 1990년보다 낮다.

다음 자료에 대한 옳은 분석만을 〈보기〉에서 고른 것은? 3점

다음은 (가), (나) 두 지역으로만 구성된 갑국의 인구 관련 지표이다. (가) 지역의 생산 연령 인구는 (나) 지역의 생산 연령 인구의 2배이다.

구분	(가) 지역	(나) 지역
고령화 지수	㉠ 150	㉡ 400
유소년 부양비	20	20
노년 부양비	30	80

* 고령화 지수 = {노년(65세 이상) 인구/유소년(0 ~ 14세) 인구} × 100
** 유소년 부양비 = {유소년(0 ~ 14세) 인구/생산 연령(15 ~ 64세) 인구} × 100
*** 노년 부양비 = {노년(65세 이상) 인구/생산 연령(15 ~ 64세) 인구} × 100

보기

ㄱ. ㉡은 ㉠의 3배 이상이다. 보다 작다
ㄴ. 갑국 노년 부양비는 갑국 유소년 부양비의 2배 이상이다.
ㄷ. (나) 지역의 유소년 인구는 (가) 지역의 유소년 인구의 절반이다.
ㄹ. 다른 이동 없이 (가) 지역의 노년 인구 50%가 (나) 지역으로 이동하면, (나) 지역의 노년 부양비는 100이 된다.
110

① ㄱ, ㄴ   ② ㄱ, ㄷ   ③ ㄴ, ㄷ   ④ ㄴ, ㄹ   ⑤ ㄷ, ㄹ

구분	(가) 지역	(나) 지역
유소년 인구	40a	20a
생산 연령 인구	200a	100a
노년 인구	60a	80a

|자|료|해|설|

(가) 지역의 생산 연령 인구가 (나) 지역의 생산 연령 인구의 2배이므로 (나) 지역의 생산 연령 인구를 100a라고 가정하면 (가) 지역의 생산 연령 인구는 200a가 된다. 제시된 자료를 바탕으로 (가) 지역과 (나) 지역의 인구 구성을 나타내면 첨삭과 같다.

|보|기|풀|이|

ㄱ. 오답 : 고령화 지수는 (가) 지역의 경우 150{=(60a/40a)×100}, (나) 지역의 경우 400{=(80a/20a)×100}이다. 즉, ㉠은 150, ㉡은 400이다. 따라서 ㉡은 ㉠의 3배보다 작다.

ㄴ. 정답 : 갑국 노년 부양비는 약 46.7{=(140a/300a)×100}이고, 갑국 유소년 부양비는 20{=(60a/300a)×100}이다. 따라서 갑국 노년 부양비는 갑국 유소년 부양비의 2배 이상이다.

ㄷ. 정답 : (가) 지역의 유소년 인구는 40a이고, (나) 지역의 유소년 인구는 20a이다. 따라서 (나) 지역의 유소년 인구는 (가) 지역의 유소년 인구의 1/2배이다.

ㄹ. 오답 : 다른 이동 없이 (가) 지역의 노년 인구 50%가 (나) 지역으로 이동하면, (나) 지역의 노년 인구는 110a(=80a+30a)가 된다. 따라서 (나) 지역의 노년 부양비는 110{=(110a/100a)×100}이 된다.

 **문제풀이 TIP** | (가) 지역의 생산 연령 인구가 (나) 지역의 생산 연령 인구의 2배이므로 (나) 지역의 생산 연령 인구를 기준으로 구체적인 수치를 가정하여 각 지역의 인구 구성을 파악하면 된다.

표에 대한 분석으로 옳은 것은? (단, t년에 갑국과 을국의 부양 인구는 동일하며, t+50년에 각각 2배로 증가하였다.) 3점

구분	갑국		을국	
	t년	t+50년	t년	t+50년
총부양비	50	75	25	100
유소년 부양비	30	20	10	50

* 총부양비 = (유소년 인구(0~14세 인구) + 노인 인구(65세 이상 인구)) / 부양 인구(15~64세 인구) × 100

** 유소년 부양비 = 유소년 인구(0~14세 인구) / 부양 인구(15~64세 인구) × 100

*** 전체 인구에서 노인 인구가 차지하는 비율이 7% 이상이면 고령화 사회, 14% 이상이면 고령 사회, 20% 이상이면 초고령 사회임.

→ 전체 인구에서 노인 인구가 차지하는 비율은 갑국이 약 13%, 을국이 12%
① t년에 갑국과 을국은 모두 고령화 사회에 해당한다.
② t년에 갑국에서 부양 인구 100명당 노인 인구는 50명이다.
20명
③ t+50년의 전체 인구는 갑국이 을국보다 많다.
④ t+50년에 부양 인구가 노인 인구와 유소년 인구를 부양하는 데 지출한 총비용은 을국이 갑국보다 많다. → 알 수 없다
⑤ 을국에서 유소년 인구 대비 노인 인구의 비는 t+50년이 t년보다 크다.
t년 t+50년
15/10   100/100

|자|료|해|설|

t년의 갑국과 을국의 부양 인구(15~64세 이하)를 각각 100명이라고 가정하면 갑국과 을국의 시기별 유소년 인구, 부양 인구, 노인 인구, 전체 인구는 다음과 같다.

(단위 : 명)

구분	갑국		을국	
	t년	t+50년	t년	t+50년
유소년 인구(0~14세 이하)	30	40	10	100
부양 인구(15~64세 이하)	100	200	100	200
노인 인구(65세 이상)	20	110	15	100
전체 인구	150	350	125	400

|선|택|지|풀|이|

① 정답 : t년에 전체 인구에서 노인 인구가 차지하는 비율은 갑국이 약 13%{=(20/150)×100}, 을국이 12%{=(15/125)×100}이다. 따라서 t년에 갑국과 을국 모두 고령화 사회에 해당한다.

② 오답 : t년에 갑국에서 부양 인구 100명당 노인 인구는 20명이다.

③ 오답 : t+50년의 전체 인구는 을국이 갑국보다 많다.

④ 오답 : 제시된 자료를 통해 t+50년에 을국이 갑국보다 부양 인구가 노인 인구와 유소년 인구를 부양하는 데 지출한 총비용이 많은지는 파악할 수 없다.

⑤ 오답 : 을국에서 유소년 인구 대비 노인 인구의 비는 t+50년(100/100)이 t년(15/10)보다 작다.

다음 자료에 대한 분석으로 옳은 것은? 3점

> 표는 갑국과 을국의 인구 구조 변화를 비교한 것이다. t년 대비 t+50년에 갑국의 전체 인구는 10% 감소하였고, 을국의 전체 인구는 20% 감소하였다. 단, t년에 갑국과 을국의 전체 인구는 동일하다.

구분	갑국		을국	
	t년	t+50년	t년	t+50년
합계 출산율(명)	4.2	1.8	1.5	0.9
전체 인구 대비 15~64세 인구 비율(%)	50	60	50	55
노령화 지수	25	100	150	200

* 합계 출산율 : 여성 1명이 가임 기간(15~49세) 동안 낳을 것으로 예상되는 평균 출생아 수

** 노령화 지수 = $\dfrac{\text{노년 인구(65세 이상 인구)}}{\text{유소년 인구(0~14세 인구)}} \times 100$

*** 전체 인구 중 65세 이상 인구가 차지하는 비율이 20% 이상인 사회를 초고령 사회라고 함.

① t년과 t+50년 모두 ~~갑국~~(을국)은 ~~을국~~(갑국)에 비해 저출산 현상이 강하게 나타난다.

② t년과 t+50년에 갑국과 을국은 모두 초고령 사회이다.

③ t년 대비 t+50년의 노령화 지수 증가율은 을국이 갑국보다 ~~크다~~(작다).

④ t년에 을국의 유소년 인구는 t+50년에 갑국의 유소년 인구보다 많다.

⑤ t년에 노년 인구는 을국이 갑국의 3배이고, t+50년에 노년 인구는 을국이 갑국의 ~~1.5배~~(약 1.3배)이다.

〈갑국〉

구분	t년		t+50년	
	비율(%)	인구(명)	비율(%)	인구(명)
유소년 인구	40	40	20	18
부양 인구	50	50	60	54
노년 인구	10	10	20	18
전체 인구	100	100	100	90

〈을국〉

구분	t년		t+50년	
	비율(%)	인구(명)	비율(%)	인구(명)
유소년 인구	20	20	15	12
부양 인구	50	50	55	44
노년 인구	30	30	30	24
전체 인구	100	100	100	80

|자|료|해|설|

t년 대비 t+50년에 갑국의 전체 인구는 10% 감소하였고, 을국의 전체 인구는 20% 감소하였으므로 t년에 갑국과 을국의 전체 인구를 각각 100명이라고 가정하면, t+50년에 갑국의 전체 인구는 90명이 되고, t+50년에 을국의 전체 인구는 80명이 된다. t년에 갑국과 을국의 전체 인구를 각각 100명이라고 가정하고, 제시된 자료를 바탕으로 갑국과 을국의 연도별 인구 구성을 나타내면 첨삭과 같다.

|선|택|지|풀|이|

① 오답 : t년에 합계 출산율은 을국이 갑국보다 낮고, t+50년에 합계 출산율 또한 을국이 갑국보다 낮다. 이를 통해 t년과 t+50년 모두 을국이 갑국에 비해 저출산 현상이 강하게 나타남을 알 수 있다.

② 오답 : 갑국의 경우 전체 인구에서 노년 인구가 차지하는 비율은 t년이 10%, t+50년이 20%이다. 따라서 t년과 달리 t+50년에 갑국은 초고령 사회이다. 을국의 경우 전체 인구에서 노년 인구가 차지하는 비율은 t년과 t+50년이 각각 30%이다. 따라서 t년과 t+50년에 을국은 초고령 사회이다.

③ 오답 : 갑국의 경우 노령화 지수는 t년에 25에서 t+50년에 100으로 300%{=(75/25)×100} 증가하였다. 을국의 경우 노령화 지수는 t년에 150에서 t+50년에 200으로 약 33.3%{=(50/150)×100} 증가하였다. 따라서 t년 대비 t+50년의 노령화 지수 증가율은 을국이 갑국보다 작다.

④ 정답 : t년에 갑국과 을국의 전체 인구를 각각 100명이라고 가정하면, t년에 을국의 유소년 인구는 20명이고, t+50년에 갑국의 유소년 인구는 18명이다. 따라서 t년에 을국의 유소년 인구는 t+50년에 갑국의 유소년 인구보다 많다.

⑤ 오답 : t년에 갑국과 을국의 전체 인구를 각각 100명이라고 가정하면, t년에 노년 인구는 갑국이 10명, 을국이 30명으로, 을국이 갑국의 3배이다. t년에 갑국과 을국의 전체 인구를 각각 100명이라고 가정하면, t+50년에 노년 인구는 갑국이 18명, 을국이 24명으로, 을국이 갑국의 약 1.3배이다(=24/18).

🤯 **문제풀이 TIP** | 합계 출산율을 통해 저출산 상황을 파악할 수 있고, t년 대비 t+50년에 갑국과 을국의 전체 인구의 변동이 제시되어 있으므로 t년에 갑국과 을국의 전체 인구를 특정한 수로 가정하면 t년과 t+50년에 갑국과 을국의 해당 인구수를 파악할 수 있다.

😀 **출제분석** | 인구 구성을 분석하는 문제이다. 저출산·고령화 현상과 관련하여 인구 구성을 분석하는 고난도 문제가 출제되므로 기출 문제를 통해 다양한 문제 유형을 접해 보도록 한다.

다음 자료에 대한 분석으로 옳은 것은?

> 갑국의 $t+50$년의 총인구는 t년의 2배이고, $t+100$년의 총인구는 t년의 1.5배이다. 갑국 총인구 중 부양 인구 비율은 t년과 $t+50$년이 각각 40%, $t+100$년이 30%이다. $t+50$년의 노년 부양비는 75로 t년의 3배이고, $t+100$년의 노령화 지수는 250이다.
>
> → t년의 노년 부양비는 25

* 노령화 지수 $= \dfrac{\text{노년 인구(65세 이상 인구)}}{\text{유소년 인구(0~14세 인구)}} \times 100$

** 유소년 부양비 $= \dfrac{\text{유소년 인구(0~14세 인구)}}{\text{부양 인구(15~64세 인구)}} \times 100$

*** 노년 부양비 $= \dfrac{\text{노년 인구(65세 이상 인구)}}{\text{부양 인구(15~64세 인구)}} \times 100$

**** 총부양비 = 유소년 부양비 + 노년 부양비

(단위 : 명)

구분	t년	$t+50$년	$t+100$년
유소년 인구	50	60	30
부양 인구	40	80	45
노년 인구	10	60	75
총인구	100	200	150

① $t+50$년의 총부양비는 t년보다 크다. (과 같다)
② $t+50$년의 노령화 지수는 t년의 5배이다.
③ $t+50$년의 부양 인구는 t년에 비해 200% 증가하였다.
④ $t+100$년의 유소년 인구는 t년보다 많고 (적고) 100 $t+50$년보다 적다.
⑤ t년, $t+50$년, $t+100$년 중 유소년 부양비는 $t+50$년이 (t년) 가장 크고, $t+100$년이 가장 작다.

|선|택|지|풀|이|

① 오답 : 총부양비는 t년의 경우 $150[=\{(50+10)/40\}\times100]$이고, $t+50$년의 경우 $150[=\{(60+60)/80\}\times100]$이다. 따라서 총부양비는 t년과 $t+50$년이 같다.

② 정답 : 노령화 지수는 t년의 경우 $20\{=(10/50)\times100\}$이고, $t+50$년의 경우 $100\{=(60/60)\times100\}$이다. 따라서 노령화 지수는 $t+50$년이 t년의 5배이다.

③ 오답 : t년의 총인구가 100명이라면, 부양 인구는 t년의 경우 40명, $t+50$년의 경우 80명이다. 따라서 t년 대비 $t+50$년에 부양 인구는 $100\%[=\{(80$명-40명$)/40$명$\}\times100]$ 증가하였다.

④ 오답 : t년의 총인구가 100명이라면, 유소년 인구는 t년의 경우 50명, $t+50$년의 경우 60명, $t+100$년의 경우 30명이다. 따라서 유소년 인구는 $t+100$년이 t년과 $t+50$년보다 적다.

⑤ 오답 : 유소년 부양비는 t년의 경우 $125\{=(50/40)\times100\}$, $t+50$년의 경우 $75\{=(60/80)\times100\}$, $t+100$년의 경우 약 $66.7\{=(30/45)\times100\}$이다. 따라서 유소년 부양비는 t년이 가장 크고, $t+100$년이 가장 작다.

|자|료|해|설|

t년의 총인구를 100명이라고 하면, 총인구가 t년 대비 $t+50$년에 2배이고 $t+100$년에 1.5배이므로 총인구는 $t+50$년에 200명, $t+100$년에 150명이다. 총인구 중 부양 인구 비율이 t년과 $t+50$년 각각 40%, $t+100$년에 30%이므로 부양 인구는 t년에 40명, $t+50$년에 80명, $t+100$년에 45명이다. $t+50$년의 노년 부양비(75)는 t년의 3배로 t년의 노년 부양비는 25이다. 따라서 노년 인구는 t년에 10명, $t+50$년에 60명이다. $t+100$년의 경우 총인구는 150명, 부양 인구는 45명이므로 '유소년 인구 + 노년 인구'는 105명이다. 이때 $t+100$년의 노령화 지수는 250이므로 유소년 인구는 30명, 노년 인구는 75명이다.

다음 자료에 대한 분석으로 옳은 것은? 🔴3점

> 표는 A 지역의 인구 구성 비율을 나타낸 것이다. 2000년에 비해 2020년 A 지역의 총인구는 20% 증가하였다. A 지역의 노령화 지수는 2000년에 60, 2020년에 125였다. 단, 음영 처리된 부분은 주어진 자료와 단서를 통해 알 수 있다.

(단위 : %)

구분	2000년	2020년
0~14세 인구(유소년 인구)	25	20
15~64세 인구(부양 인구)	60	55
65세 이상 인구(노인 인구)	15	25

* 노령화 지수 = (65세 이상 인구/0~14세 인구) × 100

** 유소년 부양비 = (0~14세 인구/15~64세 인구) × 100

*** 노인 부양비 = (65세 이상 인구/15~64세 인구) × 100

**** 총부양비 = {(0~14세 인구 + 65세 이상 인구)/15~64세 인구} × 100

① 2020년에 노인 인구는 유소년 인구의 2배 이상이다. (1.25배)
② 2000년에 비해 2020년의 부양 인구는 감소하였다. (증가)
③ 2000년 유소년 부양비와 2020년 노인 부양비는 동일하다.
④ 2000년에 비해 2020년의 노인 인구는 10% 증가하였고, (100%) 유소년 인구는 5% 감소하였다. (4%)
⑤ 2000년에 비해 2020년의 유소년 부양비는 감소하였고, 노인 부양비와 총부양비는 모두 증가하였다.

|선|택|지|풀|이|

① 오답 : 2020년의 경우 유소년 인구 비율은 20%, 노인 인구 비율은 25%이므로 노인 인구는 유소년 인구의 1.25배이다.

② 오답 : 부양 인구 비율은 2000년에 60%, 2020에 55%이지만, 2000년 대비 2020년의 총인구는 20% 증가했다. 2000년의 총인구를 100이라고 하면 2020년의 총인구는 120이므로 부양 인구는 2000년에 60, 2020년에 66이다. 따라서 2000년 대비 2020년의 부양 인구는 증가하였다.

③ 오답 : 2000년 유소년 부양비는 약 $41.7\{(25/60)\times100\}$이고, 2020년 노인 부양비는 약 $45.5\{(25/55)\times100\}$이다. 따라서 2000년 유소년 부양비보다 2020년 노인 부양비가 크다.

④ 오답 : 2000년의 총인구를 100이라고 하면 2020년의 총인구는 120이다. 2000년의 경우 노인 인구는 15, 유소년 인구는 25이고, 2020년의 경우 노인 인구는 30, 유소년 인구는 24이다. 따라서 2000년에 비해 2020년의 노인 인구는 100% 증가$[\{(30-15)/15\}\times100]$하였고, 유소년 인구는 4% 감소$[\{(24-25)/25\}\times100]$하였다.

⑤ 정답 : 2000년의 경우 유소년 부양비는 약 $41.7\{(25/60)\times100\}$, 노인 부양비는 $25\{(15/60)\times100\}$, 총부양비는 약 $66.7[\{(25+15)/60\}\times100]$이다. 2020년의 경우 유소년 부양비는 약 $36.4\{(20/55)\times100\}$, 노인 부양비는 약 $45.5\{(25/55)\times100\}$, 총부양비는 약 $81.8[\{(20+25)/55\}\times100]$이다. 따라서 2000년에 비해 2020년의 유소년 부양비는 감소하였고, 노인 부양비와 총부양비는 증가하였다.

|자|료|해|설|

A 지역의 노령화 지수는 2000년에 60, 2020년에 125이므로 2000년에 유소년 인구 비율은 25%, 부양 인구 비율은 60%이고, 2020년에 부양 인구 비율은 55%, 노인 인구 비율은 25%가 된다.

다음 자료에 대한 분석으로 옳은 것은? 3점

표는 갑국의 인구 관련 지표를 나타낸 것이다. t년 대비 t+50년에 총인구 증가율은 200%이다.

구분	총부양비	노령화 지수
t년	100	25
t+50년	50	100

* 총부양비 = 유소년 부양비 + 노년 부양비

* 유소년 부양비 = $\dfrac{유소년\ 인구(0 \sim 14세\ 인구)}{부양\ 인구(15 \sim 64세\ 인구)} \times 100$

* 노년 부양비 = $\dfrac{노년\ 인구(65세\ 이상\ 인구)}{부양\ 인구(15 \sim 64세\ 인구)} \times 100$

* 노령화 지수 = $\dfrac{노년\ 인구(65세\ 이상\ 인구)}{유소년\ 인구(0 \sim 14세\ 인구)} \times 100$

(단위 : 명)

구분	t년	t+50년
유소년 인구	80	100
부양 인구	100	400
노년 인구	20	100
총인구	200	600

① 부양 인구는 t+50년이 t년의 4배이다.
② 유소년 인구는 t+50년이 t년보다 적다. 많다
③ 유소년 부양비는 t년이 t+50년보다 작다. 크다
④ 노년 인구 대비 부양 인구는 t+50년이 t년보다 크다. 작다
⑤ t+50년에는 t년과 달리 총인구 중 노년 인구의 비율이 20%보다 높다. 낮다 모두

문제풀이 TIP | t년의 경우 총부양비가 100이므로 부양 인구=유소년 인구+노년 인구이고, 노령화 지수가 25이므로 유소년 인구는 노년 인구의 4배임을 파악할 수 있다.

|자|료|해|설|

t년의 총부양비가 100이므로 t년의 부양 인구를 100명이라고 가정하여 제시된 자료를 바탕으로 갑국의 인구 구성을 나타내면 첨삭과 같다.

|선|택|지|풀|이|

①정답 : t년의 부양 인구가 100명이라면, t+50년의 부양 인구는 400명이다. 따라서 t+50년 부양 인구는 t년 부양 인구의 4배이다.

② 오답 : t년의 부양 인구가 100명이라면, 유소년 인구는 t년의 경우 80명, t+50년의 경우 100명이다. 따라서 유소년 인구는 t+50년이 t년보다 많다.

③ 오답 : t년의 부양 인구가 100명이라면, 유소년 부양비는 t년의 경우 80{=(80/100명)×100}, t+50년의 경우 25{=(100명/400명)×100}이다. 따라서 유소년 부양비는 t년이 t+50년보다 크다.

④ 오답 : t년의 부양 인구가 100명이라면, 노년 인구 대비 부양 인구는 t년의 경우 5(=100명/20명), t+50년의 경우 4(=400명/100명)이다. 따라서 노년 인구 대비 부양 인구는 t+50년이 t년보다 작다.

⑤ 오답 : t년의 부양 인구가 100명이라면, 총인구 중 노년 인구의 비율은 t년의 경우 10%{=(20명/200명)×100}, t+50년의 경우 약 16.7%{=(100명/600명)×100}이다. 따라서 t년과 t+50년 모두 총인구 중 노년 인구의 비율은 20%보다 낮다.

자료에 대한 분석으로 옳은 것은? 3점

표는 갑국의 15 ~ 64세 인구(부양 인구) 100명당 각 연령대별 인구를 나타낸 것이다. 단, 15 ~ 64세 인구는 2020년이 1970년의 2배이다.

(단위 : 명)

구분	1970년	2020년
0 ~ 14세 인구	20	20
65세 이상 인구	20	40

* 유소년 부양비 = (0 ~ 14세 인구/15 ~ 64세 인구) × 100
* 노년 부양비 = (65세 이상 인구/15 ~ 64세 인구) × 100
* 노령화 지수 = (65세 이상 인구/0 ~ 14세 인구) × 100

① 노령화 지수는 1970년이 2020년보다 크다. 작다
② 65세 이상 인구는 2020년이 1970년의 4배이다.
③ 노년 부양비는 2020년이 1970년의 2배보다 크다. $\dfrac{100}{140} \times 100$ 이다
④ 총인구 중 15 ~ 64세 인구의 비율은 2020년이 1970년보다 높다. 낮다
⑤ 2020년에 부양 인구가 부담하는 노년 인구 부양 비용은 유소년 인구 부양 비용의 2배이다. → 알 수 없음 $\dfrac{200}{320} \times 100$

<1970년 15~64세 인구가 100명일 경우>

구분	1970년	2020년
0~14세 인구(명)	20	40
15~64세 인구(명)	100	200
65세 이상 인구(명)	20	80
유소년 부양비	20	20
노년 부양비	20	40
노령화 지수	100	200

|자|료|해|설|

1970년 15~64세 인구가 100명일 경우 1970년과 2020년 연령별 인구 구성 및 부양비를 나타내면 첨삭과 같다.

|선|택|지|풀|이|

① 오답 : 노령화 지수는 1970년의 경우 100, 2020년의 경우 200으로, 1970년이 2020년보다 작다.

②정답 : 65세 이상 인구는 1970년의 경우 20명, 2020년의 경우 80명으로, 2020년이 1970년의 4배이다.

③ 오답 : 노년 부양비는 1970년의 경우 20, 2020년의 경우 40으로, 2020년이 1970년의 2배이다.

④ 오답 : 총인구 중 15~64세 인구의 비율은 1970년의 경우 약 71.4%{=(100명/140명)×100}, 2020년의 경우 62.5%{=(200명/320명)×100}으로, 2020년이 1970년보다 낮다.

⑤ 오답 : 제시된 자료를 통해서는 노년 인구 부양 비용과 유소년 인구 부양 비용을 알 수 없다. 따라서 2020년에 부양 인구가 부담하는 노년 인구 부양 비용이 유소년 인구 부양 비용의 2배인지는 알 수 없다.

문제풀이 TIP | 제시된 자료는 15~64세 인구 100명당 각 연령대별 인구를 나타내고, 15~64세 인구는 2020년이 1970년의 2배이므로 1970년의 15~64세 인구를 100명으로 가정하면 2020년의 15~64세 인구는 200명이 된다. 이를 통해 연도별 각 연령대 인구를 파악하면 어렵지 않게 해결할 수 있다.

출제분석 | 저출산 · 고령화와 관련하여 인구 구성을 분석하는 문제이다. 연령대별 인구 구성을 분석하는 문제는 고난도로 출제될 수 있으므로 기출 문제를 바탕으로 계산 문제를 반복하여 연습해 두도록 한다.

다음 자료에 대한 분석으로 옳은 것은? (단, 유소년 인구의 비는 A국 : B국 : C국 = 3 : 1 : 1이다.) **3점**

구분	A국	B국	C국
전체 인구 대비 노인 인구 비율(%)	10	15	40
총부양비	25	25	100

$$* \ \text{총부양비} = \frac{\text{유소년 인구(0∼14세 인구)} + \text{노인 인구(65세 이상 인구)}}{\text{부양 인구(15∼64세 인구)}} \times 100$$

$$** \ \text{노령화 지수} = \frac{\text{노인 인구(65세 이상 인구)}}{\text{유소년 인구(0∼14세 인구)}} \times 100$$

① 노인 인구는 A국과 B국이 같다.

② 노령화 지수는 C국이 A국의 3배이다.

③ 전체 인구는 A국이 가장 많고 B국이 가장 적다.

④ 전체 인구에서 유소년 인구가 차지하는 비율은 B국이 C국보다 높다.

⑤ B국의 부양 인구 대비 노인 인구의 비는 C국의 부양 인구 대비 유소년 인구의 비보다 크다.

(단위 : 명)

구분	A국	B국	C국
유소년 인구	30	10	10
부양 인구	240	160	50
노인 인구	30	30	40
전체 인구	300	200	100

문제풀이 TIP | C국의 총부양비가 100이므로 C국의 부양 인구는 '유소년 인구+노인 인구'와 같다. C국의 전체 인구를 100명으로 가정하면 C국의 전체 인구 대비 노인 인구 비율이 40%이므로 C국의 노인 인구는 40명임을 알 수 있다. 이를 통해 C국의 유소년 인구와 부양 인구를 구할 수 있다. A~C국의 유소년 인구의 비가 제시되어 있으므로 이를 통해 A국과 B국의 각 인구 구성을 파악할 수 있다.

출제분석 | 인구 구성 비율을 분석하는 문제이다. 인구 구성 비율을 분석하는 문제는 고난도로 출제되고 있으므로 기출 문제를 통해 계산 방법을 연습해 두도록 한다.

|자|료|해|설|

C국의 전체 인구를 100명이라고 가정하면 C국의 전체 인구 대비 노인 인구 비율이 40%이므로 C국의 노인 인구는 40명이 되고, C국의 총부양비가 100이므로 유소년 인구는 10명, 부양 인구는 50명이 된다. 유소년 인구의 비가 A국 : B국 : C국 = 3 : 1 : 1이므로 이를 바탕으로 A~C국의 유소년 인구, 부양 인구, 노인 인구를 나타내면 첨삭과 같다.

|선|택|지|풀|이|

① 정답 : C국의 전체 인구가 100명일 때 A국의 전체 인구는 300명, B국의 전체 인구는 200명이므로 A국의 노인 인구는 30명, B국의 노인 인구는 30명이다. 따라서 노인 인구는 A국과 B국이 같다.

② 오답 : C국의 전체 인구가 100명일 때 A국의 유소년 인구와 노인 인구는 각각 30명이고, C국의 유소년 인구는 10명, 노인 인구는 40명이다. 즉, 노령화 지수는 A국의 경우 100{(30명/30명)×100}이고, C국의 경우 400{(40명/10명)×100}이다. 따라서 노령화 지수는 C국이 A국의 4배이다.

③ 오답 : C국의 전체 인구가 100명일 때 A국의 전체 인구는 300명, B국의 전체 인구는 200명이다. 따라서 전체 인구는 A국이 가장 많고, C국이 가장 적다.

④ 오답 : C국의 전체 인구가 100명일 때 B국의 전체 인구는 200명이고, B국의 유소년 인구는 10명, C국의 유소년 인구는 10명이다. 전체 인구에서 유소년 인구가 차지하는 비율은 B국의 경우 5%{(10명/200명)×100}이고, C국의 경우 10%{(10명/100명)×100}이다. 따라서 전체 인구에서 유소년 인구가 차지하는 비율은 B국이 C국보다 낮다.

⑤ 오답 : C국의 전체 인구가 100명일 때 B국의 부양 인구는 160명, 노인 인구는 30명이고, C국의 부양 인구는 50명, 유소년 인구는 10명이다. B국의 부양 인구 대비 노인 인구의 비는 30명/160명이고, C국의 부양 인구 대비 유소년 인구의 비는 10명/50명이다. 따라서 B국의 부양 인구 대비 노인 인구의 비가 C국의 부양 인구 대비 유소년 인구의 비보다 작다.

다음 자료에 대한 옳은 분석만을 〈보기〉에서 고른 것은?  **3점**

t년 갑국과 을국의 전체 인구는 같다. 갑국에서 t+50년의 인구는 t년의 2배이고, 을국에서 t+50년의 인구는 t년의 3배이다. 단, 복지 지출의 필요성은 복지 정책의 적용 대상이 되는 인구에 비례한다.

구분	갑국		을국	
	t년	t+50년	t년	t+50년
전체 인구 대비 노년 인구 비율(%)	10	35	10	㉠25
노령화 지수	20	140	㉡25	100
총부양비	㉢150	㉣150	100	100

* 노령화 지수 = $\dfrac{\text{노년 인구 (65세 이상 인구)}}{\text{유소년 인구 (0~14세 인구)}} \times 100$

** 유소년 부양비 = $\dfrac{\text{유소년 인구 (0~14세 인구)}}{\text{부양 인구 (15~64세 인구)}} \times 100$

*** 노년 부양비 = $\dfrac{\text{노년 인구 (65세 이상 인구)}}{\text{부양 인구 (15~64세 인구)}} \times 100$

**** 총부양비 = 유소년 부양비 + 노년 부양비

보기

ㄱ. ㉠과 ㉡은 같고, ㉣은 ㉢보다 크다.<del>과 같다</del>
ㄴ. 을국의 t+50년 부양 인구는 갑국의 t년 유소년 인구의 3배이다.
ㄷ. t년 노년 부양비의 경우 갑국이 을국보다 크고, t+50년 유소년 부양비의 경우 을국이 갑국보다 크다.<del>작다</del>
ㄹ. 갑국과 을국 모두 t년 대비 t+50년에 노년 인구를 대상으로 한 복지 지출의 필요성이 커졌다.(∵ 노년 인구 증가)

① ㄱ, ㄴ   ② ㄱ, ㄷ   ③ ㄴ, ㄷ   ④ ㄴ, ㄹ   ⑤ ㄷ, ㄹ

(단위 : %)

구분	갑국		을국	
	t년	t+50년	t년	t+50년
유소년 인구	50	25	40	25
부양 인구	40	40	50	50
노년 인구	10	35	10	25
전체	100	100	100	100

(단위 : 명)

구분	갑국		을국	
	t년	t+50년	t년	t+50년
유소년 인구	50	50	40	75
부양 인구	40	80	50	150
노년 인구	10	70	10	75
전체	100	200	100	300

|자|료|해|설|

제시된 전체 인구 대비 노년 인구 비율과 노령화 지수 및 총부양비를 통해 유소년 인구 비율, 부양 인구 비율, 노년 인구 비율을 구하면 첨삭과 같다. t년에 갑국과 을국의 전체 인구가 같고, t+50년에 갑국의 인구는 t년의 2배이고, 을국의 인구는 t년의 3배이므로 t년에 갑국과 을국의 전체 인구를 각각 100명이라고 하면, t+50년에 갑국의 전체 인구는 200명, 을국의 전체 인구는 300명이 된다. 이를 바탕으로 t년과 t+50년에 갑국과 을국의 인구 구성을 나타내면 첨삭과 같다.

|보|기|풀|이|

ㄱ. 오답 : ㉠과 ㉡은 각각 25, ㉢과 ㉣은 각각 150이다. 따라서 ㉠과 ㉡이 같고, ㉢과 ㉣이 같다.

ㄴ. 정답 : t년에 갑국과 을국의 전체 인구를 각각 100명이라고 하면, t+50년에 을국의 부양 인구는 150명이고, t년에 갑국의 유소년 인구는 50명이다. 따라서 을국의 t+50년 부양 인구는 갑국의 t년 유소년 인구의 3배이다.

ㄷ. 오답 : t년에 노년 부양비는 갑국이 25{=(10/40)×100}이고, 을국이 20{=(10/50)×100}으로, 갑국이 을국보다 크다. t+50년에 유소년 부양비는 갑국이 62.5{=(25/40)×100}이고, 을국이 50{=(25/50)×100}으로, 을국이 갑국보다 작다.

ㄹ. 정답 : t년에 갑국과 을국의 전체 인구를 각각 100명이라고 하면, t년 대비 t+50년에 노년 인구는 갑국이 10명에서 70명으로, 을국은 10명에서 75명으로 증가하였다. t년 대비 t+50년에 갑국과 을국은 모두 노년 인구가 증가하였으므로 노년 인구를 대상으로 한 복지 지출의 필요성이 커졌다고 볼 수 있다.

문제풀이 TIP | 전체 인구 대비 노년 인구 비율이 제시되어 있으므로 전체 인구 비율을 100%로 하여 노년 인구 비율을 파악하고, 노령화 지수를 통해 유소년 인구 비율을 파악할 수 있다. 노년 인구 비율과 유소년 인구 비율을 바탕으로 총부양비를 통해 부양 인구 비율을 파악할 수 있다.

출제분석 | 인구 구성을 분석하는 문제이다. 국가별, 시기별 인구 구성의 변화를 분석하는 고난도 문제가 출제되므로 기출 문제를 통해 다양한 유형의 문제를 접해 보도록 한다.

다음 자료에 대한 분석으로 옳은 것은? (단, 갑국 전체 인구와 을국 전체 인구는 각각 t년 대비 t+60년에 10% 증가하였다.)

구분	갑국		을국	
	t년	t+60년	t년	t+60년
전체 인구 중 65세 이상 인구의 비율(%)	10	20	10	30
0~14세 인구 100명당 65세 이상 인구	50	200	40	300

$$* \text{유소년 부양비} = \frac{0\sim14\text{세 인구}}{15\sim64\text{세 인구}} \times 100$$

$$** \text{노년 부양비} = \frac{65\text{세 이상 인구}}{15\sim64\text{세 인구}} \times 100$$

① t년의 노년 부양비는 갑국이 을국보다 크다.

② t+60년의 유소년 부양비는 갑국이 을국보다 크다.

③ t년 대비 t+60년에 갑국의 65세 이상 인구는 2배 증가하였다.

④ t년 대비 t+60년에 갑국과 을국 모두 15~64세 인구는 증가하였다.

⑤ t년 대비 t+60년에 갑국의 0~14세 인구는 증가하였고 을국의 0~14세 인구는 감소하였다.

|자|료|해|설|

제시된 자료를 토대로 t년과 t+60년에 갑국과 을국의 연령대별 인구 비율을 나타내면 다음과 같다.

(단위 : %)

구분	갑국		을국	
	t년	t+60년	t년	t+60년
0~14세 인구	20	10	25	10
15~64세 인구	70	70	65	60
65세 이상 인구	10	20	10	30

t년에 갑국과 을국의 전체 인구를 각각 100명이라고 가정하면, 제시된 자료는 다음과 같이 나타낼 수 있다.

(단위 : 명)

구분	갑국		을국	
	t년	t+60년	t년	t+60년
0~14세 인구	20	11	25	11
15~64세 인구	70	77	65	66
65세 이상 인구	10	22	10	33
전체 인구	100	110	100	110

|선|택|지|풀|이|

① 오답 : t년에 갑국과 을국의 전체 인구를 각각 100명이라고 가정하면, t년의 노년 부양비는 갑국이 (10/70)×100으로, 을국의 (10/65)×100보다 작다.

② 오답 : t년에 갑국과 을국의 전체 인구를 각각 100명이라고 가정하면, t+60년의 유소년 부양비는 갑국이 (11/77)×100으로, 을국의 (11/66)×100보다 작다.

③ 오답 : t년에 갑국의 전체 인구를 100명이라고 가정하면 갑국의 65세 이상 인구는 t년이 10명, t+60년이 22명이다. 따라서 갑국의 65세 이상 인구는 t+60년이 t년의 2.2배이다.

④ 정답 : t년에 갑국의 전체 인구를 100명이라고 가정하면, 갑국의 15~64세 인구는 t년에 70명, t+60년에 77명으로, t년 대비 t+60년에 갑국의 15~64세 인구는 증가하였다. t년에 을국의 전체 인구를 100명이라고 가정하면, 을국의 15~64세 인구는 t년에 65명, t+60년에 66명으로, t년 대비 t+60년에 을국의 15~64세 인구는 증가하였다.

⑤ 오답 : t년에 갑국의 전체 인구를 100명이라고 가정하면 갑국의 0~14세 인구는 t년이 20명, t+60년이 11명이다. 을국의 t년 전체 인구를 100명이라고 가정하면 을국의 0~14세 인구는 t년이 25명, t+60년이 11명이다. 따라서 갑국과 을국 모두 t년 대비 t+60년에 0~14세 인구는 감소하였다.

다음 자료에 대한 옳은 분석만을 〈보기〉에서 고른 것은?

> 표는 갑국 t년과 t+50년의 인구 관련 통계를 나타낸 것이다.
> **t년 대비 t+50년의 갑국 전체 인구는 25% 감소하였다.**
>
> | 구분 | t년 | t+50년 |
> |---|---|---|
> | 노령화 지수 | 25 | 400 |
> | 총부양비 | 100 | 150 |
>
> * 노령화 지수 = $\dfrac{\text{노년 인구 (65세 이상 인구)}}{\text{유소년 인구 (0∼14세 인구)}} \times 100$
> ** 유소년 부양비 = $\dfrac{\text{유소년 인구 (0∼14세 인구)}}{\text{부양 인구 (15∼64세 인구)}} \times 100$
> *** 노년 부양비 = $\dfrac{\text{노년 인구 (65세 이상 인구)}}{\text{부양 인구 (15∼64세 인구)}} \times 100$
> **** 총부양비 = 유소년 부양비 + 노년 부양비

보기

ㄱ. 노년 부양비는 t년이 t+50년보다 작다.
ㄴ. 유소년 부양비는 t년이 t+50년의 3배보다 작다.
ㄷ. t년의 노년 인구는 t+50년의 유소년 인구보다 ~~적다.~~ 많다
ㄹ. 전체 인구에서 유소년 인구가 차지하는 비율은 t년이
　t+50년의 ~~2배~~이다. 약 3.3

① ㄱ, ㄴ　　② ㄱ, ㄷ　　③ ㄴ, ㄷ　　④ ㄴ, ㄹ　　⑤ ㄷ, ㄹ

구분	t년 비율(%)	t년 수(명)	t+50년 비율(%)	t+50년 수(명)
유소년 인구	40	40	12	9
부양 인구	50	50	40	30
노년 인구	10	10	48	36
계	100	100	100	75

|자|료|해|설|

t년 대비 t+50년에 갑국 전체 인구가 25% 감소하였으므로 t년에 갑국 전체 인구를 100명이라고 하면, t+50년에 갑국 전체 인구는 75명이 된다. t년에 갑국 전체 인구를 100명이라고 가정하여 제시된 자료를 바탕으로 t년과 t+50년에 갑국의 인구 구성 비율 및 인구수를 나타내면 첨삭과 같다.

|보|기|풀|이|

ㄱ 정답 : t년에 갑국 전체 인구가 100명이라면, 노년 부양비는 t년이 20{=(10명/50명)×100}이고, t+50년이 120{=(36명/30명)×100}이다. 따라서 노년 부양비는 t년이 t+50년보다 작다.

ㄴ 정답 : t년에 갑국 전체 인구가 100명이라면, 유소년 부양비는 t년이 80{=(40명/50명)×100}이고, t+50년이 30{=(9명/30명)×100}이다. 따라서 유소년 부양비는 t년이 t+50년의 3배보다 작다.

ㄷ. 오답 : t년에 갑국 전체 인구가 100명이라면, t년에 노년 인구는 10명이고 t+50년에 유소년 인구는 9명이다. 따라서 t년의 노년 인구는 t+50년의 유소년 인구보다 많다.

ㄹ. 오답 : 전체 인구에서 유소년 인구가 차지하는 비율은 t년이 40%이고, t+50년이 12%이다. 따라서 전체 인구에서 유소년 인구가 차지하는 비율은 t년이 t+50년의 약 3.3배이다.

🤓 **문제풀이 TIP** | t년의 경우 노령화 지수가 25이므로 유소년 인구는 노년 인구의 4배임을 알 수 있고, 총부양비가 100이므로 부양 인구는 유소년 인구와 노년 인구의 합과 같음을 알 수 있다. t+50년의 경우 노령화 지수가 400이므로 노년 인구는 유소년 인구의 4배임을 알 수 있고, 총부양비가 150이므로 유소년 인구와 노년 인구의 합은 부양 인구의 1.5배임을 알 수 있다.

🤓 **출제분석** | 인구 구성을 분석하는 문제이다. 유소년 부양비, 노년 부양비, 노령화 지수 등을 계산하는 문제가 고난도로 출제되므로 기출 문제를 통해 계산 연습을 해 두도록 한다.

" 이 문제에선 이게 가장 중요해! "

제시된 표의 노령화 지수와 총부양비를 이용하여 갑국의 인구 구성 비율을 구하는 과정은 다음과 같다. t년의 경우 유소년 인구를 a, 부양 인구를 b, 노년 인구를 c라고 가정하면, 노령화 지수가 25이므로 (c/a)×100=25가 성립하고, 총부양비가 100이므로 {(a+c)/b}×100=100이 성립한다. 이를 풀면 a=4c, a+c=b가 성립한다. 즉, a : b : c = 4 : 5 : 1이다. 갑국에서 t년의 유소년 인구 : 부양 인구 : 노년 인구 = 4 : 5 : 1이므로 전체 인구에서 유소년 인구가 차지하는 비율은 40%, 부양 인구가 차지하는 비율은 50%, 노년 인구가 차지하는 비율은 10%가 된다. 같은 방식으로 t+50년의 인구 구성 비율도 구할 수 있다.

다음 자료에 대한 분석으로 옳은 것은? 3점

<조건>

1. 갑국 t년의 유소년 인구(0~14세 인구)는 부양 인구(15~64세 인구)의 50%이고 노년 인구(65세 이상 인구)의 3배이다.
2. A 시기는 t년 대비 t+30년으로, B 시기는 t+30년 대비 t+50년으로 인구 변화 양상을 예측하여 나타낸다.
3. A 시기와 B 시기 동안 전체 인구의 변화는 없다.
4. 세대 간 갈등의 정도는 노년 부양비에 비례하고, 경제 성장 동력은 부양 인구에 비례한다.

<A 시기와 B 시기의 인구 변화 양상 예측>

구분	A 시기	B 시기
전체 인구 중 유소년 인구 비율	감소	감소
전체 인구 중 부양 인구 비율	변화 없음	감소
유소년 부양비	감소	증가

$$* \text{유소년(노년) 부양비} = \frac{\text{유소년(노년) 인구}}{\text{부양 인구}} \times 100$$

** 총부양비 = 유소년 부양비 + 노년 부양비

*** 피부양 인구 = 유소년 인구 + 노년 인구

① A 시기에는 피부양 인구의 증가로 경제 성장 동력이 저하될 것이다.
　→ 변화 없음
② B 시기에는 유소년 인구보다 부양 인구가 더 많이 감소할 것이다.
③ 세대 간 갈등은 B 시기보다 A 시기에 더 심각할 것이다.
④ t년의 총부양비는 100보다 작고, t+30년의 총부양비는 100이다. 보다 작다
⑤ t+50년의 노년 인구는 t년보다 많고 t+30년보다 적을 것이다. 많을

구분	t년	t+30년	t+50년
유소년 인구 비율	30%	t년 대비 감소	t+30년 대비 감소
부양 인구 비율	60%	60%	t+30년 대비 감소
노년 인구 비율	10%	t년 대비 증가	t+30년 대비 증가
전체	100%	100%	100%

|자|료|해|설|

t년에 유소년 인구는 부양 인구의 50%이고 노년 인구의 3배이므로 t년에 노년 인구를 a라고 하면, 유소년 인구는 3a, 부양 인구는 6a가 된다. 따라서 t년에 유소년 인구 비율은 30%, 부양 인구 비율은 60%, 노년 인구 비율은 10%가 된다. 제시된 자료를 바탕으로 연도별 인구 구성 비율의 변화 양상을 나타내면 첨삭 표와 같다.

|선|택|지|풀|이|

① 오답 : A 시기 동안 전체 인구에 변화가 없고, t년 대비 t+30년에 부양 인구 비율은 60%로 변함이 없으므로 t년 대비 t+30년에 피부양 인구인 유소년 인구+노년 인구의 비율도 40%로 변함이 없다. 따라서 A 시기에 피부양 인구는 변함이 없다.

② 정답 : t+30년 대비 t+50년에 유소년 인구 비율과 부양 인구 비율은 모두 감소하였으나 유소년 부양비는 증가하였다. 이는 부양 인구 감소율이 유소년 인구 감소율보다 큼을 의미한다. t+30년에 유소년 인구보다 부양 인구가 많고, 유소년 인구 감소율보다 부양 인구 감소율이 크므로 t+30년 대비 t+50년에 유소년 인구보다 부양 인구가 더 많이 감소할 것이다.

③ 오답 : 노년 부양비는 t년 대비 t+30년에 증가하였고, t+30년 대비 t+50년에 증가하였다. 세대 간 갈등의 정도는 노년 부양비에 비례하므로 세대 간 갈등은 A 시기보다 B 시기에 더 심각할 것이다.

④ 오답 : t년과 t+30년에 총부양비는 각각 (40/60)×100이므로 100보다 작다.

⑤ 오답 : t년 대비 t+30년에 노년 인구 비율은 증가하였고, t+30년 대비 t+50년에 노년 인구 비율 또한 증가하였다. A 시기와 B 시기 동안 전체 인구에 변화가 없으므로 t+50년의 노년 인구는 t년과 t+30년보다 많을 것이다.

문제풀이 TIP | 정확한 수치를 계산하는 문제가 아니라 증감을 통해 크기를 비교하는 문제이다.

출제분석 | 인구 구성을 분석하는 문제이다. 부양비, 노령화 지수 등을 분석하는 고난도 문제가 출제되므로 기출 문제를 통해 다양한 유형의 문제를 접해 보도록 한다.

다음 자료에 대한 분석으로 옳은 것은? (3점)

> 표는 갑국의 유소년 인구 비율과 유소년 부양비를 나타낸 것이다. 갑국의 총인구는 t+30년은 t년에 비해 20% 증가하였고, t+60년은 t년에 비해 20% 감소하였다.

구분	t년	t+30년	t+60년
유소년 인구 비율(%)	30	20	10
유소년 부양비	50	40	25

* 유소년 인구 비율(%) = $\dfrac{\text{유소년 인구(0~14세 인구)}}{\text{총인구}} \times 100$

* 유소년 부양비 = $\dfrac{\text{유소년 인구(0~14세 인구)}}{\text{부양 인구(15~64세 인구)}} \times 100$

* 노년 부양비 = $\dfrac{\text{노년 인구(65세 이상 인구)}}{\text{부양 인구(15~64세 인구)}} \times 100$

(단위 : 명)

구분	t년	t+30년	t+60년
유소년 인구	30	24	8
부양 인구	60	60	32
노년 인구	10	36	40
총인구	100	120	80

① 부양 인구는 t년이 t+30년보다 많다. → 과 같다

② 노년 인구는 t+60년이 t년의 5배이다. → 4

③ 노년 부양비는 t+60년이 t+30년보다 작다. → 크다

④ t+30년 총인구 중 부양 인구의 비율은 t+60년 총인구 중 노년 인구의 비율과 같다.

⑤ t년 대비 t+30년에 증가한 노년 인구는 t+30년 대비 t+60년에 감소한 유소년 인구보다 작다. → 크다

|자|료|해|설|

t년의 총인구를 100명이라고 하면, 총인구가 t년 대비 t+30년에 20% 증가하였고 t+60년은 20% 감소하였으므로 t+30년의 총인구는 120명, t+60년의 총인구는 80명이 된다. t년의 유소년 인구 비율은 30%로 유소년 인구는 30명이 되고, 유소년 부양비가 50이므로 부양 인구는 60명이 된다. 따라서 t년의 노년 인구는 10명이 된다.

|선|택|지|풀|이|

① 오답 : t년의 총인구가 100명이라면, 부양 인구는 t년이 60명, t+30년이 60명이다. 따라서 부양 인구는 t년과 t+30년이 같다.

② 오답 : t년의 총인구가 100명이라면, 노년 인구는 t년이 10명, t+60년이 40명이다. 따라서 노년 인구는 t+60년이 t년의 4배이다.

③ 오답 : t년의 총인구가 100명이라면, t+30년에 부양 인구는 60명, 노년 인구는 36명이므로 t+30년에 노년 부양비는 60{=(36명/60명)×100}이다. t년의 총인구가 100명이라면, t+60년에 부양 인구는 32명, 노년 인구는 40명이므로 t+60년에 노년 부양비는 125{=(40명/32명)×100}이다. 따라서 노년 부양비는 t+60년이 t+30년보다 크다.

④ 정답 : t년의 총인구가 100명이라면, t+30년에 총인구는 120명, 부양 인구는 60명이므로 총인구 중 부양 인구 비율은 50%{=(60명/120명)×100}이다. t년의 총인구가 100명이라면, t+60년에 총인구는 80명, 노년 인구는 40명이므로 총인구 중 노년 인구 비율은 50%{=(40명/80명)×100}이다. 따라서 t+30년 총인구 중 부양 인구의 비율과 t+60년 총인구 중 노년 인구의 비율이 같다.

⑤ 오답 : t년의 총인구가 100명이라면, t년의 노년 인구는 10명, t+30년의 노년 인구는 36명이고, t+30년의 유소년 인구는 24명, t+60년의 유소년 인구는 8명이다. t년 대비 t+30년에 노년 인구는 26명(=36명-10명)만큼 증가하였고, t+30년 대비 t+60년에 유소년 인구는 16명(=24명-8명)만큼 감소하였다. 따라서 t년 대비 t+30년에 증가한 노년 인구는 t+30년 대비 t+60년에 감소한 유소년 인구보다 크다.

다음 자료에 대한 분석으로 옳은 것은? (3점)

> 표는 갑국의 시기별 유소년 부양비와 노년 부양비를 나타낸 것이다. 단, 갑국의 총인구는 지속적으로 증가하였다.

구분	t년	t+20년	t+40년
유소년 부양비	30	20	10
노년 부양비	20	30	40

* 유소년 부양비 = $\dfrac{\text{유소년 인구(0~14세 인구)}}{\text{부양 인구(15~64세 인구)}} \times 100$

* 노년 부양비 = $\dfrac{\text{노년 인구(65세 이상 인구)}}{\text{부양 인구(15~64세 인구)}} \times 100$

구분	t년	t+20년	t+40년
유소년 인구	30A	20B	10C
부양 인구	100A	100B	100C
노년 인구	20A	30B	40C
총인구	150A	150B	150C

(A < B < C)

① 노년 인구는 t+40년이 t년의 2배보다 많다.

② t년의 유소년 인구와 t+20년의 노년 인구는 그 수가 같다. → 다르다

③ 유소년 인구에 대한 노년 인구의 비는 t년이 t+20년보다 크다. → 작다

④ 노년 인구 100명당 부양 인구는 t+40년이 t+20년보다 많다. → 적다

⑤ 총인구에서 유소년 인구와 노년 인구의 합이 차지하는 비율은 t년이 t+40년보다 높다. → 과 같다

|자|료|해|설|

t년의 부양 인구를 100A, t+20년의 부양 인구를 100B, t+40년의 부양 인구를 100C라고 가정하고, 제시된 자료를 바탕으로 연도별 인구 구성을 나타내면 첨삭과 같다.

|선|택|지|풀|이|

① 정답 : t년의 부양 인구를 100A, t+40년의 부양 인구를 100C라고 가정하면, t년의 노년 인구는 20A, t+40년의 노년 인구는 40C이다. 갑국의 총인구가 지속적으로 증가하였으므로 A < C이다. 따라서 t+40년의 노년 인구는 t년의 노년 인구의 2배보다 많다.

② 오답 : t년의 부양 인구를 100A, t+20년의 부양 인구를 100B라고 가정하면, t년의 유소년 인구는 30A, t+20년의 노년 인구는 30B이다. 갑국의 총인구가 지속적으로 증가하였으므로 A < B이다. 따라서 t+20년의 노년 인구는 t년의 유소년 인구보다 많다.

③ 오답 : t년의 부양 인구를 100A, t+20년의 부양 인구를 100B라고 가정하면, 유소년 인구에 대한 노년 인구의 비는 t년의 경우 20A/30A=2/3, t+20년의 경우 30B/20B=3/2이다. 따라서 유소년 인구에 대한 노년 인구의 비는 t년이 t+20년보다 작다.

④ 오답 : t+20년의 부양 인구를 100B, t+40년의 부양 인구를 100C라고 가정하면, 노년 인구에 대한 부양 인구의 비는 t+20년의 경우 100B/30B=10/3, t+40년의 경우 100C/40C=10/4이다. 따라서 노년 인구 100명당 부양 인구는 t+40년이 t+20년보다 적다.

⑤ 오답 : t년의 부양 인구를 100A, t+40년의 부양 인구를 100C라고 가정하면, 총인구에서 유소년 인구와 노년 인구의 합이 차지하는 비율은 t년과 t+40년 모두 약 33.3%로 같다.

다음 자료에 대한 분석으로 옳은 것은? 3점

표는 갑국과 을국의 인구 구조 변화를 비교한 것이다. t년에 갑국과 을국 모두 부양 인구는 전체 인구의 50%이다. t년에 비해 t+30년에 부양 인구는 갑국이 10%, 을국이 20% 감소하였고, 을국의 노년 인구는 100% 증가하였다. 단, 동일 시기에 갑국과 을국의 전체 인구는 같다.

구분	갑국		을국	
	t년	t+30년	t년	t+30년
합계 출산율(명)	1.76	0.78	2.06	1.18
유소년 부양비 : 노년 부양비	2 : 3	3 : 10	1 : 1	2 : 5

* 합계 출산율 : 여성 1명이 가임 기간(15 ~ 49세) 동안 낳을 것으로 예상되는 평균 출생아 수

** 유소년 부양비 = {유소년 인구(0 ~ 14세 인구) / 부양 인구(15 ~ 64세 인구)} × 100

*** 노년 부양비 = {노년 인구(65세 이상 인구) / 부양 인구(15 ~ 64세 인구)} × 100

**** 전체 인구 중 65세 이상 인구가 차지하는 비율이 14% 이상 ~ 20% 미만인 사회를 고령 사회, 20% 이상인 사회를 초고령 사회라고 함.

① t년에 갑국은 ~~고령~~ (초고령) 사회, 을국은 초고령 사회이다.
② t+30년에 갑국~~과~~ 을국의 노년 부양비는 ~~같다~~.
③ t+30년에 ~~갑국~~(을국)과 달리 ~~을국~~(갑국)은 저출산 현상이 강하게 나타난다.
④ t년 갑국의 유소년 인구와 t+30년 을국의 유소년 인구는 같다.
⑤ t년에 노년 인구는 을국보다 갑국이 많았으나 t+30년에 노년 인구는 갑국~~보다~~(과) 을국이 ~~많다~~(같다).

〈갑국〉		(단위 : 명)
구분	t년	t+30년
유소년 인구	20	15
부양 인구	50	45
노년 인구	30	50
전체	100	110

〈을국〉		(단위 : 명)
구분	t년	t+30년
유소년 인구	25	20
부양 인구	50	40
노년 인구	25	50
전체	100	110

문제풀이 TIP | t년에 갑국과 을국의 부양 인구가 모두 전체 인구의 50%이므로 갑국과 을국의 전체 인구가 각각 100명이라면 갑국과 을국의 부양 인구는 각각 50명임을 알 수 있다. 이를 바탕으로 갑국과 을국의 인구 구성을 파악할 수 있다.

출제분석 | 인구 구성을 분석하는 문제이다. 유소년 부양비, 노년 부양비, 총부양비, 노령화 지수를 구하는 공식은 기본적으로 암기해 두도록 한다.

|자|료|해|설|

동일 시기에 갑국과 을국 각각의 전체 인구가 같으므로 t년에 갑국과 을국의 전체 인구를 각각 100명이라고 가정하면, t년에 갑국과 을국 모두 부양 인구가 전체 인구의 50%이므로 부양 인구는 각각 50명이다. t년에 유소년 부양비 : 노년 부양비의 경우 갑국이 2 : 3, 을국이 1 : 1이므로 갑국의 경우 유소년 인구는 20명, 노년 인구는 30명이고, 을국의 경우 유소년 인구와 노년 인구는 각각 25명이다. t년에 비해 t+30년에 부양 인구가 갑국의 경우 10%, 을국의 경우 20% 감소하였으므로 t+30년에 부양 인구는 갑국이 45명, 을국이 40명이다. t년에 비해 t+30년에 을국의 노년 인구는 100% 증가하였으므로 t+30년에 을국의 노년 인구는 50명이 된다. t+30년에 유소년 부양비 : 노년 부양비의 경우 갑국이 3 : 10, 을국이 2 : 5이므로 갑국의 경우 유소년 인구는 15명, 노년 인구는 50명이고, 을국의 경우 유소년 인구는 20명, 노년 인구는 50명이 된다. t년에 갑국과 을국의 전체 인구를 각각 100명이라고 가정하여 제시된 자료를 바탕으로 갑국과 을국의 연도별 인구 구성을 나타내면 첨삭과 같다.

|선|택|지|풀|이|

① 오답 : t년에 전체 인구 중 노년 인구가 차지하는 비율은 갑국이 30%, 을국이 25%이다. 따라서 t년에 갑국과 을국은 모두 초고령 사회이다.

② 오답 : t+30년에 노년 부양비는 갑국이 (50명/45명)×100, 을국이 (50명/40명)×100이다. 따라서 t+30년에 노년 부양비는 을국이 갑국보다 크다.

③ 오답 : t+30년에 합계 출산율은 갑국이 0.78, 을국이 1.18이다. 따라서 t+30년에 갑국은 을국과 달리 저출산 현상이 강하게 나타난다.

④ 정답 : t년에 갑국과 을국의 전체 인구를 각각 100명이라고 가정하면, t년 갑국의 유소년 인구는 20명, t+30년 을국의 유소년 인구는 20명이다. 따라서 t년 갑국의 유소년 인구와 t+30년 을국의 유소년 인구는 같다.

⑤ 오답 : t년에 갑국과 을국의 전체 인구를 각각 100명이라고 가정하면, t년에 노년 인구는 갑국이 30명, 을국이 25명으로, 갑국이 을국보다 많다. t년에 갑국과 을국의 전체 인구를 각각 100명이라고 가정하면, t+30년에 노년 인구는 갑국이 50명, 을국이 50명으로 갑국과 을국이 같다.

다음 자료에 대한 분석으로 옳은 것은? 3점

표는 갑국의 노년 부양비와 노령화 지수를 나타낸 것이다. 갑국의 부양 인구는 t년에 A 지역과 B 지역이 같고, t+50년에 B 지역이 A 지역의 3배이다. 갑국은 A, B 지역으로만 구성되며, 갑국의 전체 인구는 t년과 t+50년이 동일하다.

구분	t년		t+50년	
	A 지역	B 지역	A 지역	B 지역
노년 부양비	75	25	250	50
노령화 지수	100	20	500	100

* 유소년 부양비 = $\dfrac{\text{유소년 인구 (0~14세 인구)}}{\text{부양 인구 (15~64세 인구)}} \times 100$

* 노년 부양비 = $\dfrac{\text{노년 인구 (65세 이상 인구)}}{\text{부양 인구 (15~64세 인구)}} \times 100$

* 노령화 지수 = $\dfrac{\text{노년 인구 (65세 이상 인구)}}{\text{유소년 인구 (0~14세 인구)}} \times 100$

① t년에 갑국의 노령화 지수는 60이다.
② t+50년에 갑국의 노년 부양비는 100이다.
③ 갑국의 유소년 부양비는 t+50년이 t년보다 크다.
④ A 지역의 부양 인구는 t년과 t+50년이 동일하다.
⑤ B 지역의 유소년 인구는 t+50년이 t년보다 많다.

<t년> (단위 : %)

구분	A 지역	B 지역
유소년 인구	30	50
부양 인구	40	40
노년 인구	30	10
전체	100	100

<t년> (단위 : 명)

구분	A 지역	B 지역	갑국 전체
유소년 인구	30	50	80
부양 인구	40	40	80
노년 인구	30	10	40
전체	100	100	200

<t+50년> (단위 : %)

구분	A 지역	B 지역
유소년 인구	12.5	25
부양 인구	25	50
노년 인구	62.5	25
전체	100	100

<t+50년> (단위 : 명)

구분	A 지역	B 지역	갑국 전체
유소년 인구	10	30	40
부양 인구	20	60	80
노년 인구	50	30	80
전체	80	120	200

|자|료|해|설|

제시된 자료를 바탕으로 t년과 t+50년에 A 지역과 B 지역의 인구 구성을 나타내면 첨삭과 같다. t년에 A 지역과 B 지역의 부양 인구가 같으므로 t년에 A 지역 인구 : B 지역 인구는 1 : 1이고, t+50년에 B 지역 부양 인구가 A 지역 부양 인구의 3배이므로 t+50년에 A 지역 인구 : B 지역 인구는 2 : 3이다. t년과 t+50년에 갑국의 전체 인구가 동일하므로 t년과 t+50년에 갑국의 전체 인구를 각각 200명이라고 가정하여 제시된 자료를 바탕으로 A 지역과 B 지역 및 갑국 전체의 인구 구성을 나타내면 첨삭과 같다.

|선|택|지|풀|이|

① 오답 : t년에 갑국 전체 인구가 200명이라면, t년에 갑국의 노령화 지수는 50{=(40명/80명)×100}이다.

② 정답 : t+50년에 갑국 전체 인구가 200명이라면, t+50년에 갑국의 노년 부양비는 100{=(80명/80명)×100}이다.

③ 오답 : t년과 t+50년에 갑국 전체 인구가 각각 200명이라면, 갑국의 유소년 부양비는 t년이 100{=(80명/80명)×100}, t+50년이 50{=(40명/80명)×100}이므로 t+50년이 t년보다 작다.

④ 오답 : t년과 t+50년에 갑국 전체 인구가 각각 200명이라면, A 지역의 부양 인구는 t년이 40명, t+50년이 20명이므로 t년이 t+50년보다 많다.

⑤ 오답 : t년과 t+50년에 갑국 전체 인구가 각각 200명이라면, B 지역의 유소년 인구는 t년이 50명, t+50년이 30명이므로 t+50년이 t년보다 적다.

문제풀이 TIP | 제시된 노년 부양비와 노령화 지수를 통해 각 지역의 인구 구성 비율을 파악하도록 한다. 이후 갑국의 전체 인구를 가정하여 각 지역의 인구수를 파악하도록 한다.

출제분석 | 저출산·고령화와 관련하여 인구 구성을 분석하는 문제이다. 인구 구성을 분석하는 문제는 고난도로 출제되므로 기출 문제를 중심으로 인구 구성과 관련된 표를 작성하는 연습을 해 두도록 한다.

V

2. 현대 사회의 변동과 대응

다음 자료에 대한 분석으로 옳은 것은?

다음은 갑국과 을국의 시기별 인구 관련 자료이다. t년 대비 t+100년에 갑국의 전체 인구는 20% 감소하였고, 을국의 전체 인구는 20% 증가하였다. 단, 경제 성장 동력은 부양 인구 (15~64세 인구)에 비례하고, t년에 갑국과 을국의 전체 인구는 동일하다.

〈노년 인구 100명당 부양 인구〉

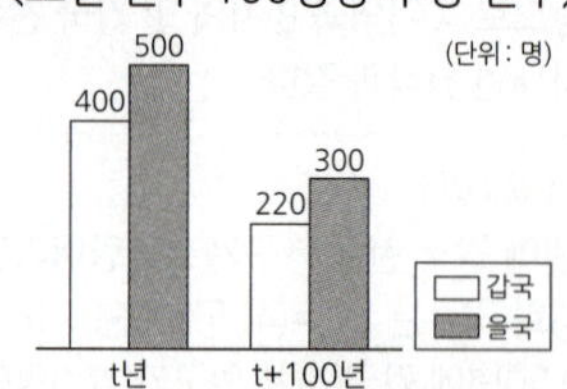

〈노령화 지수〉

구분	갑국	을국
t년	20	25
t+100년	125	100

* 노령화 지수 = $\dfrac{\text{노년 인구(65세 이상 인구)}}{\text{유소년 인구(0~14세 인구)}} \times 100$

** 전체 인구에서 노년 인구가 차지하는 비율이 7% 이상이면 고령화 사회, 14% 이상이면 고령 사회, 20% 이상이면 초고령 사회임.

① t+100년에 노년 인구는 갑국이 을국보다 ~~많다.~~ 적다

② t년 대비 t+100년의 노령화 지수 증가율은 갑국이 을국보다 ~~작다.~~ 크다

③ 갑국은 t년보다 t+100년에 경제 성장 동력이 ~~약화~~될 것이다. 강화

✓④ 을국은 t년보다 t+100년에 유소년 인구와 노년 인구의 합이 전체 인구에서 차지하는 비율이 낮다.

⑤ t년과 t+100년을 비교했을 때 갑국과 ~~달리~~ 을국은 고령화 사회에서 초고령 사회로 변화하였다.

〈갑국〉

구분	t년		t+100년	
	비율(%)	인구(명)	비율(%)	인구(명)
유소년 인구	50	50	20	16
부양 인구	40	40	55	44
노년 인구	10	10	25	20
전체	100	100	100	80

〈을국〉

구분	t년		t+100년	
	비율(%)	인구(명)	비율(%)	인구(명)
유소년 인구	40	40	20	24
부양 인구	50	50	60	72
노년 인구	10	10	20	24
전체	100	100	100	120

|자|료|해|설|

t년에 갑국과 을국의 전체 인구를 각각 100명이라고 가정하여 제시된 자료를 바탕으로 갑국과 을국의 인구 구성을 나타내면 첨삭과 같다.

|선|택|지|풀|이|

① 오답 : t년에 갑국과 을국의 전체 인구를 각각 100명 이라고 가정하면, t+100년에 노년 인구는 갑국이 20명, 을국이 24명이다. 따라서 t+100년에 노년 인구는 갑국이 을국보다 적다.

② 오답 : t년 대비 t+100년에 노령화 지수는 갑국이 20에서 125로, 을국이 25에서 100으로 증가하였다. 즉, t년 대비 t+100년에 노령화 지수 증가율은 갑국이 525%{=(105/20)×100}, 을국이 300%{=(75/25)×100} 이다. 따라서 t년 대비 t+100년에 노령화 지수 증가율은 갑국이 을국보다 크다.

③ 오답 : 갑국은 t년 대비 t+100년에 부양 인구가 증가하였다. 따라서 갑국은 t년보다 t+100년에 경제 성장 동력이 강화될 것이다.

④ 정답 : 을국의 경우 유소년 인구와 노년 인구의 합이 전체 인구에서 차지하는 비율은 t년이 50%(=40%+10%), t+100년이 40%(=20%+20%)이다. 따라서 을국은 t년보다 t+100년에 유소년 인구와 노년 인구의 합이 전체 인구에서 차지하는 비율이 낮다.

⑤ 오답 : t년 대비 t+100년에 전체 인구에서 노년 인구가 차지하는 비율은 갑국이 10%에서 25%로 변화하였고, 을국은 10%에서 20%로 변화하였다. 따라서 t년 대비 t+100년에 갑국과 을국은 모두 고령화 사회에서 초고령 사회로 변화하였다.

문제풀이 TIP | t년에 갑국과 을국의 전체 인구가 동일하므로 t년에 갑국과 을국의 전체 인구를 각각 100명이라고 가정하면 t년 대비 t+100년에 갑국의 전체 인구가 20% 감소하였으므로 t+100년에 갑국의 전체 인구는 80명이 되고, t년 대비 t+100년에 을국의 전체 인구가 20% 증가하였으므로 t+100년에 을국의 전체 인구는 120명이 된다.

출제분석 | 인구 구성을 분석하는 문제이다. 노령화 지수, 유년 부양비, 노년 부양비 등 자주 사용하는 공식은 외워두도록 하고, 기출 문제를 통해 다양한 유형의 문제를 연습해 두도록 한다.

다음 자료에 대한 분석으로 옳은 것은?

갑국에서 t+100년에 전체 인구 중 유소년 인구(0세~14세 인구)가 차지하는 비율은 t년에 전체 인구 중 유소년 인구가 차지하는 비율의 1/2이고, t년에 전체 인구 중 노인 인구(65세 이상 인구)가 차지하는 비율의 2배이다. 단, t년과 t+100년의 부양 인구(15세~64세 인구)는 동일하다. 표는 갑국의 연도별 총부양비를 나타낸 것이다.

구분	t년	t+100년
총부양비	100	150

* 노령화 지수 = (노인 인구/유소년 인구) × 100
** 유소년 부양비 = (유소년 인구/부양 인구) × 100
*** 노년 부양비 = (노인 인구/부양 인구) × 100
**** 총부양비 = [(유소년 인구 + 노인 인구)/부양 인구] × 100

① t년 대비 t+100년에 전체 인구는 50% 증가하였다. (25%)
② t년 대비 t+100년에 유소년 부양비는 50% 감소하였다. (37.5%)
③ t+100년 노령화 지수는 t년 노령화 지수의 8배이다. ✓
④ t+100년 노년 부양비는 t년 노년 부양비의 4배이다. (5배)
⑤ t년의 유소년 인구와 t+100년의 노인 인구는 동일하다. (하지 않다)

(단위 : 명)

구분	t년	t+100년
유소년 인구	80	50
부양 인구	100	100
노인 인구	20	100
전체 인구	200	250

|자|료|해|설|

t년과 t+100년의 부양 인구가 동일하므로 t년과 t+100년의 부양 인구를 각각 100명이라고 가정하면, 제시된 총부양비를 통해 유소년 인구+노인 인구를 구할 수 있다. 즉, 유소년 인구+노인 인구는 t년의 경우 100명, t+100년의 경우 150명이다. t년과 t+100년의 부양 인구를 각각 100명이라고 가정하고 제시된 자료의 조건을 바탕으로 갑국의 t년과 t+100년의 인구 구성을 나타내면 첨삭과 같다.

|선|택|지|풀|이|

① 오답 : t년과 t+100년의 부양 인구를 각각 100명이라고 가정하면, 전체 인구는 t년의 경우 200명, t+100년의 경우 250명이다. 따라서 t년 대비 t+100년에 전체 인구는 25%{(50명/200명)×100} 증가하였다.

② 오답 : t년과 t+100년의 부양 인구를 각각 100명이라고 가정하면, 유소년 부양비는 t년의 경우 80{(80명/100명)×100}, t+100년의 경우 50{(50명/100명)×100}이다. 따라서 t년 대비 t+100년에 유소년 부양비는 37.5%{(30/80)×100} 감소하였다.

③ 정답 : t년과 t+100년의 부양 인구를 각각 100명이라고 가정하면, 노령화 지수는 t년의 경우 25{(20명/80명)×100}, t+100년의 경우 200{(100명/50명)×100}이다. 따라서 t+100년 노령화 지수는 t년 노령화 지수의 8배(200/25)이다.

④ 오답 : t년과 t+100년의 부양 인구를 각각 100명이라고 가정하면, 노년 부양비는 t년의 경우 20{(20명/100명)×100}, t+100년의 경우 100{(100명/100명)×100}이다. 따라서 t+100년 노년 부양비는 t년 노년 부양비의 5배(100/20)이다.

⑤ 오답 : t년과 t+100년의 부양 인구를 각각 100명이라고 가정하면, t년의 유소년 인구는 80명이고, t+100년의 노인 인구는 100명이다.

V
2. 현대 사회의 변동과 대응

👹 **문제풀이 TIP** | t년과 t+100년의 부양 인구가 동일하므로 특정 값을 부양 인구로 가정하는 것이 효율적이다. 총부양비와 부양 인구를 통해 유소년 인구와 노인 인구의 합, 전체 인구를 구할 수 있다.

😀 **출제분석** | 연도별 인구 구성을 분석하는 문제이다. 저출산 · 고령화와 관련된 인구 구성 분석 문제는 고난도로 출제될 수 있으므로 조건을 통해 인구 구성을 파악하는 연습을 많이 해 두도록 한다.

다음 자료에 대한 분석으로 옳은 것은? 3점

표는 갑국과 을국의 인구 구성 변화를 나타낸 것이다. A~C는 각각 전체 인구에서 유소년 인구, 부양 인구, 노년 인구가 차지하는 비율 중 하나이다. 갑국에서 t년의 유소년 부양비는 50이다. t년 대비 t+50년에 갑국의 유소년 인구는 10% 감소하였고, 을국의 유소년 인구는 20% 감소하였다. 단, t년에 갑국과 을국의 전체 인구는 동일하다.

구분	갑국		을국	
	t년	t+50년	t년	t+50년
B+C ← A (부양 인구 비율)	$\frac{2}{3}$	1	$\frac{7}{13}$	1
← B (노년 인구 비율)	$\frac{1}{3}$	$\frac{2}{3}$	$\frac{1}{6}$	$\frac{2}{3}$
← C (유소년 인구 비율)				

* 유소년 부양비 = $\dfrac{\text{유소년 인구(0~14세 인구)}}{\text{부양 인구(15~64세 인구)}} \times 100$

** 노년 부양비 = $\dfrac{\text{노년 인구(65세 이상 인구)}}{\text{부양 인구(15~64세 인구)}} \times 100$

*** 전체 인구 중 65세 이상 인구가 차지하는 비율이 20% 이상인 사회를 초고령 사회라고 함.

① t년에 노년 부양비는 갑국이 을국의 2배이다. 를 넘는다
② t+50년에 유소년 인구는 갑국과 을국이 동일하다.
③ t+50년에 을국은 갑국과 달리 초고령 사회이다.
④ t년에서 t+50년 사이에 을국에서는 갑국과 달리 저출산·고령화 (모두) 현상이 나타났다.
⑤ t년에 부양 인구는 을국이 갑국보다 많고, t+50년에 부양 인구는 갑국이 을국보다 많다.

(단위 : 명)

구분	갑국		을국	
	t년	t+50년	t년	t+50년
유소년 인구	30	27	30	24
부양 인구	60	45	65	40
노년 인구	10	18	5	16
전체 인구	100	90	100	80

|자|료|해|설|

갑국의 경우 t년에 A는 60%, B는 10%, C는 30%이고, 유소년 부양비가 50이므로 A는 전체 인구에서 부양 인구가 차지하는 비율, C는 전체 인구에서 유소년 인구가 차지하는 비율이다. 따라서 B는 전체 인구에서 노년 인구가 차지하는 비율이다. 제시된 자료를 바탕으로 t년에 갑국과 을국의 전체 인구를 각각 100명이라고 가정하여 갑국과 을국의 시기별 인구 구성을 나타내면 첨삭과 같다.

|선|택|지|풀|이|

① 오답 : t년에 노년 부양비는 갑국의 경우 약 16.7{=(10명/60명)×100}, 을국의 경우 약 7.7{=(5명/65명)×100}이다. 따라서 t년에 노년 부양비는 갑국이 을국의 2배를 넘는다.

② 오답 : t년에 갑국과 을국의 전체 인구를 100명이라고 가정하면, t+50년에 유소년 인구는 갑국의 경우 27명, 을국의 경우 24명이다. 따라서 t+50년에 유소년 인구는 갑국이 을국보다 많다.

③ 오답 : t+50년에 전체 인구 중 노년 인구가 차지하는 비율은 갑국의 경우 20%{=(18명/90명)×100}, 을국의 경우 20%{=(16명/80명)×100}이다. 따라서 t+50년에 갑국과 을국 모두 초고령 사회이다.

④ 오답 : t년에서 t+50년 사이에 갑국과 을국 모두에서 유소년 인구는 감소하고 노년 인구는 증가하였다. 따라서 t년에서 t+50년 사이에 갑국과 을국 모두에서 저출산·고령화 현상이 나타났다.

⑤ 정답 : t년에 갑국과 을국의 전체 인구를 100명이라고 가정하면, t년에 부양 인구는 갑국의 경우 60명, 을국의 경우 65명이고, t+50년에 부양 인구는 갑국의 경우 45명, 을국의 경우 40명이다. 따라서 t년에 부양 인구는 을국이 갑국보다 많고, t+50년에 부양 인구는 갑국이 을국보다 많다.

😮 **문제풀이 TIP** | A~C의 비(比)를 통해 갑국에서 t년의 유소년 부양비가 50이 되는 조합을 찾으면 A~C를 파악할 수 있다.

😀 **출제분석** | 인구 구성을 분석하는 문제이다. 저출산·고령화와 관련하여 인구 구성을 분석하는 문제는 고난도로 출제되므로 기출 문제를 통해 풀이 방법을 연습해 두도록 한다.

표는 갑국의 지역별 총부양비와 노년 부양비를 나타낸 것이다. 이에 대한 설명으로 옳은 것은? (단, 갑국은 A~C 지역만으로 구성되며, **A 지역의 인구는 B 지역의 2배이고 B 지역의 인구는 C 지역의 2배이다.)** **3점**

→ A 지역 인구 : B 지역 인구 : C 지역 인구 = 4 : 2 : 1

구분	A 지역	B 지역	C 지역
총부양비	400	150	150
노년 부양비	50	100	75

* 총부양비={(0~14세 인구+65세 이상 인구)/15~64세 인구}×100
* 유소년 부양비=(0~14세 인구/15~64세 인구)×100
* 노년 부양비=(65세 이상 인구/15~64세 인구)×100

① 갑국의 총부양비는 300이다.　*250*
② 15~64세 인구는 B 지역이 C 지역보다 적다.　*많다*
③ 유소년 부양비가 가장 낮은 지역은 C 지역이다.　*B*
④ 지역별 인구 중 65세 이상 인구가 차지하는 비율은 B 지역이 가장 높다.
⑤ A~C 지역 모두 지역별 인구 중 15~64세 인구가 차지하는 비율이 50%를 넘는다.　*넘지 않는다*

(단위 : 명)

구분	A 지역	B 지역	C 지역
0~14세 인구	700	100	75
15~64세 인구	200	200	100
65세 이상 인구	100	200	75
인구	1,000	500	250

🤪 **문제풀이 TIP** | 총부양비와 노년 부양비가 제시되어 있으므로 이를 구하는 식에서 분모에 해당하는 15~64세 인구를 기준으로 65세 이상 인구와 0~14세 인구를 파악하면 된다. 또한 C 지역 15~64세 인구를 기준으로 하여 C 지역의 인구 구성을 먼저 파악하는 것이 효율적이다.

🤪 **출제분석** | 부양비를 통해 인구 구성을 분석하는 문제이다. 저출산·고령화와 관련하여 인구 구성을 분석하는 문제는 고난도로 출제되므로 기출 문제를 통해 고난도 문제를 연습해 두도록 한다.

|자|료|해|설|

A 지역의 인구는 B 지역의 2배이고, B 지역의 인구는 C 지역의 2배이므로 A 지역 인구 : B 지역 인구 : C 지역 인구 = 4 : 2 : 1이다. C 지역 15~64세 인구를 100명이라고 하면, C 지역 65세 이상 인구는 75명, C 지역 0~14세 인구는 75명, C 지역 인구는 250명이 된다. A 지역 15~64세 인구를 100명이라고 하면, A 지역 65세 이상 인구는 50명, A 지역 0~14세 인구는 350명, A 지역 인구는 500명이 된다. A 지역 인구는 C 지역 인구의 4배이므로 C 지역 인구가 250명이라면 A 지역 인구는 1,000명이 된다. 이에 따라 A 지역 15~64세 인구는 200명, A 지역 65세 이상 인구는 100명, A 지역 0~14세 인구는 700명이 된다. B 지역도 이와 같이 구하면 된다. C 지역 인구를 250명이라고 가정하여 제시된 자료를 바탕으로 A~C 지역의 인구 구성을 나타내면 첨삭과 같다.

|선|택|지|풀|이|

① 오답 : 갑국의 총부양비는 250[={(700명+100명+75명)+(100명+200명+75명)}÷(200명+200명+100명)×100]이다.
② 오답 : C 지역의 15~64세 인구가 100명이라면 B 지역의 15~64세 인구는 200명이다. 따라서 15~64세 인구는 B 지역이 C 지역보다 많다.
③ 오답 : '유소년 부양비=총부양비-노년 부양비'이다. 유소년 부양비는 A 지역의 경우 350(=400-50), B 지역의 경우 50(=150-100), C 지역의 경우 75(=150-75)이다. 따라서 유소년 부양비가 가장 낮은 지역은 B 지역이다.
④ 정답 : 지역별 인구 중 65세 이상 인구가 차지하는 비율은 A 지역의 경우 10%{=(100명/1,000명)×100}, B 지역의 경우 40%{=(200명/500명)×100}, C 지역의 경우 30%{=(75명/250명)×100}로, B 지역이 가장 높다.
⑤ 오답 : 지역별 인구 중 15~64세 인구가 차지하는 비율은 A 지역의 경우 20%{=(200명/1,000명)×100}, B 지역의 경우 40%{=(200명/500명)×100}, C 지역의 경우 40%{=(100명/250명)×100}이다. 따라서 A~C 지역 모두 지역별 인구 중 15~64세 인구가 차지하는 비율은 50%를 넘지 않는다.

V

2. 현대 사회의 변동과 대응

다음 자료에 대한 옳은 분석만을 〈보기〉에서 고른 것은? 3점

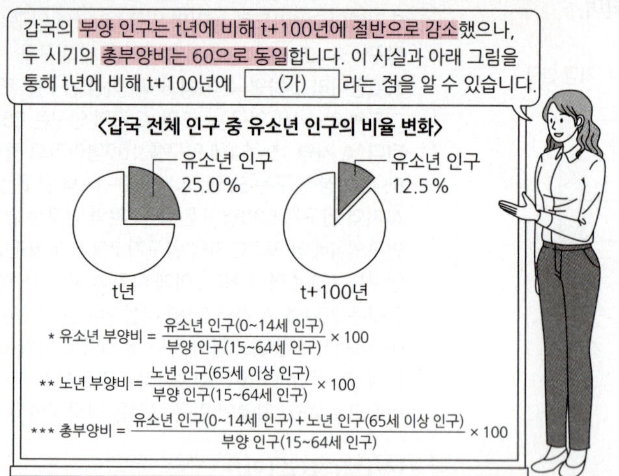

보기

ㄱ. t년 대비 t+100년에 유소년 인구는 30% (75%) 감소하였다.
ㄴ. t년의 노년 인구와 t+100년의 노년 인구는 동일하다.
ㄷ. 유소년 인구와 노년 인구의 합이 전체 인구에서 차지하는 비율은 t년에 비해(과) t+100년이 높다(같다).
ㄹ. (가)에는 '유소년 부양비는 절반으로 감소하고, 노년 부양비는 2배가 되었다'가 들어갈 수 있다.

① ㄱ, ㄴ　② ㄱ, ㄷ　③ ㄴ, ㄷ　④ ㄴ, ㄹ　⑤ ㄷ, ㄹ

구분	t년	t+100년
유소년 인구	40	10
부양 인구	100	50
노년 인구	20	20
전체 인구	160	80

|자|료|해|설|

갑국의 부양 인구는 t년에 비해 t+100년에 절반으로 감소하였고, 두 시기의 총부양비는 60으로 같다. t년의 부양 인구를 100이라고 가정하면 t+100년의 부양 인구는 50이 되고, t년의 유소년 인구+노년 인구는 60, t+100년의 유소년 인구+노년 인구는 30이다. 따라서 전체 인구는 t년의 경우 160, t+100년의 경우 80이다. 전체 인구에서 유소년 인구가 차지하는 비율은 t년의 경우 25%, t+100년의 경우 12.5%이므로 유소년 인구는 t년의 경우 40, t+100년의 경우 10이다. 이를 나타내면 첨삭과 같다.

|보|기|풀|이|

ㄱ. 오답 : t년의 부양 인구를 100이라고 가정하면, 유소년 인구는 t년의 경우 40, t+100년의 경우 10이다. 따라서 t년 대비 t+100년에 유소년 인구는 75%{=(30/40)×100} 감소하였다.

ㄴ. 정답 : t년의 부양 인구를 100이라고 가정하면, t년의 노년 인구와 t+100년의 노년 인구는 각각 20으로 같다.

ㄷ. 오답 : t년의 부양 인구를 100이라고 가정하면, 유소년 인구와 노년 인구의 합이 전체 인구에서 차지하는 비율은 t년의 경우 37.5%[={(40+20)/160}×100], t+100년의 경우 37.5%[={(10+20)/80}×100]로, t년과 t+100년이 같다.

ㄹ. 정답 : t년의 부양 인구를 100이라고 가정하면, 유소년 부양비는 t년의 경우 40{=(40/100)×100}, t+100년의 경우 20{=(10/50)×100}으로, t년에 비해 t+100년에 절반으로 감소하였다. 노년 부양비는 t년의 경우 20{=(20/100)×100}, t+100년의 경우 40{=(20/50)×100}으로, t년에 비해 t+100년에 2배가 되었다. 따라서 해당 진술은 (가)에 들어갈 수 있다.

😮 **문제풀이 TIP** | t+100년의 부양 인구가 t년의 부양 인구에 비해 절반으로 감소하였으므로 t년의 부양 인구를 100으로 두면 t+100년의 부양 인구는 50이 된다.

🤓 **출제분석** | 인구 구성 비율을 분석하는 문제이다. 유소년 부양비, 노년 부양비, 총부양비, 노령화 지수 등을 통해 인구 구성을 파악하는 고난도 문제가 출제될 수 있으므로 기출 문제를 통해 고난도 계산 문제를 연습해 두도록 한다.

다음 자료에 대한 분석 및 추론으로 옳은 것은?

> 갑국에서 t년의 전체 인구 중 노년 인구 비율은 20%이고 t+50년의 전체 인구 중 유소년 인구 비율은 28%이다. t년 대비 t+50년에 전체 인구는 25% 증가하였고 유소년 인구는 12.5% 감소하였다. t년 대비 t+50년에 노년 부양비는 150% 증가하였다.
>
>   * 유소년 부양비 = $\dfrac{\text{유소년 인구(0～14세 인구)}}{\text{부양 인구(15～64세 인구)}} \times 100$
>
>   ** 노년 부양비 = $\dfrac{\text{노년 인구(65세 이상 인구)}}{\text{부양 인구(15～64세 인구)}} \times 100$
>
>   *** 피부양 인구 = 유소년 인구(0～14세 인구) + 노년 인구(65세 이상 인구)

① t년의 유소년 인구와 t+50년의 노년 인구는 ~~동일하다~~. 다르다

② t년 대비 t+50년에 전체 인구 증가율은 피부양 인구 증가율보다 ~~크다~~. 작다

③ t년 대비 t+50년에 유소년 인구 감소율과 유소년 부양비 감소율은 동일하다.

④ t년보다 t+50년에 전체 인구에서 부양 인구가 차지하는 비율이 ~~크다~~. 작다

⑤ t년보다 t+50년에 부양 인구 **감소**로 인해 경제 성장 동력이 약화될 가능성이 높다.

구분	t년		t+50년	
	비율	인구 수	비율	인구 수
유소년 인구	40%	40명	28%	35명
부양 인구	40%	40명	32%	40명
노년 인구	20%	20명	40%	50명
전체	100%	100명	100%	125명

😲 **문제풀이 TIP** | t년 대비 t+50년에 전체 인구가 증가하였으므로 t년을 기준으로 인구 구성을 파악하는 것이 효율적이다.

😲 **출제분석** | 인구 구성을 분석하는 문제이다. 인구 구성 비율, 부양비, 고령화 정도 등 다양한 개념을 활용하여 인구 구성을 분석하는 고난도 문제가 출제될 수 있으므로 고난도의 기출 문제를 통해 연습해 두도록 한다.

|자|료|해|설|

t년 대비 t+50년에 전체 인구가 25% 증가하였으므로 t년에 전체 인구를 100명이라고 하면 t+50년에 전체 인구는 125명이 된다. t년에 전체 인구 중 노년 인구 비율이 20%이므로 노년 인구는 20명이 되고, t+50년에 전체 인구 중 유소년 인구 비율이 28%이므로 유소년 인구는 35명이 된다. t년 대비 t+50년에 유소년 인구가 12.5% 감소하였으므로 t년에 유소년 인구는 40명이 되고, 부양 인구는 40명이 된다. t년에 노년 부양비는 50이고 t년 대비 t+50년에 노년 부양비가 150% 증가하였으므로 t+50년에 노년 부양비는 125가 된다. 따라서 t+50년에 노년 인구는 50명, 부양 인구는 40명이 된다. 제시된 자료를 바탕으로 갑국의 인구 구성을 나타내면 첨삭과 같다.

|선|택|지|풀|이|

① 오답 : t년의 유소년 인구는 40명이고, t+50년의 노년 인구는 50명이다. 따라서 t년의 유소년 인구보다 t+50년의 노년 인구가 많다.

② 오답 : t년 대비 t+50년에 전체 인구 증가율은 25%{=(25명/100명)×100}이고, 피부양 인구 증가율은 약 41.7%{=(25명/60명)×100}이다. 따라서 t년 대비 t+50년에 전체 인구 증가율은 피부양 인구 증가율보다 작다.

③ 정답 : t년 대비 t+50년에 유소년 인구 감소율은 12.5%{=(5명/40명)×100}이다. 유소년 부양비는 t년의 경우 100{=(40명/40명)×100}, t+50년의 경우 87.5{=(35명/40명)×100}이므로 t년 대비 t+50년에 유소년 부양비 감소율은 12.5%{=(12.5/100)×100}이다. 따라서 t년 대비 t+50년에 유소년 인구 감소율과 유소년 부양비 감소율이 같다.

④ 오답 : 전체 인구에서 부양 인구가 차지하는 비율은 t년의 경우 40%, t+50년의 경우 32%로, t+50년이 t년보다 작다.

⑤ 오답 : 부양 인구는 t년의 경우 40명, t+50년의 경우 40명이므로, 부양 인구는 감소하지 않았다.

V

2. 현대 사회의 변동과 대응

다음 자료에 대한 분석으로 옳은 것은? (단, A ~ C는 각각 유소년 인구, 부양 인구, 노년 인구 중 하나임.) **3점**

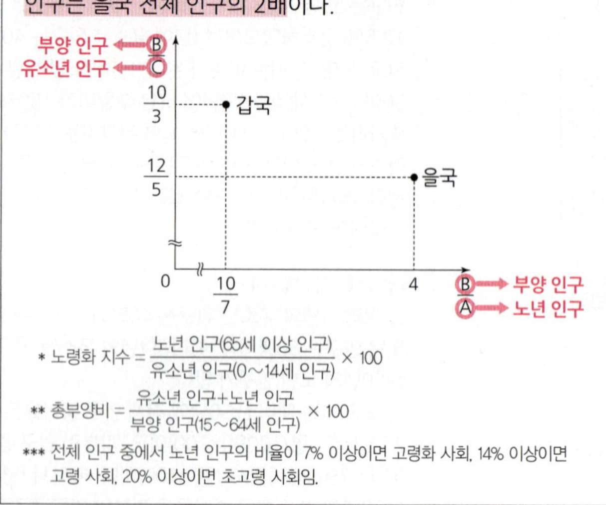

* 노령화 지수 $= \dfrac{\text{노년 인구(65세 이상 인구)}}{\text{유소년 인구(0~14세 인구)}} \times 100$

** 총부양비 $= \dfrac{\text{유소년 인구+노년 인구}}{\text{부양 인구(15~64세 인구)}} \times 100$

*** 전체 인구 중에서 노년 인구의 비율이 7% 이상이면 고령화 사회, 14% 이상이면 고령 사회, 20% 이상이면 초고령 사회임.

① A는 유소년 인구, B는 노년 인구, C는 부양 인구이다.
② 갑국은 을국과 달리 부양 인구가 노년 인구보다 많다.
③ 총부양비는 갑국이 을국에 비해 작다. 크다
④ 노령화 지수는 을국이 갑국에 비해 낮다.
⑤ 갑국은 초고령 사회, 을국은 고령화 사회이다.

<갑국> (단위 : %, 명)

구분	비율	인구
유소년 인구(C)	15	30
부양 인구(B)	50	100
노년 인구(A)	35	70
전체 인구	100	200

<을국> (단위 : %, 명)

구분	비율	인구
유소년 인구(C)	25	25
부양 인구(B)	60	60
노년 인구(A)	15	15
전체 인구	100	100

|자|료|해|설|

갑국의 경우 A : B : C = 7 : 10 : 3이고, 을국의 경우 A : B : C = 3 : 12 : 5이다. 즉, 갑국의 경우 A의 비율은 35%, B의 비율은 50%, C의 비율은 15%이고, 을국의 경우 A의 비율은 15%, B의 비율은 60%, C의 비율은 25%이다. 갑국 전체 인구가 을국 전체 인구의 2배이므로 을국 전체 인구를 100명이라고 가정하면 갑국 전체 인구는 200명이 된다. 갑국 전체 인구를 200명, 을국 전체 인구를 100명이라고 가정하면, 갑국의 경우 A의 인구는 70명, B의 인구는 100명, C의 인구는 30명이 되고, 을국의 경우 A의 인구는 15명, B의 인구는 60명, C의 인구는 25명이 된다. 갑국 유소년 인구가 을국 노년 인구의 2배이므로 A는 노년 인구, C는 유소년 인구이다. 따라서 B는 부양 인구이다.

|선|택|지|풀|이|

① 오답 : A는 노년 인구, B는 부양 인구, C는 유소년 인구이다.

② 오답 : 갑국 전체 인구를 200명, 을국 전체 인구를 100명이라고 가정하면, 갑국의 경우 부양 인구는 100명, 노년 인구는 70명이고, 을국의 경우 부양 인구는 60명, 노년 인구는 15명이다. 따라서 갑국과 을국은 모두 부양 인구가 노년 인구보다 많다.

③ 오답 : 총부양비는 갑국의 경우 100[={(15+35)/50}×100]이고, 을국의 경우 약 66.7[={(25+15)/60}×100]이다. 따라서 총부양비는 갑국이 을국에 비해 크다.

④ 정답 : 노령화 지수는 갑국의 경우 약 233.3{=(35/15)×100}이고, 을국의 경우 60{=(15/25)×100}이다. 따라서 노령화 지수는 을국이 갑국에 비해 낮다.

⑤ 오답 : 전체 인구 중에서 노년 인구의 비율은 갑국의 경우 35%이고, 을국의 경우 15%이다. 따라서 갑국은 초고령 사회이고, 을국은 고령 사회이다.

문제풀이 T I P | 그림에서 A : B : C의 비를 파악한 후 전체를 100%로 기준으로 하여 그 값을 계산하도록 한다. 갑국 전체 인구가 을국 전체 인구의 2배이고, 갑국 유소년 인구가 을국 노년 인구의 2배이므로 이를 통해 A~C를 파악할 수 있다.

출제분석 | 인구 구성을 분석하는 문제이다. 유소년 부양비, 노년 부양비, 노령화 지수 등을 계산하는 고난도 문제가 출제되므로 기출 문제를 통해 다양한 계산 문제를 연습해 두도록 한다.

다음 글에서 (가)에 들어갈 수 있는 내용으로 가장 적절한 것은? 3점

> 세계화의 영향은 이중적이다. 우선, 세계화는 선진국과 개발 도상국이 서로 다른 경로를 택하게 했다. 무역 자유화는 선진국을 고부가 가치 산업에, 개발 도상국을 저부가 가치 산업에 집중하게 만들었다. 이로 인해 개발 도상국이 선진국에 종속되는 경제 구조가 형성되었다. 한편, 세계화는 　　(가)　　.
> 선진국의 경우 자본가들은 생산 비용이 낮은 국가로 생산 기지를 이전하며 이익을 얻었지만 이로 인해 노동자들은 일자리 감소와 임금 하락을 겪었다. 개발 도상국의 경우 소득 증가의 혜택은 자산가 및 고숙련 노동자에게 집중되었고 저숙련 노동자에게는 충분히 주어지지 않았다.

개별 국가 내 소득 불평등 증가

① 국가 내 불평등을 증가시켰다
② 노동자의 임금 하락을 유발하였다
③ 개발 도상국의 경제 성장을 가로막았다
④ 선진국과 개발 도상국 간 경제적 갈등을 심화시켰다
⑤ 선진국과 개발 도상국 간 위계적인 분업 체계를 형성하였다

|자|료|해|설|
제시문은 세계화의 첫 번째 영향으로 개발 도상국이 선진국에 종속되는 경제 구조가 형성되었음을 보여 주고 있고, 세계화의 두 번째 영향으로 선진국과 개발 도상국 각각에서 소득 불평등이 증가하고 있음을 보여 주고 있다.

|선|택|지|풀|이|
① 정답 : (가)에는 세계화의 두 번째 영향과 관련 있는 내용이 들어갈 수 있다. 따라서 세계화의 영향으로 선진국과 개발 도상국 각각에서 나타나고 있는 불평등의 증가는 (가)에 들어갈 수 있다.
② 오답 : 세계화로 인해 노동자의 임금 하락이 유발되었다는 내용은 세계화의 두 번째 영향과 관련 없다.
③ 오답 : 세계화로 인해 선진국이 개발 도상국의 경제 성장을 가로막았다는 내용은 세계화의 첫 번째 영향과 관련 있다.
④ 오답 : 세계화로 인해 선진국과 개발 도상국 간 경제적 갈등이 심화되었다는 내용은 세계화의 두 번째 영향과 관련 없다.
⑤ 오답 : 세계화로 인해 선진국과 개발 도상국 간 위계적인 분업 체계가 형성되었다는 내용은 세계화의 첫 번째 영향과 관련 있다.

개념 학습 | 세계화는 국경을 넘어 세계 전체의 상호 의존성이 심화되면서 정치, 경제 등의 부문이 단일한 체계로 통합되어 가는 현상을 말한다.

출제분석 | 세계화의 영향을 파악하는 문제이다. 세계화에 따른 문제점과 이에 대한 대응 방안을 이해해 두도록 한다.

다음 자료에 대한 분석으로 옳은 것은? 3점

> 표는 갑국의 연령대별 인구를 30년 전 조사 결과 대비 변화율로 나타낸 것이다. t년의 유소년 부양비는 100으로 t년 노령화 지수의 2배이다. 모든 조사 연도의 전체 인구는 동일하다.

구분	t+30년	t+60년	t+90년
유소년 인구의 변화율(%)	-25	-20	-75
노년 인구의 변화율(%)	50	20	50

* 유소년 부양비 = $\dfrac{\text{유소년 인구(0 ~ 14세 인구)}}{\text{부양 인구(15 ~ 64세 인구)}} \times 100$

** 노령화 지수 = $\dfrac{\text{노년 인구(65세 이상 인구)}}{\text{유소년 인구(0 ~ 14세 인구)}} \times 100$

① t+30년에는 유소년 인구보다 노년 인구가 많다. (와 / 같다)
② t+90년의 노령화 지수는 90이다. (900)
③ 부양 인구는 t+30년이 t+60년보다 많다. (과 / 이 같다)
④ 유소년 인구는 t+30년이 t년의 1/4이다. (3/4)
⑤ 유소년 부양비는 t+60년이 t+90년의 4배이다.

(단위 : 명)

구분	t년	t+30년	t+60년	t+90년
유소년 인구	100	75	60	15
부양 인구	100	100	100	100
노년 인구	50	75	90	135
전체	250	250	250	250

|자|료|해|설|
t년에 유소년 부양비가 100이므로 t년에 부양 인구가 100명이라면, t년에 유소년 인구는 100명이 되고, t년에 유소년 부양비가 노령화 지수의 2배이므로 t년에 노령화 지수는 50이 되어 t년에 노인 인구는 50명이 된다. t년에 부양 인구를 100명이라고 가정하여 제시된 자료를 바탕으로 연도별 갑국의 인구 구성을 나타내면 첨삭과 같다.

|선|택|지|풀|이|
① 오답 : t년에 부양 인구가 100명이라면, t+30년에 유소년 인구와 노년 인구는 각각 75명이다. 따라서 t+30년에 유소년 인구와 노년 인구는 같다.
② 오답 : t년에 부양 인구가 100명이라면, t+90년에 유소년 인구는 15명, 노년 인구는 135명이다. 따라서 t+90년에 노령화 지수는 900{=(135/15)×100}이다.
③ 오답 : t년에 부양 인구가 100명이라면, t+30년과 t+60년에 부양 인구는 각각 100명이다. 따라서 부양 인구는 t+30년과 t+60년이 같다.
④ 오답 : t년에 부양 인구가 100명이라면, 유소년 인구는 t년이 100명, t+30년이 75명이다. 따라서 유소년 인구는 t+30년이 t년의 3/4이다.
⑤ 정답 : t년에 부양 인구가 100명이라면, 유소년 부양비는 t+60년이 60{=(60/100)×100}, t+90년이 15{=(15/100)×100}이다. 따라서 유소년 부양비는 t+60년이 t+90년의 4배이다.

문제풀이 T I P | t년에 유소년 부양비가 100이므로 t년에 부양 인구와 유소년 인구가 같고, t년에 유소년 부양비가 노령화 지수의 2배이므로 t년에 노령화 지수는 50이 됨을 파악하도록 한다.

출제분석 | 인구 구성을 분석하는 문제이다. 유소년 부양비, 노년 부양비 및 노령화 지수 등을 통해 인구 구성의 변화를 분석하는 고난도 문제가 출제될 수 있다.

정답 ③ 정답률 45% 2026학년도 6월 모평 20번 문제편 328p

다음 자료에 대한 옳은 분석만을 〈보기〉에서 고른 것은?

인구 구조의 변화는 경제 성장과 세대 간 갈등에 영향을 미칠 수 있다. ㉠ 연구 결과에 따르면 부양 인구(15 ~ 64세 인구)가 감소할수록 경제 성장 동력은 약화되며, 노년 부양비가 커질수록 세대 간 갈등이 심해진다.

갑국의 t+100년 전체 인구와 을국의 t년 전체 인구는 동일하다. 을국에서 t+100년의 전체 인구는 t년의 2배이다. 갑국에서 t년의 유소년 인구는 t+100년의 4배이다.

구분	t년		t+100년	
	갑국	을국	갑국	을국
노령화 지수	50	50	150	25
유소년 부양비	100	100	40	80

* 노령화 지수 = $\dfrac{\text{노년 인구(65세 이상 인구)}}{\text{유소년 인구(0~14세 인구)}} \times 100$

** 유소년(노년) 부양비 = $\dfrac{\text{유소년(노년) 인구}}{\text{부양 인구}} \times 100$

보기

ㄱ. t년 대비 t+100년에 을국의 유소년 인구 증가율은 40%(100)이다.

ㄴ. t년에 노년 인구는 갑국이 을국의 2배이고, t+100년에 노년 인구는 갑국이 을국의 1.5배이다.

ㄷ. ㉠에 따르면, 갑국은 t년에 비해 t+100년에 세대 간 갈등이 심해진다. (∵ 노년 부양비 증가)

ㄹ. ㉠에 따르면, 을국은 t년에 비해 t+100년에 경제 성장 동력이 약화된다. 된다고 볼 수 없다

① ㄱ, ㄴ ② ㄱ, ㄷ ③ ㄴ, ㄷ ④ ㄴ, ㄹ ⑤ ㄷ, ㄹ

(단위 : 명)

구분	t년		t+100년	
	갑국	을국	갑국	을국
유소년 인구	80	40	20	80
부양 인구	80	40	50	100
노년 인구	40	20	30	20
전체	200	100	100	200

|자|료|해|설|

t년에 을국의 전체 인구를 100명이라고 가정하여 제시된 자료를 바탕으로 갑국과 을국의 연도별 인구 구성을 나타내면 첨삭과 같다.

|보|기|풀|이|

ㄱ. 오답 : t년에 을국의 전체 인구가 100명이라면, 을국의 경우 유소년 인구는 t년이 40명, t+100년이 80명이다. 따라서 t년 대비 t+100년에 을국의 유소년 인구 증가율은 100%{=(40명/40명)×100}이다.

ㄴ. 정답 : t년에 을국의 전체 인구가 100명이라면, t년에 노년 인구는 갑국이 40명, 을국이 20명이므로 갑국이 을국의 2배이다. t년에 을국의 전체 인구가 100명이라면, t+100년에 노년 인구는 갑국이 30명, 을국이 20명이므로 갑국이 을국의 1.5배이다.

ㄷ. 정답 : t년에 을국의 전체 인구가 100명이라면, 갑국의 경우 노년 부양비는 t년이 50{=(40명/80명)×100}, t+100년이 60{=(30명/50명)×100}이므로 t년 대비 t+100년에 노년 부양비가 증가하였다. 따라서 갑국은 t년에 비해 t+100년에 세대 간 갈등이 심해진다.

ㄹ. 오답 : t년에 을국의 전체 인구가 100명이라면, 을국의 경우 부양 인구는 t년이 40명, t+100년이 100명이므로 t년 대비 t+100년에 부양 인구가 증가하였다. 따라서 t년에 비해 t+100년에 을국의 경제 성장 동력이 약화된다고 볼 수 없다.

😮 **문제풀이 TIP** | 을국의 경우 t+100년의 전체 인구가 t년의 2배이고, 을국의 t년 전체 인구가 갑국의 t+100년 전체 인구와 동일하므로 을국의 t년 전체 인구를 100명으로 가정하여 갑국과 을국의 연도별 인구 구성을 파악하는 것이 효과적이다.

😀 **출제분석** | 인구 구성을 분석하는 문제이다. 유소년 부양비, 노년 부양비, 총부양비, 노령화 지수 등을 복합적으로 묻는 고난도 문제가 출제될 수 있다.

다음 자료에 대한 설명으로 옳은 것은? 3점

> t년의 유소년 인구 비율은 20%,
> 부양 인구 비율은 70%,
> 노년 인구 비율은 10%임

갑국 t년의 부양 인구(15~64세 인구)는 노년 인구의 7배이며, 노령화 지수는 50이다. 표는 기간별 인구 변화 양상을 나타낸 것으로 A 기간은 t년 대비 t+30년으로, B 기간은 t+30년 대비 t+50년으로 하여 분석하였다. 단, A 기간과 B 기간 동안 전체 인구의 변화는 없다.

구분	A 기간	B 기간
노령화 지수 증가율(%)	60	50
노년 인구 증가율(%)	100	50

* 노령화 지수 = $\dfrac{\text{노년 인구(65세 이상 인구)}}{\text{유소년 인구(0~14세 인구)}} \times 100$

〈조건〉

○ 노동력 부족 정도, 세대 간 갈등 정도, 양육에 대한 사회적 부담 정도는 아래의 조건으로만 각각 판단한다.
  1. 노동력 부족 정도는 부양 인구와 부(−)의 관계에 있다.
  2. 세대 간 갈등 정도는 노년 부양비와 정(+)의 관계에 있다.
  3. 양육에 대한 사회적 부담 정도는 유소년 부양비와 정(+)의 관계에 있다.

* 노년(유소년) 부양비 = $\dfrac{\text{노년(유소년) 인구}}{\text{부양 인구}} \times 100$

① A 기간에 유소년 인구는 감소(→증가)하고 노년 인구는 증가하였다.
② B 기간에 부양 인구와 노년 인구는 모두 증가하였다.
③ A 기간과 B 기간에 증가한 노년 인구는 동일하다.
④ 양육에 대한 사회적 부담 정도는 t+50년보다 t+30년이 크다.(→작다)
⑤ 노동력 부족 정도는 t+50년보다 t+30년이, 세대 간 갈등 정도는 t+30년보다 t+50년이 크다.

A 기간 → B 기간 → (단위 : %)

구분	t년	t+30년	t+50년
유소년 인구	20	25	25
부양 인구	70	55	45
노년 인구	10	20	30
전체	100	100	100

|자|료|해|설|

t년에 부양 인구가 노년 인구의 7배이고, 노령화 지수가 50이므로 유소년 인구 : 부양 인구 : 노년 인구 = 2 : 7 : 1이 된다. 즉, t년에 유소년 인구 비율은 20%, 부양 인구 비율은 70%, 노년 인구 비율은 10%가 된다. 제시된 자료를 바탕으로 연도별 인구 구성을 나타내면 첨삭과 같다.

|선|택|지|풀|이|

① 오답 : t년 대비 t+30년에 유소년 인구 비율은 20%에서 25%로 증가하였고, 노년 인구 비율은 10%에서 20%로 증가하였다. A 기간 동안 전체 인구의 변화가 없으므로 A 기간에 유소년 인구와 노년 인구는 모두 증가하였다.

② 오답 : t+30년 대비 t+50년에 부양 인구 비율은 55%에서 45%로 감소하였고, 노년 인구 비율은 20%에서 30%로 증가하였다. B 기간 동안 전체 인구의 변화가 없으므로 B 기간에 부양 인구는 감소하였고, 노년 인구는 증가하였다.

③ 정답 : 노년 인구 비율은 t년이 10%, t+30년이 20%, t+50년이 30%이고, A 기간과 B 기간 동안 전체 인구는 변화가 없다. t년~t+30년에 갑국의 전체 인구가 각각 100명이라면, 노년 인구는 t년이 10명, t+30년이 20명, t+50년이 30명이 된다. 따라서 A 기간과 B 기간에 증가한 노년 인구는 각각 10명으로 같다.

④ 오답 : 양육에 대한 사회적 부담 정도는 유소년 부양비와 정(+)의 관계에 있다. 유소년 부양비는 t+30년이 (25/55)×100, t+50년이 (25/45)×100으로, t+30년이 t+50년보다 작다. 따라서 양육에 대한 사회적 부담 정도는 t+30년이 t+50년보다 작다.

⑤ 오답 : 노동력 부족 정도는 부양 인구와 부(-)의 관계에 있다. 부양 인구 비율은 t+30년이 55%, t+50년이 45%로, t+30년이 t+50년보다 높다. 따라서 노동력 부족 정도는 t+50년이 t+30년보다 크다. 세대 간 갈등 정도는 노년 부양비와 정(+)의 관계에 있다. 노년 부양비는 t+30년이 (20/55)×100, t+50년이 (30/45)×100으로, t+50년이 t+30년보다 크다. 따라서 세대 간 갈등 정도는 t+50년이 t+30년보다 크다.

😲 **문제풀이 TIP** | t년의 부양 인구와 노년 인구의 비, 노령화 지수를 통해 t년의 인구 구성을 파악한 후 제시된 연도별 노령화 지수 증가율과 노년 인구 증가율을 통해 t+30년과 t+50년의 인구 구성을 파악하도록 한다.

😃 **출제분석** | 인구 구성을 분석하는 문제이다. 인구 구성을 파악하여 해당 인구의 증감을 분석하고, 각 연도별 해당 인구의 수를 비교하는 고난도 문제가 출제될 수 있다.

V

2. 현대 사회의 변동과 대응

밑줄 친 ㉠에 해당하는 학생만을 고른 것은?

정보 사회의 긍정적 측면을 뒷받침하는 근거

정보 사회의 부정적 측면을 뒷받침하는 근거

〈학생들의 탐구 수행 결과〉

학생	독립 변인	종속 변인	상관관계
갑	재택근무 실시 비율	업무 효율성	양(+)
을	CCTV 설치율	범죄 발생 건수	음(-)
병	인터넷 보급률	개인 정보 침해 건수	양(+)
정	SNS 이용 시간	우울증 발생률	양(+)

교사 : 정보 사회와 관련한 탐구를 모두 잘 수행하였습니다. ㉠두 학생의 탐구 수행 결과는 정보 사회의 긍정적 측면을 뒷받침하는 근거로 활용될 수도 있겠네요.

① 갑, 을   ② 갑, 병   ③ 을, 병   ④ 을, 정   ⑤ 병, 정

😲 **문제풀이 TIP** | 독립 변인과 종속 변인 간의 양(+)의 관계와 음(-)의 관계를 혼동하지 않도록 한다.

😎 **출제분석** | 정보 사회의 긍정적 측면을 파악하는 문제이다. 정보 사회의 문제점을 묻는 문제가 출제될 수 있다.

|자|료|해|설|

정보 사회에서는 재택근무의 확산으로 가정과 직장의 통합이 확대되고, 사이버 공간을 통해 사회적 관계를 맺는 양상이 증가하며, 쌍방향 통신 매체의 발달로 의사 결정의 분권화 경향이 강화된다. 그러나 정보 사회에서는 사이버 범죄가 증가할 수 있고, 정보 기기에 과도하게 의존하게 되면서 각종 사회 문제가 발생할 수 있으며, 대면 접촉 감소로 피상적 인간관계가 확산되면서 인간 소외 현상이 나타날 수 있다.

|선|택|지|풀|이|

⑦ 갑. 정답 : 재택근무 실시 비율이 높아질수록 업무 효율성이 증가한다는 탐구 수행 결과는 정보 사회의 긍정적 측면을 뒷받침하는 근거로 활용될 수 있다.

⑦ 을. 정답 : CCTV 설치율이 높아질수록 범죄 발생 건수가 감소한다는 탐구 수행 결과는 정보 사회의 긍정적 측면을 뒷받침하는 근거로 활용될 수 있다.

병. 오답 : 인터넷 보급률이 높아질수록 개인 정보 침해 건수가 증가한다는 탐구 수행 결과는 정보 사회의 부정적 측면을 뒷받침하는 근거로 활용될 수 있다.

정. 오답 : SNS 이용 시간이 많아질수록 우울증 발생률이 높아진다는 탐구 수행 결과는 정보 사회의 부정적 측면을 뒷받침하는 근거로 활용될 수 있다.

다음 자료에 대한 분석 및 추론으로 옳은 것은?

현재(t년) 갑국은 표와 같은 인구 구성을 가지고 있다. 갑국 정부는 향후(t+100년) 발생할 인구 변화를 서로 다른 시나리오로 예측하여 A, B의 결과를 얻었다. t년에 부양 인구(15~64세 인구)는 전체 인구의 절반이며, t+100년에도 부양 인구는 전체 인구의 절반이라고 가정한다.

부양 인구 = 유소년 인구 + 노년 인구

구분	현재(t년)	t+100년의 시나리오 예측 결과	
		A	B
유소년 인구 (0~14세 인구)	750만 명	t년 대비 20% 증가	t년 대비 20% 감소
노년 인구 (65세 이상 인구)	250만 명	t년 대비 20% 증가	t년 대비 140% 증가

* 유소년 부양비 = (유소년 인구 / 부양 인구) × 100

** 노년 부양비 = (노년 인구 / 부양 인구) × 100

*** 총부양비 = (유소년 인구+노년 인구 / 부양 인구) × 100

(단위 : 만 명)

구분	현재	A	B
유소년 인구	750	900	600
부양 인구	1,000	1,200	1,200
노년 인구	250	300	600
전체 인구	2,000	2,400	2,400

① 노년 부양비는 A가 현재보다 크다. → 와 같다
② 총부양비는 B가 현재보다 크다. → 와 같다
③ 유소년 부양비는 A가 B의 2배이다. (1.5)
④ 전체 인구에서 노년 인구가 차지하는 비율은 B가 A의 2배이다.
⑤ 저출산·고령화 문제는 B보다 A에서 더 부각된다.

|자|료|해|설|

t년과 t+100년 각각 부양 인구가 전체 인구의 절반이므로 t년과 t+100년 각각 부양 인구는 유소년 인구와 노년 인구의 합이 된다. 즉, t년의 경우 부양 인구는 1,000만 명(=750만 명+250만 명)이다.

|선|택|지|풀|이|

① 오답 : 노년 부양비는 현재의 경우 25{=(250만 명/1,000만 명)×100}이고, A의 경우 25{=(300만 명/1,200만 명)×100}이다.

② 오답 : 총부양비는 현재의 경우 100[={(750만 명+250만 명)/1,000만 명}×100]이고, B의 경우 100[={(600만 명+600만 명)/1,200만 명}×100]이다.

③ 오답 : 유소년 부양비는 A의 경우 75{=(900만 명/1,200만 명)×100}이고, B의 경우 50{=(600만 명/1,200만 명)×100}으로, A가 B의 1.5배이다.

④ 정답 : 전체 인구에서 노년 인구가 차지하는 비율은 A의 경우 12.5%{=(300만 명/2,400만 명)×100}이고, B의 경우 25%{=(600만 명/2,400만 명)×100}로, B가 A의 2배이다.

⑤ 오답 : B의 경우 A보다 전체 인구에서 유소년 인구가 차지하는 비율이 낮고 노년 인구가 차지하는 비율이 높으므로 저출산·고령화 문제는 A보다 B에서 더 부각된다.

(가), (나)는 정보화로 인한 문제점을 다룬 만평이다. 이에 대한 설명으로 가장 적절한 것은?

① (가)는 정보 격차로 인한 계층 양극화 문제를 보여준다.
② (가)는 정보 생산자의 정확한 정보 제공이 필요함을 보여준다.
③ (나)는 감시로 인한 개인의 자유와 권리 침해 문제를 보여준다.
④ (나)는 주체적으로 정보를 분석하고 평가하는 태도가 필요함을 보여준다.
⑤ (가)와 (나)는 모두 대면 접촉 감소로 피상적 인간관계가 확산되는 양상을 보여준다.

|자|료|해|설|

(가)에는 정보화로 인한 사생활 침해 문제가 나타나 있고, (나)에는 정보에 대한 과도한 의존 문제가 나타나 있다.

|선|택|지|풀|이|

① 오답 : (가)에는 정보 격차로 인한 계층 양극화 문제가 나타나 있지 않다.
② 오답 : (가)에는 정보화로 인해 사생활이 침해되는 문제가 나타나 있으므로 정보 생산자의 정확한 정보 제공이 필요함을 보여 준다고 볼 수 없다.
③ 오답 : (가)는 개인의 사생활에 대한 관찰과 감시로 인해 개인의 자유와 권리가 침해되는 문제를 보여 준다.
④ 정답 : (나)에는 정보에 대한 과도한 의존 문제가 나타나 있으므로 필요한 정보에 대한 주체적 선택과 정보의 비판적 분석 능력이 필요함을 보여 준다.
⑤ 오답 : (가)와 (나) 모두에는 대면 접촉 감소로 인해 피상적인 인간관계가 확산되는 양상이 나타나 있지 않다.

🤓 **추가 학습** | 정보 격차는 정보의 접근, 소유, 활용 능력 등의 차이로 인해 발생하는 정보 불평등을 말한다.

😀 **출제분석** | 정보화로 인해 나타나는 문제점을 파악하는 문제이다. 정보 사회의 특징과 문제점을 연관지어 이해해 두도록 한다.

다음 자료에 대한 분석 및 추론으로 옳은 것은?  3점

> 표는 갑국과 을국에서 t년 대비 t+30년의 인구 구조 변화 양상을 예측하여 나타낸 것이다. t년에 전체 인구 중 부양 인구 (15~64세 인구)의 비율은 을국이 45%로 갑국의 0.75배이고, 을국의 노령화 지수와 노년 부양비는 같으며, 유소년 부양비는 갑국이 을국의 0.25배이다. 단, 갑국과 을국 모두 전체 인구는 변함없다고 가정한다. 양육에 대한 사회적 비용과 노인 일자리 창출의 필요성 정도는 아래의 〈조건〉으로만 판단한다.

구분	갑국	을국
유소년 부양비	증가	불변
전체 인구 중 부양 인구 비율	불변	감소

* 노령화 지수 $= \dfrac{\text{노년 인구(65세 이상 인구)}}{\text{유소년 인구(0~14세 인구)}} \times 100$

** 유소년(노년) 부양비 $= \dfrac{\text{유소년(노년) 인구}}{\text{부양 인구}} \times 100$

*** 총부양비 = 유소년 부양비 + 노년 부양비

〈조건〉
- 양육에 대한 사회적 비용은 유소년 인구와 정(+)의 관계에 있다.
- 노인 일자리 창출의 필요성 정도는 노년 인구와 정(+)의 관계에 있다.

① t년에 노령화 지수는 갑국보다 을국이 ~~크다.~~ 작다

② t+30년에 갑국의 노년 부양비는 50보다 ~~클~~ 것이다. 작을

③ t+30년에 을국의 총부양비는 120보다 클 것이다.

④ t년 대비 t+30년에 양육에 대한 사회적 비용이 갑국에서는 늘어날 것이고 을국에서는 ~~변함없을~~ 것이다. 줄어들

⑤ t년 대비 t+30년에 노인 일자리 창출의 필요성 정도가 갑국 에서는 낮아질 것이고 을국에서는 ~~변함없을~~ 것이다. 높아질

〈t년〉 (단위 : %)

구분	갑국	을국
유소년 인구	15	45
부양 인구	60	45
노년 인구	25	10

〈t+30년〉 (단위 : %)

구분	갑국	을국
유소년 인구	15보다 높음	45보다 낮음
부양 인구	60	45보다 낮음
노년 인구	25보다 낮음	10보다 높음

|자|료|해|설|

t년에 을국의 부양 인구 비율이 45%이고, 이는 갑국의 0.75배이므로 t년에 갑국의 부양 인구 비율은 60%가 된다. t년에 을국의 경우 노령화 지수와 노년 부양비가 같으므로 부양 인구 비율과 유소년 인구 비율이 같다. 따라서 t년에 을국의 경우 유소년 인구 비율은 45%, 부양 인구 비율은 45%, 노년 인구 비율은 10%이다. t년에 을국의 유소년 부양비는 100{=(45/45)×100}이고, t년에 갑국의 유소년 부양비가 을국의 유소년 부양비의 0.25배이므로 t년에 갑국의 유소년 부양비는 25이다. t년에 갑국의 경우 부양 인구 비율이 60%이고, 유소년 부양비가 25이므로 유소년 인구 비율은 15%가 되고, 노년 인구 비율은 25%가 된다. 제시된 자료를 바탕으로 t년과 t+30년에 갑국과 을국의 인구 구성을 나타내면 첨삭과 같다.

|선|택|지|풀|이|

① 오답 : t년에 노령화 지수는 갑국이 약 166.7{=(25/15)×100}, 을국이 약 22.2{=(10/45)×100}이다. 따라서 t년에 노령화 지수는 갑국보다 을국이 작다.

② 오답 : t+30년에 갑국의 경우 부양 인구 비율은 60%이고, 노년 인구 비율은 25%보다 낮다. 따라서 t+30년에 갑국의 노년 부양비는 50보다 작을 것이다.

③ 정답 : t년에 을국의 유소년 부양비는 100{=(45/45)×100}이고, t년 대비 t+30년에 을국의 유소년 부양비는 변동이 없으므로 t+30년에 을국의 유소년 부양비는 100이다. t+30년에 을국의 경우 유소년 부양비는 100이고, 노년 부양비는 20보다 크다. 따라서 t+30년에 을국의 총부양비는 120보다 클 것이다.

④ 오답 : t년 대비 t+30년에 갑국의 유소년 인구는 증가할 것이고, 을국의 유소년 인구는 감소할 것이다. 따라서 양육에 대한 사회적 비용은 갑국의 경우 늘어날 것이고, 을국의 경우 줄어들 것이다.

⑤ 오답 : t년 대비 t+30년에 갑국의 노년 인구는 감소할 것이고, 을국의 노년 인구는 증가할 것이다. 따라서 노인 일자리 창출의 필요성 정도는 갑국의 경우 낮아질 것이고, 을국의 경우 높아질 것이다.

😀 **문제풀이 TIP** | t년 대비 t+30년에 갑국의 경우 부양 인구 비율은 변동이 없고 유소년 부양비가 증가하였으므로 유소년 인구 비율은 증가하고, 노년 인구 비율은 감소한다. t년 대비 t+30년에 을국의 경우 부양 인구 비율은 감소하였으나 유소년 부양비가 변동이 없으므로 유소년 인구 비율은 감소하고, 노년 인구 비율은 증가한다.

😀 **출제분석** | 인구 구성을 분석하는 문제이다. 인구 구성과 관련된 문제는 반드시 출제되므로 기출 문제 중 고난도 위주의 문제를 중심으로 풀이 과정을 연습해 두도록 한다.

다음 자료는 갑국과 을국의 인구 변화 양상에 관한 예측 내용을 요약한 것이다. 이에 대한 분석 및 추론으로 옳은 것은?

요약

○ t년 대비 t+50년 전체 인구는 갑국의 경우 0.5배, 을국의 경우 2배가 되어 t+50년에 갑국과 을국의 전체 인구는 동일한 것으로 나타남.

○ 표는 갑국과 을국의 t년 총부양비와 노령화 지수, t년 대비 t+50년의 인구 변화를 나타낸 것임.

구분	t년		t년 대비 t+50년	
	총부양비	노령화 지수	유소년 인구 / 전체 인구	부양 인구 / 전체 인구
갑국	150	200	감소	변화 없음
을국	25	100	변화 없음	감소

○ 노령화 지수, 유소년(노년) 부양비, 총부양비의 산출식은 다음과 같음.

- 노령화 지수 $= \dfrac{\text{노년 인구(65세 이상 인구)}}{\text{유소년 인구(0~14세 인구)}} \times 100$

- 유소년(노년) 부양비 $= \dfrac{\text{유소년(노년) 인구}}{\text{부양 인구(15~64세 인구)}} \times 100$

- 총부양비 = 유소년 부양비 + 노년 부양비

○ 다음 조건을 기준으로 사회 문제의 가능성을 판단함.
- 전체 인구 중 부양 인구의 비율과 경제 성장 동력은 정(+)의 관계임.
- 노령화 지수와 세대 간 갈등 정도는 정(+)의 관계임.

① t년 갑국의 유소년 부양비는 노년 부양비보다 크다. (작다)

② t년 갑국의 노년 인구는 t년 을국의 노년 인구의 8배이다. (16)

③ t년 갑국의 부양 인구는 t+50년 을국의 유소년 인구의 8배이다. ✓

④ t년 대비 t+50년에 경제 성장 동력은 갑국과 을국 모두 (에서) 약화될 것이다.

⑤ t년 대비 t+50년에 세대 간 갈등 정도는 갑국이 커지고, 을국은 변함이 없을 (커질) 것이다.

〈갑국〉

구분	t년		t+50년	
	비율(%)	인구(명)	비율(%)	인구(명)
유소년 인구	20	80	20 ↓	40 ↓
부양 인구	40	160	40	80
노년 인구	40	160	40 ↑	80 ↑
전체	100	400	100	200

〈을국〉

구분	t년		t+50년	
	비율(%)	인구(명)	비율(%)	인구(명)
유소년 인구	10	10	10	20
부양 인구	80	80	80 ↓	160 ↓
노년 인구	10	10	10 ↑	20 ↑
전체	100	100	100	200

|자|료|해|설|

t+50년에 갑국과 을국의 전체 인구가 동일하므로 t+50년에 갑국과 을국의 전체 인구를 각각 200명이라고 가정하여 제시된 자료를 바탕으로 t년과 t+50년에 갑국과 을국의 인구 구성을 나타내면 첨삭과 같다.

|선|택|지|풀|이|

① 오답 : 갑국의 경우 t년에 유소년 부양비는 $50\{=(20/40)\times100\}$이고, 노년 부양비는 $100\{=(40/40)\times100\}$이다. 따라서 t년 갑국의 유소년 부양비는 노년 부양비보다 작다.

② 오답 : t+50년에 갑국과 을국의 전체 인구가 각각 200명이라면, t년에 갑국의 노년 인구는 160명이고, t년에 을국의 노년 인구는 10명이다. 따라서 t년 갑국의 노년 인구는 t년 을국의 노년 인구의 16배이다.

③ 정답 : t+50년에 갑국과 을국의 전체 인구가 각각 200명이라면, t년에 갑국의 부양 인구는 160명이고, t+50년에 을국의 유소년 인구는 20명이다. 따라서 t년 갑국의 부양 인구는 t+50년 을국의 유소년 인구의 8배이다.

④ 오답 : t년 대비 t+50년에 전체 인구 중 부양 인구 비율은 갑국의 경우 변함이 없고, 을국의 경우 감소하였다. 따라서 t년 대비 t+50년에 갑국의 경우 경제 성장 동력이 약화될 것이라고 볼 수 없고, 을국의 경우 경제 성장 동력이 약화될 것이다.

⑤ 오답 : t년 대비 t+50년에 갑국의 경우 유소년 인구 비율은 감소하였고 노년 인구 비율은 증가하였으므로 노령화 지수는 증가하였다. t년 대비 t+50년에 을국의 경우 유소년 인구 비율은 변함이 없고 노년 인구 비율은 증가하였으므로 노령화 지수는 증가하였다. 따라서 t년 대비 t+50년에 갑국과 을국 모두 세대 간 갈등 정도가 커질 것이다.

문제풀이 T I P | t년 대비 t+50년에 갑국의 전체 인구는 절반으로 감소하고, 을국의 전체 인구는 2배 증가하여 t+50년에 갑국과 을국의 전체 인구가 같아졌으므로 t+50년에 갑국과 을국의 전체 인구를 각각 200명이라고 가정하면, t년에 갑국의 전체 인구는 400명이 되고, t년에 을국의 전체 인구는 100명이 된다.

출제분석 | 인구 구성을 분석하는 문제이다. 정확한 계산을 요구하는 문제뿐만 아니라 증감을 파악하는 문제가 출제될 수 있다.

V

2. 현대 사회의 변동과 대응

1 전 지구적 수준의 문제

정답 ⑤   정답률 81%   2025학년도 6월 모평 19번   문제편 333p

(가)에 들어갈 수 있는 내용으로 가장 적절한 것은?

『 수행 평가 보고서 내용 요약 』

○○모둠

○ 조사 자료
1) 전쟁터에서 방치된 채 죽어가는 부상자를 구호하고 희생자를 최소화하기 위한 국제 조약의 필요성을 주장하며 유럽 각국 지도자들을 설득하여 국제기구를 설립한 A
2) 알래스카 지역의 회색 고래 등 지구적 차원의 멸종 위기 동물 보호를 위해 여러 국가와 기업, 지역 주민들의 합의를 이끌어 내고 환경 보존과 생명 존중을 실천한 환경 단체 B

○ 조사 자료 1)과 2)를 통해 공통적으로 도출한 결론 : 전 지구적 수준의 문제를 해결하기 위해서는 (가) 이 중요하다.

[교사 평가란]
적절한 사례를 조사하여 결론을 잘 도출했습니다.

---

① 자원을 둘러싼 국가 간 분쟁을 줄이는 것
② 전쟁으로 인한 인명과 재산 피해를 막는 것
③ 과학 기술 발전의 성과를 전 세계와 공유하는 것
④ 세계 시민 의식을 함양하여 환경 문제에 관심을 갖는 것
⑤ 특정 지역이나 국가를 초월하여 국제 협력을 강화하는 것

|자|료|해|설|
자료 1)에는 전쟁 피해를 최소화하기 위한 국제 조약의 필요성을 주장하는 A의 노력이 나타나 있고, 자료 2)에는 국제 협력을 통한 환경 보존과 생명 존중을 실천하는 B의 노력이 나타나 있다.

|선|택|지|풀|이|
①, ②, ③, ④ 오답 : 자료 1)과 자료 2)에 나타난 전 지구적 수준의 문제를 해결하기 위한 방안으로 적절하지 않다.
⑤ 정답 : 자료 1)에서 A는 국제 조약의 필요성을 주장하며 전쟁 피해를 최소화하고자 노력하고 있고, 자료 2)에서 B는 여러 국가와 기업, 지역 주민들의 합의를 이끌어 내며 환경 보존과 생명 존중을 실천하고자 노력하고 있다. 이를 통해 전쟁, 환경 보존, 생명 존중 등과 같은 전 지구적 수준의 문제 해결을 위해 국제 협력 강화가 중요하다는 결론을 도출할 수 있다. 따라서 해당 내용은 (가)에 들어갈 내용으로 적절하다.

문제풀이 TIP | 제시된 자료에서 공통적으로 나타나는 내용을 파악하면 어렵지 않게 답을 찾을 수 있다.

출제분석 | 전 지구적 수준의 문제를 해결하기 위한 방안을 파악하는 문제이다.

---

2 전 지구적 수준의 문제

정답 ③   정답률 94%   2026학년도 6월 모평 11번   문제편 333p

(가)에 들어갈 수 있는 내용으로 가장 적절한 것은?

〈자료 1〉에서 〈자료 3〉은 전 지구적 수준의 문제를 해결하기 위하여 (가) 이/가 필요하다는 것을 공통적으로 보여줍니다.

〈자료 1〉 정치적·사회적 불안정으로 인하여 세계 곳곳에서 벌어지는 전쟁과 테러의 위협을 후손에게 고스란히 넘겨주어야 하는 비극적 상황에 처해 있다.

〈자료 2〉 무한할 것 같았던 에너지 자원은 미래에도 우리 사회가 현재의 경제 성장 수준을 유지할 수 있을지 걱정스러울 정도로 얼마 남지 않았다.

〈자료 3〉 대량 생산과 대량 소비로 인해 발생한 환경 문제와 기후 위기는 다음 세대도 살아가야 할 터전의 소실을 걱정해야 할 만큼 심각한 상태이다.

① 개별 국가의 자율성 강화
② 신기술 개발을 위한 초국가적 대응
③ 미래 세대의 삶에 대한 관심과 배려
④ 문화 다양성을 바탕으로 한 공존의 문화 구축
⑤ 인간과 자연이 더불어 살아가야 한다는 인식의 강화

|자|료|해|설|
전 지구적 수준의 문제는 한 국가의 문제가 다른 국가 또는 지구적 차원에까지 영향을 주는 문제로, 개별 국가를 넘어 인류가 공동으로 해결해야 할 문제이다.

|선|택|지|풀|이|
③ 정답 : 〈자료 1〉에서 〈자료 3〉은 모두 전 지구적 수준의 문제를 해결하기 위해 현재 세대뿐만 아니라 미래 세대가 안정적인 삶을 살 수 있도록 노력해야 함을 보여 준다. 즉, 제시된 자료들은 전 지구적 수준의 문제를 해결하기 위해 미래 세대의 삶에 대한 관심과 배려가 중요함을 보여 준다.

문제풀이 TIP | 전쟁과 테러, 자원 문제, 환경 문제는 모두 전 지구적 수준의 문제에 해당한다.

출제분석 | 전 지구적 수준의 문제를 해결하기 위한 방안을 파악하는 문제이다. 자원 문제, 환경 문제, 전쟁과 테러 등 전 지구적 수준의 문제를 해결하기 위한 방안을 이해해 두도록 한다.

(가)에 들어갈 내용으로 적절하지 않은 것은?

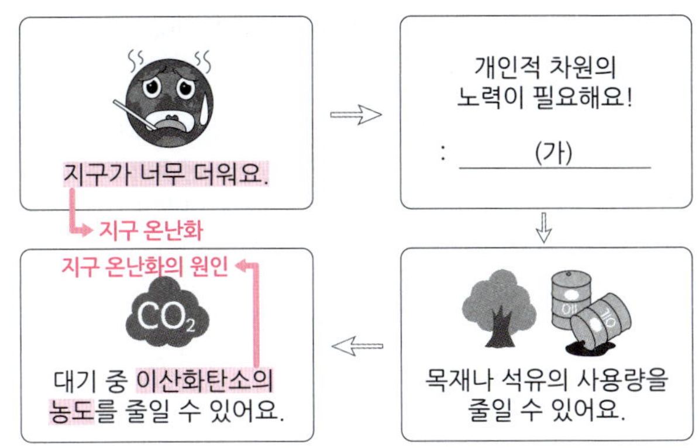

① 외출 시 전등을 끈다.

② 육류를 더 많이 섭취한다.

③ 일회용 컵을 사용하지 않는다.

④ 비닐 봉투보다 장바구니를 사용한다.

⑤ 가까운 거리는 걷거나 자전거를 이용한다.

|자|료|해|설|

제시된 그림은 지구 온난화를 해결하기 위해 개인적 차원의 노력을 통해 목재나 석유의 사용량을 줄여 대기 중 이산화탄소의 농도를 줄일 수 있음을 보여 준다.

|선|택|지|풀|이|

① 오답 : 전기를 아끼면 석유 사용량을 줄일 수 있으므로 온실가스의 배출을 줄일 수 있다.

② 정답 : 육류 섭취의 증가는 가축 사육을 증가시키고 이로 인해 삼림 파괴가 더 심해질 것이다. 이에 따라 지구 온난화를 심화시킬 수 있다.

③ 오답 : 일회용 컵 사용 금지는 목재 사용량을 줄일 수 있으므로 지구 온난화를 해결하기 위한 노력으로 적절하다.

④ 오답 : 비닐 봉투 사용은 석유의 사용량을 증가시켜 지구 온난화를 심화시킬 수 있다.

⑤ 오답 : 도보나 자전거 이용은 석유 사용량을 줄일 수 있으므로 지구 온난화를 해결하기 위한 노력으로 적절하다.

문제풀이 TIP | 일상생활 속에서 환경 문제를 해결하기 위한 개인적 차원의 노력을 떠올려 보고, 선지를 꼼꼼하게 읽어 실수하지 않도록 한다.

출제분석 | 지구 온난화를 해결하기 위한 노력을 묻는 문제로, 쉽게 출제되었다. 전 지구적 수준의 문제를 해결하기 위한 노력을 개인적 차원과 사회적 차원으로 구분하여 묻는 문제가 출제될 수 있다.

다음 국제 협약과 관련된 환경 문제를 해결하기 위한 노력으로 적절한 것을 〈보기〉에서 고른 것은?
지구 온난화, 사막화, 열대 우림의 파괴 등

> UN 기후 변화 협약 195개 참가국은 '교토 의정서'를 대신할 '파리 기후 협약'을 만장일치로 채택하였다. 이 협약의 당사국들은 2050년 이후에는 인간의 온실 가스 배출량과 지구가 흡수하는 능력이 균형을 이루어야 한다고 촉구했다. 또한 이 협약에는 선진국 뿐만 아니라 개발 도상국에도 온실가스 감축 의무를 부여하고 기후 변화로 피해를 입는 국가를 돕는 내용도 포함되었다.
> 지구 온난화 원인

보기

ㄱ. 화석 연료의 가격을 인하한다. (인상)

ㄴ. 탄소 배출량이 적은 제품을 사용한다.

ㄷ. 대기 오염 물질의 배출 규제를 완화한다. (강화)

ㄹ. 시민 단체에 가입하여 환경 감시 활동을 한다.

① ㄱ, ㄴ   ② ㄱ, ㄷ   ③ ㄴ, ㄷ   ④ ㄴ, ㄹ   ⑤ ㄷ, ㄹ

|자|료|해|설|

파리 기후 협약은 195개 선진국과 개발 도상국 모두가 온실가스 감축에 동참하기로 한 최초의 세계적 기후 합의이다. 온실가스는 지구 온난화의 주요 원인으로, 지구 온난화는 지구의 연평균 기온이 상승하는 현상을 말한다.

|보|기|풀|이|

ㄱ. 오답 : 지구 온난화는 화석 연료가 연소할 때 발생하는 이산화탄소와 같은 온실가스로 인해 지구 전체적으로 지표 및 대기의 평균 온도가 빠르게 상승하는 현상을 말한다. 지구 온난화를 해결하기 위해 화석 연료의 가격을 인상하여 화석 연료의 사용을 감소시켜야 한다.

ㄴ. 정답 : 온실가스를 적게 배출하는 환경친화적인 상품을 사용하는 것은 지구 온난화를 해결하기 위한 노력으로 적절하다.

ㄷ. 오답 : 지구 온난화를 해결하기 위해서는 대기 오염 물질의 배출 규제를 강화해야 한다.

ㄹ. 정답 : 시민 단체에 가입하여 환경 감시 활동을 하는 것은 지구 온난화를 해결하기 위한 노력으로 적절하다.

문제풀이 TIP | 교토 의정서와 파리 기후 협약은 지구 온난화 방지를 위한 온실가스 규제와 관련 있는 주요 국제 협약이다. 지구 온난화를 해결하기 위한 적절한 노력을 찾으면 된다.

출제분석 | 전 지구적 수준의 문제 중 환경 문제를 해결하기 위한 적절한 노력을 찾는 문제이다. 출제 빈도는 낮지만 현대 사회의 문제점과 관련지어 복합적으로 출제될 수 있다.

다음은 주요 환경 문제를 정리한 노트의 일부이다. (가)~(라)에 들어갈 내용으로 옳은 것만을 <보기>에서 있는 대로 고른 것은? **3점**

= 프레온 가스 → 피부암, 안과 질환

환경 문제	원인	영향	국제 협약
오존층 파괴	염화 플루오린화 탄소의 증가	(가)	몬트리올 의정서
사막화	(나)	토양의 황폐화	사막화 방지 협약
지구 온난화	온실가스 배출량 증가	(다)	(라)

극심한 가뭄, 과도한 경작과 방목

극지방 빙하 면적 감소, 저지대 침수

보기

ㄱ. (가) - 피부암, 백내장 등의 질병 유발
ㄴ. (나) - 과도한 경작과 방목
ㄷ. (다) - 북극해 일대의 해수 염도 상승 〔하락〕
ㄹ. (라) - 파리 기후 협약

① ㄱ, ㄴ   ② ㄴ, ㄷ   ③ ㄷ, ㄹ
④ ㄱ, ㄴ, ㄹ   ⑤ ㄱ, ㄷ, ㄹ

|자|료|해|설|
제시된 자료는 주요 환경 문제의 원인, 영향 및 이와 관련된 국제 협약을 정리한 것이다.

|보|기|풀|이|
ㄱ 정답 : 오존층 파괴는 염화 플루오린화 탄소, 즉 프레온 가스의 사용 증가로 인해 오존층의 오존이 파괴되어 그 밀도가 낮아지는 현상으로, 피부암, 안과 질환 등의 질병을 유발시키는 원인으로 작용한다.
ㄴ 정답 : 사막화는 초원과 삼림이 황폐해지고 점차 사막으로 변해 가는 현상으로, 강수량 부족이나 삼림 남벌, 목축지의 과잉 개발 등이 주요 원인이다.
ㄷ. 오답 : 지구 온난화는 화석 연료의 소비 증가로 인한 온실가스 배출량 증가로 발생한다. 지구 온난화로 인해 극지방의 빙하 면적이 감소하여 북극해 일대의 해수 염도는 낮아진다.
ㄹ 정답 : 파리 기후 협약은 온실가스 배출량을 줄여 지구 기온 상승을 억제하는 것을 목표로 하는 국제 협약이다.

문제풀이 TIP | 각각의 환경 문제가 발생하는 원인을 파악해야 한다. 원인을 파악하면 그에 따른 영향도 추론할 수 있다.

출제분석 | 다양한 환경 문제의 유형에 대해 원인, 영향, 관련 국제 협약 등을 복합적으로 묻는 문제로, 평이한 수준으로 출제되었다.

다음 글에 부합되는 주장을 하고 있는 학생을 고른 것은?

맹그로브는 주로 열대 지역의 강물과 바닷물이 만나는 곳에서 서식하는 식물군을 말한다. 맹그로브는 이산화탄소를 흡수하고 해안의 수질을 유지해준다. 또한 해안의 침식과 홍수를 막는 기능을 하며, 각종 어류·갑각류·조류의 서식지를 이룬다. 그러나 최근 맹그로브 숲이 개발되면서 그 면적은 줄어들고 있다. 특히 새우 양식장이나 인공 어장 조성 등은 맹그로브 숲의 주요 파괴 원인이다. 또한 지구 온난화로 인해 해수면이 상승하게 되면 맹그로브 숲의 면적은 더 줄어들 것이다.

온실가스 배출, 열대 우림의 파괴로 발생

① 갑, 을   ② 갑, 병   ③ 을, 병   ④ 을, 정   ⑤ 병, 정

|자|료|해|설|
제시문은 맹그로브 숲의 개발과 지구 온난화로 인해 맹그로브 숲이 파괴되고 있음을 보여 준다.

|선|택|지|풀|이|
갑 정답 : 맹그로브 숲은 해안의 침식과 홍수를 막는 기능을 하므로 해일 피해를 줄이기 위해서는 맹그로브 숲을 보전해야 할 것이다.
을. 오답 : 맹그로브 숲을 양식장으로 개발하면 맹그로브 숲의 면적이 줄어들어 생물종의 다양성이 훼손될 것이다.
병 정답 : 화석 연료의 사용이 증가하면 대기 중에 온실가스 농도가 증가하여 지구 온난화가 가속화될 것이다. 이에 따라 해수면이 상승하게 되어 맹그로브 숲의 면적은 줄어들 것이다.
정. 오답 : 새우 양식장이 증가할수록 양식장에서 배출된 오염 물질이 증가하고 맹그로브 숲의 정화 작용이 감소하여 해안의 수질은 악화될 것이다.

문제풀이 TIP | 맹그로브 숲의 개발로 인해 나타날 수 있는 문제를 생각해 보면 된다. 삼림의 황폐화, 각종 기상 이변 현상, 해수면 상승 현상, 생태계 파괴 현상 등이 발생할 수 있다.

출제분석 | 자연의 개발로 인한 문제와 이를 해결하기 위한 노력을 묻는 문제로, 쉽게 출제되었다. 환경 문제는 원인, 해결 방안 등과 함께 복합적으로 출제될 수 있다.

다음 자료에 대한 분석으로 옳은 것은? 3점

> 다음은 갑국과 을국의 난민 신청 및 난민 인정 비율이다.
> 두 국가의 국민이 난민 인정을 신청한 사례는 없으며, 난민 인정은
> 난민 인정을 신청한 사람에 한정한다. 또한 입국한 난민 수는
> 을국이 갑국의 2배이다.

(단위 : %)

구분	갑국	을국
난민 신청 비율	40	50
난민 인정 비율	10	20

(갑국: 100명, 을국: 200명 / 난민 신청 비율: 갑국 40명, 을국 100명 / 난민 인정 비율: 갑국 4명, 을국 20명)

$$* \ \text{난민 신청 비율} = \frac{\text{갑(을)국에 난민 인정을 신청한 사람 수}}{\text{갑(을)국으로 입국한 난민 수}} \times 100$$

$$** \ \text{난민 인정 비율} = \frac{\text{갑(을)국 정부가 난민으로 인정한 사람 수}}{\text{갑(을)국에 난민 인정을 신청한 사람 수}} \times 100$$

① 갑국으로 입국한 난민 수 대비 갑국이 난민으로 인정한 사람 수의 비율은 10%이다. → 100명 중 4명이므로 4%임 (4%)

② 을국으로 입국한 난민 수 대비 난민 인정을 신청했으나 난민으로 인정받지 못한 사람 수의 비율은 30%이다. → 200명 중 80명이므로 40%임 (40%)

③ 갑국으로 입국한 난민 수보다 을국에 난민 인정을 신청한 사람 수가 많다. → 100명 / 100명 (같다)

④ 난민으로 인정한 사람 수는 을국이 갑국의 5배이다. → 20명 / 4명

⑤ 다른 조건이 동일하다면, 난민으로 인정받기 위해서는 을국보다 갑국에 난민 신청을 하는 것이 유리하다. (불리)

|자|료|해|설|

제시문에서 입국한 난민 수는 을국이 갑국의 2배라고
나와 있으므로 갑국에 입국한 난민 수를 100명, 을국에
입국한 난민 수를 200명으로 가정하면 문제를 보다 쉽게
해결할 수 있다.

|선|택|지|풀|이|

① 오답 : 갑국의 난민 신청 비율은 40%로 사람 수는 40명
(100명×0.4)이고, 이 중에서 난민으로 인정된 비율은
10%로 사람 수는 4명(40명×0.1)이다. 따라서 갑국으로
입국한 난민 수(100명) 대비 갑국이 난민으로 인정한 사람
수(4명)의 비율은 4%{(4/100)×100}이다.

② 오답 : 을국의 난민 신청 비율은 50%로 사람 수는
100명(200명×0.5)이고, 이 중에서 난민으로 인정된
비율은 20%로 사람 수는 20명(100명×0.2)이므로
난민으로 인정받지 못한 비율은 80%로 사람 수는 80명
(100명×0.8)이다. 따라서 을국으로 입국한 난민 수(200명)
대비 난민 인정을 신청했으나 난민으로 인정받지 못한
사람의 수(80명)의 비율은 40%{(80/200)×100}이다.

③ 오답 : 갑국으로 입국한 난민 수는 100명이고, 을국의
난민 신청 비율은 50%로 사람 수는 100명(200명×0.5)
이다. 따라서 갑국으로 입국한 난민 수(100명)와 을국에
난민 인정을 신청한 사람 수(100명)는 같다.

④ 정답 : 난민으로 인정한 사람 수는 을국이 20명(100명
×0.2)이고, 갑국이 4명(40명×0.1)이다. 따라서 난민으로
인정한 사람 수는 을국(20명)이 갑국(4명)의 5배이다.

⑤ 오답 : 난민 인정 비율은 갑국(10%)보다 을국(20%)이
높다. 따라서 다른 조건이 동일하다면, 난민으로 인정받기
위해서는 을국보다 갑국에 난민 신청을 하는 것이 불리하다.

😮 **문제풀이 T I P** | 선지 ②번에서 을국의 난민 신청 비율은 50%로 사람 수는 100명(200명×0.5)이고, 이 중에서 난민으로 인정된 비율은 20%로 사람 수는 20명(100명×0.2)이므로 난민으로 인정받지 못한 사람 수는 100명에서 20명을 뺀 80명임을 알 수 있다.

V

3. 전 지구적 수준의 문제와 지속 가능한 사회

사회·문화 정답과 해설
2024학년도 6월 모의평가

문제편 p.361

1	④	2	④	3	②	4	①	5	②
6	⑤	7	④	8	③	9	①	10	③
11	④	12	②	13	④	14	①	15	③
16	⑤	17	②	18	①	19	④	20	②

---

1   자연 현상 vs 사회·문화 현상   정답 ④   정답률 75%

① ㉠과 같은 현상은 ㉡과 같은 현상과 달리 가치 함축적이다.
② ㉡과 같은 현상은 ㉢과 같은 현상에 비해 인과 관계가 명확하다.
③ ㉢과 같은 현상은 ㉣과 같은 현상과 달리 보편성이 나타난다.
④ ㉣과 같은 현상은 ㉠과 같은 현상과 달리 개연성의 원리가
   적용된다.
⑤ ㉠, ㉢과 같은 현상은 ㉡, ㉣과 같은 현상과 달리 경험적 자료로
   연구할 수 있다.

|자|료|해|설|
㉠과 ㉢은 자연 현상에 해당하고, ㉡과 ㉣은 사회·문화 현상에 해당한다.

|선|택|지|풀|이|
② 오답 : 자연 현상과 사회·문화 현상은 모두 인과 관계가 나타난다. 다만, 자연 현상은
사회·문화 현상에 비해 인과 관계가 명확하다.
③ 오답 : 자연 현상과 사회·문화 현상은 모두 보편성이 나타난다. 다만, 사회·문화 현상은
보편성과 특수성이 공존한다.

---

2   사회·문화 현상의 연구 과정   정답 ④   정답률 81%

갑은 '소비 활동으로 느끼는 행복'이라는 ㉠ 연구 주제를
설정하였다. ㉡ 관련 연구를 검토한 뒤, 소득 수준에 따라 소비
활동으로 느끼는 행복감이 소비 활동 유형별로 어떻게 다른지
파악하기 위해 가설을 설정하였다. 아래는 가설 중 하나이다.

〈가설〉 소득 수준이 높은 집단이 소득 수준이 낮은 집단보다
    ┌─ A ─┐ 활동으로 느끼는 행복감이 높을 것이다.

갑은 ㉢ 가설 검증을 위해 성인 2,000명을 대상으로 ㉣ 설문
조사를 실시하였다. 소득 수준은 응답자의 월평균 소득을
기준으로 상위 50%를 ㉤ 소득 수준이 높은 집단, 나머지를
㉥ 소득 수준이 낮은 집단으로 구분하였다. 소비 활동의 유형은
일상적 소비(생활용품 구입 등)와 문화적 소비(여가 활동비
지출 등)로 구분하였고, 각 유형별 소비 활동으로 느끼는
행복감은 5점 척도(점수가 클수록 행복감이 높음)로 측정하였다.
자료 분석 결과, 일상적 소비 활동으로 느끼는 행복감은 소득
수준이 높은 집단에서 2.6점, 소득 수준이 낮은 집단에서
3.6점으로 나타났다. 문화적 소비 활동으로 느끼는 행복감은
소득 수준이 높은 집단에서 3.6점, 소득 수준이 낮은 집단에서
2.0점으로 나타났다. 분석 결과는 통계적으로 유의미하였다.

보기

ㄱ. ㉢ 단계는 ㉠ 단계와 달리 연구자의 가치 중립이 요구된다.
ㄴ. ㉡은 2차 자료를, ㉣은 1차 자료를 수집하기 위한 것이다.
ㄷ. ㉤은 실험 집단, ㉥은 통제 집단이다.
ㄹ. 〈가설〉은 A가 '일상적 소비'이면 기각되고, '문화적 소비'이면
   수용된다.

① ㄱ, ㄴ   ② ㄱ, ㄷ   ③ ㄴ, ㄷ   ④ ㄴ, ㄹ   ⑤ ㄷ, ㄹ

|보|기|풀|이|
ㄱ. 오답 : 연구 주제 설정 단계에서는 연구자의 가치가 개입되고, 가설 검증 단계에서는
연구자의 가치 중립이 요구된다.
ㄷ. 오답 : 갑은 가설 검증을 위해 질문지법을 활용하여 자료를 수집하였다. 실험 집단과
통제 집단은 실험법을 활용한 자료 수집 시 설정된다.
ㄹ. 정답 : 자료 분석 결과 일상적 소비 활동으로 느끼는 행복감은 소득 수준이 높은
집단보다 소득 수준이 낮은 집단에서 높게 나타났으므로 A가 '일상적 소비'라면 가설은
기각된다. 자료 분석 결과 문화적 소비 활동으로 느끼는 행복감은 소득 수준이 낮은
집단보다 소득 수준이 높은 집단에서 높게 나타났으므로 A가 '문화적 소비'라면 가설은
수용된다.

---

3   사회·문화 현상을 보는 관점   정답 ②   정답률 70%

① A는 상황 정의에 기초한 개인 간 상호 작용을 중시한다.
② B는 사회적 희소가치의 불균등한 분배가 불가피하다고 본다.
③ A는 B와 달리 기득권층의 이익을 대변하는 논리로 사용된다는
   비판을 받는다.
④ B는 A와 달리 질서와 안정성을 바탕으로 한 점진적인 사회
   변동을 설명하기 어렵다.
⑤ A와 B는 모두 개인에 대한 사회 구조의 영향력을 간과한다는
   비판을 받는다.

|자|료|해|설|
A는 지배 집단과 피지배 집단의 이익이 양립할 수 없고 갈등을 필연적이고 자연스러운
현상이라고 보고 있으므로 이는 갈등론에 해당한다. B는 사회 체계가 균형 상태를 유지하고
있고, 갈등을 일시적인 현상이라고 보고 있으므로 이는 기능론에 해당한다.

|선|택|지|풀|이|
② 정답 : 기능론은 사회적 희소가치의 차등 분배가 갖는 정당성과 필요성을 강조하므로
사회적 희소가치의 불균등한 분배가 보편적이고 불가피하다고 본다.

---

4   관료제와 탈관료제   정답 ①   정답률 84%

□□기업은 의사 결정 권한이 분산되어 있고 업무의 범위와
분담 체계를 개별 담당 부서에서 자율적으로 결정한다.
□□기업의 조직 운영 방식은 A의 사례이다. ○○기업의 의사
결정은 관리자 중심으로 이루어지며 모든 부서는 표준화된
규약과 절차에 따라 업무를 수행한다. ○○기업의 조직 운영
방식은 B의 사례이다.

① A는 B에 비해 외부 환경 변화에 유연하게 대처하기 용이하다.
② A는 B와 달리 공식적 규범에 의한 통제가 이루어진다.
③ B는 A에 비해 구성원이 창의성을 발휘하기 용이하다.
④ B는 A와 달리 업무 수행의 효율성을 추구한다.
⑤ A는 연공서열에 따른 보상을, B는 성과에 따른 보상을 중시한다.

|선|택|지|풀|이|
① 정답 : 탈관료제는 환경 변화에 대한 유연한 대처와 신속한 의사 결정이 가능하다.

---

5   문화의 의미, 물질문화와 비물질문화, 문화의 속성   정답 ②   정답률 80%

갑국에서는 ㉠ 종교가 계층별 생활 양식을 비롯한 사회생활
전반에 영향을 크게 미친다. 예컨대 사회적으로 높은 위치에
있는 사람들은 종교 교리의 영향을 받아 육식을 멀리한다.
그래서 갑국 사람들은 이들처럼 고상하게 보이려고 ㉡ 직장
등에서 여러 사람과 함께 식사할 때는 채식을 당연시한다.
그런데 최근 갑국에서 ㉢ 스마트폰과 배달 애플리케이션 사용이
일상화되면서, 고기가 들어간 도시락 판매가 크게 증가하였다.
이는 ㉣ 육식 문화에 대한 부정적인 시각이 여전한 상황에서
㉤ 타인의 눈치를 보지 않고 육류를 먹으려고 도시락을 주문하는
사람들이 증가하여 나타난 현상이다.

① ㉠에는 문화의 변동성이 부각되어 있다.
② ㉡에는 문화의 공유성이 부각되어 있다.
③ ㉢은 비물질문화에 해당한다.
④ ㉣에서 '문화'는 좁은 의미의 문화이다.
⑤ ㉤은 문화 지체의 사례로 볼 수 있다.

|선|택|지|풀|이|
① 오답 : 갑국에서 종교가 사회생활 전반에 영향을 미친다는 내용을 통해 문화의 총체성
(전체성)을 파악할 수 있다.
② 정답 : 갑국에서 여러 사람과 식사할 때 채식을 당연시한다는 내용을 통해 문화의
공유성을 파악할 수 있다.
⑤ 오답 : 문화 지체는 물질문화의 변동 속도에 비해 비물질문화의 변동 속도가 느려
나타나는 문제를 말한다. 타인의 눈치를 보지 않고 육류를 먹으려고 도시락을 주문하는
사람들이 증가하는 현상은 문화 지체의 사례에 해당하지 않는다.

빈민 지역인 □□마을에서 '가난의 문화'가 만들어지는 과정을 고찰하기 위해 갑은 자료 수집 방법 A를, 을은 자료 수집 방법 B를 사용하여 공동 연구를 수행하였다.
갑은 전체 주민을 대상으로 계량화된 자료 수집을 위한 설문 조사를 실시하여 주민들의 생활과 삶에 대한 만족도 등을 파악하였다. 고령자가 많아 주민을 직접 만나는 방식으로 설문 조사를 진행하였다.
을은 □□마을 복지관을 4주 동안 매주 2회씩 방문하여 주민들과 신뢰 관계를 형성한 후, 마을에 오래 거주한 주민 10명을 복지관에서 따로 만나 그들의 삶을 듣고 기록하는 조사를 진행하였다.

① A는 B에 비해 자료 수집 과정에서 조사자가 융통성을 발휘하기 용이하다.
② A는 B와 달리 조사 대상자와의 언어적 상호 작용이 필수적이다.
③ B는 A에 비해 구조화된 자료를 수집하기 용이하다.
④ B는 A에 비해 수집된 자료의 통계 처리가 용이하다.
⑤ A와 B는 모두 조사 대상자의 주관적 인식을 파악할 수 있다.

|자|료|해|설|
갑은 자료 수집 방법으로 질문지법을 사용하였고, 을은 자료 수집 방법으로 면접법을 사용하였다. 따라서 A는 질문지법, B는 면접법이다.

|선|택|지|풀|이|
① 오답 : 면접법은 질문지법에 비해 자료 수집 과정에서 조사자가 유연성이나 융통성을 발휘하기 용이하다.
② 오답 : 질문지법과 면접법은 모두 조사 대상자와의 언어적 상호 작용이 필수적이다.
③ 오답 : 질문지법은 구조화된 자료를 수집하기 용이하고, 면접법은 비구조화된 자료를 수집하기 용이하다.
④ 오답 : 질문지법은 면접법에 비해 분석 기준이 명확하고 통계 처리가 용이하다.
⑤ 정답 : 질문지법은 질문지를 통해, 면접법은 대화를 통해 조사 대상자의 주관적 인식을 파악할 수 있다.

보기
ㄱ. 개인이 주체적이고 능동적인 존재임을 강조한다. → 사회 명목론
ㄴ. 사회 구조에 대한 개인의 불가항력성을 강조한다.
ㄷ. 사회의 속성은 개인의 속성에 의해 결정된다고 본다. → 사회 명목론
ㄹ. 사회 문제의 발생 원인을 개인의 의식보다 사회 제도와 구조에서 찾는다.

① ㄱ, ㄴ   ② ㄱ, ㄷ   ③ ㄴ, ㄷ   ④ ㄴ, ㄹ   ⑤ ㄷ, ㄹ

|자|료|해|설|
제시문은 사회가 개인의 외부에 존재하며 개인의 행동에 영향을 미친다고 보고 있다. 이는 사회 실재론에 해당한다.

|보|기|풀|이|
ㄴ 정답 : 사회 실재론은 개인의 행동과 의식이 실재하는 사회에 의해 구속된다고 보므로 사회 구조에 대한 개인의 불가항력성을 강조한다.

① 수적으로 열세이기 때문에 사회적 소수자가 된다.
② 사회적 소수자에 대한 우대 정책이 역차별을 낳을 수 있다.
③ 한 개인이 여러 사회적 소수자 집단에 중첩되어 속할 수 있다.
④ 사회적 소수자를 규정하는 기준은 가변적이지 않고 고정적이다.
⑤ 사회적 소수자는 선천적 요인이 아닌 후천적 요인에 의해 결정된다.

|자|료|해|설|
갑국에서는 외국인 근로자와 여성이 사회적 소수자에 해당하고, 을국에서는 B 민족과 국교가 아닌 타 종교를 믿는 사람들이 사회적 소수자에 해당한다.

|선|택|지|풀|이|
① 오답 : 을국에서 B 민족은 전체 인구의 70% 정도 차지하고 있음에도 불구하고 사회적 소수자에 해당한다. 따라서 수적으로 열세이기 때문에 사회적 소수자가 된다고 볼 수 없다.
② 오답 : 제시된 사례에서는 사회적 소수자에 대한 우대 정책이 나타나 있지 않다.
③ 정답 : 갑국에서는 국적에 따른 차별과 성별에 따른 차별이, 을국에서는 민족에 따른 차별과 종교에 따른 차별이 나타나 있다. 즉, 갑국의 경우 여성 외국인 근로자는 외국인 근로자와 여성이라는 사회적 소수자 집단에 중첩되어 속할 수 있고, 을국의 경우 타 종교를 믿는 B 민족은 B 민족과 타 종교를 믿는 사람들이라는 사회적 소수자 집단에 중첩되어 속할 수 있다.
④ 오답 : 제시된 사례에서는 사회적 소수자를 규정하는 기준이 고정적이라는 내용이 나타나 있지 않다.
⑤ 오답 : 갑국의 경우 여성이라는 선천적 요인에 의해 사회적 소수자가 결정되고 있고, 을국의 경우 B 민족이라는 선천적 요인에 의해 사회적 소수자가 결정되고 있다.

보기
ㄱ. 이웃 나라에서 체면을 중시하는 문화가 왜 지배적인지 그 사회 내부의 논리와 체계 속에서 이해할 필요가 있어.
ㄴ. 음식을 손으로 집어 먹는 우리 문화는 열등해. 서구 사회처럼 포크와 나이프를 사용하는 세련된 문화를 받아들여야 해. → 문화 사대주의
ㄷ. 시신을 화장하는 우리의 장례 문화와 비교할 때, 시신을 새나 다른 동물의 먹이로 들판에 방치하는 △△부족의 관습은 너무 야만적이야. → 자문화 중심주의

① ㄱ   ② ㄴ   ③ ㄱ, ㄷ   ④ ㄴ, ㄷ   ⑤ ㄱ, ㄴ, ㄷ

|자|료|해|설|
타 문화를 이해하기 위해 그 사회의 문화가 형성되는 상황이나 맥락을 고려하는 문화 이해 태도는 문화 상대주의이다.

① ㉠은 '100'이다.
② 40대에서 성별 임금 격차 지수는 기혼이 미혼보다 작다.
③ 50대 기혼 여성과 20대 미혼 여성의 평균 임금은 같다.
④ 기혼 남성 40대와 50대의 평균 임금 차이와 미혼 남성 30대와 40대의 평균 임금 차이는 같다.
⑤ 미혼의 경우, 모든 연령대에서 남성 평균 임금이 여성 평균 임금보다 높다.

⟨20대 기혼 남성 평균 임금이 100일 때⟩

구분	기혼		미혼	
	남성	여성	남성	여성
20대	100	80	80	72
30대	142	104	112	100.8
40대	165	96	116	111.6
50대	170	72	104	108
60대 이상	110	56	72	43.2

|자|료|해|설|
t년에 기혼 20대의 성별 임금 격차 지수가 20이므로 20대 기혼 남성의 평균 임금이 100이라면, 20대 기혼 여성의 평균 임금은 80이 된다. 20대 기혼 여성의 평균 임금과 20대 미혼 남성의 평균 임금이 같으므로 20대 기혼 남성의 평균 임금이 100이라면, 20대 미혼 남성의 평균 임금은 80이 된다. 미혼 20대의 성별 임금 격차 지수가 10이므로 20대 미혼 남성의 평균 임금이 80이라면, 20대 미혼 여성의 평균 임금은 72가 된다. 제시된 자료를 바탕으로 20대 기혼 남성의 평균 임금이 100이라고 가정하여 상대적 평균 임금을 나타내면 첨삭과 같다.

|선|택|지|풀|이|
① 오답 : 20대 기혼 남성의 평균 임금이 100달러라면, 20대 미혼 여성의 평균 임금은 72달러이다. 따라서 ㉠은 '72'이다.
② 오답 : 20대 기혼 남성의 평균 임금이 100이라면, 40대에서 성별 임금 격차 지수는 기혼의 경우 약 41.8[=((165-96)/165)×100]이고, 미혼의 경우 약 3.8[=((116-111.6)/116)×100]이다. 따라서 40대에서 성별 임금 격차 지수는 기혼이 미혼보다 크다.
③ 정답 : 20대 기혼 남성의 평균 임금이 100이라면, 50대 기혼 여성의 평균 임금은 72이고, 20대 미혼 여성의 평균 임금은 72이다. 따라서 50대 기혼 여성과 20대 미혼 여성의 평균 임금은 같다.
④ 오답 : 20대 기혼 남성의 평균 임금이 100이라면, 기혼 남성 40대와 50대의 평균 임금 차이는 5(=170-165)이고, 미혼 남성 30대와 40대의 평균 임금 차이는 4(=116-112)이다. 따라서 기혼 남성 40대와 50대의 평균 임금 차이가 미혼 남성 30대와 40대의 평균 임금 차이보다 다크다.
⑤ 오답 : 미혼의 경우 20대, 30대, 40대, 60대 이상에서는 남성 평균 임금이 여성 평균 임금보다 높지만, 50대에서는 남성 평균 임금이 여성 평균 임금보다 낮다.

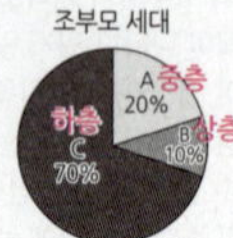

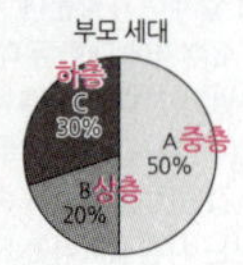

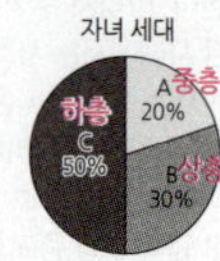

* 계층은 A, B, C로 구분되며, A~C는 각각 상층, 중층, 하층 중 하나임.
** 조부모 세대의 계층 구조는 피라미드형이고, 각 세대의 인구는 동일함.

보기

ㄱ. 조부모 세대에서 하층 인구는 상층 인구의 2배이다.

ㄴ. 상층 인구는 조부모, 부모, 자녀 세대로 갈수록 증가한다.

ㄷ. 부모 세대의 계층 구조는 조부모 세대의 계층 구조에 비해
사회 통합에 불리하다.　→ 다이아몬드형

ㄹ. 부모 세대의 계층 구조는 다이아몬드형, 자녀 세대의 계층
구조는 모래시계형이다.

① ㄱ, ㄴ   ② ㄱ, ㄷ   ③ ㄴ, ㄷ   ④ ㄴ, ㄹ   ⑤ ㄷ, ㄹ

|보|기|풀|이|

ㄴ. 정답 : 상층 비율은 조부모 세대의 경우 10%, 부모 세대의 경우 20%, 자녀 세대의 경우
30%이다. 따라서 상층 인구는 조부모, 부모, 자녀 세대로 갈수록 증가한다.

ㄷ. 오답 : 부모 세대의 계층 구조는 다이아몬드형이고, 조부모 세대의 계층 구조는
피라미드형이다. 따라서 부모 세대의 계층 구조는 조부모 세대의 계층 구조에 비해 사회
통합에 유리하다.

→ 귀속 지위
→ 공식적·2차적 사회화 기관

ㄱ 청소년 시절, K-pop에 매료되었던 외국인 갑은 한국으로
유학을 결심하고 ㄴ ○○대학교 ㄷ 조선공학과에 입학하였다.
→ 2차 집단, 공식 조직

비공식적·2차적 사회화 기관 ←
졸업 후 대기업인 ㄹ △△조선에 취직했지만, 어릴 적부터
동경하던 ㅁ 항공기 정비사가 되기 위해 ㅂ 2년 만에 자진 퇴사를
→ 역할 행동에 대한 제재 ✕

성취 지위 ←
하였다. 이후 항공사에 입사한 갑은 ㅅ 항공기 정비 업무에
필요한 사내 교육 과정을 수료하고 항공기 정비 업무와 기술
교육을 맡고 있다.
→ 항공사를 통해 이루어진 사회화

① ㄷ은 2차 집단이자 비공식 조직이다.

② ㅂ은 갑의 역할 행동에 대한 제재이다. ← 에 해당하지 않는다

③ ㅅ은 1차적 사회화 기관을 통해 이루어진 사회화이다.

④ ㄱ과 ㅁ은 모두 성취 지위이다.

⑤ ㄴ은 ㄹ과 달리 공식적 사회화 기관이다.

|자|료|해|설|

사회화 기관은 사회화의 내용에 따라 1차적 사회화 기관과 2차적 사회화 기관으로 구분되고,
설립 목적에 따라 공식적 사회화 기관과 비공식적 사회화 기관으로 구분된다.

|선|택|지|풀|이|

① 오답 : ○○대학교 조선공학과는 2차 집단이자 공식 조직에 해당한다.

② 오답 : △△조선을 2년 만에 자진 퇴사한 것은 갑의 역할 행동에 대한 제재에 해당하지
않는다.

③ 오답 : 항공기 정비 업무에 필요한 사내 교육 과정을 수료한 것은 2차적 사회화 기관인
항공사를 통해 이루어진 사회화에 해당한다.

④ 오답 : 청소년은 귀속 지위에 해당하고, 항공기 정비사는 성취 지위에 해당한다.

⑤ 정답 : ○○대학교는 공식적 사회화 기관에 해당하고, △△조선은 비공식적 사회화
기관에 해당한다.

보기

ㄱ. 1950년대 독일 사회에서 ㉠은 하위문화이다.　→ 주류

ㄴ. 1960년대 후반 독일 사회에서 ㉡은 반문화의 성격을 띤다.

ㄷ. ㉡은 ㉠과 달리 독일 사회의 지역 문화이다. ← 에 해당하지 않는다
→ 모두

ㄹ. 지배적인 가치에 도전하는 문화가 주류 문화로 변화한
사례가 나타난다.　→ 반문화

① ㄱ, ㄴ   ② ㄱ, ㄷ   ③ ㄴ, ㄷ   ④ ㄴ, ㄹ   ⑤ ㄷ, ㄹ

|보|기|풀|이|

ㄱ. 오답 : 1945년 이후부터 1950년대까지 지속된 '침묵의 연합'은 독일 사회 전반적인
풍토였다. 이를 통해 '침묵의 연합'은 1950년대 독일 사회에서 주류 문화에 해당함을 알 수
있다.

ㄴ. 정답 : 1960년대 후반에 전쟁의 기억과 책임 문제를 둘러싼 세대 간 갈등이 심화되면서
젊은 세대들은 지배적인 가치에 투쟁하면서 '집합적 죄의식'을 공유하였다. 이를 통해
1960년대 후반 독일 사회에서 '집합적 죄의식'은 반문화의 성격을 띤다고 볼 수 있다.

ㄷ. 오답 : 지역 문화는 전체 사회를 구성하는 다양한 지역 내에서 나타나는 고유한 생활
양식을 말한다. '침묵의 연합'과 '집합적 죄의식'은 모두 독일 사회의 지역 문화에 해당하지
않는다.

ㄹ. 정답 : 1960년대 후반에 반문화의 성격을 띤 '집합적 죄의식'은 1970년대에 접어들면서
독일 사회의 지배적인 문화가 되었다. 이를 통해 제시된 자료에는 반문화가 주류 문화로
변화한 사례가 나타나 있음을 알 수 있다.

① A는 일탈에 대한 대책으로 낙인의 신중한 적용을 강조한다.

② B는 차별적인 사회적 제재를 일탈 행동의 원인으로 본다.
　　A

③ C는 일탈 행동을 규정하는 객관적 기준이 존재하지 않는다고
　　A　　본다.

④ A는 B와 달리 개인이 타인과의 상호 작용을 통해 일탈자가 되어
　　　모두　　가는 과정에 주목한다.

⑤ B는 C와 달리 범죄 예방을 위해 소외 계층에게 더 나은 취업
　　C　　B　　기회를 제공하는 정책을 뒷받침한다.

|자|료|해|설|

A는 낙인 이론, B는 차별 교제 이론, C는 머튼의 아노미 이론이다.

|선|택|지|풀|이|

③ 오답 : 낙인 이론은 일탈 행동을 규정하는 객관적 기준이 없다고 보고, 차별 교제 이론과
머튼의 아노미 이론은 일탈 행동을 규정하는 객관적 기준이 있다고 본다.

갑국은 정부 예산만을 재원으로 경제적 형편이 어려운
노인에게 급여를 지급하는 우리나라의 연금 제도와 같은
㉠ ○○연금 제도를 도입하고자 한다. 연금 지급액을 놓고 A안과
B안을 검토 중인데, 다음은 ○○연금 제도 시행 전의 상대적
빈곤율과 A안 또는 B안을 시행할 경우 예상되는 상대적
빈곤율을 제시한 표의 일부이다. 제도 시행 전후의 상대적
빈곤율은 현재 시점의 노인 가구를 기준으로 계산한 것이다.

기초 연금
제도
(공공 부조)

가구 형태	가구 수 (만 가구)	상대적 빈곤율(%)		
		제도 시행 전	제도 시행 후	
			A안	B안
1인 가구	100	50(50만 가구)	25(25만 가구)	20(20만 가구)
부부 가구	200	40(80만 가구)	20(40만 가구)	15(30만 가구)
기타 가구				

* 갑국의 노인 가구는 1인 가구(65세 이상 노인 1명), 부부 가구(65세 이상
노인 2명) 및 기타 가구로 구분됨.
** 상대적 빈곤율은 가구 소득이 정부가 가구 형태별로 결정한 일정 금액
미만인 가구의 비율임.

보기
→ 사회 보험

ㄱ. ㉠은 상호 부조의 원리를 바탕으로 한다.

ㄴ. ㉠은 사전 예방적 성격보다 사후 처방적 성격이 강하다.

ㄷ. A안 시행 전후의 상대적 빈곤 가구 수 차이는 1인 가구가
부부 가구보다 작다.

ㄹ. 상대적 빈곤에 해당하는 부부 가구 인구는 A안을 시행할
경우가 B안을 시행할 경우보다 10만 명 더 많다.　→ 2명 / 20

① ㄱ, ㄴ   ② ㄱ, ㄷ   ③ ㄴ, ㄷ   ④ ㄴ, ㄹ   ⑤ ㄷ, ㄹ

|보|기|풀|이|

ㄷ. 정답 : A안 시행 전후의 상대적 빈곤 가구 수 차이는 1인 가구의 경우
25만 가구(=50만 가구-25만 가구)이고, 부부 가구의 경우
40만 가구(=80만 가구-40만 가구)이다. 따라서 A안 시행 전후의 상대적 빈곤 가구 수
차이는 1인 가구가 부부 가구보다 작다.

ㄹ. 오답 : 부부 가구는 2명으로 구성되어 있으므로 상대적 빈곤 가구에 해당하는 부부 가구
인구는 A안을 시행할 경우가 80만 명(=40만 가구×2명)이고, B안을 시행할 경우가
60만 명(=30만 가구×2명)이다. 따라서 상대적 빈곤에 해당하는 부부 가구 인구는 A안을
시행할 경우가 B안을 시행할 경우보다 20만 명만큼 많다.

16 사회 변동 이론 정답 ⑤ 정답률 67%

<보기>

ㄱ. 운명론적 시각에서 사회 변동을 설명한다. → 순환론
ㄴ. 사회 변동을 동일한 과정의 주기적 반복으로 설명한다. → 순환론
ㄷ. 사회는 미분화된 상태에서 분화된 상태로 변동한다고 본다.
ㄹ. 사회의 변동이 항상 진보와 발전을 의미하는 것은 아니라는 비판을 받는다.

① ㄱ, ㄴ ② ㄱ, ㄷ ③ ㄴ, ㄷ ④ ㄴ, ㄹ ⑤ ㄷ, ㄹ

|자|료|해|설|

제시문은 사회 변동이 야만 시대에서 문명 시대로 전개된다고 보고 있다. 이는 진화론에 해당한다.

17 사회 운동 정답 ② 정답률 74%

① ⑦은 일반 시민이 아닌 국가가 주도한 사회 운동이다.
② ⑥은 산업화 과정에서 나타난 문제를 개선하기 위한 사회 운동이다.
③ ⑦은 ⑥과 달리 사회 변화에 저항하고 과거 질서로 회귀하려는 사회 운동이다. 모두 에 해당하지 않는다
④ ⑥은 ⑦과 달리 특정 집단 구성원의 삶의 질 향상을 목표로 하는 사회 운동이다. 모두 에 해당하지 않는다
⑤ ⑦과 ⑥은 모두 사회 체제의 전면적인 변혁을 추구하는 사회 운동이다. 에 해당하지 않는다

|자|료|해|설|

계몽 운동과 환경 운동은 모두 신념과 가치를 실현하기 위해 다수의 사람들이 자발적으로 하는 집단적이고 지속적인 행동이므로 사회 운동에 해당한다.

|선|택|지|풀|이|

① 오답 : 계몽 운동은 국가가 아닌 일반 시민이 주도한 사회 운동에 해당한다.
② 정답 : 환경 운동은 산업화 과정에서 나타난 환경 오염 문제를 개선하기 위해 행해진 사회 운동에 해당한다.
③ 오답 : 계몽 운동과 환경 운동은 모두 사회 변화에 저항하고 과거 질서로 회귀하려는 사회 운동에 해당하지 않는다.
④ 오답 : 계몽 운동과 환경 운동은 모두 특정 집단 구성원의 삶의 질 향상을 목표로 하는 사회 운동에 해당하지 않는다.
⑤ 오답 : 계몽 운동과 환경 운동은 모두 사회 체제의 전면적인 변혁을 추구하는 사회 운동에 해당하지 않는다.

18 산업 사회 vs 정보 사회 정답 ① 정답률 76%

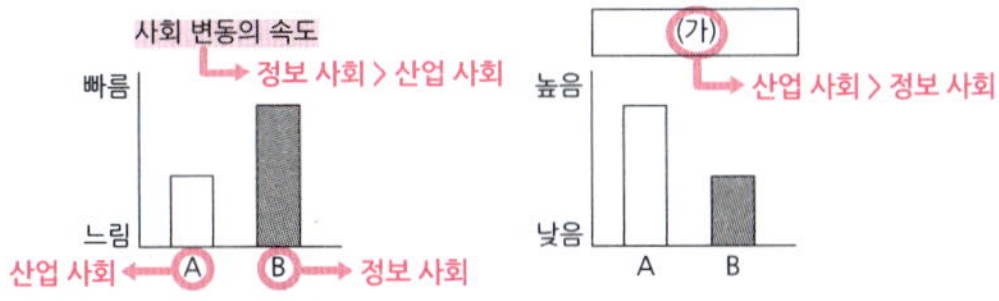

① A는 B에 비해 전자 상거래의 비중이 작다.
② B는 A에 비해 의사 결정의 분권화 정도가 낮다. A
③ A는 다품종 소량 생산, B는 소품종 대량 생산이 지배적이다. A B
④ A는 지식과 정보, B는 자본과 노동이 부가 가치의 주요 원천이다. A B
⑤ (가)에는 '정보의 생산자와 소비자 간 구분의 명확성 정도'가 들어갈 수 없다. 있다 산업 사회 > 정보 사회

|자|료|해|설|

정보 사회는 산업 사회에 비해 사회 변동 속도가 빠르다. 따라서 A는 산업 사회, B는 정보 사회이다.

|선|택|지|풀|이|

① 정답 : 정보 사회는 통신망을 통한 거래가 활발하게 이루어지므로 산업 사회에 비해 전자 상거래의 비중이 크다.
② 오답 : 산업 사회는 정보 사회에 비해 의사 결정의 분권화 정도가 낮다.
③ 오답 : 산업 사회는 소품종 대량 생산이, 정보 사회는 다품종 소량 생산이 지배적으로 나타난다.
④ 오답 : 산업 사회는 자본과 노동이 부가 가치의 주요 원천이고, 정보 사회는 지식과 정보가 부가 가치의 주요 원천이다.
⑤ 오답 : (가)에는 산업 사회가 정보 사회에 비해 높게 나타나는 특징이 들어갈 수 있다. 산업 사회는 정보 사회에 비해 정보의 생산자와 소비자 간 구분의 명확성 정도가 높다. 따라서 해당 특징은 (가)에 들어갈 수 있다.

19 문화 변동의 요인, 문화 변동의 양상 정답 ④ 정답률 91%

<문화 변동 사례>

(가) A국을 대표하는 ○○음악은 전통적으로 내려오던 멜로디와 악기에서 출발하였다. 이후 이민자에 의해 들어 온 다양한 음악과 악기를 받아들여 고유한 요소와 외래적 요소가 함께 어우러진 독특한 음악으로 재탄생한 것이 오늘날의 ○○음악이다. → 직접 전파 / → 직접 전파 / → 문화 융합

(나) □□족은 B국의 지배를 받게 되면서 거주지가 재배치되었고, 심지어 아이들은 B국 사람들의 가정에 입양되어 B국의 언어와 복식을 따라야만 했다. 이로 인해 □□족의 고유한 문화는 소멸되었다. → 강제적 문화 접변 / → 문화 동화

교사 : 문화 변동 사례를 읽고 탐구한 내용을 발표해 보세요.
갑 : (가)와 (나)는 모두 외재적 요인에 의한 문화 변동의 사례로 볼 수 있습니다. (O)
을 : (나)에서는 (가)와 달리 기존의 문화와 외래문화가 결합하여 새로운 문화가 나타났습니다. (×) (가) (나)
병 :  → 갑, 병 ⑦ → 옳은 내용
교사 : 세 사람 중 두 사람만 옳게 발표했네요.

① (가)의 문화 변동 요인은 자극 전파이다. 직접
② (가)에서는 (나)와 달리 자문화의 정체성이 상실되었다. (나) (가)
③ (나)에서는 (가)와 달리 문화 다양성이 증대되었다.
④ (나)에서는 (가)와 달리 강제적 문화 접변이 나타났다.
⑤ ⑦에는 '(나)의 문화 변동 요인은 간접 전파입니다.'가 들어갈 수 있다. 없다

|자|료|해|설|

(가)와 (나) 모두에는 직접 전파에 의한 문화 변동이 나타나 있으므로 (가)와 (나) 모두 외재적 요인에 의한 문화 변동의 사례에 해당한다. (가)에서는 문화 융합이, (나)에서는 문화 동화가 나타났으므로 (가)는 (나)와 달리 기존의 문화와 외래문화가 결합하여 새로운 문화가 나타났다. 따라서 갑은 옳게 발표하였고, 을은 옳지 않게 발표하였으며, ⑦에는 옳은 내용이 들어가야 한다.

20 저출산 · 고령화 정답 ② 정답률 35%

① t+50년의 총부양비는 t년보다 크다. 과 같다
② t+50년의 노령화 지수는 t년의 5배이다.
③ t+50년의 부양 인구는 t년에 비해 200% 증가하였다. 100
④ t+100년의 유소년 인구는 t년보다 많고 t+50년보다 적다. 적고
⑤ t년, t+50년, t+100년 중 유소년 부양비는 t+50년이 가장 크고, t+100년이 가장 작다. t년

(단위 : 명)

구분	t년	t+50년	t+100년
유소년 인구	50	60	30
부양 인구	40	80	45
노년 인구	10	60	75
총인구	100	200	150

|자|료|해|설|

t+50년의 총인구가 t년의 2배이고, t+100년의 총인구가 t년의 1.5배이므로 t년의 총인구를 100명이라고 가정하면 t+50년의 총인구는 200명, t+100년의 총인구는 150명이 된다. 총인구 중 부양 인구 비율이 t년과 t+50년의 경우 각각 40%이고, t+100년의 경우 30%이므로 t년의 총인구가 100명이라면, 부양 인구는 t년의 경우 40명, t+50년의 경우 80명, t+100년의 경우 45명이 된다. t+50년의 노년 부양비가 75이고, 이는 t년의 3배이므로 t년의 노년 부양비는 25가 되어 t년의 총인구가 100명이라면, 노년 인구는 t년의 경우 10명, t+50년의 경우 60명이 된다. t년의 총인구가 100명이라면, t+100년의 경우 총인구는 150명이고, 부양 인구는 45명이므로 유소년 인구와 노년 인구의 합은 105명이 되며, t+100년의 노령화 지수가 250이므로 유소년 인구는 30명, 노년 인구는 75명이 된다. 제시된 자료를 바탕으로 t년의 총인구를 100명이라고 가정하여 갑국의 연도별 인구 구성을 나타내면 첨삭과 같다.

|선|택|지|풀|이|

① 오답 : 총부양비는 t년의 경우 150[={(50+10)/40}×100]이고, t+50년의 경우 150[={(60+60)/80}×100]이다. 따라서 총부양비는 t년과 t+50년이 같다.
② 정답 : 노령화 지수는 t년의 경우 20{=(10/50)×100}이고, t+50년의 경우 100{=(60/60)×100}이다. 따라서 노령화 지수는 t+50년이 t년의 5배이다.
③ 오답 : t년의 총인구가 100명이라면, 부양 인구는 t년의 경우 40명, t+50년의 경우 80명이다. 따라서 t년 대비 t+50년에 부양 인구는 100%[={(80명-40명)/40명}×100] 증가하였다.
④ 오답 : t년의 총인구가 100명이라면, 유소년 인구는 t년의 경우 50명, t+50년의 경우 60명, t+100년의 경우 30명이다. 따라서 유소년 인구는 t+100년이 t년과 t+50년보다 적다.
⑤ 오답 : 유소년 부양비는 t년의 경우 125{=(50/40)×100}, t+50년의 경우 75{=(60/80)×100}, t+100년의 경우 약 66.7{=(30/45)×100}이다. 따라서 유소년 부양비는 t년이 가장 크고, t+100년이 가장 작다.

1	③	2	⑤	3	④	4	①	5	②
6	⑤	7	②	8	①	9	④	10	③
11	③	12	④	13	⑤	14	①	15	③
16	④	17	④	18	②	19	⑤	20	⑤

---

1   자연 현상 vs 사회·문화 현상　정답 ③　정답률 90%

'람사르 데이'는 ⊙ 습지의 중요성을 널리 홍보하기 위해 마련한 행사이다. 참가자들은 ⓒ 습지에 버려진 비닐과 플라스틱을 재활용해 만든 옷을 입고 행사에 참여한다. 습지 보존이 중요한 이유는 ⓒ 습지가 생태계를 보호하는 역할을 하기 때문이다. 플랑크톤과 유기 물질이 풍부한 ⓔ 습지는 각종 오염 물질을 정화한다. 그뿐만 아니라 ⓜ 습지는 기후 위기의 요인 중 하나인 탄소 증가를 억제하는 역할도 한다.

① ⊙과 같은 현상은 몰가치적이다.
② ⓒ과 같은 현상은 존재 법칙이 적용된다.
③ ⓒ과 같은 현상은 확실성의 원리가 적용된다.
④ ⓔ과 같은 현상은 인과 관계가 불분명하다.
⑤ ⓜ과 같은 현상은 보편성과 특수성이 공존한다.

|자|료|해|설|
⊙, ⓒ은 사회·문화 현상에 해당하고, ⓒ, ⓔ, ⓜ은 자연 현상에 해당한다.

---

2   하위문화　정답 ⑤　정답률 81%

유일신을 숭배하는 □□교를 오랜 기간 국교(國敎)로 유지하고 있는 갑국에 조상신을 숭배하는 ○○교가 유입되었다. 갑국에서 ○○교는 처음에는 일부 집단만이 공유한 A였다. 그런데 ○○교 신자들이 갑국의 B인 □□교가 숭배하는 유일신을 부정하면서 ○○교는 C의 성격을 가지게 되었다.

① A는 B와 달리 시대에 따라 상대적으로 규정된다.
② B는 C와 달리 문화 다양성 증가에 기여한다.
③ C는 A, B와 한 사회에서 공존할 수 없다.
④ A, B는 C와 달리 해당 문화를 향유하는 구성원의 정체성 강화에 기여한다.
⑤ C는 A에 해당하지만, A가 B에 해당하는 것은 아니다.

|선|택|지|풀|이|
② 오답 : 반문화는 문화 다양성 증가에 기여한다.
③ 오답 : 한 사회에는 하위문화, 주류 문화, 반문화 모두가 공존할 수 있다.
⑤ 정답 : 하위문화에는 반문화와 반문화가 아닌 하위문화가 있다. 따라서 반문화는 모두 하위문화에 해당하지만, 하위문화가 모두 반문화에 해당하는 것은 아니다.

---

3   사회·문화 현상의 연구 과정　정답 ④　정답률 69%

연구자 갑은 집단 간 경쟁이 자신이 속한 집단 구성원에 대한 긍정적 평가를 증가시킬 것이라고 예상하며 연구를 진행하였다. 갑은 서로 모르는 사이의 청소년을 연구 참여자로 모집한 후 무작위로 네 모둠으로 구분하였다. 모둠 A와 모둠 B는 숲 체험 활동을 하였고, 모둠 C는 모둠 A의, 모둠 D는 모둠 B의 활동을 관리하였다. 1일 차에 모둠 A와 모둠 B는 서로의 존재를 알지 못하는 상태에서 주어진 과업을 독립적으로 수행하였다. 갑은 2일 차에 모둠 A와 모둠 B에게 경쟁 모둠의 존재를 알리고, 과업을 먼저 해결하는 모둠에게만 별도의 상품을 제공한다고 공지하였다. 한편 모둠 C와 모둠 D는 자신이 관리하는 모둠 A와 모둠 B가 과업 수행 중 나눈 대화에 나타난 칭찬과 비난의 횟수를 관찰하여 일자별로 기록하였다. 갑이 ⊙ 모둠 C와 모둠 D가 관찰하며 기록한 자료를 분석한 결과, 모둠 A와 모둠 B 모두에서 1일 차 대비 2일 차에 소속 모둠원에 대한 ⓒ 칭찬 횟수는 증가하였고, ⓒ 비난 횟수는 감소하였다.

① 갑은 양적 연구 방법과 질적 연구 방법을 모두 활용하였다.
② 모둠 A와 B는 실험 집단이고, 모둠 C와 D는 통제 집단이다.
③ 1일 차와 2일 차 모두 독립 변수에 대한 처치가 이루어졌다.
④ ⊙은 갑의 연구에서 1차 자료에 해당한다.
⑤ ⓒ은 ⓒ과 달리 종속 변수에 대한 조작적 정의이다.

|자|료|해|설|
갑은 집단 간 경쟁이 자신이 속한 집단 구성원에 대한 긍정적 평가를 증가시키는지를 알아보기 위해 양적 연구를 실시하였다.

|선|택|지|풀|이|
① 오답 : 갑은 양적 연구 방법을 활용하였으나, 질적 연구 방법은 활용하지 않았다.
② 오답 : 모둠 A와 B는 실험 집단에 해당하지만, 모둠 C와 D는 통제 집단에 해당하지 않는다.
⑤ 오답 : 칭찬 횟수는 자신이 속한 집단 구성원에 대한 긍정적 평가라는 종속 변수에 대한 조작적 정의에 해당한다.

---

4   연구자가 지켜야 할 연구 윤리　정답 ①　정답률 71%

연구자 갑은 설문 조사 참여에 동의한 노인들을 대상으로 노인 문제에 관한 연구를 진행하였다. 갑은 조사에 앞서 ⊙ 연구 대상자가 응답 중단을 요청할 경우 즉각 조사가 중단된다고 설명하였다. 갑은 실제로 조사 진행 중 응답 중단을 요청하는 노인들에 대해 조사를 중단하고 ⓒ 해당 답변 자료를 폐기하였다. 노인들이 연구 목적을 알게 되면 연구에 영향을 미친다고 판단한 갑은 ⓒ 연구 결과를 발표한 후에도 연구 대상자에게 연구 목적을 알리지 않았다. 갑은 자신이 발표한 연구 논문에 관심을 가진 □□ 기업이 연구 자료를 요청하자, 연구비 지원을 받는 대가로 ⓔ 연구 대상자의 개인 정보를 삭제하고 나머지 모든 연구 자료를 제공하였다.

보기
ㄱ. ⊙은 연구 대상자의 자발적 참여를 보장한 것이므로 연구 윤리에 위배되지 않는다.
ㄴ. ⓒ은 연구 자료 조작이라고 볼 수 없으므로 연구 윤리에 위배되지 않는다.
ㄷ. ⓒ은 연구 자료의 객관성을 보장하기 위한 것이므로 연구 윤리에 위배되지 않는다.
ㄹ. ⓔ은 연구 대상자의 익명성을 보장한 것이므로 연구 윤리에 위배되지 않는다.

① ㄱ, ㄴ　② ㄱ, ㄷ　③ ㄴ, ㄷ　④ ㄴ, ㄹ　⑤ ㄷ, ㄹ

|자|료|해|설|
갑은 연구 조사에 대해 연구 대상자의 자발적 참여를 보장하였으나, 연구 결과 공표 후에 연구 대상자에게 연구 목적을 알리지 않았으며 연구 자료를 연구 목적 이외의 용도로 활용하였다.

|보|기|풀|이|
ㄱ. 정답 : ⊙은 연구 대상자의 자발적 참여를 보장한 것이다. 따라서 이는 연구 윤리에 위배되지 않는다.
ㄴ. 정답 : ⓒ은 응답 중단을 요청하는 노인들에 대해 조사를 중단하고 이와 관련된 답변 자료를 폐기한 것이므로 연구 자료 조작으로 볼 수 없다. 따라서 이는 연구 윤리에 위배되지 않는다.
ㄷ. 오답 : 연구 대상자가 연구 목적을 알게 되면 연구에 영향을 미친다고 판단하여 연구 목적을 알리지 않고 연구를 실시한 경우에도, 연구 결과를 발표하기 전에는 연구 대상자에게 연구 목적을 알려야 한다. 따라서 ⓒ은 연구 윤리에 위배된다.
ㄹ. 오답 : 연구 대상자의 개인 정보를 삭제한 것은 연구 대상자의 익명성을 보장한 것이지만, 나머지 모든 연구 자료를 □□ 기업에 제공한 것은 연구 자료를 연구 목적 이외의 용도로 활용한 것이므로 연구 윤리에 위배된다.

---

5   절대적 빈곤과 상대적 빈곤　정답 ②　정답률 62%

[학생의 답안과 교사의 채점 결과]

답안	채점 결과
우리나라에서는 객관화된 기준을 적용하여 파악한다.	⊙○
(가)	○
(나)	×
소득 수준이 높은 국가에서는 나타나지 않는다.	ⓒ×

(○ : 맞음, × : 틀림)

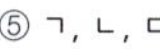

① ㄱ　　②ㄷ　　③ ㄱ, ㄴ　　④ ㄴ, ㄷ　　⑤ ㄱ, ㄴ, ㄷ

|자|료|해|설|
사회의 전반적인 소득 수준과 비교하여 소득 수준이 낮은 상태를 의미하는 빈곤은 상대적
빈곤이다. 따라서 A는 상대적 빈곤이다.

|보|기|풀|이|
ㄱ. 오답 : 우리나라에서는 중위 소득의 50%를 기준으로 상대적 빈곤을 파악한다. 따라서
㉠은 '○'이다. 상대적 빈곤은 소득 수준이 높은 국가에서도 나타날 수 있다. 따라서 ㉡은
'×'이다.
ㄷ. 정답 : 개인이 주관적으로 빈곤하다고 인식하는 상태를 의미하는 빈곤은 주관적 빈곤이다.
상대적 빈곤은 객관적 빈곤에 해당한다. 따라서 해당 내용은 (나)에 들어갈 수 있다.

6　문화의 속성　　정답 ⑤　정답률 50%

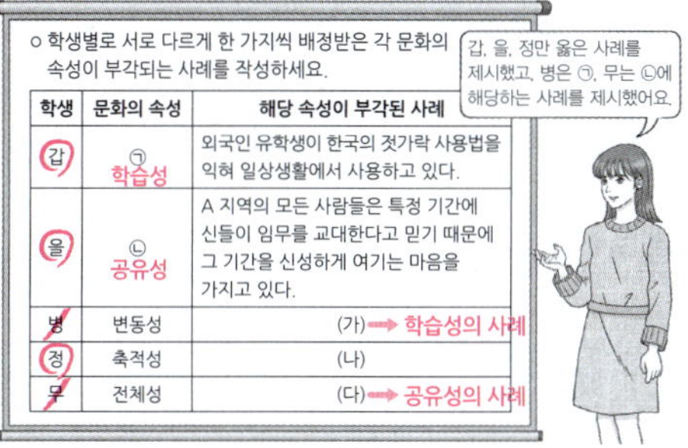

① ㉠은 문화가 세대 간 전승을 통해 더욱 복잡하고 풍부해지는
   것임을 의미한다. → 축적성
② ㉡은 문화가 여러 요소들이 상호 유기적으로 연관되어 나타나는
   것임을 의미한다. → 전체성
③ (가)에는 '내비게이션 등장 이후 운전할 때 종이 지도로 길을 찾는
   사람들은 거의 사라졌다.'가 들어갈 수 있다. 없다 → 전체성, 변동성
④ (나)에는 '예전에는 혈액형으로 성향을 파악했지만, 요즘은 성격
   검사 결과를 통해 성향을 파악하는 것을 즐긴다.'가 들어갈 수
   있다. 없다 → 변동성
⑤ (다)에는 '팬클럽마다 좋아하는 연예인을 상징하는 색깔을 정하고
   그 색깔을 응원에 활용한다.'가 들어갈 수 있다. → 공유성

|선|택|지|풀|이|
③ 오답 : (가)에는 학습성에 해당하는 사례가 들어가야 한다. '내비게이션 등장 이후 운전할
때 종이 지도로 길을 찾는 사람들은 거의 사라졌다.'에는 전체성과 변동성이 부각되어 있다.
따라서 해당 사례는 (가)에 들어갈 수 없다.
④ 오답 : (나)에는 축적성에 해당하는 사례가 들어가야 한다. '예전에는 혈액형으로 성향을
파악했지만, 요즘은 성격 검사 결과를 통해 성향을 파악하는 것을 즐긴다.'에는 변동성이
부각되어 있다. 따라서 해당 사례는 (나)에 들어갈 수 없다.

7　사회 집단, 사회 조직　　정답 ②　정답률 35%

① 갑이 작성한 내용에 나타난 공식 조직의 개수는 을이 작성한
   내용에 나타난 2차적 사회화 기관의 개수보다 많다. 와 같다
② 을이 작성한 내용에 나타난 자발적 결사체의 개수는 을이 속해
   있는 자발적 결사체의 개수와 같다.
③ 병이 속해 있는 공식적 사회화 기관의 개수는 갑이 속해 있는
   공식적 사회화 기관의 개수보다 많다. 와 같다
④ 갑과 병이 함께 속해 있는 2차 집단의 개수는 병이 속해 있는
   비공식적 사회화 기관의 개수보다 적다. 많다
⑤ 갑과 을이 함께 속해 있는 비공식 조직은 없지만 을과 병이 함께
   속해 있는 이익 사회는 있다. 있고,

|자|료|해|설|
갑은 A 대학교, 교내 독서 모임, 대안 학교에 속해 있고, 을은 A 대학교, 교내 독서 모임,
□□ 시민 단체에 속해 있으며, 병은 A 대학교, □□ 시민 단체, 대안 학교에 속해 있다.

|선|택|지|풀|이|
① 오답 : 갑이 작성한 내용에 나타난 공식 조직은 취업 상담 센터, 총동창회, ○○ 기업,
□□ 시민 단체이고, 을이 작성한 내용에 나타난 2차적 사회화 기관은 □□ 시민 단체,
△△ 방송사, 방송인 협회, 취업 상담 센터이다. 따라서 갑이 작성한 내용에 나타난 공식
조직의 개수와 을이 작성한 내용에 나타난 2차적 사회화 기관의 개수는 각각 4개로 같다.
② 정답 : 을이 작성한 내용에 나타난 자발적 결사체는 □□ 시민 단체와 방송인 협회이고,
을이 속해 있는 자발적 결사체는 교내 독서 모임과 □□ 시민 단체이다. 따라서 을이 작성한
내용에 나타난 자발적 결사체의 개수와 을이 속해 있는 자발적 결사체의 개수는 각각 2개로
같다.
③ 오답 : 병이 속해 있는 공식적 사회화 기관은 A 대학교와 대안 학교이고, 갑이 속해 있는
공식적 사회화 기관은 A 대학교와 대안 학교이다. 따라서 병이 속해 있는 공식적 사회화
기관의 개수와 갑이 속해 있는 공식적 사회화 기관의 개수는 각각 2개로 같다.
④ 오답 : 갑과 병이 함께 속해 있는 2차 집단은 A 대학교와 대안 학교이고, 병이 속해 있는
비공식적 사회화 기관은 □□ 시민 단체이다. 따라서 갑과 병이 함께 속해 있는 2차 집단의
개수는 병이 속해 있는 비공식적 사회화 기관의 개수보다 많다.
⑤ 오답 : 갑과 을이 함께 속해 있는 비공식 조직은 교내 독서 모임이고, 을과 병이 함께 속해
있는 이익 사회는 A 대학교와 □□ 시민 단체이다.

8　사회 변동 이론　　정답 ①　정답률 71%

① (가)는 미래의 사회 변동에 대한 역동적 대응이 곤란하다는
   비판을 받는다.
② (나)는 사회 변동이 항상 발전을 의미하는 것은 아니라고 본다. 한다고
③ (가)는 (나)와 달리 서구 사회가 가장 진보한 사회임을 전제한다.
④ (나)는 (가)와 달리 사회가 주기적으로 동일한 과정을 반복하며
   변동한다고 본다.
⑤ (가)는 단기적 사회 변동을, (나)는 장기적 사회 변동을
   설명하기에 적합하다.

|자|료|해|설|
(가)는 인간이 성장을 멈추고 노화가 진행되는 것처럼 사회도 일정한 한계점을 지나면
성장의 그래프가 꺾인다고 보고 있고, (나)는 사회가 본질적으로 더 나은 상태로 나아간다고
보고 있다. 따라서 (가)는 순환론, (나)는 진화론이다.

9　일탈 행동에 대한 이론　　정답 ④　정답률 68%

① A는 일탈에 대한 대책으로 제도화된 기회의 확대를 중시한다. C
② B는 타인과의 상호 작용을 통한 일탈의 학습 과정에 주목한다. A
③ C는 정상 집단과의 교류를 일탈의 해결 방안으로 제시한다. A
④ B는 A, C와 달리 일탈을 규정하는 객관적 기준이 없다고 본다.
⑤ C는 A, B와 달리 일탈에 대한 대책으로 사회 규범의 통제력
   강화를 강조한다. → 뒤르켐의 아노미 이론

|자|료|해|설|
갑의 일탈은 머튼의 아노미 이론에 해당하지 않고, 을의 일탈은 차별 교제 이론에 해당하지
않으며, 병의 일탈은 낙인 이론에 해당하지 않는다. 따라서 A는 차별 교제 이론, B는 낙인
이론, C는 머튼의 아노미 이론이다.

|선|택|지|풀|이|
④ 정답 : 차별 교제 이론과 머튼의 아노미 이론은 일탈을 규정하는 객관적 기준이 있다고
보는 반면, 낙인 이론은 일탈을 규정하는 객관적 기준이 없다고 본다.
⑤ 오답 : 일탈에 대한 대책으로 사회 규범의 통제력 강화를 강조하는 이론은 뒤르켐의
아노미 이론이다.

10　자료 수집 방법　　정답 ③　정답률 60%

① A가 질문지법이라면, (가)에는 '주로 질적 자료를 수집할 때
   활용합니까?'가 들어갈 수 없다. 있다 → 면접법, 참여 관찰법
② A가 면접법이라면, (가)에는 '언어나 문자로 의사소통할 수 없는
   대상으로부터 자료 수집이 가능합니까?'가 들어갈 수 있다. 없다 → 참여 관찰법
③ C가 참여 관찰법이라면, (가)에는 '자료 수집 과정에서 연구
   대상자의 응답이 필수적입니까?'가 들어갈 수 없다. → 질문지법, 면접법
④ C가 질문지법이라면, (가)에는 '자료 수집 과정에서 표준화 ·
   구조화된 도구의 사용이 필수적입니까?'가 들어갈 수 있다. 없다 ← 질문지법
⑤ (가)에 '문맹자에게 사용하기 어렵습니까?'가 들어간다면, B는
   주로 방법론적 일원론을 전제로 한 연구에 활용된다. A → 질문지법

|선|택|지|풀|이|
⑤ 오답 : 질문지법은 면접법, 참여 관찰법과 달리 문맹자에게 사용하기 어렵다. 해당
질문이 (가)에 들어가면, A는 질문지법, B와 C는 각각 면접법과 참여 관찰법 중 하나이다.
질문지법은 주로 방법론적 일원론을 전제로 한 연구에 활용되고, 면접법과 참여 관찰법은
주로 방법론적 이원론을 전제로 한 연구에 활용된다.

	구분	갑국	을국	병국
A 중층	30	20	50
B 상층	20	30	20
C 하층	50	50	30

(→ 피라미드형 △　→ 모래시계형 ⋈　(단위 : %)　→ 다이아몬드형 ◇)

* 계층은 A, B, C로만 구분되며, A~C는 각각 상층, 중층, 하층 중 하나임.

【보기】
ㄱ. 갑국은 병국과 달리 폐쇄적 계층 구조가 나타난다. → 알 수 없음
ㄴ. 병국의 계층 구조는 을국의 계층 구조에 비해 사회 안정성이 높다.
ㄷ. 갑국과 병국은 모두 해당 국가에서 상층 인구가 가장 적다.
ㄹ. 을국의 계층 구조는 갑국, 병국의 계층 구조와 달리 주로 근대 이후의 산업 사회에서 나타난다. → 다이아몬드형 ◇

① ㄱ, ㄴ　② ㄱ, ㄷ　❸ ㄴ, ㄷ　④ ㄴ, ㄹ　⑤ ㄷ, ㄹ

|자|료|해|설|
모래시계형 계층 구조에서 가장 낮은 비율을 차지하는 계층은 중층이다. 따라서 A는 중층이다. 을국의 경우 중층의 비율이 가장 낮으므로 모래시계형 계층 구조를 보이고, 병국은 중층의 비율이 가장 높으므로 다이아몬드형 계층 구조를 보인다. 따라서 갑국은 피라미드형 계층 구조를 보인다. 피라미드형 계층 구조에서 가장 높은 비율을 차지하는 계층은 하층이다. 따라서 B는 상층, C는 하층이다.

|보|기|풀|이|
ㄱ. 오답 : 계층 구성 비율을 통해서는 폐쇄적 계층 구조의 여부를 파악할 수 없다. 따라서 갑국이 병국과 달리 폐쇄적 계층 구조가 나타나는지는 알 수 없다.
ㄴ. 정답 : 을국의 계층 구조는 모래시계형이고, 병국의 계층 구조는 다이아몬드형이다. 다이아몬드형 계층 구조는 모래시계형 계층 구조에 비해 사회 안정성이 높다.
ㄷ. 정답 : 갑국과 병국 각각에서 상층 비율이 가장 낮다. 따라서 갑국과 병국은 모두 해당 국가에서 상층 인구가 가장 적다.
ㄹ. 오답 : 병국의 계층 구조는 다이아몬드형으로, 다이아몬드형 계층 구조는 주로 근대 이후의 산업 사회에서 나타난다.

① 갑의 태도는 선진 문물 수용에 소극적이라는 비판을 받는다. 적극적이다
❷ 을의 태도는 문화 제국주의로 변질될 수 있다는 비판을 받는다.
③ 병의 태도는 특정 문화를 기준으로 타 문화를 평가한다는 비판을 받는다.
④ 갑의 태도는 을의 태도와 달리 타 문화와의 마찰을 일으킬 수 있다는 비판을 받는다.
⑤ 을의 태도는 병의 태도와 달리 자기 문화의 정체성을 상실할 수 있다는 비판을 받는다. → 문화 사대주의

|자|료|해|설|
갑은 문화 사대주의 태도를 가지고 있고, 을은 자문화 중심주의 태도를 가지고 있으며, 병은 문화 상대주의 태도를 가지고 있다.

→ 직접 전파

　A국 영화인들은 영화 산업이 발달한 B국 영화인에게 영화 제작 기법 및 특수 효과 기술을 배워 왔다. 그 후 A국에서 자국의 전통적 정서와 B국의 특수 효과 기술이 섞인 새로운 영화 장르가 탄생했다. 한편, B국 어업인들이 조업 활동 중 C국 어업인이 끓여 준 라면을 먹게 되면서 B국에 C국 라면이 처음 전해졌다. 이후 B국 요리사가 C국 라면에 자국의 전통 소스를 가미해 국물이 없는 비빔 라면을 개발하였다. B국의 비빔 라면 조리 방식은 인터넷을 통해 C국 젊은이들에게까지 확산되었다.

(물질문화 / → 문화 융합 / → 직접 전파 / → 문화 융합 / → 간접 전파)

① A국에서는 B국과 달리 문화 융합이 나타났다. 모두
② B국에서는 A국과 달리 문화 접변이 나타났다. 모두
③ B국에서는 C국과 달리 문화 공존이 나타났다. → 알 수 없음
④ A국에서는 직접 전파, B국에서는 간접 전파가 나타났다. 직접
❺ A국~C국에서는 모두 물질 문화의 전파가 나타났다.

|자|료|해|설|
A국과 B국에서는 직접 전파에 의한 문화 융합이 나타났고, C국에서는 간접 전파가 나타났다.

|선|택|지|풀|이|
③ 오답 : 제시된 자료만으로는 B국과 C국에서의 문화 공존 여부를 알 수 없다.

⑥ 정답 : A국에서는 B국의 특수 효과 기술이라는 물질문화의 전파가, B국에서는 C국의 라면이라는 물질문화의 전파가, C국에서는 B국의 비빔 라면 조리 방식이라는 물질문화의 전파가 나타났다.

【보기】
ㄱ. (가)는 뚜렷한 목표와 방법을 제시하고 지속적으로 활동을 수행하였다는 점에서 사회 운동이라 볼 수 있다.
ㄴ. (나)는 조직적이지 않은 군중이 일시적으로 모인 것이라는 점에서 사회 운동이라 볼 수 없다.
ㄷ. (다)는 기존 사회의 부조리를 해소하고 개혁을 추구하였다는 점에서 사회 운동이라 볼 수 있다.
ㄹ. (라)는 특정 집단의 이익만을 추구한다는 점에서 사회 운동이라 볼 수 없다. 있다

❶ ㄱ, ㄴ　② ㄱ, ㄷ　③ ㄴ, ㄷ　④ ㄴ, ㄹ　⑤ ㄷ, ㄹ

|보|기|풀|이|
ㄱ. 정답 : (가)에서 □□ 환경 단체는 탄소 중립 실현이라는 뚜렷한 목표와 대중교통 이용하기, 플라스틱 사용 줄이기, 불필요한 이메일 삭제하기 등과 같은 방법을 제시하고 지속적으로 활동을 수행하고 있으므로 이는 사회 운동에 해당한다.
ㄴ. 정답 : (나)에서는 조직적이지 않은 군중이 추모를 위해 일시적으로 모인 것이므로 이는 사회 운동에 해당하지 않는다.
ㄷ. 오답 : (다)에서 대통령 후보가 선거 공약을 내세운 것은 사회 운동으로 볼 수 없다.
ㄹ. 오답 : (라)에서 노동조합의 활동은 사회 운동에 해당한다.

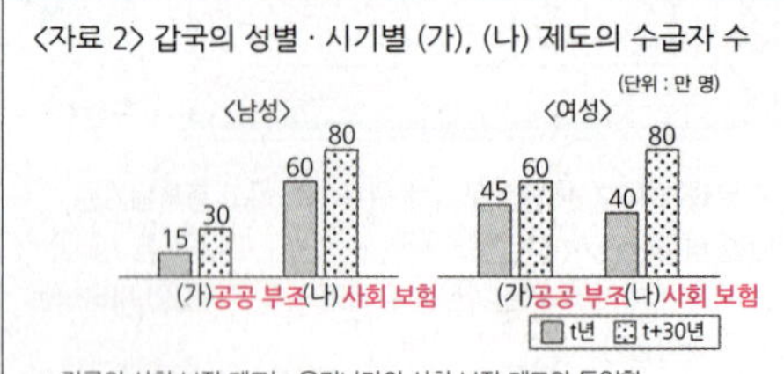

* 갑국의 사회 보장 제도는 우리나라의 사회 보장 제도와 동일함.
** t년과 t+30년 모두 갑국의 남녀 인구는 각각 1,000만 명임.

【보기】
ㄱ. t년에 수급자에 대한 부정적 낙인이 발생할 수 있는 제도의 남성 수급자 수는 여성 수급자 수의 3배이다. → 공공 부조 / 1/3
ㄴ. t년에 비해 t+30년에 수혜자 비용 부담 원칙이 적용되는 제도의 수급자 수는 60만 명 증가하였다. → 사회 보험
ㄷ. t년에 상호 부조의 원리가 적용되는 제도의 수급자 중 남성 수급자 비율은 t+30년에 강제 가입의 원칙이 적용되는 제도의 수급자 중 여성 수급자 비율보다 높다. → 사회 보험 / → 사회 보험
ㄹ. t년에 갑국 인구 중 사전 예방적 성격이 강한 제도의 수급자 비율은 t+30년에 갑국 인구 중 사후 처방적 성격이 강한 제도의 수급자 비율보다 낮다. 높다 → 공공 부조

① ㄱ, ㄴ　② ㄱ, ㄷ　❸ ㄴ, ㄷ　④ ㄴ, ㄹ　⑤ ㄷ, ㄹ

|보|기|풀|이|
ㄱ. 오답 : 수급자에 대한 부정적 낙인이 발생할 수 있는 제도는 공공 부조에 해당하는 기초 연금 제도인 (가)이다. t년에 (가)의 남성 수급자 수는 15만 명, (가)의 여성 수급자 수는 45만 명이다. 따라서 t년에 (가)의 남성 수급자 수는 여성 수급자 수의 1/3배이다.
ㄴ. 정답 : 수혜자 비용 부담 원칙이 적용되는 제도는 사회 보험에 해당하는 국민 연금 제도인 (나)이다. (나)의 수급자 수는 t년의 경우 100만 명(=60만 명+40만 명), t+30년의 경우 160만 명(=80만 명+80만 명)이다. 따라서 t년에 비해 t+30년에 (나)의 수급자 수는 60만 명만큼 증가하였다.
ㄷ. 정답 : 상호 부조의 원리가 적용되고 강제 가입의 원칙이 적용되는 제도는 사회 보험에 해당하는 국민 연금 제도인 (나)이다. t년에 (나)의 수급자 중 남성 수급자 비율은 60%{=(60만 명/100만 명)×100}, t+30년에 (나)의 수급자 중 여성 수급자 비율은 50%{=(80만 명/160만 명)×100}이다. 따라서 t년에 (나)의 수급자 중 남성 수급자 비율은 t+30년에 (나)의 수급자 중 여성 수급자 비율보다 높다.
ㄹ. 오답 : 사전 예방적 성격이 강한 제도는 사회 보험에 해당하는 국민 연금 제도인 (나)이고, 사후 처방적 성격이 강한 제도는 공공 부조에 해당하는 기초 연금 제도인 (가)이다. t년에 갑국 인구 중 (나)의 수급자 비율은 5%{=(100만 명/2,000만 명)×100}, t+30년에 갑국 인구 중 (가)의 수급자 비율은 4.5%{=(90만 명/2,000만 명)×100}이다. 따라서 t년에 갑국 인구 중 (나)의 수급자 비율은 t+30년에 갑국 인구 중 (가)의 수급자 비율보다 높다.

① 정보 생산자의 신뢰성 문제가 나타나고 있다.
② 정보화 과정에서 문화 지체 현상이 나타나고 있다.
③ 비대면 관계의 증가로 인한 인간 소외 현상이 나타나고 있다.
④ 정보 격차로 인한 새로운 사회 불평등 현상이 나타나고 있다.
⑤ 정보 통신 기기의 과다 사용으로 인한 병리 현상이 나타나고 있다.

|자|료|해|설|
정보 격차는 희소하고 중요한 정보에 접근하고 활용하는 측면에서 발생하는 정보 불평등 현상을 말한다.

|선|택|지|풀|이|
④정답 : 제시문은 디지털 환경에 빠르게 적응하는 사람과 뒤처지는 사람 간에 나타나는 정보 격차가 심각한 사회 문제로 대두되고 있음을 보여 주고 있다. 이를 통해 정보 격차로 인해 새로운 사회 불평등 문제가 나타날 수 있음을 파악할 수 있다.

> **보기**
> ㄱ. A는 B에 비해 업무 수행의 안정성을 확보하기가 용이하다.
> ㄴ. A는 B에 비해 외부 환경 변화에 대한 유연한 대처가 용이하다.
> ㄷ. B는 A에 비해 목적 전치 현상이 나타날 가능성이 낮다. 높다
> ㄹ. A는 의사 결정의 분권화, B는 업무 수행의 분업화가 강조된다.

① ㄱ, ㄴ   ② ㄱ, ㄷ   ③ ㄴ, ㄷ   ④ ㄴ, ㄹ   ⑤ ㄷ, ㄹ

|자|료|해|설|
업무 처리 절차나 규칙이 문서로 정해져 있고, 주어진 업무 수행 시 시간이 갈수록 급여가 높아지는 조직은 관료제이고, 업적과 성과에 따라 연봉이 결정되고 구성원의 자율성과 창의성을 중시하는 조직은 탈관료제이다. 따라서 A는 탈관료제, B는 관료제이다.

> **보기**
> ㄱ. 사회를 개인의 외부에 존재하는 독자적인 실체로 본다.
> ㄴ. 사회는 개인의 이익을 실현하기 위한 수단이라고 본다. → 사회 명목론
> ㄷ. 사회의 특성이 개인의 특성으로 환원될 수 없다고 본다.
> ㄹ. 사회는 개인의 자율적인 의지에 의해 만들어진다고 본다. → 사회 명목론

① ㄱ, ㄴ   ② ㄱ, ㄷ   ③ ㄴ, ㄷ   ④ ㄴ, ㄹ   ⑤ ㄷ, ㄹ

|자|료|해|설|
제시문은 사회적 사실이 개인적 사실을 모아 놓은 것과는 근본적으로 다른 성격을 지닌 고유한 대상이라고 보고 있으므로 이는 사회 실재론에 해당한다.

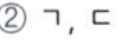

질문	갑	을	병
A는 B와 달리 지배 집단과 피지배 집단 간 갈등이 사회 발전의 원동력이라고 보는가?	아니요	아니요	예
A, C는 B와 달리 개인의 행위를 강제하는 사회 구조를 중시하는가?	예	아니요	예
(가)	예	아니요	아니요
(나)	예	아니요	예
채점 결과	3점	2점	3점

* 교사는 질문별로 채점하고, 질문당 옳은 답변을 쓴 경우는 1점, 틀린 답변을 쓴 경우는 0점을 부여함.

---

① A는 C와 달리 사회가 본질적으로 변동을 지향한다고 본다.
② B는 A와 달리 다양한 사회 제도의 상호 의존 관계에 주목한다.
③ C는 B와 달리 인간이 상황 정의에 기초하여 행동한다고 본다.
④ (가)에는 'B는 A와 달리 행위자의 능동성을 중시하는가?'가 들어갈 수 없다. 없다 → 상징적 상호 작용론
⑤ (나)에는 'A는 C와 달리 기득권층의 이익을 대변한다는 비판을 받는가?'가 들어갈 수 있다. → 기능론

|자|료|해|설|
지배 집단과 피지배 집단 간 갈등이 사회 발전의 원동력이라고 보는 관점은 갈등론이고, 개인의 행위를 강제하는 사회 구조를 중시하는 관점은 기능론과 갈등론이다. 첫 번째 질문에 대한 갑의 답변인 '아니요'가 옳지 않다면, 갑의 점수가 3점이므로 두 번째 질문과 (가), (나)에 대한 갑의 답변은 옳은 답변이 된다. 이때 모든 질문에 대한 을의 답변은 옳지 않게 된다. 따라서 첫 번째 질문에 대한 갑의 답변인 '아니요'는 옳은 답변이다. 병은 첫 번째 질문에 대해 옳지 않은 답변을 하였고 병의 점수는 3점이므로 두 번째 질문과 (가), (나)에 대한 병의 답변은 옳은 답변이다. 즉, 첫 번째 질문에 대한 옳은 답변은 '아니요', 두 번째 질문에 대한 옳은 답변은 '예', (가)에 대한 옳은 답변은 '아니요', (나)에 대한 옳은 답변은 '예'가 된다. 따라서 A는 기능론, B는 상징적 상호 작용론, C는 갈등론이다.

|선|택|지|풀|이|
① 오답 : 갈등론은 사회가 본질적으로 변동을 지향한다고 본다.
② 오답 : 기능론은 다양한 사회 제도의 상호 의존 관계에 주목한다.
③ 오답 : 상징적 상호 작용론은 인간이 상황 정의에 기초하여 행동한다고 본다.
④ 오답 : (가)에는 옳은 답변이 '아니요'가 될 수 있는 질문이 들어가야 한다. 상징적 상호 작용론은 기능론과 달리 행위자의 능동성을 중시한다. 따라서 해당 질문은 (가)에 들어갈 수 없다.
⑤정답 : (나)에는 옳은 답변이 '예'가 될 수 있는 질문이 들어가야 한다. 기능론은 갈등론과 달리 기득권층의 이익을 대변한다는 비판을 받는다. 따라서 해당 질문은 (나)에 들어갈 수 있다.

---

① t년에 노년 부양비는 갑국이 을국의 2배이다. 를 넘는다
② t+50년에 유소년 인구는 갑국과 을국이 동일하다.
③ t+50년에 을국은 갑국과 달리 초고령 사회이다.
④ t년에서 t+50년 사이에 을국에서는 갑국과 달리 저출산·고령화 현상이 나타났다. 모두
⑤ t년에 부양 인구는 을국이 갑국보다 많고, t+50년에 부양 인구는 갑국이 을국보다 많다.

(단위 : 명)

구분	갑국		을국	
	t년	t+50년	t년	t+50년
유소년 인구	30	27	30	24
부양 인구	60	45	65	40
노년 인구	10	18	5	16
전체 인구	100	90	100	80

|자|료|해|설|
갑국의 경우 t년에 A는 60%, B는 10%, C는 30%이고, 유소년 부양비가 50이므로 A는 전체 인구에서 부양 인구가 차지하는 비율, C는 전체 인구에서 유소년 인구가 차지하는 비율이다. 따라서 B는 전체 인구에서 노년 인구가 차지하는 비율이다. 제시된 자료를 바탕으로 t년에 갑국과 을국의 전체 인구를 각각 100명이라고 가정하여 갑국과 을국의 시기별 인구 구성을 나타내면 첨삭과 같다.

|선|택|지|풀|이|
① 오답 : t년에 노년 부양비는 갑국의 경우 약 16.7(=(10명/60명)×100), 을국의 경우 약 7.7(=(5명/65명)×100)이다. 따라서 t년에 노년 부양비는 갑국이 을국의 2배를 넘는다.
② 오답 : t년에 갑국과 을국의 전체 인구를 100명이라고 가정하면, t+50년에 유소년 인구는 갑국의 경우 27명, 을국의 경우 24명이다. 따라서 t+50년에 유소년 인구는 갑국이 을국보다 많다.
③ 오답 : t+50년에 전체 인구 중 노년 인구가 차지하는 비율은 갑국의 경우 20%(=(18명/90명)×100), 을국의 경우 20%(=(16명/80명)×100)이다. 따라서 t+50년에 갑국과 을국 모두 초고령 사회이다.
④ 오답 : t년에서 t+50년 사이에 갑국과 을국 모두에서 유소년 인구는 감소하고 노년 인구는 증가하였다. 따라서 t년에서 t+50년 사이에 갑국과 을국 모두에서 저출산·고령화 현상이 나타났다.
⑤정답 : t년에 갑국과 을국의 전체 인구를 100명이라고 가정하면, t년에 부양 인구는 갑국의 경우 60명, 을국의 경우 65명이고, t+50년에 부양 인구는 갑국의 경우 45명, 을국의 경우 40명이다. 따라서 t년에 부양 인구는 을국이 갑국보다 많고, t+50년에 부양 인구는 갑국이 을국보다 많다.

문제편 p.369

1	④	2	①	3	②	4	④	5	⑤
6	②	7	④	8	⑤	9	③	10	⑤
11	③	12	④	13	③	14	①	15	②
16	④	17	⑤	18	②	19	①	20	④

1 자연 현상 vs 사회·문화 현상 　정답 ④　정답률 83%

① ㉠과 같은 현상은 가치 함축적이다. (몰가치적)
② ㉡과 같은 현상은 당위 법칙을 따른다.
③ ㉢과 같은 현상은 보편성보다 특수성이 강하게 나타난다. (존재)
④ ㉣과 같은 현상은 개연성의 원리가 적용된다. (보편성)
⑤ ㉤과 같은 현상은 확실성의 원리가 적용된다. (확률)

|자|료|해|설|
㉠, ㉡, ㉢은 인간의 의지와 무관하게 발생하므로 자연 현상에 해당하고, ㉣, ㉤은 인간에 의해 인위적으로 발생하므로 사회·문화 현상에 해당한다.

|선|택|지|풀|이|
③ 오답 : 자연 현상은 보편성만 나타나고, 사회·문화 현상은 보편성과 특수성이 공존한다.

2 사회 명목론 　정답 ①　정답률 82%

사람은 돈을 매개로 아름다운 사회를 만들 수도, 차별과 위선이 만연한 사회를 만들 수도 있다. 결국 돈의 가치는 상대적, 수단적인 것이다. 돈은 '더 나은 삶'에 도달하기 위한 다리에 불과하며, 인간은 다리에서 살아갈 수 없다. → 사회 명목론

보기
ㄱ. 사회의 속성을 개인의 속성으로 환원할 수 있다고 본다. → 사회 명목론
ㄴ. 사회는 개인의 이익을 실현해 주는 도구에 불과하다고 본다. → 사회 명목론
ㄷ. 사회는 개인의 외부에 존재하는 독자적인 실체라고 본다. → 사회 실재론
ㄹ. 사회의 구속력이 개인의 자유 의지보다 우위에 있다고 본다. → 사회 실재론

① ㄱ, ㄴ　② ㄱ, ㄷ　③ ㄴ, ㄷ　④ ㄴ, ㄹ　⑤ ㄷ, ㄹ

|자|료|해|설|
제시문은 사람이 돈을 매개로 사회를 만들 수 있다고 보고 있다. 이는 사회 명목론에 해당한다.

3 자료 수집 방법 　정답 ②　정답률 43%

① A는 B와 달리 변인 간의 관계를 파악하는 연구에 주로 사용된다.
② B는 C와 달리 연구 대상자와의 언어적 상호 작용이 필수적이다.
③ C는 A에 비해 연구 대상자와의 정서적 교감 형성을 중시한다.
④ A는 B, C에 비해 다수를 대상으로 한 자료 수집에 유리하다. (B / A)
⑤ C는 A, B와 달리 질적 자료의 수집에 주로 활용된다.

|자|료|해|설|
갑은 참여 관찰법과 질문지법을 사용하였고, 을은 문헌 연구법과 질문지법을 사용하였다. 따라서 A는 참여 관찰법, B는 질문지법, C는 문헌 연구법이다.

|선|택|지|풀|이|
① 오답 : 질문지법은 참여 관찰법과 달리 변인 간의 관계를 파악하는 연구인 양적 연구에 주로 사용된다.
② 정답 : 질문지법은 문헌 연구법과 달리 연구 대상자와의 언어적 상호 작용이 필수적이다.
③ 오답 : 문헌 연구법은 연구 대상자와의 정서적 교감 형성을 중시하지 않는다.
④ 오답 : 질문지법은 참여 관찰법과 문헌 연구법에 비해 다수를 대상으로 한 자료 수집에 유리하다.
⑤ 오답 : 참여 관찰법은 주로 질적 자료의 수집에 활용되고, 질문지법은 주로 양적 자료의 수집에 활용되며, 문헌 연구법은 질적 자료와 양적 자료의 수집 모두에 활용된다.

4 사회·문화 현상을 보는 관점 　정답 ④　정답률 70%

갑 : A는 사회가 생물 유기체처럼 균형을 유지한다고 전제합니다. 조화와 균형은 정상적 상태로, 부조화와 불균형은 병리적 상태로 봅니다. (기능론)
을 : B는 사회를 구성하는 하위 요소가 사회 전체의 존속과 통합을 위한 역할을 수행한다고 봅니다. 또한 B는 사회 각 부분에 존재하는 복잡한 관계를 지배와 피지배의 관계로 단순화합니다. (기능론 / 갈등론)
교사 : 갑은 옳게, 을은 틀리게 설명했습니다. 을의 설명에는 정작 B의 내용은 없고, A와 C의 내용만 있네요. (상징적 상호 작용론 / 갈등론)

① A는 B와 달리 개인의 상황 정의와 의미 해석을 강조한다.
② B는 C와 달리 사회에 내재한 구조적 모순을 중심으로 사회 현상을 설명한다.
③ C는 A와 달리 기득권층의 이익을 옹호한다는 비판을 받는다.
④ '대립과 갈등을 사회의 본질적 속성으로 보는가?'라는 질문으로 A와 B를 구분할 수 없다. (갈등론)
⑤ '사회 각 제도의 상호 의존적 관계에 주목하는가?'라는 질문으로 B와 C를 구분할 수 있다. (기능론 / 없다)

|자|료|해|설|
을의 설명에는 기능론과 갈등론의 내용만 있다. 따라서 B는 상징적 상호 작용론, C는 갈등론이다.

|선|택|지|풀|이|
④ 정답 : 대립과 갈등을 사회의 본질적 속성으로 보는 관점은 갈등론이다. 따라서 해당 질문으로는 기능론과 상징적 상호 작용론을 구분할 수 없다.
⑤ 오답 : 사회 각 제도의 상호 의존적 관계에 주목하는 관점은 기능론이다. 따라서 해당 질문으로는 상징적 상호 작용론과 갈등론을 구분할 수 없다.

5 사회·문화 현상의 연구 과정 　정답 ⑤　정답률 53%

ㅇ 2단계 : 1단계에서 확인한 결과를 경험적으로 검증하기 위해 성인 200명을 무작위로 선정한 후 실험을 실시하였다. 유형 A를 배부하여 ㉣ 정부 정책 도입에 대한 찬반 여부를 측정한 결과 응답자의 60%가 제안된 정책에 반대하였다. 반대한 사람을 40명씩 무작위로 세 집단으로 나눈 뒤, 첫째 집단에는 유형 A에, 둘째 집단에는 유형 B에, 셋째 집단에는 유형 C에 각각 응답하도록 하였다. 세 집단의 응답을 분석한 결과, 첫째 집단과 둘째 집단 간, 첫째 집단과 셋째 집단 간에는 제안된 정책에 반대하는 비율이 유의미하게 차이가 났지만, 둘째 집단과 셋째 집단 간에는 유의미한 차이가 없었다. (사전 검사 / 실험 집단 / 실험 집단 / ㉢을 지지하는 결과임)

① 2단계에서 갑은 사전 검사를 실시하지 않았다. (실시하였다)
② 유형 B에 응답한 사람들은 통제 집단, 유형 C에 응답한 사람들은 실험 집단이다. (실험)
③ ㉠은 ㉣에 대한 조작적 정의이다.
④ ㉡은 질문지 작성 시 특정 응답을 유도한 것이므로 갑의 연구 결과를 일반화할 수 없다.
⑤ 2단계에서 도출된 분석 결과는 ㉢을 지지한다.

|선|택|지|풀|이|
① 오답 : 2단계에서 갑은 유형 A를 배부하여 정부 정책 도입에 대한 찬반 여부를 측정하였다. 이를 통해 2단계에서 갑은 사전 검사를 실시하였음을 알 수 있다.
② 오답 : 유형 B에 응답한 사람들과 유형 C에 응답한 사람들은 모두 독립 변인인 정보 제공을 처치한 실험 집단에 해당한다.
③ 오답 : ㉣은 ㉠에 대한 조작적 정의에 해당한다.
④ 오답 : ㉡은 특정 응답을 유도한 것이 아니라 정부 정책에 대한 긍정적인 정보를 제시할 경우 정부 정책 도입에 대한 동의가 어떻게 나타나는지를 알아보고자 한 것이다.
⑤ 정답 : 2단계에서 분석 결과를 도출하였을 때 정부 정책에 대한 정보를 제공하지 않은 첫째 집단과 정부 정책에 대한 정보를 제공한 둘째 집단, 셋째 집단 간에는 제안된 정책에 대한 반대 비율이 유의미하게 차이가 났지만, 정부 정책에 대한 정보를 제공한 둘째 집단과 셋째 집단 간에는 유의미한 차이가 나타나지 않았다. 이를 통해 정보 제공 여부가 응답자의 의사 결정에 영향을 미칠 수 있음을 파악할 수 있다. 즉, 2단계에서 도출한 분석 결과는 ㉢을 지지하는 결과이다.

① A는 문화가 시간이 지남에 따라 변화하는 것을 의미한다. → 변동성
② B는 사회 구성원이 문화를 후천적으로 습득하는 것을 의미한다. → 학습성
③ (가)에는 '어릴 적 자전거 타는 방법을 부모에게 배워 능숙하게 자전거를 탈 수 있게 된 것'이 들어갈 수 없다.있다 → 학습성
④ (나)에는 '기존의 자전거에 변속기가 추가되고 충격 흡수 장치가 더해지는 것'이 들어갈 수 있다.없다 → 축적성
⑤ (다)에는 '자전거 이용자가 늘어나자 기업이 자전거를 이용하는 공유 경제 상품을 개발하고, 정부가 전용 도로를 건설하는 것'이 들어갈 수 있다.없다 → 전체성

	배정받은 속성	제시한 사례
갑	A 공유성	공유성
을	B 학습성	변동성
병	축적성	(가) 학습성
정	전체성	(나) 전체성
무	변동성	(다) 축적성

|자|료|해|설|

출퇴근 수단으로 ○○국 사람들이 자전거를 떠올리는 것은 공유성의 사례에 해당한다. 갑은 배정받은 속성이 부각된 사례를 제시하였으므로 갑은 공유성을 배정받았고, A는 공유성이다. 갑은 공유성, 병은 축적성, 정은 전체성, 무는 변동성을 배정받았으므로 을은 학습성을 배정받았다. 따라서 B는 학습성이다. 병은 학습성이 부각된 사례를 제시하였으므로 (가)에는 학습성이 부각된 사례가 들어가야 한다. 정은 전체성이 부각된 사례를 제시하였으므로 (나)에는 전체성이 부각된 사례가 들어가야 한다. 무는 병이 배정받은 속성이 부각된 사례를 제시하였으므로 (다)에는 축적성이 부각된 사례가 들어가야 한다.

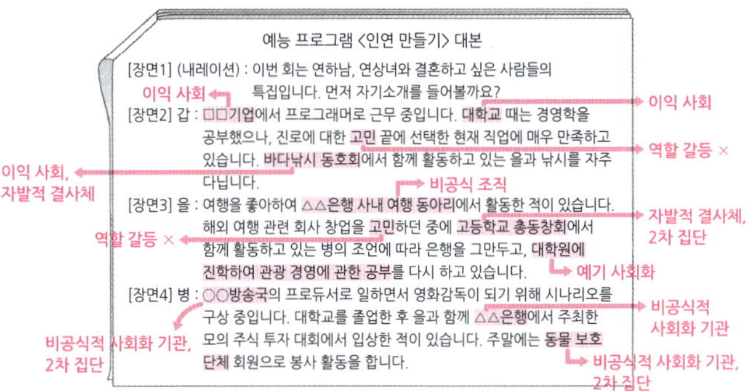

① [장면 1]에 적혀 있는 내용에는 성취 지위가, [장면 3]에 적혀 있는 내용에는 비공식 조직이 있다.
② [장면 2]에 적혀 있는 이익 사회의 개수는 [장면 4]에 적혀 있는 비공식적 사회화 기관의 개수보다 적다.와 같다
③ 갑은 을과 달리 역할 갈등이 해소되어 준거 집단과 소속 집단이 일치한다.
④ 을이 속해 있는 자발적 결사체의 개수는 병이 속해 있는 2차 집단의 개수보다 적다.
⑤ 대본에는 갑의 재사회화와 을, 병의 예기 사회화 내용이 적혀 있다.

|선|택|지|풀|이|

① 오답 : [장면 1]에 적혀 있는 내용에는 성취 지위가 나타나 있지 않고, [장면 3]에 적혀 있는 내용에는 비공식 조직에 해당하는 △△은행 사내 여행 동아리가 나타나 있다.
② 오답 : [장면 2]에 적혀 있는 이익 사회는 □□기업, 대학교, 바다낚시 동호회이고, [장면 4]에 적혀 있는 비공식적 사회화 기관은 ○○방송국, △△은행, 동물 보호 단체이다. 따라서 [장면 2]에 적혀 있는 이익 사회의 개수와 [장면 4]에 적혀 있는 비공식적 사회화 기관의 개수는 각각 3개로 같다.
③ 오답 : 갑의 진로에 대한 고민은 역할 갈등에 해당하지 않는다.
④ 정답 : 을이 속해 있는 자발적 결사체는 바다낚시 동호회와 고등학교 총동창회이고, 병이 속해 있는 2차 집단은 고등학교 총동창회, ○○방송국, 동물 보호 단체이다. 따라서 을이 속해 있는 자발적 결사체의 개수(2개)는 병이 속해 있는 2차 집단의 개수(3개)보다 적다.
⑤ 오답 : 갑의 경우 대학교 때 경영학을 공부한 것은 재사회화에 해당하지 않고, 을의 경우 대학원에 진학하여 관광 경영에 관한 공부를 하고 있는 것은 예기 사회화에 해당하며, 병의 경우 영화감독이 되기 위해 시나리오를 구상 중인 것은 예기 사회화에 해당하지 않는다. 즉, 대본에는 을의 예기 사회화 내용만 적혀 있다.

① A는 B와 달리 권력의 열세로 인해 차별받았다.
② A는 B와 달리 여러 사회적 소수자 집단에 중첩되어 속해 있다. (B A 모두)
③ B는 A와 달리 고정 관념으로 인해 차별의 대상이 되었다. (모두)
④ B는 A와 달리 식별 가능성으로 인해 차별의 대상이 되었다. (모두)
⑤ A와 B는 모두 귀속적 특성으로 인해 차별받았다.

|선|택|지|풀|이|

① 오답 : 노인 A는 갑국에서 사회적 소수자에 해당하고, 이주민 3세 B는 을국에서 사회적 소수자에 해당한다. 사회적 소수자는 권력의 열세로 인해 차별받는 집단이다. 따라서 A와 B는 모두 권력의 열세로 인해 차별을 받는다.
② 오답 : A는 노인이라는 사회적 소수자 집단에 속해 있고, B는 다른 민족이라는 사회적 소수자 집단과 다른 인종이라는 사회적 소수자 집단에 속해 있다. 따라서 B는 A와 달리 여러 사회적 소수자 집단에 중첩되어 속해 있다.
③ 오답 : A는 나이가 많다는 이유로 차별을 받았고, B는 민족적, 인종적 특성으로 인해 차별을 받았다. 이를 통해 A와 B 모두 고정 관념으로 인해 차별의 대상이 되었음을 알 수 있다.
④ 오답 : A는 노인이라는 점에서 구분되고, B는 민족적, 인종적 특성으로 인해 구분된다. 따라서 A와 B 모두 식별 가능성으로 인해 차별의 대상이 되었다.
⑤ 정답 : A는 나이라는 귀속적 특성으로 인해 차별받았고, B는 민족과 인종이라는 귀속적 특성으로 인해 차별받았다.

① 반문화는 전체 사회에서 주류 문화가 된다. → 갑국 사례에만 해당
② 하위문화와 반문화는 모두 세대 간 갈등의 원인이 된다.
③ 주류 문화에 대항하는 구성원에 의해 반문화가 형성된다.
④ 주류 문화와 하위문화는 모두 사회의 안정과 통합에 기여한다.
⑤ 반문화는 주류 문화로 변화하는 과정에서 정체성이 상실된다. → 갑국 사례에만 해당

|선|택|지|풀|이|

② 오답 : 제시된 사례를 통해서는 알 수 없는 내용이다.
③ 정답 : 갑국에서는 주류 문화에 대항하는 빈민가 출신 젊은이들에 의해 반문화인 새로운 장르의 문화가 형성되었다. 을국에서는 주류 문화에 대항하는 일부 젊은이들에 의해 그들만의 새로운 삶의 양식을 추구하는 반문화가 형성되었다.
④ 오답 : 제시된 사례를 통해서는 알 수 없는 내용이다.

① 갑국은 자녀 세대에서 완전 평등한 계층 구조를 이루었다.이루고 있지 않다
② 을국의 자녀 세대에서 중층인 사람의 수는 갑국의 부모 세대에서 상층인 사람의 수보다 많다.와 같다
③ 갑국은 을국과 달리 부모 세대 중층에서 세대 간 하강 이동이 발생하지 않았다.하였다 (모두)
④ 갑국은 개방적 계층 구조, 을국은 폐쇄적 계층 구조이다.
⑤ 갑국의 부모 세대 계층 구조는 피라미드형, 을국의 자녀 세대 계층 구조는 모래시계형이다.

〈갑국〉 (단위 : 명)

구분		부모 세대			계
		상층	중층	하층	
자녀 세대	상층	2	0	4	6
	중층	1	2	3	6
	하층	1	3	2	6
계		4	5	9	18

〈을국〉 (단위 : 명)

구분		부모 세대			계
		상층	중층	하층	
자녀 세대	상층	2	3	1	6
	중층	1	1	2	4
	하층	1	6	3	10
계		4	10	6	20

|자|료|해|설|

C에서 A로의 이동이 하강 이동이고, C에서 B로의 이동이 상승 이동이므로 C는 중층, A는 하층, B는 상층이다. 제시된 자료에서 ●가 나타내는 사람의 수를 1명이라고 가정하면, 갑국과 을국의 부모 세대와 자녀 세대의 계층 구성은 첨삭과 같이 나타낼 수 있다.

|선|택|지|풀|이|

① 오답 : 갑국의 경우 자녀 세대에서 상층 : 중층 : 하층 = 6 : 6 : 6이다. 완전 평등한 계층 구조는 모든 사회 구성원의 계층이 동일한 계층 구조를 말한다. 따라서 갑국의 경우 자녀 세대에서 완전 평등한 계층 구조를 이루고 있지 않다.

11 일탈 행동에 대한 이론   정답 ③   정답률 65%

① 갑의 관점은 을의 관점과 달리 정상 집단과의 교류를 일탈 행동의 해결 방안으로 제시한다.
② 을의 관점은 병의 관점과 달리 차별적인 사회적 제재를 일탈 행동의 원인으로 본다.
③ 병의 관점은 갑의 관점과 달리 문화적 목표와 제도화된 수단의 괴리를 일탈 행동의 원인으로 본다.
④ 갑, 을의 관점은 병의 관점과 달리 사회 구조적 관점에서 일탈 행동을 설명한다.
⑤ 을, 병의 관점은 갑의 관점과 달리 개인이 타인과의 상호 작용을 통해 일탈자가 되어가는 과정에 주목한다.

|자|료|해|설|
갑은 뒤르켐의 아노미 이론, 을은 차별 교제 이론, 병은 머튼의 아노미 이론을 바탕으로 범죄 현상을 설명하고 있다.

|선|택|지|풀|이|
③정답 : 뒤르켐의 아노미 이론은 무규범 상태인 아노미 상태에서 일탈 행동이 발생한다고 보고, 머튼의 아노미 이론은 문화적 목표와 제도화된 수단의 괴리로 인해 일탈 행동이 발생한다고 본다.

12 관료제와 탈관료제   정답 ①   정답률 89%

① A는 B에 비해 업무 수행 과정의 예측 가능성이 높다.
② A는 B와 달리 외부 환경 변화에 대한 유연한 대처가 용이하다.
③ B는 A에 비해 목적 전치 현상이 나타날 가능성이 높다.
④ B는 A와 달리 효율적인 목표 달성이 조직 운영의 핵심이다.
⑤ A는 능력에 따른 보상을, B는 경력에 따른 보상을 중시한다.

|자|료|해|설|
명확한 위계 구조, 직급별 권한과 책임의 세분화, 메뉴와 조리법 등의 표준화는 관료제의 특징에 해당하고, 창의적인 아이디어 수용, 수평적인 의사 결정 구조는 탈관료제의 특징에 해당한다. 따라서 A는 관료제, B는 탈관료제이다.

13 사회 변동 이론   정답 ③   정답률 73%

① (가)는 장기적인 사회 변동의 과정을 설명하기 어렵다.
② (나)는 단선적인 사회 변동의 과정을 설명하기 어렵다.
③ (가)는 (나)에 비해 사회 변동 방향을 예측하여 대응하기 어렵다.
④ (나)는 (가)와 달리 과거에 비해 진보한 사회를 설명하기 어렵다.
⑤ (가)는 서구 중심적 사고라는, (나)는 숙명론적 사고라는 비판을 피하기 어렵다.

|자|료|해|설|
(가)는 태양 주위로 지구와 달이 돌면서 낮과 밤, 밀물과 썰물, 계절이 번갈아 가며 나타나는 것처럼 사회도 이렇게 변동한다고 보고 있으므로 이는 순환론에 해당한다. (나)는 모든 생명체가 더 나은 방향으로 변화하는 것처럼 사회도 이렇게 변동한다고 보고 있으므로 이는 진화론에 해당한다.

14 문화 변동의 요인, 문화 변동의 양상   정답 ①   정답률 54%

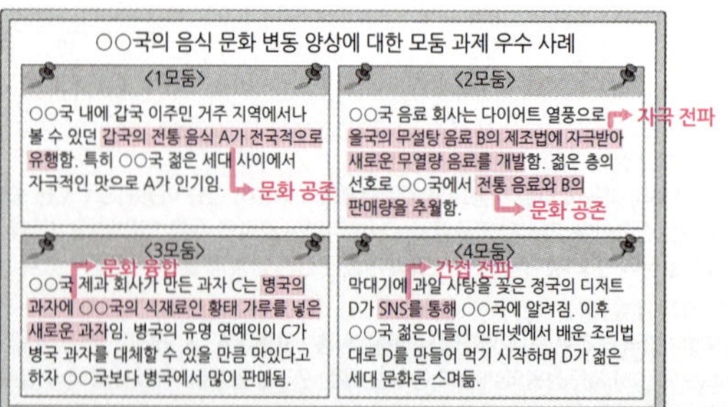

---

① 1모둠과 2모둠이 작성한 내용에 모두 문화 공존이 나타난다.
② 3모둠과 4모둠이 작성한 내용에 모두 문화 융합이 나타난다.
③ 1모둠이 작성한 내용에 발명이, 2모둠이 작성한 내용에 직접 전파가 나타난다.
④ 3모둠이 작성한 내용에 문화 동화가, 4모둠이 작성한 내용에 간접 전파가 나타난다.
⑤ 1모둠과 2모둠이 작성한 내용에 모두 자극 전파가, 3모둠과 4모둠이 작성한 내용에 모두 자발적 문화 접변이 나타난다.

|선|택|지|풀|이|
①정답 : 1모둠이 작성한 내용에서 갑국의 전통 음식 A가 ○○국에서 인기가 있다는 내용을 통해 문화 공존이 나타났음을 알 수 있다. 2모둠이 작성한 내용에서 새로운 무열량 음료가 ○○국에서 전통 음료와 B의 판매량을 추월했다는 내용을 통해 문화 공존이 나타났음을 알 수 있다.
②오답 : 3모둠이 작성한 내용에서 병국의 과자에 ○○국의 식재료인 황태 가루를 넣은 새로운 과자 C가 만들어진 내용을 통해 문화 융합이 나타났음을 알 수 있다. 4모둠이 작성한 내용에는 문화 융합이 나타나 있지 않다.
③오답 : 1모둠이 작성한 내용에는 발명이 나타나 있지 않다. 2모둠이 작성한 내용에서 을국의 무설탕 음료 B의 제조법에 자극 받아 새로운 무열량 음료를 개발한 내용을 통해 자극 전파가 나타났음을 알 수 있다.
④오답 : 3모둠이 작성한 내용에는 문화 동화가 나타나 있지 않다. 4모둠이 작성한 내용에서 정국의 디저트 D가 SNS를 통해 ○○국에 알려졌다는 내용을 통해 간접 전파가 나타났음을 알 수 있다.
⑤오답 : 1모둠이 작성한 내용에는 자극 전파가 나타나 있지 않고, 2모둠이 작성한 내용에는 자극 전파가 나타나 있으며, 3모둠과 4모둠이 작성한 내용에는 자발적 문화 접변이 나타나 있다.

15 사회 보장 제도의 특징   정답 ②   정답률 38%

① t년에 전체 인구 중 부정적 낙인이 발생할 수 있는 제도에만 해당하는 수급자 비율은 A와 B의 중복 수급자 비율보다 크다.
② t+30년에 수혜자 비용 부담 원칙이 적용되는 제도의 수급자 수는 t년에 A나 B 어느 것도 받지 않는 비(非)수급자보다 많다.
③ t+30년에 강제 가입의 원칙이 적용되는 제도에만 해당하는 수급자 수는 A와 B의 중복 수급자 수보다 적다.
④ t년에 사전 예방적 성격이 강한 제도의 수급자 수는 t+30년에 사후 처방적 성격이 강한 제도의 수급자 수의 2배이다.
⑤ t년 대비 t+30년에 A 수급자 수의 증가율은 B 수급자 수의 증가율보다 크다.

구분	t년	t+30년
A 수급자 비율	40	50
B 수급자 비율	15	20
A와 B의 중복 수급자 비율	8	16

(단위 : %)

구분	t년	t+30년
A 수급자 수	40	75
B 수급자 수	15	30
A와 B의 중복 수급자 수	8	24
전체 인구	100	150

(단위 : 명)

|자|료|해|설|
상호 부조의 원리가 적용되는 제도는 사회 보험이고, 정부 재정으로 비용을 전액 충당하는 것을 원칙으로 하는 제도는 공공 부조이다. 따라서 A는 사회 보험, B는 공공 부조이다. t년 대비 t+30년에 갑국의 전체 인구가 50% 증가하였으므로 t년의 전체 인구를 100명이라고 가정하면, t+30년의 전체 인구는 150명이 된다.

|선|택|지|풀|이|
①오답 : 부정적 낙인이 발생할 수 있는 제도는 공공 부조(B)이다. t년에 B에만 해당하는 수급자 비율은 7%(=15%-8%)이고, A와 B의 중복 수급자 비율은 8%이다. 따라서 t년에 전체 인구 중 B에만 해당하는 수급자 비율은 A와 B의 중복 수급자 비율보다 작다.
②정답 : 수혜자 비용 부담 원칙이 적용되는 제도는 사회 보험(A)이다. t년의 전체 인구를 100명이라고 가정하면, t+30년에 A 수급자 수는 75명이고, t년에 A나 B 어느 것도 받지 않는 비수급자 수는 53명(=100명-40명-15명+8명)이다. 따라서 t+30년에 A 수급자 수는 t년에 A나 B 어느 것도 받지 않는 비수급자 수보다 많다.
③오답 : 강제 가입의 원칙이 적용되는 제도는 사회 보험(A)이다. t년의 전체 인구를 100명이라고 가정하면, t+30년에 A에만 해당하는 수급자 수는 51명(=75명-24명)이고, A와 B의 중복 수급자 수는 24명이다. 따라서 t+30년에 A에만 해당하는 수급자 수는 A와 B의 중복 수급자 수보다 많다.
④오답 : 사전 예방적 성격이 강한 제도는 사회 보험(A)이고, 사후 처방적 성격이 강한 제도는 공공 부조(B)이다. t년의 전체 인구를 100명이라고 가정하면, t년에 A 수급자 수는 40명이고, t+30년에 B 수급자 수는 30명이다. 따라서 t년에 A 수급자 수는 t+30년에 B 수급자 수의 약 1.3배(=40/30)이다.
⑤오답 : t년의 전체 인구를 100명이라고 가정하면, A 수급자의 수는 t년에 40명에서 t+30년에 75명으로 87.5%[={(75명-40명)/40명}×100] 증가하였고, B 수급자 수는 t년에 15명에서 t+30년에 30명으로 100%[={(30명-15명)/15명}×100] 증가하였다. 따라서 t년 대비 t+30년에 A 수급자 수의 증가율은 B 수급자 수의 증가율보다 작다.

① 갑의 태도는 선진 문물 수용에 ~~적극적이지 않다는~~ 비판을 받는다. 적극적이다
② 을의 태도는 자국의 문화 정체성을 약화한다는 비판을 받는다.
③ 병의 태도는 문화 제국주의로 나아갈 수 있다는 비판을 받는다.
④ 갑, 을의 태도는 모두 문화의 다양성을 저해할 수 있다는 비판을
받는다.
⑤ 을, 병의 태도는 모두 특정 문화를 기준으로 문화 간 우열을
가린다는 비판을 받는다.

|자|료|해|설|
갑의 문화 이해 태도는 문화 사대주의, 을의 문화 이해 태도는 자문화 중심주의, 병의 문화
이해 태도는 문화 상대주의이다.

|선|택|지|풀|이|
① 오답 : 문화 사대주의는 선진 문물의 수용에 적극적이다.
④ 정답 : 문화 사대주의와 자문화 중심주의는 모두 문화의 다양성을 저해할 우려가 있다는
비판을 받는다.
⑤ 오답 : 문화 사대주의와 자문화 중심주의는 모두 특정 문화를 기준으로 문화 간 우열을
가린다는 비판을 받는다.

---

① A는 상대적 박탈감이라는 사회 문제를 ~~유발하지 않는다~~. 유발할 수 있다
② 우리나라에서 가구 소득이 ~~중위 소득~~에 미치지 못하는 가구는
모두 B 가구이다. 중위 소득 50%
③ A는 B와 달리 사회 구성원의 소득 분포에 따라 상대적으로
규정된다.
④ B는 A와 달리 경제 성장을 통해 해결할 수 있다.
⑤ 상대적 빈곤선이 절대적 빈곤선보다 높으면 A에 해당하는 모든
가구는 B에 해당한다. → 절대적 빈곤율 < 상대적 빈곤율

|자|료|해|설|
최소한의 생계 유지를 하지 못하는 A 가구는 절대적 빈곤 가구이고, 사회 구성원 다수가
누리는 생활 수준을 충족하지 못하는 B 가구는 상대적 빈곤 가구이다. 따라서 A는 절대적
빈곤, B는 상대적 빈곤이다.

|선|택|지|풀|이|
① 오답 : 절대적 빈곤과 상대적 빈곤은 모두 상대적 박탈감이라는 사회 문제를 유발할 수
있다.
② 오답 : 우리나라에서 가구 소득이 중위 소득 50%에 미치지 못하는 가구는 모두 상대적
빈곤 가구에 해당한다.
③ 오답 : 상대적 빈곤은 절대적 빈곤과 달리 사회 구성원의 소득 분포에 따라 상대적으로
규정된다.
④ 오답 : 상대적 빈곤은 경제 성장이 이루어지더라도 나타날 수 있다.
⑤ 정답 : 상대적 빈곤선이 절대적 빈곤선보다 높으면, 이는 상대적 빈곤율이 절대적
빈곤율보다 높음을 의미한다. 따라서 절대적 빈곤 가구는 모두 상대적 빈곤 가구에 해당한다.

---

① ㉠은 ~~세대 간 통합~~을 추구하는 체계적인 사회 운동이다. 환경 보호를
② ㉡은 사회 체제 내에서 특정 사회 문제의 개선을 요구하는 사회
운동이다.
③ ㉠은 ㉡과 달리 사회적 약자의 권리 보장을 목적으로 하는 사회
운동이다.
④ ㉡은 ㉠과 달리 비대면 방식을 활용하는 사회 운동이다.
⑤ ㉠과 ㉡은 모두 ~~변화를 거부하고 과거 질서로 되돌아가려는~~ 사회
운동이다.

|선|택|지|풀|이|
① 오답 : ㉠은 환경 보호를 추구하는 체계적인 사회 운동이다.
② 정답 : ㉡은 사회 체제 내에서 노숙인 인권 문제라는 특정 사회 문제의 개선을 요구하는
사회 운동이다.
③ 오답 : ㉡은 사회적 약자인 노숙인의 권리 보장을 목적으로 하는 사회 운동이다.
④ 오답 : ㉠은 온라인 캠페인이라는 비대면 방식을 활용하고 있다.
⑤ 오답 : ㉠과 ㉡은 모두 변화를 거부하고 과거 질서로 되돌아가려는 사회 운동에 해당하지
않는다.

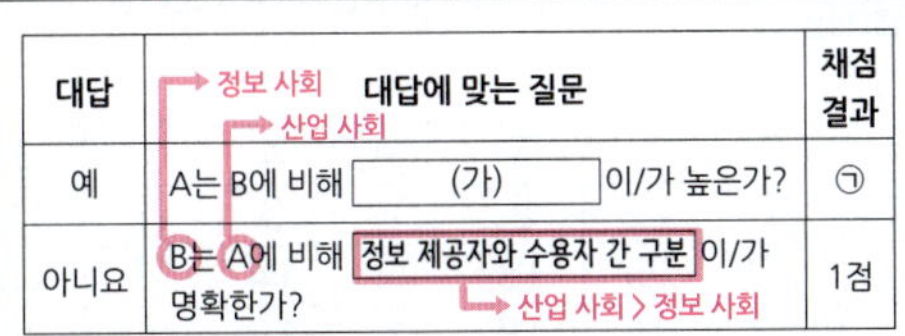

대답	대답에 맞는 질문	채점 결과
예	A는 B에 비해 [(가)] 이/가 높은가?	㉠
아니요	B는 A에 비해 정보 제공자와 수용자 간 구분 이/가 명확한가?	1점

정보 사회 / 산업 사회 / 산업 사회 > 정보 사회

* 교사는 완성한 질문별로 채점하고 제시된 대답에 맞게 질문을 완성한 경우는 1점,
틀린 경우는 0점임.

보기
㉠ A는 B에 비해 물리적 거리가 사회적 관계 형성에 미치는
제약 정도가 크다. → 정보 사회 > 산업 사회
ㄴ. (가)에 '사회의 다원화 정도'가 들어간다면, ㉠은 ~~'1점'~~이다. 0점
ㄷ. ㉠이 '0점'이라면, (가)에는 '가정과 일터의 결합 정도'가
들어갈 수 ~~없다~~. 있다 → 정보 사회 > 산업 사회

① ㄱ   ② ㄴ   ③ ㄱ, ㄷ   ④ ㄴ, ㄷ   ⑤ ㄱ, ㄴ, ㄷ

|보|기|풀|이|
ㄴ. 오답 : 사회의 다원화 정도는 정보 사회가 산업 사회에 비해 높다. 해당 내용이 (가)에
들어가면, 첫 번째 질문에 대한 옳은 대답은 '아니요'가 된다. 첫 번째 질문에 대한 대답이
'예'이므로 ㉠은 '0점'이다.
ㄷ. 오답 : ㉠이 '0점'이라면, 첫 번째 질문에 대한 옳은 대답은 '아니요'가 된다. 가정과
일터의 결합 정도는 정보 사회가 산업 사회에 비해 높다. 따라서 ㉠이 '0점'이라면, 해당
내용은 (가)에 들어갈 수 있다.

---

① t년과 t+50년 모두 ~~갑국~~은 ~~을국~~에 비해 저출산 현상이 강하게
나타난다. 을국 / 갑국
② t년과 t+50년에 갑국과 을국은 모두 초고령 사회이다.
③ t년 대비 t+50년의 노령화 지수 증가율은 을국이 갑국보다 ~~크다~~. 작다
④ t년에 을국의 유소년 인구는 t+50년에 갑국의 유소년 인구보다
많다.
⑤ t년에 노년 인구는 을국이 갑국의 3배이고, t+50년에 노년 인구는
을국이 갑국의 ~~1.5배~~이다. 약 1.3배

〈갑국〉

구분	t년		t+50년	
	비율(%)	인구(명)	비율(%)	인구(명)
유소년 인구	40	40	20	18
부양 인구	50	50	60	54
노년 인구	10	10	20	18
전체 인구	100	100	100	90

〈을국〉

구분	t년		t+50년	
	비율(%)	인구(명)	비율(%)	인구(명)
유소년 인구	20	20	15	12
부양 인구	50	50	55	44
노년 인구	30	30	30	24
전체 인구	100	100	100	80

|자|료|해|설|
t년 대비 t+50년에 갑국의 전체 인구는 10% 감소하였고, 을국의 전체 인구는 20%
감소하였으므로 t년에 갑국과 을국의 전체 인구를 각각 100명이라고 가정하면, t+50년에
갑국의 전체 인구는 90명이 되고, t+50년에 을국의 전체 인구는 80명이 된다. t년에 갑국과
을국의 전체 인구를 각각 100명이라고 가정하고, 제시된 자료를 바탕으로 갑국과 을국의
연도별 인구 구성을 나타내면 첨삭과 같다.

|선|택|지|풀|이|
③ 오답 : 갑국의 경우 노령화 지수는 t년에 25에서 t+50년에 100으로
300%{=(75/25)×100} 증가하였다. 을국의 경우 노령화 지수는 t년에 150에서 t+50년에
200으로 약 33.3%{=(50/150)×100} 증가하였다. 따라서 t년 대비 t+50년의 노령화 지수
증가율은 을국이 갑국보다 작다.
④ 정답 : t년에 갑국과 을국의 전체 인구를 각각 100명이라고 가정하면, t년에 을국의
유소년 인구는 20명이고, t+50년에 갑국의 유소년 인구는 18명이다. 따라서 t년에 을국의
유소년 인구는 t+50년에 갑국의 유소년 인구보다 많다.
⑤ 오답 : t년에 갑국과 을국의 전체 인구를 각각 100명이라고 가정하면, t년에 노인 인구는
갑국이 10명, 을국이 30명으로, 을국이 갑국의 3배이다. t년에 갑국과 을국의 전체 인구를
각각 100명이라고 가정하면, t+50년에 노년 인구는 갑국이 18명, 을국이 24명으로,
을국이 갑국의 약 1.3배(=24/18)이다.

문제편 p.373

1	④	2	②	3	③	4	①	5	④
6	②	7	③	8	①	9	①	10	④
11	⑤	12	⑤	13	⑤	14	③	15	④
16	①	17	③	18	②	19	⑤	20	④

---

1 자연 현상 vs 사회·문화 현상   정답 ④   정답률 69%

⊙ 사과에는 폴리페놀 화합물과 이를 산화시키는 효소가 포함되어 있다. 그래서 ⓛ 사과의 껍질을 깎아 공기 중에 노출시키면 산화가 일어나 퀴논이라는 물질이 만들어진다. 퀴논은 반응성이 높아 퀴논 간에 서로 화학 작용을 일으켜 ⓒ 갈색을 띠는 멜라닌 성분을 생성한다. 사과의 갈변을 막기 위해 ② 깎은 사과 표면을 설탕 용액으로 코팅하여 산소와의 접촉을 줄이는 방법을 사용할 수 있다.

① ⊙과 같은 현상은 당위 법칙을 따른다.
② ⓛ과 같은 현상은 확실성의 원리가 적용된다.
③ ⓒ과 같은 현상과 달리 ⓛ과 같은 현상은 몰가치적이다.
✔ ④ ②과 같은 현상에 비해 ⊙과 같은 현상은 인과 관계가 분명하다.
⑤ ②과 같은 현상과 달리 ⓒ과 같은 현상은 경험적 자료로 연구할 수 있다.

|자|료|해|설|
⊙, ⓒ과 같은 현상은 자연 현상에 해당하고, ⓛ, ②과 같은 현상은 사회·문화 현상에 해당한다.

|선|택|지|풀|이|
④ 정답 : 자연 현상은 사회·문화 현상에 비해 인과 관계가 분명하다.
⑤ 오답 : 자연 현상과 사회·문화 현상은 모두 경험적 자료로 연구할 수 있다.

---

2 사회·문화 현상을 보는 관점   정답 ②   정답률 59%

개별 구성원의 이익과 집합체의 이익 간 불일치는 사회적 갈등으로 나타날 수 있다. 이때 중요한 것은 서로 다른 개인들의 이익이 사회적 관계 내에서 작용한다는 점이다. 개인은 자신의 이익을 온전히 추구하기 위해 사회 내 구조화된 관계에 의해 규정된 역할 속에서 다른 구성원들의 이익 추구 과정을 고려해야만 한다. 이러한 과정을 통해 집합체는 안정적인 상태에 도달한다.

보기
ㄱ. 대립과 갈등을 사회의 본질적 속성으로 본다.
ㄴ. 질서와 안정에 기반한 점진적 사회 변동을 설명하기 어렵다.
ㄷ. 사회적 갈등을 균형 회복을 위한 일시적인 과정으로 이해한다.

① ㄴ   ✔ ② ㄷ   ③ ㄱ, ㄴ   ④ ㄱ, ㄷ   ⑤ ㄱ, ㄴ, ㄷ

|자|료|해|설|
제시문은 개인이 자신의 이익을 추구하기 위해서는 사회 내 구조화된 관계에 의해 규정된 역할 속에서 다른 구성원들의 이익 추구 과정을 고려해야 하며, 이 과정을 통해 사회가 안정적인 상태에 도달한다고 보고 있다. 따라서 필자의 관점은 기능론에 해당한다.

|보|기|풀|이|
ㄷ. 정답 : 기능론은 사회가 스스로 조화와 균형을 회복할 수 있는 힘을 지니고 있다고 보므로 사회적 갈등을 조화와 균형을 회복하기 위한 일시적인 과정으로 이해한다.

---

3 관료제와 탈관료제   정답 ③   정답률 69%

○○기업이 세계적인 기업으로 성장한 배경에는 기존과 다른 조직 운영 원리인 A가 큰 영향을 미쳤다. 특히 A에 따른 생산 관리 시스템은 전체 공정을 수많은 미세한 단위로 구분하여 각 부분들의 전문성을 확보하는 데 기여하였다. 이러한 개별 부분들은 상층 부서로 그리고 다시 최상층 부서로 통합 관리되면서 조직의 효율성을 극대화하였다. 이것은 의사 결정 권한의 분산, 유연한 조직 운영 등을 특징으로 하는 B의 모습과는 차이가 있다.

(우단 상단)

|선|택|지|풀|이|
② 오답 : 관료제와 탈관료제는 모두 목표의 효율적 달성이 조직 운영의 핵심이다.
③ 정답 : 관료제는 정해진 절차에 따라 지속적인 업무 수행이 가능하다. 따라서 관료제는 탈관료제에 비해 업무 수행 과정의 예측 가능성이 높다.
④ 오답 : 관료제와 탈관료제는 모두 공식적 규약과 절차에 의해 구성원을 통제한다.

---

4 문화의 속성   정답 ①   정답률 70%

✔ ① A는 공유성이다.
② A는 문화가 후천적으로 학습됨을 의미한다.
③ B는 문화가 구성원들의 사고와 행동에 동질성을 갖게 한다는 것을 의미한다.
④ (가)에는 '각 부분이 유기적으로 결합된 하나의 전체임'이 들어갈 수 있다.
⑤ (가)에는 '시간이 흐르면서 그 형태나 내용이 변화됨'이 들어갈 수 있다.

|자|료|해|설|
○○국 사람들 간에는 개인 사무실의 문을 닫거나 공용 사무실에 가림막을 세워 자신의 공간을 확보하려고 하는 것을 자아의 연장이라고 생각하여 전혀 이상하게 여기지 않는다는 내용을 통해 문화의 공유성을 파악할 수 있다. △△국 사람들이 같은 종교 사상을 통해 원활하게 상호 작용하고 있다는 내용을 통해 문화의 공유성을 파악할 수 있고, △△국에서 고대 토템 신앙에 절대적 신의 관념 및 구원의 개념 등이 결합하여 오늘날의 종교 사상이 모습을 갖추게 되었다는 내용을 통해 문화가 세대 간 전승을 통해 누적된다는 문화의 축적성을 파악할 수 있다. 따라서 A는 공유성, B는 축적성이다.

|선|택|지|풀|이|
① 정답 : ○○국과 △△국의 사례를 통해 문화의 공유성을 파악할 수 있다. 따라서 A는 공유성이다.
④ 오답 : 문화가 각 부분이 유기적으로 결합된 하나의 전체임을 의미하는 것은 문화의 전체성이다. 따라서 해당 내용은 (가)에 들어갈 수 없다.
⑤ 오답 : 문화가 시간이 흐르면서 그 형태나 내용이 변화됨을 의미하는 것은 문화의 변동성이다. 따라서 해당 내용은 (가)에 들어갈 수 없다.

---

5 사회·문화 현상의 연구 과정   정답 ④   정답률 74%

연구자 갑은 ⊙ '온라인 게임 내 이용자들의 사회적 관계 형성에 대한 이해'를 연구 주제로 설정하였다. 우선 선행 연구를 통해 온라인 게임에서는 ⓛ 게임 캐릭터 레벨을 기준으로 게임 이용자들 간 서열이 형성된다는 것을 확인하였다. 이어 서열 형성 과정을 파악하기 위한 ⓒ 연구를 수행하였다. 갑은 온라인 게임에 접속하여 10개월 동안 게임 이용자로 활동하며 선행 연구 결과를 재확인하였지만, 게임 이용자들의 대면 모임에 함께 참여하면서 그들의 ② 연령, 학력, 소득 등이 드러난 이후에는 기존에 형성되었던 온라인 게임 내 이용자들 간 서열이 변화하는 모습을 관찰하였다. 이에 갑은 이 결과를 일반화하기 위해 ⑩ 추가 연구를 실시하였다. ⑪ 온라인 게임 이용자 1,000명을 무작위로 추출하여 ⊗ 설문 조사를 실시하고 분석한 결과 갑은 ◎ 온라인 게임에만 참여한 사람들은 게임 캐릭터 레벨에 의존해서 서열을 형성한 반면, ⊗ 대면 모임에 참여한 사람들은 연령, 학력, 소득 등을 중심으로 서열이 형성되는 것을 확인하였다.

① ⊙ 단계와 ⊗ 단계 모두 연구자의 가치 중립이 요구된다.
② ⑩에서 ⑪은 표본 집단, ⊙은 모집단에 해당한다.
③ ⑩에서 ②은 독립 변수, ⓒ은 종속 변수에 해당한다.
✔ ④ ⊗은 ⓒ의 결과 중 대면 모임 이후 발견한 연구 결과를 지지한다.
⑤ ⓒ과 ⑩은 모두 양적 연구이다.

|선|택|지|풀|이|
① 오답 : ⊙ 단계는 연구 주제 선정 단계이고, ⊗ 단계는 자료 수집 및 분석 단계이다. 연구 주제 선정 단계에서는 연구자의 가치가 개입될 수 있고, 자료 수집 및 분석 단계에서는 연구자의 가치 중립이 요구된다.
② 오답 : ⑪은 표본 집단에 해당하지만, ⊙은 모집단에 해당하지 않는다. ⑩에서 모집단은 온라인 게임 이용자이다.
④ 정답 : 갑은 게임 이용자들의 대면 모임에 함께 참여하여 그들의 연령, 학력, 소득 등이 드러난 이후 게임 캐릭터 레벨에 의존하여 형성되었던 기존의 서열이 변화하는 모습을 발견하였다. 따라서 ⊗은 ⓒ의 결과 중 대면 모임 이후 발견한 연구 결과를 지지한다.

---

6 대중문화 — 정답 ② 정답률 97%

① 계층 간 문화적 차이를 줄이기
❷ 지나치게 상업적인 성격을 띠기
③ 개인의 독창성과 개성을 약화시키기
④ 선정적이고 폭력적인 내용을 담고 있기
⑤ 사회 문제에 대한 대중의 관심을 다른 곳으로 돌리기

|자|료|해|설|
제시된 그림에는 광고 투성인 스포츠 경기와 상품을 노출시키는 드라마를 지적하고 있다.

|선|택|지|풀|이|
②정답 : 제시된 대화는 대중문화가 지나친 상업성을 추구하고 있음을 지적하고 있다. 따라서 '지나치게 상업적인 성격을 띠기'가 (가)에 들어갈 수 있는 내용으로 적절하다.

7 사회 실재론 — 정답 ③ 정답률 78%

보기
ㄱ. 사회가 개인의 총합에 불과하다고 본다.
ㄴ. 사회가 개인의 외부에 존재하는 실체라고 본다.　→ 사회 실재론
ㄷ. 개인이 사회에 의해 구조화된 행동을 한다고 본다.　→ 사회 실재론
ㄹ. 사회 규범은 개인들이 옳다고 믿기에 존재한다고 본다.　→ 사회 명목론

① ㄱ, ㄴ　② ㄱ, ㄷ　❸ ㄴ, ㄷ　④ ㄴ, ㄹ　⑤ ㄷ, ㄹ

|자|료|해|설|
제시문은 사회가 공동 행동만으로는 실현되지 않으며, 사회가 스스로를 실현하는 방법으로 종교적 상징을 통해 구성원들의 집합적 감정을 이끌어 내는 것을 강조하고 있다. 따라서 필자의 관점은 사회 실재론에 해당한다.

|보|기|풀|이|
ㄴ정답 : 사회 실재론은 사회가 개인의 외부에 실제로 존재하며, 독자적인 특성을 지니고 있다고 본다.
ㄷ정답 : 사회 실재론은 개인의 행동과 의식이 실재하는 사회에 의해 구속되므로 개인은 사회에 의해 구조화된 행동을 한다고 본다.

8 하위문화 — 정답 ① 정답률 81%

❶ A는 전체 사회의 문화적 다양성을 높이는 데 기여한다.
② B는 A와 C의 총합으로 구성된다. → 되지 않는다
③ A와 달리 B는 해당 문화를 향유하는 구성원들의 유대감 형성에 기여한다.
④ B와 달리 A는 한 사회의 지배적인 문화에 저항하거나 대립하는 문화이다.
⑤ ⓐ에서 ⓑ으로의 변화는 주류 문화가 하위문화로 변한 사례이다. → 하위 / 주류

|자|료|해|설|
ⓐ은 ○○지역으로 이주해 온 이민자들이 고된 노동을 잊고 고향을 그리워하며 추던 춤이므로 이는 하위문화에 해당한다. ⓑ은 갑국 국민들 누구나 즐기는 춤이므로 이는 주류 문화에 해당한다. 따라서 A는 하위문화, B는 주류 문화, C는 반문화이다.

|선|택|지|풀|이|
①정답 : 하위문화는 전체 사회의 문화적 다양성과 역동성을 높이는 데 기여한다.
② 오답 : 주류 문화는 하위문화와 반문화의 총합으로 구성되지 않는다.
⑤ 오답 : ⓐ에서 ⓑ으로의 변화는 하위문화가 주류 문화로 변한 사례에 해당한다.

9 자료 수집 방법 — 정답 ⑤ 정답률 66%

질문	답변		
	갑	을	병
A는 인위적으로 통제된 상황에서 변수의 효과를 관찰하는 방법인가? (실험법)	예	아니요	아니요
A에 비해 B는 자료 수집 과정에서 연구자가 유연성이나 융통성을 발휘하기 용이한 방법인가? (면접법)	아니요	아니요	㉠ 예
B에 비해 C는 주로 양적 연구에서 활용하는 자료 수집 방법인가? (질문지법, 실험법)	예	아니요	예
(가) → 옳은 답변 : 아니요	아니요	아니요	예
채점 결과	3점	1점	2점

• 교사는 질문별로 각각 채점하고, 옳은 답변은 1점, 틀린 답변은 0점을 부여함.

① ㉠은 '아니요'이다. → 예
② A에 비해 B는 독립 변수와 종속 변수의 관계를 검증하는 연구에 적합하다. → A
③ B와 달리 C는 조사 대상자와의 언어적 상호 작용이 필수적이다.
④ C와 달리 A는 조사 대상자의 주관적 인식을 파악할 수 있다.
❺ (가)에는 'B에 비해 C는 소수의 응답자로부터 깊이 있는 정보를 수집하기에 용이한 방법인가?'가 들어갈 수 있다. → 면접법

|자|료|해|설|
인위적으로 통제된 상황에서 변수의 효과를 관찰하는 방법은 실험법이고, 자료 수집 과정에서 연구자가 유연성이나 융통성을 발휘하기 용이한 방법은 면접법이며, 주로 양적 연구에서 활용하는 자료 수집 방법은 질문지법과 실험법이다. 갑이 첫 번째 질문에 대해 틀린 답변을 한 경우, 갑의 점수가 3점이므로 갑은 두 번째, 세 번째, 네 번째 질문에 대해 옳은 답변을 해야 한다. 이때, 을은 첫 번째, 두 번째, 네 번째 질문에 대해 옳은 답변을 하게 되어 을의 점수는 1점이 되지 않는다. 즉, 갑은 첫 번째 질문에 대해 옳은 답변을 하였다. 따라서 A는 실험법이다. 갑이 세 번째 질문에 대해 틀린 답변을 한 경우, 갑의 점수가 3점이므로 갑은 첫 번째, 두 번째, 네 번째 질문에 대해 옳은 답변을 해야 한다. 이때, 을은 두 번째, 세 번째, 네 번째 질문에 대해 옳은 답변을 하게 되어 을의 점수는 1점이 되지 않는다. 즉, 갑은 세 번째 질문에 대해 옳은 답변을 하였다. 따라서 B는 면접법, C는 질문지법이다.

|선|택|지|풀|이|
③ 오답 : 면접법과 질문지법은 모두 조사 대상자와의 언어적 상호 작용이 필수적이다.
④ 오답 : 실험법과 질문지법은 모두 조사 대상자의 주관적 인식을 파악할 수 있다.
⑤정답 : 질문지법에 비해 면접법은 소수의 응답자로부터 깊이 있는 정보를 수집하기에 용이한 방법이다. 따라서 해당 질문은 (가)에 들어갈 수 있다.

10 계층 구조의 유형과 특징, 사회 이동의 유형 — 정답 ④ 정답률 75%

① 을국의 계층 구조는 피라미드형이다. → 모래시계형
② 갑국의 상층 인구는 을국의 상층 인구보다 많다. → 적다
③ 중층 인구 대비 하층 인구의 비율은 갑국이 병국보다 낮다. → 높다
❹ 갑국 ~ 병국 중 병국의 계층 구조가 사회 안정성이 가장 높다.
⑤ 갑국의 계층 구조는 세대 내 이동이, 을국과 병국의 계층 구조는 세대 간 이동이 활발하게 일어난다. → 알 수 없음

|자|료|해|설|
C에서 A로의 이동은 상승 이동, C에서 B로의 이동은 하강 이동이므로 C는 상승 이동과 하강 이동이 모두 일어나는 중층이다. 따라서 A는 상층, B는 하층이다.

|선|택|지|풀|이|
② 오답 : 갑국의 상층 인구 비율은 10%이고, 을국의 상층 인구 비율은 20%이다. 갑국과 을국의 인구는 동일하므로 갑국의 상층 인구는 을국의 상층 인구보다 적다.
③ 오답 : 중층 인구 대비 하층 인구의 비율은 갑국이 60/30이고, 병국이 30/60으로, 갑국이 병국보다 높다.
④정답 : 갑국의 계층 구조는 피라미드형, 을국의 계층 구조는 모래시계형, 병국의 계층 구조는 다이아몬드형이다. 따라서 갑국 ~ 병국 중 병국의 계층 구조가 사회 안정성이 가장 높다.
⑤ 오답 : 제시된 자료는 계층 구성 비율에 따른 계층 구조를 나타낸 것이므로 이를 통해 세대 내 이동과 세대 간 이동은 파악할 수 없다.

11 사회화 기관, 지위, 역할, 사회 집단 — 정답 ⑤ 정답률 67%

갑은 ① ○○대학교 외식조리학과를 졸업하고 열심히 노력한 끝에 국내 최고 ⑥ 호텔의 수석 요리사이자 ⑥ 요리사 협회의 임원으로 활동하고 있다. 그가 만드는 고가의 코스 요리는 음식의 예술화를 표방하고 엄격한 식사 예절을 요구하여 시간에 여유가 있는 ⑥ 상류층을 대상으로 한다. 이 식당에는 저명인사들의 사교 모임으로 알려진 ⑩ △△클럽 구성원들이 종종 방문한다. 어릴 때부터 상류층의 문화를 동경했던 갑은 자신이 속한 조직에서 좋은 대우를 받음에도 자신이 원하는 △△클럽에 들어갈 수 없다는 점에서 현재 상태에 대한 불만을 가지고 있다. 이에 갑은 △△클럽 회원들이 많이 거주하는 지역으로 이사할 것인지 ⑭ 고민하고 있다. 하지만 현실적인 어려움에 좌절감을 느낀 갑은 △△클럽 회원들이 좋아하는 코스 요리를 조리하여 맛보며 자신의 마음을 달래곤 한다.

① ①, ⑥은 모두 비공식적 사회화 기관이다.
② ⑥과 달리 ⑩은 자발적 결사체에 해당한다.
③ ⑥은 갑의 외집단이다.
④ ⑭은 갑의 역할 갈등에 해당한다.
⑤ 갑은 소속 집단과 준거 집단의 불일치를 경험하고 있다.

|선|택|지|풀|이|
③ 오답 : 상류층은 일정한 요인에 따라 범주화된 것으로 사회 집단에 해당하지 않으며, 갑이 상류층에 대해 적대감을 갖고 있지 않으므로 갑의 외집단으로 볼 수 없다.
④ 오답 : ⑭은 △△클럽 회원들이 많이 거주하는 지역으로 이사할 것인지를 고민하는 것으로, 갑의 역할 간 충돌로 인해 발생하는 역할 갈등에 해당하지 않는다.
⑤ 정답 : 갑은 자신이 속한 조직에서 좋은 대우를 받음에도 자신이 원하는 △△클럽에 들어갈 수 없다는 점에서 불만을 가지고 있으므로 소속 집단과 준거 집단의 불일치를 경험하고 있다.

12 문화를 바라보는 관점, 문화 이해 태도, 문화 변동의 요인 — 정답 ⑤ 정답률 83%

마테차는 세계인이 즐겨 마시는 음료이다. 과거 남미의 과라니족은 인근 밀림에서 자생하는 ① 마테잎을 채집하여 ⑥ 즙 형태의 차로 마시는 방법을 개발하였다. 식민 시기 이래 남미 남부 지역에 ⑥ 새로운 종교를 들여온 선교사를 비롯한 유럽인들은 ⑥ 과라니족의 종교와 문화가 유럽에 비해 뒤떨어진 것이라는 생각에 마테잎을 '악마의 풀'이라고 부르며 천시하였다. 하지만 이후 ⑩ 마테잎의 효능이 알려지자 마테차를 안 마시던 유럽인들도 마시기 시작하면서 남미 남부 지역을 중심으로 재배지가 확산되었다. 오늘날 일부 학자는 이 지역 ⑭ 여러 나라의 마테차 문화에 나타나는 유사성과 차이점을 분석하여 문화의 보편성과 특수성을 이해하는 연구를 수행하고 있다.

① ①은 발명, ⑥은 발견에 해당한다.
② ⑥은 간접 전파에 해당한다.
③ ⑥은 유럽인들의 문화 상대주의적 태도를 보여 준다.
④ ⑩은 강제적 문화 접변에 해당한다.
⑤ ⑭에는 문화를 바라보는 비교론적 관점이 나타난다.

|선|택|지|풀|이|
② 오답 : 선교사를 비롯한 유럽인들을 통해 새로운 종교가 유입되었으므로 이는 직접 전파에 해당한다.
③ 오답 : ⑥은 유럽인들의 자문화 중심주의적 태도를 보여 준다.
⑤ 정답 : 여러 나라의 마테차 문화에 나타나는 유사성과 차이점을 분석하여 문화의 보편성과 특수성을 이해하는 것은 비교론적 관점에 해당한다.

13 정보 사회의 문제점 — 정답 ⑤ 정답률 81%

① (가) : 저작권 침해 문제를 야기할 수 있습니다.
② (가) : 검증되지 않은 정보를 확산시킬 수 있습니다.
③ (나) : 상대적 빈곤을 줄이는 데 도움을 줄 수 있습니다.
④ (나) : 정보 부국 중심의 국제 질서를 강화할 수 있습니다.
⑤ (나) : 계층에 따른 기존의 소득 격차를 늘릴 수 있습니다.

|자|료|해|설|
갑은 정보화 시대에 대해 긍정적인 입장을 보이고 있고, 을은 정보화 시대에 대해 부정적인 입장을 보이고 있다.

|선|택|지|풀|이|
④ 오답 : (나)에는 한 국가 내에서 정보 기술이 사회 불평등을 심화시킨다는 내용이 들어가야 한다. 따라서 정보 부국 중심의 국제 질서 강화와 관련된 내용은 (나)에 들어갈 수 없다.
⑤ 정답 : (나)에는 한 국가 내에서 정보 기술이 사회 불평등을 심화시킨다는 내용이 들어가야 한다. 따라서 정보 기술이 계층에 따른 기존의 소득 격차를 심화시킬 수 있다는 내용은 (나)에 들어갈 수 있다.

14 일탈 행동에 대한 이론 — 정답 ③ 정답률 89%

① 일탈이 개인의 타고난 특성에 의해 발생한다고 본다.
② 사회 규범의 통제력 강화를 일탈의 해결 방안으로 본다. → 뒤르켐의 아노미 이론
③ 일탈자에 대한 낙인이 후속 일탈의 핵심적인 요인이라고 본다. → 낙인 이론
④ 문화적 목표와 제도적 수단 간 괴리로 인해 일탈이 발생한다고 본다. → 머튼의 아노미 이론
⑤ 상호 작용을 통해 범죄에 대한 우호적 가치관을 학습하여 일탈이 발생한다고 본다. → 차별 교제 이론

|자|료|해|설|
처벌이라는 사회적 반응 자체가 일탈자로서의 정체성 형성에 핵심 요인으로 작용한다고 보는 이론은 낙인 이론이다. 따라서 A는 낙인 이론이다.

|선|택|지|풀|이|
② 오답 : 사회 규범의 통제력 강화를 일탈의 해결 방안으로 보는 이론은 뒤르켐의 아노미 이론이다.
③ 정답 : 낙인 이론은 일탈자에 대한 낙인이 2차적 일탈, 즉 후속 일탈의 핵심적인 요인이라고 본다.
④ 오답 : 문화적 목표와 제도적 수단 간 괴리로 인해 일탈이 발생한다고 보는 이론은 머튼의 아노미 이론이다.
⑤ 오답 : 상호 작용을 통해 범죄에 대한 우호적 가치관을 학습하여 일탈이 발생한다고 보는 이론은 차별 교제 이론이다.

15 사회 보장 제도의 특징 — 정답 ④ 정답률 52%

① ①은 11, ⑥은 8이다.
② (가)와 (나) 중 선별적 복지의 성격이 강한 제도의 수혜자 수는 A 지역이 B 지역보다 적다.
③ 갑국에서 우리나라의 사회 서비스에 해당하는 제도의 수혜자 수는 A 지역이 B 지역의 3배이다. → 사회 보험
④ 금전적 지원을 원칙으로 하며 사전 예방적 성격이 강한 제도의 수혜자 수는 A 지역이 B 지역의 2배보다 많다. → 사회 보험
⑤ 갑국 전체에서 상호 부조의 원리가 적용되는 제도의 수혜자 수는 소득 재분배 효과가 가장 큰 제도의 수혜자 수의 2배보다 적다. → 공공 부조

(단위 : 명)

구분	A 지역	B 지역	전체
(가) 수혜자 수	22	8	30
(나) 수혜자 수	6	6	12
(다) 수혜자 수	20	7	27
인구	200	100	300

|자|료|해|설|
(가)는 사회 보험, (나)는 공공 부조, (다)는 사회 서비스이다. A 지역 인구를 a, B 지역 인구를 b라고 하면, (나)의 경우 0.03a+0.06b=0.04(a+b)가 성립하여 이를 풀면, a=2b이다. 즉, A 지역 인구는 B 지역 인구의 2배이다. B 지역 인구를 100명이라고 가정하여 제시된 자료를 바탕으로 지역별 (가)~(다)의 수혜자 수를 나타내면 첨삭과 같다.

|선|택|지|풀|이|
① 오답 : ①은 11이고, ⑥은 9이다.
② 오답 : 선별적 복지의 성격이 강한 제도는 공공 부조인 (나)이다. B 지역 인구가 100명이라면, (나)의 경우 수혜자 수는 A 지역이 6명, B 지역이 6명이다. 따라서 선별적 복지의 성격이 강한 제도의 수혜자 수는 A 지역과 B 지역이 같다.
③ 오답 : B 지역 인구가 100명이라면, 사회 서비스인 (다)의 경우 수혜자 수는 A 지역이 20명, B 지역이 7명이다. 따라서 사회 서비스에 해당하는 제도의 수혜자 수는 A 지역이 B 지역의 3배가 되지 않는다.
④ 정답 : 금전적 지원을 원칙으로 하면서 사전 예방적 성격이 강한 제도는 사회 보험인 (가)이다. B 지역 인구가 100명이라면, (가)의 경우 수혜자 수는 A 지역이 22명, B 지역이 8명이다. 따라서 금전적 지원을 원칙으로 하면서 사전 예방적 성격이 강한 제도의 수혜자 수는 A 지역이 B 지역의 2배보다 많다.
⑤ 오답 : 상호 부조의 원리가 적용되는 제도는 사회 보험인 (가)이고, 소득 재분배 효과가 가장 큰 제도는 공공 부조인 (나)이다. B 지역 인구가 100명이라면, 갑국 전체에서 (가)의 수혜자 수는 30명이고, (나)의 수혜자 수는 12명이다. 따라서 갑국 전체에서 상호 부조의 원리가 적용되는 제도의 수혜자 수는 소득 재분배 효과가 가장 큰 제도의 수혜자 수의 2배보다 많다.

① ㉠은 사회적 소수자로서의 정체성을 갖고 있다.
② ㉡에 비해 ㉠은 정치권력의 열세에 놓여 있다.
③ ㉠에 비해 ㉡은 경제적 자원 획득에서 유리한 위치에 있다.
④ 제도적 차원의 노력을 통해 차별을 해소한 사례를 보여 준다.
⑤ 한 사회 내에서 수적으로 우세하더라도 사회적 소수자가 될 수
    있음을 보여 준다.

|자|료|해|설|
㉠의 이민자는 갑국에서의 사회적 소수자에 해당하고, ㉡의 이민자가 아닌 갑국 사람들은
갑국에서의 사회적 소수자에 해당하지 않는다.

|선|택|지|풀|이|
① 정답 : 갑국 내 극소수에 불과하여 오랜 기간 취업과 임금 등에서 차별받아 온 이민자들이
자신들의 외모와 음식 문화를 비하하는 노래에 대해 강하게 반발하여 유혈 사태가 발생하게
되었다는 내용을 통해 이민자들이 사회적 소수자로서의 정체성을 가지고 있음을 알 수 있다.
④ 오답 : 제시된 자료는 갑국 정부가 추진해 왔던 이민자 통합 프로그램이라는 제도적
차원의 노력에도 불구하고 여전히 사회적 소수자에 대한 차별이 나타나고 있음을 보여 준다.
⑤ 오답 : 갑국에서 이민자는 갑국 내 극소수에 불과하다. 따라서 제시된 자료가 한 사회
내에서 수적으로 우세하더라도 사회적 소수자가 될 수 있음을 보여 준다고 볼 수 없다.

① ㉡은 사회 변화에 저항하고 과거 질서로 회귀하려는 사회
    운동~~이다~~.이 아니다
② ~~B~~A는 사회 변동이 주기적으로 동일한 과정을 반복한다고 본다.
③ 갑은 사회적 시민권이 자유적 시민권의 획득 단계를 거쳐야만
    보장될 수 있다고 본다.
④ 갑은 ~~A~~B의 관점에서 ㉠을, B의 관점에서 ㉡을 해석하고 있다.
⑤ (가)에는 '모든 사회 변동이 항상 진보를 의미하지는 않는다'가
    들어갈 수 ~~있다~~.없다   ┗→ 순환론

|자|료|해|설|
A는 인간의 주체적 노력을 통한 사회 변동을 설명할 수 없으므로 이는 순환론에 해당한다.
따라서 B는 진화론이다.

|선|택|지|풀|이|
② 오답 : 사회 변동이 주기적으로 동일한 과정을 반복한다고 보는 이론은 순환론이다.
③ 정답 : 갑은 진화론의 관점에서 시민권의 역사를 설명하며, 사회적 시민권의 제도화로
나아가는 데 있어 필수적인 토대로 자유적 시민권과 정치적 시민권의 획득을 강조하고
있다. 즉, 갑은 자유적 시민권의 획득 단계를 거쳐야만 사회적 시민권을 보장받을 수 있다고
보고 있다.
④ 오답 : 갑은 진화론의 관점에서 시민권의 역사와 참정권 확대 운동을 해석하고 있다.
⑤ 오답 : (가)에는 진화론에 대한 내용이 들어가야 한다. 모든 사회 변동이 항상 진보를
의미하지는 않는다고 보는 이론은 순환론이다. 따라서 해당 내용은 (가)에 들어갈 수 없다.

보기
㉠ 사회 불평등을 부당하고 해결해야 할 현상으로 본다. ➡ 갈등론
㉡ 균등 분배가 인재의 적재적소 배치에 어려움을 야기한다고
    본다. ➡ 기능론
㉢ 사회 제도를 지배와 피지배 관계의 재생산을 위한 수단으로
    본다. ➡ 갈등론
㉣ 사회적 희소가치의 배분 기준이 사회적으로 합의된 것이라고
    본다. ➡ 기능론

① ㄱ, ㄴ   ② ㄱ, ㄷ   ③ ㄴ, ㄷ   ④ ㄴ, ㄹ   ⑤ ㄷ, ㄹ

|자|료|해|설|
제시문은 부당한 임금 구조가 은폐되고, 이러한 구조를 유지하기 위해 자본가들은 국가를
통해 법을 제정하고 교육을 관리한다고 보고 있다. 따라서 필자의 관점은 갈등론에
해당한다.

|보|기|풀|이|
㉠ 정답 : 갈등론은 사회 불평등이 보편적인 현상일지는 몰라도 불가피하지 않으며 제거해야
할 현상이라고 본다.
㉢ 정답 : 갈등론은 사회 제도를 지배와 피지배 관계의 유지 및 계급 재생산을 위한 수단으로
본다.

① 자원을 둘러싼 국가 간 분쟁을 줄이는 것
② 전쟁으로 인한 인명과 재산 피해를 막는 것
③ 과학 기술 발전의 성과를 전 세계와 공유하는 것
④ 세계 시민 의식을 함양하여 환경 문제에 관심을 갖는 것
⑤ 특정 지역이나 국가를 초월하여 국제 협력을 강화하는 것

|선|택|지|풀|이|
⑤ 정답 : 자료 1)에서 A는 국제 조약의 필요성을 주장하며 전쟁 피해를 최소화하고자
노력하고 있고, 자료 2)에서 B는 여러 국가와 기업, 지역 주민들의 합의를 이끌어 내며 환경
보존과 생명 존중을 실천하고자 노력하고 있다. 이를 통해 전쟁, 환경 보존, 생명 존중 등과
같은 전 지구적 수준의 문제 해결을 위해 국제 협력 강화가 중요하다는 결론을 도출할 수
있다. 따라서 해당 내용은 (가)에 들어갈 내용으로 적절하다.

t년 갑국과 을국의 전체 인구는 같다. 갑국에서 t+50년의
인구는 t년의 2배이고, 을국에서 t+50년의 인구는 t년의
3배이다. 단, 복지 지출의 필요성은 복지 정책의 적용 대상이
되는 인구에 비례한다.

구분	갑국		을국	
	t년	t+50년	t년	t+50년
전체 인구 대비 노년 인구 비율(%)	10	35	10	㉠25
노령화 지수	20	140	㉡25	100
총부양비	㉢150	㉣150	100	100

$$* \text{노령화 지수} = \frac{\text{노년 인구 (65세 이상 인구)}}{\text{유소년 인구 (0~14세 인구)}} \times 100$$

$$** \text{유소년 부양비} = \frac{\text{유소년 인구 (0~14세 인구)}}{\text{부양 인구 (15~64세 인구)}} \times 100$$

$$*** \text{노년 부양비} = \frac{\text{노년 인구 (65세 이상 인구)}}{\text{부양 인구 (15~64세 인구)}} \times 100$$

**** 총부양비 = 유소년 부양비 + 노년 부양비

보기
ㄱ. ㉠과 ㉡은 같고, ㉣은 ㉢~~보다 크다~~.과 같다
ㄴ. 을국의 t+50년 부양 인구는 갑국의 t년 유소년 인구의
    3배이다.
ㄷ. t년 노년 부양비의 경우 갑국이 을국보다 크고, t+50년
    유소년 부양비의 경우 을국이 갑국보다 ~~크다~~.작다
ㄹ. 갑국과 을국 모두 t년 대비 t+50년에 노년 인구를 대상으로
    한 복지 지출의 필요성이 커졌다.(∵ 노년 인구 증가)

① ㄱ, ㄴ   ② ㄱ, ㄷ   ③ ㄴ, ㄷ   ④ ㄴ, ㄹ   ⑤ ㄷ, ㄹ

(단위 : %)

구분	갑국		을국	
	t년	t+50년	t년	t+50년
유소년 인구	50	25	40	25
부양 인구	40	40	50	50
노년 인구	10	35	10	25
전체	100	100	100	100

(단위 : 명)

구분	갑국		을국	
	t년	t+50년	t년	t+50년
유소년 인구	50	50	40	75
부양 인구	40	80	50	150
노년 인구	10	70	10	75
전체	100	200	100	300

|자|료|해|설|
제시된 전체 인구 대비 노년 인구 비율과 노령화 지수 및 총부양비를 통해 유소년 인구 비율,
부양 인구 비율, 노년 인구 비율을 구하면 첨삭과 같다. t년에 갑국과 을국의 전체 인구가
같고, t+50년에 갑국의 인구는 t년의 2배이고, 을국의 인구는 t년의 3배이므로 t년에 갑국과
을국의 전체 인구를 각각 100명이라고 하면, t+50년에 갑국의 전체 인구는 200명, 을국의
전체 인구는 300명이 된다. 이를 바탕으로 t년과 t+50년에 갑국과 을국의 인구 구성을
나타내면 첨삭과 같다.

|보|기|풀|이|
ㄴ. 정답 : t년에 갑국과 을국의 전체 인구를 각각 100명이라고 하면, t+50년에 을국의 부양
인구는 150명이고, t년에 갑국의 유소년 인구는 50명이다. 따라서 을국의 t+50년 부양
인구는 갑국의 t년 유소년 인구의 3배이다.
ㄹ. 정답 : t년에 갑국과 을국의 전체 인구를 각각 100명이라고 하면, t년 대비 t+50년에
노년 인구는 갑국이 10명에서 70명으로, 을국은 10명에서 75명으로 증가하였다. t년 대비
t+50년에 갑국과 을국은 모두 노년 인구가 증가하였으므로 노년 인구를 대상으로 한 복지
지출의 필요성이 커졌다고 볼 수 있다.

문제편 p.377

1	⑤	2	④	3	④	4	①	5	①
6	②	7	③	8	⑤	9	①	10	③
11	⑤	12	④	13	④	14	①	15	⑤
16	②	17	③	18	⑤	19	③	20	②

1 자연 현상 vs 사회·문화 현상 정답 ⑤ 정답률 43%

┌─ 사회·문화 현상

㉠모기에 물리지 않게 해주는 특수 오일이 개발되었다. 전자 현미경으로 모기를 확대해보면 다리에 미세한 털이 있다. ㉡사람의 젖은 ← 자연 현상
피부에도 모기가 앉을 수 있는 것은 이 미세한 털이 물을 튕겨내기 때문이다. 하지만 특수 오일은 그러한 행동을 못 하게 하여 모기가 사람의 ㉢피부에 앉는 것을 차단하는 역할을 한다. ← 자연 현상
연구진은 "사람에 비유하면 늪에 발이 빠지는 것 같아 무서워서 달아나는 것으로 보인다."라고 설명했다. 앞으로 이 오일은 ㉣뎅기열과 말라리아 등 전염병이 발생하는 지역에 큰 도움이 될 것이라고 연구진은 전했다. ← 자연 현상

① ㉠과 같은 현상은 필연성[개연성]의 원리가 적용된다.
② ㉡과 같은 현상은 확률[확실성]의 원리가 적용된다.
③ ㉡과 같은 현상과 달리 ㉢과 같은 현상은 가치 함축적[몰가치적]이다.
④ ㉢과 같은 현상과 달리 ㉣과 같은 현상은 보편성과 특수성이 공존한다[이 강하게 나타난다].
✔⑤ ㉣과 같은 현상과 달리 ㉠과 같은 현상은 인과 관계가 불분명하다.

|자|료|해|설|
㉠과 같은 현상은 사회·문화 현상에 해당하고, ㉡, ㉢, ㉣과 같은 현상은 자연 현상에 해당한다.

|선|택|지|풀|이|
① 오답 : 사회·문화 현상은 개연성의 원리가 적용되고, 자연 현상은 필연성의 원리가 적용된다.
② 오답 : 사회·문화 현상은 확률의 원리가 적용되고, 자연 현상은 확실성의 원리가 적용된다.
③ 오답 : 사회·문화 현상은 가치 함축적이고, 자연 현상은 몰가치적이다.
④ 오답 : 사회·문화 현상은 보편성과 특수성이 공존하고, 자연 현상은 보편성이 강하게 나타난다.
⑤정답 : 사회·문화 현상과 자연 현상은 모두 인과 관계가 나타난다. 다만, 자연 현상은 사회·문화 현상에 비해 인과 관계가 분명하다.

2 사회 명목론 정답 ④ 정답률 57%

보기
ㄱ. 개인은 사회 속에서만 존재의 의미를 가진다고 본다. ┐ 사회 실재론
ㄴ. 개인이 옳다고 믿기에 사회 규범이 존재한다고 본다. ┘
ㄷ. 사회는 개인의 외부에서 독자적으로 작동한다고 본다. ┐ 사회 명목론
ㄹ. 사회의 속성을 개인의 속성으로 환원할 수 있다고 본다. ┘

① ㄱ, ㄴ ② ㄱ, ㄷ ③ ㄴ, ㄷ ✔④ ㄴ, ㄹ ⑤ ㄷ, ㄹ

|자|료|해|설|
필자는 사회 계약설을 바탕으로 개인과 사회의 관계를 바라보고 있다. 사회 계약설은 사회가 개인의 권리를 보장하기 위한 수단이라고 본다. 이는 사회 명목론에 해당한다.

|보|기|풀|이|
ㄴ. 정답 : 사회 명목론은 개인이 옳다고 믿기 때문에 사회 규범이 존재한다고 본다.
ㄹ. 정답 : 사회 명목론은 사회가 개인들의 집합체에 붙여진 이름에 불과하다고 보며, 사회의 속성이 개인의 속성으로 환원될 수 있다고 본다.

3 사회화, 지위, 역할 정답 ④ 정답률 76%

① ㉠은 성취 지위이다[에 해당하지 않는다].
② ㉢은 공무원으로서 갑의 역할 행동에 대한 보상이다.
③ ㉤은 한식 요리사로서 을의 역할 행동에 해당한다.
✔④ ㉡과 달리 ㉻은 역할 갈등이다.
⑤ ㉣은 갑의 재사회화, ㉺은 을의 예기 사회화에 해당한다.

|선|택|지|풀|이|
① 오답 : 악성 민원인은 집단이나 사회 속에서 개인이 차지하는 위치가 아니므로 지위에 해당하지 않는다.
③ 오답 : ㉤은 한식 요리사로서 을이 실제로 수행하는 구체적인 행동 방식이 아니므로 역할 행동에 해당하지 않는다.
④정답 : ㉡은 이직에 대한 개인적인 고민이므로 역할 갈등에 해당하지 않는다. ㉻은 방송 고정 출연자라는 지위와 부모라는 지위에 따라 요구되는 역할들이 충돌하여 발생하는 고민이므로 역할 갈등에 해당한다.
⑤ 오답 : ㉣은 갑의 재사회화에 해당하지만, ㉺은 을의 예기 사회화에 해당하지 않는다.

4 자료 수집 방법 정답 ① 정답률 73%

✔① A와 달리 B는 자료 수집 과정에서 구조화된 도구의 사용이 필수적이다.
② C에 비해 A는 자료 수집 과정에서 시·공간적 제약이 적다.
③ D와 달리 B는 연구자와 연구 대상자 간의 신뢰 관계 형성이 중요하다.
④ B와 C는 '연구 대상자의 주관적 인식을 파악할 수 있는가?'라는 질문으로 구분할 수 있다[없다].
⑤ C와 D는 '연구자와 연구 대상자 간의 언어적 상호 작용이 필수적인가?'라는 질문으로 구분할 수 없다[있다].

|자|료|해|설|
A는 참여 관찰법, B는 질문지법, C는 문헌 연구법, D는 면접법이다.

|선|택|지|풀|이|
①정답 : 질문지법은 참여 관찰법과 달리 조사 대상자에게 형식과 내용이 같은 질문과 응답 항목이 제시되는 구조화·표준화된 자료 수집 방법에 해당한다.
③ 오답 : 면접법은 질문지법과 달리 연구자와 연구 대상자 간의 신뢰 관계, 즉 라포르 형성이 중요하다.
④ 오답 : 질문지법과 문헌 연구법은 모두 연구 대상자의 주관적 인식을 파악할 수 있다. 따라서 해당 질문으로 질문지법과 문헌 연구법을 구분할 수 없다.

5 사회·문화 현상의 연구 과정 정답 ① 정답률 53%

┌─ 독립 변수 ┌─ 종속 변수

갑은 A국 65세 이상 노인의 ㉠사회 관계망이 문화 소비에 미치는 영향을 파악하기 위해 문화 소비에 대한 ㉡가족 관계망, 지인 관계망, 단체 관계망의 영향을 연구하였다. 갑은 전국에서 ㉢65세 이상 노인 남녀 1,000명을 추출하여 설문 조사를 실시하였다. 문화 소비는 지난 1년간 공연과 전시를 관람한 횟수로, 가족 관계망은 평소 교류하는 가족과 친척의 수로, 지인 관계망은 가족과 친척 이외에 평소 교류하는 사람의 수로, 단체 관계망은 참여하는 단체의 수로 파악하였다. … (중략) … ← 개념의 조작적 정의
㉣성별에 따른 분석 결과를 보면, 여성의 경우 문화 소비와 사회 관계망 사이에 모두 유의미한 정(+)의 관계가 나타났다. 남성의 경우 문화 소비와 단체 관계망 사이에 유의미한 정(+)의 관계가 나타났으나, 문화 소비와 가족 관계망, 문화 소비와 지인 관계망 사이에는 각각 유의미한 관계가 나타나지 않았다.
(표본 ← ㉢)

보기
ㄱ. ㉡은 ㉠의 조작적 정의에 해당한다[하지 않는다].
ㄴ. ㉢은 갑이 선정한 표본이다.
ㄷ. ㉣로 65세 이상 남성의 경우 평소 교류하는 가족과 친척의[가족 관계망] 수가 많을수록 공연과 전시를 관람한 횟수는 감소한다는 것을 확인할 수 있다. [알 수 없음]

✔① ㄴ ② ㄷ ③ ㄱ, ㄴ ④ ㄱ, ㄷ ⑤ ㄱ, ㄴ, ㄷ

|보|기|풀|이|
ㄴ. 정답 : 갑의 연구에서 모집단은 A국 65세 이상 노인이고, 표본은 65세 이상 노인 남녀 1,000명이다.
ㄷ. 오답 : 성별에 따른 분석 결과, 남성의 경우 문화 소비와 가족 관계망 사이에는 유의미한 관계가 나타나지 않았다. 따라서 65세 이상 남성의 경우 평소 교류하는 가족과 친척의 수가 많을수록 공연과 전시를 관람한 횟수가 감소했는지는 알 수 없다.

6 사회 · 문화 현상을 보는 관점 정답 ② 정답률 64%

① 갑의 관점은 사회 불평등 현상이 불가피하다고 본다. (보지 않는다)
✔② 을의 관점은 개인의 행위에 미치는 사회 구조의 영향력을 중시한다. (→ 거시적 관점)
③ 병(갑)의 관점은 사회 현상을 갈등과 대립의 측면에서만 파악한다는 비판을 받는다.
④ 갑(을), 병의 관점과 달리 을(갑)의 관점은 지배 집단과 피지배 집단의 이익이 조화를 이루기 어렵다고 본다.
⑤ 을(갑), 병의 관점과 달리 갑(을)의 관점은 기득권층의 이익을 옹호하는 논리로 활용된다는 비판을 받는다.

|자|료|해|설|

갑의 관점은 갈등론, 을의 관점은 기능론, 병의 관점은 상징적 상호 작용론에 해당한다.

|선|택|지|풀|이|

① 오답 : 갈등론은 사회 불평등 현상이 보편적인 현상일지는 몰라도 불가피하지는 않으며 제거해야 할 현상이라고 본다.
②정답 : 기능론은 개인의 행위에 미치는 사회 구조의 영향력을 중시하는 거시적 관점에 해당한다.
⑤ 오답 : 기능론은 사회 질서와 안정을 강조하여 기득권층의 이익을 옹호한다는 논리로 활용된다는 비판을 받는다.

7 사회 집단 정답 ③ 정답률 82%

① ㉠은 소속 집단과 준거 집단이 불일치할 때 강화된다.
② ㉡이 발생하는 원인은 외집단에 대한 동질감(이질감) 때문이다.
✔③ ㉢은 1차 집단과 2차 집단을 구분하는 기준이다.
④ ㉣(㉤)의 사례로 이익 집단, 시민 단체를 들 수 있다.
⑤ ㉤(㉣)은 주로 인간관계 자체를 목적으로 한다.

|자|료|해|설|

사회 집단은 결합 의지에 따라 공동 사회와 이익 사회로 구분되고, 접촉 방식에 따라 1차 집단과 2차 집단으로 구분된다.

|선|택|지|풀|이|

③정답 : 사회적 관계를 만들어 가는 방식이 친밀한 접촉을 통해 유지되면 1차 집단, 수단적 접촉을 통해 유지되면 2차 집단으로 구분할 수 있다. 따라서 사회적 관계를 만들어 가는 방식은 1차 집단과 2차 집단을 구분하는 기준이다.
④ 오답 : 이익 집단, 시민 단체는 2차 집단의 사례에 해당한다.
⑤ 오답 : 주로 인간관계 자체를 목적으로 하는 집단은 1차 집단이다.

8 세계화와 다문화 사회 정답 ⑤ 정답률 91%

① 국제 분업으로 국가 간 빈부 격차가 심화된다.
② 무분별한 개발로 인해 생물종의 다양성이 감소한다.
③ 국가 간 교류 증대로 개별 국가의 자율성이 약화된다.
④ 자원 확보를 위한 경쟁으로 인해 국가 간 갈등이 심화된다.
✔⑤ 자본의 이윤 추구로 인한 지역 문제가 전 세계로 확산된다.

|선|택|지|풀|이|

⑤정답 : 필자는 다국적 기업들의 플랜테이션 농장 건설의 확대로 인해 빈발해진 아프리카 지역의 감염병이 세계화에 따라 전 세계에 확산되고 있음을 지적하고 있다. 즉, 필자는 자본의 이윤 추구로 인한 지역 문제가 전 세계로 확산되고 있음을 강조하고 있다.

9 일탈 행동에 대한 이론 정답 ① 정답률 57%

질문	답변 갑	답변 을	답변 병
A(차별 교제 이론)는 일탈이 주변 사람으로부터 학습되는 과정에 주목하는가?	예	아니요	예
B와 달리 C(낙인 이론)는 일탈자가 부정적 자아를 내면화하는 과정에 주목하는가?	아니요	아니요	예
B와 달리 D(뒤르켐의 아노미 이론)는 문화적 목표와 제도적 수단 간의 괴리가 일탈의 원인이라고 보는가?	아니요	예	예
B, D와 달리 A, C는 모두 타인과의 상호 작용이 일탈에 미치는 영향을 강조하는가? (머튼의 아노미 이론)	아니요	예	예
채점 결과	2점	㉠(1점)	3점

* 교사는 질문별로 각각 채점하고, 옳은 답변은 1점, 틀린 답변은 0점을 부여함.

|자|료|해|설|

일탈이 주변 사람으로부터 학습되는 과정에 주목하는 이론은 차별 교제 이론이고, 일탈자가 부정적 자아를 내면화하는 과정에 주목하는 이론은 낙인 이론이며, 문화적 목표와 제도적 수단 간의 괴리가 일탈의 원인이라고 보는 이론은 머튼의 아노미 이론이고, 타인과의 상호 작용이 일탈에 미치는 영향을 강조하는 이론은 차별 교제 이론과 낙인 이론이다. 병의 경우 첫 번째 질문에 대한 답변이 옳지 않다면 네 번째 질문에 대한 답변도 옳지 않게 되고, 두 번째 질문에 대한 답변이 옳지 않다면 네 번째 질문에 대한 답변도 옳지 않게 되어 3점을 획득할 수 없다. 즉, 병의 경우 첫 번째 질문, 두 번째 질문, 네 번째 질문에 대한 답변은 옳고, 세 번째 질문에 대한 답변은 옳지 않다. 따라서 A는 차별 교제 이론, B는 머튼의 아노미 이론, C는 낙인 이론, D는 뒤르켐의 아노미 이론이다.

|선|택|지|풀|이|

①정답 : 을의 경우 첫 번째 질문, 두 번째 질문, 세 번째 질문에 대한 답변은 옳지 않고, 네 번째 질문에 대한 답변은 옳다. 즉, 을의 점수는 1점이다. 따라서 ㉠은 '1점'이다.
② 오답 : 비행 청소년이라는 부정적인 평판으로 인해 범죄를 다시 저지르는 경우는 낙인 이론의 사례에 해당한다.
③ 오답 : 경찰의 치안과 공권력이 무너진 국가에서 각종 범죄가 늘어나는 경우는 뒤르켐의 아노미 이론의 사례에 해당한다.
④ 오답 : 프로 야구 만년 후보 선수가 주전 선수가 되고 싶어 금지 약물을 복용한 경우는 머튼의 아노미 이론의 사례에 해당한다.
⑤ 오답 : 상습적으로 불법 도박을 하는 친구에게 배워 불법 스포츠 도박에 빠진 청소년의 경우 차별 교제 이론의 사례에 해당한다.

（9번 선택지）

✔① ㉠은 '1점'이다.
② A(C)의 사례로 비행 청소년이라는 부정적인 평판으로 인해 범죄를 다시 저지르는 경우를 들 수 있다.
③ B(D)의 사례로 경찰의 치안과 공권력이 무너진 국가에서 각종 범죄가 늘어나는 경우를 들 수 있다.
④ C(B)의 사례로 프로 야구 만년 후보 선수가 주전 선수가 되고 싶어 금지 약물을 복용한 경우를 들 수 있다.
⑤ D(A)의 사례로 상습적으로 불법 도박을 하는 친구에게 배워 불법 스포츠 도박에 빠진 청소년의 경우를 들 수 있다.

10 계층 구조의 유형과 특징, 사회 이동의 유형 정답 ③ 정답률 71%

자료는 연령이 50세인 갑~병의 사회 이동과 그들이 속한 국가의 현재 계층 비율을 조사한 결과이다. 단, A~C는 각각 상층, 중층, 하층 중 하나이며, 다른 계층은 존재하지 않는다. 세대 간 이동은 (가)와 (다), 세대 내 이동은 (나)와 (다)를 통해 판단한다.

<갑~병의 사회 이동 양상>

구분	갑	을	병
(가) 부모의 계층	상층	중층	하층
(나) 20년 전 본인 계층	A 중층	B 하층	C 상층
(다) 현재 본인 계층	B 하층	C 상층	A 중층

（세대 간 이동은 (가)-(다), 세대 내 이동은 (나)-(다)）

<갑~병이 속한 국가의 현재 계층 비율>

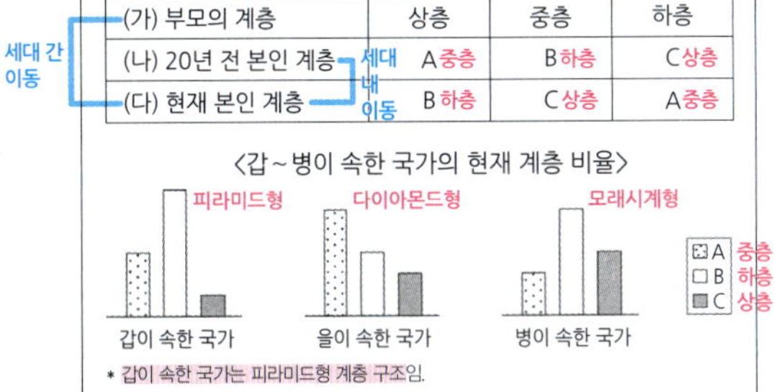

* 갑이 속한 국가는 피라미드형 계층 구조임.

① 갑과 달리 을은 세대 간 하강(상승) 이동을 하였다.
② 을과 병에게는 모두 계층 대물림이 이루어졌다. (지지 않았다)
✔③ 갑과 을은 모두 세대 간 이동과 세대 내 이동을 하였다.
④ 을이 속한 국가는 갑이 속한 국가에 비해 계층 양극화로 인한 문제가 발생할 가능성이 높다. (낮다)
⑤ 병이 속한 국가는 을이 속한 국가에 비해 사회 통합에 유리한 계층 구조가 나타난다.

|선|택|지|풀|이|

② 오답 : 을은 중층에서 상층으로 세대 간 상승 이동을 하였고, 병은 하층에서 중층으로 세대 간 상승 이동을 하였다. 따라서 을과 병에게는 모두 계층 대물림이 이루어지지 않았다.
③정답 : 갑은 상층에서 하층으로 세대 간 하강 이동을, 중층에서 하층으로 세대 내 하강 이동을 하였다. 을은 중층에서 상층으로 세대 간 상승 이동을, 하층에서 상층으로 세대 내 상승 이동을 하였다. 따라서 갑과 을은 모두 세대 간 이동과 세대 내 이동을 하였다.

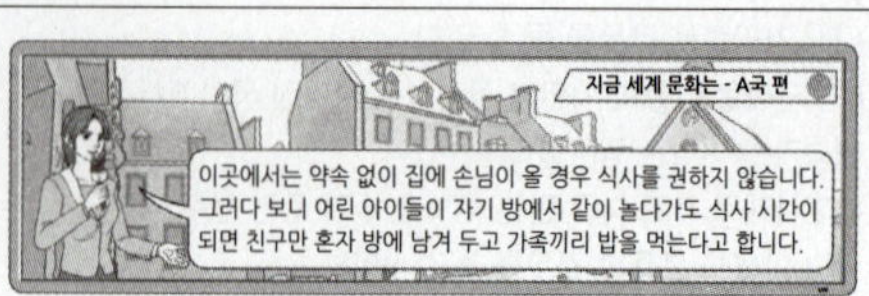

갑 : A국의 식사 문화는 손님에 대한 예의가 없는 것 같아.

을 : A국에서는 자기 가족끼리만 식사를 하는 것이 오랜
전통이야. 이런 문화가 우리와 달라서 이상하게 보일 수
있지만 틀렸다고 생각하면 안 돼. 서로 다른 문화를 제대로
이해하려면 각 사회 문화를   (가)

→ 문화 상대주의

① 비교하며 평가하는 대상으로 여겨야 해.
② 인류의 보편적 가치를 기준으로 평가해야 해.
③ 동경심을 가지고 받아들이려는 태도를 취해야 해.
④ 타문화보다 자문화가 우수하다는 태도로 판단해야 해.
⑤ 그 사회의 특수한 환경과 사회적 맥락에서 바라봐야 해.

|선|택|지|풀|이|

⑤정답 : (가)에는 문화 상대주의와 관련 있는 내용이 들어갈 수 있다. 문화 상대주의는 해당 사회의 문화를 그 사회의 특수한 환경과 사회적 맥락에서 바라볼 것을 강조한다.

---

12   사회 변동 이론   정답 ④   정답률 69%

보기

ㄱ. 사회의 퇴보나 멸망을 설명하기 어렵다. → 진화론
ㄴ. 단기적 사회 변동 과정을 설명하기 힘들다. → 순환론
ㄷ. 제국주의를 정당화하는 수단으로 악용될 수 있다. → 진화론
ㄹ. 미래의 사회 변동에 대한 역동적인 대응이 어렵다. → 순환론

① ㄱ, ㄴ   ② ㄱ, ㄷ   ③ ㄴ, ㄷ   ④ ㄴ, ㄹ   ⑤ ㄷ, ㄹ

|자|료|해|설|
필자는 순환론을 바탕으로 사회 변동의 방향을 바라보고 있다.

|보|기|풀|이|
ㄴ 정답 : 순환론이 전제하는 순환 과정은 매우 오랜 시간에 걸쳐 일어나는 것이므로 순환론은 단기적 사회 변동 과정을 설명하기 어렵다.
ㄹ 정답 : 순환론은 앞으로의 변동 방향을 예측하여 대응하기에 적합하지 않다.

---

13   하위문화, 사회 운동   정답 ④   정답률 86%

1960년대 미국 사회에서 베트남 전쟁 반대에 가장 적극적인 목소리를 낸 단체는 ○○ 연합이었다. 그들의 운동을 이끈 감정은 주류 사회에 대한 반감과 도덕적 분노였다. 전쟁을 반대하는 ⊙ 평화 운동 집회에서는 형제애와 연대의 언어가 넘쳐흘렀다. 하지만 동료 여성들을 대하는 남성들의 차별적 태도는 미국 사회의 전반적인 분위기와 다르지 않았다. 회의에서 이들은 여성의 발언권을 제약했고 여성이 논의를 주도하려 할 때면 종종 야유를 퍼부었다. 남성들은 주류 사회에 반기를 들었지만, ⓛ 남성 우위 문화에는 놀라울 만큼 순응했다. 여성들 역시 초기에는 이러한 차별을 그다지 의식하지 않았지만 시간이 흐르자 소수 여성을 중심으로 차별에 대한 문제 제기가 이루어졌다. 이 목소리는 결국 거대한 물결로 이어져, ⓒ 반전 운동을 넘어 미국 사회에 심오한 영향을 미친 ⓔ 여성 운동으로 발전했다.

반문화 →
← 주류 문화

보기

ㄱ. ⊙은 반문화가 아닌 하위문화이다.
ㄴ. ⓛ은 다수의 사회 구성원이 전반적으로 공유하는 문화이다.
ㄷ. ⓒ은 현재의 사회 질서를 유지하고자 하는 사회 운동이다.
ㄹ. ⓔ은 불평등한 사회 구조를 개혁하기 위한 사회 운동이다.

① ㄱ, ㄴ   ② ㄱ, ㄷ   ③ ㄴ, ㄷ   ④ ㄴ, ㄹ   ⑤ ㄷ, ㄹ

|보|기|풀|이|
ㄴ 정답 : ⓛ은 1960년대 미국 사회의 전반적인 분위기로 대부분의 남성과 여성이 전반적으로 공유한 주류 문화에 해당한다.
ㄹ 정답 : ⓔ은 남성 위주의 불평등한 사회 구조를 바꾸고자 하는 사회 운동에 해당한다.

---

14   문화의 속성   정답 ①   정답률 70%

① 문화가 한 사회 구성원이 공통적으로 가지고 있는 생활 양식임을 의미하는 속성은 A가 아닌 B이다. → 공유성
② 문화가 경험과 상징을 통해 후천적으로 학습됨을 의미하는 속성은 B가 아닌 C이다. → 학습성
③ 갑이 선택한 문화의 속성은 시간의 흐름에 따라 기존 문화 요소가 사라지거나 변화함을 의미한다. → 변동성
④ 을이 발표한 문화의 속성은 문화가 세대를 전승하며 더욱 풍부해짐을 의미한다. → 축적성
⑤ 병이 발표한 문화의 속성은 문화의 각 요소들이 상호 유기적으로 연결되어 있음을 의미한다. → 전체성

|선|택|지|풀|이|
①정답 : 문화의 공유성은 문화가 한 사회 구성원 다수가 공통적으로 가지고 있는 생활 양식임을 의미한다.
② 오답 : 문화가 경험과 상징을 통해 후천적으로 학습됨을 의미하는 문화의 속성은 학습성이다.
③ 오답 : 시간의 흐름에 따라 기존 문화 요소가 사라지거나 변화함을 의미하는 문화의 속성은 변동성이다.
④ 오답 : 문화가 세대를 전승하며 더욱 풍부해짐을 의미하는 문화의 속성은 축적성이다.
⑤ 오답 : 문화의 각 요소들이 상호 유기적으로 연결되어 있음을 의미하는 문화의 속성은 전체성이다.

---

15   사회 보장 제도의 특징   정답 ⑤   정답률 29%

① ⊙은 t년의 중복 수급자 비율보다 작고 t+30년의 중복 수급자 비율보다 크다. → 크고
② 선별적 복지의 성격이 강한 제도에만 해당하는 수급자 비율은 t+30년이 t년에 비해 3% 감소하였다. → 공공 부조 / 50%
③ 소득 재분배 효과가 있는 제도의 수급자 수는 t년과 t+30년이 동일하다. → 사회 보험, 공공 부조
④ 정부 재정으로 비용을 전액 충당하는 것을 원칙으로 하는 제도에만 해당하는 수급자 수는 t+30년이 t년의 2배이다. → 공공 부조 / 과 같다
⑤ t년에 상호 부조의 원리가 적용되는 제도에만 해당하는 수급자 수는 t+30년 비(非)수급자 수의 2배이다. → 사회 보험

구분	t년		t+30년	
	비율(%)	수(명)	비율(%)	수(명)
A 수급자	70	70	77	154
B 수급자	26	26	13	26
A와 B 중복 수급자	10	10	5	10
비수급자	14	14	15	30
전체	100	100	100	200

|자|료|해|설|
사전 예방적 성격이 강한 제도는 사회 보험이고, 사후 처방적 성격이 강한 제도는 공공 부조이다. 따라서 A는 사회 보험, B는 공공 부조이다. t년에 비수급자 비율이 14%이므로 수급자 비율은 86%가 되고, A 수급자 비율이 70%, B 수급자 비율이 26%이므로 A와 B 중복 수급자 비율은 10%(=70%+26%-86%)가 된다. t년 대비 t+30년에 A와 B 중복 수급자 비율이 50% 감소하였으므로 t+30년에 A와 B 중복 수급자 비율이 5%가 된다. t+30년에 비수급자 비율이 15%이므로 수급자 비율은 85%가 되고, A 수급자 비율이 77%, A와 B 중복 수급자 비율이 5%이므로 B 수급자 비율은 13%(=85%-77%+5%)가 된다. A와 B 중복 수급자 비율은 t년이 10%, t+30년이 5%인데, t년과 t+30년에 A와 B 중복 수급자 수가 동일하므로 갑국의 전체 인구는 t+30년이 t년의 2배이다. t년에 갑국의 전체 인구를 100명이라고 가정하여 제시된 자료를 바탕으로 연도별 A 수급자, B 수급자 및 A와 B 중복 수급자, 비수급자 상황을 나타내면 첨삭 표와 같다.

|선|택|지|풀|이|
⑤정답 : 상호 부조의 원리가 적용되는 제도는 사회 보험(A)이다. t년에 갑국의 전체 인구가 100명이라면, t년에 A에만 해당하는 수급자 수는 60명(=70명-10명)이고, t+30년에 비수급자 수는 30명이다. 따라서 t년에 A에만 해당하는 수급자 수는 t+30년 비수급자 수의 2배이다.

> ○ 의료 지식, 법률 지식과 같이 오랜 기간 숙련을 통해 얻는 전문 지식은 소수의 특권이었다. 하지만 의무 교육의 확산과 TV, 인터넷을 통한 정보 공유로 대다수 사람이 응급 상황이나 법적 분쟁에 어느 정도 대처할 수 있게 되었다.
> ○ 과거에 골프는 상류층이 즐기는 스포츠라는 인식이 강했다. 하지만 산업화로 인해 대중의 경제적 수준이 높아지고, 스포츠 미디어의 활성화로 인해 골프가 대중에게 친숙해지면서 예전보다 많은 사람이 골프를 즐기게 되었다.

① 오락 및 여가의 기회를 제공하여 삶의 질을 높인다.
②✔ 고급문화를 대중화하여 평균적인 문화 수준을 높인다.
③ 성숙한 시민 의식을 제고하여 사회의 다원화에 기여한다.
④ 소수에게 집중된 권력을 견제하여 민주주의를 발전시킨다.
⑤ 대중을 수동적인 문화 소비자에서 주체적 생산자로 만든다.

|자|료|해|설|

첫 번째 사례는 소수의 특권이었던 전문 지식을 정보의 공유로 인해 대다수 사람들이 향유하게 되었음을 보여 주고, 두 번째 사례는 상류층이 즐기는 스포츠라는 인식이 강했던 골프를 산업화와 스포츠 미디어의 활성화로 인해 많은 사람들이 즐기게 되었음을 보여 준다.

|선|택|지|풀|이|

② 정답 : 제시된 두 사례는 모두 소수나 특정 계층이 향유했던 문화가 대중들이 향유하게 되는 대중문화가 되었음을 보여 준다. 이를 통해 대중문화로 인해 고급문화가 대중화되어 평균적인 문화 수준이 높아졌음을 알 수 있다.

① ㉠은 과업 지향적인 사회 집단이고, ㉢은 결합 자체가 목적인 사회 집단이다.
   → 공식 조직   → 공동 사회
② ㉡, ㉢과 달리 ㉣은 비공식적 사회화 기관에 해당한다.
③✔ A는 규칙과 절차에 따른 업무 처리로 자의적 의사 결정을 방지할 수 있다.
④ B는 전문성을 기준으로 구성원을 선발하고 연공서열에 따른 보상 체계를 중시한다.
   성과, 능력
⑤ A는 상향식 의사 결정 방식이, B는 하향식 의사 결정 방식이 지배적이다.
  B   A

|선|택|지|풀|이|

① 오답 : ㉠은 공식 조직으로 과업 지향적인 사회 집단에 해당하고, ㉣은 이익 사회로 수단적인 인간관계에 바탕을 둔 사회 집단에 해당한다.
② 오답 : ㉡, ㉢, ㉣은 모두 비공식적 사회화 기관에 해당한다.
③ 정답 : 관료제는 규칙과 절차에 따른 과업 수행으로 자의적인 의사 결정을 방지할 수 있다.
④ 오답 : 탈관료제는 연공서열이 아닌 성과와 능력에 따른 보상 체계를 중시한다.
⑤ 오답 : 관료제는 하향식 의사 결정 방식이 지배적이고, 탈관료제는 상향식 의사 결정 방식이 지배적이다.

① (가)에서는 강제적 문화 접변의 결과로 ~~문화 융합~~이 나타났다.
② (나)에서는 발명에 의한 문화 변동이 나타났다.
③ (가)와 ~~달리~~ (나)에서는 자극 전파에 의한 문화 변동이 나타났다.
  직접 전파   직접 전파
④ (나)와 달리 (가)에서는 문화의 정체성이 상실되는 문화 변동이 나타나지 않았다.
⑤✔ (가)와 (나)에서는 모두 직접 전파에 의한 문화 변동이 나타났다.

|선|택|지|풀|이|

① 오답 : (가)에서는 갑국을 지배하게 된 을국이 갑국의 전통주 제조를 금지하는 법을 제정하였으므로 강제적 문화 접변이 나타났으나, 문화 융합은 나타나지 않았다.
② 오답 : (나)에서는 병국으로 귀화한 정국의 근로자들을 통해 정국의 약재가 전해져 새로운 ○○ 약주를 만들었으므로 직접 전파에 의한 문화 변동이 나타났다.
③ 오답 : (가)와 (나)에서는 모두 자극 전파에 의한 문화 변동이 나타나지 않았다.
④ 오답 : (가)에서는 문화 동화가 나타나 문화의 정체성이 상실되었다.
⑤ 정답 : (가)에서는 갑국을 지배하게 된 을국 사람들을 통해, (나)에서는 병국으로 귀화한 정국의 근로자들을 통해 문화 변동이 나타났다. 따라서 (가)와 (나)에서는 모두 직접 전파에 의한 문화 변동이 나타났다.

보기

ㄱ.✗ 갑은 적극적 우대 조치로 인해 역차별을 받는 집단에 속해 있다.
ㄴ.✔ 갑은 여러 사회적 소수자 집단에 속해 다양한 차별을 받았다.
ㄷ.✔ 2심 판결은 사회적 소수자의 불리한 위치를 제도적으로 개선하자는 주장의 근거가 될 수 있다.
ㄹ.✗ ㉠은 사회적 소수자에게 A국 국민과 동등한 권리를 부여 ~~해서는 안 된다~~고 인식하고 있다.
   해야 한다

① ㄱ, ㄴ   ② ㄱ, ㄷ   ③✔ ㄴ, ㄷ   ④ ㄴ, ㄹ   ⑤ ㄷ, ㄹ

|자|료|해|설|

갑은 여성이라는 사회적 소수자 집단과 A국 국적이 없는 외국인이라는 사회적 소수자 집단에 소속되어 있다.

|보|기|풀|이|

ㄴ 정답 : 갑은 여성이라는 이유와 A국 국적이 없는 외국인이라는 이유로 인해 다양한 차별을 받았다.
ㄷ 정답 : 2심 판결은 A국 국적이 없다는 이유로 관리직 시험에 응시하지 못하게 한 □□시의 처분이 부당하다는 내용이다. 이는 사회적 소수자의 불리한 위치를 제도적으로 개선하자는 주장의 근거가 될 수 있다.

〈조건〉

1. 갑국 t년의 유소년 인구(0 ~ 14세 인구)는 부양 인구(15 ~ 64세 인구)의 50%이고 노년 인구(65세 이상 인구)의 3배이다.
2. A 시기는 t년 대비 t+30년으로, B 시기는 t+30년 대비 t+50년으로 인구 변화 양상을 예측하여 나타낸다.
3. A 시기와 B 시기 동안 전체 인구의 변화는 없다.
4. 세대 간 갈등의 정도는 노년 부양비에 비례하고, 경제 성장 동력은 부양 인구에 비례한다.

〈A 시기와 B 시기의 인구 변화 양상 예측〉

구분	A 시기	B 시기
전체 인구 중 유소년 인구 비율	감소	감소
전체 인구 중 부양 인구 비율	변화 없음	감소
유소년 부양비	감소	증가

* 유소년(노년) 부양비 $= \dfrac{\text{유소년(노년) 인구}}{\text{부양 인구}} \times 100$
** 총부양비 = 유소년 부양비 + 노년 부양비
*** 피부양 인구 = 유소년 인구 + 노년 인구

① A 시기에는 피부양 인구의 ~~증가~~로 경제 성장 동력이 저하될 것이다.
   → 변화 없음
②✔ B 시기에는 유소년 인구보다 부양 인구가 더 많이 감소할 것이다.
③ 세대 간 갈등은 ~~B 시기~~보다 ~~A 시기~~에 더 심각할 것이다.
  A   B
④ t년의 총부양비는 100보다 작고, t+30년의 총부양비는 100 ~~이다~~.
   보다 작다
⑤ t+50년의 노년 인구는 t년보다 많고 t+30년보다 ~~적을~~ 것이다.
   많을

구분	t년	t+30년	t+50년
유소년 인구 비율	30%	t년 대비 감소	t+30년 대비 감소
부양 인구 비율	60%	60%	t+30년 대비 감소
노년 인구 비율	10%	t년 대비 증가	t+30년 대비 증가
전체	100%	100%	100%

A 시기   B 시기

|자|료|해|설|

t년에 유소년 인구는 부양 인구의 50%이고 노년 인구의 3배이므로 t년에 노년 인구를 a라고 하면, 유소년 인구는 3a, 부양 인구는 6a가 된다. 따라서 t년에 유소년 인구 비율은 30%, 부양 인구 비율은 60%, 노년 인구 비율은 10%가 된다. 제시된 자료를 바탕으로 연도별 인구 구성 비율의 변화 양상을 나타내면 첨삭 표와 같다.

|선|택|지|풀|이|

① 오답 : A 시기 동안 전체 인구에 변화가 없고, t년 대비 t+30년에 부양 인구 비율은 60%로 변함이 없으므로 t년 대비 t+30년에 피부양 인구인 유소년 인구+노년 인구의 비율도 40%로 변함이 없다. 따라서 A 시기에 피부양 인구는 변함이 없다.
② 정답 : t+30년 대비 t+50년에 유소년 인구 비율과 부양 인구 비율은 모두 감소하였으나 유소년 부양비는 증가하였다. 이는 부양 인구 감소율이 유소년 인구 감소율보다 큼을 의미한다. t+30년에 유소년 인구보다 부양 인구가 많고, 유소년 인구 감소율보다 부양 인구 감소율이 크므로 t+30년 대비 t+50년에 유소년 인구보다 부양 인구가 더 많이 감소할 것이다.

문제편 p.381

1	①	2	⑤	3	①	4	③	5	②
6	⑤	7	②	8	⑤	9	③	10	⑤
11	④	12	②	13	④	14	①	15	⑤
16	④	17	③	18	②	19	③	20	③

---

1 자연 현상 vs 사회·문화 현상
정답 ① 정답률 79%

○○ 신문
2024년 □월 □일

뜨거워진 한반도, 과일 재배 지도가 바뀐다!

우리나라 사람들이 좋아하는 ① 나주 배, 대구 사과와 같이 지역 특산물로 생산되고 있는 과일들이 더 이상 그 지역을 대표할 수 없을지도 모른다. 기후 변화로 ⓒ 연평균 기온이 올라갈수록 특정 과일이 자랄 수 있는 지역이 북상하기 때문이다. 이에 따라 ⓒ 사과 재배 가능 지역이 변할 것으로 예측된다. 대표적인 사과 재배지가 경북 지역에서 강원 지역으로 바뀌고 2090년경에는 ⓔ 국내에서 고품질의 사과 생산이 불가능할 것이라는 분석도 나온다. 폭염, 한파 등 ⓜ 기상 이변이 자주 발생하는 것은 뜨겁게 달아오른 지구가 인류에게 주는 마지막 경고일지도 모른다.

① ①과 같은 현상은 확률의 원리가 적용된다.
② ⓒ과 같은 현상은 인과 관계가 불분명하다.
③ ⓒ과 같은 현상은 필연성의 원리가 적용된다.
④ ⓒ과 같은 현상과 달리 ⓔ과 같은 현상은 몰가치적이다.
⑤ ⓔ과 같은 현상에 비해 ⓜ과 같은 현상은 특수성이 강하다.

|선|택|지|풀|이|
① 정답 : 사회·문화 현상은 확률의 원리가 적용되고, 자연 현상은 확실성의 원리가 적용된다.
⑤ 오답 : 자연 현상은 보편성이 강하게 나타나고, 사회·문화 현상은 보편성과 특수성이 공존한다.

---

2 사회·문화 현상을 보는 관점
정답 ⑤ 정답률 79%

보기
ㄱ. 상황 정의에 기초한 개인 간 상호 작용을 중시한다.
ㄴ. 개인 행위자의 능동적이고 자율적인 측면을 중시한다.
ㄷ. 사회의 각 부분이 상호 의존적 관계를 맺는다고 본다.
ㄹ. 사회는 스스로 균형을 유지하려는 속성을 지닌다고 본다.

① ㄱ, ㄴ ② ㄱ, ㄷ ③ ㄴ, ㄷ ④ ㄴ, ㄹ ⑤ ㄷ, ㄹ

|자|료|해|설|
필자는 개인에게 할당되는 분화된 역할 구조가 있고, 이러한 역할 구조 속에서 개인은 사회가 기대하는 행동을 수행하며, 다른 부분과 유기적으로 상호 작용을 함으로써 사회라는 완전체가 형성된다고 보고 있다. 이는 기능론에 해당한다.

|보|기|풀|이|
ㄷ. 정답 : 기능론은 사회가 유기체처럼 다양한 부분들이 상호 의존적인 관계를 이루며 하나의 체계를 형성하고 있다고 본다.
ㄹ. 정답 : 기능론은 사회가 본질적으로 조화와 균형을 이루고 있다고 본다.

---

3 관료제와 탈관료제
정답 ① 정답률 85%

① A에 비해 B는 조직 구성원의 업무 재량권 및 자율성이 낮다.
② A에 비해 B는 외부 환경 변화에 대한 유연한 대처가 용이하다.
③ B에 비해 A는 업무의 표준화와 세분화가 강조된다.
④ B에 비해 A는 목적 전치 현상이 나타날 가능성이 높다.
⑤ A는 경력에 따른 보상을, B는 성과에 따른 보상을 중시한다.

|자|료|해|설|
수평적으로 분권화된 조직을 특징으로 하는 조직 운영의 원리는 탈관료제이고, 분업화된 조직을 통해 담당자들의 서열과 절차에 따라 각 공정이 진행되는 조직 운영의 원리는 관료제이다. 따라서 A는 탈관료제, B는 관료제이다.

|선|택|지|풀|이|
① 정답 : 관료제에서 구성원들은 각자 분담한 업무만을 반복적으로 수행하므로 조직 구성원의 업무 재량권 및 자율성이 탈관료제에 비해 낮다.
④ 오답 : 관료제는 탈관료제에 비해 규약과 절차를 지나치게 강조한 나머지 본래의 조직 목적 달성이 어려워지는 목적 전치 현상이 나타날 가능성이 높다.

---

4 사회화 기관, 사회 집단, 사회 조직
정답 ③ 정답률 30%

보기
ㄱ. 갑과 병 모두 비공식 조직에 속해 있다.
ㄴ. 을과 병이 속한 2차적 사회화 기관은 각각 3개이다.
ㄷ. 자료 전체에 적혀 있는 사회 집단에서 자발적 결사체가 아니면서 비공식적 사회화 기관인 것은 2개이다.

① ㄱ ② ㄴ ③ ㄱ, ㄷ ④ ㄴ, ㄷ ⑤ ㄱ, ㄴ, ㄷ

|자|료|해|설|
제시된 자료 전체에 적혀 있는 사회 집단은 ○○ 신문사, □□ 동아리, ☆☆ 대학교 내 영화제작동아리, 인권 단체, 사회복지대학원, 가족, ☆☆ 대학교이다. 갑은 □□ 동아리, ☆☆ 대학교 내 영화제작동아리, 인권 단체, ☆☆ 대학교에 속해 있고, 을은 □□ 동아리, 사회복지대학원, 인권 단체에 속해 있으며, 병은 □□ 동아리, ☆☆ 대학교 내 영화제작동아리, ☆☆ 대학교에 속해 있다.

|보|기|풀|이|
ㄱ. 정답 : 갑과 병은 모두 비공식 조직에 해당하는 ☆☆ 대학교 내 영화제작동아리에 속해 있다.
ㄴ. 오답 : 을이 속해 있는 2차적 사회화 기관은 □□ 동아리, 사회복지대학원, 인권 단체로, 3개이다. 병이 속해 있는 2차적 사회화 기관은 □□ 동아리, ☆☆ 대학교 내 영화제작동아리, ☆☆ 대학교로, 3개이다.
ㄷ. 정답 : 자료 전체에 적혀 있는 사회 집단에서 자발적 결사체가 아니면서 비공식적 사회화 기관에 해당하는 것은 ○○ 신문사, 가족으로, 2개이다.

---

5 사회·문화 현상의 연구 과정
정답 ② 정답률 50%

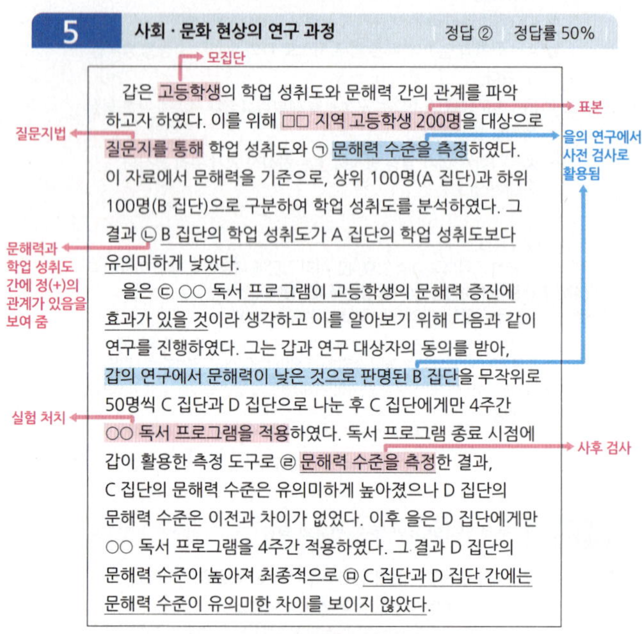

갑은 고등학생의 학업 성취도와 문해력 간의 관계를 파악하고자 하였다. 이를 위해 □□ 지역 고등학생 200명을 대상으로 질문지를 통해 학업 성취도와 ① 문해력 수준을 측정하였다. 이 자료에서 문해력을 기준으로, 상위 100명(A 집단)과 하위 100명(B 집단)으로 구분하여 학업 성취도를 분석하였다. 그 결과 ⓒ B 집단의 학업 성취도가 A 집단의 학업 성취도보다 유의미하게 낮았다.

을은 ⓒ ○○ 독서 프로그램이 고등학생의 문해력 증진에 효과가 있을 것이라 생각하고 이를 알아보기 위해 다음과 같이 연구를 진행하였다. 그는 갑과 연구 대상자의 동의를 받아, 갑의 연구에서 문해력이 낮은 것으로 판명된 B 집단을 무작위로 50명씩 C 집단과 D 집단으로 나눈 후 C 집단에게만 4주간 ○○ 독서 프로그램을 적용하였다. 독서 프로그램 종료 시점에 갑이 활용한 측정 도구로 ⓔ 문해력 수준을 측정한 결과, C 집단의 문해력 수준은 유의미하게 높아졌으나 D 집단의 문해력 수준은 이전과 차이가 없었다. 이후 을은 D 집단에게만 ○○ 독서 프로그램을 4주간 적용하였다. 그 결과 D 집단의 문해력 수준이 높아져 최종적으로 ⓜ C 집단과 D 집단 간에는 문해력 수준이 유의미한 차이를 보이지 않았다.

① 갑의 연구에서 모집단은 □□ 지역 고등학생이다.
② ①은 을의 연구에서 사전 검사로 활용되었다.
③ ⓒ은 문해력과 학업 성취도 간의 부(-)의 관계를 보여 준다.
④ ⓔ은 을의 연구에서 실험 처치에 해당한다.
⑤ ⓜ은 ⓒ을 지지하는 근거로 사용할 수 없다.

|선|택|지|풀|이|
① 오답 : 갑의 연구에서 모집단은 전체 고등학생이다.
② 정답 : 을은 ○○ 독서 프로그램을 적용하기 전에 종속 변수인 문해력을 알아보기 위해 갑의 연구에서 수행한 문해력 수준 측정 결과를 활용하였다. 이를 통해 을의 연구에서 갑이 수행한 문해력 수준의 측정 결과가 사전 검사로 활용되었음을 알 수 있다.
④ 오답 : ○○ 독서 프로그램을 적용한 후 문해력 수준을 측정한 것은 을의 연구에서 실험 처치를 한 이후 종속 변수를 측정하는 것으로, 이는 사후 검사에 해당한다. 을의 연구에서 실험 처치는 ○○ 독서 프로그램을 적용하는 것이다.

갑국에서는 손을 씻으면 영혼이 오염되어 목숨이 위험해진다는 ⊙ 전통적 믿음 때문에 손을 잘 씻지 않는 관습이 있었다. 이로 인해 많은 사람이 감염병으로 목숨을 잃었다. 한 의사가 손 씻기로 건강을 유지하고 생명을 지킬 수 있다는 사실을 알리면서 갑국의 A 지역에서는 ⓒ 손을 잘 씻는 문화가 형성되었다. ⓒ 이러한 문화가 조금씩 퍼져 나가자 대다수 갑국 사람들은 자신들의 믿음을 해친다는 이유로 A 지역 사람을 비난하며 ② 자신들의 문화를 지키기 위해 저항하였다. 갑국에서 감염병이 유행했을 때, A 지역 사망률은 다른 지역에 비해 현저히 낮았다. 손 씻는 간단한 행위로 질병을 예방할 수 있다는 사실을 깨닫자 갑국에서는 ⑩ 손을 잘 씻어 위생 관리를 철저히 하는 생활 습관이 보편화되었다.

① ⊙은 지배 세력에 반발하여 사회 통합이 이루어진 사례이다.
② ⓒ은 주류 문화가 하위문화로 변한 사례이다.
③ ⓒ은 문화 변동이 빠르게 진행되어 나타난 문화 지체 사례이다.
④ ②은 지역 문화가 주류 문화에 대항한 반문화 사례이다.
⑤ ⑩은 하위문화가 주류 문화로 변한 사례이다.

| 선 | 택 | 지 | 풀 | 이 |

④ 오답 : 대다수 갑국 사람들이 자신들의 문화를 지키기 위해 A 지역 사람들을 비난한 것은 주류 문화가 지역 문화에 대항한 것으로, 이는 반문화의 사례에 해당하지 않는다.
⑤ 정답 : 갑국에서 손을 잘 씻어 위생 관리를 철저히 하는 생활 습관이 보편화된 것은 갑국의 하위문화가 주류 문화로 변한 사례에 해당한다.

① 정보 기기에 대한 과도한 의존을 경계한다.
② 정보를 비판적으로 분석하고 평가하는 능력을 함양한다.
③ 문화의 질적 저하 방지를 위해 지나친 상업성을 경계한다.
④ 문화의 다양성 제고를 위해 콘텐츠 생산에 적극적으로 참여한다.
⑤ 표현의 자유를 이유로 타인의 권리를 침해하지 않도록 유의한다.

| 선 | 택 | 지 | 풀 | 이 |

② 정답 : 필자는 제작자의 편향된 시각이 반영되어 있는 정보를 받아들이는 대중이 폐쇄적인 시각을 갖게 되고, 다른 생각을 가진 사람들을 배척하는 상황이 발생할 수 있음을 우려하며 개인이 지성적 사유의 주체가 되어야 함을 강조하고 있다. 이를 통해 필자는 정보에 대해 비판적으로 분석하고 평가하는 능력을 함양할 것을 강조하고 있음을 알 수 있다.

① ⊙은 급격한 사회 변동에 저항하기 위해 펼치는 사회 운동이다.
② ⓒ은 직량 자원 확보를 위한 국가 간 경쟁이 초래한 문제이다.
③ ⓒ은 ○○ 다국적 기업의 이윤 추구를 정당화하는 근거가 된다.
④ ②은 사회 체제의 전면적인 변혁을 추구하는 사회 운동이다.
⑤ ⑩은 세계 시민 의식을 바탕으로 하는 조직적인 사회 운동이다.

| 선 | 택 | 지 | 풀 | 이 |

② 오답 : ○○ 다국적 기업의 무분별한 시장 확대로 인해 ○○ 다국적 기업의 공격적 마케팅이 나타났다.
⑤ 정답 : 여러 국제 시민 단체가 환경 문제, 자원 문제와 같은 전 지구적 수준의 문제를 해결하기 위해 지속적으로 전개하는 활동은 세계 시민 의식을 바탕으로 한 조직적인 사회 운동에 해당한다.

교사 : 문화의 속성 5가지를 모둠별로 서로 다르게 한 가지씩 배정하였습니다. 각 모둠은 배정받은 속성이 부각된 사례를 웹툰 문화에서 찾아 발표해 봅시다.
〈1모둠〉 부모가 자녀에게 스마트폰을 활용하여 웹툰 앱을 이용하는 방법을 배우는 것은 A가 부각된 사례입니다.
〈2모둠〉 부모 세대에서 웹툰을 만화라고 부르고 만화가 보고 싶을 때 만화방을 떠올리는 것은 B가 부각된 사례입니다.
〈3모둠〉 만화책을 보는 사람이 줄어들고 태블릿 PC로 웹툰을 보는 사람이 늘어난 것은 C가 부각된 사례입니다.
〈4모둠〉 부모 세대에서 눈으로만 즐기던 만화에 음성 지원, 배경 음악 재생 기능 등이 추가된 현재의 웹툰이 D가 부각된 사례입니다.
학생 : 선생님, 〈2모둠〉의 발표 사례는 D가 부각된 것이 아닐까요?
교사 : 〈2모둠〉의 사례는 D로도 설명이 가능하지만, 부모 세대에서 만화방을 떠올린다고 했기 때문에 B가 부각된 것이 맞습니다. 〈3모둠〉과 〈4모둠〉은 발표한 사례가 서로 바뀌어야 각 모둠에 배정된 속성이 부각됩니다. 〈1모둠〉은 〈5모둠〉에 배정된 속성이 부각된 사례를 발표했어요. A를 배정받은 〈1모둠〉과 E를 배정받은 〈5모둠〉은 다음 시간에 발표합시다.

① 문화가 한 사회 구성원의 공통된 생활 양식이라는 것을 의미하는 속성은 B가 아니라 A이다.
② 문화가 세대 간 전승되며 더욱 발전되고 풍부해지는 것을 의미하는 속성은 C가 아니라 D이다.
③ 〈1모둠〉에 배정된 속성은 문화의 각 요소들이 상호 유기적으로 연결되어 영향을 주고받는 것을 의미한다.
④ 〈2모둠〉에 배정된 속성은 공유성, 〈5모둠〉에 배정된 속성은 전체성이다.
⑤ 문화가 상징을 통해 후천적으로 학습된다는 것을 의미하는 속성은 〈3모둠〉이 아니라 〈4모둠〉에 배정되었다.

구분	배정	발표
〈1모둠〉	A(전체성)	학습성
〈2모둠〉	B(공유성)	공유성, 변동성
〈3모둠〉	C(축적성)	변동성
〈4모둠〉	D(변동성)	축적성
〈5모둠〉	E(학습성)	

| 자 | 료 | 해 | 설 |

〈1모둠〉이 발표한 사례는 학습성, 〈2모둠〉이 발표한 사례는 공유성과 변동성, 〈3모둠〉이 발표한 사례는 변동성, 〈4모둠〉이 발표한 사례는 축적성에 해당한다. 교사는 〈2모둠〉이 발표한 사례에서 부모 세대에서 만화가 보고 싶을 때 만화방을 떠올린다는 내용이 B를 부각시키고 있다고 보고 있으므로 B는 공유성에 해당한다. 또한 교사는 〈3모둠〉과 〈4모둠〉이 발표한 사례가 서로 바뀌어야 각 모둠에 배정된 속성이 부각된다고 하였으므로 C는 축적성, D는 변동성에 해당한다. 뿐만 아니라 교사는 〈5모둠〉은 E를 배정받았고, 〈1모둠〉이 〈5모둠〉에 배정된 속성이 부각된 사례를 발표했다고 하였으므로 E는 학습성이다. 따라서 A는 전체성이다.

| 선 | 택 | 지 | 풀 | 이 |

③ 정답 : 〈1모둠〉에 배정된 속성은 전체성이다. 전체성은 문화 요소 간 상호 연관성으로 인해 한 부분의 변동이 다른 부분의 연쇄적인 변동을 초래함을 의미한다.

① 1970년 계층 구조는 2000년 계층 구조보다 사회 안정성이 높다.
② 2000년은 다이아몬드형, 2024년은 모래시계형 계층 구조이다.
③ 을은 세대 간 상승 이동과 세대 내 하강 이동을 하였다.
④ 정은 세대 간 이동과 세대 내 이동 모두 상승 이동을 하였다.
⑤ 병은 세대 간 하강 이동을 하였고, 무는 세대 내 상승 이동을 하였다.

| 자 | 료 | 해 | 설 |

갑의 부모 계층(1970년)이 상층이므로 B는 상층이다. 갑의 세대 간 이동과 세대 내 이동이 모두 하강 이동이므로 갑의 24년 전 계층(2000년)은 중층, 갑의 현재 계층(2024년)은 하층에 해당한다. 따라서 A는 중층, C는 하층이다.

| 선 | 택 | 지 | 풀 | 이 |

⑤ 정답 : 병의 부모 계층은 중층, 병의 현재 계층은 하층이므로 세대 간 하강 이동을 하였다. 무의 24년 전 계층은 하층, 무의 현재 계층은 상층이므로 세대 내 상승 이동을 하였다.

> ⊙ 대부분의 사회에는 고인(故人)을 떠나보낼 때 치르는
> 의례가 존재하며, 세계 각지에는 다양한 ⓛ 장례 문화가 있다.
> ○○족은 깊은 산이나 들녘에 서 있는 ⓒ 나무 위에 시신을 두는
> 방식으로 장례를 치른다. 어떤 사람들은 이런 방식을 ⓔ 자신의
> 문화를 기준으로 비인간적이고 기이한 관습이라 폄하한다.
> 하지만 ○○족의 장례 문화는, 조상의 정령이 후손을 외부의
> 위험으로부터 보호해 준다는 ⓜ 종교적 믿음의 결과물이다.
> 이처럼 해당 사회의 맥락에서 각 문화가 갖는 고유한 의미를
> 파악하려면 ____(가)____ 하는 태도를 지녀야 한다.

① ⊙은 문화의 특수성을 나타낸다.
② ⓛ에서 '문화'는 좁은 의미의 문화이다.
③ ⓒ은 비물질문화에, ⓜ은 물질문화에 해당한다.
④ ⓔ와 같은 태도는 국수주의로 변질될 수 있다는 비판을 받는다.
⑤ (가)에는 '자기 문화를 낮추고 타 문화의 우수성을 동경'이 적절하다.

|선|택|지|풀|이|
① 오답 : 대부분의 사회에서 장례 의례가 존재한다는 것은 문화의 보편성을 나타낸다.
③ 오답 : 나무 위에 시신을 두는 방식은 제도문화로, 비물질문화에 해당한다. 종교는 관념문화로, 비물질문화에 해당한다.
④ 정답 : 자신의 문화를 기준으로 다른 문화를 비인간적이고 기이한 관습이라고 폄하하는 문화 이해 태도는 자문화 중심주의이다. 자문화 중심주의는 국수주의, 제국주의적 문화 이식 시도로 문화적 마찰이 발생할 우려가 있다.

보기

ㄱ. 사회에 의해 개인은 구조화된 행동을 한다고 본다.
ㄴ. 사회의 속성은 개인의 속성에 의해 결정된다고 본다.
ㄷ. 사회는 개인 외부에 존재하는 독립적인 실체라고 본다.
ㄹ. 사회는 개인 이익을 실현해 주는 도구일 뿐이라고 본다.

① ㄱ, ㄴ　② ㄱ, ㄷ　③ ㄴ, ㄷ　④ ㄴ, ㄹ　⑤ ㄷ, ㄹ

|자|료|해|설|
필자는 법률이 개인들로 하여금 합목적적으로 행동하도록 하고, 행정과 법률에 의해 만들어진 계산적 심성이 근대적 경제 성장을 이끌었다고 보고 있다. 이는 사회 실재론에 해당한다.

|보|기|풀|이|
ㄱ 정답 : 사회 실재론은 개인의 행동과 의식이 실재하는 사회에 의해 구속되므로 개인이 사회에 의해 구조화된 행동을 한다고 본다.
ㄷ 정답 : 사회 실재론은 사회가 개인의 외부에 실제로 존재하며 독자적인 특성을 지닌다고 본다.

① 갑과 달리 을은 표준화된 도구로 대량의 자료를 획득하기 용이한 자료 수집 방법을 사용하였다.
② 병과 달리 갑은 인위적으로 통제된 상황에서 변수의 효과를 관찰하는 자료 수집 방법을 사용하였다.
③ 갑과 을 모두 현지에서 연구 대상자와 함께 생활하며 관심을 갖는 연구 현상을 관찰하는 자료 수집 방법을 사용하였다.
④ 갑과 병 모두 기존의 연구 결과물을 자신의 연구에 활용하는 자료 수집 방법을 사용하였다.
⑤ 을과 병 모두 연구 대상자와의 정서적 교감 형성을 중시하는 자료 수집 방법을 사용하였다.

|자|료|해|설|
갑은 문헌 연구법과 면접법을, 을은 참여 관찰법과 면접법을, 병은 질문지법과 문헌 연구법을 사용하였다.

|선|택|지|풀|이|
④ 정답 : 기존의 연구 결과물을 자신의 연구에 활용하는 자료 수집 방법은 문헌 연구법이다. 갑과 병은 모두 문헌 연구법을 사용하여 자료를 수집하였다.

① A의 사례로 신입 사원이 비리를 저지르는 회사 선배들과 어울리면서 죄의식이 사라져 부정행위를 같이 하는 경우를 들 수 있다.
② B의 사례로 한탕주의로 쉽게 돈을 버는 사람을 보고 부자가 되고 싶은 실업자가 불법 도박에 빠지는 경우를 들 수 있다.
③ C의 사례로 학교 폭력 가해 사실로 징계를 받은 학생이 스스로를 문제아로 인식하고 범죄를 저지르는 경우를 들 수 있다.
④ B와 달리 D는 정상 집단과의 교류를 일탈의 해결책으로 본다.
⑤ D와 달리 A는 사회 규범의 통제력 강화를 일탈의 해결책으로 본다.

|자|료|해|설|
일탈자가 부정적 자아를 내면화하는 과정에 주목하는 이론은 낙인 이론이다. 타인과의 상호 작용이 일탈에 미치는 영향을 강조하는 이론은 차별 교제 이론과 낙인 이론이다. 일탈을 규정하는 객관적인 기준이 존재한다고 보는 이론은 뒤르켐의 아노미 이론, 머튼의 아노미 이론, 차별 교제 이론이다. 문화적 목표와 제도적 수단 간의 괴리가 일탈의 원인이라고 보는 이론은 머튼의 아노미 이론이다.
첫 번째 질문에 대한 채점 결과가 3점이므로 낙인 이론은 B와 C 중 하나이고, 네 번째 질문에 대한 채점 결과가 3점이므로 머튼의 아노미 이론은 B와 C 중 하나이다. 즉, B와 C는 각각 낙인 이론과 머튼의 아노미 이론 중 하나이다. 세 번째 질문에 대한 채점 결과가 1점이므로 낙인 이론은 A와 C에 해당하지 않는다. 따라서 B는 낙인 이론, C는 머튼의 아노미 이론이다. 두 번째 질문에 대한 채점 결과가 2점이고, 두 번째 질문에 대한 낙인 이론(B)과 머튼의 아노미 이론(C)은 옳게 분류했으므로 A와 D는 옳지 않게 분류한 것이다. 따라서 A는 차별 교제 이론, D는 뒤르켐의 아노미 이론이다.

|선|택|지|풀|이|
① 정답 : 신입 사원이 비리를 저지르는 회사 선배들과 어울리면서 죄의식이 사라져 부정행위를 같이 하는 경우는 차별 교제 이론의 사례에 해당한다.

① ⊙은 (나) 지역의 선별적 복지의 성격이 강한 제도에만 해당하는 수급자 비율보다 작다.
② ⓛ은 (가) 지역의 부정적 낙인이 발생할 수 있는 제도에만 해당하는 수급자 비율과 같다.
③ ⓒ은 (다) 지역의 상호 부조의 원리가 적용되는 제도에만 해당하는 수급자 비율의 2배이다.
④ (가) 지역의 탈락자 수보다 (나) 지역의 비(非)탈락자 수가 많다.
⑤ 금전적 지원을 원칙으로 하는 제도의 수급자 수는 (다) 지역이 가장 많다.

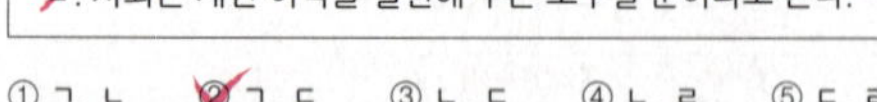

구분	(가) 지역		(나) 지역		(다) 지역	
	비율(%)	수(명)	비율(%)	수(명)	비율(%)	수(명)
사회 보험(A) 수급자	73	146	72	144	50	150
공공 부조(B) 수급자	20	40	28	56	ⓒ 20	60
A와 B 중복 수급자	⊙ 15	30	15	30	10	30
수급자	78	156	85	170	60	180
탈락자	12	24	5	10	8	24
비탈락자	10	20	ⓛ 10	20	32	96
비수급자	22	44	15	30	40	120
전체	100	200	100	200	100	300

|선|택|지|풀|이|
④ 오답 : (가) 지역과 (나) 지역의 경우 A와 B 중복 수급자 비율과 중복 수급자 수가 같으므로 (가) 지역 전체 인구와 (나) 지역 전체 인구가 같다. (가) 지역의 탈락자 비율이 12%, (나) 지역의 비탈락자 비율이 10%이므로 (가) 지역의 탈락자 수보다 (나) 지역의 비탈락자 수가 적다.
⑤ 정답 : 금전적 지원을 원칙으로 하는 제도는 사회 보험(A)과 공공 부조(B)이다. A와 B 중복 수급자 비율의 경우 (가) 지역이 15%, (나) 지역이 15%, (다) 지역이 10%이고, (가)~(다) 지역의 중복 수급자 수가 동일하므로 (가) 지역 전체 인구 : (나) 지역 전체 인구 : (다) 지역 전체 인구 = 2 : 2 : 3이다. 따라서 (가) 지역과 (나) 지역의 전체 인구를 각각 200명이라고 가정하면, (다) 지역의 전체 인구는 300명이 된다. A와 B 수급자 비율은 (가) 지역이 78%(=73%+20%-15%), (나) 지역이 85%(=72%+28%-15%), (다) 지역이 60%(=50%+20%-10%)이므로 A와 B 수급자 수는 (다) 지역이 180명으로 가장 많다.

〈확인 평가〉

○ 제시된 '진위 판단'에 부합하도록 빈칸을 채워 진술을 완성하시오.

진위 판단	진위 판단에 부합하는 진술	채점 결과
참	A와 달리 B는 희소 자원의 차등 분배가 개인의 성취동기에 긍정적으로 작용한다고 본다.	0점
거짓	B와 달리 A는 (가)	㉠

* 교사는 완성한 진술별로 채점하고, 제시된 '진위 판단'에 부합하도록 진술을 완성한 경우에는 1점을, 그렇지 않은 경우에는 0점을 부여함.

보기

ㄱ. A는 직업 유형 간 사회적 중요도의 차이가 없다고 본다.
ㄴ. B는 사회 불평등 현상을 제거해야 하는 대상이라고 본다.
ㄷ. (가)에 '개인의 귀속적 요인이 사회 불평등에 미치는 영향력을 중시한다.'가 들어간다면, ㉠은 '0점'이다.
ㄹ. ㉠이 '1점'이라면, (가)에 '사회적 희소가치의 분배 기준은 사회 전체가 합의한 것이라고 본다.'가 들어갈 수 없다.

① ㄱ, ㄴ　② ㄱ, ㄷ　③ ㄴ, ㄷ　④ ㄴ, ㄹ　⑤ ㄷ, ㄹ

|자|료|해|설|
희소 자원의 차등 분배가 개인의 성취동기에 긍정적으로 작용한다고 보는 관점은 기능론이다. 첫 번째 진술에 대한 채점 결과가 0점이므로 첫 번째 진술은 틀린 진술이 된다. 따라서 A는 기능론, B는 갈등론이다.

|보|기|풀|이|
ㄴ 정답 : 갈등론은 사회 불평등 현상이 보편적인 현상일지는 몰라도 불가피하지 않으며 제거해야 할 현상이라고 본다.
ㄹ 정답 : ㉠이 '1점'이라면, 두 번째 진술에 거짓인 진술이 들어가야 한다. 사회적 희소가치의 분배 기준이 사회 전체가 합의한 것이라고 보는 관점은 기능론이다. 따라서 ㉠이 '1점'이라면, 해당 내용은 (가)에 들어갈 수 없다.

　　□□국은 소수이지만 지배층을 이루는 A족과 다수이지만 지배를 받는 B족으로 구성되어 있었다. A족 출신 직업 군인인 갑은 ㉠ 자신에게 주어진 업무 처리를 위해 철저히 준비하여 조직에서 우수한 성과를 내었다. 빠른 진급을 하며 승승장구하던 갑은 훈련 도중 불의의 사고로 장애 판정을 받아 더 이상 군 생활을 할 수 없었다. 이후 다른 직종에 취업하려 했으나 장애인에 대한 사회적 편견으로 인해 늘 거절당했다. 갑이 생활의 어려움을 겪던 중 □□국에서 대다수를 이루는 B족이 권력을 장악하게 되었다. B족은 권력의 정통성을 확보하기 위해 A족에게 인종 차별 정책을 시행하였다. 인종 차별까지 겪은 갑은 ㉡ □□국에서 생활을 계속해야 할지 차별이 없는 다른 나라로 이주해야 할지 고민하였다.

① ㉠은 갑의 예기 사회화이다.
② ㉡은 갑의 역할 갈등이다.
③ 갑은 생득적 요인과 후천적 요인에 따른 차별을 모두 경험하였다.
④ A족과 달리 B족은 주격인 열세로 인해 차별을 받았다.
⑤ B족과 달리 A족은 사회적 소수자 우대 정책으로 역차별을 받았다.

|선|택|지|풀|이|
① 오답 : 직업 군인인 갑이 자신에게 주어진 업무를 처리하기 위해 철저히 준비하는 것은 예기 사회화에 해당하지 않는다.
② 오답 : □□국에서 인종 차별을 겪은 갑이 □□국에서 생활을 계속해야 할지 인종 차별이 없는 다른 나라로 이주해야 할지 고민하는 것은 갑의 역할 간 충돌로 인해 나타나는 역할 갈등에 해당하지 않는다.
③ 정답 : 갑은 생득적 요인인 인종으로 인해 차별을 경험하였고, 후천적으로 장애인이 되어 장애인이라는 이유로 차별을 경험하였다.

보기

ㄱ. 서구 중심적 사고라는 비판을 피하기 어렵다.
ㄴ. 사회 변동 방향을 예측하여 대응하기 어렵다.
ㄷ. 지속적으로 발전하는 사회를 설명하기 용이하다.
ㄹ. 인류 문명의 흥망성쇠 역사를 설명하기 용이하다.

① ㄱ, ㄴ　② ㄱ, ㄷ　③ ㄴ, ㄷ　④ ㄴ, ㄹ　⑤ ㄷ, ㄹ

|자|료|해|설|
필자는 과학적 지식과 문명의 전개가 정해진 하나의 방향을 향해 진전하며 확장한다고 보고 있다. 이는 진화론에 해당한다.

|보|기|풀|이|
ㄱ 정답 : 진화론은 서구 사회가 진보된 선진 사회임을 전제로 하므로 서구 중심적 사고라는 비판을 받는다.
ㄷ 정답 : 진화론은 모든 사회가 일정한 방향으로 단계적으로 진보 또는 발전해 간다고 보므로 지속적으로 발전하는 사회를 설명하기 용이하다.

① 갑이 작성한 내용에는 문화 동화가 나타난다.
② 을이 작성한 내용에는 자발적 문화 접변이 나타난다.
③ 병이 작성한 내용에는 직접 전파가 나타난다.
④ 갑과 달리 을, 병이 작성한 내용에는 문화 공존이 나타난다.
⑤ 갑, 을과 달리 병이 작성한 내용에는 문화 융합이 나타난다.

|자|료|해|설|
문화 전파는 어떤 사회의 문화 요소가 다른 사회에 전달되어 그 사회의 문화 체계 속에 수용되는 것을 의미한다.

|선|택|지|풀|이|
③ 정답 : C국의 유명 요리사가 A국에서 판매한 C국의 전통 디저트가 A국의 새로운 음식 문화로 정착되었으므로 이는 직접 전파에 해당한다.

① A 기간에 유소년 인구는 감소하고 노년 인구는 증가하였다.
② B 기간에 부양 인구와 노년 인구는 모두 증가하였다.
③ A 기간과 B 기간에 증가한 노년 인구는 동일하다.
④ 양육에 대한 사회적 부담 정도는 t+50년보다 t+30년이 크다.
⑤ 노동력 부족 정도는 t+50년보다 t+30년이, 세대 간 갈등 정도는 t+30년보다 t+50년이 크다.

구분	t년	t+30년	t+50년
유소년 인구	20	25	25
부양 인구	70	55	45
노년 인구	10	20	30
전체	100	100	100

(단위 : %)

|선|택|지|풀|이|
③ 정답 : 노년 인구 비율은 t년이 10%, t+30년이 20%, t+50년이 30%이고, A 기간과 B 기간 동안 전체 인구는 변화가 없다. t년~t+30년에 갑국의 전체 인구가 각각 100명이라면, 노년 인구는 t년이 10명, t+30년이 20명, t+50년이 30명이 된다. 따라서 A 기간과 B 기간에 증가한 노년 인구는 각각 10명으로 같다.

문제편 p.385

1	⑤	2	①	3	④	4	⑤	5	④
6	⑤	7	⑤	8	②	9	②	10	⑤
11	③	12	③	13	②	14	②	15	⑤
16	①	17	①	18	③	19	④	20	③

1 자연 현상 vs 사회·문화 현상   정답 ⑤   정답률 82%

① ㉠과 같은 현상은 몰가치적이다.
② ㉡과 같은 현상은 개연성의 원리가 적용된다.
③ ㉢과 같은 현상에 비해 ㉡과 같은 현상은 특수성이 강하다.
④ ㉠과 같은 현상에 비해 ㉢과 같은 현상은 인과 관계가
　불분명하다.
⑤ ㉢과 같은 현상과 ㉣과 같은 현상은 모두 경험적 자료로 연구할
　수 있다.

|자|료|해|설|
㉠, ㉣과 같은 현상은 사회·문화 현상에 해당하고, ㉡, ㉢과 같은 현상은 자연 현상에
해당한다.

|선|택|지|풀|이|
① 오답 : 사회·문화 현상은 가치 함축적이고, 자연 현상은 몰가치적이다.
② 오답 : 자연 현상은 필연성의 원리가 적용되고, 사회·문화 현상은 개연성의 원리가
적용된다.
③ 오답 : 자연 현상은 보편성만 강하게 나타나고, 사회·문화 현상은 보편성과 특수성이
공존한다.
④ 오답 : 사회·문화 현상은 자연 현상에 비해 인과 관계가 불분명하다.
⑤ 정답 : 자연 현상과 사회·문화 현상은 모두 경험적 자료로 연구가 가능하다.

2 사회 실재론   정답 ①   정답률 79%

보기
㉠. 사회가 개인의 외부에 존재하는 실체라고 본다.
㉡. 개인은 사회에 의해 구조화된 행동을 한다고 본다.
ㄷ. 사회 규범은 개인들이 옳다고 믿기에 존재한다고 본다.
ㄹ. 사회의 속성을 개인의 속성으로 환원할 수 있다고 본다.

① ㄱ, ㄴ   ② ㄱ, ㄷ   ③ ㄴ, ㄷ   ④ ㄴ, ㄹ   ⑤ ㄷ, ㄹ

|자|료|해|설|
필자는 애도 행위가 개인의 마음에서 우러나는 자발적 행위가 아니라 구성원으로서 마땅히
따라야 할 사회적 규범에 의한 행위라고 보고 있으므로 이는 사회 실재론에 해당한다.

|보|기|풀|이|
ㄱ. 정답 : 사회 실재론은 사회가 개인의 외부에 실제로 존재하며, 독자적인 특성을 지닌다고
본다.
ㄴ. 정답 : 사회 실재론은 개인의 행동과 의식이 실재하는 사회에 의해 구속되므로 개인은
사회에 의해 구조화된 행동을 한다고 본다.
ㄷ. 오답 : 사회 명목론은 사회 규범이 개인들이 옳다고 믿기에 존재한다고 본다.
ㄹ. 오답 : 사회 명목론은 사회가 단지 개인들의 집합에 불과하므로 사회의 속성이 개인의
속성으로 환원될 수 있다고 본다.

3 문화 변동의 요인 + 문화 변동의 양상   정답 ④   정답률 57%

(가) 갑국은 을국을 식민 지배하며 갑국의 종교와 의복을 을국
국민에게 강제하였다. 그 결과 을국 전통 의복은 갑국의
것으로 대체되었고, 현재는 박물관에서만 접할 수 있게
되었다. 한편 종교의 경우, 을국의 문화 복고 운동의
영향으로 을국 전통 종교가 갑국 종교와 결합하여 새로운
종교가 나타났다.
(나) 병국을 침략한 정국은 포로로 잡아온 도공에게 도자기
제작을 강요하여 획득한 병국 도자기 기술을 널리 활용하게
되었다. 정국은 무국에 도자기를 수출하였는데, 도자기
포장지에는 정국 고유의 독특한 화풍이 담긴 그림이 그려져
있었다. 이에 영향을 받은 무국 화가들은 자신들의 화풍에
이를 접목하여 새로운 미술 사조를 탄생시켰다.

① (가)에서는 대재적 요인으로 인해 문화 변동이 나타났다.
② (나)에서는 자극 전파로 인해 문화 변동이 나타났다.
③ (가)에서와 달리 (나)에서는 문화 융합이 나타났다.
④ (나)에서와 달리 (가)에서는 문화 동화가 나타났다.
⑤ (가)와 (나)에서는 모두 강제적 문화 접변이 나타났다.

|선|택|지|풀|이|
① 오답 : (가)에서는 외재적 요인인 직접 전파에 의해 문화 변동이 나타났다.
② 오답 : (나)에서는 자극 전파로 인한 문화 변동이 나타나지 않았다.
③ 오답 : (가)에서 을국 전통 종교가 갑국 종교와 결합하여 새로운 종교가 나타난 것은
문화 융합에 해당한다. (나)에서 무국 화가들이 자신들의 화풍에 도자기 포장지의 그림에
담긴 정국 고유의 독특한 화풍을 접목하여 새로운 미술 사조를 탄생시킨 것은 문화 융합에
해당한다. 따라서 (가)와 (나) 모두에서 문화 융합이 나타났다.
④ 정답 : (가)에서 을국 전통 의복이 갑국의 것으로 대체된 것은 문화 동화에 해당한다.
따라서 (나)에서와 달리 (가)에서 일치 문화 동화가 나타났다.
⑤ 오답 : (가)에서 을국 전통 의복이 갑국의 것으로 대체된 것은 갑국이 을국을 식민
지배하며 갑국의 의복을 을국 국민에게 강제한 것이므로 이는 강제적 문화 접변에 해당한다.
따라서 (가)에서는 (나)와 달리 강제적 문화 접변이 나타났다.

4 사회·문화 현상을 보는 관점   정답 ⑤   정답률 79%

① 갑의 관점은 기득권층의 이익을 옹호하는 논리로 이용된다는
　비판을 받는다.
② 을의 관점은 개인의 행동이 상황에 대한 주관적 해석에 기초하여
　이루어진다고 본다.
③ 갑의 관점과 달리 을의 관점은 행위자의 능동성을 강조한다.
④ 을의 관점과 달리 병의 관점은 사회적 갈등을 균형 회복을 위한
　일시적 과정으로 본다.
⑤ 병의 관점과 달리 갑의 관점은 개인에 대한 사회 구조의 영향력을
　간과한다는 비판을 받는다.

|자|료|해|설|
갑의 관점은 상징적 상호 작용론, 을의 관점은 기능론, 병의 관점은 갈등론에 해당한다.

|선|택|지|풀|이|
① 오답 : 기능론은 사회 질서와 안정을 강조하여 기득권층의 이익을 옹호하는 논리로
이용된다는 비판을 받는다.
② 오답 : 상징적 상호 작용론은 개인의 행동이 상황에 대한 주관적 해석, 즉 상황 정의에
기초하여 이루어진다고 본다.
③ 오답 : 상징적 상호 작용론은 인간을 자율성을 지닌 능동적인 존재로 보고 행위자의
능동성을 강조한다.
④ 오답 : 기능론은 사회적 갈등이 균형 회복을 위한 일시적 과정이라고 본다.
⑤ 정답 : 상징적 상호 작용론은 개인의 행위가 사회 구조나 제도에 의해 나타날 수 있음을
경시한다는 비판을 받는다.

5 하위문화   정답 ④   정답률 91%

보기
ㄱ. 1950년대에 반문화였다.
ㄴ. 1970년대에 하위문화였다.
ㄷ. 1990년대 이후 대중문화의 상업성을 비판하는 상징으로
　여겨졌다.
ㄹ. 하위문화가 주류 문화로 변화한 사례이다.

① ㄱ, ㄴ   ② ㄱ, ㄷ   ③ ㄴ, ㄷ   ④ ㄴ, ㄹ   ⑤ ㄷ, ㄹ

|자|료|해|설|
어떤 문화가 하위문화에 속하는지, 반문화에 속하는지, 주류 문화에 속하는지에 대한 판단은
상대적이다.

|보|기|풀|이|
ㄱ. 오답 : 갑국의 스케이트보드 문화는 1950년대에 반문화가 아닌 하위문화에 해당한다.
ㄴ. 정답 : 갑국의 스케이트보드 문화는 1970년대에 기성세대에 대한 저항을 상징하면서
형성된 반문화이므로, 이는 하위문화에 해당한다.
ㄷ. 오답 : 갑국의 스케이트보드 문화는 1990년대 이후 대중 매체를 통해 소개되면서 모든
세대가 즐기는 주류 문화가 되었다.
ㄹ. 정답 : 갑국의 스케이트보드 문화의 경우 1950년대와 1970년대에는 하위문화에
해당하였고, 1990년대 이후에는 주류 문화에 해당한다. 따라서 갑국의 스케이트보드 문화는
하위문화가 주류 문화로 변화한 사례에 해당한다.

보기

ㄱ. ㉠은 '을'이다.

ㄴ. B와 달리 A는 자문화의 정체성을 상실할 가능성이 크다는 비판을 받는다.

ㄷ. C에 비해 B는 타문화를 무비판적으로 수용할 가능성이 크다.

ㄹ. (가)에는 '문화 제국주의로 변질될 수 있다는 비판을 받는다.'가 들어갈 수 있다.
↳ 자문화 중심주의

① ㄱ, ㄴ　② ㄱ, ㄷ　③ ㄴ, ㄷ　④ ㄴ, ㄹ　**⑤ ㄷ, ㄹ**

| **자**|**료**|**해**|**설** |

문화를 이해가 아닌 평가의 대상으로 보는 문화 이해 태도는 자문화 중심주의와 문화 사대주의이고, 국수주의로 변질될 수 있다는 비판을 받는 문화 이해 태도는 자문화 중심주의이다. 병의 경우 두 가지 특징을 모두 옳게 작성하였으므로 C는 자문화 중심주의이다. A가 문화 사대주의, B가 문화 상대주의라면, 갑이 작성한 특징 중에서 1은 옳지 않고 2는 옳으며, 을이 작성한 특징 중에서 1은 옳게 되어 갑과 을 중 한 명은 한 가지만 옳게, 나머지 한 명은 모두 옳지 않게 작성하였다는 교사의 말과 맞지 않는다. 따라서 A는 문화 상대주의, B는 문화 사대주의이고, 갑이 작성한 특징 중에서 1은 옳고 2는 옳지 않으며, 을이 작성한 특징 중에서 1은 옳지 않다. 모두 옳지 않게 작성한 학생은 을이므로, 을이 작성한 특징 중에서 2는 옳지 않다.

| **보**|**기**|**풀**|**이** |

ㄷ 정답 : 문화 사대주의는 타문화의 우수성을 내세워 자기 문화를 낮게 평가하므로 타문화를 무비판적으로 수용할 가능성이 크다.

ㄹ 정답 : (가)에는 문화 사대주의의 특징으로 옳지 않은 내용이 들어가야 한다. 문화 제국주의로 변질될 수 있다는 비판을 받는 문화 이해 태도는 자문화 중심주의이다. 따라서 해당 내용은 (가)에 들어갈 수 있다.

① 갑의 관점은 사회적 희소 자원의 차등 분배로 기존의 사회 불평등 구조가 재생산된다고 본다.

② 을의 관점은 사회적 희소 자원의 균등 분배가 인재를 적재적소에 배치하는 데 어려움을 초래한다고 본다.

③ 갑의 관점과 달리 을의 관점은 사회 불평등이 불가피한 현상이라고 본다.

④ 을의 관점과 달리 갑의 관점은 개인의 귀속적 요인이 사회 불평등에 미치는 영향을 중시한다.

⑤ 을의 관점과 달리 갑의 관점은 사회적 희소 자원의 분배 기준을 사회 전체가 합의한 것이라고 본다.

| **자**|**료**|**해**|**설** |

갑은 A 직업이 B 직업에 비해 사회에서 중요한 역할을 수행하고 숙련된 기술을 요구하므로 연평균 임금이 높다고 보고 있고, 을은 사회의 지배 계층이 자신들에게 유리하도록 B 직업의 가치를 낮게 평가하여 A 직업에 비해 B 직업의 연평균 임금이 낮다고 보고 있다. 따라서 갑의 관점은 기능론, 을의 관점은 갈등론에 해당한다.

| **선**|**택**|**지**|**풀**|**이** |

⑤ 정답 : 기능론은 사회적 희소 자원의 분배 기준이 사회 전체가 합의한 것이라고 본다.

① ㉠은 갑의 **역할**에 대한 보상이다.

② ㄴ, ㄹ은 모두 성취 지위에 해당한다.

③ ㄷ, ㅂ은 **모두** 공식적 사회화 기관에 해당한다.

④ ㅁ은 **비공식 조직**, ㅂ은 공식 조직에 해당한다.

⑤ ㅅ은 **2차 집단**, ㅇ은 1차 집단에 해당한다.

| **선**|**택**|**지**|**풀**|**이** |

② 정답 : 아역 배우와 아내는 모두 후천적으로 얻게 되는 성취 지위에 해당한다.

⑤ 오답 : 시청자는 사회 집단이 아니므로 2차 집단에 해당한다고 볼 수 없고, 가족은 1차 집단에 해당한다.

연구자 갑은 고령층의 인간 관계와 디지털 기기 활용 교육을 연구 주제로 선정하고 관련 연구를 검토하였다. 갑은 디지털 기기 활용 교육이 고령층의 온라인 공간에서의 인간 관계에 긍정적인 영향을 미칠 것이라는 가설을 설정하였다. 갑은 ㉠ 65세 이상 고령층 남녀 1,000명을 연구 대상자로 무작위 선정하여 설문 조사를 실시하였다. 조사 문항에는 디지털 기기 활용 교육 이수 여부 및 이수 시간, ㉡ 가족, 친척, 친구 등 이미 알고 있는 사람과의 온라인 공간에서의 친밀도(5점 척도), ㉢ 온라인을 통해서 새롭게 알게 된 사람과의 온라인 공간에서의 친밀도(5점 척도) 등이 포함되었다. 갑은 ㉣ 수집한 자료를 분석하여 연구 결과를 발표하였다.
→ 독립 변수 / 종속 변수 / 표본 / 가치 개입 허용 × / 종속 변수에 대한 조작적 정의

연구자 을은 디지털 기기 활용 교육과 온라인 공간에서의 인간 관계에 대한 선행 연구를 검토한 후, 고령층을 대상으로 연구를 진행하였다. 을은 노인 복지관을 방문하여 디지털 기기 ㉤ 활용 교육을 받은 경험이 있는 10명, ㉥ 활용 교육을 받은 경험이 없는 10명을 연구 대상자로 선정하였다. 을은 두 달에 걸쳐서 1인당 2회 이상 이들을 만나 깊이 있는 대화를 나누고 이 과정을 녹음하였다. 조사 내용에는 온라인 공간에서 인간 관계의 의미, 인간 관계 형성의 양상, 디지털 기기 활용 교육에 따른 온라인 공간에서의 인간 관계의 변화 등이 포함되었다. 을은 ㉦ 녹취한 자료를 해석하여 연구 결과를 도출하였다.
→ 실험 집단 ×, 통제 집단 × / 연구자의 가치가 개입될 수 있음

① 갑의 연구에서 **모집단**은 ㉠이다.

② 갑의 연구에서 ㉡, ㉢은 모두 종속 변수의 조작적 정의에 해당한다.

③ 을의 연구에서 ㉤은 **실험 집단**, ㉥은 **통제 집단**이다.

④ 갑의 연구에서 ㉣ 단계, 을의 연구에서 ㉦ 단계는 **모두** 연구자의 가치 개입이 허용된다.

⑤ 갑의 연구와 달리 **을**의 연구는 방법론적 일원론을 전제로 하여 수행되었다.

| **선**|**택**|**지**|**풀**|**이** |

② 정답 : 갑의 연구에서 종속 변수는 온라인 공간에서의 인간 관계이다. 갑의 연구에서 ㉡과 ㉢은 모두 종속 변수를 측정하기 위한 조작적 정의에 해당한다.

③ 오답 : 을은 실험법을 통해 자료를 수집하지 않았으므로 을의 연구에서 실험 집단과 통제 집단은 존재하지 않는다.

④ 오답 : 갑의 연구에서 ㉣ 단계는 자료 분석 단계로, 이 단계에서는 연구자의 가치 개입이 허용되지 않는다.

⑤ 오답 : 갑의 연구는 양적 연구, 을의 연구는 질적 연구에 해당한다. 따라서 갑의 연구는 방법론적 일원론을, 을의 연구는 방법론적 이원론을 전제로 하여 수행되었다.

① 갑과 **달리** 을은 기존 연구 동향 파악에 유리한 자료 수집 방법을 사용하였다.
→ 문헌 연구법

② 갑과 달리 **을**은 표준화된 도구의 사용이 필수적인 자료 수집 방법을 사용하였다.
→ 질문지법

③ **을**에 비해 갑은 연구 대상자의 반응에 유연한 대처가 용이한 자료 수집 방법을 사용하였다.
→ 면접법

④ 을과 **달리** 갑은 실제성이 높은 생생한 자료를 확보하기에 용이한 자료 수집 방법을 사용하였다. 하지 않았다
→ 참여 관찰법

⑤ 갑과 을은 모두 연구 대상자의 주관적 인식을 파악할 수 있는 자료 수집 방법을 사용하였다.

| **자**|**료**|**해**|**설** |

갑이 사용한 자료 수집 방법은 문헌 연구법과 질문지법이고, 을이 사용한 자료 수집 방법은 문헌 연구법과 면접법이다.

| **선**|**택**|**지**|**풀**|**이** |

① 오답 : 기존 연구 동향 파악에 유리한 자료 수집 방법은 문헌 연구법이다.

② 오답 : 갑이 사용한 질문지법은 을이 사용한 면접법과 달리 표준화된 도구의 사용이 필수적이다.

③ 오답 : 을이 사용한 면접법은 갑이 사용한 질문지법에 비해 연구 대상자의 반응에 유연한 대처가 용이하다.

④ 오답 : 실제성이 높은 생생한 자료를 확보하기에 용이한 자료 수집 방법은 참여 관찰법이다.

⑤ 정답 : 문헌 연구법, 질문지법, 면접법은 모두 연구 대상자의 주관적 인식을 파악할 수 있다.

① 개별 국가의 자율성 강화   (국제적 협력)
② 신기술 개발을 위한 초국가적 대응
☑ 미래 세대의 삶에 대한 관심과 배려
④ 문화 다양성을 바탕으로 한 공존의 문화 구축
⑤ 인간과 자연이 더불어 살아가야 한다는 인식의 강화

|자|료|해|설|
전 지구적 수준의 문제는 한 국가의 문제가 다른 국가 또는 지구적 차원에까지 영향을 주는 문제로, 개별 국가를 넘어 인류가 공동으로 해결해야 할 문제이다.

|선|택|지|풀|이|
③ 정답 : 〈자료 1〉에서 〈자료 3〉은 모두 전 지구적 수준의 문제를 해결하기 위해 현재 세대뿐만 아니라 미래 세대가 안정적인 삶을 살 수 있도록 노력해야 함을 보여 준다. 즉, 제시된 자료들은 전 지구적 수준의 문제를 해결하기 위해 미래 세대의 삶에 대한 관심과 배려가 중요함을 보여 준다.

① t년에 중층 인구 비율은 하층 인구 비율의 2배이다. (1/2)
② t+50년의 계층 구조는 피라미드형이다. (모래시계형)
☑ 상층 인구 대비 하층 인구의 비는 t년보다 t+100년이 작다.
④ t년은 폐쇄적 계층 구조, t+100년은 개방적 계층 구조이다. → 알 수 없음
⑤ t+100년에 비해 t+50년의 계층 구조가 사회 안정에 유리하다.
(t+50 / t+100)

구분	t년	t+50년	t+100년
상층(A)	10	30	20
중층(C)	30	20	50
하층(B)	60	50	30

(단위: %)

|자|료|해|설|
상승 이동을 통해 B로 진입하는 사람이 존재할 수 없으므로 B는 하층에 해당한다. A에서 B로의 수직 이동과 A에서 C로의 수직 이동의 방향이 같으므로 A는 상층에 해당한다. 따라서 C는 중층에 해당한다. 제시된 자료를 바탕으로 연도별 계층 구성 비율을 나타내면 첨삭과 같다.

|선|택|지|풀|이|
① 오답 : t년에 중층 인구 비율은 30%, 하층 인구 비율은 60%이다. 따라서 t년에 중층 인구 비율은 하층 인구 비율의 1/2배이다.
② 오답 : t+50년에 상층 인구 비율은 30%, 중층 인구 비율은 20%, 하층 인구 비율은 50%이다. 따라서 t+50년에 계층 구조는 모래시계형이다.
③ 정답 : 상층 인구 대비 하층 인구의 비는 t년이 6(=60/10), t+100년이 3/2(=30/20)이므로 t+100년이 t년보다 작다.
④ 오답 : 제시된 자료만으로는 폐쇄적 계층 구조와 개방적 계층 구조의 여부를 파악할 수 없다.
⑤ 오답 : t+50년의 계층 구조는 모래시계형, t+100년의 계층 구조는 다이아몬드형이다. 따라서 t+100년의 계층 구조는 t+50년에 비해 사회 안정에 유리하다.

① 다수의 자발적인 행동에 기반하여 유지된다.
☑ 목표 달성을 위해 체계적인 조직이 필요하다.
③ 목표와 활동 방향을 정당화하는 이념을 가지고 있다.
④ 특정 집단의 이익을 추구하는 반사회적 집단행동이다.
⑤ 현재의 사회 체제를 근본적으로 바꾸는 것을 지향한다.

|자|료|해|설|
사회 운동은 특정한 목적을 달성하기 위해 좀 더 조직적이고 계획적이며 지속적인 형태로 이루어지는 집합행동이다.

|선|택|지|풀|이|
② 정답 : 필자는 문제의 원인과 해결 방안에 대한 일반화된 믿음 없이 산발적으로 나타나는 집단행동에서 비롯되는 사회 운동이 성공하기 위해서는 행동의 조직화, 조직 결성, 구체적인 역할 부여, 사회적 연결망 구축 등과 같은 체계적인 조직이 필요함을 강조하고 있다. 즉, 필자는 사회 운동이 성공하기 위해서는 목표 달성을 위한 체계적인 조직이 필요함을 강조하고 있다.

① A는 문화적 목표를 달성할 수 있는 합법적 수단의 확대를 강조한다. → 머튼의 아노미 이론
☑ B는 2차적 일탈이 발생하는 과정에 주목한다.
③ C는 차별적인 사회적 제재를 최소화하면 일탈 행동을 줄일 수 있다고 본다. (B)
④ A와 달리 B는 객관적 기준에 의해 일탈 행동을 규정할 수 있다고 본다. (A와 C) → 뒤르켐의 아노미 이론, 차별 교제 이론
⑤ C와 달리 A는 타인과의 상호 작용을 통해 일탈자가 되어 가는 과정에 주목한다. → 낙인 이론, 차별 교제 이론

|자|료|해|설|
새로운 기술의 등장으로 온라인 공간에서의 활동에 대한 규범이 미처 정립되지 않아 온라인 공간에서의 일탈 행동이 급증하고 있다고 보는 이론은 뒤르켐의 아노미 이론이다. 온라인 공간에서 부정적 평가를 내면화함으로써 온라인 공간에서의 일탈 행동이 급증하고 있다고 보는 이론은 낙인 이론이다. 온라인 범죄를 저지르고 있는 친구들과 자주 어울리면서 일탈을 정당화하는 태도를 학습함으로써 온라인 공간에서의 일탈 행동이 급증하고 있다고 보는 이론은 차별 교제 이론이다. 따라서 A는 뒤르켐의 아노미 이론, B는 낙인 이론, C는 차별 교제 이론이다.

|선|택|지|풀|이|
① 오답 : 문화적 목표를 달성할 수 있는 합법적 수단의 확대를 강조하는 이론은 머튼의 아노미 이론이다.
② 정답 : 낙인 이론은 일탈이 반복되는 과정, 즉 2차적 일탈이 발생하는 과정을 중시한다.
③ 오답 : 차별적인 사회적 제재의 최소화를 통해 일탈 행동을 줄일 수 있다고 보는 이론은 낙인 이론이다.
④ 오답 : 뒤르켐의 아노미 이론과 차별 교제 이론은 객관적 기준에 의해 일탈 행동을 규정할 수 있다고 보는 반면, 낙인 이론은 객관적인 기준에 의해 일탈 행동을 규정할 수 없다고 본다.
⑤ 오답 : 타인과의 상호 작용을 통해 일탈자가 되어 가는 과정에 주목하는 이론은 낙인 이론과 차별 교제 이론이다.

① ㉠에는 '소득 재분배 효과가 있는가?'가 들어갈 수 있다. (없다)
② A와 달리 B는 상호 부조의 원리가 적용된다. (B / A)
③ B 수급자 수는 (나) 지역이 (가) 지역보다 많다. (과 같다)
④ 강제 가입의 원칙이 적용되는 제도의 수급자 비율은 (가) 지역이 (나) 지역보다 낮다. (높다) → 사회 보험(A)
☑ 사후 처방적 성격이 강한 제도의 수급자 비율은 (나) 지역이 (가) 지역의 2배이다. → 공공 부조(B)

구분	(가) 지역 비율(%)	(가) 지역 인구(명)	(나) 지역 비율(%)	(나) 지역 인구(명)
A 수급자	80	160	75	75
B 수급자	10	20	20	20
A와 B 중복 수급자	8	16	15	15
비수급자	18	36	20	20
계	100	200	100	100

|자|료|해|설|
선별적 복지의 성격이 강한 제도는 공공 부조이다. 따라서 A는 사회 보험, B는 공공 부조이다. (나) 지역 인구를 100명이라고 가정하여 제시된 자료를 바탕으로 (가), (나) 지역의 A 수급자, B 수급자, A, B 중복 수급자 및 비수급자 비율 및 인구를 나타내면 첨삭과 같다.

|선|택|지|풀|이|
① 오답 : 사회 보험과 공공 부조는 모두 소득 재분배 효과가 있다. 따라서 해당 질문은 ㉠에 들어갈 수 없다.
② 오답 : 사회 보험(A)은 공공 부조(B)와 달리 상호 부조의 원리가 적용된다.
③ 오답 : (나) 지역 인구가 100명이라면, B 수급자 수는 (가) 지역이 20명, (나) 지역이 20명이다. 따라서 B 수급자 수는 (가) 지역과 (나) 지역이 같다.
④ 오답 : 강제 가입의 원칙이 적용되는 제도는 사회 보험(A)이다. A 수급자 비율은 (가) 지역이 80%, (나) 지역이 75%이므로 (가) 지역이 (나) 지역보다 높다.
⑤ 정답 : 사후 처방적 성격이 강한 제도는 공공 부조(B)이다. B 수급자 비율은 (가) 지역이 10%, (나) 지역이 20%이므로 (나) 지역이 (가) 지역의 2배이다.

질문 \ 학생	갑	을	병	정	무
서구 중심적인 사고라는 비판을 받는가? → 진화론	○	○	×	×	○
운명론적 시각에서 사회 변동을 설명하는가? → 순환론	×	○	○	○	×
사회가 일정한 방향으로 변동한다고 보는가? → 진화론	○	×	○	×	○
흥망성쇠를 거듭한 국가의 사례를 설명하기에 적합한가? → 순환론	×	○	×	○	○

진화론의 입장 →   (○ : 예, × : 아니요)

① 갑   ② 을   ③ 병   ④ 정   ⑤ 무

|자|료|해|설|

A는 사회가 주기적으로 동일한 과정을 반복한다고 보고 있으므로 이는 순환론에 해당한다. B는 사회가 이전 단계보다 복잡하게 단계적으로 변동한다고 보고 있으므로 이는 진화론에 해당한다.

|선|택|지|풀|이|

①정답 : 서구 중심적인 사고라는 비판을 받는 이론은 진화론이고, 운명론적 시각에서 사회 변동을 설명하는 이론은 순환론이며, 사회가 일정한 방향으로 변동한다고 보는 이론은 진화론이고, 흥망성쇠를 거듭한 국가의 사례를 설명하기에 적합한 이론은 순환론이다. 따라서 갑은 진화론의 입장에서 일관되게 응답하였다.

보기

ㄱ. 소득 수준이 높은 국가에서도 나타날 수 있다.

ㄴ. 경제가 성장할수록 빈곤을 판단하는 기준 금액이 적어지는 경향이 ~~있다.~~ 있다고 볼 수 없다

ㄷ. 사회 구성원들의 소득 분포를 ~~고려하지 않는~~ 개념이라는 고려한 평가를 받는다.

① ㄱ   ② ㄴ   ③ ㄱ, ㄷ   ④ ㄴ, ㄷ   ⑤ ㄱ, ㄴ, ㄷ

|자|료|해|설|

사회 구성원이 보편적으로 누리는 생활 수준을 유지하는 데 필요한 자원이 부족한 상태는 상대적 빈곤이다. 따라서 제시문에서 강조하는 빈곤의 유형은 상대적 빈곤이다.

|보|기|풀|이|

ㄱ. 정답 : 상대적 빈곤은 소득 수준이 낮은 국가뿐만 아니라 소득 수준이 높은 국가에서도 나타날 수 있다.

ㄴ. 오답 : 경제가 성장할수록 상대적 빈곤을 판단하는 기준 금액이 적어지는 경향이 있다고 볼 수 없다.

ㄷ. 오답 : 상대적 빈곤은 사회 구성원들의 소득 분포를 고려한 개념이다.

---

① A와 ~~달리~~ B는 공식적 규범에 의해 구성원을 통제한다.

② A와 ~~달리~~ B는 효율적인 목표 달성이 조직 운영의 핵심이다.

③ B에 비해 A는 능력과 업적에 따른 보상 체계를 중시한다.

④ B에 비해 ~~A~~는 목적과 수단의 전치 현상이 나타날 가능성이 높다. (A→B)

⑤ A, ~~B는 모두~~ 상향식 의사 결정 방식이 지배적이다.

|자|료|해|설|

고정된 부서나 직책 없이 유동적인 프로젝트 팀 중심으로 조직을 운영하는 것은 탈관료제와 관련 있고, 역할과 책임을 명확히 규정하고 구성원 간 협력이 일정한 틀 안에서 이루어지도록 하여 보다 안정적으로 조직을 운영하는 것은 관료제와 관련 있다. 따라서 A는 탈관료제, B는 관료제이다.

|선|택|지|풀|이|

① 오답 : 관료제와 탈관료제는 모두 공식적 규범에 의해 구성원을 통제한다.

② 오답 : 관료제와 탈관료제는 모두 조직 운영의 핵심이 효율적인 목표 달성에 있다.

③정답 : 관료제는 연공서열에 따른 보상 체계를 중시하고, 탈관료제는 능력과 업적에 따른 보상 체계를 중시한다.

④ 오답 : 관료제는 탈관료제에 비해 목적 전치 현상이 나타날 가능성이 높다.

⑤ 오답 : 관료제는 하향식 의사 결정 방식이 지배적이고, 탈관료제는 상향식 의사 결정 방식이 지배적이다.

제주 해녀 문화

해녀는 ⊙ 상군·이나 동료 해녀를 관찰하고, 그들에게 경험을 들으면서 물질··을 익힌다. 이러한 과정을 통해 물질에 필요한 지식뿐만 아니라 ⓛ 해녀 문화를 공유하고 공동체에 대한 책임감도 배운다.

해녀는 테왁, 망사리, 빗창 등과 같은 ⓒ 도구를 사용하고, 자연 친화적인 방법으로 해산물을 채취한다. 이들은 매년 물질에 들어가기 전에 잠수굿을 하여 풍요와 안전을 기원한다. ② 잠수굿은 지역 주민에게 자연스럽고 익숙한 풍습이며, 지역 특유의 ⓜ 민간 신앙이다. 해녀들이 바다에서 위험을 감수하며 이어온 ⓐ 물질은 지역 사회의 공동체 의식, 경제 활동 등 생활 영역 전반에 영향을 미쳤다.

※ 상군 : 물질 경험이 풍부하여 노련하고 기량이 뛰어난 해녀
※※ 물질 : 해녀가 바다에 잠수하여 해산물을 채취하는 행위

① ⊙에는 문화가 고정된 것이 아니라 변화한다는 속성이 부각되어 있다. → 변동성

② ⓛ에서 '문화'는 ~~좁은~~ 의미로 사용되었다. 넓은

③ ⓒ, ⓜ은 ~~모두~~ 비물질문화에 해당한다.

④ ②에는 문화가 구성원들의 사고와 행동에 동질성을 갖게 한다는 속성이 부각되어 있다. → 학습성 / → 공유성

⑤ ⓐ에는 문화가 후천적으로 학습된다는 속성이 부각되어 있다.

|선|택|지|풀|이|

① 오답 : ⊙에는 문화의 학습성이 부각되어 있다. 문화가 고정된 것이 아니라 변화한다는 속성은 문화의 변동성과 관련 있다.

② 오답 : 해녀 문화에서의 '문화'는 넓은 의미로 사용되었다.

③ 오답 : ⓒ은 물질문화에 해당하고, ⓜ은 관념 문화로 비물질문화에 해당한다.

④정답 : ②에는 문화의 공유성이 부각되어 있다. 문화의 공유성으로 인해 구성원들의 사고와 행동에 동질성을 형성할 수 있다.

⑤ 오답 : ⓐ에는 문화의 전체성(총체성)이 부각되어 있다. 문화가 후천적으로 학습된다는 속성은 문화의 학습성과 관련 있다.

보기

ㄱ. t년 대비 t+100년에 을국의 유소년 인구 증가율은 ~~40~~%이다. 100

ㄴ. t년에 노년 인구는 갑국이 을국의 2배이고, t+100년에 노년 인구는 갑국이 을국의 1.5배이다.

ㄷ. ⊙에 따르면, 갑국은 t년에 비해 t+100년에 세대 간 갈등이 심해진다. (∵ 노년 부양비 증가)

ㄹ. ⊙에 따르면, 을국은 t년에 비해 t+100년에 경제 성장 동력이 ~~약화된다.~~ 된다고 볼 수 없다

① ㄱ, ㄴ   ② ㄱ, ㄷ   **③** ㄴ, ㄷ   ④ ㄴ, ㄹ   ⑤ ㄷ, ㄹ

(단위 : 명)

구분	t년		t+100년	
	갑국	을국	갑국	을국
유소년 인구	80	40	20	80
부양 인구	80	40	50	100
노년 인구	40	20	30	20
계	200	100	100	200

|자|료|해|설|

t년에 을국의 전체 인구를 100명이라고 가정하여 제시된 자료를 바탕으로 갑국과 을국의 연도별 인구 구성을 나타내면 첨삭과 같다.

|보|기|풀|이|

ㄱ. 오답 : t년에 을국의 전체 인구가 100명이라면, 을국의 경우 유소년 인구는 t년이 40명, t+100년이 80명이다. 따라서 t년 대비 t+100년에 을국의 유소년 인구 증가율은 100%{=(40명/40명)×100}이다.

ㄴ. 정답 : t년에 을국의 전체 인구가 100명이라면, t년에 노년 인구는 갑국이 40명, 을국이 20명이므로 갑국이 을국의 2배이다. t년에 을국의 전체 인구가 100명이라면, t+100년에 노년 인구는 갑국이 30명, 을국이 20명이므로 갑국이 을국의 1.5배이다.

ㄷ. 정답 : t년에 을국의 전체 인구가 100명이라면, 갑국의 경우 노년 부양비는 t년이 50{=(40명/80명)×100}, t+100년이 60{=(30명/50명)×100}이므로 t년 대비 t+100년에 노년 부양비가 증가하였다. 따라서 갑국은 t년에 비해 t+100년에 세대 간 갈등이 심해진다.

ㄹ. 오답 : t년에 을국의 전체 인구가 100명이라면, 을국의 경우 부양 인구는 t년이 40명, t+100년이 100명이므로 t년 대비 t+100년에 부양 인구가 증가하였다. 따라서 t년에 비해 t+100년에 을국의 경제 성장 동력이 약화된다고 볼 수 없다.

문제편 p.389

1	③	2	④	3	①	4	③	5	④
6	⑤	7	②	8	①	9	④	10	②
11	②	12	⑤	13	④	14	①	15	⑤
16	①	17	④	18	①	19	⑤	20	③

1 자연 현상 vs 사회·문화 현상　　　정답 ③　정답률 88%

① ㉠과 같은 현상은 몰가치적이다. (가치 함축적)
② ㉡과 같은 현상은 인과 관계가 불분명하다.
③ ㉢과 같은 현상은 개연성의 원리가 적용된다.
④ ㉣과 같은 현상은 보편성과 특수성이 공존한다. (만 나타난다)
⑤ ㉤과 같은 현상은 확실성의 원리가 적용된다. (확률의)

|자|료|해|설|
㉠, ㉢, ㉣과 같은 현상은 사회·문화 현상에 해당하고, ㉡, ㉤과 같은 현상은 자연 현상에 해당한다.

|선|택|지|풀|이|
① 오답 : 사회·문화 현상은 가치 함축적이고, 자연 현상은 몰가치적이다.
② 오답 : 사회·문화 현상과 자연 현상은 모두 인과 관계가 나타난다. 다만, 자연 현상은 사회·문화 현상에 비해 인과 관계가 분명하다.
③ 정답 : 사회·문화 현상은 개연성의 원리가 적용되고, 자연 현상은 필연성의 원리가 적용된다.
④ 오답 : 사회·문화 현상은 보편성과 특수성이 공존하고, 자연 현상은 보편성만 나타난다.
⑤ 오답 : 사회·문화 현상은 확률의 원리가 적용되고, 자연 현상은 확실성의 원리가 적용된다.

2 사회·문화 현상을 보는 관점　　　정답 ④　정답률 80%

① 대립과 갈등을 사회의 본질적 속성으로 본다. → 갈등론
② 인간이 상황 정의에 기초하여 행동한다고 본다. → 상징적 상호 작용론
③ 사회적 지위는 기득권층에 의해 강제된 것이라고 본다. → 갈등론
④ 사회 각 부분의 역할이 사회적으로 합의된 것이라고 본다. → 기능론
⑤ 사회 제도를 통해 지배와 피지배 관계가 재생산된다고 본다. → 갈등론

|자|료|해|설|
필자는 사회 체계가 요구하는 지위 획득에 필요한 노력과 이에 따른 역할 수행의 성과로 도덕적 가치가 구성된다고 보고, 이를 통해 사회가 작동한다고 보고 있다. 따라서 사회·문화 현상을 바라보는 필자의 관점은 기능론에 해당한다.

|선|택|지|풀|이|
① 오답 : 대립과 갈등을 사회의 본질적 속성으로 보는 관점은 갈등론이다.
② 오답 : 인간이 상황 정의에 기초하여 행동한다고 보는 관점은 상징적 상호 작용론이다.
③ 오답 : 사회적 지위가 기득권층에 의해 강제된 것이라 보는 관점은 갈등론이다.
④ 정답 : 기능론은 사회 각 부분의 역할을 사회적으로 합의된 것이라고 보고 각 부분들은 사회 전체의 존속과 통합을 위해 맡은 역할을 수행한다고 본다.
⑤ 오답 : 사회 제도를 통해 지배와 피지배 관계가 재생산된다고 보는 관점은 갈등론이다.

3 관료제와 탈관료제　　　정답 ①　정답률 86%

① A에 비해 B는 구성원의 창의성이 발휘되기 어렵다.
② A와 달리 B는 업무 수행의 안정성이 낮다는 비판을 받는다. (높다)
③ B에 비해 A는 조직 내 무사안일주의가 생겨날 가능성이 높다.
④ B와 달리 A는 외부 환경 변화에 대한 유연한 대처가 어렵다는 비판을 받는다. (가능하다)
⑤ (가)에는 '수평적 의사 결정 구조의 강화'가 들어갈 수 없다. (있다) → 탈관료제 > 관료제

|자|료|해|설|
규칙과 절차에 얽매이지 않는 조직 문화에서 개인이 과도하게 재량권을 행사하여 권한 남용이 발생할 수 있는 조직 형태는 탈관료제이고, 위계가 강조되는 경직된 조직 문화에서 개인이 자신의 높은 직급을 내세우며 의사 결정을 독점하여 권한 남용이 발생할 수 있는 조직 형태는 관료제이다. 따라서 A는 탈관료제, B는 관료제이다.

|선|택|지|풀|이|
① 정답 : 관료제는 규약과 절차를 강조하며 경직된 조직 구조를 가지고 있어 탈관료제에 비해 구성원의 창의성이 발휘되기 어렵다.
② 오답 : 관료제는 탈관료제와 달리 업무 수행의 안정성이 높다.
③ 오답 : 관료제는 탈관료제에 비해 조직 내 무사안일주의가 생겨날 가능성이 높다.
④ 오답 : 탈관료제는 관료제와 달리 외부 환경 변화에 대한 유연한 대처가 가능하다.

4 문화의 속성　　　정답 ③　정답률 81%

⑤ 오답 : (가)에는 관료제의 문제점에 대한 해결 방안이 들어갈 수 있다. 수평적 의사 결정 구조의 강화는 위계가 강조되는 관료제 조직에서 높은 직급에 있는 구성원의 권한이 남용되는 것을 방지하기 위한 해결 방안이 될 수 있다. 따라서 해당 내용은 (가)에 들어갈 수 있다.

보기
ㄱ. A는 문화가 세대 간 전승을 통해 더욱 풍부하고 다양해진다는 것을 의미한다. → 축적성
ㄴ. A의 사례로 야구장에서 주변 사람들의 응원 동작을 보고 따라하며 익히는 것을 들 수 있다. → 학습성
ㄷ. B는 문화가 사회 구성원들이 공유하는 의미와 맥락 속에서 존재한다는 것을 의미한다. → 공유성
ㄹ. B의 사례로 휴대폰으로 결제하는 기술이 등장하면서 현금 거래가 감소하는 것을 들 수 있다. → 변동성

① ㄱ, ㄴ　② ㄱ, ㄷ　③ ㄴ, ㄷ　④ ㄴ, ㄹ　⑤ ㄷ, ㄹ

|자|료|해|설|
힘바족 여성들이 오티제를 바르고 머리를 땋는 법을 어머니로부터 배우는 것은 학습성의 사례에 해당하고, 마사이족 남성들이 추는 아두무의 점프 동작이 용기와 인내를 상기시키는 역할을 하는 것은 공유성의 사례에 해당한다. 따라서 A는 학습성, B는 공유성이다.

|보|기|풀|이|
ㄱ. 오답 : 문화가 세대 간 전승을 통해 더욱 풍부하고 다양해진다는 것을 의미하는 문화의 속성은 축적성이다.
ㄴ. 정답 : 야구장에서 주변 사람들의 응원 동작을 보고 따라 하며 익히는 것은 학습성의 사례에 해당한다.
ㄷ. 정답 : 공유성은 문화가 한 사회의 구성원 다수가 공통적으로 가지고 있는 생활 양식임을 의미한다. 즉, 공유성은 문화가 사회 구성원들이 공유하는 의미와 맥락 속에서 존재하는 생활 양식임을 의미한다.
ㄹ. 오답 : 휴대폰으로 결제하는 기술이 등장하면서 현금 거래가 감소하는 것은 변동성의 사례에 해당한다.

5 사회·문화 현상의 연구 과정　　　정답 ④　정답률 54%

지방 자치 단체 A는 지역 내 대학생들의 학업 중단 문제를 해결하기 위해 등록금 일부를 지원하는 시범 사업을 시행하였다. A는 ㉠ 시범 사업을 적용한 학교의 학생과 그렇지 않은 학교의 학생을 대상으로 시범 사업 전과 후에 학교생활 전반에 관한 설문 조사를 대규모로 실시하였다. 이후 학생 개개인을 식별할 수 있는 정보를 삭제한 후 누구나 사용할 수 있도록 데이터베이스를 구축하였다. 시범 사업의 효과에 의문을 가지고 있던 연구자 갑은 가설을 설정하고 연구를 진행하였다. 갑은 A가 구축한 데이터베이스에서 등록금 지원을 받은 학생과 그렇지 않은 학생 각각 1,000명을 추출하여 자료를 분석하였다. 그 결과, 등록금 지원을 받은 집단이 그렇지 않은 집단보다 학업 지속 의사의 증가 정도가 통계적으로 유의미하게 큰 것으로 나타났다.
(갑의 연구에서 표본 ×) (갑의 연구에서 표본) (2차 자료) (A의 시범 사업 확대 시행에 대한 지지 근거)

보기
ㄱ. 갑의 연구에서 ㉠은 표본이다. (아니다)
ㄴ. 갑은 2차 자료를 연구에 활용하였다.
ㄷ. 갑의 연구 결과는 A의 시범 사업이 확대 시행되는 것을 지지하는 근거가 된다.

① ㄱ　② ㄴ　③ ㄱ, ㄷ　④ ㄴ, ㄷ　⑤ ㄱ, ㄴ, ㄷ

|자|료|해|설|
지방 자치 단체 A는 지역 내 대학생들의 학업 중단 문제를 해결하기 위해 등록금 일부를 지원하는 시범 사업을 시행한 후 설문 조사를 실시하여 데이터베이스를 구축하였다. 갑은 시범 사업의 효과에 의문을 가지고 A가 구축한 데이터베이스에서 자료를 추출한 후 분석하여 연구를 진행하였다.

|보|기|풀|이|
ㄱ. 오답 : 갑의 연구에서 표본은 A가 구축한 데이터베이스에서 갑이 추출한 등록금 지원을 받은 학생과 그렇지 않은 학생 각각 1,000명이다.
ㄴ. 정답 : 갑은 A가 구축한 데이터베이스에서 자신의 연구에 필요한 데이터를 추출하여 자료를 분석하였다. 따라서 갑은 2차 자료를 활용하였다.
ㄷ. 정답 : 갑의 연구 결과 등록금 지원을 받은 집단이 그렇지 않은 집단보다 학업 지속 의사의 증가 정도가 통계적으로 유의미하게 큰 것으로 나타났다. 이는 A가 대학생들의 학업 중단 문제를 해결하기 위해 등록금 일부를 지원하는 시범 사업을 확대 시행하는 것을 지지하는 근거가 될 수 있다.

6 대중문화   정답 ⑤   정답률 97%

① 개인의 독창성과 개성을 약화시킨다.
② 유행에 따라 빠르게 소비되고 사라진다.
③ 정부에 의한 문화 통제를 가능하게 한다.
④ 상류층의 문화적 취향을 일반 대중에게 강요한다.
⑤ 객관적인 사실을 외면하고 자극적인 문화를 양산한다.

|자|료|해|설|

대중문화는 한 사회 내에 존재하는 다양한 집단을 초월하여 불특정 다수가 공유하면서
향유하는 문화를 말한다.

|선|택|지|풀|이|

⑤ 정답 : 제시된 그림은 실제 통계, 인터뷰 원본, 팩트 체크 등의 객관적 사실을 버리고,
미확인 루머, 낚시성 키워드, 선정적 사진을 활용하여 자극적인 대중문화를 생산하는 것을
보여 준다.

7 사회 명목론   정답 ②   정답률 55%

> **보기**
> ㄱ. 사회가 개인의 속성으로 환원될 수 있다고 본다. → 사회 명목론
> ㄴ. 개인이 사회에 의해 구조화된 행동을 한다고 본다. → 사회 실재론
> ㄷ. 사회는 개인이 옳다고 믿는 규범 속에서 작동한다고 본다. → 사회 명목론
> ㄹ. 개인이 사회 체계 내에서만 존재의 의미를 가진다고 본다. → 사회 실재론

① ㄱ, ㄴ   ② ㄱ, ㄷ   ③ ㄴ, ㄷ   ④ ㄴ, ㄹ   ⑤ ㄷ, ㄹ

|자|료|해|설|

필자는 자기기만이 실제로는 자발적인 것을 인간이 스스로 필연인 것처럼 가장한다고 본다.
즉, 필자는 개인의 자율적인 의지를 강조하고 있다. 따라서 개인과 사회의 관계를 바라보는
필자의 관점은 사회 명목론에 해당한다.

|보|기|풀|이|

ㄱ. 정답 : 사회 명목론은 사회가 개인의 집합체에 붙인 이름에 불과하므로 사회가 개인의
속성으로 환원될 수 있다고 본다.
ㄴ. 오답 : 사회 실재론은 개인의 행동과 의식이 실재하는 사회에 의해 구속되므로 개인이
사회에 의해 구조화된 행동을 한다고 본다.
ㄷ. 정답 : 사회 명목론은 사회보다 개인을 중시하므로 사회가 개인이 옳다고 믿는 규범
속에서 작동한다고 본다.
ㄹ. 오답 : 사회 실재론은 개인이 사회를 구성하는 요소에 불과하고 사회 체계 내에서만
존재의 의미를 가진다고 본다.

8 사회 운동 + 하위문화   정답 ①   정답률 65%

① ㉠에는 반문화가 아닌 하위문화의 특성이 나타난다.
② ㉡에는 반문화를 주류 문화로 변화시키려는 시도가 나타난다. → 나지 않는다
③ ㉠과 달리 ㉡은 급격한 사회 변화에 저항하는 사회 운동이다. → 이 아니다
④ ㉡과 달리 ㉠은 사회 구조 전체를 근본적으로 변화시키려는 사회 운동이다. → 이 아니다
⑤ ㉠과 ㉡은 모두 주류 사회의 문화적 정체성을 강화하기 위한 사회 운동이다. → A 이주민들의

|자|료|해|설|

㉠의 사회 운동은 갑국에서 차별을 받아 왔던 A 이주민들이 자신들의 민족적 정체성을
유지하고 갑국의 가치 또한 실현함으로 차별에서 벗어나기 위해 전개한 운동이다. ㉡의
사회 운동은 A 이주민들에 대한 차별이 지속되면서 A 이주민들이 갑국 사회의 제도와
가치를 부정하며 민족적 정체성을 강화하며 전개한 운동이다.

|선|택|지|풀|이|

① 정답 : ㉠은 A 이주민들이 자신들의 민족적 정체성을 유지하면서 갑국의 주류 문화의
가치를 실현하고자 하는 운동이다. 따라서 ㉠에는 반문화가 아닌 하위문화의 특성이
나타난다.
② 오답 : ㉡에는 A 이주민들이 갑국에서 주류 문화에 대항하는 반문화를 만들려는 시도가
나타나 있다.
③ 오답 : ㉠과 ㉡은 모두 급격한 사회 변화에 저항하는 사회 운동에 해당하지 않는다.
④ 오답 : ㉠과 ㉡은 모두 사회 구조 전체를 근본적으로 변화시키려는 사회 운동에 해당하지
않는다.
⑤ 오답 : ㉠과 ㉡은 모두 A 이주민들의 문화적 정체성을 강화하기 위한 사회 운동이다.

9 일탈 행동에 대한 이론   정답 ④   정답률 66%

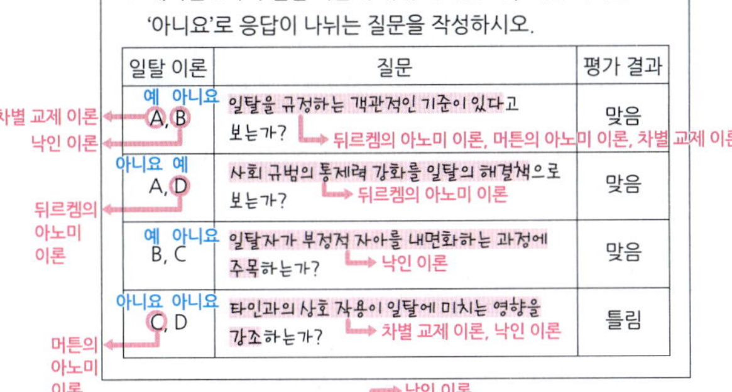

<단원 확인 평가>

※ 제시된 2가지 일탈 이론에 대해 하나는 '예', 다른 하나는
'아니요'로 응답이 나뉘는 질문을 작성하시오.

일탈 이론	질문	평가 결과
예 아니요 A, B	일탈을 규정하는 객관적인 기준이 있다고 보는가? → 뒤르켐의 아노미 이론, 머튼의 아노미 이론, 차별 교제 이론	맞음
아니요 예 A, D	사회 규범의 통제력 강화를 일탈의 해결책으로 보는가? → 뒤르켐의 아노미 이론	맞음
예 아니요 B, C	일탈자가 부정적 자아를 내면화하는 과정에 주목하는가? → 낙인 이론	맞음
아니요 아니요 C, D	타인과의 상호 작용이 일탈에 미치는 영향을 강조하는가? → 차별 교제 이론, 낙인 이론	틀림

차별 교제 이론 ← A
낙인 이론 ← B
뒤르켐의 아노미 이론 ← A (A, D)
머튼의 아노미 이론 ← C (C, D)

① A는 차별적 제재를 일탈의 원인으로 본다. → 낙인 이론 (B)
② B는 일탈의 대책으로 제도화된 기회의 확대를 강조한다. → 머튼의 아노미 이론 (C)
③ C는 정상 집단과의 교류를 일탈의 해결책으로 본다. → 차별 교제 이론 (A)
④ D는 급격한 사회 변동에 의한 무규범 상태에 주목한다. → 뒤르켐의 아노미 이론
⑤ C, D와 달리 A, B는 사회 구조적 관점에서 일탈을 설명한다. → 뒤르켐의 아노미 이론, 머튼의 아노미 이론

|자|료|해|설|

일탈을 규정하는 객관적인 기준이 있다고 보는 이론은 뒤르켐의 아노미 이론, 머튼의
아노미 이론, 차별 교제 이론에 해당한다. 첫 번째 질문에 대한 평가 결과가 '맞음'이므로 A와 B 중
하나는 낙인 이론에 해당한다. 사회 규범의 통제력 강화를 일탈의 해결책으로 보는 이론은
뒤르켐의 아노미 이론이다. 두 번째 질문에 대한 평가 결과가 '맞음'이므로 A와 D 중 하나는
뒤르켐의 아노미 이론이다. 일탈자가 부정적 자아를 내면화하는 과정에 주목하는 이론은
낙인 이론이다. 세 번째 질문에 대한 평가 결과가 '맞음'이므로 B와 C 중 하나는 낙인
이론이다. 따라서 B는 낙인 이론이다. 타인과의 상호 작용이 일탈에 미치는 영향을 강조하는
이론은 차별 교제 이론과 낙인 이론이다. 네 번째 질문에 대한 평가 결과가 '틀림'이고, B는
낙인 이론이므로 C와 D는 각각 머튼의 아노미 이론과 뒤르켐의 아노미 이론 중 하나이고,
A는 차별 교제 이론이다. 따라서 A는 차별 교제 이론, B는 낙인 이론, C는 머튼의 아노미
이론, D는 뒤르켐의 아노미 이론이다.

|선|택|지|풀|이|

④ 정답 : 뒤르켐의 아노미 이론은 급속한 사회 변동으로 인해 기존의 지배적인 사회 규범이
약화되고 새로운 가치관이 미처 정립되지 못하였거나, 기존의 규범과 새로운 규범이
혼재되면서 나타나는 도덕적 혼란 혹은 무규범 상태인 아노미 상태에서 일탈 행동이
발생한다고 본다.

10 계층 구조의 유형과 특징 + 사회 이동의 유형   정답 ②   정답률 44%

① 갑의 부모 계층보다 을의 부모 계층은 낮다. → 높다
② 부모와 계층이 일치하는 자녀의 수는 상층보다 중층이 많다.
③ 세대 간 하강 이동한 자녀의 수보다 세대 간 상승 이동한 자녀의 수가 적다. → 많다
④ 부모 세대 계층 구조와 달리 자녀 세대 계층 구조는 모래시계형이다. → 다이아몬드형
⑤ 자녀 세대 계층 구조에 비해 부모 세대 계층 구조가 사회 통합 실현에 유리하다.

(단위 : %)

구분		부모 세대			계
		상층(C)	중층(A)	하층(B)	
자녀 세대	상층(C)	5	10	5	20
	중층(A)	10	10	30	50
	하층(B)	5	10	15	30
계		20	30	50	100

→ 상승 이동   → 하강 이동

|자|료|해|설|

세대 간 이동에서 A에서 B로의 이동과 C에서 B로의 이동이 하강 이동에 해당하므로 B는
하층이다. 세대 간 이동에서 A에서 C로의 이동이 상승 이동이므로 A는 중층, C는 상층이다.
제시된 자료를 바탕으로 ○○국의 계층 구성을 나타내면 첨삭과 같다.

|선|택|지|풀|이|

① 오답 : 갑의 부모 계층은 중층이고, 을의 부모 계층은 상층이다. 따라서 갑의 부모
계층보다 을의 부모 계층이 높다.
② 정답 : 부모와 계층이 일치하는 자녀의 비율은 상층이 전체의 5%, 중층이 전체의
10%이다. 따라서 부모와 계층이 일치하는 자녀의 수는 상층보다 중층이 많다.
③ 오답 : 세대 간 하강 이동한 자녀의 비율은 전체의 25%(=10%+5%+10%)이고,
세대 간 상승 이동한 자녀의 비율은 전체의 45%(=10%+5%+30%)이다. 따라서 세대 간
하강 이동한 자녀의 수보다 세대 간 상승 이동한 자녀의 수가 많다.
④ 오답 : 부모 세대 계층 구조는 피라미드형이고, 자녀 세대 계층 구조는 다이아몬드형이다.
⑤ 오답 : 부모 세대 계층 구조는 피라미드형이고, 자녀 세대 계층 구조는 다이아몬드형이므로
자녀 세대 계층 구조가 부모 세대 계층 구조에 비해 사회 통합 실현에 유리하다.

11 사회 변동 이론　정답 ②　정답률 51%

보기
ㄱ. 운명론적 시각에서 사회 변동을 설명한다. → 순환론
ㄴ. 사회 변동이 진보와 발전을 의미한다고 본다. → 진화론
ㄷ. 사회 변동을 동일한 과정의 주기적 반복으로 설명한다. → 순환론
ㄹ. 사회는 미분화된 상태에서 분화된 상태로 변동한다고 본다. → 진화론

① ㄱ, ㄴ　② ㄱ, ㄷ　③ ㄴ, ㄷ　④ ㄴ, ㄹ　⑤ ㄷ, ㄹ

|자|료|해|설|
필자는 힘이 강한 민족은 힘이 약한 민족을 정복하면서 문명의 꽃을 피우며, 적대감으로 무장한 또 다른 강한 민족이 정복의 열쇠를 들고 새로운 문명의 문을 연다고 보고 있다. 따라서 사회 변동의 방향을 바라보는 필자의 관점은 순환론에 해당한다.

|보|기|풀|이|
ㄱ. 정답 : 순환론은 유기체가 탄생에서 소멸의 과정을 거치는 것과 같은 운명론적 관점에서 사회 변동을 설명한다.
ㄷ. 정답 : 순환론은 사회 변동이 생성, 성장, 쇠퇴, 소멸의 과정을 끊임없이 반복한다고 본다.
ㄹ. 오답 : 진화론은 사회가 미분화된 상태에서 분화된 상태로 변동하므로 사회 변동이 곧 진보를 의미한다고 본다.

12 문화 변동의 요인 + 문화 변동의 양상　정답 ⑤　정답률 64%

　　갑국에 향수를 보급한 인물로 알려져 있는 A는 갑국의 전통 의례 중 약초즙을 뿌려서 향을 내는 방식에 착안하여 뿌리는 형태의 새로운 향수를 개발했다. 이 향수는 갑국의 귀족층에게 큰 인기를 얻었다. 이 소식을 들은 을국 향수업자들이 을국의 바르는 향수를 갑국에 가져가 판매했다. 이로 인해 갑국의 서민층도 바르는 향수를 사용하게 되어 갑국에서 향수의 대중화가 이루어졌다. 그런데 갑국에서 혁명이 일어나 갑국 정부가 기업들을 국유화하면서 A는 자신의 회사를 강제로 빼앗겼다. 이에 A는 자신만의 향수 제조 비법을 들고 을국으로 망명한 후 갑국 귀족들에게 유행했던 향수를 다시 제조하였다. A의 향수는 향수의 본국인 을국에서 높은 시장 점유율을 갖게 되었다.

(주석 : 발명 / 직접 전파 / 문화 병존 / 물질문화 / 직접 전파)

① 갑국에서 강제적(→자발적) 문화 접변이 나타났다.
② 을국에서 비물질문화의 전파가 나타났다.
③ 갑국에서 자극 전파가(→과), 을국에서 직접 전파가 나타났다.
④ 갑국에서 문화 융합이, 을국에서 문화 동화가 나타났다.
⑤ 갑국과 을국 모두에서 문화 병존이 나타났다.

|선|택|지|풀|이|
① 오답 : 을국 향수업자들이 을국의 바르는 향수를 갑국에 가져가 판매한 결과 갑국에서 향수의 대중화가 이루어진 것으로 보아 갑국에서는 자발적 문화 접변이 나타났다.
⑤ 정답 : 갑국에서는 A가 발명한 뿌리는 형태의 향수와 을국으로부터 전파된 바르는 향수가 함께 존재하고 있으므로 문화 병존이 나타났다. 을국에서는 바르는 향수와 갑국으로부터 전파된 A의 향수가 함께 존재하고 있으므로 문화 병존이 나타났다.

13 사회화 기관 + 지위 + 사회 집단 + 사회 조직　정답 ④　정답률 15%

보기
ㄱ. ㉠과 ㉡은 모두 성취 지위이다.
ㄴ. 자료에는 결합 자체가 목적인 사회 집단이 적혀 있다.(→있지 않다) (공동 사회)
ㄷ. 자료에 적혀 있는 공식적 사회화 기관의 개수는 비공식적 조직의 개수와 동일하다. (고등학교 / 사내 혼성 합창단)
ㄹ. 자료에 적혀 있는 자발적 결사체의 개수보다 비공식적 사회화 기관의 개수가 2개 많다. (사내 혼성 합창단, 노동조합, 마라톤 동호회, 노동 인권 단체)

① ㄱ, ㄴ　② ㄱ, ㄷ　③ ㄴ, ㄹ　④ ㄱ, ㄹ　⑤ ㄴ, ㄷ, ㄹ
(△△ 건설 회사, 사내 혼성 합창단, 노동조합, 마라톤 동호회, 노동 인권 단체, 신문(대중 매체))

공식적 사회화 기관	고등학교
비공식적 사회화 기관	△△ 건설 회사, 사내 혼성 합창단, 노동조합, 마라톤 동호회, 노동 인권 단체, 신문(대중 매체)
비공식 조직	사내 혼성 합창단
자발적 결사체	사내 혼성 합창단, 노동조합, 마라톤 동호회, 노동 인권 단체

|자|료|해|설|
신문은 대중 매체로 비공식적 사회화 기관에 해당한다.

14 자료 수집 방법　정답 ①　정답률 56%

① ㉠은 '1점'이다.
② A와 달리 B는 연구 대상자의 응답이 필수적이다.
③ B와 달리 C는 연구 대상자와의 정서적 교감을 중시한다.(→하지 않는다)
④ C에 비해 D는 다수를 대상으로 자료를 수집하기 어렵다.(→용이하다)
⑤ D에 비해 A는 문맹자를 대상으로 한 연구에 활용하기 어렵다.(→용이하다)

|자|료|해|설|
방법론적 일원론을 기초로 한 연구에서 주로 활용하는 자료 수집 방법은 질문지법과 실험법이다. 네 번째 질문에 대한 채점 결과가 4점이므로 C와 D는 각각 질문지법과 실험법 중 하나이고, A와 B는 각각 면접법과 참여 관찰법 중 하나이다. 연구자와 연구 대상자 간의 언어적 상호 작용이 필수적인 자료 수집 방법은 질문지법과 면접법이다. 세 번째 질문에 대한 채점 결과가 3점이고, 세 번째 질문에 대해 '예'로 분류되는 자료 수집 방법은 질문지법과 면접법이므로 B는 실험법과 참여 관찰법 중 하나에 해당한다. 따라서 A는 면접법, B는 참여 관찰법이다. 인위적 통제 상황에서 처치로 인한 변화를 관찰하는 자료 수집 방법은 실험법이다. 두 번째 질문에 대한 채점 결과가 2점이고, 두 번째 질문에 대해 '예'로 분류되는 자료 수집 방법은 실험법이므로 C는 실험법이다. 따라서 D는 질문지법이다. 즉, A는 면접법, B는 참여 관찰법, C는 실험법, D는 질문지법이다.

|선|택|지|풀|이|
① 정답 : 현지에서 연구 대상자와 생활하며 자연스러운 일상을 살펴보는 자료 수집 방법은 참여 관찰법이다. 따라서 ㉠은 '1점'이다.

15 사회 보장 제도의 특징　정답 ⑤　정답률 25%

① 중복 수혜자 수는 비(非)수혜자 수보다 많다.(→적다)
② 사회 보험의 혜택만을 받는 사람 수는 공공 부조의 혜택만을 받는 사람 수의 4배이다.(→보다 많다)
③ 중복 수혜자가 아닌 사람 수는 금전적 지원을 원칙으로 하는 제도의 혜택을 받는 사람 수보다 적다.(→많다) (→ 사회 보험, 공공 부조)
④ 비(非)수혜자 수는 중복 수혜자 중 강제 가입을 원칙으로 하는 제도의 혜택을 받는 사람 수의 2배이다.(→보다 적다) (→ 사회 보험)
⑤ 사회 서비스의 혜택만을 받는 사람 수는 중복 수혜자 중 소득 재분배 효과가 가장 큰 제도의 혜택을 받는 사람 수보다 많다. (공공 부조)

〈갑국의 20대 청년 실업자가 100명일 경우 A~C 수혜자 수〉
(단위 : 명)
A (사회 보험) : 65 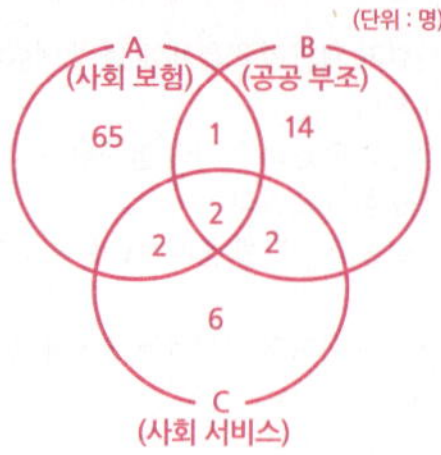
B (공공 부조) : 14
A∩B : 1
A∩B∩C : 2
A∩C : 2
B∩C : 2
C (사회 서비스) : 6

|자|료|해|설|
A는 사회 보험, B는 공공 부조, C는 사회 서비스이다. 갑국 20대 청년 실업자 수를 100명이라고 가정하면, 중복 수혜자 중 A, B, C의 혜택을 모두 받는 사람 수는 2명이다. 이때 중복 수혜자 중 A, C의 혜택을 모두 받는 사람 수가 중복 수혜자 중 A, B, C의 혜택을 모두 받는 사람 수의 2배이므로 중복 수혜자 중 A, C의 혜택을 모두 받는 사람 수는 4명이 된다. 따라서 중복 수혜자 중 A, C의 혜택을 모두 받는 사람 수가 4명, 중복 수혜자 중 A, B, C의 혜택을 모두 받는 사람 수가 2명이므로 중복 수혜자 중 A, C의 혜택만을 받는 사람 수는 2명(=4명-2명)이 된다. 또한 중복 수혜자 중 B, C의 혜택을 모두 받는 사람 수가 중복 수혜자 중 A, B, C의 혜택을 모두 받는 사람 수의 2배이므로 중복 수혜자 중 B, C의 혜택을 모두 받는 사람 수는 4명이 된다. 따라서 중복 수혜자 중 B, C의 혜택을 모두 받는 사람 수가 4명, 중복 수혜자 중 A, B, C의 혜택을 모두 받는 사람 수가 2명이므로 중복 수혜자 중 B, C의 혜택만을 받는 사람 수는 2명(=4명-2명)이 된다. 갑국 20대 청년 실업자 수를 100명이라고 가정하여 제시된 자료를 바탕으로 각 수혜자 수를 나타내면 첨삭과 같다.

|선|택|지|풀|이|
① 오답 : 중복 수혜자 수는 7명(=2명+1명+2명+2명)이고, 비(非)수혜자 수는 8명(=100명×8%)이다.
② 오답 : 사회 보험인 A의 혜택만을 받는 사람 수는 65명(=70명-2명-1명-2명)이고, 공공 부조 B의 혜택만을 받는 사람의 수는 14명(=19명-2명-1명-2명)이다. 따라서 사회 보험의 혜택만을 받는 사람 수는 공공 부조의 혜택만을 받는 사람 수의 약 4.6(=65명/14명)배이다.
③ 오답 : 금전적 지원을 원칙으로 하는 제도는 사회 보험(A)과 공공 부조(B)이다. 중복 수혜자가 아닌 사람 수는 93명(=65명+14명+6명+8명)이고, A 또는 B의 혜택을 받는 사람 수는 86명(=65명+14명+1명+2명+2명+2명)이다.
④ 오답 : 강제 가입을 원칙으로 하는 제도는 사회 보험(A)이다. 비(非)수혜자 수는 8명(=100명×8%)이고, 중복 수혜자 중 사회 보험인 A의 혜택을 받는 사람 수는 5명(=2명+1명+2명)이다. 따라서 비(非)수혜자 수는 중복 수혜자 중 강제 가입을 원칙으로 하는 제도의 혜택을 받는 사람 수의 1.6(=8명/5명)배이다.
⑤ 정답 : 소득 재분배 효과가 가장 큰 제도는 공공 부조(B)이다. 사회 서비스인 C의 혜택만을 받는 사람 수는 6명(=12명-2명-2명-2명)이고, 중복 수혜자 중 공공 부조인 B의 혜택을 받는 사람 수는 5명(=2명+1명+2명)이다.

| **16** 사회적 소수자 | 정답 ① 정답률 82% |

① A는 주류 집단의 제도적 배제로 인해 차별을 받았다.
② B는 사회적 소수자에 대한 우대 정책의 혜택을 받았다. .지 않았다
③ B와 달리 A는 신체적 특성을 이유로 차별을 받았다.
④ 갑국의 사례에는 역차별의 문제가 나타난다. .나 있지 않다
⑤ 을국의 사례에는 수적 우세에도 불구하고 차별을 받는 사회적
　소수자가 나타난다. .나 있지 않다

|자|료|해|설|
갑국에서 일하는 외국인 노동자 A와 을국 국민인 B는 모두 사회적 소수자에 해당한다.

|선|택|지|풀|이|
①정답 : A는 갑국에서 모국어로 진술서를 작성할 수 있게 해 달라는 요청을 거부당했고,
갑국 국민과 달리 정당한 법적 조력을 받을 수 없었다. 이를 통해 A가 갑국 주류 집단에 의한
제도적 배제로 수사 과정에서 차별을 받았음을 알 수 있다.
② 오답 : 을국에서 장애를 이유로 차별해서는 안 된다는 법을 제정한 것은 사회적 소수자에
대한 우대 정책의 적극적 우대 조치로 볼 수 없다. 따라서 B는 을국에서 사회적 소수자에
대한 우대 정책의 혜택을 받았다고 볼 수 없다.
③ 오답 : B는 장애인이라는 이유로 차별을 받았으므로 신체적 특성을 이유로 차별을 받았다.
④ 오답 : 갑국의 사례에는 역차별의 문제가 나타나 있지 않다.
⑤ 오답 : 을국의 사례에는 수적 우세에도 불구하고 차별을 받는 사회적 소수자가 나타나
있지 않다.

| **17** 문화 이해 태도 | 정답 ④ 정답률 93% |

① A는 자문화의 고유한 가치를 존중한다. .하지 않는다
② B는 자국의 문화적 정체성을 약화시킨다. 강화
③ C는 국수주의로 변질될 수 있다는 비판을 받는다. B
④ A, B와 달리 C는 문화의 다양성 보존에 기여한다.
⑤ B, C와 달리 A는 문화를 이해가 아닌 평가의 대상으로 본다. B
　→ 문화 절대주의(문화 사대주의, 자문화 중심주의)

|자|료|해|설|
다른 나라 문화를 비하하며 자기 나라 문화를 우월하다고 여기는 을의 문화 이해 태도는
자문화 중심주의에 해당하고, 자기 나라 문화를 비하하며 다른 나라 문화를 동경하는
병의 문화 이해 태도는 문화 사대주의에 해당한다. 따라서 A는 문화 사대주의, B는 자문화
중심주의, C는 문화 상대주의이다.

|선|택|지|풀|이|
① 오답 : 문화 사대주의는 타문화의 우수성을 내세워 자문화를 열등하다고 본다.
② 오답 : 자문화 중심주의는 자국의 문화적 정체성을 강화시킨다.
③ 오답 : 국수주의로 변질될 수 있다는 비판을 받는 문화 이해 태도는 자문화 중심주의이다.
④정답 : 문화 상대주의는 문화의 다양성 보존에 기여한다.
⑤ 오답 : 문화 사대주의와 자문화 중심주의는 문화 상대주의와 달리 문화를 이해가 아닌
평가의 대상으로 본다.

| **18** 세계화 | 정답 ① 정답률 57% |

① 국가 내 불평등을 증가시켰다
② 노동자의 임금 하락을 유발하였다
③ 개발 도상국의 경제 성장을 가로막았다
④ 선진국과 개발 도상국 간 경제적 갈등을 심화시켰다
⑤ 선진국과 개발 도상국 간 위계적인 분업 체계를 형성하였다

|자|료|해|설|
제시문은 세계화의 첫 번째 영향으로 개발 도상국이 선진국에 종속되는 경제 구조가
형성되었음을 보여 주고 있고, 세계화의 두 번째 영향으로 선진국과 개발 도상국 각각에서
소득 불평등이 증가하고 있음을 보여 주고 있다.

|선|택|지|풀|이|
①정답 : (가)에는 세계화의 두 번째 영향과 관련 있는 내용이 들어갈 수 있다. 따라서
세계화의 영향으로 선진국과 개발 도상국 각각에서 나타나고 있는 불평등의 증가는 (가)에
들어갈 수 있다.
② 오답 : 세계화로 인해 노동자의 임금 하락이 유발되었다는 내용은 세계화의 두 번째
영향과 관련 없다.
③ 오답 : 세계화로 인해 선진국이 개발 도상국의 경제 성장을 가로막았다는 내용은
세계화의 첫 번째 영향과 관련 있다.
④ 오답 : 세계화로 인해 선진국과 개발 도상국 간 경제적 갈등이 심화되었다는 내용은
세계화의 두 번째 영향과 관련 없다.
⑤ 오답 : 세계화로 인해 선진국과 개발 도상국 간 위계적인 분업 체계가 형성되었다는
내용은 세계화의 첫 번째 영향과 관련 있다.

| **19** 절대적 빈곤과 상대적 빈곤 | 정답 ⑤ 정답률 63% |

① ㉠과 **달리** ㉢은 소득 분배의 형평성을 높임으로써 **해소할 수
있다.** 반드시 해소할 수 있는 것은 아니다
② ㉢과 **달리** ㉠은 객관화된 기준에 의해 규정된다. → 객관적 빈곤
③ ㉢과 달리 ㉡은 각자의 소득 수준이 다른 사람에 비해 **충분하지
않다고 느끼는 상태를 말한다.** 하지 않는다 → 주관적 빈곤
④ ㉡에 비해 ㉠, ㉢은 경제 성장 이전의 저개발 국가에서
두드러지게 나타난다는 평가를 받는다. → 절대적 빈곤
⑤ ㉠, ㉡과 달리 ㉢은 전체 사회 구성원의 소득 분포 상태를
고려하는 개념이라는 평가를 받는다. → 상대적 빈곤

|자|료|해|설|
㉠은 생존에 필수적인 물품을 구매하는 데 필요한 소득을 기준으로 한 절대적 빈곤이고,
㉡은 최소한의 육체적 건강을 유지하는 데 드는 비용을 기준으로 한 절대적 빈곤이며, ㉢은
한 사회의 통상적인 생활 수준을 기준으로 한 상대적 빈곤이다.

|선|택|지|풀|이|
① 오답 : 소득 분배의 형평성을 높임으로써 절대적 빈곤을 해소할 수 있다고 단정할 수 없다.
② 오답 : 절대적 빈곤과 상대적 빈곤은 모두 객관화된 기준에 의해 규정된 객관적 빈곤에
해당한다.
③ 오답 : 각자의 소득 수준이 다른 사람에 비해 충분하지 않다고 느끼는 상태는 주관적
빈곤이다.
④ 오답 : 경제 성장 이전의 저개발 국가에서 두드러지게 나타나는 빈곤은 절대적 빈곤이다.
⑤정답 : 전체 사회 구성원의 소득 분포 상태를 고려한 개념은 상대적 빈곤이다.

| **20** 저출산·고령화 | 정답 ③ 정답률 44% |

① t년에 노령화 지수는 갑국보다 을국이 **크다.** 작다
② t+30년에 갑국의 노년 부양비는 50보다 **클** 것이다. 작을
③ t+30년에 을국의 총부양비는 120보다 클 것이다.
④ t년 대비 t+30년에 양육에 대한 사회적 비용이 갑국에서는
늘어날 것이고 을국에서는 **변함없을** 것이다. 줄어들
⑤ t년 대비 t+30년에 노인 일자리 창출의 필요성 정도가 갑국
에서는 낮아질 것이고 을국에서는 **변함없을** 것이다. 높아질

<t년> (단위 : %)

구분	갑국	을국
유소년 인구	15	45
부양 인구	60	45
노년 인구	25	10

<t+30년> (단위 : %)

구분	갑국	을국
유소년 인구	15보다 높음	45보다 낮음
부양 인구	60	45보다 낮음
노년 인구	25보다 낮음	10보다 높음

|자|료|해|설|
t년에 을국의 부양 인구 비율이 45%이고, 이는 갑국의 0.75배이므로 t년에 갑국의 부양
인구 비율은 60%가 된다. t년에 을국의 경우 노령화 지수와 노년 부양비가 같으므로 부양
인구 비율과 유소년 인구 비율이 같다. 따라서 t년에 을국의 경우 유소년 인구 비율은
45%, 부양 인구 비율은 45%, 노년 인구 비율은 10%이다. t년에 을국의 유소년 부양비는
100{=(45/45)×100}이고, t년에 갑국의 유소년 부양비가 을국의 유소년 부양비의
0.25배이므로 t년에 갑국의 유소년 부양비는 25이다. t년에 갑국의 경우 부양 인구 비율이
60%이고, 유소년 부양비가 25이므로 유소년 인구 비율은 15%가 되고, 노년 인구 비율은
25%가 된다. 제시된 자료를 바탕으로 t년과 t+30년에 갑국과 을국의 인구 구성을 나타내면
첨삭과 같다.

|선|택|지|풀|이|
① 오답 : t년에 노령화 지수는 갑국이 약 166.7{=(25/15)×100}, 을국이
약 22.2{=(10/45)×100}이다. 따라서 t년에 노령화 지수는 갑국보다 을국이 작다.
② 오답 : t+30년에 갑국의 경우 부양 인구 비율은 60%이고, 노년 인구 비율은 25%보다
낮다. 따라서 t+30년에 갑국의 노년 부양비는 50보다 작을 것이다.
③정답 : t년에 을국의 유소년 부양비는 100{=(45/45)×100}이고, t년 대비 t+30년에
을국의 유소년 부양비는 변동이 없으므로 t+30년에 을국의 유소년 부양비는 100이다.
t+30년에 을국의 경우 유소년 부양비는 100이고, 노년 부양비는 20보다 크다. 따라서
t+30년에 을국의 총부양비는 120보다 클 것이다.
④ 오답 : t년 대비 t+30년에 갑국의 유소년 인구는 증가할 것이고, 을국의 유소년 인구는
감소할 것이다. 따라서 양육에 대한 사회적 비용은 갑국의 경우 늘어날 것이고, 을국의 경우
줄어들 것이다.
⑤ 오답 : t년 대비 t+30년에 갑국의 노년 인구는 감소할 것이고, 을국의 노년 인구는 증가할
것이다. 따라서 노인 일자리 창출의 필요성 정도는 갑국의 경우 낮아질 것이고, 을국의 경우
높아질 것이다.

문제편 p.393

1	⑤	2	②	3	①	4	④	5	①
6	①	7	②	8	⑤	9	④	10	③
11	④	12	①	13	②	14	④	15	③
16	⑤	17	④	18	②	19	③	20	③

---

1 자연 현상 vs 사회·문화 현상 　　정답 ⑤ 정답률 88%

① ㄱ과 같은 현상은 인과 관계가 ~~불~~분명하다.
② ㄴ과 같은 현상은 ~~몰가치적~~이다.
③ ㄷ과 같은 현상은 ~~확실성~~의 원리가 적용된다.
④ ㄹ과 같은 현상은 보편성과 특수성이 ~~공존한다~~ 만 나타난다
⑤ ㅁ과 같은 현상은 개연성의 원리가 적용된다.

|자|료|해|설|
ㄱ, ㄹ과 같은 현상은 자연 현상에 해당하고, ㄴ, ㄷ, ㅁ과 같은 현상은 사회·문화 현상에 해당한다.

|선|택|지|풀|이|
① 오답 : 자연 현상은 특정 원인에 따라 반드시 이에 상응하는 결과가 예외 없이 발생하므로 인과 관계가 분명하다.
② 오답 : 사회·문화 현상은 인간의 가치나 신념이 반영되어 나타나므로 가치 함축적이다.
③ 오답 : 사회·문화 현상은 발생 요인과 그 결과가 확률적으로 관련을 맺고 있어 예외적인 현상이 나타날 수 있으므로 확률의 원리가 적용된다.
④ 오답 : 자연 현상은 일정한 조건만 갖춰지면 시대와 장소를 초월하여 동일한 현상이 발생하므로 보편성만 강하게 나타난다.
⑤ 정답 : 사회·문화 현상은 어떠한 현상의 영향으로 다른 현상이 발생할 가능성이 있지만 반드시 발생한다고 단정할 수 없으므로 개연성의 원리가 적용된다.

---

2 사회 실재론 + 사회 명목론 　　정답 ② 정답률 90%

보기

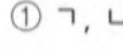 개인에게 사회 구조는 불가항력적이라고 본다. → 사회 실재론
ㄴ. 집합적 속성은 개인의 속성에 의해 결정된다고 본다.
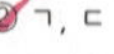 개인은 사회 속에서만 존재의 의미를 갖는다고 본다. → 사회 명목론
ㄹ. 사회 규범은 개인이 옳다고 믿기 때문에 존재한다고 본다.

① ㄱ, ㄴ　② ㄱ, ㄷ　③ ㄴ, ㄷ　④ ㄴ, ㄹ　⑤ ㄷ, ㄹ

|자|료|해|설|
필자는 개인의 활동에 항상 사회가 깊숙이 자리하고 있다고 보고 있다. 따라서 필자의 관점은 사회 실재론에 해당한다.

|보|기|풀|이|
ㄱ. 정답 : 사회 실재론은 개인의 행동과 의식이 실재하는 사회에 의해 구속되므로 개인에게 사회 구조는 불가항력적이라고 본다.
ㄴ. 오답 : 사회 명목론은 사회와 관계없이 개인의 행동이 자신의 자율적인 의지에 따라 이루어지므로 개인의 속성에 의해 집합적 속성이 결정된다고 본다.
ㄷ. 정답 : 사회 실재론은 개인이 사회를 구성하는 요소에 불과하므로 개인은 사회 속에서만 존재의 의미를 갖는다고 본다.
ㄹ. 오답 : 사회 명목론은 사회가 개인의 이익을 실현시켜 주는 수단에 불과하므로 사회 규범은 개인이 옳다고 믿기 때문에 존재한다고 본다.

---

3 물질문화와 비물질문화 + 하위문화 + 문화 변동의 문제점 　정답 ① 정답률 82%

① ㄱ은 비물질 문화이자 갑국의 지역 문화이다.
② ㄴ은 갑국이 문화 지체 현상을 해결하기 위한 것 ~~이다~~ 으로 볼 수 없다
③ ㄷ은 지배 집단에 저항하는 반문화에 해당 ~~한다~~ 하지 않는다
④ ㄹ로 인해 갑국에서는 문화의 ~~획일화~~가 나타날 우려가 있다.
⑤ ㅁ은 갑국이 하위문화를 ~~주류 문화~~로 바꾸려고 하는 것이다.

|선|택|지|풀|이|
① 정답 : 토착어는 언어로, 이는 비물질 문화에 해당한다. 또한 갑국에는 다양한 토착어를 사용하는 토착민들이 있으므로 토착어는 갑국의 지역 문화에 해당한다.
② 오답 : 갑국이 국가 공용어를 지정한 것은 다양한 토착어를 사용함으로써 나타나는 행정의 비효율성을 개선하기 위한 것이다.
③ 오답 : 일부 지역의 토착민들은 국가 공용어를 사용함과 동시에 지역의 고유한 토착어를 계승하기 위해 후손들에게 토착어를 교육하고 있다. 따라서 일부 지역의 토착민들이 후손들에게 토착어를 교육하고 있는 것은 주류 문화에 대항하기 위한 것이 아니므로 반문화에 해당하지 않는다.

---

④ 오답 : 토착어 소멸을 막기 위해 공표한 토착어 보존 10년 프로젝트는 하위문화를 보존함으로써 다양성을 제공할 수 있다. 따라서 해당 프로젝트로 인해 갑국에서 문화의 획일화가 나타날 우려가 있다고 볼 수 없다.
⑤ 오답 : 토착어 문화 보존을 위한 갑국 정부의 노력은 하위문화를 주류 문화로 바꾸려고 하는 것이 아니다.

---

4 문화의 속성 　　정답 ④ 정답률 90%

보기

 문화를 구성하는 요소들이 유기적으로 연결되어 있는 것은 A에 해당한다. → 전체성
ㄴ. 문화를 통해 구성원들이 사고와 행동의 동질성을 갖게 되는 것은 B에 해당한다. → 공유성
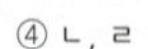 문화 요소가 시간의 흐름에 따라 등장하고 사라지는 것은 C에 해당한다. → 변동성
ㄹ. 문화 요소들이 세대 간 전승되면서 다양해지고 풍부해지는 것은 D에 해당한다. → 축적성

① ㄱ, ㄴ　② ㄱ, ㄷ　③ ㄴ, ㄷ　④ ㄴ, ㄹ　⑤ ㄷ, ㄹ

|자|료|해|설|
첫 번째 사례에는 공유성과 변동성이 부각되어 있고, 두 번째 사례에는 축적성과 변동성이 부각되어 있으며, 세 번째 사례에는 공유성과 전체성이 부각되어 있다. 따라서 A는 변동성, B는 공유성, C는 전체성, D는 축적성이다.

|보|기|풀|이|
ㄱ. 오답 : 문화를 구성하는 요소들이 유기적으로 연결되어 있다는 것은 전체성에 해당한다.
ㄴ. 정답 : 공유성은 문화를 통해 구성원들이 사고와 행동의 동질성을 형성하여 타인의 행동을 예측하고 이해할 수 있게 해 줌으로써 원활한 사회적 상호 작용의 토대가 된다.
ㄷ. 오답 : 문화 요소가 시간의 흐름에 따라 등장하고 사라지는 것은 변동성에 해당한다.
ㄹ. 정답 : 축적성은 문화가 세대 간 전승되면서 새로운 요소가 추가되어 점점 더 풍부해지는 것을 의미한다.

---

5 사회·문화 현상의 연구 과정 　　정답 ① 정답률 44%

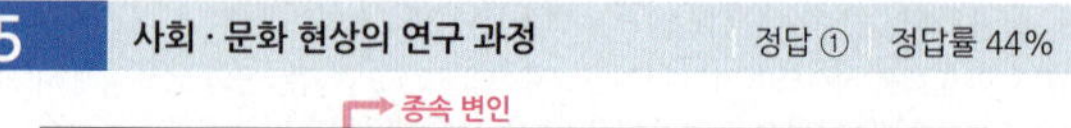

연구자 갑은 요즘 청소년들이 게임을 하지 않으면 친구 관계를 유지하기 어렵다는 기사를 접했다. 이후 갑은 친구와의 관계에 대한 인식이 청소년의 게임 의존에 미치는 영향을 파악하고자 　(가)　를 가설로 설정하고 연구를 진행하였다. 이를 위해 갑은 A 기관이 공개한 청소년 대상 설문 조사 자료에서 ㉠ 친구와의 관계에 대한 인식을 측정하는 문항과 게임 의존 정도를 측정하는 문항의 응답 결과에 대해 청소년 1,000명을 무작위로 추출하여 분석하였다. 자료 분석 결과, 친구와의 관계에 대한 긍정적 인식 정도가 청소년 게임 의존 정도에 미치는 영향은 통계적으로 유의미한 부(-)의 관계인 것으로 나타났다. 분석 결과를 토대로 갑은 　(나)　라고 제언하였다.

→ 종속 변인
→ 독립 변인
→ 문헌 연구법

보기

ㄱ. ㉠은 갑의 연구에서 1차 자료 수집을 위한 조사 도구이다.
ㄴ. (가)에는 '친구와의 관계에 대한 인식이 긍정적일수록 청소년의 게임 의존도가 높을 것이다.'가 들어갈 수 있다.
ㄷ. (나)에는 '청소년의 게임 과의존을 예방하기 위해서는 친구와의 관계를 긍정적으로 형성해 가는 것이 필요하다.'가 들어갈 수 ~~없다~~ 있다

① ㄴ　② ㄷ　③ ㄱ, ㄴ　④ ㄱ, ㄷ　⑤ ㄱ, ㄴ, ㄷ

|보|기|풀|이|
ㄱ. 오답 : 갑은 A 기관이 공개한 청소년 대상 설문 조사 자료에서 독립 변인 및 종속 변인과 관련된 자료를 분석하였다. 따라서 ㉠은 갑의 연구에서 2차 자료 수집을 위한 조사 도구에 해당한다.
ㄴ. 정답 : (가)에는 독립 변인인 친구와의 관계에 대한 인식과 종속 변인인 청소년의 게임 의존 간의 상관관계를 나타낸 가설이 들어갈 수 있다. '친구와의 관계에 대한 인식이 긍정적일수록 청소년의 게임 의존도가 높을 것이다.'는 독립 변인과 종속 변인 간의 정(+)의 관계를 나타낸 가설이다. 따라서 해당 가설은 (가)에 들어갈 수 있다.
ㄷ. 오답 : (나)에는 갑이 연구 결과를 토대로 제언한 내용이 들어갈 수 있다. 연구 분석 결과 친구와의 관계에 대한 긍정적 인식 정도와 청소년 게임 의존 정도 간에 부(-)의 관계가 있으므로 갑은 청소년의 게임 과의존을 예방하기 위해 친구와의 긍정적인 관계를 형성하는 것이 필요함을 제언할 수 있다. 따라서 해당 내용은 (나)에 들어갈 수 있다.

---

① A는 서로 다른 문화를 객관적으로 이해하는 데 기여한다. → 비교론적 관점
② A는 문화 요소 간의 관계를 전체적 맥락에서 살펴보는 관점이다. → 총체론적 관점
③ B는 자문화의 정체성을 약화시킨다는 비판을 받는다. → 문화 사대주의
④ C는 문화의 다양성을 저해할 수 있다는 비판을 받는다. → 보존하는 데 기여한다
⑤ B와 달리 C는 문화를 이해가 아닌 평가의 대상으로 본다.

|자|료|해|설|
문화를 바라보는 관점 A는 갑국과 을국의 식문화를 비교하고 있으므로 이는 비교론적 관점에 해당한다. 을국 사람들의 식문화를 미개하다고 보고 있는 갑국 사람들의 문화 이해 태도 B는 자문화 중심주의에 해당하고, 갑국 사람들이 을국의 역사적, 사회적 맥락에서 을국의 식문화를 파악해야 한다고 보는 문화 이해 태도 C는 문화 상대주의에 해당한다.

|선|택|지|풀|이|
① 정답 : 비교론적 관점은 자기 문화와 타 문화를 객관적으로 이해하는 데 기여한다.
③ 오답 : 자문화 중심주의는 자기 문화에 대한 자부심을 심어줌으로써 자기 문화의 정체성을 강화시키는 데 기여한다.
④ 오답 : 문화 상대주의는 자기 문화와 타 문화의 가치를 모두 존중함으로써 문화적 다양성을 보존하는 데 기여할 수 있다.

| 7 | 문화 변동의 요인 + 문화 변동의 양상 | 정답 ② | 정답률 63% |

최근 주목받고 있는 애니메이션 ○○는 갑국의 일부 젊은이들이 즐겨온 을국의 아이돌 음악에 갑국 대중음악의 색깔을 입혀 갑국에서 창작된 작품이다. ○○에는 갑국 대중음악 요소를 을국 아이돌 가수의 노래에 녹여낸 새로운 음악 형식이 나타난다. 갑국은 온라인 동영상 플랫폼을 통해 ○○를 수출하였고, ○○는 갑국뿐만 아니라 을국에서 선풍적인 인기를 얻은 후 병국을 포함하여 세계적인 흥행을 일으키고 있다. 이후, 을국의 아이돌 음악은 병국의 음원 시장을 장악하며 젊은이들이 열광하는 음악 장르 중 하나로 자리 잡았다.

→ 갑국-문화 공존
→ 갑국-문화 융합
→ 간접 전파
→ 병국-문화 공존

① 갑국에서는 자극 전파에 의한 문화 변동이 나타난다.
② 갑국과 병국 모두에서 문화 공존이 나타난다.
③ 을국과 병국 모두에서 문화 융합이 나타난다. → 갑국에서
④ 을국과 병국 모두에서 직접 전파에 의한 문화 변동이 나타난다. → 간접
⑤ 갑국, 을국과 달리 병국에서는 문화 동화가 나타난다.

|선|택|지|풀|이|
② 정답 : 갑국의 경우 일부 젊은이들이 을국의 아이돌 음악을 즐기고 있으므로 문화 공존이 나타난다. 병국의 경우 을국의 아이돌 음악이 병국 젊은이들이 열광하는 음악 장르 중 하나로 자리 잡았으므로 문화 공존이 나타난다.
③ 오답 : 갑국의 ○○에는 새로운 음악 형식이 나타나므로 이는 문화 융합에 해당한다. 을국과 병국에서는 문화 융합이 나타나지 않았다.
④ 오답 : 갑국이 온라인 동영상 플랫폼을 통해 수출한 ○○이 을국과 병국 모두에서 인기를 얻고 있으므로 을국과 병국 모두에서 간접 전파에 의한 문화 변동이 나타났다.

| 8 | 사회화 + 사회화 기관 + 지위 + 역할 + 사회 집단 + 사회 조직 | 정답 ⑤ | 정답률 32% |

① ㉠과 달리 ㉡은 성취 지위이다.
② 자료에서 역할 갈등과 예기 사회화의 사례를 확인할 수 있다.
③ 갑의 메모지에 적혀 있는 비공식 조직의 개수가 을의 메모지에 적혀 있는 1차 집단의 개수보다 1개 많다. → 와 같다 → 1개(가족)
④ 을의 메모지에 적혀 있는 공식적 사회화 기관의 개수와 자발적 결사체의 개수는 같다. → 다르다 → 2개(대학원, 전자공학과) → 1개(기후 관련 환경 단체)
⑤ 병의 메모지에 적혀 있는 이익 사회의 개수는 갑의 메모지에 적혀 있는 비공식적 사회화 기관의 개수와 같다.
3개(군대, 인권 관련 연구소, 사회학과) → 3개(잡지, 학과 내 재활 봉사 소모임, 국제 의료 봉사 단체)

|자|료|해|설|
갑의 메모지에 적혀 있는 사회 집단은 잡지, 고등학교, 학과 내 재활 봉사 소모임, 국제 의료 봉사 단체, 간호학과이고, 을의 메모지에 적혀 있는 사회 집단은 기후 관련 환경 단체, 가족, 대학원, 대기업, 전자공학과이며, 병의 메모지에 적혀 있는 사회 집단은 군대, 인권 관련 연구소, 사회학과이다.

|선|택|지|풀|이|
② 오답 : 갑이 재활 관련 지식을 잡지에서 찾아보며 스포츠 트레이너가 되기 위해 준비한 것은 예기 사회화에 해당한다. 을이 대학원 진학과 대기업 취업을 고민하는 것은 역할 간 충돌로 나타나는 역할 갈등에 해당하지 않는다.

③ 오답 : 갑의 메모지에 적혀 있는 비공식 조직은 학과 내 재활 봉사 소모임이고, 을의 메모지에 적혀 있는 1차 집단은 가족이다.
④ 오답 : 을의 메모지에 적혀 있는 공식적 사회화 기관은 대학원과 전자공학과이고, 을의 메모지에 적혀 있는 자발적 결사체는 기후 관련 환경 단체이다.
⑤ 정답 : 병의 메모지에 적혀 있는 이익 사회는 군대, 인권 관련 연구소, 사회학과이고, 갑의 메모지에 적혀 있는 비공식적 사회화 기관은 잡지, 학과 내 재활 봉사 소모임, 국제 의료 봉사 단체이다.

| 9 | 일탈 행동에 대한 이론 | 정답 ④ | 정답률 65% |

① A와 달리 C는 급격한 사회 변동으로 인한 규범의 부재를 일탈 행동의 원인으로 본다. → 뒤르켐의 아노미 이론
② B와 달리 A는 일탈 행동의 대책으로 정상 집단과의 교류 촉진을 강조한다. → 차별 교제 이론
③ C와 달리 D는 차별적인 사회적 제재를 일탈 행동의 원인으로 본다. → 낙인 이론
④ D와 달리 B는 일탈 행동의 대책으로 제도화된 기회의 확대를 강조한다. → 머튼의 아노미 이론
⑤ A, B, C와 달리 D는 1차적 일탈이 2차적 일탈로 이어지는 과정에 초점을 둔다. → 낙인 이론

|자|료|해|설|
일탈 행동 자체보다 일탈 행동에 대한 사회적 반응에 주목하는 이론은 낙인 이론이므로 낙인 이론은 C와 D 중 하나이다. 사기 전과자들과 어울려 그들의 태도와 수법을 배워 사이버 사기에 가담하게 된 것은 차별 교제 이론의 사례에 해당한다. 발표한 사례 4가지 중 D의 사례만 맞으므로 D는 차별 교제 이론이다. 따라서 C는 낙인 이론이다. 문화적 목표와 제도적 수단 간의 괴리가 일탈의 원인이라고 보는 이론은 머튼의 아노미 이론이므로 머튼의 아노미 이론은 A와 B 중 하나이다. 부유한 생활을 원하는 장기 실업자가 쉽게 돈을 벌고자 사이버 사기를 저지른 것은 머튼의 아노미 이론의 사례에 해당하고, 돈을 빌리고 갚지 않아 친구들에게 사기꾼이라는 비난을 받은 후 이를 내면화하여 사이버 사기를 저지른 것은 낙인 이론의 사례에 해당한다. A와 B의 사례는 모두 옳지 않으므로 B는 머튼의 아노미 이론이다. 따라서 A는 뒤르켐의 아노미 이론이다.

|선|택|지|풀|이|
⑤ 오답 : 낙인 이론은 1차적 일탈을 한 사람에 대해 낙인을 찍게 되면 부정적 자아가 형성되고 이는 2차적 일탈을 초래하는 요인으로 작용한다고 본다.

| 10 | 계층 구조의 유형과 특징 + 사회 이동의 유형 | 정답 ③ | 정답률 68% |

① ㄱ, ㄴ　② ㄱ, ㄷ　③ ㄴ, ㄷ　④ ㄴ, ㄹ　⑤ ㄷ, ㄹ

〈갑국〉 (단위 : %)

구분		부모 세대			계
		상층(C)	중층(A)	하층(B)	
자녀 세대	상층(C)	10	5	10	25
	중층(A)	15	10	20	45
	하층(B)	5	5	20	30
계		30	20	50	100

〈을국〉 (단위 : %)

구분		부모 세대			계
		상층(D)	중층(F)	하층(E)	
자녀 세대	상층(D)	5	0	5	10
	중층(F)	0	10	20	30
	하층(E)	5	20	35	60
계		10	30	60	100

|자|료|해|설|
갑국의 경우 부모 세대 C에서는 세대 간 상승 이동이 나타나지 않으므로 C는 상층이다. 부모 세대 A에서 자녀 세대 C로의 이동만이 세대 간 상승 이동에 해당하므로 A는 중층이다. 부모 세대 B에서 자녀 세대 A와 C로의 이동이 세대 간 상승 이동에 해당하므로 B는 하층이다. 을국의 경우 부모 세대 E에서는 세대 간 하강 이동이 나타나지 않으므로 E는 하층이다. 부모 세대 F에서 자녀 세대 E로의 이동만이 세대 간 하강 이동에 해당하므로 F는 중층이다. 부모 세대 D에서 자녀 세대 E와 F로의 이동이 세대 간 하강 이동에 해당하므로 D는 상층이다. 제시된 자료를 바탕으로 갑국과 을국의 계층 구성을 나타내면 첨삭과 같다.

|보|기|풀|이|
ㄱ. 오답 : 갑국의 경우 계층 대물림 비율은 전체의 40%(=10%+10%+20%), 세대 간 이동 비율은 전체의 60%(=100%-40%)이다.
ㄴ. 정답 : 을국의 경우 세대 간 상승 이동 비율은 전체의 25%(=5%+20%), 세대 간 하강 이동 비율은 전체의 25%(=5%+20%)이다.
ㄷ. 정답 : 부모 세대 중층의 경우 세대 간 이동 비율은 갑국이 전체의 10%(=5%+5%), 을국이 전체의 20%이다.
ㄹ. 오답 : 부모 세대의 계층 구조는 갑국이 모래시계형이고, 을국이 피라미드형이다.

| **11** | 정보 사회의 문제점 | 정답 ④ 정답률 96% |

① (가)는 정보 격차로 인한 계층 양극화 문제를 보여준다.
② (가)는 정보 생산자의 정확한 정보 제공이 필요함을 보여준다.
③ (나)는 감시로 인한 개인의 자유와 권리 침해 문제를 보여준다.
④ (나)는 주체적으로 정보를 분석하고 평가하는 태도가 필요함을 보여준다.
⑤ (가)와 (나)는 모두 대면 접촉 감소로 피상적 인간관계가 확산되는 양상을 보여준다.

|자|료|해|설|
(가)에는 정보화로 인한 사생활 침해 문제가 나타나 있고, (나)에는 정보에 대한 과도한 의존 문제가 나타나 있다.

|선|택|지|풀|이|
④정답 : (나)에는 정보에 대한 과도한 의존 문제가 나타나 있으므로 필요한 정보에 대한 주체적 선택과 정보의 비판적 분석 능력이 필요함을 보여 준다.

| **12** | 사회 변동 이론 | 정답 ① 정답률 50% |

보기

ㄱ. 사회 변동을 지속적인 진보의 과정으로 본다.
ㄴ. 서구 제국주의를 정당화하는 논리로 이용될 수 있다.
ㄷ. 사회 변동 방향을 예측하여 대응하는 데 적합하지 않다.
ㄹ. 운명론적 입장에서 사회의 소멸을 필연적 결과로 간주한다.

① ㄱ, ㄴ　② ㄱ, ㄷ　③ ㄴ, ㄷ　④ ㄴ, ㄹ　⑤ ㄷ, ㄹ

|자|료|해|설|
필자는 대부분의 국가들이 사회의 요구에 대응하며 체계적으로 분화된 사회로 나아간다고 보고 있다. 따라서 필자의 관점은 진화론에 해당한다.

|보|기|풀|이|
ㄱ정답 : 진화론은 사회 변동이 바람직한 방향으로의 변화, 즉 진보와 발전을 의미한다고 본다.
ㄴ정답 : 진화론은 서구 사회가 진보된 사회임을 전제하므로 서구의 제국주의 역사를 정당화하는 수단으로 이용될 수 있다.
ㄹ. 오답 : 순환론은 역사 과정을 반복적인 순환 과정으로 보므로 사회의 소멸을 운명론적 입장에서 필연적인 결과로 본다.

| **13** | 관료제와 탈관료제 | 정답 ② 정답률 68% |

① ㉠은 목적 전치 현상에 해당한다.
② ㉡은 업무 수행 과정의 예측성을 높이는 데 기여한다.
③ A와 달리 B는 연공서열에 따른 보상을 중시한다.
④ A에 비해 B는 업무 수행의 전문화와 세분화 정도가 높다.
⑤ B에 비해 A는 구성원이 창의성을 발휘하기에 용이하다.

|자|료|해|설|
A는 근대 사회의 핵심 가치인 합리성을 구현하기 위한 조직 운영 원리이므로 관료제에 해당하고, B는 탄력적인 대응을 강조하는 조직 운영 원리이므로 탈관료제에 해당한다.

|선|택|지|풀|이|
① 오답 : 목적 전치 현상은 규약과 절차를 지나치게 강조한 나머지 오히려 본래의 조직 목적 달성이 어려워지는 현상이다.
②정답 : 구성원 상호 간에 절차와 규약을 준수하는 것에 대한 신뢰는 절차와 규약에 따른 표준화된 과업 수행을 가능하게 하므로 업무 수행 과정의 예측 가능성을 높이는 데 기여한다.
③ 오답 : 관료제는 연공서열에 따른 보상을, 탈관료제는 업적에 따른 보상을 중시한다.
④ 오답 : 관료제는 효율적인 업무 처리를 위해 업무에 맞는 전문 인력을 배치하고 각각의 구성원들이 분담할 일을 처리하므로 업무 수행의 전문화와 세분화 정도가 높다.
⑤ 오답 : 탈관료제는 수평적 조직 체계로 인해 의사 결정 권한이 분산되고 구성원이 창의성을 발휘하기에 용이하다.

| **14** | 자료 수집 방법 | 정답 ④ 정답률 50% |

① B는 연구 대상자와의 정서적 교감을 중시한다.
② D는 연구 대상자로부터의 반응을 통해 자료를 수집한다.
③ C와 달리 A는 다수를 대상으로 자료를 수집하기 적합하다.
④ (가)에 '인위적 통제 상황에서 처치로 인한 변화를 관찰한다.'가 들어간다면 ㉠은 '1점'이다.
⑤ ㉠이 '2점'이면 (가)에 '현지에서 연구 대상자와 함께 생활하며 관심을 갖는 연구 현상을 관찰한다.'가 들어갈 수 없다.

|자|료|해|설|
세 번째 진술에 대한 채점 결과가 0점이므로 세 번째 진술에 대한 학생의 응답은 모두 틀린 응답이다. 질문지법, 면접법, 실험법, 문헌 연구법 중 연구자가 직접 수집한 자료를 계량화하여 양적 연구에 주로 활용되는 자료 수집 방법은 질문지법과 실험법이다. 따라서 A와 D는 각각 면접법과 문헌 연구법 중 하나이고, B와 C는 각각 질문지법과 실험법 중 하나이다. 두 번째 진술에 대한 채점 결과가 1점이므로 두 번째 진술에 대한 학생의 응답 중 한 개만 옳은 응답이다. 질문지법, 면접법, 실험법, 문헌 연구법 중 기존의 연구 동향이나 성과를 파악하는 데 주로 활용되는 자료 수집 방법은 문헌 연구법이다. 두 번째 진술에 대한 질문지법과 실험법의 옳은 응답은 모두 ✕이다. 즉, 두 번째 진술에 대해 C의 응답만이 옳다. 따라서 A는 면접법, D는 문헌 연구법이다. 첫 번째 진술에 대한 채점 결과가 2점이므로 첫 번째 진술에 대한 학생의 응답 중 두 개만 옳은 응답이다. 질문지법, 면접법, 실험법, 문헌 연구법 중 연구자와 연구 대상자 간의 언어적 상호 작용이 필수적인 자료 수집 방법은 질문지법과 면접법이다. 첫 번째 진술에 대한 질문지법과 면접법의 옳은 응답은 모두 'O'이다. 즉, 첫 번째 진술에 대해 B와 C의 응답이 옳다. 따라서 B는 실험법, C는 질문지법이다.

|선|택|지|풀|이|
① 오답 : 연구 대상자와의 정서적 교감을 중시하는 자료 수집 방법은 면접법이다.
② 오답 : 문헌 연구법은 이미 존재하는 자료를 활용하여 필요한 정보를 수집하는 방법이므로 연구 대상자로부터의 반응을 통해 자료를 수집하지 않는다.
③ 오답 : 질문지법은 다수를 대상으로 자료를 수집하기에 적합하다.
④정답 : 인위적 통제 상황에서 처치로 인한 변화를 관찰하는 자료 수집 방법은 실험법이다. 해당 진술이 (가)에 들어가면, D의 응답만이 옳으므로 ㉠은 '1점'이다.
⑤ 오답 : 현지에서 연구 대상자와 함께 생활하며 관심을 갖는 연구 현상을 관찰하는 자료 수집 방법은 참여 관찰법이다. 해당 진술이 (가)에 들어가면, B와 D의 응답이 옳으므로 ㉠은 '2점'이다. 따라서 ㉠이 '2점'이면, 해당 진술은 (가)에 들어갈 수 있다.

| **15** | 사회 보장 제도의 특징 | 정답 ⑤ 정답률 27% |

① t년에 공공 부조의 혜택만을 받는 사람 수는 사회 서비스의 혜택만을 받는 사람 수보다 적다.
② t+30년에 사회 보험의 혜택만을 받는 사람 수가 전체 수혜자 수의 70%이다.
③ 전체 인구 중 중복 수혜자가 아닌 사람 수는 t+30년이 t년보다 많다.
④ 중복 수혜자 중 정부 재정으로 비용을 전액 충당하는 것을 원칙으로 하는 제도의 혜택을 받는 사람 수는 t년이 t+30년보다 많다.
⑤ 강제 가입 원칙이 적용되는 제도와 비금전적 지원을 원칙으로 하는 제도의 혜택을 동시에 받는 사람 수는 t년과 t+30년이 동일하다.

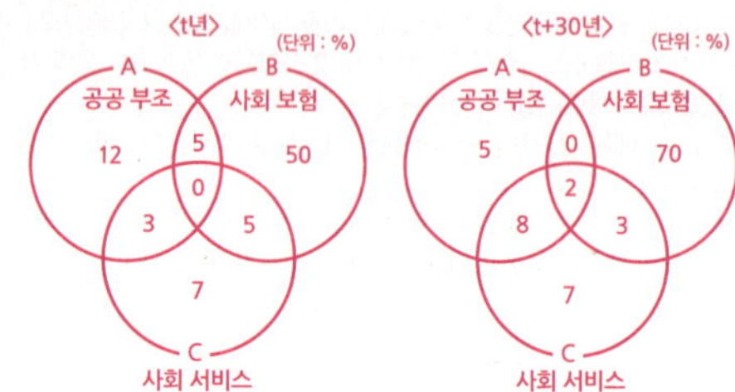

|자|료|해|설|
A는 공공 부조, B는 사회 보험, C는 사회 서비스이다. 제시된 자료를 바탕으로 t년과 t+30년에 전체 인구 중 A~C 수혜자의 비율을 나타내면 첨삭과 같다.

|선|택|지|풀|이|
① 오답 : t년에 공공 부조의 혜택만을 받는 수혜자 비율은 전체 인구의 12%이고, 사회 서비스의 혜택만을 받는 수혜자 비율은 전체 인구의 7%이다. 따라서 t년에 공공 부조의 혜택만을 받는 사람 수는 사회 서비스의 혜택만을 받는 사람 수보다 많다.
② 오답 : t+30년에 사회 보험의 혜택만을 받는 수혜자 비율은 전체 인구의 70%이고, 전체 수혜자 비율은 전체 인구의 95%이다. 따라서 t+30년에 사회 보험의 혜택만을 받는 사람 수는 전체 수혜자 수의 약 73.7%(=(70/95)×100)이다.
③ 오답 : 전체 인구 중 중복 수혜자가 아닌 비율은 t년이 87%(=12%+50%+7%+18%), t+30년이 87%(=5%+70%+7%+5%)이다. 따라서 전체 인구 중 중복 수혜자가 아닌 사람 수는 t년과 t+30년이 같다.
④ 오답 : 정부 재정으로 비용을 전액 충당하는 것을 원칙으로 하는 제도는 공공 부조이다. 중복 수혜자 중 공공 부조의 혜택을 받는 수혜자 비율은 t년이 전체 인구의 8%(=5%+3%)이고, t+30년이 전체 인구의 10%(=8%+2%)이다. 따라서 중복 수혜자 중 공공 부조의 혜택을 받는 사람 수는 t년이 t+30년보다 적다.
⑤정답 : 강제 가입 원칙이 적용되는 제도는 사회 보험이고, 비금전적 지원을 원칙으로 하는 제도는 사회 서비스이다. 사회 보험과 사회 서비스의 혜택을 동시에 받는 수혜자 비율은 t년이 전체 인구의 5%이고, t+30년이 전체 인구의 5%(=2%+3%)이다. 따라서 사회 보험과 사회 서비스의 혜택을 동시에 받는 사람 수는 t년과 t+30년이 같다.

① A는 소득 수준이 높은 국가에서는 나타나지 않는다. 도 나타날 수 있다
② 갑국은 B를 판단하는 기준 금액을 최저 임금으로 결정한다.
③ A와 달리 B는 사회 구성원의 소득 분포를 고려하여 결정된다.
④ B와 달리 A는 자신의 소득이 평균적인 생활 수준에 미치지 못한다고 스스로 생각하는 상태를 의미한다. → 주관적 빈곤
⑤ 갑국은 최저 임금 인상 이후 A에 해당하지만 B에 해당하지 않는 가구가 존재한다.

|자|료|해|설|
사회 구성원 대다수가 누리는 일반적인 생활 수준에 미치지 못하는 상태는 상대적 빈곤에 해당하고, 최소한의 생활을 유지하기 어려운 상태는 절대적 빈곤에 해당한다. 따라서 A는 상대적 빈곤, B는 절대적 빈곤이다.

|선|택|지|풀|이|
② 오답 : 갑국에서 최저 임금을 인상한 결과 절대적 빈곤에 해당하는 가구 중 10%는 절대적 빈곤에서 벗어날 수 있었다. 이를 통해 갑국에서 최저 임금을 통해 절대적 빈곤을 판단한다고 볼 수 없다.
④ 오답 : 자신의 소득이 평균적인 생활 수준에 미치지 못한다고 스스로 생각하는 상태는 주관적 빈곤이다. 상대적 빈곤과 절대적 빈곤은 모두 객관적 빈곤에 해당한다.
⑤ 정답 : 갑국에서 최저 임금 인상 전 절대적 빈곤에 해당하는 가구 중 10%는 최저 임금 인상 이후 절대적 빈곤에 해당하지 않게 되었지만 여전히 상대적 빈곤에 해당한다. 이를 통해 갑국에서는 상대적 빈곤율이 절대적 빈곤율보다 높음을 알 수 있다. 따라서 갑국은 최저 임금 인상 이후 절대적 빈곤에는 해당하지 않지만 상대적 빈곤에 해당하는 가구가 존재한다.

① ㉠은 선천적 요인에 의한 사회적 차별을 시정하려는 것이다.
② ㉡은 수적 열세로 인한 사회적 차별을 시정하려는 것이다.
③ ㉠은 사회적 차별을, ㉡은 역차별을 시정하려는 것이다.
④ 사회적 소수자로 규정되는지의 여부가 사회적 상황에 따라 달라지는 것을 A 종교 신자의 사례에서 확인할 수 있다.
⑤ 의식적 차원의 노력만으로는 사회적 차별 해소에 근본적인 한계가 있음을 B 인종의 사례에서 확인할 수 있다. 제도적

|선|택|지|풀|이|
① 오답 : 갑국은 종교 탄압을 받는 A 종교 신자들이 국가가 A 종교인 을국으로 이주하는 일이 빈번해지자 사회 통합을 실현하기 위해 종교의 자유를 보장하는 정책을 실시하였다. 따라서 ㉠은 선천적 요인에 의한 사회적 차별을 시정하려는 정책으로 볼 수 없다.
② 오답 : 갑국은 갑국에서 가장 높은 인구 비중을 차지하고 있는 B 인종에게 주거 환경이 우수한 지역에 위치한 주택의 일정 비율을 우선 배정하는 정책을 실시하였다. 따라서 ㉡은 수적 열세로 인한 사회적 차별을 시정하려는 정책으로 볼 수 없다.
③ 오답 : ㉠은 A 종교 신자들의 종교의 자유를 보장하는 정책이므로 사회적 차별을 시정하려는 정책이다. ㉡은 지배 세력과 인종이 다르다는 이유로 낙후된 주거 지역에 사는 B 인종에게 주거 환경이 우수한 지역에 위치한 주택의 일정 비율을 우선 배정하는 정책이므로 역차별을 시정하려는 정책으로 볼 수 없다.
④ 정답 : A 종교 신자의 경우 ㉠ 정책을 실시하기 전에는 갑국에서 사회적 소수자에 해당하지만, ㉠ 정책을 실시한 이후에는 갑국에서 사회적 소수자에 해당하지 않는다. 이를 통해 사회적 상황에 따라 사회적 소수자로 규정되는지의 여부가 달라짐을 알 수 있다.
⑤ 오답 : B 인종의 주거 여건 개선을 위해 정책 시행을 통한 제도적 차원의 노력을 다했지만, 여전히 B 인종은 사회의 다양한 영역에서 차별을 받고 있다. 이를 통해 제도적 차원의 노력만으로는 사회적 차별 해소에 한계가 있음을 알 수 있다.

① ㄱ, ㄴ　② ㄱ, ㄷ　③ ㄴ, ㄷ　④ ㄴ, ㄹ　⑤ ㄷ, ㄹ

|자|료|해|설|
필자는 개인들이 구축한 관계가 사회적으로 합의된 문화적 가치와 규범에 의해 사회 체계의 효율적인 작동을 가능하게 한다고 보고 있다. 따라서 필자의 관점은 기능론에 해당한다.

|보|기|풀|이|
ㄱ. 정답 : 기능론은 사회가 본질적으로 조화와 균형을 이루고 있으므로 일시적으로 불안정한 상태가 발생하더라도 스스로 조화와 균형을 회복할 수 있는 힘을 지니고 있다고 본다.
ㄴ. 오답 : 상징적 상호 작용론은 인간이 사물이나 행위에 주관적인 의미를 부여하는 자율적인 주체라고 본다.
ㄷ. 정답 : 기능론은 사회 질서와 안정을 강조하여 지배 집단의 이익을 대변하는 논리로 이용될 수 있다는 비판을 받는다.
ㄹ. 오답 : 상징적 상호 작용론은 개인의 행위가 사회 구조나 제도의 영향에 의해 나타날 수 있음을 경시한다는 비판을 받는다.

① A 관점은 사회 불평등을 피할 수 없는 필연적인 현상으로 본다. → 기능론
② ㉠은 한정된 자원으로 인해 발생한 국가 간 물리적 충돌을 해결하려는 사회 운동이다.
③ ㉡은 세계 시민 의식을 바탕으로 지속 가능한 사회를 만들어 가려는 사회 운동이다.
④ (가) 단체는 전 지구적 문제를 국가들의 개별적인 활동으로 해결하려고 한다. 협력
⑤ (나) 단체는 국제기구와 제재를 통해 지구 환경 문제를 해결하려고 한다.

|자|료|해|설|
(가) 단체와 (나) 단체는 모두 ○○자원 채굴 과정에서 약소국 국민들이 노동에 대한 정당한 대가를 받지 못하고 채굴 시 발생하는 환경 오염의 피해를 받고 있는 현상을 약소국이 강대국에 경제적으로 종속된 국가 간 불평등에 기인한다고 보고 있다. 이는 사회 불평등을 바라보는 관점 중 갈등론에 해당한다. 따라서 A 관점은 갈등론이다.

|선|택|지|풀|이|
① 오답 : 갈등론은 사회 불평등이 보편적인 현상일지는 몰라도 불가피하지는 않으며 제거해야 할 현상으로 본다.
② 오답 : ㉠은 자원 채굴로 인해 생태계가 파괴되는 것을 막고 국제기구가 마련하고 있는 협약에 각국 정부가 동참할 것을 촉구하는 시위로, 이는 한정된 자원으로 인해 발생한 국가 간 물리적 충돌을 해결하려는 사회 운동으로 볼 수 없다.
③ 정답 : ㉡은 미래 세대의 삶을 이어가기 위해 환경을 파괴하는 기업의 제품에 대한 불매 운동으로, 이는 세계 시민 의식을 바탕으로 현재 세대와 미래 세대의 안정적이고 풍요로운 삶을 영위할 수 있도록 지속 가능한 사회를 만들고자 하는 사회 운동에 해당한다.
④ 오답 : (가) 단체는 국제기구가 마련한 협약에 각국 정부가 동참할 것을 촉구하고 있으므로 전 지구적 문제를 국가들의 개별적인 활동으로 해결하고자 한다고 볼 수 없다.
⑤ 오답 : (나) 단체는 지구 환경을 파괴하는 기업의 제품에 대한 불매 운동을 전개하고 있으므로 국제기구의 제재를 통해 지구 환경 문제를 해결하고자 한다고 볼 수 없다.

① t년 갑국의 유소년 부양비는 노년 부양비보다 크다. 작다
② t년 갑국의 노년 인구는 t년 을국의 노년 인구의 8배이다. 16
③ t년 갑국의 부양 인구는 t+50년 을국의 유소년 인구의 8배이다.
④ t년 대비 t+50년에 경제 성장 동력은 갑국과 을국 모두 약화될 것이다. 에서
⑤ t년 대비 t+50년에 세대 간 갈등 정도는 갑국이 커지고, 을국은 변함이 없을 것이다. 커질

〈갑국〉

구분	t년		t+50년	
	비율(%)	인구(명)	비율(%)	인구(명)
유소년 인구	20	80	20↓	40↓
부양 인구	40	160	40	80
노년 인구	40	160	40↑	80↑
전체	100	400	100	200

〈을국〉

구분	t년		t+50년	
	비율(%)	인구(명)	비율(%)	인구(명)
유소년 인구	10	10	10	20
부양 인구	80	80	80↓	160↓
노년 인구	10	10	10↑	20↑
전체	100	100	100	200

|자|료|해|설|
t+50년에 갑국과 을국의 전체 인구가 동일하므로 t+50년에 갑국과 을국의 전체 인구를 각각 200명이라고 가정하여 제시된 자료를 바탕으로 t년과 t+50년에 갑국과 을국의 인구 구성을 나타내면 첨삭과 같다.

|선|택|지|풀|이|
① 오답 : 갑국의 경우 t년에 유소년 부양비는 50{=(20/40)×100}이고, 노년 부양비는 100{=(40/40)×100}이다. 따라서 t년 갑국의 유소년 부양비는 노년 부양비보다 작다.
② 오답 : t+50년에 갑국과 을국의 전체 인구가 각각 200명이라면, t년에 갑국의 노년 인구는 160명이고, t년에 을국의 노년 인구는 10명이다. 따라서 t년 갑국의 노년 인구는 t년 을국의 노년 인구의 16배이다.
③ 정답 : t+50년에 갑국과 을국의 전체 인구가 각각 200명이라면, t년에 갑국의 부양 인구는 160명이고, t+50년에 을국의 유소년 인구는 20명이다. 따라서 t년 갑국의 부양 인구는 t+50년 을국의 유소년 인구의 8배이다.
④ 오답 : t년 대비 t+50년에 전체 인구 중 부양 인구 비율은 갑국의 경우 변함이 없고, 을국의 경우 감소하였다. 따라서 t년 대비 t+50년에 갑국의 경우 경제 성장 동력이 약화될 것이라고 볼 수 없고, 을국의 경우 경제 성장 동력이 약화될 것이다.
⑤ 오답 : t년 대비 t+50년에 갑국의 경우 유소년 인구 비율은 감소하였고 노년 인구 비율은 증가하였으므로 노령화 지수는 증가하였다. t년 대비 t+50년에 을국의 경우 유소년 인구 비율은 변함이 없고 노년 인구 비율은 증가하였으므로 노령화 지수는 증가하였다. 따라서 t년 대비 t+50년에 갑국과 을국 모두 세대 간 갈등 정도가 커질 것이다.

등급컷 활용법 등급컷은 자신의 수준을 객관적으로 확인할 수 있는 여러 지표 중 하나입니다. 등급컷을 토대로 본인의 등급을 예측해보고, 앞으로의 공부 전략을 세우는 데에 참고하시기 바랍니다. 표에서 제시한 원점수 등급컷은 평가원의 공식 자료가 아니라 여러 교육 업체에서 제공하는 자료들의 평균 수치이므로 약간의 오차가 있을 수 있습니다.

 물수능/물모평 평소보다 쉬운 난도   불수능/불모평 평소보다 어려운 난도

구 분			1등급	2등급	3등급	4등급	5등급	6등급	7등급	8등급
2024 학년도	6월 모의평가	• 2023학년도 수능보다 쉽게 출제되었음. • 자주 출제되는 개념을 묻는 문제가 평이한 수준으로 다수 출제되었음. • 인구 구성을 분석하는 20번 문항은 표의 형식으로 출제되었던 기존 형식과 달리 제시문 형식으로 출제되어 문장을 완벽히 이해하여 인구 구성표를 작성하는 것이 관건으로, 이를 분명하게 파악하는 것에 어려움을 느낄 수 있어 오답률이 가장 높게 나타났음. • 성 불평등 현상을 분석하는 10번 문항은 제시된 수치의 의미를 파악하는 데 어려움을 느낄 수 있는 문제로 오답률이 높게 나타났고, 가구 형태별 상대적 빈곤율을 분석하는 15번 문항은 사회 보장 제도의 개념을 분명히 알고 제도에 따른 상대적 빈곤 가구 수를 계산해야 하는 고난도 문제로 오답률이 높게 나타났음.	48	45	42	34	25	16	10	8
	9월 모의평가	• 2023학년도 수능보다 약간 쉽게 출제되었고, 2024학년도 6월 모평보다 약간 어렵게 출제되었음. • 평이한 문제처럼 보이지만 곳곳에 함정이 숨어 있는 문제들이 다수 출제되었음. • 6월 모평에 출제되었던 사회 집단과 사회 조직을 파악하는 문제가 9월 모평의 7번 문항에서는 갑, 을, 병이 작성한 내용에 나타난 사회 집단과 사회 조직뿐만 아니라 갑, 을, 병이 속해 있는 사회 집단과 사회 조직까지 파악하도록 약간 난도를 높여 출제되어 오답률이 높게 나타났음. • 유소년 인구 비율, 부양 인구 비율, 노년 인구 비율의 상대적인 비를 통해 각국의 인구 구성을 분석하는 20번 문항은 A~C에 해당하는 인구 비율을 파악하는 것이 핵심으로, 이를 파악하는 것이 어려워 오답률이 높게 나타났음.	45	41	36	29	22	14	10	8
	수능	• 2023학년도 수능과 비슷하게 출제되었고, 2024학년도 6월, 9월 모평보다 어렵게 출제되었음. • 제시문과 제시된 자료 곳곳에 함정이 숨어 있었고, 혼동을 가져올 수 있는 선지들이 출제되었음. • 평이하게 출제되어 왔던 문화의 속성을 묻는 6번 문항이 난도 높게 출제되어, 오답률이 가장 높게 나타났음. • 사회 보장 제도의 수급자 비율을 분석하는 15번 문항의 경우 t년 대비 t+30년의 수급자 비율 차이를 제시하여 문제 접근 방식을 떠올리는 데 시간이 오래 걸렸을 것으로 예상됨. • 인구 구성을 파악하는 20번 문항의 경우 제시되어 있는 합계 출산율이 의미하는 바를 해석하는 데 어려움이 있었을 것으로 예상됨.	45	41	36	30	22	15	10	6
2025 학년도	6월 모의평가	• 2024학년도 수능보다 약간 쉽게 출제되었음. • 여러 주제를 복합적으로 묻는 문제가 출제되어 체감 난이도는 높게 나타났을 것으로 예상됨. • 자주 출제되지 않았던 정보화의 문제점과 전 지구적 수준의 문제를 파악하는 문제가 출제되었음. • 인구 구성을 파악하는 20번 문항의 경우 노년 인구와 복지 지출의 필요성을 연관지어 출제된 점이 참신함.	48	45	41	34	25	16	11	7
	9월 모의평가	• 2024학년도 수능보다 약간 쉽게 출제되었고, 2025학년도 6월 모평과 비슷하게 출제되었음. • 자주 출제되지 않았던 세계화의 문제점과 대중문화의 기능을 파악하는 문제가 출제되었음. • 자연 현상과 사회·문화 현상의 특징을 파악하는 1번 문항의 경우 ⓒ을 자연 현상이 아닌 사회·문화 현상에 해당한다고 착각하여 오답률이 높게 나타났음. • 사회 보장 제도의 수급자 비율을 분석하는 15번 문항의 경우 기존과는 다른 형식인 비수급자 비율을 제시하여 표를 해석하는 데 시간이 오래 걸렸을 것으로 예상됨. • 시기별 인구 구성을 분석하는 20번 문항은 구체적인 수치가 아닌 비율의 변화 양상을 보여 주고 있어 각 연령별 인구의 증감을 파악하는 데 어려움이 있었을 것으로 예상됨.	46	43	39	33	25	17	12	8
	수능	• 2024학년도 수능과 비슷하게 출제되었고, 2025학년도 6월 모평과 9월 모평보다 어렵게 출제되었음. • 개념 관련 문제는 평이하게 출제되었으나, 제시된 내용 중 애매한 부분들이 있어 진위 여부를 판단하는 데 어려움이 있었음. • 대화에서 사회화 기관, 사회 조직, 사회 집단을 파악하는 4번 문항의 경우 중복으로 속해 있는 집단의 개수를 파악하는 데 혼동할 가능성이 커 체감 난도가 높았음. • 일탈 이론을 파악하는 14번 문항의 경우 선지 내용은 평이했으나, 채점 결과를 통해 다양한 경우의 수를 고려해야 하므로 각 이론을 판단하는 데 어려움이 있었을 것으로 예상됨. • 사회 보장 제도의 수급자 비율을 분석하는 15번 문항의 경우 생소한 비수급자 중 탈락자 비율 및 비탈락자 비율을 제시함으로써 문제 접근 방식을 떠올리는 데 시간이 오래 걸렸을 것으로 예상됨.	45	42	38	32	26	18	12	7
2026 학년도	6월 모의평가	• 2025학년도 수능보다 쉽게 출제되었음. • 작년부터 출제되기 시작한 전 지구적 수준의 문제를 파악하는 문제가 출제되었음. • 문화 이해 태도를 파악하는 6번 문항은 교사의 말에서 힌트를 찾아 여러 경우의 수를 고려해야 하는 문제로, 각 문화 이해 태도를 파악하는 데 시간이 걸리는 문제임. • 인구 구성을 분석하는 20번 문항의 경우 부양 인구와 노년 부양비를 각각 경제 성장과 세대 간 갈등에 연관지어 출제되어 시사성을 반영하고 있음. • 사회 보장 제도의 수급자 비율을 계산하는 15번 문항의 경우 기존 문제 유형과 달리 지역별 비수급자 비율과 중복 수급자 비율만을 제시함으로써 조건을 꼼꼼하게 읽어야 문제를 해결할 수 있게 출제되어 오답률이 가장 높게 나타났음.	48	44	40	32	22	15	8	7
	9월 모의평가	• 2025학년도 수능보다 쉽게 출제되었고, 2026학년도 6월 모평보다 약간 어렵게 출제되었음. • 작년부터 출제가 되기 시작한 대중문화의 문제점과 세계화의 영향을 파악하는 문제가 출제되었음. • 지위, 역할, 사회화 기관, 사회 집단 및 사회 조직을 파악하는 13번 문항의 경우 대중 매체인 신문이 사회 집단에 해당한다는 것을 놓치면서 오답률이 가장 높게 나타났음. • 사회 보장 제도의 수급자 비율을 분석하는 15번 문항의 경우 A~C의 혜택을 모두 받는 3중 수혜자 수를 포함해 제시된 자료를 벤 다이어그램으로 나타낼 수 있어야 문제 해결의 접근이 가능한 문제로, 자료를 이해하고 문제를 해결하는 데 시간이 오래 걸리는 높은 난도의 문제임. • 시기별 인구 구성을 분석하는 20번 문항은 구체적인 수치가 아닌 유소년 부양비와 부양 인구 비율의 변화 양상만을 보여 주고 있어 각 연령별 인구의 수치와 변화 양상을 파악하는 데 어려움이 있었을 것으로 예상됨.	43	39	35	30	23	17	12	7
	수능	• 2025학년도 수능보다 약간 어렵게 출제되었고, 2026학년도 6월 모평, 9월 모평보다 어렵게 출제되었음. • 제시문과 발문에 혼동을 유발하는 요소가 포함되어 있어 꼼꼼하게 읽지 않으면 실수를 할 수 있는 문제가 다수 출제되었음. • 양적 연구 과정을 파악하는 5번 문항은 빈칸에 들어갈 수 있는 가설을 찾는 문제로, 가설의 수용 여부와 무관하게 가설로 설정될 수 있는 변수 간 관계를 설정하는 것이 핵심임. • 사회 집단과 사회 조직의 유형을 파악하는 8번 문항은 대중 매체에 해당하는 잡지, 갑~병이 소속되어 있는 학과 등을 고려하지 못하는 실수를 유발하는 문제임. • 인구 구성을 파악하는 20번 문항은 9월 모평과 비슷한 유형의 문제로, 구체적인 수치뿐만 아니라 유소년 인구 및 부양 인구, 노년 인구의 증감을 모두 파악해야 하는 문제로 출제되었음. • 사회 보장 제도의 수혜자 비율을 분석하는 15번 문항은 전체 인구와 전체 수혜자를 구분하여 계산해야 하는 문제로, 오답률이 가장 높게 나타났음.	44	41	37	32	24	17	12	8

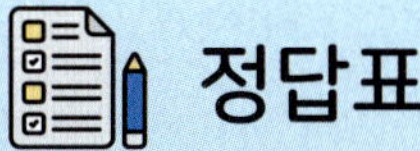

정답표

Ⅰ. 사회·문화 현상의 탐구
01. 사회·문화 현상의 이해
문제편 p.067 해설편 p.002

1	②	2	③	3	④	4	④	5	⑤
6	⑤	7	②	8	⑤	9	②	10	⑤
11	④	12	④	13	③	14	③	15	④
16	④	17	①	18	②	19	①	20	③
21	③	22	③	23	③	24	③	25	①
26	④	27	⑤	28	⑤	29	②	30	①
31	②	32	②	33	⑤	34	①	35	①
36	④	37	④	38	④	39	①	40	②
41	④	42	③	43	①	44	④	45	⑤
46	④	47	④	48	④	49	②	50	①
51	②	52	④	53	⑤	54	②	55	⑤
56	①	57	⑤	58	⑤	59	⑤	60	⑤
61	⑤	62	②	63	④	64	②	65	⑤
66	④	67	⑤	68	⑤	69	⑤	70	④
71	④	72	③	73	①	74	④	75	②
76	①	77	④	78	④	79	④	80	③
81	②	82	③	83	④	84	⑤	85	④
86	⑤	87	②						

02. 사회·문화 현상의 연구 방법
문제편 p.092 해설편 p.047

1	⑤	2	②	3	⑤	4	⑤	5	⑤
6	③	7	①	8	⑤	9	⑤	10	④
11	④	12	④	13	⑤	14	③	15	④
16	②	17	②	18	⑤	19	⑤	20	②
21	②	22	①	23	④	24	④	25	④
26	③	27	③	28	⑤	29	③	30	④
31	②	32	④	33	③	34	④	35	②
36	④	37	①	38	④	39	③	40	②
41	③	42	①	43	④	44	③	45	④
46	④	47	④	48	②	49	①	50	②
51	③	52	①	53	③	54	⑤	55	③
56	②	57	⑤	58	⑤	59	④	60	①
61	③	62	②	63	①	64	④	65	④
66	⑤	67	④	68	①	69	⑤	70	④
71	⑤	72	④	73	③	74	④	75	④
76	⑤	77	④	78	⑤	79	⑤	80	①
81	④	82	③	83	③	84	④	85	③
86	②	87	①	88	③	89	④		

03. 사회·문화 현상을 탐구하는 태도와 연구 윤리
문제편 p.121 해설편 p.101

1	②	2	④	3	④	4	③	5	④
6	①	7	②	8	④	9	③	10	③
11	②	12	①	13	⑤	14	④	15	②

Ⅱ. 개인과 사회 구조
01. 개인과 사회의 관계를 바라보는 관점
문제편 p.126 해설편 p.109

1	④	2	③	3	④	4	②	5	①
6	①	7	③	8	①	9	④	10	①
11	⑤	12	①	13	①	14	①	15	①
16	③	17	②	18	②	19	⑤	20	③
21	④	22	①	23	①	24	②	25	②
26	⑤	27	①	28	⑤	29	③	30	②
31	④	32	②	33	④	34	②	35	②
36	④	37	②	38	①	39	②		

02. 인간의 사회화
문제편 p.137 해설편 p.129

1	②	2	①	3	②	4	④	5	④
6	②	7	④	8	④	9	⑤	10	②
11	⑤	12	①	13	①	14	②	15	②
16	⑤	17	②	18	①	19	②	20	④
21	⑤	22	③	23	⑤	24	①	25	④
26	⑤	27	⑤	28	④	29	②	30	④
31	②	32	①	33	②	34	④	35	②
36	④	37	③	38	②	39	④	40	⑤

03. 사회 집단과 사회 조직
① 사회 집단과 사회 조직
문제편 p.149 해설편 p.149

1	①	2	③	3	④	4	②	5	②
6	③	7	⑤	8	②	9	④	10	①
11	①	12	③	13	④	14	②	15	⑤
16	⑤	17	⑤	18	⑤	19	③	20	③
21	②	22	②	23	②	24	①	25	④
26	⑤	27	④	28	⑤	29	⑤	30	③

② 관료제와 탈관료제
문제편 p.159 해설편 p.164

1	①	2	①	3	①	4	⑤	5	③
6	①	7	⑤	8	③	9	⑤	10	②
11	④	12	③	13	③	14	①	15	⑤
16	③	17	④	18	④	19	③	20	①
21	③	22	①	23	④	24	②		

04. 일탈 행동
문제편 p.166 해설편 p.176

1	②	2	①	3	④	4	③	5	③
6	③	7	①	8	④	9	①	10	⑤
11	⑤	12	⑤	13	⑤	14	⑤	15	⑤
16	②	17	①	18	⑤	19	①	20	②
21	②	22	⑤	23	⑤	24	①	25	②
26	①	27	②	28	②	29	①	30	②
31	①	32	①	33	①	34	③	35	①
36	③	37	①	38	⑤	39	④	40	①
41	④	42	③	43	④				

Ⅲ. 문화와 일상생활
01. 문화의 이해
① 문화의 의미와 속성
문제편 p.179 해설편 p.201

1	④	2	③	3	①	4	④	5	④
6	⑤	7	④	8	①	9	①	10	②
11	⑤	12	⑤	13	②	14	②	15	⑤
16	①	17	⑤	18	⑤	19	⑤	20	④
21	④	22	⑤	23	①	24	①	25	⑤
26	④	27	④	28	②	29	②	30	③
31	②	32	④	33	④	34	⑤	35	③
36	③	37	④						

② 문화를 바라보는 관점과 문화 이해 태도
문제편 p.190 해설편 p.220

1	⑤	2	①	3	①	4	①	5	①
6	⑤	7	①	8	⑤	9	①	10	④
11	④	12	②	13	②	14	⑤	15	③
16	③	17	④	18	④	19	③	20	①
21	①	22	④	23	②	24	⑤	25	⑤
26	⑤	27	④	28	④	29	①	30	④
31	④	32	②	33	③	34	②	35	③
36	⑤	37	④	38	④	39	③	40	④
41	①								

02. 하위문화와 대중문화
문제편 p.202 해설편 p.241

1	③	2	②	3	④	4	⑤	5	④
6	④	7	①	8	⑤	9	①	10	③
11	④	12	①	13	①	14	③	15	①
16	④	17	①	18	④	19	④	20	①
21	④	22	①	23	①	24	⑤	25	④
26	⑤	27	②	28	①	29	④	30	⑤
31	①	32	④	33	①	34	①	35	①
36	②	37	①	38	①	39	④	40	⑤
41	④	42	④	43	④	44	④	45	⑤
46	①	47	④	48	④	49	⑤	50	④
51	⑤	52	⑤	53	①					

03. 문화의 변동
문제편 p.218 해설편 p.268

1	②	2	⑤	3	④	4	⑤	5	④
6	③	7	⑤	8	④	9	③	10	②
11	④	12	⑤	13	②	14	⑤	15	⑤
16	④	17	②	18	③	19	②	20	⑤
21	③	22	②	23	②	24	⑤	25	③
26	①	27	④	28	⑤	29	③	30	⑤
31	②	32	④	33	①	34	④	35	①
36	④	37	②	38	⑤	39	④	40	③
41	⑤	42	④	43	⑤	44	①	45	③
46	②								

Ⅳ. 사회 계층과 불평등
01. 사회 불평등 현상과 계층
① 사회 불평등 현상의 이해
문제편 p.232 해설편 p.291

1	②	2	①	3	⑤	4	②	5	②
6	④	7	④	8	④	9	⑤	10	③
11	④	12	①	13	②	14	④	15	⑤
16	①	17	②	18	②	19	①	20	④
21	②	22	⑤	23	③	24	①	25	③

② 사회 계층 구조와 사회 이동
문제편 p.240 해설편 p.304

1	④	2	④	3	②	4	③	5	⑤
6	⑤	7	③	8	⑤	9	③	10	②
11	②	12	⑤	13	④	14	②	15	④
16	⑤	17	②	18	④	19	③	20	③
21	④	22	②	23	④	24	④	25	④
26	①	27	②	28	⑤	29	⑤	30	④
31	④	32	⑤	33	②	34	④	35	④
36	⑤	37	④	38	①	39	③	40	②
41	③								

02. 사회 불평등 양상
문제편 p.253 해설편 p.331

1	⑤	2	③	3	③	4	③	5	⑤
6	③	7	③	8	②	9	①	10	⑤
11	①	12	③	13	⑤	14	⑤	15	④
16	①	17	②	18	②	19	③	20	③
21	④	22	②	23	④	24	③	25	③
26	③	27	⑤	28	⑤	29	③	30	⑤
31	③	32	③	33	②	34	④	35	④
36	⑤	37	②	38	①	39	③	40	③
41	①	42	①	43	②	44	⑤	45	⑤
46	②	47	①	48	⑤	49	⑤	50	①
51	②	52	⑤	53	④	54	②	55	②
56	⑤	57	①	58	④	59	⑤	60	②
61	③	62	③	63	④	64	⑤	65	③
66	①	67	⑤	68	④					

03. 사회 복지와 복지 제도
문제편 p.273 해설편 p.372

1	②	2	⑤	3	⑤	4	④	5	⑤
6	④	7	②	8	④	9	⑤	10	②
11	③	12	③	13	①	14	④	15	⑤
16	④	17	⑤	18	①	19	⑤	20	③
21	②	22	④	23	①	24	⑤	25	②
26	②	27	⑤	28	④	29	④	30	⑤
31	⑤	32	⑤	33	③	34	④	35	①
36	②	37	⑤	38	②	39	②	40	⑤
41	③	42	⑤	43	③	44	⑤		

Ⅴ. 현대의 사회 변동
01. 사회 변동과 사회 운동
문제편 p.293 해설편 p.409

1	②	2	④	3	④	4	③	5	①
6	②	7	②	8	④	9	①	10	①
11	④	12	②	13	⑤	14	①	15	③
16	③	17	④	18	②	19	⑤	20	③
21	①	22	②	23	⑤	24	④	25	①
26	①	27	②	28	②	29	①	30	④
31	⑤	32	④	33	①	34	①	35	②
36	⑤	37	⑤	38	⑤	39	④	40	②
41	④	42	④	43	②	44	④	45	⑤
46	④	47	④	48	⑤	49	②	50	③
51	④	52	⑤	53	⑤	54	②	55	④
56	①	57	③	58	④	59	①	60	⑤
61	④	62	③	63	①					

02. 현대 사회의 변동과 대응
문제편 p.311 해설편 p.441

1	②	2	①	3	③	4	⑤	5	③
6	④	7	③	8	②	9	②	10	①
11	⑤	12	④	13	①	14	②	15	②
16	①	17	②	18	②	19	⑤	20	⑤
21	③	22	①	23	②	24	①	25	④
26	②	27	④	28	⑤	29	③	30	②
31	④	32	③	33	③	34	④	35	④
36	③	37	③	38	①	39	④	40	②
41	⑤	42	①	43	②	44	①	45	④
46	④	47	①	48	②	49	④	50	①
51	④	52	②	53	④	54	③	55	⑤
56	④	57	④	58	③	59	④	60	①
61	⑤	62	③	63	③	64	①	65	④
66	④	67	③	68	③					

03. 전 지구적 수준의 문제와 지속 가능한 사회
문제편 p.331 해설편 p.486

1	⑤	2	③	3	②	4	④	5	④
6	②	7	④						

연도별
2024학년도 6월 모의평가
문제편 p.361 해설편 p.490

1	④	2	③	3	④	4	①	5	②
6	⑤	7	④	8	③	9	①	10	③
11	⑤	12	⑤	13	④	14	①	15	③
16	⑤	17	②	18	④	19	④	20	②

2024학년도 9월 모의평가
문제편 p.365 해설편 p.494

1	③	2	⑤	3	④	4	①	5	②
6	⑤	7	②	8	①	9	④	10	③
11	②	12	⑤	13	⑤	14	③	15	③
16	④	17	④	18	②	19	⑤	20	②

2024학년도 대학수학능력시험
문제편 p.369 해설편 p.498

1	④	2	①	3	④	4	⑤	5	⑤
6	②	7	④	8	⑤	9	③	10	⑤
11	③	12	①	13	④	14	①	15	②
16	④	17	②	18	②	19	①	20	④

2025학년도 6월 모의평가
문제편 p.373 해설편 p.502

1	④	2	②	3	②	4	③	5	③
6	②	7	③	8	①	9	⑤	10	④
11	⑤	12	②	13	⑤	14	③	15	④
16	①	17	③	18	②	19	⑤	20	④

2025학년도 9월 모의평가
문제편 p.377 해설편 p.506

1	⑤	2	④	3	④	4	①	5	①
6	②	7	③	8	⑤	9	①	10	③
11	⑤	12	④	13	④	14	①	15	⑤
16	②	17	③	18	⑤	19	③	20	②

2025학년도 대학수학능력시험
문제편 p.381 해설편 p.510

1	①	2	⑤	3	④	4	②	5	②
6	⑤	7	②	8	⑤	9	③	10	⑤
11	④	12	②	13	④	14	①	15	⑤
16	④	17	③	18	②	19	③	20	④

2026학년도 6월 모의평가
문제편 p.385 해설편 p.514

1	⑤	2	②	3	④	4	①	5	②
6	⑤	7	⑤	8	②	9	②	10	⑤
11	②	12	③	13	⑤	14	②	15	③
16	①	17	①	18	②	19	④	20	③

2026학년도 9월 모의평가
문제편 p.389 해설편 p.518

1	②	2	④	3	⑤	4	①	5	③
6	⑤	7	②	8	④	9	②	10	②
11	②	12	③	13	④	14	①	15	⑤
16	①	17	①	18	①	19	⑤	20	③

2026학년도 대학수학능력시험
문제편 p.393 해설편 p.522

1	⑤	2	②	3	④	4	①	5	④
6	①	7	②	8	⑤	9	④	10	③
11	④	12	①	13	②	14	④	15	⑤
16	①	17	①	18	②	19	③		

빠른 정답표 QR
QR 코드를 스캔하시면
정답표 PDF를 다운로드하실 수 있습니다.